LE PETIT DRUIDE DES SYNONYMES

Dictionnaire des synonymes et antonymes

Geneviève Tardif ➤ Jean Fontaine ➤ Jean Saint-Germain

LE PETIT DRUIDE DES SYNONYMES

Dictionnaire des synonymes et antonymes

300 000 synonymes ➤ 40 000 antonymes

QUÉBEC AMÉRIQUE

DONNÉES DE CATALOGAGE AVANT PUBLICATION (CANADA)

Tardif, Geneviève
Le Petit Druide des synonymes : dictionnaire
ISBN 2-7644-0163-9
1. Français (Langue) - Synonymes et antonymes - Dictionnaires.
I. Druide informatique inc.
PC2591.P47 2002 443'.1 C2002-940565-3

Nous reconnaissons l'aide financière du gouvernement du Canada par l'entremise du Programme d'aide au développement de l'industrie de l'édition (PADIÉ) pour nos activités d'édition.

Gouvernement du Québec – Programme de crédit d'impôt pour l'édition de livres – Gestion SODEC.

Les Éditions Québec Amérique bénéficient du programme de subvention globale du Conseil des Arts du Canada. Elles tiennent également à remercier la SODEC pour son appui financier.

Québec Amérique
329, rue de la Commune Ouest, 3e étage
Montréal (Québec) Canada H2Y 2E1
Téléphone: (514) 499-3000, télécopieur: (514) 499-3010

Dépôt légal : 2e trimestre 2002 - Bibliothèque nationale du Québec
ISBN 2-7644-0163-9

Imprimé au Canada

Réimpression août 2003

Éditeur
Jacques Fortin

Directeur éditorial
Éric Brunelle

Directrice linguistique
Geneviève Tardif

Rédacteurs
Geneviève Tardif
Jean Fontaine
Jean St-Germain
Francine Bergevin
Sophie Campbell

Directeur informatique
Bertrand Pelletier

Programmeur
Frédéric Côté

Conception graphique et mise en page
François Papik Bélanger
Karine Raymond
Isabelle Lépine
Daniel Games

Conception graphique de la page couverture
Isabelle Lépine

Production
Isabelle Longpré
Sophie Pellerin

À la douce mémoire de Louis d'Orsonnens,
ce tout petit Druide qui nous a laissés
sans avoir connu le grand bonheur des mots.

Avant-propos

Le *Petit Druide des synonymes* est le résultat d'un parcours singulier. En 1997, l'équipe linguistique de Druide informatique, dont nous sommes, entreprenait l'élaboration d'un dictionnaire de synonymes afin d'en faire le nouvel outil d'*Antidote*, le logiciel d'aide à la rédaction du français pour lequel Druide recevait cette année-là un *Mérite du français* de l'Office de la langue française du Québec. Publié dans l'édition 2000 d'*Antidote*, ce dictionnaire s'est aussitôt valu les éloges de ses utilisateurs… ainsi qu'une très forte demande pour une version imprimée. Nous avons donc entrepris de coucher le plus fidèlement possible sur papier l'essence du dictionnaire de synonymes d'*Antidote*. En 2001, le *Grand Druide des synonymes* devenait ainsi le premier dictionnaire dont la version «papier» était le fruit d'une version électronique. Rapidement, le *Grand Druide* remportait un franc succès critique et gagnait déjà l'année suivante un prix Odyssée du livre francophone d'Amérique.

Grâce à son origine informatique, où les contraintes d'espace n'existent pas, le *Grand Druide des synonymes* était dès sa première parution le plus vaste dictionnaire de synonymes français jamais publié, avec 1228 pages de grand format. Le prix… et le poids, bien sûr, étaient en conséquence. Il fallait un ouvrage allégé, condensé, pour les bourses et les mains plus petites. De là est né le *Petit Druide des synonymes*, extrait méticuleux de son grand frère, dans un souci d'économie, d'ergonomie et de pédagogie.

Le parti de la richesse

Depuis qu'existent les dictionnaires de synonymes du français, on remarque deux grandes tendances dans leur élaboration : il y a d'une part les dictionnaires à caractère explicatif, lesquels proposent peu de synonymes pour chaque entrée, mais expliquent leurs différences à l'aide de définitions, d'exemples et de remarques aussi bien normatives que stylistiques; et d'autre part les dictionnaires à caractère exhaustif, lesquels proposent des listes beaucoup plus riches, mais sans nécessairement préciser toutes les nuances entre les synonymes suggérés.

La démarche explicative comporte certes ses avantages, mais elle se pratique au détriment du nombre de synonymes proposés. Lorsque le mot recherché n'apparaît pas, l'utilisateur se retrouve dans une impasse. C'est pourquoi nous avons choisi de privilégier la voie de la richesse en présentant le plus grand nombre de synonymes possible, ce qui nous paraissait répondre davantage aux besoins de l'utilisateur d'aujourd'hui. En effet, on consulte généralement un dictionnaire de synonymes soit pour trouver un mot rebelle à la mémoire et qui serait plus approprié au contexte, soit pour enrichir sa prose en évitant inutilement la répétition d'un mot ou même en lui découvrant des équivalents plus soutenus. Notre objectif était que l'utilisateur puisse toujours repérer rapidement le mot idéal, peu importe le but de sa quête.

Recherchant le juste équilibre entre l'excès et la retenue, nous avons dressé des listes de synonymes riches et variées. Chacune de ces listes répond à un principe de synonymie large mais net : un mot ou une expression A peut avoir comme synonyme un mot ou une expression B seulement si A et B ont un sens commun et si B peut se substituer directement à A dans une phrase sans qu'il y ait modification du sens de cette phrase, et vice versa. Cette définition de la synonymie est probablement plus permissive que ne le souhaiteraient les puristes (qui évoqueraient sans doute la *quasi-synonymie* ou la *synonymie partielle*). Cependant, nous avons préféré aborder la synonymie sous un angle plus large plutôt que de nous limiter à une énumération très restreinte (voire inexistante) des synonymes « parfaits ». Il nous faut par conséquent inviter le lecteur à la prudence devant les mots dont il maîtrise moins le sens et lui recommander la consultation d'un dictionnaire de langue afin de valider tout choix incertain.

Une richesse contrôlée

Même avec sa nomenclature plus restreinte que celle du *Grand Druide*, le *Petit Druide des synonymes* couvre une vaste étendue de la langue française. En tout, ce sont plus de 300 000 synonymes qui s'offrent au lecteur. Étant donné l'ampleur de cet inventaire, nous avons particulièrement soigné la clarté et la cohérence de la présentation. Ainsi, pour accélérer la recherche et éviter toute ambiguïté, avons-nous marqué toutes les acceptions d'une même entrée par des étiquettes sémantiques; ces étiquettes peuvent être une courte définition, un terme générique ou même le synonyme le plus représentatif de la liste suggérée. De plus, pour mettre le lecteur en garde contre un choix trop hâtif, des « restrictions » sémantiques ont été indiquées à la suite de certains synonymes qui ne s'emploient que dans un contexte très particulier (voir un exemple à la section Structure des articles à la page XV). Enfin, un appareil de marques particulièrement développé situe chaque synonyme dans son contexte social, géographique et temporel (voir aux pages XVI et XVII la liste et la description des marques utilisées). Bref, nous avons poussé le balisage des sens et des synonymes aussi loin qu'il était possible de le faire dans un dictionnaire de synonymes à caractère exhaustif.

Les antonymes

Outre son format réduit, le *Petit Druide des synonymes* présente une autre nouveauté par rapport à la première édition du *Grand Druide* dont il est tiré : l'énumération des antonymes. En effet, 40 000 antonymes s'ajoutent à ses synonymes pour enrichir les articles et permettre à l'utilisateur de suivre de nouvelles pistes de recherche.

Les antonymes sont énumérés à la fin de chaque entrée pertinente, après le symbole △ **ANT.**, et sont inscrits en petites capitales pour qu'ils ne soient pas confondus avec les synonymes. Pour éviter de doubler l'ouvrage, qui était déjà fort dense, nous avons noté les antonymes principaux, et les avons séparés par sens au moyen de points-virgules. Si plus d'antonymes sont nécessaires, le lecteur peut se rendre à l'entrée correspondante pour consulter la liste complète des synonymes de chaque antonyme.

Une langue bien vivante

Le *Petit Druide des synonymes* ne se cantonne pas dans une langue aseptisée, mais puise scrupuleusement dans divers niveaux de langue et à toutes les « régions de langue » du français contemporain. On y trouve des synonymes de registre aussi bien familier que soutenu, ainsi que des synonymes québécois (*gêné* pour *timide*), belges (*crolle* pour *boucle*), suisses (*prendre une caisse* pour *s'enivrer*) et autres. Bien sûr, chacun de ces « écarts » à la norme centrale est dûment marqué (Fam., Québ., etc.).

Enfin, pour illustrer toute la richesse des moyens d'expression qu'offre la langue française, nous ne nous sommes pas limités aux mots simples. Le *Petit Druide des synonymes* recense systématiquement les expressions, puisque ce sont des synonymes à part entière et qu'elles peuvent tomber à point, comme *casser la croûte* pour *manger*, ou *tenant du titre* pour *champion*.

La fin des renvois

La presque totalité des dictionnaires de synonymes emploient un système de renvois : pour épargner de l'espace, ils définissent bon nombre d'entrées par des flèches qui renvoient l'utilisateur à d'autres entrées. Ces renvois multiples constituent à notre avis une des principales sources de frustration et de confusion dans l'utilisation des dictionnaires de synonymes. Pour simplifier la consultation, nous avons préféré préserver notre ouvrage de ces parcours fléchés. Chaque entrée du *Petit Druide des synonymes* comporte sa liste complète de synonymes : il n'est donc jamais nécessaire de regarder « ailleurs ». Par exemple, quand on cherche *couronnement*, on trouve tous les synonymes de *couronnement* sous cette entrée, plutôt qu'un renvoi à *consécration*.

Avec sa très riche matière contenue dans un format réduit, le *Petit Druide des synonymes* est investi pour nous d'une mission capitale : répandre les trésors du français auprès du plus vaste public possible, des plus grands lecteurs aux plus petits. Nous vous souhaitons de partager avec eux tous le grand bonheur des mots.

Geneviève Tardif
M.A. en linguistique, Université de Montréal

Jean Fontaine
M.A. en linguistique, Université de Montréal

Jean Saint-Germain
Ph. D. en linguistique, Université de Montréal

Structure des articles

la vedette est en caractères gras

évaluateur *n.* (QUÉB.) commissaire-priseur *(pour une vente aux enchères)*, estimateur, sapiteur *(marine marchande)*.

une marque entre parenthèses suit toute vedette qui n'est pas de registre neutre

la catégorie grammaticale, le genre et le nombre sont en italiques

évasion *n. f.* ▶ ***Fuite*** – échappée, escapade, fugue, fuite, liberté, marronnage *(esclave)*. *FAM.* cavale. ▶ ***Escapade*** – caprice, écart, échappée, équipée, escapade, frasque, fredaine, fugue, incartade, sortie. *FAM.* bordée, galère. *SOUT.* échappée. ▶ ***Absence*** – absence, départ, disparition, échappée, éloignement, escapade, fugue, séparation. *FAM.* éclipse. ▶ ***Imagination*** – conception, création, créativité, extrapolation, fantaisie, fantasme, idée, illumination *(soudain)*, imaginaire, imagination, inspiration, invention, souffle (créateur), supposition, surréel, veine. △ **ANT.** DÉTENTION, EMPRISONNEMENT; CAPTURE.

les marques, en capitales italiques, introduisent un registre différent

les précisions sur le synonyme ou sur son contexte d'emploi sont en italiques et entre parenthèses

les mots facultatifs d'une expression sont entre parenthèses

un triangle suivi d'une étiquette en caractères gras italiques introduit un sens

éveil *n. m.* ▶ ***Alarme*** – alarme, alerte, appel, avertissement, branle-bas, cri, haro, signal, sirène, sonnerie, tocsin. ▶ ***Fait de se réveiller*** – réveil. ▶ ***Fait d'être éveillé*** – insomnie, veille, vigilance. ▶ ***Révélation spirituelle*** – délivrance, illumination, libération, mort de l'ego, réalisation (du Soi), révélation. ▸ *Dans l'hindouisme* – moksha, nirvana. ▸ *Dans le bouddhisme* – bodhi, samadhi. △ **ANT.** ASSOUPISSEMENT, SOMMEIL, TORPEUR.

un petit triangle suivi d'une étiquette en italiques introduit un sous-sens

un triangle vide introduit les antonymes présentés en capitales

éveiller *v.* ▶ ***Tirer du sommeil*** (*SOUT.*) – réveiller. ▶ ***Susciter*** – exciter, faire naître, solliciter, soulever, susciter. ♦ **s'éveiller** ▶ ***Sortir du sommeil*** – se réveiller. ▶ ***Éprouver pour la première fois*** – s'ouvrir à. *SOUT.* naître à. ♦ **éveillé** ▶ ***Intelligent*** – à l'esprit vif, agile, alerte, brillant, intelligent, rapide, vif. △ **ANT.** ASSOUPIR, ENDORMIR; APAISER, ENGOURDIR, PARALYSER.

un losange introduit une grande division morphologique ou sémantique

le point-virgule sépare les antonymes de sens distincts

événement (var. **évènement**) *n. m.* ▶ ***Phénomène*** – circonstance, épiphénomène, fait, manifestation, occurrence, phénomène. ▶ ***Incident*** – accident, accroc, accrochage, affaire, anicroche, avatar, aventure, complication, contingences, contrariété, contretemps, crise, désagrément, difficulté, dispute, embarras, empêchement, ennui, épine, épisode, éventualité, imprévu, incident, mésaventure, obstacle, occasion, occurrence, péripétie, problème, rebondissement, tribulations. *SOUT.* adversité. *FAM.* cactus, embêtement, emmerde, emmerdement, enquiquinement, os, pépin, pétrin, tuile. *FRANCE FAM.* empoisonnement.

les variantes graphiques, entre parenthèses, suivent la vedette

les synonymes sont groupés suivant leur registre; à l'intérieur d'un même registre, les synonymes sont présentés en ordre alphabétique

Symboles

♦	introduit une grande division morphologique ou sémantique	▶	introduit un sens principal
		▸	introduit un sous-sens
		△ ANT.	introduit les antonymes

Abréviations

adj.	adjectif, adjectivale	*nom.*	nominale
adv.	adverbe, adverbiale	*pl.*	pluriel
ant.	antonyme	*qqch.*	quelque chose
conj.	conjonction, conjonctive	*qqn*	quelqu'un
f.	féminin	*sing.*	singulier
loc.	locution	*v.*	verbe
m.	masculin	*var.*	variante
n.	nom		

Marques d'usage

ACADIE	Acadie	*IRON.*	ironique
AFR.	Afrique	*LOUISIANE*	Louisiane
ANC.	anciennement	*PAR EUPHÉM.*	par euphémisme
ANTILLES	Antilles	*PAR PLAIS.*	par plaisanterie
BELG.	Belgique	*PÉJ.*	péjoratif
COUR.	courant	*QUÉB.*	Québec
DIDACT.	didactique	*RARE*	rare
ENFANTIN	enfantin	*RÉGION.*	régional
FAM.	familier	*SOUT.*	soutenu
FIG.	figuré	*SUISSE*	Suisse
FRANCE	France		

Marques de domaine

ADMIN.	administration	*LING.*	linguistique
AÉRON.	aéronautique	*MAR.*	marine
AGRIC.	agriculture	*MATH.*	mathématiques
ANAT.	anatomie	*MÉD.*	médecine
ANTIQ.	Antiquité	*MILIT.*	militaire
ANTIQ. ROM.	Antiquité romaine	*PHARM.*	pharmacie
ARCHIT.	architecture	*PHILOS.*	philosophie
ASTRON.	astronomie	*PHYS.*	physique
BIOL.	biologie	*PHYSIOL.*	physiologie
BOT.	botanique	*PSYCHAN.*	psychanalyse
BX-ARTS	beaux-arts	*PSYCHIATRIE*	psychiatrie
CHIM.	chimie	*PSYCHOL.*	psychologie
DR.	droit	*RELIG.*	religion
GÉOGR.	géographie	*SC.*	sciences
GÉOL.	géologie	*SPORTS*	sports
HIST.	histoire	*TECHN.*	technique
INFORM.	informatique	*ZOOL.*	zoologie

Description des principales marques d'usage

Tous les synonymes d'un mot ne s'emploient pas dans les mêmes contextes. C'est pourquoi cet ouvrage dispose de près de soixante marques, dont une vingtaine de marques d'usage, afin de désigner clairement les nuances d'emploi des synonymes répertoriés et d'éviter ainsi au lecteur toute maladresse dans le choix d'un mot.

Rappelons que le rôle du lexicographe est de recenser les mots de la façon la plus exhaustive et la plus juste possible. Il revient au lecteur d'attacher à ces marques toute l'importance qu'elles méritent.

Anciennement	expression qui désigne une réalité aujourd'hui disparue
Courant	expression employée de façon courante au lieu du terme scientifique, notamment en botanique et en zoologie
Didactique	expression employée dans une situation de transmission de savoir
Enfantin	expression employée par de jeunes enfants, ou lorsqu'on s'adresse à eux
Familier	expression inappropriée pour une communication officielle, mais employée dans une communication amicale, sans cérémonie
Figuré	expression figurée, surtout employée pour obtenir un effet poétique
Ironique	expression employée de façon ironique, par antiphrase
Par euphémisme	expression employée par pudeur, pour éviter de choquer
Par plaisanterie	expression employée pour se moquer légèrement, sans méchanceté
Péjoratif	expression employée pour parler d'une chose ou d'une personne en mauvaise part, avec mépris
Rare	expression peu employée et qui n'appartient généralement ni aux vocabulaires de spécialité ni à un registre particulier
Soutenu	expression employée dans une communication de registre élevé, notamment pour obtenir un effet de recherche ou un effet esthétique

a

abaissement *n.m.* ▶ ***Fait d'aller plus bas*** – baisse, descente, fermeture. SOUT. tombée. ▶ ***Décroissance*** – affaiblissement, affaissement, amenuisement, amoindrissement, baisse, chute, creux, déclin, décroissance, décroissement, décrue, dégression, déplétion, dépréciation, descente, désescalade, dévalorisation, dévaluation, diminution, éclipse, effondrement, effritement, essoufflement, fléchissement, ralentissement, réduction. SOUT. émasculation. ▶ ***Dégénérescence*** – abâtardissement, abjection, abrutissement, affadissement, affaiblissement, agonie, altération, amollissement, appauvrissement, atrophie, avachissement, avilissement, baisse, corruption, décadence, déchéance, déclin, décrépitude, dégénérescence, dégradation, délabrement, déliquescence, dénaturation, dépérissement, détérioration, édulcoration, empirement, étiolement, flétrissure, perte, perversion, pourrissement, pourriture, rouille, ruine, sape, usure. SOUT. aveulissement, crépuscule, pervertissement. FAM. déglingue, dégringolade. ▶ ***Honte*** – abjection, accroupissement, culpabilisation, dégradation, démérite, déshonneur, discrédit, flétrissure, gifle, honte, humiliation, ignominie, indignité, infamie, infériorisation, mépris, noircissure, opprobre, ridicule, scandale, ternissure. SOUT. turpitude, vilenie. ▶ ***Soumission*** – allégeance, appartenance, asservissement, assujettissement, attachement, captivité, contrainte, dépendance, domestication, domesticité, domination, emprise, esclavage, gêne, hilotisme, inféodation, infériorité, mainmise, merci, mouvance, obédience, obéissance, obligation, oppression, pouvoir, puissance, servage, servitude, soumission, subordination, sujétion, tutelle, tyrannie, vassalité. FIG. carcan, chaîne, corset (de fer), coupe, fardeau, griffe, main, patte, prison; SOUT. fers, gaine, joug. FÉOD. tenure. ▶ ***Complaisance*** – agenouillement, bigoterie, complaisance, humiliation, lâcheté, tartuferie. △ **ANT.** RELÈVEMENT, RÉTABLISSEMENT; ASCENSION, AUGMENTATION, CROISSANCE, ÉPANOUISSEMENT; AMÉLIORATION, PROGRÈS; GLOIRE.

abaisser *v.* ▶ ***Mettre plus bas*** – baisser, descendre. ▶ ***Diminuer*** – affaiblir, amenuiser, baisser, diminuer, moindrir, réduire. ▶ ***Rendre indigne de respect*** – avilir, dégrader, dépraver, déshonorer, galvauder, rabaisser, ravaler, souiller. ♦ **s'abaisser** ▶ ***Manquer à sa situation sociale*** – déroger, se déclasser. SOUT. déchoir, forfaire, forligner. ▶ ***Perdre sa dignité*** – s'avilir, se dégrader, se ravaler, tomber (bien) bas. SOUT. déchoir. ▶ ***Faire preuve d'humilité*** – s'humilier, se diminuer, se rabaisser. ▶ ***Se montrer servile*** – faire des courbettes, ramper, s'agenouiller, s'humilier, se prosterner. FAM. s'aplatir (comme une carpette), se coucher. △ **ANT.** DRESSER, ÉLEVER, HAUSSER, RELEVER; AUGMENTER, HAUSSER, MAJORER; EXALTER, FAIRE VALOIR, FLATTER, GLORIFIER, LOUANGER, LOUER, SUBLIMER, VALORISER. ♦ **s'abaisser** SE FAIRE VALOIR, SE GLORIFIER, SE HAUSSER, SE HISSER.

abandon *n.m.* ▶ ***Délaissement*** – abdication, défection, délaissement, démission, désengagement, désertion, désintérêt, désistement, dessaisissement, forfait, inachèvement, recul, repli, retrait, retraite. SOUT. inaccomplissement. FAM. décrochage, lâchage, largage, plaquage. DR. non-lieu, résignation. ▶ ***Renonciation*** – abdication, aliénation, capitulation, cession, don, donation, fléchissement, non-usage, passation, rejet, renoncement, renonciation, répudiation, retrait, suppression. FIG. bradage. ▶ ***Reniement*** – abjuration, apostasie, défection, dénégation, désaveu, palinodie, reniement, retournement, rétractation, revirement, virevolte, volte-face. FAM. pirouette. ▶ ***Fuite*** – débâcle, débandade, déroute, dispersion, panique, retraite, sauve-qui-peut. ▶ ***Négligence*** – abdication, défection, désertion, désintérêt, impréparation, incoordination, incurie, inorganisation, insouciance, laisser-aller, négligence. ▶ ***Désuétude*** – âge, anachronisme, ancienneté, antiquité, archaïsme, caducité, décrépitude, délabrement, désaffectation, désuétude, obsolescence, survivance, usure, vieillesse, vieillissement. SOUT. vétusté. ▶ ***Insouciance*** – confiance, détachement, familiarité, insouciance, liberté, naturel, spontanéité. ▶ ***Épan-***

chement – aveu, confidence, effusion, épanchement, expansion. ▶ ***Franchise*** – bonne foi, confiance, cordialité, droiture, franchise, franc-jeu, franc-parler, loyauté, netteté, rondeur, simplicité, sincérité, spontanéité. ▶ ***Solitude*** – délaissement, éloignement, exil, ghettoïsation, isolation, isolement, quarantaine, réclusion, retraite, retranchement, séparation, solitude. *FIG.* bulle, cocon, désert, tanière, tour d'ivoire. *SOUT.* déréliction, thébaïde. *RELIG.* récollection. △ **ANT.** ACQUISITION, ADOPTION; CONQUÊTE, PRISE; CONSERVATION, MAINTIEN, POSSESSION; ACHARNEMENT, OBSTINATION, RÉSISTANCE; DYNAMISME; TENSION; MÉFIANCE.

abandonner *v.* ▶ ***Quitter un lieu*** – déserter, évacuer, quitter. ▶ ***Laisser qqn*** – délaisser, déserter, laisser, laisser en plan, laisser tomber, quitter. *FAM.* jeter, lâcher, laisser choir, larguer, lourder, planter là, plaquer. ▶ ***Léguer*** – céder, laisser, léguer, transférer, transmettre. *DR. ou SOUT.* aliéner. ▶ ***Renoncer*** – délaisser, enterrer, faire une croix sur, jeter aux oubliettes, laisser, laisser en jachère, laisser tomber, mettre au placard, mettre au rancart, mettre aux oubliettes, quitter, renoncer à, tirer une croix sur. *SOUT.* dépouiller, renoncer. *FAM.* lâcher, planter là, plaquer. ▶ ***Renier*** – renier, renoncer à, répudier. ▶ ***Cesser définitivement*** – arrêter, cesser, mettre fin à, mettre un terme à, renoncer à. ▶ ***Succomber*** – céder, se laisser aller, succomber. *FAM.* craquer, flancher. ▶ ***Capituler*** – abdiquer, baisser les bras, capituler, céder, courber le dos, déclarer forfait, démordre de, jeter le manche après la cognée, lâcher prise, laisser tomber, renoncer, s'avouer vaincu. *FAM.* décrocher, démissionner, fermer boutique, plier boutique. ♦ **s'abandonner** ▶ ***Se laisser aller*** – céder à, donner dans, entrer dans, s'adonner à, se laisser aller à, se livrer à, se porter à. ▶ ***Se confier*** – débonder son cœur, décharger son cœur, ouvrir son cœur, s'épancher, s'ouvrir, se confier, (se) débonder, se livrer, se soulager, se vider le cœur. *FAM.* égrener son chapelet, se déboutonner. ▶ ***Se prélasser*** – prendre ses aises, se prélasser, se vautrer. ♦ **abandonné** ▶ ***Inhabité*** – dépeuplé, désert, déserté, inhabité, vide. ▶ ***Laissé seul*** – délaissé, esseulé, négligé. △ **ANT.** JOINDRE, RÉINTÉGRER, REJOINDRE; AIDER, SECOURIR, SOIGNER, SOUTENIR; ACCEPTER, ADOPTER; REPRENDRE; CONSERVER, DÉFENDRE, GARDER, MAINTENIR; CONTINUER, PERSISTER, RÉSISTER, TENIR BON, TENIR FERME. ♦ **s'abandonner** RÉSISTER, SE MÉFIER, SE RAIDIR, SE SURVEILLER. ♦ **abandonné** HABITÉ, OCCUPÉ, PEUPLÉ; ENTRETENU; ENTOURÉ.

abattement *n.m.* ♦ **effondrement** ▶ ***Fatigue*** – accablement, affaiblissement, affaissement, affalement, alanguissement, amollissement, anéantissement, apathie, atonie, consomption, épuisement, éreintement, exténuation, faiblesse, fatigue, forçage, harassement, inertie, labeur, langueur, lassitude, marasme, peine, prostration, stress, surmenage. *MÉD.* adynamie, anémie, asthénie. ▶ ***Affaiblissement*** – accablement, affaiblissement, alanguissement, amoindrissement, amollissement, anémie, apathie, avachissement, consomption, découragement, défaillance, dépérissement, épuisement, étiolement, exténuation, fatigue, fragilisation, harassement, lassitude, rabaissement, ralentissement, ramollissement, sape, usure. *SOUT.* débilité. *MÉD.* adynamie, asthénie, atonie, collapsus, débilitation. ▶ ***Faiblesse*** – anémie, débilité, délicatesse, faiblesse, fragilité, impotence, impuissance, langueur. *SOUT.* chétivité. *MÉD.* aboulie, adynamie, asthénie, atonie, cataplexie, hypotonie, myatonie, psychasthénie. ▶ ***Mollesse*** – affaiblissement, apathie, atonie, avachissement, faiblesse, inconsistance, indolence, langueur, laxisme, mollasserie, mollesse, nonchalance, passivité, veulerie. *MÉD.* aboulie, dysboulie, psychasthénie. ▶ ***Découragement*** – accablement, affliction, amertume, anéantissement, chagrin, consternation, déboires, déception, déconvenue, découragement, dégoût, dégrisement, démoralisation, dépit, désappointement, désenchantement, désespoir, désillusion, désolation, échec, écœurement, ennui, infortune, insuccès, lassitude, mécompte, peine, regret, revers, tristesse. *SOUT.* atterrement, déréliction, désabusement, désespérance, retombement. *FAM.* défrisage, défrisement, douche (froide), ras-le-bol. ▶ ***Dépression*** – accablement, anéantissement, catalepsie, catatonie, démotivation, dépression, effondrement, hébétude, léthargie, marasme, neurasthénie, prostration, sidération, stupeur, torpeur. ▶ ***Tristesse*** – accablement, affliction, aigreur, amertume, chagrin, dépression, désolation, deuil, douleur, ennui, épreuve, grisaille, humeur noire, idées noires, idées sombres, langueur, lypémanie, mal du pays, mal-être, maussaderie, mélancolie, monotonie, morosité, neurasthénie, noir, nostalgie, papillons, peine, serrement de cœur, souci, tædium vitæ, tristesse, vague à l'âme. *SOUT.* atrabile, larmes, navrement, nuage, spleen, taciturnité. *FAM.* blues, bourdon, cafard, déprime, sinistrose. ♦ **déduction** ▶ ***Exonération*** – décharge, dégrèvement, dérogation, détaxation, détaxe, dispense, exemption, exonération, franchise, grâce, immunité, impunité, inamovibilité, inviolabilité, irresponsabilité, libération, liberté, mainlevée, réforme *(armée)*, transit. ▶ ***Rabais*** – baisse, bas prix, bonification, bradage, décompte, déduction, dégrèvement, diminution, discompte, escompte, liquidation, prix modique, rabais, réduction, réfaction, remise, ristourne, solde. *FAM.* bazardage. *QUÉB.* (prix d') aubaine. ▶ ***Impôt*** – décote, dégrèvement, réduction d'impôt. △ **ANT.** DYNAMISME, ÉNERGIE, TONUS, VIGUEUR; EXCITATION; EXALTATION, GAIETÉ, JOIE, OPTIMISME; PÉNALISATION, TAXE.

abattoir *n.m.* assommoir, bouvril, échaudoir, écorcherie, équarrissoir, tuerie.

abattre *v.* ▶ ***Faire tomber un arbre*** – bûcher. *SUISSE* déguiller. ▶ ***Démolir une construction*** – démanteler, démolir, raser. ▶ ***Renverser qqch.*** – coucher, faucher, renverser. ▶ ***Renverser qqn*** – culbuter, faire tomber à la renverse, jeter à terre, mettre à terre, renverser, terrasser. *RARE* verser. ▶ ***Atterrer*** – accabler, anéantir, atterrer, briser, consterner, désespérer, foudroyer, terrasser. *FAM.* catastropher, jeter à terre. ▶ ***Démoraliser*** – débiliter, décourager, démobiliser, démoraliser, démotiver, déprimer, écœurer, lasser, mettre à plat. *FAM.* démonter. *BELG.* déforcer. *ACADIE FAM.* déconforter. ▶ ***Affaiblir physiquement*** – affaiblir, alanguir, anémier, consumer, débiliter, diminuer, épuiser, étioler, miner, ronger, user. ♦ **s'abattre** ▶ ***S'effondrer*** – s'affaisser, s'écrouler, s'effondrer, tomber. QUÉB. FAM. s'écraser. ▶ ***Se précipiter du haut des airs*** – fondre, piquer, plonger. ▶ ***Tomber en grand nombre*** – fondre, pleuvoir, tomber. ♦ **abattu** ▶ ***Morose*** – découragé, démoralisé, déprimé, las, mélancolique, morne, morose, pessimiste, qui a le vague à l'âme, qui broie du noir, sombre, ténébreux, triste. SOUT. bilieux, saturnien, spleenétique. FAM. cafardeux, tristounet. ▶ ***Affaibli physiquement*** – affaibli, anémié. MÉD. adynamique, asthénique. △ **ANT.** BÂTIR, CONSTRUIRE, DRESSER, ÉDIFIER, ÉLEVER, FORTIFIER; DÉFENDRE; AIGUILLONNER, ENCOURAGER, RÉCONFORTER, RELEVER, REMONTER, STIMULER.

abbaye *n.f.* ▶ ***Lieu où vivent des religieux*** – béguinage, chartreuse, cloître, commanderie, couvent, laure *(orthodoxe)*, lavra *(orthodoxe)*, monastère, prieuré, trappe. ▶ ***Communauté religieuse*** – couvent, monastère.

abbé *n.m.* ▶ ***Supérieur d'une communauté*** – curé doyen, doyen, général (des X), père, père abbé, père prévôt, père prieur, père procureur, père supérieur, prieur. ▶ *Titre* – (Mon) Révérend, (Mon) Révérend Père. ▶ ***Prêtre*** – clerc, curé, ecclésiastique, homme d'Église, membre du clergé, ministre (du culte), prêtre, religieux. FIG. berger. PÉJ. FAM. capelan, curaillon, cureton.

abcès *n.m.* adénite, anthrax, bourbillon, bouton, bubon, chancre, collection, empyème, fistule, furoncle, kyste, orgelet *(paupière)*, panaris *(doigt)*, papule, parulie, phlegmon, pustule, scrofule. FAM. clou. QUÉB. picot. ACADIE puron.

abdication *n.f.* ▶ ***Renonciation*** – abandon, aliénation, capitulation, cession, don, donation, fléchissement, non-usage, passation, rejet, renoncement, renonciation, répudiation, retrait, suppression. FIG. bradage. ▶ ***Abandon*** – abandon, défection, délaissement, démission, désengagement, désertion, désintérêt, désistement, dessaisissement, forfait, inachèvement, recul, repli, retrait, retraite. SOUT. inaccomplissement. FAM. décrochage, lâchage, largage, plaquage. DR. non-lieu, résignation. △ **ANT.** CONSERVATION, MAINTIEN; ACHARNEMENT, OBSTINATION.

abdiquer *v.* ▶ ***Renoncer au pouvoir, à un titre*** – déposer, renoncer à, se désister. ▶ ***Abandonner*** – abandonner, baisser les bras, capituler, céder, courber le dos, déclarer forfait, démordre de, jeter le manche après la cognée, lâcher prise, laisser tomber, renoncer, s'avouer vaincu. FAM. décrocher, démissionner, fermer boutique, plier boutique. △ **ANT.** S'ACCROCHER, SE MAINTENIR AU POUVOIR; REFUSER, RESTER, S'OBSTINER; CONTINUER, PERSÉVÉRER, PERSISTER, RÉSISTER.

abdomen *n.m.* ventre. ANAT. bas-ventre, épigastre, hypocondre, hypogastre. FAM. bedaine, bedon, bide, brioche, estomac, panse. FRANCE FAM. bidon, buffet.

abeille *n.f.* ▶ ***Insecte*** – FRANCE RÉGION. mouche à miel. ZOOL. aculéate mellifère, apis.

aberrant *adj.* ▶ ***Qui dévie de la norme*** – anomal, anormal, atypique, déviant, irrégulier. ▶ ***Illogique*** – absurde, déraisonnable, fou, idiot, illogique, inepte, insensé, irrationnel, qui n'a aucun sens, ridicule, stupide. SOUT. insane. FAM. dément, qui ne tient pas debout. RARE antirationnel. PHILOS. alogique. △ **ANT.** CONFORME, CORRECT, NORMAL, ORDINAIRE; COHÉRENT, LOGIQUE, RATIONNEL.

aberration *n.f.* ▶ ***Absurdité*** – absurde, absurdité, apagogie, contradiction, illogisme, incohérence, inconséquence, irrationalité, irrationnel, non-sens, paradoxe, paralogisme. ▶ ***Erreur*** – aberrance, divagation, égarement, errements, erreur, méprise. SOUT. fourvoiement. ▶ ***Folie*** – démence, extravagance, folie, idiotie, imbécillité, inconséquence, ineptie, stupidité. FAM. RARE maboulisme. △ **ANT.** RAISON; BON SENS; SAGESSE.

abîme (var. **abyme**) *n.m.* ▶ ***Gouffre*** – crevasse, fosse, géosynclinal, gouffre, précipice, puits naturel. ▶ ***Profondeur*** – abysse, creux, distance, enfoncement, épaisseur, (fin) fond, fosse, gouffre, lointain, perspective, profondeur. SOUT. entrailles. ▶ ***Différence*** – altérité, changement, désaccord, déviance, différence, dissemblance, dissimilitude, distance, distinction, divergence, diversité, division, divorce, écart, fossé, gouffre, incompréhension, inégalité, intervalle, marginalité, nuance, séparation, variante, variation, variété. MATH. inéquation. ▶ ***Catastrophe*** (SOUT.) – apocalypse, bouleversement, calamité, cataclysme, catastrophe, chaos, désastre, drame, fléau, malheur, néant, ruine, sinistre, tragédie. FIG. précipice. FAM. cata. ▶ ***Ce qui est insondable*** (SOUT.) – espace, illimité, immensité, incommensurable, inconditionné, infini, infinitude, vastité, vastitude. ▶ ***Enfer*** (SOUT.) – empire des ténèbres, enfer, géhenne, schéol, Tartare. SOUT. pandémonium, royaume des morts. △ **ANT.** SOMMET.

abîmer *v.* ▶ ***Endommager*** – briser, casser, dégrader, délabrer, détériorer, endommager, mutiler. FAM. amocher, bigorner, bousiller, déglinguer, esquinter, flinguer, fusiller, massacrer. QUÉB. FAM. maganer. RARE accidenter. ▶ ***Blesser légèrement*** (FAM.) – contusionner, froisser, meurtrir. FAM. amocher, arranger, esquinter. ♦ **s'abîmer** ▶ ***Couler*** – couler, faire naufrage, périr corps et biens, s'engloutir, sombrer. MAR. sancir. ▶ ***Se plonger*** (SOUT.) – s'absorber, se perdre, se plonger, sombrer. △ **ANT.** CONSERVER; RÉPARER, SOIGNER.

abject *adj.* bas, coupable, crapuleux, dégoûtant, honteux, ignoble, immonde, inavouable, indigne, infâme, infect, innommable, inqualifiable, lâche, méprisable, odieux, repoussant, répugnant, sans nom, scandaleux, sordide, vil. SOUT. fangeux, ignominieux, nauséeux, triste, turpide. FAM. dégueu, dégueulasse, écœurant, salaud. △ **ANT.** DIGNE, HONORABLE, NOBLE.

abjection *n.f.* ▶ ***Abomination*** – abomination, atrocité, bassesse, boue, corruption, crapulerie, crime, débauche, déshonneur, fange, grossièreté, honte, horreur, ignominie, impureté, indignité, infamie, laideur, misère, monstruosité, noirceur, obscénité, odieux, ordure, saleté, sordide, souillure, vice. SOUT. sordidité, stupre, turpitude, vilenie. FAM. dégoûtation, dégueulasserie, pouillerie. ▶ ***Honte*** – abaissement, accroupissement, culpabilisation, dégradation, démérite, déshonneur, discrédit, flétrissure, gifle, honte, humiliation, ignominie, indignité, infamie, infériorisation, mépris, noircissure, opprobre, ridicule, scandale, ternissure. SOUT. turpitude, vilenie. ▶ ***Décrépitude*** – abaissement, abâtardissement, abrutissement, affadissement, affaiblissement, agonie, altération, amollissement, appauvrissement, atrophie, avachissement, avilissement, baisse, corruption, décadence, déchéance, déclin, décrépitude, dégénérescence, dégradation, délabrement, déliquescence, dénaturation, dépérissement, détérioration, édulcoration, empirement, étiolement, flétrissure, perte, perversion, pourrissement, pourriture, rouille, ruine, sape, usure. *SOUT.* aveulissement, crépuscule, pervertissement. *FAM.* déglingue, dégringolade. △ **ANT.** BIEN; BEAUTÉ, GRANDEUR *(MORALE)*; NOBLESSE; HONNEUR; HONNÊTETÉ; PROPRETÉ; ÉCLAT.

abnégation *n.f.* altruisme, désintéressement, détachement, dévouement, effacement, humilité, oubli de soi, privation, renoncement, résignation, sacrifice. *SOUT.* holocauste. △ **ANT.** ÉGOÏSME; INTÉRÊT PERSONNEL; AVIDITÉ; AMBITION, ARRIVISME.

aboiement *n.m.* clabaudage, glapissement, grognement, hurlement, jappement.

abolir *v.* ▶ ***Abroger*** – abroger, casser, invalider, révoquer. *DR.* infirmer, rapporter. ▶ ***Faire disparaître*** – déraciner, éliminer, éradiquer, faire disparaître, radier, supprimer. *SOUT.* extirper. △ **ANT.** CONSTITUER, CONSTRUIRE, CRÉER, ÉRIGER, ÉTABLIR, FONDER, JETER LES BASES DE, PROMULGUER; CONFIRMER, VALIDER; CONSOLIDER, PROLONGER, RENOUVELER.

abolition *n.f.* ▶ ***Annulation*** – abrogation, annulation, cassation, cessation, coupure, dissolution, invalidation, résiliation, résolution, retrait, révocation, rupture de contrat, suppression. *BELG.* renon. △ **ANT.** CONFIRMATION; LÉGALISATION; PROCLAMATION, PROMULGATION; RÉTABLISSEMENT.

abominable *adj.* ▶ ***Qui remplit d'horreur*** – atroce, barbare, horrible, inhumain, monstrueux. ▶ ***Très mauvais*** – affreux, atroce, déplorable, désastreux, épouvantable, exécrable, horrible, infect, insipide, lamentable, manqué, mauvais, médiocre, minable, navrant, nul, odieux, piètre, piteux, pitoyable, qui ne vaut rien, raté. *SOUT.* méchant, triste. *FAM.* à la con, à la flan, à la gomme, à la manque, à la mie de pain, à la noix (de coco), blèche, craignos, crapoteux, moche, pourri, qui ne vaut pas un clou. △ **ANT.** DIGNE, HONORABLE, NOBLE; EXCELLENT, EXTRAORDINAIRE, FANTASTIQUE.

abondamment *adv.* à discrétion, à foison, à la tonne, à pleines mains, à profusion, à satiété, à souhait, à volonté, amplement, beaucoup, bien, considérablement, copieusement, dru, en abondance, en masse, en quantité, énormément, fort, généreusement, grassement, gros, intarissablement, largement, libéralement, lourd, profusément, richement, suffisamment, torrentiellement. *FAM.* à gogo, à revendre, à tire-larigot, bésef, des tonnes, pas mal. △ **ANT.** EN FAIBLE QUANTITÉ, FAIBLEMENT, PAS BEAUCOUP, PEU.

abondance *n.f.* ▶ ***Grande quantité de choses*** – afflux, amas, ampleur, concentration, débauche, débordement, exubérance, filon, fleuraison, floraison, foisonnement, forêt, foule, fourmillement, gisement, infinité, inondation, luxe, luxuriance, masse, mine, multiplicité, myriade, nuée, orgie, paquet, pléthore, poussière, profusion, quantité, richesse, surabondance, tas, trésor. *FIG.* carnaval. *FAM.* festival, flopée, kyrielle, tapée, tonne, tripotée, wagon. *SUISSE FAM.* craquée. ▶ *Avec succession rapide* – avalanche, averse, bombardement, bordée, cascade, déferlement, déluge, flot, flux, grêle, kaléidoscope, mascaret, pluie, rivière, torrent, vague. *SOUT.* fleuve. ▶ ***Accumulation*** – accumulation, addition, agrégation, amas, amoncellement, collection, déballage, échafaudage, emmagasinage, empilage, empilement, encombrement, entassement, étagement, faisceau, fatras, fouillis, monceau, montagne, pile, pyramide, quantité, stratification, superposition, tas. ▶ ***Fertilité*** – fécondité, fertilité, générosité, luxuriance, prodigalité, productivité, rendement, richesse. ▶ ***Plénitude*** – ampleur, intégrité, plénitude, satiété, saturation, totalité. ▶ ***Richesse*** – aisance, bien-être, fortune, opulence, or, prospérité, richesse. ▶ ***Luxe*** – apparat, appareil, beauté, confort, dolce vita, éclat, étalage, faste, grandeur, luxe, magnificence, majesté, opulence, ostentation, pompe, profusion, richesse, somptuosité, splendeur. *FAM.* tralala. ▶ ***Grand nombre de personnes*** – affluence, armada, armée, attroupement, bande, cohue, concentration, concours, encombrement, essaim, flot, forêt, foule, fourmilière, fourmillement, grouillement, légion, marée, masse, meute, monde, multitude, peuple, pléiade *(célébrités)*, pullulement, rassemblement, régiment, réunion, ribambelle, ruche, tas, troupeau. *FAM.* flopée, marmaille *(enfants)*, tapée, tripotée. *QUÉB. FAM.* achalandage, gang. *PÉJ.* ramassis. ▶ ***Loquacité*** – débit, éloquence, emballement, expansivité, expressivité, exubérance, facilité, faconde, incontinence (verbale), logomachie, logorrhée, loquacité, péroraison, prolixité, verbalisme, verbiage, verbosité, verve, volubilité. *FAM.* bagou, baratin, baratinage, dégoisement, tchatche. *QUÉB. ACADIE FAM.* jasette. △ **ANT.** ABSENCE, INSUFFISANCE, MANQUE; DISETTE, PÉNURIE, RARETÉ; DÉNUEMENT, INDIGENCE, PAUVRETÉ.

abondant *adj.* ▶ ***Qui se trouve en grande quantité*** – considérable, innombrable, nombreux. *FAM.* à la pelle. ▶ ***Qui produit en abondance*** – débordant, fécond, fertile, foisonnant, fructueux, généreux, inépuisable, intarissable, productif, prolifique, riche. *SOUT.* copieux, inexhaustible, plantureux. ▶ ***Qui croît en abondance*** – exubérant, luxuriant. ▶ ***En parlant de nourriture*** – copieux, plantureux. *SOUT.* gargantuesque, pantagruélique. ▶ ***En parlant d'un fluide*** – *SOUT.* profus. △ **ANT.** CLAIRSEMÉ, PAUVRE, RARE; FRUGAL, LÉGER, MAIGRE.

abonder *v.* ▶ ***Se trouver en grande quantité*** – foisonner, fourmiller, pulluler. ▶ ***Contenir en abondance*** – déborder de, foisonner de, fourmiller de, regorger de, surabonder de/en. △ **ANT.** ÊTRE RARE, FAIRE DÉFAUT, MANQUER.

abonné *n.* ▶ ***Personne coutumière de qqch.*** (*FAM.*) – client, familier, fidèle, (vieil) habitué. *SOUT.* pratique. *PÉJ.* pilier.

abord *n.m.* ♦ **abord**, *sing.* ▶ ***Accueil*** – accès, accueil, approche, attitude, contact, mine, réception, tête, traitement. ▶ ***Caractère*** – caractère, comportement, constitution, esprit, état d'âme, état d'esprit, humeur, idiosyncrasie, individualité, mentalité, nature, naturel, personnalité, sensibilité, tempérament, trempe. *FAM.* psychologie. *ACADIE FAM.* alément. *PSYCHOL.* thymie. ▶ ***Accès*** – accès, approche, arrivée, entrée, introduction, ouverture, seuil. *MAR.* embouquement *(d'une passe)*. ♦ **abords, *plur.*** ▶ ***Proximité*** – alentours, approches, bordures, entourage, environs, parages, voisinage. *SOUT.* entour. ▶ ***Banlieue*** – alentours, banlieue, banlieue-dortoir, ceinture, cité-dortoir, couronne, environs, extension, faubourg, périphérie, quartier-dortoir, ville-dortoir, zone (suburbaine).

aborder *v.* ▶ ***Accoster un endroit*** – accoster, débarquer, prendre terre. ▶ ***Accoster qqn*** – accoster, approcher. △ **ANT.** APPAREILLER, PARTIR, S'ÉLOIGNER, S'EN ALLER; FUIR, QUITTER; ÉLUDER, ÉVITER.

aboutir *v.* ▶ ***Déboucher sur un lieu*** – conduire, déboucher sur, donner accès à, mener à. ▶ ***Avoir comme dénouement*** – finir, se solder, se terminer. ▶ ***Réussir*** – marcher, prendre, réussir. ▶ ***Finir par arriver*** – *FAM.* atterrir. △ **ANT.** PARTIR DE, S'ÉLOIGNER; COMMENCER; S'ÉTERNISER, SE PROLONGER; ÉCHOUER, RATER.

aboutissement *n.m.* ▶ ***Extrémité*** – bord, bordure, borne, bout, cap, confins, délimitation, extrême, extrémité, fin, finitude, frange, frontière, ligne, limite, lisière, orée, pied, pointe, pôle, queue, talon, terme, terminaison, tête. ▶ ***Conclusion*** – accomplissement, achèvement, apothéose, but, chute, complémentation, complètement, complétude, conclusion, consécration, consommation, couronnement, dénouement, exécution, fin, finition, fruit, issue, produit, réalisation, règlement, résolution, résultat, sortie, terme, terminaison. *SOUT.* aboutissant. *PHILOS.* entéléchie. △ **ANT.** COMMENCEMENT, DÉBUT, NAISSANCE, ORIGINE, PRÉMICES.

aboyer *v.* ▶ ***En parlant d'un chien*** – clabauder, donner de la voix, glapir, hurler. *QUÉB.* japper. ▶ ***En parlant de qqn*** – crier, fulminer, pester, tempêter, tonner, vociférer. *SOUT.* clabauder, déclamer, invectiver. *FAM.* déblatérer, gueuler. *QUÉB. FAM.* chialer, sacrer.

abrégé *n.m.* aide-mémoire, analyse, aperçu, argument, compendium, condensé, éléments, épitomé, esquisse, extrait, livret, manuel, mémento, morceau, notice, page, passage, plan, précis, promptuaire, raccourci, récapitulation, réduction, résumé, rudiment, schéma, sommaire, somme, synopsis, vademecum. *FAM.* topo. △ **ANT.** AMPLIFICATION, DÉVELOPPEMENT; INTÉGRALITÉ, SOMME, TOTALITÉ, VERSION INTÉGRALE, VERSION NON EXPURGÉE.

abréger *v.* ▶ ***Diminuer la durée*** – écourter, raccourcir. *SOUT.* accourcir. ▶ ***Résumer*** – condenser, écourter, raccourcir, ramasser, réduire, resserrer, résumer. ▶ ***Débarrasser des passages inutiles*** – élaguer, émonder. △ **ANT.** ALLONGER, ÉTIRER, PROLONGER; AMPLIFIER, DÉVELOPPER, EXPLIQUER; ENRICHIR.

abreuver *v.* ▶ ***Faire boire un animal*** – apaiser la soif de, désaltérer, étancher la soif de. *FAM.* rafraîchir. ▶ ***Mouiller*** – arroser, baigner, détremper, gorger d'eau, imbiber, imprégner, inonder, mouiller. ▶ ***Donner en abondance*** – accabler, combler, couvrir, gaver, gorger, inonder, rassasier, soûler. ♦ **s'abreuver** ▶ ***En parlant d'un animal*** – boire, se désaltérer. △ **ANT.** ASSOIFFER, PRIVER; ASSÉCHER, TARIR; ÉPARGNER, MÉNAGER.

abri *n.m.* ▶ ***Ombrage*** – ombrage, ombre, protection. ▶ ***Refuge contre les intempéries*** – refuge. ▶ ***Refuge militaire*** – blockhaus, bunker, cagna, casemate, fortin, gourbi, guitoune, tourelle. ▶ ***Refuge d'animal*** – aire, antre, breuil, caverne, gîte, halot, héronnière, liteau, nid, refuge, renardière, repaire, reposée, ressui, retraite, soue, tanière, taupinière, terrier, trou. *QUÉB.* ravage *(cerfs)*; *FRANCE RÉGION.* rabouillère. ▶ ***Lieu sûr ou isolé*** – affût, asile, cache, cachette, gîte, lieu de repos, lieu sûr, refuge, retraite. *FIG.* ermitage, havre (de paix), oasis, port, solitude, tanière, toit. *PÉJ.* antre, planque, repaire. ▶ ***Sécurité*** – assurance, calme, confiance, paix, quiétude, repos, salut, sécurité, sérénité, sûreté, tranquillité (d'esprit). ▶ ***Protection*** – aide, appui, assistance, chapeautage, conservation, couverture, garantie, garde, mandat, parrainage, paternalisme, patronage, protection, recommandation, renfort, rescousse, sauvegarde, secours, sécurisation, soutien, surveillance, tutelle. *FIG.* parapluie. *SOUT.* égide. *FAM.* piston.

abriter *v.* ▶ ***Recouvrir*** – couvrir, recouvrir. *QUÉB. FAM.* abrier. ▶ ***Protéger*** – assurer, défendre, garantir, garder, mettre à l'abri, préserver, protéger, tenir à l'abri. ▶ ***Héberger*** – accueillir, coucher, donner l'hospitalité à, donner le gîte à, héberger, loger, recevoir, recueillir. ♦ **s'abriter** ▶ ***Se protéger*** – se mettre à couvert, se mettre à l'abri, se protéger. ▶ ***Se cacher*** – se blottir, se cacher, se mettre à couvert, se mettre à l'abri, se nicher, se réfugier, se tapir, se terrer. *FAM.* se planquer. △ **ANT.** DÉCOUVRIR, EXPOSER; NÉGLIGER.

abrupt *adj.* ▶ ***Escarpé*** – à fond de cuve, à pic, accore, escarpé, montant, raide, rapide. *RARE* ardu. ▶ ***Brusque*** – agressif, bourru, bref, brusque, brutal, cassant, coupant, dur, incisif, raide, rude, sec, tranchant. △ **ANT.** DOUCE *(PENTE)*; DÉLICAT, DOUX *(PERSONNE)*.

abruptement *adv.* brusquement, brutalement, carrément, catégoriquement, crûment, directement, droit, droit au but, fermement, franc, franchement, hardiment, librement, net, nettement, raide, raidement, résolument, rondement, sans ambages, sans ambiguïté, sans barguigner, sans détour(s), sans dissimulation, sans équivoque, sans faux-fuyant, sans hésitation, sans intermédiaire, vertement. *FAM.* franco.

absence *n.f.* ▶ ***Éloignement*** – départ, disparition, échappée, éloignement, escapade, évasion, fugue, séparation. *FAM.* éclipse. ▶ ***Manque*** – défaut, lacune, manque, omission, privation, trou, vide. ▶ ***Distraction*** – absence (d'esprit), déconcentration, défaillance, dispersion, dissipation, distraction, étourderie, imprudence, inadvertance, inapplication, inattention, inconséquence, irréflexion, légèreté, négligence, omission, oubli. *PSYCHAN.* aprosexie, déflexion. *PSYCHOL.* distractivité. ▶ ***Oubli*** – amnésie, étourderie, manque, mauvaise mémoire, omission, oubli, perte de mémoire, trou (de mémoire). △ **ANT.** PRÉSENCE; ABONDANCE; ATTENTION.

absent *adj.* ▶ ***Qui manque*** – manquant, qui fait défaut. ▶ ***Qui n'existe pas*** – inexistant, négligeable, nul. ▶ ***En situation d'absence*** – *DR.* contumace, défaillant. ▶ ***Inattentif*** – absorbé (dans ses pensées), distrait, inattentif, lointain, lunaire, méditatif, pensif, qui a l'esprit ailleurs, rêvasseur, rêveur, somnambule, songeur. *FAM.* dans la lune. *QUÉB. FAM.*

lunatique. △ **ANT.** PRÉSENT; COMPARANT *(JUSTICE)*; DISTRAIT, INATTENTIF.

absolu *adj.* ▸ ***Sans restriction*** – complet, entier, exhaustif, global, inconditionnel, intégral, parfait, plein, rigoureux, sans réserve, total. *PÉJ.* aveugle. ▸ *En parlant d'un pouvoir* – discrétionnaire, illimité. ▸ *Oppressif* – absolutiste, arbitraire, autocratique, autoritaire, césarien, despote, despotique, dictatorial, directif, dominateur, hégémonique, jupitérien, totalitaire, tyrannique. △ **ANT.** PARTIEL, RELATIF; CONDITIONNEL; DÉMOCRATIQUE, ÉGALITAIRE.

absolu *n.m.* ▸ ***Perfection*** – absoluité, beau, bien, bonté, exemplarité, idéal, infini, nec plus ultra, perfection, pureté, qualité, quintessence, succulence, summum, transcendance.

absolument *adv.* ▸ ***Complètement*** – à fond, à tous (les) égards, au (grand) complet, au long, au total, complètement, d'un bout à l'autre, de A (jusqu')à Z, du début à la fin, du tout au tout, en bloc, en entier, en totalité, en tous points, entièrement, exhaustivement, fin, in extenso, intégralement, pleinement, sous tous les rapports, sur toute la ligne, totalement, tout, tout à fait. ▸ ***Parfaitement*** – carrément, catégoriquement, complètement, parfaitement, purement, radicalement, tout à fait. *FAM.* royalement, souverainement. ▸ ***Fondamentalement*** – en essence, essentiellement, foncièrement, fondamentalement, intrinsèquement, organiquement, primordialement, principalement, profondément, radicalement, substantiellement, totalement, viscéralement, vitalement. ▸ ***Obligatoirement*** – à tout prix, coûte que coûte, essentiellement, impérativement, impérieusement, inconditionnellement, indispensablement, nécessairement, obligatoirement, sans faute. ▸ ***Tyranniquement*** – arbitrairement, autocratiquement, autoritairement, d'autorité, despotiquement, dictatorialement, discrétionnairement, tyranniquement, unilatéralement. △ **ANT.** RELATIVEMENT; DÉMOCRATIQUEMENT.

absolution *n.f.* ▸ ***Pardon*** – absoute *(public)*, acquittement, aman, amnistie, annulation, clémence, dédouanement, disculpation, extinction, grâce, indulgence, jubilé, mise hors de cause, miséricorde, mitigation, oubli, pardon, pénitence, prescription, réhabilitation, relaxe, remise (de peine), rémission, suppression (de peine). △ **ANT.** ACCUSATION; CONDAMNATION; PUNITION; INCLÉMENCE.

absorbant *adj.* ▸ ***Qui absorbe l'eau*** – hydrophile. ▸ ***Captivant*** – accrocheur, captivant, fascinant, intéressant, palpitant, passionnant, prenant. *SOUT.* attractif. ▸ ***Accaparant*** – accaparant, exigeant, prenant. △ **ANT.** ÉTANCHE, HYDROFUGE, IMPERMÉABLE; ENDORMANT, ININTÉRESSANT, LASSANT.

absorber *v.* ▸ ***S'imbiber*** – boire, pomper, s'imbiber de, s'imprégner de. ▸ ***Ingurgiter*** – avaler, consommer, déglutir, ingérer, ingurgiter, prendre. ▸ ***Accaparer*** – accaparer, occuper, prendre en entier. *FAM.* bouffer. ♦ **s'absorber** ▸ ***Se plonger*** – se perdre, se plonger, sombrer. *SOUT.* s'abîmer. ♦ **absorbé** ▸ ***Concentré*** – à l'écoute, attentif, concentré, diligent, tout ouïe, tout yeux tout oreilles, vigilant. ▸ ***Soucieux*** – contrarié, ennuyé, inquiet, pensif, perplexe, préoccupé, songeur, soucieux, tracassé. ▸ ***Distrait*** – absent, absorbé (dans ses pensées), distrait, inattentif, lointain, lunaire, méditatif, pensif, qui a l'esprit ailleurs, rêvasseur, rêveur, somnambule, songeur. *FAM.* dans la lune. *QUÉB. FAM.* lunatique. △ **ANT.** DÉGORGER, REJETER; CRACHER, RÉGURGITER, VOMIR. ♦ **s'absorber** SE DÉTACHER, SE DISTRAIRE, SE DIVERTIR.

absorption *n.f.* ▸ ***Imbibition*** – absorptivité, aluminage *(alumine)*, alunage *(alun)*, endosmose, imbibition, imprégnation, incération *(cire)*, infiltration, pénétration, percolation. *PHYSIOL.* insalivation. ▸ ***Alimentation*** – alimentation, consommation, cuisine, ingestion, ingurgitation, manducation, menu, nourrissement, nourriture, nutrition, ordinaire, repas, sustentation. *FAM.* cuistance, popote. ▸ ***Digestion*** – anabolisme, assimilation, biosynthèse, chimisme, coction, digestion, eupepsie, ingestion, métabolisme, nutrition, phagocytose *(cellules)*, rumination, transformation. ▸ ***Annexion*** – annexion, fusion, fusionnement, incorporation, intégration, phagocytose, rattachement, réunification, réunion. ▸ ***Effacement*** – anéantissement, annihilation, démolition, destruction, dévastation, disparition, effacement, élimination, enlèvement, éradication, fin, gommage, liquidation, mort, néantisation, suppression. *SOUT.* extirpation. *RARE* engloutissement. △ **ANT.** RÉGURGITATION, VOMISSEMENT; REJET; REFUS; ÉLIMINATION.

absoudre *v.* ▸ ***Pardonner*** – excuser, pardonner à. *SOUT.* amnistier, ne pas tenir rigueur à, tenir pour quitte. ▸ ***Disculper*** – blanchir, décharger, disculper, innocenter, justifier, laver d'une accusation, mettre hors de cause, réhabiliter. *DR.* acquitter. △ **ANT.** ANATHÉMISER, CONDAMNER, EXCOMMUNIER; ACCUSER, INCULPER, JUGER.

abstenir (s') *v.* ▸ ***S'empêcher de faire qqch.*** – éviter de, s'empêcher de, s'interdire de, se défendre de, se garder de, se refuser à, se retenir de. ▸ ***Se priver de qqch.*** – faire une croix sur, renoncer à, sacrifier, se passer de, se priver de, tirer une croix sur. *SOUT.* immoler, se dénuer de. *FAM.* se brosser. △ **ANT.** AGIR, PARTICIPER, PRENDRE PART, PRENDRE PARTI; RECHERCHER, SE PERMETTRE DE.

abstention *n.f.* ▸ ***Neutralité*** – abstentionnisme, apolitisme, indifférence, indifférentisme, isolationnisme, laisser-faire, neutralisme, neutralité, non-agression, non-alignement, non-belligérance, non-engagement, non-ingérence, non-intervention. △ **ANT.** PARTICIPATION; INTERVENTION; ACTION.

abstinent *adj.* ▸ ***Frugal*** – frugal, modéré, sobre, tempérant. ▸ ***Qui s'abstient d'alcool*** – abstème, sobre, tempérant. ▸ ***Chaste*** – chaste. △ **ANT.** IMMODÉRÉ, INTEMPÉRANT, QUI DÉPASSE LA MESURE; IVROGNE; SEXUELLEMENT ACTIF.

abstraction *n.f.* ▸ ***Concept*** – archétype, concept, conception, conceptualisation, connaissance, conscience, entité, fiction, généralisation, idée, imagination, notion, noumène, pensée, représentation (mentale), schème, théorie. ▸ ***Immatérialité*** – abstrait, cérébralité, essentialité, évanescence, idéalité, immatérialité, impalpabilité, imperceptibilité, impondérabilité, incorporalité, incorporéité, intangibilité, intemporalité, irréalité, spiritualité, spirituel, subtilité, volatilité. ▸ ***Dématérialisation*** – conceptualisation, dématérialisation, désincarnation, essentialisation, idéalisation, intellectualisation, mentalisation, spiritualisation, sublimation. ▶ ***Illusion*** – abstrait, apparence, berlue, chimère, déréalisation, effet d'optique, fantasme, faux, faux-semblant, fiction, fumée, hallucination, illusion, illusion d'optique, image, imagination, irréalisme, irréalité, leurre, mensonge, mirage, onirisme, psychédélisme, rêve, rêverie, semblant, simulation, songe, songerie, trompe-l'œil, tromperie, utopie, vision, vue de l'esprit. *FAM.* frime. *SOUT.* prestige. ▶ ***Art abstrait*** – abstractionnisme, abstrait, art abstrait, non-figuration. △ **ANT.** RÉALITÉ; MATÉRIALITÉ; ART FIGURATIF.

abstrait *adj.* ▶ ***Qui n'existe que dans l'esprit*** – abstractif, cérébral, conceptuel, idéal, intellectuel, mental, spéculatif, théorique. *PHILOS.* idéationnel, idéel, théorétique. ▶ ***En parlant d'art*** – *BX-ARTS* non figuratif. △ **ANT.** CONCRET, MATÉRIEL, TANGIBLE; FIGURATIF *(ART)*; APPLIQUÉ *(SCIENCE)*, EXPÉRIMENTAL.

abstrait *n.m.* ▶ ***Immatérialité*** – abstraction, cérébralité, essentialité, évanescence, idéalité, immatérialité, impalpabilité, imperceptibilité, impondérabilité, incorporalité, incorporéité, intangibilité, intemporalité, irréalité, spiritualité, spirituel, subtilité, volatilité. ▶ ***Illusion*** – abstraction, apparence, berlue, chimère, déréalisation, effet d'optique, fantasme, faux, faux-semblant, fiction, fumée, hallucination, illusion, illusion d'optique, image, imagination, irréalisme, irréalité, leurre, mensonge, mirage, onirisme, psychédélisme, rêve, rêverie, semblant, simulation, songe, songerie, trompe-l'œil, tromperie, utopie, vision, vue de l'esprit. *FAM.* frime. *SOUT.* prestige. ▶ ***Art abstrait*** – abstraction, abstractionnisme, art abstrait, non-figuration. ▶ ***Artiste*** – abstractionniste, non-figuratif. △ **ANT.** CONCRET; RÉALITÉ; MATÉRIALITÉ; ARTISTE FIGURATIF.

abstraitement *adv.* ▶ ***Imaginairement*** – abstractivement, dans l'absolu, dans l'abstrait, en théorie, hypothétiquement, idéalement, imaginairement, in abstracto, intellectuellement, irréellement, platoniquement, profondément, subtilement, théoriquement. ▶ ***Confusément*** – confusément, évasivement, imperceptiblement, imprécisément, indistinctement, nébuleusement, obscurément, vaguement, vaseusement. △ **ANT.** CONCRÈTEMENT, DANS LES FAITS, EN PRATIQUE, EN RÉALITÉ, RÉELLEMENT.

absurde *adj.* ▶ ***Illogique*** – aberrant, déraisonnable, fou, idiot, illogique, inepte, insensé, irrationnel, qui n'a aucun sens, ridicule, stupide. *SOUT.* insane. *FAM.* dément, qui ne tient pas debout. *RARE* antirationnel. *PHILOS.* alogique. ▶ ***Invraisemblable*** – à dormir debout, abracadabrant, abracadabrantesque, baroque, biscornu, bizarre, burlesque, cocasse, exagéré, excentrique, extravagant, fantasque, farfelu, fou, funambulesque, grotesque, impayable, impossible, incroyable, insolite, invraisemblable, loufoque, qui ne tient pas debout, rocambolesque, saugrenu, tiré par les cheveux, vaudevillesque. *FRANCE FAM.* foutraque, gaguesque, louf, louftingue. △ **ANT.** COHÉRENT, LOGIQUE, RATIONNEL.

absurdité *n.f.* ▶ ***Contradiction*** – antilogie, antinomie, aporie, conflit, contradiction, contresens, contrevérité, impossibilité, incohérence, inconsistance, invraisemblance, non-sens, paradoxe, sophisme. ▶ ***Illogisme*** – aberration, absurde, apagogie, contradiction, illogisme, incohérence, inconséquence, irrationalité, irrationnel, non-sens, paradoxe, paralogisme. ▶ ***Acte ou parole stupide*** – ânerie, bafouillage, bafouillis, baliverne, balourdise, bêlement, bêtise, bourde, calembredaine, cliché, dinguerie, divagation, fadaise, faribole, folie, idiotie, imbécillité, ineptie, insanité, niaiserie, non-sens, perle, propos en l'air, sornette, sottise, stupidité. *SOUT.* billevesée. *FAM.* connerie, crétinerie, déblocage, déconnage, vanne. △ **ANT.** VÉRITÉ; BIEN-FONDÉ; BON SENS; INTELLIGENCE, RAISON; SAGESSE.

abus *n.m.* ▶ ***Excès*** – démesure, exagération, excès, extrémisme, immodération, jusqu'au-boutisme, maximalisme, outrance. *FAM.* charriage. ▶ ***Injustice*** – arbitraire, déloyauté, déni de justice, empiètement, erreur (judiciaire), exploitation, favoritisme, illégalité, illégitimité, inconstitutionnalité, inégalité, iniquité, injustice, irrégularité, mal-jugé, malveillance, noirceur, partialité, passe-droit, privilège, scélératesse, tort, usurpation. *SOUT.* improbité. △ **ANT.** MODÉRATION, PONDÉRATION, RETENUE; ABSTINENCE, TEMPÉRANCE; JUSTICE.

abuser *v.* ▶ ***Faire un mauvais usage*** – faire mauvais usage. *SOUT.* mésuser. ▶ ***Exploiter*** – exploiter, presser comme un citron, pressurer, profiter de. ▶ ***Violer*** – faire violence à, violenter, violer. ▶ ***Duper*** – attraper, avoir, bercer, berner, duper, en conter à, en faire accroire à, flouer, leurrer, mentir à, mystifier, se jouer de, se moquer de, tromper. *SOUT.* trigauder. *FAM.* blouser, bluffer, canuler, charrier, cravater, empaumer, empiler, entourlouper, esbroufer, faire marcher, feinter, la faire à, mener en bateau, mettre en boîte, pigeonner, posséder, refaire, rouler. *QUÉB. FAM.* niaiser. *RARE* jobarder. ▶ ***Induire en erreur*** – faire illusion, fourvoyer, induire en erreur, jeter de la poudre aux yeux, leurrer, tromper. *SOUT.* illusionner. ♦ **s'abuser** ▶ ***Se tromper*** – avoir tort, commettre une erreur, faire erreur, faire fausse route, se fourvoyer, se méprendre, se tromper. *SOUT.* errer, s'égarer. *FAM.* prendre des vessies pour des lanternes, se blouser, se ficher dedans, se gourer, se mettre le doigt dans l'œil, se planter. *RARE* aberrer. ▶ ***Se faire des illusions*** – s'illusionner, se bercer d'illusions, se faire des idées, se faire des illusions, se leurrer, se tromper. *FAM.* croire au père Noël, se monter la tête, se monter le bourrichon, se repaître de viande creuse. *QUÉB. FAM.* s'en faire accroire, se conter des histoires. △ **ANT.** DÉTROMPER, ÉCLAIRER, PRÉVENIR, RENSEIGNER; DÉSABUSER, DÉSENCHANTER.

abuseur *n.* ▶ ***Personne qui viole*** – violeur. ▶ ***Personne qui abuse de son pouvoir*** – autocrate, brimeur, despote, oppresseur, persécuteur, sadique, tyran. *FAM.* terreur. *SOUT.* dominateur, satrape, terrible, tourmenteur, vexateur.

académicien *n.* habit vert, Immortel, membre de l'Institut, pensionnaire du palais Mazarin, pensionnaire du quai Conti, un des Quarante.

académie *n.f.* ▶ ***Association savante ou artistique*** – aréopage, cénacle, cercle, club, école, institut, société. ▶ ***École*** – collège, conservatoire, école, établissement scolaire, high school *(pays anglo-saxons)*, institut, institution, lycée, maison d'éducation, maison d'enseignement, medersa *(pays musulmans)*, petit séminaire. *FRANCE FAM.* bahut, boîte. *QUÉB.* cégep, collégial, polyvalente, régionale *(en* *région)*; FAM. poly. BELG. athénée. SUISSE gymnase. ▶ ***Université*** – alma mater, campus, collège, complexe universitaire, école, enseignement supérieur, faculté, institut, université. FAM. fac. ▶ ***L'Académie française*** – l'Académie (française), l'Institut, la Coupole, le palais Mazarin, le quai Conti.

académique *adj.* ▶ ***Sans originalité*** – banal, classique, commun, conformiste, convenu, plat, standard. △ ANT. FAMILIER, NATUREL, RELÂCHÉ, SPONTANÉ.

acajou *n.m.* mahogani.

accablant *adj.* ▶ ***Pénible à supporter*** – aliénant, asservissant, assujettissant, astreignant, contraignant, écrasant, étouffant, exigeant, impitoyable, lourd, oppressant, pénible, pesant. ▶ ***Épuisant*** – abrutissant, épuisant, éreintant, exténuant, fatigant, harassant, surmenant. FAM. claquant, crevant, esquintant, tuant, usant. FRANCE FAM. cassant, foulant, liquéfiant. ▶ ***Qui incrimine*** – accusateur, révélateur. ▶ ***Très chaud*** – brûlant, caniculaire, chaud, écrasant, étouffant, lourd, oppressant, saharien, suffocant, torride, tropical. △ ANT. DOUX, LÉGER; LIBÉRATEUR; RELAXANT, REPOSANT; DÉCULPABILISANT.

accablement *n.m.* ▶ ***Affaiblissement*** – abattement, affaiblissement, alanguissement, amoindrissement, amollissement, anémie, apathie, avachissement, consomption, découragement, défaillance, dépérissement, épuisement, étiolement, exténuation, fatigue, fragilisation, harassement, lassitude, rabaissement, ralentissement, ramollissement, sape, usure. SOUT. débilité. MÉD. adynamie, asthénie, atonie, collapsus, débilitation. ▶ ***Fatigue*** – abattement, affaiblissement, affaissement, affalement, alanguissement, amollissement, anéantissement, apathie, atonie, consomption, épuisement, éreintement, exténuation, faiblesse, fatigue, forçage, harassement, inertie, labeur, langueur, lassitude, marasme, peine, prostration, stress, surmenage. MÉD. adynamie, anémie, asthénie. ▶ ***Abattement*** – abattement, anéantissement, catalepsie, catatonie, démotivation, dépression, effondrement, hébétude, léthargie, marasme, neurasthénie, prostration, sidération, stupeur, torpeur. ▶ ***Désappointement*** – abattement, affliction, amertume, anéantissement, chagrin, consternation, déboires, déception, déconvenue, découragement, dégoût, dégrisement, démoralisation, dépit, désappointement, désenchantement, désespoir, désillusion, désolation, échec, écœurement, ennui, infortune, insuccès, lassitude, mécompte, peine, regret, revers, tristesse. SOUT. atterrement, déréliction, désabusement, désespérance, retombement. FAM. défrisage, défrisement, douche (froide), ras-le-bol. ▶ ***Tristesse*** – abattement, affliction, aigreur, amertume, chagrin, dépression, désolation, deuil, douleur, ennui, épreuve, grisaille, humeur noire, idées noires, idées sombres, langueur, lypémanie, mal du pays, mal-être, maussaderie, mélancolie, monotonie, morosité, neurasthénie, noir, nostalgie, papillons, peine, serrement de cœur, souci, tædium vitæ, tristesse, vague à l'âme. SOUT. atrabile, larmes, navrement, nuage, spleen, taciturnité. FAM. blues, bourdon, cafard, déprime, sinistrose. △ ANT. DYNAMISME, ÉNERGIE, TONUS, VIGUEUR; EXALTATION, GAIETÉ, JOIE, OPTIMISME.

accabler *v.* ▶ ***Frapper d'un mal*** – affliger, atteindre, frapper, toucher. ▶ ***Charger*** – charger, écraser, étouffer, peser sur, surcharger. SOUT. opprimer. ▶ ***Tyranniser*** – écraser, opprimer, persécuter, tyranniser. ▶ ***Atterrer*** – abattre, anéantir, atterrer, briser, consterner, désespérer, foudroyer, terrasser. FAM. catastropher, jeter à terre. ▶ ***Incriminer*** – accuser, incriminer. ▶ ***Couvrir*** – abreuver, combler, couvrir, gaver, gorger, inonder, rassasier, soûler. △ ANT. SOULAGER; DÉCHARGER; LIBÉRER; RAGAILLARDIR, RÉCONFORTER, REPOSER.

accalmie *n.f.* ▶ ***Amélioration du temps*** – adoucissement, amélioration, bonace, calme plat, éclaircie, embellie, radoucissement, réchauffement, redoux, répit, tiédissement, tranquillité, trouée. QUÉB. FAM. doux temps. ACADIE FAM. clairon. ▶ ***Apaisement*** – apaisement, bonace, bonheur, calme, éclaircie, entente, fraternité, harmonie, idylle, paix, quiétude, rémission, repos, silence, tranquillité, trêve, union. SOUT. kief. △ ANT. CRISE; AGITATION, TEMPÊTE; RECHUTE; REPRISE.

accaparant *adj.* ▶ ***Exigeant*** – absorbant, exigeant, prenant. ▶ ***Envahissant*** – encombrant, envahissant, fatigant, importun, indésirable, indiscret, intrus, pesant, sans gêne. FAM. casse-pieds, collant, crampon, embêtant. QUÉB. FAM. achalant, dérangeant. △ ANT. FACILE, SIMPLE; ACCOMMODANT, COMPLAISANT, SOUPLE.

accaparer *v.* ▶ ***Monopoliser*** – monopoliser, retenir, s'approprier, s'emparer de, se rendre maître de. FAM. truster. ▶ ***Absorber*** – absorber, occuper, prendre en entier. FAM. bouffer. ▶ ***Retenir qqn indûment*** – FAM. coller, cramponner. △ ANT. DISTRIBUER, PARTAGER, RÉPARTIR; LIQUIDER.

accéder *v.* ▶ ***Atteindre*** – arriver à, atteindre, gagner, parvenir à, se rendre à, toucher. ▶ ***Accepter*** – accepter, acquiescer à, agréer, approuver, avaliser, cautionner, consentir à, dire oui à, donner son aval à, opiner à, toper, vouloir. FAM. marcher. △ ANT. QUITTER; RESTER HORS DE, SE VOIR REFUSER L'ACCÈS DE; MANQUER, NE PAS PARVENIR À, RATER.

accélération *n.f.* accroissement, activation, augmentation de cadence, augmentation de vitesse, fuite en avant, hâte, précipitation. △ ANT. DÉCÉLÉRATION, RALENTISSEMENT; DIMINUTION.

accélérer *v.* ▶ ***Précipiter*** – activer, brusquer, hâter, précipiter, presser. SOUT. diligenter. △ ANT. FREINER, MODÉRER, RALENTIR; RETARDER, RETENIR.

accent *n.m.* ▶ ***Modulation*** – accentuation, inflexion, intensité, intonation, modulation, prononciation, prosodie, ton, tonalité.

accentuer *v.* ▶ ***Faire ressortir*** – accuser, faire ressortir, marquer, mettre en évidence, mettre en relief, souligner. ▶ *De façon favorable* – faire valoir, mettre en valeur, rehausser, relever, valoriser. ▶ ***Intensifier*** – accroître, ajouter à, amplifier, augmenter, intensifier, renforcer. SOUT. exalter. ▶ ***Prononcer avec force*** – appuyer sur, marteler, scander. ♦ **s'accentuer** ▶ ***Augmenter*** – augmenter, croître, grandir, grossir, prendre de l'ampleur, prendre de l'envergure, redoubler, s'accroître, s'amplifier, s'intensifier, se développer. ♦ **accentué** ▶ ***Qui apparaît clairement*** – accusé, fort, marqué, net, prononcé, sec. △ **ANT.** ATTÉNUER, BANALISER, MINIMISER, MODÉRER, NEUTRALISER, RÉDUIRE; DISSIMULER, MASQUER.

acceptable *adj.* ▶ ***Admissible*** – admissible, recevable, valable, valide. ▶ ***Satisfaisant*** – approuvable, bien, bon, convenable, correct, décent, honnête, honorable, moyen, passable, présentable, raisonnable, satisfaisant, suffisant. *FAM.* O.K., potable, supportable. △ **ANT.** INACCEPTABLE, INADMISSIBLE, IRRECEVABLE; EXCELLENT, EXTRAORDINAIRE, FANTASTIQUE; LAMENTABLE, MÉDIOCRE, MINABLE, NAVRANT, PIÈTRE, PITEUX, PITOYABLE, RATÉ; INSATISFAISANT, INSUFFISANT.

acceptation *n.f.* ▶ ***Consentement*** – accord, accréditation, acquiescement, adhésion, adoption, affirmation, affirmative, agrément, amen, approbation, approbativité, approuvé, assentiment, autorisation, aval, avis favorable, bénédiction, caution, chorus, confirmation, consentement, déclaration favorable, engagement, entérinement, exeat, feu vert, gré, homologation, légalisation, oui, permission, ratification, sanction, validation. *BELG.* agréage, agréation. *SOUT.* suffrage. *RELIG.* admittatur, celebret, créance, imprimatur, nihil obstat. ▶ ***Résignation*** – aquoibonisme, déterminisme, fatalisme, passivité, philosophie, providentialisme, renoncement, résignation, stoïcisme. △ **ANT.** NON, REFUS; DÉSACCORD.

accepter *v.* ▶ ***Admettre dans un groupe*** – accueillir, admettre, agréger, recevoir. *ADMIN.* agréer. ▶ ***Approuver*** – accéder à, acquiescer à, agréer, approuver, avaliser, cautionner, consentir à, dire oui à, donner son aval à, opiner à, toper, vouloir. *FAM.* marcher. ▸ *De manière officielle* – approuver, confirmer, entériner, homologuer, plébisciter, ratifier, sanctionner, sceller, signer, valider. ▶ ***Endosser*** – assumer, endosser, prendre sur soi, se charger de. ▶ ***Consacrer*** – consacrer, entériner, sanctionner. ▶ ***Tolérer*** – endurer, permettre, souffrir, supporter, tolérer. ▶ ***Subir avec résignation*** – faire contre mauvaise fortune bon cœur, prendre son parti de, s'incliner, se faire à l'idée, se faire une raison, se résigner, se résoudre, se soumettre. *FAM.* digérer. ▶ ***Daigner*** – condescendre à, consentir à, daigner, vouloir bien. △ **ANT.** ÉCARTER, EXCLURE, REJETER, RENVOYER, REPOUSSER; DÉCLINER; REFUSER; S'OPPOSER À; S'INSURGER, SE RÉVOLTER.

acception *n.f.* ▶ ***Sens*** – définition, sémantisme, sens, signification, signifié, valeur.

accès *n.m.* ▶ ***Entrée*** – abord, approche, arrivée, entrée, introduction, ouverture, seuil. *MAR.* embouquement *(d'une passe)*. ▶ ***Voie*** – artère, rue, voie. ▸ *Large* – allée, avenue, boulevard, cours, mail, promenade. *BELG.* drève. ▸ *Petite* – boyau *(étroit)*, passage, ruelle. *FRANCE RÉGION.* traboule. *SOUT.* venelle. ▶ ***Accueil*** – abord, accueil, approche, attitude, contact, mine, réception, tête, traitement. ▶ ***Crise*** – attaque, atteinte, bouffée, crise, flambée, poussée, quinte. ▶ ***Sentiment passager*** – bizarrerie, bon plaisir, caprice, changement, chimère, coup de tête, envie, extravagance, fantaisie, fantasme, folie, frasque, gré, guise, immaturité, impatience, incartade, inconstance, infantilisme, instabilité, légèreté, lubie, marotte, mobilité, originalité, saute (d'humeur), singularité, sporadicité, variation, versatilité, volonté. *SOUT.* folle gamberge, foucade, humeur. *FAM.* toquade. △ **ANT.** ISSUE, SORTIE; DESCENTE.

accessible *adj.* ♦ **choses** ▶ ***Ouvert à tous*** – libre, ouvert, public. ▶ ***Facile à comprendre*** – à la portée de tous, clair, cohérent, compréhensible, concevable, déchiffrable, évident, facile, intelligible, interprétable, limpide, lumineux, pénétrable, saisissable, simple, transparent. ▶ ***En parlant d'un prix*** – abordable, avantageux, modique, raisonnable. ♦ **personnes** ▶ ***Que l'on peut approcher*** – approchable, d'un abord facile, disponible. *SOUT.* abordable, accostable. ▶ ***Réceptif*** – ouvert, perméable, réceptif, sensible. △ **ANT.** FERMÉ, IMPÉNÉTRABLE, INABORDABLE, INACCESSIBLE; INCOMPRÉHENSIBLE, ININTELLIGIBLE, NÉBULEUX; CHER, EXORBITANT, HORS DE PRIX.

accessoire *adj.* ▶ ***Supplémentaire*** – additif, additionnel, annexe, auxiliaire, complémentaire, en supplément, subsidiaire, supplémentaire. *SOUT.* adventice, supplétif, surérogatoire. ▶ ***Peu important*** – anecdotique, annexe, contingent, (d'intérêt) secondaire, de second plan, décoratif, dédaignable, épisodique, incident, indifférent, insignifiant, marginal, mineur, négligeable. △ **ANT.** ESSENTIEL, PRINCIPAL; IMPORTANT, NÉCESSAIRE.

accessoire *n.m.* ▶ ***Outil*** – appareil, instrument, outil, pièce, ustensile. ▶ ***Ornement*** – agrément, décor, décoration, détail, enjolivement, enjolivure, enrichissement, figure, fioriture, garniture, ornement, ornementation, parure. *FAM.* affiquet, affûtiaux. ▶ ***Ce qui est ajouté*** – à-côté, adjonction, ajout, annexe, appoint, complément, extra, rajout, supplément. *FAM.* rab, rabiot, rallonge. *BELG.* ajoute. *SUISSE* ajouture, rajouture. △ **ANT.** ESSENTIEL, PRINCIPAL; VEDETTE.

accident *n.m.* ▶ ***Hasard*** – aléa, aléatoire, aventure, cas fortuit, chance, circonstance, coïncidence, conjoncture, contingence, coup de dés, coup du sort, facteur chance, fortuit, hasard, impondérable, imprévu, inattendu, incertitude, indétermination, occurrence, rencontre, sort. *SOUT.* fortune. *PHILOS.* casualisme, casualité, indéterminisme. *FIG.* loterie. ▸ *Malheureux* – coup du destin, coup du sort, coup dur, cruauté du destin, fatalité, fortune contraire, infortune, malchance, malheur, mauvais sort, mauvaise fortune, sort contraire, vicissitude. *SOUT.* adversité, infélicité. *FAM.* chiasse, déveine, guigne, manque de bol, manque de pot, poisse, scoumoune. *FRANCE FAM.* cerise, débine, guignon, mélasse, mouscaille. ▶ ***Incident*** – accroc, accrochage, affaire, anicroche, avatar, aventure, complication, contingences, contrariété, contretemps, crise, désagrément, difficulté, dispute, embarras, empêchement, ennui, épine, épisode, événement, éventualité, imprévu, incident, mésaventure, obstacle, occasion, occurrence, péripétie, problème, rebondissement, tribulations. *SOUT.* adversité. *FAM.* cactus, embêtement, emmerde, emmerdement, enquiquinement, os, pépin, pétrin, tuile. *FRANCE FAM.* empoisonnement. ▶ ***Exception*** – anomalie, anormalité, contre-exemple, contre-indication, dérogation, exception, exclusion, particularité, réserve, restriction, singularité. ▶ ***En philosophie*** – apparence, attribut, contingence, forme, phénoménalité, phénomène, prédicat. ▶ ***Signe de musique*** – altération. △ **ANT.** HABITUDE; QUOTIDIEN, ROUTINE, TRAIN-TRAIN; BANALITÉ.

accidentel *adj.* ▶ ***Qui résulte du hasard*** – exceptionnel, fortuit, imprévu, inattendu, inopiné. SOUT. de rencontre. △ **ANT.** PRÉVISIBLE, PRÉVU; INTENTIONNEL, PLANIFIÉ, PRÉMÉDITÉ, PROVOQUÉ, VOLONTAIRE; ABSOLU *(PHILOSOPHIE)*, NÉCESSAIRE, SUBSTANTIEL.

accidentellement *adv.* au passage, en passant, entre parenthèses, fortuitement, incidemment, par extraordinaire, par hasard, par impossible. SOUT. d'aventure, par accident, par aventure, par rencontre. △ **ANT.** À DESSEIN, DE PROPOS DÉLIBÉRÉ, DÉLIBÉRÉMENT, EXPRÈS, INTENTIONNELLEMENT, SCIEMMENT, VOLONTAIREMENT.

acclamation *n. f.* ▶ ***Applaudissement*** – applaudissement, ban, bis, bravo, chorus, clameur, hourra, ovation, rappel, triomphe, vivat. ▶ ***Louange*** – apologie, apothéose, applaudissement, bravo, célébration, compliment, éloge, encensement, félicitations, fleur, glorification, louange, panégyrique, solennisation. SOUT. baisemain, congratulation, dithyrambe, exaltation. △ **ANT.** HUÉE, SIFFLET; PROTESTATION.

acclamer *v.* ▶ ***Applaudir*** – applaudir, ovationner. ▶ ***Glorifier*** – auréoler, célébrer, chanter, chanter les louanges de, diviniser, encenser, exalter, glorifier, héroïser, magnifier, mettre sur un piédestal, mythifier, porter au pinacle, porter aux nues. SOUT. lyriser, tresser des couronnes à, tresser des lauriers à. △ **ANT.** CONSPUER, HUER, SIFFLER; DÉNIGRER, VILIPENDER.

accoler *v.* joindre, juxtaposer, mettre en contact. QUÉB. coller. ♦ **accolé** à côté, adjacent, attenant, bord à bord, contigu, côte à côte, en contact, juxtaposé, limitrophe, voisin. QUÉB. collé. △ **ANT.** DÉCOLLER, DÉSUNIR, DISJOINDRE, DISSOCIER, SÉPARER.

accommoder *v.* ▶ ***Apprêter un mets*** – apprêter, confectionner, cuisiner, faire, mijoter, mitonner, préparer. FAM. concocter, fricoter. ▶ ***Adapter*** – accorder, adapter, ajuster, aligner, approprier, conformer, faire cadrer, modeler, moduler, mouler, régler. ♦ **s'accommoder** ▶ ***S'habituer*** – s'acclimater, s'accoutumer, s'adapter, s'habituer, se faire à, se familiariser. SOUT. s'apprivoiser. ▶ ***Se satisfaire*** – s'arranger, se contenter, se satisfaire. △ **ANT.** CASSER; DÉRANGER, DÉSORGANISER, ENTRAVER, GÊNER. ♦ **s'accommoder** ÊTRE ALLERGIQUE À, ÊTRE RÉFRACTAIRE À, NE PAS S'HABITUER À, S'OPPOSER À.

accompagnement *n. m.* ▶ ***Escorte*** – convoi, cortège, équipage, escorte, garde, pompe, suite. ▶ ***Partie musicale*** – arrangement, harmonisation, instrumentation, musique, orchestration. ▶ ***Aliment*** – fourrage, garniture. ▶ ***Simultanéité*** – coexistence, coïncidence, concomitance, concordance, concours de circonstances, contemporanéité, coordination, correspondance, isochronie, isochronisme, rencontre, synchronicité, synchronie, synchronisation, synchronisme. △ **ANT.** ABANDON, DÉLAISSEMENT; ISOLEMENT.

accompagner *v.* ▶ ***Conduire*** – amener, conduire, convoyer, emmener, escorter, mener. PÉJ. flanquer. ▶ ***Servir de guide*** – guider, piloter. FAM. cornaquer. △ **ANT.** ABANDONNER, DÉLAISSER, LAISSER SEUL, LAISSER TOMBER, PRENDRE CONGÉ DE, QUITTER; PRÉCÉDER; SUCCÉDER.

accomplir *v.* ▶ ***Effectuer*** – effectuer, exécuter, faire, opérer, pratiquer, procéder à, réaliser. ▶ ***Mener à terme*** – achever, clore, finir, mener à bien, mener à (bon) terme, mener à bonne fin, réussir, terminer. SOUT. consommer. FAM. boucler. ▶ ***Exaucer*** – combler, exaucer, réaliser, répondre à, satisfaire. SOUT. écouter, entendre. ♦ **s'accomplir** ▶ ***Se produire*** – s'opérer, se faire, se passer, se produire, se réaliser. ♦ **accompli** ▶ ***Parfait*** – achevé, consommé, de rêve, exemplaire, idéal, idyllique, incomparable, irréprochable, modèle, parfait, rêvé. △ **ANT.** COMMENCER, ÉBAUCHER, ESQUISSER; DIFFÉRER, INTERROMPRE, LAISSER EN PLAN, LAISSER INACHEVÉ; ÉCHOUER, RATER; DÉSOBÉIR À, REFUSER.

accomplissement *n. m.* ▶ ***Exécution*** – exécution, performance, réalisation. DR. OU SOUT. perpétration *(crime)*. ▶ ***Aboutissement*** – aboutissement, achèvement, apothéose, but, chute, complémentation, complètement, complétude, conclusion, consécration, consommation, couronnement, dénouement, exécution, fin, finition, fruit, issue, produit, réalisation, règlement, résolution, résultat, sortie, terme, terminaison. SOUT. aboutissant. PHILOS. entéléchie. ▶ ***Exaucement*** – concrétisation, exaucement, satisfaction. △ **ANT.** ÉBAUCHE, ESQUISSE, PRÉPARATION; INTERRUPTION; ÉCHEC, INSUCCÈS.

accord *n. m.* ▶ ***Bonne entente*** – affinité, amitié, atomes crochus, (bonne) intelligence, communauté de goûts, communauté de sentiments, communauté de vues, communion, compatibilité, complicité, compréhension, concorde, connivence, convergence d'idées, fraternité, harmonie, point commun, sympathie, union, unisson. ▶ ***Complicité*** – accord (tacite), acoquinement, collusion, complicité, connivence, entente (secrète), intelligence. SOUT. compérage. ▶ ***Permission*** – acceptation, accréditation, acquiescement, adhésion, adoption, affirmation, affirmative, agrément, amen, approbation, approbativité, approuvé, assentiment, autorisation, aval, avis favorable, bénédiction, caution, chorus, confirmation, consentement, déclaration favorable, engagement, entérinement, exeat, feu vert, gré, homologation, légalisation, oui, permission, ratification, sanction, validation. BELG. agréage, agréation. SOUT. suffrage. RELIG. admittatur, celebret, créance, imprimatur, nihil obstat. ▶ ***Pacte*** – accommodement, alliance, arrangement, compromis, concordat, consensus, contrat, convention, engagement, entente, marché, modus vivendi, pacte, protocole, traité, transaction. ▶ ***Paix*** – armistice, cessation des hostilités, cessez-le-feu, compromis, conciliation, détente, entente, issue, modus vivendi, négociation, neutralité, non-belligérance, normalisation, pacification, pacte, paix, réconciliation, traité, trêve. ▶ ***Réconciliation*** – accommodement, conciliation, fraternisation, rapprochement, réconciliation, renouement, replâtrage, retrouvailles. FAM. rabibochage, raccommodement. ▶ ***Cohérence*** (SOUT.) – cohérence, concordance, conformité, correspondance. SOUT. convenance. ▶ ***Équilibre*** – balance, balancement, compensation, contrepoids, égalité, équilibre, harmonie, juste milieu, moyenne, pondération, proportion, suspension, symétrie. ▶ ***Suite de notes*** – arpège, harmonie. △ **ANT.** BROUILLE, CONFLIT, DÉSACCORD, DISCORDE, DIVI-

SION, INCOMPATIBILITÉ, MÉSENTENTE; CONTESTATION, DISSIDENCE, OPPOSITION, RUPTURE, SCHISME; HOSTILITÉ, INIMITIÉ; CONTRASTE, DISPARITÉ; INCOHÉRENCE; DISSONANCE.

accordéon *n.m.* ▶ ***Instrument*** – *FAM.* piano à bretelles, piano du pauvre. *FRANCE FAM.* soufflet à punaises.

accorder *v.* ▶ ***Donner*** – allouer, attribuer, concéder, consentir, donner, impartir, octroyer. *SOUT.* départir. ▶ ***Concéder*** – admettre, concéder, convenir, reconnaître. *SOUT.* recevoir. ▶ ***Attacher*** – attacher, attribuer, porter, prêter, reconnaître. ▶ ***Rendre conforme*** – accommoder, adapter, ajuster, aligner, approprier, conformer, faire cadrer, modeler, moduler, mouler, régler. ▶ ***Mettre en harmonie*** – agencer, assortir, coordonner, harmoniser. ▶ ***Réconcilier*** – concilier, réconcilier. *FAM.* rabibocher, raccommoder. ♦ **s'accorder** ▶ ***S'octroyer*** – s'octroyer, s'offrir, se donner, se permettre. ▶ ***Se conformer*** – emboîter le pas à, imiter, s'adapter à, s'ajuster à, s'aligner sur, se conformer à, se mettre au diapason de, se mettre dans le ton, se modeler sur, se rallier à, se ranger à, se régler sur, suivre. ▶ ***Correspondre*** – aller, cadrer, coller, convenir, correspondre, répondre, s'appliquer, s'harmoniser. ▶ ***Être compatible*** – aller bien, aller ensemble, cadrer, concorder, faire bien, s'associer, s'assortir, s'harmoniser, (se) correspondre, se marier. ▶ ***Parvenir à une entente*** – convenir de, s'arranger, s'entendre, se concerter, se mettre d'accord, tomber d'accord, trouver un terrain d'entente. ▶ ***Bien s'entendre*** – avoir de bons rapports, (bien) s'entendre, être en bons termes, fraterniser, sympathiser. *SOUT.* compatir. *FAM.* copiner. *QUÉB. FAM.* s'adonner. △ **ANT.** REFUSER, REJETER, REPOUSSER; CONTESTER, NIER; BROUILLER, DÉSACCORDER, DÉSUNIR, DIVISER, OPPOSER. ♦ **s'accorder** S'INTERDIRE, SE REFUSER; CONTRASTER, DÉTONNER, JURER, S'OPPOSER.

accouchement *n.m.* ▶ ***Mise au monde*** – couches, délivrance, enfantement, expulsion, heureux événement, maïeutique, mal d'enfant, maternité, mise au monde, naissance, parturition. ▶ ***Création*** (*SOUT.*) – composition, conception, confection, constitution, construction, création, développement, édification, élaboration, exécution, fabrication, façon, façonnage, façonnement, formation, génération, genèse, gestation, invention, œuvre, organisation, paternité, production, réalisation, structuration, synthèse. *SOUT.* enfantement. *DIDACT.* engendrement.

accoucher *v.* ▶ ***Mettre au monde*** – avoir, donner naissance à, mettre au monde, mettre bas *(animaux)*. *SOUT.* donner le jour à, enfanter. ▶ ***Créer*** (*PÉJ.*) – composer, confectionner, créer, élaborer, fabriquer, façonner, faire, mettre au point, préparer, produire, travailler à. *SOUT.* enfanter.

accoupler *v.* ▶ ***Réunir par paire*** – appareiller, apparier, coupler, jumeler. *SOUT. ou DIDACT.* géminer. ▶ ***Faire s'unir sexuellement*** – appareiller, apparier. △ **ANT.** DÉCOUPLER, DÉPAREILLER, DÉSUNIR, ISOLER, SÉPARER.

accourir *v.* courir, se précipiter, se presser. △ **ANT.** FUIR, RECULER, S'ÉLOIGNER.

accoutumance *n.f.* ▶ ***Acclimatement*** – acclimatation, acclimatement, accommodation, acculturation, adaptation, aguerrissement, apprivoisement, appropriation, assuétude, endurcissement, familiarisation, habituation, habitude, intégration, mise à jour, mise au courant. *MÉD.* anergie. ▶ ***Habitude*** – automatisme, façons, habitude, manières, mœurs, pli, réflexe, rite, rituel, seconde nature. *PSYCHOL.* stéréotypie. *FAM.* abonnement, métro-boulot-dodo, train-train, train-train quotidien. ▶ *Non favorable* – encroûtement, manie, marotte, monotonie, ordinaire, ronron, routine, tic, uniformité. ▶ ***Immunité*** – immunité, inexcitabilité, insensibilité, prémunition, tolérance. ▶ ***Dépendance*** – assuétude, dépendance, pharmacodépendance, pharmacomanie, toxicomanie, toxicophilie. △ **ANT.** ALLERGIE, ANAPHYLAXIE; DÉSACCOUTUMANCE, DÉSADAPTATION.

accoutumer *v.* ▶ ***Habituer*** – familiariser, habituer. ▶ ***Immuniser*** – immuniser, inoculer, vacciner. *SOUT.* mithridatiser *(contre un poison)*. ♦ **s'accoutumer** ▶ ***S'habituer*** – s'acclimater, s'accommoder, s'adapter, s'habituer, se faire à, se familiariser. *SOUT.* s'apprivoiser. ♦ **accoutumé** ▶ ***Habituel*** – attendu, consacré, coutumier, d'usage, de règle, de routine, familier, habituel, normal, ordinaire, quotidien, régulier, rituel, usuel. △ **ANT.** DÉSACCOUTUMER, DÉSHABITUER.

accroc *n.m.* ▶ ***Déchirure*** – déchiqueture, déchirure, écorchure, égratignure, éraflement, éraflure, éraillure, éventration, excoriation, griffure. ▶ ***Obstacle*** – adversité, anicroche, barrière, blocage, contrariété, contretemps, défense, difficulté, digue, écueil, embarras, empêchement, ennui, entrave, frein, gêne, impasse, impossibilité, inhibition, interdiction, objection, obstruction, ombre au tableau, opposition, pierre d'achoppement, point noir, problème, résistance, restriction, tribulations. *SOUT.* achoppement, impedimenta, traverse. *FAM.* hic, lézard, os, pépin. *QUÉB. FAM.* aria. *RARE* empêtrement. ▶ ***Incident*** – accident, accrochage, affaire, anicroche, avatar, aventure, complication, contingences, contrariété, contretemps, crise, désagrément, difficulté, dispute, embarras, empêchement, ennui, épine, épisode, événement, éventualité, imprévu, incident, mésaventure, obstacle, occasion, occurrence, péripétie, problème, rebondissement, tribulations. *SOUT.* adversité. *FAM.* cactus, embêtement, emmerde, emmerdement, enquiquinement, os, pépin, pétrin, tuile. *FRANCE FAM.* empoisonnement. ▶ ***Infraction*** – contravention, crime, délit, dérogation, entorse, faute, forfait, forfaiture, inconduite, infraction, manquement, mauvaise action, mauvaise conduite, méfait, non-respect, rupture, transgression, violation. *BELG.* méconduite. *DR.* cas. ▶ ***Faute*** – chute, crime, déchéance, écart, errements, faute, impureté, mal, manquement, mauvais, offense, péché, sacrilège, scandale, souillure, tache, transgression, vice.

accrocher *v.* ▶ ***Suspendre*** – pendre, suspendre. ▶ ***Saisir qqch.*** – agripper, attraper, empoigner, happer, prendre, s'emparer de, saisir, se saisir de. ▶ ***Saisir qqn*** – attraper, mettre le grappin sur, retenir, s'emparer de, saisir. *FRANCE FAM.* agrafer, alpaguer. ▶ ***Captiver*** (*FAM.*) – captiver, empoigner, intéresser, passionner, plaire à. *SOUT.* attacher l'esprit. *FAM.* brancher. ▶ ***Heurter*** (*QUÉB. FAM.*) – buter contre, cogner, donner dans, frapper, heurter. ▶ ***Présenter des difficultés*** – achopper. ♦ **s'accrocher** ▶ ***S'agripper*** – s'agripper, se cramponner, se raccrocher, se retenir, se tenir. SOUT. s'agriffer. ▶ ***Refuser de céder*** – lutter, ne pas se laisser faire, résister, se défendre, tenir, tenir bon, tenir ferme, tenir tête. ▶ ***Se disputer*** (FAM.) – s'entendre comme chien et chat, se disputer, se quereller, se voler dans les plumes. FAM. s'engueuler, se chamailler, se chicaner, se crêper le chignon *(femmes)*, se prendre aux cheveux, se prendre la tête. SUISSE FAM. se bringuer. AFR. palabrer. △ **ANT.** DÉCROCHER, DÉPENDRE, DÉTACHER; ÉVITER. ♦ **s'accrocher** LÂCHER PRISE.

accroissement *n. m.* ▶ ***Augmentation*** – accentuation, accrue, agrandissement, amplification, arrondissement, augmentation, bond, boom, crescendo, croissance, crue, décuplement, développement, dilatation, élargissement, élévation, enflement, enrichissement, envolée, essor, évolution, expansion, extension, flambée, foisonnement, gonflement, gradation, grossissement, hausse, haussement, inflation, intensification, majoration, montée, poussée, progrès, progression, recrudescence, redoublement, redressement, rehaussement, relèvement, renchérissement, renforcement, revalorisation, valorisation. ▶ ***Multiplication*** – augmentation, foisonnement, multiplication, peuplement, prolifération, propagation, pullulation, pullulement, reproduction. ▶ ***Accaparement*** – accaparement, accumulation, capitalisation, cumul, spéculation, stockage, thésaurisation. ▶ ***Plus-value*** – amélioration, appréciation, augmentation, bénéfice, excédent, gain, majoration, plus-value, profit, survaleur, valorisation. ▶ ***Aggravation*** – accentuation, aggravation, alourdissement, amplification, augmentation, complexification, complication, croissance, détérioration, développement, escalade, exacerbation, intensification, progrès, progression, propagation, rechute, recrudescence, redoublement. △ **ANT.** AMOINDRISSEMENT, BAISSE, DIMINUTION; PERTE; ATTÉNUATION, RAPETISSEMENT; RESTRICTION.

accroître *v.* ▶ ***Augmenter*** – augmenter, décupler, gonfler, multiplier, redoubler. ▶ ***Rendre plus cher*** – augmenter, élever, enchérir, hausser, majorer. ▶ ***Rendre plus intense*** – accentuer, ajouter à, amplifier, augmenter, intensifier, renforcer. SOUT. exalter. ▶ ***Développer*** – développer, élargir, étendre. ♦ **s'accroître** augmenter, croître, grandir, grossir, prendre de l'ampleur, prendre de l'envergure, redoubler, s'accentuer, s'amplifier, s'intensifier, se développer. △ **ANT.** ABAISSER, AMOINDRIR, DIMINUER, RÉDUIRE, RESTREINDRE; ALLÉGER, ATTÉNUER. ♦ **s'accroître** DÉCROÎTRE, RAPETISSER.

accueil *n. m.* ▶ ***Façon d'accueillir*** – abord, accès, approche, attitude, contact, mine, réception, tête, traitement. ▶ ***Hospitalité*** – hospitalité, réception. ▶ ***Service d'un établissement*** – conciergerie *(grand hôtel)*, réception. △ **ANT.** EXPULSION, REJET.

accueillant *adj.* ▶ ***Qui fait bon accueil*** – hospitalier. QUÉB. FAM. recevant. ▶ ***Cordial*** – affable, agréable, aimable, amène, amical, avenant, bienveillant, chaleureux, charmant, convivial, cordial, de bonne compagnie, engageant, familier, gracieux, invitant, liant, ouvert, sociable, souriant, sympathique. FAM. sympa. △ **ANT.** ACARIÂTRE, ANTIPATHIQUE, BOURRU, DÉSAGRÉABLE, GRINCHEUX, RÉBARBATIF, REVÊCHE.

accueillir *v.* ▶ ***Héberger*** – abriter, coucher, donner l'hospitalité à, donner le gîte à, héberger, loger, recevoir, recueillir. ▶ ***Avoir telle capacité d'accueil*** – contenir, loger, recevoir, tenir. ▶ ***Admettre dans un groupe*** – accepter, admettre, agréger, recevoir. ADMIN. agréer. △ **ANT.** ÉCARTER, ÉCONDUIRE, ÉVINCER, EXPULSER, REJETER, RENVOYER, REPOUSSER.

accumulation *n. f.* ▶ ***Amoncellement*** – abondance, addition, agrégation, amas, amoncellement, collection, déballage, échafaudage, emmagasinage, empilage, empilement, encombrement, entassement, étagement, faisceau, fatras, fouillis, monceau, montagne, pile, pyramide, quantité, stratification, superposition, tas. ▶ ***Collection*** – amas, appareil, assemblage, assortiment, collection, compilation, ensemble, foule, grand nombre, groupe, groupement, jeu, quantité, rassemblement, recueil, service, tas, train. FAM. attirail, cargaison, compil. PÉJ. ramassis. ▶ ***Attroupement*** – abondance, affluence, armada, armée, attroupement, bande, cohue, concentration, concours, encombrement, essaim, flot, forêt, foule, fourmilière, fourmillement, grouillement, légion, marée, masse, meute, monde, multitude, peuple, pléiade *(célébrités)*, pullulement, rassemblement, régiment, réunion, ribambelle, ruche, tas, troupeau. FAM. flopée, marmaille *(enfants)*, tapée, tripotée. QUÉB. FAM. achalandage, gang. PÉJ. ramassis. ▶ ***Accrétion*** – accrétion, agglomérat, agglomération, aggloméré, agglutinat, agglutination, agglutinement, agrégat, agrégation, amas, bloc, concentration, concrétion, conglomérat, conglomération, conglutination, entassement, masse, nodule, paquet, réunion, sédiment, sédimentation, tas. ▶ ***En géographie et géologie*** – accroissement, accrue, allaise, alluvion, alluvionnement, apport, atterrissement, banc, boue, cailloutis, chaos, colluvion, congère, couche, dépôt, drift, ensablement, falun, flysch, illuviation, illuvion, lais, laisse, limon, lit, lœss, moraine, relais, remblaiement, sédiment, sédimentation, strate, stratification, substratum, terrassement, varve. △ **ANT.** DISPERSION; ÉPARPILLEMENT; DILAPIDATION; GASPILLAGE.

accumuler *v.* ▶ ***Mettre en tas*** – amasser, amonceler, empiler, entasser. ▶ ***Réunir en grande quantité*** – amasser, amonceler, collectionner, entasser. ▶ ***Mettre en réserve*** – amasser, emmagasiner, engranger, entreposer, faire provision de, faire une réserve de, mettre en réserve, stocker. ♦ **s'accumuler** ▶ ***Augmenter en quantité*** – s'amonceler, s'entasser. △ **ANT.** DISPERSER, DISSÉMINER, ÉPARPILLER, RÉPANDRE; DILAPIDER, GASPILLER.

accusateur *adj.* accablant, révélateur. △ **ANT.** DÉCULPABILISANT.

accusateur *n.* ▶ ***Dénonciateur*** – calomniateur, délateur, dénonciateur, détracteur, diffamateur, espion, indicateur, rapporteur. SOUT. sycophante, vitupérateur. FAM. balance, cafard, cafardeur, cafteur, donneur, indic, mouchard. QUÉB. FAM. porte-panier. ▶ ***Adversaire oratoire*** – contradicteur, débatteur, défenseur, partie adversaire, partie adverse, partie opposante. SOUT. improbateur. ▶ ***Ce qui accuse*** – révélateur. △ **ANT.** ACCUSÉ, INCULPÉ; AVOCAT, DÉFENSEUR.

accusation *n.f.* ▶ ***Dénigrement*** – allégation, attaque, cafardage, calomnie, critique, délation, dénigrement, dénonciation, dépréciation, dévalorisation, diffamation, imputation, insinuation, médisance, plainte, rabaissement, réquisitoire, trahison. SOUT. détraction. FAM. mouchardage. ▶ ***Reproche*** – admonestation, admonition, anathématisation, anathème, attaque, avertissement, blâme, censure, condamnation, correction, critique, désapprobation, diatribe, grief, grognerie, gronderie, interdit, leçon, malédiction, mise à l'écart, mise à l'index, mise en quarantaine, objection, observation, plainte, punition, récrimination, remarque, remontrance, représentation, réprimande, réprobation, reproche, réquisitoire, semonce, sérénade, sermon, tollé. SOUT. animadversion, foudres, fustigation, improbation, mercuriale, objurgation, stigmatisation, vitupération. FAM. douche, engueulade, savon, tabac. FRANCE FAM. attrapade, lavage de tête, prêchi-prêcha, soufflante. BELG. cigare. RELIG. fulmination. ▶ ***Inculpation*** – charge, imputation, incrimination, inculpation, plainte, poursuite, présomption, prise à partie, réquisitoire. SOUT. prévention. ANC. clain. DR. chef d'accusation. △ **ANT.** DÉFENSE, DISCULPATION; ABSOLUTION, ACQUITTEMENT, DÉCHARGE.

accusé *n.* inculpé, prévenu, suspect. △ **ANT.** ACCUSATEUR; JUGE.

accuser *v.* ▶ ***Imputer un tort*** – charger, faire grief à, taxer. ▶ ***Déférer en justice*** – inculper, mettre en examen, poursuivre. ▶ ***Attaquer*** – attaquer, prendre à partie, s'en prendre à, se frotter à. ▶ ***Servir de preuve*** – accabler, incriminer. ▶ ***Faire ressortir*** – accentuer, faire ressortir, marquer, mettre en évidence, mettre en relief, souligner. ▸ *De façon favorable* – faire valoir, mettre en valeur, rehausser, relever, valoriser. ▶ ***Dénoter*** – trahir. △ **ANT.** DISCULPER, INNOCENTER, LAVER DE TOUT SOUPÇON; RÉHABILITER, RENDRE SON HONEUR; DÉFENDRE; CACHER, DISSIMULER, MASQUER.

achalandage *n.m.* ▶ ***Clientèle*** – clientèle. ▶ ***Affluence*** (QUÉB. FAM.) – abondance, affluence, armada, armée, attroupement, bande, cohue, concentration, concours, encombrement, essaim, flot, forêt, foule, fourmilière, fourmillement, grouillement, légion, marée, masse, meute, monde, multitude, peuple, pléiade *(célébrités)*, pullulement, rassemblement, régiment, réunion, ribambelle, ruche, tas, troupeau. FAM. flopée, marmaille *(enfants)*, tapée, tripotée. QUÉB. FAM. gang. PÉJ. ramassis.

acharné *adj.* ▶ ***Tenace*** – coriace, obstiné, opiniâtre, persévérant, persistant, tenace. ▶ ***Qui a beaucoup d'ardeur*** – enragé, exalté, farouche, forcené, furieux, passionné. ▶ ***En parlant d'une lutte*** – âpre, chaud, farouche, féroce, furieux, opiniâtre. △ **ANT.** DÉSINTÉRESSÉ, FAIBLE, LÂCHEUR.

acharnement *n.m.* ▶ ***Ardeur*** – ardeur, effort, énergie, lutte. ▶ ***Obstination*** – assiduité, constance, détermination, entêtement, fermeté, insistance, obstination, opiniâtreté, persévérance, persistance, résolution, suite dans les idées, ténacité, volonté. PÉJ. aveuglement. ▶ ***Rage*** – animosité, ardeur, énergie, force, frénésie, fureur, furie, impulsivité, intensité, puissance, rage, vigueur, violence, virulence, vivacité. SOUT. impétuosité, véhémence. ▶ ***Cruauté*** – agressivité, atrocité, barbarie, brutalité, cruauté, dureté, férocité, inhumanité, maltraitance, méchanceté, sadisme, sauvagerie, violence. SOUT. implacabilité, inexorabilité. PSYCHIATRIE psychopathie. △ **ANT.** INDOLENCE, MOLLESSE; VELLÉITÉ; ABANDON.

acharner (s') *v.* ▶ ***S'efforcer*** – faire son possible, mettre tout en œuvre, persévérer, s'appliquer, s'efforcer, s'escrimer, s'évertuer, suer sang et eau, tout faire. ▶ ***S'entêter*** – insister, ne pas démordre de, persévérer, persister, s'entêter, s'obstiner, se buter. ▶ ***Harceler*** – attaquer, harceler, persécuter, poursuivre. SOUT. inquiéter. ▶ ***Critiquer*** – attaquer, critiquer, descendre en flammes, écharper, éreinter, étriller, faire le procès de, malmener, maltraiter, massacrer, matraquer, mettre à mal, pourfendre. FAM. couler, démolir, descendre, écorcher, esquinter. FRANCE FAM. allumer, débiner. QUÉB. FAM. maganer. △ **ANT.** ABANDONNER, LAISSER TOMBER.

achat *n.m.* ▶ ***Acquisition*** – acquisition, appropriation. ▸ *Pendant le mariage* – achat en communauté, acquêt, conquêt. ▶ ***Emplette*** – acquisition, appropriation, emplette. ▶ ***Malversation*** – achat (de conscience), compromission, concussion, corruption, déprédation, détournement (de fonds), dilapidation, exaction, extorsion, forfaiture, fraude, malversation, maquignonnage, péculat, prévarication, soudoiement, subornation, trafic d'influence, tripotage, vénalité. SOUT. prévarication. FAM. magouillage, magouille, tripatouillage. △ **ANT.** VENTE; CESSION.

acheminer *v.* adresser, envoyer, expédier, faire parvenir, transmettre. △ **ANT.** INTERROMPRE, STOPPER; METTRE L'EMBARGO SUR, RETENIR, SAISIR, STOCKER.

acheter *v.* ▶ ***Acquérir*** – acquérir, avoir, entrer en possession de, faire l'acquisition de, obtenir, se porter acquéreur/acquéresse de, se procurer. ▶ ***Soudoyer*** – avoir à sa solde, corrompre, soudoyer, suborner *(un témoin)*. SOUT. stipendier. FAM. arroser, graisser la patte à. △ **ANT.** VENDRE.

acheteur *n.* acquéreur, adjudicataire, ayant cause, cessionnaire, client, consommateur, destinataire, preneur, soumissionnaire. △ **ANT.** ADJUDICATEUR, VENDEUR.

achèvement *n.m.* ▶ ***Finition*** – amélioration, arrangement, complètement, correction, enjolivement, finition, léchage, mise au point, peaufinage, perfectionnement, polissage, raffinage, raffinement, retouche, révision, soin. SOUT. parachèvement. FAM. fignolage. ▶ ***Aboutissement*** – aboutissement, accomplissement, apothéose, but, chute, complémentation, complètement, complétude, conclusion, consécration, consommation, couronnement, dénouement, exécution, fin, finition, fruit, issue, produit, réalisation, règlement, résolution, résultat, sortie, terme, terminaison. SOUT. aboutissant. PHILOS. entéléchie. ▶ ***Perfection*** – consommation, couronnement, épanouissement, excellence, fini, fleur, maturité, meilleur, parachèvement, perfection, plénitude, précellence. PHILOS. entéléchie. △ **ANT.** COMMENCEMENT, DÉBUT; ÉBAUCHE, ESQUISSE; INACHÈVEMENT.

achever *v.* ▶ ***Mener à sa fin*** – accomplir, clore, finir, mener à bien, mener à (bon) terme, mener à bonne fin, réussir, terminer. SOUT. consommer. FAM. boucler. ▶ ***Régler les derniers détails*** – compléter, conclure, finir, mettre au point, mettre la dernière main à, parachever, régler les derniers détails de, terminer. ▸ ***Ruiner qqn*** – casser les reins à, causer la perte de, causer la ruine de, démolir, perdre, ruiner. ▸ ***Être près de mourir*** (*QUÉB. FAM.*) – agoniser, être à l'agonie, être à l'article de la mort, être à la dernière extrémité, lutter contre la mort, mener le dernier combat, s'éteindre. *SOUT.* avoir l'âme sur les lèvres, être aux portes de la mort, se mourir. *FAM.* avoir un pied dans la fosse, avoir un pied dans la tombe. ♦ **s'achever** ▸ ***Prendre fin*** – finir, prendre fin, se terminer. ▸ ***Avoir telle fin*** – se conclure, se dénouer, se résoudre, se terminer. ♦ **achevé** ▸ ***Parfait*** – accompli, consommé, de rêve, exemplaire, idéal, idyllique, incomparable, irréprochable, modèle, parfait, rêvé. △ **ANT.** COMMENCER, ENTREPRENDRE; SAUVER. ♦ **s'achever** IMPARFAIT, INACHEVÉ.

acide *adj.* ▸ ***Piquant au goût*** – acescent, acidulé, âcre, aigre, aigrelet, aigri, amer, piquant, piqué, rance, râpeux, sur, suret, suri, tourné. ▸ ***Qui corrode*** – brûlant, caustique, corrodant, corrosif, mordant. ▸ ***D'une méchanceté blessante*** – à l'emporte-pièce, acerbe, acéré, acrimonieux, aigre, blessant, caustique, cinglant, corrosif, fielleux, grinçant, incisif, méchant, mordant, piquant, sarcastique, sardonique, virulent, vitriolique. △ **ANT.** DOUX (AU GOÛT), SUCCULENT, SUCRÉ; ALCALIN, BASIQUE; AIMABLE, CONCILIANT.

acier *n.m.* ▸ ***Poignard*** (*SOUT.*) – couteau, poignard. *SOUT.* fer. *FAM.* lardoire, schlass.

acoustique *n.f.* ▸ ***Qualité du son*** – sonorité, tonalité.

acquérir *v.* ▸ ***Obtenir*** – avoir, entrer en possession de, faire l'acquisition de, obtenir, se porter acquéreur/acquéresse de, se procurer. ▸ ***Contracter une habitude*** – contracter, développer, prendre. ▸ ***Attirer à qqn*** – attirer, mériter, procurer, valoir. △ **ANT.** CÉDER; VENDRE; PERDRE.

acquiescer *v.* ▸ ***Accepter*** – accéder à, accepter, agréer, approuver, avaliser, cautionner, consentir à, dire oui à, donner son aval à, opiner à, toper, vouloir. *FAM.* marcher. ▸ ***Obtempérer*** – obéir à, observer, obtempérer à, respecter, se conformer à, se plier à, se soumettre à, suivre. *SOUT.* déférer à, sacrifier à. △ **ANT.** DÉCLINER, DIRE NON, REFUSER, S'OPPOSER À; RÉSISTER.

acquisition *n.f.* ▸ ***Achat*** – achat, appropriation. ▸ *Pendant le mariage* – achat en communauté, acquêt, conquêt. ▸ ***Emplette*** – achat, appropriation, emplette. △ **ANT.** CESSION; PERTE.

acquit *n.m.* apurement, bulletin, connaissement, décharge, facture, facturette *(carte de crédit)*, libération, quitus, récépissé, reconnaissance (de paiement), reçu, warrant.

acquitter *v.* ♦ **acquitter** ▸ ***Innocenter*** – blanchir, décharger, disculper, innocenter, justifier, laver d'une accusation, mettre hors de cause, réhabiliter. ♦ **s'acquitter** ▸ ***Remplir un rôle*** – exercer, remplir, tenir. ♦ **s'acquitter ou acquitter** ▸ ***Payer*** – payer, régler. ▸ ***Rembourser*** – amortir, éteindre, honorer, liquider, rembourser. △ **ANT.** ACCUSER, CHARGER; CONDAMNER, PUNIR. ♦ **s'acquitter** DEVOIR, MANQUER À; EMPRUNTER, S'ENDETTER.

âcre *adj.* ▸ ***Irritant au goût*** – acescent, acide, acidulé, aigre, aigrelet, aigri, amer, piquant, piqué, rance, râpeux, sur, suret, suri, tourné. ▸ ***Irritant à l'odorat*** – irritant, piquant, qui brûle la gorge, qui prend à la gorge. ▸ ***Moralement douloureux*** – affligeant, amer, cruel, cuisant, déchirant, douloureux, dur, éprouvant, lancinant, navrant, pénible, poignant, saignant, vif. △ **ANT.** DOUX; SUAVE, SUCCULENT, SUCRÉ; PARFUMÉ.

acrobate *n.* saltimbanque. *ANTIQ.* pétauriste.

acteur *n.* ▸ ***Comédien*** – artiste, comédien, interprète. *SOUT.* histrion. *FAM.* théâtreux. ▸ *Mauvais* *FAM.* cabot, cabotin. ▸ *Rôle mineur* – figurant, utilité. ▸ ***Protagoniste*** – héros, intervenant, personnage central, personnage principal, protagoniste. △ **ANT.** SPECTATEUR.

actif *adj.* ▸ ***Infatigable*** – affairé, allant, diligent, dynamique, énergique, infatigable, laborieux, travailleur, vaillant, zélé. *FAM.* bosseur, boulot boulot, bûcheur, increvable, piocheur. *QUÉB.* travaillant. ▸ ***Expéditif*** – diligent, expéditif, prompt, qui va vite en besogne, rapide, vif. ▸ ***Efficace*** – agissant, efficace, opérant, puissant. ▸ ***En service*** – en activité, en exercice, en fonction, en service. ▸ ***Militant*** – activiste, militant. △ **ANT.** APATHIQUE, INDOLENT, NONCHALANT, OISIF; INEFFICACE, INOPÉRANT; PASSIF.

actif *n.* ▸ ***Crédit*** – avantage, avoir, bénéfice, boni, crédit, excédent, fruit, gain, produit, profit, rapport, reliquat, reste, revenant-bon, revenu, solde, solde créditeur, solde positif. *FAM.* bénef, gras, gratte, part du gâteau.

action *n.f.* ▸ ***Acte*** – acte, choix, comportement, conduite, décision, démarche, entreprise, faire, fait, geste, intervention, manifestation, réalisation. ▸ ***Combat*** – accrochage, action (de guerre), affrontement, assaut, attaque, bagarre, bataille, choc, combat, conflit, duel, échauffourée, empoignade, empoignement, engagement, escarmouche, ferraillement, feu, guérilla, guerre, heurt, hostilités, lutte, mêlée, opération, pugilat, rencontre, rixe. *FAM.* baroud, baston, bigorne, casse-gueule, casse-pipe, castagne, guéguerre, rif, rififi, riflette. *BELG. FAM.* margaille. *MILIT.* blitz *(de courte durée)*. ▸ ***Poursuite judiciaire*** – demande, plainte, poursuite, procès, réclamation, recours, référé, requête. ▸ ***Intrigue d'un récit*** – affabulation, canevas, intrigue, péripétie, scénario, scène, trame, vie. ▸ ***Force*** – énergie, force, interaction, intervention, rapport, réaction. ▸ ***Influence*** – aide, appui, ascendant, attirance, attraction, aura, autorité, contagion, crédit, dominance, domination, effet, empreinte, emprise, fascination, force, importance, incitation, influence, inspiration, magie, magnétisme, mainmise, manipulation, mouvance, persuasion, pétition, poids, pouvoir, prépondérance, présence, pression, prestige, puissance, règne, rôle, séduction, subjugation, suggestion, tyrannie. *SOUT.* empire, intercession. ▸ ***Conséquence*** – conclusion, conséquence, contrecoup, corollaire, développement, effet, efficacité, fonction, fruit, impact, implication, incidence, jeu, juste retour des choses, œuvre, portée, prolongement, réaction, rejaillissement, répercussion, résultante, résultat, retentissement, retombées, ricochet, séquelle, suite (logique). *SOUT.* aboutissant, efficace, fille. ▸ ***Titre financier*** – bon, coupon, effet de commerce, obligation, papier, part, titre, valeur. △ **ANT.** INACTION, INERTIE; INDOLENCE,

OISIVETÉ, PASSIVITÉ; CALME, PAIX; DÉSISTEMENT, RENONCEMENT.

actionnaire *n.* associé, coassocié, partenaire, porteur d'actions, porteur de parts, sociétaire.

activement *adv.* ▶ ***Dynamiquement*** – avec la dernière énergie, avec zèle, décidément, dru, dynamiquement, énergiquement, fermement, fort, fortement, puissamment, résolument, sérieusement, virilement. ▶ ***Rapidement*** – à fond de train, à grande vitesse, à la hâte, à la sauvette, à plein régime, à pleine vitesse, à toute allure, à toute vitesse, à toutes jambes, à toute(s) pompe(s), à un train d'enfer, à vive allure, au pas de course, avec célérité, bon train, d'urgence, diligemment, en coup de vent, en moins de deux, en moins de rien, en peu de temps, en trois coups de cuiller à pot, en un clin d'œil, en un éclair, en un instant, en un moment, en un rien de temps, en un temps record, en un tour de main, en un tournemain, expéditivement, exponentiellement, hâtivement, précipitamment, prestement, promptement, rapidement, rondement, tôt, vite, vivement. *SOUT.* vélocement, vitement. *FAM.* à la va-vite, à pleins gaz, à pleins tubes, à tout berzingue, à toute biture, à toute vapeur, au galop, dans le temps de le dire, dare-dare, en deux temps trois mouvements, illico presto, presto, prompto, rapido, vite fait. △ **ANT.** INDOLEMMENT, PASSIVEMENT; EN DOUCEUR, LENTEMENT, SANS HÂTE.

activer *v.* ▶ ***Attiser un feu*** – attiser, aviver, rallumer, ranimer, raviver, réactiver, renflammer. ▶ ***Augmenter l'activité*** – doper, dynamiser, réveiller, stimuler. ▶ ***Accélérer*** – accélérer, brusquer, hâter, précipiter, presser. *SOUT.* diligenter. ▶ ***Faire vite*** (*FAM.*) – courir, faire vite, s'empresser, se dépêcher, se hâter, se précipiter, se presser. *FAM.* bourrer, pédaler, se dégrouiller, se grouiller, se magner, se magner le popotin. ♦ **s'activer** être à l'œuvre, œuvrer, s'affairer, travailler. *FAM.* bosser, gratter, marner, turbiner, usiner. △ **ANT.** FREINER, MODÉRER, RALENTIR.

activiste *adj.* actif, militant.

activité *n.f.* ♦ **activité,** ***sing.*** ▶ ***Animation*** – animation, circulation, exercice, mouvement. ▶ ***Fonctionnement*** – exercice, fonctionnement, marche, mouvement, opération, service, travail, usage, vie. ▶ ***Rapidité*** – agilité, célérité, diligence, empressement, hâte, précipitation, promptitude, rapidité, vélocité, vitesse, vivacité. *SOUT.* prestesse. ▶ ***Effervescence*** – affairement, affolement, agitation, alarme, animation, bouillonnement, branle-bas (de combat), bruit, dérangement, désordre, désorganisation, détraquement, effervescence, excitation, fourmillement, grouillement, hâte, incohérence, mouvement, orage, précipitation, remous, remue-ménage, secousse, tempête, tohu-bohu, tourbillon, tourmente, trépidation, trouble, tumulte, turbulence, va-et-vient. *SOUT.* émoi, remuement. *FAM.* chambardement. ▶ ***Dynamisme*** – abattage, allant, ardeur, dynamisme, effort, énergie, vie, vigueur, vitalité, vivacité. *FAM.* punch. ▶ ***Prospérité*** – boom, essor, plein-emploi, prospérité. ▶ ***Occupation professionnelle*** – art, carrière, emploi, état, gagne-pain, métier, occupation, profession, qualité, services, situation, spécialité, travail. *FAM.* boulot, turbin, turf. ♦ **activités,** ***plur.*** ▶ ***Occupations en général*** – occupations, quotidien, vie (de tous les jours). △ **ANT.** INACTIVITÉ, PASSIVITÉ; APATHIE, INERTIE, LENTEUR; DÉSŒUVREMENT, OISIVETÉ; CHÔMAGE, NON-ACTIVITÉ; RETRAITE.

actualité *n.f.* ♦ **actualité,** ***sing.*** ▶ ***Existence*** – essence, être, existence, fait, occurrence, présence, réalité, réel, substance, vie. ▶ ***Matérialité*** – concret, corporéité, matérialité, palpabilité, phénoménalité, positif, rationalité, rationnel, réalité, réel, tangibilité, tangible, visible. ▶ ***Contemporanéité*** – contemporanéité, immédiateté, présence. ▶ ***Nouveauté*** – avant-gardisme, changement, contemporanéité, fraîcheur, inédit, innovation, jamais vu, jeunesse, mode, modernité, neuf, nouveau, nouveauté, originalité, pertinence, précédent, première, présent, primeur. ♦ **actualités,** ***plur.*** ▶ ***Nouvelles*** – annonce, brève, bulletin, communiqué, flash, information(s), journal *(parlé ou télévisé)*, nouvelle(s). ▶ *Information exclusive* – exclusivité, primeur, scoop. △ **ANT.** PASSÉ.

actuel *adj.* ▶ ***Présent*** – courant, de l'heure, en application, en cours, en usage, en vigueur, existant, présent. ▶ ***De notre époque*** – contemporain, d'aujourd'hui, moderne. ▶ ***En vogue*** – à la mode, à la page, au goût du jour, dans le vent, dernier cri, en vogue, frais, jeune, moderne, neuf, nouveau, récent. *FAM.* branché. △ **ANT.** ANTÉRIEUR, PASSÉ; FUTUR, POSTÉRIEUR, POTENTIEL; DÉMODÉ, DÉPASSÉ.

actuellement *adv.* à cette heure, à l'époque actuelle, à l'heure actuelle, à l'heure présente, à l'heure qu'il est, à l'instant présent, à présent, au moment présent, aujourd'hui, dans le cas présent, de ce temps-ci, de nos jours, de notre temps, en ce moment, en cette saison, ici, maintenant, par le temps qui court, présentement. △ **ANT.** ALORS, AUPARAVANT, PAR LE PASSÉ; DANS LE FUTUR.

acuité *n.f.* ▶ ***Finesse*** – clairvoyance, fin, finesse, flair, habileté, jugement, lucidité, pénétration, perspicacité, sagacité, sensibilité, subtilité. *RARE* acutesse, perspicuité. *FAM.* nez. ▶ ***Profondeur*** – ardeur, complexité, difficulté, élévation, ésotérisme, extase, extrémité, force, immensité, impénétrabilité, intelligence, intensité, intériorité, intimité, mystère, pénétration, perspicacité, plénitude, profond, profondeur, puissance, science, secret. ▶ ***Gravité*** – crise, gravité, instabilité, précarité, urgence. △ **ANT.** GROSSIÈRETÉ; STUPIDITÉ; AVEUGLEMENT, CÉCITÉ.

adaptation *n.f.* ▶ ***Familiarisation*** – acclimatation, acclimatement, accommodation, accoutumance, acculturation, aguerrissement, apprivoisement, appropriation, assuétude, endurcissement, familiarisation, habituation, habitude, intégration, mise à jour, mise au courant. *MÉD.* anergie. ▶ ***Changement*** – ajustement, altération, avatar, changement, conversion, évolution, glissement, gradation, infléchissement, métamorphose, modification, modulation, mue, mutation, passage, progression, transfiguration, transformation, transition, transmutation, variation, vie. ▶ ***Remaniement*** – actualisation, aggiornamento, correction, mise à jour, modification, rectification, réévaluation, refonte, remaniement, révision. ▶ ***Traduction*** – calque, explication, herméneutique, interprétation, paraphrase, thème, traduction, transcodage, transcription, translittération, transposition, version. *FAM.* traduc. ▶ ***Vulgari-***

sation – banalisation, démocratisation, dépersonnalisation, massification, simplification, vulgarisation. △ ANT. INADAPTATION; INCAPACITÉ; IMMUTABILITÉ.

adapter *v.* ▶ ***Conformer*** – accommoder, accorder, ajuster, aligner, approprier, conformer, faire cadrer, modeler, moduler, mouler, régler. ▶ ***Traduire*** – traduire, transposer. ♦ **s'adapter** ▶ ***Se conformer*** – emboîter le pas à, imiter, s'accorder sur, s'ajuster à, s'aligner sur, se conformer à, se mettre au diapason de, se mettre dans le ton, se modeler sur, se rallier à, se ranger à, se régler sur, suivre. ▶ ***S'habituer*** – s'acclimater, s'accommoder, s'accoutumer, s'habituer, se faire à, se familiariser. SOUT. s'apprivoiser. △ ANT. OPPOSER, SÉPARER. ♦ **s'adapter** ÊTRE INCONCILIABLE, ÊTRE RÉFRACTAIRE.

addition *n.f.* ▶ ***Action d'ajouter*** – adjonction, ajout, rajout, rattachement. ▶ ***Ce qui est ajouté*** – accessoire, à-côté, adjonction, ajout, annexe, appoint, complément, extra, rajout, supplément. FAM. rab, rabiot, rallonge. BELG. ajoute. SUISSE ajouture, rajouture. ▸ *En trop* – excédent, surcroît, surplus. ▶ ***Somme*** – cagnotte, chiffre, ensemble, fonds, mandat, masse, montant, quantité, quantum, somme, total, totalisation, volume. ▶ ***Facture*** – compte, dû, état de compte, état de frais, facture, frais, note, relevé. FAM. coup de fusil, douloureuse, quart d'heure de Rabelais. △ ANT. RETRANCHEMENT; DÉDUCTION, SOUSTRACTION; DIMINUTION.

additionnel *adj.* accessoire, additif, annexe, auxiliaire, complémentaire, en supplément, subsidiaire, supplémentaire. SOUT. adventice, supplétif, surérogatoire. △ ANT. EN MOINS.

adepte *n.* ▶ ***Personne adhérant à une idée*** – adhérent, allié, ami, apôtre, champion, défenseur, disciple, fidèle, inconditionnel, militant, partisan, soutien, sympathisant, tenant. RARE mainteneur. SOUT. chantre, séide, zélateur. FAM. godillot. ▸ *À l'esprit fermé* – doctrinaire, dogmatique, dogmatiste, fanatique, sectaire. ▸ *Récent* – néophyte, prosélyte, recrue. ▶ ***Personne pratiquant une activité*** – aficionado, amant, amateur, ami, amoureux, connaisseur, fanatique, fervent, fou, passionné. SOUT. assoiffé. FAM. accro, allumé, enragé, fan, fana, malade, mordu. FRANCE FAM. fondu. △ ANT. ADVERSAIRE, OPPOSANT; DISSIDENT; PROFANE.

adéquat *adj.* à propos, adapté, approprié, bien trouvé, bien venu, bon, conforme, convenable, correct, de circonstance, heureux, indiqué, juste, opportun, pertinent, propice, propre. SOUT. ad hoc, congruent, expédient, idoine. DIDACT. topique. △ ANT. INADÉQUAT, INAPPROPRIÉ.

adéquatement *adv.* bien, comme il faut, comme il se doit, convenablement, correctement, dans les règles de l'art, décemment, juste, justement, pertinemment, proprement, raisonnablement, sainement, valablement, validement. SOUT. congrûment.

adhérence *n.f.* cohérence, liaison. △ ANT. DÉCOLLEMENT, DISJONCTION, SÉPARATION; INCOMPATIBILITÉ.

adhérent *adj.* ▶ ***Collant*** – adhésif, autoadhésif, autocollant, collant, gommé, préencollé. ▶ ***Membre*** – affilié, membre. △ ANT. ANTIADHÉRENT, GLISSANT.

adhérent *n.* ▶ ***Membre*** – affilié, cotisant, membre, participant, souscripteur. ▶ ***Partisan*** – adepte, allié, ami, apôtre, champion, défenseur, disciple, fidèle, inconditionnel, militant, partisan, soutien, sympathisant, tenant. RARE mainteneur. SOUT. chantre, séide, zélateur. FAM. godillot.

adhérer *v.* ▶ ***Coller*** – attacher, coller, tenir. SOUT. gluer. ▶ ***Donner son appui*** – approuver, appuyer, consentir à, se prêter à, souscrire à, soutenir, supporter. SOUT. entendre à. ▶ ***S'inscrire*** – entrer dans, s'affilier à, s'inscrire à. △ ANT. SE DÉCOLLER, SE DÉTACHER, SE SÉPARER; DÉMISSIONNER.

adieu *n.m.* ▶ ***Formule de salut*** – au revoir, bienvenue, bonjour, bonsoir, salut, salutation. FAM. bye-bye.

adjoindre *v.* ajouter, annexer, joindre. △ ANT. DÉTACHER, DISJOINDRE, ENLEVER, ÔTER, SÉPARER, SUPPRIMER.

adjoint *n.* aidant, aide, alter ego, assesseur, assistant, auxiliaire, bras droit, collaborateur, complice, exécutant, homme de confiance, lieutenant, préparateur, second, sous-chef, subalterne, subordonné. SOUT. suivant. RELIG. coadjuteur, définiteur. ▸ *Non favorable* – acolyte, lampiste, second couteau, second rôle, second violon, sous-fifre, sous-ordre. △ ANT. CHEF, DIRECTEUR; TITULAIRE.

admettre *v.* ▶ ***Tolérer*** – excuser, fermer les yeux sur, innocenter, laisser passer, pardonner, supporter, tolérer. ▶ ***Concéder*** – accorder, concéder, convenir, reconnaître. SOUT. recevoir. ▶ ***Confesser*** – avouer, confesser. FAM. déballer. ▶ ***Accueillir dans un groupe*** – accepter, accueillir, agréger, recevoir. ADMIN. agréer. △ ANT. EXCLURE, REJETER, REPOUSSER.

administrateur *n.* ▶ ***Dirigeant*** – cadre, chef d'entreprise, chef d'industrie, décideur, décisionnaire, directeur, dirigeant, gestionnaire, logisticien, patron, responsable. ▶ ***Personne qui administre des biens*** – agent, gérant, intendant.

administration *n.f.* ▶ ***Gestion*** – conduite, direction, gérance, gestion, gouverne, intendance, logistique, management, maniement, organisation, régie, surintendance, tenue. ♦ **l'Administration** affaires de l'État, bureaux, fonction publique, grands corps de l'État, institutions, ministères, organe, organismes, secrétariat, services. PÉJ. bureaucratie.

administrer *v.* ▶ ***Gérer*** – diriger, gérer, gouverner, manier. ▶ ***Donner*** (FAM.) – asséner, donner, infliger, porter. FAM. allonger, coller, ficher, filer, flanquer, foutre.

admirable *adj.* ▶ ***Très beau*** – beau, d'une grande beauté, de toute beauté, éblouissant, magnifique, ravissant, splendide, superbe. FRANCE FAM. flambant. ▶ ***Remarquable*** – brillant, éblouissant, excellent, extraordinaire, fantastique, magistral, magnifique, merveilleux, parfait, prodigieux, remarquable, réussi, sensationnel, sublime. FAM. à tout casser, champion, d'enfer, du tonnerre, épatant, extra, fameux, formidable, fumant, génial, mirifique, pas piqué des vers, splendide, super, terrible. FRANCE FAM. du feu de Dieu, énorme, fadé, formide, géant, gratiné, pas piqué des hannetons. △ ANT. AFFREUX, HIDEUX, HORRIBLE, MONSTRUEUX,

REPOUSSANT, RÉPUGNANT, VILAIN; ABJECT, BAS, IGNOBLE, IMMONDE, INDIGNE, INFÂME, MÉPRISABLE, ODIEUX, SCANDALEUX, SORDIDE, VIL.

admirablement *adv.* à la perfection, à merveille, à ravir, bien, divinement, extraordinairement, idéalement, impeccablement, incomparablement, infailliblement, irréprochablement, le mieux du monde, merveilleusement, mirifiquement, on ne peut mieux, parfaitement, prodigieusement, sans fautes, sublimement, supérieurement, suprêmement. SOUT. excellemment. FAM. épatamment, sans bavure.

admirateur *n.* ▶ ***Adorateur*** – adorateur, amoureux, fanatique, fervent, groupie, idolâtre, inconditionnel. FAM. fan, fana. ▶ ***Complimenteur*** – adorateur, adulateur, apologiste, caudataire, complaisant, complimenteur, courtisan, dithyrambiste, flatteur, patelin, valet. SOUT. applaudisseur, approbateur, glorificateur, laquais, laudateur, thuriféraire. FAM. béni-oui-oui, carpette, cloporte, fayot, larbin, lèche-bottes, lécheur, paillasson. BELG. FAM. frotte-manche. △ **ANT.** CONTEMPTEUR, DÉNIGREUR.

admiratif *adj.* élogieux, flatteur, louangeur, qui ne tarit pas d'éloges. SOUT. apologétique, apologique, dithyrambique, glorificateur, hagiographique, laudatif. △ **ANT.** DÉDAIGNEUX, MÉPRISANT.

admiration *n.f.* ▶ ***Respect*** – considération, déférence, égard, estime, hommage, ménagement, respect, révérence. ▶ ***Adoration*** – adoration, adulation, amour, attachement, culte, dévotion, emballement, engouement, fanatisme, ferveur, iconolâtrie, idolâtrie, passion, respect, vénération, zèle. SOUT. dilection, révérence. PÉJ. encens, flagornerie, flatterie. ▶ ***Émerveillement*** – adoration, éblouissement, émerveillement, enchantement, engouement, enthousiasme, envoûtement, fascination, ravissement, subjugation. △ **ANT.** DÉDAIN; MÉPRIS; DÉNIGREMENT.

admirer *v.* ▶ ***Être en admiration*** – s'émerveiller, s'extasier, se pâmer, se pâmer d'admiration, tomber en extase. PAR PLAIS. tomber en pâmoison. ▶ ***Vénérer*** – honorer, respecter, révérer, tenir en grand honneur, vénérer. ♦ **s'admirer** ▶ ***Se mirer*** – se contempler, se mirer, se regarder. △ **ANT.** ABHORRER, ABOMINER, DÉDAIGNER, DÉTESTER, EXÉCRER, HAÏR, MÉPRISER; CRITIQUER, DÉNIGRER, HONNIR, MOQUER, RAILLER.

admissible *adj.* ▶ ***Valide*** – acceptable, recevable, valable, valide. △ **ANT.** INACCEPTABLE, INADMISSIBLE, IRRECEVABLE.

admission *n.f.* ▶ ***Affiliation*** – adhésion, adjonction, adoption, affiliation, agrégation, agrément, appartenance, association, enrôlement, entrée, incorporation, initiation, inscription, intégration, mobilisation, rattachement, réception. ▶ ***Réception*** – adoubement, élévation, initiation, intronisation, investiture, promotion. ▶ ***Accession*** – accession, arrivée, avènement, venue. △ **ANT.** RECALAGE, REFUS; EXCLUSION, REJET; SORTIE.

adolescence *n.f.* âge bête, âge ingrat, jeunesse, minorité, nubilité, préadolescence, puberté, pubescence. SOUT. juvénilité, printemps. △ **ANT.** ÂGE MÛR, MATURITÉ; MAJORITÉ; VIEILLESSE.

adolescent *n.* ▶ ***Jeune personne*** – jeune, mineur, préadolescent. SOUT. impubère. FAM. ado, gamin, préado. PÉJ. minet. ♦ **adolescent,** ***masc.*** ▶ ***Jeune garçon*** – blanc-bec *(inexpérimenté)*, garçon, jeune, jeune garçon, jeune homme, mineur. SOUT. damoiseau *(qui courtise les femmes)*, impubère, puceau *(vierge)*. FAM. ado, adonis *(beau)*, éphèbe *(beau)*, gamin, gars, jeunot, préado. ♦ **adolescente,** ***fém.*** ▶ ***Jeune fille*** – demoiselle, fille, jeune, jeune femme, jeune fille, midinette, mineure, miss *(pays anglo-saxons)*, préadolescente. SOUT. impubère, pucelle *(vierge)*. FAM. ado, belle, gamine, préado, pucelle, tendron. PÉJ. fillasse. △ **ANT.** ENFANT; ADULTE; VIEILLARD.

adonner (s') *v.* ▶ ***Faire une activité*** – s'appliquer à, s'employer à, s'occuper de, se consacrer à, se livrer à, vaquer à. ▸ *Faire un sport* – jouer à, pratiquer. ▶ ***Se laisser aller*** – céder à, donner dans, entrer dans, s'abandonner à, se laisser aller à, se livrer à, se porter à. ▶ ***S'entendre*** (QUÉB. FAM.) – avoir de bons rapports, (bien) s'entendre, être en bons termes, fraterniser, s'accorder, sympathiser. SOUT. compatir. FAM. copiner. △ **ANT.** ABANDONNER, ÉVITER, SE DÉTOURNER DE.

adopter *v.* ▶ ***Choisir*** – choisir, embrasser, épouser, faire sien, prendre. △ **ANT.** ABANDONNER, REFUSER, REJETER, RENONCER À, RENVOYER, REPOUSSER; COMBATTRE.

adoption *n.f.* ▶ ***Action d'adopter un enfant*** – adrogation, légitimation. ▶ ***Choix*** – choix, cooptation, décision, désignation, détermination, échantillonnage, écrémage, élection, nomination, plébiscite, prédilection, présélection, résolution, sélection, suffrage, tri, triage, vote. SOUT. décret, parti. ▶ ***Adhésion*** – acceptation, accord, accréditation, acquiescement, adhésion, affirmation, affirmative, agrément, amen, approbation, approbativité, approuvé, assentiment, autorisation, aval, avis favorable, bénédiction, caution, chorus, confirmation, consentement, déclaration favorable, engagement, entérinement, exeat, feu vert, gré, homologation, légalisation, oui, permission, ratification, sanction, validation. BELG. agréage, agréation. SOUT. suffrage. RELIG. admittatur, celebret, créance, imprimatur, nihil obstat. ▶ ***Affiliation*** – adhésion, adjonction, admission, affiliation, agrégation, agrément, appartenance, association, enrôlement, entrée, incorporation, initiation, inscription, intégration, mobilisation, rattachement, réception. ▶ ***Emprunt*** – assimilation, emprunt, imitation, insertion, ralliement. △ **ANT.** DÉSAPPROBATION, REFUS; EXCLUSION, REJET, RENVOI.

adorable *adj.* à croquer, avenant, beau, bien, charmant, coquet, délicieux, gentil, gentillet, gracieux, joli, mignon, mignonnet, plaisant, ravissant. FAM. chou. FRANCE FAM. croquignolet, mignard, mimi, trognon. △ **ANT.** DÉPLAISANT, DÉSAGRÉABLE, DÉTESTABLE, EXÉCRABLE, HAÏSSABLE.

adoration *n.f.* ▶ ***Vénération*** – admiration, adulation, amour, attachement, culte, dévotion, emballement, engouement, fanatisme, ferveur, iconolâtrie, idolâtrie, passion, respect, vénération, zèle. SOUT. dilection, révérence. PÉJ. encens, flagornerie, flatterie. ▶ ***Émerveillement*** – admiration, éblouissement, émerveillement, enchantement, engouement, enthousiasme, envoûtement, fascination, ravissement, subjugation. △ ANT. AVERSION, DÉDAIN; HAINE, MÉPRIS; BLASPHÈME, IMPIÉTÉ.

adorer *v.* ▸ ***Admirer*** – aduler, déifier, fétichiser, idolâtrer, vénérer, vouer un culte à. ▸ ***Aimer avec tendresse*** – aimer, chérir, porter dans son cœur. ▸ ***Aimer beaucoup*** – affectionner, aimer, apprécier, avoir un faible pour, avoir un penchant pour, être fou de, être friand de, être porté sur, faire ses délices de, prendre plaisir à, priser, raffoler de, s'intéresser à, se complaire, se délecter, se passionner pour, se plaire. *SOUT.* chérir, goûter. △ ANT. ABHORRER, ABOMINER, DÉDAIGNER, DÉTESTER, EXÉCRER, HAÏR, MÉPRISER; BLASPHÉMER, MAUDIRE.

adosser *v.* accoter, appuyer, caler. △ ANT. DÉGAGER.

adoucir *v.* ▸ ***Sucrer*** – édulcorer, sucrer. ▸ ***Rendre le temps plus doux*** – radoucir, réchauffer. ▸ ***Tamiser la lumière*** – atténuer, filtrer, tamiser, voiler. ▸ ***Apaiser la douleur*** – alléger, apaiser, assoupir, atténuer, bercer, endormir. *SOUT.* lénifier. ♦ **s'adoucir** ▸ ***Se réchauffer*** – se radoucir, se réchauffer. △ ANT. AIGRIR; DURCIR; AGGRAVER, APPUYER, EXACERBER, EXCITER, INTENSIFIER, IRRITER.

adresse *n.f.* ▸ ***Résidence*** – coordonnées, domicile, habitation, résidence, suscription. ▸ ***Numéro*** – code, cote, marque (numérique), matricule, nombre, numéro. ▸ ***Agilité*** – agilité, aisance, dextérité, élasticité, élégance, facilité, grâce, habileté, légèreté, main, mobilité, précision, rapidité, souplesse, technique, virtuosité, vivacité. *SOUT.* félinité, prestesse. ▸ ***Compétence*** – aisance, aptitude, art, brio, capacité, compétence, dextérité, disposition, doigté, don, expertise, facilité, faculté, force, fort, génie, habileté, main, maîtrise, métier, pouvoir, professionnalisme, savoir, savoir-faire, sens, talent, technique, virtuosité. *FAM.* bosse. *DR.* habilitation, habilité. ▸ ***Ruse*** – débrouillardise, finesse, habileté, industrie, ingéniosité, jonglerie, perfidie, roublardise, rouerie, ruse. *SOUT.* cautèle. *FAM.* système D, système débrouille. ▸ ***Diplomatie*** – circonspection, diplomatie, doigté, finesse, habileté, souplesse, tact. ▸ ***Stratégie*** – calcul, diplomatie, finesse, habileté, ligne de conduite, machiavélisme, manège, négociation, patience, prudence, ruse, sagesse, savoir-faire, souplesse, stratégie, tactique, temporisation, tractation. △ ANT. GAUCHERIE, MALADRESSE; LOURDEUR; INAPTITUDE, INHABILETÉ; ERREUR.

adresser *v.* ▸ ***Envoyer*** – acheminer, envoyer, expédier, faire parvenir, transmettre. ♦ **s'adresser** ▸ ***Recourir*** – avoir recours à, consulter, faire appel à, passer par, prendre conseil auprès de, recourir à. △ ANT. RECEVOIR.

adroit *adj.* ▸ ***Compétent*** – à la hauteur, bon, brillant, capable, chevronné, compétent, connaisseur, d'élite, de haut vol, de haute volée, de talent, doué, émérite, entraîné, exercé, expérimenté, expert, ferré, fin, fort, habile, passé maître, performant, qualifié, qui s'y connaît, talentueux, versé. *RARE* blanchi sous le harnais. *SOUT.* entendu à, industrieux, rompu à. *FAM.* calé, qui a la bosse de, qui sait y faire. *FRANCE FAM.* balèze, costaud, fortiche, incollable, trapu. ▸ ***Astucieux*** – astucieux, déluré, fin, finaud, futé, habile, ingénieux, intelligent, inventif, malin, qui a plus d'un tour dans son sac, rusé. *FAM.* débrouillard, dégourdi. *FRANCE FAM.* dessalé, fortiche, fute-fute, mariol, sioux. *QUÉB. FAM.* fin finaud. ▸ ***Non favorable*** – diabolique, fourbe, machiavélique, malin, perfide, rusé, tortueux. *SOUT.* artificieux, chafouin, madré, matois, retors, roué, scélérat. *FAM.* roublard, vicelard. *QUÉB. FAM.* ratoureux. ▸ ***Prudent*** – averti, avisé, circonspect, fin, habile, prudent, sage. △ ANT. GAUCHE, MALADROIT, MALHABILE; CRÉDULE, INNOCENT, NIAIS; IMPRUDENT, IRRÉFLÉCHI.

adroitement *adv.* ▸ ***Agilement*** – agilement, aisément, alertement, bien, industrieusement, lestement, magistralement, prestement, souplement, vivement. ▸ ***Intelligemment*** – astucieusement, avec brio, avec éclat, bien, brillamment, de main de maître, expertement, finement, génialement, habilement, industrieusement, ingénieusement, intelligemment, judicieusement, lucidement, magistralement, pertinemment, professionnellement, savamment, sensément, spirituellement, subtilement, talentueusement, vivement. △ ANT. MALADROITEMENT.

adulte *adj.* ▸ ***En parlant d'un végétal*** – développé, formé, mature, mûr. ▸ ***En parlant de qqn*** – grand, majeur. *FAM.* majeur et vacciné. △ ANT. IMMATURE; D'ENFANT/DES ENFANTS, INFANTILE; ADOLESCENT; PUÉRIL.

adulte *n.* ▸ ***Personne*** – grand, grande personne, majeur. *FRANCE FAM.* amorti. ▸ ***Homme*** – homme fait, homme mûr. ▸ ***Femme*** – femme faite, femme mûre. △ ANT. ENFANT; ADOLESCENT; VIEILLARD.

adultère *adj.* frivole, inconstant, infidèle, volage. *FAM.* cavaleur, coureur, qui a un cœur d'artichaut. *QUÉB. FAM.* courailleux. △ ANT. CONSTANT, FIDÈLE, LOYAL, SÉRIEUX, SÛR.

adultère *n.* ▸ ***Personne infidèle*** (*SOUT.*) – inconstant, infidèle. ♦ **adultère,** ***masc.*** inconstance, infidélité, trahison, tromperie. *FAM.* cocuage, cocufiage. △ ANT. FIDÉLITÉ.

advenir *v.* arriver, avoir lieu, se dérouler, se passer, se produire, survenir. △ ANT. MANQUER.

adversaire *n.* antagoniste, attaqueur, challenger, compétiteur, concurrent, contestataire, contraire, contre-manifestant, détracteur, dissident, ennemi, mécontent, opposant, opposé, pourfendeur, prétendant, protestataire, rival. *SOUT.* émule. △ ANT. ALLIÉ, AMI; ASSOCIÉ, AUXILIAIRE, COLLABORATEUR, PARTENAIRE; DÉFENSEUR, PARTISAN; PROTECTEUR.

adverse *adj.* ▸ ***Inverse*** – contraire, inverse, opposé. ▸ ***Rival*** – antagonique, antagoniste, concurrent, ennemi, opposant, opposé, rival. ▸ ***Nuisible*** – attentatoire, contraire, défavorable, désavantageux, dommageable, hostile, nuisible, pernicieux, préjudiciable. △ ANT. ALLIÉ, AMI.

ad vitam æternam *loc. adv.* ▸ ***Toujours*** – à l'infini, à perpétuité, à tous coups, à tous les coups, à tout bout de champ, à tout instant, à (tout) jamais, à tout moment, à toute heure (du jour et de la nuit), à vie, assidûment, beau temps mauvais temps, chroniquement, constamment, continuellement, continûment, dans tous les cas, de nuit comme de jour, de toute éternité, en permanence, en tout temps, en toute saison, en toute(s) circonstance(s), éternellement, hiver comme été, immuablement, inaltérablement, indéfiniment, infiniment, invariablement, jour et nuit, nuit et jour, perpétuellement, pour la vie, pour les siècles des siècles, rituellement, sans arrêt, sans cesse, sans discontinuer, sans fin, sans interruption, sans relâche, sans répit, sempiternellement, systématiquement, toujours, tous les jours. SOUT. à demeure, incessamment. FAM. à perpète, tout le temps. ▶ ***Longtemps*** – à l'infini, à long terme, à longue échéance, à n'en plus finir, beaucoup, depuis belle lurette, durablement, infiniment, interminablement, lentement, longtemps, longuement, mûrement, toujours. △ **ANT.** À L'OCCASION, DE TEMPS À AUTRE, DE TEMPS EN TEMPS, OCCASIONNELLEMENT, PARFOIS, QUELQUEFOIS; À AUCUN MOMENT, EN AUCUN TEMPS, JAMAIS.

aérer *v.* éventer, ventiler. ♦ **s'aérer** prendre l'air, prendre un bol d'air, respirer, s'oxygéner (les poumons). △ **ANT.** ENFERMER.

aérien *adj.* ▶ ***Léger*** – immatériel, léger, mousseux, vaporeux. SOUT. arachnéen, éthéré. △ **ANT.** TERRESTRE; SOUTERRAIN; AQUATIQUE; SOUS-MARIN; ROUTIER *(TRANSPORT)*; FERROVIAIRE; NAVAL; ENFOUI *(CÂBLE)*.

affable *adj.* ▶ ***Accueillant*** – accueillant, agréable, aimable, amène, amical, avenant, bienveillant, chaleureux, charmant, convivial, cordial, de bonne compagnie, engageant, familier, gracieux, invitant, liant, ouvert, sociable, souriant, sympathique. FAM. sympa. ▶ ***Courtois*** – bien élevé, bienséant, civil, courtois, délicat, galant, poli, qui a de belles manières. SOUT. urbain. FAM. civilisé. △ **ANT.** ACARIÂTRE, ANTIPATHIQUE, BOURRU, DÉSAGRÉABLE, GRINCHEUX, RÉBARBATIF, REVÊCHE; ARROGANT, IMPERTINENT, IMPOLI, INSOLENT.

affaiblir *v.* ▶ ***Épuiser*** – abattre, alanguir, anémier, consumer, débiliter, diminuer, épuiser, étioler, miner, ronger, user. ▶ ***Ramollir*** – alanguir, amollir, avachir, ramollir. SOUT. aveulir, émasculer. ▶ ***Rendre moins intense*** – amortir, atténuer, diminuer, effacer, émousser, éroder, estomper, oblitérer, user. ▶ ***Précariser*** – fragiliser, précariser. ▶ ***Diminuer*** – abaisser, amenuiser, baisser, diminuer, moindrir, réduire. ♦ **s'affaiblir** ▶ ***Perdre ses forces*** – dépérir, perdre ses forces, s'anémier, s'étioler, s'user, se consumer. SUISSE crevoter. ▶ ***Perdre de son intensité*** – baisser, diminuer, faiblir, pâlir, s'atténuer, s'estomper. ▶ ***S'amenuiser*** – faiblir, s'amenuiser, s'effriter, s'émietter, s'émousser. ♦ **affaibli** ▶ ***Sans forces*** – abattu, anémié. MÉD. adynamique, asthénique. ▶ ***Indolent*** – alangui, indolent, lent, nonchalant. SOUT. languissant. △ **ANT.** CONSOLIDER, FORTIFIER, RAFFERMIR, RENFORCER; AUGMENTER, INTENSIFIER; AMPLIFIER, EXAGÉRER, GROSSIR. ♦ **s'affaiblir** SE RAFFERMIR, SE REMETTRE, SE RÉTABLIR, SE RETROUVER.

affaiblissement *n.m.* ▶ ***Perte des forces*** – abattement, accablement, alanguissement, amoindrissement, amollissement, anémie, apathie, avachissement, consomption, découragement, défaillance, dépérissement, épuisement, étiolement, exténuation, fatigue, fragilisation, harassement, lassitude, rabaissement, ralentissement, ramollissement, sape, usure. SOUT. débilité. MÉD. adynamie, asthénie, atonie, collapsus, débilitation. ▶ ***Fatigue*** – abattement, accablement, affaissement, affalement, alanguissement, amollissement, anéantissement, apathie, atonie, consomption, épuisement, éreintement, exténuation, faiblesse, fatigue, forçage, harassement, inertie, labeur, langueur, lassitude, marasme, peine, prostration, stress, surmenage. MÉD. adynamie, anémie, asthénie. ▶ ***Mollesse*** – abattement, apathie, atonie, avachissement, faiblesse, inconsistance, indolence, langueur, laxisme, mollasserie, mollesse, nonchalance, passivité, veulerie. MÉD. aboulie, dysboulie, psychasthénie. ▶ ***Dégénérescence*** – abaissement, abâtardissement, abjection, abrutissement, affadissement, agonie, altération, amollissement, appauvrissement, atrophie, avachissement, avilissement, baisse, corruption, décadence, déchéance, déclin, décrépitude, dégénérescence, dégradation, délabrement, déliquescence, dénaturation, dépérissement, détérioration, édulcoration, empirement, étiolement, flétrissure, perte, perversion, pourrissement, pourriture, rouille, ruine, sape, usure. SOUT. aveulissement, crépuscule, pervertissement. FAM. déglingue, dégringolade. ▶ ***Diminution*** – abaissement, affaissement, amenuisement, amoindrissement, baisse, chute, creux, déclin, décroissance, décroissement, décrue, dégression, déplétion, dépréciation, descente, désescalade, dévalorisation, dévaluation, diminution, éclipse, effondrement, effritement, essoufflement, fléchissement, ralentissement, réduction. SOUT. émasculation. △ **ANT.** CONSOLIDATION, RAFFERMISSEMENT, RENFORCEMENT; RÉTABLISSEMENT, VIVIFICATION.

affaire *n.f.* ▶ ***Tâche*** – besogne, corvée, devoir, obligation, occupation, ouvrage, peine, tâche, travail. SOUT. labeur. ▶ ***Entreprise*** – bureau, compagnie, entreprise, établissement, exploitation, firme, institution, société. FAM. boîte, boutique. FRANCE FAM. burlingue. RARE industrie. PÉJ. FAM. baraque. ▶ ***Négociation*** – arbitrage, contestation, débat, démêlé, différend, discussion, dispute, médiation, négociation, panel, querelle, règlement, spéculation, tractation. ▶ ***Procès*** – affaire (judiciaire), audience, cas, cause, débat, dossier, espèce, litige, litispendance, poursuite, procès. ▶ ***Problème*** – cas, énigme, problème, puzzle, question. FAM. bébé. QUÉB. casse-tête. ▶ ***Incident*** – accident, accroc, accrochage, anicroche, avatar, aventure, complication, contingences, contrariété, contretemps, crise, désagrément, difficulté, dispute, embarras, empêchement, ennui, épine, épisode, événement, éventualité, imprévu, incident, mésaventure, obstacle, occasion, occurrence, péripétie, problème, rebondissement, tribulations. SOUT. adversité. FAM. cactus, embêtement, emmerde, emmerdement, enquiquinement, os, pépin, pétrin, tuile. FRANCE FAM. empoisonnement. ▶ ***Objet*** (QUÉB. FAM.) – chose, objet. FAM. bidule, engin, fourbi, machin, truc, trucmuche. FRANCE FAM. ustensile, zinzin. QUÉB. FAM. patente. ♦ **affaires, *plur.*** ▶ ***Activités commerciales*** – activité commerciale, circulation, commerce, commercialisation, distribution, échange, finance, marché, négoce, opération, traite, troc, vente. FAM. business. ▶ ***Effets personnels*** – effets personnels. ▶ ***Équipement*** – appareil, bagage, chargement, équipement, fourniment, harnachement, instruments, matériel, outillage. FAM. arsenal, attirail, barda, bastringue, bataclan, bazar, fourbi, matos, paquet, paquetage, saint-crépin, saint-frusquin. QUÉB.

FAM. agrès, gréement. ▶ ***Vêtements*** – atours, chiffons, ensemble, garde-robe, habillement, habits, linge, mise, parure, tenue, toilette, trousseau, vestiaire, vêtements. SOUT. vêture. FRANCE FAM. fringues, frusques, nippes, pelures, saint-frusquin, sapes. QUÉB. ACADIE FAM. hardes.

affairé *adj.* actif, allant, diligent, dynamique, énergique, infatigable, laborieux, travailleur, vaillant, zélé. FAM. bosseur, boulot boulot, bûcheur, increvable, piocheur. QUÉB. travaillant. △ **ANT.** DÉSŒUVRÉ, INACTIF, INOCCUPÉ, OISIF.

affairer (s') *v.* être à l'œuvre, œuvrer, s'activer, travailler. FAM. bosser, gratter, marner, turbiner, usiner. △ **ANT.** LAMBINER, TRAÎNER; PARESSER.

affairisme *n.m.* accaparement, agiotage, boursicotage, concussion, coup de bourse, intrigue, spéculation, trafic, tripotage. SOUT. prévarication. FAM. combine. △ **ANT.** HONNÊTETÉ.

affaissement *n.m.* ▶ ***Effondrement du sol*** – cavité, creux, crevasse, dépression, éboulement, écroulement, effondrement, flache, fondrière, fossé. GÉOL. ensellement, épirogenèse, fondis, graben. RARE enfonçure. ▶ ***Diminution*** – abaissement, affaiblissement, amenuisement, amoindrissement, baisse, chute, creux, déclin, décroissance, décroissement, décrue, dégression, déplétion, dépréciation, descente, désescalade, dévalorisation, dévaluation, diminution, éclipse, effondrement, effritement, essoufflement, fléchissement, ralentissement, réduction. SOUT. émasculation. ▶ ***Fatigue*** – abattement, accablement, affaiblissement, affalement, alanguissement, amollissement, anéantissement, apathie, atonie, consomption, épuisement, éreintement, exténuation, faiblesse, fatigue, forçage, harassement, inertie, labeur, langueur, lassitude, marasme, peine, prostration, stress, surmenage. MÉD. adynamie, anémie, asthénie.

affaisser (s') *v.* ▶ ***En parlant de qqch.*** – crouler, s'abattre, s'ébouler, s'écrouler, s'effondrer, succomber, tomber en ruine. ▶ ***En parlant de qqn*** – s'abattre, s'écrouler, s'effondrer, tomber. QUÉB. FAM. s'écraser. △ **ANT.** S'ÉLEVER, S'ÉRIGER, SE DRESSER, SE SOULEVER; SE REDRESSER, SE RELEVER.

affectation *n.f.* ▶ ***Manque de naturel*** – air, apparence, apprêt, bluff, cabotinage, comédie, composition, contenance, convenu, dandysme, genre, imposture, jeu, maniérisme, manque de naturel, mascarade, mièvrerie, pose, raideur, recherche, représentation, snobisme. SOUT. cambrure. FAM. chiqué, cinéma. ▶ ***Ostentation*** – démonstration, étalage, montre, ostentation, parade. FAM. fla-fla. ▶ ***Pédantisme*** – cuistraillerie, cuistrerie, didactisme, dogmatisme, érudition affectée, fatuité, pédanterie, pédantisme, pose, sottise, suffisance. SOUT. omniscience. ▶ ***Préciosité*** – byzantinisme, emphase, maniérisme, marivaudage, mignardise, préciosité, purisme, raffinement, recherche, sophistication, subtilité. SOUT. afféterie, concetti. ▶ ***Minauderie*** – agacerie, coquetterie, façons, grâces, grimace, manières, mignardise, minauderie, mine, simagrée, singerie. SOUT. afféterie. FAM. chichi. ▶ ***Fausse piété*** – affectation (de piété), bigoterie, bondieuserie, hypocrisie, jésuitisme, pharisaïsme, tartuferie. ▶ ***Fausse vertu*** – affectation (de vertu), bégueulerie, bégueulisme, collet monté, pudeur, pudibonderie, puritanisme. SOUT. pruderie. ▶ ***Feinte*** – artifice, cachotterie, comédie, déguisement, dissimulation, duplicité, faux-semblant, feinte, fiction, finauderie, grimace, hypocrisie, invention, leurre, mensonge, momerie, pantalonnade, parade, ruse, simulation, singerie, sournoiserie, tromperie. SOUT. simulacre. FAM. cinéma, cirque, finasserie, frime. ▶ ***Assignation*** – assignation, attribution, consécration, destination, imputation. ▶ ***Nomination*** – collation, commissionnement, désignation, destination, installation, investiture, mise en place, nomination, promotion, titularisation. ▶ ***Mutation*** – déplacement, mouvement, mutation. ▶ ***Rôle*** – charge, dignité, emploi, fonction, métier, mission, office, place, poste, responsabilité, rôle, siège, titre, vocation. ▶ ***Marque*** – désignation, marque, qualification, quantification, spécification. △ **ANT.** AISANCE, NATUREL; SINCÉRITÉ; SIMPLICITÉ; DÉSAFFECTATION, MISE À LA RETRAITE.

affecté *adj.* ▶ ***Qui n'est pas sincère*** – artificiel, de commande, factice, feint, forcé, insincère, (qui sonne) faux, simulé. ▶ ***Qui manque de naturel*** – apprêté, artificiel, compassé, composé, empesé, emprunté, étudié, forcé, frelaté. △ **ANT.** FAMILIER, NATUREL, RELÂCHÉ, SPONTANÉ.

affecter *v.* ▶ ***Prendre un certain aspect*** – avoir, prendre, revêtir. ▶ ***Simuler*** – faire mine de, faire semblant de, feindre, simuler, singer. ▶ ***Bouleverser*** – bouleverser, choquer, commotionner, ébranler, marquer, perturber, secouer, traumatiser. ▶ ***Attribuer à un usage*** – destiner, réserver. ▶ ***Imputer une somme*** – appliquer, assigner, attribuer, imputer, porter. ▶ ***Désigner à un poste*** – appeler, charger, commettre, commissionner, désigner, préposer. △ **ANT.** DISTRAIRE, RÉJOUIR; DÉSAFFECTER; MUTER, RÉVOQUER.

affectif *adj.* émotif, émotionnel, nerveux, psychoaffectif. △ **ANT.** LOGIQUE, RATIONNEL.

affection *n.f.* ▶ ***Attachement*** – amitié, amour, attachement, attirance, intérêt, lien, sympathie, tendresse. FAM. coup de cœur, coup de foudre. ▶ ***Prédilection*** – aptitude, attirance, disposition, faible, faiblesse, goût, habitude, impulsion, inclination, instinct, penchant, pente, prédilection, prédisposition, préférence, propension, tendance, vocation. DIDACT. susceptibilité. PSYCHOL. compulsion. FAM. tendresses. ▶ ***Trouble physique*** – altération, anomalie, dysfonction, indisposition, lésion, mal, malaise, syndrome, trouble. ▶ ***Maladie*** – cas, mal, maladie, morbidité, syndrome. △ **ANT.** AVERSION, EXÉCRATION, HAINE; ANTIPATHIE, HOSTILITÉ, INIMITIÉ; DÉSAFFECTION; INDIFFÉRENCE.

affectivité *n.f.* affect, âme, attendrissement, cœur, compassion, émotion, émotivité, empathie, fibre, humanité, impressionnabilité, pitié, romantisme, sensibilité, sentiment, sentimentalité, susceptibilité, sympathie, tendresse, vulnérabilité. SOUT. entrailles. FAM. tripes. ▶ *À l'excès* – hyperémotivité, hypersensibilité, sensiblerie, sentimentalisme.

affectueusement *adv.* affectivement, amicalement, amoureusement, câlinement, chaleureusement, maternellement, sensiblement, tendrement. △ **ANT.** DUREMENT, RAIDE, RAIDEMENT, RUDEMENT, SANS MÉNAGEMENT, SEC, VERTEMENT.

affectueux *adj.* ▸ ***Câlin*** – aimant, amoureux, cajoleur, câlin, caressant, doux, roucoulant, tendre. ▸ ***Amical*** – ami, amical, chaleureux, fraternel, tendre. △ **ANT.** BRUTAL, DUR, RAIDE, RUDE, VIOLENT; ARIDE, FROID, INSENSIBLE, SANS-CŒUR, SEC.

affermir *v.* ▸ ***Rendre plus solide*** – consolider, renforcer. *QUÉB.* solidifier; *FAM.* solider. ▸ ***Rendre plus fort*** – asseoir, cimenter, confirmer, conforter, consolider, fortifier, raffermir, renforcer. ▸ ***Resserrer les tissus*** – raffermir, tonifier. △ **ANT.** AFFAIBLIR, ÉBRANLER, FRAGILISER; AMOLLIR.

affiche *n.f.* affichette, annonce, avis, écriteau, enseigne, pancarte, panneau, panneau réclame, panonceau, placard, proclamation, programme, publicité, réclame.

afficher *v.* ▸ ***Apposer une affiche*** – placarder. ▸ ***Exhiber*** – arborer, déployer, étaler, exhiber, exposer, faire étalage de, faire montre de, faire parade de. ♦ **s'afficher** ▸ ***S'exhiber*** – paraître, s'exhiber, s'offrir en spectacle, se montrer. △ **ANT.** CACHER, DISSIMULER, MASQUER, TAIRE.

affinité *n.f.* ▸ ***Accord*** – accord, amitié, atomes crochus, (bonne) intelligence, communauté de goûts, communauté de sentiments, communauté de vues, communion, compatibilité, complicité, compréhension, concorde, connivence, convergence d'idées, fraternité, harmonie, point commun, sympathie, union, unisson. △ **ANT.** ANTAGONISME, OPPOSITION; ANTIPATHIE; RÉPULSION RÉCIPROQUE.

affirmatif *adj.* ▸ ***Qui affirme avec force*** – autoritaire, catégorique, dogmatique, formel, impératif, impérieux, péremptoire, sans réplique, tranchant. *FAM.* pète-sec. ▸ ***En parlant d'un énoncé*** – assertif. △ **ANT.** HÉSITANT, INCERTAIN; NÉGATIF *(ÉNONCÉ)*; INTERROGATIF; EXCLAMATIF.

affirmation *n.f.* ▸ ***Énonciation*** – communication, déclaration, donnée, élocution, énoncé, énonciation, exposition, expression, extériorisation, formulation, mention, prononciation, proposition, récitation, stipulation, verbalisation. ▸ ***Proposition*** – allégation, argument, argumentation, assertion, déclaration, dire, expression, parole, position, propos, proposition, raison, théorème, thèse. ▸ ***Approbation*** – acceptation, accord, accréditation, acquiescement, adhésion, adoption, affirmative, agrément, amen, approbation, approbativité, approuvé, assentiment, autorisation, aval, avis favorable, bénédiction, caution, chorus, confirmation, consentement, déclaration favorable, engagement, entérinement, exeat, feu vert, gré, homologation, légalisation, oui, permission, ratification, sanction, validation. *BELG.* agréage, agréation. *SOUT.* suffrage. *RELIG.* admittatur, celebret, créance, imprimatur, nihil obstat. ▸ ***Confirmation*** – assurance, attestation, certitude, confirmation, corroboration, démonstration, gage, manifestation, marque, preuve, témoignage, vérification. △ **ANT.** DÉMENTI, DÉSAVEU, NÉGATION; CONTESTATION; DOUTE, QUESTION.

affirmer *v.* ▸ ***Garantir*** – assurer, attester, certifier, déclarer, donner l'assurance, donner sa parole (d'honneur), garantir, jurer, promettre, répondre de. ▸ ***Prétendre*** – déclarer, prétendre, soutenir. ▸ ***Postuler*** – énoncer, poser, postuler. ▸ ***Manifester*** – donner des marques de, donner la preuve/des preuves de, extérioriser, faire montre de, faire preuve de, manifester, marquer, montrer (des signes de), prouver, témoigner. △ **ANT.** CONTESTER, CONTREDIRE, DÉMENTIR, DÉSAVOUER, NIER, RÉFUTER; CACHER, TAIRE.

affleurer *v.* ▸ ***Se manifester*** (*SOUT.*) – apparaître, émerger, se dégager, se dévoiler, se faire jour, se manifester, se profiler, se révéler, transparaître. △ **ANT.** S'ENFONCER.

affliger *v.* ▸ ***Désoler*** – arracher le cœur à, attrister, chagriner, consterner, désespérer, désoler, faire de la peine à, fendre le cœur à, navrer, peiner. *SOUT.* contrister. ▸ ***Atteindre d'un mal*** – accabler, atteindre, frapper, toucher. ♦ **s'affliger** ▸ ***Se désoler*** – être au désespoir, s'attrister, se désoler. △ **ANT.** CONTENTER, GRATIFIER, RÉJOUIR; CONSOLER, RÉCONFORTER.

affluence *n.f.* ▸ ***Flot*** – afflux, arrivée, circulation, écoulement, flot, flux, issue. ▸ ***Circulation dense*** – afflux, bouchon, congestion, embouteillage, encombrement, engorgement, obstruction, retenue. *QUÉB.* trafic. ▸ ***Foule*** – abondance, armada, armée, attroupement, bande, cohue, concentration, concours, encombrement, essaim, flot, forêt, foule, fourmilière, fourmillement, grouillement, légion, marée, masse, meute, monde, multitude, peuple, pléiade *(célébrités)*, pullulement, rassemblement, régiment, réunion, ribambelle, ruche, tas, troupeau. *FAM.* flopée, marmaille *(enfants)*, tapée, tripotée. *QUÉB. FAM.* achalandage, gang. *PÉJ.* ramassis. △ **ANT.** ABSENCE, MANQUE; DISETTE, INSUFFISANCE, PÉNURIE.

afflux *n.m.* ▸ ***Arrivée massive de sang*** – afflux (de sang), apoplexie, attaque, cataplexie, coup de sang, embolie, hémorragie, hyperémie, ictus, pléthore, révulsion, stase, tension, thrombose, transport au cerveau, turgescence. ▸ ***Augmentation subite*** – batillage, courant, déferlement, mouvement, vague. ▸ ***Affluence*** – affluence, arrivée, circulation, écoulement, flot, flux, issue. ▸ ***Abondance*** – abondance, amas, ampleur, concentration, débauche, débordement, exubérance, filon, fleuraison, floraison, foisonnement, forêt, foule, fourmillement, gisement, infinité, inondation, luxe, luxuriance, masse, mine, multiplicité, myriade, nuée, paquet, pléthore, poussière, profusion, quantité, richesse, surabondance, tas, trésor. *FIG.* carnaval. *FAM.* festival, flopée, kyrielle, tapée, tonne, tripotée. *SUISSE FAM.* craquée. ▸ ***Engorgement*** – affluence, bouchon, congestion, embouteillage, encombrement, engorgement, obstruction, retenue. *QUÉB.* trafic. △ **ANT.** VIDE.

affolement *n.m.* ▸ ***Peur*** – alarme, angoisse, appréhension, crainte, effarement, effarouchement, effroi, épouvante, frayeur, grand-peur, hantise, horreur, inquiétude, panique, peur, phobie, terreur, transes. *SOUT.* affres, apeurement. *FAM.* cauchemar, chiasse, frousse, pétoche, trac, trouille. ▸ ***Agitation*** – activité, affairement, agitation, alarme, animation, bouillonnement, branle-bas (de combat), bruit, dérangement, désordre, désorganisation, détraquement, effervescence, excitation, fourmillement, grouillement, hâte, incohérence, mouvement, orage, précipitation, remous, remue-ménage, secousse, tempête, tohu-bohu, tourbillon, tourmente, trépidation, trouble, tumulte, turbulence, va-et-vient.

SOUT. émoi, remuement. FAM. chambardement. △ **ANT.** CALME, MAÎTRISE DE SOI, SANG-FROID; SÉRÉNITÉ, TRANQUILLITÉ.

affoler *v.* ▶ ***Effrayer*** – apeurer, donner des sueurs froides à, donner la chair de poule à, effarer, effrayer, épouvanter, faire dresser les cheveux sur la tête de, faire froid dans le dos à, figer le sang de, glacer le sang de, horrifier, saisir d'effroi, saisir de frayeur, terrifier, terroriser. SOUT. *ou* QUÉB. FAM. épeurer. ▶ ***Inquiéter*** – agiter, alarmer, angoisser, effrayer, énerver, épouvanter, inquiéter, oppresser, préoccuper, tourmenter, tracasser, troubler. FAM. stresser. ▶ ***Bouleverser*** – bouleverser, effarer, mettre en émoi, paniquer. ♦ **s'affoler** céder à la panique, paniquer, perdre la boule, perdre la tête, perdre le nord, perdre son sang-froid, s'énerver. FAM. perdre la boussole, perdre les pédales. QUÉB. FAM. capoter. ♦ **affolé** agité, bouleversé, égaré, éperdu. △ **ANT.** APAISER, CALMER, RASSÉRÉNER, RASSURER, TRANQUILLISER.

affranchir *v.* ▶ ***Libérer d'une obligation*** – décharger, dégager, délier, délivrer, désengager, dispenser, excuser, exempter, exonérer, soustraire. ▶ ***Libérer d'un état de dépendance*** – émanciper, libérer. DIDACT. désaliéner. FÉOD. mainmettre. ▶ ***Apposer des timbres-poste*** – timbrer. ▶ ***Informer*** (FAM.) – avertir, aviser, informer, mettre au courant, prévenir. SOUT. instruire. FAM. brancher, briefer, mettre au parfum. ♦ **s'affranchir** prendre sa volée, s'émanciper, se libérer, secouer le joug, voler de ses propres ailes. ♦ **affranchi** déchargé, dégagé, dispensé, exempt, exempté, exonéré, libéré, libre. △ **ANT.** ASSERVIR, ASSUJETTIR, ASTREINDRE, JETER EN ESCLAVAGE, SOUMETTRE, SUBJUGUER.

affranchissement *n. m.* ▶ ***Libération*** – acquittement, décolonisation, délivrance, désaliénation, élargissement, émancipation, évacuation, libération, manumission, rachat, rédemption, salut. FAM. débarras, quille. SOUT. déprise. ▶ ***Frais de port*** – compostage, frais de port, surtaxe, taxe, timbrage, timbre. △ **ANT.** ASSERVISSEMENT, ASSUJETTISSEMENT, SOUMISSION.

affreusement *adv.* ▶ ***Laidement*** – abominablement, atrocement, déplaisamment, désagréablement, détestablement, disgracieusement, hideusement, horriblement, inesthétiquement, laidement, monstrueusement, vilainement. FAM. mochement. ▶ ***Sinistrement*** – atrocement, effroyablement, épouvantablement, funestement, lugubrement, redoutablement, sinistrement, sombrement, terriblement, tragiquement, tristement. ▶ ***Extrêmement*** – à l'extrême, astronomiquement, au dernier degré, au dernier point, au maximum, au plus haut degré, au plus haut point, beaucoup, bien, colossalement, considérablement, éminemment, énormément, exceptionnellement, extraordinairement, extrêmement, fabuleusement, follement, fort, fortement, grandement, gros, hautement, immensément, incommensurablement, inconcevablement, incroyablement, infiniment, intensément, long, mortellement, nettement, on ne peut plus, phénoménalement, prodigieusement, profondément, remarquablement, sérieusement, singulièrement, souverainement, supérieurement, suprêmement, terriblement, très, vertigineusement, vivement, vraiment. FAM. bigrement, bougrement, diablement, drôlement, effroyablement, épais, épouvantablement, fameusement, fantastiquement, fichtrement, fichûment, formidablement, foutrement, furieusement, joliment, rudement, sacrément, salement, super, terrible, tout plein, vachement. △ **ANT.** COQUETTEMENT, ÉLÉGAMMENT, GRACIEUSEMENT, HARMONIEUSEMENT, JOLIMENT, MAGNIFIQUEMENT, SUPERBEMENT; AGRÉABLEMENT, DÉLICIEUSEMENT, EXQUISÉMENT; FAIBLEMENT, LÉGÈREMENT, UN PEU.

affreux *adj.* ▶ ***Effrayant*** – à donner la chair de poule, à faire frémir, à figer le sang, à glacer le sang, cauchemardesque, cauchemardeux, cauchemaresque, effrayant, effroyable, épouvantable, grand-guignolesque, horrible, horrifiant, pétrifiant, terrible, terrifiant, terrorisant. SOUT. horrifique. QUÉB. FAM. épeurant. ▶ ***Laid*** – à faire peur, déplaisant, disgracieux, hideux, horrible, ignoble, inesthétique, informe, ingrat, inharmonieux, laid, laideron *(femme)*, monstrueux, repoussant, répugnant, vilain. SOUT. malgracieux, répulsif. FAM. blèche, dégueu, dégueulasse, mochard, moche, tarte, tartignolle, tocard, vomitif. ▶ ***Mauvais*** – abominable, atroce, déplorable, désastreux, épouvantable, exécrable, horrible, infect, insipide, lamentable, manqué, mauvais, médiocre, minable, navrant, nul, odieux, piètre, piteux, pitoyable, qui ne vaut rien, raté. SOUT. méchant, triste. FAM. à la con, à la flan, à la gomme, à la manque, à la mie de pain, à la noix (de coco), blèche, craignos, crapoteux, moche, pourri, qui ne vaut pas un clou. △ **ANT.** À CROQUER, ADORABLE, BEAU, CHARMANT, GRACIEUX, JOLI, MIGNON, RAVISSANT; MAGNIFIQUE, MAJESTUEUX, SPLENDIDE, SUPERBE; DIGNE, HONORABLE, NOBLE; EXCELLENT, EXTRAORDINAIRE, FANTASTIQUE.

affront *n. m.* ▶ ***Injure*** – attaque, atteinte, attentat, avanie, blessure, calomnie, défi, dommage, indignité, injure, insolence, insulte, manquement, offense, outrage, pique, tort. SOUT. bave, camouflet, soufflet. ▶ ***Vexation*** – crève-cœur, déboires, dégoût, déplaisir, froissement, humiliation, vexation. SOUT. camouflet, désobligeance, soufflet. △ **ANT.** COMPLIMENT, ÉLOGE, LOUANGE; HONNEUR; PARDON.

affronter *v.* ▶ ***Braver*** – braver, faire face à, faire front à, se mesurer à. ▶ ***Se mesurer à un adversaire*** – lutter, se battre, se mesurer. ▸ *Dans une rencontre sportive* – disputer la victoire à, disputer un match contre, jouer contre, rencontrer, se battre, se mesurer à. ♦ **s'affronter** ▶ ***Se mesurer*** – s'opposer, se battre, se mesurer. △ **ANT.** ÉLUDER, ÉVITER, FUIR, SE SOUSTRAIRE À.

affût *n. m.* ▶ ***Support*** – bâti, bipied, trépied. ▶ ***Endroit d'où l'on guette*** – cache, embuscade, palombière *(chasse à la palombe)*, poste. ▶ ***Refuge*** – abri, asile, cache, cachette, gîte, lieu de repos, lieu sûr, refuge, retraite. FIG. ermitage, havre (de paix), oasis, port, solitude, tanière, toit. PÉJ. antre, planque, repaire. ▶ ***Aiguisage*** – affilage, affûtage, aiguisage, émorfilage, émoulage, morfilage, repassage.

agaçant *adj.* ▶ ***Énervant*** – crispant, désagréable, énervant, exaspérant, excédant, fatigant, harcelant, importun, inopportun, insupportable, irritant. FAM. assommant, casse-pieds, embêtant, empoisonnant, enquiquinant, enquiquineur, horripilant, qui tape sur les nerfs, suant, tannant, tuant. FRANCE

FAM. gonflant. *QUÉB. FAM.* achalant, dérangeant. △ **ANT.** AGRÉABLE, CALMANT, TRANQUILLISANT; FADE, ININTÉRESSANT.

agacement *n. m.* ▶ ***Désagrément*** – chiffonnage, chiffonnement, contrariété, déplaisir, désagrément. *FAM.* embêtement, emmerde, emmerdement. ▶ ***Exaspération*** – colère, emportement, énervement, exaspération, fureur, furie, impatience, indignation, irritabilité, irritation, rage, susceptibilité. *SOUT.* courroux, irascibilité. *FAM.* horripilation, rogne. △ **ANT.** AMUSEMENT, PLAISIR.

agacer *v.* ▶ ***Exaspérer*** – crisper, énerver, exaspérer, excéder, fatiguer, hérisser, impatienter, importuner, irriter, porter sur les nerfs de. *FAM.* barber, casser les pieds à, courir sur le système de, embêter, emmieller, empoisonner, enquiquiner, faire suer, gonfler, horripiler, insupporter, pomper l'air à, scier, tanner, taper sur les nerfs de. *FRANCE FAM.* bassiner, canuler, cavaler, courir, courir sur le haricot de, soûler. *QUÉB. FAM.* achaler, déranger. ▶ ***Contrarier*** – chiffonner, contrarier, ennuyer, irriter. *FAM.* embêter, empoisonner. ▶ ***Taquiner*** – faire enrager, plaisanter, taquiner. *FAM.* asticoter, blaguer, chiner. *QUÉB. FAM.* niaiser. *ACADIE FAM.* tisonner. ▶ ***Aguicher*** (*QUÉB. FAM.*) – affrioler, aguicher, allumer, émoustiller, exciter, provoquer, troubler. *FAM.* vamper. △ **ANT.** CALMER, TRANQUILLISER; CHARMER, PLAIRE À, SÉDUIRE.

âge *n. m.* ▶ ***Maturité*** – adultie, adultisme, âge adulte, âge mûr, assurance, confiance en soi, épanouissement, expérience (de la vie), force de l'âge, majorité, maturité, plénitude, réalisation de soi, sagesse. ▶ ***Vieillesse*** – décadence, décrépitude, dégénérescence, gérontisme, (grand) âge, longévité, quatrième âge, sénescence, sénilisme, sénilité, troisième âge, vieillesse, vieillissement. *SOUT.* caducité, outrages du temps. *FRANCE FAM.* vieillerie, vioquerie. *QUÉB.* âge d'or. ▶ ***Ancienneté*** – ancienneté, antiquité, archaïsme, (grand) âge. ▶ ***Désuétude*** – abandon, anachronisme, ancienneté, antiquité, archaïsme, caducité, décrépitude, délabrement, désaffectation, désuétude, obsolescence, survivance, usure, vieillesse, vieillissement. *SOUT.* vétusté. ▶ ***Époque*** – cycle, date, époque, ère, étape, génération, heure, jour, moment, période, règne, saison, siècle, temps. ▶ ***Période géologique*** – ère, période, série, système.

âgé *adj.* d'âge canonique, d'un âge avancé, du troisième âge, sur ses vieux jours, vieux. *FAM.* qui a un pied dans la tombe, vieux comme Mathusalem. *FRANCE FAM.* vioque. *QUÉB. FAM.* de l'âge d'or. △ **ANT.** DANS LA FORCE DE L'ÂGE, JEUNE.

agence *n. f.* ▶ ***Organisme*** – bureau, cabinet, centre, office, organisme, service.

agencement *n. m.* accommodation, accommodement, ajustement, aménagement, architecture, arrangement, articulation, assemblage, combinaison, combinatoire, composition, concaténation, configuration, construction, contexture, coordination, disposition, distribution, élaboration, enchaînement, harmonie, liaison, mise en ordre, mise en place, ordonnance, ordonnancement, ordre, organisation, orientation, plan, profil, programmation, rangement, structuration, structure, système, texture. △ **ANT.** DESTRUCTION; DÉCONSTRUCTION, DÉMONTAGE.

agenda *n. m.* ▶ ***Petit cahier*** – bloc-notes, cahier, calepin, carnet, journal, livre, livret, manifold, mémento, mémorandum, notes, registre, répertoire. ▶ ***Aide-mémoire*** – aide-mémoire, almanach, bloc-notes, calepin, carnet, éphéméride, guide, guide-âne, mémento, mémorandum, pense-bête, précis, vademecum. *FAM.* antisèche, mémo. ▶ ***Calendrier*** – almanach, bloc calendrier, bref, calendrier, chronologie, comput, éphéméride, martyrologe, ménologe, ordo, semainier, table, tableau. *ANTIQ. ROM.* fastes.

agenouiller (s') *v.* ▶ ***Se montrer servile*** – faire des courbettes, ramper, s'abaisser, s'humilier, se prosterner. *FAM.* s'aplatir (comme une carpette), se coucher.

agent *n.* ▶ ***Employé*** – cachetier, employé, journalier, ouvrier *(manuel)*, préposé, salarié, travailleur. *QUÉB. FAM.* travaillant. ▶ ***Représentant*** – ambassadeur, attaché, chargé d'affaires, chargé de mission, commissaire, correspondant, délégataire, délégué, député, diplomate, émissaire, envoyé, fondé de pouvoir, légat, mandataire, messager, ministre, négociateur, parlementaire, plénipotentiaire, représentant. *FRANCE ANC.* agréé. ▶ ***Administrateur*** – administrateur, gérant, intendant. ▶ ***Espion*** – agent de renseignements, agent secret, épieur, espion, sous-marin. *SOUT.* affidé, argus. *FAM.* mouchard, taupe. *FRANCE FAM.* barbouze.

agglomération *n. f.* ▶ ***Agglutination*** – accrétion, accumulation, agglomérat, aggloméré, agglutinat, agglutination, agglutinement, agrégat, agrégation, amas, bloc, concentration, concrétion, conglomérat, conglomération, conglutination, entassement, masse, nodule, paquet, réunion, sédiment, sédimentation, tas. ▶ ***Village*** – agglomération (rurale), bourg *(gros)*, bourgade, hameau, lieudit *(petit)*, localité, mechta *(Maghreb)*, pays, village. *FAM.* patelin. *QUÉB.* paroisse. *FRANCE RÉGION. ou ADMIN.* écart. *PÉJ. FAM.* bled, trou. ▶ ***Ville*** – commune, localité, municipalité, ville. *SOUT.* cité. *ANTIQ.* municipe. ▸ *Ville et sa banlieue* – communauté urbaine, conurbation, district urbain, mégalopole, métropole, zone urbaine.

aggravation *n. f.* ▶ ***Intensification*** – accentuation, accroissement, alourdissement, amplification, augmentation, complexification, complication, croissance, détérioration, développement, escalade, exacerbation, intensification, progrès, progression, propagation, rechute, recrudescence, redoublement. △ **ANT.** AMÉLIORATION, GUÉRISON, RÉMISSION; ADOUCISSEMENT, ALLÈGEMENT, ATTÉNUATION; DIMINUTION, RÉDUCTION.

aggraver *v.* aviver, empirer, envenimer, exacerber, jeter de l'huile sur le feu. ♦ **s'aggraver** aller de mal en pis, décliner, dégénérer, empirer, s'envenimer, se dégrader, se détériorer, se gâter, tourner au vinaigre. △ **ANT.** ADOUCIR, ALLÉGER, ATTÉNUER, CALMER, DIMINUER, MINIMISER, NEUTRALISER, SOULAGER; AMÉLIORER.

agile *adj.* ▶ ***Souple*** – léger, leste, preste, souple. ▸ *Malgré l'âge avancé* – alerte, ingambe, jeune, vert, vif. ▶ ***Intelligent*** – à l'esprit vif, alerte, brillant, éveillé, intelligent, rapide, vif. *QUÉB. FAM.* vite. △ **ANT.** BALOURD, GAUCHE, LOURDAUD, MALADROIT, MALHABILE, PATAUD.

agilité *n.f.* ▶ ***Dextérité*** – adresse, aisance, dextérité, élasticité, élégance, facilité, grâce, habileté, légèreté, main, mobilité, précision, rapidité, souplesse, technique, virtuosité, vivacité. SOUT. félinité, prestesse. ▶ ***Rapidité*** – activité, célérité, diligence, empressement, hâte, précipitation, promptitude, rapidité, vélocité, vitesse, vivacité. SOUT. prestesse. △ **ANT.** GAUCHERIE, MALADRESSE; LENTEUR, LOURDEUR.

agir *v.* ▶ ***Intervenir*** – entrer en jeu, entrer en scène, intervenir, passer aux actes. ▶ ***Se conduire*** – faire, procéder, se comporter, se conduire. ▶ ***Faire effet*** – faire effet, opérer. ▶ ***Animer*** (SOUT.) – aiguillonner, animer, éperonner, exciter, fouetter, motiver, pousser, stimuler. △ **ANT.** S'ABSTENIR; RESTER INACTIF; ATTENDRE, TEMPORISER; RÉAGIR.

agissant *adj.* actif, efficace, opérant, puissant. △ **ANT.** INEFFICACE, INOPÉRANT.

agitation *n.f.* ▶ ***Tremblement*** – convulsion, ébranlement, flageolement, frémissement, frisson, frissonnement, grelottement, haut-le-corps, oscillation, saccade, secousse, soubresaut, sursaut, titubation, tortillage, tortillement, tremblement, tremblotement, trémoussement, trémulation, trépidation, tressaillement, vacillement, vibration. FAM. tremblote. ▶ ***Remous*** – balancement, ballottement, bercement, branle, branlement, cahotement, flottement, fluctuation, flux et reflux, houle, impulsion, lacet, mouvement, onde, ondoiement, ondulation, oscillation, pulsation, raz de marée, remous, roulis, tangage, va-et-vient, vague, valse, vibration. FAM. brimbalement. ▶ ***Émotion*** – affolement, bouleversement, colère, confusion, débridement, déchaînement, désarroi, ébranlement, ébullition, embrasement, émotion, fièvre, frénésie, mouvement, passion, violence. SOUT. émoi, exaltation. FIG. dévergondage. ▶ ***Préoccupation*** – angoisse, anxiété, cassement de tête, contrariété, désagrément, difficulté, doute, ennui, gêne, inquiétude, obnubilation, occupation, peine, pensée, préoccupation, sollicitude, souci, suspens, tiraillement, tourment, tracas. SOUT. affres. FAM. tintouin, tracassin. ▶ ***Nervosité*** – effervescence, électrisation, emballement, énervement, étourdissement, exaltation, excitation, fébrilité, fièvre, griserie, nervosité, stress, surexcitation, tension. SOUT. enivrement, éréthisme, exaspération, surtension. RARE enfièvrement. SPORTS pressing. ▶ ***Turbulence*** – dissipation, espièglerie, excitation, fougue, impétuosité, mobilité, mouvement, nervosité, pétulance, tapage, turbulence, vivacité. ▶ ***Délire*** – aliénation, amok, aveuglement, délire, divagation, égarement, excitation, folie, frénésie, hallucination, hystérie, onirisme, paranoïa, surexcitation. ▶ ***Remue-ménage*** – activité, affairement, affolement, alarme, animation, bouillonnement, branle-bas (de combat), bruit, dérangement, désordre, désorganisation, détraquement, effervescence, excitation, fourmillement, grouillement, hâte, incohérence, mouvement, orage, précipitation, remous, remue-ménage, secousse, tempête, tohu-bohu, tourbillon, tourmente, trépidation, trouble, tumulte, turbulence, va-et-vient. SOUT. émoi, remuement. FAM. chambardement. ▶ ***Insurrection*** – agitation-propagande, chouannerie, désordre, effervescence, embrasement, émeute, excitation, faction, fermentation, fièvre, fronde, insoumission, insubordination, insurrection, jacquerie, manifestation, mutinerie, rébellion, remous, résistance, révolte, révolution, sédition, soulèvement, tourmente, troubles. FAM. agit-prop. △ **ANT.** CALME, PAIX; SÉRÉNITÉ, TRANQUILLITÉ; REPOS.

agité *adj.* ▶ ***Remuant*** – bruyant, chahuteur, diable, dissipé, emporté, excité, remuant, tapageur, turbulent. QUÉB. FAM. énervé, tannant. ▶ ***Impatient*** – énervé, excité, fébrile, fiévreux, hystérique, impatient, nerveux, surexcité. FAM. mordu de la tarentule, piqué de la tarentule, tout-fou. ▶ ***Inquiet*** – alarmé, angoissé, anxieux, appréhensif, en proie à l'inquiétude, énervé, fiévreux, fou d'inquiétude, inquiet, nerveux, qui s'en fait, qui se fait de la bile, qui se fait du mauvais sang, qui se ronge les sangs, tourmenté, tracassé, troublé. FAM. bileux; PÉJ. paniquard. ▶ ***Sous le coup de l'émotion*** – émotionné, ému, frémissant, palpitant, sous le coup de l'émotion, tremblant. ▶ ***Trépidant*** – bouillonnant, délirant, échevelé, effervescent, effréné, fébrile, frénétique, intense, mouvementé, passionné, trépidant, tumultueux, violent. ▶ ***Orageux*** – houleux, mouvementé, orageux, tempétueux, tumultueux, violent. SOUT. torrentueux, turbulent. △ **ANT.** CALME, DÉTENDU, PLACIDE, SEREIN, TRANQUILLE.

agité *n.* ▶ ***Personne nerveuse*** – énergumène, excité, hystérique, nerveux. FAM. énervé, paquet de nerfs. FRANCE FAM. paniquard, tout-fou, vibrion. PATHOL. hypernerveux. ▶ ***Personne inquiète*** – angoissé, anxieux, craintif, impatient, inquiet.

agiter *v.* ▶ ***Remuer*** – remuer, secouer. QUÉB. ACADIE FAM. brasser. ▶ ***Brandir*** – brandir, élever, tenir en l'air. ▶ ***Ballotter*** – ballotter, cahoter, secouer. ▶ ***Inquiéter*** – affoler, alarmer, angoisser, effrayer, énerver, épouvanter, inquiéter, oppresser, préoccuper, tourmenter, tracasser, troubler. FAM. stresser. ▶ ***Exciter*** – énerver, exciter. ▶ ***Discuter*** – débattre, délibérer de, discuter (de), parler de. SOUT. démêler, disputer de. ♦ **s'agiter** ▶ ***Bouger beaucoup*** – frétiller, remuer, se tortiller, se trémousser. FAM. gigoter. ▶ ***Se débattre*** – se débattre, se démener. ▶ ***Se secouer*** – s'ébrouer, se secouer. FAM. secouer ses puces. ▶ ***S'exciter*** – s'énerver, s'exciter. ▶ ***Se troubler*** – perdre contenance, s'énerver, se décontenancer, se démonter, se troubler. △ **ANT.** APAISER, CALMER.

agneau *n.m.* ▶ ***Animal*** – agnelet, agnelle *(femelle)*, petit mouton. FRANCE RÉGION. vassiveau.

agonie *n.f.* ▶ ***Douleur*** – affliction, calvaire, douleur, élancement, enfer, lancination, martyre, souffrances, supplice, tiraillement, torture. SOUT. affres, géhenne, tourment. MÉD. algie. ▶ ***Dégénérescence*** – abaissement, abâtardissement, abjection, abrutissement, affadissement, affaiblissement, altération, amollissement, appauvrissement, atrophie, avachissement, avilissement, baisse, corruption, décadence, déchéance, déclin, décrépitude, dégénérescence, dégradation, délabrement, déliquescence, dénaturation, dépérissement, détérioration, édulcoration, empirement, étiolement, flétrissure, perte, perversion, pourrissement, pourriture, rouille, ruine, sape, usure. SOUT. aveulissement, crépuscule, pervertissement. FAM. déglingue, dégringolade. △ **ANT.** NAISSANCE; ÉPANOUISSEMENT; APOGÉE.

agonisant *adj.* à l'agonie, à l'article de la mort, expirant, moribond, mourant, qui se meurt. *FAM.* qui a un pied dans la fosse, qui a un pied dans la tombe. △ **ANT.** CONVALESCENT, EN VOIE DE GUÉRISON.

agoniser *v.* ▶ ***Être près de mourir*** – être à l'agonie, être à l'article de la mort, être à la dernière extrémité, lutter contre la mort, mener le dernier combat, s'éteindre. *SOUT.* avoir l'âme sur les lèvres, être aux portes de la mort, se mourir. *FAM.* avoir un pied dans la fosse, avoir un pied dans la tombe. ▶ ***Décliner*** – aller à la ruine, décliner, dépérir, menacer ruine, péricliter, se dégrader, se délabrer, se détériorer. *SOUT.* déchoir, pâtir, tomber en décadence. ▶ ***Avoir très mal*** (*FAM.*) – avoir très mal. *SOUT.* souffrir comme un damné, souffrir comme un possédé, souffrir le martyre, souffrir mille morts, souffrir mort et passion. *FRANCE FAM.* jouir. △ **ANT.** NAÎTRE; ÉCLORE, S'ÉPANOUIR.

agora *n.f.* ▶ ***Espace public*** – esplanade, forum, parvis, piazza, place piétonnière, place publique, place, placette, rond-point, square. *QUÉB.* carré.

agrandir *v.* ▶ ***Allonger*** – allonger, étendre, étirer, rallonger. *TECHN.* dégrosser, fileter, laminer, tréfiler. ▶ ***Élargir*** – desserrer, dilater, donner du large à, élargir, étendre, évaser, ouvrir. ♦ **s'agrandir** ▶ ***S'étirer*** – donner, prêter, s'étendre, s'étirer, se distendre. △ **ANT.** AMOINDRIR, DIMINUER, RACCOURCIR, RAPETISSER, RÉDUIRE.

agrandissement *n.m.* ▶ ***Élargissement d'une surface*** – développement, élargissement, expansion, extension, grossissement, rélargissement. ▶ ***Augmentation*** – accentuation, accroissement, accrue, amplification, arrondissement, augmentation, bond, boom, crescendo, croissance, crue, décuplement, développement, dilatation, élargissement, élévation, enflement, enrichissement, envolée, essor, évolution, expansion, extension, flambée, foisonnement, gonflement, gradation, grossissement, hausse, haussement, inflation, intensification, majoration, montée, poussée, progrès, progression, recrudescence, redoublement, redressement, rehaussement, relèvement, renchérissement, renforcement, revalorisation, valorisation. △ **ANT.** RAPETISSEMENT, RÉDUCTION, RÉTRÉCISSEMENT; DIMINUTION.

agréable *adj.* ▶ ***Qui plaît*** – amusant, charmant, distrayant, divertissant, égayant, gai, plaisant, réjouissant, riant, souriant, sympathique. *FAM.* bonard, chic, chouette, sympa. ▶ ***Qui séduit*** – attachant, charmant, (d'un charme) irrésistible, plaisant, séduisant. *FRANCE FAM.* craquant. ▶ ***Exquis*** – beau, charmant, délicieux, divin, exquis, suave, sublime. *FRANCE FAM.* gouleyant. ▶ ***De bonne compagnie*** – accueillant, affable, aimable, amène, amical, avenant, bienveillant, chaleureux, charmant, convivial, cordial, de bonne compagnie, engageant, familier, gracieux, invitant, liant, ouvert, sociable, souriant, sympathique. *FAM.* sympa. △ **ANT.** AGAÇANT, DÉPLAISANT, DÉSAGRÉABLE, ÉNERVANT, EXASPÉRANT, EXCÉDANT, FATIGANT, IRRITANT, PÉNIBLE.

agréablement *adv.* ▶ ***Délicieusement*** – bienheureusement, bon, délicieusement, exquisément, savoureusement, suavement, succulemment, voluptueusement. ▶ ***Joyeusement*** – allègrement, avec entrain, béatement, bienheureusement, de bon cœur, en gaieté, euphoriquement, extatiquement, gaiement, heureusement, jovialement, joyeusement, plaisamment, radieusement, sans souci. ▶ ***Joliment*** – bien, coquettement, élégamment, gracieusement, harmonieusement, joliment, magnifiquement, mignardement, mignonnement, plaisamment, superbement. ▶ ***Gentiment*** – adorablement, affablement, aimablement, amiablement, amicalement, bienveillamment, chaleureusement, civilement, complaisamment, cordialement, courtoisement, délicatement, délicieusement, diplomatiquement, galamment, gentiment, gracieusement, obligeamment, plaisamment, poliment, sagement, serviablement, sympathiquement. *FAM.* chiquement, chouettement. ▶ ***Favorablement*** – à point (nommé), à propos, à temps, au bon moment, avantageusement, bien, commodément, convenablement, favorablement, heureusement, inespérément, judicieusement, opportunément, par bonheur, par miracle, précieusement, providentiellement, salutairement, utilement. *FAM.* à pic. △ **ANT.** DÉSAGRÉABLEMENT, DOULOUREUSEMENT, PÉNIBLEMENT.

agréer *v.* ▶ ***Accepter*** – accéder à, accepter, acquiescer à, approuver, avaliser, cautionner, consentir à, dire oui à, donner son aval à, opiner à, toper, vouloir. *FAM.* marcher. ▶ ***Admettre dans un groupe*** – accepter, accueillir, admettre, agréger, recevoir. ▶ ***Plaire*** (*SOUT.*) – aller à, contenter, convenir à, faire l'affaire de, plaire à, satisfaire, sourire à. *SOUT.* complaire à. *FAM.* arranger, chanter à. △ **ANT.** RÉCUSER, REFUSER, REJETER, REPOUSSER; DÉPLAIRE À.

agrément *n.m.* ▶ ***Amusement*** – amusement, amusette, délassement, dérivatif, distraction, divertissement, ébats, ébattement, étourdissement, jeu, loisir, ludisme, partie, passe-temps, plaisance, plaisir, récréation, sport. *SOUT.* diversion. *FAM.* récré. ▶ ***Plaisir*** – amusement, distraction, divertissement, égaiement, plaisir. ▶ ***Saveur*** – bouquet, charme, fumet, piment, piquant, saveur, sel, truculence. ▶ ***Douceur*** – affabilité, amabilité, aménité, bénignité, bienveillance, bonhomie, bonté, calme, chaleur, charité, clémence, docilité, douceur, gentillesse, grâce, humanité, indulgence, patience, placidité, suavité. *SOUT.* débonnaireté, magnanimité, mansuétude, onction. ▶ ***Facilité*** – accessibilité, commodité, confort, disponibilité, facilité, faisabilité, possibilité, simplicité. *INFORM.* convivialité, transparence. ▶ ***Charme*** – art, attrait, beau, beauté, charme, chic, classe, coquetterie, délicatesse, distinction, éclat, élégance, esthétique, féerie, fraîcheur, grâce, gracieux, harmonie, magnificence, majesté, perfection, photogénie, pureté, séduction, splendeur, symétrie. *SOUT.* blandice, joliesse, morbidesse, sublimité, symphonie, vénusté. ▶ ***Ornement*** – accessoire, décor, décoration, détail, enjolivement, enjolivure, enrichissement, figure, fioriture, garniture, ornement, ornementation, parure. *FAM.* affiquet, affûtiaux. ▶ ***Ornement musical*** – enjolivement, fioriture, ornement, ornementation. ▶ ***Permission*** – acceptation, accord, accréditation, acquiescement, adhésion, adoption, affirmation, affirmative, amen, approbation, approbativité, approuvé, assentiment, autorisation, aval, avis favorable, bénédiction, caution, chorus, confirmation, consentement, déclaration favorable, engagement, entérinement, exeat, feu vert, gré, homologation, légalisation, oui, permission, ratification, sanction, validation. BELG. agréage, agréation. SOUT. suffrage. RELIG. admittatur, celebret, créance, imprimatur, nihil obstat. ▶ *Agrégation* – adhésion, adjonction, admission, adoption, affiliation, agrégation, appartenance, association, enrôlement, entrée, incorporation, initiation, inscription, intégration, mobilisation, rattachement, réception. △ ANT. AGACEMENT, DÉSAGRÉMENT, ENNUI; DÉFAUT; DÉSAPPROBATION, REFUS.

agresseur *n.* assaillant, attaquant, offenseur, oppresseur, persécuteur, provocateur. △ ANT. ATTAQUÉ, VICTIME; DÉFENSEUR.

agressif *adj.* ▶ *Bagarreur* – bagarreur, batailleur, belliqueux, combatif, offensif, querelleur. SOUT. pugnace. FAM. chamailleur, teigneux. ▶ *Brutal* – brutal, dur, emporté, raide, rude, violent. FAM. à la redresse. ▸ *Ton, paroles* – abrupt, bourru, bref, brusque, brutal, cassant, coupant, dur, incisif, raide, rude, sec, tranchant. ▶ *Intimidant* – intimidant, intimidateur, menaçant. DR. ou SOUT. comminatoire. ▶ *Tape-à-l'œil* – clinquant, criard, de mauvais goût, provocant, tapageur, tape-à-l'œil, voyant. △ ANT. DOUX, PACIFIQUE, TENDRE; APAISANT, CALMANT; CLASSIQUE, DÉPOUILLÉ, DISCRET, SIMPLE, SOBRE, STRICT.

agression *n.f.* ▶ *Attaque* – assaut, attaque, attentat, charge, déferlement, envahissement, intervention, invasion, irruption, offensive. SOUT. entreprise. MILIT. blitz *(de courte durée)*. ▶ *Sévices* – molestation, sévices, viol, violence, voies de fait. △ ANT. DÉFENSE; SECOURS.

agressivité *n.f.* ▶ *Combativité* – brutalité, combativité, hostilité, malveillance, méchanceté, provocation. SOUT. pugnacité. MÉD. quérulence. ▶ *Haine* – allergie, animosité, antipathie, aversion, guerre, haine, hostilité, malveillance, phobie, répugnance, répulsion, ressentiment. SOUT. détestation, exécration, inimitié, venin. ▶ *Méchanceté* – acharnement, atrocité, barbarie, brutalité, cruauté, dureté, férocité, inhumanité, maltraitance, méchanceté, sadisme, sauvagerie, violence. SOUT. implacabilité, inexorabilité. PSYCHIATRIE psychopathie. ▶ *Aigreur* – acariâtreté, acerbité, acidité, âcreté, acrimonie, aigreur, amertume, animosité, âpreté, bave, bile, causticité, colère, dépit, désagrément, dureté, fiel, haine, hargne, humeur, irritation, malveillance, maussaderie, mauvaise humeur, méchanceté, mordant, pique, rancœur, rancune, récrimination, ressentiment, rudesse, tranchant, venin, vindicte, virulence. SOUT. mordacité. FAM. rouspétance. △ ANT. DOUCEUR, PLACIDITÉ; BIENVEILLANCE.

agricole *adj.* ▶ *Qui vit d'agriculture* – cultivateur, paysan, rural, terrien. ▶ *Qui concerne la culture des terres* – agraire, agronomique, aratoire, cultural. △ ANT. URBAIN.

agriculteur *n.* agronome, exploitant (agricole), fermier, paysan, producteur (agricole).

agriculture *n.f.* agroalimentaire, agrobiologie, agrochimie, agro-industrie, agrologie, agronomie, économie rurale, exploitation (agricole), production (agricole).

agripper *v.* ▶ *Saisir* – accrocher, attraper, empoigner, happer, prendre, s'emparer de, saisir, se saisir de. ♦ **s'agripper** ▶ *S'accrocher* – s'accrocher, se cramponner, se raccrocher, se retenir, se tenir. SOUT. s'agriffer. △ ANT. LÂCHER, LAISSER TOMBER, RELÂCHER. ♦ **s'agripper** LÂCHER PRISE.

ahuri *adj.* abasourdi, bouche bée, confondu, ébahi, éberlué, estomaqué, étonné, frappé de stupeur, hébété, interdit, interloqué, médusé, muet d'étonnement, pantois, pétrifié, sidéré, stupéfait, surpris. FAM. baba, ébaubi, épaté, époustouflé, riboulant, soufflé, suffoqué. △ ANT. IMPASSIBLE, INEXPRESSIF.

aide *n.* ▶ *Assistant* – adjoint, aidant, alter ego, assesseur, assistant, auxiliaire, bras droit, collaborateur, complice, exécutant, homme de confiance, lieutenant, préparateur, second, sous-chef, subalterne, subordonné. SOUT. suivant. RELIG. coadjuteur, définiteur. ▸ *Non favorable* – acolyte, lampiste, second couteau, second rôle, second violon, sous-fifre, sous-ordre. ▶ *Apprenti* – apprenant, apprenti, garçon, stagiaire. FAM. grouillot.

aide *n.f.* ▶ *Intervention* – appui, concours, entremise, immixtion, incursion, ingérence, interposition, interventionnisme, intrusion, médiation, ministère, office. SOUT. intercession. ▶ *Protection* – abri, appui, assistance, chapeautage, conservation, couverture, garantie, garde, mandat, parrainage, paternalisme, patronage, protection, recommandation, renfort, rescousse, sauvegarde, secours, sécurisation, soutien, surveillance, tutelle. FIG. parapluie. SOUT. égide. FAM. piston. ▶ *Influence* – action, appui, ascendant, attirance, attraction, aura, autorité, contagion, crédit, dominance, domination, effet, empreinte, emprise, fascination, force, importance, incitation, influence, inspiration, magie, magnétisme, mainmise, manipulation, mouvance, persuasion, pétition, poids, pouvoir, prépondérance, présence, pression, prestige, puissance, règne, rôle, séduction, subjugation, suggestion, tyrannie. SOUT. empire, intercession. ▶ *Coopération* – appoint, apport, appui, assistance, association, bienfaisance, bons offices, collaboration, complicité, concours, conseil, contribution, coopération, coup d'épaule, coup de main, coup de pouce, dépannage, entraide, grâce, main-forte, participation, planche de salut, renfort, secours, service, soutien, synergie. SOUT. viatique. FAM. (coup de) fion. ▶ *Encouragement* – aiguillon, applaudissement, approbation, appui, compliment, éloge, exhortation, incitation, prime, prix, protection, récompense, soutien, stimulant, subvention. SOUT. satisfecit. ▶ *Stimulation* – aiguillon, animation, appel, défi, dépassement (de soi), émulation, encouragement, entraînement, excitation, exhortation, fanatisation, fomentation, impulsion, incitation, instigation, invitation, invite, motivation, provocation, sollicitation, stimulation, stimulus. SOUT. surpassement. ▶ *Altruisme* – allocentrisme, altruisme, amour (d'autrui), assistance, bénévolat, bienveillance, bonté, charité, commisération, compassion, complaisance, convivialité, dévouement, don de soi, empathie, entraide, extraversion, fraternité, générosité, gentillesse, humanité, oblativité, oubli de soi, philanthropie, pitié, sensibilité, serviabilité, solidarité, sollicitude. SOUT. bienfaisance. ▶ ***Don*** – allocation, apport, assistance, aumône, bonne œuvre, charité, dation, disposition, distribution, don, faveur, grâce, hommage, indemnité, obole, prestation, secours, soulagement, subside, subvention. *SOUT.* bienfait. *FAM.* dépannage. *DR.* donation, fidéicommis, legs, libéralité. *RELIG.* bénédiction, charisme. ▶ ***Prêt*** – aide (financière), avance, bourse, commodat, crédit, découvert, dépannage, préfinancement, prêt, prime, subvention (remboursable). △ **ANT.** EMPÊCHEMENT, ENTRAVE, GÊNE, NUISANCE.

aide-cuisinier *n.* gâte-sauce, marmiton.

aider *v.* ▶ ***Seconder*** – appuyer, assister, épauler, seconder, soutenir. ▶ ***Venir en aide*** – être utile à, porter secours à, prêter assistance à, prêter main-forte à, prêter secours à, rendre service à, secourir, tirer d'affaire, tirer d'embarras, venir à la rescousse de, venir au secours de, venir en aide à. *SOUT.* obliger. *FAM.* dépanner, donner un coup de main à, donner un coup de pouce à. ▶ ***Servir*** – être utile à, favoriser, servir. ▶ ***Contribuer*** – concourir à, conspirer à, contribuer à, tendre à. ♦ **s'aider** ▶ ***Employer*** – avoir recours à, déployer, employer, exercer, faire appel à, faire jouer, faire usage de, jouer de, mettre en œuvre, recourir à, se servir de, user de, utiliser. △ **ANT.** ABANDONNER À SON SORT, LAISSER TOMBER; CONTRARIER, DESSERVIR, FAIRE OBSTACLE À, GÊNER, NUIRE À, PARALYSER.

aïeul *n.* ancêtre, patriarche *(homme)*. △ **ANT.** DESCENDANT; POSTÉRITÉ.

aigle *n.* ▶ ***Oiseau*** – *SOUT.* oiseau de Jupiter, oiseau des tempêtes, roi des oiseaux. ▶ ***Personne*** (*FAM.*) – as, bonne lame, cerveau, esprit supérieur, fine lame, intelligence. *SOUT.* phénix. *FAM.* grosse tête, lumière. ▶ ***Figure héraldique*** – aigle bicéphale, aiglette, alérion. ▶ ***Enseigne*** – aigle (romaine), enseigne.

aigre *adj.* ▶ ***Désagréable au goût*** – acescent, acide, acidulé, âcre, aigrelet, aigri, amer, piquant, piqué, rance, râpeux, sur, suret, suri, tourné. ▶ ***Désagréable à l'oreille*** – criard, grinçant. ▶ ***Blessant*** – à l'emporte-pièce, acerbe, acéré, acide, acrimonieux, blessant, caustique, cinglant, corrosif, fielleux, grinçant, incisif, méchant, mordant, piquant, sarcastique, sardonique, virulent, vitriolique. ▶ ***Qui exprime la rancœur*** – amer. *SOUT.* saumâtre. △ **ANT.** DOUX; SUCRÉ; AGRÉABLE; AIMABLE, CONCILIANT.

aigrette *n.f.* ▶ ***Faisceau*** – crête, huppe. ▶ ***Ornement*** – casoar, crête, panache, plumet.

aigreur *n.f.* ♦ **aigreur,** ***sing.*** ▶ ***Saveur acide*** – acescence, acidité, aigre, verdeur. ▶ ***Saveur amère*** – amer, amertume. ▶ ***Malveillance*** – acariâtreté, acerbité, acidité, âcreté, acrimonie, agressivité, amertume, animosité, âpreté, bave, bile, causticité, colère, dépit, désagrément, dureté, fiel, haine, hargne, humeur, irritation, malveillance, maussaderie, mauvaise humeur, méchanceté, mordant, pique, rancœur, rancune, récrimination, ressentiment, rudesse, tranchant, venin, vindicte, virulence. *SOUT.* mordacité. *FAM.* rouspétance. ▶ ***Tristesse*** – abattement, accablement, affliction, amertume, chagrin, dépression, désolation, deuil, douleur, ennui, épreuve, grisaille, humeur noire, idées noires, idées sombres, langueur, lypémanie, mal du pays, mal-être, maussaderie, mélancolie, monotonie, morosité, neurasthénie, noir, nostalgie, papillons, peine, serrement de cœur, souci, tædium vitæ, tristesse, vague à l'âme. *SOUT.* atrabile, larmes, navrement, nuage, spleen, taciturnité. *FAM.* blues, bourdon, cafard, déprime, sinistrose. ♦ **aigreurs,** ***plur.*** ▶ ***Malaise physique*** – brûlures d'estomac. △ **ANT.** DOUCEUR, SUAVITÉ; AMABILITÉ, BIENVEILLANCE; PAIX, SÉRÉNITÉ.

aigu *adj.* ▶ ***Lame*** – acéré, affilé, affûté, aiguisé, coupant, tranchant. ▶ ***Objet*** – effilé, fin, pointu. *BOT.* aciculaire, acuminé, subulé. ▶ ***Voix*** – aigrelet, fluet, flûté, grêle, haut, haut perché, perçant, pointu, suraigu. ▶ ***Son*** – perçant, qui déchire les oreilles, sifflant, strident, stridulant, suraigu. ▶ ***Douleur*** – intense, lancinant, térébrant, vif, violent. ▶ ***Esprit*** – clairvoyant, fin, lucide, lumineux, pénétrant, perçant, perspicace, profond, psychologue, qui voit loin, sagace, subtil. △ **ANT.** BAS, GRAVE; ÉMOUSSÉ; SOURD *(DOULEUR)*; CHRONIQUE *(MALADIE)*; BORNÉ, OBTUS *(ESPRIT)*; CIRCONFLEXE *(ACCENT)*, GRAVE.

aiguille *n.f.* ▶ ***Tige*** – alène, broche, épingle, épinglette, ferret, lardoire, passe-lacet, piquoir, poinçon, pointe. *MÉD.* trocart. ▶ ***Sommet pointu*** – pic, piton, sommet. ▶ ***Construction pointue*** – flèche, obélisque. ▶ ***Partie d'une plante*** – aiguillon, éperon, épine, mucron, piquant, spicule. ▶ ***Poisson*** – aiguillette, bécassine de mer. *ZOOL.* orphie. ▶ ***Partie d'une charrette*** (*QUÉB. FAM.*) – flèche, timon.

aiguillon *n.m.* ▶ ***Bâton*** – bâton, casse-tête, férule, gourdin, mailloche, massette, massue, matraque, nerf de bœuf, trique. *ANC.* plombée, plommée. ▶ ***Organe venimeux*** – chélicère *(araignée)*, dard. ▶ ***Épine végétale*** – aiguille, éperon, épine, mucron, piquant, spicule. ▶ ***Stimulation*** – aide, animation, appel, défi, dépassement (de soi), émulation, encouragement, entraînement, excitation, exhortation, fanatisation, fomentation, impulsion, incitation, instigation, invitation, invite, motivation, provocation, sollicitation, stimulation, stimulus. *SOUT.* surpassement. ▶ ***Encouragement*** – aide, applaudissement, approbation, appui, compliment, éloge, exhortation, incitation, prime, prix, protection, récompense, soutien, stimulant, subvention. *SOUT.* satisfecit.

aiguiser *v.* ▶ ***Affûter*** – acérer, affiler, affûter, appointer, appointir, effiler, épointer, rappointir, repasser. ▶ ***Exciter*** – allumer, attiser, augmenter, aviver, échauffer, embraser, enflammer, exalter, exciter, incendier, stimuler. △ **ANT.** ÉMOUSSER, ÉPOINTER, USER.

aile *n.f.* ▶ ***Organe*** – aileron *(bout)*. ▶ ***Partie d'un édifice*** – corps de logis, pavillon. ▶ ***Partie d'un véhicule*** – foil *(embarcation)*, plan, volet *(avion)*. ▶ ***Garde-boue*** – garde-boue, pare-boue. ▶ ***Pétale*** – étendard, labelle, pétale. *SOUT.* feuille. ▶ ***Détachement*** – détachement, flanc, flanc-garde.

ailleurs *adv.* ▶ ***Dans un autre endroit*** – autre part, dans un autre endroit, dans un autre lieu. ▶ ***Loin*** – à cent lieues (à la ronde), à distance, à l'écart, à perte de vue, au loin, au lointain, bien après, bien avant, dehors, hors d'atteinte, hors de portée, loin, lointainement. *FAM.* à l'autre bout du monde, au bout du monde, au diable. △ **ANT.** ICI.

aimable *adj.* ▶ ***Cordial*** – accueillant, affable, agréable, amène, amical, avenant, bienveillant, chaleureux, charmant, convivial, cordial, de bonne compagnie, engageant, familier, gracieux, invitant, liant, ouvert, sociable, souriant, sympathique. FAM. sympa. ▶ ***Attentionné*** – attentif, attentionné, aux petits soins, complaisant, délicat, dévoué, diligent, empressé, gentil, obligeant, prévenant, secourable, serviable, zélé. FAM. chic, chou. QUÉB. FAM. fin. BELG. FAM. amitieux. △ **ANT.** ACARIÂTRE, ANTIPATHIQUE, BOURRU, DÉSAGRÉABLE, GRINCHEUX, RÉBARBATIF, REVÊCHE; ARROGANT, IMPERTINENT, IMPOLI, INSOLENT.

aimablement *adv.* adorablement, affablement, agréablement, amiablement, amicalement, bienveillamment, chaleureusement, civilement, complaisamment, cordialement, courtoisement, délicatement, délicieusement, diplomatiquement, galamment, gentiment, gracieusement, obligeamment, plaisamment, poliment, sagement, serviablement, sympathiquement. FAM. chiquement, chouettement. △ **ANT.** CAVALIÈREMENT, CYNIQUEMENT, DÉPLAISAMMENT, DISCOURTOISEMENT, EFFRONTÉMENT, GROSSIÈREMENT, HARDIMENT, IMPERTINEMMENT, IMPOLIMENT, IMPUDEMMENT, INCIVILEMENT, INCONGRÛMENT, INDÉLICATEMENT, INSOLEMMENT, IRRESPECTUEUSEMENT, IRRÉVÉRENCIEUSEMENT.

aimant *adj.* affectueux, amoureux, cajoleur, câlin, caressant, doux, roucoulant, tendre. △ **ANT.** HAINEUX, HARGNEUX, HOSTILE, MALVEILLANT; FROID, INSENSIBLE, NÉGLIGENT.

aimant *n.m.* ▶ ***Force d'attraction*** – attirance, attraction, attrait, charisme, charme, chien, désirabilité, envoûtement, fascination, magie, magnétisme, séduction, sex-appeal.

aimer *v.* ▶ ***Être amoureux*** – avoir du goût pour, être amoureux de, être épris de, trouver à son goût. FAM. avoir dans la peau, avoir le béguin pour, en pincer pour. ▶ ***Avoir de l'affection*** – adorer, chérir, porter dans son cœur. ▶ ***Apprécier*** – adorer, affectionner, apprécier, avoir un faible pour, avoir un penchant pour, être fou de, être friand de, être porté sur, faire ses délices de, prendre plaisir à, priser, raffoler de, s'intéresser à, se complaire, se délecter, se passionner pour, se plaire. SOUT. chérir, goûter. ♦ **aimé** ▶ ***Chéri*** – adoré, adulé, bien-aimé, cher, chéri. △ **ANT.** ABHORRER, ABOMINER, AVOIR EN AVERSION, AVOIR EN HORREUR, AVOIR HORREUR DE, DÉTESTER, EXÉCRER, HAÏR.

aîné *n.* ▶ ***Le plus âgé d'une famille*** – premier-né. FAM. premier. ▶ ***Personne âgée*** – ancien, doyen, patriarche, personne âgée, vieillard, vieille personne, vieux. DIDACT. sénescence. FAM. ancêtre, petit vieux, vioc. FRANCE FAM. baderne, vieille baderne. ▸ *Femme* – douairière, sorcière, vieille bique, vieille chipie, vieille chouette, vieille taupe, vieille toupie. ▸ *Âge* – centenaire, nonagénaire, octogénaire, septuagénaire, sexagénaire. ♦ **aînés,** ***plur.*** ▶ ***Ascendants*** (SOUT.) – ascendants. ▸ *Au figuré* – matrice, origine, souche, source. △ **ANT.** BENJAMIN; CADET, PUÎNÉ.

ainsi *adv.* ▶ ***De cette façon*** – de cette façon, de cette manière, de la sorte. ▶ ***Donc*** – alors, conséquemment, corollairement, dans ce cas, dans ce cas-là, dans ces conditions, dans la circonstance, donc, en conséquence, ipso facto, par conséquent, par suite, partant. △ **ANT.** AUTREMENT, D'UNE AUTRE FAÇON.

air *n.m.* ▶ ***Ciel*** – atmosphère, calotte (céleste), ciel, coupole (céleste), dôme (céleste), espace, sphère céleste, voûte (céleste), zénith. SOUT. azur, empyrée, éther, firmament, nues. ▶ ***Météorologie*** – ambiance, atmosphère, ciel, climat, conditions atmosphériques, conditions climatiques, conditions météorologiques, météorologie, pression, régime, température, temps, vent. FAM. fond de l'air, météo. ▶ ***Aviation*** – aéronautique, aviation, navigation aérienne, sport aérien, transport aérien. ▶ ***Aspect*** – allure, apparence, aspect, caractère, configuration, couleur, couvert, dehors, éclairage, expression, extérieur, façade, faciès, figure, forme, formule, impression, jour, masque, mine, paraître, perspective, physionomie, plastique *(en art)*, portrait, présentation, profil, ressemblance, semblant, surface, ton, tour, tournure, traits, vernis, visage. SOUT. enveloppe, regardure, superficie. ▶ ***Allure*** – allure, apparence, aspect, attitude, contenance, démarche, façon, genre, ligne, maintien, manière, panache, physique, port, posture, prestance, silhouette, style, tenue, tournure. SOUT. extérieur, mine. FAM. gueule, touche. QUÉB. FAM. erre d'aller. PÉJ. FAM. dégaine. ▶ ***Affectation*** – affectation, apparence, apprêt, bluff, cabotinage, comédie, composition, contenance, convenu, dandysme, genre, imposture, jeu, maniérisme, manque de naturel, mascarade, mièvrerie, pose, raideur, recherche, représentation, snobisme. SOUT. cambrure. FAM. chiqué, cinéma. ▶ ***Musique*** – mélodie, musique.

aire *n.f.* ▶ ***Zone*** – champ, domaine, emplacement, espace, place, région, terrain, territoire, zone. ▶ ***Superficie*** – envergure, étendue, superficie, surface. ▶ ***Ce qui est plan*** – méplat, plan, surface.

aisance *n.f.* ▶ ***Facilité*** – aise, assurance, décontraction, désinvolture, distinction, facilité, grâce, légèreté, naturel, rondeur, souplesse. ▶ ***Agilité*** – adresse, agilité, dextérité, élasticité, élégance, facilité, grâce, habileté, légèreté, main, mobilité, précision, rapidité, souplesse, technique, virtuosité, vivacité. SOUT. félinité, prestesse. ▶ ***Habileté*** – adresse, aptitude, art, brio, capacité, compétence, dextérité, disposition, doigté, don, expertise, facilité, faculté, force, fort, génie, habileté, main, maîtrise, métier, pouvoir, professionnalisme, savoir, savoir-faire, sens, talent, technique, virtuosité. FAM. bosse. DR. habilitation, habilité. ▶ ***Richesse*** – abondance, bien-être, fortune, opulence, or, prospérité, richesse. △ **ANT.** DIFFICULTÉ, EMBARRAS, GÊNE, PEINE; GAUCHERIE, MALADRESSE; INDIGENCE, MISÈRE, PAUVRETÉ.

aisé *adj.* ▶ ***Facile*** – commode, élémentaire, enfantin, facile, simple. FRANCE FAM. bête comme chou. ▶ ***Détendu*** – à l'aise, décontracté, dégagé, désinvolte, détendu, libre, naturel. ▶ ***Riche*** – à l'aise, cossu, cousu d'or, fortuné, huppé, nanti, qui a les moyens, qui roule sur l'or, riche. SOUT. opulent. FAM. argenté, plein aux as; PÉJ. richard. FRANCE FAM. friqué, rupin. ▶ ***Coulant, en parlant du style*** – coulant, facile, fluide, naturel. △ **ANT.** ARDU, COMPLIQUÉ, CORSÉ, DIFFICILE, LABORIEUX, MALAISÉ; NERVEUX, STRESSÉ, TENDU; DANS LE BESOIN, DÉFAVORISÉ, DÉMUNI, INDIGENT, MISÉRABLE, MISÉREUX, NÉCESSITEUX, PAUVRE; COINCÉ, ENGONCÉ, GUINDÉ; LOURD *(STYLE)*, RAIDE.

aise *n.f.* ▶ ***Aisance*** – aisance, assurance, décontraction, désinvolture, distinction, facilité, grâce, légèreté, naturel, rondeur, souplesse. ▶ ***Confort*** – bien-être, commodité, confort, luxe. ▶ ***Plaisir*** (SOUT.) – bien-être, bon temps, bonheur, contentement, délectation, délice, douceur, euphorie, félicité, jouissance, orgasme, plaisir, régal, satisfaction, septième ciel, volupté. SOUT. félicité, miel, nectar. ▶ ***Joie*** (SOUT.) – allégresse, béatitude, bonheur, égaiement, enthousiasme, euphorie, exaltation, extase, exultation, gaieté, hilarité, ivresse, joie, jubilation, plaisir, ravissement, réjouissance, vertige. SOUT. félicité, liesse, rayonnement. △ **ANT.** DIFFICULTÉ, EMBARRAS, GÊNE, PEINE; INCONFORT, MALAISE.

aisément *adv.* ▶ ***Simplement*** – commodément, facilement, sans coup férir, sans difficulté, sans effort, sans encombre, simplement. FAM. les doigts dans le nez. ▶ ***Agilement*** – adroitement, agilement, alertement, bien, industrieusement, lestement, magistralement, prestement, souplement, vivement. △ **ANT.** DIFFICILEMENT, DUREMENT, LABORIEUSEMENT, MALAISÉMENT, PÉNIBLEMENT.

ajourner *v.* ▶ ***Remettre à plus tard*** – décaler, différer, proroger, reculer, remettre, renvoyer, reporter, repousser, retarder, suspendre. SOUT. ou DR. surseoir à. BELG. SUISSE postposer. TECHN. temporiser. ▶ ***Refuser un candidat*** – refuser. FAM. blackbouler, coller, recaler.

ajouter *v.* ▶ ***Joindre*** – adjoindre, annexer, joindre. ▶ ***Augmenter*** – accentuer, accroître, amplifier, augmenter, intensifier, renforcer. SOUT. exalter. ♦ **ajouté** ▶ ***Se joindre*** – grossir, se greffer sur, se joindre à. △ **ANT.** DÉDUIRE, ENLEVER, ÔTER, RETIRER, RETRANCHER, SOUSTRAIRE.

ajustement *n.m.* ▶ ***Agencement*** – accommodation, accommodement, agencement, aménagement, architecture, arrangement, articulation, assemblage, combinaison, combinatoire, composition, concaténation, configuration, construction, contexture, coordination, disposition, distribution, élaboration, enchaînement, harmonie, liaison, mise en ordre, mise en place, ordonnance, ordonnancement, ordre, organisation, orientation, plan, profil, programmation, rangement, structuration, structure, système, texture. ▶ ***Adaptation*** – adaptation, altération, avatar, changement, conversion, évolution, glissement, gradation, infléchissement, métamorphose, modification, modulation, mue, mutation, passage, progression, transfiguration, transformation, transition, transmutation, variation, vie. △ **ANT.** DÉRANGEMENT, DÉRÈGLEMENT, PERTURBATION.

ajuster *v.* ▶ ***Conformer*** – accommoder, accorder, adapter, aligner, approprier, conformer, faire cadrer, modeler, moduler, mouler, régler. ▶ ***Viser*** – coucher en joue, mettre en joue, prendre sa mire, viser. ♦ **s'ajuster** ▶ ***Se conformer*** – emboîter le pas à, imiter, s'accorder sur, s'adapter à, s'aligner sur, se conformer à, se mettre au diapason de, se mettre dans le ton, se modeler sur, se rallier à, se ranger à, se régler sur, suivre. ♦ **ajusté** ▶ ***Moulant*** – collant, étriqué *(trop serré)*, étroit, moulant, serré. △ **ANT.** DÉFAIRE, DÉRANGER, DÉRÉGLER, DÉSAJUSTER.

alarmant *adj.* affolant, angoissant, effarant, inquiétant, oppressant, paniquant, troublant. FAM. stressant. △ **ANT.** CALMANT, CONSOLANT, RASSURANT, RÉCONFORTANT, SÉCURISANT.

alarme *n.f.* ▶ ***Signal*** – alerte, appel, avertissement, branle-bas, cri, éveil, haro, signal, sirène, sonnerie, S.O.S., tocsin. ▶ ***Peur*** – affolement, angoisse, appréhension, crainte, effarement, effarouchement, effroi, épouvante, frayeur, grand-peur, hantise, horreur, inquiétude, panique, peur, phobie, terreur, transes. SOUT. affres, apeurement. FAM. cauchemar, chiasse, frousse, pétoche, trac, trouille. ▶ ***Remue-ménage*** – activité, affairement, affolement, agitation, animation, bouillonnement, branle-bas (de combat), bruit, dérangement, désordre, désorganisation, détraquement, effervescence, excitation, fourmillement, grouillement, hâte, incohérence, mouvement, orage, précipitation, remous, remue-ménage, secousse, tempête, tohu-bohu, tourbillon, tourmente, trépidation, trouble, tumulte, turbulence, va-et-vient. SOUT. émoi, remuement. FAM. chambardement. △ **ANT.** CALME, PAIX; SÉRÉNITÉ, TRANQUILLITÉ.

alarmer *v.* affoler, agiter, angoisser, effrayer, énerver, épouvanter, inquiéter, oppresser, préoccuper, tourmenter, tracasser, troubler. FAM. stresser. ♦ **s'alarmer** être sur des charbons ardents, s'angoisser, s'en faire, s'énerver, s'inquiéter, se faire du mauvais sang, se faire du souci, se faire du tracas, se faire un sang d'encre, se mettre martel en tête, se morfondre, se ronger les sangs, se soucier, se tourmenter, se tracasser. FAM. angoisser, flipper, se biler, se faire de la bile, se faire des cheveux, se frapper, (se) stresser. QUÉB. FAM. capoter. △ **ANT.** CALMER, RASSÉRÉNER, RASSURER, TRANQUILLISER.

alarmisme *n.m.* catastrophisme, défaitisme, inquiétude, négativisme, pessimisme, scepticisme. △ **ANT.** OPTIMISME; INSOUCIANCE.

album *n.m.* ▶ ***Livre*** – brochure, brochurette, cahier, catalogue, document, écrit, fascicule, imprimé, livre, livret, manuel, opuscule, ouvrage, parution, plaquette, publication, recueil, registre, titre, tome, volume. FAM. bouquin. ▶ *Gros* FAM. pavé. QUÉB. FAM. brique. ▶ ***Disque*** – audiodisque, audiogramme, disque.

alcool *n.m.* ▶ ***Boisson*** – cordial, eau-de-vie, remontant, spiritueux. FAM. bibine, glass, gnôle, goutte, rincette, rinçure; PÉJ. bistouille, casse-pattes, tord-boyaux *(très fort)*. QUÉB. FAM. boire, boisson forte, fort. ▶ ***Alcoolisme*** – absinthisme, alcoolémie, alcoolisme, boisson, intempérance, ivresse, ivrognerie. MÉD. dipsomanie, éthylisme, intoxication éthylique, œnilisme. FAM. soûlerie. FRANCE FAM. pochardise, soûlographie. △ **ANT.** BOISSON NON ALCOOLISÉE; ABSTINENCE, SOBRIÉTÉ, TEMPÉRANCE.

alcoolique *n.* (gros) buveur, ivrogne. FAM. biberon, boit-sans-soif, picoleur, pilier de bar, pilier de bistrot, pochard, poivrot, sac à vin, soiffard, soûlard, soûlaud, soûlographe. QUÉB. SUISSE soûlon. MÉD. dipsomane, éthylique. △ **ANT.** ABSTÈME, ABSTINENT.

alcoolisme *n.m.* absinthisme, alcool, alcoolémie, boisson, intempérance, ivresse, ivrognerie. MÉD. dipsomanie, éthylisme, intoxication éthylique, œnilisme. FAM. soûlerie. FRANCE FAM. pochardise, soûlographie. △ ANT. ABSTINENCE, SOBRIÉTÉ, TEMPÉRANCE.

alcôve *n.f.* ▶ ***Partie d'une chambre*** – niche, réduit, renfoncement. ANC. ruelle. ▶ ***Chambre*** – chambre (à coucher), chambrée *(caserne)*, chambrette, dortoir. FAM. carrée, piaule, taule. PÉJ. cambuse, turne.

aléatoire *adj.* casuel, conditionnel, conjectural, contingent, douteux, éventuel, hasardé, hasardeux, hypothétique, incertain, possible, problématique, supposé. △ ANT. CERTAIN, PRÉVISIBLE, SÛR.

alentour *adv.* à côté, à deux pas, à la ronde, à peu de distance, à proximité, à quelques pas, auprès, autour, dans les environs, dans les parages, non loin, près, tout autour, (tout) contre. FAM. sous la main. QUÉB. FAM. proche. △ ANT. À DISTANCE, AU LOIN, LOIN.

alentours *n.m.pl.* ▶ ***Environs*** – abords, approches, bordures, entourage, environs, parages, voisinage. SOUT. entour. ▶ ***Banlieue*** – abords, banlieue, banlieue-dortoir, ceinture, cité-dortoir, couronne, environs, extension, faubourg, périphérie, quartier-dortoir, ville-dortoir, zone (suburbaine).

alerte *adj.* ▶ ***À l'esprit vif*** – à l'esprit vif, agile, brillant, éveillé, intelligent, rapide, vif. ▶ ***Agile malgré l'âge*** – ingambe, jeune, vert, vif. △ ANT. ENDORMI, ENGOURDI, LENT; GÂTEUX, SÉNILE.

alerte *n.f.* ▶ ***Avertissement*** – alarme, appel, avertissement, branle-bas, cri, éveil, haro, signal, sirène, sonnerie, S.O.S., tocsin. ▶ ***Signal*** – appel, clignement, clin d'œil, geste, message, signal, signe.

alerter *v.* ▶ ***Prévenir d'un danger*** – avertir, mettre en garde, prémunir, prévenir. ▶ ***Ameuter*** – ameuter, mettre en émoi. △ ANT. CALMER, RASSÉRÉNER, RASSURER, TRANQUILLISER.

algue *n.f.* ▶ ***Végétal aquatique*** – BIOL. thallophyte chlorophyllien.

alibi *n.m.* ▶ ***Prétexte*** – défaite, dérobade, échappatoire, esquive, excuse, faux-fuyant, fuite, moyen, prétexte, reculade, subterfuge, volte-face. FAM. pirouette.

aliénation *n.f.* ▶ ***Transfert*** – cession, distribution, donation, donation-partage, échange, legs, mancipation, partage, perte, transfert, vente. ▶ ***Abandon*** – abandon, abdication, capitulation, cession, don, donation, fléchissement, non-usage, passation, rejet, renoncement, renonciation, répudiation, retrait, suppression. FIG. bradage. ▶ ***Perte d'un droit*** – déchéance, forclusion. ▶ ***Délire*** – agitation, amok, aveuglement, délire, divagation, égarement, excitation, folie, frénésie, hallucination, hystérie, onirisme, paranoïa, surexcitation. ▶ ***Maladie mentale*** – aliénation (mentale), démence, dérangement, déséquilibre, folie, psychose. △ ANT. ACCAPAREMENT, ACQUISITION; ENRICHISSEMENT, GAIN; ÉPANOUISSEMENT; BON SENS, RAISON, SANTÉ MENTALE.

aliéner *v.* ▶ ***Transmettre*** – abandonner, céder, laisser, léguer, transférer, transmettre. ♦ **s'aliéner** ▶ ***Se soumettre*** – s'asservir à, s'assujettir à, se soumettre à. SOUT. s'attacher au char de, s'inféoder à.

alignement *n.m.* ▶ ***Série*** – chaîne, chapelet, colonne, combinaison, consécution, cordon, enchaînement, enfilade, énumération, file, gamme, guirlande, ligne, liste, rang, rangée, séquence, série, succession, suite, tissu, travée. ▶ ***Normalisation*** – automatisation, codification, division du travail, formulation, harmonisation, légalisation, normalisation, rationalisation, rectification, réglementation, spécialisation, standardisation, systématisation, unification, uniformisation. △ ANT. DISPERSION; NON-ALIGNEMENT.

aligner *v.* ▶ ***Conformer*** – accommoder, accorder, adapter, ajuster, approprier, conformer, faire cadrer, modeler, moduler, mouler, régler. ♦ **s'aligner** ▶ ***Se conformer*** – emboîter le pas à, imiter, s'accorder sur, s'adapter à, s'ajuster à, se conformer à, se mettre au diapason de, se mettre dans le ton, se modeler sur, se rallier à, se ranger à, se régler sur, suivre. △ ANT. DÉSALIGNER, DÉSORDONNER; FORJETER. ♦ **s'aligner** SAILLIR; SE DÉMARQUER; S'INSURGER, S'OPPOSER, SE REBELLER.

aliment *n.m.* ▶ ***Nourriture*** – couvert, nourriture, pain (quotidien), table. FAM. bouffe, bouffetance, boustifaille, mangeaille, manger. FRANCE FAM. becquetance, tortore. RELIG. manne. ▶ ***Subsistance*** – alimentation, approvisionnement, comestibles, denrée, entretien, fourniture, intendance, nourriture, pain, produit alimentaire, provision, ravitaillement, subsistance, victuailles, vie, vivres. SOUT. provende. FAM. matérielle. ▶ *Pour une personne* – part, portion, ration.

alimentaire *adj.* ▶ ***Qui peut servir d'aliment*** – bon (à manger), comestible, consommable, mangeable. ▶ ***En parlant de l'industrie*** – agroalimentaire. △ ANT. INCOMESTIBLE, INCONSOMMABLE; INTOXICANT, NOCIF, TOXIQUE.

alimentation *n.f.* ▶ ***Nutrition*** – absorption, consommation, cuisine, ingestion, ingurgitation, manducation, menu, nourrissement, nourriture, nutrition, ordinaire, repas, sustentation. FAM. cuistance, popote. MÉD. gavage *(au moyen d'une sonde)*. ▶ ***Subsistance*** – aliment, approvisionnement, comestibles, denrée, entretien, fourniture, intendance, nourriture, pain, produit alimentaire, provision, ravitaillement, subsistance, victuailles, vie, vivres. SOUT. provende. FAM. matérielle. ▶ ***Régime*** – diète, régime. △ ANT. JEÛNE.

alimenter *v.* ▶ ***Faire manger*** – nourrir, restaurer. ▶ ***Approvisionner*** – approvisionner, fournir, pourvoir, ravitailler. ♦ **s'alimenter** ▶ ***Manger*** – manger, se nourrir, se restaurer, se sustenter. SOUT. se repaître. FAM. becter, bouffer, boulotter, boustifailler, briffer, casser la croûte, casser la graine, croûter, grailler, tortorer. △ ANT. AFFAMER. ♦ **s'alimenter** JEÛNER.

allant *n.m.* ▶ ***Entrain*** – animation, ardeur, chaleur, cœur, élan, enthousiasme, entrain, ferveur, flamme, passion, zèle. FAM. pep. SOUT. feu. ▶ ***Énergie*** – abattage, activité, ardeur, dynamisme, effort, énergie, vie, vigueur, vitalité, vivacité. FAM. punch. △ ANT. APATHIE, INDOLENCE, INERTIE, MOLLESSE, PARESSE.

allée *n.f.* ▶ ***Petit chemin*** – banquette, cavée, chemin, coulée, laie, layon, ligne, piste, sentier, tortille, traverse. SOUT. OU FRANCE RÉGION. sente. QUÉB. rang. FRANCE RÉGION. draille. ▶ ***Rue*** – avenue, boulevard, cours, mail, promenade. BELG. drève.

allégeance *n. f.* ▸ ***Fidélité*** – attachement, confiance, dévouement, fidélité, foi, loyalisme, loyauté. ▸ ***Soumission*** – abaissement, appartenance, asservissement, assujettissement, attachement, captivité, contrainte, dépendance, domestication, domesticité, domination, emprise, esclavage, gêne, hilotisme, inféodation, infériorité, mainmise, merci, mouvance, obédience, obéissance, obligation, oppression, pouvoir, puissance, servage, servitude, soumission, subordination, sujétion, tutelle, tyrannie, vassalité. FIG. carcan, chaîne, corset (de fer), coupe, fardeau, griffe, main, patte, prison; SOUT. fers, gaine, joug. FÉOD. tenure. ▸ ***Juridiction*** – juridiction, nationalité, statut. △ **ANT.** INSOUMISSION; LIBERTÉ.

alléger *v.* ▸ ***Rendre moins lourd*** – délester. ▸ ***Apaiser*** – adoucir, apaiser, assoupir, atténuer, bercer, endormir. SOUT. lénifier. ♦ **allégé** ▸ ***Faible en calories*** – à teneur réduite, diététique, hypocalorique, léger, maigre. △ **ANT.** ALOURDIR; ACCENTUER, AGGRAVER, EXACERBER, INTENSIFIER.

allégorie *n. f.* ▸ ***Récit fictif à valeur morale*** – apologue, fable, parabole. ▸ ***Sous-entendu*** – allusion, arrière-pensée, double sens, évocation, insinuation, réserve, restriction, réticence, sous-entendu. ▸ ***Analogie*** – analogie, apologue, assimilation, association (d'idées), catachrèse *(lexicalisée)*, comparaison, équivalence, figure, image, lien, métaphore, parabole, parallèle, parenté, personnification, rapport, rapprochement, relation, ressemblance, similitude, symbole, symbolisme. ▸ ***Emblème*** – attribut, chiffre, devise, drapeau, effigie, emblème, figure, icône, image, incarnation, insigne, livrée, logo, logotype, marque, notation, personnification, représentation, signe, symbole, type. △ **ANT.** RÉALITÉ; MATÉRIALITÉ; VÉRITÉ.

allégorique *adj.* emblématique, figuratif, métaphorique, représentatif, symbolique. RARE parabolique. RELIG. anagogique. △ **ANT.** LITTÉRAL, RÉALISTE.

allègre *adj.* badin, de belle humeur, en joie, enjoué, épanoui, folâtre, foufou, gai, guilleret, hilare, jovial, joyeux, léger, plein d'entrain, réjoui, riant, rieur, souriant. FAM. rigolard, rigoleur. △ **ANT.** BOURRU, DE MAUVAISE HUMEUR, GROGNON, MAUSSADE, MORNE, MOROSE, SOMBRE, TRISTE.

allégrement (var. **allègrement**) *adv.* agréablement, avec entrain, béatement, bienheureusement, de bon cœur, en gaieté, euphoriquement, extatiquement, gaiement, heureusement, jovialement, joyeusement, plaisamment, radieusement, sans souci. △ **ANT.** AMÈREMENT, DOULOUREUSEMENT, LANGOUREUSEMENT, LANGUISSAMMENT, MALHEUREUSEMENT, MAUSSADEMENT, MÉLANCOLIQUEMENT, NOSTALGIQUEMENT, SOMBREMENT, TRISTEMENT.

allégresse *n. f.* béatitude, bonheur, égaiement, enthousiasme, euphorie, exaltation, extase, exultation, gaieté, hilarité, ivresse, joie, jubilation, plaisir, ravissement, réjouissance, vertige. SOUT. aise, félicité, liesse, rayonnement. △ **ANT.** CONSTERNATION, TRISTESSE; APATHIE.

alléguer *v.* ▸ ***Citer*** – citer, invoquer. ▸ ***Prétexter*** – avancer, invoquer, objecter, opposer, prétexter. SOUT. arguer, exciper de, s'autoriser de. △ **ANT.** DÉNIER, NIER, RÉFUTER.

aller *v.* ▸ ***Se déplacer*** – évoluer, se déplacer, se diriger, se mouvoir, se porter. ▸ ***Se préparer*** – être sur le point de, s'apprêter à, se disposer à, se préparer à. ▸ ***Convenir*** – cadrer, coller, convenir, correspondre, répondre, s'accorder, s'appliquer, s'harmoniser. ▸ ***Plaire*** – contenter, convenir à, faire l'affaire de, plaire à, satisfaire, sourire à. SOUT. agréer à, complaire à. FAM. arranger, chanter à. △ **ANT.** DEMEURER, RESTER; REVENIR.

alliage *n. m.* ▸ ***Mélange*** – admixtion, amalgamation, amalgame, cocktail, combinaison, composé, mélange, mixtion, mixture.

alliance *n. f.* ▸ ***Pacte*** – accommodement, accord, arrangement, compromis, concordat, consensus, contrat, convention, engagement, entente, marché, modus vivendi, pacte, protocole, traité, transaction. ▸ ***Mariage*** – contrat conjugal, couple, lit, mariage, ménage, nuptialité, union conjugale, union matrimoniale. SOUT. hymen, hyménée. ▸ ***Bague*** – anneau d'alliance, anneau de mariage, anneau nuptial, bague de fiançailles, bague de mariage. ▸ ***Association politique*** – apparentement, association, bloc, camp, cartel, club, coalition, confédération, faisceau, fédération, formation, front, groupe, groupe d'intérêts, groupe de pression, groupement, ligue, mouvement, organisation, parti, phalange, rapprochement, rassemblement, union. ANC. hétairie. FÉOD. hermandad. ▸ ***Association d'entreprises*** – cartel, coentreprise, combinat, complexe, concentration, conglomérat, consortium, duopole, entente, groupe, industrie, monopole, oligopole, trust. PÉJ. féodalité. ▸ ***Combinaison*** – assemblage, association, collage, combinaison, communion, composition, concentration, conjonction, constitution, fusion, fusionnement, groupement, incorporation, intégration, ralliement, rassemblement, regroupement, réunion, symbiose, synthèse, unification, union. △ **ANT.** DÉSUNION, DIVORCE, RUPTURE, SÉPARATION; MÉSALLIANCE, MÉSINTELLIGENCE.

allié *n.* ▸ ***Parent par alliance*** – parent par alliance. ▸ ***Ami*** – alter ego, ami, (ami) intime, (ami) proche, bon ami, camarade, compagnon, connaissance, familier, frère, relation. SOUT. féal. FAM. acolyte, aminche, complice, copain, frangin, pote. FRANCE RÉGION. collègue. ▸ ***Partisan*** – adepte, adhérent, ami, apôtre, champion, défenseur, disciple, fidèle, inconditionnel, militant, partisan, soutien, sympathisant, tenant. RARE mainteneur. SOUT. chantre, séide, zélateur. FAM. godillot. ▸ ***Coalisé*** – coalisé, confédéré, fédéré. △ **ANT.** ADVERSAIRE, ENNEMI, OPPOSANT, RIVAL.

allier *v.* ▸ ***Combiner*** – associer, combiner, concilier, conjuguer, joindre, marier, mêler, réunir, unir. ♦ **s'allier** ▸ ***Se réunir*** – faire front commun, s'associer, s'unir, se coaliser, se joindre, se liguer, se solidariser. △ **ANT.** DÉSUNIR, DISJOINDRE, SÉPARER; DISTINGUER, OPPOSER.

allocation *n. f.* ▸ ***Attribution*** – attribution, distribution, dotation, remise. ▸ ***Don*** – aide, apport, assistance, aumône, bonne œuvre, charité, dation, disposition, distribution, don, faveur, grâce, hommage, indemnité, obole, prestation, secours, soulagement, subside, subvention. SOUT. bienfait. FAM. dépannage. DR. donation, fidéicommis, legs, libéralité. *RELIG.* bénédiction, charisme. ▸ ***Revenu*** – arrérages, avantage, bénéfice, casuel, chômage, dividende, dotation, fermage, fruit, gain, intérêt, loyer, mense, mensualité, métayage, pension, prébende, présalaire, produit, profit, rapport, recette, redevance, rente, rentrée, retraite, revenu, tontine, usufruit, usure, viager. *FAM.* alloc. *FRANCE FAM.* bénéf. *ANC.* cens, lods et ventes. △ **ANT.** PRÉLÈVEMENT.

allocution *n.f.* ▸ ***Discours*** – discours, harangue, mot, toast. *FAM.* laïus, topo. *RELIG.* homélie, sermon.

allonger *v.* ▸ ***Agrandir*** – agrandir, étendre, étirer, rallonger. *TECHN.* dégrosser, fileter, laminer, tréfiler. ▸ ***Étendre un membre*** – déplier, étirer. ▸ ***Accroître la durée*** – étendre, prolonger, proroger, rallonger, reconduire. ▸ ***Coucher*** – coucher, étendre. ▸ ***Diluer*** – couper, diluer, éclaircir, étendre, mouiller. *FAM.* baptiser. ▸ ***Donner*** (*FAM.*) – asséner, donner, infliger, porter. *FAM.* administrer, coller, ficher, filer, flanquer, foutre. ▸ ***Assommer*** (*FAM.*) – assommer, étourdir, knockouter, mettre K.O. *FAM.* estourbir, sonner. ▸ ***Débourser*** (*FAM.*) – débourser, décaisser, dépenser, payer, verser. *FAM.* casquer, cracher, lâcher. ♦ **s'allonger** ▸ ***Devenir plus long*** – rallonger. ▸ ***Tomber*** (*FAM.*) – basculer, culbuter, faire une chute, tomber, verser. *FAM.* aller choir, chuter, dinguer, prendre un billet de parterre, prendre une bûche, prendre une gamelle, prendre une pelle, ramasser un gadin, ramasser une bûche, ramasser une gamelle, ramasser une pelle, s'étaler, se casser la figure, se casser la gueule, se fiche par terre, se rétamer, valdinguer. ♦ **allongé** ▸ ***En parlant du visage*** – long, oblong, ovale. △ **ANT.** DIMINUER, RACCOURCIR, RÉDUIRE; REPLIER.

allumer *v.* ▸ ***Mettre le feu*** – enflammer, mettre le feu à. ▸ ***Éclairer*** – éclairer, ensoleiller, illuminer. *SOUT.* embraser, enflammer. ▸ ***Aguicher*** – affrioler, aguicher, émoustiller, exciter, provoquer, troubler. *FAM.* vamper. *QUÉB. FAM.* agacer. ▸ ***Critiquer*** (*FRANCE FAM.*) – attaquer, critiquer, descendre en flammes, écharper, éreinter, étriller, faire le procès de, malmener, maltraiter, massacrer, matraquer, mettre à mal, pourfendre, s'acharner contre. *FAM.* couler, démolir, descendre, écorcher, esquinter. *FRANCE FAM.* débiner. *QUÉB. FAM.* maganer. ▸ ***Comprendre*** (*QUÉB. FAM.*) – comprendre, s'expliquer, saisir, toucher du doigt, voir. *SOUT.* appréhender, embrasser, entendre. *FAM.* entraver, piger. *FRANCE FAM.* percuter. ♦ **s'allumer** ▸ ***Prendre feu*** – prendre feu, s'enflammer. △ **ANT.** ÉTEINDRE, ÉTOUFFER, SOUFFLER; ARRÊTER, METTRE HORS TENSION; APAISER, SATISFAIRE.

allumette *n.f.* *FRANCE FAM.* bûche, frotte, frotteuse.

allure *n.f.* ▸ ***Silhouette*** – air, apparence, aspect, attitude, contenance, démarche, façon, genre, ligne, maintien, manière, panache, physique, port, posture, prestance, silhouette, style, tenue, tournure. *SOUT.* extérieur, mine. *FAM.* gueule, touche. *QUÉB. FAM.* erre d'aller. *PÉJ. FAM.* dégaine. ▸ ***Aspect*** – air, apparence, aspect, caractère, configuration, couleur, couvert, dehors, éclairage, expression, extérieur, façade, faciès, figure, forme, formule, impression, jour, masque, mine, paraître, perspective, physionomie, plastique *(en art)*, portrait, présentation, profil, ressemblance, semblant, surface, ton, tour, tournure, traits, vernis, visage. *SOUT.* enveloppe, regardure, superficie. ▸ ***Mouvement*** – cadence, course, erre, marche, mouvement, pas, rythme, tempo, train, vitesse. ▸ ***Marche*** – enjambée, figure, foulée, marche, pas. ▸ ***Geste*** – attitude, chironomie, chorégraphie, contenance, danse, geste, gesticulation, gestique, gestualité, gestuelle, jeu (physique), langage corporel, langage gestuel, manière, mime, mimique, mimodrame, mimographie, mimologie, mouvement, mudra, pantomime, posture, signal, signe.

allusion *n.f.* ▸ ***Sous-entendu*** – allégorie, arrière-pensée, double sens, évocation, insinuation, réserve, restriction, réticence, sous-entendu. ▸ ***Rappel*** – anamnèse, commémoration, déjà vu, évocation, impression, mémoire, mémoration, mémorisation, pensée, rappel, réminiscence, souvenir, trace. *SOUT.* remémoration. ▸ *Non favorable* – arrière-goût. △ **ANT.** OMISSION.

alors *adv.* ▸ ***À ce moment-là*** – à ce moment-là, à l'époque, là. ▸ ***Ensuite*** – après, après quoi, depuis, en second lieu, ensuite de quoi, ensuite, par la suite, plus tard, postérieurement, puis, subséquemment, ultérieurement. *SOUT.* ensuivant. ▸ ***Donc*** – ainsi, conséquemment, corollairement, dans ce cas, dans ce cas-là, dans ces conditions, dans la circonstance, donc, en conséquence, ipso facto, par conséquent, par suite, partant. △ **ANT.** ACTUELLEMENT, EN CE MOMENT, MAINTENANT, PRÉSENTEMENT.

alouette *n.f.* ▸ ***Emploi standard*** – *QUÉB. FAM.* ortolan. ▸ ***Emploi québécois*** – oiseau de rivage, petit échassier.

alourdir *v.* ▸ ***Rendre plus lourd*** – appesantir. ▸ ***Surcharger*** – charger, embarrasser, encombrer, farcir, surcharger. ▸ *Sur le plan financier* – grever, obérer, surcharger. △ **ANT.** ALLÉGER, DÉCHARGER.

altération *n.f.* ▸ ***Détérioration*** – abaissement, abâtardissement, abjection, abrutissement, affadissement, affaiblissement, agonie, amollissement, appauvrissement, atrophie, avachissement, avilissement, baisse, corruption, décadence, déchéance, déclin, décrépitude, dégénérescence, dégradation, délabrement, déliquescence, dénaturation, dépérissement, détérioration, édulcoration, empirement, étiolement, flétrissure, perte, perversion, pourrissement, pourriture, rouille, ruine, sape, usure. *SOUT.* aveulissement, crépuscule, pervertissement. *FAM.* déglingue, dégringolade. ▸ ***Contamination*** – contamination, pollution. ▸ ***Décomposition*** – biodégradation, corruption, décomposition, faisandage, fermentation, gangrène, pourrissement, pourriture, putréfaction, putrescence, putridité, suiffage *(beurre)*, thanatomorphose. ▸ ***Modification*** – adaptation, ajustement, avatar, changement, conversion, évolution, glissement, gradation, infléchissement, métamorphose, modification, modulation, mue, mutation, passage, progression, transfiguration, transformation, transition, transmutation, variation, vie. ▸ ***Falsification*** – barbouillage, bricolage, contrefaçon, déformation, déguisement, dénaturation, entorse, falsification, fardage, faux, fraude, frelatage, gauchissement, maquillage, modification, truquage. *DR.* contrefaction. ▸ ***Trouble physique*** – affection, anomalie, défaillance, déficience, dérangement, dysfonction, dysfonctionnement, embarras, faiblesse, gêne, indisposition, insuffisance, mal, malaise, trouble. DIDACT. dysphorie. MÉD. lipothymie. SOUT. mésaise. ▶ ***Soif*** (RARE) – dipsomanie, pépie, potomanie, soif. ▶ ***Signe de musique*** – accident. △ **ANT.** CONSERVATION, INTÉGRITÉ, PERMANENCE; FRAÎCHEUR.

altérer *v.* ▶ ***Modifier*** – changer, modifier. ▶ ***Dénaturer*** – corrompre, dénaturer, frelater. ▶ ***Putréfier*** – décomposer, pourrir, putréfier. ▸ *Une denrée* – avarier, gâter. ▶ ***Falsifier*** – contrefaire, déguiser, falsifier, habiller, maquiller, trafiquer, travestir, truquer. FAM. bidonner, bidouiller, tripatouiller. ▶ ***Déformer*** – biaiser, défigurer, déformer, dénaturer, falsifier, fausser, gauchir, trahir, travestir. ▶ ***Donner soif*** (SOUT.) – assoiffer, donner soif à. ♦ **s'altérer** ▶ ***Pourrir*** – pourrir, se corrompre, se décomposer, se putréfier. ▸ *En parlant d'un aliment* – blettir *(fruit)*, s'avarier, se gâter. ♦ **altéré** ▶ ***En décomposition*** – avarié, corrompu, en décomposition, en putréfaction, gâté, pourri, pourrissant, putrescent, putride. ▶ ***Avide*** (SOUT.) – affamé, assoiffé, avide, gourmand, insatiable. ▶ ***En parlant d'une monnaie*** – fruste, usé. △ **ANT.** CONSERVER, GARDER INTACT, PRÉSERVER; RECTIFIER, RÉTABLIR; ASSAINIR; APAISER, DÉSALTÉRER, SATISFAIRE.

alternance *n.f.* ▶ ***Succession*** – allée et venue, alternatives, balancement, bascule, changement, flux et reflux, intermittence, ondulation, oscillation, palpitation, périodicité, pulsation, récurrence, récursivité, retour, rotation, roulement, rythme, sinusoïde, succession, tour, va-et-vient, variation. ▶ ***En agriculture*** – alternat, assolement, dessolement, rotation (des cultures). △ **ANT.** CONTINUITÉ, PERMANENCE, RÉGULARITÉ.

alternativement *adv.* à tour de rôle, consécutivement, coup sur coup, d'affilée, de file, l'un après l'autre, rythmiquement, successivement, tour à tour. △ **ANT.** CONTINÛMENT, SANS ARRÊT; ENSEMBLE, SIMULTANÉMENT.

alterner *v.* ▶ ***Se relayer*** – se relayer, se remplacer.

altier *adj.* arrogant, condescendant, dédaigneux, fier, hautain, méprisant, orgueilleux, outrecuidant, pimbêche *(femme)*, pincé, présomptueux, prétentieux, snob, supérieur. SOUT. rogue. FAM. péteux, snobinard, snobinette *(femme)*. QUÉB. FAM. fendant. △ **ANT.** HUMBLE, RÉSERVÉ, SIMPLE.

altitude *n.f.* élévation, haut, hauteur, niveau au-dessus de la mer, plafond. MAR. guindant *(mât)*. △ **ANT.** PROFONDEUR.

altruisme *n.m.* ▶ ***Générosité*** – aide, allocentrisme, amour (d'autrui), assistance, bénévolat, bienveillance, bonté, charité, commisération, compassion, complaisance, convivialité, dévouement, don de soi, empathie, entraide, extraversion, fraternité, générosité, gentillesse, humanité, oblativité, oubli de soi, philanthropie, pitié, sensibilité, serviabilité, solidarité, sollicitude. SOUT. bienfaisance. ▶ ***Abnégation*** – abnégation, désintéressement, détachement, dévouement, effacement, humilité, oubli de soi, privation, renoncement, résignation, sacrifice. SOUT. holocauste. △ **ANT.** CUPIDITÉ, ÉGOÏSME, RAPACITÉ; ÉGOCENTRISME, INDIFFÉRENCE; DURETÉ, MISANTHROPIE.

alvéole *n.* anfractuosité, cavité, creusure, creux, crevasse, enfoncement, évidement, évidure, trou.

amabilité *n.f.* ▶ ***Politesse*** – affabilité, aménité, attention, bienséance, bonnes manières, civilité, civisme, convivialité, correction, courtoisie, délicatesse, éducation, entregent, galanterie, gentillesse, hospitalité, mondanités, obligeance, politesse, prévenance, savoir-vivre, serviabilité, sociabilité, tact, urbanité. SOUT. gracieuseté, liant. ▶ ***Douceur*** – affabilité, agrément, aménité, bénignité, bienveillance, bonhomie, bonté, calme, chaleur, charité, clémence, docilité, douceur, gentillesse, grâce, humanité, indulgence, patience, placidité, suavité. SOUT. débonnaireté, magnanimité, mansuétude, onction. △ **ANT.** GROSSIÈRETÉ, IMPOLITESSE; BRUTALITÉ, RUDESSE; INDIFFÉRENCE.

amalgame *n.m.* ▶ ***Mélange*** – admixtion, alliage, amalgamation, cocktail, combinaison, composé, mélange, mixtion, mixture. ▶ ***Matière pour obturer une dent*** – ciment, résine. FAM. plombage.

amant *n.m.* ▶ ***Partenaire sexuel*** – amant de cœur, partenaire (sexuel). ▶ ***Amateur*** – adepte, aficionado, amateur, ami, amoureux, connaisseur, fanatique, fervent, fou, passionné. SOUT. assoiffé. FAM. accro, allumé, enragé, fan, fana, malade, mordu. FRANCE FAM. fondu. △ **ANT.** AMOUREUX ÉCONDUIT; RIVAL; INDIFFÉRENT.

amarre *n.f.* ▶ ***Anneau*** – anneau, boucle de pont, boucle de quai, erse, estrope, organeau.

amas *n.m.* ▶ ***Agglomération*** – accrétion, accumulation, agglomérat, agglomération, aggloméré, agglutinat, agglutination, agglutinement, agrégat, agrégation, bloc, concentration, concrétion, conglomérat, conglomération, conglutination, entassement, masse, nodule, paquet, réunion, sédiment, sédimentation, tas. ▶ ***Accumulation*** – abondance, accumulation, addition, agrégation, amoncellement, collection, déballage, échafaudage, emmagasinage, empilage, empilement, encombrement, entassement, étagement, faisceau, fatras, fouillis, monceau, montagne, pile, pyramide, quantité, stratification, superposition, tas. ▶ ***Collection*** – accumulation, appareil, assemblage, assortiment, collection, compilation, ensemble, foule, grand nombre, groupe, groupement, jeu, quantité, rassemblement, recueil, service, tas, train. FAM. attirail, cargaison, compil. PÉJ. ramassis. ▶ ***Abondance*** – abondance, afflux, ampleur, concentration, débauche, débordement, exubérance, filon, fleuraison, floraison, foisonnement, forêt, foule, fourmillement, gisement, infinité, inondation, luxe, luxuriance, masse, mine, multiplicité, myriade, nuée, orgie, paquet, pléthore, poussière, profusion, quantité, richesse, surabondance, tas, trésor. FIG. carnaval. FAM. festival, flopée, kyrielle, tapée, tonne, tripotée, wagon. SUISSE FAM. craquée. ▶ ***Réserve*** – approvisionnement, dépôt, fourniture, provision, réserve, stock. ▶ ***Gisement*** – gisement, gisement minier, mine. △ **ANT.** DISPERSION, ÉPARPILLEMENT; VIDE; PÉNURIE.

amasser *v.* ▶ ***Obtenir*** – moissonner, récolter. ▶ ***Réunir*** – accumuler, amonceler, collectionner, entasser. ▶ ***Mettre en tas*** – accumuler, amonceler, empiler, entasser. ▶ ***Mettre en réserve*** – accumuler, emmagasiner, engranger, entreposer, faire provision de, faire une réserve de, mettre en réserve, stocker. ♦ **s'amasser** ▶ ***Augmenter en quantité*** – s'accumuler, s'amonceler, s'entasser. △ **ANT.** DISPERSER, DISSÉMINER, ÉPARPILLER; DÉPENSER, DILAPIDER, GASPILLER, PERDRE.

amateur *adj.* ▶ ***Non professionnel*** – *PÉJ.* dilettante, fantaisiste, fumiste. ▶ ***Passionné*** – amoureux, avide, entiché, épris, fanatique, féru, fervent, fou, friand, passionné. *FAM.* accro, enragé, fana, maniaque, mordu. △ **ANT.** PROFESSIONNEL.

amateur *n.* ▶ ***Passionné*** – adepte, aficionado, amant, ami, amoureux, connaisseur, fanatique, fervent, fou, passionné. *SOUT.* assoiffé. *FAM.* accro, allumé, enragé, fan, fana, malade, mordu. *FRANCE FAM.* fondu. ▶ ***Personne non spécialiste*** – commun des mortels, non-initié, non-spécialiste, profane. ▶ ***Personne qui pratique une activité avec négligence*** – dilettante, fantaisiste, plaisantin, touche-à-tout. *FAM.* demi-sel, fumiste. △ **ANT.** IGNARE, PROFANE; PROFESSIONNEL.

ambassade *n.f.* ▶ ***Délégation*** – délégation, députation. ▶ ***Diplomatie*** – carrière, diplomatie. ▶ ***Édifice*** – consulat, résidence.

ambassadeur *n.* ▶ ***Chargé de mission*** – agent, attaché, chargé d'affaires, chargé de mission, commissaire, correspondant, délégataire, délégué, député, diplomate, émissaire, envoyé, fondé de pouvoir, légat, mandataire, messager, ministre, négociateur, parlementaire, plénipotentiaire, représentant. *FRANCE ANC.* agréé.

ambiance *n.f.* ▶ ***Environnement*** – atmosphère, cadre, climat, décor, élément, entourage, environnement, environs, lieu, milieu, monde, société, sphère, théâtre, voisinage. ▶ ***Météorologie*** – air, atmosphère, ciel, climat, conditions atmosphériques, conditions climatiques, conditions météorologiques, météorologie, pression, régime, température, temps, vent. *FAM.* fond de l'air, météo.

ambiant *adj.* environnant. △ **ANT.** EXTÉRIEUR.

ambigu *adj.* ▶ ***Qui a plus d'un sens possible*** – à double entente, à double sens, équivoque. *SOUT.* amphibologique. *LING.* plurivoque, polysémique. ▶ ***Qui a des caractéristiques opposées*** – ambivalent, double. ▶ ***Difficile à définir*** – énigmatique, indéfinissable, mystérieux. *SOUT.* sibyllin. △ **ANT.** CLAIR, NET, SANS ÉQUIVOQUE.

ambiguïté *n.f.* ▶ ***Double sens*** – ambivalence, amphibologie, dilogie, double entente, double sens, énigme, équivoque, incertitude, indétermination, obscurité, plurivocité, polysémie. △ **ANT.** CLARTÉ, ÉVIDENCE, LIMPIDITÉ; PRÉCISION; MONOSÉMIE, UNIVOCITÉ.

ambitieux *adj.* ▶ ***Sans scrupules*** – arriviste, carriériste. ▶ ***Important*** – à grand déploiement, ample, d'envergure, de grande envergure, important, vaste. △ **ANT.** DÉSINTÉRESSÉ, SANS AMBITION, SANS ENVERGURE; DE PEU D'IMPORTANCE, MODESTE, SECONDAIRE.

ambitieux *n.* arriviste, carriériste, jeune loup. *SUISSE* grimpion. *FAM.* cumulard, magouilleur. ▸ *En politique* – machiavel. *PÉJ. FAM.* politicard. ▸ *À l'excès* – mégalomane. *FAM.* mégalo.

ambition *n.f.* ▶ ***Arrivisme*** – arrivisme, brigue, carriérisme. ▶ ***Avidité*** – avidité, convoitise, cupidité, possessivité, rapacité. *SOUT.* vampirisme. *RARE* acquisitivité. ▶ ***Désir*** – appel, appétit, aspiration, attirance, attrait, besoin, but, convoitise, desideratum, désir, envie, exigence, faim, fantaisie, fantasme, fièvre, fringale, goût, idéal, intention, jalousie, passion, prétention, quête, recherche, rêve, soif, souhait, tentation, velléité, visée, vœu, voix, volonté. *SOUT.* appétence, dessein, prurit, vouloir. *FAM.* démangeaison. ▶ ***But*** – but, cause, cible, considération, destination, fin, finalité, intention, mission, mobile, motif, objectif, objet, point de mire, pourquoi, prétexte, raison, raison d'être, sens, visée. *SOUT.* propos. △ **ANT.** HUMILITÉ, MODESTIE, SIMPLICITÉ; DÉSINTÉRESSEMENT; INDIFFÉRENCE; ABNÉGATION, RENONCEMENT.

ambivalence *n.f.* ▶ ***Ambiguïté*** – ambiguïté, amphibologie, dilogie, double entente, double sens, énigme, équivoque, incertitude, indétermination, obscurité, plurivocité, polysémie. △ **ANT.** CLARTÉ, ÉVIDENCE, LIMPIDITÉ; PRÉCISION; MONOSÉMIE, UNIVOCITÉ.

ambulant *adj.* forain, itinérant. △ **ANT.** FIXE, SÉDENTAIRE.

âme *n.f.* ▶ ***Esprit*** – atman *(hindouisme)*, cœur, conscience, esprit, mystère, pensée, principe (vital), psyché, psychisme, souffle (vital), spiritualité, transcendance, vie. *PSYCHOL.* conscient. ▶ ***For intérieur*** – arrière-fond, arrière-pensée, conscience, coulisse, dedans, dessous, fond, for intérieur, intérieur, intériorité, intimité, jardin secret, repli, secret. *SOUT.* tréfonds. ▶ ***Sensibilité*** – affect, affectivité, attendrissement, cœur, compassion, émotion, émotivité, empathie, fibre, humanité, impressionnabilité, pitié, romantisme, sensibilité, sentiment, sentimentalité, susceptibilité, sympathie, tendresse, vulnérabilité. *SOUT.* entrailles. *FAM.* tripes. ▶ ***Corps éthéré*** – aura, corps astral, double (éthéré), émanation, essence, éther, vapeur. ▶ ***Ce qui agit*** – agent, bras, instrument, moteur, organe. ▶ ***Animateur*** – artisan, auteur, centre, cerveau, chef, cheville ouvrière, créateur, dirigeant, fondateur, incitateur, initiateur, inspirateur, instigateur, locomotive, maître (d'œuvre), meneur, moteur, organisateur, patron, père, promoteur, protagoniste, régisseur, responsable. *SOUT.* excitateur, instaurateur, ouvrier. ▶ ***Habitant*** – habitant, résidant. △ **ANT.** CORPS; MATIÈRE.

amélioration *n.f.* ▶ ***Finition*** – achèvement, arrangement, complètement, correction, enjolivement, finition, léchage, mise au point, peaufinage, perfectionnement, polissage, raffinage, raffinement, retouche, révision, soin. *SOUT.* parachèvement. *FAM.* fignolage. ▶ ***Perfectionnement*** – abonnissement, affinement, anoblissement, bonification, embellie, embellissement, ennoblissement, enrichissement, maximalisation, optimalisation, optimisation, perfectionnement, progrès. *SOUT.* épurement. *FIG.* bond en avant. ▶ ***Progrès*** – adoucissement, civilisation, éducation, évolution, mieux-être, progrès, réforme, régénération, rénovation. ▶ ***Augmentation*** – accroissement, appréciation, augmentation, bénéfice, excédent, gain, majoration, plus-value, profit, survaleur, valorisation. ▶ ***Modernisation*** – changement, dépoussiérage, modernisation, modification, prorogation, rajeunissement, recommencement, reconduction, réformation, réforme, régénération, réhabilitation, réinvention, remplacement, renouveau, renouvellement, rénovation, réparation, restauration, résurrection, rétablissement, transformation. PÉJ. FAM. réformette. ▶ ***Réparation*** – arrangement, bricolage, consolidation, dépannage, entretien, maintenance, rajustement, ravalement, reconstitution, réfection, remise à neuf, remise en état, remontage, renforcement, réparation, reprise, restauration, restitution, rétablissement, retapage, rhabillage, sauvetage, soin. FAM. rafistolage. ▶ ***Stabilisation*** – affermissement, ancrage, cimentation, consolidation, durcissement, enracinement, fixation, fortification, garantie, protection, radicalisation, raffermissement, raidissement, renforçage, renforcement, renfort, scellement, stabilisation. SOUT. roidissement. ▶ ***Guérison*** – apaisement, cicatrisation, convalescence, cure, guérison, mieux-être, relevailles, relèvement, rémission, répit, résurrection, rétablissement, retour à la santé, salut, soulagement, traitement. MÉD. délitescence, postcure, résorption, rétrocession. ▶ ***Adoucissement du temps*** – accalmie, adoucissement, bonace, calme plat, éclaircie, embellie, radoucissement, réchauffement, redoux, répit, tiédissement, tranquillité, trouée. QUÉB. FAM. doux temps. ACADIE FAM. clairon. ▶ ***Enrichissement du sol*** – abonnissement, amendement, assolement, bonification, chaulage, compostage, déchaumage, écobuage, engraissage, engraissement, enrichissement, ensemencement, épandage, fertilisation, fumage, fumaison, fumigation, fumure, irrigation, jachère, limonage, marnage, mise en valeur, phosphatage, plâtrage, soufrage, sulfatage, terreautage. △ **ANT.** AGGRAVATION; DÉCLIN, DÉGRADATION, DÉTÉRIORATION; CORRUPTION, DÉGÉNÉRESCENCE; RECUL, RÉGRESSION.

améliorer *v.* ▶ ***Corriger*** – amender, corriger, réformer, rénover. ▶ ***Perfectionner*** – parfaire, perfectionner. ▶ ***Amender un sol*** – amender, bonifier, enrichir, fertiliser. ♦ **s'améliorer** ▶ ***Progresser*** – avancer, évoluer, faire des progrès, progresser, se développer. ▶ ***S'arranger*** – aller mieux, s'arranger. FAM. se tasser. ▶ ***En parlant du vin*** – mûrir, rabonnir, s'abonnir, se bonifier, se faire. △ **ANT.** AGGRAVER, ALTÉRER, CORROMPRE, DÉGRADER, DÉTÉRIORER, GÂTER.

aménagement *n. m.* accommodation, accommodement, agencement, ajustement, architecture, arrangement, articulation, assemblage, combinaison, combinatoire, composition, concaténation, configuration, construction, contexture, coordination, disposition, distribution, élaboration, enchaînement, harmonie, liaison, mise en ordre, mise en place, ordonnance, ordonnancement, ordre, organisation, orientation, plan, profil, programmation, rangement, structuration, structure, système, texture. △ **ANT.** DÉRANGEMENT, DÉSORGANISATION.

aménager *v.* ▶ ***Installer*** – arranger, installer. ▶ ***Organiser*** – agencer, arranger, coordonner, ordonnancer, ordonner, organiser, structurer, systématiser. ▶ ***Pratiquer une ouverture*** – ménager, ouvrir, percer, pratiquer. △ **ANT.** DÉFAIRE.

amende *n. f.* ▶ ***Pénalité*** – astreinte, constat d'infraction, contrainte, contravention, jour-amende, peine, pénalisation, pénalité, procès-verbal. FAM. contredanse, P.-V., papillon.

amener *v.* ▶ ***Mener*** – accompagner, conduire, convoyer, emmener, escorter, mener. PÉJ. flanquer. ▶ ***Inciter*** – conditionner, conduire, disposer, encourager, engager, entraîner, exhorter, impulser, inciter, incliner, mener, porter, pousser, provoquer. SOUT. exciter, mouvoir. ▶ ***Persuader*** – convaincre, décider, déterminer, entraîner, persuader. ▶ ***Occasionner*** – apporter, catalyser, causer, créer, déchaîner, déclencher, déterminer, donner lieu à, donner naissance à, engendrer, entraîner, faire, faire naître, former, générer, occasionner, produire, provoquer, soulever, susciter. PHILOS. nécessiter. ♦ **s'amener** ▶ ***Arriver*** (FAM.) – arriver, paraître, se montrer, se présenter. FAM. rappliquer, se pointer, (se) radiner, se ramener. △ **ANT.** ÉCARTER, ÉLOIGNER; DÉGOÛTER DE, DISSUADER; EMPÊCHER.

aménité *n. f.* ▶ ***Politesse*** – affabilité, amabilité, attention, bienséance, bonnes manières, civilité, civisme, convivialité, correction, courtoisie, délicatesse, éducation, entregent, galanterie, gentillesse, hospitalité, mondanités, obligeance, politesse, prévenance, savoir-vivre, serviabilité, sociabilité, tact, urbanité. SOUT. gracieuseté, liant. ▶ ***Douceur*** – affabilité, agrément, amabilité, bénignité, bienveillance, bonhomie, bonté, calme, chaleur, charité, clémence, docilité, douceur, gentillesse, grâce, humanité, indulgence, patience, placidité, suavité. SOUT. débonnaireté, magnanimité, mansuétude, onction. △ **ANT.** GROSSIÈRETÉ, IMPOLITESSE.

amer *adj.* ▶ ***Désagréable au goût*** – acescent, acide, acidulé, âcre, aigre, aigrelet, aigri, piquant, piqué, rance, râpeux, sur, suret, suri, tourné. ▶ ***Qui exprime la rancœur*** – aigre. SOUT. saumâtre. ▶ ***Moralement douloureux*** – âcre, affligeant, cruel, cuisant, déchirant, douloureux, dur, éprouvant, lancinant, navrant, pénible, poignant, saignant, vif. △ **ANT.** DOUX, SUCRÉ; AFFABLE, AIMABLE, AMICAL, BIENVEILLANT; AGRÉABLE, GAI, HEUREUX, RÉJOUISSANT.

amèrement *adv.* douloureusement, langoureusement, languissamment, malheureusement, maussadement, mélancoliquement, nostalgiquement, sombrement, tristement. △ **ANT.** ALLÈGREMENT, AVEC ENTRAIN, DE BON CŒUR, EUPHORIQUEMENT, GAIEMENT, JOVIALEMENT, JOYEUSEMENT.

amertume *n. f.* ▶ ***Saveur amère*** – aigreur, amer. ▶ ***Hargne*** – acariâtreté, acerbité, acidité, âcreté, acrimonie, agressivité, aigreur, animosité, âpreté, bave, bile, causticité, colère, dépit, désagrément, dureté, fiel, haine, hargne, humeur, irritation, malveillance, maussaderie, mauvaise humeur, méchanceté, mordant, pique, rancœur, rancune, récrimination, ressentiment, rudesse, tranchant, venin, vindicte, virulence. SOUT. mordacité. FAM. rouspétance. ▶ ***Tristesse*** – abattement, accablement, affliction, aigreur, chagrin, dépression, désolation, deuil, douleur, ennui, épreuve, grisaille, humeur noire, idées noires, idées sombres, langueur, lypémanie, mal du pays, mal-être, maussaderie, mélancolie, monotonie, morosité, neurasthénie, noir, nostalgie, papillons, peine, serrement de cœur, souci, tædium vitæ, tristesse, vague à l'âme. SOUT. atrabile, larmes, navrement, nuage, spleen, taciturnité. FAM. blues, bourdon, cafard, déprime, sinistrose. ▶ ***Déception*** – abattement, accablement, affliction, anéantissement, chagrin, consternation, déboires, déception, déconvenue, découragement, dégoût, dégrisement, démoralisation, dépit, désappointement, désenchantement, désespoir, désillusion, désolation, échec, écœurement, ennui, infortune, insuccès, lassitude, mécompte, peine, regret, revers, tristesse. *SOUT.* atterrement, déréliction, désabusement, désespérance, retombement. *FAM.* défrisage, défrisement, douche (froide), ras-le-bol. △ **ANT.** DOUCEUR, SUAVITÉ; AMABILITÉ; JOIE, PLAISIR.

ameublement *n.m.* ▶ ***Meubles*** – meubles.

ami *n.* ▶ ***Copain*** – allié, alter ego, (ami) intime, (ami) proche, bon ami, camarade, compagnon, connaissance, familier, frère, relation. *SOUT.* féal. *FAM.* acolyte, aminche, complice, copain, frangin, pote. *FRANCE RÉGION.* collègue. ▶ ***Amoureux*** (*PAR EUPHÉM.*) – adorateur, âme sœur, ami de cœur, amour, amoureux, beau, bien-aimé, chéri, être aimé, favori, petit ami, tourtereau, valentin. *PAR EUPHÉM.* compagnon. *PAR PLAIS.* soupirant. *FAM.* béguin, copain. ▶ ***Amoureuse*** – adoratrice, âme sœur, amie de cœur, amour, amoureuse, belle, bien-aimée, chérie, être aimé, favorite, petite amie, tourterelle, valentine. *PAR EUPHÉM.* compagne. *PAR PLAIS.* dulcinée. *FAM.* béguin, copine. *QUÉB.* blonde. *ANTILLES* doudou. ▶ ***Appellatif affectueux*** – amour, ange, beau, bijou, biquet, cher, chéri, cœur, joli, lapin, loup, petit oiseau, trésor. *FAM.* chou, loulou, mimi, minou, vieux. ▶ ***Amateur*** – adepte, aficionado, amant, amateur, amoureux, connaisseur, fanatique, fervent, fou, passionné. *SOUT.* assoiffé. *FAM.* accro, allumé, enragé, fan, fana, malade, mordu. *FRANCE FAM.* fondu. ▶ ***Défenseur*** – adepte, adhérent, allié, apôtre, champion, défenseur, disciple, fidèle, inconditionnel, militant, partisan, soutien, sympathisant, tenant. *RARE* mainteneur. *SOUT.* chantre, séide, zélateur. *FAM.* godillot. ▶ ***Philanthrope*** – bienfaiteur, philanthrope. *PÉJ.* humanitariste. △ **ANT.** ENNEMI; ADVERSAIRE, ANTAGONISTE, RIVAL.

amical *adj.* ▶ ***Cordial*** – accueillant, affable, agréable, aimable, amène, avenant, bienveillant, chaleureux, charmant, convivial, cordial, de bonne compagnie, engageant, familier, gracieux, invitant, liant, ouvert, sociable, souriant, sympathique. *FAM.* sympa. ▶ ***Tendre*** – affectueux, ami, chaleureux, fraternel, tendre. △ **ANT.** HOSTILE, INAMICAL, INHOSPITALIER.

amicalement *adv.* ▶ ***Gentiment*** – adorablement, affablement, agréablement, aimablement, amiablement, bienveillamment, chaleureusement, civilement, complaisamment, cordialement, courtoisement, délicatement, délicieusement, diplomatiquement, galamment, gentiment, gracieusement, obligeamment, plaisamment, poliment, sagement, serviablement, sympathiquement. *FAM.* chiquement, chouettement. ▶ ***Affectueusement*** – affectivement, affectueusement, amoureusement, câlinement, chaleureusement, maternellement, sensiblement, tendrement. △ **ANT.** DUREMENT, RAIDE, RAIDEMENT, RUDEMENT, SANS MÉNAGEMENT, SEC, VERTEMENT.

amincir *v.* ▶ ***Dégrossir*** – allégir, amaigrir, amenuiser, corroyer, dégraisser, dégrossir, délarder, démaigrir, élégir, maigrir. ▶ ***Rendre maigre*** (*SOUT.*) – affiner, amaigrir. *SOUT.* maigrir. ▶ ***Perdre du poids*** (*FAM.*) – maigrir, mincir. *FAM.* décoller, fondre. △ **ANT.** ÉPAISSIR, GROSSIR.

amitié *n.f.* ▶ ***Camaraderie*** – camaraderie, confraternité, coude à coude, entente, fraternité, solidarité, sympathie. *FAM.* copinerie. ▶ ***Affection*** – affection, amour, attachement, attirance, intérêt, lien, sympathie, tendresse. *FAM.* coup de cœur, coup de foudre. ▶ ***Accord*** – accord, affinité, atomes crochus, (bonne) intelligence, communauté de goûts, communauté de sentiments, communauté de vues, communion, compatibilité, complicité, compréhension, concorde, connivence, convergence d'idées, fraternité, harmonie, point commun, sympathie, union, unisson. △ **ANT.** ANTIPATHIE, INIMITIÉ; AVERSION, HAINE, HOSTILITÉ; BROUILLE, DÉSACCORD, REFROIDISSEMENT.

amollir *v.* ▶ ***Rendre moins dur*** – ramollir. ▶ ***Rendre flasque*** – avachir, déformer, ramollir. ▶ ***Diminuer la force morale*** – affaiblir, alanguir, avachir, ramollir. *SOUT.* aveulir, émasculer. △ **ANT.** ENDURCIR; AFFERMIR, DURCIR, FORTIFIER; AGUERRIR.

amonceler *v.* ▶ ***Mettre en tas*** – accumuler, amasser, empiler, entasser. ▶ ***Collectionner*** – accumuler, amasser, collectionner, entasser. ♦ **s'amonceler** s'accumuler, s'entasser. △ **ANT.** DISPERSER, DISSÉMINER, ÉPARPILLER; DÉBLAYER.

amoncellement *n.m.* abondance, accumulation, addition, agrégation, amas, collection, déballage, échafaudage, emmagasinage, empilage, empilement, encombrement, entassement, étagement, faisceau, fatras, fouillis, monceau, montagne, pile, pyramide, quantité, stratification, superposition, tas. △ **ANT.** DISPERSION, DISSÉMINATION, ÉPARPILLEMENT.

amorce *n.f.* ▶ ***Détonateur*** – amorçage, déflagrateur, détonateur, étoupille, fulminate. ▶ ***Commencement*** – actionnement, amorçage, balbutiement, bégaiement, commencement, création, début, déclenchement, démarrage, départ, ébauche, embryon, enclenchement, enfance, entrée, esquisse, fondement, germe, inauguration, origine, ouverture, prélude, prémisse, principe, tête. *SOUT.* aube, aurore, matin, prémices. *FIG.* apparition, avènement, éclosion, émergence, éruption, explosion, genèse, germination, naissance, venue au monde. ▶ ***Appât*** – appât, pâture. △ **ANT.** ACHÈVEMENT, CONCLUSION.

amorcer *v.* ▶ ***Commencer*** – attaquer, commencer, entamer, entreprendre, s'atteler à. *FAM.* embrayer, s'y mettre. ▶ ***Garnir d'une amorce*** – appâter, boetter, escher, stronquer, strouiller. ♦ **s'amorcer** commencer, débuter, démarrer, partir, s'engager. △ **ANT.** ACHEVER, CLORE, CONCLURE, TERMINER; DÉSAMORCER; ÉCARTER, ÉLOIGNER, REPOUSSER.

amorphe *adj.* affaissé, apathique, atone, avachi, désossé, endormi, faible, inconsistant, indolent, inerte, léthargique, lymphatique, mou, nonchalant, passif, ramolli, sans ressort. *SOUT.* lâche, veule. *FAM.* gnangnan, mollasse, mollasson, ramollo. △ **ANT.** ACTIF, DYNAMIQUE, ÉNERGIQUE, TRAVAILLEUR, VAILLANT, ZÉLÉ.

amortir *v.* ▶ ***Atténuer un son*** – assourdir, atténuer, étouffer, feutrer. ▶ ***Atténuer un sentiment*** – affaiblir, atténuer, diminuer, effacer, émousser, éroder, estomper, oblitérer, user. ▶ ***Rembourser*** –

acquitter, éteindre, honorer, liquider, rembourser, s'acquitter de. △ ANT. AMPLIFIER, AUGMENTER, AVIVER, EXAGÉRER, STIMULER; INVESTIR; PERDRE.

amour *n.m.* ▶ ***Altruisme*** – aide, allocentrisme, altruisme, amour (d'autrui), assistance, bénévolat, bienveillance, bonté, charité, commisération, compassion, complaisance, convivialité, dévouement, don de soi, empathie, entraide, extraversion, fraternité, générosité, gentillesse, humanité, oblativité, oubli de soi, philanthropie, pitié, sensibilité, serviabilité, solidarité, sollicitude. SOUT. bienfaisance. ▶ ***Attirance*** – affection, amitié, attachement, attirance, intérêt, lien, sympathie, tendresse. FAM. coup de cœur, coup de foudre. ▶ ***Désir*** – ardeur, chair, concupiscence, désir, (les) sens, libido, passion, sensualité. SOUT. feu, flamme. ▶ ***Adoration*** – admiration, adoration, adulation, attachement, culte, dévotion, emballement, engouement, fanatisme, ferveur, iconolâtrie, idolâtrie, passion, respect, vénération, zèle. SOUT. dilection, révérence. PÉJ. encens, flagornerie, flatterie. ▶ ***Personne aimée*** – adorateur, âme sœur, ami de cœur, amoureux, beau, bien-aimé, chéri, être aimé, favori, petit ami, tourtereau, valentin. PAR EUPHÉM. ami, compagnon. PAR PLAIS. soupirant. FAM. béguin, copain. ▶ ***Appellatif affectueux*** – ami, ange, beau, bijou, biquet, cher, chéri, cœur, joli, lapin, loup, petit oiseau, trésor. FAM. chou, loulou, mimi, minou, vieux. ♦ **amours,** ***plur.*** ▶ ***Saison d'accouplement*** – frai *(poissons)*, pariade *(oiseaux)*, rut *(mammifères)*, saison des amours. △ ANT. HAINE; ANTIPATHIE, AVERSION; DÉSAFFECTION; FROIDEUR, INDIFFÉRENCE.

amoureusement *adv.* ▶ ***Avec tendresse*** – affectivement, affectueusement, amicalement, câlinement, chaleureusement, maternellement, sensiblement, tendrement. ▶ ***Avec beaucoup de soin*** – attentivement, consciencieusement, en détail, méticuleusement, minutieusement, précieusement, précisément, proprement, religieusement, rigoureusement, scrupuleusement, sérieusement, soigneusement, vigilamment. △ ANT. DUREMENT, RAIDE, RAIDEMENT, RUDEMENT, SANS MÉNAGEMENT, SEC, VERTEMENT; AGRESSIVEMENT, AIGREMENT, HAINEUSEMENT, HOSTILEMENT.

amoureux *adj.* ▶ ***Épris*** – entiché, épris. FAM. mordu, pincé. QUÉB. en amour. ▶ ***Langoureux*** – énamouré, langoureux. SOUT. alangui, languide, languissant. ▶ ***Sensuel*** – érotique, physique, sexuel. DIDACT. libidinal. ▶ ***Affectueux*** – affectueux, aimant, cajoleur, câlin, caressant, doux, roucoulant, tendre. ▶ ***Fanatique*** – amateur, avide, entiché, épris, fanatique, féru, fervent, fou, friand, passionné. FAM. accro, enragé, fana, maniaque, mordu. △ ANT. ENNEMI, HAINEUX; DÉTACHÉ, FROID, INDIFFÉRENT, INSENSIBLE AUX CHARMES DE, TIÈDE.

amoureux *n.* ▶ ***Adorateur*** – admirateur, adorateur, fanatique, fervent, groupie, idolâtre, inconditionnel. FAM. fan, fana. ▶ ***Amateur*** – adepte, aficionado, amant, amateur, ami, connaisseur, fanatique, fervent, fou, passionné. SOUT. assoiffé. FAM. accro, allumé, enragé, fan, fana, malade, mordu. FRANCE FAM. fondu. ♦ **amoureux,** ***masc.*** ▶ ***Bien-aimé*** – adorateur, âme sœur, ami de cœur, amour, beau, bien-aimé, chéri, être aimé, favori, petit ami, tourtereau, valentin. PAR EUPHÉM. ami, compagnon. PAR PLAIS. soupirant. FAM. béguin, copain. ♦ **amoureuse,** ***fém.*** adoratrice, âme sœur, amie, amie de cœur, amour, belle, bien-aimée, chérie, être aimé, favorite, petite amie, tourterelle, valentine. PAR EUPHÉM. amie, compagne. PAR PLAIS. dulcinée. FAM. béguin, copine. QUÉB. blonde. ANTILLES doudou. △ ANT. ENNEMI; INDIFFÉRENT.

amour-propre *n.m.* ▶ ***Orgueil*** – arrogance, autosatisfaction, bouffissure, complaisance, contentement (de soi), crânerie, enflure, fatuité, gloriole, hauteur, immodestie, importance, jactance, mégalomanie, morgue, orgueil, ostentation, outrecuidance, parade, pose, présomption, prétention, suffisance, superbe, supériorité, vanité, vantardise. SOUT. fierté, infatuation. FAM. ego. ▶ ***Égoïsme*** – captativité, chacun-pour-soi, culte du moi, égocentrisme, égoïsme, égotisme, individualisme, introversion, moi, narcissisme, vanité. SOUT. autisme, incuriosité. FAM. ego, nombrilisme. △ ANT. HUMILITÉ, MODESTIE; ABNÉGATION.

ample *adj.* ▶ ***Vaste*** – étendu, grand, large, spacieux, vaste. ▶ ***Qui n'est pas serré*** – blousant, bouffant, flottant, lâche, large. RARE vague. △ ANT. LIMITÉ, RÉDUIT, RESTREINT; AJUSTÉ, ÉTROIT, MOULANT, SERRÉ.

amplement *adv.* ▶ ***Vastement*** – colossalement, considérablement, énormément, gigantesquement, grandement, immensément, large, largement, spacieusement, vastement. ▶ ***Suffisamment*** – à satiété, assez, autant qu'il faut, ce qu'il faut, convenablement, en quantité suffisante, honnêtement, passablement, plutôt, quelque peu, raisonnablement, suffisamment, valablement. FAM. jusqu'à plus soif, marre. ▶ ***Beaucoup*** – à discrétion, à foison, à la tonne, à pleines mains, à profusion, à satiété, à souhait, à volonté, abondamment, beaucoup, bien, considérablement, copieusement, dru, en abondance, en masse, en quantité, énormément, fort, généreusement, grassement, gros, intarissablement, largement, libéralement, lourd, profusément, richement, suffisamment, torrentiellement. FAM. à gogo, à revendre, à tire-larigot, bésef, des tonnes, pas mal. △ ANT. INSUFFISAMMENT, PEU.

ampleur *n.f.* ▶ ***Largeur*** – amplitude, calibre, carrure, diamètre, empan, envergure, étendue, évasure, format, giron *(d'une marche)*, grosseur, laize, large, largeur, lé, module, portée, taille. ▶ ***Dimension*** – dimension, envergure, étendue, grandeur, mesure, proportion, valeur. ▶ ***Plénitude*** – abondance, intégrité, plénitude, satiété, saturation, totalité. ▶ ***Abondance*** – abondance, afflux, amas, concentration, débauche, débordement, exubérance, filon, fleuraison, floraison, foisonnement, forêt, foule, fourmillement, gisement, infinité, inondation, luxe, luxuriance, masse, mine, multiplicité, myriade, nuée, orgie, paquet, pléthore, poussière, profusion, quantité, richesse, surabondance, tas, trésor. FIG. carnaval. FAM. festival, flopée, kyrielle, tapée, tonne, tripotée, wagon. SUISSE FAM. craquée. △ ANT. ÉTROITESSE, PETITESSE; MODESTIE.

amplifier *v.* ▶ ***Exagérer la gravité*** – dramatiser, en faire (tout) un drame, exagérer, grossir, prendre au tragique, se faire un monde de, se faire une montagne de. FAM. en faire (tout) un plat, faire d'une mouche un éléphant. ▶ ***Augmenter*** – accentuer, accroître, ajouter à, augmenter, intensifier, renforcer. *SOUT.* exalter. ♦ **s'amplifier** augmenter, croître, grandir, grossir, prendre de l'ampleur, prendre de l'envergure, redoubler, s'accentuer, s'accroître, s'intensifier, se développer. △ **ANT.** DIMINUER, RÉDUIRE, SIMPLIFIER; ATTÉNUER, MINIMISER.

amplitude *n.f.* ▶ ***Oscillation*** – écart, inclinaison, oscillation, portée, variation.

ampoule *n.f.* ▶ ***Fiole*** – burette, fiole, flacon, flasque, mignonnette *(échantillon d'alcool)*, topette. ▶ ***Lampe*** – ampoule (électrique), lampe (à) halogène, lampe (à incandescence), (lampe) flamme, veilleuse. *FAM.* lumière. ▶ ***Boursouflure*** – ballonnement, bombement, bosse, bouffissure, boursouflage, boursouflement, boursouflure, bulle, cloche, cloque, débordement, dilatation, distension, enflure, engorgement, fluxion, gonflement, grosseur, grossissement, hypertrophie, intumescence, renflement, rondeur, sinus, soufflure, soulèvement, tuméfaction, tumescence, turgescence, ventre, vésicule, vultuosité. *QUÉB. FAM.* bouffie. *PATHOL.* bubon, ectasie, emphysème, hydronéphrose, inflation, météorisation, météorisme, œdème, phlyctène. ▶ ***Brûlure*** – actinite, blessure, cloque, douleur, échaudure, échauffement, escarre, fer chaud, feu, fièvre, inflammation, insolation, irradiation, irritation, lésion, phlogose, ulcération, urtication.

amputation *n.f.* ▶ ***Réduction*** – abrégement, allégement, amenuisement, amoindrissement, atténuation, compression, délestage, diminution, gommage, graticulation, miniaturisation, minimalisation, minimisation, minoration, raccourcissement, racornissement, rapetissement, réduction, resserrement, restriction, rétrécissement, schématisation, simplification. *SOUT.* estompement. ▶ ***Découpage*** – découpage, démaigrissement. △ **ANT.** GREFFE; ADJONCTION.

amusant *adj.* ▶ ***Qui fait rire*** – bouffon, burlesque, cocasse, comique, d'un haut comique, désopilant, drolatique, drôle, gai, hilarant, humoristique, impayable, ineffable, inénarrable, plaisant, rigolo, risible, vaudevillesque. *SOUT.* drôlet. *FAM.* bidonnant, boyautant, crevant, éclatant, gondolant, marrant, poilant, roulant, tordant. ▶ ***Qui divertit*** – agréable, charmant, distrayant, divertissant, égayant, gai, plaisant, réjouissant, riant, souriant, sympathique. *FAM.* chic, chouette, sympa. ▶ ***Qui pique la curiosité*** – croustillant, intéressant, piquant, qui pique l'intérêt, qui pique la curiosité, savoureux. △ **ANT.** GRAVE, SÉRIEUX; ATTRISTANT, CHAGRINANT, TRISTE; DÉPRIMANT, ENNUYEUX, ININTÉRESSANT, INSIPIDE, LASSANT, MONOTONE, MORNE, SOPORIFIQUE.

amusement *n.m.* ▶ ***Plaisir*** – agrément, distraction, divertissement, égaiement, plaisir. ▶ ***Distraction*** – agrément, amusette, délassement, dérivatif, distraction, divertissement, ébats, ébattement, étourdissement, jeu, loisir, ludisme, partie, passe-temps, plaisance, plaisir, récréation, sport. *SOUT.* diversion. *FAM.* récré. △ **ANT.** AGACEMENT, DÉSAGRÉMENT, EMBÊTEMENT, ENNUI; DIFFICULTÉ; PEINE, TOURMENT; FATIGUE.

amuser *v.* ▶ ***Divertir*** – distraire, divertir, égayer, récréer, réjouir. ▶ ***Mettre en gaieté*** – dérider, égayer, émoustiller, épanouir, mettre de belle humeur, mettre en gaieté, mettre en joie, réjouir. *SOUT.* désattrister. *FAM.* désopiler. ♦ **s'amuser** ▶ ***Plaisanter*** – badiner, folâtrer, jouer, plaisanter, rire, se gausser. *FAM.* batifoler, blaguer, déconner, rigoler. *BELG.* baleter, zwanzer. *FRANCE RÉGION.* galéjer. ▶ ***Se divertir*** – prendre du bon temps, s'égayer, se distraire, se divertir, se récréer, se réjouir. *FAM.* rigoler, s'éclater, se défoncer, se marrer. ▶ ***Se moquer*** – bafouer, faire des gorges chaudes de, gouailler, railler, ridiculiser, rire au nez de, rire aux dépens de, rire de, se gausser de, se moquer de, tourner au/en ridicule, tourner en dérision. *SOUT.* brocarder, dauber, fronder, larder d'épigrammes, moquer, persifler, satiriser. *FAM.* chambrer, charrier, chiner, faire la nique à, se foutre de la gueule de, se payer la gueule de, se payer la tête de. *QUÉB. FAM.* niaiser. ▶ ***Se moquer légèrement*** – rire, sourire. △ **ANT.** ASSOMMER, ENNUYER, FATIGUER, IMPORTUNER, LASSER. ♦ **s'amuser** PEINER, S'ENNUYER, SE FATIGUER.

an *n.m.* année, millésime. *SOUT.* printemps. *FAM.* balai, berge, carat, pige.

analogie *n.f.* ▶ ***Comparaison*** – allégorie, apologue, assimilation, association (d'idées), catachrèse *(lexicalisée)*, comparaison, équivalence, figure, image, lien, métaphore, parabole, parallèle, parenté, personnification, rapport, rapprochement, relation, ressemblance, similitude, symbole, symbolisme. ▶ ***Similitude*** – adéquation, conformité, égalité, équivalence, gémellité, identité, littéralité, parallélisme, parité, ressemblance, similarité, similitude, unité. *MATH.* congruence, homéomorphisme. ▶ ***Généralisation*** – extension, extrapolation, généralisation, globalisation, induction, systématisation. △ **ANT.** DIFFÉRENCE, DISSEMBLANCE; CONTRASTE, OPPOSITION; CONTRADICTION, PARADOXE.

analogue *adj.* apparenté, approchant, assimilable, comparable, conforme, contigu, correspondant, équivalent, homogène, homologue, indifférencié, pareil, parent, proche, ressemblant, semblable, similaire, voisin. *FAM.* kif-kif. *DIDACT.* commensurable. △ **ANT.** AUTRE, DIFFÉRENT, DISSEMBLABLE, DISTINCT.

analyse *n.f.* ▶ ***Décomposition*** – autopsie, décomposition, déconstruction, démontage, dissection, division. *TECHN.* dépose. ▶ ***Distinction*** – démarcation, différenciation, discrimination, distinction, distinguo, nuance, séparation. ▶ ***Comparaison*** – balance, collation, collationnement, comparaison, confrontation, jugement, mesure, mise en regard, parallèle, rapprochement, recension. ▶ ***Approfondissement*** – approfondissement, dépouillement, développement, enrichissement, épluchage, étude, examen, exploration, introspection, méditation, pesée, progrès, recherche, réflexion, sondage. ▶ ***Enquête*** – enquête, étude, examen, exploration, information, investigation, recherche, sondage, survol, traitement. *SOUT.* perquisition. ▶ ***Raisonnement*** – apagogie, argument, argumentation, considérations, déduction, démonstration, dialectique, dilemme, discussion, échafaudage, explication, implication, induction, inférence, logique, méthode, preuve, raison, réflexion, réfutation, sorite, substruction, syllogisme, syllogistique, synthèse. ▶ ***Explication*** – clarification, commentaire, critique, définition, désambiguïsation, éclaircissement, élucidation, exemplification, explication, explicitation, exposé, exposition, glose, illustration, indication, interprétation, légende, lumière, note, paraphrase, précision, remarque, renseignement. ▶ ***Vérification*** – apurement, audit, censure, confrontation, contrôle, épreuve, examen, expérience, expérimentation, expertise, filtrage, inspection, pointage, recensement, recension, récolement, reconnaissance, recoupement, révision, revue, suivi, supervision, surveillance, test, vérification. RARE schibboleth. ▶ ***Résumé*** – abrégé, aide-mémoire, aperçu, argument, compendium, condensé, éléments, épitomé, esquisse, extrait, livret, manuel, mémento, morceau, notice, page, passage, plan, précis, promptuaire, raccourci, récapitulation, réduction, résumé, rudiment, schéma, sommaire, somme, synopsis, vade-mecum. FAM. topo. ▶ ***Psychanalyse*** – cure psychanalytique, psychanalyse. △ **ANT.** SYNTHÈSE.

analyser *v.* ▶ ***Décomposer*** – décomposer, déconstruire, démonter, désosser, disséquer, retourner dans tous les sens. FAM. décortiquer. ▶ ***Étudier en détail*** – considérer, envisager, étudier, examiner, explorer, observer, penser à, pousser plus avant, prendre en considération, réfléchir sur, s'intéresser à, se pencher sur, traiter, voir. △ **ANT.** COMPOSER, RECOMPOSER, SYNTHÉTISER; EFFLEURER, SURVOLER.

anarchie *n.f.* ▶ ***Absence de gouvernement*** – absence de gouvernement, anomie, gouvernement anarchique. ▶ ***Anarchisme*** – anarchisme, anarcho-syndicalisme, doctrine libertaire, égalitarisme, individualisme, nihilisme. ▶ ***Confusion*** – bourbier, brouillement, cafouillage, cafouillis, chaos, complication, confusion, désordre, désorganisation, embrouillement, emmêlage, emmêlement, enchevêtrement, imbroglio, mélange. SOUT. chienlit, pandémonium. FAM. bordel, embrouillage, embrouille, pagaille. FRANCE FAM. cirque, embrouillamini, foutoir, micmac, sac d'embrouilles, sac de nœuds, salade. FRANCE RÉGION. pastis. △ **ANT.** AUTORITARISME, TYRANNIE; DISCIPLINE, ORDRE.

anarchique *adj.* ▶ ***Sans ordre*** – brouillon, chaotique, confus, désordonné, désorganisé, sens dessus dessous. FAM. bordélique. ▶ ***Qui concerne l'anarchisme*** – anarchisant, anarchiste, antiautoritaire, libertaire, nihiliste. FAM. anar. △ **ANT.** COHÉRENT, HARMONIEUX, HIÉRARCHISÉ, ORDONNÉ, ORGANISÉ, STRUCTURÉ.

anatomie *n.f.* ▶ ***Science*** – morphologie. ▶ ***Dissection*** – chirurgie, dissection *(pour étudier)*, intervention (chirurgicale), opération (chirurgicale). FAM. charcutage *(maladroite)*. ▶ ***Morphologie*** – corps, forme, morphologie, musculature. ▶ ***Portrait*** – académie, charnure, gymnité, modèle, nu, nudité, plastique, sujet.

ancestral *adj.* ancien, éloigné, immémorial, lointain, passé, reculé, révolu.

ancêtre *n.* ▶ ***Ascendant*** – patriarche *(homme)*. SOUT. aïeul. ▶ ***Précurseur*** – annonciateur, avant-garde, avant-gardiste, devancier, initiateur, innovateur, introducteur, inventeur, messager, novateur, pionnier, précurseur, prédécesseur, préfiguration, prophète, visionnaire. SOUT. avant-coureur, avant-courrier, fourrier, héraut, préparateur. ▶ ***Vieillard*** (FAM.) – aîné, ancien, doyen, patriarche, personne âgée, vieillard, vieille personne, vieux. DIDACT. sénescence. FAM. petit vieux, vioc. FRANCE FAM. baderne, vieille baderne. ▸ *Femme* – douairière, sorcière, vieille bique, vieille chipie, vieille chouette, vieille taupe, vieille toupie. ▸ *Âge* – centenaire, nonagénaire, octogénaire, septuagénaire, sexagénaire. △ **ANT.** DESCENDANT; POSTÉRITÉ.

ancien *adj.* ▶ ***Vieux*** – antique, archaïque, centenaire, millénaire, séculaire, vieux. SOUT. d'antan. FAM. d'avant le déluge, vieux comme Hérode, vieux comme le monde. ▶ ***D'un lointain passé*** – ancestral, éloigné, immémorial, lointain, passé, reculé, révolu. ▶ ***Désuet*** – anachronique, antédiluvien, antique, archaïque, arriéré, caduc, démodé, dépassé, désuet, fossile, inactuel, moyenâgeux, obsolescent, obsolète, passé de mode, périmé, poussiéreux, préhistorique, qui a fait son temps, suranné, tombé en désuétude, usé, vétuste, vieilli, vieillot, vieux, vieux jeu. △ **ANT.** DE NOUVELLE DATE, NOUVEAU, RÉCENT; À LA MODE, ACTUEL, DANS LE VENT, EN VOGUE, MODERNE.

ancien *n.* ▶ ***Personne âgée*** – aîné, doyen, patriarche, personne âgée, vieillard, vieille personne, vieux. DIDACT. sénescence. FAM. ancêtre, petit vieux, vioc. FRANCE FAM. baderne, vieille baderne. ▸ *Femme* – douairière, sorcière, vieille bique, vieille chipie, vieille chouette, vieille taupe, vieille toupie. ▸ *Âge* – centenaire, nonagénaire, octogénaire, septuagénaire, sexagénaire. ▶ ***Personne d'expérience*** – doyen, vétéran, vieux briscard, vieux de la vieille, vieux routier. △ **ANT.** JEUNE; NÉOPHYTE, NOUVEAU.

ancienneté *n.f.* ▶ ***Caractère ancien*** – antiquité, archaïsme, (grand) âge. ▶ ***Désuétude*** – abandon, âge, anachronisme, antiquité, archaïsme, caducité, décrépitude, délabrement, désaffectation, désuétude, obsolescence, survivance, usure, vieillesse, vieillissement. SOUT. vétusté. ▶ ***Antériorité*** – antécédence, antériorité, priorité. SOUT. préexistence. ▶ ***Années de service*** – années (de service), annuités, brisques, chevrons, temps. △ **ANT.** NOUVEAUTÉ; ACTUALITÉ.

âne *n.m.* ▶ ***Animal*** – bourrique. SOUT. grison. FAM. aliboron, baudet, roussin d'Arcadie. ▸ *Petit* – ânon, bourricot, bourriquet. ▶ ***Personne stupide*** – ahuri, animal, idiot, imbécile, sot. FAM. abruti, andouille, âne bâté, bourrique, bûche, buse, cave, cerveau ramolli, cloche, con, cornichon, couenne, courge, crétin, cruche, débile, dégénéré, demeuré, dindon, enflé, gâteux, gourde, huître, innocent, légume, manche, moule, nouille, œuf, patate, pauvre d'esprit, pochetée, primate, saucisse, simple d'esprit, taré, tarte, truffe. FRANCE FAM. ballot, connard, conneau, corniaud, couillon, enfoiré, ganache, schnock, tourte. FRANCE RÉGION. fada, fier. QUÉB. FAM. cabochon, niaiseux, sans-allure, sans-dessein. ▸ *Femme idiote* FAM. bécasse, bécassine, chabraque, dinde. ▶ ***Personne ignorante*** – analphabète, ignare, ignorant. FAM. cancre. △ **ANT.** SAVANT.

anéantir *v.* ▶ ***Supprimer*** – annihiler, briser, démolir, détruire, écraser, éliminer, néantiser, pulvériser, réduire à néant, réduire à rien, ruiner, supprimer. ▶ ***Détruire, en parlant des forces naturelles*** – détruire, dévaster, endommager, ravager, ruiner, saccager. SOUT. désoler. ▶ ***Détruire une ville*** – annihiler, détruire, néantiser, pulvériser, raser, rayer de la carte, rayer de la surface de la terre, réduire en cendres, réduire en miettes, réduire en poussière. ▶ ***Atterrer*** – abattre, accabler, atterrer, briser, consterner, désespérer, foudroyer, terrasser. FAM. catastropher, jeter à terre. ♦ **s'anéantir** ▶ ***Disparaître*** – crouler, disparaître, finir, mourir, périr, s'écrouler, s'effondrer. △ **ANT.** CONSTRUIRE, CRÉER, ÉTABLIR, FONDER; FORTIFIER, MAINTENIR.

anéantissement *n. m.* ▶ ***Destruction*** – absorption, annihilation, démolition, destruction, dévastation, disparition, effacement, élimination, enlèvement, éradication, fin, gommage, liquidation, mort, néantisation, suppression. SOUT. extirpation. RARE engloutissement. ▶ ***Massacre*** – assassinat, boucherie, carnage, destruction, extermination, hécatombe, holocauste, massacre, saignée, tuerie. SOUT. (lourd) tribut. FAM. étripage. ▶ ***Consternation*** – abattement, accablement, affliction, amertume, chagrin, consternation, déboires, déception, déconvenue, découragement, dégoût, dégrisement, démoralisation, dépit, désappointement, désenchantement, désespoir, désillusion, désolation, échec, écœurement, ennui, infortune, insuccès, lassitude, mécompte, peine, regret, revers, tristesse. SOUT. atterrement, déréliction, désabusement, désespérance, retombement. FAM. défrisage, défrisement, douche (froide), ras-le-bol. ▶ ***Abattement*** – abattement, accablement, catalepsie, catatonie, démotivation, dépression, effondrement, hébétude, léthargie, marasme, neurasthénie, prostration, sidération, stupeur, torpeur. △ **ANT.** CONSTRUCTION, CRÉATION, FONDATION; NAISSANCE; MAINTIEN; RELÈVEMENT, RÉTABLISSEMENT; ENCOURAGEMENT; ENTHOUSIASME, ESPOIR, OPTIMISME.

anecdote *n. f.* annales, autobiographie, biographie, carnet, chroniques, chronologie, commentaires, confessions, évocation, histoire, historiographie, historique, journal, mémoires, mémorial, souvenirs, vie.

anesthésie *n. f.* ▶ ***Insensibilisation*** – analgésie, chloroformisation, engourdissement, éthérisation, hémianesthésie, hypoesthésie, insensibilisation, insensibilité, narcose, rachianesthésie, subnarcose, tronculaire. FAM. rachi. ▶ ***Insensibilité*** – détachement, inconscience, indifférence, insensibilité, nirvana, sommeil. FAM. voyage. △ **ANT.** HYPERESTHÉSIE.

ange *n. m.* ▶ ***Être spirituel*** – esprit, esprit aérien, esprit céleste, esprit de (la) lumière, messager (de Dieu), ministre (de Dieu). ▶ ***Enfant sage*** – chérubin, jésus, (petit) ange. ▶ ***Appellatif affectueux*** – ami, amour, beau, bijou, biquet, cher, chéri, cœur, joli, lapin, loup, petit oiseau, trésor. FAM. chou, loulou, mimi, minou, vieux. ▶ ***Poisson*** – ange de mer, squatina. ZOOL. squatine. △ **ANT.** DÉMON, DIABLE; VILAIN; MONSTRE.

angélique *adj.* ▶ ***Qui évoque la perfection des anges*** – céleste, divin, pur, sublime, transcendant. SOUT. archangélique, séraphique. ▶ ***Qui ignore le mal*** – candide, confiant, crédule, ingénu, innocent, naïf, pur, simple. △ **ANT.** DÉMONIAQUE, DIABOLIQUE, SATANIQUE; FOURBE, MACHIAVÉLIQUE, MALIN, PERFIDE.

angle *n. m.* ▶ ***Coin*** – anglet, arête, carre, coin, corne, coude, diverticule, écoinçon, encoignure, enfourchement, noue, pan, recoin, renfoncement, retour, saillant, tournant. MAR. empointure. ▶ ***Inclinaison*** – déclivité, dénivelé, dénivellation, dénivellement, dévers, déversement, dévoiement, inclinaison, obliquité, pente. ▶ ***Saillie*** – appendice, arête, aspérité, avancée, avancement, balèvre, bec, bosse, bourrelet, console, corne, corniche, côte, coude, crête, dent, éminence, encorbellement, éperon, ergot, excroissance, gibbosité, hourd, moulure, nervure, picot, pointe, proéminence, projecture, prolongement, protubérance, redan, relief, ressaut, saillant, saillie, surplomb, surplombement, tubercule. ▶ ***Point de vue*** – aspect, biais, côté, face, facette, perspective, point de vue, versant.

angoissant *adj.* affolant, alarmant, effarant, inquiétant, oppressant, paniquant, troublant. FAM. stressant. △ **ANT.** CALMANT, CONSOLANT, RASSURANT, RÉCONFORTANT, SÉCURISANT.

angoisse *n. f.* ▶ ***Peur*** – affolement, alarme, appréhension, crainte, effarement, effarouchement, effroi, épouvante, frayeur, grand-peur, hantise, horreur, inquiétude, panique, peur, phobie, terreur, transes. SOUT. affres, apeurement. FAM. cauchemar, chiasse, frousse, pétoche, trac, trouille. ▶ ***Préoccupation*** – agitation, anxiété, cassement de tête, contrariété, désagrément, difficulté, doute, ennui, gêne, inquiétude, obnubilation, occupation, peine, pensée, préoccupation, sollicitude, souci, suspens, tiraillement, tourment, tracas. SOUT. affres. FAM. tintouin, tracassin. △ **ANT.** CALME, PAIX; SÉRÉNITÉ, TRANQUILLITÉ; ASSURANCE, CONFIANCE.

anguleux *adj.* ▶ ***Au caractère désagréable*** – acariâtre, acerbe, aigri, âpre, bourru, déplaisant, désagréable, désobligeant, difficile, grincheux, hargneux, intraitable, maussade, rébarbatif, rêche, revêche. SOUT. atrabilaire. FAM. chameau, teigneux. QUÉB. FAM. malcommode. SUISSE gringe. ▶ ***En parlant du visage*** – en lame de couteau, taillé à coups de hache, taillé à coups de serpe, taillé à la serpe. △ **ANT.** AIMABLE, CONCILIANT, DOUX; ARRONDI, JOUFFLU, OVALE, ROND.

animal *adj.* bestial. △ **ANT.** VÉGÉTAL; SPIRITUEL.

animal *n. m.* ♦ **être vivant** ▶ ***Bête*** – bestiole *(petit)*, bête. SOUT. brute. FAM. bestiau. ♦ **personne** ▶ ***Personne grossière*** – balourd, barbare, béotien, brute (épaisse), butor, goujat, grossier personnage, mal élevé, malotru, malpropre, mufle, ostrogoth, ours mal léché, paysan, porc, rustaud. SOUT. manant, palot. FAM. gougnafier, pignouf, plouc, primate, sagouin. QUÉB. FAM. colon, habitant. ▶ *Femme* – poissarde. ▶ ***Personne violente*** – brutal, brute, cosaque, sauvage, violent. SOUT. reître, soudard. FAM. casse-tout, tabasseur. ▶ ***Personne stupide*** – ahuri, âne, idiot, imbécile, sot. FAM. abruti, andouille, âne bâté, bourrique, bûche, buse, cave, cerveau ramolli, cloche, con, cornichon, couenne, courge, crétin, cruche, débile, dégénéré, demeuré, dindon, enflé, gâteux, gourde, huître, innocent, légume, manche, moule, nouille, œuf, patate, pauvre d'esprit, pochetée, primate, saucisse, simple d'esprit, taré, tarte, truffe. FRANCE FAM. ballot, connard, conneau, corniaud, couillon, enfoiré, ganache, schnock, tourte. FRANCE RÉGION. fada, fier. QUÉB. FAM. cabochon, niaiseux, sans-allure, sans-dessein. ▸ *Femme idiote* FAM. bécasse, bécassine, chabraque, dinde.

animalerie *n.f.* ▸ ***Lieu où sont gardés des animaux*** – clapier, fauverie, herpétarium *(reptiles)*, insectarium *(insectes)*, jardin d'acclimatation, jardin zoologique, ménagerie, paludarium *(amphibiens)*, singerie, terrarium, vivarium, zoo. ▸ ***Lieu où l'on vend des animaux*** – boutique d'animaux.

animalité *n.f.* bestialité. △ **ANT.** HUMANITÉ; SPIRITUALITÉ.

animateur *n.* ▸ ***Moniteur*** – éducateur, enseignant, instructeur, moniteur, pédagogue, professeur. ▸ ***Présentateur*** – annonceur, meneur de jeu, présentateur.

animation *n.f.* ▸ ***Activité*** – activité, circulation, exercice, mouvement. ▸ ***Remue-ménage*** – activité, affairement, affolement, agitation, alarme, bouillonnement, branle-bas (de combat), bruit, dérangement, désordre, désorganisation, détraquement, effervescence, excitation, fourmillement, grouillement, hâte, incohérence, mouvement, orage, précipitation, remous, remue-ménage, secousse, tempête, tohu-bohu, tourbillon, tourmente, trépidation, trouble, tumulte, turbulence, va-et-vient. SOUT. émoi, remuement. FAM. chambardement. ▸ ***Entrain*** – allant, ardeur, chaleur, cœur, élan, enthousiasme, entrain, ferveur, flamme, passion, zèle. FAM. pep. SOUT. feu. ▸ ***Excitation*** – aide, aiguillon, appel, défi, dépassement (de soi), émulation, encouragement, entraînement, excitation, exhortation, fanatisation, fomentation, impulsion, incitation, instigation, invitation, invite, motivation, provocation, sollicitation, stimulation, stimulus. SOUT. surpassement. △ **ANT.** IMMOBILITÉ, INACTIVITÉ, REPOS; SILENCE; CALME, PAIX; APATHIE, FROIDEUR, TORPEUR.

animer *v.* ▸ ***Donner de l'entrain*** – encourager, enthousiasmer, motiver, stimuler. SOUT. exhorter. ▸ ***Remplir d'enthousiasme*** – enfiévrer, enflammer, enthousiasmer, exalter, exciter, passionner, soulever, transporter. FAM. emballer. ▸ ***Pousser à agir*** – aiguillonner, éperonner, exciter, fouetter, motiver, pousser, stimuler. SOUT. agir. ♦ **animé** ▸ ***Imagé*** – coloré, expressif, figuré, haut en couleur, imagé, métaphorique, pittoresque, savoureux, truculent, vivant. FAM. folklorique. ▸ ***Intense*** – ardent, chaud, intense, vif. ▸ ***Plein de vie*** – déluré, enjoué, frétillant, fringant, guilleret, pétillant, pétulant, plein d'entrain, plein de vie, primesautier, remuant, sémillant, vif, vivant. BELG. FAM. spitant. ▸ ***Passant*** – fréquenté, passant, vivant. FAM. passager. ▸ ***En parlant du visage*** – expressif, mobile, vivant. △ **ANT.** ARRÊTER, CALMER, DÉCOURAGER, ENGOURDIR, ÉTEINDRE, ÉTOUFFER, FREINER, PARALYSER, RÉFRÉNER, RETENIR.

animosité *n.f.* ▸ ***Hostilité*** – agressivité, allergie, antipathie, aversion, guerre, haine, hostilité, malveillance, phobie, répugnance, répulsion, ressentiment. SOUT. détestation, exécration, inimitié, venin. ▸ ***Aigreur*** – acariâtreté, acerbité, acidité, âcreté, acrimonie, agressivité, aigreur, amertume, âpreté, bave, bile, causticité, colère, dépit, désagrément, dureté, fiel, haine, hargne, humeur, irritation, malveillance, maussaderie, mauvaise humeur, méchanceté, mordant, pique, rancœur, rancune, récrimination, ressentiment, rudesse, tranchant, venin, vindicte, virulence. SOUT. mordacité. FAM. rouspétance. ▸ ***Violence*** – acharnement, ardeur, énergie, force, frénésie, fureur, furie, impulsivité, intensité, puissance, rage, vigueur, violence, virulence, vivacité. SOUT. impétuosité, véhémence. △ **ANT.** BIENVEILLANCE, CORDIALITÉ, SYMPATHIE; AFFECTION, AMOUR; DOUCEUR, MODÉRATION.

anneau *n.m.* ▸ ***Objet rond*** – bague, cerceau, cercle, collier, couronne, disque, rondelle. FAM. rond. TECHN. bague, paillon. QUÉB. SPORTS ringuette. ▸ *Sur un bateau* – amarre, boucle de pont, boucle de quai, erse, estrope, organeau. ▸ ***Bijou*** – bague, jonc. FRANCE FAM. bagouse. ▸ ***Partie d'un insecte*** – article, métamère, segment.

année *n.f.* ▸ ***An*** – an, millésime. SOUT. printemps. FAM. balai, berge, carat, pige. ♦ **années, *plur.*** ▸ ***Ancienneté*** – ancienneté, années (de service), annuités, brisques, chevrons, temps.

annexe *adj.* ▸ ***Qui s'ajoute*** – accessoire, additif, additionnel, auxiliaire, complémentaire, en supplément, subsidiaire, supplémentaire. SOUT. adventice, supplétif, surérogatoire. ▸ ***Peu important*** – accessoire, anecdotique, contingent, (d'intérêt) secondaire, de second plan, décoratif, dédaignable, épisodique, incident, indifférent, insignifiant, marginal, mineur, négligeable. △ **ANT.** CENTRAL, ESSENTIEL, IMPORTANT.

annexe *n.f.* ▸ ***Ce qui est ajouté*** – accessoire, à-côté, adjonction, ajout, appoint, complément, extra, rajout, supplément. FAM. rab, rabiot, rallonge. BELG. ajoute. SUISSE ajouture, rajouture. ▸ ***Ce qui est ajouté à un texte*** – addenda, additif, ajouté, appendice, post-scriptum. ▸ ***Dépendance*** – attenance, dépendance, filiale, succursale. △ **ANT.** PRINCIPAL; MAISON MÈRE, SIÈGE SOCIAL.

annexer *v.* ▸ ***Ajouter*** – adjoindre, ajouter, joindre. ▸ ***Rattacher*** – rattacher, relier. △ **ANT.** DÉTACHER, DISJOINDRE, SÉPARER; CÉDER, LIBÉRER.

annexion *n.f.* ▸ ***Incorporation*** – absorption, fusion, fusionnement, incorporation, intégration, phagocytose, rattachement, réunification, réunion. △ **ANT.** CESSION; SÉPARATION.

anniversaire *n.m.* ▸ ***Date*** – célébration, commémoration, fête, fête commémorative, fête-anniversaire, jour anniversaire.

annonce *n.f.* ▸ ***Révélation*** – aveu, confession, confidence, déclaration, dévoilement, divulgation, ébruitement, fuite, indiscrétion, initiation, instruction, mea culpa, mise au courant, proclamation, publication, reconnaissance, révélation. FAM. déballage, mise au parfum. ▸ ***Proclamation*** – appel, avis, ban, communication, communiqué, déclaration, décret, dénonciation, dépêche, divulgation, édit, manifeste, message, notification, proclamation, profession de foi, programme, promulgation, publication, rescrit, serment, signification. ▸ ***Nouvelle*** – actualités, brève, bulletin, communiqué, flash, information(s), journal *(parlé ou télévisé)*, nouvelle(s). ▸ *Information exclusive* – exclusivité, primeur, scoop. ▸ ***Publicité*** – bande-annonce *(d'un film)*, battage, bruit, commercialisation, conditionnement, croisade, lancement, marchandisage, marketing, message (publicitaire), petite annonce *(journal)*, placard, promotion, propagande, publicité, publipostage, raccrochage, racolage, réclame, renommée, retentissement, slogan. FAM. pub, tam-tam. QUÉB. FAM. cabale *(pour un candidat)*. ▸ *Non favorable* – bourrage de crâne, endoctrinement, intoxication, lavage de cerveau, matraquage, propagande. ▸ *Document publicitaire* – circulaire, dépliant, flash, insertion, prospectus, publicité, tract. ▸ ***Affiche*** – affiche, affichette, avis, écriteau, enseigne, pancarte, panneau, panneau réclame, panonceau, placard, proclamation, programme, publicité, réclame. ▸ ***Prédiction*** – annonciation, augure, auspices, conjecture, horoscope, oracle, pari, prédiction, présage, prévision, projection, promesse, pronostic, prophétie, signe. ANTIQ. ROM. auspices, haruspication. △ ANT. SILENCE.

annoncer *v.* ▸ ***Communiquer*** – apprendre, communiquer, déclarer, dire, faire l'annonce de, faire part de, faire savoir, notifier, signifier, transmettre. FAM. balancer. ▸ ***Prédire*** – anticiper, augurer, prédire, présager, pressentir, prévoir, pronostiquer. ▸ ***Dénoter*** – déceler, démontrer, dénoter, faire foi de, indiquer, laisser paraître, marquer, montrer, prouver, révéler, signaler, signifier, témoigner de. SOUT. dénoncer. ▸ *Une chose non favorable* – accuser, trahir. ▸ ***Être un signe avant-coureur*** – augurer, préluder à, présager, promettre. △ ANT. CACHER, DISSIMULER, TAIRE.

annonciateur *adj.* avant-coureur, précurseur, prémonitoire, prophétique, qui laisse présager. SOUT. avant-courrier. MÉD. prodromique. △ ANT. INDICATIF, RÉVÉLATEUR, SYMPTOMATIQUE.

annuler *v.* ▸ ***Résilier*** – casser, dissoudre, mettre fin à, résilier, rompre. BELG. renoncer. DR. nullifier, rescinder, résoudre. ♦ **s'annuler** ▸ ***Se compenser*** – s'exclure, se compenser, se neutraliser. △ ANT. CONFIRMER, MAINTENIR, RATIFIER, VALIDER; CONSOLIDER, SOUTENIR.

anodin *adj.* ▸ ***Sans danger*** – bénin, innocent, inoffensif, sans danger, sans gravité. SOUT. irrépréhensible. ▸ ***Banal*** – banal, fade, falot, incolore, inintéressant, insignifiant, insipide, plat, sans intérêt, terne. FAM. incolore, inodore et sans saveur. △ ANT. CATASTROPHIQUE, CRITIQUE, DANGEREUX, DIFFICILE, DRAMATIQUE, GRAVE, INQUIÉTANT, MENAÇANT, PRÉOCCUPANT, SÉRIEUX, SOMBRE; CAPITAL, CENTRAL, CRUCIAL, DE LA PLUS HAUTE IMPORTANCE, IMPORTANT, MAJEUR.

anomalie *n.f.* ▸ ***Bizarrerie*** – anormalité, bizarrerie, chinoiserie, cocasserie, curiosité, drôlerie, étrangeté, excentricité, extravagance, fantaisie, fantasmagorie, folie, loufoquerie, monstruosité, non-conformisme, originalité, singularité. ▸ ***Exception*** – accident, anormalité, contre-exemple, contre-indication, dérogation, exception, exclusion, particularité, réserve, restriction, singularité. ▸ ***Dysfonction*** – affection, altération, défaillance, déficience, dérangement, dysfonction, dysfonctionnement, embarras, faiblesse, gêne, indisposition, insuffisance, mal, malaise, trouble. DIDACT. dysphorie. MÉD. lipothymie. SOUT. mésaise. ▸ ***Défaut physiologique*** – défaut, déficience. △ ANT. NORMALITÉ, RÉGULARITÉ.

anonymat *n.m.* banalité, humble origine, incognito, masque, obscurité, ombre. △ ANT. RENOMMÉE.

anonyme *adj.* ▸ ***Inconnu*** – ignoré, inconnu, obscur. ▸ ***Sans originalité*** – dépersonnalisé, impersonnel, neutre. △ ANT. IDENTIFIÉ, PERSONNALISÉ, SIGNÉ; CONNU, PUBLIC; NOMINATIF.

anormal *adj.* ▸ ***Qui dévie de la norme*** – aberrant, anomal, atypique, déviant, irrégulier. ▸ ***Inaccoutumé*** – bizarre, curieux, drôle, étonnant, étrange, inaccoutumé, incompréhensible, inexplicable, inhabituel, insolite, inusité, singulier, spécial, surprenant. SOUT. extraordinaire. FAM. bizarroïde. ▸ ***Obsessif*** – maladif, malsain, morbide, obsessif, obsessionnel, pathologique. △ ANT. CONFORME, CORRECT, NATUREL, NORMAL, ORDINAIRE; BANAL, COMMUN, COURANT, FRÉQUENT, HABITUEL, RÉPANDU, USUEL; ÉQUILIBRÉ, SAIN D'ESPRIT.

anse *n.f.* ▸ ***Baie*** – baie, calanque, crique. QUÉB. barachois. ▸ ***Courbe*** – arc, arcade, arcature, arceau, arche, archivolte, courbe, courbure, demi-cercle, feston, recourbure. ▸ ***Élément architectural*** – accolade, anse (de panier), arc, (arc) doubleau, arcade, arc-boutant, arche, arc-rampant, berceau, cintre, formeret, lancette, ogive, surbaissement, voussure.

antagonisme *n.m.* ▸ ***Opposition*** – affrontement, combat, compétition, concurrence, conflit, contentieux, contestation, controverse, débat, désaccord, différend, discorde, discussion, dispute, dissension, dissentiment, divergence, émulation, friction, heurt, incompatibilité, incompréhension, lutte, mésentente, mésintelligence, opposition, polémique, querelle, rivalité. FAM. bagarre. △ ANT. ACCORD, CONCORDE, ENTENTE, HARMONIE; CONCORDANCE.

antagoniste *adj.* adverse, antagonique, concurrent, ennemi, opposant, opposé, rival. △ ANT. ALLIÉ, AMI; CONGÉNÈRE *(MUSCLE)*.

antagoniste *n.* ▸ ***Adversaire*** – adversaire, attaqueur, challenger, compétiteur, concurrent, contestataire, contraire, contre-manifestant, détracteur, dissident, ennemi, mécontent, opposant, opposé, pourfendeur, prétendant, protestataire, rival. SOUT. émule. △ ANT. ALLIÉ, AMI; ASSOCIÉ, PARTENAIRE.

antécédents *n.m.pl.* ▸ ***Passé*** – ancien temps, antériorité, antiquité, bon vieux temps, histoire (ancienne), le temps jadis, nuit des temps, passé, temps révolus, tradition. BELG. rétroactes. △ ANT. FUTUR.

antérieur *adj.* ▸ ***Précédent*** – antécédent, dernier, passé, précédent. ▸ ***Qui existe déjà*** – antécédent, préexistant. △ ANT. POSTÉRIEUR; À VENIR, FUTUR, PROCHAIN, SUBSÉQUENT, SUIVANT, ULTÉRIEUR; ARRIÈRE, CAUDAL, TERMINAL.

anthologie *n.f.* ana, analecta, choix, chrestomathie, collection, compilation, épitomé, extraits, florilège, mélanges, miscellanées, morceaux choisis, pages choisies, recueil, sélection, spicilège, varia. FAM. compil.

antichambre *n.f.* entrée, hall, hall d'entrée, narthex *(église)*, passage, porche, réception, salle d'attente, salle d'embarquement, salle des pas perdus, vestibule. QUÉB. portique. ANTIQ. propylée.

anticipation *n.f.* ▸ ***Avant-goût*** – aperçu, avant-goût, avant-première, échantillon, esquisse, essai, exemple, idée, perspective, tableau. SOUT. préfiguration. FAM. topo. ▸ ***Pressentiment*** – divination, flair, impression, instinct, intuition, précognition, prédiction, prémonition, prénotion, prescience, pressentiment, prévision, sentiment, voyance. *FAM.* pif, pifomètre. ▶ ***Prédiction*** – divination, futurologie, prédiction, prévision, projection, prospective. *SOUT.* vaticination. ▶ ***Figure rhétorique*** – prolepse. △ **ANT.** RÉTROSPECTIVE.

anticiper *v.* ▶ ***Prédire*** – annoncer, augurer, prédire, présager, pressentir, prévoir, pronostiquer. ▶ ***Escompter*** – compter, escompter, espérer, prévoir, s'attendre à. ♦ **anticipé** ▶ ***Qui a lieu en avance*** – hâtif, précoce, prématuré. △ **ANT.** ÉVOQUER, RAPPELER; DIFFÉRER, RETARDER.

anticonformiste *n.* bizarre, excentrique, guignol, non-conformiste, original. *FAM.* anormal, coco, drôle de pistolet, moineau, numéro, oiseau, olibrius, ostrogoth, ouistiti, phénomène, rigolo, zèbre, zig, zigomar, zigoto, zouave, zozo. *FRANCE FAM.* allumé, asticot, charlot, citoyen, foutraque, gugusse, gus. △ **ANT.** CONFORMISTE.

antidépresseur *n.m.* antidépressif, énergisant, euphorisant, psychoanaleptique, psychotonique, thymo-analeptique.

antidote *n.m.* ▶ ***Contrepoison*** – alexipharmaque, alexitère, anavenin, antipoison, antitoxique, chélateur, contrepoison, thériaque. ▶ ***Remède moral*** – adoucissement, allégement, apaisement, atténuation, baume, consolation, correctif, dérivatif, distraction, diversion, exutoire, préservatif, remède, soulagement. *SOUT.* dictame. △ **ANT.** POISON; AGGRAVATION.

antinomie *n.f.* ▶ ***Opposition*** – antilogie, antipode, antithèse, antonymie, contradiction, contraire, contraste, contrepartie, contre-pied, dichotomie, différence, divergence, envers, inverse, opposition, polarité, réciproque. ▶ ***Paradoxe*** – absurdité, antilogie, aporie, conflit, contradiction, contresens, contrevérité, impossibilité, incohérence, inconsistance, invraisemblance, non-sens, paradoxe, sophisme. △ **ANT.** ACCORD, CONCORDANCE.

antipathie *n.f.* agressivité, allergie, animosité, aversion, guerre, haine, hostilité, malveillance, phobie, répugnance, répulsion, ressentiment. *SOUT.* détestation, exécration, inimitié, venin. △ **ANT.** AFFECTION, AFFINITÉ, ATTIRANCE, PENCHANT, SYMPATHIE.

antipathique *adj.* atroce, déplaisant, désagréable, détestable, exécrable, haïssable, impossible, infernal, insoutenable, insupportable, intenable, intolérable, invivable, irrespirable, odieux, pénible. *FAM.* imbuvable. △ **ANT.** ACCUEILLANT, AFFABLE, AIMABLE, AMÈNE, AMICAL, AVENANT, BIENVEILLANT, CHALEUREUX, CHARMANT, CORDIAL, DE BONNE COMPAGNIE, ENGAGEANT, SYMPATHIQUE.

antipode *n.m.* ▶ ***Contraire*** – antilogie, antinomie, antithèse, antonymie, contradiction, contraire, contraste, contrepartie, contre-pied, dichotomie, différence, divergence, envers, inverse, opposition, polarité, réciproque. ▶ ***Habitant*** – antichtone.

antique *adj.* ▶ ***Vieux*** – ancien, archaïque, centenaire, millénaire, séculaire, vieux. *SOUT.* d'antan. *FAM.* d'avant le déluge, vieux comme Hérode, vieux comme le monde. ▶ ***Désuet*** – anachronique, ancien, antédiluvien, archaïque, arriéré, caduc, démodé, dépassé, désuet, fossile, inactuel, moyenâgeux, obsolescent, obsolète, passé de mode, périmé, poussiéreux, préhistorique, qui a fait son temps, suranné, tombé en désuétude, usé, vétuste, vieilli, vieillot, vieux, vieux jeu. △ **ANT.** ACTUEL, CONTEMPORAIN, D'AUJOURD'HUI, MODERNE, NOUVEAU.

antiquité *n.f.* ▶ ***Ancienneté*** – ancienneté, archaïsme, (grand) âge. ▶ ***Désuétude*** – abandon, âge, anachronisme, ancienneté, archaïsme, caducité, décrépitude, délabrement, désaffectation, désuétude, obsolescence, survivance, usure, vieillesse, vieillissement. *SOUT.* vétusté. ▶ ***Passé*** – ancien temps, antécédents, antériorité, bon vieux temps, histoire (ancienne), le temps jadis, nuit des temps, passé, temps révolus, tradition. *BELG.* rétroactes. ▶ ***Objet ancien*** – *PÉJ.* vieillerie; *FAM.* antiquaille. ♦ **l'Antiquité** histoire ancienne. △ **ANT.** NOUVEAUTÉ.

antithèse *n.f.* antilogie, antinomie, antipode, antonymie, contradiction, contraire, contraste, contrepartie, contre-pied, dichotomie, différence, divergence, envers, inverse, opposition, polarité, réciproque. △ **ANT.** IDENTITÉ, RESSEMBLANCE; THÈSE.

antre *n.m.* ▶ ***Refuge d'animal*** – abri, aire, breuil, caverne, gîte, halot, héronnière, liteau, nid, refuge, renardière, repaire, reposée, ressui, retraite, soue, tanière, taupinière, terrier, trou. *QUÉB.* ravage *(cerfs)*; *FRANCE RÉGION.* rabouillère. ▶ ***Abri*** (*PÉJ.*) – abri, affût, asile, cache, cachette, gîte, lieu de repos, lieu sûr, refuge, retraite. *FIG.* ermitage, havre (de paix), oasis, port, solitude, tanière, toit. *PÉJ.* planque, repaire.

anxiété *n.f.* agitation, angoisse, cassement de tête, contrariété, désagrément, difficulté, doute, ennui, gêne, inquiétude, obnubilation, occupation, peine, pensée, préoccupation, sollicitude, souci, suspens, tiraillement, tourment, tracas. *SOUT.* affres. *FAM.* tintouin, tracassin. △ **ANT.** CALME, CONFIANCE, SÉRÉNITÉ, TRANQUILLITÉ.

anxieusement *adv.* convulsivement, fébrilement, fiévreusement, impatiemment, nerveusement, spasmodiquement, vivement. △ **ANT.** AVEC CALME, AVEC SANG-FROID, AVEC SÉRÉNITÉ, CALMEMENT, FLEGMATIQUEMENT, FROIDEMENT, IMPASSIBLEMENT, PLACIDEMENT, POSÉMENT, TRANQUILLEMENT.

anxieux *adj.* ▶ ***Inquiet*** – agité, alarmé, angoissé, appréhensif, en proie à l'inquiétude, énervé, fiévreux, fou d'inquiétude, inquiet, nerveux, qui s'en fait, qui se fait de la bile, qui se fait du mauvais sang, qui se ronge les sangs, tourmenté, tracassé, troublé. *FAM.* bileux; *PÉJ.* paniquard. ▶ ***Impatient*** – avide, désireux, impatient, qui brûle, qui meurt d'envie. △ **ANT.** INSOUCIANT, SANS-SOUCI; RASSÉRÉNÉ, RASSURÉ; CALME, TRANQUILLE; PATIENT.

apaisant *adj.* ▶ ***Qui calme l'irritation*** – adoucissant, balsamique, calmant, émollient, lénifiant, lénitif, ramollissant. ▶ ***Qui délasse*** – délassant, relaxant, reposant. ▶ ***Qui rassure*** – calmant, consolant, consolateur, lénifiant, lénitif, rassérénant, rassurant, réconfortant, sécurisant, tranquillisant. △ **ANT.** AGAÇANT, CRISPANT, DÉSAGRÉABLE, ÉNERVANT, IRRITANT; AFFOLANT, ALARMANT, ANGOISSANT, INQUIÉTANT, OPPRESSANT, PANIQUANT.

apaisement *n.m.* ▶ ***Allègement d'une souffrance*** – adoucissement, sédation, soulagement.

▸ ***Guérison physique*** – amélioration, cicatrisation, convalescence, cure, guérison, mieux-être, relevailles, relèvement, rémission, répit, résurrection, rétablissement, retour à la santé, salut, soulagement, traitement. MÉD. délitescence, postcure, résorption, rétrocession. ▸ ***Guérison morale*** – adoucissement, appui, baume, bercement, cicatrisation, consolation, rassérénement, réconfort, soulagement, soutien moral. SOUT. dictame. FAM. béquille. ▸ ***Remède moral*** – adoucissement, allégement, antidote, atténuation, baume, consolation, correctif, dérivatif, distraction, diversion, exutoire, préservatif, remède, soulagement. SOUT. dictame. ▸ ***Assouvissement d'un besoin*** – assouvissement, contentement, satiété, satisfaction, soulagement. SOUT. étanchement, rassasiement. ▸ ***Calme*** – accalmie, bonace, bonheur, calme, éclaircie, entente, fraternité, harmonie, idylle, paix, quiétude, rémission, repos, silence, tranquillité, trêve, union. SOUT. kief. △ **ANT.** EXCITATION, STIMULATION; AGACEMENT, IRRITATION, PROVOCATION.

apaiser *v.* ▸ ***Rendre plus serein*** – calmer, consoler, rasséréner, rassurer, réconforter, sécuriser, tranquilliser. ▸ ***Rendre moins hostile*** – amadouer, calmer, pacifier, radoucir. ▸ ***Assouvir*** – assouvir, calmer, contenter, étancher, rassasier, satisfaire, soulager. SOUT. désaltérer, repaître. ▸ ***Rendre moins intense*** – adoucir, alléger, assoupir, atténuer, bercer, endormir. SOUT. lénifier. ♦ **s'apaiser** ▸ ***Se radoucir*** – baisser le ton, se calmer, se radoucir. FAM. mettre un bémol. △ **ANT.** AFFOLER, ALARMER, ANGOISSER, EXCITER, INQUIÉTER; AGACER, AIGRIR, EXASPÉRER, IRRITER; ALLUMER, ATTISER, AVIVER, ENVENIMER, EXACERBER.

apanage *n.m.* ▸ ***Patrimoine*** – bien, domaine, fortune, héritage, légitime, legs, majorat, patrimoine, propriété, succession. RELIG. défroque. ▸ ***Privilège*** – acquis, attribution, avantage, bénéfice, chasse gardée, concession, droit, exclusivisme, exclusivité, exemption, faveur, honneur, immunité, inviolabilité, monopole, passe-droit, pouvoir, préférence, prérogative, privilège. ANC. franchise. RELIG. indult.

apartheid *n.m.* ▸ ***Ségrégation raciale*** – discrimination raciale, racisme, ségrégation, ségrégationnisme, xénophobie.

apathie *n.f.* ▸ ***Affaiblissement*** – abattement, accablement, affaiblissement, alanguissement, amoindrissement, amollissement, anémie, avachissement, consomption, découragement, défaillance, dépérissement, épuisement, étiolement, exténuation, fatigue, fragilisation, harassement, lassitude, rabaissement, ralentissement, ramollissement, sape, usure. SOUT. débilité. MÉD. adynamie, asthénie, atonie, collapsus, débilitation. ▸ ***Fatigue*** – abattement, accablement, affaiblissement, affaissement, affalement, alanguissement, amollissement, anéantissement, atonie, consomption, épuisement, éreintement, exténuation, faiblesse, fatigue, forçage, harassement, inertie, labeur, langueur, lassitude, marasme, peine, prostration, stress, surmenage. MÉD. adynamie, anémie, asthénie. ▸ ***Amollissement*** – amollissement, incurie, inertie, insouciance, laisser-aller, laisser-faire, laxisme, mollesse, négligence, nonchalance, relâchement. ▸ ***Mollesse*** – abattement, affaiblissement, atonie, avachissement, faiblesse, inconsistance, indolence, langueur, laxisme, mollasserie, mollesse, nonchalance, passivité, veulerie. MÉD. aboulie, dysboulie, psychasthénie. ▸ ***Paresse*** – alanguissement, atonie, engourdissement, fainéantise, farniente, indolence, inertie, laisser-aller, langueur, lenteur, léthargie, lourdeur, mollesse, négligence, nonchalance, oisiveté, paresse, somnolence, torpeur. FAM. cosse, flémingite aiguë, flemmardise, flemme. ▸ ***Froideur*** – flegme, froideur, indifférence, insensibilité, lymphatisme, mollesse, tiédeur. ▸ ***Calme*** – ataraxie, calme, détachement, distanciation, égalité d'âme, égalité d'humeur, équilibre, flegme, impassibilité, imperturbabilité, indifférence, paix, philosophie, placidité, quiétude, sérénité, stoïcisme, tranquillité. SOUT. équanimité. ▸ ***Docilité*** – docilité, fidélité, malléabilité, obéissance, plasticité, servilité, suggestibilité. PSYCHOL. psychoplasticité. △ **ANT.** ÉNERGIE, VIGUEUR, VIVACITÉ; ACTIVITÉ; ARDEUR, DYNAMISME, ENTHOUSIASME, ENTRAIN; EXALTATION, PASSION; SENSIBILITÉ.

apercevoir *v.* ▸ ***Voir à peine*** – entrapercevoir, entrevoir. ▸ ***Voir tout à coup*** – remarquer, voir. FAM. repérer. SOUT. aviser. ▸ ***Noter*** – constater, noter, observer, prendre acte, relever, remarquer, voir. ♦ **s'apercevoir** ▸ ***Se rendre compte*** – constater, découvrir, prendre conscience, réaliser, remarquer, s'aviser, se rendre compte, voir. SOUT. éprouver. △ **ANT.** PERDRE DE VUE.

aperçu *n.m.* ▸ ***Résumé*** – abrégé, aide-mémoire, analyse, argument, compendium, condensé, éléments, épitomé, esquisse, extrait, livret, manuel, mémento, morceau, notice, page, passage, plan, précis, promptuaire, raccourci, récapitulation, réduction, résumé, rudiment, schéma, sommaire, somme, synopsis, vade-mecum. FAM. topo. ▸ ***Avant-goût*** – anticipation, avant-goût, avant-première, échantillon, esquisse, essai, exemple, idée, perspective, tableau. SOUT. préfiguration. FAM. topo. ▸ ***Évaluation*** – appréciation, approximation, calcul, détermination, devis, estimation, évaluation, expertise, inventaire, mesure, prévision, prisée, supputation.

apéritif *n.m.* FAM. apéro.

apitoyer *v.* aller droit au cœur de, attendrir, émouvoir, faire quelque chose à, remuer, toucher, troubler. SOUT. prendre aux entrailles. FAM. émotionner, prendre aux tripes. ♦ **s'apitoyer** avoir pitié de, compatir à, plaindre, s'attendrir.

aplanir *v.* ▸ ***Une pièce*** – décourber, dégauchir, doler, dresser, planer, raboter, redresser, replanir, varloper. RARE blanchir, unir. ▸ ***Un sol*** – araser, égaliser, niveler, raser, régaler. ▸ ***Une difficulté*** – lever, supprimer. △ **ANT.** BOULEVERSER, COMPLIQUER, SOULEVER.

aplatir *v.* ▸ ***Rendre plat*** – écraser. ♦ **s'aplatir** ▸ ***Tomber à plat ventre*** (FAM.) – tomber à plat ventre, tomber de tout son long, tomber face contre terre, tomber la tête la première. FAM. embrasser le plancher. ♦ **aplati** ▸ ***En parlant du nez*** – camus, écrasé, épaté. SOUT. camard. △ **ANT.** GONFLER, REDRESSER, RELEVER.

aplomb *n.m.* ▸ ***Caractère vertical*** – verticalité. ▸ ***Stabilité*** – assiette, assise, équilibre, solidité, stabilité. ▸ ***Solidité*** – assurance, autorité, caractère, constance, courage, cran, détermination, endurance, énergie, fermeté, force, permanence, poigne, rectitude, résolution, ressort, sang-froid, sérieux, solidité, sûreté, ténacité, vigueur, virilité, volonté. SOUT. invulnérabilité. FAM. estomac, gagne. ▶ ***Insolence*** – arrogance, audace, effronterie, front, impertinence, impolitesse, impudence, incorrection, insolence, irrespect, irrévérence. SOUT. outrecuidance, sans-gêne. FAM. culot, toupet. △ **ANT.** INCLINAISON, OBLIQUITÉ; DÉSÉQUILIBRE, INSTABILITÉ; HÉSITATION; TIMIDITÉ.

apocalypse *n.f.* ▶ ***Catastrophe*** – bouleversement, calamité, cataclysme, catastrophe, chaos, désastre, drame, fléau, malheur, néant, ruine, sinistre, tragédie. FIG. précipice. SOUT. abîme. FAM. cata.

apogée *n.m.* ▶ ***Point culminant*** – acmé, apex, apothéose, cime, climax, comble, culmination, excès, faîte, fin du fin, fort, limite, maximum, meilleur, nec plus ultra, optimum, paroxysme, pinacle, plafond, point culminant, pointe, record, sommet, summum, triomphe, zénith. SOUT. plus haut période. FAM. top niveau. △ **ANT.** PÉRIGÉE; NADIR; DÉCHÉANCE.

apologie *n.f.* ▶ ***Plaidoyer*** – apologétique *(religion)*, défense, éloge, justification, plaidoirie, plaidoyer. ▶ ***Louange*** – acclamation, apothéose, applaudissement, bravo, célébration, compliment, éloge, encensement, félicitations, fleur, glorification, louange, panégyrique, solennisation. SOUT. baisemain, congratulation, dithyrambe, exaltation. △ **ANT.** BLÂME, CENSURE, CONDAMNATION, RÉPROBATION; ACCUSATION, ATTAQUE, CRITIQUE, SATIRE.

apostolat *n.m.* ▶ ***Évangélisation*** – catéchèse, catéchisation, catéchisme, endoctrinement, évangélisation, ministère, mission, missionnariat, pastorale, prédication, propagande, propagation (de la foi), prosélytisme. FAM. caté. ▶ ***Vocation*** – appel, destination, mission, sacerdoce, vocation. △ **ANT.** INDIFFÉRENCE.

apostrophe *n.f.* appel, interpellation, invective.

apothéose *n.f.* ▶ ***Glorification*** – acclamation, apologie, applaudissement, bravo, célébration, compliment, éloge, encensement, félicitations, fleur, glorification, louange, panégyrique, solennisation. SOUT. baisemain, congratulation, dithyrambe, exaltation. ▶ ***Triomphe*** – bonheur, bonne fortune, boum, consécration, couronnement, gloire, honneur, lauriers, prospérité, retentissement, réussite, succès, triomphe, trophée. FAM. malheur, (succès) bœuf, tabac. FRANCE FAM. carton, saucisson, ticket. ▶ ***Achèvement*** – aboutissement, accomplissement, achèvement, but, chute, complémentation, complètement, complétude, conclusion, consécration, consommation, couronnement, dénouement, exécution, fin, finition, fruit, issue, produit, réalisation, règlement, résolution, résultat, sortie, terme, terminaison. SOUT. aboutissant. PHILOS. entéléchie. ▶ ***Point culminant*** – acmé, apex, apogée, cime, climax, comble, culmination, excès, faîte, fin du fin, fort, limite, maximum, meilleur, nec plus ultra, optimum, paroxysme, pinacle, plafond, point culminant, pointe, record, sommet, summum, triomphe, zénith. SOUT. plus haut période. FAM. top niveau. △ **ANT.** HUMILIATION; DÉCHÉANCE.

apôtre *n.m.* ▶ ***Missionnaire*** – évangélisateur, missionnaire, pêcheur d'hommes. RARE convertisseur. ▶ ***Partisan*** – adepte, adhérent, allié, ami, champion, défenseur, disciple, fidèle, inconditionnel, militant, partisan, soutien, sympathisant, tenant. RARE mainteneur. SOUT. chantre, séide, zélateur. FAM. godillot. ▶ ***Défenseur*** – apologiste, appui, avocat, champion, défenseur, protecteur, redresseur de torts, représentant, serviteur, soldat, soutien, tenant. SOUT. intercesseur. △ **ANT.** ADVERSAIRE, ENNEMI, OPPOSANT; DÉNIGREUR, DÉTRACTEUR.

apparaître *v.* ▶ ***Devenir visible*** – paraître, se montrer, se révéler. ▶ ***Surgir*** – émerger, jaillir, saillir, sortir, surgir. ▶ ***Naître*** – éclore, faire son apparition, germer, naître, paraître, pointer, se former, se manifester. SOUT. poindre, sourdre. ▶ ***Se révéler*** – émerger, se dégager, se dévoiler, se faire jour, se manifester, se profiler, se révéler, transparaître. SOUT. affleurer. ▶ ***Se trouver*** – être, être présent, exister, résider, s'inscrire, se rencontrer, se retrouver, se situer, se trouver, siéger. SOUT. gésir. ▶ ***Sembler*** – avoir l'air, paraître, sembler. ▶ ***Ressortir*** – apparoir, ressortir. △ **ANT.** DISPARAÎTRE, S'ÉCLIPSER, S'ÉVANOUIR, SE CACHER.

appareil *n.m.* ♦ **appareil,** ***sing.*** ▶ ***Machine*** – dispositif, engin, machine, mécanique, mécanisme. FAM. bécane, zinzin. QUÉB. FAM. patente. ▶ ***Accessoire*** – accessoire, instrument, outil, pièce, ustensile. ▶ ***Système*** – accommodation, accommodement, agencement, ajustement, aménagement, architecture, arrangement, articulation, assemblage, combinaison, combinatoire, composition, concaténation, configuration, construction, contexture, coordination, disposition, distribution, élaboration, enchaînement, harmonie, liaison, mise en ordre, mise en place, ordonnance, ordonnancement, ordre, organisation, orientation, plan, profil, programmation, rangement, structuration, structure, système, texture. ▸ *En anatomie* – système, tractus. ▸ *En architecture* – agencement, appareillage, disposition, montage, taille. ▶ ***Équipement*** – affaires, bagage, chargement, équipement, fourniment, harnachement, instruments, matériel, outillage. FAM. arsenal, attirail, barda, bastringue, bataclan, bazar, fourbi, matos, paquet, paquetage, saint-crépin, saint-frusquin. QUÉB. FAM. agrès, gréement. ▶ ***Avion*** – avion. ▸ *Petit* – aviette, avionnette. FAM. cage à poules. ▸ *Désuet* FAM. coucou, zinc. ▶ ***Luxe*** – abondance, apparat, beauté, confort, dolce vita, éclat, étalage, faste, grandeur, luxe, magnificence, majesté, opulence, ostentation, pompe, profusion, richesse, somptuosité, splendeur. FAM. tralala. ♦ **appareils,** ***plur.*** ▶ ***Agrès*** – agrès, apparaux.

appareiller *v.* ▶ ***Réunir par paire*** – accoupler, apparier, coupler, jumeler. SOUT. OU DIDACT. géminer. ▶ ***Accoupler*** – accoupler, apparier. ▶ ***En parlant d'un navire*** – lever l'ancre. △ **ANT.** DÉPAREILLER, DÉSAPPARIER, DÉSASSORTIR; ACCOSTER, JETER L'ANCRE, MOUILLER.

apparemment *adv.* ▶ ***Extérieurement*** – au-dehors, d'après les apparences, dehors, en apparence, en dehors, en surface, extérieurement, extrinsèquement, par-dehors, superficiellement. ▶ ***Illusoirement*** – chimériquement, en apparence, faussement, illusoirement, trompeusement, vainement. △ **ANT.** EN ESSENCE, ESSENTIELLEMENT, FONDAMENTALEMENT, INTÉ-

RIEUREMENT, INTRINSÈQUEMENT, PROFONDÉMENT, RÉELLEMENT, SUBSTANTIELLEMENT.

apparent *adj.* ▶ ***Visible*** – extérieur, observable, visible. *MÉD.* clinique. ▶ ***Évident*** – aveuglant, certain, clair, criant, éclatant, évident, flagrant, frappant, hurlant (de vérité), incontestable, manifeste, patent, qui coule de source, qui crève les yeux, qui ne fait pas un pli, qui saute aux yeux, qui se voit comme le nez au milieu du visage, qui tombe sous le sens, qui va de soi, qui va sans dire, visible. ▶ ***Qui n'existe qu'en apparence*** – de surface, pour la montre, superficiel. ▶ ***Prétendu*** – faux, prétendu, soi-disant, supposé. △ **ANT.** CACHÉ, INVISIBLE, MASQUÉ, SECRET; PROFOND, RÉEL, VRAI.

apparenter *v.* ♦ **s'apparenter** ▶ ***Ressembler*** – connoter, évoquer, faire penser à, rappeler, ressembler à, se rapprocher de. ♦ **apparenté** ▶ ***Semblable*** – analogue, approchant, assimilable, comparable, conforme, contigu, correspondant, équivalent, homogène, homologue, indifférencié, pareil, parent, proche, ressemblant, semblable, similaire, voisin. *FAM.* kif-kif. *DIDACT.* commensurable.

apparier *v.* ▶ ***Réunir par paire*** – accoupler, appareiller, coupler, jumeler. *SOUT. OU DIDACT.* géminer. ▶ ***Accoupler*** – accoupler, appareiller.

apparition *n.f.* ▶ ***Manifestation*** – approche, arrivée, avènement, entrée, introduction, irruption, jaillissement, manifestation, occurrence, survenance, venue. *SOUT.* surgissement, survenue. *DIDACT.* exondation. ▶ ***Commencement*** – actionnement, amorçage, amorce, balbutiement, bégaiement, commencement, création, début, déclenchement, démarrage, départ, ébauche, embryon, enclenchement, enfance, entrée, esquisse, fondement, germe, inauguration, origine, ouverture, prélude, prémisse, principe, tête. *SOUT.* aube, aurore, matin, prémices. *FIG.* avènement, éclosion, émergence, éruption, explosion, genèse, germination, naissance, venue au monde. ▶ ***Vision divine*** – angélophanie, aorasie, épiphanie, théophanie, vision. ▶ ***Fantôme*** – créature éthérée, double, ectoplasme, esprit, esprit frappeur, fantôme, mort-vivant, ombre, périsprit, revenant, spectre, vision, zombie. *ANTIQ.* larve, lémure. △ **ANT.** DISPARITION, ÉCLIPSE.

appartement *n.m.* ▶ ***Logement*** – logement. *FAM.* appart, carrée, piaule. *QUÉB. FAM.* loyer. *BELG.* flat. ▶ ***Partie d'un logement*** (*QUÉB. FAM.*) – local, pièce, salle. *BELG.* place. *ACADIE* bord.

appartenance *n.f.* ▶ ***Adhésion*** – adhésion, adjonction, admission, adoption, affiliation, agrégation, agrément, association, enrôlement, entrée, incorporation, initiation, inscription, intégration, mobilisation, rattachement, réception. ▶ ***Dépendance*** – abaissement, allégeance, asservissement, assujettissement, attachement, captivité, contrainte, dépendance, domestication, domesticité, domination, emprise, esclavage, gêne, hilotisme, inféodation, infériorité, mainmise, merci, mouvance, obédience, obéissance, obligation, oppression, pouvoir, puissance, servage, servitude, soumission, subordination, sujétion, tutelle, tyrannie, vassalité. *FIG.* carcan, chaîne, corset (de fer), coupe, fardeau, griffe, main, patte, prison; *SOUT.* fers, gaine, joug. *FÉOD.* tenure.

appartenir *v.* ▶ ***Dépendre*** – dépendre de, être du ressort de, relever de, ressortir à, se rapporter à, se rattacher à. ▶ ***Incomber*** – incomber à, peser sur, retomber sur (les épaules de), revenir à. △ **ANT.** ÊTRE INDÉPENDANT DE, ÊTRE LIBRE DE.

appât *n.m.* ▶ ***Moyen pour attraper animaux et poissons*** – amorce, pâture. ▶ ***Allèchement*** – allèchement, attrait, friandise, séduction, tentation.

appauvrir *v.* ▶ ***Réduire à la pauvreté*** – ruiner. *FAM.* mettre sur la paille. *DIDACT.* paupériser *(la population)*. ▶ ***Tarir*** – épuiser, tarir, user. △ **ANT.** ENRICHIR.

appauvrissement *n.m.* ▶ ***Détérioration*** – abaissement, abâtardissement, abjection, abrutissement, affadissement, affaiblissement, agonie, altération, amollissement, atrophie, avachissement, avilissement, baisse, corruption, décadence, déchéance, déclin, décrépitude, dégénérescence, dégradation, délabrement, déliquescence, dénaturation, dépérissement, détérioration, édulcoration, empirement, étiolement, flétrissure, perte, perversion, pourrissement, pourriture, rouille, ruine, sape, usure. *SOUT.* aveulissement, crépuscule, pervertissement. *FAM.* déglingue, dégringolade. ▶ ***Raréfaction*** – amoindrissement, déperdition, diminution, disparition, dispersion, dissémination, éclaircissement, épuisement, raréfaction, rarescence, tarissement. ▶ ***Pauvreté*** – besoin, dénuement, détresse, embarras, gêne, gouffre, indigence, manque, mendicité, misère, nécessité, pauvreté, pouillerie, privation, ruine. *SOUT.* impécuniosité. *FAM.* dèche. *FRANCE FAM.* débine, fauche, mistoufle, mouise, mouscaille, panade, purée. *DR.* carence. ▸ *Sociale* – clochardisation, disette, paupérisation, paupérisme, pauvreté, pénurie, sous-développement, sous-équipement, tiers-mondisation. △ **ANT.** ACCROISSEMENT, AUGMENTATION, ENGRAISSEMENT; ENRICHISSEMENT.

appel *n.m.* ▶ ***Interpellation*** – apostrophe, interpellation, invective. ▶ ***Signal*** – alerte, clignement, clin d'œil, geste, message, signal, signe. ▶ ***Alarme*** – alarme, alerte, avertissement, branle-bas, cri, éveil, haro, signal, sirène, sonnerie, S.O.S., tocsin. ▶ ***Air de trompette*** – ban, rappel, réveil, sonnerie. *SOUT.* diane. ▶ ***Communication téléphonique*** – appel (téléphonique), communication téléphonique. *RARE* téléphonage. *FAM.* coup de bigophone, coup de fil, coup de téléphone, coup de tube. ▶ ***Convocation*** – assignation, à-venir, citation, convocation, indiction, injonction, intimation, mise en demeure, sommation, writ. *DR. QUÉB.* subpœna. ▶ ***Mobilisation*** – appel (sous les drapeaux), conscription, mobilisation, rappel. ▶ ***Engagement*** – conscription, embauchage, embauche, embrigadement, engagement, enrégimentation, enrégimentement, enrôlement, levée, maraudage, prosélytisme, racolage, recensement, recrutement. ▶ ***Demande*** – adjuration, demande, démarche, desideratum, désir, doléances, exigence, injonction, instance, interpellation, interrogation, invocation, mandement, ordre, pétition, placet, prétention, prière, question, réclamation, requête, réquisition, revendication, sollicitation, sommation, supplication, supplique, ultimatum, vœu. *SOUT.* imploration. ▶ ***Recours juridique*** – appel a maxima, appel a minima, intimation, pourvoi, recours. ▶ ***Proclamation*** – annonce, avis, ban, communication, communiqué, déclaration, décret, dénonciation, dépêche, divulgation, édit, manifeste, message, notification, proclamation, profession de foi, programme, promulgation, publication, rescrit, serment, signification. ▶ ***Incitation*** – aide, aiguillon, animation, défi, dépassement (de soi), émulation, encouragement, entraînement, excitation, exhortation, fanatisation, fomentation, impulsion, incitation, instigation, invitation, invite, motivation, provocation, sollicitation, stimulation, stimulus. *SOUT.* surpassement. ▶ ***Tentation*** – ambition, appétit, aspiration, attirance, attrait, besoin, but, convoitise, desideratum, désir, envie, exigence, faim, fantaisie, fantasme, fièvre, fringale, goût, idéal, intention, jalousie, passion, prétention, quête, recherche, rêve, soif, souhait, tentation, velléité, visée, vœu, voix, volonté. *SOUT.* appétence, dessein, prurit, vouloir. *FAM.* démangeaison. ▶ ***Vocation*** – apostolat, destination, mission, sacerdoce, vocation.

appelé *n.* ▶ ***Soldat*** – bleu, conscrit, recrue.

appeler *v.* ▶ ***Interpeller*** – apostropher, héler *(de loin)*, interpeller. ▶ ***Téléphoner*** – téléphoner. *FAM.* bigophoner, donner un coup de fil, donner un coup de téléphone, passer un coup de fil, passer un coup de téléphone. ▶ ***Convoquer*** – convoquer, demander, faire venir. ▶ ***Affecter à un poste*** – affecter, charger, commettre, commissionner, désigner, préposer. ▶ ***Mobiliser*** – engager, enrôler, incorporer, mobiliser, recruter. ▶ ***Nécessiter*** – avoir besoin de, commander, demander, exiger, imposer, nécessiter, obliger, postuler, prendre, prescrire, réclamer, requérir, vouloir. ▶ ***Prédestiner*** – destiner, incliner, prédestiner, prédéterminer, prédisposer. ▶ ***Donner un prénom*** – baptiser, nommer, prénommer. ▶ ***Donner un nom à qqn*** – dénommer, nommer. ▶ ***Donner un nom à qqch.*** – baptiser, dénommer, désigner, nommer. ▶ ***Citer en justice*** – assigner, citer, citer à comparaître, citer en justice, convoquer, intimer, traduire, traduire devant les tribunaux, traduire en justice. ♦ **s'appeler** ▶ ***Avoir pour nom*** – répondre au nom de, se nommer, se prénommer *(prénom)*. △ **ANT.** CHASSER, CONGÉDIER, RENVOYER, REPOUSSER; ÉVITER, IGNORER, LAISSER À L'ÉCART.

appétissant *adj.* ▶ ***Qui met en appétit*** – alléchant, ragoûtant. ▶ ***Qui attire*** – affriolant, aguichant, alléchant, attirant, attrayant, désirable, engageant, excitant, intéressant, invitant, irrésistible, ragoûtant, séduisant, tentant. *SOUT.* affriandant. △ **ANT.** DÉGOÛTANT, ÉCŒURANT, REPOUSSANT, RÉPUGNANT; FADE, ININTÉRESSANT, INSIPIDE.

appétit *n.m.* ▶ ***Faim*** – besoin, boulimie, creux, disette, faim, faim-calle, faim-valle, famine, inanition, jeûne, polyphagie, voracité. *FAM.* fringale. ▶ ***Gourmandise*** – avidité, faim, gourmandise, insatiabilité, voracité. *PÉJ.* gloutonnerie, goinfrerie. *MÉD.* boulimie, cynorexie, hyperorexie, sitiomanie. ▶ ***Désir*** – ambition, appel, aspiration, attirance, attrait, besoin, but, convoitise, desideratum, désir, envie, exigence, faim, fantaisie, fantasme, fièvre, fringale, goût, idéal, intention, jalousie, passion, prétention, quête, recherche, rêve, soif, souhait, tentation, velléité, visée, vœu, voix, volonté. *SOUT.* appétence, dessein, prurit, vouloir. *FAM.* démangeaison. ▶ ***Curiosité*** – attention, avidité, curiosité, intérêt, soif, soif d'apprendre, soif de connaissance, soif de connaître, soif de savoir. △ **ANT.** ANOREXIE, INAPPÉTENCE; SATIÉTÉ; DÉGOÛT, RÉPUGNANCE; RETENUE.

applaudir *v.* ▶ ***Acclamer*** – acclamer, ovationner. ▶ ***Féliciter*** – approuver, chanter les louanges de, complimenter, congratuler, couvrir de fleurs, couvrir de louanges, encenser, faire l'éloge de, féliciter, louanger, louer, rendre hommage à, saluer, vanter. ♦ **s'applaudir** ▶ ***Être content de soi*** – se féliciter, se louer, se réjouir. △ **ANT.** CONSPUER, HUER, SIFFLER; CRITIQUER, DÉCRIER, DÉNIGRER, DÉSAPPROUVER, HONNIR, VILIPENDER.

applaudissement *n.m.* ▶ ***Bravo*** – acclamation, ban, bis, bravo, chorus, clameur, hourra, ovation, rappel, triomphe, vivat. ▶ ***Louange*** – acclamation, apologie, apothéose, bravo, célébration, compliment, éloge, encensement, félicitations, fleur, glorification, louange, panégyrique, solennisation. *SOUT.* baisemain, congratulation, dithyrambe, exaltation. △ **ANT.** HUÉE, SIFFLET; DÉNIGREMENT, DÉSAPPROBATION, RÉPROBATION.

application *n.f.* ▶ ***Apposition*** – apposition, mise, pose. ▶ ***Fonction mathématique*** – correspondance, fonction. ▶ ***Logiciel*** – algorithme, logiciel, progiciel, programme. ▶ ***Concentration*** – attention, concentration, contention, intérêt, recueillement, réflexion, tension. ▶ ***Minutie*** – exactitude, minutie, précision, soin, souci du détail. *SOUT.* méticulosité. △ **ANT.** DISTRACTION, INAPPLICATION, INATTENTION, NÉGLIGENCE, PARESSE.

appliquer *v.* ▶ ***Étaler*** – étaler, étendre, mettre. ▶ ***Poser*** – apposer, mettre, poser. ▶ ***Coller*** – appuyer, coller, plaquer. ▶ ***Mettre en pratique*** – mettre en application, mettre en œuvre, mettre en pratique, pratiquer. ▶ ***Imputer une somme*** – affecter, assigner, attribuer, imputer, porter. ▶ ***Employer*** – consacrer, employer, mettre, mettre à profit. ▶ ***Porter un coup*** (*FAM.*) – asséner, donner, infliger, porter. *FAM.* administrer, allonger, coller, ficher, filer, flanquer, foutre. ♦ **s'appliquer** ▶ ***Concerner qqn*** – être d'intérêt pour, intéresser, regarder, toucher, valoir pour, viser. ▶ ***Concerner qqch.*** – avoir pour objet, avoir rapport à, avoir trait à, concerner, intéresser, porter sur, relever de, se rapporter à, toucher, viser. ▶ ***Correspondre*** – aller, cadrer, coller, convenir, correspondre, répondre, s'accorder, s'harmoniser. ▶ ***Se consacrer*** – s'adonner à, s'employer à, s'occuper de, se consacrer à, se livrer à, vaquer à. ▶ ***S'efforcer*** – faire son possible, mettre tout en œuvre, persévérer, s'acharner, s'efforcer, s'escrimer, s'évertuer, suer sang et eau, tout faire. ♦ **appliqué** ▶ ***Apposé*** – accolé, apposé, collé, en contact, juxtaposé, plaqué, posé. ▶ ***Consciencieux*** – assidu, attentif, consciencieux, méthodique, méticuleux, minutieux, ordonné, précis, rangé, rigoureux, scrupuleux, soigné, soigneux, systématique. *SOUT.* exact. ▶ ***Studieux*** – sérieux, studieux. *FAM.* chiadeur. △ **ANT.** ENLEVER, ÔTER, RETRANCHER; DÉCOLLER, ÉCARTER, SÉPARER. ♦ **s'appliquer** ÊTRE DISTRAIT, SE DISSIPER, SE DISTRAIRE; NÉGLIGER.

appoint *n.m.* ▶ ***Somme ajoutée*** – abondement. ▶ ***Assistance*** – aide, apport, appui, assistance, association, bienfaisance, bons offices, collaboration, complicité, concours, conseil, contribution, coopération, coup d'épaule, coup de main, coup de pouce, dépannage, entraide, grâce, main-forte, participation, planche de salut, renfort, secours, service, soutien, synergie. SOUT. viatique. FAM. (coup de) fion.

apport *n. m.* ▶ ***Part*** – commandite, contingent, contribution, cotisation, dot, dotation, écot, financement, fonds, fournissement, lot, mise, montant, obligation, parrainage, part, participation, portion, quote-part, quotité. ▶ ***Aide*** – aide, appoint, appui, assistance, association, bienfaisance, bons offices, collaboration, complicité, concours, conseil, contribution, coopération, coup d'épaule, coup de main, coup de pouce, dépannage, entraide, grâce, main-forte, participation, planche de salut, renfort, secours, service, soutien, synergie. SOUT. viatique. FAM. (coup de) fion. ▶ ***Don*** – aide, allocation, assistance, aumône, bonne œuvre, charité, dation, disposition, distribution, don, faveur, grâce, hommage, indemnité, obole, prestation, secours, soulagement, subside, subvention. SOUT. bienfait. FAM. dépannage. DR. donation, fidéicommis, legs, libéralité. RELIG. bénédiction, charisme. ▶ ***Approvisionnement*** – approvisionnement, fourniture, ravitaillement. △ **ANT.** EMPRUNT, PRÉLÈVEMENT, RETRAIT; REPRISE, RESTITUTION.

apporter *v.* ▶ ***Donner*** – donner, fournir, mettre à la disposition, procurer. ▶ ***Causer*** – amener, catalyser, causer, créer, déchaîner, déclencher, déterminer, donner lieu à, donner naissance à, engendrer, entraîner, faire, faire naître, former, générer, occasionner, produire, provoquer, soulever, susciter. PHILOS. nécessiter. △ **ANT.** ÉCARTER, EMPORTER, ENLEVER, REMPORTER, RETIRER.

appréciable *adj.* ▶ ***Perceptible*** – discernable, distinct, identifiable, perceptible, reconnaissable, saisissable, sensible. RARE constatable. ▸ *À la vue* – apparent, extérieur, observable, visible. MÉD. clinique. ▸ *À l'ouïe* – audible. ▸ *Au toucher* – palpable, tactile, tangible. ▶ ***Mesurable*** – calculable, chiffrable, évaluable, mesurable, quantifiable. ▶ ***Substantiel*** – de taille, fort, grand, gros, important, non négligeable, notable, respectable, sensible, sérieux, substantiel. ▶ ***Digne*** – bien, bon, considéré, de bon aloi, digne, estimable, estimé, honorable, louable, méritant, méritoire, respectable. △ **ANT.** FAIBLE, INFIME, INSIGNIFIANT, MINCE, MINIME, NÉGLIGEABLE; INCALCULABLE.

appréciation *n. f.* ▶ ***Opinion*** – avis, conception, conviction, critique, croyance, dogme, estime, idée, impression, jugement, optique, pensée, perception, point de vue, position, principe, prise de position, sentiment, théorie, thèse, vote, vue. SOUT. oracle. ▶ ***Évaluation*** – aperçu, approximation, calcul, détermination, devis, estimation, évaluation, expertise, inventaire, mesure, prévision, prisée, supputation. ▶ ***Plus-value*** – accroissement, amélioration, augmentation, bénéfice, excédent, gain, majoration, plus-value, profit, survaleur, valorisation. △ **ANT.** DÉPRÉCIATION.

apprécier *v.* ▶ ***Évaluer*** – calculer, estimer, évaluer, jauger, juger, mesurer, peser, soupeser, supputer, toiser. ▶ ***Distinguer*** – déceler, détecter, discerner, distinguer, identifier, percevoir, reconnaître. ▶ ***Aimer*** – adorer, affectionner, aimer, avoir un faible pour, avoir un penchant pour, être fou de, être friand de, être porté sur, faire ses délices de, prendre plaisir à, priser, raffoler de, s'intéresser à, se complaire, se délecter, se passionner pour, se plaire. SOUT. chérir, goûter. △ **ANT.** DÉCRIER, DÉPRÉCIER, MÉPRISER; MÉCONNAÎTRE, MÉSESTIMER, NÉGLIGER.

appréhender *v.* ▶ ***Arrêter*** – arrêter, capturer, faire prisonnier, prendre, saisir. FAM. attraper, choper, coffrer, coiffer, coincer, cravater, cueillir, embarquer, épingler, harponner, mettre la main au collet de, mettre le grappin sur, pincer, poisser, prendre au collet, ramasser, saisir au collet. FRANCE FAM. agrafer, alpaguer, arnaquer, arquepincer, emballer, gauler, piquer, poivrer. ▶ ***Redouter*** – avoir peur de, craindre, redouter, s'effrayer de. ▶ ***Comprendre*** (SOUT.) – comprendre, s'expliquer, saisir, toucher du doigt, voir. SOUT. embrasser, entendre. FAM. entraver, piger. FRANCE FAM. percuter. △ **ANT.** LAISSER PARTIR, RELÂCHER; ESPÉRER; IGNORER.

appréhension *n. f.* ▶ ***Perception*** – aperception, conception, discernement, entendement, idée, impression, intelligence, perception, sens, sensation, sentiment. FIG. œil. PSYCHOL. gnosie. PHILOS. senti. ▶ ***Peur*** – affolement, alarme, angoisse, crainte, effarement, effarouchement, effroi, épouvante, frayeur, grand-peur, hantise, horreur, inquiétude, panique, peur, phobie, terreur, transes. SOUT. affres, apeurement. FAM. cauchemar, chiasse, frousse, pétoche, trac, trouille. ▶ ***Timidité*** – confusion, crainte, discrétion, effacement, effarouchement, embarras, émoi, frilosité, gaucherie, gêne, hésitation, honte, humilité, indécision, inhibition, introversion, malaise, modestie, peur, réserve, retenue, sauvagerie, timidité. SOUT. pusillanimité. FAM. trac. △ **ANT.** SÉRÉNITÉ, TRANQUILLITÉ; ASSURANCE, CERTITUDE, CONFIANCE; ESPOIR.

apprendre *v.* ▶ ***Annoncer*** – annoncer, communiquer, déclarer, dire, faire l'annonce de, faire part de, faire savoir, notifier, signifier, transmettre. FAM. balancer. ▶ ***Aviser*** – avertir, aviser, informer, mettre au courant, prévenir. SOUT. instruire. FAM. affranchir, brancher, briefer, mettre au parfum. ▶ ***Enseigner*** – enseigner, expliquer, inculquer, montrer, transmettre. ▶ ***Mémoriser*** – assimiler, enregistrer, mémoriser, retenir. ▶ ***S'instruire*** – s'instruire, se cultiver. △ **ANT.** CACHER, DISSIMULER, TAIRE; DÉSAPPRENDRE, IGNORER, OUBLIER.

apprenti *n.* ▶ ***Aide*** – aide, apprenant, garçon, stagiaire. FAM. grouillot. ▶ ***Débutant*** – commençant, débutant, néophyte, novice, (petit) nouveau, poulain *(prometteur)*, recrue. FRANCE FAM. bizuth, deb. ▶ ***Jeune matelot*** – apprenti (matelot), mousse, novice. FAM. moussaillon. △ **ANT.** INSTRUCTEUR, MAÎTRE, PROFESSEUR; EXPERT.

apprentissage *n. m.* ▶ ***Éducation*** – alphabétisation, conscientisation, didactique, édification, éducation, enrichissement, enseignement, entraînement, études, expérience, façonnage, façonnement, formation, inculcation, information, initiation, instruction, monitorat, pédagogie, professorat, scolarisation, scolarité, stage. QUÉB. andragogie *(aux adultes)*. PÉJ. FAM. dressage *(très sévère)*. ▶ ***Premiers pas*** (SOUT.) – débuts, initiation, premières armes, premiers pas. △ **ANT.** EXPÉRIENCE, MAÎTRISE, MÉTIER.

apprêt *n. m.* ▸ ***Préparatif*** – arrangement, branle-bas, dispositif, disposition, mesure, préalable, précaution, préliminaires, préparatifs, préparation. ▸ ***Enduit*** – blanc de chaux, brasque, briquetage, caviar, enduit, engluage, fart, laque, mastic, patine, stuc, vernis. TECHN. engobe, futée, glairure, lustre, lut, salbande. ▸ ***Affectation*** – affectation, air, apparence, bluff, cabotinage, comédie, composition, contenance, convenu, dandysme, genre, imposture, jeu, maniérisme, manque de naturel, mascarade, mièvrerie, pose, raideur, recherche, représentation, snobisme. SOUT. cambrure. FAM. chiqué, cinéma.

apprêter *v.* ▸ ***Arranger*** – arranger, parer, préparer. QUÉB. ACADIE FAM. gréer. ▸ ***Préparer un mets*** – accommoder, confectionner, cuisiner, faire, mijoter, mitonner, préparer. FAM. concocter, fricoter. ♦ **s'apprêter** ▸ ***Se disposer à faire qqch.*** – aller, être sur le point de, se disposer à, se préparer à. ♦ **apprêté** ▸ ***Qui manque de naturel*** – affecté, artificiel, compassé, composé, empesé, emprunté, étudié, forcé, frelaté. △ **ANT.** DÉFAIRE, DÉRANGER, GÂTER. ♦ **s'apprêter** NÉGLIGER. ♦ **apprêté** FRANC, HUMBLE, NATUREL, SIMPLE, SINCÈRE, SPONTANÉ, VRAI.

apprivoiser *v.* ▸ ***Domestiquer un animal*** – domestiquer, dompter, dresser. ♦ **s'apprivoiser** ▸ ***S'habituer*** (SOUT.) – s'acclimater, s'accommoder, s'accoutumer, s'adapter, s'habituer, se faire à, se familiariser. △ **ANT.** EFFAROUCHER, EFFRAYER, REBUTER; LIBÉRER, RELÂCHER.

approbation *n. f.* ▸ ***Accord*** – acceptation, accord, accréditation, acquiescement, adhésion, adoption, affirmation, affirmative, agrément, amen, approbativité, approuvé, assentiment, autorisation, aval, avis favorable, bénédiction, caution, chorus, confirmation, consentement, déclaration favorable, engagement, entérinement, exeat, feu vert, gré, homologation, légalisation, oui, permission, ratification, sanction, validation. BELG. agréage, agréation. SOUT. suffrage. RELIG. admittatur, celebret, créance, imprimatur, nihil obstat. ▸ ***Encouragement*** – aide, aiguillon, applaudissement, appui, compliment, éloge, exhortation, incitation, prime, prix, protection, récompense, soutien, stimulant, subvention. SOUT. satisfecit. △ **ANT.** DÉSACCORD, NON, OBJECTION, OPPOSITION, PROTESTATION, REFUS; BLÂME, CONDAMNATION, CRITIQUE, DÉSAPPROBATION, RÉPROBATION.

approchant *adj.* ▸ ***Semblable*** – analogue, apparenté, assimilable, comparable, conforme, contigu, correspondant, équivalent, homogène, homologue, indifférencié, pareil, parent, proche, ressemblant, semblable, similaire, voisin. FAM. kif-kif. DIDACT. commensurable. △ **ANT.** DIFFÉRENT, DISSEMBLABLE, DISTINCT.

approche *n. f.* ▸ ***Diminution de la distance*** – rapprochement. ▸ ***Accès*** – abord, accès, arrivée, entrée, introduction, ouverture, seuil. MAR. embouquement *(d'une passe)*. ▸ ***Accueil*** – abord, accès, accueil, attitude, contact, mine, réception, tête, traitement. ▸ ***Imminence*** – imminence, proximité. ▸ ***Apparition*** – apparition, arrivée, avènement, entrée, introduction, irruption, jaillissement, manifestation, occurrence, survenance, venue. SOUT. surgissement, survenue. DIDACT. exondation. ▸ ***Méthode*** – art, chemin, code, comment, credo, démarche, discipline, dispositif, façon (de faire), facture, formule, heuristique, instruction, instrument, ligne de conduite, maïeutique, manière, marche (à suivre), méthode, méthodologie, modalité, mode d'emploi, mode, moyen, opération, ordre, organisation, outil, posologie, pratique, procédé, procédure, protocole, raisonnement, recette, règle, secret, stratagème, stratégie, système, tactique, technique, théorie, traitement, voie. SOUT. faire. ♦ **approches, *plur.*** abords, alentours, bordures, entourage, environs, parages, voisinage. SOUT. entour. △ **ANT.** DISTANCIATION, ÉCARTEMENT, ÉLOIGNEMENT; SÉPARATION.

approcher *v.* ♦ **approcher** ▸ ***Mettre plus près*** – rapprocher. ▸ ***Avoisiner*** – avoisiner, confiner à, côtoyer, coudoyer, friser, frôler, toucher à. ▸ ***Pressentir*** – pressentir, sonder. ♦ **s'approcher ou approcher** ▸ ***Venir plus près*** – avancer, venir. △ **ANT.** DISTANCER, ÉCARTER, ÉLOIGNER, ESPACER, RECULER, REPOUSSER, SÉPARER; ÉVITER, FUIR.

approfondir *v.* ▸ ***Étudier plus à fond*** – ausculter, creuser, épuiser, étudier à fond, examiner sous toutes les coutures, fouiller, passer au crible, scruter, traiter à fond. ♦ **approfondi** détaillé, fouillé, pointu, poussé, précis. △ **ANT.** EFFLEURER, GLISSER SUR, NÉGLIGER, PASSER SUR, RESTER À LA SURFACE.

approfondissement *n. m.* ▸ ***Creusage*** – affouillement, creusage, creusement, déblai, défonçage, défoncement, évidement, excavation, fonçage, foncement, forage, fouille, fouissage, perçage, percement, piochage, sondage. TECHN. rigolage. AGRIC. effondrement. ▸ ***Analyse*** – analyse, dépouillement, développement, enrichissement, épluchage, étude, examen, exploration, introspection, méditation, pesée, progrès, recherche, réflexion, sondage. △ **ANT.** COMBLEMENT, REMPLISSAGE; ÉBAUCHE, EFFLEUREMENT; INSOUCIANCE, LÉGÈRETÉ.

appropriation *n. f.* ▸ ***Achat*** – achat, acquisition. ▸ *Pendant le mariage* – achat en communauté, acquêt, conquêt. ▸ ***Saisie*** – blocus, confiscation, désapprovisionnement, embargo, expropriation, gel, immobilisation, mainmise, prise, privation, saisie, séquestre, suppression. ▸ ***Occupation*** – assujettissement, conquête, empiétement, envahissement, invasion, mainmise, occupation, prise (de possession), usurpation. ▸ ***Adaptation*** – acclimatation, acclimatement, accommodation, accoutumance, acculturation, adaptation, aguerrissement, apprivoisement, assuétude, endurcissement, familiarisation, habituation, habitude, intégration, mise à jour, mise au courant. MÉD. anergie. ▸ ***Nettoyage*** (BELG.) – astiquage, bichonnage, débarbouillage, déblaiement, décrassage, décrassement, décrottage, dégagement, dépoussiérage, détachage, essuyage, fourbissage, fourbissement, lavage, lessivage, lessive, ménage, nettoyage, rangement, ravalement, savonnage, vidange. FAM. briquage. RARE essangeage. △ **ANT.** ABANDON, ALIÉNATION; INADAPTATION.

approprier (s') *v.* ▸ ***Conformer*** – accommoder, accorder, adapter, ajuster, aligner, conformer, faire cadrer, modeler, moduler, mouler, régler. ▸ ***Nettoyer*** (BELG. FAM.) – curer, décrasser, désencrasser, frotter, gratter, nettoyer, racler, récurer. FAM. décrotter. BELG. FAM. reloqueter. SUISSE poutser. ♦ **s'approprier** ▸ ***Prendre arbitrairement*** – s'adjuger, s'arroger, s'attribuer, s'octroyer, usurper. ▶ ***Prendre en entier*** – accaparer, monopoliser, retenir, s'emparer de, se rendre maître de. *FAM.* truster. ♦ **approprié** à propos, adapté, adéquat, bien trouvé, bien venu, bon, conforme, convenable, correct, de circonstance, heureux, indiqué, juste, opportun, pertinent, propice, propre. *SOUT.* ad hoc, congruent, expédient, idoine. *DIDACT.* topique. △ **ANT.** DONNER, REDONNER, REMETTRE, RENDRE, RESTITUER.

approuver *v.* ▶ ***Accepter*** – accéder à, accepter, acquiescer à, agréer, avaliser, cautionner, consentir à, dire oui à, donner son aval à, opiner à, toper, vouloir. *FAM.* marcher. ▶ ***Autoriser*** – autoriser, laisser, passer, permettre. ▶ ***Ratifier*** – accepter, confirmer, entériner, homologuer, plébisciter, ratifier, sanctionner, sceller, signer, valider. ▶ ***Soutenir*** – adhérer à, appuyer, consentir à, se prêter à, souscrire à, soutenir, supporter. *SOUT.* entendre à. ▶ ***Féliciter*** – applaudir, chanter les louanges de, complimenter, congratuler, couvrir de fleurs, couvrir de louanges, encenser, faire l'éloge de, féliciter, louanger, louer, rendre hommage à, saluer, vanter. ▶ ***Avoir la même opinion*** – abonder dans le sens de, donner raison à, être d'accord, être du même avis, faire chorus, partager l'opinion de. △ **ANT.** DÉSAPPROUVER, REFUSER, REJETER, REPOUSSER; INTERDIRE; BLÂMER, CONDAMNER, CRITIQUER, RÉPROUVER.

approvisionnement *n. m.* ▶ ***Apport*** – apport, fourniture, ravitaillement. ▶ ***Subsistance*** – aliment, alimentation, comestibles, denrée, entretien, fourniture, intendance, nourriture, pain, produit alimentaire, provision, ravitaillement, subsistance, victuailles, vie, vivres. *SOUT.* provende. *FAM.* matérielle. ▸ *Pour une personne* – part, portion, ration. ▶ ***Réserve*** – amas, dépôt, fourniture, provision, réserve, stock. △ **ANT.** DÉSAPPROVISIONNEMENT, DISETTE, PÉNURIE.

approximatif *adj.* ▶ ***Calculé par approximation*** – approché, arrondi. ▶ ***Peu approfondi*** – grossier, imprécis, rudimentaire, sommaire, superficiel, vague. △ **ANT.** EXACT, PRÉCIS; COMPLET, EXHAUSTIF.

approximation *n.f.* ▶ ***Évaluation*** – aperçu, appréciation, calcul, détermination, devis, estimation, évaluation, expertise, inventaire, mesure, prévision, prisée, supputation. ▶ ***Imprécision*** – à-peu-près, confusion, flou, imprécision, indétermination, nébulosité, vague. △ **ANT.** DÉTERMINATION; EXACTITUDE, PRÉCISION.

approximativement *adv.* à première vue, à (très) peu près, autour de, dans les, en gros, environ, grosso modo, plus ou moins, quelque, un peu moins de, un peu plus de, vaguement. *SOUT.* approchant. *FAM.* à vue de nez, au pif, au pifomètre. △ **ANT.** EXACTEMENT, JUSTE, PRÉCISÉMENT.

appui *n. m.* ▶ ***Soutien*** – renfort, soutènement, soutien, support. ▶ ***Aide*** – aide, appoint, apport, assistance, association, bienfaisance, bons offices, collaboration, complicité, concours, conseil, contribution, coopération, coup d'épaule, coup de main, coup de pouce, dépannage, entraide, grâce, main-forte, participation, planche de salut, renfort, secours, service, soutien, synergie. *SOUT.* viatique. *FAM.* (coup de) fion. ▶ ***Intervention*** – aide, concours, entremise, immixtion, incursion, ingérence, interposition, interventionnisme, intrusion, médiation, ministère, office. *SOUT.* intercession. ▶ ***Encouragement*** – aide, aiguillon, applaudissement, approbation, compliment, éloge, exhortation, incitation, prime, prix, protection, récompense, soutien, stimulant, subvention. *SOUT.* satisfecit. ▶ ***Réconfort*** – adoucissement, apaisement, baume, bercement, cicatrisation, consolation, rassérénement, réconfort, soulagement, soutien moral. *SOUT.* dictame. *FAM.* béquille. ▶ ***Protection*** – abri, aide, assistance, chapeautage, conservation, couverture, garantie, garde, mandat, parrainage, paternalisme, patronage, protection, recommandation, renfort, rescousse, sauvegarde, secours, sécurisation, soutien, surveillance, tutelle. *FIG.* parapluie. *SOUT.* égide. *FAM.* piston. ▶ ***Influence*** – action, aide, ascendant, attirance, attraction, aura, autorité, contagion, crédit, dominance, domination, effet, empreinte, emprise, fascination, force, importance, incitation, influence, inspiration, magie, magnétisme, mainmise, manipulation, mouvance, persuasion, pétition, poids, pouvoir, prépondérance, présence, pression, prestige, puissance, règne, rôle, séduction, subjugation, suggestion, tyrannie. *SOUT.* empire, intercession. ▶ ***Caution*** – accréditeur, avaliseur, avaliste, caution, endosseur, fidéjusseur, garant, parrain, répondant, soutien. ▶ ***Défenseur*** – apologiste, apôtre, avocat, champion, défenseur, protecteur, redresseur de torts, représentant, serviteur, soldat, soutien, tenant. *SOUT.* intercesseur. △ **ANT.** ABANDON, DÉFECTION; TRAHISON; HOSTILITÉ, OBSTRUCTION, OPPOSITION; DÉTRACTEUR, ENNEMI, OPPOSANT.

appuyer *v.* ▶ ***Coller*** – appliquer, coller, plaquer. ▶ ***Accoter*** – accoter, adosser, caler. ▶ ***Baser*** – asseoir, baser, établir, faire reposer, fonder. ▶ ***Servir d'appui*** – étayer, soutenir, stabiliser. *TECHN.* chevaler, enchevaler, étançonner, étrésillonner. ▶ ***Sous-tendre*** – étayer, sous-tendre, soutenir, supporter. ▶ ***Confirmer*** – confirmer, corroborer. ▶ ***Donner son appui*** – adhérer à, approuver, consentir à, se prêter à, souscrire à, soutenir, supporter. *SOUT.* entendre à. ▶ ***Aider*** – aider, assister, épauler, seconder, soutenir. ▶ ***Patronner*** – favoriser, patronner, prendre sous son aile, protéger, recommander, soutenir. *FAM.* donner un coup de pouce à, pistonner. ▶ ***Défendre*** – défendre, militer, prendre fait et cause pour, prendre la défense de, prendre parti pour, soutenir. ▶ ***Prononcer avec force*** – accentuer, marteler, scander. ▶ ***Presser*** – peser, pousser, presser. ▶ ***Insister*** – attirer l'attention sur, faire remarquer, insister sur, mentionner, porter à l'attention, signaler, soulever, souligner. ♦ **s'appuyer** ▶ ***Reposer*** – poser, prendre appui, reposer. ▶ ***Se baser*** – reposer, se baser, se fonder. ▶ ***Se fier*** – compter sur, faire fond sur, se fier à, spéculer sur, tabler sur. *FAM.* miser sur. ♦ **appuyé** ▶ ***Insistant*** – insistant, lourd. △ **ANT.** ENLEVER, ÔTER, RELÂCHER, RETIRER; ENTRAVER; SAPER; DÉSAPPROUVER, REFUSER, REJETER, REPOUSSER; INTERDIRE; BLÂMER, CONDAMNER, CRITIQUER, RÉPROUVER; COMBATTRE, DÉCOURAGER; ABANDONNER; EFFLEURER, GLISSER.

âpre *adj.* ▶ ***Rude au toucher*** – râpeux, rêche, rude, rugueux. ▶ ***Au caractère désagréable*** – acariâtre, acerbe, aigri, anguleux, bourru, déplaisant, désagréable, désobligeant, difficile, grincheux, hargneux, intraitable, maussade, rébarbatif, rêche, revêche. SOUT. atrabilaire. FAM. chameau, teigneux. QUÉB. FAM. malcommode. SUISSE gringe. ▶ ***En parlant du froid*** – cinglant, mordant, pénétrant, perçant, piquant, saisissant, vif. RARE cuisant. ▶ ***En parlant de l'hiver, du climat*** – dur, inclément, rigoureux, rude. ▶ ***En parlant d'une voix*** – enroué, éraillé, guttural, râpeux, rauque, rocailleux, rude. FAM. de rogomme. ▶ ***En parlant d'une lutte*** – acharné, chaud, farouche, féroce, furieux, opiniâtre. △ **ANT.** DOUX; SATINÉ; AFFABLE, AIMABLE, AMICAL, BIENVEILLANT; CLAIR, CRISTALLIN, MÉLODIEUX.

âprement *adv.* ▶ ***Rudement*** – à la hussarde, à tour de bras, à toute force, brutalement, crûment, de la belle manière, durement, énergiquement, fort, fortement, net, raide, raidement, rudement, sans ménagement, sec, vertement, vigoureusement, violemment, vivement. ▶ ***Avidement*** – avec avidité, avidement. △ **ANT.** AFFECTUEUSEMENT, AMICALEMENT, CHALEUREUSEMENT, TENDREMENT; AVEC MAGNANIMITÉ, GÉNÉREUSEMENT.

âpreté *n.f.* ▶ ***Rugosité*** – aspérité, callosité, inégalité, irrégularité, rudesse, rugosité. ▶ ***Sévérité*** – aridité, austérité, dureté, exigence, gravité, rigidité, rigueur, sécheresse, sérieux, sévérité. ▶ ***Hargne*** – acariâtreté, acerbité, acidité, âcreté, acrimonie, agressivité, aigreur, amertume, animosité, bave, bile, causticité, colère, dépit, désagrément, dureté, fiel, haine, hargne, humeur, irritation, malveillance, maussaderie, mauvaise humeur, méchanceté, mordant, pique, rancœur, rancune, récrimination, ressentiment, rudesse, tranchant, venin, vindicte, virulence. SOUT. mordacité. FAM. rouspétance. ▶ ***Avarice*** – appât du gain, âpreté (au gain), avarice, avidité, cupidité, économie de bouts de chandelle, égoïsme, mesquinerie, parcimonie, petitesse, pingrerie, rapacité, thésaurisation. SOUT. ladrerie, lésine, sordidité, vilenie. FAM. mégotage, radinerie. △ **ANT.** DOUCEUR; FACILITÉ; MODÉRATION; BIENVEILLANCE, GÉNÉROSITÉ.

apriori *loc.adv.* au premier abord, au premier chef, d'abord, en premier lieu, par priorité, préalablement, préliminairement, premièrement, primo, prioritairement, tout d'abord.

à-propos *n.m.* ▶ ***Pertinence*** – bien-fondé, convenance, légitimité, opportunité, pertinence, présence d'esprit, repartie, utilité.

apte *adj.* capable de, habile à, propre à, susceptible de. FAM. chiche de, fichu de. △ **ANT.** INAPTE, INCAPABLE.

aptitude *n.f.* ▶ ***Disposition*** – affection, attirance, disposition, faible, faiblesse, goût, habitude, impulsion, inclination, instinct, penchant, pente, prédilection, prédisposition, préférence, propension, tendance, vocation. DIDACT. susceptibilité. PSYCHOL. compulsion. FAM. tendresses. ▶ ***Compétence*** – adresse, aisance, art, brio, capacité, compétence, dextérité, disposition, doigté, don, expertise, facilité, faculté, force, fort, génie, habileté, main, maîtrise, métier, pouvoir, professionnalisme, savoir, savoir-faire, sens, talent, technique, virtuosité. FAM. bosse. DR. habilitation, habilité. △ **ANT.** INAPTITUDE, INCAPACITÉ, INCOMPÉTENCE.

aqueduc *n.m.* ▶ ***Voie d'écoulement*** – adducteur, canal, drain, encaissement, fossé, lit, sangsue, tranchée. BELG. watergang. SUISSE bisse. FRANCE RÉGION. bésau, duit, étier *(vers la mer)*. AFR. seguia. ▸ *Petit* – rigole, saignée. TECHN. dalot, goulette, goulotte, larron d'eau, noue, noulet, pierrée. ▸ *Bordant une route* – caniveau, cassis, ruisseau. ▸ *Souterrain* – égout, puisard *(vertical)*. ▸ *Entre deux écluses* – bief, sas. ▸ *Entre deux rivières* – arroyo. ▶ ***Pont*** – pont-aqueduc, pont-canal.

arabesque *n.f.* ▶ ***Motif décoratif*** – broderie, fioriture, moresque, volute. ▶ ***Courbe*** – boucle, contour, courbe, détour, lacet, méandre, ondulation, repli, serpentin, sinuosité, volute *(fumée)*. SOUT. flexuosité.

araignée *n.f.* ▶ ***Être vivant*** ▸ *Groupes* – aranéide, opilion. ▶ ***Câble*** – pieuvre, sandow, tendeur.

arbitrage *n.m.* ▶ ***Tractation*** – affaire, contestation, débat, démêlé, différend, discussion, dispute, médiation, négociation, panel, querelle, règlement, spéculation, tractation. ▶ ***Compromis*** – accommodement, accord, arrangement, composition, compromis, conciliation, entente à l'amiable, entente amiable, expédient, moyen terme, règlement à l'amiable, règlement amiable. DR. amiable composition. PÉJ. cote mal taillée.

arbitraire *adj.* ▶ ***Injustifié*** – abusif, attentatoire, illégitime, immérité, indu, inéquitable, inique, injuste, injustifié, inquisitorial, léonin, oppressif, vexatoire. ▶ ***Tyrannique*** – absolu, absolutiste, autocratique, autoritaire, césarien, despote, despotique, dictatorial, directif, dominateur, hégémonique, jupitérien, totalitaire, tyrannique. ▶ ***Qui dénote un parti-pris*** – partial, partisan, prévenu, qui a des œillères, subjectif, tendancieux. ▶ ***Qui relève d'une convention*** – conventionnel. ▸ *Signe linguistique* – démotivé, immotivé. △ **ANT.** ÉQUITABLE, FONDÉ, JUSTE, JUSTIFIÉ, LÉGITIME; PRÉDÉTERMINÉ.

arbitraire *n.m.* ▶ ***Injustice*** – abus, déloyauté, déni de justice, empiétement, erreur (judiciaire), exploitation, favoritisme, illégalité, illégitimité, inconstitutionnalité, inégalité, iniquité, injustice, irrégularité, mal-jugé, malveillance, noirceur, partialité, passe-droit, privilège, scélératesse, tort, usurpation. SOUT. improbité. ▶ ***Pouvoir autoritaire*** – autoritarisme, caporalisme, despotisme, dictature, directivisme, directivité, omnipotence, oppression, tyrannie. SOUT. satrapie. △ **ANT.** DÉMOCRATIE; JUSTICE.

arbitrairement *adv.* ▶ ***Injustement*** – abusivement, faussement, inéquitablement, iniquement, injustement, partialement, subjectivement, tendancieusement. ▶ ***Tyranniquement*** – absolument, autocratiquement, autoritairement, d'autorité, despotiquement, dictatorialement, discrétionnairement, tyranniquement, unilatéralement. ▶ ***Conventionnellement*** – conventionnellement, par convention. ▶ ***Traditionnellement*** – académiquement, classiquement, conventionnellement, traditionnellement. △ **ANT.** ÉQUITABLEMENT, IMPARTIALEMENT, JUSTEMENT, OBJECTIVEMENT; ATTENTIVEMENT, AVEC CIRCONSPECTION, CONSCIENCIEUSEMENT, MÉTICULEUSEMENT, MINUTIEUSEMENT, PRÉCISÉMENT, PROPREMENT, RIGOUREUSEMENT, SCRUPULEUSEMENT, SÉRIEUSEMENT, SOIGNEUSEMENT.

arbitre *n.* ▶ ***Médiateur*** – arbitragiste, arrangeur, conciliateur, intermédiaire, juge, médiateur, modérateur, négociateur, ombudsman, pacificateur, réconciliateur, surarbitre. *DR.* amiable compositeur. ▶ ***Appréciateur*** – appréciateur, connaisseur, enquêteur, expert, juge, juré. ▶ ***Juge d'une épreuve sportive*** – juge, officiel.

arborer *v.* ▶ ***Montrer avec ostentation*** – afficher, déployer, étaler, exhiber, exposer, faire étalage de, faire montre de, faire parade de. △ **ANT.** AMENER, BAISSER; CACHER, DISSIMULER.

arbre *n.m.* ▶ ***Végétal*** – *BOT.* plante ligneuse. ▶ ***Axe*** – arbre-manivelle, axe, bielle, biellette, charnière, essieu, manivelle, moyeu, pivot, tige, vilebrequin. *TECHN.* goujon, tourillon.

arbuste *n.m.* arbrisseau, sous-arbrisseau.

arc *n.m.* ▶ ***Élément architectural*** – accolade, anse (de panier), (arc) doubleau, arcade, arc-boutant, arche, arc-rampant, berceau, cintre, formeret, lancette, ogive, surbaissement, voussure. ▶ ***Courbe*** – anse, arcade, arcature, arceau, arche, archivolte, courbe, courbure, demi-cercle, feston, recourbure.

arcade *n.f.* ▶ ***Courbe*** – anse, arc, arcature, arceau, arche, archivolte, courbe, courbure, demi-cercle, feston, recourbure. ▶ ***Élément architectural*** – accolade, anse (de panier), arc, (arc) doubleau, arc-boutant, arche, arc-rampant, berceau, cintre, formeret, lancette, ogive, surbaissement, voussure.

arche *n.f.* ▶ ***Courbe*** – anse, arc, arcade, arcature, arceau, archivolte, courbe, courbure, demi-cercle, feston, recourbure. ▶ ***Voûte*** – accolade, anse (de panier), arc, (arc) doubleau, arcade, arc-boutant, arc-rampant, berceau, cintre, formeret, lancette, ogive, surbaissement, voussure.

architecte *n.* ▶ ***Concepteur*** – aménageur, bâtisseur, concepteur, concepteur-projeteur, créateur, créatif, édificateur, fondateur, ingénieur, inventeur, maître d'œuvre, ordonnateur, projeteur, urbaniste. *SOUT.* démiurge. ▶ ***Constructeur*** – bâtisseur, constructeur, entrepreneur, ingénieur. △ **ANT.** DÉMOLISSEUR, DESTRUCTEUR.

architecture *n.f.* ▶ ***Architectonique*** – aménagement, architectonie, architectonique, conception, domisme, travaux publics, urbanisme. ▶ ***Structure*** – armature, charpente, ferme, gros œuvre, ossature, squelette, structure. ▶ ***Agencement*** – accommodation, accommodement, agencement, ajustement, aménagement, arrangement, articulation, assemblage, combinaison, combinatoire, composition, concaténation, configuration, construction, contexture, coordination, disposition, distribution, élaboration, enchaînement, harmonie, liaison, mise en ordre, mise en place, ordonnance, ordonnancement, ordre, organisation, orientation, plan, profil, programmation, rangement, structuration, structure, système, texture.

ardemment *adv.* ▶ ***Passionnément*** – à corps perdu, à la folie, éperdument, fanatiquement, fervemment, follement, frénétiquement, furieusement, passionnément, violemment, vivement. ▶ ***Fougueusement*** – chaleureusement, chaudement, fougueusement, impétueusement, violemment. *SOUT.* torrentueusement, véhémentement. △ **ANT.** DUREMENT, FRAÎCHEMENT, FROIDEMENT, GLACIALEMENT, HAUTAINEMENT, IMPERSONNELLEMENT, INSENSIBLEMENT, RAIDE, RAIDEMENT, SEC, SÈCHEMENT.

ardent *adj.* ▶ ***En combustion*** – embrasé, igné, incandescent. ▶ ***Chaud*** – bouillant, brûlant, chaud. ▶ ***Qui rappelle la couleur du feu*** – de feu, flamboyant, rouge feu, rougeâtre, rougeoyant, rutilant. ▶ ***Fougueux*** – animé, enthousiaste, exubérant, fougueux, pétulant, véhément, vif. ▶ ***Enthousiaste*** – à tous crins, chaleureux, chaud, délirant d'enthousiasme, emballé, en extase, enthousiasmé, enthousiaste, extasié, extatique, fervent, passionné. *FAM.* tout feu tout flammes. ▶ ***Passionné*** – enflammé, exalté, fervent, inspiré, lyrique, passionné, vibrant. ▶ ***Intense*** – animé, chaud, intense, vif. ▶ ***Dévorant*** – brûlant, dévastateur, dévorant, ravageur. *SOUT.* dévorateur. ▶ ***Sensuel*** – brûlant, chaud, érotique, passionné, torride. △ **ANT.** ÉTEINT; APATHIQUE, INDOLENT, NONCHALANT, OISIF, PASSIF; FROID, INDIFFÉRENT, INSENSIBLE AUX CHARMES DE.

ardeur *n.f.* ▶ ***Enthousiasme*** – allant, animation, chaleur, cœur, élan, enthousiasme, entrain, ferveur, flamme, passion, zèle. *FAM.* pep. *SOUT.* feu. ▶ ***Dynamisme*** – abattage, activité, allant, dynamisme, effort, énergie, vie, vigueur, vitalité, vivacité. *FAM.* punch. ▶ ***Fougue*** – emportement, feu, fougue, furia, impétuosité, pétulance, véhémence, vivacité. *FAM.* mordant. ▶ ***Acharnement*** – acharnement, effort, énergie, lutte. ▶ ***Intensité*** – acharnement, animosité, énergie, force, frénésie, fureur, furie, impulsivité, intensité, puissance, rage, vigueur, violence, virulence, vivacité. *SOUT.* impétuosité, véhémence. ▶ ***Éloquence*** – art, art oratoire, brio, chaleur, charme, conviction, élégance, expression, maîtrise, parole, persuasion, rhétorique. *SOUT.* bien-dire. ▶ ***Désir amoureux*** – amour, chair, concupiscence, désir, (les) sens, libido, passion, sensualité. *SOUT.* feu, flamme. ♦ **ardeurs, *plur.*** ▶ ***Forte chaleur*** – canicule, chaleurs. *SOUT.* touffeur. *SUISSE* tiède; *FAM.* tiaffe. △ **ANT.** FROIDEUR, INDIFFÉRENCE, TIÉDEUR; INDOLENCE, MOLLESSE, NONCHALANCE.

ardu *adj.* ▶ ***Pénible*** – difficile, dur, éprouvant, pénible, rude. *FAM.* galère. ▶ ***Laborieux*** – complexe, compliqué, corsé, délicat, difficile, épineux, laborieux, malaisé, problématique. *SOUT.* scabreux. *FAM.* calé, coton, dur, musclé, trapu. ▶ ***Escarpé*** (*RARE*) – à fond de cuve, à pic, abrupt, accore, escarpé, montant, raide, rapide. △ **ANT.** AISÉ, COMMODE, ÉLÉMENTAIRE, ENFANTIN, FACILE, SIMPLE.

arène *n.f.* ▶ ***Amphithéâtre*** – amphithéâtre, carrière, champ de bataille, cirque, gradins, hémicycle, lice, odéon, piste, ring, théâtre. ▶ ***Sable*** – calcul, castine, gravier, sable, sablon, tangue *(vaseux)*.

arête *n.f.* ▶ ***Pointe de l'épi*** – barbe. ▶ ***Coin*** – angle, anglet, carre, coin, corne, coude, diverticule, écoinçon, encoignure, enfourchement, noue, pan, recoin, renfoncement, retour, saillant, tournant. *MAR.* empointure. ▶ ***Saillie*** – angle, appendice, aspérité, avancée, avancement, balèvre, bec, bosse, bourrelet, console, corne, corniche, côte, coude, crête, dent, éminence, encorbellement, éperon, ergot, excroissance, gibbosité, hourd, moulure, nervure, picot, pointe, proéminence, projecture, prolongement, protubérance, redan, relief, ressaut, saillant, saillie, surplomb, surplombement, tubercule.

argent *n. m.* ▶ ***Monnaie*** – argent comptant, argent liquide, billet (de banque), comptant, coupure, liquide, papier-monnaie. FAM. biffeton. ▶ ***Richesse*** – FAM. blé, braise, flouse, fric, galette, grisbi, jonc, oseille, pépètes, picaillons, pognon, radis, sous, trèfle. ▶ ***Capital*** – avoir, bien, capital, cassette, épargne, fonds, fortune, fruit, gain, investissement, liquidités, numéraire, patrimoine, pécule, placement, portefeuille, possession, produit, propriété, richesse, trésor, valeur. SOUT. deniers. FAM. finances, magot. ▶ ***Économies*** – cagnotte, économies, épargnes, réserve. FAM. bas (de laine), magot, pécule.

argenté *adj.* ▶ ***D'un gris brillant*** – argent, gris fer, gris métallisé. ▶ ***Riche*** (FAM.) – à l'aise, aisé, cossu, cousu d'or, fortuné, huppé, nanti, qui a les moyens, qui roule sur l'or, riche. SOUT. opulent. PÉJ. richard. FRANCE FAM. friqué, rupin. △ **ANT.** DANS LE BESOIN, DÉFAVORISÉ, DÉMUNI, INDIGENT, MISÉRABLE, MISÉREUX, NÉCESSITEUX, PAUVRE.

argile *n.f.* (terre) glaise. QUÉB. FAM. terre forte, terre grasse.

argot *n.m.* ▶ ***Langue des voleurs*** – argot des voleurs, argot du milieu. ANC. jar, jobelin. ▶ ***Langue populaire*** – langue argotique, langue populaire, langue verte. ▶ ***Langue déformée*** – jargon. △ **ANT.** LANGUE CHÂTIÉE, LANGUE SOUTENUE.

argument *n.m.* ▶ ***Raisonnement*** – analyse, apagogie, argumentation, considérations, déduction, démonstration, dialectique, dilemme, discussion, échafaudage, explication, implication, induction, inférence, logique, méthode, preuve, raison, réflexion, réfutation, sorite, substruction, syllogisme, syllogistique, synthèse. ▶ ***Raison*** – affirmation, allégation, argumentation, assertion, déclaration, dire, expression, parole, position, propos, proposition, raison, théorème, thèse. ▶ ***Moyen*** – arme, atout, avantage, carte maîtresse, moyen, un plus. ▶ ***Résumé*** – abrégé, aide-mémoire, analyse, aperçu, compendium, condensé, éléments, épitomé, esquisse, extrait, livret, manuel, mémento, morceau, notice, page, passage, plan, précis, promptuaire, raccourci, récapitulation, réduction, résumé, rudiment, schéma, sommaire, somme, synopsis, vade-mecum. FAM. topo. ▶ ***Traité*** – argumentation, cours, développement, discours, dissertation, essai, étude, exposé, manuel, mémoire, monographie, somme, thèse. DR. dire. ▶ ***Variable*** – identificateur, identifieur, inconnue, paramètre, variable.

argumentation *n.f.* ▶ ***Raisonnement*** – analyse, apagogie, argument, considérations, déduction, démonstration, dialectique, dilemme, discussion, échafaudage, explication, implication, induction, inférence, logique, méthode, preuve, raison, réflexion, réfutation, sorite, substruction, syllogisme, syllogistique, synthèse. ▶ ***Affirmation*** – affirmation, allégation, argument, assertion, déclaration, dire, expression, parole, position, propos, proposition, raison, théorème, thèse. ▶ ***Traité*** – argument, cours, développement, discours, dissertation, essai, étude, exposé, manuel, mémoire, monographie, somme, thèse. DR. dire.

aride *adj.* ▶ ***Sans eau*** – desséché, sec. GÉOGR. aréique. ▶ ***Qui produit peu de végétation*** – avare, désertique, improductif, inculte, incultivable, infertile, ingrat, pauvre, stérile. ▶ ***Qui rebute*** – désagréable, ingrat, pénible, rébarbatif, rebutant. FAM. craignos. ▶ ***Insensible*** – de granit, de pierre, dur, endurci, froid, indifférent, insensible, sans-cœur, sec. SOUT. d'airain, frigide, granitique. FAM. blindé. △ **ANT.** HUMIDE; PLUVIEUX; FÉCOND, FERTILE, RICHE; CHALEUREUX, CORDIAL, HUMAIN; CRÉATEUR, CRÉATIF, IMAGINATIF, INVENTIF, QUI A L'IMAGINATION FERTILE; ATTRAYANT, CAPTIVANT, FASCINANT, INTÉRESSANT, PASSIONNANT; AISÉ, FACILE, SIMPLE; COMPATISSANT, EMPATHIQUE, SENSIBLE.

aristocrate *n.* ▶ ***Membre de la noblesse*** – noble, titré. SOUT. patricien. FAM. aristo. HIST. talon rouge. PÉJ. ci-devant, hobereau, noblaillon, nobliau. ▸ *Homme* – homme bien né, homme de condition, homme de qualité, seigneur. ANC. gentilhomme. ▹ *Jeune homme* – damoiseau *(pas encore chevalier)*, menin, page. ▸ *Femme* – femme bien née, femme de condition, femme de qualité, noble. ANC. dame, damoiselle, demoiselle. △ **ANT.** BOURGEOIS, ROTURIER; HOMME DU PEUPLE, PLÉBÉIEN, PROLÉTAIRE; DÉMOCRATE.

aristocratie *n.f.* ▶ ***Noblesse*** – élite, gentry, grandesse, lignage, lignée, naissance, nom, qualité, sang bleu. ▶ ***Haute société*** – beau monde, gens du monde, gotha, grand monde, haute société, monde, société. FAM. beau linge, gratin, haute. ▶ ***Élite*** – choix, élite, (fine) fleur, gotha, meilleur, sérail. FAM. crème, dessus du panier, gratin. △ **ANT.** DÉMOCRATIE; BOURGEOISIE; PEUPLE, ROTURE.

aristocratique *adj.* ▶ ***Noble*** – de haut lignage, de haute extraction, nobiliaire, noble, patricien, princier. ▶ ***Distingué*** – chic, de grande classe, distingué, élégant, qui a bon genre, racé, raffiné, ultrachic. FAM. classe. △ **ANT.** DÉMOCRATIQUE, PLÉBÉIEN, POPULAIRE, PROLÉTAIRE.

arithmétique *n.f.* ▶ ***Calcul*** – algèbre, algorithme, calcul, chiffrage, compte, opération, supputation.

armature *n.f.* ▶ ***Charpente*** – bâti, cadre, carcasse, chaînage, charpente, châssis, lisoir, ossature, poutrage, poutraison. ▶ ***Structure*** – architecture, charpente, ferme, gros œuvre, ossature, squelette, structure.

arme *n.f.* ▶ ***Moyen*** – argument, atout, avantage, carte maîtresse, moyen, un plus. ♦ **armes,** ***plur.*** armoiries, blason, écu, écusson, pennon.

armée *n.f.* ▶ ***Ensemble des soldats*** – effectifs, forces (militaires), troupes. BELG. milice. FÉOD. ost. ▶ ***Foule*** – abondance, affluence, armada, attroupement, bande, cohue, concentration, concours, encombrement, essaim, flot, forêt, foule, fourmilière, fourmillement, grouillement, légion, marée, masse, meute, monde, multitude, peuple, pléiade *(célébrités)*, pullulement, rassemblement, régiment, réunion, ribambelle, ruche, tas, troupeau. FAM. flopée, marmaille *(enfants)*, tapée, tripotée. QUÉB. FAM. achalandage, gang. PÉJ. ramassis.

armement *n. m.* ▶ ***Équipement d'une armée*** – matériel de guerre. ▶ ***Action d'armer un bâtiment*** – avitaillement, équipement, gréement, mâtage, mâtement. △ **ANT.** DÉSARMEMENT.

armer *v.* ▶ ***Munir d'ouvrages de défense*** – fortifier. ▶ ***Revêtir de métal*** – barder d'acier, barder de fer, blinder, cuirasser. ♦ **s'armer** ▶ ***Prendre*** – prendre, se munir de. ▶ ***Se protéger*** – parer à, prendre ses précautions, s'assurer, se garantir, se prémunir, se protéger. *SOUT.* se précautionner. △ **ANT.** DÉSARMER, RÉARMER.

armoire *n.f.* ▶ ***Meuble*** – armoire à glace, bahut, bonnetière, casier, chiffonnier, étagère, (meuble de) rangement, semainier, tour. *FAM.* fourre-tout.

armure *n.f.* ▶ ***Protection psychologique*** – carapace, cuirasse. ▶ ***Entrecroisement de fils*** – contexture. △ **ANT.** NUDITÉ, VULNÉRABILITÉ.

arôme (var. **arome**) *n. m.* ▶ ***Odeur agréable*** – bouquet *(vin)*, fragrance, fumet, parfum, senteur.

arpenter *v.* ▶ ***Mesurer un terrain*** – chaîner. ▶ ***Parcourir*** – battre, explorer, inspecter, parcourir, prospecter, ratisser, reconnaître, visiter.

arrachement *n.m.* arrachage, avulsion, éradication, excision, extirpation, extraction. *RARE* retirement. △ **ANT.** ENRACINEMENT, IMPLANTATION, PLANTATION.

arracher *v.* ▶ ***Retirer avec effort*** – extirper, extraire. ▶ ***Déraciner*** – déplanter, déraciner, déterrer, extirper. ▶ ***Emporter sur son passage*** – balayer, charrier, emporter, enlever, entraîner. ▶ ***Tirer d'un danger*** – sauver, soustraire. *QUÉB.* réchapper, rescaper. *MAR.* sauveter. ▶ ***Soutirer*** – escroquer, extorquer, soutirer, voler. *FAM.* carotter, ratiboiser, taxer. ♦ **s'arracher** ▶ ***S'en aller*** (*FAM.*) – faire un tour, filer, montrer les talons, partir, plier bagage, quitter, s'éloigner, s'en aller, se retirer, tourner les talons, vider les lieux. *FAM.* calter, débarrasser le plancher, décoller, dévisser, ficher le camp, foutre le camp, lever l'ancre, mettre les bouts, mettre les voiles, riper, se barrer, se casser, se tailler, se tirer, se trotter, trisser. △ **ANT.** ENRACINER, PLANTER; ENFONCER, POSER. ♦ **s'arracher** S'INCRUSTER.

arrangement *n.m.* ▶ ***Classement*** – archivage, catalogage, classement, classification, collocation, distribution, indexage, indexation, mise en ordre, ordonnancement, ordre, rangement, répartition, sériation, tri, triage. ▶ ***Agencement*** – accommodation, accommodement, agencement, ajustement, aménagement, architecture, articulation, assemblage, combinaison, combinatoire, composition, concaténation, configuration, construction, contexture, coordination, disposition, distribution, élaboration, enchaînement, harmonie, liaison, mise en ordre, mise en place, ordonnance, ordonnancement, ordre, organisation, orientation, plan, profil, programmation, rangement, structuration, structure, système, texture. ▶ ***Préparatif*** – apprêt, branle-bas, dispositif, disposition, mesure, préalable, précaution, préliminaires, préparatifs, préparation. ▶ ***Finition*** – achèvement, amélioration, complètement, correction, enjolivement, finition, léchage, mise au point, peaufinage, perfectionnement, polissage, raffinage, raffinement, retouche, révision, soin. *SOUT.* parachèvement. *FAM.* fignolage. ▶ ***Réparation*** – amélioration, bricolage, consolidation, dépannage, entretien, maintenance, rajustement, ravalement, reconstitution, réfection, remise à neuf, remise en état, remontage, renforcement, réparation, reprise, restauration, restitution, rétablissement, retapage, rhabillage, sauvetage, soin. *FAM.* rafistolage. ▶ ***Orchestration*** – accompagnement, harmonisation, instrumentation, musique, orchestration. ▶ ***Compromis*** – accommodement, accord, arbitrage, composition, compromis, conciliation, entente à l'amiable, entente amiable, expédient, moyen terme, règlement à l'amiable, règlement amiable. *DR.* amiable composition. *PÉJ.* cote mal taillée. ▶ ***Accord*** – accommodement, accord, alliance, compromis, concordat, consensus, contrat, convention, engagement, entente, marché, modus vivendi, pacte, protocole, traité, transaction. △ **ANT.** DÉRANGEMENT, DÉSORDRE, PERTURBATION; BROUILLE, DIFFÉREND, DISPUTE.

arranger *v.* ▶ ***Préparer*** – apprêter, parer, préparer. *QUÉB. ACADIE FAM.* gréer. ▶ ***Disposer*** – disposer, mettre, placer, présenter. ▶ ***Ordonner*** – agencer, aménager, coordonner, ordonnancer, ordonner, organiser, structurer, systématiser. ▶ ***Aménager une pièce*** – aménager, installer. ▶ ***Retoucher*** – corriger, éditer, retoucher, réviser, revoir. ▶ ***Réparer*** – bricoler, réparer, retaper. *FAM.* rabibocher, rabobiner, rafistoler, replâtrer. ▶ ***Convenir*** (*FAM.*) – aller à, contenter, convenir à, faire l'affaire de, plaire à, satisfaire, sourire à. *SOUT.* agréer à, complaire à. *FAM.* chanter à. ▶ ***Malmener*** (*FAM.*) – battre, brutaliser, houspiller, malmener, maltraiter, martyriser, mettre à mal, molester, rudoyer. *QUÉB. FAM.* maganer. ▶ ***Blesser*** (*FAM.*) – contusionner, froisser, meurtrir. *FAM.* abîmer, amocher, esquinter. ♦ **s'arranger** ▶ ***Se débrouiller*** – se débrouiller, se dépêtrer, se tirer d'affaire. *FAM.* nager, se débarbouiller, se dépatouiller. *BELG.* s'affûter. ▶ ***Se contenter*** – s'accommoder, se contenter, se satisfaire. ▶ ***S'améliorer*** – aller mieux, s'améliorer. *FAM.* se tasser. ▶ ***Parvenir à une entente*** – convenir de, s'accorder, s'entendre, se concerter, se mettre d'accord, tomber d'accord, trouver un terrain d'entente. △ **ANT.** IMPROVISER; BOULEVERSER, BRISER, DÉFAIRE, DÉRANGER, DÉRÉGLER, DÉSORGANISER; TROUBLER. ♦ **s'arranger** S'EMBROUILLER, S'ENVENIMER; SE BROUILLER, SE QUERELLER.

arrestation *n.f.* capture. ▸ *De plusieurs personnes* – descente policière, rafle. △ **ANT.** DÉLIVRANCE, LIBÉRATION; LIBERTÉ.

arrêt *n.m.* ▶ ***Interruption*** – annulation, avortement, cessation, discontinuation, entrecoupement, intermittence, interruption, levée, panne, pause, relâche, station, suspension. ▶ ***Silence*** – interruption, pause, silence, temps. ▶ ***Paralysie*** – asphyxie, blocage, désactivation, engourdissement, enraiement, entrave, immobilisation, immobilisme, impuissance, inhibition, neutralisation, obstruction, paralysie, ralentissement, sclérose, stagnation. ▶ ***Décret*** – arrêté, décision, délibération, jugement, ordonnance, règlement, résolution, résultat, sentence, verdict. ▸ *Arbitraire ou injuste* – diktat, ukase. ▶ ***Signalisation*** (*QUÉB.*) – stop. △ **ANT.** CONTINUATION, SUITE; DÉPART; MARCHE, MOUVEMENT.

arrêté *n.m.* ▶ ***Jugement*** – arrêt, décision, délibération, jugement, ordonnance, règlement, résolution, résultat, sentence, verdict. ▸ *Arbitraire ou injus-*

te – diktat, ukase. ▶ ***Norme*** – charte, code, convention, cote, coutume, formule, loi, mesure, norme, obligation, ordre, précepte, prescription, protocole, régime, règle, règlement, usage. ▶ ***Acte*** – décret, édit, ordonnance.

arrêter *v.* ▶ ***Bloquer*** – bloquer, stopper. ▶ ***Cesser*** – abandonner, cesser, mettre fin à, mettre un terme à, renoncer à. ▶ ***Suspendre*** – cesser, interrompre, lever, suspendre. *SOUT.* discontinuer. ▶ ***Freiner une progression*** – désamorcer, enrayer, entraver, étouffer, étrangler, faire obstacle à, freiner, inhiber, juguler, mater, mettre en échec, mettre un frein à, neutraliser, refouler, stopper. ▶ ***Fixer*** – assigner, décider, déterminer, établir, fixer, régler. ▶ ***Appréhender*** – appréhender, capturer, faire prisonnier, prendre, saisir. *FAM.* attraper, choper, coffrer, coiffer, coincer, cravater, cueillir, embarquer, épingler, harponner, mettre la main au collet de, mettre le grappin sur, pincer, poisser, prendre au collet, ramasser, saisir au collet. *FRANCE FAM.* agrafer, alpaguer, arnaquer, arquepincer, emballer, gauler, piquer, poivrer. ♦ **s'arrêter** ▶ ***S'interrompre*** – cesser, discontinuer, prendre fin, s'interrompre. ▶ ***Faire une halte*** – faire halte, faire une station, s'immobiliser, stationner. ▶ ***Séjourner*** – descendre, loger, rester, se relaisser, séjourner. ▶ ***Desservir*** – desservir, passer par. ♦ **arrêté** ▶ ***Définitif*** – définitif, final, irrévocable, sans appel. ▶ ***Précis*** – clair, défini, déterminé, net, précis, tranché. △ **ANT.** LAISSER ALLER; ACTIONNER, LIBÉRER, MOUVOIR, RELÂCHER; ENCOURAGER, EXCITER, STIMULER; ACCÉLÉRER, HÂTER. ♦ **s'arrêter** ALLER, MARCHER, PASSER, SE MOUVOIR; DÉMARRER; CONTINUER, POURSUIVRE; REPRENDRE.

arrière *n.m.* ▶ ***Partie postérieure*** – derrière, dos, envers, revers, verso. ▶ ***Partie du navire*** – arcasse, arrière (d'un navire), étambot, poupe. ▶ ***Joueur*** – défenseur, joueur de défense, libero *(soccer)*. △ **ANT.** AVANT, DEVANT.

arriéré *adj.* ▶ ***Qui souffre d'un retard mental*** – attardé, demeuré, retardé, simple d'esprit. ▶ ***Rétrograde*** – attardé, contre-révolutionnaire, droitiste, immobiliste, nostalgique, passéiste, réactionnaire, rétrograde. *FAM.* archéo, réac. ▶ ***Dépassé*** – anachronique, ancien, antédiluvien, antique, archaïque, caduc, démodé, dépassé, désuet, fossile, inactuel, moyenâgeux, obsolescent, obsolète, passé de mode, périmé, poussiéreux, préhistorique, qui a fait son temps, suranné, tombé en désuétude, usé, vétuste, vieilli, vieillot, vieux, vieux jeu. ▶ ***Non payé*** – dû, impayé. △ **ANT.** CIVILISÉ, DÉVELOPPÉ, ÉVOLUÉ, MODERNE; PAYÉ (D'AVANCE).

arriéré *n.* ▶ ***Personne*** – arriéré (mental), attardé (mental), crétin, débile (mental), déficient intellectuel, déficient mental, dégénéré, demeuré, oligophrène. *FAM.* retardé, taré. ♦ **arriéré,** ***masc.*** ▶ ***Dette*** – charge, compte, créance, crédit à découvert, débet, débit, découvert, déficit, dette, devoir, doit, dû, emprunt, engagement, impayé, moins-perçu, non-paiement, obligation, passif, solde débiteur. *BELG.* mali, pouf. ▶ ***Retard*** – décalage, déphasage, désynchronisation, retard. *AGRIC.* tardiveté. *PHYS.* hystérésis.

arrière-pensée *n.f.* âme, conscience, coulisse, dedans, dessous, fond, for intérieur, intérieur, intériorité, intimité, jardin secret, repli, secret. *SOUT.* tréfonds. △ **ANT.** DÉCLARATION, DÉMONSTRATION, MANIFESTATION; FRANCHISE.

arrière-plan *n.m.* arrière-fond, fond, lointain, plan éloigné, second plan.

arrivée *n.f.* ▶ ***Apparition*** – apparition, approche, avènement, entrée, introduction, irruption, jaillissement, manifestation, occurrence, survenance, venue. *SOUT.* surgissement, survenue. *DIDACT.* exondation. ▶ ***Accession*** – accession, admission, avènement, venue. ▶ ***Immigration*** – entrée, établissement, gain de population, immigration, invasion, venue. ▶ ***Affluence*** – affluence, afflux, circulation, écoulement, flot, flux, issue. ▶ ***Accès*** – abord, accès, approche, entrée, introduction, ouverture, seuil. *MAR.* embouquement *(d'une passe)*. △ **ANT.** DÉPART, DISPARITION, SORTIE.

arriver *v.* ▶ ***Atteindre un endroit*** – accéder à, atteindre, gagner, parvenir à, se rendre à, toucher. ▶ ***Atteindre un but*** – atteindre, parvenir à, réussir à. ▶ ***Réussir*** – aller loin, briller, faire carrière, faire du chemin, faire fortune, percer, réussir. ▶ ***Provenir*** – provenir, venir. ▶ ***Se produire*** – advenir, avoir lieu, se dérouler, se passer, se produire, survenir. ▶ ***Être imminent*** – approcher, s'en venir, venir. ▶ ***Se présenter*** – paraître, se montrer, se présenter. *FAM.* rappliquer, s'amener, se pointer, (se) radiner, se ramener. △ **ANT.** PARTIR, S'ÉLOIGNER, S'EN ALLER; ÉCHOUER, MANQUER, RATER.

arriviste *n.* ▶ ***Ambitieux*** – ambitieux, carriériste, jeune loup. *SUISSE* grimpion. *FAM.* cumulard, magouilleur. ▸ *En politique* – machiavel. *PÉJ. FAM.* politicard. ▸ *À l'excès* – mégalomane. *FAM.* mégalo. ▶ ***Calculateur*** – calculateur, intrigant, machinateur, manipulateur, manœuvrier, maquignon, margoulin, opportuniste. *FAM.* combinard, magouilleur.

arrogance *n.f.* ▶ ***Insolence*** – aplomb, audace, effronterie, front, impertinence, impolitesse, impudence, incorrection, insolence, irrespect, irrévérence. *SOUT.* outrecuidance, sans-gêne. *FAM.* culot, toupet. ▶ ***Mépris*** – condescendance, dédain, dégoût, dérision, hauteur, mépris, morgue, snobisme. *SOUT.* déconsidération, mésestimation, mésestime. ▶ ***Orgueil*** – amour-propre, autosatisfaction, bouffissure, complaisance, contentement (de soi), crânerie, enflure, fatuité, gloriole, hauteur, immodestie, importance, jactance, mégalomanie, morgue, orgueil, ostentation, outrecuidance, parade, pose, présomption, prétention, suffisance, superbe, supériorité, vanité, vantardise. *SOUT.* fierté, infatuation. *FAM.* ego. △ **ANT.** AMÉNITÉ, COURTOISIE, DÉFÉRENCE, RESPECT; HUMILITÉ, MODESTIE.

arrogant *adj.* condescendant, dédaigneux, fier, hautain, méprisant, orgueilleux, outrecuidant, pimbêche *(femme)*, pincé, présomptueux, prétentieux, snob, supérieur. *SOUT.* altier, rogue. *FAM.* snobinard, snobinette *(femme)*. *QUÉB. FAM.* fendant. △ **ANT.** ADMIRATIF, ÉLOGIEUX, FLATTEUR, IDOLÂTRE, LAUDATIF; HUMBLE, MODESTE.

arrondi *n.m.* arçonnage, arcure, bombage, cambre, cambrure, cintrage, circularité, concavité, conicité, convexité, courbe, courbure, fléchissement, flexion, flexuosité, galbe, incurvation, inflexion, parabolicité, rondeur, rotondité, sinuosité, sphéricité, tortuosité, voussure.

arrondir *v.* bomber, enfler, gonfler, renfler, rondir. ♦ **s'arrondir** ballonner, bomber, faire bosse, faire ventre, gonfler, rondir, saillir, (se) renfler.

arrondissement *n. m.* ▶ ***Augmentation*** – accentuation, accroissement, accrue, agrandissement, amplification, augmentation, bond, boom, crescendo, croissance, crue, décuplement, développement, dilatation, élargissement, élévation, enflement, enrichissement, envolée, essor, évolution, expansion, extension, flambée, foisonnement, gonflement, gradation, grossissement, hausse, haussement, inflation, intensification, majoration, montée, poussée, progrès, progression, recrudescence, redoublement, redressement, rehaussement, relèvement, renchérissement, renforcement, revalorisation, valorisation.

arrosage *n. m.* ▶ ***Action d'arroser*** – arrosement, aspersion. ▶ ***Pot-de-vin*** (FAM.) – dessous-de-table, enveloppe, pot-de-vin, pourboire. FAM. bakchich. AFR. matabiche. ▶ ***Action de bombarder*** (FAM.) – bombardement, canonnage, fauchage, feu, grenadage, mitraillage, mitraille, pilonnage, torpillage. FAM. △ **ANT.** ASSÈCHEMENT, DRAINAGE; DESSÈCHEMENT.

arroser *v.* ▶ ***Mouiller*** – abreuver, baigner, détremper, gorger d'eau, imbiber, imprégner, inonder, mouiller. ▶ ***Éclabousser*** – asperger, éclabousser. ▶ ***Irriguer*** – baigner, irriguer. ▶ ***Soudoyer*** (FAM.) – acheter, avoir à sa solde, corrompre, soudoyer, suborner *(un témoin)*. SOUT. stipendier. FAM. graisser la patte à. △ **ANT.** ASSÉCHER, DESSÉCHER, SÉCHER; ÉPONGER, ESSUYER; DRAINER, TARIR.

arsenal *n. m.* ▶ ***Magasin militaire*** – dépôt d'armes, magasin, poudrière. ANC. atelier/manufacture d'armes, sainte-barbe. ▶ ***Collection d'armes*** – panoplie. ▶ ***Équipement*** (FAM.) – affaires, appareil, bagage, chargement, équipement, fourniment, harnachement, instruments, matériel, outillage. FAM. attirail, barda, bastringue, bataclan, bazar, fourbi, matos, paquet, paquetage, saint-crépin, saint-frusquin. QUÉB. FAM. agrès, gréement.

art *n. m.* ▶ ***Talent*** – adresse, aisance, aptitude, brio, capacité, compétence, dextérité, disposition, doigté, don, expertise, facilité, faculté, force, fort, génie, habileté, main, maîtrise, métier, pouvoir, professionnalisme, savoir, savoir-faire, sens, talent, technique, virtuosité. FAM. bosse. DR. habilitation, habilité. ▶ ***Technique*** – approche, chemin, code, comment, credo, démarche, discipline, dispositif, façon (de faire), facture, formule, heuristique, instruction, instrument, ligne de conduite, maïeutique, manière, marche (à suivre), méthode, méthodologie, modalité, mode d'emploi, mode, moyen, opération, ordre, organisation, outil, posologie, pratique, procédé, procédure, protocole, raisonnement, recette, règle, secret, stratagème, stratégie, système, tactique, technique, théorie, traitement, voie. SOUT. faire. ▶ ***Métier*** – activité, carrière, emploi, état, gagne-pain, métier, occupation, profession, qualité, services, situation, spécialité, travail. FAM. boulot, turbin, turf. ▶ ***Éloquence*** – ardeur, art oratoire, brio, chaleur, charme, conviction, élégance, expression, maîtrise, parole, persuasion, rhétorique. SOUT. bien-dire. ▶ ***Beauté*** – agrément, attrait, beau, beauté, charme, chic, classe, coquetterie, délicatesse, distinction, éclat, élégance, esthétique, féerie, fraîcheur, grâce, gracieux, harmonie, magnificence, majesté, perfection, photogénie, pureté, séduction, splendeur, symétrie. SOUT. blandice, joliesse, morbidesse, sublimité, symphonie, vénusté. △ **ANT.** INCOMPÉTENCE; MALADRESSE.

artère *n. f.* ▶ ***Partie du corps*** – artériole *(petite)*. ▶ ***Voie de communication en général*** – voie, voie de circulation, voie de communication. ▶ ***Rue urbaine importante*** – accès, rue, voie. ▸ *Large* – allée, avenue, boulevard, cours, mail, promenade. BELG. drève.

article *n. m.* ▶ ***Subdivision d'un livre*** – alinéa, chapitre, livre, matière, objet, paragraphe, partie, question, rubrique, section, sujet, titre, tome, volet, volume. ▸ *Dans un texte sacré* – psaume, surate *(musulman)*, verset. ▶ ***Texte publié*** – texte. FAM. papier. ▶ ***Objet à vendre*** – marchandise, produit. ▶ ***Partie du corps d'un insecte*** – anneau, métamère, segment.

articulation *n. f.* ▶ ***Partie du corps*** – attache, jointure. ANAT. glène, ligament, ménisque, trochlée. ▶ ***Diction*** – débit, déclamation, diction, élocution, éloquence, énonciation, expression, langage, langue, parole, phonation, phonétique, phonie, pose de voix, prononciation, style, voix. ▶ ***Structuration*** – accommodation, accommodement, agencement, ajustement, aménagement, architecture, arrangement, assemblage, combinaison, combinatoire, composition, concaténation, configuration, construction, contexture, coordination, disposition, distribution, élaboration, enchaînement, harmonie, liaison, mise en ordre, mise en place, ordonnance, ordonnancement, ordre, organisation, orientation, plan, profil, programmation, rangement, structuration, structure, système, texture. ▶ ***Raccordement*** – abouchement, aboutage, aboutement, accolement, accouplage, accouplement, ajustage, apposition, assemblage, association, branchement, coalescence, confluence, conjonction, conjugaison, connexion, contact, convergence, couplage, couplement, groupage, interconnexion, interface, joint, jointure, jonction, jumelage, juxtaposition, liaison, mariage, mise en couple, mixage, raccord, raccordement, rapprochement, reboutement, relation, rencontre, réunion, suture, union. RARE liage.

articuler *v.* ▶ ***Dire*** – dire, émettre, lâcher, lancer, pousser, proférer, prononcer, sortir. ▶ ***Prononcer nettement*** – détacher, marteler. ▶ ***Structurer*** – architecturer, bâtir, charpenter, construire, façonner, organiser, structurer. △ **ANT.** BAFOUILLER, BARAGOUINER, BREDOUILLER; DÉSARTICULER, DÉSUNIR, DISLOQUER.

artifice *n. m.* ▶ ***Fiction*** – affabulation, chimère, combinaison, comédie, expédient, fabrication, fabulation, fantaisie, feinte, fiction, fumisterie, histoire, idée, imagination, invention, irréalité, légende, mensonge, rêve, roman, saga, songe. PSYCHOL. confabulation, mythomanie. ▶ ***Feinte*** – affectation, cachotterie, comédie, déguisement, dissimulation, duplicité, faux-semblant, feinte, fiction, finauderie, grimace, hypocrisie, invention, leurre, mensonge, momerie, pantalonnade, parade, ruse, simulation, singerie, sournoiserie, tromperie. SOUT. simulacre. FAM. cinéma, cirque, finasserie, frime. ▶ ***Ruse*** – astuce, escamotage, fourberie, fraude, machiavélisme, machination, manœuvre, ruse, stratagème, subterfuge. FAM. feinte. ▶ ***Raisonnement trompeur*** – cercle vicieux, circularité, paralogisme, pétition de principe, sophisme. △ **ANT.** NATUREL, VÉRITÉ; DROITURE, FRANCHISE, SINCÉRITÉ.

artificiel *adj.* ▶ ***D'imitation*** – d'imitation, en toc, fabriqué, factice, faux, imité, postiche, synthétique. ▶ ***Produit chimiquement*** – chimique, synthétique. ▶ ***Qui manque de naturel*** – affecté, apprêté, compassé, composé, empesé, emprunté, étudié, forcé, frelaté. ▶ ***Qui n'est pas sincère*** – affecté, de commande, factice, feint, forcé, insincère, (qui sonne) faux, simulé. △ **ANT.** NATUREL; AUTHENTIQUE, VRAI; SANS AFFECTATION, SANS ARTIFICES, SIMPLE, SOBRE.

artificiellement *adv.* ▶ ***Sans sincérité*** – académiquement, conventionnellement, facticement, faussement. ▶ ***De façon non naturelle*** – chimiquement, synthétiquement. △ **ANT.** NATURELLEMENT, SANS AFFECTATION, SANS ARTIFICES, SIMPLEMENT, SOBREMENT.

artisan *n.* ▶ ***Fabricant*** – constructeur, entrepreneur, fabricant, faiseur, industriel, manufacturier, producteur. ▶ ***Instigateur*** – âme, auteur, centre, cerveau, chef, cheville ouvrière, créateur, dirigeant, fondateur, incitateur, initiateur, inspirateur, instigateur, locomotive, maître (d'œuvre), meneur, moteur, organisateur, patron, père, promoteur, protagoniste, régisseur, responsable. SOUT. excitateur, instaurateur, ouvrier.

artiste *n.* ▶ ***Acteur*** – acteur, comédien, interprète. SOUT. histrion. FAM. théâtreux. ▸ *Mauvais* FAM. cabot, cabotin. ▸ *Rôle mineur* – figurant, utilité. ▶ ***Fantaisiste*** (FAM.) – bohème, fantaisiste.

artistique *adj.* artiste, de bon goût.

as *n.m.* ▶ ***Expert*** – expert, (fin) connaisseur, grand clerc, maître, professionnel, spécialiste, virtuose. FAM. champion, chef, crack, pro. FRANCE FAM. bête. QUÉB. personne-ressource. ▶ ***Personne intelligente*** – bonne lame, cerveau, esprit supérieur, fine lame, intelligence. SOUT. phénix. FAM. aigle, grosse tête, lumière. △ **ANT.** AMATEUR, DÉBUTANT, PROFANE.

ascendant *adj.* ascensionnel, montant. △ **ANT.** DÉCROISSANT, DESCENDANT.

ascendant *n.m.* ▶ ***Influence*** – action, aide, appui, attirance, attraction, aura, autorité, contagion, crédit, dominance, domination, effet, empreinte, emprise, fascination, force, importance, incitation, influence, inspiration, magie, magnétisme, mainmise, manipulation, mouvance, persuasion, pétition, poids, pouvoir, prépondérance, présence, pression, prestige, puissance, règne, rôle, séduction, subjugation, suggestion, tyrannie. SOUT. empire, intercession. ♦ ***ascendants, plur.*** ▶ ***Parents*** – SOUT. aînés. ▸ *Au figuré* – matrice, origine, souche, source. △ **ANT.** DESCENDANT.

ascension *n.f.* ▶ ***Action de monter*** – élévation, lévitation, montée. ▶ ***Escalade*** – alpinisme, escalade, grimpée, montagne, montée, randonnée, trek, trekking, varappe. FAM. grimpe, grimpette. ▶ ***Progrès*** – avance, avancée, avancement, cheminement, développement, marche, marche avant, montée, percée, progrès, progression. △ **ANT.** DESCENTE; CHUTE, DÉCLIN, RÉGRESSION.

ascèse *n.f.* ▶ ***Austérité*** – abstinence, ascétisme, austérité, dépouillement, expiation, flagellation, frugalité, macération, mortification, pénitence, privation, propitiation, renoncement, restriction, sacrifice, stigmatisation, tempérance. ▶ ***Ascétisme*** – ascétisme, austérité, puritanisme, rigorisme, stoïcisme. △ **ANT.** ÉPICURISME, HÉDONISME, SYBARITISME; JOUISSANCE, PLAISIR.

ascétique *adj.* austère, frugal, janséniste, monacal, puritain, rigide, rigoriste, rigoureux, sévère, spartiate. SOUT. claustral, érémitique. △ **ANT.** ÉPICURIEN, HÉDONISTE.

ascétisme *n.m.* ▶ ***Rigorisme*** – ascèse, austérité, puritanisme, rigorisme, stoïcisme. ▶ ***Frugalité*** – abstinence, ascèse, austérité, dépouillement, expiation, flagellation, frugalité, macération, mortification, pénitence, privation, propitiation, renoncement, restriction, sacrifice, stigmatisation, tempérance. ▶ ***Chasteté*** – abstinence, célibat, chasteté, continence, pureté, vertu, virginité. FAM. pucelage. △ **ANT.** ÉPICURISME, HÉDONISME, SYBARITISME; JOUISSANCE, PLAISIR.

asile *n.m.* ▶ ***Abri*** – abri, affût, cache, cachette, gîte, lieu de repos, lieu sûr, refuge, retraite. FIG. ermitage, havre (de paix), oasis, port, solitude, tanière, toit. PÉJ. antre, planque, repaire.

aspect *n.m.* ▶ ***Apparence*** – air, allure, apparence, caractère, configuration, couleur, couvert, dehors, éclairage, expression, extérieur, façade, faciès, figure, forme, formule, impression, jour, masque, mine, paraître, perspective, physionomie, plastique *(en art)*, portrait, présentation, profil, ressemblance, semblant, surface, ton, tour, tournure, traits, vernis, visage. SOUT. enveloppe, regardure, superficie. ▶ ***Allure*** – air, allure, apparence, attitude, contenance, démarche, façon, genre, ligne, maintien, manière, panache, physique, port, posture, prestance, silhouette, style, tenue, tournure. SOUT. extérieur, mine. FAM. gueule, touche. QUÉB. FAM. erre d'aller. PÉJ. FAM. dégaine. ▶ ***Point de vue*** – angle, biais, côté, face, facette, perspective, point de vue, versant. △ **ANT.** FOND.

asphalte *n.m.* ▶ ***Bitume*** – asphaltage, bitume, goudron (routier), macadam (goudronné). ▶ ***Chaussée*** (PAR EXT.) – chaussée, route, rue. AFR. goudron. PAR EXT. bitume, macadam.

aspirant *n.* ▶ ***Candidat*** – admissible, candidat, compétiteur, concouriste, concurrent, demandeur, postulant, prétendant. ▶ ***Marine*** – élève. FRANCE FAM. aspi.

aspiration *n.f.* ▶ ***Respiration*** – bouffée, exhalation, expiration, haleine, humage, inhalation, inspiration, respiration, souffle, soupir, ventilation. SOUT. ahan. ▶ ***Pompage d'un liquide*** – pompage, siphonnage, siphonnement. ▶ ***Désir*** – ambition, appel, appétit, attirance, attrait, besoin, but, convoitise, desideratum, désir, envie, exigence, faim, fantaisie, fantasme, fièvre, fringale, goût, idéal, intention, jalousie, passion, prétention, quête, recherche, rêve, soif, souhait, tentation, velléité, visée, vœu, voix, volonté. *SOUT.* appétence, dessein, prurit, vouloir. *FAM.* démangeaison. △ **ANT.** EXPIRATION; REFOULEMENT; AVERSION, DÉGOÛT, REFUS; INDIFFÉRENCE.

aspirer *v.* ▶ ***Pomper un liquide*** – pomper, sucer. *MAR.* super. ▶ ***Respirer*** – humer, inhaler, inspirer, respirer. ▶ ***Prendre par le nez*** – priser, renifler. ▶ ***Souhaiter*** – appeler de tous ses vœux, avoir envie de, désirer, espérer, rêver de, souhaiter, soupirer après, vouloir. ▶ ***Convoiter*** – ambitionner, avoir des vues sur, avoir en tête de, briguer, convoiter, courir après, désirer, pourchasser, poursuivre, prétendre à, rechercher, solliciter, souhaiter, tendre à, viser. *FAM.* guigner, lorgner, reluquer. △ **ANT.** CRACHER, REFOULER, REJETER; EXHALER, EXPIRER, SOUFFLER; DÉDAIGNER, SE DÉSINTÉRESSER DE; RENONCER À.

assaillant *n.* agresseur, attaquant, offenseur, oppresseur, persécuteur, provocateur. △ **ANT.** VICTIME; DÉFENSEUR.

assaillir *v.* ▶ ***Attaquer*** – agresser, attaquer, charger, foncer sur, fondre sur, sauter sur, se jeter sur, se ruer sur, tomber sur. *BELG.* broquer sur. ▶ ***Presser de questions*** – bombarder, harceler, mettre sur la sellette, presser. *FAM.* mitrailler. ▶ ***Tourmenter*** – consumer, crucifier, déchirer, dévorer, faire souffrir, lanciner, martyriser, mettre au supplice, percer, poignarder, ronger, supplicier, tarauder, tenailler, torturer, tourmenter, transpercer. *SOUT.* poindre. *RARE* bourreler. △ **ANT.** DÉFENDRE, GARDER, PROTÉGER; LAISSER TRANQUILLE.

assassin *n.m.* ▶ ***Meurtrier*** – criminel, meurtrier, tueur. *SOUT.* exterminateur, homicide. *RARE* massacreur. △ **ANT.** VICTIME.

assassiner *v.* ▶ ***Tuer*** – abattre, éliminer, exécuter, supprimer, tuer. *SOUT.* immoler. *FAM.* buter, descendre, envoyer dans l'autre monde, expédier, faire la peau à, flinguer *(arme à feu)*, liquider, nettoyer, ratatiner, rectifier, refroidir, se faire, trucider, zigouiller. *FRANCE FAM.* bousiller.

assaut *n.m.* ▶ ***Agression*** – agression, attaque, attentat, charge, déferlement, envahissement, intervention, invasion, irruption, offensive. *SOUT.* entreprise. *MILIT.* blitz *(de courte durée)*. ▶ ***Combat*** – accrochage, action (de guerre), affrontement, attaque, bagarre, bataille, choc, combat, conflit, duel, échauffourée, empoignade, empoignement, engagement, escarmouche, ferraillement, feu, guérilla, guerre, heurt, hostilités, lutte, mêlée, opération, pugilat, rencontre, rixe. *FAM.* baroud, baston, bigorne, casse-gueule, casse-pipe, castagne, guéguerre, rif, rififi, riflette. *BELG. FAM.* margaille. *MILIT.* blitz *(de courte durée)*. ▶ ***Abordage*** – abordage, arraisonnement, collision. △ **ANT.** DÉFENSE.

assemblage *n.m.* ▶ ***Combinaison*** – alliance, association, collage, combinaison, communion, composition, concentration, conjonction, constitution, fusion, fusionnement, groupement, incorporation, intégration, ralliement, rassemblement, regroupement, réunion, symbiose, synthèse, unification, union. ▶ ***Ensemble*** – accumulation, amas, appareil, assortiment, collection, compilation, ensemble, foule, grand nombre, groupe, groupement, jeu, quantité, rassemblement, recueil, service, tas, train. *FAM.* attirail, cargaison, compil. *PÉJ.* ramassis. ▶ ***Agencement*** – accommodation, accommodement, agencement, ajustement, aménagement, architecture, arrangement, articulation, combinaison, combinatoire, composition, concaténation, configuration, construction, contexture, coordination, disposition, distribution, élaboration, enchaînement, harmonie, liaison, mise en ordre, mise en place, ordonnance, ordonnancement, ordre, organisation, orientation, plan, profil, programmation, rangement, structuration, structure, système, texture. ▶ ***Jonction*** – abouchement, aboutage, aboutement, accolement, accouplage, accouplement, ajustage, apposition, articulation, association, branchement, coalescence, confluence, conjonction, conjugaison, connexion, contact, convergence, couplage, couplement, groupage, interconnexion, interface, joint, jointure, jonction, jumelage, juxtaposition, liaison, mariage, mise en couple, mixage, raccord, raccordement, rapprochement, reboutement, relation, rencontre, réunion, suture, union. *RARE* liage. ▶ ***Raccord*** – about, aboutement, ajout, ajutage, emboîtement, emboîture, embout, embrèvement, enfourchement, enlaçure, enture, joint, jointure, raccord. ▶ ***Montage*** – dressage, installation, montage. △ **ANT.** DISJONCTION, SÉPARATION; DÉCONSTRUCTION, DÉMONTAGE.

assemblée *n.f.* ▶ ***Réunion*** – atelier de discussion, colloque, comice, comité, conférence, congrès, conseil, forum, groupe de travail, junte, panel, plénum, réunion, séminaire, sommet, symposium, table ronde. *FAM.* grand-messe. *QUÉB.* caucus *(politique)*. *ANTIQ.* boulê, ecclésia. *ANTIQ. ROM.* comices. *AGRIC.* comice agricole. ▶ ***Auditoire*** – assistance, assistants, auditoire, foule, galerie, présents, public, salle. ▶ ***Association professionnelle*** – association, collège, communauté, compagnie, confrérie, congrégation, corporation, corps, guilde, hanse, métier, ordre, société, syndicat, trade-union. ▶ ***Gouvernement*** – (assemblée) législative, assemblée (nationale), chambre des communes, chambre (des députés), chambre des lords, chambre des représentants, Congrès *(É-U)*, cortès *(Espagne)*, douma *(Russie)*, Knesset *(Israël)*, landsgemeinde *(Suisse alémanique)*, législateur, parlement, (pouvoir) législatif, représentation nationale, soviet *(U.R.S.S.)*. ▸ *Révolution française* – la Constituante, la Convention (nationale).

assembler *v.* ▶ ***Réunir des choses*** – collecter, colliger, ramasser, rassembler, recueillir, relever. *SUISSE FAM.* rapercher. ▶ ***Réunir des personnes*** – ameuter, attrouper, masser, mobiliser, rallier, ramasser, rameuter, rassembler, regrouper, réunir. *SOUT.* battre le rappel de, conglomérer. ♦ **s'assembler** ▶ ***Se rassembler*** – s'attrouper, se masser, se mobiliser, se rallier, se rassembler, se regrouper, se réunir. △ **ANT.** DÉMONTER, DÉSASSEMBLER, DÉSUNIR, DISJOINDRE, DISLOQUER, DIVISER, ÉPARPILLER, SÉPARER.

assentiment *n.m.* acceptation, accord, accréditation, acquiescement, adhésion, adoption, affirmation, affirmative, agrément, amen, approbation, approbativité, approuvé, autorisation, aval, avis favorable, bénédiction, caution, chorus, confirmation, consentement, déclaration favorable, engagement, entérinement, exeat, feu vert, gré, homologation, légalisation, oui, permission, ratification, sanction, validation. *BELG.* agréage, agréation. *SOUT.* suffrage.

RELIG. admittatur, celebret, créance, imprimatur, nihil obstat. △ **ANT.** REFUS; CONDAMNATION, DÉSAPPROBATION, DÉSAVEU; RÉCUSATION.

asseoir *v.* ▶ ***Mettre en équilibre*** – équilibrer, mettre d'aplomb, stabiliser. ▶ ***Fonder*** – appuyer, baser, établir, faire reposer, fonder. △ **ANT.** DÉSÉQUILIBRER, ÉBRANLER; DÉMOLIR, RENVERSER, RUINER. ♦ **s'asseoir** SE DRESSER, SE LEVER.

assertion *n.f.* affirmation, allégation, argument, argumentation, déclaration, dire, expression, parole, position, propos, proposition, raison, théorème, thèse.

asservir *v.* ▶ ***Soumettre par la force*** – assujettir, domestiquer, dominer, dompter, enchaîner, mettre son le joug, soumettre, subjuguer. ▶ ***Tenir en son pouvoir*** – contrôler, diriger, dominer, exercer son empire sur, exercer son emprise sur, gouverner, régenter, soumettre, subjuguer, tenir en son pouvoir, vampiriser, vassaliser. SOUT. inféoder. ♦ **s'asservir** ▶ ***Se soumettre*** – s'assujettir à, se soumettre à. SOUT. s'aliéner à, s'attacher au char de, s'inféoder à. △ **ANT.** AFFRANCHIR, DÉLIVRER, ÉMANCIPER, LIBÉRER.

asservissement *n.m.* ▶ ***Soumission*** – abaissement, allégeance, appartenance, assujettissement, attachement, captivité, contrainte, dépendance, domestication, domesticité, domination, emprise, esclavage, gêne, hilotisme, inféodation, infériorité, mainmise, merci, mouvance, obédience, obéissance, obligation, oppression, pouvoir, puissance, servage, servitude, soumission, subordination, sujétion, tutelle, tyrannie, vassalité. FIG. carcan, chaîne, corset (de fer), coupe, fardeau, griffe, main, patte, prison; SOUT. fers, gaine, joug. FÉOD. tenure. △ **ANT.** AFFRANCHISSEMENT, DÉLIVRANCE, ÉMANCIPATION, LIBÉRATION.

assez *adv.* à satiété, amplement, autant qu'il faut, ce qu'il faut, convenablement, en quantité suffisante, honnêtement, passablement, plutôt, quelque peu, raisonnablement, suffisamment, valablement. FAM. jusqu'à plus soif, marre. FRANCE FAM. class. △ **ANT.** INSUFFISAMMENT, PEU.

assidu *adj.* ▶ ***Constant*** – constant, continu, fidèle, intense, régulier, soutenu, suivi. ▶ ***Méticuleux*** – appliqué, attentif, consciencieux, méthodique, méticuleux, minutieux, ordonné, précis, rangé, rigoureux, scrupuleux, soigné, soigneux, systématique. SOUT. exact. ▶ ***Ponctuel*** – à l'heure, exact, ponctuel, régulier. △ **ANT.** ALÉATOIRE, CAPRICIEUX, ÉPISODIQUE, INTERMITTENT, IRRÉGULIER, SPORADIQUE; EN RETARD, PROCRASTINATEUR, RETARDATAIRE.

assiduité *n.f.* ▶ ***Régularité*** – attachement, constance, fidélité, indéfectibilité, ponctualité, régularité. SOUT. exactitude. ▶ ***Persévérance*** – acharnement, constance, détermination, entêtement, fermeté, insistance, obstination, opiniâtreté, persévérance, persistance, résolution, suite dans les idées, ténacité, volonté. PÉJ. aveuglement. △ **ANT.** INCONSTANCE, INSOUCIANCE, IRRÉGULARITÉ, NÉGLIGENCE, RELÂCHEMENT.

assiéger *v.* ▶ ***Envahir*** – envahir, prendre d'assaut, se ruer. ▶ ***Harceler*** – éperonner, être aux trousses de, harceler, importuner, poursuivre, presser, sergenter, talonner, tourmenter. SOUT. molester. FAM. asticoter, courir après, tarabuster. FRANCE RÉGION. taler. QUÉB. ACADIE FAM. achaler. QUÉB. FAM. écœurer. △ **ANT.** DÉFENDRE; DÉLIVRER, LIBÉRER; ABANDONNER, LEVER LE SIÈGE.

assiette *n.f.* ▶ ***Contenant*** – écuelle, gamelle *(campeur)*, plat, soucoupe. ▶ ***Contenu*** – assiettée, écuelle, écuellée, plat, platée. ▶ ***Équilibre*** – aplomb, assise, équilibre, solidité, stabilité. ▶ ***Fondation*** – assise, base, fondation, infrastructure, pied, radier, soubassement, substruction, substructure. QUÉB. solage. ARCHIT. embasement, empattement. ▶ ***Répartition*** – allotissement, attribution, coéquation, contingent, diffusion, distribution, groupage, partage, péréquation, quote-part, ration, répartement, répartiement, répartition, routage. DR. copartage.

assigner *v.* ▶ ***Affecter une somme*** – affecter, appliquer, attribuer, imputer, porter. ▶ ***Déterminer*** – arrêter, décider, déterminer, établir, fixer, régler. ▶ ***Citer en justice*** – appeler (en justice), citer, citer à comparaître, citer en justice, convoquer, intimer, traduire, traduire devant les tribunaux, traduire en justice. △ **ANT.** ÔTER, RETRANCHER.

assimilation *n.f.* ▶ ***Digestion*** – absorption, anabolisme, biosynthèse, chimisme, coction, digestion, eupepsie, ingestion, métabolisme, nutrition, phagocytose *(cellules)*, rumination, transformation. ▶ ***Intégration*** – déculturation. ▶ ***Adoption*** – adoption, emprunt, imitation, insertion, ralliement. ▶ ***Ressemblance*** – allégorie, analogie, apologue, association (d'idées), catachrèse *(lexicalisée)*, comparaison, équivalence, figure, image, lien, métaphore, parabole, parallèle, parenté, personnification, rapport, rapprochement, relation, ressemblance, similitude, symbole, symbolisme. △ **ANT.** DISSIMILATION, DISTINCTION; SÉGRÉGATION, SÉPARATION; AUTONOMIE, INDÉPENDANCE.

assimiler *v.* ▶ ***Digérer*** – absorber, digérer. ▶ ***Apprendre*** – apprendre, enregistrer, mémoriser, retenir. ▶ ***Considérer comme identique*** – identifier. ▶ ***Faire entrer dans une communauté*** – incorporer, intégrer. ♦ **s'assimiler** ▶ ***S'identifier*** – s'identifier à, se reconnaître dans, se retrouver dans. △ **ANT.** EXPULSER, REJETER, RENDRE; DIFFÉRENCIER, DISTINGUER, ISOLER, SÉPARER.

assise *n.f.* ▶ ***Ce sur quoi on construit*** – assiette, base, fondation, infrastructure, pied, radier, soubassement, substruction, substructure. QUÉB. solage. ARCHIT. embasement, empattement. ▶ ***Stabilité*** – aplomb, assiette, équilibre, solidité, stabilité. ▶ ***Fondement*** – base, fondement, pierre angulaire, pierre d'assise, pivot, principe, soubassement.

assistance *n.f.* ▶ ***Auditoire*** – assemblée, assistants, auditoire, foule, galerie, présents, public, salle. ▶ ***Protection*** – abri, aide, appui, chapeautage, conservation, couverture, garantie, garde, mandat, parrainage, paternalisme, patronage, protection, recommandation, renfort, rescousse, sauvegarde, secours, sécurisation, soutien, surveillance, tutelle. FIG. parapluie. SOUT. égide. FAM. piston. ▶ ***Aide*** – aide, appoint, apport, appui, association, bienfaisance, bons offices, collaboration, complicité, concours, conseil, contribution, coopération, coup d'épaule, coup de main, coup de pouce, dépannage, entraide, grâce, main-forte, participation, planche de salut, renfort, secours, service, soutien, synergie. SOUT. viatique. FAM. (coup de) fion. ▶ ***Don*** – aide, allocation, apport, aumône, bonne œuvre, charité, dation, disposition, distribution, don, faveur, grâce, hommage, indemnité, obole, prestation, secours, soulagement, subside, subvention. SOUT. bienfait. FAM. dépannage. DR. donation, fidéicommis, legs, libéralité. RELIG. bénédiction, charisme. ▸ ***Altruisme*** – aide, allocentrisme, altruisme, amour (d'autrui), bénévolat, bienveillance, bonté, charité, commisération, compassion, complaisance, convivialité, dévouement, don de soi, empathie, entraide, extraversion, fraternité, générosité, gentillesse, humanité, oblativité, oubli de soi, philanthropie, pitié, sensibilité, serviabilité, solidarité, sollicitude. SOUT. bienfaisance. △ **ANT.** ABANDON, ÉLOIGNEMENT; DÉSAVEU, PRÉJUDICE; ÉGOÏSME.

assistant *n.* ▸ ***Adjoint*** – adjoint, aidant, aide, alter ego, assesseur, auxiliaire, bras droit, collaborateur, complice, exécutant, homme de confiance, lieutenant, préparateur, second, sous-chef, subalterne, subordonné. SOUT. suivant. RELIG. coadjuteur, définiteur. ▸ *Non favorable* – acolyte, lampiste, second couteau, second rôle, second violon, sous-fifre, sous-ordre. ▸ ***Adjoint d'un professeur*** – lecteur, maître assistant, moniteur, préparateur, répétiteur, sous-maître. FRANCE FAM. caïman. ♦ **assistants, *masc. plur.*** ▸ ***Personnes présentes*** – assemblée, assistance, auditoire, foule, galerie, présents, public, salle.

assister *v.* ▸ ***Seconder*** – aider, appuyer, épauler, seconder, soutenir. ▸ ***Être présent*** – être de, figurer dans, participer à, prendre part à. ▸ ***Suivre un cours*** – écouter, suivre. △ **ANT.** ABANDONNER (À SON SORT), DÉLAISSER; DESSERVIR, ENNUYER, ENTRAVER, GÊNER, NUIRE À; ÊTRE ABSENT DE, MANQUER, RATER, S'ABSENTER DE.

association *n. f.* ▸ ***Coopération*** – aide, appoint, apport, appui, assistance, bienfaisance, bons offices, collaboration, complicité, concours, conseil, contribution, coopération, coup d'épaule, coup de main, coup de pouce, dépannage, entraide, grâce, main-forte, participation, planche de salut, renfort, secours, service, soutien, synergie. SOUT. viatique. FAM. (coup de) fion. ▸ ***Club*** – amicale, cercle, club, compagnie, fraternité, groupe, société, union. ▸ ***Organisation politique*** – alliance, apparentement, bloc, camp, cartel, club, coalition, confédération, faisceau, fédération, formation, front, groupe, groupe d'intérêts, groupe de pression, groupement, ligue, mouvement, organisation, parti, phalange, rapprochement, rassemblement, union. ANC. hétairie. FÉOD. hermandad. ▸ ***Organisation professionnelle*** – assemblée, collège, communauté, compagnie, confrérie, congrégation, corporation, corps, guilde, hanse, métier, ordre, société, syndicat, trade-union. ▸ ***Organisation savante ou artistique*** – académie, aréopage, cénacle, cercle, club, école, institut, société. ▸ ***Organisation sportive*** – fédération, ligue. ▸ ***Affiliation*** – adhésion, adjonction, admission, adoption, affiliation, agrégation, agrément, appartenance, enrôlement, entrée, incorporation, initiation, inscription, intégration, mobilisation, rattachement, réception. ▸ ***Combinaison*** – alliance, assemblage, collage, combinaison, communion, composition, concentration, conjonction, constitution, fusion, fusionnement, groupement, incorporation, intégration, ralliement, rassemblement, regroupement, réunion, symbiose, synthèse, unification, union. ▸ ***Lien*** – connexion, connexité, corrélation, correspondance, dépendance, filiation, interaction, interdépendance, interrelation, liaison, lien, lien causal, rapport, rapprochement, relation, relation de cause à effet. FIG. pont. ▸ ***Jonction*** – abouchement, aboutage, aboutement, accolement, accouplage, accouplement, ajustage, apposition, articulation, assemblage, branchement, coalescence, confluence, conjonction, conjugaison, connexion, contact, convergence, couplage, couplement, groupage, interconnexion, interface, joint, jointure, jonction, jumelage, juxtaposition, liaison, mariage, mise en couple, mixage, raccord, raccordement, rapprochement, reboutement, relation, rencontre, réunion, suture, union. RARE liage. △ **ANT.** AUTONOMIE, INDIVIDUALITÉ, ISOLEMENT; CONCURRENCE, RIVALITÉ; DÉSUNION, DISSOCIATION, DIVISION, ÉLOIGNEMENT, RUPTURE, SCISSION, SÉPARATION; DISSOLUTION.

associé *n.* ▸ ***Membre d'une société*** – actionnaire, coassocié, coïntéressé, partenaire, porteur d'actions, porteur de parts, sociétaire. ▸ ***Collègue*** – alter ego, collaborateur, collègue (de travail), compagnon de travail, condisciple *(études)*, confrère, coopérateur, égal, pair, partenaire. △ **ANT.** CONCURRENT, RIVAL.

associer *v.* ▸ ***Unir des choses*** – allier, combiner, concilier, conjuguer, joindre, marier, mêler, réunir, unir. ▸ ***Unir des personnes*** – coaliser, joindre, liguer, réunir, unir. ▸ ***Faire un rapprochement*** – faire un rapprochement, mettre en rapport, mettre en relation, raccrocher, rapporter, rapprocher, relier. ♦ **s'associer** ▸ ***Prendre part*** – avoir part, collaborer, concourir, contribuer, coopérer, partager, participer, prendre part, s'engager, s'impliquer, s'investir, se joindre. ▸ ***S'unir dans une cause commune*** – faire front commun, s'allier, s'unir, se coaliser, se joindre, se liguer, se solidariser. ▸ ***S'harmoniser*** – aller bien, aller ensemble, cadrer, concorder, faire bien, s'accorder, s'assortir, s'harmoniser, (se) correspondre, se marier. △ **ANT.** DÉLIER, DISSOCIER, DIVISER, ISOLER, SÉPARER; ÉCARTER, ÉLOIGNER.

assoiffé *adj.* ▸ ***Qui désire fortement*** – affamé, avide, gourmand, insatiable. SOUT. altéré.

assombrir *v.* ▸ ***Priver de lumière*** – obscurcir, ombrer. SOUT. enténébrer, obombrer, plonger dans les ténèbres. ▸ ***Rendre plus foncé*** – foncer, noircir, obscurcir, ombrer. ▸ ***Attrister*** – attrister, endeuiller, obscurcir. SOUT. embrumer, rembrunir. ♦ **s'assombrir** ▸ ***En parlant du ciel*** – s'ennuager, s'obscurcir, se brouiller, se couvrir, se voiler. ▸ ***En parlant de qqn*** – se fermer, se rembrunir, se renfrogner. △ **ANT.** ÉCLAIRER, ENSOLEILLER, ILLUMINER; ÉCLAIRCIR; ÉGAYER, RÉJOUIR. ♦ **s'assombrir** S'ÉPANOUIR, S'ILLUMINER.

assommer *v.* ▸ ***Frapper violemment*** – étourdir, knockouter, mettre K.O. FAM. allonger, estourbir, sonner. ▸ ***Remplir d'ennui*** – endormir, ennuyer, lasser. FAM. barber, barbifier, pomper, raser. △ **ANT.** AMUSER, DISTRAIRE, ÉGAYER, PLAIRE À.

assoupir *v.* ▸ ***Apaiser*** – adoucir, alléger, apaiser, atténuer, bercer, endormir. SOUT. lénifier. ♦ **s'assoupir** ▸ ***Dormir à demi*** – dormir à demi, sommeiller, somnoler. BELG. FAM. sonrer. ▸ ***Commencer à dormir*** – s'endormir. SOUT. s'abandonner au sommeil, s'ensommeiller. ▸ ***S'estomper*** – disparaître, mourir, partir, passer, s'effacer, s'en aller, s'envoler, s'estomper, s'évanouir, s'évaporer, se dissiper, se volatiliser. ♦ **assoupi** à moitié endormi, ensommeillé, somnolent. *FAM.* ensuqué. △ **ANT.** ÉVEILLER, RANIMER, RÉVEILLER; EXALTER, EXCITER.

assouplir *v.* ▶ ***Au sens propre*** – flexibiliser. ▶ ***Au sens figuré*** – plier, relâcher, tempérer. △ **ANT.** DURCIR, RAIDIR, TENDRE.

assourdissant *adj.* bruyant, éclatant, étourdissant, fort, fracassant, résonnant, retentissant, sonore, tapageur, tonitruant, tonnant. *SOUT.* abasourdissant. △ **ANT.** ÉTOUFFÉ, MAT, SOURD; CALME, PAISIBLE, SILENCIEUX.

assouvir *v.* ▶ ***Faire cesser un besoin*** – apaiser, calmer, contenter, étancher, rassasier, satisfaire, soulager. *SOUT.* désaltérer, repaître. ▶ ***Rendre heureux*** (*SOUT.*) – charmer, combler, enchanter, enthousiasmer, exaucer, faire la joie de, faire le bonheur de, faire plaisir à, mettre en joie, plaire à, ravir, réjouir. *SOUT.* délecter. *FAM.* emballer. △ **ANT.** AFFAMER; ATTISER, EXCITER; FRUSTRER, LAISSER SUR SA FAIM.

assujettir *v.* ▶ ***Soumettre par la force*** – asservir, domestiquer, dominer, dompter, enchaîner, mettre son le joug, soumettre, subjuguer. ▶ ***Astreindre*** – astreindre, contraindre, forcer, mettre dans l'obligation, obliger, soumettre. ▶ ***Immobiliser*** – amarrer, arrimer, assurer, attacher, bloquer, fixer, immobiliser, retenir, river. ♦ **s'assujettir** ▶ ***Se soumettre*** – s'asservir à, se soumettre à. *SOUT.* s'aliéner à, s'attacher au char de, s'inféoder à. ♦ **assujetti** ▶ ***Dépendant*** – asservi, attaché, dépendant, dominé, prisonnier. *SOUT.* captif. △ **ANT.** LIBÉRER; AFFRANCHIR, DÉLIVRER, ÉMANCIPER; EXEMPTER, EXONÉRER; DÉGAGER.

assumer *v.* ▶ ***Prendre la responsabilité*** – accepter, endosser, prendre sur soi, se charger de. △ **ANT.** REFUSER, REJETER, REPOUSSER, SE DÉCHARGER DE, SE DÉSOLIDARISER DE, SE LAVER LES MAINS DE.

assurance *n.f.* ▶ ***Aisance*** – aisance, aise, décontraction, désinvolture, distinction, facilité, grâce, légèreté, naturel, rondeur, souplesse. ▶ ***Aplomb*** – aplomb, autorité, caractère, constance, courage, cran, détermination, endurance, énergie, fermeté, force, permanence, poigne, rectitude, résolution, ressort, sang-froid, sérieux, solidité, sûreté, ténacité, vigueur, virilité, volonté. *SOUT.* invulnérabilité. *FAM.* estomac, gagne. ▶ ***Maturité*** – adultie, adultisme, âge, âge adulte, âge mûr, confiance en soi, épanouissement, expérience (de la vie), force de l'âge, majorité, maturité, plénitude, réalisation de soi, sagesse. ▶ ***Conviction*** – certitude, confiance, conviction, croyance, foi. *SOUT.* sûreté. ▶ ***Confirmation*** – affirmation, attestation, certitude, confirmation, corroboration, démonstration, gage, manifestation, marque, preuve, témoignage, vérification. ▶ ***Quiétude*** – abri, calme, confiance, paix, quiétude, repos, salut, sécurité, sérénité, sûreté, tranquillité (d'esprit). ▶ ***Garantie*** – aval, caution, cautionnement, charge, consignation, couverture, ducroire, engagement, gage, garant, garantie, hypothèque, indexage, indexation, nantissement, obligation, palladium, parrainage, précaution, préservation, promesse, répondant, responsabilité, salut, sauvegarde, sécurité, signature, soulte, sûreté, warrant, warrantage. *DR.* porte-fort. △ **ANT.** EMBARRAS, GÊNE; TIMIDITÉ; DOUTE, HÉSITATION, INCERTITUDE, INDÉCISION, RÉTICENCE; MÉFIANCE.

assurément *adv.* à dire vrai, à l'évidence, à la vérité, à n'en pas douter, à vrai dire, authentiquement, bel et bien, bien, bien entendu, bien sûr, cela va de soi, cela va sans dire, certainement, certes, comme de juste, d'évidence, de toute évidence, effectivement, en effet, en vérité, évidemment, il va sans dire, indubitablement, manifestement, naturellement, nul doute, oui, réellement, sans (aucun) doute, sans conteste, sans contredit, sans le moindre doute, sans nul doute, sérieusement, sûrement, véridiquement, véritablement, vraiment. *FAM.* pour de vrai, vrai. △ **ANT.** DUBITATIVEMENT, SCEPTIQUEMENT, SOUS TOUTES RÉSERVES.

assurer *v.* ▶ ***Certifier*** – affirmer, attester, certifier, déclarer, donner l'assurance, donner sa parole (d'honneur), garantir, jurer, promettre, répondre de. ▶ ***Subvenir*** – pourvoir à, satisfaire, subvenir à. ▶ ***Protéger*** – abriter, défendre, garantir, garder, mettre à l'abri, préserver, protéger, tenir à l'abri. ▶ ***Assujettir*** – amarrer, arrimer, assujettir, attacher, bloquer, fixer, immobiliser, retenir, river. ♦ **s'assurer** ▶ ***Se protéger*** – parer à, prendre ses précautions, s'armer, se garantir, se prémunir, se protéger. *SOUT.* se précautionner. ♦ **assuré** ▶ ***Certain*** – certain, fatal, immanquable, imparable, implacable, incontournable, inéluctable, inévitable, inexorable, nécessaire, obligatoire, obligé, sûr. *FAM.* forcé, mathématique. ▶ ***Déterminé*** – décidé, délibéré, déterminé, énergique, ferme, hardi, résolu, volontaire. ▶ ***Convaincu*** – certain, convaincu, persuadé, sûr. ▶ ***En équilibre*** – en équilibre, équilibré, ferme, solide, stable. △ **ANT.** CONTESTER, METTRE EN DOUTE; INFIRMER, NIER, RÉTRACTER; COMPROMETTRE, ÉBRANLER, EXPOSER, RISQUER. ♦ **s'assurer de** DOUTER DE.

astre *n.m.* corps céleste, corps cosmique, étoile *(sens large)*.

astreindre *v.* assujettir, contraindre, forcer, mettre dans l'obligation, obliger, soumettre. △ **ANT.** DISPENSER, EXEMPTER, LIBÉRER.

astronef *n.m.* engin spatial, nef, spationef, vaisseau spatial.

astuce *n.f.* ▶ ***Ruse*** – artifice, escamotage, fourberie, fraude, machiavélisme, machination, manœuvre, ruse, stratagème, subterfuge. *FAM.* feinte. ▶ ***Expédient*** – acrobatie, demi-mesure *(inefficace)*, échappatoire, expédient, gymnastique, intrigue, mesure, moyen, palliatif, procédé, remède, ressource, ruse, solution, système, tour. *FAM.* combine, gimmick, truc. ▶ ***Découverte*** (*FAM.*) – découverte, flash, illumination, innovation, invention, trait de génie, trait de lumière, trouvaille. *SOUT.* éclairement. ▶ ***Plaisanterie*** (*FAM.*) – badinage, baliverne, blague, bon mot, bouffonnerie, boutade, cabriole, calembour, calembredaine, clownerie, drôlerie, facétie, farce, galéjade, gauloiserie, histoire (drôle), humour, joyeuseté, mot pour rire, pitrerie, plaisanterie. *SOUT.* arlequinade. *FAM.* flan, gag, gaudriole, histoire de fous. *FRANCE RÉGION.* galéjade. *BELG.* zwanze. *SUISSE* witz. ▶ ***Devinette*** (*FAM.*) – charade, devinette, énigme, logogriphe, rébus. △ **ANT.** FRANCHISE, HONNÊTETÉ; BÊTISE.

astucieux *adj.* ▶ ***En parlant de qqn*** – adroit, déluré, fin, finaud, futé, habile, ingénieux, intelligent, inventif, malin, qui a plus d'un tour dans son sac, rusé. FAM. débrouillard, dégourdi. FRANCE FAM. dessalé, fortiche, fute-fute, mariol, sioux. QUÉB. FAM. fin finaud. ▶ ***En parlant de qqch.*** – bien conçu, bien pensé, habile, ingénieux, intelligent, judicieux, pertinent. △ **ANT.** GAUCHE, INCAPABLE, MALADROIT, MALHABILE; CRÉDULE, DUPE, INNOCENT, MYSTIFIABLE, NAÏF, SIMPLET.

atavisme *n.m.* hérédité, micromérisme, transmission des caractères.

atelier *n.m.* ▶ ***Partie d'usine*** – unité. ▶ ***Cours*** – séminaire. ▶ ***Loge maçonnique*** – loge.

athée *adj.* agnostique, antireligieux, areligieux, impie, incrédule, incroyant, irréligieux, non croyant. △ **ANT.** CROYANT, RELIGIEUX.

athée *n.* agnostique, esprit fort, impie, incrédule, incroyant, libre penseur, non-croyant. △ **ANT.** CROYANT, DÉISTE, RELIGIEUX, THÉISTE.

athéisme *n.m.* agnosticisme, apostasie, blasphème, désacralisation, doute, froideur, gentilité, hérésie, impiété, incrédulité, incroyance, indifférence, infidélité, irréligion, libre pensée, matérialisme, paganisme, panthéisme, péché, profanation, reniement, sacrilège, scandale, scepticisme. SOUT. inobservance. △ **ANT.** CROYANCE, DÉISME, RELIGION, THÉISME.

athlète *n.* ▶ ***Personne musclée*** – colosse, costaud, fort des Halles, gaillard, hercule, (homme) fort, puissant. FAM. armoire à glace, Tarzan. FRANCE FAM. armoire normande, balèze, malabar, mastard. QUÉB. fier-à-bras.

athlétique *adj.* bien bâti, bien découplé, bréviligne, costaud, fort, gaillard, musclé, puissant, râblé, ramassé, robuste, solide, trapu, vigoureux. SOUT. musculeux. FAM. qui a du coffre. FRANCE FAM. balèze, bien baraqué, malabar, maous. △ **ANT.** ANÉMIQUE, CHÉTIF, FRÊLE, GRINGALET, MAIGRELET, MAIGRICHON, MALINGRE, RACHITIQUE.

atmosphère *n.f.* ▶ ***Ciel*** – air, calotte (céleste), ciel, coupole (céleste), dôme (céleste), espace, sphère céleste, voûte (céleste), zénith. SOUT. azur, empyrée, éther, firmament, nues. ▶ ***Météorologie*** – air, ambiance, ciel, climat, conditions atmosphériques, conditions climatiques, conditions météorologiques, météorologie, pression, régime, température, temps, vent. FAM. fond de l'air, météo. ▶ ***Ambiance*** – ambiance, cadre, climat, décor, élément, entourage, environnement, environs, lieu, milieu, monde, société, sphère, théâtre, voisinage.

atome *n.m.* ▶ ***Constituant*** – élément, particule. ▶ ***Petite quantité*** – bouchée, brin, chouia, doigt, filet, goutte, gouttelette, grain, larme, lueur, miette, nuage, once, paille, parcelle, peu, pincée, pointe, relent, restant, reste, rien, soupçon, tantinet, teinte, touche, trace, trait, zeste.

atomique *adj.* nucléaire. △ **ANT.** ÉLECTRIQUE *(ÉNERGIE)*; FOSSILE; À HYDROGÈNE, THERMONUCLÉAIRE *(BOMBE)*.

atout *n.m.* argument, arme, avantage, carte maîtresse, moyen, un plus.

âtre *n.m.* cheminée, feu, foyer.

atroce *adj.* ▶ ***Très cruel*** – abominable, barbare, horrible, inhumain, monstrueux. ▶ ***Insupportable*** – antipathique, déplaisant, désagréable, détestable, exécrable, haïssable, impossible, infernal, insoutenable, insupportable, intenable, intolérable, invivable, irrespirable, odieux, pénible. FAM. imbuvable. ▶ ***Médiocre*** – abominable, affreux, déplorable, désastreux, épouvantable, exécrable, horrible, infect, insipide, lamentable, manqué, mauvais, médiocre, minable, navrant, nul, odieux, piètre, piteux, pitoyable, qui ne vaut rien, raté. SOUT. méchant, triste. FAM. à la con, à la flan, à la gomme, à la manque, à la mie de pain, à la noix (de coco), blèche, craignos, crapoteux, moche, pourri, qui ne vaut pas un clou. △ **ANT.** ATTACHANT, DÉLICIEUX, EXQUIS, SAVOUREUX, SUAVE, VOLUPTUEUX; COQUET, ÉLÉGANT, GRACIEUX, HARMONIEUX, JOLI, MAGNIFIQUE, SUPERBE; EXTRAORDINAIRE, FANTASTIQUE; ENCHANTEUR, FÉERIQUE, IDYLLIQUE, IRRÉEL, MERVEILLEUX, PARADISIAQUE.

atrocité *n.f.* ▶ ***Abomination*** – abjection, abomination, bassesse, boue, corruption, crapulerie, crime, débauche, déshonneur, fange, grossièreté, honte, horreur, ignominie, impureté, indignité, infamie, laideur, misère, monstruosité, noirceur, obscénité, odieux, ordure, saleté, sordide, souillure, vice. SOUT. sordidité, stupre, turpitude, vilenie. FAM. dégoûtation, dégueulasserie, pouillerie. ▶ ***Cruauté*** – acharnement, agressivité, barbarie, brutalité, cruauté, dureté, férocité, inhumanité, maltraitance, méchanceté, sadisme, sauvagerie, violence. SOUT. implacabilité, inexorabilité. PSYCHIATRIE psychopathie.

attachant *adj.* ▶ ***Émouvant*** – attendrissant, désarmant, émouvant, prenant, touchant. ▶ ***Charmant*** – agréable, charmant, (d'un charme) irrésistible, plaisant, séduisant. FRANCE FAM. craquant. △ **ANT.** DISGRACIEUX, REPOUSSANT, RÉPUGNANT, VILAIN; AGAÇANT, ANTIPATHIQUE, CRISPANT, DÉPLAISANT, DÉSAGRÉABLE, DÉTESTABLE, ÉNERVANT, EXASPÉRANT, EXÉCRABLE, HAÏSSABLE, INSUPPORTABLE, INVIVABLE, PÉNIBLE.

attaché *n.* ▶ ***Délégué*** – agent, ambassadeur, chargé d'affaires, chargé de mission, commissaire, correspondant, délégataire, délégué, député, diplomate, émissaire, envoyé, fondé de pouvoir, légat, mandataire, messager, ministre, négociateur, parlementaire, plénipotentiaire, représentant. FRANCE ANC. agréé.

attache *n.f.* ▶ ***Action d'attacher*** – laçage, serrage. ▶ ***Lien*** – câble, chaîne, corde, courroie, fers, lanière, lien, ligament, ligature, liure, rétinacle, sangle. QUÉB. babiche. MAR. suspensoir. ▸ *Pour les cheveux* – catogan, chouchou, élastique, ruban. ▸ *Pour les chiens* – accouple, couple, laisse. ▸ *Pour les chevaux* – licou, longe, plate-longe. ▶ ***Fixation*** – amarrage, ancrage, arrimage, calage, crampon, encartage *(sur une carte)*, épinglage, établissement, ferrement, fixage, fixation, goupillage, implantation, scellement. TECHN. dudgeonnage *(un tube dans une plaque)*, embrelage *(chargement d'une voiture)*. ▶ ***Articulation*** – articulation, jointure. ANAT. glène, ligament, ménisque, trochlée. ▶ ***Bijou*** – agrafe, barrette, boucle, broche, clip, épingle, épinglette, fermail, fibule *(antique)*. ▶ ***Fréquentation*** – bons/mauvais termes, communication, compagnie, contact, correspondance, côtoiement, coudoiement, entourage, familiarité, fréquentation, habitude, intelligence, intimité, liaison, lien, pratique, rapport, relation, société, usage, voisinage. SOUT. commerce. PÉJ. acoquinement, encanaillement.

attachement *n. m.* ▶ ***Fidélité*** – allégeance, confiance, dévouement, fidélité, foi, loyalisme, loyauté. ▶ ***Affection*** – affection, amitié, amour, attirance, intérêt, lien, sympathie, tendresse. FAM. coup de cœur, coup de foudre. ▶ ***Adoration*** – admiration, adoration, adulation, amour, culte, dévotion, emballement, engouement, fanatisme, ferveur, iconolâtrie, idolâtrie, passion, respect, vénération, zèle. SOUT. dilection, révérence. PÉJ. encens, flagornerie, flatterie. ▶ ***Dépendance*** – abaissement, allégeance, appartenance, asservissement, assujettissement, captivité, contrainte, dépendance, domestication, domesticité, domination, emprise, esclavage, gêne, hilotisme, inféodation, infériorité, mainmise, merci, mouvance, obédience, obéissance, obligation, oppression, pouvoir, puissance, servage, servitude, soumission, subordination, sujétion, tutelle, tyrannie, vassalité. FIG. carcan, chaîne, corset (de fer), coupe, fardeau, griffe, main, patte, prison; SOUT. fers, gaine, joug. FÉOD. tenure. △ **ANT.** DÉTACHEMENT, ÉLOIGNEMENT; AVERSION, DÉGOÛT; INDIFFÉRENCE; INDÉPENDANCE.

attacher *v.* ▶ ***Faire un nœud*** – lier, mailler, nouer. ▶ ***Serrer par un lien*** – ficeler, lier, nouer. FAM. saucissonner. ▶ ***Ligoter*** – garrotter, lier, ligoter. ▶ ***Fixer*** – amarrer, arrimer, assujettir, assurer, bloquer, fixer, immobiliser, retenir, river. ▶ ***Unir par un lien abstrait*** – joindre, lier, souder, unir. ▶ ***Attribuer*** – accorder, attribuer, porter, prêter, reconnaître. ▶ ***Coller*** – adhérer, coller, tenir. SOUT. gluer. ▶ *Au fond d'une casserole* – coller. FAM. cramer. ♦ **s'attacher** ▶ ***Charmer*** – captiver, charmer, conquérir, faire la conquête de, gagner, s'attirer les bonnes grâces de, s'attirer les faveurs de, séduire, subjuguer. ▶ ***S'efforcer*** – chercher à, entreprendre de, essayer de, s'efforcer de, s'ingénier à, tâcher de, tenter de, travailler à. SOUT. avoir à cœur de, faire effort pour, prendre à tâche de. ♦ **attaché** ▶ ***Joint*** – associé, conjoint, indissociable, inhérent, inséparable, joint, lié, relié, uni. ▶ ***Dévoué*** – constant, dévoué, fidèle, loyal, sûr. ▶ ***Esclave*** – asservi, assujetti, dépendant, dominé, prisonnier. SOUT. captif. △ **ANT.** DÉFAIRE, DÉGRAFER, DÉLIER, DÉNOUER, DÉPENDRE, DÉTACHER; DÉGAGER, LIBÉRER; ARRACHER, DÉSUNIR, DISJOINDRE, ISOLER, SÉPARER.

attaquant *n.* ▶ ***Agresseur*** – agresseur, assaillant, offenseur, oppresseur, persécuteur, provocateur. ▶ ***Joueur*** – avant, joueur d'attaque. △ **ANT.** VICTIME; DÉFENSEUR.

attaque *n. f.* ▶ ***Agression*** – agression, assaut, attentat, charge, déferlement, envahissement, intervention, invasion, irruption, offensive. SOUT. entreprise. MILIT. blitz *(de courte durée)*. ▶ ***Bataille*** – accrochage, action (de guerre), affrontement, assaut, bagarre, bataille, choc, combat, conflit, duel, échauffourée, empoignade, empoignement, engagement, escarmouche, ferraillement, feu, guérilla, guerre, heurt, hostilités, lutte, mêlée, opération, pugilat, rencontre, rixe. FAM. baroud, baston, bigorne, casse-gueule, casse-pipe, castagne, guéguerre, rif, rififi, riflette. BELG. FAM. margaille. MILIT. blitz *(de courte durée)*. ▶ ***Reproche*** – accusation, admonestation, admonition, anathématisation, anathème, avertissement, blâme, censure, condamnation, correction, critique, désapprobation, diatribe, grief, grognerie, gronderie, interdit, leçon, malédiction, mise à l'écart, mise à l'index, mise en quarantaine, objection, observation, plainte, punition, récrimination, remarque, remontrance, représentation, réprimande, réprobation, reproche, réquisitoire, semonce, sérénade, sermon, tollé. SOUT. animadversion, foudres, fustigation, improbation, mercuriale, objurgation, stigmatisation, vitupération. FAM. douche, engueulade, savon, tabac. FRANCE FAM. attrapade, lavage de tête, prêchi-prêcha, soufflante. BELG. cigare. RELIG. fulmination. ▶ ***Médisance*** – accusation, allégation, cafardage, calomnie, critique, délation, dénigrement, dénonciation, dépréciation, dévalorisation, diffamation, imputation, insinuation, médisance, plainte, rabaissement, réquisitoire, trahison. SOUT. détraction. FAM. mouchardage. ▶ ***Injure*** – affront, atteinte, attentat, avanie, blessure, calomnie, défi, dommage, indignité, injure, insolence, insulte, manquement, offense, outrage, pique, tort. SOUT. bave, camouflet, soufflet. ▶ ***Crise*** – accès, atteinte, bouffée, crise, flambée, poussée, quinte. ▶ ***Afflux de sang*** – afflux (de sang), apoplexie, cataplexie, coup de sang, embolie, hémorragie, hyperémie, ictus, pléthore, révulsion, stase, tension, thrombose, transport au cerveau, turgescence. ▶ ***Joueurs*** – QUÉB. offensive. ▶ ***Coup de la boxe*** – allonge, frappe, garde, poing, portée, punch, riposte. △ **ANT.** DÉFENSE, DÉFENSIVE; PROTECTION; APOLOGIE, ÉLOGE, LOUANGE.

attaquer *v.* ▶ ***Engager une lutte armée*** – donner l'assaut, engager le combat, engager les hostilités, lancer l'attaque, ouvrir le feu, passer à l'attaque, prendre l'offensive. ▶ ***Assaillir*** – agresser, assaillir, charger, foncer sur, fondre sur, sauter sur, se jeter sur, se ruer sur, tomber sur. BELG. broquer sur. ▶ ***Harceler*** – harceler, persécuter, poursuivre, s'acharner contre. SOUT. inquiéter. ▶ ***Accuser*** – accuser, prendre à partie, s'en prendre à, se frotter à. ▶ ***Dénigrer*** – baver sur, calomnier, casser du sucre sur le dos de, cracher sur, critiquer, décrier, dénigrer, déprécier, diffamer, dire du mal de, gloser sur, médire de, noircir, perdre de réputation, traîner dans la boue. SOUT. arranger de la belle manière, clabauder sur, dauber sur, détracter, dire pis que pendre de, mettre plus bas que terre. FAM. déblatérer contre, taper sur. FRANCE FAM. débiner, habiller pour l'hiver, tailler un costard à, tailler une veste à. BELG. décauser. ▶ ***Critiquer*** – critiquer, descendre en flammes, écharper, éreinter, étriller, faire le procès de, malmener, maltraiter, massacrer, matraquer, mettre à mal, pourfendre, s'acharner contre. FAM. couler, démolir, descendre, écorcher, esquinter. FRANCE FAM. allumer, débiner. QUÉB. FAM. maganer. ▶ ***Éroder*** – corroder, entamer, éroder, manger, mordre, ronger. ▶ ***Commencer*** – amorcer, commencer, entamer, entreprendre, s'atteler à. FAM. embrayer, s'y mettre. △ **ANT.** DÉFENDRE, GARDER, PROTÉGER; AIDER, APPUYER, ASSISTER, SAUVER, SECOURIR, SOUTENIR; RÉPLIQUER, RÉPONDRE, RIPOSTER; COMPLIMENTER, LOUANGER, LOUER; ACHEVER, CONCLURE.

attardé *adj.* ▶ ***Qui souffre d'un retard mental*** – arriéré, demeuré, retardé, simple d'esprit.

▶ ***Rétrograde*** – arriéré, contre-révolutionnaire, droitiste, immobiliste, nostalgique, passéiste, réactionnaire, rétrograde. *FAM.* archéo, réac. ▶ ***Retardataire*** – en retard, retardataire. *FRANCE FAM.* à la bourre. △ **ANT.** À L'ESPRIT VIF, ALERTE, BRILLANT, DOUÉ, ÉVEILLÉ, INTELLIGENT, PRODIGE, SURDOUÉ; AVANCÉ, CIVILISÉ, ÉVOLUÉ, MODERNE.

attarder *v.* ▶ ***Mettre en retard*** (*RARE*) – mettre en retard, ralentir, retarder. ♦ **s'attarder** ▶ ***Flâner*** – être lent à, être long à, flâner, mettre du temps à, musarder, prendre tout son temps, tarder, traînailler, traînasser, traîner. *FAM.* lambiner, lanterner. *QUÉB. FAM.* placoter. *SUISSE FAM.* pétouiller. ▶ ***Rester trop longtemps*** – s'éterniser, traîner. ▶ ***Se mettre en retard*** – s'arriérer, se retarder. △ **ANT.** AVANCER. ♦ **s'attarder** PRENDRE DE L'AVANCE, SE DÉPÊCHER, SE HÂTER.

atteindre *v.* ▶ ***Parvenir à un endroit*** – accéder à, arriver à, gagner, parvenir à, se rendre à, toucher. ▶ ***Parvenir à un but*** – arriver à, parvenir à, réussir à. ▶ ***Parvenir à un niveau*** – monter, s'élever. ▶ ***Rattraper*** – rattraper, rejoindre, remonter, retrouver. *QUÉB.* repêcher. ▶ ***Frapper*** – frapper, toucher. ▶ ***Blesser*** – blesser, toucher. *MÉD.* léser. ▶ ***Affliger d'un mal*** – accabler, affliger, frapper, toucher. ▶ ***Vexer*** – blesser (dans sa dignité), choquer, cingler, désobliger, effaroucher, égratigner, froisser, heurter, humilier, insulter, mortifier, offenser, offusquer, outrager, piquer au vif, toucher au vif, ulcérer, vexer. *SOUT.* fouailler. △ **ANT.** MANQUER, RATER; DÉPASSER; ÉCHOUER À, FAILLIR À.

atteinte *n.f.* ▶ ***Préjudice*** – affront, désavantage, dommage, injustice, lésion, mal, perte, préjudice, tort. ▶ ***Offense*** – affront, attaque, attentat, avanie, blessure, calomnie, défi, dommage, indignité, injure, insolence, insulte, manquement, offense, outrage, pique, tort. *SOUT.* bave, camouflet, soufflet. ▶ ***Profanation*** – avilissement, blasphème, dégradation, hooliganisme, iconoclasme, irrespect, irrévérence, lèse-majesté, outrage, pollution, profanation, sac, saccage, sacrilège, subversion, vandalisme, viol, violation. ▶ ***Effet d'une maladie*** – accès, attaque, bouffée, crise, flambée, poussée, quinte.

attenant *adj.* à côté, accolé, adjacent, bord à bord, contigu, côte à côte, en contact, juxtaposé, limitrophe, voisin. *QUÉB.* collé. △ **ANT.** SÉPARÉ DE.

attendre *v.* ▶ ***Rester longtemps au même endroit*** – compter les clous de la porte, faire antichambre, faire le pied de grue, faire les cent pas, patienter, prendre racine, prendre son mal en patience, s'armer de patience. *FAM.* croquer le marmot, faire le planton, faire le poireau, macérer, mariner, moisir, poireauter, pourrir, s'éterniser. *FRANCE RÉGION. FAM.* maronner. *QUÉB. FAM.* niaiser. ▶ ***Menacer*** – gronder, guetter, menacer, planer sur. *SOUT.* imminer. ♦ **s'attendre** ▶ ***Escompter*** – anticiper, compter, escompter, espérer, prévoir. ♦ **attendu** ▶ ***Habituel*** – accoutumé, consacré, coutumier, d'usage, de règle, de routine, familier, habituel, normal, ordinaire, quotidien, régulier, rituel, usuel. △ **ANT.** AGIR; PARTIR, S'EN ALLER; ACCÉLÉRER, HÂTER, PRÉCIPITER, PRESSER.

attendrir *v.* ▶ ***Émouvoir*** – aller droit au cœur de, apitoyer, émouvoir, faire quelque chose à, remuer, toucher, troubler. *SOUT.* prendre aux entrailles. *FAM.* émotionner, prendre aux tripes. ♦ **s'attendrir** ▶ ***Éprouver de la pitié*** – avoir pitié de, compatir à, plaindre, s'apitoyer. ▶ ***Éprouver de la tendresse*** – s'émouvoir. *FAM.* craquer, fondre. △ **ANT.** DURCIR, ENDURCIR, RAIDIR; AGACER, EXASPÉRER, IRRITER; LAISSER INDIFFÉRENT, REFROIDIR.

attendrissant *adj.* attachant, désarmant, émouvant, prenant, touchant. △ **ANT.** AGAÇANT, CRISPANT, DÉSAGRÉABLE, ÉNERVANT, EXASPÉRANT, IRRITANT.

attendrissement *n.m.* ▶ ***Pitié*** – apitoiement, bienveillance, clémence, commisération, compassion, indulgence, miséricorde, pitié. *SOUT.* mansuétude. ▶ ***Tendresse*** – affect, affectivité, âme, cœur, compassion, émotion, émotivité, empathie, fibre, humanité, impressionnabilité, pitié, romantisme, sensibilité, sentiment, sentimentalité, susceptibilité, sympathie, tendresse, vulnérabilité. *SOUT.* entrailles. *FAM.* tripes. ▶ ***Fait de ramollir*** – amollissement, ramollissement. △ **ANT.** ENDURCISSEMENT; AGACEMENT, IRRITATION; FROIDEUR, INSENSIBILITÉ; DURCISSEMENT.

attentat *n.m.* ▶ ***Agression*** – accroc, contravention, crime, délit, dérogation, entorse, faute, forfait, forfaiture, inconduite, infraction, manquement, mauvaise action, mauvaise conduite, méfait, non-respect, rupture, transgression, violation. *BELG.* méconduite. *DR.* cas. ▶ ***Préjudice*** – affront, atteinte, désavantage, dommage, injustice, lésion, mal, perte, préjudice, tort. ▶ ***Offense*** – affront, attaque, atteinte, avanie, blessure, calomnie, défi, dommage, indignité, injure, insolence, insulte, manquement, offense, outrage, pique, tort. *SOUT.* bave, camouflet, soufflet.

attente *n.f.* ▶ ***Espoir*** – confiance, espérance, espoir, expectative, optimisme.

attentif *adj.* ▶ ***Concentré*** – à l'écoute, absorbé, concentré, diligent, tout ouïe, tout yeux tout oreilles, vigilant. ▶ ***Soigneux*** – appliqué, assidu, consciencieux, méthodique, méticuleux, minutieux, ordonné, précis, rangé, rigoureux, scrupuleux, soigné, soigneux, systématique. *SOUT.* exact. ▶ ***Prudent*** – précautionneux, prévoyant, prudent, vigilant. ▶ ***Prévenant*** – aimable, attentionné, aux petits soins, complaisant, délicat, dévoué, diligent, empressé, gentil, obligeant, prévenant, secourable, serviable, zélé. *FAM.* chic, chou. *QUÉB. FAM.* fin. *BELG. FAM.* amitieux. △ **ANT.** DANS LA LUNE, DISTRAIT, INAPPLIQUÉ, INATTENTIF; ÉCERVELÉ, ÉTOURDI, ÉVAPORÉ, IMPRÉVOYANT, IMPRUDENT, INCONSCIENT, INCONSÉQUENT, INCONSIDÉRÉ, INSOUCIANT, IRRÉFLÉCHI, IRRESPONSABLE, LÉGER, NÉGLIGENT, SANS CERVELLE, SANS-SOUCI; DISTANT, FROID, INDIFFÉRENT, RÉSERVÉ.

attention *n.f.* ▶ ***Curiosité*** – appétit, avidité, curiosité, intérêt, soif, soif d'apprendre, soif de connaissance, soif de connaître, soif de savoir. ▶ ***Concentration*** – application, concentration, contention, intérêt, recueillement, réflexion, tension. ▶ ***Surveillance*** – espionnage, faction, filature, garde, gardiennage, guet, îlotage, inspection, monitorage, observation, patrouille, ronde, sentinelle, veille, veillée, vigie, vigilance. ▶ ***Prévenance*** – affabilité, amabilité, aménité, bienséance, bonnes manières, civilité, civisme, convivialité, correction, courtoisie, délicatesse, éducation, entregent, galanterie, gentillesse, hospitalité, mondanités, obligeance, politesse, prévenance, savoir-vivre, serviabilité, sociabilité, tact, urbanité. *SOUT.* gracieuseté, liant. ♦ **attentions,** ***plur.*** bichonnage, dorlotement, empressement, maternage, prévenances, soins. *SOUT.* gâterie. △ **ANT.** DISSIPATION, DISTRACTION, ÉTOURDERIE, INATTENTION. ♦ **attentions,** ***plur.*** GROSSIÈRETÉ, IMPOLITESSE.

attentivement *adv.* amoureusement, consciencieusement, en détail, méticuleusement, minutieusement, précieusement, précisément, proprement, religieusement, rigoureusement, scrupuleusement, sérieusement, soigneusement, vigilamment. △ **ANT.** AVEUGLÉMENT, DISTRAITEMENT, ÉTOURDIMENT.

atténuer *v.* ▶ ***Diminuer*** – affaiblir, amortir, diminuer, effacer, émousser, éroder, estomper, oblitérer, user. ▶ ***Tamiser*** – adoucir, filtrer, tamiser, voiler. ▶ ***Assourdir*** – amortir, assourdir, étouffer, feutrer. ▶ ***Calmer la douleur*** – adoucir, alléger, apaiser, assoupir, bercer, endormir. *SOUT.* lénifier. ▶ ***Modérer des propos*** – euphémiser, ménager, mesurer, modérer, nuancer, pondérer, tempérer. ▶ ***Affadir*** – affadir, diluer, édulcorer. ♦ **s'atténuer** ▶ ***Perdre de son intensité*** – baisser, diminuer, faiblir, pâlir, s'affaiblir, s'estomper. ♦ **atténué** ▶ ***Faible*** – doux, faible, léger, ténu. ▶ ***Mitigé*** – adouci, mitigé, modéré, tempéré, tiède. ▶ ***Assourdi*** – amorti, assourdi, cotonneux, étouffé, faible, feutré, mat, mou, ouaté, sourd, voilé. △ **ANT.** ACCENTUER, AGGRAVER, AMPLIFIER, AUGMENTER, EXACERBER, EXAGÉRER, GROSSIR, RENFORCER; APPUYER SUR, SOULIGNER.

attester *v.* ▶ ***Affirmer*** – affirmer, assurer, certifier, déclarer, donner l'assurance, donner sa parole (d'honneur), garantir, jurer, promettre, répondre de. ▶ ***Authentifier*** – authentifier, certifier, légaliser, valider, viser. ▶ ***Servir de preuve*** – confirmer, démontrer, établir, justifier, montrer, prouver, vérifier. △ **ANT.** CONTESTER, CONTREDIRE, DÉMENTIR, DÉSAVOUER, INFIRMER, NIER, RÉFUTER, REJETER.

attirance *n.f.* ▶ ***Attraction*** – aimant, attraction, attrait, charisme, charme, chien, désirabilité, envoûtement, fascination, magie, magnétisme, séduction, sex-appeal. ▶ ***Désir*** – ambition, appel, appétit, aspiration, attrait, besoin, but, convoitise, desideratum, désir, envie, exigence, faim, fantaisie, fantasme, fièvre, fringale, goût, idéal, intention, jalousie, passion, prétention, quête, recherche, rêve, soif, souhait, tentation, velléité, visée, vœu, voix, volonté. *SOUT.* appétence, dessein, prurit, vouloir. *FAM.* démangeaison. ▶ ***Attachement*** – affection, amitié, amour, attachement, intérêt, lien, sympathie, tendresse. *FAM.* coup de cœur, coup de foudre. ▶ ***Penchant*** – affection, aptitude, disposition, faible, faiblesse, goût, habitude, impulsion, inclination, instinct, penchant, pente, prédilection, prédisposition, préférence, propension, tendance, vocation. *DIDACT.* susceptibilité. *PSYCHOL.* compulsion. *FAM.* tendresses. ▶ ***Influence*** – action, aide, appui, ascendant, attraction, aura, autorité, contagion, crédit, dominance, domination, effet, empreinte, emprise, fascination, force, importance, incitation, influence, inspiration, magie, magnétisme, mainmise, manipulation, mouvance, persuasion, pétition, poids, pouvoir, prépondérance, présence, pression, prestige, puissance, règne, rôle, séduction, subjugation, suggestion, tyrannie. *SOUT.* empire, intercession. △ **ANT.** ÉLOIGNEMENT, RÉPULSION; DÉGOÛT, RÉPUGNANCE; ANTIPATHIE, AVERSION.

attirant *adj.* affriolant, aguichant, alléchant, appétissant, attrayant, désirable, engageant, excitant, intéressant, invitant, irrésistible, ragoûtant, séduisant, tentant. *SOUT.* affriandant. △ **ANT.** FADE, ININTÉRESSANT, INSIPIDE.

attirer *v.* ▶ ***Drainer*** – drainer, pomper. ▶ ***Allécher*** – affrioler, allécher, appâter, faire saliver, mettre en appétit, ragoûter, séduire, tenter. *SOUT.* affriander, mettre en goût. ▶ ***Procurer à qqn*** – acquérir, mériter, procurer, valoir. ♦ **s'attirer** ▶ ***Encourir*** – chercher, courir le risque de, donner prise à, encourir, être passible de, mériter, prêter le flanc à, risquer de, s'exposer à. *QUÉB. FAM.* courir après. △ **ANT.** REPOUSSER; CHASSER, DÉTOURNER, ÉCARTER, ÉLOIGNER, REFOULER; DÉGOÛTER, REBUTER.

attiser *v.* ▶ ***Au sens propre*** – activer, aviver, rallumer, ranimer, raviver, réactiver, renflammer. ▶ ***Au sens figuré*** – aiguiser, allumer, augmenter, aviver, échauffer, embraser, enflammer, exalter, exciter, incendier, stimuler. △ **ANT.** ÉTEINDRE, ÉTOUFFER; APAISER, ASSOUPIR, CALMER, ENDORMIR, TRANQUILLISER.

attitude *n.f.* ▶ ***Posture*** – contenance, maintien, port, pose, position, posture, station, tenue. ▶ ***Allure*** – air, allure, apparence, aspect, contenance, démarche, façon, genre, ligne, maintien, manière, panache, physique, port, posture, prestance, silhouette, style, tenue, tournure. *SOUT.* extérieur, mine. *FAM.* gueule, touche. *QUÉB. FAM.* erre d'aller. *PÉJ. FAM.* dégaine. ▶ ***Accueil*** – abord, accès, accueil, approche, contact, mine, réception, tête, traitement. ▶ ***Comportement*** – comportement, conduite, habitude, habitus, mœurs, réaction, vie. ▶ ***Geste*** – allure, chironomie, chorégraphie, contenance, danse, geste, gesticulation, gestique, gestualité, gestuelle, jeu (physique), langage corporel, langage gestuel, manière, mime, mimique, mimodrame, mimographie, mimologie, mouvement, mudra, pantomime, posture, signal, signe.

attraction *n.f.* ▶ ***Gravité*** – force, gravitation, gravité, pesanteur, poids, poussée, pression. ▶ ***Attirance*** – aimant, attirance, attrait, charisme, charme, chien, désirabilité, envoûtement, fascination, magie, magnétisme, séduction, sex-appeal. ▶ ***Influence*** – action, aide, appui, ascendant, attirance, aura, autorité, contagion, crédit, dominance, domination, effet, empreinte, emprise, fascination, force, importance, incitation, influence, inspiration, magie, magnétisme, mainmise, manipulation, mouvance, persuasion, pétition, poids, pouvoir, prépondérance, présence, pression, prestige, puissance, règne, rôle, séduction, subjugation, suggestion, tyrannie. *SOUT.* empire, intercession. ▶ ***Spectacle*** – concert, danse, divertissement, exécution, exhibition, happening, numéro, pièce, projection, récital, représentation, revue, séance, soirée. △ **ANT.** ÉLOIGNEMENT, RÉPULSION; DÉGOÛT, RÉPUGNANCE; ANTIPATHIE, AVERSION.

attrait *n.m.* ▶ ***Charme*** – agrément, art, beau, beauté, charme, chic, classe, coquetterie, délicatesse, distinction, éclat, élégance, esthétique, féerie, fraîcheur, grâce, gracieux, harmonie, magnificence, majesté, perfection, photogénie, pureté, séduction, splendeur, symétrie. *SOUT.* blandice, joliesse, morbidesse, sublimité, symphonie, vénusté. ▶ ***Attraction*** – aimant, attirance, attraction, charisme, charme, chien, désirabilité, envoûtement, fascination, magie, magnétisme, séduction, sex-appeal. ▶ ***Tentation*** – allèchement, appât, friandise, séduction, tentation. ▶ ***Désir*** – ambition, appel, appétit, aspiration, attirance, besoin, but, convoitise, desideratum, désir, envie, exigence, faim, fantaisie, fantasme, fièvre, fringale, goût, idéal, intention, jalousie, passion, prétention, quête, recherche, rêve, soif, souhait, tentation, velléité, visée, vœu, voix, volonté. *SOUT.* appétence, dessein, prurit, vouloir. *FAM.* démangeaison. ♦ **attraits**, ***plur.*** ▶ ***Beautés d'une femme*** – attributs féminins, charmes, rondeurs. △ **ANT.** DÉGOÛT, RÉPUGNANCE; ANTIPATHIE, AVERSION.

attraper *v.* ▶ ***Saisir*** – accrocher, agripper, empoigner, happer, prendre, s'emparer de, saisir, se saisir de. ▶ ***Capturer un animal*** – capturer, piéger, prendre au piège. *RARE* empiéger. ▶ ***Capturer qqn*** (*FAM.*) – appréhender, arrêter, capturer, faire prisonnier, prendre, saisir. *FAM.* choper, coffrer, coiffer, coincer, cravater, cueillir, embarquer, épingler, harponner, mettre la main au collet de, mettre le grappin sur, pincer, poisser, prendre au collet, ramasser, saisir au collet. *FRANCE FAM.* agrafer, alpaguer, arnaquer, arquepincer, emballer, gauler, piquer, poivrer. ▶ ***Duper*** – abuser, avoir, bercer, berner, duper, en conter à, en faire accroire à, flouer, leurrer, mentir à, mystifier, se jouer de, se moquer de, tromper. *SOUT.* trigauder. *FAM.* blouser, bluffer, canuler, charrier, cravater, empaumer, empiler, entourlouper, esbroufer, faire marcher, feinter, la faire à, mener en bateau, mettre en boîte, pigeonner, posséder, refaire, rouler. *QUÉB. FAM.* niaiser. *RARE* jobarder. ▶ ***Prendre sur le fait*** – découvrir, prendre sur le fait, surprendre. *FAM.* pincer. ▶ ***Réprimander*** – admonester, chapitrer, faire des remontrances à, faire la leçon à, faire la morale à, gronder, houspiller, malmener, moraliser, morigéner, rappeler à l'ordre, remettre à sa place, remettre au pas, réprimander, sermonner. *SOUT.* gourmander, redresser, semoncer, semondre, tancer. *FAM.* assaisonner, dire deux mots à, disputer, doucher, engueuler, enguirlander, incendier, laver la tête à, moucher, passer un savon à, remonter les bretelles à, sacquer, savonner, savonner la tête à, secouer, secouer comme un (vieux) prunier, secouer les puces à, sonner les cloches à, tirer les oreilles à. *FRANCE FAM.* donner un cigare à, passer un cigare à. *QUÉB. FAM.* chicaner. ▶ ***Contracter*** – contracter. *FAM.* choper. ▶ ***Recevoir*** (*FAM.*) – recevoir. *FAM.* morfler, prendre, ramasser. △ **ANT.** LÂCHER, RELÂCHER; MANQUER, RATER; ÉCHAPPER À.

attrayant *adj.* affriolant, aguichant, alléchant, appétissant, attirant, désirable, engageant, excitant, intéressant, invitant, irrésistible, ragoûtant, séduisant, tentant. *SOUT.* affriandant. △ **ANT.** FADE, ININTÉRESSANT, INSIPIDE, TERNE; RÉFRIGÉRANT, SANS CHARME.

attribuer *v.* ▶ ***Allouer*** – accorder, allouer, concéder, consentir, donner, impartir, octroyer. *SOUT.* départir. ▶ ***Décerner*** – adjuger, conférer, décerner, donner, remettre. ▶ ***Affecter une somme*** – affecter, appliquer, assigner, imputer, porter. ▶ ***Attacher une qualité*** – accorder, attacher, porter, prêter, reconnaître. ▶ ***Imputer*** – imputer, mettre sur le compte, rejeter. ▶ ***Prêter un acte, un trait à qqn*** – prêter, rapporter, supposer. ♦ **s'attribuer** ▶ ***Prendre arbitrairement*** – s'adjuger, s'approprier, s'arroger, s'octroyer, usurper. △ **ANT.** REFUSER; CONFISQUER, ÔTER, REPRENDRE, RETIRER, SOUSTRAIRE; ACCAPARER, PRENDRE; REVENDIQUER. ♦ **s'attribuer** ABANDONNER, CONCÉDER, DÉCLINER, REJETER, RENONCER À.

attribut *n. m.* ▶ ***Caractéristique*** – caractère, caractéristique, marque, particularité, propre, propriété, qualité, signe, spécialité, spécificité, trait. ▸ *Louable* – mérite. ▶ ***Emblème*** – allégorie, chiffre, devise, drapeau, effigie, emblème, figure, icône, image, incarnation, insigne, livrée, logo, logotype, marque, notation, personnification, représentation, signe, symbole, type. ▶ ***En philosophie*** – accident, apparence, contingence, forme, phénoménalité, phénomène, prédicat.

attribution *n. f.* ♦ **attribution**, ***sing.*** ▶ ***Affectation*** – affectation, assignation, consécration, destination, imputation. ▶ ***Remise*** – allocation, distribution, dotation, remise. ▶ ***Répartition*** – allotissement, assiette, coéquation, contingent, diffusion, distribution, groupage, partage, péréquation, quote-part, ration, répartement, répartiement, répartition, routage. *DR.* copartage. ♦ **attributions**, ***plur.*** ▶ ***Privilège*** – acquis, apanage, avantage, bénéfice, chasse gardée, concession, droit, exclusivisme, exclusivité, exemption, faveur, honneur, immunité, inviolabilité, monopole, passe-droit, pouvoir, préférence, prérogative, privilège. *ANC.* franchise. *RELIG.* indult. ▶ ***Compétence*** – autorité, compétence, département, pouvoir, qualité, ressort. *FAM.* rayon. △ **ANT.** ♦ **attribution**, ***sing.*** CONFISCATION, REPRISE, RETENUE, SAISIE. ♦ **attributions**, ***plur.*** INCOMPÉTENCE, LIMITATION, RESTRICTION.

attrister *v.* ▶ ***Affliger*** – affliger, arracher le cœur à, chagriner, consterner, désespérer, désoler, faire de la peine à, fendre le cœur à, navrer, peiner. *SOUT.* contrister. ▶ ***Rendre soucieux*** – assombrir, endeuiller, obscurcir. *SOUT.* embrumer, rembrunir. ♦ **s'attrister** ▶ ***S'affliger*** – être au désespoir, s'affliger, se désoler. △ **ANT.** AMUSER, DÉRIDER, DISTRAIRE, DIVERTIR, ÉGAYER, RÉJOUIR; CONSOLER, RÉCONFORTER.

aubaine *n. f.* ▶ ***Chance*** – chance, coup de chance, heureux hasard, occasion. *SOUT.* fortune. *FAM.* baraka, (coup de) bol, occase, pot, veine. ▶ ***Rabais*** (*QUÉB.*) – abattement, baisse, bas prix, bonification, bradage, décompte, déduction, dégrèvement, diminution, discompte, escompte, liquidation, prix modique, rabais, réduction, réfaction, remise, ristourne, solde. *FAM.* bazardage. *QUÉB.* (prix d') aubaine. △ **ANT.** INFORTUNE, MALCHANCE, PERTE.

aube *n. f.* ▶ ***Lueur matinale*** – aurore, crépuscule (du matin), début du jour, lever de l'aurore, lever du jour, lever du matin, lever, naissance du jour, (petit) matin, point du jour. *SOUT.* lueur crépusculaire, pointe de l'aube, pointe du jour. ▶ ***Commencement*** (*SOUT.*) – actionnement, amorçage, amorce, balbutiement, bégaiement, commencement, création, début, déclenchement, démarrage, départ, ébauche, embryon, enclenchement, enfance, entrée, esquisse, fondement, germe, inauguration, origine, ouverture, prélude, prémisse, principe, tête. *SOUT.* aurore, matin, prémices. *FIG.* apparition, avènement, éclosion, émergence, éruption, explosion, genèse, germination, naissance, venue au monde. ▶ ***Vêtement sacerdotal*** – cappa (magna), chape, chasuble, dalmatique, froc, mantelet, mosette, ornements (sacerdotaux), rochet, soutane, surplis, tunicelle, tunique, vêtement (sacerdotal). *ANTIQ.* éphod. ▶ ***Partie d'une roue*** – ailette, pale, palette. △ **ANT.** CRÉPUSCULE; FIN.

auberge *n.f.* escale, étape, gîte, halte, hôtel, hôtellerie, relais. ▸ *Pays arabes* – caravansérail, fondouk, khan. ▸ *Espagne* – posada.

audace *n.f.* ▶ ***Courage*** – bravoure, cœur, cœur au ventre, courage, cran, hardiesse, héroïsme, intrépidité, mépris du danger, témérité, vaillance. *RARE* héroïcité. *SOUT.* valeur. *FAM.* tripes. ▶ ***Débrouillardise*** – débrouillardise, esprit d'initiative, esprit entreprenant. *FAM.* débrouille, système D. ▶ ***Innovation*** – anticonformisme, cachet, caractère, fraîcheur, hardiesse, indépendance, individualité, innovation, inspiration, marginalité, non-conformisme, nouveauté, originalité, particularité, personnalité, piquant, pittoresque, singularité. ▶ ***Insolence*** – aplomb, arrogance, effronterie, front, impertinence, impolitesse, impudence, incorrection, insolence, irrespect, irrévérence. *SOUT.* outrecuidance, sans-gêne. *FAM.* culot, toupet. △ **ANT.** COUARDISE, LÂCHETÉ, PEUR, POLTRONNERIE, TIMIDITÉ; HUMILITÉ, RÉSERVE, RESPECT, RETENUE.

audacieux *adj.* ▶ ***Entreprenant*** – aventureux, entreprenant, fonceur, hardi, qui n'a pas froid aux yeux, téméraire. ▶ ***Innovateur*** – avant-gardiste, d'avant-garde, futuriste, hardi, inédit, innovant, innovateur, neuf, new-look, nouveau, nouvelle vague, novateur, original, renouvelé, révolutionnaire. ▶ ***Risqué*** – aventuré, aventureux, dangereux, fou, hardi, hasardé, hasardeux, imprudent, osé, périlleux, risqué, suicidaire, téméraire. *SOUT.* scabreux. *FAM.* casse-cou, casse-gueule. △ **ANT.** CRAINTIF, LÂCHE, PEUREUX, TIMIDE; HÉSITANT, INACTIF, PARESSEUX, PUSILLANIME, ROUTINIER, SANS INITIATIVE; PRÉCAUTIONNEUX, PRUDENT, SAGE; BANAL, CLASSIQUE, COMMUN, SANS ORIGINALITÉ; SANS RISQUE, SÉCURITAIRE, SÛR.

audience *n.f.* ▶ ***Rencontre*** – abouchement, conférence, confrontation, entretien, entrevue, face à face, huis clos, interview, micro-trottoir, rencontre, rendez-vous, retrouvailles, réunion, tête-à-tête, vis-à-vis, visite. *SOUT.* abouchement, rancard. *FRANCE FAM.* rambot, rambour. *PÉJ.* conciliabule. ▶ ***Procès*** – affaire (judiciaire), cas, cause, débat, dossier, espèce, litige, litispendance, poursuite, procès. ▶ ***Séance*** – débat, séance, session, vacation.

auditeur *n.* ▶ ***Spectateur*** – observateur, participant, spectateur, témoin. ▶ ***Interlocuteur*** – allocutaire, décodeur, destinataire, interlocuteur, récepteur.

audition *n.f.* ▶ ***Ouïe*** – écoute, oreille, ouïe. ▶ ***Concert*** – aubade, concert, divertissement, exécution, récital, séance, sérénade, soirée. △ **ANT.** SURDITÉ.

auditoire *n.m.* ▶ ***Spectateurs*** – assemblée, assistance, assistants, foule, galerie, présents, public, salle. ▶ ***Lecteurs*** – lectorat. ▶ ***Salle*** (*BELG. SUISSE*) – amphithéâtre, auditorium, hémicycle, salle de conférences, salle de cours. *FAM.* amphi. *SUISSE* aula.

augmentation *n.f.* ▶ ***Accroissement*** – accentuation, accroissement, accrue, agrandissement, amplification, arrondissement, boom, croissance, décuplement, développement, élargissement, élévation, enrichissement, extension, gradation, grossissement, hausse, inflation, intensification, majoration, montée, recrudescence, redoublement, renchérissement, renforcement. ▶ ***Multiplication*** – accroissement, foisonnement, multiplication, peuplement, prolifération, propagation, pullulation, pullulement, reproduction. ▶ ***Plus-value*** – accroissement, amélioration, appréciation, bénéfice, excédent, gain, majoration, plus-value, profit, survaleur, valorisation. ▶ ***Aggravation*** – accentuation, accroissement, aggravation, alourdissement, amplification, complexification, complication, croissance, détérioration, développement, escalade, exacerbation, intensification, progrès, progression, propagation, rechute, recrudescence, redoublement. △ **ANT.** AMOINDRISSEMENT, BAISSE, DÉCROISSANCE, DIMINUTION, RÉDUCTION.

augmenter *v.* ▶ ***Accroître*** – accroître, décupler, gonfler, multiplier, redoubler. ▶ ***Accentuer*** – accentuer, accroître, ajouter à, amplifier, intensifier, renforcer. *SOUT.* exalter. ▶ ***Aviver*** – aiguiser, allumer, attiser, aviver, échauffer, embraser, enflammer, exalter, exciter, incendier, stimuler. ▶ ***Rendre plus cher*** – accroître, élever, enchérir, hausser, majorer. ▶ ***Croître*** – croître, grandir, grossir, prendre de l'ampleur, prendre de l'envergure, redoubler, s'accentuer, s'accroître, s'amplifier, s'intensifier, se développer. ▶ ***Devenir plus cher*** – enchérir, être en hausse, grimper, monter, renchérir. △ **ANT.** AMOINDRIR, BAISSER, DIMINUER, RÉDUIRE; ÉCOURTER, LIMITER, RESTREINDRE; ADOUCIR, AFFAIBLIR, AMORTIR, ATTÉNUER, MINIMISER; DÉPRÉCIER, DÉVALORISER, DÉVALUER, LIQUIDER, RABATTRE; DÉCROÎTRE, DÉGONFLER, TOMBER.

augure *n.m.* ▶ ***Devin*** – devin, prophète, voyant. *SOUT.* mage, vaticinateur. ▶ ***Prédiction*** – annonce, annonciation, auspices, conjecture, horoscope, oracle, pari, prédiction, présage, prévision, projection, promesse, pronostic, prophétie, signe. *ANTIQ. ROM.* auspices, haruspication.

auguste *adj.* ▶ ***Vénérable*** – digne, respectable, révéré, sacré, saint, vénérable. ▶ ***Majestueux*** – digne, grave, impérial, imposant, majestueux, noble, olympien, qui impose le respect, solennel. △ **ANT.** ABJECT, IGNOBLE, IMMONDE, INDIGNE, INFÂME, MÉPRISABLE, ODIEUX, REPOUSSANT, RÉPUGNANT, VIL.

aujourd'hui *adv.* à cette heure, à l'époque actuelle, à l'heure actuelle, à l'heure présente, à l'heure qu'il est, à l'instant présent, à présent, actuellement, au moment présent, dans le cas présent, de ce temps-ci, de nos jours, de notre temps, en ce moment, en cette saison, ici, maintenant, par le temps qui court, présentement. △ **ANT.** HIER; DEMAIN; ALORS, AUPARAVANT, PAR LE PASSÉ; DANS LE FUTUR.

aumône *n.f.* ▶ ***Don*** – aide, allocation, apport, assistance, bonne œuvre, charité, dation, disposition, distribution, don, faveur, grâce, hommage, indemnité, obole, prestation, secours, soulagement, subside, subvention. *SOUT.* bienfait. *FAM.* dépannage. *DR.* donation, fidéicommis, legs, libéralité. *RELIG.* bénédiction, charisme. △ **ANT.** AVARICE, ÉGOÏSME.

auparavant *adv.* à l'avance, antérieurement, au préalable, avant, ci-devant, d'abord, d'avance, déjà, préalablement, précédemment, préliminairement. △ ANT. À L'ÉPOQUE ACTUELLE, À L'HEURE ACTUELLE, ACTUELLEMENT, DE CE TEMPS-CI, DE NOS JOURS, PRÉSENTEMENT; DANS LE FUTUR, ENSUITE.

auréole *n.f.* ▸ ***Nimbe*** – couronne de gloire, mandorle, nimbe. ▸ ***Cercle lumineux*** – halo. ▸ ***Renommée*** – célébrité, considération, éclat, faveur, gloire, notoriété, palmarès, popularité, renom, renommée, réputation, vedettariat. FIG. immortalité, la déesse aux cent bouches. ▸ ***Marque circulaire*** – cerne.

aurore *n.f.* ▸ ***Aube*** – aube, crépuscule (du matin), début du jour, lever de l'aurore, lever du jour, lever du matin, lever, naissance du jour, (petit) matin, point du jour. SOUT. lueur crépusculaire, pointe de l'aube, pointe du jour. ▸ ***Commencement*** (SOUT.) – actionnement, amorçage, amorce, balbutiement, bégaiement, commencement, création, début, déclenchement, démarrage, départ, ébauche, embryon, enclenchement, enfance, entrée, esquisse, fondement, germe, inauguration, origine, ouverture, prélude, prémisse, principe, tête. SOUT. aube, matin, prémices. FIG. apparition, avènement, éclosion, émergence, éruption, explosion, genèse, germination, naissance, venue au monde. △ ANT. CRÉPUSCULE; FIN.

ausculter *v.* ▸ ***Étudier*** – analyser, considérer, envisager, étudier, examiner, explorer, observer, penser à, pousser plus avant, prendre en considération, réfléchir sur, s'intéresser à, se pencher sur, traiter, voir. ▸ ***Chercher à connaître*** – interroger, pénétrer, prendre le pouls de, sonder, tâter.

aussi *adv.* ▸ ***Pareillement*** – autant, de même, également, encore, non moins, pareillement. SOUT. encor. FAM. avec, idem, itou. ▸ ***De plus*** – de même, de plus, en outre, encore, item, même, voire. △ ANT. NON PLUS.

aussitôt *adv.* à l'instant, au plus vite, aussitôt que possible, d'emblée, d'urgence, directement, en urgence, immédiatement, instantanément, sans délai, sans différer, sans tarder, séance tenante, sitôt, sur l'heure, sur le coup, sur-le-champ, tout de suite. SOUT. dans l'instant, incontinent. FAM. aussi sec, de suite, illico. △ ANT. PLUS TARD.

austère *adj.* ▸ ***Frugal*** – ascétique, frugal, janséniste, monacal, puritain, rigide, rigoriste, rigoureux, sévère, spartiate. SOUT. claustral, érémitique. ▸ ***Sans gaieté*** – grave, sérieux. ▸ ***Sans ornement*** – dépouillé, froid, gris, nu, sévère, triste. △ ANT. FASTUEUX, GRANDIOSE, IMPÉRIAL, LUXUEUX, MAGNIFIQUE, PRINCIER, RICHE, ROYAL, SOMPTUEUX, SPLENDIDE, SUPERBE; LIBRE, SANS CONTRAINTE; COLORÉ, PITTORESQUE.

austérité *n.f.* ▸ ***Abstinence*** – abstinence, ascèse, ascétisme, dépouillement, expiation, flagellation, frugalité, macération, mortification, pénitence, privation, propitiation, renoncement, restriction, sacrifice, stigmatisation, tempérance. ▸ ***Ascétisme*** – ascèse, ascétisme, puritanisme, rigorisme, stoïcisme. ▸ ***Sévérité*** – âpreté, aridité, dureté, exigence, gravité, rigidité, rigueur, sécheresse, sérieux, sévérité. ▸ ***Absence d'ornement*** – dépouillement, nudité, pureté, sévérité, simplicité, sobriété. △ ANT. DÉBAUCHE, HÉDONISME, SENSUALITÉ; DOUCEUR, FACILITÉ, PLAISIR; ABONDANCE, LUXE, POMPE.

auteur *n.* ▸ ***Responsable*** – âme, artisan, centre, cerveau, chef, cheville ouvrière, créateur, dirigeant, fondateur, incitateur, initiateur, inspirateur, instigateur, locomotive, maître (d'œuvre), meneur, moteur, organisateur, patron, père, promoteur, protagoniste, régisseur, responsable. SOUT. excitateur, instaurateur, ouvrier. ▸ ***Écrivain*** – écrivain, femme de lettres/homme de lettres. FAM. gendelettre. PÉJ. littérateur. ▸ *Prolifique* – pondeur. ▸ *Bon* – styliste. ▸ *Mauvais* SOUT. grimaud. FAM. barbouilleur de papier, écrivailleur, écrivaillon, écrivassier, gribouilleur, noircisseur de papier, pisseur de copie, plumitif, scribouilleur.

authenticité *n.f.* ▸ ***Vérité*** – apodicticité, évidence, existence, flagrance, historicité, incontestabilité, justesse, objectivité, positivité, réalité, validité, véracité, véridicité, vérité, vrai. SOUT. véridicité. △ ANT. FAUSSETÉ, IMITATION, INAUTHENTICITÉ.

authentique *adj.* ▸ ***Pur*** – naturel, pur, véritable, vrai. ▸ ***Dont l'existence est prouvée*** – attesté, exact, factuel, historique, positif, réel, véridique, véritable, vrai. ▸ ***Dressé selon les formes légales*** – authentifié, certifié, notarié, officiel, public, solennel. ▸ ***Sincère*** – sans artifice, sincère, spontané, véritable, vrai. △ ANT. FAUX, ILLUSOIRE, TROMPEUR; D'ÉPOQUE; COMÉDIEN; PLAGAL *(MODE DU PLAIN-CHANT)*.

authentiquement *adv.* ▸ ***Véritablement*** – à dire vrai, à l'évidence, à la vérité, à n'en pas douter, à vrai dire, assurément, bel et bien, bien, bien entendu, bien sûr, cela va de soi, cela va sans dire, certainement, certes, comme de juste, d'évidence, de toute évidence, effectivement, en effet, en vérité, évidemment, il va sans dire, indubitablement, manifestement, naturellement, nul doute, oui, réellement, sans (aucun) doute, sans conteste, sans contredit, sans le moindre doute, sans nul doute, sérieusement, sûrement, véridiquement, véritablement, vraiment. FAM. pour de vrai, vrai. ▸ ***Officiellement*** – administrativement, dans les formes, de source officielle, légalement, notoirement, officiellement, publiquement, solennellement, statutairement. ▸ ***Franchement*** – à la loyale, de bonne foi, en toute bonne foi, franc, franchement, honnêtement, loyalement, ouvertement, sincèrement, uniment. FAM. franco. △ ANT. EN APPARENCE, FAUSSEMENT, ILLUSOIREMENT, TROMPEUSEMENT.

auto *n.f.* ▸ ***Automobile*** – automobile, voiture, voiture automobile. FAM. bagnole, bahut, caisse, tire. ▸ *Rapide* – bolide. ▸ *Petite* – microvoiture, voiturette automobile. QUÉB. compacte, sous-compacte. FAM. trottinette. ▸ *Grosse* FAM. tank. ▸ *Vieille ou mauvaise* – clou, épave *(hors d'usage)*. FAM. bagnole, boîte à savon, chignole, guimbarde, tacot, tapecul, tas de boue, tas de ferraille, teuf-teuf, veau *(lente)*. QUÉB. FAM. bazou, citron.

autobus *n.m.* FAM. bus.

autochtone *n.* aborigène, habitant de vieille race, habitant de (vieille) souche, indigène, natif, naturel. △ ANT. ÉTRANGER, IMMIGRÉ.

autographe *n.m.* ▶ ***Signature*** – monogramme, paraphe, signature. *DR.* blanc-seing, contreseing, endos.

automate *n.m.* ▶ ***Machine*** – robot. ▸ *Science-fiction* – androïde, cyborg, être humain bionique. ▶ ***Personne*** – machine, robot, somnambule.

automatique *adj.* ▶ ***Instinctif*** – inconscient, indélibéré, instinctif, intuitif, involontaire, irréfléchi, machinal, mécanique, naturel, réflexe, spontané. *DIDACT.* instinctuel, pulsionnel. ▶ ***Sans intervention humaine*** – automatisé. △ **ANT.** INTENTIONNEL, VOLONTAIRE; À LA MAIN, ARTISANAL, MANUEL; CONDITIONNEL, SOUS CONDITION, SOUS TOUTES RÉSERVES.

automatiquement *adv.* ▶ ***Spontanément*** – à l'instinct, à l'intuition, au flair, d'instinct, impulsivement, inconsciemment, instinctivement, intuitivement, involontairement, machinalement, mécaniquement, naturellement, par habitude, par humeur, par instinct, par nature, sans réfléchir, spontanément, viscéralement. ▶ ***Inévitablement*** – à coup sûr, fatalement, forcément, immanquablement, implacablement, inéluctablement, inévitablement, inexorablement, infailliblement, ipso facto, irrésistiblement, logiquement, mathématiquement, nécessairement, obligatoirement, par la force des choses. △ **ANT.** À LA MAIN, ARTISANALEMENT, MANUELLEMENT; ALÉATOIREMENT, AVEC DE LA CHANCE, DOUTEUSEMENT, PEUT-ÊTRE.

automatisme *n.m.* ▶ ***Réflexe*** – conditionnement, interaction, réaction (immédiate), réflexe, réponse. ▶ ***Habitude*** – accoutumance, façons, habitude, manières, mœurs, pli, réflexe, rite, rituel, seconde nature. *PSYCHOL.* stéréotypie. *FAM.* abonnement, métro-boulot-dodo, train-train, train-train quotidien. ▸ *Non favorable* – encroûtement, manie, marotte, monotonie, ordinaire, ronron, routine, tic, uniformité. △ **ANT.** CONSCIENCE, LIBERTÉ; HASARD; FANTAISIE, IRRÉGULARITÉ.

automne *n.m.* arrière-saison, vendanges. △ **ANT.** PRINTEMPS; JEUNESSE.

automobile *n.f.* auto, voiture, voiture automobile. *FAM.* bagnole, bahut, caisse, tire. *QUÉB. ACADIE FAM.* char. ▸ *Rapide* – bolide. ▸ *Petite* – microvoiture, voiturette automobile. *QUÉB.* compacte, sous-compacte. *FAM.* trottinette. ▸ *Grosse FAM.* tank. ▸ *Vieille ou mauvaise* – clou, épave *(hors d'usage)*. *FAM.* bagnole, boîte à savon, chignole, guimbarde, tacot, tapecul, tas de boue, tas de ferraille, teuf-teuf, veau *(lente)*. *QUÉB. FAM.* bazou, citron.

autonome *adj.* ▶ ***Non relié*** – dissocié, distinct, indépendant, séparé. ▶ ***Qui ne dépend de personne*** – indépendant, individualiste, libre, non conformiste, qui est son propre maître. ▶ ***En parlant d'un État*** – indépendant, libre, souverain. △ **ANT.** DÉPENDANT (DE), SOUMIS À, SUBORDONNÉ À, TRIBUTAIRE DE; ANNEXÉ À, SOUS LA TUTELLE DE; HÉTÉRONOME.

autonomie *n.f.* ▶ ***Liberté*** – choix, contingence, disponibilité, droit, faculté, franc arbitre, hasard, indépendance, indéterminisme, liberté, libre arbitre, licence, loisir, permission, possibilité, pouvoir. ▶ ***Indépendance politique*** – autodétermination, désatellisation, indépendance, liberté, souveraineté. ▶ ***Sécession*** – division, indépendance, partition, scission, sécession, séparation. △ **ANT.** ASSERVISSEMENT, ASSUJETTISSEMENT, DÉPENDANCE, ESCLAVAGE, SOUMISSION, SUBORDINATION, TUTELLE; COLONIALISME; ASSOCIATION.

autorisation *n.f.* ▶ ***Permission*** – acceptation, accord, accréditation, acquiescement, adhésion, adoption, affirmation, affirmative, agrément, amen, approbation, approbativité, approuvé, assentiment, aval, avis favorable, bénédiction, caution, chorus, confirmation, consentement, déclaration favorable, engagement, entérinement, exeat, feu vert, gré, homologation, légalisation, oui, permission, ratification, sanction, validation. *BELG.* agréage, agréation. *SOUT.* suffrage. *RELIG.* admittatur, celebret, créance, imprimatur, nihil obstat. ▶ ***Permis*** – bon, congé, coupe-file, décharge, dispense, laissez-passer, licence, navicert, passavant, passe-debout, passeport, permis, sauf-conduit, visa. △ **ANT.** DÉFENSE, EMPÊCHEMENT, INTERDICTION, PROHIBITION, REFUS.

autoriser *v.* ▶ ***Permettre*** – approuver, laisser, passer, permettre. ▶ ***Justifier*** – excuser, justifier, légitimer, permettre. ♦ **s'autoriser** ▶ ***Prétexter*** (*SOUT.*) – alléguer, avancer, invoquer, objecter, opposer, prétexter. *SOUT.* arguer, exciper de. △ **ANT.** DÉFENDRE, EMPÊCHER, INTERDIRE, PROHIBER, PROSCRIRE, REFUSER.

autoritaire *adj.* ▶ ***Impérieux*** – affirmatif, catégorique, dogmatique, formel, impératif, impérieux, péremptoire, sans réplique, tranchant. *FAM.* pète-sec. ▶ ***Tyrannique*** – absolu, absolutiste, arbitraire, autocratique, césarien, despote, despotique, dictatorial, directif, dominateur, hégémonique, jupitérien, totalitaire, tyrannique. △ **ANT.** CLÉMENT, INDULGENT; BONASSE, DÉBONNAIRE, FAIBLE, MOU; DÉMOCRATIQUE, ÉGALITAIRE, LIBÉRAL.

autoritarisme *n.m.* arbitraire, caporalisme, despotisme, dictature, directivisme, directivité, omnipotence, oppression, tyrannie. *SOUT.* satrapie. △ **ANT.** LIBÉRALISME.

autorité *n.f.* ▶ ***Pouvoir*** – commandement, domination, force, gouvernement *(politique)*, juridiction, loi, maîtrise, pouvoir, puissance, règne, tutelle. *SOUT.* empire, férule, houlette. ▶ ***Influence*** – action, aide, appui, ascendant, attirance, attraction, aura, contagion, crédit, dominance, domination, effet, empreinte, emprise, fascination, force, importance, incitation, influence, inspiration, magie, magnétisme, mainmise, manipulation, mouvance, persuasion, pétition, poids, pouvoir, prépondérance, présence, pression, prestige, puissance, règne, rôle, séduction, subjugation, suggestion, tyrannie. *SOUT.* empire, intercession. ▶ ***Fermeté*** – aplomb, assurance, caractère, constance, courage, cran, détermination, endurance, énergie, fermeté, force, permanence, poigne, rectitude, résolution, ressort, sang-froid, sérieux, solidité, sûreté, ténacité, vigueur, virilité, volonté. *SOUT.* invulnérabilité. *FAM.* estomac, gagne. ▶ ***Compétence*** – attributions, compétence, département, pouvoir, qualité, ressort. *FAM.* rayon. ▶ ***Hiérarchie*** – commandement, ordre, rang, subordination. *RARE* notabilité. ▶ ***Responsable*** – dignitaire, officiel, responsable, supérieur. ▶ ***Expert*** – autorité (en la matière), chercheur, connaisseur, découvreur, docteur, expert, homme de science, investigateur, maître, maître de recherches, professeur, savant, scientifique, sommité, spécialiste. *SOUT.* (grand) clerc. △ **ANT.** INFÉRIORITÉ, SOUMISSION, SUBORDINATION, SUJÉTION; DÉCHÉANCE; ANARCHIE; DISCRÉDIT, INCOMPÉTENCE.

autosatisfaction *n.f.* ▶ ***Vanité*** – amour-propre, arrogance, bouffissure, complaisance, contentement (de soi), crânerie, enflure, fatuité, gloriole, hauteur, immodestie, importance, jactance, mégalomanie, morgue, orgueil, ostentation, outrecuidance, parade, pose, présomption, prétention, suffisance, superbe, supériorité, vanité, vantardise. *SOUT.* fierté, infatuation. *FAM.* ego.

autosuffisance *n.f.* autarcie, autosubsistance, développement autocentré, isolationnisme économique, isolement économique, protectionnisme.

autour *adv.* à côté, à deux pas, à la ronde, à peu de distance, à proximité, à quelques pas, alentour, auprès, dans les environs, dans les parages, non loin, près, tout autour, (tout) contre. *FAM.* sous la main. *QUÉB. FAM.* proche. △ **ANT.** À DISTANCE, AU LOIN, LOIN.

autre *adj.* ▶ ***Distinct*** – différent, dissemblable, distinct, divers, inégal. ▶ ***Transformé*** – changé, différent, métamorphosé, nouveau, transformé. ▶ ***Second*** – deuxième, nouveau, second. △ **ANT.** MÊME, PAREIL.

autrefois *adv.* à une époque lointaine, anciennement, antiquement, au temps ancien, dans l'ancien temps, dans l'antiquité, dans le passé, dans les temps anciens, de ce temps-là, en ce temps-là, hier, il y a longtemps, jadis, naguère *(passé récent)*, par le passé. *FAM.* dans le temps. *ACADIE FAM.* empremier. △ **ANT.** À L'ÉPOQUE ACTUELLE, À L'HEURE ACTUELLE, ACTUELLEMENT, DE CE TEMPS-CI, DE NOS JOURS, PRÉSENTEMENT.

autrement *adv.* ▶ ***Différemment*** – contrairement, différemment, dissemblablement, diversement. ▶ ***Sinon*** – sans quoi, sinon. △ **ANT.** DE LA MÊME FAÇON, IDENTIQUEMENT, PAREILLEMENT, SEMBLABLEMENT, SIMILAIREMENT; DANS CE CAS, DANS CETTE ÉVENTUALITÉ, SI C'EST LE CAS, SI CELA SE PRODUIT.

auxiliaire *adj.* accessoire, additif, additionnel, annexe, complémentaire, en supplément, subsidiaire, supplémentaire. *SOUT.* adventice, supplétif, surérogatoire. △ **ANT.** PRINCIPAL.

auxiliaire *n.* ▶ ***Assistant***– adjoint, aidant, aide, alter ego, assesseur, assistant, bras droit, collaborateur, complice, exécutant, homme de confiance, lieutenant, préparateur, second, sous-chef, subalterne, subordonné. *SOUT.* suivant. *RELIG.* coadjuteur, définiteur. ▶ *Non favorable* – acolyte, lampiste, second couteau, second rôle, second violon, sous-fifre, sous-ordre. ▶ ***Militaire*** – supplétif.

aval *n.m.* ▶ ***Garantie*** – assurance, caution, cautionnement, charge, consignation, couverture, ducroire, engagement, gage, garant, garantie, hypothèque, indexage, indexation, nantissement, obligation, palladium, parrainage, précaution, préservation, promesse, répondant, responsabilité, salut, sauvegarde, sécurité, signature, soulte, sûreté, warrant, warrantage. *DR.* porte-fort. ▶ ***Accord*** – acceptation, accord, accréditation, acquiescement, adhésion, adoption, affirmation, affirmative, agrément, amen, approbation, approbativité, approuvé, assentiment, autorisation, avis favorable, bénédiction, caution, chorus, confirmation, consentement, déclaration favorable, engagement, entérinement, exeat, feu vert, gré, homologation, légalisation, oui, permission, ratification, sanction, validation. *BELG.* agréage, agréation. *SOUT.* suffrage. *RELIG.* admittatur, celebret, créance, imprimatur, nihil obstat.

avalanche *n.f.* ▶ ***Déferlement*** – abondance, averse, bombardement, bordée, cascade, déferlement, déluge, flot, flux, grêle, kaléidoscope, mascaret, pluie, rivière, torrent, vague. *SOUT.* fleuve.

avaler *v.* ▶ ***Ingurgiter*** – absorber, consommer, déglutir, ingérer, ingurgiter, prendre. ▶ ***Manger avec avidité*** – dévorer, engloutir, ingurgiter. *SOUT.* manger à belles dents. *FAM.* enfourner, engouffrer. ▶ ***Recevoir*** (*FAM.*) – recevoir. *FAM.* déguster, écoper de, empocher, encaisser, morfler. ▶ ***Croire*** (*FAM.*) – ajouter foi à, croire. *FAM.* gober. △ **ANT.** CRACHER, RÉGURGITER, RENDRE, RESTITUER, VOMIR; REFUSER.

avance *n.f.* ▶ ***Progression*** – ascension, avancée, avancement, cheminement, développement, marche, marche avant, montée, percée, progrès, progression. ▶ ***Précocité*** – hâte, précocité, prématurité, rapidité. ▶ ***Prêt*** – aide (financière), bourse, commodat, crédit, découvert, dépannage, préfinancement, prêt, prime, subvention (remboursable). ▶ ***Acompte*** – acompte, arrhes, avaloir, dépôt, provision, tiers provisionnel. △ **ANT.** RECUL, RÉGRESSION, REPLI, RETRAITE; RETARD.

avancée *n.f.* ▶ ***Saillie*** – angle, appendice, arête, aspérité, avancement, balèvre, bec, bosse, bourrelet, console, corne, corniche, côte, coude, crête, dent, éminence, encorbellement, éperon, ergot, excroissance, gibbosité, hourd, moulure, nervure, picot, pointe, proéminence, projecture, prolongement, protubérance, redan, relief, ressaut, saillant, saillie, surplomb, surplombement, tubercule. ▶ ***Progrès*** – ascension, avance, avancement, cheminement, développement, marche, marche avant, montée, percée, progrès, progression.

avancement *n.m.* ▶ ***Progression*** – ascension, avance, avancée, cheminement, développement, marche, marche avant, montée, percée, progrès, progression. ▶ ***Perfectionnement*** – civilisation, culture, évolution, perfectionnement, progrès. ▶ ***Promotion*** – accession, élévation, émancipation, mouvement, mutation, nomination, promotion, reclassement. ▶ ***Saillie*** – angle, appendice, arête, aspérité, avancée, balèvre, bec, bosse, bourrelet, console, corne, corniche, côte, coude, crête, dent, éminence, encorbellement, éperon, ergot, excroissance, gibbosité, hourd, moulure, nervure, picot, pointe, proéminence, projecture, prolongement, protubérance, redan, relief, ressaut, saillant, saillie, surplomb, surplombement, tubercule. △ **ANT.** RECUL, RÉGRESSION; DÉCADENCE; DÉCHÉANCE, DESCENTE, RÉTROGRADATION; CREUX, RENFONCEMENT.

avancer *v.* ▶ ***Présenter un objet*** – offrir, présenter, tendre. ▶ ***Proposer une idée*** – jeter sur le tapis, mettre sur le tapis, offrir, présenter, proposer, servir, soumettre. ▶ ***Oser une parole*** – hasarder, oser, risquer. ▶ ***Prétexter*** – alléguer, invoquer, objecter, opposer, prétexter. *SOUT.* arguer, exciper de, s'autoriser de. ▶ ***Faire arriver plus vite*** – brusquer, devancer, hâter, précipiter. ▶ ***Continuer*** – continuer, poursuivre, pousser. ▶ ***S'approcher*** – (s') approcher, venir. ▶ ***Se déplacer vers l'avant*** – aller de l'avant, cheminer, progresser. ▶ ***Saillir*** – déborder, dépasser, faire saillie, ressortir, saillir, se détacher, sortir. *BELG.* dessortir. *TECHN.* forjeter, surplomber. ▶ ***S'améliorer*** – évoluer, faire des progrès, progresser, s'améliorer, se développer. ♦ **s'avancer** ▶ ***Entrer*** – entrer, pénétrer, s'engager, s'introduire. ▶ ***Se risquer*** – s'aventurer, s'essayer à, se hasarder, se risquer. ♦ **avancé** ▶ ***Précoce*** – en avance, précoce. ▶ ***Évolué*** – de pointe, évolué, haute technologie, perfectionné, pointu, spécialisé. ▶ ***Trop mûr*** – blet. ▶ ***En parlant d'un heure*** – tardif. △ **ANT.** ÉLOIGNER, RETIRER; RECULER, RENTRER, SE REPLIER; RÉGRESSER; RETARDER; ARRÊTER, S'INTERROMPRE; PIÉTINER. ♦ **avancé** RETARDÉ; DÉPASSÉ, DÉSUET; VERT.

avant *adv.* ▶ ***Dans le temps*** – à l'avance, antérieurement, au préalable, auparavant, ci-devant, d'abord, d'avance, déjà, préalablement, précédemment, préliminairement. ▶ ***Dans l'espace*** – au début, devant, en avant, en premier, en tête, pardevant. △ **ANT.** APRÈS.

avant *n.m.* ▶ ***Partie antérieure*** – devant, partie antérieure. ▸ *D'un navire* – étrave, nez, proue. ▶ ***Zone de bataille*** – front, ligne, première ligne, théâtre des opérations. ▶ ***Joueur*** – attaquant, joueur d'attaque. △ **ANT.** DEVANT.

avantage *n.m.* ▶ ***Gain*** – gain, réussite, succès, triomphe, victoire. *FAM.* gagne. événement heureux, heureuse tournure, issue heureuse. ▶ ***Supériorité*** – dessus, prédominance, prééminence, préférence, prépondérance, préséance, primauté, priorité, supériorité, suprématie, transcendance. *SOUT.* précellence, préexcellence. ▶ ***Atout*** – argument, arme, atout, carte maîtresse, moyen, un plus. ▶ ***Privilège*** – acquis, apanage, attribution, bénéfice, chasse gardée, concession, droit, exclusivisme, exclusivité, exemption, faveur, honneur, immunité, inviolabilité, monopole, passe-droit, pouvoir, préférence, prérogative, privilège. *ANC.* franchise. *RELIG.* indult. ▶ ***Cadeau*** – donation, générosité, gracieuseté, gratification, largesse, libéralité, manne *(inespéré)*. *SOUT.* bienfait. ▶ ***Revenu*** – allocation, arrérages, bénéfice, casuel, chômage, dividende, dotation, fermage, fruit, gain, intérêt, loyer, mense, mensualité, métayage, pension, prébende, présalaire, produit, profit, rapport, recette, redevance, rente, rentrée, retraite, revenu, tontine, usufruit, usure, viager. *FAM.* alloc. *FRANCE FAM.* bénéf. *ANC.* cens, lods et ventes. ▶ ***Profit*** – actif, avoir, bénéfice, boni, crédit, excédent, fruit, gain, produit, profit, rapport, reliquat, reste, revenant-bon, revenu, solde, solde créditeur, solde positif. *FAM.* bénef, gras, gratte, part du gâteau. ▶ ***Utilité*** – bénéfice, bienfait, commodité, convenance, désidérabilité, efficacité, fonction, fonctionnalité, indispensabilité, intérêt, mérite, nécessité, profit, profitabilité, recours, service, usage, utilité, valeur. △ **ANT.** DÉSAVANTAGE; DOMMAGE, PERTE; DÉTRIMENT, HANDICAP, PRÉJUDICE; INCONVÉNIENT.

avantageusement *adv.* ▶ ***Favorablement*** – à point (nommé), à propos, à temps, agréablement, au bon moment, bien, commodément, convenablement, favorablement, heureusement, inespérément, judicieusement, opportunément, par bonheur, par miracle, précieusement, providentiellement, salutairement, utilement. *FAM.* à pic. ▶ ***Fructueusement*** – à profit, efficacement, fertilement, lucrativement, profitablement, salutairement, utilement, utilitairement. △ **ANT.** DÉFAVORABLEMENT, DÉSAVANTAGEUSEMENT, NUISIBLEMENT, PERNICIEUSEMENT; EN VAIN, FUTILEMENT, INFRUCTUEUSEMENT, INUTILEMENT, STÉRILEMENT, VAINEMENT.

avantageux *adj.* ▶ ***Qui procure des avantages*** – bénéfique, bienfaisant, bon, profitable, salutaire, utile. ▶ ***Qui fait paraître plus beau*** – favorable, flatteur, seyant. ▶ ***Peu cher*** – à bas prix, à bon compte, à bon marché, à bon prix, bas de gamme, bon marché, économique. *FAM. OU FRANCE RÉGION.* profitant. ▶ ***En parlant d'un prix*** – abordable, accessible, modique, raisonnable. △ **ANT.** DÉFAVORABLE, DÉSAVANTAGEUX, NUISIBLE; ASTRONOMIQUE *(PRIX)*, CHER, COÛTEUX, ÉLEVÉ, EXORBITANT, HORS DE PRIX, INABORDABLE, PROHIBITIF, RUINEUX.

avant-gardiste *adj.* audacieux, d'avant-garde, futuriste, hardi, inédit, innovant, innovateur, neuf, new-look, nouveau, nouvelle vague, novateur, original, renouvelé, révolutionnaire. △ **ANT.** ARRIÉRÉ, PASSÉISTE, RÉACTIONNAIRE, RÉTROGRADE, TRADITIONALISTE.

avant-propos *n.m.* avertissement, avis (préliminaire), début, discours préliminaire, entrée en matière, exorde, exposition, introduction, notice, préambule, préliminaire, prélude, présentation, prolégomènes, prologue. *SOUT.* prodrome. △ **ANT.** CONCLUSION, POSTFACE.

avare *adj.* ▶ ***Radin*** – chiche, mesquin, pingre, regardant. *SOUT.* ladre, lésineur, thésauriseur. *FAM.* chien, chipoteur, dur à la détente, radin, rat. *QUÉB. FAM.* grippe-sou, séraphin. ▶ ***Qui produit peu de végétation*** – aride, désertique, improductif, inculte, incultivable, infertile, ingrat, pauvre, stérile. △ **ANT.** GÉNÉREUX, LARGE, PRODIGUE; ABONDANT, FÉCOND, FERTILE, LUXURIEUX.

avare *n.* harpagon, pingre. *SOUT.* thésauriseur. *FAM.* grigou, grippe-sou, pisse-vinaigre, radin, rat. *QUÉB. FAM.* séraphin. *SUISSE FAM.* râpe.

avarice *n.f.* ▶ ***Parcimonie*** – appât du gain, âpreté (au gain), avidité, cupidité, économie de bouts de chandelle, égoïsme, mesquinerie, parcimonie, petitesse, pingrerie, rapacité, thésaurisation. *SOUT.* ladrerie, lésine, sordidité, vilenie. *FAM.* mégotage, radinerie. △ **ANT.** DISSIPATION, GASPILLAGE, GÉNÉROSITÉ, LARGESSE, MUNIFICENCE, PRODIGALITÉ.

avènement *n.m.* ▶ ***Accession*** – accession, admission, arrivée, venue. ▶ ***Apparition*** – apparition, approche, arrivée, entrée, introduction, irruption, jaillissement, manifestation, occurrence, survenance, venue. *SOUT.* surgissement, survenue. *DIDACT.* exondation. ▶ ***Commencement*** – actionnement, amorçage, amorce, balbutiement, bégaiement, commencement, création, début, déclenchement, démarrage, départ, ébauche, embryon, enclenchement, enfance, entrée, esquisse, fondement, germe, inauguration, origine, ouverture, prélude, prémisse, principe, tête. *SOUT.* aube, aurore, matin, prémices. *FIG.* apparition, éclosion, émergence, éruption, explosion, genèse, germination, naissance, venue au monde. △ **ANT.** ABANDON, ABDICATION, CHUTE, DÉPART, DÉPOSITION; DÉCHÉANCE; DISPARITION; FIN, MORT.

avenir *n.m.* ▶ ***Destin*** – chance, demain(s), destin, destinée, devenir, étoile, existence, fatalité, fortune, futur, hasard, horizon, karma, lendemain(s), lot, nécessité, prédestination, prédétermination, prédéterminisme, providence, sort, vie. SOUT. fatum, Parque. ▶ ***Perspectives d'emploi*** – débouchés, ouvertures, perspectives d'avenir, perspectives d'emploi. △ **ANT.** PASSÉ; PRÉSENT.

aventure *n.f.* ▶ ***Hasard*** – accident, aléa, aléatoire, cas fortuit, chance, circonstance, coïncidence, conjoncture, contingence, coup de dés, coup du sort, facteur chance, fortuit, hasard, impondérable, imprévu, inattendu, incertitude, indétermination, occurrence, rencontre, sort. SOUT. fortune. PHILOS. casualisme, casualité, indéterminisme. FIG. loterie. ▶ ***Incident*** – accident, accroc, accrochage, affaire, anicroche, avatar, complication, contingences, contrariété, contretemps, crise, désagrément, difficulté, dispute, embarras, empêchement, ennui, épine, épisode, événement, éventualité, imprévu, incident, mésaventure, obstacle, occasion, occurrence, péripétie, problème, rebondissement, tribulations. SOUT. adversité. FAM. cactus, embêtement, emmerde, emmerdement, enquiquinement, os, pépin, pétrin, tuile. FRANCE FAM. empoisonnement. ▶ ***Flânerie*** – course, déambulation, déplacement, égarement, flânerie, instabilité, nomadisme, pérégrination, promenade, randonnée, rêverie, vagabondage, voyage. SOUT. badauderie, errance. FAM. vadrouille, virée. FRANCE FAM. baguenaude. ▶ ***Liaison amoureuse*** – amourette, aventure amoureuse, aventure galante, bricole, caprice, coquetterie, coup de foudre, engouement, faible, fantaisie, flirt, idylle, liaison (amoureuse), marivaudage, passade, passion. SOUT. amours, entichement, oaristys. FAM. batifolage, béguin, toquade, touche. △ **ANT.** ROUTINE, STABILITÉ, TRAIN-TRAIN; CONFORT, SÉCURITÉ, TRANQUILLITÉ.

aventurer *v.* compromettre, exposer, hasarder, jouer, mettre en jeu, mettre en péril, risquer. ♦ **s'aventurer** s'engager. FAM. s'embarquer, s'empêtrer, se mettre les pieds dans. FRANCE FAM. s'embringuer. ♦ **aventuré** audacieux, aventureux, dangereux, fou, hardi, hasardé, hasardeux, imprudent, osé, périlleux, risqué, suicidaire, téméraire. SOUT. scabreux. FAM. casse-cou, casse-gueule. △ **ANT.** ASSURER. ♦ **s'aventurer** PRENDRE GARDE, S'ABSTENIR, SE DÉFIER, SE MÉFIER.

aventureux *adj.* ▶ ***Entreprenant*** – audacieux, entreprenant, fonceur, hardi, qui n'a pas froid aux yeux, téméraire. ▶ ***Qui s'expose au danger*** – imprudent, téméraire. FAM. casse-cou, risque-tout. ▶ ***Risqué*** – audacieux, aventuré, dangereux, fou, hardi, hasardé, hasardeux, imprudent, osé, périlleux, risqué, suicidaire, téméraire. SOUT. scabreux. FAM. casse-cou, casse-gueule. △ **ANT.** CRAINTIF, LÂCHE, PEUREUX, TIMIDE; PRÉCAUTIONNEUX, PRUDENT, SAGE; SANS RISQUE, SÉCURITAIRE, SÛR.

aventurier *n.* ▶ ***Explorateur*** – chercheur, découvreur, globe-trotter, navigateur, prospecteur, voyageur. FAM. bourlingueur. ▶ ***Vaurien*** – beau merle, délinquant, dévoyé, gibier de potence, homme de sac et de corde, julot, malfaisant, mauvais sujet, sale individu, scélérat, triste individu, triste personnage, triste sire, vaurien, vilain merle, voyou. FAM. arsouille, blouson doré, blouson noir, loubard, (mauvais) drôle, sacripant, vermine, zonard. FRANCE FAM. frape, galapiat, gouape, loulou, malfrat, morbaque. ▶ ***Personne qui vit d'expédients*** – ruffian. ▶ ***Courageux*** – audacieux, battant, brave (à trois poils), courageux, dur (à cuire), fonceur, lion, stoïque, (vrai) homme. FAM. baroudeur, va-de-l'avant. ▶ ***Pirate*** (ANC.) – boucanier, corsaire, écumeur (de mer), flibustier, forban, pirate. ▶ ***Mercenaire*** (ANC.) – mercenaire. △ **ANT.** CASANIER, PANTOUFLARD, SÉDENTAIRE.

avenue *n.f.* ▶ ***Voie de circulation*** – allée, boulevard, cours, mail, promenade. BELG. drève.

avérer (s') *v.* ▶ ***Se révéler*** – se montrer, se révéler, se trouver. ▶ ***Être vrai*** (SOUT.) – se confirmer, se vérifier.

averse *n.f.* ▶ ***Chute de pluie*** – cataracte, déluge, giboulée, grain, ondée, pluie battante, pluie d'abat, pluie diluvienne, pluie drue, pluie torrentielle, trombe d'eau. FAM. douche, rincée, sauce, saucée. BELG. FAM. drache. ▶ ***Grande quantité*** – abondance, avalanche, bombardement, bordée, cascade, déferlement, déluge, flot, flux, grêle, kaléidoscope, mascaret, pluie, rivière, torrent, vague. SOUT. fleuve.

aversion *n.f.* ▶ ***Dégoût*** – abomination, allergie, dégoût, écœurement, haine, haut-le-cœur, horreur, indigestion, nausée, phobie, répugnance, répulsion, révulsion. SOUT. détestation, exécration. FAM. dégoûtation. ▶ ***Haine*** – agressivité, allergie, animosité, antipathie, guerre, haine, hostilité, malveillance, phobie, répugnance, répulsion, ressentiment. SOUT. détestation, exécration, inimitié, venin. △ **ANT.** ATTIRANCE, GOÛT, INCLINATION; AFFECTION, AMOUR, SYMPATHIE.

avertir *v.* ▶ ***Prévenir*** – alerter, mettre en garde, prémunir, prévenir. ▶ ***Informer*** – aviser, informer, mettre au courant, prévenir. SOUT. instruire. FAM. affranchir, brancher, briefer, mettre au parfum. ▶ ***Menacer*** – lancer un avertissement à, menacer. ♦ **averti** ▶ ***Au courant*** – au courant, avisé, informé. FAM. à la coule, au parfum. ▶ ***Habile*** – adroit, avisé, circonspect, fin, habile, prudent, sage. ▶ ***Cultivé*** – cultivé, éclairé, érudit, évolué, instruit, intellectuel, lettré, savant. SOUT. docte. FAM. calé. QUÉB. renseigné. △ **ANT.** CACHER, DISSIMULER, TAIRE; LAISSER FAIRE; ENCOURAGER. ♦ **averti** IGNORANT, IMPRUDENT, INCOMPÉTENT, INEXPÉRIMENTÉ, MALAVISÉ, NAÏF.

avertissement *n.m.* ▶ ***Alarme*** – alarme, alerte, appel, branle-bas, cri, éveil, haro, signal, sirène, sonnerie, S.O.S., tocsin. ▶ ***Introduction*** – avant-propos, avis (préliminaire), début, discours préliminaire, entrée en matière, exorde, exposition, introduction, notice, préambule, préliminaire, prélude, présentation, prolégomènes, prologue. SOUT. prodrome. ▶ ***Conseil*** – avis, conseil, encouragement, exhortation, guidance, idée, incitation, indication, information, initiative, inspiration, instigation, motion *(dans une assemblée)*, offre, opinion, préconisation, proposition, recommandation, renseignement, suggestion. FAM. tuyau. DR. pollicitation. ▶ ***Menace*** – bravade, chantage, commination, défi, dissuasion, effarouchement, fulmination, intimidation, menace, mise en garde, provocation, rodomontade, semonce, sommation, ultimatum. ▶ ***Blâme*** – accusation, admonestation, admonition, anathématisation, anathème, attaque, blâme, censure, condamnation, correction, critique, désapprobation, diatribe, grief, grognerie, gronderie, interdit, leçon, malédiction, mise à l'écart, mise à l'index, mise en quarantaine, objection, observation, plainte, punition, récrimination, remarque, remontrance, représentation, réprimande, réprobation, reproche, réquisitoire, semonce, sérénade, sermon, tollé. *SOUT.* animadversion, foudres, fustigation, improbation, mercuriale, objurgation, stigmatisation, vitupération. *FAM.* douche, engueulade, savon, tabac. *FRANCE FAM.* attrapade, lavage de tête, prêchi-prêcha, soufflante. *BELG.* cigare. *RELIG.* fulmination. △ **ANT.** SILENCE; POSTFACE; COMPLIMENT.

aveu *n.m.* ▶ ***Confession*** – annonce, confession, confidence, déclaration, dévoilement, divulgation, ébruitement, fuite, indiscrétion, initiation, instruction, mea culpa, mise au courant, proclamation, publication, reconnaissance, révélation. *FAM.* déballage, mise au parfum. ▶ ***Confidence*** – abandon, confidence, effusion, épanchement, expansion. △ **ANT.** DÉNÉGATION, DÉSAVEU, RÉTRACTATION; SECRET, SILENCE.

aveuglant *adj.* ▶ ***Qui aveugle*** – éblouissant, fulgurant. ▶ ***Qui ne fait aucun doute*** – apparent, certain, clair, criant, éclatant, évident, flagrant, frappant, hurlant (de vérité), incontestable, manifeste, patent, qui coule de source, qui crève les yeux, qui ne fait pas un pli, qui saute aux yeux, qui se voit comme le nez au milieu du visage, qui tombe sous le sens, qui va de soi, qui va sans dire, visible. △ **ANT.** BLAFARD, PÂLE, TERNE; INCERTAIN, VAGUE.

aveugle *adj.* ▶ ***Atteint de cécité*** – amblyope, malvoyant, non voyant. ▶ ***Inconditionnel*** (*PÉJ.*) – absolu, complet, entier, exhaustif, global, inconditionnel, intégral, parfait, plein, rigoureux, sans réserve, total. △ **ANT.** MODÉRÉ, RELATIF; CLAIRVOYANT.

aveuglement *n.m.* ▶ ***Folie momentanée*** – agitation, aliénation, amok, délire, divagation, égarement, excitation, folie, frénésie, hallucination, hystérie, onirisme, paranoïa, surexcitation. ▶ ***Obstination*** (*PÉJ.*) – acharnement, assiduité, constance, détermination, entêtement, fermeté, insistance, obstination, opiniâtreté, persévérance, persistance, résolution, suite dans les idées, ténacité, volonté. △ **ANT.** CLAIRVOYANCE, DISCERNEMENT, LUCIDITÉ, PERSPICACITÉ, SAGACITÉ; VISION.

aveuglément *adv.* ▶ ***Sans voir*** – à l'aveugle, à l'aveuglette, à tâtons, sans voir. ▶ ***Inconsidérément*** – à la légère, distraitement, étourdiment, inconsciemment, inconsidérément, indiscrètement, légèrement. △ **ANT.** À VUE; ATTENTIVEMENT, AVEC CIRCONSPECTION, CONSCIENCIEUSEMENT, MÉTICULEUSEMENT, MINUTIEUSEMENT, PRÉCISÉMENT, PROPREMENT, RELIGIEUSEMENT, RIGOUREUSEMENT, SCRUPULEUSEMENT, SÉRIEUSEMENT, SOIGNEUSEMENT, VIGILAMMENT.

aveugler *v.* ▶ ***Gêner la vue*** – éblouir. ▶ ***Troubler l'esprit*** – brouiller, embrumer, obnubiler, obscurcir, troubler, voiler. ▶ ***Boucher une voie d'eau*** – boucher, étancher. ▶ ***Boucher une fenêtre*** – boucher, condamner, fermer, murer. △ **ANT.** DESSILLER, DÉTROMPER, ÉCLAIRER, GUIDER, INSTRUIRE, OUVRIR LES YEUX DE.

aviation *n.f.* aéronautique, air, navigation aérienne, sport aérien, transport aérien.

avide *adj.* ▶ ***Qui désire fortement*** – affamé, assoiffé, gourmand, insatiable. *SOUT.* altéré. ▶ ***Motivé par le gain*** – âpre au gain, cupide, intéressé, mercantile, mercenaire, rapace, sordide, vénal. ▶ ***Gourmand*** – dévoreur, glouton, goinfre, goulu, gourmand, intempérant, vorace. *FRANCE FAM.* morfal. *FRANCE RÉGION.* gueulard. *BELG.* goulafre. ▶ ***Passionné*** – amateur, amoureux, entiché, épris, fanatique, féru, fervent, fou, friand, passionné. *FAM.* accro, enragé, fana, maniaque, mordu. ▶ ***Impatient*** – anxieux, désireux, impatient, qui brûle, qui meurt d'envie. ▶ ***Dévorant*** – dévorant, inapaisable, inassouvissable, inextinguible, insatiable, irrassasiable, vorace. △ **ANT.** DÉSINTÉRESSÉ, DÉTACHÉ, INDIFFÉRENT, TIÈDE; ABSTINENT, FRUGAL, MODÉRÉ, SOBRE, TEMPÉRANT.

avidement *adv.* ▶ ***Insatiablement*** – cupidement, gloutonnement, goulûment, insatiablement, vénalement, voracement. △ **ANT.** AVEC DÉSINTÉRESSEMENT, AVEC DÉTACHEMENT; AUSTÈREMENT, FRUGALEMENT, MESURÉMENT, MODÉRÉMENT, RAISONNABLEMENT, SOBREMENT.

avidité *n.f.* ▶ ***Cupidité*** – ambition, convoitise, cupidité, possessivité, rapacité. *SOUT.* vampirisme. *RARE* acquisitivité. ▶ ***Avarice*** – appât du gain, âpreté (au gain), avarice, cupidité, économie de bouts de chandelle, égoïsme, mesquinerie, parcimonie, petitesse, pingrerie, rapacité, thésaurisation. *SOUT.* ladrerie, lésine, sordidité, vilenie. *FAM.* mégotage, radinerie. ▶ ***Gourmandise*** – appétit, faim, gourmandise, insatiabilité, voracité. *PÉJ.* gloutonnerie, goinfrerie. *MÉD.* boulimie, cynorexie, hyperorexie, sitiomanie. ▶ ***Curiosité*** – appétit, attention, curiosité, intérêt, soif, soif d'apprendre, soif de connaissance, soif de connaître, soif de savoir. ▶ ***Impatience*** – brusquerie, désir, empressement, fièvre, fougue, hâte, impatience, impétuosité, précipitation, presse, urgence, urgent. △ **ANT.** GÉNÉROSITÉ, PRODIGALITÉ; DÉTACHEMENT, INATTENTION, INDIFFÉRENCE.

avilir *v.* ▶ ***Diminuer une monnaie*** – déprécier, dévaloriser, dévaluer. ▶ ***Faire perdre ses qualités*** – abâtardir, corrompre, dégrader, pourrir, souiller. *SOUT.* gangrener, vicier. ▶ ***Rendre indigne de respect*** – abaisser, dégrader, dépraver, déshonorer, galvauder, rabaisser, ravaler, souiller. ▶ ***Salir moralement*** – flétrir, profaner, salir, souiller. *SOUT.* contaminer, empoisonner, polluer. ♦ **s'avilir** ▶ ***Perdre ses qualités*** – dégénérer, s'abâtardir, se corrompre, se dégrader, se pervertir. ▶ ***Perdre sa dignité*** – s'abaisser, se dégrader, se prostituer, se ravaler, tomber (bien) bas. *SOUT.* déchoir. △ **ANT.** AMÉLIORER, ÉLEVER, ENCHÉRIR, ENNOBLIR, HAUSSER, REVALORISER; EXALTER, GLORIFIER, HONORER.

avilissement *n.m.* ▶ ***Profanation*** – atteinte, blasphème, dégradation, hooliganisme, iconoclasme, irrespect, irrévérence, lèse-majesté, outrage, pollution, profanation, sac, saccage, sacrilège, subversion, vandalisme, viol, violation. ▶ ***Dégénérescence*** – abaissement, abâtardissement, abjection, abrutissement, affadissement, affaiblissement, agonie, altération, amollissement, appauvrissement, atrophie, avachissement, baisse, corruption, décadence, déchéance, déclin, décrépitude, dégénérescence, dégradation, délabrement, déliquescence, dénaturation, dépérissement, détérioration, édulcoration, empirement, étiolement, flétrissure, perte, perversion, pourrissement, pourriture, rouille, ruine, sape, usure. SOUT. aveulissement, crépuscule, pervertissement. FAM. déglingue, dégringolade. △ **ANT.** ÉLÉVATION, EXALTATION, GLORIFICATION, SACRALISATION; DIGNITÉ, HONNEUR; AMÉLIORATION.

avion *n.m.* appareil. ▸ *Petit* – aviette, avionnette. FAM. cage à poules. ▸ *Désuet* FAM. coucou, zinc.

avis *n.m.* ▸ ***Opinion*** – appréciation, conception, conviction, critique, croyance, dogme, estime, idée, impression, jugement, optique, pensée, perception, point de vue, position, principe, prise de position, sentiment, théorie, thèse, vote, vue. SOUT. oracle. ▸ ***Conseil*** – avertissement, conseil, encouragement, exhortation, guidance, idée, incitation, indication, information, initiative, inspiration, instigation, motion *(dans une assemblée)*, offre, opinion, préconisation, proposition, recommandation, renseignement, suggestion. FAM. tuyau. DR. pollicitation. ▸ ***Proclamation*** – annonce, appel, ban, communication, communiqué, déclaration, décret, dénonciation, dépêche, divulgation, édit, manifeste, message, notification, proclamation, profession de foi, programme, promulgation, publication, rescrit, serment, signification. ▸ ***Affiche*** – affiche, affichette, annonce, écriteau, enseigne, pancarte, panneau, panneau réclame, panonceau, placard, proclamation, programme, publicité, réclame. ▸ ***Préface*** – avant-propos, avertissement, avis (préliminaire), début, discours préliminaire, entrée en matière, exorde, exposition, introduction, notice, préambule, préliminaire, prélude, présentation, prolégomènes, prologue. SOUT. prodrome.

avisé *adj.* ▸ ***Sage*** – adroit, averti, circonspect, fin, habile, prudent, sage. ▸ ***Informé*** – au courant, averti, informé. FAM. à la coule, au parfum. △ **ANT.** ÉCERVELÉ, ÉTOURDI, IMPRÉVOYANT, IMPRUDENT, INCONSCIENT, INCONSÉQUENT, IRRÉFLÉCHI; IGNORANT DE.

avisé *adj.* ▸ ***Informer*** – avertir, informer, mettre au courant, prévenir. SOUT. instruire. FAM. affranchir, brancher, briefer, mettre au parfum. ▸ ***Apercevoir*** (SOUT.) – apercevoir, remarquer, voir. FAM. repérer. ▸ ***Réfléchir*** – penser à, réfléchir à, songer à, tourner ses pensées vers. ♦ **s'aviser** ▸ ***Se rendre compte*** – constater, découvrir, prendre conscience, réaliser, remarquer, s'apercevoir, se rendre compte, voir. SOUT. éprouver. ▸ ***Oser*** – avoir l'audace de, oser, s'enhardir jusqu'à, se permettre de. ♦ **avisé** ▸ ***Au courant*** – au courant, averti, informé. FAM. à la coule, au parfum. ▸ ***Sage*** – adroit, averti, circonspect, fin, habile, prudent, sage. △ **ANT.** AVENTUREUX, HASARDEUX, IRRÉFLÉCHI; IMPRUDENT, INCONSCIENT, MALAVISÉ, TÉMÉRAIRE.

aviver *v.* ▸ ***Donner de l'éclat*** – rafraîchir, raviver. ▸ ***Activer un feu*** – activer, attiser, rallumer, ranimer, raviver, réactiver, renflammer. ▸ ***Rendre plus intense*** – aiguiser, allumer, attiser, augmenter, échauffer, embraser, enflammer, exalter, exciter, incendier, stimuler. ▸ ***Aggraver*** – aggraver, empirer, envenimer, exacerber, jeter de l'huile sur le feu. △ **ANT.** ÉTEINDRE, ÉTOUFFER; AMORTIR, ATTÉNUER, TERNIR; APAISER, CALMER.

avocat *n.* ▸ ***Personne pratiquant le droit*** – avocat-conseil, avoué, conseil, conseiller juridique, homme de loi, jurisconsulte, juriste, légiste, membre du barreau, plaideur, procureur. PÉJ. avocaillon, chicaneur, chicanier; FAM. chasseur d'ambulance. ▸ ***Défenseur*** – apologiste, apôtre, appui, champion, défenseur, protecteur, redresseur de torts, représentant, serviteur, soldat, soutien, tenant. SOUT. intercesseur. △ **ANT.** ACCUSATEUR; DÉNIGREUR, DÉTRACTEUR.

avoir *v.* ▸ ***Posséder*** – détenir, posséder, tenir. ▸ ***Obtenir*** – acquérir, entrer en possession de, faire l'acquisition de, obtenir, se porter acquéreur/acquéresse de, se procurer. ▸ ***Duper*** – abuser, attraper, bercer, berner, duper, en conter à, en faire accroire à, flouer, leurrer, mentir à, mystifier, se jouer de, se moquer de, tromper. SOUT. trigauder. FAM. blouser, bluffer, canuler, charrier, cravater, empaumer, empiler, entourlouper, esbroufer, faire marcher, feinter, la faire à, mener en bateau, mettre en boîte, pigeonner, posséder, refaire, rouler. RARE jobarder. ▸ ***Séduire une femme*** (FAM.) – conquérir, faire la conquête de, séduire. SOUT. suborner. FAM. tomber. ▸ ***Accoucher*** – accoucher de, donner naissance à, mettre au monde, mettre bas *(animaux)*. SOUT. donner le jour à, enfanter. ▸ ***Éprouver une sensation*** – éprouver, ressentir, sentir. ▸ ***Éprouver un sentiment*** – concevoir, éprouver, ressentir. ▸ ***Comporter*** – comporter, consister en, présenter, se composer de. ▸ ***Prendre un certain aspect*** – affecter, prendre, revêtir. ▸ ***Devoir*** – devoir, être dans l'obligation de, être tenu de. △ **ANT.** ÊTRE PRIVÉ DE, MANQUER DE; LAISSER, PERDRE, RATER.

avoir *n.m.* ▸ ***Capital*** – argent, bien, capital, cassette, épargne, fonds, fortune, fruit, gain, investissement, liquidités, numéraire, patrimoine, pécule, placement, portefeuille, possession, produit, propriété, richesse, trésor, valeur. SOUT. deniers. FAM. finances, magot. ▸ ***Crédit*** – actif, avantage, bénéfice, boni, crédit, excédent, fruit, gain, produit, profit, rapport, reliquat, reste, revenant-bon, revenu, solde, solde créditeur, solde positif. FAM. bénef, gras, gratte, part du gâteau. △ **ANT.** DÉBIT, DOIT, MANQUE, PASSIF.

avortement *n.m.* ▸ ***Arrêt de grossesse spontané*** – avortement involontaire, avortement naturel, avortement spontané, fausse couche. ▸ ***Arrêt de grossesse provoqué*** – interruption volontaire de grossesse, I.V.G. ▸ ***Interruption*** – annulation, arrêt, cessation, discontinuation, entrecoupement, intermittence, interruption, levée, panne, pause, relâche, station, suspension. ▸ ***Insuccès*** – banqueroute, capitulation, catastrophe, chute, débâcle, débandade, déconfiture, défaite, déroute, désavantage, échec, écrasement, faillite, fiasco, four, infortune, insuccès, mauvaise fortune, naufrage, perte, ratage, raté, retraite, revers. SOUT. traverse. FAM. désastre, piquette, plantage, raclée, recalage, volée. FRANCE FAM. bide, déculottée, dégelée, écrabouillement, fessée, foirade, gamelle, loupage, pile, rincée, rossée, tannée, veste. △ **ANT.** ABOUTISSEMENT, ENFANTEMENT; RÉUSSITE, SUCCÈS.

avorter *v.* ▸ ***Ne pas aboutir*** – échouer, faire long feu, rater. FAM. capoter, louper, queuter, s'en aller en eau de boudin. △ **ANT.** ABOUTIR, RÉUSSIR, S'ACCOMPLIR; ACCOUCHER, ENFANTER.

avouer *v.* ▶ ***Admettre*** – admettre, confesser. FAM. déballer. ▶ ***Livrer en confidence*** – confier, épancher, livrer. ▶ ***Faire des aveux*** – parler, passer aux aveux. FAM. casser le morceau, cracher le morceau, lâcher le morceau, manger le morceau, se mettre à table, vider son sac. △ **ANT.** CONTESTER, DÉMENTIR, DÉSAVOUER, NIER; CACHER, DISSIMULER, TAIRE.

axe *n. m.* ▶ ***Orientation*** – cap, côté, direction, exposition, face, inclinaison, ligne, orientation, sens, situation, vue. QUÉB. ACADIE FAM. bord. ASTRON. azimut. AÉRON. MAR. cap. MAR. gisement, orientement. ▶ ***Centre*** – centre, entre-deux, intermédiaire, milieu, moyen terme, pivot, point central. FIG. clef (de voûte), cœur, foyer, midi, nœud, nombril, noyau, ombilic, sein, siège. ▶ ***Pièce*** – arbre, arbre-manivelle, bielle, biellette, charnière, essieu, manivelle, moyeu, pivot, tige, vilebrequin. TECHN. goujon, tourillon. ▶ ***En botanique*** – hampe, pédoncule, pétiole, queue, rachis, rafle, râpe.

axiome *n. m.* ▶ ***Postulat*** – apodicticité, convention, définition, donnée, évidence, fondement, hypothèse, lemme, postulat, postulatum, prémisse, principe, proposition, théorème, théorie, vérité. ▶ ***Maxime*** – adage, aphorisme, apophtegme, citation, devise, dicton, dit, dogme, enseignement, formule, mantra, maxime, moralité, mot, on-dit, parole, pensée, précepte, principe, proverbe, réflexion, règle, sentence, sutra, vérité.

azur *n. m.* ▶ ***Verre*** – bleu de cobalt, safre. ▶ ***Ciel*** (SOUT.) – air, atmosphère, calotte (céleste), ciel, coupole (céleste), dôme (céleste), espace, sphère céleste, voûte (céleste), zénith. SOUT. empyrée, éther, firmament, nues.

b

babines *n.f.pl.* bouche. FRANCE FAM. badigoinces.
baccalauréat *n.m.* ▶ ***Diplôme d'études secondaires*** – FAM. bac, bachot. SUISSE maturité; FAM. matu.
bâche *n.f.* ▶ ***Toile*** – banne, capot, couverture, housse, prélart, taud, toile. ▶ ***Caisse*** – forcerie, jardin d'hiver, orangerie, palmarium, serre. ▶ ***Drap*** (FAM.) – alaise, couette, courtepointe, couverture, couvre-lit, couvre-matelas, couvre-pied, dessus-de-lit, drap (de lit), duvet, édredon, plaid, protège-matelas. FAM. couvrante. QUÉB. catalogne, douillette. SUISSE fourre. ▶ ***Casquette*** (FAM.) – casquette. FRANCE FAM. gâpette. QUÉB. FAM. calotte.
bactérie *n.f.* monère, procaryote.
bactérien *adj.* infectieux, septique. △ **ANT.** ANTIBACTÉRIEN, ANTI-INFECTIEUX, ANTISEPTIQUE, ANTIVIRAL, DÉSINFECTANT, GERMICIDE, STÉRILISANT.
badaud *n.* ▶ ***Flâneur*** – flâneur, rôdeur, traîneur. SOUT. musardeur. FAM. vadrouilleur. ▶ ***Curieux*** – curieux, fouilleur, furet, fureteur, indiscret. SOUT. fâcheux. FAM. farfouilleur, fouine, fouineur. BELG. mêle-tout. FRANCE FAM. fouinard. QUÉB. FAM. écornifleur. RARE écouteur.
badge *n.* ▶ ***Écusson*** – auto-collant, cocarde, décalcomanie, écusson, épinglette, étiquette, insigne, marque, plaque, porte-nom, rosette, tatouage, timbre, vignette, vitrophanie. FAM. macaron. ▶ ***Insigne honorifique*** – décoration, distinction (honorifique), insigne. FAM. banane, crachat, hochet. ▶ ***Document codé*** – carte d'accès, carte magnétique.
bafouer *v.* ▶ ***Ridiculiser*** – faire des gorges chaudes de, gouailler, railler, ridiculiser, rire au nez de, rire aux dépens de, rire de, s'amuser aux dépens de, s'amuser de, se gausser de, se moquer de, tourner au/en ridicule, tourner en dérision. SOUT. brocarder, dauber, fronder, larder d'épigrammes, moquer, persifler, satiriser. FAM. chambrer, charrier, chiner, faire la nique à, se foutre de la gueule de, se payer la gueule de, se payer la tête de. QUÉB. FAM. niaiser. ▶ ***Ignorer*** – braver, faire bon marché de, faire fi de, faire peu de cas de, fouler aux pieds, ignorer, mépriser, ne pas faire grand cas de, piétiner, se moquer de. SOUT. faire litière de. FAM. s'asseoir dessus. ▶ ***Outrager*** – faire affront à, faire injure à, faire insulte à, faire outrage à, humilier, injurier, insulter, outrager. SOUT. blasphémer, gifler, souffleter. △ **ANT.** EXALTER, LOUER; AGRÉER, HONORER, RESPECTER.
bafouiller *v.* ânonner, balbutier, bégayer, bredouiller, chercher ses mots, hésiter. BELG. broebeler. △ **ANT.** ARTICULER, ÉNONCER CLAIREMENT.
bagage *n.m.* ▶ ***Équipement*** – affaires, appareil, chargement, équipement, fourniment, harnachement, instruments, matériel, outillage. FAM. arsenal, attirail, barda, bastringue, bataclan, bazar, fourbi, matos, paquet, paquetage, saint-crépin, saint-frusquin. QUÉB. FAM. agrès, gréement. ▶ ***Savoir*** – acquis, compétence, connaissances, culture (générale), éducation, encyclopédisme, épistémè, érudition, expérience, humanisme, instruction, lettres, lumières, notions, sagesse, savoir, science. SOUT. omniscience.
bagarre *n.f.* ▶ ***Combat*** – accrochage, action (de guerre), affrontement, assaut, attaque, bataille, choc, combat, conflit, duel, échauffourée, empoignade, empoignement, engagement, escarmouche, ferraillement, feu, guérilla, guerre, heurt, hostilités, lutte, mêlée, opération, pugilat, rencontre, rixe. FAM. baroud, baston, bigorne, casse-gueule, casse-pipe, castagne, guéguerre, rif, rififi, riflette. BELG. FAM. margaille. MILIT. blitz *(de courte durée)*. ▶ ***Dispute*** – accrochage, algarade, altercation, brouille, brouillerie, chicane, controverse, démêlé, désaccord, désunion, différend, discorde, dispute, divergence, escarmouche, explication, fâcherie, froid, heurt, joute oratoire, litige, malentendu, mésentente, passe d'armes, polémique, querelle, rupture, scène, zizanie. FAM. bisbille, bringue, chamaille, chamaillerie, empoignade, empoignement, engueulade, prise de bec, séance. BELG. FAM. bisbrouille. ▶ ***Compétition*** (FAM.) – affrontement, antagonisme, combat, compétition, concurrence, conflit, contentieux, contestation, controver-

se, débat, désaccord, différend, discorde, discussion, dispute, dissension, dissentiment, divergence, émulation, friction, heurt, incompatibilité, incompréhension, lutte, mésentente, mésintelligence, opposition, polémique, querelle, rivalité. △ ANT. BONNE ENTENTE, CONCORDE, PAIX.

bagatelle *n.f.* ▸ ***Objet de peu de valeur*** – affiquet, babiole, baliverne, bêtise, bibelot, breloque, bricole, brimborion, chiffon, colifichet, fanfreluche, fantaisie, frivolité, futilité, gadget, hochet, inutilité, jouet, misère, rien. FAM. gimmick, gnognote. ▸ ***Affaire sans importance*** – amusette, baliverne, bêtise, bricole, broutille, chanson, détail, enfantillage, fadaise, faribole, frivolité, futilité, jeu, misère, plaisanterie, rien, sornette, sottise, vétille. SOUT. badinerie, puérilité. FAM. connerie, foutaise, mômerie. BELG. FAM. carabistouille. ▸ ***Tâche facile*** – un jeu d'enfant. FAM. de la petite bière, de la tarte, du billard, du gâteau, du nanan, l'enfance de l'art. QUÉB. FAM. une affaire de rien. △ ANT. AFFAIRE SÉRIEUSE.

bagne *n.m.* ▸ ***Établissement*** – centre de détention, centre pénitentiaire, établissement pénitentiaire, maison de détention, pénitencier, prison. FAM. cachot, cage, placard, taule, trou. FRANCE FAM. bloc, gnouf. ▸ ***Peine*** – travaux forcés. ▸ ***Situation pénible*** – enfer, galère.

bague *n.f.* ▸ ***Bijou*** – anneau, jonc. FRANCE FAM. bagouse. ▸ ***Anneau à la patte d'un oiseau*** – vervelle. ▸ ***Anneau de fixation*** – anneau, cerceau, cercle, collier, couronne, disque, rondelle. FAM. rond.

baguette *n.f.* ▸ ***Bâton*** – aine, alinette, apex, archet, badine, bâton, bâtonnet, branche, canne, cravache, crosse, gaule, honchet, houssine, jonc, jonchet, mailloche, perche, stick, style, tige, triballe, tringle, verge, vergette. ▸ ***Ornement*** – frette, grecque, listeau, listel, méandre, membron. ▸ ***Pain*** – demi-baguette, ficelle, flûte, (pain) bâtard, (pain) parisien, saucisson.

bahut *n.m.* ▸ ***Meuble*** – armoire, armoire à glace, bonnetière, casier, chiffonnier, étagère, (meuble de) rangement, semainier, tour. FAM. fourre-tout. ▸ ***Automobile*** (FAM.) – auto, automobile, voiture, voiture automobile. FAM. bagnole, caisse, tire. QUÉB. ACADIE FAM. char. ▹ *Rapide* – bolide. ▹ *Petite* – microvoiture, voiturette automobile. QUÉB. compacte, sous-compacte. FAM. trottinette. ▹ *Grosse* FAM. tank. ▹ *Vieille ou mauvaise* – clou, épave *(hors d'usage)*. FAM. bagnole, boîte à savon, chignole, guimbarde, tacot, tapecul, tas de boue, tas de ferraille, teuf-teuf, veau *(lente)*. QUÉB. FAM. bazou, citron. ▸ ***Camion*** (FAM.) – camion, fourgon, poids lourd. ▸ ***École*** (FAM.) – académie, collège, conservatoire, école, établissement scolaire, high school *(pays anglo-saxons)*, institut, institution, lycée, maison d'éducation, maison d'enseignement, medersa *(pays musulmans)*, petit séminaire. FRANCE FAM. boîte. QUÉB. cégep, collégial, polyvalente, régionale *(en région)*; FAM. poly. BELG. athénée. SUISSE gymnase.

baie *n.f.* ▸ ***Anse*** – anse, calanque, crique. QUÉB. barachois. ▹ *Pour les bateaux* – havre, port, rade. ▸ ***Fruit*** – petit fruit. ▸ ***Ouverture*** – ajour, baie (de fenêtre), croisée, fenêtre, vue. △ ANT. CAP, POINTE, PROMONTOIRE.

baigner *v.* ▸ ***Immerger*** – faire tremper, immerger, plonger, tremper. ▸ ***Mouiller*** – abreuver, arroser, détremper, gorger d'eau, imbiber, imprégner, inonder, mouiller. ▸ ***Irriguer*** – arroser, irriguer. ▸ ***Être plongé dans un liquide*** – nager, tremper. ♦ **se baigner** ▸ ***Aller dans l'eau*** – prendre un bain, prendre un bain de mer, prendre un bain de rivière. FAM. faire trempette. QUÉB. FAM. faire une saucette, se saucer. △ ANT. ASSÉCHER, DESSÉCHER, SÉCHER; ESSUYER.

baigneur *n.* ▸ ***Personne qui se baigne*** – nageur. SOUT. OU PAR PLAIS. naïade *(femme)*. ♦ **baigneur**, *masc.* ▸ ***Poupée*** – bébé, poupard, poupon.

baignoire *n.f.* ▸ ***Cuve*** – douche, jacuzzi, piscine. QUÉB. bain, spa. ▸ ***Loge*** – avant-scène, loge, proscenium.

bail *n.m.* louage. DR. ferme.

bain *n.m.* ▸ ***Toilette*** – ablutions, débarbouillage, douche, lavage, nettoyage, rinçage, toilette. ▸ ***Baignade*** – baignade. ▹ *Courte* – trempette. QUÉB. FAM. saucette. ▹ *Thérapeutique* – balnéation. ▸ ***Baignoire*** (QUÉB.) – baignoire, douche, jacuzzi, piscine. QUÉB. spa. ♦ **bains**, *plur.* ▸ ***Établissement*** – bains (publics), bains turcs, hammam *(Orient)*, thermes.

baiser *v.* ▸ ***Donner des baisers*** – embrasser. FAM. baisoter, bécoter, biser, faire la bise à.

baiser *n.m.* baisemain *(sur la main)*. SOUT. doux larcin, embrassement. FAM. bec, bécot, bise *(sur la joue)*, bisou, fricassée de museaux, mimi. RELIG. baisement. ▹ *Léger* – baiser d'oiseau.

baisse *n.f.* ▸ ***Abaissement*** – abaissement, affaiblissement, affaissement, amenuisement, amoindrissement, chute, creux, déclin, décroissance, décroissement, décrue, dégression, déplétion, dépréciation, descente, désescalade, dévalorisation, dévaluation, diminution, éclipse, effondrement, effritement, essoufflement, fléchissement, ralentissement, réduction. SOUT. émasculation. ▸ ***Rabais*** – abattement, bas prix, bonification, bradage, décompte, déduction, dégrèvement, diminution, discompte, escompte, liquidation, prix modique, rabais, réduction, réfaction, remise, ristourne, solde. FAM. bazardage. QUÉB. (prix d') aubaine. ▸ ***Dégénérescence*** – abaissement, abâtardissement, abjection, abrutissement, affadissement, affaiblissement, agonie, altération, amollissement, appauvrissement, atrophie, avachissement, avilissement, corruption, décadence, déchéance, déclin, décrépitude, dégénérescence, dégradation, délabrement, déliquescence, dénaturation, dépérissement, détérioration, édulcoration, empirement, étiolement, flétrissure, perte, perversion, pourrissement, pourriture, rouille, ruine, sape, usure. SOUT. aveulissement, crépuscule, pervertissement. FAM. déglingue, dégringolade. △ ANT. AUGMENTATION, HAUSSE, MONTÉE; ÉPANOUISSEMENT, ESSOR.

baisser *v.* ▸ ***Mettre plus bas*** – abaisser, descendre. ▸ ***Réduire la valeur*** – abaisser, affaiblir, amenuiser, diminuer, moindrir, réduire. ▸ ***Décroître*** – décliner, décroître, descendre, diminuer, s'amoindrir. ▸ ***Perdre de son intensité*** – diminuer, faiblir, pâlir, s'affaiblir, s'atténuer, s'estomper. ▸ ***Diminuer, en parlant d'un prix*** – chuter, dégringoler, diminuer, s'effondrer, tomber. ▸ ***Refluer, en parlant de la mer*** – descendre, rebaisser, refluer, se retirer. △ ANT. ÉLEVER, ÉRIGER, HAUSSER, HISSER, LEVER, MONTER, SURÉLEVER; ACCROÎTRE, AUGMENTER, MAJORER; S'ACCENTUER, S'INTENSIFIER; PRENDRE DE LA VIGUEUR, SE RAGAILLARDIR.

balader (se) *v.* ▸ ***Transporter*** (FAM.) – porter, traîner, transporter. FAM. coltiner, trimarder, trimballer. ♦ **se balader** badauder, déambuler, errer, flâner, rôder, (se) baguenauder, se promener, traînailler, traînasser, traîner, vagabonder. SOUT. battre le pavé, divaguer, vaguer. FAM. vadrouiller, zoner. BELG. FAM. baligander, balziner. ACADIE FAM. gaboter. △ ANT. DEMEURER, RESTER.

balai *n.m.* ▸ ***Ustensile de ménage*** – balai-brosse, balayette, brosse, écouvillon, houssoir, plumeau, tête-de-loup. QUÉB. vadrouille; FAM. pleumas. FRANCE RÉGION. époussette. MAR. faubert, goret, guipon, lavepont, vadrouille. ▸ ***Année d'âge*** (FAM.) – an, année, millésime. SOUT. printemps. FAM. berge, carat, pige.

balance *n.f.* ▸ ***Équilibre*** – accord, balancement, compensation, contrepoids, égalité, équilibre, harmonie, juste milieu, moyenne, pondération, proportion, suspension, symétrie. ▸ ***Bilan*** – bilan, compte, compte rendu, conclusion, constat, état, note, résultat, résumé, situation, tableau. ▸ ***Comparaison*** – analyse, collation, collationnement, comparaison, confrontation, jugement, mesure, mise en regard, parallèle, rapprochement, recension. ▸ ***Dénonciateur*** (FAM.) – accusateur, calomniateur, délateur, dénonciateur, détracteur, diffamateur, espion, indicateur, rapporteur. SOUT. sycophante, vitupérateur. FAM. cafard, cafardeur, cafteur, donneur, indic, mouchard. QUÉB. FAM. porte-panier.

balancement *n.m.* ▸ ***Instabilité*** – ballant, ballottement, déséquilibre, fragilité, instabilité, jeu, mobilité, motilité, motricité, mouvance, mouvant, mouvement, ondulation, oscillation, roulis, tangage, turbulence, va-et-vient, vibration. ▸ ***Remous*** – agitation, ballottement, bercement, branle, branlement, cahotement, flottement, fluctuation, flux et reflux, houle, impulsion, lacet, mouvement, onde, ondoiement, ondulation, oscillation, pulsation, raz de marée, remous, roulis, tangage, va-et-vient, vague, valse, vibration. FAM. brimbalement. ▸ ***Incertitude*** – ballottement, changement, déséquilibre, fluctuation, fragilité, inadaptation, incertitude, inconstance, inégalité, instabilité, mouvant, mouvement, précarité, variabilité, variation, versatilité, vicissitude, volatilité. ▸ ***Alternance*** – allée et venue, alternatives, bascule, changement, flux et reflux, intermittence, ondulation, oscillation, palpitation, périodicité, pulsation, récurrence, récursivité, retour, rotation, roulement, rythme, sinusoïde, succession, tour, va-et-vient, variation. ▸ ***Équilibre*** – accord, balance, compensation, contrepoids, égalité, équilibre, harmonie, juste milieu, moyenne, pondération, proportion, suspension, symétrie. △ ANT. IMMOBILITÉ, STABILITÉ.

balancer *v.* ▸ ***Agiter doucement*** – ballotter, bercer. ▸ ***Lancer*** (FAM.) – envoyer, jeter, lancer. FAM. flanquer, foutre. QUÉB. ACADIE FAM. garrocher. ▸ ***Se débarrasser*** (FAM.) – renoncer à, se débarrasser de, se défaire de, se démunir de, se départir de, se dépouiller de, se dessaisir de. SOUT. renoncer. FAM. bazarder, larguer, lourder, sacrifier. ▸ ***Congédier*** (FAM.) – chasser, congédier, débaucher, démettre, donner son congé à, expulser, licencier, mettre à la porte, mettre à pied, mettre dehors, mettre en disponibilité, reconduire, remercier, remercier de ses services, renvoyer. FAM. balayer, déboulonner, lourder, sabrer, sacquer, vider, virer. ▸ ***Dénoncer*** (FAM.) – dénoncer, signaler. FAM. cafarder, fourguer, moucharder. BELG. FAM. raccuser. ▸ ***Équilibrer*** – compenser, contrebalancer, équilibrer, faire contrepoids à, faire équilibre à, neutraliser, pondérer. ▸ ***Osciller*** – branler, osciller. ▸ ***Hésiter*** – flotter, hésiter, osciller. ♦ **se balancer** ▸ ***Osciller*** – branler, osciller. ▸ ***En parlant d'un bateau*** – rouler, tanguer. △ ANT. FIXER, IMMOBILISER; DÉCIDER, TRANCHER.

balayer *v.* ▸ ***Dissiper*** – chasser, disperser, dissiper. ▸ ***Emporter sur son passage*** – arracher, charrier, emporter, enlever, entraîner. ▸ ***Congédier*** (FAM.) – chasser, congédier, débaucher, démettre, donner son congé à, expulser, licencier, mettre à la porte, mettre à pied, mettre dehors, mettre en disponibilité, reconduire, remercier, remercier de ses services, renvoyer. FAM. balancer, déboulonner, lourder, sabrer, sacquer, vider, virer. ▸ ***Écarter une chose abstraite*** – écarter, éliminer, supprimer. △ ANT. SALIR, SOUILLER; EMBARRASSER, ENCOMBRER.

balbutiant *adj.* ▸ ***Qui balbutie*** – bégayant, bredouillant, hésitant. ▸ ***Qui commence*** – à ses débuts, à ses premiers balbutiements.

balbutiement *n.m.* ▸ ***Bredouillement*** – ânonnement, bafouillage, bafouillis, bégaiement, bredouillage, bredouillement, bredouillis, jargon, marmonnage, marmonnement, marmottage, marmottement. FAM. baragouin, baragouinage, cafouillage, cafouillis, charabia. ▸ ***Commencement*** – actionnement, amorçage, amorce, bégaiement, commencement, création, début, déclenchement, démarrage, départ, ébauche, embryon, enclenchement, enfance, entrée, esquisse, fondement, germe, inauguration, origine, ouverture, prélude, prémisse, principe, tête. SOUT. aube, aurore, matin, prémices. FIG. apparition, avènement, éclosion, émergence, éruption, explosion, genèse, germination, naissance, venue au monde. △ ANT. CRI, HURLEMENT; ÉLOQUENCE; FIN.

balbutier *v.* ânonner, bafouiller, bégayer, bredouiller, chercher ses mots, hésiter. BELG. broebeler. △ ANT. ARTICULER, ÉNONCER CLAIREMENT.

balcon *n.m.* ▸ ***Plate-forme*** – encorbellement, loge, loggia, mâchicoulis, mirador, moucharabieh, terrasse. QUÉB. galerie. ▸ ***Balustrade*** – bastingage, filière, garde-corps, rambarde. ▸ ***Partie d'une salle de spectacle*** – corbeille, galerie, mezzanine, paradis. FAM. poulailler.

ballant *n.m.* ▸ ***Balancement*** – balancement, ballottement, déséquilibre, fragilité, instabilité, jeu, mobilité, motilité, motricité, mouvance, mouvant, mouvement, ondulation, oscillation, roulis, tangage, turbulence, va-et-vient, vibration.

balle *n.f.* ▸ ***Boule*** – ballon, bille, boule, pelote. GÉOM. sphère. ▸ ***Projectile*** – cartouche, cendrée, chevrotine, grenaille, menuise, plomb. FAM. bastos, dragée, pruneau. ▸ ***Marchandise emballée*** – ballot, paquet.

ballon *n.m.* ▸ ***Montgolfière*** – montgolfière. ▸ ***Paroles d'un personnage*** – bulle, phylactère.

balustrade *n.f.* banquette de sûreté, descente, garde-corps, garde-fou, main courante, parapet, rambarde, rampe. QUÉB. FAM. balustre. ▸ *Bateau* – balcon, bastingage, filière, garde-corps, rambarde.

banal *adj.* ▸ ***Courant*** – commun, courant, fréquent, habituel, normal, ordinaire, répandu, usuel. LING. usité. ▸ ***Inintéressant*** – anodin, fade, falot, incolore, inintéressant, insignifiant, insipide, plat, sans intérêt, terne. FAM. incolore, inodore et sans saveur. ▸ ***Sans originalité*** – académique, classique, commun, conformiste, convenu, plat, standard. ▸ ***Éculé*** – connu, éculé, facile, rebattu, réchauffé, ressassé, usé. FAM. archiconnu, bateau. △ ANT. EXCEPTIONNEL, EXTRAORDINAIRE, INCOMPARABLE, INHABITUEL, INUSITÉ, RARE, REMARQUABLE, SPÉCIAL.

banalité *n.f.* ▸ ***Cliché*** – cliché, évidence, fadaise, généralité, lapalissade, lieu commun, platitude, poncif, redite, stéréotype, tautologie, truisme. ▸ ***Insignifiance*** – facilité, fadeur, faiblesse, inconsistance, indigence, insignifiance, insuffisance, médiocre, médiocrité, pauvreté, platitude, prévisibilité. SOUT. trivialité. ▸ ***Anonymat*** – anonymat, humble origine, incognito, masque, obscurité, ombre. △ ANT. CURIOSITÉ, NOUVEAUTÉ, ORIGINALITÉ, SINGULARITÉ.

banc *n.m.* ▸ ***Siège*** – banquette, exèdre, gradin, rotonde. ▸ ***Groupe de poissons*** – banc (de poissons). ACADIE FAM. mouvée. ▸ ***Fond de la mer*** – bas-fond, basse, haut-fond, sèche.

bande *n.f.* ▸ ***Morceau long et étroit*** – bandelette, langue, languette, lanière, mèche, ruban. QUÉB. ACADIE FAM. laize. FIG. liséré. ▸ ***Pansement*** – bandage, gaze, mèche, pansement. FAM. poupée. ▸ *Selon la partie du corps* – écharpe *(avant-bras)*, mentonnière *(menton)*, minerve *(tête)*, spica *(membre)*. ▸ ***Film*** – film, pellicule. ▸ ***Rayure*** – barre, biffage, biffure, contre-taille *(gravure)*, hachure, ligne, liséré, liteau, raie, rature, rayure, strie, trait, vergeture *(peau)*, zébrure. ▸ ***Clôture*** – barbelés, barbelure, barreaux, barricade, barrière, cancel, chancel, claie, claire-voie, clôture, échalier, échalis, enclos, grillage, grille, haie, moucharabieh, mur (de clôture), palis, parc, treillage. ACADIE FAM. bouchure. ▸ ***Foule*** – abondance, affluence, armada, armée, attroupement, cohue, concentration, concours, encombrement, essaim, flot, forêt, foule, fourmilière, fourmillement, grouillement, légion, marée, masse, meute, monde, multitude, peuple, pléiade *(célébrités)*, pullulement, rassemblement, régiment, réunion, ribambelle, ruche, tas, troupeau. FAM. flopée, marmaille *(enfants)*, tapée, tripotée. QUÉB. FAM. achalandage, gang. PÉJ. ramassis. ▸ ***Clique*** – cabale, camarilla, chapelle, clan, clique, coterie, école, église, faction, gang, groupuscule, ligue, maffia, secte. ▸ ***Groupe d'animaux*** – meute. ▸ ***Inclinaison d'un bateau*** – gîte.

bandeau *n.m.* ▸ ***Bande de tissu*** – diadème/bandeau royal, ferronnière, frontal, fronteau, serre-tête, turban. ANTIQ. mitre.

bander *v.* ▸ ***Panser*** – emmailloter, panser. ▸ ***Tendre*** – raidir, tendre. MAR. embraquer. ▸ ***Contracter un muscle*** – contracter, crisper, raidir, tendre. ♦ **se bander** ▸ ***Tendre tous ses muscles*** – se raidir, se tendre. △ ANT. DÉTENDRE, RELÂCHER.

banderole *n.f.* bandière, bannière, baucent, calicot, cornette, couleurs, drapeau, étendard, fanion, flamme, gonfalon, guidon, oriflamme, pavillon *(marine)*, pavois *(marine)*, pennon, tanka *(religieux)*. SOUT. enseigne. ANTIQ. vexille.

bandit *n.m.* ▸ ***Voleur*** – brigand, cagoulard, cambrioleur *(maisons)*, coquillard *(Moyen-Âge)*, crocheteur, escamoteur, gangster, gentleman cambrioleur, kleptomane *(pathologique)*, maraudeur, pillard, pilleur, pirate, rat d'hôtel, souris d'hôtel, stellionataire, tireur, truand, voleur de grand chemin, voleur. FAM. barboteur, braqueur, casseur, chapardeur, chipeur, entôleur, malfrat, monte-en-l'air, piqueur, roulottier *(voitures)*. FRANCE FAM. enquilleuse *(femme)*, volereau *(malhabile)*. ▸ ***Profiteur*** – aigrefin, arnaqueur, brigand, canaille, carambouilleur, chevalier d'industrie, concussionnaire, crapule, escroc, extorqueur, faisan, fraudeur, gangster, gredin, malfaiteur, mercanti, pirate, profiteur, sangsue, spoliateur, tripoteur, voleur, voyou. SOUT. déprédateur, forban. DR. captateur. FAM. carotteur, carottier, fricoteur, fripouille, (maître) filou. FRANCE FAM. écorcheur, estampeur, malfrat. QUÉB. FAM. croche. ▸ ***Chenapan*** (FAM.) – (affreux) jojo, chipie, coquin, diablotin, filou, fripon, galopin, mauvaise graine, (petit) bandit, (petit) chenapan, (petit) démon, (petit) diable, (petit) garnement, (petit) gredin, (petit) poison, (petit) polisson, (petit) vaurien, (petit) voyou, (petite) canaille, (petite) peste, poulbot *(de Montmartre)*, titi, vilain. SOUT. lutin. FAM. morveux, (petit) crapaud, petit merdeux, petit monstre, sacripant. QUÉB. FAM. (petit) tannant.

banlieue *n.f.* ▸ ***Périphérie*** – abords, alentours, banlieue-dortoir, ceinture, cité-dortoir, couronne, environs, extension, faubourg, périphérie, quartier-dortoir, ville-dortoir, zone (suburbaine). ▸ *Ville et sa banlieue* – agglomération, communauté urbaine, conurbation, district urbain, mégalopole, métropole, zone urbaine. △ ANT. CENTRE-VILLE.

bannière *n.f.* ▸ ***Étendard*** – banderole, bandière, baucent, calicot, cornette, couleurs, drapeau, étendard, fanion, flamme, gonfalon, guidon, oriflamme, pavillon *(marine)*, pavois *(marine)*, pennon, tanka *(religieux)*. SOUT. enseigne. ANTIQ. vexille. ▸ ***Chemise*** (FAM.) – chemise. FRANCE FAM. limace, liquette.

bannir *v.* ▸ ***Condamner à l'exil*** – chasser (hors) de son pays, déporter, exiler, expatrier, expulser, mettre au ban, proscrire, refouler. SOUT. arracher de sa patrie, arracher de son sol natal, déraciner. DR. reléguer. ▸ ***Chasser*** – barrer, chasser, éloigner, exclure, exiler, fermer la porte à, mettre en quarantaine, ostraciser, rejeter. SOUT. excommunier, frapper d'ostracisme, proscrire, répudier. ▸ ***Proscrire*** – éliminer, exclure, proscrire, rejeter, supprimer. ♦ **banni** interdit, tabou. △ ANT. AMNISTIER, GRACIER; RAPATRIER, RAPPELER; ACCEPTER, ACCUEILLIR, APPELER, CONVIER, HÉBERGER, INVITER, RECEVOIR; ADOPTER.

banquet *n.m.* agapes, bombance, bonne chère, festin (de Balthazar), fête, régal, ventrée. SOUT. franche lippée. FAM. gueuleton, ripaille. FRANCE FAM. bâfre, bâfrée, bombe. △ ANT. JEÛNE.

banquette *n.f.* ▶ ***Siège*** – banc, exèdre, gradin, rotonde. ▶ ***Chemin*** – allée, cavée, chemin, coulée, laie, layon, ligne, piste, sentier, tortille, traverse. SOUT. OU FRANCE RÉGION. sente. QUÉB. portage, rang. FRANCE RÉGION. draille. ▶ ***Bord de la voie*** – accotement, bas-côté, berme, bord, bordure, caniveau, fossé, trottoir.

banquier *n.* ▶ ***Financier*** – financier, homme d'affaires, manieur d'argent. SOUT. faiseur *(peu scrupuleux)*. ▶ ***Prêteur à titre privé*** – bailleur de fonds, prêteur. ▶ ***Celui qui prend les paris*** – bonneteur *(au bonneteau)*, croupier, preneur de paris.

baptiser *v.* ▶ ***Donner un prénom*** – appeler, nommer, prénommer. ▶ ***Donner un nom*** – appeler, dénommer, désigner, nommer. ▶ ***Diluer*** (FAM.) – allonger, couper, diluer, éclaircir, étendre, mouiller. △ ANT. DÉBAPTISER.

bar *n.m.* ▶ ***Établissement*** – brasserie, café, débit de boissons, estaminet, guinguette, pub. FAM. bistrot, buvette, limonade. FRANCE FAM. bistroquet, marigot, rade, troquet, zinc. QUÉB. taverne. AFR. maquis *(clandestin)*. ▸ *Mal famé* – bouge, boui-boui. ▸ *Aux États-Unis* ANC. saloon *(conquête de l'Ouest)*, speakeasy *(prohibition)*. ▶ ***Comptoir*** – comptoir. FAM. buvette, zinc.

baraque *n.f.* ▶ ***Habitation rudimentaire*** (FAM.) – cabane, cahute, masure. ▶ ***Maison mal entretenue*** (FAM.) – bouge, galetas, taudis. FIG. bauge, chenil, écurie, tanière. FAM. bicoque, clapier. FRANCE FAM. cambuse, gourbi, turne. ▶ ***Entreprise*** (PÉJ. FAM.) – affaire, bureau, compagnie, entreprise, établissement, exploitation, firme, institution, société. FAM. boîte, boutique. FRANCE FAM. burlingue. RARE industrie. △ ANT. CHÂTEAU.

barbare *adj.* ▶ ***Incorrect*** – abusif, fautif, impropre, incorrect. ▶ ***Inculte*** – analphabète, béotien, ignare, ignorant, illettré, inculte, philistin. ▶ ***Inhumain*** – abominable, atroce, horrible, inhumain, monstrueux. ▶ ***D'une cruauté sauvage*** – bestial, cannibale, cannibalesque, cruel, féroce, inhumain, sadique, sanguinaire, sauvage. SOUT. néronien. △ ANT. CIVILISÉ, RAFFINÉ; BIENVEILLANT, CHARITABLE, CIVIL, DÉLICAT, DOUX, HUMAIN, MISÉRICORDIEUX.

barbare *n.* ▶ ***Brute*** – animal, balourd, béotien, brute (épaisse), butor, goujat, grossier personnage, mal élevé, malotru, malpropre, mufle, ostrogoth, ours mal léché, paysan, porc, rustaud. SOUT. manant, palot. FAM. gougnafier, pignouf, plouc, primate, sagouin. QUÉB. FAM. colon, habitant. ▸ *Femme* – poissarde. ▶ ***Sadique*** – boucher, bourreau, cannibale, dépravé, monstre, ogre, psychopathe, sadique, tordu, tortionnaire, vampire. SOUT. tigre. ▶ ***Destructeur*** – casseur, destructeur, dévastateur, hooligan, iconoclaste, profanateur, saboteur, saccageur, vandale, violateur.

barbarie *n.f.* ▶ ***Cruauté*** – acharnement, agressivité, atrocité, brutalité, cruauté, dureté, férocité, inhumanité, maltraitance, méchanceté, sadisme, sauvagerie, violence. SOUT. implacabilité, inexorabilité. PSYCHIATRIE psychopathie. ▶ ***Manque de raffinement*** – balourdise, béotisme, bestialité, brutalité, fruste, goujaterie, grossièreté, impolitesse, inélégance, lourdeur, rudesse, rustauderie, rusticité, rustrerie, vulgarité. △ ANT. BONTÉ, HUMANITÉ; CIVILISATION; CIVILITÉ, RAFFINEMENT.

barbe *n.f.* ▶ ***Poils*** – FAM. barbouze. ▶ ***Pointe d'épi*** – arête. ▶ ***Irrégularités d'une pièce de métal*** – balèvre, barbille, bavure, masselotte.

barbelés *n.m.pl.* bande, barbelure, barreaux, barricade, barrière, cancel, chancel, claie, claire-voie, clôture, échalier, échalis, enclos, grillage, grille, haie, moucharabieh, mur (de clôture), palis, parc, treillage. ACADIE FAM. bouchure.

barbiche *n.f.* barbe à l'impériale, barbe impériale, bouc, impériale, mouche, royale. FAM. barbichette.

barbouiller *v.* ▶ ***Salir*** – maculer, salir, tacher. ▶ ***Peinturlurer*** – barioler, bigarrer, peinturer, peinturlurer. ▶ ***Griffonner*** – crayonner, gribouiller, griffonner. △ ANT. BLANCHIR, DÉBARBOUILLER, LAVER, NETTOYER.

baril *n.m.* ▶ ***Tonneau*** – bachotte *(poissons)*, barillet, barrique *(200 l)*, barrot *(anchois)*, bordelaise *(225 l)*, caque *(harengs)*, demi-barrique *(100 l)*, feuillette *(125 l)*, foissier *(foies)*, foudre *(de 50 à 300 hl)*, fût, futaille, muid, pièce (de vin), pipe *(eau-de-vie)*, tine, tonne, tonneau, tonnelet. ANC. queue *(un muid et demi)*. TECHN. tinette.

baron *n.* ▶ ***Seigneur au Moyen Age*** – féodal, seigneur, seigneur féodal. ▶ ***Personnage important*** (FAM.) – chef, leader, maître, meneur, numéro un, parrain, seigneur, tête. FAM. cacique, caïd, éléphant, (grand) manitou, grand sachem, gros bonnet, grosse légume, hiérarque, les huiles, pontife. FRANCE FAM. (grand) ponte, grosse pointure. ▸ *Avec titre* – autorité, dignitaire, officiel, responsable, supérieur. ▸ *Puissant* – magnat, mandarin, roi (de X), seigneur et maître. SOUT. prince. PÉJ. adjudant. ▸ *Peu important* – chefaillon, petit chef. ▶ ***Complice*** (FAM.) – acolyte, comparse, compère, complice, congénère, consorts. SOUT. affidé.

baroque *adj.* ▶ ***Rococo*** – baroquisant, rocaille, rococo. ▶ ***Excentrique*** – à dormir debout, abracadabrant, abracadabrantesque, absurde, biscornu, bizarre, burlesque, cocasse, exagéré, excentrique, extravagant, fantasque, farfelu, fou, funambulesque, grotesque, impayable, impossible, incroyable, insolite, invraisemblable, loufoque, qui ne tient pas debout, rocambolesque, saugrenu, tiré par les cheveux, vaudevillesque. FRANCE FAM. foutraque, gaguesque. △ ANT. CLASSIQUE; LOGIQUE, SENSÉ, SÉRIEUX.

baroque *n.m.* ▶ ***Style*** – rococo, (style) baroque, (style) rocaille. △ ANT. CLASSICISME.

barque *n.f.* ▶ ***Embarcation*** – SOUT. nacelle. ▸ *Petite* – barquette. QUÉB. chaloupe. ▸ *Grosse* – barcasse.

barrage *n.m.* ▶ ***Obstacle*** – barricade, barrière, cloison, défense, écran, mur, obstacle, rideau, séparation. ▶ ***Digue*** – batardeau, brise-lame, chaussée, digue, duc-d'Albe *(pour l'amarrage)*, estacade, jetée, levée, môle, musoir, palée, serrement, turcie. ACADIE aboiteau. ▶ ***Fermeture*** – bouchage, bouclage, cloisonnage, cloisonnement, clôture, comblement, condamnation, coupure, fermeture, interception, lutage, murage, oblitération, obstruction, obturation, occlusion, remblai, tamponnement, verrouillage.

▶ ***Opposition*** – désapprobation, désobéissance, mauvaise volonté, objection, obstacle, obstruction, opposition, réaction, rebuffade, refus, résistance, veto. SOUT. contredit, inacceptation. ▶ ***Blocage psychologique*** – autocensure, blocage, censure, inhibition, refoulement, refus, résistance. △ **ANT.** ACCÈS, OUVERTURE; LIBERTÉ, POSSIBILITÉ.

barre *n.f.* ▶ ***Pièce longue et étroite*** – lingot. ▶ ***Aliment de forme allongée*** – bâton, tablette. FRANCE RÉGION. bille. ▶ ***Trait*** – bande, biffage, biffure, contre-taille *(gravure)*, hachure, ligne, liséré, liteau, raie, rature, rayure, strie, trait, vergeture *(peau)*, zébrure. ▶ ***Pièce d'un bateau*** – aiguillot, gouvernail. ▶ ***Emplacement dans un tribunal*** – barreau. ANC. parquet. ▶ ***Cordon littoral*** – cordon littoral, cordon, lido, tombolo.

barreau *n.m.* ▶ ***Partie d'une échelle*** – échelon. FRANCE RÉGION. ranche. MAR. enfléchure. ♦ **barreaux**, *plur.* ▶ ***Clôture*** – bande, barbelés, barbelure, barricade, barrière, cancel, chancel, claie, claire-voie, clôture, échalier, échalis, enclos, grillage, grille, haie, moucharabieh, mur (de clôture), palis, parc, treillage. ACADIE FAM. bouchure.

barrer *v.* ▶ ***Fermer au moyen d'une barre*** – barricader. ▶ ***Fermer à clé*** (FRANCE RÉGION. OU QUÉB.) – boucler, fermer à clé, verrouiller. ▶ ***Bloquer un passage*** – bloquer, boucher, couper, obstruer. ▶ ***Biffer*** – biffer, raturer, rayer. SUISSE tracer. ▶ ***Nuire aux projets de qqn*** – aller à l'encontre de, contrarier, contrecarrer, déranger, empêcher, entraver, faire obstacle à, gâcher, gêner, mettre des bâtons dans les roues de, nuire à, s'opposer à, se mettre en travers de, troubler. ▶ ***Exclure d'un groupe*** – bannir, chasser, éloigner, exclure, exiler, fermer la porte à, mettre en quarantaine, ostraciser, rejeter. SOUT. excommunier, frapper d'ostracisme, proscrire, répudier. ♦ **se barrer** ▶ ***S'enfuir*** (FAM.) – fuir, prendre la clé des champs, prendre la fuite, s'enfuir, se sauver. SOUT. s'ensauver. FAM. calter, caner, débarrasser le plancher, décamper, décaniller, déguerpir, détaler, droper, ficher le camp, filer, foutre le camp, prendre la poudre d'escampette, prendre le large, s'esbigner, se carapater, se casser, se cavaler, se débiner, se faire la malle, se faire la paire, se faire la valise, se tailler, se tirer, se tirer des flûtes, se trisser. QUÉB. FAM. se pousser. △ **ANT.** DÉBARRER, OUVRIR; DÉVERROUILLER; INSCRIRE.

barricade *n.f.* ▶ ***Clôture*** – bande, barbelés, barbelure, barreaux, barrière, cancel, chancel, claie, claire-voie, clôture, échalier, échalis, enclos, grillage, grille, haie, moucharabieh, mur (de clôture), palis, parc, treillage. ACADIE FAM. bouchure. ▶ ***Obstacle*** – barrage, barrière, cloison, défense, écran, mur, obstacle, rideau, séparation.

barrière *n.f.* ▶ ***Clôture*** – bande, barbelés, barbelure, barreaux, barricade, cancel, chancel, claie, claire-voie, clôture, échalier, échalis, enclos, grillage, grille, haie, moucharabieh, mur (de clôture), palis, parc, treillage. ACADIE FAM. bouchure. ▶ ***Obstacle*** – barrage, barricade, cloison, défense, écran, mur, obstacle, rideau, séparation. ▶ ***Entrave*** – accroc, adversité, anicroche, blocage, contrariété, contretemps, défense, difficulté, digue, écueil, embarras, empêchement, ennui, entrave, frein, gêne, impasse, impossibilité, inhibition, interdiction, objection, obstruction, ombre au tableau, opposition, pierre d'achoppement, point noir, problème, résistance, restriction, tribulations. SOUT. achoppement, impedimenta, traverse. FAM. hic, lézard, os, pépin. QUÉB. FAM. aria. RARE empêtrement. △ **ANT.** ACCÈS, OUVERTURE; PASSAGE; LIBERTÉ.

bas *adj.* ▶ ***Petit*** – court, petit. ▶ ***Inférieur*** – inférieur, mineur, moindre, secondaire, subalterne, subordonné. ▶ ***Modique*** – faible, maigre, modeste, modique, petit. ▶ ***Grave*** – caverneux, d'outre-tombe, grave, profond, sépulcral. ▶ ***Sans élévation morale*** – grossier, trivial, vulgaire. PÉJ. populacier. FAM. poissard. ▶ ***Odieux*** – abject, coupable, crapuleux, dégoûtant, honteux, ignoble, immonde, inavouable, indigne, infâme, infect, innommable, inqualifiable, lâche, méprisable, odieux, repoussant, répugnant, sans nom, scandaleux, sordide, vil. SOUT. fangeux, ignominieux, nauséeux, triste, turpide. FAM. dégueu, dégueulasse, écœurant, salaud. ▶ ***D'une soumission déshonorante*** – obséquieux, plat, qui fait le chien couchant, rampant, servile, soumis. FAM. à-plat-ventriste, fayot, lécheur. △ **ANT.** ÉLEVÉ, HAUT; AIGRELETTE *(VOIX)*, AIGUË, FLUETTE, FLÛTÉE, GRÊLE, HAUTE, PERÇANTE, POINTUE; DIGNE, HONORABLE, NOBLE.

bas *n.m.* ▶ ***Fond*** – accul, bas-fond, creux, cul, culot, cuvette, fondement, sole. ▶ ***Économies*** – argent, cagnotte, économies, épargnes, réserve. FAM. bas (de laine), magot, pécule. △ **ANT.** HAUT.

bascule *n.f.* ▶ ***Fait de basculer*** – basculement, chavirage, chavirement, culbutage, culbutement, renversement. ▶ ***Alternance*** – allée et venue, alternatives, balancement, changement, flux et reflux, intermittence, ondulation, oscillation, palpitation, périodicité, pulsation, récurrence, récursivité, retour, rotation, roulement, rythme, sinusoïde, succession, tour, va-et-vient, variation. ▶ ***Balançoire*** – balancelle, balançoire, escarpolette. FAM. tape-cul. ACADIE FAM. galance. ▶ ***Dispositif électronique*** – multivibrateur.

basculer *v.* ▶ ***Faire une chute*** – culbuter, faire une chute, tomber, verser. FAM. aller choir, chuter, dinguer, prendre un billet de parterre, prendre une bûche, prendre une gamelle, prendre une pelle, ramasser un gadin, ramasser une bûche, ramasser une gamelle, ramasser une pelle, s'allonger, s'étaler, se casser la figure, se casser la gueule, se fiche par terre, se rétamer, valdinguer. ▸ *Vers l'avant* – tomber à plat ventre, tomber cul par-dessus tête, tomber de tout son long, tomber face contre terre, tomber la tête la première. FAM. embrasser le plancher, s'aplatir. ▸ *Vers l'arrière* – tomber à la renverse. FAM. tomber les quatre fers en l'air. ▶ ***Chavirer*** – capoter, chavirer, culbuter, se renverser. MAR. dessaler. △ **ANT.** DEMEURER, RESTER, SE MAINTENIR; ÉQUILIBRER, REDRESSER, TENIR.

base *n.f.* ▶ ***Support physique*** – assiette, assise, fondation, infrastructure, pied, radier, soubassement, substruction, substructure. QUÉB. solage. ARCHIT. embasement, empattement. ▶ ***Socle*** – acrotère, piédestal, podium, socle, soubassement, stylobate, terrasse. ▶ ***Fondement*** – assise, fondement, pierre angulaire, pierre d'assise, pivot, principe, soubassement. ▶ ***Origine*** – agent, cause, explication, facteur, ferment, fondement, fontaine, germe, inspiration, levain, levier, mobile, moteur, motif, motivation, moyen, objet, occasion, origine, point de départ, pourquoi, principe, raison, raison d'être, source, sujet. SOUT. étincelle, mère, racine, ressort. ▶ ***Rudiments*** – a b c, b.a.-ba, éléments, essentiel, notions, notions de base, notions élémentaires, principes, rudiments, teinture, théorie. PÉJ. vernis. ▶ ***Campement*** – baraquement, bivouac, camp, campement, cantonnement, installation provisoire, quartiers. ▶ ***Bâtiment militaire*** – caserne, casernement. △ **ANT.** CIME, FAÎTE, SOMMET, TÊTE, TOIT; CONSÉQUENCE, DÉRIVÉ, DÉVELOPPEMENT.

bas-fond *n.m.* ▶ ***Fond*** – accul, bas, creux, cul, culot, cuvette, fondement, sole. ♦ **bas-fonds,** ***plur.*** ▶ ***Couche de la société*** – engeance, lie (de la société), racaille, ramassis. SOUT. tourbe, vermine. ▶ ***Lieu de déchéance*** – SOUT. cloaque. ▶ ***Quartiers miséreux*** – bas quartiers, bidonville, favela *(Brésil)*, quartiers pauvres. △ **ANT.** HAUTEUR, SOMMET.

basique *adj.* ▶ ***Fondamental*** – basal, de base, élémentaire, fondamental. ▶ ***Qui a les propriétés d'une base*** – alcalin. △ **ANT.** ACCESSOIRE, SECONDAIRE; ACIDE.

basque *n.* ♦ **un ou une Basque** Euskerien. ♦ **le basque** euskera.

bassement *adv.* ▶ ***Vulgairement*** – grossièrement, salement, trivialement, vulgairement. ▶ ***Odieusement*** – abjectement, abominablement, crapuleusement, désagréablement, détestablement, honteusement, ignoblement, ignominieusement, indignement, odieusement, sordidement, vilement. SOUT. turpidement. ▶ ***Servilement*** – à genoux, à plat ventre, complaisamment, honteusement, indignement, lâchement, obséquieusement, platement, servilement. △ **ANT.** DROITEMENT, EXEMPLAIREMENT, HONNÊTEMENT, INTÈGREMENT, IRRÉPROCHABLEMENT, LOYALEMENT, SAINTEMENT, VERTUEUSEMENT; DIGNEMENT, FIÈREMENT, HONORABLEMENT, NOBLEMENT.

bassesse *n.f.* ▶ ***Servilité*** – adulation, approbativité, (basse) flatterie, cajolerie, complaisance, compromission, courbette, flagornerie, obséquiosité, platitude, servilité. SOUT. blandice. FAM. à-plat-ventrisme, léchage (de bottes), lèche, mamours. ▶ ***Grossièreté*** – grossièreté, mauvais goût, obscénité, trivialité, vulgarité. SOUT. vulgaire. ▶ ***Abjection*** – abjection, abomination, atrocité, boue, corruption, crapulerie, crime, débauche, déshonneur, fange, grossièreté, honte, horreur, ignominie, impureté, indignité, infamie, laideur, misère, monstruosité, noirceur, obscénité, odieux, ordure, saleté, sordide, souillure, vice. SOUT. sordidité, stupre, turpitude, vilenie. FAM. dégoûtation, dégueulasserie, pouillerie. ▶ ***Mauvaise action*** – coup bas, crasse, malfaisance, méchanceté, méfait, rosserie. SOUT. perfidie, scélératesse, vilenie. FAM. sale coup, sale tour, saloperie, tour de cochon, vacherie. FRANCE FAM. mistoufle. RARE mauvaiseté. △ **ANT.** ÉLÉVATION, FIERTÉ, GRANDEUR, HONNEUR, HONORABILITÉ, NOBLESSE, PURETÉ, VERTU; DÉSINTÉRESSEMENT, GÉNÉROSITÉ, MAGNANIMITÉ.

bassin *n.m.* ▶ ***Cuve*** – auge, bac, baquet, bassine, cuve, cuvette. ACADIE FAM. *ou* MAR. baille. ▸ *Petit* – auget, bassinet, cuveau. ▶ ***Étendue d'eau artificielle*** – pièce d'eau, réservoir. ▶ ***Relief*** – cirque, cuvette, entonnoir (naturel). GÉOGR. doline, poljé, sotch. ▶ ***Gisement*** – gisement, gîte, mine, puits. ▶ ***Abreuvoir*** – abreuvoir, auge, baquet. ▶ ***Partie du corps*** – ANAT. pelvis.

bastion *n.m.* ▶ ***Au sens propre*** – bonnette, flanquement, fort, forteresse, fortifications, ouvrage, place, place de guerre, place forte, retranchement. ANC. bretèche, castrum, ferté, préside, redoute. ▶ ***Au sens figuré*** – citadelle, forteresse. SOUT. muraille, rempart.

bataille *n.f.* ▶ ***Combat*** – accrochage, action (de guerre), affrontement, assaut, attaque, bagarre, choc, combat, conflit, duel, échauffourée, empoignade, empoignement, engagement, escarmouche, ferraillement, feu, guérilla, guerre, heurt, hostilités, lutte, mêlée, opération, pugilat, rencontre, rixe. FAM. baroud, baston, bigorne, casse-gueule, casse-pipe, castagne, guéguerre, rif, rififi, riflette. BELG. FAM. margaille. MILIT. blitz *(de courte durée)*. △ **ANT.** CESSEZ-LE-FEU, TRÊVE; BONNE ENTENTE, CONCORDE, PAIX.

batailler *v.* ▶ ***Lutter contre une chose abstraite*** – combattre, ferrailler, guerroyer, livrer bataille, livrer un combat, livrer une lutte, lutter, (se) bagarrer, se battre. ♦ **se batailler** ▶ ***Se battre*** (QUÉB. FAM.) – échanger des coups, en découdre, en venir aux coups, en venir aux mains, s'empoigner, se bagarrer, se battre, se colleter. FAM. s'expliquer, se bigorner, se cogner, se crêper le chignon, se prendre aux cheveux, se tabasser, se taper dessus, se voler dans les plumes. FRANCE FAM. barouder, châtaigner, se bastonner, se castagner.

batailleur *n.* cogneur, combatif, duelliste, querelleur. FAM. bagarreur, baroudeur, chamailleur. QUÉB. fier-à-bras.

bataillon *n.m.* ▶ ***Unité militaire*** – brigade, colonne, commando, compagnie, corps, échelon, escadron, escorte, formation, garde, garnison, légion, parti, patrouille, peloton, régiment, section, soldatesque *(indisciplinés)*, tabor *(Maroc)*, troupe, unité. PAR EXT. caserne. ANC. escouade, goum, piquet. ▶ ***Groupe de personnes*** (FAM.) – brigade, caravane, cellule, collectif, colonie, corps, équipe, escadron, escouade, groupe, horde, meute, noyau, peloton, troupe. IRON. fournée. FAM. brochette, cohorte. QUÉB. FAM. gang.

bâtard *adj.* ▶ ***Illégitime*** – adultérin, illégitime, naturel. ▶ ***Hybride*** – croisé, hybride, mâtiné, métis, métissé. △ **ANT.** LÉGITIME *(ENFANT)*; DE RACE PURE *(ANIMAL)*, PURE RACE.

bâtard *n.* ▶ ***Enfant*** – enfant adultérin, enfant illégitime, enfant naturel. ♦ **bâtard,** ***masc.*** ▶ ***Pain*** – baguette, demi-baguette, ficelle, flûte, (pain) bâtard, (pain) parisien, saucisson. △ **ANT.** ENFANT LÉGITIME.

bateau *n.m.* ▶ ***Engin flottant*** ▸ *Gros* – bâtiment, navire. SOUT. nef, vaisseau. ▸ *Petit* – embarcation. SOUT. batelet, esquif. FAM. coquille (de noix). ▸ *Mauvais* – baille, patouillard, rafiot. ▶ ***Mystification*** (FAM.) – attrape, blague, canular, facétie, farce, fumisterie, mystification, plaisanterie, tour. ▶ ***Grosse voiture*** (QUÉB. FAM.) – FAM. tank.

bâti *n.m.* ▶ ***Charpente*** – armature, cadre, carcasse, chaînage, charpente, châssis, lisoir, ossature, poutrage, poutraison. ▶ ***Support*** – affût, bipied, trépied. ▶ ***Couture*** – couture, faufilure, piquage, piqûre, rentraiture, surjet, suture, tranchefile, transfilage.

bâtiment *n.m.* ▶ ***Construction*** – bâtisse, construction, édifice, maison, monument *(caractère historique)*, ouvrage. ▸ *Construction urbaine* – gratte-ciel, immeuble, tour. FAM. caserne. ▶ ***Bateau*** – bateau, navire. SOUT. nef, vaisseau.

bâtir *v.* ▶ ***Construire une chose concrète*** – construire, dresser, édifier, élever, ériger. ▶ ***Construire une chose abstraite*** – construire, édifier, ériger. ▸ *Non favorable* – échafauder. ▶ ***Structurer*** – architecturer, articuler, charpenter, construire, façonner, organiser, structurer. ▶ ***Coudre provisoirement*** – faufiler. △ **ANT.** ABATTRE, DÉMOLIR, DÉTRUIRE, RASER, RENVERSER, RUINER; ANÉANTIR, ANNIHILER, SUPPRIMER.

bâtisse *n.f.* ▶ ***Bâtiment*** – bâtiment, construction, édifice, maison, monument *(caractère historique)*, ouvrage. ▸ *Construction urbaine* – gratte-ciel, immeuble, tour. FAM. caserne. ▶ ***Structure*** – gros de l'ouvrage, grosse maçonnerie.

bâtisseur *n.* ▶ ***Créateur*** – aménageur, architecte, concepteur, concepteur-projeteur, créateur, créatif, édificateur, fondateur, ingénieur, inventeur, maître d'œuvre, ordonnateur, projeteur, urbaniste. SOUT. démiurge. ▶ ***Constructeur*** – architecte, constructeur, entrepreneur, ingénieur. △ **ANT.** DÉMOLISSEUR, DESTRUCTEUR.

bâton *n.m.* ▶ ***Baguette*** – aine, alinette, apex, archet, badine, baguette, bâtonnet, branche, canne, cravache, crosse, gaule, honchet, houssine, jonc, jonchet, mailloche, perche, stick, style, tige, triballe, tringle, verge, vergette. ▶ ***Canne*** – béquille, cadre de marche, canne, crosse, houlette, makila, piolet, stick. ANC. bourdon. ▶ ***Massue*** – aiguillon, casse-tête, férule, gourdin, mailloche, massette, massue, matraque, nerf de bœuf, trique. ANC. plombée, plommée. ▶ ***Bâton symbolique*** – abacus, caducée, crosse, lituus, main de justice, pédum, sceptre, thyrse, verge. ▶ ***Piquet*** – échalas, jalon, marquant, pal, palis, pieu, pilot, piquet, roulon, tuteur. ACADIE FAM. perche. ▶ ***Aliment de forme allongée*** – barre, tablette. FRANCE RÉGION. bille.

battant *n.* ▶ ***Personne combative*** – audacieux, aventurier, brave (à trois poils), courageux, dur (à cuire), fonceur, lion, stoïque, (vrai) homme. FAM. baroudeur, va-de-l'avant. ▶ ***Gagneur*** – accrocheur, gagneur, lutteur. QUÉB. gagnant. RARE jouteur. ♦ **battant,** ***masc.*** ▶ ***Marteau*** – jaquemart, marteau. ▶ ***Rabat*** – abattant, ouvrant, vantail, volet. ▸ *Pour fermer* – clapet, couvercle, obturateur, opercule, rabat. ▶ ***Cœur*** (FRANCE FAM.) – cœur. MÉD. muscle cardiaque. FAM. palpitant. △ **ANT.** PERDANT; GUINDANT.

battement *n.m.* ▶ ***Bruit*** – bang, boum, choc, clappement, claquement, coup, raté *(moteur)*, tapement. ▶ ***Pulsation*** – cognement, martèlement, pulsation. RARE fouettement. ▶ ***Rythme musical*** – cadence, eurythmie, mesure, mouvement, musique, période, phrasé, pouls, pulsation, respiration, rythme, swing, tempo, vitesse. ▶ ***Rythme biologique*** – pouls, pulsation. ▸ *Anormal* – arythmie, bradycardie, extrasystole, palpitation, tachycardie. ▶ ***Clignement*** – battement de cils, battement de paupières, clignement (d'œil), clin d'œil, coup d'œil, œillade, regard. ▸ *Répété* – cillement, clignotement (d'yeux), nictation, papillotage, papillotement. ▶ ***Intervalle*** – creux, distance, durée, espace (de temps), intervalle, laps de temps. SOUT. échappée. BELG. fourche.

battre *v.* ▶ ***Frapper qqch.*** – cogner, frapper, taper (sur). ▶ ***Parcourir*** – arpenter, explorer, inspecter, parcourir, prospecter, ratisser, reconnaître, visiter. ▶ ***Remuer des aliments liquides*** – fouetter. ▶ ***Mêler les cartes*** – brouiller, mêler. FAM. brasser. ▶ ***Forger le métal*** – bigorner, cingler, corroyer, forger, marteler. ▶ ***En parlant du cœur*** – cogner, palpiter. ▶ ***Frapper qqn*** – frapper, porter la main sur, rosser, rouer de coups. SOUT. étriller. FAM. abîmer le portrait à, administrer une correction à, arranger le portrait à, casser la figure à, casser la gueule à, cogner, corriger, dérouiller, flanquer une raclée à, flanquer une volée à, passer à tabac, péter la gueule à, piler, rentrer dedans, tabasser, taper sur, voler dans les plumes à. FRANCE FAM. boxer, castagner, châtaigner, esquinter le portrait à, flanquer une pile à, mettre la tête au carré à, rentrer dans le chou à, rentrer dans le lard à, rentrer dans le mou à, tatouiller, tomber sur le paletot à, tomber sur le poil à, tricoter les côtes à. ▶ ***Maltraiter*** – brutaliser, houspiller, malmener, maltraiter, martyriser, mettre à mal, molester, rudoyer. FAM. arranger. QUÉB. FAM. maganer. ▶ ***Vaincre l'ennemi*** – défaire, vaincre. ▶ ***Vaincre un adversaire*** – avoir le dessus sur, avoir raison de, défaire, surclasser, triompher de, vaincre. FAM. rosser. ▶ ***Surpasser*** – couper l'herbe sous le pied à, damer le pion à, dégommer, dépasser, devancer, dominer, éclipser, faucher l'herbe sous le pied à, griller, l'emporter sur, laisser loin derrière, supplanter, surclasser, surpasser. FAM. enfoncer. FRANCE FAM. faire la pige à. ♦ **se battre** ▶ ***Se bagarrer*** – échanger des coups, en découdre, en venir aux coups, en venir aux mains, s'empoigner, se bagarrer, se colleter. FAM. s'expliquer, se bigorner, se cogner, se crêper le chignon, se prendre aux cheveux, se tabasser, se taper dessus, se voler dans les plumes. FRANCE FAM. barouder, châtaigner, se bastonner, se castagner. QUÉB. FAM. se batailler. ▶ ***Combattre corps à corps*** – combattre, livrer un combat, livrer une lutte, lutter. ▶ ***Livrer une lutte armée*** – combattre, faire la guerre, livrer bataille, livrer un combat, lutter. SOUT. guerroyer. ▶ ***Se mesurer à un adversaire*** – affronter, lutter, se mesurer. ▸ *Dans une rencontre sportive* – affronter, disputer la victoire à, disputer un match contre, jouer contre, rencontrer, se mesurer à. ▶ ***Combattre une chose abstraite*** – batailler, combattre, ferrailler, guerroyer, livrer bataille, livrer un combat, livrer une lutte, lutter, (se) bagarrer. ▶ ***S'affronter*** – s'affronter, s'opposer, se mesurer. △ **ANT.** CARESSER, CHOYER, DORLOTER, FLATTER; DÉFENDRE, PROTÉGER; CAPITULER, CÉDER, ÊTRE VAINCU, RENONCER, S'AVOUER VAINCU, SE RENDRE. ♦ **se battre** ABANDONNER, LAISSER TOMBER.

baume *n.m.* ▶ ***Substance végétale*** – cire, gomme, gomme d'adragant/adragante, gomme-ammoniaque, gomme-gutte, gomme-résine, labdanum, résine. ▶ ***Médicament*** – balsamique, cérat, crème, embrocation, liniment, onguent, pâte, pommade. FAM. embroc. ▶ ***Remède moral*** – adoucissement, allégement, antidote, apaisement, atténuation, consolation, correctif, dérivatif, distraction, diversion, exutoire, préservatif, remède, soulagement. *SOUT.* dictame. ▶ ***Consolation*** – adoucissement, apaisement, appui, bercement, cicatrisation, consolation, rassérénement, réconfort, soulagement, soutien moral. *SOUT.* dictame. *FAM.* béquille. ▶ ***Plante*** (*QUÉB. FAM.*) – menthe.

bavard *adj.* ▶ ***Qui aime parler*** – causeur, jacasseur, loquace, qui a la langue bien pendue, volubile. *SOUT.* babillard. *FAM.* causant, jacteur, parlant, qui a de la gueule, tchatcheur. *QUÉB. FAM.* bavasseur, jasant, jaseux, placoteux, qui a de la jasette. *RARE* discuteur. ▶ ***Qui aime commérer*** – cancanier, indiscret. *QUÉB. FAM.* bavasseur. ▶ ***Qui parle trop longuement*** – discoureur, péroreur, phraseur. *FAM.* laïusseur. ▶ ***Qui manque de concision*** – délayé, diffus, prolixe, redondant, verbeux. *SOUT.* logomachique, logorrhéique, phraséologique. △ **ANT.** DISCRET; AVARE DE PAROLES, LACONIQUE, SILENCIEUX, TACITURNE.

bavard *n.* (beau) parleur, bonimenteur, causeur, commère, crécelle, discoureur, enjôleur, péroreur, phraseur. *FAM.* baratineur, fort en gueule, gazette, jacasseur, jacteur, laïusseur, moulin à paroles, pie, pipelet, robinet (d'eau tiède). *QUÉB. FAM.* bavasseux, jasant, mémère, placoteux. △ **ANT.** SILENCIEUX, TACITURNE; DISCRET.

bavardage *n.m.* ▶ ***Action de bavarder*** – babillage, boniment, caquet, caquetage, caquètement, jacassage, jacassement, jacasserie, loquacité, papotage, verbalisme, verbiage. *SOUT.* babil, phraséologie. *FAM.* baratin, bavette, blabla, blablabla, jactance, jaspinage, laïus. *QUÉB. FAM.* bavassage, jasage, placotage. ▶ ***Propos de cancanier*** – cancan, caquetage, caquètement, médisance, potin, qu'en-dira-t-on, rumeur. *SOUT.* clabaudage, clabauderie. *FAM.* chuchoterie, commérage, débinage, racontage, racontar, ragot. *QUÉB. FAM.* placotage. ▶ ***Bavardage sur Internet*** – bavardage (en ligne), bavardage-clavier, clavardage, cyberbavardage. △ **ANT.** MUTISME, SILENCE; CONCISION, LACONISME; DISCRÉTION, RETENUE.

bavarder *v.* ▶ ***Discuter*** – causer, converser, deviser, dialoguer, discuter, papoter, parler (de choses et d'autres), s'entretenir. *FAM.* babiller, bavasser, blablater, caqueter, faire un brin de causette, jacasser, jacter, jaspiner, parlementer, parloter, tailler une bavette. *QUÉB. FAM.* jaser, placoter. *BELG. FAM.* babeler. ▶ ***Répéter par malveillance*** – cancaner, caqueter, causer, colporter des cancans, colporter des ragots, commérer, commettre des indiscrétions, jaser, médire. *SOUT.* clabauder. *FAM.* bavasser, potiner. *QUÉB. FAM.* mémérer, placoter. △ **ANT.** ÊTRE SILENCIEUX, NE RIEN DIRE, SE TAIRE; ÊTRE DISCRET, SE RETENIR.

bave *n.f.* ▶ ***Salive*** – écume, salive. ▶ ***Méchanceté*** – acariâtreté, acerbité, acidité, âcreté, acrimonie, agressivité, aigreur, amertume, animosité, âpreté, bile, causticité, colère, dépit, désagrément, dureté, fiel, haine, hargne, humeur, irritation, malveillance, maussaderie, mauvaise humeur, méchanceté, mordant, pique, rancœur, rancune, récrimination, ressentiment, rudesse, tranchant, venin, vindicte, virulence. *SOUT.* mordacité. *FAM.* rouspétance. ▶ ***Calomnie*** (*SOUT.*) – affront, attaque, atteinte, attentat, avanie, blessure, calomnie, défi, dommage, indignité, injure, insolence, insulte, manquement, offense, outrage, pique, tort. *SOUT.* camouflet, soufflet.

baver *v.* ▶ ***Laisser couler de la bave*** – écumer, saliver. *BELG.* bleffer, gletter. ▶ ***Calomnier*** – attaquer, calomnier, casser du sucre sur le dos de, cracher sur, critiquer, décrier, dénigrer, déprécier, diffamer, dire du mal de, gloser sur, médire de, noircir, perdre de réputation, traîner dans la boue. *SOUT.* arranger de la belle manière, clabauder sur, dauber sur, détracter, dire pis que pendre de, mettre plus bas que terre. *FAM.* déblatérer contre, taper sur. *FRANCE FAM.* débiner, habiller pour l'hiver, tailler un costard à, tailler une veste à. *BELG.* décauser. ▶ ***Provoquer*** (*QUÉB. FAM.*) – braver, défier, narguer, provoquer, toiser. *SOUT.* fronder. *FAM.* chercher, faire la nique à. *QUÉB. FAM.* barber, faire la barbe à.

bazar *n.m.* ▶ ***Marché*** – braderie, foire, fondouk (*pays arabes*), halle, khan, marché aux puces, marché, marché-gare, salon, souk. *BELG.* minque (*poissons*). *RÉGION.* foirail, louée. ▶ ***Lieu désordonné*** (*FAM.*) – *FIG.* chenil, écurie, écuries d'Augias, porcherie. *FAM.* bordel, capharnaüm, chantier, foutoir, souk. *QUÉB. FAM.* soue (à cochons). *BELG.* kot. ▶ ***Équipement*** (*FAM.*) – affaires, appareil, bagage, chargement, équipement, fourniment, harnachement, instruments, matériel, outillage. *FAM.* arsenal, attirail, barda, bastringue, bataclan, fourbi, matos, paquet, paquetage, saint-crépin, saint-frusquin. *QUÉB. FAM.* agrès, gréement. ▶ ***Tapage*** (*FAM.*) – brouhaha, cacophonie, chahut, charivari, clameur, tapage, tohu-bohu, tumulte, vacarme. *SOUT.* bacchanale, hourvari, pandémonium. *FAM.* barouf, bastringue, bordel, boucan, bousin, chambard, corrida, grabuge, pétard, potin, raffut, ramdam, ronron, sabbat, schproum, tintamarre, tintouin. *QUÉB. FAM.* barda, train. ▶ ***Vente de charité*** (*QUÉB.*) – vente de charité. *FRANCE* kermesse.

b.c.b.g. *adj.* b.c.b.g, bon chic bon genre, bourgeois, de bon ton.

béant *adj.* ▶ ***Ouvert*** – grand ouvert. ▶ ***Stupéfait*** (*SOUT.*) – abasourdi, ahuri, bouche bée, confondu, ébahi, éberlué, estomaqué, étonné, frappé de stupeur, hébété, interdit, interloqué, médusé, muet d'étonnement, pantois, pétrifié, sidéré, stupéfait, surpris. *FAM.* baba, ébaubi, épaté, époustouflé, riboulant, soufflé, suffoqué. △ **ANT.** FERMÉ, (HERMÉTIQUEMENT) CLOS.

béat *adj.* au comble du bonheur, au septième ciel, aux anges, comblé, en fête, en joie, en liesse, enchanté, euphorique, extasié, extatique, exultant, fou de joie, heureux, le cœur en joie, radieux, ravi, rayonnant, réjoui, resplendissant de bonheur, ruisselant de joie, transporté de joie, triomphant. *SOUT.* aise, bienheureux. *FAM.* jubilant.

béatitude *n.f.* ▶ ***Sainteté*** – gloire, sainteté, salut. ▶ ***Joie*** – allégresse, bonheur, égaiement, enthousiasme, euphorie, exaltation, extase, exultation, gaieté, hilarité, ivresse, joie, jubilation, plaisir, ravissement, réjouissance, vertige. *SOUT.* aise, félicité, liesse, rayonnement. △ **ANT.** AFFLICTION, DOULEUR, INFORTUNE, INQUIÉTUDE, MALHEUR, PEINE, TORTURE, TOURMENT.

beau *adj.* ▶ ***Joli*** – à croquer, adorable, avenant, bien, charmant, coquet, délicieux, gentil, gentillet, gracieux, joli, mignon, mignonnet, plaisant, ravissant. *FAM.* chou. *FRANCE FAM.* croquignolet, mignard, mimi, trognon. ▶ ***Superbe*** – admirable, d'une grande beauté, de toute beauté, éblouissant, magnifique, ravissant, splendide, superbe. *FRANCE FAM.* flambant. ▶ ***Au physique parfait*** – bien fait, bien galbé, sculptural, superbe. *FAM.* bien foutu, canon. ▶ *En parlant d'une femme* – bien faite, bien roulée, gironde. ▶ ***Aux formes élégantes*** – élégant, esthétique, gracieux. ▶ ***Exquis*** – agréable, charmant, délicieux, divin, exquis, suave, sublime. *FRANCE FAM.* gouleyant. ▶ ***Élevé dans l'échelle des valeurs*** – élevé, grand, haut, idéalisé, noble, pur, sublime. *SOUT.* éthéré. ▶ ***Prospère*** – brillant, faste, fécond, florissant, heureux, prospère, riche. ▶ ***En parlant d'une somme*** – coquet, gentil, joli, rondelet. △ **ANT.** AFFREUX, DISGRACIEUX, HIDEUX, HORRIBLE, INÉLÉGANT, INESTHÉTIQUE, INHARMONIEUX, LAID, MONSTRUEUX, REPOUSSANT, RÉPUGNANT, VILAIN.

beau *n.* ♦ **beau,** *masc.* ▶ ***Amoureux*** – adorateur, âme sœur, ami de cœur, amour, amoureux, bien-aimé, chéri, être aimé, favori, petit ami, tourtereau, valentin. *PAR EUPHÉM.* ami, compagnon. *PAR PLAIS.* soupirant. *FAM.* béguin, copain. ▶ ***Appellatif affectueux*** – ami, amour, ange, bijou, biquet, cher, chéri, cœur, joli, lapin, loup, petit oiseau, trésor. *FAM.* chou, loulou, mimi, minou, vieux. ♦ **le beau,** *masc.* ▶ ***Beauté*** – agrément, art, attrait, beauté, charme, chic, classe, coquetterie, délicatesse, distinction, éclat, élégance, esthétique, féerie, fraîcheur, grâce, gracieux, harmonie, magnificence, majesté, perfection, photogénie, pureté, séduction, splendeur, symétrie. *SOUT.* blandice, joliesse, morbidesse, sublimité, symphonie, vénusté. ♦ **belle,** *fém.* ▶ ***Belle femme*** – beau brin de fille, beauté, belle (femme), déesse, houri, nymphe *(jeune)*, tanagra, vénus. *SOUT.* sylphide. *FRANCE FAM.* belle plante, pépée, plante verte. ▶ ***Jeune femme*** (*PAR PLAIS.*) – adolescente, demoiselle, fille, jeune, jeune femme, jeune fille, midinette, mineure, miss *(pays anglo-saxons)*, préadolescente. *SOUT.* impubère, pucelle *(vierge)*. *FAM.* ado, gamine, préado, pucelle, tendron. *PÉJ.* fillasse. ▶ ***Amoureuse*** – adoratrice, âme sœur, amie, amie de cœur, amour, amoureuse, bien-aimée, chérie, être aimé, favorite, petite amie, tourterelle, valentine. *PAR EUPHÉM.* amie, compagne. *PAR PLAIS.* dulcinée. *FAM.* béguin, copine. *QUÉB.* blonde. *ANTILLES* doudou. ▶ ***Fiancée*** – bien-aimée, fiancée, future, future conjointe, future épouse, promise. *FRANCE RÉGION.* prétendue. ▶ ***Appellatif affectueux*** – biche, bichette, cocotte, colombe, douce, princesse, tourterelle. *SOUT.* mie. *FAM.* fille.

beaucoup *adv.* ▶ ***Abondamment*** – à discrétion, à foison, à la tonne, à pleines mains, à profusion, à satiété, à souhait, à volonté, abondamment, amplement, bien, considérablement, copieusement, dru, en abondance, en masse, en quantité, énormément, fort, généreusement, grassement, gros, intarissablement, largement, libéralement, lourd, profusément, richement, suffisamment, torrentiellement. *FAM.* à gogo, à revendre, à tire-larigot, bésef, des tonnes, pas mal. ▶ ***Extrêmement*** – à l'extrême, affreusement, astronomiquement, au dernier degré, au dernier point, au maximum, au plus haut degré, au plus haut point, bien, colossalement, considérablement, éminemment, énormément, exceptionnellement, extraordinairement, extrêmement, fabuleusement, follement, fort, fortement, grandement, gros, hautement, immensément, incommensurablement, inconcevablement, infiniment, incroyablement, intensément, long, mortellement, nettement, on ne peut plus, phénoménalement, prodigieusement, profondément, remarquablement, sérieusement, singulièrement, souverainement, supérieurement, suprêmement, terriblement, très, vertigineusement, vivement, vraiment. *FAM.* bigrement, bougrement, diablement, drôlement, effroyablement, épais, épouvantablement, fameusement, fantastiquement, fichtrement, fichûment, formidablement, foutrement, furieusement, joliment, rudement, sacrément, salement, super, terrible, tout plein, vachement. △ **ANT.** EN FAIBLE QUANTITÉ, PAS BEAUCOUP, PEU; UN PEU.

beauté *n.f.* ▶ ***Qualité esthétique*** – agrément, art, attrait, beau, charme, chic, classe, coquetterie, délicatesse, distinction, éclat, élégance, esthétique, féerie, fraîcheur, grâce, gracieux, harmonie, magnificence, majesté, perfection, photogénie, pureté, séduction, splendeur, symétrie. *SOUT.* blandice, joliesse, morbidesse, sublimité, symphonie, vénusté. ▶ ***Somptuosité*** – abondance, apparat, appareil, confort, dolce vita, éclat, étalage, faste, grandeur, luxe, magnificence, majesté, opulence, ostentation, pompe, profusion, richesse, somptuosité, splendeur. *FAM.* tralala. ▶ ***Belle femme*** – beau brin de fille, belle (femme), déesse, houri, nymphe *(jeune)*, tanagra, vénus. *SOUT.* sylphide. *FRANCE FAM.* belle plante, pépée, plante verte. ▶ ***Propriété du quark*** – charme, couleur, étrangeté, vérité. △ **ANT.** HIDEUR, LAIDEUR, MONSTRUOSITÉ; RÉPUGNANCE, RÉPULSION; ABJECTION, BASSESSE, IGNOMINIE, VULGARITÉ.

beaux-arts *n.m.pl.* ▶ ***Arts*** – arts plastiques, arts visuels.

bébé *n.m.* ▶ ***Nouveau-né*** – nourrisson, nouveau-né, poupard *(gros)*, poupon, tout-petit. ▶ ***Fœtus*** – embryon, fœtus. ▶ ***Poupée*** – baigneur, poupard, poupon. ▶ ***Problème*** (*FAM.*) – affaire, cas, énigme, problème, puzzle, question. *QUÉB.* casse-tête.

bec *n.m.* ▶ ***Bouche humaine*** (*FAM.*) – bouche. *FAM.* gueule, margoulette. *FRANCE FAM.* avaloire, clapet, claquette, déconophone, piège à mouches. *QUÉB. FAM.* boîte, trappe. *ACADIE FAM.* goule. ▶ ***Saillie*** – angle, appendice, arête, aspérité, avancée, avancement, balèvre, bosse, bourrelet, console, corne, corniche, côte, coude, crête, dent, éminence, encorbellement, éperon, ergot, excroissance, gibbosité, hourd, moulure, nervure, picot, pointe, proéminence, projecture, prolongement, protubérance, redan, relief, ressaut, saillant, saillie, surplomb, surplombement, tubercule. ▶ ***Pointe de terre*** – isthme, péninsule *(grosse)*, pointe *(petite)*, presqu'île. ▶ *Surélevée* – cap, promontoire. ▶ ***Embouchure*** – biseau, embouchure. ▶ ***Baiser*** (*FAM.*) – baisemain *(sur la main)*, baiser. *SOUT.* doux larcin, embrassement. *FAM.* bécot, bise *(sur la joue)*, bisou, fricassée de museaux, mimi. *RELIG.* baisement.

bêche *n.f.* hayette *(petite)*, houlette, louchet, palot, pelle de jardinier, pelle-bêche.

bégaiement *n.m.* ▶ ***Bredouillement*** – ânonnement, bafouillage, bafouillis, balbutiement, bredouillage, bredouillement, bredouillis, jargon, marmonnage, marmonnement, marmottage, marmottement. *FAM.* baragouin, baragouinage, cafouillage, cafouillis, charabia.

bégayer *v.* ânonner, bafouiller, balbutier, bredouiller, chercher ses mots, hésiter. *BELG.* broebeler. △ **ANT.** ARTICULER, PARLER CLAIREMENT.

bégueule *adj.* collet monté, prude, pudibond, puritain.

béguin *n.m.* ▶ ***Idylle*** – amourette, aventure, aventure amoureuse, aventure galante, bricole, caprice, coquetterie, coup de foudre, engouement, faible, fantaisie, flirt, idylle, liaison (amoureuse), marivaudage, passade, passion. *SOUT.* amours, entichement, oaristys. *FAM.* batifolage, toquade, touche. ▶ ***Amoureux*** (*FAM.*) – adorateur, âme sœur, ami de cœur, amour, amoureux, beau, bien-aimé, chéri, être aimé, favori, petit ami, tourtereau, valentin. *PAR EUPHÉM.* ami, compagnon. *PAR PLAIS.* soupirant. *FAM.* copain. △ **ANT.** INDIFFÉRENCE.

belliqueux *adj.* ▶ ***Porté à la guerre*** – belliciste, guerrier, martial, militaire, militariste. *FAM.* va-t-en-guerre. ▶ ***Qui cherche la dispute*** – agressif, bagarreur, batailleur, combatif, offensif, querelleur. *SOUT.* pugnace. *FAM.* chamailleur, teigneux. △ **ANT.** AFFECTUEUX, AIMANT, AMOUREUX, CAJOLEUR, CÂLIN, CARESSANT, TENDRE; BON, DOUX, INOFFENSIF, PACIFIQUE.

belvédère *n.m.* berceau, bungalow, gloriette, kiosque, mirador, pavillon, pergola, rotonde, tonnelle, treille.

bénéfice *n.m.* ▶ ***Privilège*** – acquis, apanage, attribution, avantage, chasse gardée, concession, droit, exclusivisme, exclusivité, exemption, faveur, honneur, immunité, inviolabilité, monopole, passe-droit, pouvoir, préférence, prérogative, privilège. *ANC.* franchise. *RELIG.* indult. ▶ ***Revenu*** – allocation, arrérages, avantage, casuel, chômage, dividende, dotation, fermage, fruit, gain, intérêt, loyer, mense, mensualité, métayage, pension, prébende, présalaire, produit, profit, rapport, recette, redevance, rente, rentrée, retraite, revenu, tontine, usufruit, usure, viager. *FAM.* alloc. *FRANCE FAM.* bénef. *ANC.* cens, lods et ventes. ▶ ***Plus-value*** – accroissement, amélioration, appréciation, augmentation, excédent, gain, majoration, plus-value, profit, survaleur, valorisation. ▶ ***Crédit*** – actif, avantage, avoir, boni, crédit, excédent, fruit, gain, produit, profit, rapport, reliquat, reste, revenant-bon, revenu, solde, solde créditeur, solde positif. *FAM.* bénef, gras, gratte, part du gâteau. ▶ ***Utilité*** – avantage, bienfait, commodité, convenance, désidérabilité, efficacité, fonction, fonctionnalité, indispensabilité, intérêt, mérite, nécessité, profit, profitabilité, recours, service, usage, utilité, valeur. ▶ ***Rendement*** – effet, efficacité, efficience, gain, production, productivité, produit, profit, rapport, rendement, rentabilité, revenu. △ **ANT.** DÉSAVANTAGE, DOMMAGE, INCONVÉNIENT, PRÉJUDICE; DÉFICIT, PERTE; RUINE.

bénéficiaire *n.* ▶ ***Adjudicataire*** – abandonnataire, adjudicataire, affectataire, aliénataire, allocataire, attributaire, ayant droit, bénéficier, cessionnaire, client, commendataire, confidentiaire, crédirentier, impétrant, indemnitaire, indivisaire, prestataire, propriétaire, récipiendaire, rentier, résignataire. ▶ ***Acquéreur*** – acquéreur, donataire, héritier, légataire, portionnaire. ▶ ***Patient d'un hôpital*** – hospitalisé, patient. △ **ANT.** DONATAIRE, DONATEUR.

bénéficier *v.* disposer de, jouir de, profiter de. △ **ANT.** PÂTIR, SOUFFRIR.

bénévolat *n.m.* aide, allocentrisme, altruisme, amour (d'autrui), assistance, bienveillance, bonté, charité, commisération, compassion, complaisance, convivialité, dévouement, don de soi, empathie, entraide, extraversion, fraternité, générosité, gentillesse, humanité, oblativité, oubli de soi, philanthropie, pitié, sensibilité, serviabilité, solidarité, sollicitude. *SOUT.* bienfaisance.

bénévole *adj.* (à titre) gracieux, désintéressé, gratuit. △ **ANT.** PROFESSIONNEL, RÉMUNÉRÉ.

bénin *adj.* ▶ ***En parlant de qqch.*** – anodin, innocent, inoffensif, sans danger, sans gravité. *SOUT.* irrépréhensible. ▶ ***En parlant de qqn*** – bon, doux, inoffensif, sans malice. △ **ANT.** DANGEUREUX, GRAVE, SÉRIEUX. ♦ **bénigne,** ***fém.*** MALIGNE (*TUMEUR*).

bénir *v.* ▶ ***Louer Dieu*** – glorifier, louer, rendre gloire à. △ **ANT.** EXÉCRER, MAUDIRE; CONDAMNER, RÉPROUVER.

béquille *n.f.* ▶ ***Canne*** – bâton, cadre de marche, canne, crosse, houlette, makila, piolet, stick. *ANC.* bourdon. ▶ ***Jambe*** (*FAM.*) – jambe. *FAM.* canne, flûte, gambette, gigue, guibolle, patte, quille. *FRANCE FAM.* crayon. ▸ *Longue* *FAM.* échasse. ▸ *Maigre* *FAM.* fumeron. ▸ *Grosse* *FAM.* pilier, poteau. ▶ ***Soutien moral*** – adoucissement, apaisement, appui, baume, bercement, cicatrisation, consolation, rassérénement, réconfort, soulagement, soutien moral. *SOUT.* dictame.

berceau *n.m.* ▶ ***Lit de bébé*** – *QUÉB.* bassinette; *FAM.* bers. *BELG.* berce. ▸ *Portatif* – couffe, couffin, moïse. ▶ ***Âge*** – petite enfance, plus jeune âge, première enfance. ▶ ***Support de bateau*** – ber. ▶ ***Dôme*** – calotte, coupole, cul-de-four, dôme, lanterne, voûte. ▸ *Intérieur* – cintre, intrados. ▸ *Extérieur* – extrados. ▶ ***Tonnelle*** – belvédère, bungalow, gloriette, kiosque, mirador, pavillon, pergola, rotonde, tonnelle, treille. △ **ANT.** CERCUEIL, TOMBE.

bercer *v.* ▶ ***Agiter doucement*** – balancer, ballotter. ▶ ***Calmer*** – adoucir, alléger, apaiser, assoupir, atténuer, endormir. *SOUT.* lénifier. ▶ ***Duper*** – abuser, attraper, avoir, berner, duper, en conter à, en faire accroire à, flouer, leurrer, mentir à, mystifier, se jouer de, se moquer de, tromper. *SOUT.* trigauder. *FAM.* blouser, bluffer, canuler, charrier, cravater, empaumer, empiler, entourlouper, esbroufer, faire marcher, feinter, la faire à, mener en bateau, mettre en boîte, pigeonner, posséder, refaire, rouler. *QUÉB. FAM.* niaiser. *RARE* jobarder. ▶ ***Marquer le cours de qqch.*** – rythmer. △ **ANT.** IMMOBILISER; RÉVEILLER; AVIVER; INQUIÉTER; BRUTALISER.

berge *n.f.* ▶ ***Rivage*** – bord, rivage, rive. ▸ *Plat* – graves, grève, plage. ▸ *Longeant la mer* – bord de mer, côte, littoral. ▸ *À marée basse* – estran, lais, laisse, platier. *QUÉB.* batture. ▶ ***Talus*** – ados, barbette, berme, cavalier, chaussée, levée, parapet, remblai, risberme *(barrage)*, talus, terrasse, terre-plein. *AGRIC.* billon.

▸ *Année d'âge* (FAM.) – an, année, millésime. SOUT. printemps. FAM. balai, carat, pige.

berger *n.* ▸ ***Gardien de moutons*** – SOUT. pasteur, pastoureau, pâtre. ▸ ***Prêtre*** – clerc, curé, ecclésiastique, homme d'Église, membre du clergé, ministre (du culte), prêtre, religieux. ▸ *Titre* – abbé. PÉJ. FAM. capelan, curaillon, cureton.

bergerie *n.f.* ▸ ***Abri pour les moutons*** – parc. FRANCE RÉGION. jas *(Alpes et Midi)*. RARE bercail. ▸ ***Texte sur les bergers*** – bucolique, églogue, idylle, pastorale, poème pastoral, villanelle. ▸ ***Comptoir*** – comptoir, comptoir-caisse, étal *(marché)*, gondole *(présentoir)*.

besogne *n.f.* affaire, corvée, devoir, obligation, occupation, ouvrage, peine, tâche, travail. SOUT. labeur. △ **ANT.** DÉLASSEMENT, DÉTENTE, DISTRACTION, RÉCRÉATION, REPOS.

besoin *n.m.* ▸ ***Désir*** – ambition, appel, appétit, aspiration, attirance, attrait, but, convoitise, desideratum, désir, envie, exigence, faim, fantaisie, fantasme, fièvre, fringale, goût, idéal, intention, jalousie, passion, prétention, quête, recherche, rêve, soif, souhait, tentation, velléité, visée, vœu, voix, volonté. SOUT. appétence, dessein, prurit, vouloir. FAM. démangeaison. ▸ ***Faim*** – appétit, boulimie, creux, disette, faim, famine, inanition, jeûne, polyphagie, voracité. FAM. fringale. ▸ ***Insatisfaction*** – frustration, insatisfaction, mécontentement, non-satisfaction, vague à l'âme. SOUT. bovarysme, inapaisement, inassouvissement, insatiabilité. FAM. grogne. PSYCHOL. sentiment d'incomplétude. ▸ ***Pauvreté*** – appauvrissement, dénuement, détresse, embarras, gêne, gouffre, indigence, manque, mendicité, misère, nécessité, pauvreté, pouillerie, privation, ruine. SOUT. impécuniosité. FAM. dèche. FRANCE FAM. débine, fauche, mistoufle, mouise, mouscaille, panade, purée. DR. carence. ▸ *Sociale* – clochardisation, disette, paupérisation, paupérisme, pauvreté, pénurie, sous-développement, sous-équipement, tiers-mondisation. △ **ANT.** DÉGOÛT, SATIÉTÉ; INDIFFÉRENCE; CONTENTEMENT, SATISFACTION; ABONDANCE, AISANCE, FORTUNE, OPULENCE, PROSPÉRITÉ, RICHESSE, SURPLUS.

bestial *adj.* ▸ ***Qui tient de l'animal*** – animal. ▸ ***D'une cruauté sauvage*** – barbare, cannibale, cannibalesque, cruel, féroce, inhumain, sadique, sanguinaire, sauvage. SOUT. néronien. △ **ANT.** BIENVEILLANT, CHARITABLE, COMPATISSANT, DOUX, HUMAIN, MISÉRICORDIEUX; DÉLICAT, GALANT; CHASTE, PLATONIQUE, PUDIQUE, PUR, SAINT, VERTUEUX.

bétail *n.m.sing.* ▸ ***Troupeau*** – bestiaux, cheptel, harde, harpail, transhumant, troupe, troupeau. FRANCE RÉGION. manade *(bovins ou chevaux)*, ramade *(moutons)*. ▸ ***Populace*** – (bas) peuple, (basse) pègre, foule, la rue, masse, multitude, plèbe, populace, prolétariat, troupeau, vulgaire. FAM. populo, vulgum pecus.

bête *adj.* ▸ ***En parlant de qqn*** – abruti, benêt, bête à manger du foin, borné, crétin, demeuré, hébété, idiot, imbécile, inintelligent, niais, nigaud, obtus, sot, stupide. FAM. bébête, bêta, bouché, cloche, con, cruche, débile, gourde, nouille, qui n'a pas inventé la poudre, taré, tarte, zozo. FRANCE FAM. ballot, connard, corniaud, cucul la praline, ganache, nunuche, qui n'a pas inventé le fil à couper le beurre, schnock, tourte. QUÉB. FAM. cabochon, niaiseux, sans-dessein. SUISSE FAM. bobet. ▸ ***En parlant de qqch.*** – idiot, imbécile, inepte, inintelligent, ridicule, sot, stupide. FAM. con, crétin. △ **ANT.** ASTUCIEUX, HABILE, INGÉNIEUX, INTELLIGENT; À L'ESPRIT VIF, BRILLANT, ÉVEILLÉ; DÉLURÉ, FIN, FINAUD, FUTÉ, INVENTIF, MALIN, RUSÉ; BIEN PENSÉ, JUDICIEUX, PERTINENT.

bête *n.f.* ▸ ***Animal*** – animal, bestiole *(petit)*. SOUT. brute. FAM. bestiau. ▸ ***Personne méchante*** – bête (immonde), chameau, chien, démon, gale, malveillant, mauvais, méchant, monstre, peste, poison, pourriture, rosse, serpent, suppôt de Satan, suppôt du diable, teigne, vicieux, vil personnage, vipère. RARE haineux. FAM. charogne, choléra, dégueulasse, fumier, ordure, pourri, salaud, salopard. FRANCE FAM. saleté, saligaud, salopiaud, vache.

bêtement *adv.* absurdement, débilement, follement, idiotement, imbécilement, inconsciemment, inintelligemment, naïvement, niaisement, ridiculement, simplement, sottement, stupidement. FAM. connement. △ **ANT.** ASTUCIEUSEMENT, BRILLAMMENT, GÉNIALEMENT, INGÉNIEUSEMENT, INTELLIGEMMENT, JUDICIEUSEMENT, LUCIDEMENT, SAVAMMENT.

bêtise *n.f.* ▸ ***Stupidité*** – ânerie, béotisme, bornerie, débilité, idiotie, ignorance, imbécillité, ineptie, inintelligence, innocence, insipidité, lenteur, lourdeur, naïveté, niaiserie, nigauderie, pesanteur, simplicité, sottise, stupidité. FAM. connerie, crétinisme, dinguerie. ▸ ***Acte ou parole stupide*** – absurdité, ânerie, bafouillage, bafouillis, baliverne, balourdise, bêlement, bourde, calembredaine, cliché, dinguerie, divagation, fadaise, faribole, folie, idiotie, imbécillité, ineptie, insanité, niaiserie, non-sens, perle, propos en l'air, sornette, sottise, stupidité. SOUT. billevesée. FAM. connerie, crétinerie, déblocage, déconnage, vanne. ▸ ***Erreur*** – bavure, bévue, blague, bourde, erreur, étourderie, fausse manœuvre, fausse note, faute, faux pas, impair, imprudence, maladresse, maldonne, méprise, sottise. FAM. boulette, connerie, couac, gaffe, gourance, gourante. ▸ ***Affaire sans importance*** – amusette, bagatelle, baliverne, bricole, broutille, chanson, détail, enfantillage, fadaise, faribole, frivolité, futilité, jeu, misère, plaisanterie, rien, sornette, sottise, vétille. SOUT. badinerie, puérilité. FAM. connerie, foutaise, mômerie. BELG. FAM. carabistouille. ▸ ***Objet de peu de valeur*** – affiquet, babiole, bagatelle, baliverne, bibelot, breloque, bricole, brimborion, chiffon, colifichet, fanfreluche, fantaisie, frivolité, futilité, gadget, hochet, inutilité, jouet, misère, rien. FAM. gimmick, gnognote. ▸ ***Injure*** (QUÉB.) – blasphème, fulmination, grossièreté, imprécation, infamie, injure, insolence, insulte, invective, sottise. SOUT. vilenie. FAM. engueulade. △ **ANT.** ASTUCE, ESPRIT, FINESSE, INGÉNIOSITÉ, INTELLIGENCE, SAGESSE, SUBTILITÉ.

biais *n.m.* ▸ ***Ligne*** – droite oblique, oblique. ▸ ***Aspect*** – angle, aspect, côté, face, facette, perspective, point de vue, versant. ▸ ***Détour*** – circonlocution, détour, digression, diversion, faux-fuyant, louvoiement, louvoyage, périphrase, repli, subterfuge, subtilité, tour. △ **ANT.** LIGNE DROITE.

bibelot *n.m.* affiquet, babiole, bagatelle, baliverne, bêtise, breloque, bricole, brimborion, chiffon, colifichet, fanfreluche, fantaisie, frivolité, futilité, gadget, hochet, inutilité, jouet, misère, rien. *FAM.* gimmick, gnognote.

bible *n. f.* ▶ ***Recueil de textes sacrés*** – l'Écriture (sainte), la bonne parole, la parole (de Dieu), la Sainte Bible, la Sainte Écriture, le Verbe de Dieu, les (Saintes) Écritures. ▸ *Partie écrite avant Jésus-Christ* – l'Ancien Testament, le pentateuque, les sapientiaux. ▸ *Partie écrite après Jésus-Christ* – évangéliaire, l'Évangile, la Bonne Nouvelle, le Nouveau Testament, synopse, vulgate. ▶ ***Ouvrage faisant autorité*** – bréviaire, évangile.

bibliothèque *n. f.* ▶ ***Lieu*** – bureau, cabinet de lecture, cabinet de travail, cabinet. ▶ ***Érudit*** (*FAM.*) – docteur, encyclopédiste, érudit, humaniste, intellectuel, lettré, maître-penseur, philosophe, sage, savant. *SOUT.* bénédictin, (grand) clerc, mandarin. *FAM.* bibliothèque (vivante), dictionnaire ambulant, dictionnaire (vivant), encyclopédie (vivante), fort en thème, grosse tête, intello, puits d'érudition, puits de science, rat de bibliothèque, tête d'œuf.

biceps *n. m.* ▶ ***Muscle du bras*** – biceps (brachial). *FAM.* biscoteau, cantaloup. ▶ ***Muscle de la jambe*** – biceps (crural).

bicyclette *n. f.* ▶ ***Véhicule*** – vélo. *FAM.* bécane, monture, vélocipède. ▸ *Mauvaise* – clou. ▶ ***Activité*** – cyclisme, vélo.

bidon *n. m.* ▶ ***Contenant*** – jerrican, nourrice *(essence)*, touque. *SUISSE* boille *(lait)*. *MAR.* moque. ▶ ***Ventre*** (*FRANCE FAM.*) – abdomen, ventre. *ANAT.* bas-ventre, épigastre, hypocondre, hypogastre. *FAM.* bedaine, bedon, bide, brioche, estomac, panse. ▶ ***Mensonge*** (*FAM.*) – mensonge. *SOUT.* fable. *FAM.* bide, bobard, char, craque, salade. *QUÉB. FAM.* pipe.

bien *adj.* ▶ ***Satisfaisant*** – acceptable, approuvable, bon, convenable, correct, décent, honnête, honorable, moyen, passable, présentable, raisonnable, satisfaisant, suffisant. *FAM.* O.K., potable, supportable. ▶ ***Digne d'estime*** – appréciable, bon, considéré, de bon aloi, digne, estimable, estimé, honorable, louable, méritant, méritoire, respectable. ▶ ***Qui respecte les convenances*** – bienséant, convenable, correct, de bon ton, décent, digne, fréquentable, honnête, honorable, moral, rangé, recommandable, respectable, sérieux. *FAM.* comme il faut. ▶ ***Beau*** – à croquer, adorable, avenant, beau, charmant, coquet, délicieux, gentil, gentillet, gracieux, joli, mignon, mignonnet, plaisant, ravissant. *FAM.* chou. *FRANCE FAM.* croquignolet, mignard, mimi, trognon. △ **ANT.** MAL, MAUVAIS; ABJECT, CRAPULEUX, DÉGOÛTANT, IGNOBLE, INDIGNE, INFÂME, MÉPRISABLE, ODIEUX, RÉPUGNANT.

bien *adv.* ▶ ***Parfaitement*** – à la perfection, à merveille, à ravir, admirablement, divinement, extraordinairement, idéalement, impeccablement, incomparablement, infailliblement, irréprochablement, le mieux du monde, merveilleusement, mirifiquement, on ne peut mieux, parfaitement, prodigieusement, sans fautes, sublimement, supérieurement, suprêmement. *SOUT.* excellemment. *FAM.* épatamment, sans bavure. ▶ ***Correctement*** – adéquatement, comme il faut, comme il se doit, convenablement, correctement, dans les règles de l'art, décemment, juste, justement, pertinemment, proprement, raisonnablement, sainement, valablement, validement. *SOUT.* congrûment. ▶ ***Habilement*** – adroitement, astucieusement, avec brio, avec éclat, brillamment, de main de maître, expertement, finement, génialement, habilement, industrieusement, ingénieusement, intelligemment, judicieusement, lucidement, magistralement, pertinemment, professionnellement, savamment, sensément, spirituellement, subtilement, talentueusement, vivement. ▶ ***Agilement*** – adroitement, agilement, aisément, alertement, industrieusement, lestement, magistralement, prestement, souplement, vivement. ▶ ***Joliment*** – agréablement, coquettement, élégamment, gracieusement, harmonieusement, joliment, magnifiquement, mignardement, mignonnement, plaisamment, superbement. ▶ ***Honnêtement*** – droitement, exemplairement, honnêtement, honorablement, incorruptiblement, intègrement, irréprochablement, loyalement, saintement, vertueusement. *FAM.* à la loyale, proprement. ▶ ***Vertueusement*** – angéliquement, chastement, décemment, discrètement, exemplairement, honnêtement, modestement, moralement, pudiquement, purement, sagement, saintement, vénérablement, vertueusement, virginalement. ▶ ***Véritablement*** – à dire vrai, à l'évidence, à la vérité, à n'en pas douter, à vrai dire, assurément, authentiquement, bel et bien, bien entendu, bien sûr, cela va de soi, cela va sans dire, certainement, certes, comme de juste, d'évidence, de toute évidence, effectivement, en effet, en vérité, évidemment, il va sans dire, indubitablement, manifestement, naturellement, nul doute, oui, réellement, sans (aucun) doute, sans conteste, sans contredit, sans le moindre doute, sans nul doute, sérieusement, sûrement, véridiquement, véritablement, vraiment. *FAM.* pour de vrai, vrai. ▶ ***Favorablement*** – à point (nommé), à propos, à temps, agréablement, au bon moment, avantageusement, commodément, convenablement, favorablement, heureusement, inespérément, judicieusement, opportunément, par bonheur, par miracle, précieusement, providentiellement, salutairement, utilement. *FAM.* à pic. ▶ ***Extrêmement*** – à l'extrême, affreusement, astronomiquement, au dernier degré, au dernier point, au maximum, au plus haut degré, au plus haut point, beaucoup, colossalement, considérablement, éminemment, énormément, exceptionnellement, extraordinairement, extrêmement, fabuleusement, follement, fort, fortement, grandement, gros, hautement, immensément, incommensurablement, infiniment, inconcevablement, incroyablement, intensément, long, mortellement, nettement, on ne peut plus, phénoménalement, prodigieusement, profondément, remarquablement, sérieusement, singulièrement, souverainement, supérieurement, suprêmement, terriblement, très, vertigineusement, vivement, vraiment. *FAM.* bigrement, bougrement, diablement, drôlement, effroyablement, épais, épouvantablement, fameusement, fantastiquement, fichtrement, fichûment, formidablement, foutrement, furieusement, joliment, rudement, sacrément, salement, super, terrible, tout plein, vachement. △ **ANT.** MAL.

bien *n. m.* ▶ ***Devoir*** – (bonnes) mœurs, conscience, déontologie, devoir, droit chemin, éthique, morale, moralité, obligation (morale), prescription, principes, règles de vie, vertu. PSYCHOL. surmoi. ▶ ***Capital*** – argent, avoir, capital, cassette, épargne, fonds, fortune, fruit, gain, investissement, liquidités, numéraire, patrimoine, pécule, placement, portefeuille, possession, produit, propriété, richesse, trésor, valeur. SOUT. deniers. FAM. finances, magot. ▶ ***Patrimoine*** – apanage, domaine, fortune, héritage, légitime, legs, majorat, patrimoine, propriété, succession. RELIG. défroque. △ **ANT.** MAL; DOMMAGE, PRÉJUDICE; PAUVRETÉ, PÉNURIE.

bien-aimé *adj.* adoré, adulé, aimé, cher, chéri. △ **ANT.** MAUDIT.

bien-aimé *n.* ♦ **bien-aimé**, *masc.* ▶ ***Amoureux*** – adorateur, âme sœur, ami de cœur, amour, amoureux, beau, chéri, être aimé, favori, petit ami, tourtereau, valentin. PAR EUPHÉM. ami, compagnon. PAR PLAIS. soupirant. FAM. béguin, copain. ▶ ***Fiancé*** – fiancé, futur conjoint, futur époux, futur, promis. FRANCE RÉGION. prétendu. ♦ **bien-aimée**, *fém.* ▶ ***Amoureuse*** – adoratrice, âme sœur, amie, amie de cœur, amour, amoureuse, belle, chérie, être aimé, favorite, petite amie, tourterelle, valentine. PAR EUPHÉM. amie, compagne. PAR PLAIS. dulcinée. FAM. béguin, copine. QUÉB. blonde. ANTILLES doudou. ▶ ***Fiancée*** – fiancée, future, future conjointe, future épouse, promise. PAR PLAIS. belle. FRANCE RÉGION. prétendue. △ **ANT.** MAL-AIMÉ.

bien-être *n. m.* ▶ ***Plaisir*** – bon temps, bonheur, contentement, délectation, délice, douceur, euphorie, félicité, jouissance, plaisir, régal, satisfaction, septième ciel, volupté. SOUT. aise, félicité, miel, nectar. ▶ ***Confort*** – aise, commodité, confort, luxe. ▶ ***Richesse*** – abondance, aisance, fortune, opulence, or, prospérité, richesse. △ **ANT.** DOULEUR, PEINE, SOUFFRANCE; GÊNE, INCONFORT, MALAISE; BESOIN, MISÈRE, PAUVRETÉ.

bienfaisance *n. f.* ▶ ***Aide*** – aide, appoint, apport, appui, assistance, association, bons offices, collaboration, complicité, concours, conseil, contribution, coopération, coup d'épaule, coup de main, coup de pouce, dépannage, entraide, grâce, mainforte, participation, planche de salut, renfort, secours, service, soutien, synergie. SOUT. viatique. FAM. (coup de) fion. ▶ ***Générosité*** (SOUT.) – aide, allocentrisme, altruisme, amour (d'autrui), assistance, bénévolat, bienveillance, bonté, charité, commisération, compassion, complaisance, convivialité, dévouement, don de soi, empathie, entraide, extraversion, fraternité, générosité, gentillesse, humanité, oblativité, oubli de soi, philanthropie, pitié, sensibilité, serviabilité, solidarité, sollicitude. △ **ANT.** MALFAISANCE, MALICE, MALIGNITÉ, MALVEILLANCE, MÉCHANCETÉ.

bienfaisant *adj.* ▶ ***Bénéfique*** – avantageux, bénéfique, bon, profitable, salutaire, utile. ▶ ***Charitable*** (SOUT.) – altruiste, bon, charitable, compatissant, désintéressé, fraternel, généreux, humain, humanitaire, philanthrope, qui a bon cœur, secourable. △ **ANT.** DÉFAVORABLE, DÉSAVANTAGEUX, DOMMAGEABLE, NUISIBLE, PERNICIEUX, PRÉJUDICIABLE; CRUEL, MALÉFIQUE, MALFAISANT, MALINTENTIONNÉ, MALVEILLANT, MAUVAIS, MÉCHANT, PERVERS, SADIQUE, VICIEUX.

bienfait *n. m.* ▶ ***Bénéfice*** – avantage, bénéfice, commodité, convenance, désidérabilité, efficacité, fonction, fonctionnalité, indispensabilité, intérêt, mérite, nécessité, profit, profitabilité, recours, service, usage, utilité, valeur. ▶ ***Cadeau*** (SOUT.) – avantage, donation, générosité, gracieuseté, gratification, largesse, libéralité, manne *(inespéré)*. ▶ ***Don*** (SOUT.) – aide, allocation, apport, assistance, aumône, bonne œuvre, charité, dation, disposition, distribution, don, faveur, grâce, hommage, indemnité, obole, prestation, secours, soulagement, subside, subvention. FAM. dépannage. DR. donation, fidéicommis, legs, libéralité. RELIG. bénédiction, charisme. △ **ANT.** MÉFAIT, PRÉJUDICE, TORT.

bienfaiteur *n.* ▶ ***Donateur*** – abandonnateur, affectateur, aliénateur, apporteur, débirentier, disposant, donateur, souscripteur, testateur. ▶ ***Mécène*** – donateur, mécène, philanthrope, protecteur. ▶ ***Philanthrope*** – ami, philanthrope. PÉJ. humanitariste. ▶ ***Sauveur*** – affranchisseur, défenseur, deus ex machina, émancipateur, libérateur, messie, protecteur, rédempteur, sauveur. SOUT. salvateur. △ **ANT.** ENNEMI, PERSÉCUTEUR.

bienheureux *n.* élu, glorieux, saint homme, saint. ▸ *En cours de sanctification* – canonisable, vénérable. △ **ANT.** DAMNÉ, MALHEUREUX, MAUDIT.

bienséance *n. f.* ▶ ***Usage*** – cérémonial, cérémonie, convenances, décorum, étiquette, formalité, formule, mondanités, protocole, règle, usage. FAM. salamalecs. ▶ ***Politesse*** – affabilité, amabilité, aménité, attention, bonnes manières, civilité, civisme, convivialité, correction, courtoisie, délicatesse, éducation, entregent, galanterie, gentillesse, hospitalité, mondanités, obligeance, politesse, prévenance, savoir-vivre, serviabilité, sociabilité, tact, urbanité. SOUT. gracieuseté, liant. ▶ ***Décence*** – bon ton, chasteté, convenance, correction, décence, délicatesse, dignité, discrétion, éducation, fierté, gravité, honnêteté, honneur, modestie, politesse, propreté, pudeur, quant-à-soi, réserve, respect, retenue, sagesse, sobriété, tact, tenue, vertu. SOUT. pudicité. △ **ANT.** IMPOLITESSE, INCONGRUITÉ, INCONVENANCE, INSOLENCE, MALSÉANCE, SANS-GÊNE; INDÉCENCE.

bientôt *adv.* à bref délai, à brève échéance, à court terme, à courte échéance, d'ici peu, d'un instant à l'autre, d'un jour à l'autre, d'un moment à l'autre, d'une minute à l'autre, dans les jours à venir, dans peu, dans peu de temps, dans quelque temps, dans quelques instants, dans un avenir rapproché, dans un instant, dans un moment, incessamment, prochainement, rapidement, sans tarder, sous peu, tantôt, tôt, tout à l'heure. △ **ANT.** À LA DERNIÈRE MINUTE, À UNE HEURE AVANCÉE, SUR LE TARD, TARDIVEMENT.

bienveillant *adj.* ▶ ***Bon*** – bon, bon enfant, bonhomme, brave, débonnaire. ▶ ***Compréhensif*** – bien disposé, bien intentionné, clément, compréhensif, dans de bonnes dispositions, favorable, indulgent, ouvert, tolérant. ▶ ***Chaleureux*** – accueillant, affable, agréable, aimable, amène, amical, avenant, chaleureux, charmant, convivial, cordial, de bonne compagnie, engageant, familier, gracieux, invitant, liant, ouvert, sociable, souriant, sympathique. FAM. sympa. △ **ANT.** DUR, RIGIDE, SÉVÈRE, STRICT; CAVALIER, CYNIQUE, DÉPLAISANT, DISCOURTOIS, EFFRONTÉ, GROSSIER,

HARDI, IMPERTINENT, IMPOLI, IMPUDENT, INCIVIL, INCONGRU, INDÉLICAT, INSOLENT, IRRESPECTUEUX, IRRÉVÉRENCIEUX; INCOMPRÉHENSIF, INTOLÉRANT, INTRANSIGEANT; CRUEL, MALÉFIQUE, MALFAISANT, MALINTENTIONNÉ, MALVEILLANT, MAUVAIS, MÉCHANT, PERVERS, SADIQUE, VICIEUX.

bienvenu *adj.* bien venu, bon, favorable, opportun, propice, qui tombe à pic. SOUT. heureux. △ ANT. MALVENU.

bière *n.f.* ▶ ***Boisson*** – FAM. mousse. QUÉB. FAM. broue. ACADIE flacatoune *(artisanale)*. ANTIQ. OU PAR PLAIS. cervoise. ▸ *Mauvaise* – bière acescente, bière éventée. FAM. pipi de chat, pisse d'âne. ▸ *Quantité* – bock, boîte, bouteille, caisse, canette, chope, demi, demi pression, pack, pichet, pinte, pot, tonneau, verre. FRANCE RÉGION. moque. ▶ ***Coffre funéraire*** – cercueil, châsse *(reliques)*, sarcophage *(égyptien)*. QUÉB. FAM. tombe.

bijou *n.m.* ▶ ***Objet précieux*** – joyau. ▸ *Imitation* – pacotille, toc. FAM. affûtiaux, quincaillerie. ▶ ***Chef-d'œuvre*** – chef-d'œuvre, classique, merveille, monument, œuvre capitale, œuvre classique, œuvre de génie, œuvre maîtresse, œuvre majeure, perfection, pièce maîtresse, trésor artistique. ▶ ***Appellatif affectueux*** – ami, amour, ange, beau, biquet, cher, chéri, cœur, joli, lapin, loup, petit oiseau, trésor. FAM. chou, loulou, mimi, minou, vieux.

bilan *n.m.* ▶ ***Résultat*** – balance, compte, compte rendu, conclusion, constat, état, note, résultat, résumé, situation, tableau. ▶ ***Retour dans le passé*** – point. SOUT. rétrospection. △ ANT. PROJECTION, PRONOSTIC, PROSPECTIVE.

billard *n.m.* ▶ ***Chose facile à accomplir*** (FAM.) – un jeu d'enfant, une bagatelle. FAM. de la petite bière, de la tarte, du billard, du gâteau, du nanan, l'enfance de l'art. QUÉB. FAM. une affaire de rien.

billet *n.m.* ▶ ***Courte lettre*** – lettre, message, mot, pli, réponse. IRON. épître. SOUT. missive. FAM. biffeton *(dans une prison)*. FRANCE FAM. babillarde, bafouille. AFR. note. ▶ ***Titre donnant droit à qqch.*** – bon, carte d'admission, coupon, entrée, ticket. ▶ ***Papier-monnaie*** – argent, argent comptant, argent liquide, billet (de banque), comptant, coupure, liquide, papier-monnaie. FAM. biffeton. ▶ ***Dix francs*** (FRANCE FAM.) – dix francs, sac, ticket.

binocle *n.m.* ▶ ***Lunettes sans branches*** – face-à-main *(avec manche)*. ▶ ***Lunettes*** (FAM.) – lorgnon, lunettes, monocle *(verre unique)*, pince-nez, verres. FAM. carreaux. △ ANT. MONOCLE.

biodégradable *adj.* altérable, corruptible, décomposable, périssable, putréfiable, putrescible. △ ANT. IMPUTRESCIBLE, INALTÉRABLE, INCORRUPTIBLE; POLLUANT.

biodégradation *n.f.* ▶ ***Décomposition*** – altération, corruption, décomposition, faisandage, fermentation, gangrène, pourrissement, pourriture, putréfaction, putrescence, putridité, suiffage *(beurre)*, thanatomorphose.

biographie *n.f.* ▶ ***Récit*** – anecdote, annales, autobiographie, carnet, chroniques, chronologie, commentaires, confessions, évocation, histoire, historiographie, historique, journal, mémoires, mémorial, souvenirs, vie.

biologie *n.f.* science de la vie. FAM. bio.

biologique *adj.* ▶ ***Qui concerne la vie*** – biotique. ▶ ***Sans pesticides*** – naturel. FAM. bio. △ ANT. CHIMIQUE; MINÉRAL; ADOPTIVE *(MÈRE)*; PORTEUSE.

biosphère *n.f.* ▶ ***Peuplement*** – biocénose, biomasse, biote, faune, flore, habitat, occupation, peuplement.

bis *adj.* ▶ ***Gris-beige*** – grège, sable. ▶ ***En parlant du teint*** – basané, bistre, bistré, brun, foncé, mat, olivâtre.

biscuit *n.m.* ▶ ***Petit gâteau*** – gâteau sec. BELG. bonbon.

bise *n.f.* ▶ ***Vent glacial*** – SOUT. aquilon, borée. ▶ ***Hiver*** (SOUT.) – hiver, mauvaise saison, saison froide, saison hivernale. ▶ ***Baiser*** (FAM.) – baisemain *(sur la main)*, baiser. SOUT. doux larcin, embrassement. FAM. bec, bécot, bisou, fricassée de museaux, mimi. RELIG. baisement. △ ANT. BRISE.

bisexualité *n.f.* ▶ ***Androgynie*** – androgynéité, androgynie, gynandrie, gynandromorphisme, hermaphrodisme.

bitume *n.m.* ▶ ***Asphalte*** – asphaltage, asphalte, goudron (routier), macadam (goudronné). ▶ ***Chaussée*** (PAR EXT.) – chaussée, route, rue. AFR. goudron. PAR EXT. asphalte, macadam.

bizarre *adj.* ▶ ***Étrange*** – anormal, curieux, drôle, étonnant, étrange, inaccoutumé, incompréhensible, inexplicable, inhabituel, insolite, inusité, singulier, spécial, surprenant. SOUT. extraordinaire. FAM. bizarroïde. ▶ ***Abracadabrant*** – à dormir debout, abracadabrant, abracadabrantesque, absurde, baroque, biscornu, burlesque, cocasse, exagéré, excentrique, extravagant, fantasque, farfelu, fou, funambulesque, grotesque, impayable, impossible, incroyable, insolite, invraisemblable, loufoque, qui ne tient pas debout, rocambolesque, saugrenu, tiré par les cheveux, vaudevillesque. FRANCE FAM. foutraque, gaguesque. △ ANT. COUTUMIER, HABITUEL, NORMAL, ORDINAIRE, STANDARD, USUEL.

bizarrement *adv.* anormalement, baroquement, curieusement, drôlement, étonnamment, étrangement, excentriquement, extravagamment, originalement, singulièrement. △ ANT. COMME D'HABITUDE, DE FAÇON NORMALE, NORMALEMENT, SELON LES CONVENTIONS, SELON LES NORMES.

bizarrerie *n.f.* ▶ ***Étrangeté*** – anomalie, anormalité, chinoiserie, cocasserie, curiosité, drôlerie, étrangeté, excentricité, extravagance, fantaisie, fantasmagorie, folie, loufoquerie, monstruosité, nonconformisme, originalité, singularité. ▶ ***Invraisemblance*** – énormité, étrangeté, extravagance, improbabilité, incrédibilité, invraisemblance. ▶ ***Fantaisie*** – accès, bon plaisir, caprice, changement, chimère, coup de tête, envie, extravagance, fantaisie, fantasme, folie, frasque, gré, guise, immaturité, impatience, incartade, inconstance, infantilisme, instabilité, légèreté, lubie, marotte, mobilité, originalité, saute (d'humeur), singularité, sporadicité, variation, versatilité, volonté. SOUT. folle gamberge, foucade, humeur. FAM. toquade. △ ANT. BANALITÉ, NORMALITÉ; VRAISEMBLANCE.

blafard *adj.* ▶ ***Pâle*** – blanc, blanchâtre, blême, clair, incolore, pâle, pâlot, terne. ▶ ***En parlant du teint*** – blanc, blême, cadavéreux, cadavérique, diaphane, exsangue, hâve, livide, pâle, pâlot. *FAM.* pâlichon. △ **ANT.** FONCÉ, PROFOND, SOMBRE; CLAIR, ÉBLOUISSANT, ÉCLAIRÉ, ÉCLATANT, LUMINEUX, RADIEUX, RAYONNANT, RESPLENDISSANT; COLORÉ, VERMEIL *(TEINT)*.

blague *n.f.* ▶ ***Plaisanterie*** – badinage, baliverne, bon mot, bouffonnerie, boutade, cabriole, calembour, calembredaine, clownerie, drôlerie, facétie, farce, galéjade, gauloiserie, histoire (drôle), humour, joyeuseté, mot pour rire, pitrerie, plaisanterie. *SOUT.* arlequinade. *FAM.* astuce, flan, gag, gaudriole, histoire de fous. *FRANCE RÉGION.* galéjade. *BELG.* zwanze. *SUISSE* witz. ▶ ***Tour*** – attrape, canular, facétie, farce, fumisterie, mystification, plaisanterie, tour. *FAM.* bateau. ▶ ***Bévue*** – bavure, bêtise, bévue, bourde, erreur, étourderie, fausse manœuvre, fausse note, faute, faux pas, impair, imprudence, maladresse, maldonne, méprise, sottise. *FAM.* boulette, connerie, couac, gaffe, gourance, gourante. ▶ ***Sachet*** – étui, pochette, sachet, trousse. *SUISSE* cornet. △ **ANT.** GRAVITÉ, SÉRIEUX; VÉRITÉ.

blaireau *n.m.* ▶ ***Animal*** – *FRANCE RÉGION.* grisard. ▶ ***Instrument de toilette*** – *QUÉB. FAM.* savonnette. *FRANCE RÉGION.* taisson.

blâme *n.m.* ▶ ***Reproche*** – accusation, admonestation, admonition, anathématisation, anathème, attaque, avertissement, censure, condamnation, correction, critique, désapprobation, diatribe, grief, grognerie, gronderie, interdit, leçon, malédiction, mise à l'écart, mise à l'index, mise en quarantaine, objection, observation, plainte, punition, récrimination, remarque, remontrance, représentation, réprimande, réprobation, reproche, réquisitoire, semonce, sérénade, sermon, tollé. *SOUT.* animadversion, foudres, fustigation, improbation, mercuriale, objurgation, stigmatisation, vitupération. *FAM.* douche, engueulade, savon, tabac. *FRANCE FAM.* attrapade, lavage de tête, prêchi-prêcha, soufflante. *BELG.* cigare. *RELIG.* fulmination. ▶ ***Malédiction*** – anathématisation, anathème, blasphème, condamnation, damnation, déprécation, excommunication, imprécation, jurement, malédiction, réprobation, vœu. *SOUT.* exécration. △ **ANT.** APOLOGIE, APPROBATION, COMPLIMENT, ÉLOGE, FÉLICITATIONS, LOUANGE; BÉNÉDICTION.

blâmer *v.* ▶ ***Juger défavorablement*** – condamner, critiquer, désapprouver, désavouer, reprendre, reprocher, réprouver. *SOUT.* en savoir mauvais gré à. △ **ANT.** APPLAUDIR, APPROUVER, COMPLIMENTER, ENCOURAGER, FÉLICITER; EXALTER, GLORIFIER, LOUANGER, LOUER; VANTER; DISCULPER, EXCUSER, JUSTIFIER, PRÉCONISER.

blanc *adj.* ▶ ***De la couleur du blanc*** – blanchâtre, crayeux, immaculé, laiteux, neigeux, opale, opalescent, opalin. *SOUT.* d'albâtre, lacté, lactescent, lilial, marmoréen. *SOUT.* éburné, éburnéen. *BIOL.* albuginé. ▸ *Brillant* – d'ivoire, ivoirin, nacre. ▶ ***Pâle*** – blafard, blanchâtre, blême, clair, incolore, pâle, pâlot, terne. ▶ ***En parlant du teint*** – blafard, blême, cadavéreux, cadavérique, diaphane, exsangue, hâve, livide, pâle, pâlot. *FAM.* pâlichon. △ **ANT.** NOIR; COLORÉ.

blanchâtre *adj.* ▶ ***Blanc*** – blanc, crayeux, immaculé, laiteux, neigeux, opale, opalescent, opalin. *SOUT.* d'albâtre, lacté, lactescent, lilial, marmoréen. ▶ ***Pâle*** – blafard, blanc, blême, clair, incolore, pâle, pâlot, terne. △ **ANT.** CLAIR, ÉCLAIRÉ, ÉCLATANT, LUMINEUX, RADIEUX, RAYONNANT, RESPLENDISSANT; FONCÉ, PROFOND, SOMBRE; COLORÉ, VERMEIL *(TEINT)*.

blancheur *n.f.* canitie *(cheveux)*. *SOUT.* lactescence. △ **ANT.** NOIRCEUR.

blanchir *v.* ▶ ***Passer à l'eau bouillante*** – ébouillanter, échauder. ▶ ***Dégager d'une accusation*** – décharger, disculper, innocenter, justifier, laver d'une accusation, mettre hors de cause, réhabiliter. *DR.* acquitter. ▶ ***Aplanir*** (*RARE*) – aplanir, décourber, dégauchir, doler, dresser, planer, raboter, redresser, replanir, varloper. *RARE* unir. ▶ ***Devenir blanc*** – *SOUT.* blanchoyer. △ **ANT.** COLORER, NOIRCIR, SALIR, SOUILLER; ACCUSER, CHARGER, ÉCLABOUSSER, INCULPER, TERNIR.

blanchisseur *n.* (**FRANCE**) laveur. *FRANCE* lavandier, teinturier. *QUÉB.* buandier, nettoyeur.

blasphémer *v.* ▶ ***Proférer des jurons*** – jurer, sacrer. *FAM.* dire des gros mots. ▶ ***Outrager par des blasphèmes*** (*SOUT.*) – bafouer, faire affront à, faire injure à, faire insulte à, faire outrage à, humilier, injurier, insulter, outrager. *SOUT.* gifler, souffleter. △ **ANT.** BÉNIR, LOUER, VÉNÉRER.

blé *n.m.* ▶ ***Argent*** (*FAM.*) – argent. *FAM.* braise, flouse, fric, galette, grisbi, jonc, oseille, pépètes, picaillons, pognon, radis, sous, trèfle.

bled *n.m.* ▶ ***Village isolé*** – agglomération (rurale), bourg *(gros)*, bourgade, hameau, lieudit *(petit)*, localité, mechta *(Maghreb)*, pays, village. *FAM.* patelin. *QUÉB.* paroisse. *FRANCE RÉGION. ou ADMIN.* écart. *PÉJ. FAM.* trou. △ **ANT.** AGGLOMÉRATION.

blême *adj.* ▶ ***En parlant de qqn*** – blafard, blanc, cadavéreux, cadavérique, diaphane, exsangue, hâve, livide, pâle, pâlot. *FAM.* pâlichon. ▶ ***En parlant de qqch.*** – blafard, blanc, blanchâtre, clair, incolore, pâle, pâlot, terne. △ **ANT.** CLAIR, ÉCLAIRÉ, ÉCLATANT, LUMINEUX, RADIEUX, RAYONNANT, RESPLENDISSANT; COLORÉ, VERMEIL *(TEINT)*.

blêmir *v.* ▶ ***Devenir blême*** – pâlir, perdre ses couleurs, verdir. ▶ ***Avoir peur*** – avoir grand-peur, avoir peur, frissonner, pâlir, prendre peur, trembler, verdir. *FAM.* avoir la frousse, avoir la pétoche, avoir la tremblote, avoir la trouille, avoir le trac, avoir le trouillomètre à zéro, avoir les chocottes, avoir les foies, avoir les jetons, baliser, fouetter. △ **ANT.** ROUGIR, SE COLORER.

blessant *adj.* ▶ ***Vexant*** – choquant, cinglant, désobligeant, froissant, humiliant, injurieux, insultant, mortifiant, offensant, outrageant, vexant. *SOUT.* sanglant. ▶ ***Méchant*** – à l'emporte-pièce, acerbe, acéré, acide, acrimonieux, aigre, caustique, cinglant, corrosif, fielleux, grinçant, incisif, méchant, mordant, piquant, sarcastique, sardonique, virulent, vitriolique. △ **ANT.** BIENSÉANT, COURTOIS, DÉLICAT, POLI; ENCOURAGEANT, POSITIF; ADMIRATIF, ÉLOGIEUX, FLATTEUR, LOUANGEUR.

blesser *v.* ▶ ***Causer une blessure*** – atteindre, toucher. *MÉD.* léser. ▸ *Causer une blessure légère* – contusionner, froisser, meurtrir. *FAM.* abîmer, amocher, arranger, esquinter. ▸ *Causer une blessure grave* – écharper, estropier, mutiler. ▶ ***Faire souffrir***

moralement – déchirer, meurtrir. ▶ ***Vexer*** – atteindre (dans sa dignité), choquer, cingler, désobliger, effaroucher, égratigner, froisser, heurter, humilier, insulter, mortifier, offenser, offusquer, outrager, piquer au vif, toucher au vif, ulcérer, vexer. SOUT. fouailler. ▶ ***Choquer la vue, l'oreille*** – agresser, choquer, déplaire à, heurter, offenser. △ **ANT.** PANSER, SOIGNER; ÉMOUVOIR, TOUCHER; COMPLIMENTER, FLATTER, LOUER; ÉPARGNER, MÉNAGER, RESPECTER.

blessure *n. f.* ▶ ***Lésion*** – dégénérescence, lésion, marque, plaie. FAM. OU ENFANTIN bobo. DIDACT. trauma. ▶ ***Entaille*** – balafre, coupure, entaille, estafilade, incision, scarification, taillade. ▶ ***Brûlure*** – actinite, ampoule, cloque, douleur, échaudure, échauffement, escarre, fer chaud, feu, fièvre, inflammation, insolation, irradiation, irritation, lésion, phlogose, ulcération, urtication. ▶ ***Souffrance morale*** – déchirement, déchirure, douleur, mal, martyre, souffrance, supplice, torture. SOUT. tenaillement, tribulation. ▶ ***Offense*** – affront, attaque, atteinte, attentat, avanie, calomnie, défi, dommage, indignité, injure, insolence, insulte, manquement, offense, outrage, pique, tort. SOUT. bave, camouflet, soufflet. △ **ANT.** CARESSE; CICATRISATION, GUÉRISON; APAISEMENT, CONSOLATION; FLATTERIE.

bleu *adj.* ▶ ***De la couleur du bleu*** – bleuâtre, bleuissant, bleuté. ▸ *Bleu clair* – (bleu) azur, bleu céleste, bleu clair, bleu (de) ciel, bleu pâle, bleu poudre. SOUT. azuré, cérulé, céruléen, cérulescent. ▸ *Bleu vif* – bleu (de) roi, bleu lapis, bleu vif, gros bleu, outremer, ultramarin. ▸ *Bleu foncé* – bleu barbeau, bleu bleuet, bleu (de) nuit, bleu foncé, (bleu) marine, bleu sombre, indigo, saphir, turquin. QUÉB. bleu marin. ▸ *Bleu-vert* – aigue-marine, bleu canard, bleu pétrole, cyan, glauque, turquoise, vert d'eau. ▸ *Bleu-mauve* – (bleu) lavande, (bleu) pervenche, lilas. ▸ *Bleu-gris* – bleu acier, (bleu) ardoise, bleu métallique. ▸ *Bleu brillant* – bleu électrique, bleu Nattier. ▶ ***En colère*** – blanc de colère, courroucé, déchaîné, en colère, enragé, forcené, fou de colère, fou de rage, fulminant, fumant, furibond, furieux, hors de soi, irrité, outré, rageur, révolté, ulcéré. FAM. en boule, en rogne. FRANCE FAM. à cran, en pétard, fumasse, furax, furibard. QUÉB. FAM. choqué. △ **ANT.** CALME, FLEGMATIQUE, IMPASSIBLE, IMPERTURBABLE, MAÎTRE DE SOI, PLACIDE; ATTENDRI, ÉMU, TOUCHÉ.

bleu *n.* ▶ ***Nouveau soldat*** – appelé, conscrit, recrue. ▶ ***Nouvel élève*** – (petit) nouveau. FRANCE FAM. bizuth, poussin.

bleuâtre *adj.* ▶ ***Qui tire sur le bleu*** – bleu, bleuissant, bleuté. ▶ ***En parlant du teint*** – cendreux, grisâtre, livide, plombé.

blindé *n. m.* char, char d'assaut, char de combat, panzer, semi-chenillé, tank.

blitz *n. m.* ▶ ***Attaque*** – agression, assaut, attaque, attentat, charge, déferlement, envahissement, intervention, invasion, irruption, offensive. SOUT. entreprise. ▶ ***Combat*** – accrochage, action (de guerre), affrontement, assaut, attaque, bagarre, bataille, choc, combat, conflit, duel, échauffourée, empoignade, empoignement, engagement, escarmouche, ferraillement, feu, guérilla, guerre, heurt, hostilités, lutte, mêlée, opération, pugilat, rencontre, rixe. FAM. baroud, baston, bigorne, casse-gueule, casse-pipe, castagne, guéguerre, rif, rififi, riflette. BELG. FAM. margaille.

bloc *n. m.* ▶ ***Accrétion*** – accrétion, accumulation, agglomérat, agglomération, aggloméré, agglutinat, agglutination, agglutinement, agrégat, agrégation, amas, concentration, concrétion, conglomérat, conglomération, conglutination, entassement, masse, nodule, paquet, réunion, sédiment, sédimentation, tas. ▶ ***Association politique*** – alliance, apparentement, association, camp, cartel, club, coalition, confédération, faisceau, fédération, formation, front, groupe, groupe d'intérêts, groupe de pression, groupement, ligue, mouvement, organisation, parti, phalange, rapprochement, rassemblement, union. ANC. hétairie. FÉOD. hermandad. PÉJ. bande, cabale, camarilla, chapelle, clan, clique, coterie, école, église, faction, gang, groupuscule, ligue, maffia, secte. ▶ ***Prison*** (FRANCE FAM.) – bagne, centre de détention, centre pénitentiaire, établissement pénitentiaire, maison de détention, pénitencier, prison. FAM. cachot, cage, placard, taule, trou. FRANCE FAM. gnouf. △ **ANT.** DÉSAGRÉGATION, DISPERSION; FRAGMENT, MIETTE, MORCEAU, PARCELLE, PARTIE.

blocage *n. m.* ▶ ***Obstacle*** – accroc, adversité, anicroche, barrière, contrariété, contretemps, défense, difficulté, digue, écueil, embarras, empêchement, ennui, entrave, frein, gêne, impasse, impossibilité, inhibition, interdiction, objection, obstruction, ombre au tableau, opposition, pierre d'achoppement, point noir, problème, résistance, restriction, tribulations. SOUT. achoppement, impedimenta, traverse. FAM. hic, lézard, os, pépin. QUÉB. FAM. aria. RARE empêtrement. ▶ ***Paralysie*** – arrêt, asphyxie, désactivation, engourdissement, enraiement, entrave, immobilisation, immobilisme, impuissance, inhibition, neutralisation, obstruction, paralysie, ralentissement, sclérose, stagnation. ▶ ***Coinçage*** – coinçage, grippage. ▶ ***Arrêt mécanique*** – bourrage, enrayage. ▶ ***Refoulement*** – autocensure, barrage, censure, inhibition, refoulement, refus, résistance. △ **ANT.** CIRCULATION, PROPAGATION; LIBÉRATION; DÉFOULEMENT.

bloc-notes *n. m.* ▶ ***Petit cahier*** – agenda, cahier, calepin, carnet, journal, livre, livret, manifold, mémento, mémorandum, notes, registre, répertoire. ▶ ***Aide-mémoire*** – agenda, aide-mémoire, almanach, calepin, carnet, éphéméride, guide, guide-âne, mémento, mémorandum, pense-bête, précis, vade-mecum. FAM. antisèche, mémo.

blocus *n. m.* ▶ ***Encerclement*** – bouclage, encerclement, investissement, quadrillage, siège. ▶ ***Embargo*** – appropriation, confiscation, désapprovisionnement, embargo, expropriation, gel, immobilisation, mainmise, prise, privation, saisie, séquestre, suppression. △ **ANT.** LIBÉRATION.

blonds *adj. pl.* ambre, ambré, bouton-d'or, doré, jaune d'or, jaune doré, miellé, or, topaze, vieil or. SOUT. flavescent. ▸ *Fade* – blond filasse, blondasse, filasse. △ **ANT.** NOIRS *(CHEVEUX)*.

bloquer *v.* ▶ ***Réunir*** – concentrer, grouper, rassembler, regrouper, réunir. ▶ ***Enrayer un mécanisme*** – coincer, enrayer, gripper. ▶ ***Gêner un mouvement*** – coincer, immobiliser, paralyser. ▶ ***Arrêter un lancer*** – arrêter, stopper. ▶ ***Obstruer un conduit*** –

boucher, engorger, obstruer. ▸ *Dans l'organisme* – boucher, oblitérer, obstruer, occlure. ▸ ***Obstruer un passage*** – barrer, boucher, couper, obstruer. ▸ ***Provoquer un embouteillage*** – boucher, congestionner, embouteiller, encombrer, obstruer. ▸ ***Immobiliser*** – amarrer, arrimer, assujettir, assurer, attacher, fixer, immobiliser, retenir, river. ▸ ***Étudier*** (BELG. FAM.) – étudier, travailler. FAM. bûcher, chiader, piocher, potasser. ♦ **se bloquer** ▸ ***S'enrayer*** – gripper, s'enrayer, se coincer. △ **ANT.** DISPERSER, RÉPARTIR, SÉPARER; LAISSER PASSER; DÉBLOQUER, DÉGAGER, DESSERRER, LIBÉRER.

blottir (se) *v.* ▸ ***Se pelotonner*** – se lover, se mettre en boule, se pelotonner, se ramasser, se ratatiner, se recroqueviller, se replier sur soi, se tapir. QUÉB. FAM. se racoquiller. ▸ ***Se serrer contre qqn*** – se presser, se rencogner, se serrer. ▸ ***Se cacher*** – s'abriter, se cacher, se mettre à couvert, se mettre à l'abri, se nicher, se réfugier, se tapir, se terrer. FAM. se planquer. ♦ **blotti** ▸ ***Recroquevillé*** – pelotonné, ramassé, recroquevillé, roulé en boule. △ **ANT.** S'ALLONGER, S'ÉTIRER, SE DÉTACHER; S'EXPOSER, SE DÉCOUVRIR.

blouse *n.f.* ▸ ***Vêtement féminin*** – chemise, chemisier. ▸ ***Vêtement de travail*** – bleu, combinaison, cotte, peignoir, poitrinière, robe, robe-tablier, salopette, sarrau, suroît *(de marin)*, tablier, toge, uniforme, vareuse. ANC. bourgeron.

bobine *n.f.* ▸ ***Cylindre pour enrouler*** – broche, canette, cops, fuseau, fusette, navette, rochet, roquetin, rouleau. ▸ ***Visage*** (FAM.) – face, figure, minois, physionomie, tête, traits, visage. FAM. bille, binette, bougie, bouille, fiole, fraise, frimousse, gueule, margoulette, museau, poire, pomme, trogne, trombine, tronche.

bocal *n.m.* ▸ ***Conserve*** – boîte (de conserve), canette, conserve. ▸ ***Bocal à poissons*** – aquarium, bassin, bocal (à poissons). ▸ ***Tête*** (FRANCE FAM.) – tête. SOUT. front. FAM. caboche, ciboulot, citrouille, coco, crâne, fiole, pomme, tirelire, tronche. FRANCE FAM. bouillotte, boule, bourrichon, cafetière, caillou, calebasse, carafe, carafon, cassis, cigare, citron, cocarde, coloquinte, job, terrine, tronc.

bohème *adj.* ▸ ***Marginal*** – marginal. ▸ ***Insouciant*** – artiste, insouciant. △ **ANT.** CONVENTIONNEL; MATÉRIALISTE, MATÉRIEL, PROSAÏQUE, TERRE-À-TERRE.

bohémien *adj.* ▸ ***Du peuple tzigane*** – gitan, rom, tzigane.

boire *v.* ▸ ***Prendre une boisson*** – FAM. s'en jeter un derrière la cravate, s'enfiler, s'envoyer, se taper. ▸ ***S'imprégner d'un liquide*** – absorber, pomper, s'imbiber de, s'imprégner de. ▸ ***Étancher sa soif*** – s'abreuver *(animal)*, se désaltérer. FAM. se rafraîchir, se rincer le gosier. ▸ *Avec de l'alcool* – prendre un verre. FAM. s'humecter le gosier, s'humecter les amygdales, se rincer la dalle. ▸ ***Boire beaucoup d'alcool*** – FAM. écluser, lever le coude, picoler, pinter, s'imbiber, trinquer. FRANCE FAM. biberonner, chopiner. QUÉB. FAM. être porté sur la boisson, prendre un coup. ▸ ***S'enivrer*** – s'enivrer, se griser. FAM. prendre une cuite, s'alcooliser, se biturer, se charger, se mûrir, se noircir, se picrater, se pinter, se pocharder, se poivrer, se soûler, se soûler la gueule. FRANCE FAM. prendre une biture, se beurrer (la gueule), se bourrer, se bourrer la gueule, se charger, se cuiter. SUISSE FAM. prendre une caisse. △ **ANT.** CRACHER, REJETER, VOMIR; ÊTRE SOBRE, S'ABSTENIR.

bois *n.m.* ▸ ***Étendue boisée*** – forêt, zone forestière. SOUT. bocage, sylve. QUÉB. boisé. ▸ ***Matériau de construction*** – sciage. ▸ ***Bois des cervidés*** – cor. QUÉB. panache *(orignal)*, ramage *(cerf)*.

boiserie *n.f.* boisage. ♦ **boiseries,** ***plur.*** lambris, lambrissage, lambrissement, lambrissure.

boisson *n.f.* ▸ ***Liquide que l'on boit*** – breuvage *(spécial)*. SOUT. nectar. FAM. liquide. PÉJ. FAM. lavasse. ▸ ***Ivrognerie*** – absinthisme, alcool, alcoolémie, alcoolisme, intempérance, ivresse, ivrognerie. MÉD. dipsomanie, éthylisme, intoxication éthylique, œnilisme. FAM. soûlerie. FRANCE FAM. pochardise, soûlographie. △ **ANT.** NOURRITURE SOLIDE; ABSTINENCE, SOBRIÉTÉ, TEMPÉRANCE.

boîte *n.f.* ▸ ***Contenant*** – boîtier, caissette. QUÉB. casseau. ▸ ***Cabaret*** – boîte (de nuit), cueva *(espagnole)*, discothèque, salsathèque *(Amérique latine)*. FAM. disco. ▸ ***Partie d'une caméra*** (FAM.) – magasin. ▸ ***Entreprise*** (FAM.) – affaire, bureau, compagnie, entreprise, établissement, exploitation, firme, institution, société. FAM. boutique. FRANCE FAM. burlingue. RARE industrie. PÉJ. FAM. baraque. ▸ ***Lycée*** (FAM.) – académie, collège, conservatoire, école, établissement scolaire, high school *(pays anglo-saxons)*, institut, institution, lycée, maison d'éducation, maison d'enseignement, medersa *(pays musulmans)*, petit séminaire. FRANCE FAM. bahut. QUÉB. cégep, collégial, polyvalente, régionale *(en région)*; FAM. poly. BELG. athénée. SUISSE gymnase.

boiter *v.* ▸ ***Au sens propre*** – avoir une jambe raide, boitiller, clopiner, marcher clopin-clopant, se déhancher. SOUT. claudiquer. FAM. avoir une patte folle, traîner la jambe, traîner la patte. ▸ ***Au sens figuré*** – clocher. △ **ANT.** MARCHER DROIT.

boiteux *adj.* ▸ ***En parlant d'une personne*** – bancal, boitillant, éclopé. SOUT. claudicant. FRANCE FAM. banban, béquillard. ▸ ***En parlant d'un objet*** – bancal, branlant, en déséquilibre, instable. QUÉB. FAM. chambranlant. ▸ ***En parlant d'un raisonnement*** – bancal, défaillant, défectueux, déficient, incomplet, inexact, lacunaire, vicieux. △ **ANT.** SOLIDE; EN ÉQUILIBRE, ÉQUILIBRÉ, FERME, STABLE; BIEN ÉTAYÉ.

bol *n.m.* ▸ ***Contenant*** – jatte. ▸ ***Contenu*** – bolée, jatte, jattée. ▸ ***Chance*** (FAM.) – aubaine, chance, coup de chance, heureux hasard, occasion. SOUT. fortune. FAM. baraka, (coup de) bol, occase, pot, veine.

bombardement *n.m.* ▸ ***Action de bombarder*** – canonnage, fauchage, feu, grenadage, mitraillage, mitraille, pilonnage, torpillage. FAM. arrosage. ▸ ***Déferlement*** – abondance, avalanche, averse, bordée, cascade, déferlement, déluge, flot, flux, grêle, kaléidoscope, mascaret, pluie, rivière, torrent, vague. SOUT. fleuve.

bombarder *v.* ▸ ***Attaquer par bombes*** – canonner, pilonner. ▸ ***Presser de questions*** – assaillir, harceler, mettre sur la sellette, presser. FAM. mitrailler. ▸ ***Promouvoir brusquement*** – catapulter, parachuter, propulser. ▸ ***Fumer*** (FRANCE FAM.) – fumer. FRANCE FAM. cloper, crapoter *(sans avaler la fumée)*. △ **ANT.** PROTÉGER; MÉNAGER.

bombe *n.f.* ▶ ***Explosif*** – bombette *(petite)*, engin explosif, grenade, mine, obus. ▶ ***Bouilloire*** (QUÉB. FAM.) – bouilloire. ACADIE FAM. coquemar. ▶ ***Vaporisateur*** – atomiseur, (bombe) aérosol, brumisateur, nébuliseur, pulvérisateur, vaporisateur. ▶ ***Festin*** (FAM.) – agapes, banquet, bombance, bonne chère, festin (de Balthazar), fête, régal, ventrée. SOUT. franche lippée. FAM. gueuleton, ripaille. FRANCE FAM. bâfre, bâfrée. ▶ ***Beuverie*** (FAM.) – bacchanale, bambochade, beuverie, débauche, fête, godaille, libation, noce, partie carrée, partie de plaisir, partie fine, partie, soûlerie. SOUT. saturnale. FAM. bamboche, bamboula, bordée, bringue, fiesta, foire, java, nouba, ribouldingue, ripaille; QUÉB. virée. BELG. guindaille.

bomber *v.* ▶ ***Donner une forme convexe*** – arrondir, enfler, gonfler, renfler, rondir. ▶ ***Inscrire à la bombe aérosol*** – graffiter, taguer. ▶ ***Prendre une forme convexe*** – ballonner, faire bosse, faire ventre, gonfler, rondir, s'arrondir, saillir, (se) renfler. ▶ ***Conduire très vite*** (FRANCE FAM.) – filer, foncer. FAM. brûler le pavé, droper, gazer, rouler (à) pleins gaz. FRANCE FAM. bourrer. ♦ **bombé** ▶ ***Proéminent*** – proéminent, protubérant, saillant. BELG. biquant. TECHN. en saillie, hors d'œuvre, hors œuvre. ▶ ***Arrondi*** – arrondi, convexe, courbe, pansu, rebondi, renflé, rond, ventru. △ **ANT.** CREUSER; APLATIR, ÉCRASER.

bon *adj.* ♦ **choses** ▶ ***Satisfaisant*** – acceptable, approuvable, bien, convenable, correct, décent, honnête, honorable, moyen, passable, présentable, raisonnable, satisfaisant, suffisant. FAM. O.K., potable, supportable. ▶ ***Honorable*** – appréciable, bien, considéré, de bon aloi, digne, estimable, estimé, honorable, louable, méritant, méritoire, respectable. ▶ ***Profitable*** – avantageux, bénéfique, bienfaisant, profitable, salutaire, utile. ▶ ***Fiable*** – éprouvé, fiable, fidèle, solide. FAM. béton. ▶ ***Exact*** – conforme, exact, fidèle, juste, précis. ▶ ***Approprié*** – à propos, adapté, adéquat, approprié, bien trouvé, bien venu, conforme, convenable, correct, de circonstance, heureux, indiqué, juste, opportun, pertinent, propice, propre. SOUT. ad hoc, congruent, expédient, idoine. DIDACT. topique. ▶ ***Qui tombe bien*** – bien venu, bienvenu, favorable, opportun, propice, qui tombe à pic. SOUT. heureux. ▶ ***Qui respecte les règles d'usage*** – accepté, correct, de bon aloi, permis. ♦ **personnes** ▶ ***Doué*** – à la hauteur, adroit, brillant, capable, chevronné, compétent, connaisseur, d'élite, de haut vol, de haute volée, de talent, doué, émérite, entraîné, exercé, expérimenté, expert, ferré, fin, fort, habile, passé maître, performant, qualifié, qui s'y connaît, talentueux, versé. RARE blanchi sous le harnais. SOUT. entendu à, industrieux, rompu à. FAM. calé, qui a la bosse de, qui sait y faire. FRANCE FAM. balèze, costaud, fortiche, incollable, trapu. ▶ ***Charitable*** – altruiste, charitable, compatissant, désintéressé, fraternel, généreux, humain, humanitaire, philanthrope, qui a bon cœur, secourable. SOUT. bienfaisant. ▶ ***Bienveillant*** – bienveillant, bon enfant, bonhomme, brave, débonnaire. ▶ ***Sans méchanceté*** – doux, inoffensif, sans malice. △ **ANT.** MAUVAIS; DÉPLORABLE, FAIBLE, INSUFFISANT, LAMENTABLE, MAIGRE, MÉDIOCRE, MISÉRABLE, PIÈTRE; ERRONÉ, FAUTIF, FAUX, INCORRECT, INEXACT; NÉFASTE, NUISIBLE; CRUEL, MALÉFIQUE, MALFAISANT, PERVERS; INCAPABLE, INCOMPÉTENT, NUL.

bon *n.m.* ▶ ***Personne généreuse*** – allocentriste, altruiste, désintéressé, dévoué, extraverti, généreux, gentil, mécène, saint. ▶ ***Billet*** – billet, carte d'admission, coupon, entrée, ticket. ▶ ***Autorisation*** – autorisation, congé, coupe-file, décharge, dispense, laissez-passer, licence, navicert, passavant, passe-debout, passeport, permis, sauf-conduit, visa. ▶ ***Titre financier*** – action, coupon, effet de commerce, obligation, papier, part, titre, valeur. △ **ANT.** MÉCHANT; AVARE.

bonbon *n.m.* ▶ ***Friandise*** – BELG. boule, chique. ▶ ***Biscuit*** (BELG.) – biscuit, gâteau sec.

bond *n.m.* ▶ ***Saut*** – bondissement, cabriole, culbute, enjambée, entrechat, gambade, plongeon, saut, sautillage, sautillement, voltige. FAM. galipette. BELG. cumulet. ▶ ***Élan*** – branle, coup, élan, élancement, envolée, erre, essor, impulsion, lancée, lancement, mouvement, rondade *(acrobatie)*, saut. QUÉB. FAM. erre d'aller. ▶ ***Hausse*** – accentuation, accroissement, accrue, agrandissement, amplification, arrondissement, augmentation, boom, crescendo, croissance, crue, décuplement, développement, dilatation, élargissement, élévation, enflement, enrichissement, envolée, essor, évolution, expansion, extension, flambée, foisonnement, gonflement, gradation, grossissement, hausse, haussement, inflation, intensification, majoration, montée, poussée, progrès, progression, recrudescence, redoublement, redressement, rehaussement, relèvement, renchérissement, renforcement, revalorisation, valorisation. △ **ANT.** BAISSE, RECUL.

bondir *v.* ▶ ***Faire des bonds*** – cabrioler, caracoler, faire des bonds, folâtrer, gambader, s'ébattre, sauter, sauter comme un cabri. ▶ ***Se précipiter*** – s'élancer, sauter, se jeter, se lancer, se précipiter. ▶ ***Sursauter*** – sursauter, tressaillir, tressauter. SOUT. soubresauter. △ **ANT.** TOMBER.

bondissant *adj.* sautillant.

bonheur *n.m.* ▶ ***Plaisir*** – bien-être, bon temps, contentement, délectation, délice, douceur, euphorie, félicité, jouissance, plaisir, régal, satisfaction, septième ciel, volupté. SOUT. aise, félicité, miel, nectar. ▶ ***Joie*** – allégresse, béatitude, égaiement, enthousiasme, euphorie, exaltation, extase, exultation, gaieté, hilarité, ivresse, joie, jubilation, plaisir, ravissement, réjouissance, vertige. SOUT. aise, félicité, liesse, rayonnement. ▶ ***Paix*** – accalmie, apaisement, bonace, calme, éclaircie, entente, fraternité, harmonie, idylle, paix, quiétude, rémission, repos, silence, tranquillité, trêve, union. SOUT. kief. ▶ ***Succès*** – apothéose, bonne fortune, boum, consécration, couronnement, gloire, honneur, lauriers, prospérité, retentissement, réussite, succès, triomphe, trophée. FAM. malheur, (succès) bœuf, tabac. FRANCE FAM. carton, saucisson, ticket. △ **ANT.** DOULEUR, MALHEUR, SOUFFRANCE; PEINE, TRISTESSE; INQUIÉTUDE; ÉCHEC, INFORTUNE, INSUCCÈS, MALCHANCE.

bonhomie *n.f.* ▶ ***Amabilité*** – affabilité, agrément, amabilité, aménité, bénignité, bienveillance, bonté, calme, chaleur, charité, clémence, docilité, douceur, gentillesse, grâce, humanité, indulgence, patience, placidité, suavité. SOUT. débonnaireté, magnanimité, mansuétude, onction. ▶ ***Simplicité*** – déférence, humilité, modestie, respect, simplicité, soumission. △ **ANT.** ARROGANCE, SUFFISANCE; AFFECTATION.

bonhomme *n.m.* ▶ ***Homme*** (FAM.) – homme, individu. FAM. bougre, diable, gaillard *(jeune)*, gars *(jeune)*, mec, type. FRANCE FAM. bonze, gazier, pèlerin, pingouin. PÉJ. FAM. loustic, particulier. ▶ ***Enfant*** (FAM.) – fille, fillette, garçonnet, (petit) enfant, (petit) garçon, petite fille, (tout-)petit. SOUT. enfantelet. FAM. bambin, bout de chou, chiard, fifille, gamin, gosse, lardon, loupiot, marmot, mioche, môme, moucheron, mouflet, (petit) bonhomme, (petit) gars, petit homme, (petit) trognon, sauvageon *(sans éducation)*, têtard. FRANCE FAM. fanfan, gniard, mômignard, môminette, moujingue, moustique, moutard, petiot, puceron. FRANCE RÉGION. drôle, gone, minot, miston. ▶ ***Père*** (QUÉB. FAM.) – père. SOUT. pater familias. FAM. papa, pater, paternel, vieux. FRANCE FAM. dab. PÉJ. parâtre.

boniment *n.m.* ▶ ***Bavardage*** – babillage, caquet, caquetage, caquètement, jacassage, jacassement, jacasserie, loquacité, papotage, verbalisme, verbiage. SOUT. babil, phraséologie. FAM. baratin, bavette, blabla, blablabla, jactance, jaspinage, laïus. QUÉB. FAM. bavassage, jasage, placotage.

bonne *n.f.* dame de compagnie, demoiselle de compagnie, domestique, employée de la maison, fatma *(Maghreb)*, femme de chambre, femme de charge, femme de journée, femme de ménage, gouvernante *(soin des enfants)*, nourrice, suivante. SOUT. camériste, chambrière. FAM. boniche, soubrette *(dégourdie)*. BELG. femme à journée, femme d'ouvrage. ▸ *Dans une comédie* – lisette, soubrette.

bonnet *n.m.* ▶ ***Estomac des ruminants*** – caillette, feuillet, gras-double *(boucherie)*, panse, réticulum, rumen.

bonté *n.f.* ▶ ***Altruisme*** – aide, allocentrisme, altruisme, amour (d'autrui), assistance, bénévolat, bienveillance, charité, commisération, compassion, complaisance, convivialité, dévouement, don de soi, empathie, entraide, extraversion, fraternité, générosité, gentillesse, humanité, oblativité, oubli de soi, philanthropie, pitié, sensibilité, serviabilité, solidarité, sollicitude. SOUT. bienfaisance. ▶ ***Générosité*** – charité, don, générosité, largesse, prodigalité. SOUT. libéralité, magnanimité, magnificence, munificence. ▶ ***Pitié*** – apitoiement, attendrissement, bienveillance, clémence, commisération, compassion, indulgence, miséricorde, pitié. SOUT. mansuétude. ▶ ***Compréhension*** – bienveillance, compréhension, douceur, humanisme, indulgence, irénisme, largeur d'esprit, libéralisme, non-discrimination, non-violence, ouverture (d'esprit), patience, philosophie, réceptivité, respect, tolérance, tolérantisme. SOUT. bénignité, longanimité. ▶ ***Douceur*** – affabilité, agrément, amabilité, aménité, bénignité, bienveillance, bonhomie, calme, chaleur, charité, clémence, docilité, douceur, gentillesse, grâce, humanité, indulgence, patience, placidité, suavité. SOUT. débonnaireté, magnanimité, mansuétude, onction. ▶ ***Courtoisie*** – affabilité, amabilité, aménité, attention, bienséance, bonnes manières, civilité, civisme, convivialité, correction, courtoisie, délicatesse, éducation, entregent, galanterie, gentillesse, hospitalité, mondanités, obligeance, politesse, prévenance, savoir-vivre, serviabilité, sociabilité, tact, urbanité. SOUT. gracieuseté, liant. △ **ANT.** ÉGOÏSME; CRUAUTÉ, MÉCHANCETÉ.

bord *n.m.* ▶ ***Pourtour*** – ceinture, cercle, circonférence, contour, dessin, extérieur, forme, lèvres, limbe, marli *(plat, assiette)*, périmètre, périphérie, pourtour, tour. ▶ ***Extrémité*** – aboutissement, bordure, borne, bout, cap, confins, délimitation, extrême, extrémité, fin, finitude, frange, frontière, ligne, limite, lisière, orée, pied, pointe, pôle, queue, talon, terme, terminaison, tête. ▶ ***Côté*** – chant, côté, face, facette, flanc, pan, paroi, profil, surface, tranche. MAR. travers. ▶ ***Rivage*** – berge, rivage, rive. ▸ *Plat* – graves, grève, plage. ▸ *Longeant la mer* – bord de mer, côte, littoral. ▸ *À marée basse* – estran, lais, laisse, platier. QUÉB. batture. ▸ *Longeant un cours d'eau* – berge. ▶ ***Bordure de la voie*** – accotement, banquette, bas-côté, berme, bordure, caniveau, fossé, trottoir. ▶ ***Partie d'un chapeau*** – passe. ▶ ***Direction*** (QUÉB. ACADIE FAM.) – axe, cap, côté, direction, exposition, face, inclinaison, ligne, orientation, sens, situation, vue. ASTRON. azimut. AÉRON. MAR. cap. MAR. gisement, orientement. ▶ ***Pièce*** (ACADIE FAM.) – local, pièce, salle. BELG. place. QUÉB. FAM. appartement. △ **ANT.** CENTRE, MILIEU; FOND, INTÉRIEUR.

bordel *n.m.* ▶ ***Maison de prostitution*** – établissement de prostitution, maison close, maison de débauche, maison de prostitution, maison de rendez-vous. SOUT. lupanar. ▶ ***Lieu désordonné*** (FAM.) – FIG. chenil, écurie, écuries d'Augias, porcherie. FAM. bazar, capharnaüm, chantier, foutoir, souk. QUÉB. FAM. soue (à cochons). BELG. kot. ▶ ***Imbroglio*** (FAM.) – anarchie, bourbier, brouillement, cafouillage, cafouillis, chaos, complication, confusion, désordre, désorganisation, embrouillement, emmêlage, emmêlement, enchevêtrement, imbroglio, mélange. SOUT. chienlit, pandémonium. FAM. embrouillage, embrouille, pagaille. FRANCE FAM. cirque, embrouillamini, foutoir, micmac, sac d'embrouilles, sac de nœuds, salade. FRANCE RÉGION. pastis. ▶ ***Tapage*** (FAM.) – brouhaha, cacophonie, chahut, charivari, clameur, tapage, tohu-bohu, tumulte, vacarme. SOUT. bacchanale, hourvari, pandémonium. FAM. barouf, bastringue, bazar, boucan, bousin, chambard, corrida, grabuge, pétard, potin, raffut, ramdam, ronron, sabbat, schproum, tintamarre, tintouin. QUÉB. FAM. barda, train.

border *v.* ▶ ***Longer*** – confiner à, côtoyer, longer, suivre, toucher. RARE tangenter. ▶ ***Entourer*** – encadrer, entourer. △ **ANT.** DÉBORDER, DÉGARNIR.

bordure *n.f.* ▶ ***Partie en saillie*** – margelle, rebord. ▶ ***Lisière*** – bordé, feston, liséré, lisière, passepoil. ▶ ***Bord*** – aboutissement, bord, borne, bout, cap, confins, délimitation, extrême, extrémité, fin, finitude, frange, frontière, ligne, limite, lisière, orée, pied, pointe, pôle, queue, talon, terme, terminaison, tête. ▶ ***Bord de la voie*** – accotement, banquette, bas-côté, berme, bord, caniveau, fossé, trottoir. ♦ **bordures, *plur.*** abords, alentours, approches, entourage, environs, parages, voisinage. SOUT. entour. △ **ANT.** CENTRE, MILIEU; INTÉRIEUR.

borné *adj.* ▸ ***Étroit d'esprit*** – étriqué, étroit, étroit d'esprit, incompréhensif, intolérant, intransigeant, mesquin, petit, qui a des œillères, sectaire. FAM. beauf, riquiqui. ▸ ***Qui manque de finesse intellectuelle*** – à courtes vues, obtus, qui a la vue courte. FAM. bouché. ▸ ***Inintelligent*** – abruti, benêt, bête, bête à manger du foin, crétin, demeuré, hébété, idiot, imbécile, inintelligent, niais, nigaud, obtus, sot, stupide. FAM. bébête, bêta, bouché, cloche, con, cruche, débile, gourde, nouille, qui n'a pas inventé la poudre, taré, tarte, zozo. FRANCE FAM. ballot, connard, corniaud, cucul la praline, ganache, nunuche, qui n'a pas inventé le fil à couper le beurre, schnock, tourte. QUÉB. FAM. cabochon, niaiseux, sans-dessein. SUISSE FAM. bobet. △ **ANT.** LARGE D'ESPRIT, OUVERT, SANS PRÉJUGÉS; À L'ESPRIT VIF, BRILLANT, ÉVEILLÉ, INTELLIGENT; ASTUCIEUX, DÉLURÉ, FIN, FINAUD, FUTÉ, HABILE, INGÉNIEUX, INVENTIF, MALIN, RUSÉ.

borne *n.f.* ▸ ***Repère*** – balise, borne repère, borne témoin, coordonnée, cran, délinéateur, empreinte, fanion, index, indice, jalon, jalon-mire, marque, mire, mire-jalon, piquet, point de repère, référence, référentiel, taquet, trace. MAR. amer, vigie. ▸ ***Frontière*** – confins, délimitation, démarcation, frontière, limite (territoriale), mur, séparation, zone douanière, zone limitrophe. FAM. lignes *(pays)*. ANC. limes *(Empire romain)*, marche. ▸ ***Extrémité*** – aboutissement, bord, bordure, bout, cap, confins, délimitation, extrême, extrémité, fin, finitude, frange, frontière, ligne, limite, lisière, orée, pied, pointe, pôle, queue, talon, terme, terminaison, tête. ▸ ***Électricité*** – électrode, plaque, pôle.

borner *v.* ▸ ***Délimiter par des bornes*** – baliser, bornoyer, délimiter, jalonner, limiter, marquer, piqueter, repérer. ▸ ***Restreindre*** – comprimer, diminuer, limiter, réduire, resserrer, restreindre. ▸ ***Former une borne*** – boucher, fermer, limiter, terminer. ♦ **se borner** ▸ ***Se contenter*** – s'en tenir à, se cantonner dans, se contenter de, se limiter à. ▸ ***Se résumer*** – se limiter à, se réduire à, se résumer à. △ **ANT.** ACCROÎTRE, AGRANDIR, AUGMENTER, DÉVELOPPER, ÉLARGIR, ÉTENDRE; CONTINUER, PERPÉTUER, PROLONGER.

bosquet *n.m.* ▸ ***Groupe d'arbres*** – boqueteau, bouquet, buisson, massif. SOUT. touffe. QUÉB. FAM. fond, talle. ACADIE bouillée.

bosse *n.f.* ▸ ***Saillie*** – angle, appendice, arête, aspérité, avancée, avancement, balèvre, bec, bourrelet, console, corne, corniche, côte, coude, crête, dent, éminence, encorbellement, éperon, ergot, excroissance, gibbosité, hourd, moulure, nervure, picot, pointe, proéminence, projecture, prolongement, protubérance, redan, relief, ressaut, saillant, saillie, surplomb, surplombement, tubercule. ▸ ***Boursouflure*** – ampoule, ballonnement, bombement, bouffissure, boursouflage, boursouflement, boursouflure, bulle, cloche, cloque, débordement, dilatation, distension, enflure, engorgement, fluxion, gonflement, grosseur, grossissement, hypertrophie, intumescence, renflement, rondeur, sinus, soufflure, soulèvement, tuméfaction, tumescence, turgescence, ventre, vésicule, vultuosité. QUÉB. FAM. bouffie. PATHOL. bubon, ectasie, emphysème, hydronéphrose, inflation, météorisation, météorisme, œdème, phlyctène. ▸ ***Enflure due à un coup*** – contusion, ecchymose, hématome, mâchure, meurtrissure. FAM. bleu. MÉD. attrition. ▸ ***Talent*** (FAM.) – adresse, aisance, aptitude, art, brio, capacité, compétence, dextérité, disposition, doigté, don, expertise, facilité, faculté, force, fort, génie, habileté, main, maîtrise, métier, pouvoir, professionnalisme, savoir, savoir-faire, sens, talent, technique, virtuosité. DR. habilitation, habilité. △ **ANT.** CAVITÉ, CONCAVITÉ, CREUX, TROU.

bossu *adj.* ▸ ***Affligé d'une bosse*** – gibbeux. MÉD. cyphotique. △ **ANT.** ÉGAL, PLAT.

botanique *n.f.* biologie végétale, phytobiologie.

botte *n.f.* ▸ ***Assemblage*** – bouquet *(décoratif)*, faisceau, gerbe, gerbée, manoque *(tabac)*, trochet. ▸ ***Coup*** – coup d'épée, coup de sabre, estocade.

bouc *n.m.* ▸ ***Barbe*** – barbe à l'impériale, barbe impériale, barbiche, impériale, mouche, royale. FAM. barbichette.

bouche *n.f.* ▸ ***Cavité buccale*** – FAM. bec, gueule, margoulette. FRANCE FAM. avaloire, clapet, claquette, déconophone, piège à mouches. ACADIE FAM. goule. ANAT. cavité buccale. ▸ *Chez l'animal* – bec, gueule. ZOOL. appendices buccaux, péristome, pièces buccales, rostre. ▸ ***Lèvres*** – FAM. babines. FRANCE FAM. badigoinces. ▸ ***Partie d'un cours d'eau*** – embouchure.

bouchée *n.f.* ▸ ***Nourriture*** – morceau. FAM. becquée, brifée, goulée, lichette. QUÉB. croquée, mordée. ▸ ***Petite quantité*** – atome, brin, chouia, doigt, filet, goutte, gouttelette, grain, larme, lueur, miette, nuage, once, paille, parcelle, peu, pincée, pointe, relent, restant, reste, rien, soupçon, tantinet, teinte, touche, trace, trait, zeste.

boucher *v.* ▸ ***Combler une ouverture*** – calfeutrer, colmater, combler, obturer. ▸ ***Étancher une voie d'eau*** – aveugler, étancher. ▸ ***Obstruer un conduit*** – bloquer, engorger, obstruer. ▸ *Dans l'organisme* – bloquer, oblitérer, obstruer, occlure. ▸ ***Obstruer un passage*** – barrer, bloquer, couper, obstruer. ▸ ***Provoquer un embouteillage*** – bloquer, congestionner, embouteiller, encombrer, obstruer. ▸ ***Former une limite*** – borner, fermer, limiter, terminer. ♦ **se boucher** ▸ ***S'engorger*** – s'engorger, s'obstruer. MAR. super. △ **ANT.** DÉBLAYER, DÉBOUCHER, DÉGAGER; ENFONCER, PERCER; OUVRIR.

boucher *n.* ▸ ***Commerçant*** – charcutier, étalier, poissonnier, rôtisseur, traiteur, tripier. ▸ ***Sadique*** – barbare, bourreau, cannibale, dépravé, monstre, ogre, psychopathe, sadique, tordu, tortionnaire, vampire. SOUT. tigre. ▸ ***Chirurgien*** (PÉJ. FAM.) – chirurgien. PÉJ. FAM. charcutier. ANC. chirurgien-barbier.

boucherie *n.f.* ▸ ***Établissement*** – charcuterie, étal, rôtisserie, triperie. QUÉB. salaison. ▸ ***Massacre*** – anéantissement, assassinat, carnage, destruction, extermination, hécatombe, holocauste, massacre, saignée, tuerie. SOUT. (lourd) tribut. FAM. étripage.

bouchon *n.m.* ▸ ***Dispositif*** – bonde, bondon, capsule, capuchon, fermeture, marette, tampon. MAR. tape. ▸ ***Flotteur*** – balancier, bouée, flotteur, plume. ▸ ***Engorgement*** – congestion, embouteillage, encombrement, engorgement, obstruction, saturation. RARE engouement. ▸ ***Embouteillage*** – affluence, afflux, congestion, embouteillage, encombrement, engorgement, obstruction, retenue. QUÉB. trafic.

boucle *n.f.* ▶ ***Maille*** – gansette, maille, point. ▶ ***Cheveux ou poil*** – bouclette, frisette, frison, frisure, retroussis. SOUT. frisottis. QUÉB. FAM. frisou, rosette. BELG. crolle. ▶ ***Lien noué*** – nœud. ▶ ***Ruban*** – bolduc, bouffette, chou, cocarde, dragonne, élastique, embrasse, extrafort, faveur, galon, ganse, gansette, gros-grain, lambrequin, padou, passement, rosette, ruban, volant. ANC. falbala. ▶ ***Courbe*** – arabesque, contour, courbe, détour, lacet, méandre, ondulation, repli, serpentin, sinuosité, volute *(fumée)*. SOUT. flexuosité. ▶ ***Cercle*** – cercle, orbe, orbite, ovale, ove, rond. ▶ ***Mouvement aérien*** – demi-tonneau, looping, retournement, tonneau, vrille. ▶ ***Agrafe*** – agrafe, attache, barrette, broche, clip, épingle, épinglette, fermail, fibule *(antique)*.

boucler *v.* ▶ ***Être en boucles*** – friser, frisotter. ▶ ***Mettre en boucles*** – friser, frisotter, onduler, permanenter. BELG. FAM. croller. RARE anneler. ▶ ***Verrouiller*** – fermer à clé, verrouiller. FRANCE RÉGION. OU QUÉB. barrer. ▶ ***Encercler*** – cerner (de toutes parts), encercler, envelopper, investir. ▶ ***Emprisonner*** (FAM.) – écrouer, emprisonner, enfermer, incarcérer, mettre sous les verrous, verrouiller. FAM. coffrer, emballer, embastiller, encelluler, mettre à l'ombre, mettre au trou. ▶ ***Achever*** (FAM.) – accomplir, achever, clore, finir, mener à bien, mener à (bon) terme, mener à bonne fin, réussir, terminer. SOUT. consommer. ♦ **se boucler** ▶ ***S'enfermer*** – s'emmurer, s'enfermer, s'isoler, se barricader, se calfeutrer, se cantonner, se claquemurer, se claustrer, se cloîtrer, se confiner, se couper du monde, se murer, se retirer, se terrer, se verrouiller. ♦ **bouclé** afro, crépu, frisé, frisottant, frisotté, moutonné. BELG. FAM. crollé. △ **ANT.** AVOIR LES CHEVEUX PLATS/RAIDES; DÉCRÉPIR, DÉFRISER, GOMINER, LISSER, PLAQUER; DÉBOUCLER, DÉGRAFER, DÉNOUER, DÉTACHER, DÉVERROUILLER, LIBÉRER, OUVRIR.

bouclier *n.m.* ▶ ***Arme défensive*** – ANC. rondache. ▸ *Moyen-Âge* – écu, pavois, targe. ▸ *Antiquité* – égide *(mythologique)*, pelta *(Grec)*, scutum.

bouder *v.* ▶ ***Montrer sa mauvaise humeur*** – faire la grimace, faire la lippe, faire la moue, faire la tête, rechigner, se renfrogner. FAM. faire du boudin, faire la gueule. FRANCE FAM. faire le nez, tirer la gueule. AFR. FAM. serrer la mine. ▶ ***Manifester son indifférence*** – être sourd à, faire fi de, faire la sourde oreille à, faire peu de cas de, ignorer, méconnaître, mépriser, ne pas se soucier de, ne pas tenir compte de, négliger, se désintéresser de, se moquer de. SOUT. n'avoir cure de, passer outre à. FAM. n'avoir rien à cirer de, n'avoir rien à foutre de, s'en balancer, s'en battre les flancs, s'en contrebalancer, s'en tamponner (le coquillard), s'en taper, se battre l'œil de, se contreficher de, se contrefoutre de, se ficher de, se foutre de, se soucier de qqch. comme d'une guigne, se soucier de qqch. comme de l'an quarante, se soucier de qqch. comme de sa première chemise. △ **ANT.** RIRE; ACCEPTER; PARTICIPER.

boudeur *adj.* bourru, de mauvaise humeur, grognon, mal disposé, maussade, mécontent, morne, morose, qui fait la tête, rechigné, rembruni, renfrogné, sombre, taciturne. SOUT. chagrin. FAM. à ne pas prendre avec des pincettes, de mauvais poil, mal luné, qui fait la gueule, qui fait la lippe, qui s'est levé du mauvais pied, soupe au lait. QUÉB. FAM. marabout. BELG. mal levé. △ **ANT.** ACCUEILLANT, AFFABLE, AIMABLE, AMÈNE, AVENANT, CORDIAL, ENGAGEANT, INVITANT, SOURIANT.

boue *n.f.* ▶ ***Vase*** – bourbe, gâchis, gadoue, limon, vase. SOUT. fange. FRANCE FAM. bouillasse, gadouille, mélasse. FRANCE RÉGION. vasard. AFR. potopoto. ▶ ***Abjection*** – abjection, abomination, atrocité, bassesse, corruption, crapulerie, crime, débauche, déshonneur, fange, grossièreté, honte, horreur, ignominie, impureté, indignité, infamie, laideur, misère, monstruosité, noirceur, obscénité, odieux, ordure, saleté, sordide, souillure, vice. SOUT. sordidité, stupre, turpitude, vilenie. FAM. dégoûtation, dégueulasserie, pouillerie.

bouée *n.f.* ▶ ***Objet de sauvetage*** – bouée (de sauvetage), flotteur. ▶ ***Dispositif flottant*** – balancier, bouchon, flotteur, plume.

boueux *adj.* bourbeux, vaseux. SOUT. fangeux. FRANCE RÉGION. vasard. △ **ANT.** SEC.

bouffée *n.f.* ▶ ***Respiration*** – aspiration, exhalation, expiration, haleine, humage, inhalation, inspiration, respiration, souffle, soupir, ventilation. SOUT. ahan. ▶ ***Fumée inhalée*** – FAM. touche. FRANCE FAM. taffe. ▶ ***Mouvement d'air*** – courant d'air, souffle, vent. ▶ ***Accès*** – accès, attaque, atteinte, crise, flambée, poussée, quinte.

bouffer *v.* ▶ ***En parlant de vêtements*** – blouser, flotter. ▶ ***En parlant de cheveux*** – gonfler. ▶ ***Se restaurer*** (FAM.) – manger, s'alimenter, se nourrir, se restaurer, se sustenter. SOUT. se repaître. FAM. becter, boulotter, boustifailler, briffer, casser la croûte, casser la graine, croûter, grailler, tortorer. ▶ ***Manger qqch.*** (FAM.) – manger. FAM. becter, boulotter, briffer, gober, grailler, (s') enfiler, s'envoyer, se farcir, se taper, se tasser, tortorer. ▶ ***Accaparer*** (FAM.) – absorber, accaparer, occuper, prendre en entier. △ **ANT.** S'APLATIR; JEÛNER.

bouffi *adj.* ▶ ***En parlant d'une partie du corps*** – ballonné, boursouflé, dilaté, distendu, enflé, gonflé, gros, grossi. SOUT. turgescent, turgide. DIDACT. intumescent, œdémateux, vultueux. ▶ ***En parlant du style*** – ampoulé, boursouflé, déclamateur, déclamatoire, emphatique, enflé, gonflé, grandiloquent, hyperbolique, pédantesque, pompeux, pompier, pontifiant, prétentieux, ronflant, théâtral. SOUT. histrionique, pindarique. △ **ANT.** CREUX, ÉMACIÉ, MAIGRE; DÉPOUILLÉ, SIMPLE.

bouffon *adj.* amusant, burlesque, cocasse, comique, d'un haut comique, désopilant, drolatique, drôle, gai, hilarant, humoristique, impayable, ineffable, inénarrable, plaisant, rigolo, risible, vaudevillesque. SOUT. drôlet. FAM. bidonnant, boyautant, crevant, éclatant, gondolant, marrant, poilant, roulant, tordant. △ **ANT.** GRAVE, SÉRIEUX; ATTRISTANT, CHAGRINANT, TRISTE.

bouffon *n.m.* ▶ ***Clown*** – amuseur (public), clown, comique. SOUT. clownesse *(femme)*. ANC. loustic, (un) paillasse. HIST. fou (du roi). ANTIQ. histrion. ▶ ***Farceur*** – amuseur, boute-en-train, clown, comique, comique de la troupe, espiègle, facétieux, farceur, humoriste, pince-sans-rire, pitre, plaisantin, taquin. FAM. blagueur. FRANCE FAM. asticoteur, charlot, fumiste. ▸ *Non favorable* – mauvais plaisant, (petit) comique, petit rigolo. △ **ANT.** RABAT-JOIE.

bouge *n. m.* ▸ ***Taudis*** – galetas, taudis. FIG. bauge, chenil, écurie, tanière. FAM. baraque, bicoque, clapier. FRANCE FAM. cambuse, gourbi, turne. ▸ ***Café mal famé*** – bar, brasserie, café, débit de boissons, estaminet, guinguette, pub. FAM. bistrot, buvette, limonade. FRANCE FAM. bistroquet, marigot, rade, troquet, zinc. QUÉB. taverne. AFR. maquis *(clandestin)*. ▸ *Mal famé* – boui-boui. ▸ *Aux États-Unis* ANC. saloon *(conquête de l'Ouest)*, speakeasy *(prohibition)*.

bouger *v.* ▸ ***Faire un mouvement*** – remuer. ▸ ***Se déplacer*** – se déplacer, se mouvoir, se remuer. ▸ ***Changer*** (FAM.) – changer, différer, fluctuer, se modifier, varier. ▸ ***Déplacer*** (FAM.) – décaler, déplacer, déranger, éloigner, pousser. FAM. remuer. QUÉB. FAM. tasser. △ **ANT.** ÊTRE FIXE, ÊTRE IMMOBILE; DEMEURER, RESTER, STAGNER; ARRÊTER, S'IMMOBILISER, SE FIXER; FIXER, IMMOBILISER.

bougie *n. f.* ▸ ***Chandelle*** – chandelle. ANC. feu. ▸ ***Figure*** (FAM.) – face, figure, minois, physionomie, tête, traits, visage. FAM. bille, binette, bobine, bouille, fiole, fraise, frimousse, gueule, margoulette, museau, poire, pomme, trogne, trombine, tronche.

bougonner *v.* grogner, grognonner, grommeler, maugréer, murmurer, pester, ronchonner. SOUT. gronder. FAM. grognasser, râler, rouscailler, rouspéter. FRANCE RÉGION. FAM. maronner.

bouillant *adj.* ▸ ***Chaud*** – ardent, brûlant, chaud. ▸ ***Qui a ou indique la fièvre*** – brûlant, chaud, fébrile, fiévreux. ▸ ***Fougueux*** – emporté, enflammé, explosif, fougueux, impatient, impétueux, impulsif, passionné, prompt, qui a la tête chaude, sanguin, véhément, vif, violent, volcanique. △ **ANT.** CONGELÉ; APYRÉTIQUE *(SANS FIÈVRE)*; MESURÉ, MODÉRÉ, PONDÉRÉ, POSÉ, RÉFLÉCHI; INDIFFÉRENT, TIÈDE.

bouillir *v.* ▸ ***Être en ébullition*** – bouillonner. ▸ ***S'impatienter*** (FAM.) – perdre patience, perdre son calme, s'énerver, s'impatienter. △ **ANT.** GELER.

bouillon *n. m.* ▸ ***Aliment*** – chaudeau, court-bouillon, consommé. ▸ *Sans goût* – lavure. ▸ ***Fronce*** – fronce, godron, ourlet, pince, pli, rempli, rentré, repli, roulotté, tuyau. ▸ ***Écume*** – écume, mousse. QUÉB. FAM. broue.

bouillonnant *adj.* ▸ ***Trépidant*** – agité, délirant, échevelé, effervescent, effréné, fébrile, frénétique, intense, mouvementé, passionné, trépidant, tumultueux, violent. △ **ANT.** MESURÉ, MODÉRÉ, PONDÉRÉ, POSÉ, RÉFLÉCHI; INDIFFÉRENT, TIÈDE.

bouillonnement *n. m.* ▸ ***Éruption*** – débordement, ébullition, éclaboussement, écoulement, émission, éruption, évacuation, explosion, extrusion, giclée, jaillissement, jet, sortie. ▸ ***Production de bulles*** – effervescence, moutonnement, spumosité. ▸ ***Affairement*** – activité, affairement, affolement, agitation, alarme, animation, branle-bas (de combat), bruit, dérangement, désordre, désorganisation, détraquement, effervescence, excitation, fourmillement, grouillement, hâte, incohérence, mouvement, orage, précipitation, remous, remue-ménage, secousse, tempête, tohu-bohu, tourbillon, tourmente, trépidation, trouble, tumulte, turbulence, va-et-vient. SOUT. émoi, remuement. FAM. chambardement. △ **ANT.** CALME, STAGNATION, TRANQUILLITÉ; APAISEMENT.

bouillonner *v.* ▸ ***Être en ébullition*** – bouillir. ▸ ***Se couvrir d'écume*** – écumer, mousser, moutonner. △ **ANT.** REPOSER.

boulanger *n.* ▸ ***Personne qui fait le pain*** – ANC. fournier.

boulevard *n. m.* ▸ ***Large rue*** – allée, avenue, cours, mail, promenade. BELG. drève. ▸ ***Comédie*** – arlequinade, bouffonnerie, burlesque, clownerie, comédie, farce, limerick, momerie, pantalonnade, parodie, pièce de boulevard, proverbe, saynète, sketch, sotie, spectacle, théâtre de boulevard, vaudeville. PÉJ. caleçonnade. ANC. mascarade.

bouleversant *adj.* ▸ ***Poignant*** – déchirant, dramatique, émouvant, pathétique, poignant, troublant, vibrant *(discours)*. SOUT. empoignant. ▸ ***Étonnant*** – à (vous) couper le souffle, abasourdissant, ahurissant, confondant, déconcertant, ébahissant, effarant, époustouflant, étonnant, étourdissant, extraordinaire, impensable, inconcevable, incroyable, inimaginable, inouï, invraisemblable, pétrifiant, renversant, stupéfiant, suffocant, surprenant. SOUT. qui confond l'entendement. FAM. ébouriffant, mirobolant, sidérant, soufflant. △ **ANT.** APAISANT, CALMANT, CONSOLANT, CONSOLATEUR, RASSÉRÉNANT, RASSURANT, RÉCONFORTANT, SÉCURISANT, TRANQUILLISANT; BANAL, ININTÉRESSANT, SANS INTÉRÊT; COMIQUE, GROTESQUE.

bouleversement *n. m.* ▸ ***Changement brutal*** – changement, chavirage, chavirement, conflagration, convulsion, dérangement, dérèglement, déséquilibre, désorganisation, détraquement, perturbation, renouvellement, rénovation, renversement, retournement, révolution, séisme, stress, trouble. FAM. chambard, chambardement, chamboulement. ▸ ***Catastrophe*** – apocalypse, calamité, cataclysme, catastrophe, chaos, désastre, drame, fléau, malheur, néant, ruine, sinistre, tragédie. FIG. précipice. SOUT. abîme. FAM. cata. ▸ ***Commotion*** – choc, commotion, coup, ébranlement, émotion, secousse, traumatisme. ▸ ***Agitation*** – affolement, agitation, colère, confusion, débridement, déchaînement, désarroi, ébranlement, ébullition, embrasement, émotion, fièvre, frénésie, mouvement, passion, violence. SOUT. émoi, exaltation. FIG. dévergondage. ▸ ***Étonnement*** – abasourdissement, ahurissement, ébahissement, éblouissement, effarement, émerveillement, étonnement, saisissement, stupéfaction, stupeur, surprise. FAM. épatement. △ **ANT.** CALME, TRANQUILLITÉ; ORDRE; APAISEMENT.

bouleverser *v.* ▸ ***Mettre en désordre*** – chavirer, mettre à l'envers, mettre pêle-mêle, mettre sens dessus dessous, saccager. FAM. bordéliser, chambarder, chambouler. ▸ ***Désorganiser*** – bousculer, déséquilibrer, désorganiser, déstabiliser, déstructurer, ébranler, perturber, troubler. SOUT. subvertir. FAM. chambarder, chambouler, détraquer. ▸ ***Émouvoir*** – chavirer, ébranler, émouvoir, remuer, retourner, révulser, secouer, troubler. FAM. chambouler, émotionner, remuer les tripes à, révolutionner, tourneboule, tourner les sangs à. ▸ ***Affoler*** – affoler, effarer, mettre en émoi, paniquer. ▸ ***Traumatiser*** – affecter, choquer, commotionner, ébranler, marquer, perturber, secouer, traumatiser. △ **ANT.** APAISER, CALMER, RASSÉRÉNER, TRANQUILLISER; PACIFIER; ORDONNER, RANGER.

boum *n.m.* ▸ ***Bruit brusque*** – bang, battement, choc, clappement, claquement, coup, raté *(moteur)*, tapement. ▸ ***Succès*** – apothéose, bonheur, bonne fortune, consécration, couronnement, gloire, honneur, lauriers, prospérité, retentissement, réussite, succès, triomphe, trophée. *FAM.* malheur, (succès) bœuf, tabac. *FRANCE FAM.* carton, saucisson, ticket. △ **ANT.** ÉCHEC, INSUCCÈS.

bouquet *n.m.* ▸ ***Groupe d'arbres*** – boqueteau, bosquet, buisson, massif. *SOUT.* touffe. *ACADIE* bouillée. ▸ ***Assemblage de fleurs*** – botte, faisceau, gerbe, gerbée, manoque *(tabac)*, trochet. ▸ ***Gerbe de fusées*** – faisceau, gerbe, girandole. ▸ ***Odeur agréable*** – arôme, fragrance, fumet, parfum, senteur. ▸ ***Agrément*** – agrément, charme, fumet, piment, piquant, saveur, sel, truculence.

bouquin *n.m.* ▸ ***Lapin ou lièvre*** – lapin mâle, lièvre mâle. ▸ ***Livre*** (*FAM.*) – album, brochure, brochurette, cahier, catalogue, document, écrit, fascicule, imprimé, livre, livret, manuel, opuscule, ouvrage, parution, plaquette, publication, recueil, registre, titre, tome, volume. ▸ *Gros* *FAM.* pavé. *QUÉB. FAM.* brique.

bourdonnant *adj.* bourdonneur, vrombissant.

bourdonnement *n.m.* ▸ ***Grondement*** – borborygme, gargouillement, gargouillis, grognement, grondement, râlement, ronflement, ronron, ronronnement, roulement, rumeur, vrombissement. ▸ ***Bruit dans les oreilles*** – acouphène, cornement, sifflement, tintement. △ **ANT.** SILENCE.

bourdonner *v.* ▸ ***Émettre un grondement régulier*** – gronder, ronfler, ronronner, vrombir. ▸ ***En parlant des oreilles*** – corner, siffler, sonner, tinter. ▸ ***Muser*** (*BELG. FAM.*) – fainéanter, flâner, musarder, muser, ne rien faire de ses dix doigts, paresser, perdre son temps, rêvasser, traînasser, traîner. *FAM.* avoir la flemme, buller, coincer la bulle, flemmarder, glander, glandouiller, gober des mouches, peigner la girafe, se les rouler, se tourner les pouces, tirer au flanc, tirer sa flemme. *FRANCE FAM.* clampiner. *QUÉB. FAM.* niaiser, taponner.

bourgeois *adj.* ▸ ***De la bourgeoisie*** – *SUISSE* bourgeoisial. ▸ ***Qui a les valeurs de la classe moyenne*** – b.c.b.g, bon chic bon genre, de bon ton. ▸ *Non favorable* – bien-pensant, conformiste, conservateur, conventionnel, petit-bourgeois, traditionaliste. *FAM.* beauf. △ **ANT.** PROLÉTAIRE; NOBLE; ANTICONFORMISTE, EXCENTRIQUE, MARGINAL, NON CONFORMISTE, ORIGINAL.

bourgeoisie *n.f.* ▸ ***Personnes de condition aisée*** – capital, classe dominante, classe possédante. ▸ ***Personnes qui ne sont pas nobles*** (*ANC.*) – roture. △ **ANT.** NOBLESSE; PROLÉTARIAT.

bourgeon *n.m.* bouton, bulbille, caïeu, gemmule, œil, œilleton, turion.

bourrade *n.f.* coup, poussée. *FAM.* ramponneau.

bourrasque *n.f.* coup de vent, rafale, rafale de vent, saute de vent, vent à rafales. △ **ANT.** BONACE, CALME.

bourreau *n.m.* ▸ ***Exécuteur*** – exécuteur, tortionnaire. ▸ ***Sadique*** – barbare, boucher, cannibale, dépravé, monstre, ogre, psychopathe, sadique, tordu, tortionnaire, vampire. *SOUT.* tigre. △ **ANT.** CONDAMNÉ, SUPPLICIÉ; VICTIME.

bourrer *v.* ▸ ***Garnir de bourre*** – embourrer, rembourrer. ▸ ***Remplir en comprimant*** – charger, emplir, remplir. ▸ ***Truffer un texte*** – charger, émailler, farcir, larder, remplir, semer, truffer. ▸ ***Remplir de personnes*** (*FAM.*) – emplir, faire salle comble, remplir. ▸ ***Nourrir à satiété*** (*FAM.*) – gaver, gorger, rassasier. ▸ ***Se dépêcher*** (*FRANCE FAM.*) – courir, faire vite, s'empresser, se dépêcher, se hâter, se précipiter, se presser. *FAM.* activer, pédaler, se dégrouiller, se grouiller, se magner, se magner le popotin. ▸ ***Conduire vite*** (*FRANCE FAM.*) – filer, foncer. *FAM.* brûler le pavé, droper, gazer, rouler (à) pleins gaz. *FRANCE FAM.* bomber. ♦ **se bourrer** ▸ ***Manger beaucoup*** – bâfrer, se gaver, se gorger. *FAM.* briffer, gloutonner, manger à s'en faire péter la sous-ventrière, s'empiffrer, s'en mettre plein la gueule, s'en mettre plein la lampe, s'en mettre plein la panse, s'escrimer les mâchoires, se caler l'estomac, se caler les joues, se goinfrer. *FRANCE FAM.* morfaler, se goberger. ▸ ***S'enivrer*** (*FRANCE FAM.*) – boire, s'enivrer, se griser. *FAM.* prendre une cuite, s'alcooliser, se biturer, se charger, se mûrir, se noircir, se picrater, se pinter, se pocharder, se poivrer, se soûler, se soûler la gueule. *FRANCE FAM.* prendre une biture, se beurrer (la gueule), se charger, se cuiter. *SUISSE FAM.* prendre une caisse. △ **ANT.** DÉBOURRER, ÉPUISER, VIDER. ♦ **se bourrer** JEÛNER, SE PRIVER.

bourrique *n.f.* ▸ ***Âne*** – âne. *SOUT.* grison. *FAM.* aliboron, baudet, roussin d'Arcadie. ▸ *Petit* – ânon, bourricot, bourriquet. ▸ ***Personne têtue*** (*FAM.*) – entêté, regimbeur, têtu. *FAM.* tête de cochon, tête de mule, tête de pioche, tête dure. *FRANCE FAM.* cabochard, mulet, tête de bois, tête de lard. ▸ ***Personne bête*** (*FAM.*) – ahuri, âne, animal, idiot, imbécile, sot. *FAM.* abruti, andouille, âne bâté, bûche, buse, cave, cerveau ramolli, cloche, con, cornichon, couenne, courge, crétin, cruche, débile, dégénéré, demeuré, dindon, enflé, gâteux, gourde, huître, innocent, légume, manche, moule, nouille, œuf, patate, pauvre d'esprit, pochetée, primate, saucisse, simple d'esprit, taré, tarte, truffe. *FRANCE FAM.* connard, conneau, corniaud, couillon, enfoiré, ganache, schnock, tourte. *FRANCE RÉGION.* fada, fier. *QUÉB. FAM.* cabochon, niaiseux, sans-allure, sans-dessein. ▸ *Femme idiote* *FAM.* bécasse, bécassine, chabraque, dinde.

bourru *adj.* ▸ ***Renfrogné*** – boudeur, de mauvaise humeur, grognon, mal disposé, maussade, mécontent, morne, morose, qui fait la tête, rechigné, rembruni, renfrogné, sombre, taciturne. *SOUT.* chagrin. *FAM.* à ne pas prendre avec des pincettes, de mauvais poil, mal luné, qui fait la gueule, qui fait la lippe, qui s'est levé du mauvais pied, soupe au lait. *QUÉB. FAM.* marabout. *BELG.* mal levé. ▸ ***Au caractère désagréable*** – acariâtre, acerbe, aigri, anguleux, âpre, déplaisant, désagréable, désobligeant, difficile, grincheux, hargneux, intraitable, maussade, rébarbatif, rêche, revêche. *SOUT.* atrabilaire. *FAM.* chameau, teigneux. *QUÉB. FAM.* malcommode. *SUISSE* gringe. ▶ ***En parlant du ton, des paroles*** – abrupt, agressif, bref, brusque, brutal, cassant, coupant, dur, incisif, raide, rude, sec, tranchant. ▶ ***En parlant d'une étoffe*** – grossier, rude. △ **ANT.** ACCUEILLANT, AFFABLE, AIMABLE, AMÈNE, AVENANT, CORDIAL, ENGAGEANT, INVITANT, SOURIANT; DÉLICAT, FIN, SOYEUX.

bourse *n. f.* ▶ ***Sac à monnaie*** – porte-billets, porte-coupures, portefeuille, porte-monnaie. *ANC.* aumônière, escarcelle. ▶ ***Prêt*** – aide (financière), avance, commodat, crédit, découvert, dépannage, préfinancement, prêt, prime, subvention (remboursable). ▶ ***Lieu d'échange*** – change, table des changes. ♦ **bourses, *plur.*** scrotum, testicules.

boursicoteur *n.* accapareur, agioteur, baissier, boursicotier, bricoleur, haussier, initié, joueur, margoulin, monopoleur, monopolisateur, monopoliste, reporté, spéculateur, thésauriseur, trafiquant. *FAM.* cumulard, traficoteur, tripoteur.

bousculade *n. f.* ▶ ***Remous de foule*** – cohue, débandade, désordre, ruée. ▶ ***Suite précipitée*** – précipitation. *FAM.* cavalcade, course. △ **ANT.** CALME, TRANQUILLITÉ.

bousculer *v.* ▶ ***Désorganiser*** – bouleverser, déséquilibrer, désorganiser, déstabiliser, déstructurer, ébranler, perturber, troubler. *SOUT.* subvertir. *FAM.* chambarder, chambouler, détraquer. ▶ ***Pousser brutalement*** – chahuter, culbuter, pousser. ▶ ***Obliger à se hâter*** – brusquer, presser. △ **ANT.** ARRANGER, RANGER; COUVRIR, MÉNAGER, PROTÉGER; ATTENDRE, RETARDER, RETENIR.

bout *n. m.* ▶ ***Extrémité*** – aboutissement, bord, bordure, borne, cap, confins, délimitation, extrême, extrémité, fin, finitude, frange, frontière, ligne, limite, lisière, orée, pied, pointe, pôle, queue, talon, terme, terminaison, tête. ▶ ***Segment*** – carotte *(terrain)*, détail, échantillon, morceau, pan, partie, portion, section, segment, tranche, travée, tronçon. ▶ ***Région*** (*QUÉB. FAM.*) – coin (de pays), contrée, latitude, partie du monde, pays, région, secteur, zone. *SOUT.* cieux, climats. *FAM.* patelin. △ **ANT.** CENTRE, MILIEU; INTÉGRALITÉ, TOTALITÉ, TOUT.

boutade *n. f.* ▶ ***Plaisanterie*** – badinage, baliverne, blague, bon mot, bouffonnerie, cabriole, calembour, calembredaine, clownerie, drôlerie, facétie, farce, galéjade, gauloiserie, histoire (drôle), humour, joyeuseté, mot pour rire, pitrerie, plaisanterie. *SOUT.* arlequinade. *FAM.* astuce, flan, gag, gaudriole, histoire de fous. *FRANCE RÉGION.* galéjade. *BELG.* zwanze. *SUISSE* witz.

boutique *n. f.* ▶ ***Magasin*** – commerce, magasin, maison (de commerce). ▶ ***Maison*** (*PÉJ. FAM.*) – domicile, foyer, intérieur, maison, nid, résidence, toit. *SOUT.* demeure, habitacle, logis. *FAM.* bercail, bicoque, chaumière, chez-soi, crèche, pénates.

bouton *n. m.* ▶ ***Bourgeon*** – bourgeon, bulbille, caïeu, gemmule, œil, œilleton, turion. ▶ ***Petite fleur*** – fleurette, fleuron. ▶ ***Infection*** – abcès, adénite, anthrax, bourbillon, bubon, chancre, collection, empyème, fistule, furoncle, kyste, orgelet *(paupière)*, panaris *(doigt)*, papule, parulie, phlegmon, pustule, scrofule. *FAM.* clou. *ACADIE* puron. ▶ ***Commande*** – bouton (électrique), bouton-poussoir, clé, combinateur, commande, commutateur, conjoncteur, conjoncteur-disjoncteur, contact, contacteur, coupleur, discontacteur, disjoncteur, interrupteur, manostat, microcontact, olive, poussoir, pressostat, rotacteur, rupteur, sectionneur, sélecteur, télécommande, va-et-vient. *FAM.* bitoniau. *QUÉB. FAM.* piton.

boutonner *v.* ▶ ***Se couvrir de boutons*** – bourgeonner, fleurir.

boutonnière *n. f.* ▶ ***Fente pour un bouton*** – bride, œillet.

boxe *n. f.* noble art.

boyau *n. m.* ▶ ***Petite rue*** – passage, ruelle. *FRANCE RÉGION.* traboule. *SOUT.* venelle. ▶ ***Tuyau*** – buse, canal, conduit, gaine, lance, pipe, tube, tubulure, tuyau. ▶ ***Partie d'une roue*** – chambre à air. ♦ **boyaux, *plur.*** ▶ ***Intestin*** (*FAM.*) – intestin. *FAM.* tripes.

bracelet *n. m.* ▶ ***Bande d'étoffe*** – brassard. *RELIG. ANC.* manipule.

braconnier *n.* colleteur.

brancard *n. m.* ▶ ***Pièce longitudinale*** – lisse, longeron. ▶ ***Civière*** – bard, chaise à porteurs, civière, palanquin. *ANC.* basterne, filanzane, litière.

branchage *n. m.* branches, feuillage, ramure. *SOUT.* feuillée, frondaison, ramée.

branche *n. f.* ▶ ***Partie d'arbre*** ▸ *Petite* – branchette, brindille, rameau, ramille, scion. ▸ *Grosse* – branche mère, maîtresse branche. *QUÉB. FAM.* ralle *(principale)*. ▸ *Branches brisées* – branchages, brisées, émondes. *QUÉB.* branchailles, sapinage. ▸ *Taillée ou courte* – chicot, courçon, dard, lambourde, moignon, plançon, plantard. ▸ *Vigne* – moissine, pampre, sarment, vinée. ▸ *Destinée à un usage* – feuillard *(cercles)*, gluau *(piège)*. ▸ *Diverses* – arçon *(courbe)*, chiffonne *(pêcher)*, gourmand *(inutile)*, rame *(tuteur)*, ramée *(avec feuilles)*. ▶ ***Subdivision*** – division, partie, ramification, secteur, section, subdivision. ▶ ***Spécialité*** – champ, département, discipline, division, domaine, étude, fief, matière, partie, scène, science, secteur, spécialité, sphère. *FAM.* rayon. △ **ANT.** RACINE; SOUCHE; TRONC.

brandir *v.* agiter, élever, tenir en l'air. △ **ANT.** RENGAINER; CACHER, DISSIMULER.

branlant *adj.* bancal, boiteux, en déséquilibre, instable. *QUÉB. FAM.* chambranlant. △ **ANT.** EN ÉQUILIBRE, ÉQUILIBRÉ, FERME, SOLIDE, STABLE.

branle-bas *n. m.* ▶ ***Alarme*** – alarme, alerte, appel, avertissement, cri, éveil, haro, signal, sirène, sonnerie, S.O.S., tocsin. ▶ ***Préparatif*** – apprêt, arrangement, dispositif, disposition, mesure, préalable, précaution, préliminaires, préparatifs, préparation. ▶ ***Remue-ménage*** – activité, affairement, affolement, agitation, alarme, animation, bouillonnement, branle-bas (de combat), bruit, dérangement, désordre, désorganisation, détraquement, effervescence, excitation, fourmillement, grouillement, hâte, incohérence, mouvement, orage, précipitation, remous, remue-ménage, secousse, tempête, tohu-bohu, tourbillon, tourmente, trépidation, trouble, tumulte, turbulence, va-et-vient. *SOUT.* émoi, remuement. *FAM.* chambardement. △ **ANT.** CALME, TRANQUILLITÉ.

branler *v.* ▶ ***Remuer la tête*** – dodeliner de, remuer. SOUT. brandiller. ▶ ***Manquer de stabilité*** – chanceler, osciller, vaciller. ▶ ***Se balancer*** – osciller, (se) balancer. △ **ANT.** RESTER, TENIR; CONSOLIDER, FIXER, IMMOBILISER.

braquer *v.* ▶ ***Diriger*** – diriger, pointer. ▶ ***Animer contre qqn*** – cabrer, dresser, monter, monter la tête, opposer. ♦ **se braquer** ▶ ***S'opposer farouchement*** – regimber, résister, ruer dans les brancards, s'insurger, se buter, se cabrer, se rebeller, se révolter. FAM. rebecquer, se rebiffer; RARE récalcitrer. △ **ANT.** DÉTOURNER; AMADOUER.

bras *n.m.* ▶ ***Partie d'un vertébré*** – ANAT. humérus *(os)*. QUÉB. FAM. baguette. ▶ ***Partie d'un invertébré*** – appendice tentaculaire, pseudopode *(unicellulaires)*, tentacule. ▶ ***Accoudoir*** – appui-bras, appui-coude, appui-main, repose-bras. ▶ ***Cours d'eau*** – chenal, passage, passe. QUÉB. FAM. chenail. ▶ ***Manche*** – aileron, bras (de chemise), manche, mancheron, manchette. ▶ ***Ce qui agit*** (FIG.) – agent, âme, instrument, moteur, organe.

brasier *n.m.* embrasement, feu, flammes, fournaise, foyer, incendie.

brasser *v.* ▶ ***Remuer un mélange*** – malaxer, mélanger, remuer, tourner. ▶ ***Remuer une salade*** (QUÉB. FAM.) – remuer, tourner. FAM. fatiguer, touiller. ▶ ***Mêler les cartes*** (FAM.) – battre, brouiller, mêler. ▶ ***Secouer*** (QUÉB. ACADIE FAM.) – agiter, remuer, secouer. △ **ANT.** ARRÊTER, IMMOBILISER, RANGER.

brasserie *n.f.* ▶ ***Lieu où l'on consomme de l'alcool*** – bar, café, débit de boissons, estaminet, guinguette, pub. FAM. bistrot, buvette, limonade. FRANCE FAM. bistroquet, marigot, rade, troquet, zinc. QUÉB. taverne. AFR. maquis *(clandestin)*. ▸ *Mal famé* – bouge, boui-boui. ▸ *Aux États-Unis* ANC. saloon *(conquête de l'Ouest)*, speakeasy *(prohibition)*.

bravade *n.f.* ▶ ***Vantardise*** – bluff, braverie, charlatanerie, charlatanisme, conte, crânerie, exagération, fabulation, fanfaronnade, forfanterie, gasconnade, hâblerie, histoire marseillaise, jactance, mensonge, mythomanie, rengorgement, rodomontade, tromperie, vantardise, vanterie. FRANCE FAM. charre, craque, épate, esbroufe, frime, vanne. FRANCE RÉGION. galéjade. QUÉB. FAM. menterie. ▶ ***Provocation*** – avertissement, chantage, commination, défi, dissuasion, effarouchement, fulmination, intimidation, menace, mise en garde, provocation, rodomontade, semonce, sommation, ultimatum.

brave *adj.* ▶ ***Courageux*** – courageux, héroïque, intrépide, vaillant, valeureux. SOUT. sans peur et sans reproche. ▶ ***Bienveillant*** – bienveillant, bon, bon enfant, bonhomme, débonnaire. △ **ANT.** CRAINTIF, LÂCHE, PEUREUX, TIMIDE.

brave *n.* ▶ ***Personne brave*** – audacieux, aventurier, battant, brave (à trois poils), courageux, dur (à cuire), fonceur, lion, stoïque, (vrai) homme. FAM. baroudeur, va-de-l'avant. ▶ ***Héros*** – demi-dieu, dieu, exemple, géant, glorieux, grand, héros, idole, modèle, titan. SOUT. parangon. △ **ANT.** LÂCHE, PEUREUX, POLTRON; MÉCHANT.

bravement *adv.* ▶ ***Hardiment*** – audacieusement, courageusement, hardiment, intrépidement, résolument, vaillamment, valeureusement, virilement. ▶ ***Débonnairement*** – bonassement, complaisamment, débonnairement, faiblement, mollement, paternellement. △ **ANT.** CRAINTIVEMENT, LÂCHEMENT, PEUREUSEMENT, TIMIDEMENT; AVEC CIRCONSPECTION, PRÉCAUTIONNEUSEMENT, PRÉVENTIVEMENT, PRUDEMMENT, SAGEMENT; AUSTÈREMENT, DUREMENT, ÉTROITEMENT, PURITAINEMENT, RIGIDEMENT, RIGOUREUSEMENT, SÉVÈREMENT, STOÏQUEMENT, STRICTEMENT.

braver *v.* ▶ ***Affronter sans crainte*** – affronter, faire face à, faire front à, se mesurer à. ▶ ***Défier*** – défier, narguer, provoquer, toiser. SOUT. fronder. FAM. chercher, faire la nique à. QUÉB. FAM. barber, faire la barbe à. ▶ ***Traiter avec irrespect*** – bafouer, faire bon marché de, faire fi de, faire peu de cas de, fouler aux pieds, ignorer, mépriser, ne pas faire grand cas de, piétiner, se moquer de. SOUT. faire litière de. FAM. s'asseoir dessus. △ **ANT.** DÉSERTER, ÉLUDER, ESQUIVER, ÉVITER, FUIR, RECULER DEVANT; OBÉIR À, RESPECTER, SE SOUMETTRE À.

bravo *n.m.* ▶ ***Applaudissement*** – acclamation, applaudissement, ban, bis, chorus, clameur, hourra, ovation, rappel, triomphe, vivat. ▶ ***Louange*** – acclamation, apologie, apothéose, applaudissement, célébration, compliment, éloge, encensement, fleur, félicitations, glorification, louange, panégyrique, solennisation. SOUT. baisemain, congratulation, dithyrambe, exaltation. △ **ANT.** HUÉE, SIFFLET.

bravoure *n.f.* audace, cœur, cœur au ventre, courage, cran, hardiesse, héroïsme, intrépidité, mépris du danger, témérité, vaillance. RARE héroïcité. SOUT. valeur. FAM. tripes. △ **ANT.** LÂCHETÉ.

brèche *n.f.* ▶ ***Trou*** – orifice, ouverture, trou. ▶ ***Fissure*** – brisure, cassure, craquelure, crevasse, déchirure, ébréchure, écornure, fêlure, fendillement, fente, fissure, fuite, gerçure, lézarde. TECHN. crique, étonnement, gerce. DIDACT. gélivure. GÉOGR. rimaye. GÉOL. diaclase. ▶ ***Entaille*** – adent, coche, coupure, cran, créneau, crevasse, échancrure, égratignure, enclenche, encochage, encoche, encochement, engravure, entaille, entamure, épaufrure, faille, fente, feuillure, hoche, incision, marque, mortaise, moucheture, onglet, raie, rainurage, rainure, rayure, ruinure, scarification, scissure, sillon, souchèvement *(roche)*, strie. BELG. griffe. BELG. FAM. gratte. △ **ANT.** FERMETURE, OBTURATION.

bredouiller *v.* ânonner, bafouiller, balbutier, bégayer, chercher ses mots, hésiter. BELG. broebeler. △ **ANT.** ARTICULER, ÉNONCER DISTINCTEMENT.

bref *adj.* ▶ ***Éphémère*** – court, éphémère, évanescent, fugace, fugitif, intérimaire, momentané, passager, précaire, provisoire, rapide, temporaire, transitoire. SOUT. périssable. ▶ ***Superficiel*** – cursif, rapide, superficiel. ▶ ***Exprimé en peu de mots*** – concis, condensé, court, dense, laconique, lapidaire, ramassé, serré, sobre, sommaire, succinct. PÉJ. touffu. ▶ ***Tranchant*** – abrupt, agressif, bourru, brusque, brutal, cassant, coupant, dur, incisif, raide, rude, sec, tranchant. △ **ANT.** LONG; APPROFONDI; BAVARD, DÉLAYÉ, DIFFUS, PROLIXE, REDONDANT, VERBEUX.

bref *adv.* ▶ ***Brièvement*** – abréviativement, brièvement, court, densément, elliptiquement, en abrégé, en bref, en peu de mots, en résumé, en un mot, laconiquement, rapidement, sommairement, succinctement, télégraphiquement. ▶ ***Finalement*** – à la fin, à la fin du compte, à tout prendre, après tout, au bout du compte, au dernier moment, décidément, en conclusion, en définitive, en dernier, en dernier lieu, en dernière analyse, en fin de compte, en somme, enfin, pour conclure, pour (en) finir, somme toute, tout bien considéré, tout bien pesé, tout bien réfléchi, tout compte fait, (toute) réflexion faite, ultimo. FAM. à la fin des fins.

breloque *n.f.* ▶ ***Colifichet*** – affiquet, babiole, bagatelle, baliverne, bêtise, bibelot, bricole, brimborion, chiffon, colifichet, fanfreluche, fantaisie, frivolité, futilité, gadget, hochet, inutilité, jouet, misère, rien. FAM. gimmick, gnognote.

bretelle *n.f.* ▶ ***Bande retenant un vêtement*** – épaulette. QUÉB. ACADIE FAM. bricole. ▶ ***Bandoulière*** – archère, archière, bandereau, bandoulière, baudrier, bricole. ▶ ***Voie*** – bifurcation, branchement, carrefour, croisée, croisement, échangeur, embranchement, étoile, fourche, intersection, patte-d'oie, rond-point, (voie de) raccordement. ▶ ***Aiguillage*** – aiguillage, bifurcation, branchement, changement, orientation.

breuvage *n.m.* boisson. SOUT. nectar. FAM. liquide. PÉJ. FAM. lavasse.

brevet *n.m.* ▶ ***Monopole d'utilisation*** – copyright, droits d'auteur, propriété. ▶ ***Diplôme*** – agrégation, certificat, diplôme. FAM. parchemin. FRANCE FAM. agrég, peau d'âne.

bréviaire *n.m.* ▶ ***Livre liturgique*** – anthologe *(Église orthodoxe)*, cérémonial, directoire, (livre d')Heures, livre de messe, livre de prières, missel, ordinal *(Église anglicane)*, paroissien, rational. ▶ *Selon les prières* – antiphonaire *(chants)*, diurnal *(office de la journée)*, eucologe *(dimanche et jours de fête)*, évangéliaire, hymnaire, processionnal *(processions)*, psautier *(psaumes)*, rituel, vespéral *(office du soir)*. ▶ ***Ouvrage indispensable*** – bible, évangile.

bribe *n.f.* ▶ ***Fragment*** – brisure, charpie, coupure, débris, éclat, esquille *(os)*, fraction, fragment, grain, granule, granulé, havrit, lambeau, limaille, miette, morceau, parcelle, part, particule, partie, pépite, portion, quartier, reste. FAM. graine. △ **ANT.** INTÉGRALITÉ, TOTALITÉ, TOUT.

bric-à-brac *n.m.* désordre, fatras, fourbi, gâchis, pêle-mêle. FAM. bordel, fouillis, foutoir, marmelade, micmac, pagaille. QUÉB. FAM. barda. BELG. FAM. margaille. SUISSE chenil. △ **ANT.** ORDRE.

bride *n.f.* ▶ ***Pièce de harnais*** – bridon, guides, rêne. ▶ ***Attache*** – jugulaire, mentonnière, sous-gorge.

brièvement *adv.* abréviativement, bref, court, densément, elliptiquement, en abrégé, en bref, en peu de mots, en résumé, en un mot, laconiquement, rapidement, sommairement, succinctement, télégraphiquement. △ **ANT.** AU LONG, EXHAUSTIVEMENT, INTÉGRALEMENT.

brièveté *n.f.* concision, densité, dépouillement, laconisme. △ **ANT.** AMPLEUR, LONGUEUR; PROLIXITÉ, VERBOSITÉ.

brigade *n.f.* ▶ ***Unité militaire*** – bataillon, colonne, commando, compagnie, corps, échelon, escadron, escorte, formation, garde, garnison, légion, parti, patrouille, peloton, régiment, section, soldatesque *(indisciplinés)*, tabor *(Maroc)*, troupe, unité. PAR EXT. caserne. ANC. escouade, goum, piquet. ▶ ***Groupe de personnes*** – caravane, cellule, collectif, colonie, corps, équipe, escadron, escouade, groupe, horde, meute, noyau, peloton, troupe. IRON. fournée. FAM. bataillon, brochette, cohorte. QUÉB. FAM. gang.

brigand *n.m.* ▶ ***Voleur*** – bandit, cagoulard, cambrioleur *(maisons)*, coquillard *(Moyen-Âge)*, crocheteur, escamoteur, gangster, gentleman cambrioleur, kleptomane *(pathologique)*, maraudeur, pillard, pilleur, pirate, rat d'hôtel, souris d'hôtel, stellionataire, tireur, truand, voleur de grand chemin, voleur. FAM. barboteur, braqueur, casseur, chapardeur, chipeur, entôleur, malfrat, monte-en-l'air, piqueur, roulottier *(voitures)*. FRANCE FAM. enquilleuse *(femme)*, volereau *(malhabile)*. ▶ ***Profiteur*** – aigrefin, arnaqueur, bandit, canaille, carambouilleur, chevalier d'industrie, concussionnaire, crapule, escroc, extorqueur, faisan, fraudeur, gangster, gredin, malfaiteur, mercanti, pirate, profiteur, sangsue, spoliateur, tripoteur, voleur, voyou. SOUT. déprédateur, forban. DR. captateur. FAM. carotteur, carottier, fricoteur, fripouille, (maître) filou. FRANCE FAM. écorcheur, estampeur, malfrat. QUÉB. FAM. croche.

brillamment *adv.* adroitement, astucieusement, avec brio, avec éclat, bien, de main de maître, expertement, finement, génialement, habilement, industrieusement, ingénieusement, intelligemment, judicieusement, lucidement, magistralement, pertinemment, professionnellement, savamment, sensément, spirituellement, subtilement, talentueusement, vivement. △ **ANT.** ABSURDEMENT, BÊTEMENT, IDIOTEMENT, IMBÉCILEMENT, ININTELLIGEMMENT, NAÏVEMENT, SOTTEMENT, STUPIDEMENT.

brillance *n.f.* ▶ ***Reflet*** – brasillement, brillant, cati, chatoiement, coruscation, éclat, étincellement, feux, halo, image, irisation, lueur, luisant, lustre, miroitement, moire, moiré, moirure, orient, papillotage, papillotement, poli, poudroiement, rayonnement, reflet, réflexion, réfraction, réverbération, ruissellement, scintillement. SOUT. luisance, nacre, opalescence, resplendissement, rutilance, rutilation, rutilement. SC. albédo. TECHN. bruni, brunissure. △ **ANT.** MATITÉ.

brillant *adj.* ▶ ***Scintillant*** – brasillant, éclatant, étincelant, flamboyant, incandescent, luisant, miroitant, papillotant, reluisant, rutilant, scintillant. ▶ ***Lustré*** – glacé, laqué, lisse, luisant, lustré, poli, satiné, verni. ▶ ***Qui émet de la lumière*** – fluorescent, luminescent, lumineux, phosphorescent. ▶ ***Prospère*** – beau, faste, fécond, florissant, heureux, prospère, riche. ▶ ***Compétent*** – à la hauteur, adroit, bon, capable, chevronné, compétent, connaisseur, d'élite, de haut vol, de haute volée, de talent, doué, émérite, entraîné, exercé, expérimenté, expert, ferré, fin, fort, habile, passé maître, performant, qualifié, qui s'y connaît, talentueux, versé. RARE blanchi sous le harnais. SOUT. entendu à, industrieux, rompu à. FAM. calé, qui a la bosse de, qui sait y faire. FRANCE FAM. balèze, costaud, fortiche, incollable, trapu. ▶ ***Intelligent*** – à l'esprit vif, agile, alerte, éveillé, intelligent, rapide, vif. QUÉB. FAM. vite. ▶ ***Qui a l'esprit fin*** – fin, malicieux, pétillant, piquant, plein d'esprit, spirituel, subtil, vif. △ ANT. NOIR, OBSCUR, SOMBRE; BLAFARD, ÉTEINT, MAT, PÂLE, TERNE; ABRUTI, BENÊT, BÊTE, BORNÉ, CRÉTIN, DEMEURÉ, IDIOT, IMBÉCILE, ININTELLIGENT, NIAIS, NIGAUD, OBTUS, SOT, STUPIDE.

brillant *n.m.* ▶ ***Reflet*** – brasillement, brillance, cati, chatoiement, coruscation, éclat, étincellement, feux, halo, image, irisation, lueur, luisant, lustre, miroitement, moire, moiré, moirure, orient, papillotage, papillotement, poli, poudroiement, rayonnement, reflet, réflexion, réfraction, réverbération, ruissellement, scintillement. SOUT. luisance, nacre, opalescence, resplendissement, rutilance, rutilation, rutilement. SC. albédo. TECHN. bruni, brunissure. △ ANT. MATITÉ.

briller *v.* ▶ ***Répandre une vive lumière*** – étinceler, irradier, rayonner, resplendir, ruisseler de lumière. SOUT. flamber, jeter des feux. ▶ ***Jeter des reflets*** – brasiller, chatoyer, étinceler, flamboyer, fulgurer *(éclat passager)*, luire, miroiter, reluire, resplendir, rutiler, scintiller. SOUT. palpiter, papilloter, pétiller. BELG. blinquer. FRANCE RÉGION. mirailler. ACADIE FAM. mirer. ▶ ***Se distinguer*** – exceller, s'illustrer, se distinguer, se signaler. ▶ ***Avoir une carrière prospère*** – aller loin, arriver, faire carrière, faire du chemin, faire fortune, percer, réussir. ▶ ***Être florissant*** – être florissant, faire florès, fleurir, prospérer, réussir. △ ANT. PÂLIR, S'ASSOMBRIR, S'OBSCURCIR; S'ÉCLIPSER, S'EFFACER.

brin *n.m.* ▶ ***Filament*** – fibre, fil, filament. ▶ ***Pousse*** – accru, bouture, brout, cépée, drageon, germe, jet, mailleton, marcotte, plant, provin, recrû, rejet, rejeton, revenue, surgeon, talle, tendron, turion. ▶ ***Tige*** – fétu, tige. ▶ ***Petite quantité*** – atome, bouchée, chouia, doigt, filet, goutte, gouttelette, grain, larme, lueur, miette, nuage, once, paille, parcelle, peu, pincée, pointe, relent, restant, reste, rien, soupçon, tantinet, teinte, touche, trace, trait, zeste. △ ANT. TOTALITÉ, TOUT.

brindille *n.f.* branchette, rameau, ramille, scion.

brisant *n.m.* ▶ ***Écueil*** – écueil, étoc, récif, rocher (à fleur d'eau). ▶ ***Vague qui se brise*** – contre-lame *(inversée)*, lame, mascaret, paquet de mer, rouleau, (vague) déferlante.

brise *n.f.* vent doux, vent modéré. SOUT. zéphyr. △ ANT. BISE.

briser *v.* ▶ ***Casser*** – casser, démolir, disloquer, fracasser, mettre en pièces, rompre. FAM. démantibuler. ▶ ***Faire cesser*** – couper court à, interrompre, mettre fin à, mettre un terme à, rompre. ▶ ***Faire échouer*** – déjouer, faire échec à, faire obstacle à, torpiller. SOUT. déconcerter. ▶ ***Freiner une progression*** – arrêter, désamorcer, enrayer, entraver, étouffer, étrangler, faire obstacle à, freiner, inhiber, juguler, mater, mettre en échec, mettre un frein à, neutraliser, refouler, stopper. ▶ ***Détruire*** – anéantir, annihiler, démolir, détruire, écraser, éliminer, néantiser, pulvériser, réduire à néant, réduire à rien, ruiner, supprimer. ▶ ***Épuiser*** – abrutir, courbaturer, épuiser, éreinter, exténuer, fatiguer, forcer, harasser, lasser, mettre à plat, surmener, tuer. FAM. claquer, crever, démolir, esquinter, lessiver, mettre sur le flanc, nettoyer, pomper, rétamer, vanner, vider. QUÉB. FAM. maganer. ▶ ***Accabler*** – abattre, accabler, anéantir, atterrer, consterner, désespérer, foudroyer, terrasser. FAM. catastropher, jeter à terre. ♦ **se briser** ▶ ***Se casser*** – éclater, se casser. ▶ ***En parlant des vagues*** – déferler. ♦ **brisé** ▶ ***Discontinu*** – à éclipses, discontinu, intermittent, irrégulier. MÉD. erratique, rémittent. ▶ ***Détérioré*** – cassé, défectueux, déréglé, détérioré, détraqué, endommagé, hors d'usage, inutilisable, usé, vétuste. FAM. nase, patraque. ▶ ***Épuisé*** – à bout, à plat, courbatu, épuisé, éreinté, exténué, fatigué, fourbu, harassé, las, mort (de fatigue), moulu (de fatigue). SOUT. recru (de fatigue), rompu (de fatigue), roué de fatigue. FAM. au bout du rouleau, avachi, claqué, crevé, esquinté, flagada, flapi, lessivé, nase, pompé, ramollo, raplapla, sur le flanc, sur les genoux, sur les rotules, vanné, vidé. △ ANT. AJUSTER, ARRANGER, CONSOLIDER, JOINDRE, RÉPARER; FORTIFIER, RAGAILLARDIR, RÉCRÉER.

broche *n.f.* ▶ ***Tige à viande*** – brochette. ▶ ***Tige d'un métier*** – bobine, canette, cops, fuseau, fusette, navette, rochet, roquetin, rouleau. ▶ ***Tige d'une prise électrique*** – fiche (d'alimentation), jack. ▶ ***Bijou*** – agrafe, attache, barrette, boucle, clip, épingle, épinglette, fermail, fibule *(antique)*. ▶ ***Aiguille*** – alène, épingle, épinglette, ferret, lardoire, passe-lacet, piquoir, poinçon, pointe. MÉD. trocart.

brochure *n.f.* ▶ ***Livre*** – album, brochurette, cahier, catalogue, document, écrit, fascicule, imprimé, livre, livret, manuel, opuscule, ouvrage, parution, plaquette, publication, recueil, registre, titre, tome, volume. FAM. bouquin. ▶ ***Motif d'un tissu*** – décor, dessin, motif, ornement. ▶ ***Tricot*** (ACADIE FAM.) – tricot, tricotage.

broder *v.* ▶ ***Expliquer*** (FAM.) – descendre dans le détail, descendre jusqu'aux détails, détailler, développer, expliciter, expliquer, préciser. ▶ ***Exagérer*** (FAM.) – amplifier, charger, enfler, exagérer, forcer, grandir, grossir. SOUT. outrer. FAM. en rajouter, tirer sur la ficelle. FRANCE FAM. chariboter, chérer.

broderie *n.f.* ▶ ***Arabesque*** – arabesque, fioriture, moresque, volute. ▶ ***Amplification*** – alourdissement, amplification, boursouflure, développement, dramatisation, emphase, enflure, enjolivement, enjolivure, exagération, grossissement, hypertrophie, outrance, paraphrase, redondance, renchérissement.

broncher *v.* ▶ ***Manifester de l'émotion*** – s'émouvoir, sourciller. ▶ ***Protester*** – murmurer, pousser les hauts cris, protester, réagir, récriminer, renâcler, répliquer, s'élever, s'indigner, s'opposer, se dresser, se gendarmer, se plaindre, se récrier. SOUT. réclamer. FAM. criailler, faire du foin, moufter, piailler, rouscailler, rouspéter, ruer dans les brancards, tiquer, tousser. QUÉB. FAM. chialer. ACADIE FAM. bagueuler. ▶ ***Rencontrer une difficulté*** (SOUT.) – buter sur, se heurter à, trébucher sur. SOUT. s'achopper à. △ ANT. RESTER TRANQUILLE, SE TAIRE.

bronze *n.m.* ▶ ***Métal*** – SOUT. airain. ANTIQ. orichalque.

brosse *n.f.* ▶ ***Balai*** – balai, balai-brosse, balayette, écouvillon, houssoir, plumeau, tête-de-loup. QUÉB. vadrouille; FAM. pleumas. FRANCE RÉGION. époussette. MAR. faubert, goret, guipon, lave-pont, vadrouille. ▶ ***Instrument pour effacer*** – brosse à effacer, gomme à effacer. *QUÉB.* efface. ▶ ***Instrument pour coiffer*** – brosse (à cheveux), peigne. ▶ ***Instrument pour peindre*** – pinceau.

brosser *v.* ▶ ***Coiffer*** – coiffer, discipliner, mettre en plis, peigner. ▶ ***Étriller un cheval*** – bouchonner, étriller, panser. ▶ ***Esquisser*** – crayonner, croquer, ébaucher, esquisser, pocher, profiler, relever, silhouetter, tracer. ▶ ***Manquer un cours*** (*BELG. FAM.*) – manquer. *FAM.* sécher. *SUISSE FAM.* courber. ♦ **se brosser** ▶ ***Se priver*** (*FAM.*) – faire une croix sur, renoncer à, s'abstenir de, sacrifier, se passer de, se priver de, tirer une croix sur. *SOUT.* immoler, se dénuer de. △ **ANT.** DÉCOIFFER, DÉPEIGNER, EMMÊLER; BARBOUILLER.

brouhaha *n.m.* cacophonie, chahut, charivari, clameur, tapage, tohu-bohu, tumulte, vacarme. *SOUT.* bacchanale, hourvari, pandémonium. *FAM.* barouf, bastringue, bazar, bordel, boucan, bousin, chambard, corrida, grabuge, pétard, potin, raffut, ramdam, ronron, sabbat, schproum, tintamarre, tintouin. *QUÉB. FAM.* barda, train. △ **ANT.** SILENCE, TRANQUILLITÉ.

brouillard *n.m.* ▶ ***Phénomène atmosphérique*** – brume. *FAM.* mélasse, purée de pois. ▶ ***État de confusion*** – brume, confusion, obnubilation. ▶ ***Cécité*** – cécité. *FIG.* brume, noir, nuit, obscurité. *MÉD.* amaurose, amblyopie, anopsie. △ **ANT.** CLARTÉ.

brouille *n.f.* accrochage, algarade, altercation, brouillerie, chicane, controverse, démêlé, désaccord, désunion, différend, discorde, dispute, divergence, escarmouche, explication, fâcherie, froid, heurt, joute oratoire, litige, malentendu, mésentente, passe d'armes, polémique, querelle, rupture, scène, zizanie. *FAM.* bagarre, bisbille, bringue, chamaille, chamaillerie, empoignade, empoignement, engueulade, prise de bec, séance. *BELG. FAM.* bisbrouille. △ **ANT.** ACCORD, BONNE ENTENTE, PAIX; RÉCONCILIATION.

brouiller *v.* ▶ ***Compliquer*** – compliquer, embrouiller, embroussailler, emmêler, enchevêtrer, entortiller, entremêler, mélanger, mêler, obscurcir. *FAM.* emberlificoter. *DIDACT.* intriquer. ▶ ***Troubler l'esprit*** – aveugler, embrumer, obnubiler, obscurcir, troubler, voiler. ▶ ***Désunir*** – déchirer, désaccorder, désolidariser, désunir, diviser, opposer, semer la discorde, semer la zizanie, séparer. ▶ ***Mêler les cartes*** – battre, mêler. *FAM.* brasser. ▶ ***Défaire le classement*** – déclasser, déranger, mêler. ▶ ***Altérer la limpidité*** – troubler. ♦ **se brouiller** ▶ ***Se désunir*** – rompre, se désunir, se fâcher, se quitter, se séparer. ▶ ***Perdre sa limpidité*** – louchir, se troubler. ▶ ***Se couvrir de nuages*** – s'assombrir, s'ennuager, s'obscurcir, se couvrir, se voiler. △ **ANT.** CLARIFIER, DÉBROUILLER, DÉMÊLER, ÉCLAIRCIR; ARRANGER, CLASSIFIER, RANGER; ACCORDER, RACCOMMODER, RÉCONCILIER, RÉUNIR.

brouillon *adj.* anarchique, chaotique, confus, désordonné, désorganisé, sens dessus dessous. *FAM.* bordélique. △ **ANT.** MÉTHODIQUE, ORDONNÉ.

brouillon *n.m.* ébauche, esquisse, essai, linéaments, premier jet. △ **ANT.** PROPRE, VERSION DÉFINITIVE, VERSION FINALE.

brousse *n.f.* ▶ ***Végétation*** – bush *(régions sèches)*, sahel *(Afrique du Nord)*, savane. ▸ *Méditerranéenne* – brande, friche, garrigue, lande, maquis, matorral. ▸ *Brésilienne* – caatinga, campo, sertão. ▸ *Amérique du Sud* – llanos.

brouter *v.* pacager, paître, pâturer, viander *(cervidés)*.

broyer *v.* ▶ ***Écraser en petits morceaux*** – brésiller, concasser, écraser, fragmenter, morceler, parcelliser, pulvériser. ▶ ***Réduire en poudre*** – égruger, moudre, piler, pulvériser, triturer. ▶ ***Mettre en bouillie*** – écraser. *FAM.* écrabouiller. △ **ANT.** MÉNAGER, PRÉSERVER, SAUVER.

bruissement *n.m.* ▶ ***Bruit faible*** (*SOUT.*) – bruissage, frémissement, friselis, froissement, frôlement, frottement, froufrou, froufroutement, glissement, souffle. *SOUT.* chuchotement, chuchotis.

bruit *n.m.* ▶ ***Ce qu'on perçoit par l'oreille*** – son. ▶ ***Remue-ménage*** – activité, affairement, affolement, agitation, alarme, animation, bouillonnement, branle-bas (de combat), dérangement, désordre, désorganisation, détraquement, effervescence, excitation, fourmillement, grouillement, hâte, incohérence, mouvement, orage, précipitation, remous, remue-ménage, secousse, tempête, tohu-bohu, tourbillon, tourmente, trépidation, trouble, tumulte, turbulence, va-et-vient. *SOUT.* émoi, remuement. *FAM.* chambardement. ▶ ***Vacarme*** – brouhaha, cacophonie, chahut, charivari, clameur, tapage, tohu-bohu, tumulte, vacarme. *SOUT.* bacchanale, hourvari, pandémonium. *FAM.* barouf, bastringue, bazar, bordel, boucan, bousin, chambard, corrida, grabuge, pétard, potin, raffut, ramdam, ronron, sabbat, schproum, tintamarre, tintouin. *QUÉB. FAM.* barda, train. ▶ ***Rumeur*** – écho, on-dit, ouï-dire, racontar, rumeur, vent. *AFR.* radiotrottoir. △ **ANT.** SILENCE.

brûlant *adj.* ▶ ***Chaud*** – ardent, bouillant, chaud. ▸ *En parlant du temps* – accablant, caniculaire, chaud, écrasant, étouffant, lourd, oppressant, saharien, suffocant, torride, tropical. ▶ ***Qui a ou indique la fièvre*** – bouillant, chaud, fébrile, fiévreux. ▶ ***Qui corrode*** – acide, caustique, corrodant, corrosif, mordant. ▶ ***Qui fait souffrir moralement*** – ardent, dévastateur, dévorant, ravageur. *SOUT.* dévorateur. △ **ANT.** FRIGORIFIÉ, FROID, GELÉ, GLACÉ; APYRÉTIQUE *(SANS FIÈVRE)*; BANAL, CONNU, ÉCULÉ, REBATTU, RÉCHAUFFÉ, RESSASSÉ, USÉ.

brûler *v.* ▶ ***Mettre en feu*** – embraser, enflammer, incendier. ▶ ***Détruire par le feu*** – calciner, carboniser, consumer, incinérer, réduire en cendres. *FAM.* cramer. ▶ ***Torréfier*** – griller, torréfier. ▶ ***Ébouillanter*** – ébouillanter, échauder. ▶ ***Produire une sensation de brûlure*** – cuire, picoter, piquer. ▶ ***Causer une inflammation*** – échauffer, enflammer, irriter. ▶ ***Discréditer*** (*FAM.*) – déconsidérer, décrédibiliser, discréditer, disqualifier, perdre. *FAM.* couler, griller. *RARE* démonétiser. ▶ ***Être en feu*** – être la proie des flammes, flamber, flamboyer, jeter des flammes. ▶ ***Être détruit par le feu*** – se consumer. *FAM.* cramer. *QUÉB. FAM.* passer au feu. ▶ ***Avoir très hâte*** – être impatient, être sur le gril, griller (d'impatience), mourir d'envie, ne plus tenir en place. △ **ANT.** CONGELER, GELER, GLACER, REFROIDIR; ÉTEINDRE, NOYER; ÊTRE DE GLACE, ÊTRE INDIFFÉRENT, ÊTRE TIÈDE.

brûlure *n.f.* actinite, ampoule, blessure, cloque, douleur, échaudure, échauffement, escarre, fer chaud, feu, fièvre, inflammation, insolation, irradiation, irritation, lésion, phlogose, ulcération, urtication.

brume *n. f.* ▶ ***Phénomène atmosphérique*** – brouillard. FAM. mélasse, purée de pois. ▶ ***État de confusion*** – brouillard, confusion, obnubilation. ▶ ***Cécité*** – cécité. FIG. brouillard, noir, nuit, obscurité. MÉD. amaurose, amblyopie, anopsie. △ **ANT.** CLARTÉ.

brumeux *adj.* ▶ ***Qui a l'aspect de la brume*** – nébuleux, vaporeux. ▶ ***Confus*** – brouillé, compliqué, confus, contourné, embarrassé, embrouillé, embroussaillé, enchevêtré, entortillé, flou, fumeux, incompréhensible, indéchiffrable, inintelligible, nébuleux, obscur, tarabiscoté, vague, vaseux. SOUT. abscons, abstrus, amphigourique, fuligineux. FAM. chinois, emberlificoté, filandreux, vasouillard. △ **ANT.** CLAIR.

brun *adj.* ▶ ***De la couleur du brun*** – brunâtre, marron. ▸ *Brun clair* – brun clair, brun pâle, café au lait, carmélite, champagne, havane, taupe. ▸ *Brun très clair* – beige, beigeâtre, champagne, sable. ▸ *Brun foncé* – bitume, brun foncé, brun sombre, café, chocolat, sépia. ▸ *Brun-rouge* – acajou, brique, cachou, châtaigne, marengo, marron, puce, terre d'ombre, terre de Sienne. ▸ *Brun-roux* – cognac, fauve, feuille-morte, noisette, ocré, ocre, rouille, roussâtre, roussi, roux, tabac. SOUT. rouillé. DIDACT. rubigineux. ▸ *Brun-jaune* – bistre. ▸ *Brun doré* – bronze, caramel, doré, mordoré. ▸ *Brun-rose* – rose-thé. ▶ ***Bruni par le soleil*** – basané, bronzé, bruni, cuivré, doré, hâlé, noiraud, tanné. FAM. moricaud. QUÉB. FAM. grillé. ▶ ***En parlant de la carnation naturelle*** – basané, bis, bistre, bistré, foncé, mat, olivâtre. ▶ ***En parlant de cheveux*** – auburn, châtain. ▶ ***En parlant de la robe d'un cheval*** – alezan, aquilain, bai, isabelle.

brusque *adj.* ▶ ***Sans douceur*** – à la hussarde, rude, sans ménagement. ▸ *En parlant du ton, des paroles* – abrupt, agressif, bourru, bref, brutal, cassant, coupant, dur, incisif, raide, rude, sec, tranchant. ▶ ***Rapide et inattendu*** – foudroyant, fulgurant, instantané, prompt, soudain, subit. △ **ANT.** GRADUEL, PROGRESSIF; DOUX, TENDRE.

brusquement *adv.* ▶ ***Subitement*** – à brûle-pourpoint, à l'improviste, au débotté, au dépourvu, d'un coup, de but en blanc, du jour au lendemain, ex abrupto, imprévisiblement, impromptu, inopinément, intempestivement, promptement, sans avertissement, sans crier gare, soudain, soudainement, subitement, tout à coup, tout d'un coup, tout de go. FAM. subito, subito presto. ▶ ***Carrément*** – abruptement, brutalement, carrément, catégoriquement, crûment, directement, droit, droit au but, fermement, franc, franchement, hardiment, librement, net, nettement, raide, raidement, résolument, rondement, sans ambages, sans ambiguïté, sans barguigner, sans détour(s), sans dissimulation, sans équivoque, sans faux-fuyant, sans hésitation, sans intermédiaire, vertement. FAM. franco. △ **ANT.** GRADUELLEMENT, PETIT À PETIT, PEU À PEU, PROGRESSIVEMENT; COMME ON S'Y ATTENDAIT.

brusquer *v.* ▶ ***Rudoyer*** – rabrouer, rembarrer, repousser, rudoyer. FAM. remballer. ▶ ***Obliger à se hâter*** – bousculer, presser. ▶ ***Accélérer*** – accélérer, activer, hâter, précipiter, presser. SOUT. diligenter. ▶ ***Faire arriver plus vite*** – avancer, devancer, hâter, précipiter. △ **ANT.** MÉNAGER; MODÉRER, RALENTIR, RETARDER, RETENIR; DIFFÉRER.

brusquerie *n. f.* ▶ ***Rudesse*** – brutalité, dureté, hostilité, rudesse. SOUT. rudoiement. ▶ ***Impatience*** – avidité, désir, empressement, fièvre, fougue, hâte, impatience, impétuosité, précipitation, presse, urgence, urgent. ▶ ***Soudaineté*** – brutalité, immédiateté, instantanéité, promptitude, rapidité, soudaineté. △ **ANT.** DÉLICATESSE, DOUCEUR; LENTEUR, TRANQUILLITÉ.

brut *adj.* ▶ ***Non traité*** – cru, naturel, vierge. ▸ *En parlant d'un textile* – cru, écru, grège *(soie)*, naturel. ▶ ***Rudimentaire*** – (à l'état) brut, à l'état d'ébauche, ébauché, élémentaire, embryonnaire, fruste, grossier, imparfait, informe, larvaire, mal équarri, primitif, rudimentaire. △ **ANT.** FAÇONNÉ, OUVRÉ; RAFFINÉ; CLAIR *(MONTANT D'ARGENT)*.

brutal *adj.* ▶ ***Violent*** – agressif, dur, emporté, raide, rude, violent. FAM. à la redresse. ▶ ***Trop franc*** – cru, direct, qui ne mâche pas ses mots, sans ménagement. ▶ ***En parlant du ton*** – abrupt, agressif, bourru, bref, brusque, cassant, coupant, dur, incisif, raide, rude, sec, tranchant. ▶ ***En parlant d'une lumière*** – cru, violent. △ **ANT.** DOUX; CAJOLEUR, CÂLIN, CARESSANT, TENDRE; BIEN ÉLEVÉ, COURTOIS, DÉLICAT; TAMISÉ.

brutalement *adv.* ▶ ***Carrément*** – abruptement, brusquement, carrément, catégoriquement, crûment, directement, droit, droit au but, fermement, franc, franchement, hardiment, librement, net, nettement, raide, raidement, résolument, rondement, sans ambages, sans ambiguïté, sans barguigner, sans détour(s), sans dissimulation, sans équivoque, sans faux-fuyant, sans hésitation, sans intermédiaire, vertement. FAM. franco. ▶ ***Violemment*** – à la hussarde, à tour de bras, à toute force, âprement, crûment, de la belle manière, durement, énergiquement, fort, fortement, net, raide, raidement, rudement, sans ménagement, sec, vertement, vigoureusement, violemment, vivement. ▶ ***Cruellement*** – barbarement, bestialement, cruellement, durement, farouchement, férocement, impitoyablement, inhumainement, méchamment, rudement, sadiquement, sauvagement. △ **ANT.** CIVILEMENT, DÉLICATEMENT, GALAMMENT.

brutalité *n. f.* ▶ ***Manque de raffinement*** – balourdise, barbarie, béotisme, bestialité, fruste, goujaterie, grossièreté, impolitesse, inélégance, lourdeur, rudesse, rustauderie, rusticité, rustrerie, vulgarité. ▶ ***Absence de ménagement*** – crudité, réalisme, verdeur. ▶ ***Brusquerie*** – brusquerie, dureté, hostilité, rudesse. SOUT. rudoiement. ▶ ***Agressivité*** – agressivité, combativité, hostilité, malveillance, méchanceté, provocation. SOUT. pugnacité. MÉD. quérulence. ▶ ***Cruauté*** – acharnement, agressivité, atrocité, barbarie, cruauté, dureté, férocité, inhumanité, maltraitance, méchanceté, sadisme, sauvagerie, violence. SOUT. implacabilité, inexorabilité. PSYCHIATRIE psychopathie. ▶ ***Soudaineté*** – brusquerie, immédiateté, instantanéité, promptitude, rapidité, soudaineté. △ **ANT.** DÉLICATESSE, SUBTILITÉ; AMABILITÉ, DOUCEUR, GENTILLESSE; LENTEUR, TRANQUILLITÉ.

brute *n. f.* ▶ ***Personne grossière*** – animal, balourd, barbare, béotien, brute (épaisse), butor, goujat, grossier personnage, mal élevé, malotru, malpropre, mufle, ostrogoth, ours mal léché, paysan, porc, rustaud. SOUT. manant, palot. FAM. gougnafier, pignouf, plouc, primate, sagouin. QUÉB. FAM. colon, habitant. ▸ *Femme* – poissarde. ▶ ***Personne violente*** – animal, brutal, cosaque, sauvage, violent. SOUT. reître, soudard. FAM. casse-tout, tabasseur. ▶ ***Animal*** (SOUT.) – animal, bestiole *(petit)*, bête. FAM. bestiau. △ **ANT.** DÉLICAT, ESTHÈTE; GENTILHOMME, HONNÊTE HOMME.

bruyamment *adv.* tapageusement. △ **ANT.** EN SILENCE, SANS BRUIT, SILENCIEUSEMENT.

bruyant *adj.* ▶ ***Qui fait du bruit*** – assourdissant, éclatant, étourdissant, fort, fracassant, résonnant, retentissant, sonore, tapageur, tonitruant, tonnant. SOUT. abasourdissant. ▶ ***Qui émet un grondement*** – grondant, grondeur, ronflant, tonnant. ▶ ***Qui parle fort*** – braillard, brailleur, criard, hurlant, hurleur. FAM. gueulard. ▶ ***Qui fait du tapage*** – agité, chahuteur, diable, dissipé, emporté, excité, remuant, tapageur, turbulent. QUÉB. FAM. énervé, tannant. △ **ANT.** SILENCIEUX.

bûche *n.f.* ▶ ***Bois*** – billette, bûchette *(petite)*, rondin. AFR. fagot. ▶ ***Personne stupide*** (FRANCE FAM.) – ahuri, âne, animal, idiot, imbécile, sot. FAM. abruti, andouille, âne bâté, bourrique, buse, cave, cerveau ramolli, cloche, con, cornichon, couenne, courge, crétin, cruche, débile, dégénéré, demeuré, dindon, enflé, gâteux, gourde, huître, innocent, légume, manche, moule, nouille, œuf, patate, pauvre d'esprit, pochetée, primate, saucisse, simple d'esprit, taré, tarte, truffe. FRANCE FAM. ballot, connard, conneau, corniaud, couillon, enfoiré, ganache, schnock, tourte. FRANCE RÉGION. fada, fier. QUÉB. FAM. cabochon, niaiseux, sans-allure, sans-dessein. ▸ *Femme idiote* FAM. bécasse, bécassine, chabraque, dinde. ▶ ***Allumette*** (FRANCE FAM.) – allumette. FRANCE FAM. frotte, frotteuse.

bûcher *v.* ▶ ***Travailler fort*** (FAM.) – besogner, peiner, suer, travailler comme un forçat, travailler d'arrache-pied. SOUT. tâcher. FAM. en baver, en travailler un coup, galérer, marner, ne pas chômer, trimer. FRANCE FAM. boulonner. ▶ ***Étudier fort*** (FAM.) – étudier, travailler. FAM. chiader, piocher, potasser. BELG. FAM. bloquer.

bûcher *n.m.* ▶ ***Pièce*** – appentis, cabanon, débarras, remise, resserre. FAM. fourre-tout. SUISSE galetas. QUÉB. FAM. hangar. ▶ ***Châtiment*** – feu.

budget *n.m.* ▶ ***Somme dont on dispose*** – crédits, enveloppe.

buée *n.f.* émanation, exhalaison, fumée, fumerolle *(volcan)*, gaz, mofette *(volcan)*, nuage, nuée, salamandre *(alchimie)*, vapeur. QUÉB. FAM. boucane.

buffet *n.m.* ▶ ***Meuble*** – argentier, armoire à porcelaine, buffet-vaisselier, crédence, dressoir, étagère à vaisselle, vaisselier. QUÉB. armoire à vaisselle. ▶ ***Ventre*** (FRANCE FAM.) – abdomen, ventre. ANAT. bas-ventre, épigastre, hypocondre, hypogastre. FAM. bedaine, bedon, bide, brioche, estomac, panse. FRANCE FAM. bidon.

buisson *n.m.* épinaie, épinier, fourré, haie, hallier, hayette *(petit)*, roncier. FRANCE RÉGION. traîne. ▸ *Dans une forêt* – brande, sous-bois, sous-étage.

bulle *n.f.* ▶ ***Boursouflure*** – ampoule, ballonnement, bombement, bosse, bouffissure, boursouflage, boursouflement, boursouflure, cloche, cloque, débordement, dilatation, distension, enflure, engorgement, fluxion, gonflement, grosseur, grossissement, hypertrophie, intumescence, renflement, rondeur, sinus, soufflure, soulèvement, tuméfaction, tumescence, turgescence, ventre, vésicule, vultuosité. QUÉB. FAM. bouffie. PATHOL. bubon, ectasie, emphysème, hydronéphrose, inflation, météorisation, météorisme, œdème, phlyctène. ▶ ***Enceinte*** – couveuse, incubatrice. ▶ ***Milieu sécurisant*** – cocon, giron, nid, ouate. ▶ ***Paroles d'un personnage*** – ballon, phylactère. ▶ ***Solitude*** – abandon, délaissement, éloignement, exil, ghettoïsation, isolation, isolement, quarantaine, réclusion, retraite, retranchement, séparation, solitude. FIG. cocon, désert, tanière, tour d'ivoire. SOUT. déréliction, thébaïde. RELIG. récollection. ▶ ***Lettre du pape*** – bref, décrétale, encyclique, lettre, monitoire, motu proprio, rescrit.

bulletin *n.m.* ▶ ***Communiqué*** – actualités, annonce, brève, communiqué, flash, information(s), journal *(parlé ou télévisé)*, nouvelle(s). ▸ *Information exclusive* – exclusivité, primeur, scoop. ▶ ***Journal*** – feuille, hebdomadaire, illustré, journal, magazine, organe, périodique, quotidien, tabloïd. FAM. hebdo. ▶ ***Revue*** – annales, bihebdomadaire, bimensuel, bimestriel, cahier, fanzine, gazette, hebdomadaire, illustré, journal, magazine, mensuel, organe, périodique, publication, revue, tabloïd, trimestriel, zine. FAM. hebdo. ▶ ***Série d'articles*** – chronique, rubrique. ▶ ***Reçu*** – acquit, apurement, connaissement, décharge, facture, facturette *(carte de crédit)*, libération, quitus, récépissé, reconnaissance (de paiement), reçu, warrant.

bureau *n.m.* ▶ ***Table de travail*** – bonheur-du-jour, bureau ministre, scriban, scribanne, secrétaire, table de travail. ▶ ***Pièce*** – bibliothèque, cabinet de lecture, cabinet de travail, cabinet. ▶ ***Guichet*** – caisse, guichet. ▶ ***Commission*** – charge, comité, commission, courtage, délégation, légation, mandat, mandatement, mission, pouvoir, procuration, représentation. ▶ ***Entreprise*** – affaire, compagnie, entreprise, établissement, exploitation, firme, institution, société. FAM. boîte, boutique. FRANCE FAM. burlingue. RARE industrie. PÉJ. FAM. baraque. ▶ ***Organisme*** – agence, cabinet, centre, office, organisme, service. ▶ ***Commode*** (QUÉB. FAM.) – armoire-penderie, armoire-vestiaire, commode, penderie. ♦ **bureaux,** ***plur.*** ▶ ***Administration*** – Administration, affaires de l'État, fonction publique, grands corps de l'État, institutions, ministères, organe, organismes, secrétariat, services. PÉJ. bureaucratie.

burlesque *adj.* ▶ ***Comique*** – amusant, bouffon, cocasse, comique, d'un haut comique, désopilant, drolatique, drôle, gai, hilarant, humoristique, impayable, ineffable, inénarrable, plaisant, rigolo, risible, vaudevillesque. SOUT. drôlet. FAM. bidonnant, boyautant, crevant, éclatant, gondolant, marrant, poilant, roulant, tordant. ▶ ***Exagéré*** – à dormir debout, abracadabrant, abracadabrantesque, absurde, baroque, biscornu, bizarre, cocasse, exagéré, excentrique, extravagant, fantasque, farfelu, fou, funambulesque, grotesque, impayable, impossible, incroyable, insolite, invraisemblable, loufoque, qui ne tient pas debout, rocambolesque, saugrenu, tiré par les cheveux, vaudevillesque. *FRANCE FAM.* foutraque, gaguesque. △ **ANT.** GRAVE, SÉRIEUX; ATTRISTANT, CHAGRINANT, TRISTE.

burlesque *n. m.* ▶ ***Caractère ridicule*** – grotesque, ridicule. ▶ ***Comédie*** – arlequinade, bouffonnerie, boulevard, clownerie, comédie, farce, limerick, momerie, pantalonnade, parodie, pièce de boulevard, proverbe, saynète, sketch, sotie, spectacle, théâtre de boulevard, vaudeville. *PÉJ.* caleçonnade. *ANC.* mascarade. △ **ANT.** TRAGÉDIE, TRAGIQUE.

buste *n. m.* ▶ ***Torse*** – cœur, poitrine, torse. *ANAT.* cage thoracique, sternum, thorax; *MÉD.* gril costal. *SOUT.* sein. *QUÉB. ACADIE FAM.* estomac. ▶ ***Seins*** – poitrine. *SOUT.* gorge.

but *n. m.* ▶ ***Désir*** – ambition, appel, appétit, aspiration, attirance, attrait, besoin, convoitise, desideratum, désir, envie, exigence, faim, fantaisie, fantasme, fièvre, fringale, goût, idéal, intention, jalousie, passion, prétention, quête, recherche, rêve, soif, souhait, tentation, velléité, visée, vœu, voix, volonté. *SOUT.* appétence, dessein, prurit, vouloir. *FAM.* démangeaison. ▶ ***Projet*** – entreprise, idée, intention, plan, préméditation *(mauvaise action)*, programme, projet, résolution, vue. *SOUT.* dessein. ▶ ***Objectif*** – ambition, cause, cible, considération, destination, fin, finalité, intention, mission, mobile, motif, objectif, objet, point de mire, pourquoi, prétexte, raison, raison d'être, sens, visée. *SOUT.* propos. ▶ ***Aboutissement*** – aboutissement, accomplissement, achèvement, apothéose, chute, complémentation, complètement, complétude, conclusion, consécration, consommation, couronnement, dénouement, exécution, fin, finition, fruit, issue, produit, réalisation, règlement, résolution, résultat, sortie, terme, terminaison. *SOUT.* aboutissant. *PHILOS.* entéléchie. △ **ANT.** DÉBUT, DÉPART, ORIGINE.

buter *v.* ▶ ***Heurter du pied*** – trébucher. *QUÉB. FAM.* s'enfarger. *SUISSE* s'encoubler. ▶ ***Rencontrer une difficulté*** – se heurter à, trébucher sur. *SOUT.* broncher contre/sur, s'achopper à. ▶ ***Tuer*** (*FRANCE FAM.*) – abattre, assassiner, éliminer, exécuter, supprimer, tuer. *SOUT.* immoler. *FAM.* descendre, envoyer dans l'autre monde, expédier, faire la peau à, flinguer *(arme à feu)*, liquider, nettoyer, ratatiner, rectifier, refroidir, se faire, trucider, zigouiller. *FRANCE FAM.* bousiller. ♦ **se buter** ▶ ***S'entêter*** – insister, ne pas démordre de, persévérer, persister, s'acharner, s'entêter, s'obstiner. ▶ ***S'opposer farouchement*** – regimber, résister, ruer dans les brancards, s'insurger, se braquer, se cabrer, se rebeller, se révolter. *FAM.* rebecquer, se rebiffer; *RARE* récalcitrer. ♦ **buté** ▶ ***Têtu*** – entêté, obstiné, têtu, volontaire. *FAM.* cabochard, tête de mule, tête de pioche, tête dure. △ **ANT.** ▶ ***Buter sur*** – CONTOURNER, ÉVITER, FRANCHIR. ♦ **se buter** CÉDER, CHANGER D'IDÉE, RENONCER.

butin *n. m.* ▶ ***Restes de l'ennemi*** – dépouilles opimes, panoplie, trophée. △ **ANT.** PERTE.

butte *n. f.* ▶ ***Élévation de terrain*** – monticule, tertre, tumulus *(tombe)*. △ **ANT.** CREUX, DÉPRESSION, VALLÉE.

buveur *n.* ▶ ***Alcoolique*** – alcoolique, (gros) buveur, ivrogne. *FAM.* biberon, boit-sans-soif, éponge, picoleur, pilier de bar, pilier de bistrot, pochard, poivrot, sac à vin, soiffard, soûlard, soûlaud, soûlographe. *MÉD.* dipsomane, éthylique. ▶ ***Personne en train de boire*** – consommateur. △ **ANT.** ABSTÈME, ABSTINENT; MANGEUR.

C

cabane *n. f.* ▶ ***Habitation rudimentaire*** – cahute, masure. FAM. baraque. ▶ ***Petite maison*** – cabanon, case, chaumière, gloriette, hutte, maisonnette. △ **ANT.** CHÂTEAU, PALAIS.

cabaret *n. m.* ▶ ***Lieu de spectacles*** – café concert, music-hall. ANC. beuglant *(fin du XIXe)*. ▶ ***Plateau de service*** (QUÉB.) – plateau de service, plateau.

cabine *n. f.* ▶ ***Local*** – isoloir. ▶ ***Partie d'un véhicule*** – cabine de pilotage, carlingue, cockpit, habitacle.

cabinet *n. m.* ▶ ***Pièce*** – bibliothèque, bureau, cabinet de lecture, cabinet de travail. ▶ ***Organisme*** – agence, bureau, centre, office, organisme, service. ▶ ***Ministres*** – conseil (des ministres), gouvernement, ministère, ministres. ▶ ***Réduit*** (RARE) – chambre mansardée, comble, grenier, mansarde, réduit, soupente. ♦ **cabinets*, plur.*** ▶ ***Lieu d'aisance*** – cabinet d'aisances, cabinet de toilette, latrines, lavabos, lieux d'aisances, sanisette *(publiques)*, sanitaires, toilettes, W.-C., water-closets, waters. FAM. petit coin, petit endroit, vécés. BELG. cour. AFR. douchière. ANC. garde-robe.

câble *n. m.* ▶ ***Cordage*** – câblot, cordage, filin. ▶ ***Attache*** – attache, chaîne, corde, courroie, fers, lanière, lien, ligament, ligature, liure, rétinacle, sangle. ▶ ***Conducteur électrique*** – fil. ▶ ***Télévision*** – câblodistribution, télédistribution, télévision par câble. ▶ ***Télégramme*** – radio, radiogramme, radiotélégramme, télégramme.

cabrer (se) *v.* ▶ ***Animer contre qqn*** – braquer, dresser, monter, monter la tête, opposer. ♦ **se cabrer** ▶ ***S'opposer farouchement*** – regimber, résister, ruer dans les brancards, s'insurger, se braquer, se buter, se rebeller, se révolter. FAM. rebecquer, se rebiffer; RARE récalcitrer. △ **ANT.** ACCEPTER, SE SOUMETTRE.

cache *n. f.* ▶ ***Abri*** – abri, affût, asile, cachette, gîte, lieu de repos, lieu sûr, refuge, retraite. FIG. ermitage, havre (de paix), oasis, port, solitude, tanière, toit. PÉJ. antre, planque, repaire. ▶ ***Affût*** – affût, embuscade, palombière *(chasse à la palombe)*, poste.

cacher *v.* ▶ ***Dissimuler une chose concrète*** – camoufler, couvrir, dérober, dérober aux regards, dissimuler, escamoter, masquer, receler, recouvrir, soustraire à la vue, soustraire aux regards, voiler. FAM. planquer. FRANCE RÉGION. mucher, musser. ▶ ***Dissimuler une chose abstraite*** – camoufler, couvrir, déguiser, dissimuler, envelopper, escamoter, étouffer, farder, maquiller, masquer, occulter. SOUT. pallier. QUÉB. FAM. abrier. ▶ ***Passer sous silence*** – couvrir, dissimuler, laisser de côté, omettre, passer sous silence, taire. SOUT. celer. ♦ **se cacher** ▶ ***Se terrer*** – s'abriter, se blottir, se mettre à couvert, se mettre à l'abri, se nicher, se réfugier, se tapir, se terrer. FAM. se planquer. ♦ **caché** ▶ ***Qu'on ne peut voir*** – dérobé, dissimulé, invisible, masqué, secret. ▶ ***Qui n'est pas avoué*** – dérobé, dissimulé, inavoué, secret. △ **ANT.** DÉCELER, DÉCOUVRIR, EXHIBER, EXPOSER, METTRE EN ÉVIDENCE, SORTIR; AFFICHER, MANIFESTER, MONTRER; AVOUER, DIVULGUER, RÉVÉLER.

cachet *n. m.* ▶ ***Ce qui sert à marquer*** – oblitérateur, poinçon, sceau, tampon, timbre. ANTIQ. cylindre-sceau. ▶ ***Marque*** – contrôle, empreinte, estampille, flamme, frappe, griffe, insculpation, label, marque, oblitération, plomb, poinçon, sceau, tampon, timbre. QUÉB. FAM. étampe. ▶ ***Salaire*** – appointements, commission, droit, émoluments, fixe, gages, gain, honoraires, jeton (de présence), mensualité, paye, pourboire, rémunération, rétribution, revenu, salaire, semaine, solde, traitement, vacations. ▶ ***Indice*** – apparence, cicatrice, critère, empreinte, indication, indice, justificatif, lueur, marque, ombre, pas, piste, preuve, repère, reste, ride, sceau, signature, signe, stigmate, tache, témoignage, témoin, trace, trait, vestige. ▶ ***Originalité*** – anticonformisme, audace, caractère, fraîcheur, hardiesse, indépendance, individualité, innovation, inspiration, marginalité, non-conformisme, nouveauté, originalité, particularité, personnalité, piquant, pittoresque, singularité. ▶ ***Médicament*** – capsule, comprimé, dragée *(enrobé)*, gélule, linguette, pilule. PHARM. globule, grain, granule, granulé; ANC. bol.

cachette *n.f.* ▸ ***Abri*** – abri, affût, asile, cache, gîte, lieu de repos, lieu sûr, refuge, retraite. FIG. ermitage, havre (de paix), oasis, port, solitude, tanière, toit. PÉJ. antre, planque, repaire. ▸ ***Jeu*** (QUÉB. FAM.) – cache-cache.

cachot *n.m.* ▸ ***Cellule obscure*** – cellule, fosse, oubliette, violon. FRANCE FAM. mitard. ANC. basse-fosse, cabanon *(pour les fous)*, cul-de-basse-fosse. ANTIQ. ROM. ergastule. ▸ ***Prison*** (PAR EXT.) – bagne, centre de détention, centre pénitentiaire, établissement pénitentiaire, maison de détention, pénitencier, prison. FAM. cage, placard, taule, trou. FRANCE FAM. bloc, gnouf.

cadavre *n.m.* corps, mort. SOUT. dépouille (mortelle). FAM. macchab, macchabée. △ **ANT.** VIVANT.

cadeau *n.m.* ▸ ***Chose offerte*** – cadeau-souvenir, don, offrande, prime, souvenir, surprise. SOUT. présent. FAM. fleur. ▸ *Don* – avantage, donation, générosité, gracieuseté, gratification, largesse, libéralité, manne *(inespéré)*. SOUT. bienfait. ▸ *Pot-de-vin* – dessous-de-table, enveloppe, pot-de-vin, pourboire. FAM. arrosage, bakchich. AFR. matabiche. △ **ANT.** CONFISCATION, REPRISE; PUNITION.

cadence *n.f.* ▸ ***Rythme*** – allure, course, erre, marche, mouvement, pas, rythme, tempo, train, vitesse. ▸ ***Rythme musical*** – battement, eurythmie, mesure, mouvement, musique, période, phrasé, pouls, pulsation, respiration, rythme, swing, tempo, vitesse. ▸ ***Rythme en poésie*** – euphonie, harmonie, musicalité, nombre, rythme, sonorité. ▸ ***Périodicité*** – chronicité, cyclicité, périodicité, régularité, rythme, rythmicité, saisonnalité. △ **ANT.** IRRÉGULARITÉ.

cadet *n.* ▸ ***Descendant*** ▸ ***Soldat*** – guerrier, homme de guerre, homme de troupe, soldat. FAM. bidasse, reître, troufion. FRANCE FAM. griveton, pioupiou. ♦ **cadet**, ***masc.*** ▸ ***Auxiliaire au golf*** – caddie. △ **ANT.** AÎNÉ.

cadre *n.* ▸ ***Dirigeant*** – administrateur, chef d'entreprise, chef d'industrie, décideur, décisionnaire, directeur, dirigeant, gestionnaire, logisticien, patron, responsable. ♦ **cadre**, ***masc.*** ▸ ***Bordure architecturale*** – bâti dormant, chambranle, châssis, châssis dormant, croisée, dormant, encadrement, fenêtre, huisserie, trappe. ▸ ***Bordure artistique*** – encadrement, passe-partout *(carton)*. ▸ ***Châssis*** – armature, bâti, carcasse, chaînage, charpente, châssis, lisoir, ossature, poutrage, poutraison. ▸ ***Milieu*** – ambiance, atmosphère, climat, décor, élément, entourage, environnement, environs, lieu, milieu, monde, société, sphère, théâtre, voisinage. ▸ ***Limite*** – abornement, bornage, ceinture, délimitation, démarcation, encadrement, jalonnage, jalonnement, limite, séparation, tracé.

caduc *adj.* ▸ ***Expiré*** – annulé, échu, expiré, invalide, nul, périmé. DR. nul et de nul effet, nul et non avenu. ▸ ***Désuet*** – anachronique, ancien, antédiluvien, antique, archaïque, arriéré, démodé, dépassé, désuet, fossile, inactuel, moyenâgeux, obsolescent, obsolète, passé de mode, périmé, poussiéreux, préhistorique, qui a fait son temps, suranné, tombé en désuétude, usé, vétuste, vieilli, vieillot, vieux, vieux jeu. ▸ ***En parlant des feuilles*** – décidu. △ **ANT.** ACTUEL, EN COURS, VALIDE; À LA MODE, À LA PAGE, EN VOGUE, MODERNE, NEUF, NOUVEAU, RÉCENT. ♦ **caducs**, ***plur.*** PERSISTANTES *(FEUILLES)*.

cafard *n.* ▸ ***Personne qui dénonce*** (FAM.) – accusateur, calomniateur, délateur, dénonciateur, détracteur, diffamateur, espion, indicateur, rapporteur. SOUT. sycophante, vitupérateur. FAM. balance, cafardeur, cafteur, donneur, indic, mouchard. QUÉB. FAM. porte-panier. ♦ **cafard**, ***masc.*** ▸ ***Tristesse*** (FAM.) – abattement, accablement, affliction, aigreur, amertume, chagrin, dépression, désolation, deuil, douleur, ennui, épreuve, grisaille, humeur noire, idées noires, idées sombres, langueur, lypémanie, mal du pays, mal-être, maussaderie, mélancolie, monotonie, morosité, neurasthénie, noir, nostalgie, papillons, peine, serrement de cœur, souci, tædium vitæ, tristesse, vague à l'âme. SOUT. atrabile, larmes, navrement, nuage, spleen, taciturnité. FAM. blues, bourdon, déprime, sinistrose.

café *n.m.* ▸ ***Boisson*** – FRANCE FAM. caoua, jus; PÉJ. jus de chapeau, jus de chaussette, jus de chique, repasse. ▸ ***Bar*** – bar, brasserie, débit de boissons, estaminet, guinguette, pub. FAM. bistrot, buvette, limonade. FRANCE FAM. bistroquet, marigot, rade, troquet, zinc. QUÉB. taverne. AFR. maquis *(clandestin)*. ▸ *Mal famé* – bouge, boui-boui. ▸ *Aux États-Unis* ANC. saloon *(conquête de l'Ouest)*, speakeasy *(prohibition)*.

cafeteria (var. **caféteria, cafétéria**) *n.f.* cantine, mess *(officiers)*, réfectoire, salle à manger, salle de repas. FAM. cantoche. SUISSE carnotset *(dans une cave)*, chambre à manger. ANTIQ. triclinium.

cage *n.f.* ▸ ***Prison*** (FAM.) – bagne, centre de détention, centre pénitentiaire, établissement pénitentiaire, maison de détention, pénitencier, prison. FAM. cachot, placard, taule, trou. FRANCE FAM. bloc, gnouf.

cahier *n.m.* ▸ ***Carnet*** – agenda, bloc-notes, calepin, carnet, journal, livre, livret, manifold, mémento, mémorandum, notes, registre, répertoire. ▸ ***Revue*** – annales, bihebdomadaire, bimensuel, bimestriel, bulletin, fanzine, gazette, hebdomadaire, illustré, journal, magazine, mensuel, organe, périodique, publication, revue, tabloïd, trimestriel, zine. FAM. hebdo. ▸ ***Livre*** – album, brochure, brochurette, catalogue, document, écrit, fascicule, imprimé, livre, livret, manuel, opuscule, ouvrage, parution, plaquette, publication, recueil, registre, titre, tome, volume. FAM. bouquin. ▸ *Gros* FAM. pavé. QUÉB. FAM. brique.

cahot *n.m.* ▸ ***Saccade*** – à-coup, raté, saccade, secousse, soubresaut. ▸ ***Sursaut*** – saut, soubresaut, sursaut, tressaillement. SOUT. tressaut, tressautement. ▸ ***Bosse*** (QUÉB. FAM.) – dos-d'âne. △ **ANT.** DOUCEUR, RÉGULARITÉ.

caille *n.f.* ▸ ***Appellatif affectueux pour une femme*** (FAM.) – belle, biche, bichette, cocotte, colombe, douce, princesse, tourterelle. SOUT. mie. FAM. fille.

caillou *n.m.* ▸ ***Pierre*** – galet, minerai, minéral, pierre, pierrette *(petite)*, roc, roche, rocher. ▸ ***Pierre précieuse*** (FAM.) – gemme, pierre. FAM. bouchon de carafe. ▸ *Fausse* – doublet, strass. ▸ ***Tête*** (FRANCE

FAM.) – tête. SOUT. front. FAM. caboche, ciboulot, citrouille, coco, crâne, fiole, pomme, tirelire, tronche. FRANCE FAM. bocal, bouillotte, boule, bourrichon, cafetière, calebasse, carafe, carafon, cassis, cigare, citron, cocarde, coloquinte, job, terrine, tronc.

caisse *n.f.* ▶ ***Coffre*** – coffre, conteneur, huche, malle, malle-cabine. FAM. cantine. ▶ ***Carrosserie*** – carrosserie. ▶ ***Machine de calcul*** – caisse enregistreuse, caisse-comptable, tiroir-caisse. ▶ ***Guichet*** – bureau, guichet. ▶ ***Fonds en caisse*** – encaisse. ▶ ***Automobile*** (FAM.) – auto, automobile, voiture, voiture automobile. FAM. bagnole, bahut, tire.

calamité *n.f.* ▶ ***Catastrophe*** – apocalypse, bouleversement, cataclysme, catastrophe, chaos, désastre, drame, fléau, malheur, néant, ruine, sinistre, tragédie. FIG. précipice. SOUT. abîme. FAM. cata. ▶ ***Malheur*** – adversité, calice (de douleur), chagrin, détresse, deuil, disgrâce, douleur, échec, épreuve, fatalité, infortune, mal, malchance, malédiction, malheur, mauvaise fortune, mauvaise passe, mésaventure, misère, nuage, orage, peine, revers, ruine, sale affaire, sale histoire, souffrance, traverse, tribulation. SOUT. bourrèlement, plaie, tourment. ▶ ***Chose ennuyeuse*** (FAM.) – FAM. colique, scie, soporifique. △ **ANT.** BONHEUR, CHANCE; BÉNÉDICTION, FÉLICITÉ.

calcaire *n.m.* calcite, craie, roche calcaire.

calcul *n.m.* ▶ ***Opération mathématique*** – algèbre, algorithme, arithmétique, chiffrage, compte, opération, supputation. ▶ ***Évaluation*** – aperçu, appréciation, approximation, détermination, devis, estimation, évaluation, expertise, inventaire, mesure, prévision, prisée, supputation. ▶ ***Machination*** – agissements, cabale, combinaison, complot, conjuration, conspiration, intrigue, machination, manigance, manipulation, manœuvre, maquignonnage, menées, plan, tractation. SOUT. brigue, fomentation. FAM. combine, fricotage, grenouillage, magouillage, magouille, micmac, mijotage. ▶ ***Stratégie*** – adresse, diplomatie, finesse, habileté, ligne de conduite, machiavélisme, manège, négociation, patience, prudence, ruse, sagesse, savoir-faire, souplesse, stratégie, tactique, temporisation, tractation. ▶ ***Sable*** – arène, castine, gravier, sable, sablon, tangue *(vaseux)*. ▶ ***Concrétion organique*** – lithiase.

calculateur *adj.* ▶ ***Qui recherche son avantage personnel*** – avide, boutiquier, égoïste, intéressé, qui agit par calcul. △ **ANT.** DÉSINTÉRESSÉ, DÉTACHÉ.

calculateur *n.* ▶ ***Machine*** – calculette, machine à calculer, machine arithmétique, machine totalisatrice, totalisateur, totaliseur. HIST. arithmomètre. ▶ ***Personne qui compte*** – compteur. ▶ ***Arriviste*** – arriviste, intrigant, machinateur, manipulateur, manœuvrier, maquignon, margoulin, opportuniste. FAM. combinard, magouilleur.

calculer *v.* ▶ ***Faire le compte exact*** – chiffrer, compter, dénombrer, évaluer, faire le compte de, quantifier. ▶ ***Estimer*** – apprécier, estimer, évaluer, jauger, juger, mesurer, peser, soupeser, supputer, toiser. ▶ ***Préparer par une longue réflexion*** – combiner, couver, imaginer, méditer, mûrir, préméditer, ruminer. △ **ANT.** IMPROVISER, NÉGLIGER.

caleçon *n.m.* cache-sexe, (petite) culotte, slip. FRANCE FAM. calecif.

calembour *n.m.* à-peu-près, jeu de mots.

calendrier *n.m.* ▶ ***Tableau*** – agenda, almanach, bloc calendrier, bref, chronologie, comput, éphéméride, martyrologe, ménologe, ordo, semainier, table, tableau. ANTIQ. ROM. fastes. ▶ ***Programme*** – échéancier, emploi du temps, horaire, minutage, ordre du jour, plan, planification, programme, projet. FAM. menu.

calepin *n.m.* ▶ ***Petit cahier*** – agenda, bloc-notes, cahier, carnet, journal, livre, livret, manifold, mémento, mémorandum, notes, registre, répertoire. ▶ ***Aide-mémoire*** – agenda, aide-mémoire, almanach, bloc-notes, carnet, éphéméride, guide, guide-âne, mémento, mémorandum, pense-bête, précis, vade-mecum. FAM. antisèche, mémo. ▶ ***Porte-documents*** (BELG.) – cartable, porte-documents, porte-musique *(partitions)*, serviette.

caler *v.* ▶ ***Appuyer*** – accoter, adosser, appuyer. ▶ ***Boire rapidement*** (QUÉB. FAM.) – avaler d'un coup, avaler d'un trait, boire d'un coup, boire d'un trait, lamper. FAM. descendre, siffler. ▶ ***Céder*** (FAM.) – battre en retraite, céder, faiblir, faire marche arrière, fléchir, lâcher pied, mollir, plier, reculer. FAM. caner, flancher, se déballonner, se dégonfler. ▶ ***Perdre ses cheveux*** (QUÉB. FAM.) – se dégarnir. FAM. se déplumer. ♦ **se caler** ▶ ***S'installer*** – s'installer, se carrer. △ **ANT.** DÉBLOQUER, DÉGAGER, DONNER DU JEU À; CONTINUER, PERSISTER, RÉSISTER.

calibre *n.m.* ▶ ***Grosseur*** – ampleur, amplitude, carrure, diamètre, empan, envergure, étendue, évasure, format, giron *(d'une marche)*, grosseur, laize, large, largeur, lé, module, portée, taille. ▶ ***Arme*** (FAM.) – fusil. FAM. feu, flingot, flingue, pétard, rif, seringue, soufflant. ▶ *Mauvais* – pétoire.

câlin *adj.* affectueux, aimant, amoureux, cajoleur, caressant, doux, roucoulant, tendre. △ **ANT.** BRUTAL, DUR, RAIDE, RUDE, VIOLENT.

câlin *n.m.* ▶ ***Attouchement affectueux*** – cajolerie, câlinerie, caresse, tendresses. FAM. mamours. FRANCE FAM. papouille.

calmant *adj.* ▶ ***Qui ralentit l'activité nerveuse*** – neuroleptique, psycholeptique, sédatif, tranquillisant. ▶ ***Qui calme l'irritation*** – adoucissant, apaisant, balsamique, émollient, lénifiant, lénitif, ramollissant. ▶ ***Qui réconforte*** – apaisant, consolant, consolateur, lénifiant, lénitif, rassérénant, rassurant, réconfortant, sécurisant, tranquillisant. △ **ANT.** AGAÇANT, CRISPANT, ÉNERVANT, EXASPÉRANT, EXCÉDANT, IRRITANT.

calme *adj.* ▶ ***Sans agitation*** – berceur, doux, paisible. ▶ ***Sans bruit*** – paisible, silencieux, tranquille. ▶ ***En parlant d'une étendue d'eau*** – dormant, étale, immobile, stagnant. ▶ ***En parlant du temps, du ciel*** – beau, clair, pur. SOUT. serein. ▶ ***Impassible*** – d'humeur égale, flegmatique, impassible, imperturbable, maître de soi, placide. △ **ANT.** AGAÇANT, CRISPANT, ÉNERVANT, EXASPÉRANT, EXCÉDANT, FATIGANT, INSUPPORTABLE, IRRITANT; AGITÉ, ÉNERVÉ, EXCITÉ, FÉBRILE, FIÉVREUX, HYSTÉRIQUE, IMPATIENT, NERVEUX; HOULEUX, MOUVEMENTÉ, ORAGEUX, TEMPÉTUEUX, TUMULTUEUX, VIOLENT.

calme *n.m.* ▶ ***Immobilité*** – fixité, hiératisme, immobilisme, immobilité, immuabilité, immutabilité, impassibilité, improductivité, inaction, inactivité, inamovibilité, inertie, paralysie, piétinement, plafonnement, repos, sclérose, stabilité, stagnation, stationnarité, statisme, statu quo, sur place. SOUT. marasme, morosité. ▶ ***Quiétude*** – abri, assurance, confiance, paix, quiétude, repos, salut, sécurité, sérénité, sûreté, tranquillité (d'esprit). ▶ ***Paix*** – accalmie, apaisement, bonace, bonheur, éclaircie, entente, fraternité, harmonie, idylle, paix, quiétude, rémission, repos, silence, tranquillité, trêve, union. SOUT. kief. ▶ ***Impassibilité*** – apathie, ataraxie, détachement, distanciation, égalité d'âme, égalité d'humeur, équilibre, flegme, impassibilité, imperturbabilité, indifférence, paix, philosophie, placidité, quiétude, sérénité, stoïcisme, tranquillité. SOUT. équanimité. ▶ ***Patience*** – constance, courage, douceur, endurance, flegme, lenteur, patience, persévérance, persistance, résignation, sang-froid, tranquillité. SOUT. longanimité. ▶ ***Douceur*** – affabilité, agrément, amabilité, aménité, bénignité, bienveillance, bonhomie, bonté, chaleur, charité, clémence, docilité, douceur, gentillesse, grâce, humanité, indulgence, patience, placidité, suavité. SOUT. débonnaireté, magnanimité, mansuétude, onction. △ **ANT.** ACTIVITÉ, AGITATION, MOUVEMENT; FUREUR, TEMPÊTE; BRUIT, VACARME; DÉSORDRE, PERTURBATION, TROUBLE, TUMULTE; ÉMOTION, EXCITATION, INQUIÉTUDE, IRRITATION, NERVOSITÉ.

calmement *adv.* à froid, à loisir, à tête reposée, avec sang-froid, doucement, flegmatiquement, froidement, impassiblement, imperturbablement, inébranlablement, pacifiquement, paisiblement, placidement, posément, sagement, sans broncher, sereinement, silencieusement, tranquillement. SOUT. impavidement. FAM. peinardement, tranquillos. FRANCE RÉGION. FAM. plan-plan. △ **ANT.** ANXIEUSEMENT, FÉBRILEMENT, FIÉVREUSEMENT, IMPATIEMMENT, NERVEUSEMENT.

calmer *v.* ▶ ***Soulager la douleur*** – soulager. SOUT. remédier à. ▶ ***Dominer*** – contenir, contrôler, dominer, dompter, gouverner, maîtriser, surmonter, vaincre. SOUT. commander à. ▶ ***Assouvir*** – apaiser, assouvir, contenter, étancher, rassasier, satisfaire, soulager. SOUT. désaltérer, repaître. ▶ ***Détendre*** – désénerver, détendre, relaxer. FAM. décontracter. ▶ ***Rassurer*** – apaiser, consoler, rasséréner, rassurer, réconforter, sécuriser, tranquilliser. ▶ ***Radoucir*** – amadouer, apaiser, pacifier, radoucir. ▶ ***Assagir*** – assagir, modérer, raisonner, tempérer. ♦ **se calmer** ▶ ***Se radoucir*** – baisser le ton, s'apaiser, se radoucir. FAM. mettre un bémol. ▶ ***Se maîtriser*** – garder son sang-froid, rester maître de soi, se contenir, se contrôler, se dominer, se dompter, se maîtriser, se posséder, se raisonner, se retenir. QUÉB. FAM. prendre sur soi. ▶ ***Reprendre ses esprits*** – reprendre ses esprits, se rasséréner. △ **ANT.** ATTISER, AVIVER, EXACERBER, EXCITER, STIMULER; DÉCHAÎNER, ÉNERVER, EXASPÉRER, IRRITER, TROUBLER.

calomnie *n.f.* ▶ ***Offense*** – affront, attaque, atteinte, attentat, avanie, blessure, défi, dommage, indignité, injure, insolence, insulte, manquement, offense, outrage, pique, tort. SOUT. bave, camouflet, soufflet. ▶ ***Médisance*** – accusation, allégation, attaque, cafardage, critique, délation, dénigrement, dénonciation, dépréciation, dévalorisation, diffamation, imputation, insinuation, médisance, plainte, rabaissement, réquisitoire, trahison. SOUT. détraction. FAM. mouchardage. △ **ANT.** APOLOGIE, DÉFENSE, ÉLOGE, GLORIFICATION, LOUANGE, PANÉGYRIQUE.

calomnier *v.* attaquer, baver sur, casser du sucre sur le dos de, cracher sur, critiquer, décrier, dénigrer, déprécier, diffamer, dire du mal de, gloser sur, médire de, noircir, perdre de réputation, traîner dans la boue. SOUT. arranger de la belle manière, clabauder sur, dauber sur, détracter, dire pis que pendre de, mettre plus bas que terre. FAM. déblatérer contre, taper sur. FRANCE FAM. débiner, habiller pour l'hiver, tailler un costard à, tailler une veste à. BELG. décauser. △ **ANT.** GLORIFIER, LOUANGER, LOUER; DÉFENDRE.

calorique *adj.* énergétique.

calotte *n.f.* ▶ ***Casquette*** (QUÉB. FAM.) – casquette. FRANCE FAM. bâche, gâpette. ▶ ***Dôme*** – berceau, coupole, cul-de-four, dôme, lanterne, voûte. ▸ *Intérieur* – cintre, intrados. ▸ *Extérieur* – extrados. ▶ ***Voûte céleste*** – air, atmosphère, calotte (céleste), ciel, coupole (céleste), dôme (céleste), espace, sphère céleste, voûte (céleste), zénith. SOUT. azur, empyrée, éther, firmament, nues. ▶ ***Clergé*** (PÉJ.) – clergé, corps ecclésiastique, Église, sacerdoce. PÉJ. FAM. soutane. ▶ ***Gifle*** (FRANCE FAM.) – claque, gifle, tape. SOUT. soufflet. FAM. baffe, beigne, mornifle, pain, taloche, tarte, torgnole. FRANCE FAM. aller et retour, emplâtre, giroflée (à cinq feuilles), mandale, pêche, rouste.

calvaire *n.m.* ▶ ***Épreuves*** – affliction, agonie, douleur, élancement, enfer, lancination, martyre, souffrances, supplice, tiraillement, torture. SOUT. affres, géhenne, tourment. MÉD. algie.

calvitie *n.f.* alopécie, atrichie *(poils)*, pelade. FAM. tonsure.

camarade *n.* ▶ ***Titre communiste*** – citoyen. ▶ ***Ami*** – allié, alter ego, ami, (ami) intime, (ami) proche, bon ami, compagnon, connaissance, familier, frère, relation. SOUT. féal. FAM. acolyte, aminche, complice, copain, frangin, pote. FRANCE RÉGION. collègue. △ **ANT.** ADVERSAIRE, COMPÉTITEUR, ENNEMI, RIVAL; INCONNU.

camaraderie *n.f.* amitié, confraternité, coude à coude, entente, fraternité, solidarité, sympathie. FAM. copinerie.

cambuse *n.f.* ▶ ***Magasin d'un bateau*** – magasin du bord. ▶ ***Logement mal tenu*** (FAM.) – bouge, galetas, taudis. FIG. bauge, chenil, écurie, tanière. FAM. baraque, bicoque, clapier. FRANCE FAM. gourbi, turne. ▶ ***Chambre*** (PÉJ. FAM.) – alcôve, chambre (à coucher), chambrée *(caserne)*, chambrette, dortoir. FAM. carrée, piaule, taule. PÉJ. turne.

camion *n.m.* fourgon, poids lourd. FRANCE FAM. bahut.

camp *n.m.* ▶ ***Campement*** – baraquement, base, bivouac, campement, cantonnement, installation provisoire, quartiers. ▶ ***Lieu d'hébergement de prisonniers*** – camp (de prisonniers), camp de travail, goulag, oflag, stalag. ▶ ***Espace de terrain*** – campement, camping, village de toile. ▶ ***Association politique*** – alliance, apparentement, association, bloc, cartel, club, coalition, confédération, faisceau, fédération, formation, front, groupe, groupe d'intérêts, groupe de pression, groupement, ligue, mouvement, organisation, parti, phalange, rapprochement, rassemblement, union. ANC. hétairie. FÉOD. hermandad. ▸ *Clique* – bande, cabale, camarilla, chapelle, clan, clique, coterie, école, église, faction, gang, groupuscule, ligue, maffia, secte.

campagnard *adj.* champêtre, paysan, rural, rustique. SOUT. agreste, bucolique, pastoral. △ **ANT.** CITADIN, URBAIN.

campagne *n. f.* ▶ ***Étendue de pays plat*** – plaine, rase campagne. ▶ ***Région rurale*** – terroir. FRANCE FAM. cambrousse. QUÉB. FAM. les rangs. ▸ *En Afrique* – bled, brousse. ▶ ***Expédition*** – allées et venues, balade, circuit, circumnavigation, course, croisière, déplacement, excursion, expédition, exploration, hadj, incursion, marche, méharée, mission, navette, navigation, odyssée, passage, pèlerinage, pérégrination, périple, promenade, raid, rallye, randonnée, reconnaissance, tour, tourisme, tournée, transport, traversée, va-et-vient, voyage. SOUT. chevauchée, errance. FAM. bourlingue, transhumance. QUÉB. voyagement. △ **ANT.** AGGLOMÉRATION, VILLE; MONTAGNE; MER.

campement *n. m.* ▶ ***Action*** – camping. ▶ ***Lieu*** – camp, camping, village de toile. ▶ ***Installation provisoire*** – baraquement, base, bivouac, camp, cantonnement, installation provisoire, quartiers.

camper *v.* ▶ ***Interpréter*** – faire, incarner, interpréter, jouer, jouer le rôle de, tenir le rôle de. ▶ ***Bivouaquer*** – bivouaquer, cantonner. ♦ **se camper** ▶ ***Se tenir en un endroit*** – se planter, se poster. ▶ ***Se coucher*** (QUÉB. FAM.) – aller au lit, se coucher, se glisser dans les draps, se mettre au lit. FAM. aller au page, aller au plumard, aller au plume, mettre la viande dans le torchon, mettre la viande dans les bâches, mettre la viande dans les toiles, se mettre dans le torchon, se mettre dans les bâches, se mettre dans les toiles, se paddocker, se pageoter, se pager, se pagnoter, se pieuter, se plumarder, se plumer, se zoner. △ **ANT.** DÉCAMPER, PARTIR.

canaille *n. f.* ▶ ***Profiteur*** – aigrefin, arnaqueur, bandit, brigand, carambouilleur, chevalier d'industrie, concussionnaire, crapule, escroc, extorqueur, faisan, fraudeur, gangster, gredin, malfaiteur, mercanti, pirate, profiteur, sangsue, spoliateur, tripoteur, voleur, voyou. SOUT. déprédateur, forban. DR. captateur. FAM. carotteur, carottier, fricoteur, fripouille, (maître) filou. FRANCE FAM. écorcheur, estampeur, malfrat. QUÉB. FAM. croche. ▶ ***Enfant espiègle*** – (affreux) jojo, chipie, coquin, diablotin, filou, fripon, galopin, mauvaise graine, (petit) bandit, (petit) chenapan, (petit) démon, (petit) diable, (petit) garnement, (petit) gredin, (petit) poison, (petit) polisson, (petit) vaurien, (petit) voyou, (petite) canaille, (petite) peste, poulbot *(de Montmartre)*, titi, vilain. SOUT. lutin. FAM. morveux, (petit) crapaud, petit merdeux, petit monstre, sacripant. QUÉB. FAM. (petit) tannant. △ **ANT.** HONNÊTE HOMME.

canal *n. m.* ▶ ***Voie maritime*** – bras de mer, détroit, pas, pertuis. ▶ ***Voie d'écoulement*** – adducteur, drain, encaissement, fossé, lit, sangsue, tranchée. BELG. watergang. SUISSE bisse. FRANCE RÉGION. bésau, duit, étier *(vers la mer)*. AFR. seguia. ▸ *Petit* – rigole, saignée. TECHN. dalot, goulette, goulotte, larron d'eau, noue, noulet, pierrée. ▸ *Bordant une route* – caniveau, cassis, ruisseau. ▸ *Souterrain* – aqueduc, égout, puisard *(vertical)*. ▸ *Entre deux écluses* – bief, sas. ▸ *Entre deux rivières* – arroyo. ▸ *Sur un toit* – chéneau, égout, gargouille, gouttière. QUÉB. FAM. dalle. ▶ ***Conduit*** – boyau, buse, conduit, gaine, lance, pipe, tube, tubulure, tuyau. ▶ ***Partie du corps*** – conduit, cordon, trompe, tube, voie. ▸ *Pathologique* – canal fistuleux, fistule. ▸ *Petit* – canalicule. ▶ ***Truchement*** – entremise, intermédiaire, moyen, truchement, voie. ▶ ***Médium spirituel*** – médium, spirite, spiritiste, télépathe. ▶ ***En télécommunication*** (QUÉB. FAM.) – chaîne, station. QUÉB. télédiffuseur; FAM. canal (de télévision), poste (de télévision). ▶ ***Cannelure architecturale*** – cannelure, douve de fond, gorge, goujure, jable, rainure, saignée, strie, striure.

canapé *n. m.* ▶ ***Siège*** – divan, duchesse, lit de repos, méridienne, ottomane, récamier, sofa, turquoise, veilleuse. ▶ ***Tranche de pain garnie*** – smorrebrod.

canard *n. m.* ▶ ***Dissonance*** – bruit, cacophonie, couac, discordance, disharmonie, dissonance, fausse note. SOUT. inharmonie. ▶ ***Fausse nouvelle*** (FAM.) – canular, fausse nouvelle, faux bruit. FAM. bobard. ▶ ***Mauvais journal*** (FAM.) – feuille de chou. FAM. torchon. FRANCE FAM. baveux.

cancérogène (var. **cancérigène**) *adj.* carcinogène, cocarcinogène, oncogène. △ **ANT.** ANTICANCÉREUX.

candeur *n. f.* ▶ ***Pureté*** – fleur, fraîcheur, honnêteté, ingénuité, innocence, naïveté, pureté, simplicité. ▶ ***Naïveté*** – crédulité, jobarderie, jobardise, naïveté, niaiserie. △ **ANT.** CYNISME, DISSIMULATION, FOURBERIE, HYPOCRISIE, RUSE.

candidat *n.* ▶ ***Prétendant*** – admissible, aspirant, compétiteur, concouriste, concurrent, demandeur, postulant, prétendant. DR. impétrant, poursuivant. PÉJ. quémandeur, solliciteur, tapeur.

candide *adj.* angélique, confiant, crédule, ingénu, innocent, naïf, pur, simple. △ **ANT.** ASTUCIEUX, DÉLURÉ, FUTÉ, INGÉNIEUX, MALIN, RUSÉ.

canif *n. m.* couteau de poche, couteau suisse, laguiole, opinel. FRANCE RÉGION. jambette.

canne *n. f.* ▶ ***Baguette*** – aine, alinette, apex, archet, badine, baguette, bâton, bâtonnet, branche, cravache, crosse, gaule, honchet, houssine, jonc, jonchet, mailloche, perche, stick, style, tige, triballe, tringle, verge, vergette. ▶ ***Bâton pour s'appuyer*** – bâton, béquille, cadre de marche, crosse, houlette, makila, piolet, stick. ANC. bourdon. ▶ ***Jambe*** (FAM.) – jambe. FAM. flûte, gambette, gigue, guibolle, patte, quille. FRANCE FAM. béquille, crayon. ▸ *Longue* FAM. échasse. ▸ *Maigre* FAM. fumeron. ▸ *Grosse* FAM. pilier, poteau.

cannibale *adj.* ▶ ***Qui mange de la chair humaine*** – anthropophage. ▶ ***D'une cruauté sauvage*** – barbare, bestial, cannibalesque, cruel, féroce, inhumain, sadique, sanguinaire, sauvage. SOUT. néronien. △ **ANT.** BIENVEILLANT, CHARITABLE, COMPATISSANT, DÉLICAT, DOUX, HUMAIN, MISÉRICORDIEUX.

cannibale *n.* ▶ ***Mangeur*** – anthropophage, mangeur d'hommes. ▶ ***Sadique*** – barbare, boucher, bourreau, dépravé, monstre, ogre, psychopathe, sadique, tordu, tortionnaire, vampire. SOUT. tigre.

cannibaliser *v.* ▶ ***Absorber et détuire*** – phagocyter.

canon *n.m.* ▶ ***Arme*** – bouche à feu, mortier, obusier. ▶ ***Loi*** – commandement, dogme, loi, observance. ▶ ***Modèle*** – archétype, critère, échantillon, étalon, exemple, formule, gabarit, idéal, idée, image, individu, modèle, norme, original, paradigme, précédent, prototype, référence, représentant, type, unité. ▶ ***Verre de vin*** (FAM.) – demi, double, pot, rasade, triple, verre.

canot *n.m.* ▶ ***Embarcation de service*** – chaloupe. ▶ ***Embarcation amérindienne*** (QUÉB.) – canoë, canot d'écorce, canot indien, (canot) rabaska *(grand)*, oumiak *(en peaux de phoque)*.

cantine *n.f.* ▶ ***Endroit*** – cafétéria, mess *(officiers)*, réfectoire, salle à manger, salle de repas. FAM. cantoche. SUISSE carnotset *(dans une cave)*, chambre à manger. ANTIQ. triclinium. ▶ ***Malle*** (FAM.) – caisse, coffre, conteneur, huche, malle, malle-cabine.

canton *n.m.* ▶ ***Région délimitée*** – circonscription, district, province, région. ANC. seigneurie.

cantonnement *n.m.* baraquement, base, bivouac, camp, campement, installation provisoire, quartiers.

cantonner *v.* ▶ ***Reléguer*** – confiner, enfermer, limiter, reléguer, restreindre. ▶ ***Camper*** – bivouaquer, camper. ♦ **se cantonner** ▶ ***S'enfermer*** – s'emmurer, s'enfermer, s'isoler, se barricader, se boucler, se calfeutrer, se claquemurer, se claustrer, se cloîtrer, se confiner, se couper du monde, se murer, se retirer, se terrer, se verrouiller. ▶ ***Se limiter*** – s'en tenir à, se borner à, se contenter de, se limiter à.

caoutchouc *n.m.* ▶ ***Matière*** – crêpe. ▶ ***Bande*** – élastique. ▶ ***Vêtement*** – anorak, caban, ciré, coupe-vent, gabardine, imperméable, K-way, manteau de pluie, parka, trench, trench-coat. FAM. imper. FRANCE RÉGION. kabig *(Bretagne)*. ▶ ***Protection pour chaussure*** – QUÉB. claque, couvre-chaussure. ▶ ***Végétal*** – ficus.

cap *n.m.* ▶ ***Pointe rocheuse*** – promontoire. ▶ ***Extrémité*** – aboutissement, bord, bordure, borne, bout, confins, délimitation, extrême, extrémité, fin, finitude, frange, frontière, ligne, limite, lisière, orée, pied, pointe, pôle, queue, talon, terme, terminaison, tête. ▶ ***Direction*** – axe, côté, direction, exposition, face, inclinaison, ligne, orientation, sens, situation, vue. QUÉB. ACADIE FAM. bord. ASTRON. azimut. MAR. gisement, orientement. △ **ANT.** BAIE; PLAGE.

capable *adj.* ▶ ***Apte*** – apte à, habile à, propre à, susceptible de. FAM. chiche de, fichu de. ▶ ***Compétent*** – à la hauteur, adroit, bon, brillant, chevronné, compétent, connaisseur, d'élite, de haut vol, de haute volée, de talent, doué, émérite, entraîné, exercé, expérimenté, expert, ferré, fin, fort, habile, passé maître, performant, qualifié, qui s'y connaît, talentueux, versé. RARE blanchi sous le harnais. SOUT. entendu à, industrieux, rompu à. FAM. calé, qui a la bosse de, qui sait y faire. FRANCE FAM. balèze, costaud, fortiche, incollable, trapu. △ **ANT.** IMPUISSANT À, INAPTE À, INCAPABLE DE; IGNORANT, INCAPABLE, INCOMPÉTENT, MAUVAIS, MÉDIOCRE, NUL.

capacité *n.f.* ▶ ***Compétence*** – adresse, aisance, aptitude, art, brio, compétence, dextérité, disposition, doigté, don, expertise, facilité, faculté, force, fort, génie, habileté, main, maîtrise, métier, pouvoir, professionnalisme, savoir, savoir-faire, sens, talent, technique, virtuosité. FAM. bosse. DR. habilitation, habilité. ▶ ***Volume*** – contenance, cubage, cylindrée, dose, jauge, mesure, tonnage, volume. ▶ ***Propriété d'une chose*** – pouvoir, propriété, vertu. △ **ANT.** IMPÉRITIE, IMPUISSANCE, INAPTITUDE, INCAPACITÉ, INCOMPÉTENCE, INHABILITÉ.

cape *n.f.* ▶ ***Enveloppe*** – robe. ▶ ***En tauromachie*** – muleta.

capitaine *n.* ▶ ***Officier de l'armée*** – FAM. capiston. ▶ ***Commandant d'un navire*** – commandant, patron *(pêcheur)*. FRANCE FAM. pacha. ANTIQ. navarque, triérarque.

capital *adj.* ▶ ***Principal*** – central, crucial, de la plus haute importance, de premier plan, décisif, déterminant, dominant, essentiel, important, maître, majeur, numéro un, prédominant, prééminent, premier, prépondérant, primordial, principal, prioritaire, supérieur. SOUT. à nul autre second, cardinal. ▶ ***Nécessaire*** – crucial, de première nécessité, essentiel, fondamental, important, incontournable, indispensable, irremplaçable, nécessaire, primordial, vital. ▶ ***En parlant d'une lettre*** – majuscule. △ **ANT.** ACCESSOIRE, (D'INTÉRÊT) SECONDAIRE, DE SECOND PLAN, DÉDAIGNABLE, INCIDENT, INSIGNIFIANT, MARGINAL, MINEUR, NÉGLIGEABLE; MINUSCULE *(LETTRE)*.

capital *n.m.* ▶ ***Possession*** – argent, avoir, bien, cassette, épargne, fonds, fortune, fruit, gain, investissement, liquidités, numéraire, patrimoine, pécule, placement, portefeuille, possession, produit, propriété, richesse, trésor, valeur. SOUT. deniers. FAM. finances, magot. ▶ ***Classe possédante*** – bourgeoisie, classe dominante, classe possédante.

capitalisme *n.m.* ▶ ***Libéralisme*** – individualisme, libéralisme, libre concurrence, libre entreprise, propriété privée. PÉJ. productivisme. △ **ANT.** COMMUNISME, SOCIALISME.

capitaliste *n.* ▶ ***Possédant*** – bourgeois, possédant. ▶ ***Riche*** (PÉJ. FAM.) – crésus, financier, heureux, milliardaire, millionnaire, multimilliardaire, multimillionnaire, nabab, nanti, ploutocrate, privilégié, rentier, riche. SOUT. satrape. FAM. gros. FRANCE FAM. rupin. ANC. milord. PÉJ. FAM. richard. △ **ANT.** PROLÉTAIRE; COMMUNISTE.

capiteux *adj.* enivrant, entêtant, étourdissant, grisant, qui fait tourner la tête, qui monte à la tête. △ **ANT.** DÉGOÛTANT, ÉCŒURANT.

capitulation *n.f.* ▶ ***Action de se rendre*** – reddition. ▶ ***Défaite*** – avortement, banqueroute, catastrophe, chute, débâcle, débandade, déconfiture, défaite, déroute, désavantage, échec, écrasement, faillite, fiasco, four, infortune, insuccès, mauvaise fortune, naufrage, perte, ratage, raté, retraite, revers. SOUT. traverse. FAM. désastre, piquette, plantage, raclée, recalage, volée. FRANCE FAM. bide, déculottée, dégelée, écrabouillement, fessée, foirade, gamelle, loupage, pile, rincée, rossée, tannée, veste. ▶ ***Renon-***

ciation – abandon, abdication, aliénation, cession, don, donation, fléchissement, non-usage, passation, rejet, renoncement, renonciation, répudiation, retrait, suppression. FIG. bradage. △ **ANT.** TRIOMPHE, VICTOIRE; RÉSISTANCE; INTRANSIGEANCE, OBSTINATION; REFUS.

capituler *v.* ▶ ***Se rendre à l'ennemi*** – déposer les armes, rendre les armes, s'avouer vaincu, se rendre. ▶ ***Abandonner*** – abandonner, abdiquer, baisser les bras, céder, courber le dos, déclarer forfait, démordre de, jeter le manche après la cognée, lâcher prise, laisser tomber, renoncer, s'avouer vaincu. FAM. décrocher, démissionner, fermer boutique, plier boutique. △ **ANT.** TRIOMPHER, VAINCRE; RÉSISTER, TENIR.

capote *n.f.* ▶ ***Ce qui recouvre une voiture*** – toit.

caprice *n.m.* ▶ ***Désir passager*** – accès, bizarrerie, bon plaisir, changement, chimère, coup de tête, envie, extravagance, fantaisie, fantasme, folie, frasque, gré, guise, immaturité, impatience, incartade, inconstance, infantilisme, instabilité, légèreté, lubie, marotte, mobilité, originalité, saute (d'humeur), singularité, sporadicité, variation, versatilité, volonté. SOUT. folle gamberge, foucade, humeur. FAM. toquade. ▶ ***Aventure amoureuse*** – amourette, aventure, aventure amoureuse, aventure galante, bricole, coquetterie, coup de foudre, engouement, faible, fantaisie, flirt, idylle, liaison (amoureuse), marivaudage, passade, passion. SOUT. amours, entichement, oaristys. FAM. batifolage, béguin, toquade, touche. ▶ ***Escapade*** – écart, échappée, équipée, escapade, évasion, frasque, fredaine, fugue, incartade, sortie. SOUT. échappée. FAM. bordée, galère. △ **ANT.** CONSTANCE, STABILITÉ; SAGESSE, SÉRIEUX.

capricieux *adj.* ▶ ***Difficile à contenter*** – délicat, difficile, exigeant. ▶ ***Sujet à des caprices*** – changeant, fantaisiste, fantasque, flottant, inconsistant, inconstant, instable, lunatique, mobile, versatile, volage. SOUT. caméléonesque, ondoyant. △ **ANT.** RAISONNABLE, RÉFLÉCHI, SAGE, SÉRIEUX; CONSTANT, PERSÉVÉRANT, STABLE.

capsule *n.f.* ▶ ***Couvercle*** – bonde, bondon, bouchon, capuchon, fermeture, marette, tampon. MAR. tape. ▶ ***Médicament*** – cachet, comprimé, dragée *(enrobé)*, gélule, linguette, pilule. PHARM. globule, grain, granule, granulé; ANC. bol. ▶ ***Partie du corps*** – cloison, enveloppe, gaine, membrane, membranule, pellicule, septum, tunique. ▶ ***Partie d'une plante*** – pyxide, urne.

captif *adj.* ▶ ***Privé de liberté*** – détenu, en captivité, prisonnier. ▶ ***Dominé*** – asservi, assujetti, attaché, dépendant, dominé, prisonnier. △ **ANT.** EN LIBERTÉ, LIBRE.

captif *n.* cellulaire, condamné, détenu, prisonnier. DR. réclusionnaire. FAM. pensionnaire, taulard.

captivité *n.f.* ▶ ***Emprisonnement*** – cellulaire, claustration, confinement, contrainte par corps, détention, écrou, embastillement, emmurement, emprisonnement, encagement, encellulement, enfermement, incarcération, internement, isolement, prise de corps, prison, réclusion, relégation, séquestration, transportation. FAM. mise à l'ombre, mise sous les verrous. DIDACT. renfermement. DR. BELG. collocation. ▶ ***Soumission*** – abaissement, allégeance, appartenance, asservissement, assujettissement, attachement, contrainte, dépendance, domestication, domesticité, domination, emprise, esclavage, gêne, hilotisme, inféodation, infériorité, mainmise, merci, mouvance, obédience, obéissance, obligation, oppression, pouvoir, puissance, servage, servitude, soumission, subordination, sujétion, tutelle, tyrannie, vassalité. FIG. carcan, chaîne, corset (de fer), coupe, fardeau, griffe, main, patte, prison; SOUT. fers, gaine, joug. FÉOD. tenure. △ **ANT.** LIBÉRATION, LIBERTÉ; AFFRANCHISSEMENT, ÉMANCIPATION, INDÉPENDANCE.

capture *n.f.* ▶ ***Action d'attraper*** – préhension, prise. RARE saisie. ▶ ***Action de capturer un criminel*** – arrestation. ▸ *De plusieurs personnes* – descente policière, rafle. △ **ANT.** RELÂCHEMENT; DÉLIVRANCE, LIBÉRATION.

capturer *v.* ▶ ***Attraper un animal*** – attraper, piéger, prendre au piège. RARE empiéger. ▶ ***Arrêter qqn*** – appréhender, arrêter, faire prisonnier, prendre, saisir. FAM. attraper, choper, coffrer, coiffer, coincer, cravater, cueillir, embarquer, épingler, harponner, mettre la main au collet de, mettre le grappin sur, pincer, poisser, prendre au collet, ramasser, saisir au collet. FRANCE FAM. agrafer, alpaguer, arnaquer, arquepincer, emballer, gauler, piquer, poivrer. △ **ANT.** LÂCHER, LIBÉRER.

capuchon *n.m.* ▶ ***Partie d'un vêtement*** – cagoule, capuce, capuche. ANC. camail, chaperon. ▶ ***Bouchon*** – bonde, bondon, bouchon, capsule, fermeture, marette, tampon. MAR. tape.

caractère *n.m.* ▶ ***Caractère d'imprimerie*** – caractère d'imprimerie, type. ▶ ***Essence*** – en-soi, essence, essentialité, inhérence, nature, principe, qualité, quiddité, quintessence, substance. SOUT. (substantifique) moelle. PHILOS. entité. ▶ ***Qualité*** – attribut, caractéristique, marque, particularité, propre, propriété, qualité, signe, spécialité, spécificité, trait. ▸ *Louable* – mérite. ▶ ***Aspect*** – air, allure, apparence, aspect, configuration, couleur, couvert, dehors, éclairage, expression, extérieur, façade, faciès, figure, forme, formule, impression, jour, masque, mine, paraître, perspective, physionomie, plastique *(en art)*, portrait, présentation, profil, ressemblance, semblant, surface, ton, tour, tournure, traits, vernis, visage. SOUT. enveloppe, regardure, superficie. ▶ ***Tempérament*** – abord, comportement, constitution, esprit, état d'âme, état d'esprit, humeur, idiosyncrasie, individualité, mentalité, nature, naturel, personnalité, sensibilité, tempérament, trempe. FAM. psychologie. ACADIE FAM. alément. PSYCHOL. thymie. ▶ ***Détermination*** – aplomb, assurance, autorité, constance, courage, cran, détermination, endurance, énergie, fermeté, force, permanence, poigne, rectitude, résolution, ressort, sang-froid, sérieux, solidité, sûreté, ténacité, vigueur, virilité, volonté. SOUT. invulnérabilité. FAM. estomac, gagne. ▶ ***Originalité*** – anticonformisme, audace, cachet, fraîcheur, hardiesse, indépendance, individualité, innovation, inspiration, marginalité, non-conformisme, nouveauté, originalité, particularité, personnalité, piquant, pittoresque, singularité. △ **ANT.** FAIBLESSE, LÂCHETÉ; BANALITÉ, FADEUR.

caractériser *v.* ▸ ***Définir*** – cerner, cibler, définir, délimiter, déterminer, établir, fixer. ▸ ***Rendre distinct*** – différencier, distinguer, individualiser, particulariser, singulariser. ▸ ***Qualifier*** – qualifier. ▸ *Non favorable* – taxer, traiter.

caractéristique *adj.* ▸ ***Distinctif*** – déterminant, distinctif, particulier, propre, spécial, spécifique, typique. SOUT. sui generis. ▸ ***Représentatif*** – moyen, représentatif, typique. FAM. lambda, pur jus. △ **ANT.** ANORMAL, ATYPIQUE, DÉVIANT, IRRÉGULIER.

caractéristique *n.f.* attribut, caractère, marque, particularité, propre, propriété, qualité, signe, spécialité, spécificité, trait. ▸ *Louable* – mérite.

carapace *n.f.* ▸ *Mollusques* – coquille, test, valve. ▸ *Invertébrés* – exosquelette. ▸ ***Au sens figuré*** – armure, cuirasse.

caravane *n.f.* ▸ ***Groupe de personnes*** – brigade, cellule, collectif, colonie, corps, équipe, escadron, escouade, groupe, horde, meute, noyau, peloton, troupe. IRON. fournée. FAM. bataillon, brochette, cohorte. QUÉB. FAM. gang. ▸ ***Habitation roulante*** – autocaravane, remorque, tente-caravane. QUÉB. campeur, maison mobile, roulotte, tente-roulotte.

carcan *n.m.* ▸ ***Châtiment*** – cangue, pilori. ANC. exposition. ▸ ***Contrainte*** – abaissement, allégeance, appartenance, asservissement, assujettissement, attachement, captivité, contrainte, dépendance, domestication, domesticité, domination, emprise, esclavage, gêne, hilotisme, inféodation, infériorité, mainmise, merci, mouvance, obédience, obéissance, obligation, oppression, pouvoir, puissance, servage, servitude, soumission, subordination, sujétion, tutelle, tyrannie, vassalité. FIG. chaîne, corset (de fer), coupe, fardeau, griffe, main, patte, prison; SOUT. fers, gaine, joug. FÉOD. tenure.

carcasse *n.f.* ▸ ***Cadavre d'animal*** – charogne. ▸ ***Corps*** (FAM.) – anatomie, corps, forme, morphologie, musculature, organisme. SOUT. chair, enveloppe. FAM. châssis, mécanique. ▸ ***Charpente*** – armature, bâti, cadre, chaînage, charpente, châssis, lisoir, ossature, poutrage, poutraison. △ **ANT.** CHAIR; ENJOLIVURE, REVÊTEMENT.

cardinal *n.m.* ▸ ***Personne*** ▸ *Titre* – Éminence, Éminentissime Seigneur, Monseigneur.

carence *n.f.* ▸ ***Insuffisance*** – déficience, déficit, incomplétude, insuffisance, manque, pénurie, rareté. △ **ANT.** EXCÈS, SURABONDANCE, SURPLUS; PRÉSENCE.

caressant *adj.* ▸ ***Câlin*** – affectueux, aimant, amoureux, cajoleur, câlin, doux, roucoulant, tendre. △ **ANT.** BRUTAL, DUR, RAIDE, RUDE, VIOLENT.

caresse *n.f.* ▸ ***Attouchement affectueux*** – cajolerie, câlin, câlinerie, tendresses. FAM. mamours. FRANCE FAM. papouille. ▸ ***Effleurement*** – attouchement, effleurement, frôlement. △ **ANT.** BRUTALITÉ; COUP, SÉVICES.

caresser *v.* ▸ ***Donner des caresses*** – flatter *(un animal)*. ▸ ***Traiter tendrement*** – cajoler, câliner, dorloter. FAM. mignoter. ▸ ***Effleurer*** – effleurer, friser, frôler, lécher, raser. ▸ ***Entretenir*** – entretenir, nourrir, se complaire dans. △ **ANT.** BATTRE, BRUTALISER, FRAPPER, MALMENER, RUDOYER.

cargaison *n.f.* ▸ ***Chargement*** – charge, chargement, fret, marchandise. ▸ ***Grande quantité*** (FAM.) – accumulation, amas, appareil, assemblage, assortiment, collection, compilation, ensemble, foule, grand nombre, groupe, groupement, jeu, quantité, rassemblement, recueil, service, tas, train. FAM. attirail, compil. PÉJ. ramassis.

cargo *n.m.* navire de charge/navire de marchandises, navire marchand.

caricature *n.f.* ▸ ***Imitation*** – calquage, charge, contrefaçon, copiage, décalquage, démarquage, emprunt, émulation, figuration, grégarisme, homochromie, imitation, mime, mimétisme, moutonnerie, parodie, pastiche, pillage, plagiat, représentation, servilité, simulation, singerie, suivisme, travestissement. DR. contrefaction. △ **ANT.** FLATTERIE, IDÉALISATION.

carillon *n.m.* ▸ ***Sonnerie*** – carillonnement, glas, sonnaille, sonnerie, sonnette, timbre, tintement, tocsin. FAM. drelin. ▸ ***Instrument de musique*** – glockenspiel.

carnage *n.m.* ▸ ***Massacre*** – anéantissement, assassinat, boucherie, destruction, extermination, hécatombe, holocauste, massacre, saignée, tuerie. SOUT. (lourd) tribut. FAM. étripage. △ **ANT.** ORDRE, PAIX.

carnaval *n.m.* ▸ ***Fête costumée*** – bal costumé, défilé, mascarade. ▸ ***Grande quantité*** – abondance, afflux, amas, ampleur, concentration, débauche, débordement, exubérance, filon, fleuraison, floraison, foisonnement, forêt, foule, fourmillement, gisement, infinité, inondation, luxe, luxuriance, masse, mine, multiplicité, myriade, nuée, orgie, paquet, pléthore, poussière, profusion, quantité, richesse, surabondance, tas, trésor. FAM. festival, flopée, kyrielle, tapée, tonne, tripotée, wagon. SUISSE FAM. craquée.

carnet *n.m.* ▸ ***Petit cahier*** – agenda, bloc-notes, cahier, calepin, journal, livre, livret, manifold, mémento, mémorandum, notes, registre, répertoire. ▸ ***Aide-mémoire*** – agenda, aide-mémoire, almanach, bloc-notes, calepin, éphéméride, guide, guide-âne, mémento, mémorandum, pense-bête, précis, vade-mecum. FAM. antisèche, mémo. ▸ ***Récit*** – anecdote, annales, autobiographie, biographie, chroniques, chronologie, commentaires, confessions, évocation, histoire, historiographie, historique, journal, mémoires, mémorial, souvenirs, vie.

carotte *n.f.* ▸ ***Échantillon*** – bout, détail, échantillon, morceau, pan, partie, portion, section, segment, tranche, travée, tronçon.

carré *n.m.* ▸ ***Tissu*** – bandana, cache-col, cache-nez, châle, écharpe, étole, fichu, foulard, madras, mantille, mouchoir, pointe. QUÉB. cache-cou. ▸ ***Cartes*** – poker. ▸ ***Square*** (QUÉB.) – agora, esplanade, forum, parvis, piazza, place piétonnière, place publique, place, placette, rond-point, square.

carreau *n.m.* ▸ ***Vitre*** – glace, vitre, vitrine. ▸ ***Revêtement*** – adobe, brique, briquette, chantignole, dalle, pavé, tuile. FRANCE FAM. paveton. SUISSE planelle. ▸ ***Fer à repasser*** – fer à repasser, fer à vapeur, fer, pressing, repasseuse *(machine)*. TECHN. lissoir. ▸ ***Œil*** (FAM.) – œil. FAM. calot, châsse, clignotant, mirette, quinquet. ♦ **carreaux, *plur.*** ▸ ***Verres correcteurs*** (FRANCE FAM.) – lorgnon, lunettes, monocle *(verre unique)*, pince-nez, verres. FAM. binocles.

carrefour *n.m.* ▶ ***Croisement*** – bifurcation, branchement, bretelle, croisée, croisement, échangeur, embranchement, étoile, fourche, intersection, patte-d'oie, rond-point, (voie de) raccordement.

carrelage *n.m.* dallage, pavage, rudération.

carrément *adv.* ▶ ***Franchement*** – abruptement, brusquement, brutalement, catégoriquement, crûment, directement, droit, droit au but, fermement, franc, franchement, hardiment, librement, net, nettement, raide, raidement, résolument, rondement, sans ambages, sans ambiguïté, sans barguigner, sans détour(s), sans dissimulation, sans équivoque, sans faux-fuyant, sans hésitation, sans intermédiaire, vertement. FAM. franco. ▶ ***Complètement*** – absolument, catégoriquement, complètement, parfaitement, purement, radicalement, tout à fait. FAM. royalement, souverainement. △ **ANT.** ALLUSIVEMENT, ÉVASIVEMENT, INDIRECTEMENT, OBLIQUEMENT, PAR RICOCHET, PAR UNE VOIE DÉTOURNÉE; PAS MAL, PLUS OU MOINS, PLUTÔT, RELATIVEMENT.

carrière *n.f.* ▶ ***Lieu d'exploitation*** – chantier d'exploitation, taille. ▶ ***Lieu de dressage des chevaux*** – centre d'équitation, manège. ▶ ***Arène*** – amphithéâtre, arène, champ de bataille, cirque, gradins, hémicycle, lice, odéon, piste, ring, théâtre. ▶ ***Métier*** – activité, art, emploi, état, gagne-pain, métier, occupation, profession, qualité, services, situation, spécialité, travail. FAM. boulot, turbin, turf.

carriérisme *n.m.* ambition, arrivisme, brigue.

carriériste *n.* ambitieux, arriviste, jeune loup. SUISSE grimpion. FAM. cumulard, magouilleur. ▶ ***En politique*** – machiavel. PÉJ. FAM. politicard. ▶ ***À l'excès*** – mégalomane. FAM. mégalo.

carte *n.f.* ▶ ***Représentation géographique*** – plan. ▶ ***Menu*** – menu. ▶ ***Carte de visite*** – bristol, carte de visite, carte professionnelle. ▶ ***Photo postale*** – carte postale. BELG. carte-vue. ▶ ***Carte de jeu*** – carte à jouer. FRANCE FAM. brème.

cartésien *adj.* déductif, discursif, logique, méthodique, rationnel. △ **ANT.** ABSURDE, CONTRADICTOIRE, ILLOGIQUE, IRRATIONNEL.

carton *n.m.* ▶ ***Boîte*** – boîte, cartonnage, emballage, emboîtage. ▶ ***Modèle*** – grille, matrice, modèle, modélisation, moule, patron, pattern, pilote, plan, prototype, simulation, spécimen. FAM. topo. ▶ ***Ébauche*** – canevas, crayon, crayonné, croquis, dessin, ébauche, épure, esquisse, essai, étude (préparatoire), griffonnement, pochade, premier jet, préparation, projet, rough, schéma. SOUT. linéaments. FRANCE FAM. crobard. ▶ ***Carte d'invitation*** (FAM.) – bristol, (carte d')invitation. ▶ ***Succès*** (FAM.) – apothéose, bonheur, bonne fortune, boum, consécration, couronnement, gloire, honneur, lauriers, prospérité, retentissement, réussite, succès, triomphe, trophée. FAM. malheur, (succès) bœuf, tabac. FRANCE FAM. saucisson, ticket.

cartouche *n.f.* ▶ ***Projectile*** – balle, cendrée, chevrotine, grenaille, menuise, plomb. FAM. bastos, dragée, pruneau. ▶ ***Paquets de cigarettes*** – BELG. AFR. farde.

cas *n.m.* ▶ ***Circonstance*** – circonstance, coup, fois, heure, moment, occasion, occurrence. ▶ ***Problème*** – affaire, énigme, problème, puzzle, question. FAM. bébé. QUÉB. casse-tête. ▶ ***Procès*** – affaire (judiciaire), audience, cause, débat, dossier, espèce, litige, litispendance, poursuite, procès. ▶ ***État médical*** – affection, mal, maladie, morbidité, syndrome.

cascade *n.f.* ▶ ***Chute d'eau*** – cataracte *(grosse)*, chute d'eau, chute. SOUT. cascatelle *(petite)*. ▶ ***Succession*** – abondance, avalanche, averse, bombardement, bordée, déferlement, déluge, flot, flux, grêle, kaléidoscope, mascaret, pluie, rivière, torrent, vague. SOUT. fleuve.

case *n.f.* ▶ ***Hutte*** – gourbi, hutte, paillote. ANTILLES carbet. ▶ ***Petite maison*** – cabane, cabanon, chaumière, gloriette, hutte, maisonnette. ▶ ***Compartiment*** – casier, compartiment, division.

caser *v.* ▶ ***Ranger*** (FAM.) – mettre, placer, ranger. FAM. fourrer, foutre. QUÉB. FAM. serrer. ▶ ***Établir dans une situation*** – établir, placer. ♦ **se caser** ▶ ***Se marier*** (FAM.) – prendre mari/femme, se marier. FAM. se mettre la corde au cou.

caserne *n.f.* base, casernement.

casier *n.m.* ▶ ***Nasse*** – nasse, nassette, panier. ACADIE trappe. ▶ ***Compartiment*** – case, compartiment, division.

casino *n.m.* établissement de jeu(x), maison de jeu(x). PÉJ. tripot. FRANCE FAM. clandé *(clandestin)*.

casquette *n.f.* ▶ ***Coiffure à visière*** – FRANCE FAM. bâche, gâpette.

cassant *adj.* ▶ ***Fragile*** – cassable, fragile. ▶ ***En parlant du ton, des paroles*** – abrupt, agressif, bourru, bref, brusque, brutal, coupant, dur, incisif, raide, rude, sec, tranchant. ▶ ***Fatigant*** (FRANCE FAM.) – abrutissant, accablant, épuisant, éreintant, exténuant, fatigant, harassant, surmenant. FAM. claquant, crevant, esquintant, tuant, usant. FRANCE FAM. foulant, liquéfiant. △ **ANT.** INCASSABLE, INFRANGIBLE, RÉSISTANT, SOLIDE; DOUX, TENDRE; APAISANT, CALMANT; DÉLASSANT, RELAXANT, REPOSANT.

casser *v.* ▶ ***Briser*** – briser, démolir, disloquer, fracasser, mettre en pièces, rompre. FAM. démantibuler. ▶ ***Endommager*** – abîmer, briser, dégrader, délabrer, détériorer, endommager, mutiler. FAM. amocher, bigorner, bousiller, déglinguer, esquinter, flinguer, fusiller, massacrer. QUÉB. FAM. maganer. RARE accidenter. ▶ ***Annuler une loi*** – abolir, abroger, invalider, révoquer. DR. infirmer, rapporter. ▶ ***Annuler un contrat*** – annuler, dissoudre, mettre fin à, résilier, rompre. BELG. renoncer. DR. nullifier, rescinder, résoudre. ▶ ***Destituer*** – démettre, destituer, limoger, relever de ses fonctions, révoquer. FAM. débarquer, déboulonner, dégommer, faire sauter. ▶ ***Blesser par fracture*** – fracturer, rompre. ▶ ***Céder*** – céder, lâcher, (se) rompre. FAM. péter. ▶ ***Éclater*** – éclater, se briser. ♦ **se casser** ▶ ***Se rompre*** – céder, lâcher, (se) rompre. FAM. péter. ▶ ***S'exténuer*** (FAM.) – brûler la chandelle par les deux bouts, s'épuiser, s'éreinter, s'exténuer, se fatiguer, se mettre à plat, se surmener, se tuer. FAM. s'esquinter, se crever, se fouler. ▶ ***S'en aller*** (FAM.) – faire un tour, filer, montrer les talons, partir, plier bagage, quitter, s'éloigner, s'en aller, se retirer, tourner les talons, vider les lieux. FAM. calter, débarrasser le plancher, décoller, dévisser, ficher le camp, foutre le camp, lever l'ancre, mettre les bouts, mettre les voiles, riper, s'arracher, se barrer, se tailler, se tirer, se trotter, trisser. ▶ ***S'enfuir*** (FAM.) – fuir, prendre la clé des champs, prendre la fuite, s'enfuir, se sauver. *SOUT.* s'ensauver. *FAM.* calter, caner, débarrasser le plancher, décamper, décaniller, déguerpir, détaler, droper, ficher le camp, filer, foutre le camp, prendre la poudre d'escampette, prendre le large, s'esbigner, se barrer, se carapater, se cavaler, se débiner, se faire la malle, se faire la paire, se faire la valise, se tailler, se tirer, se tirer des flûtes, se trisser. △ **ANT.** ARRANGER, RACCOMMODER, RECOLLER, RÉPARER; CONFIRMER, RATIFIER, VALIDER.

casserole *n.f.* ▶ ***Ustensile de cuisine*** – caquelon, pocheuse, poêlon, sauteuse, sautoir. *ACADIE FAM.* chopine. ▶ ***Instrument de musique*** (FAM.) – chaudron, sabot.

caste *n.f.* classe, condition, état, fortune, place, position, rang, situation, statut. *SOUT.* étage.

castrer *v.* châtrer, couper, émasculer, stériliser.

cataclysme *n.m.* apocalypse, bouleversement, calamité, catastrophe, chaos, désastre, drame, fléau, malheur, néant, ruine, sinistre, tragédie. *FIG.* précipice. *SOUT.* abîme. *FAM.* cata. △ **ANT.** BONHEUR, CHANCE.

catalogue *n.m.* ▶ ***Énumération*** – cens, chiffrage, comptage, compte, décompte, dénombrement, détail, énumération, état, évaluation, inventaire, inventoriage, inventorisation, liste, litanie, numération, recensement, recension, revue, rôle, statistique. ▶ ***Liste*** – barème, bordereau, cadre, index, inventaire, liste, matricule, mémoire, menu, nomenclature, registre, relevé, répertoire, rôle, série, suite, table, tableau. *SUISSE* tabelle.

cataplasme *n.m.* anti-inflammatoire, compresse, diachylon, diachylum, emplâtre, magdaléon, résolutif, résolutoire, révulsif, sinapisme, sparadrap, topique, vésicatoire.

cataracte *n.f.* ▶ ***Cours d'eau*** – cascade *(en paliers)*, chute d'eau, chute. *SOUT.* cascatelle *(petite)*. ▶ ***Forte pluie*** – averse, déluge, giboulée, grain, ondée, pluie battante, pluie d'abat, pluie diluvienne, pluie drue, pluie torrentielle, trombe d'eau. *FAM.* douche, rincée, sauce, saucée. *BELG. FAM.* drache.

catastrophe *n.f.* ▶ ***Malheur*** – apocalypse, bouleversement, calamité, cataclysme, chaos, désastre, drame, fléau, malheur, néant, ruine, sinistre, tragédie. *FIG.* précipice. *SOUT.* abîme. *FAM.* cata. ▶ ***Échec*** – avortement, banqueroute, capitulation, chute, débâcle, débandade, déconfiture, défaite, déroute, désavantage, échec, écrasement, faillite, fiasco, four, infortune, insuccès, mauvaise fortune, naufrage, perte, ratage, raté, retraite, revers. *SOUT.* traverse. *FAM.* désastre, piquette, plantage, raclée, recalage, volée. *FRANCE FAM.* bide, déculottée, dégelée, écrabouillement, fessée, foirade, gamelle, loupage, pile, rincée, rossée, tannée, veste. △ **ANT.** BONHEUR, CHANCE; RÉUSSITE, SUCCÈS, TRIOMPHE.

catastrophique *adj.* désastreux, effroyable, épouvantable, funeste, terrible, tragique. *SOUT.* calamiteux. △ **ANT.** ANODIN, BÉNIN, INNOCENT, INOFFENSIF, SANS DANGER, SANS GRAVITÉ.

catéchisme *n.m.* ▶ ***Évangélisation*** – apostolat, catéchèse, catéchisation, endoctrinement, évangélisation, ministère, mission, missionnariat, pastorale, prédication, propagande, propagation (de la foi), prosélytisme. *FAM.* caté. ▶ ***Sermon*** – discours, enseignement, exhortation, harangue, leçon, morale, propos, sermon. *PÉJ.* prêchi-prêcha, radotage. ▶ ***Principes*** – morale, philosophie, principes, religion.

catégorie *n.f.* classe, espèce, famille, genre, groupe, nature, ordre, sorte, type, variété. *SOUT.* gent.

catégorique *adj.* ▶ ***Ferme*** – décidé, déterminé, entier, ferme, immuable, inébranlable, inflexible, résolu. ▶ ***Autoritaire*** – affirmatif, autoritaire, dogmatique, formel, impératif, impérieux, péremptoire, sans réplique, tranchant. *FAM.* pète-sec. △ **ANT.** FLOTTANT, FLUCTUANT, HÉSITANT, INCERTAIN, INDÉCIS, INDÉTERMINÉ, IRRÉSOLU, PERPLEXE; ÉVASIF, FUYANT, IMPRÉCIS, VAGUE.

catholique *n.* ▶ ***Adepte du catholicisme*** – *FAM.* catho. *FRANCE FAM.* thala. *PÉJ.* iconolâtre, papiste.

cauchemar *n.m.* ▶ ***Rêve*** – mauvais rêve. ▶ ***Hantise*** (FAM.) – affolement, alarme, angoisse, appréhension, crainte, effarement, effarouchement, effroi, épouvante, frayeur, grand-peur, hantise, horreur, inquiétude, panique, peur, phobie, terreur, transes. *SOUT.* affres, apeurement. *FAM.* chiasse, frousse, pétoche, trac, trouille. △ **ANT.** BONHEUR; SÉRÉNITÉ, TRANQUILLITÉ.

caucus *n.m.* (QUÉB.) assemblée, atelier de discussion, colloque, comice, comité, conférence, congrès, conseil, forum, groupe de travail, junte, panel, plénum, réunion, séminaire, sommet, symposium, table ronde. *FAM.* grand-messe. *ANTIQ.* boulê, ecclésia. *ANTIQ. ROM.* comices. *AGRIC.* comice agricole.

causalité *n.f.* causalisme, causation, détermination, déterminisme, effectualité, efficacité, efficience, finalité, lien de cause à effet, relation de cause à effet, surdétermination. *MÉD.* étiologie.

cause *n.f.* ▶ ***Origine*** – agent, base, explication, facteur, ferment, fondement, fontaine, germe, inspiration, levain, levier, mobile, moteur, motif, motivation, moyen, objet, occasion, origine, point de départ, pourquoi, principe, raison, raison d'être, source, sujet. *SOUT.* étincelle, mère, racine, ressort. ▶ ***But*** – ambition, but, cible, considération, destination, fin, finalité, intention, mission, mobile, motif, objectif, objet, point de mire, pourquoi, prétexte, raison, raison d'être, sens, visée. *SOUT.* propos. ▶ ***Procès*** – affaire (judiciaire), audience, cas, débat, dossier, espèce, litige, litispendance, poursuite, procès. △ **ANT.** CONSÉQUENCE, EFFET, PRODUIT, RÉSULTAT.

causer *v.* ▶ ***Occasionner*** – amener, apporter, catalyser, créer, déchaîner, déclencher, déterminer, donner lieu à, donner naissance à, engendrer, entraîner, faire, faire naître, former, générer, occasionner, produire, provoquer, soulever, susciter. *PHILOS.* nécessiter. ▶ ***Bavarder*** – bavarder, converser, deviser, dialoguer, discuter, papoter, parler (de choses et d'autres), s'entretenir. *FAM.* babiller, bavasser, blablater, caqueter, faire un brin de causette, jacasser, jacter, jaspiner, parlementer, parloter, tailler une bavette. *QUÉB. FAM.* jaser, placoter. *BELG. FAM.* babeler. ▶ ***Parler***

avec malveillance – bavarder, cancaner, caqueter, colporter des cancans, colporter des ragots, commérer, commettre des indiscrétions, jaser, médire. SOUT. clabauder. FAM. bavasser, potiner. QUÉB. FAM. mémérer, placoter. △ **ANT.** DÉRIVER DE, ÊTRE LE FAIT DE, PROCÉDER DE, TENIR DE, VENIR DE; EMPÊCHER; SE TAIRE.

causerie *n.f.* ▶ ***Entretien*** – colloque, concertation, conversation, dialogue, discussion, échange (de vues), entretien, interview, pourparlers, tête-à-tête. SOUT. entretènement. FAM. causette, chuchoterie. QUÉB. jasette. PÉJ. conciliabule, palabres; FAM. parlote. ▶ ***Conférence*** – conférence, cours, discours, exposé, laïus, lecture.

causeur *n.* ▶ ***Personne*** – bavard, (beau) parleur, bonimenteur, commère, crécelle, discoureur, enjôleur, péroreur, phraseur. FAM. baratineur, fort en gueule, gazette, jacasseur, jacteur, laïusseur, moulin à paroles, pie, pipelet, robinet (d'eau tiède). QUÉB. FAM. bavasseux, jasant, jaseux, mémère, placoteux. ♦ **causeuse,** *fém.* ▶ ***Canapé*** – tête-à-tête. △ **ANT.** TACITURNE.

cavalier *adj.* cynique, désinvolte, effronté, éhonté, familier, impertinent, impoli, impudent, insolent, irrespectueux, irrévérencieux, leste, libre, provocant, sans gêne, sans vergogne. FAM. culotté, gonflé. QUÉB. FAM. baveux. ACADIE FAM. effaré. △ **ANT.** AFFABLE, BIEN ÉLEVÉ, BIENSÉANT, CIVIL, COURTOIS, DÉLICAT, GALANT, POLI.

cavalier *n.* ▶ ***Personne à cheval*** – amazone *(femme),* écuyer. ♦ **cavalier,** *masc.* ▶ ***Militaire*** – ▶ ***Danseur*** – partenaire. ▶ ***Amoureux*** (QUÉB. FAM.) – adorateur, âme sœur, ami de cœur, amour, amoureux, beau, bien-aimé, chéri, être aimé, favori, petit ami, tourtereau, valentin. PAR EUPHÉM. ami, compagnon. PAR PLAIS. soupirant. FAM. béguin, copain. ▶ ***Talus*** – ados, barbette, berge, berme, chaussée, levée, parapet, remblai, risberme *(barrage),* talus, terrasse, terre-plein. AGRIC. billon. ▶ ***Agrafe*** – agrafe, épingle, fermoir, pince-feuilles, pince-notes, serre-feuilles, trombone. ▶ ***Clou*** – crampillon. △ **ANT.** FANTASSIN, PIÉTON.

cave *n.f.* ▶ ***Local*** – caveau, cellier, chai, magasin à vins, sous-sol. ▶ ***Boîte de nuit*** – boîte à chansons, caveau. ▶ ***Enjeu*** – enjambage, enjeu, masse, mise, pot, poule. △ **ANT.** COMBLE, GRENIER, TOIT.

caveau *n.m.* ▶ ***Cave*** – cave, cellier, chai, magasin à vins, sous-sol. ▶ ***Boîte de nuit*** – boîte à chansons, cave. ▶ ***Lieu funéraire*** – cénotaphe, crypte, fosse, hypogée, mausolée, monument, niche funéraire, sépulture, tombe, tombeau. SOUT. sépulcre. ANC. ciste, enfeu, pyramide, spéos, tholos, tombelle, tumulus.

caverne *n.f.* ▶ ***Grotte*** – abri-sous-roche, grotte. ▶ ***Refuge d'animal*** – abri, aire, antre, breuil, gîte, halot, héronnière, liteau, nid, refuge, renardière, repaire, reposée, ressui, retraite, soue, tanière, taupinière, terrier, trou. QUÉB. ravage *(cerfs).* FRANCE RÉGION. rabouillère.

cavité *n.f.* ▶ ***Anfractuosité*** – alvéole, anfractuosité, creusure, creux, crevasse, enfoncement, évidement, évidure, trou. ▶ ***Affaissement*** – affaissement, creux, crevasse, dépression, éboulement, écroulement, effondrement, flache, fondrière, fossé. GÉOL. ensellement, épirogenèse, fondis, graben. RARE enfonçure. △ **ANT.** BOSSE, PROTUBÉRANCE, SAILLIE; BUTTE, COLLINE, ÉLÉVATION, ÉMINENCE, TALUS.

cécité *n.f.* ▶ ***État d'une personne aveugle*** – FIG. brouillard, brume, noir, nuit, obscurité. MÉD. amaurose, amblyopie, anopsie. △ **ANT.** PERCEPTION, VISION, VUE; CLAIRVOYANCE.

céder *v.* ▶ ***Transmettre*** – abandonner, laisser, léguer, transférer, transmettre. DR. ou SOUT. aliéner. ▶ ***Se laisser aller*** – donner dans, entrer dans, s'abandonner à, s'adonner à, se laisser aller à, se livrer à, se porter à. ▶ ***Obéir à qqch.*** – acquiescer à, obéir à, observer, obtempérer à, respecter, se conformer à, se plier à, se soumettre à, suivre. SOUT. déférer à, sacrifier à. ▶ ***Obéir à qqn*** – écouter, obéir à, s'exécuter, s'incliner, se soumettre à. SUISSE FAM. baster. ▶ ***Rompre*** – lâcher, (se) casser, (se) rompre. FAM. péter. ▶ ***Se déchirer*** – craquer, se déchirer, se défaire. ▶ ***Faiblir*** – battre en retraite, faiblir, faire marche arrière, fléchir, lâcher pied, mollir, plier, reculer. FAM. caler, caner, flancher, se déballonner, se dégonfler. ▶ ***Succomber*** – abandonner, se laisser aller, succomber. FAM. craquer, flancher. ▶ ***S'avouer vaincu*** – abandonner, abdiquer, baisser les bras, capituler, courber le dos, déclarer forfait, démordre de, jeter le manche après la cognée, lâcher prise, laisser tomber, renoncer, s'avouer vaincu. FAM. décrocher, démissionner, fermer boutique, plier boutique. △ **ANT.** ACQUÉRIR, PRENDRE; CONSERVER, GARDER, RETENIR; S'ENTÊTER, S'OBSTINER, S'OPPOSER, SE RÉVOLTER; RÉSISTER, TENIR BON.

ceinture *n.f.* ▶ ***Pièce d'habillement*** – ceinturon. FAM. sous-ventrière. ▶ ***Taille*** – flanc, hanche, taille. ANAT. articulation coxo-fémorale. ▶ ***Encadrement*** – abornement, bornage, cadre, délimitation, démarcation, encadrement, jalonnage, jalonnement, limite, séparation, tracé. ▶ ***Pourtour*** – bord, cercle, circonférence, contour, dessin, extérieur, forme, lèvres, limbe, marli *(plat, assiette),* périmètre, périphérie, pourtour, tour. ▶ ***Banlieue*** – abords, alentours, banlieue, banlieue-dortoir, cité-dortoir, couronne, environs, extension, faubourg, périphérie, quartier-dortoir, ville-dortoir, zone (suburbaine).

célèbre *adj.* connu, de grand renom, fameux, glorieux, historique, illustre, immortel, inoubliable, légendaire, marquant, mémorable, notoire, proverbial, reconnu, renommé, réputé. ▶ *Non favorable* – de triste mémoire. △ **ANT.** ANONYME, IGNORÉ, INCONNU, OBSCUR.

célébrer *v.* ▶ ***Fêter*** – commémorer, fêter, solenniser. ▶ ***Glorifier*** – acclamer, auréoler, chanter, chanter les louanges de, diviniser, encenser, exalter, glorifier, héroïser, magnifier, mettre sur un piédestal, mythifier, porter au pinacle, porter aux nues. SOUT. lyriser, tresser des couronnes à, tresser des lauriers à. △ **ANT.** OUBLIER; ABAISSER, DÉCRIER, DÉPRÉCIER, FUSTIGER, RAVALER.

célébrité *n.f.* ▶ ***Renommée*** – considération, éclat, faveur, gloire, notoriété, palmarès, popularité, renom, renommée, réputation, vedettariat. FIG. auréole, immortalité. ▶ ***Personne célèbre*** – étoile, idole, vedette. △ **ANT.** ANONYMAT, EFFACEMENT, INCOGNITO, OBSCURITÉ, OUBLI.

céleste *adj.* ▶ ***Qui se trouve dans le ciel*** – astral, sidéral. ▶ ***Qui concerne l'espace*** – cosmique, galactique, intergalactique, interplanétaire, intersidéral, interstellaire, spatial. ▶ ***Qui évoque la perfection des anges*** – angélique, divin, pur, sublime, transcendant. SOUT. archangélique, séraphique. ▶ ***Surnaturel*** – divin, miraculeux, surnaturel. △ **ANT.** TERRESTRE; CONCRET, DE CE MONDE, MATÉRIEL, TEMPOREL; DÉMONIAQUE, DIABOLIQUE, INFERNAL, SATANIQUE.

célibataire *n.* ▶ ***Adulte non marié*** ▸ *Homme* – jeune homme, vieux garçon. ▸ *Femme* – jeune fille, mademoiselle. PÉJ. vieille fille. △ **ANT.** MARIÉ; DIVORCÉ, VEUF.

cellule *n.f.* ▶ ***Cachot*** – cachot, fosse, oubliette, violon. FRANCE FAM. mitard. ANC. basse-fosse, cabanon *(pour les fous)*, cul-de-basse-fosse. ANTIQ. ROM. ergastule. ▶ ***Groupe de personnes*** – brigade, caravane, collectif, colonie, corps, équipe, escadron, escouade, groupe, horde, meute, noyau, peloton, troupe. IRON. fournée. FAM. bataillon, brochette, cohorte. QUÉB. FAM. gang.

cendre *n.f.* ▶ ***Ruines*** (SOUT.) – déblais, débris, décharge, décombres, démolitions, éboulement, éboulis, épave, gravats, gravois, miettes, plâtras, reste, ruines, vestiges.

censé *adj.* admis, présumé, putatif, réputé, supposé. DR. présomptif. △ **ANT.** ASSURÉ, CERTAIN, SÛR.

censeur *n.* ▶ ***Juge*** (SOUT.) – critique, juge. SOUT. épilogueur, éreinteur *(méchant)*, zoïle. △ **ANT.** ADULATEUR, APOLOGISTE, LOUANGEUR.

censure *n.f.* ▶ ***Contrôle*** – autocensure, bâillonnement, boycottage, caviardage, contrôle, exclusive, filtre, imprimatur, interdiction, (mise à l')index, musellement, veto. FIG. bâillon, muselière. FAM. anastasie. RELIG. interdit, monition, suspense, tabouisation. ▶ ***Blâme*** – accusation, admonestation, admonition, anathématisation, anathème, attaque, avertissement, blâme, condamnation, correction, critique, désapprobation, diatribe, grief, grognerie, gronderie, interdit, leçon, malédiction, mise à l'écart, mise à l'index, mise en quarantaine, objection, observation, plainte, punition, récrimination, remarque, remontrance, représentation, réprimande, réprobation, reproche, réquisitoire, semonce, sérénade, sermon, tollé. SOUT. animadversion, foudres, fustigation, improbation, mercuriale, objurgation, stigmatisation, vitupération. FAM. douche, engueulade, savon, tabac. FRANCE FAM. attrapade, lavage de tête, prêchi-prêcha, soufflante. BELG. cigare. RELIG. fulmination. △ **ANT.** TOLÉRANCE; LIBERTÉ D'EXPRESSION; APOLOGIE, APPROBATION, ÉLOGE, EXALTATION, FLATTERIE, LOUANGE.

centenaire *adj.* séculaire. △ **ANT.** JEUNE; NEUF, NOUVEAU, RÉCENT.

central *adj.* ▶ ***Qui se trouve au centre*** – intermédiaire, médian, mitoyen, moyen. ▶ ***Essentiel*** – capital, crucial, de la plus haute importance, de premier plan, décisif, déterminant, dominant, essentiel, important, maître, majeur, numéro un, prédominant, prééminent, premier, prépondérant, primordial, principal, prioritaire, supérieur. SOUT. à nul autre second, cardinal. △ **ANT.** LATÉRAL; PÉRIPHÉRIQUE.

centre *n.m.* ▶ ***Milieu*** – axe, entre-deux, intermédiaire, milieu, moyen terme, pivot, point central. FIG. clef (de voûte), cœur, foyer, midi, nœud, nombril, noyau, ombilic, siège. ▶ ***Ville importante*** – capitale, métropole. FAM. La Mecque. ▶ ***Organisme*** – agence, bureau, cabinet, office, organisme, service. ▶ ***Édifice à usage particulier*** – complexe, établissement, maison, station. ▶ ***Organisateur*** – âme, artisan, auteur, cerveau, chef, cheville ouvrière, créateur, dirigeant, fondateur, incitateur, initiateur, inspirateur, instigateur, locomotive, maître (d'œuvre), meneur, moteur, organisateur, patron, père, promoteur, protagoniste, régisseur, responsable. SOUT. excitateur, instaurateur, ouvrier. △ **ANT.** BORD, BORDURE, PÉRIPHÉRIE, POURTOUR; BOUT, EXTRÉMITÉ.

cependant *adv.* mais, malgré cela, malgré tout, malheureusement, néanmoins, pourtant, seulement, toutefois. SOUT. nonobstant. △ **ANT.** DE PLUS, EN OUTRE, ET.

cercle *n.m.* ▶ ***Courbe*** – boucle, orbe, orbite, ovale, ove, rond. ▶ ***Pourtour*** – bord, ceinture, circonférence, contour, dessin, extérieur, forme, lèvres, limbe, marli *(plat, assiette)*, périmètre, périphérie, pourtour, tour. ▶ ***Objet*** – anneau, bague, cerceau, collier, couronne, disque, rondelle. FAM. rond. ▶ ***Association*** – amicale, association, club, compagnie, fraternité, groupe, société, union. ▸ *De savants ou d'artistes* – académie, aréopage, cénacle, club, école, institut, société.

cercueil *n.m.* bière, châsse *(reliques)*, sarcophage *(égyptien)*. QUÉB. FAM. tombe. △ **ANT.** BERCEAU.

céréale *n.f.* ▶ ***Plante*** – graminacée, graminée, poacée. ♦ **céréales,** ***plur.*** ▶ ***Préparation froide*** – (flocons de) céréales. ▶ ***Préparation chaude*** – bouillie, gruau, porridge.

cérébral *adj.* abstractif, abstrait, conceptuel, idéal, intellectuel, mental, spéculatif, théorique. PHILOS. idéationnel, idéel, théorétique. △ **ANT.** MATÉRIALISTE, PROSAÏQUE, TERRE-À-TERRE.

cérémonial *n.m.* ▶ ***Protocole*** – bienséance, cérémonie, convenances, décorum, étiquette, formalité, formule, mondanités, protocole, règle, usage. FAM. salamalecs. ▶ ***Livre*** – anthologe *(Église orthodoxe)*, bréviaire, directoire, (livre d')Heures, livre de messe, livre de prières, missel, ordinal *(Église anglicane)*, paroissien, rational. ▸ *Selon les prières* – antiphonaire *(chants)*, diurnal *(office de la journée)*, eucologe *(dimanche et jours de fête)*, évangéliaire, hymnaire, processionnal *(processions)*, psautier *(psaumes)*, rituel, vespéral *(office du soir)*. △ **ANT.** NATUREL, SIMPLICITÉ.

cérémonie *n.f.* ▶ ***Messe*** – célébration, cérémonial, culte, liturgie, messe, obit, office divin, office, saint sacifice, service, service divin, service religieux. ▶ ***Protocole*** – bienséance, cérémonial, convenances, décorum, étiquette, formalité, formule, mondanités, protocole, règle, usage. FAM. salamalecs. ▶ ***Rituel*** – pratique, rite, rituel. ♦ **cérémonies,** ***plur.*** ▶ ***Manières*** – chichis, façons, manières. △ **ANT.** NATUREL, SIMPLICITÉ.

cérémonieusement *adv.* emphatiquement, en grande pompe, hyperboliquement, pompeusement, sentencieusement, solennellement, théâtralement. △ ANT. À LA BONNE FRANQUETTE, FAMILIÈREMENT, NATURELLEMENT, SANS AFFECTATION, SANS APPRÊT, SANS CÉRÉMONIES, SANS COMPLICATIONS, SANS FAÇONS, SANS ORNEMENT, SANS TAMBOUR NI TROMPETTE, SIMPLEMENT, SOBREMENT, TOUT BONNEMENT.

cérémonieux *adj.* façonnier, formaliste, protocolaire. △ ANT. FAMILIER, NATUREL, SANS AFFECTATION, SANS COMPLICATIONS, SIMPLE, SOBRE.

cerise *n.f.* ▶ ***Malchance*** (FRANCE FAM.) – accident, coup du destin, coup du sort, coup dur, cruauté du destin, fatalité, fortune contraire, infortune, malchance, malheur, mauvais sort, mauvaise fortune, sort contraire, vicissitude. SOUT. adversité, infélicité. FAM. chiasse, déveine, guigne, manque de bol, manque de pot, poisse, scoumoune. FRANCE FAM. débine, guignon, mélasse, mouscaille.

cerne *n.m.* ▶ ***Trace circulaire*** – auréole. ▶ ***Cercle d'une souche*** – cercle de croissance. QUÉB. FAM. âge.

cerner *v.* ▶ ***Délimiter*** – caractériser, cibler, définir, délimiter, déterminer, établir, fixer. ▶ ***Encercler*** – boucler, encercler, envelopper, investir. ▶ ***Ombrer*** – estomper, noircir, ombrer. △ ANT. LEVER LE SIÈGE DE, LIBÉRER.

certain *adj.* ▶ ***Convaincu*** – assuré, convaincu, persuadé, sûr. ▶ ***Évident*** – apparent, aveuglant, clair, criant, éclatant, évident, flagrant, frappant, hurlant (de vérité), incontestable, manifeste, patent, qui coule de source, qui crève les yeux, qui ne fait pas un pli, qui saute aux yeux, qui se voit comme le nez au milieu du visage, qui tombe sous le sens, qui va de soi, qui va sans dire, visible. ▶ ***Irréfutable*** – avéré, démontré, établi, formel, inattaquable, incontestable, incontesté, indéniable, indiscutable, indiscuté, indubitable, irrécusable, irréfutable, prouvé, reconnu, sûr. FAM. garanti. DIDACT. irréfragable. ▶ ***Immanquable*** – assuré, fatal, immanquable, imparable, implacable, incontournable, inéluctable, inévitable, inexorable, nécessaire, obligatoire, obligé, sûr. FAM. forcé, mathématique. △ ANT. DISCUTABLE, DOUTEUX, INCERTAIN; HÉSITANT, INDÉCIS, IRRÉSOLU, PERPLEXE; ÉQUIVOQUE, HYPOTHÉTIQUE, IMPROBABLE, INDÉTERMINÉ; CONTESTABLE, SUSPECT.

certainement *adv.* à dire vrai, à l'évidence, à la vérité, à n'en pas douter, à vrai dire, assurément, authentiquement, bel et bien, bien, bien entendu, bien sûr, cela va de soi, cela va sans dire, certes, comme de juste, d'évidence, de toute évidence, effectivement, en effet, en vérité, évidemment, il va sans dire, indubitablement, manifestement, naturellement, nul doute, oui, réellement, sans (aucun) doute, sans conteste, sans contredit, sans le moindre doute, sans nul doute, sérieusement, sûrement, véridiquement, véritablement, vraiment. FAM. pour de vrai, vrai. △ ANT. PEUT-ÊTRE, PLAUSIBLEMENT, POSSIBLEMENT, POTENTIELLEMENT, PROBABLEMENT, SANS DOUTE, VIRTUELLEMENT, VRAISEMBLABLEMENT; AUCUNEMENT, D'AUCUNE FAÇON, D'AUCUNE MANIÈRE, EN AUCUN CAS, EN AUCUNE FAÇON, EN AUCUNE MANIÈRE, EN AUCUNE SORTE, EN RIEN, NULLEMENT, (PAS) DU TOUT.

certificat *n.m.* ▶ ***Diplôme*** – agrégation, brevet, diplôme. FAM. parchemin. FRANCE FAM. agrég, peau d'âne. ▶ ***Attestation*** – attestation, authentification, certification, confirmation, constat, enregistrement, homologation, légalisation, légitimation, officialisation, reconnaissance.

certitude *n.f.* ▶ ***Conviction*** – assurance, confiance, conviction, croyance, foi. SOUT. sûreté. ▶ ***Confirmation*** – affirmation, assurance, attestation, confirmation, corroboration, démonstration, gage, manifestation, marque, preuve, témoignage, vérification. △ ANT. DOUTE, INCERTITUDE; CONJECTURE, HYPOTHÈSE, SUPPOSITION.

cerveau *n.m.* ▶ ***Partie du corps*** – cortex (cérébral), corticale, encéphale, masse cérébrale, substance grise. FAM. cervelle, tête. ▶ ***Esprit*** – bon sens, cervelle, clairvoyance, compréhension, conception, discernement, entendement, esprit, faculté, imagination, intellect, intelligence, jugement, lucidité, pénétration, raison, tête. FAM. matière grise, méninges. PHILOS. logos. ▶ ***Personne intelligente*** – as, bonne lame, esprit supérieur, fine lame, intelligence. SOUT. phénix. FAM. aigle, grosse tête, lumière. ▶ ***Organisateur*** – âme, artisan, auteur, centre, chef, cheville ouvrière, créateur, dirigeant, fondateur, incitateur, initiateur, inspirateur, instigateur, locomotive, maître (d'œuvre), meneur, moteur, organisateur, patron, père, promoteur, protagoniste, régisseur, responsable. SOUT. excitateur, instaurateur, ouvrier.

cesser *v.* ▶ ***Arrêter momentanément*** – arrêter, interrompre, lever, suspendre. SOUT. discontinuer. ▶ ***Arrêter définitivement*** – abandonner, arrêter, mettre fin à, mettre un terme à, renoncer à. ▶ ***S'arrêter*** – discontinuer, prendre fin, s'arrêter, s'interrompre. △ ANT. CONTINUER, POURSUIVRE, PROLONGER; REPRENDRE; DURER.

chagrin *adj.* ▶ ***Maussade*** (SOUT.) – boudeur, bourru, de mauvaise humeur, grognon, mal disposé, maussade, mécontent, morne, morose, qui fait la tête, rechigné, rembruni, renfrogné, sombre, taciturne. FAM. à ne pas prendre avec des pincettes, de mauvais poil, mal luné, qui fait la gueule, qui fait la lippe, qui s'est levé du mauvais pied, soupe au lait. QUÉB. FAM. marabout. BELG. mal levé. △ ANT. ENJOUÉ, GAI, JOYEUX, RÉJOUI.

chagrin *n.m.* ▶ ***Tristesse*** – abattement, accablement, affliction, aigreur, amertume, dépression, désolation, deuil, douleur, ennui, épreuve, grisaille, humeur noire, idées noires, idées sombres, langueur, lypémanie, mal du pays, mal-être, maussaderie, mélancolie, monotonie, morosité, neurasthénie, noir, nostalgie, papillons, peine, serrement de cœur, souci, tædium vitæ, tristesse, vague à l'âme. SOUT. atrabile, larmes, navrement, nuage, spleen, taciturnité. FAM. blues, bourdon, cafard, déprime, sinistrose. ▶ ***Déception*** – abattement, accablement, affliction, amertume, anéantissement, consternation, déboires, déception, déconvenue, découragement, dégoût, dégrisement, démoralisation, dépit, désappointement, désenchantement, désespoir, désillusion, désolation, échec, écœurement, ennui, infortune, insuccès, lassitude, mécompte, peine, regret, revers, tristesse. SOUT. atterrement, déréliction, désabusement, désespérance, retombement. FAM. défrisage, défrisement, douche (froide), ras-le-bol. △ ANT. GAIETÉ, JOIE, PLAISIR; BONHEUR.

chaînes *n.f.pl.* ▶ ***Bijou*** – chaînette *(petite).* ▶ ***Entrave*** – boulet *(pied),* carcan *(cou),* entrave, menottes *(poignets),* poucettes *(pouces).* ANC. liens. ▶ ***Attache*** – attache, câble, corde, courroie, fers, lanière, lien, ligament, ligature, liure, rétinacle, sangle. ▶ ***Fils d'un tissu*** – corde, tissure, trame. ▶ ***Série*** – alignement, chapelet, colonne, combinaison, consécution, cordon, enchaînement, enfilade, énumération, file, gamme, guirlande, ligne, liste, rang, rangée, séquence, série, succession, suite, tissu, travée. ▶ ***Relief*** – chaîne de montagnes, dorsale. ▸ *Selon la région* – cordillère *(Amérique du Sud),* sierra *(en pays hispanophone).* ▶ ***Station*** – station. QUÉB. télédiffuseur; FAM. canal (de télévision), poste (de télévision). ♦ **chaînes,** ***plur.*** ▶ ***Soumission*** (SOUT.) – abaissement, allégeance, appartenance, asservissement, assujettissement, attachement, captivité, contrainte, dépendance, domestication, domesticité, domination, emprise, esclavage, gêne, hilotisme, inféodation, infériorité, mainmise, merci, mouvance, obédience, obéissance, obligation, oppression, pouvoir, puissance, servage, servitude, soumission, subordination, sujétion, tutelle, tyrannie, vassalité. FIG. carcan, corset (de fer), coupe, fardeau, griffe, main, patte, prison; SOUT. fers, gaine, joug. FÉOD. tenure. △ **ANT.** AFFRANCHISSEMENT, ÉMANCIPATION, LIBÉRATION, LIBERTÉ.

chair *n.f.* ▶ ***Corps*** – anatomie, corps, forme, morphologie, musculature, organisme. SOUT. enveloppe. FAM. carcasse, châssis, mécanique. ▶ ***Concupiscence*** – amour, ardeur, concupiscence, désir, (les) sens, libido, passion, sensualité. SOUT. feu, flamme. ▶ ***Viande*** – muscle, viande. FAM. bidoche. FRANCE FAM. frigo *(congelée).* ▸ *Mauvaise* FAM. barbaque, semelle de botte *(coriace).* FRANCE FAM. carne. ▶ ***Tissu végétal*** – pulpe. △ **ANT.** ÂME, ESPRIT; OS, SQUELETTE.

chaire *n.f.* ▶ ***Siège*** – cathèdre, faldistoire, stalle. ▶ ***Estrade*** – catafalque *(cercueil),* estrade, minbar *(mosquée),* plateau, tribune. FAM. perchoir. ANC. hourd. ANTIQ. rostres.

châle *n.m.* bandana, cache-col, cache-nez, carré, écharpe, étole, fichu, foulard, madras, mantille, mouchoir, pointe.

chaleur *n.f.* ▶ ***Caractère de ce qui est chaud*** – chaud, tiédeur. SOUT. feux. ▶ ***Grandeur physique*** – température. ▶ ***Enthousiasme*** – allant, animation, ardeur, cœur, élan, enthousiasme, entrain, ferveur, flamme, passion, zèle. FAM. pep. SOUT. feu. ▶ ***Cordialité*** – affabilité, agrément, amabilité, aménité, bénignité, bienveillance, bonhomie, bonté, calme, charité, clémence, docilité, douceur, gentillesse, grâce, humanité, indulgence, patience, placidité, suavité. SOUT. débonnaireté, magnanimité, mansuétude, onction. ▶ ***Éloquence*** – ardeur, art, art oratoire, brio, charme, conviction, élégance, expression, maîtrise, parole, persuasion, rhétorique. SOUT. bien-dire. ♦ **chaleurs,** ***plur.*** ▶ ***Temps chaud*** – canicule. SOUT. ardeurs, touffeur. SUISSE tiède; FAM. tiaffe. △ **ANT.** FRAÎCHEUR, FROID; FROIDEUR, INDIFFÉRENCE, TIÉDEUR.

chaleureux *adj.* ▶ ***Cordial*** – accueillant, affable, agréable, aimable, amène, amical, avenant, bienveillant, charmant, convivial, cordial, de bonne compagnie, engageant, familier, gracieux, invitant, liant, ouvert, sociable, souriant, sympathique. FAM. sympa. ▶ ***Affectueux*** – affectueux, ami, amical, fraternel, tendre. ▶ ***Enthousiaste*** – à tous crins, ardent, chaud, délirant d'enthousiasme, emballé, en extase, enthousiasmé, enthousiaste, extasié, extatique, fervent, passionné. FAM. tout feu tout flammes. △ **ANT.** FROID, SEC; GLACIAL, HAUTAIN, INSENSIBLE, RAIDE; BRUTAL, DUR, RUDE; IMPERSONNEL.

challenge *n.m.* affrontement, compétition, concours, duel, épreuve, face à face, match, tournoi. SOUT. joute.

challenger (var. **challengeur, challangeur**) *n.m.* adversaire, antagoniste, attaqueur, compétiteur, concurrent, contestataire, contraire, contre-manifestant, détracteur, dissident, ennemi, mécontent, opposant, opposé, pourfendeur, prétendant, protestataire, rival. SOUT. émule.

chambre *n.f.* ▶ ***Pièce*** – alcôve, chambre (à coucher), chambrée *(caserne),* chambrette, dortoir. FAM. carrée, piaule, taule. PÉJ. cambuse, turne. ▶ ***Assemblée législative*** – (assemblée) législative, assemblée (nationale), chambre des communes, chambre (des députés), chambre des lords, chambre des représentants, Congrès *(É-U),* cortès *(Espagne),* douma *(Russie),* Knesset *(Israël),* landsgemeinde *(Suisse alémanique),* législateur, parlement, (pouvoir) législatif, représentation nationale, soviet *(U.R.S.S.).* ▸ *Révolution française* – la Constituante, la Convention (nationale).

chameau *n.* ▶ ***Animal*** – SOUT. vaisseau du désert. ♦ **chameau,** ***masc.*** ▶ ***Personne méchante*** – bête (immonde), chien, démon, gale, malveillant, mauvais, méchant, monstre, peste, poison, pourriture, rosse, serpent, suppôt de Satan, suppôt du diable, teigne, vicieux, vil personnage, vipère. RARE haineux. FAM. charogne, choléra, dégueulasse, fumier, ordure, pourri, salaud, salopard. FRANCE FAM. saleté, saligaud, salopiaud, vache. QUÉB. FAM. sale.

champ *n.m.* ▶ ***Terre à culture*** – brûlis, chaume, guéret, plant, plantation, pré. SOUT. glèbe. FRANCE RÉGION. gagnage, platière. ▶ ***Pâturage*** – alpage, alpe, embouche, enclos, estive, friche, herbage, kraal, lande, noue, pacage, paddock, paissance, pâquis, parc, parcours, parquet, passage, pâtis, pâturage, pâture, prairie, pré, remue. FRANCE RÉGION. engane, ouche. SUISSE mayen. AFR. secco. ▶ ***Portion d'espace*** – champ (de vision), horizon, panorama, paysage, perspective, point de vue, site, vue. ▶ ***Aire*** – aire, domaine, emplacement, espace, place, région, terrain, territoire, zone. ▶ ***Spécialité*** – branche, département, discipline, division, domaine, étude, fief, matière, partie, scène, science, secteur, spécialité, sphère. FAM. rayon. ▶

champêtre *adj.* campagnard, paysan, rural, rustique. SOUT. agreste, bucolique, pastoral. △ **ANT.** CITADIN, URBAIN.

champignon *n.m.* ▶ ***Végétal*** – BOT. fongus. ▶ ***Accélérateur*** (FAM.) – accélérateur, pédale d'accélérateur.

champion *n.* ▶ ***Gagnant*** – gagnant, gagneur, lauréat, médaillé, premier, tenant du titre, triomphateur, vainqueur. ▶ ***Défenseur*** – apologiste, apôtre, appui, avocat, défenseur, protecteur, redresseur de torts, représentant, serviteur, soldat, soutien, tenant. *SOUT.* intercesseur. ▶ ***Partisan*** – adepte, adhérent, allié, ami, apôtre, défenseur, disciple, fidèle, inconditionnel, militant, partisan, soutien, sympathisant, tenant. *RARE* mainteneur. *SOUT.* chantre, séide, zélateur. *FAM.* godillot. ▶ ***Expert*** (*FAM.*) – as, expert, (fin) connaisseur, grand clerc, maître, professionnel, spécialiste, virtuose. *FAM.* chef, crack, pro. *FRANCE FAM.* bête. *QUÉB.* personne-ressource.

chance *n.f.* ▶ ***Hasard*** – accident, aléa, aléatoire, aventure, cas fortuit, circonstance, coïncidence, conjoncture, contingence, coup de dés, coup du sort, fortuit, hasard, impondérable, imprévu, inattendu, incertitude, indétermination, occurrence, rencontre, sort. *SOUT.* fortune. *PHILOS.* casualisme, casualité, indéterminisme. *FIG.* loterie. ▶ ***Hasard heureux*** – aubaine, coup de chance, heureux hasard, occasion. *SOUT.* fortune. *FAM.* baraka, (coup de) bol, occase, pot, veine. ▶ ***Destin*** – avenir, demain(s), destin, destinée, devenir, étoile, existence, fatalité, fortune, futur, hasard, horizon, karma, lendemain(s), lot, nécessité, prédestination, prédétermination, prédéterminisme, providence, sort, vie. *SOUT.* fatum, Parque. ▶ ***Possibilité*** – conjecture, éventualité, fréquence, hypothèse, perspective, possibilité, potentialité, prévisibilité, probabilité, prospective, viabilité, virtualité. △ **ANT.** INFORTUNE, MALCHANCE, MALHEUR.

chancelant *adj.* ▶ ***Qqn*** – défaillant, flageolant, oscillant, titubant, trébuchant, vacillant. ▶ ***Qqch.*** – défaillant, faible, fragile, glissant, incertain, instable, menacé, précaire, vacillant. △ **ANT.** ASSURÉ, EN ÉQUILIBRE, ÉQUILIBRÉ, FERME, SOLIDE, STABLE.

chanceler *v.* ▶ ***Ne pas tenir sur ses jambes*** – flageoler, osciller, tituber, trébucher, vaciller. ▶ ***Manquer de stabilité*** – branler, osciller, vaciller. △ **ANT.** ÊTRE FERME, TENIR BON; DE DRESSER, S'AFFERMIR, SE FIXER.

chanceux *adj.* ▶ ***Qui a de la chance*** – bien loti, favorisé, fortuné. *FAM.* veinard. *FRANCE FAM.* chançard, verni. △ **ANT.** INFORTUNÉ, MALCHANCEUX, MALHEUREUX.

chandail *n.m.* ▶ ***Vêtement de laine*** – gilet de laine, jacquard, jersey. ▶ ***Pull*** (*QUÉB.*) – pull, pullover. *QUÉB. FAM.* gilet.

chandelier *n.m.* ▶ ***Support à chandelles*** – bougeoir. ▶ *À plusieurs branches* – candélabre, flambeau, girandole, torchère.

chandelle *n.f.* ▶ ***Bougie*** – bougie. *ANC.* feu. ▶ ***Coup au tennis*** – lob. ▶ ***Sécrétion*** (*FAM.*) – jetage *(animaux)*, morve, roupie. *SUISSE* moque.

change *n.m.* ▶ ***Changement*** – changement, chassé-croisé, commutation, échange, intérim, rechange, relève, remplacement, rotation, roulement, subrogation, substitution, succession, suppléance. ▶ ***Échange d'une monnaie*** – conversion. ▶ ***Lieu des opérations de change*** – bourse, table des changes. ▶ ***Taux*** – taux de change. ▶ ***Couche*** – change complet, couche, rechange. *ANC.* pointe.

changeant *adj.* ▶ ***Variable*** – en dents de scie, flottant, fluctuant, incertain, inconstant, inégal, instable, irrégulier, mobile, mouvant, variable. *SOUT.* labile, volatil. *DIDACT.* erratique. ▶ ***Sujet à des caprices*** – capricieux, fantaisiste, fantasque, flottant, inconsistant, inconstant, instable, lunatique, mobile, versatile, volage. *SOUT.* caméléonesque, ondoyant. ▶ ***Qui change de couleur*** – agatisé, chatoyant, gorge-de-pigeon, miroitant, moiré. *SOUT.* diapré. *DIDACT.* versicolore. △ **ANT.** CONSTANT; DURABLE, IMMUABLE, INALTÉRABLE, PERMANENT; FIXE, IMMOBILE, INVARIABLE, INVARIANT, STABLE, STATIONNAIRE, STATIQUE; DÉCOLORÉ, DÉFRAÎCHI, DÉLAVÉ, DÉTEINT, ÉTEINT, FADE, PÂLI, TERNE.

changement *n.m.* ▶ ***Substitution*** – change, chassé-croisé, commutation, échange, intérim, rechange, relève, remplacement, rotation, roulement, subrogation, substitution, succession, suppléance. ▶ ***Transformation*** – adaptation, ajustement, altération, avatar, conversion, évolution, glissement, gradation, infléchissement, métamorphose, modification, modulation, mue, mutation, passage, progression, transfiguration, transformation, transition, transmutation, variation, vie. ▶ ***Rectification*** – amendement, correctif, correction, modification, rectification. *FAM.* modif. ▶ ***Renouvellement*** – amélioration, dépoussiérage, modernisation, modification, prorogation, rajeunissement, recommencement, reconduction, réformation, réforme, régénération, réhabilitation, réinvention, remplacement, renouveau, renouvellement, rénovation, réparation, restauration, résurrection, rétablissement, transformation. *PÉJ. FAM.* réformette. ▶ ***Nouveauté*** – actualité, avant-gardisme, contemporanéité, fraîcheur, inédit, innovation, jamais vu, jeunesse, mode, modernité, neuf, nouveau, nouveauté, originalité, pertinence, précédent, première, présent, primeur. ▶ ***Bouleversement*** – bouleversement, chavirage, chavirement, conflagration, convulsion, dérangement, dérèglement, déséquilibre, désorganisation, détraquement, perturbation, renouvellement, rénovation, renversement, retournement, révolution, séisme, stress, trouble. *FAM.* chambard, chambardement, chamboulement. ▶ ***Bifurcation*** – aiguillage, bifurcation, branchement, bretelle, orientation. ▶ ***Différence*** – abîme, altérité, désaccord, déviance, différence, dissemblance, dissimilitude, distance, distinction, divergence, diversité, division, divorce, écart, fossé, gouffre, incompréhension, inégalité, intervalle, marginalité, nuance, séparation, variante, variation, variété. *MATH.* inéquation. ▶ ***Alternance*** – allée et venue, alternatives, balancement, bascule, flux et reflux, intermittence, ondulation, oscillation, palpitation, périodicité, pulsation, récurrence, récursivité, retour, rotation, roulement, rythme, sinusoïde, succession, tour, va-et-vient, variation. ▶ ***Instabilité*** – ballottement, déséquilibre, fluctuation, fragilité, inadaptation, incertitude, inconstance, inégalité, instabilité, mouvant, mouvement, précarité, variabilité, variation, versatilité, vicissitude, volatilité. ▶ ***Caprice*** – accès, bizarrerie, bon plaisir, caprice, chimère, coup de tête, envie, extravagance, fantaisie, fantasme, folie, frasque, gré, guise, immaturité, impatience, incartade, inconstance, infantilisme, instabilité, légèreté, lubie, marotte, mobilité, originalité, saute (d'humeur), singularité, sporadicité, variation, versatilité, volonté. *SOUT.* folle gamberge, foucade, humeur. *FAM.* toquade. △ **ANT.** CONSTANCE, CONTINUITÉ, FIXITÉ,

IMMOBILITÉ, IMMUTABILITÉ, INVARIABILITÉ, STABILITÉ; CONSERVATISME, PASSÉISME, ROUTINE.

changer *v.* ▶ ***Remplacer*** – remplacer, substituer. ▶ ***Échanger*** – échanger, troquer. ▶ ***Convertir*** – convertir, muer, transformer. *SOUT.* transmuer, transmuter. ▶ ***Modifier légèrement*** – altérer, modifier. ▶ ***Modifier en profondeur*** – métamorphoser, modifier, réformer, réinventer, renouveler, rénover, repousser les limites de, révolutionner, transformer. ▶ ***Varier*** – différer, fluctuer, se modifier, varier. *FAM.* bouger. ▶ ***Devenir différent*** – évoluer, se transformer. ▶ ***Prendre telle forme*** – devenir, se métamorphoser en, se muer en, se transformer en. △ **ANT.** CONSERVER, FAIRE DURER, GARDER, MAINTENIR, PERPÉTUER; DEMEURER, DURER, PERSÉVÉRER, PERSISTER, SUBSISTER.

chanson *n.f.* ▶ ***Composition vocale*** – air, chant, couplet, mélodie, pièce vocale, refrain. *FAM.* beuglante. ▶ ***Rengaine*** – écho, leitmotiv, rabâchage, radotage, récurrence, redite, redondance, refrain, rengaine, répétition, reprise, ressassage, ressassement, ritournelle, routine, scie, sérénade, turlutaine. ▶ ***Texte*** – geste, poème épique, romancero. ▶ ***Affaire sans importance*** – amusette, bagatelle, baliverne, bêtise, bricole, broutille, détail, enfantillage, fadaise, faribole, frivolité, futilité, jeu, misère, plaisanterie, rien, sornette, sottise, vétille. *SOUT.* badinerie, puérilité. *FAM.* connerie, foutaise, mômerie. *BELG. FAM.* carabistouille.

chant *n.m.* ▶ ***Action de chanter*** – chantonnement, fredon, fredonnement. ▶ ***Façon de chanter*** – organe, voix. ▶ ***Catégorie musicale*** – musique vocale. ▶ ***Composition vocale*** – air, chanson, couplet, mélodie, pièce vocale, refrain. *FAM.* beuglante. ▶ ***Ligne mélodique*** – ligne mélodique, mélodie. ▶ ***Bruit des oiseaux*** – babil, gazouillement, gazouillis, pépiement, piaillement, piaulement, ramage, sifflement. *FAM.* cui-cui. ▶ ***Partie la plus étroite*** – bord, côté, face, facette, flanc, pan, paroi, profil, surface, tranche. *MAR.* travers.

chantage *n.m.* avertissement, bravade, commination, défi, dissuasion, effarouchement, fulmination, intimidation, menace, mise en garde, provocation, rodomontade, semonce, sommation, ultimatum.

chantant *adj.* doux, harmonieux, mélodieux, musical, suave. *DIDACT.* euphonique, eurythmique. △ **ANT.** MONOCORDE, MONOTONE, TRAÎNANT; CACOPHONIQUE, CRIARD, DISCORDANT, DISSONANT, FAUX, INHARMONIEUX.

chanter *v.* ▶ ***En parlant d'une personne*** – moduler, vocaliser. *FAM.* pousser la chansonnette. ▶ ***En parlant d'un bébé*** – babiller, gazouiller. ▶ ***En parlant d'un oiseau*** – babiller, gazouiller, jaser, pépier, piailler, piauler, piotter, s'égosiller, siffler. ▶ ***En parlant d'un cours d'eau*** – gazouiller, jaser. ▶ ***Acclamer*** – acclamer, auréoler, célébrer, diviniser, encenser, exalter, glorifier, héroïser, magnifier, mettre sur un piédestal, mythifier, porter au pinacle, porter aux nues. *SOUT.* lyriser, tresser des couronnes à, tresser des lauriers à. ▶ ***Plaire*** (*FAM.*) – aller à, contenter, convenir à, faire l'affaire de, plaire à, satisfaire, sourire à. *SOUT.* agréer à, complaire à. *FAM.* arranger. △ **ANT.** SE TAIRE.

chantier *n.m.* ▶ ***Lieu de travaux*** – tas. ▶ ***Lieu désordonné*** (*FAM.*) – *FIG.* chenil, écurie, écuries d'Augias, porcherie. *FAM.* bazar, bordel, capharnaüm, foutoir, souk. *QUÉB. FAM.* soue (à cochons). *BELG.* kot.

chanvre *n.m.* ▶ ***Textile*** – abaca, chanvre de Manille, jute, phormion, phormium, tagal, treillis. ▶ ***Fibre*** – étoupe, fibre de chanvre, filasse, teille.

chaos *n.m.* ▶ ***Néant originel*** – tohu-bohu. ▶ ***Confusion*** – anarchie, bourbier, brouillement, cafouillage, cafouillis, complication, confusion, désordre, désorganisation, embrouillement, emmêlage, emmêlement, enchevêtrement, imbroglio, mélange. *SOUT.* chienlit, pandémonium. *FAM.* bordel, embrouillage, embrouille, pagaille. *FRANCE FAM.* cirque, embrouillamini, foutoir, micmac, sac d'embrouilles, sac de nœuds, salade. *FRANCE RÉGION.* pastis. ▶ ***Catastrophe*** – apocalypse, bouleversement, calamité, cataclysme, catastrophe, désastre, drame, fléau, malheur, néant, ruine, sinistre, tragédie. *FIG.* précipice. *SOUT.* abîme. *FAM.* cata. △ **ANT.** HARMONIE, ORDRE, ORGANISATION.

chaotique *adj.* ▶ ***Sans ordre*** – anarchique, brouillon, confus, désordonné, désorganisé, sens dessus dessous. *FAM.* bordélique. ▶ ***Sans suite logique*** – décousu, désordonné, incohérent, incompréhensible, inconséquent, sans queue ni tête, sans suite. △ **ANT.** COHÉRENT, HARMONIEUX, HIÉRARCHISÉ, ORDONNÉ, ORGANISÉ, STRUCTURÉ.

chape *n.f.* ▶ ***Au sens propre*** – aube, cappa (magna), chasuble, dalmatique, froc, mantelet, mosette, ornements (sacerdotaux), rochet, soutane, surplis, tunicelle, tunique, vêtement (sacerdotal). *ANTIQ.* éphod. ▶ ***Au sens figuré*** – gangue, manteau, parure, vêtement. *SOUT.* enveloppe.

chapeau *n.m.* ▶ ***Coiffure*** – *FAM.* bibi, bitos, couvre-chef, galurin, tromblon.

chapelet *n.m.* ▶ ***Bijou sacré*** – mala *(Inde)*, rosaire. ▶ ***Série*** – alignement, chaîne, colonne, combinaison, consécution, cordon, enchaînement, enfilade, énumération, file, gamme, guirlande, ligne, liste, rang, rangée, séquence, série, succession, suite, tissu, travée.

chapitre *n.m.* ▶ ***Subdivision d'un livre*** – alinéa, article, livre, matière, objet, paragraphe, partie, question, rubrique, section, sujet, titre, tome, volet, volume. ▸ *Dans un texte sacré* – psaume, surate *(musulman)*, verset.

char *n.m.* ▶ ***Véhicule militaire*** – blindé, char d'assaut, char de combat, panzer, semi-chenillé, tank. ▶ ***Automobile*** (*QUÉB. ACADIE FAM.*) – auto, automobile, voiture, voiture automobile. *FAM.* bagnole, bahut, caisse, tire. ▸ *Rapide* – bolide. ▸ *Petite* – microvoiture, voiturette automobile. *QUÉB.* compacte, sous-compacte. *FAM.* trottinette. ▸ *Grosse FAM.* tank. ▸ *Vieille ou mauvaise* – clou, épave *(hors d'usage)*. *FAM.* bagnole, boîte à savon, chignole, guimbarde, tacot, tapecul, tas de boue, tas de ferraille, teuf-teuf, veau *(lente)*. *QUÉB. FAM.* bazou, citron. ▶ ***Véhicule sur rails*** (*QUÉB. FAM.*) – fourgon, remorque *(camion ou métro)*, voiture, wagon, wagonnet *(petit)*.

charbon *n.m.* ▶ ***Matière*** – anthracite, coke *(distillé)*, houille, jais, lignite, poussier *(poussière)*, semi-coke. ▸ *Consumé* – flambard, fraisil, fumeron.

‣ *Constituants* – clarain, durain, vitrain. ▶ ***Fusain*** – crayon fusain, fusain. ▶ ***Maladie végétale*** – anthracnose, carie, nielle, rouille.

charge *n.f.* ▶ ***Fardeau*** – chargement, fardeau, poids. SOUT. faix. ▶ ***Cargaison*** – cargaison, chargement, fret, marchandise. ▶ ***Matière explosive*** – explosif, gargousse. FAM. soupe. ▶ ***Cours d'eau*** (QUÉB.) – affluent, cours d'eau tributaire. QUÉB. tête. ▶ ***Embarras*** – aléa, contre, danger, défaut, déplaisir, dérangement, désagrément, désavantage, difficulté, écueil, embarras, empêchement, ennui, fissure, gêne, handicap, incommodité, inconfort, inconvénient, mauvais côté, objection, obstacle, point faible, risque, trouble. SOUT. importunité. ▶ ***Dette*** – arriéré, compte, créance, crédit à découvert, débet, débit, découvert, déficit, dette, devoir, doit, dû, emprunt, engagement, impayé, moins-perçu, non-paiement, obligation, passif, solde débiteur. BELG. mali, pouf. ▶ ***Impôt*** – contribution, cote, droit, excise, fiscalité, imposition, levée, patente, prélèvement, prestation, prime *(assurance)*, redevance, surtaxe, taxation, taxe, tribut. QUÉB. accise. BELG. accises. HIST. capitation, champart, corvée, dîme, fouage, franc-fief, gabelle, maltôte, moulage, taille, tonlieu. DR. foretage. ▶ ***Droit couvrant un immeuble*** – assurance, aval, caution, cautionnement, consignation, couverture, ducroire, engagement, gage, garant, garantie, hypothèque, indexage, indexation, nantissement, obligation, palladium, parrainage, précaution, préservation, promesse, répondant, responsabilité, salut, sauvegarde, sécurité, signature, soulte, sûreté, warrant, warrantage. DR. porte-fort. ▶ ***Obligation*** – commandement, contrat, dette, devoir, engagement, lien, obligation, parole, promesse, responsabilité, serment. ▶ ***Attribution*** – bureau, comité, commission, courtage, délégation, légation, mandat, mandatement, mission, pouvoir, procuration, représentation. ▶ ***Fonction*** – affectation, dignité, emploi, fonction, métier, mission, office, place, poste, responsabilité, rôle, siège, titre, vocation. ▶ ***Attaque*** – agression, assaut, attaque, attentat, déferlement, envahissement, intervention, invasion, irruption, offensive. SOUT. entreprise. MILIT. blitz *(de courte durée)*. ▶ ***Inculpation*** – accusation, imputation, incrimination, inculpation, plainte, poursuite, présomption, prise à partie, réquisitoire. SOUT. prévention. ANC. clain. DR. chef d'accusation. ▶ ***Caricature*** – calquage, caricature, contrefaçon, copiage, décalquage, démarquage, emprunt, émulation, figuration, grégarisme, homochromie, imitation, mime, mimétisme, moutonnerie, parodie, pastiche, pillage, plagiat, représentation, servilité, simulation, singerie, suivisme, travestissement. DR. contrefaction. ♦ **charges,** ***plur.*** agio, commission, crédit, frais, intérêt, plus-value, prélèvement. △ **ANT.** ALLÉGEMENT, SOULAGEMENT; DÉCHARGE, EXONÉRATION.

chargement *n.m.* ▶ ***Remplissage*** – remplissage. SOUT. emplissage. FAM. lestage. TECHN. garnissage. ‣ *D'un véhicule* – transbordement. ⓘ rechargement. ‣ *D'un navire* – aconage, arrimage. ▶ ***Cargaison*** – cargaison, charge, fret, marchandise. ▶ ***Affrètement*** – affrètement, charte-partie, nolisement. ▶ ***Paquet pour la poste*** – colis, envoi, exprès, paquet-poste. ▶ ***Fardeau*** – charge, fardeau, poids. SOUT. faix. ▶ ***Équipement*** – affaires, appareil, bagage, équipement, fourniment, harnachement, instruments, matériel, outillage. FAM. arsenal, attirail, barda, bastringue, bataclan, bazar, fourbi, matos, paquet, paquetage, saint-crépin, saint-frusquin. QUÉB. FAM. agrès, gréement. △ **ANT.** DÉCHARGEMENT.

charger *v.* ▶ ***Remplir*** – bourrer, emplir, remplir. ▶ ***Truffer un texte*** – bourrer, émailler, farcir, larder, remplir, semer, truffer. ▶ ***Alourdir*** – alourdir, embarrasser, encombrer, farcir, surcharger. ▶ ***Accabler*** – accabler, écraser, étouffer, peser sur, surcharger. SOUT. opprimer. ▶ ***Exagérer*** – amplifier, enfler, exagérer, forcer, grandir, grossir. SOUT. outrer. FAM. broder, en rajouter, tirer sur la ficelle. FRANCE FAM. chariboter, chérer. ▶ ***Caricaturer*** – caricaturer, déformer, exagérer, grossir, pousser jusqu'à la caricature, simplifier. ▶ ***Accuser*** – accuser, faire grief à, taxer. ▶ ***Attaquer*** – agresser, assaillir, attaquer, foncer sur, fondre sur, sauter sur, se jeter sur, se ruer sur, tomber sur. BELG. broquer sur. ▶ ***Affecter à une tâche*** – affecter, appeler, commettre, commissionner, désigner, préposer. ▶ ***Investir d'un pouvoir*** – investir, pourvoir, revêtir. ♦ **se charger** ▶ ***Prendre la responsabilité*** – accepter, assumer, endosser, prendre sur soi. ▶ ***S'enivrer*** (FRANCE FAM.) – boire, s'enivrer, se griser. FAM. prendre une cuite, s'alcooliser, se biturer, se mûrir, se noircir, se picrater, se pinter, se pocharder, se poivrer, se soûler, se soûler la gueule. FRANCE FAM. prendre une biture, se beurrer (la gueule), se bourrer, se bourrer la gueule, se cuiter. SUISSE FAM. prendre une caisse. ♦ **chargé** ▶ ***En parlant du style*** – lourd, orné, tarabiscoté. ▶ ***En parlant de l'estomac*** – embarrassé, lourd. △ **ANT.** DÉCHARGER; ALLÉGER; LIBÉRER; EXCUSER.

charitable *adj.* ▶ ***Qui agit par charité*** – altruiste, bon, compatissant, désintéressé, fraternel, généreux, humain, humanitaire, philanthrope, qui a bon cœur, secourable. SOUT. bienfaisant. ▶ ***Qui dispense de l'aide*** – caritatif, de bienfaisance, de charité. △ **ANT.** AVARE, CHICHE, CUPIDE, ÉGOÏSTE, MESQUIN; DE PIERRE, DUR, ENDURCI, FROID, INDIFFÉRENT, INSENSIBLE, SANS-CŒUR, SEC.

charlatan *n.m.* ▶ ***Guérisseur*** – guérisseur. FAM. rebouteux. ▶ ***Imposteur*** – bonimenteur, cabotin, chafouin, comédien, dissimulateur, dissimulé, doucereux, faux jeton, grimacier, homme à deux visages, hypocrite, imposteur, jésuite, sainte-nitouche *(femme)*, simulateur, sournois, sucré, tartufe, trompeur. SOUT. dupeur, endormeur. FAM. chattemite, emberlificoteur. SPORTS FAM. feinteur.

charmant *adj.* ▶ ***Aimable*** – accueillant, affable, agréable, aimable, amène, amical, avenant, bienveillant, chaleureux, convivial, cordial, de bonne compagnie, engageant, familier, gracieux, invitant, liant, ouvert, sociable, souriant, sympathique. FAM. sympa. ▶ ***Joli*** – à croquer, adorable, avenant, beau, bien, coquet, délicieux, gentil, gentillet, gracieux, joli, mignonnet, plaisant, ravissant. FAM. chou. FRANCE FAM. croquignolet, mignard, mimi, trognon. ▶ ***Séduisant*** – agréable, attachant, (d'un charme) irrésistible, plaisant, séduisant. FRANCE FAM. craquant. ▶ ***Exquis*** – agréable, beau, délicieux, divin, exquis, suave, sublime. FRANCE FAM. gouleyant. ▶ ***Agréable*** – agréable, amusant, distrayant, divertissant, égayant, gai, plaisant, réjouissant, riant, souriant, sympathique. FAM. chic, chouette, sympa. △ ANT. DISGRACIEUX, REPOUSSANT, RÉPUGNANT, VILAIN; AGAÇANT, ANTIPATHIQUE, CRISPANT, DÉPLAISANT, DÉSAGRÉABLE, DÉTESTABLE, ÉNERVANT, EXASPÉRANT, EXÉCRABLE, HAÏSSABLE, INSUPPORTABLE, INVIVABLE, PÉNIBLE; ACARIÂTRE, ACERBE, AIGRI, BOURRU, DÉSOBLIGEANT, DIFFICILE, GRINCHEUX, HARGNEUX, MAUSSADE, RÉBARBATIF, RÊCHE, REVÊCHE.

charme *n.m.* ▸ ***Maléfice*** – diablerie, enchantement, ensorcellement, envoûtement, fascination, influence, jettatura, magie, maléfice, malheur, maraboutage, mauvais œil, (mauvais) sort, philtre, possession, sorcellerie, sortilège. ANTIQ. goétie. ▸ ***Beauté*** – agrément, art, attrait, beau, beauté, chic, classe, coquetterie, délicatesse, distinction, éclat, élégance, esthétique, féerie, fraîcheur, grâce, gracieux, harmonie, magnificence, majesté, perfection, photogénie, pureté, séduction, splendeur, symétrie. SOUT. blandice, joliesse, morbidesse, sublimité, symphonie, vénusté. ▸ ***Agrément*** – agrément, bouquet, fumet, piment, piquant, saveur, sel, truculence. ▸ ***Action de séduire*** – conquête, enchantement, ensorcellement, entreprises, envoûtement, parade *(animaux)*, séduction. FAM. drague, rentre-dedans; RARE dragage. ▸ ***Attraction*** – aimant, attirance, attraction, attrait, charisme, chien, désirabilité, envoûtement, fascination, magie, magnétisme, séduction, sex-appeal. ▸ ***Éloquence*** – ardeur, art, art oratoire, brio, chaleur, conviction, élégance, expression, maîtrise, parole, persuasion, rhétorique. SOUT. bien-dire. ▸ ***Propriété du quark*** – beauté, couleur, étrangeté, vérité. ♦ **charmes, *plur.*** attributs féminins, rondeurs. △ ANT. CONJURATION, DÉSENVOÛTEMENT; HORREUR; LAIDEUR, MONSTRUOSITÉ.

charmer *v.* ▸ ***Jeter un sort*** – enchanter, ensorceler, envoûter, jeter un sort à. AFR. marabouter. ▸ ***Hypnotiser*** – captiver, ensorceler, envoûter, fasciner, hypnotiser, magnétiser, obnubiler, séduire, subjuguer, tenir sous le charme. ▸ ***Séduire*** – captiver, conquérir, faire la conquête de, gagner, s'attacher, s'attirer les bonnes grâces de, s'attirer les faveurs de, séduire, subjuguer. ▸ ***Rendre heureux*** – combler, enchanter, enthousiasmer, exaucer, faire la joie de, faire le bonheur de, faire plaisir à, mettre en joie, plaire à, ravir, réjouir. SOUT. assouvir, délecter. FAM. emballer. ♦ **charmé** ▸ ***Dans les formules de politesse*** – enchanté, heureux, ravi. △ ANT. DÉSENCHANTER, DÉSENVOÛTER; ATTRISTER, CHOQUER, DÉGOÛTER, DÉPLAIRE À, MÉCONTENTER, OFFENSER, REBUTER, RÉPUGNER À.

charmeur *n.* ▸ ***Dompteur*** – apprivoiseur, dompteur, dresseur. ANTIQ. belluaire. ♦ **charmeur, *masc.*** ▸ ***Séducteur*** – aguicheur, apprivoiseur, bourreau des cœurs, Casanova, conquérant, coq, don Juan, enchanteur, enjôleur, ensorceleur, envoûteur, flirteur, homme à bonnes fortunes, homme à femmes, homme à succès, séducteur, tentateur. SOUT. lovelace. FAM. allumeur, batifoleur, cavaleur, coureur (de jupons), dragueur, flambeur, gueule d'amour, joli cœur, tombeur (de femmes), trousseur (de jupons). QUÉB. FAM. macho, maquereau. ♦ **charmeuse, *fém.*** ▸ ***Séductrice*** – aguicheuse, coquette, dragueuse, femme fatale, flirteuse, frôleuse, mante religieuse, nymphette, provocatrice, séductrice, sirène, tentatrice, vamp. FAM. allumeuse, cavaleuse, flambeuse, lolita.

charnel *adj.* ▸ ***Qui concerne le corps*** – corporel, matériel, physique. △ ANT. IDÉAL, IMMATÉRIEL, SPIRITUEL; CHASTE, PLATONIQUE, PUDIQUE, PUR, SAGE, VIRGINAL.

charnier *n.m.* catacombe, cimetière, colombaire, fosse commune, morgue, nécropole, ossuaire. SOUT. champ du repos, dernier asile, dernière demeure. FAM. boulevard des allongés, jardin des allongés, terminus.

charnière *n.f.* ▸ ***Axe*** – arbre, arbre-manivelle, axe, bielle, biellette, essieu, manivelle, moyeu, pivot, tige, vilebrequin. TECHN. goujon, tourillon. ▸ ***Penture*** – crapaudine, ferrure, gond, paumelle, penture.

charnu *adj.* arrondi, aux formes pleines, dodu, enveloppé, grassouillet, plein, potelé, pulpeux, rebondi, replet, rond, rondelet. FAM. boulot, girond, rondouillard. ▸ *En parlant du visage* – joufflu, poupard, poupin. △ ANT. MAIGRE; ÉLANCÉ, FILIFORME, FLUET, FRÊLE, GRACILE, GRÊLE, LONGILIGNE, MINCE, SVELTE; CREUX *(VISAGE)*, ÉMACIÉ.

charogne *n.f.* ▸ ***Cadavre d'animal*** – carcasse. ▸ ***Personne méprisable*** (FAM.) – bête (immonde), chameau, chien, démon, gale, malveillant, mauvais, méchant, monstre, peste, poison, pourriture, rosse, serpent, suppôt de Satan, suppôt du diable, teigne, vicieux, vil personnage, vipère. RARE haineux. FAM. choléra, dégueulasse, fumier, ordure, pourri, salaud, salopard. FRANCE FAM. saleté, saligaud, salopiaud, vache. QUÉB. FAM. sale.

charpente *n.f.* ▸ ***Armature*** – armature, bâti, cadre, carcasse, chaînage, châssis, lisoir, ossature, poutrage, poutraison. ▸ ***Structure*** – architecture, armature, ferme, gros œuvre, ossature, squelette, structure. ▸ ***Squelette*** – ossature, squelette.

charrue *n.f.* araire, brabant, butteur, buttoir, chisel, cultivateur, décavaillonneuse, déchaumeuse, déchausseuse, défonceuse, fossoir, fouilleuse, houe à cheval, motoculteur, piocheuse, polysoc, pulvériseur, sarcloir, scarificateur, sous-soleuse, trisoc.

charte *n.f.* ▸ ***Norme*** – arrêté, code, convention, cote, coutume, formule, loi, mesure, norme, obligation, ordre, précepte, prescription, protocole, régime, règle, règlement, usage. ▸ ***Règles*** – constitution.

chasse *n.f.* ▸ ***Action de chasser*** – suite. DIDACT. cynégétique, prédation. ▸ ***Action de suivre qqn*** – chasse (à l'homme), poursuite. △ ANT. FUITE.

chasser *v.* ▸ ***Poursuivre le gibier*** – courir. CHASSE courre. ▸ ***Déloger d'un abri*** – débusquer, déloger, dénicher. SOUT. débucher. ▸ ***Expulser d'un lieu*** – évincer, expulser, mettre à la porte, mettre dehors, renvoyer. FAM. éjecter, vider, virer. ▸ ***Congédier*** – congédier, débaucher, démettre, donner son congé à, expulser, licencier, mettre à la porte, mettre à pied, mettre dehors, mettre en disponibilité, reconduire, remercier, remercier de ses services, renvoyer. FAM. balancer, balayer, déboulonner, lourder, sabrer, sacquer, vider, virer. ▸ ***Exclure d'un groupe*** – bannir, barrer, éloigner, exclure, exiler, fermer la porte à, mettre en quarantaine, ostraciser, rejeter. SOUT. excommunier, frapper d'ostracisme, proscrire, répudier. ▸ ***Repousser un envahisseur*** – culbuter, refouler, repousser. ▸ ***Dissiper les nuages, la brume*** – balayer, disperser, dissiper. ▸ ***Déraper*** – déraper, glisser, patiner, riper. △ **ANT.** ACCUEILLIR, ADMETTRE, OUVRIR LA PORTE À, RECEVOIR; EMBAUCHER, ENGAGER, ENTRETENIR; PRÉSERVER, RETENIR.

chasseur *n.* ▶ ***Personne qui chasse*** – prédateur. *SOUT.* chasseresse *(femme)*. *FAM.* plombiste. *PAR EXT.* fusil. ♦ **chasseur,** ***masc.*** ▶ ***Employé d'hôtel*** – bagagiste, commissionnaire, courrier, coursier, employé livreur, envoyé, garçon livreur, groom, livreur, messager, porteur. *ANC.* estafette. *MILIT.* héraut (d'armes). ▶ ***Bateau*** – baleinière. △ **ANT.** GIBIER, PROIE.

châssis *n.m.* ▶ ***Cadre*** – carrelet, contrechâssis, forme, passe-vue. *TECHN.* rame. ▶ ***Bordure*** – bâti dormant, cadre, chambranle, châssis dormant, croisée, dormant, encadrement, fenêtre, huisserie, trappe. ▶ ***Assemblage*** – armature, bâti, cadre, carcasse, chaînage, charpente, lisoir, ossature, poutrage, poutraison. ▶ ***Corps*** (*FAM.*) – anatomie, corps, forme, morphologie, musculature, organisme. *SOUT.* chair, enveloppe. *FAM.* carcasse, mécanique. ▶ ***Fenêtre*** (*QUÉB. ACADIE FAM.*) – ajour, baie (de fenêtre), croisée, fenêtre, vue.

chaste *adj.* ▶ ***Sans relations sexuelles*** – abstinent. ▶ ***Sans érotisme*** – décent, immaculé, innocent, platonique, pudique, pur, réservé, sage, vertueux, virginal. ▸ *Non favorable* – bégueule, collet monté, prude, pudibond, puritain. △ **ANT.** SEXUELLEMENT ACTIF; CONCUPISCENT, DÉBAUCHÉ, ÉROTIQUE, GAILLARD, GROSSIER, IMPUDIQUE, IMPUR, INDÉCENT, LASCIF, LIBIDINEUX, LICENCIEUX, LUBRIQUE, LUXURIEUX, OBSCÈNE, VICIEUX.

chasteté *n.f.* ▶ ***Continence*** – abstinence, ascétisme, célibat, continence, pureté, vertu, virginité. *FAM.* pucelage. ▶ ***Décence*** – bienséance, bon ton, convenance, correction, décence, délicatesse, dignité, discrétion, éducation, fierté, gravité, honnêteté, honneur, modestie, politesse, propreté, pudeur, quant-à-soi, réserve, respect, retenue, sagesse, sobriété, tact, tenue, vertu. *SOUT.* pudicité. △ **ANT.** CONCUPISCENCE, DÉBAUCHE, DÉPRAVATION, IMPURETÉ, LUBRICITÉ, LUXURE.

chat *n.* ▶ ***Animal*** – *FAM.* minet, minou. *ENFANTIN* mimi.

châtaigne *n.f.* ▶ ***Fruit du châtaignier*** – châtaignon *(séché)*, marron. ▶ ***Coup de poing*** (*FAM.*) – coup de poing, horion. *FAM.* castagne, gnon, jeton, macaron, marron, pain, tarte, torgnole.

châtaignier *n.m.* marronnier.

château *n.m.* ▶ ***Demeure fortifiée*** – bastille, burg *(Allemagne)*, château fort, châtelet. *HIST.* bastide, krak. ▶ ***Riche maison de plaisance*** ▸ *Petit* – gentilhommière, manoir. *SOUT.* castel. ▸ *Abandonné* – nid de hiboux. ▶ ***Vignoble*** – clos, cru, vignoble. △ **ANT.** CABANE.

châtier *v.* ▶ ***Punir*** – corriger, infliger une punition à, pénaliser, punir, sévir contre. *FAM.* faire payer. ▶ ***Soumettre à des privations*** – crucifier, macérer, mater, mortifier. ▶ ***Épurer le style, la langue*** – épurer, polir, soigner. △ **ANT.** ENCOURAGER, RÉCOMPENSER.

châtiment *n.m.* ▶ ***Punition*** – condamnation, correction, damnation, expiation, gage *(dans un jeu)*, leçon, peine, pénalisation, pénalité, pénitence, punition, répression, sanction, verbalisation. *FAM.* tarif. △ **ANT.** RÉCOMPENSE; CLÉMENCE, PARDON.

chatouiller *v.* ▶ ***Démanger*** – démanger, fourmiller. *FAM.* gratter, grattouiller, piquer. ▶ ***Exciter agréablement*** – titiller. △ **ANT.** CALMER; DÉPLAIRE À, ENNUYER.

chatoyant *adj.* agatisé, changeant, gorge-de-pigeon, miroitant, moiré. *SOUT.* diapré. *DIDACT.* versicolore. △ **ANT.** DÉCOLORÉ, DÉFRAÎCHI, DÉLAVÉ, DÉTEINT, ÉTEINT, FADE, PÂLI, TERNE.

chaud *adj.* ▶ ***Qui dégage de la chaleur*** – ardent, bouillant, brûlant. ▶ ***Qui a ou indique la fièvre*** – bouillant, brûlant, fébrile, fiévreux. ▶ ***En parlant du temps*** – accablant, brûlant, caniculaire, écrasant, étouffant, lourd, oppressant, saharien, suffocant, torride, tropical. ▶ ***En parlant d'une lutte*** – acharné, âpre, farouche, féroce, furieux, opiniâtre. ▶ ***Intense*** – animé, ardent, intense, vif. ▶ ***Enthousiaste*** – à tous crins, ardent, chaleureux, délirant d'enthousiasme, emballé, en extase, enthousiasmé, enthousiaste, extasié, extatique, fervent, passionné. *FAM.* tout feu tout flammes. △ **ANT.** FRAIS, FROID, GELÉ, GLACÉ; GLACIAL *(TEMPS)*, RIGOUREUX, RUDE, SIBÉRIEN; APYRÉTIQUE *(SANS FIÈVRE)*; BLASÉ, DÉTACHÉ, INDIFFÉRENT, NONCHALANT, SANS CONVICTION; ABATTU, DÉCOURAGÉ, DÉMORALISÉ, DÉPRIMÉ, LAS, MOROSE, PESSIMISTE, SOMBRE, TÉNÉBREUX, TRISTE; DE GLACE, DE MARBRE, FROID, GLAÇANT, GLACIAL, INSENSIBLE, RÉFRIGÉRANT; SOBRE.

chaudière *n.f.* ▶ ***Appareil de chauffage*** – appareil de chauffage central, calorifère, convecteur, poêle, radiateur. *QUÉB.* chaufferette, plinthe (chauffante) électrique. ▶ ***Seau*** (*QUÉB. ACADIE FAM.*) – seau. *SUISSE* channe.

chaudron *n.m.* ▶ ***Contenant*** – braisière, cocotte, couscoussier, daubière, faitout, marmite. *QUÉB.* soupière. *ANC.* bouteillon. ▶ ***Contenu*** – casserolée, chaudronnée, marmite, poêlée, terrinée. ▶ ***Instrument de musique médiocre*** – casserole, sabot.

chauffage *n.m.* échauffement, étuvage, étuvement, réchauffage, réchauffement. *DIDACT.* caléfaction. *TECHN.* chauffe. *PHYSIOL.* calorification. *PHYS.* thermogénie. △ **ANT.** CONGÉLATION, RAFRAÎCHISSEMENT, RÉFRIGÉRATION, REFROIDISSEMENT.

chauffer *v.* ▶ ***Exciter*** – déchaîner, électriser, enfiévrer, exalter, galvaniser, surchauffer, surexciter, survolter, transporter. ▶ ***Devenir trop chaud*** – s'échauffer. △ **ANT.** GLACER, RAFRAÎCHIR, RÉFRIGÉRER; REFROIDIR; ATTIÉDIR.

chauffeur *n.* ▶ ***Conducteur de véhicule automobile*** – conducteur. ▸ *Dangereux* – chauffard. *FAM.* écraseur.

chaume *n.m.* ▶ ***Tiges*** – éteule, foin, paille. ▶ ***Champ*** – brûlis, champ, guéret, plant, plantation, pré. *SOUT.* glèbe. *FRANCE RÉGION.* gagnage, platière.

chaumière *n.f.* ▶ ***Petite maison*** – cabane, cabanon, case, gloriette, hutte, maisonnette. ▶ ***Demeure*** (*FAM.*) – domicile, foyer, intérieur, maison, nid, résidence, toit. *SOUT.* demeure, habitacle, logis. *FAM.* bercail, bicoque, chez-soi, crèche, pénates. *PÉJ. FAM.* boutique.

chaussée *n.f.* ▶ ***Partie d'une voie*** – route, rue. *AFR.* goudron. *PAR EXT.* asphalte, bitume, macadam.

▸ *Digue* – barrage, batardeau, brise-lame, digue, duc-d'Albe *(pour l'amarrage)*, estacade, jetée, levée, môle, musoir, palée, serrement, turcie. ACADIE aboiteau. ▸ *Talus* – ados, barbette, berge, berme, cavalier, levée, parapet, remblai, risberme *(barrage)*, talus, terrasse, terre-plein. AGRIC. billon.

chausser *v.* ▸ *Mettre à ses pieds* – enfiler, mettre. ▸ *Couvrir de terre* – butter, enchausser. △ ANT. DÉCHAUSSER.

chaussette *n.f.* ▸ *Vêtement* – bas. ▸ *Filtre* – blanchet *(liquide épais)*, chausse *(liquide épais)*, chinois, écumoire, étamine, filtre, passe-thé *(thé)*, passette, passoire, sas. TECHN. crapaudine, crépine, filtre-presse, pommelle, purgeoir *(eau de source)*.

chausson *n.m.* ▸ *Chaussure d'intérieur* – pantoufle.

chaussure *n.f.* soulier. FAM. godasse, pompe. FRANCE FAM. grolle, latte, tatane. ▸ *Usée* – savate. ▸ *Grosse* FRANCE FAM. croquenot, godillot. ▸ *Industrie* – cordonnerie, sabotage *(sabots)*.

chauve *adj.* ▸ *En parlant de la tête* – dégarni, dénudé, lisse, pelé, ras, tondu. FAM. déplumé. ▸ *En parlant de qqn* – FAM. qui n'a plus un poil sur le caillou. △ ANT. CHEVELU; ABONDANT, EXUBÉRANT, LUXURIANT; FEUILLU.

chauve *n.* bille de billard, boule de billard, crâne dégarni, pelé, teigneux. FAM. crâne déplumé.

chavirer *v.* ▸ *Basculer* – basculer, capoter, culbuter, se renverser. MAR. dessaler. ▸ *En parlant des yeux* – se renverser, se révulser. ▸ *Émouvoir* – bouleverser, ébranler, émouvoir, remuer, retourner, révulser, secouer, troubler. FAM. chambouler, émotionner, remuer les tripes à, révolutionner, tourneboulér, tourner les sangs à. ▸ *Mettre en désordre* – bouleverser, mettre à l'envers, mettre pêle-mêle, mettre sens dessus dessous, saccager. FAM. bordéliser, chambarder, chambouler. △ ANT. ÊTRE STABLE; STABILISER.

chef *n.* ▸ *Personne qui dirige* – leader, maître, meneur, numéro un, parrain, seigneur, tête. FAM. baron, cacique, caïd, éléphant, (grand) manitou, grand sachem, gros bonnet, grosse légume, hiérarque, les huiles, pontife. FRANCE FAM. (grand) ponte, grosse pointure. ▸ *Avec titre* – autorité, dignitaire, officiel, responsable, supérieur. ▸ *Puissant* – magnat, mandarin, roi (de X), seigneur et maître. SOUT. prince. PÉJ. adjudant. ▸ *Peu important* – chefaillon, petit chef. ▸ *Cuisinier* – chef cuisinier, cuisinier. FAM. cuistot. ▸ *Bon* – cordon-bleu. ▸ *Mauvais* – gargotier. FAM. empoisonneur. RARE fouille-au-pot. ▸ *Organisateur* – âme, artisan, auteur, centre, cerveau, cheville ouvrière, créateur, dirigeant, fondateur, incitateur, initiateur, inspirateur, instigateur, locomotive, maître (d'œuvre), meneur, moteur, organisateur, patron, père, promoteur, protagoniste, régisseur, responsable. SOUT. excitateur, instaurateur, ouvrier. ▸ *Expert* (FAM.) – as, expert, (fin) connaisseur, grand clerc, maître, professionnel, spécialiste, virtuose. FAM. champion, crack, pro. FRANCE FAM. bête. QUÉB. personne-ressource. △ ANT. INFÉRIEUR, SECOND, SUBALTERNE, SUBORDONNÉ; EXÉCUTANT; SERVANT, SERVITEUR; DISCIPLE.

chef-d'œuvre *n.m.* ▸ *Œuvre maîtresse* – bijou, classique, merveille, monument, œuvre capitale, œuvre classique, œuvre de génie, œuvre maîtresse, œuvre majeure, perfection, pièce maîtresse, trésor artistique.

chemin *n.m.* ▸ *Sentier* – allée, banquette, cavée, coulée, laie, layon, ligne, piste, sentier, tortille, traverse. SOUT. OU FRANCE RÉGION. sente. QUÉB. portage, rang. FRANCE RÉGION. draille. ▸ *Trajet* – aller (et retour), cheminement, circuit, course, direction, distance, espace, itinéraire, marche, parcours, retour, route, tracé, traite, trajectoire, trajet, traversée, voyage. FAM. trotte. FRANCE FAM. tirée. ▸ *Évolution* – courant, cours, direction, évolution, fil, mouvance, mouvement, orientation, tendance, virage. SOUT. voie. ▸ *Ligne de conduite* – approche, art, code, comment, credo, démarche, discipline, dispositif, façon (de faire), facture, formule, heuristique, instruction, instrument, ligne de conduite, maïeutique, manière, marche (à suivre), méthode, méthodologie, modalité, mode d'emploi, mode, moyen, opération, ordre, organisation, outil, posologie, pratique, procédé, procédure, protocole, raisonnement, recette, règle, secret, stratagème, stratégie, système, tactique, technique, théorie, traitement, voie. SOUT. faire.

cheminée *n.f.* ▸ *Foyer* – âtre, feu, foyer. ▸ *Conduit pour la fumée* – carneau, tourne-vent, tuyau d'échappement, tuyère. ▸ *Conduit d'aération* – bouche d'aération, chatière, évent, gaine d'aérage, gaine de ventilation, manche à vent, pipe d'aération, venteau.

cheminement *n.m.* ▸ *Itinéraire* – aller (et retour), chemin, circuit, course, direction, distance, espace, itinéraire, marche, parcours, retour, route, tracé, traite, trajectoire, trajet, traversée, voyage. FAM. trotte. FRANCE FAM. tirée. ▸ *Évolution dans le temps* – cours, déroulement, développement, devenir, évolution, fil, marche, progrès, progression, suite. ▸ *Progrès* – ascension, avance, avancée, avancement, développement, marche, marche avant, montée, percée, progrès, progression. ▸ *Vécu* – expérience (de vie), histoire (personnelle), itinéraire, passé, trajectoire, vécu.

cheminer *v.* aller de l'avant, avancer, progresser.

cheminot *n.* traminot *(tramway)*.

chemise *n.f.* ▸ *Vêtement pour homme* – FAM. bannière. FRANCE FAM. limace, liquette. ▸ *Vêtement pour femme* – blouse, chemisier. ▸ *Classeur* – dossier, enchemisage. BELG. AFR. farde.

chenal *n.m.* bras, passage, passe. QUÉB. FAM. chenail.

chêne *n.m.* ▸ *Arbre* – chêneau *(petit)*.

cher *adj.* ▸ *Coûteux* – astronomique, coûteux, élevé, exorbitant, fou, hors de prix, inabordable, prohibitif, ruineux. FAM. chérot, faramineux, salé. ▸ *Qui occasionne des dépenses* – dispendieux, lourd, onéreux, ruineux. FAM. budgétivore. ▸ *De grande valeur* – de (grande) valeur, de prix, inappréciable, inestimable, introuvable, précieux, rare, rarissime, recherché, sans prix. ▸ *Adoré* – adoré, adulé, aimé, bien-aimé, chéri. △ ANT. BON MARCHÉ, ÉCONOMIQUE; MAUDIT.

chercher *v.* ▶ ***S'efforcer de trouver*** – rechercher. ▶ ***S'exposer à une chose défavorable*** – courir le risque de, donner prise à, encourir, être passible de, mériter, prêter le flanc à, risquer de, s'attirer, s'exposer à. QUÉB. FAM. courir après. ▶ ***Provoquer*** (FAM.) – braver, défier, narguer, provoquer, toiser. SOUT. fronder. FAM. faire la nique à. QUÉB. FAM. barber, faire la barbe à. ▶ ***Fouiller*** – explorer, fouiller, fourgonner, fourrager, fureter, tripoter. FAM. farfouiller, fouiner, trifouiller. ▶ ***Essayer*** – entreprendre de, essayer de, s'attacher à, s'efforcer de, s'ingénier à, tâcher de, tenter de, travailler à. SOUT. avoir à cœur de, faire effort pour, prendre à tâche de. △ **ANT.** TROUVER; S'ABSTENIR DE.

chercheur *n.* ▶ ***Explorateur*** – aventurier, découvreur, globe-trotter, navigateur, prospecteur, voyageur. FAM. bourlingueur. ▶ ***Savant*** – autorité (en la matière), connaisseur, découvreur, docteur, expert, homme de science, investigateur, maître, maître de recherches, professeur, savant, scientifique, sommité, spécialiste. SOUT. (grand) clerc.

chéri *adj.* adoré, adulé, aimé, bien-aimé, cher. △ **ANT.** MAUDIT.

chéri *n.* ▶ ***Appellatif affectueux*** – ami, amour, ange, beau, bijou, biquet, cher, cœur, joli, lapin, loup, petit oiseau, trésor. FAM. chou, loulou, mimi, minou, vieux. ▸ *À un enfant* – ange, bijou, chérubin, cœur, poussin, puce, trésor. ▸ *À une fille* – belle, chouette, douce, jolie. ▸ *À un garçon* – chaton, lapin, loup. FAM. petit bonhomme. ▸ *À une femme* – belle, biche, bichette, cocotte, colombe, douce, princesse, tourterelle. SOUT. mie. FAM. fille. ▸ *À un homme* – coco. SOUT. prince. FAM. (gros) minet, poulet. ▸ *À la personne aimée* – adoré. SOUT. aimé, bien-aimé, roi/reine.

chérir *v.* ▶ ***Aimer tendrement*** – adorer, aimer, porter dans son cœur. ▶ ***Apprécier*** (SOUT.) – adorer, affectionner, aimer, apprécier, avoir un faible pour, avoir un penchant pour, être fou de, être friand de, être porté sur, faire ses délices de, prendre plaisir à, priser, raffoler de, s'intéresser à, se complaire, se délecter, se passionner pour, se plaire. SOUT. goûter. △ **ANT.** ABHORRER, ABOMINER, DÉTESTER, EXÉCRER, HAÏR.

chétif *adj.* ▶ ***Faible et maigre*** – gringalet, maigrelet, maigrichon, maigriot. ▶ ***En mauvaise santé*** – anémique, débile, délicat, en mauvaise santé, faible, fragile, frêle, mal portant, maladif, malingre, rachitique, souffreteux. SOUT. valétudinaire. FAM. crevard, faiblard. ▶ ***Insuffisant*** – anémique, chiche, déficient, déficitaire, faible, insatisfaisant, insuffisant, maigre, mauvais, médiocre, misérable, pauvre, piètre, rachitique. ▸ *Nettement insuffisant* – dérisoire, insignifiant, malheureux, minime, misérable, piètre, ridicule. △ **ANT.** ATHLÉTIQUE, BIEN BÂTI, COSTAUD, GAILLARD, MUSCLÉ, ROBUSTE, SOLIDE; BIEN PORTANT, EN (BONNE) SANTÉ, SAIN, VALIDE; ABONDANT, FRUCTUEUX.

cheval *n.m.* ▶ ***Animal*** ▸ *Appellatif* – cocotte. SOUT. coursier. FAM. bidet. ANC. destrier *(combat)*, palefroi *(parade)*. ▸ *Mauvais* – canasson, haridelle, rosse, veau *(course)*. FAM. bourrin, tocard *(course)*. ▶ ***Équitation*** – équitation, hippisme, turf.

chevaleresque *adj.* ▶ ***Moralement élevé*** – généreux, grand, magnanime, noble. SOUT. fier. △ **ANT.** ABJECT, BAS, CRAPULEUX, IGNOBLE, IMMONDE, INDIGNE, INFÂME, INFECT, LÂCHE, MÉPRISABLE, ODIEUX, SORDIDE.

chevalet *n.m.* ▶ ***Ce qui supporte*** – chevrette, lutrin, pied, porte-copie, statif, trépied.

chevalier *n.m.* ▶ ***Champignon*** – jaunet. BOT. tricholome équestre.

chevauchée *n.f.* ▶ ***Promenade*** – cavalcade, galopade. ▶ ***Voyage*** (SOUT.) – allées et venues, balade, campagne, circuit, circumnavigation, course, croisière, déplacement, excursion, expédition, exploration, hadj, incursion, marche, méharée, mission, navette, navigation, odyssée, passage, pèlerinage, pérégrination, périple, promenade, raid, rallye, randonnée, reconnaissance, tour, tourisme, tournée, transport, traversée, va-et-vient, voyage. SOUT. errance. FAM. bourlingue, transhumance. QUÉB. voyagement.

chevaucher *v.* ▶ ***Empiéter*** – déborder, dépasser, empiéter, mordre. ♦ **chevaucher ou se chevaucher** ▶ ***Se recouvrir*** – s'imbriquer, se recouvrir, se superposer.

chevelure *n.f.* ▶ ***Cheveux*** – cheveux, crinière, tête, tignasse, toison. ▶ ***Partie d'une comète*** – queue.

cheveu *n.m.* ▶ ***Poil*** – FAM. tif. ♦ **cheveux,** ***plur.*** ▶ ***Chevelure*** – chevelure, crinière, tête, tignasse, toison.

cheville *n.f.* ▶ ***Partie du corps*** – cou-de-pied, malléole. ▶ ***Objet*** – fiche. ANC. fichet.

chèvre *n.f.* ▶ ***Animal*** – FAM. bique. ▶ ***Femelle du chevreuil*** – chevrette. ▶ ***Appareil*** – bigue, bras de manutention, caliorne, chevalet de levage, drisse, grue, guinde, mât de charge, palan, sapine, tour de forage, transstockeur. MAR. garde. ▸ *Petit* – cabestan, haleur *(filet de pêche)*, pouliot, treuil, vindas, winch. MAR. guindeau.

chic *adj.* ▶ ***Bien mis*** – bichonné, bien mis, coquet, élégant, en costume d'apparat, en tenue de soirée, endimanché, fringant, habillé, pimpant, pomponné, tiré à quatre épingles. FAM. superchic. FRANCE FAM. alluré, chicos, sur son trente et un. AFR. galant. ▶ ***Raffiné*** – aristocratique, de grande classe, distingué, élégant, qui a bon genre, racé, raffiné, ultrachic. FAM. classe. ▶ ***Gentil*** (FAM.) – aimable, attentif, attentionné, aux petits soins, complaisant, délicat, dévoué, diligent, empressé, gentil, obligeant, prévenant, secourable, serviable, zélé. FAM. chou. BELG. FAM. amitieux. ▶ ***Sympathique*** (FAM.) – agréable, amusant, charmant, distrayant, divertissant, égayant, gai, plaisant, réjouissant, riant, souriant, sympathique. FAM. chouette, sympa. △ **ANT.** ACCOUTRÉ, MAL MIS; DISGRACIEUX, INESTHÉTIQUE, INHARMONIEUX; MALFAISANT, MALVEILLANT, MÉCHANT; ACARIÂTRE, ANTIPATHIQUE, BOURRU, DÉSAGRÉABLE, GRINCHEUX, RÉBARBATIF, REVÊCHE; ARROGANT, IMPERTINENT, IMPOLI, INSOLENT.

chic *n.m.* ▶ ***Élégance*** – agrément, art, attrait, beau, beauté, charme, classe, coquetterie, délicatesse, distinction, éclat, élégance, esthétique, féerie, fraîcheur, grâce, gracieux, harmonie, magnificence, majesté, perfection, photogénie, pureté, séduction, splendeur, symétrie. *SOUT.* blandice, joliesse, morbidesse, sublimité, symphonie, vénusté. △ **ANT.** INÉLÉGANCE, VULGARITÉ MALADRESSE.

chicane *n.f.* ▸ ***Dispute*** – accrochage, algarade, altercation, brouille, brouillerie, controverse, démêlé, désaccord, désunion, différend, discorde, dispute, divergence, escarmouche, explication, fâcherie, froid, heurt, joute oratoire, litige, malentendu, mésentente, passe d'armes, polémique, querelle, rupture, scène, zizanie. *FAM.* bagarre, bisbille, bringue, chamaille, chamaillerie, empoignade, empoignement, engueulade, prise de bec, séance. *BELG. FAM.* bisbrouille. ▸ ***Raisonnement pointilleux*** – argutie, byzantinisme, casuistique, distinguo, élucubration, ergotage, ergoterie, finesse, formalisme, logomachie, scolastique, subtilité. *SOUT.* ratiocination, sophistique. *FAM.* chinoiserie, chipotage, pinaillage. △ **ANT.** ACCORD, ENTENTE, HARMONIE.

chiche *adj.* ▸ ***Avare*** – avare, mesquin, pingre, regardant. *SOUT.* ladre, lésineur, thésauriseur. *FAM.* chien, chipoteur, dur à la détente, radin, rat. *QUÉB. FAM.* grippe-sou, séraphin. ▸ ***Parcimonieux*** – mesquin, parcimonieux, sordide. ▸ ***Insuffisant*** – anémique, chétif, déficient, déficitaire, faible, insatisfaisant, insuffisant, maigre, mauvais, médiocre, misérable, pauvre, piètre, rachitique. ▸ ***Capable*** (*FAM.*) – apte à, capable de, habile à, propre à, susceptible de. *FAM.* fichu de. △ **ANT.** GÉNÉREUX, LARGE, PRODIGUE, QUI A LE CŒUR SUR LA MAIN, QUI A UN CŒUR D'OR; ABONDANT, FRUCTUEUX; IMPUISSANT, INAPTE, INCAPABLE.

chien *n.* ▸ ***Chien*** – meilleur ami de l'homme. *FAM.* cador, clébard, clebs, toutou; *PÉJ.* cabot. ♦ **chien,** ***masc.*** ▸ ***Homme méchant*** – bête (immonde), chameau, démon, gale, malveillant, mauvais, méchant, monstre, peste, poison, pourriture, rosse, serpent, suppôt de Satan, suppôt du diable, teigne, vicieux, vil personnage, vipère. *RARE* haineux. *FAM.* charogne, choléra, dégueulasse, fumier, ordure, pourri, salaud, salopard. *FRANCE FAM.* saleté, saligaud, salopiaud, vache. *QUÉB. FAM.* sale. ▸ ***Charme*** – aimant, attirance, attraction, attrait, charisme, charme, désirabilité, envoûtement, fascination, magie, magnétisme, séduction, sex-appeal. ▸ ***Débrouillardise*** (*QUÉB. FAM.*) – audace, débrouillardise, esprit d'initiative, esprit entreprenant. *FAM.* débrouille, système D. ♦ **chienne,** ***fém.*** ▸ ***Femme méchante*** – chipie, furie, grognasse, harpie, mégère, sorcière. *FAM.* démon femelle, dragon, garce, peau de vache, (vieille) bique. *FRANCE FAM.* vieille toupie.

chiffon *n.m.* ▸ ***Morceau de tissu*** – chamoisine, chiffon (à poussière), éponge, essuie-meubles, essuie-verres, lavette, linge, pattemouille, (peau de) chamois, serpillière, tampon, torchon. *QUÉB.* guenille. *BELG.* drap de maison, loque (à reloqueter), wassingue. *SUISSE* panosse, patte. *ACADIE FAM.* brayon. *TECHN.* peille. ♦ **chiffons,** ***plur.*** ▸ ***Vêtements abîmés*** – défroque, friperie, fripes, guenilles, haillons, lambeaux, loques. *SOUT.* hardes, oripeaux. ▸ ***Vêtements*** – affaires, atours, ensemble, garde-robe, habillement, habits, linge, mise, parure, tenue, toilette, trousseau, vestiaire, vêtements. *SOUT.* vêture. *FRANCE FAM.* fringues, frusques, nippes, pelures, saint-frusquin, sapes. *QUÉB. ACADIE FAM.* hardes.

chiffonnier *n.* ▸ ***Personne*** – *FRANCE FAM.* biffin. ♦ **chiffonnier,** ***masc.*** ▸ ***Meuble*** – armoire, armoire à glace, bahut, bonnetière, casier, étagère, (meuble de) rangement, semainier, tour. *FAM.* fourre-tout.

chiffre *n.m.* ▸ ***Unité de calcul*** – caractère numérique, nombre, numéro. ▸ ***Total*** – addition, cagnotte, ensemble, fonds, mandat, masse, montant, quantité, quantum, somme, total, totalisation, volume. ▸ ***Lettres*** – initiales, monogramme.

chiffrer *v.* ▸ ***Évaluer en chiffres*** – calculer, compter, dénombrer, évaluer, faire le compte de, quantifier. ▸ ***Coder*** – coder, crypter, cryptographier. ▸ ***Marquer d'un chiffre*** – numéroter. ♦ **se chiffrer** ▸ ***Atteindre un total*** – compter (au total), monter à, s'élever à, totaliser. △ **ANT.** DÉCHIFFRER.

chimère *n.f.* ▸ ***Fiction*** – affabulation, artifice, combinaison, comédie, expédient, fabrication, fabulation, fantaisie, feinte, fiction, fumisterie, histoire, idée, imagination, invention, irréalité, légende, mensonge, rêve, roman, saga, songe. *PSYCHOL.* confabulation, mythomanie. ▸ ***Illusion*** – abstraction, abstrait, apparence, berlue, déréalisation, effet d'optique, fantasme, faux, faux-semblant, fiction, fumée, hallucination, illusion, illusion d'optique, image, imagination, irréalisme, irréalité, leurre, mensonge, mirage, onirisme, psychédélisme, rêve, rêverie, semblant, simulation, songe, songerie, trompe-l'œil, tromperie, utopie, vision, vue de l'esprit. *FAM.* frime. *SOUT.* prestige. △ **ANT.** CERTITUDE, FAIT, OBJECTIVITÉ, RÉALITÉ, RÉEL.

chimérique *adj.* ▸ ***Imaginaire*** – fabuleux, fantasmagorique, fantastique, fictif, imaginaire, inexistant, irréel, légendaire, mythique, mythologique. ▸ ***Trompeur*** – faux, illusoire, qui fait illusion, trompeur, vain. ▸ ***Utopique*** – impossible, improbable, inaccessible, invraisemblable, irréalisable, irréaliste, utopique. ▸ ***Rêveur*** – idéaliste, rêveur, romanesque, utopiste, visionnaire. *RARE* irréaliste. △ **ANT.** CONCRET; PRAGMATIQUE, PRATIQUE, RÉALISTE; MATÉRIEL, PALPABLE, PHYSIQUE, RÉEL, TANGIBLE, VRAI.

chimie *n.f.* ▸ *Ancienne chimie* – alchimie.

chimique *adj.* ▸ ***Produit chimiquement*** – artificiel, synthétique. △ **ANT.** NATUREL *(PRODUIT)*; ORGANIQUE *(ENGRAIS)*.

chirurgie *n.f.* anatomie, dissection *(pour étudier)*, intervention (chirurgicale), opération (chirurgicale). *FAM.* charcutage *(maladroite)*.

chirurgien *n.* *PÉJ. FAM.* boucher, charcutier. *ANC.* chirurgien-barbier.

choc *n.m.* ▸ ***Bruit brusque*** – bang, battement, boum, clappement, claquement, coup, raté *(moteur)*, tapement. ▸ ***Coup*** – accrochage, cognement, collision, coup, entrechoquement, heurt, impact, percussion, rencontre, secousse. ▸ ***Commotion*** – bouleversement, commotion, coup, ébranlement, émotion, secousse, traumatisme. ▸ ***Scandale*** – commotion, émotion, étonnement, honte, indignation, scandale. ▸ ***Combat*** – accrochage, action (de guerre), affrontement, assaut, attaque, bagarre, bataille, combat, conflit, duel, échauffourée, empoignade, empoignement, engagement, escarmouche, ferraillement, feu, guérilla, guerre, heurt, hostilités, lutte, mêlée, opération, pugilat, rencontre, rixe. *FAM.* baroud, baston, bigorne, casse-gueule, casse-pipe, castagne, guéguerre, rif, rififi, riflette. *BELG. FAM.* margaille. *MILIT.* blitz *(de courte durée)*. △ **ANT.** CARESSE; SILENCE; APAISEMENT, ATTÉNUATION; PAIX.

chocolat *n.m.* ▶ ***Aliment solide*** – cacao. ▶ ***Petite friandise*** – bouchée, muscadine, truffe. *FRANCE* crotte de chocolat.

chœur *n.m.* ▶ ***Chanteurs*** – chorale, ensemble vocal. ▶ *Enfants* – maîtrise, psallette.

choisir *v.* ▶ ***Opter*** – arrêter son choix sur, jeter son dévolu sur, opter pour, prendre le parti de, se décider pour. ▶ ***Sélectionner*** – sélectionner, trier. *TECHN.* sélecter. ▶ ***Adopter*** – adopter, embrasser, épouser, faire sien, prendre. ▶ ***Désigner par un vote*** – désigner, élire, faire choix de. *FAM.* voter. ♦ **choisi** ▶ ***Éminent*** – de distinction, de marque, de prestige, distingué, élitaire, éminent, en vue, grand, prestigieux, sélect, trié sur le volet. △ **ANT.** S'ABSTENIR; ÊTRE INDÉCIS, HÉSITER; TEMPORISER; REJETER, REPOUSSER.

choix *n.m.* ▶ ***Sélection*** – adoption, cooptation, décision, désignation, détermination, échantillonnage, écrémage, élection, nomination, plébiscite, prédilection, présélection, résolution, sélection, suffrage, tri, triage, vote. *SOUT.* décret, parti. ▶ ***Option*** – bifurcation, dilemme, embarras du choix, opposition, option. ▶ ***Préférence*** – préférence, sélection. ▶ ***Liberté*** – autonomie, contingence, disponibilité, droit, faculté, franc arbitre, hasard, indépendance, indéterminisme, liberté, libre arbitre, licence, loisir, permission, possibilité, pouvoir. ▶ ***Collection*** – assortiment, collection, échantillon, éventail, gamme, ligne, palette, prix, qualité, quota, réunion, sélection, surchoix, tri, variété. ▶ ***Anthologie*** – ana, analecta, anthologie, chrestomathie, collection, compilation, épitomé, extraits, florilège, mélanges, miscellanées, morceaux choisis, pages choisies, recueil, sélection, spicilège, varia. *FAM.* compil. ▶ ***Élite*** – aristocratie, élite, (fine) fleur, gotha, meilleur, sérail. *FAM.* crème, dessus du panier, gratin. ▶ ***Décision*** – acte, action, comportement, conduite, décision, démarche, entreprise, faire, fait, geste, intervention, manifestation, réalisation. △ **ANT.** ABSTENTION; HÉSITATION, INDÉCISION; OBLIGATION.

chômage *n.m.* désœuvrement, farniente, inaction, inactivité, inertie, oisiveté, passivité, sédentarité, sinécure, sous-emploi. *SOUT.* désoccupation, inoccupation. △ **ANT.** ACTIVITÉ, EMPLOI, OCCUPATION, PLEIN-EMPLOI, TRAVAIL.

chômeur *n.* demandeur d'emploi, fin de droits, licencié, sans-emploi, sans-travail. △ **ANT.** TRAVAILLEUR.

choquant *adj.* ▶ ***Vexant*** – blessant, cinglant, désobligeant, froissant, humiliant, injurieux, insultant, mortifiant, offensant, outrageant, vexant. *SOUT.* sanglant. ▶ ***Déplacé*** – de mauvais goût, déplacé, fâcheux, hors de propos, importun, incongru, inconvenant, indélicat, indiscret, inélégant, inopportun, intempestif, mal à propos, mal venu, malencontreux. *SOUT.* malséant, malsonnant *(parole)*. ▶ ***Obscène*** – grossier, obscène, ordurier, sale, scatologique, trivial, vilain, vulgaire. ▶ ***Scandaleux*** – amoral, éhonté, immoral, impur, inconvenant, indéc[illegible] obscène, offensant, révoltant, scabreux, scandale[illegible] *RARE* antimoral. ▶ ***Qui pousse à protester*** – criant, révoltant. ▶ ***Frustrant*** (*QUÉB.*) – contrariant, enrageant, frustrant, rageant, vexant. *FAM.* râlant. *QUÉB.* fâchant. △ **ANT.** BIENSÉANT, CONVENABLE, CORRECT, DE BON TON, DÉCENT, DIGNE, FRÉQUENTABLE, HONNÊTE, HONORABLE, MORAL, RECOMMANDABLE, RESPECTABLE; AGRÉABLE, ATTACHANT, CHARMANT, PLAISANT; FLATTEUR, RÉJOUISSANT, SÉDUISANT; APAISANT, CALMANT, CONSOLATEUR, RASSÉRÉNANT, RASSURANT, RÉCONFORTANT, SÉCURISANT, TRANQUILLISANT.

choquer *v.* ▶ ***Blesser l'œil, l'oreille*** – agresser, blesser, déplaire à, heurter, offenser. ▶ ***Blesser dans l'amour-propre*** – atteindre (dans sa dignité), blesser (dans sa dignité), cingler, désobliger, effaroucher, égratigner, froisser, heurter, humilier, insulter, mortifier, offenser, offusquer, outrager, piquer au vif, toucher au vif, ulcérer, vexer. *SOUT.* fouailler. ▶ ***Ébranler fortement*** – affecter, bouleverser, commotionner, ébranler, marquer, perturber, secouer, traumatiser. ▶ ***Indigner profondément*** – horrifier, indigner, outrer, révolter, scandaliser. *FAM.* écœurer, estomaquer. ▶ ***Mettre en colère*** (*QUÉB. FAM.*) – courroucer, exaspérer, fâcher, faire déborder, faire enrager, faire sortir de ses gonds, irriter, mettre à bout, mettre en colère, mettre en rage, mettre hors de soi, pousser à bout, provoquer. *FAM.* faire bisquer, faire damner, faire maronner, faire râler. ▶ ***Frustrer*** (*QUÉB. FAM.*) – contrarier, dépiter, déplaire à, fâcher, frustrer, mécontenter. *FAM.* défriser. ♦ **se choquer** ▶ ***S'irriter*** (*QUÉB. FAM.*) – s'exaspérer, s'irriter, se crisper, se hérisser. ▶ ***Se fâcher*** (*QUÉB. FAM.*) – colérer, éclater, fulminer, monter sur ses ergots, monter sur ses grands chevaux, prendre la mouche, prendre le mors aux dents, s'emporter, s'enflammer, s'irriter, se courroucer, se déchaîner, se fâcher, se gendarmer, se mettre en colère, sortir de ses gonds, voir rouge. *FAM.* exploser, piquer une colère, piquer une crise, se mettre en rogne. △ **ANT.** CHARMER, FLATTER, PLAIRE À, SÉDUIRE.

chose *n.f.* ▶ ***Ce qui existe*** – ça, ceci, cela, quelque chose. ▶ ***Objet quelconque*** – objet. *FAM.* bidule, engin, fourbi, machin, truc, trucmuche. *FRANCE FAM.* ustensile, zinzin.

chou *n.m.* ▶ ***Rosette*** – bolduc, boucle, bouffette, cocarde, dragonne, élastique, embrasse, extrafort, faveur, galon, ganse, gansette, gros-grain, lambrequin, padou, passement, rosette, ruban, volant. *ANC.* falbala.

chouette *n.f.* ▶ ***Oiseau*** – *SOUT.* oiseau de Minerve. *ACADIE* cavèche, chavèche. ▶ ***Appellatif affectueux pour une fille*** – belle, douce, jolie. ▶ *Plus général* – ange, bijou, chérubin, cœur, poussin, puce, trésor.

christianisme *n.m.* Nouvelle Alliance. *PÉJ.* sacristie.

chronique *adj.* ancré, durable, endémique, enraciné, établi, gravé, implanté, indéracinable, inextirpable, invétéré, persistant, tenace, vieux, vivace. △ **ANT.** AIGU *(MALADIE)*; TEMPORAIRE.

chronique *n.f.* ▶ ***Récit avec personnages fictifs*** – chantefable, conte, épopée, fabliau, histoire, historiette, légende, monogatari *(Japon)*, mythe, nouvelle, odyssée, roman, saga. ▶ *Article* – bulletin, rubrique. ♦ **chroniques**, *plur.* ▶ *Recueil de faits réels* – anecdote, annales, autobiographie, biographie, carnet, chronologie, commentaires, confessions, évocation, histoire, historiographie, historique, journal, mémoires, mémorial, souvenirs, vie.

chronologie *n.f.* ▶ *Récit historique* – anecdote, annales, autobiographie, biographie, carnet, chroniques, commentaires, confessions, évocation, histoire, historiographie, historique, journal, mémoires, mémorial, souvenirs, vie. ▶ *Calendrier* – agenda, almanach, bloc calendrier, bref, calendrier, comput, éphéméride, martyrologe, ménologe, ordo, semainier, table, tableau. ANTIQ. ROM. fastes. ▶ *Mesure du temps et de l'âge* – datation.

chuchotement *n.m.* ▶ *Murmure* – chuchotis, marmonnage, marmonnement, marmottage, marmottement, murmure, susurration, susurrement. ▶ *Bruit léger* (SOUT.) – bruissage, frémissement, friselis, froissement, frôlement, frottement, froufrou, froufroutement, glissement, souffle. SOUT. bruissement, chuchotis. △ ANT. CRI, HURLEMENT.

chuchoter *v.* ▶ *Dire qqch. à voix basse* – dire à voix basse, glisser dans le creux de l'oreille, murmurer, souffler, susurrer. ▶ *Parler à voix basse* – murmurer, parler à mi-voix, parler à voix basse, parler (tout) bas, susurrer. ▶ *Faire entendre un son doux* – bruire, bruisser, frémir, friseliser, frissonner, froufrouter, murmurer, soupirer. △ ANT. CRIER, HURLER.

chute *n.f.* ▶ *Action de tomber* – dégringolade. SOUT. tombée. FAM. pelle. ▶ *Action de se détacher* – perte. ▶ *Eau qui tombe* – cascade *(en paliers)*, cataracte *(grosse)*, chute d'eau. SOUT. cascatelle *(petite)*. ▶ *Précipitations météorologiques* – précipitations. ▶ *Abaissement* – abaissement, affaiblissement, affaissement, amenuisement, amoindrissement, baisse, creux, déclin, décroissance, décroissement, décrue, dégression, déplétion, dépréciation, descente, désescalade, dévalorisation, dévaluation, diminution, éclipse, effondrement, effritement, essoufflement, fléchissement, ralentissement, réduction. SOUT. émasculation. ▶ *Déchéance* – accroc, crime, déchéance, écart, errements, faute, impureté, mal, manquement, mauvais, offense, péché, sacrilège, scandale, souillure, tache, transgression, vice. ▶ *Échec* – avortement, banqueroute, capitulation, catastrophe, débâcle, débandade, déconfiture, défaite, déroute, désavantage, échec, écrasement, faillite, fiasco, four, infortune, insuccès, mauvaise fortune, naufrage, perte, ratage, raté, retraite, revers. SOUT. traverse. FAM. désastre, piquette, plantage, raclée, recalage, volée. FRANCE FAM. bide, déculottée, dégelée, écrabouillement, fessée, foirade, gamelle, loupage, pile, rincée, rossée, tannée, veste. ▶ *Débâcle financière* – banqueroute, crise, culbute, débâcle, déconfiture, dépôt de bilan, dépression, effondrement, faillite, fiasco, insolvabilité, krach, liquidation, marasme, mévente, naufrage, récession, ruine, stagflation. FAM. dégringolade. FRANCE FAM. baccara. ▶ *Fin* – aboutissement, accomplissement, achèvement, apothéose, but, complémentation, complètement, complétude, conclusion, consécration, consommation, couronnement, dénouement, exécution, fin, finition, fruit, issue, produit, réalisation, règlement, résolution, résultat, sortie, terme, terminaison. SOUT. aboutissant. PHILOS. entéléchie. △ ANT. ASCENSION, LEVÉE, MONTÉE; REDRESSEMENT, RELÈVEMENT; PROSPÉRITÉ, SUCCÈS; CROISSANCE.

cible *n.f.* ▶ *Objet visé* – mouche, noir. ▶ *Objectif* – ambition, but, cause, considération, destination, fin, finalité, intention, mission, mobile, motif, objectif, objet, point de mire, pourquoi, prétexte, raison, raison d'être, sens, visée. SOUT. propos.

cibler *v.* caractériser, cerner, définir, délimiter, déterminer, établir, fixer.

cicatrice *n.f.* ▶ *Marque* – balafre *(au visage)*, couture *(longue)*, marque. MÉD. cal *(à un os)*, chéloïde, marisque *(d'une hémorroïde)*. ▶ *Trace* (FIG.) – apparence, cachet, critère, empreinte, indication, indice, justificatif, lueur, marque, ombre, pas, piste, preuve, repère, reste, ride, sceau, signature, signe, stigmate, tache, témoignage, témoin, trace, trait, vestige.

ciel *n.m.* ▶ *Voûte céleste* – air, atmosphère, calotte (céleste), coupole (céleste), dôme (céleste), espace, sphère céleste, voûte (céleste), zénith. SOUT. azur, empyrée, éther, firmament, nues. ▶ *Météorologie* – air, ambiance, atmosphère, climat, conditions atmosphériques, conditions climatiques, conditions météorologiques, météorologie, pression, régime, température, temps, vent. FAM. fond de l'air, météo. ▶ *Univers* – cosmos, création, espace, galaxie, macrocosme, monde, nature, sphère, tout. ▶ *Paradis* – au-delà, champs Élysées, Éden, Élysée, limbes, nirvana, oasis, paradis. SOUT. empyrée, royaume céleste, royaume de Dieu, royaume des cieux, sein de Dieu. ▶ *Puissance divine* – Auteur de la nature, Créateur, Créateur du Ciel et de la Terre, Dieu, Dieu le Père, Divin Créateur, Être suprême, l'alpha et l'oméga, l'Éternel, l'Infini, la Lumière, la Providence, le Divin Maître, le Père céleste, le Père éternel, le Tout-Puissant, le Très-Haut, le Verbe, Maître de l'univers, Notre Seigneur, principe de l'univers, Roi du Ciel et de la Terre, Seigneur Dieu, Seigneur (tout-puissant), Souverain Juge. FAM. Bon Dieu. ANC. démiurge *(platonisme)*, éon *(néoplatonisme)*, logos *(stoïcisme)*; RARE formateur. ▸ *Judaïsme* – Adonaï, Dieu d'Abraham, Dieu d'Israël, Élohim, Jéhovah, Yahvé. ▸ *Divers peuples* – Allah *(Islam)*, grand manitou *(Amérindiens)*, Jupiter *(Romains)*, Zeus *(Grecs)*. ♦ **ciels/cieux**, *plur.* ▶ *Région* (SOUT.) – coin (de pays), contrée, latitude, partie du monde, pays, région, secteur, zone. SOUT. cieux, climats. FAM. patelin. △ ANT. TERRE; ENFER.

cierge *n.m.* ▶ *Chandelle* – bougie, chandelle. ANC. feu. ▶ *Plante* – cactus cierge, candélabre, saguaro. BOT. cereus.

cigarette *n.f.* FAM. cibiche, pipe, sèche, tige, (une) clope.

ci-joint *adj.* ci-annexé, ci-inclus.

cillement *n.m.* clignotement (d'yeux), nictation, papillotage, papillotement.

cime *n.f.* ▶ *Extrémité supérieure* – couronnement, crête, dessus, faîte, haut, pinacle, point culminant, sommet. ACADIE FAM. fait. ▶ *Apogée* – acmé, apex, apogée, apothéose, climax, comble, culmination, excès, faîte, fin du fin, fort, limite, maximum, meilleur, nec plus ultra, optimum, paroxysme, pinacle, plafond, point culminant, pointe, record, sommet, summum, triomphe, zénith. SOUT. plus haut période. FAM. top niveau. △ **ANT.** BAS, BASE, PIED, RACINE; FONDATION, SOCLE; NADIR.

ciment *n.m.* ▶ ***Matériau de construction*** – gâchis, liant, mortier. ▶ ***Substance pour obturation dentaire*** – amalgame, résine. FAM. plombage.

cimetière *n.m.* catacombe, charnier, colombaire, fosse commune, morgue, nécropole, ossuaire. SOUT. champ du repos, dernier asile, dernière demeure. FAM. boulevard des allongés, jardin des allongés, terminus.

cinéma *n.m.* ▶ ***Art ou technique*** – art cinématographique, cinématographie, film, grand écran, septième art. FAM. ciné. FRANCE FAM. cinoche. ▶ ***Lieu de projection*** – (salle de) cinéma, salle obscure. FAM. ciné. FRANCE FAM. cinoche. ▶ ***Affectation*** (FAM.) – affectation, air, apparence, apprêt, bluff, cabotinage, comédie, composition, contenance, convenu, dandysme, genre, imposture, jeu, maniérisme, manque de naturel, mascarade, mièvrerie, pose, raideur, recherche, représentation, snobisme. SOUT. cambrure. FAM. chiqué. ▶ ***Feinte*** (FAM.) – affectation, artifice, cachotterie, comédie, déguisement, dissimulation, duplicité, faux-semblant, feinte, fiction, finauderie, grimace, hypocrisie, invention, leurre, mensonge, momerie, pantalonnade, parade, ruse, simulation, singerie, sournoiserie, tromperie. SOUT. simulacre. FAM. cirque, finasserie, frime.

cingler *v.* ▶ ***Battre à coups de fouet*** – cravacher, flageller, fouetter. ▶ ***Pincer au visage*** – couper, fouetter, gifler, mordre, pincer, piquer, taillader. SOUT. flageller. ▶ ***Blesser l'orgueil*** – atteindre (dans sa dignité), blesser (dans sa dignité), choquer, désobliger, effaroucher, égratigner, froisser, heurter, humilier, insulter, mortifier, offenser, offusquer, outrager, piquer au vif, toucher au vif, ulcérer, vexer. SOUT. fouailler. ▶ ***Forger*** – battre, bigorner, corroyer, forger, marteler. ▶ ***Naviguer dans une direction*** – faire voile. △ **ANT.** CARESSER, FLATTER; JETER L'ANCRE, S'ARRÊTER.

cintre *n.m.* ▶ ***Figure en arc*** – accolade, anse (de panier), arc, (arc) doubleau, arcade, arc-boutant, arche, arc-rampant, berceau, formeret, lancette, ogive, surbaissement, voussure. ▶ ***Dôme*** – berceau, calotte, coupole, cul-de-four, dôme, lanterne, voûte. ▸ *Intérieur* – intrados. ▸ *Extérieur* – extrados. ▶ ***Échafaudage*** – échafaudage, oiseau, triquet. ▶ ***Support à vêtements*** – pince-jupe, portemanteau, valet (de nuit) *(sur pied)*.

circonscription *n.f.* canton, district, province, région. ANC. seigneurie.

circonscrire *v.* ▶ ***Restreindre*** – délimiter, localiser, restreindre. △ **ANT.** ÉLARGIR, ÉTENDRE; LIBÉRER.

circonspect *adj.* ▶ ***Prudent*** – adroit, averti, avisé, fin, habile, prudent, sage. ▶ ***Discret*** – délicat, discret, retenu. △ **ANT.** ÉCERVELÉ, ÉTOURDI, IMPRÉVOYANT, IMPRUDENT, IMPULSIF, INCONSCIENT, INCONSÉQUENT, IRRÉFLÉCHI.

circonstance *n.f.* ▶ ***Phénomène*** – épiphénomène, événement, fait, manifestation, occurrence, phénomène. ▶ ***Fois*** – cas, coup, fois, heure, moment, occasion, occurrence. ▶ ***Conjoncture*** – climat, condition, conjoncture, contexte, cours des choses, état de choses, état de fait, paysage, position, situation, tenants et aboutissants. ▶ ***Hasard*** – accident, aléa, aléatoire, aventure, cas fortuit, chance, coïncidence, conjoncture, contingence, coup de dés, coup du sort, facteur chance, fortuit, hasard, impondérable, imprévu, inattendu, incertitude, indétermination, occurrence, rencontre, sort. SOUT. fortune. PHILOS. casualisme, casualité, indéterminisme. FIG. loterie. △ **ANT.** COUTUME, HABITUDE, ROUTINE.

circuit *n.m.* ▶ ***Piste*** – autodrome, circuit (automobile), piste de course automobile. ▶ ***Trajet*** – aller (et retour), chemin, cheminement, course, direction, distance, espace, itinéraire, marche, parcours, retour, route, tracé, traite, trajectoire, trajet, traversée, voyage. FAM. trotte. FRANCE FAM. tirée. ▶ ***Voyage*** – allées et venues, balade, campagne, circumnavigation, course, croisière, déplacement, excursion, expédition, exploration, hadj, incursion, marche, méharée, mission, navette, navigation, odyssée, passage, pèlerinage, pérégrination, périple, promenade, raid, rallye, randonnée, reconnaissance, tour, tourisme, tournée, transport, traversée, va-et-vient, voyage. SOUT. chevauchée, errance. FAM. bourlingue, transhumance. QUÉB. voyagement. ▶ ***Conduit électrique*** – circuit imprimé, circuit intégré, microcircuit, micromodule, microplaquette, pastille, puce.

circulaire *adj.* ▶ ***En forme de cercle*** – orbiculaire, rond. ▶ ***Qui décrit un cercle*** – giratoire, orbiculaire, pivotant, rotatif, rotatoire, tournant. △ **ANT.** ANGULEUX, CARRÉ; ELLIPTIQUE; IRRÉGULIER.

circulaire *n.f.* annonce, dépliant, flash, insertion, prospectus, publicité, tract.

circularité *n.f.* ▶ ***Cercle vicieux*** – artifice, cercle vicieux, paralogisme, pétition de principe, sophisme. ▶ ***Forme ronde*** – arçonnage, arcure, arrondi, bombage, cambre, cambrure, cintrage, concavité, conicité, convexité, courbe, courbure, fléchissement, flexion, flexuosité, galbe, incurvation, inflexion, parabolicité, rondeur, rotondité, sinuosité, sphéricité, tortuosité, voussure.

circulation *n.f.* ▶ ***Écoulement*** – débit, débordement, écoulement, éruption, évacuation, exsudation, flux, fuite, ingression, inondation, irrigation, irruption, larmoiement, mouvement, passage, ravinement, régime, ruissellement, sortie, suage, suintement, transpiration, vidange. SOUT. submersion, transsudation. RÉGION. débord. GÉOGR. défluviation, transfluence, transgression. ▶ ***Transmission*** – cession, communication, dévolution, diffusion, dissémination, émission, expansion, extension, intercommunication, multiplication, passation, progression, propagation, rayonnement, reproduction, transfert, translation, virement. ▶ ***Activité*** – activité, animation, exercice, mouvement. ▶ ***Mouvement sur une voie*** – mouvement, trafic. ▸ *Automobiles* – circulation automobile, circulation routière, circulation urbaine, trafic (routier). ▸ *Bateaux* – navigation, trafic maritime. ▶ ***Affluence*** – affluence, afflux, arrivée, écoulement, flot, flux, issue. △ **ANT.** BLOCAGE, CONGESTION; INTERRUPTION; ARRÊT, HALTE.

circuler *v.* ▶ ***Se déplacer*** – se déplacer, voyager. ▶ ***Se propager*** – courir, se propager. △ **ANT.** ÊTRE À L'ARRÊT; STATIONNER; STAGNER.

cire *n.f.* ▶ ***Paraffine*** (*COUR.*) – paraffine. ▶ ***Préparation pour entretien*** – encaustique. ▶ ***Substance végétale*** – baume, gomme, gomme d'adragant/adragante, gomme-ammoniaque, gomme-gutte, gomme-résine, labdanum, résine. ▶ ***Sécrétion de l'oreille*** – cérumen.

ciré *n.m.* anorak, caban, caoutchouc, coupe-vent, gabardine, imperméable, K-way, manteau de pluie, parka, trench, trench-coat. *FAM.* imper. *FRANCE RÉGION.* kabig *(Bretagne)*.

cirer *v.* encaustiquer.

cirque *n.m.* ▶ ***Arène*** – amphithéâtre, arène, carrière, champ de bataille, gradins, hémicycle, lice, odéon, piste, ring, théâtre. ▶ ***Relief*** – bassin, cuvette, entonnoir (naturel). *GÉOGR.* doline, poljé, sotch. ▶ ***Cratère*** – cratère. ▶ ***Confusion*** – anarchie, bourbier, brouillement, cafouillage, cafouillis, chaos, complication, confusion, désordre, désorganisation, embrouillement, emmêlage, emmêlement, enchevêtrement, imbroglio, mélange. *SOUT.* chienlit, pandémonium. *FAM.* bordel, embrouillage, embrouille, pagaille. *FRANCE FAM.* embrouillamini, foutoir, micmac, sac d'embrouilles, sac de nœuds, salade. *FRANCE RÉGION.* pastis. ▶ ***Comédie*** – affectation, artifice, cachotterie, comédie, déguisement, dissimulation, duplicité, faux-semblant, feinte, fiction, finauderie, grimace, hypocrisie, invention, leurre, mensonge, momerie, pantalonnade, parade, ruse, simulation, singerie, sournoiserie, tromperie. *SOUT.* simulacre. *FAM.* cinéma, finasserie, frime.

ciseaux *n.m.pl.* (paire de) ciseaux.

citadelle *n.f.* ▶ ***Au sens propre*** – acropole, ksar *(Afrique du Nord)*, oppidum, ville fortifiée. ▶ ***Au sens figuré*** – bastion, forteresse. *SOUT.* muraille, rempart.

citadin *adj.* urbain. △ **ANT.** CAMPAGNARD, CHAMPÊTRE, PAYSAN, RURAL, RUSTIQUE.

citation *n.f.* ▶ ***Passage*** – épigraphe, exemple, exergue, extrait, fragment, passage. ▶ ***Pensée*** – adage, aphorisme, apophtegme, axiome, devise, dicton, dit, dogme, enseignement, formule, mantra, maxime, moralité, mot, on-dit, parole, pensée, précepte, principe, proverbe, réflexion, règle, sentence, sutra, vérité. ▶ ***Intimation*** – appel, assignation, à-venir, convocation, indiction, injonction, intimation, mise en demeure, sommation, writ. *DR. QUÉB.* subpœna. ▶ ***Récompense*** – accessit, bon point, couronne, décoration, diplôme, distinction, gratification, médaille, mention, nomination, pourboire, prime, prix, récompense, satisfecit, trophée.

cité *n.f.* ▶ ***Groupe d'immeubles*** – bloc d'habitations, ensemble, grand ensemble, îlot, lotissement, résidence. ▶ ***Agglomération de pavillons*** – villa. ▶ ***Ville*** (*SOUT.*) – agglomération, commune, localité, municipalité, ville. *ANTIQ.* municipe. ▶ ***État*** (*SOUT.*) – État, nation, pays. ▶ ***Communauté politique*** (*SOUT.*) – affaires publiques, chose publique, État, gouvernement, politique, pouvoir. *PÉJ. FAM.* politicaillerie.

citer *v.* ▶ ***Appeler en justice*** – appeler (en justice), assigner, convoquer, intimer, traduire, traduire devant les tribunaux, traduire en justice. ▶ ***Invoquer*** – alléguer, invoquer. ▶ ***Rapporter*** – mentionner, rapporter, relater. ▶ ***Mentionner*** – faire allusion à, faire mention de, faire référence à, mentionner, nommer. △ **ANT.** CACHER, DISSIMULER; OMETTRE.

citoyen *n.* ▶ ***Habitant d'un pays*** – membre de la communauté, national, naturalisé, ressortissant, sujet. ▶ ***Titre utilisé sous la révolution*** – camarade. △ **ANT.** ÉTRANGER.

civière *n.f.* bard, brancard, chaise à porteurs, palanquin. *ANC.* basterne, filanzane, litière.

civil *adj.* ▶ ***Courtois*** – affable, bien élevé, bienséant, courtois, délicat, galant, poli, qui a de belles manières. *SOUT.* urbain. *FAM.* civilisé. ▶ ***Non religieux*** – laïque, séculier. *RELIG.* temporel. △ **ANT.** GROSSIER, IMPERTINENT, IMPOLI, INCIVIL, MAL ÉLEVÉ, RUSTRE; MILITAIRE; CLÉRICAL, ECCLÉSIASTIQUE, RELIGIEUX; CRIMINEL *(DROIT)*, PÉNAL.

civilisation *n.f.* ▶ ***Culture*** – avancement, culture, évolution, perfectionnement, progrès. ▶ ***Amélioration*** – adoucissement, amélioration, éducation, évolution, mieux-être, progrès, réforme, régénération, rénovation. ▶ ***Adoucissement*** – adoucissement, assouplissement, atténuation, humanisation, mitigation. △ **ANT.** NATURE; BARBARIE, IGNORANCE, SAUVAGERIE.

civilisé *adj.* ▶ ***En parlant d'un peuple*** – développé, évolué. ▶ ***Courtois*** (*FAM.*) – affable, bien élevé, bienséant, civil, courtois, délicat, galant, poli, qui a de belles manières. *SOUT.* urbain. △ **ANT.** PRIMITIF, SAUVAGE; GROSSIER, IMPERTINENT, IMPOLI, MAL ÉLEVÉ, RUSTRE.

civilité *n.f.* ▶ ***Politesse*** – affabilité, amabilité, aménité, attention, bienséance, bonnes manières, civisme, convivialité, correction, courtoisie, délicatesse, éducation, entregent, galanterie, gentillesse, hospitalité, mondanités, obligeance, politesse, prévenance, savoir-vivre, serviabilité, sociabilité, tact, urbanité. *SOUT.* gracieuseté, liant. ♦ **civilités, *plur.*** ▶ ***Salutation*** – baisemain, compliments, coup de chapeau, courbette, génuflexion, hommage, inclination, poignée de main, prosternation, révérence, salut, salutation. *FAM.* salamalecs. △ **ANT.** GROSSIÈRETÉ, IMPOLITESSE, INCIVILITÉ; INJURE, INSULTE.

civique *adj.* citoyen. △ **ANT.** ANTIPATRIOTIQUE, INCIVIQUE.

clair *adj.* ♦ **sens concret** ▶ ***Rempli de lumière*** – éclairé, éclatant, lumineux, radieux, rayonnant, resplendissant. ▶ ***Transparent*** – cristallin, limpide, pur, transparent. *DIDACT.* hyalin, hyaloïde, vitré. ▶ ***Peu fourni*** – clairsemé, maigre, rare. ▶ ***Pâle*** – blafard, blanc, blanchâtre, blême, incolore, pâle, pâlot, terne. ▶ ***En parlant d'une couleur*** – doux, pâle, pastel, tendre. ▶ ***En parlant du teint*** – coloré, fleuri, florissant, frais, pur, rose, vermeil. ▶ ***En parlant d'un son*** – argentin, cristallin, pur. ♦ **sens abstrait** ▶ ***Facile à comprendre*** – à la portée de tous, accessible, cohérent, compréhensible, concevable, déchiffrable, évident, facile, intelligible, interprétable, limpide, lumineux, pénétrable, saisissable, simple, transparent. ▶ ***Sans ambiguïté*** – clair et net, évident, explicite, formel, net, qui ne fait aucun doute, sans équivoque. *DIDACT.* apodictique, prédicatif. ▶ ***Tranché*** – arrêté, défini, déterminé, net, précis, tranché. ▶ ***Évident*** – apparent, aveuglant, certain, criant, éclatant, évident, flagrant, frappant, hurlant (de vérité), incontestable, manifeste, patent, qui coule de source, qui crève les yeux, qui ne fait pas un pli, qui saute aux yeux, qui se voit comme le nez au milieu du visage, qui tombe sous le sens, qui va de soi, qui va sans dire, visible. △ **ANT.** OBSCUR, SOMBRE; NOIR, OMBREUX; OPAQUE, SALE, TERNE, TROUBLE; ABONDANT, DRU, ÉPAIS, FOURNI, LUXURIANT, TOUFFU; FONCÉ, PROFOND; BLAFARD, BLANC, BLÊME, CADAVÉREUX, CADAVÉRIQUE, DIAPHANE, EXSANGUE, HÂVE, LIVIDE, PÂLE, PÂLOT; ÉTOUFFÉ, MAT, SOURD; CABALISTIQUE, CRYPTIQUE, ÉNIGMATIQUE, ÉSOTÉRIQUE, HERMÉTIQUE, IMPÉNÉTRABLE, INCOMPRÉHENSIBLE, MYSTÉRIEUX, OPAQUE, TÉNÉBREUX; CONFUS, FLOU, IMPRÉCIS, INDÉFINISSABLE, INDÉTERMINÉ, INDISTINCT, TROUBLE, VAGUE; DOUTEUX, HYPOTHÉTIQUE, INCERTAIN; BRUT *(MONTANT D'ARGENT)*.

clairement *adv.* ▶ ***Explicitement*** – catégoriquement, en toutes lettres, explicitement, expressément, formellement, nettement, noir sur blanc, nommément, positivement. ▶ ***Intelligiblement*** – intelligiblement, lisiblement, lumineusement. △ **ANT.** CONFUSÉMENT, NÉBULEUSEMENT, OBSCURÉMENT.

claire-voie (var. **clairevoie**) *n. f.* ▶ ***Grillage*** – canisse, claie, clayette, clayon, grillage, treillage, treillis. ▶ ***Clôture*** – bande, barbelés, barbelure, barreaux, barricade, barrière, cancel, chancel, claie, clôture, échalier, échalis, enclos, grillage, grille, haie, moucharabieh, mur (de clôture), palis, parc, treillage. *ACADIE FAM.* bouchure.

clairière *n. f.* trouée.

clairon *n. m.* ▶ ***Instrument*** – trompette de cavalerie, trompette simple. ▶ ***Amélioration du temps*** (*ACADIE*) – accalmie, adoucissement, amélioration, bonace, calme plat, éclaircie, embellie, radoucissement, réchauffement, redoux, répit, tiédissement, tranquillité, trouée. *QUÉB. FAM.* doux temps.

clairsemé *adj.* ▶ ***Peu rapproché*** – dispersé, disséminé, éparpillé, épars. ▶ ***Peu fourni*** – clair, maigre, rare. △ **ANT.** ABONDANT, DRU, ÉPAIS, FOURNI, LUXURIANT, TOUFFU.

clairvoyance *n. f.* ▶ ***Finesse*** – acuité, fin, finesse, flair, habileté, jugement, lucidité, pénétration, perspicacité, sagacité, sensibilité, subtilité. *RARE* acutesse, perspicuité. *FAM.* nez. ▶ ***Jugement*** – bon sens, cerveau, cervelle, compréhension, conception, discernement, entendement, esprit, faculté, imagination, intellect, intelligence, jugement, lucidité, pénétration, raison, tête. *FAM.* matière grise, méninges. *PHILOS.* logos. ▶ ***Perception extrasensorielle*** – cryptesthésie, lucidité, métagnomie. △ **ANT.** AVEUGLEMENT, ÉGAREMENT.

clairvoyant *adj.* aigu, fin, lucide, lumineux, pénétrant, perçant, perspicace, profond, psychologue, qui voit loin, sagace, subtil. △ **ANT.** AVEUGLE, INCONSCIENT.

clamer *v.* ▶ ***Proclamer*** – annoncer à grand fracas, carillonner, claironner, crier, crier sur (tous) les toits, proclamer, proclamer haut et fort. *FAM.* corner. △ **ANT.** TAIRE.

clameur *n. f.* ▶ ***Bruit*** – brouhaha, cacophonie, chahut, charivari, tapage, tohu-bohu, tumulte, vacarme. *SOUT.* bacchanale, hourvari, pandémonium. *FAM.* barouf, bastringue, bazar, bordel, boucan, bousin, chambard, corrida, grabuge, pétard, potin, raffut, ramdam, ronron, sabbat, schproum, tintamarre, tintouin. *QUÉB. FAM.* barda, train. ▶ ***Acclamation*** – acclamation, applaudissement, ban, bis, bravo, chorus, hourra, ovation, rappel, triomphe, vivat. △ **ANT.** CALME, MURMURE, SILENCE.

clan *n. m.* ▶ ***Ethnie*** – ethnie, groupe, horde, nation, pays, peuplade, peuple, phratrie, population, race, société, tribu. ▶ ***Clique*** – bande, cabale, camarilla, chapelle, clique, coterie, école, église, faction, gang, groupuscule, ligue, maffia, secte. ▶ ***Famille*** (*FAM.*) – cellule familiale, entourage, famille, foyer, fratrie, gens, logis, maison, maisonnée, ménage, toit. *FAM.* bercail, couvée, marmaille, nichée, progéniture, smala, tribu. △ **ANT.** INDIVIDU.

clandestin *adj.* ▶ ***Secret*** – dissimulé, occulte, parallèle, secret, souterrain, subreptice. ▶ ***Illégal*** – contrebandier, coupable, défendu, extralégal, frauduleux, illégal, illégitime, illicite, interdit, interlope, irrégulier, marron, pirate, prohibé. *DR.* délictuel, délictueux, fraudatoire. △ **ANT.** AUTORISÉ, LÉGAL, OFFICIEL, PERMIS, PUBLIC.

claque *n. f.* ▶ ***Gifle*** – gifle, tape. *SOUT.* soufflet. *FAM.* baffe, beigne, mornifle, pain, taloche, tarte, torgnole. *FRANCE FAM.* aller et retour, calotte, emplâtre, giroflée (à cinq feuilles), mandale, pêche, rouste. ▶ ***Partie de chaussure*** – empeigne. ▶ ***Caoutchouc*** (*QUÉB.*) – caoutchouc. *QUÉB.* couvre-chaussure.

claquement *n. m.* bang, battement, boum, choc, clappement, coup, raté *(moteur)*, tapement.

claquer *v.* ▶ ***Gifler*** – gifler, souffleter. *FAM.* talocher. *FRANCE FAM.* calotter, torgnoler. ▶ ***Exténuer*** (*FAM.*) – abrutir, briser, courbaturer, épuiser, éreinter, exténuer, fatiguer, forcer, harasser, lasser, mettre à plat, surmener, tuer. *FAM.* crever, démolir, esquinter, lessiver, mettre sur le flanc, nettoyer, pomper, rétamer, vanner, vider. *QUÉB. FAM.* maganer. ▶ ***Dilapider*** (*FAM.*) – dévorer, dilapider, dissiper, engloutir, engouffrer, gaspiller, manger, prodiguer. *FAM.* croquer, flamber, griller. ▶ ***Mourir*** (*FAM.*) – décéder, être emporté, être tué, expirer, mourir, perdre la vie, périr, s'éteindre, succomber, trouver la mort. *SOUT.* exhaler le dernier soupir, passer de vie à trépas, rendre l'âme, rendre l'esprit, rendre le dernier soupir, rendre son dernier souffle, trépasser. *PAR EUPHÉM.* avoir vécu, disparaître, faire le grand voyage, fermer les paupières, fermer les yeux, finir, monter au ciel, paraître devant Dieu, partir, passer, passer dans l'autre monde, quitter ce (bas) monde, s'effacer, s'en aller, s'endormir. *FAM.* caner, clamser, crever, passer l'arme à gauche, sortir les pieds devant, y rester. *FRANCE FAM.* claboter.

clarifier *v.* ▶ ***Décanter un liquide*** – coller *(vin)*, décanter, dépurer, épurer, filtrer, passer, purifier, sasser, soutirer, tirer au clair. ▶ ***Démêler*** – débrouiller, débroussailler, démêler, désembrouiller. *SOUT.* délabyrinther. ▶ ***Préciser*** – lever l'ambiguïté, préciser. *LING.* désambiguïser. ♦ **se clarifier** ▶ ***Se décanter*** – déposer, reposer, (se) décanter. △ **ANT.** EMBROUILLER, ÉPAISSIR, OBSCURCIR, TROUBLER.

clarté *n. f.* ▶ ***Lumière*** – clair, clair-obscur, contre-jour, demi-jour, éclair, éclairage, éclat, embrasement, flamboiement, flamme, halo, illumination, jour, lueur, lumière, nitescence, pénombre, soleil. SOUT. splendeur. ▶ ***Transparence*** – diaphanéité, eau, limpidité, luminosité, netteté, pureté, translucidité, transparence, visibilité, vivacité. ▶ ***Intelligibilité*** – accessibilité, compréhensibilité, compréhension, évidence, facilité, intelligibilité, intercompréhension, limpidité, lisibilité, luminosité, netteté, transparence. △ **ANT.** BROUILLARD, OBSCURITÉ, OMBRE, TÉNÈBRES; FLOU, IMPRÉCISION; AMBIGUÏTÉ, CONFUSION, INCERTITUDE, TROUBLE.

classe *n.f.* ▶ ***Catégorie*** – catégorie, espèce, famille, genre, groupe, nature, ordre, sorte, type, variété. SOUT. gent. ▶ ***État*** – condition, état, forme, genre, modalité, mode, situation. ▶ ***Position sociale*** – caste, condition, état, fortune, place, position, rang, situation, statut. SOUT. étage. ▶ ***Personnes*** – groupe, milieu, race. SOUT. gent. ▶ ***Leçon*** – cours, leçon, mémorisation, répétition, révision. ▶ ***Distinction*** – agrément, art, attrait, beau, beauté, charme, chic, coquetterie, délicatesse, distinction, éclat, élégance, esthétique, féerie, fraîcheur, grâce, gracieux, harmonie, magnificence, majesté, perfection, photogénie, pureté, séduction, splendeur, symétrie. SOUT. blandice, joliesse, morbidesse, sublimité, symphonie, vénusté.

classement *n.m.* ▶ ***Classement*** – archivage, arrangement, catalogage, classification, collocation, distribution, indexage, indexation, mise en ordre, ordonnancement, ordre, rangement, répartition, sériation, tri, triage. △ **ANT.** CONFUSION, DÉRANGEMENT, DÉSORDRE; DÉCLASSEMENT.

classer *v.* ▶ ***Lister*** – cataloguer, inventorier, lister, répertorier. ▶ ***Catégoriser*** – catégoriser, classifier, distribuer, grouper, ordonner, ranger, répartir, sérier, trier. △ **ANT.** DÉPLACER, DÉRANGER, DÉSORDONNER, EMBROUILLER, MÊLER.

classification *n.f.* ▶ ***Catégorisation*** – catégorisation, compartimentage, compartimentation, hiérarchie, hiérarchisation, nomenclature, systématique, taxinomie, taxologie, terminologie, typologie. ▶ ***Classement*** – archivage, arrangement, catalogage, classement, collocation, distribution, indexage, indexation, mise en ordre, ordonnancement, ordre, rangement, répartition, sériation, tri, triage.

classique *adj.* ▶ ***Simple*** – dépouillé, discret, simple, sobre, strict. ▶ ***Habituel*** – habituel, inévitable, traditionnel. ▶ ***Sans originalité*** – académique, banal, commun, conformiste, convenu, plat, standard. △ **ANT.** AUDACIEUX, INNOVATEUR; À LA MODE, DANS LE VENT; EXCENTRIQUE, HÉTÉRODOXE, MARGINAL, ORIGINAL; BANAL *(ŒUVRE)*, ORDINAIRE; ROMANTIQUE *(LITTÉRATURE)*; FOLKLORIQUE *(MUSIQUE)*; DE VARIÉTÉ, LÉGÈRE, POPULAIRE; CONTEMPORAINE; BAROQUE; MODERNE *(DANSE)*. ♦ **classiques, *plur.*** MODERNES *(LANGUES)*.

classique *n.* ♦ **un classique, *masc.*** ▶ ***Chef-d'œuvre*** – bijou, chef-d'œuvre, merveille, monument, œuvre capitale, œuvre classique, œuvre de génie, œuvre maîtresse, œuvre majeure, perfection, pièce maîtresse, trésor artistique. ♦ **le classique, *masc. sing.*** ▶ ***Musique classique*** – grande musique, musique classique, musique sérieuse.

clause *n.f.* condition, disposition, mention, stipulation.

clavecin *n.m.* épinette, virginal.

clémence *n.f.* ▶ ***Pitié*** – apitoiement, attendrissement, bienveillance, commisération, compassion, indulgence, miséricorde, pitié. SOUT. mansuétude. ▶ ***Pardon*** – absolution, absoute *(public)*, acquittement, aman, amnistie, annulation, dédouanement, disculpation, extinction, grâce, indulgence, jubilé, mise hors de cause, miséricorde, mitigation, oubli, pardon, pénitence, prescription, réhabilitation, relaxe, remise (de peine), rémission, suppression (de peine). △ **ANT.** CRUAUTÉ, DURETÉ, INCLÉMENCE, RIGUEUR, SÉVÉRITÉ.

clément *adj.* ▶ ***Qui pardonne*** – bon prince, généreux, indulgent, magnanime, miséricordieux. ▶ ***Compréhensif*** – bien disposé, bien intentionné, bienveillant, compréhensif, dans de bonnes dispositions, favorable, indulgent, ouvert, tolérant. ▶ ***En parlant du temps*** – doux, modéré, moyen, tempéré. △ **ANT.** DUR, RIGOUREUX; DRACONIEN, EXIGEANT, RIGIDE, SÉVÈRE, STRICT; INCOMPRÉHENSIF, INTOLÉRANT, INTRANSIGEANT; ÂPRE *(CLIMAT)*, INCLÉMENT, RUDE.

clerc *n.m.* ▶ ***Religieux*** – ecclésiastique, profès, religieux. FAM. ensoutané; PÉJ. calotin. ▶ ***Prêtre*** – curé, ecclésiastique, homme d'Église, membre du clergé, ministre (du culte), prêtre, religieux. ▶ *Titre* – abbé. FIG. berger. PÉJ. FAM. curaillon, cureton. ▶ ***Savant*** (SOUT.) – autorité (en la matière), chercheur, connaisseur, découvreur, docteur, expert, homme de science, investigateur, maître, maître de recherches, professeur, savant, scientifique, sommité, spécialiste. SOUT. (grand) clerc. ▶ ***Érudit*** (SOUT.) – docteur, encyclopédiste, érudit, humaniste, intellectuel, lettré, maître-penseur, philosophe, sage, savant. SOUT. bénédictin, (grand) clerc, mandarin. FAM. bibliothèque (vivante), dictionnaire ambulant, dictionnaire (vivant), encyclopédie (vivante), fort en thème, grosse tête, intello, puits d'érudition, puits de science, rat de bibliothèque. ▶ ***Notaire*** – ANC. basochien. △ **ANT.** LAÏC; IGNORANT.

clergé *n.m.* corps ecclésiastique, Église, sacerdoce. PÉJ. calotte. FAM. soutane.

cliché *n.m.* ▶ ***Image négative*** – épreuve négative, image négative. RARE phototype. ▶ ***Photo*** – diapositive, épreuve, galvanotype, instantané, photogramme, photographie, portrait, positif, tirage, trait. FAM. diapo, galvano. ANC. daguerréotype. ▶ ***Banalité*** – banalité, évidence, fadaise, généralité, lapalissade, lieu commun, platitude, poncif, redite, stéréotype, tautologie, truisme. △ **ANT.** NOUVEAUTÉ, ORIGINALITÉ, TROUVAILLE.

client *n.* ▶ ***Acheteur*** – acheteur, acquéreur, adjudicataire, ayant cause, cessionnaire, consommateur, destinataire, preneur, soumissionnaire. ▶ *Régulier* – familier, fidèle, (vieil) habitué. SOUT. pratique. FAM. abonné. PÉJ. pilier. ▶ ***Personne qui consulte*** – consultant, patient *(milieu de la santé)*. ▶ ***Protégé*** – créature, favori, protégé. △ **ANT.** COMMERÇANT, FOURNISSEUR, MARCHAND, VENDEUR.

clientèle *n.f.* achalandage.

clientélisme *n.m.* faveur, favoritisme, népotisme, partialité, préférence. FAM. chouchoutage, combine, copinage.

clignement *n.m.* ▸ ***Mouvement de l'œil*** – battement, battement de cils, battement de paupières, clignement (d'œil), clin d'œil, coup d'œil, œillade, regard. ▸ *Répété* – cillement, clignotement (d'yeux), nictation, papillotage, papillotement. ▸ ***Lumière intermittente*** – clignotement, pétillement, scintillation, scintillement, vacillement. ▸ ***Signal*** – alerte, appel, clin d'œil, geste, message, signal, signe.

cligner *v.* ▸ ***En parlant des yeux*** – battre des cils, battre des paupières, ciller, clignoter, papilloter.

clignotant *adj.* ▸ ***Intermittent*** – à éclipses, intermittent. ▸ ***Scintillant*** – papillotant, scintillant. ▸ ***En parlant des yeux*** – papillotant. △ **ANT.** FIXE.

clignoter *v.* ▸ ***Briller par intervalles*** – papilloter, scintiller. ▸ ***En parlant des yeux*** – battre des cils, battre des paupières, ciller, cligner, papilloter.

climat *n.m.* ▸ ***Météorologie*** – air, ambiance, atmosphère, ciel, conditions atmosphériques, conditions climatiques, conditions météorologiques, météorologie, pression, régime, température, temps, vent. FAM. fond de l'air, météo. ▸ ***Milieu naturel*** – biome, biotope, écosystème, environnement, habitat, milieu, nature, niche écologique, station. ▸ ***Milieu dans lequel on vit*** – ambiance, atmosphère, cadre, décor, élément, entourage, environnement, environs, lieu, milieu, monde, société, sphère, théâtre, voisinage. ▸ ***Situation*** – circonstance, condition, conjoncture, contexte, cours des choses, état de choses, état de fait, paysage, position, situation, tenants et aboutissants. ♦ **climats,** ***plur.*** ▸ ***Région*** (SOUT.) – coin (de pays), contrée, latitude, partie du monde, pays, région, secteur, zone. SOUT. cieux. FAM. patelin.

climax *n.m.* acmé, apex, apogée, apothéose, cime, comble, culmination, excès, faîte, fin du fin, fort, limite, maximum, meilleur, nec plus ultra, optimum, paroxysme, pinacle, plafond, point culminant, pointe, record, sommet, summum, triomphe, zénith. SOUT. plus haut période. FAM. top niveau.

clinique *n.f.* dispensaire, établissement hospitalier, hôpital, hôtel-Dieu, maison de santé, maternité, policlinique, polyclinique. FAM. hosto. ANC. ambulance. PÉJ. mouroir.

clip *n.m.* agrafe, attache, barrette, boucle, broche, épingle, épinglette, fermail, fibule *(antique)*.

cliquetis *n.m.* clic clic, cliquettement.

clochard *n.* mendiant, meurt-de-faim, misérable, miséreux, pauvre, sans-abri, sans-logis, S.D.F, squatter, vagabond, va-nu-pieds. FAM. clodo, crève-la-faim, mendigot.

cloche *n.f.* ▸ ***Objet qui tinte*** – beffroi, bourdon. ▸ *Petit* – clochette, grelot, sonnette, timbre. ▸ *Au cou d'un animal* – clarine, sonnaille. ▸ ***Boursouflure*** – ampoule, ballonnement, bombement, bosse, bouffissure, boursouflage, boursouflement, boursouflure, bulle, cloque, débordement, dilatation, distension, enflure, engorgement, fluxion, gonflement, grosseur, grossissement, hypertrophie, intumescence, renflement, rondeur, sinus, soufflure, soulèvement, tuméfaction, tumescence, turgescence, ventre, vésicule, vultuosité. QUÉB. FAM. bouffie. PATHOL. bubon, ectasie, emphysème, hydronéphrose, inflation, météorisation, météorisme, œdème, phlyctène. ▸ ***Imbécile*** (FAM.) – ahuri, âne, animal, idiot, imbécile, sot. FAM. abruti, andouille, âne bâté, bourrique, bûche, buse, cave, cerveau ramolli, con, cornichon, couenne, courge, crétin, cruche, débile, dégénéré, demeuré, dindon, enflé, gâteux, gourde, huître, innocent, légume, manche, moule, nouille, œuf, patate, pauvre d'esprit, pochetée, primate, saucisse, simple d'esprit, taré, tarte, truffe. FRANCE FAM. connard, conneau, corniaud, couillon, enfoiré, ganache, schnock, tourte. FRANCE RÉGION. fada, fier. QUÉB. FAM. cabochon, niaiseux, sans-allure, sans-dessein. ▸ *Femme idiote* FAM. bécasse, bécassine, chabraque, dinde. ▸ ***Incapable*** (FAM.) – bon à rien, gâcheur, inapte, incapable, incompétent, mazette, médiocre, nullité, propre à rien, raté. FAM. bousilleur, ganache, gougnafier, jean-foutre, manche, minable, minus habens, nul, nullard, perdant, ringard, tocard, zéro. FRANCE FAM. loupeur. QUÉB. FAM. cabochon.

clocher *v.* ▸ ***Présenter une irrégularité*** – boiter.

clocher *n.m.* beffroi, campanile, clocheton, tour d'église.

clochette *n.f.* cloche, grelot, sonnette, timbre. ▸ ***Au cou d'un animal*** – clarine, sonnaille.

cloison *n.f.* ▸ ***Mur*** – mur, pan, paroi. ▸ *Petit* – muret, muretin, murette, panneau. ▸ ***Paravent*** – cloisonnette, paravent. ▸ ***Obstacle*** – barrage, barricade, barrière, défense, écran, mur, obstacle, rideau, séparation. ▸ ***Séparation anatomique*** – capsule, enveloppe, gaine, membrane, membranule, pellicule, septum, tunique.

cloître *n.m.* ▸ ***Monastère*** – abbaye, béguinage, chartreuse, commanderie, couvent, laure *(orthodoxe)*, lavra *(orthodoxe)*, monastère, prieuré, trappe. ▸ ***Vie cloîtrée*** – claustration, clôture, moinerie. △ **ANT.** MONDE, SIÈCLE, SOCIÉTÉ, VIE PROFANE.

clone *n.m.* ▸ ***Personne*** (FAM.) – double, jumeau, sosie.

clore *v.* ▸ ***Achever*** – accomplir, achever, finir, mener à bien, mener à (bon) terme, mener à bonne fin, réussir, terminer. SOUT. consommer. FAM. boucler. ▸ ***Constituer le dernier élément*** – clôturer, conclure, fermer, finir, terminer. ▸ ***Fermer*** (SOUT.) – fermer, refermer. SOUT. reclore. ♦ **clos** étanche, fermé, hermétique. △ **ANT.** COMMENCER; DÉCLORE, OUVRIR.

clos *n.m.* ▸ ***Jardin*** – closerie, hortillonnage, jardin, jardinet, massif, parc, parterre. ▸ ***Vignoble*** – château, cru, vignoble.

clôture *n.f.* ▸ ***Barrière*** – bande, barbelés, barbelure, barreaux, barricade, barrière, cancel, chancel, claie, claire-voie, échalier, échalis, enclos, grillage, grille, haie, moucharabieh, mur (de clôture), palis, parc, treillage. ACADIE FAM. bouchure. ANC. enclosure, herse, lice, sarrasine. TECHN. gril, perchis. ▸ ***Enceinte*** – cloître, enceinte, murs. ANC. champ clos. ANTIQ. cirque, péribole, stade. ▸ ***Vie cloîtrée*** – claustration, cloître, moinerie. ▸ ***Fermeture*** – barrage, bouchage, bouclage, cloisonnage, cloisonnement, comblement, condamnation, coupure, fermeture, interception, lutage, murage, oblitération, obstruction, obturation, occlusion, remblai, tamponnement, verrouillage. △ **ANT.** DÉGAGEMENT, ISSUE, OUVERTURE, PERCÉE, SORTIE; COMMENCEMENT, DÉBUT.

clou *n.m.* ▸ ***Mauvaise voiture*** (FAM.) – épave *(hors d'usage)*. FAM. bagnole, boîte à savon, chignole, guimbarde, tacot, tapecul, tas de boue, tas de ferraille, teuf-teuf, veau *(lente)*. QUÉB. FAM. bazou citron. ▸ ***Abcès*** (FAM.) – abcès, adénite, anthrax, bourbillon, bouton, bubon, chancre, collection, empyème, fistule, furoncle, kyste, orgelet *(paupière)*, panaris *(doigt)*, papule, parulie, phlegmon, pustule, scrofule. ACADIE puron. ♦ **des clous,** ***plur.*** ▸ ***Rien*** (FRANCE FAM.) – pas l'ombre (de qqch.), rien. FAM. des clopes, des clopinettes, des prunes.

clouer *v.* ▸ ***Retenir qqn*** – immobiliser, maintenir, retenir, river, tenir. △ **ANT.** DÉCLOUER.

clown *n.* ▸ ***Personnage*** – amuseur (public), bouffon, comique. SOUT. clownesse *(femme)*. ANC. loustic, (un) paillasse. HIST. fou (du roi). ANTIQ. histrion. ▸ ***Farceur*** – amuseur, bouffon, boute-en-train, comique, comique de la troupe, espiègle, facétieux, farceur, humoriste, pince-sans-rire, pitre, plaisantin, taquin. FAM. blagueur. FRANCE FAM. asticoteur, charlot, fumiste. ▸ *Non favorable* – mauvais plaisant, (petit) comique, petit rigolo. △ **ANT.** RABAT-JOIE, TRISTE SIRE.

club *n.m.* ▸ ***Association*** – amicale, association, cercle, compagnie, fraternité, groupe, société, union. ▸ ***Association savante ou artistique*** – académie, aréopage, cénacle, cercle, école, institut, société. ▸ ***Association sportive*** – équipe, organisation. ▸ ***Association politique*** – alliance, apparentement, association, bloc, camp, cartel, coalition, confédération, faisceau, fédération, formation, front, groupe, groupe d'intérêts, groupe de pression, groupement, ligue, mouvement, organisation, parti, phalange, rapprochement, rassemblement, union. ANC. hétairie. FÉOD. hermandad.

coalition *n.f.* alliance, apparentement, association, bloc, camp, cartel, club, confédération, faisceau, fédération, formation, front, groupe, groupe d'intérêts, groupe de pression, groupement, ligue, mouvement, organisation, parti, phalange, rapprochement, rassemblement, union. ANC. hétairie. FÉOD. hermandad. PÉJ. bande, cabale, camarilla, chapelle, clan, clique, coterie, école, église, faction, gang, groupuscule, ligue, maffia, secte. △ **ANT.** DISCORDE, RUPTURE, SCHISME, SCISSION, SÉCESSION, SÉPARATION.

coche *n.f.* ▸ ***Entaille*** – adent, brèche, coupure, cran, créneau, crevasse, échancrure, égratignure, enclenche, encochage, encoche, encochement, engravure, entaille, entamure, épaufrure, faille, fente, feuillure, hoche, incision, marque, mortaise, moucheture, onglet, raie, rainurage, rainure, rayure, ruinure, scarification, scissure, sillon, souchèvement *(roche)*, strie. BELG. griffe. BELG. FAM. gratte. ▸ ***Animal*** – truie.

cockpit *n.m.* cabine de pilotage, cabine, carlingue, habitacle.

cocktail (var. **coquetel**) *n.m.* ▸ ***Mélange*** – admixtion, alliage, amalgamation, amalgame, combinaison, composé, mélange, mixtion, mixture.

cocotte *n.f.* ▸ ***Récipient*** – braisière, chaudron, couscoussier, daubière, faitout, marmite. QUÉB. soupière. ANC. bouteillon.

codage *n.m.* chiffrage, chiffrement, codification, cryptage, cryptographie, encodage. INFORM. microprogrammation, programmation. △ **ANT.** DÉCHIFFREMENT, DÉCODAGE, DÉCRYPTAGE.

code *n.m.* ▸ ***Ensemble de lois*** – appareil législatif, droit, justice, législation, loi, système législatif. SOUT. tribunal. ▸ ***Texte*** – code (législatif), nomographie. ▸ ***Règlement*** – arrêté, charte, convention, cote, coutume, formule, loi, mesure, norme, obligation, ordre, précepte, prescription, protocole, régime, règle, règlement, usage. ▸ ***Méthode*** – approche, art, chemin, comment, credo, démarche, discipline, dispositif, façon (de faire), facture, formule, heuristique, instruction, instrument, ligne de conduite, maïeutique, manière, marche (à suivre), méthode, méthodologie, modalité, mode d'emploi, mode, moyen, opération, ordre, organisation, outil, posologie, pratique, procédé, procédure, protocole, raisonnement, recette, règle, secret, stratagème, stratégie, système, tactique, technique, théorie, traitement, voie. SOUT. faire. ▸ ***Numéro*** – adresse, cote, marque (numérique), matricule, nombre, numéro. ♦ **codes,** ***plur.*** ▸ ***Signal lumineux*** – feux de croisement, phares code.

coder *v.* ▸ ***Mettre en code*** – codifier, encoder. ▸ ***Mettre en code secret*** – chiffrer, crypter, cryptographier. △ **ANT.** DÉCODER.

coefficient *n.m.* facteur, indice, pour cent, pourcentage, proportion, quotient, rapport, ratio, tantième, taux, teneur.

cœur *n.m.* ▸ ***Organe*** – MÉD. muscle cardiaque. FAM. palpitant. FRANCE FAM. battant. QUÉB. FAM. patate. ▸ ***Poitrine*** – buste, poitrine, torse. ANAT. cage thoracique, sternum, thorax; MÉD. gril costal. SOUT. sein. FAM. caisse, coffre. QUÉB. ACADIE FAM. estomac. ▸ ***Partie du fruit*** – trognon. ▸ ***Partie de l'arbre*** – bois parfait. BOT. duramen, xylème. ▸ ***Forme*** – MATH. cardioïde. ▸ ***Centre*** – axe, centre, entre-deux, intermédiaire, milieu, moyen terme, pivot, point central. FIG. clef (de voûte), foyer, midi, nœud, nombril, noyau, ombilic, sein, siège. ▸ ***Partie essentielle*** – corps, essence, essentiel, fond, gros, important, principal, substance, tout, vif. ▸ ***Âme*** – âme, atman *(hindouisme)*, conscience, esprit, mystère, pensée, principe (vital), psyché, psychisme, souffle (vital), spiritualité, transcendance, vie. PSYCHOL. conscient. ▸ ***Intimité*** – âme, arrière-fond, arrière-pensée, conscience, coulisse, dedans, dessous, fond, for intérieur, intérieur, intériorité, intimité, jardin secret, repli, secret. SOUT. tréfonds. ▸ ***Émotivité*** – affect, affectivité, âme, attendrissement, compassion, émotion, émotivité, empathie, fibre, humanité, impressionnabilité, pitié, romantisme, sensibilité, sentiment, sentimentalité, susceptibilité, sympathie, tendresse, vulnérabilité. SOUT. entrailles. FAM. tripes. ▸ ***Enthousiasme*** – allant, animation, ardeur, chaleur, élan, enthousiasme, entrain, ferveur, flamme, passion, zèle. FAM. pep. SOUT. feu. ▸ ***Courage*** – audace, bravoure, cœur au ventre, courage, cran, hardiesse, héroïsme, intrépidité, mépris du danger, témérité, vaillance. RARE héroïcité. SOUT. valeur. FAM. tripes. ▸ ***Appellatif affec-***

tueux – ami, amour, ange, beau, bijou, biquet, cher, chéri, joli, lapin, loup, petit oiseau, trésor. *FAM.* chou, loulou, mimi, minou, vieux. △ **ANT.** BORD, EXTÉRIEUR, PÉRIPHÉRIE, POURTOUR; FROIDEUR, INDIFFÉRENCE; APATHIE; LÂCHETÉ.

coexistence *n.f.* accompagnement, coïncidence, concomitance, concordance, concours de circonstances, contemporanéité, coordination, correspondance, isochronie, isochronisme, rencontre, synchronicité, synchronie, synchronisation, synchronisme. △ **ANT.** ANACHRONISME; INCOMPATIBILITÉ.

coexister *v.* cohabiter, voisiner. △ **ANT.** PRÉCÉDER; SUIVRE.

coffre *n.m.* ▸ ***Meuble de rangement*** – caisse, conteneur, huche, malle, malle-cabine. *FAM.* cantine. ▸ ***Lieu de rangement dans un véhicule*** – fourgon *(train)*, soute *(bateau ou avion)*. *QUÉB. FAM.* valise *(auto)*. ▸ ***Poitrine*** (*FAM.*) – buste, cœur, poitrine, torse. *ANAT.* cage thoracique, sternum, thorax; *MÉD.* gril costal. *SOUT.* sein. *FAM.* caisse. *QUÉB. ACADIE FAM.* estomac.

coffret *n.m.* ▸ ***Boîte à bijoux*** – baguier, boîte à bijoux, cassette, écrin. *ANTIQ.* pyxide. ▸ ***Ensemble de logiciels*** – pack, suite. *QUÉB.* trousse.

cognement *n.m.* accrochage, choc, collision, coup, entrechoquement, heurt, impact, percussion, rencontre, secousse.

cogner *v.* ▸ ***Donner des coups*** – battre, frapper, taper (sur). ▸ ***Frapper à la porte*** – frapper. *FRANCE RÉGION. ou BELG.* toquer. ▸ ***Heurter*** – buter contre, donner dans, frapper, heurter, rentrer dans. *QUÉB. FAM.* accrocher. ▸ ***Battre qqn*** (*FAM.*) – battre, frapper, porter la main sur, rosser, rouer de coups. *SOUT.* étriller. *FAM.* abîmer le portrait à, administrer une correction à, arranger le portrait à, casser la figure à, casser la gueule à, corriger, dérouiller, flanquer une raclée à, flanquer une volée à, passer à tabac, péter la gueule à, piler, rentrer dedans, tabasser, taper sur, voler dans les plumes à. *FRANCE FAM.* boxer, castagner, châtaigner, esquinter le portrait à, flanquer une pile à, mettre la tête au carré à, rentrer dans le chou à, rentrer dans le lard à, rentrer dans le mou à, tatouiller, tomber sur le paletot à, tomber sur le poil à, tricoter les côtes à. ▸ ***En parlant du cœur*** – battre, palpiter. ♦ **se cogner** ▸ ***Se battre*** (*FAM.*) – échanger des coups, en découdre, en venir aux coups, en venir aux mains, s'empoigner, se bagarrer, se battre, se colleter. *FAM.* s'expliquer, se bigorner, se crêper le chignon, se prendre aux cheveux, se tabasser, se taper dessus, se voler dans les plumes. *FRANCE FAM.* barouder, châtaigner, se bastonner, se castagner. *QUÉB. FAM.* se batailler. △ **ANT.** CARESSER.

cohérence *n.f.* ▸ ***Adhérence*** – adhérence, liaison. ▸ ***Conformité*** (*SOUT.*) – concordance, conformité, correspondance. *SOUT.* accord, convenance. ▸ ***Logique*** – cohésion, consistance, égalité, homogénéité, liaison, logique, non-contradiction, régularité, uniformité, unité. *LING.* signifiance. △ **ANT.** DÉSAGRÉGATION, DISPERSION; DIVERGENCE, NON-CONFORMITÉ; CONFUSION, CONTRADICTION, ILLOGISME, INCOHÉRENCE.

cohérent *adj.* ▸ ***Structuré*** – conséquent, consistant, harmonieux, logique, ordonné, structuré, suivi. ▸ ***Compréhensible*** – à la portée de tous, accessible, clair, compréhensible, concevable, déchiffrable, évident, facile, intelligible, interprétable, limpide, lumineux, pénétrable, saisissable, simple, transparent. ▸ ***Homogène*** – homogène, uni, uniforme. △ **ANT.** CHAOTIQUE, DÉCOUSU, DÉSORDONNÉ, INCOHÉRENT, SANS QUEUE NI TÊTE; ÉCERVELÉ, ÉTOURDI, INCONSÉQUENT, INSOUCIANT, IRRÉFLÉCHI, IRRESPONSABLE, SANS CERVELLE, SANS-SOUCI; CABALISTIQUE, CRYPTIQUE, ÉNIGMATIQUE, ÉSOTÉRIQUE, HERMÉTIQUE, IMPÉNÉTRABLE, INCOMPRÉHENSIBLE, MYSTÉRIEUX, OBSCUR, OPAQUE, TÉNÉBREUX; DISPARATE, HÉTÉROCLITE, HÉTÉROGÈNE, MÉLANGÉ, MÊLÉ.

cohésion *n.f.* ▸ ***Solidité*** – compacité, consistance, coriacité, dureté, fermeté, fixité, force, homogénéité, indélébilité, indestructibilité, inextensibilité, massiveté, monolithisme, résilience, résistance, rigidité, robustesse, solidité, sûreté. ▸ ***Cohérence*** – cohérence, consistance, égalité, homogénéité, liaison, logique, non-contradiction, régularité, uniformité, unité. *LING.* signifiance. △ **ANT.** DÉSAGRÉGATION, DISPERSION; CONFUSION, INCOHÉRENCE.

cohorte *n.f.* ▸ ***Groupe de personnes*** (*FAM.*) – brigade, caravane, cellule, collectif, colonie, corps, équipe, escadron, escouade, groupe, horde, meute, noyau, peloton, troupe. *IRON.* fournée. *FAM.* bataillon, brochette. *QUÉB. FAM.* gang.

cohue *n.f.* ▸ ***Foule*** – abondance, affluence, armada, armée, attroupement, bande, concentration, concours, encombrement, essaim, flot, forêt, foule, fourmilière, fourmillement, grouillement, légion, marée, masse, meute, monde, multitude, peuple, pléiade *(célébrités)*, pullulement, rassemblement, régiment, réunion, ribambelle, ruche, tas, troupeau. *FAM.* flopée, marmaille *(enfants)*, tapée, tripotée. *QUÉB. FAM.* achalandage, gang. *PÉJ.* ramassis. ▸ ***Remous d'une foule*** – bousculade, débandade, désordre, ruée. △ **ANT.** DÉSERT; CALME, SILENCE; DISCIPLINE, ORDRE.

coiffer *v.* ▸ ***Arranger en coiffure*** – brosser, discipliner, mettre en plis, peigner. ▸ ***Surmonter*** – couronner, dominer, surmonter, surplomber. ▸ ***Entourer*** – auréoler, ceindre, couronner, entourer, nimber. ▸ ***Arrêter*** (*FAM.*) – appréhender, arrêter, capturer, faire prisonnier, prendre, saisir. *FAM.* attraper, choper, coffrer, coincer, cravater, cueillir, embarquer, épingler, harponner, mettre la main au collet de, mettre le grappin sur, pincer, poisser, prendre au collet, ramasser, saisir au collet. *FRANCE FAM.* agrafer, alpaguer, arnaquer, arquepincer, emballer, gauler, piquer, poivrer. △ **ANT.** DÉCOIFFER; DÉCOUVRIR.

coiffeur *n.* ▸ ***Personne*** – coiffeur parfumeur, garçon coiffeur. *ANC.* perruquier. *DIDACT.* capilliculteur. ♦ **coiffeuse,** ***fém.*** ▸ ***Table avec lavabo*** – coiffeuse-lavabo, meuble-lavabo, (table de) toilette, table-évier. *ANC.* poudreuse.

coiffure *n.f.* ▸ ***Action de coiffer*** – coiffage.

coin *n.m.* ▸ ***Angle*** – angle, anglet, arête, carre, corne, coude, diverticule, écoinçon, encoignure, enfourchement, noue, pan, recoin, renfoncement, retour, saillant, tournant. *MAR.* empointure. ▸ ***Région*** – coin (de pays), contrée, latitude, partie du monde, pays, région, secteur, zone. *SOUT.* cieux, climats. *FAM.* patelin. ▸ ***Endroit*** – emplacement, endroit, lieu, localisation, localité, place, point, position, poste, scène, séjour, siège, site, situation, théâtre, zone. *BIOL.* locus. △ **ANT.** CENTRE.

coincer *v.* ▶ ***Entraver un mécanisme*** – bloquer, enrayer, gripper. ▶ ***Pousser dans un coin*** – acculer. ▶ ***Piéger*** (*FAM.*) – acculer, contraindre, forcer, piéger, réduire. *FAM.* squeezer. ▶ ***Arrêter*** (*FAM.*) – appréhender, arrêter, capturer, faire prisonnier, prendre, saisir. *FAM.* attraper, choper, coffrer, coiffer, cravater, cueillir, embarquer, épingler, harponner, mettre la main au collet de, mettre le grappin sur, pincer, poisser, prendre au collet, ramasser, saisir au collet. *FRANCE FAM.* agrafer, alpaguer, arnaquer, arquepincer, emballer, gauler, piquer, poivrer. ♦ **se coincer** ▶ ***Se bloquer*** – gripper, s'enrayer, se bloquer. ♦ **coincé** ▶ ***Guindé*** – engoncé, gêné aux entournures, guindé, raide. ▶ ***Complexé*** – complexé, inhibé, timide. *QUÉB. FAM.* gêné. △ **ANT.** DÉCOINCER.

coïncidence *n.f.* ▶ ***Simultanéité*** – accompagnement, coexistence, concomitance, concordance, concours de circonstances, contemporanéité, coordination, correspondance, isochronie, isochronisme, rencontre, synchronicité, synchronie, synchronisation, synchronisme. ▶ ***Hasard*** – accident, aléa, aléatoire, aventure, cas fortuit, chance, circonstance, conjoncture, contingence, coup de dés, coup du sort, facteur chance, fortuit, hasard, impondérable, imprévu, inattendu, incertitude, indétermination, occurrence, rencontre, sort. *SOUT.* fortune. *PHILOS.* casualisme, casualité, indéterminisme. *FIG.* loterie. △ **ANT.** DÉSACCORD, DIVERGENCE.

coïncider *v.* ▶ ***Concorder*** – concorder, correspondre, se recouper, se rejoindre. △ **ANT.** DIVERGER.

col *n.m.* ▶ ***Partie de vêtement*** – collerette, collet, décolleté, encolure. *FAM.* colback. *ANC.* fraise, gorgerette *(femme)*, rabat. ▶ ***Partie étroite*** – cou, goulot. ▸ *En anatomie* – isthme. ▶ ***Passage*** – cañon, couloir, défilé, gorge, goulet, porte, ravin, ravine. *FRANCE RÉGION.* port *(Pyrénées)*, ravinée.

colère *n.f.* ▶ ***Irritation*** – agacement, emportement, énervement, exaspération, fureur, furie, impatience, indignation, irritabilité, irritation, rage, susceptibilité. *SOUT.* courroux, irascibilité. *FAM.* horripilation, rogne. ▶ ***Agitation*** – affolement, agitation, bouleversement, confusion, débridement, déchaînement, désarroi, ébranlement, ébullition, embrasement, émotion, fièvre, frénésie, mouvement, passion, violence. *SOUT.* émoi, exaltation. *FIG.* dévergondage. ▶ ***Aigreur*** – acariâtreté, acerbité, acidité, âcreté, acrimonie, agressivité, aigreur, amertume, animosité, âpreté, bave, bile, causticité, dépit, désagrément, dureté, fiel, haine, hargne, humeur, irritation, malveillance, maussaderie, mauvaise humeur, méchanceté, mordant, pique, rancœur, rancune, récrimination, ressentiment, rudesse, tranchant, venin, vindicte, virulence. *SOUT.* mordacité. *FAM.* rouspétance. ▶ ***Vengeance*** – châtiment, (loi du) talion, pareille, punition, rancune, réciproque, réparation, représailles, ressentiment, rétorsion, revanche, riposte, vendetta, vengeance. *SOUT.* vindicte. △ **ANT.** CONTENTEMENT, JOIE, SATISFACTION; CALME, IMPASSIBILITÉ, SÉRÉNITÉ, TRANQUILLITÉ; DOUCEUR, SUAVITÉ; CLÉMENCE, MAGNANIMITÉ, PARDON, PATIENCE.

colique *n.f.* ▶ ***Diarrhée*** – diarrhée. *FRANCE FAM.* courante, foirade. *MÉD.* relâchement intestinal. ▶ ***Chose ennuyeuse*** (*FAM.*) – *FAM.* calamité, scie, soporifique. △ **ANT.** CONSTIPATION.

colis *n.m.* ▶ ***Paquet à expédier*** – chargement, envoi, exprès, paquet-poste.

collaborateur *n.* ▶ ***Collègue*** – alter ego, associé, collègue (de travail), compagnon de travail, condisciple *(études)*, confrère, coopérateur, égal, pair, partenaire. ▶ ***Assistant*** – adjoint, aidant, aide, alter ego, assesseur, assistant, auxiliaire, bras droit, complice, exécutant, homme de confiance, lieutenant, préparateur, second, sous-chef, subalterne, subordonné. *SOUT.* suivant. *RELIG.* coadjuteur, définiteur. ▸ *Non favorable* – acolyte, lampiste, second couteau, second rôle, second violon, sous-fifre, sous-ordre. ▶ ***Partisan de la collaboration*** – collaborationniste. *PÉJ. FAM.* collabo. △ **ANT.** ADVERSAIRE, COMPÉTITEUR, CONCURRENT, OPPOSANT, RIVAL.

collaboration *n.f.* aide, appoint, apport, appui, assistance, association, bienfaisance, bons offices, complicité, concours, conseil, contribution, coopération, coup d'épaule, coup de main, coup de pouce, dépannage, entraide, grâce, main-forte, participation, planche de salut, renfort, secours, service, soutien, synergie. *SOUT.* viatique. *FAM.* (coup de) fion. △ **ANT.** ISOLEMENT, SOLITUDE; COMPÉTITION, CONCURRENCE, RIVALITÉ; OPPOSITION, RÉSISTANCE.

collaborer *v.* ▶ ***Participer*** – avoir part, concourir, contribuer, coopérer, partager, participer, prendre part, s'associer, s'engager, s'impliquer, s'investir, se joindre.

collant *adj.* ▶ ***Serré*** – ajusté, étriqué *(trop serré)*, étroit, moulant, serré. ▶ ***Qui adhère*** – adhérent, adhésif, autoadhésif, autocollant, gommé, préencollé. ▶ ***Qui agglutine*** – agglutinant. *DIDACT.* glutineux. ▶ ***Gluant*** – gluant, gommeux, poissant, poisseux, visqueux. *QUÉB. FAM.* gommé. ▶ ***Envahissant*** (*FAM.*) – accaparant, encombrant, envahissant, fatigant, importun, indésirable, indiscret, intrus, pesant, sans gêne. *FAM.* casse-pieds, crampon, embêtant. *QUÉB. FAM.* achalant, dérangeant. △ **ANT.** ANTIADHÉRENT, GLISSANT; AMPLE, BLOUSANT, BOUFFANT, FLOTTANT, LÂCHE, LARGE; ATTIRANT, CONVIVIAL, DE BONNE COMPAGNIE, ENGAGEANT, INTÉRESSANT, SYMPATHIQUE; POLI, RESPECTUEUX.

collant *n.m.* ▶ ***Gommette*** (*QUÉB.*) – adhésif, auto-adhésif, chatterton *(isolant électrique)*, gommette, papier adhésif, papier gommé, papier-cache, ruban adhésif, ruban gommé, ruban-cache, sparadrap *(pansement)*.

collation *n.f.* ▶ ***Casse-croûte*** – casse-croûte, en-cas, goûter, lunch, panier-repas. *FAM.* morceau. *FRANCE FAM.* casse-graine, dînette, quatre heures. *FRANCE RÉGION.* mâchon. *QUÉB.* bouchée. ▶ ***Promotion*** – affectation, commissionnement, désignation, destination, installation, investiture, mise en place, nomination, promotion, titularisation. ▶ ***Comparaison*** – analyse, balance, collationnement, comparaison, confrontation, jugement, mesure, mise en regard, parallèle, rapprochement, recension.

colle *n.f.* ▶ ***Substance*** – glu. ▶ ***Aliment pâteux*** – bouillie, pâte. ▶ ***Interrogation*** (*FAM.*) – contrôle, épreuve, évaluation, examen, interrogation, test. *FAM.* interro.

collectif *n. m.* ▶ ***Groupe de personnes*** – brigade, caravane, cellule, colonie, corps, équipe, escadron, escouade, groupe, horde, meute, noyau, peloton, troupe. *IRON.* fournée. *FAM.* bataillon, brochette, cohorte. *QUÉB. FAM.* gang.

collection *n. f.* ▶ ***Accumulation*** – abondance, accumulation, addition, agrégation, amas, amoncellement, déballage, échafaudage, emmagasinage, empilage, empilement, encombrement, entassement, étagement, faisceau, fatras, fouillis, monceau, montagne, pile, pyramide, quantité, stratification, superposition, tas. ▶ ***Ensemble*** – accumulation, amas, appareil, assemblage, assortiment, compilation, ensemble, foule, grand nombre, groupe, groupement, jeu, quantité, rassemblement, recueil, service, tas, train. *FAM.* attirail, cargaison, compil. *PÉJ.* ramassis. ▶ ***Choix*** – assortiment, choix, échantillon, éventail, gamme, ligne, palette, prix, qualité, quota, réunion, sélection, surchoix, tri, variété. ▶ ***Anthologie*** – ana, analecta, anthologie, choix, chrestomathie, compilation, épitomé, extraits, florilège, mélanges, miscellanées, morceaux choisis, pages choisies, recueil, sélection, spicilège, varia. *FAM.* compil. ▶ ***Amas de pus*** – abcès, adénite, anthrax, bourbillon, bouton, bubon, chancre, empyème, fistule, furoncle, kyste, orgelet *(paupière)*, panaris *(doigt)*, papule, parulie, phlegmon, pustule, scrofule. *FAM.* clou. *ACADIE* puron. △ **ANT.** DISPERSION, DISSÉMINATION, DISTRIBUTION, ÉPARPILLEMENT; ÉLÉMENT, INDIVIDU.

collectionner *v.* ▶ ***Réunir en grande quantité*** – accumuler, amasser, amonceler, entasser. △ **ANT.** DISPERSER, ÉPARPILLER.

collectivité *n. f.* ▶ ***Ensemble d'individus*** – communauté, groupe, groupement, regroupement, société. ▶ ***Circonscription*** (*FRANCE*) – canton, circonscription, district, province, région. *ANC.* seigneurie. △ **ANT.** INDIVIDU.

collège *n. m.* ▶ ***École préuniversitaire*** – académie, conservatoire, école, établissement scolaire, high school *(pays anglo-saxons)*, institut, institution, lycée, maison d'éducation, maison d'enseignement, medersa *(pays musulmans)*, petit séminaire. *FRANCE FAM.* bahut, boîte. *QUÉB.* cégep, collégial, polyvalente, régionale *(en région)*; *FAM.* poly. *BELG.* athénée. *SUISSE* gymnase. ▶ ***Université*** – académie, alma mater, campus, complexe universitaire, école, enseignement supérieur, faculté, institut, université. *FAM.* fac. ▶ ***Association professionnelle*** – assemblée, association, communauté, compagnie, confrérie, congrégation, corporation, corps, guilde, hanse, métier, ordre, société, syndicat, trade-union.

collègue *n.* ▶ ***Confrère*** – alter ego, associé, collaborateur, collègue (de travail), compagnon de travail, condisciple *(études)*, confrère, coopérateur, égal, pair, partenaire. ▶ ***Ami*** (*FRANCE RÉGION.*) – allié, alter ego, ami, (ami) intime, (ami) proche, bon ami, camarade, compagnon, connaissance, familier, frère, relation. *SOUT.* féal. *FAM.* acolyte, aminche, complice, copain, frangin, pote. △ **ANT.** ADVERSAIRE, COMPÉTITEUR, CONCURRENT, RIVAL.

coller *v.* ▶ ***Agglutiner*** – agglutiner. ▶ ***Enduire de colle*** – encoller, gluer. ▶ ***Enduire d'une substance collante*** (*QUÉB.*) – engluer, poisser. ▶ ***Appuyer contre*** – appliquer, appuyer, plaquer. ▶ ***Accoler*** (*QUÉB.*) – accoler, joindre, juxtaposer, mettre en contact. ▶ ***Infliger*** (*FAM.*) – asséner, donner, infliger, porter. *FAM.* administrer, allonger, ficher, filer, flanquer, foutre. ▶ ***Refuser un candidat*** (*FAM.*) – ajourner, refuser. *FAM.* blackbouler, recaler. ▶ ***Priver de sortie*** (*FAM.*) – consigner, retenir. ▶ ***Accaparer*** (*FAM.*) – accaparer. *FAM.* cramponner. ▶ ***Adhérer*** – adhérer, attacher, tenir. *SOUT.* gluer. ▶ ***Adhérer au fond d'une casserole*** – *FAM.* attacher, cramer. ▶ ***Correspondre*** – aller, cadrer, convenir, correspondre, répondre, s'accorder, s'appliquer, s'harmoniser. ▶ ***Mouler le corps*** – épouser, gainer, mouler, serrer. ♦ **collé** ▶ ***En contact*** – accolé, appliqué, apposé, en contact, juxtaposé, plaqué, posé. ▶ ***Voisin*** (*QUÉB.*) – à côté, accolé, adjacent, attenant, bord à bord, contigu, côte à côte, en contact, juxtaposé, limitrophe, voisin. △ **ANT.** DÉCOLLER, DÉTACHER; ARRACHER, DÉPRENDRE; ADMETTRE, RECEVOIR. ♦ **se coller** S'ÉCARTER.

collet *n. m.* ▶ ***Partie de vêtement*** – col, collerette, décolleté, encolure. *FAM.* colback. *ANC.* fraise, gorgerette *(femme)*, rabat. ▶ ***Piège*** – lacet, lacs, poche.

collier *n. m.* ▶ ***Barbe*** – collier de barbe. ▶ ***Objet rond*** – anneau, bague, cerceau, cercle, couronne, disque, rondelle. *FAM.* rond.

colline *n. f.* ▶ ***Élévation*** – coteau *(petit)*, *QUÉB. FAM.* côte. *FRANCE RÉGION.* aspre *(Roussillon)*. △ **ANT.** DÉPRESSION.

colloque *n. m.* ▶ ***Conversation*** – causerie, concertation, conversation, dialogue, discussion, échange (de vues), entretien, interview, pourparlers, tête-à-tête. *SOUT.* entretènement. *FAM.* causette, chuchoterie. *QUÉB.* jasette. *PÉJ.* conciliabule, palabres; *FAM.* parlote. ▶ ***Conférence*** – assemblée, atelier de discussion, comice, comité, conférence, congrès, conseil, forum, groupe de travail, junte, panel, plénum, réunion, séminaire, sommet, symposium, table ronde. *FAM.* grand-messe. *QUÉB.* caucus *(politique)*. *ANTIQ.* boulê, ecclésia. *ANTIQ. ROM.* comices. *AGRIC.* comice agricole.

colombe *n. f.* ▶ ***Oiseau*** – pigeon blanc, tourterelle blanche. *SOUT.* messagère de la paix, oiseau de Vénus. ▶ ***Partisan de la paix*** – antimilitariste, neutraliste, non-violent, pacifiste. ▶ ***Fille innocente*** (*SOUT.*) – enfant de chœur, innocent. ▶ ***Appellatif affectueux pour une femme*** – belle, biche, bichette, cocotte, douce, princesse, tourterelle. *SOUT.* mie. *FAM.* fille. △ **ANT.** BELLICISTE, FAUCON.

colonie *n. f.* ▶ ***Territoire*** – colonie (d'exploitation), conquête, pays conquis, possession. *ANC.* dominion *(britannique)*. ▶ ***Groupe de personnes*** – brigade, caravane, cellule, collectif, corps, équipe, escadron, escouade, groupe, horde, meute, noyau, peloton, troupe. *IRON.* fournée. *FAM.* bataillon, brochette, cohorte. *QUÉB. FAM.* gang. ▶ ***Groupe d'insectes*** – essaim, ruche. △ **ANT.** MÉTROPOLE; INDIVIDU.

colonisation *n. f.* immigration, natalité, occupation, peuplement. △ **ANT.** DÉCOLONISATION, ISOLATIONNISME.

colonnade *n. f.* colonnes accolées, colonnes accouplées, colonnes en faisceau, colonnes géminées.

colonne *n.f.* ▶ ***Poteau*** – pilier, poteau. ▸ *Petite* – colonnette. ▸ *Partie principale* – escape, fût. ▶ ***Canalisation*** – adduction, branchement, canalisation, conduit, conduite, égout, émissaire, gazoduc, griffon, manifold, oléoduc, pipe, pipeline, réseau, sea-line, tubulure. ▶ ***Série*** – alignement, chaîne, chapelet, combinaison, consécution, cordon, enchaînement, enfilade, énumération, file, gamme, guirlande, ligne, liste, rang, rangée, séquence, série, succession, suite, tissu, travée. ▶ ***Procession*** – cérémonie, convoi, cortège, défilé, file, marche, noce, noria, pardon, pèlerinage, procession, queue, suite, théorie, va-et-vient.

coloration *n.f.* ▶ ***Action de colorer*** – coloriage, peinture, pigmentation, teinture. ▶ ***Couleur*** – coloris, couleur, degré, demi-teinte, nuance, teinte, ton, tonalité. SOUT. chromatisme. ▸ *De la peau* – carnation, pigmentation, teint. ▸ *Du vin* – robe. △ **ANT.** DÉCOLORATION.

colorer *v.* ▶ ***Donner une couleur*** – teindre, teinter. ▶ ***Appliquer une couleur*** – colorier. ▶ ***Couvrir de plusieurs couleurs*** – bigarrer, chamarrer, jasper, panacher. SOUT. diaprer. ▸ *Peu harmonieuses* – barbouiller, barioler, bigarrer, peinturer, peinturlurer. ▶ ***Agrémenter*** – agrémenter, décorer, émailler, embellir, enjoliver, enrichir, garnir, habiller, ornementer, orner, parer, rehausser, relever. SOUT. diaprer. ▶ ***Donner des couleurs*** – donner des couleurs à, enluminer, rosir, rougir. △ **ANT.** DÉCOLORER, DÉLAVER, PÂLIR, TERNIR.

colossal *adj.* considérable, démesuré, énorme, extraordinaire, extrême, fabuleux, formidable, géant, gigantesque, grand, gros, immense, incommensurable, monstrueux, monumental, phénoménal, prodigieux, surhumain, titanesque, vaste, vertigineux. SOUT. cyclopéen, herculéen. FAM. bœuf, de tous les diables, du diable, effrayant, effroyable, épouvantable, faramineux, méchant, monstre. FRANCE FAM. gratiné. △ **ANT.** MICROSCOPIQUE, MINUSCULE, NAIN.

colosse *n.m.* ▶ ***Personne de grande taille*** – géant, goliath, grand, grand diable. FAM. (grand) échalas, (grand) escogriffe. FRANCE FAM. balèze, dépendeur d'andouilles, (grand) flandrin, grande bringue *(femme)*. ▶ ***Homme fort*** – athlète, costaud, fort des Halles, gaillard, hercule, (homme) fort, puissant. FAM. armoire à glace, Tarzan. FRANCE FAM. armoire normande, balèze, malabar, mastard. QUÉB. fier-à-bras. △ **ANT.** NAIN, PYGMÉE.

colporteur *n.* ▶ ***Marchand ambulant*** – bonimenteur, camelot, marchand ambulant, (marchand) forain. AFR. dioula *(musulman)*.

combat *n.m.* ▶ ***Bataille*** – accrochage, action (de guerre), affrontement, assaut, attaque, bagarre, bataille, choc, conflit, duel, échauffourée, empoignade, empoignement, engagement, escarmouche, ferraillement, feu, guérilla, guerre, heurt, hostilités, lutte, mêlée, opération, pugilat, rencontre, rixe. FAM. baroud, baston, bigorne, casse-gueule, casse-pipe, castagne, guéguerre, rif, rififi, riflette. BELG. FAM. margaille. MILIT. blitz *(de courte durée)*. ▶ ***Opposition*** – affrontement, antagonisme, compétition, concurrence, conflit, contentieux, contestation, controverse, débat, désaccord, différend, discorde, discussion, dispute, dissension, dissentiment, divergence, émulation, friction, heurt, incompatibilité, incompréhension, lutte, mésentente, mésintelligence, opposition, polémique, querelle, rivalité. FAM. bagarre. △ **ANT.** CALME, ENTENTE, PAIX, TRÊVE.

combatif *adj.* agressif, bagarreur, batailleur, belliqueux, offensif, querelleur. SOUT. pugnace. FAM. chamailleur, teigneux. △ **ANT.** AFFECTUEUX, AIMANT, AMOUREUX, CAJOLEUR, CÂLIN, CARESSANT, TENDRE; BON, DOUX, INOFFENSIF, PACIFIQUE; FATALISTE, LÂCHE.

combattant *n.* ▶ ***Militaire*** – guerrier, homme de guerre, homme de troupe, soldat. FAM. bidasse, reître, troufion. FRANCE FAM. griveton, pioupiou. △ **ANT.** NON-COMBATTANT; CIVIL.

combattre *v.* ▶ ***Lutter contre une chose abstraite*** – batailler, ferrailler, guerroyer, livrer bataille, livrer un combat, livrer une lutte, lutter, (se) bagarrer, se battre. ▶ ***Lutter corps à corps*** – livrer un combat, livrer une lutte, lutter, se battre. ▶ ***Livrer une lutte armée*** – faire la guerre, livrer bataille, livrer un combat, lutter, se battre. SOUT. guerroyer. △ **ANT.** APPROUVER, APPUYER, PROMOUVOIR, SOUTENIR; FAIRE LA PAIX AVEC, SE RÉCONCILIER AVEC; APAISER, CONCILIER, PACIFIER.

combinaison *n.f.* ▶ ***Réunion*** – alliance, assemblage, association, collage, communion, composition, concentration, conjonction, constitution, fusion, fusionnement, groupement, incorporation, intégration, ralliement, rassemblement, regroupement, réunion, symbiose, synthèse, unification, union. ▶ ***Agencement*** – accommodation, accommodement, agencement, ajustement, aménagement, architecture, arrangement, articulation, assemblage, combinatoire, composition, concaténation, configuration, construction, contexture, coordination, disposition, distribution, élaboration, enchaînement, harmonie, liaison, mise en ordre, mise en place, ordonnance, ordonnancement, ordre, organisation, orientation, plan, profil, programmation, rangement, structuration, structure, système, texture. ▶ ***Mélange*** – admixtion, alliage, amalgamation, amalgame, cocktail, composé, mélange, mixtion, mixture. ▶ ***Machination*** – agissements, cabale, calcul, complot, conjuration, conspiration, intrigue, machination, manigance, manipulation, manœuvre, maquignonnage, menées, plan, tractation. SOUT. brigue, fomentation. FAM. combine, fricotage, grenouillage, magouillage, magouille, micmac, mijotage. ▶ ***Groupes d'atomes*** – composé, corps composé, molécule. ▶ ***Sous-vêtement*** – combinaison-pantalon, combine, combiné, combiné-culotte, combiné-slip, gaine-combinaison, justaucorps, teddy. FAM. justo. QUÉB. combinaison-culotte. ▶ ***Vêtement de travail*** – bleu, blouse, cotte, peignoir, poitrinière, robe, robe-tablier, salopette, sarrau, suroît *(de marin)*, tablier, toge, uniforme, vareuse. ANC. bourgeron. △ **ANT.** DÉCOMPOSITION, DISSOCIATION, DISSOLUTION, SÉPARATION; ANALYSE.

combiner *v.* ▶ ***Réunir*** – allier, associer, concilier, conjuguer, joindre, marier, mêler, réunir, unir. ▶ ***Préparer par une longue réflexion*** – calculer, couver, imaginer, méditer, mûrir, préméditer, ruminer. ▶ ***Organiser secrètement*** – fomenter, machiner, manigancer, monter, ourdir, tramer. FAM. fricoter, goupiller, magouiller, mijoter, traficoter, trafiquer. ▸ *À plusieurs* – comploter, concerter, conspirer. △ **ANT.** DISJOINDRE, DISPERSER, ISOLER, SCINDER, SÉPARER; DÉTRUIRE.

comble *adj.* bondé, bourré, complet, plein, rempli. △ **ANT.** INOCCUPÉ, LIBRE, VACANT, VIDE.

comble *n.m.* ▶ ***Summum*** – acmé, apex, apogée, apothéose, cime, climax, culmination, excès, faîte, fin du fin, fort, limite, maximum, meilleur, nec plus ultra, optimum, paroxysme, pinacle, plafond, point culminant, pointe, record, sommet, summum, triomphe, zénith. *SOUT.* plus haut période. *FAM.* top niveau. ▶ ***Excès*** – débauche, débordement, dépassement, disproportion, énormité, excédent, excès, exubérance, gaspillage, inutile, luxe, luxuriance, orgie, profusion, redondance, satiété, saturation, superfétation, superflu, superfluité, surabondance, surcharge, surcroît, surenchère, surnombre, surplus, trop, trop-plein. ▶ ***Espace*** – chambre mansardée, grenier, mansarde, réduit, soupente. *RARE* cabinet. △ **ANT.** MINIMUM; MANQUE, VIDE; BAS, BASE, CAVE, FONDATION.

combler *v.* ▶ ***Boucher une ouverture*** – boucher, calfeutrer, colmater, obturer. ▶ ***Exaucer un vœu*** – accomplir, exaucer, réaliser, répondre à, satisfaire. *SOUT.* écouter, entendre. ▶ ***Donner en abondance*** – abreuver, accabler, couvrir, gaver, gorger, inonder, rassasier, soûler. ▶ ***Rendre heureux*** – charmer, enchanter, enthousiasmer, exaucer, faire la joie de, faire le bonheur de, faire plaisir à, mettre en joie, plaire à, ravir, réjouir. *SOUT.* assouvir, délecter. *FAM.* emballer. ▶ ***Entourer de soins*** – cajoler, choyer, couver, dorloter, entourer de soins, être aux petits soins avec, materner, pouponner *(un bébé)*, soigner. *FAM.* bichonner, bouchonner, chouchouter, gâter, mitonner, soigner aux petits oignons, traiter aux petits oignons. *SUISSE FAM.* cocoler. ♦ **comblé** ▶ ***Contenté*** – apaisé, assouvi, contenté, rassasié, réalisé, satisfait. ▶ ***Heureux*** – au comble du bonheur, au septième ciel, aux anges, béat, en fête, en joie, en liesse, enchanté, euphorique, extasié, extatique, exultant, fou de joie, heureux, le cœur en joie, radieux, ravi, rayonnant, réjoui, resplendissant de bonheur, ruisselant de joie, transporté de joie, triomphant. *SOUT.* aise, bienheureux. *FAM.* jubilant. ▶ ***Entouré de soins*** – choyé, comme un coq en pâte, dorloté. *FAM.* chouchouté, gâté. △ **ANT.** CREUSER, VIDER; FRUSTRER, PRIVER; NUIRE À.

combustible *adj.* consumable, inflammable. △ **ANT.** INCOMBUSTIBLE; COMBURANT.

combustible *n.m.* carburant, comburant.

comédie *n.f.* ▶ ***Pièce comique*** – arlequinade, bouffonnerie, boulevard, burlesque, clownerie, farce, limerick, momerie, pantalonnade, parodie, pièce de boulevard, proverbe, saynète, sketch, sotie, spectacle, théâtre de boulevard, vaudeville. *PÉJ.* caleçonnade. *ANC.* mascarade. ▶ ***Fiction*** – affabulation, artifice, chimère, combinaison, expédient, fabrication, fabulation, fantaisie, feinte, fiction, fumisterie, histoire, idée, imagination, invention, irréalité, légende, mensonge, rêve, roman, saga, songe. *PSYCHOL.* confabulation, mythomanie. ▶ ***Affectation*** – affectation, air, apparence, apprêt, bluff, cabotinage, composition, contenance, convenu, dandysme, genre, imposture, jeu, maniérisme, manque de naturel, mascarade, mièvrerie, pose, raideur, recherche, représentation, snobisme. *SOUT.* cambrure. *FAM.* chiqué, cinéma. ▶ ***Feinte*** – affectation, artifice, cachotterie, déguisement, dissimulation, duplicité, faux-semblant, feinte, fiction, finauderie, grimace, hypocrisie, invention, leurre, mensonge, momerie, pantalonnade, parade, ruse, simulation, singerie, sournoiserie, tromperie. *SOUT.* simulacre. *FAM.* cinéma, cirque, finasserie, frime. △ **ANT.** DRAME, TRAGÉDIE; AUTHENTICITÉ, SÉRIEUX, SINCÉRITÉ.

comédien *n.* ▶ ***Acteur*** – acteur, artiste, interprète. *SOUT.* histrion. *FAM.* théâtreux. ▸ *Mauvais FAM.* cabot, cabotin. ▸ *Rôle mineur* – figurant, utilité. ▶ ***Hypocrite*** – bonimenteur, cabotin, chafouin, charlatan, dissimulateur, dissimulé, doucereux, faux jeton, grimacier, homme à deux visages, hypocrite, imposteur, jésuite, sainte-nitouche *(femme)*, simulateur, sournois, sucré, tartufe, trompeur. *SOUT.* dupeur, endormeur. *FAM.* chattemite, emberlificoteur. *SPORTS FAM.* feinteur.

comestible *adj.* alimentaire, bon (à manger), consommable, mangeable. △ **ANT.** INCOMESTIBLE, INCONSOMMABLE; INTOXICANT, NOCIF, TOXIQUE.

comique *adj.* ▶ ***Amusant*** – amusant, bouffon, burlesque, cocasse, d'un haut comique, désopilant, drolatique, drôle, gai, hilarant, humoristique, impayable, ineffable, inénarrable, plaisant, rigolo, risible, vaudevillesque. *SOUT.* drôlet. *FAM.* bidonnant, boyautant, crevant, éclatant, gondolant, marrant, poilant, roulant, tordant. ▶ ***Ridicule*** – caricatural, carnavalesque, clownesque, grotesque, ridicule. ▶ ***En parlant de théâtre*** – boulevardier, léger, vaudevillesque. △ **ANT.** GRAVE, SÉRIEUX; ATTRISTANT, CHAGRINANT, TRISTE; TRAGIQUE *(PIÈCE)*.

comique *n.* ▶ ***Clown*** – amuseur (public), bouffon, clown. *SOUT.* clownesse *(femme)*. *ANC.* loustic, (un) paillasse. *HIST.* fou (du roi). *ANTIQ.* histrion. ▶ ***Farceur*** – amuseur, bouffon, boute-en-train, clown, comique de la troupe, espiègle, facétieux, farceur, humoriste, pince-sans-rire, pitre, plaisantin, taquin. *FAM.* blagueur. *FRANCE FAM.* asticoteur, charlot, fumiste. ▸ *Non favorable* – mauvais plaisant, (petit) comique, petit rigolo. △ **ANT.** TRAGÉDIEN; GRAVITÉ, SÉRIEUX.

comité *n.m.* ▶ ***Table ronde*** – assemblée, atelier de discussion, colloque, comice, conférence, congrès, conseil, forum, groupe de travail, junte, panel, plénum, réunion, séminaire, sommet, symposium, table ronde. *FAM.* grand-messe. *QUÉB.* caucus *(politique)*. *ANTIQ.* boulê, ecclésia. *ANTIQ. ROM.* comices. *AGRIC.* comice agricole. ▶ ***Commission*** – bureau, charge, commission, courtage, délégation, légation, mandat, mandatement, mission, pouvoir, procuration, représentation.

commandant *n.* ▶ ***Officier militaire*** – *SOUT.* capitaine. ▶ ***Capitaine de bateau*** – capitaine, patron *(pêcheur)*. *FRANCE FAM.* pacha. *ANTIQ.* navarque, triérarque. ▶ ***Pilote d'avion*** – commandant de bord, pilote. △ **ANT.** EXÉCUTANT, INFÉRIEUR, SUBALTERNE, SUBORDONNÉ.

commande *n.f.* ▶ ***Ordre*** – citation, commandement, consigne, directive, injonction, instruction, intimation, mandat, ordre, prescription, semonce.

▶ *Action de diriger une machine* – guidage. ▶ *Mécanisme de direction* – anspect, levier, manche à balai, marche, palonnier, pédale. ▶ *Mécanisme d'actionnement* – bouton (électrique), bouton-poussoir, clé, combinateur, commutateur, conjoncteur, conjoncteur-disjoncteur, contact, contacteur, coupleur, discontacteur, disjoncteur, interrupteur, manostat, microcontact, olive, poussoir, pressostat, rotacteur, rupteur, sectionneur, sélecteur, télécommande, va-et-vient. FAM. bitoniau.

commandement *n.m.* ▶ *Directive* – citation, commande, consigne, directive, injonction, instruction, intimation, mandat, ordre, prescription, semonce. ▶ *Loi* – canon, dogme, loi, observance. ▶ *Pouvoir* – autorité, domination, force, gouvernement *(politique)*, juridiction, loi, maîtrise, pouvoir, puissance, règne, tutelle. SOUT. empire, férule, houlette. △ ANT. OBÉISSANCE, SOUMISSION; DÉFENSE, INTERDICTION; FAIBLESSE, IMPUISSANCE.

commander *v.* ▶ *Diriger* – diriger, encadrer, mener, superviser. ▶ *Faire fonctionner un mécanisme* – actionner, enclencher. SOUT. mouvoir. ▶ *Desservir une pièce* – conduire à, desservir, donner accès à, donner sur, mener à, ouvrir sur. ▶ *Exiger* – appeler, avoir besoin de, demander, exiger, imposer, nécessiter, obliger, postuler, prendre, prescrire, réclamer, requérir, vouloir. ▶ *Ordonner* – demander, enjoindre, intimer, mettre en demeure, ordonner, prier, sommer. ▶ *Maîtriser un sentiment* (SOUT.) – calmer, contenir, contrôler, dominer, dompter, gouverner, maîtriser, surmonter, vaincre. △ ANT. SUIVRE; OBÉIR À, OBTEMPÉRER, SE SOUMETTRE À, SERVIR; DÉFENDRE, INTERDIRE; DÉCOMMANDER.

commencement *n.m.* actionnement, amorçage, amorce, balbutiement, bégaiement, création, début, déclenchement, démarrage, départ, ébauche, embryon, enclenchement, enfance, entrée, esquisse, fondement, germe, inauguration, origine, ouverture, prélude, prémisse, principe, tête. SOUT. aube, aurore, matin, prémices. FIG. apparition, avènement, éclosion, émergence, éruption, explosion, genèse, germination, naissance, venue au monde. △ ANT. ABOUTISSEMENT, ACHÈVEMENT, BUT, CONCLUSION, FIN, ISSUE, TERME, TERMINAISON.

commencer *v.* ▶ *Attaquer* – amorcer, attaquer, entamer, entreprendre, s'atteler à. FAM. embrayer, s'y mettre. ▶ *Déclencher* – déclencher, donner le coup d'envoi à, enclencher, engager, entamer, entreprendre, inaugurer, lancer, mettre en branle, mettre en route, mettre en train. FAM. démarrer. ▶ *Constituer le premier élément* – inaugurer, ouvrir. ▶ *Débuter* – débuter, démarrer, partir, s'amorcer, s'engager. △ ANT. ACCOMPLIR, COMPLÉTER, CONCLURE, COURONNER, FINIR, TERMINER; CONTINUER, POURSUIVRE; ABOUTIR, ACHEVER, SE TERMINER.

comment *n.m.* approche, art, chemin, code, credo, démarche, discipline, dispositif, façon (de faire), facture, formule, heuristique, instruction, instrument, ligne de conduite, maïeutique, manière, marche (à suivre), méthode, méthodologie, modalité, mode d'emploi, mode, moyen, opération, ordre, organisation, outil, posologie, pratique, procédé, procédure, protocole, raisonnement, recette, règle, secret, stratagème, stratégie, système, tactique, technique, théorie, traitement, voie. SOUT. faire.

commentaire *n.m.* ▶ *Explication* – analyse, clarification, critique, définition, désambiguïsation, éclaircissement, élucidation, exemplification, explication, explicitation, exposé, exposition, glose, illustration, indication, interprétation, légende, lumière, note, paraphrase, précision, remarque, renseignement. ▶ *Annotation* – annotation, apostille, glose, nota, nota bene, note, notule, remarque. ♦ **commentaires,** *plur.* ▶ *Récit historique* – anecdote, annales, autobiographie, biographie, carnet, chroniques, chronologie, confessions, évocation, histoire, historiographie, historique, journal, mémoires, mémorial, souvenirs, vie.

commenter *v.* ▶ *Expliquer* – annoter, expliquer, gloser, interpréter, paraphraser.

commerce *n.m.* ▶ *Négoce* – activité commerciale, affaires, circulation, commercialisation, distribution, échange, finance, marché, négoce, opération, traite, troc, vente. ▶ *Entreprise* – boutique, magasin, maison (de commerce). ▶ *Fréquentation* (SOUT.) – attache, bons/mauvais termes, communication, compagnie, contact, correspondance, côtoiement, coudoiement, entourage, familiarité, fréquentation, habitude, intelligence, intimité, liaison, lien, pratique, rapport, relation, société, usage, voisinage. PÉJ. acoquinement, encanaillement.

commère *n.f.* ▶ *Personne bavarde* – bavard, (beau) parleur, bonimenteur, causeur, crécelle, discoureur, enjôleur, péroreur, phraseur. FAM. baratineur, fort en gueule, gazette, jacasseur, jacteur, laïusseur, moulin à paroles, pie, pipelet, robinet (d'eau tiède). QUÉB. FAM. bavasseux, jasant, mémère, placoteux.

commérer *v.* bavarder, cancaner, caqueter, causer, colporter des cancans, colporter des ragots, commettre des indiscrétions, jaser, médire. SOUT. clabauder. FAM. bavasser, potiner. QUÉB. FAM. mémérer, placoter. △ ANT. SE TAIRE.

commettre *v.* ▶ *Accomplir un acte criminel* – perpétrer. SOUT. OU DR. consommer. ▶ *Affecter à une tâche* – affecter, appeler, charger, commissionner, désigner, préposer. △ ANT. DÉMETTRE, RETIRER.

commis *n.* ▶ *Employé de bureau* – buraliste, commis (de bureau), employé aux écritures, employé de bureau. FAM. col blanc, plumitif. PÉJ. bureaucrate, rond-de-cuir; FAM. gratte-papier, scribouillard. ▶ *Employé de commerce* – agent commercial, attaché commercial, commis (de magasin), commis-vendeur, délégué commercial, représentant, représentant commercial, représentant de commerce, vendeur.

commissaire *n.* ▶ *Chargé de mission* – agent, ambassadeur, attaché, chargé d'affaires, chargé de mission, correspondant, délégataire, délégué, député, diplomate, émissaire, envoyé, fondé de pouvoir, légat, mandataire, messager, ministre, négociateur, parlementaire, plénipotentiaire, représentant. FRANCE ANC. agréé. ▶ *Administrateur* – grand commis de l'État, haut fonctionnaire. PÉJ. technocrate; FRANCE FAM. énarque. △ ANT. COMMETTANT.

commission *n.f.* ▶ *Délégation* – bureau, charge, comité, courtage, délégation, légation, mandat, mandatement, mission, pouvoir, procuration, représentation. ▶ ***Salaire*** – appointements, cachet, droit, émoluments, fixe, gages, gain, honoraires, jeton (de présence), mensualité, paye, pourboire, rémunération, rétribution, revenu, salaire, semaine, solde, traitement, vacations. ▶ ***Somme remise au vendeur*** – pourcentage. *RARE* pour-cent. ▶ ***Frais*** – agio, charges, crédit, frais, intérêt, plus-value, prélèvement. ♦ **commissions,** ***plur.*** ▶ ***Achats*** – courses, emplettes, provisions. *QUÉB. FAM.* magasinage.

commode *adj.* ▶ ***Pratique*** – efficace, fonctionnel, pratique, utile, utilitaire. *QUÉB. FAM.* pratico-pratique. ▶ ***Facile*** – aisé, élémentaire, enfantin, facile, simple. *FRANCE FAM.* bête comme chou. *QUÉB. FAM.* niaiseux. △ **ANT.** INCOMMODE, INUTILE, MALCOMMODE; ARDU, COMPLIQUÉ, DIFFICILE, MALAISÉ; AIMABLE, CONCILIANT, DOUX.

commode *n.f.* armoire-penderie, armoire-vestiaire, penderie. *QUÉB. FAM.* bureau.

commodément *adv.* ▶ ***Simplement*** – aisément, facilement, sans coup férir, sans difficulté, sans effort, sans encombre, simplement. *FAM.* les doigts dans le nez. ▶ ***Favorablement*** – à point (nommé), à propos, à temps, agréablement, au bon moment, avantageusement, bien, convenablement, favorablement, heureusement, inespérément, judicieusement, opportunément, par bonheur, par miracle, précieusement, providentiellement, salutairement, utilement. *FAM.* à pic. ▶ ***Efficacement*** – efficacement, fonctionnellement, pratiquement. △ **ANT.** INCOMMODÉMENT, INCONFORTABLEMENT, INEFFICACEMENT, MALCOMMODÉMENT.

commodité *n.f.* ▶ ***Utilité*** – avantage, bénéfice, bienfait, convenance, désidérabilité, efficacité, fonction, fonctionnalité, indispensabilité, intérêt, mérite, nécessité, profit, profitabilité, recours, service, usage, utilité, valeur. ▶ ***Facilité*** – accessibilité, agrément, confort, disponibilité, facilité, faisabilité, possibilité, simplicité. *INFORM.* convivialité, transparence. △ **ANT.** INCOMMODITÉ; DIFFICULTÉ; DÉSAGRÉMENT, GÊNE, INCONFORT.

commun *adj.* ▶ ***Collectif*** – collectif, communautaire, général, public, social. ▶ ***Unanime*** – consensuel, général, qui fait l'unanimité, unanime. ▶ ***Courant*** – banal, courant, fréquent, habituel, normal, ordinaire, répandu, usuel. *LING.* usité. ▶ ***Banal*** – académique, banal, classique, conformiste, convenu, plat, standard. ▶ ***Vulgaire*** – médiocre, ordinaire, quelconque, trivial, vulgaire. △ **ANT.** INDIVIDUEL, PERSONNEL, PRIVÉ, RÉSERVÉ; SÉPARÉ; EXCEPTIONNEL, EXTRAORDINAIRE, INCOMPARABLE, INHABITUEL, INUSITÉ, RARE, REMARQUABLE, SPÉCIAL; ARISTOCRATIQUE, NOBLE; PROPRE *(NOM)*.

communal *adj.* échevinal, municipal. *SOUT.* édilitaire. △ **ANT.** DÉPARTEMENTAL; NATIONAL.

communauté *n.f.* ▶ ***Personnes qui vivent en commun*** – copropriété, indivision. ▶ ***Ensemble d'individus*** – collectivité, groupe, groupement, regroupement, société. ▶ ***Association religieuse*** – confrérie, congrégation, fraternité, observance, ordre. ▶ ***Association professionnelle*** – assemblée, association, collège, compagnie, confrérie, congrégation, corporation, corps, guilde, hanse, métier, ordre, société, syndicat, trade-union. △ **ANT.** ISOLEMENT.

commune *n.f.* ▶ ***Municipalité*** – agglomération, localité, municipalité, ville. *SOUT.* cité. *ANTIQ.* municipe.

communément *adv.* ▶ ***Souvent*** – à de rares exceptions près, à l'accoutumée, à l'ordinaire, à maintes reprises, à quelques exceptions près, couramment, coutumièrement, d'habitude, d'ordinaire, dans la généralité des cas, dans la majorité des cas, dans la plupart des cas, de coutume, en général, en règle générale, fréquemment, généralement, habituellement, journellement, la plupart du temps, maintes fois, normalement, ordinairement, régulièrement, rituellement, souvent, toujours. ▶ ***Banalement*** – banalement, couramment, populairement, prosaïquement, trivialement, usuellement, vulgairement, vulgo. △ **ANT.** EXCEPTIONNELLEMENT, RAREMENT; EXTRAORDINAIREMENT, FANTASTIQUEMENT, MERVEILLEUSEMENT, MIRACULEUSEMENT; SCIENTIFIQUEMENTÉ

communicateur *n.* orateur.

communicatif *adj.* ▶ ***Qui se transmet facilement*** – contagieux. ▶ ***Qui s'exprime facilement*** – confiant, débordant, démonstratif, expansif, expressif, extraverti, exubérant, ouvert. △ **ANT.** DISCRET, INTROVERTI, RENFERMÉ, RÉSERVÉ, SILENCIEUX.

communication *n.f.* ▶ ***Transmission*** – cession, circulation, dévolution, diffusion, dissémination, émission, expansion, extension, intercommunication, multiplication, passation, progression, propagation, rayonnement, reproduction, transfert, translation, virement. ▶ ***Énonciation*** – affirmation, déclaration, donnée, élocution, énoncé, énonciation, exposition, expression, extériorisation, formulation, mention, prononciation, proposition, récitation, stipulation, verbalisation. ▶ ***Message*** – annonce, appel, avis, ban, communiqué, déclaration, décret, dénonciation, dépêche, divulgation, édit, manifeste, message, notification, proclamation, profession de foi, programme, promulgation, publication, rescrit, serment, signification. ▶ ***Appel téléphonique*** – appel (téléphonique), communication téléphonique. *RARE* téléphonage. *FAM.* coup de bigophone, coup de fil, coup de téléphone, coup de tube. ▶ ***Relation*** – attache, bons/mauvais termes, compagnie, contact, correspondance, côtoiement, coudoiement, entourage, familiarité, fréquentation, habitude, intelligence, intimité, liaison, lien, pratique, rapport, relation, société, usage, voisinage. *SOUT.* commerce. *PÉJ.* acoquinement, encanaillement. △ **ANT.** INTERRUPTION, RUPTURE; CENSURE; MUTISME, SILENCE.

communion *n.f.* ▶ ***Accord*** – accord, affinité, amitié, atomes crochus, (bonne) intelligence, communauté de goûts, communauté de sentiments, communauté de vues, compatibilité, complicité, compréhension, concorde, connivence, convergence d'idées, fraternité, harmonie, point commun, sympathie, union, unisson. ▶ ***Union*** – alliance, assemblage, association, collage, combinaison, composition, concentration, conjonction, constitution, fusion, fusionnement, groupement, incorporation, intégration, ralliement, rassemblement, regroupement, réunion, symbiose, synthèse, unification, union. ▶ ***Eucharistie*** – cène, consubstantiation, eucharistie, hostie, impanation, saint sacrement (de l'autel), saint sacrifice, (saintes) espèces, transsubstantiation. △ **ANT.** DISCORDE, DIVERGENCE, FRICTION, INCOMPATIBILITÉ, MÉSENTENTE.

communiqué *n.m.* ▶ ***Nouvelle*** – actualités, annonce, brève, bulletin, flash, information(s), journal *(parlé ou télévisé)*, nouvelle(s). ▸ *Information exclusive* – exclusivité, primeur, scoop. ▶ ***Avis officiel*** – annonce, appel, avis, ban, communication, déclaration, décret, dénonciation, dépêche, divulgation, édit, manifeste, message, notification, proclamation, profession de foi, programme, promulgation, publication, rescrit, serment, signification.

communiquer *v.* ▶ ***Transmettre une information*** – annoncer, apprendre, déclarer, dire, faire l'annonce de, faire part de, faire savoir, notifier, signifier, transmettre. *FAM.* balancer. ▶ ***Transmettre un sentiment*** – inspirer, insuffler, transmettre. *SOUT.* infuser, inoculer. ▶ ***Transmettre une maladie*** – donner, transmettre. *FAM.* passer. ▶ ***Transmettre un mouvement*** – imprimer, transmettre. ▶ ***S'exprimer*** – parler, s'exprimer. △ **ANT.** CONSERVER, GARDER POUR SOI, RETENIR; TAIRE.

communisme *n.m.* autogestion, babouvisme, bolchevisme, chartisme, collectivisme, collégialité, coopératisme, dirigisme, égalitarisme, étatisation, étatisme, extrême gauche, fouriérisme, gauche, gauchisme, interventionnisme, léninisme, maoïsme, marxisme, marxisme-léninisme, mutualisme, mutuellisme, nationalisation, ouvriérisme, progressisme, radicalisme, radical-socialisme, réformisme, saint-simonisme, social-démocratie, socialisme, spartakisme, stalinisme, syndicalisme, trade-unionisme, travaillisme, trotskisme. △ **ANT.** CAPITALISME, LIBÉRALISME; FASCISME.

communiste *n.* collectiviste, révolutionnaire, rouge. ▸ *Plus modéré* – rose, socialiste. *PÉJ.* bolchevik; *FAM.* bolcho, coco. △ **ANT.** CAPITALISTE, LIBÉRAL; FASCISTE.

commutateur *n.m.* bouton (électrique), bouton-poussoir, clé, combinateur, commande, conjoncteur, conjoncteur-disjoncteur, contact, contacteur, coupleur, discontacteur, disjoncteur, interrupteur, manostat, microcontact, olive, poussoir, pressostat, rotacteur, rupteur, sectionneur, sélecteur, télécommande, va-et-vient. *FAM.* bitoniau.

compact *adj.* dense, dru, épais, serré. △ **ANT.** LÉGER, TÉNU; DISPERSÉ, DISSÉMINÉ, ÉPARPILLÉ, ÉPARS.

compacter *v.* ▶ ***Tasser le sol, la neige*** – damer, tasser. ▶ ***Serrer*** – compresser, comprimer, presser, serrer. △ **ANT.** DÉCOMPACTER, DÉCOMPRESSER, DÉCOMPRIMER.

compagnie *n.f.* ▶ ***Fréquentation*** – attache, bons/mauvais termes, communication, contact, correspondance, côtoiement, coudoiement, entourage, familiarité, fréquentation, habitude, intelligence, intimité, liaison, lien, pratique, rapport, relation, société, usage, voisinage. *SOUT.* commerce. *PÉJ.* acoquinement, encanaillement. ▶ ***Association*** – amicale, association, cercle, club, fraternité, groupe, société, union. ▶ ***Association professionnelle*** – assemblée, association, collège, communauté, confrérie, congrégation, corporation, corps, guilde, hanse, métier, ordre, société, syndicat, trade-union. ▶ ***Entreprise*** – affaire, bureau, entreprise, établissement, exploitation, firme, institution, société. *FAM.* boîte, boutique. *FRANCE FAM.* burlingue. *RARE* industrie. *PÉJ. FAM.* baraque. △ **ANT.** ISOLEMENT, SOLITUDE; ABSENCE.

compagnon *n.* ▶ ***Ami*** – allié, alter ego, ami, (ami) intime, (ami) proche, bon ami, camarade, connaissance, familier, frère, relation. *SOUT.* féal. *FAM.* acolyte, aminche, complice, copain, frangin, pote. *FRANCE RÉGION.* collègue. ▶ ***Amoureux*** – adorateur, âme sœur, ami de cœur, amour, amoureux, beau, bien-aimé, chéri, être aimé, favori, petit ami, tourtereau, valentin. *PAR EUPHÉM.* ami. *PAR PLAIS.* soupirant. *FAM.* béguin, copain. ▶ ***Concubin*** (*SOUT.*) – concubin, conjoint (de fait). ▶ ***Époux*** (*SOUT.*) – conjoint, époux, mari. *SOUT.* compagnon (de vie), douce moitié, tendre moitié. *FAM.* homme, jules, mec, moitié. *PAR PLAIS.* seigneur et maître. △ **ANT.** ADVERSAIRE, COMPÉTITEUR, CONCURRENT, ENNEMI, RIVAL; ÉTRANGER, INCONNU.

comparable *adj.* analogue, apparenté, approchant, assimilable, conforme, contigu, correspondant, équivalent, homogène, homologue, indifférencié, pareil, parent, proche, ressemblant, semblable, similaire, voisin. *FAM.* kif-kif. *DIDACT.* commensurable. △ **ANT.** DIFFÉRENT, INCOMPARABLE, SANS COMMUNE MESURE.

comparaison *n.f.* ▶ ***Confrontation*** – analyse, balance, collation, collationnement, confrontation, jugement, mesure, mise en regard, parallèle, rapprochement, recension. ▶ ***Rapprochement*** – allégorie, analogie, apologue, assimilation, association (d'idées), catachrèse *(lexicalisée)*, équivalence, figure, image, lien, métaphore, parabole, parallèle, parenté, personnification, rapport, rapprochement, relation, ressemblance, similitude, symbole, symbolisme. △ **ANT.** ÉLOIGNEMENT, SÉPARATION.

comparaître *v.* déposer, témoigner.

comparer *v.* ▶ ***Confronter*** – confronter, mettre en balance, mettre en contraste, mettre en face. ▶ ***Faire un rapprochement*** – faire un parallèle entre, faire un rapprochement entre, faire une comparaison entre, mettre en parallèle, rapprocher. △ **ANT.** ÉCARTER, SÉPARER.

comparse *n.* ▶ ***Complice*** – acolyte, compère, complice, congénère, consorts. *SOUT.* affidé. *FAM.* baron. △ **ANT.** ADVERSAIRE, ENNEMI; CONCURRENT, OPPOSANT, RIVAL.

compartiment *n.m.* ▶ ***Division*** – case, casier, division. △ **ANT.** ENSEMBLE, TOTALITÉ, TOUT.

compas *n.m.* ▶ ***Instrument pour s'orienter*** – boussole.

compassion *n.f.* ▶ ***Pitié*** – apitoiement, attendrissement, bienveillance, clémence, commisération, indulgence, miséricorde, pitié. *SOUT.* mansuétude. ▶ ***Altruisme*** – aide, allocentrisme, altruisme, amour (d'autrui), assistance, bénévolat, bienveillance, bonté, charité, commisération, complaisance, convivialité, dévouement, don de soi, empathie, entraide, extraversion, fraternité, générosité, gentillesse, humanité, oblativité, oubli de soi, philanthropie, pitié, sensibilité, serviabilité, solidarité, sollicitude. SOUT. bienfaisance. ▶ ***Émotivité*** – affect, affectivité, âme, attendrissement, cœur, émotion, émotivité, empathie, fibre, humanité, impressionnabilité, pitié, romantisme, sensibilité, sentiment, sentimentalité, susceptibilité, sympathie, tendresse, vulnérabilité. SOUT. entrailles. FAM. tripes. △ **ANT.** CRUAUTÉ, DURETÉ, INDIFFÉRENCE, INSENSIBILITÉ, SÉCHERESSE DE CŒUR; ÉGOÏSME.

compatible *adj.* conciliable, concordant, convergent, correspondant. △ **ANT.** CONTRADICTOIRE, CONTRAIRE, DIVERGENT, ÉLOIGNÉ, INCOMPATIBLE, INCONCILIABLE, OPPOSÉ.

compatissant *adj.* ▶ ***Charitable*** – altruiste, bon, charitable, désintéressé, fraternel, généreux, humain, humanitaire, philanthrope, qui a bon cœur, secourable. SOUT. bienfaisant. ▶ ***Qui a pitié*** – empathique, sensible. △ **ANT.** DE PIERRE, DUR, ENDURCI, FROID, INDIFFÉRENT, INSENSIBLE, SANS-CŒUR, SEC.

compatriote *n.* concitoyen. △ **ANT.** ÉTRANGER.

compensation *n.f.* ▶ ***Dédommagement*** – consolation, contrepartie, correctif, dédommagement, dommages et intérêts, dommages-intérêts, échange, indemnisation, indemnité, raison, récompense, remboursement, réparation, retour, satisfaction, soulte. ▶ ***Équilibre*** – accord, balance, balancement, contrepoids, égalité, équilibre, harmonie, juste milieu, moyenne, pondération, proportion, suspension, symétrie. △ **ANT.** AGGRAVATION, DOMMAGE, TORT; AMENDE, PEINE, PUNITION; DÉSÉQUILIBRE, DIFFÉRENCE, INÉGALITÉ.

compenser *v.* ▶ ***Équilibrer*** – balancer, contrebalancer, équilibrer, faire contrepoids à, faire équilibre à, neutraliser, pondérer. ▶ ***Contrebalancer un effet négatif*** – faire oublier, pallier, parer à, racheter, remédier à, réparer, suppléer à. SOUT. obvier à. ♦ **se compenser** ▶ ***S'annuler*** – s'annuler, s'exclure, se neutraliser. △ **ANT.** DÉSÉQUILIBRER; ACCENTUER, AGGRAVER, S'AJOUTER.

compère *n.m.* ▶ ***Complice*** – acolyte, comparse, complice, congénère, consorts. SOUT. affidé. FAM. baron.

compétence *n.f.* ▶ ***Habileté*** – adresse, aisance, aptitude, art, brio, capacité, dextérité, disposition, doigté, don, expertise, facilité, faculté, force, fort, génie, habileté, main, maîtrise, métier, pouvoir, professionnalisme, savoir, savoir-faire, sens, talent, technique, virtuosité. FAM. bosse. DR. habilitation, habilité. ▶ ***Savoir*** – acquis, bagage, connaissances, culture (générale), éducation, encyclopédisme, épistémè, érudition, expérience, humanisme, instruction, lettres, lumières, notions, sagesse, savoir, science. SOUT. omniscience. ▶ ***Pouvoir*** – attributions, autorité, département, pouvoir, qualité, ressort. FAM. rayon. △ **ANT.** INAPTITUDE, INCAPACITÉ, INCOMPÉTENCE.

compétent *adj.* à la hauteur, adroit, bon, brillant, capable, chevronné, connaisseur, d'élite, de haut vol, de haute volée, de talent, doué, émérite, entraîné, exercé, expérimenté, expert, ferré, fin, fort, habile, passé maître, performant, qualifié, qui s'y connaît, talentueux, versé. RARE blanchi sous le harnais. SOUT. entendu à, industrieux, rompu à. FAM. calé, qui a la bosse de, qui sait y faire. FRANCE FAM. balèze, costaud, fortiche, incollable, trapu. △ **ANT.** IGNORANT, INCAPABLE, INCOMPÉTENT, MAUVAIS, MÉDIOCRE, NUL.

compétiteur *n.* ▶ ***Adversaire*** – adversaire, antagoniste, attaqueur, challenger, concurrent, contestataire, contraire, contre-manifestant, détracteur, dissident, ennemi, mécontent, opposant, opposé, pourfendeur, prétendant, protestataire, rival. SOUT. émule. △ **ANT.** COLLABORATEUR, COLLÈGUE, COMPLICE, PARTENAIRE.

compétition *n.f.* ▶ ***Concurrence*** – affrontement, antagonisme, combat, concurrence, conflit, contentieux, contestation, controverse, débat, désaccord, différend, discorde, discussion, dispute, dissension, dissentiment, divergence, émulation, friction, heurt, incompatibilité, incompréhension, lutte, mésentente, mésintelligence, opposition, polémique, querelle, rivalité. FAM. bagarre. ▶ ***Épreuve*** – affrontement, challenge, concours, duel, épreuve, face à face, match, tournoi. SOUT. joute. △ **ANT.** COLLABORATION, COMPLICITÉ, ENTENTE, ENTRAIDE.

compétitionner *v.* ▶ ***Faire concurrence à qqn*** – concurrencer, faire concurrence à, rivaliser avec.

complaire *v.* ▶ ***Plaire*** (SOUT.) – aller à, contenter, convenir à, faire l'affaire de, plaire à, satisfaire, sourire à. SOUT. agréer à. FAM. arranger, chanter à. ♦ **se complaire** ▶ ***Aimer*** – adorer, affectionner, aimer, apprécier, avoir un faible pour, avoir un penchant pour, être fou de, être friand de, être porté sur, faire ses délices de, prendre plaisir à, priser, raffoler de, s'intéresser à, se délecter, se passionner pour, se plaire. SOUT. chérir, goûter. ▶ ***Entretenir*** – caresser, entretenir, nourrir. △ **ANT.** BLESSER, DÉPLAIRE À, FÂCHER, FROISSER, HEURTER.

complaisamment *adv.* ▶ ***Favorablement*** – bienveillamment, favorablement, miséricordieusement, obligeamment, positivement. ▶ ***Gentiment*** – adorablement, affablement, agréablement, aimablement, amiablement, amicalement, bienveillamment, chaleureusement, civilement, cordialement, courtoisement, délicatement, délicieusement, diplomatiquement, galamment, gentiment, gracieusement, obligeamment, plaisamment, poliment, sagement, serviablement, sympathiquement. FAM. chiquement, chouettement. ▶ ***Débonnairement*** – bonassement, bravement, débonnairement, faiblement, mollement, paternellement. ▶ ***Servilement*** – à genoux, à plat ventre, bassement, honteusement, indignement, lâchement, obséquieusement, platement, servilement. △ **ANT.** CAVALIÈREMENT, CYNIQUEMENT, DÉPLAISAMMENT, DISCOURTOISEMENT, EFFRONTÉMENT, GROSSIÈREMENT, HARDIMENT, IMPERTINEMMENT, IMPOLIMENT, IMPUDEMMENT, INCIVILEMENT, INCONGRÛMENT, INDÉLICATEMENT, INSOLEMMENT, IRRESPECTUEUSEMENT, IRRÉVÉRENCIEUSEMENT; AUSTÈREMENT, DUREMENT, ÉTROITEMENT, PURITAINEMENT, RIGIDEMENT, RIGOUREUSEMENT, SÉVÈREMENT, STOÏQUEMENT, STRICTEMENT; AVEC HUMILITÉ, AVEC MODESTIE, HUMBLEMENT.

complaisance *n.f.* ▶ ***Bonté*** – aide, allocentrisme, altruisme, amour (d'autrui), assistance, bénévolat, bienveillance, bonté, charité, commisération, compassion, convivialité, dévouement, don de soi, empathie, entraide, extraversion, fraternité, générosité, gentillesse, humanité, oblativité, oubli de soi, philanthropie, pitié, sensibilité, serviabilité, solidarité, sollicitude. SOUT. bienfaisance. ▶ ***Laxisme*** – faiblesse, laisser-aller, laisser-faire, laxisme, mollesse, permissivité, relâchement. ▶ ***Servilité*** – adulation, approbativité, (basse) flatterie, bassesse, cajolerie, compromission, courbette, flagornerie, obséquiosité, platitude, servilité. SOUT. blandice. FAM. à-plat-ventrisme, léchage (de bottes), lèche, mamours. ▶ ***Abaissement*** – génuflexion, inclinaison, prosternation, prosternement. RELIG. prostration. ▶ ***Vanité*** – amour-propre, arrogance, autosatisfaction, bouffissure, contentement (de soi), crânerie, enflure, fatuité, gloriole, hauteur, immodestie, importance, jactance, mégalomanie, morgue, orgueil, ostentation, outrecuidance, parade, pose, présomption, prétention, suffisance, superbe, supériorité, vanité, vantardise. SOUT. fierté, infatuation. FAM. ego. △ **ANT.** DURETÉ, SÉVÉRITÉ; RIGUEUR; DIGNITÉ; MODESTIE.

complaisant *adj.* ▶ ***Attentionné*** – aimable, attentif, attentionné, aux petits soins, délicat, dévoué, diligent, empressé, gentil, obligeant, prévenant, secourable, serviable, zélé. FAM. chic, chou. QUÉB. FAM. fin. BELG. FAM. amitieux. ▶ ***Facile à vivre*** – accommodant, aisé à vivre, arrangeant, bon prince, conciliant, de bonne composition, du bois dont on fait les flûtes, facile (à vivre), flexible, souple, traitable. ▶ ***Qui flatte avec excès*** – adulateur, complimenteur, courtisan, flagorneur, flatteur, obséquieux. ▶ ***Qui s'admire*** – cabot, cabotin, conquérant, content de soi, fat, fier, fiérot, hâbleur, imbu de soi-même, infatué, m'as-tu-vu, orgueilleux, outrecuidant, pédant, pétri d'orgueil, plein de soi-même, présomptueux, prétentieux, qui fait l'important, qui se prend pour quelqu'un, qui se prend pour un autre, rempli de soi-même, suffisant, vain, vaniteux, vantard. FAM. chochotte. LOUISIANE AFR. faraud. △ **ANT.** DUR, SÉVÈRE; HUMBLE, MODESTE, SANS PRÉTENTION, SIMPLE; CALOMNIATEUR, DÉNIGRANT, DÉTRACTEUR, DIFFAMATEUR, INFAMANT, MÉDISANT.

complément *n.m.* ▶ ***Supplément*** – accessoire, à-côté, adjonction, ajout, annexe, appoint, extra, rajout, supplément. FAM. rab, rabiot, rallonge. BELG. ajoute. SUISSE ajouture, rajouture. ▶ ***Reste*** – différence, excédent, excès, reliquat, résidu, restant, reste, solde, soulte, surcroît, surplus. FAM. rab, rabiot. ▶ ***Ensemble de protéines*** – alexine. ▶ ***En grammaire*** – objet, régime. △ **ANT.** ESSENTIEL, PRINCIPAL, SUJET; AMORCE, COMMENCEMENT, DÉBUT.

complémentaire *adj.* accessoire, additif, additionnel, annexe, auxiliaire, en supplément, subsidiaire, supplémentaire. SOUT. adventice, supplétif, surérogatoire. △ **ANT.** CAPITAL, ESSENTIEL, FONDAMENTAL, IMPORTANT, NÉCESSAIRE, PRIMORDIAL, PRINCIPAL.

complet *adj.* ▶ ***Sans restriction*** – absolu, entier, exhaustif, global, inconditionnel, intégral, parfait, plein, rigoureux, sans réserve, total. PÉJ. aveugle. ▶ ***Inentamé*** – entier, inentamé, intact, intouché. ▶ ***Rempli*** – bondé, bourré, comble, plein, rempli. △ **ANT.** FRAGMENTAIRE, IMPARFAIT, INACHEVÉ, INCOMPLET, INSUFFISANT, LACUNAIRE, PARTIEL, RELATIF; INOCCUPÉ, LIBRE, VACANT, VIDE.

complet *n.m.* complet-veston, costume (de ville), (costume) trois-pièces, frac, habit, jaquette, rochet, smoking, tenue de soirée. FAM. costard, habit queue de morue, queue-de-pie.

complètement *adv.* ▶ ***Entièrement*** – à fond, à tous (les) égards, au (grand) complet, au long, au total, d'un bout à l'autre, de A (jusqu')à Z, du début à la fin, du tout au tout, en bloc, en entier, en totalité, en tous points, entièrement, exhaustivement, fin, in extenso, intégralement, pleinement, sous tous les rapports, sur toute la ligne, totalement, tout, tout à fait. ▶ ***Parfaitement*** – absolument, carrément, catégoriquement, parfaitement, purement, radicalement, tout à fait. FAM. royalement, souverainement. △ **ANT.** À DEMI, À MOITIÉ, EN PARTIE, IMPARFAITEMENT, INCOMPLÈTEMENT, INSUFFISAMMENT, PARTIELLEMENT; PAS MAL, PLUS OU MOINS, PLUTÔT, RELATIVEMENT.

compléter *v.* ▶ ***Rendre complet*** – achever, conclure, finir, mettre au point, mettre la dernière main à, parachever, régler les derniers détails de, terminer. △ **ANT.** ABRÉGER, ALLÉGER, AMPUTER, APPAUVRIR, DIMINUER, RÉDUIRE; ÉBAUCHER, ESQUISSER.

complétude *n.f.* ▶ ***Totalité*** – absoluité, ensemble, entier, entièreté, exhaustivité, généralité, globalité, intégralité, intégrité, masse, plénitude, réunion, somme, total, totalité, tout, universalité. ▶ ***Achèvement*** – aboutissement, accomplissement, achèvement, apothéose, but, chute, complémentation, complètement, conclusion, consécration, consommation, couronnement, dénouement, exécution, fin, finition, fruit, issue, produit, réalisation, règlement, résolution, résultat, sortie, terme, terminaison. SOUT. aboutissant. PHILOS. entéléchie. △ **ANT.** INCOMPLÉTUDE, PARTIE; INACHÈVEMENT.

complexe *adj.* ▶ ***Formé d'éléments divers*** – bigarré, composite, disparate, dissemblable, divers, diversifié, éclectique, hétéroclite, hétérogène, mélangé, mêlé, mixte, multiple, varié. SOUT. pluriel. RARE inhomogène. ▶ ***Compliqué*** – ardu, compliqué, corsé, délicat, difficile, épineux, laborieux, malaisé, problématique. SOUT. scabreux. ▶ ***Subtil*** – délicat, difficile, recherché, savant, subtil. △ **ANT.** SIMPLE; AISÉ, FACILE.

complexe *n.m.* ▶ ***Association d'entreprises*** – alliance, cartel, coentreprise, combinat, concentration, conglomérat, consortium, duopole, entente, groupe, industrie, monopole, oligopole, trust. PÉJ. féodalité. ▶ ***Lieu*** – centre, établissement, maison, station.

complexité *n.f.* ▶ ***Difficulté*** – aporie, complication, confusion, délicatesse, difficulté, imbroglio, insolubilité, intrication, obscurité, peine, subtilité. ▶ ***Profondeur*** – acuité, ardeur, difficulté, élévation, ésotérisme, extase, extrémité, force, immensité, impénétrabilité, intelligence, intensité, intériorité, intimité, mystère, pénétration, perspicacité, plénitude, profond, profondeur, puissance, science, secret. ▶ ***Pluralité*** – diversité, multiplicité, pluralité, variété. △ **ANT.** FACILITÉ, SIMPLICITÉ.

complication *n.f.* ▶ ***Complexité*** – aporie, complexité, confusion, délicatesse, difficulté, imbroglio, insolubilité, intrication, obscurité, peine, subtilité. ▶ ***Problème*** – accident, accroc, accrochage, affaire, anicroche, avatar, aventure, contingences, contrariété, contretemps, crise, désagrément, difficulté, dispute, embarras, empêchement, ennui, épine, épisode, événement, éventualité, imprévu, incident, mésaventure, obstacle, occasion, occurrence, péripétie, problème, rebondissement, tribulations. SOUT. adversité. FAM. cactus, embêtement, emmerde, emmerdement, enquiquinement, os, pépin, pétrin, tuile. FRANCE FAM. empoisonnement. ▶ ***Aggravation*** – accentuation, accroissement, aggravation, alourdissement, amplification, augmentation, complexification, croissance, détérioration, développement, escalade, exacerbation, intensification, progrès, progression, propagation, rechute, recrudescence, redoublement. ▶ ***Confusion*** – anarchie, bourbier, brouillement, cafouillage, cafouillis, chaos, confusion, désordre, désorganisation, embrouillement, emmêlage, emmêlement, enchevêtrement, imbroglio, mélange. SOUT. chienlit, pandémonium. FAM. bordel, embrouillage, embrouille, pagaille. FRANCE FAM. cirque, embrouillamini, foutoir, micmac, sac d'embrouilles, sac de nœuds, salade. FRANCE RÉGION. pastis. ▶ ***Tatillonnage*** – difficulté, tatillonnage, tracasserie. FAM. chinoiserie, coupage de cheveux en quatre. △ **ANT.** CLARTÉ, FACILITÉ, NATUREL, SIMPLICITÉ, SOBRIÉTÉ; CLARIFICATION, SIMPLIFICATION.

complice *adj.* de connivence. SOUT. d'intelligence. FAM. de mèche. PÉJ. affidé. △ **ANT.** DÉLATEUR.

complice *n.* ▶ ***Comparse*** (PÉJ.) – acolyte, comparse, compère, congénère, consorts. SOUT. affidé. FAM. baron. ▶ ***Assistant*** – adjoint, aidant, aide, alter ego, assesseur, assistant, auxiliaire, bras droit, collaborateur, exécutant, homme de confiance, lieutenant, préparateur, second, sous-chef, subalterne, subordonné. SOUT. suivant. RELIG. coadjuteur, définiteur. ▶ *Non favorable* – acolyte, lampiste, second couteau, second rôle, second violon, sous-fifre, sous-ordre. ▶ ***Compagnon*** (FAM.) – allié, alter ego, ami, (ami) intime, (ami) proche, bon ami, camarade, compagnon, connaissance, familier, frère, relation. SOUT. féal. FAM. acolyte, aminche, copain, frangin, pote. FRANCE RÉGION. collègue. △ **ANT.** ADVERSAIRE, ENNEMI; CONCURRENT, OPPOSANT, RIVAL.

complicité *n.f.* ▶ ***Implication*** – compromission, implication, responsabilité. ▶ ***Connivence*** – accord (tacite), acoquinement, collusion, connivence, entente (secrète), intelligence. SOUT. compérage. ▶ ***Bonne entente*** – accord, affinité, amitié, atomes crochus, (bonne) intelligence, communauté de goûts, communauté de sentiments, communauté de vues, communion, compatibilité, compréhension, concorde, connivence, convergence d'idées, fraternité, harmonie, point commun, sympathie, union, unisson. ▶ ***Coopération*** – aide, appoint, apport, appui, assistance, association, bienfaisance, bons offices, collaboration, concours, conseil, contribution, coopération, coup d'épaule, coup de main, coup de pouce, dépannage, entraide, grâce, main-forte, participation, planche de salut, renfort, secours, service, soutien, synergie. SOUT. viatique. FAM. (coup de) fion. △ **ANT.** CONFLIT, DÉSACCORD, HOSTILITÉ, MÉSENTENTE; COMPÉTITION, CONCURRENCE.

compliment *n.m.* ♦ **compliment,** *sing.* ▶ ***Louange*** – acclamation, apologie, apothéose, applaudissement, bravo, célébration, éloge, encensement, félicitations, fleur, glorification, louange, panégyrique, solennisation. SOUT. baisemain, congratulation, dithyrambe, exaltation. ▶ ***Encouragement*** – aide, aiguillon, applaudissement, approbation, appui, éloge, exhortation, incitation, prime, prix, protection, récompense, soutien, stimulant, subvention. SOUT. satisfecit. ♦ **compliments,** ***plur.*** ▶ ***Hommage*** – baisemain, civilités, coup de chapeau, courbette, génuflexion, hommage, inclination, poignée de main, prosternation, révérence, salut, salutation. FAM. salamalecs. △ **ANT.** BLÂME, CRITIQUE, INJURE, RÉPRIMANDE, REPROCHE, SARCASME.

compliqué *adj.* ▶ ***Difficile*** – ardu, complexe, corsé, délicat, difficile, épineux, laborieux, malaisé, problématique. SOUT. scabreux. ▶ ***Qui manque de clarté*** – brouillé, brumeux, confus, contourné, embarrassé, embrouillé, embroussaillé, enchevêtré, entortillé, flou, fumeux, incompréhensible, indéchiffrable, inintelligible, nébuleux, obscur, tarabiscoté, vague, vaseux. SOUT. abscons, abstrus, amphigourique, fuligineux. FAM. chinois, emberlificoté, filandreux, vasouillard. ▶ ***Qui use de détours*** – contourné, détourné, dévié, tordu. △ **ANT.** SIMPLE; AISÉ, COMMODE, ÉLÉMENTAIRE, ENFANTIN, FACILE; ACCESSIBLE, CLAIR, COMPRÉHENSIBLE, ÉVIDENT, INTELLIGIBLE, LIMPIDE, TRANSPARENT; DIRECT, QUI NE VA PAS PAR QUATRE CHEMINS, QUI VA DROIT AU BUT.

compliquer *v.* ▶ ***Rendre complexe*** – complexifier. ▶ ***Rendre confus*** – brouiller, embrouiller, embroussailler, emmêler, enchevêtrer, entortiller, entremêler, mélanger, mêler, obscurcir. FAM. emberlificoter. DIDACT. intriquer. △ **ANT.** APLANIR, DÉBROUILLER, DÉBROUSSAILLER, DÉMÊLER, ÉCLAIRCIR, SIMPLIFIER.

complot *n.m.* agissements, cabale, calcul, combinaison, conjuration, conspiration, intrigue, machination, manigance, manipulation, manœuvre, maquignonnage, menées, plan, tractation. SOUT. brigue, fomentation. FAM. combine, fricotage, grenouillage, magouillage, magouille, micmac, mijotage. △ **ANT.** DÉLATION, DÉNONCIATION.

comportement *n.m.* ▶ ***Acte*** – acte, action, choix, conduite, décision, démarche, entreprise, faire, fait, geste, intervention, manifestation, réalisation. ▶ ***Conduite*** – attitude, conduite, habitude, habitus, mœurs, réaction, vie. ▶ ***Agissements*** – agissements, allées et venues, conduite, démarche, façons, faits et gestes, manières, pratiques, procédés. ▶ ***Tempérament*** – abord, caractère, constitution, esprit, état d'âme, état d'esprit, humeur, idiosyncrasie, individualité, mentalité, nature, naturel, personnalité, sensibilité, tempérament, trempe. FAM. psychologie. ACADIE FAM. alément. PSYCHOL. thymie.

comporter *v.* ▶ ***Présenter*** – avoir, consister en, présenter, se composer de. ▶ ***Comprendre*** – comprendre, compter, contenir, englober, inclure, receler, renfermer. ♦ **se comporter** ▶ ***Se conduire*** – agir, faire, procéder, se conduire. △ **ANT.** ÉLIMINER, EXCLURE.

composé *n.m.* ▶ ***Corps composé*** – combinaison, corps composé, molécule. ▶ ***Mélange*** – admixtion, alliage, amalgamation, amalgame, cocktail, combinaison, mélange, mixtion, mixture. △ **ANT.** COMPOSANT, ÉLÉMENT.

composer *v.* ▶ ***Confectionner*** – confectionner, créer, élaborer, fabriquer, façonner, faire, mettre au point, préparer, produire, travailler à. SOUT. enfanter. PÉJ. accoucher de. ▶ ***Rédiger*** – écrire, rédiger. FAM. PÉJ. pondre, scribouiller. ▶ ***Constituer*** – constituer, former. ▶ ***Transiger*** – faire des concessions, pactiser, transiger. ♦ **se composer** ▶ ***Comporter*** – avoir, comporter, consister en, présenter. ♦ **composé** ▶ ***Qui manque de naturel*** – affecté, apprêté, artificiel, compassé, empesé, emprunté, étudié, forcé, frelaté. △ ANT. ANALYSER, DÉCOMPOSER, DÉCONSTRUIRE, DÉFAIRE, DÉMONTER, DISSOCIER, ISOLER.

composite *adj.* bigarré, complexe, disparate, dissemblable, divers, diversifié, éclectique, hétéroclite, hétérogène, mélangé, mêlé, mixte, multiple, varié. SOUT. pluriel. RARE inhomogène. △ ANT. HOMOGÈNE, PUR, SIMPLE.

compositeur *n.* ▶ ***En musique*** – maestro *(célèbre)*, mélodiste. ▶ ***En imprimerie*** – composeur.

composition *n.f.* ▶ ***Création*** – conception, confection, constitution, construction, création, développement, édification, élaboration, exécution, fabrication, façon, façonnage, façonnement, formation, génération, genèse, gestation, invention, œuvre, organisation, paternité, production, réalisation, structuration, synthèse. SOUT. accouchement, enfantement. DIDACT. engendrement. ▶ ***Agencement*** – accommodation, accommodement, agencement, ajustement, aménagement, architecture, arrangement, articulation, assemblage, combinaison, combinatoire, concaténation, configuration, construction, contexture, coordination, disposition, distribution, élaboration, enchaînement, harmonie, liaison, mise en ordre, mise en place, ordonnance, ordonnancement, ordre, organisation, orientation, plan, profil, programmation, rangement, structuration, structure, système, texture. ▶ ***Exercice d'écriture*** – dissertation, rédaction. ▶ ***Affectation*** – affectation, air, apparence, apprêt, bluff, cabotinage, comédie, contenance, convenu, dandysme, genre, imposture, jeu, maniérisme, manque de naturel, mascarade, mièvrerie, pose, raideur, recherche, représentation, snobisme. SOUT. cambrure. FAM. chiqué, cinéma. △ ANT. ANALYSE, DÉCOMPOSITION, DISSOCIATION, DISSOLUTION; DÉCONSTRUCTION, DÉMONTAGE; AUTHENTICITÉ, NATUREL.

compréhensible *adj.* ▶ ***Facile à comprendre*** – à la portée de tous, accessible, clair, cohérent, concevable, déchiffrable, évident, facile, intelligible, interprétable, limpide, lumineux, pénétrable, saisissable, simple, transparent. ▶ ***Qu'on peut excuser*** – défendable, excusable, humain, justifiable, légitime, naturel, normal. △ ANT. CABALISTIQUE, CRYPTIQUE, ÉNIGMATIQUE, ÉSOTÉRIQUE, HERMÉTIQUE, IMPÉNÉTRABLE, INCOMPRÉHENSIBLE, MYSTÉRIEUX, OBSCUR, OPAQUE, TÉNÉBREUX; IMPARDONNABLE, INACCEPTABLE, INADMISSIBLE, INEXCUSABLE, INJUSTIFIABLE.

compréhensif *adj.* bien disposé, bien intentionné, bienveillant, clément, dans de bonnes dispositions, favorable, indulgent, ouvert, tolérant. △ ANT. INCOMPRÉHENSIF, INTOLÉRANT, INTRANSIGEANT.

compréhension *n.f.* ▶ ***Faculté de comprendre*** – cognition, entendement, intellect, intellection, intellectualisation, intelligence. FAM. comprenette. ▶ ***Jugement*** – bon sens, cerveau, cervelle, clairvoyance, conception, discernement, entendement, esprit, faculté, imagination, intellect, intelligence, jugement, lucidité, pénétration, raison, tête. FAM. matière grise, méninges. PHILOS. logos. ▶ ***Intelligibilité*** – accessibilité, clarté, compréhensibilité, évidence, facilité, intelligibilité, intercompréhension, limpidité, lisibilité, luminosité, netteté, transparence. ▶ ***Indulgence*** – bienveillance, bonté, douceur, humanisme, indulgence, irénisme, largeur d'esprit, libéralisme, non-discrimination, non-violence, ouverture (d'esprit), patience, philosophie, réceptivité, respect, tolérance, tolérantisme. SOUT. bénignité, longanimité. ▶ ***Bonne entente*** – accord, affinité, amitié, atomes crochus, (bonne) intelligence, communauté de goûts, communauté de sentiments, communauté de vues, communion, compatibilité, complicité, concorde, connivence, convergence d'idées, fraternité, harmonie, point commun, sympathie, union, unisson. ▶ ***Caractères d'un concept*** – intension. △ ANT. INCOMPRÉHENSION, OBSCURITÉ; INTOLÉRANCE, SÉVÉRITÉ; MÉSENTENTE, MÉSINTELLIGENCE; EXTENSION.

comprendre *v.* ▶ ***Saisir le sens*** – s'expliquer, saisir, toucher du doigt, voir. SOUT. appréhender, embrasser, entendre. FAM. entraver, piger. FRANCE FAM. percuter. ▶ ***Déchiffrer un texte*** – déchiffrer, lire. ▶ ***Inclure*** – comporter, compter, contenir, englober, inclure, receler, renfermer. △ ANT. IGNORER, MÉCONNAÎTRE; ÉLIMINER, EXCEPTER, EXCLURE, OMETTRE.

compresser *v.* compacter, comprimer, presser, serrer. △ ANT. DÉCOMPRESSER.

comprimé *n.m.* cachet, capsule, dragée *(enrobé)*, gélule, linguette, pilule. PHARM. globule, grain, granule, granulé; ANC. bol.

comprimer *v.* ▶ ***Presser*** – écraser, fouler *(le raisin)*, presser, pressurer *(au pressoir)*, pulper. ▶ ***Serrer la taille*** – étrangler, resserrer, sangler, serrer. ▶ ***Essorer*** – essorer, tordre. ▶ ***Réduire*** – borner, diminuer, limiter, réduire, resserrer, restreindre. △ ANT. DÉCOMPRIMER, DESSERRER; DILATER, ÉTALER, ÉTENDRE; EXPRIMER, EXTÉRIORISER.

compromettre *v.* ▶ ***Porter préjudice*** – causer un préjudice à, défavoriser, désavantager, desservir, faire du tort à, handicaper, léser, nuire à, pénaliser, porter atteinte à, porter préjudice à. RARE infërioriser. ▶ ***Ébranler*** – ébranler, faire craquer, miner, porter un (dur) coup à, saper. ▶ ***Risquer*** – aventurer, exposer, hasarder, jouer, mettre en jeu, mettre en péril, risquer. ▶ ***Impliquer*** – impliquer, mêler, mettre en cause. FAM. mouiller. △ ANT. AFFERMIR, ASSURER, GARANTIR, JUSTIFIER, RENFORCER; AIDER, BÉNÉFICIER À.

compromis *n.m.* ▶ ***Accord*** – accommodement, accord, arbitrage, arrangement, composition, conciliation, entente à l'amiable, entente amiable, expédient, moyen terme, règlement à l'amiable, règlement amiable. DR. amiable composition. PÉJ. cote mal taillée. △ ANT. MÉSENTENTE, MÉSINTELLIGENCE; ENTÊTEMENT, INTRANSIGEANCE, OBSTINATION, OPPOSITION.

comptant *adv.* (au) comptant, en espèces. FAM. en liquide. △ ANT. PAR CHÈQUE; À CRÉDIT, PAR CARTE DE CRÉDIT; À TEMPÉRAMENT; PAR PRÉLÈVEMENTS BANCAIRES.

comptant *n.m.* argent, argent comptant, argent liquide, billet (de banque), coupure, liquide, papier-monnaie. FAM. biffeton. △ ANT. CRÉDIT.

compte *n.m.* ▶ ***Dénombrement*** – catalogue, cens, chiffrage, comptage, décompte, dénombrement, détail, énumération, état, évaluation, inventaire, inventoriage, inventorisation, liste, litanie, numération, recensement, recension, revue, rôle, statistique. ▶ ***Calcul*** – algèbre, algorithme, arithmétique, calcul, chiffrage, opération, supputation. ▶ ***Résultat*** – balance, bilan, compte rendu, conclusion, constat, état, note, résultat, résumé, situation, tableau. ▶ ***Argent dû*** – arriéré, charge, créance, crédit à découvert, débet, débit, découvert, déficit, dette, devoir, doit, dû, emprunt, engagement, impayé, moins-perçu, non-paiement, obligation, passif, solde débiteur. BELG. mali, pouf. ▶ ***Facture*** – addition, dû, état de compte, état de frais, facture, frais, note, relevé. FAM. coup de fusil, douloureuse, quart d'heure de Rabelais.

compter *v.* ▶ ***Calculer*** – calculer, chiffrer, dénombrer, évaluer, faire le compte de, quantifier. ▶ ***Dénombrer un à un*** – dénombrer, détailler, dresser la liste de, énumérer, faire l'inventaire de, faire le décompte de, inventorier, lister, recenser. ▶ ***Atteindre un total*** – monter à, s'élever à, se chiffrer à, totaliser. ▶ ***Distribuer avec mesure*** – limiter, mesurer, rationner. ▶ ***Comporter*** – comporter, comprendre, contenir, englober, inclure, receler, renfermer. ▶ ***Vouloir*** – avoir l'intention de, entendre, se proposer de, vouloir. ▶ ***Prévoir*** – anticiper, escompter, espérer, prévoir, s'attendre à. ▶ ***Considérer*** (SOUT.) – considérer, croire, estimer, être d'avis que, juger, penser, regarder, tenir, trouver. SOUT. réputer. ▶ ***Prendre en considération*** – prendre en considération, tenir compte de. ▶ ***Entrer en ligne de compte*** – agir sur, entrer en ligne de compte, importer, influencer, influer sur, jouer, peser dans la balance, peser sur. ▶ ***Se fier*** – faire fond sur, s'appuyer sur, se fier à, spéculer sur, tabler sur. FAM. miser sur. ♦ **se compter** ▶ ***Se considérer*** – s'estimer, se considérer, se croire, se penser, se trouver. △ ANT. EXCLURE, NÉGLIGER, OMETTRE.

compulsif *adj.* compulsionnel, impulsionnel. △ ANT. MODÉRÉ, PONDÉRÉ, POSÉ, RAISONNABLE, RATIONNEL, RÉFLÉCHI, RESPONSABLE, SAGE, SENSÉ, SÉRIEUX.

comté *n.m.* ▶ ***Domaine*** – baronnie, châtellenie, duché, duché-pairie, marquisat, seigneurie, starostie *(Pologne)*, vice-royauté, vicomté. FÉOD. fief, tènement, tenure. ▶ ***Division territoriale*** – comtat. QUÉB. municipalité régionale de comté/M.R.C.

concéder *v.* ▶ ***Allouer*** – accorder, allouer, attribuer, consentir, donner, impartir, octroyer. SOUT. départir. ▶ ***Reconnaître*** – accorder, admettre, convenir, reconnaître. SOUT. recevoir. △ ANT. CONTESTER, RÉCUSER, REFUSER, REJETER.

concentration *n.f.* ▶ ***Action de réunir*** – focalisation. ▶ ***Attention*** – application, attention, contention, intérêt, recueillement, réflexion, tension. ▶ ***Densité*** – compacité, consistance, densité, épaisseur, masse volumique, massiveté. ▶ ***Concrétion*** – accrétion, accumulation, agglomérat, agglomération, aggloméré, agglutinat, agglutination, agglutinement, agrégat, agrégation, amas, bloc, concrétion, conglomérat, conglomération, conglutination, entassement, masse, nodule, paquet, réunion, sédiment, sédimentation, tas. ▶ ***Combinaison*** – alliance, assemblage, association, collage, combinaison, communion, composition, conjonction, constitution, fusion, fusionnement, groupement, incorporation, intégration, ralliement, rassemblement, regroupement, réunion, symbiose, synthèse, unification, union. ▶ ***Grande quantité de choses*** – abondance, afflux, amas, ampleur, débauche, débordement, exubérance, filon, fleuraison, floraison, foisonnement, forêt, foule, fourmillement, gisement, infinité, inondation, luxe, luxuriance, masse, mine, multiplicité, myriade, nuée, paquet, pléthore, poussière, profusion, quantité, richesse, surabondance, tas, trésor. FIG. carnaval. FAM. festival, flopée, kyrielle, tapée, tonne, tripotée, wagon. SUISSE FAM. craquée. ▶ ***Grande quantité de personnes*** – abondance, affluence, armada, armée, attroupement, bande, cohue, concours, encombrement, essaim, flot, forêt, foule, fourmilière, fourmillement, grouillement, légion, marée, masse, meute, monde, multitude, peuple, pléiade *(célébrités)*, pullulement, rassemblement, régiment, réunion, ribambelle, ruche, tas, troupeau. FAM. flopée, marmaille *(enfants)*, tapée, tripotée. QUÉB. FAM. achalandage, gang. PÉJ. ramassis. ▶ ***Association d'entreprises*** – alliance, cartel, coentreprise, combinat, complexe, conglomérat, consortium, duopole, entente, groupe, industrie, monopole, oligopole, trust. PÉJ. féodalité. ▶ ***Monopolisation*** – accaparement, cartellisation, centralisation, centralisme, intégration, monopolisation, monopolisme. △ ANT. DIFFUSION, DISPERSION, DISSÉMINATION, ÉPARPILLEMENT; DÉTENTE, DISSIPATION, DISTRACTION; DILUTION, DISSOLUTION.

concentrer *v.* ▶ ***Regrouper*** – bloquer, grouper, rassembler, regrouper, réunir. ▶ ***Canaliser*** – axer, canaliser, centraliser, centrer, focaliser, polariser. ♦ **se concentrer** ▶ ***Réfléchir*** – méditer, penser, raisonner, réfléchir, songer, spéculer. SOUT. délibérer. FAM. cogiter, faire travailler sa matière grise, gamberger, phosphorer, ruminer, se casser la tête, se creuser la tête, se creuser les méninges, se presser le citron, se pressurer le cerveau, se servir de sa tête. ♦ **concentré** ▶ ***Vigilant*** – à l'écoute, absorbé, attentif, diligent, tout ouïe, tout yeux tout oreilles, vigilant. △ ANT. DÉCONCENTRER, DILUER, DISPERSER, DISSÉMINER, ÉPARPILLER, ÉTENDRE. ♦ **se concentrer** SE DÉCONCENTRER, SE DISTRAIRE.

concept *n.m.* ▶ ***Notion*** – abstraction, archétype, conception, conceptualisation, connaissance, conscience, entité, fiction, généralisation, idée, imagination, notion, noumène, pensée, représentation (mentale), schème, théorie.

concepteur *n.* ▶ ***Créateur*** – aménageur, architecte, bâtisseur, concepteur-projeteur, créateur, créatif, édificateur, fondateur, ingénieur, inventeur, maître d'œuvre, ordonnateur, projeteur, urbaniste. SOUT. démiurge.

conception *n. f.* ▶ ***Reproduction*** – fécondation, génération, gestation, reproduction (sexuée). SOUT. procréation. DIDACT. engendrement. ▶ ***Formation*** – composition, confection, constitution, construction, création, développement, édification, élaboration, exécution, fabrication, façon, façonnage, façonnement, formation, génération, genèse, gestation, invention, œuvre, organisation, paternité, production, réalisation, structuration, synthèse. SOUT. accouchement, enfantement. DIDACT. engendrement. ▶ ***Concept*** – abstraction, archétype, concept, conceptualisation, connaissance, conscience, entité, fiction, généralisation, idée, imagination, notion, noumène, pensée, représentation (mentale), schème, théorie. ▶ ***Imagination*** – création, créativité, évasion, extrapolation, fantaisie, fantasme, fictif, fiction, idéal, idéation, idée, illumination *(soudain)*, imaginaire, imagination, inspiration, invention, inventivité, irréel, souffle (créateur), supposition, surréalité, surréel, veine, virtuel. SOUT. folle du logis, muse. FRANCE FAM. gamberge. ▶ ***Opinion*** – appréciation, avis, conviction, critique, croyance, dogme, estime, idée, impression, jugement, optique, pensée, perception, point de vue, position, principe, prise de position, sentiment, théorie, thèse, vote, vue. SOUT. oracle. ▶ ***Doctrine*** – doctrine, dogme, école (de pensée), idée, idéologie, mouvement, opinion, pensée, philosophie, principe, système, théorie, thèse. ▶ ***Architecture*** – aménagement, architectonie, architectonique, architecture, domisme, travaux publics, urbanisme.

conceptuel *adj.* ▶ ***Abstrait*** – abstractif, abstrait, cérébral, idéal, intellectuel, mental, spéculatif, théorique. PHILOS. idéationnel, idéel, théorétique. △ **ANT.** PRATIQUE *(INTELLIGENCE)*.

concerner *v.* ▶ ***Toucher qqn*** – être d'intérêt pour, intéresser, regarder, s'appliquer à, toucher, valoir pour, viser. ▶ ***Toucher qqch.*** – avoir pour objet, avoir rapport à, avoir trait à, intéresser, porter sur, relever de, s'appliquer à, se rapporter à, toucher, viser. △ **ANT.** ÊTRE ÉTRANGER À, NE PAS REGARDER.

concert *n. m.* ▶ ***Récital*** – aubade, audition, divertissement, exécution, récital, séance, sérénade, soirée. △ **ANT.** DÉSACCORD, DISCORDE, OPPOSITION.

concerter *v.* combiner, fomenter, machiner, manigancer, monter, ourdir, tramer. FAM. fricoter, goupiller, magouiller, mijoter, traficoter, trafiquer. ▶ ***À plusieurs*** – comploter, conspirer. ♦ **se concerter** convenir de, s'accorder, s'arranger, s'entendre, se mettre d'accord, tomber d'accord, trouver un terrain d'entente. △ **ANT.** DÉSORGANISER, DISPERSER. ♦ **se concerter** ROMPRE, SE BROUILLER; AGIR SEUL.

concession *n. f.* ▶ ***Action de concéder*** – cession, don, octroi. ▶ ***Avantage*** – acquis, apanage, attribution, avantage, bénéfice, chasse gardée, droit, exclusivisme, exclusivité, exemption, faveur, honneur, immunité, inviolabilité, monopole, passe-droit, pouvoir, préférence, prérogative, privilège. ANC. franchise. RELIG. indult. △ **ANT.** REFUS, REJET; CONTESTATION, DISPUTE, INTRANSIGEANCE.

concevable *adj.* ▶ ***Pensable*** – envisageable, imaginable, pensable, possible, réaliste. ▶ ***Compréhensible*** – à la portée de tous, accessible, clair, cohérent, compréhensible, déchiffrable, évident, facile, intelligible, interprétable, limpide, lumineux, pénétrable, saisissable, simple, transparent. △ **ANT.** ABASOURDISSANT, AHURISSANT, DÉCONCERTANT, ÉBAHISSANT, EFFARANT, ÉPOUSTOUFLANT, IMPENSABLE, INCONCEVABLE, INCROYABLE, INIMAGINABLE, INOUÏ, INVRAISEMBLABLE, STUPÉFIANT.

concevoir *v.* ▶ ***S'imaginer*** – (s') imaginer, se faire une idée de, se figurer, se représenter, visualiser, voir. PSYCHOL. mentaliser. ▶ ***Créer*** – créer, imaginer, improviser, innover, inventer, mettre au point, trouver. ▶ ***Éprouver un sentiment*** – avoir, éprouver, ressentir. ▶ ***Faire un enfant*** – faire. △ **ANT.** AVORTER, ÊTRE STÉRILE.

concierge *n.* ▶ ***Gardien*** – gardien, portier. SOUT. cerbère *(sévère)*. FAM. bignole. ♦ **concierge, *fém.*** ▶ ***Indiscret*** (FAM.) – badaud, curieux, fouilleur, furet, fureteur, indiscret. SOUT. fâcheux. FAM. farfouilleur, fouine, fouineur. BELG. mêle-tout. FRANCE FAM. fouinard. RARE écouteur. ▶ ***Bavard*** (FAM.) – bavard, (beau) parleur, bonimenteur, causeur, commère, crécelle, discoureur, enjôleur, péroreur, phraseur. FAM. baratineur, fort en gueule, gazette, jacasseur, jacteur, laïusseur, moulin à paroles, perruche *(femme)*, pie, pipelet, robinet (d'eau tiède). QUÉB. FAM. bavasseux, jasant, mémère, placoteux.

conciliabule *n. m.* (PÉJ.) ▶ ***Réunion*** – abouchement, audience, conférence, confrontation, entretien, entrevue, face à face, huis clos, interview, micro-trottoir, rencontre, rendez-vous, retrouvailles, réunion, tête-à-tête, vis-à-vis, visite. SOUT. abouchement, rancard. FRANCE FAM. rambot, rambour. ▶ ***Discussion*** – causerie, colloque, concertation, conversation, dialogue, discussion, échange (de vues), entretien, interview, pourparlers, tête-à-tête. SOUT. entretènement. FAM. causette, chuchoterie. QUÉB. jasette. PÉJ. palabres; FAM. parlote.

conciliant *adj.* accommodant, aisé à vivre, arrangeant, bon prince, complaisant, de bonne composition, du bois dont on fait les flûtes, facile (à vivre), flexible, souple, traitable. △ **ANT.** IMPITOYABLE, IMPLACABLE, INFLEXIBLE, INTRAITABLE, INTRANSIGEANT, RÉBARBATIF, SÉVÈRE.

conciliation *n. f.* ▶ ***Réconciliation*** – accommodement, accord, fraternisation, rapprochement, réconciliation, renouement, replâtrage, retrouvailles. FAM. rabibochage, raccommodement. ▶ ***Compromis*** – accommodement, accord, arbitrage, arrangement, composition, compromis, entente à l'amiable, entente amiable, expédient, moyen terme, règlement à l'amiable, règlement amiable. DR. amiable composition. PÉJ. cote mal taillée. ▶ ***Paix*** – accord, armistice, cessation des hostilités, cessez-le-feu, compromis, détente, entente, issue, modus vivendi, négociation, neutralité, non-belligérance, normalisation, pacification, pacte, paix, réconciliation, traité, trêve. △ **ANT.** DÉSACCORD, OPPOSITION; RUPTURE, SÉPARATION.

concitoyen *n.* compatriote. △ **ANT.** ÉTRANGER.

conclure *v.* ▶ ***Mener à sa fin*** – accomplir, achever, clore, finir, mener à bien, mener à (bon) terme, mener à bonne fin, réussir, terminer. SOUT. consommer. FAM. boucler. ▶ ***Constituer le dernier***

élément – clore, clôturer, fermer, finir, terminer. ▶ ***Tirer une conclusion*** – déduire, inférer. *SOUT.* arguer. ▶ ***Décider*** – décider, juger, prendre une décision, se prononcer, statuer, trancher. △ **ANT.** AMORCER, COMMENCER, ENTREPRENDRE; EXPOSER, PRÉFACER, PRÉSENTER.

conclusion *n. f.* ▶ ***Aboutissement*** – aboutissement, accomplissement, achèvement, apothéose, but, chute, complémentation, complètement, complétude, consécration, consommation, couronnement, dénouement, exécution, fin, finition, fruit, issue, produit, réalisation, règlement, résolution, résultat, sortie, terme, terminaison. *SOUT.* aboutissant. *PHILOS.* entéléchie. ▶ ***Conséquence*** – action, conséquence, contrecoup, corollaire, développement, effet, efficacité, fonction, fruit, impact, implication, incidence, jeu, juste retour des choses, œuvre, portée, prolongement, réaction, rejaillissement, répercussion, résultante, résultat, retentissement, retombées, ricochet, séquelle, suite (logique). *SOUT.* aboutissant, efficace, fille. ▶ ***Bilan*** – balance, bilan, compte, compte rendu, constat, état, note, résultat, résumé, situation, tableau. △ **ANT.** AMORCE, COMMENCEMENT, DÉBUT, NAISSANCE; ORIGINE; AVANT-PROPOS, INTRODUCTION, PRÉAMBULE, PRÉLIMINAIRES, PRÉLUDE, PROLOGUE.

concordance *n. f.* ▶ ***Conformité*** – cohérence, conformité, correspondance. *SOUT.* accord, convenance. ▶ ***Simultanéité*** – accompagnement, coexistence, coïncidence, concomitance, concours de circonstances, contemporanéité, coordination, correspondance, isochronie, isochronisme, rencontre, synchronicité, synchronie, synchronisation, synchronisme. ▶ ***Environnement d'un mot*** – contexte. △ **ANT.** CONTRADICTION, DÉSACCORD, DISCORDANCE, DIVERGENCE, NON-CONFORMITÉ.

concorder *v.* ▶ ***Être en harmonie*** – aller bien, aller ensemble, cadrer, faire bien, s'accorder, s'associer, s'assortir, s'harmoniser, (se) correspondre, se marier. ▶ ***Coïncider*** – coïncider, correspondre, se recouper, se rejoindre. △ **ANT.** CONTRASTER, JURER; DIFFÉRER, DIVERGER, S'EXCLURE, S'OPPOSER, SE CONTREDIRE.

concourir *v.* ▶ ***En parlant de qqch.*** – aider à, conspirer à, contribuer à, tendre à. ▶ ***En parlant de qqn*** – avoir part, collaborer, contribuer, coopérer, partager, participer, prendre part, s'associer, s'engager, s'impliquer, s'investir, se joindre. △ **ANT.** CONTRECARRER, DIVERGER, S'OPPOSER À; ABANDONNER, DÉCLARER FORFAIT, LÂCHER, S'ABSTENIR.

concours *n. m.* ▶ ***Coopération*** – aide, appoint, apport, appui, assistance, association, bienfaisance, bons offices, collaboration, complicité, conseil, contribution, coopération, coup d'épaule, coup de main, coup de pouce, dépannage, entraide, grâce, main-forte, participation, planche de salut, renfort, secours, service, soutien, synergie. *SOUT.* viatique. *FAM.* (coup de) fion. ▶ ***Intervention*** – aide, appui, entremise, immixtion, incursion, ingérence, interposition, interventionnisme, intrusion, médiation, ministère, office. *SOUT.* intercession. ▶ ***Compétition*** – affrontement, challenge, compétition, duel, épreuve, face à face, match, tournoi. *SOUT.* joute. ▶ ***Exposition*** – démonstration, étalage, exhibition, exposition, foire, foire-exposition, galerie, manifestation, montre, présentation, rétrospective, salon, vernissage. *FAM.* démo, expo. *SUISSE* comptoir. △ **ANT.** ENTRAVE, OPPOSITION; ABSTENTION, NEUTRALITÉ.

concret *adj.* ▶ ***Réel*** – effectif, existant, matériel, palpable, physique, réel, sensible, tangible, visible, vrai. *DIDACT.* positif. *RELIG.* de ce monde, temporel, terrestre. ▶ ***Pragmatique*** – positif, pragmatique, pratique, réaliste. *QUÉB. FAM.* pratico-pratique. ▶ ***En parlant du sens*** – littéral, propre, strict. △ **ANT.** ABSTRAIT, CONCEPTUEL, INTELLECTUEL, MENTAL, THÉORIQUE.

concret *n. m.* actualité, corporéité, matérialité, palpabilité, phénoménalité, positif, rationalité, rationnel, réalité, réel, tangibilité, tangible, visible.

concrètement *adv.* dans la pratique, dans les faits, effectivement, empiriquement, en fait, en pratique, en réalité, expérimentalement, matériellement, objectivement, par l'expérience, physiquement, positivement, pratiquement, prosaïquement, réalistement, réellement, tangiblement. △ **ANT.** ABSTRACTIVEMENT, ABSTRAITEMENT, EN THÉORIE, HYPOTHÉTIQUEMENT, IDÉALEMENT, IMAGINAIREMENT, IN ABSTRACTO, THÉORIQUEMENT.

concupiscence *n. f.* ▶ ***Désir sexuel*** – amour, ardeur, chair, désir, (les) sens, libido, passion, sensualité. *SOUT.* feu, flamme. △ **ANT.** CHASTETÉ, CONTINENCE, PURETÉ; DÉSINTÉRESSEMENT, DÉTACHEMENT, FROIDEUR.

concurrence *n. f.* ▶ ***Rivalité*** – affrontement, antagonisme, combat, compétition, conflit, contentieux, contestation, controverse, débat, désaccord, différend, discorde, discussion, dispute, dissension, dissentiment, divergence, émulation, friction, heurt, incompatibilité, incompréhension, lutte, mésentente, mésintelligence, opposition, polémique, querelle, rivalité. *FAM.* bagarre. △ **ANT.** ASSOCIATION, COLLABORATION, COOPÉRATION, ENTRAIDE; EXCLUSIVITÉ, MONOPOLE.

concurrent *n.* ▶ ***Adversaire*** – adversaire, antagoniste, attaqueur, challenger, compétiteur, contestataire, contraire, contre-manifestant, détracteur, dissident, ennemi, mécontent, opposant, opposé, pourfendeur, prétendant, protestataire, rival. *SOUT.* émule. ▶ ***Candidat*** – admissible, aspirant, candidat, compétiteur, concouriste, demandeur, postulant, prétendant. △ **ANT.** ALLIÉ, ASSOCIÉ, COLLABORATEUR, COLLÈGUE, PARTENAIRE.

condamnation *n. f.* ▶ ***Blâme*** – accusation, admonestation, admonition, anathématisation, anathème, attaque, avertissement, blâme, censure, correction, critique, désapprobation, diatribe, grief, grognerie, gronderie, interdit, leçon, malédiction, mise à l'écart, mise à l'index, mise en quarantaine, objection, observation, plainte, punition, récrimination, remarque, remontrance, représentation, réprimande, réprobation, reproche, réquisitoire, semonce, sérénade, sermon, tollé. *SOUT.* animadversion, foudres, fustigation, improbation, mercuriale, objurgation, stigmatisation, vitupération. *FAM.* douche, engueulade, savon, tabac. *FRANCE FAM.* attrapade, lavage de tête, prêchi-prêcha, soufflante. *BELG.* cigare. *RELIG.* fulmination. ▶ ***Malédiction*** – anathématisation, anathème, blâme, blasphème, damnation, déprécation, excommunication, imprécation, jurement, malédiction, réprobation, vœu. *SOUT.* exécration. ▶ ***Interdiction*** – défense, embargo, empêchement, interdiction, interdit, prohibition, refus, tabou. ▶ ***Punition*** – châtiment, correction, damnation, expiation, gage *(dans un jeu)*, leçon, peine, pénalisation, pénalité, pénitence, punition, répression, sanction, verbalisation. ▶ ***Fermeture*** – barrage, bouchage, bouclage, cloisonnage, cloisonnement, clôture, comblement, coupure, fermeture, interception, lutage, murage, oblitération, obstruction, obturation, occlusion, remblai, tamponnement, verrouillage. △ **ANT.** APPROBATION, ÉLOGE; BÉNÉDICTION; AUTORISATION, PERMISSION; ABSOLUTION, ACQUITTEMENT, AMNISTIE, PARDON, RÉDEMPTION, RÉMISSION.

condamné *n.* captif, cellulaire, détenu, prisonnier. *DR.* réclusionnaire. *FAM.* pensionnaire, taulard.

condamner *v.* ▶ ***Vouer à la damnation*** – damner, maudire, perdre, réprouver, vouer à la damnation. ▶ ***Censurer*** – censurer, interdire, mettre à l'index. ▶ ***Interdire*** – défendre, empêcher, interdire, prohiber, proscrire, punir. ▶ ***Blâmer avec véhémence*** – montrer du doigt, réprouver, stigmatiser. *SOUT.* anathématiser, crier haro sur, frapper d'anathème, fustiger, vitupérer. *RARE* objurguer. ▶ ***Déconseiller*** – déconseiller. *MÉD.* contre-indiquer. ▶ ***Boucher*** – aveugler, boucher, fermer, murer. △ **ANT.** BÉNIR, ENCENSER; LOUANGER, LOUER; APPROUVER, AUTORISER, PERMETTRE; ABSOUDRE, ACQUITTER, DISCULPER, EXCUSER, GRACIER, INNOCENTER, PARDONNER; RECOMMANDER; OUVRIR.

condensation *n.f.* ▶ ***Liquéfaction*** – déliquescence, fluidification, fonderie, fonte, fusion, liquation, liquéfaction, réduction, surfusion. △ **ANT.** DILATATION, ÉVAPORATION, SUBLIMATION, VAPORISATION.

condensé *n.m.* abrégé, aide-mémoire, analyse, aperçu, argument, compendium, éléments, épitomé, esquisse, extrait, livret, manuel, mémento, morceau, notice, page, passage, plan, précis, promptuaire, raccourci, récapitulation, réduction, résumé, rudiment, schéma, sommaire, somme, synopsis, vade-mecum. *FAM.* topo. △ **ANT.** AMPLIFICATION, DÉVELOPPEMENT.

condenser *v.* ▶ ***Rendre liquide*** – liquéfier. ▶ ***Abréger*** – abréger, écourter, raccourcir, ramasser, réduire, resserrer, résumer. ♦ **se condenser** ▶ ***Devenir liquide*** – se liquéfier. ♦ **condensé** ▶ ***Concis*** – bref, concis, court, dense, laconique, lapidaire, ramassé, serré, sobre, sommaire, succinct. *PÉJ.* touffu. △ **ANT.** DILATER, DILUER; AMPLIFIER, DÉVELOPPER, ÉTENDRE. ♦ **se condenser** S'ÉVAPORER.

condescendance *n.f.* arrogance, dédain, dégoût, dérision, hauteur, mépris, morgue, snobisme. *SOUT.* déconsidération, mésestimation, mésestime. △ **ANT.** DÉFÉRENCE, RESPECT.

condescendant *adj.* ▶ ***Paternaliste*** – paternaliste, protecteur. ▶ ***Arrogant*** – arrogant, dédaigneux, fier, hautain, méprisant, orgueilleux, outrecuidant, pimbêche *(femme)*, pincé, présomptueux, prétentieux, snob, supérieur. *SOUT.* altier, rogue. *FAM.* péteux, snobinard, snobinette *(femme)*. *QUÉB. FAM.* fendant. △ **ANT.** DÉFÉRENT, RESPECTUEUX; HUMBLE, MODESTE.

condition *n.f.* ▶ ***Situation*** – classe, état, forme, genre, modalité, mode, situation. ▶ ***Contexte*** – circonstance, climat, conjoncture, contexte, cours des choses, état de choses, état de fait, paysage, position, situation, tenants et aboutissants. ▶ ***État physique*** – apparence, condition (physique), conformation, constitution, état (physique), forme, nature, santé, vitalité. *SOUT.* complexion. *MÉD.* diathèse, habitus. ▶ ***Rang social*** – caste, classe, état, fortune, place, position, rang, situation, statut. *SOUT.* étage. ▶ ***Supposition*** – a priori, apriorisme, apriorité, cas de figure, conjecture, doute, extrapolation, hypothèse, idée reçue, induction, jeu de l'esprit, œillère, préjugé, présomption, présupposé, présupposition, pronostic, scénario, supputation. ▶ ***Énoncé d'un contrat*** – clause, disposition, mention, stipulation. △ **ANT.** CAUSE, CONSÉQUENCE, FIN.

conditionner *v.* ▶ ***Emballer*** – emballer, empaqueter, envelopper. ▶ ***Inciter*** – amener, conduire, disposer, encourager, engager, entraîner, exhorter, impulser, inciter, incliner, mener, porter, pousser, provoquer. *SOUT.* exciter, mouvoir. △ **ANT.** DÉCONDITIONNER, DÉGAGER, LIBÉRER.

conducteur *n.* ▶ ***Personne qui conduit un véhicule*** – chauffeur. ▸ *Dangereux* – chauffard. *FAM.* écraseur. ▶ ***Meneur*** – chef de file, gourou, guide (spirituel), leader, magistère, mahatma, maître à penser, maître (spirituel), meneur, pandit, pasteur, phare, rassembleur, sage. *SOUT.* coryphée, entraîneur (d'hommes). *FAM.* pape.

conduire *v.* ▶ ***Accompagner*** – accompagner, amener, convoyer, emmener, escorter, mener. *PÉJ.* flanquer. ▶ ***Orienter*** – aiguiller, diriger, guider, mener, mettre sur une piste, mettre sur une voie, orienter. ▶ ***Inciter*** – amener, conditionner, disposer, encourager, engager, entraîner, exhorter, impulser, inciter, incliner, mener, porter, pousser, provoquer. *SOUT.* exciter, mouvoir. ▶ ***Gérer*** – assurer la direction de, diriger, faire marcher, gérer, mener, piloter, présider à, superviser, tenir les rênes de. ▶ ***Manœuvrer un véhicule*** – diriger, gouverner *(embarcation)*, mener, piloter. ▶ ***Mener à un lieu*** – aboutir à, déboucher sur, donner accès à, mener à. ▶ ***Mener à une pièce*** – commander, desservir, donner accès à, donner sur, mener à, ouvrir sur. ♦ **se conduire** ▶ ***Se comporter*** – agir, faire, procéder, se comporter. △ **ANT.** ABANDONNER, LAISSER; ARRÊTER, INTERROMPRE; SUIVRE; OBÉIR.

conduit *n.m.* ▶ ***Canalisation*** – adduction, branchement, canalisation, colonne, conduite, égout, émissaire, gazoduc, griffon, manifold, oléoduc, pipe, pipeline, réseau, sea-line, tubulure. ▶ ***Tuyau*** – boyau, buse, canal, gaine, lance, pipe, tube, tubulure, tuyau. △ **ANT.** COUPE-CIRCUIT, FERMETURE, POMPE, VALVE.

conduite *n.f.* ▶ ***Action de conduire un véhicule*** – direction, pilotage. ▶ ***Acte*** – acte, action, choix, comportement, décision, démarche, entreprise, faire, fait, geste, intervention, manifestation, réalisation. ▶ ***Agissements*** – agissements, allées et venues, comportement, démarche, façons, faits et gestes, manières, pratiques, procédés. ▶ ***Attitude générale*** – attitude, comportement, habitude, habitus, mœurs, réaction, vie. ▶ ***Gestion*** – administration, direction, gérance, gestion, gouverne, intendance, logistique, management, maniement, organisation, régie, surintendance, tenue. ▶ ***Canalisation*** – adduction, branchement, canalisation, colonne, conduit, égout, émissaire, gazoduc, griffon, manifold, oléoduc, pipe, pipeline, réseau, sea-line, tubulure.

confection *n.f.* ▶ ***Création*** – composition, conception, constitution, construction, création, développement, édification, élaboration, exécution, fabrication, façon, façonnage, façonnement, formation, génération, genèse, gestation, invention, œuvre, organisation, paternité, production, réalisation, structuration, synthèse. SOUT. accouchement, enfantement. DIDACT. engendrement. ▶ ***Couture*** – couture, haute couture, mode, prêt-à-porter.

conférence *n.f.* ▶ ***Congrès*** – assemblée, atelier de discussion, colloque, comice, comité, congrès, conseil, forum, groupe de travail, junte, panel, plénum, réunion, séminaire, sommet, symposium, table ronde. FAM. grand-messe. QUÉB. caucus *(politique)*. ANTIQ. boulê, ecclésia. ANTIQ. ROM. comices. AGRIC. comice agricole. ▶ ***Exposé*** – causerie, cours, discours, exposé, laïus, lecture. ▶ ***Réunion*** – abouchement, audience, confrontation, entretien, entrevue, face à face, huis clos, interview, micro-trottoir, rencontre, rendez-vous, retrouvailles, réunion, tête-à-tête, vis-à-vis, visite. SOUT. abouchement, rancard. FRANCE FAM. rambot, rambour. PÉJ. conciliabule.

conférer *v.* ▶ ***Décerner*** – adjuger, attribuer, décerner, donner, remettre. ▶ ***Comparer des textes*** (SOUT.) – collationner. ▶ ***Discuter*** – discuter, parler, s'entretenir, tenir conférence, tenir conseil. △ **ANT.** ENLEVER, ÔTER, PRENDRE, REPRENDRE, RETIRER; REFUSER.

confesser *v.* ▶ ***Avouer*** – admettre, avouer. FAM. déballer. △ **ANT.** CACHER, DISSIMULER, TAIRE; CONTESTER, DÉMENTIR, DÉNIER, DÉSAVOUER, NIER, REJETER.

confession *n.f.* ▶ ***Divulgation*** – annonce, aveu, confidence, déclaration, dévoilement, divulgation, ébruitement, fuite, indiscrétion, initiation, instruction, mea culpa, mise au courant, proclamation, publication, reconnaissance, révélation. FAM. déballage, mise au parfum. ▶ ***Récit historique*** – anecdote, annales, autobiographie, biographie, carnet, chroniques, chronologie, commentaires, évocation, histoire, historiographie, historique, journal, mémoires, mémorial, souvenirs, vie. ▶ ***Religion*** – conviction, croyance, culte, foi, religion. △ **ANT.** CONTESTATION, DÉMENTI, DÉNÉGATION, DÉSAVEU; MUTISME, OMISSION, SILENCE.

confiance *n.f.* ▶ ***Espoir*** – attente, espérance, espoir, expectative, optimisme. ▶ ***Conviction*** – assurance, certitude, conviction, croyance, foi. SOUT. sûreté. ▶ ***Sécurité*** – abri, assurance, calme, paix, quiétude, repos, salut, sécurité, sérénité, sûreté, tranquillité (d'esprit). ▶ ***Fidélité*** – allégeance, attachement, dévouement, fidélité, foi, loyalisme, loyauté. ▶ ***Familiarité*** – abandon, détachement, familiarité, insouciance, liberté, naturel, spontanéité. ▶ ***Franchise*** – abandon, bonne foi, cordialité, droiture, franchise, franc-jeu, franc-parler, loyauté, netteté, rondeur, simplicité, sincérité, spontanéité. △ **ANT.** ANXIÉTÉ, APPRÉHENSION, CRAINTE; DÉFIANCE, DOUTE, INCRÉDULITÉ, MÉFIANCE, SCEPTICISME, SUSPICION.

confiant *adj.* ▶ ***Ouvert*** – communicatif, débordant, démonstratif, expansif, expressif, extraverti, exubérant, ouvert. ▶ ***Naïf*** – angélique, candide, crédule, ingénu, innocent, naïf, pur, simple. △ **ANT.** DÉFIANT, MÉFIANT, OMBRAGEUX, SOUPÇONNEUX, SUR LA DÉFENSIVE, SUR SES GARDES, SUSPICIEUX.

confidence *n.f.* ▶ ***Divulgation*** – annonce, aveu, confession, déclaration, dévoilement, divulgation, ébruitement, fuite, indiscrétion, initiation, instruction, mea culpa, mise au courant, proclamation, publication, reconnaissance, révélation. FAM. déballage, mise au parfum. ▶ ***Épanchement*** – abandon, aveu, effusion, épanchement, expansion. △ **ANT.** MUTISME, SILENCE.

confident *n.* ▶ ***Personne*** – ami, confesseur, dépositaire. SOUT. affidé. ♦ **confident,** *masc.* ▶ ***Meuble*** – vis-à-vis.

confidentiel *adj.* intime, personnel, privé, secret. △ **ANT.** CONNU DE TOUS, OUVERT, PUBLIC.

confier *v.* ▶ ***Laisser*** – donner, laisser, remettre. ▶ ***Déléguer*** – déléguer, se décharger de. ▶ ***Livrer en confidence*** – avouer, épancher, livrer. ♦ **se confier** ▶ ***Se fier*** – compter sur, faire confiance à, faire fond sur, s'en rapporter à, s'en remettre à, se fier à, se livrer à, se reposer sur. ▶ ***Faire des confidences*** – débonder son cœur, décharger son cœur, ouvrir son cœur, s'abandonner, s'épancher, s'ouvrir, (se) débonder, se livrer, se soulager, se vider le cœur. FAM. égrener son chapelet, se déboutonner. △ **ANT.** ENLEVER, ÔTER, PRENDRE, RETIRER; CACHER, DISSIMULER, TAIRE. ♦ **se confier** SE DÉFIER, SE MÉFIER, SE TAIRE.

configuration *n.f.* ▶ ***Aspect*** – air, allure, apparence, aspect, caractère, couleur, couvert, dehors, éclairage, expression, extérieur, façade, faciès, figure, forme, formule, impression, jour, masque, mine, paraître, perspective, physionomie, plastique *(en art)*, portrait, présentation, profil, ressemblance, semblant, surface, ton, tour, tournure, traits, vernis, visage. SOUT. enveloppe, regardure, superficie. ▶ ***Agencement*** – accommodation, accommodement, agencement, ajustement, aménagement, architecture, arrangement, articulation, assemblage, combinaison, combinatoire, composition, concaténation, construction, contexture, coordination, disposition, distribution, élaboration, enchaînement, harmonie, liaison, mise en ordre, mise en place, ordonnance, ordonnancement, ordre, organisation, orientation, plan, profil, programmation, rangement, structuration, structure, système, texture.

confiner *v.* ▶ ***Longer*** – border, côtoyer, longer, suivre, toucher. RARE tangenter. ▶ ***Friser*** – approcher, avoisiner, côtoyer, coudoyer, friser, frôler, toucher à. ▶ ***Enfermer*** – claquemurer, claustrer, cloîtrer, emmurer, emprisonner, encager, enfermer, isoler, murer, séquestrer, verrouiller. SOUT. enclore, reclure. QUÉB. FAM. embarrer. ▶ ***Reléguer*** – enfermer, limiter, reléguer, restreindre. ♦ **se confiner** ▶ ***S'enfermer*** – s'emmurer, s'enfermer, s'isoler, se barricader, se boucler, se calfeutrer, se cantonner, se claquemurer, se claustrer, se cloîtrer, se couper du monde, se murer, se retirer, se terrer, se verrouiller. △ **ANT.** ÊTRE LOIN DE; AÉRER, LIBÉRER, OUVRIR.

confins *n.m.pl.* ▶ ***Extrémité*** – aboutissement, bord, bordure, borne, bout, cap, délimitation, extrême, extrémité, fin, finitude, frange, frontière, ligne, limite, lisière, orée, pied, pointe, pôle, queue, talon, terme, terminaison, tête. ▶ ***Frontière*** – borne, délimitation, démarcation, frontière, limite (territoriale), mur, séparation, zone douanière, zone limitrophe. FAM. lignes *(pays)*. ANC. limes *(Empire romain)*, marche. △ **ANT.** CENTRE, INTÉRIEUR, MILIEU.

confirmation *n.f.* ▸ ***Preuve*** – affirmation, assurance, attestation, certitude, corroboration, démonstration, gage, manifestation, marque, preuve, témoignage, vérification. ▸ ***Certification*** – attestation, authentification, certificat, certification, constat, enregistrement, homologation, légalisation, légitimation, officialisation, reconnaissance. ▸ ***Permission*** – acceptation, accord, accréditation, acquiescement, adhésion, adoption, affirmation, affirmative, agrément, amen, approbation, approbativité, approuvé, assentiment, autorisation, aval, avis favorable, bénédiction, caution, chorus, consentement, déclaration favorable, engagement, entérinement, exeat, feu vert, gré, homologation, légalisation, oui, permission, ratification, sanction, validation. BELG. agréage, agréation. SOUT. suffrage. RELIG. admittatur, celebret, créance, imprimatur, nihil obstat. ▸ ***Rite catholique*** – renouvellement (des vœux du baptême). △ **ANT.** INFIRMATION, RÉFUTATION; CONTESTATION, DÉMENTI, DÉNÉGATION, DÉSAVEU, RÉTRACTATION; ABROGATION, ANNULATION.

confirmer *v.* ▸ ***Approuver officiellement*** – accepter, approuver, entériner, homologuer, plébisciter, ratifier, sanctionner, sceller, signer, valider. ▸ ***Prouver*** – attester, démontrer, établir, justifier, montrer, prouver, vérifier. ▸ ***Corroborer*** – appuyer, corroborer. ▸ ***Raffermir*** – affermir, asseoir, cimenter, conforter, consolider, fortifier, raffermir, renforcer. ♦ **se confirmer** ▸ ***Se vérifier*** – se vérifier. SOUT. s'avérer. △ **ANT.** ABOLIR, ABROGER, ANNULER, INVALIDER; CONTREDIRE, DÉMENTIR, DÉSAVOUER, INFIRMER, NIER, RÉFUTER, RÉTRACTER.

confiture *n.f.* beurre, compote, gelée, marmelade, purée.

conflit *n.m.* ▸ ***Combat*** – accrochage, action (de guerre), affrontement, assaut, attaque, bagarre, bataille, choc, combat, duel, échauffourée, empoignade, empoignement, engagement, escarmouche, ferraillement, feu, guérilla, guerre, heurt, hostilités, lutte, mêlée, opération, pugilat, rencontre, rixe. FAM. baroud, baston, bigorne, casse-gueule, casse-pipe, castagne, guéguerre, rif, rififi, riflette. BELG. FAM. margaille. MILIT. blitz *(de courte durée)*. ▸ ***Antagonisme*** – affrontement, antagonisme, combat, compétition, concurrence, contentieux, contestation, controverse, débat, désaccord, différend, discorde, discussion, dispute, dissension, dissentiment, divergence, émulation, friction, heurt, incompatibilité, incompréhension, lutte, mésentente, mésintelligence, opposition, polémique, querelle, rivalité. FAM. bagarre. ▸ ***Contradiction*** – absurdité, antilogie, antinomie, aporie, contradiction, contresens, contrevérité, impossibilité, incohérence, inconsistance, invraisemblance, non-sens, paradoxe, sophisme. ▸ ***Tiraillement*** – écartèlement, tiraillement. △ **ANT.** ACCORD, ENTENTE, PAIX, TRÊVE; COMPATIBILITÉ, CONCORDANCE, CONVERGENCE, HARMONIE.

confondant *adj.* à (vous) couper le souffle, abasourdissant, ahurissant, bouleversant, déconcertant, ébahissant, effarant, époustouflant, étonnant, étourdissant, extraordinaire, impensable, inconcevable, incroyable, inimaginable, inouï, invraisemblable, pétrifiant, renversant, stupéfiant, suffocant, surprenant. SOUT. qui confond l'entendement. FAM. ébouriffant, mirobolant, sidérant, soufflant. △ **ANT.** DISCRIMINANT, DISTINCTIF, ÉCLAIRANT.

confondre *v.* ▸ ***Unir dans un tout*** – amalgamer, fondre, incorporer, mélanger, mêler, réunir, unir. DIDACT. mixtionner. ▸ ***Prendre pour un autre*** – mélanger. ▸ ***Déconcerter*** (SOUT.) – déconcerter, décontenancer, démonter, dérouter, désarçonner, désorienter, déstabiliser, ébranler, embarrasser, interloquer, troubler. SOUT. FAM. déboussoler. △ **ANT.** DIFFÉRENCIER, DISSOCIER, DISTINGUER, SÉPARER; AIDER, DÉFENDRE; RASSURER; ENTHOUSIASMER.

conforme *adj.* ▸ ***Semblable*** – analogue, apparenté, approchant, assimilable, comparable, contigu, correspondant, équivalent, homogène, homologue, indifférencié, pareil, parent, proche, ressemblant, semblable, similaire, voisin. FAM. kif-kif. DIDACT. commensurable. ▸ ***Approprié*** – à propos, adapté, adéquat, approprié, bien trouvé, bien venu, bon, convenable, correct, de circonstance, heureux, indiqué, juste, opportun, pertinent, propice, propre. SOUT. ad hoc, congruent, expédient, idoine. DIDACT. topique. ▸ ***Exact*** – bon, exact, fidèle, juste, précis. ▸ ***Qui se conforme à la majorité*** – conformiste, orthodoxe, traditionnel. △ **ANT.** IRRÉGULIER; CONTRAIRE, DÉROGATOIRE, OPPOSÉ; BIZARRE, NOUVEAU, ORIGINAL.

conformément *adv.* ▸ ***Fidèlement*** – à la lettre, correctement, exactement, religieusement, scrupuleusement, véritablement. ▸ ***Semblablement*** – à l'avenant, analogiquement, de la même façon, de même, également, homologiquement, identiquement, item *(dans un compte)*, parallèlement, pareillement, semblablement, similairement, symétriquement. FAM. pareil. ▸ ***Légalement*** – canoniquement, constitutionnellement, correctement, de droit, de jure, de plein droit, dûment, en bonne et due forme, juridiquement, légalement, légitimement, licitement, officiellement, réglementairement, régulièrement, valablement, validement. FAM. réglo. △ **ANT.** AD LIBITUM, AU CHOIX, LIBREMENT, SANS OBLIGATION; AUTREMENT, CONTRAIREMENT, DIFFÉREMMENT, DISSEMBLABLEMENT, DIVERSEMENT; ILLÉGALEMENT, INCORRECTEMENT, IRRÉGULIÈREMENT.

conformer (se) *v.* ▸ ***Adapter*** – accommoder, accorder, adapter, ajuster, aligner, approprier, faire cadrer, modeler, moduler, mouler, régler. ♦ **se conformer** ▸ ***Se modeler*** – emboîter le pas à, imiter, s'accorder sur, s'adapter à, s'ajuster à, s'aligner sur, se mettre au diapason de, se mettre dans le ton, se modeler sur, se rallier à, se ranger à, se régler sur, suivre. ▸ ***Obéir*** – acquiescer à, obéir à, observer, obtempérer à, respecter, se plier à, se soumettre à, suivre. SOUT. déférer à, sacrifier à. △ **ANT.** CONTREVENIR À; S'INSURGER CONTRE, S'OPPOSER, SE REBELLER, SE REFUSER À.

conformisme *n.m.* ▸ ***Conservatisme*** – conservatisme, contre-révolution, conventionnalisme, droite, droitisme, fondamentalisme, immobilisme, intégrisme, orthodoxie, passéisme, réaction, suivisme, traditionalisme. SOUT. philistinisme. ▸ ***Religion*** – anglicanisme. ▸ ***En art*** – académisme, convention. PÉJ. pompiérisme. △ **ANT.** ANTICONFORMISME, EXCENTRICITÉ, INDIVIDUALISME, MARGINALITÉ, NON-CONFORMISME, ORIGINALITÉ; ANARCHISME; DISSIDENCE.

conformiste *adj.* ▶ ***Qui se conforme à la majorité*** – conforme, orthodoxe, traditionnel. ▶ ***Conservateur*** – bien-pensant, bourgeois, conservateur, conventionnel, petit-bourgeois, traditionaliste. FAM. beauf. ▶ ***Sans originalité*** – académique, banal, classique, commun, convenu, plat, standard. ▶ ***Qui appartient à l'anglicanisme*** – anglican. △ **ANT.** ANTICONFORMISTE, EXCENTRIQUE, MARGINAL, NON CONFORMISTE, ORIGINAL; AUDACIEUX, AVANT-GARDISTE, INNOVATEUR, NOVATEUR; ENGAGÉ; CALVINISTE; CATHOLIQUE.

conformité *n.f.* ▶ ***Normalité*** – canonicité, constitutionnalité, correction, juste, justesse, légalité, légitimité, normalité, normativité, régularité, validité. ▶ ***Similitude*** – adéquation, analogie, égalité, équivalence, gémellité, identité, littéralité, parallélisme, parité, ressemblance, similarité, similitude, unité. MATH. congruence, homéomorphisme. ▶ ***Accord*** – cohérence, concordance, correspondance. SOUT. accord, convenance. △ **ANT.** ANOMALIE, NON-CONFORMITÉ; DIFFÉRENCE, DISSEMBLANCE, DISSIMILITUDE, DIVERGENCE, ÉCART; DÉSACCORD, OPPOSITION.

confort *n.m.* ▶ ***Bien-être matériel*** – aise, bien-être, commodité, luxe. ▶ ***Commodité*** – accessibilité, agrément, commodité, disponibilité, facilité, faisabilité, possibilité, simplicité. INFORM. convivialité, transparence. △ **ANT.** EMBARRAS, GÊNE, INCONFORT, MALAISE; MISÈRE.

confortable *adj.* douillet, tout confort. △ **ANT.** DÉPLAISANT, DÉSAGRÉABLE, GÊNANT, INCOMMODANT, INCONFORTABLE, PÉNIBLE.

confortablement *adv.* à l'aise, douillettement, moelleusement. △ **ANT.** INCONFORTABLEMENT, MAL À L'AISE.

confrère *n.* alter ego, associé, collaborateur, collègue (de travail), compagnon de travail, condisciple *(études)*, coopérateur, égal, pair, partenaire. △ **ANT.** ADVERSAIRE, COMPÉTITEUR, CONCURRENT, RIVAL; ÉTRANGER, INCONNU.

confrérie *n.f.* ▶ ***Association professionnelle*** – assemblée, association, collège, communauté, compagnie, congrégation, corporation, corps, guilde, hanse, métier, ordre, société, syndicat, trade-union. ▶ ***Groupe religieux*** – communauté, congrégation, fraternité, observance, ordre.

confrontation *n.f.* ▶ ***Comparaison*** – analyse, balance, collation, collationnement, comparaison, jugement, mesure, mise en regard, parallèle, rapprochement, recension. ▶ ***Rencontre*** – abouchement, audience, conférence, entretien, entrevue, face à face, huis clos, interview, micro-trottoir, rencontre, rendez-vous, retrouvailles, réunion, tête-à-tête, vis-à-vis, visite. SOUT. abouchement, rancard. FRANCE FAM. rambot, rambour. PÉJ. conciliabule. △ **ANT.** ISOLEMENT, SÉPARATION.

confronter *v.* ▶ ***Comparer*** – comparer, mettre en balance, mettre en contraste, mettre en face. △ **ANT.** ISOLER, SÉPARER.

confus *adj.* ▶ ***Sans ordre*** – anarchique, brouillon, chaotique, désordonné, désorganisé, sens dessus dessous. FAM. bordélique. ▶ ***Difficile à distinguer*** – estompé, flou, imprécis, incertain, indécis, indéfini, indéfinissable, indéterminé, indistinct, ni chair ni poisson, obscur, sourd *(sentiment)*, trouble, vague, vaporeux, voilé. ▶ ***Difficile à comprendre*** – brouillé, brumeux, compliqué, contourné, embarrassé, embrouillé, embroussaillé, enchevêtré, entortillé, flou, fumeux, incompréhensible, indéchiffrable, inintelligible, nébuleux, obscur, tarabiscoté, vague, vaseux. SOUT. abscons, abstrus, amphigourique, fuligineux. FAM. chinois, emberlificoté, filandreux, vasouillard. ▶ ***Honteux*** – embarrassé, honteux, mal à l'aise, penaud, piteux, troublé. FAM. dans ses petits souliers. ▶ ***Navré*** – désolé, navré. △ **ANT.** COHÉRENT, HARMONIEUX, HIÉRARCHISÉ, ORDONNÉ, ORGANISÉ, STRUCTURÉ; CLAIR, ÉVIDENT, LIMPIDE, SIMPLE, TRANSPARENT; ÉVEILLÉ, QUI A LES IDÉES CLAIRES; FIER DE SOI.

confusément *adv.* ▶ ***Vaguement*** – abstraitement, évasivement, imperceptiblement, imprécisément, indistinctement, nébuleusement, obscurément, vaguement, vaseusement. ▶ ***Anarchiquement*** – anarchiquement, inextricablement, pêle-mêle, sens dessus dessous. △ **ANT.** LOGIQUEMENT, MÉTHODIQUEMENT, RATIONNELLEMENT, SCIENTIFIQUEMENT, SENSÉMENT, SYSTÉMATIQUEMENT.

confusion *n.f.* ▶ ***Désordre*** – anarchie, bourbier, brouillement, cafouillage, cafouillis, chaos, complication, désordre, désorganisation, embrouillement, emmêlage, emmêlement, enchevêtrement, imbroglio, mélange. SOUT. chienlit, pandémonium. FAM. bordel, embrouillage, embrouille, pagaille. FRANCE FAM. cirque, embrouillamini, foutoir, micmac, sac d'embrouilles, sac de nœuds, salade. FRANCE RÉGION. pastis. ▶ ***Agitation*** – affolement, agitation, bouleversement, colère, débridement, déchaînement, désarroi, ébranlement, ébullition, embrasement, émotion, fièvre, frénésie, mouvement, passion, violence. SOUT. émoi, exaltation. FIG. dévergondage. ▶ ***Situation complexe*** – dédale, détours, écheveau, enchevêtrement, labyrinthe, maquis. FAM. embrouillamini. ▶ ***Malentendu*** – équivoque, erreur, imbroglio, maldonne, malentendu, mécompte, méprise, quiproquo. SOUT. brandon de discorde. ▶ ***Imprécision*** – à-peu-près, approximation, flou, imprécision, indétermination, nébulosité, vague. ▶ ***Honte*** – contrainte, crainte, embarras, gêne, honte, humilité, pudeur, réserve, retenue, scrupule, timidité. ▶ ***État confus*** – brouillard, brume, obnubilation. △ **ANT.** HARMONIE, ORDRE, ORGANISATION; CALME; SIMPLICITÉ; CLARTÉ, LIMPIDITÉ, NETTETÉ, PRÉCISION; ASSURANCE, DÉSINVOLTURE, FIERTÉ.

congé *n.m.* ▶ ***Repos*** – délassement, détente, escale, halte, loisir, mi-temps, pause, récréation, récupération, relâche, répit, repos, temps, trêve, vacances, villégiature. ▶ ***Sortie sous condition*** – permission, semi-liberté. FRANCE FAM. perme. ▶ ***Non-disponibilité au travail*** – absence, indisponibilité, non-disponibilité. ▶ ***Congédiement*** – congédiement, débauchage, destitution, licenciement, limogeage, mise à pied, renvoi, révocation. △ **ANT.** ACTIVITÉ, LABEUR, OCCUPATION, TRAVAIL; EMBAUCHE, ENGAGEMENT.

congédier *v.* ▶ ***Inviter à se retirer*** – écarter, éconduire, en finir avec, rabrouer, renvoyer, repousser, se débarrasser de, se défaire de, se dépêtrer de.

FAM. envoyer au bain, envoyer au diable, envoyer balader, envoyer bouler, envoyer dinguer, envoyer paître, envoyer promener, envoyer sur les roses, envoyer valdinguer, envoyer valser, expédier. ▶ *Licencier* – chasser, débaucher, démettre, donner son congé à, expulser, licencier, mettre à la porte, mettre à pied, mettre dehors, mettre en disponibilité, reconduire, remercier, remercier de ses services, renvoyer. FAM. balancer, balayer, déboulonner, lourder, sabrer, sacquer, vider, virer. △ **ANT.** CONVOQUER, EMBAUCHER, ENGAGER, INVITER.

congénital *adj.* ▶ ***Héréditaire*** – atavique, génétique, héréditaire. ▶ ***Inné*** – dans le sang, de naissance, de nature, inné, natif, naturel. SOUT. infus. △ **ANT.** ACQUIS.

congestion *n.f.* ▶ ***Engorgement*** – embouteillage, encombrement, engorgement, obstruction, saturation. RARE engouement. ▶ ***Afflux de sang*** – afflux (de sang), apoplexie, attaque, cataplexie, coup de sang, embolie, hémorragie, hyperémie, ictus, pléthore, révulsion, stase, tension, thrombose, transport au cerveau, turgescence. ▶ ***Embouteillage*** – affluence, afflux, bouchon, embouteillage, encombrement, engorgement, obstruction, retenue. QUÉB. trafic. △ **ANT.** DÉCONGESTION, DÉSENGORGEMENT; ANÉMIE, HYPOTENSION.

congrégation *n.f.* ▶ ***Groupe religieux*** – communauté, confrérie, fraternité, observance, ordre. ▶ ***Assemblée*** – concile, conclave, consistoire, discrétoire, synode.

congrès *n.m.* ▶ ***Conférence*** – assemblée, atelier de discussion, colloque, comice, comité, conférence, conseil, forum, groupe de travail, junte, panel, plénum, réunion, séminaire, sommet, symposium, table ronde. FAM. grand-messe. QUÉB. caucus *(politique)*. ANTIQ. boulê, ecclésia. ANTIQ. ROM. comices. AGRIC. comice agricole.

conjecture *n.f.* ▶ ***Supposition*** – a priori, apriorisme, apriorité, cas de figure, condition, doute, extrapolation, hypothèse, idée reçue, induction, jeu de l'esprit, œillère, préjugé, présomption, présupposé, présupposition, pronostic, scénario, supputation. ▶ ***Théorie*** – explication, hypothèse, interprétation, loi, principe, scénario, spéculation, théorie, thèse. △ **ANT.** CERTITUDE, CONVICTION, ÉVIDENCE; LOI, THÉORÈME.

conjoint *n.m.* ▶ ***Époux*** – époux, mari. SOUT. compagnon (de vie), douce moitié, tendre moitié. FAM. homme, jules, mec, moitié. PAR PLAIS. seigneur et maître. ▶ ***Épouse*** – conjointe, épouse, femme. SOUT. compagne (de vie), douce moitié, tendre moitié. FAM. légitime, moitié. ▶ ***Concubin*** – concubin, conjoint (de fait). SOUT. compagnon. ▶ ***Concubine*** – concubine, conjoint (de fait), conjointe (de fait). SOUT. compagne. QUÉB. FAM. blonde.

conjonction *n.f.* ▶ ***Jonction*** – abouchement, aboutage, aboutement, accolement, accouplage, accouplement, ajustage, apposition, articulation, assemblage, association, branchement, coalescence, confluence, conjugaison, connexion, contact, convergence, couplage, couplement, groupage, interconnexion, interface, joint, jointure, jonction, jumelage, juxtaposition, liaison, mariage, mise en couple, mixage, raccord, raccordement, rapprochement, reboutement, relation, rencontre, réunion, suture, union. RARE liage. ▶ ***Combinaison*** – alliance, assemblage, association, collage, combinaison, communion, composition, concentration, constitution, fusion, fusionnement, groupement, incorporation, intégration, ralliement, rassemblement, regroupement, réunion, symbiose, synthèse, unification, union. ▶ ***Phénomène astronomique*** – syzygie. △ **ANT.** DISJONCTION, DISSOCIATION, SÉPARATION.

conjoncture *n.f.* circonstance, climat, condition, contexte, cours des choses, état de choses, état de fait, paysage, position, situation, tenants et aboutissants.

conjugal *adj.* matrimonial. △ **ANT.** PARENTAL; EXTRA-CONJUGAL.

conjuguer *v.* ▶ ***Unir*** – allier, associer, combiner, concilier, joindre, marier, mêler, réunir, unir. △ **ANT.** DISPERSER, DISSOCIER, OPPOSER, SÉPARER.

conjuration *n.f.* ▶ ***Complot*** – agissements, cabale, calcul, combinaison, complot, conspiration, intrigue, machination, manigance, manipulation, manœuvre, maquignonnage, menées, plan, tractation. SOUT. brigue, fomentation. FAM. combine, fricotage, grenouillage, magouillage, magouille, micmac, mijotage. ▶ ***Exorcisme*** – adjuration, délivrance, désensorcellement, désenvoûtement, exorcisme, obsécration, purification, supplication. SOUT. exorcisation. △ **ANT.** DÉLATION, DÉNONCIATION; MALÉFICE, SORTILÈGE.

conjuré *n.* comploteur, conjurateur, conspirateur, séditieux.

conjurer *v.* ▶ ***Chasser des démons*** – exorciser. ▶ ***Écarter un danger*** – écarter, empêcher, éviter, parer, prévenir. ▶ ***Faire apparaître*** – évoquer, invoquer. ▶ ***Supplier*** (SOUT.) – adjurer, implorer, prier, solliciter, supplier. SOUT. crier grâce, crier merci, tendre les bras vers, tomber aux genoux de, tomber aux pieds de. ♦ **se conjurer** ▶ ***Comploter*** (SOUT.) – briguer, comploter, conspirer, intriguer, manœuvrer. △ **ANT.** ATTIRER, ÉVOQUER, INVOQUER.

connaissance *n.f.* ▶ ***Concept*** – abstraction, archétype, concept, conception, conceptualisation, conscience, entité, fiction, généralisation, idée, imagination, notion, noumène, pensée, représentation (mentale), schème, théorie. ▶ ***Savoir*** – acquis, bagage, compétence, culture (générale), éducation, encyclopédisme, épistémè, érudition, expérience, humanisme, instruction, lettres, lumières, notions, sagesse, savoir, science. SOUT. omniscience. ▶ ***Sagesse*** – bon goût, discernement, (gros) bon sens, intelligence, jugement, philosophie, raison, sagesse, sens commun, vérité. FAM. jugeote. ▶ ***Fréquentation*** – accointance, contact, fréquentation, relation. △ **ANT.** IGNORANCE, INCONSCIENCE, INEXPÉRIENCE, MÉCONNAISSANCE; DOUTE; INCONNU.

connaisseur *adj.* à la hauteur, adroit, bon, brillant, capable, chevronné, compétent, d'élite, de haut vol, de haute volée, de talent, doué, émérite, entraîné, exercé, expérimenté, expert, ferré, fin, fort, habile, passé maître, performant, qualifié, qui s'y connaît, talentueux, versé. RARE blanchi sous le harnais. SOUT. entendu à, industrieux, rompu à. FAM. calé, qui a la bosse de, qui sait y faire. *FRANCE FAM.* balèze, costaud, fortiche, incollable, trapu. △ **ANT.** IGNORANT, INCAPABLE, INCOMPÉTENT, MAUVAIS, MÉDIOCRE, NUL.

connaisseur *n.* ▸ ***Savant*** – autorité (en la matière), chercheur, découvreur, docteur, expert, homme de science, investigateur, maître, maître de recherches, professeur, savant, scientifique, sommité, spécialiste. *SOUT.* (grand) clerc. ▸ ***Expert*** – as, expert, (fin) connaisseur, grand clerc, maître, professionnel, spécialiste, virtuose. *FAM.* champion, chef, crack, pro. *FRANCE FAM.* bête. *QUÉB.* personne-ressource. ▸ ***Passionné*** – adepte, aficionado, amant, amateur, ami, amoureux, fanatique, fervent, fou, passionné. *SOUT.* assoiffé. *FAM.* accro, allumé, enragé, fan, fana, malade, mordu. *FRANCE FAM.* fondu. ▸ ***Dégustateur*** – connaisseur (en vins), dégustateur (de vin), goûteur de cru, goûteur (de vins). *FAM.* nez. △ **ANT.** IGNORANT, INCOMPÉTENT, PROFANE; NÉOPHYTE, NOVICE.

connaître *v.* ▸ ***Posséder une connaissance*** – maîtriser, savoir. ▸ ***Être au courant*** – être au courant de, être au fait de, être informé de, être instruit de, savoir. ▸ ***Vivre*** – éprouver, expérimenter, faire l'expérience de, vivre. ▸ ***Rencontrer*** – faire la connaissance de, lier connaissance avec, rencontrer. ♦ **connu** ▸ ***Notoire*** – de notoriété publique, ébruité, notoire, officieux, public, su. *FAM.* officiel. ▸ ***Illustre*** – célèbre, de grand renom, fameux, glorieux, historique, illustre, immortel, inoubliable, légendaire, marquant, mémorable, notoire, proverbial, reconnu, renommé, réputé. ▸ *Non favorable* – de triste mémoire. ▸ ***Éculé*** – banal, éculé, facile, rebattu, réchauffé, ressassé, usé. *FAM.* archiconnu, bateau. △ **ANT.** IGNORER, MÉCONNAÎTRE; DOUTER; DÉDAIGNER, RENIER; NÉGLIGER, OUBLIER. ♦ **connu** INCONNU.

connexion *n.f.* ▸ ***Jonction*** – abouchement, aboutage, aboutement, accolement, accouplage, accouplement, ajustage, apposition, articulation, assemblage, association, branchement, coalescence, confluence, conjonction, conjugaison, contact, convergence, couplage, couplement, groupage, interconnexion, interface, joint, jointure, jonction, jumelage, juxtaposition, liaison, mariage, mise en couple, mixage, raccord, raccordement, rapprochement, reboutement, relation, rencontre, réunion, suture, union. *RARE* liage. ▸ ***Relation*** – association, connexité, corrélation, correspondance, dépendance, filiation, interaction, interdépendance, interrelation, liaison, lien, lien causal, rapport, rapprochement, relation, relation de cause à effet. *FIG.* pont. △ **ANT.** DÉCONNEXION, DISJONCTION, INTERRUPTION, RUPTURE, SÉPARATION; INDÉPENDANCE.

connivence *n.f.* ▸ ***Complicité*** – accord (tacite), acoquinement, collusion, complicité, entente (secrète), intelligence. *SOUT.* compérage. ▸ ***Bonne entente*** – accord, affinité, amitié, atomes crochus, (bonne) intelligence, communauté de goûts, communauté de sentiments, communauté de vues, communion, compatibilité, complicité, compréhension, concorde, convergence d'idées, fraternité, harmonie, point commun, sympathie, union, unisson. △ **ANT.** CONFLIT, DÉSACCORD, DIVERGENCE, INCOMPATIBILITÉ, MÉSENTENTE, MÉSINTELLIGENCE.

conquérant *n.* ▸ ***Militaire*** – conquistador. ▸ ***Séducteur*** – aguicheur, apprivoiseur, bourreau des cœurs, Casanova, charmeur, coq, don Juan, enchanteur, enjôleur, ensorceleur, envoûteur, flirteur, homme à bonnes fortunes, homme à femmes, homme à succès, séducteur, tentateur. *SOUT.* lovelace. *FAM.* allumeur, batifoleur, cavaleur, coureur (de jupons), dragueur, flambeur, gueule d'amour, joli cœur, tombeur (de femmes), trousseur (de jupons). *QUÉB. FAM.* macho, maquereau. △ **ANT.** CONQUIS, VAINCU.

conquérir *v.* ▸ ***Envahir*** – envahir, occuper, prendre, s'emparer de. ▸ ***Prendre par la force*** – enlever, mettre la main sur, prendre, s'emparer de, se rendre maître de, se saisir de. ▸ ***Remporter un titre*** – enlever, gagner, obtenir, remporter. *FAM.* décrocher. ▸ ***Séduire*** – captiver, charmer, faire la conquête de, gagner, s'attacher, s'attirer les bonnes grâces de, s'attirer les faveurs de, séduire, subjuguer. ▸ *Séduire une femme* – faire la conquête de, séduire. *SOUT.* suborner. *FAM.* avoir, tomber. △ **ANT.** ABANDONNER, CÉDER, PERDRE, RENONCER À.

conquête *n.f.* ▸ ***Action de conquérir*** – assujettissement, empiétement, envahissement, invasion, mainmise, occupation, prise (de possession), usurpation. *DR.* appropriation. ▸ ***Ce qui est conquis*** – colonie (d'exploitation), pays conquis, possession. *ANC.* dominion *(britannique)*. ▸ ***Action de séduire*** – charme, enchantement, ensorcellement, entreprises, envoûtement, parade *(animaux)*, séduction. *FAM.* drague, rentre-dedans; *RARE* dragage. △ **ANT.** ABANDON, PERTE, RENONCIATION, RETRAIT, RETRAITE; DÉFAITE, ÉCHEC, INSUCCÈS.

consacrer *v.* ▸ ***Dédier*** – dédier, donner, offrir, vouer. ▸ ***Employer*** – appliquer, employer, mettre, mettre à profit. ▸ ***Confirmer*** – accepter, entériner, sanctionner. ♦ **se consacrer** ▸ ***S'occuper*** – s'adonner à, s'appliquer à, s'employer à, s'occuper de, se livrer à, vaquer à. ▸ ***Se dédier*** – se dédier à, se dévouer à, se donner à, se livrer à, vivre pour. ♦ **consacré** ▸ ***Sacré*** – bénit, sacré, saint, sanctifié. ▸ ***Coutumier*** – accoutumé, attendu, coutumier, d'usage, de règle, de routine, familier, habituel, normal, ordinaire, quotidien, régulier, rituel, usuel. △ **ANT.** PROFANER, VIOLER; ABANDONNER; ABOLIR, ABROGER, ANNULER, DÉFAIRE, INVALIDER.

consciemment *adv.* à dessein, de plein gré, de propos délibéré, de sang-froid, délibérément, en connaissance de cause, en pleine connaissance de cause, en toute connaissance de cause, exprès, expressément, intentionnellement, sciemment, volontairement. △ **ANT.** IMPULSIVEMENT, INCONSCIEMMENT, INVOLONTAIREMENT, MACHINALEMENT, MÉCANIQUEMENT, SANS RÉFLÉCHIR.

conscience *n.f.* ▸ ***Âme*** – âme, atman *(hindouisme)*, cœur, esprit, mystère, pensée, principe (vital), psyché, psychisme, souffle (vital), spiritualité, transcendance, vie. *PSYCHOL.* conscient. ▸ ***For intérieur*** – âme, arrière-fond, arrière-pensée, coulisse, dedans, dessous, fond, for intérieur, intérieur, intériorité, intimité, jardin secret, repli, secret. *SOUT.* tréfonds. ▸ ***Honnêteté*** – droiture, exactitude, fidélité, franchise, honnêteté, incorruptibilité, intégrité, irréprochabilité, justice, loyauté, mérite, moralité, netteté, probité, scrupule, sens moral, transparence, vertu. ▸ ***Devoir*** – bien, (bonnes) mœurs, déontologie, devoir, droit chemin, éthique, morale, moralité, obligation (morale), prescription, principes, règles de vie, vertu. PSYCHOL. surmoi. △ **ANT.** INCONSCIENCE, INSTINCT; MALHONNÊTETÉ.

consciencieusement *adv.* amoureusement, attentivement, en détail, méticuleusement, minutieusement, précieusement, précisément, proprement, religieusement, rigoureusement, scrupuleusement, sérieusement, soigneusement, vigilamment. △ **ANT.** DE FAÇON BÂCLÉE, N'IMPORTE COMMENT, NÉGLIGEMMENT, SANS SOIN.

consciencieux *adj.* ▸ ***Honnête*** – à l'abri de tout soupçon, au-dessus de tout soupçon, digne de confiance, droit, fiable, honnête, incorruptible, insoupçonnable, intègre, probe, propre, scrupuleux, sûr. ▸ ***Méticuleux*** – appliqué, assidu, attentif, méthodique, méticuleux, minutieux, ordonné, précis, rangé, rigoureux, scrupuleux, soigné, soigneux, systématique. SOUT. exact. △ **ANT.** NÉGLIGENT; ÉCERVELÉ, ÉTOURDI, IMPRÉVOYANT, IMPRUDENT, INCONSCIENT, INCONSÉQUENT, INSOUCIANT, IRRÉFLÉCHI, IRRESPONSABLE, LÉGER; HONNÊTE, PROBE.

conscient *adj.* en pleine possession de ses moyens, lucide, qui a toute sa tête, qui a toutes ses idées. △ **ANT.** COMATEUX, INCONSCIENT; ÉVANOUI; ENDORMI; ANESTHÉSIÉ. ♦ **conscient de** IGNORANT DE, INCONSCIENT DE.

conscientiser *v.* sensibiliser.

conscrit *n.m.* ▸ ***Soldat*** – appelé, bleu, recrue.

consécration *n.f.* ▸ ***Sacre*** – bénédiction, couronnement, dédicace, intronisation, onction, sacralisation, sacre. ▸ ***Triomphe*** – apothéose, bonheur, bonne fortune, boum, couronnement, gloire, honneur, lauriers, prospérité, retentissement, réussite, succès, triomphe, trophée. FAM. malheur, (succès) bœuf, tabac. FRANCE FAM. carton, saucisson, ticket. ▸ ***Aboutissement*** – aboutissement, accomplissement, achèvement, apothéose, but, chute, complémentation, complètement, complétude, conclusion, consommation, couronnement, dénouement, exécution, fin, finition, fruit, issue, produit, réalisation, règlement, résolution, résultat, sortie, terme, terminaison. SOUT. aboutissant. PHILOS. entéléchie. △ **ANT.** VIOLATION; ABOLITION, ANNULATION; INFIRMATION.

consécutif *adj.* ▸ ***Qui succède*** – séquentiel, successif. ▸ ***Qui résulte*** – engendré, issu, né. △ **ANT.** ♦ **consécutifs, *plur.*** ESPACÉ(E)S (DANS LE TEMPS); SYNCHRONES. ♦ **consécutive, *fém.*** CAUSALE *(PROPOSITION)*. ♦ **consécutif à** INDÉPENDANT DE, SANS RAPPORT AVEC.

conseil *n.m.* ▸ ***Suggestion*** – avertissement, avis, encouragement, exhortation, guidance, idée, incitation, indication, information, initiative, inspiration, instigation, motion *(dans une assemblée)*, offre, opinion, préconisation, proposition, recommandation, renseignement, suggestion. FAM. tuyau. DR. pollicitation. ▸ ***Conseiller*** – conseiller, consultant, directeur, éminence grise, éveilleur, guide, inspirateur, orienteur, précepteur, prescripteur. SOUT. égérie *(femme)*, mentor. FAM. cornac. ▸ ***Assemblée*** – assemblée, atelier de discussion, colloque, comice, comité, conférence, congrès, forum, groupe de travail, junte, panel, plénum, réunion, séminaire, sommet, symposium, table ronde. FAM. grand-messe. QUÉB. caucus *(politique)*. ANTIQ. boulê, ecclésia. ANTIQ. ROM. comices. AGRIC. comice agricole.

conseiller *v.* ▸ ***Guider*** – donner conseil à, donner son avis à, éclairer de ses conseils, guider, prodiguer des conseils à. ▸ ***Recommander*** – indiquer, proposer, recommander, suggérer. △ **ANT.** CONSULTER, INTERROGER; DÉCONSEILLER, DÉFENDRE, DÉTOURNER, DISSUADER, INTERDIRE.

conseiller *n.* conseil, consultant, directeur, éminence grise, éveilleur, guide, inspirateur, orienteur, précepteur, prescripteur. SOUT. égérie *(femme)*, mentor. FAM. cornac.

consensuel *adj.* commun, général, qui fait l'unanimité, unanime.

consensus *n.m.* accommodement, accord, alliance, arrangement, compromis, concordat, contrat, convention, engagement, entente, marché, modus vivendi, pacte, protocole, traité, transaction. △ **ANT.** DÉSACCORD, DISSENSION, DISSIDENCE, DIVISION, OPPOSITION, SCISSION.

consentant *adj.* approbateur, approbatif, favorable. △ **ANT.** NON CONSENTANT; RÉCALCITRANT, RÉFRACTAIRE.

consentement *n.m.* acceptation, accord, accréditation, acquiescement, adhésion, adoption, affirmation, affirmative, agrément, amen, approbation, approbativité, approuvé, assentiment, autorisation, aval, avis favorable, bénédiction, caution, chorus, confirmation, déclaration favorable, engagement, entérinement, exeat, feu vert, gré, homologation, légalisation, oui, permission, ratification, sanction, validation. BELG. agréage, agréation. SOUT. suffrage. RELIG. admittatur, celebret, créance, imprimatur, nihil obstat. △ **ANT.** CONDAMNATION, DÉSACCORD, DÉSAPPROBATION, INTERDICTION, OPPOSITION, PROHIBITION, REFUS.

consentir *v.* ▸ ***Donner son consentement*** – accéder à, accepter, acquiescer à, agréer, approuver, avaliser, cautionner, dire oui à, donner son aval à, opiner à, toper, vouloir. FAM. marcher. ▸ ***Daigner*** – accepter de, condescendre à, daigner, vouloir bien. ▸ ***Allouer*** – accorder, allouer, attribuer, concéder, donner, impartir, octroyer. SOUT. départir. △ **ANT.** EMPÊCHER, INTERDIRE, REFUSER, S'OPPOSER À.

conséquence *n.f.* action, conclusion, contrecoup, corollaire, développement, effet, efficacité, fonction, fruit, impact, implication, incidence, jeu, juste retour des choses, œuvre, portée, prolongement, réaction, rejaillissement, répercussion, résultante, résultat, retentissement, retombées, ricochet, séquelle, suite (logique). SOUT. aboutissant, efficace, fille. △ **ANT.** CAUSE, CONDITION, ORIGINE, PRÉMISSE, PRINCIPE, RAISON.

conséquent *adj.* cohérent, consistant, harmonieux, logique, ordonné, structuré, suivi. △ **ANT.** ÉCERVELÉ, ÉTOURDI, INCONSÉQUENT, INSOUCIANT, IRRÉFLÉCHI, IRRESPONSABLE, SANS CERVELLE, SANS-SOUCI; FAIBLE, MODESTE, NÉGLIGEABLE, PETIT.

conservateur *adj.* bien-pensant, bourgeois, conformiste, conventionnel, petit-bourgeois, traditionaliste. *FAM.* beauf. △ **ANT.** INNOVATEUR, RÉVOLUTIONNAIRE; LIBÉRAL *(POLITIQUE)*, RÉFORMISTE.

conservation *n.f.* ▶ ***Protection*** – abri, aide, appui, assistance, chapeautage, couverture, garantie, garde, mandat, parrainage, paternalisme, patronage, protection, recommandation, renfort, rescousse, sauvegarde, secours, sécurisation, soutien, surveillance, tutelle. *FIG.* parapluie. *SOUT.* égide. *FAM.* piston. ▶ ***Perpétuation*** – continuation, immortalisation, maintien, pérennisation, persistance, poursuite, préservation, prolongement, sauvegarde, suite, transmission. *SOUT.* ininterruption, perpétuation, perpétuement. △ **ANT.** DESTRUCTION; ABOLITION, ANNULATION; ALTÉRATION, DÉTÉRIORATION, GASPILLAGE, PERTE.

conserver *v.* ▶ ***Maintenir*** – entretenir, garder, maintenir, tenir. ▶ ***Protéger*** – garder, préserver, protéger, sauvegarder, sauver. ▶ ***Réserver*** – garder, garder en réserve, mettre de côté, mettre en réserve, réserver, tenir en réserve. ♦ **se conserver** ▶ ***Durer*** – demeurer, durer, perdurer, persister, résister, rester, se maintenir, se perpétuer, subsister, survivre. △ **ANT.** PERDRE, RENONCER À; JETER, SE DÉBARRASSER DE, SE DÉPARTIR DE; ALIÉNER, VENDRE; ABÎMER, ALTÉRER, DÉTÉRIORER, DÉTRUIRE. ♦ **se conserver** SE DÉTÉRIORER, SE GÂTER.

considérable *adj.* ▶ ***Incalculable*** – grand, illimité, immense, inappréciable, incalculable, incommensurable, infini, insondable, sans borne, sans fin, sans limites, sans mesure, vaste. *RARE* immensurable. ▶ ***Démesuré*** – colossal, démesuré, énorme, extraordinaire, extrême, fabuleux, formidable, géant, gigantesque, grand, gros, immense, incommensurable, monstrueux, monumental, phénoménal, prodigieux, surhumain, titanesque, vaste, vertigineux. *SOUT.* cyclopéen, herculéen. *FAM.* bœuf, de tous les diables, du diable, effrayant, effroyable, épouvantable, faramineux, méchant, monstre. *FRANCE FAM.* gratiné. ▶ ***Abondant*** – abondant, innombrable, nombreux. *FAM.* à la pelle. △ **ANT.** FAIBLE, INFIME, MODESTE, NÉGLIGEABLE, PETIT; BANAL, COMMUN, SANS ENVERGURE.

considération *n.f.* ▶ ***Action de porter attention*** – attention, regard. ▶ ***Respect*** – admiration, déférence, égard, estime, hommage, ménagement, respect, révérence. ▶ ***Renommée*** – célébrité, éclat, faveur, gloire, notoriété, palmarès, popularité, renom, renommée, réputation, vedettariat. *FIG.* auréole, immortalité, la déesse aux cent bouches. ▶ ***But*** – ambition, but, cause, cible, destination, fin, finalité, intention, mission, mobile, motif, objectif, objet, point de mire, pourquoi, prétexte, raison, raison d'être, sens, visée. *SOUT.* propos. ♦ **considérations, *plur.*** ▶ ***Réflexion*** – analyse, apagogie, argument, argumentation, déduction, démonstration, dialectique, dilemme, discussion, échafaudage, explication, implication, induction, inférence, logique, méthode, preuve, raison, réflexion, réfutation, sorite, substruction, syllogisme, syllogistique, synthèse. △ **ANT.** IGNORANCE; DÉCONSIDÉRATION, DÉDAIN, MÉPRIS, MÉSESTIME.

considérer *v.* ▶ ***Regarder*** – arrêter son regard sur, attacher son regard sur, braquer les yeux sur, contempler, dévisager *(une personne)*, examiner, fixer, fixer le regard sur, fouiller du regard, observer, regarder, scruter. *FAM.* gaffer, viser, zieuter. ▶ ***Envisager*** – avoir l'intention de, caresser le projet de, envisager, penser, préméditer de, projeter, songer à. *SOUT.* former le dessein de. ▶ ***Étudier*** – analyser, envisager, étudier, examiner, explorer, observer, penser à, pousser plus avant, prendre en considération, réfléchir sur, s'intéresser à, se pencher sur, traiter, voir. ▶ ***Juger*** – croire, estimer, être d'avis que, juger, penser, regarder, tenir, trouver. *SOUT.* compter, réputer. ▶ ***Respecter*** – avoir bonne opinion de, estimer, faire cas de, priser, respecter, tenir en estime. ♦ **se considérer** ▶ ***Se juger*** – s'estimer, se compter, se croire, se penser, se trouver. △ **ANT.** IGNORER, MÉSESTIMER, NÉGLIGER; DÉCONSIDÉRER, DÉDAIGNER, FAIRE FI DE, MÉPRISER.

consigne *n.f.* ▶ ***Directive*** – citation, commande, commandement, directive, injonction, instruction, intimation, mandat, ordre, prescription, semonce. ▶ ***Dépôt de bagages*** – bagagerie, soute, vestiaire.

consigner *v.* ▶ ***Écrire pour mémoire*** – enregistrer, inscrire, noter, prendre (bonne) note de, prendre en note, recueillir, relever. ▶ ***Priver de sortie*** – retenir. *FAM.* coller. △ **ANT.** DÉCONSIGNER, RETIRER; OMETTRE, TAIRE; AUTORISER, DÉLIVRER, LIBÉRER.

consistance *n.f.* ▶ ***Solidité*** – cohésion, compacité, coriacité, dureté, fermeté, fixité, force, homogénéité, indélébilité, indestructibilité, inextensibilité, massiveté, monolithisme, résilience, résistance, rigidité, robustesse, solidité, sûreté. ▶ ***Densité*** – compacité, concentration, densité, épaisseur, masse volumique, massiveté. △ **ANT.** FRAGILITÉ, INCONSISTANCE; LÉGÈRETÉ; INCOHÉRENCE.

consistant *adj.* ▶ ***Épais*** – épais, pâteux, sirupeux, visqueux. ▶ ***Copieux*** – nourrissant, nutritif, rassasiant, riche, substantiel. *FAM.* bourrant, bourratif, qui cale l'estomac. ▶ ***Cohérent*** – cohérent, conséquent, harmonieux, logique, ordonné, structuré, suivi. △ **ANT.** LÉGER; DÉLAYÉ, DILUÉ, INCONSISTANT; FRUGAL *(REPAS)*, MAIGRE; INCOHÉRENT.

consister *v.* ▶ ***Être composé*** – avoir, comporter, présenter, se composer de.

consolant *adj.* apaisant, calmant, consolateur, lénifiant, lénitif, rassérénant, rassurant, réconfortant, sécurisant, tranquillisant. △ **ANT.** AGAÇANT, CRISPANT, ÉNERVANT, EXASPÉRANT, EXCÉDANT, IRRITANT.

consolation *n.f.* ▶ ***Soulagement*** – adoucissement, apaisement, appui, baume, bercement, cicatrisation, rassérénement, réconfort, soulagement, soutien moral. *SOUT.* dictame. *FAM.* béquille. ▶ ***Remède moral*** – adoucissement, allégement, antidote, apaisement, atténuation, baume, correctif, dérivatif, distraction, diversion, exutoire, préservatif, remède, soulagement. *SOUT.* dictame. ▶ ***Dédommagement*** – compensation, contrepartie, correctif, dédommagement, dommages-intérêts, échange, indemnisation, indemnité, raison, récompense, remboursement, réparation, retour, satisfaction, soulte. △ **ANT.** AGGRAVATION; MALHEUR, MORTIFICATION, PEINE, SOUCI, TOURMENT; AFFLICTION, CHAGRIN, DÉSESPOIR, DÉSOLATION; PUNITION.

consoler *v.* ▶ ***Alléger le chagrin*** – mettre du baume au cœur, mettre un baume sur la plaie, réconforter, remonter, sécher les larmes, sécher les pleurs, soulager le cœur. SOUT. panser les plaies, tarir les larmes. ▶ ***Ramener à la sérénité*** – apaiser, calmer, rasséréner, rassurer, réconforter, sécuriser, tranquilliser. △ **ANT.** ACCABLER, AFFLIGER, ATTRISTER, CHAGRINER, CONSTERNER, DÉCOURAGER, DÉPRIMER, DÉSOLER, MORTIFIER, NAVRER, PEINER, TOURMENTER.

consolider *v.* ▶ ***Au sens concret*** – affermir, renforcer. QUÉB. solidifier; FAM. solider. ▶ ***Au sens abstrait*** – affermir, asseoir, cimenter, confirmer, conforter, fortifier, raffermir, renforcer. △ **ANT.** AFFAIBLIR, ÉBRANLER, MINER, SAPER; DÉMOLIR, DÉTRUIRE.

consommateur *n.* ▶ ***Acheteur*** – acheteur, acquéreur, adjudicataire, ayant cause, cessionnaire, client, destinataire, preneur, soumissionnaire. ▶ ***Personne qui prend une consommation*** – buveur. △ **ANT.** PRODUCTEUR, VENDEUR.

consommation *n.f.* ▶ ***Achèvement*** – aboutissement, accomplissement, achèvement, apothéose, but, chute, complémentation, complètement, complétude, conclusion, consécration, couronnement, dénouement, exécution, fin, finition, fruit, issue, produit, réalisation, règlement, résolution, résultat, sortie, terme, terminaison. SOUT. aboutissant. PHILOS. entéléchie. ▶ ***Usage*** – détention, jouissance, possession, propriété, usage, usufruit, utilisation. ▶ ***Alimentation*** – absorption, alimentation, cuisine, ingestion, ingurgitation, manducation, menu, nourrissement, nourriture, nutrition, ordinaire, repas, sustentation. FAM. cuistance, popote. ▶ ***Boisson*** – demi, double, pot, rasade, triple, verre. FAM. canon. △ **ANT.** COMMENCEMENT, CRÉATION, DÉBUT; PRODUCTION, VENTE.

consommé *n.m.* bouillon, chaudeau, court-bouillon. ▶ *Sans goût* – lavure.

consommer *v.* ▶ ***Dépenser*** – dépenser, user. ▶ ***Avaler*** – absorber, avaler, déglutir, ingérer, ingurgiter, prendre. ▶ ***Finir*** (SOUT.) – accomplir, achever, clore, finir, mener à bien, mener à (bon) terme, mener à bonne fin, réussir, terminer. FAM. boucler. ▶ ***Accomplir un acte criminel*** (SOUT.) – commettre, perpétrer. ♦ **consommé** ▶ ***Parfait*** – accompli, achevé, de rêve, exemplaire, idéal, idyllique, incomparable, irréprochable, modèle, parfait, rêvé. △ **ANT.** S'ABSTENIR DE, SE PRIVER DE; ÉCONOMISER; PRODUIRE; REJETER, VOMIR; COMMENCER.

consortium *n.m.* alliance, cartel, coentreprise, combinat, complexe, concentration, conglomérat, duopole, entente, groupe, industrie, monopole, oligopole, trust. PÉJ. féodalité.

conspirateur *n.* comploteur, conjurateur, conjuré, séditieux. △ **ANT.** DÉLATEUR, DÉNONCIATEUR.

conspiration *n.f.* agissements, cabale, calcul, combinaison, complot, conjuration, intrigue, machination, manigance, manipulation, manœuvre, maquignonnage, menées, plan, tractation. SOUT. brigue, fomentation. FAM. combine, fricotage, grenouillage, magouillage, magouille, micmac, mijotage. △ **ANT.** DÉLATION, DÉNONCIATION.

conspirer *v.* ▶ ***Organiser secrètement*** – combiner, fomenter, machiner, manigancer, monter, ourdir, tramer. FAM. fricoter, goupiller, magouiller, mijoter, traficoter, trafiquer. ▶ *À plusieurs* – comploter, concerter. ▶ ***Mener des intrigues*** – briguer, comploter, intriguer, manœuvrer. SOUT. se conjurer. ▶ ***Contribuer*** – aider à, concourir à, contribuer à, tendre à.

constamment *adv.* à l'infini, à perpétuité, à tous coups, à tous les coups, à tout bout de champ, à tout instant, à (tout) jamais, à tout moment, à toute heure (du jour et de la nuit), à vie, ad vitam æternam, assidûment, beau temps mauvais temps, chroniquement, continuellement, continûment, dans tous les cas, de nuit comme de jour, de toute éternité, en permanence, en tout temps, en toute saison, en toute(s) circonstance(s), éternellement, hiver comme été, immuablement, inaltérablement, indéfiniment, infiniment, invariablement, jour et nuit, nuit et jour, perpétuellement, pour la vie, pour les siècles des siècles, rituellement, sans arrêt, sans cesse, sans discontinuer, sans fin, sans interruption, sans relâche, sans répit, sempiternellement, systématiquement, toujours, tous les jours. SOUT. à demeure, incessamment. FAM. à perpète, tout le temps. △ **ANT.** À L'OCCASION, DE TEMPS À AUTRE, DE TEMPS EN TEMPS, OCCASIONNELLEMENT, PARFOIS, QUELQUEFOIS; À AUCUN MOMENT, EN AUCUN TEMPS, JAMAIS.

constance *n.f.* ▶ ***Fidélité*** – allégeance, attachement, confiance, dévouement, fidélité, foi, loyalisme, loyauté. ▶ ***Stabilité*** – continu, continuité, durabilité, durée, fermeté, fixité, immuabilité, immutabilité, imprescriptibilité, imputrescibilité, inaliénabilité, inaltérabilité, incorruptibilité, indéfectibilité, indissolubilité, invariabilité, longévité, pérennité, permanence, persistance, stabilité, tenue. PHYS. invariance. ▶ ***Persévérance*** – acharnement, assiduité, détermination, entêtement, fermeté, insistance, obstination, opiniâtreté, persévérance, persistance, résolution, suite dans les idées, ténacité, volonté. PÉJ. aveuglement. ▶ ***Fermeté*** – aplomb, assurance, autorité, caractère, courage, cran, détermination, endurance, énergie, fermeté, force, permanence, poigne, rectitude, résolution, ressort, sang-froid, sérieux, solidité, sûreté, ténacité, vigueur, virilité, volonté. SOUT. invulnérabilité. FAM. estomac, gagne. ▶ ***Patience*** – calme, courage, douceur, endurance, flegme, lenteur, patience, persévérance, persistance, résignation, sang-froid, tranquillité. SOUT. longanimité. △ **ANT.** INCONSTANCE, INFIDÉLITÉ; CHANGEMENT, VARIABILITÉ; INSTABILITÉ; CAPRICE, VERSATILITÉ.

constant *adj.* ▶ ***Stable*** – figé, fixe, immobile, inchangé, invariable, invariant, stable, stationnaire, statique. ▶ ***Continuel*** – continu, continuel, de tous les instants, incessant, ininterrompu, permanent, perpétuel, persistant, régulier. ▶ *Non favorable* – continuel, éternel, incessant, perpétuel, sans fin, sempiternel. ▶ ***Permanent*** – durable, éternel, immortel, immuable, impérissable, imprescriptible, inaltérable, indéfectible, indestructible, indissoluble, infini, permanent, perpétuel, sans fin. SOUT. pérenne. ▶ ***Persévérant*** – assidu, continu, fidèle, intense, régulier, soutenu, suivi. ▶ ***Fidèle*** – attaché, dévoué, fidèle, loyal, sûr. △ **ANT.** INCONSTANT; DISCONTINU, INTERMITTENT, IRRÉGULIER; FANTASQUE, INCONSISTANT, INSTABLE, LUNATIQUE; CAPITULARD, LÂCHEUR; FRIVOLE, INFIDÈLE, VOLAGE.

constatation *n.f.* observation, réflexion, remarque.

constater *v.* ▸ ***Se rendre compte*** – découvrir, prendre conscience, réaliser, remarquer, s'apercevoir, s'aviser, se rendre compte, voir. SOUT. éprouver. ▸ ***Remarquer*** – apercevoir, noter, observer, prendre acte, relever, remarquer, voir. △ **ANT.** NE PAS VOIR, NÉGLIGER, OMETTRE, OUBLIER, PASSER À CÔTÉ DE, RATER.

constellation *n.f.* astérisme.

consternation *n.f.* abattement, accablement, affliction, amertume, anéantissement, chagrin, déboires, déception, déconvenue, découragement, dégoût, dégrisement, démoralisation, dépit, désappointement, désenchantement, désespoir, désillusion, désolation, échec, écœurement, ennui, infortune, insuccès, lassitude, mécompte, peine, regret, revers, tristesse. SOUT. atterrement, déréliction, désabusement, désespérance, retombement. FAM. défrisage, défrisement, douche (froide), ras-le-bol. △ **ANT.** ALLÉGRESSE, JOIE.

constituer *v.* ▸ ***Fonder*** – créer, établir, fonder, former, instaurer, instituer, mettre en place. SOUT. ériger. ▸ ***Composer*** – composer, former. ▸ ***Représenter*** – être, faire office de, jouer le rôle de, représenter, tenir lieu de. △ **ANT.** DESTITUER, RENVERSER; DÉCOMPOSER, DÉFAIRE, DÉMOLIR, DÉTRUIRE, DISPERSER.

constitutif *adj.* ▸ ***Qui contribue à former*** – composant, constituant. ▸ ***Qui est un élément essentiel*** – foncier, fondamental, inhérent, inné, intrinsèque, radical. PHILOS. essentiel, immanent, substantiel. △ **ANT.** ÉTRANGER À.

constitution *n.f.* ▸ ***Composition*** – composition, conception, confection, construction, création, développement, édification, élaboration, exécution, fabrication, façon, façonnage, façonnement, formation, génération, genèse, gestation, invention, œuvre, organisation, paternité, production, réalisation, structuration, synthèse. SOUT. accouchement, enfantement. DIDACT. engendrement. ▸ ***Mise en place*** – création, disposition, édification, établissement, fondation, implantation, importation, installation, instauration, institution, introduction, intronisation, mise en œuvre, mise en place, mise sur pied, nomination, organisation, placement, pose. INFORM. implémentation. ▸ ***État physique*** – apparence, condition (physique), conformation, état (physique), forme, nature, santé, vitalité. SOUT. complexion. MÉD. diathèse, habitus. ▸ ***Caractère*** – abord, caractère, comportement, esprit, état d'âme, état d'esprit, humeur, idiosyncrasie, individualité, mentalité, nature, naturel, personnalité, sensibilité, tempérament, trempe. FAM. psychologie. ACADIE FAM. alément. PSYCHOL. thymie. ▸ ***Lois fondatrices*** – charte. △ **ANT.** DÉCOMPOSITION, DÉSORGANISATION, DESTRUCTION, DISSOLUTION; ANNULATION.

constructeur *n.* ▸ ***Personne qui fabrique*** – artisan, entrepreneur, fabricant, faiseur, industriel, manufacturier, producteur. ▸ ***Personne qui construit*** – architecte, bâtisseur, entrepreneur, ingénieur. △ **ANT.** DÉMOLISSEUR, DESTRUCTEUR, LIQUIDATEUR.

construction *n.f.* ▸ ***Action de construire*** – édification. SOUT. érection. RARE élévation. ▸ ***Édifice*** – bâtiment, bâtisse, édifice, maison, monument *(caractère historique)*, ouvrage. ▸ *Construction urbaine* – gratte-ciel, immeuble, tour. FAM. caserne. ▸ ***Structuration*** – accommodation, accommodement, agencement, ajustement, aménagement, architecture, arrangement, articulation, assemblage, combinaison, combinatoire, composition, concaténation, configuration, contexture, coordination, disposition, distribution, élaboration, enchaînement, harmonie, liaison, mise en ordre, mise en place, ordonnance, ordonnancement, ordre, organisation, orientation, plan, profil, programmation, rangement, structuration, structure, système, texture. ▸ ***Création*** – composition, conception, confection, constitution, création, développement, édification, élaboration, exécution, fabrication, façon, façonnage, façonnement, formation, génération, genèse, gestation, invention, œuvre, organisation, paternité, production, réalisation, structuration, synthèse. SOUT. accouchement, enfantement. DIDACT. engendrement. ▸ ***Formalisation*** – axiomatisation, formalisation, mathématisation, systématisation, théorisation. ▸ ***Expression*** – collocation, cooccurrence, énoncé, expression (figée), formule, lexie complexe, locution, phrase, proposition, syntagme, terme, tour, tournure. △ **ANT.** DÉMOLITION, DESTRUCTION; DÉCONSTRUCTION, DÉMONTAGE.

construire *v.* ▸ ***Bâtir une chose concrète*** – bâtir, dresser, édifier, élever, ériger. ▸ ***Bâtir une chose abstraite*** – bâtir, édifier, ériger. ▸ *Non favorable* – échafauder. ▸ ***Structurer*** – architecturer, articuler, bâtir, charpenter, façonner, organiser, structurer. △ **ANT.** DÉCONSTRUIRE, DÉFAIRE, DÉMOLIR, DÉMONTER, DÉTRUIRE, RENVERSER.

consultant *n.* ▸ ***Personne qui conseille*** – conseil, conseiller, directeur, éminence grise, éveilleur, guide, inspirateur, orienteur, précepteur, prescripteur. SOUT. égérie *(femme)*, mentor. FAM. cornac. ▸ ***Personne qui consulte*** – client, patient *(milieu de la santé)*.

consultation *n.f.* ▸ ***Examen médical*** – examen, visite. ▸ ***Vote*** – consultation (populaire), élection, plébiscite, proclamation, référendum, scrutin, suffrage, tour, urnes, voix, vote.

consulter *v.* ▸ ***Faire appel à qqn*** – avoir recours à, faire appel à, passer par, prendre conseil auprès de, recourir à, s'adresser à. ▸ ***Se référer à un document*** – lire, regarder, se référer à, se reporter à, voir. ♦ **se consulter** ▸ ***Délibérer*** – délibérer, tenir conseil. △ **ANT.** CONSEILLER; RÉPONDRE; ÉCARTER, NÉGLIGER, REFUSER.

consumer *v.* ▸ ***Détruire par le feu*** – calciner, carboniser, incinérer, réduire en cendres. FAM. cramer. ▸ ***Affaiblir physiquement*** – abattre, affaiblir, alanguir, anémier, débiliter, diminuer, épuiser, étioler, miner, ronger, user. ▸ ***Tourmenter*** – assaillir, crucifier, déchirer, dévorer, faire souffrir, lanciner, martyriser, mettre au supplice, percer, poignarder, ronger, supplicier, tarauder, tenailler, torturer, tourmenter, transpercer. SOUT. poindre. RARE bourreler. ♦ **se consumer** ▸ ***Brûler*** – brûler. FAM. cramer. QUÉB. FAM. passer au feu. ▸ ***Perdre ses forces*** – dépérir, perdre ses forces, s'affaiblir, s'anémier, s'étioler, s'user. SUISSE crevoter. △ **ANT.** ÉTEINDRE; CRÉER; CONSERVER, ENTRETENIR, FORTIFIER; ÉCONOMISER.

contact *n.m.* ▶ ***Action de toucher*** – toucher. ▶ ***Communication*** – attache, bons/mauvais termes, communication, compagnie, correspondance, côtoiement, coudoiement, entourage, familiarité, fréquentation, habitude, intelligence, intimité, liaison, lien, pratique, rapport, relation, société, usage, voisinage. SOUT. commerce. PÉJ. acoquinement, encanaillement. ▶ ***Connaissance*** – accointance, connaissance, fréquentation, relation. ▶ ***Accueil*** – abord, accès, accueil, approche, attitude, mine, réception, tête, traitement. ▶ ***Allumage*** – allumage, combustion, démarrage, départ, explosion. ▶ ***Dispositif*** – bouton (électrique), bouton-poussoir, clé, combinateur, commande, commutateur, conjoncteur, conjoncteur-disjoncteur, contacteur, coupleur, discontacteur, disjoncteur, interrupteur, manostat, microcontact, olive, poussoir, pressostat, rotacteur, rupteur, sectionneur, sélecteur, télécommande, va-et-vient. FAM. bitoniau. △ **ANT.** DÉTACHEMENT, ÉCARTEMENT, ÉLOIGNEMENT, SÉPARATION; DÉCONNEXION, DISJONCTION.

contagieux *adj.* ▶ ***Qui se transmet par contagion*** – infectieux, transmissible. ▶ ***Qui se transmet facilement*** – communicatif. ▶ ***Qui se répand vite*** – épidémique, qui se répand comme une traînée de poudre. △ **ANT.** INTRANSMISSIBLE.

contagion *n.f.* ▶ ***Contamination*** – contamination, corruption, envenimement, gangrène, infection, infestation, putréfaction. ▶ ***Influence*** – action, aide, appui, ascendant, attirance, attraction, aura, autorité, crédit, dominance, domination, effet, empreinte, emprise, fascination, force, importance, incitation, influence, inspiration, magie, magnétisme, mainmise, manipulation, mouvance, persuasion, pétition, poids, pouvoir, prépondérance, présence, pression, prestige, puissance, règne, rôle, séduction, subjugation, suggestion, tyrannie. SOUT. empire, intercession. △ **ANT.** HYGIÈNE, PRÉVENTION, PROPHYLAXIE, VACCINATION; DÉCONTAMINATION.

contamination *n.f.* ▶ ***Infection*** – contagion, corruption, envenimement, gangrène, infection, infestation, putréfaction. ▶ ***Pourrissement*** – blettissement, blettissure, corruption, malandre, moisi, moisissure, pourrissement, pourriture, rancissement. FAM. pourri. SOUT. chancissure, croupissement. ▶ ***Pollution*** – altération, pollution. △ **ANT.** HYGIÈNE, PRÉVENTION, PROPHYLAXIE, VACCINATION; DÉCONTAMINATION.

contaminer *v.* ▶ ***Transmettre une infection*** – envenimer, infecter. ▶ ***Polluer*** – corrompre, polluer, vicier. △ **ANT.** ASSAINIR, DÉCONTAMINER, DÉSINFECTER, GUÉRIR, PURIFIER, STÉRILISER.

conte *n.m.* ▶ ***Récit*** – chantefable, chronique, épopée, fabliau, histoire, historiette, légende, monogatari *(Japon)*, mythe, nouvelle, odyssée, roman, saga. ▶ ***À valeur morale*** – allégorie, apologue, fable, parabole.

contemplatif *adj.* ▶ ***Méditatif*** – contemplateur, méditatif, pensif. △ **ANT.** ACTIF, PRATIQUE, RÉALISTE.

contemplation *n.f.* ▶ ***Regard soutenu*** – observation, scrutation. ▶ ***Mysticisme*** – anagogie, dévotion, élévation, extase, illuminisme, mysticisme, mystique, oraison, philocalie, ravissement, sainteté, spiritualité, transe, vision. SOUT. mysticité.

contempler *v.* arrêter son regard sur, attacher son regard sur, braquer les yeux sur, considérer, dévisager *(une personne)*, examiner, fixer, fixer le regard sur, fouiller du regard, observer, regarder, scruter. FAM. gaffer, viser, zieuter. ♦ **se contempler** s'admirer, se mirer, se regarder.

contemporain *adj.* actuel, d'aujourd'hui, moderne. △ **ANT.** ANCIEN, ANTIQUE, ARCHAÏQUE; POSTÉRIEUR; ANTÉRIEUR.

contenance *n.f.* ▶ ***Capacité*** – capacité, cubage, cylindrée, dose, jauge, mesure, tonnage, volume. ▶ ***Posture*** – attitude, maintien, port, pose, position, posture, station, tenue. ▶ ***Allure*** – air, allure, apparence, aspect, attitude, démarche, façon, genre, ligne, maintien, manière, panache, physique, port, posture, prestance, silhouette, style, tenue, tournure. SOUT. extérieur, mine. FAM. gueule, touche. QUÉB. FAM. erre d'aller. PÉJ. FAM. dégaine. ▶ ***Affectation*** – affectation, air, apparence, apprêt, bluff, cabotinage, comédie, composition, convenu, dandysme, genre, imposture, jeu, maniérisme, manque de naturel, mascarade, mièvrerie, pose, raideur, recherche, représentation, snobisme. SOUT. cambrure. FAM. chiqué, cinéma.

contenant *n.m.* récipient. BELG. potiquet. △ **ANT.** CONTENU; FOND.

contenir *v.* ▶ ***Renfermer*** – comporter, comprendre, compter, englober, inclure, receler, renfermer. ▶ ***Tenir un certain volume*** – cuber, jauger, tenir. ▶ ***Tenir un certain nombre de personnes*** – accueillir, loger, recevoir, tenir. ▶ ***Refréner*** – endiguer, freiner, juguler, modérer, ralentir, refréner. SOUT. brider. ▶ ***Dominer un sentiment*** – calmer, contrôler, dominer, dompter, gouverner, maîtriser, surmonter, vaincre. SOUT. commander à. ▶ ***Refouler à l'intérieur de soi*** – empêcher, endiguer, étouffer, museler, refouler, refréner, rentrer, réprimer, retenir. SOUT. brider, contraindre. ♦ **se contenir** ▶ ***Se contrôler*** – garder son sang-froid, rester maître de soi, se calmer, se contrôler, se dominer, se dompter, se maîtriser, se posséder, se raisonner, se retenir. △ **ANT.** EXCLURE; DÉVERSER, LÂCHER, LAISSER S'ÉCHAPPER; EXPRIMER. ♦ **se contenir** CÉDER, ÉCLATER.

content *adj.* fier, fiérot, heureux, satisfait. FAM. joice. △ **ANT.** DE MAUVAISE HUMEUR, MAUSSADE, MOROSE, SOMBRE. ♦ **content de** DÉÇU DE, INSATISFAIT DE, MÉCONTENT DE.

contentement *n.m.* ▶ ***Satisfaction*** – apaisement, assouvissement, satiété, satisfaction, soulagement. SOUT. étanchement, rassasiement. ▶ ***Plaisir*** – bien-être, bon temps, bonheur, délectation, délice, douceur, euphorie, félicité, jouissance, orgasme, plaisir, régal, satisfaction, septième ciel, volupté. SOUT. aise, félicité, miel, nectar. ▶ ***Vanité*** – amour-propre, arrogance, autosatisfaction, bouffissure, complaisance, contentement (de soi), crânerie, enflure, fatuité, gloriole, hauteur, immodestie, importance, jactance, mégalomanie, morgue, orgueil, ostentation, outrecuidance, parade, pose, présomption, prétention, suffisance, superbe, supériorité, vanité, vantardise. SOUT. fierté, infatuation. FAM. ego. △ **ANT.** INSATISFAC-

TION, MÉCONTENTEMENT; CONTRARIÉTÉ, ENNUI; COLÈRE, DÉCEPTION, TRISTESSE.

contenter *v.* ▶ ***Satisfaire une personne*** – aller à, convenir à, faire l'affaire de, plaire à, satisfaire, sourire à. SOUT. agréer à, complaire à. FAM. arranger, chanter à. ▶ ***Satisfaire un besoin*** – apaiser, assouvir, calmer, étancher, rassasier, satisfaire, soulager. SOUT. désaltérer, repaître. ♦ **se contenter** ▶ ***S'accommoder*** – s'accommoder, s'arranger, se satisfaire. ▶ ***Se borner*** – s'en tenir à, se borner à, se cantonner dans, se limiter à. △ **ANT.** ATTRISTER, CONTRARIER, DÉCEVOIR, DÉPLAIRE, MÉCONTENTER; FRUSTRER.

contenu *n.m.* ▶ ***Contenu abstrait*** – fil conducteur, fil rouge, idée générale, sens, teneur. △ **ANT.** CONTENANT; FORME.

conter *v.* exposer, faire le récit de, raconter, relater, retracer. SOUT. narrer. FRANCE FAM. bonir. △ **ANT.** DISSIMULER, TAIRE.

contestable *adj.* attaquable, controversable, controversé, critiquable, discutable, douteux, fragile, litigieux, mis en doute, sujet à caution, sujet à controverse, vulnérable. △ **ANT.** AVÉRÉ, CERTAIN, DÉMONTRÉ, ÉTABLI, FORMEL, INCONTESTABLE, INDÉNIABLE, INDISCUTABLE, INDUBITABLE, IRRÉFUTABLE, PROUVÉ, RECONNU, SÛR.

contestation *n.f.* ▶ ***Négation*** – contradiction, désapprobation, négation, négative, non, opposition, récusation, refus, réfutation, rejet. ▶ ***Désaccord*** – affrontement, antagonisme, combat, compétition, concurrence, conflit, contentieux, controverse, débat, désaccord, différend, discorde, discussion, dispute, dissension, dissentiment, divergence, émulation, friction, heurt, incompatibilité, incompréhension, lutte, mésentente, mésintelligence, opposition, polémique, querelle, rivalité. FAM. bagarre. ▶ ***Querelle*** – affaire, arbitrage, débat, démêlé, différend, discussion, dispute, médiation, négociation, panel, querelle, règlement, spéculation, tractation. ▶ ***Indiscipline*** – désobéissance, désordre, dissipation, fantaisie, indiscipline, indocilité, insoumission, insubordination, mauvaise volonté, opiniâtreté, rébellion, refus d'obéissance, résistance, rétivité, révolte. △ **ANT.** AFFIRMATION, CONFIRMATION; ACCORD, APPROBATION, APPUI, SOUTIEN; DISCIPLINE, OBÉISSANCE.

contester *v.* ▶ ***Ne pas admettre comme vrai*** – démentir, disconvenir de, nier, rejeter. RARE récuser. ▶ ***Ne pas reconnaître un droit*** – dénier, récuser. ▶ ***Mettre en doute*** – discuter, douter de, mettre en doute, remettre en cause. SOUT. révoquer en doute. △ **ANT.** ACCEPTER, ADMETTRE, APPROUVER, ATTESTER, AVÉRER, AVOUER, CERTIFIER, CONCÉDER, CROIRE, RECONNAÎTRE.

conteur *n.* narrateur, raconteur. SOUT. anecdotier, diseur.

contexte *n.m.* ▶ ***Situation*** – circonstance, climat, condition, conjoncture, cours des choses, état de choses, état de fait, paysage, position, situation, tenants et aboutissants. ▶ ***Environnement d'un mot*** – concordance.

continent *n.m.* masse continentale, sous-continent, terre ferme. △ **ANT.** ÎLE; MER.

contingent *adj.* ▶ ***Qui peut se produire*** – aléatoire, casuel, conditionnel, conjectural, douteux, éventuel, hasardé, hasardeux, hypothétique, incertain, possible, problématique, supposé. ▶ ***Peu important*** – accessoire, anecdotique, annexe, (d'intérêt) secondaire, de second plan, décoratif, dédaignable, épisodique, incident, indifférent, insignifiant, marginal, mineur, négligeable. △ **ANT.** NÉCESSAIRE; ASSURÉ, CERTAIN, FATAL, IMMANQUABLE, INCONTOURNABLE, INÉLUCTABLE, INÉVITABLE, OBLIGATOIRE, SÛR.

contingent *n.m.* ▶ ***Part*** – apport, commandite, contribution, cotisation, dot, dotation, écot, financement, fonds, fournissement, lot, mise, montant, obligation, parrainage, part, participation, portion, quote-part, quotité. ▶ ***Quota*** – fraction, part, portion, pourcentage, quantité, quota.

continu *adj.* ▶ ***Persévérant*** – assidu, constant, fidèle, intense, régulier, soutenu, suivi. ▶ ***Continuel*** – constant, continuel, de tous les instants, incessant, ininterrompu, permanent, perpétuel, persistant, régulier. ▸ *Non favorable* – continuel, éternel, incessant, perpétuel, sans fin, sempiternel. △ **ANT.** DISCONTINU, INTERMITTENT, IRRÉGULIER, SPORADIQUE.

continuation *n.f.* conservation, immortalisation, maintien, pérennisation, persistance, poursuite, préservation, prolongement, sauvegarde, suite, transmission. SOUT. ininterruption, perpétuation, perpétuement. △ **ANT.** ARRÊT, CESSATION, FIN, INTERRUPTION, RUPTURE, SUSPENSION; INNOVATION; RÉVOLUTION.

continuel *adj.* ▶ ***Constant*** – constant, continu, de tous les instants, incessant, ininterrompu, permanent, perpétuel, persistant, régulier. ▸ *Non favorable* – éternel, incessant, perpétuel, sans fin, sempiternel. ▶ ***Fréquent*** – fréquent, multiple, nombreux, récurrent, répété, répétitif. △ **ANT.** DISCONTINU, INTERMITTENT, IRRÉGULIER, SPORADIQUE; OCCASIONNEL, RARES.

continuellement *adv.* à l'infini, à perpétuité, à tous coups, à tous les coups, à tout bout de champ, à tout instant, à (tout) jamais, à tout moment, à toute heure (du jour et de la nuit), à vie, ad vitam æternam, assidûment, beau temps mauvais temps, chroniquement, constamment, continûment, dans tous les cas, de nuit comme de jour, de toute éternité, en permanence, en tout temps, en toute saison, en toute(s) circonstance(s), éternellement, hiver comme été, immuablement, inaltérablement, indéfiniment, infiniment, invariablement, jour et nuit, nuit et jour, perpétuellement, pour la vie, pour les siècles des siècles, rituellement, sans arrêt, sans cesse, sans discontinuer, sans fin, sans interruption, sans relâche, sans répit, sempiternellement, systématiquement, toujours, tous les jours. SOUT. à demeure, incessamment. FAM. à perpète, tout le temps. △ **ANT.** À L'OCCASION, DE TEMPS À AUTRE, DE TEMPS EN TEMPS, OCCASIONNELLEMENT, PARFOIS, QUELQUEFOIS; À AUCUN MOMENT, EN AUCUN TEMPS, JAMAIS.

continuer *v.* ▶ ***Poursuivre*** – avancer, poursuivre, pousser. ▶ ***Prolonger dans le temps*** – entretenir, maintenir, perpétuer, prolonger. ▶ ***Prolonger dans l'espace*** – étendre, prolonger. ▶ ***Persévérer*** – persévérer, poursuivre. FAM. insister, tenir bon. BELG. perdurer. ▶ ***Se poursuivre dans le temps*** – durer, se poursuivre. ▶ ***Se poursuivre dans l'espace*** – s'étendre, se prolonger. △ **ANT.** DISCONTINUER, INTERROMPRE, SUSPENDRE; ABANDONNER, ACHEVER, ARRÊTER, CESSER, TERMINER; BORNER, EMPÊCHER, PARALYSER.

continuité *n.f.* constance, continu, durabilité, durée, fermeté, fixité, immuabilité, immutabilité, imprescriptibilité, imputrescibilité, inaliénabilité, inaltérabilité, incorruptibilité, indéfectibilité, indissolubilité, invariabilité, longévité, pérennité, permanence, persistance, stabilité, tenue. PHYS. invariance. △ **ANT.** BRISURE, COUPURE, DISCONTINUITÉ, INTERRUPTION, RUPTURE, SUSPENSION; INTERMITTENCE.

contour *n.m.* ▶ ***Pourtour*** – bord, ceinture, cercle, circonférence, dessin, extérieur, forme, lèvres, limbe, marli *(plat, assiette)*, périmètre, périphérie, pourtour, tour. ▶ ***Courbe*** – arabesque, boucle, courbe, détour, lacet, méandre, ondulation, repli, serpentin, sinuosité, volute *(fumée)*. SOUT. flexuosité. △ **ANT.** CENTRE, INTÉRIEUR, MILIEU.

contourner *v.* ▶ ***Éluder*** – éluder, escamoter, esquiver, éviter, fuir, se dérober à, tourner. ▶ ***Déborder l'ennemi*** – déborder, prendre à revers, tourner. ▶ ***Déformer*** – bistourner, courber, déformer, déjeter, dévier, distordre, gauchir, tordre, voiler. RARE tortuer. TECHN. s'envoiler. ♦ **contourné** ▶ ***Qui présente une courbe*** – arqué, arrondi, cintré, courbé, curviligne, en arc de cercle, incurvé, recourbé, voûté. ▶ ***Qui manque de clarté*** – brouillé, brumeux, compliqué, confus, embarrassé, embrouillé, embroussaillé, enchevêtré, entortillé, flou, fumeux, incompréhensible, indéchiffrable, inintelligible, nébuleux, obscur, tarabiscoté, vague, vaseux. SOUT. abscons, abstrus, amphigourique, fuligineux. FAM. chinois, emberlificoté, filandreux, vasouillard. ▶ ***Qui use de détours*** – compliqué, détourné, dévié, tordu. ▶ ***Trop recherché*** – alambiqué, maniéré, quintessencié, sophistiqué, tarabiscoté, truffé de subtilités. △ **ANT.** AFFRONTER, ALLER DROIT SUR, ATTAQUER.

contracter *v.* ▶ ***Rendre plus étroit*** – étrangler, resserrer, rétrécir. ▶ ***Tendre un muscle*** – bander, crisper, raidir, tendre. ▶ ***Altérer les traits du visage*** – convulser, crisper, décomposer, déformer. ▶ ***Acquérir une habitude*** – acquérir, développer, prendre. ▶ ***Attraper une maladie*** – attraper. FAM. choper. ♦ **se contracter** ▶ ***Devenir plus petit*** – raccourcir, rapetisser, rétrécir, se rétracter. SOUT. accourcir. ♦ **contracté** ▶ ***En parlant d'un muscle*** – crispé, tendu. ▶ ***En parlant de qqn*** – nerveux, stressé, tendu. △ **ANT.** DÉCONTRACTER, DÉTENDRE; AMPLIFIER, DILATER, GONFLER; DÉVELOPPER; DISSOUDRE, ROMPRE. ♦ **se contracter** PRENDRE DE L'EXPANSION, S'ÉTENDRE, SE DÉVELOPPER.

contraction *n.f.* ▶ ***Resserrement*** – astriction, constriction, crampe, crispation, étranglement, palpitation, pressage, pression, pressurage, resserrement, rétraction, rétrécissement, serrement, spasme, tension. MÉD. clonie, clonus, contracture, striction, tétanisation. ▶ ***Retranchement de lettres*** – crase, sandhi, synalèphe, synérèse. ▶ ***Convulsion*** – contorsion, convulsion, torsion. ♦ **contractions,** ***plur.*** contractions (utérines), douleurs, douleurs de l'accouchement, douleurs de l'enfantement, travail. △ **ANT.** DILATATION, EXPANSION, EXTENSION; DÉCONTRACTION, DÉTENTE, RELÂCHEMENT, REPOS.

contradiction *n.f.* ▶ ***Contraire*** – antilogie, antinomie, antipode, antithèse, antonymie, contraire, contraste, contrepartie, contre-pied, dichotomie, différence, divergence, envers, inverse, opposition, polarité, réciproque. ▶ ***Paradoxe*** – absurdité, antilogie, antinomie, aporie, conflit, contresens, contrevérité, impossibilité, incohérence, inconsistance, invraisemblance, non-sens, paradoxe, sophisme. ▶ ***Illogisme*** – aberration, absurde, absurdité, apagogie, illogisme, incohérence, inconséquence, irrationalité, irrationnel, non-sens, paradoxe, paralogisme. ▶ ***Contestation*** – contestation, désapprobation, négation, négative, non, opposition, récusation, refus, réfutation, rejet. △ **ANT.** ACCORD, CONCORDANCE, CONFIRMATION, IDENTITÉ, PREUVE; COHÉRENCE, CONSISTANCE, LOGIQUE; APPROBATION, APPUI, SOUTIEN; CONSENSUS, ENTENTE, UNANIMITÉ.

contradictoire *adj.* ▶ ***Paradoxal*** – antinomique, antipodal, antithétique, paradoxal. PHILOS. aporétique. ▶ ***Divergent*** – contraire, discordant, dissonant, divergent, éloigné, incompatible, inconciliable, opposé. RARE inaccordable. △ **ANT.** COMPATIBLE, CONCILIABLE, CONCORDANT, CONVERGENT, CORRESPONDANT.

contraignant *adj.* ▶ ***Qui laisse peu de liberté*** – astreignant, étroit, restreignant, rigide, rigoureux, strict. ▶ ***Qui accable*** – accablant, aliénant, asservissant, assujettissant, astreignant, écrasant, étouffant, exigeant, impitoyable, lourd, oppressant, pénible, pesant. △ **ANT.** FLEXIBLE, SOUPLE; ÉMANCIPATEUR, LIBÉRATEUR.

contraindre *v.* ▶ ***Obliger*** – assujettir, astreindre, forcer, mettre dans l'obligation, obliger, soumettre. ▶ ***Acculer*** – acculer, forcer, piéger, réduire. FAM. coincer, squeezer. ▶ ***Refouler*** (SOUT.) – contenir, empêcher, endiguer, étouffer, museler, refouler, refréner, rentrer, réprimer, retenir. SOUT. brider. ♦ **se contraindre** ▶ ***Se forcer*** – s'efforcer, s'obliger, se forcer. ♦ **contraint** ▶ ***Obligé*** – forcé, involontaire. ▶ ***Embarrassé*** – crispé, embarrassé, forcé, gauche, gêné, mal à l'aise. △ **ANT.** AFFRANCHIR, DÉLIVRER, LAISSER LIBRE DE, LIBÉRER; AIDER; AUTORISER, PERMETTRE, TOLÉRER.

contrainte *n.f.* ▶ ***Acte de contraindre*** – astreinte, coercition, force, pression. SOUT. joug. ▶ *Sur un pays* – satellisation. ▶ ***Obligation*** – astreinte, exigence, impératif, nécessité, obligation, servitude. ▶ ***Amende*** – amende, astreinte, constat d'infraction, contravention, jour-amende, peine, pénalisation, pénalité, procès-verbal. FAM. contredanse, P.-V., papillon. ▶ ***Gêne*** – confusion, crainte, embarras, gêne, honte, humilité, pudeur, réserve, retenue, scrupule, timidité. △ **ANT.** AFFRANCHISSEMENT, LIBÉRATION; LIBERTÉ, LIBRE ARBITRE; PERMISSION, TOLÉRANCE; AISANCE, NATUREL.

contraire *adj.* ▶ ***Inverse*** – adverse, inverse, opposé. ▶ ***Divergent*** – contradictoire, discordant, dissonant, divergent, éloigné, incompatible, inconciliable, opposé. RARE inaccordable. ▶ ***Dommageable*** – adverse, attentatoire, défavorable, désavantageux, dommageable, hostile, nuisible, pernicieux, préjudiciable. △ **ANT.** ANALOGUE, COMPARABLE, ÉQUIVALENT, IDENTIQUE, MÊME, PAREIL, PROCHE, RESSEMBLANT, SEMBLABLE, SIMILAIRE; AVANTAGEUX, FAVORABLE. ♦ **contraire à** CONFORME À, EN CONCORDANCE AVEC, SELON; BÉNÉFIQUE À, BON POUR.

contraire *n.m.* ▶ ***Opposition*** – antilogie, antinomie, antipode, antithèse, antonymie, contradiction, contraste, contrepartie, contre-pied, dichotomie, différence, divergence, envers, inverse, opposition, polarité, réciproque. ▶ ***Adversaire*** – adversaire, antagoniste, attaqueur, challenger, compétiteur, concurrent, contestataire, contre-manifestant, détracteur, dissident, ennemi, mécontent, opposant, opposé, pourfendeur, prétendant, protestataire, rival. SOUT. émule. ▶ ***Antonyme*** – antonyme, opposé. △ **ANT.** ÉGALITÉ, IDENTITÉ, PARITÉ; ANALOGIE, RESSEMBLANCE, SIMILITUDE.

contrarier *v.* ▶ ***Entraver*** – aller à l'encontre de, barrer, contrecarrer, déranger, empêcher, entraver, faire obstacle à, gâcher, gêner, mettre des bâtons dans les roues de, nuire à, s'opposer à, se mettre en travers de, troubler. ▶ ***Ennuyer*** – agacer, chiffonner, ennuyer, irriter. FAM. embêter, empoisonner. ▶ ***Frustrer*** – dépiter, déplaire à, fâcher, frustrer, mécontenter. FAM. défriser. QUÉB. FAM. choquer. ♦ **contrarié** ▶ ***Mécontent*** – ennuyé, fâché, insatisfait, mécontent. ▶ ***Préoccupé*** – absorbé, ennuyé, inquiet, pensif, perplexe, préoccupé, songeur, soucieux, tracassé. ▶ ***Décontenancé*** – confondu, déconcerté, déconfit, décontenancé, démonté, dépité, dérouté, désarçonné, désemparé, désorienté, déstabilisé, penaud. FAM. capot. △ **ANT.** AIDER, AVANTAGER, FAVORISER; AMUSER, PLAIRE À, RÉJOUIR; CONTENTER, SATISFAIRE.

contrariété *n.f.* ▶ ***Obstacle*** – accroc, adversité, anicroche, barrière, blocage, contretemps, défense, difficulté, digue, écueil, embarras, empêchement, ennui, entrave, frein, gêne, impasse, impossibilité, inhibition, interdiction, objection, obstruction, ombre au tableau, opposition, pierre d'achoppement, point noir, problème, résistance, restriction, tribulations. SOUT. achoppement, impedimenta, traverse. FAM. hic, lézard, os, pépin. QUÉB. FAM. aria. RARE empêtrement. ▶ ***Incident*** – accident, accroc, accrochage, affaire, anicroche, avatar, aventure, complication, contingences, contretemps, crise, désagrément, difficulté, dispute, embarras, empêchement, ennui, épine, épisode, événement, éventualité, imprévu, incident, mésaventure, obstacle, occasion, occurrence, péripétie, problème, rebondissement, tribulations. SOUT. adversité. FAM. cactus, embêtement, emmerde, emmerdement, enquiquinement, os, pépin, pétrin, tuile. FRANCE FAM. empoisonnement. ▶ ***Épreuve*** – coup, coup du destin, coup du sort, coup dur, disgrâce, échec, épreuve, hydre, infortune, mal, malchance, malheur, mauvais moment à passer, misère, péril, revers, ruine, tribulation. SOUT. traverse. ▶ ***Préoccupation*** – agitation, angoisse, anxiété, cassement de tête, désagrément, difficulté, doute, ennui, gêne, inquiétude, obnubilation, occupation, peine, pensée, préoccupation, sollicitude, souci, suspens, tiraillement, tourment, tracas. SOUT. affres. FAM. tintouin, tracassin. ▶ ***Agacement*** – agacement, chiffonnage, chiffonnement, déplaisir, désagrément. FAM. embêtement, emmerde, emmerdement. △ **ANT.** BIENFAIT, CHANCE, COMMODITÉ; BONHEUR, CONTENTEMENT, JOIE, PLAISIR, SATISFACTION.

contrastant *adj.* contrasté, différent, opposé, tranché. △ **ANT.** ANALOGUE, SIMILAIRE.

contraste *n.m.* ▶ ***Opposition*** – antithèse, désaccord, désagencement, désassortiment, déséquilibre, différence, discordance, disharmonie, disparité, disproportion, dissemblance, hétérogénéité, heurt, opposition, repoussoir. SOUT. disconvenance, tapage. ▶ ***Contraire*** – antilogie, antinomie, antipode, antithèse, antonymie, contradiction, contraire, contrepartie, contre-pied, dichotomie, différence, divergence, envers, inverse, opposition, polarité, réciproque. △ **ANT.** ACCORD, HARMONIE; ANALOGIE, RESSEMBLANCE, SIMILITUDE; ÉGALITÉ, IDENTITÉ, PARITÉ.

contraster *v.* ▶ ***Détonner*** – détonner, ressortir, se détacher, trancher. △ **ANT.** ALLER BIEN, ALLER ENSEMBLE, S'ACCORDER, S'HARMONISER.

contrat *n.m.* ▶ ***Accord*** – accommodement, accord, alliance, arrangement, compromis, concordat, consensus, convention, engagement, entente, marché, modus vivendi, pacte, protocole, traité, transaction. ▶ ***Engagement*** – charge, commandement, dette, devoir, engagement, lien, obligation, parole, promesse, responsabilité, serment. △ **ANT.** INDÉPENDANCE, LIBERTÉ.

contre-attaque (var. **contrattaque**) *n.f.* ▶ ***Au sport*** – contre. ▶ ***Dans une bataille*** – contre-offensive. ▶ ***Riposte verbale*** – écho, objection, réaction, réflexe, réfutation, repartie, réplique, réponse, riposte.

contrebande *n.f.* économie parallèle, économie souterraine, marché clandestin, marché noir, trafic.

contrecoup *n.m.* action, conclusion, conséquence, corollaire, développement, effet, efficacité, fonction, fruit, impact, implication, incidence, jeu, juste retour des choses, œuvre, portée, prolongement, réaction, rejaillissement, répercussion, résultante, résultat, retentissement, retombées, ricochet, séquelle, suite (logique). SOUT. aboutissant, efficace, fille. △ **ANT.** CAUSE, ORIGINE.

contredire *v.* ▶ ***Démentir qqn*** – démentir. ▶ ***Démentir qqch.*** – démentir, infirmer, prendre le contre-pied de, réfuter, s'inscrire en faux contre. ♦ **se contredire** ▶ ***Être inconséquent avec soi-même*** – se couper, se démentir, se trahir. ▶ ***S'opposer*** – différer, diverger, s'opposer. △ **ANT.** APPROUVER, CONFIRMER; CONCORDER AVEC, CORRESPONDRE. ♦ **se contredire** S'ACCORDER AVEC, S'ENTENDRE.

contrée *n.f.* coin (de pays), latitude, partie du monde, pays, région, secteur, zone. SOUT. cieux, climats. FAM. patelin.

contremaître *n.* agent de maîtrise, chef d'équipe, chef de produit, chef de projet, conducteur des travaux, surveillant de travaux, surveillant technique. △ **ANT.** EMPLOYÉ, OUVRIER, TRAVAILLEUR.

contrepartie *n.f.* ▶ ***Contraire*** – antilogie, antinomie, antipode, antithèse, antonymie, contradiction, contraire, contraste, contre-pied, dichotomie, différence, divergence, envers, inverse, opposition, polarité, réciproque. ▶ ***Compensation*** – compensation, consolation, correctif, dédommagement, dommages et intérêts, dommages-intérêts, échange, indemnisation, indemnité, raison, récompense, remboursement, réparation, retour, satisfaction, soulte.

contrepoids *n.m.* ▶ ***Équilibre*** – accord, balance, balancement, compensation, égalité, équilibre, harmonie, juste milieu, moyenne, pondération, proportion, suspension, symétrie.

contresens *n.m.* ▶ ***Fausseté*** – écart, erreur, faute, imperfection, imprécision, incorrection, inexactitude, infidélité, irrégularité. ▶ ***Contradiction*** – absurdité, antilogie, antinomie, aporie, conflit, contradiction, contrevérité, impossibilité, incohérence, inconsistance, invraisemblance, nonsens, paradoxe, sophisme.

contretemps *n.m.* accident, accroc, accrochage, affaire, anicroche, avatar, aventure, complication, contingences, contrariété, crise, désagrément, difficulté, dispute, embarras, empêchement, ennui, épine, épisode, événement, éventualité, imprévu, incident, mésaventure, obstacle, occasion, occurrence, péripétie, problème, rebondissement, tribulations. *SOUT.* adversité. *FAM.* cactus, embêtement, emmerde, emmerdement, enquiquinement, os, pépin, pétrin, tuile. *FRANCE FAM.* empoisonnement. △ **ANT.** ARRANGEMENT, FACILITÉ.

contribuable *n.* assujetti, imposé. *FRANCE* redevable. *ANC.* censier, censitaire, tributaire.

contribuer *v.* ▶ ***Collaborer*** – avoir part, collaborer, concourir, coopérer, partager, participer, prendre part, s'associer, s'engager, s'impliquer, s'investir, se joindre. ▶ ***Payer sa part*** – cotiser, participer à. ▶ ***Avoir part à un résultat*** – aider à, concourir à, conspirer à, tendre à. ▶ ***Donner*** (*SOUT.*) – donner, faire cadeau de, faire don de, offrir, prodiguer. △ **ANT.** BOUDER, BOYCOTTER, S'ABSTENIR DE; CONTRARIER, ENTRAVER, NUIRE.

contribution *n.f.* ▶ ***Dépense*** – cotisation, débours, déboursement, décaissement, dépense, faux frais, frais, paiement, sortie. ▶ ***Impôt*** – charge, cote, droit, excise, fiscalité, imposition, levée, patente, prélèvement, prestation, prime *(assurance)*, redevance, surtaxe, taxation, taxe, tribut. *QUÉB.* accise. *BELG.* accises. *HIST.* capitation, champart, corvée, dîme, fouage, franc-fief, gabelle, maltôte, moulage, taille, tonlieu. *DR.* foretage. ▶ ***Collaboration*** – aide, appoint, apport, appui, assistance, association, bienfaisance, bons offices, collaboration, complicité, concours, conseil, coopération, coup d'épaule, coup de main, coup de pouce, dépannage, entraide, grâce, main-forte, participation, planche de salut, renfort, secours, service, soutien, synergie. *SOUT.* viatique. *FAM.* (coup de) fion. △ **ANT.** ABSTENTION; ENTRAVE, OBSTACLE.

contrition *n.f.* attrition, componction, honte, pénitence, regret, remords, repentir. *SOUT.* repentance, résipiscence. △ **ANT.** ENDURCISSEMENT, IMPÉNITENCE.

contrôle *n.m.* ▶ ***Vérification*** – analyse, apurement, audit, censure, confrontation, épreuve, examen, expérience, expérimentation, expertise, filtrage, inspection, pointage, recensement, recension, récolement, reconnaissance, recoupement, révision, revue, suivi, supervision, surveillance, test, vérification. *RARE* schibboleth. ▶ ***Évaluation scolaire*** – épreuve, évaluation, examen, interrogation, test. *FAM.* colle, interro. ▶ ***Censure*** – autocensure, bâillonnement, boycottage, caviardage, censure, exclusive, filtre, imprimatur, interdiction, mise à l'index, musellement, veto. *FIG.* bâillon, muselière. *FAM.* anastasie. *RELIG.* interdit, monition, suspense, tabouisation. △ **ANT.** LAISSER-FAIRE, LAXISME, NÉGLIGENCE, OMISSION, OUBLI.

contrôler *v.* ▶ ***Tester*** – inspecter, réviser, tester, vérifier. ▶ ***Tenir en son pouvoir*** – asservir, diriger, dominer, exercer son empire sur, exercer son emprise sur, gouverner, régenter, soumettre, subjuguer, tenir en son pouvoir, vampiriser, vassaliser. *SOUT.* inféoder. ▶ ***Maîtriser un sentiment*** – calmer, contenir, dominer, dompter, gouverner, maîtriser, surmonter, vaincre. *SOUT.* commander à. ♦ **se contrôler** ▶ ***Se maîtriser*** – garder son sang-froid, rester maître de soi, se calmer, se contenir, se dominer, se dompter, se maîtriser, se posséder, se raisonner, se retenir. △ **ANT.** NÉGLIGER, SE DÉSINTÉRESSER DE; LAISSER ALLER, LAISSER LIBRE.

controverse *n.f.* ▶ ***Dispute*** – accrochage, algarade, altercation, brouille, brouillerie, chicane, démêlé, désaccord, désunion, différend, discorde, dispute, divergence, escarmouche, explication, fâcherie, froid, heurt, joute oratoire, litige, malentendu, mésentente, passe d'armes, polémique, querelle, rupture, scène, zizanie. *FAM.* bagarre, bisbille, bringue, chamaille, chamaillerie, empoignade, empoignement, engueulade, prise de bec, séance. *BELG. FAM.* bisbrouille. ▶ ***Débat*** – affrontement, antagonisme, combat, compétition, concurrence, conflit, contentieux, contestation, débat, désaccord, différend, discorde, discussion, dispute, dissension, dissentiment, divergence, émulation, friction, heurt, incompatibilité, incompréhension, lutte, mésentente, mésintelligence, opposition, polémique, querelle, rivalité. *FAM.* bagarre. △ **ANT.** ACCORD, CONSENSUS, UNANIMITÉ.

convaincant *adj.* ▶ ***Persuasif*** – éloquent, entraînant, persuasif. ▶ ***Décisif*** – concluant, décisif, définitif, éloquent, péremptoire, probant, tranchant. △ **ANT.** DISSUASIF; ATTAQUABLE, CONTESTABLE, DISCUTABLE, DOUTEUX, FRAGILE, VULNÉRABLE.

convaincre *v.* ▶ ***Persuader*** – amener, décider, déterminer, entraîner, persuader. ♦ **convaincu** ▶ ***Sûr*** – assuré, certain, persuadé, sûr.

convalescence *n.f.* amélioration, apaisement, cicatrisation, cure, guérison, mieux-être, relevailles, relèvement, rémission, répit, résurrection, rétablissement, retour à la santé, salut, soulagement, traitement. *MÉD.* délitescence, postcure, résorption, rétrocession. △ **ANT.** AGGRAVATION, COMPLICATION, RECHUTE.

convenable *adj.* ▶ ***Approprié*** – à propos, adapté, adéquat, approprié, bien trouvé, bien venu, bon, conforme, correct, de circonstance, heureux, indiqué, juste, opportun, pertinent, propice, propre. *SOUT.* ad hoc, congruent, expédient, idoine. *DIDACT.* topique. ▶ ***Satisfaisant*** – acceptable, approuvable, bien, bon, correct, décent, honnête, honorable, moyen, passable, présentable, raisonnable, satisfaisant, suffisant. *FAM.* O.K., potable, supportable. ▶ ***Qui respecte les convenances*** – bien, bienséant, correct, de bon ton, décent, digne, fréquentable, honnête, honorable, moral, rangé, recommandable, respectable, sérieux. *FAM.* comme il faut. △ **ANT.** INADÉQUAT, INAPPROPRIÉ; DÉSASTREUX, EXÉCRABLE, LAMENTABLE, MAUVAIS, MINABLE, NUL, PIÈTRE, PITEUX, PITOYABLE; EXCELLENT, EXTRAORDINAIRE, FANTASTIQUE; INSATISFAISANT, INSUFFISANT; DÉPLACÉ, HORS DE PROPOS,

IMPORTUN, INCONGRU, INOPPORTUN, INTEMPESTIF, MAL À PROPOS, MAL VENU, MALENCONTREUX.

convenablement *adv.* ▶ ***Correctement*** – adéquatement, bien, comme il faut, comme il se doit, correctement, dans les règles de l'art, décemment, juste, justement, pertinemment, proprement, raisonnablement, sainement, valablement, validement. SOUT. congrûment. ▶ ***Assez*** – à satiété, amplement, assez, autant qu'il faut, ce qu'il faut, en quantité suffisante, honnêtement, passablement, plutôt, quelque peu, raisonnablement, suffisamment, valablement. FAM. jusqu'à plus soif, marre. ▶ ***Favorablement*** – à point (nommé), à propos, à temps, agréablement, au bon moment, avantageusement, bien, commodément, favorablement, heureusement, inespérément, judicieusement, opportunément, par bonheur, par miracle, précieusement, providentiellement, salutairement, utilement. FAM. à pic, bene. △ **ANT.** FAUTIVEMENT, IMPROPREMENT, INADÉQUATEMENT, INCORRECTEMENT, MAL; IMPARFAITEMENT, INSUFFISAMMENT, MÉDIOCREMENT, PAUVREMENT.

convenance *n.f.* ▶ ***Décence*** – bienséance, bon ton, chasteté, correction, décence, délicatesse, dignité, discrétion, éducation, fierté, gravité, honnêteté, honneur, modestie, politesse, propreté, pudeur, quant-à-soi, réserve, respect, retenue, sagesse, sobriété, tact, tenue, vertu. SOUT. pudicité. ▶ ***Pertinence*** – à-propos, bien-fondé, légitimité, opportunité, pertinence, présence d'esprit, repartie, utilité. ▶ ***Utilité*** – avantage, bénéfice, bienfait, commodité, désidérabilité, efficacité, fonction, fonctionnalité, indispensabilité, intérêt, mérite, nécessité, profit, profitabilité, recours, service, usage, utilité, valeur. ▶ ***Adéquation*** – adéquation, efficacité, exactitude, justesse, pertinence, propriété, vérité. SOUT. véridicité. ▶ ***Accord*** (SOUT.) – cohérence, concordance, conformité, correspondance. SOUT. accord. ♦ **convenances,** ***plur.*** bienséance, cérémonial, cérémonie, décorum, étiquette, formalité, formule, mondanités, protocole, règle, usage. FAM. salamalecs. △ **ANT.** IMPOLITESSE, INCONVENANCE, INDÉCENCE; DISCONVENANCE, IMPROPRIÉTÉ, INCONGRUITÉ.

convenir *v.* ▶ ***Être approprié*** – aller, cadrer, coller, correspondre, répondre, s'accorder, s'appliquer, s'harmoniser. ▶ ***Plaire*** – aller à, contenter, faire l'affaire de, plaire à, satisfaire, sourire à. SOUT. agréer à, complaire à. FAM. arranger, chanter à. ▶ ***Concéder*** – accorder, admettre, concéder, reconnaître. SOUT. recevoir. ▶ ***S'entendre*** – s'accorder, s'arranger, s'entendre, se concerter, se mettre d'accord, tomber d'accord, trouver un terrain d'entente. ♦ **convenu** ▶ ***Fixé*** – décidé, dit, entendu, fixé. ▶ ***Banal*** – académique, banal, classique, commun, conformiste, plat, standard. △ **ANT.** DISCONVENIR; CONTESTER, CONTRECARRER, NIER, S'OPPOSER À.

convention *n.f.* ▶ ***Accord*** – accommodement, accord, alliance, arrangement, compromis, concordat, consensus, contrat, engagement, entente, marché, modus vivendi, pacte, protocole, traité, transaction. ▶ ***Principe*** – apodicticité, axiome, définition, donnée, évidence, fondement, hypothèse, lemme, postulat, postulatum, prémisse, principe, proposition, théorème, théorie, vérité. ▶ ***Norme*** – arrêté, charte, code, cote, coutume, formule, loi, mesure, norme, obligation, ordre, précepte, prescription, protocole, régime, règle, règlement, usage. ▶ ***Coutume*** – coutume, habitude, habitus, mode, mœurs, pratique, règle, rite, tradition, us et coutumes, usage. ▶ ***Académisme*** – académisme, conformisme. PÉJ. pompiérisme. △ **ANT.** DÉSACCORD, DÉSUNION, DISSENTIMENT, DIVISION; DÉROGATION, EXCEPTION; ANOMALIE, EXCENTRICITÉ, ORIGINALITÉ, PARTICULARITÉ.

conventionnel *adj.* ▶ ***Qui relève d'une convention*** – arbitraire. ▶ ***Conservateur*** – bien-pensant, bourgeois, conformiste, conservateur, petit-bourgeois, traditionaliste. FAM. beauf. ▶ ***En économie*** – extrinsèque, fictif, nominal. △ **ANT.** CONDITIONNÉ PAR, DÉPENDANT DE, JUSTIFIÉ PAR; ANTICONFORMISTE, EXCENTRIQUE, MARGINAL, NON CONFORMISTE, ORIGINAL, SPÉCIAL; NUCLÉAIRE *(ARME)*.

convergence *n.f.* ▶ ***Rapprochement*** – abouchement, aboutage, aboutement, accolement, accouplage, accouplement, ajustage, apposition, articulation, assemblage, association, branchement, coalescence, confluence, conjonction, conjugaison, connexion, contact, couplage, couplement, groupage, interconnexion, interface, joint, jointure, jonction, jumelage, juxtaposition, liaison, mariage, mise en couple, mixage, raccord, raccordement, rapprochement, reboutement, relation, rencontre, réunion, suture, union. RARE liage. △ **ANT.** DIVERGENCE, ÉLOIGNEMENT.

convergent *adj.* ▶ ***Compatible*** – compatible, conciliable, concordant, correspondant. ▶ ***En mathématiques*** – concourant. △ **ANT.** CONTRADICTOIRE, CONTRAIRE, DIVERGENT, ÉLOIGNÉ, INCOMPATIBLE, INCONCILIABLE, OPPOSÉ.

converger *v.* ▶ ***En parlant d'une chose abstraite*** – confluer, se rejoindre, se rencontrer. △ **ANT.** DIVERGER, S'ÉCARTER, S'ÉLOIGNER.

conversation *n.f.* causerie, colloque, concertation, dialogue, discussion, échange (de vues), entretien, interview, pourparlers, tête-à-tête. SOUT. entretènement. FAM. causette, chuchoterie. QUÉB. jasette. PÉJ. conciliabule, palabres; FAM. parlote. △ **ANT.** MONOLOGUE, SOLILOQUE; MUTISME, SILENCE.

converser *v.* bavarder, causer, deviser, dialoguer, discuter, papoter, parler (de choses et d'autres), s'entretenir. FAM. babiller, bavasser, blablater, caqueter, faire un brin de causette, jacasser, jacter, jaspiner, parlementer, parloter, tailler une bavette. QUÉB. FAM. jaser, placoter. BELG. FAM. babeler. △ **ANT.** SE TAIRE.

conversion *n.f.* ▶ ***Transformation*** – adaptation, ajustement, altération, avatar, changement, évolution, glissement, gradation, infléchissement, métamorphose, modification, modulation, mue, mutation, passage, progression, transfiguration, transformation, transition, transmutation, variation, vie. ▶ ***Action de changer une monnaie*** – change. △ **ANT.** CONSERVATION, MAINTIEN; ENDURCISSEMENT, IMPÉNITENCE, OBSTINATION, RÉCIDIVE.

converti *n.* catéchumène, initié, prosélyte *(sens large)*.

convertir *v.* ▶ ***Rallier*** – gagner, rallier. ▶ ***Transformer*** – changer, muer, transformer. SOUT. transmuer, transmuter. △ ANT. DISSUADER, ÉLOIGNER; MAINTENIR.

conviction *n.f.* ▶ ***Certitude*** – assurance, certitude, confiance, croyance, foi. *SOUT.* sûreté. ▶ ***Éloquence*** – ardeur, art, art oratoire, brio, chaleur, charme, élégance, expression, maîtrise, parole, persuasion, rhétorique. *SOUT.* bien-dire. ▶ ***Opinion*** – appréciation, avis, conception, critique, croyance, dogme, estime, idée, impression, jugement, optique, pensée, perception, point de vue, position, principe, prise de position, sentiment, théorie, thèse, vote, vue. *SOUT.* oracle. ▶ ***Religion*** – confession, croyance, culte, foi, religion. △ ANT. DOUTE, INCERTITUDE, SCEPTICISME.

convier *v.* ▶ ***Inviter*** – inviter. *SOUT.* prier, semondre. ▶ ***Mettre dans un état d'esprit*** – inciter, inviter. △ ANT. CHASSER, CONGÉDIER, ÉCARTER, ÉCONDUIRE, ÉVINCER, EXPULSER; DISSUADER.

convive *n.* banqueteur, commensal, convié, hôte, invité.

convivial *adj.* ▶ ***Facile à utiliser*** – ergonomique. ▶ ***Chaleureux*** – accueillant, affable, agréable, aimable, amène, amical, avenant, bienveillant, chaleureux, charmant, cordial, de bonne compagnie, engageant, familier, gracieux, invitant, liant, ouvert, sociable, souriant, sympathique. *FAM.* sympa. △ ANT. COMPLIQUÉ, DIFFICILE À UTILISER, LOURD, MALCOMMODE; ACARIÂTRE, ANTIPATHIQUE, BOURRU, DÉSAGRÉABLE, GRINCHEUX, RÉBARBATIF, REVÊCHE.

convivialité *n.f.* ▶ ***Facilité*** – accessibilité, agrément, commodité, confort, disponibilité, facilité, faisabilité, possibilité, simplicité. *INFORM.* transparence. ▶ ***Politesse*** – affabilité, amabilité, aménité, attention, bienséance, bonnes manières, civilité, civisme, correction, courtoisie, délicatesse, éducation, entregent, galanterie, gentillesse, hospitalité, mondanités, obligeance, politesse, prévenance, savoir-vivre, serviabilité, sociabilité, tact, urbanité. *SOUT.* gracieuseté, liant. △ ANT. COMPLEXITÉ, DIFFICULTÉ; FROIDEUR, IMPOLITESSE.

convocation *n.f.* ▶ ***Assignation*** – appel, assignation, à-venir, citation, indiction, injonction, intimation, mise en demeure, sommation. *DR. QUÉB.* subpœna. △ ANT. CONGÉ, LICENCIEMENT, RENVOI.

convoi *n.m.* ▶ ***Acheminement*** – acheminement, amenée, desserte, diffusion, distribution, envoi, expédition, livraison, marche, postage, progression, service, transport. ▶ ***Accompagnement*** – accompagnement, cortège, équipage, escorte, garde, pompe, suite. ▶ ***Train*** – rame, train. *FRANCE FAM.* dur, tortillard. ▶ ***Procession*** – cérémonie, colonne, cortège, défilé, file, marche, noce, noria, pardon, pèlerinage, procession, queue, suite, théorie, va-et-vient. ▶ ***Cortège funèbre*** – cérémonie funèbre, convoi funèbre, cortège funèbre, dernier hommage, derniers devoirs, derniers honneurs, deuil, enfouissement, enterrement, funérailles, inhumation, mise au sépulcre, mise au tombeau, mise en bière, mise en terre, obsèques, sépulture, service civil, service religieux. *SOUT.* ensevelissement.

convoiter *v.* ambitionner, aspirer à, avoir des vues sur, avoir en tête de, briguer, courir après, désirer, pourchasser, poursuivre, prétendre à, rechercher, solliciter, souhaiter, tendre à, viser. *FAM.* guigner, lorgner, reluquer. △ ANT. SE DÉSINTÉRESSER DE; DÉDAIGNER, MÉPRISER; REFUSER, REPOUSSER.

convoitise *n.f.* ▶ ***Désir*** – ambition, appel, appétit, aspiration, attirance, attrait, besoin, but, desideratum, désir, envie, exigence, faim, fantaisie, fantasme, fièvre, fringale, goût, idéal, intention, jalousie, passion, prétention, quête, recherche, rêve, soif, souhait, tentation, velléité, visée, vœu, voix, volonté. *SOUT.* appétence, dessein, prurit, vouloir. *FAM.* démangeaison. ▶ ***Avidité*** – ambition, avidité, cupidité, possessivité, rapacité. *SOUT.* vampirisme. *RARE* acquisitivité. △ ANT. INDIFFÉRENCE; RÉPULSION.

convoquer *v.* ▶ ***Appeler*** – appeler, demander, faire venir. ▶ ***Citer en justice*** – appeler (en justice), assigner, citer, citer à comparaître, citer en justice, intimer, traduire, traduire devant les tribunaux, traduire en justice.

convulsif *adj.* involontaire, nerveux, spasmodique, spastique.

convulsion *n.f.* ▶ ***Contorsion*** – contorsion, contraction, torsion. ▶ ***Tremblement*** – agitation, ébranlement, flageolement, frémissement, frisson, frissonnement, grelottement, haut-le-corps, oscillation, saccade, secousse, soubresaut, sursaut, titubation, tortillage, tortillement, tremblement, tremblotement, trémoussement, trémulation, trépidation, tressaillement, vacillement, vibration. *FAM.* tremblote. ▶ ***Bouleversement*** – bouleversement, changement, chavirage, chavirement, conflagration, dérangement, dérèglement, déséquilibre, désorganisation, détraquement, perturbation, renouvellement, rénovation, renversement, retournement, révolution, séisme, stress, trouble. *FAM.* chambard, chambardement, chamboulement.

coopération *n.f.* aide, appoint, apport, appui, assistance, association, bienfaisance, bons offices, collaboration, complicité, concours, conseil, contribution, coup d'épaule, coup de main, coup de pouce, dépannage, entraide, grâce, main-forte, participation, planche de salut, renfort, secours, service, soutien, synergie. *SOUT.* viatique. *FAM.* (coup de) fion. △ ANT. COMPÉTITION, CONCURRENCE, RIVALITÉ.

coopérer *v.* avoir part, collaborer, concourir, contribuer, partager, participer, prendre part, s'associer, s'engager, s'impliquer, s'investir, se joindre.

coordination *n.f.* ▶ ***Ordre des mouvements*** – praxie. ▶ ***Agencement*** – accommodation, accommodement, agencement, ajustement, aménagement, architecture, arrangement, articulation, assemblage, combinaison, combinatoire, composition, concaténation, configuration, construction, contexture, disposition, distribution, élaboration, enchaînement, harmonie, liaison, mise en ordre, mise en place, ordonnance, ordonnancement, ordre, organisation, orientation, plan, profil, programmation, rangement, structuration, structure, système, texture. ▶ ***Simultanéité*** – accompagnement, coexistence, coïncidence, concomitance, concordance, concours de circonstances, contemporanéité, correspondance, isochronie, isochronisme, rencontre, synchronicité, synchronie, synchronisation, synchronisme. △ ANT. CONFUSION, DÉSORDRE, HASARD, INCOORDINATION.

coordonnée *n.f.* ▶ ***Repère*** – balise, borne, borne repère, borne témoin, cran, délinéateur, empreinte, fanion, index, indice, jalon, jalon-mire, marque, mire, mire-jalon, piquet, point de repère, référence, référentiel, taquet, trace. MAR. amer, vigie. ♦ **coordonnées,** ***plur.*** ▶ ***Système de référence*** – système de référence. ▶ ***Adresse*** – adresse, domicile, habitation, résidence, suscription.

coordonner *v.* ▶ ***Organiser*** – agencer, aménager, arranger, ordonnancer, ordonner, organiser, structurer, systématiser. ▶ ***Faire concorder dans le temps*** – synchroniser. ▶ ***Réunir ce qui est harmonieux*** – accorder, agencer, assortir, harmoniser. △ **ANT.** DÉRANGER, DÉSORGANISER; DÉPAREILLER.

copeau *n.m.* frison, tournure.

copie *n.f.* ▶ ***Reproduction*** – calque, copie (conforme), double, duplicata, duplication, exemplaire, fac-similé, imitation, réplique, reproduction. DR. grosse. ▶ ***Extrait officiel*** – extrait. △ **ANT.** ARCHÉTYPE, MODÈLE, ORIGINAL.

copier *v.* ▶ ***Transcrire*** – recopier, reporter, retranscrire, transcrire. ▶ ***Dupliquer*** – dupliquer, reproduire. ▶ ***Reproduire frauduleusement*** – compiler, démarquer, imiter, piller, pirater, plagier. ▶ ***Imiter un comportement*** – calquer, imiter, mimer, reproduire, s'inspirer de. ▸ *De façon favorable* – émuler, marcher dans les traces de, prendre exemple sur, prendre modèle sur, s'inspirer de, suivre les traces de, trouver son inspiration chez. ▸ *De façon non favorable* – contrefaire, plagier, singer. ▶ ***Tricher*** – plagier, tricher. △ **ANT.** CRÉER, INVENTER.

copieux *adj.* ▶ ***Abondant*** (SOUT.) – abondant, débordant, fécond, fertile, foisonnant, fructueux, généreux, inépuisable, intarissable, productif, prolifique, riche. SOUT. inexhaustible, plantureux. ▶ ***En parlant d'un repas*** – abondant, plantureux. SOUT. gargantuesque, pantagruélique. △ **ANT.** FRUGAL, LÉGER, MAIGRE.

coque *n.f.* ▶ ***Enveloppe*** – bogue, brou, coquille, cosse, écale, écalure, écorce, efflorescence, épicarpe, peau, pellicule, pelure, pruine, robe, tégument, zeste.

coquerelle *n.f.* ▶ ***Insecte*** (QUÉB. FAM.) – blatte.

coquet *adj.* ▶ ***Élégant*** – bichonné, bien mis, chic, élégant, en costume d'apparat, en tenue de soirée, endimanché, fringant, habillé, pimpant, pomponné, tiré à quatre épingles. FAM. superchic. FRANCE FAM. alluré, chicos, sur son trente et un. AFR. galant. ▶ ***Joli*** – à croquer, adorable, avenant, beau, bien, charmant, délicieux, gentil, gentillet, gracieux, joli, mignon, mignonnet, plaisant, ravissant. FAM. chou. FRANCE FAM. croquignolet, mignard, mimi, trognon. ▶ ***En parlant d'une somme*** – beau, gentil, joli, rondelet. △ **ANT.** ACCOUTRÉ, MAL MIS; FAIBLE *(SOMME)*, MODESTE, NÉGLIGEABLE, RIDICULE.

coquetterie *n.f.* ▶ ***Minauderie*** – affectation, agacerie, façons, grâces, grimace, manières, mignardise, minauderie, mine, simagrée, singerie. SOUT. afféterie. FAM. chichi. ▶ ***Flirt*** – amourette, aventure, aventure amoureuse, aventure galante, bricole, caprice, coup de foudre, engouement, faible, fantaisie, flirt, idylle, liaison (amoureuse), marivaudage, passade, passion. SOUT. amours, entichement, oaristys. FAM. batifolage, béguin, toquade, touche. ▶ ***Élégance*** – agrément, art, attrait, beau, beauté, charme, chic, classe, délicatesse, distinction, éclat, élégance, esthétique, féerie, fraîcheur, grâce, gracieux, harmonie, magnificence, majesté, perfection, photogénie, pureté, séduction, splendeur, symétrie. SOUT. blandice, joliesse, morbidesse, sublimité, symphonie, vénusté. △ **ANT.** CANDEUR, INGÉNUITÉ, NATUREL, SIMPLICITÉ, SINCÉRITÉ; INDIFFÉRENCE; INÉLÉGANCE, LAISSER-ALLER, NÉGLIGENCE.

coquille *n.f.* ▶ ***Enveloppe ligneuse*** – bogue, brou, coque, cosse, écale, écalure, écorce, efflorescence, épicarpe, peau, pellicule, pelure, pruine, robe, tégument, zeste. ▶ ***Petite embarcation*** – bateau, embarcation. SOUT. batelet, esquif. FAM. coquille (de noix). ▶ ***Dispositif de protection*** – suspensoir.

coquin *adj.* ▶ ***Espiègle*** – blagueur, espiègle, facétieux, farceur, fripon, futé, gamin, malicieux, malin, mutin, plaisantin, polisson, taquin. ▶ ***Grivois*** – croustillant, égrillard, gaillard, gaulois, gras, grivois, hardi, impudique, impur, léger, leste, libertin, libre, licencieux, lubrique, osé, paillard, polisson, salace. SOUT. rabelaisien. FAM. épicé, olé olé, poivré, salé. △ **ANT.** DISCIPLINÉ, DOCILE, OBÉISSANT, SAGE, TRANQUILLE; JANSÉNISTE, PURITAIN, RIGIDE, SÉRIEUX, SÉVÈRE, VERTUEUX.

coquin *n.* ▶ ***Enfant espiègle*** – (affreux) jojo, chipie, diablotin, filou, fripon, galopin, mauvaise graine, (petit) bandit, (petit) chenapan, (petit) démon, (petit) diable, (petit) garnement, (petit) gredin, (petit) poison, (petit) polisson, (petit) vaurien, (petit) voyou, (petite) canaille, (petite) peste, poulbot *(de Montmartre)*, titi, vilain. SOUT. lutin. FAM. morveux, (petit) crapaud, petit merdeux, petit monstre, sacripant. QUÉB. FAM. (petit) tannant. ▶ ***Amant*** (FAM.) – amant de cœur, amant, partenaire (sexuel). FAM. homme, jules, mec, type.

cor *n.m.* ▶ ***Instrument*** – corne, cornet, cornet à bouquin, trompe. ANC. huchet, olifant. ▶ ***Bois des cervidés*** – bois. QUÉB. panache *(orignal)*, ramage *(cerf)*. ▶ ***Callosité*** – cal, callosité, calus, corne, durillon, induration, œil-de-perdrix, oignon, tylose, tylosis.

corbeille *n.f.* ▶ ***Panier*** – banne, banneton, bannette, bourriche, cabas, cloyère, hotte, hottereau, hotteret, manne, mannette, panier, panière. FRANCE RÉGION. couffe, couffin, gabion. BOULANG. paneton. ANTIQ. ciste. ▶ ***Partie d'un théâtre*** – balcon, galerie, mezzanine, paradis. FAM. poulailler. ▶ ***Espace à la Bourse*** – parquet. ▶ ***Poubelle*** – corbeille (à papier), panier, poubelle.

corde *n.f.* ▶ ***Lien*** – cordelette, cordon, cordonnet, ficelle, fouet, lacet, tirant. ▶ ***Attache*** – attache, câble, chaîne, courroie, fers, lanière, lien, ligament, ligature, liure, rétinacle, sangle. ▶ ***Trame*** – chaîne, tissure, trame. ▶ ***Pendaison*** – gibet, pendaison, potence.

cordial *adj.* ▶ ***Chaleureux*** – accueillant, affable, agréable, aimable, amène, amical, avenant, bienveillant, chaleureux, charmant, convivial, de bonne compagnie, engageant, familier, gracieux, invitant, liant, ouvert, sociable, souriant, sympathique. FAM. sympa. △ **ANT.** ACARIÂTRE, ANTIPATHIQUE, BOURRU, DÉSAGRÉABLE, GRINCHEUX, RÉBARBATIF, REVÊCHE; AFFAI-

BLISSANT, ALANGUISSANT, AMOLLISSANT, ANÉMIANT, DÉBILITANT.

cordialement *adv.* adorablement, affablement, agréablement, aimablement, amiablement, amicalement, bienveillamment, chaleureusement, civilement, complaisamment, courtoisement, délicatement, délicieusement, diplomatiquement, galamment, gentiment, gracieusement, obligeamment, plaisamment, poliment, sagement, serviablement, sympathiquement. FAM. chiquement, chouettement. △ **ANT.** DUREMENT, FRAÎCHEMENT, FROIDEMENT, GLACIALEMENT, IMPERSONNELLEMENT, INSENSIBLEMENT, RAIDEMENT, SÈCHEMENT.

cordialité *n.f.* ▶ ***Bienveillance*** – affabilité, agrément, amabilité, aménité, bénignité, bienveillance, bonhomie, bonté, calme, chaleur, charité, clémence, docilité, douceur, gentillesse, grâce, humanité, indulgence, patience, placidité, suavité. SOUT. débonnaireté, magnanimité, mansuétude, onction. ▶ ***Franchise*** – abandon, bonne foi, confiance, droiture, franchise, franc-jeu, franc-parler, loyauté, netteté, rondeur, simplicité, sincérité, spontanéité. △ **ANT.** FROIDEUR, HOSTILITÉ, INDIFFÉRENCE.

cordon *n.m.* ▶ ***Petite corde*** – cordelette, cordonnet, ficelle, fouet, lacet, tirant. ▶ ***Série*** – alignement, chaîne, chapelet, colonne, combinaison, consécution, enchaînement, enfilade, énumération, file, gamme, guirlande, ligne, liste, rang, rangée, séquence, série, succession, suite, tissu, travée. ▶ ***Partie d'un végétal*** – funicule. ▶ ***Bande de terre*** – barre, cordon littoral, lido, tombolo.

cordonnier *n.* bottier.

corne *n.f.* ▶ ***Callosité*** – cal, callosité, calus, cor, durillon, induration, œil-de-perdrix, oignon, tylose, tylosis. ▶ ***Instrument*** – cor, cornet, cornet à bouquin, trompe. ANC. huchet, olifant.

cornet *n.m.* ▶ ***Instrument*** – cor, corne, cornet à bouquin, trompe. ANC. huchet, olifant. ▶ ***Musicien*** – cornettiste, corniste. ▶ ***Sachet*** (SUISSE) – blague, étui, pochette, sachet, trousse.

corniche *n.f.* ▶ ***Saillie*** – angle, appendice, arête, aspérité, avancée, avancement, balèvre, bec, bosse, bourrelet, console, corne, côte, coude, crête, dent, éminence, encorbellement, éperon, ergot, excroissance, gibbosité, hourd, moulure, nervure, picot, pointe, proéminence, projecture, prolongement, protubérance, redan, relief, ressaut, saillant, saillie, surplomb, surplombement, tubercule. ▶ ***Relief*** – replat, sangle, terrasse, vire. ▶ ***Classe*** (FRANCE FAM.) – (classe) préparatoire. FRANCE FAM. hypokhâgne, hypotaupe, khâgne, prépa, taupe.

corporation *n.f.* ▶ ***Association professionnelle*** – assemblée, association, collège, communauté, compagnie, confrérie, congrégation, corps, guilde, hanse, métier, ordre, société, syndicat, trade-union.

corporel *adj.* charnel, matériel, physique. △ **ANT.** IDÉAL, IMMATÉRIEL, INCORPOREL; MENTAL, SPIRITUEL.

corps *n.m.* ▶ ***Enveloppe corporelle*** – anatomie, forme, morphologie, musculature, organisme. SOUT. chair, enveloppe. FAM. carcasse, châssis, mécanique. ▶ ***Personne ou animal mort*** – cadavre, mort. SOUT. dépouille (mortelle). FAM. macchab, macchabée. ▶ ***Matière*** – matière, substance. ▶ ***Partie essentielle*** – cœur, essence, essentiel, fond, gros, important, principal, substance, tout, vif. ▶ ***Groupe de personnes*** – brigade, caravane, cellule, collectif, colonie, équipe, escadron, escouade, groupe, horde, meute, noyau, peloton, troupe. IRON. fournée. FAM. bataillon, brochette, cohorte. QUÉB. FAM. gang. ▶ ***Association professionnelle*** – assemblée, association, collège, communauté, compagnie, confrérie, congrégation, corporation, guilde, hanse, métier, ordre, société, syndicat, trade-union. ▶ ***Unité militaire*** – bataillon, brigade, colonne, commando, compagnie, échelon, escadron, escorte, formation, garde, garnison, légion, parti, patrouille, peloton, régiment, section, soldatesque *(indisciplinés)*, tabor *(Maroc)*, troupe, unité. PAR EXT. caserne. ANC. escouade, goum, piquet. △ **ANT.** ÂME, ESPRIT, INTELLECT; ACCESSOIRE, MEMBRE.

correct *adj.* ▶ ***Conforme à la norme*** – normal. ▶ ***Approprié*** – à propos, adapté, adéquat, approprié, bien trouvé, bien venu, bon, conforme, convenable, de circonstance, heureux, indiqué, juste, opportun, pertinent, propice, propre. SOUT. ad hoc, congruent, expédient, idoine. DIDACT. topique. ▶ ***Satisfaisant*** – acceptable, approuvable, bien, bon, convenable, décent, honnête, honorable, moyen, passable, présentable, raisonnable, satisfaisant, suffisant. FAM. O.K., potable, supportable. ▶ ***Qui respecte les règles d'usage*** – accepté, bon, de bon aloi, permis. ▶ ***Qui respecte les convenances*** – bien, bienséant, convenable, de bon ton, décent, digne, fréquentable, honnête, honorable, moral, rangé, recommandable, respectable, sérieux. FAM. comme il faut. ▶ ***Loyal*** – droit, franc, honnête, loyal, probe, régulier. FAM. carré, réglo, rond. △ **ANT.** INCORRECT; FAUTIF, FAUX, INEXACT; IMPROPRE, INADAPTÉ, INADÉQUAT, INAPPROPRIÉ; EXTRAORDINAIRE, FANTASTIQUE, MERVEILLEUX; LAMENTABLE, MINABLE, PIÈTRE, PITOYABLE; INSATISFAISANT, INSUFFISANT; DE MAUVAIS ALOI, INTERDIT, MAUVAIS; AMORAL, CHOQUANT, ÉHONTÉ, IMMORAL, IMPUR, INCONVENANT, INDÉCENT, OBSCÈNE, OFFENSANT, RÉVOLTANT, SCABREUX, SCANDALEUX; DÉLOYAL, MALHONNÊTE, TRAÎTRE.

correctement *adv.* ▶ ***Convenablement*** – adéquatement, bien, comme il faut, comme il se doit, convenablement, dans les règles de l'art, décemment, juste, justement, pertinemment, proprement, raisonnablement, sainement, valablement, validement. SOUT. congrûment. ▶ ***Légitimement*** – canoniquement, conformément, constitutionnellement, de droit, de jure, de plein droit, dûment, en bonne et due forme, juridiquement, légalement, légitimement, licitement, officiellement, réglementairement, régulièrement, valablement, validement. FAM. réglo. ▶ ***Purement*** – avec correction, purement. ▶ ***Fidèlement*** – à la lettre, conformément, exactement, religieusement, scrupuleusement, véritablement. △ **ANT.** À TORT, ABUSIVEMENT, ERRONÉMENT, FAUSSEMENT, FAUTIVEMENT, IMPROPREMENT, INADÉQUATEMENT, INCORRECTEMENT, INEXACTEMENT, MAL; CRIMINELLEMENT, FRAUDULEUSEMENT, ILLÉGALEMENT, ILLÉGITIMEMENT, ILLICITEMENT, IRRÉGULIÈREMENT.

correction *n.f.* ▶ ***Châtiment corporel*** – châtiment corporel, punition corporelle, volée (de coups). FAM. dégelée, dérouille, dérouillée, passage à tabac, pâtée, peignée, pile, raclée, ratatouille, rossée, roulée, rouste, tabassage, tabassée, tannée, torchée, tournée, trempe, tripotée. FRANCE FAM. secouée, tatouille, tisane, trépignée. ▶ ***Punition*** – châtiment, condamnation, damnation, expiation, gage *(dans un jeu)*, leçon, peine, pénalisation, pénalité, pénitence, punition, répression, sanction, verbalisation. FAM. tarif. ▶ ***Rectification*** – amendement, changement, correctif, modification, rectification. FAM. modif. ▶ *Inadéquate* – sous-correction, surcorrection. ▶ ***Finition*** – achèvement, amélioration, arrangement, complètement, enjolivement, finition, léchage, mise au point, peaufinage, perfectionnement, polissage, raffinage, raffinement, retouche, révision, soin. SOUT. parachèvement. FAM. fignolage. ▶ ***Normalité*** – canonicité, conformité, constitutionnalité, juste, justesse, légalité, légitimité, normalité, normativité, régularité, validité. ▶ ***Décence*** – bienséance, bon ton, chasteté, convenance, décence, délicatesse, dignité, discrétion, éducation, fierté, gravité, honnêteté, honneur, modestie, politesse, propreté, pudeur, quant-à-soi, réserve, respect, retenue, sagesse, sobriété, tact, tenue, vertu. SOUT. pudicité. ▶ ***Courtoisie*** – affabilité, amabilité, aménité, attention, bienséance, bonnes manières, civilité, civisme, convivialité, courtoisie, délicatesse, éducation, entregent, galanterie, gentillesse, hospitalité, mondanités, obligeance, politesse, prévenance, savoir-vivre, serviabilité, sociabilité, tact, urbanité. SOUT. gracieuseté, liant. △ **ANT.** RÉCOMPENSE; AGGRAVATION; INCORRECTION; IMPOLITESSE, INCONVENANCE.

corrélatif *adj.* corrélé, interdépendant, lié, relié, solidaire. DIDACT. corrélationnel. △ **ANT.** AUTONOME, INDÉPENDANT.

corrélation *n.f.* association, connexion, connexité, correspondance, dépendance, filiation, interaction, interdépendance, interrelation, liaison, lien, lien causal, rapport, rapprochement, relation, relation de cause à effet. FIG. pont. △ **ANT.** AUTONOMIE, INDÉPENDANCE.

correspondance *n.f.* ▶ ***Conformité*** – cohérence, concordance, conformité. SOUT. accord, convenance. ▶ ***Lien*** – association, connexion, connexité, corrélation, dépendance, filiation, interaction, interdépendance, interrelation, liaison, lien, lien causal, rapport, rapprochement, relation, relation de cause à effet. FIG. pont. ▶ ***Simultanéité*** – accompagnement, coexistence, coïncidence, concomitance, concordance, concours de circonstances, contemporanéité, coordination, isochronie, isochronisme, rencontre, synchronicité, synchronie, synchronisation, synchronisme. ▶ ***Courrier*** – courrier, lettres. ▶ ***Fréquentation*** – attache, bons/mauvais termes, communication, compagnie, contact, côtoiement, coudoiement, entourage, familiarité, fréquentation, habitude, intelligence, intimité, liaison, lien, pratique, rapport, relation, société, usage, voisinage. SOUT. commerce. PÉJ. acoquinement, encanaillement. ▶ ***Relation mathématique*** – application, fonction. △ **ANT.** CONTRADICTION, DÉSACCORD, DISCORDANCE, OPPOSITION; INDÉPENDANCE; MUTISME, SILENCE.

correspondant *adj.* ▶ ***Conforme*** – analogue, apparenté, approchant, assimilable, comparable, conforme, contigu, équivalent, homogène, homologue, indifférencié, pareil, parent, proche, ressemblant, semblable, similaire, voisin. FAM. kif-kif. DIDACT. commensurable. ▶ ***Conciliable*** – compatible, conciliable, concordant, convergent. △ **ANT.** CONTRADICTOIRE, CONTRAIRE, DIVERGENT, ÉLOIGNÉ, INCOMPATIBLE, INCONCILIABLE, OPPOSÉ.

correspondant *n.* ▶ ***Journaliste*** – envoyé permanent, envoyé spécial, journaliste globe-trotter, reporter, reporteur. ▶ ***Envoyé*** – agent, ambassadeur, attaché, chargé d'affaires, chargé de mission, commissaire, délégataire, délégué, député, diplomate, émissaire, envoyé, fondé de pouvoir, légat, mandataire, messager, ministre, négociateur, parlementaire, plénipotentiaire, représentant. FRANCE ANC. agréé. ▶ ***Équivalent*** – analogue, équivalent, homologue, pareil, parent, pendant, semblable.

correspondre *v.* ▶ ***Convenir*** – aller, cadrer, coller, convenir, répondre, s'accorder, s'appliquer, s'harmoniser. ▶ ***Équivaloir*** – égaler, équivaloir à, représenter, revenir à, valoir. ▶ ***Coïncider*** – coïncider, concorder, se recouper, se rejoindre. ♦ **correspondre ou se correspondre** ▶ ***Aller ensemble*** – aller bien, aller ensemble, cadrer, concorder, faire bien, s'accorder, s'associer, s'assortir, s'harmoniser, se marier. △ **ANT.** S'OPPOSER, SE CONTREDIRE.

corridor *n.m.* ▶ ***Partie d'un édifice*** – couloir, galerie, portique. QUÉB. passage. ▶ ***Zone de passage*** – couloir, passage.

corriger *v.* ▶ ***Rectifier*** – rajuster, rectifier, redresser. ▶ ***Améliorer*** – améliorer, amender, réformer, rénover. ▶ ***Réviser un texte*** – arranger, éditer, retoucher, réviser, revoir. ▶ ***Reprendre qqn*** – critiquer, reprendre. ▶ ***Punir*** – châtier, infliger une punition à, pénaliser, punir, sévir contre. FAM. faire payer. ▶ ***Battre*** (FAM.) – battre, frapper, porter la main sur, rosser, rouer de coups. SOUT. étriller. FAM. abîmer le portrait à, administrer une correction à, arranger le portrait à, casser la figure à, casser la gueule à, cogner, dérouiller, flanquer une raclée à, flanquer une volée à, passer à tabac, péter la gueule à, piler, rentrer dedans, tabasser, taper sur, voler dans les plumes à. FRANCE FAM. boxer, castagner, châtaigner, esquinter le portrait à, flanquer une pile à, mettre la tête au carré à, rentrer dans le chou à, rentrer dans le lard à, rentrer dans le mou à, tatouiller, tomber sur le paletot à, tomber sur le poil à, tricoter les côtes à. ♦ **se corriger** ▶ ***Se défaire d'un défaut*** – se débarrasser, se défaire, se guérir. △ **ANT.** ALTÉRER, CORROMPRE, GÂTER, PERVERTIR; AGGRAVER, COMPLIQUER, ENVENIMER; MÉNAGER; RÉCOMPENSER; FÉLICITER, LOUANGER, LOUER.

corrompre *v.* ▶ ***Inciter au mal*** – débaucher, dépraver, dérégler, détourner du droit chemin, dévoyer, pervertir. ▶ ***Soudoyer*** – acheter, avoir à sa solde, soudoyer, suborner *(un témoin)*. SOUT. stipendier. FAM. arroser, graisser la patte à. ▶ ***Altérer*** – altérer, dénaturer, frelater. ▶ ***Polluer*** – contaminer, polluer, vicier. ▶ ***Faire perdre ses qualités*** – abâtardir, avilir, dégrader, pourrir, souiller. SOUT. gangrener, vicier. ♦ **se corrompre** ▶ ***Se décomposer*** – pourrir, s'altérer, se décomposer, se putréfier. ▶ *En parlant d'un aliment* – blettir *(fruit)*, s'avarier, se gâter. ▶ ***Croupir*** – croupir, stagner. ♦ **corrompu** ▶ ***Débauché*** – débauché, dépravé, déréglé, dévoyé, dissipé, dissolu, immoral, libertin, relâché. *SOUT.* sardanapalesque. ▸ ***Soudoyé*** – pourri, soudoyé, vénal, vendu. ▸ ***En décomposition*** – altéré, avarié, en décomposition, en putréfaction, gâté, pourri, pourrissant, putrescent, putride. △ **ANT.** ÉDIFIER; AMÉLIORER, CORRIGER, PERFECTIONNER; ASSAINIR, ÉPURER, PURIFIER.

corruption *n.f.* ▸ ***Décomposition*** – altération, biodégradation, décomposition, faisandage, fermentation, gangrène, pourrissement, pourriture, putréfaction, putrescence, putridité, suiffage *(beurre)*, thanatomorphose. ▸ ***Dégénérescence*** – abaissement, abâtardissement, abjection, abrutissement, affadissement, affaiblissement, agonie, altération, amollissement, appauvrissement, atrophie, avachissement, avilissement, baisse, décadence, déchéance, déclin, décrépitude, dégénérescence, dégradation, délabrement, déliquescence, dénaturation, dépérissement, détérioration, édulcoration, empirement, étiolement, flétrissure, perte, perversion, pourrissement, pourriture, rouille, ruine, sape, usure. *SOUT.* aveulissement, crépuscule, pervertissement. *FAM.* déglingue, dégringolade. ▸ ***Immoralité*** – amoralité, cynisme, dépravation, immoralisme, immoralité, laxisme, péché, permissivité, perversion, perversité, vice. *SOUT.* désordre. ▸ ***Malversation*** – achat (de conscience), compromission, concussion, déprédation, détournement (de fonds), dilapidation, exaction, extorsion, forfaiture, fraude, malversation, maquignonnage, péculat, prévarication, soudoiement, subornation, trafic d'influence, tripotage, vénalité. *SOUT.* prévarication. *FAM.* magouillage, magouille, tripatouillage. △ **ANT.** ASSAINISSEMENT, ÉPURATION, PURIFICATION; AMÉLIORATION, CORRECTION, PERFECTIONNEMENT, PROGRÈS; ÉDIFICATION, MORALISATION, RÉFORME; MORALITÉ, PURETÉ, VERTU.

corsage *n.m.* *FRANCE RÉGION.* taille.

corset *n.m.* ▸ ***Vêtement*** – gaine, gaine-culotte, guêpière. ▸ ***Contrainte*** (*FIG.*) – abaissement, allégeance, appartenance, asservissement, assujettissement, attachement, captivité, contrainte, dépendance, domestication, domesticité, domination, emprise, esclavage, gêne, hilotisme, inféodation, infériorité, mainmise, merci, mouvance, obédience, obéissance, obligation, oppression, pouvoir, puissance, servage, servitude, soumission, subordination, sujétion, tutelle, tyrannie, vassalité. *FIG.* carcan, chaîne, corset (de fer), coupe, fardeau, griffe, main, patte, prison; *SOUT.* fers, gaine, joug. *FÉOD.* tenure.

cortège *n.m.* ▸ ***Escorte*** – accompagnement, convoi, équipage, escorte, garde, pompe, suite. ▸ ***Procession*** – cérémonie, colonne, convoi, défilé, file, marche, noce, noria, pardon, pèlerinage, procession, queue, suite, théorie, va-et-vient. ▸ ***Manifestation*** – défilé, démonstration publique, marche, protestation, rassemblement, réunion. *FAM.* manif.

corvée *n.f.* affaire, besogne, devoir, obligation, occupation, ouvrage, peine, tâche, travail. *SOUT.* labeur.

cosmique *adj.* céleste, galactique, intergalactique, interplanétaire, intersidéral, interstellaire, spatial. △ **ANT.** CONCRET, MATÉRIEL, TERRESTRE.

cosmopolite *adj.* international, multiculturel, multiethnique, pluriethnique. △ **ANT.** PATRIOTE; CHAUVIN, XÉNOPHOBE; LOCAL, NATIONAL.

cosmos *n.m.* ▸ ***Univers*** – ciel, création, espace, galaxie, macrocosme, monde, nature, sphère, tout.

cossu *adj.* à l'aise, aisé, cousu d'or, fortuné, huppé, nanti, qui a les moyens, qui roule sur l'or, riche. *SOUT.* opulent. *FAM.* argenté, plein aux as; *PÉJ.* richard. *FRANCE FAM.* friqué, rupin. △ **ANT.** DANS LE BESOIN, DÉFAVORISÉ, DÉMUNI, INDIGENT, MISÉRABLE, MISÉREUX, NÉCESSITEUX, PAUVRE.

costaud (var. **costeau**) *adj.* ▸ ***Robuste*** – athlétique, bien bâti, bien découplé, bréviligne, fort, gaillard, musclé, puissant, râblé, ramassé, robuste, solide, trapu, vigoureux. *SOUT.* musculeux. *FAM.* qui a du coffre. *FRANCE FAM.* balèze, bien baraqué, malabar, maous. ▸ ***Doué dans une matière*** (*FRANCE FAM.*) – à la hauteur, adroit, bon, brillant, capable, chevronné, compétent, connaisseur, d'élite, de haut vol, de haute volée, de talent, doué, émérite, entraîné, exercé, expérimenté, expert, ferré, fin, fort, habile, passé maître, performant, qualifié, qui s'y connaît, talentueux, versé. *RARE* blanchi sous le harnais. *SOUT.* entendu à, industrieux, rompu à. *FAM.* calé, qui a la bosse de, qui sait y faire. *FRANCE FAM.* balèze, fortiche, incollable, trapu. △ **ANT.** ANÉMIQUE, CHÉTIF, FRÊLE, GRINGALET, MAIGRELET, MAIGRICHON, MALINGRE, RACHITIQUE; INCAPABLE, INCOMPÉTENT, MAUVAIS, MÉDIOCRE, NUL.

costaud (var. **costeau**) *n.* athlète, colosse, fort des Halles, gaillard, hercule, (homme) fort, puissant. *FAM.* armoire à glace, Tarzan. *FRANCE FAM.* armoire normande, balèze, malabar, mastard. *QUÉB.* fier-à-bras.

costume *n.m.* ▸ ***Uniforme*** – habillement, habit, harnachement, livrée, tenue, toilette, uniforme, vêtement. *ANC.* harnais, harnois. ▸ ***Déguisement*** – déguisement, panoplie, travestissement. ▸ ***Vêtement d'homme*** – complet, complet-veston, costume (de ville), (costume) trois-pièces, frac, habit, jaquette, rochet, smoking, tenue de soirée. *FAM.* costard, habit queue de morue, queue-de-pie.

cote *n.f.* ▸ ***Marque numérique*** – adresse, code, marque (numérique), matricule, nombre, numéro. ▸ ***Valeur*** – appréciabilité, cherté, cotation, cours, coût, estimation, évaluation, montant, prix, tarif, tarification, taux, valeur. ▸ ***Impôt*** – charge, contribution, droit, excise, fiscalité, imposition, levée, patente, prélèvement, prestation, prime *(assurance)*, redevance, surtaxe, taxation, taxe, tribut. *QUÉB.* accise. *BELG.* accises. *HIST.* capitation, champart, corvée, dîme, fouage, franc-fief, gabelle, maltôte, moulage, taille, tonlieu. *DR.* foretage. ▸ ***Norme*** – arrêté, charte, code, convention, coutume, formule, loi, mesure, norme, obligation, ordre, précepte, prescription, protocole, régime, règle, règlement, usage.

côte *n.f.* ▸ ***Partie du corps*** – *FAM.* côtelette. ▸ ***Aliment*** – carré, côtelette, entrecôte. ▸ ***Pente*** – coteau, déclivité, descente, grimpette, montée, pente, raidillon, rampant *(toit)*, rampe, talus, versant. *ANC.* calade *(équitation)*. ▸ ***Rivage*** – berge, bord, rivage, rive. ▸ *Plat* – graves, grève, plage. ▸ *Longeant la mer* – bord de mer, littoral. ▸ *À marée basse* – estran, lais, laisse, platier. *QUÉB.* batture. ▸ *Longeant un cours d'eau* – berge. ▸ ***Nervure*** – nervure, veine, veinule *(petite)*. ▸ ***Colline*** (*QUÉB. FAM.*) – colline, coteau *(petit)*. *FRANCE RÉGION.* aspre *(Roussillon)*.

côté *n.m.* ▸ ***Paroi*** – bord, chant, face, facette, flanc, pan, paroi, profil, surface, tranche. *MAR.* travers. ▸ ***Direction*** – axe, cap, direction, exposition, face, inclinaison, ligne, orientation, sens, situation, vue. *QUÉB. ACADIE FAM.* bord. *ASTRON.* azimut. *AÉRON. MAR.* cap. *MAR.* gisement, orientement. ▸ ***Point de vue*** – angle, aspect, biais, face, facette, perspective, point de vue, versant. △ **ANT.** CENTRE, MILIEU.

coteau *n.m.* ▸ ***Éminence*** – colline. *QUÉB. FAM.* côte. *FRANCE RÉGION.* aspre *(Roussillon)*. ▸ ***Pente*** – côte, déclivité, descente, grimpette, montée, pente, raidillon, rampant *(toit)*, rampe, talus, versant. *ANC.* calade *(équitation)*.

côtelette *n.f.* ▸ ***Aliment*** – carré, côte, entrecôte.

coton *n.m.* ▸ ***Tampon pour les soins d'hygiène*** – coton (hydrophile), ouate.

côtoyer *v.* ▸ ***Fréquenter*** – coudoyer, fréquenter, voir. *FAM.* frayer avec. ▸ ***Border*** – border, confiner à, longer, suivre, toucher. *RARE* tangenter. ▸ ***Voisiner*** – approcher, avoisiner, confiner à, coudoyer, friser, frôler, toucher à.

cou *n.m.* ▸ ***Partie du corps*** – *ANAT.* vertèbres cervicales. *FRANCE FAM.* colback, kiki. ▸ *Animaux* – encolure. ▸ ***Col d'un récipient*** – col, goulot.

couchant *n.m.* ▸ ***Direction*** – occident, ouest. ▸ ***Moment*** – chute du jour, coucher du soleil, crépuscule, déclin du jour, fin du jour, nuit tombante, soir, tombée de la nuit, tombée du jour. *SOUT.* lueur crépusculaire. *QUÉB.* brunante. △ **ANT.** EST, LEVANT, ORIENT.

couche *n.f.* ▸ ***Revêtement*** – feuil, film, glacis. ▸ ***Change d'un bébé*** – change, change complet, rechange. *ANC.* pointe. ▸ ***Lit*** (*SOUT.*) – couchette *(petit)*, lit. *SOUT.* grabat *(mauvais)*. *FAM.* paddock, page, pageot, pagnot, pieu, plumard, pucier, (un) plume. *ENFANTIN* dodo. ♦ ***couches, plur.*** accouchement, délivrance, enfantement, expulsion, heureux événement, maïeutique, mal d'enfant, maternité, mise au monde, naissance, parturition.

coucher *v.* ▸ ***Étendre*** – allonger, étendre. ▸ ***Mettre au lit*** – aliter, mettre au lit. ▸ ***Héberger*** – abriter, accueillir, donner l'hospitalité à, donner le gîte à, héberger, loger, recevoir, recueillir. ▸ ***Incliner*** – incliner, pencher. ▸ ***Faire tomber*** – abattre, faucher, renverser. ▸ ***Passer la nuit*** – dormir, passer la nuit. ♦ **se coucher** ▸ ***S'étendre*** – s'allonger, s'étendre. ▸ ***Se mettre au lit*** – aller au lit, se glisser dans les draps, se mettre au lit. *FAM.* aller au page, aller au plumard, aller au plume, se mettre dans les bâches, se mettre dans les toiles, se paddocker, se pageoter, se pager, se pagnoter, se pieuter, se plumarder, se plumer, se zoner. ▸ ***Se montrer servile*** (*FAM.*) – faire des courbettes, ramper, s'abaisser, s'agenouiller, s'humilier, se prosterner. *FAM.* s'aplatir (comme une carpette). △ **ANT.** DRESSER, ÉLEVER, LEVER; ASSEOIR.

coucher *n.m.* ▸ ***Action d'aller au lit*** – couchage. *ENFANTIN* dodo. ▸ ***Fait d'être hébergé pour la nuit*** – gîte, hébergement. △ **ANT.** LEVER, RÉVEIL.

couchette *n.f.* ▸ ***Petit lit*** – lit. *SOUT.* couche, grabat *(mauvais)*. *FAM.* paddock, page, pageot, pagnot, pieu, plumard, pucier, (un) plume. *ENFANTIN* dodo.

coude *n.m.* ▸ ***Partie du bras*** – *ANAT.* olécrâne. *FAM.* le petit juif. ▸ ***Courbe*** – courbe, tournant, virage. ▸ ***Coin*** – angle, anglet, arête, carre, coin, corne, diverticule, écoinçon, encoignure, enfourchement, noue, pan, recoin, renfoncement, retour, saillant, tournant. *MAR.* empointure.

coulant *adj.* ▸ ***En parlant d'une substance*** – aqueux, fluide, liquide. *DIDACT.* liquidien. ▸ ***En parlant du style*** – aisé, facile, fluide, naturel. ▸ ***En parlant de qqn*** – accommodant, aisé à vivre, arrangeant, bon prince, complaisant, conciliant, de bonne composition, du bois dont on fait les flûtes, facile (à vivre), flexible, souple, traitable. △ **ANT.** CAILLÉ, ÉPAIS, FERME *(FROMAGE)*, FIGÉ, PÂTEUX; CHARGÉ, LOURD, TARABISCOTÉ; IMPITOYABLE, IMPLACABLE, INFLEXIBLE, INTRAITABLE, INTRANSIGEANT, RÉBARBATIF, SÉVÈRE.

coulée *n.f.* ▸ ***Action de faire couler*** – coulage *(métal fondu)*, tirage *(vin)*. ▸ ***Sentier*** – allée, banquette, cavée, chemin, laie, layon, ligne, piste, sentier, tortille, traverse. *SOUT. ou FRANCE RÉGION.* sente. *QUÉB.* portage, rang. *FRANCE RÉGION.* draille. ▸ ***Ravin*** (*QUÉB. FAM.*) – cañon, col, couloir, défilé, gorge, goulet, porte, ravin, ravine. *FRANCE RÉGION.* port *(Pyrénées)*, ravinée.

couler *v.* ▸ ***S'écouler*** – ruisseler, s'écouler, se déverser, se répandre. *SOUT.* courir, fluer, s'épancher. ▸ ***Filtrer*** – filtrer, passer. ▸ ***Laisser échapper des gouttes*** – dégoutter, fuir, goutter. *BELG.* gouttiner. ▸ ***Se répandre en fondant*** – fuser, se répandre. ▸ ***Accomplir sa durée*** – passer, s'écouler. ▸ ***Sombrer*** – faire naufrage, périr corps et biens, s'abîmer, s'engloutir, sombrer. *MAR.* sancir. ▸ ***Fabriquer avec un métal en fusion*** – fondre. ▸ ***Délayer le ciment, le plâtre*** – délayer, détremper, gâcher. ▸ ***Traverser une période*** – passer, traverser, vivre. ▸ ***Faire sombrer*** – envoyer par le fond. ▸ ***Critiquer*** (*FAM.*) – attaquer, critiquer, descendre en flammes, écharper, éreinter, étriller, faire le procès de, malmener, maltraiter, massacrer, matraquer, mettre à mal, pourfendre, s'acharner contre. *FAM.* démolir, descendre, écorcher, esquinter. *FRANCE FAM.* allumer, débiner. *QUÉB. FAM.* maganer. ▸ ***Discréditer*** (*FAM.*) – déconsidérer, décrédibiliser, discréditer, disqualifier, perdre. *FAM.* brûler, griller. *RARE* démonétiser. ▸ ***Échouer à un examen*** (*QUÉB. FAM.*) – échouer à. *FAM.* moffler. *SUISSE FAM.* luger. ♦ **se couler** ▸ ***Se faufiler*** – s'insinuer, se faufiler, se glisser. △ **ANT.** STAGNER; FIGER, GELER; ÉMERGER, FLOTTER.

couleur *n.f.* ▸ ***Teinte*** – coloration, coloris, degré, demi-teinte, nuance, teinte, ton, tonalité. *SOUT.* chromatisme. ▸ *De la peau* – carnation, pigmentation, teint. ▸ *Du vin* – robe. ▸ ***Matière colorante*** – colorant, teinture. ▸ ***Aspect*** – air, allure, apparence, aspect, caractère, configuration, couvert, dehors, éclairage, expression, extérieur, façade, faciès, figure, forme, formule, impression, jour, masque, mine, paraître, perspective, physionomie, plastique *(en art)*, portrait, présentation, profil, ressemblance, semblant, surface, ton, tour, tournure, traits, vernis, visage. *SOUT.* enveloppe, regardure, superficie. ▸ ***Pro-***

priété du quark – beauté, charme, étrangeté, vérité. ♦ **les couleurs,** *plur.* ▶ ***Drapeau*** – banderole, bandière, bannière, baucent, calicot, cornette, drapeau, étendard, fanion, flamme, gonfalon, guidon, oriflamme, pavillon *(marine)*, pavois *(marine)*, pennon, tanka *(religieux)*. SOUT. enseigne. ANTIQ. vexille.

couleuvre *n. f.* ZOOL. colubridé.

coulisse *n. f.* ▶ ***Glissière*** – coulisseau *(petit)*, glissière, guide, toboggan. ▶ ***Secret*** (FIG.) – âme, arrière-fond, arrière-pensée, conscience, dedans, dessous, fond, for intérieur, intérieur, intériorité, intimité, jardin secret, repli, secret. SOUT. tréfonds. ♦ **coulisses,** *plur.* ▶ ***Partie d'un théâtre*** – cantonade.

couloir *n. m.* ▶ ***Corridor d'un édifice*** – corridor, galerie, portique. QUÉB. passage. ▶ ***Zone de passage*** – corridor, passage.

coup *n. m.* ▶ ***Choc*** – accrochage, choc, cognement, collision, entrechoquement, heurt, impact, percussion, rencontre, secousse. ▶ ***Bruit*** – bang, battement, boum, choc, clappement, claquement, raté *(moteur)*, tapement. ▶ ***Action de frapper*** ▸ *Avec le poing* – coup de poing, horion. FAM. castagne, châtaigne, gnon, jeton, macaron, marron, pain, tarte, torgnole. ▸ *Avec la paume* – claque, gifle, tape. SOUT. soufflet. FAM. baffe, mornifle, taloche, tarte, torgnole. FRANCE FAM. aller et retour, calotte, emplâtre, giroflée (à cinq feuilles), mandale, pêche, rouste. ▸ *Avec le doigt replié* – chiquenaude. FAM. pichenette. SOUT. nasarde *(nez)*. ▸ *Avec le pied* – coup de pied, savate. FRANCE FAM. coup de latte. ▶ ***Coup de feu*** – décharge, fusillade, mitraillade, rafale, salve, tiraillement, tiraillerie, volée. FAM. giclée *(arme automatique)*. ANC. bordée, mousquetade, mousqueterie. ▶ ***Commotion*** – bouleversement, choc, commotion, ébranlement, émotion, secousse, traumatisme. ▶ ***Épreuve*** – contrariété, coup du destin, coup du sort, coup dur, disgrâce, échec, épreuve, hydre, infortune, mal, malchance, malheur, mauvais moment à passer, misère, péril, revers, ruine, tribulation. SOUT. traverse. ▶ ***Élan*** – bond, branle, élan, élancement, envolée, erre, essor, impulsion, lancée, lancement, mouvement, rondade *(acrobatie)*, saut. QUÉB. FAM. erre d'aller. ▶ ***Effort*** – coup (de collier), effort. FAM. piochage. QUÉB. FAM. coup de cœur. ▶ ***Fois*** – cas, circonstance, fois, heure, moment, occasion, occurrence. △ **ANT.** PARADE; SILENCE; CARESSE; APAISEMENT, CONSOLATION.

coupable *adj.* ▶ ***Responsable*** – dans son tort, fautif, responsable. DR. délinquant. ▶ ***Répréhensible*** – blâmable, condamnable, punissable, répréhensible. SOUT. damnable, incriminable. DR. délictueux. ▶ ***Défendu*** – clandestin, contrebandier, défendu, extralégal, frauduleux, illégal, illégitime, illicite, interdit, interlope, irrégulier, marron, pirate, prohibé. DR. délictuel, délictueux, fraudatoire. ▶ ***Honteux*** – abject, bas, crapuleux, dégoûtant, honteux, ignoble, immonde, inavouable, indigne, infâme, infect, innommable, inqualifiable, lâche, méprisable, odieux, repoussant, répugnant, sans nom, scandaleux, sordide, vil. SOUT. fangeux, ignominieux, nauséeux, triste, turpide. FAM. dégueu, dégueulasse, écœurant, salaud. △ **ANT.** INNOCENT; APPRÉCIABLE, BON, CONSIDÉRÉ, HONORABLE, LOUABLE, MÉRITOIRE, RESPECTABLE.

coupable *n.* ▶ ***Criminel*** – criminel, délinquant, desperado, ennemi public, hors-la-loi, malfaiteur, transgresseur, violateur. FAM. gibier de potence. FRANCE FAM. pendard. ▶ ***Responsable*** – contrevenant, fautif, responsable. △ **ANT.** INNOCENT.

coupant *adj.* ▶ ***Au sens propre*** – acéré, affilé, affûté, aigu, aiguisé, tranchant. ▶ ***Au sens figuré*** – abrupt, agressif, bourru, bref, brusque, brutal, cassant, dur, incisif, raide, rude, sec, tranchant. △ **ANT.** ÉMOUSSÉ, USÉ; CONTONDANT; DOUX, TENDRE.

coupe *n. f.* ▶ ***Verre*** – gobelet, godet, quart, verre. FAM. dé à coudre. ANC. rhyton, rince-bouche. ▶ ***Action de couper*** – taillage, taille. TECHN. stéréotomie. ▶ ***Déboisement*** – abattage, déboisage, déboisement, déforestation, défrichage, défrichement, dépeuplement. RARE abatture. ▶ ***Manière dont qqch. est vu*** – profil, section, vue. ▶ ***Césure*** – césure, coupure, hémistiche, pause, repos. ▶ ***Prélèvement*** – biopsie, forage, piqûre, ponction, ponction-biopsie, prélèvement, prise. ▶ ***Dépendance*** (FIG.) – abaissement, allégeance, appartenance, asservissement, assujettissement, attachement, captivité, contrainte, dépendance, domestication, domesticité, domination, emprise, esclavage, gêne, hilotisme, inféodation, infériorité, mainmise, merci, mouvance, obédience, obéissance, obligation, oppression, pouvoir, puissance, servage, servitude, soumission, subordination, sujétion, tutelle, tyrannie, vassalité. FIG. carcan, chaîne, corset (de fer), fardeau, griffe, main, patte, prison; SOUT. fers, gaine, joug. FÉOD. tenure. △ **ANT.** BOISEMENT.

couper *v.* ▶ ***Trancher*** – sectionner, trancher. ▶ ***Raccourcir*** – ébouter, écourter, raccourcir, rapetisser, rétrécir. SOUT. accourcir. ▶ ***Tronçonner*** – débiter, tronçonner. ▶ ***Fendre*** – fendre. TECHN. cliver. ▶ ***Émonder*** – ébrancher, éclaircir, élaguer, émonder, tailler. RARE monder. ▶ ***Amputer*** – amputer, réséquer. ▶ ***Châtrer*** – castrer, châtrer, émasculer, stériliser. ▶ ***Balafrer*** – balafrer, déchirer, écharper, écorcher, entailler, entamer, lacérer, larder, ouvrir, taillader. FAM. chapeler. ▶ ***Pincer au visage*** – cingler, fouetter, gifler, mordre, pincer, piquer, taillader. SOUT. flageller. ▶ ***Diluer une boisson*** – allonger, diluer, éclaircir, étendre, mouiller. FAM. baptiser. ▶ ***Entrecouper un discours*** – entrecouper, hacher, interrompre, saccader. ▶ ***Traverser*** – croiser, traverser. ▶ ***Retrancher*** – éliminer, enlever, ôter, radier, retrancher, supprimer. FAM. sucrer. ▶ ***Isoler*** – déconnecter, dégrouper, désunir, détacher, disjoindre, dissocier, écarter, éloigner, isoler, séparer. ▶ ***Barrer un passage*** – barrer, bloquer, boucher, obstruer. ▶ ***Échapper*** – échapper à, esquiver, éviter, fuir, passer au travers de, se dérober à, se dispenser de, se soustraire à. FAM. se défiler. FRANCE FAM. se débiner. ♦ **se couper** ▶ ***Se contredire*** – se contredire, se démentir, se trahir. △ **ANT.** COLLER, GREFFER, JOINDRE, LIER, RAPPROCHER, RASSEMBLER, RÉUNIR, SOUDER, UNIR; AGRANDIR, ALLONGER, AUGMENTER, PROLONGER; AJOUTER; SUTURER.

couple *n. m.* ▶ ***Deux choses*** – doublet, paire. PHILOS. dyade. ▶ ***Deux individus*** – duo, paire, pariade *(oiseaux)*. FAM. tandem. ▸ *En politique* – ticket. ANTIQ. duumvirat. ▶ ***Union conjugale*** – alliance, contrat conjugal, lit, mariage, ménage, nuptialité, union conjugale, union matrimoniale. SOUT. hymen, hyménée. △ **ANT.** SINGLETON, SOLO, UNITÉ; INDIVIDU; CÉLIBATAIRE.

couplet *n. m.* ▶ ***Mélodie*** – air, chanson, chant, mélodie, pièce vocale, refrain. FAM. beuglante.

coupole *n. f.* ▶ ***Dôme*** – berceau, calotte, cul-de-four, dôme, lanterne, voûte. ▸ *Intérieur* – cintre, intrados. ▸ *Extérieur* – extrados. ▶ ***Voûte céleste*** – air, atmosphère, calotte (céleste), ciel, coupole (céleste), dôme (céleste), espace, sphère céleste, voûte (céleste), zénith. SOUT. azur, empyrée, éther, firmament, nues. ♦ **la Coupole** l'Académie (française), l'Institut, le palais Mazarin, le quai Conti.

coupon *n. m.* ▶ ***Titre donnant droit à qqch.*** – billet, bon, carte d'admission, entrée, ticket. FAM. tickson. ▶ ***Titre financier*** – action, bon, effet de commerce, obligation, papier, part, titre, valeur.

coupon-réponse *n. m.* bulletin de participation, bulletin-réponse, carte-réponse, coupon de participation.

coupure *n. f.* ▶ ***Interruption*** – brisure, cassure, discontinuité, fossé, hiatus, interruption, lacune, rupture, saut, solution de continuité. ▶ ***Fermeture*** – barrage, bouchage, bouclage, cloisonnage, cloisonnement, clôture, comblement, condamnation, fermeture, interception, lutage, murage, oblitération, obstruction, obturation, occlusion, remblai, tamponnement, verrouillage. ▶ ***Suppression*** – abolition, abrogation, annulation, cassation, cessation, dissolution, invalidation, résiliation, résolution, retrait, révocation, rupture de contrat, suppression. BELG. renon. ▶ ***Césure*** – césure, coupe, hémistiche, pause, repos. ▶ ***Fragment*** – bribe, brisure, charpie, débris, éclat, esquille *(os)*, fraction, fragment, grain, granule, granulé, havrit, lambeau, limaille, miette, morceau, parcelle, part, particule, partie, pépite, portion, quartier, reste. FAM. graine. ▶ ***Échancrure*** – crénelure, découpure, dentelure, échancrure, encochage, encoche, encochement, entaille, faille, indentation, ouverture, sinuosité. BOT. ANAT. incisure. ▶ ***Fente*** – adent, brèche, coche, cran, créneau, crevasse, échancrure, égratignure, enclenche, encochage, encoche, encochement, engravure, entaille, entamure, épaufrure, faille, fente, feuillure, hoche, incision, marque, mortaise, moucheture, onglet, raie, rainurage, rainure, rayure, ruinure, scarification, scissure, sillon, souchèvement *(roche)*, strie. BELG. griffe. BELG. FAM. gratte. ▶ ***Blessure*** – balafre, blessure, entaille, estafilade, incision, scarification, taillade. ▶ ***Billet de banque*** – argent, argent comptant, argent liquide, billet (de banque), comptant, liquide, papier-monnaie. FAM. biffeton. △ **ANT.** CONTINUATION, CONTINUITÉ, MAINTIEN; ALLUMAGE, OUVERTURE; ADDITION, AUGMENTATION; UNITÉ; TOTALITÉ; CICATRICE.

cour *n. f.* ▶ ***Toilettes*** (BELG.) – cabinet d'aisances, cabinet de toilette, cabinets, latrines, lavabos, lieux d'aisances, sanisette *(publiques)*, sanitaires, toilettes, W.-C., water-closets, waters. FAM. petit coin, petit endroit, vécés. AFR. douchière. ANC. garde-robe. ▶ ***Tribunal*** – instance, juridiction, tribunal. ANC. directoire, inquisition, présidial.

courage *n. m.* ▶ ***Bravoure*** – audace, bravoure, cœur, cœur au ventre, cran, hardiesse, héroïsme, intrépidité, mépris du danger, témérité, vaillance. RARE héroïcité. SOUT. valeur. FAM. tripes. ▶ ***Ténacité*** – aplomb, assurance, autorité, caractère, constance, cran, détermination, endurance, énergie, fermeté, force, permanence, poigne, rectitude, résolution, ressort, sang-froid, sérieux, solidité, sûreté, ténacité, vigueur, virilité, volonté. SOUT. invulnérabilité. FAM. estomac, gagne. ▶ ***Patience*** – calme, constance, douceur, endurance, flegme, lenteur, patience, persévérance, persistance, résignation, sang-froid, tranquillité. SOUT. longanimité. △ **ANT.** LÂCHETÉ, POLTRONNERIE; FAIBLESSE, PARESSE.

courageusement *adv.* audacieusement, bravement, hardiment, intrépidement, résolument, vaillamment, valeureusement, virilement. △ **ANT.** CRAINTIVEMENT, LÂCHEMENT, PEUREUSEMENT, TIMIDEMENT; AVEC CIRCONSPECTION, PRÉCAUTIONNEUSEMENT, PRÉVENTIVEMENT, PRUDEMMENT, SAGEMENT.

courageux *adj.* ▶ ***Vaillant*** – brave, héroïque, intrépide, vaillant, valeureux. SOUT. sans peur et sans reproche. ▶ ***Stoïque*** – aguerri, bien trempé, dur, dur au mal, endurant, endurci, fort, stoïque. △ **ANT.** CRAINTIF, LÂCHE, PEUREUX, TIMIDE.

couramment *adv.* ▶ ***Vulgairement*** – banalement, communément, populairement, prosaïquement, trivialement, usuellement, vulgairement, vulgo. ▶ ***Fréquemment*** – à de rares exceptions près, à l'accoutumée, à l'ordinaire, à maintes reprises, à quelques exceptions près, communément, coutumièrement, d'habitude, d'ordinaire, dans la généralité des cas, dans la majorité des cas, dans la plupart des cas, de coutume, en général, en règle générale, fréquemment, généralement, habituellement, journellement, la plupart du temps, maintes fois, normalement, ordinairement, régulièrement, rituellement, souvent, toujours. △ **ANT.** EXCEPTIONNELLEMENT, RAREMENT; COMME UNE VACHE ESPAGNOLE *(LANGUE)*.

courant *adj.* ▶ ***Habituel*** – banal, commun, fréquent, habituel, normal, ordinaire, répandu, usuel. LING. usité. ▶ ***Actuel*** – actuel, de l'heure, en application, en cours, en usage, en vigueur, existant, présent. ▶ ***En vogue*** – dominant, en vogue, général, populaire, qui a cours, régnant, répandu. △ **ANT.** EXCEPTIONNEL, INACCOUTUMÉ, INHABITUEL, INUSITÉ, RARE; ANCIEN, ANTIQUE, ARCHAÏQUE, CADUC, DÉMODÉ, DÉPASSÉ, DÉSUET; PASSÉ; À VENIR, FUTUR, PROCHAIN.

courant *n. m.* ▶ ***Mouvement d'eau*** – cours, fil (de l'eau), flot, rapide, saut. ▶ ***Mouvement d'air*** – courant aérien, courant atmosphérique. ▶ ***Augmentation subite*** – afflux, batillage, déferlement, mouvement, vague. ▶ ***Tendance*** – chemin, cours, direction, évolution, fil, mouvance, mouvement, orientation, tendance, virage. SOUT. voie. ▶ ***Courant électrique*** – courant (électrique), électricité, énergie électrique. FAM. jus. △ **ANT.** STAGNATION; PANNE.

courbe *adj.* ▶ ***Qui présente une courbe*** – arqué, arrondi, cintré, contourné, courbé, curviligne, en arc de cercle, incurvé, recourbé, voûté. ▸ *Vers l'intérieur* – cambré, concave, creux, rentrant. ▸ *Vers l'extérieur* – arrondi, bombé, convexe, pansu, rebondi, renflé, rond, ventru. ▶ ***Formé d'une suite de courbes*** – serpentin, sinueux, tortueux. SOUT. flexueux, méandreux, méandrique, tortu. △ **ANT.**

DRESSÉ, DROIT, RAIDE, RECTILIGNE; AIGU, ANGULEUX, POINTU.

courbe *n. f.* ▸ ***Forme arrondie*** – arçonnage, arcure, arrondi, bombage, cambre, cambrure, cintrage, circularité, concavité, conicité, convexité, courbure, fléchissement, flexion, flexuosité, galbe, incurvation, inflexion, parabolicité, rondeur, rotondité, sinuosité, sphéricité, tortuosité, voussure. ▸ ***Arc*** – anse, arc, arcade, arcature, arceau, arche, archivolte, courbure, demi-cercle, feston, recourbure. ▸ ***Sinuosité*** – arabesque, boucle, contour, détour, lacet, méandre, ondulation, repli, serpentin, sinuosité, volute *(fumée)*. SOUT. flexuosité. ▸ ***Tournant*** – coude, tournant, virage. ▸ ***Graphique*** – diagramme, enregistrement, graphe, graphique, tracé. FRANCE FAM. camembert *(en demi-cercle)*. △ **ANT.** DROITE.

courber *v.* ▸ ***Rendre courbe*** – arquer, cambrer, cintrer, couder, incurver, voûter. ▸ ***Déformer*** – bistourner, contourner, déformer, déjeter, dévier, distordre, gauchir, tordre, voiler. RARE tortuer. TECHN. s'envoiler. ▸ ***Manquer un cours*** (SUISSE FAM.) – manquer. FAM. sécher. BELG. FAM. brosser. ▸ ***Se déformer*** – gauchir, gondoler, se déformer, se distordre, se voiler, travailler. QUÉB. crochir. ♦ **se courber** ▸ ***Se pencher en signe de respect*** – s'incliner, se prosterner. ▸ ***Devenir courbe*** – s'arquer, s'incurver, s'infléchir. ♦ **courbé** arqué, arrondi, cintré, contourné, curviligne, en arc de cercle, incurvé, recourbé, voûté. △ **ANT.** DRESSER, RAIDIR, RECTIFIER, REDRESSER, RELEVER.

courbure *n. f.* ▸ ***Cambrure*** – arçonnage, arcure, arrondi, bombage, cambre, cambrure, cintrage, circularité, concavité, conicité, convexité, courbe, fléchissement, flexion, flexuosité, galbe, incurvation, inflexion, parabolicité, rondeur, rotondité, sinuosité, sphéricité, tortuosité, voussure. ▸ ***Courbe*** – anse, arc, arcade, arcature, arceau, arche, archivolte, courbe, demi-cercle, feston, recourbure. ▸ ***Déformation*** – anamorphose, aplatissement, déformation, déviation, distorsion, gauchissement, gondolage, gondolement, inclinaison, ovalisation, plissement, voilage, voile, voilement, voilure. TECHN. fluage. △ **ANT.** RAIDEUR; ORTHOGONALITÉ.

coureur *n.* ▸ ***Personne qui court*** – coureur à pied, joggeur. ▸ ***Séducteur*** – aguicheur, apprivoiseur, bourreau des cœurs, Casanova, charmeur, conquérant, coq, don Juan, enchanteur, enjôleur, ensorceleur, envoûteur, flirteur, homme à bonnes fortunes, homme à femmes, homme à succès, séducteur, tentateur. SOUT. lovelace. FAM. allumeur, batifoleur, cavaleur, coureur (de jupons), dragueur, flambeur, gueule d'amour, joli cœur, tombeur (de femmes), trousseur (de jupons). QUÉB. FAM. macho, maquereau. ♦ **coureur,** ***masc.*** ▸ ***Oiseau*** – oiseau coureur, oiseau marcheur. ZOOL. paléognathe, ratite.

courir *v.* ▸ ***Se déplacer rapidement*** – filer, galoper. FAM. calter, cavaler, droper, fendre l'air, jouer des jambes, pédaler, piquer un sprint, prendre ses jambes à son cou, sprinter, tracer, tricoter des jambes, tricoter des pieds. ▸ ***Arriver en vitesse*** – accourir, se précipiter, se presser. ▸ ***Faire vite*** – faire vite, s'empresser, se dépêcher, se hâter, se précipiter, se presser. FAM. activer, bourrer, pédaler, se dégrouiller, se grouiller, se magner, se magner le popotin. ▸ ***Se propager*** – circuler, se propager. ▸ ***Couler*** (SOUT.) – couler, ruisseler, s'écouler, se déverser, se répandre. SOUT. fluer, s'épancher. ▸ ***Chasser le gibier*** – chasser. CHASSE courre. ▸ ***Pourchasser qqn*** – être aux trousses de, pourchasser, poursuivre, traquer. FAM. courser. SUISSE FAM. tracer après. ▸ ***Parcourir*** – parcourir, sillonner, traverser. ▸ ***Fréquenter*** – fréquenter, hanter. ▸ ***Rechercher*** – ambitionner, aspirer à, avoir des vues sur, avoir en tête de, briguer, convoiter, désirer, pourchasser, poursuivre, prétendre à, rechercher, solliciter, souhaiter, tendre à, viser. FAM. guigner, lorgner, reluquer. ▸ ***Exaspérer*** (FRANCE FAM.) – agacer, crisper, énerver, exaspérer, excéder, fatiguer, hérisser, impatienter, importuner, irriter, porter sur les nerfs de. FAM. barber, casser les pieds à, embêter, emmieller, empoisonner, enquiquiner, faire suer, gonfler, horripiler, insupporter, pomper l'air à, scier, tanner, taper sur les nerfs de. FRANCE FAM. bassiner, canuler, cavaler, soûler. QUÉB. FAM. achaler, déranger. △ **ANT.** MARCHER; PIÉTINER; FAIRE HALTE, STATIONNER, STOPPER; ÉVITER, FUIR.

couronne *n. f.* ▸ ***Objet rond*** – anneau, bague, cerceau, cercle, collier, disque, rondelle. FAM. rond. ▸ ***Souveraineté*** – autorité royale, royauté, sceptre, souveraineté, trône. ▸ ***Territoire*** – grand-duché *(petit)*, monarchie, royaume, sultanat *(Moyen-Orient)*. ▸ ***Récompense*** – accessit, bon point, citation, décoration, diplôme, distinction, gratification, médaille, mention, nomination, pourboire, prime, prix, récompense, satisfecit, trophée. ▸ ***Banlieue*** – abords, alentours, banlieue, banlieue-dortoir, ceinture, cité-dortoir, environs, extension, faubourg, périphérie, quartier-dortoir, ville-dortoir, zone (suburbaine).

couronnement *n. m.* ▸ ***Sacre*** – bénédiction, consécration, dédicace, intronisation, onction, sacralisation, sacre. ▸ ***Sommet*** – cime, crête, dessus, faîte, haut, pinacle, point culminant, sommet. ACADIE FAM. fait. ▸ ***Triomphe*** – apothéose, bonheur, bonne fortune, boum, consécration, gloire, honneur, lauriers, prospérité, retentissement, réussite, succès, triomphe, trophée. FAM. malheur, (succès) bœuf, tabac. FRANCE FAM. carton, saucisson, ticket. ▸ ***Aboutissement*** – aboutissement, accomplissement, achèvement, apothéose, but, chute, complémentation, complètement, complétude, conclusion, consécration, consommation, dénouement, exécution, fin, finition, fruit, issue, produit, réalisation, règlement, résolution, résultat, sortie, terme, terminaison. SOUT. aboutissant. PHILOS. entéléchie. ▸ ***Perfection*** – achèvement, consommation, épanouissement, excellence, fini, fleur, maturité, meilleur, parachèvement, perfection, plénitude, précellence. PHILOS. entéléchie. △ **ANT.** DÉPOSITION, DESTITUTION, RENVERSEMENT; ABDICATION; COMMENCEMENT, DÉBUT, INAUGURATION.

couronner *v.* ▸ ***Proclamer souverain*** – introniser, sacrer. ▸ ***Récompenser*** – primer, récompenser. ▸ ***Surmonter*** – coiffer, dominer, surmonter, surplomber. ▸ ***Entourer*** – auréoler, ceindre, coiffer, entourer, nimber. ▸ ***Finir en beauté*** – conclure en beauté, finir en beauté, parachever. △ **ANT.** DÉCOURONNER, DESTITUER, DÉTRÔNER, RENVERSER; DÉPOUILLER, DÉSHONORER; DÉDAIGNER; GÂCHER, RUINER; COMMENCER.

courriel *n. m.* courrier électronique, messagerie électronique, télémessagerie.

courrier *n.m.* ▶ ***Documents acheminés par la poste*** – correspondance, lettres. ▶ ***Service postal*** – poste, service postal. FRANCE P. T. T.

courroie *n.f.* attache, câble, chaîne, corde, fers, lanière, lien, ligament, ligature, liure, rétinacle, sangle.

cours *n.m.* ▶ ***Mouvement de l'eau*** – courant, fil (de l'eau), flot, rapide, saut. ▶ ***Évolution dans le temps*** – cheminement, déroulement, développement, devenir, évolution, fil, marche, progrès, progression, suite. ▶ ***Tendance*** – chemin, courant, direction, évolution, fil, mouvance, mouvement, orientation, tendance, virage. SOUT. voie. ▶ ***Prix*** – appréciabilité, cherté, cotation, cote, coût, estimation, évaluation, montant, prix, tarif, tarification, taux, valeur. ▶ ***Leçon*** – classe, leçon, mémorisation, répétition, révision. ▶ ***Conférence*** – causerie, conférence, discours, exposé, laïus, lecture. ▶ ***Traité*** – argument, argumentation, développement, discours, dissertation, essai, étude, exposé, manuel, mémoire, monographie, somme, thèse. DR. dire. ▶ ***Large rue*** – allée, avenue, boulevard, mail, promenade. BELG. drève.

course *n.f.* ▶ ***Action de courir*** – FAM. cavalcade *(bruyante)*, galopade. ▶ ***Suite précipitée*** (FAM.) – bousculade, précipitation. FAM. cavalcade. ▶ ***Allure*** – allure, cadence, erre, marche, mouvement, pas, rythme, tempo, train, vitesse. ▶ ***Trajet*** – aller (et retour), chemin, cheminement, circuit, direction, distance, espace, itinéraire, marche, parcours, retour, route, tracé, traite, trajectoire, trajet, traversée, voyage. FAM. trotte. FRANCE FAM. tirée. ▶ ***Promenade*** – aventure, déambulation, déplacement, égarement, flânerie, instabilité, nomadisme, pérégrination, promenade, randonnée, rêverie, vagabondage, voyage. SOUT. badauderie, errance. FAM. vadrouille, virée. FRANCE FAM. baguenaude. QUÉB. FAM. niaisage. ▶ ***Voyage*** – allées et venues, balade, campagne, circuit, circumnavigation, croisière, déplacement, excursion, expédition, exploration, hadj, incursion, marche, méharée, mission, navette, navigation, odyssée, passage, pèlerinage, pérégrination, périple, promenade, raid, rallye, randonnée, reconnaissance, tour, tourisme, tournée, transport, traversée, va-et-vient, voyage. SOUT. chevauchée, errance. FAM. bourlingue, transhumance. QUÉB. voyagement. ♦ **courses, *plur.*** ▶ ***Achats*** – commissions, emplettes, provisions. QUÉB. FAM. magasinage. △ **ANT.** ARRÊT, ESCALE, HALTE, REPOS; INTERRUPTION; IMMOBILITÉ.

coursier *n.* ▶ ***Messager*** – bagagiste, chasseur, commissionnaire, courrier, employé livreur, envoyé, garçon livreur, groom, livreur, messager, porteur. ANC. estafette. MILIT. héraut (d'armes).

court *adj.* ▶ ***De taille peu élevée*** – bas, petit. ▸ *Qui a les jambes courtes* – bas sur pattes, court sur pattes, courtaud. ▶ ***De peu de durée*** – bref, éphémère, évanescent, fugace, fugitif, intérimaire, momentané, passager, précaire, provisoire, rapide, temporaire, transitoire. SOUT. périssable. ▶ ***De peu de mots*** – bref, concis, condensé, dense, laconique, lapidaire, ramassé, serré, sobre, sommaire, succinct. PÉJ. touffu. △ **ANT.** GRAND, LONG; INTERMINABLE, SANS FIN; BAVARD, DÉLAYÉ, DIFFUS, PROLIXE, REDONDANT, VERBEUX.

courtier *n.* ▶ ***Assureur*** – agent (d'assurances), apériteur, assureur, courtier (d'assurances), inspecteur (d'assurances). ▶ ***Intermédiaire commercial*** – agent de change, démarcheur, opérateur, opérateur boursier, opérateur financier.

courtisan *n.m.* admirateur, adorateur, adulateur, apologiste, caudataire, complaisant, complimenteur, dithyrambiste, flatteur, patelin, valet. SOUT. applaudisseur, approbateur, glorificateur, laquais, laudateur, thuriféraire. FAM. béni-oui-oui, carpette, cloporte, fayot, larbin, lèche-bottes, lécheur, paillasson. BELG. FAM. frotte-manche.

courtois *adj.* affable, bien élevé, bienséant, civil, délicat, galant, poli, qui a de belles manières. SOUT. urbain. FAM. civilisé. △ **ANT.** DISCOURTOIS, GROSSIER, IMPERTINENT, IMPOLI, MAL ÉLEVÉ, RUSTRE.

courtoisie *n.f.* ▶ ***Politesse*** – affabilité, amabilité, aménité, attention, bienséance, bonnes manières, civilité, civisme, convivialité, correction, délicatesse, éducation, entregent, galanterie, gentillesse, hospitalité, mondanités, obligeance, politesse, prévenance, savoir-vivre, serviabilité, sociabilité, tact, urbanité. SOUT. gracieuseté, liant. △ **ANT.** GOUJATERIE, GROSSIÈRETÉ, IMPOLITESSE.

coussin *n.m.* ▶ ***Enveloppe rembourrée*** – coussinet *(petit)*. ANC. carreau *(carré)*.

coût *n.m.* appréciabilité, cherté, cotation, cote, cours, estimation, évaluation, montant, prix, tarif, tarification, taux, valeur.

couteau *n.m.* ▶ ***Instrument coupant*** – tranchant. ▶ ***Arme*** – poignard. SOUT. acier, fer. FAM. lardoire, schlass. ▶ ***Mollusque*** – ZOOL. solen.

coûter *v.* ▶ ***Valoir*** – revenir à, valoir. FAM. faire. ▶ ***Être pénible*** – fatiguer, peser sur.

coûteux *adj.* astronomique, cher, élevé, exorbitant, fou, hors de prix, inabordable, prohibitif, ruineux. FAM. chérot, faramineux, salé. △ **ANT.** BON MARCHÉ, ÉCONOMIQUE.

coutume *n.f.* ▶ ***Tradition*** – convention, habitude, habitus, mode, mœurs, pratique, règle, rite, tradition, us et coutumes, usage. ▶ ***Norme*** – arrêté, charte, code, convention, cote, formule, loi, mesure, norme, obligation, ordre, précepte, prescription, protocole, régime, règle, règlement, usage. △ **ANT.** INNOVATION, NOUVEAUTÉ, ORIGINALITÉ; ANOMALIE, EXCEPTION, SINGULARITÉ.

coutumier *adj.* accoutumé, attendu, consacré, d'usage, de règle, de routine, familier, habituel, normal, ordinaire, quotidien, régulier, rituel, usuel. △ **ANT.** ANORMAL, BIZARRE, CURIEUX, DRÔLE, ÉTRANGE, INACCOUTUMÉ, INHABITUEL, INSOLITE, INUSITÉ, SINGULIER, SPÉCIAL.

couture *n.f.* ▶ ***Assemblage*** – bâti, faufilure, piquage, piqûre, rentraiture, surjet, suture, tranchefile, transfilage. ▶ ***Confection de vêtements*** – confection, haute couture, mode, prêt-à-porter. ▶ ***Cicatrice*** – balafre *(au visage)*, cicatrice, marque. ▶ ***Opération chirurgicale*** – surjet, suture. ▶ ***Reliure*** – brochage, mise en presse. ▶ ***Procédé d'entrelaçage*** – brochage.

couvée *n.f.* ▶ ***Ce qui est pondu*** – ponte. ▶ ***Ensemble d'oiseaux*** – nichée, ponte. ▶ ***Famille*** (FAM.) – cellule familiale, entourage, famille, foyer, fratrie, gens, logis, maison, maisonnée, ménage, toit. FAM. bercail, clan, marmaille, nichée, progéniture, smala, tribu.

couvent *n. m.* ▶ ***Maison religieuse*** – abbaye, béguinage, chartreuse, cloître, commanderie, laure *(orthodoxe)*, lavra *(orthodoxe)*, monastère, prieuré, trappe. ▶ ***Groupe de religieux*** – abbaye, monastère. ▶ ***Pensionnat*** – internat, pension, pensionnat.

couver *v.* ▶ ***Entourer de soins*** – cajoler, choyer, combler, dorloter, entourer de soins, être aux petits soins avec, materner, pouponner *(un bébé)*, soigner. FAM. bichonner, bouchonner, chouchouter, gâter, mitonner, soigner aux petits oignons, traiter aux petits oignons. SUISSE FAM. cocoler. ▶ ***Surprotéger*** – élever dans du coton, élever dans la ouate, materner, surprotéger. ▶ ***Préparer par une longue réflexion*** – calculer, combiner, imaginer, méditer, mûrir, préméditer, ruminer. ▶ ***Être à l'état latent*** – fermenter.

couvercle *n. m.* clapet, obturateur, opercule, rabat.

couvert *n. m.* ▶ ***Feuillage*** – feuillage, ombrage. ▶ ***Couverture du toit*** – couverture, enfaîtement, faîtage. ▶ ***Apparence*** – air, allure, apparence, aspect, caractère, configuration, couleur, dehors, éclairage, expression, extérieur, façade, faciès, figure, forme, formule, impression, jour, masque, mine, paraître, perspective, physionomie, plastique *(en art)*, portrait, présentation, profil, ressemblance, semblant, surface, ton, tour, tournure, traits, vernis, visage. SOUT. enveloppe, regardure, superficie. ▶ ***Nourriture*** – aliment, nourriture, pain (quotidien), table. FAM. bouffe, bouffetance, boustifaille, mangeaille, manger. FRANCE FAM. becquetance, tortore. RELIG. manne.

couverture *n. f.* ▶ ***Protection*** – abri, aide, appui, assistance, chapeautage, conservation, garantie, garde, mandat, parrainage, paternalisme, patronage, protection, recommandation, renfort, rescousse, sauvegarde, secours, sécurisation, soutien, surveillance, tutelle. FIG. parapluie. SOUT. égide. FAM. piston. ▶ ***Pièce de literie*** – alaise, couette, courtepointe, couvre-lit, couvre-matelas, couvre-pied, dessus-de-lit, drap (de lit), duvet, édredon, plaid, protège-matelas. FAM. bâche, couvrante. QUÉB. catalogne, douillette. SUISSE fourre. QUÉB. ACADIE FAM. couverte. ▶ ***Pièce de toile*** – bâche, banne, capot, housse, prélart, taud, toile. ▶ ***Ce qui recouvre le toit*** – couvert, enfaîtement, faîtage. ▶ ***Toit*** (QUÉB. ACADIE FAM.) – appentis, auvent, chaume, terrasse, toit, toiture, toiture-terrasse, verrière, vitrage. SOUT. faîtage. ACADIE FAM. tet. ANTIQ. solarium. ▶ ***Couvre-livre*** – couvre-livre, jaquette, liseuse, protège-cahier. SUISSE fourre. ▶ ***Garantie*** – assurance, aval, caution, cautionnement, charge, consignation, ducroire, engagement, gage, garant, garantie, hypothèque, indexage, indexation, nantissement, obligation, palladium, parrainage, précaution, préservation, promesse, répondant, responsabilité, salut, sauvegarde, sécurité, signature, soulte, sûreté, warrant, warrantage. DR. porte-fort. △ **ANT.** INTÉRIEUR.

couvrir *v.* ▶ ***Recouvrir d'un tissu, d'un papier*** – recouvrir, tapisser, tendre. ▶ ***Enrober*** – enrober, entourer, envelopper. ▶ ***Protéger du froid*** – abriter, recouvrir. QUÉB. FAM. abrier. ▶ ***Recouvrir d'un enduit*** – badigeonner, enduire, recouvrir. ▶ ***Cacher une chose concrète*** – cacher, camoufler, dérober, dérober aux regards, dissimuler, escamoter, masquer, receler, recouvrir, soustraire à la vue, soustraire aux regards, voiler. FAM. planquer. FRANCE RÉGION. mucher, musser. ▶ ***Cacher une chose abstraite*** – cacher, camoufler, déguiser, dissimuler, envelopper, escamoter, étouffer, farder, maquiller, masquer, occulter. SOUT. pallier. QUÉB. FAM. abrier. ▶ ***Garder secret*** – cacher, dissimuler, laisser de côté, omettre, passer sous silence, taire. SOUT. celer. ▶ ***Englober*** – embrasser, englober, recouvrir. ▶ ***Occuper un espace*** – emplir, garnir, occuper, remplir, s'étendre sur. ▶ ***Parsemer*** – joncher, parsemer, recouvrir. ▶ ***Combler qqn*** – abreuver, accabler, combler, gaver, gorger, inonder, rassasier, soûler. ▶ ***S'accoupler avec la femelle*** – monter, saillir, servir. ♦ **se couvrir** ▶ ***En parlant du ciel*** – s'assombrir, s'ennuager, s'obscurcir, se brouiller, se voiler. ♦ **couvert** ▶ ***En parlant du ciel*** – assombri, bouché, chargé de nuages, ennuagé, gris, lourd, nébuleux, nuageux, obscurci, voilé. △ **ANT.** DÉCOUVRIR, DÉNUDER, DÉSHABILLER, DÉVOILER, MONTRER; DÉCELER, ÉTALER, RÉVÉLER.

crabe *n. m.* ▶ ***Crustacé*** – ZOOL. brachyoure.

crachat *n. m.* ▶ ***Matière crachée*** – FAM. graillon. MÉD. expectoration. ▶ ***Décoration militaire*** (FRANCE FAM.) – badge, décoration, distinction (honorifique), insigne. FAM. banane, hochet.

cracher *v.* ▶ ***Projeter des crachats*** – crachoter, expectorer, postillonner. FAM. crachouiller, graillonner. ▶ ***Émettre un bruit de friture*** – crachoter, crépiter, grésiller. ▶ ***Projeter*** – éjecter, projeter, rejeter, vomir. ▶ ***Dire avec hostilité*** – asséner, jeter par la tête, lancer, proférer, vomir. SOUT. éructer. FAM. débagouler. ▶ ***Chercher à discréditer*** – attaquer, baver sur, calomnier, casser du sucre sur le dos de, critiquer, décrier, dénigrer, déprécier, diffamer, dire du mal de, gloser sur, médire de, noircir, perdre de réputation, traîner dans la boue. SOUT. arranger de la belle manière, clabauder sur, dauber sur, détracter, dire pis que pendre de, mettre plus bas que terre. FAM. déblatérer contre, taper sur. FRANCE FAM. débiner, habiller pour l'hiver, tailler un costard à, tailler une veste à. BELG. décauser. ▶ ***Débourser*** (FAM.) – débourser, décaisser, dépenser, payer, verser. FAM. allonger, casquer, lâcher. △ **ANT.** ABSORBER, AVALER; AIMER, LOUER, RESPECTER.

craie *n. f.* calcaire, calcite, roche calcaire. amendement, apport, chanci, chaux, compost, engrais, falun, fertilisant, fumier, fumure, glaise, goémon, guano, limon, lisier, marne, paillé, plâtre, poudrette, pralin, purin, superphosphate *(artificiel)*, tangue, terre de bruyère, terreau. FRANCE RÉGION. wagage.

craindre *v.* appréhender, avoir peur de, redouter, s'effrayer de. △ **ANT.** AFFRONTER, BRAVER; MÉPRISER; OSER; DÉSIRER, ESPÉRER, RECHERCHER, SOUHAITER.

crainte *n. f.* ▶ ***Peur*** – affolement, alarme, angoisse, appréhension, effarement, effarouchement, effroi, épouvante, frayeur, grand-peur, hantise, horreur, inquiétude, panique, peur, phobie, terreur, transes. SOUT. affres, apeurement. FAM. cauchemar, chiasse, frousse, pétoche, trac, trouille. ▶ ***Timidité*** – appréhension, confusion, discrétion, effacement, effarouchement, embarras, émoi, frilosité, gaucherie, gêne, hésitation, honte, humilité, indécision, inhibition, introversion, malaise, modestie, peur, réserve, retenue, sauvagerie, timidité. *SOUT.* pusillanimité. *FAM.* trac. △ **ANT.** DÉSIR, ESPÉRANCE, ESPOIR, SOUHAIT; ASSURANCE, CERTITUDE, CONFIANCE; AUDACE, BRAVOURE, COURAGE, HARDIESSE, INTRÉPIDITÉ; IRRÉVÉRENCE, MÉPRIS.

craintif *adj.* ▶ ***Qui a peur*** – angoissé, apeuré, effrayé, inquiet, ombrageux *(animal)*, peureux. *SOUT. ou QUÉB. FAM.* épeuré. ▶ ***Qui manque de courage*** – couard, faible, frileux, lâche, mou, peureux, pleutre, poltron, pusillanime, qui se dérobe, timide, timoré, veule. *FAM.* dégonflé, froussard, péteux, pétochard, poule mouillée, trouillard. ▶ ***Farouche*** – farouche, méfiant, sauvage. △ **ANT.** BRAVE, COURAGEUX, HARDI, INTRÉPIDE, VAILLANT, VALEUREUX.

craintivement *adv.* frileusement, lâchement, ombrageusement, peureusement, pusillanimement, timidement. △ **ANT.** AUDACIEUSEMENT, BRAVEMENT, COURAGEUSEMENT, HARDIMENT, INTRÉPIDEMENT, VAILLAMMENT, VALEUREUSEMENT.

cramoisi *adj.* ▶ ***En parlant du visage*** – coloré, congestionné, couperosé, écarlate, empourpré, en feu, enflammé, enluminé, injecté, rouge, rougeaud, rougissant, rubicond, sanguin, vineux. *SOUT.* rubescent, vultueux. *FAM.* rouget. ▶ ***Violet-rouge*** – amarante, colombin, lie-de-vin, pourpre, violine, zinzolin. △ **ANT.** BLANC, BLÊME.

crampe *n.f.* ▶ ***Contraction*** – astriction, constriction, contraction, crispation, étranglement, palpitation, pressage, pression, pressurage, resserrement, rétraction, rétrécissement, serrement, spasme, tension. *MÉD.* clonie, clonus, contracture, striction, tétanisation.

cramponner *v.* ▶ ***Accaparer*** (*FAM.*) – accaparer. *FAM.* coller. ♦ **se cramponner** ▶ ***Se tenir*** – s'accrocher, s'agripper, se raccrocher, se retenir, se tenir. *SOUT.* s'agriffer. △ **ANT.** ARRACHER, DÉFAIRE, DÉTACHER, LAISSER. ♦ **se cramponner** LÂCHER PRISE.

crâne *n.m.* tête. *SOUT.* front. *FAM.* caboche, ciboulot, citrouille, coco, fiole, pomme, tirelire, tronche. *FRANCE FAM.* bocal, bouillotte, boule, bourrichon, cafetière, caillou, calebasse, carafe, carafon, cassis, cigare, citron, cocarde, coloquinte, job, terrine, tronc.

crânerie *n.f.* ▶ ***Vantardise*** – bluff, bravade, braverie, charlatanerie, charlatanisme, conte, exagération, fabulation, fanfaronnade, forfanterie, gasconnade, hâblerie, histoire marseillaise, jactance, mensonge, mythomanie, rengorgement, rodomontade, tromperie, vantardise, vanterie. *FRANCE FAM.* charre, craque, épate, esbroufe, frime, vanne. *FRANCE RÉGION.* galéjade. *QUÉB. FAM.* menterie. ▶ ***Vanité*** – amour-propre, arrogance, autosatisfaction, bouffissure, complaisance, contentement (de soi), enflure, fatuité, gloriole, hauteur, immodestie, importance, jactance, mégalomanie, morgue, orgueil, ostentation, outrecuidance, parade, pose, présomption, prétention, suffisance, superbe, supériorité, vanité, vantardise. *SOUT.* fierté, infatuation. *FAM.* ego. △ **ANT.** HUMILITÉ, MODESTIE, RÉSERVE.

crapaud *n.m.* ▶ ***Amphibien*** ▸ *Familles* – bufonidé, dicoglossidé, pélobatidé, pipidé, rhynophridé. ▶ ***Défaut*** – gendarme, paille, paillette. ▶ ***Siège*** – bergère, cabriolet, fauteuil, fauteuil club, (fauteuil) crapaud, fauteuil pivotant, fauteuil Wassily, marquise, voltaire. ▶ ***Piano*** – piano crapaud, piano quart de queue. ▶ ***Gamin*** (*FAM.*) – (affreux) jojo, chipie, coquin, diablotin, filou, fripon, galopin, mauvaise graine, (petit) bandit, (petit) chenapan, (petit) démon, (petit) diable, (petit) garnement, (petit) gredin, (petit) poison, (petit) polisson, (petit) vaurien, (petit) voyou, (petite) canaille, (petite) peste, poulbot *(de Montmartre)*, titi, vilain. *SOUT.* lutin. *FAM.* morveux, (petit) crapaud, petit merdeux, petit monstre, sacripant. *QUÉB. FAM.* (petit) tannant.

crapule *n.f.* aigrefin, arnaqueur, bandit, brigand, canaille, carambouilleur, chevalier d'industrie, concussionnaire, escroc, extorqueur, faisan, fraudeur, gangster, gredin, malfaiteur, mercanti, pirate, profiteur, sangsue, spoliateur, tripoteur, voleur, voyou. *SOUT.* déprédateur, forban. *DR.* captateur. *FAM.* carotteur, carottier, fricoteur, fripouille, (maître) filou. *FRANCE FAM.* écorcheur, estampeur, malfrat. *QUÉB. FAM.* croche.

crapuleux *adj.* abject, bas, coupable, dégoûtant, honteux, ignoble, immonde, inavouable, indigne, infâme, infect, innommable, inqualifiable, lâche, méprisable, odieux, repoussant, répugnant, sans nom, scandaleux, sordide, vil. *SOUT.* fangeux, ignominieux, nauséeux, triste, turpide. *FAM.* dégueu, dégueulasse, écœurant, salaud. △ **ANT.** DIGNE, HONORABLE, NOBLE.

craquement *n.m.* crachotement, craquètement, crépitation, crépitement, décrépitation, pétillement.

craquer *v.* ▶ ***Émettre de petits bruits secs*** – craqueter, crépiter, grésiller, pétiller. ▶ ***Se déchirer*** – céder, se déchirer, se défaire. ▶ ***Croquer sous la dent*** (*FRANCE*) – croquer, croustiller. ▶ ***Perdre sa résistance psychologique*** – s'écrouler, s'effondrer. ▶ ***Céder à une envie*** (*FAM.*) – abandonner, céder, se laisser aller, succomber. *FAM.* flancher. ▶ ***S'émouvoir*** (*FAM.*) – s'attendrir, s'émouvoir. *FAM.* fondre. △ **ANT.** RÉSISTER, TENIR BON.

crasse *n.f.* ▶ ***Malpropreté*** – bourre, bourrier, chiure, chute, culot, débris, déchet, dépôt, détritus, gadoue, immondices, impureté, lavure, lie, malpropreté, ordure, parcelle, perte, poussière, raclure, rebut, reliefs, reliquat, résidu, reste, rinçure, rognure, saleté, salissure. *FAM.* cochonnerie, margouillis, saloperie. ▶ ***Méchanceté*** – bassesse, coup bas, malfaisance, méchanceté, méfait, rosserie. *SOUT.* perfidie, scélératesse, vilenie. *FAM.* sale coup, sale tour, saloperie, tour de cochon, vacherie. *FRANCE FAM.* mistoufle. △ **ANT.** NETTETÉ, PROPRETÉ; GENTILLESSE.

crasseux *adj.* crotté, d'une propreté douteuse, dégoûtant, encrassé, ignoble, immonde, infâme, infect, maculé, malpropre, sale, sordide, souillé. *FAM.* crapoteux, dégueu, dégueulasse, pouilleux. *FRANCE FAM.* cracra, crade, cradingue, crado. △ **ANT.** IMMACULÉ, IMPECCABLE, NET, PROPRE, SOIGNÉ.

cravate *n.f.* ▶ ***Bande d'étoffe*** – barbette, jabot, lavallière. *ANC.* guimpe.

crayon *n.m.* ▶ ***Croquis*** – canevas, crayonné, croquis, dessin, ébauche, épure, esquisse, essai, étude (préparatoire), griffonnement, pochade, premier jet, préparation, projet, rough, schéma. *SOUT.* linéaments. *FRANCE FAM.* crobard. ▶ ***Bâtonnet de fard*** – crayon (pour les yeux), khôl, ligneur, traceur.

▸ ***Jambe*** (FAM.) – jambe. FAM. canne, flûte, gambette, gigue, guibolle, patte, quille. FRANCE FAM. béquille. ▸ *Longue* FAM. échasse. ▸ *Maigre* FAM. fumeron. ▸ *Grosse* FAM. pilier, poteau.

créance *n.f.* arriéré, charge, compte, crédit à découvert, débet, débit, découvert, déficit, dette, devoir, doit, dû, emprunt, engagement, impayé, moins-perçu, non-paiement, obligation, passif, solde débiteur. BELG. mali, pouf. △ **ANT.** SCEPTICISME.

créancier *n.* obligataire. △ **ANT.** DÉBITEUR.

créateur *adj.* ▸ ***Inventif*** – créatif, imaginatif, innovant, inventif, qui a l'imagination fertile. ▸ ***Qui crée*** – générateur, producteur. △ **ANT.** IMITATEUR, SUIVEUR; DESTRUCTEUR.

créateur *n.* ▸ ***Instigateur*** – âme, artisan, auteur, centre, cerveau, chef, cheville ouvrière, dirigeant, fondateur, incitateur, initiateur, inspirateur, instigateur, locomotive, maître (d'œuvre), meneur, moteur, organisateur, patron, père, promoteur, protagoniste, régisseur, responsable. SOUT. excitateur, instaurateur, ouvrier. ▸ ***Bâtisseur*** – aménageur, architecte, bâtisseur, concepteur, concepteur-projeteur, créatif, édificateur, fondateur, ingénieur, inventeur, maître d'œuvre, ordonnateur, projeteur, urbaniste. SOUT. démiurge. ♦ **le Créateur,** ***masc.*** ▸ ***Dieu*** – Auteur de la nature, Créateur du Ciel et de la Terre, Dieu, Dieu le Père, Divin Créateur, Être suprême, l'alpha et l'oméga, l'Éternel, l'Infini, la Lumière, la Providence, le ciel, le Divin Maître, le Père céleste, le Père éternel, le Tout-Puissant, le Très-Haut, le Verbe, Maître de l'univers, Notre Seigneur, principe de l'univers, Roi du Ciel et de la Terre, Seigneur Dieu, Seigneur (tout-puissant), Souverain Juge. FAM. Bon Dieu. ANC. démiurge *(platonisme)*, éon *(néoplatonisme)*, logos *(stoïcisme)*; RARE formateur. ▸ *Judaïsme* – Adonaï, Dieu d'Abraham, Dieu d'Israël, Élohim, Jéhovah, Yahvé. ▸ *Divers peuples* – Allah *(Islam)*, grand manitou *(Amérindiens)*, Jupiter *(Romains)*, Zeus *(Grecs)*. △ **ANT.** CASSEUR, DÉMOLISSEUR, DESTRUCTEUR; IMITATEUR; CRÉATURE.

créatif *adj.* créateur, imaginatif, innovant, inventif, qui a l'imagination fertile. △ **ANT.** CONSERVATEUR, CONVENTIONNEL.

création *n.f.* ▸ ***Commencement*** – actionnement, amorçage, amorce, balbutiement, bégaiement, commencement, début, déclenchement, démarrage, départ, ébauche, embryon, enclenchement, enfance, entrée, esquisse, fondement, germe, inauguration, origine, ouverture, prélude, prémisse, principe, tête. SOUT. aube, aurore, matin, prémices. FIG. apparition, avènement, éclosion, émergence, éruption, explosion, genèse, germination, naissance, venue au monde. ▸ ***Imagination*** – conception, créativité, évasion, extrapolation, fantaisie, fantasme, fictif, fiction, idéal, idéation, idée, illumination *(soudain)*, imaginaire, imagination, inspiration, invention, inventivité, irréel, souffle (créateur), supposition, surréalité, surréel, veine, virtuel. SOUT. folle du logis, muse. FRANCE FAM. gamberge. ▸ ***Formation*** – composition, conception, confection, constitution, construction, développement, édification, élaboration, exécution, fabrication, façon, façonnage, façonnement, formation, génération, genèse, gestation, invention, œuvre, organisation, paternité, production, réalisation, structuration, synthèse. SOUT. accouchement, enfantement. DIDACT. engendrement. ▸ ***Fondation*** – constitution, disposition, édification, établissement, fondation, implantation, importation, installation, instauration, institution, introduction, intronisation, mise en œuvre, mise en place, mise sur pied, nomination, organisation, placement, pose. INFORM. implémentation. ▸ ***Univers*** – ciel, cosmos, espace, galaxie, macrocosme, monde, nature, sphère, tout. △ **ANT.** ACHÈVEMENT, FIN; CONTREFAÇON, COPIE, IMITATION, PLAGIAT; ANÉANTISSEMENT, DÉMOLITION, DESTRUCTION; NÉANT.

créativité *n.f.* conception, création, évasion, extrapolation, fantaisie, fantasme, fictif, fiction, idéal, idéation, idée, illumination *(soudain)*, imaginaire, imagination, inspiration, invention, inventivité, irréel, souffle (créateur), supposition, surréalité, surréel, veine, virtuel. SOUT. folle du logis, muse. FRANCE FAM. gamberge.

créature *n.f.* ▸ ***Être*** – être. PHILOS. étant. ▸ ***Protégé*** – favori, protégé. ANTIQ. ROM. client. △ **ANT.** AUTEUR, CRÉATEUR.

crèche *n.f.* ▸ ***Garderie*** – garderie, halte-garderie, jardin d'enfants, maternelle, pouponnière. QUÉB. bambinerie, prématernelle. BELG. école gardienne. ▸ ***Chambre*** (FAM.) – alcôve, chambre (à coucher), chambrée *(caserne)*, chambrette, dortoir. FAM. carrée, piaule, taule; PÉJ. cambuse, turne. ▸ ***Maison*** (FAM.) – domicile, foyer, intérieur, maison, nid, résidence, toit. SOUT. demeure, habitacle, logis. FAM. bercail, bicoque, chaumière, chez-soi, pénates. PÉJ. FAM. boutique.

crédible *adj.* croyable, plausible, probable, vraisemblable.

crédit *n.m.* ▸ ***Prêt*** – aide (financière), avance, bourse, commodat, découvert, dépannage, préfinancement, prêt, prime, subvention (remboursable). ▸ ***Excédent*** – actif, avantage, avoir, bénéfice, boni, excédent, fruit, gain, produit, profit, rapport, reliquat, reste, revenant-bon, revenu, solde, solde créditeur, solde positif. FAM. bénef, gras, gratte, part du gâteau. ▸ ***Frais*** – agio, charges, commission, frais, intérêt, plus-value, prélèvement. ▸ ***Confiance*** – crédibilité, fiabilité. ▸ ***Influence*** – action, aide, appui, ascendant, attirance, attraction, aura, autorité, contagion, dominance, domination, effet, empreinte, emprise, fascination, force, importance, incitation, influence, inspiration, magie, magnétisme, mainmise, manipulation, mouvance, persuasion, pétition, poids, pouvoir, prépondérance, présence, pression, prestige, puissance, règne, rôle, séduction, subjugation, suggestion, tyrannie. SOUT. empire, intercession. ♦ **crédits,** ***plur.*** ▸ ***Somme pour un usage déterminé*** – budget, enveloppe. △ **ANT.** DÉBIT, DETTE, DOIT, DÛ; DÉFAVEUR, DÉFIANCE, DISCRÉDIT, MÉFIANCE.

credo *n.m.* ▸ ***Ligne de conduite*** – approche, art, chemin, code, comment, démarche, discipline, dispositif, façon (de faire), facture, formule, heuristique, instruction, instrument, ligne de conduite, maïeutique, manière, marche (à suivre), méthode, méthodologie, modalité, mode d'emploi, mode, moyen, opération, ordre, organisation, outil, posologie, pratique, procédé, procédure, protocole, raisonnement, recette, règle, secret, stratagème, stratégie, système, tactique, technique, théorie, traitement, voie. *SOUT.* faire.

crédule *adj.* ▶ ***Simple et confiant*** – angélique, candide, confiant, ingénu, innocent, naïf, pur, simple. ▶ ***Confiant jusqu'à la bêtise*** – innocent, naïf, niais, simple, simplet. *FAM.* cucul, jobard, nunuche, poire. ▶ ***Facile à tromper*** – dupe, mystifiable, naïf. △ **ANT.** DÉFIANT, MÉFIANT, SOUPÇONNEUX, SUSPICIEUX; AVERTI, RENSEIGNÉ; DUBITATIF, INCRÉDULE, SCEPTIQUE.

crédulité *n.f.* candeur, jobarderie, jobardise, naïveté, niaiserie. △ **ANT.** DÉFIANCE, DOUTE, INCERTITUDE, INCRÉDULITÉ, MÉFIANCE, SCEPTICISME, SOUPÇON.

créer *v.* ▶ ***Inventer*** – concevoir, imaginer, improviser, innover, inventer, mettre au point, trouver. ▶ ***Confectionner*** – composer, confectionner, élaborer, fabriquer, façonner, faire, mettre au point, préparer, produire, travailler à. *SOUT.* enfanter. *PÉJ.* accoucher de. ▶ ***Fonder*** – constituer, établir, fonder, former, instaurer, instituer, mettre en place. *SOUT.* ériger. ▶ ***Nommer à une fonction*** – instituer, nommer, promouvoir, titulariser. *SUISSE* repourvoir. ▶ ***Causer*** – amener, apporter, catalyser, causer, déchaîner, déclencher, déterminer, donner lieu à, donner naissance à, engendrer, entraîner, faire, faire naître, former, générer, occasionner, produire, provoquer, soulever, susciter. *PHILOS.* nécessiter. △ **ANT.** ANÉANTIR, ANNIHILER, DÉTRUIRE, SUPPRIMER; ABOLIR, ABROGER.

crémeux *adj.* moelleux, onctueux, velouté.

créneau *n.m.* ▶ ***Temps disponible*** – fenêtre, trou.

crépiter *v.* ▶ ***Émettre des petits bruits secs*** – craquer, craqueter, grésiller, pétiller. ▶ ***Émettre un bruit de friture*** – cracher, crachoter, grésiller.

crépusculaire *adj.* vespéral. △ **ANT.** AURORAL.

crépuscule *n.m.* ▶ ***Tombée du jour*** – chute du jour, couchant, coucher du soleil, déclin du jour, fin du jour, nuit tombante, soir, tombée de la nuit, tombée du jour. *SOUT.* lueur crépusculaire. *QUÉB.* brunante. ▶ ***Lever du jour*** – aube, aurore, crépuscule (du matin), début du jour, lever de l'aurore, lever du jour, lever du matin, lever, naissance du jour, (petit) matin, point du jour. *SOUT.* lueur crépusculaire, pointe de l'aube, pointe du jour. ▶ ***Déclin*** (*SOUT.*) – abaissement, abâtardissement, abjection, abrutissement, affadissement, affaiblissement, agonie, altération, amollissement, appauvrissement, atrophie, avachissement, avilissement, baisse, corruption, décadence, déchéance, déclin, décrépitude, dégénérescence, dégradation, délabrement, déliquescence, dénaturation, dépérissement, détérioration, édulcoration, empirement, étiolement, flétrissure, perte, perversion, pourrissement, pourriture, rouille, ruine, sape, usure. *SOUT.* aveulissement, pervertissement. *FAM.* déglingue, dégringolade. ▶ ***Fin*** (*SOUT.*) – épilogue, fin, finale. △ **ANT.** AUBE, AURORE; COMMENCEMENT, DÉBUT; APOGÉE.

crête *n.f.* ▶ ***Excroissance osseuse*** – apophyse, épine, tubercule, tubérosité. ▶ ***Huppe*** – aigrette, huppe. ▶ ***Cime*** – cime, couronnement, dessus, faîte, haut, pinacle, point culminant, sommet. *ACADIE FAM.* fait. △ **ANT.** CREUX.

crétin *adj.* ▶ ***Abruti*** – abruti, benêt, bête, bête à manger du foin, borné, demeuré, hébété, idiot, imbécile, inintelligent, niais, nigaud, obtus, sot, stupide. *FAM.* bébête, bêta, bouché, cloche, con, cruche, débile, gourde, nouille, qui n'a pas inventé la poudre, taré, tarte, zozo. *FRANCE FAM.* ballot, connard, corniaud, cucul la praline, ganache, nunuche, qui n'a pas inventé le fil à couper le beurre, schnock, tourte. *QUÉB. FAM.* cabochon, niaiseux, sans-dessein. *SUISSE FAM.* bobet. ▶ ***Inepte*** (*FAM.*) – bête, idiot, imbécile, inepte, inintelligent, ridicule, sot, stupide. *FAM.* con. △ **ANT.** À L'ESPRIT VIF, BRILLANT, ÉVEILLÉ, INTELLIGENT; ASTUCIEUX, DÉLURÉ, FIN, FINAUD, FUTÉ, HABILE, INGÉNIEUX, INVENTIF, MALIN, RUSÉ.

creusage *n.m.* affouillement, approfondissement, creusement, déblai, défonçage, défoncement, évidement, excavation, fonçage, foncement, forage, fouille, fouissage, perçage, percement, piochage, sondage. *TECHN.* rigolage. *AGRIC.* effondrement. △ **ANT.** REMPLISSAGE.

creuser *v.* ▶ ***Évider*** – évider, refouiller. ▶ ***Excaver le sol*** – défoncer, excaver, forer. ▶ ***Affouiller la côte*** – affouiller, dégrader, éroder, miner, ronger, saper. ▶ ***Couvrir de sillons*** – raviner, sillonner. ▶ ***Amaigrir*** – amaigrir, décharner, dessécher, efflanquer, émacier. ▶ ***Étudier à fond*** – approfondir, ausculter, épuiser, étudier à fond, examiner sous toutes les coutures, fouiller, passer au crible, scruter, traiter à fond. △ **ANT.** COMBLER, EMPLIR, REMPLIR; BOMBER, ENFLER, GONFLER, RENFLER; EFFLEURER, SURVOLER.

creux *adj.* ▶ ***Qui présente une cavité*** – cave, vide. ▶ ***Qui présente un creux*** – cambré, concave, rentrant. ▶ ***En parlant du visage, des joues*** – creusé, rentré. ▶ ***En parlant des yeux*** – cave, enfoncé, renfoncé. ▶ ***Creusé et resserré*** – encaissé, profond. ▶ ***Vide de sens*** – futile, insignifiant, spécieux, vain, vide. ▶ ***Reculé*** (*QUÉB. ACADIE FAM.*) – à l'écart, éloigné, isolé, perdu, reculé, retiré, solitaire. *FAM.* paumé. △ **ANT.** BOMBÉ, CONVEXE, RENFLÉ; BOUFFI, JOUFFLU *(VISAGE)*, ROND; EXORBITÉS, GLOBULEUX, PROÉMINENTS *(YEUX)*, SAILLANTS; ÉLOQUENT, INSTRUCTIF, INTELLIGENT, RÉVÉLATEUR, SIGNIFICATIF; ACCESSIBLE, FACILE D'ACCÈS, PROCHE.

creux *n.m.* ▶ ***Affaissement*** – affaissement, cavité, crevasse, dépression, éboulement, écroulement, effondrement, flache, fondrière, fossé. *GÉOL.* ensellement, épirogenèse, fondis, graben. *RARE* enfonçure. ▶ ***Anfractuosité*** – alvéole, anfractuosité, cavité, creusure, crevasse, enfoncement, évidement, évidure, trou. ▶ ***Profondeur*** – abîme, abysse, distance, enfoncement, épaisseur, (fin) fond, fosse, gouffre, lointain, perspective, profondeur. *SOUT.* entrailles. ▶ ***Fond*** – accul, bas, bas-fond, cul, culot, cuvette, fondement, sole. ▶ ***Intervalle*** – battement, distance, durée, espace (de temps), intervalle, laps de temps. *SOUT.* échappée. *BELG.* fourche. ▶ ***Ralentissement*** – abaissement, affaiblissement, affaissement, amenuisement, amoindrissement, baisse, chute, déclin, décroissance, décroissement, décrue, dégression, déplétion, dépréciation, descente, désescalade, dévalorisation, dévaluation, diminution, éclipse, effondrement, effritement, essoufflement, fléchissement, ralentissement, réduction. *SOUT.* émasculation. ▶ ***Faim*** – appétit, besoin, boulimie, disette, faim, famine, inanition, jeûne, polyphagie, voracité. *FAM.* fringale. △ **ANT.** BOSSE, PROÉMINENCE, SAILLIE; CRÊTE.

crevasse *n.f.* ▶ ***Fissure*** – brèche, brisure, cassure, craquelure, déchirure, ébréchure, écornure, fêlure, fendillement, fente, fissure, fuite, gerçure, lézarde. *TECHN.* crique, étonnement, gerce. *DIDACT.* gélivure. *GÉOGR.* rimaye. *GÉOL.* diaclase. ▶ ***Affaissement*** – affaissement, cavité, creux, dépression, éboulement, écroulement, effondrement, flache, fondrière, fossé. *GÉOL.* ensellement, épirogenèse, fondis, graben. *RARE* enfonçure. ▶ ***Anfractuosité*** – alvéole, anfractuosité, cavité, creusure, creux, enfoncement, évidement, évidure, trou. ▶ ***Gouffre*** – abîme, fosse, géosynclinal, gouffre, précipice, puits naturel. ▶ ***Gelure*** – engelure, érythème, froidure, gelure, onglée, rougeur. *ACADIE FAM.* grappe. *SUISSE* débattue.

crever *v.* ▶ ***Éclater*** – éclater, percer. *FAM.* péter. ▶ ***Mourir*** (*FAM.*) – décéder, être emporté, être tué, expirer, mourir, perdre la vie, périr, s'éteindre, succomber, trouver la mort. *SOUT.* exhaler le dernier soupir, passer de vie à trépas, rendre l'âme, rendre l'esprit, rendre le dernier soupir, rendre son dernier souffle, trépasser. *PAR EUPHÉM.* avoir vécu, disparaître, faire le grand voyage, fermer les paupières, fermer les yeux, finir, monter au ciel, paraître devant Dieu, partir, passer, passer dans l'autre monde, quitter ce (bas) monde, s'effacer, s'en aller, s'endormir. *FAM.* caner, clamser, claquer, passer l'arme à gauche, sortir les pieds devant, y rester. *FRANCE FAM.* claboter.▶ ***Déchirer*** – déchirer, percer. *FAM.* péter. ▶ ***Percer un abcès*** – débrider, inciser, ouvrir, percer. ▶ ***Exténuer*** (*FAM.*) – abrutir, briser, courbaturer, épuiser, éreinter, exténuer, fatiguer, forcer, harasser, lasser, mettre à plat, surmener, tuer. *FAM.* claquer, démolir, esquinter, lessiver, mettre sur le flanc, nettoyer, pomper, rétamer, vanner, vider. *QUÉB. FAM.* maganer. ♦ **se crever** ▶ ***S'exténuer*** (*FAM.*) – brûler la chandelle par les deux bouts, s'épuiser, s'éreinter, s'exténuer, se fatiguer, se mettre à plat, se surmener, se tuer. *FAM.* s'esquinter, se casser, se fouler. ♦ **crevé** ▶ ***Exténué*** (*FAM.*) – à bout, à plat, brisé, courbatu, épuisé, éreinté, exténué, fatigué, fourbu, harassé, las, mort (de fatigue), moulu (de fatigue). *SOUT.* recru (de fatigue), rompu (de fatigue), roué de fatigue. *FAM.* au bout du rouleau, avachi, claqué, esquinté, flagada, flapi, lessivé, nase, pompé, ramollo, raplapla, sur le flanc, sur les genoux, sur les rotules, vanné, vidé. △ **ANT.** GONFLER; NAÎTRE; BOUCHER, RÉPARER; RÉSISTER, TENIR BON.

cri *n.m.* ▶ ***Son humain*** – braillement, criaillement, criaillerie, éclat, gloussement, hurlement, réclame, rugissement, vagissement, vocifération, youyou. *SOUT.* clabaudage, clabauderie, hosanna. *FAM.* gueulement, piaillerie. *QUÉB. FAM.* braillage. ▶ ***Juron*** – blasphème, exclamation, exécration, gros mot, imprécation, jurement, juron, outrage. *QUÉB.* sacre. ▶ ***Gémissement*** – bêlement, braillement, doléances, geignement, grincement, hélas, jérémiade, lamentation, larmoiement, murmure, plainte, pleurs, sanglot, soupir. *SOUT.* sanglotement. *FAM.* pleurnichage, pleurnichement, pleurnicherie. *QUÉB. FAM.* braillage. ▶ ***Son animal*** – *SOUT.* voix. △ **ANT.** SILENCE; CHUCHOTEMENT, MURMURE.

criant *adj.* ▶ ***Qui soulève les protestations*** – choquant, révoltant. ▶ ***Évident*** – apparent, aveuglant, certain, clair, éclatant, évident, flagrant, frappant, hurlant (de vérité), incontestable, manifeste, patent, qui coule de source, qui crève les yeux, qui ne fait pas un pli, qui saute aux yeux, qui se voit comme le nez au milieu du visage, qui tombe sous le sens, qui va de soi, qui va sans dire, visible. △ **ANT.** APAISANT, RASSURANT; FAIBLE, MITIGÉ; DOUTEUX, ÉQUIVOQUE, INCERTAIN, VAGUE; CACHÉ, DISSIMULÉ, LATENT.

criard *adj.* ▶ ***Qui crie*** – braillard, brailleur, bruyant, hurlant, hurleur. *FAM.* gueulard.▶ ***Qui fausse*** – cacophonique, discordant, dissonant, faux, inharmonieux. *RARE* inharmonique. ▶ ***Qui grince*** – aigre, grinçant. ▶ ***Tape-à-l'œil*** – agressif, clinquant, de mauvais goût, provocant, tapageur, tape-à-l'œil, voyant. △ **ANT.** DISCRET; CALME, SILENCIEUX, TRANQUILLE; EUPHONIQUE, HARMONIEUX, MÉLODIEUX; CLASSIQUE, DÉPOUILLÉ, SIMPLE, SOBRE, STRICT.

crier *v.* ▶ ***Hurler*** – hurler, rugir. *SOUT.* tonitruer, vociférer. *FAM.* beugler, brailler, gueuler. *ACADIE FAM.* horler. ▶ ***Exprimer violemment sa colère*** – aboyer, fulminer, pester, tempêter, tonner, vociférer. *SOUT.* clabauder, déclamer, invectiver. *FAM.* déblatérer, gueuler. *QUÉB. FAM.* chialer, sacrer.▶ ***Grincer*** – crisser, gémir, grincer. *FAM.* couiner. ▶ ***Proclamer*** – annoncer à grand fracas, carillonner, claironner, clamer, proclamer, proclamer haut et fort. *FAM.* corner. △ **ANT.** CHUCHOTER, MURMURER; CACHER, TAIRE; SE TAIRE.

crime *n.m.* ▶ ***Infraction*** – accroc, contravention, délit, dérogation, entorse, faute, forfait, forfaiture, inconduite, infraction, manquement, mauvaise action, mauvaise conduite, méfait, non-respect, rupture, transgression, violation. *BELG.* méconduite. *DR.* cas. ▶ ***Meurtre*** – assassinat, élimination, exécution, homicide, liquidation, meurtre, mise à mort, suppression. ▶ ***Péché*** – accroc, chute, déchéance, écart, errements, faute, impureté, mal, manquement, mauvais, offense, péché, sacrilège, scandale, souillure, tache, transgression, vice. ▶ ***Abjection*** – abjection, abomination, atrocité, bassesse, boue, corruption, crapulerie, débauche, déshonneur, fange, grossièreté, honte, horreur, ignominie, impureté, indignité, infamie, laideur, misère, monstruosité, noirceur, obscénité, odieux, ordure, saleté, sordide, souillure, vice. *SOUT.* sordidité, stupre, turpitude, vilenie. *FAM.* dégoûtation, dégueulasserie, pouillerie. △ **ANT.** BIENFAIT, EXPLOIT, HÉROÏSME, PROUESSE; INNOCENCE, VERTU; CHÂTIMENT.

criminel *n.* coupable, délinquant, desperado, ennemi public, hors-la-loi, malfaiteur, transgresseur, violateur. *FAM.* gibier de potence. *FRANCE FAM.* pendard.

crinière *n.f.* chevelure, cheveux, tête, tignasse, toison.

crique *n.f.* ▶ ***Baie*** – anse, baie, calanque. ▶ ***Fissure*** – brèche, brisure, cassure, craquelure, crevasse, déchirure, ébréchure, écornure, fêlure, fendillement, fente, fissure, fuite, gerçure, lézarde. *TECHN.* étonnement, gerce. *DIDACT.* gélivure. *GÉOGR.* rimaye. *GÉOL.* diaclase. ▶ ***Cours d'eau*** (*QUÉB. FAM.*) – ruisseau. ▶ ***Petit*** – rigole, ruisselet. *FRANCE RÉGION.* platière.

crise *n.f.* ▶ ***Accès*** – accès, attaque, atteinte, bouffée, flambée, poussée, quinte. ▶ ***Gravité*** – acuité, gravité, instabilité, précarité, urgence. ▶ *Phase difficile* – accident, accroc, accrochage, affaire, anicroche, avatar, aventure, complication, contingences, contrariété, contretemps, désagrément, difficulté, dispute, embarras, empêchement, ennui, épine, épisode, événement, éventualité, imprévu, incident, mésaventure, obstacle, occasion, occurrence, péripétie, problème, rebondissement, tribulations. SOUT. adversité. FAM. cactus, embêtement, emmerde, emmerdement, enquiquinement, os, pépin, pétrin, tuile. FRANCE FAM. empoisonnement. ▶ *Débâcle financière* – banqueroute, chute, culbute, débâcle, déconfiture, dépôt de bilan, dépression, effondrement, faillite, fiasco, insolvabilité, krach, liquidation, marasme, mévente, naufrage, récession, ruine, stagflation. FAM. dégringolade. FRANCE FAM. baccara. △ **ANT.** ACCALMIE, LATENCE, RÉMISSION; CALME, SÉRÉNITÉ, TRANQUILLITÉ; PROSPÉRITÉ, RÉUSSITE.

crisper *v.* ▶ *Contracter les muscles* – bander, contracter, raidir, tendre. ▶ *Altérer les traits du visage* – contracter, convulser, décomposer, déformer. ▶ *Agacer* (FAM.) – agacer, énerver, exaspérer, excéder, fatiguer, hérisser, impatienter, importuner, irriter, porter sur les nerfs de. FAM. barber, casser les pieds à, courir sur le système de, embêter, emmieller, empoisonner, enquiquiner, faire suer, gonfler, horripiler, insupporter, pomper l'air à, scier, tanner, taper sur les nerfs de. FRANCE FAM. bassiner, canuler, cavaler, courir, courir sur le haricot de, soûler. QUÉB. FAM. achaler, déranger. ♦ **se crisper** ▶ *Manifester son agacement* – s'exaspérer, s'irriter, se hérisser. QUÉB. FAM. se choquer. △ **ANT.** DÉCONTRACTER, DÉCRISPER, DÉTENDRE; APAISER.

cristallin *adj.* ▶ *Transparent* – clair, limpide, pur, transparent. DIDACT. hyalin, hyaloïde, vitré. ▶ *En parlant d'un son* – argentin, clair, pur. △ **ANT.** OPAQUE, SALE, TERNE, TROUBLE; ÉTOUFFÉ, MAT, SOURD.

cristalliser *v.* ▶ *Fixer* – figer, fixer, stabiliser. ▶ *Se préciser* – mûrir, prendre corps, prendre forme, prendre tournure, se dessiner, se développer, se former, se préciser. △ **ANT.** DÉSORGANISER, DISSOUDRE.

critère *n.m.* ▶ *Indice* – apparence, cachet, cicatrice, empreinte, indication, indice, justificatif, lueur, marque, ombre, pas, piste, preuve, repère, reste, ride, sceau, signature, signe, stigmate, tache, témoignage, témoin, trace, trait, vestige. ▶ *Modèle* – archétype, canon, échantillon, étalon, exemple, formule, gabarit, idéal, idée, image, individu, modèle, norme, original, paradigme, précédent, prototype, référence, représentant, type, unité.

critique *adj.* ▶ *Décisif* – crucial, décisif, déterminant. DR. décisoire. ▶ *Grave* – dangereux, difficile, dramatique, grave, inquiétant, menaçant, préoccupant, sérieux, sombre. SOUT. climatérique. ▶ *Qui peut éclater en conflit* – explosif, tendu. ▶ *Contestataire* – contestataire, frondeur. ▶ *Désapprobateur* – désapprobateur, réprobateur. SOUT. improbateur, improbatif. △ **ANT.** ANODIN, BÉNIN, INNOCENT, INOFFENSIF, SANS DANGER, SANS GRAVITÉ; CRÉDULE, NAÏF; ADMIRATIF, COMPLIMENTEUR, ÉLOGIEUX, FLATTEUR, LOUANGEUR; CONSTRUCTIF, POSITIF.

critique *n.* ▶ *Personne qui juge* – juge. SOUT. censeur, épilogueur, éreinteur *(méchant)*, zoïle. △ **ANT.** ADMIRATEUR, COMPLIMENTEUR, LOUANGEUR.

critique *n.f.* ▶ *Analyse* – analyse, clarification, commentaire, définition, désambiguïsation, éclaircissement, élucidation, exemplification, explication, explicitation, exposé, exposition, glose, illustration, indication, interprétation, légende, lumière, note, paraphrase, précision, remarque, renseignement. ▶ *Opinion* – appréciation, avis, conception, conviction, croyance, dogme, estime, idée, impression, jugement, optique, pensée, perception, point de vue, position, principe, prise de position, sentiment, théorie, thèse, vote, vue. SOUT. oracle. ▶ *Blâme* – accusation, admonestation, admonition, anathématisation, anathème, attaque, avertissement, blâme, censure, condamnation, correction, désapprobation, diatribe, grief, grognerie, gronderie, interdit, leçon, malédiction, mise à l'écart, mise à l'index, mise en quarantaine, objection, observation, plainte, punition, récrimination, remarque, remontrance, représentation, réprimande, réprobation, reproche, réquisitoire, semonce, sérénade, sermon, tollé. SOUT. animadversion, foudres, fustigation, improbation, mercuriale, objurgation, stigmatisation, vitupération. FAM. douche, engueulade, savon, tabac. FRANCE FAM. attrapade, lavage de tête, prêchi-prêcha, soufflante. BELG. cigare. RELIG. fulmination.

critiquer *v.* ▶ *Juger défavorablement* – attaquer, descendre en flammes, écharper, éreinter, étriller, faire le procès de, malmener, maltraiter, massacrer, matraquer, mettre à mal, pourfendre, s'acharner contre. FAM. couler, démolir, descendre, écorcher, esquinter. FRANCE FAM. allumer, débiner. QUÉB. FAM. maganer. ▶ *Blâmer* – blâmer, condamner, désapprouver, désavouer, reprendre, reprocher, réprouver. SOUT. en savoir mauvais gré à. ▶ *Dénigrer* – attaquer, baver sur, calomnier, casser du sucre sur le dos de, cracher sur, décrier, dénigrer, déprécier, diffamer, dire du mal de, gloser sur, médire de, noircir, perdre de réputation, traîner dans la boue. SOUT. arranger de la belle manière, clabauder sur, dauber sur, détracter, dire pis que pendre de, mettre plus bas que terre. FAM. déblatérer contre, taper sur. FRANCE FAM. débiner, habiller pour l'hiver, tailler un costard à, tailler une veste à. ▶ *Reprendre* – corriger, reprendre. ▶ *Faire des commentaires désobligeants* – FAM. criticailler. QUÉB. FAM. chialer. △ **ANT.** APPRÉCIER, APPROUVER; ADMIRER, ADULER, FÉLICITER, FLATTER, LOUANGER, LOUER.

critiqueur *adj.* bougon, bougonneur, criailleur, grincheux, grogneur, grogneux, grognon, grondeur, récriminateur. FAM. chialeur, râleur, rechigneur, ronchon, ronchonneur, rouspéteur. FRANCE FAM. rouscailleur. QUÉB. FAM. chialeux. SUISSE gringe. △ **ANT.** ALLÈGRE, ENJOUÉ, GAI, JOVIAL, JOYEUX, SOURIANT.

croc *n.m.* canine.

crochet *n.m.* ▶ *Objet recourbé* – agrafe, crampon, davier, griffe, happe, harpon, tenon. MAR. grappin. ▶ *Parcours détourné* – détour.

crocodile *n.m.* ▶ *Peau* – FAM. croco.

croire *v.* ▶ *Accepter comme vrai* – ajouter foi à. FAM. avaler, gober. ▶ *Considérer comme probable* – penser, présumer, (s') imaginer, supposer. SOUT. conjecturer. ▶ *S'imaginer* – penser, s'imaginer, se figurer. ▶ *Juger* – considérer, estimer, être d'avis que, juger, penser, regarder, tenir, trouver. SOUT. compter, réputer. ♦ **se croire** ▸ *Se considérer* – s'estimer, se compter, se considérer, se penser, se trouver. △ **ANT.** CONTESTER, DISCUTER, DOUTER DE, METTRE EN DOUTE, SE MÉFIER DE; DÉMENTIR, NIER, PROTESTER, RENIER.

croisade *n.f.* ▸ ***Expédition militaire*** – djihad *(musulmans)*, guerre sainte.

croisée *n.f.* ▸ ***Croisement*** – bifurcation, branchement, bretelle, carrefour, croisement, échangeur, embranchement, étoile, fourche, intersection, patte-d'oie, rond-point, (voie de) raccordement. ▸ ***Châssis*** – bâti dormant, cadre, chambranle, châssis, châssis dormant, dormant, encadrement, fenêtre, huisserie, trappe. ▸ ***Fenêtre*** – ajour, baie (de fenêtre), fenêtre, vue.

croisement *n.m.* ▸ ***Carrefour*** – bifurcation, branchement, bretelle, carrefour, croisée, échangeur, embranchement, étoile, fourche, intersection, patte-d'oie, rond-point, (voie de) raccordement. ▸ ***Chevauchement*** – chevauchement, empiétement, intersection, nœud, recoupement, recouvrement, rencontre, superposition. ▸ ***Métissage*** – acculturation, hybridation, interfécondité, mélange, métisation, métissage.

croiser *v.* ▸ ***Traverser*** – couper, traverser. ▸ ***Métisser*** – hybrider, métisser. ▸ ***Rencontrer*** – rencontrer, tomber sur, trouver (sur son chemin), voir. △ **ANT.** DÉCROISER.

croissance *n.f.* ▸ ***Augmentation*** – accentuation, accroissement, accrue, agrandissement, amplification, arrondissement, augmentation, bond, boom, crescendo, crue, décuplement, développement, dilatation, élargissement, élévation, enflement, enrichissement, envolée, essor, évolution, expansion, extension, flambée, foisonnement, gonflement, gradation, grossissement, hausse, haussement, inflation, intensification, majoration, montée, poussée, progrès, progression, recrudescence, redoublement, redressement, rehaussement, relèvement, renchérissement, renforcement, revalorisation, valorisation. ▸ ***Développement des végétaux*** – pousse. ▸ ***Aggravation*** – accentuation, accroissement, aggravation, alourdissement, amplification, augmentation, complexification, complication, détérioration, développement, escalade, exacerbation, intensification, progrès, progression, propagation, rechute, recrudescence, redoublement. △ **ANT.** DÉCADENCE, DÉCLIN, DÉCROISSANCE, DIMINUTION, RÉGRESSION; STAGNATION; AFFAIBLISSEMENT, ATROPHIE, DÉGÉNÉRESCENCE.

croissant *adj.* évolutif, gradué, graduel, grandissant, progressif. △ **ANT.** DÉCROISSANT, DESCENDANT.

croître *v.* ▸ ***En parlant d'un végétal*** – grandir, pousser, se développer, venir. ▸ ***En parlant d'une personne*** – grandir, s'épanouir, se développer, se réaliser. ▸ ***Augmenter*** (FIG.) – augmenter, grandir, grossir, prendre de l'ampleur, prendre de l'envergure, redoubler, s'accentuer, s'accroître, s'amplifier, s'intensifier, se développer. ▸ ***Se développer*** (FIG.) – grandir, progresser, prospérer, s'épanouir, se développer. △ **ANT.** BAISSER, DÉCLINER, DÉCROÎTRE, DÉPÉRIR, DIMINUER, RAPETISSER, S'AMOINDRIR.

croix *n.f.* ▸ ***Symbole*** – crucifix. ▸ ***Crucifixion*** – crucifiement, crucifixion.

croquant *adj.* croustillant. FRANCE craquant. △ **ANT.** MOELLEUX, MOLLET, MOU, TENDRE.

croquer *v.* ▸ ***Dilapider*** (FAM.) – dévorer, dilapider, dissiper, engloutir, engouffrer, gaspiller, manger, prodiguer. FAM. claquer, flamber, griller. ▸ ***Esquisser*** – brosser, crayonner, ébaucher, esquisser, pocher, profiler, relever, silhouetter, tracer. ▸ ***Craquer sous la dent*** – croustiller. FRANCE craquer. △ **ANT.** SUCER; ÉCONOMISER; FIGNOLER, LÉCHER; FONDRE.

croquis *n.m.* canevas, crayon, crayonné, dessin, ébauche, épure, esquisse, essai, étude (préparatoire), griffonnement, pochade, premier jet, préparation, projet, rough, schéma. SOUT. linéaments. FRANCE FAM. crobard.

crosse *n.f.* ▸ ***Bâton symbolique*** – abacus, bâton, caducée, lituus, main de justice, pédum, sceptre, thyrse, verge. ▸ ***Canne*** – bâton, béquille, cadre de marche, canne, houlette, makila, piolet, stick. ANC. bourdon.

croulant *adj.* décrépit, délabré, détérioré, qui menace ruine, vieux. △ **ANT.** EN BON ÉTAT, SOLIDE; ALERTE, JEUNE, VERT, VIGOUREUX.

crouler *v.* ▸ ***Tomber*** – s'abattre, s'affaisser, s'ébouler, s'écrouler, s'effondrer, succomber, tomber en ruine. ▸ ***Disparaître*** – disparaître, finir, mourir, périr, s'anéantir, s'écrouler, s'effondrer. △ **ANT.** S'ÉLEVER, SE DRESSER; RÉSISTER, TENIR.

croupe *n.f.* ▸ ***Partie du corps d'un animal*** – arrière-train. ▸ *Oiseau* – croupion. ▸ *Cheval* – arrière-main.

croûte *n.f.* ▸ ***Surface nécrosée d'une plaie*** – escarre, sphacèle. QUÉB. gale. ▸ ***Personne routinière*** (FRANCE FAM.) – routinier. FRANCE FAM. croûton. ▸ ***Mauvais tableau*** (FAM.) – barbouillage, barbouillis, chromo, gribouillage, gribouillis. FAM. navet.

croûton *n.m.* ▸ ***Pain grillé*** – biscotte, gressin, longuet, pain braisé, panini *(allongé)*. SUISSE zwieback. ▸ ***Bout du pain*** – FAM. quignon. ▸ ***Personne routinière*** (FRANCE FAM.) – routinier. FRANCE FAM. croûte. ▸ ***Personne bornée*** – personne bouchée, personne étroite d'esprit. SOUT. philistin. FAM. baderne *(vieux)*.

croyable *adj.* crédible, plausible, probable, vraisemblable. △ **ANT.** À DORMIR DEBOUT, ABRACADABRANT, ABSURDE, IMPOSSIBLE, INCROYABLE, INVRAISEMBLABLE.

croyance *n.f.* ▸ ***Conviction*** – assurance, certitude, confiance, conviction, foi. SOUT. sûreté. ▸ ***Opinion*** – appréciation, avis, conception, conviction, critique, dogme, estime, idée, impression, jugement, optique, pensée, perception, point de vue, position, principe, prise de position, sentiment, théorie, thèse, vote, vue. SOUT. oracle. ▸ ***Religion*** – confession, conviction, culte, foi, religion. △ **ANT.** DOUTE, INCERTITUDE, INCRÉDULITÉ, MÉFIANCE, SCEPTICISME; AGNOSTICISME, INCROYANCE.

croyant *adj.* dévot, fervent, pieux, pratiquant, religieux. ▸ *D'une piété affectée* – bigot, bondieusard, cagot. △ **ANT.** AGNOSTIQUE, ANTIRELIGIEUX, ARELIGIEUX, ATHÉE, INCRÉDULE, INCROYANT, IRRÉLIGIEUX, NON CROYANT.

croyant *n.* fidèle. FIG. brebis, ouaille. △ **ANT.** AGNOSTIQUE, ATHÉE, INCRÉDULE, INCROYANT, INFIDÈLE, MÉCRÉANT, SCEPTIQUE.

cru *adj.* ▶ ***Sans ménagement*** – brutal, direct, qui ne mâche pas ses mots, sans ménagement. ▶ ***Non traité*** – brut, naturel, vierge. ▸ *En parlant d'un textile* – brut, écru, grège *(soie)*, naturel. ▶ ***En parlant d'une lumière*** – brutal, violent. △ **ANT.** CUIT; FINI *(PRODUIT)*; DÉLICAT, DOUX; ATTÉNUÉ, BLAFARD, DÉGUISÉ, DIFFUS, TAMISÉ, VOILÉ.

cru *n.m.* ▶ ***Vignoble*** – château, clos, vignoble. ▶ ***Vin*** – vin du cru.

cruauté *n.f.* acharnement, agressivité, atrocité, barbarie, brutalité, dureté, férocité, inhumanité, maltraitance, méchanceté, sadisme, sauvagerie, violence. *SOUT.* implacabilité, inexorabilité. *PSYCHIATRIE* psychopathie. △ **ANT.** BIENVEILLANCE, BONTÉ, CHARITÉ, CLÉMENCE, COMPASSION, DOUCEUR, HUMANITÉ, INDULGENCE, MANSUÉTUDE, PITIÉ, TENDRESSE.

crucial *adj.* ▶ ***En forme de croix*** – cruciforme. *BOT.* crucifère, décussé. ▶ ***Déterminant*** – critique, décisif, déterminant. *DR.* décisoire. ▶ ***Indispensable*** – capital, de première nécessité, essentiel, fondamental, important, incontournable, indispensable, irremplaçable, nécessaire, primordial, vital. ▶ ***Important*** – capital, central, de la plus haute importance, de premier plan, décisif, déterminant, dominant, essentiel, important, maître, majeur, numéro un, prédominant, prééminent, premier, prépondérant, primordial, principal, prioritaire, supérieur. *SOUT.* à nul autre second, cardinal. △ **ANT.** ANODIN, BANAL, SANS IMPORTANCE.

crue *n.f.* ▶ ***Élévation du niveau de l'eau*** – montée des eaux. ▶ ***Croissance*** (*FIG.*) – accentuation, accroissement, accrue, agrandissement, amplification, arrondissement, augmentation, bond, boom, crescendo, croissance, décuplement, développement, dilatation, élargissement, élévation, enflement, enrichissement, envolée, essor, évolution, expansion, extension, flambée, foisonnement, gonflement, gradation, grossissement, hausse, haussement, inflation, intensification, majoration, montée, poussée, progrès, progression, recrudescence, redoublement, redressement, rehaussement, relèvement, renchérissement, renforcement, revalorisation, valorisation. △ **ANT.** BAISSE, DÉCRUE, ÉTIAGE, RETRAIT; DÉCROISSANCE, DIMINUTION.

cruel *adj.* ▶ ***Qui aime faire le mal*** – maléfique, malfaisant, malintentionné, malveillant, mauvais, méchant, pervers, sadique, vicieux. *FAM.* chien, vachard, vache. *FRANCE FAM.* rossard, rosse. ▶ ***Sauvage*** – barbare, bestial, cannibale, cannibalesque, féroce, inhumain, sadique, sanguinaire, sauvage. *SOUT.* néronien. ▶ ***Qui tue en grand nombre*** – destructeur, exterminateur, funeste, meurtrier, sanglant, sanguinaire. ▶ ***Qui blesse profondément*** – âcre, affligeant, amer, cuisant, déchirant, douloureux, dur, éprouvant, lancinant, navrant, pénible, poignant, saignant, vif. △ **ANT.** BON, CHARITABLE, COMPATISSANT, GÉNÉREUX, HUMAIN, QUI A BON CŒUR, SECOURABLE; DOUX, INOFFENSIF, SANS MALICE; AGRÉABLE, CHARMANT, DÉLICIEUX, DIVIN, EXQUIS, SUAVE, SUBLIME.

cruellement *adv.* barbarement, bestialement, brutalement, durement, farouchement, férocement, impitoyablement, inhumainement, méchamment, rudement, sadiquement, sauvagement. △ **ANT.** AVEC COMPASSION, AVEC DOUCEUR, AVEC MISÉRICORDE, BIENVEILLAMMENT, CHARITABLEMENT, DÉLICATEMENT, HUMAINEMENT.

cueillir *v.* ▶ ***Récolter les fruits*** – ramasser. ▶ ***Arrêter*** (*FAM.*) – appréhender, arrêter, capturer, faire prisonnier, prendre, saisir. *FAM.* attraper, choper, coffrer, coiffer, coincer, cravater, embarquer, épingler, harponner, mettre la main au collet de, mettre le grappin sur, pincer, poisser, prendre au collet, ramasser, saisir au collet. *FRANCE FAM.* agrafer, alpaguer, arnaquer, arquepincer, emballer, gauler, piquer, poivrer. △ **ANT.** SEMER.

cuiller (var. **cuillère**) *n.f.* ▶ ***Main*** (*FRANCE FAM.*) – main. *FAM.* battoir, menotte, paluche, patoche, patte, pince, pogne; *FRANCE FAM.* fourchette du père Adam, louche. *SOUT.* dextre, senestre.

cuir *n.m.* ▶ ***Peau d'animal*** – peau. ▶ ***Faute*** (*FAM.*) – pataquès. *RARE* velours.

cuirasse *n.f.* ▶ ***Revêtement*** – blindage. ▶ ***Protection*** (*FIG.*) – armure, carapace.

cuire *v.* ▶ ***Produire une sensation de brûlure*** – brûler, picoter, piquer. △ **ANT.** CONGELER, GELER, GLACER, REFROIDIR; TIÉDIR.

cuisant *adj.* ▶ ***Moralement douloureux*** – âcre, affligeant, amer, cruel, déchirant, douloureux, dur, éprouvant, lancinant, navrant, pénible, poignant, saignant, vif. ▶ ***En parlant du froid, du vent*** – âpre, cinglant, mordant, pénétrant, perçant, piquant, saisissant, vif. △ **ANT.** APAISANT, LÉNIFIANT; ANODIN, SANS CONSÉQUENCE; CARESSANT, DOUX.

cuisine *n.f.* ▶ ***Alimentation*** – absorption, alimentation, consommation, ingestion, ingurgitation, manducation, menu, nourrissement, nourriture, nutrition, ordinaire, repas, sustentation. *FAM.* cuistance, popote.

cuisiner *v.* ▶ ***Préparer à manger*** – faire la cuisine. *FRANCE FAM.* faire la tambouille. ▶ ***Préparer un repas*** – accommoder, apprêter, confectionner, faire, mijoter, mitonner, préparer. *FAM.* concocter, fricoter. ▶ ***Questionner*** (*FAM.*) – interroger, questionner.

cuisinier *n.* chef, chef cuisinier. *FAM.* cuistot. ▸ *Bon* – cordon-bleu. ▸ *Mauvais* – gargotier. *FAM.* empoisonneur. *RARE* fouille-au-pot.

cuisse *n.f.* ▶ ***Partie du corps*** – *ANAT.* fémur *(os)*. *FAM.* gigot, jambon. ▶ ***Aliment*** – cuissot *(gros gibier)*, gigot *(mouton)*, jambon *(porc)*, pilon *(poulet)*, souris *(mouton)*. ♦ **cuisses, *plur.*** ▶ ***Partie d'une personne assise*** – genoux, giron.

cul *n.m.* ▶ ***Fond*** – accul, bas, bas-fond, creux, culot, cuvette, fondement, sole.

culbute *n.f.* ▶ ***Action de sauter*** – bond, bondissement, cabriole, enjambée, entrechat, gambade, plongeon, saut, sautillage, sautillement, voltige. *FAM.* galipette. *BELG.* cumulet. ▶ ***Action de rouler sur soi-même*** – roulade, roulé-boulé. ▶ ***Débâcle financière*** – banqueroute, chute, crise, débâcle, déconfiture, dépôt de bilan, dépression, effondrement, faillite, fiasco, insolvabilité, krach, liquidation, marasme, mévente, naufrage, récession, ruine, stagflation. *FAM.* dégringolade. *FRANCE FAM.* baccara. △ **ANT.** CROISSANCE, PROSPÉRITÉ.

culbuter *v.* ▶ ***Faire tomber qqn*** – abattre, faire tomber à la renverse, jeter à terre, mettre à terre, renverser, terrasser. *RARE* verser. ▶ ***Repousser un envahisseur*** – chasser, refouler, repousser. ▶ ***Se renverser*** – basculer, capoter, chavirer, se renverser. *MAR.* dessaler. ▶ ***Faire une chute*** – basculer, faire une chute, tomber, verser. *FAM.* aller choir, chuter, dinguer, prendre un billet de parterre, prendre une bûche, prendre une gamelle, prendre une pelle, ramasser un gadin, ramasser une bûche, ramasser une gamelle, ramasser une pelle, s'allonger, s'étaler, se casser la figure, se casser la gueule, se fiche par terre, se rétamer, valdinguer. ▸ *Vers l'avant* – tomber à plat ventre, tomber cul par-dessus tête, tomber de tout son long, tomber face contre terre, tomber la tête la première. *FAM.* embrasser le plancher, s'aplatir. ▸ *Vers l'arrière* – tomber à la renverse. *FAM.* tomber les quatre fers en l'air. △ **ANT.** DRESSER, REDRESSER.

culminant *adj.* dominant, élevé, en contre-haut, grand, haut. △ **ANT.** BAS, INFÉRIEUR.

culot *n.m.* ▶ ***Fond*** – accul, bas, bas-fond, creux, cul, cuvette, fondement, sole. ▶ ***Dépôt*** – bourre, bourrier, chute, crasse, débris, déchet, dépôt, détritus, gadoue, immondices, impureté, lavure, lie, malpropreté, ordure, parcelle, perte, poussière, raclure, rebut, reliefs, reliquat, résidu, reste, rinçure, rognure, saleté, salissure. *FAM.* margouillis, saloperie. ▶ ***Insolence*** (*FAM.*) – aplomb, arrogance, audace, effronterie, front, impertinence, impolitesse, impudence, incorrection, insolence, irrespect, irrévérence. *SOUT.* outrecuidance, sans-gêne. *FAM.* toupet. △ **ANT.** RÉSERVE, RETENUE, TIMIDITÉ.

culotte *n.f.* ▶ ***Vêtement*** – *ANC.* chausses, trousses. ▶ ***Sous-vêtement*** – cache-sexe, caleçon, (petite) culotte, slip. *FRANCE FAM.* calecif.

culpabilité *n.f.* faute, imputabilité, responsabilité. △ **ANT.** INNOCENCE.

culte *n.m.* ▶ ***Messe*** – célébration, cérémonial, cérémonie, liturgie, messe, obit, office divin, office, saint sacifice, service, service divin, service religieux. ▶ ***Religion*** – confession, conviction, croyance, foi, religion. ▶ ***Adoration*** – admiration, adoration, adulation, amour, attachement, dévotion, emballement, engouement, fanatisme, ferveur, iconolâtrie, idolâtrie, passion, respect, vénération, zèle. *SOUT.* dilection, révérence. *PÉJ.* encens, flagornerie, flatterie. △ **ANT.** INDIFFÉRENCE; HAINE, MÉPRIS.

cultivateur *n.* ▶ ***Instrument aratoire*** – araire, brabant, butteur, buttoir, chisel, décavaillonneuse, déchaumeuse, déchausseuse, défonceuse, fossoir, fouilleuse, houe à cheval, motoculteur, piocheuse, polysoc, pulvériseur, sarcloir, scarificateur, sous-soleuse, trisoc.

cultivé *adj.* averti, éclairé, érudit, évolué, instruit, intellectuel, lettré, savant. *SOUT.* docte. *FAM.* calé. △ **ANT.** INCULTE; EN FRICHE, EN JACHÈRE; BÉOTIEN, IGNARE, IGNORANT, ILLETTRÉ, PHILISTIN.

cultiver *v.* ▶ ***Développer*** – développer, éduquer, former. ▶ ***Entretenir*** – entretenir, nourrir, soigner. ♦ **se cultiver** ▶ ***S'instruire*** – apprendre, s'instruire.

culture *n.f.* ▶ ***Agriculture*** – travail de la terre, travaux des champs. ▶ ***Ameublissement*** – ameublissement, bêchage, billonnage, billonnement, binage, charruage, décavaillonnage, écroûtage, émottage, émottement, façon, façonnage, façonnement, grattage, hersage, hivernage, labour, labourage, plombage, roulage, scarifiage, scarification, serfouissage, tassage, travail. ▶ ***Savoir*** – acquis, bagage, compétence, connaissances, culture (générale), éducation, encyclopédisme, épistémè, érudition, expérience, humanisme, instruction, lettres, lumières, notions, sagesse, savoir, science. *SOUT.* omniscience. ▶ ***Civilisation*** – avancement, civilisation, évolution, perfectionnement, progrès. △ **ANT.** FRICHE, JACHÈRE; IGNORANCE, INCULTURE; BARBARIE.

cupidité *n.f.* ▶ ***Avidité*** – ambition, avidité, convoitise, possessivité, rapacité. *SOUT.* vampirisme. *RARE* acquisitivité. ▶ ***Avarice*** – appât du gain, âpreté (au gain), avarice, avidité, économie de bouts de chandelle, égoïsme, mesquinerie, parcimonie, petitesse, pingrerie, rapacité, thésaurisation. *SOUT.* ladrerie, lésine, sordidité, vilenie. *FAM.* mégotage, radinerie. △ **ANT.** ABNÉGATION, DÉSINTÉRESSEMENT, DÉTACHEMENT; GÉNÉROSITÉ.

cure *n.f.* ▶ ***Traitement*** – amélioration, apaisement, cicatrisation, convalescence, guérison, mieux-être, relevailles, relèvement, rémission, répit, résurrection, rétablissement, retour à la santé, salut, soulagement, traitement. *MÉD.* délitescence, postcure, résorption, rétrocession.

curer *v.* décrasser, désencrasser, frotter, gratter, nettoyer, racler, récurer. *FAM.* décrotter. *BELG. FAM.* approprier, reloqueter. *SUISSE* poutser.

curieusement *adv.* ▶ ***Bizarrement*** – anormalement, baroquement, bizarrement, drôlement, étonnamment, étrangement, excentriquement, extravagamment, originalement, singulièrement. ▶ ***Indiscrètement*** – avidement, indiscrètement. △ **ANT.** COMME D'HABITUDE, DE FAÇON NORMALE, NORMALEMENT, SELON LES CONVENTIONS, SELON LES NORMES.

curieux *adj.* ▶ ***Avide de connaître*** – inquisiteur, investigateur, questionneur, scrutateur. ▶ ***Indiscret*** – fureteur, indiscret, qui met son nez partout. *FAM.* fouineur. *FRANCE FAM.* fouinard. *QUÉB. FAM.* écornifleur. ▶ ***Badaud*** – badaud, flâneur. ▶ ***Étrange*** – anormal, bizarre, drôle, étonnant, étrange, inaccoutumé, incompréhensible, inexplicable, inhabituel, insolite, inusité, singulier, spécial, surprenant. *SOUT.* extraordinaire. *FAM.* bizarroïde. △ **ANT.** BLASÉ, INDIFFÉRENT; DISCRET, RÉSERVÉ; ANODIN, BANAL, COMMUN, ORDINAIRE, QUELCONQUE, SANS INTÉRÊT, TERNE.

curieux *n.* ▶ ***Indiscret*** – badaud, fouilleur, furet, fureteur, indiscret. *SOUT.* fâcheux. *FAM.* farfouilleur, fouine, fouineur. *BELG.* mêle-tout. *FRANCE FAM.* fouinard. *QUÉB. FAM.* écornifleur. *RARE* écouteur. ▶ ***Aspect bizarre*** – anormal, bizarre, insolite.

curiosité *n.f.* ▶ ***Soif de connaître*** – appétit, attention, avidité, intérêt, soif, soif d'apprendre, soif de connaissance, soif de connaître, soif de savoir. ▶ ***Indiscrétion*** – espionnage, indiscrétion. *QUÉB. FAM.* écornifIage. ▶ ***Bizarrerie*** – anomalie, anormalité, bizarrerie, chinoiserie, cocasserie, drôlerie, étrangeté, excentricité, extravagance, fantaisie, fantasmagorie, folie, loufoquerie, monstruosité, non-conformisme, originalité, singularité. ▶ ***Nouveauté*** – actualité, avant-gardisme, changement, contemporanéité, fraîcheur, inédit, innovation, jamais vu, jeunesse, mode, modernité, neuf, nouveau, nouveauté, originalité, pertinence, précédent, première, présent, primeur. ▶ ***Ce qui est rare*** – merle blanc, mouton à cinq pattes, rareté. △ **ANT.** INCURIOSITÉ, INDIFFÉRENCE; DISCRÉTION, RÉSERVE; BANALITÉ.

curriculum vitæ *loc. nom. m.* curriculum, cursus, expérience (professionnelle), formation (professionnelle), itinéraire (professionnel), parcours (professionnel).

cuve *n. f.* ▶ ***Récipient*** – auge, bac, baquet, bassin, bassine, cuvette. *ACADIE FAM. ou MAR.* baille. ▶ *Petit* – auget, bassinet, cuveau. ▶ ***Citerne*** – citerne, réservoir.

cuvette *n. f.* ▶ ***Bassin*** – auge, bac, baquet, bassin, bassine, cuve. *ACADIE FAM. ou MAR.* baille. ▶ *Petit* – auget, bassinet, cuveau. ▶ ***Partie d'un siège de toilette*** – bidet, cuvette (sanitaire), lunette. ▶ ***Dépression*** – bassin, cirque, entonnoir (naturel). *GÉOGR.* doline, poljé, sotch. ▶ ***Fond*** – accul, bas, bas-fond, creux, cul, culot, fondement, sole. △ **ANT.** ÉLÉVATION.

cycle *n. m.* ▶ ***Répétition*** – fréquence, itération, période, périodicité, rechute, récidive, récidivité, recommencement, récurrence, récursivité, renouvellement, répétition, répétitivité, reprise, reproduction, retour. *SOUT.* réitération, retombement. *FAM.* réédition. ▶ ***Époque*** – âge, date, époque, ère, étape, génération, heure, jour, moment, période, règne, saison, siècle, temps. ▶ ***Niveau d'études*** – cursus.

cyclique *adj.* alternant, alternatif, alterné, en alternance, périodique. △ **ANT.** ACYCLIQUE, ERRATIQUE, INTERMITTENT, IRRÉGULIER.

cycliste *n. SPORTS* pédaleur, rouleur.

cyclone *n. m.* ▶ ***Tempête*** – baguio, grain, gros temps, orage, ouragan, rafale, tempête (tropicale), tornade, tourbillon, trombe, typhon, vent violent. *SOUT.* tourmente. *FAM.* coup de chien, coup de tabac, coup de vent. △ **ANT.** ANTICYCLONE, CALME.

cylindre *n. m.* ▶ ***Pièce cylindrique*** – rouleau, tambour.

cynique *adj.* ▶ ***Immoral*** – immoral, immoraliste. ▶ ***Effronté*** – cavalier, désinvolte, effronté, éhonté, familier, impertinent, impoli, impudent, insolent, irrespectueux, irrévérencieux, leste, libre, provocant, sans gêne, sans vergogne. *FAM.* culotté, gonflé. *QUÉB. FAM.* baveux. *ACADIE FAM.* effaré. ▶ ***Sarcastique*** – caustique, frondeur, goguenard, gouailleur, ironique, malicieux, moqueur, narquois, persifleur, railleur, sarcastique, sardonique. *QUÉB. FAM.* baveux. △ **ANT.** AIMABLE, CONCILIANT, DOUX; AFFABLE, BIEN ÉLEVÉ, BIENSÉANT, CIVIL, COURTOIS, DÉLICAT, GALANT, POLI; CONFORMISTE, CONSERVATEUR.

cynisme *n. m.* ▶ ***Immoralité*** – amoralité, corruption, dépravation, immoralisme, immoralité, laxisme, péché, permissivité, perversion, perversité, vice. *SOUT.* désordre. ▶ ***Obscénité*** – canaillerie, coprolalie, gaillardise, gauloiserie, gravelure, grivoiserie, gros mot, grossièreté, immodestie, impudeur, incongruité, inconvenance, indécence, licence, malpropreté, obscénité, polissonnerie, pornographie, saleté. ▶ ***Réalisme*** – activisme, empirisme, matérialisme, opportunisme, pragmatisme, prosaïsme, réalisme, utilitarisme. △ **ANT.** MORALITÉ, SCRUPULE; RETENUE; IDÉALISME.

d

d'abord *adv.* ▶ ***Premièrement*** – a priori, au premier abord, au premier chef, en premier lieu, par priorité, préalablement, préliminairement, premièrement, primo, prioritairement, tout d'abord. ▶ ***Avant*** – à l'avance, antérieurement, au préalable, auparavant, avant, ci-devant, d'avance, déjà, préalablement, précédemment, préliminairement. △ **ANT.** ENFIN, FINALEMENT.

daigner *v.* accepter de, condescendre à, consentir à, vouloir bien.

d'ailleurs *adv.* au reste, d'autre part, d'un autre côté, de plus, du reste, en outre, par contre, pour le reste. *SOUT.* au demeurant.

dallage *n.m.* carrelage, pavage, rudération.

dalle *n.f.* ▶ ***Pierre*** – adobe, brique, briquette, carreau, chantignole, pavé, tuile. *FRANCE FAM.* paveton. *SUISSE* planelle. ▶ ***Gouttière*** (*QUÉB.*) – chéneau, égout, gargouille, gouttière. ▶ ***Gosier*** (*FAM.*) – arrière-bouche, gorge, gosier. *ANAT.* pharynx. *FAM.* avaloire, kiki, sifflet.

dame *n.f.* ▶ ***Noble*** (*ANC.*) – femme bien née, femme de condition, femme de qualité, noble. *ANC.* damoiselle, demoiselle. ▶ ***Femme distinguée*** – *FAM.* madame. ▶ ***Outil*** – demoiselle, hie, manselle.

damné *n.* maudit, réprouvé. △ **ANT.** ÉLU.

danger *n.m.* ▶ ***Menace*** – aléa, casse-cou, détresse, difficulté, écueil, embûche, épée de Damoclès, épouvantail, guêpier, hasard, impasse, imprudence, insécurité, mauvais pas, menace, perdition, péril, piège, point chaud, point sensible, poudrière, récif, risque, spectre, traverse, urgence, volcan. *SOUT.* tarasque. *FRANCE FAM.* casse-gueule. ▶ ***Inconvénient*** – aléa, charge, contre, défaut, déplaisir, dérangement, désagrément, désavantage, difficulté, écueil, embarras, empêchement, ennui, fissure, gêne, handicap, incommodité, inconfort, inconvénient, mauvais côté, objection, obstacle, point faible, risque, trouble. *SOUT.* importunité. △ **ANT.** ASSURANCE, CALME, SÉCURITÉ, SÛRETÉ, TRANQUILLITÉ; INNOCUITÉ.

dangereusement *adv.* défavorablement, désavantageusement, dramatiquement, funestement, gravement, grièvement, imprudemment, mal, malencontreusement, nuisiblement, pernicieusement, sérieusement, subversivement, terriblement. △ **ANT.** AMPLEMENT, CONVENABLEMENT, RAISONNABLEMENT, SUFFISAMMENT.

dangereux *adj.* ▶ ***Nuisible*** – dévastateur, dommageable, funeste, malfaisant, mauvais, néfaste, négatif, nocif, nuisible, pernicieux, ravageur. *SOUT.* délétère. ▶ ***Menaçant*** – fort, menaçant, puissant, redoutable. ▶ ***Grave*** – critique, difficile, dramatique, grave, inquiétant, menaçant, préoccupant, sérieux, sombre. *SOUT.* climatérique. ▶ ***Risqué*** – audacieux, aventuré, aventureux, fou, hardi, hasardé, hasardeux, imprudent, osé, périlleux, risqué, suicidaire, téméraire. *SOUT.* scabreux. *FAM.* casse-cou, casse-gueule. ▶ ***Sinistre*** – inquiétant, mauvais, méchant, menaçant, patibulaire, redoutable, sinistre, sombre, terrible, torve *(regard)*. *QUÉB. FAM.* malin. △ **ANT.** ANODIN, BÉNIN, INNOCENT, INOFFENSIF, SANS DANGER, SANS GRAVITÉ, SÛR.

dansant *adj.* entraînant.

danse *n.f.* chorégraphie, mimique, pantomime. *FRANCE FAM.* gambille, guinche. *ANTIQ.* orchestique.

danser *v.* ▶ ***Exécuter une danse*** – *FAM.* en suer une. *FRANCE FAM.* gambiller, guincher.

danseur *n.* ▶ ***Personne qui danse*** – cavalier, partenaire.

darder *v.* ▶ ***Jeter*** – décocher, envoyer, jeter, lancer. ▶ ***Pointer comme un dard*** – pointer.

date *n.f.* ▶ ***Époque*** – âge, cycle, époque, ère, étape, génération, heure, jour, moment, période, règne, saison, siècle, temps.

dater *v.* ▶ ***Marquer d'une date*** – millésimer. ▶ ***Avoir lieu à tel moment*** – remonter à. ▶ ***Laisser un souvenir durable*** – faire date, faire époque, marquer. ▶ ***Se démoder*** – appartenir au passé, passer de mode, s'empoussiérer, se démoder, tomber en désuétude, vieillir.

dauphin *n.m.* ▶ ***Animal*** – FRANCE RÉGION. bélouga. ▶ ***Fils de roi*** – infant *(cadet d'Espagne ou du Portugal)*, prince de Galles *(Angleterre)*, prince, tsarévitch *(aîné russe)*. ▶ ***Successeur*** – ayant cause, continuateur, enfant, fils, héritier, remplaçant, successeur, successible. SOUT. épigone, hoir.

dé *n.m.* ▶ ***Protection pour le doigt*** – dé (à coudre), délot, doigtier, poucier.

débâcle *n.f.* ▶ ***Dégel*** – dégel, fonte, fonte des glaces, fonte des neiges. ▶ ***Échec*** – avortement, banqueroute, capitulation, catastrophe, chute, débandade, déconfiture, défaite, déroute, désavantage, échec, écrasement, faillite, fiasco, four, infortune, insuccès, mauvaise fortune, naufrage, perte, ratage, raté, retraite, revers. SOUT. traverse. FAM. désastre, piquette, plantage, raclée, recalage, volée. FRANCE FAM. bide, déculottée, dégelée, écrabouillement, fessée, foirade, gamelle, loupage, pile, rincée, rossée, tannée, veste. ▶ ***Faillite*** – banqueroute, chute, crise, culbute, déconfiture, dépôt de bilan, dépression, effondrement, faillite, fiasco, insolvabilité, krach, liquidation, marasme, mévente, naufrage, récession, ruine, stagflation. FAM. dégringolade. FRANCE FAM. baccara. ▶ ***Fuite*** – abandon, débandade, déroute, dispersion, panique, retraite, sauve-qui-peut. ▶ ***Dégât*** – avarie, bris, casse, dégradation, déprédation, désolation, destruction, détérioration, dévastation, dommage, endommagement, méfait, mouille, perte, ravage, ruine, sabotage, vilain. FAM. bousillage, charcutage, grabuge. △ **ANT.** EMBÂCLE, GEL; VICTOIRE; RÉUSSITE, SUCCÈS.

déballer *v.* ▶ ***Retirer de son emballage*** – défaire, dépaqueter, développer. RARE désenvelopper. ▶ ***Ouvrir un emballage*** – défaire, dépaqueter, ouvrir. ▶ ***Avouer*** (FAM.) – admettre, avouer, confesser. △ **ANT.** EMBALLER; TAIRE.

débarbouillage *n.m.* ▶ ***Toilette*** – ablutions, bain, douche, lavage, nettoyage, rinçage, toilette. ▶ ***Nettoyage*** – astiquage, bichonnage, déblaiement, décrassage, décrassement, décrottage, dégagement, dépoussiérage, détachage, essuyage, fourbissage, fourbissement, lavage, lessivage, lessive, ménage, nettoyage, rangement, ravalement, savonnage, vidange. FAM. briquage. BELG. appropriation. RARE essangeage. △ **ANT.** BARBOUILLAGE.

débarbouillette *n.f.* (QUÉB.) ▶ ***Linge de toilette*** – FRANCE gant (de toilette), main (de toilette). BELG. SUISSE lavette.

débarquement *n.m.* ▶ ***Abordage*** – abordage, arraisonnement, assaut, collision. ▶ ***Déchargement des marchandises*** – débardage, déchargement, mise à quai. ▶ ***Raid*** – envahissement, incursion, inondation, invasion, irruption, ruée. MILIT. descente, raid. △ **ANT.** EMBARQUEMENT; CHARGEMENT; DÉPART.

débarquer *v.* ▶ ***Accoster*** – aborder, accoster, prendre terre. ▶ ***Décharger*** – débarder, décharger. ▶ ***Destituer*** (FAM.) – casser, démettre, destituer, limoger, relever de ses fonctions, révoquer. FAM. déboulonner, dégommer, faire sauter. ▶ ***Arriver inopinément*** (FAM.) – arriver à l'improviste, faire irruption, survenir, venir à l'improviste. FAM. débouler, tomber. △ **ANT.** EMBARQUER; PARTIR, S'EN ALLER.

débarras *n.m.* ▶ ***Remise*** – appentis, bûcher *(pour le bois)*, cabanon, remise, resserre. FAM. fourre-tout. SUISSE galetas. QUÉB. FAM. hangar. ▶ ***Délivrance*** – acquittement, affranchissement, décolonisation, délivrance, désaliénation, élargissement, émancipation, évacuation, libération, manumission, rachat, rédemption, salut. FAM. quille. SOUT. déprise. △ **ANT.** EMBARRAS.

débarrasser *v.* ▶ ***Enlever le couvert*** – desservir. ▶ ***Enlever ce qui encombre*** – déblayer, dégager, désencombrer, nettoyer. ▶ ***Éliminer ce qui est néfaste*** – nettoyer, purger. ▶ ***Délivrer d'un poids moral*** – décharger, délivrer, enlever une épine du pied à, libérer, ôter une épine du pied à, soulager, tirer une épine du pied à. ♦ **se débarrasser** ▶ ***Se défaire de qqch.*** – renoncer à, se défaire de, se démunir de, se départir de, se dépouiller de, se dessaisir de. SOUT. renoncer. FAM. balancer, bazarder, larguer, lourder, sacrifier. ▶ ***Se corriger d'un défaut*** – se corriger, se défaire, se guérir. ▶ ***Se défaire de qqn*** – congédier, écarter, éconduire, en finir avec, rabrouer, renvoyer, repousser, se défaire de, se dépêtrer de. FAM. envoyer au bain, envoyer au diable, envoyer balader, envoyer bouler, envoyer dinguer, envoyer paître, envoyer promener, envoyer sur les roses, envoyer valdinguer, envoyer valser, expédier. △ **ANT.** EMBARRASSER, ENTRAVER, GÊNER; CHARGER; CULPABILISER.

débat *n.m.* ▶ ***Discussion*** – affaire, arbitrage, contestation, démêlé, différend, discussion, dispute, médiation, négociation, panel, querelle, règlement, spéculation, tractation. ▶ ***Opposition*** – affrontement, antagonisme, combat, compétition, concurrence, conflit, contentieux, contestation, controverse, désaccord, différend, discorde, discussion, dispute, dissension, dissentiment, divergence, émulation, friction, heurt, incompatibilité, incompréhension, lutte, mésentente, mésintelligence, opposition, polémique, querelle, rivalité. FAM. bagarre. ▶ ***Procès*** – affaire (judiciaire), audience, cas, cause, dossier, espèce, litige, litispendance, poursuite, procès. ▶ ***Séance*** – audience *(tribunal)*, séance, session, vacation. △ **ANT.** CONSENSUS, ENTENTE, UNANIMITÉ.

débattre (se) *v.* ▶ ***Discuter*** – agiter, délibérer de, discuter (de), parler de. SOUT. démêler, disputer de. ▶ ***Négocier*** – discuter, négocier, traiter. ♦ **se débattre** ▶ ***Se démener*** – s'agiter, se démener. △ **ANT.** CÉDER, SE RÉSIGNER.

débauche *n.f.* ▶ ***Luxure*** – débordement, dépravation, dévergondage, dissolution, excès, grivoiserie, immoralité, impureté, inconduite, intempérance, liberté de mœurs, libertinage, licence, lubricité, luxure, mauvaise conduite, obscénité, paillardise, perversion, sensualité, vice. SOUT. dissipation, égarements, fange, impudicité, incontinence, lascivité, salacité, stupre, sybaritisme, turpitude. ▶ ***Abjection*** – abjection, abomination, atrocité, bassesse, boue, corruption, crapulerie, crime, déshonneur, fange, grossièreté, honte, horreur, ignominie, impureté, indignité, infamie, laideur, misère, monstruosité, noirceur, obscénité, odieux, ordure, saleté, sordide, souillure, vice. SOUT. sordidité, stupre, turpitude, vilenie. FAM. dégoûtation, dégueulasserie, pouillerie. ▶ ***Abondance*** – abondance, afflux, amas, ampleur, concentration, débordement, exubérance, filon, fleuraison, floraison, foisonnement, forêt, foule, fourmillement, gisement, infinité, inondation, luxe, luxuriance, masse, mine, multiplicité, myriade, nuée, orgie, paquet, pléthore, poussière, profusion, quantité, richesse, surabondance, tas, trésor. *FIG.* carnaval. *FAM.* festival, flopée, kyrielle, tapée, tonne, tripotée, wagon. *SUISSE FAM.* craquée. △ **ANT.** CHASTETÉ, CONTINENCE, DÉCENCE, TEMPÉRANCE, VERTU; ABSTINENCE, ASCÈSE, AUSTÉRITÉ, FRUGALITÉ, SOBRIÉTÉ; MODÉRATION, RÉSERVE, RETENUE; INSUFFISANCE, PARCIMONIE, PEU.

débauché *n.* concupiscent, dépravé, dévergondé, déviant, libertin, obsédé (sexuel), paillard, pervers, polisson, satyre, vicieux. *SOUT.* dissipé.

débaucher *v.* ▶ ***Inciter au mal*** – corrompre, dépraver, dérégler, détourner du droit chemin, dévoyer, pervertir. ▶ ***Congédier*** – chasser, congédier, démettre, donner son congé à, expulser, licencier, mettre à la porte, mettre à pied, mettre dehors, mettre en disponibilité, reconduire, remercier, remercier de ses services, renvoyer. *FAM.* balancer, balayer, déboulonner, lourder, sabrer, sacquer, vider, virer. ♦ **débauché** ▶ ***Immoral*** – corrompu, dépravé, déréglé, dévoyé, dissipé, dissolu, immoral, libertin, relâché. *SOUT.* sardanapalesque. △ **ANT.** ÉDIFIER, MORALISER, REDRESSER; EMBAUCHER.

débile *adj.* ▶ ***À la santé fragile*** – anémique, chétif, délicat, en mauvaise santé, faible, fragile, frêle, mal portant, maladif, malingre, rachitique, souffreteux. *SOUT.* valétudinaire. *FAM.* crevard, faiblard. ▶ ***Retardé*** – arriéré, attardé, demeuré, retardé, simple d'esprit. ▶ ***Stupide*** (*FAM.*) – abruti, benêt, bête, bête à manger du foin, borné, crétin, demeuré, hébété, idiot, imbécile, inintelligent, niais, nigaud, obtus, sot, stupide. *FAM.* bébête, bêta, bouché, cloche, con, cruche, gourde, nouille, qui n'a pas inventé la poudre, taré, tarte, zozo. *FRANCE FAM.* ballot, connard, corniaud, cucul la praline, ganache, nunuche, qui n'a pas inventé le fil à couper le beurre, schnock, tourte. *QUÉB. FAM.* cabochon, niaiseux, sans-dessein, *SUISSE FAM.* bobet. △ **ANT.** BIEN PORTANT, EN BONNE SANTÉ, EN PARFAITE SANTÉ, EN SANTÉ, SAIN, VALIDE; À L'ESPRIT VIF, BRILLANT, ÉVEILLÉ, INTELLIGENT; ASTUCIEUX, DÉLURÉ, FIN, FINAUD, FUTÉ, HABILE, INGÉNIEUX, INVENTIF, MALIN, RUSÉ.

débit *n.m.* ▶ ***Écoulement*** – circulation, débordement, écoulement, éruption, évacuation, exsudation, flux, fuite, ingression, inondation, irrigation, irruption, larmoiement, mouvement, passage, ravinement, régime, ruissellement, sortie, suage, suintement, transpiration, vidange. *SOUT.* submersion, transsudation. *RÉGION.* débord. *GÉOGR.* défluviation, transfluence, transgression. ▶ ***Élocution*** – articulation, déclamation, diction, élocution, éloquence, énonciation, expression, langage, langue, parole, phonation, phonétique, phonie, pose de voix, prononciation, style, voix. ▶ ***Dette*** – arriéré, charge, compte, créance, crédit à découvert, débet, découvert, déficit, dette, devoir, doit, dû, emprunt, engagement, impayé, moins-perçu, non-paiement, obligation, passif, solde débiteur. *BELG.* mali, pouf. △ **ANT.** AVOIR, CRÉDIT.

débiter *v.* ▶ ***Couper*** – couper, tronçonner. ▶ ***Vendre*** – détailler, écouler, faire commerce de, offrir, proposer, vendre. ▶ ***Réciter*** – déclamer, réciter. *DIDACT.* oraliser. ▶ ***Lire, réciter avec monotonie*** – ânonner, psalmodier. △ **ANT.** CRÉDITER.

débiteur *n.* ▶ ***Emprunteur*** – emprunteur, obligé. *DR.* débirentier. △ **ANT.** CRÉANCIER, CRÉDITEUR, PRÊTEUR.

déboguer *v.* déverminer. △ **ANT.** BOGUER.

déboires *n.m.pl.* ▶ ***Déception*** – abattement, accablement, affliction, amertume, anéantissement, chagrin, consternation, déception, déconvenue, découragement, dégoût, dégrisement, démoralisation, dépit, désappointement, désenchantement, désespoir, désillusion, désolation, échec, écœurement, ennui, infortune, insuccès, lassitude, mécompte, peine, regret, revers, tristesse. *SOUT.* atterrement, déréliction, désabusement, désespérance, retombement. *FAM.* défrisage, défrisement, douche (froide), ras-le-bol. ▶ ***Vexation*** – affront, crève-cœur, dégoût, déplaisir, froissement, humiliation, vexation. *SOUT.* camouflet, désobligeance, soufflet. △ **ANT.** SATISFACTION; BONHEUR, CHANCE, FORTUNE, RÉUSSITE, SUCCÈS.

débonnaire *adj.* ▶ ***Bon*** – bienveillant, bon, bon enfant, bonhomme, brave. ▶ ***Trop indulgent*** – bonasse, faible, mou. △ **ANT.** DRACONIEN, DUR, EXIGEANT, RIGIDE, RIGOUREUX, SÉVÈRE, STRICT.

débordant *adj.* ▶ ***Rempli*** – bourré, farci, imbu, imprégné, pénétré, plein, rempli, saturé. ▶ ***Qui prend de l'expansion*** – envahissant, expansif, tentaculaire. ▶ ***Qui produit beaucoup*** – abondant, fécond, fertile, foisonnant, fructueux, généreux, inépuisable, intarissable, productif, prolifique, riche. *SOUT.* copieux, inexhaustible, plantureux. ▶ ***Qui s'exprime facilement*** – communicatif, confiant, démonstratif, expansif, expressif, extraverti, exubérant, ouvert. △ **ANT.** FROID, INTROVERTI, RENFERMÉ, RÉSERVÉ, TACITURNE; FAIBLE, MODÉRÉ.

débordement *n.m.* ▶ ***Éruption*** – bouillonnement, ébullition, éclaboussement, écoulement, émission, éruption, évacuation, explosion, extrusion, giclée, jaillissement, jet, sortie. ▶ ***Écoulement*** – circulation, débit, écoulement, éruption, évacuation, exsudation, flux, fuite, ingression, inondation, irrigation, irruption, larmoiement, mouvement, passage, ravinement, régime, ruissellement, sortie, suage, suintement, transpiration, vidange. *SOUT.* submersion, transsudation. *RÉGION.* débord. *GÉOGR.* défluviation, transfluence, transgression. ▶ ***Abondance*** – abondance, afflux, amas, ampleur, concentration, débauche, exubérance, filon, fleuraison, floraison, foisonnement, forêt, foule, fourmillement, gisement, infinité, inondation, luxe, luxuriance, masse, mine, multiplicité, myriade, nuée, orgie, paquet, pléthore, poussière, profusion, quantité, richesse, surabondance, tas, trésor. *FIG.* carnaval. *FAM.* festival, flopée, kyrielle, tapée, tonne, tripotée, wagon. *SUISSE FAM.* craquée. ▶ ***Excès*** – comble, débauche, dépassement, disproportion, énormité, excédent, excès, exubérance, gaspillage, inutile, luxe, luxuriance, orgie, profusion, redondance, satiété, saturation, superfétation, superflu, superfluité, surabondance, surcharge, surcroît, surenchère, surnombre, surplus, trop, trop-plein. ▶ ***Débauche*** – débauche, dépravation, dévergondage, dissolution, excès, grivoiserie, immoralité, impureté, inconduite, intempérance, liberté de mœurs, libertinage, licence, lubricité, luxure, mauvaise conduite, obscénité, paillardise, perversion, sensualité, vice. SOUT. dissipation, égarements, fange, impudicité, incontinence, lascivité, salacité, stupre, sybaritisme, turpitude. ▶ ***Exultation*** – délire, éclatement, emballement, exultation, jubilation. SOUT. transport. △ **ANT.** BAISSE, DIMINUTION, ÉPUISEMENT, REFLUX, RETRAIT, TARISSEMENT; INSUFFISANCE, PARCIMONIE, PEU; DÉCENCE; RÉSERVE, RETENUE.

déborder *v.* ▶ ***Se répandre*** – s'échapper, se répandre. MÉD. s'extravaser. ▶ ***Faire saillie*** – avancer, dépasser, faire saillie, ressortir, saillir, se détacher, sortir. BELG. dessortir. TECHN. forjeter, surplomber. ▶ ***Contenir en abondance*** – abonder en, foisonner de, fourmiller de, regorger de, surabonder de/en. ▶ ***Empiéter*** – chevaucher, dépasser, empiéter, mordre. ▶ ***Prendre à revers*** – contourner, prendre à revers, tourner. △ **ANT.** CONTENIR; BORDER, REBORDER.

débouché *n.m.* ▶ ***Issue*** – issue, ouverture, sortie. ♦ **débouchés,** ***plur.*** ▶ ***Accès à une profession*** – avenir, ouvertures, perspectives d'avenir, perspectives d'emploi. △ **ANT.** BARRIÈRE, CUL-DE-SAC, IMPASSE. ♦ **débouchés,** ***plur.*** CHÔMAGE.

déboucher *v.* ▶ ***Désobstruer*** – décongestionner, dégager, dégorger, désengorger, désobstruer. QUÉB. FAM. débloquer. ▶ ***Enlever le bouchon*** – décapsuler, ouvrir. FAM. décalotter. ▶ ***Mener*** – aboutir à, conduire, donner accès à, mener à. △ **ANT.** BARRER, BOUCHER, ENGORGER, OBSTRUER; REBOUCHER.

débouler *v.* ▶ ***Descendre rapidement*** – dégringoler, dévaler. ▶ ***Arriver inopinément*** (FAM.) – arriver à l'improviste, faire irruption, survenir, venir à l'improviste. FAM. débarquer, tomber. ▶ ***En parlant d'un lapin, d'un lièvre*** – débucher, débusquer.

debout *adv.* à la verticale, à pic, à plomb, d'aplomb, de bas en haut, de haut en bas, droit, verticalement. △ **ANT.** ASSIS; COUCHÉ.

débris *n.m.* ▶ ***Fragment*** – bribe, brisure, charpie, coupure, éclat, esquille *(os)*, fraction, fragment, grain, granule, granulé, havrit, lambeau, limaille, miette, morceau, parcelle, part, particule, partie, pépite, portion, quartier, reste. FAM. graine. ▶ ***Déchet*** – bourre, bourrier, chiure, chute, crasse, culot, déchet, dépôt, détritus, gadoue, immondices, impureté, lavure, lie, malpropreté, ordure, parcelle, perte, poussière, raclure, rebut, reliefs, reliquat, résidu, reste, rinçure, rognure, saleté, salissure. margouillis, saloperie. ▶ *Métallique* – crasse, ferraille, gratture, laitier, limaille, mâchefer, scorie, sinter, suint. ▶ *Verre* – écrémure. ▶ ***Ruines*** – déblais, décharge, décombres, démolitions, éboulement, éboulis, épave, gravats, gravois, miettes, plâtras, reste, ruines, vestiges. SOUT. cendres. ▶ ***Restes d'un repas*** – miettes, reliefs, restant, restes, rognures. FAM. rogatons. △ **ANT.** INTÉGRALITÉ, TOTALITÉ.

débrouiller *v.* ▶ ***Démêler*** – clarifier, débroussailler, démêler, désembrouiller. SOUT. délabyrinther. ▶ ***Étudier sommairement*** – déblayer, défricher, dégrossir. ▶ ***Dégourdir*** (FAM.) – dégourdir, dégrossir, délurer, déniaiser, initier. FAM. dérouiller, dessaler. ♦ **se débrouiller** ▶ ***Se tirer d'affaire*** – s'arranger, se dépêtrer, se tirer d'affaire. FAM. nager, se débarbouiller, se dépatouiller. BELG. s'affûter. △ **ANT.** BROUILLER, CONFONDRE, EMBROUILLER, EMMÊLER, MÊLER. ♦ **se débrouiller** ÊTRE MALADROIT, S'EMPÊTRER.

début *n.m.* ▶ ***Commencement*** – actionnement, amorçage, amorce, balbutiement, bégaiement, commencement, création, déclenchement, démarrage, départ, ébauche, embryon, enclenchement, enfance, entrée, esquisse, fondement, germe, inauguration, origine, ouverture, prélude, prémisse, principe, tête. SOUT. aube, aurore, matin, prémices. FIG. apparition, avènement, éclosion, émergence, éruption, explosion, genèse, germination, naissance, venue au monde. ▶ ***Introduction*** – avant-propos, avertissement, avis (préliminaire), discours préliminaire, entrée en matière, exorde, exposition, introduction, notice, préambule, préliminaire, prélude, présentation, prolégomènes, prologue. SOUT. prodrome. ♦ **débuts,** ***plur.*** ▶ ***Initiation*** – initiation, premières armes, premiers pas. SOUT. apprentissage. △ **ANT.** CLÔTURE, CONCLUSION, DÉNOUEMENT, FIN, TERME.

débutant *adj.* béotien, inexercé, inexpérimenté, jeune, naïf, néophyte, neuf, non initié, nouveau, novice, profane. SOUT. inexpert. RARE commençant. △ **ANT.** FINISSANT.

débutant *n.* apprenti, commençant, néophyte, novice, (petit) nouveau, poulain *(prometteur)*, recrue. FRANCE FAM. bizuth, deb.

débuter *v.* commencer, démarrer, partir, s'amorcer, s'engager. △ **ANT.** FINIR, S'ACHEVER, SE CONCLURE, SE TERMINER.

décadence *n.f.* abaissement, abâtardissement, abjection, abrutissement, affadissement, affaiblissement, agonie, altération, amollissement, appauvrissement, atrophie, avachissement, avilissement, baisse, corruption, déchéance, déclin, décrépitude, dégénérescence, dégradation, délabrement, déliquescence, dénaturation, dépérissement, détérioration, édulcoration, empirement, étiolement, flétrissure, perte, perversion, pourrissement, pourriture, rouille, ruine, sape, usure. SOUT. aveulissement, crépuscule, pervertissement. FAM. déglingue, dégringolade. △ **ANT.** CROISSANCE, ÉPANOUISSEMENT, ESSOR, MONTÉE, PROGRÈS.

décadent *adj.* dégénéré, déliquescent, fin de race, fin de siècle. △ **ANT.** EN FORMATION, EN PLEIN ESSOR, EN PLEINE CROISSANCE, FLORISSANT.

décalage *n.m.* arriéré, déphasage, désynchronisation, retard. AGRIC. tardiveté. PHYS. hystérésis. △ **ANT.** COORDINATION, SIMULTANÉITÉ, SYNCHRONIE, SYNCHRONISME; ACCORD, ADAPTATION, CONCORDANCE, CONFORMITÉ.

décapant *adj.* ▶ ***Qui décape*** – abrasif. ▶ ***D'une méchanceté blessante*** – à l'emporte-pièce, acerbe, acéré, acide, acrimonieux, aigre, blessant, caustique, cinglant, corrosif, fielleux, grinçant, incisif, méchant, mordant, piquant, sarcastique, sardonique, virulent, vitriolique. ▶ ***Qui plaît par sa spontanéité*** – frais, jeune, rafraîchissant, vivifiant. △ **ANT.** DÉLICAT, DOUX, GENTIL; CONVENTIONNEL.

déceler *v.* ▶ ***Percevoir*** – apprécier, détecter, discerner, distinguer, identifier, percevoir, reconnaître. ▶ ***Indiquer*** – annoncer, démontrer, dénoter, faire foi de, indiquer, laisser paraître, marquer, montrer, prouver, révéler, signaler, signifier, témoigner de. SOUT. dénoncer. ▸ *Indiquer une chose non favorable* – accuser, trahir. △ **ANT.** CACHER, CELER, DISSIMULER, TAIRE.

décemment *adv.* ▸ ***Correctement*** – adéquatement, bien, comme il faut, comme il se doit, convenablement, correctement, dans les règles de l'art, juste, justement, pertinemment, proprement, raisonnablement, sainement, valablement, validement. SOUT. congrûment. ▸ ***Pudiquement*** – angéliquement, chastement, discrètement, exemplairement, honnêtement, modestement, moralement, pudiquement, purement, sagement, saintement, vénérablement, vertueusement, virginalement. △ **ANT.** ÉROTIQUEMENT, GAILLARDEMENT, GAULOISEMENT, GRAVELEUSEMENT, GROSSIÈREMENT, IMPUDIQUEMENT, IMPUREMENT, INDÉCEMMENT, LASCIVEMENT, LICENCIEUSEMENT, OBSCÈNEMENT; IMPROPREMENT, INADÉQUATEMENT, INCORRECTEMENT, MAL.

décence *n.f.* ▸ ***Convenance*** – bienséance, bon ton, chasteté, convenance, correction, délicatesse, dignité, discrétion, éducation, fierté, gravité, honnêteté, honneur, modestie, politesse, propreté, pudeur, quant-à-soi, réserve, respect, retenue, sagesse, sobriété, tact, tenue, vertu. SOUT. pudicité. ▸ ***Gravité*** – componction, dignité, gravité, hiératisme, majesté, pompe, raideur, réserve, rigidité, sérieux, solennité. △ **ANT.** EFFRONTERIE, IMPUDENCE, INCONVENANCE, INCORRECTION, INDÉCENCE, INDISCRÉTION; LASCIVITÉ, OBSCÉNITÉ; CYNISME.

décent *adj.* ▸ ***Chaste*** – chaste, immaculé, innocent, platonique, pudique, pur, réservé, sage, vertueux, virginal. ▸ *Non favorable* – bégueule, collet monté, prude, pudibond, puritain. ▸ ***Qui respecte les convenances*** – bien, bienséant, convenable, correct, de bon ton, digne, fréquentable, honnête, honorable, moral, rangé, recommandable, respectable, sérieux. FAM. comme il faut. ▸ ***Satisfaisant*** – acceptable, approuvable, bien, bon, convenable, correct, honnête, honorable, moyen, passable, présentable, raisonnable, satisfaisant, suffisant. FAM. O.K., potable, supportable. △ **ANT.** CONCUPISCENT, DÉBAUCHÉ, ÉROTIQUE, GAILLARD, IMPUDIQUE, IMPUR, INDÉCENT, LASCIF, LIBIDINEUX, LICENCIEUX, LUBRIQUE, LUXURIEUX, OBSCÈNE, VICIEUX; DISCOURTOIS, GROSSIER, IMPERTINENT, IMPOLI, INCONVENANT, INCORRECT, MAL ÉLEVÉ, RUSTRE; INSATISFAISANT, INSUFFISANT.

déception *n.f.* abattement, accablement, affliction, amertume, anéantissement, chagrin, consternation, déboires, déconvenue, découragement, dégoût, dégrisement, démoralisation, dépit, désappointement, désenchantement, désespoir, désillusion, désolation, échec, écœurement, ennui, infortune, insuccès, lassitude, mécompte, peine, regret, revers, tristesse. SOUT. atterrement, déréliction, désabusement, désespérance, retombement. FAM. défrisage, défrisement, douche (froide), ras-le-bol. △ **ANT.** CONTENTEMENT, SATISFACTION; JOIE, PLAISIR.

décerner *v.* ▸ ***Attribuer*** – adjuger, attribuer, conférer, donner, remettre. △ **ANT.** ENLEVER, ÔTER, REFUSER, REJETER, RETENIR.

décès *n.m.* disparition, extinction, fin, mort, perte. FIG. départ, dernier repos, dernier sommeil, dernier soupir, grand voyage, sépulture, sommeil éternel, tombe, tombeau. SOUT. la Camarde, la Faucheuse, la Parque, trépas. FRANCE FAM. crève. △ **ANT.** NAISSANCE.

décevant *adj.* contrariant, désolant, ennuyeux, fâchant, fâcheux. FAM. embêtant. QUÉB. FAM. de valeur, désappointant, dommage, plate. △ **ANT.** CORRECT, SATISFAISANT, SUFFISANT; ÉPOUSTOUFLANT, ÉTONNANT, EXTRAORDINAIRE, STUPÉFIANT, SURPRENANT; ENCOURAGEANT, MOTIVANT, STIMULANT.

décevoir *v.* ▸ ***Ne pas combler les attentes*** – désappointer, frustrer les attentes de, laisser sur sa faim. SOUT. démentir. FAM. voler. ▸ ***Désillusionner*** – briser l'espoir de, dégriser, dépiter, désabuser, désappointer, désenchanter, désillusionner, échauder, frustrer, tromper. FAM. doucher. ▸ ***Consterner*** – consterner, désappointer, désespérer, désoler, navrer. FAM. être le désespoir de, faire le désespoir de. △ **ANT.** COMBLER, CONTENTER, ENCHANTER, EXAUCER, RÉPONDRE À L'ATTENTE, SATISFAIRE.

déchaînement *n.m.* affolement, agitation, bouleversement, colère, confusion, débridement, désarroi, ébranlement, ébullition, embrasement, émotion, fièvre, frénésie, mouvement, passion, violence. SOUT. émoi, exaltation. FIG. dévergondage. △ **ANT.** APAISEMENT; CONTRÔLE, MAÎTRISE.

déchaîner *v.* ▸ ***Déclencher*** – amener, apporter, catalyser, causer, créer, déclencher, déterminer, donner lieu à, donner naissance à, engendrer, entraîner, faire, faire naître, former, générer, occasionner, produire, provoquer, soulever, susciter. PHILOS. nécessiter. ▸ ***Exalter*** – chauffer (à blanc), électriser, enfiévrer, exalter, galvaniser, surchauffer, surexciter, survolter, transporter. ♦ **se déchaîner** ▸ ***Se mettre en colère*** – colérer, éclater, fulminer, monter sur ses ergots, monter sur ses grands chevaux, prendre la mouche, prendre le mors aux dents, s'emporter, s'enflammer, s'irriter, se courroucer, se fâcher, se gendarmer, se mettre en colère, sortir de ses gonds, voir rouge. FAM. exploser, piquer une colère, piquer une crise, se mettre en rogne, se monter. QUÉB. FAM. se choquer. ♦ **déchaîné** ▸ ***Enragé*** – blanc de colère, courroucé, en colère, enragé, forcené, fou de colère, fou de rage, fulminant, fumant, furibond, furieux, hors de soi, irrité, outré, rageur, révolté, ulcéré. FAM. en boule, en rogne. FRANCE FAM. à cran, en pétard, fumasse, furax, furibard. QUÉB. FAM. choqué. ▸ ***Excessif*** – abusif, débridé, délirant, démesuré, déraisonnable, déréglé, effréné, exagéré, excessif, exorbitant, extravagant, extrême, forcé, immodéré, intempérant, outrancier, outré, qui dépasse la mesure, qui dépasse les bornes, sans frein. SOUT. outrageux. FAM. dément, démentiel, soigné. ▸ ***Intense*** – fort, furieux, impétueux, intense, puissant, terrible, violent. ▸ ***Agité*** – agité, démonté, houleux. SOUT. torrentueux, turbide. △ **ANT.** APAISER, CALMER; CONTENIR, ENCHAÎNER, MAÎTRISER, MODÉRER.

décharge *n.f.* ▸ ***Dépotoir*** – cloaque, déchetterie, dépôt (d'ordures), dépotoir, vidoir, voirie. SOUT. sentine. ▸ ***Décombres*** – déblais, débris, décombres, démolitions, éboulement, éboulis, épave, gravats, gravois, miettes, plâtras, reste, ruines, vestiges. SOUT. cendres. ▸ ***Coups de feu*** – fusillade, mitraillade, rafale, salve, tiraillement, tiraillerie, volée. FAM. giclée *(arme automatique)*. ANC. bordée, mousquetade, mousqueterie. ▸ ***Quittance*** – acquit, apurement, bulletin, connaissement, facture, facturette *(carte de crédit)*, libération, quitus, récépissé, reconnaissance (de paiement), reçu, warrant. ▶ ***Exemption*** – abattement, dégrèvement, dérogation, détaxation, détaxe, dispense, exemption, exonération, franchise, grâce, immunité, impunité, inamovibilité, inviolabilité, irresponsabilité, libération, liberté, mainlevée, réforme *(armée)*, transit. ▶ ***Disculpation*** – amende honorable, déculpabilisation, défense, disculpation, explication, justification, motif, pardon, raison, regret, ressource. △ **ANT.** CHARGE, CHARGEMENT; CONTRAINTE; AGGRAVATION; ACCUSATION.

décharger *v.* ▶ ***Débarquer*** – débarder, débarquer. ▶ ***Dégager d'une accusation*** – blanchir, disculper, innocenter, justifier, laver d'une accusation, mettre hors de cause, réhabiliter. DR. acquitter. ▶ ***Délivrer d'une obligation*** – affranchir, dégager, délier, délivrer, désengager, dispenser, excuser, exempter, exonérer, soustraire. ▶ ***Délivrer d'un poids moral*** – débarrasser, délivrer, enlever une épine du pied à, libérer, ôter une épine du pied à, soulager, tirer une épine du pied à. ♦ **se décharger** ▶ ***Déléguer une responsabilité*** – confier, déléguer. △ **ANT.** ALOURDIR, CHARGER, SURCHARGER; AGGRAVER, AUGMENTER; ACCUSER, CONDAMNER.

déchéance *n.f.* ▶ ***Dégénérescence*** – abaissement, abâtardissement, abjection, abrutissement, affadissement, affaiblissement, agonie, altération, amollissement, appauvrissement, atrophie, avachissement, avilissement, baisse, corruption, décadence, déclin, décrépitude, dégénérescence, dégradation, délabrement, déliquescence, dénaturation, dépérissement, détérioration, édulcoration, empirement, étiolement, flétrissure, perte, perversion, pourrissement, pourriture, rouille, ruine, sape, usure. SOUT. aveulissement, crépuscule, pervertissement. FAM. déglingue, dégringolade. ▶ ***Péché*** – accroc, chute, crime, écart, errements, faute, impureté, mal, manquement, mauvais, offense, péché, sacrilège, scandale, souillure, tache, transgression, vice. ▶ ***Perte d'un droit*** – aliénation, forclusion. △ **ANT.** ASCENSION, AVANCEMENT, ÉLÉVATION, MONTÉE, PROGRÈS; REDRESSEMENT.

déchet *n.m.* ▶ ***Ordure*** – bourre, bourrier, chiure, chute, crasse, culot, débris, dépôt, détritus, gadoue, immondices, impureté, lavure, lie, malpropreté, ordure, parcelle, perte, poussière, raclure, rebut, reliefs, reliquat, résidu, reste, rinçure, rognure, saleté, salissure, margouillis, saloperie. ▸ *Métallique* – crasse, ferraille, gratture, laitier, limaille, mâchefer, scorie, sinter, suint. ▸ *Verre* – écrémure. ▶ ***Personne*** – déchet de la société, déchet (humain), épave, larve (humaine), loque (humaine), ruine (humaine), sous-homme.

déchiffrer *v.* ▶ ***Lire*** – comprendre, lire. ▶ ***Décoder*** – décoder, décrypter, interpréter, traduire. ▶ ***Comprendre*** – découvrir, dénouer, deviner, éclaircir, élucider, éventer, expliquer, faire (toute) la lumière sur, pénétrer, percer, résoudre, tirer au clair, trouver, trouver la clé de. △ **ANT.** CHIFFRER, CRYPTER; OBSCURCIR.

déchiquetage *n.m.* déchirement, destruction, dilacération, hachage, hachement, lacération. FAM. charcutage.

déchirant *adj.* ▶ ***Moralement douloureux*** – âcre, affligeant, amer, cruel, cuisant, douloureux, dur, éprouvant, lancinant, navrant, pénible, poignant, saignant, vif. ▶ ***Bouleversant*** – bouleversant, dramatique, émouvant, pathétique, poignant, troublant, vibrant *(discours)*. SOUT. empoignant. △ **ANT.** APAISANT, CALMANT, CONSOLANT, CONSOLATEUR, RASSÉRÉNANT, RASSURANT, RÉCONFORTANT, SÉCURISANT, TRANQUILLISANT; BANAL, ININTÉRESSANT, SANS INTÉRÊT; COMIQUE, GROTESQUE.

déchirement *n.m.* ▶ ***Action de déchirer*** – déchiquetage, destruction, dilacération, hachage, hachement, lacération. FAM. charcutage. ▶ ***Souffrance morale*** – blessure, déchirure, douleur, mal, martyre, souffrance, supplice, torture. SOUT. tenaillement, tribulation. ▶ ***Désunion*** – accrochage, algarade, altercation, brouille, brouillerie, chicane, controverse, démêlé, désaccord, désunion, différend, discorde, dispute, divergence, escarmouche, explication, fâcherie, froid, heurt, joute oratoire, litige, malentendu, mésentente, passe d'armes, polémique, querelle, rupture, scène, zizanie. FAM. bagarre, bisbille, bringue, chamaille, chamaillerie, empoignade, empoignement, engueulade, prise de bec, séance. BELG. FAM. bisbrouille. △ **ANT.** RÉPARATION; GUÉRISON; CONSOLATION; BONHEUR; RAPPROCHEMENT, RÉCONCILIATION, UNION.

déchirer *v.* ▶ ***Percer*** – crever, percer. FAM. péter. ▶ ***Déchiqueter*** – déchiqueter, écharper, hacher, lacérer, mettre en charpie, mettre en lambeaux, mettre en pièces. DIDACT. dilacérer. ▶ ***Entailler profondément la peau*** – balafrer, couper, écharper, écorcher, entailler, entamer, lacérer, larder, ouvrir, taillader. FAM. chapeler. ▶ ***Faire une trouée*** – percer, trouer. ▶ ***Blesser moralement*** – blesser, meurtrir. ▶ ***Tourmenter*** – assaillir, consumer, crucifier, dévorer, faire souffrir, lanciner, martyriser, mettre au supplice, percer, poignarder, ronger, supplicier, tarauder, tenailler, torturer, tourmenter, transpercer. SOUT. poindre. RARE bourreler. ▶ ***Tirailler*** – ballotter, écarteler, tirailler. ▶ ***Désunir*** – brouiller, désaccorder, désolidariser, désunir, diviser, opposer, semer la discorde, semer la zizanie, séparer. ♦ **se déchirer** ▶ ***Craquer*** – céder, craquer, se défaire. △ **ANT.** RACCOMMODER, RÉPARER; CONSOLER; PACIFIER, RÉCONCILIER.

déchirure *n.f.* ▶ ***Fissure*** – brèche, brisure, cassure, craquelure, crevasse, ébréchure, écornure, fêlure, fendillement, fente, fissure, fuite, gerçure, lézarde. TECHN. crique, étonnement, gerce. DIDACT. gélivure. GÉOGR. rimaye. GÉOL. diaclase. ▶ ***Rupture*** – accroc, déchiqueture, écorchure, égratignure, éraflement, éraflure, éraillure, éventration, excoriation, griffure. ▶ ***Souffrance morale*** – blessure, déchirement, douleur, mal, martyre, souffrance, supplice, torture. SOUT. tenaillement, tribulation. △ **ANT.** RÉPARATION; GUÉRISON; CONSOLATION; BONHEUR.

décidé *adj.* catégorique, déterminé, entier, ferme, immuable, inébranlable, inflexible, résolu. △ **ANT.** FLOTTANT, FLUCTUANT, HÉSITANT, INCERTAIN, INDÉCIS, INDÉTERMINÉ, IRRÉSOLU, PERPLEXE.

décidément *adv.* activement, avec la dernière énergie, avec zèle, dru, dynamiquement, énergiquement, fermement, fort, fortement, puissamment, résolument, sérieusement, virilement. △ **ANT.** IRRÉSOLUMENT.

décider *v.* ▶ ***Prendre une décision*** – conclure, juger, prendre une décision, se prononcer, statuer, trancher. ▶ ***Déterminer*** – arrêter, assigner, déterminer, établir, fixer, régler. ▶ ***Persuader*** – amener, convaincre, déterminer, entraîner, persuader. ♦ **se décider** ▶ ***Choisir*** – arrêter son choix sur, choisir, jeter son dévolu sur, opter pour, prendre le parti de. ▶ ***Se résoudre*** – se déterminer, se résoudre. △ **ANT.** ATERMOYER, BALANCER, DOUTER, HÉSITER, TERGIVERSER; AJOURNER, DIFFÉRER.

décideur *n.* administrateur, cadre, chef d'entreprise, chef d'industrie, décisionnaire, directeur, dirigeant, gestionnaire, logisticien, patron, responsable. △ **ANT.** EXÉCUTANT.

décisif *adj.* ▶ ***Définitif*** – concluant, convaincant, définitif, éloquent, péremptoire, probant, tranchant. ▶ ***Crucial*** – critique, crucial, déterminant. *DR.* décisoire. ▶ ***Important*** – capital, central, crucial, de la plus haute importance, de premier plan, déterminant, dominant, essentiel, important, maître, majeur, numéro un, prédominant, prééminent, premier, prépondérant, primordial, principal, prioritaire, supérieur. *SOUT.* à nul autre second, cardinal. △ **ANT.** CONTESTABLE, DISCUTABLE, DOUTEUX, FRAGILE, VULNÉRABLE; ANODIN, BANAL, SANS IMPORTANCE.

décision *n.f.* ▶ ***Choix*** – adoption, choix, cooptation, désignation, détermination, échantillonnage, écrémage, élection, nomination, plébiscite, prédilection, présélection, résolution, sélection, suffrage, tri, triage, vote. *SOUT.* décret, parti. ▶ ***Jugement*** – arrêt, arrêté, délibération, jugement, ordonnance, règlement, résolution, résultat, sentence, verdict. ▶ ***Arbitraire ou injuste*** – diktat, ukase. ▶ ***Intervention*** – acte, action, choix, comportement, conduite, démarche, entreprise, faire, fait, geste, intervention, manifestation, réalisation. ▶ ***Détermination*** – acharnement, assiduité, constance, détermination, entêtement, fermeté, insistance, obstination, opiniâtreté, persévérance, persistance, résolution, suite dans les idées, ténacité, volonté. *PÉJ.* aveuglement. △ **ANT.** HÉSITATION, INDÉCISION, INDÉTERMINATION; EXÉCUTION, MISE EN ŒUVRE, RÉALISATION.

déclamation *n.f.* ▶ ***Diction*** – articulation, débit, diction, élocution, éloquence, énonciation, expression, langage, langue, parole, phonation, phonétique, phonie, pose de voix, prononciation, style, voix. ▶ ***Emphase*** – apparat, bouffissure, boursouflure, cérémonie, démesure, emphase, enflure, excès, gonflement, grandiloquence, hyperbole, pédanterie, pédantisme, pompe, prétention, solennité. *SOUT.* ithos, pathos.

déclamer *v.* ▶ ***Réciter*** – débiter, réciter. *DIDACT.* oraliser. ▶ ***Tempêter*** (*SOUT.*) – aboyer, crier, fulminer, pester, tempêter, tonner, vociférer. *SOUT.* clabauder, invectiver. *FAM.* déblatérer, gueuler. *QUÉB. FAM.* chialer, sacrer.

déclaration *n.f.* ▶ ***Affirmation*** – affirmation, allégation, argument, argumentation, assertion, dire, expression, parole, position, propos, proposition, raison, théorème, thèse. ▶ ***Énonciation*** – affirmation, communication, donnée, élocution, énoncé, énonciation, exposition, expression, extériorisation, formulation, mention, prononciation, proposition, récitation, stipulation, verbalisation. ▶ ***Proclamation*** – annonce, appel, avis, ban, communication, communiqué, décret, dénonciation, dépêche, divulgation, édit, manifeste, message, notification, proclamation, profession de foi, programme, promulgation, publication, rescrit, serment, signification. ▶ ***Révélation*** – annonce, aveu, confession, confidence, dévoilement, divulgation, ébruitement, fuite, indiscrétion, initiation, instruction, mea culpa, mise au courant, proclamation, publication, reconnaissance, révélation. *FAM.* déballage, mise au parfum. △ **ANT.** CONTESTATION, INFIRMATION; RÉTRACTATION; DISSIMULATION, MUTISME, SILENCE.

déclarer *v.* ▶ ***Faire savoir*** – annoncer, apprendre, communiquer, dire, faire l'annonce de, faire part de, faire savoir, notifier, signifier, transmettre. *FAM.* balancer. ▶ ***Dévoiler*** – annoncer, découvrir, dévoiler, divulguer, lever le voile sur, mettre au grand jour, révéler. ▶ ***Certifier*** – affirmer, assurer, attester, certifier, donner l'assurance, donner sa parole (d'honneur), garantir, jurer, promettre, répondre de. ▶ ***Prétendre*** – affirmer, prétendre, soutenir. ♦ **se déclarer** ▶ ***Donner son avis*** – se prononcer. ▶ ***Se déclencher*** – éclater, se déclencher. △ **ANT.** DISSIMULER, GARDER POUR SOI, TAIRE.

déclenchement *n.m.* actionnement, amorçage, amorce, balbutiement, bégaiement, commencement, création, début, démarrage, départ, ébauche, embryon, enclenchement, enfance, entrée, esquisse, fondement, germe, inauguration, origine, ouverture, prélude, prémisse, principe, tête. *SOUT.* aube, aurore, matin, prémices. *FIG.* apparition, avènement, éclosion, émergence, éruption, explosion, genèse, germination, naissance, venue au monde. △ **ANT.** ARRÊT, CESSATION, INTERRUPTION.

déclencher *v.* ▶ ***Commencer*** – commencer, donner le coup d'envoi à, enclencher, engager, entamer, entreprendre, inaugurer, lancer, mettre en branle, mettre en route, mettre en train. *FAM.* démarrer. ▶ ***Provoquer*** – amener, apporter, catalyser, causer, créer, déchaîner, déterminer, donner lieu à, donner naissance à, engendrer, entraîner, faire, faire naître, former, générer, occasionner, produire, provoquer, soulever, susciter. *PHILOS.* nécessiter. ♦ **se déclencher** ▶ ***Se déclarer*** – éclater, se déclarer. △ **ANT.** ARRÊTER, BLOQUER, STOPPER.

déclin *n.m.* ▶ ***Décroissance*** – abaissement, affaiblissement, affaissement, amenuisement, amoindrissement, baisse, chute, creux, décroissance, décroissement, décrue, dégression, déplétion, dépréciation, descente, désescalade, dévalorisation, dévaluation, diminution, éclipse, effondrement, effritement, essoufflement, fléchissement, ralentissement, réduction. *SOUT.* émasculation. ▶ ***Dégénérescence*** – abaissement, abâtardissement, abjection, abrutissement, affadissement, affaiblissement, agonie, altération, amollissement, appauvrissement, atrophie, avachissement, avilissement, baisse, corruption, décadence, déchéance, décrépitude, dégénérescence, dégradation, délabrement, déliquescence, dénaturation, dépérissement, détérioration, édulcoration, empirement, étiolement, flétrissure, perte, perversion, pourrissement, pourriture, rouille, ruine, sape, usure. *SOUT.* aveulissement, crépuscule, pervertissement. *FAM.* déglingue, dégringolade. △ **ANT.** ASCENSION, CROISSANCE, ÉCLOSION, ÉPANOUISSEMENT, ESSOR, MONTÉE, PROGRÈS; APOGÉE, PLÉNITUDE.

déclinant *adj.* décroissant, faiblissant, sur son déclin. △ **ANT.** NAISSANT.

décliner *v.* ▶ ***Refuser*** – opposer un refus à, opposer une fin de non-recevoir à, rejeter, répondre par la négative à, repousser. *SOUT.* ne pas daigner accepter. ▶ ***Diminuer*** – baisser, décroître, descendre, diminuer, s'amoindrir. ▶ ***Ralentir*** – diminuer, ralentir, régresser, s'essouffler. ▶ ***Péricliter*** – agoniser, aller à la ruine, dépérir, menacer ruine, péricliter, se dégrader, se délabrer, se détériorer. *SOUT.* déchoir, pâtir, tomber en décadence. ▶ ***Empirer*** – aller de mal en pis, dégénérer, empirer, s'aggraver, s'envenimer, se dégrader, se détériorer, se gâter, tourner au vinaigre. ▶ ***Baisser, en parlant du jour*** – baisser, décroître, diminuer, rapetisser. ▶ ***Subir les effets du vieillissement*** – vieillir. *FAM.* prendre un coup de vieux. *ACADIE FAM.* vieillesir. △ **ANT.** ACCEPTER; CROÎTRE, PROGRESSER, S'ÉPANOUIR, SE FORTIFIER.

décodage *n.m.* ▶ ***Lecture*** – déchiffrage, déchiffrement, lecture. ▶ ***Décryptage*** – cryptanalyse, déchiffrage, déchiffrement, décryptage, décryptement, paléographie *(écritures anciennes)*. △ **ANT.** CODAGE, ENCODAGE; ENREGISTREMENT; CHIFFREMENT, CRYPTAGE.

décoder *v.* déchiffrer, décrypter, interpréter, traduire. △ **ANT.** CODER, ENCODER.

décodeur *n.m.* ▶ ***Destinataire*** – allocutaire, auditeur, destinataire, interlocuteur, récepteur. △ **ANT.** CODEUR, ENCODEUR.

décoller *v.* ▶ ***Quitter le sol*** – s'envoler. ▶ ***Perdre du poids*** (*FAM.*) – maigrir, mincir. *FAM.* amincir, fondre. △ **ANT.** COLLER, RECOLLER; ATTERRIR, SOMBRER.

décombres *n.m.pl.* déblais, débris, décharge, démolitions, éboulement, éboulis, épave, gravats, gravois, miettes, plâtras, reste, ruines, vestiges. *SOUT.* cendres.

décomposer *v.* ▶ ***Pourrir*** – altérer, pourrir, putréfier. ▸ *Une denrée* – avarier, gâter. ▶ ***Mettre en miettes*** – désagréger, effriter, émietter. *FRANCE RÉGION.* émier *(entre ses doigts)*. ▶ ***Déconstruire*** – analyser, déconstruire, démonter, désosser, disséquer, retourner dans tous les sens. *FAM.* décortiquer. ▶ ***Altérer les traits du visage*** – contracter, convulser, crisper, déformer. ♦ **se décomposer** ▶ ***Pourrir*** – pourrir, s'altérer, se corrompre, se putréfier. ▸ *En parlant d'un aliment* – blettir *(fruit)*, s'avarier, se gâter. ▶ ***Se désagréger*** – s'effriter, se défaire, se désagréger, tomber en poussière. *DIDACT. ou SOUT.* se déliter. △ **ANT.** ASSEMBLER, ASSOCIER, COMBINER, COMPOSER, JOINDRE, RÉUNIR, SYNTHÉTISER; CONSERVER, MAINTENIR.

décomposition *n.f.* ▶ ***Putréfaction*** – altération, biodégradation, corruption, faisandage, fermentation, gangrène, pourrissement, pourriture, putréfaction, putrescence, putridité, suiffage *(beurre)*, thanatomorphose. ▶ ***Destruction*** – démantèlement, démontage, désorganisation, destruction, déstructuration, séparation. ▶ ***Morcellement*** – atomisation, découpage, démembrement, désagrégation, désagrégement, désintégration, dislocation, dissociation, dissolution, division, éclatement, écroulement, effritement, émiettement, fission, fractionnement, fragmentation, îlotage, micronisation, morcellement, parcellarisation, parcellarité, parcellisation, partage, pulvérisation, quadripartition, sectorisation, séparation, tranchage, tripartition. *FRANCE FAM.* saucissonnage. *RELIG.* fraction. ▶ ***Division*** – définition, réduction, résolution, séparation. ▶ ***Analyse*** – analyse, autopsie, déconstruction, démontage, dissection, division. *TECHN.* dépose. △ **ANT.** CONSERVATION; COMPOSITION, CONSTRUCTION, CRÉATION; ASSEMBLAGE, COMBINAISON, MÉLANGE; SYNTHÈSE.

décompresser *v.* ▶ ***Diminuer la pression d'un gaz*** – décomprimer, détendre. ▶ ***Relaxer*** (*FAM.*) – faire une pause, récupérer, reprendre haleine, respirer, se délasser, se détendre, se refaire, se relaxer, se reposer, souffler. △ **ANT.** COMPRESSER.

déconcertant *adj.* ▶ ***Qui met dans l'embarras*** – déroutant, embarrassant, qui met dans l'embarras, troublant. *FAM.* démontant. *QUÉB.* embêtant. ▶ ***Qui étonne*** – à (vous) couper le souffle, abasourdissant, ahurissant, bouleversant, confondant, ébahissant, effarant, époustouflant, étonnant, étourdissant, extraordinaire, impensable, inconcevable, incroyable, inimaginable, inouï, invraisemblable, pétrifiant, renversant, stupéfiant, suffocant, surprenant. *SOUT.* qui confond l'entendement. *FAM.* ébouriffant, mirobolant, sidérant, soufflant. △ **ANT.** ANODIN, BANAL, ORDINAIRE; ENCOURAGEANT, RASSÉRÉNANT, RASSURANT, TRANQUILLISANT.

déconcerter *v.* ▶ ***Dérouter*** – décontenancer, démonter, dérouter, désarçonner, désorienter, déstabiliser, ébranler, embarrasser, interloquer, troubler. *SOUT.* confondre. *FAM.* déboussoler. ▶ ***Faire échouer*** (*SOUT.*) – briser, déjouer, faire échec à, faire obstacle à, torpiller. △ **ANT.** RASSURER, TRANQUILLISER; ENCOURAGER, ENHARDIR.

décongestion *n.f.* décongestionnement, désencombrement, désengorgement. △ **ANT.** CONGESTION, ENCOMBREMENT, ENGORGEMENT.

déconnecter *v.* ▶ ***Défaire le branchement*** – débrancher. ▶ ***Séparer*** – couper, dégrouper, désunir, détacher, disjoindre, dissocier, écarter, éloigner, isoler, séparer. △ **ANT.** BRANCHER, CONNECTER, RELIER.

déconnexion *n.f.* débranchement, désaccord, désunion, disjonction, rupture, scission, séparation. △ **ANT.** BRANCHEMENT, CONNEXION, LIAISON.

décontamination *n.f.* antisepsie, asepsie, aseptisation, assainissement, désinfection, étuvage, étuvement, formolage, prophylaxie, stérilisation. △ **ANT.** CONTAMINATION, POLLUTION.

décontaminer *v.* ▶ ***Éliminer la pollution*** – dépolluer, épurer. ▶ ***Éliminer la radioactivité*** – dépolluer, désactiver. △ **ANT.** CONTAMINER, POLLUER.

décor *n.m.* ▶ ***Ce qui sert à décorer*** – accessoire, agrément, décoration, détail, enjolivement, enjolivure, enrichissement, figure, fioriture, garniture, ornement, ornementation, parure. *FAM.* affiquet, affûtiaux. ▶ ***Motif d'un tissu*** – brochure, dessin, motif, ornement. ▶ ***Milieu*** – ambiance, atmosphère, cadre, climat, élément, entourage, environnement, environs, lieu, milieu, monde, société, sphère, théâtre, voisinage. ▶ ***Au théâtre*** – scénographie.

décoratif *adj.* ▶ ***Qui agrémente*** – ornemental. ▶ ***Peu important*** (PÉJ.) – accessoire, anecdotique, annexe, contingent, (d'intérêt) secondaire, de second plan, dédaignable, épisodique, incident, indifférent, insignifiant, marginal, mineur, négligeable. △ **ANT.** FONCTIONNEL, PRATIQUE, UTILITAIRE; ESSENTIEL, IMPORTANT, PRINCIPAL.

décoration *n.f.* ▶ ***Ornementation*** – embellissement, enjolivement, ornementation, parure. ▶ ***Ornement*** – accessoire, agrément, décor, détail, enjolivement, enjolivure, enrichissement, figure, fioriture, garniture, ornement, ornementation, parure. FAM. affiquet, affûtiaux. ▶ ***Insigne honorifique*** – badge, distinction (honorifique), insigne. FAM. banane, crachat, hochet. ▶ ***Récompense*** – accessit, bon point, citation, couronne, diplôme, distinction, gratification, médaille, mention, nomination, pourboire, prime, prix, récompense, satisfecit, trophée. ▶ ***Distinction*** – dignité, égards, élévation, faveur, honneur, pourpre, prérogative, promotion. △ **ANT.** DÉPOUILLEMENT, NUDITÉ, SIMPLICITÉ.

décorer *v.* ▶ ***Orner*** – agrémenter, colorer, émailler, embellir, enjoliver, enrichir, garnir, habiller, ornementer, orner, parer, rehausser, relever. SOUT. diaprer. △ **ANT.** DÉFIGURER, DÉPARER, ENLAIDIR, GÂTER.

découler *v.* ▶ ***Être le résultat*** – dépendre, dériver, émaner, partir, procéder, provenir, résulter, s'ensuivre. BELG. conster. ▶ ***Avoir comme résultat*** – résulter, s'ensuivre. △ **ANT.** CAUSER, ENTRAÎNER, PROVOQUER, SUSCITER.

découper *v.* ▶ ***Diviser en sections*** – diviser, éclater, fractionner, partager, scinder, sectionner, segmenter, sous-diviser, subdiviser. FAM. saucissonner. ▶ ***Dépecer un animal*** – dépecer, équarrir. ♦ **se découper** ▶ ***Se dessiner*** – se dessiner, se détacher, se profiler, se projeter, se silhouetter. △ **ANT.** ASSEMBLER, LIER, RÉUNIR.

décourageant *adj.* débilitant, démobilisateur, démoralisant, démoralisateur, démotivant, déprimant, désespérant. FRANCE FAM. flippant. △ **ANT.** ENCOURAGEANT, MOTIVANT, STIMULANT.

découragement *n.m.* ▶ ***Déception*** – abattement, accablement, affliction, amertume, anéantissement, chagrin, consternation, déboires, déception, déconvenue, dégoût, dégrisement, démoralisation, dépit, désappointement, désenchantement, désespoir, désillusion, désolation, échec, écœurement, ennui, infortune, insuccès, lassitude, mécompte, peine, regret, revers, tristesse. SOUT. atterrement, déréliction, désabusement, désespérance, retombement. FAM. défrisage, défrisement, douche (froide), ras-le-bol. ▶ ***Affaiblissement*** – abattement, accablement, affaiblissement, alanguissement, amoindrissement, amollissement, anémie, apathie, avachissement, consomption, défaillance, dépérissement, épuisement, étiolement, exténuation, fatigue, fragilisation, harassement, lassitude, rabaissement, ralentissement, ramollissement, sape, usure. SOUT. débilité. MÉD. adynamie, asthénie, atonie, collapsus, débilitation. ▶ ***Dissuasion*** – dissuasion, prévention. △ **ANT.** ESPÉRANCE; CONTENTEMENT, SATISFACTION; COURAGE, ÉNERGIE; ENCOURAGEMENT, RÉCONFORT; PERSUASION.

décourager *v.* ▶ ***Démoraliser*** – abattre, débiliter, démobiliser, démoraliser, démotiver, déprimer, écœurer, lasser, mettre à plat. FAM. démonter. BELG. déforcer. ACADIE FAM. déconforter. ▶ ***Rebuter*** – ennuyer, fatiguer, lasser, rebuter. ▶ ***Dissuader*** – déconseiller à, détourner, dissuader, éloigner. ♦ **se décourager** ▶ ***Perdre espoir*** – céder au découragement, désespérer, perdre espoir. △ **ANT.** ENCOURAGER, ENHARDIR; CONSOLER, RÉCONFORTER.

décousu *adj.* ▶ ***Sans suite logique*** – chaotique, désordonné, incohérent, incompréhensible, inconséquent, sans queue ni tête, sans suite. △ **ANT.** COHÉRENT, CONTINU, ININTERROMPU, SUIVI.

découverte *n.f.* ▶ ***Exploration*** – documentation, exploration, fouille, furetage, prospection, recherche, reconnaissance, sondage. FAM. farfouillage, farfouillement. ▶ ***Détection*** – décèlement, dénichement, dépistage, détection, détermination, diagnostic, identification, localisation, positivité, pronostic, récognition, reconnaissance, repérage. PHYSIOL. spatialisation. ▶ ***Trouvaille*** – flash, illumination, innovation, invention, trait de génie, trait de lumière, trouvaille. SOUT. éclairement. FAM. astuce. △ **ANT.** BANALITÉ, DÉJÀ-VU.

découvrir *v.* ▶ ***Dénuder*** – dénuder, déshabiller, dévêtir, dévoiler, mettre à nu. FAM. dépoiler, désaper. ▶ ***Démasquer*** – arracher le masque de, arracher le voile de, démasquer, dévoiler, lever le masque de, montrer sous son vrai jour. ▶ ***Diagnostiquer*** – dépister, diagnostiquer, identifier, reconnaître. ▶ ***Localiser*** – détecter, localiser, repérer, trouver. FAM. loger. ▶ ***Dénicher*** – dénicher, déterrer, tomber sur, trouver. FAM. dégoter, pêcher. SUISSE FAM. rapercher. ▶ ***Deviner*** – déchiffrer, dénouer, deviner, éclaircir, élucider, éventer, expliquer, faire (toute) la lumière sur, pénétrer, percer, résoudre, tirer au clair, trouver, trouver la clé de. ▶ ***Constater*** – constater, prendre conscience, réaliser, remarquer, s'apercevoir, s'aviser, se rendre compte, voir. SOUT. éprouver. ▶ ***Surprendre*** – attraper, prendre sur le fait, surprendre. FAM. pincer. ▶ ***Divulguer*** – annoncer, déclarer, dévoiler, divulguer, lever le voile sur, mettre au grand jour, révéler. ♦ **se découvrir** ▶ ***Apparaître peu à peu*** – apparaître, émerger, se dégager, se dévoiler, se faire jour, se manifester, se profiler, se révéler, transparaître. SOUT. affleurer. ♦ **découvert** à découvert, nu. FAM. à l'air. △ **ANT.** COUVRIR; CACHER, DISSIMULER.

décret *n.m.* ▶ ***Proclamation*** – annonce, appel, avis, ban, communication, communiqué, déclaration, dénonciation, dépêche, divulgation, édit, manifeste, message, notification, proclamation, profession de foi, programme, promulgation, publication, rescrit, serment, signification. ▶ ***Acte*** – arrêté, édit, ordonnance. ▶ ***Décision*** (SOUT.) – adoption, choix, cooptation, décision, désignation, détermination, échantillonnage, écrémage, élection, nomination, plébiscite, prédilection, présélection, résolution, sélection, suffrage, tri, triage, vote. SOUT. parti.

décréter *v.* ▶ ***Ordonner*** – commander, dicter, donner l'ordre de, imposer, ordonner, prescrire, vouloir. SOUT. édicter. △ **ANT.** ABOLIR; OBÉIR.

décrier *v.* attaquer, baver sur, calomnier, casser du sucre sur le dos de, cracher sur, critiquer, dénigrer, déprécier, diffamer, dire du mal de, gloser sur, médire de, noircir, perdre de réputation, traîner dans la boue. *SOUT.* arranger de la belle manière, clabauder sur, dauber sur, détracter, dire pis que pendre de, mettre plus bas que terre. *FAM.* déblatérer contre, taper sur. *FRANCE FAM.* débiner, habiller pour l'hiver, tailler un costard à, tailler une veste à. *BELG.* décauser. △ **ANT.** CÉLÉBRER, LOUANGER; PRÔNER, VANTER.

décrire *v.* brosser un tableau de, dépeindre, montrer, peindre, présenter, représenter, tracer le portrait de. △ **ANT.** CACHER, DISSIMULER.

décrocher *v.* ▶ ***Gagner*** (*FAM.*) – conquérir, enlever, gagner, obtenir, remporter. ▶ ***Abandonner*** (*FAM.*) – abandonner, abdiquer, baisser les bras, capituler, céder, courber le dos, déclarer forfait, démordre de, jeter le manche après la cognée, lâcher prise, laisser tomber, renoncer, s'avouer vaincu. *FAM.* démissionner, fermer boutique, plier boutique. ▶ ***Se replier*** – battre en retraite, reculer, rétrograder, se replier, se retirer. *QUÉB.* retraiter. △ **ANT.** ACCROCHER, ATTACHER, DÉCERNER, PENDRE, RACCROCHER; S'ACCROCHER, TENIR BON.

décroître *v.* ▶ ***Diminuer*** – baisser, décliner, descendre, diminuer, s'amoindrir. ▶ ***Baisser, en parlant du jour*** – baisser, décliner, diminuer, rapetisser. △ **ANT.** ALLONGER, AUGMENTER, CROÎTRE, GRANDIR, GROSSIR, PROGRESSER, S'ACCROÎTRE.

dédaigner *v.* ▶ ***Mépriser*** – avoir en piètre estime, faire peu de cas de, mépriser, mettre plus bas que terre, prendre de haut, regarder de haut, traiter de haut. *FAM.* bêcher, snober. *AFR.* saboter. ▶ ***Refuser*** – laisser pour compte, refuser, rejeter, repousser, tourner le dos à. △ **ANT.** APPRÉCIER, CONSIDÉRER, ESTIMER, FAIRE CAS DE; CONVOITER, DÉSIRER, VOULOIR.

dédaigneusement *adv.* altièrement, arrogamment, fièrement, hautainement, insolemment, la tête haute, orgueilleusement, présomptueusement, prétentieusement, superbement, triomphalement, vaniteusement. △ **ANT.** ADMIRATIVEMENT, IDOLÂTREMENT, LAUDATIVEMENT.

dédaigneux *adj.* arrogant, condescendant, fier, hautain, méprisant, orgueilleux, outrecuidant, pimbêche *(femme)*, pincé, présomptueux, prétentieux, snob, supérieur. *SOUT.* altier, rogue. *FAM.* péteux, snobinard, snobinette *(femme)*. *QUÉB. FAM.* fendant. △ **ANT.** AVIDE, DÉSIREUX, INTÉRESSÉ.

dédain *n.m.* arrogance, condescendance, dégoût, dérision, hauteur, mépris, morgue, snobisme. *SOUT.* déconsidération, mésestimation, mésestime. △ **ANT.** CONSIDÉRATION, DÉFÉRENCE, ESTIME, RESPECT; ADMIRATION, ADORATION, VÉNÉRATION.

dédale *n.m.* ▶ ***Réseau compliqué*** – forêt, labyrinthe, lacis, maquis, méandres, réseau, sinuosités. ▶ ***Situation complexe*** – confusion, détours, écheveau, enchevêtrement, labyrinthe, maquis. *FAM.* embrouillamini.

dédier *v.* ▶ ***Faire hommage d'une œuvre*** – dédicacer, offrir. ▶ ***Consacrer*** – consacrer, donner, offrir, vouer. ♦ **se dédier** ▶ ***Se consacrer*** – se consacrer à, se dévouer à, se donner à, se livrer à, vivre pour.

dédommager *v.* ▶ ***Rembourser*** – défrayer, désintéresser, indemniser, payer, rembourser. ▶ ***Récompenser*** – récompenser, remercier. ♦ **se dédommager** ▶ ***Réparer une perte*** – se rattraper. *FAM.* se raccrocher. △ **ANT.** AGGRAVER.

dédramatiser *v.* ▶ ***Minimiser les proportions*** – atténuer, dégonfler, minimiser, modérer. △ **ANT.** AMPLIFIER, DRAMATISER, EXAGÉRER.

déduction *n.f.* ▶ ***Raisonnement*** – analyse, apagogie, argument, argumentation, considérations, démonstration, dialectique, dilemme, discussion, échafaudage, explication, implication, induction, inférence, logique, méthode, preuve, raison, réflexion, réfutation, sorite, substruction, syllogisme, syllogistique, synthèse. ▶ ***Rabais*** – abattement, baisse, bas prix, bonification, bradage, décompte, dégrèvement, diminution, discompte, escompte, liquidation, prix modique, rabais, réduction, réfaction, remise, ristourne, solde. *FAM.* bazardage. *QUÉB.* (prix d') aubaine. ▸ *Impôt* – abattement, décote, dégrèvement, réduction d'impôt. △ **ANT.** INDUCTION, INTUITION; ADDITION.

déduire *v.* ▶ ***Soustraire*** – décompter, défalquer, enlever, ôter, rabattre, retenir, retirer, retrancher, soustraire. ▸ *Une partie d'un revenu* – percevoir, prélever, retenir. *FAM.* ponctionner. ▶ ***Conclure*** – conclure, inférer. *SOUT.* arguer. △ **ANT.** ADDITIONNER, AJOUTER; INDUIRE.

défaillance *n.f.* ▶ ***Trouble physique*** – affection, altération, anomalie, déficience, dérangement, dysfonction, dysfonctionnement, embarras, faiblesse, gêne, indisposition, insuffisance, mal, malaise, trouble. *DIDACT.* dysphorie. *MÉD.* lipothymie. *SOUT.* mésaise. ▶ ***Évanouissement*** – collapsus, évanouissement, faiblesse, perte de connaissance, perte de conscience, syncope. *FAM.* vapes. *MÉD.* lipothymie. ▶ ***Affaiblissement*** – abattement, accablement, affaiblissement, alanguissement, amoindrissement, amollissement, anémie, apathie, avachissement, consomption, découragement, dépérissement, épuisement, étiolement, exténuation, fatigue, fragilisation, harassement, lassitude, rabaissement, ralentissement, ramollissement, sape, usure. *SOUT.* débilité. *MÉD.* adynamie, asthénie, atonie, collapsus, débilitation. ▶ ***Distraction*** – absence (d'esprit), déconcentration, dispersion, dissipation, distraction, étourderie, imprudence, inadvertance, inapplication, inattention, inconséquence, irréflexion, légèreté, négligence, omission, oubli. *PSYCHAN.* aprosexie, déflexion. *PSYCHOL.* distractivité. △ **ANT.** SANTÉ; ÉNERGIE, FORCE, PUISSANCE, VIGUEUR; CONSTANCE, STABILITÉ.

défaillant *adj.* ▶ ***Précaire*** – chancelant, faible, fragile, glissant, incertain, instable, menacé, précaire, vacillant. ▶ ***En parlant d'un raisonnement*** – bancal, boiteux, défectueux, déficient, incomplet, inexact, lacunaire, vicieux. ▶ ***Qui a peine à se tenir debout*** – chancelant, flageolant, oscillant, titubant, trébuchant, vacillant. ▶ ***En situation d'absence*** – *DR.* absent, contumace. △ **ANT.** SOLIDE; ÉPROUVÉ, FIABLE, FIDÈLE; À TOUTE ÉPREUVE; ASSURÉ, EN ÉQUILIBRE, ÉQUILIBRÉ, FERME, STABLE; COMPARANT, PRÉSENT.

défaillir *v.* ▶ ***Faiblir*** – faiblir, glisser, hésiter, manquer, vaciller. ▶ ***Perdre connaissance*** – être pris d'un malaise, perdre connaissance, perdre conscience, perdre ses esprits, s'évanouir, se trouver mal, tomber en syncope. FAM. tomber dans les pommes, tomber dans les vapes, tourner de l'œil. △ **ANT.** AUGMENTER, REDOUBLER, S'INTENSIFIER; SE MAINTENIR.

défaire *v.* ▶ ***Démonter*** – démonter, désarticuler, désassembler, désosser. FAM. déglinguer, démantibuler. ▶ ***Détacher*** – délacer, délier, dénouer, détacher. ▶ ***Sortir de son emballage*** – déballer, dépaqueter, développer. RARE désenvelopper. ▶ ***Ouvrir un emballage*** – déballer, dépaqueter, ouvrir. ▶ ***Délivrer de ce qui nuit*** – dégager, délivrer, dépêtrer, libérer. ▶ ***Vaincre à la guerre*** – battre, vaincre. ▶ ***Vaincre au jeu*** – avoir le dessus sur, avoir raison de, battre, surclasser, triompher de, vaincre. FAM. rosser. ♦ **se défaire** ▶ ***Se désagréger*** – s'effriter, se décomposer, se désagréger, tomber en poussière. DIDACT. OU SOUT. se déliter. ▶ ***Se départir*** – renoncer à, se débarrasser de, se démunir de, se départir de, se dépouiller de, se dessaisir de. SOUT. renoncer. FAM. balancer, bazarder, larguer, lourder, sacrifier. ▶ ***Éconduire*** – congédier, écarter, éconduire, en finir avec, rabrouer, renvoyer, repousser, se débarrasser de, se dépêtrer de. FAM. envoyer au bain, envoyer au diable, envoyer balader, envoyer bouler, envoyer dinguer, envoyer paître, envoyer promener, envoyer sur les roses, envoyer valdinguer, envoyer valser, expédier. ▶ ***Se corriger d'un défaut*** – se corriger, se débarrasser, se guérir. △ **ANT.** ASSEMBLER, CONSTRUIRE, FABRIQUER, FAIRE, MONTER; ATTACHER; ÉTABLIR; CONSERVER, CONSOLIDER, GARDER, TENIR.

défaite *n.f.* ▶ ***Revers*** – avortement, banqueroute, capitulation, catastrophe, chute, débâcle, débandade, déconfiture, déroute, désavantage, échec, écrasement, faillite, fiasco, four, infortune, insuccès, mauvaise fortune, naufrage, perte, ratage, raté, retraite, revers. SOUT. traverse. FAM. désastre, piquette, plantage, raclée, recalage, volée. FRANCE FAM. bide, déculottée, dégelée, écrabouillement, fessée, foirade, gamelle, loupage, pile, rincée, rossée, tannée, veste. ▶ ***Excuse*** – alibi, dérobade, échappatoire, esquive, excuse, faux-fuyant, fuite, moyen, prétexte, reculade, subterfuge, volte-face. FAM. pirouette. △ **ANT.** RÉUSSITE, SUCCÈS, TRIOMPHE, VICTOIRE.

défaut *n.m.* ▶ ***Absence*** – absence, lacune, manque, omission, privation, trou, vide. ▶ ***Imperfection*** – défectuosité, démérite, faible, faiblesse, faille, faute, fil, grossièreté, handicap, imperfection, infirmité, insuffisance, lacune, maladie, malfaçon, manque, médiocrité, péché mignon, péché véniel, petitesse, ridicule, tache, tare, tort, travers, vice. SOUT. perfectibilité. ▶ ***Malformation*** – anomalie, déficience, déformation, difformité, disgrâce, dysmorphie, dysmorphose, handicap, infirmité, malformation, malposition, monstruosité, vice. ▶ ***Défaut physiologique*** – anomalie, déficience. ▶ ***Inconvénient*** – aléa, charge, contre, danger, déplaisir, dérangement, désagrément, désavantage, difficulté, écueil, embarras, empêchement, ennui, fissure, gêne, handicap, incommodité, inconfort, inconvénient, mauvais côté, objection, obstacle, point faible, risque, trouble. SOUT. importunité. △ **ANT.** PRÉSENCE; ABONDANCE, EXCÈS; PERFECTION, PURETÉ; QUALITÉ, VERTU; AVANTAGE, MÉRITE.

défavorable *adj.* adverse, attentatoire, contraire, désavantageux, dommageable, hostile, nuisible, pernicieux, préjudiciable. △ **ANT.** FAVORABLE; APPROBATEUR, APPROBATIF, CONSENTANT; OPPORTUN, PROPICE.

défection *n.f.* ▶ ***Reniement*** – abandon, abjuration, apostasie, dénégation, désaveu, palinodie, reniement, retournement, rétractation, revirement, virevolte, volte-face. FAM. pirouette. ▶ ***Délaissement*** – abandon, abdication, délaissement, démission, désengagement, désertion, désintérêt, désistement, dessaisissement, forfait, inachèvement, recul, repli, retrait, retraite. SOUT. inaccomplissement. FAM. décrochage, lâchage, largage, plaquage. DR. non-lieu, résignation. ▶ ***Négligence*** – abandon, abdication, désertion, désintérêt, impréparation, incoordination, incurie, inorganisation, insouciance, laisser-aller, négligence. ▶ ***Trahison*** – désertion, faux serment, félonie, forfaiture, (haute) trahison, infidélité, insoumission, parjure, scélératesse. SOUT. prévarication. FAM. lâchage. △ **ANT.** RALLIEMENT; CONSTANCE, FIDÉLITÉ, LOYAUTÉ.

défectueux *adj.* ▶ ***En parlant d'un objet*** – brisé, cassé, déréglé, détérioré, détraqué, endommagé, hors d'usage, inutilisable, usé, vétuste. FAM. nase, patraque. ▶ ***En parlant d'un raisonnement*** – bancal, boiteux, défaillant, déficient, incomplet, inexact, lacunaire, vicieux. △ **ANT.** EN BON ÉTAT, EN ÉTAT DE MARCHE, FONCTIONNEL; À TOUTE ÉPREUVE, SOLIDE.

défendre *v.* ▶ ***Soutenir qqn*** – intercéder, parler, plaider, prendre la défense de, soutenir, voler au secours de. ▶ ***Soutenir qqch.*** – appuyer, militer, prendre fait et cause pour, prendre la défense de, prendre parti pour, soutenir. ▶ ***Tenir un lieu*** – garder, tenir. ▶ ***Protéger de qqch.*** – abriter, assurer, garantir, garder, mettre à l'abri, préserver, protéger, tenir à l'abri. ▶ ***Interdire*** – condamner, empêcher, interdire, prohiber, proscrire, punir. ♦ **se défendre** ▶ ***Lutter*** – lutter, ne pas se laisser faire, résister, s'accrocher, tenir, tenir bon, tenir ferme, tenir tête. ▶ ***Se justifier*** – s'excuser, s'expliquer, se disculper, se justifier. ▶ ***S'abstenir*** – éviter de, s'abstenir de, s'empêcher de, s'interdire de, se garder de, se refuser à, se retenir de. △ **ANT.** ACCUSER, ATTAQUER; AUTORISER, ORDONNER, PERMETTRE.

défense *n.f.* ▶ ***Protection*** – abri, aide, appui, assistance, chapeautage, conservation, couverture, garantie, garde, mandat, parrainage, paternalisme, patronage, protection, recommandation, renfort, rescousse, sauvegarde, secours, sécurisation, soutien, surveillance, tutelle. FIG. parapluie. SOUT. égide. FAM. piston. ▶ ***Obstacle*** – barrage, barricade, barrière, cloison, écran, mur, obstacle, rideau, séparation. ▶ ***Entrave*** – accroc, adversité, anicroche, barrière, blocage, contrariété, contretemps, difficulté, digue, écueil, embarras, empêchement, ennui, entrave, frein, gêne, impasse, impossibilité, inhibition, interdiction, objection, obstruction, ombre au tableau, opposition, pierre d'achoppement, point noir, problème, résistance, restriction, tribulations. SOUT. achoppement, impedimenta, traverse. FAM. hic, lézard, os, pépin. QUÉB. FAM. aria. RARE empêtrement. ▶ ***Avocat*** – avocat de la défense, défenseur. ▶ ***Plaidoyer*** – apologétique *(religion)*, apologie, éloge, justification, plaidoirie, plaidoyer. ▶ ***Excuse*** – amende honorable, décharge, déculpabilisation, disculpation, explication, justification, motif, pardon, raison, regret, ressource. ▶ ***Interdiction*** – condamnation, embargo, empêchement, interdiction, interdit, prohibition, refus, tabou. △ **ANT.** AGRESSION, ATTAQUE, OFFENSIVE; VULNÉRABILITÉ; ABANDON, DÉSERTION, FUITE; ACCUSATION; AUTORISATION, PERMISSION.

défenseur *n.m.* ▶ ***Protecteur*** – ange gardien, bon génie, gardien, pilier, protecteur. *RARE* mainteneur. ▶ ***Redresseur*** – défenseur (de la veuve et de l'orphelin), don Quichotte, justicier, redresseur de torts, tribun, vengeur. ▶ ***Libérateur*** – affranchisseur, bienfaiteur, deus ex machina, émancipateur, libérateur, messie, protecteur, rédempteur, sauveur. *SOUT.* salvateur. ▶ ***Partisan*** – adepte, adhérent, allié, ami, apôtre, champion, disciple, fidèle, inconditionnel, militant, partisan, soutien, sympathisant, tenant. *RARE* mainteneur. *SOUT.* chantre, séide, zélateur. *FAM.* godillot. ▶ ***Représentant*** – apologiste, apôtre, appui, avocat, champion, protecteur, redresseur de torts, représentant, serviteur, soldat, soutien, tenant. *SOUT.* intercesseur. ▶ ***Avocat*** – avocat de la défense, défense. ▶ ***Adversaire*** – accusateur, contradicteur, débatteur, partie adversaire, partie adverse, partie opposante. *SOUT.* improbateur. △ **ANT.** AGRESSEUR, ASSAILLANT, ATTAQUANT; ACCUSATEUR.

déféquer *v.* ▶ ***Filtrer un liquide*** – clarifier, coller *(vin)*, décanter, dépurer, épurer, filtrer, passer, purifier, sasser, soutirer, tirer au clair. ▶ ***Expulser des excréments*** – aller à la selle, faire, faire ses besoins. *ENFANTIN* faire caca. *FAM.* crotter *(animal)*.

déférence *n.f.* ▶ ***Respect*** – admiration, considération, égard, estime, hommage, ménagement, respect, révérence. ▶ ***Humilité*** – bonhomie, humilité, modestie, respect, simplicité, soumission. △ **ANT.** DÉDAIN, IRRESPECT, IRRÉVÉRENCE, MÉPRIS; ARROGANCE, EFFRONTERIE, IMPERTINENCE, INSOLENCE.

déférent *adj.* respectueux. △ **ANT.** CONDESCENDANT.

déferler *v.* ▶ ***Déployer une voile*** – larguer. ▶ ***En parlant des vagues*** – se briser.

défi *n.m.* ▶ ***Pari*** – gageure, mise, pari, risque. ▶ ***Provocation*** – avertissement, bravade, chantage, commination, dissuasion, effarouchement, fulmination, intimidation, menace, mise en garde, provocation, rodomontade, semonce, sommation, ultimatum. △ **ANT.** OBÉISSANCE, RESPECT, SOUMISSION.

défiance *n.f.* désintéressement, doute, incrédulité, méfiance, prudence, scepticisme, soupçon, suspicion, vigilance. *SOUT.* cautèle. *FAM.* paranoïa *(excessive)*. △ **ANT.** CONFIANCE.

défiant *adj.* méfiant, ombrageux, soupçonneux, sur la défensive, sur ses gardes, suspicieux. △ **ANT.** CONFIANT, EN CONFIANCE, RASSURÉ, SÉCURISÉ.

déficience *n.f.* ▶ ***Manque*** – carence, déficit, incomplétude, insuffisance, manque, pénurie, rareté. ▶ ***Défaut physiologique*** – anomalie, défaut. ▶ ***Arriération mentale*** – arriération (mentale), déficience intellectuelle, déficience (mentale), déficit (intellectuel), insuffisance mentale, retard intellectuel, retard (mental). *MÉD.* oligophrénie. ▶ ***Mauvais fonctionnement*** – affection, altération, anomalie, défaillance, dérangement, dysfonction, dysfonctionnement, embarras, faiblesse, gêne, indisposition, insuffisance, mal, malaise, trouble. *DIDACT.* dysphorie. *MÉD.* lipothymie. *SOUT.* mésaise. △ **ANT.** EXCÈS; BON FONCTIONNEMENT, SANTÉ.

déficient *adj.* ▶ ***Trop faible*** – anémique, chétif, chiche, déficitaire, faible, insatisfaisant, insuffisant, maigre, mauvais, médiocre, misérable, pauvre, piètre, rachitique. ▶ ***En parlant d'un raisonnement*** – bancal, boiteux, défaillant, défectueux, incomplet, inexact, lacunaire, vicieux. △ **ANT.** COMPLET, EFFICACE, PUISSANT, SOLIDE.

déficit *n.m.* ▶ ***Manque*** – carence, déficience, incomplétude, insuffisance, manque, pénurie, rareté. ▶ ***Dette*** – arriéré, charge, compte, créance, crédit à découvert, débet, débit, découvert, dette, devoir, doit, dû, emprunt, engagement, impayé, moins-perçu, non-paiement, obligation, passif, solde débiteur. *BELG.* mali, pouf. ▶ ***Déficience mentale*** – arriération (mentale), déficience intellectuelle, déficience (mentale), déficit (intellectuel), insuffisance mentale, retard intellectuel, retard (mental). *MÉD.* oligophrénie. △ **ANT.** EXCÉDENT, EXCÈS; BÉNÉFICE, SURPLUS.

défier *v.* ▶ ***Inviter au combat*** – lancer un défi à, provoquer. ▶ ***Narguer*** – braver, narguer, provoquer, toiser. *SOUT.* fronder. *FAM.* chercher, faire la nique à. *QUÉB. FAM.* barber, faire la barbe à. ♦ **se défier** ▶ ***Se méfier*** (*SOUT.*) – douter de, prendre garde à, se garder de, se méfier de, se mettre en garde contre, tenir pour suspect. △ **ANT.** CÉDER, SE SOUMETTRE À. ♦ **se défier** COMPTER SUR, FAIRE CONFIANCE À, SE FIER À.

défigurer *v.* ▶ ***Enlaidir*** – déparer, enlaidir. *SOUT.* gâter. ▶ ***Fausser*** – altérer, biaiser, déformer, dénaturer, falsifier, fausser, gauchir, trahir, travestir. △ **ANT.** EMBELLIR, ENJOLIVER; RESPECTER, RESTITUER.

défilé *n.m.* ▶ ***Gorge*** – cañon, col, couloir, gorge, goulet, porte, ravin, ravine. *FRANCE RÉGION.* port *(Pyrénées)*, ravinée. ▶ ***Procession*** – cérémonie, colonne, convoi, cortège, file, marche, noce, noria, pardon, pèlerinage, procession, queue, suite, théorie, va-et-vient. ▶ ***Revue militaire*** – parade, prise d'armes, revue. ▶ ***Carnaval*** – bal costumé, carnaval, mascarade. ▶ ***Manifestation*** – cortège, démonstration publique, marche, protestation, rassemblement, réunion. *FAM.* manif.

défilement *n.m.* ▶ ***Déroulement*** – débobinage, déroulage, déroulement, dévidage, dévirage, tavellage, tracanage.

défiler *v.* ▶ ***Défaire fil à fil*** – éfaufiler, effiler, effilocher. *TECHN.* parfiler. ▶ ***Se suivre*** – s'enchaîner, se succéder, se suivre. ♦ **se défiler** ▶ ***Se soustraire*** (*FAM.*) – couper à, échapper à, esquiver, éviter, fuir, passer au travers de, se dérober à, se dispenser de, se soustraire à. *FRANCE FAM.* se débiner. △ **ANT.** ENFILER. ♦ **se défiler** AFFRONTER, FAIRE FACE, S'EXPOSER.

définir *v.* ▶ ***Fixer*** – caractériser, cerner, cibler, délimiter, déterminer, établir, fixer.

définitif *adj.* ▶ ***Irrévocable*** – arrêté, final, irrévocable, sans appel. ▶ ***Décisif*** – concluant, convaincant, décisif, éloquent, péremptoire, probant, tranchant. △ **ANT.** PROVISOIRE, TEMPORAIRE, TRANSITOIRE.

définition *n.f.* ▶ ***Sens d'un mot*** – acception, sémantisme, sens, signification, signifié, valeur. ▶ ***En linguistique*** – définissant, énoncé définitoire, périphrase définitionnelle. ▶ ***Explication*** – analyse, clarification, commentaire, critique, désambiguïsation, éclaircissement, élucidation, exemplification, explication, explicitation, exposé, exposition, glose, illustration, indication, interprétation, légende, lumière, note, paraphrase, précision, remarque, renseignement. ▶ ***Prémisse*** – apodicticité, axiome, convention, donnée, évidence, fondement, hypothèse, lemme, postulat, postulatum, prémisse, principe, proposition, théorème, théorie, vérité. ▶ ***Individualisation*** – caractérisation, choix, détermination, différenciation, distinction, élection, individualisation, individuation, marque, particularisation, personnalisation, polarisation, singularisation, spécification, tri. ▶ ***Résolution*** – décomposition, réduction, résolution, séparation. ▶ ***Nombre de lignes*** – linéature.

définitivement *adv.* à jamais, décisivement, durablement, irrémédiablement, irrémissiblement, irréparablement, irréversiblement, irrévocablement, pour de bon, pour toujours, sans appel, sans retour possible, une fois pour toutes. *SOUT.* tout de bon. △ **ANT.** MOMENTANÉMENT, POUR UN MOMENT, POUR UN TEMPS, PROVISOIREMENT, TEMPORAIREMENT, TRANSITOIREMENT.

défoncer *v.* ▶ ***Faire céder qqch.*** – enfoncer, forcer, fracturer. ▶ ***Remuer la terre*** – ameublir, bêcher, biner, écroûter, effondrer, égratigner, émotter, fouiller, gratter, herser, labourer, piocher, remuer, retourner, scarifier, serfouir. ▶ ***Excaver*** – creuser, excaver, forer. ▶ ***Époustoufler*** (*FAM.*) – abasourdir, ahurir, couper bras et jambes à, couper le souffle à, ébahir, époustoufler, étonner, méduser, renverser, saisir, souffler, stupéfaire, stupéfier, suffoquer. *FAM.* décoiffer, déménager, éberluer, ébouriffer, épater, estomaquer, estourbir, scier, sidérer. ♦ **se défoncer** ▶ ***Se donner du mal*** – faire des pieds et des mains, peiner, remuer ciel et terre, s'échiner, s'évertuer, se démener, se dépenser, se donner beaucoup de peine, se donner du mal, se fatiguer, se mettre en quatre, se remuer, se tuer. *FAM.* ramer, se décarcasser, se démancher, se donner un mal de chien, se donner un mal de fou, se fouler la rate. ▶ ***S'amuser*** (*FAM.*) – prendre du bon temps, s'amuser, s'égayer, se distraire, se divertir, se récréer, se réjouir. *FAM.* rigoler, s'éclater, se marrer.

déforestation *n.f.* abattage, coupe, déboisage, déboisement, défrichage, défrichement, dépeuplement. *RARE* abatture. △ **ANT.** BOISEMENT, REBOISEMENT, REFORESTATION.

déformation *n.f.* ▶ ***Distorsion*** – anamorphose, aplatissement, courbure, déviation, distorsion, gauchissement, gondolage, gondolement, inclinaison, ovalisation, plissement, voilage, voile, voilement, voilure. *TECHN.* fluage. ▶ ***Altération*** – altération, barbouillage, bricolage, contrefaçon, déguisement, dénaturation, entorse, falsification, fardage, faux, fraude, frelatage, gauchissement, maquillage, modification, truquage. *DR.* contrefaction. ▶ ***Difformité*** – anomalie, défaut, déficience, difformité, disgrâce, dysmorphie, dysmorphose, handicap, infirmité, malformation, malposition, monstruosité, vice. △ **ANT.** CORRECTION, RECTIFICATION, REDRESSEMENT; CONFORMITÉ.

déformer *v.* ▶ ***Tordre*** – bistourner, contourner, courber, déjeter, dévier, distordre, gauchir, tordre, voiler. *RARE* tortuer. *TECHN.* s'envoiler. ▶ ***Rendre flasque*** – amollir, avachir, ramollir. ▶ ***Altérer les traits du visage*** – contracter, convulser, crisper, décomposer. ▶ ***Fausser*** – altérer, biaiser, défigurer, dénaturer, falsifier, fausser, gauchir, trahir, travestir. ▶ ***Caricaturer*** – caricaturer, charger, exagérer, grossir, pousser jusqu'à la caricature, simplifier. ♦ **se déformer** ▶ ***Gauchir*** – gauchir, gondoler, (se) courber, se distordre, se voiler, travailler. △ **ANT.** CORRIGER, REDRESSER, REFORMER.

défunt *n.* disparu, mort. *SOUT.* trépassé.

dégagement *n.m.* ▶ ***Décoincement*** – déblocage, décoinçage, décoincement, extraction, retrait, tirage. ▶ ***Nettoyage*** – astiquage, bichonnage, débarbouillage, déblaiement, décrassage, décrassement, décrottage, dépoussiérage, détachage, essuyage, fourbissage, fourbissement, lavage, lessivage, lessive, ménage, nettoyage, rangement, ravalement, savonnage, vidange. *FAM.* briquage. *BELG.* appropriation. *RARE* essangeage. ▶ ***Libération d'une personne*** – acquittement, affranchissement, décolonisation, délivrance, désaliénation, élargissement, émancipation, évacuation, libération, manumission, rachat, rédemption, salut. *FAM.* débarras, quille. *SOUT.* déprise. △ **ANT.** BLOCAGE, COINCEMENT, INSERTION; ABSORPTION; CONTRAINTE, DÉPENDANCE, ENGAGEMENT, OBLIGATION.

dégager *v.* ▶ ***Décoincer*** – débloquer, décoincer, dégripper, libérer. ▶ ***Déboucher*** – déboucher, décongestionner, dégorger, désengorger, désobstruer. *QUÉB. FAM.* débloquer. ▶ ***Déblayer*** – débarrasser, déblayer, désencombrer, nettoyer. ▶ ***Extraire*** – extraire, ôter, retirer, sortir, tirer. ▶ ***Délivrer de ce qui nuit*** – défaire, délivrer, dépêtrer, libérer. ▶ ***Délivrer d'une obligation*** – affranchir, décharger, délier, délivrer, désengager, dispenser, excuser, exempter, exonérer, soustraire. ▶ ***Laisser échapper*** – exhaler, répandre. ▸ *Une odeur* – sentir. ▶ ***Émettre*** – diffuser, émettre, produire, répandre. *SC.* dissiper. ▶ ***Exprimer un sentiment*** – exprimer, manifester, respirer, transpirer. *SOUT.* transsuder. ▶ ***Mettre en évidence*** – abstraire, extraire, isoler, mettre en évidence. ♦ **se dégager** ▶ ***Se sortir*** – s'extirper, s'extraire, se sortir, se tirer. ▶ ***S'échapper*** – émaner, s'échapper, s'exhaler, sortir. ▶ ***Apparaître peu à peu*** – apparaître, émerger, se dévoiler, se faire jour, se manifester, se profiler, se révéler, transparaître. *SOUT.* affleurer. △ **ANT.** COINCER, ENGAGER; BOUCHER, ENCOMBRER, OBSTRUER; ABSORBER; CHARGER.

dégât *n.m.* avarie, bris, casse, débâcle, dégradation, déprédation, désolation, destruction, détérioration, dévastation, dommage, endommagement, méfait, mouille, perte, ravage, ruine, sabotage, vilain. *FAM.* bousillage, charcutage, grabuge. △ **ANT.** RÉPARATION, RESTAURATION, RÉTABLISSEMENT.

dégel *n.m.* ▶ ***Fonte*** – débâcle, fonte, fonte des glaces, fonte des neiges. ▶ ***Reprise de l'activité*** – progrès, recrudescence, redémarrage, regain, régénération, régénérescence, réincarnation, relance, renouveau, renouvellement, reprise, résurrection, retour, réveil, revival, reviviscence, second souffle. *SOUT.* refleurissement, revif. *FIG.* printemps, résurgence. BOT. anabiose. ▶ ***Fait de ne plus bloquer*** – déblocage. ▶ ***Pacification*** – dédramatisation, désamorçage, désescalade, minimisation, modération, pacification. △ **ANT.** GEL; EMBÂCLE; INTERRUPTION, SUSPENSION.

dégénérer *v.* ▶ ***Empirer*** – aller de mal en pis, décliner, empirer, s'aggraver, s'envenimer, se dégrader, se détériorer, se gâter, tourner au vinaigre. ▶ ***Perdre ses qualités*** – s'abâtardir, s'avilir, se corrompre, se dégrader, se pervertir. △ **ANT.** S'AMÉLIORER, SE RÉGÉNÉRER.

dégénérescence *n.f.* ▶ ***Décrépitude*** – abaissement, abâtardissement, abjection, abrutissement, affadissement, affaiblissement, agonie, altération, amollissement, appauvrissement, atrophie, avachissement, avilissement, baisse, corruption, décadence, déchéance, déclin, décrépitude, dégradation, délabrement, déliquescence, dénaturation, dépérissement, détérioration, édulcoration, empirement, étiolement, flétrissure, perte, perversion, pourrissement, pourriture, rouille, ruine, sape, usure. SOUT. aveulissement, crépuscule, pervertissement. FAM. déglingue, dégringolade. ▶ ***Sénescence*** – décadence, décrépitude, gérontisme, (grand) âge, longévité, quatrième âge, sénescence, sénilisme, sénilité, troisième âge, vieillesse, vieillissement. SOUT. caducité, outrages du temps. FRANCE FAM. vieillerie, vioquerie. QUÉB. âge d'or. ▶ ***Imbécillité*** – crétinisme, débilité, gâtisme, idiotie, imbécillité, tare. △ **ANT.** AMÉLIORATION, ÉPANOUISSEMENT, ESSOR, PROGRÈS, RENFORCEMENT.

dégonfler *v.* ▶ ***Cesser d'être gonflé*** – désenfler. ▶ ***Dédramatiser*** – atténuer, dédramatiser, minimiser, modérer. ♦ **se dégonfler** ▶ ***Perdre son air*** – ▶ ***Perdre courage*** (FAM.) – battre en retraite, céder, faiblir, faire marche arrière, fléchir, lâcher pied, mollir, plier, reculer. FAM. caler, caner, flancher, se déballonner. ♦ **dégonflé** ▶ ***Peureux*** (FAM.) – couard, craintif, faible, frileux, lâche, mou, peureux, pleutre, poltron, pusillanime, qui se dérobe, timide, timoré, veule. FAM. froussard, péteux, pétochard, poule mouillée, trouillard. △ **ANT.** ENFLER, GONFLER, REGONFLER. ♦ **se dégonfler** S'ENHARDIR.

dégoût *n.m.* ▶ ***Nausée*** – mal de cœur, nausée, réplétion, satiété, saturation. ▶ ***Répugnance*** – abomination, allergie, aversion, écœurement, haine, haut-le-cœur, horreur, indigestion, nausée, phobie, répugnance, répulsion, révulsion. SOUT. détestation, exécration. FAM. dégoûtation. ▶ ***Mépris*** – arrogance, condescendance, dédain, dérision, hauteur, mépris, morgue, snobisme. SOUT. déconsidération, mésestimation, mésestime. ▶ ***Ennui*** – assommement, bâillement, déplaisir, ennui, insatisfaction, langueur, lassitude, vide. SOUT. blasement. ▶ ***Désenchantement*** – abattement, accablement, affliction, amertume, anéantissement, chagrin, consternation, déboires, déception, déconvenue, découragement, dégrisement, démoralisation, dépit, désappointement, désenchantement, désespoir, désillusion, désolation, échec, écœurement, ennui, infortune, insuccès, lassitude, mécompte, peine, regret, revers, tristesse. SOUT. atterrement, déréliction, désabusement, désespérance, retombement. FAM. défrisage, défrisement, douche (froide), ras-le-bol. △ **ANT.** APPÉTIT, ATTRAIT, ENVIE, GOÛT; ESTIME, RESPECT, SYMPATHIE; PLAISIR, SATISFACTION.

dégoûtant *adj.* ▶ ***Malpropre*** – crasseux, crotté, d'une propreté douteuse, encrassé, ignoble, immonde, infâme, infect, maculé, malpropre, sale, sordide, souillé. FAM. crapoteux, dégueu, dégueulasse, pouilleux. FRANCE FAM. cracra, crade, cradingue, crado. ▶ ***Odieux*** – abject, bas, coupable, crapuleux, honteux, ignoble, immonde, inavouable, indigne, infâme, infect, innommable, inqualifiable, lâche, méprisable, odieux, repoussant, répugnant, sans nom, scandaleux, sordide, vil. SOUT. fangeux, ignominieux, nauséeux, triste, turpide. FAM. dégueu, dégueulasse, écœurant, salaud. ▶ ***Obscène*** – cru, graveleux, obscène, scabreux. △ **ANT.** IMMACULÉ, IMPECCABLE, NET, PROPRE, SOIGNÉ; DIGNE, HONORABLE, NOBLE; ALLÉCHANT, APPÉTISSANT, ATTIRANT, ATTRAYANT, DÉSIRABLE, ENGAGEANT, INVITANT, IRRÉSISTIBLE, RAGOÛTANT, SÉDUISANT, TENTANT; CHASTE, DÉCENT, INNOCENT, PUDIQUE, PUR.

dégoûter *v.* ▶ ***Donner la nausée*** – donner la nausée à, donner mal au cœur à, écœurer, lever le cœur à, répugner à, soulever le cœur à. FAM. débecter, tourner sur le cœur à. ▶ ***Répugner moralement*** – faire horreur à, répugner, révolter, révulser. ▶ ***Blaser*** – blaser, désabuser, écœurer, fatiguer, lasser, saturer. ♦ **dégoûté** ▶ ***Blasé*** – blasé, désabusé, écœuré, fatigué, las, lassé, qui en a assez, saturé. FAM. qui en a ras-le-bol. QUÉB. FAM. tanné. △ **ANT.** ATTIRER, CHARMER, PLAIRE, TENTER. ♦ **se dégoûter** SUPPORTER, TOLÉRER.

dégradant *adj.* ▶ ***Qui abaisse moralement*** – abaissant, abrutissant, avilissant, déshonorant. ▶ ***Qui humilie*** – abaissant, déshonorant, honteux, humiliant, infamant, rabaissant. △ **ANT.** ÉDIFIANT, ENRICHISSANT, EXEMPLAIRE, MORAL, VERTUEUX; DIGNE, HONORABLE, NOBLE.

dégradation *n.f.* ▶ ***Destitution*** – cassation. ▶ ***Dégât*** – avarie, bris, casse, débâcle, déprédation, désolation, destruction, détérioration, dévastation, dommage, endommagement, méfait, mouille, perte, ravage, ruine, sabotage, vilain. FAM. bousillage, charcutage, grabuge. ▶ ***Usure*** – abrasion, cisaillement, corrosion, diminution, éraillement, érosion, frai *(monnaie)*, patine, rongeage *(impression textile)*, rongement, usure. TECHN. étincelage. ▶ ***Dégénérescence*** – abaissement, abâtardissement, abjection, abrutissement, affadissement, affaiblissement, agonie, altération, amollissement, appauvrissement, atrophie, avachissement, avilissement, baisse, corruption, décadence, déchéance, déclin, décrépitude, dégénérescence, délabrement, déliquescence, dénaturation, dépérissement, détérioration, édulcoration, empirement, étiolement, flétrissure, perte, perversion, pourrissement, pourriture, rouille, ruine, sape, usure. SOUT. aveulissement, crépuscule, pervertissement. FAM. déglingue, dégringolade. ▶ ***Profanation*** – atteinte, avilissement, blasphème, hooliganisme, iconoclasme, irrespect, irrévérence, lèse-majesté, outrage, pollution, profanation, sac, saccage, sacrilège, subversion, vandalisme, viol, violation. ▶ ***Honte*** – abaissement, abjection, accroupissement, culpabilisation, démérite, déshonneur, discrédit, flétrissure, gifle, honte, humiliation, ignominie, indignité, infamie, infériorisation, mépris, noircissure, opprobre, ridicule, scandale, ternissure. SOUT. turpitude, vilenie. △ **ANT.** PROMOTION, RÉHABILITATION; RÉFECTION, RÉPARATION, RESTAURATION; AMÉLIORATION.

dégrader *v.* ▶ ***Faire perdre ses qualités*** – abâtardir, avilir, corrompre, pourrir, souiller. *SOUT.* gangrener, vicier. ▶ ***Rendre indigne de respect*** – abaisser, avilir, dépraver, déshonorer, galvauder, prostituer, rabaisser, ravaler, souiller. ▶ ***Endommager*** abîmer, briser, casser, délabrer, détériorer, endommager, mutiler. *FAM.* amocher, bigorner, bousiller, déglinguer, esquinter, flinguer, fusiller, massacrer. *QUÉB. FAM.* maganer. *RARE* accidenter. ▶ ***Creuser par le fond*** – affouiller, creuser, éroder, miner, ronger, saper. ♦ **se dégrader** ▶ ***Devenir pire*** – aller de mal en pis, décliner, dégénérer, empirer, s'aggraver, s'envenimer, se détériorer, se gâter, tourner au vinaigre. ▶ ***Péricliter*** – agoniser, aller à la ruine, décliner, dépérir, menacer ruine, péricliter, se délabrer, se détériorer. *SOUT.* déchoir, pâtir, tomber en décadence. ▶ ***Perdre ses qualités*** – dégénérer, s'abâtardir, s'avilir, se corrompre, se pervertir. ▶ ***Perdre sa dignité*** – s'abaisser, s'avilir, se ravaler, tomber (bien) bas. *SOUT.* déchoir. △ **ANT.** AMÉLIORER; RÉHABILITER; RÉPARER. ♦ **se dégrader** S'AMÉLIORER, S'ÉPANOUIR, SE BONIFIER.

degré *n.m.* ▶ ***Marche*** (*SOUT.*) – marche, marchepied. *BELG.* escalier. ▶ ***Niveau*** – échelon, niveau, position, rang. ▶ ***Nuance*** – coloration, coloris, couleur, demi-teinte, nuance, teinte, ton, tonalité. *SOUT.* chromatisme.

dégringoler *v.* ▶ ***Descendre rapidement*** – débouler, dévaler. ▶ ***Baisser, en parlant d'un prix*** – baisser, chuter, diminuer, s'effondrer, tomber. △ **ANT.** GRIMPER, MONTER, REMONTER, S'ÉLEVER.

déguisement *n.m.* ▶ ***Vêtement*** – costume, panoplie, travestissement. ▶ ***Accoutrement*** – accoutrement, affublement, attirail, défroque, fagotage, mascarade. *FAM.* affiquets, affûtiaux, attifage, attifement. ▶ ***Dissimulation*** – affectation, artifice, cachotterie, comédie, dissimulation, duplicité, faux-semblant, feinte, fiction, finauderie, grimace, hypocrisie, invention, leurre, mensonge, momerie, pantalonnade, parade, ruse, simulation, singerie, sournoiserie, tromperie. *SOUT.* simulacre. *FAM.* cinéma, cirque, finasserie, frime. ▶ ***Camouflage*** – camouflage, dissimulation, fard, maquillage, mascarade, masquage, masque, mimétisme, occultation. ▶ ***Altération*** – altération, barbouillage, bricolage, contrefaçon, déformation, dénaturation, entorse, falsification, fardage, faux, fraude, frelatage, gauchissement, maquillage, modification, truquage. *DR.* contrefaction. △ **ANT.** DÉPOUILLEMENT, NUDITÉ; NATUREL, SIMPLICITÉ; AUTHENTICITÉ, FRANCHISE, VÉRITÉ.

déguiser *v.* ▶ ***Vêtir d'un déguisement*** – costumer, travestir. ▶ ***Modifier dans le but de tromper*** – altérer, contrefaire, falsifier, habiller, maquiller, trafiquer, travestir, truquer. *FAM.* bidonner, bidouiller, tripatouiller. ▶ ***Cacher dans le but de tromper*** – cacher, camoufler, couvrir, dissimuler, envelopper, escamoter, étouffer, farder, maquiller, masquer, occulter. *SOUT.* pallier. *QUÉB. FAM.* abrier. △ **ANT.** AFFICHER, DÉVOILER, EXPOSER, MONTRER; AVOUER, CONFESSER, DIRE, RÉVÉLER.

déguster *v.* ▶ ***Apprécier le goût*** – goûter, savourer, siroter *(boisson)*. ▶ ***Se réjouir*** – faire ses délices de, goûter, jouir de, profiter de, s'enchanter de, savourer, se délecter de, se régaler de, se réjouir de, se repaître de, tirer plaisir de. *FAM.* se gargariser de. ▶ ***Recevoir*** (*FAM.*) – recevoir. *FAM.* avaler, écoper de, empocher, encaisser, morfler.

dehors *adv.* ▶ ***À l'extérieur*** – apparemment, au-dehors, d'après les apparences, en apparence, en dehors, en surface, extérieurement, extrinsèquement, par-dehors, superficiellement. ▶ ***Loin*** – à cent lieues (à la ronde), à distance, à l'écart, à perte de vue, ailleurs, au loin, au lointain, bien après, bien avant, hors d'atteinte, hors de portée, loin, lointainement. *FAM.* à l'autre bout du monde, au bout du monde, au diable. △ **ANT.** DEDANS.

déjà *adv.* à l'avance, antérieurement, au préalable, auparavant, avant, ci-devant, d'abord, d'avance, préalablement, précédemment, préliminairement. △ **ANT.** PAS ENCORE.

déjanter *v.* ▶ ***Divaguer*** (*FAM.*) – déraisonner, dire n'importe quoi, divaguer, élucubrer, extravaguer, radoter, s'égarer. *FAM.* battre la breloque, battre la campagne, débloquer, déconner, délirer, déménager, dérailler, rouler sur la jante.

déjeuner *n.m.* ▶ ***Repas du matin*** – repas du matin. *FRANCE* petit déjeuner. *FRANCE FAM.* petit-déj'. ▶ ***Repas du midi*** (*FRANCE*) – dîner, repas du midi, repas de midi. *QUÉB.* lunch.

déjouer *v.* ▶ ***Faire échouer*** – briser, faire échec à, faire obstacle à, torpiller. *SOUT.* déconcerter. ▶ ***Tromper*** – endormir, tromper. △ **ANT.** AIDER, SECONDER; DÉTROMPER.

délabrement *n.m.* ▶ ***Décrépitude*** – abandon, âge, anachronisme, ancienneté, antiquité, archaïsme, caducité, décrépitude, désaffectation, désuétude, obsolescence, survivance, usure, vieillesse, vieillissement. *SOUT.* vétusté. ▶ ***Dégradation*** – abaissement, abâtardissement, abjection, abrutissement, affadissement, affaiblissement, agonie, altération, amollissement, appauvrissement, atrophie, avachissement, avilissement, baisse, corruption, décadence, déchéance, déclin, décrépitude, dégénérescence, dégradation, déliquescence, dénaturation, dépérissement, détérioration, édulcoration, empirement, étiolement, flétrissure, perte, perversion, pourrissement, pourriture, rouille, ruine, sape, usure. *SOUT.* aveulissement, crépuscule, pervertissement. *FAM.* déglingue, dégringolade. △ **ANT.** JEUNESSE, VIGUEUR; PROSPÉRITÉ, SOLIDITÉ; RÉFECTION, RÉPARATION, RESTAURATION.

délai *n.m.* ▶ ***Sursis*** – ajournement, prorogation, recul (de date), rééchelonnement *(dette)*, remise (à plus tard), renvoi, répit, report, sursis.

délaisser *v.* ▶ ***Abandonner qqn*** – abandonner, déserter, laisser, laisser en plan, laisser tomber, quitter. *FAM.* jeter, lâcher, laisser choir, larguer, lourder, planter là, plaquer. ▶ ***Abandonner qqch.*** – abandonner, enterrer, faire une croix sur, jeter aux oubliettes, laisser, laisser en jachère, laisser tomber, mettre au placard, mettre au rancart, mettre aux oubliettes, quitter, renoncer à, tirer une croix sur. *SOUT.* dépouiller, renoncer. *FAM.* lâcher, planter là, plaquer. ▶ ***Se désintéresser de qqch.*** – négliger, perdre le goût de, s'éloigner de, se désintéresser de, se détacher de. ♦ **délaissé** ▶ ***Laissé seul*** – abandonné, esseulé, négligé. △ **ANT.** AIDER, ENTOURER, SECOURIR; CONSERVER, GARDER.

délasser *v.* ▶ ***Chasser la fatigue*** – défatiguer, détendre, relaxer, reposer. ▶ ***Chasser la monotonie*** – changer les idées, désennuyer, distraire, occuper. ♦ **se délasser** ▶ ***Se détendre*** – faire une pause, récupérer, reprendre haleine, respirer, se détendre, se refaire, se relaxer, se reposer, souffler. *FAM.* décompresser. △ **ANT.** FATIGUER, LASSER.

délectation *n.f.* bien-être, bon temps, bonheur, contentement, délice, douceur, euphorie, félicité, jouissance, orgasme, plaisir, régal, satisfaction, septième ciel, volupté. *SOUT.* aise, félicité, miel, nectar. △ **ANT.** DÉGOÛT.

délecter *v.* ▶ ***Réjouir*** (*SOUT.*) – charmer, combler, enchanter, enthousiasmer, exaucer, faire la joie de, faire le bonheur de, faire plaisir à, mettre en joie, plaire à, ravir, réjouir. *SOUT.* assouvir. *FAM.* emballer. ♦ **se délecter** ▶ ***Se réjouir*** – déguster, faire ses délices de, goûter, jouir de, profiter de, s'enchanter de, savourer, se régaler de, se réjouir de, se repaître de, tirer plaisir de. *FAM.* se gargariser de. ▶ ***Se plaire*** – adorer, affectionner, aimer, apprécier, avoir un faible pour, avoir un penchant pour, être fou de, être friand de, être porté sur, faire ses délices de, prendre plaisir à, priser, raffoler de, s'intéresser à, se complaire, se passionner pour, se plaire. *SOUT.* chérir, goûter. △ **ANT.** DÉGOÛTER. ♦ **se délecter** DÉTESTER.

délégation *n.f.* ▶ ***Députation*** – ambassade, députation. ▶ ***Procuration*** – bureau, charge, comité, commission, courtage, légation, mandat, mandatement, mission, pouvoir, procuration, représentation.

délégué *n.* agent, ambassadeur, attaché, chargé d'affaires, chargé de mission, commissaire, correspondant, délégataire, député, diplomate, émissaire, envoyé, fondé de pouvoir, légat, mandataire, messager, ministre, négociateur, parlementaire, plénipotentiaire, représentant. *FRANCE ANC.* agréé. △ **ANT.** COMMETTANT, ÉLECTEUR, MANDANT.

déléguer *v.* ▶ ***Mandater*** – dépêcher, députer, détacher, envoyer, mandater. ▶ ***Confier une tâche*** – confier, se décharger de.

délibération *n.f.* ▶ ***Action*** – délibéré, examen. ▶ ***Résultat*** – arrêt, arrêté, décision, jugement, ordonnance, règlement, résolution, résultat, sentence, verdict.

délibéré *adj.* ▶ ***Volontaire*** – conscient, intentionnel, volontaire, voulu. ▶ ***Ferme*** – assuré, décidé, déterminé, énergique, ferme, hardi, résolu, volontaire. △ **ANT.** CONSCIENT, CONTRAINT, FORCÉ, INDÉLIBÉRÉ, INVOLONTAIRE, MACHINAL.

délibérément *adv.* à dessein, consciemment, de plein gré, de propos délibéré, de sang-froid, en connaissance de cause, en pleine connaissance de cause, en toute connaissance de cause, exprès, expressément, intentionnellement, sciemment, volontairement. △ **ANT.** IMPULSIVEMENT, INCONSCIEMMENT, INVOLONTAIREMENT, MACHINALEMENT, MÉCANIQUEMENT, SANS RÉFLÉCHIR.

délibérer *v.* ▶ ***Se consulter*** – se consulter, tenir conseil. ▶ ***Réfléchir*** (*SOUT.*) – méditer, penser, raisonner, réfléchir, se concentrer, songer, spéculer. *FAM.* cogiter, faire travailler sa matière grise, gamberger, phosphorer, ruminer, se casser la tête, se creuser la tête, se creuser les méninges, se presser le citron, se pressurer le cerveau, se servir de sa tête. ▶ ***Parler de qqch.*** – agiter, débattre, discuter (de), parler de. *SOUT.* démêler, disputer de.

délicat *adj.* ▶ ***Raffiné*** – exquis, fin, raffiné, recherché, subtil. ▶ ***Poli*** – affable, bien élevé, bienséant, civil, courtois, galant, poli, qui a de belles manières. *SOUT.* urbain. *FAM.* civilisé. ▶ ***Discret*** – circonspect, discret, retenu. ▶ ***Obligeant*** – aimable, attentif, attentionné, aux petits soins, complaisant, dévoué, diligent, empressé, gentil, obligeant, prévenant, secourable, serviable, zélé. *FAM.* chic, chou. *BELG. FAM.* amitieux. ▶ ***Difficile*** – ardu, complexe, compliqué, corsé, difficile, épineux, laborieux, malaisé, problématique. *SOUT.* scabreux. *FAM.* calé, coton, dur, musclé, trapu. ▶ ***Savant*** – complexe, difficile, recherché, savant, subtil. ▶ ***Difficile à contenter*** – capricieux, difficile, exigeant. ▶ ***Sensible au moindre inconfort*** – douillet, sensible. ▶ ***À la santé fragile*** – anémique, chétif, débile, en mauvaise santé, faible, fragile, frêle, mal portant, maladif, malingre, rachitique, souffreteux. *SOUT.* valétudinaire. *FAM.* crevard, faiblard. ▶ ***Gracile*** – délié, élancé, filiforme, fin, fluet, frêle, gracile, grêle, léger, long, longiligne, maigre, mince, svelte. △ **ANT.** GROSSIER, IMPERTINENT, IMPOLI, INDÉLICAT, MAL ÉLEVÉ, RUSTRE; ACCAPARANT, ENVAHISSANT, FATIGANT, IMPORTUN, INDISCRET, SANS GÊNE; AISÉ, ÉLÉMENTAIRE, ENFANTIN, FACILE, SIMPLE; ÉBAUCHÉ, RUDIMENTAIRE, SOMMAIRE; CORIACE, DUR, ENDURCI, RÉSISTANT; BIEN PORTANT, EN BONNE SANTÉ, EN SANTÉ, SAIN, VALIDE; ATHLÉTIQUE, BIEN BÂTI, COSTAUD, GAILLARD, MUSCLÉ, ROBUSTE, SOLIDE.

délicatement *adv.* ▶ ***Gentiment*** – adorablement, affablement, agréablement, aimablement, amiablement, amicalement, bienveillamment, chaleureusement, civilement, complaisamment, cordialement, courtoisement, délicieusement, diplomatiquement, galamment, gentiment, gracieusement, obligeamment, plaisamment, poliment, sagement, serviablement, sympathiquement. *FAM.* chiquement, chouettement. ▶ ***Doucement*** – discrètement, doucement, en douceur, faiblement, légèrement, lentement, mesurément, modérément, mollement, posément, timidement. *FAM.* doucettement, mollo, mou, piane-piane, pianissimo, piano. ▶ ***Fragilement*** – faiblement, finement, fragilement, précairement, sensiblement, subtilement. △ **ANT.** BRUTALEMENT, CRÛMENT, DUREMENT, RAIDE, RUDEMENT, SANS MÉNAGEMENT, VERTEMENT, VIOLEMMENT.

délicatesse *n.f.* ▶ ***Faiblesse*** – abattement, anémie, débilité, faiblesse, fragilité, impotence, impuissance, langueur. *SOUT.* chétivité. *MÉD.* aboulie, adynamie, asthénie, atonie, cataplexie, hypotonie, myatonie, psychasthénie. ▶ ***Fragilité*** – faiblesse, fragilité, friabilité, instabilité, labilité, tendreté, vulnérabilité. ▶ ***Finesse*** – étroitesse, finesse, fragilité, gracilité, légèreté, minceur, petitesse, sveltesse. *SOUT.* ténuité. ▶ ***Beauté*** – agrément, art, attrait, beau, beauté, charme, chic, classe, coquetterie, distinction, éclat, élégance, esthétique, féerie, fraîcheur, grâce, gracieux, harmonie, magnificence, majesté, perfection, photogénie, pureté, séduction, splendeur, symétrie. *SOUT.*

blandice, joliesse, morbidesse, sublimité, symphonie, vénusté. ▶ ***Douceur*** – douceur, finesse, fraîcheur, légèreté, modération, moelleux, mollesse, onctuosité, quiétude, suavité, tranquillité, velouté. FIG. soie. ▶ ***Décence*** – bienséance, bon ton, chasteté, convenance, correction, décence, dignité, discrétion, éducation, fierté, gravité, honnêteté, honneur, modestie, politesse, propreté, pudeur, quant-à-soi, réserve, respect, retenue, sagesse, sobriété, tact, tenue, vertu. SOUT. pudicité. ▶ ***Politesse*** – affabilité, amabilité, aménité, attention, bienséance, bonnes manières, civilité, civisme, convivialité, correction, courtoisie, éducation, entregent, galanterie, gentillesse, hospitalité, mondanités, obligeance, politesse, prévenance, savoir-vivre, serviabilité, sociabilité, tact, urbanité. SOUT. gracieuseté, liant. ▶ ***Complexité*** – aporie, complexité, complication, confusion, difficulté, imbroglio, insolubilité, intrication, obscurité, peine, subtilité. △ **ANT.** ROBUSTESSE, SOLIDITÉ; GROSSIÈRETÉ, LOURDEUR, MALADRESSE; LAIDEUR; BRUTALITÉ, INDÉLICATESSE; INDÉCENCE, VULGARITÉ; FACILITÉ, SIMPLICITÉ.

délice *n.m.sing.* bien-être, bon temps, bonheur, contentement, délectation, douceur, euphorie, félicité, jouissance, orgasme, plaisir, régal, satisfaction, septième ciel, volupté. SOUT. aise, félicité, miel, nectar. △ **ANT.** DÉGOÛT, ÉCŒUREMENT, ENNUI, HORREUR, SUPPLICE.

délicieusement *adv.* ▶ ***Exquisément*** – agréablement, bienheureusement, bon, exquisément, savoureusement, suavement, succulemment, voluptueusement. ▶ ***Gentiment*** – adorablement, affablement, agréablement, aimablement, amiablement, amicalement, bienveillamment, chaleureusement, civilement, complaisamment, cordialement, courtoisement, délicatement, diplomatiquement, galamment, gentiment, gracieusement, obligeamment, plaisamment, poliment, sagement, serviablement, sympathiquement. FAM. chiquement, chouettement. △ **ANT.** ABOMINABLEMENT, AFFREUSEMENT, ATROCEMENT, DÉTESTABLEMENT, HORRIBLEMENT.

délicieux *adj.* ▶ ***Succulent*** – délectable, excellent, exquis, gastronomique, savoureux, succulent, très bon. SOUT. ambrosiaque, ambrosien. FRANCE RÉGION. goûteux. ▶ ***Joli*** – à croquer, adorable, avenant, beau, bien, charmant, coquet, gentil, gentillet, gracieux, joli, mignon, mignonnet, plaisant, ravissant. FAM. chou. FRANCE FAM. croquignolet, mignard, mimi, trognon. ▶ ***Exquis*** – agréable, beau, charmant, divin, exquis, suave, sublime. FRANCE FAM. gouleyant. △ **ANT.** AMER, DÉGOÛTANT, ÉCŒURANT, MAUVAIS; FADE, INSIPIDE, SANS GOÛT; DISGRACIEUX, REPOUSSANT, RÉPUGNANT, VILAIN; DÉPLAISANT, DÉSAGRÉABLE, DÉTESTABLE, EXÉCRABLE, HAÏSSABLE.

délier *v.* ▶ ***Détacher*** – défaire, délacer, dénouer, détacher. ▶ ***Libérer d'une obligation*** – affranchir, décharger, dégager, délivrer, désengager, dispenser, excuser, exempter, exonérer, soustraire. ♦ **se délier** ▶ ***Se libérer d'une obligation*** – se désengager, se libérer. ♦ **délié** ▶ ***Fin et allongé*** – élancé, étroit, filiforme, fin, grêle, mince, ténu. ▶ ***Qui a peu ou pas de graisse*** – délicat, élancé, filiforme, fin, fluet, frêle, gracile, grêle, léger, long, longiligne, maigre, mince, svelte. △ **ANT.** ATTACHER, LIER.

délimitation *n.f.* ▶ ***Bornage*** – abornement, bornage, cadre, ceinture, démarcation, encadrement, jalonnage, jalonnement, limite, séparation, tracé. ▶ ***Frontière*** – borne, confins, démarcation, frontière, limite (territoriale), mur, séparation, zone douanière, zone limitrophe. FAM. lignes *(pays)*. ANC. limes *(Empire romain)*, marche. ▶ ***Extrémité*** – aboutissement, bord, bordure, borne, bout, cap, confins, extrême, extrémité, fin, finitude, frange, frontière, ligne, limite, lisière, orée, pied, pointe, pôle, queue, talon, terme, terminaison, tête. △ **ANT.** EXTENSION, OUVERTURE.

délimiter *v.* ▶ ***Marquer de limites*** – baliser, borner, bornoyer, jalonner, limiter, marquer, piqueter, repérer. ▶ ***Contenir dans des limites*** – circonscrire, localiser, restreindre. ▶ ***Préciser*** – caractériser, cerner, cibler, définir, déterminer, établir, fixer. △ **ANT.** DÉBORDER, ÉLARGIR, OUVRIR.

délinquant *n.* ▶ ***Vaurien*** – aventurier, beau merle, dévoyé, gibier de potence, homme de sac et de corde, julot, malfaisant, mauvais sujet, sale individu, scélérat, triste individu, triste personnage, triste sire, vaurien, vilain merle, voyou. FAM. arsouille, blouson doré, blouson noir, loubard, (mauvais) drôle, sacripant, vermine, zonard. FRANCE FAM. frape, galapiat, gouape, loulou, malfrat, morbaque. ▶ ***Criminel*** – coupable, criminel, desperado, ennemi public, hors-la-loi, malfaiteur, transgresseur, violateur. FAM. gibier de potence. FRANCE FAM. pendard.

délirant *adj.* ▶ ***Frénétique*** – agité, bouillonnant, échevelé, effervescent, effréné, fébrile, frénétique, intense, mouvementé, passionné, trépidant, tumultueux, violent. ▶ ***Surexcité*** – électrisé, en délire, en transe, exalté, galvanisé, gonflé à bloc, hystérique, surexcité, transporté. ▶ ***Extrême*** – abusif, débridé, déchaîné, démesuré, déraisonnable, déréglé, effréné, exagéré, excessif, exorbitant, extravagant, extrême, forcé, immodéré, intempérant, outrancier, outré, qui dépasse la mesure, qui dépasse les bornes, sans frein. SOUT. outrageux. FAM. dément, démentiel, soigné. ▶ ***Extraordinaire*** (FAM.) – étonnant, extraordinaire, fabuleux, fantastique, hors du commun, incroyable, inouï, miraculeux, phénoménal, prodigieux. FAM. dément, dingue, fou. FRANCE FAM. foutral. △ **ANT.** CONSCIENT, LUCIDE, SENSÉ; DE GLACE, FROID, GLACIAL; MODÉRÉ, PONDÉRÉ, POSÉ, RAISONNABLE, RÉFLÉCHI, SAGE, SÉRIEUX; ANODIN, BANAL, ORDINAIRE, SANS IMPORTANCE.

délire *n.m.* ▶ ***Excitation*** – agitation, aliénation, amok, aveuglement, divagation, égarement, excitation, folie, frénésie, hallucination, hystérie, onirisme, paranoïa, surexcitation. ▶ ***Exultation*** – débordement, éclatement, emballement, exultation, jubilation. SOUT. transport. △ **ANT.** CALME, RÉSERVE, RETENUE, SANG-FROID; BON SENS, LUCIDITÉ, RAISON, SAGESSE.

délirer *v.* ▶ ***Déraisonner*** (FAM.) – déraisonner, dire n'importe quoi, divaguer, élucubrer, extravaguer, radoter, s'égarer. FAM. battre la breloque, battre la campagne, débloquer, déconner, déjanter, déménager, dérailler, rouler sur la jante.

délit *n.m.* ▶ ***Infraction*** – accroc, contravention, crime, dérogation, entorse, faute, forfait, forfaiture, inconduite, infraction, manquement, mauvaise action, mauvaise conduite, méfait, non-respect, rupture, transgression, violation. BELG. méconduite. DR. cas. ▶ ***Fente*** – joint. △ **ANT.** OBSERVATION, RESPECT; BIENFAIT.

délivrance *n.f.* ▶ ***Libération*** – acquittement, affranchissement, décolonisation, désaliénation, élargissement, émancipation, évacuation, libération, manumission, rachat, rédemption, salut. FAM. débarras, quille. SOUT. déprise. ▶ ***Exorcisme*** – adjuration, conjuration, désensorcellement, désenvoûtement, exorcisme, obsécration, purification, supplication. SOUT. exorcisation. ▶ ***Éveil spirituel*** – éveil, illumination, libération, mort de l'ego, réalisation (du Soi), révélation. ▸ *Dans l'hindouisme* – moksha, nirvana. ▸ *Dans le bouddhisme* – bodhi, samadhi. ▸ *Dans le zen* – satori. ▶ ***Accouchement*** – accouchement, couches, enfantement, expulsion, heureux événement, maïeutique, mal d'enfant, maternité, mise au monde, naissance, parturition. ▶ ***Expulsion de l'organisme*** – élimination, émission, émonction, évacuation, excrétion, expulsion, sécrétion. ▶ ***Livraison*** – arrivage, distribution, factage, livraison, port, remise, transport. △ **ANT.** ARRESTATION, DÉTENTION, ENFERMEMENT; ASSERVISSEMENT, SERVITUDE; ENSORCELLEMENT; OBTENTION, RÉCEPTION.

délivrer *v.* ▶ ***Libérer de ce qui nuit*** – défaire, dégager, dépêtrer, libérer. ▶ ***Libérer d'une obligation*** – affranchir, décharger, dégager, délier, désengager, dispenser, excuser, exempter, exonérer, soustraire. ▶ ***Libérer d'un poids moral*** – débarrasser, décharger, enlever une épine du pied à, libérer, ôter une épine du pied à, soulager, tirer une épine du pied à. △ **ANT.** ENTRAVER, GÊNER; ASSERVIR, EMPRISONNER, ENCHAÎNER, GARDER.

déluge *n.m.* ▶ ***Averse*** – averse, cataracte, giboulée, grain, ondée, pluie battante, pluie d'abat, pluie diluvienne, pluie drue, pluie torrentielle, trombe d'eau. FAM. douche, rincée, sauce, saucée. BELG. FAM. drache. ▶ ***Déferlement*** – abondance, avalanche, averse, bombardement, bordée, cascade, déferlement, flot, flux, grêle, kaléidoscope, mascaret, pluie, rivière, torrent, vague. SOUT. fleuve. △ **ANT.** ARIDITÉ, SÉCHERESSE; RARÉFACTION, RETRAIT; MANQUE, RARETÉ.

demande *n.f.* adjuration, appel, démarche, desideratum, désir, doléances, exigence, injonction, instance, interpellation, interrogation, invocation, mandement, ordre, pétition, placet, prétention, prière, question, réclamation, requête, réquisition, revendication, sollicitation, sommation, supplication, supplique, ultimatum, vœu. SOUT. imploration. △ **ANT.** OFFRE; RÉPONSE; REFUS.

demander *v.* ▶ ***Solliciter*** – réclamer, requérir, solliciter, vouloir. ▶ ***Revendiquer*** – exiger, réclamer, revendiquer. SOUT. prétendre à. ▶ ***Ordonner*** – commander, enjoindre, intimer, mettre en demeure, ordonner, prier, sommer. ▶ ***Appeler*** – appeler, convoquer, faire venir. ▶ ***Postuler un emploi*** – faire une demande, offrir ses services, poser sa candidature pour, postuler (à), présenter une demande, proposer ses services, solliciter. ▶ ***Poser une question*** – interroger, poser la question à. ▶ ***S'informer*** – s'enquérir de, s'informer de, se renseigner au sujet de. FAM. aller aux nouvelles. ACADIE FAM. s'émoyer de. ▶ ***Nécessiter*** – appeler, avoir besoin de, commander, exiger, imposer, nécessiter, obliger, postuler, prendre, prescrire, réclamer, requérir, vouloir. △ **ANT.** OBTENIR, RECEVOIR; PRENDRE; RÉPONDRE.

demandeur *n.* ▶ ***Candidat*** – admissible, aspirant, candidat, compétiteur, concouriste, concurrent, postulant, prétendant. ▶ ***Revendicateur*** – appelant, partie plaignante, partie poursuivante, partie requérante, pétitionnaire, plaignant, poursuivant, réclamant, requérant, revendicateur. △ **ANT.** DÉFENDEUR, INTIMÉ.

démangeaison *n.f.* ▶ ***Picotement*** – chatouillement, fourmillement, fourmis dans les jambes, impatiences, piqûre, prurigo, prurit, urtication. ▶ ***Envie*** (FAM.) – ambition, appel, appétit, aspiration, attirance, attrait, besoin, but, convoitise, desideratum, désir, envie, exigence, faim, fantaisie, fantasme, fièvre, fringale, goût, idéal, intention, jalousie, passion, prétention, quête, recherche, rêve, soif, souhait, tentation, velléité, visée, vœu, voix, volonté. SOUT. appétence, dessein, prurit, vouloir.

démarcation *n.f.* ▶ ***Frontière*** – borne, confins, délimitation, frontière, limite (territoriale), mur, séparation, zone douanière, zone limitrophe. FAM. lignes *(pays)*. ANC. limes *(Empire romain)*, marche. ▶ ***Délimitation*** – abornement, bornage, cadre, ceinture, délimitation, encadrement, jalonnage, jalonnement, limite, séparation, tracé.

démarche *n.f.* ▶ ***Acte*** – acte, action, choix, comportement, conduite, décision, entreprise, faire, fait, geste, intervention, manifestation, réalisation. ▶ ***Agissements*** – agissements, allées et venues, comportement, conduite, façons, faits et gestes, manières, pratiques, procédés. ▶ ***Allure*** – air, allure, apparence, aspect, attitude, contenance, façon, genre, ligne, maintien, manière, panache, physique, port, posture, prestance, silhouette, style, tenue, tournure. SOUT. extérieur, mine. FAM. gueule, touche. QUÉB. FAM. erre d'aller. PÉJ. FAM. dégaine. ▶ ***Demande*** – adjuration, appel, demande, desideratum, désir, doléances, exigence, injonction, instance, interpellation, interrogation, invocation, mandement, ordre, pétition, placet, prétention, prière, question, réclamation, requête, réquisition, revendication, sollicitation, sommation, supplication, supplique, ultimatum, vœu. SOUT. imploration. ▶ ***Formalité*** – formalité, forme, procédure, règle. ▶ ***Méthode*** – approche, art, chemin, code, comment, credo, discipline, dispositif, façon (de faire), facture, formule, heuristique, instruction, instrument, ligne de conduite, maïeutique, manière, marche (à suivre), méthode, méthodologie, modalité, mode d'emploi, mode, moyen, opération, ordre, organisation, outil, posologie, pratique, procédé, procédure, protocole, raisonnement, recette, règle, secret, stratagème, stratégie, système, tactique, technique, théorie, traitement, voie. SOUT. faire.

démarrer *v.* ▶ ***Commencer*** (FAM.) – commencer, déclencher, donner le coup d'envoi à, enclencher, engager, entamer, entreprendre, inaugurer, lancer, mettre en branle, mettre en route, mettre en train. ▶ ***Se mettre en route*** – partir, s'ébranler, se mettre en branle, se mettre en route. ▶ ***S'amorcer*** – commencer, débuter, partir, s'amorcer, s'engager. △ **ANT.** S'ARRÊTER, STOPPER; DEMEURER, RESTER.

démasquer *v.* arracher le masque de, arracher le voile de, découvrir, dévoiler, lever le masque de, montrer sous son vrai jour. △ **ANT.** CACHER, DISSIMULER, MASQUER.

démêlé *n.m.* ▸ ***Dispute*** – accrochage, algarade, altercation, brouille, brouillerie, chicane, controverse, désaccord, désunion, différend, discorde, dispute, divergence, escarmouche, explication, fâcherie, froid, heurt, joute oratoire, litige, malentendu, mésentente, passe d'armes, polémique, querelle, rupture, scène, zizanie. *FAM.* bagarre, bisbille, bringue, chamaille, chamaillerie, empoignade, empoignement, engueulade, prise de bec, séance. *BELG. FAM.* bisbrouille. ▸ ***Affaire*** – affaire, arbitrage, contestation, débat, différend, discussion, dispute, médiation, négociation, panel, querelle, règlement, spéculation, tractation. △ **ANT.** ACCORD, ENTENTE.

démêler *v.* ▸ ***Défaire ce qui est emmêlé*** – désentortiller, détortiller. ▸ ***Peigner des fibres textiles*** – carder, peigner, sérancer. ▸ ***Clarifier*** – clarifier, débrouiller, débroussailler, désembrouiller. *SOUT.* délabyrinther. ▸ ***Distinguer une chose de l'autre*** – différencier, discerner, discriminer, distinguer, faire la différence entre, reconnaître, séparer. ▸ ***Débattre*** (*SOUT.*) – agiter, débattre, délibérer de, discuter (de), parler de. *SOUT.* disputer de. △ **ANT.** BROUILLER, EMBROUILLER, EMMÊLER, MÉLANGER, MÊLER.

déménagement *n.m.* délocalisation, relogement, transfert. *FAM.* transbahutage, transbahutement. △ **ANT.** EMMÉNAGEMENT, ÉTABLISSEMENT, INSTALLATION.

déménager *v.* ▸ ***Transporter*** – transférer, transporter. *FAM.* transbahuter. ▸ ***Étonner*** (*FAM.*) – abasourdir, ahurir, couper bras et jambes à, couper le souffle à, ébahir, époustoufler, étonner, méduser, renverser, saisir, souffler, stupéfaire, stupéfier, suffoquer. *FAM.* décoiffer, défoncer, éberluer, ébouriffer, épater, estomaquer, estourbir, scier, sidérer. ▸ ***Divaguer*** (*FAM.*) – déraisonner, dire n'importe quoi, divaguer, élucubrer, extravaguer, radoter, s'égarer. *FAM.* battre la breloque, battre la campagne, débloquer, déconner, déjanter, délirer, dérailler, rouler sur la jante. △ **ANT.** EMMÉNAGER, S'INSTALLER.

démence *n.f.* ▸ ***Maladie mentale*** – aliénation (mentale), dérangement, déséquilibre, folie, psychose. ▸ ***Aberration*** – aberration, extravagance, folie, idiotie, imbécillité, inconséquence, ineptie, stupidité. *FAM. RARE* maboulisme. △ **ANT.** ÉQUILIBRE, RAISON.

démener (se) *v.* ▸ ***Se débattre*** – s'agiter, se débattre. ▸ ***Se donner du mal*** – faire des pieds et des mains, peiner, remuer ciel et terre, s'échiner, s'évertuer, se dépenser, se donner beaucoup de peine, se donner du mal, se fatiguer, se mettre en quatre, se remuer, se tuer. *FAM.* ramer, se décarcasser, se défoncer, se démancher, se donner un mal de chien, se donner un mal de fou, se fouler la rate. △ **ANT.** RESTER TRANQUILLE.

démenti *n.m.* dénégation, déni, désaveu, reniement. △ **ANT.** ATTESTATION, AVEU, CONFIRMATION, CORROBORATION, RATIFICATION.

démentir *v.* ▸ ***Nier*** – contester, disconvenir de, nier, rejeter. *RARE* récuser. ▸ ***Contredire qqch.*** – contredire, infirmer, prendre le contre-pied de, réfuter, s'inscrire en faux contre. ▸ ***Contredire qqn*** – contredire. ▸ ***Décevoir*** (*SOUT.*) – décevoir, désappointer, frustrer les attentes de, laisser sur sa faim. *FAM.* voler. ♦ **se démentir** ▸ ***Se contredire*** – se contredire, se couper, se trahir. △ **ANT.** AFFIRMER, APPUYER, ATTESTER, CERTIFIER, CONFIRMER, RATIFIER.

démesuré *adj.* ▸ ***Immense*** – colossal, considérable, énorme, extraordinaire, extrême, fabuleux, formidable, géant, gigantesque, grand, gros, immense, incommensurable, monstrueux, monumental, phénoménal, prodigieux, surhumain, titanesque, vaste, vertigineux. *SOUT.* cyclopéen, herculéen. *FAM.* bœuf, de tous les diables, du diable, effrayant, effroyable, épouvantable, faramineux, méchant, monstre. *FRANCE FAM.* gratiné. ▸ ***Exagéré*** – abusif, débridé, déchaîné, délirant, déraisonnable, déréglé, effréné, exagéré, excessif, exorbitant, extravagant, extrême, forcé, immodéré, intempérant, outrancier, outré, qui dépasse la mesure, qui dépasse les bornes, sans frein. *SOUT.* outrageux. *FAM.* dément, démentiel, soigné. △ **ANT.** MICROSCOPIQUE, MINUSCULE, NAIN; MODÉRÉ, MOYEN, ORDINAIRE, RAISONNABLE; INSATISFAISANT, INSUFFISANT.

démesure *n.f.* ▸ ***Excès*** – abus, exagération, excès, extrémisme, immodération, jusqu'au-boutisme, maximalisme, outrance. *FAM.* charriage. ▸ ***Emphase*** – apparat, bouffissure, boursouflure, cérémonie, déclamation, emphase, enflure, excès, gonflement, grandiloquence, hyperbole, pédanterie, pédantisme, pompe, prétention, solennité. *SOUT.* ithos, pathos. △ **ANT.** MESURE, MODÉRATION, PONDÉRATION.

démesurément *adv.* à l'excès, à outrance, abusivement, effrénément, exagérément, excessivement, hyperboliquement, immodérément, large, outrageusement, outre mesure, plus qu'il n'en faut, plus que de raison, sans retenue, surabondamment, trop. *SOUT.* par trop, prodigalement. △ **ANT.** DÉRISOIREMENT, FAIBLEMENT, INSUFFISAMMENT, MÉDIOCREMENT, PAUVREMENT.

demeuré *n.* ▸ ***Arriéré*** – arriéré (mental), attardé (mental), crétin, débile (mental), déficient intellectuel, déficient mental, dégénéré, oligophrène. *FAM.* retardé, taré. ▸ ***Imbécile*** (*FAM.*) – ahuri, âne, animal, idiot, imbécile, sot. *FAM.* abruti, andouille, âne bâté, bourrique, bûche, buse, cave, cerveau ramolli, cloche, con, cornichon, couenne, courge, crétin, cruche, débile, dégénéré, dindon, enflé, gâteux, gourde, huître, innocent, légume, manche, moule, nouille, œuf, patate, pauvre d'esprit, pochetée, primate, saucisse, simple d'esprit, taré, tarte, truffe. *FRANCE FAM.* ballot, connard, conneau, corniaud, couillon, enfoiré, ganache, schnock, tourte. *FRANCE RÉGION.* fada, fier. *QUÉB. FAM.* cabochon, niaiseux, sans-allure, sans-dessein, ▸ ***Femme idiote*** *FAM.* bécasse, bécassine, chabraque, dinde.

demeure *n.f.* ▸ ***Maison*** (*SOUT.*) – domicile, foyer, intérieur, maison, nid, résidence, toit. *SOUT.* habitacle, logis. *FAM.* bercail, bicoque, chaumière, chez-soi, crèche, pénates. *PÉJ. FAM.* boutique.

demeurer *v.* ▸ ***Avoir sa demeure*** – être domicilié, habiter, loger, rester, vivre. *FAM.* crécher, nicher, percher, résider. ▸ ***Se tenir*** – être, rester, se tenir. ▸ ***Continuer d'exister*** – durer, perdurer, persister, résister, rester, se conserver, se maintenir, se perpétuer, subsister, survivre. △ **ANT.** PARTIR, PASSER, QUITTER, SORTIR; CHANGER; DISPARAÎTRE; FINIR.

demi *n.m.* ▶ ***Moitié*** – demie, moitié. ▶ ***Verre de bière*** – bock, chope, sérieux.

démission *n.f.* abandon, abdication, défection, délaissement, désengagement, désertion, désintérêt, désistement, dessaisissement, forfait, inachèvement, recul, repli, retrait, retraite. *SOUT.* inaccomplissement. *FAM.* décrochage, lâchage, largage, plaquage. *DR.* non-lieu, résignation. △ **ANT.** MAINTIEN.

démocratie *n.f.* ▶ ***Gouvernement*** – gouvernement démocratique, gouvernement libéral, régime démocratique, régime libéral. ▶ ***Pays*** – pays libre, république. △ **ANT.** ARISTOCRATIE, MONARCHIE, OLIGARCHIE; AUTORITARISME, FASCISME, TOTALITARISME.

démodé *adj.* ▶ ***En parlant de qqch.*** – anachronique, ancien, antédiluvien, antique, archaïque, arriéré, caduc, dépassé, désuet, fossile, inactuel, moyenâgeux, obsolescent, obsolète, passé de mode, périmé, poussiéreux, préhistorique, qui a fait son temps, suranné, tombé en désuétude, usé, vétuste, vieilli, vieillot, vieux, vieux jeu. ▶ ***En parlant de qqn*** – passé de mode, qui n'est pas dans le coup, vieux jeu. *FAM.* craignos, ringard. *QUÉB. FAM.* quétaine. △ **ANT.** ACTUEL, EN COURS, VALIDE; À LA MODE, À LA PAGE, EN VOGUE, MODERNE, NEUF, NOUVEAU, RÉCENT.

demoiselle *n.f.* ▶ ***Adolescente*** – adolescente, fille, jeune, jeune femme, jeune fille, midinette, mineure, miss *(pays anglo-saxons)*, préadolescente. *SOUT.* impubère, pucelle *(vierge)*. *FAM.* ado, belle, gamine, préado, pucelle, tendron. *PÉJ.* fillasse. ▶ ***Outil*** – dame, hie, manselle.

démolir *v.* ▶ ***Abattre une construction*** – abattre, démanteler, raser. ▶ ***Mettre en pièces*** – briser, casser, disloquer, fracasser, mettre en pièces, rompre. *FAM.* démantibuler. ▶ ***Détruire une chose abstraite*** – anéantir, annihiler, briser, détruire, écraser, éliminer, néantiser, pulvériser, réduire à néant, réduire à rien, ruiner, supprimer. ▶ ***Causer un grand tort à qqn*** – achever, casser les reins à, causer la perte de, causer la ruine de, perdre, ruiner. ▶ ***Critiquer*** (*FAM.*) – attaquer, critiquer, descendre en flammes, écharper, éreinter, étriller, faire le procès de, malmener, maltraiter, massacrer, matraquer, mettre à mal, pourfendre, s'acharner contre. *FAM.* couler, descendre, écorcher, esquinter. *FRANCE FAM.* allumer, débiner. *QUÉB. FAM.* maganer. ▶ ***Exténuer*** (*FAM.*) – abrutir, briser, courbaturer, épuiser, éreinter, exténuer, fatiguer, forcer, harasser, lasser, mettre à plat, surmener, tuer. *FAM.* claquer, crever, esquinter, lessiver, mettre sur le flanc, nettoyer, pomper, rétamer, vanner, vider. *QUÉB. FAM.* maganer. △ **ANT.** BÂTIR, CONSTRUIRE, ÉDIFIER; ARRANGER, MONTER; CRÉER, ÉLABORER; RÉPARER.

démolition *n.f.* ▶ ***Destruction*** – absorption, anéantissement, annihilation, destruction, dévastation, disparition, effacement, élimination, enlèvement, éradication, fin, gommage, liquidation, mort, néantisation, suppression. *SOUT.* extirpation. *RARE* engloutissement. ♦ **démolitions, *plur.*** ▶ ***Décombres*** – déblais, débris, décharge, décombres, éboulement, éboulis, épave, gravats, gravois, miettes, plâtras, reste, ruines, vestiges. *SOUT.* cendres. △ **ANT.** CONSTRUCTION, RECONSTRUCTION; CRÉATION.

démon *n.m.* ▶ ***Ange de Satan*** – ange déchu, ange noir, ange rebelle, ange révolté, antéchrist, diable, diablotin *(petit)*, mauvais ange, mauvais génie, suppôt de Satan, suppôt du diable. ▶ ***Femelle*** – diablesse. *SOUT.* démone. ▶ ***Divinité bonne ou mauvaise*** – déesse, dieu, divinité, être divin, immortel. *SOUT.* déité. ▶ ***Enfant espiègle*** – (affreux) jojo, chipie, coquin, diablotin, filou, fripon, galopin, mauvaise graine, (petit) bandit, (petit) chenapan, (petit) démon, (petit) diable, (petit) garnement, (petit) gredin, (petit) poison, (petit) polisson, (petit) vaurien, (petit) voyou, (petite) canaille, (petite) peste, poulbot *(de Montmartre)*, titi, vilain. *SOUT.* lutin. *FAM.* morveux, (petit) crapaud, petit merdeux, petit monstre, sacripant. *QUÉB. FAM.* (petit) tannant. ▶ ***Personne méchante*** – bête (immonde), chameau, chien, gale, malveillant, mauvais, méchant, monstre, peste, poison, pourriture, rosse, serpent, suppôt de Satan, suppôt du diable, teigne, vicieux, vil personnage, vipère. *RARE* haineux. *FAM.* charogne, choléra, dégueulasse, fumier, ordure, pourri, salaud, salopard. *FRANCE FAM.* saleté, saligaud, salopiaud, vache. ♦ **le démon, *sing.*** Belzébuth, l'ange des ténèbres, l'esprit du mal, l'esprit malin, le diable, le génie du mal, le Malin, le Maudit, le Mauvais, le prince des démons, le prince des ténèbres, le roi des enfers, le Séducteur, le Tentateur, Lucifer, Satan. *RELIG.* l'esprit immonde.

démoniaque *adj.* ▶ ***Digne du démon*** – diabolique, infernal, luciférien, méphistophélique, pervers, satanique. △ **ANT.** ANGÉLIQUE, CÉLESTE, DIVIN, PUR.

démonstratif *adj.* ▶ ***Qui exprime ses sentiments*** – communicatif, confiant, débordant, expansif, expressif, extraverti, exubérant, ouvert. △ **ANT.** FROID, INTROVERTI, RENFERMÉ, RÉSERVÉ, TACITURNE.

démonstration *n.f.* ▶ ***Preuve*** – affirmation, assurance, attestation, certitude, confirmation, corroboration, gage, manifestation, marque, preuve, témoignage, vérification. ▶ ***Raisonnement*** – analyse, apagogie, argument, argumentation, considérations, déduction, dialectique, dilemme, discussion, échafaudage, explication, implication, induction, inférence, logique, méthode, preuve, raison, réflexion, réfutation, sorite, substruction, syllogisme, syllogistique, synthèse. ▶ ***Exposition*** – concours, étalage, exhibition, exposition, foire, foire-exposition, galerie, manifestation, montre, présentation, rétrospective, salon, vernissage. *FAM.* démo, expo. *SUISSE* comptoir. ▶ ***Ostentation*** – affectation, étalage, montre, ostentation, parade. *FAM.* fla-fla. △ **ANT.** RÉFUTATION; DISSIMULATION; RETENUE.

démonter *v.* ▶ ***Jeter à bas de sa monture*** – désarçonner. ▶ ***Dérouter*** – déconcerter, décontenancer, dérouter, désarçonner, désorienter, déstabiliser, ébranler, embarrasser, interloquer, troubler. *SOUT.* confondre. *FAM.* déboussoler. ▶ ***Décourager*** (*FAM.*) – abattre, débiliter, décourager, démobiliser, démoraliser, démotiver, déprimer, écœurer, lasser, mettre à plat. *BELG.* déforcer. *ACADIE FAM.* déconforter. ▶ ***Mettre en pièces détachées*** – défaire, désarticuler, désassembler, désosser. *FAM.* déglinguer, démantibuler. ▶ ***Analyser*** – analyser, décomposer, déconstruire, désosser, disséquer, retourner dans tous les sens. *FAM.* décortiquer. ▶ ***Sortir de ses gonds*** – déboîter, dégonder. ♦ **se démonter** ▶ ***Perdre contenance*** – perdre contenance, s'agiter, s'énerver, se décontenancer, se troubler. ♦ **démonté** ▶ ***Désemparé*** – confondu, contrarié, déconcerté, déconfit, décontenancé, dépité, dérouté, désarçonné, désemparé, désorienté, déstabilisé, penaud. *FAM.* capot. ▶ ***Houleux*** – agité, déchaîné, houleux. *SOUT.* torrentueux, turbide. △ **ANT.** AGENCER, ARRANGER, CONSTRUIRE, MONTER.

démontrer *v.* ▶ ***Établir la vérité*** – établir, montrer, prouver. ▶ ***Constituer une preuve*** – attester, confirmer, établir, justifier, montrer, prouver, vérifier. ▶ ***Constituer un indice*** – annoncer, déceler, dénoter, faire foi de, indiquer, laisser paraître, marquer, montrer, prouver, révéler, signaler, signifier, témoigner de. *SOUT.* dénoncer. △ **ANT.** CONTREDIRE, RÉFUTER.

démotiver *v.* ▶ ***Démoraliser*** – abattre, débiliter, décourager, démobiliser, démoraliser, déprimer, écœurer, lasser, mettre à plat. *FAM.* démonter. *BELG.* déforcer. *ACADIE FAM.* déconforter. △ **ANT.** ENCOURAGER, EXHORTER, GALVANISER, REMONTER.

dénaturer *v.* ▶ ***Falsifier*** – altérer, biaiser, défigurer, déformer, falsifier, fausser, gauchir, trahir, travestir. ▶ ***Modifier*** – altérer, corrompre, frelater. △ **ANT.** ÊTRE CONFORME À, RESPECTER.

dénégation *n.f.* ▶ ***Démenti*** – démenti, déni, désaveu, reniement. ▶ ***Rétractation*** – abandon, abjuration, apostasie, défection, désaveu, palinodie, reniement, retournement, rétractation, revirement, virevolte, volte-face. *FAM.* pirouette. △ **ANT.** AFFIRMATION, AVEU, CONFIRMATION, RECONNAISSANCE.

dénier *v.* ▶ ***Ne pas reconnaître un droit*** – contester, récuser. △ **ANT.** AVOUER, CONFIRMER; DONNER.

dénigrer *v.* attaquer, baver sur, calomnier, casser du sucre sur le dos de, cracher sur, critiquer, décrier, déprécier, diffamer, dire du mal de, gloser sur, médire de, noircir, perdre de réputation, traîner dans la boue. *SOUT.* arranger de la belle manière, clabauder sur, dauber sur, détracter, dire pis que pendre de, mettre plus bas que terre. *FAM.* déblatérer contre, taper sur. *FRANCE FAM.* débiner, habiller pour l'hiver, tailler un costard à, tailler une veste à. *BELG.* décauser. △ **ANT.** APPROUVER, EXALTER, LOUER, VANTER; PRÔNER.

dénombrer *v.* ▶ ***Faire le compte exact*** – calculer, chiffrer, compter, évaluer, faire le compte de, quantifier. ▶ ***Compter un à un*** – compter, détailler, dresser la liste de, énumérer, faire l'inventaire de, faire le décompte de, inventorier, lister, recenser.

dénomination *n.f.* appellation, désignation, étiquette, marque, mot, nom, qualification, taxon, taxum, vocable.

dénoncer *v.* ▶ ***Signaler comme coupable*** – signaler. *FAM.* balancer, cafarder, cafter, fourguer, moucharder. *BELG. FAM.* raccuser. ▶ ***Trahir*** – livrer, trahir, vendre. *FAM.* donner. ▶ ***Dénoter*** (*SOUT.*) – annoncer, déceler, démontrer, dénoter, faire foi de, indiquer, laisser paraître, marquer, montrer, prouver, révéler, signaler, signifier, témoigner de. ▸ *Dénoter une chose non favorable* – accuser, trahir. △ **ANT.** CACHER, TAIRE; CONFIRMER.

dénonciation *n.f.* ▶ ***Dénigrement*** – accusation, allégation, attaque, cafardage, calomnie, critique, délation, dénigrement, dépréciation, dévalorisation, diffamation, imputation, insinuation, médisance, plainte, rabaissement, réquisitoire, trahison. *SOUT.* détraction. *FAM.* mouchardage. ▶ ***Proclamation*** – annonce, appel, avis, ban, communication, communiqué, déclaration, décret, dépêche, divulgation, édit, manifeste, message, notification, proclamation, profession de foi, programme, promulgation, publication, rescrit, serment, signification. △ **ANT.** APOLOGIE, DÉFENSE, LOUANGE; COMPLOT.

dénouement *n.m.* ▶ ***Démêlement*** – débrouillage, débrouillement, démêlement, éclaircissement. ▶ ***Aboutissement*** – aboutissement, accomplissement, achèvement, apothéose, but, chute, complémentation, complètement, complétude, conclusion, consécration, consommation, couronnement, exécution, fin, finition, fruit, issue, produit, réalisation, règlement, résolution, résultat, sortie, terme, terminaison. *SOUT.* aboutissant. *PHILOS.* entéléchie. △ **ANT.** AMORCE, COMMENCEMENT, DÉBUT, DÉCLENCHEMENT; EXPOSITION, INTRODUCTION, PROLOGUE.

dénouer *v.* ▶ ***Au sens concret*** – défaire, délacer, délier, détacher. ▶ ***Au sens abstrait*** – déchiffrer, découvrir, deviner, éclaircir, élucider, éventer, expliquer, faire (toute) la lumière sur, pénétrer, percer, résoudre, tirer au clair, trouver, trouver la clé de. △ **ANT.** ATTACHER, FICELER, LACER, LIER, NOUER, RENOUER; EMBROUILLER, OBSCURCIR.

denrée *n.f.* aliment, alimentation, approvisionnement, comestibles, entretien, fourniture, intendance, nourriture, pain, produit alimentaire, provision, ravitaillement, subsistance, victuailles, vie, vivres. *SOUT.* provende. *FAM.* matérielle.

dense *adj.* ▶ ***Compact*** – compact, dru, épais, serré. ▶ ***En parlant du brouillard*** – à couper au couteau, épais, opaque. ▶ ***Exprimé en peu de mots*** – bref, concis, condensé, court, laconique, lapidaire, ramassé, serré, sobre, sommaire, succinct. *PÉJ.* touffu. △ **ANT.** LÉGER, TÉNU; DISPERSÉ, DISSÉMINÉ, ÉPARPILLÉ, ÉPARS; BAVARD, DÉLAYÉ, DIFFUS, PROLIXE, REDONDANT, VERBEUX.

densité *n.f.* ▶ ***Concentration*** – compacité, concentration, consistance, épaisseur, masse volumique, massiveté. ▶ ***Poids*** – lourdeur, masse, massiveté, pesanteur, poids. ▶ ***Concision*** – brièveté, concision, dépouillement, laconisme. △ **ANT.** LÉGÈRETÉ; VACUITÉ.

dent *n.f.* ▶ ***Organe de la mastication*** – *FAM.* ratiche. ▸ *Cassée FAM.* chicot. ▸ *Artificielle* – implant dentaire, prothèse dentaire. ▸ *D'animal* – crochet *(serpent)*, défense *(éléphant)*, fanon *(baleine)*. ▶ ***Saillie*** – angle, appendice, arête, aspérité, avancée, avancement, balèvre, bec, bosse, bourrelet, console, corne, corniche, côte, coude, crête, éminence, encorbellement, éperon, ergot, excroissance, gibbosité, hourd, moulure, nervure, picot, pointe, proéminence, projecture, prolongement, protubérance, redan, relief, ressaut, saillant, saillie, surplomb, surplombement, tubercule. ▶ ***Élément allongé*** – fourchon. ▶ ***Pièce d'engrenage*** – alluchon, crabot, dent (d'engrenage). ▶ ***Faim*** (*FAM.*) – appétit, besoin, boulimie, creux, disette, faim, famine, inanition, jeûne, polyphagie, voracité. *FAM.* fringale.

dénuder *v.* ▸ ***Dévêtir*** – découvrir, déshabiller, dévêtir, dévoiler, mettre à nu. *FAM.* dépoiler, désaper. ♦ **se dénuder** ▸ ***Se dévêtir*** – se déshabiller, se dévêtir, se mettre nu. *FAM.* dévoiler son anatomie, se dépoiler, se désaper, se mettre tout nu. ♦ **dénudé** ▸ ***Nu*** – dans l'état de nature, dans le costume d'Adam/d'Ève, dans le plus simple appareil, déshabillé, dévêtu, nu. *FAM.* à poil. ▸ ***Chauve*** – chauve, dégarni, lisse, pelé, ras, tondu. *FAM.* déplumé. △ **ANT.** COUVRIR, HABILLER, RECOUVRIR, VÊTIR, VOILER; GARNIR.

dénué *adj.* ▸ ***Dépourvu de qqch.*** – démuni, dépourvu, exempt, privé. ▸ ***Pauvre*** (*SOUT.*) – dans le besoin, dans une cruelle nécessité, défavorisé, démuni, famélique, indigent, misérable, miséreux, nécessiteux, pauvre. *SOUT.* impécunieux. *FAM.* dans la mouise, dans la panade, dans la purée. △ **ANT.** À L'AISE, AISÉ, COSSU, FORTUNÉ, NANTI, RICHE. ♦ **dénué de** AVEC, DOTÉ DE, DOUÉ DE, MUNI DE, PLEIN DE.

dénuement *n.m.* ▸ ***Pauvreté*** – appauvrissement, besoin, détresse, embarras, gêne, gouffre, indigence, manque, mendicité, misère, nécessité, pauvreté, pouillerie, privation, ruine. *SOUT.* impécuniosité. *FAM.* dèche. *FRANCE FAM.* débine, fauche, mistoufle, mouise, mouscaille, panade, purée. *DR.* carence. ▸ *Sociale* – clochardisation, disette, paupérisation, paupérisme, pauvreté, pénurie, sous-développement, sous-équipement, tiers-mondisation. △ **ANT.** ABONDANCE, LUXE, OPULENCE, RICHESSE.

départ *n.m.* ▸ ***Appareillage*** – appareillage, préparatifs de départ. ▸ ***Allumage*** – allumage, combustion, contact, démarrage, explosion. ▸ ***Émigration*** – émigration, exode, expatriation, fuite. ▸ ***Absence*** – absence, disparition, échappée, éloignement, escapade, évasion, fugue, séparation. *FAM.* éclipse. ▸ ***Décès*** – décès, disparition, extinction, fin, mort, perte. *FIG.* dernier repos, dernier sommeil, dernier soupir, grand voyage, sépulture, sommeil éternel, tombe, tombeau. *SOUT.* la Camarde, la Faucheuse, la Parque, trépas. *FRANCE FAM.* crevaison, crève. ▸ ***Commencement*** – actionnement, amorçage, amorce, balbutiement, bégaiement, commencement, création, début, déclenchement, démarrage, ébauche, embryon, enclenchement, enfance, entrée, esquisse, fondement, germe, inauguration, origine, ouverture, prélude, prémisse, principe, tête. *SOUT.* aube, aurore, matin, prémices. *FIG.* apparition, avènement, éclosion, émergence, éruption, explosion, genèse, germination, naissance, venue au monde. △ **ANT.** ARRIVÉE; IMMIGRATION; RETOUR.

département *n.m.* ▸ ***Spécialité*** – branche, champ, discipline, division, domaine, étude, fief, matière, partie, scène, science, secteur, spécialité, sphère. *FAM.* rayon. ▸ ***Compétence*** – attributions, autorité, compétence, pouvoir, qualité, ressort. *FAM.* rayon.

départir (se) *v.* ▸ ***Accorder*** (*SOUT.*) – accorder, allouer, attribuer, concéder, consentir, donner, impartir, octroyer. ♦ **se départir** ▸ ***Se débarrasser*** – renoncer à, se débarrasser de, se défaire de, se démunir de, se dépouiller de, se dessaisir de. *SOUT.* renoncer. *FAM.* balancer, bazarder, larguer, lourder, sacrifier. △ **ANT.** CONSERVER, GARDER.

dépassement *n.m.* ▸ ***Excès*** – comble, débauche, débordement, disproportion, énormité, excédent, excès, exubérance, gaspillage, inutile, luxe, luxuriance, orgie, profusion, redondance, satiété, saturation, superfétation, superflu, superfluité, surabondance, surcharge, surcroît, surenchère, surnombre, surplus, trop, trop-plein. ▸ ***Défi*** – aide, aiguillon, animation, appel, défi, dépassement (de soi), émulation, encouragement, entraînement, excitation, exhortation, fanatisation, fomentation, impulsion, incitation, instigation, invitation, invite, motivation, provocation, sollicitation, stimulation, stimulus. *SOUT.* surpassement.

dépasser *v.* ▸ ***Distancer*** – devancer, distancer, doubler, gagner de vitesse, lâcher, passer, semer. *FAM.* griller, larguer. *MAR.* trémater. ▸ ***Franchir*** – franchir, passer. ▸ ***Supplanter*** – battre, couper l'herbe sous le pied à, damer le pion à, dégommer, devancer, dominer, éclipser, faucher l'herbe sous le pied à, griller, l'emporter sur, laisser loin derrière, supplanter, surclasser, surpasser. *FAM.* enfoncer. *FRANCE FAM.* faire la pige à. ▸ ***Excéder*** – excéder, outrepasser. ▸ ***Transcender*** – surpasser, transcender. ▸ ***Surenchérir*** – renchérir sur, surenchérir sur. ▸ ***Saillir*** – avancer, déborder, faire saillie, ressortir, saillir, se détacher, sortir. *BELG.* dessortir. *TECHN.* forjeter, surplomber. ▸ ***Empiéter*** – chevaucher, déborder, empiéter, mordre. ♦ **dépassé** ▸ ***Démodé*** – anachronique, ancien, antédiluvien, antique, archaïque, arriéré, caduc, démodé, désuet, fossile, inactuel, moyenâgeux, obsolescent, obsolète, passé de mode, périmé, poussiéreux, préhistorique, qui a fait son temps, suranné, tombé en désuétude, usé, vétuste, vieilli, vieillot, vieux, vieux jeu. △ **ANT.** ÊTRE EN RETRAIT, SUIVRE; ÉGALER.

dépaysement *n.m.* ▸ ***Fait d'être dépaysé*** – anatopisme, inadaptation. △ **ANT.** FAMILIARITÉ.

dépêche *n.f.* annonce, appel, avis, ban, communication, communiqué, déclaration, décret, dénonciation, divulgation, édit, manifeste, message, notification, proclamation, profession de foi, programme, promulgation, publication, rescrit, serment, signification.

dépêcher (se) *v.* ▸ ***Envoyer qqn*** – déléguer, députer, détacher, envoyer, mandater. ♦ **se dépêcher** ▸ ***Se hâter*** – courir, faire vite, s'empresser, se hâter, se précipiter, se presser. *FAM.* activer, bourrer, pédaler, se dégrouiller, se grouiller, se magner, se magner le popotin. △ **ANT.** FLÂNER, LAMBINER, PRENDRE SON TEMPS, RALENTIR, TRAÎNER.

dépeindre *v.* brosser un tableau de, décrire, montrer, peindre, présenter, représenter, tracer le portrait de.

dépendance *n.f.* ▸ ***Soumission*** – abaissement, allégeance, appartenance, asservissement, assujettissement, attachement, captivité, contrainte, domestication, domesticité, domination, emprise, esclavage, gêne, hilotisme, inféodation, infériorité, mainmise, merci, mouvance, obédience, obéissance, obligation, oppression, pouvoir, puissance, servage, servitude, soumission, subordination, sujétion, tutelle, tyrannie, vassalité. *FIG.* carcan, chaîne, corset (de fer), coupe, fardeau, griffe, main, patte, prison; *SOUT.*

fers, gaine, joug. FÉOD. tenure. ▶ ***Accoutumance*** – accoutumance, assuétude, pharmacodépendance, pharmacomanie, toxicomanie, toxicophilie. ▶ ***Relation*** – association, connexion, connexité, corrélation, correspondance, filiation, interaction, interdépendance, interrelation, liaison, lien, lien causal, rapport, rapprochement, relation, relation de cause à effet. FIG. pont. ▶ ***Annexe*** – annexe, attenance, filiale, succursale. △ **ANT.** AUTONOMIE, INDÉPENDANCE, LIBERTÉ; AFFRANCHISSEMENT, ÉMANCIPATION, LIBÉRATION.

dépendant *adj.* ▶ ***Qui dépend de qqch.*** – soumis à, subordonné à, tributaire de. ▶ ***Toxicomane*** – drogué, toxicomane. FAM. accro, accroché, camé, chargé, toxico. △ **ANT.** AUTONOME, INDÉPENDANT, LIBRE; EN SEVRAGE.

dépendre *v.* ▶ ***Résulter*** – découler, dériver, émaner, partir, procéder, provenir, résulter, s'ensuivre. BELG. conster. ▶ ***Appartenir*** – appartenir à, être du ressort de, relever de, ressortir à, se rapporter à, se rattacher à. △ **ANT.** ÊTRE INDÉPENDANT DE; S'AFFRANCHIR DE, SE LIBÉRER DE.

dépense *n.f.* ▶ ***Frais*** – contribution, cotisation, débours, déboursement, décaissement, faux frais, frais, paiement, sortie. ▶ ***Placard*** (QUÉB.) – garde-manger. △ **ANT.** CRÉDIT, ÉCONOMIE, GAIN, RECETTE, RENTRÉE, REVENU.

dépenser *v.* ▶ ***Débourser*** – débourser, décaisser, payer, verser. FAM. allonger, casquer, cracher, lâcher. ▶ ***Consommer*** – consommer, user. ♦ **se dépenser** ▶ ***Se donner du mal*** – faire des pieds et des mains, peiner, remuer ciel et terre, s'échiner, s'évertuer, se démener, se donner beaucoup de peine, se donner du mal, se fatiguer, se mettre en quatre, se remuer, se tuer. FAM. ramer, se décarcasser, se défoncer, se démancher, se donner un mal de chien, se donner un mal de fou, se fouler la rate. △ **ANT.** AMASSER, ÉCONOMISER, ÉPARGNER; MÉNAGER.

dépérir *v.* ▶ ***Perdre ses forces*** – perdre ses forces, s'affaiblir, s'anémier, s'étioler, s'user, se consumer. SUISSE crevoter. ▶ ***Péricliter*** – agoniser, aller à la ruine, décliner, menacer ruine, péricliter, se dégrader, se délabrer, se détériorer. SOUT. déchoir, pâtir, tomber en décadence. ▶ ***En parlant d'un végétal*** – s'étioler, se dessécher, se faner, se flétrir. △ **ANT.** CROÎTRE, S'ÉPANOUIR, SE DÉVELOPPER.

déphasage *n.m.* arriéré, décalage, désynchronisation, retard. AGRIC. tardiveté. PHYS. hystérésis. △ **ANT.** COORDINATION, SIMULTANÉITÉ, SYNCHRONISME.

dépit *n.m.* ▶ ***Déception*** – abattement, accablement, affliction, amertume, anéantissement, chagrin, consternation, déboires, déception, déconvenue, découragement, dégoût, dégrisement, démoralisation, désappointement, désenchantement, désespoir, désillusion, désolation, échec, écœurement, ennui, infortune, insuccès, lassitude, mécompte, peine, regret, revers, tristesse. SOUT. atterrement, déréliction, désabusement, désespérance, retombement. FAM. défrisage, défrisement, douche (froide), ras-le-bol. ▶ ***Aigreur*** – acariâtreté, acerbité, acidité, âcreté, acrimonie, agressivité, aigreur, amertume, animosité, âpreté, bave, bile, causticité, colère, désagrément, dureté, fiel, haine, hargne, humeur, irritation, malveillance, maussaderie, mauvaise humeur, méchanceté, mordant, pique, rancœur, rancune, récrimination, ressentiment, rudesse, tranchant, venin, vindicte, virulence. SOUT. mordacité. FAM. rouspétance. △ **ANT.** JOIE, SATISFACTION.

déplacement *n.m.* ▶ ***Action de déplacer*** – mouvement. ▶ ***Action de se déplacer*** – locomotion, traction. ▶ ***Voyage*** – allées et venues, balade, campagne, circuit, circumnavigation, course, croisière, excursion, expédition, exploration, hadj, incursion, marche, méharée, mission, navette, navigation, odyssée, passage, pèlerinage, pérégrination, périple, promenade, raid, rallye, randonnée, reconnaissance, tour, tourisme, tournée, transport, traversée, va-et-vient, voyage. SOUT. chevauchée, errance. FAM. bourlingue, transhumance. QUÉB. voyagement. ▶ ***Migration*** – migration, mouvement, nomadisme, transplantation. SOUT. transmigration. ▶ ***Mutation*** – affectation, mouvement, mutation. △ **ANT.** MAINTIEN; REPLACEMENT; IMMOBILITÉ.

déplacer *v.* ▶ ***Éloigner*** – décaler, déranger, éloigner, pousser. FAM. bouger, remuer. ▶ ***Transférer*** – délocaliser, transférer. ▶ ***Affecter à un autre poste*** – muter. ♦ **se déplacer** ▶ ***Bouger*** – bouger, se mouvoir, se remuer. ▶ ***Avancer*** – aller, évoluer, se diriger, se mouvoir, se porter. ▶ ***Circuler*** – circuler, voyager. △ **ANT.** LAISSER, MAINTENIR; REMETTRE, REPLACER, RÉTABLIR. ♦ **se déplacer** ÊTRE IMMOBILE, RESTER EN PLACE; S'IMMOBILISER.

déplaire *v.* ▶ ***Répugner*** – rebuter, répugner à. SOUT. repousser. FAM. débecter. ▶ ***Mécontenter*** – contrarier, dépiter, fâcher, frustrer, mécontenter. FAM. défriser. QUÉB. FAM. choquer. ▶ ***Choquer l'œil, l'oreille*** – agresser, blesser, choquer, heurter, offenser. △ **ANT.** CHARMER, ENCHANTER, PLAIRE À, RAVIR, SÉDUIRE.

déplaisant *adj.* ▶ ***Au caractère désagréable*** – acariâtre, acerbe, aigri, anguleux, âpre, bourru, désagréable, désobligeant, difficile, grincheux, hargneux, intraitable, maussade, rébarbatif, rêche, revêche. SOUT. atrabilaire. FAM. chameau, teigneux. QUÉB. FAM. malcommode. SUISSE gringe. ▶ ***Mauvais*** – déplorable, désagréable, détestable, fâcheux, mauvais, méchant, vilain. FAM. sale. ▶ ***Incommodant*** – désagréable, gênant, incommodant, inconfortable, pénible. ▶ ***Insupportable*** – antipathique, atroce, désagréable, détestable, exécrable, haïssable, impossible, infernal, insoutenable, insupportable, intenable, intolérable, invivable, irrespirable, odieux, pénible. FAM. imbuvable. ▶ ***Laid*** – à faire peur, affreux, disgracieux, hideux, horrible, ignoble, inesthétique, informe, ingrat, inharmonieux, laid, laideron *(femme)*, monstrueux, repoussant, répugnant, vilain. SOUT. malgracieux, répulsif. FAM. blèche, dégueu, dégueulasse, mochard, moche, tarte, tartignolle, tocard. △ **ANT.** AGRÉABLE, CHARMANT, PLAISANT; AMUSANT, DISTRAYANT, DIVERTISSANT, ÉGAYANT, RÉJOUISSANT; ATTACHANT, SÉDUISANT; ACCUEILLANT, AFFABLE, AMÈNE, AVENANT, SYMPATHIQUE; AIMABLE, CONCILIANT, DOUX; À CROQUER, ADORABLE, BEAU, DÉLICIEUX, GRACIEUX, JOLI, MIGNON, RAVISSANT.

déplaisir *n.m.* ▶ ***Ennui*** – assommement, bâillement, dégoût, ennui, insatisfaction, langueur, lassitude, vide. SOUT. blasement. ▶ ***Agacement*** – agacement, chiffonnage, chiffonnement, contrariété, désagrément. FAM. embêtement, emmerde, emmerdement. ▸ ***Inconvénient*** – aléa, charge, contre, danger, défaut, dérangement, désagrément, désavantage, difficulté, écueil, embarras, empêchement, ennui, fissure, gêne, handicap, incommodité, inconfort, inconvénient, mauvais côté, objection, obstacle, point faible, risque, trouble. SOUT. importunité. ▸ ***Vexation*** – affront, crève-cœur, déboires, dégoût, froissement, humiliation, vexation. SOUT. camouflet, désobligeance, soufflet. △ ANT. CONTENTEMENT, PLAISIR, SATISFACTION.

déplier *v.* ▸ ***Déployer*** – déployer, développer, étaler, étendre, ouvrir. ▸ ***Allonger le bras, la jambe*** – allonger, étirer. △ ANT. PLIER.

déploiement *n.m.* affinement, allongement, bandage, dépliage, dépliement, développement, élongation, étirage, étirement, excroissance, extension, prolongement, rallonge, rallongement, tension, tirage. △ ANT. CONTRACTION; PLIAGE, REPLI, REPLIEMENT; RANGEMENT.

déplorable *adj.* ▸ ***Qui attriste*** – affligeant, atterrant, attristant, chagrinant, consternant, désespérant, désolant, douloureux, malheureux, misérable, navrant, pénible, pitoyable, qui serre le cœur, triste. ▸ ***Très fâcheux*** – désastreux, désolant, fâcheux, malheureux, regrettable. ▸ ***Désagréable*** – déplaisant, désagréable, détestable, fâcheux, mauvais, méchant, vilain. FAM. sale. ▸ ***Médiocre*** – abominable, affreux, atroce, désastreux, épouvantable, exécrable, horrible, infect, insipide, lamentable, manqué, mauvais, médiocre, minable, navrant, nul, odieux, piètre, piteux, pitoyable, qui ne vaut rien, raté. SOUT. méchant, triste. FAM. à la con, à la flan, à la gomme, à la manque, à la mie de pain, à la noix (de coco), blèche, craignos, crapoteux, moche, pourri, qui ne vaut pas un clou. △ ANT. APPRÉCIÉ, BÉNI, ESTIMÉ, INESPÉRÉ; BRILLANT, EXCELLENT, EXTRAORDINAIRE, FANTASTIQUE, MAGNIFIQUE, MERVEILLEUX, PRODIGIEUX, REMARQUABLE, SENSATIONNEL.

déplorer *v.* pleurer, regretter. △ ANT. SE FÉLICITER DE, SE RÉJOUIR DE.

déployer *v.* ▸ ***Déplier*** – déplier, développer, étaler, étendre, ouvrir. ▸ ***Ouvrir les ailes*** – étendre. SOUT. éployer. ▸ ***Larguer une voile*** – déferler, larguer. ▸ ***Employer*** – avoir recours à, employer, exercer, faire appel à, faire jouer, faire usage de, jouer de, mettre en œuvre, recourir à, s'aider de, se servir de, user de, utiliser. ▸ ***Montrer*** – affirmer, donner des marques de, donner la preuve/des preuves de, extérioriser, faire montre de, faire preuve de, manifester, marquer, montrer (des signes de), prouver, témoigner. ▸ ***Montrer avec ostentation*** – afficher, arborer, étaler, exhiber, exposer, faire étalage de, faire montre de, faire parade de. △ ANT. PLIER, PLOYER, REPLIER, ROULER; CACHER.

dépolluer *v.* ▸ ***Éliminer la pollution*** – décontaminer, épurer. ▸ ***Éliminer la radioactivité*** – décontaminer, désactiver. △ ANT. POLLUER.

déposer *v.* ▸ ***Poser*** – mettre, poser. ▸ ***Renoncer au pouvoir, à un titre*** – abdiquer, renoncer à, se désister. ▸ ***Déposséder du trône*** – chasser du trône, découronner, destituer, détrôner. ▸ ***Décanter*** – reposer, se clarifier, (se) décanter. ▸ ***Témoigner*** – comparaître, témoigner. △ ANT. PRENDRE, RETIRER; COURONNER; CHARGER, NOMMER.

déposition *n.f.* ▸ ***Témoignage*** – comparution, témoignage. ▸ ***Fait de chasser un souverain*** – découronnement, détrônement. △ ANT. INVESTITURE, RÉINTÉGRATION.

déposséder *v.* démunir, dépouiller, dessaisir, frustrer, priver, spolier. △ ANT. ATTRIBUER, DONNER, RENDRE.

dépôt *n.m.* ▸ ***Versement*** – paiement, règlement, versement. ▸ ***Acompte*** – acompte, arrhes, avaloir, avance, provision, tiers provisionnel. ▸ ***Réserve*** – amas, approvisionnement, fourniture, provision, réserve, stock. ▸ ***Entrepôt*** – appentis, arrière-boutique, dock, entrepôt, fondouk *(pays arabes)*, hangar, réserve. ▸ ***Dépotoir*** – cloaque, décharge, déchetterie, dépôt (d'ordures), dépotoir, vidoir, voirie. SOUT. sentine. ▸ ***Déchet*** – bourre, bourrier, chiure, chute, crasse, culot, débris, déchet, détritus, gadoue, immondices, impureté, lavure, lie, malpropreté, ordure, parcelle, perte, poussière, raclure, rebut, reliefs, reliquat, résidu, reste, rinçure, rognure, saleté, salissure. FAM. margouillis, saloperie. ▸ ***Précipité*** – précipité, sédiment. ▸ ***Tartre*** – calcin, incrustation, tartre. ▸ ***Lie*** – lie, marc. △ ANT. RETRAIT; ÉROSION.

dépouille *n.f.* ▸ ***Peau d'un animal*** – exuvie, mue. ▸ ***Cadavre*** (SOUT.) – cadavre, corps, mort. SOUT. dépouille (mortelle). FAM. macchab, macchabée.

dépouillement *n.m.* ▸ ***Action de déposséder*** – captation, dépossession, frustration, privation. ▸ ***Absence d'ornement*** – austérité, nudité, pureté, sévérité, simplicité, sobriété. ▸ ***Brièveté*** – brièveté, concision, densité, laconisme. ▸ ***Modération*** – centrisme, frugalité, juste milieu, ménagement, mesure, modérantisme, modération, modestie, pondération, réserve, retenue, rusticité, sagesse, simple, simplicité, sobriété, tempérance. ▸ ***Ascèse*** – abstinence, ascèse, ascétisme, austérité, expiation, flagellation, frugalité, macération, mortification, pénitence, privation, propitiation, renoncement, restriction, sacrifice, stigmatisation, tempérance. ▸ ***Examen de documents*** – analyse, approfondissement, développement, enrichissement, épluchage, étude, examen, exploration, introspection, méditation, pesée, progrès, recherche, réflexion, sondage. △ ANT. POSSESSION; ORNEMENTATION, SURCHARGE; EXCÈS; OPULENCE, RICHESSE.

dépouiller *v.* ▸ ***Dégarnir*** – débarrasser, dégarnir, démunir, vider. ▸ ***Enlever la peau*** – dépiauter, écorcher. ▸ ***Voler*** – délester, détrousser, dévaliser, voler. FAM. déplumer, faire les poches de, plumer, ratiboiser, ratisser, soulager de son portefeuille, tondre. FRANCE RÉGION. FAM. roustir. ▸ ***Spolier*** – démunir, déposséder, dessaisir, frustrer, priver, spolier. ▸ ***Examiner des documents*** – compulser, examiner. FAM. dépiauter, éplucher. ▸ ***Ouvrir le courrier*** – décacheter, ouvrir. ▸ ***Abandonner*** (SOUT.) – abandonner, délaisser, enterrer, faire une croix sur, jeter aux oubliettes, laisser, laisser en jachère, laisser tomber, mettre au placard, mettre au rancart, mettre aux oubliettes, quitter, renoncer à, tirer une croix sur. SOUT. renoncer. FAM. lâcher, planter là, plaquer. ♦ **se dépouiller** ▸ ***Se départir*** – renoncer à, se débarrasser de, se défaire de, se démunir de, se départir de, se dessaisir de. *SOUT.* renoncer. *FAM.* balancer, bazarder, larguer, lourder, sacrifier. ♦ **dépouillé** ▶ ***Nu*** – austère, froid, gris, nu, sévère, triste. ▶ ***Sobre*** – classique, discret, simple, sobre, strict. △ **ANT.** COUVRIR, GARNIR, HABILLER, VÊTIR; DONNER, FOURNIR; ENRICHIR.

dépravé *n.* ▶ ***Pervers*** – concupiscent, débauché, dévergondé, déviant, libertin, obsédé (sexuel), paillard, pervers, polisson, satyre, vicieux. *SOUT.* dissipé. ▶ ***Sadique*** – barbare, boucher, bourreau, cannibale, monstre, ogre, psychopathe, sadique, tordu, tortionnaire, vampire. *SOUT.* tigre.

déprécier *v.* ▶ ***Diminuer une monnaie*** – avilir, dévaloriser, dévaluer. ▶ ***Diminuer le mérite*** – dénigrer, dévaloriser, dévaluer, diminuer, inférioriser, rabaisser, rapetisser, ravaler. *RARE* démonétiser, péjorer. ▶ ***Dénigrer*** – attaquer, critiquer, descendre en flammes, écharper, éreinter, étriller, faire le procès de, malmener, maltraiter, massacrer, matraquer, mettre à mal, pourfendre, s'acharner contre. *FAM.* couler, démolir, descendre, écorcher, esquinter. *FRANCE FAM.* allumer, débiner. *QUÉB. FAM.* maganer. ▶ ***Sous-estimer*** – avoir mauvaise opinion de, inférioriser, méconnaître, mésestimer, minorer, ne pas apprécier à sa juste valeur, sous-estimer, sous-évaluer. *SOUT.* dépriser, méjuger de. △ **ANT.** ADMIRER, APPRÉCIER, ESTIMER, SURESTIMER, VALORISER, VANTER.

déprendre *v.* ▶ ***Décoincer*** (*QUÉB. FAM.*) – débloquer, décoincer, dégager, dégripper, libérer. ♦ **se déprendre** ▶ ***Se dégager*** (*QUÉB. FAM.*) – émaner, s'échapper, s'exhaler, se dégager, sortir.

dépression *n.f.* ▶ ***Tristesse*** – abattement, accablement, affliction, aigreur, amertume, chagrin, désolation, deuil, douleur, ennui, épreuve, grisaille, humeur noire, idées noires, idées sombres, langueur, lypémanie, mal du pays, mal-être, maussaderie, mélancolie, monotonie, morosité, neurasthénie, noir, nostalgie, papillons, peine, serrement de cœur, souci, tædium vitæ, tristesse, vague à l'âme. *SOUT.* atrabile, larmes, navrement, nuage, spleen, taciturnité. *FAM.* blues, bourdon, cafard, déprime, sinistrose. ▶ ***Affaissement*** – affaissement, cavité, creux, crevasse, éboulement, écroulement, effondrement, flache, fondrière, fossé. *GÉOL.* ensellement, épirogenèse, fondis, graben. *RARE* enfonçure. ▶ ***Récession*** – banqueroute, chute, crise, culbute, débâcle, déconfiture, dépôt de bilan, effondrement, faillite, fiasco, insolvabilité, krach, liquidation, marasme, mévente, naufrage, récession, ruine, stagflation. *FAM.* dégringolade. *FRANCE FAM.* baccara. △ **ANT.** ENTHOUSIASME, EUPHORIE, EXALTATION, EXCITATION, JOIE; ÉLÉVATION, ÉMINENCE, SOULÈVEMENT; EXPANSION, HAUSSE, PROGRÈS, PROSPÉRITÉ.

déprimant *adj.* ▶ ***Qui inspire l'ennui*** – ennuyeux, gris, grisâtre, maussade, monotone, morne, plat, sans vie, terne. ▶ ***Décourageant*** – débilitant, décourageant, démobilisateur, démoralisant, démoralisateur, démotivant, désespérant. *FRANCE FAM.* flippant. ▶ ***Affaiblissant*** (*SOUT.*) – affaiblissant, alanguissant, amollissant, anémiant, débilitant. *SOUT.* consomptif. △ **ANT.** AMUSANT, CHARMANT, DISTRAYANT, DIVERTISSANT, ÉGAYANT, GAI, PLAISANT, RÉJOUISSANT; ENCOURAGEANT, MOTIVANT, STIMULANT.

déprimer *v.* ▶ ***Démoraliser*** – abattre, débiliter, décourager, démobiliser, démoraliser, démotiver, écœurer, lasser, mettre à plat. *FAM.* démonter. *BELG.* déforcer. *ACADIE FAM.* déconforter. ▶ ***Être démoralisé*** (*FAM.*) – avoir des idées noires, avoir le vague à l'âme, broyer du noir. *FAM.* avoir le cafard, cafarder. *FRANCE FAM.* être dans le trente-sixième dessous, flipper. △ **ANT.** BOMBER; EXALTER, RÉJOUIR, REMONTER, REVIGORER.

député *n.* ▶ ***Délégué*** – agent, ambassadeur, attaché, chargé d'affaires, chargé de mission, commissaire, correspondant, délégataire, délégué, diplomate, émissaire, envoyé, fondé de pouvoir, légat, mandataire, messager, ministre, négociateur, parlementaire, plénipotentiaire, représentant. *FRANCE ANC.* agréé. ▶ ***Membre du gouvernement*** – parlementaire.

déraciner *v.* ▶ ***Sortir de terre*** – arracher, déplanter, déterrer, extirper. ▶ ***Supprimer*** – éliminer, éradiquer, faire disparaître, radier, supprimer. *SOUT.* extirper. ▶ ***Exiler*** (*SOUT.*) – bannir, chasser (hors) de son pays, déporter, exiler, expatrier, expulser, mettre au ban, proscrire, refouler. *SOUT.* arracher de sa patrie, arracher de son sol natal. *DR.* reléguer. △ **ANT.** ENFONCER, ENRACINER, IMPLANTER; FIXER.

déraisonnable *adj.* ▶ ***Insensé*** – aberrant, absurde, fou, idiot, illogique, inepte, insensé, irrationnel, qui n'a aucun sens, ridicule, stupide. *SOUT.* insane. *FAM.* dément, qui ne tient pas debout. *RARE* antirationnel. *PHILOS.* alogique. ▶ ***Exagéré*** – abusif, débridé, déchaîné, délirant, démesuré, déréglé, effréné, exagéré, excessif, exorbitant, extravagant, extrême, forcé, immodéré, intempérant, outrancier, outré, qui dépasse la mesure, qui dépasse les bornes, sans frein. *SOUT.* outrageux. *FAM.* dément, démentiel, soigné. ▶ ***Inacceptable*** – illégitime, inacceptable, inadmissible, indéfendable, injustifiable, injustifié, insoutenable, irrecevable. *SOUT.* infondé. △ **ANT.** RAISONNABLE; PONDÉRÉ, POSÉ, RÉFLÉCHI, SAGE, SENSÉ, SÉRIEUX; ACCEPTABLE, CONVENABLE, CORRECT, DÉCENT, HONNÊTE, SATISFAISANT; FONDÉ, JUSTE, JUSTIFIÉ.

dérangement *n.m.* ▶ ***Fait de ne plus être en ordre*** – désagencement, désajustement, désalignement, désarticulation, désassemblage, désassemblement, désordre, désorganisation, désorientation, déstructuration. ▶ ***Remue-ménage*** – activité, affairement, affolement, agitation, alarme, animation, bouillonnement, branle-bas (de combat), bruit, désordre, désorganisation, détraquement, effervescence, excitation, fourmillement, grouillement, hâte, incohérence, mouvement, orage, précipitation, remous, remue-ménage, secousse, tempête, tohu-bohu, tourbillon, tourmente, trépidation, trouble, tumulte, turbulence, va-et-vient. *SOUT.* émoi, remuement. *FAM.* chambardement. ▶ ***Bouleversement*** – bouleversement, changement, chavirage, chavirement, conflagration, convulsion, dérèglement, déséquilibre, désorganisation, détraquement, perturbation, renouvellement, rénovation, renversement, retournement, révolution, séisme, stress, trouble. *FAM.* chambard, chambardement, chamboulement. ▶ ***Inconvénient*** – aléa, charge, contre, danger, défaut, déplaisir, désagrément, désavantage, difficulté, écueil, embarras, empêchement, ennui, fissure, gêne, handicap, incommodité, inconfort, inconvénient, mauvais côté, objection, obstacle, point faible, risque, trouble. *SOUT.* importunité. ▶ ***Malaise physique*** – affection, altération, anomalie, défaillance, déficience, dysfonction, dysfonctionnement, embarras, faiblesse, gêne, indisposition, insuffisance, mal, malaise, trouble. *DIDACT.* dysphorie. *MÉD.* lipothymie. *SOUT.* mésaise. ▸ ***Déséquilibre mental*** – aliénation (mentale), démence, déséquilibre, folie, psychose. △ **ANT.** ARRANGEMENT, CLASSEMENT, ORDRE, RANGEMENT; ACCOMMODEMENT; COMMODITÉ.

déranger *v.* ▸ ***Déplacer*** – décaler, déplacer, éloigner, pousser. *FAM.* bouger, remuer. ▸ ***Défaire le classement*** – brouiller, déclasser, mêler. ▸ ***Gêner le déroulement*** – aller à l'encontre de, barrer, contrarier, contrecarrer, empêcher, entraver, faire obstacle à, gâcher, gêner, mettre des bâtons dans les roues de, nuire à, s'opposer à, se mettre en travers de, troubler. ▸ ***Perturber le fonctionnement*** – dérégler, désajuster, détraquer. *FAM.* déglinguer. *BELG.* débrôler. ▸ ***Déconcentrer*** – déconcentrer, dissiper, distraire. ▸ ***Importuner*** – envahir, gêner, interrompre. ▸ ***Incommoder*** – ennuyer, gêner, importuner, incommoder, indisposer. ▸ ***Agacer*** (*QUÉB. FAM.*) – agacer, crisper, énerver, exaspérer, excéder, fatiguer, hérisser, impatienter, importuner, irriter, porter sur les nerfs de. *FAM.* barber, casser les pieds à, courir sur le système de, embêter, emmieller, empoisonner, enquiquiner, faire suer, gonfler, horripiler, insupporter, pomper l'air à, scier, tanner, taper sur les nerfs de. *FRANCE FAM.* bassiner, canuler, cavaler, courir, courir sur le haricot de, soûler. *QUÉB. FAM.* achaler. ♦ **dérangé** ▸ ***Fou*** – fou, gâteux, qui a perdu la tête, qui n'a plus toute sa raison, troublé. *FAM.* cinglé, dingo, dingue, fêlé, folasse *(femme)*, gaga, maboul, malade, marteau, qui a perdu la boule, sonné, timbré, toqué, tordu. *FRANCE FAM.* atteint, azimuté, barjot, braque, brindezingue, cintré, déjanté, fada, foldingue, folingue, fondu, frappé, givré, jeté, pété, piqué, schnock, sinoque, siphonné, toc toc, zinzin. *BELG. FAM.* mastoc. △ **ANT.** AJUSTER, ARRANGER, CLASSER, ORDONNER, ORGANISER, RANGER, RÉGLER; MÉNAGER, RESPECTER.

dérèglement *n.m.* ▸ ***Bouleversement*** – bouleversement, changement, chavirage, chavirement, conflagration, convulsion, dérangement, déséquilibre, désorganisation, détraquement, perturbation, renouvellement, rénovation, renversement, retournement, révolution, séisme, stress, trouble. *FAM.* chambard, chambardement, chamboulement. ▸ ***Désorganisation*** – activité, affairement, affolement, agitation, alarme, animation, bouillonnement, branle-bas (de combat), bruit, dérangement, désordre, désorganisation, détraquement, effervescence, excitation, fourmillement, grouillement, hâte, incohérence, mouvement, orage, précipitation, remous, remue-ménage, secousse, tempête, tohu-bohu, tourbillon, tourmente, trépidation, trouble, tumulte, turbulence, va-et-vient. *SOUT.* émoi, remuement. *FAM.* chambardement. ▸ ***Déséquilibre mental*** – aliénation (mentale), démence, dérangement, déséquilibre, folie, psychose. △ **ANT.** AJUSTEMENT, ARRANGEMENT; BON FONCTIONNEMENT; ORDRE, ORGANISATION, RÈGLE; MESURE, MODÉRATION.

dérision *n.f.* ▸ ***Raillerie*** – épigramme, esprit, flèche, goguenardise, gouaille, gouaillerie, humour, ironie, lazzi, malice, moquerie, persiflage, pique, plaisanterie, pointe, quolibet, raillerie, ricanement, risée, sarcasme, satire, taquinerie, trait. *SOUT.* brocard, nargue, saillie. *FAM.* vanne. ▸ ***Mépris*** – arrogance, condescendance, dédain, dégoût, hauteur, mépris, morgue, snobisme. *SOUT.* déconsidération, mésestimation, mésestime. △ **ANT.** CONSIDÉRATION, DÉFÉRENCE, ESTIME, RESPECT; ÉLOGE, LOUANGE.

dérisoire *adj.* ▸ ***Qui suscite la moquerie*** – grotesque, ridicule, risible. ▸ ***Très insuffisant*** – insignifiant, malheureux, minime, misérable, piètre, ridicule. △ **ANT.** ADMIRABLE, ESTIMABLE, HONORABLE, LOUABLE, MÉRITOIRE; APPRÉCIABLE, DE TAILLE, FORT, GRAND, GROS, IMPORTANT, NOTABLE, RESPECTABLE, SENSIBLE, SÉRIEUX, SUBSTANTIEL.

dérive *n.f.* ▸ ***Changement de direction*** – contournement, dérivation, déroutage, déroutement, détournement, déviation. *BELG.* évitement. ▸ ***Changement incontrôlé*** – déraillement, dérapage, déviation. ▸ ***Dispositif*** – empennage, gouverne.

dériver *v.* ▸ ***Découler*** – découler, dépendre, émaner, partir, procéder, provenir, résulter, s'ensuivre. *BELG.* conster. △ **ANT.** CAUSER, ENTRAÎNER, PROVOQUER.

dernier *adj.* ▸ ***Final*** – extrême, final, suprême, terminal, ultime. ▸ ***Précédent*** – antécédent, antérieur, passé, précédent. △ **ANT.** DU DÉBUT, INITIAL, PREMIER; PROCHAIN *(UNITÉ DE TEMPS)*.

dernièrement *adv.* à une époque rapprochée, depuis peu, fraîchement, frais, il y a peu, naguère, nouvellement, récemment. △ **ANT.** IL Y A BELLE LURETTE, IL Y A LONGTEMPS.

dérober *v.* ▸ ***Voler*** – faire main basse sur, prendre, soustraire, subtiliser, voler. *FAM.* barboter, chaparder, chiper, choper, escamoter, faire, faucher, flibuster, piquer, rafler, taxer. *FRANCE FAM.* calotter, chouraver. ▸ ***Cacher*** – cacher, camoufler, couvrir, dissimuler, escamoter, masquer, receler, recouvrir, soustraire à la vue, soustraire aux regards, voiler. *FAM.* planquer. *FRANCE RÉGION.* mucher, musser. ▸ ***Retirer*** (*SOUT.*) – enlever, ôter, retirer. ♦ **se dérober** ▸ ***Chercher à éviter*** – couper à, échapper à, esquiver, éviter, fuir, passer au travers de, se dispenser de, se soustraire à. *FAM.* se défiler. *FRANCE FAM.* se débiner. ▸ ***Éluder une question*** – contourner, éluder, escamoter, esquiver, éviter, fuir, tourner. ▸ ***Fuir une obligation*** – manquer à, négliger, se dédire de. *SOUT.* faillir à, forfaire à. ▸ ***Tergiverser*** – atermoyer, biaiser, finasser, louvoyer, tergiverser, tortiller, tourner autour du pot. *QUÉB. FAM.* patiner. △ **ANT.** DONNER, LIVRER, RENDRE, RESTITUER, RÉTABLIR. ♦ **se dérober** AFFRONTER, ASSUMER, FAIRE FACE, S'EXPOSER.

déroulement *n.m.* ▸ ***Action de dérouler*** – débobinage, défilement, déroulage, dévidage, dévirage, tavellage, tracanage. ▸ ***Évolution dans le temps*** – cheminement, cours, développement, devenir, évolution, fil, marche, progrès, progression, suite. ▸ ***Processus*** – fonctionnement, marche, mécanique, mécanisme, opération, procédure, procès, processus. △ **ANT.** ENROULEMENT; ARRÊT, INTERRUPTION, PAUSE.

dérouler *v.* ▸ ***Débobiner*** – débobiner, désembobiner, dévider. ♦ **se dérouler** ▸ ***Se produire*** – advenir, arriver, avoir lieu, se passer, se produire, survenir. △ ANT. ENROULER, ENVELOPPER, REPLIER, ROULER. ♦ **se dérouler** S'ARRÊTER, S'INTERROMPRE.

déroutant *adj.* déconcertant, embarrassant, qui met dans l'embarras, troublant. *FAM.* démontant. *QUÉB.* embêtant. △ ANT. ENCOURAGEANT, RASSÉRÉNANT, RASSURANT, TRANQUILLISANT.

déroute *n.f.* ▶ ***Débandade*** – abandon, débâcle, débandade, dispersion, panique, retraite, sauve-qui-peut. ▶ ***Défaite*** – avortement, banqueroute, capitulation, catastrophe, chute, débâcle, débandade, déconfiture, défaite, désavantage, échec, écrasement, faillite, fiasco, four, infortune, insuccès, mauvaise fortune, naufrage, perte, ratage, raté, retraite, revers. *SOUT.* traverse. *FAM.* désastre, piquette, plantage, raclée, recalage, volée. *FRANCE FAM.* bide, déculottée, dégelée, écrabouillement, fessée, foirade, gamelle, loupage, pile, rincée, rossée, tannée, veste. △ ANT. DISCIPLINE, ORDRE; RÉSISTANCE; RÉUSSITE, SUCCÈS, VICTOIRE.

dérouter *v.* ▶ ***Faire changer de route*** – détourner, dévier, écarter, éloigner. ▶ ***Décontenancer*** – déconcerter, décontenancer, démonter, désarçonner, désorienter, déstabiliser, ébranler, embarrasser, interloquer, troubler. *SOUT.* confondre. *FAM.* déboussoler. △ ANT. APAISER, ENCOURAGER, RASSURER, TRANQUILLISER.

derrière *n.m.* ▶ ***Envers*** – arrière, dos, envers, revers, verso. ▶ ***Partie du corps*** – fesses, postérieur, siège. ▸ *Animaux* – arrière-main, arrière-train, croupe. △ ANT. ENDROIT; DEVANT; FAÇADE.

désaccord *n.m.* ▶ ***Conflit*** – affrontement, antagonisme, combat, compétition, concurrence, conflit, contentieux, contestation, controverse, débat, différend, discorde, discussion, dispute, dissension, dissentiment, divergence, émulation, friction, heurt, incompatibilité, incompréhension, lutte, mésentente, mésintelligence, opposition, polémique, querelle, rivalité. *FAM.* bagarre. ▶ ***Dispute*** – accrochage, algarade, altercation, brouille, brouillerie, chicane, controverse, démêlé, désunion, différend, discorde, dispute, divergence, escarmouche, explication, fâcherie, froid, heurt, joute oratoire, litige, malentendu, mésentente, passe d'armes, polémique, querelle, rupture, scène, zizanie. *FAM.* bagarre, bisbille, bringue, chamaille, chamaillerie, empoignade, empoignement, engueulade, prise de bec, séance. *BELG. FAM.* bisbrouille. ▶ ***Différence*** – abîme, altérité, changement, déviance, différence, dissemblance, dissimilitude, distance, distinction, divergence, diversité, division, divorce, écart, fossé, gouffre, incompréhension, inégalité, intervalle, marginalité, nuance, séparation, variante, variation, variété. *MATH.* inéquation. ▶ ***Contraste*** – antithèse, contraste, désagencement, désassortiment, déséquilibre, différence, discordance, disharmonie, disparité, disproportion, dissemblance, hétérogénéité, heurt, opposition, repoussoir. *SOUT.* disconvenance, tapage. ▶ ***Incompatibilité*** – décousu, discordance, disparité, divergence, hétérogénéité, inadéquation, incohérence, incompatibilité, inhomogénéité, non-conformité. *SOUT.* disconvenance, incohésion. ▶ ***Scission*** – débranchement, déconnexion, désunion, disjonction, rupture, scission, séparation. △ ANT. ACCORD, ENTENTE, HARMONIE; CONCORDANCE; COMPATIBILITÉ; CONSENSUS, UNANIMITÉ.

désagréable *adj.* ▶ ***Qui déplaît*** – déplaisant, déplorable, détestable, fâcheux, mauvais, méchant, vilain. *FAM.* sale. ▶ ***Difficile et ennuyeux*** – aride, ingrat, pénible, rébarbatif, rebutant. *FAM.* craignos. ▶ ***Qui incommode*** – déplaisant, gênant, incommodant, inconfortable, pénible. ▶ ***Qui énerve*** – agaçant, crispant, énervant, exaspérant, excédant, fatigant, harcelant, importun, inopportun, insupportable, irritant. *FAM.* assommant, casse-pieds, embêtant, empoisonnant, enquiquinant, enquiquineur, horripilant, qui tape sur les nerfs, suant, tannant, tuant. *FRANCE FAM.* gonflant. *QUÉB. FAM.* achalant, dérangeant. ▶ ***Odieux*** – antipathique, atroce, déplaisant, détestable, exécrable, haïssable, impossible, infernal, insoutenable, insupportable, intenable, intolérable, invivable, irrespirable, odieux, pénible. *FAM.* imbuvable. ▶ ***Qui a mauvais caractère*** – acariâtre, acerbe, aigri, anguleux, âpre, bourru, déplaisant, désobligeant, difficile, grincheux, hargneux, intraitable, maussade, rébarbatif, rêche, revêche. *SOUT.* atrabilaire. *FAM.* chameau, teigneux. *QUÉB. FAM.* malcommode. *SUISSE* gringe. △ ANT. AGRÉABLE.

désagréger *v.* décomposer, effriter, émietter. *FRANCE RÉGION.* émier *(entre ses doigts)*. ♦ **se désagréger** s'effriter, se décomposer, se défaire, tomber en poussière. *DIDACT. ou SOUT.* se déliter. △ ANT. AGGLOMÉRER, AGRÉGER, ASSEMBLER, COMBINER, COMPOSER, FUSIONNER, JOINDRE. ♦ **se désagréger** S'UNIFIER, SE RENFORCER.

désaltérer *v.* ▶ ***Apaiser la soif*** – abreuver *(animal)*, apaiser la soif de, étancher la soif de. *FAM.* rafraîchir. ▶ ***Apaiser un besoin*** (*SOUT.*) – apaiser, assouvir, calmer, contenter, étancher, rassasier, satisfaire, soulager. *SOUT.* repaître. ♦ **se désaltérer** ▶ ***Étancher sa soif*** – boire, s'abreuver *(animal)*. *FAM.* se rafraîchir, se rincer le gosier. ▸ *Avec de l'alcool* – prendre un verre. △ ANT. ALTÉRER, ASSOIFFER.

désapprobation *n.f.* ▶ ***Refus*** – contestation, contradiction, négation, négative, non, opposition, récusation, refus, réfutation, rejet. ▶ ***Blâme*** – accusation, admonestation, admonition, anathématisation, anathème, attaque, avertissement, blâme, censure, condamnation, correction, critique, diatribe, grief, grognerie, gronderie, interdit, leçon, malédiction, mise à l'écart, mise à l'index, mise en quarantaine, objection, observation, plainte, punition, récrimination, remarque, remontrance, représentation, réprimande, réprobation, reproche, réquisitoire, semonce, sérénade, sermon, tollé. *SOUT.* animadversion, foudres, fustigation, improbation, mercuriale, objurgation, stigmatisation, vitupération. *FAM.* douche, engueulade, savon, tabac. *FRANCE FAM.* attrapade, lavage de tête, prêchi-prêcha, soufflante. *BELG.* cigare. *RELIG.* fulmination. △ ANT. APPROBATION, ASSENTIMENT.

désapprouver *v.* ▶ ***Juger défavorablement*** – blâmer, condamner, critiquer, désavouer, reprendre, reprocher, réprouver. *SOUT.* en savoir mauvais gré à. △ ANT. APPLAUDIR, APPROUVER, FÉLICITER, LOUER, RATIFIER, SOUTENIR.

désarmement *n.m.* démilitarisation, démobilisation. △ ANT. ARMEMENT, RÉARMEMENT.

désarmer *v.* démilitariser. △ ANT. ARMER; MILITARISER.

désarroi *n.m.* ▶ ***Agitation*** – affolement, agitation, bouleversement, colère, confusion, débridement, déchaînement, ébranlement, ébullition, embrasement, émotion, fièvre, frénésie, mouvement, passion, violence. SOUT. émoi, exaltation. FIG. dévergondage. ▶ ***Désespoir*** – désespoir, détresse, impuissance. △ ANT. CALME, ORDRE; ASSURANCE, FERMETÉ, SÉRÉNITÉ.

désastre *n.m.* ▶ ***Catastrophe*** – apocalypse, bouleversement, calamité, cataclysme, catastrophe, chaos, drame, fléau, malheur, néant, ruine, sinistre, tragédie. FIG. précipice. SOUT. abîme. FAM. cata. ▶ ***Échec*** (FAM.) – avortement, banqueroute, capitulation, catastrophe, chute, débâcle, débandade, déconfiture, défaite, déroute, désavantage, échec, écrasement, faillite, fiasco, four, infortune, insuccès, mauvaise fortune, naufrage, perte, ratage, raté, retraite, revers. SOUT. traverse. FAM. piquette, plantage, raclée, recalage, volée. FRANCE FAM. bide, déculottée, dégelée, écrabouillement, fessée, foirade, gamelle, loupage, pile, rincée, rossée, tannée, veste. △ ANT. AUBAINE, BÉNÉDICTION, BONHEUR, CHANCE; RÉUSSITE, SUCCÈS.

désastreux *adj.* ▶ ***Tragique*** – catastrophique, effroyable, épouvantable, funeste, terrible, tragique. SOUT. calamiteux. ▶ ***Fâcheux*** – déplorable, désolant, fâcheux, malheureux, regrettable. ▶ ***Médiocre*** – abominable, affreux, atroce, déplorable, épouvantable, exécrable, horrible, infect, insipide, lamentable, manqué, mauvais, médiocre, minable, navrant, nul, odieux, piètre, piteux, pitoyable, qui ne vaut rien, raté. SOUT. méchant, triste. FAM. à la con, à la flan, à la gomme, à la manque, à la mie de pain, à la noix (de coco), blèche, craignos, crapoteux, moche, pourri, qui ne vaut pas un clou. △ ANT. ANODIN, BÉNIN, INNOCENT, INOFFENSIF, SANS DANGER, SANS GRAVITÉ; ENCOURAGEANT, MOTIVANT, STIMULANT; BRILLANT, ÉBLOUISSANT, EXCELLENT, EXTRAORDINAIRE, FANTASTIQUE, MAGNIFIQUE, MERVEILLEUX, PARFAIT, PRODIGIEUX, REMARQUABLE, SENSATIONNEL.

désavouer *v.* ▶ ***Nier*** – contester, démentir, disconvenir de, nier, rejeter. RARE récuser. ▶ ***Rétracter*** – abjurer, renoncer à, retirer, rétracter, revenir sur. ▶ ***Condamner*** – blâmer, condamner, critiquer, désapprouver, reprendre, reprocher, réprouver. SOUT. en savoir mauvais gré à. △ ANT. AVOUER, CONFIRMER, RECONNAÎTRE; APPROUVER, RATIFIER.

descendance *n.f.* ligne, lignée, postérité, progéniture. △ ANT. ASCENDANCE.

descendre *v.* ▶ ***Décroître*** – baisser, décliner, décroître, diminuer, s'amoindrir. ▶ ***Séjourner*** – loger, rester, s'arrêter, se relaisser, séjourner. ▶ ***Redescendre à marée basse*** – rebaisser, refluer, se retirer. ▶ ***Mettre plus bas*** – abaisser, baisser. ▶ ***Boire rapidement*** (FAM.) – avaler d'un coup, avaler d'un trait, boire d'un coup, boire d'un trait, lamper. FAM. siffler. ▶ ***Critiquer*** (FAM.) – attaquer, critiquer, écharper, éreinter, étriller, faire le procès de, malmener, maltraiter, massacrer, matraquer, mettre à mal, pourfendre, s'acharner contre. FAM. couler, démolir, écorcher, esquinter. FRANCE FAM. allumer, débiner. QUÉB. FAM. maganer. ▶ ***Tuer*** (FAM.) – abattre, assassiner, éliminer, exécuter, supprimer, tuer. SOUT. immoler. FAM. buter, envoyer dans l'autre monde, expédier, faire la peau à, flinguer *(arme à feu)*, liquider, nettoyer, ratatiner, rectifier, refroidir, se faire, trucider, zigouiller. FRANCE FAM. bousiller. △ ANT. AUGMENTER, CROÎTRE, GRIMPER, MONTER, S'ÉLEVER; DRESSER, HAUSSER; ESCALADER, GRAVIR.

descente *n.f.* ▶ ***Baisse*** – abaissement, baisse, fermeture. SOUT. tombée. ▶ ***Dépréciation*** – abaissement, affaiblissement, affaissement, amenuisement, amoindrissement, baisse, chute, creux, déclin, décroissance, décroissement, décrue, dégression, déplétion, dépréciation, désescalade, dévalorisation, dévaluation, diminution, éclipse, effondrement, effritement, essoufflement, fléchissement, ralentissement, réduction. SOUT. émasculation. ▶ ***Mouvement de la mer*** – jusant, marée descendante, perdant, reflux. ▶ ***Pente*** – côte, coteau, déclivité, grimpette, montée, pente, raidillon, rampant *(toit)*, rampe, talus, versant. ANC. calade *(équitation)*. ▶ ***Déplacement en ski*** – schuss, (ski de) descente. ▶ ***Rampe*** – balustrade, banquette de sûreté, garde-corps, garde-fou, main courante, parapet, rambarde, rampe. QUÉB. FAM. balustre. ▶ ***Bateau*** – balcon, bastingage, filière, garde-corps, rambarde. ▶ ***Partie d'une mine*** – bowette, boyau de mine, descenderie, galerie (de mine), travers-banc. ▶ ***Attaque militaire*** – envahissement, incursion, inondation, invasion, irruption, ruée. MILIT. débarquement, raid. ▶ ***Perquisition*** – coup de filet, descente (de police), fouille, perquisition, quadrillage, rafle, raid, ratissage, rezzou. FAM. razzia. △ ANT. ASCENSION, ESCALADE, MONTÉE; CÔTE.

description *n.f.* ▶ ***Récit*** – compte rendu, exposé, exposition, histoire, narration, peinture, procès-verbal, rapport, relation, reportage, tableau. SOUT. radiographie.

déséquilibre *n.m.* ▶ ***Instabilité*** – balancement, ballant, ballottement, fragilité, instabilité, jeu, mobilité, motilité, motricité, mouvance, mouvant, mouvement, ondulation, oscillation, roulis, tangage, turbulence, va-et-vient, vibration. ▶ ***Bouleversement*** – bouleversement, changement, chavirage, chavirement, conflagration, convulsion, dérangement, dérèglement, désorganisation, détraquement, perturbation, renouvellement, rénovation, renversement, retournement, révolution, séisme, stress, trouble. FAM. chambard, chambardement, chamboulement. ▶ ***Disproportion*** – antithèse, contraste, désaccord, désagencement, désassortiment, différence, discordance, disharmonie, disparité, disproportion, dissemblance, hétérogénéité, heurt, opposition, repoussoir. SOUT. disconvenance, tapage. ▶ ***Démence*** – aliénation (mentale), démence, dérangement, folie, psychose. △ ANT. ÉQUILIBRE, STABILITÉ.

désert *adj.* ▶ ***Inexploré*** – désolé, inexploré, inhabité, sauvage, solitaire, vierge. ▶ ***Déserté*** – abandonné, dépeuplé, déserté, inhabité, vide. △ ANT. EXUBÉRANT, FERTILE, LUXURIANT, VERT; HABITÉ, OCCUPÉ, PEUPLÉ; BONDÉ, COMBLE, COMPLET, PLEIN, REMPLI; FRÉQUENTÉ, PASSANT.

désert *n.m.* ▶ ***Terrain défriché*** (QUÉB.) – déboisement, défriche. QUÉB. abattis. ▶ ***Solitude*** – abandon, délaissement, éloignement, exil, ghettoïsation, isolation, isolement, quarantaine, réclusion, retraite, retranchement, séparation, solitude. FIG. bulle, cocon, tanière, tour d'ivoire. SOUT. déréliction, thébaïde. RELIG. récollection. ▶ ***Néant*** – néant, nullité, rien, vacuité, vacuum, vide, zéro.

déserter *v.* ▶ ***Abandonner un lieu*** – abandonner, évacuer, quitter. ▶ ***Abandonner qqn*** – abandonner, délaisser, laisser, laisser en plan, laisser tomber, quitter. FAM. jeter, lâcher, laisser choir, larguer, lourder, planter là, plaquer. ▶ ***Trahir*** – renier, trahir. △ **ANT.** ATTEINDRE; RESTER; RALLIER, REJOINDRE; S'ENGAGER.

déserteur *n.* ▶ ***Militaire*** – fuyard, insoumis, objecteur de conscience, réfractaire. ▶ ***Personne qui abandonne*** – apostat, renégat. FAM. lâcheur. △ **ANT.** FIDÈLE.

désertion *n.f.* ▶ ***Abandon*** – abandon, abdication, défection, délaissement, démission, désengagement, désintérêt, désistement, dessaisissement, forfait, inachèvement, recul, repli, retrait, retraite. SOUT. inaccomplissement. FAM. décrochage, lâchage, largage, plaquage. DR. non-lieu, résignation. ▶ ***Trahison*** – défection, faux serment, félonie, forfaiture, (haute) trahison, infidélité, insoumission, parjure, scélératesse. SOUT. prévarication. FAM. lâchage. ▶ ***Négligence*** – abandon, abdication, défection, désintérêt, impréparation, incoordination, incurie, inorganisation, insouciance, laisser-aller, négligence. △ **ANT.** RALLIEMENT; FIDÉLITÉ, LOYAUTÉ, SOUMISSION.

désespérant *adj.* ▶ ***Navrant*** – affligeant, atterrant, attristant, chagrinant, consternant, déplorable, désolant, douloureux, malheureux, misérable, navrant, pénible, pitoyable, qui serre le cœur, triste. ▶ ***Décourageant*** – débilitant, décourageant, démobilisateur, démoralisant, démoralisateur, démotivant, déprimant. FRANCE FAM. flippant. △ **ANT.** ENCOURAGEANT, MOTIVANT, PROMETTEUR, STIMULANT.

désespéré *adj.* ▶ ***Rempli de désespoir*** – affligé, attristé, comme une âme en peine, désolé, en grand désarroi, inconsolable, inconsolé, malheureux, navré, peiné, triste. ▶ ***Sans recours*** – au bord du gouffre, aux abois, réduit à la dernière extrémité, sans espoir, sans recours. △ **ANT.** CONFIANT, OPTIMISTE, PLEIN D'ESPOIR.

désespérément *adv.* incorrigiblement, incurablement. △ **ANT.** AVEC ESPOIR; UN PEU.

désespérer *v.* ▶ ***Atterrer*** – abattre, accabler, anéantir, atterrer, briser, consterner, foudroyer, terrasser. FAM. catastropher, jeter à terre. ▶ ***Peiner*** – affliger, arracher le cœur à, attrister, chagriner, consterner, désoler, faire de la peine à, fendre le cœur à, navrer, peiner. SOUT. contrister. ▶ ***Décevoir*** – consterner, décevoir, désappointer, désoler, navrer. FAM. être le désespoir de, faire le désespoir de. ▶ ***Se décourager*** – céder au découragement, perdre espoir, se décourager. ♦ **désespéré** ▶ ***Sans espoir*** – au bord du gouffre, aux abois, réduit à la dernière extrémité, sans espoir, sans recours. △ **ANT.** ESPÉRER; CONSOLER, RÉCONFORTER.

désespoir *n.m.* ▶ ***Découragement*** – abattement, accablement, affliction, amertume, anéantissement, chagrin, consternation, déboires, déception, déconvenue, découragement, dégoût, dégrisement, démoralisation, dépit, désappointement, désenchantement, désillusion, désolation, échec, écœurement, ennui, infortune, insuccès, lassitude, mécompte, peine, regret, revers, tristesse. SOUT. atterrement, déréliction, désabusement, désespérance, retombement. FAM. défrisage, défrisement, douche (froide), ras-le-bol. ▶ ***Détresse*** – désarroi, détresse, impuissance. △ **ANT.** CONFIANCE, ESPÉRANCE, ESPOIR, FOI; CONTENTEMENT, JOIE; CONSOLATION.

déshabillé *n.m.* ▶ ***Vêtement d'intérieur*** – chemise de nuit, douillette, kimono, nuisette, peignoir, pyjama, robe de chambre, saut-de-lit, sortie de bain. SOUT. négligé.

déshabiller *v.* découvrir, dénuder, dévêtir, dévoiler, mettre à nu. FAM. dépoiler, désaper. ♦ **se déshabiller** se dénuder, se dévêtir, se mettre nu. FAM. dévoiler son anatomie, se dépoiler, se désaper, se mettre tout nu. △ **ANT.** HABILLER, RHABILLER.

déshonneur *n.m.* ▶ ***Honte*** – abaissement, abjection, accroupissement, culpabilisation, dégradation, démérite, discrédit, flétrissure, gifle, honte, humiliation, ignominie, indignité, infamie, infériorisation, mépris, noircissure, opprobre, ridicule, scandale, ternissure. SOUT. turpitude, vilenie. ▶ ***Abjection*** – abjection, abomination, atrocité, bassesse, boue, corruption, crapulerie, crime, débauche, fange, grossièreté, honte, horreur, ignominie, impureté, indignité, infamie, laideur, misère, monstruosité, noirceur, obscénité, odieux, ordure, saleté, sordide, souillure, vice. SOUT. sordidité, stupre, turpitude, vilenie. FAM. dégoûtation, dégueulasserie, pouillerie. △ **ANT.** HONNEUR.

déshonorant *adj.* ▶ ***Qui abaisse moralement*** – abaissant, abrutissant, avilissant, dégradant. ▶ ***Qui humilie*** – abaissant, dégradant, honteux, humiliant, infamant, rabaissant. △ **ANT.** ÉDIFIANT, ENRICHISSANT, EXEMPLAIRE, MORAL, VERTUEUX; DIGNE, HONORABLE, NOBLE.

déshonorer *v.* ▶ ***Porter atteinte à la réputation*** – éclabousser, entacher, flétrir, noircir, porter atteinte à, salir, souiller, tacher, ternir. ▶ ***Rendre indigne de respect*** – abaisser, avilir, dégrader, dépraver, galvauder, rabaisser, ravaler, souiller. △ **ANT.** DISTINGUER, EXALTER, GLORIFIER, HONORER, VALORISER.

design *n.m.* ▶ ***Art*** – dessin industriel, esthétique industrielle, stylique, stylisme. ▶ ***Mobilier*** – moderne, ultra-moderne.

désignation *n.f.* ▶ ***Appellation*** – appellation, dénomination, étiquette, marque, mot, nom, qualification, taxon, taxum, vocable. ▶ ***Nomination*** – affectation, collation, commissionnement, destination, installation, investiture, mise en place, nomination, promotion, titularisation. ▶ ***Sélection*** – adoption, choix, cooptation, décision, détermination, échantillonnage, écrémage, élection, nomination, plébiscite, prédilection, présélection, résolution, sélection, suffrage, tri, triage, vote. SOUT. décret, parti. ▶ ***Affectation*** – affectation, marque, qualification, quantification, spécification. △ **ANT.** RÉVOCATION.

désigner *v.* ▶ ***Montrer par un geste*** – indiquer, montrer, pointer. ▶ ***Donner un nom*** – appeler, baptiser, dénommer, nommer. ▶ ***Affecter à une tâche*** – affecter, appeler, charger, commettre, commissionner, préposer. ▶ ***Élire*** – choisir, élire, faire choix de. FAM. voter. ▶ ***Représenter*** – dénommer, représenter, signifier. ▶ ***Symboliser*** – évoquer, exprimer, figurer, incarner, matérialiser, représenter, signifier, symboliser.

désillusion *n.f.* abattement, accablement, affliction, amertume, anéantissement, chagrin, consternation, déboires, déception, déconvenue, découragement, dégoût, dégrisement, démoralisation, dépit, désappointement, désenchantement, désespoir, désolation, échec, écœurement, ennui, infortune, insuccès, lassitude, mécompte, peine, regret, revers, tristesse. SOUT. atterrement, déréliction, désabusement, désespérance, retombement. FAM. défrisage, défrisement, douche (froide), ras-le-bol. △ ANT. ÉMERVEILLEMENT, ENCHANTEMENT, ILLUSION.

désintéressement *n.m.* ▶ ***Dévouement*** – abnégation, altruisme, détachement, dévouement, effacement, humilité, oubli de soi, privation, renoncement, résignation, sacrifice. SOUT. holocauste. ▶ ***Indifférence*** – désaffection, désintérêt, détachement, fraîcheur, froideur, indifférence. SOUT. désamour. △ ANT. AVIDITÉ, CUPIDITÉ, INTÉRÊT; ATTACHEMENT.

désinvolte *adj.* ▶ ***Détendu*** – à l'aise, aisé, décontracté, dégagé, détendu, libre, naturel. ▶ ***Impertinent*** – cavalier, cynique, effronté, éhonté, familier, impertinent, impoli, impudent, insolent, irrespectueux, irrévérencieux, leste, libre, provocant, sans gêne, sans vergogne. FAM. culotté, gonflé. QUÉB. FAM. baveux. ACADIE FAM. effaré. △ ANT. COINCÉ, ENGONCÉ, GUINDÉ, RAIDE; DÉFÉRENT, RESPECTUEUX, SÉRIEUX.

désinvolture *n.f.* ▶ ***Aisance*** – aisance, aise, assurance, décontraction, distinction, facilité, grâce, légèreté, naturel, rondeur, souplesse. ▶ ***Laisser-aller*** – détachement, frivolité, imprévoyance, inapplication, inconscience, irresponsabilité, laisser-aller, légèreté, négligence, nonchalance. FIG. myopie. SOUT. imprévision, morbidesse. FAM. je-m'en-fichisme, je-m'en-foutisme. ▶ ***Impertinence*** – aplomb, arrogance, audace, effronterie, front, impertinence, impolitesse, impudence, incorrection, insolence, irrespect, irrévérence. SOUT. outrecuidance, sans-gêne. FAM. culot, toupet. △ ANT. GÊNE, LOURDEUR; APPLICATION, RIGUEUR, SÉRIEUX; RÉSERVE, RETENUE.

désir *n.m.* ▶ ***Convoitise*** – ambition, appel, appétit, aspiration, attirance, attrait, besoin, but, convoitise, desideratum, envie, exigence, faim, fantaisie, fantasme, fièvre, fringale, goût, idéal, intention, jalousie, passion, prétention, quête, recherche, rêve, soif, souhait, tentation, velléité, visée, vœu, voix, volonté. SOUT. appétence, dessein, prurit, vouloir. FAM. démangeaison. ▶ ***Penchant*** – affection, aptitude, attirance, disposition, faible, faiblesse, goût, habitude, impulsion, inclination, instinct, penchant, pente, prédilection, prédisposition, préférence, propension, tendance, vocation. DIDACT. susceptibilité. PSYCHOL. compulsion. FAM. tendresses. ▶ ***Demande*** – adjuration, appel, demande, démarche, desideratum, doléances, exigence, injonction, instance, interpellation, interrogation, invocation, mandement, ordre, pétition, placet, prétention, prière, question, réclamation, requête, réquisition, revendication, sollicitation, sommation, supplication, supplique, ultimatum, vœu. SOUT. imploration. ▶ ***Espoir*** – attente, confiance, espérance, espoir, expectative, optimisme. ▶ ***Impatience*** – avidité, brusquerie, empressement, fièvre, fougue, hâte, impatience, impétuosité, précipitation, presse, urgence, urgent. △ ANT. INDIFFÉRENCE; RÉPUGNANCE, RÉPULSION; DÉDAIN, MÉPRIS, NÉGLIGENCE; DÉSINTÉRÊT; APPRÉHENSION, PEUR.

désirable *adj.* ▶ ***Attirant*** – affriolant, aguichant, alléchant, appétissant, attirant, attrayant, engageant, excitant, intéressant, invitant, irrésistible, ragoûtant, séduisant, tentant. SOUT. affriandant. ▶ ***Souhaitable*** – enviable, estimable, souhaitable. △ ANT. RÉFRIGÉRANT, REPOUSSANT, SANS CHARME; INDÉSIRABLE, NON SOUHAITABLE.

désirer *v.* ▶ ***Souhaiter*** – appeler de tous ses vœux, aspirer à, avoir envie de, espérer, rêver de, soupirer après, vouloir. ▶ ***Convoiter*** – ambitionner, aspirer à, avoir des vues sur, avoir en tête de, briguer, convoiter, courir après, pourchasser, poursuivre, prétendre à, rechercher, solliciter, souhaiter, tendre à, viser. FAM. guigner, lorgner, reluquer. △ ANT. APPRÉHENDER, CRAINDRE; REGRETTER; DÉDAIGNER, MÉPRISER, REFUSER.

désireux *adj.* anxieux, avide, impatient, qui brûle, qui meurt d'envie. △ ANT. DÉSINTÉRESSÉ, DÉTACHÉ, INDIFFÉRENT. ♦ **désireux de** DÉDAIGNEUX DE, PEU SOUCIEUX DE.

désobéir *v.* contrevenir à, déroger à, enfreindre, manquer à, pécher contre, transgresser, violer. △ ANT. ÉCOUTER, OBÉIR; RESPECTER, SE PLIER À, SUIVRE.

désobéissance *n.f.* ▶ ***Inexécution*** – inapplication, inexécution, manquement, non-exécution, non-observation, non-respect, violation. SOUT. inaccomplissement, inobservance, inobservation. ▶ ***Indiscipline*** – contestation, désordre, dissipation, fantaisie, indiscipline, indocilité, insoumission, insubordination, mauvaise volonté, opiniâtreté, rébellion, refus d'obéissance, résistance, rétivité, révolte. ▶ ***Dissidence*** – déviation, déviationnisme, division, hérésie, hétérodoxie, insoumission, insurrection, non-conformisme, opposition, rébellion, révolte, schisme, scission, sécession, séparation. ▶ ***Opposition*** – barrage, désapprobation, mauvaise volonté, objection, obstacle, obstruction, opposition, réaction, rebuffade, refus, résistance, veto. SOUT. contredit, inacceptation. △ ANT. OBÉISSANCE; DISCIPLINE; SOUMISSION.

désobligeant *adj.* acariâtre, acerbe, aigri, anguleux, âpre, bourru, déplaisant, désagréable, difficile, grincheux, hargneux, intraitable, maussade, rébarbatif, rêche, revêche. SOUT. atrabilaire. FAM. chameau, teigneux. QUÉB. FAM. malcommode. SUISSE gringe. △ ANT. AIMABLE, CONCILIANT, DOUX.

désœuvré *adj.* désoccupé, inactif, inoccupé, oisif. FAM. végétatif. △ ANT. ACTIF, AU TRAVAIL.

désœuvrement *n.m.* chômage, farniente, inaction, inactivité, inertie, oisiveté, passivité, sédentarité, sinécure, sous-emploi. SOUT. désoccupation, inoccupation. PAR EUPHÉM. inemploi. △ ANT. ACTIVITÉ, AFFAIREMENT, OCCUPATION, TRAVAIL.

désolant *adj.* ▶ ***Contrariant*** – contrariant, décevant, ennuyeux, fâchant, fâcheux. FAM. embêtant. QUÉB. FAM. de valeur, désappointant, dommage, plate. ▶ ***Regrettable*** – déplorable, désastreux, fâcheux, malheureux, regrettable. ▶ ***Triste*** – affligeant, atterrant, attristant, chagrinant, consternant, déplorable, désespérant, douloureux, malheureux, misérable, navrant, pénible, pitoyable, qui serre le cœur, triste. △ **ANT.** ENIVRANT, ENTHOUSIASMANT, EXALTANT, EXCITANT, GRISANT; ENCOURAGEANT, MOTIVANT, RÉJOUISSANT, STIMULANT.

désolation *n.f.* ▶ ***Ravage*** – avarie, bris, casse, débâcle, dégradation, déprédation, destruction, détérioration, dévastation, dommage, endommagement, méfait, mouille, perte, ravage, ruine, sabotage, vilain. *FAM.* bousillage, charcutage, grabuge. ▶ ***Tristesse*** – abattement, accablement, affliction, aigreur, amertume, chagrin, dépression, deuil, douleur, ennui, épreuve, grisaille, humeur noire, idées noires, idées sombres, langueur, lypémanie, mal du pays, malêtre, maussaderie, mélancolie, monotonie, morosité, neurasthénie, noir, nostalgie, papillons, peine, serrement de cœur, souci, tædium vitæ, tristesse, vague à l'âme. *SOUT.* atrabile, larmes, navrement, nuage, spleen, taciturnité. *FAM.* blues, bourdon, cafard, déprime, sinistrose. ▶ ***Découragement*** – abattement, accablement, affliction, amertume, anéantissement, chagrin, consternation, déboires, déception, déconvenue, découragement, dégoût, dégrisement, démoralisation, dépit, désappointement, désenchantement, désespoir, désillusion, échec, écœurement, ennui, infortune, insuccès, lassitude, mécompte, peine, regret, revers, tristesse. *SOUT.* atterrement, déréliction, désabusement, désespérance, retombement. *FAM.* défrisage, défrisement, douche (froide), ras-le-bol. △ **ANT.** CONTENTEMENT, JOIE, SATISFACTION; CONSOLATION.

désoler *v.* ▶ ***Attrister*** – affliger, arracher le cœur à, attrister, chagriner, consterner, désespérer, faire de la peine à, fendre le cœur à, navrer, peiner. *SOUT.* contrister. ▶ ***Décevoir*** – consterner, décevoir, désappointer, désespérer, navrer. *FAM.* être le désespoir de, faire le désespoir de. ▶ ***Détruire*** (*SOUT.*) – anéantir, détruire, dévaster, endommager, ravager, ruiner, saccager. ♦ **se désoler** ▶ ***S'affliger*** – être au désespoir, s'affliger, s'attrister. ♦ **désolé** ▶ ***Triste*** – affligé, attristé, comme une âme en peine, désespéré, en grand désarroi, inconsolable, inconsolé, malheureux, navré, peiné, triste. ▶ ***Sauvage*** – désert, inexploré, inhabité, sauvage, solitaire, vierge. ▶ ***Dans les formules de politesse*** – confus, navré. △ **ANT.** ENCHANTER, RAVIR, RÉJOUIR.

désordonné *adj.* ▶ ***Sans suite logique*** – chaotique, décousu, incohérent, incompréhensible, inconséquent, sans queue ni tête, sans suite. ▶ ***Sans ordre*** – anarchique, brouillon, chaotique, confus, désorganisé, sens dessus dessous. *FAM.* bordélique. ▶ ***En parlant de qqn*** – *FAM.* bordélique. △ **ANT.** ORDONNÉ; COHÉRENT, ORGANISÉ, STRUCTURÉ; CONSCIENCIEUX, MÉTHODIQUE, MÉTICULEUX, MINUTIEUX, RANGÉ, RIGOUREUX, SOIGNÉ, SOIGNEUX, SYSTÉMATIQUE.

désordre *n.m.* ▶ ***Absence d'ordre*** – bric-à-brac, fatras, fourbi, gâchis, pêle-mêle. *FAM.* bordel, fouillis, foutoir, marmelade, micmac, pagaille. *QUÉB. FAM.* barda. *BELG. FAM.* margaille. *SUISSE* chenil. ▶ ***Désorganisation*** – dérangement, désagencement, désajustement, désalignement, désarticulation, désassemblage, désassemblement, désorganisation, désorientation, déstructuration. ▶ ***Confusion*** – anarchie, bourbier, brouillement, cafouillage, cafouillis, chaos, complication, confusion, désorganisation, embrouillement, emmêlage, emmêlement, enchevêtrement, imbroglio, mélange. *SOUT.* chienlit, pandémonium. *FAM.* bordel, embrouillage, embrouille, pagaille. *FRANCE FAM.* cirque, embrouillamini, foutoir, micmac, sac d'embrouilles, sac de nœuds, salade. *FRANCE RÉGION.* pastis. ▶ ***Remue-ménage*** – activité, affairement, affolement, agitation, alarme, animation, bouillonnement, branle-bas (de combat), bruit, dérangement, désorganisation, détraquement, effervescence, excitation, fourmillement, grouillement, hâte, incohérence, mouvement, orage, précipitation, remous, remue-ménage, secousse, tempête, tohu-bohu, tourbillon, tourmente, trépidation, trouble, tumulte, turbulence, va-et-vient. *SOUT.* émoi, remuement. *FAM.* chambardement. ▶ ***Remous d'une foule*** – bousculade, cohue, débandade, ruée. ▶ ***Indiscipline*** – contestation, désobéissance, dissipation, fantaisie, indiscipline, indocilité, insoumission, insubordination, mauvaise volonté, opiniâtreté, rébellion, refus d'obéissance, résistance, rétivité, révolte. ▶ ***Insurrection*** – agitation, agitation-propagande, chouannerie, effervescence, embrasement, émeute, excitation, faction, fermentation, fièvre, fronde, insoumission, insubordination, insurrection, jacquerie, manifestation, mutinerie, rébellion, remous, résistance, révolte, révolution, sédition, soulèvement, tourmente, troubles. *FAM.* agit-prop. ▶ ***Immoralité*** (*SOUT.*) – amoralité, corruption, cynisme, dépravation, immoralisme, immoralité, laxisme, péché, permissivité, perversion, perversité, vice. △ **ANT.** ORDRE, ORGANISATION, RANGEMENT; COHÉRENCE, LOGIQUE; CLARTÉ; CALME, PAIX; DISCIPLINE; DÉCENCE, MORALITÉ.

désorganisation *n.f.* ▶ ***Désagencement*** – dérangement, désagencement, désajustement, désalignement, désarticulation, désassemblage, désassemblement, désordre, désorientation, déstructuration. ▶ ***Démantèlement*** – décomposition, démantèlement, démontage, destruction, déstructuration, séparation. ▶ ***Confusion*** – anarchie, bourbier, brouillement, cafouillage, cafouillis, chaos, complication, confusion, désordre, embrouillement, emmêlage, emmêlement, enchevêtrement, imbroglio, mélange. *SOUT.* chienlit, pandémonium. *FAM.* bordel, embrouillage, embrouille, pagaille. *FRANCE FAM.* cirque, embrouillamini, foutoir, micmac, sac d'embrouilles, sac de nœuds, salade. *FRANCE RÉGION.* pastis. ▶ ***Bouleversement*** – bouleversement, changement, chavirage, chavirement, conflagration, convulsion, dérangement, dérèglement, déséquilibre, détraquement, perturbation, renouvellement, rénovation, renversement, retournement, révolution, séisme, stress, trouble. *FAM.* chambard, chambardement, chamboulement. ▶ ***Remue-ménage*** – activité, affairement, affolement, agitation, alarme, animation, bouillonnement, branle-bas (de combat), bruit, dérangement, désordre, détraquement, effervescence, excitation, fourmillement, grouillement, hâte, incohérence, mouvement, orage, précipitation, remous, remue-ménage, secousse, tempête, tohu-bohu, tourbillon, tourmente, trépidation, trouble, tumulte, turbulence, va-et-vient. SOUT. émoi, remuement. FAM. chambardement. △ **ANT.** ORGANISATION.

désormais *adv.* à l'avenir, dorénavant. △ **ANT.** JUSQU'À MAINTENANT, JUSQU'ICI.

despotisme *n.m.* ▶ ***Régime politique*** – absolutisme, autocratie, césarisme, dictature, fascisme, totalitarisme, tsarisme, tyrannie. ▶ ***Pouvoir autoritaire*** – arbitraire, autoritarisme, caporalisme, dictature, directivisme, directivité, omnipotence, oppression, tyrannie. SOUT. satrapie. △ **ANT.** DÉMOCRATIE, LIBÉRALISME; BIENVEILLANCE, TOLÉRANCE; LAXISME, PERMISSIVITÉ.

dessécher *v.* ▶ ***Vider de son eau*** – assécher, étancher, mettre à sec, sécher, tarir. ▶ ***Faire perdre son humidité*** – déshydrater, sécher. DIDACT. lyophiliser. ▶ ***Faner*** – défraîchir, étioler, faner, flétrir, sécher. ▶ ***Rendre coriace*** – racornir. ▶ ***Rendre maigre*** – amaigrir, creuser, décharner, efflanquer, émacier. ▶ ***Rendre plus indifférent*** – cuirasser, déshumaniser, durcir, endurcir. FAM. blinder. ♦ **se dessécher** ▶ ***Rapetisser*** – se rabougrir, se racornir, se ratatiner, se recroqueviller. △ **ANT.** HUMIDIFIER, HYDRATER, MOUILLER; ARROSER; ATTENDRIR, ÉMOUVOIR.

desserrer *v.* ▶ ***Relâcher*** – détendre, donner du jeu à, lâcher, relâcher. MAR. mollir. ▶ ***Élargir*** – agrandir, dilater, donner du large à, élargir, étendre, évaser, ouvrir. △ **ANT.** COMPRIMER, ÉTREINDRE, SERRER.

desservir *v.* ▶ ***Enlever le couvert*** – débarrasser. ▶ ***Mener à une pièce*** – commander, conduire à, donner accès à, donner sur, mener à, ouvrir sur. ▶ ***Mener à un endroit*** – passer par, s'arrêter à. ▶ ***Causer du tort*** – causer un préjudice à, compromettre, défavoriser, désavantager, faire du tort à, handicaper, léser, nuire à, pénaliser, porter atteinte à, porter préjudice à. RARE inférioriser. △ **ANT.** SERVIR; APPUYER, SECONDER.

dessin *n.m.* ▶ ***Représentation*** – carte, copie, diagramme, fac-similé, figuration, image, levé, plan, représentation, reproduction, schéma, symbole, visuel *(en publicité)*. ▶ ***Ébauche*** – canevas, crayon, crayonné, croquis, ébauche, épure, esquisse, essai, étude (préparatoire), griffonnement, pochade, premier jet, préparation, projet, rough, schéma. SOUT. linéaments. FRANCE FAM. crobard. ▶ ***Œuvre*** – image. ▶ ***Motif d'un tissu*** – brochure, décor, motif, ornement. ▶ ***Contour*** – bord, ceinture, cercle, circonférence, contour, extérieur, forme, lèvres, limbe, marli *(plat, assiette)*, périmètre, périphérie, pourtour, tour.

dessiner *v.* ▶ ***Tracer*** – tirer, tracer. ▶ ***Représenter*** – représenter, reproduire. ▶ ***Avoir comme forme*** – faire, former, présenter. ♦ **se dessiner** ▶ ***Se profiler*** – se découper, se détacher, se profiler, se projeter, se silhouetter. ▶ ***Se préciser*** – cristalliser, mûrir, prendre corps, prendre forme, prendre tournure, se développer, se former, se préciser. △ **ANT.** EFFACER; ESTOMPER.

dessous *n.m.* ▶ ***Secret*** – âme, arrière-fond, arrière-pensée, conscience, coulisse, dedans, fond, for intérieur, intérieur, intériorité, intimité, jardin secret, repli, secret. SOUT. tréfonds. ▶ ***Infériorité*** – désavantage, faiblesse, handicap, infériorité. ♦ **dessous,** *plur.* ▶ ***Sous-vêtements*** – bonneterie, lingerie, petite tenue, sous-vêtement. △ **ANT.** DESSUS.

dessus *n.m.* ▶ ***Partie supérieure*** – cime, couronnement, crête, faîte, haut, pinacle, point culminant, sommet. ACADIE FAM. fait. ▶ ***Prédominance*** – avantage, prédominance, prééminence, préférence, prépondérance, préséance, primauté, priorité, supériorité, suprématie, transcendance. SOUT. précellence, préexcellence. △ **ANT.** DESSOUS.

déstabiliser *v.* ▶ ***Désorganiser*** – bouleverser, bousculer, déséquilibrer, désorganiser, déstructurer, ébranler, perturber, troubler. SOUT. subvertir. FAM. chambarder, chambouler, détraquer. ▶ ***Décontenancer*** – déconcerter, décontenancer, démonter, dérouter, désarçonner, désorienter, ébranler, embarrasser, interloquer, troubler. SOUT. confondre. FAM. déboussoler. ▶ ***Perturber mentalement*** – désaxer, déséquilibrer, ébranler, fragiliser, perturber. △ **ANT.** AFFERMIR, STABILISER.

destin *n.m.* ▶ ***Destinée*** – avenir, chance, demain(s), destinée, devenir, étoile, existence, fatalité, fortune, futur, hasard, horizon, karma, lendemain(s), lot, nécessité, prédestination, prédétermination, prédéterminisme, providence, sort, vie. SOUT. fatum, Parque.

destination *n.f.* ▶ ***But*** – ambition, but, cause, cible, considération, fin, finalité, intention, mission, mobile, motif, objectif, objet, point de mire, pourquoi, prétexte, raison, raison d'être, sens, visée. SOUT. propos. ▶ ***Vocation*** – apostolat, appel, mission, sacerdoce, vocation. ▶ ***Attribution*** – affectation, assignation, attribution, consécration, imputation. △ **ANT.** ORIGINE, PROVENANCE.

destiner *v.* ▶ ***Attribuer à un usage*** – affecter, réserver. ▶ ***Promettre*** – prédestiner, promettre, vouer. ▶ ***Prédestiner qqn*** – appeler, incliner, prédestiner, prédéterminer, prédisposer.

destructeur *adj.* ▶ ***Qui détruit*** – destructif, dévastateur, ravageur. SOUT. déprédateur. ▶ ***Qui tue en grand nombre*** – cruel, exterminateur, funeste, meurtrier, sanglant, sanguinaire. △ **ANT.** CONSTRUCTEUR; RÉPARATEUR; GÉNÉRATEUR.

destruction *n.f.* ▶ ***Élimination*** – absorption, anéantissement, annihilation, démolition, dévastation, disparition, effacement, élimination, enlèvement, éradication, fin, gommage, liquidation, mort, néantisation, suppression. SOUT. extirpation. RARE engloutissement. ▶ ***Massacre*** – anéantissement, assassinat, boucherie, carnage, extermination, hécatombe, holocauste, massacre, saignée, tuerie. SOUT. (lourd) tribut. FAM. étripage. ▶ ***Dégât*** – avarie, bris, casse, débâcle, dégradation, déprédation, désolation, détérioration, dévastation, dommage, endommagement, méfait, mouille, perte, ravage, ruine, sabotage, vilain. FAM. bousillage, charcutage, grabuge. △ **ANT.** CONSTRUCTION, CRÉATION, ÉDIFICATION, ÉRECTION.

désuet *adj.* anachronique, ancien, antédiluvien, antique, archaïque, arriéré, caduc, démodé, dépassé, fossile, inactuel, moyenâgeux, obsolescent, obsolète, passé de mode, périmé, poussiéreux, préhistorique, qui a fait son temps, suranné, tombé en désuétude, usé, vétuste, vieilli, vieillot, vieux, vieux jeu. △ **ANT.**

À LA MODE, À LA PAGE, EN VOGUE, MODERNE, NEUF, NOUVEAU, RÉCENT.

détachement *n.m.* ▶ ***Insensibilité*** – anesthésie, inconscience, indifférence, insensibilité, nirvana, sommeil. FAM. voyage. ▶ ***Sérénité*** – apathie, ataraxie, calme, distanciation, égalité d'âme, égalité d'humeur, équilibre, flegme, impassibilité, imperturbabilité, indifférence, paix, philosophie, placidité, quiétude, sérénité, stoïcisme, tranquillité. SOUT. équanimité. ▶ ***Désintéressement*** – désaffection, désintéressement, désintérêt, fraîcheur, froideur, indifférence. SOUT. désamour. ▶ ***Abnégation*** – abnégation, altruisme, désintéressement, dévouement, effacement, humilité, oubli de soi, privation, renoncement, résignation, sacrifice. SOUT. holocauste. ▶ ***Partie d'une troupe*** – aile, flanc, flanc-garde. ▶ ***Décrochage*** – décrochage, décrochement, dépendage. ▶ ***Déliement*** – déliage, déliement, désarrimage, dételage *(animal)*. △ **ANT.** ATTACHEMENT; ENTHOUSIASME, PASSION; INTÉRÊT; CUPIDITÉ.

détacher *v.* ▶ ***Dénouer*** – défaire, délacer, délier, dénouer. ▶ ***Séparer*** – couper, déconnecter, dégrouper, désunir, disjoindre, dissocier, écarter, éloigner, isoler, séparer. ▶ ***Envoyer*** – déléguer, dépêcher, députer, envoyer, mandater. ♦ **se détacher** ▶ ***Se désintéresser*** – délaisser, négliger, perdre le goût de, s'éloigner de, se désintéresser de. ▶ ***Se dessiner*** – se découper, se dessiner, se profiler, se projeter, se silhouetter. ▶ ***Contraster*** – contraster, détonner, ressortir, trancher. ♦ **détaché** ▶ ***Indifférent*** – blasé, indifférent, nonchalant, revenu de tout. SOUT. incurieux. △ **ANT.** ATTACHER, FICELER, JOINDRE, LACER, LIER, NOUER, UNIR; ADJOINDRE, RAPPROCHER. ♦ **se détacher** SE FONDRE DANS.

détail *n.m.* ▶ ***Affaire sans importance*** – amusette, bagatelle, baliverne, bêtise, bricole, broutille, chanson, enfantillage, fadaise, faribole, frivolité, futilité, jeu, misère, plaisanterie, rien, sornette, sottise, vétille. SOUT. badinerie, puérilité. FAM. connerie, foutaise, mômerie. BELG. FAM. carabistouille. ▶ ***Finesse*** – finesse, perfectionnement, précision, raffinement, recherche, sophistication, stylisme, subtilité. RARE exquisité. ▶ ***Ornement*** – accessoire, agrément, décor, décoration, enjolivement, enjolivure, enrichissement, figure, fioriture, garniture, ornement, ornementation, parure. FAM. affiquet, affûtiaux. QUÉB. ▶ ***Segment*** – bout, carotte *(terrain)*, échantillon, morceau, pan, partie, portion, section, segment, tranche, travée, tronçon. ▶ ***Énumération*** – catalogue, cens, chiffrage, comptage, compte, décompte, dénombrement, énumération, état, évaluation, inventaire, inventoriage, inventorisation, liste, litanie, numération, recensement, recension, revue, rôle, statistique. △ **ANT.** ESSENTIEL, PRINCIPAL; GROS; ENSEMBLE.

détailler *v.* ▶ ***Exposer en détail*** – descendre dans le détail, descendre jusqu'aux détails, développer, expliciter, expliquer, préciser. FAM. broder sur. ▶ ***Énumérer*** – compter, dénombrer, dresser la liste de, énumérer, faire l'inventaire de, faire le décompte de, inventorier, lister, recenser. ▶ ***Vendre au détail*** – débiter, écouler, faire commerce de, offrir, proposer, vendre.

détectable *adj.* décelable, localisable, repérable. △ **ANT.** IMPERCEPTIBLE, INAPPARENT, INDÉCELABLE, INDÉTECTABLE, INOBSERVABLE, INVISIBLE.

détendre *v.* ▶ ***Desserrer*** – desserrer, donner du jeu à, lâcher, relâcher. MAR. mollir. ▶ ***Relâcher un muscle*** – décontracter, déraidir, relâcher. ▶ ***Diminuer la pression d'un gaz*** – décompresser, décomprimer. ▶ ***Chasser la nervosité*** – calmer, désénerver, relaxer. FAM. décontracter. ▶ ***Chasser la fatigue*** – défatiguer, délasser, relaxer, reposer. ♦ **se détendre** ▶ ***Se relaxer*** – faire une pause, récupérer, reprendre haleine, respirer, se délasser, se refaire, se relaxer, se reposer, souffler. FAM. décompresser. ♦ **détendu** ▶ ***Relaxé*** – délassé, en forme, (frais et) dispos, frais, reposé. ▶ ***Désinvolte*** – à l'aise, aisé, décontracté, dégagé, désinvolte, libre, naturel. △ **ANT.** BANDER, CONTRACTER, CRISPER, SERRER, TENDRE; ENNUYER, IRRITER.

détenir *v.* ▶ ***Posséder*** – avoir, posséder, tenir. ▶ ***Garder en captivité*** – garder (en captivité), retenir en captivité, séquestrer. ♦ **détenu** captif, en captivité, prisonnier. △ **ANT.** DONNER, LAISSER, PERDRE; DÉLIVRER, LIBÉRER.

détente *n.f.* ▶ ***Relâchement*** – décontraction, décrispation, relâchement, relaxation. ▶ ***Repos*** – congé, délassement, escale, halte, loisir, mi-temps, pause, récréation, récupération, relâche, répit, repos, temps, trêve, vacances, villégiature. ▶ ***Paix*** – accord, armistice, cessation des hostilités, cessez-le-feu, compromis, conciliation, entente, issue, modus vivendi, négociation, neutralité, non-belligérance, normalisation, pacification, pacte, paix, réconciliation, traité, trêve. △ **ANT.** CONTRACTION, CRISPATION, DURCISSEMENT, RESSERREMENT, TENSION; FATIGUE; CRISE.

détenu *n.* captif, cellulaire, condamné, prisonnier. DR. réclusionnaire. FAM. pensionnaire, taulard.

déterminant *adj.* ▶ ***Décisif*** – critique, crucial, décisif. DR. décisoire. ▶ ***Important*** – capital, central, crucial, de la plus haute importance, de premier plan, décisif, dominant, essentiel, important, maître, majeur, numéro un, prédominant, prééminent, premier, prépondérant, primordial, principal, prioritaire, supérieur. SOUT. à nul autre second, cardinal. ▶ ***Caractéristique*** – caractéristique, distinctif, particulier, propre, spécial, spécifique, typique. SOUT. sui generis. △ **ANT.** ANODIN, DÉPLORABLE, SANS IMPORTANCE.

détermination *n.f.* ▶ ***Évaluation*** – aperçu, appréciation, approximation, calcul, devis, estimation, évaluation, expertise, inventaire, mesure, prévision, prisée, supputation. ▶ ***Fixation*** – fixation, limitation, numerus clausus, réglementation, stabilisation. ▶ ***Causalité*** – causalisme, causalité, causation, déterminisme, effectualité, efficacité, efficience, finalité, lien de cause à effet, relation de cause à effet, surdétermination. MÉD. étiologie. ▶ ***Détection*** – décèlement, découverte, dénichement, dépistage, détection, diagnostic, identification, localisation, positivité, pronostic, récognition, reconnaissance, repérage. PHYSIOL. spatialisation. ▶ ***Sélection*** – adoption, choix, cooptation, décision, désignation, échantillonnage, écrémage, élection, nomination, plébiscite, prédilection, présélection, résolution, sélection, suffrage, tri, triage, vote. SOUT. décret, parti. ▶ ***Fermeté*** – aplomb, assurance, autorité, caractère, constance, courage, cran, endurance, énergie, fermeté, force, permanence, poigne, rectitude, résolution, ressort, sang-froid, sérieux, solidité, sûreté, ténacité, vigueur, virilité, volonté. SOUT. invulnérabilité. FAM. estomac, gagne. ▶ ***Persistance*** – acharnement, assiduité, constance, entêtement, fermeté, insistance, obstination, opiniâtreté, persévérance, persistance, résolution, suite dans les idées, ténacité, volonté. PÉJ. aveuglement. △ **ANT.** IMPRÉCISION, INDÉTERMINATION, VAGUE; INDÉCISION, IRRÉSOLUTION; FAIBLESSE, MOLLESSE.

déterminer *v.* ▶ ***Décider*** – arrêter, assigner, décider, établir, fixer, régler. ▶ ***Caractériser*** – caractériser, cerner, cibler, définir, délimiter, établir, fixer. ▶ ***Causer*** – amener, apporter, catalyser, causer, créer, déchaîner, déclencher, donner lieu à, donner naissance à, engendrer, entraîner, faire, faire naître, former, générer, occasionner, produire, provoquer, soulever, susciter. PHILOS. nécessiter. ▶ ***Persuader*** – amener, convaincre, décider, entraîner, persuader. ♦ **se déterminer** ▶ ***Se décider*** – se décider, se résoudre. ♦ **déterminé** ▶ ***Précis*** – arrêté, clair, défini, net, précis, tranché. ▶ ***Ferme*** – assuré, décidé, délibéré, énergique, ferme, hardi, résolu, volontaire. ▶ ***Inflexible*** – catégorique, décidé, entier, ferme, immuable, inébranlable, inflexible, résolu. △ **ANT.** DÉTOURNER, EMPÊCHER DE.

déterminisme *n.m.* ▶ ***Causalité*** – causalisme, causalité, causation, détermination, effectualité, efficacité, efficience, finalité, lien de cause à effet, relation de cause à effet, surdétermination. MÉD. étiologie. ▶ ***Fatalisme*** – acceptation, aquoibonisme, fatalisme, passivité, philosophie, providentialisme, renoncement, résignation, stoïcisme. △ **ANT.** HASARD, INDÉTERMINISME, LIBERTÉ.

détestable *adj.* ▶ ***Mauvais*** – déplaisant, déplorable, désagréable, fâcheux, mauvais, méchant, vilain. FAM. sale. ▶ ***Insupportable*** – antipathique, atroce, déplaisant, désagréable, exécrable, haïssable, impossible, infernal, insoutenable, insupportable, intenable, intolérable, invivable, irrespirable, odieux, pénible. FAM. imbuvable. △ **ANT.** APPRÉCIABLE, ESTIMABLE, LOUABLE; AGRÉABLE, ATTACHANT, CHARMANT, IRRÉSISTIBLE, PLAISANT, SYMPATHIQUE.

détester *v.* avoir en aversion, avoir en haine, avoir en horreur, exécrer, haïr, maudire, ne pas pouvoir souffrir, ne pas pouvoir supporter, réprouver, vomir. SOUT. abhorrer, abominer, avoir en abomination. FAM. avoir dans le nez, ne pas pouvoir blairer, ne pas pouvoir encadrer, ne pas pouvoir encaisser, ne pas pouvoir pifer, ne pas pouvoir sacquer, ne pas pouvoir sentir, ne pas pouvoir voir en peinture. △ **ANT.** ADORER, AIMER, RAFFOLER DE.

détonation *n.f.* déflagration, explosion, fracas, mugissement, pétarade, rugissement, tonnerre, vacarme.

détour *n.m.* ▶ ***Courbe*** – arabesque, boucle, contour, courbe, lacet, méandre, ondulation, repli, serpentin, sinuosité, volute *(fumée)*. SOUT. flexuosité. ▶ ***Parcours détourné*** – crochet. ▶ ***Diversion*** – biais, circonlocution, digression, diversion, fauxfuyant, louvoiement, louvoyage, périphrase, repli, subterfuge, subtilité, tour. ♦ **détours,** ***plur.*** ▶ ***Labyrinthe*** (FIG.) – confusion, dédale, écheveau, enchevêtrement, labyrinthe, maquis. FAM. embrouillamini. △ **ANT.** RACCOURCI.

détourner *v.* ▶ ***Changer la direction*** – dévier, infléchir. SC. défléchir. ▶ ***Faire changer de route*** – dérouter, dévier, écarter, éloigner. ▶ ***Dissuader*** – déconseiller à, décourager, dissuader, éloigner. ♦ **se détourner** ▶ ***Se tourner*** – se retourner, se tourner. ♦ **détourné** ▶ ***Sous-entendu*** – allusif, elliptique, indirect, sous-entendu. ▶ ***Compliqué*** – compliqué, contourné, dévié, tordu. △ **ANT.** DIRIGER, ORIENTER, REDRESSER; ENCOURAGER, INCITER, PERSUADER, POUSSER.

détraqué *n.* aliéné, dément, désaxé, déséquilibré, forcené, fou, furieux, interné, malade (mental), perdu, psychosé, psychotique. FAM. barjot, (cerveau) fêlé, cinglé, cinoque, dingo, dingue, foldingue, maboul, piqué, siphonné, timbré, toqué, zinzin; PÉJ. psychiatrisé *(qui subit un traitement)*. FRANCE RÉGION. fada. △ **ANT.** SAIN D'ESPRIT.

détraquer *v.* ▶ ***Dérégler*** – déranger, dérégler, désajuster. FAM. déglinguer. BELG. débrôler. ▶ ***Déstabiliser*** (FAM.) – bouleverser, bousculer, déséquilibrer, désorganiser, déstabiliser, déstructurer, ébranler, perturber, troubler. SOUT. subvertir. FAM. chambarder, chambouler. ♦ **détraqué** ▶ ***Défectueux*** – brisé, cassé, défectueux, déréglé, détérioré, endommagé, hors d'usage, inutilisable, usé, vétuste. FAM. nase, patraque. ▶ ***Dément*** – aliéné, dément, désaxé, déséquilibré, fou, psychopathe. △ **ANT.** ARRANGER, RÉGLER, RÉPARER.

détresse *n.f.* ▶ ***Danger*** – aléa, casse-cou, danger, difficulté, écueil, embûche, épée de Damoclès, épouvantail, guêpier, hasard, impasse, imprudence, insécurité, mauvais pas, menace, perdition, péril, piège, point chaud, point sensible, poudrière, récif, risque, spectre, traverse, urgence, volcan. SOUT. tarasque. FRANCE FAM. casse-gueule. ▶ ***Malheur*** – adversité, calamité, calice (de douleur), chagrin, deuil, disgrâce, douleur, échec, épreuve, fatalité, infortune, mal, malchance, malédiction, malheur, mauvaise fortune, mauvaise passe, mésaventure, misère, nuage, orage, peine, revers, ruine, sale affaire, sale histoire, souffrance, traverse, tribulation. SOUT. bourrèlement, plaie, tourment. ▶ ***Pauvreté*** – appauvrissement, besoin, dénuement, embarras, gêne, gouffre, indigence, manque, mendicité, misère, nécessité, pauvreté, pouillerie, privation, ruine. SOUT. impécuniosité. FAM. dèche. FRANCE FAM. débine, fauche, mistoufle, mouise, mouscaille, panade, purée. DR. carence. ▸ *Sociale* – clochardisation, disette, paupérisation, paupérisme, pauvreté, pénurie, sous-développement, sous-équipement, tiers-mondisation. ▶ ***Désespoir*** – désarroi, désespoir, impuissance. △ **ANT.** PAIX, QUIÉTUDE, SÉCURITÉ, SÛRETÉ, TRANQUILLITÉ; BIEN-ÊTRE, PROSPÉRITÉ; BONHEUR.

détritus *n.m.* bourre, bourrier, chiure, chute, crasse, culot, débris, déchet, dépôt, gadoue, immondices, impureté, lavure, lie, malpropreté, ordure, parcelle, perte, poussière, raclure, rebut, reliefs, reliquat, résidu, reste, rinçure, rognure, saleté, salissure. FAM. margouillis, saloperie.

détromper *v.* démystifier, détourner de l'erreur, éclairer, ouvrir les yeux à, tirer de l'erreur. SOUT. dessiller les yeux à. △ **ANT.** ABUSER, DUPER, LEURRER, TROMPER.

détruire *v.* ▶ ***Supprimer*** – anéantir, annihiler, briser, démolir, écraser, éliminer, néantiser, pulvériser, réduire à néant, réduire à rien, ruiner, supprimer. ▶ ***Démolir*** – anéantir, annihiler, néantiser, pulvériser, raser, rayer de la carte, rayer de la surface de la terre, réduire en cendres, réduire en miettes, réduire en poussière. ▶ ***Saccager*** – anéantir, dévaster, endommager, ravager, ruiner, saccager. SOUT. désoler. ▶ ***Perturber gravement*** – miner, ravager, ronger. SOUT. corroder. ♦ **se détruire** ▶ ***Se suicider*** (FAM.) – mettre fin à ses jours, s'enlever la vie, se donner la mort, se suicider, se tuer. FAM. se supprimer. △ **ANT.** CRÉER, ÉTABLIR, FAIRE, FONDER; BÂTIR, CONSTRUIRE, ÉDIFIER; CONSERVER, DÉFENDRE, PROTÉGER.

dette *n.f.* ▶ ***Créance*** – arriéré, charge, compte, créance, crédit à découvert, débet, débit, découvert, déficit, devoir, doit, dû, emprunt, engagement, impayé, moins-perçu, non-paiement, obligation, passif, solde débiteur. BELG. mali, pouf. ▶ ***Obligation*** – charge, commandement, contrat, devoir, engagement, lien, obligation, parole, promesse, responsabilité, serment. △ **ANT.** CRÉANCE, CRÉDIT; ACTIF, AVOIR; BÉNÉFICE; EXEMPTION, LIBÉRATION.

deuil *n.m.* ▶ ***Enterrement*** – cérémonie funèbre, convoi funèbre, cortège funèbre, dernier hommage, derniers devoirs, derniers honneurs, enfouissement, enterrement, funérailles, inhumation, mise au sépulcre, mise au tombeau, mise en bière, mise en terre, obsèques, sépulture, service civil, service religieux. SOUT. ensevelissement. ▶ ***Tristesse*** – abattement, accablement, affliction, aigreur, amertume, chagrin, dépression, désolation, douleur, ennui, épreuve, grisaille, humeur noire, idées noires, idées sombres, langueur, lypémanie, mal du pays, mal-être, maussaderie, mélancolie, monotonie, morosité, neurasthénie, noir, nostalgie, papillons, peine, serrement de cœur, souci, tædium vitæ, tristesse, vague à l'âme. SOUT. atrabile, larmes, navrement, nuage, spleen, taciturnité. FAM. blues, bourdon, cafard, déprime, sinistrose. ▶ ***Malheur*** – adversité, calamité, calice (de douleur), chagrin, détresse, disgrâce, douleur, échec, épreuve, fatalité, infortune, mal, malchance, malédiction, malheur, mauvaise fortune, mauvaise passe, mésaventure, misère, nuage, orage, peine, revers, ruine, sale affaire, sale histoire, souffrance, traverse, tribulation. SOUT. bourrèlement, plaie, tourment. △ **ANT.** ALLÉGRESSE, BONHEUR, JOIE.

dévaler *v.* débouler, dégringoler. △ **ANT.** ESCALADER, GRAVIR, GRIMPER, MONTER, REMONTER.

devancer *v.* ▶ ***Passer devant*** – dépasser, distancer, doubler, gagner de vitesse, lâcher, passer, semer. FAM. griller, larguer. MAR. trémater. ▶ ***Arriver avant*** – précéder. ▶ ***Surpasser*** – battre, couper l'herbe sous le pied à, damer le pion à, dégommer, dépasser, dominer, éclipser, faucher l'herbe sous le pied à, griller, l'emporter sur, laisser loin derrière, supplanter, surclasser, surpasser. FAM. enfoncer. FRANCE FAM. faire la pige à. ▶ ***Aller au-devant*** – aller au-devant de, prévenir. ▶ ***Hâter*** – avancer, brusquer, hâter, précipiter. △ **ANT.** SUCCÉDER, SUIVRE; ATTENDRE; DIFFÉRER.

devant *n.m.* avant, partie antérieure. ▶ ***D'un navire*** – étrave, nez, proue. △ **ANT.** ARRIÈRE, DERRIÈRE.

devanture *n.f.* ▶ ***Façade*** – façade, front. ▶ ***Étalage de marchandises*** – étalage, éventaire, vitrine. △ **ANT.** ARRIÈRE-BOUTIQUE.

dévaster *v.* ▶ ***Piller*** – écumer, mettre à feu et à sang, mettre à sac, piller, raser, ravager, razzier, saccager. SOUT. infester. ▶ ***Détruire*** – anéantir, détruire, endommager, ravager, ruiner, saccager. SOUT. désoler. △ **ANT.** RECONSTRUIRE, RÉPARER, RESTAURER, RÉTABLIR.

développement *n.m.* ▶ ***Accroissemen d'une surface*** – agrandissement, élargissement, expansion, extension, grossissement, rélargissement. ▶ ***Allongement*** – affinement, allongement, bandage, dépliage, dépliement, déploiement, élongation, étirage, étirement, excroissance, extension, prolongement, rallonge, rallongement, tension, tirage. ▶ ***Croissance*** – accentuation, accroissement, accrue, agrandissement, amplification, arrondissement, augmentation, bond, boom, crescendo, croissance, crue, décuplement, dilatation, élargissement, élévation, enflement, enrichissement, envolée, essor, évolution, expansion, extension, flambée, foisonnement, gonflement, gradation, grossissement, hausse, haussement, inflation, intensification, majoration, montée, poussée, progrès, progression, recrudescence, redoublement, redressement, rehaussement, relèvement, renchérissement, renforcement, revalorisation, valorisation. ▶ ***Amplification*** – alourdissement, amplification, boursouflure, broderie, dramatisation, emphase, enflure, enjolivement, enjolivure, exagération, grossissement, hypertrophie, outrance, paraphrase, redondance, renchérissement. ▶ ***Conséquence*** – action, conclusion, conséquence, contrecoup, corollaire, effet, efficacité, fonction, fruit, impact, implication, incidence, jeu, juste retour des choses, œuvre, portée, prolongement, réaction, rejaillissement, répercussion, résultante, résultat, retentissement, retombées, ricochet, séquelle, suite (logique). SOUT. aboutissant, efficace, fille. ▶ ***Évolution dans le temps*** – cheminement, cours, déroulement, devenir, évolution, fil, marche, progrès, progression, suite. ▶ ***Progrès*** – ascension, avance, avancée, avancement, cheminement, marche, marche avant, montée, percée, progrès, progression. ▶ ***Exposé*** – argument, argumentation, cours, discours, dissertation, essai, étude, exposé, manuel, mémoire, monographie, somme, thèse. DR. dire. ▶ ***Approfondissement*** – analyse, approfondissement, dépouillement, enrichissement, épluchage, étude, examen, exploration, introspection, méditation, pesée, progrès, recherche, réflexion, sondage. ▶ ***Création*** – composition, conception, confection, constitution, construction, création, édification, élaboration, exécution, fabrication, façon, façonnage, façonnement, formation, génération, genèse, gestation, invention, œuvre, organisation, paternité, production, réalisation, structuration, synthèse. SOUT. accouchement, enfantement. DIDACT. engendrement. △ **ANT.** ENROULEMENT; ENVELOPPEMENT, REPLIEMENT; DÉCLIN, RÉGRESSION; RÉSUMÉ, SIMPLIFICATION.

développer *v.* ▶ ***Déplier*** – déplier, déployer, étaler, étendre, ouvrir. ▶ ***Déballer*** – déballer, défaire, dépaqueter. RARE désenvelopper. ▶ ***Exposer en détail*** – descendre dans le détail, descendre jusqu'aux détails, détailler, expliciter, expliquer, préciser.

FAM. broder sur. ▶ *Accroître* – accroître, élargir, étendre. ▶ *Former* – cultiver, éduquer, former. ▶ *Contracter une habitude* – acquérir, contracter, prendre. ♦ **se développer** ▶ *S'intensifier* – augmenter, croître, grandir, grossir, prendre de l'ampleur, prendre de l'envergure, redoubler, s'accentuer, s'accroître, s'amplifier, s'intensifier. ▶ *S'améliorer* – avancer, évoluer, faire des progrès, progresser, s'améliorer. ▶ *Prospérer* – croître, grandir, progresser, prospérer, s'épanouir. ▶ *En parlant d'un végétal* – croître, grandir, pousser, venir. ▶ *En parlant d'une personne* – croître, grandir, s'épanouir, se réaliser. △ **ANT.** ENROULER, ENVELOPPER, PLIER, REPLIER; EMBALLER; ABRÉGER, RÉSUMER, SCHÉMATISER; CONTRACTER, RÉDUIRE, RESTREINDRE. ♦ **se développer** BAISSER, DÉCLINER, RÉGRESSER.

devenir *v.* ▶ *Prendre telle forme* – changer, évoluer, se transformer. △ **ANT.** DEMEURER, RESTER.

dévergondage *n.m.* ▶ *Débauche* – débauche, débordement, dépravation, dissolution, excès, grivoiserie, immoralité, impureté, inconduite, intempérance, liberté de mœurs, libertinage, licence, lubricité, luxure, mauvaise conduite, obscénité, paillardise, perversion, sensualité, vice. SOUT. dissipation, égarements, fange, impudicité, incontinence, lascivité, salacité, stupre, sybaritisme, turpitude. ▶ *Débridement* – affolement, agitation, bouleversement, colère, confusion, débridement, déchaînement, désarroi, ébranlement, ébullition, embrasement, émotion, fièvre, frénésie, mouvement, passion, violence. SOUT. émoi, exaltation. △ **ANT.** PUDEUR, RETENUE.

déverser *v.* ▶ *Répandre une chose concrète* – renverser, répandre, verser. BELG. baquer, benner. ▶ *Évacuer* – dégorger, évacuer, vidanger. ▶ *Répandre une chose abstraite* – épancher, verser. SOUT. épandre. ♦ **se déverser** ▶ *Couler* – couler, ruisseler, s'écouler, se répandre. SOUT. courir, fluer, s'épancher. ▶ *Répandre son contenu* – dégorger. ▶ *En parlant de la lumière* – ruisseler, se répandre. SOUT. s'épandre. △ **ANT.** CAPTER, RECEVOIR; CONTENIR, ENDIGUER, MAÎTRISER, REFOULER, RETENIR.

dévêtir *v.* découvrir, dénuder, déshabiller, dévoiler, mettre à nu. FAM. dépoiler, désaper. ♦ **se dévêtir** se dénuder, se déshabiller, se mettre nu. FAM. dévoiler son anatomie, se dépoiler, se désaper, se mettre tout nu. △ **ANT.** COUVRIR, HABILLER, VÊTIR.

déviant *adj.* aberrant, anomal, anormal, atypique, irrégulier. △ **ANT.** DROIT, RECTILIGNE; CONFORME, CORRECT, NORMAL, ORDINAIRE.

déviation *n.f.* ▶ *Déformation* – anamorphose, aplatissement, courbure, déformation, distorsion, gauchissement, gondolage, gondolement, inclinaison, ovalisation, plissement, voilage, voile, voilement, voilure. TECHN. fluage. ▶ *Dissidence* – désobéissance, déviationnisme, division, hérésie, hétérodoxie, insoumission, insurrection, non-conformisme, opposition, rébellion, révolte, schisme, scission, sécession, séparation. ▶ *Réfraction* – biréfringence, déflexion, diffraction, diffusion, dispersion, réfraction, réfringence. ▶ *Détournement routier* – contournement, dérivation, dérive, déroutage, déroutement, détournement. BELG. évitement. ▶ *Changement incontrôlé* – déraillement, dérapage, dérive. △ **ANT.** CORRECTION, RECTIFICATION; RECTITUDE; NORMALITÉ.

dévider *v.* ▶ *Débobiner* – débobiner, dérouler, désembobiner. △ **ANT.** ENROULER, RENVIDER, ROULER.

dévier *v.* ▶ *S'écarter d'une ligne droite* – biaiser, bifurquer, obliquer. ▶ *Changer la direction* – détourner, infléchir. SC. défléchir. ▶ *D'un cours d'eau* – dériver, détourner. ▶ *Éloigner d'une direction* – dérouter, détourner, écarter, éloigner. ▶ *Faire perdre sa forme droite* – bistourner, contourner, courber, déformer, déjeter, distordre, gauchir, tordre, voiler. RARE tortuer. TECHN. s'envoiler. ♦ **dévié** de travers. △ **ANT.** ALIGNER, RECTIFIER, REDRESSER, REMETTRE DANS LA VOIE.

devin *n.* prophète, voyant. SOUT. augure, mage, vaticinateur.

deviner *v.* ▶ *Élucider* – déchiffrer, découvrir, dénouer, éclaircir, élucider, éventer, expliquer, faire (toute) la lumière sur, pénétrer, percer, résoudre, tirer au clair, trouver, trouver la clé de. ▶ *Pressentir* – avoir conscience de, entrevoir, flairer, pressentir, se douter, sentir, soupçonner. FAM. subodorer. ▶ *Prédire* (RARE) – prédire, prophétiser. △ **ANT.** ERRER, RATER, SE MÉPRENDRE.

devinette *n.f.* astuce, charade, énigme, logogriphe, rébus.

dévisager *v.* arrêter son regard sur, attacher son regard sur, braquer les yeux sur, considérer, contempler, examiner, fixer, fixer le regard sur, fouiller du regard, observer, regarder, scruter. FAM. gaffer, viser, zieuter.

devise *n.f.* ▶ *Pensée* – adage, aphorisme, apophtegme, axiome, citation, dicton, dit, dogme, enseignement, formule, mantra, maxime, moralité, mot, on-dit, parole, pensée, précepte, principe, proverbe, réflexion, règle, sentence, sutra, vérité. ▶ *Emblème* – allégorie, attribut, chiffre, drapeau, effigie, emblème, figure, icône, image, incarnation, insigne, livrée, logo, logotype, marque, notation, personnification, représentation, signe, symbole, type. ▶ *Unité monétaire* – monnaie, unité monétaire.

deviser *v.* bavarder, causer, converser, dialoguer, discuter, papoter, parler (de choses et d'autres), s'entretenir. FAM. babiller, bavasser, blablater, caqueter, faire un brin de causette, jacasser, jacter, jaspiner, parlementer, parloter, tailler une bavette. QUÉB. FAM. jaser, placoter. BELG. FAM. babeler. △ **ANT.** SE TAIRE.

dévoiler *v.* ▶ *Dénuder* – découvrir, dénuder, déshabiller, dévêtir, mettre à nu. FAM. dépoiler, désaper. ▶ *Révéler* – annoncer, déclarer, découvrir, divulguer, lever le voile sur, mettre au grand jour, révéler. ▶ *Démasquer* – arracher le masque de, arracher le voile de, découvrir, démasquer, lever le masque de, montrer sous son vrai jour. ♦ **se dévoiler** ▶ *Apparaître peu à peu* – apparaître, émerger, se dégager, se faire jour, se manifester, se profiler, se révéler, transparaître. SOUT. affleurer. △ **ANT.** CACHER, COUVRIR, DÉGUISER, DISSIMULER, VOILER; CELER, TAIRE.

devoir *v.* avoir à, être dans l'obligation de, être tenu de.

devoir *n.m.* ▶ *Vertu* – bien, (bonnes) mœurs, conscience, déontologie, droit chemin, éthique, morale, moralité, obligation (morale), prescription, principes, règles de vie, vertu. *PSYCHOL.* surmoi. ▶ ***Obligation*** – charge, commandement, contrat, dette, engagement, lien, obligation, parole, promesse, responsabilité, serment. ▶ ***Dette*** – arriéré, charge, compte, créance, crédit à découvert, débet, débit, découvert, déficit, dette, doit, dû, emprunt, engagement, impayé, moins-perçu, non-paiement, obligation, passif, solde débiteur. *BELG.* mali, pouf. ▶ ***Travail d'apprentissage*** – exercice, pensum, travail. ▶ ***Travail actuel*** – exercice, fonction, service, travail. ▶ ***Affaire*** – affaire, besogne, corvée, obligation, occupation, ouvrage, peine, tâche, travail. *SOUT.* labeur. △ **ANT.** CHOIX, DROIT, FACULTÉ, LIBERTÉ.

dévolu *adj.* attribué, destiné, imparti, réservé. △ **ANT.** REFUSÉ, RETIRÉ.

dévorant *adj.* ▶ ***Insatiable*** – avide, inapaisable, inassouvissable, inextinguible, insatiable, irrassasiable, vorace. ▶ ***Dévastateur*** – ardent, brûlant, dévastateur, ravageur. *SOUT.* dévorateur. △ **ANT.** MITIGÉ, MODÉRÉ; CONTRÔLABLE, MAÎTRISABLE.

dévorer *v.* ▶ ***Manger avec avidité*** – avaler, engloutir, ingurgiter. *SOUT.* manger à belles dents. *FAM.* enfourner, engouffrer. ▶ ***Dilapider*** – dilapider, dissiper, engloutir, engouffrer, gaspiller, manger, prodiguer. *FAM.* claquer, croquer, flamber, griller. ▶ ***Tourmenter*** – assaillir, consumer, crucifier, déchirer, faire souffrir, lanciner, martyriser, mettre au supplice, percer, poignarder, ronger, supplicier, tarauder, tenailler, torturer, tourmenter, transpercer. *SOUT.* poindre. *RARE* bourreler.

dévot *adj.* croyant, fervent, pieux, pratiquant, religieux. ▶ *D'une piété affectée* – bigot, bondieusard, cagot. △ **ANT.** AGNOSTIQUE, ANTIRELIGIEUX, ARELIGIEUX, ATHÉE, INCRÉDULE, INCROYANT, IRRÉLIGIEUX, NON CROYANT.

dévotion *n.f.* ▶ ***Mysticisme*** – anagogie, contemplation, élévation, extase, illuminisme, mysticisme, mystique, oraison, philocalie, ravissement, sainteté, spiritualité, transe, vision. *SOUT.* mysticité. ▶ ***Adoration*** – admiration, adoration, adulation, amour, attachement, culte, emballement, engouement, fanatisme, ferveur, iconolâtrie, idolâtrie, passion, respect, vénération, zèle. *SOUT.* dilection, révérence. *PÉJ.* encens, flagornerie, flatterie. △ **ANT.** ATHÉISME, IMPIÉTÉ, INCROYANCE, INDIFFÉRENCE, IRRÉLIGION; MÉPRIS.

dévoué *adj.* ▶ ***Fidèle*** – attaché, constant, fidèle, loyal, sûr. ▶ ***Attentionné*** – aimable, attentif, attentionné, aux petits soins, complaisant, délicat, diligent, empressé, gentil, obligeant, prévenant, secourable, serviable, zélé. *FAM.* chic, chou. *BELG. FAM.* amitieux. ▶ ***Dans les formules de politesse*** – humble. △ **ANT.** ÉGOÏSTE, OUBLIEUX, SANS-CŒUR; IRRESPONSABLE, NÉGLIGENT.

dévouement *n.m.* ▶ ***Fidélité*** – allégeance, attachement, confiance, fidélité, foi, loyalisme, loyauté. ▶ ***Altruisme*** – aide, allocentrisme, altruisme, amour (d'autrui), assistance, bénévolat, bienveillance, bonté, charité, commisération, compassion, complaisance, convivialité, don de soi, empathie, entraide, extraversion, fraternité, générosité, gentillesse, humanité, oblativité, oubli de soi, philanthropie, pitié, sensibilité, serviabilité, solidarité, sollicitude. *SOUT.* bienfaisance. ▶ ***Abnégation*** – abnégation, altruisme, désintéressement, détachement, effacement, humilité, oubli de soi, privation, renoncement, résignation, sacrifice. *SOUT.* holocauste. △ **ANT.** DÉLOYAUTÉ, INFIDÉLITÉ, INSOUMISSION, TRAHISON; ÉGOÏSME, INDIFFÉRENCE.

dévouer (se) *v.* ▶ ***Agir par dévouement*** – se donner, se prodiguer, se sacrifier, se saigner aux quatre veines. ▶ ***Se consacrer*** – se consacrer à, se dédier à, se donner à, se livrer à, vivre pour. △ **ANT.** ABANDONNER, DÉSERTER.

d'habitude *adv.* à de rares exceptions près, à l'accoutumée, à l'ordinaire, à maintes reprises, à quelques exceptions près, communément, couramment, coutumièrement, d'ordinaire, dans la généralité des cas, dans la majorité des cas, dans la plupart des cas, de coutume, en général, en règle générale, fréquemment, généralement, habituellement, journellement, la plupart du temps, maintes fois, normalement, ordinairement, régulièrement, rituellement, souvent, toujours. △ **ANT.** EXCEPTIONNELLEMENT, GUÈRE, PAR EXCEPTION, RAREMENT.

diable *n.m.* ♦ **personnage** ▶ ***Lucifer*** – Belzébuth, l'ange des ténèbres, l'esprit du mal, l'esprit malin, le démon, le génie du mal, le Malin, le Maudit, le Mauvais, le prince des démons, le prince des ténèbres, le roi des enfers, le Séducteur, le Tentateur, Lucifer, Satan. *RELIG.* l'esprit immonde. ▶ ***Mauvais ange*** – ange déchu, ange noir, ange rebelle, ange révolté, antéchrist, démon, diablotin *(petit)*, mauvais ange, mauvais génie, suppôt de Satan, suppôt du diable. ▶ *Femelle* – diablesse. *SOUT.* démone. ♦ **personne** ▶ ***Homme*** – homme, individu. *FAM.* bonhomme *(assez vieux)*, bougre, gaillard *(jeune)*, gars *(jeune)*, mec, type. *FRANCE FAM.* bonze, gazier, pèlerin, pingouin. *PÉJ. FAM.* loustic, particulier. ▶ ***Enfant espiègle*** – (affreux) jojo, chipie, coquin, diablotin, filou, fripon, galopin, mauvaise graine, (petit) bandit, (petit) chenapan, (petit) démon, (petit) diable, (petit) garnement, (petit) gredin, (petit) poison, (petit) polisson, (petit) vaurien, (petit) voyou, (petite) canaille, (petite) peste, poulbot *(de Montmartre)*, titi, vilain. *SOUT.* lutin. *FAM.* morveux, (petit) crapaud, petit merdeux, petit monstre, sacripant. *QUÉB. FAM.* (petit) tannant. ♦ **chose** ▶ ***Jouet*** – boîte à attrape, boîte à malice, boîte à surprise. △ **ANT.** DIEU; ANGE; CHÉRUBIN.

diabolique *adj.* ▶ ***Digne du diable*** – démoniaque, infernal, luciférien, méphistophélique, pervers, satanique. ▶ ***Rusé et méchant*** – fourbe, machiavélique, malin, perfide, rusé, tortueux. *SOUT.* artificieux, chafouin, madré, matois, retors, roué, scélérat. *FAM.* roublard, vicelard. △ **ANT.** ANGÉLIQUE, CÉLESTE, DIVIN, PUR; BON, DOUX, INOFFENSIF, SANS MALICE.

diagnostic *n.m.* décèlement, découverte, dénichement, dépistage, détection, détermination, identification, localisation, positivité, pronostic, récognition, reconnaissance, repérage. *PHYSIOL.* spatialisation. △ **ANT.** PRÉVISION, PRONOSTIC.

dialogue *n.m.* ▶ ***Échange de paroles*** – causerie, colloque, concertation, conversation, discussion, échange (de vues), entretien, interview, pourparlers, tête-à-tête. *SOUT.* entretènement. *FAM.* causette, chuchoterie. *QUÉB.* jasette. *PÉJ.* conciliabule, palabres; *FAM.*

parlote. ▸ ***Négociation*** – conversation, discussion, échange (de vues), marchandage, négociation, pourparlers, tractation, transaction. SOUT. transigeance. △ **ANT.** APARTÉ, MONOLOGUE, SOLILOQUE; SILENCE.

dictateur *n.* ▸ ***Chef d'État*** – autocrate, césar, despote, oppresseur, potentat, souverain absolu, tyran. SOUT. dominateur, tyranneau *(peu puissant)*. ▸ ***Persécuteur*** – abuseur, autocrate, brimeur, despote, oppresseur, persécuteur, sadique, tyran. FAM. terreur. SOUT. dominateur, satrape, terrible, tourmenteur, vexateur. △ **ANT.** DÉMOCRATE; BIENFAITEUR.

dictature *n.f.* ▸ ***Régime politique*** – absolutisme, autocratie, césarisme, despotisme, fascisme, totalitarisme, tsarisme, tyrannie. ▸ ***Pouvoir autoritaire*** – arbitraire, autoritarisme, caporalisme, despotisme, directivisme, directivité, omnipotence, oppression, tyrannie. SOUT. satrapie. ▸ ***Influence*** – action, aide, appui, ascendant, attirance, attraction, aura, autorité, contagion, crédit, dominance, domination, effet, empreinte, emprise, fascination, force, importance, incitation, influence, inspiration, magie, magnétisme, mainmise, manipulation, mouvance, persuasion, pétition, poids, pouvoir, prépondérance, présence, pression, prestige, puissance, règne, rôle, séduction, subjugation, suggestion, tyrannie. SOUT. empire, intercession. △ **ANT.** DÉMOCRATIE; ANARCHIE.

dicter *v.* ▸ ***Imposer*** – commander, décréter, donner l'ordre de, imposer, ordonner, prescrire, vouloir. SOUT. édicter. ▸ ***Régler*** – régir, régler. △ **ANT.** EXÉCUTER, OBÉIR, SUIVRE.

diction *n.f.* articulation, débit, déclamation, élocution, éloquence, énonciation, expression, langage, langue, parole, phonation, phonétique, phonie, pose de voix, prononciation, style, voix. △ **ANT.** ÉCOUTE.

dictionnaire *n.m.* ▸ ***Recueil*** – encyclopédie, glossaire, index, lexique, terminologie, thésaurus, vocabulaire. FAM. dico. ▸ ***Érudit*** (FAM.) – docteur, encyclopédiste, érudit, humaniste, intellectuel, lettré, maître-penseur, philosophe, sage, savant. SOUT. bénédictin, (grand) clerc, mandarin. FAM. bibliothèque (vivante), dictionnaire ambulant, dictionnaire (vivant), encyclopédie (vivante), fort en thème, grosse tête, intello, puits d'érudition, puits de science, rat de bibliothèque.

dicton *n.m.* adage, aphorisme, apophtegme, axiome, citation, devise, dit, dogme, enseignement, formule, mantra, maxime, moralité, mot, on-dit, parole, pensée, précepte, principe, proverbe, réflexion, règle, sentence, sutra, vérité.

diète *n.f.* ▸ ***Façon de se nourrir*** – diététique. ▸ ***Privation de nourriture*** – abstinence, jeûne. △ **ANT.** BOMBANCE, FESTIN.

dieu *n.m.* ▸ ***Divinité*** – déesse, démon, divinité, être divin, immortel. SOUT. déité. ▸ ***Héros*** – brave, demi-dieu, exemple, géant, glorieux, grand, héros, idole, modèle, titan. SOUT. parangon. ♦ **Dieu** Auteur de la nature, Créateur, Créateur du Ciel et de la Terre, Dieu le Père, Divin Créateur, Être suprême, l'alpha et l'oméga, l'Éternel, l'Infini, la Lumière, la Providence, le ciel, le Divin Maître, le Père céleste, le Père éternel, le Tout-Puissant, le Très-Haut, le Verbe, Maître de l'univers, Notre Seigneur, principe de l'univers, Roi du Ciel et de la Terre, Seigneur Dieu, Seigneur (tout-puissant), Souverain Juge. FAM. Bon Dieu. ANC. démiurge *(platonisme)*, éon *(néoplatonisme)*, logos *(stoïcisme)*; RARE formateur. ▸ ***Judaïsme*** – Adonaï, Dieu d'Abraham, Dieu d'Israël, Élohim, Jéhovah, Yahvé. ▸ *Divers peuples* – Allah *(Islam)*, grand manitou *(Amérindiens)*, Jupiter *(Romains)*, Zeus *(Grecs)*. △ **ANT.** DIABLE; HOMME, MORTEL.

différemment *adv.* autrement, contrairement, dissemblablement, diversement. △ **ANT.** DE LA MÊME FAÇON, IDENTIQUEMENT, PAREILLEMENT, SEMBLABLEMENT, SIMILAIREMENT.

différence *n.f.* ▸ ***Dissemblance*** – abîme, altérité, changement, désaccord, déviance, dissemblance, dissimilitude, distance, distinction, divergence, diversité, division, divorce, écart, fossé, gouffre, incompréhension, inégalité, intervalle, marginalité, nuance, séparation, variante, variation, variété. MATH. inéquation. ▸ ***Contraste*** – antithèse, contraste, désaccord, désagencement, désassortiment, déséquilibre, discordance, disharmonie, disparité, disproportion, dissemblance, hétérogénéité, heurt, opposition, repoussoir. SOUT. disconvenance, tapage. ▸ ***Reste*** – complément, excédent, excès, reliquat, résidu, restant, reste, solde, soulte, surcroît, surplus. FAM. rab, rabiot. △ **ANT.** ANALOGIE, CONFORMITÉ, ÉGALITÉ, IDENTITÉ, PARITÉ, RAPPORT, RESSEMBLANCE, SIMILITUDE.

différenciation *n.f.* ▸ ***Distinction*** – analyse, démarcation, discrimination, distinction, distinguo, nuance, séparation. ▸ ***Individualisation*** – caractérisation, choix, définition, détermination, distinction, élection, individualisation, individuation, marque, particularisation, personnalisation, polarisation, singularisation, spécification, tri. △ **ANT.** ASSIMILATION, DÉDIFFÉRENCIATION, IDENTIFICATION, RAPPROCHEMENT, RÉUNION.

différencier *v.* ▸ ***Caractériser*** – caractériser, distinguer, individualiser, particulariser, singulariser. ▸ ***Discerner*** – démêler, discerner, discriminer, distinguer, faire la différence entre, reconnaître, séparer. ♦ **se différencier** ▸ ***Différer*** – différer, s'éloigner, se distinguer. ▸ ***Se faire remarquer*** – émerger du lot, se démarquer, se distinguer, se faire remarquer, se particulariser, se signaler, se singulariser. △ **ANT.** ASSIMILER, CONFONDRE, IDENTIFIER, RAPPROCHER.

différend *n.m.* ▸ ***Conflit*** – affrontement, antagonisme, combat, compétition, concurrence, conflit, contentieux, contestation, controverse, débat, désaccord, discorde, discussion, dispute, dissension, dissentiment, divergence, émulation, friction, heurt, incompatibilité, incompréhension, lutte, mésentente, mésintelligence, opposition, polémique, querelle, rivalité. FAM. bagarre. ▸ ***Dispute*** – accrochage, algarade, altercation, brouille, brouillerie, chicane, controverse, démêlé, désaccord, désunion, discorde, dispute, divergence, escarmouche, explication, fâcherie, froid, heurt, joute oratoire, litige, malentendu, mésentente, passe d'armes, polémique, querelle, rupture, scène, zizanie. FAM. bagarre, bisbille, bringue, chamaille, chamaillerie, empoignade, empoignement, engueulade, prise de bec, séance. BELG. FAM. bisbrouille. △ **ANT.** ACCOMMODEMENT, ACCORD, ENTENTE; RÉCONCILIATION.

différent *adj.* ▶ ***Dissemblable*** – autre, dissemblable, distinct, divers, inégal. ▶ ***Qui fait contraste*** – contrastant, contrasté, opposé, tranché. ▶ ***Transformé*** – autre, changé, métamorphosé, nouveau, transformé. ▶ ***Original*** – à part, inimitable, original, particulier, pittoresque, sans précédent, singulier, spécial, unique en son genre, unique. △ **ANT.** ÉGAL, ÉQUIVALENT, IDENTIQUE, MÊME, PAREIL, SEMBLABLE, SIMILAIRE, TEL; INCHANGÉ.

différer *v.* ▶ ***Être différent*** – s'éloigner, se différencier, se distinguer. ▶ ***Être en désaccord*** – diverger, s'opposer, se contredire. ▶ ***Varier*** – changer, fluctuer, se modifier, varier. *FAM.* bouger. ▶ ***Chercher à gagner du temps*** – atermoyer, procrastiner, temporiser, tergiverser. ▶ ***Remettre à plus tard*** – ajourner, décaler, proroger, reculer, remettre, renvoyer, reporter, repousser, retarder, suspendre. *SOUT. OU DR.* surseoir à. *BELG. SUISSE* postposer. *TECHN.* temporiser. ▶ ***Reporter un paiement*** – arriérer, atermoyer, reporter, retarder. △ **ANT.** SE CONFONDRE, SE RESSEMBLER; AVANCER, HÂTER.

difficile *adj.* ▶ ***Compliqué*** – ardu, complexe, compliqué, corsé, délicat, épineux, laborieux, malaisé, problématique. *SOUT.* scabreux. ▶ ***Subtil*** – complexe, délicat, recherché, savant, subtil. ▶ ***Grave*** – critique, dangereux, dramatique, grave, inquiétant, menaçant, préoccupant, sérieux, sombre. *SOUT.* climatérique. ▶ ***Pénible*** – ardu, dur, éprouvant, pénible, rude. *FAM.* galère. ▶ ***Qui a mauvais caractère*** – acariâtre, acerbe, aigri, anguleux, âpre, bourru, déplaisant, désagréable, désobligeant, grincheux, hargneux, intraitable, maussade, rébarbatif, rêche, revêche. *SOUT.* atrabilaire. *FAM.* chameau, teigneux. *QUÉB. FAM.* malcommode. *SUISSE* gringe. ▶ ***Capricieux*** – capricieux, délicat, exigeant. ▶ ***Indiscipliné*** – désobéissant, indiscipliné, indocile, indomptable, insoumis, insubordonné. *QUÉB. FAM.* malcommode. △ **ANT.** FACILE; AISÉ, COMMODE, ÉLÉMENTAIRE, ENFANTIN, SIMPLE; AGRÉABLE, INTÉRESSANT; AIMABLE, CONCILIANT, DOUX; DISCIPLINÉ, DOCILE, OBÉISSANT, SAGE, SOUMIS, TRANQUILLE; FACILE À SATISFAIRE, PEU EXIGEANT.

difficilement *adv.* à grand-peine, à peine, difficultueusement, durement, incommodément, laborieusement, mal, malaisément, péniblement, tant bien que mal. *FAM.* cahin-caha. △ **ANT.** AISÉMENT, FACILEMENT, SANS DIFFICULTÉ, SANS EFFORT.

difficulté *n.f.* ▶ ***Complexité*** – aporie, complexité, complication, confusion, délicatesse, imbroglio, insolubilité, intrication, obscurité, peine, subtilité. ▶ ***Inintelligibilité*** – abstrusion, hermétisme, illisibilité, impénétrabilité, imperceptibilité, incompréhension, inintelligibilité, obscurité, opacité. *SOUT.* incompréhensibilité. *RARE* herméticité. ▶ ***Embûche*** – écueil, embûche, piège. ▶ ***Obstacle*** – accroc, adversité, anicroche, barrière, blocage, contrariété, contretemps, défense, digue, écueil, embarras, empêchement, ennui, entrave, frein, gêne, impasse, impossibilité, inhibition, interdiction, objection, obstruction, ombre au tableau, opposition, pierre d'achoppement, point noir, problème, résistance, restriction, tribulations. *SOUT.* achoppement, impedimenta, traverse. *FAM.* hic, lézard, os, pépin. *QUÉB. FAM.* aria. *RARE* empêtrement. ▶ ***Contretemps*** – accident, accroc, accrochage, affaire, anicroche, avatar, aventure, complication, contingences, contrariété, contretemps, crise, désagrément, dispute, embarras, empêchement, ennui, épine, épisode, événement, éventualité, imprévu, incident, mésaventure, obstacle, occasion, occurrence, péripétie, problème, rebondissement, tribulations. *SOUT.* adversité. *FAM.* cactus, embêtement, emmerde, emmerdement, enquiquinement, os, pépin, pétrin, tuile. *FRANCE FAM.* empoisonnement. ▶ ***Complication*** – complication, tatillonnage, tracasserie. *FAM.* chinoiserie, coupage de cheveux en quatre. ▶ ***Danger*** – aléa, casse-cou, danger, détresse, écueil, embûche, épée de Damoclès, épouvantail, guêpier, hasard, impasse, imprudence, insécurité, mauvais pas, menace, perdition, péril, piège, point chaud, point sensible, poudrière, récif, risque, spectre, traverse, urgence, volcan. *SOUT.* tarasque. *FRANCE FAM.* casse-gueule. △ **ANT.** AISANCE, FACILITÉ, SIMPLICITÉ; INTELLIGIBILITÉ; AIDE, SECOURS; AVANTAGE.

difforme *adj.* ▶ ***De forme irrégulière*** – biscornu, dissymétrique, irrégulier. ▶ ***En parlant du corps*** – contrefait, déformé, déjeté, mal formé, malbâti. ▶ ***En parlant des jambes*** – cagneux, tordu, tors. *BELG.* qui cagne. △ **ANT.** NORMAL, RÉGULIER; BEAU, ÉLÉGANT, ESTHÉTIQUE, GRACIEUX.

diffus *adj.* ▶ ***Qui manque de concision*** – bavard, délayé, prolixe, redondant, verbeux. *SOUT.* logomachique, logorrhéique, phraséologique. △ **ANT.** BRUTAL, CRU, VIOLENT; BREF, CONCIS, COURT, LACONIQUE; PRÉCIS.

diffuser *v.* ▶ ***Émettre*** – dégager, émettre, produire, répandre. *SC.* dissiper. ▶ ***Faire connaître*** – populariser, propager, répandre, véhiculer. ▶ ***Généraliser*** – étendre, généraliser, répandre, universaliser. ▶ ***Retransmettre*** – relayer, retransmettre. △ **ANT.** ABSORBER, RECEVOIR; CONCENTRER; CENSURER.

diffusion *n.f.* ▶ ***Dispersion*** – dispersion, dissémination, émiettement, éparpillement, séparation. *RARE* dispersement. ▶ ***Dispersion de la lumière*** – biréfringence, déflexion, déviation, diffraction, dispersion, réfraction, réfringence. ▶ ***Transmission*** – cession, circulation, communication, dévolution, dissémination, émission, expansion, extension, intercommunication, multiplication, passation, progression, propagation, rayonnement, reproduction, transfert, translation, virement. ▶ ***Acheminement*** – acheminement, amenée, convoi, desserte, distribution, envoi, expédition, livraison, marche, postage, progression, service, transport. ▶ ***Popularisation*** – massification, popularisation. *SOUT.* vulgarisation. △ **ANT.** CONCENTRATION, CONVERGENCE; CENTRALISATION; SILENCE; CENSURE, ÉTOUFFEMENT.

digérer *v.* ▶ ***Absorber*** – absorber, assimiler. ▶ ***Accepter*** (*FAM.*) – accepter, faire contre mauvaise fortune bon cœur, prendre son parti de, s'incliner, se faire à l'idée, se faire une raison, se résigner, se résoudre, se soumettre. △ **ANT.** REJETER, VOMIR.

digestion *n.f.* absorption, anabolisme, assimilation, biosynthèse, chimisme, coction, eupepsie, ingestion, métabolisme, nutrition, phagocytose *(cellules)*, rumination, transformation. △ **ANT.** INDIGESTION.

digne *adj.* ▶ ***Qui mérite l'estime*** – appréciable, bien, bon, considéré, de bon aloi, estimable, estimé, honorable, louable, méritant, méritoire, respectable. ▶ ***Qui respecte les convenances*** – bien, bienséant, convenable, correct, de bon ton, décent, fréquentable, honnête, honorable, moral, rangé, recommandable, respectable, sérieux. *FAM.* comme il faut. ▶ ***Grave*** – auguste, grave, impérial, imposant, majestueux, noble, olympien, qui impose le respect, solennel. ▶ ***Vénérable*** – auguste, respectable, révéré, sacré, saint, vénérable. △ **ANT.** ABJECT, CRAPULEUX, DÉGOÛTANT, IGNOBLE, INDIGNE, INFÂME, MÉPRISABLE, ODIEUX, RÉPUGNANT; SANS DIGNITÉ, SANS PUDEUR; DISCOURTOIS, GROSSIER, IMPERTINENT, IMPOLI, INCONVENANT, INCORRECT, MAL ÉLEVÉ, RUSTRE.

dignité *n.f.* ▶ ***Grandeur d'âme*** – élévation, générosité, grandeur (d'âme), hauteur, mérite, noblesse, sublime, sublimité, valeur, vertu. *RARE* ennoblissement. ▶ ***Décence*** – bienséance, bon ton, chasteté, convenance, correction, décence, délicatesse, discrétion, éducation, fierté, gravité, honnêteté, honneur, modestie, politesse, propreté, pudeur, quant-à-soi, réserve, respect, retenue, sagesse, sobriété, tact, tenue, vertu. *SOUT.* pudicité. ▶ ***Gravité*** – componction, décence, gravité, hiératisme, majesté, pompe, raideur, réserve, rigidité, sérieux, solennité. ▶ ***Fonction*** – affectation, charge, emploi, fonction, métier, mission, office, place, poste, responsabilité, rôle, siège, titre, vocation. ▶ ***Distinction*** – décoration, égards, élévation, faveur, honneur, pourpre, prérogative, promotion. △ **ANT.** BASSESSE, INDIGNITÉ; LAISSER-ALLER; FAMILIARITÉ, GROSSIÈRETÉ, VULGARITÉ; AVILISSEMENT, DÉSHONNEUR.

digression *n.f.* ▶ ***Aparté*** – à-côté, aparté, coq-à-l'âne, divagation, écart, épisode, excursion, excursus, hors-d'œuvre, parabase, parenthèse, placage. ▶ ***Détour*** – biais, circonlocution, détour, diversion, faux-fuyant, louvoiement, louvoyage, périphrase, repli, subterfuge, subtilité, tour.

digue *n.f.* ▶ ***Barrage*** – barrage, batardeau, brise-lame, chaussée, duc-d'Albe *(pour l'amarrage)*, estacade, jetée, levée, môle, musoir, palée, serrement, turcie. *ACADIE* aboiteau. ▶ ***Entrave*** – accroc, adversité, anicroche, barrière, blocage, contrariété, contretemps, défense, difficulté, écueil, embarras, empêchement, ennui, entrave, frein, gêne, impasse, impossibilité, inhibition, interdiction, objection, obstruction, ombre au tableau, opposition, pierre d'achoppement, point noir, problème, résistance, restriction, tribulations. *SOUT.* achoppement, impedimenta, traverse. *FAM.* hic, lézard, os, pépin. *QUÉB. FAM.* aria. *RARE* empêtrement.

dilater *v.* ▶ ***Élargir*** – agrandir, desserrer, donner du large à, élargir, étendre, évaser, ouvrir. ▶ ***Remplir d'air*** – ballonner, boursoufler, distendre, enfler, gonfler, grossir, souffler. ♦ **se dilater** ▶ ***Se remplir d'air*** – bouffir, enfler, gonfler. ♦ **dilaté** ▶ ***Bouffi*** – ballonné, bouffi, boursouflé, distendu, enflé, gonflé, gros, grossi. *SOUT.* turgescent, turgide. *DIDACT.* intumescent, œdémateux, vultueux. △ **ANT.** COMPRIMER, CONDENSER, CONTRACTER, RESSERRER, RÉTRÉCIR.

dilemme *n.m.* bifurcation, choix, embarras du choix, opposition, option.

dilettante *n.* amateur, fantaisiste, plaisantin, touche-à-tout. *FAM.* demi-sel, fumiste.

diligence *n.f.* ▶ ***Véhicule*** – coach, coche. ▶ ***Soin*** (*SOUT.*) – sérieux, zèle. *SOUT.* soin. ▶ ***Rapidité*** – activité, agilité, célérité, empressement, hâte, précipitation, promptitude, rapidité, vélocité, vitesse, vivacité. *SOUT.* prestesse. △ **ANT.** APATHIE, LENTEUR, NÉGLIGENCE, NONCHALANCE.

dimension *n.f.* ▶ ***Grandeur*** – ampleur, envergure, étendue, grandeur, mesure, proportion, valeur. ▶ ***Importance*** – gravité, importance, portée, priorité, prix.

diminuer *v.* ▶ ***Amoindrir*** – abaisser, affaiblir, amenuiser, baisser, moindrir, réduire. ▶ ***Restreindre*** – borner, comprimer, limiter, réduire, resserrer, restreindre. ▶ ***Atténuer*** – affaiblir, amortir, atténuer, effacer, émousser, éroder, estomper, oblitérer, user. ▶ ***Minimiser*** – minimiser, minorer. ▶ ***Déprécier*** – dénigrer, déprécier, dévaloriser, dévaluer, inférioriser, rabaisser, rapetisser, ravaler. *RARE* démonétiser, péjorer. ▶ ***Épuiser*** – abattre, affaiblir, alanguir, anémier, consumer, débiliter, épuiser, étioler, miner, ronger, user. ▶ ***S'amoindrir*** – baisser, décliner, décroître, descendre, s'amoindrir. ▶ ***Baisser, en parlant d'un prix*** – baisser, chuter, dégringoler, s'effondrer, tomber. ▶ ***S'atténuer*** – baisser, faiblir, pâlir, s'affaiblir, s'atténuer, s'estomper. ▶ ***Régresser*** – décliner, ralentir, régresser, s'essouffler. ♦ **se diminuer** ▶ ***Faire preuve d'humilité*** – s'abaisser, s'humilier, se rabaisser. △ **ANT.** AUGMENTER, CROÎTRE, GROSSIR; ACCROÎTRE, AGRANDIR, AJOUTER, AMPLIFIER.

diminution *n.f.* ▶ ***Décroissance*** – abaissement, affaiblissement, affaissement, amenuisement, amoindrissement, baisse, chute, creux, déclin, décroissance, décroissement, décrue, dégression, déplétion, dépréciation, descente, désescalade, dévalorisation, dévaluation, éclipse, effondrement, effritement, essoufflement, fléchissement, ralentissement, réduction. *SOUT.* émasculation. ▶ ***Réduction*** – abrégement, allégement, amenuisement, amoindrissement, amputation, atténuation, compression, délestage, gommage, graticulation, miniaturisation, minimalisation, minimisation, minoration, raccourcissement, racornissement, rapetissement, réduction, resserrement, restriction, rétrécissement, schématisation, simplification. *SOUT.* estompement. ▶ ***Rabais*** – abattement, baisse, bas prix, bonification, bradage, décompte, déduction, dégrèvement, discompte, escompte, liquidation, prix modique, rabais, réduction, réfaction, remise, ristourne, solde. *FAM.* bazardage. *QUÉB.* (prix d') aubaine. ▶ ***Impôt*** – abattement, décote, dégrèvement, réduction d'impôt. ▶ ***Raréfaction*** – amoindrissement, appauvrissement, déperdition, disparition, dispersion, dissémination, éclaircissement, épuisement, raréfaction, rarescence, tarissement. △ **ANT.** ACCROISSEMENT, AGRANDISSEMENT, AMPLIFICATION, AUGMENTATION, CROISSANCE; DILATATION; RECRUDESCENCE.

dîner *n.m.* ▶ ***Repas du midi*** – repas du midi, repas de midi. *FRANCE* déjeuner. *QUÉB.* lunch. ▶ ***Repas du soir*** (*FRANCE*) – repas du soir, souper.

diocèse *n.m.* archevêché, archidiaconé, archidiocèse, doyenné, éparchie, évêché, exarchat, paroisse, patriarcat.

diplomate *n.* ▶ ***Chargé de mission*** – agent, ambassadeur, attaché, chargé d'affaires, chargé de mission, commissaire, correspondant, délégataire, délégué, député, émissaire, envoyé, fondé de pouvoir, légat, mandataire, messager, ministre, négociateur, parlementaire, plénipotentiaire, représentant. FRANCE ANC. agréé.

diplomatie *n.f.* ▶ ***Carrière diplomatique*** – ambassade, carrière. ▶ ***Tact*** – adresse, circonspection, doigté, finesse, habileté, souplesse, tact. ▶ ***Stratégie*** – adresse, calcul, finesse, habileté, ligne de conduite, machiavélisme, manège, négociation, patience, prudence, ruse, sagesse, savoir-faire, souplesse, stratégie, tactique, temporisation, tractation. △ **ANT.** BRUTALITÉ, DURETÉ, INFLEXIBILITÉ, INTRANSIGEANCE.

diplomatique *adj.* ▶ ***Qui fait preuve de diplomatie*** – diplomate.

diplôme *n.m.* ▶ ***Acte*** – agrégation, brevet, certificat. FAM. parchemin. FRANCE FAM. agrég, peau d'âne. ▶ ***Récompense*** – accessit, bon point, citation, couronne, décoration, distinction, gratification, médaille, mention, nomination, pourboire, prime, prix, récompense, satisfecit, trophée.

dire *v.* ▶ ***Prononcer*** – articuler, émettre, lâcher, lancer, pousser, proférer, prononcer, sortir. ▶ ***Exprimer*** – émettre, exprimer, extérioriser, formuler, objectiver, verbaliser. ▶ ***Communiquer*** – annoncer, apprendre, communiquer, déclarer, faire l'annonce de, faire part de, faire savoir, notifier, signifier, transmettre. FAM. balancer. △ **ANT.** CACHER, DISSIMULER, OMETTRE, TAIRE; ÉCOUTER, ENTENDRE.

direct *adj.* ▶ ***Sans intermédiaire*** – immédiat. ▶ ***Très franc*** – brutal, cru, qui ne mâche pas ses mots, sans ménagement. △ **ANT.** INDIRECT; ALLUSIF, DÉTOURNÉ; AFFABLE, DÉLICAT, POLI; OMNIBUS *(TRAIN)*; INVERSE *(PROPOSITION LOGIQUE)*; RÉTROGRADE *(MOUVEMENT DES PLANÈTES)*.

directement *adv.* ▶ ***Droit*** – droit, en ligne droite, tout droit. ▶ ***Carrément*** – abruptement, brusquement, brutalement, carrément, catégoriquement, crûment, droit, droit au but, fermement, franc, franchement, hardiment, librement, net, nettement, raide, raidement, résolument, rondement, sans ambages, sans ambiguïté, sans barguigner, sans détour(s), sans dissimulation, sans équivoque, sans faux-fuyant, sans hésitation, sans intermédiaire, vertement. FAM. franco. ▶ ***Immédiatement*** – à l'instant, au plus vite, aussitôt, aussitôt que possible, d'emblée, d'urgence, en urgence, immédiatement, instantanément, sans délai, sans différer, sans tarder, séance tenante, sitôt, sur l'heure, sur le coup, sur-le-champ, tout de suite. SOUT. dans l'instant, incontinent. FAM. aussi sec, de suite, illico. △ **ANT.** DE FAÇON DÉTOURNÉE, INDIRECTEMENT.

directeur *n.* ▶ ***Dirigeant*** – administrateur, cadre, chef d'entreprise, chef d'industrie, décideur, décisionnaire, dirigeant, gestionnaire, logisticien, patron, responsable. ▶ ***Confesseur*** – confesseur, directeur de conscience, directeur spirituel. ▶ ***Conseiller*** – conseil, conseiller, consultant, éminence grise, éveilleur, guide, inspirateur, orienteur, précepteur, prescripteur. SOUT. égérie *(femme)*, mentor. FAM. cornac. △ **ANT.** EXÉCUTANT, INFÉRIEUR, SUBALTERNE, SUBORDONNÉ.

direction *n.f.* ▶ ***Gestion*** – administration, conduite, gérance, gestion, gouverne, intendance, logistique, management, maniement, organisation, régie, surintendance, tenue. ▶ ***Personnes qui gèrent*** – patronat. ▶ ***Conduite d'un véhicule*** – conduite, pilotage. ▶ ***Orientation*** – axe, cap, côté, exposition, face, inclinaison, ligne, orientation, sens, situation, vue. QUÉB. ACADIE FAM. bord. ASTRON. azimut. AÉRON. MAR. cap. MAR. gisement, orientement. ▶ ***Trajet*** – aller (et retour), chemin, cheminement, circuit, course, distance, espace, itinéraire, marche, parcours, retour, route, tracé, traite, trajectoire, trajet, traversée, voyage. FAM. trotte. FRANCE FAM. tirée. ▶ ***Tendance*** – chemin, courant, cours, évolution, fil, mouvance, mouvement, orientation, tendance, virage. SOUT. voie. △ **ANT.** SUBORDINATION.

directive *n.f.* citation, commande, commandement, consigne, injonction, instruction, intimation, mandat, ordre, prescription, semonce.

dirigeant *n.* ▶ ***Directeur*** – administrateur, cadre, chef d'entreprise, chef d'industrie, décideur, décisionnaire, directeur, gestionnaire, logisticien, patron, responsable. ▶ ***Instigateur*** – âme, artisan, auteur, centre, cerveau, chef, cheville ouvrière, créateur, fondateur, incitateur, initiateur, inspirateur, instigateur, locomotive, maître (d'œuvre), meneur, moteur, organisateur, patron, père, promoteur, protagoniste, régisseur, responsable. SOUT. excitateur, instaurateur, ouvrier. △ **ANT.** EXÉCUTANT.

diriger *v.* ▶ ***Manœuvrer un véhicule*** – conduire, gouverner *(embarcation)*, mener, piloter. ▶ ***Braquer*** – braquer, pointer. ▶ ***Guider*** – aiguiller, conduire, guider, mener, mettre sur une piste, mettre sur une voie, orienter. ▶ ***Gérer*** – assurer la direction de, conduire, faire marcher, gérer, mener, piloter, présider à, superviser, tenir les rênes de. ▶ ***Gouverner un État*** – administrer, gérer, gouverner, manier. ▶ ***Commander*** – commander, encadrer, mener, superviser. ▶ ***Tenir en son pouvoir*** – asservir, contrôler, dominer, exercer son empire sur, exercer son emprise sur, gouverner, régenter, soumettre, subjuguer, tenir en son pouvoir, vampiriser, vassaliser. SOUT. inféoder. ♦ **se diriger** ▶ ***Aller*** – aller, évoluer, se déplacer, se mouvoir, se porter. ▶ ***Se retrouver*** – s'orienter, se guider, se reconnaître, se repérer, se retrouver. △ **ANT.** OBÉIR, SUIVRE; DÉTOURNER, DÉVIER; ABANDONNER, LAISSER.

discernement *n.m.* ▶ ***Perception*** – aperception, appréhension, conception, entendement, idée, impression, intelligence, perception, sens, sensation, sentiment. FIG. œil. PSYCHOL. gnosie. PHILOS. senti. ▶ ***Jugement*** – bon sens, cerveau, cervelle, clairvoyance, compréhension, conception, entendement, esprit, faculté, imagination, intellect, intelligence, jugement, lucidité, pénétration, raison, tête. FAM. matière grise, méninges. PHILOS. logos. ▶ ***Sagesse*** – bon goût, connaissance, (gros) bon sens, intelligence, jugement, philosophie, raison, sagesse, sens commun, vérité. *FAM.* jugeote. △ **ANT.** AVEUGLEMENT, CONFUSION, IRRÉFLEXION, LÉGÈRETÉ.

discerner *v.* ▶ ***Percevoir*** – apprécier, déceler, détecter, distinguer, identifier, percevoir, reconnaître. ▶ ***Distinguer une chose de l'autre*** – démêler, différencier, discriminer, distinguer, faire la différence entre, reconnaître, séparer. △ **ANT.** CONFONDRE, MÉLANGER, MÊLER.

disciple *n.* ▶ ***Élève*** – élève. ▶ ***Partisan*** – adepte, adhérent, allié, ami, apôtre, champion, défenseur, fidèle, inconditionnel, militant, partisan, soutien, sympathisant, tenant. *RARE* mainteneur. *SOUT.* chantre, séide, zélateur. *FAM.* godillot. △ **ANT.** MAÎTRE, PROFESSEUR; ADVERSAIRE, OPPOSANT.

discipline *n.f.* ▶ ***Spécialité*** – branche, champ, département, division, domaine, étude, fief, matière, partie, scène, science, secteur, spécialité, sphère. *FAM.* rayon. ▶ ***Règle*** – approche, art, chemin, code, comment, credo, démarche, dispositif, façon (de faire), facture, formule, heuristique, instruction, instrument, ligne de conduite, maïeutique, manière, marche (à suivre), méthode, méthodologie, modalité, mode d'emploi, mode, moyen, opération, ordre, organisation, outil, posologie, pratique, procédé, procédure, protocole, raisonnement, recette, règle, secret, stratagème, stratégie, système, tactique, technique, théorie, traitement, voie. *SOUT.* faire. △ **ANT.** ANARCHIE, DÉSORDRE, INDISCIPLINE, INSOUMISSION.

discipliner *v.* ▶ ***Mater*** – dompter, dresser, mater, mettre au pas, serrer la vis à. *FAM.* visser. ▶ ***Éduquer*** – dresser, éduquer, élever. ▶ ***Habituer*** – dresser, entraîner, exercer, façonner, former, habituer. *SOUT.* rompre. ▶ ***Maîtriser*** (*SOUT.*) – contrôler, domestiquer, dominer, dompter, gouverner, juguler, maîtriser, surmonter. *SOUT.* briser. ▶ ***Coiffer*** – brosser, coiffer, mettre en plis, peigner. △ **ANT.** RÉVOLTER.

discontinu *adj.* ▶ ***Intermittent*** – à éclipses, brisé, intermittent, irrégulier. *MÉD.* erratique, rémittent. ▶ ***En parlant d'une grandeur*** – discret. △ **ANT.** CONTINU, ININTERROMPU.

discontinuité *n.f.* brisure, cassure, coupure, fossé, hiatus, interruption, lacune, rupture, saut, solution de continuité. △ **ANT.** CONTINUITÉ.

discordance *n.f.* ▶ ***Dissonance*** – bruit, cacophonie, canard, couac, disharmonie, dissonance, fausse note. *SOUT.* inharmonie. ▶ ***Incohérence*** – décousu, désaccord, disparité, divergence, hétérogénéité, inadéquation, incohérence, incompatibilité, inhomogénéité, non-conformité. *SOUT.* disconvenance, incohésion. ▶ ***Contraste*** – antithèse, contraste, désaccord, désagencement, désassortiment, déséquilibre, différence, disharmonie, disparité, disproportion, dissemblance, hétérogénéité, heurt, opposition, repoussoir. *SOUT.* disconvenance, tapage. △ **ANT.** ACCORD, CONSONANCE, HARMONIE; COHÉRENCE, CORRESPONDANCE.

discordant *adj.* ▶ ***Cacophonique*** – cacophonique, criard, dissonant, faux, inharmonieux. *RARE* inharmonique. ▶ ***Incompatible*** – contradictoire, contraire, dissonant, divergent, éloigné, incompatible, inconciliable, opposé. *RARE* inaccordable. △ **ANT.** COMPATIBLE, CONCILIABLE, CONCORDANT, CONVERGENT, CORRESPONDANT.

discorde *n.f.* ▶ ***Dissension*** – affrontement, antagonisme, combat, compétition, concurrence, conflit, contentieux, contestation, controverse, débat, désaccord, différend, discussion, dispute, dissension, dissentiment, divergence, émulation, friction, heurt, incompatibilité, incompréhension, lutte, mésentente, mésintelligence, opposition, polémique, querelle, rivalité. *FAM.* bagarre. ▶ ***Dispute*** – accrochage, algarade, altercation, brouille, brouillerie, chicane, controverse, démêlé, désaccord, désunion, différend, dispute, divergence, escarmouche, explication, fâcherie, froid, heurt, joute oratoire, litige, malentendu, mésentente, passe d'armes, polémique, querelle, rupture, scène, zizanie. *FAM.* bagarre, bisbille, bringue, chamaille, chamaillerie, empoignade, empoignement, engueulade, prise de bec, séance. *BELG. FAM.* bisbrouille. △ **ANT.** ACCORD, CONCORDE, ENTENTE, HARMONIE.

discourir *v.* ▶ ***Exposer longuement*** – disserter sur, traiter de. ▶ ***Parler trop longuement*** – disserter, épiloguer, palabrer, pérorer. *FAM.* baratiner, dégoiser, laïusser, tartiner. △ **ANT.** SE TAIRE.

discours *n.m.* ▶ ***Allocution*** – allocution, harangue, mot, toast. *FAM.* laïus, topo. *RELIG.* homélie, sermon. ▶ ***Sermon*** – catéchisme, enseignement, exhortation, harangue, leçon, morale, propos, sermon. *PÉJ.* prêchi-prêcha, radotage. ▶ ***Conférence*** – causerie, conférence, cours, exposé, laïus, lecture. ▶ ***Traité*** – argument, argumentation, cours, développement, dissertation, essai, étude, exposé, manuel, mémoire, monographie, somme, thèse. *DR.* dire.

discréditer *v.* ▶ ***Perdre de réputation*** – déconsidérer, décrédibiliser, disqualifier, perdre. *FAM.* brûler, couler, griller. *RARE* démonétiser. △ **ANT.** ACCRÉDITER; VANTER.

discret *adj.* ▶ ***Retenu*** – circonspect, délicat, retenu. ▶ ***Réservé*** – effacé, qui garde ses distances, qui reste sur son quant-à-soi, qui se tient sur la réserve, réservé. ▶ ***Furtif*** – furtif, inaperçu, rapide. ▶ ***Sobre*** – classique, dépouillé, simple, sobre, strict. ▶ ***En parlant d'une grandeur*** – discontinu. △ **ANT.** CURIEUX, FURETEUR, INDISCRET, QUI MET SON NEZ PARTOUT; OSTENSIBLE, OSTENTATOIRE; AGRESSIF, CLINQUANT, CRIARD, PROVOCANT, TAPAGEUR, TAPE-À-L'ŒIL, VOYANT; ANALOGIQUE, CONTINU.

discrétion *n.f.* ▶ ***Timidité*** – appréhension, confusion, crainte, effacement, effarouchement, embarras, émoi, frilosité, gaucherie, gêne, hésitation, honte, humilité, indécision, inhibition, introversion, malaise, modestie, peur, réserve, retenue, sauvagerie, timidité. *SOUT.* pusillanimité. *FAM.* trac. ▶ ***Décence*** – bienséance, bon ton, chasteté, convenance, correction, décence, délicatesse, dignité, éducation, fierté, gravité, honnêteté, honneur, modestie, politesse, propreté, pudeur, quant-à-soi, réserve, respect, retenue, sagesse, sobriété, tact, tenue, vertu. *SOUT.* pudicité. ▶ ***Secret*** – black-out, confidentialité, retenue, secret. △ **ANT.** INDÉLICATESSE, INSOLENCE, SANS-GÊNE; IMPUDENCE, INDÉCENCE; BAVARDAGE, CURIOSITÉ, INDISCRÉTION.

discrimination *n.f.* ▶ ***Action de distinguer*** – analyse, démarcation, différenciation, distinction, distinguo, nuance, séparation. ▶ ***Séparation d'un groupe social*** – exclusion, ghettoïsation, isolement, marginalisation, ségrégation, séparation. △ **ANT.** CONFUSION, MÉLANGE; ÉGALITÉ, ÉQUITÉ, NON-DISCRIMINATION.

discussion *n. f.* ▶ ***Échange de propos*** – causerie, colloque, concertation, conversation, dialogue, échange (de vues), entretien, interview, pourparlers, tête-à-tête. *SOUT.* entretènement. *FAM.* causette, chuchoterie. *QUÉB.* jasette. *PÉJ.* conciliabule, palabres; *FAM.* parlote. ▶ ***Raisonnement*** – analyse, apagogie, argument, argumentation, considérations, déduction, démonstration, dialectique, dilemme, échafaudage, explication, implication, induction, inférence, logique, méthode, preuve, raison, réflexion, réfutation, sorite, substruction, syllogisme, syllogistique, synthèse. ▶ ***Débat*** – affrontement, antagonisme, combat, compétition, concurrence, conflit, contentieux, contestation, controverse, débat, désaccord, différend, discorde, dispute, dissension, dissentiment, divergence, émulation, friction, heurt, incompatibilité, incompréhension, lutte, mésentente, mésintelligence, opposition, polémique, querelle, rivalité. *FAM.* bagarre. ▶ ***Négociation*** – conversation, dialogue, échange (de vues), marchandage, négociation, pourparlers, tractation, transaction. *SOUT.* transigeance. ▶ ***Esclandre*** – algarade, dispute, éclat, esclandre, querelle, scandale, scène, tapage. △ **ANT.** MONOLOGUE; ACCEPTATION; ACCORD, ENTENTE; RÉCONCILIATION.

discutable *adj.* ▶ ***Contestable*** – attaquable, contestable, controversable, controversé, critiquable, douteux, fragile, litigieux, mis en doute, sujet à caution, sujet à controverse, vulnérable. △ **ANT.** AVÉRÉ, CERTAIN, DÉMONTRÉ, ÉTABLI, FORMEL, INCONTESTABLE, INDÉNIABLE, INDISCUTABLE, INDUBITABLE, IRRÉFUTABLE, PROUVÉ, RECONNU, SÛR.

discuter *v.* ▶ ***Bavarder*** – bavarder, causer, converser, deviser, dialoguer, papoter, parler (de choses et d'autres), s'entretenir. *FAM.* babiller, bavasser, blablater, caqueter, faire un brin de causette, jacasser, jacter, jaspiner, parlementer, parloter, tailler une bavette. *QUÉB. FAM.* jaser, placoter. *BELG. FAM.* babeler. ▶ ***Échanger des propos sérieux*** – conférer, parler, s'entretenir, tenir conférence, tenir conseil. ▶ ***Parlementer*** – dialoguer, être en pourparlers, négocier, parlementer, traiter. ▶ ***Négocier*** – débattre, négocier, traiter. ▶ ***Rétorquer*** – raisonner, répliquer, répondre, rétorquer, riposter. *SOUT.* repartir. ▶ ***Débattre*** – agiter, débattre, délibérer de, parler de. *SOUT.* démêler, disputer de. ▶ ***Contester*** – contester, douter de, mettre en doute, remettre en cause. *SOUT.* révoquer en doute. △ **ANT.** ACCEPTER, ADMETTRE, APPROUVER, CROIRE.

disette *n. f.* ▶ ***Pauvreté*** – appauvrissement, besoin, dénuement, détresse, embarras, gêne, gouffre, indigence, manque, mendicité, misère, nécessité, pauvreté, pouillerie, privation, ruine. *SOUT.* impécuniosité. *FAM.* dèche. *FRANCE FAM.* débine, fauche, mistoufle, mouise, mouscaille, panade, purée. *DR.* carence. ▶ *Sociale* – clochardisation, paupérisation, paupérisme, pauvreté, pénurie, sous-développement, sous-équipement, tiers-mondisation. ▶ ***Carence*** – carence, déficience, déficit, incomplétude, insuffisance, manque, pénurie, rareté. △ **ANT.** RICHESSE; ABONDANCE, PROFUSION.

disgrâce *n. f.* ▶ ***Discrédit*** – défaveur, discrédit, impopularité. *SOUT.* déconsidération. ▶ ***Expulsion*** – bannissement, délogement, désinsertion, disqualification, élimination, évacuation, éviction, exclusion, exil, expatriation, expulsion, nettoyage, ostracisme, proscription, rabrouement, radiation, refoulement, rejet, relégation, renvoi. *FAM.* dégommage, éjection, lessive, vidage. *RARE* évincement. *DIDACT.* forclusion. *DR.* déboutement. *ANTIQ.* pétalisme, xénélasie. ▶ ***Malheur*** – adversité, calamité, calice (de douleur), chagrin, détresse, deuil, douleur, échec, épreuve, fatalité, infortune, mal, malchance, malédiction, malheur, mauvaise fortune, mauvaise passe, mésaventure, misère, nuage, orage, peine, revers, ruine, sale affaire, sale histoire, souffrance, traverse, tribulation. *SOUT.* bourrèlement, plaie, tourment. ▶ ***Difformité*** – anomalie, défaut, déficience, déformation, difformité, dysmorphie, dysmorphose, handicap, infirmité, malformation, malposition, monstruosité, vice. △ **ANT.** CRÉDIT, FAVEUR, GRÂCE; RÉHABILITATION; BEAUTÉ, CHARME.

disloquer *v.* ▶ ***Briser*** – briser, casser, démolir, fracasser, mettre en pièces, rompre. *FAM.* démantibuler. ▶ ***Sortir de son articulation*** – déboîter, démettre, désarticuler, luxer. *FAM.* démancher. ▶ ***Diviser un territoire*** – balkaniser, démembrer, dépecer, diviser, fragmenter, morceler. ♦ **se disloquer** ▶ ***Se démettre*** – se déboîter, se démettre, se désarticuler, se luxer. *FAM.* se démancher. ▶ ***Se contorsionner*** – se contorsionner, se désarticuler, se désosser. △ **ANT.** ASSEMBLER, EMBOÎTER, REMBOÎTER, REMETTRE; RÉPARER.

disparaître *v.* ▶ ***S'effacer*** – partir, s'effacer, s'en aller, s'enlever. ▶ ***Se dissiper*** – mourir, partir, passer, s'assoupir, s'effacer, s'en aller, s'envoler, s'estomper, s'évanouir, s'évaporer, se dissiper, se volatiliser. ▶ ***S'anéantir*** – crouler, finir, mourir, périr, s'anéantir, s'écrouler, s'effondrer. ▶ ***S'éloigner discrètement*** – fausser compagnie à, filer à l'anglaise, partir en douce, s'échapper, s'éclipser, s'esquiver, s'évader. *FAM.* prendre la tangente, se déguiser en courant d'air. *FRANCE FAM.* faire basket. ▶ ***Mourir*** – décéder, être emporté, être tué, expirer, mourir, perdre la vie, périr, s'éteindre, succomber, trouver la mort. *SOUT.* exhaler le dernier soupir, passer de vie à trépas, rendre l'âme, rendre l'esprit, rendre le dernier soupir, rendre son dernier souffle, trépasser. *PAR EUPHÉM.* avoir vécu, faire le grand voyage, fermer les paupières, fermer les yeux, finir, monter au ciel, paraître devant Dieu, partir, passer, passer dans l'autre monde, quitter ce (bas) monde, s'effacer, s'en aller, s'endormir. *FAM.* calancher, caner, clamser, claquer, crever, passer l'arme à gauche, sortir les pieds devant, y rester. *FRANCE FAM.* claboter. △ **ANT.** APPARAÎTRE, PARAÎTRE, POINDRE, SE MANIFESTER, SE MONTRER; DEMEURER, ÊTRE, RESTER; COMMENCER; VENIR; NAÎTRE.

disparate *adj.* bigarré, complexe, composite, dissemblable, divers, diversifié, éclectique, hétéroclite, hétérogène, mélangé, mêlé, mixte, multiple, varié. *SOUT.* pluriel. *RARE* inhomogène. △ **ANT.** ASSORTI, COORDONNÉ, HARMONIEUX, HOMOGÈNE.

disparition *n.f.* ► ***Effacement*** – dématérialisation, dissipation, dissolution, effacement, éloignement, évanouissement, évaporation, extinction, résorption, volatilisation. ASTRON. éclipse, immersion, occultation. ► ***Tarissement*** – évaporation, raréfaction, tarissement. ► ***Diminution*** – amoindrissement, appauvrissement, déperdition, diminution, dispersion, dissémination, éclaircissement, épuisement, raréfaction, rarescence, tarissement. ► ***Anéantissement*** – absorption, anéantissement, annihilation, démolition, destruction, dévastation, effacement, élimination, enlèvement, éradication, fin, gommage, liquidation, mort, néantisation, suppression. SOUT. extirpation. RARE engloutissement. ► ***Dépeuplement*** – dénatalité, dépeuplement, dépopulation. ► ***Absence*** – absence, départ, échappée, éloignement, escapade, évasion, fugue, séparation. FAM. éclipse. ► ***Mort*** – décès, extinction, fin, mort, perte. FIG. départ, dernier repos, dernier sommeil, dernier soupir, grand voyage, sépulture, sommeil éternel, tombe, tombeau. SOUT. la Camarde, la Faucheuse, la Parque, trépas. FRANCE FAM. crève. △ **ANT.** APPARITION, RÉAPPARITION; AUGMENTATION; NAISSANCE.

disparu *n.* ► ***Mort*** – défunt, mort. SOUT. trépassé. ► ***Absent*** – absent, défaillant, manquant. △ **ANT.** VIVANT.

dispenser *v.* ► ***Exempter*** – affranchir, décharger, dégager, délier, délivrer, désengager, excuser, exempter, exonérer, soustraire. ► ***Donner*** – distribuer, donner, prodiguer. ♦ **se dispenser** ► ***Se soustraire*** – couper à, échapper à, esquiver, éviter, fuir, passer au travers de, se dérober à, se soustraire à. FAM. se défiler. FRANCE FAM. se débiner. △ **ANT.** ASTREINDRE, CONTRAINDRE, FORCER, OBLIGER; EXIGER.

disperser *v.* ► ***Répandre çà et là*** – disséminer, éparpiller, répandre, saupoudrer, semer. ► ***Répartir en plusieurs endroits*** – disséminer, éparpiller. BELG. échampeler. ► ***Dissiper les nuages, la brume*** – balayer, chasser, dissiper. ♦ **se disperser** ► ***Aller dans tous les sens*** – s'égailler, s'éparpiller, se débander, se disséminer. ► ***Passer d'un sujet à l'autre*** – digresser, papillonner, passer du coq à l'âne, s'éparpiller, sauter du coq à l'âne. △ **ANT.** AGGLOMÉRER, ASSEMBLER, CENTRALISER, CONCENTRER, MASSER, RASSEMBLER, RÉUNIR.

dispersion *n.f.* ► ***Diffusion lumineuse*** – biréfringence, déflexion, déviation, diffraction, diffusion, réfraction, réfringence. ► ***Raréfaction*** – amoindrissement, appauvrissement, déperdition, diminution, disparition, dissémination, éclaircissement, épuisement, raréfaction, rarescence, tarissement. ► ***Éparpillement*** – diffusion, dissémination, émiettement, éparpillement, séparation. RARE dispersement. ► ***Fuite*** – abandon, débâcle, débandade, déroute, panique, retraite, sauve-qui-peut. ► ***Distraction*** – absence (d'esprit), déconcentration, défaillance, dissipation, distraction, étourderie, imprudence, inadvertance, inapplication, inattention, inconséquence, irréflexion, légèreté, négligence, omission, oubli. PSYCHAN. aprosexie, déflexion. PSYCHOL. distractivité. ► ***En statistique*** – écart, fourchette, variance, variation. △ **ANT.** CONCENTRATION; RASSEMBLEMENT, RÉUNION.

disponibilité *n.f.* ► ***Disponibilité pour travailler*** – non-activité. ► ***Liberté*** – autonomie, choix, contingence, droit, faculté, franc arbitre, hasard, indépendance, indéterminisme, liberté, libre arbitre, licence, loisir, permission, possibilité, pouvoir. ► ***Accessibilité*** – accessibilité, agrément, commodité, confort, facilité, faisabilité, possibilité, simplicité. INFORM. convivialité, transparence. △ **ANT.** INDISPONIBILITÉ; ENGAGEMENT.

disponible *adj.* ► ***Libre*** – inoccupé, libre, vacant, vide. ► ***Dont on peut disposer*** – mobilisable. ► ***En parlant de qqn*** – accessible, approchable, d'un abord facile. SOUT. abordable, accostable. △ **ANT.** BONDÉ, BOURRÉ, COMBLE, COMPLET, PLEIN, REMPLI; ÉPUISÉ *(PRODUIT)*; ENGAGÉ, INDISPONIBLE, OCCUPÉ, PRIS; D'UN ABORD DIFFICILE, INABORDABLE, INACCESSIBLE *(PERSONNE)*.

dispos *adj.* délassé, détendu, en forme, (frais et) dispos, frais, reposé. △ **ANT.** ÉPUISÉ, ÉREINTÉ, EXTÉNUÉ, FATIGUÉ, FOURBU, LAS.

disposer *v.* ► ***Arranger*** – arranger, mettre, placer, présenter. ► ***Rendre enclin*** – amener, conditionner, conduire, encourager, engager, entraîner, exhorter, impulser, inciter, incliner, mener, porter, pousser, provoquer. SOUT. exciter, mouvoir. ► ***Bénéficier*** – bénéficier de, jouir de, profiter de. ♦ **se disposer** ► ***S'apprêter*** – aller, être sur le point de, s'apprêter à, se préparer à.

dispositif *n.m.* ► ***Machine*** – appareil, engin, machine, mécanique, mécanisme. FAM. bécane, zinzin. QUÉB. FAM. patente. ► ***Préparatif*** – apprêt, arrangement, branle-bas, disposition, mesure, préalable, précaution, préliminaires, préparatifs, préparation. ► ***Procédé*** – approche, art, chemin, code, comment, credo, démarche, discipline, façon (de faire), facture, formule, heuristique, instruction, instrument, ligne de conduite, maïeutique, manière, marche (à suivre), méthode, méthodologie, modalité, mode d'emploi, mode, moyen, opération, ordre, organisation, outil, posologie, pratique, procédé, procédure, protocole, raisonnement, recette, règle, secret, stratagème, stratégie, système, tactique, technique, théorie, traitement, voie. SOUT. faire.

disposition *n.f.* ► ***Agencement*** – accommodation, accommodement, agencement, ajustement, aménagement, architecture, arrangement, articulation, assemblage, combinaison, combinatoire, composition, concaténation, configuration, construction, contexture, coordination, distribution, élaboration, enchaînement, harmonie, liaison, mise en ordre, mise en place, ordonnance, ordonnancement, ordre, organisation, orientation, plan, profil, programmation, rangement, structuration, structure, système, texture. ▸ *En architecture* – agencement, appareil, appareillage, montage, taille. ► ***Préparatif*** – apprêt, arrangement, branle-bas, dispositif, mesure, préalable, précaution, préliminaires, préparatifs, préparation. ► ***Clause*** – clause, condition, mention, stipulation. ► ***État d'esprit*** – état d'esprit, humeur, moral. ► ***Compétence*** – adresse, aisance, aptitude, art, brio, capacité, compétence, dextérité, doigté, don, expertise, facilité, faculté, force, fort, génie, habileté, main, maîtrise, métier, pouvoir, professionnalisme, savoir, savoir-faire, sens, talent, technique, virtuosité. *FAM.* bosse. *DR.* habilitation, habilité. ▶ ***Penchant*** – affection, aptitude, attirance, faible, faiblesse, goût, habitude, impulsion, inclination, instinct, penchant, pente, prédilection, prédisposition, préférence, propension, tendance, vocation. *DIDACT.* susceptibilité. *PSYCHOL.* compulsion. *FAM.* tendresses. △ **ANT.** DÉSORDRE, DÉSORGANISATION; INCOMPÉTENCE; INDIFFÉRENCE.

disproportion *n. f.* ▶ ***Excès*** – comble, débauche, débordement, dépassement, énormité, excédent, excès, exubérance, gaspillage, inutile, luxe, luxuriance, orgie, profusion, redondance, satiété, saturation, superfétation, superflu, superfluité, surabondance, surcharge, surcroît, surenchère, surnombre, surplus, trop, trop-plein. ▶ ***Contraste*** – antithèse, contraste, désaccord, désagencement, désassortiment, déséquilibre, différence, discordance, disharmonie, disparité, dissemblance, hétérogénéité, heurt, opposition, repoussoir. *SOUT.* disconvenance, tapage. △ **ANT.** ÉGALITÉ, ÉQUILIBRE, PROPORTION; HARMONIE.

dispute *n. f.* ▶ ***Querelle*** – accrochage, algarade, altercation, brouille, brouillerie, chicane, controverse, démêlé, désaccord, désunion, différend, discorde, divergence, escarmouche, explication, fâcherie, froid, heurt, joute oratoire, litige, malentendu, mésentente, passe d'armes, polémique, querelle, rupture, scène, zizanie. *FAM.* bagarre, bisbille, bringue, chamaille, chamaillerie, empoignade, empoignement, engueulade, prise de bec, séance. *BELG. FAM.* bisbrouille. ▶ ***Esclandre*** – algarade, discussion, éclat, esclandre, querelle, scandale, scène, tapage. ▶ ***Débat*** – affrontement, antagonisme, combat, compétition, concurrence, conflit, contentieux, contestation, controverse, débat, désaccord, différend, discorde, discussion, dissension, dissentiment, divergence, émulation, friction, heurt, incompatibilité, incompréhension, lutte, mésentente, mésintelligence, opposition, polémique, querelle, rivalité. *FAM.* bagarre. ▶ ***Affaire*** – affaire, arbitrage, contestation, débat, démêlé, différend, discussion, médiation, négociation, panel, querelle, règlement, spéculation, tractation. △ **ANT.** ACCORD, ENTENTE, PAIX, RÉCONCILIATION, UNION.

disputer *v.* ▶ ***Réprimander*** (*FAM.*) – admonester, attraper, chapitrer, faire des remontrances à, faire la leçon à, faire la morale à, gronder, houspiller, malmener, moraliser, morigéner, rappeler à l'ordre, remettre à sa place, remettre au pas, réprimander, sermonner. *SOUT.* gourmander, redresser, semoncer, semondre, tancer. *FAM.* assaisonner, dire deux mots à, doucher, engueuler, enguirlander, incendier, laver la tête à, moucher, passer un savon à, remonter les bretelles à, sacquer, savonner, savonner la tête à, secouer, secouer comme un (vieux) prunier, secouer les puces à, sonner les cloches à, tirer les oreilles à. *FRANCE FAM.* donner un cigare à, passer un cigare à. *QUÉB. FAM.* chicaner. ▶ ***Rivaliser*** (*SOUT.*) – lutter de, rivaliser de. *SOUT.* faire assaut de, jouter de, le disputer en. ▶ ***Discuter*** (*SOUT.*) – agiter, débattre, délibérer de, discuter (de), parler de. *SOUT.* démêler. ♦ **se disputer** ▶ ***Se quereller*** – s'entendre comme chien et chat, se quereller, se voler dans les plumes. *FAM.* s'accrocher, s'engueuler, se chamailler, se chicaner, se crêper le chignon *(femmes)*, se prendre aux cheveux, se prendre la tête. *SUISSE FAM.* se bringuer. *AFR.* palabrer. △ **ANT.** ABANDONNER, CÉDER, RECONNAÎTRE. ♦ **se disputer** S'ENTENDRE; SE RACCOMMODER, SE RÉCONCILIER.

disque *n. m.* ▶ ***Objet circulaire*** – anneau, bague, cerceau, cercle, collier, couronne, rondelle. *FAM.* rond. ▶ ***Support audio*** – album, audiodisque, audiogramme. ▶ ***Support vidéo*** – CDV, vidéodisque. ▶ ***Au hockey*** – palet. *QUÉB.* rondelle.

dissemblable *adj.* ▶ ***Différent*** – autre, différent, distinct, divers, inégal. ▶ ***Disparate*** – bigarré, complexe, composite, disparate, divers, diversifié, éclectique, hétéroclite, hétérogène, mélangé, mêlé, mixte, multiple, varié. *SOUT.* pluriel. *RARE* inhomogène. △ **ANT.** ÉGAL, ÉQUIVALENT, IDENTIQUE, INCHANGÉ, MÊME, PAREIL, SEMBLABLE, SIMILAIRE, TEL.

dissémination *n. f.* ▶ ***Raréfaction*** – amoindrissement, appauvrissement, déperdition, diminution, disparition, dispersion, éclaircissement, épuisement, raréfaction, rarescence, tarissement. ▶ ***Dispersion*** – diffusion, dispersion, émiettement, éparpillement, séparation. *RARE* dispersement. ▶ ***Transmission*** – cession, circulation, communication, dévolution, diffusion, émission, expansion, extension, intercommunication, multiplication, passation, progression, propagation, rayonnement, reproduction, transfert, translation, virement. △ **ANT.** CONCENTRATION, REGROUPEMENT, RÉUNION; BLOCAGE, FREIN, OBSTACLE; CENSURE, SILENCE.

dissertation *n. f.* ▶ ***Traité*** – argument, argumentation, cours, développement, discours, essai, étude, exposé, manuel, mémoire, monographie, somme, thèse. *DR.* dire. ▶ ***Exercice*** – composition, rédaction.

disserter *v.* ▶ ***Exposer longuement*** – discourir sur, traiter de. ▶ ***Parler trop longuement*** – épiloguer, palabrer, pérorer. *FAM.* baratiner, dégoiser, laïusser, tartiner. △ **ANT.** SE TAIRE.

dissident *n.* ▶ ***Personne qui s'oppose*** – adversaire, antagoniste, attaqueur, challenger, compétiteur, concurrent, contestataire, contraire, contre-manifestant, détracteur, ennemi, mécontent, opposant, opposé, pourfendeur, prétendant, protestataire, rival. *SOUT.* émule. ▶ ***Personne qui s'écarte de la norme*** – déviationniste, mouton noir, non-conformiste. △ **ANT.** CONFORMISTE, FIDÈLE, ORTHODOXE.

dissimulation *n. f.* ▶ ***Camouflage*** – camouflage, déguisement, fard, maquillage, mascarade, masquage, masque, mimétisme, occultation. ▶ ***Feinte*** – affectation, artifice, cachotterie, comédie, déguisement, duplicité, faux-semblant, feinte, fiction, finauderie, grimace, hypocrisie, invention, leurre, mensonge, momerie, pantalonnade, parade, ruse, simulation, singerie, sournoiserie, tromperie. *SOUT.* simulacre. *FAM.* cinéma, cirque, finasserie, frime. ▶ ***Hypocrisie*** – déloyauté, duplicité, facticité, fausseté, félonie, fourberie, hypocrisie, mauvaise foi, perfidie, scélératesse, sournoiserie, trahison, traîtrise, tromperie. *SOUT.* factice, félinité, insincérité. △ **ANT.** AFFICHAGE, DÉMONSTRATION, ÉTALAGE, OSTENTATION; CANDEUR, FRANCHISE, LOYAUTÉ, NATUREL, SINCÉRITÉ.

dissimulé *adj.* ▶ ***Qu'on ne peut voir*** – caché, dérobé, invisible, masqué, secret. ▶ ***Qui n'est pas avoué*** – caché, dérobé, inavoué, secret. ▶ ***Clandestin*** – clandestin, occulte, parallèle, secret, souterrain, subreptice. ▶ ***Hypocrite*** – à double face, de mauvaise foi, déloyal, dissimulateur, fallacieux, faux, fourbe, hypocrite, insidieux, insincère, menteur, perfide, sournois, tortueux, traître, trompeur. SOUT. captieux, cauteleux, chafouin, tartufe, tartuffard, tortu. DIDACT. sophistique. △ **ANT.** APPARENT, VISIBLE; FRANC, OUVERT, SINCÈRE.

dissimuler *v.* ▶ ***Soustraire à la vue*** – cacher, camoufler, couvrir, dérober, dérober aux regards, escamoter, masquer, receler, recouvrir, soustraire à la vue, soustraire aux regards, voiler. FAM. planquer. FRANCE RÉGION. mucher, musser. ▶ ***Cacher dans le but de tromper*** – cacher, camoufler, couvrir, déguiser, envelopper, escamoter, étouffer, farder, maquiller, masquer, occulter. SOUT. pallier. QUÉB. FAM. abrier. ▶ ***Omettre*** – cacher, couvrir, laisser de côté, omettre, passer sous silence, taire. SOUT. celer. △ **ANT.** DÉCOUVRIR, DÉVOILER, EXHIBER, EXPOSER, MONTRER; AVOUER, CONFESSER.

dissipé *adj.* ▶ ***Turbulent*** – agité, bruyant, chahuteur, diable, emporté, excité, remuant, tapageur, turbulent. QUÉB. FAM. énervé, tannant. ▶ ***Immoral*** – corrompu, débauché, dépravé, déréglé, dévoyé, dissolu, immoral, libertin, relâché. SOUT. sardanapalesque. △ **ANT.** SAGE; DISCIPLINÉ, TRANQUILLE; CHASTE, PUDIQUE, RÉSERVÉ, VERTUEUX.

dissiper *v.* ▶ ***Chasser les nuages, la brume*** – balayer, chasser, disperser. ▶ ***Dilapider*** – dévorer, dilapider, engloutir, engouffrer, gaspiller, manger, prodiguer. FAM. claquer, croquer, flamber, griller. ▶ ***Distraire*** – déconcentrer, déranger, distraire. ▶ ***Produire*** – dégager, diffuser, émettre, produire, répandre. ♦ **se dissiper** ▶ ***Disparaître*** – disparaître, mourir, partir, passer, s'assoupir, s'effacer, s'en aller, s'envoler, s'estomper, s'évanouir, s'évaporer, se volatiliser. △ **ANT.** ACCUMULER, ÉCONOMISER; ASSAGIR. ♦ **se dissiper** APPARAÎTRE.

dissocier *v.* couper, déconnecter, dégrouper, désunir, détacher, disjoindre, écarter, éloigner, isoler, séparer. △ **ANT.** ASSOCIER, RAPPROCHER, RÉUNIR.

dissolution *n.f.* ▶ ***Séparation*** – atomisation, décomposition, découpage, démembrement, désagrégation, désagrégement, désintégration, dislocation, dissociation, division, éclatement, écroulement, effritement, émiettement, fission, fractionnement, fragmentation, îlotage, micronisation, morcellement, parcellarisation, parcellarité, parcellisation, partage, pulvérisation, quadripartition, sectorisation, séparation, tranchage, tripartition. FRANCE FAM. saucissonnage. RELIG. fraction. ▶ ***Territoires*** – balkanisation, partition. ▶ ***Divorce*** – désertion, désunion, dissolution (de mariage), divorce, répudiation, rupture, séparation. FAM. décrochage, lâchage, largage, plaquage. ▶ ***Abolition*** – abolition, abrogation, annulation, cassation, cessation, coupure, invalidation, résiliation, résolution, retrait, révocation, rupture de contrat, suppression. BELG. renon. ▶ ***Renvoi*** – ajournement, annulation, cassation, destitution, infirmation, invalidation, péremption d'instance, relaxe, remise, report, rescision, résiliation, résolution, révocation, sursis. ▶ ***Disparition*** – dématérialisation, disparition, dissipation, effacement, éloignement, évanouissement, évaporation, extinction, résorption, volatilisation. ASTRON. éclipse, immersion, occultation. ▶ ***Débauche*** – débauche, débordement, dépravation, dévergondage, excès, grivoiserie, immoralité, impureté, inconduite, intempérance, liberté de mœurs, libertinage, licence, lubricité, luxure, mauvaise conduite, obscénité, paillardise, perversion, sensualité, vice. SOUT. dissipation, égarements, fange, impudicité, incontinence, lascivité, salacité, stupre, sybaritisme, turpitude. ▶ ***Dilution*** – délayage, délayement. ▶ ***Liquide*** – émulsion *(hétérogène)*, solution *(homogène)*. MÉD. lait, soluté. ▶ ***Phénomène chimique*** – barbotage, craquage. △ **ANT.** CONCENTRATION; CONFIRMATION, RATIFICATION; APPARITION, FORMATION; TEMPÉRANCE, VERTU.

dissonance *n.f.* ▶ ***Cacophonie*** – bruit, cacophonie, canard, couac, discordance, disharmonie, fausse note. SOUT. inharmonie. △ **ANT.** ACCORD, CONSONANCE, EUPHONIE, HARMONIE.

dissoudre *v.* ▶ ***Mélanger avec un liquide*** – délayer. ▶ ***Résilier*** – annuler, casser, mettre fin à, résilier, rompre. BELG. renoncer. DR. nullifier, rescinder, résoudre. △ **ANT.** CONCENTRER, CONSTITUER, CRISTALLISER, PRÉCIPITER, SOLIDIFIER.

dissuader *v.* déconseiller à, décourager, détourner, éloigner. △ **ANT.** ENCOURAGER, ENGAGER, EXHORTER, INCITER, PERSUADER.

distance *n.f.* ▶ ***Longueur*** – écartement, éloignement, longueur, portée. ▶ ***Profondeur*** – abîme, abysse, creux, enfoncement, épaisseur, (fin) fond, fosse, gouffre, lointain, perspective, profondeur. SOUT. entrailles. ▶ ***Trajet*** – aller (et retour), chemin, cheminement, circuit, course, direction, espace, itinéraire, marche, parcours, retour, route, tracé, traite, trajectoire, trajet, traversée, voyage. FAM. trotte. FRANCE FAM. tirée. ▶ ***Intervalle*** – battement, creux, durée, espace (de temps), intervalle, laps de temps. SOUT. échappée. BELG. fourche. ▶ ***Différence*** – abîme, altérité, changement, désaccord, déviance, différence, dissemblance, dissimilitude, distinction, divergence, diversité, division, divorce, écart, fossé, gouffre, incompréhension, inégalité, intervalle, marginalité, nuance, séparation, variante, variation, variété. MATH. inéquation. △ **ANT.** CONTIGUÏTÉ, PROXIMITÉ; COÏNCIDENCE; RAPPROCHEMENT, SIMILITUDE.

distant *adj.* ▶ ***Éloigné*** – éloigné, espacé, lointain. ▶ ***Froid*** – de glace, de marbre, frais, froid, glaçant, glacial, réfrigérant, réservé. SOUT. marmoréen. △ **ANT.** ADJACENT, PROCHAIN, PROCHE, RAPPROCHÉ, VOISIN; CHALEUREUX, CORDIAL, ENGAGEANT, SOCIABLE; AFFECTUEUX, AMI, AMICAL, FRATERNEL, TENDRE.

distiller *v.* ▶ ***Soumettre à la distillation*** – rectifier. RARE alambiquer. ▶ ***Faire passer à l'état gazeux*** – évaporer, gazéifier, sublimer, vaporiser, volatiliser. ▶ ***Laisser couler goutte à goutte*** – exsuder, sécréter, suinter.

distinct *adj.* ▶ ***Différent*** – autre, différent, dissemblable, divers, inégal. ▶ ***Indépendant*** – autonome, dissocié, indépendant, séparé. ▶ ***Perceptible*** – appréciable, discernable, identifiable, perceptible, reconnaissable, saisissable, sensible. RARE constatable.

▸ *À la vue* – apparent, extérieur, observable, visible. MÉD. clinique. ▸ *À l'ouïe* – audible. △ **ANT.** ÉGAL, ÉQUIVALENT, IDENTIQUE, INCHANGÉ, MÊME, PAREIL, SEMBLABLE, SIMILAIRE, TEL; CONFUS, FLOU, IMPRÉCIS, INCERTAIN, INDÉFINI, INDÉFINISSABLE, INDÉTERMINÉ, INDISTINCT, OBSCUR, TROUBLE, VAGUE; IMPERCEPTIBLE, INDISCERNABLE, INSAISISSABLE, INSENSIBLE.

distinctif *adj.* ▶ ***Qui sert à distinguer*** – caractéristique, déterminant, particulier, propre, spécial, spécifique, typique. SOUT. sui generis. ▸ *En psychologie* – différenciateur, discriminatif. ▸ *En linguistique* – pertinent, significatif.

distinction *n.f.* ▶ ***Individualisation*** – caractérisation, choix, définition, détermination, différenciation, élection, individualisation, individuation, marque, particularisation, personnalisation, polarisation, singularisation, spécification, tri. ▶ ***Différenciation*** – analyse, démarcation, différenciation, discrimination, distinguo, nuance, séparation. ▶ ***Différence*** – abîme, altérité, changement, désaccord, déviance, différence, dissemblance, dissimilitude, distance, divergence, diversité, division, divorce, écart, fossé, gouffre, incompréhension, inégalité, intervalle, marginalité, nuance, séparation, variante, variation, variété. MATH. inéquation. ▶ ***Récompense*** – accessit, bon point, citation, couronne, décoration, diplôme, gratification, médaille, mention, nomination, pourboire, prime, prix, récompense, satisfecit, trophée. ▶ ***Décoration*** – badge, décoration, distinction (honorifique), insigne. FAM. banane, crachat, hochet. ▶ ***Honneur*** – décoration, dignité, égards, élévation, faveur, honneur, pourpre, prérogative, promotion. ▶ ***Élégance*** – agrément, art, attrait, beau, beauté, charme, chic, classe, coquetterie, délicatesse, éclat, élégance, esthétique, féerie, fraîcheur, grâce, gracieux, harmonie, magnificence, majesté, perfection, photogénie, pureté, séduction, splendeur, symétrie. SOUT. blandice, joliesse, morbidesse, sublimité, symphonie, vénusté. △ **ANT.** CONFUSION; ASSIMILATION, INDIFFÉRENCIATION; IDENTITÉ; DÉSHONNEUR; VULGARITÉ.

distingué *adj.* ▶ ***Qui a de la distinction*** – aristocratique, chic, de grande classe, élégant, qui a bon genre, racé, raffiné, ultrachic. FAM. classe. ▶ ***Qui a du prestige*** – choisi, de distinction, de marque, de prestige, élitaire, éminent, en vue, grand, prestigieux, sélect, trié sur le volet. △ **ANT.** BAS, GROSSIER, TRIVIAL, VULGAIRE.

distinguer *v.* ▶ ***Rendre distinct*** – caractériser, différencier, individualiser, particulariser, singulariser. ▶ ***Discerner une chose de l'autre*** – démêler, différencier, discerner, discriminer, faire la différence entre, reconnaître, séparer. ▶ ***Percevoir*** – apprécier, déceler, détecter, discerner, identifier, percevoir, reconnaître. ♦ **se distinguer** ▶ ***Se différencier*** – différer, s'éloigner, se différencier. ▶ ***Se faire remarquer*** – émerger du lot, se démarquer, se différencier, se faire remarquer, se particulariser, se signaler, se singulariser. ▸ *De façon favorable* – briller, exceller, s'illustrer, se signaler. △ **ANT.** ASSIMILER, CONFONDRE, IDENTIFIER, MÉLANGER, MÊLER; IGNORER, NÉGLIGER, RABAISSER.

distorsion *n.f.* ▶ ***Déformation*** – anamorphose, aplatissement, courbure, déformation, déviation, gauchissement, gondolage, gondolement, inclinaison, ovalisation, plissement, voilage, voile, voilement, voilure. TECHN. fluage. △ **ANT.** RECTITUDE; CONFORMITÉ; CORRECTION, RECTIFICATION.

distraction *n.f.* ▶ ***Inattention*** – absence (d'esprit), déconcentration, défaillance, dispersion, dissipation, étourderie, imprudence, inadvertance, inapplication, inattention, inconséquence, irréflexion, légèreté, négligence, omission, oubli. PSYCHAN. aprosexie, déflexion. PSYCHOL. distractivité. ▶ ***Oubli*** – absence, amnésie, étourderie, manque, mauvaise mémoire, omission, oubli, perte de mémoire, trou (de mémoire). ▶ ***Divertissement*** – agrément, amusement, amusette, délassement, dérivatif, divertissement, ébats, ébattement, étourdissement, jeu, loisir, ludisme, partie, passe-temps, plaisance, plaisir, récréation, sport. SOUT. diversion. FAM. récré. ▶ ***Plaisir*** – agrément, amusement, divertissement, égaiement, plaisir. ▶ ***Remède moral*** – adoucissement, allégement, antidote, apaisement, atténuation, baume, consolation, correctif, dérivatif, diversion, exutoire, préservatif, remède, soulagement. SOUT. dictame. △ **ANT.** APPLICATION, ATTENTION, CONCENTRATION; OCCUPATION, TRAVAIL; PRÉOCCUPATION, SOUCI.

distraire *v.* ▶ ***Désennuyer*** – changer les idées, délasser, désennuyer, occuper. ▶ ***Amuser*** – amuser, divertir, égayer, récréer, réjouir. ▶ ***Déconcentrer*** – déconcentrer, déranger, dissiper. ▶ ***Prélever*** (SOUT.) – extraire, prélever. ♦ **se distraire** ▶ ***Se divertir*** – prendre du bon temps, s'amuser, s'égayer, se divertir, se récréer, se réjouir. FAM. rigoler, s'éclater, se défoncer, se marrer. △ **ANT.** ENNUYER, IMPORTUNER.

distrait *adj.* ▶ ***Absent*** – absent, absorbé (dans ses pensées), inattentif, lointain, lunaire, méditatif, pensif, qui a l'esprit ailleurs, rêvasseur, rêveur, somnambule, songeur. FAM. dans la lune. QUÉB. FAM. lunatique. ▶ ***Étourdi*** – étourdi, inappliqué, inattentif, négligent. △ **ANT.** ATTENTIF, CONCENTRÉ, VIGILANT.

distribuer *v.* ▶ ***Dispenser*** – dispenser, donner, prodiguer. ▶ ***Répartir*** – diviser, partager, répartir, séparer, ventiler. ▶ ***Classifier*** – catégoriser, classer, classifier, grouper, ordonner, ranger, répartir, sérier, trier. ▶ ***Commercialiser*** – commercialiser, mettre en vente, mettre sur le marché, vendre. △ **ANT.** ACCAPARER, PRENDRE; ACCUMULER, AMASSER, CAPITALISER, GARDER, THÉSAURISER; RASSEMBLER, RÉCOLTER, RECUEILLIR; CENTRALISER, CONCENTRER, GROUPER, RÉUNIR.

distribution *n.f.* ▶ ***Répartition*** – division, mi-partition, partage, partition, répartition, ventilation. ▶ ***Partage*** – allotissement, assiette, attribution, coéquation, contingent, diffusion, groupage, partage, péréquation, quote-part, ration, répartement, répartiement, répartition, routage. DR. copartage. ▶ ***Attribution*** – allocation, attribution, dotation, remise. ▶ ***Don*** – aide, allocation, apport, assistance, aumône, bonne œuvre, charité, dation, disposition, don, faveur, grâce, hommage, indemnité, obole, prestation, secours, soulagement, subside, subvention. SOUT. bienfait. FAM. dépannage. DR. donation, fidéicommis, legs, libéralité. RELIG. bénédiction, charisme. ▶ ***Classement*** – archivage, arrangement, catalogage, classement, classification, collocation, indexage, indexation, mise en ordre, ordonnancement, ordre, rangement, répartition, sériation, tri, triage. ▶ *Agencement* – accommodation, accommodement, agencement, ajustement, aménagement, architecture, arrangement, articulation, assemblage, combinaison, combinatoire, composition, concaténation, configuration, construction, contexture, coordination, disposition, élaboration, enchaînement, harmonie, liaison, mise en ordre, mise en place, ordonnance, ordonnancement, ordre, organisation, orientation, plan, profil, programmation, rangement, structuration, structure, système, texture. ▶ *Livraison* – arrivage, délivrance, factage, livraison, port, remise, transport. ▶ *Acheminement* – acheminement, amenée, convoi, desserte, diffusion, envoi, expédition, livraison, marche, postage, progression, service, transport. ▶ *Commercialisation* – commercialisation, conditionnement, étude de marché, marchandisage, marchéage, marketing, mercatique, mise en marché. △ ANT. COLLECTE, RAMASSAGE, RASSEMBLEMENT, RÉCOLTE, REGROUPEMENT, RÉUNION; ACCUMULATION, CONCENTRATION; CONSERVATION.

divagation *n.f.* ▶ *Élucubration* – élucubration, extravagance, fantasme, imagination, puérilité, vision. SOUT. disparade, disparate, vaticination. ▶ *Digression* – à-côté, aparté, coq-à-l'âne, digression, écart, épisode, excursion, excursus, hors-d'œuvre, parabase, parenthèse, placage. ▶ *Parole stupide* – absurdité, ânerie, bafouillage, bafouillis, baliverne, balourdise, bêlement, bêtise, bourde, calembredaine, cliché, dinguerie, fadaise, faribole, folie, idiotie, imbécillité, ineptie, insanité, niaiserie, non-sens, perle, propos en l'air, sornette, sottise, stupidité. SOUT. billevesée. FAM. connerie, crétinerie, déblocage, déconnage, raisonnement de femme saoule, vanne. ▶ *Aberration* – aberrance, aberration, égarement, errements, erreur, méprise. SOUT. fourvoiement. ▶ *Délire* – agitation, aliénation, amok, aveuglement, délire, égarement, excitation, folie, frénésie, hallucination, hystérie, onirisme, paranoïa, surexcitation. △ ANT. BON SENS, LUCIDITÉ, RAISON.

divaguer *v.* ▶ *Tenir des propos décousus* – déraisonner, dire n'importe quoi, élucubrer, extravaguer, radoter, s'égarer. FAM. battre la breloque, battre la campagne, débloquer, déconner, déjanter, délirer, déménager, dérailler, rouler sur la jante. ▶ *Vagabonder* (SOUT.) – badauder, déambuler, errer, flâner, rôder, (se) baguenauder, se balader, se promener, traînailler, traînasser, traîner, vagabonder. SOUT. battre le pavé, vaguer. FAM. vadrouiller, zoner. BELG. FAM. baligander, balziner. ACADIE FAM. gaboter. △ ANT. RAISONNER.

divan *n.m.* canapé, duchesse, lit de repos, méridienne, ottomane, récamier, sofa, turquoise, veilleuse.

divergence *n.f.* ▶ *Différence* – abîme, altérité, changement, désaccord, déviance, différence, dissemblance, dissimilitude, distance, distinction, diversité, division, divorce, écart, fossé, gouffre, incompréhension, inégalité, intervalle, marginalité, nuance, séparation, variante, variation, variété. MATH. inéquation. ▶ *Incohérence* – décousu, désaccord, discordance, disparité, hétérogénéité, inadéquation, incohérence, incompatibilité, inhomogénéité, non-conformité. SOUT. disconvenance, incohésion. ▶ *Contraire* – antilogie, antinomie, antipode, antithèse, antonymie, contradiction, contraire, contraste, contrepartie, contre-pied, dichotomie, différence, envers, inverse, opposition, polarité, réciproque. ▶ *Désaccord* – affrontement, antagonisme, combat, compétition, concurrence, conflit, contentieux, contestation, controverse, débat, désaccord, différend, discorde, discussion, dispute, dissension, dissentiment, émulation, friction, heurt, incompatibilité, incompréhension, lutte, mésentente, mésintelligence, opposition, polémique, querelle, rivalité. FAM. bagarre. △ ANT. ACCORD, CONCORDANCE, CONVERGENCE; CONSENSUS, ENTENTE, UNANIMITÉ.

divergent *adj.* contradictoire, contraire, discordant, dissonant, éloigné, incompatible, inconciliable, opposé. RARE inaccordable. △ ANT. COMPATIBLE, CONCILIABLE, CONCORDANT, CONVERGENT, CORRESPONDANT.

divers *adj.* ▶ *Différent* – autre, différent, dissemblable, distinct, inégal. ▶ *Disparate* – bigarré, complexe, composite, disparate, dissemblable, diversifié, éclectique, hétéroclite, hétérogène, mélangé, mêlé, mixte, multiple, varié. SOUT. pluriel. RARE inhomogène. ♦ **divers, *plur.*** ▶ *Nombreux* – différents, maints, multiples, nombreux, plusieurs. △ ANT. HOMOGÈNE, UNIFORME; ANALOGUE, COMPARABLE, PAREIL, RESSEMBLANT, SEMBLABLE, SIMILAIRE; UNIQUE.

diversion *n.f.* ▶ *Détournement de l'attention* – contre-feu. ▶ *Détour* – biais, circonlocution, détour, digression, faux-fuyant, louvoiement, louvoyage, périphrase, repli, subterfuge, subtilité, tour. ▶ *Consolation* – adoucissement, allégement, antidote, apaisement, atténuation, baume, consolation, correctif, dérivatif, distraction, exutoire, préservatif, remède, soulagement. SOUT. dictame. ▶ *Divertissement* (SOUT.) – agrément, amusement, amusette, délassement, dérivatif, distraction, divertissement, ébats, ébattement, étourdissement, jeu, loisir, ludisme, partie, passe-temps, plaisance, plaisir, récréation, sport. FAM. récré. △ ANT. CONCENTRATION; OCCUPATION; PRÉOCCUPATION.

diversité *n.f.* ▶ *Pluralité* – complexité, multiplicité, pluralité, variété. ▶ *Différence* – abîme, altérité, changement, désaccord, déviance, différence, dissemblance, dissimilitude, distance, distinction, divergence, division, divorce, écart, fossé, gouffre, incompréhension, inégalité, intervalle, marginalité, nuance, séparation, variante, variation, variété. MATH. inéquation. ▶ *Éclectisme* – éclectisme, variété. △ ANT. SINGULARITÉ, UNICITÉ; CONCORDANCE, RESSEMBLANCE; MONOTONIE, UNIFORMITÉ.

divertir *v.* amuser, distraire, égayer, récréer, réjouir. ♦ **se divertir** prendre du bon temps, s'amuser, s'égayer, se distraire, se récréer, se réjouir. FAM. rigoler, s'éclater, se défoncer, se marrer. △ ANT. ENNUYER, IMPORTUNER.

divertissant *adj.* ▶ *Agréable* – agréable, amusant, charmant, distrayant, égayant, gai, plaisant, réjouissant, riant, souriant, sympathique. FAM. chic, chouette, sympa. ▶ *Récréatif* – délassant, distrayant, ludique, récréatif. DIDACT. distractif. △ ANT. AFFLIGEANT, ATTRISTANT, CHAGRINANT, DÉPLORABLE, DÉSESPÉRANT, DÉSOLANT, NAVRANT, TRISTE; ASSOMMANT,

ENDORMANT, ENNUYEUX, ININTÉRESSANT, INSIPIDE, LASSANT, MONOTONE, PLAT, SOPORIFIQUE.

divertissement *n.m.* ▶ ***Plaisir*** – agrément, amusement, distraction, égaiement, plaisir. ▶ ***Amusement*** – agrément, amusement, amusette, délassement, dérivatif, distraction, ébats, ébattement, étourdissement, jeu, loisir, ludisme, partie, passe-temps, plaisance, plaisir, récréation, sport. SOUT. diversion. FAM. récré. ▶ ***Spectacle*** – attraction, concert, danse, exécution, exhibition, happening, numéro, pièce, projection, récital, représentation, revue, séance, soirée. ▶ ***Concert*** – aubade, audition, concert, exécution, récital, séance, sérénade, soirée. ▶ ***Intermède*** – entracte, interlude, intermède, intermezzo. △ **ANT.** ENNUI; TRAVAIL; OUVRAGE.

divin *adj.* ▶ ***Surnaturel*** – céleste, miraculeux, surnaturel. ▶ ***D'une perfection hors de ce monde*** – angélique, céleste, pur, sublime, transcendant. SOUT. archangélique, séraphique. ▶ ***Charmant*** – agréable, beau, charmant, délicieux, exquis, suave, sublime. FRANCE FAM. gouleyant. △ **ANT.** DÉMONIAQUE, DIABOLIQUE, SATANIQUE; PROFANE, TERRESTRE; ABOMINABLE, ATROCE, ÉPOUVANTABLE, EXÉCRABLE, HORRIBLE, INFECT, MAUVAIS, MINABLE.

divination *n.f.* ▶ ***Art de prédire l'avenir*** – art divinatoire, mancie, mantique. ▶ ***Prédiction*** – anticipation, futurologie, prédiction, prévision, projection, prospective. SOUT. vaticination. ▶ ***Intuition*** – anticipation, flair, impression, instinct, intuition, précognition, prédiction, prémonition, prénotion, prescience, pressentiment, prévision, sentiment, voyance. FAM. pif, pifomètre. △ **ANT.** AVEUGLEMENT.

divinement *adv.* à la perfection, à merveille, à ravir, admirablement, bien, extraordinairement, idéalement, impeccablement, incomparablement, infailliblement, irréprochablement, le mieux du monde, merveilleusement, mirifiquement, on ne peut mieux, parfaitement, prodigieusement, sans fautes, sublimement, supérieurement, suprêmement. SOUT. excellemment. FAM. épatamment, sans bavure.

divinité *n.f.* déesse, démon, dieu, être divin, immortel. SOUT. déité. △ **ANT.** HOMME, MORTEL.

diviser *v.* ▶ ***Séparer en sections*** – découper, éclater, fractionner, partager, scinder, sectionner, segmenter, sous-diviser, subdiviser. FAM. saucissonner. ▶ ***Séparer un territoire*** – balkaniser, démembrer, dépecer, disloquer, fragmenter, morceler. ▶ ***Répartir*** – distribuer, partager, répartir, séparer, ventiler. ▶ ***Brouiller*** – brouiller, déchirer, désaccorder, désolidariser, désunir, opposer, semer la discorde, semer la zizanie, séparer. ♦ **se diviser** ▶ ***Se séparer en segments*** – se scinder, se segmenter, se séparer. ▶ ***Se séparer en branches*** – se partager, se ramifier, se sous-diviser, se subdiviser. ▶ ***Se séparer en petits groupes*** – éclater, se fractionner, se scinder. △ **ANT.** GROUPER, RASSEMBLER, RÉUNIR, UNIR; CIMENTER, RAPPROCHER, RÉCONCILIER.

division *n.f.* ▶ ***Morcellement*** – atomisation, décomposition, découpage, démembrement, désagrégation, désagrégement, désintégration, dislocation, dissociation, dissolution, éclatement, écroulement, effritement, émiettement, fission, fractionnement, fragmentation, îlotage, micronisation, morcellement, parcellarisation, parcellarité, parcellisation, partage, pulvérisation, quadripartition, sectorisation, séparation, tranchage, tripartition. FRANCE FAM. saucissonnage. RELIG. fraction. ▶ *Territoires* – balkanisation, partition. ▶ ***Partage*** – distribution, mi-partition, partage, partition, répartition, ventilation. ▶ ***Scission*** – bipartition, clivage, découpage, fission, mi-partition, scission, section, sectionnement, segmentation, séparation. ▶ ***Dissidence*** – désobéissance, déviation, déviationnisme, hérésie, hétérodoxie, insoumission, insurrection, non-conformisme, opposition, rébellion, révolte, schisme, scission, sécession, séparation. ▶ ***Différence*** – abîme, altérité, changement, désaccord, déviance, différence, dissemblance, dissimilitude, distance, distinction, divergence, diversité, divorce, écart, fossé, gouffre, incompréhension, inégalité, intervalle, marginalité, nuance, séparation, variante, variation, variété. MATH. inéquation. ▶ ***Subdivision*** – branche, partie, ramification, secteur, section, subdivision. ▶ ***Compartiment*** – case, casier, compartiment. ▶ ***Spécialité*** – branche, champ, département, discipline, domaine, étude, fief, matière, partie, scène, science, secteur, spécialité, sphère. FAM. rayon. ▶ ***Division cellulaire*** – division (cellulaire). △ **ANT.** REGROUPEMENT, RÉUNION, UNION; RASSEMBLEMENT; CONSENSUS, ENTENTE, UNANIMITÉ; ENSEMBLE, TOTALITÉ; MULTIPLICATION.

divorce *n.m.* ▶ ***Rupture*** – désertion, désunion, dissolution (de mariage), répudiation, rupture, séparation. FAM. décrochage, lâchage, largage, plaquage. ▶ ***Différence*** – abîme, altérité, changement, désaccord, déviance, différence, dissemblance, dissimilitude, distance, distinction, divergence, diversité, division, écart, fossé, gouffre, incompréhension, inégalité, intervalle, marginalité, nuance, séparation, variante, variation, variété. MATH. inéquation. △ **ANT.** ACCORD, MARIAGE, UNION.

divulguer *v.* ▶ ***Révéler*** – annoncer, déclarer, découvrir, dévoiler, lever le voile sur, mettre au grand jour, révéler. ▶ *De façon indiscrète* – colporter, crier sur les toits, ébruiter, faire courir, répandre, se faire l'écho de. △ **ANT.** CACHER, DISSIMULER, TAIRE.

docile *adj.* disciplinable, discipliné, doux, facile, gentil, obéissant, sage, soumis, tranquille. △ **ANT.** DÉSOBÉISSANT, DIFFICILE, INDISCIPLINÉ, INDOCILE, INSOUMIS, INSUBORDONNÉ.

docilité *n.f.* ▶ ***Obéissance*** – apathie, fidélité, malléabilité, obéissance, plasticité, servilité, suggestibilité. PSYCHOL. psychoplasticité. ▶ ***Douceur*** – affabilité, agrément, amabilité, aménité, bénignité, bienveillance, bonhomie, bonté, calme, chaleur, charité, clémence, douceur, gentillesse, grâce, humanité, indulgence, patience, placidité, suavité. SOUT. débonnaireté, magnanimité, mansuétude, onction. △ **ANT.** DÉSOBÉISSANCE, INDISCIPLINE, INDOCILITÉ, INSOUMISSION, RÉTIVITÉ.

dock *n.m.* ▶ ***Port*** – accul, appontement, bassin, cale de radoub, cale sèche, darce, débarcadère, embarcadère, escale, havre, hivernage, marina, mouillage, port, port de plaisance, quai, rade, relâche, wharf. ▶ ***Entrepôt*** – appentis, arrière-boutique, dépôt, entrepôt, fondouk *(pays arabes)*, hangar, réserve.

docteur *n.* ▸ ***Savant*** – autorité (en la matière), chercheur, connaisseur, découvreur, expert, homme de science, investigateur, maître, maître de recherches, professeur, savant, scientifique, sommité, spécialiste. SOUT. (grand) clerc. ▸ ***Érudit*** – encyclopédiste, érudit, humaniste, intellectuel, lettré, maître-penseur, philosophe, sage, savant. SOUT. bénédictin, (grand) clerc, mandarin. FAM. bibliothèque (vivante), dictionnaire ambulant, dictionnaire (vivant), encyclopédie (vivante), fort en thème, grosse tête, intello, puits d'érudition, puits de science, rat de bibliothèque, tête d'œuf. ▸ ***Médecin*** – médecin, praticien. SOUT. thérapeute. FAM. doc, toubib. ▸ *Bon* – diagnostiqueur. ▸ *Mauvais* – médicastre.

doctrinaire *adj.* ▸ ***Intransigeant*** – dogmatique, intransigeant, sectaire, systématique. ▸ ***Pédant*** – cuistre, docte, doctoral, pédant, pédantesque, pontifiant, professoral, sentencieux, solennel. △ **ANT.** CURIEUX, LARGE D'ESPRIT, OUVERT; HUMBLE, MODESTE, SIMPLE.

doctrinaire *n.* dogmatique, dogmatiste, fanatique, sectaire.

doctrine *n.f.* conception, dogme, école (de pensée), idée, idéologie, mouvement, opinion, pensée, philosophie, principe, système, théorie, thèse.

document *n.m.* ▸ ***Renseignement*** – papier, pièce. FAM. doc, docu. ▸ ***Livre*** – album, brochure, brochurette, cahier, catalogue, écrit, fascicule, imprimé, livre, livret, manuel, opuscule, ouvrage, parution, plaquette, publication, recueil, registre, titre, tome, volume. FAM. bouquin. ▸ *Gros* FAM. pavé. QUÉB. FAM. brique.

documentation *n.f.* ▸ ***Recherche*** – découverte, exploration, fouille, furetage, prospection, recherche, reconnaissance, sondage. FAM. farfouillage, farfouillement. ▸ ***Documents*** – archives, dossier, minutier, sommier. ▸ ***Activité de documentaliste*** – FAM. doc.

dogmatique *adj.* ▸ ***Catégorique*** – affirmatif, autoritaire, catégorique, formel, impératif, impérieux, péremptoire, sans réplique, tranchant. FAM. pète-sec. ▸ ***Intransigeant*** – doctrinaire, intransigeant, sectaire, systématique. △ **ANT.** PYRRHONIEN, SCEPTIQUE *(PHILOSOPHE)*; CIRCONSPECT, HÉSITANT; CURIEUX, LARGE D'ESPRIT, OUVERT, TOLÉRANT.

dogmatisme *n.m.* ▸ ***Intolérance*** – étroitesse d'esprit, étroitesse de vue, fanatisme, intolérance, intransigeance, parti pris, rigidité. SOUT. sectarisme. PSYCHOL. psychorigidité. ▸ ***Pédantisme*** – affectation, cuistraillerie, cuistrerie, didactisme, érudition affectée, fatuité, pédanterie, pédantisme, pose, sottise, suffisance. SOUT. omniscience. △ **ANT.** OUVERTURE, SOUPLESSE, TOLÉRANCE; ÉCLECTISME.

dogme *n.m.* ▸ ***Doctrine*** – conception, doctrine, école (de pensée), idée, idéologie, mouvement, opinion, pensée, philosophie, principe, système, théorie, thèse. ▸ ***Doctrine religieuse*** – canon, commandement, loi, observance. ▸ ***Opinion*** – appréciation, avis, conception, conviction, critique, croyance, estime, idée, impression, jugement, optique, pensée, perception, point de vue, position, principe, prise de position, sentiment, théorie, thèse, vote, vue. SOUT. oracle. ▸ ***Sentence*** – adage, aphorisme, apophtegme, axiome, citation, devise, dicton, dit, enseignement, formule, mantra, maxime, moralité, mot, on-dit, parole, pensée, précepte, principe, proverbe, réflexion, règle, sentence, sutra, vérité. △ **ANT.** DÉVIATION, ERREUR, HÉRÉSIE.

doléances *n.f.pl.* ▸ ***Demande*** – adjuration, appel, demande, démarche, desideratum, désir, exigence, injonction, instance, interpellation, interrogation, invocation, mandement, ordre, pétition, placet, prétention, prière, question, réclamation, requête, réquisition, revendication, sollicitation, sommation, supplication, supplique, ultimatum, vœu. SOUT. imploration. ▸ ***Plainte*** – bêlement, braillement, cri, geignement, grincement, hélas, jérémiade, lamentation, larmoiement, murmure, plainte, pleurs, sanglot, soupir. SOUT. sanglotement. FAM. pleurnichage, pleurnichement, pleurnicherie. QUÉB. FAM. braillage.

domaine *n.m.* ▸ ***Propriété foncière*** – bien-fonds, (biens) immeubles, foncier, fonds de terre, propriété (foncière). ▸ ***Exploitation agricole*** – exploitation (agricole), ferme, fermette, métairie. FRANCE RÉGION. borderie. FRANCE RÉGION. OU BELG. cense. ANTIQ. villa. ▸ ***Patrimoine*** – apanage, bien, fortune, héritage, légitime, legs, majorat, patrimoine, propriété, succession. RELIG. défroque. ▸ ***Territoire conquis*** – empire, sol, territoire. ANC. dominion *(britannique)*. ▸ ***Aire*** – aire, champ, emplacement, espace, place, région, terrain, territoire, zone. ▸ ***Spécialité*** – branche, champ, département, discipline, division, étude, fief, matière, partie, scène, science, secteur, spécialité, sphère. FAM. rayon.

domestique *adj.* ▸ ***Qui concerne la maison*** – familial, ménager. ▸ ***En parlant d'un animal*** – apprivoisé, domestiqué, familier. △ **ANT.** SAUVAGE; DE BUREAU, PROFESSIONNEL.

domicile *n.m.* ▸ ***Maison*** – foyer, intérieur, maison, nid, résidence, toit. SOUT. demeure, habitacle, logis. FAM. bercail, bicoque, chaumière, chez-soi, crèche, pénates. PÉJ. FAM. boutique. ▸ ***Adresse*** – adresse, coordonnées, habitation, résidence, suscription.

dominant *adj.* ▸ ***Primordial*** – capital, central, crucial, de la plus haute importance, de premier plan, décisif, déterminant, essentiel, important, maître, majeur, numéro un, prédominant, prééminent, premier, prépondérant, primordial, principal, prioritaire, supérieur. SOUT. à nul autre second, cardinal. ▸ ***Répandu*** – courant, en vogue, général, populaire, qui a cours, régnant, répandu. ▸ ***Haut*** – culminant, élevé, en contre-haut, grand, haut. △ **ANT.** ACCESSOIRE, SECONDAIRE; MARGINAL, MINORITAIRE; DOMINÉ, RÉCESSIF *(GÈNE)*; SERVANT *(FONDS)*.

domination *n.f.* ▸ ***Pouvoir*** – autorité, commandement, force, gouvernement *(politique)*, juridiction, loi, maîtrise, pouvoir, puissance, règne, tutelle. SOUT. empire, férule, houlette. ▸ ***Sujétion*** – abaissement, allégeance, appartenance, asservissement, assujettissement, attachement, captivité, contrainte, dépendance, domestication, domesticité, emprise, esclavage, gêne, hilotisme, inféodation, infériorité, mainmise, merci, mouvance, obédience, obéissance, obligation, oppression, pouvoir, puissance, servage, servitude, soumission, subordination, sujétion, tutelle, tyrannie, vassalité. FIG. carcan, chaîne, corset (de fer), coupe, fardeau, griffe, main, patte, prison; SOUT. fers, gaine, joug. FÉOD. tenure. ▶ ***Influence*** – action, aide, appui, ascendant, attirance, attraction, aura, autorité, contagion, crédit, dominance, effet, empreinte, emprise, fascination, force, importance, incitation, influence, inspiration, magie, magnétisme, mainmise, manipulation, mouvance, persuasion, pétition, poids, pouvoir, prépondérance, présence, pression, prestige, puissance, règne, rôle, séduction, subjugation, suggestion, tyrannie. SOUT. empire, intercession. △ **ANT.** OBÉISSANCE, SERVITUDE; INDÉPENDANCE, LIBERTÉ.

dominer *v.* ▶ ***Soumettre par la force*** – asservir, assujettir, domestiquer, dompter, enchaîner, mettre son le joug, soumettre, subjuguer. ▶ ***Contrôler*** – asservir, contrôler, diriger, exercer son empire sur, exercer son emprise sur, gouverner, régenter, soumettre, subjuguer, tenir en son pouvoir, vampiriser, vassaliser. SOUT. inféoder. ▶ ***Maîtriser un sentiment*** – calmer, contenir, contrôler, dompter, gouverner, maîtriser, surmonter, vaincre. SOUT. commander à. ▶ ***Surpasser*** – battre, couper l'herbe sous le pied à, damer le pion à, dégommer, dépasser, devancer, éclipser, faucher l'herbe sous le pied à, griller, l'emporter sur, laisser loin derrière, supplanter, surclasser, surpasser. FAM. enfoncer. FRANCE FAM. faire la pige à. ▶ ***Surmonter*** – coiffer, couronner, surmonter, surplomber. ▶ ***Prédominer*** – avoir le dessus, avoir préséance, l'emporter, prédominer, prévaloir, primer, régner, s'imposer, triompher. ♦ **se dominer** ▶ ***Se contrôler*** – garder son sang-froid, rester maître de soi, se calmer, se contenir, se contrôler, se dompter, se maîtriser, se posséder, se raisonner, se retenir. △ **ANT.** CÉDER, FLÉCHIR, OBÉIR, PLIER, SERVIR, SUBIR; SUCCOMBER. ♦ **se dominer** S'EMPORTER.

dommage *n.m.* ▶ ***Dégât*** – avarie, bris, casse, débâcle, dégradation, déprédation, désolation, destruction, détérioration, dévastation, endommagement, méfait, mouille, perte, ravage, ruine, sabotage, vilain. FAM. bousillage, charcutage, grabuge. ▶ ***Préjudice*** – affront, atteinte, désavantage, injustice, lésion, mal, perte, préjudice, tort. ▶ ***Offense*** – affront, attaque, atteinte, attentat, avanie, blessure, calomnie, défi, indignité, injure, insolence, insulte, manquement, offense, outrage, pique, tort. SOUT. bave, camouflet, soufflet. △ **ANT.** BIENFAIT, BONHEUR; AVANTAGE, BÉNÉFICE, BIEN, PROFIT.

dompter *v.* ▶ ***Domestiquer un animal*** – apprivoiser, domestiquer, dresser. ▶ ***Soumettre par la force*** – asservir, assujettir, domestiquer, dominer, enchaîner, mettre son le joug, soumettre, subjuguer. ▶ ***Mater*** – discipliner, dresser, mater, mettre au pas, serrer la vis à. FAM. visser. ▶ ***Maîtriser*** – contrôler, domestiquer, dominer, gouverner, juguler, maîtriser, surmonter. SOUT. briser, discipliner. ♦ **se dompter** ▶ ***Se contrôler*** – garder son sang-froid, rester maître de soi, se calmer, se contenir, se contrôler, se dominer, se maîtriser, se posséder, se raisonner, se retenir. △ **ANT.** OBÉIR.

dompteur *n.* apprivoiseur, charmeur, dresseur. ANTIQ. belluaire.

don *n.m.* ▶ ***Cadeau*** – cadeau, cadeau-souvenir, offrande, prime, souvenir, surprise. SOUT. présent. FAM. fleur. ▶ ***Assistance*** – aide, allocation, apport, assistance, aumône, bonne œuvre, charité, dation, disposition, distribution, faveur, grâce, hommage, indemnité, obole, prestation, secours, soulagement, subside, subvention. SOUT. bienfait. FAM. dépannage. DR. donation, fidéicommis, legs, libéralité. RELIG. bénédiction, charisme. ▶ ***Largesse*** – charité, générosité, largesse, prodigalité. SOUT. libéralité, magnanimité, magnificence, munificence. ▶ ***Cession*** – cession, concession, octroi. ▶ ***Compétence*** – adresse, aisance, aptitude, art, brio, capacité, compétence, dextérité, disposition, doigté, expertise, facilité, faculté, force, fort, génie, habileté, main, maîtrise, métier, pouvoir, professionnalisme, savoir, savoir-faire, sens, talent, technique, virtuosité. FAM. bosse. DR. habilitation, habilité. △ **ANT.** ACCAPAREMENT, PRISE, VOL; PRÉLÈVEMENT; DÉFAUT, LACUNE, MANQUE; INAPTITUDE, INCOMPÉTENCE, INHABILETÉ.

donc *adv.* ainsi, alors, conséquemment, corollairement, dans ce cas, dans ce cas-là, dans ces conditions, dans la circonstance, en conséquence, ipso facto, par conséquent, par suite, partant.

donnée *n.f.* ▶ ***Prémisse*** – apodicticité, axiome, convention, définition, évidence, fondement, hypothèse, lemme, postulat, postulatum, prémisse, principe, proposition, théorème, théorie, vérité. ▶ ***Énoncé*** – affirmation, communication, déclaration, élocution, énoncé, énonciation, exposition, expression, extériorisation, formulation, mention, prononciation, proposition, récitation, stipulation, verbalisation. ♦ **données,** ***plur.*** banque de données, base de données, corpus, matériau, matériel.

donner *v.* ▶ ***Fournir*** – apporter, fournir, mettre à la disposition, procurer. ▸ *Un document* – exhiber, fournir, montrer, présenter, produire. ▶ ***Remettre*** – confier, laisser, remettre. ▶ ***Allouer*** – accorder, allouer, attribuer, concéder, consentir, impartir, octroyer. SOUT. départir. ▶ ***Décerner*** – adjuger, attribuer, conférer, décerner, remettre. ▶ ***Offrir*** – faire cadeau de, faire don de, offrir, prodiguer. SOUT. contribuer. ▶ ***Prodiguer*** – dispenser, distribuer, prodiguer. ▶ ***Consacrer*** – consacrer, dédier, offrir, vouer. ▶ ***Infliger*** – asséner, infliger, porter. FAM. administrer, allonger, coller, ficher, filer, flanquer, foutre. ▶ ***Jouer*** – jouer, représenter. ▶ ***Dénoncer*** – dénoncer, livrer, trahir, vendre. ▶ ***Transmettre une maladie*** – communiquer, transmettre. FAM. passer. ▶ ***Frapper*** – buter contre, cogner, frapper, heurter, rentrer dans. ▶ ***Générer un bénéfice*** – fournir, générer, produire, rapporter, rendre. ▶ ***S'étirer*** – prêter, s'agrandir, s'étendre, s'étirer, se distendre. ▶ ***Se laisser aller*** – céder à, entrer dans, s'abandonner à, s'adonner à, se laisser aller à, se livrer à, se porter à. ♦ **se donner** ▶ ***S'octroyer*** – s'accorder, s'octroyer, s'offrir, se permettre. ▶ ***Se consacrer*** – se consacrer à, se dédier à, se dévouer à, se livrer à, vivre pour. ▶ ***Agir par dévouement*** – se dévouer, se prodiguer, se sacrifier, se saigner aux quatre veines. △ **ANT.** PRENDRE; ENLEVER, ÔTER, RETIRER; VOLER; ACCEPTER, RECEVOIR; DEMANDER, RÉCLAMER, REVENDIQUER; AVOIR, CONSERVER, GARDER; DÉNIER, REFUSER.

dorénavant *adv.* à l'avenir, désormais. △ **ANT.** JUSQU'À MAINTENANT, JUSQU'ICI.

dorer *v.* ▶ ***Donner des reflets dorés*** – mordorer. ▶ ***Bronzer*** – basaner, boucaner, bronzer, brunir, cuivrer, hâler, noircir, tanner. ▶ *Cuire* – faire blondir, faire revenir, faire roussir, faire sauter, griller, rissoler. ♦ **se dorer** ▶ *Prendre une teinte jaune doré* – blondir, jaunir. SOUT. blondoyer. AGRIC. javeler. △ **ANT.** DÉDORER.

dormant *adj.* ▶ *Qui dort* (RARE) – endormi. ▶ *En parlant d'une étendue d'eau* – calme, étale, immobile, stagnant. ▶ *Fixé* – fixé, fixe, immobile. ▶ *Qui se développe en secret* – à l'état latent, en germe, en gestation, larvé, latent, qui couve, somnolent, sourd. △ **ANT.** ♦ **dormant,** *masc.* (PONT)-LEVIS *(PONT)*; MOBILE, OUVRANT *(VANTAIL)*. ♦ **dormante,** *fém.* COURANTE *(EAU)*. ♦ **dormantes,** *fém. plur.* COURANTES *(MANŒUVRES)*.

dormir *v.* ▶ *Être dans un état de sommeil* – ENFANTIN faire dodo. SOUT. être dans les bras de Morphée, reposer. FAM. en écraser, pioncer, ronfler, roupiller. ▶ *Passer la nuit* – coucher, passer la nuit. ▶ *En parlant d'une chose abstraite* – sommeiller, somnoler. △ **ANT.** VEILLER; S'ÉVEILLER; REMUER, S'AGITER.

dortoir *n.m.* alcôve, chambre (à coucher), chambrée *(caserne)*, chambrette. FAM. carrée, piaule, taule. PÉJ. cambuse, turne.

dos *n.m.* ▶ *Partie du corps* ▸ *Bas du dos* – lombes, reins. FRANCE FAM. râble. ▸ *Milieu du dos* – échine. ▶ *Verso* – arrière, derrière, envers, revers, verso. ▶ *Dossier* – dossier. △ **ANT.** POITRINE, VENTRE; DEVANT, FACE; RECTO.

dose *n.f.* capacité, contenance, cubage, cylindrée, jauge, mesure, tonnage, volume.

dossier *n.m.* ▶ *Appui* – dos. ▶ *Documents* – archives, documentation, minutier, sommier. ▶ *Chemise* – chemise, enchemisage. BELG. AFR. farde. ▶ *Affaire juridique* – affaire (judiciaire), audience, cas, cause, débat, espèce, litige, litispendance, poursuite, procès.

doter *v.* ▶ *Munir* – équiper, garnir, munir, nantir, outiller, pourvoir. QUÉB. ACADIE gréer. ▶ *Gratifier* – avantager, douer, favoriser, gratifier, lotir, privilégier. ♦ **se doter** ▶ *Se munir* – s'équiper, se munir, se nantir, se pourvoir. SOUT. se précautionner. △ **ANT.** PRIVER; APPAUVRIR, DÉFAVORISER, DÉSAVANTAGER.

double *adj.* ▶ *Qui comporte deux éléments* – binaire, bipartite. DIDACT. dualiste, duel, dyadique. ▶ *Qui a des caractéristiques opposées* – ambigu, ambivalent. △ **ANT.** SIMPLE, UNIQUE; INDIVIDUELLE *(CHAMBRE)*.

double *n.m.* ▶ *Copie* – calque, copie (conforme), duplicata, duplication, exemplaire, fac-similé, imitation, réplique, reproduction. DR. grosse. ▶ *Sosie* – jumeau, sosie. FAM. clone. ▶ *Corps astral* – âme, aura, corps astral, double (éthéré), émanation, essence, éther, vapeur. ▶ *Fantôme* – apparition, créature éthérée, ectoplasme, esprit, esprit frappeur, fantôme, mort-vivant, ombre, périsprit, revenant, spectre, vision, zombie. ANTIQ. larve, lémure. △ **ANT.** MOITIÉ; ORIGINAL.

doubler *v.* ▶ *Multiplier par deux* – dupliquer, redoubler. ▶ *Dépasser* – dépasser, devancer, distancer, gagner de vitesse, lâcher, passer, semer. FAM. griller, larguer. MAR. trémater.

doucement *adv.* délicatement, discrètement, en douceur, faiblement, légèrement, lentement, mesurément, modérément, mollement, posément, timidement. FAM. doucettement, mollo, mou, pianepiane, pianissimo, piano. △ **ANT.** BRUTALEMENT, CRÛMENT, DUREMENT, RAIDE, RUDEMENT, SANS MÉNAGEMENT, VERTEMENT, VIOLEMMENT; ANXIEUSEMENT, FÉBRILEMENT, FIÉVREUSEMENT, IMPATIEMMENT, NERVEUSEMENT.

doucereux *adj.* ▶ *Au goût fade* – douceâtre, fade, insipide. FAM. fadasse. ▶ *D'une grâce affectée* – gentillet, mièvre, mignard, sirupeux. ▶ *D'une douceur affectée* – douceâtre, mielleux, sucré, (tout sucre) tout miel. SOUT. cauteleux, onctueux, papelard, patelin, paterne. △ **ANT.** AGRESSIF, COLÉREUX, EMPORTÉ, PROVOCANT; FRANC, HONNÊTE.

douceur *n.f.* ▶ *Suavité* – délicatesse, finesse, fraîcheur, légèreté, modération, moelleux, mollesse, onctuosité, quiétude, suavité, tranquillité, velouté. FIG. soie. ▶ *Plaisir* – bien-être, bon temps, bonheur, contentement, délectation, délice, euphorie, félicité, jouissance, orgasme, plaisir, régal, satisfaction, septième ciel, volupté. SOUT. aise, félicité, miel, nectar. ▶ *Amabilité* – affabilité, agrément, amabilité, aménité, bénignité, bienveillance, bonhomie, bonté, calme, chaleur, charité, clémence, docilité, gentillesse, grâce, humanité, indulgence, patience, placidité, suavité. SOUT. débonnaireté, magnanimité, mansuétude, onction. ▶ *Patience* – calme, constance, courage, endurance, flegme, lenteur, patience, persévérance, persistance, résignation, sang-froid, tranquillité. SOUT. longanimité. ▶ *Tolérance* – bienveillance, bonté, compréhension, humanisme, indulgence, irénisme, largeur d'esprit, libéralisme, non-discrimination, non-violence, ouverture (d'esprit), patience, philosophie, réceptivité, respect, tolérance, tolérantisme. SOUT. bénignité, longanimité. ▶ *Friandise* – chatterie, confiserie, friandise, gâterie, gourmandise, sucrerie. △ **ANT.** ÂCRETÉ, AMERTUME, ÂPRETÉ; ASPÉRITÉ, DURETÉ; BRUSQUERIE, RUDESSE, VIOLENCE; CRUAUTÉ.

douche *n.f.* ▶ *Lavage du corps* – ablutions, bain, débarbouillage, lavage, nettoyage, rinçage, toilette. ▶ *Averse* (FAM.) – averse, cataracte, déluge, giboulée, grain, ondée, pluie battante, pluie d'abat, pluie diluvienne, pluie drue, pluie torrentielle, trombe d'eau. FAM. rincée, sauce, saucée. BELG. FAM. drache. ▶ *Réprimande* (FAM.) – accusation, admonestation, admonition, anathématisation, anathème, attaque, avertissement, blâme, censure, condamnation, correction, critique, désapprobation, diatribe, grief, grognerie, gronderie, interdit, leçon, malédiction, mise à l'écart, mise à l'index, mise en quarantaine, objection, observation, plainte, punition, récrimination, remarque, remontrance, représentation, réprimande, réprobation, reproche, réquisitoire, semonce, sérénade, sermon, tollé. SOUT. animadversion, foudres, fustigation, improbation, mercuriale, objurgation, stigmatisation, vitupération. FAM. engueulade, savon, tabac. FRANCE FAM. attrapade, lavage de tête, prêchiprêcha, soufflante. BELG. cigare. RELIG. fulmination. ▶ *Déception* (FAM.) – abattement, accablement, affliction, amertume, anéantissement, chagrin, consternation, déboires, déception, déconvenue, découragement, dégoût, dégrisement, démoralisation, dépit, désappointement, désenchantement, désespoir, désillusion, désolation, échec, écœurement, ennui, infortune, insuccès, lassitude, mécompte, peine, regret, revers, tristesse. SOUT. atterrement, déréliction, désabusement, désespérance, retombement. FAM. défrisage, défrisement, douche (froide), ras-le-bol.

doué *adj.* à la hauteur, adroit, bon, brillant, capable, chevronné, compétent, connaisseur, d'élite, de haut vol, de haute volée, de talent, émérite, entraîné, exercé, expérimenté, expert, ferré, fin, fort, habile, passé maître, performant, qualifié, qui s'y connaît, talentueux, versé. RARE blanchi sous le harnais. SOUT. entendu à, industrieux, rompu à. FAM. calé, qui a la bosse de, qui sait y faire. FRANCE FAM. balèze, costaud, fortiche, incollable, trapu. △ **ANT.** IGNORANT, INCAPABLE, INCOMPÉTENT, MAUVAIS, MÉDIOCRE, NUL, SOUS-DOUÉ.

douleur *n.f.* ▸ ***Souffrance*** – affliction, agonie, calvaire, élancement, enfer, lancination, martyre, souffrances, supplice, tiraillement, torture. SOUT. affres, géhenne, tourment. MÉD. algie. ▸ ***Brûlure*** – actinite, ampoule, blessure, cloque, échaudure, échauffement, escarre, fer chaud, feu, fièvre, inflammation, insolation, irradiation, irritation, lésion, phlogose, ulcération, urtication. ▸ ***Malheur*** – adversité, calamité, calice (de douleur), chagrin, détresse, deuil, disgrâce, échec, épreuve, fatalité, infortune, mal, malchance, malédiction, malheur, mauvaise fortune, mauvaise passe, mésaventure, misère, nuage, orage, peine, revers, ruine, sale affaire, sale histoire, souffrance, traverse, tribulation. SOUT. bourrèlement, plaie, tourment. ▸ ***Sentiment*** – blessure, déchirement, déchirure, mal, martyre, souffrance, supplice, torture. SOUT. tenaillement, tribulation. ▸ ***Tristesse*** – abattement, accablement, affliction, aigreur, amertume, chagrin, dépression, désolation, deuil, ennui, épreuve, grisaille, humeur noire, idées noires, idées sombres, langueur, lypémanie, mal du pays, mal-être, maussaderie, mélancolie, monotonie, morosité, neurasthénie, noir, nostalgie, papillons, peine, serrement de cœur, souci, tædium vitæ, tristesse, vague à l'âme. SOUT. atrabile, larmes, navrement, nuage, spleen, taciturnité. FAM. blues, bourdon, cafard, déprime, sinistrose. ♦ **douleurs,** ***plur.*** ▸ ***Contractions*** – contractions (utérines), douleurs de l'accouchement, douleurs de l'enfantement, travail. △ **ANT.** EUPHORIE, PLAISIR, VOLUPTÉ; BONHEUR, JOIE.

douloureusement *adv.* ▸ ***Désagréablement*** – à regret, âcrement, déplaisamment, désagréablement, désobligeamment, détestablement, ennuyeusement, fâcheusement, fastidieusement, importunément, inconfortablement, inopinément, inopportunément, insupportablement, intolérablement, mal, mal à propos, malencontreusement, malheureusement, par malheur, péniblement, regrettablement. FAM. salement. ▸ ***Lamentablement*** – déplorablement, dérisoirement, désastreusement, lamentablement, minablement, misérablement, miteusement, pauvrement, piètrement, piteusement, pitoyablement, tristement. ▸ ***Tristement*** – amèrement, langoureusement, languissamment, malheureusement, maussadement, mélancoliquement, nostalgiquement, sombrement, tristement. △ **ANT.** AGRÉABLEMENT; CONSIDÉRABLEMENT, ÉNORMÉMENT, REMARQUABLEMENT, SÉRIEUSEMENT, TERRIBLEMENT, VRAIMENT.

douloureux *adj.* ▸ ***Qui fait mal*** – endolori, sensible. DIDACT. algique. ▸ ***Qui fait souffrir moralement*** – âcre, affligeant, amer, cruel, cuisant, déchirant, dur, éprouvant, lancinant, navrant, pénible, poignant, saignant, vif. ▸ ***Qui attriste*** – affligeant, atterrant, attristant, chagrinant, consternant, déplorable, désespérant, désolant, malheureux, misérable, navrant, pénible, pitoyable, qui serre le cœur, triste. △ **ANT.** INDOLORE, SANS DOULEUR; AGRÉABLE, DÉLICIEUX, SUAVE; AMUSANT, RÉJOUISSANT.

doute *n.m.* ▸ ***Hésitation*** – embarras, flottement, hésitation, incertitude, inconstance, indécision, indétermination, instabilité, irrésolution, perplexité, procrastination, réticence, scrupule, tâtonnement, trouble, vacillement, valse-hésitation, velléité, versatilité. SOUT. limbes. ▸ ***Méfiance*** – défiance, désintéressement, incrédulité, méfiance, prudence, scepticisme, soupçon, suspicion, vigilance. SOUT. cautèle. FAM. paranoïa *(excessive).* ▸ ***Incroyance*** – agnosticisme, apostasie, athéisme, blasphème, désacralisation, froideur, gentilité, hérésie, impiété, incrédulité, incroyance, indifférence, infidélité, irréligion, libre pensée, matérialisme, paganisme, panthéisme, péché, profanation, reniement, sacrilège, scandale, scepticisme. SOUT. inobservance. △ **ANT.** CERTITUDE, CONVICTION; ASSURANCE, CONFIANCE, RÉSOLUTION; CROYANCE, FOI, RELIGIOSITÉ.

douter *v.* ▸ ***Se méfier*** – prendre garde à, se garder de, se méfier de, se mettre en garde contre, tenir pour suspect. SOUT. se défier de. ▸ ***Contester*** – contester, discuter, mettre en doute, remettre en cause. SOUT. révoquer en doute. ♦ **se douter** ▸ ***Deviner*** – avoir conscience de, deviner, entrevoir, flairer, pressentir, sentir, soupçonner. FAM. subodorer. △ **ANT.** ADMETTRE, CROIRE, ÊTRE CERTAIN.

douteux *adj.* ▸ ***Incertain*** – aléatoire, casuel, conditionnel, conjectural, contingent, éventuel, hasardé, hasardeux, hypothétique, incertain, possible, problématique, supposé. ▸ ***Discutable*** – attaquable, contestable, controversable, controversé, critiquable, discutable, fragile, litigieux, mis en doute, sujet à caution, sujet à controverse, vulnérable. ▸ ***Louche*** – équivoque, louche, suspect, véreux. FAM. pas (très) catholique. △ **ANT.** CERTAIN; ASSURÉ, FATAL, IMMANQUABLE, INCONTOURNABLE, INÉLUCTABLE, INÉVITABLE, NÉCESSAIRE, OBLIGATOIRE, SÛR; AVÉRÉ, DÉMONTRÉ, ÉTABLI, FORMEL, INCONTESTABLE, INDÉNIABLE, INDISCUTABLE, INDUBITABLE, IRRÉFUTABLE, PROUVÉ, RECONNU; HONNÊTE, IRRÉPROCHABLE, NET, PROPRE, SANS REPROCHE, SANS TACHE.

doux *adj.* ♦ **choses** ▸ ***Sans aspérités*** – égal, lisse, uni. ▸ ***Soyeux*** – duveteux, soyeux, velouté, velouteux. ▸ ***Confortable*** – confortable, douillet, moelleux, mollet. ▸ ***Calme*** – berceur, calme, paisible. ▸ ***Agréable à l'oreille*** – chantant, harmonieux, mélodieux, musical, suave. DIDACT. euphonique, eurythmique. ▸ ***Faible*** – atténué, faible, léger, ténu. ▸ ***En parlant d'une couleur*** – clair, pâle, pastel, tendre. ▸ ***En parlant du climat*** – clément, modéré, moyen, tempéré. ♦ **personnes** ▸ ***Sans méchanceté*** – bon, inoffensif, sans malice. ▸ ***D'une grande douceur*** – onctueux, pieux. ▸ ***Docile*** – disciplinable, discipliné, docile, facile, gentil, obéissant, sage, soumis, tranquille. ▸ ***Affectueux*** – affectueux, aimant, amoureux, cajoleur, câlin, caressant, roucoulant, tendre. △ ANT. DUR, RUDE; INÉGAL, RABOTEUX, RIDÉ; ÂPRE, RÂPEUX, RÊCHE, RUGUEUX; AGAÇANT, CRISPANT, DÉSAGRÉABLE, ÉNERVANT, EXASPÉRANT, EXCÉDANT, FATIGANT, INSUPPORTABLE, IRRITANT; CACOPHONIQUE, CRIARD, DISCORDANT, DISSONANT, FAUX, INHARMONIEUX; ASSOURDISSANT *(BRUIT)*, FORT, PRONONCÉ; AGRESSIF *(COULEURS)*, CLINQUANT, PROVOCANT, TAPAGEUR; RIGOUREUX *(CLIMAT)*; BRUTAL, RAIDE, VIOLENT; DÉSOBÉISSANT, DIFFICILE, INDISCIPLINÉ, INDOCILE, INSOUMIS, INSUBORDONNÉ. ♦ **douce**, *fém.* À PIC *(PENTE)*.

doyen *n.* ▸ ***Personne d'expérience*** – ancien, vétéran, vieux briscard, vieux de la vieille, vieux routier. ♦ **doyen**, *masc.* ▸ ***Abbé*** – abbé, curé doyen, général (des X), père, père abbé, père prévôt, père prieur, père procureur, père supérieur, prieur. ▸ *Titre* – (Mon) Révérend, (Mon) Révérend Père. ▸ ***Vieil homme*** (FAM.) – aîné, ancien, patriarche, personne âgée, vieillard, vieille personne, vieux. DIDACT. sénescence. FAM. ancêtre, petit vieux, vioc. FRANCE FAM. baderne, vieille baderne. ♦ **doyenne**, *fém.* ▸ ***Abbesse*** – abbesse, générale (des X), mère, mère prieure, mère supérieure, prieure. ▸ *Titre* – (Ma) Révérende, (Ma) Révérende Mère. ▸ ***Vieille femme*** (FAM.) – douairière, sorcière, vieille bique, vieille chipie, vieille chouette, vieille taupe, vieille toupie. △ ANT. BENJAMIN.

dramatique *adj.* ▸ ***Qui concerne le théâtre*** – scénique, théâtral, théâtreux. ▸ ***Pathétique*** – bouleversant, déchirant, émouvant, pathétique, poignant, troublant, vibrant *(discours)*. SOUT. empoignant. ▸ ***Grave*** – critique, dangereux, difficile, grave, inquiétant, menaçant, préoccupant, sérieux, sombre. SOUT. climatérique. △ ANT. APAISANT, CALMANT, CONSOLANT, CONSOLATEUR, RASSÉRÉNANT, RASSURANT, RÉCONFORTANT, SÉCURISANT, TRANQUILLISANT; ANODIN, BÉNIN, INNOCENT, INOFFENSIF, SANS DANGER, SANS GRAVITÉ; COMIQUE, GROTESQUE; CINÉMATOGRAPHIQUE.

dramatiser *v.* ▸ ***Exagérer la gravité*** – amplifier, en faire (tout) un drame, exagérer, grossir, prendre au tragique, se faire un monde de, se faire une montagne de. FAM. en faire (tout) un plat, faire d'une mouche un éléphant. ▸ ***Rendre pathétique*** – pathétiser. △ ANT. ATTÉNUER, DÉDRAMATISER, MINIMISER.

drame *n.m.* ▸ ***Catastrophe*** – apocalypse, bouleversement, calamité, cataclysme, catastrophe, chaos, désastre, fléau, malheur, néant, ruine, sinistre, tragédie. FIG. précipice. SOUT. abîme. FAM. cata. △ ANT. BONHEUR; COMÉDIE.

drap *n.m.* ▸ ***Tissu*** – drap (de laine). ▸ ***Article de literie*** – alaise, couette, courtepointe, couverture, couvre-lit, couvre-matelas, couvre-pied, dessus-de-lit, drap (de lit), duvet, édredon, plaid, protège-matelas. FAM. bâche, couvrante. QUÉB. catalogne, douillette. SUISSE fourre.

drapeau *n.m.* ▸ ***Étendard*** – banderole, bandière, bannière, baucent, calicot, cornette, couleurs, étendard, fanion, flamme, gonfalon, guidon, oriflamme, pavillon *(marine)*, pavois *(marine)*, pennon, tanka *(religieux)*. SOUT. enseigne. ANTIQ. vexille. ▸ ***Symbole*** – allégorie, attribut, chiffre, devise, effigie, emblème, figure, icône, image, incarnation, insigne, livrée, logo, logotype, marque, notation, personnification, représentation, signe, symbole, type. ▸ ***Couche de bébé*** (ACADIE FAM.) – change, change complet, couche, rechange. ANC. pointe.

draperie *n.f.* ▸ ***Rideau*** – cantonnière, mille fleurs, pente de fenêtre, portière, rideau, store, tapisserie, tenture, toile.

dressage *n.m.* ▸ ***Montage*** – assemblage, installation, montage. ▸ ***Action de redresser*** – planage, rabotage, varlopage. ▸ ***Apprivoisement*** – apprivoisement, domestication, domptage. ▸ ***Éducation*** (PÉJ. FAM.) – alphabétisation, apprentissage, conscientisation, didactique, édification, éducation, enrichissement, enseignement, entraînement, études, expérience, façonnage, façonnement, formation, inculcation, information, initiation, instruction, monitorat, pédagogie, professorat, scolarisation, scolarité, stage. QUÉB. andragogie *(aux adultes)*. △ ANT. DÉMONTAGE.

dresser *v.* ▸ ***Construire*** – bâtir, construire, édifier, élever, ériger. ▸ ***Faire tenir droit*** – élever, ériger, planter. ▸ ***Redresser une pièce*** – aplanir, décourber, dégauchir, doler, planer, raboter, redresser, replanir, varloper. RARE blanchir, unir. ▸ ***Rédiger selon les règles*** – formuler, libeller, rédiger dans les formes. ▸ ***Domestiquer un animal*** – apprivoiser, domestiquer, dompter. ▸ ***Mater*** – discipliner, dompter, mater, mettre au pas, serrer la vis à. FAM. visser. ▸ ***Éduquer*** – discipliner, éduquer, élever. ▸ ***Habituer*** – discipliner, entraîner, exercer, façonner, former, habituer. SOUT. rompre. ▸ ***Animer contre qqn*** – braquer, cabrer, monter, monter la tête, opposer. ♦ **se dresser** ▸ ***Se retrousser*** – se retrousser. FAM. rebiquer. ▸ ***Protester*** – broncher, murmurer, pousser les hauts cris, protester, réagir, récriminer, renâcler, répliquer, s'élever, s'indigner, s'opposer, se gendarmer, se plaindre, se récrier. SOUT. réclamer. FAM. criailler, faire du foin, moufter, piailler, rouscailler, rouspéter, ruer dans les brancards, tiquer, tousser. QUÉB. FAM. chialer. ACADIE FAM. bagueuler. ▸ ***Résister*** – résister, s'opposer, se raidir. △ ANT. ABAISSER, ABATTRE, BAISSER, COUCHER, DÉFAIRE, DÉMONTER, FAIRE TOMBER; OBÉIR, SE SOUMETTRE. ♦ **se dresser** S'ACCROUPIR, S'ASSEOIR, SE COUCHER, SE PENCHER.

drogue *n.f.* ▸ ***Médicament*** – médicament, potion, préparation (pharmaceutique), remède, spécialité (pharmaceutique). ▸ *Artisanal* – orviétan, poudre de perlimpinpin. ▸ *Fort* – remède bénin *(doux)*, remède de cheval *(fort)*. ▸ *Efficace* – remède miracle, remède souverain. ▸ ***Stupéfiant*** – psychotrope, stupéfiant.

drogué *n.* intoxiqué, toxicomane.

droit *adj.* ▸ ***Rectiligne*** – rectiligne. ▸ ***Incorruptible*** – à l'abri de tout soupçon, au-dessus de tout soupçon, consciencieux, digne de confiance, fiable, honnête, incorruptible, insoupçonnable, intègre, probe, propre, scrupuleux, sûr. ▸ ***Franc*** – correct, franc, honnête, loyal, probe, régulier. FAM. carré, réglo, rond. △ ANT. COURBE, CROCHU; DÉLOYAL, LOUCHE, MALHONNÊTE, SANS SCRUPULE, VÉREUX; FAUX, FOURBE, HYPOCRITE, MENTEUR, SOURNOIS, TROMPEUR.

droit *n.m.* ▸ ***Liberté*** – autonomie, choix, contingence, disponibilité, faculté, franc arbitre, hasard, indépendance, indéterminisme, liberté, libre arbitre, licence, loisir, permission, possibilité, pouvoir. ▸ ***Privilège*** – acquis, apanage, attribution, avantage, bénéfice, chasse gardée, concession, exclusivisme, exclusivité, exemption, faveur, honneur, immunité, inviolabilité, monopole, passe-droit, pouvoir, préférence, prérogative, privilège. *ANC.* franchise. *RELIG.* indult. ▸ ***Impôt*** – charge, contribution, cote, excise, fiscalité, imposition, levée, patente, prélèvement, prestation, prime *(assurance)*, redevance, surtaxe, taxation, taxe, tribut. *QUÉB.* accise. *BELG.* accises. *HIST.* capitation, champart, corvée, dîme, fouage, franc-fief, gabelle, maltôte, moulage, taille, tonlieu. *DR.* foretage. ▸ ***Loi*** – appareil législatif, code, justice, législation, loi, système législatif. *SOUT.* tribunal. ▸ ***Coup de poing*** – direct. △ **ANT.** DEVOIR; GAUCHE.

droite *n.f.* ▸ ***En géométrie*** – ligne droite. ▸ ***Libéralisme*** – conservatisme, droitisme, extrême droite, fascisme, libéralisme, réaction. ▸ ***Côté*** – tribord. △ **ANT.** COURBE; BÂBORD, GAUCHE, REVERS, SÉNESTRE.

droiture *n.f.* ▸ ***Franchise*** – abandon, bonne foi, confiance, cordialité, franchise, franc-jeu, franc-parler, loyauté, netteté, rondeur, simplicité, sincérité, spontanéité. ▸ ***Honnêteté*** – conscience, exactitude, fidélité, franchise, honnêteté, incorruptibilité, intégrité, irréprochabilité, justice, loyauté, mérite, moralité, netteté, probité, scrupule, sens moral, transparence, vertu. ▸ ***Rigueur*** – rectitude, rigueur. ▸ ***Justice*** – égalité, équité, impartialité, impersonnalité, intégrité, justice, légalité, neutralité, objectivité, probité. △ **ANT.** DÉLOYAUTÉ, DUPLICITÉ, FOURBERIE, HYPOCRISIE; IMPROBITÉ, MALHONNÊTETÉ, MAUVAISE FOI; INJUSTICE.

drôle *adj.* ▸ ***Comique*** – amusant, bouffon, burlesque, cocasse, comique, d'un haut comique, désopilant, drolatique, gai, hilarant, humoristique, impayable, ineffable, inénarrable, plaisant, rigolo, risible, vaudevillesque. *SOUT.* drôlet. *FAM.* bidonnant, boyautant, crevant, éclatant, gondolant, marrant, poilant, roulant, tordant. ▸ ***Étrange*** – anormal, bizarre, curieux, étonnant, étrange, inaccoutumé, incompréhensible, inexplicable, inhabituel, insolite, inusité, singulier, spécial, surprenant. *SOUT.* extraordinaire. *FAM.* bizarroïde. △ **ANT.** GRAVE, SÉRIEUX; ATTRISTANT, CHAGRINANT, TRISTE; BANAL, NORMAL, ORDINAIRE.

drôle *n.* ▸ ***Enfant*** (*FRANCE RÉGION.*) – fille, fillette, garçonnet, (petit) enfant, (petit) garçon, petite fille, (tout-)petit. *SOUT.* enfantelet. *FAM.* bambin, bout de chou, chiard, fifille, gamin, gosse, lardon, loupiot, marmot, mioche, môme, moucheron, mouflet, (petit) bonhomme, (petit) gars, petit homme, (petit) trognon, sauvageon *(sans éducation)*, têtard. *FRANCE FAM.* fanfan, gniard, mômignard, môminette, moujingue, moustique, moutard, petiot, puceron. *FRANCE RÉGION.* gone, minot, miston.

drôlement *adv.* ▸ ***Comiquement*** – absurdement, bouffonnement, burlesquement, comiquement, dérisoirement, facétieusement, grotesquement, plaisamment, ridiculement, risiblement. ▸ ***Bizarrement*** – anormalement, baroquement, bizarrement, curieusement, étonnamment, étrangement, excentriquement, extravagamment, originalement, singulièrement. ▸ ***Beaucoup*** (*FAM.*) – à l'extrême, affreusement, astronomiquement, au dernier degré, au dernier point, au maximum, au plus haut degré, au plus haut point, beaucoup, bien, colossalement, considérablement, éminemment, énormément, exceptionnellement, extraordinairement, extrêmement, fabuleusement, follement, fort, fortement, grandement, gros, hautement, immensément, incommensurablement, infiniment, inconcevablement, incroyablement, intensément, long, mortellement, nettement, on ne peut plus, phénoménalement, prodigieusement, profondément, remarquablement, sérieusement, singulièrement, souverainement, supérieurement, suprêmement, terriblement, très, vertigineusement, vivement, vraiment. *FAM.* bigrement, bougrement, diablement, effroyablement, épais, épouvantablement, fameusement, fantastiquement, fichtrement, fichûment, formidablement, foutrement, furieusement, joliment, rudement, sacrément, salement, super, terrible, tout plein, vachement. △ **ANT.** AVEC SÉRIEUX, GRAVEMENT, SÉRIEUSEMENT; COMME D'HABITUDE, DE FAÇON NORMALE, NORMALEMENT, SELON LES CONVENTIONS, SELON LES NORMES; FAIBLEMENT, LÉGÈREMENT, UN PEU.

dru *adj.* ▸ ***Fourni*** – abondant, épais, fourni, luxuriant, touffu. ▸ ***Serré*** – compact, dense, épais, serré. △ **ANT.** DISPERSÉ, DISSÉMINÉ, ÉPARPILLÉ, ÉPARS.

dû *n.m.* ▸ ***Dette*** – arriéré, charge, compte, créance, crédit à découvert, débet, débit, découvert, déficit, dette, devoir, doit, emprunt, engagement, impayé, moins-perçu, non-paiement, obligation, passif, solde débiteur. *BELG.* mali, pouf. ▸ ***Facture*** – addition, compte, état de compte, état de frais, facture, frais, note, relevé. *FAM.* coup de fusil, douloureuse, quart d'heure de Rabelais.

dualité *n.f.* dédoublement, doublement, dualisme. △ **ANT.** UNITÉ.

duel *n.m.* ▸ ***Bataille*** – accrochage, action (de guerre), affrontement, assaut, attaque, bagarre, bataille, choc, combat, conflit, échauffourée, empoignade, empoignement, engagement, escarmouche, ferraillement, feu, guérilla, guerre, heurt, hostilités, lutte, mêlée, opération, pugilat, rencontre, rixe. *FAM.* baroud, baston, bigorne, casse-gueule, casse-pipe, castagne, guéguerre, rif, rififi, riflette. *BELG. FAM.* margaille. *MILIT.* blitz *(de courte durée)*. ▸ ***Affrontement sportif*** – affrontement, joute, match, partie, rencontre.

dûment *adv.* canoniquement, conformément, constitutionnellement, correctement, de droit, de jure, de plein droit, en bonne et due forme, juridiquement, légalement, légitimement, licitement, officiellement, réglementairement, régulièrement, valablement, validement. *FAM.* réglo. △ **ANT.** CRIMINELLEMENT, FRAUDULEUSEMENT, ILLÉGALEMENT, ILLÉGITIMEMENT, ILLICITEMENT, INCORRECTEMENT, IRRÉGULIÈREMENT.

duo *n.m.* ▸ ***Paire*** – couple, paire, pariade *(oiseaux)*. *FAM.* tandem. ▸ *En politique* – ticket. *ANTIQ.* duumvirat.

duper *v.* abuser, attraper, avoir, bercer, berner, en conter à, en faire accroire à, flouer, leurrer, mentir à, mystifier, se jouer de, se moquer de, tromper. *SOUT.* trigauder. *FAM.* blouser, bluffer, canuler, charrier, cravater, empaumer, empiler, entourlouper, esbroufer, faire marcher, feinter, la faire à, mener en bateau, mettre en boîte, pigeonner, posséder, refaire, rouler. QUÉB. FAM. niaiser. RARE jobarder. △ **ANT.** DÉTROMPER.

duplicité *n.f.* ▸ ***Hypocrisie*** – déloyauté, dissimulation, facticité, fausseté, félonie, fourberie, hypocrisie, mauvaise foi, perfidie, scélératesse, sournoiserie, trahison, traîtrise, tromperie. SOUT. factice, félinité, insincérité. ▸ ***Feinte*** – affectation, artifice, cachotterie, comédie, déguisement, dissimulation, faux-semblant, feinte, fiction, finauderie, grimace, hypocrisie, invention, leurre, mensonge, momerie, pantalonnade, parade, ruse, simulation, singerie, sournoiserie, tromperie. SOUT. simulacre. FAM. cinéma, cirque, finasserie, frime. △ **ANT.** FRANCHISE, LOYAUTÉ; DROITURE, HONNÊTETÉ.

dupliquer *v.* ▸ ***Redoubler*** – doubler, redoubler. ▸ ***Copier*** – copier, reproduire.

dur *adj.* ♦ **choses** ▸ ***Qui n'est pas souple*** – ferme, fort, raide, résistant, rigide, solide. RARE inflexible. ▸ ***Rigoureux*** – draconien, exigeant, rigide, rigoureux, sévère, strict. FRANCE FAM. rosse. ▸ ***Pénible*** – ardu, difficile, éprouvant, pénible, rude. FAM. galère. ▸ ***Difficile*** (FAM.) – ardu, complexe, compliqué, corsé, délicat, difficile, épineux, laborieux, malaisé, problématique. SOUT. scabreux. ▸ ***Moralement douloureux*** – âcre, affligeant, amer, cruel, cuisant, déchirant, douloureux, éprouvant, lancinant, navrant, pénible, poignant, saignant, vif. ▸ ***En parlant du temps*** – âpre, inclément, rigoureux, rude. ♦ **personnes** ▸ ***Endurant*** – aguerri, bien trempé, courageux, dur au mal, endurant, endurci, fort, stoïque. ▸ ***Sans-cœur*** – aride, de granit, de pierre, endurci, froid, indifférent, insensible, sans-cœur, sec. SOUT. d'airain, frigide, granitique. FAM. blindé. ▸ ***Violent*** – agressif, brutal, emporté, raide, rude, violent. FAM. à la redresse. ▸ ***En parlant du ton, des paroles*** – abrupt, agressif, bourru, bref, brusque, brutal, cassant, coupant, incisif, raide, rude, sec, tranchant. △ **ANT.** TENDRE; MALLÉABLE, MOELLEUX, MOLLET, MOU; FLEXIBLE, PLIABLE, SOUPLE; AGRÉABLE, LÉGER; AISÉ, COMMODE, ÉLÉMENTAIRE, ENFANTIN, FACILE, SIMPLE; CONSOLANT, RASSURANT, RÉCONFORTANT; DÉLICAT, DOUILLET, SENSIBLE; COMPATISSANT, EMPATHIQUE; CAJOLEUR, CÂLIN, CARESSANT, DOUX, SUAVE.

dur *n.* ▸ ***Personne*** – audacieux, aventurier, battant, brave (à trois poils), courageux, dur (à cuire), fonceur, lion, stoïque, (vrai) homme. FAM. baroudeur, va-de-l'avant. ▸ ***Train*** (FRANCE FAM.) – convoi, rame, train. FRANCE FAM. tortillard.

durable *adj.* ▸ ***Tenace*** – ancré, chronique, endémique, enraciné, établi, gravé, implanté, indéracinable, inextirpable, invétéré, persistant, tenace, vieux, vivace. ▸ ***Permanent*** – constant, éternel, immortel, immuable, impérissable, imprescriptible, inaltérable, indéfectible, indestructible, indissoluble, infini, permanent, perpétuel, sans fin. SOUT. pérenne. ▸ ***En parlant d'un souvenir*** – impérissable, indélébile, ineffaçable, inoubliable, vif, vivace, vivant. △ **ANT.** ÉPHÉMÈRE, ÉVANESCENT, FRAGILE, FUGACE, FUGITIF, PASSAGER, PRÉCAIRE, PROVISOIRE, TEMPORAIRE, TRANSITOIRE.

durcir *v.* ▸ ***Raidir*** – raidir, rigidifier. SOUT. roidir. ▸ ***Rendre plus indifférent*** – cuirasser, déshumaniser, dessécher, endurcir. FAM. blinder. ▸ ***Rendre plus intransigeant*** – radicaliser. ▸ ***Se solidifier*** – épaissir, grumeler, prendre, prendre consistance, (se) coaguler, se figer, se grumeler, se solidifier. ▸ ***Rassir*** – rassir, sécher. △ **ANT.** AMOLLIR, ATTENDRIR, MOLLIR; ADOUCIR, AFFAIBLIR, ATTÉNUER.

durée *n.f.* ▸ ***Espace de temps*** – laps de temps, période, plage (horaire), planche (horaire), temps. ▸ *Entre deux événements* – battement, creux, distance, espace (de temps), intervalle, laps de temps. SOUT. échappée. BELG. fourche. ▸ ***Stabilité*** – constance, continu, continuité, durabilité, fermeté, fixité, immuabilité, immutabilité, imprescriptibilité, imputrescibilité, inaliénabilité, inaltérabilité, incorruptibilité, indéfectibilité, indissolubilité, invariabilité, longévité, pérennité, permanence, persistance, stabilité, tenue. PHYS. invariance. △ **ANT.** FUGACITÉ, INSTABILITÉ, PRÉCARITÉ.

durement *adv.* ▸ ***Difficilement*** – à grand-peine, à peine, difficilement, difficultueusement, incommodément, laborieusement, mal, malaisément, péniblement, tant bien que mal. FAM. cahin-caha. ▸ ***Austèrement*** – austèrement, étroitement, puritainement, rigidement, rigoureusement, sévèrement, stoïquement, strictement. ▸ ***Froidement*** – fraîchement, froidement, glacialement, hautainement, impersonnellement, insensiblement, raide, raidement, sec, sèchement. ▸ ***Brutalement*** – à la hussarde, à tour de bras, à toute force, âprement, brutalement, crûment, de la belle manière, énergiquement, fort, fortement, net, raide, raidement, rudement, sans ménagement, sec, vertement, vigoureusement, violemment, vivement. ▸ ***Cruellement*** – barbarement, bestialement, brutalement, cruellement, farouchement, férocement, impitoyablement, inhumainement, méchamment, rudement, sadiquement, sauvagement. △ **ANT.** AISÉMENT, FACILEMENT, SANS DIFFICULTÉ, SANS EFFORT; AVEC DÉLICATESSE, AVEC DOIGTÉ, AVEC DOUCEUR, AVEC INDULGENCE, AVEC LAXISME.

durer *v.* ▸ ***Continuer*** – continuer, se poursuivre. ▸ ***Subsister*** – demeurer, perdurer, persister, résister, rester, se conserver, se maintenir, se perpétuer, subsister, survivre. △ **ANT.** ARRÊTER, CESSER; PASSER; DISPARAÎTRE, MOURIR, SE TERMINER.

dureté *n.f.* ▸ ***Solidité d'un objet*** – cohésion, compacité, consistance, coriacité, fermeté, fixité, force, homogénéité, indélébilité, indestructibilité, inextensibilité, massiveté, monolithisme, résilience, résistance, rigidité, robustesse, solidité, sûreté. ▸ ***Absence de sentiments*** – froideur, indifférence, insensibilité, sécheresse (de cœur). SOUT. aridité. ▸ ***Absence d'indulgence*** – exigence, impitoyabilité, implacabilité, inclémence, inflexibilité, intransigeance, rigidité, rigueur, sévérité. SOUT. inexorabilité. ▸ ***Rudesse*** – brusquerie, brutalité, hostilité, rudesse. SOUT. rudoiement. ▸ ***Cruauté*** – acharnement, agressivité, atrocité, barbarie, brutalité, cruauté, férocité, inhumanité, maltraitance, méchanceté, sadisme, sauvagerie, violence. SOUT. implacabilité, inexorabilité. PSYCHIATRIE psychopathie. ▸ ***Aigreur*** – acariâtreté, acerbité, acidité, âcreté, acrimonie, agressivité, aigreur, amertume, animosité, âpreté, bave, bile, causticité, colère, dépit, désagrément, fiel, haine, hargne, humeur, irritation, malveillance, maussaderie, mauvaise humeur, méchanceté, mordant, pique, rancœur, rancune, récrimination, ressentiment, rudesse, tranchant, venin, vindicte, virulence. *SOUT.* mordacité. *FAM.* rouspétance. △ **ANT.** FLACCIDITÉ, FLEXIBILITÉ, MOLLESSE, SOUPLESSE, TENDRETÉ; AMABILITÉ, BIENVEILLANCE, BONTÉ, CLÉMENCE, DOUCEUR, GENTILLESSE, INDULGENCE, SENSIBILITÉ, TENDRESSE.

duvet *n.m.* ▶ ***Édredon*** – alaise, couette, courtepointe, couverture, couvre-lit, couvre-matelas, couvre-pied, dessus-de-lit, drap (de lit), édredon, plaid, protège-matelas. *FAM.* bâche, couvrante. *QUÉB.* catalogne, douillette. *SUISSE* fourre.

dynamique *adj.* ▶ ***Qui s'active*** – actif, affairé, allant, diligent, énergique, infatigable, laborieux, travailleur, vaillant, zélé. *FAM.* bosseur, boulot boulot, bûcheur, increvable, piocheur. ▶ ***Qui concerne le mouvement*** – cinématique, cinétique. △ **ANT.** APATHIQUE, INDOLENT, NONCHALANT, OISIF, PARESSEUX; STATIQUE.

dynamisant *adj.* fortifiant, reconstituant, remontant, revigorant, stimulant, tonifiant, tonique, vivifiant. *SOUT.* vivificateur. *FAM.* ravigotant. *SUISSE FAM.* rapicolant. *MÉD.* analeptique, dopant, énergisant, excitant. △ **ANT.** AFFAIBLISSANT, ALANGUISSANT, AMOLLISSANT, ANÉMIANT, DÉBILITANT.

dynamiser *v.* activer, doper, réveiller, stimuler.

dynamisme *n.m.* ▶ ***Vitalité*** – abattage, activité, allant, ardeur, effort, énergie, vie, vigueur, vitalité, vivacité. *FAM.* punch. △ **ANT.** APATHIE, INERTIE, MOLLESSE, PASSIVITÉ.

dynastie *n.f.* agnation, alliance, arbre généalogique, ascendance, branche, cognation, consanguinité, cousinage, degré, descendance, extraction, famille, filiation, fratrie, généalogie, génération, hérédité, lignage, ligne, lignée, maison, matriarcat, matrilignage, origine, parentage, parenté, parentelle, patriarcat, patrilignage, postérité, primogéniture, quartier (de noblesse), race, sang, souche. *RARE* fraternité.

dysfonctionnement *n.m.* affection, altération, anomalie, défaillance, déficience, dérangement, dysfonction, embarras, faiblesse, gêne, indisposition, insuffisance, mal, malaise, trouble. *DIDACT.* dysphorie. *MÉD.* lipothymie. *SOUT.* mésaise.

e

eau *n.f.* ▶ ***Liquide*** – SOUT. cristal *(pure)*, humide élément. FRANCE FAM. flotte. CHIM. oxyde d'hydrogène. ▶ ***Étendue*** – SOUT. (l')onde, (les) flots. ▶ ***Boisson*** – FRANCE FAM. château-la-Pompe *(robinet)*. QUÉB. FAM. St-Laurent *(robinet)*. ▶ ***Sueur*** – écume *(animal)*, moiteur, nage, perspiration, sudation, sudorification, sueur, transpiration. FAM. suée. ▶ ***Transparence*** – clarté, diaphanéité, limpidité, luminosité, netteté, pureté, translucidité, transparence, visibilité, vivacité.

eau-de-vie *n.f.* alcool, cordial, remontant, spiritueux. FAM. bibine, glass, gnôle, goutte, rincette, rinçure; PÉJ. bistouille, casse-pattes, tord-boyaux *(très fort)*.

ébats *n.m.pl.* agrément, amusement, amusette, délassement, dérivatif, distraction, divertissement, ébattement, étourdissement, jeu, loisir, ludisme, partie, passe-temps, plaisance, plaisir, récréation, sport. SOUT. diversion. FAM. récré.

ébattre (s') *v.* ▶ ***Jouer*** – jouer, s'amuser. ENFANTIN faire joujou. ▶ ***Faire des bonds*** – bondir, cabrioler, caracoler, faire des bonds, folâtrer, gambader, sauter, sauter comme un cabri.

ébauche *n.f.* ▶ ***Esquisse*** – canevas, crayon, crayonné, croquis, dessin, épure, esquisse, essai, étude (préparatoire), griffonnement, pochade, premier jet, préparation, projet, rough, schéma. SOUT. linéaments. FRANCE FAM. crobard. ▶ ***Brouillon*** – brouillon, esquisse, essai, linéaments, premier jet. ▶ ***Commencement*** – actionnement, amorçage, amorce, balbutiement, bégaiement, commencement, création, début, déclenchement, démarrage, départ, embryon, enclenchement, enfance, entrée, esquisse, fondement, germe, inauguration, origine, ouverture, prélude, prémisse, principe, tête. SOUT. aube, aurore, matin, prémices. FIG. apparition, avènement, éclosion, émergence, éruption, explosion, genèse, germination, naissance, venue au monde. △ **ANT.** ACCOMPLISSEMENT, ACHÈVEMENT, FINISSAGE, FINITION; RÉVISION; VERSION DÉFINITIVE.

ébaucher *v.* ▶ ***Dessiner sommairement*** – brosser, crayonner, croquer, esquisser, pocher, profiler, relever, silhouetter, tracer. ▶ ***Donner une première forme*** – dégrossir, dresser les grandes lignes de, esquisser, faire l'ébauche de, faire l'esquisse de. ▶ ***Commencer un mouvement*** – commencer, esquisser. ▶ ***Tailler*** – dégrossir, épanneler, tailler. △ **ANT.** ACHEVER.

éblouir *v.* ▶ ***Gêner la vue*** – aveugler. ▶ ***Remplir d'admiration*** – émerveiller, faire de l'effet, faire impression, faire sensation, fasciner, impressionner. FAM. en mettre plein la vue à, épater. △ **ANT.** OBSCURCIR, TERNIR; CONSTERNER.

éblouissant *adj.* ▶ ***Qui aveugle*** – aveuglant, fulgurant. ▶ ***Qui émerveille*** – admirable, brillant, excellent, extraordinaire, fantastique, magistral, magnifique, merveilleux, parfait, prodigieux, remarquable, réussi, sensationnel, sublime. FAM. à tout casser, champion, d'enfer, du tonnerre, épatant, extra, fameux, formidable, fumant, génial, mirifique, pas piqué des vers, splendide, super, terrible. FRANCE FAM. du feu de Dieu, énorme, fadé, formide, géant, gratiné, pas piqué des hannetons. ▶ ***D'une grande beauté*** – admirable, beau, d'une grande beauté, de toute beauté, magnifique, ravissant, splendide, superbe. FRANCE FAM. flambant. △ **ANT.** BLAFARD, BRUMEUX, SOMBRE, TERNE; LAMENTABLE, MÉDIOCRE, MINABLE, NAVRANT, PIÈTRE, PITEUX, PITOYABLE, RATÉ; AFFREUX, HIDEUX, HORRIBLE, IGNOBLE, MONSTRUEUX, REPOUSSANT.

éblouissement *n.m.* ▶ ***Trouble de la vue*** – papillotement. ▶ ***Émerveillement*** – admiration, adoration, émerveillement, enchantement, engouement, enthousiasme, envoûtement, fascination, ravissement, subjugation. ▶ ***Étonnement*** – abasourdissement, ahurissement, bouleversement, ébahissement, effarement, émerveillement, étonnement, saisissement, stupéfaction, stupeur, surprise. FAM. épatement. △ **ANT.** CLAIRVOYANCE, VISION; DÉCEPTION, DÉSENCHANTEMENT, DÉSILLUSION.

éboulement *n.m.* ▶ ***Chute de matière*** – affaissement, cavité, creux, crevasse, dépression, écroulement, effondrement, flache, fondrière, fossé. GÉOL. ensellement, épirogenèse, fondis, graben. RARE enfonçure. ▶ ***Amas*** – déblais, débris, décharge, décombres, démolitions, éboulis, épave, gravats, gravois, miettes, plâtras, reste, ruines, vestiges. *SOUT.* cendres. △ **ANT.** CONSOLIDATION, RAFFERMISSEMENT, REDRESSEMENT.

ébranlement *n.m.* ▸ ***Tremblement*** – agitation, convulsion, flageolement, frémissement, frisson, frissonnement, grelottement, haut-le-corps, oscillation, saccade, secousse, soubresaut, sursaut, titubation, tortillage, tortillement, tremblement, tremblotement, trémoussement, trémulation, trépidation, tressaillement, vacillement, vibration. *FAM.* tremblote. ▸ ***Commotion*** – bouleversement, choc, commotion, coup, émotion, secousse, traumatisme. ▸ ***Agitation*** – affolement, agitation, bouleversement, colère, confusion, débridement, déchaînement, désarroi, ébullition, embrasement, émotion, fièvre, frénésie, mouvement, passion, violence. *SOUT.* émoi, exaltation. *FIG.* dévergondage. △ **ANT.** FERMETÉ, FIXITÉ, IMMOBILITÉ, SOLIDITÉ, STABILITÉ; CONSOLIDATION, RAFFERMISSEMENT, STABILISATION; CALME, ÉQUILIBRE, SÉCURITÉ; ASSURANCE, SÉRÉNITÉ.

ébranler *v.* ▸ ***Faire bouger*** – mouvoir, remuer. ▸ ***Compromettre*** – compromettre, faire craquer, miner, porter un (dur) coup à, saper. ▸ ***Perturber*** – bouleverser, bousculer, déséquilibrer, désorganiser, déstabiliser, déstructurer, perturber, troubler. *SOUT.* subvertir. *FAM.* chambarder, chambouler, détraquer. ▸ ***Décontenancer*** – déconcerter, décontenancer, démonter, dérouter, désarçonner, désorienter, déstabiliser, embarrasser, interloquer, troubler. *SOUT.* confondre. *FAM.* déboussoler. ▸ ***Émouvoir fortement*** – bouleverser, chavirer, émouvoir, remuer, retourner, révulser, secouer, troubler. *FAM.* chambouler, émotionner, remuer les tripes à, révolutionner, tourneboulеr, tourner les sangs à. ▸ ***Traumatiser*** – affecter, bouleverser, choquer, commotionner, marquer, perturber, secouer, traumatiser. ▸ ***Perturber l'équilibre mental*** – désaxer, déséquilibrer, déstabiliser, fragiliser, perturber. ♦ **s'ébranler** ▸ ***Se mettre en route*** – démarrer, partir, se mettre en branle, se mettre en route. △ **ANT.** AFFERMIR, ASSURER, CONSOLIDER, ÉTAYER, FIXER, MAINTENIR.

ébullition *n.f.* ▸ ***Évaporation*** – distillation, évaporation, gazéification, sublimation, vaporisation, volatilisation. ▸ ***Éruption*** – bouillonnement, débordement, éclaboussement, écoulement, émission, éruption, évacuation, explosion, extrusion, giclée, jaillissement, jet, sortie. ▸ ***Agitation*** – affolement, agitation, bouleversement, colère, confusion, débridement, déchaînement, désarroi, ébranlement, embrasement, émotion, fièvre, frénésie, mouvement, passion, violence. *SOUT.* émoi, exaltation. *FIG.* dévergondage. △ **ANT.** LIQUÉFACTION; RÉFRIGÉRATION, REFROIDISSEMENT; CALME, PAIX, QUIÉTUDE, TRANQUILLITÉ.

écaille *n.f.* ▸ ***Plaquette*** – *SOUT.* squame. ▸ ***Lamelle*** – clinquant, lamelle de métal, oripeau, paillette, paillon, parcelle de métal.

écarlate *adj.* ▸ ***Rouge vif*** – andrinople, carmin, carminé, coquelicot, corail, cramoisi, fraise, fraise écrasée, garance, ponceau, rouge sang, rouge vif, rubis, tomate, vermillon. *SOUT.* corallin. ▸ ***En parlant du visage*** – coloré, congestionné, couperosé, cramoisi, empourpré, en feu, enflammé, enluminé, injecté, rouge, rougeaud, rougissant, rubicond, sanguin, vineux. *SOUT.* rubescent, vultueux. *FAM.* rouget.

écart *n.m.* ▸ ***Différence*** – abîme, altérité, changement, désaccord, déviance, différence, dissemblance, dissimilitude, distance, distinction, divergence, diversité, division, divorce, fossé, gouffre, incompréhension, inégalité, intervalle, marginalité, nuance, séparation, variante, variation, variété. *MATH.* inéquation. ▸ ***Amplitude*** – amplitude, inclinaison, oscillation, portée, variation. ▸ ***Inexactitude*** – erreur, faute, imperfection, imprécision, incorrection, inexactitude, infidélité, irrégularité. ▸ ***Embardée*** – déportement, dérapage, embardée, patinage, ripage, ripement. ▸ ***Péché*** – accroc, chute, crime, déchéance, errements, faute, impureté, mal, manquement, mauvais, offense, péché, sacrilège, scandale, souillure, tache, transgression, vice. ▸ ***Escapade*** – caprice, échappée, équipée, escapade, évasion, frasque, fredaine, fugue, incartade, sortie. *SOUT.* échappée. *FAM.* bordée, galère. ▸ ***Digression*** – à-côté, aparté, coq-à-l'âne, digression, divagation, épisode, excursion, excursus, hors-d'œuvre, parabase, parenthèse, placage. ▸ ***Hameau*** (*FRANCE RÉGION.*) – agglomération (rurale), bourg *(gros)*, bourgade, hameau, lieudit *(petit)*, localité, mechta *(Maghreb)*, pays, village. *FAM.* patelin. *QUÉB.* paroisse. *PÉJ. FAM.* bled, trou. ▸ ***En statistique*** – dispersion, fourchette, variance, variation. △ **ANT.** PROXIMITÉ; RAPPROCHEMENT; COÏNCIDENCE, CONCORDANCE; EXACTITUDE; CONFORMITÉ.

écarter *v.* ▸ ***Séparer*** – couper, déconnecter, dégrouper, désunir, détacher, disjoindre, dissocier, éloigner, isoler, séparer. ▸ ***Distancer*** – distancer, éloigner, espacer, séparer. ▸ ***Ne pas envisager*** – balayer d'un revers de la main, éliminer, excepter, exclure, faire abstraction de, mettre à l'écart, ne pas prendre en considération, ne pas tenir compte de, négliger, rejeter. ▸ ***Supprimer*** – balayer, éliminer, supprimer. ▸ ***Éviter*** – conjurer, empêcher, éviter, parer, prévenir. ▸ ***Éconduire*** – congédier, éconduire, en finir avec, rabrouer, renvoyer, repousser, se débarrasser de, se défaire de, se dépêtrer de. *FAM.* envoyer au bain, envoyer au diable, envoyer balader, envoyer bouler, envoyer dinguer, envoyer paître, envoyer promener, envoyer sur les roses, envoyer valdinguer, envoyer valser, expédier. ▸ ***Éloigner d'une direction*** – dérouter, détourner, dévier, éloigner. ▸ ***S'éloigner l'un de l'autre*** – diverger, s'éloigner. ♦ **écarté** ▸ ***Éloigné*** – à l'écart, éloigné, isolé, perdu, reculé, retiré, solitaire. *FAM.* paumé. △ **ANT.** RAPPROCHER; RÉUNIR; CONSERVER, GARDER.

ecclésiastique *adj.* clérical, religieux. △ **ANT.** CIVIL, LAÏQUE, SÉCULIER, TEMPOREL.

ecclésiastique *n.m.* ▸ ***Prêtre*** – clerc, curé, homme d'Église, membre du clergé, ministre (du culte), prêtre, religieux. ▸ *Titre* – abbé. *FIG.* berger. *PÉJ. FAM.* capelan, curaillon, cureton. ▸ ***Religieux*** – clerc, profès, religieux. *FAM.* ensoutané; *PÉJ.* calotin. △ **ANT.** LAÏC.

échafaud *n.m.* ▸ ***Décapitation*** – billot, décapitation, décollation, guillotine, guillotinement, hache.

échafaudage *n.m.* ▸ ***Assemblage*** – cintre, oiseau, triquet. ▸ ***Accumulation*** – abondance, accumulation, addition, agrégation, amas, amoncellement, collection, déballage, emmagasinage, empilage, empilement, encombrement, entassement, étagement, faisceau, fatras, fouillis, monceau, montagne, pile, pyramide, quantité, stratification, superposition, tas. ▶ ***Raisonnement*** – analyse, apagogie, argument, argumentation, considérations, déduction, démonstration, dialectique, dilemme, discussion, explication, implication, induction, inférence, logique, méthode, preuve, raison, réflexion, réfutation, sorite, substruction, syllogisme, syllogistique, synthèse.

échange *n.m.* ▶ ***Remplacement*** – change, changement, chassé-croisé, commutation, intérim, rechange, relève, remplacement, rotation, roulement, subrogation, substitution, succession, suppléance. ▶ ***Dédommagement*** – compensation, consolation, contrepartie, correctif, dédommagement, dommages et intérêts, dommages-intérêts, indemnisation, indemnité, raison, récompense, remboursement, réparation, retour, satisfaction, soulte. ▶ ***Commerce*** – activité commerciale, affaires, circulation, commerce, commercialisation, distribution, finance, marché, négoce, opération, traite, troc, vente. *FAM.* business. ▶ ***Transmission réciproque*** – interaction. *PHILOS.* intersubjectivité. *INFORM.* transaction. ▶ ***Conversation*** – causerie, colloque, concertation, conversation, dialogue, discussion, échange (de vues), entretien, interview, pourparlers, tête-à-tête. *SOUT.* entretènement. *FAM.* causette, chuchoterie. *QUÉB.* jasette. *PÉJ.* conciliabule, palabres; *FAM.* parlote. ▶ ***Négociation*** – conversation, dialogue, discussion, échange (de vues), marchandage, négociation, pourparlers, tractation, transaction. *SOUT.* transigeance. △ **ANT.** CONSERVATION, RESTRICTION.

échanger *v.* ▶ ***Troquer*** – changer, troquer. △ **ANT.** CONSERVER, GARDER.

échantillon *n.m.* ▶ ***Segment*** – bout, carotte *(terrain)*, détail, morceau, pan, partie, portion, section, segment, tranche, travée, tronçon. ▶ ***Modèle*** – archétype, canon, critère, étalon, exemple, formule, gabarit, idéal, idée, image, individu, modèle, norme, original, paradigme, précédent, prototype, référence, représentant, type, unité. ▶ ***Choix*** – assortiment, choix, collection, éventail, gamme, ligne, palette, prix, qualité, quota, réunion, sélection, surchoix, tri, variété. ▶ ***Avant-goût*** – anticipation, aperçu, avant-goût, avant-première, esquisse, essai, exemple, idée, perspective, tableau. *SOUT.* préfiguration. *FAM.* topo.

échappée *n.f.* ▶ ***Évasion*** – escapade, évasion, fugue, fuite, liberté, marronnage *(esclave)*. *FAM.* cavale. ▶ ***Escapade*** (*SOUT.*) – caprice, écart, équipée, escapade, évasion, frasque, fredaine, fugue, incartade, sortie. *FAM.* bordée, galère. ▶ ***Bref moment*** (*SOUT.*) – éclair.

échapper *v.* ▶ ***Éviter*** – couper à, esquiver, éviter, fuir, passer au travers de, se dérober à, se dispenser de, se soustraire à. *FAM.* se défiler. *FRANCE FAM.* se débiner. ▶ ***Réchapper*** – réchapper de, s'en tirer, sortir (indemne) de, survivre à. ♦ **s'échapper** ▶ ***Se sauver*** – filer, s'enfuir, s'évader, se sauver. *FRANCE FAM.* se faire la belle. ▶ ***S'éloigner discrètement*** – disparaître, fausser compagnie à, filer à l'anglaise, partir en douce, s'éclipser, s'esquiver, s'évader. *FAM.* prendre la tangente, se déguiser en courant d'air. *FRANCE FAM.* faire basket. ▶ ***Se dégager*** – émaner, s'exhaler, se dégager, sortir. ▶ ***Déborder*** – déborder, se répandre. *MÉD.* s'extravaser. △ **ANT.** RETENIR. ♦ **s'échapper** ACCOURIR, ARRIVER; ENTRER, S'INTRODUIRE; RESTER.

écharpe *n.f.* ▶ ***Bande d'étoffe*** – bandana, cache-col, cache-nez, carré, châle, étole, fichu, foulard, madras, mantille, mouchoir, pointe.

échauffer *v.* ▶ ***Causer une inflammation*** – brûler, enflammer, irriter. ▶ ***Aviver un sentiment*** – aiguiser, allumer, attiser, augmenter, aviver, embraser, enflammer, exalter, exciter, incendier, stimuler. ♦ **s'échauffer** ▶ ***Devenir trop chaud*** – chauffer. △ **ANT.** GELER, GLACER, REFROIDIR; APAISER, CALMER.

échéance *n.f.* ▶ ***Terme*** – (date) butoir, date de péremption *(denrées)*, expiration, fin, terme, tombée. △ **ANT.** DÉBUT, ENGAGEMENT.

échéancier *n.m.* ▶ ***Programme*** – calendrier, emploi du temps, horaire, minutage, ordre du jour, plan, planification, programme, projet. *FAM.* menu.

échec *n.m.* ▶ ***Insuccès*** – avortement, banqueroute, capitulation, catastrophe, chute, débâcle, débandade, déconfiture, défaite, déroute, désavantage, écrasement, faillite, fiasco, four, infortune, insuccès, mauvaise fortune, naufrage, perte, ratage, raté, retraite, revers. *SOUT.* traverse. *FAM.* désastre, piquette, plantage, raclée, recalage, volée. *FRANCE FAM.* bide, déculottée, dégelée, écrabouillement, fessée, foirade, gamelle, loupage, pile, rincée, rossée, tannée, veste. ▶ ***Malheur*** – adversité, calamité, calice (de douleur), chagrin, détresse, deuil, disgrâce, douleur, épreuve, fatalité, infortune, mal, malchance, malédiction, malheur, mauvaise fortune, mauvaise passe, mésaventure, misère, nuage, orage, peine, revers, ruine, sale affaire, sale histoire, souffrance, traverse, tribulation. *SOUT.* bourrèlement, plaie, tourment. ▶ ***Déception*** – abattement, accablement, affliction, amertume, anéantissement, chagrin, consternation, déboires, déception, déconvenue, découragement, dégoût, dégrisement, démoralisation, dépit, désappointement, désenchantement, désespoir, désillusion, désolation, écœurement, ennui, infortune, insuccès, lassitude, mécompte, peine, regret, revers, tristesse. *SOUT.* atterrement, déréliction, désabusement, désespérance, retombement. *FAM.* défrisage, défrisement, douche (froide), ras-le-bol. △ **ANT.** RÉUSSITE, SUCCÈS, TRIOMPHE.

échelle *n.f.* ▶ ***Dispositif*** – échalier, échalis, échelette, escabeau, espalier, étrier, marchepied, râtelier *(à fourrage)*, triquet. *BELG.* passet. *FRANCE RÉGION.* échelier, rancher. ▶ ***Suite d'étapes*** – filière. ▶ ***Divisions*** – graduation. ▶ ***Ridelle*** (*SUISSE*) – ber, échelette, ridelle.

échelon *n.m.* ▶ ***Barreau*** – barreau. *FRANCE RÉGION.* ranche. *MAR.* enfléchure. ▶ ***Degré*** – degré, niveau, position, rang.

échelonner *v.* ▶ ***Répartir par degrés*** – graduer. ▶ ***Répartir dans le temps*** – espacer, étaler, répartir.

écheveau *n.m.* ▶ ***Assemblage de fils*** – échevette *(petit)*. ▶ ***Situation complexe*** – confusion, dédale, détours, enchevêtrement, labyrinthe, maquis. *FAM.* embrouillamini.

échevelé *adj.* ▶ ***Dépeigné*** – décoiffé, dépeigné, ébouriffé. ▶ ***Trépidant*** – agité, bouillonnant, délirant, effervescent, effréné, fébrile, frénétique, intense, mouvementé, passionné, trépidant, tumultueux, violent. △ **ANT.** PEIGNÉ; SAGE.

échiquier *n. m.* ▶ ***Surface couverte de carrés*** – damier, quadrillage. *ANC.* tablier.

écho *n. m.* ▶ ***Son*** – répercussion, résonance, réverbération. *SOUT.* résonnement, retentissement. ▶ ***Répétition*** – chanson, leitmotiv, rabâchage, radotage, récurrence, redite, redondance, refrain, rengaine, répétition, reprise, ressassage, ressassement, ritournelle, routine, scie, sérénade, turlutaine. *FAM.* resucée. ▶ ***Réponse*** – objection, réaction, réflexe, réfutation, repartie, réplique, réponse, riposte. *FIG.* contre-attaque. ▶ ***Nouvelle non confirmée*** – bruit, on-dit, ouï-dire, racontar, rumeur, vent. *AFR.* radio-trottoir.

échoppe *n. f.* ▶ ***Boutique*** – édicule, kiosque. *BELG.* aubette. ▶ ***Burin*** – burin, guilloche, onglette.

échouer *v.* ▶ ***Ne pas aboutir*** – avorter, faire long feu, rater. *FAM.* capoter, louper, queuter, s'en aller en eau de boudin. ▶ ***Subir un échec*** – essuyer un échec, faire chou blanc, faire fiasco, manquer son coup, rater son coup, subir un échec. *FAM.* faire un bide, faire un flop, faire un four, prendre une gamelle, prendre une pelle, prendre une veste, ramasser une gamelle, ramasser une pelle, ramasser une veste, remporter une veste, se casser la gueule, se casser le nez, se casser les dents, se planter. ▶ ***Ne pas réussir un examen*** – *FAM.* se faire étaler à, se planter à, se ramasser à. *BELG. FAM.* moffler. *SUISSE FAM.* luger. △ **ANT.** RÉUSSIR.

éclabousser *v.* ▶ ***Au sens propre*** – arroser, asperger. ▶ ***Au sens figuré*** – déshonorer, entacher, flétrir, noircir, porter atteinte à, salir, souiller, tacher, ternir. △ **ANT.** BLANCHIR, LAVER; INNOCENTER, SAUVER L'HONNEUR DE.

éclair *n. m.* ▶ ***Foudre*** – feu, foudre, fulguration. *SOUT.* fulgurance, tonnerre. ▶ ***Lueur*** – clair, clair-obscur, clarté, contre-jour, demi-jour, éclairage, éclat, embrasement, flamboiement, flamme, halo, illumination, jour, lueur, lumière, nitescence, pénombre, soleil. *SOUT.* splendeur. ▶ ***Bref moment*** – échappée.

éclairage *n. m.* ▶ ***Illumination*** – clair, clair-obscur, clarté, contre-jour, demi-jour, éclair, éclat, embrasement, flamboiement, flamme, halo, illumination, jour, lueur, lumière, nitescence, pénombre, soleil. *SOUT.* splendeur. ▶ ***Point de vue*** – air, allure, apparence, aspect, caractère, configuration, couleur, couvert, dehors, expression, extérieur, façade, faciès, figure, forme, formule, impression, jour, masque, mine, paraître, perspective, physionomie, plastique *(en art)*, portrait, présentation, profil, ressemblance, semblant, surface, ton, tour, tournure, traits, vernis, visage. *SOUT.* enveloppe, regardure, superficie. △ **ANT.** OBSCURITÉ.

éclaircie *n. f.* ▶ ***Amélioration du temps*** – accalmie, adoucissement, amélioration, bonace, calme plat, embellie, radoucissement, réchauffement, redoux, répit, tiédissement, tranquillité, trouée. *QUÉB. FAM.* doux temps. *ACADIE FAM.* clairon. ▶ ***Brève détente*** – accalmie, apaisement, bonace, bonheur, calme, entente, fraternité, harmonie, idylle, paix, quiétude, rémission, repos, silence, tranquillité, trêve, union. *SOUT.* kief. ▶ ***Opération sylvicole ou horticole*** – démariage, éclaircissage.

éclaircir *v.* ▶ ***Rendre plus pâle*** – pâlir. ▶ ***Diluer*** – allonger, couper, diluer, étendre, mouiller. *FAM.* baptiser. ▶ ***Émonder*** – couper, ébrancher, élaguer, émonder, tailler. *RARE* monder. ▶ ***Résoudre*** – déchiffrer, découvrir, dénouer, deviner, élucider, éventer, expliquer, faire (toute) la lumière sur, pénétrer, percer, résoudre, tirer au clair, trouver, trouver la clé de. △ **ANT.** ASSOMBRIR, FONCER, OBSCURCIR, TERNIR; ÉPAISSIR; EMBROUILLER.

éclaircissement *n. m.* ▶ ***Explication*** – analyse, clarification, commentaire, critique, définition, désambiguïsation, élucidation, exemplification, explication, explicitation, exposé, exposition, glose, illustration, indication, interprétation, légende, lumière, note, paraphrase, précision, remarque, renseignement. ▶ ***Justification*** – explication, justification, motivation, réponse, version. *SOUT.* légitimation. ▶ ***Raréfaction*** – amoindrissement, appauvrissement, déperdition, diminution, disparition, dispersion, dissémination, épuisement, raréfaction, rarescence, tarissement. △ **ANT.** OBSCURCISSEMENT.

éclairer *v.* ▶ ***Remplir de lumière*** – allumer, ensoleiller, illuminer. *SOUT.* embraser, enflammer. ▶ ***Rendre plus aisé à comprendre*** – illustrer, mettre en lumière. ▶ ***Tirer de l'erreur*** – démystifier, détourner de l'erreur, détromper, ouvrir les yeux à, tirer de l'erreur. *SOUT.* dessiller les yeux à. ▶ ***Renseigner*** – édifier, informer, renseigner. ▶ ***Miser*** (*FAM.*) – blinder, jouer, miser, parier, ponter, y aller de. *QUÉB.* gager. ♦ **éclairé** ▶ ***Rempli de lumière*** – clair, éclatant, lumineux, radieux, rayonnant, resplendissant. ▶ ***Sensé*** – judicieux, mesuré, modéré, philosophe, pondéré, posé, raisonnable, raisonné, rationnel, réfléchi, responsable, sage, sain, sensé, sérieux. *SOUT.* rassis, tempéré. ▶ ***Cultivé*** – averti, cultivé, érudit, évolué, instruit, intellectuel, lettré, savant. *SOUT.* docte. *FAM.* calé. *QUÉB.* renseigné. △ **ANT.** ASSOMBRIR, ENTÉNÉBRER, OBSCURCIR, TAMISER; EMBROUILLER; ABUSER, AVEUGLER.

éclat *n. m.* ▶ ***Fragment*** – bribe, brisure, charpie, coupure, débris, esquille *(os)*, fraction, fragment, grain, granule, granulé, havrit, lambeau, limaille, miette, morceau, parcelle, part, particule, partie, pépite, portion, quartier, reste. *FAM.* graine. ▶ ***Reflet*** – brasillement, brillance, brillant, cati, chatoiement, coruscation, étincellement, feux, halo, image, irisation, lueur, luisant, lustre, miroitement, moire, moiré, moirure, orient, papillotage, papillotement, poli, poudroiement, rayonnement, reflet, réflexion, réfraction, réverbération, ruissellement, scintillement. *SOUT.* luisance, nacre, opalescence, resplendissement, rutilance, rutilation, rutilement. *SC.* albédo. *TECHN.* bruni, brunissure. ▶ ***Clarté*** – clair, clair-obscur, clarté, contre-jour, demi-jour, éclair, éclairage, embrasement, flamboiement, flamme, halo, illumination, jour, lueur, lumière, nitescence, pénombre, soleil. *SOUT.* splendeur. ▶ ***Beauté*** – agrément, art, attrait, beau, beauté, charme, chic, classe, coquetterie, délicatesse, distinction, élégance, esthétique, féerie, fraîcheur, grâce, gracieux, harmonie, magnificence, majesté, perfection, photogénie, pureté, séduction, splendeur, symétrie. *SOUT.* blandice, joliesse, morbidesse, sublimité, symphonie, vénusté. ▶ ***Luxe*** – abondance, apparat, appareil, beauté, confort, dolce vita, étalage, faste, grandeur, luxe, magnificence, majesté, opulence, ostentation, pompe, profusion, richesse, somptuosité, splendeur. *FAM.* tralala. ▶ ***Célébrité*** – célébrité, considération, faveur, gloire, notoriété, palmarès, popularité, renom, renommée, réputation, vedettariat. *FIG.* auréole, immortalité, la déesse aux cent bouches. ▶ ***Esclandre*** – algarade, discussion, dispute, esclandre, querelle, scandale, scène, tapage. *FAM.* chambard, pétard. *FRANCE FAM.* pet. ▶ ***Rire*** – éclat (de rire), enjouement, esclaffement, fou rire, gaieté, gros rire, hilarité, raillerie, ricanement, rictus, rire, ris, risée, sourire. *FAM.* rigolade, risette. ▶ ***Bruit*** – braillement, cri, criaillement, criaillerie, gloussement, hurlement, réclame, rugissement, vagissement, vocifération, youyou. *SOUT.* clabaudage, clabauderie, hosanna. *FAM.* gueulement, piaillerie. *QUÉB. FAM.* braillage. △ **ANT.** MATITÉ; OBSCURITÉ; SOBRIÉTÉ; ANONYMAT, HUMILITÉ, MÉDIOCRITÉ; MURMURE; CALME.

éclatant *adj.* ▶ ***Rempli de lumière*** – clair, éclairé, lumineux, radieux, rayonnant, resplendissant. ▶ ***Scintillant*** – brasillant, brillant, étincelant, flamboyant, incandescent, luisant, miroitant, papillotant, reluisant, rutilant, scintillant. ▶ ***Qui fait un grand bruit*** – assourdissant, bruyant, étourdissant, fort, fracassant, résonnant, retentissant, sonore, tapageur, tonitruant, tonnant. *SOUT.* abasourdissant. ▶ ***En parlant d'une voix*** – claironnant, cuivré, de stentor, de tonnerre, fort, retentissant, sonore, tonitruant, tonnant, vibrant. ▶ ***En parlant d'une couleur*** – vif, voyant. ▶ ***Évident*** – apparent, aveuglant, certain, clair, criant, évident, flagrant, frappant, hurlant (de vérité), incontestable, manifeste, patent, qui coule de source, qui crève les yeux, qui ne fait pas un pli, qui saute aux yeux, qui se voit comme le nez au milieu du visage, qui tombe sous le sens, qui va de soi, qui va sans dire, visible. ▶ ***Spectaculaire*** – fracassant, retentissant, spectaculaire. ▶ ***Drôle*** (*FRANCE FAM.*) – amusant, bouffon, burlesque, cocasse, comique, d'un haut comique, désopilant, drolatique, drôle, gai, hilarant, humoristique, impayable, ineffable, inénarrable, plaisant, rigolo, risible, vaudevillesque. *SOUT.* drôlet. *FAM.* bidonnant, boyautant, crevant, gondolant, marrant, poilant, roulant, tordant. △ **ANT.** OBSCUR, OMBREUX, OPAQUE, SOMBRE; BLAFARD, ÉTEINT, MAT, PÂLE, TERNE; ÉTOUFFÉ, MAT, SOURD; DOUTEUX, INCERTAIN, MITIGÉ; CHAGRINANT, DÉPRIMANT, TRISTE.

éclatement *n.m.* ▶ ***Explosion*** – déflagration, explosion. ▶ ***Rupture*** – crevaison, rupture. ▶ ***Morcellement*** – atomisation, décomposition, découpage, démembrement, désagrégation, désagrégement, désintégration, dislocation, dissociation, dissolution, division, écroulement, effritement, émiettement, fission, fractionnement, fragmentation, îlotage, micronisation, morcellement, parcellarisation, parcellarité, parcellisation, partage, pulvérisation, quadripartition, sectorisation, séparation, tranchage, tripartition. *FRANCE FAM.* saucissonnage. *RELIG.* fraction. ▶ ***Territoires*** – balkanisation, partition. ▶ ***Exultation*** – débordement, délire, emballement, exultation, jubilation. *SOUT.* transport.

éclater *v.* ▶ ***Crever*** – crever, percer. *FAM.* péter. ▶ ***Se casser*** – se briser, se casser. ▶ ***Faire explosion*** – détoner, exploser, faire explosion. *FAM.* péter, sauter. *CHIM.* fulminer. ▶ ***Faire un bruit d'explosion*** – pétarader, péter. ▶ ***Faire un bruit soudain*** – retentir. ▶ ***Se manifester brusquement*** – émerger, fuser, jaillir, s'élever, surgir. ▶ ***Se déclencher*** – se déclarer, se déclencher. ▶ ***Se mettre à rire*** – pouffer (de rire), s'esclaffer. ▶ ***Se mettre en colère*** – colérer, fulminer, monter sur ses ergots, monter sur ses grands chevaux, prendre la mouche, prendre le mors aux dents, s'emporter, s'enflammer, s'irriter, se courroucer, se déchaîner, se fâcher, se gendarmer, se mettre en colère, sortir de ses gonds, voir rouge. *FAM.* exploser, piquer une colère, piquer une crise, se mettre en rogne, se monter. *QUÉB. FAM.* se choquer. ▶ ***Se diviser en petits groupes*** – se diviser, se fractionner, se scinder. ▶ ***Diviser*** – découper, diviser, fractionner, partager, scinder, sectionner, segmenter, sous-diviser, subdiviser. *FAM.* saucissonner. ♦ **s'éclater** ▶ ***Se divertir*** (*FAM.*) – prendre du bon temps, s'amuser, s'égayer, se distraire, se divertir, se récréer, se réjouir. *FAM.* rigoler, se défoncer, se marrer. △ **ANT.** SE CONTENIR, SE DOMINER, SE MAÎTRISER, SE TAIRE.

éclipse *n.f.* ▶ ***Disparition*** – dématérialisation, disparition, dissipation, dissolution, effacement, éloignement, évanouissement, évaporation, extinction, résorption, volatilisation. *ASTRON.* immersion, occultation. ▶ ***Fléchissement*** – abaissement, affaiblissement, affaissement, amenuisement, amoindrissement, baisse, chute, creux, déclin, décroissance, décroissement, décrue, dégression, déplétion, dépréciation, descente, désescalade, dévalorisation, dévaluation, diminution, effondrement, effritement, essoufflement, fléchissement, ralentissement, réduction. *SOUT.* émasculation. ▶ ***Absence*** (*FAM.*) – absence, départ, disparition, échappée, éloignement, escapade, évasion, fugue, séparation. △ **ANT.** APPARITION, RÉAPPARITION; PRÉSENCE; FAVEUR, HONNEUR.

éclipser *v.* ▶ ***Cacher un astre*** – intercepter, occulter, voiler. ▶ ***Surpasser*** – battre, couper l'herbe sous le pied à, damer le pion à, dégommer, dépasser, devancer, dominer, faucher l'herbe sous le pied à, griller, l'emporter sur, laisser loin derrière, supplanter, surclasser, surpasser. *FAM.* enfoncer. *FRANCE FAM.* faire la pige à. ♦ **s'éclipser** ▶ ***S'éloigner discrètement*** – disparaître, fausser compagnie à, filer à l'anglaise, partir en douce, s'échapper, s'esquiver, s'évader. *FAM.* prendre la tangente, se déguiser en courant d'air. *FRANCE FAM.* faire basket. △ **ANT.** DÉVOILER, METTRE EN LUMIÈRE, MONTRER.

éclore *v.* ▶ ***S'ouvrir*** – fleurir, s'épanouir, s'ouvrir. ▶ ***Se manifester*** – apparaître, faire son apparition, germer, naître, paraître, pointer, se former, se manifester. *SOUT.* poindre, sourdre. △ **ANT.** SE FANER, SE FLÉTRIR; AVORTER, DISPARAÎTRE, MOURIR.

éclosion *n.f.* ▶ ***Naissance*** – actionnement, amorçage, amorce, balbutiement, bégaiement, commencement, création, début, déclenchement, démarrage, départ, ébauche, embryon, enclenchement, enfance, entrée, esquisse, fondement, germe, inauguration, origine, ouverture, prélude, prémisse, principe, tête. *SOUT.* aube, aurore, matin, prémices. *FIG.* apparition, avènement, émergence, éruption, explosion, genèse, germination, naissance, venue au monde. ▶ ***Ouverture d'une fleur*** – anthèse, effloraison, épanouissement, fleuraison, floraison. ▶ ***Ouverture d'un bourgeon*** – débourrement. △ **ANT.** DISPARITION, FIN, MORT; DÉPÉRISSEMENT, FLÉTRISSEMENT; DÉCADENCE.

écœurant *adj.* ▶ ***Qui sent mauvais*** – empyreumatique, fétide, infect, malodorant, méphitique, nauséabond, pestilentiel, puant, putride. ▶ ***Qui répugne moralement*** (FAM.) – abject, bas, coupable, crapuleux, dégoûtant, honteux, ignoble, immonde, inavouable, indigne, infâme, infect, innommable, inqualifiable, lâche, méprisable, odieux, repoussant, répugnant, sans nom, scandaleux, sordide, vil. SOUT. fangeux, ignominieux, nauséeux, triste, turpide. FAM. dégueu, dégueulasse, salaud. △ **ANT.** AROMATIQUE, PARFUMÉ, SUAVE; DIGNE, HONORABLE, NOBLE; LAMENTABLE, MÉDIOCRE, MINABLE, NAVRANT, PIÈTRE, PITEUX, PITOYABLE, RATÉ.

écœurement *n.m.* ▶ ***Nausée*** – envie de vomir, haut-le-cœur, mal de cœur, mal de mer, naupathie, nausée, soulèvement d'estomac. ▶ ***Dégoût*** – abomination, allergie, aversion, dégoût, haine, haut-le-cœur, horreur, indigestion, nausée, phobie, répugnance, répulsion, révulsion. SOUT. détestation, exécration. FAM. dégoûtation. ▶ ***Découragement*** – abattement, accablement, affliction, amertume, anéantissement, chagrin, consternation, déboires, déception, déconvenue, découragement, dégoût, dégrisement, démoralisation, dépit, désappointement, désenchantement, désespoir, désillusion, désolation, échec, ennui, infortune, insuccès, lassitude, mécompte, peine, regret, revers, tristesse. SOUT. atterrement, déréliction, désabusement, désespérance, retombement. FAM. défrisage, défrisement, douche (froide), ras-le-bol. △ **ANT.** APPÉTIT; ENTHOUSIASME.

écœurer *v.* ▶ ***Donner la nausée*** – dégoûter, donner la nausée à, donner mal au cœur à, lever le cœur à, répugner à, soulever le cœur à. FAM. débecter, tourner sur le cœur à. ▶ ***Indigner*** (FAM.) – choquer, horrifier, indigner, outrer, révolter, scandaliser. FAM. estomaquer. ▶ ***Blaser*** – blaser, dégoûter, désabuser, fatiguer, lasser, saturer. ▶ ***Décourager*** – abattre, débiliter, décourager, démobiliser, démoraliser, démotiver, déprimer, lasser, mettre à plat. FAM. démonter. BELG. déforcer. ACADIE FAM. déconforter. ▶ ***Harceler*** (QUÉB. FAM.) – éperonner, être aux trousses de, harceler, importuner, poursuivre, presser, sergenter, talonner, tourmenter. SOUT. assiéger, molester. FAM. asticoter, courir après, tarabuster. FRANCE RÉGION. taler. QUÉB. ACADIE FAM. achaler. ♦ **écœuré** ▶ ***Blasé*** – blasé, dégoûté, désabusé, fatigué, las, lassé, qui en a assez, saturé. FAM. qui en a ras-le-bol. QUÉB. FAM. tanné. △ **ANT.** ALLÉCHER; ENTHOUSIASMER.

école *n.f.* ▶ ***Établissement scolaire*** – académie, collège, conservatoire, établissement scolaire, high school *(pays anglo-saxons)*, institut, institution, lycée, maison d'éducation, maison d'enseignement, medersa *(pays musulmans)*, petit séminaire. FRANCE FAM. bahut, boîte. QUÉB. cégep, collégial, polyvalente, régionale *(en région)*; FAM. poly. BELG. athénée. SUISSE gymnase. ▶ ***Université*** – académie, alma mater, campus, collège, complexe universitaire, enseignement supérieur, faculté, institut, université. FAM. fac. ▶ ***Enseignement*** – classe. ▶ ***Doctrine*** – conception, doctrine, dogme, école (de pensée), idée, idéologie, mouvement, opinion, pensée, philosophie, principe, système, théorie, thèse. ▶ ***Association savante ou artistique*** – académie, aréopage, cénacle, cercle, club, institut, société. ▶ ***Clan*** – bande, cabale, camarilla, chapelle, clan, clique, coterie, église, faction, gang, groupuscule, ligue, maffia, secte.

écolier *n.* élève, scolaire.

écologique *adj.* environnemental. △ **ANT.** POLLUANT.

écologiste *n.* ▶ ***Partisan*** – vert. FAM. écolo. ▶ ***Scientifique*** – écologue, environnementaliste.

économe *adj.* parcimonieux. △ **ANT.** DÉPENSIER, DILAPIDATEUR, DISSIPATEUR, GASPILLEUR, PRODIGUE.

économie *n.f.* ▶ ***Restriction*** – empêchement, épargne, parcimonie, rationalisation, rationnement, réserve, restriction, réticence. FAM. dégraissage. ▶ ***Science*** – ANC. chrématistique. ♦ **économies,** ***plur.*** argent, cagnotte, épargnes, réserve. FAM. bas (de laine), magot, pécule. FRANCE FAM. éconocroques. △ **ANT.** DÉPENSE, DISSIPATION, GASPILLAGE, PRODIGALITÉ.

économique *adj.* ▶ ***Qui concerne l'économie*** – financier, monétaire, pécuniaire. ▶ ***Qui fait économiser*** – à bas prix, à bon compte, à bon marché, à bon prix, avantageux, bas de gamme, bon marché. FAM. OU FRANCE RÉGION. profitant. △ **ANT.** COÛTEUX, DISPENDIEUX, ONÉREUX.

économiser *v.* ▶ ***Épargner de l'argent*** – capitaliser, épargner, ménager, mettre de côté. SOUT. thésauriser. ▶ ***Utiliser avec modération*** – épargner, ménager. △ **ANT.** DÉPENSER; CONSOMMER; DILAPIDER, GASPILLER.

écorce *n.f.* ▶ ***Partie d'un tronc*** – grume *(bois coupé)*, pelan *(industriel)*. AGRIC. écusson *(greffe)*. BOT. phelloderme, rhytidome. ▶ ***Partie d'un fruit*** – bogue, brou, coque, coquille, cosse, écale, écalure, efflorescence, épicarpe, peau, pellicule, pelure, pruine, robe, tégument, zeste.

écorcher *v.* ▶ ***Érafler*** – égratigner, érafler, griffer, labourer. DIDACT. excorier. ▶ ***Lacérer*** – balafrer, couper, déchirer, écharper, entailler, entamer, lacérer, larder, ouvrir, taillader. FAM. chapeler. ▶ ***Enlever la peau*** – dépiauter, dépouiller. ▶ ***Irriter la gorge*** – racler, râper. ▶ ***Prononcer de travers*** – estropier. ▶ ***Critiquer*** (FAM.) – attaquer, critiquer, descendre en flammes, écharper, éreinter, étriller, faire le procès de, malmener, maltraiter, massacrer, matraquer, mettre à mal, pourfendre, s'acharner contre. FAM. couler, démolir, descendre, esquinter. FRANCE FAM. allumer, débiner. QUÉB. FAM. maganer. ▶ ***Faire payer trop cher*** (FAM.) – escroquer, estamper, flouer, frauder, voler. SOUT. gruger. FAM. arnaquer, blouser, carambouiller, entôler, étriller, filouter, plumer, rouler, tondre, truander. △ **ANT.** CARESSER, FLATTER.

écoulement *n.m.* ▶ ***Ruissellement*** – circulation, débit, débordement, éruption, évacuation, exsudation, flux, fuite, ingression, inondation, irrigation, irruption, larmoiement, mouvement, passage, ravinement, régime, ruissellement, sortie, suage, suintement, transpiration, vidange. SOUT. submersion, transsudation. RÉGION. débord. GÉOGR. défluviation, transfluence, transgression. ▶ ***Éruption*** – bouillonnement, débordement, ébullition, éclaboussement, émission, éruption, évacuation, explosion, extrusion, giclée, jaillissement, jet, sortie. ▶ ***Déversement*** – dégorgeage, dégorgement, déversement, effusion, épanchement, infiltration, résurgence. *SOUT.* regorgement. ▶ ***Affluence*** – affluence, afflux, arrivée, circulation, flot, flux, issue. △ **ANT.** STAGNATION; OBSTRUCTION, RÉTENTION; CONSERVATION, STOCKAGE.

écouler *v.* ▶ ***Vendre*** – débiter, détailler, faire commerce de, offrir, proposer, vendre. ♦ **s'écouler** ▶ ***Couler*** – couler, ruisseler, se déverser, se répandre. *SOUT.* courir, fluer, s'épancher. ▶ ***Répandre son contenu*** – se déverser. ▶ ***Accomplir sa durée*** – couler, passer. △ **ANT.** EMMAGASINER, RETENIR, STOCKER. ♦ **s'écouler** RESTER, STAGNER.

écouter *v.* ▶ ***Tendre l'oreille*** – prêter attention, prêter l'oreille, tendre l'oreille. *FRANCE FAM.* esgourder. ▶ ***Obéir*** – céder à, obéir à, s'exécuter, s'incliner, se soumettre à. *SUISSE FAM.* baster. ▶ ***Exaucer*** (*SOUT.*) – accomplir, combler, exaucer, réaliser, répondre à, satisfaire. *SOUT.* entendre. ▶ ***Suivre un cours*** – assister à, suivre. △ **ANT.** ÊTRE SOURD À; DÉSOBÉIR.

écran *n.m.* ▶ ***Séparation*** – barrage, barricade, barrière, cloison, défense, mur, obstacle, rideau, séparation. ▶ ***Pare-étincelles*** – coupe-feu, écran (de cheminée), garde-feu, pare-étincelles, pare-feu. ▶ ***Filtre*** – antiparasite, bougie, épurateur, filtre, localisateur, mur, papier joseph, papier-filtre, purificateur, respirateur, turbofiltre, ultrafiltre. *QUÉB.* filtreur. ▶ ***Partie d'un ordinateur*** – console de visualisation, écran d'affichage, écran de visualisation, moniteur, visu, visuel. ▶ ***Partie d'une télévision*** – écran de télévision, télécran. ▶ ***Partie d'un cinéma*** – écran de projection. *FAM.* toile.

écrasant *adj.* ▶ ***Exigeant*** – accablant, aliénant, asservissant, assujettissant, astreignant, contraignant, étouffant, exigeant, impitoyable, lourd, oppressant, pénible, pesant. ▶ ***Très chaud*** – accablant, brûlant, caniculaire, chaud, étouffant, lourd, oppressant, saharien, suffocant, torride, tropical. △ **ANT.** ÉGER, INCERTAIN, MITIGÉ; FROID, POLAIRE, RIGOUREUX, RUDE, SIBÉRIEN. ♦ **écrasante, *fém.*** FAIBLE (*MAJORITÉ*).

écrasé *adj.* ▶ ***En parlant d'un nez*** – aplati, camus, épaté. *SOUT.* camard. △ **ANT.** POINTU.

écrasement *n.m.* ▶ ***Broyage*** – bocardage (*minerais*), broyage, concassage, écangage (*lin ou chanvre*), pilage, pilonnage. *SOUT.* broiement. *FAM.* écrabouillage, écrabouillement. *DIDACT.* trituration (*par friction*). *MÉD.* lacération, lithotritie (*calculs*). ▶ ***Défaite*** – avortement, banqueroute, capitulation, catastrophe, chute, débâcle, débandade, déconfiture, défaite, déroute, désavantage, échec, faillite, fiasco, four, infortune, insuccès, mauvaise fortune, naufrage, perte, ratage, raté, retraite, revers. *SOUT.* traverse. *FAM.* désastre, piquette, plantage, raclée, recalage, volée. *FRANCE FAM.* bide, déculottée, dégelée, écrabouillement, fessée, foirade, gamelle, loupage, pile, rincée, rossée, tannée, veste.

écraser *v.* ▶ ***Mettre en petits morceaux*** – grésiller, broyer, concasser, fragmenter, morceler, parcelliser, pulvériser. ▶ ***Mettre en bouillie*** – broyer. *FAM.* écrabouiller. ▶ ***Réduire en pulpe*** – fouler (*le raisin*), presser, pressurer (*au pressoir*), pulper. ▶ ***Aplatir*** – aplatir. ▶ ***Détruire complètement*** – anéantir, annihiler, briser, démolir, détruire, éliminer, néantiser, pulvériser, réduire à néant, réduire à rien, ruiner, supprimer. ▶ ***Battre*** (*FAM.*) – battre à plate couture. *FAM.* enfoncer, lessiver, massacrer. ▶ ***Tyranniser*** – accabler, opprimer, persécuter, tyranniser. ▶ ***Accabler*** – accabler, charger, étouffer, peser sur, surcharger. *SOUT.* opprimer. ♦ **s'écraser** ▶ ***Se laisser tomber*** (*QUÉB. FAM.*) – s'affaler, s'effondrer, se laisser choir. *FAM.* s'écrouler. ▶ ***S'écrouler*** (*FAM.*) – s'abattre, s'affaisser, s'écrouler, s'effondrer, tomber. ▶ ***Se taire*** (*FAM.*) – garder le silence, ne pas dire un (traître) mot, ne pas souffler mot, se taire, tenir sa langue. *FAM.* avaler sa langue, fermer sa gueule, la boucler, la fermer, perdre sa langue. *FRANCE FAM.* ne pas piper, taire sa gueule. △ **ANT.** AIDER, DÉCHARGER, FAVORISER, MÉNAGER, SOULAGER.

écrier (s') *v.* s'exclamer, se récrier.

écrire *v.* ▶ ***Tracer*** – marquer, tracer. ▶ ***Mettre par écrit*** – libeller, mettre noir sur blanc, mettre par écrit, rédiger. *SOUT.* coucher sur le papier. ▶ ***Composer*** – composer, rédiger. *FAM. PÉJ.* pondre, scribouiller. △ **ANT.** BIFFER, EFFACER, RATURER, RAYER.

écrit *n.m.* ▶ ***Document*** – texte. ▶ ***Ouvrage*** – album, brochure, brochurette, cahier, catalogue, document, fascicule, imprimé, livre, livret, manuel, opuscule, ouvrage, parution, plaquette, publication, recueil, registre, titre, tome, volume. *FAM.* bouquin. ▸ *Gros FAM.* pavé. *QUÉB. FAM.* brique. △ **ANT.** ORAL, PAROLE.

écriteau *n.m.* affiche, affichette, annonce, avis, enseigne, pancarte, panneau, panneau réclame, panonceau, placard, proclamation, programme, publicité, réclame.

écrivain *n.* ▶ ***Personne qui compose un écrit*** – auteur, femme de lettres/homme de lettres. *PÉJ.* littérateur. ▸ *Prolifique* – pondeur. ▸ *Bon* – styliste. ▸ *Mauvais SOUT.* grimaud. *FAM.* barbouilleur de papier, écrivailleur, écrivaillon, écrivassier, gribouilleur, noircisseur de papier, pisseur de copie, plumitif, scribouilleur.

écroulement *n.m.* ▶ ***Affaissement*** – affaissement, cavité, creux, crevasse, dépression, éboulement, effondrement, flache, fondrière, fossé. *GÉOL.* ensellement, épirogenèse, fondis, graben. *RARE* enfonçure. ▶ ***Anéantissement*** – atomisation, décomposition, découpage, démembrement, désagrégation, désagrégement, désintégration, dislocation, dissociation, dissolution, division, éclatement, effritement, émiettement, fission, fractionnement, fragmentation, îlotage, micronisation, morcellement, parcellarisation, parcellarité, parcellisation, partage, pulvérisation, quadripartition, sectorisation, séparation, tranchage, tripartition. *FRANCE FAM.* saucissonnage. *RELIG.* fraction. ▸ *Territoires* – balkanisation, partition. △ **ANT.** CONSTRUCTION, ÉLÉVATION, ÉRECTION; ÉTABLISSEMENT, RELÈVEMENT, RENFORCEMENT.

écrouler (s') *v.* ▶ ***Tomber*** – s'abattre, s'affaisser, s'effondrer, tomber. *QUÉB. FAM.* s'écraser. ▶ ***Se laisser tomber*** (*FAM.*) – s'affaler, s'effondrer, se laisser choir.

QUÉB. FAM. s'écraser. ▶ ***Perdre sa résistance psychologique*** – craquer, s'effondrer. ▶ ***Crouler*** – crouler, s'abattre, s'affaisser, s'ébouler, s'effondrer, succomber, tomber en ruine. ▶ ***Disparaître*** – crouler, disparaître, finir, mourir, périr, s'anéantir, s'effondrer. △ **ANT.** S'ÉLEVER, SE DRESSER; RÉSISTER, TENIR.

écueil *n.m.* ▶ ***Récif*** – brisant, étoc, récif, rocher (à fleur d'eau). ▶ ***Difficulté cachée*** – difficulté, embûche, piège. ▶ ***Obstacle*** – accroc, adversité, anicroche, barrière, blocage, contrariété, contretemps, défense, difficulté, digue, embarras, empêchement, ennui, entrave, frein, gêne, impasse, impossibilité, inhibition, interdiction, objection, obstruction, ombre au tableau, opposition, pierre d'achoppement, point noir, problème, résistance, restriction, tribulations. *SOUT.* achoppement, impedimenta, traverse. *FAM.* hic, lézard, os, pépin. *QUÉB. FAM.* aria. *RARE* empêtrement. ▶ ***Danger*** – aléa, casse-cou, danger, détresse, difficulté, embûche, épée de Damoclès, épouvantail, guêpier, hasard, impasse, imprudence, insécurité, mauvais pas, menace, perdition, péril, piège, point chaud, point sensible, poudrière, récif, risque, spectre, traverse, urgence, volcan. *SOUT.* tarasque. *FRANCE FAM.* casse-gueule. ▶ ***Inconvénient*** – aléa, charge, contre, danger, défaut, déplaisir, dérangement, désagrément, désavantage, difficulté, embarras, empêchement, ennui, fissure, gêne, handicap, incommodité, inconfort, inconvénient, mauvais côté, objection, obstacle, point faible, risque, trouble. *SOUT.* importunité.

écuelle *n.f.* ▶ ***Contenant*** – assiette, gamelle *(campeur)*, plat, soucoupe. ▶ ***Contenu*** – assiette, assiettée, écuellée, plat, platée.

écume *n.f.* ▶ ***Mousse blanchâtre*** – bouillons, mousse. *QUÉB. FAM.* broue. ▶ ***Sueur*** – eau, moiteur, nage, perspiration, sudation, sudorification, sueur, transpiration. *FAM.* suée. ▶ ***Bave*** – bave, salive.

écureuil *n.m.* ▶ ***Mammifère*** – *ACADIE FAM.* écureau.

écurie *n.f.* ▶ ***Plusieurs chevaux*** – cavalerie, écurie (de courses). ▶ ***Étable*** (*SUISSE*) – étable. ▶ ***Taudis*** (*FIG.*) – bouge, galetas, taudis. *FIG.* bauge, chenil, tanière. *FAM.* baraque, bicoque, clapier. *FRANCE FAM.* cambuse, gourbi, turne. ▶ ***Lieu désordonné*** (*FIG.*) – *FIG.* chenil, écuries d'Augias, porcherie. *FAM.* bazar, bordel, capharnaüm, chantier, foutoir, souk. *QUÉB. FAM.* soue (à cochons). *BELG.* kot.

écusson *n.m.* ▶ ***Armoiries*** – armes, armoiries, blason, écu, pennon. ▶ ***Panonceau*** – carreau, panonceau, plaquette. ▶ ***Insigne*** – auto-collant, badge, cocarde, décalcomanie, épinglette, étiquette, insigne, marque, plaque, porte-nom, rosette, tatouage, timbre, vignette, vitrophanie. *FAM.* macaron. ▶ ***Thorax d'un insecte*** – mésothorax, scutum.

édifiant *adj.* ▶ ***Qui porte à la vertu*** – exemplaire, moral, vertueux. ▶ ***Qui instruit*** – éducatif, enrichissant, formateur, formatif, informatif, instructif, profitable. ▶ ***Révélateur*** – éloquent, expressif, instructif, parlant, qui en dit long, révélateur, significatif. △ **ANT.** CHOQUANT, IMMORAL, IMPUR, OFFENSANT, RÉVOLTANT, SCANDALEUX; INUTILE, SANS INTÉRÊT, VAIN; ABÊTISSANT, ABRUTISSANT, BÊTIFIANT, CRÉTINISANT.

édification *n.f.* ▶ ***Action de construire*** – construction. *SOUT.* érection. *RARE* élévation. ▶ ***Élaboration*** – composition, conception, confection, constitution, construction, création, développement, élaboration, exécution, fabrication, façon, façonnage, façonnement, formation, génération, genèse, gestation, invention, œuvre, organisation, paternité, production, réalisation, structuration, synthèse. *SOUT.* accouchement, enfantement. *DIDACT.* engendrement. ▶ ***Action de porter à la vertu*** – moralisation. ▶ ***Éducation*** – alphabétisation, apprentissage, conscientisation, didactique, éducation, enrichissement, enseignement, entraînement, études, expérience, façonnage, façonnement, formation, inculcation, information, initiation, instruction, monitorat, pédagogie, professorat, scolarisation, scolarité, stage. *QUÉB.* andragogie *(aux adultes)*. *PÉJ. FAM.* dressage *(très sévère)*. △ **ANT.** DÉMOLITION, DESTRUCTION, ÉCROULEMENT, RENVERSEMENT; CORRUPTION; ABÊTISSEMENT.

édifice *n.m.* bâtiment, bâtisse, construction, maison, monument *(caractère historique)*, ouvrage. ▸ *Construction urbaine* – gratte-ciel, immeuble, tour. *FAM.* caserne.

édifier *v.* ▶ ***Bâtir une chose concrète*** – bâtir, construire, dresser, élever, ériger. ▶ ***Bâtir une chose abstraite*** – bâtir, construire, ériger. ▸ *Non favorable* – échafauder. ▶ ***Informer qqn*** – éclairer, informer, renseigner. *FAM.* éclairer la lanterne de. △ **ANT.** DÉMOLIR, DÉTRUIRE; CORROMPRE, SCANDALISER.

édit *n.m.* ▶ ***Proclamation*** – annonce, appel, avis, ban, communication, communiqué, déclaration, décret, dénonciation, dépêche, divulgation, manifeste, message, notification, proclamation, profession de foi, programme, promulgation, publication, rescrit, serment, signification. ▶ ***Décret*** – arrêté, décret, ordonnance.

éditer *v.* ▶ ***Faire paraître*** – faire paraître, imprimer, publier. ▶ ***Réviser*** – arranger, corriger, retoucher, réviser, revoir. △ **ANT.** CACHER, CENSURER.

édition *n.f.* ▶ ***Action d'éditer*** – impression, parution, publication, tirage.

édredon *n.m.* alaise, couette, courtepointe, couverture, couvre-lit, couvre-matelas, couvre-pied, dessus-de-lit, drap (de lit), duvet, plaid, protège-matelas. *FAM.* bâche, couvrante. *QUÉB.* catalogne, douillette. *SUISSE* fourre.

éducateur *n.* ▶ ***Enseignant*** – animateur, enseignant, instructeur, moniteur, pédagogue, professeur. *FAM.* prof, sorbonnard *(Sorbonne)*. *QUÉB.* andragogue *(enseignement aux adultes)*. *BELG.* régent. ▸ *Au primaire* – instituteur, maître/maîtresse (d'école). *FAM.* insti. *ANTIQ.* grammatiste. ▸ *Directeur* – directeur, patron de thèse. ▸ *Assistant* – assistant, lecteur, maître assistant, moniteur, préparateur, répétiteur, sous-maître. *FRANCE FAM.* caïman. ▸ *Enseignant à contrat* – chargé de cours. *FRANCE* maître de conférence. ▸ *Suppléant* – (professeur) suppléant, remplaçant.

éducation *n.f.* ▶ ***Instruction*** – alphabétisation, apprentissage, conscientisation, didactique, édification, enrichissement, enseignement, entraînement, études, expérience, façonnage, façonnement, formation, inculcation, information, initiation, instruction, monitorat, pédagogie, professorat, scolarisation, scolarité, stage. QUÉB. andragogie *(aux adultes)*. PÉJ. FAM. dressage *(très sévère)*. ▶ ***Fait d'élever des enfants*** – soins. ▶ ***Savoir*** – acquis, bagage, compétence, connaissances, culture (générale), encyclopédisme, épistémè, érudition, expérience, humanisme, instruction, lettres, lumières, notions, sagesse, savoir, science. SOUT. omniscience. ▶ ***Politesse*** – affabilité, amabilité, aménité, attention, bienséance, bonnes manières, civilité, civisme, convivialité, correction, courtoisie, délicatesse, entregent, galanterie, gentillesse, hospitalité, mondanités, obligeance, politesse, prévenance, savoir-vivre, serviabilité, sociabilité, tact, urbanité. SOUT. gracieuseté, liant. ▶ ***Décence*** – bienséance, bon ton, chasteté, convenance, correction, décence, délicatesse, dignité, discrétion, fierté, gravité, honnêteté, honneur, modestie, politesse, propreté, pudeur, quant-à-soi, réserve, respect, retenue, sagesse, sobriété, tact, tenue, vertu. SOUT. pudicité. △ **ANT.** ABÊTISSEMENT, CORRUPTION, DÉFORMATION; IGNORANCE; GROSSIÈRETÉ, IMPOLITESSE, RUDESSE.

éduquer *v.* ▶ ***Instruire*** – former, instruire. ▶ ***Élever*** – discipliner, dresser, élever. ▶ ***Raffiner les mœurs*** – civiliser, décrasser, décrotter, dégrossir, humaniser, policer, raffiner les mœurs de. ▶ ***Développer un talent*** – cultiver, développer, former. △ **ANT.** ABÊTIR, ABRUTIR.

effaçable *adj.* délébile. △ **ANT.** INEFFAÇABLE.

effacement *n.m.* ▶ ***Disparition*** – dématérialisation, disparition, dissipation, dissolution, éloignement, évanouissement, évaporation, extinction, résorption, volatilisation. ASTRON. éclipse, immersion, occultation. ▶ ***Destruction*** – absorption, anéantissement, annihilation, démolition, destruction, dévastation, disparition, élimination, enlèvement, éradication, fin, gommage, liquidation, mort, néantisation, suppression. SOUT. extirpation. RARE engloutissement. ▶ ***Abnégation*** – abnégation, altruisme, désintéressement, détachement, dévouement, humilité, oubli de soi, privation, renoncement, résignation, sacrifice. SOUT. holocauste. ▶ ***Timidité*** – appréhension, confusion, crainte, discrétion, effarouchement, embarras, émoi, frilosité, gaucherie, gêne, hésitation, honte, humilité, indécision, inhibition, introversion, malaise, modestie, peur, réserve, retenue, sauvagerie, timidité. SOUT. pusillanimité. FAM. trac. △ **ANT.** APPARITION; ENREGISTREMENT, INSCRIPTION; OSTENTATION, VANITÉ.

effacer *v.* ▶ ***Faire disparaître*** – gommer. ▶ ***Rendre moins vif*** – affaiblir, amortir, atténuer, diminuer, émousser, éroder, estomper, oblitérer, user. ♦ **s'effacer** ▶ ***S'enlever*** – disparaître, partir, s'en aller, s'enlever. ▶ ***Se dissiper*** – disparaître, mourir, partir, passer, s'assoupir, s'en aller, s'envoler, s'estomper, s'évanouir, s'évaporer, se dissiper, se volatiliser. ▶ ***Mourir*** – décéder, être emporté, être tué, expirer, mourir, perdre la vie, périr, s'éteindre, succomber, trouver la mort. SOUT. exhaler le dernier soupir, passer de vie à trépas, rendre l'âme, rendre l'esprit, rendre le dernier soupir, rendre son dernier souffle, trépasser. PAR EUPHÉM. avoir vécu, disparaître, faire le grand voyage, fermer les paupières, fermer les yeux, finir, monter au ciel, paraître devant Dieu, partir, passer, passer dans l'autre monde, quitter ce (bas) monde, s'en aller, s'endormir. FAM. calancher, caner, clamser, claquer, crever, passer l'arme à gauche, sortir les pieds devant, y rester. FRANCE FAM. claboter. ♦ **effacé** ▶ ***Discret*** – discret, qui garde ses distances, qui reste sur son quant-à-soi, qui se tient sur la réserve, réservé. △ **ANT.** DESSINER, ÉCRIRE; ACCENTUER, FAIRE RESSORTIR, RAVIVER, RENFORCER.

effaroucher *v.* ▶ ***Faire peur*** – effrayer, faire peur à, intimider. ▶ ***Blesser l'amour-propre*** – atteindre (dans sa dignité), blesser (dans sa dignité), choquer, cingler, désobliger, égratigner, froisser, heurter, humilier, insulter, mortifier, offenser, offusquer, outrager, piquer au vif, toucher au vif, ulcérer, vexer. SOUT. fouailler. △ **ANT.** APPRIVOISER; ENHARDIR, RASSURER.

effectif *adj.* concret, existant, matériel, palpable, physique, réel, sensible, tangible, visible, vrai. DIDACT. positif. RELIG. de ce monde, temporel, terrestre. △ **ANT.** ABSTRAIT, CONCEPTUEL, INTELLECTUEL, MENTAL, THÉORIQUE.

effectif *n.m.* ▶ ***Personnel*** – main-d'œuvre, personnel, ressources humaines, salariat. ♦ **effectifs,** ***plur.*** ▶ ***Armée*** – armée, forces (militaires), troupes. BELG. milice. FÉOD. ost.

effectivement *adv.* ▶ ***Véritablement*** – à dire vrai, à l'évidence, à la vérité, à n'en pas douter, à vrai dire, assurément, authentiquement, bel et bien, bien, bien entendu, bien sûr, cela va de soi, cela va sans dire, certainement, certes, comme de juste, d'évidence, de toute évidence, en effet, en vérité, évidemment, il va sans dire, indubitablement, manifestement, naturellement, nul doute, oui, réellement, sans (aucun) doute, sans conteste, sans contredit, sans le moindre doute, sans nul doute, sérieusement, sûrement, véridiquement, véritablement, vraiment. FAM. pour de vrai, vrai. ▶ ***Concrètement*** – concrètement, dans la pratique, dans les faits, empiriquement, en fait, en pratique, en réalité, expérimentalement, matériellement, objectivement, par l'expérience, physiquement, positivement, pratiquement, prosaïquement, réalistement, réellement, tangiblement. △ **ANT.** ABSTRACTIVEMENT, ABSTRAITEMENT, EN THÉORIE, HYPOTHÉTIQUEMENT, IDÉALEMENT, IMAGINAIREMENT, IN ABSTRACTO, THÉORIQUEMENT.

effectuer *v.* accomplir, exécuter, faire, opérer, pratiquer, procéder à, réaliser.

effervescence *n.f.* ▶ ***Nervosité*** – agitation, électrisation, emballement, énervement, étourdissement, exaltation, excitation, fébrilité, fièvre, griserie, nervosité, stress, surexcitation, tension. SOUT. enivrement, éréthisme, exaspération, surtension. RARE enfièvrement. SPORTS pressing. ▶ ***Remue-ménage*** – activité, affairement, affolement, agitation, alarme, animation, bouillonnement, branle-bas (de combat), bruit, dérangement, désordre, désorganisation, détraquement, excitation, fourmillement, grouillement, hâte, incohérence, mouvement, orage, précipitation, remous, remue-ménage, secousse, tempête, tohu-bohu, tourbillon, tourmente, trépidation, trouble, tumulte, turbulence, va-et-vient. SOUT. émoi, remuement. FAM. chambardement. ▶ ***Production de bulles*** – bouillonnement, moutonnement, spumosité. △ **ANT.** CALME, TRANQUILLITÉ.

effet *n.m.* ▶ ***Conséquence*** – action, conclusion, conséquence, contrecoup, corollaire, développement, efficacité, fonction, fruit, impact, implication, incidence, jeu, juste retour des choses, œuvre, portée, prolongement, réaction, rejaillissement, répercussion, résultante, résultat, retentissement, retombées, ricochet, séquelle, suite (logique). SOUT. aboutissant, efficace, fille. ▶ ***Influence*** – action, aide, appui, ascendant, attirance, attraction, aura, autorité, contagion, crédit, dominance, domination, empreinte, emprise, fascination, force, importance, incitation, influence, inspiration, magie, magnétisme, mainmise, manipulation, mouvance, persuasion, pétition, poids, pouvoir, prépondérance, présence, pression, prestige, puissance, règne, rôle, séduction, subjugation, suggestion, tyrannie. SOUT. empire, intercession. ▶ ***Rendement*** – bénéfice, efficacité, efficience, gain, production, productivité, produit, profit, rapport, rendement, rentabilité, revenu. ▶ ***Titre financier*** – effet (de commerce), mandat, ordre, traite. △ **ANT.** CAUSE, ORIGINE, PRINCIPE, RAISON.

efficace *adj.* ▶ ***Qui agit*** – actif, agissant, opérant, puissant. ▶ ***Infaillible*** – infaillible, souverain, sûr. ▶ ***Utile*** – commode, fonctionnel, pratique, utile, utilitaire. QUÉB. FAM. pratico-pratique. △ **ANT.** IMPUISSANT, INACTIF, INEFFICACE, INOPÉRANT.

efficacement *adv.* ▶ ***Avantageusement*** – à profit, avantageusement, fertilement, lucrativement, profitablement, salutairement, utilement, utilitairement. ▶ ***Fonctionnellement*** – commodément, fonctionnellement, pratiquement. △ **ANT.** INCOMMODÉMENT, INCONFORTABLEMENT, INEFFICACEMENT, MALCOMMODÉMENT; EN VAIN, FUTILEMENT, INFRUCTUEUSEMENT, INUTILEMENT, STÉRILEMENT, VAINEMENT.

efficacité *n.f.* ▶ ***Effet*** – action, conclusion, conséquence, contrecoup, corollaire, développement, effet, fonction, fruit, impact, implication, incidence, jeu, juste retour des choses, œuvre, portée, prolongement, réaction, rejaillissement, répercussion, résultante, résultat, retentissement, retombées, ricochet, séquelle, suite (logique). SOUT. aboutissant, efficace, fille. ▶ ***Rendement*** – bénéfice, effet, efficience, gain, production, productivité, produit, profit, rapport, rendement, rentabilité, revenu. ▶ ***Utilité*** – avantage, bénéfice, bienfait, commodité, convenance, désidérabilité, fonction, fonctionnalité, indispensabilité, intérêt, mérite, nécessité, profit, profitabilité, recours, service, usage, utilité, valeur. ▶ ***Adéquation*** – adéquation, convenance, exactitude, justesse, pertinence, propriété, vérité. SOUT. véridicité. △ **ANT.** INEFFICACITÉ; INUTILITÉ.

effigie *n.f.* ▶ ***Fétiche*** – agnus-Dei, amulette, bondieuserie, ex-voto, gri-gri, idole, image, main de Fatma, mascotte, médaille, médaillon, porte-bonheur, relique, scapulaire, statuette, talisman, tephillim, totem. ▶ ***Image*** – allégorie, attribut, chiffre, devise, drapeau, emblème, figure, icône, image, incarnation, insigne, livrée, logo, logotype, marque, notation, personnification, représentation, signe, symbole, type.

effleurer *v.* ▶ ***Toucher légèrement*** – caresser, friser, frôler, lécher, raser. ▸ *En parlant d'une balle* – égratigner, érafler. ▶ ***Passer très près*** – friser, frôler, raser, serrer. ▶ ***Ne pas approfondir*** – glisser sur, passer sur, survoler. △ **ANT.** APPUYER; APPROFONDIR, PÉNÉTRER.

effluve *n.m.* effluence, émanation, exhalaison, odeur.

effondrement *n.m.* ▶ ***Affaissement du sol*** – affaissement, cavité, creux, crevasse, dépression, éboulement, écroulement, flache, fondrière, fossé. GÉOL. ensellement, épirogenèse, fondis, graben. RARE enfonçure. ▶ ***Creusage*** – affouillement, approfondissement, creusage, creusement, déblai, défonçage, défoncement, évidement, excavation, fonçage, foncement, forage, fouille, fouissage, perçage, percement, piochage, sondage. TECHN. rigolage. ▶ ***Abattement*** (FIG.) – abattement, accablement, anéantissement, catalepsie, catatonie, démotivation, dépression, hébétude, léthargie, marasme, neurasthénie, prostration, sidération, stupeur, torpeur. ▶ ***Débâcle*** (FIG.) – banqueroute, chute, crise, culbute, débâcle, déconfiture, dépôt de bilan, dépression, faillite, fiasco, insolvabilité, krach, liquidation, marasme, mévente, naufrage, récession, ruine, stagflation. FAM. dégringolade. FRANCE FAM. baccara. △ **ANT.** CONSTRUCTION, ÉDIFICATION, ÉRECTION; RECONSTRUCTION, RELÈVEMENT; ESSOR, HAUSSE.

effondrer (s') *v.* ▶ ***Remuer la terre*** – ameublir, bêcher, biner, défoncer, écroûter, égratigner, émotter, fouiller, gratter, herser, labourer, piocher, remuer, retourner, scarifier, serfouir. ♦ **s'effondrer** ▶ ***Tomber*** – s'abattre, s'affaisser, s'écrouler, tomber. QUÉB. FAM. s'écraser. ▶ ***Se laisser tomber*** – s'affaler, se laisser choir. FAM. s'écrouler. QUÉB. FAM. s'écraser. ▶ ***Perdre sa résistance psychologique*** – craquer, s'écrouler. ▶ ***Crouler*** – crouler, s'abattre, s'affaisser, s'ébouler, s'écrouler, succomber, tomber en ruine. ▶ ***Disparaître*** – crouler, disparaître, finir, mourir, périr, s'anéantir, s'écrouler. ▶ ***Diminuer*** – baisser, chuter, dégringoler, diminuer, tomber. ♦ **effondré** ▶ ***Très abattu*** – anéanti, atonique, léthargique, prostré. SOUT. torpide. △ **ANT.** SE DRESSER, SE RAIDIR; RÉSISTER, TENIR.

efforcer (s') *v.* ▶ ***Essayer*** – chercher à, entreprendre de, essayer de, s'attacher à, s'ingénier à, tâcher de, tenter de, travailler à. SOUT. avoir à cœur de, faire effort pour, prendre à tâche de. ▶ ***Faire de grands efforts*** – faire son possible, mettre tout en œuvre, persévérer, s'acharner, s'appliquer, s'escrimer, s'évertuer, suer sang et eau, tout faire. ▶ ***S'obliger*** – s'obliger, se contraindre, se forcer. △ **ANT.** ABANDONNER, RENONCER.

effort *n.m.* ▶ ***Essai*** – essai, tentative. ▶ ***Travail intense*** – coup (de collier). FAM. piochage. QUÉB. FAM. coup de cœur. ▶ ***Acharnement*** – acharnement, ardeur, énergie, lutte. △ **ANT.** DÉTENTE, REPOS; LAISSER-ALLER, NÉGLIGENCE, PARESSE.

effrayant *adj.* ▶ ***Qui fait peur*** – à donner la chair de poule, à faire frémir, à figer le sang, à glacer le sang, affreux, cauchemardesque, cauchemardeux, cauchemaresque, effroyable, épouvantable, grand-guignolesque, horrible, horrifiant, pétrifiant, terrible, terrifiant, terrorisant. SOUT. horrifique. QUÉB. FAM. épeurant. ▶ ***Extrême*** (FAM.) – colossal, considérable, démesuré, énorme, extraordinaire, extrême, fabuleux, formidable, géant, gigantesque, grand, gros, immense, incommensurable, monstrueux, monumental, phénoménal, prodigieux, surhumain, titanesque, vaste, vertigineux. SOUT. cyclopéen, herculéen. FAM. bœuf, de tous les diables, du diable, effroyable, épouvantable, faramineux, méchant, monstre. FRANCE FAM. gratiné. △ ANT. APAISANT, CALMANT, RASSÉRÉNANT, RASSURANT, RÉCONFORTANT, SÉCURISANT, TRANQUILLISANT; ATTIRANT, ATTRAYANT, ENGAGEANT, INVITANT; ANODIN, NÉGLIGEABLE, SANS IMPORTANCE.

effrayer *v.* ▶ ***Apeurer*** – affoler, apeurer, donner des sueurs froides à, donner la chair de poule à, effarer, épouvanter, faire dresser les cheveux sur la tête de, faire froid dans le dos à, figer le sang de, glacer le sang de, horrifier, saisir d'effroi, saisir de frayeur, terrifier, terroriser. SOUT. OU QUÉB. FAM. épeurer. ▶ ***Inquiéter*** – affoler, agiter, alarmer, angoisser, énerver, épouvanter, inquiéter, oppresser, préoccuper, tourmenter, tracasser, troubler. FAM. stresser. ▶ ***Intimider*** – effaroucher, faire peur à, intimider. ♦ **s'effrayer** ▶ ***Redouter*** – appréhender, avoir peur de, craindre, redouter. ♦ **effrayé** ▶ ***Qui a peur*** – angoissé, apeuré, craintif, inquiet, ombrageux *(animal)*, peureux. SOUT. OU QUÉB. FAM. épeuré. △ ANT. APAISER, RASSÉRÉNER, RASSURER, TRANQUILLISER; ENHARDIR.

effréné *adj.* ▶ ***Démesuré*** – abusif, débridé, déchaîné, délirant, démesuré, déraisonnable, déréglé, exagéré, excessif, exorbitant, extravagant, extrême, forcé, immodéré, intempérant, outrancier, outré, qui dépasse la mesure, qui dépasse les bornes, sans frein. SOUT. outrageux. FAM. dément, démentiel, soigné. ▶ ***Délirant*** – agité, bouillonnant, délirant, échevelé, effervescent, fébrile, frénétique, intense, mouvementé, passionné, trépidant, tumultueux, violent. ▶ ***Endiablé*** – d'enfer, débridé, endiablé, frénétique, infernal. △ ANT. MODÉRÉ.

effriter *v.* ▶ ***Réduire en miettes*** – décomposer, désagréger, émietter. FRANCE RÉGION. émier *(entre ses doigts)*. ♦ **s'effriter** ▶ ***Se désagréger*** – se décomposer, se défaire, se désagréger, tomber en poussière. DIDACT. OU SOUT. se déliter. ▶ ***S'affaiblir*** – faiblir, s'affaiblir, s'amenuiser, s'émietter, s'émousser.

effroi *n.m.* affolement, alarme, angoisse, appréhension, crainte, effarement, effarouchement, épouvante, frayeur, grand-peur, hantise, horreur, inquiétude, panique, peur, phobie, terreur, transes. SOUT. affres, apeurement. FAM. cauchemar, chiasse, frousse, pétoche, trac, trouille.

effronté *adj.* cavalier, cynique, désinvolte, éhonté, familier, impertinent, impoli, impudent, insolent, irrespectueux, irrévérencieux, leste, libre, provocant, sans gêne, sans vergogne. FAM. culotté, gonflé. QUÉB. FAM. baveux. ACADIE FAM. effaré. △ ANT. CRAINTIF, RESPECTUEUX, TIMIDE.

effronté *n.* arrogant, frondeur, impertinent, impoli, impudent, insolent, offenseur, sans gêne. FAM. blanc-bec, malpoli, tutoyeur. FRANCE FAM. béjaune. QUÉB. FAM. barbeux, baveux. RARE insulteur.

effroyable *adj.* ▶ ***Qui effraie*** – à donner la chair de poule, à faire frémir, à figer le sang, à glacer le sang, affreux, cauchemardesque, cauchemardeux, cauchemaresque, effrayant, épouvantable, grand-guignolesque, horrible, horrifiant, pétrifiant, terrible, terrifiant, terrorisant. SOUT. horrifique. QUÉB. FAM. épeurant. ▶ ***Qui tient de la catastrophe*** – catastrophique, désastreux, épouvantable, funeste, terrible, tragique. SOUT. calamiteux. ▶ ***Extrême*** (FAM.) – colossal, considérable, démesuré, énorme, extraordinaire, extrême, fabuleux, formidable, géant, gigantesque, grand, gros, immense, incommensurable, monstrueux, monumental, phénoménal, prodigieux, surhumain, titanesque, vaste, vertigineux. SOUT. cyclopéen, herculéen. FAM. bœuf, de tous les diables, du diable, effrayant, épouvantable, faramineux, méchant, monstre. FRANCE FAM. gratiné. △ ANT. APAISANT, CALMANT, CONSOLANT, RASSÉRÉNANT, RASSURANT, RÉCONFORTANT, SÉCURISANT, TRANQUILLISANT; ANODIN, BÉNIN, INNOCENT, INOFFENSIF, SANS DANGER, SANS GRAVITÉ; FAIBLE, MODÉRÉ.

effusion *n.f.* ▶ ***Épanchement*** (FIG.) – abandon, aveu, confidence, épanchement, expansion. ▶ ***Déversement*** – dégorgeage, dégorgement, déversement, écoulement, épanchement, infiltration, résurgence. SOUT. regorgement. △ ANT. FROIDEUR, RÉSERVE, RETENUE.

égal *adj.* ▶ ***Équivalent*** – équivalent, identique, inchangé, même, pareil, tel. ▶ ***Régulier*** – constant, invariable, régulier, uniforme. SOUT. uni. ▶ *En parlant d'un rythme* – cadencé, mesuré, réglé, régulier, rythmé. ▶ ***Plat*** – horizontal, plan, plat, uni. ▶ ***Lisse*** – doux, lisse, uni. △ ANT. INÉGAL; DIFFÉRENT; CHANGEANT, INCONSTANT, INSTABLE, IRRÉGULIER, VARIABLE; RABOTEUX, RIDÉ; ARBITRAIRE, ATTENTATOIRE, INÉQUITABLE, INIQUE, INJUSTE.

également *adv.* ▶ ***Semblablement*** – à l'avenant, analogiquement, conformément, de la même façon, de même, homologiquement, identiquement, item *(dans un compte)*, parallèlement, pareillement, semblablement, similairement, symétriquement. FAM. pareil. ▶ ***Uniformément*** – continûment, monotonement, platement, régulièrement, semblablement, uniformément, uniment. ▶ ***Aussi*** – aussi, autant, de même, encore, non moins, pareillement. SOUT. encor. FAM. avec, idem, itou. △ ANT. AUTREMENT, CONTRAIREMENT, DIFFÉREMMENT, DISSEMBLABLEMENT, DIVERSEMENT; INÉGALEMENT; NON PLUS.

égaler *v.* ▶ ***Avoir la même valeur*** – correspondre à, équivaloir à, représenter, revenir à, valoir. △ ANT. DÉPASSER, SURPASSER.

égaliser *v.* ▶ ***Aplanir le sol*** – aplanir, araser, niveler, raser, régaler. ▶ ***Mettre au même niveau*** – écrêter, niveler. △ ANT. BOSSELER, CREUSER; DÉSÉQUILIBRER, DIFFÉRENCIER.

égalitaire *adj.* démocratique, égalitariste. △ ANT. ABUSIF, ARBITRAIRE, INÉGALITAIRE, INÉQUITABLE, INIQUE, INJUSTE, OPPRESSIF.

égalité *n.f.* ▶ ***Équivalence*** – adéquation, analogie, conformité, équivalence, gémellité, identité, littéralité, parallélisme, parité, ressemblance, similarité, similitude, unité. MATH. congruence, homéomorphisme. ▶ ***Régularité*** – cohérence, cohésion, consistance, homogénéité, liaison, logique, non-contradiction, régularité, uniformité, unité. LING. signifiance. ▶ ***Équilibre*** – accord, balance, balancement, compensation, contrepoids, équilibre, harmonie, juste milieu, moyenne, pondération, proportion, suspension, symétrie. ▶ ***Justice*** – droiture, équité, impartialité, impersonnalité, intégrité, justice, légalité, neutralité, objectivité, probité. ▶ ***Impossibilité de départager*** – dead-heat *(chevaux)*, ex æquo. ▶ ***Caractère uni d'une surface*** – planéité. △ **ANT.** INÉGALITÉ; INFÉRIORITÉ; SUPÉRIORITÉ; IRRÉGULARITÉ; DÉSÉQUILIBRE, DISPARITÉ; INIQUITÉ.

égard *n.m.* ▶ ***Respect*** – admiration, considération, déférence, estime, hommage, ménagement, respect, révérence. △ **ANT.** GROSSIÈRETÉ, IMPERTINENCE, IMPOLITESSE, INSOLENCE; INDIFFÉRENCE.

égarement *n.m.* ▶ ***Erreur*** – aberrance, aberration, divagation, errements, erreur, méprise. *SOUT.* fourvoiement. ▶ ***Délire*** – agitation, aliénation, amok, aveuglement, délire, divagation, excitation, folie, frénésie, hallucination, hystérie, onirisme, paranoïa, surexcitation. ♦ **égarements,** ***plur.*** ▶ ***Mauvaise conduite*** – débauche, débordement, dépravation, dévergondage, dissolution, excès, grivoiserie, immoralité, impureté, inconduite, intempérance, liberté de mœurs, libertinage, licence, lubricité, luxure, mauvaise conduite, obscénité, paillardise, perversion, sensualité, vice. *SOUT.* dissipation, fange, impudicité, incontinence, lascivité, salacité, stupre, sybaritisme, turpitude. △ **ANT.** ORDRE; CLAIRVOYANCE, ÉQUILIBRE, JUGEMENT, LOGIQUE, LUCIDITÉ, RAISON, SAGESSE; ORIENTATION.

égarer *v.* ▶ ***Perdre*** – fourvoyer, perdre. *FAM.* paumer. ♦ **s'égarer** ▶ ***Se perdre*** – se fourvoyer, se perdre. *FAM.* se paumer. ▶ ***Déraisonner*** – déraisonner, dire n'importe quoi, divaguer, élucubrer, extravaguer, radoter. *FAM.* battre la breloque, battre la campagne, débloquer, déconner, déjanter, délirer, déménager, dérailler, rouler sur la jante. ▶ ***Se tromper*** (*SOUT.*) – avoir tort, commettre une erreur, faire erreur, faire fausse route, s'abuser, se fourvoyer, se méprendre, se tromper. *SOUT.* errer. *FAM.* prendre des vessies pour des lanternes, se blouser, se ficher dedans, se gourer, se mettre le doigt dans l'œil, se planter. *RARE* aberrer. ♦ **égaré** ▶ ***Introuvable*** – introuvable, perdu. ▶ ***Profondément troublé*** – affolé, agité, bouleversé, éperdu. ▶ ***Hagard*** – effaré, fou, hagard, halluciné. △ **ANT.** DIRIGER, GUIDER, ORIENTER; RETROUVER.

égayer *v.* ▶ ***Divertir*** – amuser, distraire, divertir, récréer, réjouir. ▶ ***Rendre gai*** – amuser, dérider, émoustiller, épanouir, mettre de belle humeur, mettre en gaieté, mettre en joie, réjouir. *SOUT.* désattrister. *FAM.* désopiler. ♦ **s'égayer** ▶ ***Se divertir*** – prendre du bon temps, s'amuser, se distraire, se divertir, se récréer, se réjouir. *FAM.* rigoler, s'éclater, se défoncer, se marrer. ▶ ***Jouer*** – jouer, s'amuser, s'ébattre. *ENFANTIN* faire joujou. △ **ANT.** AFFLIGER, ASSOMBRIR, ATTRISTER, CHAGRINER, ENNUYER, LASSER, PEINER.

église *n.f.* ▶ ***Lieu de culte chrétien*** – temple *(protestantisme)*. *SOUT.* lieu saint, maison de Dieu, maison du Seigneur. ▶ ***Coterie*** – bande, cabale, camarilla, chapelle, clan, clique, coterie, école, faction, gang, groupuscule, ligue, maffia, secte. ♦ **l'Église** ▶ ***Communauté chrétienne*** – chrétienté. ▶ ***Communauté catholique*** – catholicité. ▶ ***Ecclésiastiques*** – clergé, corps ecclésiastique, sacerdoce. *PÉJ.* calotte. *FAM.* soutane.

ego *n.m.* ▶ ***Sujet*** – eccéité, être, individu, individualité, moi, organisme, personnalité, personne, soi. ▶ ***Orgueil*** (*FAM.*) – amour-propre, arrogance, autosatisfaction, bouffissure, complaisance, contentement (de soi), crânerie, enflure, fatuité, gloriole, hauteur, immodestie, importance, jactance, mégalomanie, morgue, orgueil, ostentation, outrecuidance, parade, pose, présomption, prétention, suffisance, superbe, supériorité, vanité, vantardise. *SOUT.* fierté, infatuation. ▶ ***Égoïsme*** (*FAM.*) – amour-propre, captativité, chacun-pour-soi, culte du moi, égocentrisme, égoïsme, égotisme, individualisme, introversion, moi, narcissisme, vanité. *SOUT.* autisme, incuriosité. *FAM.* nombrilisme.

égocentrisme *n.m.* ▶ ***Égoïsme*** – amour-propre, captativité, chacun-pour-soi, culte du moi, égoïsme, égotisme, individualisme, introversion, moi, narcissisme, vanité. *SOUT.* autisme, incuriosité. *FAM.* ego, nombrilisme.

égoïsme *n.m.* ▶ ***Égocentrisme*** – amour-propre, captativité, chacun-pour-soi, culte du moi, égocentrisme, égotisme, individualisme, introversion, moi, narcissisme, vanité. *SOUT.* autisme, incuriosité. *FAM.* ego, nombrilisme. ▶ ***Avarice*** – appât du gain, âpreté (au gain), avarice, avidité, cupidité, économie de bouts de chandelle, mesquinerie, parcimonie, petitesse, pingrerie, rapacité, thésaurisation. *SOUT.* ladrerie, lésine, sordidité, vilenie. *FAM.* mégotage, radinerie. △ **ANT.** ALTRUISME, DÉSINTÉRESSEMENT, DÉVOUEMENT, GÉNÉROSITÉ.

égoïste *adj.* ▶ ***Qui ne pense qu'à lui-même*** – égocentrique, égocentriste, individualiste, introversif, narcissique. *SOUT.* égotique, égotiste. *FAM.* nombriliste, qui se regarde le nombril. ▶ ***Qui agit par intérêt*** – avide, boutiquier, calculateur, intéressé, qui agit par calcul. ▶ ***Qui n'a aucune reconnaissance*** – ingrat, oublieux, sans-cœur. △ **ANT.** HUMBLE, MODESTE, SANS PRÉTENTION, SIMPLE; ALTRUISTE, CHARITABLE, COMPATISSANT, DÉSINTÉRESSÉ, GÉNÉREUX, HUMANITAIRE, PHILANTHROPE; OBLIGÉ, RECONNAISSANT, REDEVABLE.

égorger *v.* ▶ ***Tuer un animal*** – pointer, saigner. ▶ ***Tuer une personne*** – trancher la gorge à.

élaboration *n.f.* ▶ ***Formation*** – composition, conception, confection, constitution, construction, création, développement, édification, exécution, fabrication, façon, façonnage, façonnement, formation, génération, genèse, gestation, invention, œuvre, organisation, paternité, production, réalisation, structuration, synthèse. *SOUT.* accouchement, enfantement. *DIDACT.* engendrement. ▶ ***Agencement*** – accommodation, accommodement, agencement, ajustement, aménagement, architecture, arrangement, articulation, assemblage, combinaison, combinatoire, composition, concaténation, configuration, construction, contexture, coordination, disposition, distribution, enchaînement, harmonie, liaison, mise en ordre, mise en place, ordonnance, ordonnancement, ordre, organisation, orientation, plan, profil, programmation, rangement, structuration, structure, système, texture. △ **ANT.** ACHÈVEMENT, FINITION.

élaborer *v.* ▶ ***Organiser*** – établir, former, mettre sur pied, monter, organiser. ▶ ***Créer*** – composer, confectionner, créer, fabriquer, façonner, faire, mettre au point, préparer, produire, travailler à. *SOUT.* enfanter. *PÉJ.* accoucher de.

élan *n.m.* ▸ ***Impulsion*** – bond, branle, coup, élancement, envolée, erre, essor, impulsion, lancée, lancement, mouvement, rondade *(acrobatie)*, saut. QUÉB. FAM. erre d'aller. ▸ ***Enthousiasme*** – allant, animation, ardeur, chaleur, cœur, enthousiasme, entrain, ferveur, flamme, passion, zèle. FAM. pep. SOUT. feu. △ **ANT.** ARRÊT, PAUSE, REPOS; APATHIE, RETENUE.

élancer *v.* ▸ ***Causer des élancements*** – BELG. lancer. ♦ **s'élancer** ▸ ***Sauter*** – bondir, sauter, se jeter, se lancer, se précipiter. ▸ ***Se ruer*** – foncer, sauter, se jeter, se lancer, se précipiter, se ruer. ♦ **élancé** ▸ ***Fin et allongé*** – délié, étroit, filiforme, fin, grêle, mince, ténu. ▸ ***Svelte*** – délicat, délié, filiforme, fin, fluet, frêle, gracile, grêle, léger, long, longiligne, maigre, mince, svelte. △ **ANT.** ♦ **s'élancer** RECULER. ♦ **élancé** ALOURDI, COURT, ÉPAIS, GRAS, GROS, MASSIF, RABOUGRI, RAMASSÉ, TRAPU.

élargir *v.* ▸ ***Rendre plus large*** – agrandir, desserrer, dilater, donner du large à, étendre, évaser, ouvrir. ▸ ***Accroître*** – accroître, développer, étendre. ▸ ***Mettre en liberté*** – libérer, relâcher, relaxer, (re)mettre en liberté. ▸ ***Prendre de la carrure*** (FAM.) – enforcir, forcir, prendre de la carrure, s'étoffer. △ **ANT.** AMINCIR, CONTRACTER, RESSERRER, RÉTRÉCIR; BORNER, CIRCONSCRIRE, LIMITER, RESTREINDRE; ARRÊTER, ÉCROUER, EMPRISONNER, INCARCÉRER.

élargissement *n.m.* ▸ ***Agrandissement*** – agrandissement, développement, expansion, extension, grossissement, rélargissement. ▸ ***Libération*** – acquittement, affranchissement, décolonisation, délivrance, désaliénation, émancipation, évacuation, libération, manumission, rachat, rédemption, salut. FAM. débarras, quille. SOUT. déprise. △ **ANT.** AMINCISSEMENT, RÉTRÉCISSEMENT; DIMINUTION, RESTRICTION; EMPRISONNEMENT, INCARCÉRATION.

élasticité *n.f.* ▸ ***Souplesse*** – déformabilité, dilatabilité, ductilité, extensibilité, flexibilité, liant, malléabilité, maniabilité, moulabilité, plasticité, souplesse. MÉD. rénitence. PHYS. expansibilité. ▸ ***Agilité*** – adresse, agilité, aisance, dextérité, élégance, facilité, grâce, habileté, légèreté, main, mobilité, précision, rapidité, souplesse, technique, virtuosité, vivacité. SOUT. félinité, prestesse. ▸ ***Adaptabilité*** – adaptabilité, faculté d'adaptation, flexibilité, intelligence, malléabilité, moulabilité, plasticité, polyvalence, souplesse. △ **ANT.** RIGIDITÉ; RIGUEUR.

élastique *adj.* ▸ ***Doué d'élasticité*** – ductile *(métal)*, extensible. ▸ ***Qui peut être adapté*** – adaptable, altérable, changeable, flexible, mobile, modifiable, modulable, souple, variable. ▸ ***En parlant d'un gaz*** – coercible, compressible, comprimable. ▸ ***En parlant d'un pas*** – agile, léger, leste, preste, souple. ▸ ***En parlant de la morale*** – large, latitudinaire, laxiste, permissif, relâché. △ **ANT.** RIGIDE; RIGOUREUX, STRICT.

élastique *n.m.* ▸ ***Bande*** – caoutchouc. ▸ ***Ruban*** – bolduc, boucle, bouffette, chou, cocarde, dragonne, embrasse, extrafort, faveur, galon, ganse, gansette, gros-grain, lambrequin, padou, passement, rosette, ruban, volant. ANC. falbala. ▸ ***Attache à cheveux*** – catogan, chouchou, ruban.

électeur *n.* suffragant, votant.

élection *n.f.* ▸ ***Vote*** – consultation (populaire), plébiscite, proclamation, référendum, scrutin, suffrage, tour, urnes, voix, vote. ▸ ***Choix*** – adoption, choix, cooptation, décision, désignation, détermination, échantillonnage, écrémage, nomination, plébiscite, prédilection, présélection, résolution, sélection, suffrage, tri, triage, vote. SOUT. décret, parti.

électricité *n.f.* ▸ ***Forme d'énergie*** – courant (électrique), énergie électrique. FAM. jus.

électrisant *adj.* captivant, enivrant, enthousiasmant, exaltant, excitant, grisant, palpitant, passionnant. FAM. emballant, planant. △ **ANT.** DÉCOURAGEANT, DÉMORALISANT, DÉMOTIVANT.

élégamment *adv.* agréablement, bien, coquettement, gracieusement, harmonieusement, joliment, magnifiquement, mignardement, mignonnement, plaisamment, superbement. △ **ANT.** INÉLÉGAMMENT.

élégance *n.f.* ▸ ***Beauté*** – agrément, art, attrait, beau, beauté, charme, chic, classe, coquetterie, délicatesse, distinction, éclat, esthétique, féerie, fraîcheur, grâce, gracieux, harmonie, magnificence, majesté, perfection, photogénie, pureté, séduction, splendeur, symétrie. SOUT. blandice, joliesse, morbidesse, sublimité, symphonie, vénusté. ▸ ***Éloquence*** – ardeur, art, art oratoire, brio, chaleur, charme, conviction, expression, maîtrise, parole, persuasion, rhétorique. SOUT. bien-dire. ▸ ***Agilité*** – adresse, agilité, aisance, dextérité, élasticité, facilité, grâce, habileté, légèreté, main, mobilité, précision, rapidité, souplesse, technique, virtuosité, vivacité. SOUT. félinité, prestesse. △ **ANT.** INÉLÉGANCE, LAISSER-ALLER, NÉGLIGENCE, VULGARITÉ; GROSSIÈRETÉ; BALOURDISE, INHABILETÉ, MALADRESSE.

élégant *adj.* ▸ ***Bien mis*** – bichonné, bien mis, chic, coquet, en costume d'apparat, en tenue de soirée, endimanché, fringant, habillé, pimpant, pomponné, tiré à quatre épingles. FAM. superchic. FRANCE FAM. alluré, chicos, sur son trente et un. AFR. galant. ▸ ***Raffiné*** – aristocratique, chic, de grande classe, distingué, qui a bon genre, racé, raffiné, ultrachic. FAM. classe. ▸ ***Esthétique*** – beau, esthétique, gracieux. △ **ANT.** INÉLÉGANT; ACCOUTRÉ, MAL MIS; CHOQUANT, DE MAUVAIS GOÛT, DÉPLACÉ, INCONVENANT, INDÉLICAT; DISGRACIEUX, INESTHÉTIQUE.

élément *n.m.* ▸ ***Composant*** – composant, composante, constituant, élément (constitutif), fragment, ingrédient, membre, module, morceau, organe, partie, pièce, principe, unité. ▸ ***Substance*** – atome, particule. ▸ ***Corps pur*** – corps pur, corps simple, élément (chimique). ▸ ***Milieu de vie*** – ambiance, atmosphère, cadre, climat, décor, entourage, environnement, environs, lieu, milieu, monde, société, sphère, théâtre, voisinage. ♦ ***éléments, plur.*** ▸ ***Notions de base*** – a b c, b.a.-ba, base, essentiel, notions, notions de base, notions élémentaires, principes, rudiments, teinture, théorie. PÉJ. vernis. ▸ ***Résumé*** – abrégé, aide-mémoire, analyse, aperçu, argument, compendium, condensé, épitomé, esquisse, extrait, livret, manuel, mémento, morceau, notice, page, passage, plan, précis, promptuaire, raccourci, récapitulation, réduction, résumé, rudiment, schéma, sommaire, somme, synopsis, vade-mecum.

FAM. topo. △ **ANT.** ENSEMBLE, RÉUNION, SYNTHÈSE, TOTALITÉ, TOUT.

élémentaire *adj.* ▶ ***Indivisible*** – indécomposable, indivisible, insécable, simple. PHILOS. consubstantiel. ▶ ***À l'état d'ébauche*** – (à l'état) brut, à l'état d'ébauche, ébauché, embryonnaire, fruste, grossier, imparfait, informe, larvaire, mal équarri, primitif, rudimentaire. ▶ ***De base*** – basal, basique, de base, fondamental. ▶ ***Facile*** – aisé, commode, enfantin, facile, simple. FRANCE FAM. bête comme chou. △ **ANT.** COMPLEXE, COMPLIQUÉ, DÉLICAT, DIFFICILE, PROBLÉMATIQUE; APPROFONDI, DÉTAILLÉ, FOUILLÉ, POINTU, POUSSÉ, PRÉCIS; SECONDAIRE; COLLÉGIAL; SUPÉRIEUR, UNIVERSITAIRE.

éléphant *n.m.* ▶ ***Personnage important*** (FAM.) – chef, leader, maître, meneur, numéro un, parrain, seigneur, tête. FAM. baron, cacique, caïd, (grand) manitou, grand sachem, gros bonnet, grosse légume, hiérarque, les huiles, pontife. FRANCE FAM. (grand) ponte, grosse pointure. ▸ *Avec titre* – autorité, dignitaire, officiel, responsable, supérieur. ▶ ***Personne corpulente*** (FAM.) – forte taille, obèse. FAM. gras, gros, hippopotame, mastodonte, pansu, patapouf, poussah, ventru. FRANCE FAM. pépère. MÉD. pléthorique. ▸ *Petit et gros* FAM. boulot. ▶ ***Marin*** (FAM.) – inscrit maritime, marin, maritime, navigateur. SOUT. marinier.

élevage *n.m.* ▶ ***Action d'élever des animaux*** – SOUT. zootechnie. ▶ ***Transformation en vin*** – alcoolification, alcoolisation, distillation, vieillissement, vinification.

élévation *n.f.* ▶ ***Action d'élever*** – exhaussement, rehaussement, surélévation, surhaussement. ▶ ***Construction*** (RARE) – construction, édification. SOUT. érection. ▶ ***Fait de s'élever*** – ascension, lévitation, montée. ▶ ***Altitude*** – altitude, haut, hauteur, niveau au-dessus de la mer, plafond. MAR. guindant *(mât)*. ▶ ***Relief*** – éminence, hauteur. ▶ ***Croissance*** – accentuation, accroissement, accrue, agrandissement, amplification, arrondissement, augmentation, bond, boom, crescendo, croissance, crue, décuplement, développement, dilatation, élargissement, enflement, enrichissement, envolée, essor, évolution, expansion, extension, flambée, foisonnement, gonflement, gradation, grossissement, hausse, haussement, inflation, intensification, majoration, montée, poussée, progrès, progression, recrudescence, redoublement, redressement, rehaussement, relèvement, renchérissement, renforcement, revalorisation, valorisation. ▶ ***Avancement*** – accession, avancement, émancipation, mouvement, mutation, nomination, promotion, reclassement. ▶ ***Distinction*** – décoration, dignité, égards, faveur, honneur, pourpre, prérogative, promotion. ▶ ***Dignité*** – dignité, générosité, grandeur (d'âme), hauteur, mérite, noblesse, sublime, sublimité, valeur, vertu. RARE ennoblissement. ▶ ***Profondeur*** – acuité, ardeur, complexité, difficulté, ésotérisme, extase, extrémité, force, immensité, impénétrabilité, intelligence, intensité, intériorité, intimité, mystère, pénétration, perspicacité, plénitude, profond, profondeur, puissance, science, secret. ▶ ***Mysticisme*** – anagogie, contemplation, dévotion, extase, illuminisme, mysticisme, mystique, oraison, philocalie, ravissement, sainteté, spiritualité, transe, vision. SOUT. mysticité. △ **ANT.** ABAISSEMENT, BAISSE; BASSESSE, CHUTE, DÉCADENCE, DÉCLIN.

élève *n.* ▶ ***Personne en formation*** – apprenant, étudiant. ▸ *Au primaire* – écolier, scolaire. ▸ *Bon* – fort en thème. ▸ *Mauvais* – cancre, dissipé. ▸ *Selon la matière* – littéraire. FAM. matheux. BELG. rhétoricien. ▸ *Nouveau* – bleu, (petit) nouveau. FRANCE FAM. bizuth, poussin. ▶ ***Disciple*** – disciple. ▶ ***Candidat à un grade*** – aspirant. FRANCE FAM. aspi.

élever *v.* ▶ ***Soulever*** – hisser, lever, soulever. ▶ ***Brandir*** – agiter, brandir, tenir en l'air. ▶ ***Mettre plus haut*** – exhausser, hausser, hisser, monter, rehausser, remonter, surélever, surhausser. ▶ ***Faire tenir droit*** – dresser, ériger, planter. ▶ ***Construire*** – bâtir, construire, dresser, édifier, ériger. ▶ ***Éduquer*** – discipliner, dresser, éduquer. ▶ ***Ennoblir*** – ennoblir, grandir. ▶ ***Augmenter*** – accroître, augmenter, enchérir, hausser, majorer. ♦ **s'élever** ▶ ***Parvenir à un niveau*** – atteindre, monter. ▶ ***Totaliser*** – compter (au total), monter à, se chiffrer à, totaliser. ▶ ***Monter dans l'air*** – monter (dans les airs). ▶ ***Se hisser dans une hiérarchie*** – monter, se hausser, se hisser. ▶ ***Surgir*** – éclater, émerger, fuser, jaillir, surgir. ▶ ***Protester*** – broncher, murmurer, pousser les hauts cris, protester, réagir, récriminer, renâcler, répliquer, s'indigner, s'opposer, se dresser, se gendarmer, se plaindre, se récrier. SOUT. réclamer. FAM. criailler, faire du foin, moufter, piailler, rouscailler, rouspéter, ruer dans les brancards, tiquer, tousser. QUÉB. FAM. chialer. ACADIE FAM. bagueuler. ♦ **élevé** ▶ ***Haut*** – culminant, dominant, en contre-haut, grand, haut. ▶ ***Noble*** – beau, grand, haut, idéalisé, noble, pur, sublime. SOUT. éthéré. ▶ ***Transcendant*** – fort, haut, supérieur, transcendant. ▶ ***Remarquable*** – éminent, exceptionnel, grand, important, insigne, prestigieux, remarquable, signalé. SOUT. suréminent. ▶ ***Cher*** – astronomique, cher, coûteux, exorbitant, fou, hors de prix, inabordable, prohibitif, ruineux. FAM. chérot, faramineux, salé. △ **ANT.** ABAISSER, BAISSER, DESCENDRE; ABATTRE, DÉMOLIR, DÉTRUIRE, FAIRE TOMBER; DIMINUER; CORROMPRE, PERVERTIR.

élimination *n.f.* ▶ ***Destruction*** – absorption, anéantissement, annihilation, démolition, destruction, dévastation, disparition, effacement, enlèvement, éradication, fin, gommage, liquidation, mort, néantisation, suppression. SOUT. extirpation. RARE engloutissement. ▶ ***Meurtre*** – assassinat, crime, exécution, homicide, liquidation, meurtre, mise à mort, suppression. ▶ ***Expulsion*** – bannissement, délogement, désinsertion, disgrâce, disqualification, évacuation, éviction, exclusion, exil, expatriation, expulsion, nettoyage, ostracisme, proscription, rabrouement, radiation, refoulement, rejet, relégation, renvoi. FAM. dégommage, éjection, lessive, vidage. RARE évincement. DIDACT. forclusion. DR. déboutement. ANTIQ. pétalisme, xénélasie. △ **ANT.** ADMISSION, INCORPORATION.

éliminer *v.* ▶ ***Faire disparaître*** – abolir, supprimer. ▶ ***Faire disparaître un mal*** – déraciner, éradiquer, faire disparaître, radier, supprimer. SOUT. extirper. ▶ ***Détruire complètement*** – anéantir, annihiler, briser, démolir, détruire, écraser, néantiser, pulvériser, réduire à néant, réduire à rien, ruiner, supprimer. ▶ ***Supprimer une chose abstraite*** – balayer, écarter, supprimer. ▶ ***Bannir*** – bannir, exclure, proscrire, rejeter, supprimer. ▶ ***Ne pas envisager*** – balayer d'un revers de la main, écarter, excepter, exclure, faire abstraction de, mettre à l'écart, ne pas prendre en considération, ne pas tenir compte de, négliger, rejeter. ▶ ***Mettre hors compétition*** – disqualifier, distancer. ▶ ***Tuer*** – abattre, assassiner, exécuter, supprimer, tuer. SOUT. immoler. FAM. buter, descendre, envoyer dans l'autre monde, expédier, faire la peau à, flinguer *(arme à feu)*, liquider, nettoyer, ratatiner, rectifier, refroidir, se faire, trucider, zigouiller. FRANCE FAM. bousiller. ▶ ***Évacuer de l'organisme*** – évacuer, excréter, expulser, rejeter. △ **ANT.** CONSERVER, GARDER, MAINTENIR; INCORPORER, INTÉGRER; ADMETTRE, RECEVOIR, RETENIR.

élire *v.* ▶ ***Désigner par un vote*** – choisir, désigner, faire choix de. FAM. voter. △ **ANT.** ÉLIMINER, REJETER, REPOUSSER.

élite *n.f.* ▶ ***Meilleur*** – aristocratie, choix, (fine) fleur, gotha, meilleur, sérail. FAM. crème, dessus du panier, gratin. ▶ ***Noblesse*** – aristocratie, gentry, grandesse, lignage, lignée, naissance, nom, qualité, sang bleu. △ **ANT.** MASSE; DÉCHET, LIE, REBUT.

élitisme *n.m.* ▶ ***Mandarinat*** – mandarinat, mandarinisme, méritocratie.

élixir *n.m.* ▶ ***Médicament*** – sirop, sirop pharmaceutique. ▶ ***Breuvage magique*** – breuvage magique, magistère, philtre.

éloge *n.m.* ▶ ***Louange*** – acclamation, apologie, apothéose, applaudissement, bravo, célébration, compliment, encensement, félicitations, fleur, glorification, louange, panégyrique, solennisation. SOUT. baisemain, congratulation, dithyrambe, exaltation. ▶ ***Plaidoyer*** – apologétique *(religion)*, apologie, défense, justification, plaidoirie, plaidoyer. △ **ANT.** BLÂME, CONDAMNATION, CRITIQUE, DÉNIGREMENT; ATTAQUE, DIATRIBE, RÉQUISITOIRE, SATIRE.

éloigné *adj.* ▶ ***Distant*** – distant, espacé, lointain. ▶ ***À l'écart*** – à l'écart, écarté, isolé, perdu, reculé, retiré, solitaire. FAM. paumé. ▶ ***Ancien*** – ancestral, ancien, immémorial, lointain, passé, reculé, révolu. ▶ ***Indirect*** – indirect, lointain. ▶ ***Inconciliable*** – contradictoire, contraire, discordant, dissonant, divergent, incompatible, inconciliable, opposé. RARE inaccordable. △ **ANT.** ADJACENT, PROCHAIN, PROCHE, RAPPROCHÉ, VOISIN; RÉCENT; COMPATIBLE, CONCILIABLE, CONCORDANT, CONVERGENT, CORRESPONDANT.

éloignement *n.m.* ▶ ***Disparition*** – dématérialisation, disparition, dissipation, dissolution, effacement, évanouissement, évaporation, extinction, résorption, volatilisation. ASTRON. éclipse, immersion, occultation. ▶ ***Absence*** – absence, départ, disparition, échappée, escapade, évasion, fugue, séparation. FAM. éclipse. ▶ ***Distance*** – distance, écartement, longueur, portée. ▶ ***Recul*** – acculée, acculement, marche arrière, récession, recul, reculade, reculement, reflux, régression, repli, repliement, repoussement, retour, retrait, retraite, rétrogradation, rétrogression. FAM. recul. PHYS. répulsion. ▶ ***Solitude*** – abandon, délaissement, exil, ghettoïsation, isolation, isolement, quarantaine, réclusion, retraite, retranchement, séparation, solitude. FIG. bulle, cocon, désert, tanière, tour d'ivoire. SOUT. déréliction, thébaïde. RELIG. récollection. △ **ANT.** RAPPEL; PRÉSENCE; RAPPROCHEMENT; PROXIMITÉ, VOISINAGE; ATTACHEMENT, SYMPATHIE.

éloigner *v.* ▶ ***Déplacer*** – décaler, déplacer, déranger, pousser. FAM. bouger, remuer. QUÉB. FAM. tasser. ▶ ***Distancer*** – distancer, écarter, espacer, séparer. ▶ ***Séparer*** – couper, déconnecter, dégrouper, désunir, détacher, disjoindre, dissocier, écarter, isoler, séparer. ▶ ***Dévier*** – dérouter, détourner, dévier, écarter. ▶ ***Exiler*** – exiler, reléguer. ▶ ***Chasser*** – bannir, barrer, chasser, exclure, exiler, fermer la porte à, mettre en quarantaine, ostraciser, rejeter. SOUT. excommunier, frapper d'ostracisme, proscrire, répudier. ▶ ***Décourager*** – déconseiller à, décourager, détourner, dissuader. ♦ **s'éloigner** ▶ ***S'écarter l'un de l'autre*** – diverger, s'écarter. ▶ ***Se différencier*** – différer, se différencier, se distinguer. ▶ ***Partir*** – faire un tour, filer, montrer les talons, partir, plier bagage, quitter, s'en aller, se retirer, tourner les talons, vider les lieux. FAM. calter, débarrasser le plancher, décoller, dévisser, ficher le camp, foutre le camp, lever l'ancre, mettre les bouts, mettre les voiles, riper, s'arracher, se barrer, se casser, se tailler, se tirer, se trotter, trisser. ▶ ***Se désintéresser*** – délaisser, négliger, perdre le goût de, se désintéresser de, se détacher de. △ **ANT.** RAPPROCHER; JOINDRE, JUXTAPOSER, RÉUNIR; AVANCER, BRUSQUER, HÂTER, PRÉCIPITER; APPELER, INVITER. ♦ **s'éloigner** APPROCHER.

éloquence *n.f.* ▶ ***Art du discours*** – ardeur, art, art oratoire, brio, chaleur, charme, conviction, élégance, expression, maîtrise, parole, persuasion, rhétorique. SOUT. bien-dire. ▶ ***Loquacité*** – abondance, débit, emballement, expansivité, expressivité, exubérance, facilité, faconde, incontinence (verbale), logomachie, logorrhée, loquacité, péroraison, prolixité, verbalisme, verbiage, verbosité, verve, volubilité. FAM. bagou, baratin, baratinage, dégoisement, tchatche. QUÉB. ACADIE FAM. jasette. △ **ANT.** BAFOUILLAGE; MUTISME.

éloquent *adj.* ▶ ***Qui parle bien*** – SOUT. disert, fluent, verveux. ▶ ***Persuasif*** – convaincant, entraînant, persuasif. ▶ ***Concluant*** – concluant, convaincant, décisif, définitif, péremptoire, probant, tranchant. ▶ ***Révélateur*** – édifiant, expressif, instructif, parlant, qui en dit long, révélateur, significatif. △ **ANT.** BREDOUILLEUR; ENNUYEUX, PLAT, TERNE; DOUTEUX, ÉQUIVOQUE, INCERTAIN, MITIGÉ.

élu *n.* ▶ ***Saint*** – glorieux, saint homme, saint. ▶ *En cours de sanctification* – bienheureux, canonisable, vénérable. △ **ANT.** DAMNÉ, RÉPROUVÉ.

élucider *v.* déchiffrer, découvrir, dénouer, deviner, éclaircir, éventer, expliquer, faire (toute) la lumière sur, pénétrer, percer, résoudre, tirer au clair, trouver, trouver la clé de. △ **ANT.** EMBROUILLER, OBSCURCIR.

éluder *v.* contourner, escamoter, esquiver, éviter, fuir, se dérober à, tourner. △ **ANT.** AFFRONTER, ASSUMER, FAIRE FACE.

émanation *n.f.* ▶ ***Odeur*** – effluence, effluve, exhalaison, odeur. ▶ ***Produit gazeux*** – buée, exhalaison, fumée, fumerolle *(volcan)*, gaz, mofette *(volcan)*, nuage, nuée, salamandre *(alchimie)*, vapeur. QUÉB. FAM. boucane. ▶ ***Aura*** – âme, aura, corps astral, double (éthéré), essence, éther, vapeur. ▶ ***Manifestation*** – fluide, influx (magnétique).

émancipation *n.f.* ▸ ***Libération*** – acquittement, affranchissement, décolonisation, délivrance, désaliénation, élargissement, évacuation, libération, manumission, rachat, rédemption, salut. FAM. débarras, quille. SOUT. déprise. ▸ ***Avancement*** – accession, avancement, élévation, mouvement, mutation, nomination, promotion, reclassement. △ **ANT.** ASSERVISSEMENT, OPPRESSION; ESCLAVAGE, SERVITUDE.

émaner *v.* ▸ ***Découler*** – découler, dépendre, dériver, partir, procéder, provenir, résulter, s'ensuivre. BELG. conster. ▸ ***Se dégager*** – s'échapper, s'exhaler, se dégager, sortir.

emballage *n.m.* ▸ ***Action d'emballer*** – conditionnement, empaquetage, ensachage. RARE encaissage, encaissement. ▸ ***Contenant*** – conditionnement, empaquetage. ▸ ***Effort ultime*** – finish, pointe, sprint (final). △ **ANT.** DÉBALLAGE; CONTENU, FOND.

emballer *v.* ▸ ***Mettre dans un emballage*** – conditionner, empaqueter, envelopper. ▸ ***Ravir*** (FAM.) – charmer, combler, enchanter, enthousiasmer, exaucer, faire la joie de, faire le bonheur de, faire plaisir à, mettre en joie, plaire à, ravir, réjouir. SOUT. assouvir, délecter. ▸ ***Passionner*** (FAM.) – animer, enfiévrer, enflammer, enthousiasmer, exalter, exciter, passionner, soulever, transporter. ▸ ***Emprisonner*** (FAM.) – écrouer, emprisonner, enfermer, incarcérer, mettre sous les verrous, verrouiller. FAM. boucler, coffrer, embastiller, encelluler, mettre à l'ombre, mettre au trou. ▸ ***Arrêter*** (FRANCE FAM.) – appréhender, arrêter, capturer, faire prisonnier, prendre, saisir. FAM. attraper, choper, coffrer, coiffer, coincer, cravater, cueillir, embarquer, épingler, harponner, mettre la main au collet de, mettre le grappin sur, pincer, poisser, prendre au collet, ramasser, saisir au collet. FRANCE FAM. agrafer, alpaguer, arnaquer, arquepincer, gauler, piquer, poivrer. ♦ **s'emballer** ▸ ***S'enthousiasmer*** (FAM.) – s'enflammer, s'enthousiasmer, s'exalter, se prendre d'enthousiasme. △ **ANT.** DÉBALLER, DÉPLIER, OUVRIR; DÉSENCHANTER. ♦ **s'emballer** SE DÉGOÛTER.

embarcation *n.f.* bateau. SOUT. batelet, esquif. FAM. coquille (de noix).

embarquer *v.* ▸ ***Engager dans une situation fâcheuse*** (FAM.) – empêtrer, engager, entraîner. FAM. embringuer. ▸ ***Arrêter*** (FAM.) – appréhender, arrêter, capturer, faire prisonnier, prendre, saisir. FAM. attraper, choper, coffrer, coiffer, coincer, cravater, cueillir, épingler, harponner, mettre la main au collet de, mettre le grappin sur, pincer, poisser, prendre au collet, ramasser, saisir au collet. FRANCE FAM. agrafer, alpaguer, arnaquer, arquepincer, emballer, gauler, piquer, poivrer. ♦ **s'embarquer** ▸ ***S'engager*** (FAM.) – s'aventurer, s'engager. FAM. s'empêtrer, se mettre les pieds dans. FRANCE FAM. s'embringuer. △ **ANT.** DÉBARQUER, DESCENDRE; DÉCHARGER; DÉGAGER, RETIRER.

embarras *n.m.* ▸ ***Hésitation*** – doute, flottement, hésitation, incertitude, inconstance, indécision, indétermination, instabilité, irrésolution, perplexité, procrastination, réticence, scrupule, tâtonnement, trouble, vacillement, valse-hésitation, velléité, versatilité. SOUT. limbes. ▸ ***Honte*** – confusion, contrainte, crainte, gêne, honte, humilité, pudeur, réserve, retenue, scrupule, timidité. ▸ ***Pauvreté*** – appauvrissement, besoin, dénuement, détresse, gêne, gouffre, indigence, manque, mendicité, misère, nécessité, pauvreté, pouillerie, privation, ruine. SOUT. impécuniosité. FAM. dèche. FRANCE FAM. débine, fauche, mistoufle, mouise, mouscaille, panade, purée. DR. carence. ▸ ***Obstacle*** – accroc, adversité, anicroche, barrière, blocage, contrariété, contretemps, défense, difficulté, digue, écueil, empêchement, ennui, entrave, frein, gêne, impasse, impossibilité, inhibition, interdiction, objection, obstruction, ombre au tableau, opposition, pierre d'achoppement, point noir, problème, résistance, restriction, tribulations. SOUT. achoppement, impedimenta, traverse. FAM. hic, lézard, os, pépin. QUÉB. FAM. aria. RARE empêtrement. ▸ ***Inconvénient*** – aléa, charge, contre, danger, défaut, déplaisir, dérangement, désagrément, désavantage, difficulté, écueil, empêchement, ennui, fissure, gêne, handicap, incommodité, inconfort, inconvénient, mauvais côté, objection, obstacle, point faible, risque, trouble. SOUT. importunité. ▸ ***Incident*** – accident, accroc, accrochage, affaire, anicroche, avatar, aventure, complication, contingences, contrariété, contretemps, crise, désagrément, difficulté, dispute, empêchement, ennui, épine, épisode, événement, éventualité, imprévu, incident, mésaventure, obstacle, occasion, occurrence, péripétie, problème, rebondissement, tribulations. SOUT. adversité. FAM. cactus, embêtement, emmerde, emmerdement, enquiquinement, os, pépin, pétrin, tuile. FRANCE FAM. empoisonnement. ▸ ***Alourdissement*** – alourdissement, appesantissement, augmentation de poids, indigestion, lourdeur, oppression, surcharge. △ **ANT.** AISANCE, APLOMB, ASSURANCE; COMMODITÉ, FACILITÉ.

embarrassant *adj.* ▸ ***Qui met dans l'embarras*** – déconcertant, déroutant, qui met dans l'embarras, troublant. FAM. démontant. QUÉB. embêtant. ▸ ***Encombrant*** – encombrant, gênant, incommode, malcommode. ▸ *Par sa taille* – volumineux. △ **ANT.** ENCOURAGEANT, RASSÉRÉNANT, RASSURANT, TRANQUILLISANT; COMMODE, EFFICACE, FONCTIONNEL, PRATIQUE, UTILE, UTILITAIRE.

embarrasser *v.* ▸ ***Surcharger*** – alourdir, charger, encombrer, farcir, surcharger. ▸ ***Gêner le mouvement*** – encombrer, gêner. FAM. emplâtrer. ▸ ***Déconcerter*** – déconcerter, décontenancer, démonter, dérouter, désarçonner, désorienter, déstabiliser, ébranler, interloquer, troubler. SOUT. confondre. FAM. déboussoler. ▸ ***Intimider*** – gêner, intimider, mettre mal à l'aise, troubler. ♦ **s'embarrasser** ▸ ***Se charger inutilement*** – s'empêtrer, s'encombrer. ▸ ***S'embrouiller*** – s'embrouiller, s'empêtrer, s'enferrer, se perdre, se tromper. FAM. cafouiller, patauger, patouiller, s'emberlificoter, s'emmêler les crayons, s'emmêler les pédales, s'emmêler les pieds, s'emmêler les pinceaux, vasouiller. ▸ ***Se soucier*** – s'inquiéter, s'occuper, se préoccuper, se soucier. ♦ **embarrassé** ▸ ***Gêné*** – contraint, crispé, forcé, gauche, gêné, mal à l'aise. ▸ ***Honteux*** – confus, honteux, mal à l'aise, penaud, piteux, troublé. FAM. dans ses petits souliers. ▸ ***Perplexe*** – flottant, fluctuant, hésitant, incertain, indécis, indéterminé, irrésolu, perplexe, velléitaire. FRANCE FAM. entre le zist et le zest, vasouillard. MÉD. aboulique. ▸ ***Qui manque de clarté*** – brouillé, brumeux, compliqué, confus, contourné, embrouillé, embroussaillé, enchevêtré, entortillé, flou, fumeux, incompréhensible, indéchiffrable, inintelligible, nébuleux, obscur, tarabiscoté, vague, vaseux. SOUT. abscons, abstrus, amphigourique, fuligineux. FAM. chinois, emberlificoté, filandreux, vasouillard. ▶ ***Qui manque d'aisance*** – gauche, laborieux, lourd, qui sent l'effort. ▶ ***En parlant de l'estomac*** – chargé, lourd. △ **ANT.** ALLÉGER, DÉBARRASSER, DÉCHARGER, SOULAGER; DÉBLOQUER, DÉCONGESTIONNER, DÉGAGER, DÉSENCOMBRER, LIBÉRER; AIDER, APAISER, RASSURER, TRANQUILLISER. ♦ **embarrassé** À L'AISE, LIBRE, NATUREL.

embaucher *v.* engager, prendre à son service. △ **ANT.** DÉBAUCHER, LICENCIER, METTRE À LA PORTE, REMERCIER, RENVOYER; REFUSER.

embaumer *v.* ▶ ***Conserver un corps*** – HIST. momifier. ▶ ***Répandre une bonne odeur*** – aromatiser, parfumer. △ **ANT.** DÉCOMPOSER; EMPESTER, EMPUANTIR, PUER.

embellir *v.* ▶ ***Rendre beau*** – esthétiser. ▶ ***Faire paraître plus beau*** – avantager, flatter. ▶ ***Rendre plus conforme à un idéal*** – enjoliver, idéaliser, magnifier, poétiser, sublimiser. ▶ ***Orner*** – agrémenter, colorer, décorer, émailler, enjoliver, enrichir, garnir, habiller, ornementer, orner, parer, rehausser, relever. SOUT. diaprer. △ **ANT.** DÉFIGURER, DÉPARER, ENLAIDIR, GÂTER.

emblème *n.m.* ▶ ***Symbole*** – allégorie, attribut, chiffre, devise, drapeau, effigie, figure, icône, image, incarnation, insigne, livrée, logo, logotype, marque, notation, personnification, représentation, signe, symbole, type.

emboîter *v.* encastrer, enchâsser. △ **ANT.** DÉBOÎTER, DISJOINDRE, SÉPARER.

embouchure *n.f.* ▶ ***Endroit d'un cours d'eau*** – bouche. ▶ ***Partie d'un instrument à vent*** – bec, biseau. △ **ANT.** SOURCE.

embraser *v.* ▶ ***Brûler*** – brûler, enflammer, incendier. ▶ ***Remplir de lumière*** – allumer, éclairer, ensoleiller, illuminer. SOUT. enflammer. ▶ ***Exciter*** – aiguiser, allumer, attiser, augmenter, aviver, échauffer, enflammer, exalter, exciter, incendier, stimuler. △ **ANT.** ÉTEINDRE, ÉTOUFFER; APAISER, REFROIDIR.

embrasser *v.* ▶ ***Serrer dans ses bras*** – enlacer, étreindre, prendre dans ses bras, presser sur son cœur, serrer. ▶ ***Donner des baisers*** – baiser. FAM. baisoter, bécoter, biser, faire la bise à. ▶ ***Choisir*** – adopter, choisir, épouser, faire sien, prendre. ▶ ***Englober*** – couvrir, englober, recouvrir. ▶ ***Saisir le sens*** (SOUT.) – comprendre, s'expliquer, saisir, toucher du doigt, voir. SOUT. appréhender, entendre. FAM. entraver, piger. FRANCE FAM. percuter. ♦ **s'embrasser** ▶ ***Échanger des baisers*** – FAM. se bécoter. △ **ANT.** DESSERRER, ÉLOIGNER; DÉTOURNER, REJETER, REPOUSSER, SÉPARER.

embrouiller *v.* ▶ ***Emmêler*** – emmêler, enchevêtrer, entortiller, entrecroiser, entrelacer, entremêler, mêler. ▶ ***Compliquer*** – brouiller, compliquer, embroussailler, emmêler, enchevêtrer, entortiller, entremêler, mélanger, mêler, obscurcir. FAM. emberlificoter. DIDACT. intriquer. ♦ **s'embrouiller** ▶ ***S'empêtrer*** – s'embarrasser, s'empêtrer, s'enferrer, se perdre, se tromper. FAM. cafouiller, patauger, patouiller, s'emberlificoter, s'emmêler les crayons, s'emmêler les pédales, s'emmêler les pieds, s'emmêler les pinceaux, vasouiller. ♦ **embrouillé** ▶ ***Difficile à comprendre*** – brouillé, brumeux, compliqué, confus, contourné, embarrassé, embroussaillé, enchevêtré, entortillé, flou, fumeux, incompréhensible, indéchiffrable, inintelligible, nébuleux, obscur, tarabiscoté, vague, vaseux. SOUT. abscons, abstrus, amphigourique, fuligineux. FAM. chinois, emberlificoté, filandreux, vasouillard. △ **ANT.** DÉBROUILLER, DÉMÊLER; ÉCLAIRER, ÉLUCIDER.

embryon *n.m.* ▶ ***Fœtus*** – bébé, fœtus. ▶ ***Début*** – actionnement, amorçage, amorce, balbutiement, bégaiement, commencement, création, début, déclenchement, démarrage, départ, ébauche, enclenchement, enfance, entrée, esquisse, fondement, germe, inauguration, origine, ouverture, prélude, prémisse, principe, tête. SOUT. aube, aurore, matin, prémices. FIG. apparition, avènement, éclosion, émergence, éruption, explosion, genèse, germination, naissance, venue au monde.

embryonnaire *adj.* (à l'état) brut, à l'état d'ébauche, ébauché, élémentaire, fruste, grossier, imparfait, informe, larvaire, mal équarri, primitif, rudimentaire. △ **ANT.** ACHEVÉ, COMPLET, COMPLÉTÉ, DANS SA PHASE FINALE, TERMINÉ.

embûche *n.f.* ▶ ***Difficulté*** – difficulté, écueil, piège. ▶ ***Danger*** – aléa, casse-cou, danger, détresse, difficulté, écueil, épée de Damoclès, épouvantail, guêpier, hasard, impasse, imprudence, insécurité, mauvais pas, menace, perdition, péril, piège, point chaud, point sensible, poudrière, récif, risque, spectre, traverse, urgence, volcan. SOUT. tarasque. FRANCE FAM. casse-gueule.

embuscade *n.f.* ▶ ***Piège*** – attrape, attrape-nigaud, chausse-trappe, filet, guêpier, guet-apens, leurre, piège, ruse, traquenard, tromperie. SOUT. duperie, rets. ▶ ***Affût*** – affût, cache, palombière *(chasse à la palombe)*, poste.

émergence *n.f.* ▶ ***Affleurement*** – affleurage, affleurement, émersion, saillie. SOUT. surgissement. ▶ ***Commencement*** – actionnement, amorçage, amorce, balbutiement, bégaiement, commencement, création, début, déclenchement, démarrage, départ, ébauche, embryon, enclenchement, enfance, entrée, esquisse, fondement, germe, inauguration, origine, ouverture, prélude, prémisse, principe, tête. SOUT. aube, aurore, matin, prémices. FIG. apparition, avènement, éclosion, éruption, explosion, genèse, germination, naissance, venue au monde.

émerger *v.* ▶ ***Pointer hors de l'eau*** – s'exonder. ▶ ***Apparaître brusquement*** – jaillir, saillir, sortir, surgir. ▶ ***Se manifester brusquement*** – éclater, fuser, jaillir, s'élever, surgir. ▶ ***Se manifester peu à peu*** – apparaître, se dégager, se dévoiler, se faire jour, se manifester, se profiler, se révéler, transparaître. SOUT. affleurer. △ **ANT.** ENFONCER, IMMERGER, PLONGER; COULER, DISPARAÎTRE, S'ABÎMER, SOMBRER.

émerveillement *n.m.* ▶ ***Éblouissement*** – admiration, adoration, éblouissement, enchantement, engouement, enthousiasme, envoûtement, fascination, ravissement, subjugation. ▶ ***Étonnement*** – abasourdissement, ahurissement, bouleversement, ébahissement, éblouissement, effarement, étonnement, saisissement, stupéfaction, stupeur, surprise. FAM. épatement. △ ANT. DÉSENCHANTEMENT, DÉSILLUSION.

émerveiller *v.* éblouir, faire de l'effet, faire impression, faire sensation, fasciner, impressionner. FAM. en mettre plein la vue à, épater. ♦ **s'émerveiller** admirer, s'extasier, se pâmer, se pâmer d'admiration, tomber en extase. PAR PLAIS. tomber en pâmoison. △ ANT. DÉCEVOIR, DÉSENCHANTER, DÉSILLUSIONNER.

émettre *v.* ▶ ***Prononcer*** – articuler, dire, lâcher, lancer, pousser, proférer, prononcer, sortir. ▶ ***Formuler*** – dire, exprimer, extérioriser, formuler, objectiver, verbaliser. ▶ ***Dégager*** – dégager, diffuser, produire, répandre. SC. dissiper. △ ANT. ÉCOUTER; RECEVOIR; ACCEPTER.

émeute *n.f.* agitation, agitation-propagande, chouannerie, désordre, effervescence, embrasement, excitation, faction, fermentation, fièvre, fronde, insoumission, insubordination, insurrection, jacquerie, manifestation, mutinerie, rébellion, remous, résistance, révolte, révolution, sédition, soulèvement, tourmente, troubles. FAM. agit-prop. △ ANT. APAISEMENT, PACIFICATION; CALME, PAIX.

émigration *n.f.* départ, exode, expatriation, fuite. △ ANT. IMMIGRATION.

émigré *n.* déraciné, émigrant, expatrié, immigrant, immigré, migrant, transplanté. △ ANT. IMMIGRÉ.

émigrer *v.* s'exiler, s'expatrier, se réfugier. △ ANT. IMMIGRER.

éminemment *adv.* ▶ ***À un très haut degré*** – à l'extrême, affreusement, astronomiquement, au dernier degré, au dernier point, au maximum, au plus haut degré, au plus haut point, beaucoup, bien, colossalement, considérablement, énormément, exceptionnellement, extraordinairement, extrêmement, fabuleusement, follement, fort, fortement, grandement, gros, hautement, immensément, incommensurablement, inconcevablement, incroyablement, infiniment, intensément, long, mortellement, nettement, on ne peut plus, phénoménalement, prodigieusement, profondément, remarquablement, sérieusement, singulièrement, souverainement, supérieurement, suprêmement, terriblement, très, vertigineusement, vivement, vraiment. FAM. bigrement, bougrement, diablement, drôlement, effroyablement, épais, épouvantablement, fameusement, fantastiquement, fichtrement, fichûment, formidablement, foutrement, furieusement, joliment, rudement, sacrément, salement, super, terrible, tout plein, vachement. ▶ ***De manière remarquable*** – à la perfection, à merveille, à ravir, admirablement, bien, divinement, extraordinairement, idéalement, impeccablement, incomparablement, infailliblement, irréprochablement, le mieux du monde, merveilleusement, mirifiquement, on ne peut mieux, parfaitement, prodigieusement, sans fautes, sublimement, supérieurement, suprêmement. SOUT. excellemment. FAM. épatamment, sans bavure. △ ANT. PEU.

éminence *n.f.* ▶ ***Relief*** – élévation, hauteur. ▶ ***Saillie*** – angle, appendice, arête, aspérité, avancée, avancement, balèvre, bec, bosse, bourrelet, console, corne, corniche, côte, coude, crête, dent, encorbellement, éperon, ergot, excroissance, gibbosité, hourd, moulure, nervure, picot, pointe, proéminence, projecture, prolongement, protubérance, redan, relief, ressaut, saillant, saillie, surplomb, surplombement, tubercule. △ ANT. DÉPRESSION; CAVITÉ, CREUX.

éminent *adj.* ▶ ***Prestigieux*** – choisi, de distinction, de marque, de prestige, distingué, élitaire, en vue, grand, prestigieux, sélect, trié sur le volet. ▶ ***Important*** – élevé, exceptionnel, grand, important, insigne, prestigieux, remarquable, signalé. SOUT. suréminent. △ ANT. MÉDIOCRE, ORDINAIRE, QUELCONQUE, SANS ENVERGURE.

émission *n.f.* ▶ ***Expulsion de l'organisme*** – délivrance, élimination, émonction, évacuation, excrétion, expulsion, sécrétion. ▶ ***Rayonnement*** – irradiation, phosphorescence, propagation, radiation, rayonnement. ▶ ***Transmission*** – cession, circulation, communication, dévolution, diffusion, dissémination, expansion, extension, intercommunication, multiplication, passation, progression, propagation, rayonnement, reproduction, transfert, translation, virement. ▶ ***Action d'émettre un acte*** – tirage. △ ANT. RÉCEPTION; SOUSCRIPTION.

emmener *v.* accompagner, amener, conduire, convoyer, escorter, mener. PÉJ. flanquer. △ ANT. AMENER; CHASSER, CONGÉDIER; LAISSER.

émotif *adj.* ▶ ***Sensible*** – impressionnable, sensible. FAM. émotionnable. ▶ ***Qui concerne les émotions*** – affectif, émotionnel, nerveux, psychoaffectif. △ ANT. APATHIQUE, DE GLACE, FLEGMATIQUE, FROID, IMPASSIBLE, INSENSIBLE; CARTÉSIEN, CÉRÉBRAL, LOGIQUE, PONDÉRÉ, POSÉ, RATIONNEL, RÉFLÉCHI.

émotion *n.f.* ▶ ***Agitation*** – affolement, agitation, bouleversement, colère, confusion, débridement, déchaînement, désarroi, ébranlement, ébullition, embrasement, fièvre, frénésie, mouvement, passion, violence. SOUT. émoi, exaltation. FIG. dévergondage. ▶ ***Bouleversement*** – bouleversement, choc, commotion, coup, ébranlement, secousse, traumatisme. ▶ ***Scandale*** – choc, commotion, étonnement, honte, indignation, scandale. ▶ ***Émotivité*** – affect, affectivité, âme, attendrissement, cœur, compassion, émotivité, empathie, fibre, humanité, impressionnabilité, pitié, romantisme, sensibilité, sentiment, sentimentalité, susceptibilité, sympathie, tendresse, vulnérabilité. SOUT. entrailles. FAM. tripes. ▸ *À l'excès* – hyperémotivité, hypersensibilité, sensiblerie, sentimentalisme. △ ANT. CALME, SÉRÉNITÉ; FROIDEUR, IMPASSIBILITÉ, INDIFFÉRENCE, INSENSIBILITÉ.

émotionnel *adj.* affectif, émotif, nerveux, psychoaffectif. △ ANT. RATIONNEL.

émotivité *n.f.* ▶ ***Sensibilité*** – affect, affectivité, âme, attendrissement, cœur, compassion, émotion, empathie, fibre, humanité, impressionnabilité, pitié, romantisme, sensibilité, sentiment, sentimentalité, susceptibilité, sympathie, tendresse, vulnérabilité. SOUT. entrailles. FAM. tripes. ▸ *À l'excès* – hyperémotivité, hypersensibilité, sensiblerie, sentimentalisme. △ ANT. FROIDEUR, IMPASSIBILITÉ, INDIFFÉRENCE, INSENSIBILITÉ.

émousser *v.* ▶ ***Rendre moins pointu*** – épointer, user. ▶ ***Atténuer*** – affaiblir, amortir, atténuer, diminuer, effacer, éroder, estomper, oblitérer, user. ▶ ***Enlever toute vivacité*** – engourdir, hébéter. ♦ **s'émousser** ▶ ***S'affaiblir*** – faiblir, s'affaiblir, s'amenuiser, s'effriter, s'émietter. ♦ **émoussé** ▶ ***En parlant d'une lame*** – mousse, obtus. △ **ANT.** AFFINER, AFFÛTER, AIGUISER.

émouvant *adj.* ▶ ***Touchant*** – attachant, attendrissant, désarmant, prenant, touchant. ▶ ***Bouleversant*** – bouleversant, déchirant, dramatique, pathétique, poignant, troublant, vibrant *(discours)*. SOUT. empoignant. △ **ANT.** AGAÇANT, CRISPANT, DÉSAGRÉABLE, ÉNERVANT, EXASPÉRANT, IRRITANT; BANAL, ININTÉRESSANT, SANS INTÉRÊT; COMIQUE, GROTESQUE.

émouvoir *v.* ▶ ***Bouleverser*** – bouleverser, chavirer, ébranler, remuer, retourner, révulser, secouer, troubler. FAM. chambouler, émotionner, remuer les tripes à, révolutionner, tournebouler, tourner les sangs à. ▶ ***Attendrir*** – aller droit au cœur de, apitoyer, attendrir, faire quelque chose à, remuer, toucher, troubler. SOUT. prendre aux entrailles. FAM. émotionner, prendre aux tripes. ♦ **s'émouvoir** ▶ ***Éprouver de la tendresse*** – s'attendrir. FAM. craquer, fondre. ▶ ***Manifester de l'émotion*** – broncher, sourciller. ♦ **ému** ▶ ***Sous le coup de l'émotion*** – agité, émotionné, frémissant, palpitant, sous le coup de l'émotion, tremblant. △ **ANT.** APAISER, CALMER, RASSÉRÉNER, RASSURER, TRANQUILLISER; LAISSER FROID, LAISSER INDIFFÉRENT; GLACER, REFROIDIR.

emparer (s') *v.* ▶ ***Saisir*** – accrocher, agripper, attraper, empoigner, happer, prendre, saisir, se saisir de. ▶ ***Voler*** – enlever, prendre, ravir, se saisir de, usurper, voler. FAM. faucher, souffler, soulever. ▶ ***Prendre par la force*** – conquérir, enlever, mettre la main sur, prendre, se rendre maître de, se saisir de. ▶ ***Monopoliser*** – accaparer, monopoliser, retenir, s'approprier, se rendre maître de. FAM. truster. ▶ ***Envahir*** – conquérir, envahir, occuper, prendre. △ **ANT.** ABANDONNER, CÉDER, LAISSER, PERDRE; REDONNER, REMETTRE, RENDRE, RESTITUER; LIBÉRER.

empathie *n.f.* ▶ ***Altruisme*** – aide, allocentrisme, altruisme, amour (d'autrui), assistance, bénévolat, bienveillance, bonté, charité, commisération, compassion, complaisance, convivialité, dévouement, don de soi, entraide, extraversion, fraternité, générosité, gentillesse, humanité, oblativité, oubli de soi, philanthropie, pitié, sensibilité, serviabilité, solidarité, sollicitude. SOUT. bienfaisance. ▶ ***Émotivité*** – affect, affectivité, âme, attendrissement, cœur, compassion, émotion, émotivité, fibre, humanité, impressionnabilité, pitié, romantisme, sensibilité, sentiment, sentimentalité, susceptibilité, sympathie, tendresse, vulnérabilité. SOUT. entrailles. FAM. tripes. ▸ *À l'excès* – hyperémotivité, hypersensibilité, sensiblerie, sentimentalisme. △ **ANT.** ÉGOÏSME; INDIFFÉRENCE, INSENSIBILITÉ.

empathique *adj.* compatissant, sensible. △ **ANT.** DE PIERRE, DUR, ENDURCI, FROID, INDIFFÉRENT, INSENSIBLE, SANS-CŒUR, SEC.

empêchement *n.m.* ▶ ***Interdiction*** – condamnation, défense, embargo, interdiction, interdit, prohibition, refus, tabou. ▶ ***Restriction*** – économie, épargne, parcimonie, rationalisation, rationnement, réserve, restriction, réticence. FAM. dégraissage. ▶ ***Obstacle*** – accroc, adversité, anicroche, barrière, blocage, contrariété, contretemps, défense, difficulté, digue, écueil, embarras, ennui, entrave, frein, gêne, impasse, impossibilité, inhibition, interdiction, objection, obstruction, ombre au tableau, opposition, pierre d'achoppement, point noir, problème, résistance, restriction, tribulations. SOUT. achoppement, impedimenta, traverse. FAM. hic, lézard, os, pépin. QUÉB. FAM. aria. RARE empêtrement. ▶ ***Incident*** – accident, accroc, accrochage, affaire, anicroche, avatar, aventure, complication, contingences, contrariété, contretemps, crise, désagrément, difficulté, dispute, embarras, ennui, épine, épisode, événement, éventualité, imprévu, incident, mésaventure, obstacle, occasion, occurrence, péripétie, problème, rebondissement, tribulations. SOUT. adversité. FAM. cactus, embêtement, emmerde, emmerdement, enquiquinement, os, pépin, pétrin, tuile. FRANCE FAM. empoisonnement. ▶ ***Inconvénient*** – aléa, charge, contre, danger, défaut, déplaisir, dérangement, désagrément, désavantage, difficulté, écueil, embarras, ennui, fissure, gêne, handicap, incommodité, inconfort, inconvénient, mauvais côté, objection, obstacle, point faible, risque, trouble. SOUT. importunité. △ **ANT.** AUTORISATION, PERMISSION; ENCOURAGEMENT; COMMODITÉ.

empêcher *v.* ▶ ***Entraver*** – aller à l'encontre de, barrer, contrarier, contrecarrer, déranger, entraver, faire obstacle à, gâcher, gêner, mettre des bâtons dans les roues de, nuire à, s'opposer à, se mettre en travers de, troubler. ▶ ***Éviter*** – conjurer, écarter, éviter, parer, prévenir. ▶ ***Interdire*** – condamner, défendre, interdire, prohiber, proscrire, punir. ▶ ***Refouler à l'intérieur de soi*** – contenir, endiguer, étouffer, museler, refouler, refréner, rentrer, réprimer, retenir. SOUT. brider, contraindre. ▶ ***Être incompatible avec*** – exclure, interdire. ♦ **s'empêcher** ▶ ***S'abstenir*** – éviter de, s'abstenir de, s'interdire de, se défendre de, se garder de, se refuser à, se retenir de. △ **ANT.** AIDER, ENCOURAGER, FAVORISER; AUTORISER, LAISSER, PERMETTRE.

empereur *n.m.* ▸ *Titre* – majesté, sire.

emphase *n.f.* ▶ ***Pompe*** – apparat, bouffissure, boursouflure, cérémonie, déclamation, démesure, enflure, excès, gonflement, grandiloquence, hyperbole, pédanterie, pédantisme, pompe, prétention, solennité. SOUT. ithos, pathos. ▶ ***Préciosité*** – affectation, byzantinisme, maniérisme, marivaudage, mignardise, préciosité, purisme, raffinement, recherche, sophistication, subtilité. SOUT. afféterie, concetti. ▶ ***Amplification*** – alourdissement, amplification, boursouflure, broderie, développement, dramatisation, enflure, enjolivement, enjolivure, exagération, grossissement, hypertrophie, outrance, paraphrase, redondance, renchérissement. △ **ANT.** CONCISION, DISCRÉTION, LACONISME; NATUREL, SIMPLICITÉ, SOBRIÉTÉ.

emphatique *adj.* ampoulé, bouffi, boursouflé, déclamateur, déclamatoire, enflé, gonflé, grandiloquent, hyperbolique, pédantesque, pompeux, pompier, pontifiant, prétentieux, ronflant, théâtral. SOUT.

histrionique, pindarique. △ **ANT.** DÉPOUILLÉ, MODESTE, SIMPLE, SOBRE.

empiéter *v.* ▶ ***Au sens concret*** – chevaucher, déborder, dépasser, mordre. ▶ ***Au sens abstrait*** – envahir. *SOUT.* entreprendre, usurper. △ **ANT.** CÉDER, CONCÉDER; RESPECTER.

empiler *v.* ▶ ***Mettre en pile*** – gerber, palettiser. ▶ ***Mettre en tas*** – accumuler, amasser, amonceler, entasser. ▶ ***Installer des personnes à l'étroit*** – entasser, parquer, serrer, tasser. *FAM.* encaquer, tasser comme des harengs, tasser comme des sardines. *FRANCE RÉGION.* esquicher. ▶ ***Duper*** (*FAM.*) – abuser, attraper, avoir, bercer, berner, duper, en conter à, en faire accroire à, flouer, leurrer, mentir à, mystifier, se jouer de, se moquer de, tromper. *SOUT.* trigauder. *FAM.* blouser, bluffer, canuler, charrier, cravater, empaumer, entourlouper, esbroufer, faire marcher, feinter, la faire à, mener en bateau, mettre en boîte, pigeonner, posséder, refaire, rouler. *QUÉB. FAM.* niaiser. *RARE* jobarder.

empire *n.m.* ▶ ***Territoires*** – domaine, sol, territoire. ▶ ***Domination*** (*SOUT.*) – autorité, commandement, domination, force, gouvernement *(politique)*, juridiction, loi, maîtrise, pouvoir, puissance, règne, tutelle. *SOUT.* férule, houlette. ▶ ***Influence*** (*SOUT.*) – action, aide, appui, ascendant, attirance, attraction, aura, autorité, contagion, crédit, dominance, domination, effet, empreinte, emprise, fascination, force, importance, incitation, influence, inspiration, magie, magnétisme, mainmise, manipulation, mouvance, persuasion, pétition, poids, pouvoir, prépondérance, présence, pression, prestige, puissance, règne, rôle, séduction, subjugation, suggestion, tyrannie. *SOUT.* intercession.

empirique *adj.* expérimental. △ **ANT.** MÉTHODIQUE, RATIONNEL, SCIENTIFIQUE, SYSTÉMATIQUE.

empirisme *n.m.* ▶ ***Manière de penser*** – activisme, cynisme, matérialisme, opportunisme, pragmatisme, prosaïsme, réalisme, utilitarisme. ▶ ***Théorie*** – génétisme.

emplacement *n.m.* ▶ ***Endroit*** – coin, endroit, lieu, localisation, localité, place, point, position, poste, scène, séjour, siège, site, situation, théâtre, zone. *BIOL.* locus. ▶ ***Aire*** – aire, champ, domaine, espace, place, région, terrain, territoire, zone.

emplir *v.* ▶ ***Remplir de choses concrètes*** – bourrer, charger, remplir. ▶ ***Remplir de personnes*** – faire salle comble, remplir. *FAM.* bourrer (de monde). ▶ ***Remplir d'une chose abstraite*** – envahir, gonfler, inonder, pénétrer, remplir, submerger. ▶ ***Occuper un espace*** – couvrir, garnir, occuper, remplir, s'étendre sur. ▶ ***Occuper le temps*** – meubler, occuper, remplir. *SOUT.* peupler. △ **ANT.** DÉSEMPLIR, VIDER.

emploi *n.m.* ▶ ***Utilisation*** – maniement, manipulation, manœuvre, usage, utilisation. *FAM.* manip. ▶ ***Poste*** – affectation, charge, dignité, fonction, métier, mission, office, place, poste, responsabilité, rôle, siège, titre, vocation. ▶ ***Métier*** – activité, art, carrière, état, gagne-pain, métier, occupation, profession, qualité, services, situation, spécialité, travail. *FAM.* boulot, turbin, turf. △ **ANT.** INUTILITÉ; CHÔMAGE, INACTIVITÉ.

employé *n.* agent, cachetier, journalier, ouvrier *(manuel)*, préposé, salarié, travailleur. △ **ANT.** CADRE, DIRECTEUR, EMPLOYEUR, PATRON, SUPÉRIEUR.

employer *v.* ▶ ***Utiliser*** – avoir recours à, déployer, exercer, faire appel à, faire jouer, faire usage de, jouer de, mettre en œuvre, recourir à, s'aider de, se servir de, user de, utiliser. ▶ ***Manipuler une choses abstraite*** – manier, manipuler, se servir de, user de, utiliser. ▶ ***Consacrer*** – appliquer, consacrer, mettre, mettre à profit. ♦ **s'employer** ▶ ***Se consacrer*** – s'adonner à, s'appliquer à, s'occuper de, se consacrer à, se livrer à, vaquer à. △ **ANT.** DÉDAIGNER, NÉGLIGER; RENVOYER.

empoigner *v.* ▶ ***Agripper*** – accrocher, agripper, attraper, happer, prendre, s'emparer de, saisir, se saisir de. ▶ ***Passionner*** – captiver, intéresser, passionner, plaire à. *SOUT.* attacher l'esprit. *FAM.* accrocher, brancher. ♦ **s'empoigner** ▶ ***Se battre*** – échanger des coups, en découdre, en venir aux coups, en venir aux mains, se bagarrer, se battre, se colleter. *FAM.* s'expliquer, se bigorner, se cogner, se crêper le chignon, se prendre aux cheveux, se tabasser, se taper dessus, se voler dans les plumes. *FRANCE FAM.* barouder, châtaigner, se bastonner, se castagner. *QUÉB. FAM.* se batailler.. △ **ANT.** LÂCHER, RELÂCHER; ENNUYER, LAISSER INDIFFÉRENT.

empoisonnement *n.m.* ▶ ***Fait d'être empoisonné*** – envenimation, envenimement, intoxication, toxémie. *FAM.* intox. ▶ ***Ennui*** (*FRANCE FAM.*) – accident, accroc, accrochage, affaire, anicroche, avatar, aventure, complication, contingences, contrariété, contretemps, crise, désagrément, difficulté, dispute, embarras, empêchement, ennui, épine, épisode, événement, éventualité, imprévu, incident, mésaventure, obstacle, occasion, occurrence, péripétie, problème, rebondissement, tribulations. *SOUT.* adversité. *FAM.* cactus, embêtement, emmerde, emmerdement, enquiquinement, os, pépin, pétrin, tuile.

empoisonner *v.* ▶ ***Provoquer une intoxication*** – intoxiquer. ▶ ***Gâcher*** – gâcher, gâter, ruiner, saboter. *FAM.* bousiller. ▶ ***Rendre impur*** (*SOUT.*) – avilir, flétrir, profaner, salir, souiller. *SOUT.* contaminer, polluer. ▶ ***Empester*** (*SOUT.*) – empester. *SOUT.* empuantir, infecter. ▶ ***Importuner*** (*FAM.*) – assommer, endormir, ennuyer, lasser. *FAM.* barber, barbifier, pomper, raser. ▶ ***Contrarier*** (*FAM.*) – agacer, chiffonner, contrarier, ennuyer, irriter. *FAM.* embêter. △ **ANT.** ASSAINIR, DÉSINTOXIQUER, PURIFIER.

emportement *n.m.* ▶ ***Fougue*** – ardeur, feu, fougue, furia, impétuosité, pétulance, véhémence, vivacité. *FAM.* mordant. ▶ ***Colère*** – agacement, colère, énervement, exaspération, fureur, furie, impatience, indignation, irritabilité, irritation, rage, susceptibilité. *SOUT.* courroux, irascibilité. *FAM.* horripilation, rogne. △ **ANT.** CALME, SANG-FROID; DOUCEUR, SÉRÉNITÉ.

emporter *v.* ▶ ***Charrier*** – arracher, balayer, charrier, enlever, entraîner. ▶ ***Tuer*** – donner la mort, enlever la vie à, tuer. *SOUT.* moissonner, trancher le fil des jours à. ♦ **s'emporter** ▶ ***Se mettre en colère*** – colérer, éclater, fulminer, monter sur ses ergots, monter sur ses grands chevaux, prendre la mouche, prendre le mors aux dents, s'enflammer, s'irriter, se courroucer, se déchaîner, se fâcher, se gendarmer, se mettre en colère, sortir de ses gonds, voir rouge. FAM. exploser, piquer une colère, piquer une crise, se mettre en rogne, se monter. QUÉB. FAM. se choquer. ♦ **emporté** ▶ ***Brutal*** – agressif, brutal, dur, raide, rude, violent. FAM. à la redresse. ▶ ***Colérique*** – bilieux, chatouilleux, coléreux, colérique, excitable, irascible, irritable, ombrageux, rageur, susceptible. SOUT. atrabilaire, colère. FAM. soupe au lait. ▶ ***Fougueux*** – bouillant, enflammé, explosif, fougueux, impatient, impétueux, impulsif, passionné, prompt, qui a la tête chaude, sanguin, véhément, vif, violent, volcanique. ▶ ***Turbulent*** – agité, bruyant, chahuteur, diable, dissipé, excité, remuant, tapageur, turbulent. QUÉB. FAM. énervé, tannant. △ **ANT.** APPORTER, DONNER, RAPPORTER; ABANDONNER, LAISSER; ARRÊTER. ♦ **s'emporter** SE CALMER.

empreinte *n.f.* ▶ *Trace* – foulées, marque (de pas), pas, piste, sillon, trace, traînée, vestige, voie. ▶ *À la chasse* – abattures *(cerf)*, connaissance, erres, marche, passée. ▶ ***Marque*** – cachet, contrôle, estampille, flamme, frappe, griffe, insculpation, label, marque, oblitération, plomb, poinçon, sceau, tampon, timbre. QUÉB. FAM. étampe. ▶ ***Indice*** – apparence, cachet, cicatrice, critère, indication, indice, justificatif, lueur, marque, ombre, pas, piste, preuve, repère, reste, ride, sceau, signature, signe, stigmate, tache, témoignage, témoin, trace, trait, vestige. ▶ ***Moulage*** – masque, moulage.

empressé *adj.* aimable, attentif, attentionné, aux petits soins, complaisant, délicat, dévoué, diligent, gentil, obligeant, prévenant, secourable, serviable, zélé. FAM. chic, chou. BELG. FAM. amitieux. △ **ANT.** DISTANT, FROID, INDIFFÉRENT, RÉSERVÉ.

empressement *n.m.* ▶ *Action de choyer* – attentions, bichonnage, dorlotement, maternage, prévenances, soins. SOUT. gâterie. ▶ ***Rapidité*** – activité, agilité, célérité, diligence, hâte, précipitation, promptitude, rapidité, vélocité, vitesse, vivacité. SOUT. prestesse. ▶ ***Impatience*** – avidité, brusquerie, désir, fièvre, fougue, hâte, impatience, impétuosité, précipitation, presse, urgence, urgent. △ **ANT.** FROIDEUR, INDIFFÉRENCE; LENTEUR, MOLLESSE; PATIENCE.

empresser (s') *v.* ▶ ***Faire vite*** – courir, faire vite, se dépêcher, se hâter, se précipiter, se presser. FAM. activer, bourrer, pédaler, se dégrouiller, se grouiller, se magner, se magner le popotin. △ **ANT.** LAMBINER, TRAÎNER; DÉDAIGNER, NÉGLIGER.

emprise *n.f.* abaissement, allégeance, appartenance, asservissement, assujettissement, attachement, captivité, contrainte, dépendance, domestication, domesticité, domination, esclavage, gêne, hilotisme, inféodation, infériorité, mainmise, merci, mouvance, obédience, obéissance, obligation, oppression, pouvoir, puissance, servage, servitude, soumission, subordination, sujétion, tutelle, tyrannie, vassalité. FIG. carcan, chaîne, corset (de fer), coupe, fardeau, griffe, main, patte, prison; SOUT. fers, gaine, joug. FÉOD. tenure. △ **ANT.** LIBERTÉ.

emprisonnement *n.m.* captivité, cellulaire, claustration, confinement, contrainte par corps, détention, écrou, embastillement, emmurement, encagement, encellulement, enfermement, incarcération, internement, isolement, prise de corps, prison, réclusion, relégation, séquestration, transportation. FAM. mise à l'ombre, mise sous les verrous. DIDACT. renfermement. DR. BELG. collocation. △ **ANT.** ÉLARGISSEMENT, LIBÉRATION; LIBERTÉ.

emprisonner *v.* ▶ ***Mettre en prison*** – écrouer, enfermer, incarcérer, mettre sous les verrous, verrouiller. FAM. boucler, coffrer, emballer, embastiller, encelluler, mettre à l'ombre, mettre au trou. ▶ ***Enfermer*** – claquemurer, claustrer, cloîtrer, confiner, emmurer, encager, enfermer, isoler, murer, séquestrer, verrouiller. SOUT. enclore, reclure. ▶ ***Tenir à l'étroit*** – enserrer, serrer. △ **ANT.** DÉLIVRER, ÉLARGIR, ÉMANCIPER, LIBÉRER, RELÂCHER; DÉGAGER.

emprunt *n.m.* ▶ ***Dette*** – arriéré, charge, compte, créance, crédit à découvert, débet, débit, découvert, déficit, dette, devoir, doit, dû, engagement, impayé, moins-perçu, non-paiement, obligation, passif, solde débiteur. BELG. mali, pouf. ▶ ***Adoption*** – adoption, assimilation, imitation, insertion, ralliement. ▶ ***Imitation*** – calquage, caricature, charge, contrefaçon, copiage, décalquage, démarquage, émulation, figuration, grégarisme, homochromie, imitation, mime, mimétisme, moutonnerie, parodie, pastiche, pillage, plagiat, représentation, servilité, simulation, singerie, suivisme, travestissement. DR. contrefaction.

emprunté *adj.* ▶ ***Qui manque de naturel*** – affecté, apprêté, artificiel, compassé, composé, empesé, étudié, forcé, frelaté. △ **ANT.** FAMILIER, NATUREL, RELÂCHÉ, SPONTANÉ.

emprunter *v.* ▶ ***Obtenir avec promesse de rendre*** – QUÉB. FAM. quêter. ▶ ***Suivre un chemin*** – enfiler, passer par, prendre, s'engager dans, suivre. △ **ANT.** AVANCER, CÉDER, PRÊTER.

émulation *n.f.* ▶ *Concurrence* – affrontement, antagonisme, combat, compétition, concurrence, conflit, contentieux, contestation, controverse, débat, désaccord, différend, discorde, discussion, dispute, dissension, dissentiment, divergence, friction, heurt, incompatibilité, incompréhension, lutte, mésentente, mésintelligence, opposition, polémique, querelle, rivalité. FAM. bagarre. ▶ ***Encouragement*** – aide, aiguillon, animation, appel, défi, dépassement (de soi), encouragement, entraînement, excitation, exhortation, fanatisation, fomentation, impulsion, incitation, instigation, invitation, invite, motivation, provocation, sollicitation, stimulation, stimulus. SOUT. surpassement. ▶ ***Imitation*** – calquage, caricature, charge, contrefaçon, copiage, décalquage, démarquage, emprunt, figuration, grégarisme, homochromie, imitation, mime, mimétisme, moutonnerie, parodie, pastiche, pillage, plagiat, représentation, servilité, simulation, singerie, suivisme, travestissement. DR. contrefaction.

encadrement *n.m.* ▶ ***Bordure artistique*** – cadre, passe-partout *(carton)*. ▶ ***Bordure architecturale*** – bâti dormant, cadre, chambranle, châssis, châssis dormant, croisée, dormant, fenêtre, huisserie, trappe. ▶ ***Délimitation*** – abornement, bornage, cadre, ceinture, délimitation, démarcation, jalonnage, jalonnement, limite, séparation, tracé.

encadrer *v.* ▶ ***Entourer*** – border, entourer. ▶ ***Diriger*** – commander, diriger, mener, superviser. △ **ANT.** DÉSENCADRER.

enceinte *adj.* ▶ ***En parlant d'une femme*** – FAM. en cloque. QUÉB. FAM. en famille. BELG. FAM. qui attend (de la) famille. ▶ ***En parlant d'une femelle*** (FAM.) – en gestation, gestante, gravide, pleine.

enceinte *n.f.* ▶ ***Rempart*** – muraille, muraillement, rempart. ANTIQ. péribole. MILIT. épaulement. ▶ ***Espace clos*** – cloître, clôture, murs. ANC. champ clos. ANTIQ. cirque, péribole, stade.

encercler *v.* ▶ ***Entourer d'un cercle*** – cercler, entourer. ▶ ***Cerner de toutes parts*** – boucler, cerner (de toutes parts), envelopper, investir.

enchaînement *n.m.* ▶ ***Série*** – alignement, chaîne, chapelet, colonne, combinaison, consécution, cordon, enfilade, énumération, file, gamme, guirlande, ligne, liste, rang, rangée, séquence, série, succession, suite, tissu, travée. ▶ ***Suite de mouvements*** – kata *(arts martiaux)*. ▶ ***Agencement*** – accommodation, accommodement, agencement, ajustement, aménagement, architecture, arrangement, articulation, assemblage, combinaison, combinatoire, composition, concaténation, configuration, construction, contexture, coordination, disposition, distribution, élaboration, harmonie, liaison, mise en ordre, mise en place, ordonnance, ordonnancement, ordre, organisation, orientation, plan, profil, programmation, rangement, structuration, structure, système, texture. △ **ANT.** LIBÉRATION; LIBERTÉ.

enchaîner *v.* ▶ ***Retenir par des liens*** – empêtrer, entraver. ▶ ***Soumettre par la force*** – asservir, assujettir, domestiquer, dominer, dompter, mettre son le joug, soumettre, subjuguer. ♦ **s'enchaîner** ▶ ***Se suivre*** – défiler, se succéder, se suivre. △ **ANT.** DÉCHAÎNER, DÉLIER, DÉSENCHAÎNER, DÉTACHER; LIBÉRER, RELÂCHER.

enchantement *n.m.* ▶ ***Émerveillement*** – admiration, adoration, éblouissement, émerveillement, engouement, enthousiasme, envoûtement, fascination, ravissement, subjugation. ▶ ***Ensorcellement*** – charme, diablerie, ensorcellement, envoûtement, fascination, influence, jettatura, magie, maléfice, malheur, maraboutage, mauvais œil, (mauvais) sort, philtre, possession, sorcellerie, sortilège. ANTIQ. goétie. △ **ANT.** DÉSENCHANTEMENT; CONJURATION, DÉSENVOÛTEMENT, EXORCISME.

enchanter *v.* ▶ ***Jeter un sort*** – ensorceler, envoûter, jeter un sort à. AFR. marabouter. ▶ ***Rendre heureux*** – charmer, combler, enthousiasmer, exaucer, faire la joie de, faire le bonheur de, faire plaisir à, mettre en joie, plaire à, ravir, réjouir. SOUT. assouvir, délecter. FAM. emballer. ♦ **s'enchanter** ▶ ***Savourer*** – déguster, faire ses délices de, goûter, jouir de, profiter de, savourer, se délecter de, se régaler de, se réjouir de, se repaître de, tirer plaisir de. FAM. se gargariser de. ♦ **enchanté** ▶ ***Magique*** – ensorcelé, envoûté, féerique, magique, merveilleux, surnaturel. ▶ ***Heureux*** – au comble du bonheur, au septième ciel, aux anges, béat, comblé, en fête, en joie, en liesse, euphorique, extasié, extatique, exultant, fou de joie, heureux, le cœur en joie, radieux, ravi, rayonnant, réjoui, resplendissant de bonheur, ruisselant de joie, transporté de joie, triomphant. SOUT. aise, bienheureux. FAM. jubilant. ▶ ***Dans les formules de politesse*** – charmé, heureux, ravi. △ **ANT.** DÉCEVOIR, DÉSAPPOINTER, DÉSENCHANTER, DÉSOLER.

enchanteur *adj.* féerique, idyllique, irréel, magnifique, merveilleux, paradisiaque. SOUT. édénique. △ **ANT.** ATROCE, INFERNAL, INSOUTENABLE, INTOLÉRABLE, INVIVABLE.

enchanteur *n.* ▶ ***Au sens propre*** – ensorceleur, envoûteur, magicien, sorcier. SOUT. mage, thaumaturge. ▶ ***Au sens figuré*** – aguicheur, apprivoiseur, bourreau des cœurs, Casanova, charmeur, conquérant, coq, don Juan, enjôleur, ensorceleur, envoûteur, flirteur, homme à bonnes fortunes, homme à femmes, homme à succès, séducteur, tentateur. SOUT. lovelace. FAM. allumeur, batifoleur, cavaleur, coureur (de jupons), dragueur, flambeur, gueule d'amour, joli cœur, tombeur (de femmes), trousseur (de jupons). QUÉB. FAM. macho, maquereau. △ **ANT.** EXORCISTE.

enchère *n.f.* ▶ ***Vente publique*** – adjudication, folle enchère, licitation, surenchère, vente à l'encan, (vente à la) criée, vente au plus offrant et dernier enchérisseur, vente aux chandelles, vente aux enchères, vente publique. QUÉB. encan.

enchevêtrement *n.m.* ▶ ***Entrecroisement*** – emmêlage, emmêlement, enlacement, entortillage, entortillement, entrecroisement, entrelacement, entremêlement, guillochure, réseau, treillage, treillis. ▸ *De fils* – armure, contexture. ▸ *De nerfs ou de vaisseaux* – lacis, plexus. ▶ ***Confusion*** – anarchie, bourbier, brouillement, cafouillage, cafouillis, chaos, complication, confusion, désordre, désorganisation, embrouillement, emmêlage, emmêlement, imbroglio, mélange. SOUT. chienlit, pandémonium. FAM. bordel, embrouillage, embrouille, pagaille. FRANCE FAM. cirque, embrouillamini, foutoir, micmac, sac d'embrouilles, sac de nœuds, salade. FRANCE RÉGION. pastis. ▶ ***Situation complexe*** – confusion, dédale, détours, écheveau, labyrinthe, maquis. FAM. embrouillamini. △ **ANT.** DÉNOUEMENT; DÉBROUILLEMENT, ÉCLAIRCISSEMENT.

enclin *adj.* porté à, prédisposé à, sujet à, susceptible de. △ **ANT.** FERMÉ À, HOSTILE À, OPPOSÉ À, RÉFRACTAIRE À.

enclos *n.m.* ▶ ***Pâturage*** – alpage, alpe, champ, embouche, estive, friche, herbage, kraal, lande, noue, pacage, paddock, paissance, pâquis, parc, parcours, parquet, passage, pâtis, pâturage, pâture, prairie, pré, remue. FRANCE RÉGION. engane, ouche. SUISSE mayen. AFR. secco. ▶ ***Clôture*** – bande, barbelés, barbelure, barreaux, barricade, barrière, cancel, chancel, claie, claire-voie, clôture, échalier, échalis, grillage, grille, haie, moucharabieh, mur (de clôture), palis, parc, treillage. ACADIE FAM. bouchure.

encolure *n.f.* ▶ ***Partie du corps*** – cou. ANAT. vertèbres cervicales. FRANCE FAM. colback, kiki. ▶ ***Partie d'un vêtement*** – col, collerette, collet, décolleté. FAM. colback. ANC. fraise, gorgerette *(femme)*, rabat.

encombrant *adj.* ▶ ***En parlant de qqch.*** – embarrassant, gênant, incommode, malcommode. ▸ *Par sa taille* – volumineux. ▶ ***En parlant de qqn*** – accaparant, envahissant, fatigant, importun, indésirable, indiscret, intrus, pesant, sans gêne. FAM. casse-pieds, collant, crampon, embêtant. QUÉB. FAM. achalant, dérangeant. △ **ANT.** ATTIRANT, CONVIVIAL, DE BONNE COMPAGNIE, ENGAGEANT, INTÉRESSANT, SYMPATHIQUE; POLI, RESPECTUEUX; COMMODE, EFFICACE, FONCTIONNEL, PRATIQUE, UTILE, UTILITAIRE.

encombrement *n.m.* ▶ ***Engorgement*** – congestion, embouteillage, engorgement, obstruction, saturation. *RARE* engouement. ▶ ***Embouteillage*** – affluence, afflux, bouchon, congestion, embouteillage, engorgement, obstruction, retenue. *QUÉB.* trafic. ▶ ***Grande quantité de personnes*** – abondance, affluence, armada, armée, attroupement, bande, cohue, concentration, concours, essaim, flot, forêt, foule, fourmilière, fourmillement, grouillement, légion, marée, masse, meute, monde, multitude, peuple, pléiade *(célébrités)*, pullulement, rassemblement, régiment, réunion, ribambelle, ruche, tas, troupeau. *FAM.* flopée, marmaille *(enfants)*, tapée, tripotée. *QUÉB. FAM.* achalandage, gang. *PÉJ.* ramassis. ▶ ***Amoncellement*** – abondance, accumulation, addition, agrégation, amas, amoncellement, collection, déballage, échafaudage, emmagasinage, empilage, empilement, entassement, étagement, faisceau, fatras, fouillis, monceau, montagne, pile, pyramide, quantité, stratification, superposition, tas. △ **ANT.** DÉBLOCAGE, DÉGAGEMENT; ORDRE.

encombrer *v.* ▶ ***Gêner le mouvement*** – embarrasser, gêner. *FAM.* emplâtrer. ▶ ***Provoquer un embouteillage*** – bloquer, boucher, congestionner, embouteiller, obstruer. ▶ ***Surcharger*** – alourdir, charger, embarrasser, farcir, surcharger. ♦ **s'encombrer** ▶ ***Se charger inutilement*** – s'embarrasser, s'empêtrer. △ **ANT.** DÉBARRASSER, DÉGAGER, DÉSENCOMBRER; DÉBLAYER.

encore *adv.* ▶ ***Aussi*** – aussi, autant, de même, également, non moins, pareillement. *SOUT.* encor. *FAM.* avec, idem, itou. ▶ ***Plus*** – au-dessus, davantage, mieux, plus, supérieurement. *SOUT.* encor. ▶ ***De plus*** – aussi, de même, de plus, en outre, item, même, voire. △ **ANT.** NE PLUS; UNE PREMIÈRE FOIS.

encourageant *adj.* ▶ ***Stimulant*** – incitateur, incitatif, mobilisateur, motivant, stimulant, stimulateur. ▶ ***Prometteur*** – de bon augure, prometteur. △ **ANT.** DÉCOURAGEANT, DÉMOBILISATEUR, DÉMORALISANT, DÉMORALISATEUR, DÉMOTIVANT, DÉPRIMANT.

encouragement *n.m.* ▶ ***Soutien*** – aide, aiguillon, applaudissement, approbation, appui, compliment, éloge, exhortation, incitation, prime, prix, protection, récompense, soutien, stimulant, subvention. *SOUT.* satisfecit. ▶ ***Stimulation*** – aide, aiguillon, animation, appel, défi, dépassement (de soi), émulation, entraînement, excitation, exhortation, fanatisation, fomentation, impulsion, incitation, instigation, invitation, invite, motivation, provocation, sollicitation, stimulation, stimulus. *SOUT.* surpassement. ▶ ***Conseil*** – avertissement, avis, conseil, exhortation, guidance, idée, incitation, indication, information, initiative, inspiration, instigation, motion *(dans une assemblée)*, offre, opinion, préconisation, proposition, recommandation, renseignement, suggestion. *FAM.* tuyau. *DR.* pollicitation. △ **ANT.** DÉCOURAGEMENT; DISSUASION.

encourager *v.* ▶ ***Donner de l'assurance*** – enhardir. ▶ ***Donner de l'entrain*** – animer, enthousiasmer, motiver, stimuler. *SOUT.* exhorter. ▶ ***Remonter le moral*** – ragaillardir, réconforter, regonfler, remonter (le moral de), retremper. *FAM.* requinquer, retaper. ▶ ***Inciter*** – amener, conditionner, conduire, disposer, engager, entraîner, exhorter, impulser, inciter, incliner, mener, porter, pousser, provoquer. *SOUT.* exciter, mouvoir. ▶ ***Inviter*** – engager, exhorter, inciter, inviter. ▶ ***Promouvoir*** – favoriser, impulser, promouvoir, soutenir. △ **ANT.** ACCABLER, DÉCOURAGER, DÉMORALISER; CONTRARIER, EMPÊCHER, NUIRE; DISSUADER.

encre *n.f.* ▶ ***Liquide sécrété*** – sépia.

endormant *adj.* ▶ ***Ennuyeux*** – assommant, ennuyeux, fastidieux, inintéressant, insipide, lassant, monotone, plat, répétitif, soporifique. *FAM.* barbant, lugubre, mortel, mortifère, mourant, rasant, raseur, rasoir, usant. *FRANCE FAM.* barbifiant, barbifique, bassinant, canulant. *QUÉB. FAM.* plate. △ **ANT.** CAPTIVANT, EXCITANT, FASCINANT, INTÉRESSANT, PALPITANT, PASSIONNANT.

endormir *v.* ▶ ***Faire dormir*** – *SOUT.* ensommeiller. ▶ ***Hypnotiser*** – hypnotiser, magnétiser, mettre sous hypnose. ▶ ***Anesthésier*** (*FAM.*) – anesthésier. *ANC.* éthériser. ▶ ***Priver de sensation*** – ankyloser, engourdir, paralyser. ▶ ***Ennuyer*** – assommer, ennuyer, lasser. *FAM.* barber, barbifier, pomper, raser. ▶ ***Déjouer*** – déjouer, tromper. ▶ ***Leurrer*** (*FAM.*) – circonvenir, enjôler, leurrer, séduire. *FAM.* baratiner, bonimenter, emberlificoter, embobiner, entortiller, entreprendre, faire marcher, mener en bateau. ♦ **s'endormir** ▶ ***Commencer à dormir*** – s'assoupir. *SOUT.* s'abandonner au sommeil, s'ensommeiller. ▶ ***Mourir*** – décéder, être emporté, être tué, expirer, mourir, perdre la vie, périr, s'éteindre, succomber, trouver la mort. *SOUT.* exhaler le dernier soupir, passer de vie à trépas, rendre l'âme, rendre l'esprit, rendre le dernier soupir, rendre son dernier souffle, trépasser. *PAR EUPHÉM.* avoir vécu, disparaître, faire le grand voyage, fermer les paupières, fermer les yeux, finir, monter au ciel, paraître devant Dieu, partir, passer, passer dans l'autre monde, quitter ce (bas) monde, s'effacer, s'en aller. *FAM.* calancher, caner, clamser, claquer, sortir les pieds devant, y rester. *FRANCE FAM.* claboter. ♦ **endormi** ▶ ***Mal réveillé*** – abruti. *FAM.* dans les vapes, ensuqué, vaseux. ▶ ***Ankylosé*** (*FAM.*) – ankylosé, engourdi, raide. *SOUT.* perclus. ▶ ***Qui fonctionne au ralenti*** – atone, engourdi, lent, paresseux. ▶ ***Sans énergie*** – affaissé, amorphe, apathique, atone, avachi, désossé, faible, inconsistant, indolent, inerte, léthargique, lymphatique, mou, nonchalant, passif, ramolli, sans ressort. *SOUT.* lâche, veule. *FAM.* gnangnan, mollasse, mollasson, ramollo. △ **ANT.** ÉVEILLER, RÉVEILLER; EXCITER, INTÉRESSER, STIMULER; DÉTROMPER.

endosser *v.* ▶ ***Mettre sur soi*** – enfiler, mettre, passer, porter, revêtir. ▶ ***Prendre la responsabilité*** – accepter, assumer, prendre sur soi, se charger de. △ **ANT.** DÉVÊTIR, ENLEVER, ÔTER; DÉCLINER, RÉCUSER, REFUSER, REJETER, SE DISSOCIER DE.

endosseur *n.m.* accréditeur, appui, avaliseur, avaliste, caution, fidéjusseur, garant, parrain, répondant, soutien.

endroit *n.m.* ▶ ***Lieu*** – coin, emplacement, lieu, localisation, localité, place, point, position, poste, scène, séjour, siège, site, situation, théâtre, zone. *BIOL.* locus. ▶ ***Côté*** – recto. △ **ANT.** ENVERS.

endurable *adj.* supportable, tenable, tolérable. FAM. buvable, vivable. △ ANT. EXASPÉRANT, INSUPPORTABLE, INTENABLE, INTOLÉRABLE.

endurance *n.f.* ▶ ***Détermination*** – aplomb, assurance, autorité, caractère, constance, courage, cran, détermination, énergie, fermeté, force, permanence, poigne, rectitude, résolution, ressort, sang-froid, sérieux, solidité, sûreté, ténacité, vigueur, virilité, volonté. SOUT. invulnérabilité. FAM. estomac, gagne. ▶ ***Patience*** – calme, constance, courage, douceur, flegme, lenteur, patience, persévérance, persistance, résignation, sang-froid, tranquillité. SOUT. longanimité. △ ANT. FAIBLESSE, FRAGILITÉ.

endurer *v.* ▶ ***Vivre une chose déplaisante*** – éprouver, essuyer, souffrir, soutenir, subir. △ ANT. JOUIR; DÉFENDRE, EMPÊCHER.

énergie *n.f.* ▶ ***Action*** – action, force, interaction, intervention, rapport, réaction. ▶ ***Détermination*** – aplomb, assurance, autorité, caractère, constance, courage, cran, détermination, endurance, fermeté, force, permanence, poigne, rectitude, résolution, ressort, sang-froid, sérieux, solidité, sûreté, ténacité, vigueur, virilité, volonté. SOUT. invulnérabilité. FAM. estomac, gagne. ▶ ***Dynamisme*** – abattage, activité, allant, ardeur, dynamisme, effort, vie, vigueur, vitalité, vivacité. FAM. punch. ▶ ***Acharnement*** – acharnement, ardeur, effort, lutte. ▶ ***Violence*** – acharnement, animosité, ardeur, force, frénésie, fureur, furie, impulsivité, intensité, puissance, rage, vigueur, violence, virulence, vivacité. SOUT. impétuosité, véhémence. △ ANT. APATHIE, FAIBLESSE, INDOLENCE, INERTIE, MOLLESSE, PARESSE.

énergique *adj.* ▶ ***Dynamique*** – actif, affairé, allant, diligent, dynamique, infatigable, laborieux, travailleur, vaillant, zélé. FAM. bosseur, boulot boulot, bûcheur, increvable, piocheur. ▶ ***Déterminé*** – assuré, décidé, délibéré, déterminé, ferme, hardi, résolu, volontaire. ▶ ***Qui a de la vigueur*** – ferme, musclé, nerveux, qui a du nerf, solide, vigoureux. ▶ ***Draconien*** – draconien, extrême, radical. △ ANT. AMORPHE, APATHIQUE, AVACHI, ENDORMI, INDOLENT, LYMPHATIQUE, MOU, NONCHALANT, RAMOLLI, SANS RESSORT; AFFAIBLI, ANÉMIÉ, ÉPUISÉ, FAIBLE; DOUX, FRILEUX, INDULGENT, MODÉRÉ, TIMIDE.

énergiquement *adv.* ▶ ***Dynamiquement*** – activement, avec la dernière énergie, avec zèle, décidément, dru, dynamiquement, fermement, fort, fortement, puissamment, résolument, sérieusement, virilement. ▶ ***Brutalement*** – à la hussarde, à tour de bras, à toute force, âprement, brutalement, crûment, de la belle manière, durement, fort, fortement, net, raide, raidement, rudement, sans ménagement, sec, vertement, vigoureusement, violemment, vivement. △ ANT. APATHIQUEMENT, FAIBLEMENT, MOLLEMENT.

énergumène *n.m.* ▶ ***Personne agitée*** – agité, excité, hystérique, nerveux. FAM. énervé, paquet de nerfs. FRANCE FAM. paniquard, tout-fou, vibrion. PATHOL. hypernerveux.

énervant *adj.* ▶ ***Exaspérant*** – agaçant, crispant, désagréable, exaspérant, excédant, fatigant, harcelant, importun, inopportun, insupportable, irritant. FAM. assommant, casse-pieds, embêtant, empoisonnant, enquiquinant, enquiquineur, horripilant, qui tape sur les nerfs, suant, tannant, tuant. FRANCE FAM. gonflant. QUÉB. FAM. achalant, dérangeant. △ ANT. AGRÉABLE, CALMANT, TRANQUILLISANT.

énervé *adj.* ▶ ***Exaspéré*** – à bout (de nerfs), à cran, agacé, crispé, exacerbé, exaspéré, hérissé, irrité. ▶ ***Fébrile*** – agité, excité, fébrile, fiévreux, hystérique, impatient, nerveux, surexcité. FAM. mordu de la tarentule, piqué de la tarentule, tout-fou. ▶ ***Inquiet*** – agité, alarmé, angoissé, anxieux, appréhensif, en proie à l'inquiétude, fiévreux, fou d'inquiétude, inquiet, nerveux, qui s'en fait, qui se fait de la bile, qui se fait du mauvais sang, qui se ronge les sangs, tourmenté, tracassé, troublé. FAM. bileux; PÉJ. paniquard. ▶ ***Remuant*** (QUÉB. FAM.) – agité, bruyant, chahuteur, diable, dissipé, emporté, excité, remuant, tapageur, turbulent. QUÉB. FAM. tannant. △ ANT. CALME, DÉTENDU, PLACIDE, SEREIN, TRANQUILLE.

énervement *n.m.* ▶ ***Nervosité*** – agitation, effervescence, électrisation, emballement, étourdissement, exaltation, excitation, fébrilité, fièvre, griserie, nervosité, stress, surexcitation, tension. SOUT. enivrement, éréthisme, exaspération, surtension. RARE enfièvrement. SPORTS pressing. ▶ ***Colère*** – agacement, colère, emportement, exaspération, fureur, furie, impatience, indignation, irritabilité, irritation, rage, susceptibilité. SOUT. courroux, irascibilité. FAM. horripilation, rogne. △ ANT. CALME, SÉRÉNITÉ; APAISEMENT.

énerver *v.* ▶ ***Exciter*** – agiter, exciter. ▶ ***Agacer*** – agacer, crisper, exaspérer, excéder, fatiguer, hérisser, impatienter, importuner, irriter, porter sur les nerfs de. FAM. barber, casser les pieds à, courir sur le système de, embêter, emmieller, empoisonner, enquiquiner, faire suer, gonfler, horripiler, insupporter, pomper l'air à, scier, tanner, taper sur les nerfs de. FRANCE FAM. bassiner, canuler, cavaler, courir, courir sur le haricot de, soûler. QUÉB. FAM. achaler, déranger. ▶ ***Inquiéter*** – affoler, agiter, alarmer, angoisser, effrayer, épouvanter, inquiéter, oppresser, préoccuper, tourmenter, tracasser, troubler. FAM. stresser. ♦ **s'énerver** ▶ ***S'exciter*** – perdre patience, perdre son calme, s'impatienter. FAM. bouillir. ▶ ***S'impatienter*** – s'agiter, s'exciter. ▶ ***Se troubler*** – perdre contenance, s'agiter, se décontenancer, se démonter, se troubler. ▶ ***Paniquer*** – céder à la panique, paniquer, perdre la boule, perdre la tête, perdre le nord, perdre son sang-froid, s'affoler. FAM. perdre la boussole, perdre les pédales. QUÉB. FAM. capoter. ▶ ***Se tracasser*** – être sur des charbons ardents, s'alarmer, s'angoisser, s'en faire, s'inquiéter, se faire du mauvais sang, se faire du souci, se faire du tracas, se faire un sang d'encre, se mettre martel en tête, se morfondre, se ronger les sangs, se soucier, se tourmenter, se tracasser. FAM. angoisser, flipper, se biler, se faire de la bile, se faire des cheveux, se frapper, (se) stresser. QUÉB. FAM. capoter. △ ANT. APAISER, CALMER, DÉTENDRE, REPOSER, TRANQUILLISER; AMUSER, PLAIRE; RASSÉRÉNER, RASSURER.

enfance *n.f.* ▶ ***Période de la vie*** – impuberté, prépuberté, prime jeunesse. ▶ ***Début d'une chose*** – actionnement, amorçage, amorce, balbutiement, bégaiement, commencement, création, début, déclenchement, démarrage, départ, ébauche, embryon, enclenchement, entrée, esquisse, fondement, germe, inauguration, origine, ouverture, prélude, prémisse, principe, tête. SOUT. aube, aurore, matin, prémices. FIG. apparition, avènement, éclosion, émergence, éruption, explosion, genèse, germination, naissance, venue au monde. △ **ANT.** VIEILLESSE; DÉCLIN.

enfant *n.* ▶ ***Jeune être humain*** – fille, fillette, garçonnet, (petit) enfant, (petit) garçon, petite fille, (tout-)petit. SOUT. enfantelet. FAM. bambin, bout de chou, chiard, fifille, gamin, gosse, lardon, loupiot, marmot, mioche, môme, moucheron, mouflet, (petit) bonhomme, (petit) gars, petit homme, (petit) trognon, sauvageon *(sans éducation)*, têtard. FRANCE FAM. fanfan, gniard, mômignard, môminette, moujingue, moustique, moutard, petiot, puceron. FRANCE RÉGION. drôle, gone, minot, miston. ▸ *Sage* – chérubin, jésus, (petit) ange. ▸ *Espiègle ou turbulent* – (affreux) jojo, chipie, coquin, diablotin, filou, fripon, galopin, mauvaise graine, (petit) bandit, (petit) chenapan, (petit) démon, (petit) diable, (petit) garnement, (petit) gredin, (petit) poison, (petit) polisson, (petit) vaurien, (petit) voyou, (petite) canaille, (petite) peste, poulbot *(de Montmartre)*, titi, vilain. SOUT. lutin. FAM. (petit) crapaud, petit monstre, sacripant. QUÉB. FAM. (petit) tannant. ▸ *Gâté* (SUISSE) – gâtion; FAM. marmaille. ▶ ***Descendant*** – héritier, petit, progéniture, rejeton. SOUT. chair de sa chair, fruit. FAM. gamin. ▶ ***Successeur*** – ayant cause, continuateur, dauphin, fils, héritier, remplaçant, successeur, successible. SOUT. épigone, hoir. △ **ANT.** ADULTE; VIEILLARD; PARENT.

enfantillage *n.m.* ▶ ***Affaire sans importance*** – amusette, bagatelle, baliverne, bêtise, bricole, broutille, chanson, détail, fadaise, faribole, frivolité, futilité, jeu, misère, plaisanterie, rien, sornette, sottise, vétille. SOUT. badinerie, puérilité. FAM. connerie, foutaise, mômerie. BELG. FAM. carabistouille. △ **ANT.** SÉRIEUX.

enfantin *adj.* ▶ ***Qui concerne les enfants*** – d'enfant. DIDACT. infantile. ▶ ***Qui agit comme un enfant*** – bébé, enfant, immature, infantile, puéril. ▶ ***Facile*** – aisé, commode, élémentaire, facile, simple. FRANCE FAM. bête comme chou. QUÉB. FAM. niaiseux. △ **ANT.** ADULTE; MATURE, SÉRIEUX; ARDU, COMPLIQUÉ, CORSÉ, DIFFICILE, LABORIEUX, MALAISÉ.

enfer *n.m.* ▶ ***Séjour des damnés*** – abîme, empire des ténèbres, géhenne, schéol, Tartare. SOUT. pandémonium, royaume des morts. ▶ ***Situation difficile*** – bagne, galère. ▶ ***Souffrance*** – affliction, agonie, calvaire, douleur, élancement, lancination, martyre, souffrances, supplice, tiraillement, torture. SOUT. affres, géhenne, tourment. MÉD. algie. △ **ANT.** CIEL, PARADIS; ÉDEN.

enfermer *v.* ▶ ***Confiner*** – claquemurer, claustrer, cloîtrer, confiner, emmurer, emprisonner, encager, isoler, murer, séquestrer, verrouiller. SOUT. enclore, reclure. ▶ ***Mettre en prison*** – écrouer, emprisonner, incarcérer, mettre sous les verrous, verrouiller. FAM. boucler, coffrer, emballer, embastiller, encelluler, mettre à l'ombre, mettre au trou. ▶ ***Restreindre*** – confiner, limiter, reléguer, restreindre. ▶ ***Entourer de toutes parts*** – enclaver, enclore. ▶ ***Remiser*** – mettre à l'abri, mettre en lieu sûr, ranger, remiser. FAM. garer. QUÉB. FAM. serrer. ♦ **s'enfermer** ▶ ***Se barricader*** – s'emmurer, s'isoler, se barricader, se boucler, se calfeutrer, se cantonner, se claquemurer, se claustrer, se cloîtrer, se confiner, se couper du monde, se murer, se retirer, se terrer, se verrouiller. ▶ ***S'isoler*** – faire le vide autour de soi, rentrer dans sa coquille, s'emmurer, s'isoler, se murer. SOUT. se reclure. △ **ANT.** DÉLIVRER, LIBÉRER; DÉGAGER, EXTRAIRE; ÉTALER, EXHIBER. ♦ **s'enfermer** SORTIR.

enfin *adv.* à la fin, à la fin du compte, à tout prendre, après tout, au bout du compte, au dernier moment, bref, décidément, en conclusion, en définitive, en dernier, en dernier lieu, en dernière analyse, en fin de compte, en somme, pour conclure, pour (en) finir, somme toute, tout bien considéré, tout bien pesé, tout bien réfléchi, tout compte fait, (toute) réflexion faite, ultimo. FAM. à la fin des fins. △ **ANT.** D'ABORD, PREMIÈREMENT.

enflammer *v.* ▶ ***Allumer*** – allumer, mettre le feu à. ▶ ***Mettre en feu*** – brûler, embraser, incendier. ▶ ***Remplir de lumière*** – allumer, éclairer, ensoleiller, illuminer. SOUT. embraser. ▶ ***Causer une inflammation*** – brûler, échauffer, irriter. ▶ ***Exciter*** – aiguiser, allumer, attiser, augmenter, aviver, échauffer, embraser, exalter, exciter, incendier, stimuler. ▶ ***Passionner*** – animer, enfiévrer, enthousiasmer, exalter, exciter, passionner, soulever, transporter. FAM. emballer. ♦ **s'enflammer** ▶ ***Prendre feu*** – prendre feu, s'allumer. ▶ ***S'emporter*** – colérer, éclater, fulminer, monter sur ses ergots, monter sur ses grands chevaux, prendre la mouche, prendre le mors aux dents, s'emporter, s'irriter, se courroucer, se déchaîner, se fâcher, se gendarmer, se mettre en colère, sortir de ses gonds, voir rouge. FAM. exploser, piquer une colère, piquer une crise, se mettre en rogne, se monter. QUÉB. FAM. se choquer. ▶ ***S'enthousiasmer*** – s'enthousiasmer, s'exalter, se prendre d'enthousiasme. FAM. s'emballer. ♦ **enflammé** ▶ ***Qui est le siège d'une inflammation*** – irrité. ▶ ***Rougeaud*** – coloré, congestionné, couperosé, cramoisi, écarlate, empourpré, en feu, enluminé, injecté, rouge, rougeaud, rougissant, rubicond, sanguin, vineux. SOUT. rubescent, vultueux. FAM. rouget. ▶ ***Emporté*** – bouillant, emporté, explosif, fougueux, impatient, impétueux, impulsif, passionné, prompt, qui a la tête chaude, sanguin, véhément, vif, violent, volcanique. ▶ ***Exalté*** – ardent, exalté, fervent, inspiré, lyrique, passionné, vibrant. △ **ANT.** ÉTEINDRE, ÉTOUFFER; APAISER, ATTIÉDIR, CALMER, NOYER, RALENTIR, REFROIDIR.

enfler *v.* ▶ ***Gonfler*** – ballonner, boursoufler, dilater, distendre, gonfler, grossir, souffler. ▸ *Le visage* – bouffir, boursoufler, gonfler. ▶ ***Tuméfier*** – boursoufler, gonfler, tuméfier. ▶ ***Donner une forme convexe*** – arrondir, bomber, gonfler, renfler, rondir. ▶ ***Exagérer*** – amplifier, charger, exagérer, forcer, grandir, grossir. SOUT. outrer. FAM. broder, en rajouter, tirer sur la ficelle. FRANCE FAM. chariboter, chérer. ▶ ***Enorgueillir*** – enorgueillir, être l'honneur de, être la fierté de, faire la fierté de, faire la gloire de, gonfler d'orgueil. ▶ ***Se remplir d'air*** – bouffir, gonfler, se dilater. ♦ **enflé** ▶ ***Bouffi*** – ballonné, bouffi, boursouflé, dilaté, distendu, gonflé, gros, grossi. SOUT. turgescent, turgide. DIDACT. intumescent, œdémateux, vultueux. ▶ ***Pompeux*** – ampoulé, bouffi, boursouflé, déclamateur, déclamatoire, emphatique, gonflé, grandiloquent, hyperbolique, pédantesque, pompeux, pompier, pontifiant, prétentieux, ronflant, théâtral. *SOUT.* histrionique, pindarique. △ **ANT.** APLATIR, DÉGONFLER, DÉSENFLER; AMOINDRIR, DÉPRIMER, DIMINUER, MINIMISER.

enfoncer *v.* ▶ ***Mettre en terre*** – ficher, planter. ▶ ***Enliser*** – embourber, enliser, envaser. ▶ ***Enfouir*** – enfouir, fourrer, plonger. ▶ ***Briser avec effort*** – défoncer, forcer, fracturer. ▶ ***Surclasser*** – battre, couper l'herbe sous le pied à, damer le pion à, dégommer, dépasser, devancer, dominer, éclipser, faucher l'herbe sous le pied à, griller, l'emporter sur, laisser loin derrière, supplanter, surclasser, surpasser. *FRANCE FAM.* faire la pige à. ▶ ***Vaincre complètement*** (*FAM.*) – battre à plate couture. *FAM.* écraser, lessiver, massacrer. ♦ **s'enfoncer** ▶ ***S'enliser*** – s'embourber, s'enliser, s'envaser. ▶ ***Glisser dans une mauvaise situation*** – glisser, s'embourber, s'enliser, sombrer, tomber. △ **ANT.** DÉGAGER, ENLEVER, REMONTER, RETIRER, TIRER.

enfouir *v.* ▶ ***Enterrer*** – ensevelir, enterrer. ▶ ***Plonger*** – enfoncer, fourrer, plonger. △ **ANT.** DÉCOUVRIR, DÉTERRER, EXHUMER, SORTIR.

enfuir (s') *v.* ▶ ***Partir en vitesse*** – fuir, prendre la clé des champs, prendre la fuite, se sauver. *SOUT.* s'ensauver. *FAM.* calter, caner, débarrasser le plancher, décamper, décaniller, déguerpir, détaler, droper, ficher le camp, filer, foutre le camp, prendre la poudre d'escampette, prendre le large, s'esbigner, se barrer, se carapater, se casser, se cavaler, se débiner, se faire la malle, se faire la paire, se faire la valise, se tailler, se tirer, se tirer des flûtes, se trisser. ▶ ***S'évader*** – filer, s'échapper, s'évader, se sauver. *FRANCE FAM.* se faire la belle. ▶ ***S'envoler, en parlant du temps*** – fuir, passer, s'envoler. *FAM.* filer. △ **ANT.** ACCOURIR; DEMEURER, RESTER.

engagement *n. m.* ▶ ***Obligation*** – charge, commandement, contrat, dette, devoir, lien, obligation, parole, promesse, responsabilité, serment. ▶ ***Garantie*** – assurance, aval, caution, cautionnement, charge, consignation, couverture, ducroire, gage, garant, garantie, hypothèque, indexage, indexation, nantissement, obligation, palladium, parrainage, précaution, préservation, promesse, répondant, responsabilité, salut, sauvegarde, sécurité, signature, soulte, sûreté, warrant, warrantage. *DR.* porte-fort. ▶ ***Accord*** – accommodement, accord, alliance, arrangement, compromis, concordat, consensus, contrat, convention, entente, marché, modus vivendi, pacte, protocole, traité, transaction. ▶ ***Fiançailles*** – fiançailles, promesse de mariage. ▶ ***Recrutement*** – appel, conscription, embauchage, embauche, embrigadement, enrégimentation, enrégimentement, enrôlement, levée, maraudage, prosélytisme, racolage, recensement, recrutement. ▶ ***Bataille*** – accrochage, action (de guerre), affrontement, assaut, attaque, bagarre, bataille, choc, combat, conflit, duel, échauffourée, empoignade, empoignement, escarmouche, ferraillement, feu, guérilla, guerre, heurt, hostilités, lutte, mêlée, opération, pugilat, rencontre, rixe. *FAM.* baroud, baston, bigorne, casse-gueule, casse-pipe, castagne, guéguerre, rif, rififi, riflette. *BELG. FAM.* margaille. *MILIT.* blitz *(de courte durée)*. △ **ANT.** ABANDON, DÉGAGEMENT, DÉSAVEU, PARJURE, RENIEMENT; DÉSENGAGEMENT, NON-ENGAGEMENT; RUPTURE; DÉBAUCHAGE, RENVOI; CALME, PAIX, TRANQUILLITÉ, TRÊVE.

engager *v.* ▶ ***Insérer*** – entrer, glisser, insérer, introduire, loger, mettre. ▶ ***Investir*** – injecter, investir, placer. ▶ ***Commencer*** – commencer, déclencher, donner le coup d'envoi à, enclencher, entamer, entreprendre, inaugurer, lancer, mettre en branle, mettre en route, mettre en train. *FAM.* démarrer. ▶ ***Inciter*** – amener, conditionner, conduire, disposer, encourager, entraîner, exhorter, impulser, inciter, incliner, mener, porter, pousser, provoquer. *SOUT.* exciter, mouvoir. ▶ ***Exhorter*** – encourager, exhorter, inciter, inviter. ▶ ***Mobiliser*** – appeler, enrôler, incorporer, mobiliser, recruter. ▶ ***Embaucher*** – embaucher, prendre à son service. ▶ ***Entraîner dans une situation fâcheuse*** – empêtrer, entraîner. *FAM.* embarquer, embringuer. ♦ **s'engager** ▶ ***Entrer*** – entrer, pénétrer, s'avancer, s'introduire. ▶ ***Débuter*** – commencer, débuter, démarrer, partir, s'amorcer. ▶ ***Suivre un chemin*** – emprunter, enfiler, passer par, prendre, suivre. ▶ ***Participer*** – avoir part, collaborer, concourir, contribuer, coopérer, partager, participer, prendre part, s'associer, s'impliquer, s'investir, se joindre. ▶ ***S'aventurer*** – s'aventurer. *FAM.* s'embarquer, s'empêtrer, se mettre les pieds dans. *FRANCE FAM.* s'embringuer. ▶ ***Entrer dans l'armée*** – s'enrôler. ▶ ***Promettre*** – promettre, s'obliger. △ **ANT.** DÉGAGER, LIBÉRER, RETIRER; TERMINER; DÉCONSEILLER, DISSUADER; DISPENSER; CONGÉDIER, DÉBAUCHER, RENVOYER; DÉSENGAGER.

engendrer *v.* ▶ ***Donner naissance*** – procréer. *SOUT.* enfanter. ▶ ***Occasionner*** – amener, apporter, catalyser, causer, créer, déchaîner, déclencher, déterminer, donner lieu à, donner naissance à, entraîner, faire, faire naître, former, générer, occasionner, produire, provoquer, soulever, susciter. *PHILOS.* nécessiter.

engin *n. m.* ▶ ***Appareil*** – appareil, dispositif, machine, mécanique, mécanisme. *FAM.* bécane, zinzin. *QUÉB. FAM.* patente. ▶ ***Objet inconnu*** – chose, objet. *FAM.* bidule, fourbi, machin, truc, trucmuche. *FRANCE FAM.* ustensile, zinzin. *QUÉB. FAM.* affaire.

englober *v.* ▶ ***Inclure*** – comporter, comprendre, compter, contenir, inclure, receler, renfermer. ▶ ***Couvrir*** – couvrir, embrasser, recouvrir. △ **ANT.** EXCLURE, SÉPARER.

engloutir *v.* ▶ ***Manger avec avidité*** – avaler, dévorer, ingurgiter. *SOUT.* manger à belles dents. *FAM.* enfourner, engouffrer. ▶ ***Dilapider*** – dévorer, dilapider, dissiper, engouffrer, gaspiller, manger, prodiguer. *FAM.* claquer, croquer, flamber, griller. ▶ ***Inonder*** – ennoyer, inonder, noyer, submerger. ♦ **s'engloutir** ▶ ***Couler*** – couler, faire naufrage, périr corps et biens, s'abîmer, sombrer. *MAR.* sancir. △ **ANT.** CRACHER, VOMIR; CONSERVER, ÉCONOMISER, GARDER, PRÉSERVER, RENFLOUER.

engouffrer *v.* ▶ ***Manger avec avidité*** (*FAM.*) – avaler, dévorer, engloutir, ingurgiter. *SOUT.* manger à belles dents. *FAM.* enfourner. ▶ ***Dilapider*** – dévorer, dilapider, dissiper, engloutir, gaspiller, manger, prodiguer. *FAM.* claquer, croquer, flamber, griller. △ **ANT.** CRACHER, VOMIR; ÉCONOMISER, PRÉSERVER, SAUCER.

engourdi *adj.* ▶ ***Qui n'a plus de sensibilité*** – ankylosé, raide. SOUT. perclus. FAM. endormi. ▸ *À cause du froid* – froid, gelé, glacé, gourd, transi. FAM. frigorifié. ▶ ***Qui fonctionne au ralenti*** – atone, endormi, lent, paresseux. △ **ANT.** DÉGOURDI, DÉROUILLÉ, REVIGORÉ; ALERTE, ÉVEILLÉ, VIF.

engourdir *v.* ▶ ***Priver de sensation*** – ankyloser, paralyser. FAM. endormir. ▶ ***Ralentir*** – abrutir, appesantir, ralentir. SOUT. stupéfier. ▶ ***Enlever toute vivacité*** – émousser, hébéter. △ **ANT.** DÉGOURDIR, DÉROUILLER, RANIMER, RAVIVER, RÉVEILLER.

engourdissement *n.m.* ▶ ***Anesthésie*** – analgésie, anesthésie, chloroformisation, éthérisation, hémianesthésie, hypoesthésie, insensibilisation, insensibilité, narcose, rachianesthésie, subnarcose, tronculaire. FAM. rachi. ▶ ***Paralysie*** – arrêt, asphyxie, blocage, désactivation, enraiement, entrave, immobilisation, immobilisme, impuissance, inhibition, neutralisation, obstruction, paralysie, ralentissement, sclérose, stagnation. ▶ ***Sensation de froid*** – froid, transissement. ▶ ***Sommeil des animaux*** – estivation *(été)*, hibernation *(hiver)*, sommeil hibernal, sommeil hiémal. BOT. dormance. ZOOL. quiescence. ▶ ***Fait de devenir moins intelligent*** – abalourdissement, abêtissement, abrutissement, bêtification, bêtifiement, crétinisation, débilisation, décervelage, encroûtement, infantilisation. ▶ ***Fait de ne pas être intelligent*** – abêtissement, ahurissement, crétinisme, encroûtement, gâtisme, hébétement, idiotie, imbécillité, infantilisme, stupidité. SOUT. hébétude. ▶ ***Somnolence*** – assoupissement, demi-sommeil, somnolence, torpeur. ▶ ***Paresse*** – alanguissement, apathie, atonie, fainéantise, farniente, indolence, inertie, laisser-aller, langueur, lenteur, léthargie, lourdeur, mollesse, négligence, nonchalance, oisiveté, paresse, somnolence, torpeur. FAM. cosse, flemmardise, flemme. △ **ANT.** DÉGOURDISSEMENT, RÉANIMATION, RÉVEIL; ACTIVITÉ, VIVACITÉ.

engrais *n.m.* amendement, apport, chanci, chaux, compost, craie, falun, fertilisant, fumier, fumure, glaise, goémon, guano, limon, lisier, marne, paillé, plâtre, poudrette, pralin, purin, superphosphate *(artificiel)*, tangue, terre de bruyère, terreau. FRANCE RÉGION. wagage.

engraisser *v.* ▶ ***Grossir*** – forcir, grossir, prendre du poids. FAM. profiter. ▸ *Non favorable* – épaissir, s'empâter. ▶ ***Gaver un animal*** – embecquer, emboquer, empâter, gaver, gorger. ▶ ***Fertiliser un sol*** – améliorer, amender, bonifier, enrichir, fertiliser. ♦ **s'engraisser** ▶ ***S'enrichir*** (FAM.) – faire fortune, prospérer, s'enrichir. △ **ANT.** AMAIGRIR, MAIGRIR; DÉGRAISSER.

engrenage *n.m.* ▶ ***Entraînement*** – engrènement, entraînement, mouvement, transmission.

enhardir *v.* encourager. ♦ **s'enhardir** avoir l'audace de, oser, s'aviser de, se permettre de. △ **ANT.** DÉCOURAGER, EFFRAYER, INTIMIDER.

énigmatique *adj.* ▶ ***Difficile à comprendre*** – cabalistique, caché, cryptique, ésotérique, hermétique, impénétrable, inaccessible, incompréhensible, inconcevable, inconnaissable, indéchiffrable, indécodable, inexplicable, insaisissable, insondable, mystérieux, obscur, opaque, secret, ténébreux. SOUT. abscons, abstrus, sibyllin. ▶ ***Mystérieux*** – ambigu, indéfinissable, mystérieux. SOUT. sibyllin. △ **ANT.** À LA PORTÉE DE TOUS, ACCESSIBLE, CLAIR, COMPRÉHENSIBLE, ÉVIDENT, INTELLIGIBLE, LIMPIDE, SIMPLE, TRANSPARENT.

enivrant *adj.* ▶ ***Excitant*** – captivant, électrisant, enthousiasmant, exaltant, excitant, grisant, palpitant, passionnant. FAM. emballant, planant. ▶ ***Qui monte à la tête*** – capiteux, entêtant, étourdissant, grisant, qui fait tourner la tête, qui monte à la tête. △ **ANT.** DÉCOURAGEANT, DÉMORALISANT, DÉMOTIVANT.

enivrement *n.m.* ▶ ***Exaltation*** (SOUT.) – agitation, effervescence, électrisation, emballement, énervement, étourdissement, exaltation, excitation, fébrilité, fièvre, griserie, nervosité, stress, surexcitation, tension. SOUT. éréthisme, exaspération, surtension. RARE enfièvrement. SPORTS pressing. △ **ANT.** CALME, FROIDEUR, INDIFFÉRENCE; ENNUI; LUCIDITÉ.

enivrer *v.* ▶ ***Rendre ivre*** – griser. FAM. rétamer, soûler. ▶ ***Mettre dans une joie extrême*** – griser, transporter. SOUT. enlever. ♦ **s'enivrer** boire, se griser. FAM. prendre une cuite, s'alcooliser, se biturer, se charger, se mûrir, se noircir, se picrater, se pinter, se pocharder, se poivrer, se soûler, se soûler la gueule. FRANCE FAM. prendre une biture, se beurrer (la gueule), se bourrer, se bourrer la gueule, se charger, se cuiter. SUISSE FAM. prendre une caisse. △ **ANT.** DÉGRISER, DÉSENIVRER; ATTIÉDIR, REFROIDIR.

enjambée *n.f.* ▶ ***Pas*** – allure, figure, foulée, marche, pas. ▶ ***Saut*** – bond, bondissement, cabriole, culbute, entrechat, gambade, plongeon, saut, sautillage, sautillement, voltige. FAM. galipette. BELG. cumulet.

enjamber *v.* ▶ ***Franchir*** – franchir, passer, sauter.

enjeu *n.m.* ▶ ***Mise*** – cave, enjambage, masse, mise, pot, poule. ▶ ***Pari*** – défi, gageure, mise, pari, risque.

enjoué *adj.* ▶ ***Gai*** – allègre, badin, de belle humeur, en joie, épanoui, folâtre, foufou, gai, guilleret, hilare, jovial, joyeux, léger, plein d'entrain, réjoui, riant, rieur, souriant. FAM. rigolard, rigoleur. ▶ ***Plein de vie*** – animé, déluré, frétillant, fringant, guilleret, pétillant, pétulant, plein d'entrain, plein de vie, primesautier, remuant, sémillant, vif, vivant. BELG. FAM. spitant. △ **ANT.** BOURRU, DE MAUVAISE HUMEUR, GROGNON, MAUSSADE, MOROSE, RENFROGNÉ, TACITURNE; DÉPRIMÉ, LAS, MÉLANCOLIQUE, MORNE, PESSIMISTE, SOMBRE, TÉNÉBREUX, TRISTE; AMORPHE, APATHIQUE, ENDORMI, INDOLENT, INERTE, PASSIF, SANS RESSORT.

enjouement *n.m.* belle humeur, bonne humeur, enthousiasme, entrain, gaieté, joie, jovialité, pétulance. SOUT. alacrité. △ **ANT.** AUSTÉRITÉ, GRAVITÉ, SÉRIEUX, SÉVÉRITÉ.

enlacer *v.* ▶ ***Serrer dans ses bras*** – embrasser, étreindre, prendre dans ses bras, presser sur son cœur, serrer. △ **ANT.** DÉSENLACER.

enlèvement *n.m.* ▶ ***Action d'enlever*** – collectage, collecte, cueillette, ramassage, récolte. DIDACT. levée. ▶ ***Kidnappage*** – détournement (de mineur), kidnappage, prise (d'otage), rapt, ravissement, vol (d'enfant). ▶ ***Vol*** – appropriation, brigandage, cambriolage, déprédation, détournement, détroussement, extorsion, grappillage, kleptomanie, larcin, malversation, maraudage, maraude, pillage, piraterie, racket, rafle, rançonnement, razzia, sac, saccage, spoliation, subtilisation, vol. SOUT. rapine. FAM. barbotage, chapardage, coup, resquillage, resquille. FRANCE FAM. braquage, cambriole, casse, cassement, entôlage, fauche, vol à la roulotte *(voitures)*, vol à la tire, vol à main armée. △ ANT. RESTITUTION; LIBÉRATION.

enlever *v.* ▶ ***Ôter*** – ôter, retirer. SOUT. dérober. ▶ *Un vêtement* – ôter, quitter, retirer. ▶ ***Supprimer*** – couper, éliminer, ôter, radier, retrancher, supprimer. FAM. sucrer. ▶ ***Déduire*** – décompter, déduire, défalquer, ôter, rabattre, retenir, retirer, retrancher, soustraire. ▶ ***Charrier*** – arracher, balayer, charrier, emporter, entraîner. ▶ ***Kidnapper*** – kidnapper, prendre en otage, ravir, voler. ▶ ***Confisquer*** – confisquer, prendre, retirer. ▶ ***Prendre par la force*** – conquérir, mettre la main sur, prendre, s'emparer de, se rendre maître de, se saisir de. ▶ ***Gagner*** – conquérir, gagner, obtenir, remporter. FAM. décrocher. ▶ ***Transporter*** (SOUT.) – enivrer, griser, transporter. ♦ **s'enlever** ▶ ***S'effacer*** – disparaître, partir, s'effacer, s'en aller. ▶ ***S'éloigner*** – s'écarter, s'ôter, se pousser, se retirer. FAM. s'ôter du chemin. △ ANT. METTRE, POSER; ADDITIONNER, AJOUTER; LIBÉRER; RENDRE.

enliser *v.* ▶ ***Enfoncer dans un sol*** – embourber, enfoncer, envaser. ♦ **s'enliser** ▶ ***S'enfoncer dans un sol*** – s'embourber, s'enfoncer, s'envaser. ▶ ***S'enfoncer dans une mauvaise situation*** – glisser, s'embourber, s'enfoncer, sombrer, tomber. ▶ ***Ne pas progresser*** – languir, patiner, piétiner, stagner, traîner. FAM. faire du surplace. △ ANT. DÉSEMBOURBER.

ennemi *adj.* ▶ ***Rival*** – adverse, antagonique, antagoniste, concurrent, opposant, opposé, rival. ▶ ***Hostile*** – hostile, inamical, inhospitalier. △ ANT. ALLIÉ, AMI. ♦ **ennemi de** ADEPTE DE, PARTISAN DE.

ennemi *n.* adversaire, antagoniste, attaqueur, challenger, compétiteur, concurrent, contestataire, contraire, contre-manifestant, détracteur, dissident, mécontent, opposant, opposé, pourfendeur, prétendant, protestataire, rival. SOUT. émule. △ ANT. ALLIÉ, AMI, PARTENAIRE; ADEPTE, PARTISAN.

ennoblir *v.* ▶ ***Élever moralement*** – élever, grandir. △ ANT. AVILIR, DÉPRÉCIER, DÉSHONORER, HUMILIER, RABAISSER.

ennui *n.m.* ▶ ***Blasement*** – assommement, bâillement, dégoût, déplaisir, insatisfaction, langueur, lassitude, vide. SOUT. blasement. ▶ ***Morosité*** – abattement, accablement, affliction, aigreur, amertume, chagrin, dépression, désolation, deuil, douleur, épreuve, grisaille, humeur noire, idées noires, idées sombres, langueur, lypémanie, mal du pays, mal-être, maussaderie, mélancolie, monotonie, morosité, neurasthénie, noir, nostalgie, papillons, peine, serrement de cœur, souci, tædium vitæ, tristesse, vague à l'âme. SOUT. atrabile, larmes, navrement, nuage, spleen, taciturnité. FAM. blues, bourdon, cafard, déprime, sinistrose. ▶ ***Déception*** – abattement, accablement, affliction, amertume, anéantissement, chagrin, consternation, déboires, déception, déconvenue, découragement, dégoût, dégrisement, démoralisation, dépit, désappointement, désenchantement, désespoir, désillusion, désolation, échec, écœurement, infortune, insuccès, lassitude, mécompte, peine, regret, revers, tristesse. SOUT. atterrement, déréliction, désabusement, désespérance, retombement. FAM. défrisage, défrisement, douche (froide), ras-le-bol. ▶ ***Contrariété*** – agitation, angoisse, anxiété, cassement de tête, contrariété, désagrément, difficulté, doute, gêne, inquiétude, obnubilation, occupation, peine, pensée, préoccupation, sollicitude, souci, suspens, tiraillement, tourment, tracas. SOUT. affres. FAM. tintouin, tracassin. ▶ ***Inconvénient*** – aléa, charge, contre, danger, défaut, déplaisir, dérangement, désagrément, désavantage, difficulté, écueil, embarras, empêchement, fissure, gêne, handicap, incommodité, inconfort, inconvénient, mauvais côté, objection, obstacle, point faible, risque, trouble. SOUT. importunité. ▶ ***Incident*** – accident, accroc, accrochage, affaire, anicroche, avatar, aventure, complication, contingences, contrariété, contretemps, crise, désagrément, difficulté, dispute, embarras, empêchement, épine, épisode, événement, éventualité, imprévu, incident, mésaventure, obstacle, occasion, occurrence, péripétie, problème, rebondissement, tribulations. SOUT. adversité. FAM. cactus, embêtement, emmerde, emmerdement, enquiquinement, os, pépin, pétrin, tuile. FRANCE FAM. empoisonnement. ▶ ***Obstacle*** – accroc, adversité, anicroche, barrière, blocage, contrariété, contretemps, défense, difficulté, digue, écueil, embarras, empêchement, entrave, frein, gêne, impasse, impossibilité, inhibition, interdiction, objection, obstruction, ombre au tableau, opposition, pierre d'achoppement, point noir, problème, résistance, restriction, tribulations. SOUT. achoppement, impedimenta, traverse. FAM. hic, lézard, os, pépin. QUÉB. FAM. aria. RARE empêtrement. △ ANT. CONTENTEMENT, PLAISIR, SATISFACTION; BONHEUR, EUPHORIE, GAIETÉ, JOIE, RÉJOUISSANCE; AMUSEMENT, DISTRACTION, DIVERTISSEMENT.

ennuyer *v.* ▶ ***Remplir d'ennui*** – assommer, endormir, lasser. FAM. barber, barbifier, pomper, raser. ▶ ***Rebuter*** – décourager, fatiguer, lasser, rebuter. ▶ ***Contrarier*** – agacer, chiffonner, contrarier, irriter. FAM. embêter, empoisonner. ▶ ***Causer du souci*** – fatiguer, obséder, préoccuper, taquiner, tarabuster, tracasser, travailler. FAM. titiller, turlupiner. QUÉB. FAM. chicoter. FRANCE RÉGION. taler. ▶ ***Incommoder*** – déranger, gêner, importuner, incommoder, indisposer. ♦ **s'ennuyer** ▶ ***Se morfondre*** – se languir, se morfondre, sécher sur pied, tourner en rond, trouver le temps long. SOUT. languir d'ennui. FAM. s'embêter, se barber, se barbifier, se raser. ▶ ***Être nostalgique*** – avoir la nostalgie de, regretter, se languir de. △ ANT. AMUSER, DÉSENNUYER, DISTRAIRE, ÉGAYER, RÉCRÉER, RÉJOUIR; AIDER, FAVORISER.

ennuyeux *adj.* ▶ ***Lassant*** – assommant, endormant, fastidieux, inintéressant, insipide, lassant, monotone, plat, répétitif, soporifique. FAM. barbant, lugubre, mortel, mortifère, mourant, rasant, raseur, rasoir, usant. FRANCE FAM. barbifiant, barbifique, bassinant, canulant. QUÉB. FAM. plate. ▶ ***Terne*** – déprimant, gris, grisâtre, maussade, monotone, morne, plat, sans vie, terne. ▶ ***Fâcheux*** – contrariant, décevant, désolant, fâchant, fâcheux. FAM. embêtant. QUÉB. FAM. de valeur, désappointant, dommage, plate. △ ANT. CAPTIVANT, FASCINANT, INTÉRESSANT, PALPITANT, PASSIONNANT; AMUSANT, CHARMANT, DISTRAYANT, DIVER-

TISSANT, ÉGAYANT, GAI, PLAISANT, RÉJOUISSANT; INESPÉRÉ; ENCOURAGEANT, MOTIVANT, STIMULANT.

énoncé *n. m.* ▶ ***Déclaration*** – affirmation, communication, déclaration, donnée, élocution, énonciation, exposition, expression, extériorisation, formulation, mention, prononciation, proposition, récitation, stipulation, verbalisation. ▶ ***Formule*** – formule, intitulé, libellé. ▶ ***Phrase*** – collocation, construction, cooccurrence, expression (figée), formule, lexie complexe, locution, phrase, proposition, syntagme, terme, tour, tournure.

énoncer *v.* ▶ ***Admettre a priori*** – affirmer, poser, postuler. ▶ ***Formuler*** – expliciter, exposer, formuler. ▶ ***Indiquer clairement*** – indiquer, mentionner, préciser, souligner, spécifier, stipuler. △ **ANT.** CACHER, NÉGLIGER, OMETTRE, TAIRE.

énorme *adj.* ▶ ***Gigantesque*** – colossal, considérable, démesuré, extraordinaire, extrême, fabuleux, formidable, géant, gigantesque, grand, gros, immense, incommensurable, monstrueux, monumental, phénoménal, prodigieux, surhumain, titanesque, vaste, vertigineux. SOUT. cyclopéen, herculéen. FAM. bœuf, de tous les diables, du diable, effrayant, effroyable, épouvantable, faramineux, méchant, monstre. FRANCE FAM. gratiné. ▶ ***Remarquable*** (FRANCE FAM.) – admirable, brillant, éblouissant, excellent, extraordinaire, fantastique, magistral, magnifique, merveilleux, parfait, prodigieux, remarquable, réussi, sensationnel, sublime. FAM. à tout casser, champion, d'enfer, du tonnerre, épatant, extra, fameux, formidable, fumant, génial, mirifique, pas piqué des vers, splendide, super, terrible. FRANCE FAM. du feu de Dieu, fadé, formide, géant, gratiné, pas piqué des hannetons. △ **ANT.** MICROSCOPIQUE, MINUSCULE, NAIN; LAMENTABLE, MÉDIOCRE, MINABLE, NAVRANT, PIÈTRE, PITEUX, PITOYABLE, RATÉ.

énormément *adv.* ▶ ***Vastement*** – amplement, colossalement, considérablement, gigantesquement, grandement, immensément, large, largement, spacieusement, vastement. ▶ ***Extrêmement*** – à l'extrême, affreusement, astronomiquement, au dernier degré, au dernier point, au maximum, au plus haut degré, au plus haut point, beaucoup, bien, colossalement, considérablement, éminemment, exceptionnellement, extraordinairement, extrêmement, fabuleusement, follement, fort, fortement, grandement, gros, hautement, immensément, incommensurablement, infiniment, inconcevablement, incroyablement, intensément, long, mortellement, nettement, on ne peut plus, phénoménalement, prodigieusement, profondément, remarquablement, sérieusement, singulièrement, souverainement, supérieurement, suprêmement, terriblement, très, vertigineusement, vivement, vraiment. FAM. bigrement, bougrement, diablement, drôlement, effroyablement, épais, épouvantablement, fameusement, fantastiquement, fichtrement, fichûment, formidablement, foutrement, furieusement, joliment, rudement, sacrément, salement, super, terrible, tout plein, vachement. △ **ANT.** EN FAIBLE QUANTITÉ, FAIBLEMENT, PAS BEAUCOUP, PEU.

énormité *n. f.* ▶ ***Gigantisme*** – colossal, excessif, gigantesque, gigantisme, grandiose, incommensurabilité. SOUT. énorme. ▶ ***Excès*** – comble, débauche, débordement, dépassement, disproportion, excédent, excès, exubérance, gaspillage, inutile, luxe, luxuriance, orgie, profusion, redondance, satiété, saturation, superfétation, superflu, superfluité, surabondance, surcharge, surcroît, surenchère, surnombre, surplus, trop, trop-plein. ▶ ***Invraisemblance*** – bizarrerie, étrangeté, extravagance, improbabilité, incrédibilité, invraisemblance. △ **ANT.** INSIGNIFIANCE, PETITESSE; VRAISEMBLANCE.

enquérir (s') *v.* demander, s'informer de, se renseigner au sujet de. FAM. aller aux nouvelles. ACADIE FAM. s'émoyer de. △ **ANT.** SE DÉSINTÉRESSER.

enquête *n. f.* ▶ ***Recherches judiciaires*** – examen, information, instruction, recherche. ▶ ***Analyse*** – analyse, étude, examen, exploration, information, investigation, recherche, sondage, survol, traitement. SOUT. perquisition.

enraciner *v.* ▶ ***Implanter*** – ancrer, graver, implanter. ♦ **s'enraciner** ▶ ***Former des racines*** – prendre racine, tiger. ▶ ***S'implanter*** – s'implanter, s'incruster, s'installer. △ **ANT.** ARRACHER, DÉPLANTER, DÉRACINER, ENLEVER, ÉRADIQUER, EXTIRPER, EXTRAIRE.

enragé *adj.* ▶ ***En colère*** – blanc de colère, courroucé, déchaîné, en colère, forcené, fou de colère, fou de rage, fulminant, fumant, furibond, furieux, hors de soi, irrité, outré, rageur, révolté, ulcéré. FAM. en boule, en rogne. FRANCE FAM. à cran, en pétard, fumasse, furax, furibard. QUÉB. FAM. choqué. ▶ ***Acharné*** – acharné, exalté, farouche, forcené, furieux, passionné. ▶ ***Pris de passion*** – amateur, amoureux, avide, entiché, épris, fanatique, féru, fervent, fou, friand, passionné. FAM. accro, fana, maniaque, mordu. △ **ANT.** CALME, FLEGMATIQUE, IMPASSIBLE, IMPERTURBABLE, MAÎTRE DE SOI, PLACIDE; ATTENDRI, ÉMU, TOUCHÉ; MESURÉ, MODÉRÉ, PONDÉRÉ, RAISONNÉ; DÉTACHÉ, INDIFFÉRENT, TIÈDE.

enrager *v.* bouillir de colère, écumer, écumer de colère, écumer de rage. FAM. bisquer, fumer, rager, râler, rogner. FRANCE RÉGION. endiabler.

enrayer *v.* ▶ ***Entraver un mécanisme*** – bloquer, coincer, gripper. ▶ ***Entraver la progression*** – arrêter, désamorcer, entraver, étouffer, étrangler, faire obstacle à, freiner, inhiber, juguler, mater, mettre en échec, mettre un frein à, neutraliser, refouler, stopper. ♦ **s'enrayer** ▶ ***Se bloquer*** – gripper, se bloquer, se coincer. △ **ANT.** DÉBLOQUER, DÉSENRAYER; AIDER, FAVORISER, PERMETTRE.

enregistrement *n. m.* ▶ ***Inscription*** – archivage, comptabilisation, immatriculation, inscription, mention. ▶ ***Certification*** – attestation, authentification, certificat, certification, confirmation, constat, homologation, légalisation, légitimation, officialisation, reconnaissance. △ **ANT.** OMISSION, OUBLI.

enregistrer *v.* ▶ ***Écrire pour mémoire*** – consigner, inscrire, noter, prendre (bonne) note de, prendre en note, recueillir, relever. ▶ ***Saisir des données*** – effectuer la saisie de, entrer, faire la saisie de, saisir. △ **ANT.** EFFACER; NÉGLIGER, OMETTRE, OUBLIER.

enrichir *v.* ▶ ***Orner*** – agrémenter, colorer, décorer, émailler, embellir, enjoliver, garnir, habiller, ornementer, orner, parer, rehausser, relever. SOUT. diaprer. ▶ ***Ajouter des éléments*** – additionner, supplémenter. ▸ ***Donner plus de matière*** – étoffer. ♦ **s'enrichir** faire fortune, prospérer. *FAM.* s'engraisser. △ **ANT.** APPAUVRIR, DÉPOUILLER, RUINER.

enrichissement *n. m.* ▸ ***Amélioration*** – abonnissement, affinement, amélioration, anoblissement, bonification, embellie, embellissement, ennoblissement, maximalisation, optimalisation, optimisation, perfectionnement, progrès. *SOUT.* épurement. *FIG.* bond en avant. ▸ ***Amélioration du sol*** – abonnissement, amélioration, amendement, assolement, bonification, chaulage, compostage, déchaumage, écobuage, engraissage, engraissement, ensemencement, épandage, fertilisation, fumage, fumaison, fumigation, fumure, irrigation, jachère, limonage, marnage, mise en valeur, phosphatage, plâtrage, soufrage, sulfatage, terreautage. ▸ ***Approfondissement*** – analyse, approfondissement, dépouillement, développement, épluchage, étude, examen, exploration, introspection, méditation, pesée, progrès, recherche, réflexion, sondage. ▸ ***Augmentation*** – accentuation, accroissement, accrue, agrandissement, amplification, arrondissement, augmentation, bond, boom, crescendo, croissance, crue, décuplement, développement, dilatation, élargissement, élévation, enflement, envolée, essor, évolution, expansion, extension, flambée, foisonnement, gonflement, gradation, grossissement, hausse, haussement, inflation, intensification, majoration, montée, poussée, progrès, progression, recrudescence, redoublement, redressement, rehaussement, relèvement, renchérissement, renforcement, revalorisation, valorisation. ▸ ***Instruction*** – alphabétisation, apprentissage, conscientisation, didactique, édification, éducation, enseignement, entraînement, études, expérience, façonnage, façonnement, formation, inculcation, information, initiation, instruction, monitorat, pédagogie, professorat, scolarisation, scolarité, stage. *QUÉB.* andragogie *(aux adultes)*. *PÉJ. FAM.* dressage *(très sévère)*. ▸ ***Ornement*** – accessoire, agrément, décor, décoration, détail, enjolivement, enjolivure, figure, fioriture, garniture, ornement, ornementation, parure. *FAM.* affiquet, affûtiaux. △ **ANT.** APPAUVRISSEMENT, RUINE; PAUPÉRISATION.

enrouler *v.* ▸ ***Rouler*** – rouler. ▸ *Autour d'une bobine* – bobiner, embobiner, envider, rebobiner. ▸ ***Ramasser un cordage*** – lover. ♦ **s'enrouler** se lover, se tordre, vriller. △ **ANT.** DÉROULER, DÉVIDER.

enseigne *n. f.* ▸ ***Panneau*** – affiche, affichette, annonce, avis, écriteau, pancarte, panneau, panneau réclame, panonceau, placard, proclamation, programme, publicité, réclame. ▸ ***Aigle*** – aigle (romaine). ▸ ***Étendard*** (*SOUT.*) – banderole, bandière, bannière, baucent, calicot, cornette, couleurs, drapeau, étendard, fanion, flamme, gonfalon, guidon, oriflamme, pavillon *(marine)*, pavois *(marine)*, pennon, tanka *(religieux)*. *ANTIQ.* vexille.

enseignement *n. m.* ▸ ***Éducation*** – alphabétisation, apprentissage, conscientisation, didactique, édification, éducation, enrichissement, entraînement, études, expérience, façonnage, façonnement, formation, inculcation, information, initiation, instruction, monitorat, pédagogie, professorat, scolarisation, scolarité, stage. *QUÉB.* andragogie *(aux adultes)*. *PÉJ. FAM.* dressage *(très sévère)*. ▸ ***Précepte*** – adage, aphorisme, apophtegme, axiome, citation, devise, dicton, dit, dogme, formule, mantra, maxime, moralité, mot, on-dit, parole, pensée, précepte, principe, proverbe, réflexion, règle, sentence, sutra, vérité. △ **ANT.** IGNORANCE.

enseigner *v.* ▸ ***Transmettre un savoir*** – apprendre, expliquer, inculquer, montrer, transmettre. ▸ ***Donner des cours*** – faire cours, faire la classe, professer.

ensemble *adv.* ▸ ***Simultanément*** – à l'unisson, à la fois, concomitamment, concurremment, corrélativement, en cadence, en chœur, en même temps, simultanément, synchroniquement. ▸ ***Collectivement*** – à l'unanimité, à plusieurs, collectivement, collégialement, concurremment, conjointement, coopérativement, coude à coude, d'accord, d'un commun accord, de concert, de conserve, en bloc, en chœur, en collaboration, en commun, en équipe, en groupe, la main dans la main, solidairement, totalement, unanimement. △ **ANT.** À TOUR DE RÔLE, ALTERNATIVEMENT, CONSÉCUTIVEMENT, L'UN APRÈS L'AUTRE, SUCCESSIVEMENT; EN PARTICULIER, EN PERSONNE, INDIVIDUELLEMENT, PARTICULIÈREMENT, PERSONNELLEMENT, SOI-MÊME.

ensemble *n. m.* ▸ ***Somme*** – addition, cagnotte, chiffre, fonds, mandat, masse, montant, quantité, quantum, somme, total, totalisation, volume. ▸ ***Globalité*** – absoluité, complétude, entier, entièreté, exhaustivité, généralité, globalité, intégralité, intégrité, masse, plénitude, réunion, somme, total, totalité, tout, universalité. ▸ ***Groupe*** – accumulation, amas, appareil, assemblage, assortiment, collection, compilation, foule, grand nombre, groupe, groupement, jeu, quantité, rassemblement, recueil, service, tas, train. *FAM.* attirail, cargaison, compil. *PÉJ.* ramassis. ▸ ***Groupe d'habitations*** – bloc d'habitations, cité, grand ensemble, îlot, lotissement, résidence. ▸ ***Orchestre*** – bastringue *(bruyant)*, fanfare, formation, groupe, orchestre, orphéon. △ **ANT.** DÉTAIL, ÉLÉMENT, PARTIE; DISCORDANCE; DISSIDENCE.

enserrer *v.* ▸ ***Tenir à l'étroit*** – emprisonner, serrer. ▸ ***Entourer*** – ceindre, ceinturer, enceindre, enclore, entourer, environner. △ **ANT.** DESSERRER.

ensevelir *v.* ▸ ***Enterrer qqch.*** – enfouir, enterrer. ▸ ***Enterrer qqn*** – enterrer, inhumer, mettre en terre, porter en terre. △ **ANT.** DÉTERRER, EXHUMER.

ensuite *adv.* ▸ ***Plus tard*** – alors, après, après quoi, depuis, en second lieu, ensuite de quoi, par la suite, plus tard, postérieurement, puis, subséquemment, ultérieurement. *SOUT.* ensuivant. △ **ANT.** AU PRÉALABLE, AUPARAVANT, AVANT, PRÉALABLEMENT.

ensuivre (s') *v.* ▸ ***Être le résultat*** – découler, dépendre, dériver, émaner, partir, procéder, provenir, résulter. *BELG.* conster. ▸ ***Avoir comme résultat*** – découler, résulter.

entamer *v.* ▸ ***Écorcher la peau*** – balafrer, couper, déchirer, écharper, écorcher, entailler, lacérer, larder, ouvrir, taillader. *FAM.* chapeler. ▸ ***Corroder*** – attaquer, corroder, éroder, manger, mordre, ronger. ▸ ***Diminuer un capital*** – écorner, faire une brèche à. *FAM.* ébrécher. *QUÉB. FAM.* gruger. ▸ ***Amorcer*** – amorcer, attaquer, commencer, entreprendre, s'atteler à. *FAM.* embrayer, s'y mettre. ▸ ***Déclencher*** –

commencer, déclencher, donner le coup d'envoi à, enclencher, engager, entreprendre, inaugurer, lancer, mettre en branle, mettre en route, mettre en train. *FAM.* démarrer. △ **ANT.** ACHEVER, COMPLÉTER, TERMINER.

entassement *n.m.* ▸ ***Accumulation*** – abondance, accumulation, addition, agrégation, amas, amoncellement, collection, déballage, échafaudage, emmagasinage, empilage, empilement, encombrement, étagement, faisceau, fatras, fouillis, monceau, montagne, pile, pyramide, quantité, stratification, superposition, tas. ▸ ***Fait de s'entasser*** – encaquement. *SPORTS QUÉB.* empilade. △ **ANT.** DISPERSION, DISSÉMINATION, ÉPARPILLEMENT; DILAPIDATION.

entasser *v.* ▸ ***Mettre en tas*** – accumuler, amasser, amonceler, empiler. ▸ ***Réunir en grande quantité*** – accumuler, amasser, amonceler, collectionner. ▸ ***Installer des personnes à l'étroit*** – empiler, parquer, serrer, tasser. *FAM.* encaquer, tasser comme des harengs, tasser comme des sardines. *FRANCE RÉGION.* esquicher. ♦ **s'entasser** ▸ ***Augmenter en quantité*** – s'accumuler, s'amonceler. ▸ ***Être en foule compacte*** – s'agglutiner, se masser, se presser. △ **ANT.** DISPERSER, ÉPARPILLER, RÉPANDRE, SEMER; DÉPENSER, DILAPIDER, PRODIGUER.

entendement *n.m.* ▸ ***Faculté de comprendre*** – cognition, compréhension, intellect, intellection, intellectualisation, intelligence. *FAM.* comprenette. ▸ ***Jugement*** – bon sens, cerveau, cervelle, clairvoyance, compréhension, conception, discernement, esprit, faculté, imagination, intellect, intelligence, jugement, lucidité, pénétration, raison, tête. *FAM.* matière grise, méninges. *PHILOS.* logos.

entendre *v.* ▸ ***Comprendre*** (*SOUT.*) – comprendre, s'expliquer, saisir, toucher du doigt, voir. *SOUT.* appréhender, embrasser. *FAM.* entraver, piger. *FRANCE FAM.* percuter. ▸ ***Exaucer*** (*SOUT.*) – accomplir, combler, exaucer, réaliser, répondre à, satisfaire. *SOUT.* écouter. ▸ ***Vouloir*** – avoir l'intention de, caresser le projet de, considérer, envisager, penser, préméditer de, projeter, songer à. *SOUT.* former le dessein de. ▸ ***Consentir*** (*SOUT.*) – adhérer à, approuver, appuyer, consentir à, se prêter à, souscrire à, soutenir, supporter. ♦ **s'entendre** ▸ ***Parvenir à une entente*** – convenir de, s'accorder, s'arranger, se concerter, se mettre d'accord, tomber d'accord, trouver un terrain d'entente. ▸ ***Être en bons termes*** – avoir de bons rapports, (bien) s'entendre, être en bons termes, fraterniser, s'accorder, sympathiser. *SOUT.* compatir. *FAM.* copiner. △ **ANT.** ÊTRE SOURD. ♦ **s'entendre** SE DISPUTER; SE DÉTESTER, SE HAÏR.

entente *n.f.* ▸ ***Accord*** – accord, armistice, cessation des hostilités, cessez-le-feu, compromis, conciliation, détente, issue, modus vivendi, négociation, neutralité, non-belligérance, normalisation, pacification, pacte, paix, réconciliation, traité, trêve. ▸ ***Convention*** – accommodement, accord, alliance, arrangement, compromis, concordat, consensus, contrat, convention, engagement, marché, modus vivendi, pacte, protocole, traité, transaction. ▸ ***Paix*** – accalmie, apaisement, bonace, bonheur, calme, éclaircie, fraternité, harmonie, idylle, paix, quiétude, rémission, repos, silence, tranquillité, trêve, union. *SOUT.* kief. ▸ ***Camaraderie*** – amitié, camaraderie, confraternité, coude à coude, fraternité, solidarité, sympathie. *FAM.* copinerie. ▸ ***Association d'entreprises*** – alliance, cartel, coentreprise, combinat, complexe, concentration, conglomérat, consortium, duopole, groupe, industrie, monopole, oligopole, trust. *PÉJ.* féodalité. △ **ANT.** CONFLIT, DÉSACCORD, DISPUTE, MÉSENTENTE.

enterrement *n.m.* ▸ ***Obsèques*** – cérémonie funèbre, convoi funèbre, cortège funèbre, dernier hommage, derniers devoirs, derniers honneurs, deuil, enfouissement, funérailles, inhumation, mise au sépulcre, mise au tombeau, mise en bière, mise en terre, obsèques, sépulture, service civil, service religieux. *SOUT.* ensevelissement. ▸ ***Action d'enterrer*** – enfouissement, ensevelissement. △ **ANT.** DÉTERREMENT, EXHUMATION; RENOUVEAU, RÉSURRECTION.

enterrer *v.* ▸ ***Enfouir*** – enfouir, ensevelir. ▸ ***Inhumer*** – ensevelir, inhumer, mettre en terre, porter en terre. ▸ ***Abandonner*** – abandonner, délaisser, faire une croix sur, jeter aux oubliettes, laisser, laisser en jachère, laisser tomber, mettre au placard, mettre au rancart, mettre aux oubliettes, quitter, renoncer à, tirer une croix sur. *SOUT.* dépouiller, renoncer. *FAM.* lâcher, planter là, plaquer. △ **ANT.** DÉTERRER, EXHUMER; DÉCOUVRIR.

entêté *adj.* buté, obstiné, têtu, volontaire. *FAM.* cabochard, tête de mule, tête de pioche, tête dure. △ **ANT.** ACCOMMODANT, ARRANGEANT, COMPLAISANT, CONCILIANT, FLEXIBLE, SOUPLE, TRAITABLE.

entêtement *n.m.* acharnement, assiduité, constance, détermination, fermeté, insistance, obstination, opiniâtreté, persévérance, persistance, résolution, suite dans les idées, ténacité, volonté. *PÉJ.* aveuglement. △ **ANT.** ABANDON, DÉCOURAGEMENT, RÉSIGNATION; INCONSTANCE, VERSATILITÉ.

entêter *v.* ▸ ***Étourdir*** – étourdir, faire tourner la tête de, griser, monter à la tête de. ♦ **s'entêter** ▸ ***S'obstiner*** – insister, ne pas démordre de, persévérer, persister, s'acharner, s'obstiner, se buter. △ **ANT.** DÉGOÛTER. ♦ **s'entêter** CÉDER, CHANGER.

enthousiasme *n.m.* ▸ ***Ardeur*** – allant, animation, ardeur, chaleur, cœur, élan, entrain, ferveur, flamme, passion, zèle. *FAM.* pep. *SOUT.* feu. ▸ ***Joie très vive*** – allégresse, béatitude, bonheur, égaiement, euphorie, exaltation, extase, exultation, gaieté, hilarité, ivresse, joie, jubilation, plaisir, ravissement, réjouissance, vertige. *SOUT.* aise, félicité, liesse, rayonnement. ▸ ***Émerveillement*** – admiration, adoration, éblouissement, émerveillement, enchantement, engouement, envoûtement, fascination, ravissement, subjugation. ▸ ***Bonne humeur*** – belle humeur, bonne humeur, enjouement, entrain, gaieté, joie, jovialité, pétulance. *SOUT.* alacrité. △ **ANT.** DÉTACHEMENT, FROIDEUR, INDIFFÉRENCE; ENNUI; DÉGOÛT; SCEPTICISME.

enthousiasmer *v.* ▸ ***Encourager*** – animer, encourager, motiver, stimuler. *SOUT.* exhorter. ▸ ***Passionner*** – animer, enfiévrer, enflammer, exalter, exciter, passionner, soulever, transporter. *FAM.* emballer. ▸ ***Réjouir*** – charmer, combler, enchanter, exaucer, faire la joie de, faire le bonheur de, faire plaisir à, mettre en joie, plaire à, ravir, réjouir. *SOUT.* assouvir, délecter. *FAM.* emballer. ♦ **s'enthousiasmer** ▸ ***S'exalter*** – s'enflammer, s'exalter, se prendre d'enthousiasme. *FAM.* s'emballer. △ **ANT.** CONSTERNER, DÉCOURAGER, DÉGOÛTER, DÉSENCHANTER, ÉCŒURER; ATTIÉDIR, CALMER, GLACER, REFROIDIR; ASSOMMER, ENNUYER.

enthousiaste *adj.* ▶ ***Pris d'enthousiasme*** – à tous crins, ardent, chaleureux, chaud, délirant d'enthousiasme, emballé, en extase, enthousiasmé, extasié, extatique, fervent, passionné. *FAM.* tout feu tout flammes. ▶ ***Exubérant*** – animé, ardent, exubérant, fougueux, pétulant, véhément, vif. △ **ANT.** ABATTU, DÉCOURAGÉ, DÉMORALISÉ, DÉPRIMÉ, LAS, MOROSE, PESSIMISTE, SOMBRE, TÉNÉBREUX, TRISTE; FROID, INDIFFÉRENT, TIÈDE; AMORPHE, APATHIQUE, ENDORMI, INDOLENT, LYMPHATIQUE, MOU, NONCHALANT, SANS RESSORT.

entier *adj.* ▶ ***Au complet*** – au complet, au grand complet, en entier. ▶ ***Inentamé*** – complet, inentamé, intact, intouché. ▶ ***Sans restriction*** – absolu, complet, exhaustif, global, inconditionnel, intégral, parfait, plein, rigoureux, sans réserve, total. *PÉJ.* aveugle. ▶ ***Catégorique*** – catégorique, décidé, déterminé, ferme, immuable, inébranlable, inflexible, résolu. △ **ANT.** UNE PARTIE DE; CHANGEANT, FANTASQUE, FLOTTANT, INCONSTANT, INSTABLE, VOLAGE; ÉCRÉMÉ *(LAIT)*; DÉCIMAL, FRACTIONNAIRE *(NOMBRE)*; HONGRE *(CHEVAL)*.

entièrement *adv.* à fond, à tous (les) égards, au (grand) complet, au long, au total, complètement, d'un bout à l'autre, de A (jusqu')à Z, du début à la fin, du tout au tout, en bloc, en entier, en totalité, en tous points, exhaustivement, fin, in extenso, intégralement, pleinement, sous tous les rapports, sur toute la ligne, totalement, tout, tout à fait. △ **ANT.** À DEMI, À MOITIÉ, EN PARTIE, FRAGMENTAIREMENT, INCOMPLÈTEMENT, PARTIELLEMENT.

entité *n.f.* ▶ ***Essence*** – caractère, en-soi, essence, essentialité, inhérence, nature, principe, qualité, quiddité, quintessence, substance. *SOUT.* (substantifique) moelle. ▶ ***Concept*** – abstraction, archétype, concept, conception, conceptualisation, connaissance, conscience, fiction, généralisation, idée, imagination, notion, noumène, pensée, représentation (mentale), schème, théorie. △ **ANT.** CHOSE, OBJET.

entonnoir *n.m.* ▶ ***Instrument*** – *QUÉB. FAM.* couloir. ▶ ***Cavité géographique*** – bassin, cirque, cuvette, entonnoir (naturel). *GÉOGR.* doline, poljé, sotch. ▶ ***Cavité anatomique*** – infundibulum.

entourage *n.m.* ▶ ***Voisinage*** – abords, alentours, approches, bordures, environs, parages, voisinage. *SOUT.* entour. ▶ ***Environnement*** – ambiance, atmosphère, cadre, climat, décor, élément, environnement, environs, lieu, milieu, monde, société, sphère, théâtre, voisinage. ▶ ***Famille*** – cellule familiale, famille, foyer, fratrie, gens, logis, maison, maisonnée, ménage, toit. *FAM.* bercail, clan, couvée, marmaille, nichée, progéniture, smala, tribu. ▶ ***Fréquentation*** – attache, bons/mauvais termes, communication, compagnie, contact, correspondance, côtoiement, coudoiement, familiarité, fréquentation, habitude, intelligence, intimité, liaison, lien, pratique, rapport, relation, société, usage, voisinage. *SOUT.* commerce. *PÉJ.* acoquinement, encanaillement. △ **ANT.** ÉTRANGER.

entourer *v.* ▶ ***Border*** – border, encadrer. ▶ ***Encercler*** – cercler, encercler. ▶ ***Envelopper*** – couvrir, enrober, envelopper. ▶ ***Clôturer*** – ceindre, ceinturer, enceindre, enclore, environner. ▶ ***Coiffer*** – auréoler, ceindre, coiffer, couronner, nimber. ▶ ***Se placer autour de qqn*** – environner, faire cercle autour de. △ **ANT.** DÉGAGER; DÉLIVRER, LEVER LE SIÈGE; ABANDONNER, ÉLOIGNER, NÉGLIGER.

entrailles *n.f.pl.* ▶ ***Organes internes*** – viscères. ▶ *Animal de boucherie* – fressure. ▶ ***Utérus*** (*SOUT.*) – ventre. *SOUT.* flanc, sein. *ANAT.* cavité utérine, utérus. ▶ ***Profondeur*** (*SOUT.*) – abîme, abysse, creux, distance, enfoncement, épaisseur, (fin) fond, fosse, gouffre, lointain, perspective, profondeur. ▶ ***Âme*** – affect, affectivité, âme, attendrissement, cœur, compassion, émotion, émotivité, empathie, fibre, humanité, impressionnabilité, pitié, romantisme, sensibilité, sentiment, sentimentalité, susceptibilité, sympathie, tendresse, vulnérabilité. *FAM.* tripes.

entrain *n.m.* ▶ ***Bonne humeur*** – belle humeur, bonne humeur, enjouement, enthousiasme, gaieté, joie, jovialité, pétulance. *SOUT.* alacrité. ▶ ***Ardeur*** – allant, animation, ardeur, chaleur, cœur, élan, enthousiasme, ferveur, flamme, passion, zèle. *FAM.* pep. *SOUT.* feu. △ **ANT.** ABATTEMENT, ACCABLEMENT, DÉPRESSION, TRISTESSE; FROIDEUR; APATHIE, INERTIE, MOLLESSE, NONCHALANCE.

entraînant *adj.* ▶ ***Persuasif*** – convaincant, éloquent, persuasif. ▶ ***En parlant d'une musique*** – dansant. △ **ANT.** LÂCHE, LANGUISSANT, MOU, TRAÎNANT; ENDORMANT, ENNUYEUX, INSIPIDE, MONOTONE, SOPORIFIQUE.

entraînement *n.m.* ▶ ***Incitation*** – aide, aiguillon, animation, appel, défi, dépassement (de soi), émulation, encouragement, excitation, exhortation, fanatisation, fomentation, impulsion, incitation, instigation, invitation, invite, motivation, provocation, sollicitation, stimulation, stimulus. *SOUT.* surpassement. ▶ ***Formation*** – alphabétisation, apprentissage, conscientisation, didactique, édification, éducation, enrichissement, enseignement, études, expérience, façonnage, façonnement, formation, inculcation, information, initiation, instruction, monitorat, pédagogie, professorat, scolarisation, scolarité, stage. *QUÉB.* andragogie *(aux adultes)*. *PÉJ. FAM.* dressage *(très sévère)*. ▶ ***Répétition*** – exercice, répétition. ▶ ***Transmission mécanique*** – engrenage, engrènement, mouvement, transmission. △ **ANT.** DÉCOURAGEMENT, DISSUASION; RÉSISTANCE.

entraîner *v.* ▶ ***Charrier*** – arracher, balayer, charrier, emporter, enlever. ▶ ***Inciter*** – amener, conditionner, conduire, disposer, encourager, engager, exhorter, impulser, inciter, incliner, mener, porter, pousser, provoquer. *SOUT.* exciter, mouvoir. ▶ ***Persuader*** – amener, convaincre, décider, déterminer, persuader. ▶ ***Exercer*** – discipliner, dresser, exercer, façonner, former, habituer. *SOUT.* rompre. ▶ ***Avoir comme conséquence*** – amener, apporter, catalyser, causer, créer, déchaîner, déclencher, déterminer, donner lieu à, donner naissance à, engendrer, faire, faire naître, former, générer, occasionner, produire, provoquer, soulever, susciter. *PHILOS.* nécessiter. ♦ **s'entraîner** ▶ ***S'exercer*** – s'exercer. *FAM.* se faire la main. △ **ANT.** ARRÊTER, FREINER, RETENIR; DÉCONSEILLER, DISSUADER; DISTRAIRE, ÉLOIGNER, REPOUSSER; DÉRIVER DE, VENIR DE.

entraîneur *n.* ▶ ***Instructeur*** – entraîneur-chef, instructeur, moniteur. ANTIQ. gymnaste. ▶ ***Meneur*** (SOUT.) – chef de file, gourou, guide (spirituel), leader, magistère, mahatma, maître à penser, maître (spirituel), meneur, pandit, pasteur, phare, rassembleur, sage. SOUT. conducteur, coryphée, entraîneur (d'hommes). FAM. pape. ♦ **entraîneuse,** ***fém.*** ▶ ***Femme qui accompagne*** – entraîneuse (de cabaret).

entrave *n.f.* ▶ ***Ce qui gêne la marche d'un animal*** – abot, billot, lien, tribart. ▶ ***Ce qui gêne la marche d'une personne*** – boulet *(pied)*, carcan *(cou)*, chaîne, menottes *(poignets)*, poucettes *(pouces)*. ANC. liens. ▶ ***Obstacle*** – accroc, adversité, anicroche, barrière, blocage, contrariété, contretemps, défense, difficulté, digue, écueil, embarras, empêchement, ennui, frein, gêne, impasse, impossibilité, inhibition, interdiction, objection, obstruction, ombre au tableau, opposition, pierre d'achoppement, point noir, problème, résistance, restriction, tribulations. SOUT. achoppement, impedimenta, traverse. FAM. hic, lézard, os, pépin. QUÉB. FAM. aria. RARE empêtrement. ▶ ***Paralysie*** – arrêt, asphyxie, blocage, désactivation, engourdissement, enraiement, immobilisation, immobilisme, impuissance, inhibition, neutralisation, obstruction, paralysie, ralentissement, sclérose, stagnation. △ **ANT.** LIBERTÉ; ÉMANCIPATION, LIBÉRATION.

entraver *v.* ▶ ***Retenir par des liens*** – empêtrer, enchaîner. ▶ ***Empêcher*** – aller à l'encontre de, barrer, contrarier, contrecarrer, déranger, empêcher, faire obstacle à, gâcher, gêner, mettre des bâtons dans les roues de, nuire à, s'opposer à, se mettre en travers de, troubler. ▶ ***Freiner la progression*** – contrôler, domestiquer, dominer, dompter, gouverner, juguler, maîtriser, surmonter. SOUT. briser, discipliner. ▶ ***Comprendre*** (FAM.) – comprendre, s'expliquer, saisir, toucher du doigt, voir. SOUT. appréhender, embrasser, entendre. FAM. piger. FRANCE FAM. percuter. △ **ANT.** DÉPÊTRER, DÉSENTRAVER; ÉMANCIPER, LIBÉRER; FACILITER, FAVORISER.

entrée *n.f.* ▶ ***Arrivée*** – apparition, approche, arrivée, avènement, introduction, irruption, jaillissement, manifestation, occurrence, survenance, venue. SOUT. surgissement, survenue. DIDACT. exondation. ▶ ***Porte*** – contre-porte, hayon, issue, layon, portail, porte, (porte d') entrée, portière, portillon, poterne, sortie, tape-cul. FAM. lourde. SUISSE OU FRANCE RÉGION. clédar. ANC. barrière, vomitoire. MAR. portelone. ▶ ***Hall*** – antichambre, hall, hall d'entrée, narthex *(église)*, passage, porche, réception, salle d'attente, salle d'embarquement, salle des pas perdus, vestibule. QUÉB. portique. ANTIQ. propylée. ▶ ***Accès*** – abord, accès, approche, arrivée, introduction, ouverture, seuil. MAR. embouquement *(d'une passe)*. ▶ ***Titre*** – billet, bon, carte d'admission, coupon, ticket. ▶ ***Commencement*** – actionnement, amorçage, amorce, balbutiement, bégaiement, commencement, création, début, déclenchement, démarrage, départ, ébauche, embryon, enclenchement, enfance, esquisse, fondement, germe, inauguration, origine, ouverture, prélude, prémisse, principe, tête. SOUT. aube, aurore, matin, prémices. FIG. apparition, avènement, éclosion, émergence, éruption, explosion, genèse, germination, naissance, venue au monde. ▶ ***Immigration*** – arrivée, établissement, gain de population, immigration, invasion, venue. ▶ ***Initiation*** – adhésion, adjonction, admission, adoption, affiliation, agrégation, agrément, appartenance, association, enrôlement, incorporation, initiation, inscription, intégration, mobilisation, rattachement, réception. △ **ANT.** SORTIE; DÉPART; ISSUE; DISPARITION; CONCLUSION, FIN.

entremise *n.f.* ▶ ***Intervention*** – aide, appui, concours, immixtion, incursion, ingérence, interposition, interventionnisme, intrusion, médiation, ministère, office. SOUT. intercession. ▶ ***Truchement*** – canal, intermédiaire, moyen, truchement, voie. △ **ANT.** ABSTENTION.

entrepôt *n.m.* appentis, arrière-boutique, dépôt, dock, fondouk *(pays arabes)*, hangar, réserve.

entreprenant *adj.* ▶ ***Fonceur*** – audacieux, aventureux, fonceur, hardi, qui n'a pas froid aux yeux, téméraire. ▶ ***Prompt à courtiser*** – galant. △ **ANT.** HÉSITANT, INACTIF, PARESSEUX, PUSILLANIME, ROUTINIER, SANS INITIATIVE; QUI MANQUE D'ASSURANCE, TIMIDE, TIMORÉ.

entreprendre *v.* ▶ ***Amorcer*** – amorcer, attaquer, commencer, entamer, s'atteler à. FAM. embrayer, s'y mettre. ▶ ***Déclencher*** – commencer, déclencher, donner le coup d'envoi à, enclencher, engager, entamer, inaugurer, lancer, mettre en branle, mettre en route, mettre en train. FAM. démarrer. ▶ ***Essayer*** – chercher à, essayer de, s'attacher à, s'efforcer de, s'ingénier à, tâcher de, tenter de, travailler à. SOUT. avoir à cœur de, faire effort pour, prendre à tâche de. ▶ ***Circonvenir*** (FAM.) – circonvenir, enjôler, leurrer, séduire. FAM. baratiner, bonimenter, emberlificoter, embobiner, endormir, entortiller, faire marcher, mener en bateau. ▶ ***Empiéter*** (SOUT.) – empiéter, envahir. SOUT. usurper. △ **ANT.** ACCOMPLIR, ACHEVER, FINIR, TERMINER; ABANDONNER, LAISSER, RENONCER; RESPECTER.

entrepreneur *n.* ▶ ***Personne qui construit*** – architecte, bâtisseur, constructeur, ingénieur. ▶ ***Dirigeant d'entreprise*** – artisan, constructeur, fabricant, faiseur, industriel, manufacturier, producteur. △ **ANT.** EMPLOYÉ.

entreprise *n.f.* ▶ ***Action*** – acte, action, choix, comportement, conduite, décision, démarche, faire, fait, geste, intervention, manifestation, réalisation. ▶ ***Projet*** – idée, intention, plan, préméditation *(mauvaise action)*, programme, projet, résolution, vue. SOUT. dessein. ▶ ***Établissement*** – affaire, bureau, compagnie, établissement, exploitation, firme, institution, société. FAM. boîte, boutique. FRANCE FAM. burlingue. RARE industrie. PÉJ. FAM. baraque. ▶ ***Association d'entreprises*** – alliance, cartel, coentreprise, combinat, complexe, concentration, conglomérat, consortium, duopole, entente, groupe, industrie, monopole, oligopole, trust. PÉJ. féodalité. ▶ ***Attaque*** (SOUT.) – agression, assaut, attaque, attentat, charge, déferlement, envahissement, intervention, invasion, irruption, offensive. MILIT. blitz *(de courte durée)*. ♦ **entreprises,** ***plur.*** ▶ ***Tentatives de séduction*** – charme, conquête, enchantement, ensorcellement, envoûtement, parade *(animaux)*, séduction. FAM. drague, rentre-dedans; RARE dragage.

entrer *v.* ▶ *S'introduire, en parlant de qqn* – pénétrer, s'avancer, s'engager, s'introduire. ▶ *S'introduire, en parlant de qqch.* – pénétrer, s'infiltrer, s'insinuer, s'introduire. ▶ *S'abandonner à un sentiment* – céder à, donner dans, s'abandonner à, s'adonner à, se laisser aller à, se livrer à, se porter à. ▶ *S'affilier* – adhérer à, s'affilier à, s'inscrire à. ▶ *Introduire qqch.* – engager, glisser, insérer, introduire, loger, mettre. ▶ *Saisir des données* – effectuer la saisie de, enregistrer, faire la saisie de, saisir. △ ANT. SORTIR; FUIR, PARTIR, QUITTER, S'EN ALLER; FINIR, TERMINER; EMPORTER; ÉVACUER, EXTRAIRE.

entretenir *v.* ▶ *Maintenir* – conserver, garder, maintenir, tenir. ▶ *Faire durer* – continuer, maintenir, perpétuer, prolonger. ▶ *Cultiver* – cultiver, nourrir, soigner. ▶ *Se complaire dans une pensée* – caresser, nourrir, se complaire dans. ▶ *Faire vivre* – avoir la charge de, faire bouillir la marmite, faire vivre, mettre du pain sur la table, nourrir, subvenir aux besoins de. ♦ **s'entretenir** ▶ *Discuter* – conférer, discuter, parler, tenir conférence, tenir conseil. ▶ *Bavarder* – bavarder, causer, converser, deviser, dialoguer, discuter, papoter, parler (de choses et d'autres). FAM. babiller, bavasser, blablater, caqueter, faire un brin de causette, jacasser, jacter, jaspiner, parlementer, parloter, tailler une bavette. QUÉB. FAM. jaser, placoter. BELG. FAM. babeler. △ ANT. BRISER, DÉTRUIRE; INTERROMPRE, ROMPRE; ABANDONNER, DÉLAISSER; NÉGLIGER; OMETTRE, OUBLIER.

entretien *n.m.* ▶ *Vérification* – maintenance, (service d')entretien, vérification. ▸ *Dans le commerce* – service après-vente. ▶ *Réparation* – amélioration, arrangement, bricolage, consolidation, dépannage, maintenance, rajustement, ravalement, reconstitution, réfection, remise à neuf, remise en état, remontage, renforcement, réparation, reprise, restauration, restitution, rétablissement, retapage, rhabillage, sauvetage, soin. FAM. rafistolage. QUÉB. FAM. radoub. ▶ *Subsistance* – aliment, alimentation, approvisionnement, comestibles, denrée, fourniture, intendance, nourriture, pain, produit alimentaire, provision, ravitaillement, subsistance, victuailles, vie, vivres. SOUT. provende. FAM. matérielle. ▶ *Conversation* – causerie, colloque, concertation, conversation, dialogue, discussion, échange (de vues), interview, pourparlers, tête-à-tête. SOUT. entretènement. FAM. causette, chuchoterie. QUÉB. jasette. PÉJ. conciliabule, palabres; FAM. parlote. ▶ *Rencontre* – abouchement, audience, conférence, confrontation, entrevue, face à face, huis clos, interview, micro-trottoir, rencontre, rendez-vous, retrouvailles, réunion, tête-à-tête, vis-à-vis, visite. SOUT. abouchement, rancard. FRANCE FAM. rambot, rambour. PÉJ. conciliabule. △ ANT. NÉGLIGENCE; DÉGRADATION, DESTRUCTION, DÉTÉRIORATION.

entrevoir *v.* ▶ *Pressentir* – avoir conscience de, deviner, flairer, pressentir, se douter, sentir, soupçonner. FAM. subodorer. ▶ *Voir à peine* – apercevoir, entrapercevoir. △ ANT. IGNORER.

entrevue *n.f.* ▶ *Rencontre* – abouchement, audience, conférence, confrontation, entretien, face à face, huis clos, interview, micro-trottoir, rencontre, rendez-vous, retrouvailles, réunion, tête-à-tête, vis-à-vis, visite. SOUT. abouchement, rancard. FRANCE FAM. rambot, rambour. PÉJ. conciliabule.

énumération *n.f.* ▶ *Dénombrement* – catalogue, cens, chiffrage, comptage, compte, décompte, dénombrement, détail, état, évaluation, inventaire, inventoriage, inventorisation, liste, litanie, numération, recensement, recension, revue, rôle, statistique. ▶ *Série* – alignement, chaîne, chapelet, colonne, combinaison, consécution, cordon, enchaînement, enfilade, file, gamme, guirlande, ligne, liste, rang, rangée, séquence, série, succession, suite, tissu, travée.

énumérer *v.* compter, dénombrer, détailler, dresser la liste de, faire l'inventaire de, faire le décompte de, inventorier, lister, recenser.

envahir *v.* ▶ *Conquérir* – conquérir, occuper, prendre, s'emparer de. ▶ *Empiéter* – empiéter. SOUT. entreprendre, usurper. ▶ *Se ruer* – assiéger, prendre d'assaut, se ruer. ▶ *Remplir en grand nombre* – infester. ▶ *Emplir d'une chose abstraite* – emplir, gonfler, inonder, pénétrer, remplir, submerger. △ ANT. LIBÉRER; ABANDONNER, CAPITULER, CÉDER, FUIR.

envahissant *adj.* ▶ *Qui se répand* – débordant, expansif, tentaculaire. ▶ *Indésirable* – accaparant, encombrant, fatigant, importun, indésirable, indiscret, intrus, pesant, sans gêne. FAM. casse-pieds, collant, crampon, embêtant. QUÉB. FAM. achalant, dérangeant. △ ANT. ATTIRANT, CONVIVIAL, DE BONNE COMPAGNIE, ENGAGEANT, INTÉRESSANT, SYMPATHIQUE; DISCRET, RÉSERVÉ; POLI, RESPECTUEUX.

envahisseur *n.* colonisateur, occupant. △ ANT. DÉFENSEUR; LIBÉRATEUR.

enveloppe *n.f.* ▶ *Papier plié* – pli. ▶ *Crédits* – budget, crédits. ▶ *Commission illicite* – dessous-de-table, pot-de-vin, pourboire. FAM. arrosage, bakchich. AFR. matabiche. ▶ *Partie du corps* – capsule, cloison, gaine, membrane, membranule, pellicule, septum, tunique. ▶ *Corps* (SOUT.) – anatomie, corps, forme, morphologie, musculature, organisme. SOUT. chair. FAM. carcasse, châssis, mécanique. ▶ *Dehors* (SOUT.) – air, allure, apparence, aspect, caractère, configuration, couleur, couvert, dehors, éclairage, expression, extérieur, façade, faciès, figure, forme, formule, impression, jour, masque, mine, paraître, perspective, physionomie, plastique *(en art)*, portrait, présentation, profil, ressemblance, semblant, surface, ton, tour, tournure, traits, vernis, visage. SOUT. regardure, superficie. ▶ *Ce qui recouvre* (SOUT.) – chape, gangue, manteau, parure, vêtement.

envelopper *v.* ▶ *Enrober* – couvrir, enrober, entourer. ▶ *Emballer* – conditionner, emballer, empaqueter. ▶ *Emmitoufler* – emmitoufler. FAM. emmitonner. ▶ *Cerner de toutes parts* – boucler, cerner (de toutes parts), encercler, investir. ▶ *Dissimuler* – cacher, camoufler, couvrir, déguiser, dissimuler, escamoter, étouffer, farder, maquiller, masquer, occulter. SOUT. pallier. QUÉB. FAM. abrier. ♦ **enveloppé** ▶ *Grassouillet* – arrondi, aux formes pleines, charnu, dodu, grassouillet, plein, potelé, pulpeux, rebondi, replet, rond, rondelet. FAM. boulot, girond, rondouillard. △ ANT. DÉBALLER, DÉFAIRE, DÉPAQUETER, DÉVELOPPER; DÉGAGER, DÉPLOYER, DÉROULER, ÉTALER, ÉTENDRE; DÉVOILER, MANIFESTER, MONTRER.

envergure *n.f.* ▶ ***Grandeur*** – ampleur, dimension, étendue, grandeur, mesure, proportion, valeur. ▶ ***Largeur*** – ampleur, amplitude, calibre, carrure, diamètre, empan, étendue, évasure, format, giron *(d'une marche)*, grosseur, laize, large, largeur, lé, module, portée, taille. ▶ ***Surface*** – aire, étendue, superficie, surface. ▶ ***Grandeur morale*** – étoffe, genre, importance, qualité, stature. FIG. carrure. △ **ANT.** ÉTROITESSE; PETITESSE.

envers *n.m.* ▶ ***Côté*** – arrière, derrière, dos, revers, verso. ▶ ***Contraire*** – antilogie, antinomie, antipode, antithèse, antonymie, contradiction, contraire, contraste, contrepartie, contre-pied, dichotomie, différence, divergence, inverse, opposition, polarité, réciproque. △ **ANT.** AVERS; ENDROIT; DEVANT, FACE.

enviable *adj.* désirable, estimable, souhaitable. △ **ANT.** DÉPLORABLE, DÉTESTABLE.

envie *n.f.* ▶ ***Désir*** – ambition, appel, appétit, aspiration, attirance, attrait, besoin, but, convoitise, desideratum, désir, exigence, faim, fantaisie, fantasme, fièvre, fringale, goût, idéal, intention, jalousie, passion, prétention, quête, recherche, rêve, soif, souhait, tentation, velléité, visée, vœu, voix, volonté. SOUT. appétence, dessein, prurit, vouloir. FAM. démangeaison. ▶ ***Caprice*** – accès, bizarrerie, bon plaisir, caprice, changement, chimère, coup de tête, extravagance, fantaisie, fantasme, folie, frasque, gré, guise, immaturité, impatience, incartade, inconstance, infantilisme, instabilité, légèreté, lubie, marotte, mobilité, originalité, saute (d'humeur), singularité, sporadicité, variation, versatilité, volonté. SOUT. folle gamberge, foucade, humeur. FAM. toquade. ▶ ***Tache sur la peau*** – éphélide, grain de beauté, lentigine, lentigo, nævus, tache de rousseur, tache de son, tache de vin. FAM. fraise. △ **ANT.** AVERSION, DÉGOÛT, ÉCŒUREMENT; DÉTACHEMENT, INDIFFÉRENCE.

envier *v.* ▶ ***Être jaloux de qqn*** – jalouser, prendre ombrage de. △ **ANT.** DÉDAIGNER, MÉPRISER, REPOUSSER.

envieux *adj.* jaloux, ombrageux. △ **ANT.** DÉSINTÉRESSÉ, DÉTACHÉ, INDIFFÉRENT.

environ *adv.* à première vue, à (très) peu près, approximativement, autour de, dans les, en gros, grosso modo, plus ou moins, quelque, un peu moins de, un peu plus de, vaguement. SOUT. approchant. FAM. à vue de nez, au pif, au pifomètre. △ **ANT.** EXACTEMENT, JUSTE, PRÉCISÉMENT.

environnant *adj.* ▶ ***Proche*** – à côté, à proximité, adjacent, avoisinant, prochain, proche, rapproché, voisin. SOUT. circonvoisin. ▶ ***En parlant du milieu*** – ambiant. △ **ANT.** À L'ÉCART, ÉLOIGNÉ.

environnement *n.m.* ▶ ***Milieu naturel*** – biome, biotope, climat, écosystème, habitat, milieu, nature, niche écologique, station. ▶ ***Milieu dans lequel on vit*** – ambiance, atmosphère, cadre, climat, décor, élément, entourage, environs, lieu, milieu, monde, société, sphère, théâtre, voisinage.

environner *v.* ▶ ***Être près*** – avoisiner, jouxter, voisiner. ▶ ***Entourer qqch.*** – ceindre, ceinturer, enceindre, enclore, entourer. ▶ ***Entourer qqn*** – entourer, faire cercle autour de. △ **ANT.** DÉGAGER; ABANDONNER, DÉLAISSER, ÉCARTER.

environs *n.m.pl.* ▶ ***Abords*** – abords, alentours, approches, bordures, entourage, parages, voisinage. SOUT. entour. ▶ ***Environnement*** – ambiance, atmosphère, cadre, climat, décor, élément, entourage, environnement, lieu, milieu, monde, société, sphère, théâtre, voisinage. ▶ ***Banlieue*** – abords, alentours, banlieue, banlieue-dortoir, ceinture, cité-dortoir, couronne, extension, faubourg, périphérie, quartier-dortoir, ville-dortoir, zone (suburbaine).

envisager *v.* ▶ ***Examiner*** – analyser, considérer, étudier, examiner, explorer, observer, penser à, pousser plus avant, prendre en considération, réfléchir sur, s'intéresser à, se pencher sur, traiter, voir. ▶ ***Projeter*** – avoir l'intention de, caresser le projet de, considérer, penser, préméditer de, projeter, songer à. SOUT. former le dessein de.

envoi *n.m.* ▶ ***Expédition*** – acheminement, amenée, convoi, desserte, diffusion, distribution, expédition, livraison, marche, postage, progression, service, transport. ▶ ***Hommage*** – dédicace *(imprimée)*. △ **ANT.** RENVOI, RESTITUTION, RETOUR.

envol *n.m.* survol, sustentation, vol, volée, volettement. △ **ANT.** ATTERRISSAGE.

envolée *n.f.* ▶ ***Élan*** – bond, branle, coup, élan, élancement, erre, essor, impulsion, lancée, lancement, mouvement, rondade *(acrobatie)*, saut. QUÉB. FAM. erre d'aller. ▶ ***Hausse*** – accentuation, accroissement, accrue, agrandissement, amplification, arrondissement, augmentation, bond, boom, crescendo, croissance, crue, décuplement, développement, dilatation, élargissement, élévation, enflement, enrichissement, essor, évolution, expansion, extension, flambée, foisonnement, gonflement, gradation, grossissement, hausse, haussement, inflation, intensification, majoration, montée, poussée, progrès, progression, recrudescence, redoublement, redressement, rehaussement, relèvement, renchérissement, renforcement, revalorisation, valorisation. ▶ ***Envol*** – survol, sustentation, vol, volée, volettement. △ **ANT.** ARRIVÉE, ATTERRISSAGE.

envoler (s') *v.* ▶ ***En parlant d'un oiseau*** – prendre son envol, prendre son essor. ▶ ***En parlant d'un avion*** – décoller. ▶ ***En parlant du temps*** – fuir, passer, s'enfuir. FAM. filer. ▶ ***Disparaître*** – disparaître, mourir, partir, passer, s'assoupir, s'effacer, s'en aller, s'estomper, s'évanouir, s'évaporer, se dissiper, se volatiliser. △ **ANT.** ATTERRIR, SE POSER; DEMEURER, RESTER; APPARAÎTRE, APPROCHER, ARRIVER.

envoûtement *n.m.* ▶ ***Ensorcellement*** – charme, diablerie, enchantement, ensorcellement, fascination, influence, jettatura, magie, maléfice, malheur, maraboutage, mauvais œil, (mauvais) sort, philtre, possession, sorcellerie, sortilège. ANTIQ. goétie. ▶ ***Attraction*** – aimant, attirance, attraction, attrait, charisme, charme, chien, désirabilité, fascination, magie, magnétisme, séduction, sex-appeal. ▶ ***Séduction*** – charme, conquête, enchantement, ensorcellement, entreprises, parade *(animaux)*, séduction. FAM. drague, rentre-dedans; RARE dragage. ▶ ***Émerveillement*** – admiration, adoration, éblouissement, émerveillement, enchantement, engouement, enthousiasme, fascination, ravissement, subjugation. △ ANT. CONJURATION, DÉSENVOÛTEMENT, EXORCISME; DÉSENCHANTEMENT, DÉSILLUSION.

envoyé *n.* ▶ ***Chargé de mission*** – agent, ambassadeur, attaché, chargé d'affaires, chargé de mission, commissaire, correspondant, délégataire, délégué, député, diplomate, émissaire, fondé de pouvoir, légat, mandataire, messager, ministre, négociateur, parlementaire, plénipotentiaire, représentant. *FRANCE ANC.* agréé. ▶ ***Commissionnaire*** – bagagiste, chasseur, commissionnaire, courrier, coursier, employé livreur, garçon livreur, groom, livreur, messager, porteur. *ANC.* estafette. *MILIT.* héraut (d'armes). ▶ ***Journaliste*** – correspondant, envoyé permanent, envoyé spécial, journaliste globe-trotter, reporter, reporteur. △ ANT. ENVOYEUR; DESTINATAIRE.

envoyer *v.* ▶ ***Dépêcher qqn*** – déléguer, dépêcher, députer, détacher, mandater. ▶ ***Faire parvenir*** – acheminer, adresser, expédier, faire parvenir, transmettre. ▶ ***Lancer*** – jeter, lancer. *FAM.* balancer, flanquer, foutre. *QUÉB. ACADIE FAM.* garrocher. ▶ ***Lancer avec force*** – catapulter, éjecter, jeter, lancer, projeter, propulser. ▶ ***Darder*** – darder, décocher, jeter, lancer. ♦ **s'envoyer** ▶ ***Manger*** (*FAM.*) – manger. *FAM.* becter, bouffer, boulotter, briffer, gober, grailler, (s') enfiler, se farcir, se taper, se tasser, tortorer. ▶ ***Boire*** (*FAM.*) – boire. *FAM.* s'en jeter un derrière la cravate, s'enfiler, se taper. △ ANT. RECEVOIR; ACCUEILLIR, FAIRE VENIR; APPORTER, RAPPORTER.

épais *adj.* ♦ **choses** ▶ ***Fourni*** – abondant, dru, fourni, luxuriant, touffu. ▶ ***Dense*** – compact, dense, dru, serré. ▶ ***Pâteux*** – consistant, pâteux, sirupeux, visqueux. ▶ ***Grossier*** – gros, grossier, lourd. ▶ ***En parlant du brouillard*** – à couper au couteau, dense, opaque. ♦ **personnes** ▶ ***Gras*** – adipeux, bien en chair, charnu, corpulent, de forte taille, empâté, étoffé, fort, gras, gros, imposant, large, lourd, massif, obèse, opulent, plantureux, plein. *FAM.* éléphantesque, hippopotamesque. *FRANCE FAM.* mastoc. ▶ ***Qui manque de finesse intellectuelle*** – lent, lourd, lourdaud, obtus, pesant. *FAM.* bouché, dur à la détente. *FRANCE FAM.* lourdingue. ▶ ***Sot*** (*QUÉB. FAM.*) – abruti, benêt, bête, bête à manger du foin, borné, crétin, demeuré, hébété, idiot, imbécile, inintelligent, niais, nigaud, obtus, sot, stupide. *FAM.* bébête, bêta, bouché, cloche, con, cruche, débile, gourde, nouille, qui n'a pas inventé la poudre, taré, tarte, zozo. *FRANCE FAM.* ballot, connard, corniaud, cucul la praline, ganache, nunuche, qui n'a pas inventé le fil à couper le beurre, schnock, tourte. *QUÉB. FAM.* cabochon, niaiseux, sans-dessein. *SUISSE FAM.* bobet. △ ANT. FIN, MINCE; DISPERSÉ, DISSÉMINÉ, ÉPARPILLÉ, ÉPARS; CHÉTIF, GRINGALET, MAIGRE, MAIGRELET, MAIGRICHON; DÉLAYÉ, DILUÉ, LÉGER, LIQUIDE; DÉLICAT, RAFFINÉ; TÉNU; ÉLANCÉ, SVELTE; ASTUCIEUX, DÉLURÉ, FINAUD, FUTÉ, HABILE, INGÉNIEUX, INVENTIF, MALIN, RUSÉ; À L'ESPRIT VIF, BRILLANT, ÉVEILLÉ, INTELLIGENT.

épaisseur *n.f.* ▶ ***Densité*** – compacité, concentration, consistance, densité, masse volumique, massiveté. ▶ ***Profondeur*** – abîme, abysse, creux, distance, enfoncement, (fin) fond, fosse, gouffre, lointain, perspective, profondeur. *SOUT.* entrailles. △ ANT. FINESSE, MINCEUR; LÉGÈRETÉ, SUBTILITÉ.

épaissir *v.* ▶ ***Rendre consistant*** – cailler, coaguler, figer, gélifier, solidifier. ▶ ***Devenir consistant*** – durcir, grumeler, prendre, prendre consistance, (se) coaguler, se figer, se grumeler, se solidifier. ▶ ***Devenir gros*** – s'empâter. △ ANT. AFFINER, DILUER, ÉCLAIRCIR, FLUIDIFIER; AMINCIR, MAIGRIR.

épanchement *n.m.* ▶ ***Déversement*** – dégorgeage, dégorgement, déversement, écoulement, effusion, infiltration, résurgence. *SOUT.* regorgement. ▶ ***Effusion*** – abandon, aveu, confidence, effusion, expansion. △ ANT. RÉTENTION; RÉSERVE, RETENUE, SILENCE.

épancher (s') *v.* ▶ ***Répandre une chose abstraite*** – déverser, verser. *SOUT.* épandre. ▶ ***Confier*** – avouer, confier, livrer. ♦ **s'épancher** ▶ ***Couler*** (*SOUT.*) – couler, ruisseler, s'écouler, se déverser, se répandre. *SOUT.* courir, fluer. ▶ ***Se confier*** – débonder son cœur, décharger son cœur, ouvrir son cœur, s'abandonner, s'ouvrir, se confier, (se) débonder, se livrer, se soulager, se vider le cœur. *FAM.* égrener son chapelet, se déboutonner. △ ANT. SE FERMER, SE RENFERMER.

épandre *v.* ▶ ***Étendre en dispersant*** – étaler, étendre, répandre. ▶ ***Déverser*** (*SOUT.*) – déverser, épancher, verser. ♦ **s'épandre** ▶ ***S'étendre*** (*SOUT.*) – s'étaler, s'étendre, se répandre. ▶ ***Se déverser*** (*SOUT.*) – ruisseler, se déverser, se répandre. △ ANT. AMASSER, RASSEMBLER; RETENIR.

épanouir (s') *v.* ▶ ***Rendre gai*** – amuser, dérider, égayer, émoustiller, mettre de belle humeur, mettre en gaieté, mettre en joie, réjouir. *SOUT.* désattrister. *FAM.* désopiler. ♦ **s'épanouir** ▶ ***Se développer*** – croître, grandir, progresser, prospérer, se développer. ▶ ***En parlant d'une fleur*** – éclore, fleurir, s'ouvrir. ▶ ***En parlant d'une personne*** – croître, grandir, se développer, se réaliser. ♦ **épanoui** ▶ ***Enjoué*** – allègre, badin, de belle humeur, en joie, enjoué, folâtre, foufou, gai, guilleret, hilare, jovial, joyeux, léger, plein d'entrain, réjoui, riant, rieur, souriant. *FAM.* rigolard, rigoleur. ▶ ***Bien dans sa peau*** – bien dans sa peau, équilibré, sain. △ ANT. DÉPÉRIR, FANER, FLÉTRIR, S'ÉTIOLER; SE RECROQUEVILLER, SE REFERMER; S'ASSOMBRIR, SE REMBRUNIR.

épanouissement *n.m.* ▶ ***Éclosion d'une fleur*** – anthèse, éclosion, effloraison, fleuraison, floraison. ▶ ***Maturité*** – adultie, adultisme, âge, âge adulte, âge mûr, assurance, confiance en soi, expérience (de la vie), force de l'âge, majorité, maturité, plénitude, réalisation de soi, sagesse. ▶ ***Perfection*** – achèvement, consommation, couronnement, excellence, fini, fleur, maturité, meilleur, parachèvement, perfection, plénitude, précellence. *PHILOS.* entéléchie. △ ANT. AVORTEMENT; DÉPÉRISSEMENT, FLÉTRISSEMENT; DÉCADENCE, DÉCLIN.

épargne *n.f.* ▶ ***Gestion*** – épargne économie, épargne prévoyance, épargne réserve. ▶ ***Capital*** – argent, avoir, bien, capital, cassette, fonds, fortune, fruit, gain, investissement, liquidités, numéraire, patrimoine, pécule, placement, portefeuille, possession, produit, propriété, richesse, trésor, valeur. *SOUT.* deniers. *FAM.* finances, magot. ▶ ***Restriction*** – économie, empêchement, parcimonie, rationalisation, rationnement, réserve, restriction, réticence. *FAM.* dégraissage. ♦ **épargnes, *plur.*** argent, cagnotte, économies, réserve. *FAM.* bas (de laine), magot, pécule. △ ANT. DILAPIDATION, GASPILLAGE; CONSOMMATION.

épargner *v.* ▶ ***Économiser*** – capitaliser, économiser, ménager, mettre de côté. SOUT. thésauriser. ▶ ***Utiliser avec modération*** – économiser, ménager. ▶ ***Sauver de l'exécution*** – amnistier, faire grâce à, gracier, remettre sa peine à. △ **ANT.** CONSOMMER, DÉPENSER, DILAPIDER, GASPILLER; IMPOSER, OBLIGER; DÉSOLER, ÉPROUVER, RAVAGER; ACCABLER, FRAPPER, PUNIR; SUPPRIMER, TUER.

éparpiller *v.* ▶ ***Répandre çà et là*** – disperser, disséminer, répandre, saupoudrer, semer. ▶ ***Répartir en plusieurs endroits*** – disperser, disséminer. BELG. échampeler. ♦ **s'éparpiller** ▶ ***Aller dans tous les sens*** – s'égailler, se débander, se disperser, se disséminer. ▶ ***Aller d'un sujet à l'autre*** – digresser, papillonner, passer du coq à l'âne, sauter du coq à l'âne, se disperser. △ **ANT.** GROUPER, MASSER, RASSEMBLER, RECUEILLIR, RÉUNIR; CONCENTRER, CONDENSER, CONJUGUER.

épars *adj.* clairsemé, dispersé, disséminé, éparpillé.

épater *v.* ▶ ***Émerveiller*** (FAM.) – éblouir, émerveiller, faire de l'effet, faire impression, faire sensation, fasciner, impressionner. FAM. en mettre plein la vue à. ▶ ***Stupéfier*** (FAM.) – abasourdir, ahurir, couper bras et jambes à, couper le souffle à, ébahir, époustoufler, étonner, méduser, renverser, saisir, souffler, stupéfaire, stupéfier, suffoquer. FAM. décoiffer, défoncer, déménager, éberluer, ébouriffer, estomaquer, estourbir, scier, sidérer.

épave *n.f.* ▶ ***Navire*** – DR. MAR. ANC. herpe. ▶ ***Voiture hors d'usage*** – clou. FAM. bagnole, boîte à savon, chignole, guimbarde, tacot, tapecul, tas de boue, tas de ferraille, teuf-teuf, veau *(lente)*. QUÉB. FAM. bazou, citron. ▶ ***Décombres*** – déblais, débris, décharge, décombres, démolitions, éboulement, éboulis, gravats, gravois, miettes, plâtras, reste, ruines, vestiges. SOUT. cendres. ▶ ***Personne déchue*** – déchet de la société, déchet (humain), larve (humaine), loque (humaine), ruine (humaine), sous-homme.

épée *n.f.* ▶ ***Arme*** – fer, lame.

éperdu *adj.* ▶ ***Profondément troublé*** – affolé, agité, bouleversé, égaré. ▶ ***En proie à une vive émotion*** – enivré, exalté, fou, ivre, transporté. ▶ ***Très rapide*** – endiablé, précipité. △ **ANT.** CALME, FLEGMATIQUE, IMPASSIBLE, IMPERTURBABLE, MAÎTRE DE SOI, PLACIDE; FAIBLE, MODÉRÉ.

éperdument *adv.* à corps perdu, à la folie, ardemment, fanatiquement, fervemment, follement, frénétiquement, furieusement, passionnément, violemment, vivement. △ **ANT.** MODÉRÉMENT, MOYENNEMENT, TIÈDEMENT.

éperon *n.m.* ▶ ***Saillie*** – angle, appendice, arête, aspérité, avancée, avancement, balèvre, bec, bosse, bourrelet, console, corne, corniche, côte, coude, crête, dent, éminence, encorbellement, ergot, excroissance, gibbosité, hourd, moulure, nervure, picot, pointe, proéminence, projecture, prolongement, protubérance, redan, relief, ressaut, saillant, saillie, surplomb, surplombement, tubercule. ▶ ***Pointe de corne*** – ergot. ▶ ***Pointe de proue*** – ANC. ram *(américain)*. ANTIQ. rostre. ▶ ***Arête*** – aiguille, aiguillon, épine, mucron, piquant, spicule.

épervier *n.m.* ▶ ***Oiseau*** – QUÉB. FAM. émerillon. ▸ *Espèces* – épervier brun, épervier de Cooper. ▶ ***Partisan de la guerre*** – belliciste, faucon, jusqu'au-boutiste, militariste. FAM. va-t-en-guerre.

éphémère *adj.* ▶ ***Passager*** – bref, court, évanescent, fugace, fugitif, intérimaire, momentané, passager, précaire, provisoire, rapide, temporaire, transitoire. SOUT. périssable. ▶ ***Destructible*** – destructible, mortel, périssable, temporel. △ **ANT.** DURABLE, ÉTERNEL, IMMORTEL, IMPÉRISSABLE, PERMANENT, PERPÉTUEL.

épi *n.m.* ▶ ***Inflorescence*** – chaton, épillet, panicule, spadice. ▶ ***Cheveux*** – houppe, houppette, mèche, touffe. FAM. choupette, couette.

épice *n.f.* ▶ ***Condiment*** – aromate.

épicurien *adj.* bon vivant, hédoniste, jouisseur, sensuel, voluptueux. SOUT. sybarite, sybaritique. QUÉB. jovialiste. △ **ANT.** ASCÉTIQUE, SPARTIATE.

épidémie *n.f.* ▶ ***Maladie*** – maladie épidémique. BOT. épiphytie. ZOOL. enzootie, épizootie. ▶ ***Mode*** – avant-gardisme, dernier cri, engouement, fantaisie, fureur, goût (du jour), mode, style, tendance, ton, vague, vent, vogue.

épier *v.* ▶ ***Guetter*** – être à l'affût de, être aux aguets, guetter, observer, surveiller. QUÉB. FAM. écornifler. ▶ ***Espionner*** – espionner, observer, surveiller. FAM. moucharder.

épigraphe *n.f.* ▶ ***Inscription*** – épitaphe, exergue, ex-libris, inscription, légende. ▶ ***Citation*** – citation, exemple, exergue, extrait, fragment, passage.

épine *n.f.* ▶ ***Piquant*** – aiguille, aiguillon, éperon, mucron, piquant, spicule. ▶ ***Excroissance osseuse*** – apophyse, crête, tubercule, tubérosité. ▶ ***Contrariété*** – accident, accroc, accrochage, affaire, anicroche, avatar, aventure, complication, contingences, contrariété, contretemps, crise, désagrément, difficulté, dispute, embarras, empêchement, ennui, épisode, événement, éventualité, imprévu, incident, mésaventure, obstacle, occasion, occurrence, péripétie, problème, rebondissement, tribulations. SOUT. adversité. FAM. cactus, embêtement, emmerde, emmerdement, enquiquinement, os, pépin, pétrin, tuile. FRANCE FAM. empoisonnement.

épineux *adj.* ardu, complexe, compliqué, corsé, délicat, difficile, laborieux, malaisé, problématique. SOUT. scabreux. FAM. calé, coton, dur, musclé, trapu. △ **ANT.** INERME, LISSE; AISÉ, COMMODE, ÉLÉMENTAIRE, ENFANTIN, FACILE, SIMPLE.

épingle *n.f.* ▶ ***Agrafe*** – agrafe, attache, barrette, boucle, broche, clip, épinglette, fermail, fibule *(antique)*. ▶ ***Attache*** – attache, laçage, serrage. ▶ ***Aiguille*** – alène, broche, épinglette, ferret, lardoire, passe-lacet, piquoir, poinçon, pointe. MÉD. trocart.

épinglette *n.f.* ▶ ***Agrafe*** – agrafe, attache, barrette, boucle, broche, clip, épingle, fermail, fibule *(antique)*. ▶ ***Insigne*** – auto-collant, badge, cocarde, décalcomanie, écusson, étiquette, insigne, marque, plaque, porte-nom, rosette, tatouage, timbre, vignette, vitrophanie. FAM. macaron. ▶ ***Aiguille*** – alène, broche, épingle, ferret, lardoire, passe-lacet, piquoir, poinçon, pointe. MÉD. trocart.

épisode *n.m.* ▶ ***Phase*** – étape, palier, période, phase, point, stade, transition. ▶ ***Digression*** – à-côté, aparté, coq-à-l'âne, digression, divagation, écart, excursion, excursus, hors-d'œuvre, parabase, parenthèse, placage. ▶ ***Incident*** – accident, accroc, accrochage, affaire, anicroche, avatar, aventure, complication, contingences, contrariété, contretemps, crise, désagrément, difficulté, dispute, embarras, empêchement, ennui, épine, événement, éventualité, imprévu, incident, mésaventure, obstacle, occasion, occurrence, péripétie, problème, rebondissement, tribulations. *SOUT.* adversité. *FAM.* cactus, embêtement, emmerde, emmerdement, enquiquinement, os, pépin, pétrin, tuile. *FRANCE FAM.* empoisonnement.

épisodique *adj.* ▶ ***Qui survient de temps en temps*** – irrégulier, sporadique. ▶ ***De moindre importance*** – accessoire, anecdotique, annexe, contingent, (d'intérêt) secondaire, de second plan, décoratif, dédaignable, incident, indifférent, insignifiant, marginal, mineur, négligeable. △ **ANT.** CONSTANT, CONTINU, CONTINUEL, INCESSANT, ININTERROMPU, PERMANENT, PERPÉTUEL, RÉGULIER; ESSENTIEL, IMPORTANT, NÉCESSAIRE.

épitaphe *n.f.* épigraphe, exergue, ex-libris, inscription, légende.

épître *n.f.* ▶ ***Lettre*** (*IRON.*) – billet, lettre, message, mot, pli, réponse. *SOUT.* missive. *FAM.* biffeton *(dans une prison)*. *FRANCE FAM.* babillarde, bafouille. *AFR.* note.

éplucher *v.* ▶ ***Enlever la peau*** – peler. ▶ ***Examiner des documents*** (*FAM.*) – compulser, dépouiller, examiner. *FAM.* dépiauter.

éponge *n.f.* ▶ ***Être vivant*** – *ZOOL.* porifère, spongiaire. ▶ ***Torchon*** – chamoisine, chiffon (à poussière), essuie-meubles, essuie-verres, lavette, linge, pattemouille, (peau de) chamois, serpillière, tampon, torchon. *QUÉB.* guenille. *BELG.* drap de maison, loque (à reloqueter), wassingue. *SUISSE* panosse, patte. *ACADIE FAM.* brayon. *TECHN.* peille. ▶ ***Poumon*** (*FAM.*) – poumon. *ANAT.* alvéoles, appareil respiratoire, bronches, organe de la respiration. ▶ ***Ivrogne*** (*FAM.*) – alcoolique, (gros) buveur, ivrogne. △ **ANT.** ABSTÈME, ABSTINENT.

éponger *v.* ▶ ***Essuyer*** – essuyer, étancher, sécher, tamponner. ▶ ***Éliminer l'excédent*** – résorber. △ **ANT.** ARROSER, BAIGNER, HUMECTER, MOUILLER, TREMPER.

épopée *n.f.* ▶ ***Récit*** – chantefable, chronique, conte, fabliau, histoire, historiette, légende, monogatari *(Japon)*, mythe, nouvelle, odyssée, roman, saga.

époque *n.f.* ▶ ***Période*** – âge, cycle, date, ère, étape, génération, heure, jour, moment, période, règne, saison, siècle, temps.

épouser *v.* ▶ ***Prendre pour époux*** – prendre pour époux/épouse, se marier avec. *QUÉB. BELG. FAM.* marier. ▶ ***Adopter*** – adopter, choisir, embrasser, faire sien, prendre. ▶ ***Suivre étroitement la forme*** – coller à, gainer, mouler, serrer. ♦ **s'épouser** ▶ ***Se marier*** (*SOUT.*) – s'unir, se marier. *FAM.* convoler (en justes noces), se maquer. △ **ANT.** DIVORCER DE, RÉPUDIER, SE SÉPARER DE; S'ÉLOIGNER DE, SE DISTINGUER DE; REJETER.

épouvantable *adj.* ▶ ***Qui effraie*** – à donner la chair de poule, à faire frémir, à figer le sang, à glacer le sang, affreux, cauchemardesque, cauchemardeux, cauchemaresque, effrayant, effroyable, grand-guignolesque, horrible, horrifiant, pétrifiant, terrible, terrifiant, terrorisant. *SOUT.* horrifique. *QUÉB. FAM.* épeurant. ▶ ***Tragique*** – catastrophique, désastreux, effroyable, funeste, terrible, tragique. *SOUT.* calamiteux. ▶ ***Mauvais*** (*FAM.*) – abominable, affreux, atroce, déplorable, désastreux, exécrable, horrible, infect, insipide, lamentable, manqué, mauvais, médiocre, minable, navrant, nul, odieux, piètre, piteux, pitoyable, qui ne vaut rien, raté. *SOUT.* méchant, triste. *FAM.* à la con, à la flan, à la gomme, à la manque, à la mie de pain, à la noix (de coco), blèche, craignos, crapoteux, moche, pourri, qui ne vaut pas un clou. ▶ ***Extrême*** (*FAM.*) – colossal, considérable, démesuré, énorme, extraordinaire, extrême, fabuleux, formidable, géant, gigantesque, grand, gros, immense, incommensurable, monstrueux, monumental, phénoménal, prodigieux, surhumain, titanesque, vaste, vertigineux. *SOUT.* cyclopéen, herculéen. *FAM.* bœuf, de tous les diables, du diable, effrayant, effroyable, faramineux, méchant, monstre. *FRANCE FAM.* gratiné. △ **ANT.** APAISANT, CALMANT, RASSÉRÉNANT, RASSURANT, RÉCONFORTANT, SÉCURISANT, TRANQUILLISANT; ATTIRANT, ATTRAYANT, ENGAGEANT, INVITANT; ANODIN, BÉNIN, INNOCENT, INOFFENSIF, SANS DANGER, SANS GRAVITÉ; BRILLANT, ÉBLOUISSANT, EXCELLENT, EXTRAORDINAIRE, FANTASTIQUE, MAGNIFIQUE, MERVEILLEUX, PARFAIT, PRODIGIEUX, REMARQUABLE, SENSATIONNEL; FAIBLE, MODÉRÉ, NÉGLIGEABLE, SANS IMPORTANCE.

épouvantail *n.m.* ▶ ***Personne laide*** – laid, singe. *SOUT.* disgracié. *FAM.* macaque, mocheté, remède à l'amour, remède contre l'amour, repoussoir. ▸ *Très laid* – monstre. ▸ *Homme* – gnome *(petit)*. ▸ *Femme* – laideron. *FAM.* chabraque, grognasse *(acariâtre)*, guenon, (vieille) sorcière. ▶ ***Menace*** – aléa, casse-cou, danger, détresse, difficulté, écueil, embûche, épée de Damoclès, guêpier, hasard, impasse, imprudence, insécurité, mauvais pas, menace, perdition, péril, piège, point chaud, point sensible, poudrière, récif, risque, spectre, traverse, urgence, volcan. *SOUT.* tarasque. *FRANCE FAM.* casse-gueule.

épouvante *n.f.* affolement, alarme, angoisse, appréhension, crainte, effarement, effarouchement, effroi, frayeur, grand-peur, hantise, horreur, inquiétude, panique, peur, phobie, terreur, transes. *SOUT.* affres, apeurement. *FAM.* cauchemar, chiasse, frousse, pétoche, trac, trouille. △ **ANT.** SÉRÉNITÉ, TRANQUILLITÉ.

épouvanter *v.* ▶ ***Terroriser*** – affoler, apeurer, donner des sueurs froides à, donner la chair de poule à, effarer, effrayer, faire dresser les cheveux sur la tête de, faire froid dans le dos à, figer le sang de, glacer le sang de, horrifier, saisir d'effroi, saisir de frayeur, terrifier, terroriser. *SOUT. OU QUÉB. FAM.* épeurer. ▶ ***Angoisser*** – affoler, agiter, alarmer, angoisser, effrayer, énerver, inquiéter, oppresser, préoccuper, tourmenter, tracasser, troubler. *FAM.* stresser. △ **ANT.** ENHARDIR; APAISER, CALMER, RASSÉRÉNER, RASSURER, TRANQUILLISER.

époux *n.* ♦ **époux, *masc.*** conjoint, mari. *SOUT.* compagnon (de vie), douce moitié, tendre moitié. *FAM.* homme, jules, mec, moitié. *PAR PLAIS.* seigneur et maître. ♦ **épouse, *fém.*** conjoint, conjointe, femme. *SOUT.* compagne (de vie), douce moitié, tendre moitié. *FAM.* légitime, moitié. △ **ANT.** CÉLIBATAIRE; VEUF; FIANCÉ.

éprendre (s') *v.* s'énamourer de, se prendre de passion pour, tomber amoureux de. ▸ *Non favorable* – avoir une passade pour, s'amouracher de, s'engouer de, s'enticher de. *FAM.* se toquer de. *BELG.* s'emmouracher de. ♦ **épris** amateur, amoureux, avide, entiché, fanatique, féru, fervent, fou, friand, passionné. *FAM.* accro, enragé, fana, maniaque, mordu. △ **ANT.** SE DÉPRENDRE, SE DÉTACHER; DÉTESTER, HAÏR.

épreuve *n.f.* ♦ **situation difficile** ▸ ***Obstacle*** – accroc, adversité, anicroche, barrière, blocage, contrariété, contretemps, défense, difficulté, digue, écueil, embarras, empêchement, ennui, entrave, frein, gêne, impasse, impossibilité, inhibition, interdiction, objection, obstruction, ombre au tableau, opposition, pierre d'achoppement, point noir, problème, résistance, restriction, tribulations. *SOUT.* achoppement, impedimenta, traverse. *FAM.* hic, lézard, os, pépin. *QUÉB. FAM.* aria. *RARE* empêtrement. ▸ ***Revers*** – contrariété, coup, coup du destin, coup du sort, coup dur, disgrâce, échec, hydre, infortune, mal, malchance, malheur, mauvais moment à passer, misère, péril, revers, ruine, tribulation. *SOUT.* traverse. ▸ ***Malheur*** – adversité, calamité, calice (de douleur), chagrin, détresse, deuil, disgrâce, douleur, échec, fatalité, infortune, mal, malchance, malédiction, malheur, mauvaise fortune, mauvaise passe, mésaventure, misère, nuage, orage, peine, revers, ruine, sale affaire, sale histoire, souffrance, traverse, tribulation. *SOUT.* bourrèlement, plaie, tourment. ♦ **compétition** ▸ ***Compétition*** – affrontement, challenge, compétition, concours, duel, face à face, match, tournoi. *SOUT.* joute. ♦ **test** ▸ ***Expérience*** – essai, expérience, expérimentation, test. ▸ ***Vérification*** – analyse, apurement, audit, censure, confrontation, contrôle, examen, expérience, expérimentation, expertise, filtrage, inspection, pointage, recensement, recension, récolement, reconnaissance, recoupement, révision, revue, suivi, supervision, surveillance, test, vérification. *RARE* schibboleth. ▸ ***Contrôle scolaire*** – contrôle, évaluation, examen, interrogation, test. *FAM.* colle, interro. ▸ ***Test statistique*** – événement, éventualité, test. ♦ **copie** ▸ ***En photographie*** – cliché, diapositive, galvanotype, instantané, photogramme, photographie, portrait, positif, tirage, trait. *FAM.* diapo, galvano. *ANC.* daguerréotype. ▸ ***En cinéma*** – épreuve de tournage, rush. △ **ANT.** BIENFAIT, BONHEUR; RÉUSSITE, SUCCÈS; JOIE.

éprouvant *adj.* ▸ ***Difficile*** – ardu, difficile, dur, pénible, rude. *FAM.* galère. ▸ ***Moralement douloureux*** – âcre, affligeant, amer, cruel, cuisant, déchirant, douloureux, dur, lancinant, navrant, pénible, poignant, saignant, vif. △ **ANT.** AGRÉABLE, CHARMANT, DÉLICIEUX, PLAISANT, SUBLIME.

éprouver *v.* ▸ ***Essayer*** – essayer, expérimenter, mettre à l'épreuve, tester. ▸ ***Constater*** (*SOUT.*) – constater, découvrir, prendre conscience, réaliser, remarquer, s'apercevoir, s'aviser, se rendre compte, voir. ▸ ***Traiter avec rigueur*** – brimer, malmener, maltraiter, secouer. *FIG.* cahoter. ▸ ***Ressentir une sensation*** – avoir, ressentir, sentir. ▸ ***Ressentir un sentiment*** – avoir, concevoir, ressentir. ▸ ***Vivre*** – connaître, expérimenter, faire l'expérience de, vivre. ♦ **éprouvé** ▸ ***Fiable*** – bon, fiable, fidèle, solide. *FAM.* béton.

épuisant *adj.* abrutissant, accablant, éreintant, exténuant, fatigant, harassant, surmenant. *FAM.* claquant, crevant, esquintant, tuant, usant. *FRANCE FAM.* cassant, foulant, liquéfiant. △ **ANT.** APAISANT, DÉLASSANT, RELAXANT, REPOSANT.

épuisement *n.m.* ▸ ***Affaiblissement*** – abattement, accablement, affaiblissement, alanguissement, amoindrissement, amollissement, anémie, apathie, avachissement, consomption, découragement, défaillance, dépérissement, étiolement, exténuation, fatigue, fragilisation, harassement, lassitude, rabaissement, ralentissement, ramollissement, sape, usure. *SOUT.* débilité. *MÉD.* adynamie, asthénie, atonie, collapsus, débilitation. ▸ ***Fatigue*** – abattement, accablement, affaiblissement, affaissement, affalement, alanguissement, amollissement, anéantissement, apathie, atonie, consomption, éreintement, exténuation, faiblesse, fatigue, forçage, harassement, inertie, labeur, langueur, lassitude, marasme, peine, prostration, stress, surmenage. *MÉD.* adynamie, anémie, asthénie. ▸ ***Raréfaction*** – amoindrissement, appauvrissement, déperdition, diminution, disparition, dispersion, dissémination, éclaircissement, raréfaction, rarescence, tarissement. △ **ANT.** REVIGORATION; RÉCUPÉRATION, REPOS; ENRICHISSEMENT; MULTIPLICATION.

épuiser *v.* ▸ ***Exténuer*** – abrutir, briser, courbaturer, éreinter, exténuer, fatiguer, forcer, harasser, lasser, mettre à plat, surmener, tuer. *FAM.* claquer, crever, démolir, esquinter, lessiver, mettre sur le flanc, nettoyer, pomper, rétamer, vanner, vider. *QUÉB. FAM.* maganer. ▸ ***Tarir*** – appauvrir, tarir, user. ▸ ***Étudier à fond*** – approfondir, ausculter, creuser, étudier à fond, examiner sous toutes les coutures, fouiller, passer au crible, scruter, traiter à fond. ♦ **s'épuiser** ▸ ***S'exténuer*** – brûler la chandelle par les deux bouts, s'éreinter, s'exténuer, se fatiguer, se mettre à plat, se surmener, se tuer. *FAM.* s'esquinter, se casser, se crever, se fouler. ♦ **épuisé** à bout, à plat, brisé, courbatu, éreinté, exténué, fatigué, fourbu, harassé, las, mort (de fatigue), moulu (de fatigue). *SOUT.* recru (de fatigue), rompu (de fatigue), roué de fatigue. *FAM.* au bout du rouleau, avachi, claqué, crevé, esquinté, flagada, flapi, lessivé, nase, pompé, ramollo, raplapla, sur le flanc, sur les genoux, sur les rotules, vanné, vidé. △ **ANT.** FORTIFIER, REVIGORER; APPROVISIONNER, ENRICHIR, FOURNIR, POURVOIR; EMPLIR, REMPLIR. ♦ **s'épuiser** SE REPOSER.

épuration *n.f.* ▸ ***Nettoyage*** – assainissement, nettoiement, nettoyage, purification. ▸ ***Purification des eaux*** – clarification, dépollution, écumage. *RARE* épurement. *DIDACT.* dépuration. ▸ ***Purification d'un métal*** – affinage, raffinage. *DIDACT.* dépuration. ▸ ***Purification d'un texte*** – échenillage, expurgation, mutilation. ▸ ***Exclusion*** – balayage, chasse aux sorcières, coup de balai, exclusion, expulsion, liquidation, purge. △ **ANT.** CONTAMINATION, POLLUTION; CORRUPTION; RECRUTEMENT.

épurer *v.* ▸ ***Purifier un liquide*** – clarifier, coller *(vin)*, décanter, déféquer, dépurer, filtrer, passer, purifier, sasser, soutirer, tirer au clair. ▸ ***Dépolluer un lieu*** – décontaminer, dépolluer. ▸ ***Raffiner*** – affiner, raffiner. SOUT. sublimer. ▶ ***Soigner le style, la langue*** – châtier, polir, soigner. ♦ **épuré** ▶ ***En parlant du style, de la langue*** – châtié, recherché, soigné. △ **ANT.** AVARIER, CONTAMINER, INFECTER, POLLUER, SALIR, SOUILLER, VICIER; CORROMPRE, PERVERTIR; SURCHARGER.

équilibré *adj.* ▶ ***En équilibre*** – assuré, en équilibre, ferme, solide, stable. ▶ ***En bonne santé psychique*** – bien dans sa peau, épanoui, sain. △ **ANT.** BANCAL, BOITEUX, BRANLANT, EN DÉSÉQUILIBRE, INSTABLE; ALIÉNÉ, DÉMENT, DÉSAXÉ, DÉSÉQUILIBRÉ, DÉTRAQUÉ, FOU, PSYCHOPATHE.

équilibre *n.m.* ▶ ***Stabilité physique*** – aplomb, assiette, assise, solidité, stabilité. ▶ ***Harmonie*** – accord, balance, balancement, compensation, contrepoids, égalité, harmonie, juste milieu, moyenne, pondération, proportion, suspension, symétrie. ▶ ***Accord*** – association, connexion, connexité, corrélation, correspondance, dépendance, filiation, interaction, interdépendance, interrelation, liaison, lien, lien causal, rapport, rapprochement, relation, relation de cause à effet. FIG. pont. ▶ ***Sérénité*** – apathie, ataraxie, calme, détachement, distanciation, égalité d'âme, égalité d'humeur, flegme, impassibilité, imperturbabilité, indifférence, paix, philosophie, placidité, quiétude, sérénité, stoïcisme, tranquillité. SOUT. équanimité. △ **ANT.** DÉSÉQUILIBRE, INSTABILITÉ; DISPARITÉ, DISPROPORTION; CONTRASTE, DISCORDANCE.

équilibrer *v.* ▶ ***Mettre en équilibre*** – asseoir, mettre d'aplomb, stabiliser. ▶ ***Contrebalancer*** – balancer, compenser, contrebalancer, faire contrepoids à, faire équilibre à, neutraliser, pondérer. △ **ANT.** DÉSÉQUILIBRER.

équipage *n.m.* ▶ ***Accompagnement*** – accompagnement, convoi, cortège, escorte, garde, pompe, suite. ▶ ***Domesticité*** – domesticité, gens de maison, personnel (de maison), suite. PÉJ. SOUT. valetaille.

équipe *n.f.* ▶ ***Groupe de personnes*** – brigade, caravane, cellule, collectif, colonie, corps, escadron, escouade, groupe, horde, meute, noyau, peloton, troupe. IRON. fournée. FAM. bataillon, brochette, cohorte. QUÉB. FAM. gang. ▶ ***Association sportive*** – club, organisation.

équipement *n.m.* ▶ ***Matériel*** – affaires, appareil, bagage, chargement, fourniment, harnachement, instruments, matériel, outillage. FAM. arsenal, attirail, barda, bastringue, bataclan, bazar, fourbi, matos, paquet, paquetage, saint-crépin, saint-frusquin. QUÉB. FAM. agrès, gréement. ▶ ***Matériel d'un bateau*** – armement, avitaillement, gréement, mâtage, mâtement.

équiper *v.* doter, garnir, munir, nantir, outiller, pourvoir. QUÉB. ACADIE gréer. ♦ **s'équiper** se doter, se munir, se nantir, se pourvoir. SOUT. se précautionner. △ **ANT.** DÉMUNIR, DÉPOUILLER, DÉSARMER, DÉSÉQUIPER, DÉSHABILLER; VIDER.

équitable *adj.* ▶ ***Justifié*** – fondé, juste, justifié, légitime, mérité, motivé. ▶ ***Sans parti pris*** – impartial, intègre, juste, neutre, objectif, sans parti pris. △ **ANT.** ARBITRAIRE, ATTENTATOIRE, INÉQUITABLE, INIQUE, INJUSTE, PARTIAL.

équité *n.f.* droiture, égalité, impartialité, impersonnalité, intégrité, justice, légalité, neutralité, objectivité, probité. △ **ANT.** INIQUITÉ, INJUSTICE; FAVORITISME, PARTIALITÉ.

équivalence *n.f.* ▶ ***Identité*** – adéquation, analogie, conformité, égalité, gémellité, identité, littéralité, parallélisme, parité, ressemblance, similarité, similitude, unité. MATH. congruence, homéomorphisme. ▶ ***Analogie*** – allégorie, analogie, apologue, assimilation, association (d'idées), catachrèse *(lexicalisée)*, comparaison, figure, image, lien, métaphore, parabole, parallèle, parenté, personnification, rapport, rapprochement, relation, ressemblance, similitude, symbole, symbolisme. △ **ANT.** DIFFÉRENCE, DISSEMBLANCE, DISSIMILITUDE, INÉGALITÉ.

équivalent *adj.* ▶ ***Pareil*** – égal, identique, inchangé, même, pareil, tel. ▶ ***Semblable*** – analogue, apparenté, approchant, assimilable, comparable, conforme, contigu, correspondant, homogène, homologue, indifférencié, pareil, parent, proche, ressemblant, semblable, similaire, voisin. FAM. kif-kif. DIDACT. commensurable. △ **ANT.** DIFFÉRENT, DISTINCT, INÉGAL.

équivalent *n.m.* ▶ ***Correspondant*** – analogue, correspondant, homologue, pareil, parent, pendant, semblable. ▶ ***Expression*** – paraphrase, périphrase, synonyme.

équivaloir *v.* correspondre à, égaler, représenter, revenir à, valoir.

équivoque *adj.* ▶ ***Qui a plus d'un sens possible*** – à double entente, à double sens, ambigu. SOUT. amphibologique. LING. plurivoque, polysémique. ▶ ***Qui n'inspire pas confiance*** – douteux, louche, suspect, véreux. FAM. pas (très) catholique. △ **ANT.** CATÉGORIQUE, DÉCIDÉ, DÉTERMINÉ, FERME, RÉSOLU; FRANC, HONNÊTE; UNIVOQUE.

équivoque *n.f.* ▶ ***Ambiguïté*** – ambiguïté, ambivalence, amphibologie, dilogie, double entente, double sens, énigme, incertitude, indétermination, obscurité, plurivocité, polysémie. ▶ ***Malentendu*** – confusion, erreur, imbroglio, maldonne, malentendu, mécompte, méprise, quiproquo. SOUT. brandon de discorde. △ **ANT.** CLARTÉ, FRANCHISE; CERTITUDE.

ère *n.f.* ▶ ***Époque*** – âge, cycle, date, époque, étape, génération, heure, jour, moment, période, règne, saison, siècle, temps. ▶ ***Ère géologique*** – âge, période, série, système.

ériger *v.* ▶ ***Faire tenir droit*** – dresser, élever, planter. ▶ ***Bâtir une chose concrète*** – bâtir, construire, dresser, édifier, élever. ▶ ***Bâtir une chose abstraite*** – bâtir, construire, édifier. ▸ *Non favorable* – échafauder. ▶ ***Constituer*** (SOUT.) – constituer, créer, établir, fonder, former, instaurer, instituer, mettre en place. ♦ **s'ériger** ▶ ***Se présenter*** – se poser en, se présenter comme. △ **ANT.** ABATTRE, COUCHER; DÉMOLIR, DÉTRUIRE; ABOLIR, ANÉANTIR.

ermite *n.m.* ▶ ***Religieux*** – anachorète, reclus. ▶ ***Personne solitaire*** – misanthrope, ours, reclus, sauvage/sauvagesse, solitaire. ▶ ***Crustacé*** – bernard-l'hermite. ZOOL. pagure. △ **ANT.** CÉNOBITE.

éroder *v.* ▶ ***Corroder*** – attaquer, corroder, entamer, manger, mordre, ronger. ▶ ***Creuser par le fond*** – affouiller, creuser, dégrader, miner, ronger, saper. ▶ ***Diminuer*** – affaiblir, amortir, atténuer, diminuer, effacer, émousser, estomper, oblitérer, user.

érosion *n.f.* ▶ ***Frottement*** – abrasion, bouchonnage, bouchonnement, brossage, embrocation, friction, frottage, frottement, frottis, grattage, grattement, massage, onction, raclage, râpage, ripage, ripement, traînement, trituration. *FAM.* grattouillement. ▶ ***Usure*** – abrasion, cisaillement, corrosion, dégradation, diminution, éraillement, frai *(monnaie)*, patine, rongeage *(impression textile)*, rongement, usure. *TECHN.* étincelage.

érotique *adj.* ▶ ***Sexuel*** – amoureux, physique, sexuel. *DIDACT.* libidinal. ▶ ***Torride*** – ardent, brûlant, chaud, passionné, torride. ▶ ***Aguichant*** – affriolant, aguichant, aguicheur, aphrodisiaque, émoustillant, impudique, incendiaire, lascif, osé, provocant, sensuel, suggestif, troublant, voluptueux. △ **ANT.** CHASTE, PLATONIQUE, PUDIQUE, PUR, SAGE, VIRGINAL.

érotisme *n.m.* plaisir érotique, plaisir sexuel, sexe, sexualité.

errant *adj.* ▶ ***En parlant de qqn*** – instable, mobile, nomade, sans domicile fixe, vagabond. *SOUT.* sans feu ni lieu. ▶ ***En parlant de qqch.*** – flottant, vagabond. △ **ANT.** SÉDENTAIRE; FIXE, STABLE.

errer *v.* ▶ ***Se promener*** – badauder, déambuler, flâner, rôder, (se) baguenauder, se balader, se promener, traînailler, traînasser, traîner, vagabonder. *SOUT.* battre le pavé, divaguer, vaguer. *FAM.* vadrouiller, zoner. *BELG. FAM.* baligander, balziner. *ACADIE FAM.* gaboter. ▶ ***Se tromper*** (*SOUT.*) – avoir tort, commettre une erreur, faire erreur, faire fausse route, s'abuser, se fourvoyer, se méprendre, se tromper. *SOUT.* s'égarer. *FAM.* prendre des vessies pour des lanternes, se blouser, se ficher dedans, se gourer, se mettre le doigt dans l'œil, se planter. *RARE* aberrer. ▶ ***En parlant de l'esprit*** – flotter, vagabonder. *SOUT.* vaguer. △ **ANT.** S'ARRÊTER, S'IMMOBILISER; SE DIRIGER; AVOIR RAISON; SE CONCENTRER, SE FIXER.

erreur *n.f.* ▶ ***Inexactitude*** – écart, faute, imperfection, imprécision, incorrection, inexactitude, infidélité, irrégularité. ▶ ***Bévue*** – bavure, bêtise, bévue, blague, bourde, étourderie, fausse manœuvre, fausse note, faute, faux pas, impair, imprudence, maladresse, maldonne, méprise, sottise. *FAM.* boulette, connerie, couac, gaffe, gourance, gourante. ▶ ***Malentendu*** – confusion, équivoque, imbroglio, maldonne, malentendu, mécompte, méprise, quiproquo. *SOUT.* brandon de discorde. ▶ ***Aberration*** – aberrance, aberration, divagation, égarement, errements, méprise. *SOUT.* fourvoiement. ▶ ***Erreur judiciaire*** – abus, arbitraire, déloyauté, déni de justice, empiétement, erreur (judiciaire), exploitation, favoritisme, illégalité, illégitimité, inconstitutionnalité, inégalité, iniquité, injustice, irrégularité, mal-jugé, malveillance, noirceur, partialité, passe-droit, privilège, scélératesse, tort, usurpation. *SOUT.* improbité. △ **ANT.** VÉRITÉ; CORRECTION, EXACTITUDE, JUSTESSE; PÉNÉTRATION, PERSPICACITÉ.

erroné *adj.* fautif, faux, incorrect, inexact, mauvais. △ **ANT.** BON, CORRECT, EXACT, FIDÈLE, JUSTE.

érudit *adj.* averti, cultivé, éclairé, évolué, instruit, intellectuel, lettré, savant. *SOUT.* docte. *FAM.* calé. *QUÉB.* renseigné. △ **ANT.** BÉOTIEN, IGNARE, IGNORANT, ILLETTRÉ, INCULTE, PHILISTIN.

érudition *n.f.* acquis, bagage, compétence, connaissances, culture (générale), éducation, encyclopédisme, épistémè, expérience, humanisme, instruction, lettres, lumières, notions, sagesse, savoir, science. *SOUT.* omniscience. ▶ ***Pédanterie*** – affectation, cuistraillerie, cuistrerie, didactisme, dogmatisme, érudition affectée, fatuité, pédanterie, pédantisme, pose, sottise, suffisance. *SOUT.* omniscience. △ **ANT.** IGNORANCE.

éruption *n.f.* ▶ ***Jaillissement*** – bouillonnement, débordement, ébullition, éclaboussement, écoulement, émission, évacuation, explosion, extrusion, giclée, jaillissement, jet, sortie. ▶ ***Écoulement*** – circulation, débit, débordement, écoulement, évacuation, exsudation, flux, fuite, ingression, inondation, irrigation, irruption, larmoiement, mouvement, passage, ravinement, régime, ruissellement, sortie, suage, suintement, transpiration, vidange. *SOUT.* submersion, transsudation. *RÉGION.* débord. *GÉOGR.* défluviation, transfluence, transgression. ▶ ***Commencement*** – actionnement, amorçage, amorce, balbutiement, bégaiement, commencement, création, début, déclenchement, démarrage, départ, ébauche, embryon, enclenchement, enfance, entrée, esquisse, fondement, germe, inauguration, origine, ouverture, prélude, prémisse, principe, tête. *SOUT.* aube, aurore, matin, prémices. *FIG.* apparition, avènement, éclosion, émergence, explosion, genèse, germination, naissance, venue au monde. △ **ANT.** INACTIVITÉ, SOMMEIL.

escabeau *n.m.* ▶ ***Siège*** – tabouret. ▶ ***Échelle*** – échalier, échalis, échelette, échelle, espalier, étrier, marchepied, râtelier *(à fourrage)*, triquet. *BELG.* passet. *FRANCE RÉGION.* échelier, rancher.

escadrille *n.f.* ▶ ***Forces navales*** – armada, escadre, flotte, force navale. ▶ ***Forces aériennes*** – escadre, flotte, flottille, formation aérienne. ▶ ***Vol d'oiseaux*** – vol, volée.

escadron *n.m.* ▶ ***Unité militaire*** – bataillon, brigade, colonne, commando, compagnie, corps, échelon, escorte, formation, garde, garnison, légion, parti, patrouille, peloton, régiment, section, soldatesque *(indisciplinés)*, tabor *(Maroc)*, troupe, unité. *PAR EXT.* caserne. *ANC.* escouade, goum, piquet. ▶ ***Troupe de personnes*** – brigade, caravane, cellule, collectif, colonie, corps, équipe, escouade, groupe, horde, meute, noyau, peloton, troupe. *IRON.* fournée. *FAM.* bataillon, brochette, cohorte. *QUÉB. FAM.* gang.

escalade *n.f.* ▶ ***Alpinisme*** – alpinisme, ascension, grimpée, montagne, montée, randonnée, trek, trekking, varappe. *FAM.* grimpe, grimpette. ▶ ***Aggravation*** – accentuation, accroissement, aggravation, alourdissement, amplification, augmentation, complexification, complication, croissance, détérioration, développement, exacerbation, intensification, progrès, progression, propagation, rechute, recrudescence, redoublement. △ **ANT.** DESCENTE; APAISEMENT, DÉSESCALADE.

escalader *v.* ▶ ***Gravir*** – ascensionner, faire l'ascension de, gravir, grimper, monter. ▶ ***Sauter par-dessus*** – enjamber, franchir, passer, sauter. △ **ANT.** DESCENDRE, DÉVALER; TOMBER.

escale *n.f.* ▶ ***Halte*** – congé, délassement, détente, halte, loisir, mi-temps, pause, récréation, récupération, relâche, répit, repos, temps, trêve, vacances, villégiature. ▶ ***Port*** – accul, appontement, bassin, cale de radoub, cale sèche, darce, débarcadère, dock, embarcadère, havre, hivernage, marina, mouillage, port, port de plaisance, quai, rade, relâche, wharf. ▶ ***Étape*** – auberge, étape, gîte, halte, hôtel, hôtellerie, relais. ▸ *Pays arabes* – caravansérail, fondouk, khan. ▸ *Espagne* – posada. ▸ *Québec* – gîte du passant, gîte touristique.

escalier *n.m.* ▶ ***Marche*** (BELG.) – marche, marchepied. SOUT. degré.

escamoter *v.* ▶ ***Cacher une chose concrète*** – cacher, camoufler, couvrir, dérober, dérober aux regards, dissimuler, masquer, receler, recouvrir, soustraire à la vue, soustraire aux regards, voiler. FAM. planquer. FRANCE RÉGION. mucher, musser. ▶ ***Voler*** – dérober, faire main basse sur, prendre, soustraire, subtiliser, voler. FAM. barboter, chaparder, chiper, choper, faire, faucher, flibuster, piquer, rafler, taxer. FRANCE FAM. calotter, chouraver. ▶ ***Replier*** – rentrer, replier. ▶ ***Cacher une chose abstraite*** – cacher, camoufler, couvrir, déguiser, dissimuler, envelopper, étouffer, farder, maquiller, masquer, occulter. SOUT. pallier. QUÉB. FAM. abrier. ▶ ***Omettre*** – manquer, omettre, oublier, passer, sauter. ▶ ***Éluder*** – contourner, éluder, esquiver, éviter, fuir, se dérober à, tourner. △ **ANT.** DÉVOILER, EXHIBER, EXPOSER, METTRE EN ÉVIDENE, MONTRER.

esclavage *n.m.* ▶ ***Dépendance*** – abaissement, allégeance, appartenance, asservissement, assujettissement, attachement, captivité, contrainte, dépendance, domestication, domesticité, domination, emprise, gêne, hilotisme, inféodation, infériorité, mainmise, merci, mouvance, obédience, obéissance, obligation, oppression, pouvoir, puissance, servage, servitude, soumission, subordination, sujétion, tutelle, tyrannie, vassalité. FIG. carcan, chaîne, corset (de fer), coupe, fardeau, griffe, main, patte, prison; SOUT. fers, gaine, joug. FÉOD. tenure. △ **ANT.** AFFRANCHISSEMENT, ÉMANCIPATION, LIBÉRATION; INDÉPENDANCE, LIBERTÉ.

esclave *adj.* ▶ ***Dominé*** – asservi, assujetti, attaché, dépendant, dominé, prisonnier. SOUT. captif. △ **ANT.** AFFRANCHI, ÉMANCIPÉ, INDÉPENDANT, LIBRE. ♦ **esclave de** AFFRANCHI DE, DÉLIVRÉ DE, LIBRE DE.

escompter *v.* ▶ ***Prévoir*** – anticiper, compter, espérer, prévoir, s'attendre à. △ **ANT.** CRAINDRE.

escorte *n.f.* accompagnement, convoi, cortège, équipage, garde, pompe, suite.

escorter *v.* accompagner, amener, conduire, convoyer, emmener, mener. PÉJ. flanquer.

escouade *n.f.* ▶ ***Groupe de personnes*** – brigade, caravane, cellule, collectif, colonie, corps, équipe, escadron, groupe, horde, meute, noyau, peloton, troupe. IRON. fournée. FAM. bataillon, brochette, cohorte. QUÉB. FAM. gang.

escroquerie *n.f.* ▶ ***Tromperie*** – abus de confiance, canaillerie, carambouillage, carambouille, charlatanerie, charlatanisme, coup monté, crapulerie, enjôlement, escamotage, fraude, grivèlerie, maquignonnage, mystification, supercherie, tricherie, tromperie, usurpation, vol. SOUT. coquinerie, duperie, imposture, piperie. FAM. arnaque, embrouille, filoutage, friponnerie, tour de passe-passe. FRANCE FAM. carottage, entubage, estampage. DR. dol, stellionat *(immeubles)*. ▶ ***Vol*** – appropriation, brigandage, cambriolage, déprédation, détournement, détroussement, enlèvement, extorsion, grappillage, kleptomanie, larcin, malversation, maraudage, maraude, pillage, piraterie, racket, rafle, rançonnement, razzia, sac, saccage, spoliation, subtilisation, vol. SOUT. rapine. FAM. barbotage, chapardage, coup, resquillage., resquille. FRANCE FAM. braquage, cambriole, casse, cassement, entôlage, fauche, vol à la roulotte *(voitures)*, vol à la tire, vol à main armée.

ésotérique *adj.* ▶ ***Réservé aux initiés*** – cabalistique, initiatique, occulte. ▶ ***Mystérieux*** – cabalistique, caché, cryptique, énigmatique, hermétique, impénétrable, inaccessible, incompréhensible, inconcevable, inconnaissable, indéchiffrable, indécodable, inexplicable, insaisissable, insondable, mystérieux, obscur, opaque, secret, ténébreux. SOUT. abscons, abstrus, sibyllin. △ **ANT.** LOGIQUE, RÉEL, TANGIBLE; À LA PORTÉE DE TOUS, ACCESSIBLE, CLAIR, COMPRÉHENSIBLE, ÉVIDENT, INTELLIGIBLE, LIMPIDE, SIMPLE, TRANSPARENT; ENDOTÉRIQUE.

espace *n.m.* ▶ ***Étendue*** – créneau, espacement, fente, interstice, intervalle, ouverture. ▶ ***Endroit libre*** – jeu, place. ▶ ***Aire*** – aire, champ, domaine, emplacement, place, région, terrain, territoire, zone. ▶ ***Ciel*** – air, atmosphère, calotte (céleste), ciel, coupole (céleste), dôme (céleste), sphère céleste, voûte (céleste), zénith. SOUT. azur, empyrée, éther, firmament, nues. ▶ ***Univers*** – ciel, cosmos, création, galaxie, macrocosme, monde, nature, sphère, tout. ▶ ***Infini*** – illimité, immensité, incommensurable, inconditionné, infini, infinitude, vastité, vastitude. SOUT. abîme. ▶ ***Intervalle de temps*** – battement, creux, distance, durée, espace (de temps), intervalle, laps de temps. SOUT. échappée. BELG. fourche. △ **ANT.** PROMISCUITÉ.

espacer *v.* ▶ ***Distancer dans le temps*** – échelonner, étaler, répartir. ▶ ***Distancer dans l'espace*** – distancer, écarter, éloigner, séparer. △ **ANT.** JUXTAPOSER, RAPPROCHER, SERRER, UNIR.

espagnol *n.* ♦ **Espagnol ou Espagnole** ▶ ***Personne*** – FAM. Espingouin. ♦ **l'espagnol** ▶ ***Langue*** – castillan, langue de Cervantès.

espèce *n.f.* ▶ ***Sorte*** – catégorie, classe, famille, genre, groupe, nature, ordre, sorte, type, variété. SOUT. gent. ♦ **espèce,** ***sing.*** ▶ ***Hommes*** – espèce (humaine), homme, humanité, la terre. SOUT. race humaine. ♦ **espèces,** ***plur.*** ▶ ***Monnaie*** – monnaie, numéraire, pièce. ▶ ***Eucharistie*** – cène, communion, consubstantiation, eucharistie, hostie, impanation, saint sacrement (de l'autel), saint sacrifice, (saintes) espèces, transsubstantiation.

espérance *n.f.* attente, confiance, espoir, expectative, optimisme.

espérer *v.* ▶ ***Désirer*** – appeler de tous ses vœux, aspirer à, avoir envie de, désirer, rêver de, souhaiter, soupirer après, vouloir. ▶ ***Escompter*** – anticiper, compter, escompter, prévoir, s'attendre à. △ **ANT.** APPRÉHENDER, CRAINDRE; DOUTER; DÉSESPÉRER.

espiègle *adj.* blagueur, coquin, facétieux, farceur, fripon, futé, gamin, malicieux, malin, mutin, plaisantin, polisson, taquin. △ **ANT.** ANGÉLIQUE, RÉSERVÉ, SAGE, TIMIDE, TRANQUILLE.

espion *n.* ▶ ***Agent secret*** – agent de renseignements, agent secret, agent, épieur, sous-marin. *SOUT.* affidé, argus. *FAM.* mouchard, taupe. *FRANCE FAM.* barbouze. ▶ ***Indicateur*** – accusateur, calomniateur, délateur, dénonciateur, détracteur, diffamateur, indicateur, rapporteur. *SOUT.* sycophante, vitupérateur. *FAM.* balance, cafard, cafardeur, cafteur, donneur, indic, mouchard. *QUÉB. FAM.* porte-panier.

espionnage *n.m.* ▶ ***Activité des espions*** – contre-espionnage, renseignement, services secrets. ▶ ***Surveillance*** – attention, faction, filature, garde, gardiennage, guet, îlotage, inspection, monitorage, observation, patrouille, ronde, sentinelle, veille, veillée, vigie, vigilance. ▶ ***Curiosité*** – curiosité, indiscrétion.

esplanade *n.f.* agora, forum, parvis, piazza, place piétonnière, place publique, place, placette, rond-point, square. *QUÉB.* carré.

espoir *n.m.* attente, confiance, espérance, expectative, optimisme. △ **ANT.** DÉSESPOIR; APPRÉHENSION, CRAINTE, DÉFIANCE, INQUIÉTUDE.

esprit *n.m.* ▶ ***Âme*** – âme, atman *(hindouisme)*, cœur, conscience, mystère, pensée, principe (vital), psyché, psychisme, souffle (vital), spiritualité, transcendance, vie. *PSYCHOL.* conscient. ▶ ***Caractère*** – abord, caractère, comportement, constitution, état d'âme, état d'esprit, humeur, idiosyncrasie, individualité, mentalité, nature, naturel, personnalité, sensibilité, tempérament, trempe. *FAM.* psychologie. *ACADIE FAM.* alément. *PSYCHOL.* thymie. ▶ ***Bon sens*** – bon sens, cerveau, cervelle, clairvoyance, compréhension, conception, discernement, entendement, faculté, imagination, intellect, intelligence, jugement, lucidité, pénétration, raison, tête. *FAM.* matière grise, méninges. *PHILOS.* logos. ▶ ***Humour*** – dérision, épigramme, flèche, goguenardise, gouaille, gouaillerie, humour, ironie, lazzi, malice, moquerie, persiflage, pique, plaisanterie, pointe, quolibet, raillerie, ricanement, risée, sarcasme, satire, taquinerie, trait. *SOUT.* brocard, nargue, saillie. ▶ ***Fantôme*** – apparition, créature éthérée, double, ectoplasme, esprit frappeur, fantôme, mort-vivant, ombre, périsprit, revenant, spectre, vision, zombie. *ANTIQ.* larve, lémure. ▶ ***Ange*** – ange, esprit aérien, esprit céleste, esprit de (la) lumière, messager (de Dieu), ministre (de Dieu). ▶ ***Produit volatil*** (*ANC.*) – essence, vapeur. △ **ANT.** CHAIR, CORPS, MATIÈRE; BÊTISE; GROSSIÈRETÉ, LOURDEUR; PLATITUDE.

esquisse *n.f.* ▶ ***Croquis*** – canevas, crayon, crayonné, croquis, dessin, ébauche, épure, essai, étude (préparatoire), griffonnement, pochade, premier jet, préparation, projet, rough, schéma. *SOUT.* linéaments. *FRANCE FAM.* crobard. ▶ ***Brouillon*** – brouillon, ébauche, essai, linéaments, premier jet. ▶ ***Commencement*** – actionnement, amorçage, amorce, balbutiement, bégaiement, commencement, création, début, déclenchement, démarrage, départ, ébauche, embryon, enclenchement, enfance, entrée, fondement, germe, inauguration, origine, ouverture, prélude, prémisse, principe, tête. *SOUT.* aube, aurore, matin, prémices. *FIG.* apparition, avènement, éclosion, émergence, éruption, explosion, genèse, germination, naissance, venue au monde. ▶ ***Aperçu*** – anticipation, aperçu, avant-goût, avant-première, échantillon, essai, exemple, idée, perspective, tableau. *SOUT.* préfiguration. *FAM.* topo. ▶ ***Résumé*** – abrégé, aide-mémoire, analyse, aperçu, argument, compendium, condensé, éléments, épitomé, extrait, livret, manuel, mémento, morceau, notice, page, passage, plan, précis, promptuaire, raccourci, récapitulation, réduction, résumé, rudiment, schéma, sommaire, somme, synopsis, vade-mecum. *FAM.* topo. △ **ANT.** ACCOMPLISSEMENT, ACHÈVEMENT; VERSION DÉFINITIVE; DÉVELOPPEMENT.

esquisser *v.* ▶ ***Dessiner sommairement*** – brosser, crayonner, croquer, ébaucher, pocher, profiler, relever, silhouetter, tracer. ▶ ***Donner une première forme*** – dégrossir, dresser les grandes lignes de, ébaucher, faire l'ébauche de, faire l'esquisse de. ▶ ***Commencer un mouvement*** – commencer, ébaucher. △ **ANT.** FIGNOLER, PEAUFINER; ACCOMPLIR, ACHEVER.

esquiver *v.* ▶ ***Se soustraire*** – couper à, échapper à, éviter, fuir, passer au travers de, se dérober à, se dispenser de, se soustraire à. *FAM.* se défiler. *FRANCE FAM.* se débiner. ▶ ***Éluder*** – contourner, éluder, escamoter, éviter, fuir, se dérober à, tourner. ♦ **s'esquiver** ▶ ***S'éloigner discrètement*** – disparaître, fausser compagnie à, filer à l'anglaise, partir en douce, s'échapper, s'éclipser, s'évader. *FAM.* prendre la tangente, se déguiser en courant d'air. *FRANCE FAM.* faire basket. △ **ANT.** ACCEPTER, AFFRONTER, ASSUMER; FAIRE FACE. ♦ **s'esquiver** APPARAÎTRE, SURGIR; RESTER.

essai *n.m.* ▶ ***Action d'essayer*** – effort, tentative. ▶ ***Expérience*** – épreuve, expérience, expérimentation, test. ▶ ***Traité*** – argument, argumentation, cours, développement, discours, dissertation, étude, exposé, manuel, mémoire, monographie, somme, thèse. *DR.* dire. ▶ ***Croquis*** – canevas, crayon, crayonné, croquis, dessin, ébauche, épure, esquisse, étude (préparatoire), griffonnement, pochade, premier jet, préparation, projet, rough, schéma. *SOUT.* linéaments. *FRANCE FAM.* crobard. ▶ ***Brouillon*** – brouillon, ébauche, esquisse, linéaments, premier jet. ▶ ***Avant-goût*** – anticipation, aperçu, avant-goût, avant-première, échantillon, esquisse, exemple, idée, perspective, tableau. *SOUT.* préfiguration. *FAM.* topo. △ **ANT.** ABSTENTION; RÉUSSITE.

essaim *n.m.* ▶ ***Groupe d'insectes*** – colonie, ruche. ▶ ***Vol d'insectes*** – nuage, nuée, vol. ▶ ***Foule*** – abondance, affluence, armada, armée, attroupement, bande, cohue, concentration, concours, encombrement, flot, forêt, foule, fourmilière, fourmillement, grouillement, légion, marée, masse, meute, monde, multitude, peuple, pléiade *(célébrités)*, pullulement, rassemblement, régiment, réunion, ribambelle, ruche, tas, troupeau. *FAM.* flopée, marmaille *(enfants)*, tapée, tripotée. *QUÉB. FAM.* achalandage, gang. *PÉJ.* ramassis. △ **ANT.** INDIVIDU.

essayer *v.* ▶ ***Tester*** – éprouver, expérimenter, mettre à l'épreuve, tester. ▶ ***Vivre une expérience*** – expérimenter, faire l'essai de, faire l'expérience de, tâter de. ▶ ***S'efforcer*** – chercher à, entreprendre de, s'attacher à, s'efforcer de, s'ingénier à, tâcher de, tenter de, travailler à. *SOUT.* avoir à cœur de, faire effort pour, prendre à tâche de. ▶ ***Tâtonner*** – hésiter, tâtonner. ♦ **s'essayer** ▶ ***Faire une tentative risquée*** – s'avancer, s'aventurer, se hasarder, se risquer. △ **ANT.** S'ABSTENIR; RENONCER; RÉUSSIR.

essence *n.f.* ▶ ***Nature*** – caractère, en-soi, essentialité, inhérence, nature, principe, qualité, quiddité, quintessence, substance. *SOUT.* (substantifique) moelle. *PHILOS.* entité. ▶ ***Partie essentielle*** – cœur, corps, essentiel, fond, gros, important, principal, substance, tout, vif. ▶ ***Existence*** – actualité, être, existence, fait, occurrence, présence, réalité, réel, substance, vie. ▶ ***Aura*** – âme, aura, corps astral, double (éthéré), émanation, éther, vapeur. ▶ ***Produit volatil*** (*ANC.*) – vapeur. *ANC.* esprit. ▶ ***Liquide aromatisé*** – concentré, extrait. △ **ANT.** ACCIDENT, APPARENCE.

essentiel *adj.* ▶ ***Indispensable*** – capital, crucial, de première nécessité, fondamental, important, incontournable, indispensable, irremplaçable, nécessaire, primordial, vital. ▶ ***Principal*** – capital, central, crucial, de la plus haute importance, de premier plan, décisif, déterminant, dominant, important, maître, majeur, numéro un, prédominant, prééminent, premier, prépondérant, primordial, principal, prioritaire, supérieur. *SOUT.* à nul autre second, cardinal. ▶ ***Intrinsèque*** – constitutif, foncier, fondamental, inhérent, inné, intrinsèque, radical. *PHILOS.* immanent, substantiel. △ **ANT.** EN TROP, INUTILE, SUPERFLU; ACCESSOIRE, ANNEXE, CONTINGENT, ÉPISODIQUE, INCIDENT, INSIGNIFIANT, MARGINAL, MINEUR, NÉGLIGEABLE, SECONDAIRE; ACCIDENTEL (*PHILOSOPHIE*), RELATIF.

essentiel *n.m.* ▶ ***Rudiments*** – a b c, b.a.-ba, base, éléments, notions, notions de base, notions élémentaires, principes, rudiments, teinture, théorie. *PÉJ.* vernis. ▶ ***Partie la plus importante*** – cœur, corps, essence, fond, gros, important, principal, substance, tout, vif. ▶ ***Objets indispensables*** – indispensable, nécessaire. △ **ANT.** ACCESSOIRE, DÉTAIL.

essentiellement *adv.* ▶ ***Fondamentalement*** – absolument, en essence, foncièrement, fondamentalement, intrinsèquement, organiquement, primordialement, principalement, profondément, radicalement, substantiellement, totalement, viscéralement, vitalement. ▶ ***Obligatoirement*** – à tout prix, absolument, coûte que coûte, impérativement, impérieusement, inconditionnellement, indispensablement, nécessairement, obligatoirement, sans faute. △ **ANT.** ACCIDENTELLEMENT; ACCESSOIREMENT, AUXILIAIREMENT, INCIDEMMENT, MARGINALEMENT, SECONDAIREMENT.

essor *n.m.* ▶ ***Élan*** – bond, branle, coup, élan, élancement, envolée, erre, impulsion, lancée, lancement, mouvement, rondade (*acrobatie*), saut. *QUÉB. FAM.* erre d'aller. ▶ ***Croissance*** – accentuation, accroissement, accrue, agrandissement, amplification, arrondissement, augmentation, bond, boom, crescendo, croissance, crue, décuplement, développement, dilatation, élargissement, élévation, enflement, enrichissement, envolée, évolution, expansion, extension, flambée, foisonnement, gonflement, gradation, grossissement, hausse, haussement, inflation, intensification, majoration, montée, poussée, progrès, progression, recrudescence, redoublement, redressement, rehaussement, relèvement, renchérissement, renforcement, revalorisation, valorisation. ▶ ***Prospérité*** – activité, boom, plein-emploi, prospérité. △ **ANT.** ATTERRISSAGE; BAISSE, CHUTE; DÉCLIN, RUINE; STAGNATION.

essoufflement *n.m.* ▶ ***Respiration*** – anhélation, apnée, asthme, dyspnée, enchifrènement, étouffement, halètement, han, oppression, pousse, ronflement, sibilation, stertor, stridor (*inspiration*), suffocation. *SOUT.* ahan. *ACADIE FAM.* courte-haleine. ▶ ***Déclin*** – abaissement, affaiblissement, affaissement, amenuisement, amoindrissement, baisse, chute, creux, déclin, décroissance, décroissement, décrue, dégression, déplétion, dépréciation, descente, désescalade, dévalorisation, dévaluation, diminution, éclipse, effondrement, effritement, fléchissement, ralentissement, réduction. *SOUT.* émasculation. △ **ANT.** RÉCUPÉRATION, REPOS.

essouffler (s') *v.* ▶ ***Manquer de souffle*** – avoir le souffle court, étouffer, être hors d'haleine, haleter, manquer de souffle, perdre haleine, s'époumoner, souffler, suffoquer. *SOUT.* anhéler, panteler. ▶ ***Régresser*** – décliner, diminuer, ralentir, régresser.

essuyer *v.* ▶ ***Enlever l'eau*** – éponger, étancher, sécher, tamponner. ▶ ***Enlever la poussière*** – dépoussiérer, épousseter. *FAM.* faire la poussière/les poussières. ▶ ***Enlever ce qui salit*** – *FAM.* torcher. ▶ ***Subir*** – endurer, éprouver, souffrir, soutenir, subir. △ **ANT.** HUMECTER, IMBIBER, MOUILLER, TREMPER; EMPOUSSIÉRER, MACULER, SALIR, SOUILLER; CAUSER, INFLIGER, PROVOQUER.

est *adj.* oriental. △ **ANT.** OCCIDENTAL, OUEST.

est *n.m.sing.* levant, orient. △ **ANT.** COUCHANT, OCCIDENT, OUEST.

estampe *n.f.* ▶ ***Image*** – lithographie. *FAM.* litho. ▶ ***Machine*** – mouton.

esthète *n.* raffiné. △ **ANT.** BARBARE, BÉOTIEN, IGNARE.

esthétique *adj.* ▶ ***Beau*** – beau, élégant, gracieux. △ **ANT.** DISGRACIEUX, INESTHÉTIQUE, LOURD.

esthétique *n.f.* ▶ ***Beauté*** – agrément, art, attrait, beau, beauté, charme, chic, classe, coquetterie, délicatesse, distinction, éclat, élégance, féerie, fraîcheur, grâce, gracieux, harmonie, magnificence, majesté, perfection, photogénie, pureté, séduction, splendeur, symétrie. *SOUT.* blandice, joliesse, morbidesse, sublimité, symphonie, vénusté. ▶ ***Étude des soins de beauté*** – cosmétologie.

estime *n.f.* ▶ ***Respect*** – admiration, considération, déférence, égard, hommage, ménagement, respect, révérence. ▶ ***Opinion*** – appréciation, avis, conception, conviction, critique, croyance, dogme, idée, impression, jugement, optique, pensée, perception, point de vue, position, principe, prise de position, sentiment, théorie, thèse, vote, vue. *SOUT.* oracle. △ **ANT.** DÉCONSIDÉRATION, DÉDAIN, MÉPRIS.

estimer *v.* ▶ ***Évaluer*** – apprécier, calculer, évaluer, jauger, juger, mesurer, peser, soupeser, supputer, toiser. ▶ ***Trouver*** – considérer, croire, être d'avis que, juger, penser, regarder, tenir, trouver. *SOUT.* compter, réputer. ▶ ***Traiter avec respect*** – avoir bonne opinion de, considérer, faire cas de, priser, respecter, tenir en estime. ♦ **s'estimer** ▶ ***Se considérer*** – se compter, se considérer, se croire, se penser, se trouver.

△ **ANT.** DÉCONSIDÉRER, DÉDAIGNER, DÉPRÉCIER, MÉPRISER, MÉSESTIMER.

estrade *n.f.* catafalque *(cercueil)*, chaire, minbar *(mosquée)*, plateau, tribune. *FAM.* perchoir. *ANC.* hourd. *ANTIQ.* rostres. △ **ANT.** PARTERRE, PUBLIC, SALLE.

étable *n.f.* ▸ ***Bâtiment*** – *SUISSE* écurie.

établir *v.* ▸ ***Organiser*** – élaborer, former, mettre sur pied, monter, organiser. ▸ ***Mettre en vigueur*** – constituer, créer, fonder, former, instaurer, instituer, mettre en place. *SOUT.* ériger. ▸ ***Trouver une situation à qqn*** – caser, placer. ▸ ***Baser une chose abstraite*** – appuyer, asseoir, baser, faire reposer, fonder. ▸ ***Constituer une preuve*** – attester, confirmer, démontrer, justifier, montrer, prouver, vérifier. ▸ ***Caractériser*** – caractériser, cerner, cibler, définir, délimiter, déterminer, fixer. ▸ ***Démontrer*** – démontrer, montrer, prouver. ▸ ***Décider*** – arrêter, assigner, décider, déterminer, fixer, régler. ♦ **s'établir** ▸ ***S'installer dans un milieu*** – s'implanter, s'installer, se fixer. △ **ANT.** ABATTRE, ANÉANTIR, DÉMOLIR, DÉTRUIRE, RENVERSER; ABOLIR, ABROGER, SUPPRIMER. ♦ **s'établir** ÉMIGRER, PARTIR, QUITTER, S'EN ALLER.

établissement *n.m.* ▸ ***Fixation*** – amarrage, ancrage, arrimage, attache, calage, crampon, encartage *(sur une carte)*, épinglage, ferrement, fixage, fixation, goupillage, implantation, scellement. *TECHN.* dudgeonnage *(un tube dans une plaque)*, embrelage *(chargement d'une voiture)*. ▸ ***Mise en place*** – constitution, création, disposition, édification, fondation, implantation, importation, installation, instauration, institution, introduction, intronisation, mise en œuvre, mise en place, mise sur pied, nomination, organisation, placement, pose. *INFORM.* implémentation. ▸ ***Immigration*** – arrivée, entrée, gain de population, immigration, invasion, venue. ▸ ***Comptoir*** – comptoir, sous-comptoir. *ANTIQ. ROM.* emporium. ▸ ***Entreprise*** – affaire, bureau, compagnie, entreprise, exploitation, firme, institution, société. *FAM.* boîte, boutique. *FRANCE FAM.* burlingue. *RARE* industrie. *PÉJ. FAM.* baraque. ▸ ***Lieu à usage précis*** – centre, complexe, maison, station. △ **ANT.** DÉMOLITION, DESTRUCTION, RENVERSEMENT; ABANDON; DÉPART; ABOLITION, ABROGATION.

étage *n.m.* ▸ ***Espace*** – niveau. ▸ ***Classe*** (*SOUT.*) – caste, classe, condition, état, fortune, place, position, rang, situation, statut. △ **ANT.** REZ-DE-CHAUSSÉE.

étagère *n.f.* ▸ ***Tablette*** – balconnet, planchette, rayon, rayonnage, tablette, tirette. *TECHN.* stand. *BELG.* archelle. *SUISSE* tablar. ▸ ***Meuble*** – armoire, armoire à glace, bahut, bonnetière, casier, chiffonnier, (meuble de) rangement, semainier, tour. *FAM.* fourre-tout.

étalage *n.m.* ▸ ***Exposition*** – concours, démonstration, exhibition, exposition, foire, foire-exposition, galerie, manifestation, montre, présentation, rétrospective, salon, vernissage. *FAM.* démo, expo. *SUISSE* comptoir. ▸ ***Marchandises*** – devanture, éventaire, vitrine. ▸ ***Ostentation*** – affectation, démonstration, montre, ostentation, parade. *FAM.* fla-fla. ▸ ***Luxe*** – abondance, apparat, appareil, beauté, confort, dolce vita, éclat, faste, grandeur, luxe, magnificence, majesté, opulence, ostentation, pompe, profusion, richesse, somptuosité, splendeur. *FAM.* tralala. △ **ANT.** DISSIMULATION; DISCRÉTION, SOBRIÉTÉ; MODESTIE.

étaler *v.* ▸ ***Étendre en couche mince*** – appliquer, étendre, mettre. ▸ ***Répartir dans le temps*** – échelonner, espacer, répartir. ▸ ***Déplier*** – déplier, déployer, développer, étendre, ouvrir. ▸ ***Étendre en dispersant*** – épandre, étendre, répandre. ▸ ***Montrer avec ostentation*** – afficher, arborer, déployer, exhiber, exposer, faire étalage de, faire montre de, faire parade de. ♦ **s'étaler** ▸ ***Se répandre*** – s'étendre, se répandre. *SOUT.* s'épandre. ▸ ***Se tenir mollement*** – s'affaler, s'avachir, se vautrer. *FAM.* faire le veau. ▸ ***Tomber*** (*FAM.*) – basculer, culbuter, faire une chute, tomber, verser. *FAM.* aller choir, chuter, dinguer, prendre un billet de parterre, prendre une bûche, prendre une gamelle, prendre une pelle, ramasser un gadin, ramasser une bûche, ramasser une gamelle, ramasser une pelle, s'allonger, se casser la figure, se casser la gueule, se fiche par terre, se rétamer, valdinguer. △ **ANT.** EMPILER, ENTASSER, PLIER, RANGER, REMBALLER, ROULER; CACHER, DISSIMULER, VOILER.

étalon *n.m.* ▸ ***Cheval*** – cheval entier. ▸ ***Modèle*** – archétype, canon, critère, échantillon, exemple, formule, gabarit, idéal, idée, image, individu, modèle, norme, original, paradigme, précédent, prototype, référence, représentant, type, unité. △ **ANT.** HONGRE.

étanche *adj.* ▸ ***Imperméable*** – hydrofuge, imperméabilisé, imperméable. ▸ ***Hermétique*** – clos, fermé, hermétique. △ **ANT.** PÉNÉTRABLE, PERMÉABLE, POREUX.

étancher *v.* ▸ ***Essuyer*** – éponger, essuyer, sécher, tamponner. ▸ ***Vider de son eau*** – assécher, dessécher, mettre à sec, sécher, tarir. ▸ ***Boucher une voie d'eau*** – aveugler, boucher. ▸ ***Faire cesser un besoin*** – apaiser, assouvir, calmer, contenter, rassasier, satisfaire, soulager. *SOUT.* désaltérer, repaître. △ **ANT.** ARROSER, HUMECTER, IMBIBER, MOUILLER, TREMPER; DÉVERSER, ÉPANDRE; EXCITER.

étang *n.m.* grenouillère, mare. ▹ *Artificiel* – pièce d'eau. ▹ *Pour les canards* – barbotière, canardière, mare aux canards.

étape *n.f.* ▸ ***Phase*** – épisode, palier, période, phase, point, stade, transition. ▸ ***Époque*** – âge, cycle, date, époque, ère, génération, heure, jour, moment, période, règne, saison, siècle, temps. ▸ ***Halte*** – auberge, escale, gîte, halte, hôtel, hôtellerie, relais. ▹ *Pays arabes* – caravansérail, fondouk, khan. ▹ *Espagne* – posada. ▹ *Québec* – gîte du passant, gîte touristique.

état *n.m.* ▸ ***Manière d'être*** – classe, condition, forme, genre, modalité, mode, situation. ▸ ***Constitution*** – apparence, condition (physique), conformation, constitution, état (physique), forme, nature, santé, vitalité. *SOUT.* complexion. *MÉD.* diathèse, habitus. ▸ ***Métier*** – activité, art, carrière, emploi, gagne-pain, métier, occupation, profession, qualité, services, situation, spécialité, travail. *FAM.* boulot, turbin, turf. ▸ ***Situation sociale*** – caste, classe, condition, fortune, place, position, rang, situation, statut. *SOUT.* étage. ▸ ***Bilan*** – balance, bilan, compte, compte rendu, conclusion, constat, note, résultat, résumé, situation, tableau. ▸ ***Dénombrement*** – catalogue, cens, chiffrage, comptage, compte, décompte, dénombrement, détail, énumération, évaluation, inventaire, inventoriage, inventorisation, liste, litanie, numération, recensement, recension, revue, rôle, statistique. ♦ **État** ▶ ***Territoire*** – nation, pays. *SOUT.* Cité. ▶ ***Personnes qui administrent un pays*** – conseil, gouvernants, gouvernement, (pouvoir) exécutif, sénat. ▶ ***Politique*** – affaires publiques, chose publique, gouvernement, politique, pouvoir. *SOUT.* Cité. *PÉJ. FAM.* politicaillerie. △ **ANT.** DEVENIR, ÉVOLUTION; ACTION.

état-major *n.m.* commandement. △ **ANT.** TROUPE.

étayer *v.* ▶ ***Au sens concret*** – soutenir, stabiliser. *TECHN.* chevaler, enchevaler, étançonner, étrésillonner. ▶ ***Au sens abstrait*** – appuyer, sous-tendre, soutenir, supporter. △ **ANT.** AFFAIBLIR, ÉBRANLER, MINER, RUINER, SAPER.

et cætera (var. **et cetera**) *loc. conj.* ainsi de suite, et ainsi de suite, et le reste.

été *n.m.* beaux jours, belle saison, saison chaude, saison estivale, saison sèche. △ **ANT.** HIVER.

éteindre *v.* ▶ ***Faire cesser de brûler*** – étouffer. ▶ ***Interrompre le fonctionnement*** – arrêter. *FAM.* fermer. ▶ ***Rembourser une dette*** – acquitter, amortir, honorer, liquider, rembourser, s'acquitter de. ▶ ***Rendre moins ardent*** – attiédir, modérer, refroidir. *FAM.* doucher. ♦ **s'éteindre** ▶ ***Agoniser*** – agoniser, être à l'agonie, être à l'article de la mort, être à la dernière extrémité, lutter contre la mort, mener le dernier combat. *SOUT.* avoir l'âme sur les lèvres, être aux portes de la mort, se mourir. *FAM.* avoir un pied dans la fosse, avoir un pied dans la tombe. ▶ ***Mourir*** – décéder, être emporté, être tué, expirer, mourir, perdre la vie, périr, succomber, trouver la mort. *SOUT.* exhaler le dernier soupir, passer de vie à trépas, rendre l'âme, rendre l'esprit, rendre le dernier soupir, rendre son dernier souffle, trépasser. *PAR EUPHÉM.* avoir vécu, disparaître, faire le grand voyage, fermer les paupières, fermer les yeux, finir, monter au ciel, paraître devant Dieu, partir, passer, passer dans l'autre monde, quitter ce (bas) monde, s'effacer, s'en aller, s'endormir. *FAM.* calancher, caner, clamser, claquer, crever, sortir les pieds devant, y rester. *FRANCE FAM.* claboter. △ **ANT.** ALLUMER, BRÛLER; BRILLER, ÉCLAIRER; ALIMENTER, ATTISER, AVIVER, ENTRETENIR, RANIMER; AIGUILLONNER, EXCITER, PROVOQUER, RAGAILLARDIR. ♦ **s'éteindre** NAÎTRE.

étendard *n.m.* ▶ ***Drapeau*** – banderole, bandière, bannière, baucent, calicot, cornette, couleurs, drapeau, fanion, flamme, gonfalon, guidon, oriflamme, pavillon *(marine)*, pavois *(marine)*, pennon, tanka *(religieux)*. *SOUT.* enseigne. *ANTIQ.* vexille. ▶ ***Pétale*** – aile, labelle, pétale. *SOUT.* feuille.

étendre *v.* ▶ ***Déplier*** – déplier, déployer, développer, étaler, ouvrir. ▶ ***Déplier le bras, la jambe*** – allonger, déplier, étirer. ▶ ***Déplier les ailes*** – déployer. *SOUT.* éployer. ▶ ***Coucher*** – allonger, coucher. ▶ ***Appliquer*** – appliquer, étaler, mettre. ▶ ***Épandre*** – épandre, étaler, répandre. ▶ ***Diluer*** – allonger, couper, diluer, éclaircir, mouiller. *FAM.* baptiser. ▶ ***Accroître la longueur*** – agrandir, allonger, étirer, rallonger. *TECHN.* dégrosser, fileter, laminer, tréfiler. ▶ ***Accroître la largeur*** – agrandir, desserrer, dilater, donner du large à, élargir, évaser, ouvrir. ▶ ***Prolonger dans l'espace*** – continuer, prolonger. ▶ ***Accroître la durée*** – allonger, prolonger, proroger, rallonger, reconduire. ▶ ***Accroître une chose abstraite*** – accroître, développer, élargir. ▶ ***Généraliser*** – diffuser, généraliser, répandre, universaliser. ♦ **s'étendre** ▶ ***S'étirer*** – donner, prêter, s'agrandir, s'étirer, se distendre. ▶ ***Se coucher*** – s'allonger, se coucher. ▶ ***Se répandre*** – s'étaler, se répandre. *SOUT.* s'épandre. ▶ ***Irradier*** – irradier, se propager, se répandre. ▶ ***Occuper un espace*** – couvrir, emplir, garnir, occuper, remplir. ▶ ***Se prolonger*** – continuer, se prolonger. ♦ **étendu** ample, grand, large, spacieux, vaste. △ **ANT.** PLIER, REPLIER; BORNER, LIMITER, RESTREINDRE; ABRÉGER, COUPER, DIMINUER, ÉCOURTER, RACCOURCIR, RAPETISSER.

étendue *n.f.* ▶ ***Mesure*** – ampleur, dimension, envergure, grandeur, mesure, proportion, valeur. ▶ ***Surface*** – aire, envergure, superficie, surface. ▶ ***Largeur*** – ampleur, amplitude, calibre, carrure, diamètre, empan, envergure, évasure, format, giron *(d'une marche)*, grosseur, laize, large, largeur, lé, module, portée, taille. ▶ ***Registre de la voix*** – ambitus, registre, tessiture. △ **ANT.** ÉTROITESSE.

éternel *adj.* ▶ ***Qui dure longtemps*** – constant, durable, immortel, immuable, impérissable, imprescriptible, inaltérable, indéfectible, indestructible, indissoluble, infini, permanent, perpétuel, sans fin. *SOUT.* pérenne. ▶ ***Hors du temps*** – atemporel, intemporel. ▶ ***Agaçant*** – continuel, incessant, perpétuel, sans fin, sempiternel. ▶ ***Inséparable*** – inévitable, inséparable. △ **ANT.** ÉPHÉMÈRE, FUGACE, FUGITIF, MOMENTANÉ, PASSAGER.

éternellement *adv.* à l'infini, à perpétuité, à tous coups, à tous les coups, à tout bout de champ, à tout instant, à (tout) jamais, à tout moment, à toute heure (du jour et de la nuit), à vie, ad vitam æternam, assidûment, beau temps mauvais temps, chroniquement, constamment, continuellement, continûment, dans tous les cas, de nuit comme de jour, de toute éternité, en permanence, en tout temps, en toute saison, en toute(s) circonstance(s), hiver comme été, immuablement, inaltérablement, indéfiniment, infiniment, invariablement, jour et nuit, nuit et jour, perpétuellement, pour la vie, pour les siècles des siècles, rituellement, sans arrêt, sans cesse, sans discontinuer, sans fin, sans interruption, sans relâche, sans répit, sempiternellement, systématiquement, toujours, tous les jours. *SOUT.* à demeure, incessamment. *FAM.* à perpète, tout le temps. △ **ANT.** MOMENTANÉMENT, POUR UN MOMENT, POUR UN TEMPS, PROVISOIREMENT, TEMPORAIREMENT, TRANSITOIREMENT.

éterniser *v.* ▶ ***Maintenir*** – continuer, entretenir, maintenir, perpétuer, prolonger. ▶ ***Faire durer trop longtemps*** – faire durer, prolonger, tirer en longueur, traîner. ▶ ***Immortaliser*** (*SOUT.*) – immortaliser, perpétuer, transmettre à la postérité. *SOUT.* pérenniser. ♦ **s'éterniser** ▶ ***Durer trop longtemps*** – n'en plus finir, se prolonger, se traîner, traîner (en longueur). ▶ ***Rester trop longtemps*** – s'attarder, traîner. ▶ ***Attendre trop longtemps*** – attendre, compter les clous de la porte, faire antichambre, faire le pied de grue, faire les cent pas, patienter, prendre racine, prendre son mal en patience, s'armer de patience. *FAM.* croquer le marmot, faire le planton, faire le poireau, macérer, mariner, moisir, poireauter, pourrir. *FRANCE RÉGION. FAM.* maronner. *QUÉB. FAM.* niaiser. △ **ANT.** ABRÉGER, ÉCOURTER. ♦ **s'éterniser** FILER, PASSER.

éternité *n. f.* ▶ ***Pérennité*** – éternel, immortalité, pérennité, perpétuité. ▶ ***Stabilité*** – constance, continu, continuité, durabilité, durée, fermeté, fixité, immuabilité, immutabilité, imprescriptibilité, imputrescibilité, inaliénabilité, inaltérabilité, incorruptibilité, indéfectibilité, indissolubilité, invariabilité, longévité, pérennité, permanence, persistance, stabilité, tenue. *PHYS.* invariance. ▶ ***Longue période de temps*** – *SOUT.* des lustres. *FAM.* des siècles, un bail, un siècle, une paye. △ **ANT.** BRIÈVETÉ; TEMPS.

éternuer *v. FAM.* atchoumer.

éther *n. m.* ▶ ***Liquide*** – éther ordinaire, éther sulfurique, oxyde d'éthyle. ▶ ***Ciel*** (*SOUT.*) – air, atmosphère, calotte (céleste), ciel, coupole (céleste), dôme (céleste), espace, sphère céleste, voûte (céleste), zénith. *SOUT.* azur, empyrée, firmament, nues. ▶ ***Aura*** – âme, aura, corps astral, double (éthéré), émanation, essence, vapeur.

éthique *adj.* déontologique.

éthique *n. f.* ▶ ***Morale*** – bien, (bonnes) mœurs, conscience, déontologie, devoir, droit chemin, morale, moralité, obligation (morale), prescription, principes, règles de vie, vertu. *PSYCHOL.* surmoi.

ethnique *adj.* racial.

étincelant *adj.* brasillant, brillant, éclatant, flamboyant, incandescent, luisant, miroitant, papillotant, reluisant, rutilant, scintillant. △ **ANT.** BLAFARD, ÉTEINT, MAT, PÂLE, TERNE.

étinceler *v.* ▶ ***Jeter des reflets*** – brasiller, briller, chatoyer, flamboyer, fulgurer *(éclat passager)*, luire, miroiter, reluire, resplendir, rutiler, scintiller. *SOUT.* palpiter, papilloter, pétiller. *BELG.* blinquer. *FRANCE RÉGION.* mirailler. *ACADIE FAM.* mirer. ▶ ***Répandre une vive lumière*** – briller, irradier, rayonner, resplendir, ruisseler de lumière. *SOUT.* briller de mille feux, flamber, jeter des feux. △ **ANT.** S'ÉTEINDRE, S'OBSCURCIR, TERNIR.

étincelle *n. f.* ▶ ***Parcelle*** – brandon, escarbille, flammèche. ▶ ***Cause*** (*SOUT.*) – agent, base, cause, explication, facteur, ferment, fondement, fontaine, germe, inspiration, levain, levier, mobile, moteur, motif, motivation, moyen, objet, occasion, origine, point de départ, pourquoi, principe, raison, raison d'être, source, sujet. *SOUT.* mère, racine, ressort.

étiquette *n. f.* ▶ ***Chose*** – auto-collant, badge, cocarde, décalcomanie, écusson, épinglette, insigne, marque, plaque, porte-nom, rosette, tatouage, timbre, vignette, vitrophanie. *FAM.* macaron. ▶ ***Appellation*** – appellation, dénomination, désignation, marque, mot, nom, qualification, taxon, taxum, vocable. ▶ ***Usage*** – bienséance, cérémonial, cérémonie, convenances, décorum, formalité, formule, mondanités, protocole, règle, usage. *FAM.* salamalecs. △ **ANT.** LAISSER-ALLER, MALSÉANCE.

étirer *v.* ▶ ***Allonger*** – agrandir, allonger, étendre, rallonger. *TECHN.* dégrosser, fileter, laminer, tréfiler. ▶ ***Distendre*** – distendre, tendre, tirer. ▶ ***Déplier le bras, la jambe*** – allonger, déplier. ♦ **s'étirer** ▶ ***En parlant d'un tissu*** – donner, prêter, s'agrandir, s'étendre, se distendre. △ **ANT.** COMPRIMER, CONTRACTER, RESSERRER, RÉTRÉCIR. ♦ **s'étirer** SE BLOTTIR, SE RAMASSER, SE RECROQUEVILLER.

étoffe *n. f.* ▶ ***Envergure*** – envergure, genre, importance, qualité, stature. *FIG.* carrure.

étoile *n. f.* ▶ ***Astre en général*** – astre, corps céleste, corps cosmique. ▶ ***Astre producteur de lumière*** – soleil. ▶ ***Étincelle*** – brandon, escarbille, étincelle, flammèche. ▶ ***Signe*** – astérisque, pentacle. ▶ ***Carrefour*** – bifurcation, branchement, bretelle, carrefour, croisée, croisement, échangeur, embranchement, fourche, intersection, patte-d'oie, rond-point, (voie de) raccordement. ▶ ***Personne célèbre*** – célébrité, idole, vedette. ▶ ***Destin*** – avenir, chance, demain(s), destin, destinée, devenir, existence, fatalité, fortune, futur, hasard, horizon, karma, lendemain(s), lot, nécessité, prédestination, prédétermination, prédéterminisme, providence, sort, vie. *SOUT.* fatum, Parque.

étonnamment *adv.* ▶ ***De manière inattendue*** – contre toute attente. ▶ ***Curieusement*** – anormalement, baroquement, bizarrement, curieusement, drôlement, étrangement, excentriquement, extravagamment, originalement, singulièrement. △ **ANT.** BANALEMENT, COMME ON S'Y ATTENDAIT, TRIVIALEMENT.

étonnant *adj.* ▶ ***Frappant*** – frappant, hallucinant, impressionnant, marquant, notable, remarquable, saillant, saisissant, spectaculaire. ▶ ***Époustouflant*** – à (vous) couper le souffle, abasourdissant, ahurissant, bouleversant, confondant, déconcertant, ébahissant, effarant, époustouflant, étourdissant, extraordinaire, impensable, inconcevable, incroyable, inimaginable, inouï, invraisemblable, pétrifiant, renversant, stupéfiant, suffocant, surprenant. *SOUT.* qui confond l'entendement. *FAM.* ébouriffant, mirobolant, sidérant, soufflant. ▶ ***Curieux*** – anormal, bizarre, curieux, drôle, étrange, inaccoutumé, incompréhensible, inexplicable, inhabituel, insolite, inusité, singulier, spécial, surprenant. *SOUT.* extraordinaire. *FAM.* bizarroïde. ▶ ***Inattendu*** – inattendu, insoupçonné, surprenant. ▶ ***Hors du commun*** – extraordinaire, fabuleux, fantastique, hors du commun, incroyable, inouï, miraculeux, phénoménal, prodigieux. *FAM.* délirant, dément, dingue, fou. *FRANCE FAM.* foutral. △ **ANT.** BANAL, ININTÉRESSANT, ORDINAIRE, SANS INTÉRÊT.

étonnement *n. m.* ▶ ***Stupeur*** – abasourdissement, ahurissement, bouleversement, ébahissement, éblouissement, effarement, émerveillement, saisissement, stupéfaction, stupeur, surprise. *FAM.* épatement. ▶ ***Scandale*** – choc, commotion, émotion, honte, indignation, scandale. ▶ ***Lézarde*** – brèche, brisure, cassure, craquelure, crevasse, déchirure, ébréchure, écornure, fêlure, fendillement, fente, fissure, fuite, gerçure, lézarde. *TECHN.* crique, gerce. *DIDACT.* gélivure. *GÉOGR.* rimaye. *GÉOL.* diaclase. △ **ANT.** FLEGME, INDIFFÉRENCE.

étonner *v.* ▶ ***Surprendre*** – frapper (d'étonnement), interloquer, stupéfaire, surprendre. *FAM.* en boucher un coin à, laisser pantois. ▶ ***Stupéfier*** – abasourdir, ahurir, couper bras et jambes à, couper le souffle à, ébahir, époustoufler, méduser, renverser, saisir, souffler, stupéfaire, stupéfier, suffoquer. *FAM.* décoiffer, défoncer, déménager, éberluer, ébouriffer, épater, estomaquer, estourbir, scier, sidérer. ♦ **étonné** abasourdi, ahuri, bouche bée, confondu, ébahi, éberlué, estomaqué, frappé de stupeur, hébété, interdit, interloqué, médusé, muet d'étonnement, pantois, pétrifié, sidéré, stupéfait, surpris. *FAM.* baba, ébaubi, épaté, époustouflé, riboulant, soufflé, suffoqué. △ **ANT.** LAISSER INDIFFÉRENT; CALMER, RASSURER.

étouffant *adj.* ▸ ***Chaud*** – accablant, brûlant, caniculaire, chaud, écrasant, lourd, oppressant, saharien, suffocant, torride, tropical. ▸ ***Contraignant*** – accablant, aliénant, asservissant, assujettissant, astreignant, contraignant, écrasant, exigeant, impitoyable, lourd, oppressant, pénible, pesant. △ **ANT.** GLACIAL *(TEMPS)*, RIGOUREUX, RUDE, SIBÉRIEN; ÉMANCIPATEUR, LIBÉRATEUR.

étouffement *n.m.* ▸ ***Respiration difficile*** – anhélation, apnée, asthme, dyspnée, enchifrènement, essoufflement, halètement, han, oppression, pousse, ronflement, sibilation, stertor, stridor *(inspiration)*, suffocation. *SOUT.* ahan. *ACADIE FAM.* courte-haleine. ▸ ***Strangulation*** – étranglement, garrot, strangulation. △ **ANT.** RESPIRATION; LIBÉRATION.

étouffer *v.* ▸ ***Gêner la respiration*** – oppresser, suffoquer. ▸ ***Tuer par asphyxie*** – asphyxier. ▸ ***Tuer par strangulation*** – étrangler. *FAM.* stranguler, tordre le cou à. *FRANCE FAM.* dévisser la poire à, dévisser le coco à, serrer le kiki à, tordre le kiki à. ▸ ***Atténuer un son*** – amortir, assourdir, atténuer, feutrer. ▸ ***Éteindre des flammes*** – éteindre. ▸ ***Freiner la progression*** – arrêter, désamorcer, enrayer, entraver, étrangler, faire obstacle à, freiner, inhiber, juguler, mater, mettre en échec, mettre un frein à, neutraliser, refouler, stopper. ▸ ***Empêcher de s'exprimer*** – bâillonner, garrotter, museler, opprimer, réduire au silence. ▸ ***Camoufler*** – cacher, camoufler, couvrir, déguiser, dissimuler, envelopper, escamoter, farder, maquiller, masquer, occulter. *SOUT.* pallier. *QUÉB. FAM.* abrier. ▸ ***Refouler à l'intérieur de soi*** – contenir, empêcher, endiguer, museler, refouler, refréner, rentrer, réprimer, retenir. *SOUT.* brider, contraindre. ▸ ***Charger d'un poids moral*** – accabler, charger, écraser, peser sur, surcharger. *SOUT.* opprimer. ▸ ***Respirer difficilement*** – avoir le souffle court, être hors d'haleine, haleter, manquer de souffle, perdre haleine, s'époumoner, s'essouffler, souffler, suffoquer. *SOUT.* anhéler, panteler. ♦ **s'étouffer** ▸ ***Avaler de travers*** – avaler de travers, s'étrangler. ♦ **étouffé** ▸ ***En parlant d'un son*** – amorti, assourdi, atténué, cotonneux, faible, feutré, mat, mou, ouaté, sourd, voilé. ▸ ***En parlant d'une voix*** – éteint, faible, sourd, voilé. △ **ANT.** RANIMER, SAUVER; ALIMENTER, ALLUMER, ATTISER; ENCOURAGER, EXALTER, EXCITER; EXPRIMER; RESPIRER.

étourdi *adj.* ▸ ***Assommé*** – assommé, K.-O., knock-out. *FAM.* groggy, sonné. ▸ ***Irréfléchi*** – écervelé, évaporé, imprévoyant, imprudent, impulsif, inconscient, inconséquent, inconsidéré, insouciant, irréfléchi, irresponsable, léger, négligent, sans cervelle, sans-souci. *SOUT.* malavisé. ▸ ***Négligent*** – distrait, inappliqué, inattentif, négligent. △ **ANT.** MESURÉ, PONDÉRÉ, POSÉ, RAISONNABLE, RÉFLÉCHI, RESPONSABLE, SAGE, SENSÉ, SÉRIEUX.

étourdiment *adv.* ▸ ***Inconsidérément*** – à la légère, aveuglément, distraitement, inconsciemment, inconsidérément, indiscrètement, légèrement. △ **ANT.** ATTENTIVEMENT, AVEC CIRCONSPECTION, CONSCIENCIEUSEMENT, MÉTICULEUSEMENT, MINUTIEUSEMENT, PRÉCISÉMENT, PROPREMENT, RELIGIEUSEMENT, RIGOUREUSEMENT, SCRUPULEUSEMENT, SÉRIEUSEMENT, SOIGNEUSEMENT, VIGILAMMENT.

étourdir *v.* ▸ ***Faire tourner la tête*** – entêter, faire tourner la tête de, griser, monter à la tête de. ▸ ***Assommer*** – assommer, knockouter, mettre K.O. *FAM.* allonger, estourbir, sonner. △ **ANT.** EXCITER, RÉVEILLER, STIMULER.

étourdissant *adj.* ▸ ***Qui monte à la tête*** – capiteux, enivrant, entêtant, grisant, qui fait tourner la tête, qui monte à la tête. ▸ ***Très bruyant*** – assourdissant, bruyant, éclatant, fort, fracassant, résonnant, retentissant, sonore, tapageur, tonitruant, tonnant. *SOUT.* abasourdissant. ▸ ***Époustouflant*** – à (vous) couper le souffle, abasourdissant, ahurissant, bouleversant, confondant, déconcertant, ébahissant, effarant, époustouflant, étonnant, extraordinaire, impensable, inconcevable, incroyable, inimaginable, inouï, invraisemblable, pétrifiant, renversant, stupéfiant, suffocant, surprenant. *SOUT.* qui confond l'entendement. *FAM.* ébouriffant, mirobolant, sidérant, soufflant. △ **ANT.** APAISANT, CALMANT; CALME, PLACIDE, SILENCIEUX, TRANQUILLE; BANAL, ININTÉRESSANT, ORDINAIRE, SANS INTÉRÊT.

étourdissement *n.m.* ▸ ***Malaise*** – vertige. *FAM.* tournis. ▸ ***Griserie*** – agitation, effervescence, électrisation, emballement, énervement, exaltation, excitation, fébrilité, fièvre, griserie, nervosité, stress, surexcitation, tension. *SOUT.* enivrement, éréthisme, exaspération, surtension. *RARE* enfièvrement. *SPORTS* pressing. ▸ ***Distraction*** – agrément, amusement, amusette, délassement, dérivatif, distraction, divertissement, ébats, ébattement, jeu, loisir, ludisme, partie, passe-temps, plaisance, plaisir, récréation, sport. *SOUT.* diversion. *FAM.* récré.

étrange *adj.* ▸ ***Surprenant*** – anormal, bizarre, curieux, drôle, étonnant, inaccoutumé, incompréhensible, inexplicable, inhabituel, insolite, inusité, singulier, spécial, surprenant. *SOUT.* extraordinaire. *FAM.* bizarroïde. ▸ ***Inexpliqué*** – inconnu, indéterminé, inexpliqué, mystérieux. ▸ ***Suspect*** – inquiétant, louche, suspect, trouble. △ **ANT.** BANAL, COMMUN, NORMAL, ORDINAIRE.

étrangement *adv.* anormalement, baroquement, bizarrement, curieusement, drôlement, étonnamment, excentriquement, extravagamment, originalement, singulièrement. △ **ANT.** COMME D'HABITUDE, DE FAÇON NORMALE, NORMALEMENT, SELON LES CONVENTIONS, SELON LES NORMES.

étranger *adj.* ▸ ***Non originaire*** – immigré. *DIDACT.* allochtone, allogène. ▸ ***Qui n'est pas directement concerné*** – extérieur, externe, extrinsèque. *DIDACT.* exogène. ▸ ***Insensible*** – fermé, imperméable, inaccessible, indifférent, insensible, réfractaire, sourd. *SOUT.* impénétrable. ▸ ***Qui concerne les relations internationales*** – extérieur. ▸ ***Inconnu*** – inconnu, inexploré, nouveau. △ **ANT.** AUTOCHTONE,

INDIGÈNE; INTÉRIEUR, NATIONAL; CONNU, FAMILIER. ♦ **étranger à** CONCERNÉ PAR, TOUCHÉ PAR.

étranger *n.* QUÉB. survenant; FAM. étrange. FRANCE RÉGION. horsain. ▸ *D'un autre pays* – gringo *(pour les Latino-Américains)*, ressortissant, Velche *(pour les Allemands)*. ♦ **l'étranger**, *masc.* l'extérieur. △ **ANT.** ABORIGÈNE, AUTOCHTONE, INDIGÈNE; CITOYEN; COMPATRIOTE.

étrangeté *n.f.* ▸ ***Bizarrerie*** – anomalie, anormalité, bizarrerie, chinoiserie, cocasserie, curiosité, drôlerie, excentricité, extravagance, fantaisie, fantasmagorie, folie, loufoquerie, monstruosité, nonconformisme, originalité, singularité. ▸ ***Invraisemblance*** – bizarrerie, énormité, extravagance, improbabilité, incrédibilité, invraisemblance. ▸ ***Propriété du quark*** – beauté, charme, couleur, vérité. △ **ANT.** BANALITÉ, NORMALITÉ; VRAISEMBLANCE.

étrangler *v.* ▸ ***Tuer par strangulation*** – étouffer. FAM. stranguler, tordre le cou à. FRANCE FAM. dévisser la poire à, dévisser le coco à, serrer le kiki à, tordre le kiki à. ▸ ***Serrer la taille*** – comprimer, resserrer, sangler, serrer. ▸ ***Rendre plus étroit*** – contracter, resserrer, rétrécir. ▸ ***Ruiner*** – prendre à la gorge, pressurer, ruiner, saigner, saigner à blanc. ▸ ***Freiner*** – arrêter, désamorcer, enrayer, entraver, étouffer, faire obstacle à, freiner, inhiber, juguler, mater, mettre en échec, mettre un frein à, neutraliser, refouler, stopper. ▸ ***Étreindre par l'émotion*** – étreindre, oppresser, serrer. ♦ **s'étrangler** ▸ ***S'étouffer*** – avaler de travers, s'étouffer. △ **ANT.** ÉLARGIR, ÉVASER.

étrave *n.f.* nez, proue.

être *v.* ▸ ***Se trouver*** – apparaître, exister, résider, s'inscrire, se rencontrer, se retrouver, se situer, se trouver, siéger. SOUT. gésir. ▸ ***Constituer*** – constituer, faire office de, jouer le rôle de, représenter, tenir lieu de. ▸ ***Se tenir*** – demeurer, rester, se tenir. ▸ ***Vivre*** – exister, vivre. ▸ ***Participer*** – assister à, figurer dans, participer à, prendre part à. △ **ANT.** DISPARAÎTRE, MOURIR, S'ANÉANTIR.

être *n.m.* ▸ ***Existence*** – actualité, essence, existence, fait, occurrence, présence, réalité, réel, substance, vie. ▸ ***Ce qui a une existence*** – créature. PHILOS. étant. ▸ ***Personne*** – eccéité, ego, individu, individualité, moi, organisme, personnalité, personne, soi. △ **ANT.** NÉANT, NON-ÊTRE.

étreindre *v.* ▸ ***Serrer dans ses bras*** – embrasser, enlacer, prendre dans ses bras, presser sur son cœur, serrer. ▸ ***Étrangler par l'émotion*** – étrangler, oppresser, serrer. △ **ANT.** DESSERRER, LÂCHER, RELÂCHER.

étreinte *n.f.* accolade, embrassade, enlacement. SOUT. embrassement.

étroit *adj.* ▸ ***Longueur*** – délié, élancé, filiforme, fin, grêle, mince, ténu. ▸ ***Grosseur*** – étriqué, exigu, petit. ▸ ***Vêtement*** – ajusté, collant, étriqué *(trop serré)*, moulant, serré. ▸ ***Relation*** – intime. ▸ ***Personne*** – borné, étriqué, étroit d'esprit, incompréhensif, intolérant, intransigeant, mesquin, petit, qui a des œillères, sectaire. FAM. beauf, riquiqui. ▸ ***Cadre*** – astreignant, contraignant, restreignant, rigide, rigoureux, strict. △ **ANT.** LARGE; ÉCRASÉ, TRAPU; ÉTENDU, GRAND, SPACIEUX, VASTE; AMPLE, BLOUSANT, BOUFFANT, FLOTTANT, LÂCHE; LARGE D'ESPRIT, OUVERT, TOLÉRANT; ÉTENDU, EXTENSIF, LARGE *(SENS)*.

étroitement *adv.* ▸ ***Par un lien étroit*** – intimement. ▸ ***De manière rigoureuse*** – austèrement, durement, puritainement, rigidement, rigoureusement, sévèrement, stoïquement, strictement. △ **ANT.** VAGUEMENT.

étroitesse *n.f.* ▸ ***Exiguïté*** – exiguïté, petitesse. ▸ ***Finesse*** – délicatesse, finesse, fragilité, gracilité, légèreté, minceur, petitesse, sveltesse. SOUT. ténuité. ▸ ***Intolérance*** – dogmatisme, étroitesse d'esprit, étroitesse de vue, fanatisme, intolérance, intransigeance, parti pris, rigidité. SOUT. sectarisme. PSYCHOL. psychorigidité. △ **ANT.** AMPLEUR, ÉTENDUE, LARGEUR.

étude *n.f.* ▸ ***Enquête*** – analyse, enquête, examen, exploration, information, investigation, recherche, sondage, survol, traitement. SOUT. perquisition. ▸ ***Approfondissement*** – analyse, approfondissement, dépouillement, développement, enrichissement, épluchage, examen, exploration, introspection, méditation, pesée, progrès, recherche, réflexion, sondage. ▸ ***Observation scientifique*** – examen, observation. SOUT. scrutation. ▸ ***Discipline*** – branche, champ, département, discipline, division, domaine, fief, matière, partie, scène, science, secteur, spécialité, sphère. FAM. rayon. ▸ ***Traité*** – argument, argumentation, cours, développement, discours, dissertation, essai, exposé, manuel, mémoire, monographie, somme, thèse. DR. dire. ▸ ***Dessin*** – canevas, crayon, crayonné, croquis, dessin, ébauche, épure, esquisse, essai, étude (préparatoire), griffonnement, pochade, premier jet, préparation, projet, rough, schéma. SOUT. linéaments. FRANCE FAM. crobard.

étudiant *adj.* estudiantin. △ **ANT.** PROFESSORAL.

étudiant *n.* apprenant, élève. ▸ *Au primaire* – écolier, élève, scolaire. ▸ *Bon* – fort en thème. ▸ *Mauvais* – cancre, dissipé. ▸ *Selon la matière* – littéraire. FAM. matheux. BELG. rhétoricien. ▸ *Nouveau* – bleu, (petit) nouveau. FRANCE FAM. bizuth, poussin. △ **ANT.** MAÎTRE, PROFESSEUR.

étudier *v.* ▸ ***Analyser*** – analyser, considérer, envisager, examiner, explorer, observer, penser à, pousser plus avant, prendre en considération, réfléchir sur, s'intéresser à, se pencher sur, traiter, voir. ▸ ***Consacrer son temps à l'étude*** – travailler. FAM. bûcher, chiader, piocher, potasser. BELG. FAM. bloquer. ♦ **étudié** ▸ ***Qui manque de naturel*** – affecté, apprêté, artificiel, compassé, composé, empesé, emprunté, forcé, frelaté. △ **ANT.** IGNORER, NÉGLIGER; PARESSER.

étui *n.m.* ▸ ***Sachet*** – blague, pochette, sachet, trousse. SUISSE cornet. ▸ ***Enveloppe*** – fourreau, gaine, housse. SUISSE fourre.

étuve *n.f.* ▸ ***Local pour transpirer*** – sauna. ▸ ***Lieu très chaud*** – fournaise. QUÉB. four. ▸ ***Appareil qui chauffe*** – étuveur, sécherie, séchoir, touraille. FRANCE RÉGION. hâloir.

euphorie *n.f.* ▸ ***Plaisir*** – bien-être, bon temps, bonheur, contentement, délectation, délice, douceur, félicité, plaisir, régal, satisfaction, septième ciel, volupté. SOUT. aise, félicité, miel, nectar. ▸ ***Joie*** – allégresse, béatitude, bonheur, égaiement, enthousiasme, exaltation, extase, exultation, gaieté, hilarité, ivresse, joie, jubilation, plaisir, ravissement, réjouissance, vertige. SOUT. aise, félicité, liesse, rayonnement. △ ANT. DYSPHORIE; DOULEUR, MALAISE, SOUFFRANCE; ANGOISSE; CHAGRIN, DÉPRESSION, TRISTESSE.

évacuation *n.f.* ▶ ***Écoulement*** – circulation, débit, débordement, écoulement, éruption, exsudation, flux, fuite, ingression, inondation, irrigation, irruption, larmoiement, mouvement, passage, ravinement, régime, ruissellement, sortie, suage, suintement, transpiration, vidange. *SOUT.* submersion, transsudation. *RÉGION.* débord. *GÉOGR.* défluviation, transfluence, transgression. ▶ ***Éruption*** – bouillonnement, débordement, ébullition, éclaboussement, écoulement, émission, éruption, explosion, extrusion, giclée, jaillissement, jet, sortie. ▶ ***Expulsion*** – bannissement, délogement, désinsertion, disgrâce, disqualification, élimination, éviction, exclusion, exil, expatriation, expulsion, nettoyage, ostracisme, proscription, rabrouement, radiation, refoulement, rejet, relégation, renvoi. *FAM.* dégommage, éjection, lessive, vidage. *RARE* évincement. *DIDACT.* forclusion. *DR.* déboutement. *ANTIQ.* pétalisme, xénélasie. ▶ ***Libération*** – acquittement, affranchissement, décolonisation, délivrance, désaliénation, élargissement, émancipation, libération, manumission, rachat, rédemption, salut. *FAM.* débarras, quille. *SOUT.* déprise. △ ANT. ADMISSION, ENTRÉE; INVASION, OCCUPATION.

évacuer *v.* ▶ ***Expulser de l'organisme*** – éliminer, excréter, expulser, rejeter. ▶ ***Déverser*** – dégorger, déverser, vidanger. ▶ ***Déserter*** – abandonner, déserter, quitter. △ ANT. ACCUMULER, GARDER, RETENIR; REMPLIR; ENVAHIR, OCCUPER.

évadé *n.* fugitif, fugueur, fuyard.

évader (s') *v.* ▶ ***Se sauver*** – filer, s'échapper, s'enfuir, se sauver. *FRANCE FAM.* se faire la belle. ▶ ***S'éloigner discrètement*** – disparaître, fausser compagnie à, filer à l'anglaise, partir en douce, s'échapper, s'éclipser, s'esquiver. *FAM.* prendre la tangente, se déguiser en courant d'air. *FRANCE FAM.* faire basket. △ ANT. DEMEURER, RESTER; CROUPIR.

évaluateur *n.* *QUÉB.* commissaire-priseur *(pour une vente aux enchères)*, estimateur, sapiteur *(marine marchande)*.

évaluation *n.f.* ▶ ***Estimation*** – aperçu, appréciation, approximation, calcul, détermination, devis, estimation, expertise, inventaire, mesure, prévision, prisée, supputation. ▶ ***Dénombrement*** – catalogue, cens, chiffrage, comptage, compte, décompte, dénombrement, détail, énumération, état, inventaire, inventoriage, inventorisation, liste, litanie, numération, recensement, recension, revue, rôle, statistique. ▶ ***Prix*** – appréciabilité, cherté, cotation, cote, cours, coût, estimation, montant, prix, tarif, tarification, taux, valeur. ▶ ***Épreuve scolaire*** – contrôle, épreuve, examen, interrogation, test. *FAM.* colle, interro.

évaluer *v.* ▶ ***Estimer*** – apprécier, calculer, estimer, jauger, juger, mesurer, peser, soupeser, supputer, toiser. ▶ ***Donner une note*** – coter, noter.

évanescence *n.f.* abstraction, abstrait, cérébralité, essentialité, idéalité, immatérialité, impalpabilité, imperceptibilité, impondérabilité, incorporalité, incorporéité, intangibilité, intemporalité, irréalité, spiritualité, spirituel, subtilité, volatilité. △ ANT. DURABILITÉ, TANGIBILITÉ.

évangile *n.m.* ▶ ***Enseignement du Christ*** – évangéliaire, la Bonne Nouvelle, le Nouveau Testament, synopse, vulgate. ▶ ***Document essentiel*** – bible, bréviaire.

évanouir (s') *v.* ▶ ***Perdre conscience*** – défaillir, être pris d'un malaise, perdre connaissance, perdre conscience, perdre ses esprits, se trouver mal, tomber en syncope. *FAM.* tomber dans les pommes, tomber dans les vapes, tourner de l'œil. ▶ ***Disparaître*** – disparaître, mourir, partir, passer, s'assoupir, s'effacer, s'en aller, s'envoler, s'estomper, s'évaporer, se dissiper, se volatiliser. △ ANT. REVENIR À SOI; APPARAÎTRE, SE MONTRER, SURGIR.

évanouissement *n.m.* ▶ ***Défaillance*** – collapsus, défaillance, faiblesse, perte de connaissance, perte de conscience, syncope. *FAM.* vapes. *MÉD.* lipothymie. ▶ ***Disparition*** – dématérialisation, disparition, dissipation, dissolution, effacement, éloignement, évaporation, extinction, résorption, volatilisation. *ASTRON.* éclipse, immersion, occultation. △ ANT. RÉVEIL; APPARITION.

évaporer *v.* ▶ ***Faire passer à l'état gazeux*** – distiller, gazéifier, sublimer, vaporiser, volatiliser. ♦ **s'évaporer** ▶ ***Passer à l'état gazeux*** – se vaporiser, se volatiliser, sécher. *BELG.* aminer. ▶ ***Disparaître*** – disparaître, mourir, partir, passer, s'assoupir, s'effacer, s'en aller, s'envoler, s'estomper, s'évanouir, se dissiper, se volatiliser.

évasif *adj.* fuyant, imprécis, vague. *SOUT.* élusif. △ ANT. CATÉGORIQUE, CLAIR, EXPLICITE, FORMEL, NET, PRÉCIS.

évasion *n.f.* ▶ ***Fuite*** – échappée, escapade, fugue, fuite, liberté, marronnage *(esclave)*. *FAM.* cavale. ▶ ***Escapade*** – caprice, écart, échappée, équipée, escapade, frasque, fredaine, fugue, incartade, sortie. *SOUT.* échappée. *FAM.* bordée, galère. ▶ ***Absence*** – absence, départ, disparition, échappée, éloignement, escapade, fugue, séparation. *FAM.* éclipse. ▶ ***Imagination*** – conception, création, créativité, extrapolation, fantaisie, fantasme, fictif, fiction, idéal, idéation, idée, illumination *(soudain)*, imaginaire, imagination, inspiration, invention, inventivité, irréel, souffle (créateur), supposition, surréalité, surréel, veine, virtuel. *SOUT.* folle du logis, muse. *FRANCE FAM.* gamberge. △ ANT. DÉTENTION, EMPRISONNEMENT; CAPTURE.

évêché *n.m.* archevêché, archidiaconé, archidiocèse, diocèse, doyenné, éparchie, exarchat, paroisse, patriarcat.

éveil *n.m.* ▶ ***Alarme*** – alarme, alerte, appel, avertissement, branle-bas, cri, haro, signal, sirène, sonnerie, S.O.S., tocsin. ▶ ***Fait de se réveiller*** – réveil. ▶ ***Fait d'être éveillé*** – insomnie, veille, vigilance. ▶ ***Révélation spirituelle*** – délivrance, illumination, libération, mort de l'ego, réalisation (du Soi), révélation. ▸ *Dans l'hindouisme* – moksha, nirvana. ▸ *Dans le bouddhisme* – bodhi, samadhi. ▸ *Dans le zen* – satori. △ ANT. ASSOUPISSEMENT, SOMMEIL, TORPEUR.

éveiller *v.* ▶ ***Tirer du sommeil*** (*SOUT.*) – réveiller. ▶ ***Susciter*** – exciter, faire naître, solliciter, soulever, susciter. ♦ **s'éveiller** ▶ ***Sortir du sommeil*** – se réveiller. ▸ *Éprouver pour la première fois* – s'ouvrir à. SOUT. naître à. ♦ **éveillé** ▸ *Intelligent* – à l'esprit vif, agile, alerte, brillant, intelligent, rapide, vif. △ **ANT.** ASSOUPIR, ENDORMIR; APAISER, ENGOURDIR, PARALYSER, RALENTIR.

événement (var. **évènement**) *n.m.* ▸ *Phénomène* – circonstance, épiphénomène, fait, manifestation, occurrence, phénomène. ▸ *Incident* – accident, accroc, accrochage, affaire, anicroche, avatar, aventure, complication, contingences, contrariété, contretemps, crise, désagrément, difficulté, dispute, embarras, empêchement, ennui, épine, épisode, éventualité, imprévu, incident, mésaventure, obstacle, occasion, occurrence, péripétie, problème, rebondissement, tribulations. SOUT. adversité. FAM. cactus, embêtement, emmerde, emmerdement, enquiquinement, os, pépin, pétrin, tuile. FRANCE FAM. empoisonnement. ▸ *Test statistique* – épreuve, éventualité, test.

éventail *n.m.* ▸ *Dispositif de ventilation* – panca, punka. ▸ *Choix* – assortiment, choix, collection, échantillon, gamme, ligne, palette, prix, qualité, quota, réunion, sélection, surchoix, tri, variété.

éventer *v.* ▸ *Aérer* – aérer, ventiler. ▸ *Découvrir* – déchiffrer, découvrir, dénouer, deviner, éclaircir, élucider, expliquer, faire (toute) la lumière sur, pénétrer, percer, résoudre, tirer au clair, trouver, trouver la clé de. ▸ *Flairer* – flairer, humer, renifler, respirer, sentir, subodorer. CHASSE halener. ♦ **éventé** ▸ *Où le vent souffle* – venté, venteux.

éventrer *v.* ▸ *Ouvrir le ventre* – découdre, étriper. FAM. mettre les tripes à l'air à.

éventualité *n.f.* ▸ *Circonstance* – accident, accroc, accrochage, affaire, anicroche, avatar, aventure, complication, contingences, contrariété, contretemps, crise, désagrément, difficulté, dispute, embarras, empêchement, ennui, épine, épisode, événement, imprévu, incident, mésaventure, obstacle, occasion, occurrence, péripétie, problème, rebondissement, tribulations. SOUT. adversité. FAM. cactus, embêtement, emmerde, emmerdement, enquiquinement, os, pépin, pétrin, tuile. FRANCE FAM. empoisonnement. ▸ *Probabilité* – chance, conjecture, fréquence, hypothèse, perspective, possibilité, potentialité, prévisibilité, probabilité, prospective, viabilité, virtualité. ▸ *Test statistique* – épreuve, événement, test. △ **ANT.** CERTITUDE, NÉCESSITÉ, RÉALITÉ.

éventuel *adj.* aléatoire, casuel, conditionnel, conjectural, contingent, douteux, hasardé, hasardeux, hypothétique, incertain, possible, problématique, supposé. △ **ANT.** ASSURÉ, CERTAIN, FATAL, IMMANQUABLE, INCONTOURNABLE, INÉLUCTABLE, INÉVITABLE, NÉCESSAIRE, OBLIGATOIRE, SÛR.

éventuellement *adv.* accessoirement, hypothétiquement, le cas échéant, peut-être, possiblement, s'il y a lieu, si besoin (est), si l'occasion se présente, si nécessaire, si possible. △ **ANT.** À COUP SÛR, AUTOMATIQUEMENT, FATALEMENT, FORCÉMENT, IMMANQUABLEMENT, IMPLACABLEMENT, INÉVITABLEMENT, INFAILLIBLEMENT, NÉCESSAIREMENT, OBLIGATOIREMENT, PAR LA FORCE DES CHOSES.

évêque *n.m.* métropolitain *(orthodoxe)*. ▸ *Titre* – Excellence, Monseigneur, Sa Grandeur.

évertuer (s') *v.* ▸ *S'appliquer* – faire son possible, mettre tout en œuvre, persévérer, s'acharner, s'appliquer, s'efforcer, s'escrimer, suer sang et eau, tout faire. ▸ *Se donner beaucoup de peine* – faire des pieds et des mains, peiner, remuer ciel et terre, s'échiner, se démener, se dépenser, se donner beaucoup de peine, se donner du mal, se fatiguer, se mettre en quatre, se remuer, se tuer. FAM. ramer, se décarcasser, se défoncer, se démancher, se donner un mal de chien, se donner un mal de fou, se fouler la rate.

évidemment *adv.* à dire vrai, à l'évidence, à la vérité, à n'en pas douter, à vrai dire, assurément, authentiquement, bel et bien, bien, bien entendu, bien sûr, cela va de soi, cela va sans dire, certainement, certes, comme de juste, d'évidence, de toute évidence, effectivement, en effet, en vérité, il va sans dire, indubitablement, manifestement, naturellement, nul doute, oui, réellement, sans (aucun) doute, sans conteste, sans contredit, sans le moindre doute, sans nul doute, sérieusement, sûrement, véridiquement, véritablement, vraiment. FAM. pour de vrai, vrai. △ **ANT.** PEUT-ÊTRE, PROBABLEMENT.

évidence *n.f.* ▸ *Intelligibilité* – accessibilité, clarté, compréhensibilité, compréhension, facilité, intelligibilité, intercompréhension, limpidité, lisibilité, luminosité, netteté, transparence. ▸ *Vérité* – apodicticité, authenticité, existence, flagrance, historicité, incontestabilité, justesse, objectivité, positivité, réalité, validité, véracité, véridicité, vérité, vrai. SOUT. véridicité. ▸ *Axiome* – apodicticité, axiome, convention, définition, donnée, fondement, hypothèse, lemme, postulat, postulatum, prémisse, principe, proposition, théorème, théorie, vérité. ▸ *Banalité* – banalité, cliché, fadaise, généralité, lapalissade, lieu commun, platitude, poncif, redite, stéréotype, tautologie, truisme. △ **ANT.** ININTELLIGIBILITÉ, OBSCURITÉ; DOUTE, IMPROBABILITÉ, INCERTITUDE, INVRAISEMBLANCE.

évident *adj.* ▸ *Qui s'impose à l'esprit* – apparent, aveuglant, certain, clair, criant, éclatant, flagrant, frappant, hurlant (de vérité), incontestable, manifeste, patent, qui coule de source, qui crève les yeux, qui ne fait pas un pli, qui saute aux yeux, qui se voit comme le nez au milieu du visage, qui tombe sous le sens, qui va de soi, qui va sans dire, visible. ▸ *Explicite* – clair, clair et net, explicite, formel, net, qui ne fait aucun doute, sans équivoque. DIDACT. apodictique, prédicatif. ▸ *Facile à comprendre* – à la portée de tous, accessible, clair, cohérent, compréhensible, concevable, déchiffrable, facile, intelligible, interprétable, limpide, lumineux, pénétrable, saisissable, simple, transparent. △ **ANT.** CACHÉ, VOILÉ; CONFUS, FLOU, IMPRÉCIS, INDÉFINISSABLE, INDÉTERMINÉ, INDISTINCT, TROUBLE, VAGUE; CABALISTIQUE, CRYPTIQUE, ÉNIGMATIQUE, ÉSOTÉRIQUE, HERMÉTIQUE, IMPÉNÉTRABLE, INCOMPRÉHENSIBLE, MYSTÉRIEUX, OBSCUR, OPAQUE, TÉNÉBREUX.

évier *n.m.* lavabo *(salle de bains)*, lave-mains *(d'appoint)*. ANC. aiguière, aquamanile, fontaine.

éviscérer *v.* étriper, vider.

éviter *v.* ▸ *Empêcher* – conjurer, écarter, empêcher, parer, prévenir. ▸ *Échapper volontairement* –

couper à, échapper à, esquiver, fuir, passer au travers de, se dérober à, se dispenser de, se soustraire à. FAM. se défiler. FRANCE FAM. se débiner. ▶ ***Éluder*** – contourner, éluder, escamoter, esquiver, fuir, se dérober à, tourner. ▶ ***S'abstenir*** – s'abstenir de, s'empêcher de, s'interdire de, se défendre de, se garder de, se refuser à, se retenir de. △ **ANT.** CHERCHER, POURSUIVRE, RECHERCHER; APPROCHER, RENCONTRER; HEURTER; AFFRONTER, BRAVER.

évocateur *adj.* inspirant, inspirateur, suggestif.

évocation *n.f.* ▶ ***Rappel*** – allusion, anamnèse, commémoration, déjà vu, impression, mémoire, mémoration, mémorisation, pensée, rappel, réminiscence, souvenir, trace. SOUT. remémoration. ▶ *Non favorable* – arrière-goût. ▶ ***Sous-entendu*** – allégorie, allusion, arrière-pensée, double sens, insinuation, réserve, restriction, réticence, sous-entendu. ▶ ***Récit historique*** – anecdote, annales, autobiographie, biographie, carnet, chroniques, chronologie, commentaires, confessions, histoire, historiographie, historique, journal, mémoires, mémorial, souvenirs, vie. ▶ ***Appel des esprits*** – incantation. △ **ANT.** OMISSION, OUBLI.

évolué *adj.* ▶ ***Civilisé*** – civilisé, développé. ▶ ***Instruit*** – averti, cultivé, éclairé, érudit, instruit, intellectuel, lettré, savant. SOUT. docte. FAM. calé. ▶ ***Large d'esprit*** – large (d'esprit), libéral, ouvert, tolérant. ▶ ***Perfectionné*** – avancé, de pointe, haute technologie, perfectionné, pointu, spécialisé. △ **ANT.** ARRIÉRÉ, ATTARDÉ, PRIMITIF, RÉTROGRADE, RUDIMENTAIRE.

évoluer *v.* ▶ ***Devenir différent*** – changer, se transformer. ▶ ***S'améliorer*** – avancer, faire des progrès, progresser, s'améliorer, se développer. ▶ ***Se déplacer*** – aller, se déplacer, se diriger, se mouvoir, se porter. △ **ANT.** S'ARRÊTER; PIÉTINER, STAGNER; RECULER, RÉGRESSER.

évolutif *adj.* croissant, gradué, graduel, grandissant, progressif. △ **ANT.** INVOLUTIF.

évolution *n.f.* ▶ ***Modification*** – adaptation, ajustement, altération, avatar, changement, conversion, glissement, gradation, infléchissement, métamorphose, modification, modulation, mue, mutation, passage, progression, transfiguration, transformation, transition, transmutation, variation, vie. ▶ ***Amélioration*** – adoucissement, amélioration, civilisation, éducation, mieux-être, progrès, réforme, régénération, rénovation. ▶ ***Croissance*** – accentuation, accroissement, accrue, agrandissement, amplification, arrondissement, augmentation, bond, boom, crescendo, croissance, crue, décuplement, développement, dilatation, élargissement, élévation, enflement, enrichissement, envolée, essor, expansion, extension, flambée, foisonnement, gonflement, gradation, grossissement, hausse, haussement, inflation, intensification, majoration, montée, poussée, progrès, progression, recrudescence, redoublement, redressement, rehaussement, relèvement, renchérissement, renforcement, revalorisation, valorisation. ▶ ***Tendance*** – chemin, courant, cours, direction, fil, mouvance, mouvement, orientation, tendance, virage. SOUT. voie. ▶ ***Développement*** – cheminement, cours, déroulement, développement, devenir, fil, marche, progrès, progression, suite. ▶ ***Civilisation*** – avancement, civilisation, culture, perfectionnement, progrès. △ **ANT.** FIXITÉ, IMMOBILITÉ, PERMANENCE, STABILITÉ; STAGNATION.

évoquer *v.* ▶ ***Remémorer*** – rappeler, remémorer. ▶ ***Faire apparaître*** – conjurer, invoquer. ▶ ***Faire penser*** – connoter, faire penser à, rappeler, ressembler à, s'apparenter à, se rapprocher de. ▶ ***Représenter*** – désigner, exprimer, figurer, incarner, matérialiser, représenter, signifier, symboliser. △ **ANT.** OMETTRE, OUBLIER; CHASSER, ÉCARTER, EFFACER, ÉLOIGNER, REPOUSSER.

exact *adj.* ▶ ***Véridique*** – attesté, authentique, factuel, historique, positif, réel, véridique, véritable, vrai. ▶ ***Précis*** – bon, conforme, fidèle, juste, précis. ▶ ***Assidu*** – à l'heure, assidu, ponctuel, régulier. ▶ ***Soigneux*** (SOUT.) – appliqué, assidu, attentif, consciencieux, méthodique, méticuleux, minutieux, ordonné, précis, rangé, rigoureux, scrupuleux, soigné, soigneux, systématique. △ **ANT.** INEXACT; ERRONÉ, FAUTIF, FAUX, INCORRECT, MAUVAIS; DÉFORMÉ, INFIDÈLE; IRRÉGULIER, NÉGLIGENT; APPROXIMATIF, GROSSIER, IMPRÉCIS, VAGUE.

exactement *adv.* ▶ ***Précisément*** – au juste, juste, pile, précisément. FAM. ric-à-rac. ▶ ***Fidèlement*** – à la lettre, conformément, correctement, religieusement, scrupuleusement, véritablement. ▶ ***Textuellement*** – à la lettre, ad litteram, fidèlement, littéralement, mot à mot, mot pour mot, sic, textuellement. FAM. texto. △ **ANT.** VAGUEMENT; APPROXIMATIVEMENT, ENVIRON.

exactitude *n.f.* ▶ ***Adéquation*** – adéquation, convenance, efficacité, justesse, pertinence, propriété, vérité. SOUT. véridicité. ▶ ***Précision*** – application, minutie, précision, soin, souci du détail. SOUT. méticulosité. ▶ ***Rigueur*** – infaillibilité, justesse, netteté, précision, rigueur. ▶ ***Honnêteté*** – conscience, droiture, fidélité, franchise, honnêteté, incorruptibilité, intégrité, irréprochabilité, justice, loyauté, mérite, moralité, netteté, probité, scrupule, sens moral, transparence, vertu. ▶ ***Fidélité*** (SOUT.) – assiduité, attachement, constance, fidélité, indéfectibilité, ponctualité, régularité. △ **ANT.** ERREUR, INEXACTITUDE, INFIDÉLITÉ; APPROXIMATION, IMPRÉCISION.

exagéré *adj.* abusif, débridé, déchaîné, délirant, démesuré, déraisonnable, déréglé, effréné, excessif, exorbitant, extravagant, extrême, forcé, immodéré, intempérant, outrancier, outré, qui dépasse la mesure, qui dépasse les bornes, sans frein. SOUT. outrageux. FAM. dément, démentiel, soigné. △ **ANT.** INSUFFISANT.

exagérément *adv.* à l'excès, à outrance, abusivement, démesurément, effrénément, excessivement, hyperboliquement, immodérément, large, outrageusement, outre mesure, plus qu'il n'en faut, plus que de raison, sans retenue, surabondamment, trop. SOUT. par trop, prodigalement. △ **ANT.** DÉRISOIREMENT, FAIBLEMENT, INSUFFISAMMENT, MÉDIOCREMENT, PAUVREMENT.

exagérer *v.* ▶ ***Forcer*** – amplifier, charger, enfler, forcer, grandir, grossir. SOUT. outrer. FAM. broder, en rajouter, tirer sur la ficelle. FRANCE FAM. chariboter, chérer. ▶ ***Dramatiser*** – amplifier, dramatiser, en faire (tout) un drame, grossir, prendre au tragique, se faire un monde de, se faire une montagne de. FAM. en faire (tout) un plat, faire d'une mouche un éléphant.

▶ *Caricaturer* – caricaturer, charger, déformer, grossir, pousser jusqu'à la caricature, simplifier. ▶ *Excéder la mesure* – aller trop loin, combler la mesure, dépasser la mesure, dépasser les bornes, ne pas y aller de main morte. FAM. attiger, charrier, forcer la dose, forcer la note, pousser, y aller fort. QUÉB. FAM. ambitionner. △ **ANT.** AFFAIBLIR, AMOINDRIR, ATTÉNUER, MESURER, MINIMISER, MITIGER, MODÉRER.

exaltant *adj.* captivant, électrisant, enivrant, enthousiasmant, excitant, grisant, palpitant, passionnant. FAM. emballant, planant. △ **ANT.** DÉCOURAGEANT, DÉMORALISANT, DÉMOTIVANT, DÉPRIMANT.

exaltation *n.f.* ▶ *Excitation* – allégresse, béatitude, bonheur, égaiement, enthousiasme, euphorie, extase, exultation, gaieté, hilarité, ivresse, joie, jubilation, plaisir, ravissement, réjouissance, vertige. SOUT. aise, félicité, liesse, rayonnement. ▶ *Nervosité* – agitation, effervescence, électrisation, emballement, énervement, étourdissement, excitation, fébrilité, fièvre, griserie, nervosité, stress, surexcitation, tension. SOUT. enivrement, éréthisme, exaspération, surtension. RARE enfièvrement. SPORTS pressing. ▶ *Intensification d'un sentiment* – échauffement, exacerbation. SOUT. attisement, exaspération. ▶ *Déchaînement* (SOUT.) – affolement, agitation, bouleversement, colère, confusion, débridement, déchaînement, désarroi, ébranlement, ébullition, embrasement, émotion, fièvre, frénésie, mouvement, passion, violence. SOUT. émoi. FIG. dévergondage. ▶ *Louange* (SOUT.) – acclamation, apologie, apothéose, applaudissement, bravo, célébration, compliment, éloge, encensement, félicitations, fleur, glorification, louange, panégyrique, solennisation. SOUT. baisemain, congratulation, dithyrambe. △ **ANT.** CALME, IMPASSIBILITÉ, INDIFFÉRENCE, SANG-FROID; ABATTEMENT, DÉPRESSION; APAISEMENT; CRITIQUE, DÉNIGREMENT, DÉPRÉCIATION, RABAISSEMENT.

exalté *n.* extravagant, fixé, halluciné, illuminé, obsédé.

exalter *v.* ▶ *Passionner* – animer, enfiévrer, enflammer, enthousiasmer, exciter, passionner, soulever, transporter. FAM. emballer. ▶ *Surexciter* – chauffer (à blanc), déchaîner, électriser, enfiévrer, galvaniser, surchauffer, surexciter, survolter, transporter. ▶ *Louanger* – acclamer, auréoler, célébrer, chanter, chanter les louanges de, diviniser, encenser, glorifier, héroïser, magnifier, mettre sur un piédestal, mythifier, porter au pinacle, porter aux nues. SOUT. lyriser, tresser des couronnes à, tresser des lauriers à. ▶ *Amplifier* (SOUT.) – accentuer, accroître, ajouter à, amplifier, augmenter, intensifier, renforcer. ♦ **s'exalter** ▶ *S'enthousiasmer* – s'enflammer, s'enthousiasmer, se prendre d'enthousiasme. FAM. s'emballer. ♦ **exalté** ▶ *Surexcité* – délirant, électrisé, en délire, en transe, galvanisé, gonflé à bloc, hystérique, surexcité, transporté. ▶ *En proie à une vive émotion* – enivré, éperdu, fou, ivre, transporté. ▶ *Acharné* – acharné, enragé, farouche, forcené, furieux, passionné. ▶ *Lyrique* – ardent, enflammé, fervent, inspiré, lyrique, passionné, vibrant. △ **ANT.** CALMER, ENDORMIR; ADOUCIR, ATTIÉDIR, ÉTEINDRE, MODÉRER, REFROIDIR; ABAISSER, DÉCRIER, DÉNIGRER, DÉPRÉCIER, MÉPRISER, RABAISSER, RAVALER.

examen *n.m.* ▶ *Observation scientifique* – étude, observation. SOUT. scrutation. ▶ *Étude* – analyse, enquête, étude, exploration, information, investigation, recherche, sondage, survol, traitement. SOUT. perquisition. ▶ *Approfondissement* – analyse, approfondissement, dépouillement, développement, enrichissement, épluchage, étude, exploration, introspection, méditation, pesée, progrès, recherche, réflexion, sondage. ▶ *Vérification* – analyse, apurement, audit, censure, confrontation, contrôle, épreuve, expérience, expérimentation, expertise, filtrage, inspection, pointage, recensement, recension, récolement, reconnaissance, recoupement, révision, revue, suivi, supervision, surveillance, test, vérification. RARE schibboleth. ▶ *Enquête judiciaire* – enquête, information, instruction, recherche. ▶ *Consultation médicale* – consultation, visite. ▶ *Épreuve scolaire* – contrôle, épreuve, évaluation, interrogation, test. FAM. colle, interro.

examiner *v.* ▶ *Observer* – arrêter son regard sur, attacher son regard sur, braquer les yeux sur, considérer, contempler, dévisager *(une personne)*, fixer, fixer le regard sur, fouiller du regard, observer, regarder, scruter. FAM. gaffer, viser, zieuter. ▶ *Inspecter* – fouiller, inspecter, passer au peigne fin, regarder à la loupe, scruter. ▶ *Étudier* – analyser, considérer, envisager, étudier, explorer, observer, penser à, pousser plus avant, prendre en considération, réfléchir sur, s'intéresser à, se pencher sur, traiter, voir. ▶ *Compulser* – compulser, dépouiller. FAM. dépiauter, éplucher. △ **ANT.** ÉVITER, IGNORER, NÉGLIGER, OMETTRE; EFFLEURER, SURVOLER.

exaspérant *adj.* agaçant, crispant, désagréable, énervant, excédant, fatigant, harcelant, importun, inopportun, insupportable, irritant. FAM. assommant, casse-pieds, embêtant, empoisonnant, enquiquinant, enquiquineur, horripilant, qui tape sur les nerfs, suant, tannant, tuant. FRANCE FAM. gonflant. QUÉB. FAM. achalant, dérangeant. △ **ANT.** AGRÉABLE, CALMANT, TRANQUILLISANT.

exaspération *n.f.* ▶ *Colère* – agacement, colère, emportement, énervement, fureur, furie, impatience, indignation, irritabilité, irritation, rage, susceptibilité. SOUT. courroux, irascibilité. FAM. horripilation, rogne. ▶ *Exaltation* (SOUT.) – agitation, effervescence, électrisation, emballement, énervement, étourdissement, exaltation, excitation, fébrilité, fièvre, griserie, nervosité, stress, surexcitation, tension. SOUT. enivrement, éréthisme, surtension. RARE enfièvrement. SPORTS pressing. ▶ *Intensification d'un sentiment* (SOUT.) – échauffement, exacerbation, exaltation. SOUT. attisement. △ **ANT.** APAISEMENT, CALME, RASSÉRÉNEMENT; ADOUCISSEMENT, DIMINUTION.

exaspérer *v.* ▶ *Fâcher* – courroucer, fâcher, faire déborder, faire enrager, faire sortir de ses gonds, irriter, mettre à bout, mettre en colère, mettre en rage, mettre hors de soi, pousser à bout, provoquer. FAM. faire bisquer, faire damner, faire maronner, faire râler, les gonfler à. QUÉB. FAM. choquer. ▶ *Agacer* – agacer, crisper, énerver, excéder, fatiguer, hérisser, impatienter, importuner, irriter, porter sur les nerfs de. FAM. barber, casser les pieds à, courir sur le système de, embêter, emmieller, empoisonner, enquiquiner, faire suer, gonfler, horripiler, insupporter, pomper l'air à, scier, tanner, taper sur les nerfs de. *FRANCE FAM.* bassiner, canuler, cavaler, courir, courir sur le haricot de, soûler. *QUÉB. FAM.* achaler, déranger. ▸ ***Aggraver*** (*SOUT.*) – aggraver, aviver, empirer, envenimer, exacerber, jeter de l'huile sur le feu. ♦ **s'exaspérer** ▸ ***S'irriter*** – s'irriter, se crisper, se hérisser. *QUÉB. FAM.* se choquer. △ **ANT.** APAISER, CALMER, PACIFIER, RASSÉRÉNER; ADOUCIR, ATTÉNUER.

exaucer *v.* ▸ ***Rendre heureux*** – charmer, combler, enchanter, enthousiasmer, faire la joie de, faire le bonheur de, faire plaisir à, mettre en joie, plaire à, ravir, réjouir. *SOUT.* assouvir, délecter. *FAM.* emballer. ▸ ***Réaliser*** – accomplir, combler, réaliser, répondre à, satisfaire. *SOUT.* écouter, entendre. △ **ANT.** DÉDAIGNER, IGNORER, MÉPRISER, REFUSER, REJETER, REPOUSSER.

excéder *v.* ▸ ***Dépasser*** – dépasser, outrepasser. ▸ ***Irriter*** – agacer, crisper, énerver, exaspérer, fatiguer, hérisser, impatienter, importuner, irriter, porter sur les nerfs de. *FAM.* barber, casser les pieds à, courir sur le système de, embêter, emmieller, empoisonner, enquiquiner, faire suer, gonfler, horripiler, insupporter, pomper l'air à, scier, tanner, taper sur les nerfs de. *FRANCE FAM.* bassiner, canuler, cavaler, courir, courir sur le haricot de, soûler. *QUÉB. FAM.* achaler, déranger. △ **ANT.** CIRCONSCRIRE, MODÉRER, TEMPÉRER; RAVIR, RÉJOUIR; RAGAILLARDIR, RÉCONFORTER, REPOSER.

excellence *n.f.* ▸ ***Perfection*** – achèvement, consommation, couronnement, épanouissement, fini, fleur, maturité, meilleur, parachèvement, perfection, plénitude, précellence. *PHILOS.* entéléchie. △ **ANT.** IMPERFECTION; MÉDIOCRITÉ.

excellent *adj.* ▸ ***Bien réussi*** – parfait, très bien. *FAM.* au poil, aux petits oignons, super. *FRANCE FAM.* aux pommes, tsoin-tsoin. ▸ ***De grande qualité*** – de classe, de luxe, de premier ordre, de première qualité, de qualité supérieure, extra, extrafin, haut de gamme, hors classe, impérial, royal, supérieur, surchoix, surfin. *RARE* excellentissime. ▸ ***Remarquable*** – admirable, brillant, éblouissant, extraordinaire, fantastique, magistral, magnifique, merveilleux, parfait, prodigieux, remarquable, réussi, sensationnel, sublime. *FAM.* à tout casser, champion, d'enfer, du tonnerre, épatant, extra, fameux, formidable, fumant, génial, mirifique, pas piqué des vers, splendide, super, terrible. *FRANCE FAM.* du feu de Dieu, énorme, fadé, formide, géant, gratiné, pas piqué des hannetons. ▸ ***Succulent*** – délectable, délicieux, exquis, gastronomique, savoureux, succulent, très bon. *SOUT.* ambrosiaque, ambrosien. *FRANCE RÉGION.* goûteux. △ **ANT.** LAMENTABLE, MÉDIOCRE, MINABLE, NAVRANT, PIÈTRE, PITEUX, PITOYABLE, RATÉ; DÉGOÛTANT, ÉCŒURANT, IMMANGEABLE, INFECT.

exceller *v.* briller, s'illustrer, se distinguer, se signaler.

excentrique *adj.* ▸ ***Extravagant*** – à dormir debout, abracadabrant, abracadabrantesque, absurde, baroque, biscornu, bizarre, burlesque, cocasse, exagéré, extravagant, fantasque, farfelu, fou, funambulesque, grotesque, impayable, impossible, incroyable, insolite, invraisemblable, loufoque, qui ne tient pas debout, rocambolesque, saugrenu, tiré par les cheveux, vaudevillesque. *FRANCE FAM.* foutraque, gaguesque, louf, louftingue. ▸ ***Marginal*** – anticonformiste, hétérodoxe, marginal, non conformiste, original. *FRANCE FAM.* décalé, déphasé. ▸ ***Loin du centre*** – excentré, externe, périphérique. △ **ANT.** BANAL, COMMUN, NORMAL, ORDINAIRE; LOGIQUE, SENSÉ, SÉRIEUX; CONSERVATEUR, CONVENTIONNEL, ORTHODOXE, RIGIDE, STRICT, TRADITIONNEL; CENTRAL.

exception *n.f.* accident, anomalie, anormalité, contre-exemple, contre-indication, dérogation, exclusion, particularité, réserve, restriction, singularité. △ **ANT.** GÉNÉRALITÉ, NORME, PRINCIPE, RÈGLE.

exceptionnel *adj.* ▸ ***Imprévu*** – accidentel, fortuit, imprévu, inattendu, inopiné. *SOUT.* de rencontre. ▸ ***Inhabituel*** – d'exception, fortuit, inaccoutumé, inhabituel, inusité, occasionnel, rare, rarissime, spécial. *SOUT.* extraordinaire, inusuel. ▸ ***Hors pair*** – d'exception, hors du commun, hors ligne, hors pair, hors série, incomparable, inégalable, inégalé, inimitable, irremplaçable, précieux, qui n'a pas son pareil, rare, remarquable, sans égal, sans pareil, sans précédent, sans rival, sans second, spécial, supérieur, unique. ▸ ***Prestigieux*** – élevé, éminent, grand, important, insigne, prestigieux, remarquable, signalé. *SOUT.* suréminent. △ **ANT.** BANAL, COMMUN, COURANT, HABITUEL, USUEL.

exceptionnellement *adv.* ▸ ***Rarement*** – dans la minorité des cas, guère, par exception, peu, peu souvent, pratiquement jamais, quasiment jamais, rarement. ▸ ***Extraordinairement*** – extraordinairement, fantastiquement, féeriquement, magiquement, merveilleusement, miraculeusement, mirifiquement, phénoménalement, prodigieusement, surnaturellement. △ **ANT.** À DE RARES EXCEPTIONS PRÈS, COURAMMENT, D'HABITUDE, EN GÉNÉRAL, FRÉQUEMMENT, GÉNÉRALEMENT, HABITUELLEMENT, LA PLUPART DU TEMPS, NORMALEMENT, ORDINAIREMENT, RÉGULIÈREMENT; ABOMINABLEMENT, AFFREUSEMENT, ATROCEMENT, DÉTESTABLEMENT, HORRIBLEMENT; BANALEMENT; MOYENNEMENT; DÉPLORABLEMENT, LAMENTABLEMENT, MINABLEMENT, MISÉRABLEMENT, PIÈTREMENT, PITEUSEMENT, PITOYABLEMENT.

excès *n.m.* ▸ ***Excédent*** – complément, différence, excédent, reliquat, résidu, restant, reste, solde, soulte, surcroît, surplus. *FAM.* rab, rabiot. ▸ ***Surabondance*** – comble, débauche, débordement, dépassement, disproportion, énormité, excédent, exubérance, gaspillage, inutile, luxe, luxuriance, profusion, redondance, satiété, saturation, superfétation, superflu, superfluité, surabondance, surcharge, surcroît, surenchère, surnombre, surplus, trop, trop-plein. ▸ ***Démesure*** – abus, démesure, exagération, extrémisme, immodération, jusqu'au-boutisme, maximalisme, outrance. *FAM.* charriage. ▸ ***Summum*** – acmé, apex, apogée, apothéose, cime, climax, comble, culmination, faîte, fin du fin, fort, limite, maximum, meilleur, nec plus ultra, optimum, paroxysme, pinacle, plafond, point culminant, pointe, record, sommet, summum, triomphe, zénith. *SOUT.* plus haut période. *FAM.* top niveau. ▸ ***Emphase*** – apparat, bouffissure, boursouflure, cérémonie, déclamation, démesure, emphase, enflure, gonflement, grandiloquence, hyperbole, pédanterie, pédantisme, pompe, prétention, solennité. *SOUT.* ithos, pathos. ▸ ***Débauche*** – débauche, débordement, dépravation, dévergondage, dissolution, grivoiserie, immoralité, impureté, inconduite, intempérance, liberté de mœurs, libertinage, licence, lubricité, luxure, mauvaise conduite, obscénité, paillardise, perversion, sensualité, vice. *SOUT.* dissipation, égarements, fange, impudicité, incontinence, lascivité, salacité, stupre, sybaritisme, turpitude. △ **ANT.** CARENCE, DÉFAUT, INSUFFISANCE, MANQUE; DÉFICIT, PERTE; MESURE, MODÉRATION; SOBRIÉTÉ, TEMPÉRANCE.

excessif *adj.* ▶ ***Exagéré*** – abusif, débridé, déchaîné, délirant, démesuré, déraisonnable, déréglé, effréné, exagéré, exorbitant, extravagant, extrême, forcé, immodéré, intempérant, outrancier, outré, qui dépasse la mesure, qui dépasse les bornes, sans frein. *SOUT.* outrageux. *FAM.* dément, démentiel, soigné. ▶ ***Trop abondant*** – de trop, pléthorique, surabondant, surchargé. △ **ANT.** MODÉRÉ, POSÉ; MOYEN, NORMAL; INSUFFISANT.

excessivement *adv.* à l'excès, à outrance, abusivement, démesurément, effrénément, exagérément, hyperboliquement, immodérément, large, outrageusement, outre mesure, plus qu'il n'en faut, plus que de raison, sans retenue, surabondamment, trop. *SOUT.* par trop, prodigalement. △ **ANT.** DÉRISOIREMENT, FAIBLEMENT, INSUFFISAMMENT, MÉDIOCREMENT, PAUVREMENT.

excitant *adj.* ▶ ***Enthousiasmant*** – captivant, électrisant, enivrant, enthousiasmant, exaltant, grisant, palpitant, passionnant. *FAM.* emballant, planant. ▶ ***Émoustillant*** – affriolant, aguichant, alléchant, appétissant, attirant, attrayant, désirable, engageant, intéressant, invitant, irrésistible, ragoûtant, séduisant, tentant. *SOUT.* affriandant. ▶ ***Stimulant*** – dynamisant, fortifiant, reconstituant, remontant, revigorant, stimulant, tonifiant, tonique, vivifiant. *SOUT.* vivificateur. *FAM.* ravigotant. *SUISSE FAM.* rapicolant. *MÉD.* analeptique, dopant, énergisant. △ **ANT.** DÉCOURAGEANT, DÉMORALISANT, DÉMOTIVANT; RÉFRIGÉRANT, SANS CHARME; AFFAIBLISSANT, ALANGUISSANT, AMOLLISSANT, ANÉMIANT, DÉBILITANT.

excitant *n.m.* analeptique, défatigant, dopant, énergisant, fortifiant, reconstituant, remontant, stimulant, tonifiant, tonique. *PHYSIOL.* incitant. △ **ANT.** ANESTHÉSIQUE, CALMANT, SÉDATIF.

excitation *n.f.* ▶ ***Nervosité*** – agitation, effervescence, électrisation, emballement, énervement, étourdissement, exaltation, fébrilité, fièvre, griserie, nervosité, stress, surexcitation, tension. *SOUT.* enivrement, éréthisme, exaspération, surtension. *RARE* enfièvrement. *SPORTS* pressing. ▶ ***Délire*** – agitation, aliénation, amok, aveuglement, délire, divagation, égarement, folie, frénésie, hallucination, hystérie, onirisme, paranoïa, surexcitation. ▶ ***Effervescence*** – activité, affairement, affolement, agitation, alarme, animation, bouillonnement, branle-bas (de combat), bruit, dérangement, désordre, désorganisation, détraquement, effervescence, fourmillement, grouillement, hâte, incohérence, mouvement, orage, précipitation, remous, remue-ménage, secousse, tempête, tohu-bohu, tourbillon, tourmente, trépidation, trouble, tumulte, turbulence, va-et-vient. *SOUT.* émoi, remuement. *FAM.* chambardement. ▶ ***Turbulence*** – agitation, dissipation, espièglerie, fougue, impétuosité, mobilité, mouvement, nervosité, pétulance, tapage, turbulence, vivacité. ▶ ***Incitation*** – aide, aiguillon, animation, appel, défi, dépassement (de soi), émulation, encouragement, entraînement, exhortation, fanatisation, fomentation, impulsion, incitation, instigation, invitation, invite, motivation, provocation, sollicitation, stimulation, stimulus. *SOUT.* surpassement. ▶ ***Insurrection*** – agitation, agitation-propagande, chouannerie, désordre, effervescence, embrasement, émeute, faction, fermentation, fièvre, fronde, insoumission, insubordination, insurrection, jacquerie, manifestation, mutinerie, rébellion, remous, résistance, révolte, révolution, sédition, soulèvement, tourmente, troubles. *FAM.* agit-prop. △ **ANT.** CALME, FLEGME, TRANQUILLITÉ; ADOUCISSEMENT, APAISEMENT, INHIBITION; PACIFICATION.

excité *adj.* ▶ ***Nerveux*** – agité, énervé, fébrile, fiévreux, hystérique, impatient, nerveux, surexcité. *FAM.* mordu de la tarentule, piqué de la tarentule, tout-fou. ▶ ***Turbulent*** – agité, bruyant, chahuteur, diable, dissipé, emporté, remuant, tapageur, turbulent. *QUÉB. FAM.* énervé, tannant. △ **ANT.** CALME, DÉTENDU, PLACIDE, SEREIN, TRANQUILLE; OBÉISSANT, SAGE.

excité *n.* agité, énergumène, hystérique, nerveux. *FAM.* énervé, paquet de nerfs. *FRANCE FAM.* paniquard, tout-fou, vibrion. *PATHOL.* hypernerveux.

exciter *v.* ▶ ***Susciter*** – éveiller, faire naître, solliciter, soulever, susciter. ▶ ***Rendre plus intense*** – aiguiser, allumer, attiser, augmenter, aviver, échauffer, embraser, enflammer, exalter, incendier, stimuler. ▶ ***Stimuler qqn*** – aiguillonner, animer, éperonner, fouetter, motiver, pousser, stimuler. *SOUT.* agir. ▶ ***Enthousiasmer*** – animer, encourager, enthousiasmer, motiver, stimuler. *SOUT.* exhorter. ▶ ***Énerver*** – agiter, énerver. ▶ ***Inciter*** (*SOUT.*) – amener, conditionner, conduire, disposer, encourager, engager, entraîner, exhorter, impulser, inciter, incliner, mener, porter, pousser, provoquer. *SOUT.* mouvoir. ♦ **s'exciter** ▶ ***S'énerver*** – s'agiter, s'énerver. △ **ANT.** ARRÊTER, EMPÊCHER; ÉTOUFFER, INHIBER, REFOULER, RÉFRÉNER, RÉPRIMER, RETENIR; APAISER, CALMER, ENDORMIR, MODÉRER.

exclamation *n.f.* ▶ ***Juron*** – blasphème, cri, exécration, gros mot, imprécation, jurement, juron, outrage. *QUÉB.* sacre.

exclamer (s') *v.* s'écrier, se récrier.

exclure *v.* ▶ ***Chasser qqn*** – bannir, barrer, chasser, éloigner, exiler, fermer la porte à, mettre en quarantaine, ostraciser, rejeter. *SOUT.* excommunier, frapper d'ostracisme, proscrire, répudier. ▶ ***Supprimer*** – bannir, éliminer, proscrire, rejeter, supprimer. ▶ ***Ne pas envisager*** – balayer d'un revers de la main, écarter, éliminer, excepter, faire abstraction de, mettre à l'écart, ne pas prendre en considération, ne pas tenir compte de, négliger, rejeter. ▶ ***Être incompatible avec*** – empêcher, interdire. ♦ **s'exclure** ▶ ***S'annuler*** – s'annuler, se compenser, se neutraliser. △ **ANT.** ACCUEILLIR, ADMETTRE, INVITER, RECEVOIR; AUTORISER, PERMETTRE; COMPRENDRE, ENGLOBER, INCLURE; IMPLIQUER.

exclusif *adj.* attitré, individuel, particulier, personnel, privé, propre, réservé, spécial. △ **ANT.** INCLUSIF; LARGE, OUVERT.

exclusion *n.f.* ▶ ***Expulsion*** – bannissement, délogement, désinsertion, disgrâce, disqualification, élimination, évacuation, éviction, exil, expatriation, expulsion, nettoyage, ostracisme, proscription, rabrouement, radiation, refoulement, rejet, relégation, renvoi. FAM. dégommage, éjection, lessive, vidage. RARE évincement. DIDACT. forclusion. DR. déboutement. ANTIQ. pétalisme, xénélasie. ▸ ***Épuration*** – balayage, chasse aux sorcières, coup de balai, épuration, expulsion, liquidation, purge. ▸ ***Exception*** – accident, anomalie, anormalité, contre-exemple, contre-indication, dérogation, exception, particularité, réserve, restriction, singularité. ▸ ***Discrimination*** – discrimination, ghettoïsation, isolement, marginalisation, ségrégation, séparation. △ ANT. ADMISSION, INCLUSION, INTÉGRATION; RÉINTÉGRATION.

exclusivement *adv.* purement, seulement, simplement, strictement, uniquement. △ ANT. INCLUSIVEMENT.

excrément *n.m.* ▸ ***Matières fécales*** – déjections, étron, matières (fécales), selles. PAR EUPHÉM. saletés. FAM. caca, colombin, crotte. MÉD. méconium *(première selle du bébé)*. PHYSIOL. fécès.

excursion *n.f.* ▸ ***Voyage*** – allées et venues, balade, campagne, circuit, circumnavigation, course, croisière, déplacement, expédition, exploration, hadj, incursion, marche, méharée, mission, navette, navigation, odyssée, passage, pèlerinage, pérégrination, périple, promenade, raid, rallye, randonnée, reconnaissance, tour, tourisme, tournée, transport, traversée, va-et-vient, voyage. SOUT. chevauchée, errance. FAM. bourlingue, transhumance. QUÉB. voyagement. ▸ ***Digression*** – à-côté, aparté, coq-à-l'âne, digression, divagation, écart, épisode, excursus, hors-d'œuvre, parabase, parenthèse, placage.

excusable *adj.* ▸ ***Légitime*** – compréhensible, défendable, humain, justifiable, légitime, naturel, normal. ▸ ***Pardonnable*** – pardonnable. SOUT. amnistiable, expiable, rémissible, véniel. △ ANT. INEXCUSABLE.

excuse *n.f.* ▸ ***Disculpation*** – amende honorable, décharge, déculpabilisation, défense, disculpation, explication, justification, motif, pardon, raison, regret, ressource. ▸ ***Prétexte*** – alibi, défaite, dérobade, échappatoire, esquive, faux-fuyant, fuite, moyen, prétexte, reculade, subterfuge, volte-face. FAM. pirouette. △ ANT. ACCUSATION, BLÂME, INCULPATION, REPROCHE.

excuser *v.* ▸ ***Pardonner*** – absoudre, pardonner à. SOUT. amnistier, ne pas tenir rigueur à, tenir pour quitte. ▸ ***Dispenser*** – affranchir, décharger, dégager, délier, délivrer, désengager, dispenser, exempter, exonérer, soustraire. ▸ ***Juger sans gravité*** – admettre, fermer les yeux sur, innocenter, laisser passer, pardonner, supporter, tolérer. ▸ ***Justifier*** – autoriser, justifier, légitimer, permettre. ♦ **s'excuser** ▸ ***Demander pardon*** – demander pardon, être confus, faire amende honorable, faire son mea culpa, reconnaître ses torts, regretter, se repentir. SOUT. battre sa coulpe, demander miséricorde, faire pénitence. ▸ ***S'expliquer*** – s'expliquer, se défendre, se disculper, se justifier. △ ANT. ACCUSER, BLÂMER, CHARGER, CONDAMNER, IMPUTER, INCRIMINER, INCULPER, REPROCHER.

exécutant *n.* ▸ ***Assistant*** – adjoint, aidant, aide, alter ego, assesseur, assistant, auxiliaire, bras droit, collaborateur, complice, homme de confiance, lieutenant, préparateur, second, sous-chef, subalterne, subordonné. SOUT. suivant. RELIG. coadjuteur, définiteur. ▸ *Non favorable* – acolyte, lampiste, second couteau, second rôle, second violon, sous-fifre, sous-ordre. ▸ ***Musicien*** – instrumentiste, interprète, joueur, musicien. FAM. croque-note *(mauvais)*. △ ANT. CHEF, DIRIGEANT.

exécution *n.f.* ▸ ***Création*** – composition, conception, confection, constitution, construction, création, développement, édification, élaboration, fabrication, façon, façonnage, façonnement, formation, génération, genèse, gestation, invention, œuvre, organisation, paternité, production, réalisation, structuration, synthèse. SOUT. accouchement, enfantement. DIDACT. engendrement. ▸ ***Accomplissement*** – aboutissement, accomplissement, achèvement, apothéose, but, chute, complémentation, complètement, complétude, conclusion, consécration, consommation, couronnement, dénouement, fin, finition, fruit, issue, produit, réalisation, règlement, résolution, résultat, sortie, terme, terminaison. SOUT. aboutissant. PHILOS. entéléchie. ▸ ***Performance*** – accomplissement, performance, réalisation. DR. ou SOUT. perpétration *(crime)*. ▸ ***Interprétation*** – interprétation, jeu. ▸ ***Spectacle*** – attraction, concert, danse, divertissement, exhibition, happening, numéro, pièce, projection, récital, représentation, revue, séance, soirée. ▸ ***Récital*** – aubade, audition, concert, divertissement, récital, séance, sérénade, soirée. ▸ ***Supplice*** – échafaud, géhenne, martyre, peine, question, supplice, torture, tourment. ▸ ***Meurtre*** – assassinat, crime, élimination, homicide, liquidation, meurtre, mise à mort, suppression. △ ANT. ABSTENTION, INEXÉCUTION, NON-EXÉCUTION.

exemplaire *adj.* ▸ ***Parfait*** – accompli, achevé, consommé, de rêve, idéal, idyllique, incomparable, irréprochable, modèle, parfait, rêvé. ▸ ***Vertueux*** – édifiant, moral, vertueux. △ ANT. CHOQUANT, IMMORAL, IMPUR, OFFENSANT, RÉVOLTANT, SCANDALEUX.

exemplaire *n.m.* ▸ ***Copie*** – calque, copie (conforme), double, duplicata, duplication, fac-similé, imitation, réplique, reproduction. DR. grosse. ▸ ***Numéro d'un périodique*** – livraison, numéro.

exemple *n.m.* ▸ ***Héros*** – brave, demi-dieu, dieu, géant, glorieux, grand, héros, idole, modèle, titan. SOUT. parangon. ▸ ***Modèle*** – archétype, canon, critère, échantillon, étalon, formule, gabarit, idéal, idée, image, individu, modèle, norme, original, paradigme, précédent, prototype, référence, représentant, type, unité. ▸ ***Aperçu*** – anticipation, aperçu, avant-goût, avant-première, échantillon, esquisse, essai, idée, perspective, tableau. SOUT. préfiguration. FAM. topo. ▸ ***Ce qui explique*** – illustration. ▸ ***Passage*** – citation, épigraphe, exergue, extrait, fragment, passage. △ ANT. CONTRE-EXEMPLE.

exempt *adj.* ▸ ***Dépourvu*** – démuni, dénué, dépourvu, privé. ▸ ***Dispensé*** – affranchi, déchargé, dégagé, dispensé, exempté, exonéré, libéré, libre. △ ANT. DOTÉ DE, DOUÉ DE, MUNI DE; ASSUJETTI À, ASTREINT À, OBLIGÉ DE, TENU DE; ENCLIN À, PORTÉ À, SUJET À, SUSCEPTIBLE DE.

exercer *v.* ▸ ***Entraîner*** – discipliner, dresser, entraîner, façonner, former, habituer. SOUT. rompre.

▶ *Utiliser* – avoir recours à, déployer, employer, faire appel à, faire jouer, faire usage de, jouer de, mettre en œuvre, recourir à, s'aider de, se servir de, user de, utiliser. ▶ *Faire un métier* – pratiquer. ▶ *Remplir une fonction* – remplir, s'acquitter de, tenir. ♦ **s'exercer** ▶ *S'entraîner* – s'entraîner. FAM. se faire la main. ♦ **exercé** ▶ *Expérimenté* – à la hauteur, adroit, bon, brillant, capable, chevronné, compétent, connaisseur, d'élite, de haut vol, de haute volée, de talent, doué, émérite, entraîné, expérimenté, expert, ferré, fin, fort, habile, passé maître, performant, qualifié, qui s'y connaît, talentueux, versé. RARE blanchi sous le harnais. SOUT. entendu à, industrieux, rompu à. FAM. calé, qui a la bosse de, qui sait y faire. FRANCE FAM. balèze, costaud, fortiche, incollable, trapu. △ **ANT.** ABANDONNER, LAISSER, NÉGLIGER.

exercice *n.m.* ▶ *Répétition* – entraînement, répétition. ▶ *Devoir* – devoir, pensum, travail. ▶ *Activité* – activité, animation, circulation, mouvement. ▶ *Activité sportive* – activité physique, activité sportive, jeu sportif, sport. ▶ *Ensemble des activités sportives* – culture physique, éducation physique, gymnastique, gymnique, hébertisme, sport. FAM. gym. QUÉB. plein air. ▶ *Fonctionnement* – activité, fonctionnement, marche, mouvement, opération, service, travail, usage, vie. ▶ *Travail actuel* – devoir, fonction, service, travail. △ **ANT.** INACTION, INACTIVITÉ, REPOS; CONGÉ, RETRAITE.

exhaler *v.* ▶ *Laisser échapper* – dégager, répandre. ▸ *Une odeur* – sentir. ▶ *Rejeter de l'air* – expirer, souffler. ▸ *En parlant de certains animaux* – s'ébrouer. ▶ *Dégager une ambiance, un sentiment* – respirer, suer, transpirer. ♦ **s'exhaler** ▶ *Se dégager* – émaner, s'échapper, se dégager, sortir. △ **ANT.** ABSORBER, ASPIRER, INHALER, INSPIRER; COMPRIMER; GARDER, RÉPRIMER, TAIRE.

exhaustivité *n.f.* ▶ *Totalité* – absoluité, complétude, ensemble, entier, entièreté, généralité, globalité, intégralité, intégrité, masse, plénitude, réunion, somme, total, totalité, tout, universalité. △ **ANT.** INCOMPLÉTUDE.

exhiber *v.* ▶ *Montrer* – exposer, faire voir, montrer, présenter. ▶ *Montrer avec ostentation* – afficher, arborer, déployer, étaler, exposer, faire étalage de, faire montre de, faire parade de. ▶ *Fournir un document* – donner, fournir, montrer, présenter, produire. ♦ **s'exhiber** ▶ *S'afficher* – paraître, s'afficher, s'offrir en spectacle, se montrer. △ **ANT.** CACHER, COUVRIR, DISSIMULER, VOILER; INHIBER, RÉPRIMER; TAIRE.

exhibition *n.f.* ▶ *Spectacle* – attraction, concert, danse, divertissement, exécution, happening, numéro, pièce, projection, récital, représentation, revue, séance, soirée. ▶ *Exposition publique* – concours, démonstration, étalage, exposition, foire, foire-exposition, galerie, manifestation, montre, présentation, rétrospective, salon, vernissage. FAM. démo, expo. SUISSE comptoir. ▶ *Fait de montrer* – présentation, production. RELIG. porrection *(objets sacrés)*. △ **ANT.** DISCRÉTION, DISSIMULATION, INHIBITION, SECRET.

exhorter *v.* ▶ *Encourager* – encourager, engager, inciter, inviter. ▶ *Entraîner* – amener, conditionner, conduire, disposer, encourager, engager, entraîner, impulser, inciter, incliner, mener, porter, pousser, provoquer. SOUT. exciter, mouvoir. ▶ *Motiver* (SOUT.) – animer, encourager, enthousiasmer, motiver, stimuler. △ **ANT.** DÉCOURAGER, DISSUADER.

exigeant *adj.* ▶ *Sévère* – draconien, dur, rigide, rigoureux, sévère, strict. FAM. chien, vache. FRANCE FAM. rosse. ▶ *Scrupuleux* – à cheval sur les principes, chatouilleux, maniaque, perfectionniste, pointilleux, scrupuleux, sourcilleux. FAM. service-service. ▶ *Difficile à contenter* – capricieux, délicat, difficile. ▶ *Contraignant* – accablant, aliénant, asservissant, assujettissant, astreignant, contraignant, écrasant, étouffant, impitoyable, lourd, oppressant, pénible, pesant. ▶ *Accaparant* – absorbant, accaparant, prenant.

exigence *n.f.* ▶ *Désir* – ambition, appel, appétit, aspiration, attirance, attrait, besoin, but, convoitise, desideratum, désir, envie, faim, fantaisie, fantasme, fièvre, fringale, goût, idéal, intention, jalousie, passion, prétention, quête, recherche, rêve, soif, souhait, tentation, velléité, visée, vœu, voix, volonté. SOUT. appétence, dessein, prurit, vouloir. FAM. démangeaison. ▶ *Demande* – adjuration, appel, demande, démarche, desideratum, désir, doléances, injonction, instance, interpellation, interrogation, invocation, mandement, ordre, pétition, placet, prétention, prière, question, réclamation, requête, réquisition, revendication, sollicitation, sommation, supplication, supplique, ultimatum, vœu. SOUT. imploration. ▶ *Contrainte* – astreinte, contrainte, impératif, nécessité, obligation, servitude. ▶ *Sévérité* – dureté, impitoyabilité, implacabilité, inclémence, inflexibilité, intransigeance, rigidité, rigueur, sévérité. SOUT. inexorabilité. △ **ANT.** PERMISSION; LAISSER-ALLER, NÉGLIGENCE, PERMISSIVITÉ.

exiger *v.* ▶ *Revendiquer* – demander, réclamer, revendiquer. SOUT. demander à cor et à cri, prétendre à. ▶ *Nécessiter* – appeler, avoir besoin de, commander, demander, imposer, nécessiter, obliger, postuler, prendre, prescrire, réclamer, requérir, vouloir. △ **ANT.** DONNER, OFFRIR; DISPENSER, EXEMPTER, EXONÉRER, PERMETTRE, TOLÉRER.

exigu *adj.* étriqué, étroit, petit.

exil *n.m.* ▶ *Émigration forcée* – bannissement, déportation, déracinement, émigration, expatriation, expulsion, interdiction de séjour, proscription, relégation, transportation. ▶ *Expulsion* – bannissement, délogement, désinsertion, disqualification, disgrâce, élimination, évacuation, éviction, exclusion, expatriation, expulsion, nettoyage, ostracisme, proscription, rabrouement, radiation, refoulement, rejet, relégation, renvoi. FAM. dégommage, éjection, lessive, vidage. RARE évincement. DIDACT. forclusion. DR. déboutement. ANTIQ. pétalisme, xénélasie. ▶ *Solitude* – abandon, délaissement, éloignement, ghettoïsation, isolation, isolement, quarantaine, réclusion, retraite, retranchement, séparation, solitude. FIG. bulle, cocon, désert, tanière, tour d'ivoire. SOUT. déréliction, thébaïde. RELIG. récollection. △ **ANT.** RAPATRIEMENT, RAPPEL, RETOUR; AMNISTIE, GRÂCE.

exilé *n.* banni, expatrié, expulsé, interdit de séjour, proscrit, réfugié, relégué, sans-papiers. FAM. tricard.

exiler *v.* ▶ *Condamner à l'exil* – bannir, chasser (hors) de son pays, déporter, expatrier, expulser, mettre au ban, proscrire, refouler. SOUT. arracher de sa patrie, arracher de son sol natal, déraciner. DR. reléguer. ▶ *Envoyer au loin* – éloigner, reléguer. ♦ **s'exiler** ▶ *Quitter son pays* – émigrer, s'expatrier, se réfugier. △ ANT. AMNISTIER, GRACIER, RAPATRIER, RAPPELER.

existant *adj.* ▶ *Qui a lieu maintenant* – actuel, courant, de l'heure, en application, en cours, en usage, en vigueur, présent. ▶ *Qui existe vraiment* – concret, effectif, matériel, palpable, physique, réel, sensible, tangible, visible, vrai. DIDACT. positif. RELIG. de ce monde, temporel, terrestre. △ ANT. INEXISTANT; ABSTRAIT, CONCEPTUEL, IDÉAL, INTELLECTUEL, MENTAL, THÉORIQUE; CHIMÉRIQUE, FABULEUX, FANTASTIQUE, FICTIF, IMAGINAIRE, IRRÉEL, LÉGENDAIRE, MYTHIQUE, MYTHOLOGIQUE; ABSENT, NÉGLIGEABLE, NUL.

existence *n.f.* ▶ *Fait d'exister* – actualité, essence, être, fait, occurrence, présence, réalité, réel, substance, vie. ▶ *Vérité* – apodicticité, authenticité, évidence, flagrance, historicité, incontestabilité, justesse, objectivité, positivité, réalité, validité, véracité, véridicité, vérité, vrai. SOUT. véridicité. ▶ *Destin* – avenir, chance, demain(s), destin, destinée, devenir, étoile, fatalité, fortune, futur, hasard, horizon, karma, lendemain(s), lot, nécessité, prédestination, prédétermination, prédéterminisme, providence, sort, vie. SOUT. fatum, Parque. △ ANT. INEXISTENCE, NON-ÊTRE, NON-EXISTENCE; ABSENCE.

exister *v.* ▶ *Vivre* – être, être en vie, vivre. ▶ *Se trouver* – apparaître, être, être présent, résider, s'inscrire, se rencontrer, se retrouver, se situer, se trouver, siéger. SOUT. gésir. △ ANT. DISPARAÎTRE, FINIR, MOURIR, S'ANÉANTIR, S'ÉTEINDRE; MANQUER.

exode *n.m.* ▶ *Émigration* – départ, émigration, expatriation, fuite. ▶ *Exil* – bannissement, déportation, déracinement, émigration, exil, expatriation, expulsion, interdiction de séjour, proscription, relégation, transportation. △ ANT. IMMIGRATION; RETOUR.

exorcisme *n.m.* adjuration, conjuration, délivrance, désensorcellement, désenvoûtement, obsécration, purification, supplication. SOUT. exorcisation. △ ANT. CHARME, ENSORCELLEMENT, ENVOÛTEMENT.

exotique *adj.* ▶ *Tropical* – équatorial, intertropical, subtropical, tropical. △ ANT. FAMILIER, HABITUEL, ORDINAIRE.

expansion *n.f.* ▶ *Accroissement d'une surface* – agrandissement, développement, élargissement, extension, grossissement, rélargissement. ▶ *Croissance* – accentuation, accroissement, accrue, agrandissement, amplification, arrondissement, augmentation, bond, boom, crescendo, croissance, crue, décuplement, développement, dilatation, élargissement, élévation, enflement, enrichissement, envolée, essor, évolution, extension, flambée, foisonnement, gonflement, gradation, grossissement, hausse, haussement, inflation, intensification, majoration, montée, poussée, progrès, progression, recrudescence, redoublement, redressement, rehaussement, relèvement, renchérissement, renforcement, revalorisation, valorisation. ▶ *Diffusion* – cession, circulation, communication, dévolution, diffusion, dissémination, émission, extension, intercommunication, multiplication, passation, progression, propagation, rayonnement, reproduction, transfert, translation, virement. ▶ *Épanchement* – abandon, aveu, confidence, effusion, épanchement. △ ANT. COMPRESSION, CONTRACTION, RESSERREMENT, RÉTRÉCISSEMENT; DÉCLIN, DÉCROISSANCE, RÉCESSION, RÉGRESSION.

expatrié *n.* ▶ *Banni* – banni, exilé, expulsé, interdit de séjour, proscrit, réfugié, relégué, sans-papiers. FAM. tricard. ▶ *Émigré* – déraciné, émigrant, émigré, immigrant, immigré, migrant, transplanté. △ ANT. RAPATRIÉ.

expédient *n.m.* ▶ *Truc* – acrobatie, astuce, demi-mesure *(inefficace)*, échappatoire, gymnastique, intrigue, mesure, moyen, palliatif, procédé, remède, ressource, ruse, solution, système, tour. FAM. combine, gimmick, truc. ▶ *Compromis* – accommodement, accord, arbitrage, arrangement, composition, compromis, conciliation, entente à l'amiable, entente amiable, moyen terme, règlement à l'amiable, règlement amiable. DR. amiable composition. PÉJ. cote mal taillée. ▶ *Fiction* – affabulation, artifice, chimère, combinaison, comédie, fabrication, fabulation, fantaisie, feinte, fiction, fumisterie, histoire, idée, imagination, invention, irréalité, légende, mensonge, rêve, roman, saga, songe. PSYCHOL. confabulation, mythomanie.

expédier *v.* ▶ *Envoyer* – acheminer, adresser, envoyer, faire parvenir, transmettre. ▶ *Éconduire* (FAM.) – congédier, écarter, éconduire, en finir avec, rabrouer, renvoyer, repousser, se débarrasser de, se défaire de, se dépêtrer de. FAM. envoyer au bain, envoyer au diable, envoyer balader, envoyer bouler, envoyer dinguer, envoyer paître, envoyer promener, envoyer sur les roses, envoyer valdinguer, envoyer valser. ▶ *Tuer* (FAM.) – abattre, assassiner, éliminer, exécuter, supprimer, tuer. SOUT. immoler. FAM. buter, descendre, envoyer dans l'autre monde, faire la peau à, flinguer *(arme à feu)*, liquider, nettoyer, ratatiner, rectifier, refroidir, se faire, trucider, zigouiller. FRANCE FAM. bousiller. ▶ *Bâcler* – bâcler, faire à la diable, faire à la hâte, faire à la va-vite, gâcher, saboter, sabrer. △ ANT. RECEVOIR; FIGNOLER; FAIRE TRAÎNER.

expédition *n.f.* ▶ *Acheminement* – acheminement, amenée, convoi, desserte, diffusion, distribution, envoi, livraison, marche, postage, progression, service, transport. ▶ *Voyage* – allées et venues, balade, campagne, circuit, circumnavigation, course, croisière, déplacement, excursion, exploration, hadj, incursion, marche, méharée, mission, navette, navigation, odyssée, passage, pèlerinage, pérégrination, périple, promenade, raid, rallye, randonnée, reconnaissance, tour, tourisme, tournée, transport, traversée, va-et-vient, voyage. SOUT. chevauchée, errance. FAM. bourlingue, transhumance. QUÉB. voyagement. △ ANT. RÉCEPTION.

expérience *n.f.* ▶ *Essai* – épreuve, essai, expérimentation, test. ▶ *Vérification* – analyse, apurement, audit, censure, confrontation, contrôle, épreuve, examen, expérimentation, expertise, filtrage, inspection, pointage, recensement, recension, récolement, reconnaissance, recoupement, révision, revue, suivi, supervision, surveillance, test, vérification. RARE schibboleth. ▶ *Savoir* – acquis, bagage, compétence, connaissances, culture (générale), éducation, encyclopédisme, épistémè, érudition, humanisme, instruction, lettres, lumières, notions, sagesse, savoir, science. *SOUT.* omniscience. ▶ ***Maturité*** – adultie, adultisme, âge, âge adulte, âge mûr, assurance, confiance en soi, épanouissement, expérience (de la vie), force de l'âge, majorité, maturité, plénitude, réalisation de soi, sagesse. ▶ ***Parcours professionnel*** – curriculum, curriculum vitæ, cursus, expérience (professionnelle), formation (professionnelle), itinéraire (professionnel), parcours (professionnel). ▶ ***Vécu*** – cheminement, expérience (de vie), histoire (personnelle), itinéraire, passé, trajectoire, vécu. △ **ANT.** RAISON, THÉORIE; IGNORANCE, INEXPÉRIENCE.

expérimental *adj.* empirique. △ **ANT.** ABSTRAIT, THÉORIQUE; INTROSPECTIF.

expérimentation *n.f.* ▶ ***Expérience*** – épreuve, essai, expérience, test. ▶ ***Vérification*** – analyse, apurement, audit, censure, confrontation, contrôle, épreuve, examen, expérience, expertise, filtrage, inspection, pointage, recensement, recension, récolement, reconnaissance, recoupement, révision, revue, suivi, supervision, surveillance, test, vérification. *RARE* schibboleth. △ **ANT.** RAISONNEMENT, THÉORIE.

expérimenté *adj.* à la hauteur, adroit, bon, brillant, capable, chevronné, compétent, connaisseur, d'élite, de haut vol, de haute volée, de talent, doué, émérite, entraîné, exercé, expert, ferré, fin, fort, habile, passé maître, performant, qualifié, qui s'y connaît, talentueux, versé. *RARE* blanchi sous le harnais. *SOUT.* entendu à, industrieux, rompu à. *FAM.* calé, qui a la bosse de, qui sait y faire. *FRANCE FAM.* balèze, costaud, fortiche, incollable, trapu. △ **ANT.** IGNORANT, INCAPABLE, INCOMPÉTENT, INEXPÉRIMENTÉ, MAUVAIS, MÉDIOCRE, NUL.

expérimenter *v.* ▶ ***Tester*** – éprouver, essayer, mettre à l'épreuve, tester. ▶ ***Essayer*** – essayer, faire l'essai de, faire l'expérience de, tâter de. ▶ ***Connaître par l'expérience*** – connaître, éprouver, faire l'expérience de, vivre. △ **ANT.** ADOPTER.

expert *n.* ▶ ***Savant*** – autorité (en la matière), chercheur, connaisseur, découvreur, docteur, homme de science, investigateur, maître, maître de recherches, professeur, savant, scientifique, sommité, spécialiste. *SOUT.* (grand) clerc. ▶ ***Connaisseur*** – as, (fin) connaisseur, grand clerc, maître, professionnel, spécialiste, virtuose. *FAM.* champion, chef, crack, pro. *FRANCE FAM.* bête. *QUÉB.* personne-ressource. ▶ ***Appréciateur*** – appréciateur, arbitre, connaisseur, enquêteur, juge, juré. △ **ANT.** PROFANE.

expiation *n.f.* ▶ ***Punition*** – châtiment, condamnation, correction, damnation, gage *(dans un jeu)*, leçon, peine, pénalisation, pénalité, pénitence, punition, répression, sanction, verbalisation. *FAM.* tarif. ▶ ***Ascèse*** – abstinence, ascèse, ascétisme, austérité, dépouillement, flagellation, frugalité, macération, mortification, pénitence, privation, propitiation, renoncement, restriction, sacrifice, stigmatisation, tempérance. △ **ANT.** RÉCOMPENSE.

expier *v.* payer, racheter, réparer. △ **ANT.** JOUIR, PROFITER.

expirer *v.* ▶ ***Rejeter de l'air*** – exhaler, souffler. ▶ *En parlant de certains animaux* – s'ébrouer. ▶ ***Arriver à échéance*** – échoir. *RARE* se suranner. ▶ ***Mourir*** – décéder, être emporté, être tué, mourir, perdre la vie, périr, s'éteindre, succomber, trouver la mort. *SOUT.* exhaler le dernier soupir, passer de vie à trépas, rendre l'âme, rendre l'esprit, rendre le dernier soupir, rendre son dernier souffle, trépasser. *PAR EUPHÉM.* avoir vécu, disparaître, faire le grand voyage, fermer les paupières, fermer les yeux, finir, monter au ciel, paraître devant Dieu, partir, passer, passer dans l'autre monde, quitter ce (bas) monde, s'effacer, s'en aller, s'endormir. *FAM.* calancher, caner, clamser, claquer, crever, passer l'arme à gauche, sortir les pieds devant, y rester. *FRANCE FAM.* claboter. △ **ANT.** ASPIRER, INHALER, INSPIRER; COMMENCER; NAÎTRE; RENAÎTRE, RESSUSCITER, REVIVRE.

explicatif *adj.* éclairant, illustratif. *RARE* exemplificateur. △ **ANT.** BRUMEUX, CONFUS, ÉNIGMATIQUE, NÉBULEUX, OBSCUR, OPAQUE, TÉNÉBREUX. ♦ **explicative, *fém.*** DÉTERMINATIVE *(PROPOSITION)*.

explication *n.f.* ▶ ***Clarification*** – analyse, clarification, commentaire, critique, définition, désambiguïsation, éclaircissement, élucidation, exemplification, explicitation, exposé, exposition, glose, illustration, indication, interprétation, légende, lumière, note, paraphrase, précision, remarque, renseignement. ▶ ***Raisonnement*** – analyse, apagogie, argument, argumentation, considérations, déduction, démonstration, dialectique, dilemme, discussion, échafaudage, implication, induction, inférence, logique, méthode, preuve, raison, réflexion, réfutation, sorite, substruction, syllogisme, syllogistique, synthèse. ▶ ***Théorie*** – conjecture, hypothèse, interprétation, loi, principe, scénario, spéculation, théorie, thèse. ▶ ***Réponse à un problème*** – clé, corrigé, réponse, solution. ▶ ***Cause*** – agent, base, cause, facteur, ferment, fondement, fontaine, germe, inspiration, levain, levier, mobile, moteur, motif, motivation, moyen, objet, occasion, origine, point de départ, pourquoi, principe, raison, raison d'être, source, sujet. *SOUT.* étincelle, mère, racine, ressort. ▶ ***Traduction*** – adaptation, calque, herméneutique, interprétation, paraphrase, thème, traduction, transcodage, transcription, translittération, transposition, version. *FAM.* traduc. ▶ ***Action de s'expliquer*** – éclaircissement, justification, motivation, réponse, version. *SOUT.* légitimation. ▶ ***Excuse*** – amende honorable, décharge, déculpabilisation, défense, disculpation, justification, motif, pardon, raison, regret, ressource. ▶ ***Dispute*** – accrochage, algarade, altercation, brouille, brouillerie, chicane, controverse, démêlé, désaccord, désunion, différend, discorde, dispute, divergence, escarmouche, fâcherie, froid, heurt, joute oratoire, litige, malentendu, mésentente, passe d'armes, polémique, querelle, rupture, scène, zizanie. *FAM.* bagarre, bisbille, bringue, chamaille, chamaillerie, empoignade, empoignement, engueulade, prise de bec, séance. *BELG. FAM.* bisbrouille. △ **ANT.** EMBROUILLEMENT, OBSCURCISSEMENT; CONSÉQUENCE; SILENCE.

explicite *adj.* ▶ ***Énoncé clairement*** – énoncé, exprès, formulé. ▶ ***Évident*** – clair, clair et net, évident, formel, net, qui ne fait aucun doute, sans équivoque. *DIDACT.* apodictique, prédicatif. △ **ANT.** IMPLICITE, SOUS-ENTENDU, TACITE; CONFUS, FLOU, IMPRÉCIS, INDÉFINISSABLE, INDÉTERMINÉ, INDISTINCT, OBSCUR, TROUBLE, VAGUE.

explicitement *adv.* catégoriquement, clairement, en toutes lettres, expressément, formellement, nettement, noir sur blanc, nommément, positivement. △ **ANT.** IMPLICITEMENT.

expliciter *v.* ▶ ***Énoncer de manière explicite*** – énoncer, exposer, formuler. ▶ ***Rendre plus explicite*** – descendre dans le détail, descendre jusqu'aux détails, détailler, développer, expliquer, préciser. *FAM.* broder sur. △ **ANT.** INSINUER, LAISSER ENTENDRE, SOUS-ENTENDRE.

expliquer *v.* ▶ ***Enseigner*** – apprendre, enseigner, inculquer, montrer, transmettre. ▶ ***Résoudre*** – déchiffrer, découvrir, dénouer, deviner, éclaircir, élucider, éventer, faire (toute) la lumière sur, pénétrer, percer, résoudre, tirer au clair, trouver, trouver la clé de. ▶ ***Annoter*** – annoter, commenter, gloser, interpréter, paraphraser. ▶ ***Préciser*** – descendre dans le détail, descendre jusqu'aux détails, détailler, développer, expliciter, préciser. *FAM.* broder sur. ▶ ***Justifier*** – fonder, justifier, motiver. ♦ **s'expliquer** ▶ ***Comprendre*** – comprendre, saisir, toucher du doigt, voir. *SOUT.* appréhender, embrasser, entendre. *FAM.* entraver, piger. *FRANCE FAM.* percuter. ▶ ***Chercher à se disculper*** – s'excuser, se défendre, se disculper, se justifier. ▶ ***Se battre*** (*FAM.*) – échanger des coups, en découdre, en venir aux coups, en venir aux mains, s'empoigner, se bagarrer, se battre, se colleter. *FAM.* se bigorner, se cogner, se crêper le chignon, se prendre aux cheveux, se tabasser, se taper dessus, se voler dans les plumes. *FRANCE FAM.* barouder, châtaigner, se bastonner, se castagner. *QUÉB. FAM.* se batailler. △ **ANT.** COMPLIQUER, EMBROUILLER, OBSCURCIR; TAIRE.

exploit *n.m.* ▶ ***Acte de bravoure*** (*SOUT.*) – acte de bravoure, action d'éclat, fait d'armes, geste de bravoure, haut fait, prouesse, trait de courage. ▶ ***Succès*** – performance, prouesse, record, réussite, succès, tour de force. *SOUT.* gageure. ▶ ***Prodige*** – merveille, miracle, phénomène, prodige. △ **ANT.** ÉCHEC, HUMILIATION, INSUCCÈS.

exploitation *n.f.* ▶ ***Utilisation*** – *AGRIC.* faire-valoir. ▶ ***Entreprise*** – affaire, bureau, compagnie, entreprise, établissement, firme, institution, société. *FAM.* boîte, boutique. *FRANCE FAM.* burlingue. *RARE* industrie. *PÉJ. FAM.* baraque. ▶ ***Ferme*** – domaine, exploitation (agricole), ferme, fermette, métairie. *FRANCE RÉGION.* borderie. *FRANCE RÉGION. ou BELG.* cense. *ANTIQ.* villa. ▶ ***Agriculture*** – agriculture, agroalimentaire, agrobiologie, agrochimie, agro-industrie, agrologie, agronomie, économie rurale, exploitation (agricole), production (agricole). ▶ ***Abus*** – abus, arbitraire, déloyauté, déni de justice, empiétement, erreur (judiciaire), favoritisme, illégalité, illégitimité, inconstitutionnalité, inégalité, iniquité, injustice, irrégularité, mal-jugé, malveillance, noirceur, partialité, passe-droit, privilège, scélératesse, tort, usurpation. *SOUT.* improbité.

exploiter *v.* ▶ ***Utiliser*** – faire valoir, profiter de, tirer parti de, tirer profit de, utiliser. ▶ ***Abuser*** – abuser de, presser comme un citron, pressurer, profiter de. △ **ANT.** LAISSER EN FRICHE; MÉNAGER, RESPECTER; APPUYER.

explorateur *n.* ▶ ***Découvreur*** – aventurier, chercheur, découvreur, globe-trotter, navigateur, prospecteur, voyageur. *FAM.* bourlingueur.

exploration *n.f.* ▶ ***Reconnaissance*** – découverte, documentation, fouille, furetage, prospection, recherche, reconnaissance, sondage. *FAM.* farfouillage, farfouillement. ▶ ***Voyage*** – allées et venues, balade, campagne, circuit, circumnavigation, course, croisière, déplacement, excursion, expédition, hadj, incursion, marche, méharée, mission, navette, navigation, odyssée, passage, pèlerinage, pérégrination, périple, promenade, raid, rallye, randonnée, reconnaissance, tour, tourisme, tournée, transport, traversée, va-et-vient, voyage. *SOUT.* chevauchée, errance. *FAM.* bourlingue, transhumance. *QUÉB.* voyagement. ▶ ***Enquête*** – analyse, enquête, étude, examen, information, investigation, recherche, sondage, survol, traitement. *SOUT.* perquisition. ▶ ***Approfondissement*** – analyse, approfondissement, dépouillement, développement, enrichissement, épluchage, étude, examen, introspection, méditation, pesée, progrès, recherche, réflexion, sondage. ▶ ***Examen médical*** – auscultation, percussion.

explorer *v.* ▶ ***Parcourir un lieu*** – arpenter, battre, inspecter, parcourir, prospecter, ratisser, reconnaître, visiter. ▶ ***Fouiller*** – chercher, fouiller, fourgonner, fourrager, fureter, tripoter. *FAM.* farfouiller, fouiner, trifouiller. ▶ ***Étudier*** – analyser, considérer, envisager, étudier, examiner, observer, penser à, pousser plus avant, prendre en considération, réfléchir sur, s'intéresser à, se pencher sur, traiter, voir.

exploser *v.* ▶ ***Faire explosion*** – détoner, éclater, faire explosion. *FAM.* péter, sauter. *CHIM.* fulminer. ▶ ***Se fâcher*** (*FAM.*) – colérer, éclater, fulminer, monter sur ses ergots, monter sur ses grands chevaux, prendre la mouche, prendre le mors aux dents, s'emporter, s'enflammer, s'irriter, se courroucer, se déchaîner, se fâcher, se gendarmer, se mettre en colère, sortir de ses gonds, voir rouge. *FAM.* piquer une colère, piquer une crise, se mettre en rogne, se monter. *QUÉB. FAM.* se choquer. △ **ANT.** IMPLOSER; SE CALMER.

explosif *adj.* ▶ ***Qui peut faire explosion*** – brisant, déflagrant, détonant, explosible. ▶ ***En parlant d'une situation*** – critique, tendu. ▶ ***En parlant d'un tempérament*** – bouillant, emporté, enflammé, fougueux, impatient, impétueux, impulsif, passionné, prompt, qui a la tête chaude, sanguin, véhément, vif, violent, volcanique. △ **ANT.** INEXPLOSIBLE, INEXPLOSIF; CALME, DÉTENDU, PACIFIQUE, PAISIBLE, TRANQUILLE. ♦ **explosive,** ***fém.*** IMPLOSIVE *(CONSONNE)*.

explosif *n.m.* charge, gargousse. *FAM.* soupe.

explosion *n.f.* ▶ ***Éclatement brutal*** – déflagration, éclatement. ▶ ***Éruption*** – bouillonnement, débordement, ébullition, éclaboussement, écoulement, émission, éruption, évacuation, extrusion, giclée, jaillissement, jet, sortie. ▶ ***Bruit fort*** – déflagration, détonation, fracas, mugissement, pétarade, rugissement, tonnerre, vacarme. ▶ ***Incendie*** – brûlage, calcination, carbonisation, combustion, feu, flambage, grillage, ignescence, ignition, incandescence, incinération, torréfaction. *SOUT.* consomption. ▶ ***Allumage*** – allumage, combustion, contact, démarrage, départ. ▶ ***Commencement*** – actionnement, amorçage, amorce, balbutiement, bégaiement, commencement, création, début, déclenchement, démarrage, départ, ébauche, embryon, enclenchement, enfance, entrée, esquisse, fondement, germe, inauguration, origine, ouverture, prélude, prémisse, principe, tête. *SOUT.* aube, aurore, matin, prémices. *FIG.* apparition, avènement, éclosion, émergence, éruption, genèse, germination, naissance, venue au monde. △ **ANT.** IMPLOSION.

exposé *n.m.* ▶ ***Récit*** – compte rendu, description, exposition, histoire, narration, peinture, procès-verbal, rapport, relation, reportage, tableau. *SOUT.* radiographie. ▶ ***Explication*** – analyse, clarification, commentaire, critique, définition, désambiguïsation, éclaircissement, élucidation, exemplification, explication, explicitation, exposition, glose, illustration, indication, interprétation, légende, lumière, note, paraphrase, précision, remarque, renseignement. ▶ ***Conférence*** – causerie, conférence, cours, discours, laïus, lecture. ▶ ***Traité*** – argument, argumentation, cours, développement, discours, dissertation, essai, étude, manuel, mémoire, monographie, somme, thèse. *DR.* dire.

exposer *v.* ▶ ***Montrer*** – exhiber, faire voir, montrer, présenter. ▶ ***Montrer avec ostentation*** – afficher, arborer, déployer, étaler, exhiber, faire étalage de, faire montre de, faire parade de. ▶ ***Risquer*** – aventurer, compromettre, hasarder, jouer, mettre en jeu, mettre en péril, risquer. ▶ ***Formuler*** – énoncer, expliciter, formuler. ▶ ***Relater*** – conter, faire le récit de, raconter, relater, retracer. *SOUT.* narrer. *FRANCE FAM.* bonir. ♦ **s'exposer** ▶ ***Encourir*** – chercher, courir le risque de, donner prise à, encourir, être passible de, mériter, prêter le flanc à, risquer de, s'attirer. △ **ANT.** ABRITER, DÉFENDRE, PROTÉGER; CACHER, COUVRIR, DISSIMULER, VOILER; TAIRE. ♦ **s'exposer** FUIR, SE DÉROBER, SE RETIRER.

exposition *n.f.* ▶ ***Présentation publique*** – concours, démonstration, étalage, exhibition, foire, foire-exposition, galerie, manifestation, montre, présentation, rétrospective, salon, vernissage. *FAM.* démo, expo. *SUISSE* comptoir. ▶ ***Révélation*** – annonce, aveu, confession, confidence, déclaration, dévoilement, divulgation, ébruitement, fuite, indiscrétion, initiation, instruction, mea culpa, mise au courant, proclamation, publication, reconnaissance, révélation. *FAM.* déballage, mise au parfum. ▶ ***Explication*** – analyse, clarification, commentaire, critique, définition, désambiguïsation, éclaircissement, élucidation, exemplification, explication, explicitation, exposé, glose, illustration, indication, interprétation, légende, lumière, note, paraphrase, précision, remarque, renseignement. ▶ ***Introduction*** – avant-propos, avertissement, avis (préliminaire), début, discours préliminaire, entrée en matière, exorde, introduction, notice, préambule, préliminaire, prélude, présentation, prolégomènes, prologue. *SOUT.* prodrome. ▶ ***Énonciation*** – affirmation, communication, déclaration, donnée, élocution, énoncé, énonciation, expression, extériorisation, formulation, mention, prononciation, proposition, récitation, stipulation, verbalisation. ▶ ***Récit*** – compte rendu, description, exposé, histoire, narration, peinture, procès-verbal, rapport, relation, reportage, tableau. *SOUT.* radiographie. ▶ ***Orientation*** – axe, cap, côté, direction, face, inclinaison, ligne, orientation, sens, situation, vue. *QUÉB. ACADIE FAM.* bord. *ASTRON.* azimut. *AÉRON. MAR.* cap. *MAR.* gisement, orientement. △ **ANT.** DISSIMULATION.

exprès *adv.* à dessein, consciemment, de plein gré, de propos délibéré, de sang-froid, délibérément, en connaissance de cause, en pleine connaissance de cause, en toute connaissance de cause, expressément, intentionnellement, sciemment, volontairement. △ **ANT.** IMPULSIVEMENT, INCONSCIEMMENT, INVOLONTAIREMENT, MACHINALEMENT, MÉCANIQUEMENT, SANS RÉFLÉCHIR.

expressément *adv.* ▶ ***Explicitement*** – catégoriquement, clairement, en toutes lettres, explicitement, formellement, nettement, noir sur blanc, nommément, positivement. ▶ ***Délibérément*** – à dessein, consciemment, de plein gré, de propos délibéré, de sang-froid, délibérément, en connaissance de cause, en pleine connaissance de cause, en toute connaissance de cause, exprès, intentionnellement, sciemment, volontairement. △ **ANT.** IMPLICITEMENT; IMPULSIVEMENT, INCONSCIEMMENT, INVOLONTAIREMENT, MACHINALEMENT, MÉCANIQUEMENT, SANS RÉFLÉCHIR.

expressif *adj.* ▶ ***Chargé de signification*** – édifiant, éloquent, instructif, parlant, qui en dit long, révélateur, significatif. ▶ ***Qui exprime ses sentiments*** – communicatif, confiant, débordant, démonstratif, expansif, extraverti, exubérant, ouvert. ▶ ***En parlant d'un récit, d'un style*** – animé, coloré, figuré, haut en couleur, imagé, métaphorique, pittoresque, savoureux, truculent, vivant. *FAM.* folklorique. ▶ ***En parlant du visage*** – animé, mobile, vivant. △ **ANT.** MONOTONE, MORNE, PLAT, SANS COULEUR, SANS VIE, TERNE; FROID, INTROVERTI, RENFERMÉ, RÉSERVÉ, TACITURNE; DE GLACE, FIGÉ, INEXPRESSIF.

expression *n.f.* ▶ ***Diction*** – articulation, débit, déclamation, diction, élocution, éloquence, énonciation, langage, langue, parole, phonation, phonétique, phonie, pose de voix, prononciation, style, voix. ▶ ***Énonciation*** – affirmation, communication, déclaration, donnée, élocution, énoncé, énonciation, exposition, extériorisation, formulation, mention, prononciation, proposition, récitation, stipulation, verbalisation. ▶ ***Affirmation*** – affirmation, allégation, argument, argumentation, assertion, déclaration, dire, parole, position, propos, proposition, raison, théorème, thèse. ▶ ***Groupe de mots*** – collocation, construction, cooccurrence, énoncé, expression (figée), formule, lexie complexe, locution, phrase, proposition, syntagme, terme, tour, tournure. ▶ ***Chaleur*** – ardeur, art, art oratoire, brio, chaleur, charme, conviction, élégance, maîtrise, parole, persuasion, rhétorique. *SOUT.* bien-dire. ▶ ***Mimique*** – contorsion, froncement, grimace, lippe, mimique, mine, moue, nique, rictus, simagrée, singerie, tic. *FAM.* bouche en cul de poule. ▶ ***Incarnation*** – actualisation, actuation, chosification, concrétisation, corporification, corporisation, incarnation, matérialisation, objectivation, personnification, réalisation, réification, substantialisation, substantification. ▶ ***Aspect*** – air, allure, apparence, aspect, caractère, configuration, couleur, couvert, dehors, éclairage, extérieur, façade, faciès, figure, forme, formule, impression, jour, masque, mine, paraître, perspective, physionomie, plastique *(en art)*, portrait, présentation, profil, ressemblance, semblant, surface, ton, tour, tournure, traits, vernis, visage. SOUT. enveloppe, regardure, superficie. ▶ ***Symptôme*** – diagnostic, indication, indice, manifestation, marque, présage, prodrome, signe, symptôme, syndrome. SOUT. avant-coureur. MÉD. marqueur. △ **ANT.** MUTISME, SILENCE; FROIDEUR, IMPASSIBILITÉ, RÉSERVE.

expressivité *n.f.* abondance, débit, éloquence, emballement, expansivité, exubérance, facilité, faconde, incontinence (verbale), logomachie, logorrhée, loquacité, péroraison, prolixité, verbalisme, verbiage, verbosité, verve, volubilité. FAM. bagou, baratin, baratinage, dégoisement, tchatche. QUÉB. ACADIE FAM. jasette. △ **ANT.** INEXPRESSIVITÉ.

exprimer *v.* ▶ ***Rendre*** – refléter, rendre, traduire. ▶ ***Rendre par le langage*** – dire, émettre, extérioriser, formuler, objectiver, verbaliser. ▶ ***Représenter*** – désigner, évoquer, figurer, incarner, matérialiser, représenter, signifier, symboliser. ▶ ***Montrer par des gestes*** – affirmer, donner des marques de, donner la preuve/des preuves de, extérioriser, faire montre de, faire preuve de, manifester, marquer, montrer (des signes de), prouver, témoigner. ▶ ***Dégager un sentiment*** – dégager, manifester, respirer, transpirer. SOUT. transsuder. ♦ **s'exprimer** ▶ ***User du langage*** – communiquer, parler. ▶ ***Se manifester*** – se manifester, se traduire. △ **ANT.** CACHER, CELER, DISSIMULER, TAIRE.

expulser *v.* ▶ ***Chasser d'un pays*** – bannir, chasser (hors) de son pays, déporter, exiler, expatrier, mettre au ban, proscrire, refouler. SOUT. arracher de sa patrie, arracher de son sol natal, déraciner. DR. reléguer. ▶ ***Chasser d'un lieu*** – chasser, évincer, mettre à la porte, mettre dehors, renvoyer. FAM. éjecter, vider, virer. ▶ ***Chasser d'un emploi*** – chasser, congédier, débaucher, démettre, donner son congé à, licencier, mettre à la porte, mettre à pied, mettre dehors, mettre en disponibilité, reconduire, remercier, remercier de ses services, renvoyer. FAM. balancer, balayer, déboulonner, lourder, sabrer, sacquer, vider, virer. ▶ ***Évacuer de l'organisme*** – éliminer, évacuer, excréter, rejeter. △ **ANT.** ACCUEILLIR, ADMETTRE, RECEVOIR.

expulsion *n.f.* ▶ ***Exil*** – bannissement, déportation, déracinement, émigration, exil, expatriation, interdiction de séjour, proscription, relégation, transportation. ▶ ***Évacuation*** – bannissement, délogement, désinsertion, disgrâce, disqualification, élimination, évacuation, éviction, exclusion, exil, expatriation, nettoyage, ostracisme, proscription, rabrouement, radiation, refoulement, rejet, relégation, renvoi. FAM. dégommage, éjection, lessive, vidage. RARE évincement. DIDACT. forclusion. DR. déboutement. ANTIQ. pétalisme, xénélasie. ▶ ***Congédiement*** – congé, congédiement, débauchage, destitution, licenciement, limogeage, mise à pied, renvoi, révocation. ▶ ***Épuration*** – balayage, chasse aux sorcières, coup de balai, épuration, exclusion, liquidation, purge. ▶ ***Élimination de l'organisme*** – délivrance, élimination, émission, émonction, évacuation, excrétion, sécrétion. △ **ANT.** ACCUEIL, ADMISSION, RÉCEPTION; APPEL, CONVOCATION; RECRUTEMENT; RÉTENTION.

exquis *adj.* ▶ ***Bon au goût*** – délectable, délicieux, excellent, gastronomique, savoureux, succulent, très bon. SOUT. ambrosiaque, ambrosien. FRANCE RÉGION. goûteux. ▶ ***Charmant*** – agréable, beau, charmant, délicieux, divin, suave, sublime. FRANCE FAM. gouleyant. ▶ ***Raffiné*** – délicat, fin, raffiné, recherché, subtil. △ **ANT.** DÉGOÛTANT, ÉCŒURANT, REPOUSSANT, RÉPUGNANT; FRUSTE, GROSSIER, SANS RAFFINEMENT, VULGAIRE; BANAL, COMMUN, ORDINAIRE.

exsangue *adj.* blafard, blanc, blême, cadavéreux, cadavérique, diaphane, hâve, livide, pâle, pâlot. FAM. pâlichon. △ **ANT.** COLORÉ, FRAIS, RESPLENDISSANT DE SANTÉ, SAIN, VERMEIL *(TEINT)*.

extase *n.f.* ▶ ***Joie*** – allégresse, béatitude, bonheur, égaiement, enthousiasme, euphorie, exaltation, exultation, gaieté, hilarité, ivresse, joie, jubilation, plaisir, ravissement, réjouissance, vertige. SOUT. aise, félicité, liesse, rayonnement. ▶ ***Mysticisme*** – anagogie, contemplation, dévotion, élévation, illuminisme, mysticisme, mystique, oraison, philocalie, ravissement, sainteté, spiritualité, transe, vision. SOUT. mysticité. △ **ANT.** DÉSESPOIR, DOULEUR, MÉLANCOLIE, SOUFFRANCE, TRISTESSE.

extasier (s') *v.* ▶ ***Admirer*** – admirer, s'émerveiller, se pâmer, se pâmer d'admiration, tomber en extase. PAR PLAIS. tomber en pâmoison. ♦ **extasié** ▶ ***Heureux*** – au comble du bonheur, au septième ciel, aux anges, béat, comblé, en fête, en joie, en liesse, enchanté, euphorique, extatique, exultant, fou de joie, heureux, le cœur en joie, radieux, ravi, rayonnant, réjoui, resplendissant de bonheur, ruisselant de joie, transporté de joie, triomphant. SOUT. aise, bienheureux. FAM. jubilant. ▶ ***Enthousiasmé*** – à tous crins, ardent, chaleureux, chaud, délirant d'enthousiasme, emballé, en extase, enthousiasmé, enthousiaste, extatique, fervent, passionné. FAM. tout feu tout flammes. △ **ANT.** BLÂMER, DÉCRIER, DÉNIGRER, DÉSAPPROUVER.

extatique *adj.* ▶ ***Pris d'enthousiasme*** – à tous crins, ardent, chaleureux, chaud, délirant d'enthousiasme, emballé, en extase, enthousiasmé, enthousiaste, extasié, fervent, passionné. FAM. tout feu tout flammes. ▶ ***Heureux*** – au comble du bonheur, au septième ciel, aux anges, béat, comblé, en fête, en joie, en liesse, enchanté, euphorique, extasié, exultant, fou de joie, heureux, le cœur en joie, radieux, ravi, rayonnant, réjoui, resplendissant de bonheur, ruisselant de joie, transporté de joie, triomphant. SOUT. aise, bienheureux. FAM. jubilant. △ **ANT.** ABATTU, DÉCOURAGÉ, DÉMORALISÉ, DÉPRIMÉ, LAS, MOROSE, PESSIMISTE, SOMBRE, TÉNÉBREUX, TRISTE.

extension *n.f.* ▶ ***Agrandissement*** – agrandissement, développement, élargissement, expansion, grossissement, rélargissement. ▶ ***Allongement*** – affinement, allongement, bandage, dépliage, dépliement, déploiement, développement, élongation, étirage, étirement, excroissance, prolongement, rallonge, rallongement, tension, tirage. ▶ ***Augmentation*** – accentuation, accroissement, accrue, agrandissement, amplification, arrondissement, augmentation, bond, boom, crescendo, croissance, crue, décuplement, développement, dilatation, élargissement, élévation, enflement, enrichissement, envolée, essor, évolution, expansion, flambée, foisonnement, gonflement, gradation, grossissement, hausse, haussement, inflation, intensification, majoration, montée, poussée, progrès, progression, recrudescence, redoublement, redressement, rehaussement, relèvement, renchérissement, renforcement, revalorisation, valorisation. ▶ ***Transmission*** – cession, circulation, communication, dévolution, diffusion, dissémination, émission, expansion, intercommunication, multiplication, passation, progression, propagation, rayonnement, reproduction, transfert, translation, virement. ▶ ***Généralisation*** – analogie, extrapolation, généralisation, globalisation, induction, systématisation. △ **ANT.** CONTRACTION, RAPETISSEMENT, RESSERREMENT; RACCOURCISSEMENT, RÉTRÉCISSEMENT; DIMINUTION; PARTICULARISATION, SPÉCIALISATION.

exténuant *adj.* abrutissant, accablant, épuisant, éreintant, fatigant, harassant, surmenant. *FAM.* claquant, crevant, esquintant, tuant, usant. *FRANCE FAM.* cassant, foulant, liquéfiant. △ **ANT.** APAISANT, DÉLASSANT, RELAXANT, REPOSANT.

exténuer *v.* abrutir, briser, courbaturer, épuiser, éreinter, fatiguer, forcer, harasser, lasser, mettre à plat, surmener, tuer. *FAM.* claquer, crever, démolir, esquinter, lessiver, mettre sur le flanc, nettoyer, pomper, rétamer, vanner, vider. *QUÉB. FAM.* maganer. ♦ **s'exténuer** brûler la chandelle par les deux bouts, s'épuiser, s'éreinter, se fatiguer, se mettre à plat, se surmener, se tuer. *FAM.* s'esquinter, se casser, se crever, se fouler. ♦ **exténué** à bout, à plat, brisé, courbatu, épuisé, éreinté, fatigué, fourbu, harassé, las, mort (de fatigue), moulu (de fatigue). *SOUT.* recru (de fatigue), rompu (de fatigue), roué de fatigue. *FAM.* au bout du rouleau, avachi, claqué, crevé, esquinté, flagada, flapi, lessivé, nase, pompé, ramollo, raplapla, sur le flanc, sur les genoux, sur les rotules, vanné, vidé. △ **ANT.** REPOSER; RAGAILLARDIR, REVIGORER.

extérieur *adj.* ▶ ***Externe*** – étranger, externe, extrinsèque. *DIDACT.* exogène. ▶ ***Visible*** – apparent, observable, visible. *MÉD.* clinique. ▶ ***Qui concerne les relations internationales*** – étranger. △ **ANT.** INTÉRIEUR; INTERNE; CACHÉ, INVISIBLE, SECRET; NATIONAL. ♦ **extérieur à** LIÉ À, RELIÉ À.

extérieur *n.m.* ▶ ***Partie externe*** – dehors. ▶ ***Pourtour*** – bord, ceinture, cercle, circonférence, contour, dessin, forme, lèvres, limbe, marli *(plat, assiette)*, périmètre, périphérie, pourtour, tour. ▶ ***Lieu à l'extérieur des habitations*** – plein air. ▶ ***Aspect*** – air, allure, apparence, aspect, caractère, configuration, couleur, couvert, dehors, éclairage, expression, façade, faciès, figure, forme, formule, impression, jour, masque, mine, paraître, perspective, physionomie, plastique *(en art)*, portrait, présentation, profil, ressemblance, semblant, surface, ton, tour, tournure, traits, vernis, visage. *SOUT.* enveloppe, regardure, superficie. ▶ ***Allure*** (*SOUT.*) – air, allure, apparence, aspect, attitude, contenance, démarche, façon, genre, ligne, maintien, manière, panache, physique, port, posture, prestance, silhouette, style, tenue, tournure. *SOUT.* mine. *FAM.* gueule, touche. *QUÉB. FAM.* erre d'aller. *PÉJ. FAM.* dégaine. ♦ **l'extérieur,** ***sing.*** ▶ ***Pays*** – l'étranger. △ **ANT.** DEDANS, INTÉRIEUR.

extérieurement *adv.* apparemment, au-dehors, d'après les apparences, dehors, en apparence, en dehors, en surface, extrinsèquement, par-dehors, superficiellement. △ **ANT.** EN ESSENCE, ESSENTIELLEMENT, FONDAMENTALEMENT, INTÉRIEUREMENT, INTRINSÈQUEMENT, RÉELLEMENT, SUBSTANTIELLEMENT.

exterminer *v.* ▶ ***Massacrer*** – décimer, massacrer. *SOUT.* faucher, moissonner. △ **ANT.** CONSERVER, PRÉSERVER, RESTAURER, SAUVER; CULTIVER, MULTIPLIER.

externe *adj.* ▶ ***Extérieur*** – étranger, extérieur, extrinsèque. *DIDACT.* exogène. ▶ ***Loin du centre*** – excentré, excentrique, périphérique. △ **ANT.** INTERNE.

extinction *n.f.* ▶ ***Disparition*** – dématérialisation, disparition, dissipation, dissolution, effacement, éloignement, évanouissement, évaporation, résorption, volatilisation. *ASTRON.* éclipse, immersion, occultation. ▶ ***Mort*** – décès, disparition, fin, mort, perte. *FIG.* départ, dernier repos, dernier sommeil, dernier soupir, grand voyage, sépulture, sommeil éternel, tombe, tombeau. *SOUT.* la Camarde, la Faucheuse, la Parque, trépas. ▶ ***Absence de voix*** – aphonie, enrouement, extinction (de voix). ▶ ***Absolution*** – absolution, absoute *(public)*, acquittement, aman, amnistie, annulation, clémence, dédouanement, disculpation, grâce, indulgence, jubilé, mise hors de cause, miséricorde, mitigation, oubli, pardon, pénitence, prescription, réhabilitation, relaxe, remise (de peine), rémission, suppression (de peine). ▶ ***Remboursement*** – acquittement, amortissement, couverture, défraiement, désendettement, libération, paiement, prise en charge, rachat, recouvrement, règlement, remboursement, remise de dette, restitution, rétrocession, reversement. △ **ANT.** ALLUMAGE; APPARITION; PROPAGATION.

extra *adj.* ▶ ***Excellent*** – de classe, de luxe, de premier ordre, de première qualité, de qualité supérieure, excellent, extrafin, haut de gamme, hors classe, impérial, royal, supérieur, surchoix, surfin. *RARE* excellentissime. ▶ ***Remarquable*** (*FAM.*) – admirable, brillant, éblouissant, excellent, extraordinaire, fantastique, magistral, magnifique, merveilleux, parfait, prodigieux, remarquable, réussi, sensationnel, sublime. *FAM.* à tout casser, champion, d'enfer, du tonnerre, épatant, fameux, formidable, fumant, génial, mirifique, pas piqué des vers, splendide, super, terrible. *FRANCE FAM.* du feu de Dieu, énorme, fadé, formide, géant, gratiné, pas piqué des hannetons. △ **ANT.** LAMENTABLE, MÉDIOCRE, MINABLE, NAVRANT, PIÈTRE, PITEUX, PITOYABLE, RATÉ.

extraction *n.f.* ▶ ***Arrachement*** – arrachage, arrachement, avulsion, éradication, excision, extirpation. *RARE* retirement. ▶ ***Descendance*** – agnation, alliance, arbre généalogique, ascendance, branche, cognation, consanguinité, cousinage, degré, descendance, dynastie, famille, filiation, fratrie, généalogie, génération, hérédité, lignage, ligne, lignée, maison, matriarcat, matrilignage, origine, parentage, parenté, parentelle, patriarcat, patrilignage, postérité, primogéniture, quartier (de noblesse), race, sang, souche. *RARE* fraternité. △ **ANT.** ENRACINEMENT, IMPLANTATION; ENFONCEMENT, INSERTION, INTRODUCTION.

extraire *v.* ▶ ***Retirer*** – dégager, ôter, retirer, sortir, tirer. ▶ ***Retirer avec effort*** – arracher, extirper.

▶ ***Prendre une partie d'un tout*** – prélever. SOUT. distraire. ▶ ***Isoler*** – abstraire, dégager, isoler, mettre en évidence. ♦ **s'extraire** ▶ ***S'extirper*** – s'extirper, se dégager, se sortir, se tirer. △ **ANT.** ENFONCER, INSÉRER, INTRODUIRE; ENFERMER, ENFOUIR; AJOUTER.

extrait *n.m.* ▶ ***Passage d'un texte*** – citation, épigraphe, exemple, exergue, fragment, passage. ▶ ***Résumé*** – abrégé, aide-mémoire, analyse, aperçu, argument, compendium, condensé, éléments, épitomé, esquisse, livret, manuel, mémento, morceau, notice, page, passage, plan, précis, promptuaire, raccourci, récapitulation, réduction, résumé, rudiment, schéma, sommaire, somme, synopsis, vade-mecum. FAM. topo. ▶ ***Copie d'un acte*** – copie. ▶ ***Passage musical*** – morceau, page, passage. ▶ ***Substance*** – concentré, essence. ♦ **extraits**, *plur.* ▶ ***Anthologie*** – ana, analecta, anthologie, choix, chrestomathie, collection, compilation, épitomé, florilège, mélanges, miscellanées, morceaux choisis, pages choisies, recueil, sélection, spicilège, varia. FAM. compil. △ **ANT.** TEXTE INTÉGRAL.

extraordinaire *adj.* ▶ ***Hors du commun*** – étonnant, fabuleux, fantastique, hors du commun, incroyable, inouï, miraculeux, phénoménal, prodigieux. FAM. délirant, dément, dingue, fou. FRANCE FAM. foutral. ▶ ***Excellent*** – admirable, brillant, éblouissant, excellent, fantastique, magistral, magnifique, merveilleux, parfait, prodigieux, remarquable, réussi, sensationnel, sublime. FAM. à tout casser, champion, d'enfer, du tonnerre, épatant, extra, fameux, formidable, fumant, génial, mirifique, pas piqué des vers, splendide, super, terrible. FRANCE FAM. du feu de Dieu, énorme, fadé, formide, géant, gratiné, pas piqué des hannetons. ▶ ***Époustouflant*** – à (vous) couper le souffle, abasourdissant, ahurissant, bouleversant, confondant, déconcertant, ébahissant, effarant, époustouflant, étonnant, étourdissant, impensable, inconcevable, incroyable, inimaginable, inouï, invraisemblable, pétrifiant, renversant, stupéfiant, suffocant, surprenant. SOUT. qui confond l'entendement. FAM. ébouriffant, mirobolant, sidérant, soufflant. ▶ ***Indescriptible*** – indéfinissable, indescriptible, indicible, ineffable, inexprimable. ▶ ***Bizarre*** – anormal, bizarre, curieux, drôle, étonnant, étrange, inaccoutumé, incompréhensible, inexplicable, inhabituel, insolite, inusité, singulier, spécial, surprenant. FAM. bizarroïde. ▶ ***Immense*** – colossal, considérable, démesuré, énorme, extrême, fabuleux, formidable, géant, gigantesque, grand, gros, immense, incommensurable, monstrueux, monumental, phénoménal, prodigieux, surhumain, titanesque, vaste, vertigineux. SOUT. cyclopéen, herculéen. FAM. bœuf, de tous les diables, du diable, effrayant, effroyable, épouvantable, faramineux, méchant, monstre. FRANCE FAM. gratiné. ▶ ***Spécial*** (SOUT.) – d'exception, exceptionnel, fortuit, inaccoutumé, inhabituel, inusité, occasionnel, rare, rarissime, spécial. SOUT. inusuel. △ **ANT.** BANAL, COMMUN, HABITUEL, NORMAL, ORDINAIRE, QUELCONQUE; ININTÉRESSANT, SANS INTÉRÊT; LAMENTABLE, MÉDIOCRE, MINABLE, NAVRANT, PIÈTRE, PITEUX, PITOYABLE, RATÉ.

extraordinairement *adv.* ▶ ***Merveilleusement*** – exceptionnellement, fantastiquement, féeriquement, magiquement, merveilleusement, miraculeusement, mirifiquement, phénoménalement, prodigieusement, surnaturellement. ▶ ***Parfaitement*** – à la perfection, à merveille, à ravir, admirablement, bien, divinement, idéalement, impeccablement, incomparablement, infailliblement, irréprochablement, le mieux du monde, merveilleusement, mirifiquement, on ne peut mieux, parfaitement, prodigieusement, sans fautes, sublimement, supérieurement, suprêmement. SOUT. excellemment. FAM. épatamment, sans bavure. ▶ ***Extrêmement*** – à l'extrême, affreusement, astronomiquement, au dernier degré, au dernier point, au maximum, au plus haut degré, au plus haut point, beaucoup, bien, colossalement, considérablement, éminemment, énormément, exceptionnellement, extrêmement, fabuleusement, follement, fort, fortement, grandement, gros, hautement, immensément, incommensurablement, inconcevablement, incroyablement, infiniment, intensément, long, mortellement, nettement, on ne peut plus, phénoménalement, prodigieusement, profondément, remarquablement, sérieusement, singulièrement, souverainement, supérieurement, suprêmement, terriblement, très, vertigineusement, vivement, vraiment. FAM. bigrement, bougrement, diablement, drôlement, effroyablement, épais, épouvantablement, fameusement, fantastiquement, fichtrement, fichûment, formidablement, foutrement, furieusement, joliment, rudement, sacrément, salement, super, terrible, tout plein, vachement. △ **ANT.** BANALEMENT, MOYENNEMENT; DÉPLORABLEMENT, LAMENTABLEMENT, MINABLEMENT, MISÉRABLEMENT, PIÈTREMENT, PITEUSEMENT, PITOYABLEMENT; ABOMINABLEMENT, AFFREUSEMENT, ATROCEMENT, DÉTESTABLEMENT, HORRIBLEMENT; TRÈS PEU, VRAIMENT PAS.

extravagance *n.f.* ▶ ***Bizarrerie*** – anomalie, anormalité, bizarrerie, chinoiserie, cocasserie, curiosité, drôlerie, étrangeté, excentricité, fantaisie, fantasmagorie, folie, loufoquerie, monstruosité, non-conformisme, originalité, singularité. ▶ ***Caprice*** – accès, bizarrerie, bon plaisir, caprice, changement, chimère, coup de tête, envie, fantaisie, fantasme, folie, frasque, gré, guise, immaturité, impatience, incartade, inconstance, infantilisme, instabilité, légèreté, lubie, marotte, mobilité, originalité, saute (d'humeur), singularité, sporadicité, variation, versatilité, volonté. SOUT. folle gamberge, foucade, humeur. FAM. toquade. ▶ ***Divagation*** – divagation, élucubration, fantasme, imagination, puérilité, vision. SOUT. disparade, disparate, vaticination. ▶ ***Aberration*** – aberration, démence, folie, idiotie, imbécillité, inconséquence, ineptie, stupidité. FAM. RARE maboulisme. ▶ ***Invraisemblance*** – bizarrerie, énormité, étrangeté, improbabilité, incrédibilité, invraisemblance. △ **ANT.** BANALITÉ; MESURE, RETENUE; RAISON, SAGESSE; CONFORMISME; NORMALITÉ; VRAISEMBLANCE.

extravagant *adj.* ▶ ***Excentrique*** – à dormir debout, abracadabrant, abracadabrantesque, absurde, baroque, biscornu, bizarre, burlesque, cocasse, exagéré, excentrique, fantasque, farfelu, fou, funambulesque, grotesque, impayable, impossible, incroyable, insolite, invraisemblable, loufoque, qui ne tient pas debout, rocambolesque, saugrenu, tiré par les cheveux, vaudevillesque. FRANCE FAM. foutraque, gaguesque. ▶ ***Excessif*** – abusif, débridé, déchaîné, délirant, démesuré, déraisonnable, déréglé, effréné, exagéré, excessif, exorbitant, extrême, forcé, immodéré, intempérant, outrancier, outré, qui dépasse la mesure, qui dépasse les bornes, sans frein. *SOUT.* outrageux. *FAM.* dément, démentiel, soigné. △ **ANT.** CLASSIQUE, CONVENTIONNEL, NORMAL, ORDINAIRE; MODÉRÉ, RAISONNABLE, SAGE, SENSÉ.

extrême *adj.* ▶ ***Final*** – dernier, final, suprême, terminal, ultime. ▶ ***Immense*** – colossal, considérable, démesuré, énorme, extraordinaire, fabuleux, formidable, géant, gigantesque, grand, gros, immense, incommensurable, monstrueux, monumental, phénoménal, prodigieux, surhumain, titanesque, vaste, vertigineux. *SOUT.* cyclopéen, herculéen. *FAM.* bœuf, de tous les diables, du diable, effrayant, effroyable, épouvantable, faramineux, méchant, monstre. *FRANCE FAM.* gratiné. ▶ ***Exagéré*** – abusif, débridé, déchaîné, délirant, démesuré, déraisonnable, déréglé, effréné, exagéré, excessif, exorbitant, extravagant, forcé, immodéré, intempérant, outrancier, outré, qui dépasse la mesure, qui dépasse les bornes, sans frein. *SOUT.* outrageux. *FAM.* dément, démentiel, soigné. ▶ ***Radical*** – draconien, énergique, radical. △ **ANT.** MOYEN; FAIBLE, INSIGNIFIANT, LÉGER; DOUX, FRILEUX, INDULGENT, MESURÉ, MODÉRÉ, TIMIDE.

extrême *n.m.* ▶ ***Extrémité*** – aboutissement, bord, bordure, borne, bout, cap, confins, délimitation, extrémité, fin, finitude, frange, frontière, ligne, limite, lisière, orée, pied, pointe, pôle, queue, talon, terme, terminaison, tête. △ **ANT.** CENTRE, MILIEU; JUSTE MILIEU.

extrêmement *adv.* à l'extrême, affreusement, astronomiquement, au dernier degré, au dernier point, au maximum, au plus haut degré, au plus haut point, beaucoup, bien, colossalement, considérablement, éminemment, énormément, exceptionnellement, extraordinairement, fabuleusement, follement, fort, fortement, grandement, gros, hautement, immensément, incommensurablement, inconcevablement, incroyablement, infiniment, intensément, long, mortellement, nettement, on ne peut plus, phénoménalement, prodigieusement, profondément, remarquablement, sérieusement, singulièrement, souverainement, supérieurement, suprêmement, terriblement, très, vertigineusement, vivement, vraiment. *FAM.* bigrement, bougrement, diablement, drôlement, effroyablement, épais, épouvantablement, fameusement, fantastiquement, fichtrement, fichûment, formidablement, foutrement, furieusement, joliment, rudement, sacrément, salement, super, terrible, tout plein, vachement. △ **ANT.** MOYENNEMENT.

extrémité *n.f.* aboutissement, bord, bordure, borne, bout, cap, confins, délimitation, extrême, fin, finitude, frange, frontière, ligne, limite, lisière, orée, pied, pointe, pôle, queue, talon, terme, terminaison, tête. △ **ANT.** CENTRE, MILIEU.

exubérance *n.f.* ▶ ***Loquacité*** – abondance, débit, éloquence, emballement, expansivité, expressivité, facilité, faconde, incontinence (verbale), logomachie, logorrhée, loquacité, péroraison, prolixité, verbalisme, verbiage, verbosité, verve, volubilité. *FAM.* bagou, baratin, baratinage, dégoisement, tchatche. *QUÉB. ACADIE FAM.* jasette. ▶ ***Abondance*** – abondance, afflux, amas, ampleur, concentration, débauche, débordement, filon, fleuraison, floraison, foisonnement, forêt, foule, fourmillement, gisement, infinité, inondation, luxe, luxuriance, masse, mine, multiplicité, myriade, nuée, orgie, paquet, pléthore, poussière, profusion, quantité, richesse, surabondance, tas, trésor. *FIG.* carnaval. *FAM.* festival, flopée, kyrielle, tapée, tonne, tripotée, wagon. *SUISSE FAM.* craquée. ▶ ***Excès*** – comble, débauche, débordement, dépassement, disproportion, énormité, excédent, excès, gaspillage, inutile, luxe, luxuriance, orgie, profusion, redondance, satiété, saturation, superfétation, superflu, superfluité, surabondance, surcharge, surcroît, surenchère, surnombre, surplus, trop, trop-plein. △ **ANT.** MUTISME; CONCISION, LACONISME; FLEGME, FROIDEUR, IMPASSIBILITÉ, RÉSERVE; INDIGENCE, PAUVRETÉ, PÉNURIE; ARIDITÉ, STÉRILITÉ.

exulter *v.* être fou de joie, être ivre de joie, être transporté de joie, nager dans la joie, ne plus se sentir de joie, pavoiser, sauter de joie, triompher. *FAM.* jouir, jubiler, sauter au plafond, sauter dans les airs. △ **ANT.** PLEURER, SE DÉCOURAGER, SE DÉSESPÉRER, SE DÉSOLER, SOUFFRIR.

fable *n.f.* ▶ ***Récit*** – allégorie, apologue, parabole. ▶ ***Mensonge*** (SOUT.) – mensonge. FAM. bide, bidon, bobard, char, craque, salade. △ **ANT.** VÉRITÉ.

fabricant *n.* artisan, constructeur, entrepreneur, faiseur, industriel, manufacturier, producteur.

fabrication *n.f.* ▶ ***Création*** – composition, conception, confection, constitution, construction, création, développement, édification, élaboration, exécution, façon, façonnage, façonnement, formation, génération, genèse, gestation, invention, œuvre, organisation, paternité, production, réalisation, structuration, synthèse. SOUT. accouchement, enfantement. DIDACT. engendrement. ▶ ***Fiction*** – affabulation, artifice, chimère, combinaison, comédie, expédient, fabulation, fantaisie, feinte, fiction, fumisterie, histoire, idée, imagination, invention, irréalité, légende, mensonge, rêve, roman, saga, songe. PSYCHOL. confabulation, mythomanie. △ **ANT.** DESTRUCTION; VÉRITÉ.

fabrique *n.f.* ▶ ***Établissement*** – manufacture, usine. BELG. siroperie.

fabriquer *v.* ▶ ***Confectionner*** – composer, confectionner, créer, élaborer, façonner, faire, mettre au point, préparer, produire, travailler à. SOUT. enfanter. PÉJ. accoucher de. ▶ ***Inventer*** – forger, inventer. △ **ANT.** ANÉANTIR, DÉFAIRE, DÉMOLIR, DÉTRUIRE.

fabuleux *adj.* ▶ ***Imaginaire*** – chimérique, fantasmagorique, fantastique, fictif, imaginaire, inexistant, irréel, légendaire, mythique, mythologique. ▶ ***Hors du commun*** – étonnant, extraordinaire, fantastique, hors du commun, incroyable, inouï, miraculeux, phénoménal, prodigieux. FAM. délirant, dément, dingue, fou. FRANCE FAM. foutral. ▶ ***Immense*** – colossal, considérable, démesuré, énorme, extraordinaire, extrême, formidable, géant, gigantesque, grand, gros, immense, incommensurable, monstrueux, monumental, phénoménal, prodigieux, surhumain, titanesque, vaste, vertigineux. SOUT. cyclopéen, herculéen. FAM. bœuf, de tous les diables, du diable, effrayant, effroyable, épouvantable, faramineux, méchant, monstre. FRANCE FAM. gratiné. △ **ANT.** CONCRET, PHYSIQUE, RÉEL, VRAI; BANAL, ORDINAIRE, SANS INTÉRÊT; FAIBLE, INSIGNIFIANT, MODESTE, PETIT.

façade *n.f.* ▶ ***Mur*** – devanture, front. ▶ ***Apparence*** – air, allure, apparence, aspect, caractère, configuration, couleur, couvert, dehors, éclairage, expression, extérieur, faciès, figure, forme, formule, impression, jour, masque, mine, paraître, perspective, physionomie, plastique *(en art)*, portrait, présentation, profil, ressemblance, semblant, surface, ton, tour, tournure, traits, vernis, visage. SOUT. enveloppe, superficie. △ **ANT.** DERRIÈRE, DOS; INTÉRIEUR; FOND, SUBSTANCE; RÉALITÉ.

face *n.f.* ▶ ***Visage*** – figure, minois, physionomie, tête, traits, visage. FAM. bille, binette, bobine, bouille, fiole, fraise, frimousse, gueule, margoulette, museau, poire, pomme, trogne, trombine, tronche. ▶ ***Côté d'une chose*** – bord, chant, côté, facette, flanc, pan, paroi, profil, surface, tranche. MAR. travers. ▶ ***Côté d'une pièce de monnaie*** – avers. ▶ ***Aspect*** – angle, aspect, biais, côté, facette, perspective, point de vue, versant. ▶ ***Direction*** – axe, cap, côté, direction, exposition, inclinaison, ligne, orientation, sens, situation, vue. QUÉB. ACADIE FAM. bord. ASTRON. azimut. AÉRON. MAR. cap. MAR. gisement, orientement. △ **ANT.** ARRIÈRE, DERRIÈRE, ENVERS; PILE, REVERS.

facette *n.f.* ▶ ***Face*** – bord, chant, côté, face, flanc, pan, paroi, profil, surface, tranche. MAR. travers. ▶ ***Aspect*** – angle, aspect, biais, côté, face, perspective, point de vue, versant.

fâchant *adj.* (QUÉB.) ▶ ***Contrariant*** – contrariant, décevant, désolant, ennuyeux, fâcheux. FAM. embêtant. QUÉB. FAM. de valeur, désappointant, dommage, plate. ▶ ***Vexant*** – contrariant, enrageant, frustrant, frustrateur, rageant, vexant. FAM. râlant. QUÉB. choquant. △ **ANT.** ENCOURAGEANT, MOTIVANT, STIMULANT; APAISANT, CALMANT, RASSÉRÉNANT, TRANQUILLISANT.

fâcher *v.* ▶ ***Mécontenter*** – contrarier, dépiter, déplaire à, frustrer, mécontenter. FAM. défriser. QUÉB. FAM. choquer. ▶ ***Mettre en colère*** – courroucer, exaspérer, faire déborder, faire enrager, faire sortir de ses gonds, irriter, mettre à bout, mettre en colère, mettre en rage, mettre hors de soi, pousser à bout, provoquer. FAM. faire bisquer, faire damner, faire maronner, faire râler, les gonfler à. QUÉB. FAM. choquer. ♦ **se fâcher** ▶ ***Se formaliser*** – s'indigner, s'offenser, s'offusquer, se formaliser, se froisser, se piquer, se scandaliser, se vexer. ▶ ***Se mettre en colère*** – colérer, éclater, fulminer, monter sur ses ergots, monter sur ses grands chevaux, prendre la mouche, prendre le mors aux dents, s'emporter, s'enflammer, s'irriter, se courroucer, se déchaîner, se gendarmer, se mettre en colère, sortir de ses gonds, voir rouge. FAM. exploser, piquer une colère, piquer une crise, se mettre en rogne, se monter. QUÉB. FAM. se choquer. ▶ ***Se brouiller*** – rompre, se brouiller, se désunir, se quitter, se séparer. ♦ **fâché** ▶ ***Mécontent*** – contrarié, ennuyé, insatisfait, mécontent. △ **ANT.** CONTENTER, ÉGAYER, ENCHANTER, RAVIR, RÉJOUIR; APAISER, CALMER, PACIFIER, RASSÉRÉNER. ♦ **se fâcher** SE LIER; SE RACCOMMODER, SE RÉCONCILIER.

fâcheux *adj.* ▶ ***Contrariant*** – contrariant, décevant, désolant, ennuyeux, fâchant. FAM. embêtant. QUÉB. FAM. désappointant, dommage, plate. ▶ ***Regrettable*** – déplorable, désastreux, désolant, malheureux, regrettable. ▶ ***Désagréable*** – déplaisant, déplorable, désagréable, détestable, mauvais, méchant, vilain. ▶ ***Qui tombe mal*** – importun, inopportun, mal à propos, mal choisi *(moment)*, mal venu, qui tombe mal. ▶ ***Déplacé*** – choquant, de mauvais goût, déplacé, hors de propos, importun, incongru, inconvenant, indélicat, indiscret, inélégant, inopportun, intempestif, mal à propos, mal venu, malencontreux. SOUT. malséant, malsonnant *(parole)*. △ **ANT.** BIENVENU, FAVORABLE, HEUREUX, OPPORTUN, PROPICE, QUI TOMBE À PIC; APPRÉCIABLE, ESTIMABLE, LOUABLE; ENCOURAGEANT, MOTIVANT, STIMULANT.

facile *adj.* ♦ **choses** ▶ ***Simple*** – aisé, commode, élémentaire, enfantin, simple. FRANCE FAM. bête comme chou. QUÉB. FAM. niaiseux. ▶ ***Compréhensible*** – à la portée de tous, accessible, clair, cohérent, compréhensible, concevable, déchiffrable, évident, intelligible, interprétable, limpide, lumineux, pénétrable, saisissable, simple, transparent. ▶ ***Sans originalité*** – banal, connu, éculé, rebattu, réchauffé, ressassé, usé. FAM. archiconnu, bateau. ▶ ***En parlant du style*** – aisé, coulant, fluide, naturel. ♦ **personnes** ▶ ***Flexible*** – accommodant, aisé à vivre, arrangeant, bon prince, complaisant, conciliant, de bonne composition, du bois dont on fait les flûtes, facile (à vivre), flexible, souple, traitable. FAM. coulant. ▶ ***Obéissant*** – disciplinable, discipliné, docile, doux, gentil, obéissant, sage, soumis, tranquille. △ **ANT.** DIFFICILE; COMPLIQUÉ, MALAISÉ; CABALISTIQUE, CRYPTIQUE, ÉNIGMATIQUE, ÉSOTÉRIQUE, HERMÉTIQUE, IMPÉNÉTRABLE, INCOMPRÉHENSIBLE, MYSTÉRIEUX, OBSCUR, OPAQUE, TÉNÉBREUX; LABORIEUX, LOURD; COMPLEXE, DÉLICAT, SAVANT, SUBTIL; IMPITOYABLE, IMPLACABLE, INFLEXIBLE, INTRAITABLE, INTRANSIGEANT, RÉBARBATIF, SÉVÈRE; DÉSOBÉISSANT, INDISCIPLINÉ, INDOCILE, INSOUMIS, INSUBORDONNÉ.

facilement *adv.* aisément, commodément, sans coup férir, sans difficulté, sans effort, sans encombre, simplement. FAM. les doigts dans le nez. △ **ANT.** DIFFICILEMENT, DUREMENT, LABORIEUSEMENT, MALAISÉMENT, PÉNIBLEMENT.

facilité *n.f.* ▶ ***Aisance*** – aisance, aise, assurance, décontraction, désinvolture, distinction, grâce, légèreté, naturel, rondeur, souplesse. ▶ ***Agilité*** – adresse, agilité, aisance, dextérité, élasticité, élégance, grâce, habileté, légèreté, main, mobilité, précision, rapidité, souplesse, technique, virtuosité, vivacité. SOUT. félinité, prestesse. ▶ ***Habileté*** – adresse, aisance, aptitude, art, brio, capacité, compétence, dextérité, disposition, doigté, don, expertise, faculté, force, fort, génie, habileté, main, maîtrise, métier, pouvoir, professionnalisme, savoir, savoir-faire, sens, talent, technique, virtuosité. FAM. bosse. DR. habilitation, habilité. ▶ ***Loquacité*** – abondance, débit, éloquence, emballement, expansivité, expressivité, exubérance, faconde, incontinence (verbale), logomachie, logorrhée, loquacité, péroraison, prolixité, verbalisme, verbiage, verbosité, verve, volubilité. FAM. bagou, baratin, baratinage, dégoisement, tchatche. QUÉB. ACADIE FAM. jasette. ▶ ***Intelligibilité*** – accessibilité, clarté, compréhensibilité, compréhension, évidence, intelligibilité, intercompréhension, limpidité, lisibilité, luminosité, netteté, transparence. ▶ ***Banalité*** – banalité, fadeur, faiblesse, inconsistance, indigence, insignifiance, insuffisance, médiocre, médiocrité, pauvreté, platitude, prévisibilité. SOUT. trivialité. ▶ ***Complaisance*** – complaisance, faiblesse, laisser-aller, laisser-faire, laxisme, mollesse, permissivité, relâchement. ▶ ***Commodité*** – accessibilité, agrément, commodité, confort, disponibilité, faisabilité, possibilité, simplicité. INFORM. convivialité, transparence. ▶ ***Moyen*** – chance, latitude, liberté, marge (de manœuvre), moyen, occasion, offre, possibilité, volant de sécurité. △ **ANT.** DIFFICULTÉ, EFFORT, EMBARRAS, GÊNE; INAPTITUDE, INHABILETÉ, MALADRESSE; COMPLEXITÉ, ININTELLIGIBILITÉ; INCOMMODITÉ; COMPLICATIONS, OBSTACLE.

faciliter *v.* simplifier. △ **ANT.** COMPLIQUER, EMBARRASSER, EMPÊCHER, ENTRAVER, NUIRE.

façonner *v.* ▶ ***Travailler*** – ouvrer, travailler. ▶ ***Modeler*** – former, modeler, sculpter. SOUT. configurer. ▶ ***Confectionner*** – composer, confectionner, créer, élaborer, fabriquer, faire, mettre au point, préparer, produire, travailler à. SOUT. enfanter. PÉJ. accoucher de. ▶ ***Doter d'une structure*** – architecturer, articuler, bâtir, charpenter, construire, organiser, structurer. ▶ ***Habituer*** – discipliner, dresser, entraîner, exercer, former, habituer. SOUT. rompre. △ **ANT.** DÉFAIRE, DÉMOLIR, DÉTRUIRE; DÉSHABITUER.

façon *n.f.* ▶ ***Méthode*** – approche, art, chemin, code, comment, credo, démarche, discipline, dispositif, façon (de faire), facture, formule, heuristique, instruction, instrument, ligne de conduite, maïeutique, manière, marche (à suivre), méthode, méthodologie, modalité, mode d'emploi, mode, moyen, opération, ordre, organisation, outil, posologie, pratique, procédé, procédure, protocole, raisonnement, recette, règle, secret, stratagème, stratégie, système, tactique, technique, théorie, traitement, voie. SOUT. faire. ▶ ***Allure*** – air, allure, apparence, aspect, attitude, contenance, démarche, genre, ligne, maintien, manière, panache, physique, port, posture, prestance, silhouette, style, tenue, tournure. SOUT. extérieur, mine. *FAM.* gueule, touche. *QUÉB. FAM.* erre d'aller. *PÉJ. FAM.* dégaine. ▶ ***Fabrication*** – composition, conception, confection, constitution, construction, création, développement, édification, élaboration, exécution, fabrication, façonnage, façonnement, formation, génération, genèse, gestation, invention, œuvre, organisation, paternité, production, réalisation, structuration, synthèse. *SOUT.* accouchement, enfantement. *DIDACT.* engendrement. ▶ ***Affinage*** – affinage, assainissement, blanchissage *(sucre)*, écrémage *(lait)*, élimination, façonnage, façonnement, finissage, finition. ▶ ***Ameublissement*** – ameublissement, bêchage, billonnage, billonnement, binage, charruage, culture, décavaillonnage, écroûtage, émottage, émottement, façonnage, façonnement, grattage, hersage, hivernage, labour, labourage, plombage, roulage, scarifiage, scarification, serfouissage, tassage, travail. ♦ **façons,** ***plur.*** ▶ ***Minauderie*** – affectation, agacerie, coquetterie, grâces, grimace, manières, mignardise, minauderie, mine, simagrée, singerie. *SOUT.* afféterie. *FAM.* chichi. ▶ ***Cérémonies*** – cérémonies, chichis, manières. ▶ ***Habitude*** – accoutumance, automatisme, habitude, manières, mœurs, pli, réflexe, rite, rituel, seconde nature. *PSYCHOL.* stéréotypie. *FAM.* abonnement, métro-boulot-dodo, train-train, train-train quotidien. ▸ *Non favorable* – encroûtement, manie, marotte, monotonie, ordinaire, ronron, routine, tic, uniformité. ▶ ***Agissements*** – agissements, allées et venues, comportement, conduite, démarche, faits et gestes, manières, pratiques, procédés. △ **ANT.** NATUREL, SIMPLICITÉ.

facteur *n. m.* ▶ ***Cause*** – agent, base, cause, explication, ferment, fondement, fontaine, germe, inspiration, levain, levier, mobile, moteur, motif, motivation, moyen, objet, occasion, origine, point de départ, pourquoi, principe, raison, raison d'être, source, sujet. *SOUT.* étincelle, mère, racine, ressort. ▶ ***Pourcentage*** – coefficient, indice, pour cent, pourcentage, proportion, quotient, rapport, ratio, tantième, taux, teneur. △ **ANT.** EFFET.

factice *adj.* ▶ ***Qui n'est pas authentique*** – artificiel, d'imitation, en toc, fabriqué, faux, imité, postiche, synthétique. ▶ ***Qui n'est pas sincère*** – affecté, artificiel, de commande, feint, forcé, insincère, (qui sonne) faux, simulé. △ **ANT.** NATUREL, VRAI; AUTHENTIQUE, ORIGINAL; RÉEL, SINCÈRE.

faction *n. f.* ▶ ***Groupuscule*** – bande, cabale, camarilla, chapelle, clan, clique, coterie, école, église, gang, groupuscule, ligue, maffia, secte. ▶ ***Insurrection*** – agitation, agitation-propagande, chouannerie, désordre, effervescence, embrasement, émeute, excitation, fermentation, fièvre, fronde, insoumission, insubordination, insurrection, jacquerie, manifestation, mutinerie, rébellion, remous, résistance, révolte, révolution, sédition, soulèvement, tourmente, troubles. *FAM.* agit-prop. ▶ ***Surveillance*** – attention, espionnage, filature, garde, gardiennage, guet, îlotage, inspection, monitorage, observation, patrouille, ronde, sentinelle, veille, veillée, vigie, vigilance.

facture *n. f.* ▶ ***Addition*** – addition, compte, dû, état de compte, état de frais, frais, note, relevé. *FAM.* coup de fusil, douloureuse, quart d'heure de Rabelais. ▶ ***Quittance*** – acquit, apurement, bulletin, connaissement, décharge, facturette *(carte de crédit)*, libération, quitus, récépissé, reconnaissance (de paiement), reçu, warrant. ▶ ***Façon*** – approche, art, chemin, code, comment, credo, démarche, discipline, dispositif, façon (de faire), formule, heuristique, instruction, instrument, ligne de conduite, maïeutique, manière, marche (à suivre), méthode, méthodologie, modalité, mode d'emploi, mode, moyen, opération, ordre, organisation, outil, posologie, pratique, procédé, procédure, protocole, raisonnement, recette, règle, secret, stratagème, stratégie, système, tactique, technique, théorie, traitement, voie. *SOUT.* faire.

facultativement *adv.* à volonté, ad libitum, au choix, en option, éventuellement, librement, sans obligation, volontairement. △ **ANT.** À TOUT PRIX, ABSOLUMENT, COÛTE QUE COÛTE, IMPÉRATIVEMENT, INCONDITIONNELLEMENT, NÉCESSAIREMENT, OBLIGATOIREMENT, SANS FAUTE.

faculté *n. f.* ▶ ***Liberté*** – autonomie, choix, contingence, disponibilité, droit, franc arbitre, hasard, indépendance, indéterminisme, liberté, libre arbitre, licence, loisir, permission, possibilité, pouvoir. ▶ ***Compétence*** – adresse, aisance, aptitude, art, brio, capacité, compétence, dextérité, disposition, doigté, don, expertise, facilité, force, fort, génie, habileté, main, maîtrise, métier, pouvoir, professionnalisme, savoir, savoir-faire, sens, talent, technique, virtuosité. *FAM.* bosse. *DR.* habilitation, habilité. ▶ ***Intelligence*** – bon sens, cerveau, cervelle, clairvoyance, compréhension, conception, discernement, entendement, esprit, imagination, intellect, intelligence, jugement, lucidité, pénétration, raison, tête. *FAM.* matière grise, méninges. *PHILOS.* logos. ▶ ***Université*** – académie, alma mater, campus, collège, complexe universitaire, école, enseignement supérieur, institut, université. *FAM.* fac. △ **ANT.** IMPOSSIBILITÉ, IMPUISSANCE; INAPTITUDE, INCAPACITÉ.

fade *adj.* ▶ ***Qui manque de goût*** – douceâtre, doucereux, insipide. *FAM.* fadasse. ▶ ***Qui manque d'éclat*** – décoloré, défraîchi, délavé, déteint, éteint, fané, pâli, passé, terne. *FAM.* fadasse, pisseux. ▶ ***Inintéressant*** – anodin, banal, falot, incolore, inintéressant, insignifiant, insipide, plat, sans intérêt, terne. *FAM.* incolore, inodore et sans saveur. △ **ANT.** DÉLECTABLE, DÉLICIEUX, EXQUIS, SAVOUREUX, SUCCULENT; ASSAISONNÉ, ÉPICÉ, RELEVÉ; ÉCLATANT, VIF, VOYANT; ÉLECTRISANT, ENIVRANT, ENTHOUSIASMANT, EXALTANT, EXCITANT, GRISANT, VIVANT; CAPTIVANT, FASCINANT, INTÉRESSANT, PALPITANT, PASSIONNANT.

fadeur *n. f.* banalité, facilité, faiblesse, indigence, inconsistance, insignifiance, insuffisance, médiocre, médiocrité, pauvreté, platitude, prévisibilité. *SOUT.* trivialité. △ **ANT.** MORDANT, PIQUANT, SAVEUR.

fagot *n. m.* ▶ ***Assemblage de branchages*** – brande, faisceau, fascine, ligot. *FRANCE RÉGION.* bourrée, javelle. ▶ ***Bois de chauffage*** (*AFR.*) – billette, bûche, bûchette *(petite)*, rondin.

faible *adj.* ♦ **choses** ▶ ***Qui a peu d'intensité*** – atténué, doux, léger, ténu. ▶ ***Précaire*** – chancelant, défaillant, fragile, glissant, incertain, instable, menacé, précaire, vacillant. ▶ ***Insuffisant*** – anémique, chétif, chiche, déficient, déficitaire, insatisfaisant, insuffisant, maigre, mauvais, médiocre, misérable, pauvre, piètre, rachitique. ▶ ***Sans importance*** – infime, infinitésimal, insignifiant, mince, minime, négligeable, petit, sans importance. ▶ ***En parlant d'une somme*** – bas, maigre, modeste, modique, petit. ▶ ***En parlant d'un son*** – amorti, assourdi, atténué, cotonneux, étouffé, feutré, mat, mou, ouaté, sourd, voilé. ▶ ***En parlant d'une voix*** – éteint, étouffé, sourd, voilé. ▶ ***En parlant du pouls*** – filant, filiforme. ♦ **personnes** ▶ ***Sans force physique*** – abattu, affaibli, anémié. MÉD. adynamique, asthénique. ▶ ***À la santé fragile*** – anémique, chétif, débile, délicat, en mauvaise santé, fragile, frêle, mal portant, maladif, malingre, rachitique, souffreteux. SOUT. valétudinaire. FAM. crevard, faiblard. ▶ ***Amorphe*** – affaissé, amorphe, apathique, atone, avachi, désossé, endormi, inconsistant, indolent, inerte, léthargique, lymphatique, mou, nonchalant, passif, ramolli, sans ressort. SOUT. lâche, veule. FAM. gnangnan, mollasse, mollasson, ramollo. ▶ ***Sans défense*** – désarmé, fragile, impuissant, sans défense, vulnérable. ▶ ***Qui manque de courage*** – couard, craintif, frileux, lâche, mou, peureux, pleutre, poltron, pusillanime, qui se dérobe, timide, timoré, veule. FAM. dégonflé, froussard, pétochard, poule mouillée, trouillard. ▶ ***Trop indulgent*** – bonasse, débonnaire, mou. △ **ANT.** FORT; INTENSE, PROFOND, VIOLENT; RÉSISTANT, SOLIDE; GRAND, IMMENSE, IMPORTANT, IMPOSANT; ASTRONOMIQUE, EXORBITANT, FOU; ASSOURDISSANT, BRUYANT, CLAIRONNANT, ÉCLATANT, ÉTOURDISSANT, FRACASSANT, RÉSONNANT, RETENTISSANT, SONORE, TONITRUANT, TONNANT; ATHLÉTIQUE, BIEN BÂTI, COSTAUD, GAILLARD, MUSCLÉ, PUISSANT, ROBUSTE, VAILLANT, VIGOUREUX; BIEN PORTANT, EN BONNE SANTÉ, EN SANTÉ, SAIN, VALIDE; BRAVE, COURAGEUX, HÉROÏQUE, INTRÉPIDE, VALEUREUX; DRACONIEN, DUR, EXIGEANT, RIGIDE, RIGOUREUX, SÉVÈRE, STRICT.

faible *n.* ▶ ***Personne*** – amorphe, apathique, baudruche, indolent, léthargique, loque, lymphatique, mollasse. FAM. chiffe (molle), emplâtre, endormi, gnangnan, lavette, limace, mollasson, mollusque, mou, zombie. MÉD. aboulique, apragmatique, cataleptique, psychasthénique. ♦ **faible**, ***masc.*** ▶ ***Propension*** – affection, aptitude, attirance, disposition, faiblesse, goût, habitude, impulsion, inclination, instinct, penchant, pente, prédilection, prédisposition, préférence, propension, tendance, vocation. DIDACT. susceptibilité. PSYCHOL. compulsion. FAM. tendresses. ▶ ***Engouement amoureux*** – amourette, aventure, aventure amoureuse, aventure galante, bricole, caprice, coquetterie, coup de foudre, engouement, fantaisie, flirt, idylle, liaison (amoureuse), marivaudage, passade, passion. SOUT. amours, entichement, oaristys. FAM. batifolage, béguin, toquade, touche. ▶ ***Imperfection*** – défaut, défectuosité, démérite, faiblesse, faille, faute, fil, grossièreté, handicap, imperfection, infirmité, insuffisance, lacune, maladie, malfaçon, manque, médiocrité, péché mignon, péché véniel, petitesse, ridicule, tache, tare, tort, travers, vice. SOUT. perfectibilité. △ **ANT.** FORT. ♦ **faible**, ***masc.*** DÉGOÛT, RÉPULSION; QUALITÉ, VERTU.

faiblement *adv.* ▶ ***Fragilement*** – délicatement, finement, fragilement, précairement, sensiblement, subtilement. ▶ ***Doucement*** – délicatement, discrètement, doucement, en douceur, légèrement, lentement, mesurément, modérément, mollement, posément, timidement. FAM. doucettement, mollo, mou, piane-piane, pianissimo, piano. ▶ ***Débonnairement*** – bonassement, bravement, complaisamment, débonnairement, mollement, paternellement. ▶ ***Insuffisamment*** – dérisoirement, imparfaitement, insuffisamment, mal, médiocrement, mollement, pauvrement. ▶ ***Un peu*** – légèrement, modérément, un peu. △ **ANT.** ÉNERGIQUEMENT, FORTEMENT, INTENSÉMENT; À L'EXTRÊME, SÉRIEUSEMENT, TERRIBLEMENT, TRÈS, VRAIMENT.

faiblesse *n.f.* ▶ ***Fragilité*** – délicatesse, fragilité, friabilité, instabilité, labilité, tendreté, vulnérabilité. ▶ ***Infériorité*** – désavantage, dessous, handicap, infériorité. ▶ ***Médiocrité*** – banalité, facilité, fadeur, inconsistance, indigence, insignifiance, insuffisance, médiocre, médiocrité, pauvreté, platitude, prévisibilité. SOUT. trivialité. ▶ ***Imperfection*** – défaut, défectuosité, démérite, faible, faille, faute, fil, grossièreté, handicap, imperfection, infirmité, insuffisance, lacune, maladie, malfaçon, manque, médiocrité, péché mignon, péché véniel, petitesse, ridicule, tache, tare, tort, travers, vice. SOUT. perfectibilité. ▶ ***Malaise physique*** – affection, altération, anomalie, défaillance, déficience, dérangement, dysfonction, dysfonctionnement, embarras, gêne, indisposition, insuffisance, mal, malaise, trouble. DIDACT. dysphorie. MÉD. lipothymie. SOUT. mésaise. ▶ ***Fatigue*** – abattement, accablement, affaiblissement, affaissement, affalement, alanguissement, amollissement, anéantissement, apathie, atonie, consomption, épuisement, éreintement, exténuation, fatigue, forçage, harassement, inertie, labeur, langueur, lassitude, marasme, peine, prostration, stress, surmenage. MÉD. adynamie, anémie, asthénie. ▶ ***Évanouissement*** – collapsus, défaillance, évanouissement, perte de connaissance, perte de conscience, syncope. FAM. vapes. MÉD. lipothymie. ▶ ***Lâcheté*** – lâcheté, peur, poltronnerie. SOUT. couardise, pleutrerie. FAM. dégonflage, dégonfle. ▶ ***Mollesse*** – abattement, affaiblissement, apathie, atonie, avachissement, inconsistance, indolence, langueur, laxisme, mollasserie, mollesse, nonchalance, passivité, veulerie. MÉD. aboulie, dysboulie, psychasthénie. ▶ ***Tolérance*** – complaisance, laisser-aller, laisser-faire, laxisme, mollesse, permissivité, relâchement. ▶ ***Inclination*** – affection, aptitude, attirance, disposition, faible, goût, habitude, impulsion, inclination, instinct, penchant, pente, prédilection, prédisposition, préférence, propension, tendance, vocation. DIDACT. susceptibilité. PSYCHOL. compulsion. FAM. tendresses. △ **ANT.** ÉNERGIE, FORCE, PUISSANCE; RÉSISTANCE, ROBUSTESSE; SUPÉRIORITÉ, TALENT; EXCELLENCE, VALEUR; SANTÉ, VIGUEUR; COURAGE; CARACTÈRE, DÉTERMINATION, VOLONTÉ; FERMETÉ, INFLEXIBILITÉ, INTRANSIGEANCE; DÉGOÛT, RÉPULSION; QUALITÉ, VERTU.

faiblir *v.* ▶ ***Perdre de sa détermination*** – battre en retraite, céder, faire marche arrière, fléchir, lâcher pied, mollir, plier, reculer. FAM. caler, caner, flancher, se déballonner, se dégonfler. ▶ ***Courber sous un poids*** – arquer, fléchir, plier, ployer. ▶ ***En parlant d'une chose abstraite*** – s'affaiblir, s'amenuiser, s'effriter, s'émietter, s'émousser. △ **ANT.** S'AFFERMIR, SE FORTIFIER, SE RELEVER, SE RENFORCER; RÉSISTER; S'INTENSIFIER.

faïence *n.f.* ▶ ***Matière*** – céramique, porcelaine, terre cuite. ▶ ***Objet*** – céramique, majolique, porcelaine, poterie.

faille *n.f.* ▶ ***Fracture de l'écorce terrestre*** – fracture, rift. ▶ ***Entaille*** – adent, brèche, coche, coupure, cran, créneau, crevasse, échancrure, égratignure, enclenche, encochage, encoche, encochement, engravure, entaille, entamure, épaufrure, fente, feuillure, hoche, incision, marque, mortaise, moucheture, onglet, raie, rainurage, rainure, rayure, ruinure, scarification, scissure, sillon, souchèvement *(roche)*, strie. BELG. griffe. BELG. FAM. gratte. ▶ ***Échancrure*** – coupure, crénelure, découpure, dentelure, échancrure, encochage, encoche, encochement, entaille, indentation, ouverture, sinuosité. BOT. ANAT. incisure. ▶ ***Faiblesse*** – défaut, défectuosité, démérite, faible, faiblesse, faute, fil, grossièreté, handicap, imperfection, infirmité, insuffisance, lacune, maladie, malfaçon, manque, médiocrité, péché mignon, péché véniel, petitesse, ridicule, tache, tare, tort, travers, vice. SOUT. perfectibilité.

failli *n.* banqueroutier.

faillir *v.* ▶ ***Être près de*** – manquer de.

faillite *n.f.* ▶ ***Débâcle financière*** – banqueroute, chute, crise, culbute, débâcle, déconfiture, dépôt de bilan, dépression, effondrement, fiasco, insolvabilité, krach, liquidation, marasme, mévente, naufrage, récession, ruine, stagflation. FAM. dégringolade. FRANCE FAM. baccara. ▶ ***Insuccès*** – avortement, banqueroute, capitulation, catastrophe, chute, débâcle, débandade, déconfiture, défaite, déroute, désavantage, échec, écrasement, fiasco, four, infortune, insuccès, mauvaise fortune, naufrage, perte, ratage, raté, retraite, revers. SOUT. traverse. FAM. désastre, piquette, plantage, raclée, recalage, volée. FRANCE FAM. bide, déculottée, dégelée, écrabouillement, fessée, foirade, gamelle, loupage, pile, rincée, rossée, tannée, veste. △ **ANT.** ESSOR, PROSPÉRITÉ; RÉUSSITE, SUCCÈS, TRIOMPHE.

faim *n.f.* ▶ ***Appétit*** – appétit, besoin, boulimie, creux, disette, famine, inanition, jeûne, polyphagie, voracité. FAM. fringale. ▶ ***Gourmandise*** – appétit, avidité, gourmandise, insatiabilité, voracité. PÉJ. gloutonnerie, goinfrerie. MÉD. boulimie, cynorexie, hyperorexie, sitiomanie. ▶ ***Désir*** – ambition, appel, appétit, aspiration, attirance, attrait, besoin, but, convoitise, desideratum, désir, envie, exigence, fantaisie, fantasme, fièvre, fringale, goût, idéal, intention, jalousie, passion, prétention, quête, recherche, rêve, soif, souhait, tentation, velléité, visée, vœu, voix, volonté. SOUT. appétence, dessein, prurit, vouloir. FAM. démangeaison. △ **ANT.** ANOREXIE, INAPPÉTENCE, SATIÉTÉ.

fainéant *adj.* flâneur, indolent, négligent, nonchalant, paresseux. FAM. cossard, faignant, flemmard, mollasse, mollasson, musard, musardeur. △ **ANT.** DYNAMIQUE, ÉNERGIQUE, INFATIGABLE, LABORIEUX, TRAVAILLEUR, VAILLANT, ZÉLÉ.

fainéant *n.* feignant, paresseux. FAM. branleur, cossard, flemmard, glandeur, larve, tire-au-cul, tire-au-flanc, traîne-savates, traîne-semelles. QUÉB. FAM. sans-cœur.

faire *v.* ▶ ***Exécuter*** – accomplir, effectuer, exécuter, opérer, pratiquer, procéder à, réaliser. ▶ *Une chose désagréable* FAM. s'envoyer, se coltiner, se farcir, se taper. ▶ ***Fabriquer*** – composer, confectionner, créer, élaborer, fabriquer, façonner, mettre au point, préparer, produire, travailler à. SOUT. enfanter. PÉJ. accoucher de. ▶ ***Préparer un mets*** – accommoder, apprêter, confectionner, cuisiner, mijoter, mitonner, préparer. FAM. concocter, fricoter. ▶ ***Concevoir un enfant*** – concevoir. ▶ ***Causer*** – amener, apporter, catalyser, causer, créer, déchaîner, déclencher, déterminer, donner lieu à, donner naissance à, engendrer, entraîner, former, générer, occasionner, produire, provoquer, soulever, susciter. PHILOS. nécessiter. ▶ ***Interpréter*** – camper *(avec vigueur)*, incarner, interpréter, jouer, jouer le rôle de, tenir le rôle de. ▶ ***Avoir comme forme*** – dessiner, former, présenter. ▶ ***Coûter*** (FAM.) – coûter, revenir à, valoir. ▶ ***Voler*** (FAM.) – dérober, prendre, soustraire, subtiliser, voler. FAM. barboter, chaparder, chiper, choper, escamoter, faucher, flibuster, piquer, rafler, taxer. FRANCE FAM. calotter, chouraver. QUÉB. FAM. sauter. ▶ ***Agir*** – agir, procéder, se comporter, se conduire. ♦ **se faire** ▶ ***Se produire*** – s'accomplir, s'opérer, se passer, se produire, se réaliser. ▶ ***S'habituer*** – s'acclimater, s'accommoder, s'accoutumer, s'adapter, s'habituer, se familiariser. SOUT. s'apprivoiser. ▶ ***S'améliorer, en parlant du vin*** – mûrir, rabonnir, s'abonnir, s'améliorer, se bonifier. ▶ ***Empocher*** (FAM.) – empocher, encaisser, gagner, mettre dans ses poches, percevoir, recevoir, recouvrer, toucher. FAM. palper. △ **ANT.** ABOLIR, ANÉANTIR, ANNIHILER, ANNULER, SUPPRIMER; ABATTRE, DÉFAIRE, DÉMOLIR, DÉRANGER.

faisabilité *n.f.* accessibilité, agrément, commodité, confort, disponibilité, facilité, possibilité, simplicité. INFORM. convivialité, transparence. △ **ANT.** INFAISABILITÉ.

faisceau *n.m.* ▶ ***Assemblage*** – bouquet, gerbe, girandole. ▶ ***Assemblage de végétaux*** – botte, bouquet *(décoratif)*, gerbe, gerbée, manoque *(tabac)*, trochet. ▶ ***Assemblage de branchages*** – brande, fagot, fascine, ligot. FRANCE RÉGION. bourrée, javelle. ▶ ***Lumière*** – faisceau (lumineux), jet, pinceau (lumineux), rayon, trait (de lumière). SOUT. rai. ▶ ***Accumulation*** – abondance, accumulation, addition, agrégation, amas, amoncellement, collection, déballage, échafaudage, emmagasinage, empilage, empilement, encombrement, entassement, étagement, fatras, fouillis, monceau, montagne, pile, pyramide, quantité, stratification, superposition, tas.

faiseur *n.* ▶ ***Fabricant*** – artisan, constructeur, entrepreneur, fabricant, industriel, manufacturier, producteur. ▶ ***Hâbleur*** – bravache, cabot, cabotin, coq, fanfaron, fat, hâbleur, m'as-tu-vu, minaudier, orgueilleux, paradeur, plastronneur, poseur, présomptueux, prétentieux, suffisant, vaniteux, vantard. SOUT. rodomont. FAM. bêcheur, bluffeur, crâneur, esbroufeur, frimeur, péteux, tartarin. FRANCE FAM. cravateur. FRANCE RÉGION. faraud. QUÉB. FAM. fendant. ▶ ***Homme d'affaires*** (SOUT.) – banquier, financier, homme d'affaires, manieur d'argent. △ **ANT.** DÉMOLISSEUR, DESTRUCTEUR.

fait *n.m.* ▶ ***Acte*** – acte, action, choix, comportement, conduite, décision, démarche, entreprise, faire, geste, intervention, manifestation, réalisation. ▶ ***Phénomène*** – circonstance, épiphénomène, événement, manifestation, occurrence, phénomène. ▶ ***Réalité*** – actualité, essence, être, existence, occurrence, présence, réalité, réel, substance, vie. ▶ ***Sujet*** – fond, matière, objet, point, problème, propos, question, sujet, thème. ▶ ***Faîte*** (ACADIE FAM.) – cime, couronnement, crête, dessus, faîte, haut, pinacle, point culminant, sommet. △ **ANT.** ABSTRACTION, HYPOTHÈSE, IDÉE, THÉORIE; FANTAISIE, FICTION, ILLUSION.

faîte *n.m.* ▶ ***Sommet*** – cime, couronnement, crête, dessus, haut, pinacle, point culminant, sommet. ACADIE FAM. fait. ▶ ***Summum*** – acmé, apex, apogée, apothéose, cime, climax, comble, culmination, excès, fin du fin, fort, limite, maximum, meilleur, nec plus ultra, optimum, paroxysme, pinacle, plafond, point culminant, pointe, record, sommet, summum, triomphe, zénith. SOUT. plus haut période. FAM. top niveau. ▶ ***Poutre*** – faîtage. △ **ANT.** BASE, PIED; BAS-FOND, MINIMUM.

falaise *n.f.* abrupt, à-pic, crêt, épaulement, escarpement, mur, paroi.

fallacieux *adj.* à double face, de mauvaise foi, déloyal, dissimulateur, dissimulé, faux, fourbe, hypocrite, insidieux, insincère, menteur, perfide, sournois, tortueux, traître, trompeur. SOUT. captieux, cauteleux, chafouin, tartufe, tartuffard, tortu. DIDACT. sophistique. △ **ANT.** RÉEL, TANGIBLE; CORRECT, DROIT, FRANC, HONNÊTE, LOYAL, PROBE.

falot *adj.* anodin, banal, fade, incolore, inintéressant, insignifiant, insipide, plat, sans intérêt, terne. FAM. incolore, inodore et sans saveur. △ **ANT.** CAPTIVANT, CHARISMATIQUE, ENSORCELANT, ENVOÛTANT, FASCINANT, MAGNÉTIQUE, SÉDUISANT; GRAVE, SÉRIEUX.

falot *n.m.* ▶ ***Fanal*** – campanile *(édifice)*, fanal, lampion, lanterne, lanterne rouge, lanterne-tempête, lanternon. ▶ ***Tribunal*** (FRANCE FAM.) – tribunal militaire.

fameux *adj.* ▶ ***Connu*** – célèbre, connu, de grand renom, glorieux, historique, illustre, immortel, inoubliable, légendaire, marquant, mémorable, notoire, proverbial, reconnu, renommé, réputé. ▸ *Non favorable* – de triste mémoire. ▶ ***Remarquable*** – admirable, brillant, éblouissant, excellent, extraordinaire, fantastique, magistral, magnifique, merveilleux, parfait, prodigieux, remarquable, réussi, sensationnel, sublime. FAM. à tout casser, champion, d'enfer, du tonnerre, épatant, extra, formidable, fumant, génial, mirifique, pas piqué des vers, splendide, super, terrible. FRANCE FAM. du feu de Dieu, énorme, fadé, formide, géant, gratiné, pas piqué des hannetons. ▶ ***Pour renforcer un terme*** – fieffé, fier, franc, parfait, rude, sale. FAM. damné, fichu, maudit, sacré, satané. △ **ANT.** ANONYME, IGNORÉ, INCONNU, OBSCUR; LAMENTABLE, MÉDIOCRE, MINABLE, NAVRANT, PIÈTRE, PITEUX, PITOYABLE, RATÉ.

familial *adj.* domestique, ménager. △ **ANT.** PROFESSIONNEL; PERSONNEL.

familiariser *v.* accoutumer, habituer. ♦ **se familiariser** s'acclimater, s'accommoder, s'accoutumer, s'adapter, s'habituer, se faire à. SOUT. s'apprivoiser. △ **ANT.** DÉFORMER, DÉSACCOUTUMER, DÉSHABITUER.

familiarité *n.f.* ▶ ***Abandon*** – abandon, confiance, détachement, insouciance, liberté, naturel, spontanéité. ▶ ***Fréquentation*** – attache, bons/mauvais termes, communication, compagnie, contact, correspondance, côtoiement, coudoiement, entourage, fréquentation, habitude, intelligence, intimité, liaison, lien, pratique, rapport, relation, société, usage, voisinage. SOUT. commerce. PÉJ. acoquinement, encanaillement. ♦ **familiarités,** ***plur.*** ▶ ***Sans-gêne*** – franc-parler, hardiesse, libertés, privautés, sans-façon, sans-gêne. △ **ANT.** DIGNITÉ, FROIDEUR, RAIDEUR, RÉSERVE, RETENUE.

familier *adj.* ▶ ***Habituel*** – accoutumé, attendu, consacré, coutumier, d'usage, de règle, de routine, habituel, normal, ordinaire, quotidien, régulier, rituel, usuel. ▶ ***Amical*** – accueillant, affable, agréable, aimable, amène, amical, avenant, bienveillant, chaleureux, charmant, convivial, cordial, de bonne compagnie, engageant, gracieux, invitant, liant, ouvert, sociable, souriant, sympathique. FAM. sympa. ▶ ***Irrespectueux*** – cavalier, cynique, désinvolte, effronté, éhonté, impertinent, impoli, impudent, insolent, irrespectueux, irrévérencieux, leste, libre, provocant, sans gêne, sans vergogne. FAM. culotté, gonflé. QUÉB. FAM. baveux. ACADIE FAM. effaré. ▶ ***En parlant d'un animal*** – apprivoisé, domestiqué, domestique. △ **ANT.** ANORMAL, BIZARRE, CURIEUX, DRÔLE, ÉTRANGE, EXOTIQUE, INACCOUTUMÉ, INHABITUEL, INSOLITE, INUSITÉ, SINGULIER, SPÉCIAL; ACADÉMIQUE, CÉRÉMONIEUX, CONVENTIONNEL, EMPESÉ, OFFICIEL; DÉFÉRENT, RESPECTUEUX; LITTÉRAIRE, SOIGNÉ, SOUTENU; SAUVAGE *(ANIMAL)*; DE FERME.

familièrement *adv.* à la bonne franquette, naturellement, sans affectation, sans apprêt, sans cérémonies, sans complications, sans façons, sans ornement, sans tambour ni trompette, simplement, sobrement, tout bonnement. SOUT. nûment. FAM. à la fortune du pot. △ **ANT.** FASTUEUSEMENT, IMPÉRIALEMENT, LUXUEUSEMENT, MAGNIFIQUEMENT, PRINCIÈREMENT, RICHEMENT, ROYALEMENT, SOMPTUEUSEMENT, SPLENDIDEMENT, SUPERBEMENT; SCIENTIFIQUEMENT.

famille *n.f.* ▶ ***Cellule familiale*** – cellule familiale, entourage, foyer, fratrie, gens, logis, maison, maisonnée, ménage, toit. FAM. bercail, clan, couvée, marmaille, nichée, progéniture, smala, tribu. ▶ ***Lignée*** – agnation, alliance, arbre généalogique, ascendance, branche, cognation, consanguinité, cousinage, degré, descendance, dynastie, extraction, filiation, fratrie, généalogie, génération, hérédité, lignage, ligne, lignée, maison, matriarcat, matrilignage, origine, parentage, parenté, parentelle, patriarcat, patrilignage, postérité, primogéniture, quartier (de noblesse), race, sang, souche. RARE fraternité. ▶ ***Sorte*** – catégorie, classe, espèce, genre, groupe, nature, ordre, sorte, type, variété. SOUT. gent.

fanatique *adj.* ▶ ***Intolérant*** – extrémiste, intolérant, sectaire. ▶ ***Passionné*** – amateur, amoureux, avide, entiché, épris, féru, fervent, fou, friand, passionné. FAM. accro, enragé, fana, maniaque, mordu. △ **ANT.** MESURÉ, MODÉRÉ, PONDÉRÉ, RAISONNÉ; DÉTACHÉ, INDIFFÉRENT, TIÈDE; ÉVOLUÉ, LARGE (D'ESPRIT), LIBÉRAL, OUVERT, TOLÉRANT.

fanatique *n.* ▶ ***Extrémiste*** – activiste, contestataire, extrémiste, jusqu'au-boutiste, maximaliste, radical, terroriste. *FAM.* enragé. ▶ ***Amateur*** – adepte, aficionado, amant, amateur, ami, amoureux, connaisseur, fervent, fou, passionné. *SOUT.* assoiffé. *FAM.* accro, allumé, enragé, fan, fana, malade, mordu. *FRANCE FAM.* fondu. ▶ ***Admirateur*** – admirateur, adorateur, amoureux, fervent, groupie, idolâtre, inconditionnel. *FAM.* fan, fana. ▶ ***Supporteur*** – supporteur. *FAM.* fan, fana. *QUÉB.* partisan. △ **ANT.** MODÉRÉ; SCEPTIQUE; PROFANE; ENNEMI, OPPOSANT.

fanatisme *n.m.* ▶ ***Intolérance*** – dogmatisme, étroitesse d'esprit, étroitesse de vue, intolérance, intransigeance, parti pris, rigidité. *SOUT.* sectarisme. *PSYCHOL.* psychorigidité. ▶ ***Adoration*** – admiration, adoration, adulation, amour, attachement, culte, dévotion, emballement, engouement, ferveur, iconolâtrie, idolâtrie, passion, respect, vénération, zèle. *SOUT.* dilection, révérence. *PÉJ.* encens, flagornerie, flatterie. △ **ANT.** MODÉRATION; TOLÉRANCE; IMPARTIALITÉ; SCEPTICISME, TIÉDEUR.

fané *adj.* ▶ ***En parlant d'une fleur*** – flétri. ▶ ***En parlant d'une couleur*** – décoloré, défraîchi, délavé, déteint, éteint, fade, pâli, passé, terne. *FAM.* fadasse, pisseux. △ **ANT.** ÉPANOUI, FRAIS; ÉCLATANT, VIF, VOYANT.

faner *v.* ▶ ***Dessécher*** – défraîchir, dessécher, étioler, flétrir, sécher. ▶ ***Décolorer*** – décolorer, défraîchir, délaver, déteindre, pâlir, ternir. ♦ **se faner** ▶ ***Défleurir*** – défleurir, s'étioler, se flétrir. ▶ ***Perdre sa vivacité*** – dépérir, s'étioler, se dessécher, se flétrir. ▶ ***Perdre sa couleur*** – déteindre, pâlir, passer, s'estomper, se décolorer, se défraîchir. ▶ ***Vieillir*** – se décatir, se flétrir, vieillir. ♦ **fané** ▶ ***En parlant d'une fleur*** – flétri. ▶ ***En parlant d'une couleur*** – décoloré, défraîchi, délavé, déteint, éteint, fade, pâli, passé, terne. *FAM.* fadasse, pisseux. △ **ANT.** RAFRAÎCHIR, RANIMER. ♦ **se faner** ÉCLORE, S'ÉPANOUIR, S'OUVRIR, VERDIR, VERDOYER.

fanfare *n.f.* bastringue *(bruyant)*, ensemble, formation, groupe, orchestre, orphéon.

fanfaronner *v.* ▶ ***Faire le brave*** – faire l'intéressant, faire le brave, faire le fanfaron, faire le malin, faire le zouave, plastronner. *SOUT.* gasconner. *FAM.* crâner, faire le mariolle, jouer les durs, la ramener. ▶ ***Se vanter*** – en mettre plein la vue, jeter de la poudre aux yeux, se faire valoir, se vanter. *FAM.* bluffer, esbroufer, faire de l'épate, faire de l'esbroufe, faire de la frime, faire des flaflas, faire du chiqué, frimer, le faire à l'épate, le faire à l'estomac, le faire au chiqué, se faire mousser, tchatcher.

fantaisie *n.f.* ▶ ***Fiction*** – affabulation, artifice, chimère, combinaison, comédie, expédient, fabrication, fabulation, feinte, fiction, fumisterie, histoire, idée, imagination, invention, irréalité, légende, mensonge, rêve, roman, saga, songe. *PSYCHOL.* confabulation, mythomanie. ▶ ***Imagination*** – conception, création, créativité, évasion, extrapolation, fantasme, fictif, fiction, idéal, idéation, idée, illumination *(soudain)*, imaginaire, imagination, inspiration, invention, inventivité, irréel, souffle (créateur), supposition, surréalité, surréel, veine, virtuel. *SOUT.* folle du logis, muse. *FRANCE FAM.* gamberge. ▶ ***Bizarrerie*** – anomalie, anormalité, bizarrerie, chinoiserie, cocasserie, curiosité, drôlerie, étrangeté, excentricité, extravagance, fantasmagorie, folie, loufoquerie, monstruosité, non-conformisme, originalité, singularité. ▶ ***Caprice*** – accès, bizarrerie, bon plaisir, caprice, changement, chimère, coup de tête, envie, extravagance, fantasme, folie, frasque, gré, guise, immaturité, impatience, incartade, inconstance, infantilisme, instabilité, légèreté, lubie, marotte, mobilité, originalité, saute (d'humeur), singularité, sporadicité, variation, versatilité, volonté. *SOUT.* folle gamberge, foucade, humeur. *FAM.* toquade. ▶ ***Désir*** – ambition, appel, appétit, aspiration, attirance, attrait, besoin, but, convoitise, desideratum, désir, envie, exigence, faim, fantasme, fièvre, fringale, goût, idéal, intention, jalousie, passion, prétention, quête, recherche, rêve, soif, souhait, tentation, velléité, visée, vœu, voix, volonté. *SOUT.* appétence, dessein, prurit, vouloir. *FAM.* démangeaison. ▶ ***Objet de peu de valeur*** – affiquet, babiole, bagatelle, baliverne, bêtise, bibelot, breloque, bricole, brimborion, chiffon, colifichet, fanfreluche, frivolité, futilité, gadget, hochet, inutilité, jouet, misère, rien. *FAM.* gimmick, gnognote. ▶ ***Mode*** – avant-gardisme, dernier cri, engouement, épidémie, fureur, goût (du jour), mode, style, tendance, ton, vague, vent, vogue. △ **ANT.** FAIT, RÉALITÉ, VÉRITÉ; BANALITÉ, RÉGULARITÉ; RAISON, SAGESSE.

fantaisiste *adj.* ▶ ***Imaginatif*** – créateur, créatif, imaginatif, innovant, inventif, qui a l'imagination fertile. ▶ ***Sujet à des caprices*** – capricieux, changeant, fantasque, flottant, inconsistant, inconstant, instable, lunatique, mobile, versatile, volage. *SOUT.* caméléonesque, ondoyant. ▶ ***Qui n'est pas sérieux*** – amateur. *PÉJ.* dilettante, fumiste. ▶ ***Inventé*** – apocryphe, fabriqué, faux, fictif, forgé (de toutes pièces), imaginé, inauthentique, inexistant, inventé. *SOUT.* controuvé. △ **ANT.** CONSTANT, PERSÉVÉRANT, STABLE; PROFESSIONNEL, SÉRIEUX; ATTESTÉ, AUTHENTIQUE, EXACT, HISTORIQUE, RÉEL, VÉRIDIQUE, VÉRITABLE, VRAI.

fantaisiste *n.* ▶ ***Bohème*** – bohème. *FAM.* artiste. ▶ ***Amateur*** – amateur, dilettante, plaisantin, touche-à-tout. *FAM.* demi-sel, fumiste.

fantasme *n.m.* ▶ ***Illusion*** – abstraction, abstrait, apparence, berlue, chimère, déréalisation, effet d'optique, faux, faux-semblant, fiction, fumée, hallucination, illusion, illusion d'optique, image, imagination, irréalisme, irréalité, leurre, mensonge, mirage, onirisme, psychédélisme, rêve, rêverie, semblant, simulation, songe, songerie, trompe-l'œil, tromperie, utopie, vision, vue de l'esprit. *FAM.* frime. *SOUT.* prestige. ▶ ***Imagination*** – conception, création, créativité, évasion, extrapolation, fantaisie, fictif, fiction, idéal, idéation, idée, illumination *(soudain)*, imaginaire, imagination, inspiration, invention, inventivité, irréel, souffle (créateur), supposition, surréalité, surréel, veine, virtuel. *SOUT.* folle du logis, muse. *FRANCE FAM.* gamberge. ▶ ***Divagation*** – divagation, élucubration, extravagance, imagination, puérilité, vision. *SOUT.* disparade, disparate, vaticination. ▶ ***Caprice*** – accès, bizarrerie, bon plaisir, caprice, changement, chimère, coup de tête, envie, extravagance, fantaisie, folie, frasque, gré, guise, immaturité, impatience, incartade, inconstance, infantilisme, instabilité, légèreté, lubie, marotte, mobilité, originalité, saute (d'humeur), singularité, sporadicité, variation, versatilité, volonté. *SOUT.* folle gamberge, foucade, humeur. *FAM.* toquade. ▶ ***Désir*** – ambition, appel, appétit, aspiration, attirance, attrait, besoin, but, convoitise, desideratum, désir, envie, exigence, faim, fantaisie, fièvre, fringale, goût, idéal, intention, jalousie, passion, prétention, quête, recherche, rêve, soif, souhait, tentation, velléité, visée, vœu, voix, volonté. SOUT. appétence, dessein, prurit, vouloir. FAM. démangeaison. △ **ANT.** FAIT, RÉALITÉ, VÉRITÉ; BANALITÉ, RÉGULARITÉ; RAISON, SAGESSE.

fantasque *adj.* ▶ ***Sujet à des caprices*** – capricieux, changeant, fantaisiste, flottant, inconsistant, inconstant, instable, lunatique, mobile, versatile, volage. SOUT. caméléonesque, ondoyant. ▶ ***Excentrique*** – à dormir debout, abracadabrant, abracadabrantesque, absurde, baroque, biscornu, bizarre, burlesque, cocasse, exagéré, excentrique, extravagant, farfelu, fou, funambulesque, grotesque, impayable, impossible, incroyable, insolite, invraisemblable, loufoque, qui ne tient pas debout, rocambolesque, saugrenu, tiré par les cheveux, vaudevillesque. FRANCE FAM. foutraque, gaguesque. △ **ANT.** CONSTANT, POSÉ, RAISONNABLE, SÉRIEUX, STABLE; BANAL, NORMAL, ORDINAIRE.

fantassin *n.m.* ▶ ***Soldat d'infanterie*** – FRANCE FAM. biffin. ANTIQ. hoplite. △ **ANT.** CAVALIER.

fantastique *adj.* ▶ ***Imaginaire*** – chimérique, fabuleux, fantasmagorique, fictif, imaginaire, inexistant, irréel, légendaire, mythique, mythologique. ▶ ***Hors du commun*** – étonnant, extraordinaire, fabuleux, hors du commun, incroyable, inouï, miraculeux, phénoménal, prodigieux. FAM. délirant, dément, dingue, fou. FRANCE FAM. foutral. ▶ ***Excellent*** – admirable, brillant, éblouissant, excellent, extraordinaire, magistral, magnifique, merveilleux, parfait, prodigieux, remarquable, réussi, sensationnel, sublime. FAM. à tout casser, champion, d'enfer, du tonnerre, épatant, extra, fameux, formidable, fumant, génial, mirifique, pas piqué des vers, splendide, super, terrible. FRANCE FAM. du feu de Dieu, énorme, fadé, formide, géant, gratiné, pas piqué des hannetons. △ **ANT.** ATTESTÉ, AUTHENTIQUE, EXACT, HISTORIQUE, RÉEL, VÉRIDIQUE, VÉRITABLE, VRAI; BANAL, ORDINAIRE; LAMENTABLE, MÉDIOCRE, MINABLE, NAVRANT, PIÈTRE, PITEUX, PITOYABLE, RATÉ.

fantoche *n.m.* ▶ ***Marionnette*** – guignol, mannequin, marionnette, pantin, polichinelle. ▶ ***Personne*** – baudruche, cire molle, esclave, figurant, jouet, mannequin, marionnette, mouton, pantin, potiche, suiveur, suiviste. FAM. béni-oui-oui.

fantôme *n.m.* ▶ ***Spectre*** – apparition, créature éthérée, double, ectoplasme, esprit, esprit frappeur, mort-vivant, ombre, périsprit, revenant, spectre, vision, zombie. ANTIQ. larve, lémure. ▶ ***Personne très maigre*** (FAM.) – gringalet, maigre, maigrelet, maigrichon, maigriot, sécot. FAM. cadavre ambulant, (grand) échalas, (grande) bringue *(femme)*, (grande) gigue *(femme)*, (grande) perche, manche à balai, momie, paquet d'os, sac d'os, sauterelle, spectre, squelette. QUÉB. FAM. (grand) efflanqué.

farce *n.f.* ▶ ***Comédie*** – arlequinade, bouffonnerie, boulevard, burlesque, clownerie, comédie, limerick, momerie, pantalonnade, parodie, pièce de boulevard, proverbe, saynète, sketch, sotie, spectacle, théâtre de boulevard, vaudeville. PÉJ. caleçonnade. ANC. mascarade. ▶ ***Plaisanterie*** – badinage, baliverne, blague, bon mot, bouffonnerie, boutade, cabriole, calembour, calembredaine, clownerie, drôlerie, facétie, galéjade, gauloiserie, histoire (drôle), humour, joyeuseté, mot pour rire, pitrerie, plaisanterie. SOUT. arlequinade. FAM. astuce, flan, gag, gaudriole, histoire de fous. FRANCE RÉGION. galéjade. BELG. zwanze. SUISSE witz. ▶ ***Taquinerie*** – agacerie, chinage, diablerie, espièglerie, facétie, gaminerie, goguenardise, jeu, lutinerie, malice, mièvreté, moquerie, pique, provocation, raillerie, taquinerie, turlupinade. SOUT. folâtrerie. FAM. asticotage. ▶ ***Tour*** – attrape, blague, canular, facétie, fumisterie, mystification, plaisanterie, tour. FAM. bateau. △ **ANT.** DRAME, TRAGÉDIE; GRAVITÉ, SÉRIEUX.

farceur *n.* amuseur, bouffon, boute-en-train, clown, comique, comique de la troupe, espiègle, facétieux, humoriste, pince-sans-rire, pitre, plaisantin, taquin. FAM. blagueur. FRANCE FAM. asticoteur, charlot, fumiste. ▶ *Non favorable* – mauvais plaisant, (petit) comique, petit rigolo. △ **ANT.** DÉMYSTIFICATEUR.

fard *n.m.* ▶ ***Produit cosmétique*** – maquillage. ▶ ***Camouflage*** – camouflage, déguisement, dissimulation, maquillage, mascarade, masquage, masque, mimétisme, occultation.

fardeau *n.m.* ▶ ***Charge*** – charge, chargement, poids. SOUT. faix. ▶ ***Obligation*** – abaissement, allégeance, appartenance, asservissement, assujettissement, attachement, captivité, contrainte, dépendance, domestication, domesticité, domination, emprise, esclavage, gêne, hilotisme, inféodation, infériorité, mainmise, merci, mouvance, obédience, obéissance, obligation, oppression, pouvoir, puissance, servage, servitude, soumission, subordination, sujétion, tutelle, tyrannie, vassalité. FIG. carcan, chaîne, corset (de fer), coupe, griffe, main, patte, prison; SOUT. fers, gaine, joug. FÉOD. tenure. △ **ANT.** ALLÈGEMENT, DÉLIVRANCE, LIBÉRATION, SOULAGEMENT; DÉCHARGE.

farouche *adj.* ▶ ***Méfiant*** – craintif, méfiant, sauvage. ▶ ***Solitaire*** – insociable, misanthrope, ours, sauvage, solitaire. ▶ ***Acharné*** – acharné, enragé, exalté, forcené, furieux, passionné. ▶ ***En parlant d'une lutte*** – acharné, âpre, chaud, féroce, furieux, opiniâtre. ▶ ***En parlant d'un animal*** – inapprivoisable, inapprivoisé, indomptable, indompté, sauvage. ▶ ***En parlant de la nature*** – hostile, ingrat, inhabitable, inhospitalier, sauvage. △ **ANT.** CONFIANT; ACCUEILLANT, AFFABLE, AIMABLE, AVENANT, CHALEUREUX, CONVIVIAL, CORDIAL, ENGAGEANT, INVITANT, OUVERT, SOCIABLE, SYMPATHIQUE; FAIBLE, LÂCHE, MOU; APPRIVOISABLE, DOMESTICABLE; APPRIVOISÉ.

farouchement *adv.* barbarement, bestialement, brutalement, cruellement, durement, férocement, impitoyablement, inhumainement, méchamment, rudement, sadiquement, sauvagement. △ **ANT.** AVEC DOUCEUR, BIENVEILLAMMENT, DÉLICATEMENT.

fascinant *adj.* ▶ ***Intéressant*** – absorbant, accrocheur, captivant, intéressant, palpitant, passionnant, prenant. SOUT. attractif. ▶ ***Envoûtant*** – captivant, ensorcelant, envoûtant, magnétique, séduisant. △ **ANT.** ASSOMMANT, DÉNUÉ D'INTÉRÊT, ENDORMANT, ENNUYEUX, FASTIDIEUX, ININTÉRESSANT, INSIPIDE, LASSANT, MONOTONE, PLAT, RÉPÉTITIF, SOPORIFIQUE.

fascination *n.f.* ▶ ***Ensorcellement*** – charme, diablerie, enchantement, ensorcellement, envoûtement, influence, jettatura, magie, maléfice, malheur, maraboutage, mauvais œil, (mauvais) sort, philtre, possession, sorcellerie, sortilège. ANTIQ. goétie. ▶ ***Hypnose*** – hypnose, hypnotisme, magnétisme, narcoanalyse, sophrologie. ▶ ***Attrait*** – aimant, attirance, attraction, attrait, charisme, charme, chien, désirabilité, envoûtement, magie, magnétisme, séduction, sex-appeal. ▶ ***Influence*** – action, aide, appui, ascendant, attirance, attraction, aura, autorité, contagion, crédit, dominance, domination, effet, empreinte, emprise, force, importance, incitation, influence, inspiration, magie, magnétisme, mainmise, manipulation, mouvance, persuasion, pétition, poids, pouvoir, prépondérance, présence, pression, prestige, puissance, règne, rôle, séduction, subjugation, suggestion, tyrannie. SOUT. empire, intercession. ▶ ***Émerveillement*** – admiration, adoration, éblouissement, émerveillement, enchantement, engouement, enthousiasme, envoûtement, ravissement, subjugation. △ **ANT.** DÉSENVOÛTEMENT; AVERSION, DÉGOÛT, RÉPUGNANCE; ÉLOIGNEMENT, REJET; ENNUI.

fasciner *v.* ▶ ***Priver de réaction*** – hypnotiser. ▶ ***Captiver*** – captiver, charmer, ensorceler, envoûter, hypnotiser, magnétiser, obnubiler, séduire, subjuguer, tenir sous le charme. ▶ ***Remplir d'étonnement et d'admiration*** – éblouir, émerveiller, faire de l'effet, faire impression, faire sensation, impressionner. FAM. en mettre plein la vue à, épater. △ **ANT.** DÉPLAIRE, ÉLOIGNER, ENNUYER, REBUTER, REPOUSSER.

fascisme *n.m.* ▶ ***Dictature*** – absolutisme, autocratie, césarisme, despotisme, dictature, totalitarisme, tsarisme, tyrannie. ▶ ***Conservatisme*** – conservatisme, droite, droitisme, extrême droite, libéralisme, réaction. ▶ ***Nationalisme d'extrême droite*** – hitlérisme, national-socialisme, nazisme, néo-fascisme, néo-nazisme.

faste *adj.* beau, brillant, fécond, florissant, heureux, prospère, riche. △ **ANT.** NÉFASTE *(JOUR)*.

faste *n.m.* abondance, apparat, appareil, beauté, confort, dolce vita, éclat, étalage, grandeur, luxe, magnificence, majesté, opulence, ostentation, pompe, profusion, richesse, somptuosité, splendeur. FAM. tralala. △ **ANT.** HUMILITÉ, INDIGENCE, PAUVRETÉ; DÉPOUILLEMENT, SIMPLICITÉ.

fastidieux *adj.* assommant, endormant, ennuyeux, inintéressant, insipide, lassant, monotone, plat, répétitif, soporifique. FAM. barbant, lugubre, mortel, mortifère, mourant, rasant, raseur, rasoir, usant. FRANCE FAM. barbifiant, barbifique, bassinant, canulant. QUÉB. FAM. plate. △ **ANT.** CAPTIVANT, FASCINANT, INTÉRESSANT, PALPITANT, PASSIONNANT.

fastueux *adj.* luxueux, magnifique, opulent, princier, riche, royal, seigneurial, somptueux. SOUT. magnificent, splendide. △ **ANT.** À LA BONNE FRANQUETTE, HUMBLE, MODESTE, SANS CÉRÉMONIES, SIMPLE, SOBRE.

fat *adj.* cabot, cabotin, complaisant, conquérant, content de soi, fier, fiérot, hâbleur, imbu de soi-même, infatué, m'as-tu-vu, orgueilleux, outrecuidant, pédant, pétri d'orgueil, plein de soi-même, présomptueux, prétentieux, qui fait l'important, qui se prend pour quelqu'un, qui se prend pour un autre, rempli de soi-même, suffisant, vain, vaniteux, vantard. FAM. chochotte. LOUISIANE AFR. faraud. △ **ANT.** HUMBLE, MODESTE, SANS PRÉTENTION, SIMPLE.

fat *n.m.* bravache, cabot, cabotin, coq, faiseur, fanfaron, hâbleur, m'as-tu-vu, minaudier, orgueilleux, paradeur, plastronneur, poseur, présomptueux, prétentieux, suffisant, vaniteux, vantard. SOUT. rodomont. FAM. bêcheur, bluffeur, crâneur, esbroufeur, frimeur, péteux, tartarin. FRANCE FAM. cravateur. FRANCE RÉGION. faraud. QUÉB. FAM. fendant.

fatal *adj.* ▶ ***Marqué par le destin*** – fatidique. ▶ ***Qui tue*** – funeste, létal, meurtrier, mortel. DIDACT. mortifère. ▶ ***Immanquable*** – assuré, certain, immanquable, imparable, implacable, incontournable, inéluctable, inévitable, inexorable, nécessaire, obligatoire, obligé, sûr. FAM. forcé, mathématique. △ **ANT.** FAVORABLE, HEUREUX, PROPICE; DOUTEUX, INCERTAIN, PEU PROBABLE.

fatalement *adv.* à coup sûr, automatiquement, forcément, immanquablement, implacablement, inéluctablement, inévitablement, inexorablement, infailliblement, ipso facto, irrésistiblement, logiquement, mathématiquement, nécessairement, obligatoirement, par la force des choses. △ **ANT.** ALÉATOIREMENT, DOUTEUSEMENT, PEUT-ÊTRE.

fatalisme *n.m.* ▶ ***Résignation*** – acceptation, aquoibonisme, déterminisme, passivité, philosophie, providentialisme, renoncement, résignation, stoïcisme. △ **ANT.** VOLONTÉ; OPTIMISME.

fataliste *adj.* passif, résigné. △ **ANT.** ACTIF, COMBATIF, ÉNERGIQUE.

fatalité *n.f.* ▶ ***Destin*** – avenir, chance, demain(s), destin, destinée, devenir, étoile, existence, fortune, futur, hasard, horizon, karma, lendemain(s), lot, nécessité, prédestination, prédétermination, prédéterminisme, providence, sort, vie. SOUT. fatum, Parque. ▶ ***Malchance*** – accident, coup du destin, coup du sort, coup dur, cruauté du destin, fortune contraire, infortune, malchance, malheur, mauvais sort, mauvaise fortune, sort contraire, vicissitude. SOUT. adversité, infélicité. FAM. chiasse, déveine, guigne, manque de bol, manque de pot, poisse, scoumoune. FRANCE FAM. cerise, débine, guignon, mélasse, mouscaille. ▶ ***Malheur*** – adversité, calamité, calice (de douleur), chagrin, détresse, deuil, disgrâce, douleur, échec, épreuve, infortune, mal, malchance, malédiction, malheur, mauvaise fortune, mauvaise passe, mésaventure, misère, nuage, orage, peine, revers, ruine, sale affaire, sale histoire, souffrance, traverse, tribulation. SOUT. bourrèlement, plaie, tourment. △ **ANT.** LIBRE ARBITRE, VOLONTÉ; CHANCE; BONHEUR.

fatigant *adj.* ▶ ***Éreintant*** – abrutissant, accablant, épuisant, éreintant, exténuant, harassant, surmenant. FAM. claquant, crevant, esquintant, tuant, usant. FRANCE FAM. cassant, foulant, liquéfiant. ▶ ***Exaspérant*** – agaçant, crispant, désagréable, énervant, exaspérant, excédant, harcelant, importun, inopportun, insupportable, irritant. FAM. assommant, casse-pieds, embêtant, empoisonnant, enquiquinant, enquiquineur, horripilant, qui tape sur les nerfs, suant, tannant, tuant. FRANCE FAM. gonflant.

QUÉB. FAM. achalant, dérangeant. ▶ ***Envahissant*** – accaparant, encombrant, envahissant, importun, indésirable, indiscret, intrus, pesant, sans gêne. *FAM.* casse-pieds, collant, crampon, embêtant. *QUÉB. FAM.* achalant, dérangeant. △ **ANT.** APAISANT, DÉLASSANT, RELAXANT, REPOSANT; ATTIRANT, CONVIVIAL, DE BONNE COMPAGNIE, ENGAGEANT, INTÉRESSANT, SYMPATHIQUE; POLI, RESPECTUEUX.

fatigue *n.f.* abattement, accablement, affaiblissement, affaissement, affalement, alanguissement, amollissement, anéantissement, apathie, atonie, consomption, épuisement, éreintement, exténuation, faiblesse, forçage, harassement, inertie, labeur, langueur, lassitude, marasme, peine, prostration, stress, surmenage. *MÉD.* adynamie, anémie, asthénie. △ **ANT.** DÉLASSEMENT, DÉTENTE, RÉCUPÉRATION, REPOS; ARDEUR, VIVACITÉ.

fatiguer *v.* ▶ ***Épuiser*** – abrutir, briser, courbaturer, épuiser, éreinter, exténuer, forcer, harasser, lasser, mettre à plat, surmener, tuer. *FAM.* claquer, crever, démolir, esquinter, lessiver, mettre sur le flanc, nettoyer, pomper, rétamer, vanner, vider. *QUÉB. FAM.* maganer. ▶ ***Importuner*** – agacer, crisper, énerver, exaspérer, excéder, hérisser, impatienter, importuner, irriter, porter sur les nerfs de. *FAM.* barber, casser les pieds à, courir sur le système de, embêter, emmieller, empoisonner, enquiquiner, faire suer, gonfler, horripiler, insupporter, pomper l'air à, scier, tanner, taper sur les nerfs de. *FRANCE FAM.* bassiner, canuler, cavaler, courir, courir sur le haricot de, soûler. *QUÉB. FAM.* achaler, déranger. ▶ ***Occuper sans cesse l'esprit*** – ennuyer, obséder, préoccuper, taquiner, tarabuster, tracasser, travailler. *FAM.* titiller, turlupiner. *QUÉB. FAM.* chicoter. *FRANCE RÉGION.* taler. ▶ ***Blaser*** – blaser, dégoûter, désabuser, écœurer, lasser, saturer. ▶ ***Rebuter*** – décourager, ennuyer, lasser, rebuter. ▶ ***Être pénible*** – coûter à, peser sur. ▶ ***Remuer la salade*** (*FAM.*) – remuer, tourner. *FAM.* touiller. *QUÉB. FAM.* brasser. ▶ ***En parlant d'un mécanisme*** – peiner. *QUÉB. FAM.* forcer. ♦ **se fatiguer** ▶ ***S'épuiser*** – brûler la chandelle par les deux bouts, s'épuiser, s'éreinter, s'exténuer, se mettre à plat, se surmener, se tuer. *FAM.* s'esquinter, se casser, se crever, se fouler. ▶ ***S'évertuer*** – faire des pieds et des mains, peiner, remuer ciel et terre, s'échiner, s'évertuer, se démener, se dépenser, se donner beaucoup de peine, se donner du mal, se mettre en quatre, se remuer, se tuer. *FAM.* ramer, se décarcasser, se défoncer, se démancher, se donner un mal de chien, se donner un mal de fou, se fouler la rate. ♦ **fatigué** ▶ ***Épuisé*** – à bout, à plat, brisé, courbatu, épuisé, éreinté, exténué, fourbu, harassé, las, mort (de fatigue), moulu (de fatigue). *SOUT.* recru (de fatigue), rompu (de fatigue), roué de fatigue. *FAM.* au bout du rouleau, avachi, claqué, crevé, esquinté, flagada, flapi, lessivé, nase, pompé, ramollo, raplapla, sur le flanc, sur les genoux, sur les rotules, vanné, vidé. ▶ ***Blasé*** – blasé, dégoûté, désabusé, écœuré, las, lassé, qui en a assez, saturé. *FAM.* qui en a ras-le-bol. *QUÉB. FAM.* tanné. △ **ANT.** RAGAILLARDIR, REVIGORER; CALMER, DÉLASSER, DÉTENDRE, REPOSER; AMUSER, DISTRAIRE, INTÉRESSER.

fatras *n.m.* ▶ ***Amas*** – abondance, accumulation, addition, agrégation, amas, amoncellement, collection, déballage, échafaudage, emmagasinage, empilage, empilement, encombrement, entassement, étagement, faisceau, fouillis, monceau, montagne, pile, pyramide, quantité, stratification, superposition, tas. ▶ ***Désordre*** – bric-à-brac, désordre, fourbi, gâchis, pêle-mêle. *FAM.* bordel, fouillis, foutoir, marmelade, micmac, pagaille. *QUÉB. FAM.* barda. *BELG. FAM.* margaille. *SUISSE* chenil.

faubourg *n.m.* ▶ ***Banlieue*** – abords, alentours, banlieue, banlieue-dortoir, ceinture, cité-dortoir, couronne, environs, extension, périphérie, quartier-dortoir, ville-dortoir, zone (suburbaine). ▶ ***Partie d'une ville*** – quartier, secteur, sous-secteur. *SUISSE* dicastère. *ANTIQ.* tribu. △ **ANT.** CENTRE, CENTRE-VILLE.

faucher *v.* ▶ ***Renverser qqch.*** – abattre, coucher, renverser. ▶ ***Tuer subitement*** – foudroyer, frapper, terrasser. ▶ ***Tuer en grand nombre*** (*SOUT.*) – décimer, exterminer, massacrer. *SOUT.* moissonner. ▶ ***Dérober*** (*FAM.*) – dérober, faire main basse sur, prendre, soustraire, subtiliser, voler. *FAM.* barboter, chaparder, chiper, choper, escamoter, faire, flibuster, piquer, rafler, taxer. *FRANCE FAM.* calotter, chouraver. ▶ ***Prendre*** (*FAM.*) – enlever, prendre, ravir, s'emparer de, se saisir de, usurper, voler. *FAM.* souffler, soulever. ♦ **fauché** ▶ ***Sans argent*** (*FAM.*) – à court, dans la gêne, désargenté, gêné, pauvre, sans le sou, serré. *FAM.* à sec, dans la dèche, dans le rouge, raide (comme un passe-lacet), sur le sable. *FRANCE FAM.* panné, sans un. △ **ANT.** CULTIVER, ENSEMENCER, PLANTER, SEMER; SAUVER; DONNER, REDRESSER, RELEVER.

faucille *n.f.* ébranchoir, élagueur, émondoir, fauchard, serpe, vouge.

faucon *n.m.* ▶ ***Oiseau*** – crécerelle, (faucon) émerillon, (faucon) pèlerin, gerfaut, hobereau. ▶ ***Personne*** – belliciste, épervier, jusqu'au-boutiste, militariste. *FAM.* va-t-en-guerre. ▶ ***Arme*** (*ANC.*) – *ANC.* fauconneau. △ **ANT.** COLOMBE.

faufiler *v.* ▶ ***Coudre provisoirement*** – bâtir. ♦ **se faufiler** ▶ ***Se glisser*** – s'insinuer, se couler, se glisser.

fausse-couche (var. **fausse couche**) *n.f.* avortement, avortement involontaire, avortement naturel, avortement spontané.

faussement *adv.* ▶ ***Erronément*** – à tort, abusivement, défectueusement, erronément, fautivement, improprement, inadéquatement, incorrectement, inexactement, mal, par erreur, vicieusement. ▶ ***Injustement*** – abusivement, arbitrairement, inéquitablement, iniquement, injustement, partialement, subjectivement, tendancieusement. ▶ ***Fictivement*** – fictivement, imaginairement, irréellement. ▶ ***Illusoirement*** – apparemment, chimériquement, en apparence, illusoirement, trompeusement, vainement. ▶ ***Artificiellement*** – académiquement, artificiellement, conventionnellement, facticement. △ **ANT.** AVEC RAISON; AUTHENTIQUEMENT, VÉRIDIQUEMENT, VÉRITABLEMENT; ADÉQUATEMENT, CORRECTEMENT.

fausser *v.* ▶ ***Déformer*** – altérer, biaiser, défigurer, déformer, dénaturer, falsifier, gauchir, trahir, travestir. △ **ANT.** RESPECTER; CORRIGER, REDRESSER, RÉTABLIR.

fausseté *n.f.* ▶ ***Contrevérité*** – contresens, contrevérité, faux sens. *RARE* spéciosité. ▶ ***Feinte*** – affectation, artifice, cachotterie, comédie, déguisement, dissimulation, duplicité, faux-semblant, feinte, fiction, finauderie, grimace, hypocrisie, invention, leurre, mensonge, momerie, pantalonnade, parade, ruse, simulation, singerie, sournoiserie, tromperie. SOUT. simulacre. FAM. cinéma, cirque, finasserie, frime. ▸ ***Hypocrisie*** – déloyauté, dissimulation, duplicité, facticité, félonie, fourberie, hypocrisie, mauvaise foi, perfidie, scélératesse, sournoiserie, trahison, traîtrise, tromperie. SOUT. factice, félinité, insincérité. ▸ ***Hypocrisie religieuse*** – affectation (de piété), bigoterie, bondieuserie, hypocrisie, jésuitisme, pharisaïsme, tartuferie. △ **ANT.** RÉALITÉ, VÉRITÉ; AUTHENTICITÉ; EXACTITUDE, JUSTESSE; FRANCHISE, SINCÉRITÉ; LOYAUTÉ.

faute *n.f.* ▸ ***Inexactitude*** – écart, erreur, imperfection, imprécision, incorrection, inexactitude, infidélité, irrégularité. ▸ ***Imperfection*** – défaut, défectuosité, démérite, faible, faiblesse, faille, fil, grossièreté, handicap, imperfection, infirmité, insuffisance, lacune, maladie, malfaçon, manque, médiocrité, péché mignon, péché véniel, petitesse, ridicule, tache, tare, tort, travers, vice. SOUT. perfectibilité. ▸ ***Bévue*** – bavure, bêtise, bévue, blague, bourde, erreur, étourderie, fausse manœuvre, fausse note, faux pas, impair, imprudence, maladresse, maldonne, méprise, sottise. FAM. boulette, connerie, couac, gaffe, gourance, gourante. ▸ ***Infraction*** – accroc, contravention, crime, délit, dérogation, entorse, forfait, forfaiture, inconduite, infraction, manquement, mauvaise action, mauvaise conduite, méfait, non-respect, rupture, transgression, violation. BELG. méconduite. DR. cas. ▸ ***Culpabilité*** – culpabilité, imputabilité, responsabilité. ▸ ***Péché*** – accroc, chute, crime, déchéance, écart, errements, impureté, mal, manquement, mauvais, offense, péché, sacrilège, scandale, souillure, tache, transgression, vice. △ **ANT.** CORRECTION, EXACTITUDE, JUSTESSE; PERFECTION, PURETÉ; EXPLOIT, PROUESSE; BIENFAIT, MÉRITE; ABONDANCE, EXCÈS.

fauteuil *n.m.* bergère, cabriolet, fauteuil club, (fauteuil) crapaud, fauteuil pivotant, fauteuil Wassily, marquise, voltaire.

fautif *adj.* ▸ ***Responsable*** – coupable, dans son tort, responsable. DR. délinquant. ▸ ***Inexact*** – erroné, faux, incorrect, inexact, mauvais. ▸ ***Qui enfreint les règles d'usage*** – abusif, barbare, impropre, incorrect. △ **ANT.** INNOCENT; BON, CORRECT, EXACT, FIDÈLE, JUSTE; CONFORME, DE BON ALOI.

fauve *adj.* ▸ ***Sauvage*** – féroce, sauvage. ▸ ***Qui tire sur le roux*** – cognac, feuille-morte, noisette, ocré, ocre, rouille, roussâtre, roussi, roux, tabac. SOUT. rouillé. DIDACT. rubigineux.

faux *adj.* ▸ ***Inexact*** – erroné, fautif, incorrect, inexact, mauvais. ▸ ***Qui n'est pas naturel*** – artificiel, d'imitation, en toc, fabriqué, factice, imité, postiche, synthétique. ▸ ***Inventé*** – apocryphe, fabriqué, fantaisiste, fictif, forgé (de toutes pièces), imaginé, inauthentique, inexistant, inventé. SOUT. controuvé. ▸ ***Truqué*** – contrefait, falsifié, forgé, maquillé, simulé, truqué. FAM. bidon, bidonné, bidouillé. ▸ ***Sans fondement*** – chimérique, illusoire, qui fait illusion, trompeur, vain. ▸ ***Qui se prétend tel*** – apparent, prétendu, soi-disant, supposé. ▸ ***Hypocrite*** – à double face, de mauvaise foi, déloyal, dissimulateur, dissimulé, fallacieux, fourbe, hypocrite, insidieux, insincère, menteur, perfide, sournois, tortueux, traître, trompeur. SOUT. captieux, cauteleux, chafouin, tartufe, tartuffard, tortu. DIDACT. sophistique. ▸ ***Qui manque de sincérité*** – affecté, artificiel, de commande, factice, feint, forcé, insincère, (qui sonne) faux, simulé. ▸ ***Qui fausse*** – cacophonique, criard, discordant, dissonant, inharmonieux. RARE inharmonique. △ **ANT.** VRAI; BON, CORRECT, EXACT, FIDÈLE, JUSTE; AUTHENTIQUE, NATUREL, RÉEL, VÉRITABLE; FRANC, HONNÊTE, LOYAL; SINCÈRE, SPONTANÉ; INNOCENT; EUPHONIQUE, HARMONIEUX, MÉLODIEUX.

faux *n.m.* ▸ ***Illusion*** – abstraction, abstrait, apparence, berlue, chimère, déréalisation, effet d'optique, fantasme, faux-semblant, fiction, fumée, hallucination, illusion, illusion d'optique, image, imagination, irréalisme, irréalité, leurre, mensonge, mirage, onirisme, psychédélisme, rêve, rêverie, semblant, simulation, songe, songerie, trompe-l'œil, tromperie, utopie, vision, vue de l'esprit. FAM. frime. SOUT. prestige. ▸ ***Objet imité*** – clinquant, imitation. FAM. quincaillerie, simili, toc. ▸ ***Altération*** – altération, barbouillage, bricolage, contrefaçon, déformation, déguisement, dénaturation, entorse, falsification, fardage, fraude, frelatage, gauchissement, maquillage, modification, truquage. DR. contrefaction.

faveur *n.f.* ▸ ***Don*** – aide, allocation, apport, assistance, aumône, bonne œuvre, charité, dation, disposition, distribution, don, grâce, hommage, indemnité, obole, prestation, secours, soulagement, subside, subvention. SOUT. bienfait. FAM. dépannage. DR. donation, fidéicommis, legs, libéralité. RELIG. bénédiction, charisme. ▸ ***Privilège*** – acquis, apanage, attribution, avantage, bénéfice, chasse gardée, concession, droit, exclusivisme, exclusivité, exemption, honneur, immunité, inviolabilité, monopole, passe-droit, pouvoir, préférence, prérogative, privilège. ANC. franchise. RELIG. indult. ▸ ***Popularité*** – célébrité, considération, éclat, gloire, notoriété, palmarès, popularité, renom, renommée, réputation, vedettariat. FIG. auréole, immortalité, la déesse aux cent bouches. ▸ ***Favoritisme*** – clientélisme, favoritisme, népotisme, partialité, préférence. FAM. chouchoutage, combine, copinage, piston, pistonnage. QUÉB. partisanerie. ▸ ***Distinction*** – décoration, dignité, égards, élévation, honneur, pourpre, prérogative, promotion. ▸ ***Ruban*** – bolduc, boucle, bouffette, chou, cocarde, dragonne, élastique, embrasse, extrafort, galon, ganse, gansette, gros-grain, lambrequin, padou, passement, rosette, ruban, volant. ANC. falbala. △ **ANT.** DÉSAVANTAGE, INCONVÉNIENT, PRÉJUDICE, TORT; MALVEILLANCE, RIGUEUR; DÉFAVEUR, DISCRÉDIT, DISGRÂCE, IMPOPULARITÉ; DÉSHONNEUR.

favorable *adj.* ▸ ***Consentant*** – approbateur, approbatif, consentant. ▸ ***Bienveillant*** – bien disposé, bien intentionné, bienveillant, clément, compréhensif, dans de bonnes dispositions, indulgent, ouvert, tolérant. ▸ ***Qui tombe bien*** – bien venu, bienvenu, bon, opportun, propice, qui tombe à pic. SOUT. heureux. ▸ ***Qui fait paraître plus beau*** – avantageux, flatteur, seyant. △ **ANT.** CRITIQUE, DÉSAPPROBATEUR, RÉPROBATEUR; FÂCHEUX, IMPORTUN, INOPPORTUN, MAL À PROPOS; DÉFAVORABLE, DÉSAVANTAGEUX. ♦ **favorable à** CONTRE, DÉFAVORABLE À, OPPOSÉ À.

favorablement *adv.* ► ***Avantageusement*** – à point (nommé), à propos, à temps, agréablement, au bon moment, avantageusement, bien, commodément, convenablement, heureusement, inespérément, judicieusement, opportunément, par bonheur, par miracle, précieusement, providentiellement, salutairement, utilement. FAM. à pic. ► ***Obligeamment*** – bienveillamment, complaisamment, miséricordieusement, obligeamment, positivement. ► ***Affirmativement*** – affirmatif, affirmativement, approbativement, bien entendu, bien sûr, d'accord, oui, par l'affirmative, soit, volontiers. FAM. comme de bien entendu, d'acc, O.K. △ **ANT.** DÉFAVORABLEMENT, NÉGATIVEMENT.

favori *n.* ► ***Préféré*** – préféré. FAM. chouchou, coqueluche. ► ***Amoureux*** – adorateur, âme sœur, ami de cœur, amour, amoureux, beau, bien-aimé, chéri, être aimé, petit ami, tourtereau, valentin. PAR EUPHÉM. ami, compagnon. PAR PLAIS. soupirant. FAM. béguin, copain. ► ***Protégé*** (ANC.) – créature, protégé. ANTIQ. ROM. client. ♦ **favori**, *masc.* ► ***Cheval*** – crack. ♦ **favorite**, *fém.* ► ***Amoureuse*** – adoratrice, âme sœur, amie, amie de cœur, amour, amoureuse, belle, bien-aimée, chérie, être aimé, petite amie, tourterelle, valentine. PAR EUPHÉM. amie, compagne. PAR PLAIS. dulcinée. FAM. béguin, copine. QUÉB. blonde. ANTILLES doudou.

favoriser *v.* ► ***Patronner*** – appuyer, patronner, prendre sous son aile, protéger, recommander, soutenir. FAM. donner un coup de pouce à, pistonner. ► ***Être utile*** – aider, être utile à, servir. ► ***Promouvoir*** – encourager, impulser, promouvoir, soutenir. ► ***Pourvoir d'un avantage*** – avantager, doter, douer, gratifier, lotir, privilégier. △ **ANT.** CONTRARIER, CONTRECARRER, DÉFAVORISER, DÉSAVANTAGER. EMPÊCHER, ENTRAVER.

fax *n.m.* ► ***Transmission*** – fac-similé, télécopie. ► ***Appareil*** – télécopieur, téléfax.

fébrile *adj.* ► ***En parlant de qqn*** – agité, énervé, excité, fiévreux, hystérique, impatient, nerveux, surexcité. FAM. mordu de la tarentule, piqué de la tarentule, tout-fou. ► ***En parlant de qqch.*** – agité, bouillonnant, délirant, échevelé, effervescent, effréné, frénétique, intense, mouvementé, passionné, trépidant, tumultueux, violent. △ **ANT.** CALME, DÉTENDU, PLACIDE, SEREIN, TRANQUILLE.

fébrilement *adv.* anxieusement, convulsivement, fiévreusement, impatiemment, nerveusement, spasmodiquement, vivement. △ **ANT.** AVEC CALME, AVEC SANG-FROID, AVEC SÉRÉNITÉ, CALMEMENT, FLEGMATIQUEMENT, FROIDEMENT, IMPASSIBLEMENT, PLACIDEMENT, POSÉMENT, TRANQUILLEMENT.

fébrilité *n.f.* agitation, effervescence, électrisation, emballement, énervement, étourdissement, exaltation, excitation, fièvre, griserie, nervosité, stress, surexcitation, tension. SOUT. enivrement, éréthisme, exaspération, surtension. RARE enfièvrement. SPORTS pressing. △ **ANT.** CALME, SÉRÉNITÉ, TRANQUILLITÉ.

fécond *adj.* ► ***Qui produit beaucoup*** – abondant, débordant, fertile, foisonnant, fructueux, généreux, inépuisable, intarissable, productif, prolifique, riche. SOUT. copieux, inexhaustible, plantureux. ► ***Prospère*** – beau, brillant, faste, florissant, heureux, prospère, riche. △ **ANT.** INFÉCOND, STÉRILE; ARIDE, INGRAT, PAUVRE; IMPRODUCTIF, INFRUCTUEUX.

féconder *v.* frayer, inséminer.

fécondité *n.f.* ► ***Fertilité*** – conception, fertilité, reproductibilité, reproduction, reproductivité. SOUT. prolificité. FAM. lapinisme. PHYSIOL. œstrus. ► ***Productivité*** – abondance, fertilité, générosité, luxuriance, prodigalité, productivité, rendement, richesse. △ **ANT.** INFÉCONDITÉ, STÉRILITÉ; ARIDITÉ, SÉCHERESSE.

fédération *n.f.* ► ***Association politique*** – alliance, apparentement, association, bloc, camp, cartel, club, coalition, confédération, faisceau, formation, front, groupe, groupe d'intérêts, groupe de pression, groupement, ligue, mouvement, organisation, parti, phalange, rapprochement, rassemblement, union. ANC. hétairie. FÉOD. hermandad. ► ***Association sportive*** – association, ligue.

féerie (var. **féérie**) *n.f.* ► ***Magie*** – fantasmagorie, fantastique, magie, merveilleux, mystère, prodige, prodigieux, sorcellerie, surnaturel. ► ***Beauté*** – agrément, art, attrait, beau, beauté, charme, chic, classe, coquetterie, délicatesse, distinction, éclat, élégance, esthétique, fraîcheur, grâce, gracieux, harmonie, magnificence, majesté, perfection, photogénie, pureté, séduction, splendeur, symétrie. SOUT. blandice, joliesse, morbidesse, sublimité, symphonie, vénusté. △ **ANT.** BANALITÉ; LAIDEUR.

féerique (var. **féérique**) *adj.* ► ***Magique*** – enchanté, ensorcelé, envoûté, magique, merveilleux, surnaturel. ► ***Enchanteur*** – enchanteur, idyllique, irréel, magnifique, merveilleux, paradisiaque. SOUT. édénique. △ **ANT.** RÉEL; ATROCE, INFERNAL, INSOUTENABLE, INTOLÉRABLE, INVIVABLE.

feindre *v.* affecter, faire mine de, faire semblant de, simuler, singer. △ **ANT.** ACCOMPLIR, AGIR, EXÉCUTER, RÉALISER.

feint *adj.* affecté, artificiel, de commande, factice, forcé, insincère, (qui sonne) faux, simulé. △ **ANT.** NATUREL, SINCÈRE, SPONTANÉ.

feinte *n.f.* ► ***Dissimulation*** – affectation, artifice, cachotterie, comédie, déguisement, dissimulation, duplicité, faux-semblant, fiction, finauderie, grimace, hypocrisie, invention, leurre, mensonge, momerie, pantalonnade, parade, ruse, simulation, singerie, sournoiserie, tromperie. SOUT. simulacre. FAM. cinéma, cirque, finasserie, frime. ► ***Mouvement simulé*** – fausse attaque. ► ***Ruse*** (FAM.) – artifice, astuce, escamotage, fourberie, fraude, machiavélisme, machination, manœuvre, ruse, stratagème, subterfuge. △ **ANT.** FRANCHISE, SINCÉRITÉ.

félicitations *n.f.pl.* acclamation, apologie, apothéose, applaudissement, bravo, célébration, compliment, éloge, encensement, fleur, glorification, louange, panégyrique, solennisation. SOUT. baisemain, congratulation, dithyrambe, exaltation. △ **ANT.** BLÂME, CRITIQUE, REPROCHE.

féliciter *v.* ► ***Complimenter*** – applaudir, approuver, chanter les louanges de, complimenter, congratuler, couvrir de fleurs, couvrir de louanges, encenser, faire l'éloge de, louanger, louer, rendre hommage à, saluer, vanter. ♦ **se féliciter** ► ***Être content de soi*** – s'applaudir, se louer, se réjouir.

△ **ANT.** BLÂMER, CRITIQUER. ♦ **se féliciter** DÉPLORER, SE REPROCHER.

félin *n.m.* ZOOL. félidé.

femelle *n.f.* ▶ ***Animal*** ▸ *Spécifiques* – ânesse, biche *(chevreuil)*, bisonne, brebis *(mouton)*, bufflesse/bufflonne, cerve *(loup-cervier)*, chamelle, chatte, chevrette, chienne, daine *(daim)*, dinde, éléphante, guenon *(singe)*, hase *(lièvre)*, hérissonne, jument, laie *(sanglier)*, lanier *(faucon de chasse)*, lapine, levrette *(lévrier)*, louve, merlette, ourse, pierrette *(moineau)*, ponette, rate, renarde, serine, truie, vache. ▸ *Petites femelles* – agnelle, canette, génisse *(bœuf)*, pouliche *(cheval)*. ▶ ***Femme*** (FAM.) – femme, fille. FAM. madame. △ **ANT.** MÂLE.

femme *n.f.* ▶ ***Être humain femelle*** – fille. FAM. madame. ▶ ***Épouse*** – conjoint, conjointe, épouse. SOUT. compagne (de vie), douce moitié, tendre moitié. ♦ **les femmes**, *plur.* la gent féminine. △ **ANT.** HOMME; ENFANT; MARI.

fendre *v.* ▶ ***Couper*** – couper. TECHN. cliver. ▶ ***Fendiller*** – craqueler, crevasser, fêler, fendiller, fissurer, gercer, lézarder, sillonner. △ **ANT.** ASSEMBLER, JOINDRE, LIER, RÉUNIR, SOUDER.

fenêtre *n.f.* ▶ ***Ouverture*** – ajour, baie (de fenêtre), croisée, vue. ▶ ***Cadre vitré*** – bâti dormant, cadre, chambranle, châssis, châssis dormant, croisée, dormant, encadrement, huisserie, trappe. ▶ ***Espace dans un écrit*** – blanc. ▶ ***Temps disponible*** – créneau, trou.

fente *n.f.* ▶ ***Fissure*** – brèche, brisure, cassure, craquelure, crevasse, déchirure, ébréchure, écornure, fêlure, fendillement, fissure, fuite, gerçure, lézarde. TECHN. crique, étonnement, gerce. DIDACT. gélivure. GÉOGR. rimaye. GÉOL. diaclase. ▶ ***Entaille*** – adent, brèche, coche, coupure, cran, créneau, crevasse, échancrure, égratignure, enclenche, encochage, encoche, encochement, engravure, entaille, entamure, épaufrure, faille, feuillure, hoche, incision, marque, mortaise, moucheture, onglet, raie, rainurage, rainure, rayure, ruinure, scarification, scissure, sillon, souchèvement *(roche)*, strie. BELG. griffe. BELG. FAM. gratte. ▶ ***Interstice*** – créneau, espace, espacement, interstice, intervalle, ouverture. △ **ANT.** SOUDURE.

féodal *n.m.* ▶ ***Seigneur féodal*** – baron, seigneur, seigneur féodal. ▶ ***Propriétaire terrien*** – fellah *(pays arabes)*, gentleman-farmer, propriétaire agricole, propriétaire foncier, propriétaire rural, propriétaire terrien.

fer *n.m.* ▶ ***Appareil pour repasser*** – fer à repasser, fer à vapeur, pressing, repasseuse *(machine)*. TECHN. carreau, lissoir. ▶ ***Demi-cercle de métal*** – fer à cheval. ♦ **fer**, *sing.* ▶ ***Épée*** – épée, lame. ▶ ***Poignard*** (SOUT.) – couteau, poignard. SOUT. acier. FAM. lardoire, schlass. ♦ **fers**, *plur.* ▶ ***Chaînes*** – attache, câble, chaîne, corde, courroie, lanière, lien, ligament, ligature, liure, rétinacle, sangle. ▶ ***Esclavage*** (SOUT.) – abaissement, allégeance, appartenance, asservissement, assujettissement, attachement, captivité, contrainte, dépendance, domestication, domesticité, domination, emprise, esclavage, gêne, hilotisme, inféodation, infériorité, mainmise, merci, mouvance, obédience, obéissance, obligation, oppression, pouvoir, puissance, servage, servitude, soumission, subordination, sujétion, tutelle, tyrannie, vassalité. FIG. carcan, chaîne, corset (de fer), coupe, fardeau, griffe, main, patte, prison; SOUT. gaine, joug. FÉOD. tenure. ▶ ***Instrument médical*** – forceps.

ferme *adj.* ▶ ***Irrévocable*** – catégorique, décidé, déterminé, entier, immuable, inébranlable, inflexible, résolu. ▶ ***Déterminé*** – assuré, décidé, délibéré, déterminé, énergique, hardi, résolu, volontaire. ▶ ***Qui ne montre aucune peur*** – héroïque, impassible, inébranlable, intrépide, stoïque. SOUT. impavide. ▶ ***Rempli de vigueur*** – énergique, musclé, nerveux, qui a du nerf, solide, vigoureux. ▶ ***Qui garde sa forme*** – dur, fort, raide, résistant, rigide, solide. RARE inflexible. ▶ ***En équilibre*** – assuré, en équilibre, équilibré, solide, stable. △ **ANT.** FLEXIBLE, SOUPLE, TRAITABLE; COUARD, CRAINTIF, FAIBLE, FRILEUX, LÂCHE, PEUREUX, PLEUTRE, POLTRON, PUSILLANIME, TIMIDE, TIMORÉ; INERTE, MOU, NONCHALANT; CHANGEANT, FANTASQUE, FLOTTANT, INCONSTANT, INSTABLE, VOLAGE; BANCAL, BOITEUX, BRANLANT, EN DÉSÉQUILIBRE, INSTABLE.

ferme *n.f.* ▶ ***Exploitation agricole*** – domaine, exploitation (agricole), fermette, métairie. FRANCE RÉGION. borderie. FRANCE RÉGION. OU BELG. cense. ANTIQ. villa. ▶ ***Location*** – affermage, amodiation, location. ▶ ***Charpente*** – architecture, armature, charpente, gros œuvre, ossature, squelette, structure.

fermement *adv.* ▶ ***Inflexiblement*** – d'une main ferme, de pied ferme, droitement, ferme, inébranlablement, inflexiblement, rigidement, robustement, solidement, tenacement. FAM. dur, dur comme fer. ▶ ***Énergiquement*** – activement, avec la dernière énergie, avec zèle, décidément, dru, dynamiquement, énergiquement, fort, fortement, puissamment, résolument, sérieusement, virilement. ▶ ***Carrément*** – abruptement, brusquement, brutalement, carrément, catégoriquement, crûment, directement, droit, droit au but, franc, franchement, hardiment, librement, net, nettement, raide, raidement, résolument, rondement, sans ambages, sans ambiguïté, sans barguigner, sans détour(s), sans dissimulation, sans équivoque, sans faux-fuyant, sans hésitation, sans intermédiaire, vertement. FAM. franco. △ **ANT.** APATHIQUEMENT, FAIBLEMENT, MOLLEMENT.

ferment *n.m.* ▶ ***Micro-organisme*** – gélolevure, grains de képhir, levure. ANC. ferment figuré. ▶ ***Cause*** – agent, base, cause, explication, facteur, fondement, fontaine, germe, inspiration, levain, levier, mobile, moteur, motif, motivation, moyen, objet, occasion, origine, point de départ, pourquoi, principe, raison, raison d'être, source, sujet. SOUT. étincelle, mère, racine, ressort.

fermentation *n.f.* ▶ ***Décomposition*** – altération, biodégradation, corruption, décomposition, faisandage, gangrène, pourrissement, pourriture, putréfaction, putrescence, putridité, suiffage *(beurre)*, thanatomorphose. ▶ ***Insurrection*** – agitation, agitation-propagande, chouannerie, désordre, effervescence, embrasement, émeute, excitation, faction, fièvre, fronde, insoumission, insubordination, insurrection, jacquerie, manifestation, mutinerie, rébellion, remous, résistance, révolte, révolution, sédition, soulèvement, tourmente, troubles. *FAM.* agit-prop. △ **ANT.** APAISEMENT, PACIFICATION; CALME.

fermenter *v.* ▶ ***En parlant du raisin*** – cuver. ▶ ***En parlant de la pâte*** – gonfler, lever, monter. ▶ ***En parlant d'une chose abstraite*** – couver. △ **ANT.** S'APAISER, SE CALMER.

fermer *v.* ▶ ***Refermer*** – refermer. *SOUT.* clore, reclore. ▶ ***Former une limite*** – borner, boucher, limiter, terminer. ▶ ***Constituer le dernier élément*** – clore, clôturer, conclure, finir, terminer. ▶ ***Éteindre*** (*FAM.*) – arrêter, éteindre. ♦ **se fermer** ▶ ***Se renfrogner*** – s'assombrir, se rembrunir, se renfrogner. ▶ ***Se cicatriser*** – guérir, (se) cicatriser. ♦ **fermé** ▶ ***Clos*** – clos, étanche, hermétique. ▶ ***Impassible*** – hermétique, impassible, impénétrable, inexpressif. ▶ ***Indifférent*** – étranger, imperméable, inaccessible, indifférent, insensible, réfractaire, sourd. *SOUT.* impénétrable. ▶ ***Hostile*** – contestataire, dissident, factieux, iconoclaste, incendiaire, insurgé, insurrectionnel, mal pensant, protestataire, rebelle, révolté, révolutionnaire, séditieux, subversif. *RARE* contestateur. △ **ANT.** OUVRIR, ROUVRIR; DÉBARRER, DÉBOUCHER, DÉCLORE, DÉGAGER, DESCELLER, DÉVERROUILLER, LIBÉRER; COMMENCER, INAUGURER; AUTORISER.

fermeté *n.f.* ▶ ***Solidité*** – cohésion, compacité, consistance, coriacité, dureté, fixité, force, homogénéité, indélébilité, indestructibilité, inextensibilité, massiveté, monolithisme, résilience, résistance, rigidité, robustesse, solidité, sûreté. ▶ ***Sûreté*** – aplomb, assurance, autorité, caractère, constance, courage, cran, détermination, endurance, énergie, force, permanence, poigne, rectitude, résolution, ressort, sang-froid, sérieux, solidité, sûreté, ténacité, vigueur, virilité, volonté. *SOUT.* invulnérabilité. *FAM.* estomac, gagne. ▶ ***Obstination*** – acharnement, assiduité, constance, détermination, entêtement, insistance, obstination, opiniâtreté, persévérance, persistance, résolution, suite dans les idées, ténacité, volonté. *PÉJ.* aveuglement. ▶ ***Stabilité*** – constance, continu, continuité, durabilité, durée, fixité, immuabilité, immutabilité, imprescriptibilité, imputrescibilité, inaliénabilité, inaltérabilité, incorruptibilité, indéfectibilité, indissolubilité, invariabilité, longévité, pérennité, permanence, persistance, stabilité, tenue. *PHYS.* invariance. △ **ANT.** FLACCIDITÉ, INCONSISTANCE, MOLLESSE; FRAGILITÉ, PRÉCARITÉ; FLEXIBILITÉ, SOUPLESSE; DÉFAILLANCE, FAIBLESSE, LÂCHETÉ; INSTABILITÉ.

fermeture *n.f.* ▶ ***Dispositif*** – bonde, bondon, bouchon, capsule, capuchon, marette, tampon. *MAR.* tape. ▶ ***Obstruction*** – barrage, bouchage, bouclage, cloisonnage, cloisonnement, clôture, comblement, condamnation, coupure, interception, lutage, murage, oblitération, obstruction, obturation, occlusion, remblai, tamponnement, verrouillage. ▶ ***Cachetage*** – cachetage, scellement. △ **ANT.** BRÈCHE, OUVERTURE; COMMENCEMENT, DÉBUT, INAUGURATION.

fermier *n.* ▶ ***Locataire*** – colon, habitant, hôte, locataire, métayer, occupant, preneur, sous-locataire. ▶ ***Agriculteur*** – agriculteur, agronome, exploitant (agricole), paysan, producteur (agricole). ▶ ***Financier*** (*ANC.*) – percepteur. *ANC.* exacteur, fermier (général), financier, maltôtier, partisan, publicain, traitant.

féroce *adj.* ▶ ***En parlant d'une bête*** – fauve, sauvage. ▶ ***D'une cruauté sauvage*** – barbare, bestial, cannibale, cannibalesque, cruel, inhumain, sadique, sanguinaire, sauvage. *SOUT.* néronien. ▶ ***Sans pitié*** – impitoyable, implacable, sans merci. *SOUT.* inexpiable. ▶ ***En parlant d'une lutte*** – acharné, âpre, chaud, farouche, furieux, opiniâtre. △ **ANT.** APPRIVOISÉ, DOUX, INOFFENSIF; BIENVEILLANT, CHARITABLE, COMPATISSANT, DÉLICAT, HUMAIN, MISÉRICORDIEUX; FAIBLE, MODÉRÉ, MOU.

férocité *n.f.* ▶ ***Cruauté*** – acharnement, agressivité, atrocité, barbarie, brutalité, cruauté, dureté, inhumanité, maltraitance, méchanceté, sadisme, sauvagerie, violence. *SOUT.* implacabilité, inexorabilité. *PSYCHIATRIE* psychopathie. △ **ANT.** BONTÉ, DOUCEUR, HUMANITÉ.

ferraille *n.f.* ▶ ***Débris de fer*** – crasse, gratture, laitier, limaille, mâchefer, scorie, sinter, suint.

ferré *adj.* ▶ ***Expert*** – à la hauteur, adroit, bon, brillant, capable, chevronné, compétent, connaisseur, d'élite, de haut vol, de haute volée, de talent, doué, émérite, entraîné, exercé, expérimenté, expert, fin, fort, habile, passé maître, performant, qualifié, qui s'y connaît, talentueux, versé. *RARE* blanchi sous le harnais. *SOUT.* entendu à, industrieux, rompu à. *FAM.* calé, qui a la bosse de, qui sait y faire. *FRANCE FAM.* balèze, costaud, fortiche, incollable, trapu. △ **ANT.** IGNORANT, INCAPABLE, INCOMPÉTENT, MAUVAIS, MÉDIOCRE, NUL.

fertile *adj.* abondant, débordant, fécond, foisonnant, fructueux, généreux, inépuisable, intarissable, productif, prolifique, riche. *SOUT.* copieux, inexhaustible, plantureux. △ **ANT.** INFÉCOND, STÉRILE; ARIDE, DÉSERTIQUE, IMPRODUCTIF, INFERTILE, INGRAT, PAUVRE.

fertilisant *n.m.* amendement, apport, chanci, chaux, compost, craie, engrais, falun, fumier, fumure, glaise, goémon, guano, limon, lisier, marne, paillé, plâtre, poudrette, pralin, purin, superphosphate *(artificiel)*, tangue, terre de bruyère, terreau. *FRANCE RÉGION.* wagage.

fervent *adj.* ▶ ***Pieux*** – croyant, dévot, pieux, pratiquant, religieux. ▶ *D'une piété affectée* – bigot, bondieusard, cagot. ▶ ***Enthousiaste*** – à tous crins, ardent, chaleureux, chaud, délirant d'enthousiasme, emballé, en extase, enthousiasmé, enthousiaste, extasié, extatique, passionné. *FAM.* tout feu tout flammes. ▶ ***Fanatique*** – amateur, amoureux, avide, entiché, épris, fanatique, féru, fou, friand, passionné. *FAM.* accro, enragé, fana, maniaque, mordu. ▶ ***Lyrique*** – ardent, enflammé, exalté, inspiré, lyrique, passionné, vibrant. △ **ANT.** AGNOSTIQUE, ATHÉE, IMPIE, INCROYANT, NON CROYANT, NON PRATIQUANT; MESURÉ, MODÉRÉ, PONDÉRÉ, RAISONNÉ; DÉTACHÉ, INDIFFÉRENT, TIÈDE; MORNE, SANS VIE, TERNE.

fervent *n.* ▶ ***Amateur*** – adepte, aficionado, amant, amateur, ami, amoureux, connaisseur, fanatique, fou, passionné. *SOUT.* assoiffé. *FAM.* accro, allumé, enragé, fan, fana, malade, mordu. *FRANCE FAM.* fondu. ▶ ***Admirateur*** – admirateur, adorateur, amoureux, fanatique, groupie, idolâtre, inconditionnel. *FAM.* fan, fana.

ferveur *n.f.* ▶ ***Adoration*** – admiration, adoration, adulation, amour, attachement, culte, dévotion, emballement, engouement, fanatisme, iconolâtrie, idolâtrie, passion, respect, vénération, zèle. *SOUT.*

dilection, révérence. PÉJ. encens, flagornerie, flatterie. ▶ ***Enthousiasme*** – allant, animation, ardeur, chaleur, cœur, élan, enthousiasme, entrain, flamme, passion, zèle. FAM. pep. SOUT. feu. △ **ANT.** IMPIÉTÉ, SCEPTICISME; FROIDEUR, INDIFFÉRENCE, TIÉDEUR.

fesses *n.f.pl.* ▶ ***Derrière*** – derrière, postérieur, siège. FAM. arrière-train, coccyx, fessier, popotin, séant, train.

festin *n.m.* ▶ ***Repas somptueux*** – agapes, banquet, bombance, bonne chère, festin (de Balthazar), fête, régal, ventrée. SOUT. franche lippée. FAM. gueuleton, ripaille. FRANCE FAM. bâfre, bâfrée, bombe. △ **ANT.** DIÈTE, RÉGIME; JEÛNE.

fête *n.f.* ▶ ***Festin*** – agapes, banquet, bombance, bonne chère, festin (de Balthazar), régal, ventrée. SOUT. franche lippée. FAM. gueuleton, ripaille. FRANCE FAM. bâfre, bâfrée, bombe. ▶ ***Divertissement*** – festivités, réception, réunion. ▶ ***Date*** – anniversaire, célébration, commémoration, fête commémorative, fête-anniversaire, jour anniversaire. △ **ANT.** CONSTERNATION, DEUIL, PÉNITENCE, RECUEILLEMENT.

fêter *v.* ▶ ***Célébrer*** – célébrer, commémorer, solenniser. ▶ ***Faire la fête*** (QUÉB.) – faire la fête, festoyer. SOUT. faire bombance. FAM. bambocher, bringuer, faire bamboche, faire la bamboula, faire la bombe, faire la bringue, faire la java, faire la noce, faire la nouba, faire la ribouldingue, nocer, partouzer, ribouldinguer.

fétiche *n.m.* agnus-Dei, amulette, bondieuserie, effigie, ex-voto, gri-gri, idole, image, main de Fatma, mascotte, médaille, médaillon, porte-bonheur, relique, scapulaire, statuette, talisman, tephillim, totem.

fétide *adj.* écœurant, empyreumatique, infect, malodorant, méphitique, nauséabond, pestilentiel, puant, putride. △ **ANT.** AROMATIQUE, ODORANT, ODORIFÉRANT, PARFUMÉ, SUAVE.

feu *n.m.* ♦ **chaleur ou lumière** ▶ ***Combustion*** – brûlage, calcination, carbonisation, combustion, flambage, grillage, ignescence, ignition, incandescence, incinération, torréfaction. SOUT. consomption. ▶ ***Foyer*** – âtre, cheminée, foyer. ▶ ***Flamme*** – flamme, langue de feu. TECHN. veilleuse. ▶ ***Incendie*** – brasier, embrasement, flammes, fournaise, foyer, incendie. ▶ ***Bougie*** (ANC.) – bougie, chandelle. ▶ ***Étincelle*** – brandon, escarbille, étincelle, flammèche. ▶ ***Éclair*** – éclair, foudre, fulguration. SOUT. fulgurance, tonnerre. ▶ ***Éclat*** – brasillement, brillance, brillant, cati, chatoiement, coruscation, éclat, étincellement, halo, image, irisation, lueur, luisant, lustre, miroitement, moire, moiré, moirure, orient, papillotage, papillotement, poli, poudroiement, rayonnement, reflet, réflexion, réfraction, réverbération, ruissellement, scintillement. SOUT. luisance, nacre, opalescence, resplendissement, rutilance, rutilation, rutilement. SC. albédo. TECHN. bruni, brunissure. ▶ ***Signal lumineux*** – phare. ANC. fanal *(sur un bateau)*. ▶ ***Chaleur*** (SOUT.) – chaleur, chaud, tiédeur. ▶ ***Brûlure*** – actinite, ampoule, blessure, cloque, douleur, échaudure, échauffement, escarre, fer chaud, fièvre, inflammation, insolation, irradiation, irritation, lésion, phlogose, ulcération, urtication. ♦ **armes** ▶ ***Arme*** (FAM.) – fusil. FAM. calibre, flingot, flingue, pétard, rif, seringue, soufflant. ▸ *Mauvais* – pétoire. ▶ ***Tir*** – coup (de feu), tir. CHASSE tiré. ▶ ***Bombardement*** – bombardement, canonnage, fauchage, grenadage, mitraillage, mitraille, pilonnage, torpillage. FAM. arrosage. ▶ ***Combat*** – accrochage, action (de guerre), affrontement, assaut, attaque, bagarre, bataille, choc, combat, conflit, duel, échauffourée, empoignade, empoignement, engagement, escarmouche, ferraillement, guérilla, guerre, heurt, hostilités, lutte, mêlée, opération, pugilat, rencontre, rixe. FAM. baroud, baston, bigorne, casse-gueule, casse-pipe, castagne, guéguerre, rif, rififi, riflette. BELG. FAM. margaille. MILIT. blitz *(de courte durée)*. ♦ **fougue** ▶ ***Fougue*** – ardeur, emportement, fougue, furia, impétuosité, pétulance, véhémence, vivacité. FAM. mordant. ▶ ***Entrain*** (SOUT.) – allant, animation, ardeur, chaleur, cœur, élan, enthousiasme, entrain, ferveur, flamme, passion, zèle. FAM. pep. △ **ANT.** APATHIE, CALME, FLEGME, FROIDEUR, IMPASSIBILITÉ, INDIFFÉRENCE, TIÉDEUR.

feuillage *n.m.* ▶ ***Ensemble des feuilles*** – branchage, branches, ramure. SOUT. feuillée, frondaison, ramée. ▶ ***Abri que procurent les feuilles*** – couvert, ombrage.

feuille *n.f.* ▶ ***Partie d'un végétal*** – palme. BOT. bractée, foliole, limbe, sépale, spathe. ▶ ***Pétale*** (SOUT.) – aile, étendard, labelle, pétale. ▶ ***Papier*** – feuillet, folio, page. FRANCE FAM. papelard. ▶ ***Formulaire*** – formulaire, formule, questionnaire. ▶ ***Pamphlet*** – brûlot, diatribe, épigramme, factum, libelle, mazarinade, pamphlet, satire. SOUT. catilinaire, philippique. ▶ ***Journal*** – bulletin, hebdomadaire, illustré, journal, magazine, organe, périodique, quotidien, tabloïd. FAM. hebdo. ▶ ***Objet mince*** – panneau, planche, plaque, tableau. ▸ *De petite taille* – carreau, écusson, panonceau, plaquette. ▶ ***Pâte amincie*** – abaisse, pâte amincie.

feuillet *n.m.* ▶ ***Feuille*** – feuille, folio, page. FRANCE FAM. papelard. ▶ ***Partie d'une feuille*** – volant, volet. ▶ ***Estomac des ruminants*** – bonnet, caillette, gras-double *(boucherie)*, panse, réticulum, rumen.

feuilleter *v.* ▶ ***Lire superficiellement*** – jeter un coup d'œil à, lire en diagonale, parcourir, regarder, survoler.

feutre *n.m.* ▶ ***Crayon*** – crayon-feutre, marqueur, stylo-feutre, surligneur.

fiabilité *n.f.* ▶ ***Caractère d'une chose*** – fidélité, représentativité. ▶ ***Caractère d'une personne*** – crédibilité, crédit. △ **ANT.** CAPRICE, IMPRÉVISIBILITÉ, INCONSTANCE, VERSATILITÉ.

fiable *adj.* ▶ ***En parlant de qqch.*** – bon, éprouvé, fidèle, solide. FAM. béton. ▶ ***En parlant de qqn*** – à l'abri de tout soupçon, au-dessus de tout soupçon, consciencieux, digne de confiance, droit, honnête, incorruptible, insoupçonnable, intègre, probe, propre, scrupuleux, sûr. △ **ANT.** DÉLOYAL, LOUCHE, MALHONNÊTE, SANS SCRUPULE, VÉREUX; DE BAZAR, DE MAUVAISE QUALITÉ, DE PACOTILLE, DE PEU DE VALEUR, TOC.

fiançailles *n.f.pl.* engagement, promesse de mariage. △ **ANT.** RUPTURE.

fiancé *n.* ♦ **fiancé,** ***masc.*** bien-aimé, futur conjoint, futur époux, futur, promis. FRANCE RÉGION.

prétendu. ♦ **fiancée,** *fém.* bien-aimée, future, future conjointe, future épouse, promise. PAR PLAIS. belle. FRANCE RÉGION. prétendue.

fibre *n. f.* ▶ ***Filament anatomique*** – fibre fibrille *(petite)*. ▶ ***Matière textile*** – fibre (textile), textile. ▶ ***Sensibilité*** – affect, affectivité, âme, attendrissement, cœur, compassion, émotion, émotivité, empathie, humanité, impressionnabilité, pitié, romantisme, sensibilité, sentiment, sentimentalité, susceptibilité, sympathie, tendresse, vulnérabilité. SOUT. entrailles. FAM. tripes.

ficelle *n. f.* ▶ ***Petite corde*** – cordelette, cordon, cordonnet, fouet, lacet, tirant. ▶ ***Pain*** – baguette, demi-baguette, flûte, (pain) bâtard, (pain) parisien, saucisson. ▶ ***Galon*** (FRANCE FAM.) – chevron, galon, tresse. FRANCE FAM. brisque, sardine.

fiche *n. f.* ▶ ***Pièce à enfoncer*** – cheville. ANC. fichet. ▶ ***Pièce d'alimentation*** – broche, fiche (d'alimentation), jack. ▶ ***Jeton*** – jeton, marque, pièce, pion.

ficher *v.* ▶ ***Mettre en terre*** – enfoncer, planter. △ **ANT.** ARRACHER, DÉCLOUER, DÉPLANTER, EXTRAIRE.

fichu *n. m.* bandana, cache-col, cache-nez, carré, châle, écharpe, étole, foulard, madras, mantille, mouchoir, pointe.

fiction *n. f.* ▶ ***Invention*** – affabulation, artifice, chimère, combinaison, comédie, expédient, fabrication, fabulation, fantaisie, feinte, fumisterie, histoire, idée, imagination, invention, irréalité, légende, mensonge, rêve, roman, saga, songe. PSYCHOL. confabulation, mythomanie. ▶ ***Concept*** – abstraction, archétype, concept, conception, conceptualisation, connaissance, conscience, entité, généralisation, idée, imagination, notion, noumène, pensée, représentation (mentale), schème, théorie. ▶ ***Imagination*** – conception, création, créativité, évasion, extrapolation, fantaisie, fantasme, fictif, idéal, idéation, idée, illumination *(soudain)*, imaginaire, imagination, inspiration, invention, inventivité, irréel, souffle (créateur), supposition, surréalité, surréel, veine, virtuel. SOUT. folle du logis, muse. FRANCE FAM. gamberge. ▶ ***Illusion*** – abstraction, abstrait, apparence, berlue, chimère, déréalisation, effet d'optique, fantasme, faux, faux-semblant, fumée, hallucination, illusion, illusion d'optique, image, imagination, irréalisme, irréalité, leurre, mensonge, mirage, onirisme, psychédélisme, rêve, rêverie, semblant, simulation, songe, songerie, trompe-l'œil, tromperie, utopie, vision, vue de l'esprit. FAM. frime. SOUT. prestige. ▶ ***Feinte*** – affectation, artifice, cachotterie, comédie, déguisement, dissimulation, duplicité, faux-semblant, feinte, finauderie, grimace, hypocrisie, invention, leurre, mensonge, momerie, pantalonnade, parade, ruse, simulation, singerie, sournoiserie, tromperie. SOUT. simulacre. FAM. cinéma, cirque, finasserie, frime. △ **ANT.** RÉALITÉ, VÉRITÉ.

fidèle *adj.* ▶ ***Loyal*** – attaché, constant, dévoué, loyal, sûr. ▶ ***Fiable*** – bon, éprouvé, fiable, solide. FAM. béton. ▶ ***Constant*** – assidu, constant, continu, intense, régulier, soutenu, suivi. ▶ ***Conforme à l'original*** – bon, conforme, exact, juste, précis. △ **ANT.** ADULTÈRE, FRIVOLE, INFIDÈLE, VOLAGE; CAPRICIEUX, FANTASQUE, INCONSTANT, INSTABLE, LUNATIQUE; DÉLOYAL, MALHONNÊTE, PARJURE, TRAÎTRE, VÉREUX; ERRONÉ, FAUTIF, FAUX, INCORRECT, INEXACT, MAUVAIS; DÉFORMÉ, NON CONFORME.

fidèle *n.* ▶ ***Client*** – client, familier, (vieil) habitué. SOUT. pratique. FAM. abonné. PÉJ. pilier. ▶ ***Partisan*** – adepte, adhérent, allié, ami, apôtre, champion, défenseur, disciple, inconditionnel, militant, partisan, soutien, sympathisant, tenant. RARE mainteneur. SOUT. chantre, séide, zélateur. FAM. godillot. ▶ ***Croyant*** – croyant. FIG. brebis, ouaille. △ **ANT.** FÉLON, TRAÎTRE; INCROYANT, INFIDÈLE, MÉCRÉANT.

fidèlement *adv.* ▶ ***Loyalement*** – docilement, inconditionnellement, indéfectiblement, loyalement, sagement. ▶ ***Exactement*** – à la lettre, conformément, correctement, exactement, religieusement, scrupuleusement, véritablement. ▶ ***Textuellement*** – à la lettre, ad litteram, exactement, littéralement, mot à mot, mot pour mot, sic, textuellement. FAM. texto. △ **ANT.** AD LIBITUM, AU CHOIX, LIBREMENT; FAUSSEMENT; INFIDÈLEMENT.

fidélité *n. f.* ▶ ***Constance*** – assiduité, attachement, constance, indéfectibilité, ponctualité, régularité. SOUT. exactitude. ▶ ***Loyauté*** – allégeance, attachement, confiance, dévouement, foi, loyalisme, loyauté. ▶ ***Obéissance*** – apathie, docilité, malléabilité, obéissance, plasticité, servilité, suggestibilité. PSYCHOL. psychoplasticité. ▶ ***Honnêteté*** – conscience, droiture, exactitude, franchise, honnêteté, incorruptibilité, intégrité, irréprochabilité, justice, loyauté, mérite, moralité, netteté, probité, scrupule, sens moral, transparence, vertu. ▶ ***Qualité d'un instrument*** – fiabilité, représentativité. △ **ANT.** INCONSTANCE, INFIDÉLITÉ, LÉGÈRETÉ; DÉLOYAUTÉ, TRAHISON; DÉSOBÉISSANCE; ERREUR, INEXACTITUDE.

fief *n. m.* ▶ ***Spécialité*** – branche, champ, département, discipline, division, domaine, étude, matière, partie, scène, science, secteur, spécialité, sphère. FAM. rayon.

fier *adj.* ▶ ***Orgueilleux*** – fiérot, orgueilleux. ▶ ***Arrogant*** – arrogant, condescendant, dédaigneux, hautain, méprisant, orgueilleux, outrecuidant, pimbêche *(femme)*, pincé, présomptueux, prétentieux, snob, supérieur. SOUT. altier, rogue. FAM. péteux, snobinard, snobinette *(femme)*. QUÉB. FAM. fendant. ▶ ***Vaniteux*** – cabot, cabotin, complaisant, conquérant, content de soi, fat, fiérot, hâbleur, imbu de soi-même, infatué, m'as-tu-vu, orgueilleux, outrecuidant, pédant, pétri d'orgueil, plein de soi-même, présomptueux, prétentieux, qui fait l'important, qui se prend pour quelqu'un, qui se prend pour un autre, rempli de soi-même, suffisant, vain, vaniteux, vantard. FAM. chochotte. LOUISIANE AFR. faraud. ▶ ***Content*** – content, fiérot, heureux, satisfait. FAM. joice. ▶ ***Noble*** (SOUT.) – chevaleresque, généreux, grand, magnanime, noble. ▶ ***Pour renforcer un terme*** – fameux, fieffé, franc, parfait, rude, sale. FAM. damné, fichu, maudit, sacré, satané. △ **ANT.** HUMBLE, MODESTE, SANS PRÉTENTION, SIMPLE; HONTEUX, MAL À L'AISE, PENAUD, PITEUX, TROUBLÉ; ADORÉ, CHER.

fier (se) *v.* ▶ ***Compter sur qqn*** – compter sur, faire confiance à, faire fond sur, s'en rapporter à, s'en remettre à, se confier à, se livrer à, se reposer sur. ▶ ***Compter sur qqch.*** – compter sur, faire fond sur, s'appuyer sur, spéculer sur, tabler sur. *FAM.* miser sur. △ **ANT.** SE DÉFIER, SE MÉFIER, SUSPECTER.

fier-à-bras *n. m.* ▸ ***Homme fort*** (*QUÉB.*) – athlète, colosse, costaud, fort des Halles, gaillard, hercule, (homme) fort, puissant. *FAM.* armoire à glace, Tarzan. *FRANCE FAM.* armoire normande, balèze, malabar, mastard. ▸ ***Batailleur*** (*QUÉB.*) – batailleur, cogneur, combatif, duelliste, querelleur. *FAM.* bagarreur, baroudeur, chamailleur.

fièrement *adv.* ▸ ***Orgueilleusement*** – altièrement, arrogamment, dédaigneusement, hautainement, insolemment, la tête haute, orgueilleusement, présomptueusement, prétentieusement, superbement, triomphalement, vaniteusement. ▸ ***Dignement*** – aristocratiquement, augustement, dignement, gravement, honorablement, majestueusement, noblement, princièrement, royalement, solennellement. △ **ANT.** HONTEUSEMENT; HUMBLEMENT, MODESTEMENT; ADMIRATIVEMENT, ÉLOGIEUSEMENT, FLATTEUSEMENT, IDOLÂTREMENT, LAUDATIVEMENT.

fierté *n. f.* ▸ ***Orgueil*** (*SOUT.*) – amour-propre, arrogance, autosatisfaction, bouffissure, complaisance, contentement (de soi), crânerie, enflure, fatuité, gloriole, hauteur, immodestie, importance, jactance, mégalomanie, morgue, orgueil, ostentation, outrecuidance, parade, pose, présomption, prétention, suffisance, superbe, supériorité, vanité, vantardise. *SOUT.* infatuation. *FAM.* ego. ▸ ***Honneur*** – bienséance, bon ton, chasteté, convenance, correction, décence, délicatesse, dignité, discrétion, éducation, gravité, honnêteté, honneur, modestie, politesse, propreté, pudeur, quant-à-soi, réserve, respect, retenue, sagesse, sobriété, tact, tenue, vertu. *SOUT.* pudicité.
△ **ANT.** HUMILITÉ, MODESTIE; FAMILIARITÉ, SIMPLICITÉ; DÉPIT, DÉSHONNEUR, HONTE.

fièvre *n. f.* ▸ ***Température corporelle*** – température. *FAM.* fièvre de cheval *(petite)*. *MÉD.* hyperthermie, pyrexie. ▸ ***Impatience*** – avidité, brusquerie, désir, empressement, fougue, hâte, impatience, impétuosité, précipitation, presse, urgence, urgent. ▸ ***Nervosité*** – agitation, effervescence, électrisation, emballement, énervement, étourdissement, exaltation, excitation, fébrilité, griserie, nervosité, stress, surexcitation, tension. *SOUT.* enivrement, éréthisme, exaspération, surtension. *RARE* enfièvrement. *SPORTS* pressing. ▸ ***Agitation*** – affolement, agitation, bouleversement, colère, confusion, débridement, déchaînement, désarroi, ébranlement, ébullition, embrasement, émotion, frénésie, mouvement, passion, violence. *SOUT.* émoi, exaltation. *FIG.* dévergondage. ▸ ***Désir*** – ambition, appel, appétit, aspiration, attirance, attrait, besoin, but, convoitise, desideratum, désir, envie, exigence, faim, fantaisie, fantasme, fringale, goût, idéal, intention, jalousie, passion, prétention, quête, recherche, rêve, soif, souhait, tentation, velléité, visée, vœu, voix, volonté. *SOUT.* appétence, dessein, prurit, vouloir. *FAM.* démangeaison. ♦ **les fièvres, *plur.*** malaria, paludisme. *FAM.* palu. △ **ANT.** SANTÉ; CALME, FROIDEUR, TIÉDEUR.

fiévreux *adj.* ▸ ***Qui a ou indique la fièvre*** – bouillant, brûlant, chaud, fébrile. ▸ ***Excité*** – agité, énervé, excité, fébrile, hystérique, impatient, nerveux, surexcité. *FAM.* mordu de la tarentule, piqué de la tarentule, tout-fou. ▸ ***Inquiet*** – agité, alarmé, angoissé, anxieux, appréhensif, en proie à l'inquiétude, énervé, fou d'inquiétude, inquiet, nerveux, qui s'en fait, qui se fait de la bile, qui se fait du mauvais sang, qui se ronge les sangs, tourmenté, tracassé, troublé. *FAM.* bileux; *PÉJ.* paniquard. △ **ANT.** APYRÉTIQUE; CALME, DÉTENDU, PLACIDE, SEREIN, TRANQUILLE; FROID, IMPASSIBLE, INDIFFÉRENT.

figer *v.* ▸ ***Changer en solide*** – cailler, coaguler, épaissir, gélifier, solidifier. ▸ ***Fixer*** – cristalliser, fixer, stabiliser. ▸ ***Méduser*** – clouer sur place, glacer, immobiliser, méduser, paralyser, pétrifier, statufier, tétaniser. ♦ **se figer** ▸ ***Se changer en solide*** – durcir, épaissir, grumeler, prendre, prendre consistance, (se) coaguler, se grumeler, se solidifier. ▸ ***Cesser d'évoluer*** – s'atrophier, se fossiliser, se momifier, se scléroser. ♦ **figé** ▸ ***Qui ne change pas*** – constant, fixe, immobile, inchangé, invariable, invariant, stable, stationnaire, statique. △ **ANT.** DÉFIGER, DÉGELER, FLUIDIFIER, FONDRE, LIQUÉFIER. ♦ **se figer** CHANGER, ÉVOLUER, PROGRESSER. ♦ **figé** MOBILE, VIVANT.

figurant *n.* ▸ ***Acteur au rôle mineur*** – utilité. ▸ ***Personne sans influence*** – baudruche, cire molle, esclave, fantoche, jouet, mannequin, marionnette, mouton, pantin, potiche, suiveur, suiviste. *FAM.* béni-oui-oui. △ **ANT.** PREMIER RÔLE, VEDETTE.

figuration *n. f.* ▸ ***Représentation*** – carte, copie, dessin, diagramme, fac-similé, image, levé, plan, représentation, reproduction, schéma, symbole, visuel *(en publicité)*. ▸ ***Imitation*** – calquage, caricature, charge, contrefaçon, copiage, décalquage, démarquage, emprunt, émulation, grégarisme, homochromie, imitation, mime, mimétisme, moutonnerie, parodie, pastiche, pillage, plagiat, représentation, servilité, simulation, singerie, suivisme, travestissement. *DR.* contrefaction. ▸ ***Traduction en symboles*** – symbolisation. △ **ANT.** ABSTRACTION, NON-FIGURATION.

figure *n. f.* ▸ ***Procédé linguistique*** – figure (de) rhétorique, figure de style, trope *(lexical)*. ▸ ***Carte*** – haute carte, honneur, tête. ▸ ***Personnage important*** – fort, grand, notabilité, notable, personnage, personnalité, puissant. *FAM.* bonze. ▸ ***Symbole*** – allégorie, attribut, chiffre, devise, drapeau, effigie, emblème, icône, image, incarnation, insigne, livrée, logo, logotype, marque, notation, personnification, représentation, signe, symbole, type. ▸ ***Mouvements*** – allure, enjambée, foulée, marche, pas. ▸ ***Visage*** – face, minois, physionomie, tête, traits, visage. *FAM.* bille, binette, bobine, bougie, bouille, fiole, fraise, frimousse, gueule, margoulette, museau, poire, pomme, trogne, trombine, tronche. ▸ ***Mine*** – air, allure, apparence, aspect, caractère, configuration, couleur, couvert, dehors, éclairage, expression, extérieur, façade, faciès, forme, formule, impression, jour, masque, mine, paraître, perspective, physionomie, plastique *(en art)*, portrait, présentation, profil, ressemblance, semblant, surface, ton, tour, tournure, traits, vernis, visage. *SOUT.* enveloppe, regardure, superficie. ▸ ***Ornement*** – accessoire, agrément, décor, décoration, détail, enjolivement, enjolivure, enrichissement, fioriture, garniture, ornement, ornementation, parure. *FAM.* affiquet, affûtiaux.

figurer *v.* ▶ ***Représenter*** – désigner, évoquer, exprimer, incarner, matérialiser, représenter, signifier, symboliser. ▶ ***Assister*** – assister à, être de, participer à, prendre part à. ♦ **se figurer** ▶ ***Se représenter mentalement*** – concevoir, (s') imaginer, se faire une idée de, se représenter, visualiser, voir. PSYCHOL. mentaliser. ▶ ***Croire*** – croire, penser, s'imaginer. ♦ **figuré** ▶ ***Riche en figures*** – animé, coloré, expressif, haut en couleur, imagé, métaphorique, pittoresque, savoureux, truculent, vivant. FAM. folklorique.

fil *n.m.* ▶ ***Conducteur électrique*** – câble. ▶ ***Fil de l'araignée*** – fil (d'araignée). ▶ ***Filament*** – brin, fibre, filament. ▶ ***Téléphone*** (FAM.) – appareil téléphonique, téléphone. FAM. bigophone, tube. FRANCE FAM. grelot. ▶ ***Direction*** – courant, cours, fil (de l'eau), flot, rapide, saut. ▶ ***Enchaînement*** – chemin, courant, cours, direction, évolution, mouvance, mouvement, orientation, tendance, virage. SOUT. voie. ▶ ***Progression*** – cheminement, cours, déroulement, développement, devenir, évolution, marche, progrès, progression, suite. ▶ ***Côté coupant*** – coupant, découpoir, feuilletis, taille, tranchant.

file *n.f.* ▶ ***Série*** – alignement, chaîne, chapelet, colonne, combinaison, consécution, cordon, enchaînement, enfilade, énumération, gamme, guirlande, ligne, liste, rang, rangée, séquence, série, succession, suite, tissu, travée. ▶ ***Procession*** – cérémonie, colonne, convoi, cortège, défilé, marche, noce, noria, pardon, pèlerinage, procession, queue, suite, théorie, va-et-vient. ▶ ***Voie*** – bande, voie (de circulation).

filer *v.* ▶ ***Aller vite*** – FAM. filocher. FRANCE FAM. chérer. ▶ ***Conduire vite*** – foncer. FAM. brûler le pavé, droper, gazer, rouler (à) pleins gaz. FRANCE FAM. bomber, bourrer. ▶ ***Fuir*** (FAM.) – fuir, prendre la clé des champs, prendre la fuite, s'enfuir, se sauver. SOUT. s'ensauver. FAM. calter, caner, débarrasser le plancher, décamper, décaniller, déguerpir, détaler, droper, ficher le camp, foutre le camp, prendre la poudre d'escampette, prendre le large, s'esbigner, se barrer, se carapater, se casser, se cavaler, se débiner, se faire la malle, se faire la paire, se faire la valise, se tailler, se tirer, se tirer des flûtes, se trisser. ▶ ***S'évader*** – s'échapper, s'enfuir, s'évader, se sauver. FRANCE FAM. se faire la belle. ▶ ***Couler en filets*** – dégouliner. ▶ ***En parlant du temps*** (FAM.) – fuir, passer, s'enfuir, s'envoler. ▶ ***En parlant d'un bas*** – se démailler. ▶ ***Prendre en filature*** – pister, prendre en filature, suivre. FRANCE FAM. filocher. ▶ ***Donner*** (FAM.) – donner, passer. FAM. refiler, repasser. ▶ ***Infliger*** (FAM.) – asséner, donner, infliger, porter. FAM. administrer, allonger, coller, ficher, flanquer, foutre. △ **ANT.** DEMEURER, PIÉTINER, RESTER, STAGNER; ACCOURIR.

filet *n.m.* ▶ ***Guet-apens*** – attrape, attrape-nigaud, chausse-trappe, embuscade, guêpier, guet-apens, leurre, piège, ruse, traquenard, tromperie. SOUT. duperie, rets. ▶ ***Réseau de fils*** – lacis. ▶ ***Coiffure*** – filet (à cheveux), résille. ANTIQ. réticule. ▶ ***Viande*** ▸ *Filet de volaille* – aiguillette, blanc, magret. ▶ ***Poisson*** – goujonnette. ▶ ***Surface anatomique*** – frein. ▶ ***Partie d'une vis*** – filetage, taraudage. ▶ ***Petite quantité*** – atome, bouchée, brin, chouia, doigt, goutte, gouttelette, grain, larme, lueur, miette, nuage, once, paille, parcelle, peu, pincée, pointe, relent, restant, reste, rien, soupçon, tantinet, teinte, touche, trace, trait, zeste.

filiale *n.f.* ▶ ***Annexe*** – annexe, attenance, dépendance, succursale.

filiation *n.f.* ▶ ***Descendance*** – agnation, alliance, arbre généalogique, ascendance, branche, cognation, consanguinité, cousinage, degré, descendance, dynastie, extraction, famille, fratrie, généalogie, génération, hérédité, lignage, ligne, lignée, maison, matriarcat, matrilignage, origine, parentage, parenté, parentelle, patriarcat, patrilignage, postérité, primogéniture, quartier (de noblesse), race, sang, souche. RARE fraternité. ▶ ***Lien*** – association, connexion, connexité, corrélation, correspondance, dépendance, interaction, interdépendance, interrelation, liaison, lien, lien causal, rapport, rapprochement, relation, relation de cause à effet. FIG. pont.

fille *n.f.* ▶ ***Personne de sexe féminin*** – femme. FAM. madame. ▶ ***Fillette*** – fillette, petite fille. FAM. bambine, fifille, gamine, môme, petit bout de femme. ▶ ***Adolescente*** – adolescente, demoiselle, jeune, jeune femme, jeune fille, midinette, mineure, miss *(pays anglo-saxons)*, préadolescente. SOUT. impubère, pucelle *(vierge)*. FAM. ado, belle, gamine, préado, pucelle, tendron. PÉJ. fillasse. ▶ ***Conséquence*** (SOUT.) – action, conclusion, conséquence, contrecoup, corollaire, développement, effet, efficacité, fonction, fruit, impact, implication, incidence, jeu, juste retour des choses, œuvre, portée, prolongement, réaction, rejaillissement, répercussion, résultante, résultat, retentissement, retombées, ricochet, séquelle, suite (logique). SOUT. aboutissant, efficace. ▶ ***Appellatif affectueux pour une femme*** (FAM.) – belle, biche, bichette, cocotte, colombe, douce, princesse, tourterelle. SOUT. mie. △ **ANT.** GARÇON; FILS; PARENT; MÈRE.

fillette *n.f.* ▶ ***Petite fille*** – fille, petite fille. FAM. bambine, fifille, gamine, môme, petit bout de femme. ▶ ***Demi-bouteille*** (FRANCE RÉGION.) – demi-bouteille, demie. FAM. chopine. △ **ANT.** GARÇONNET.

film *n.m.* ▶ ***Pellicule photo*** – bande, pellicule. ▶ ***Œuvre*** – œuvre cinématographique, production. QUÉB. FAM. vue. ▸ *Mauvais* FAM. navet. FRANCE FAM. nanar. ▶ ***Art*** – art cinématographique, cinéma, cinématographie, grand écran, septième art. FAM. ciné. FRANCE FAM. cinoche. ▶ ***Revêtement*** – couche, feuil, glacis.

fils *n.m.* ▶ ***Descendant mâle*** – FAM. fiston. QUÉB. FAM. garçon. FRANCE RÉGION. fieu. ▶ ***Successeur*** (FIG.) – ayant cause, continuateur, dauphin, enfant, héritier, remplaçant, successeur, successible. SOUT. épigone, hoir. ♦ **le Fils** ▶ ***Jésus-Christ*** – Agneau de Dieu, Agneau mystique, Agneau sans tache, céleste époux, Christ de majesté, Christ pantocrator, christ, Christ-Roi, Crucifié, Dieu fait homme, Dieu le Fils, (divin) Messie, divin Sauveur, Enfant Jésus, époux de l'Église, époux mystique, Fils de l'homme, Fils de Marie, Fils (unique) de Dieu, Homme-Dieu, Jésus, Jésus de Galilée, Jésus le Christ Notre Seigneur, Jésus-Christ, le Galiléen, le Nazaréen, Notre Sauveur, Notre Seigneur Jésus-Christ, Oint du Seigneur, Pain céleste, Pain de vie, Rédempteur, Sacré-Cœur, Sauveur (du monde), Seigneur Jésus. △ **ANT.** FILLE; PARENT.

filtre *n.m.* ▶ ***Dispositif*** – antiparasite, bougie, écran, épurateur, localisateur, mur, papier joseph, papier-filtre, purificateur, respirateur, turbofiltre, ultrafiltre. QUÉB. filtreur. ▶ ***Partie de cigarette*** – bout filtre, dénicotiniseur. ▶ ***Censure*** – autocensure, bâillonnement, boycottage, caviardage, censure, contrôle, exclusive, imprimatur, interdiction, (mise à l')index, musellement, veto. FIG. bâillon, muselière. FAM. anastasie. RELIG. interdit, monition, suspense, tabouisation. ▶ ***Écumoire*** – blanchet *(liquide épais)*, chausse *(liquide épais)*, chaussette *(café)*, chinois, écumoire, étamine, passe-thé *(thé)*, passette, passoire, sas. TECHN. crapaudine, crépine, filtre-presse, pommelle, purgeoir *(eau de source)*.

filtrer *v.* ▶ ***Passer au tamis*** – bluter *(farine)*, cribler, passer, sasser, tamiser, trier. ▶ ***Clarifier un liquide*** – clarifier, coller *(vin)*, décanter, déféquer, dépurer, épurer, passer, purifier, sasser, soutirer, tirer au clair. ▶ ***Atténuer la lumière*** – adoucir, atténuer, tamiser, voiler. ▶ ***Couler*** – couler, passer. ▶ ***S'ébruiter*** – paraître au jour, s'ébruiter, se savoir, transpirer. △ **ANT.** LAISSER PASSER; ÉPAISSIR, TROUBLER; CORROMPRE, GÂTER, VICIER.

fin *adj.* ▶ ***Raffiné*** – délicat, exquis, raffiné, recherché, subtil. ▶ ***Spirituel*** – brillant, malicieux, pétillant, piquant, plein d'esprit, spirituel, subtil, vif. ▶ ***Perspicace*** – aigu, clairvoyant, lucide, lumineux, pénétrant, perçant, perspicace, profond, psychologue, qui voit loin, sagace, subtil. ▶ ***Doué*** – à la hauteur, adroit, bon, brillant, capable, chevronné, compétent, connaisseur, d'élite, de haut vol, de haute volée, de talent, doué, émérite, entraîné, exercé, expérimenté, expert, ferré, fort, habile, passé maître, performant, qualifié, qui s'y connaît, talentueux, versé. RARE blanchi sous le harnais. SOUT. entendu à, industrieux, rompu à. FAM. calé, qui a la bosse de, qui sait y faire. FRANCE FAM. balèze, costaud, fortiche, incollable, trapu. ▶ ***Astucieux*** – adroit, astucieux, déluré, finaud, futé, habile, ingénieux, intelligent, inventif, malin, qui a plus d'un tour dans son sac, rusé. FAM. débrouillard, dégourdi. FRANCE FAM. dessalé, fortiche, fute-fute, mariol, sioux. QUÉB. FAM. fin finaud. ▶ ***Sage*** – adroit, averti, avisé, circonspect, habile, prudent, sage. ▶ ***Gentil*** (QUÉB. FAM.) – aimable, attentif, attentionné, aux petits soins, complaisant, délicat, dévoué, diligent, empressé, gentil, obligeant, prévenant, secourable, serviable, zélé. FAM. chic, chou. BELG. FAM. amitieux. ▶ ***Qui se termine en pointe*** – aigu, effilé, pointu. BOT. aciculaire, acuminé, subulé. ▶ ***Mince et allongé*** – délié, élancé, étroit, filiforme, grêle, mince, ténu. ▶ ***Au physique délicat*** – délicat, délié, élancé, filiforme, fluet, frêle, gracile, grêle, léger, long, longiligne, maigre, mince, svelte. △ **ANT.** GROS; BRUT, IMPUR; ÉPAIS, LOURD; FRUSTE, INCULTE, RUSTAUD; GAUCHE, INCAPABLE, MALADROIT, MALHABILE; DISTANT, FROID, INDIFFÉRENT, RÉSERVÉ; DISCOURTOIS, GOUJAT, GROSSIER, IMPERTINENT, IMPOLI, INDÉLICAT, MAL ÉLEVÉ, RUSTRE; ARRONDI; LARGE, VOLUMINEUX; GRAS, MASSIF, OBÈSE.

fin *n.f.* ▶ ***Extrémité*** – aboutissement, bord, bordure, borne, bout, cap, confins, délimitation, extrême, extrémité, finitude, frange, frontière, ligne, limite, lisière, orée, pied, pointe, pôle, queue, talon, terme, terminaison, tête. ▶ ***Dernière fraction*** – épilogue, finale. SOUT. crépuscule. ▶ ***Aboutissement*** – aboutissement, accomplissement, achèvement, apothéose, but, chute, complémentation, complètement, complétude, conclusion, consécration, consommation, couronnement, dénouement, exécution, finition, fruit, issue, produit, réalisation, règlement, résolution, résultat, sortie, terme, terminaison. SOUT. aboutissant. PHILOS. entéléchie. ▶ ***Échéance*** – (date) butoir, date de péremption *(denrées)*, échéance, expiration, terme, tombée. ▶ ***Anéantissement*** – absorption, anéantissement, annihilation, démolition, destruction, dévastation, disparition, effacement, élimination, enlèvement, éradication, gommage, liquidation, mort, néantisation, suppression. SOUT. extirpation. RARE engloutissement. ▶ ***Mort*** – décès, disparition, extinction, mort, perte. FIG. départ, dernier repos, dernier sommeil, dernier soupir, grand voyage, sépulture, sommeil éternel, tombe, tombeau. SOUT. la Camarde, la Faucheuse, la Parque, trépas. FRANCE FAM. crève. ▶ ***But*** – ambition, but, cause, cible, considération, destination, finalité, intention, mission, mobile, motif, objectif, objet, point de mire, pourquoi, prétexte, raison, raison d'être, sens, visée. SOUT. propos. △ **ANT.** COMMENCEMENT, DÉBUT; NAISSANCE; DÉPART, ORIGINE, SOURCE.

final *adj.* ▶ ***Dernier*** – dernier, extrême, suprême, terminal, ultime. ▶ ***Irrévocable*** – arrêté, définitif, irrévocable, sans appel. △ **ANT.** INITIAL; INTERMÉDIAIRE *(ÉCONOMIE)*.

finalement *adv.* à la fin, à la fin du compte, à tout prendre, après tout, au bout du compte, au dernier moment, bref, décidément, en conclusion, en définitive, en dernier, en dernier lieu, en dernière analyse, en fin de compte, en somme, enfin, pour conclure, pour (en) finir, somme toute, tout bien considéré, tout bien pesé, tout bien réfléchi, tout compte fait, (toute) réflexion faite, ultimo. FAM. à la fin des fins. △ **ANT.** D'ABORD, PREMIÈREMENT.

finalité *n.f.* ▶ ***But*** – ambition, but, cause, cible, considération, destination, fin, intention, mission, mobile, motif, objectif, objet, point de mire, pourquoi, prétexte, raison, raison d'être, sens, visée. SOUT. propos. ▶ ***Détermination*** – causalisme, causalité, causation, détermination, déterminisme, effectualité, efficacité, efficience, lien de cause à effet, relation de cause à effet, surdétermination. MÉD. étiologie. △ **ANT.** ORIGINE.

finance *n.f.* ♦ **finance,** ***sing.*** ▶ ***Commerce*** – activité commerciale, affaires, circulation, commerce, commercialisation, distribution, échange, marché, négoce, opération, traite, troc, vente. FAM. business. ♦ **finances,** ***plur.*** ▶ ***Gestion*** – trésor, trésorerie. ▶ ***Ressources*** (FAM.) – argent, avoir, bien, capital, cassette, épargne, fonds, fortune, fruit, gain, investissement, liquidités, numéraire, patrimoine, pécule, placement, portefeuille, possession, produit, propriété, richesse, trésor, valeur. SOUT. deniers. FAM. magot.

financier *adj.* ▶ ***Qui concerne l'argent*** – économique, monétaire, pécuniaire.

financier *n.* ▶ ***Homme d'affaires*** – banquier, homme d'affaires, manieur d'argent. SOUT. faiseur *(peu scrupuleux)*. ▶ ***Riche*** – crésus, heureux, milliardaire, millionnaire, multimilliardaire, multimillionnaire, nabab, nanti, ploutocrate, privilégié, rentier, riche. *SOUT.* satrape. *FAM.* gros. *FRANCE FAM.* rupin. *ANC.* milord. *PÉJ. FAM.* capitaliste, richard.

finement *adv.* ▶ ***Délicatement*** – délicatement, faiblement, fragilement, précairement, sensiblement, subtilement. ▶ ***Subtilement*** – adroitement, astucieusement, avec brio, avec éclat, bien, brillamment, de main de maître, expertement, génialement, habilement, industrieusement, ingénieusement, intelligemment, judicieusement, lucidement, magistralement, pertinemment, professionnellement, savamment, sensément, spirituellement, subtilement, talentueusement, vivement. △ **ANT.** GROSSIÈREMENT.

finesse *n. f.* ▶ ***Douceur*** – délicatesse, douceur, fraîcheur, légèreté, modération, moelleux, mollesse, onctuosité, quiétude, suavité, tranquillité, velouté. *FIG.* soie. ▶ ***Délicatesse*** – délicatesse, étroitesse, fragilité, gracilité, légèreté, minceur, petitesse, sveltesse. *SOUT.* ténuité. ▶ ***Raffinement*** – détail, perfectionnement, précision, raffinement, recherche, sophistication, stylisme, subtilité. *RARE* exquisité. ▶ ***Sagacité*** – acuité, clairvoyance, fin, flair, habileté, jugement, lucidité, pénétration, perspicacité, sagacité, sensibilité, subtilité. *RARE* acutesse, perspicuité. *FAM.* nez. ▶ ***Diplomatie*** – adresse, circonspection, diplomatie, doigté, habileté, souplesse, tact. ▶ ***Ruse*** – adresse, débrouillardise, habileté, industrie, ingéniosité, jonglerie, perfidie, roublardise, rouerie, ruse. *SOUT.* cautèle. *FAM.* système D, système débrouille. ▶ ***Stratégie*** – adresse, calcul, diplomatie, habileté, ligne de conduite, machiavélisme, manège, négociation, patience, prudence, ruse, sagesse, savoir-faire, souplesse, stratégie, tactique, temporisation, tractation. ▶ ***Raisonnement pointilleux*** – argutie, byzantinisme, casuistique, chicane, distinguo, élucubration, ergotage, ergoterie, formalisme, logomachie, scolastique, subtilité. *SOUT.* ratiocination, sophistique. *FAM.* chinoiserie, chipotage, pinaillage. △ **ANT.** ÉPAISSEUR, GROSSIÈRETÉ, RUDESSE; BÊTISE, STUPIDITÉ; BALOURDISE, MALADRESSE.

fini *n. m.* achèvement, consommation, couronnement, épanouissement, excellence, fleur, maturité, meilleur, parachèvement, perfection, plénitude, précellence. *PHILOS.* entéléchie. △ **ANT.** IMPERFECTION, INACHÈVEMENT.

finir *v.* ▶ ***Mener à sa fin*** – accomplir, achever, clore, mener à bien, mener à (bon) terme, mener à bonne fin, réussir, terminer. *SOUT.* consommer. *FAM.* boucler. ▶ ***Mettre la dernière main*** – achever, compléter, conclure, mettre au point, mettre la dernière main à, parachever, régler les derniers détails de, terminer. ▶ ***Mener à sa perfection*** – ciseler, fignoler, lécher, parachever, parfaire, peaufiner, perfectionner, polir, raffiner, soigner. *RARE* repolir. ▶ ***Boire en entier*** – vider. *FAM.* nettoyer, sécher. ▶ ***Constituer le dernier élément*** – clore, clôturer, conclure, fermer, terminer. ▶ ***Prendre fin*** – prendre fin, s'achever, se terminer. ▶ ***Mourir*** (*PAR EUPHÉM.*) – décéder, être emporté, être tué, expirer, mourir, perdre la vie, périr, s'éteindre, succomber, trouver la mort. *SOUT.* exhaler le dernier soupir, passer de vie à trépas, rendre l'âme, rendre l'esprit, rendre le dernier soupir, rendre son dernier souffle, trépasser. *PAR EUPHÉM.* avoir vécu, disparaître, faire le grand voyage, fermer les paupières, fermer les yeux, monter au ciel, paraître devant Dieu, partir, passer, passer dans l'autre monde, quitter ce (bas) monde, s'effacer, s'en aller, s'endormir. *FAM.* calancher, caner, clamser, claquer, crever, passer l'arme à gauche, sortir les pieds devant, y rester. *FRANCE FAM.* claboter. ▶ ***S'anéantir*** – crouler, disparaître, mourir, périr, s'anéantir, s'écrouler, s'effondrer. ▶ ***Avoir tel dénouement*** – aboutir, se solder, se terminer. ♦ **fini** ▶ ***Inutilisable*** (*QUÉB. FAM.*) – inutilisable, irrécupérable, irréparable, mort, perdu. *FAM.* fichu, foutu. ▶ ***Perdu*** – perdu. *FAM.* cuit, fichu, flambé, foutu. △ **ANT.** COMMENCER, DÉCLENCHER, ÉBAUCHER, ENGAGER, ENTAMER, ENTREPRENDRE; DÉBUTER, NAÎTRE.

fiole *n. f.* ▶ ***Flacon*** – ampoule, burette, flacon, flasque, mignonnette *(échantillon d'alcool)*, topette. ▶ ***Tête*** (*FAM.*) – tête. *SOUT.* front. *FAM.* caboche, ciboulot, citrouille, coco, crâne, pomme, tirelire, tronche. *FRANCE FAM.* bocal, bouillotte, boule, bourrichon, cafetière, caillou, calebasse, carafe, carafon, cassis, cigare, citron, cocarde, coloquinte, job, terrine, tronc. *QUÉB. FAM.* bolle, noix, tomate. ▶ ***Visage*** (*FAM.*) – face, figure, minois, physionomie, tête, traits, visage. *FAM.* bille, binette, bobine, bougie, bouille, fraise, frimousse, gueule, margoulette, museau, poire, pomme, trogne, trombine, tronche.

firme *n. f.* ▶ ***Entreprise*** – affaire, bureau, compagnie, entreprise, établissement, exploitation, institution, société. *FAM.* boîte, boutique. *FRANCE FAM.* burlingue. *RARE* industrie. *PÉJ. FAM.* baraque.

fissure *n. f.* ▶ ***Fente*** – brèche, brisure, cassure, craquelure, crevasse, déchirure, ébréchure, écornure, fêlure, fendillement, fente, fuite, gerçure, lézarde. *TECHN.* crique, étonnement, gerce. *DIDACT.* gélivure. *GÉOGR.* rimaye. *GÉOL.* diaclase. ▶ ***Point faible*** – aléa, charge, contre, danger, défaut, déplaisir, dérangement, désagrément, désavantage, difficulté, écueil, embarras, empêchement, ennui, gêne, handicap, incommodité, inconfort, inconvénient, mauvais côté, objection, obstacle, point faible, risque, trouble. *SOUT.* importunité. △ **ANT.** COLMATAGE, SOUDURE.

fixation *n. f.* ▶ ***Action de fixer*** – amarrage, ancrage, arrimage, attache, calage, crampon, encartage *(sur une carte)*, épinglage, établissement, ferrement, fixage, goupillage, implantation, scellement. *TECHN.* dudgeonnage *(un tube dans une plaque)*, embrelage *(chargement d'une voiture)*. ▶ ***Affermissement*** – affermissement, amélioration, ancrage, cimentation, consolidation, durcissement, enracinement, fortification, garantie, protection, radicalisation, raffermissement, raidissement, renforçage, renforcement, renfort, scellement, stabilisation. *SOUT.* roidissement. ▶ ***Détermination*** – détermination, limitation, numerus clausus, réglementation, stabilisation. ▶ ***Séjour au même endroit*** – enracinement, sédentarisation. ▶ ***Obsession*** – idée fixe, maladie, maniaquerie, manie, obsession. *PSYCHOL.* centration. *FAM.* fixette. *RARE* monoïdéisme. △ **ANT.** ARRACHEMENT, DÉRACINEMENT, EXTIRPATION; DÉPLACEMENT, DÉTOURNEMENT; ÉBRANLEMENT.

fixement *adv.* durablement, immuablement, inaltérablement, invariablement, passivement, sédentairement, statiquement. △ **ANT.** TEMPORAIREMENT, VARIABLEMENT.

fixer *v.* ▶ ***Maintenir en place*** – maintenir, retenir, tenir. ▶ *À l'aide de liens* – amarrer, arrimer, assujettir, assurer, attacher, bloquer, immobiliser, retenir, river. ▶ ***Décider*** – arrêter, assigner, décider, déterminer, établir, régler. ▶ ***Figer*** – cristalliser, figer, stabiliser. ▶ ***Définir*** – caractériser, cerner, cibler, définir, délimiter, déterminer, établir. ▶ ***Regarder avec attention*** – arrêter son regard sur, attacher son regard sur, braquer les yeux sur, considérer, contempler, dévisager *(une personne)*, examiner, fouiller du regard, observer, regarder, scruter. *FAM.* gaffer, viser, zieuter. ▶ ***Rendre sédentaire*** – sédentariser. ♦ **se fixer** ▶ ***S'établir dans un milieu*** – s'établir, s'implanter, s'installer. ♦ **fixé** ▶ ***Convenu*** – convenu, décidé, dit, entendu. △ **ANT.** DÉPLACER, DÉTACHER, DÉVISSER; BOULEVERSER, DÉRÉGLER, ÉBRANLER; DÉCONCENTRER, DÉTOURNER, DISTRAIRE. ♦ **se fixer** CHANGER, ERRER; HÉSITER.

flacon *n.m.* ampoule, burette, fiole, flasque, mignonnette *(échantillon d'alcool)*, topette.

flagrant *adj.* apparent, aveuglant, certain, clair, criant, éclatant, évident, frappant, hurlant (de vérité), incontestable, manifeste, patent, qui coule de source, qui crève les yeux, qui ne fait pas un pli, qui saute aux yeux, qui se voit comme le nez au milieu du visage, qui tombe sous le sens, qui va de soi, qui va sans dire, visible. △ **ANT.** DOUTEUX, ÉQUIVOQUE, INCERTAIN, MITIGÉ, VAGUE; CACHÉ, DISSIMULÉ, LATENT.

flair *n.m.* ▶ ***Odorat*** – odorat, olfaction. ▶ ***Sagacité*** – acuité, clairvoyance, fin, finesse, habileté, jugement, lucidité, pénétration, perspicacité, sagacité, sensibilité, subtilité. *RARE* acutesse, perspicuité. *FAM.* nez. ▶ ***Intuition*** – anticipation, divination, impression, instinct, intuition, précognition, prédiction, prémonition, prénotion, prescience, pressentiment, prévision, sentiment, voyance. *FAM.* pif, pifomètre. △ **ANT.** AVEUGLEMENT, STUPIDITÉ.

flairer *v.* ▶ ***Humer*** – humer, renifler, respirer, sentir, subodorer. *CHASSE* éventer, halener. ▶ ***Deviner*** – avoir conscience de, deviner, entrevoir, pressentir, se douter, sentir, soupçonner. *FAM.* subodorer.

flambeau *n.m.* ▶ ***Bâton enflammé*** – torche. ▶ ***Chandelier*** – candélabre, chandelier, girandole, torchère. ▶ ***Idéal*** (*SOUT.*) – guide.

flamber *v.* ▶ ***Dilapider*** (*FAM.*) – dévorer, dilapider, dissiper, engloutir, engouffrer, gaspiller, manger, prodiguer. *FAM.* claquer, croquer, griller. ▶ ***Jeter des flammes*** – brûler, être la proie des flammes, flamboyer, jeter des flammes. ▶ ***Répandre une vive lumière*** (*SOUT.*) – briller, étinceler, irradier, rayonner, resplendir, ruisseler de lumière. *SOUT.* briller de mille feux, jeter des feux. ♦ **flambé** ▶ ***Perdu*** (*FAM.*) – fini, perdu. *FAM.* cuit, fichu, foutu. △ **ANT.** ÉCONOMISER; S'ÉTEINDRE.

flamboyant *adj.* ▶ ***Qui brille*** – brasillant, brillant, éclatant, étincelant, incandescent, luisant, miroitant, papillotant, reluisant, rutilant, scintillant. ▶ ***Qui rappelle la couleur du feu*** – ardent, de feu, rouge feu, rougeâtre, rougeoyant, rutilant. △ **ANT.** BLAFARD, ÉTEINT, MAT, PÂLE, TERNE.

flamme *n.f.* ▶ ***Phénomène*** – feu, langue de feu. *TECHN.* veilleuse. ▶ ***Banderole*** – banderole, bandière, bannière, baucent, calicot, cornette, couleurs, drapeau, étendard, fanion, gonfalon, guidon, oriflamme, pavillon *(marine)*, pavois *(marine)*, pennon, tanka *(religieux)*. *SOUT.* enseigne. *ANTIQ.* vexille. ▶ ***Marque*** – cachet, contrôle, empreinte, estampille, frappe, griffe, insculpation, label, marque, oblitération, plomb, poinçon, sceau, tampon, timbre. *QUÉB. FAM.* étampe. ▶ ***Ampoule*** – ampoule (électrique), lampe (à) halogène, lampe (à incandescence), (lampe) flamme, veilleuse. *FAM.* lumière. ♦ **flamme, *sing.*** ▶ ***Éclat*** – clair, clair-obscur, clarté, contre-jour, demi-jour, éclair, éclairage, éclat, embrasement, flamboiement, halo, illumination, jour, lueur, lumière, nitescence, pénombre, soleil. *SOUT.* splendeur. ▶ ***Enthousiasme*** – allant, animation, ardeur, chaleur, cœur, élan, enthousiasme, entrain, ferveur, passion, zèle. *FAM.* pep. *SOUT.* feu. ♦ **flammes, *plur.*** brûlage, calcination, carbonisation, combustion, feu, flambage, grillage, ignescence, ignition, incandescence, incinération, torréfaction. *SOUT.* consomption. △ **ANT.** FROIDEUR, INDIFFÉRENCE, TIÉDEUR.

flanc *n.m.* ▶ ***Partie latérale du corps*** – ceinture, hanche, taille. *ANAT.* articulation coxo-fémorale. ▶ ***Partie latérale d'une chose*** – bord, chant, côté, face, facette, pan, paroi, profil, surface, tranche. *MAR.* travers. ▶ ***Entrailles*** – ventre. *SOUT.* entrailles, sein. *ANAT.* cavité utérine, utérus. ▶ ***Détachement*** – aile, détachement, flanc-garde. △ **ANT.** CENTRE, MILIEU.

flâner *v.* ▶ ***Se promener*** – badauder, déambuler, errer, rôder, (se) baguenauder, se balader, se promener, traînailler, traînasser, traîner, vagabonder. *SOUT.* battre le pavé, divaguer, vaguer. *FAM.* vadrouiller, zoner. *BELG. FAM.* baligander, balziner. *ACADIE FAM.* gaboter. ▶ ***S'attarder*** – être lent à, être long à, mettre du temps à, musarder, prendre tout son temps, s'attarder, tarder, traînailler, traînasser, traîner. *FAM.* lambiner, lanterner. *SUISSE FAM.* pétouiller. ▶ ***Perdre son temps*** – fainéanter, musarder, muser, ne rien faire de ses dix doigts, paresser, perdre son temps, rêvasser, traînasser, traîner. *FAM.* avoir la flemme, buller, coincer la bulle, flemmarder, glander, glandouiller, gober des mouches, peigner la girafe, se les rouler, se tourner les pouces, tirer au flanc, tirer sa flemme. *FRANCE FAM.* clampiner. *QUÉB. FAM.* niaiser, taponner. *BELG. FAM.* bourdonner. △ **ANT.** COURIR, SE HÂTER; S'ACTIVER, TRAVAILLER.

flaque *n.f.* mare. *SOUT.* lac. *FRANCE RÉGION.* flache. *SUISSE* gouille.

flasque *adj.* ▶ ***Qui manque de tonus*** – lâche, mollasse, mou, relâché. ▶ ***Qui a perdu sa forme*** – amolli, avachi, déformé. △ **ANT.** DUR, FERME, RAIDE, TENDU; EN FORME, VIGOUREUX.

flatter *v.* ▶ ***Caresser un animal*** – caresser. *QUÉB. FAM.* minoucher. ▶ ***Louer exagérément pour plaire*** – amadouer, courtiser, faire du plat à, flagorner, peloter. *FAM.* cirer les bottes de, faire de la lèche à, lécher les bottes de, passer (de) la pommade à. ▶ ***Faire paraître plus beau*** – avantager, embellir. ♦ **se flatter** ▶ ***Se vanter*** – faire grand cas, s'enorgueillir, s'honorer, se faire gloire, se faire honneur, se glorifier, se piquer, se prévaloir, se rengorger, se targuer, se vanter, tirer gloire, tirer vanité. ▶ ***Prétendre*** – avoir la prétention, prétendre, se faire fort, se piquer, se prévaloir, se targuer, se vanter.

△ **ANT.** BATTRE, BLESSER, BRUSQUER, MALMENER; BLÂMER, CRITIQUER; ENLAIDIR. ♦ **se flatter** SE REPROCHER.

flatterie *n.f.* ▶ ***Servilité*** – adulation, approbativité, (basse) flatterie, bassesse, cajolerie, complaisance, compromission, courbette, flagornerie, obséquiosité, platitude, servilité. *SOUT.* blandice. *FAM.* à-plat-ventrisme, léchage (de bottes), lèche, mamours. △ **ANT.** DÉDAIN, MÉPRIS; BLÂME, CRITIQUE; CALOMNIE.

flatteur *adj.* ▶ ***Qui témoigne de l'admiration*** – admiratif, élogieux, louangeur, qui ne tarit pas d'éloges. *SOUT.* apologétique, apologique, dithyrambique, glorificateur, hagiographique, laudatif. ▶ ***Qui flatte avec excès*** – adulateur, complaisant, complimenteur, courtisan, flagorneur, obséquieux. ▶ ***Qui avantage qqn*** – avantageux, favorable, seyant. △ **ANT.** CALOMNIATEUR, DÉNIGRANT, DIFFAMATOIRE, INFAMANT, MÉPRISANT; DÉFAVORABLE, DÉSAVANTAGEUX, DOMMAGEABLE, NUISIBLE, PRÉJUDICIABLE.

flatteur *n.* admirateur, adorateur, adulateur, apologiste, caudataire, complaisant, complimenteur, courtisan, dithyrambiste, patelin, valet. *SOUT.* applaudisseur, approbateur, glorificateur, laquais, laudateur, thuriféraire. *FAM.* béni-oui-oui, carpette, cloporte, fayot, larbin, lèche-bottes, paillasson. *BELG. FAM.* frotte-manche. △ **ANT.** CRITIQUE, DÉNIGREUR; CALOMNIATEUR.

flatulence *n.f.* ▶ ***Accumulation d'air*** – ballonnement, météorisation, météorisme. ▶ ***Gaz intestinal*** – flatuosité, gaz (intestinaux), vent. *FAM.* pet, vesse.

fléau *n.m.* apocalypse, bouleversement, calamité, cataclysme, catastrophe, chaos, désastre, drame, malheur, néant, ruine, sinistre, tragédie. *FIG.* précipice. *SOUT.* abîme. *FAM.* cata. △ **ANT.** BIENFAIT.

flèche *n.f.* ▶ ***Raillerie*** – dérision, épigramme, esprit, goguenardise, gouaille, gouaillerie, humour, ironie, lazzi, malice, moquerie, persiflage, pique, plaisanterie, pointe, quolibet, raillerie, ricanement, risée, sarcasme, satire, taquinerie, trait. *SOUT.* brocard, nargue, saillie. *FAM.* vanne. ▶ ***Construction pointue*** – aiguille, obélisque. ▶ ***Partie de charrette*** – timon. *QUÉB. FAM.* aiguille. ▶ ***Pièce de lard*** – bacon, lard de poitrine, lard maigre, lard, lardon, petit salé, salé. *FRANCE RÉGION.* ventrèche. ▶ ***Personne intelligente*** (*FAM.*) – as, bonne lame, cerveau, esprit supérieur, fine lame, intelligence. *SOUT.* phénix. *FAM.* aigle, grosse tête, lumière.

fléchir *v.* ▶ ***Infléchir*** – courber, infléchir, plier, recourber. ▶ ***Courber sous un poids*** – arquer, faiblir, plier, ployer. ▶ ***Se courber sous un poids*** – arquer, céder, plier. ▶ ***Perdre de sa détermination*** – battre en retraite, céder, faiblir, faire marche arrière, lâcher pied, mollir, plier, reculer. *FAM.* caler, caner, flancher, se déballonner, se dégonfler. ▶ ***Devenir courbe*** – s'arquer, s'incurver, s'infléchir, se courber. △ **ANT.** DRESSER, LEVER, REDRESSER; DURCIR, ENDURCIR; RÉSISTER, TENIR; DOMINER.

fléchissement *n.m.* ▶ ***Action de fléchir*** – arçonnage, arcure, arrondi, bombage, cambre, cambrure, cintrage, circularité, concavité, conicité, convexité, courbe, courbure, flexion, flexuosité, galbe, incurvation, inflexion, parabolicité, rondeur, rotondité, sinuosité, sphéricité, tortuosité, voussure. ▶ ***Renoncement*** – abandon, abdication, aliénation, capitulation, cession, don, donation, non-usage, passation, rejet, renoncement, renonciation, répudiation, retrait, suppression. *FIG.* bradage. ▶ ***Diminution*** – abaissement, affaiblissement, affaissement, amenuisement, amoindrissement, baisse, chute, creux, déclin, décroissance, décroissement, décrue, dégression, déplétion, dépréciation, descente, désescalade, dévalorisation, dévaluation, diminution, éclipse, effondrement, effritement, essoufflement, ralentissement, réduction. *SOUT.* émasculation. △ **ANT.** REDRESSEMENT, RELÈVEMENT; OBSTINATION, TÉNACITÉ.

flegmatique *adj.* calme, d'humeur égale, impassible, imperturbable, maître de soi, placide. △ **ANT.** DÉCHAÎNÉ, ÉMOTIF, ÉMOTIONNABLE, EMPORTÉ, ÉNERVÉ, EXCITABLE, EXCITÉ, IMPRESSIONNABLE; ENTHOUSIASTE, EXUBÉRANT; IRASCIBLE, IRRITABLE.

flegme *n.m.* ▶ ***Sang-froid*** – apathie, froideur, indifférence, insensibilité, lymphatisme, mollesse, tiédeur. ▶ ***Sérénité*** – apathie, ataraxie, calme, détachement, distanciation, égalité d'âme, égalité d'humeur, équilibre, impassibilité, imperturbabilité, indifférence, paix, philosophie, placidité, quiétude, sérénité, stoïcisme, tranquillité. *SOUT.* équanimité. ▶ ***Patience*** – calme, constance, courage, douceur, endurance, lenteur, patience, persévérance, persistance, résignation, sang-froid, tranquillité. *SOUT.* longanimité. △ **ANT.** EMPORTEMENT, ENTHOUSIASME, EXALTATION, EXCITATION; AGITATION, ÉNERVEMENT; IMPATIENCE.

flétrir *v.* ▶ ***Dessécher*** – défraîchir, dessécher, étioler, faner, sécher. ▶ ***Rider*** – chiffonner, creuser de rides, labourer, raviner, rider, sillonner de rides. ▶ ***Faire perdre sa pureté*** – avilir, profaner, salir, souiller. *SOUT.* contaminer, empoisonner, polluer. ▶ ***Condamner publiquement*** – conspuer, mépriser, mettre au ban de la société, montrer du doigt, stigmatiser, vouer au mépris. *SOUT.* clouer au pilori, mettre au pilori, traîner aux gémonies, vilipender, vouer à l'opprobre, vouer aux gémonies. ♦ **se flétrir** ▶ ***En parlant d'une fleur*** – défleurir, s'étioler, se faner. ▶ ***En parlant d'un végétal*** – dépérir, s'étioler, se dessécher, se faner. ▶ ***En parlant de qqn*** – se décatir, se faner, vieillir. △ **ANT.** EXALTER, GLORIFIER, HONORER, LOUER, VÉNÉRER. ♦ **se flétrir** ÉCLORE, FLEURIR, S'ÉPANOUIR.

fleur *n.f.* ▶ ***Partie de plante*** ▸ *Petite* – bouton, fleurette, fleuron. ▶ ***Ornement*** – fleuron. ▶ ***Fraîcheur*** – candeur, fraîcheur, honnêteté, ingénuité, innocence, naïveté, pureté, simplicité. ▶ ***Compliment*** – acclamation, apologie, apothéose, applaudissement, bravo, célébration, compliment, éloge, encensement, félicitations, glorification, louange, panégyrique, solennisation. *SOUT.* baisemain, congratulation, dithyrambe, exaltation. ▶ ***Élite*** – aristocratie, choix, élite, (fine) fleur, gotha, meilleur, sérail. *FAM.* crème, dessus du panier, gratin. ▶ ***Perfection*** – achèvement, consommation, couronnement, épanouissement, excellence, fini, maturité, meilleur, parachèvement, perfection, plénitude, précellence. *PHILOS.* entéléchie. ▶ ***Cadeau*** (*FAM.*) – cadeau, cadeau-souvenir, don, offrande, prime, souvenir, surprise. *SOUT.* présent.

fleurir *v.* ▶ ***Éclore*** – éclore, s'épanouir, s'ouvrir. ▶ ***Se couvrir d'acné*** – bourgeonner, boutonner. ▶ ***Prospérer*** – briller, être florissant, faire florès, prospérer, réussir. ♦ **fleuri** ▶ ***En parlant du teint*** – clair, coloré, florissant, frais, pur, rose, vermeil. ▶ ***En parlant du langage*** – à effet, jargonneux, précieux, prétentieux. △ **ANT.** DÉFLEURIR, SE DÉFRAÎCHIR, SE FANER, SE FLÉTRIR; DÉCLINER, DÉPÉRIR, RÉGRESSER, SE DÉTÉRIORER. ♦ **fleuri** DÉPOUILLÉ, SOBRE.

fleuve *n.m.* ▶ ***Grande quantité*** (SOUT.) – abondance, avalanche, averse, bombardement, bordée, cascade, déferlement, déluge, flot, flux, grêle, kaléidoscope, mascaret, pluie, rivière, torrent, vague.

flexible *adj.* ▶ ***Qui peut être plié*** – pliable, souple. ▶ ***Qui peut être adapté*** – adaptable, altérable, changeable, élastique, mobile, modifiable, modulable, souple, variable. ▶ ***En parlant de qqn*** – accommodant, aisé à vivre, arrangeant, bon prince, complaisant, conciliant, de bonne composition, du bois dont on fait les flûtes, facile (à vivre), souple, traitable. △ **ANT.** DUR, FERME, FORT, RAIDE, SOLIDE; FIXE, STRICT; IMPITOYABLE, IMPLACABLE, INFLEXIBLE, INTRAITABLE, INTRANSIGEANT, RÉBARBATIF, SÉVÈRE.

flirt *n.m.* ▶ ***Liaison éphémère*** – amourette, aventure, aventure amoureuse, aventure galante, bricole, caprice, coquetterie, coup de foudre, engouement, faible, fantaisie, idylle, liaison (amoureuse), marivaudage, passade, passion. *SOUT.* amours, entichement, oaristys. *FAM.* batifolage, béguin, toquade, touche.

flocon *n.m.* ▶ ***Morceau d'un aliment*** – cossette *(betterave, chicorée)*, lamelle, tranche.

floraison *n.f.* ▶ ***Épanouissement*** – anthèse, éclosion, effloraison, épanouissement, fleuraison. ▶ ***Époque*** – printemps, saison des amours, saison du renouveau, saison nouvelle, semailles, semaison. ▶ ***Abondance*** – abondance, afflux, amas, ampleur, concentration, débauche, débordement, exubérance, filon, fleuraison, foisonnement, forêt, foule, fourmillement, gisement, infinité, inondation, luxe, luxuriance, masse, mine, multiplicité, myriade, nuée, orgie, paquet, pléthore, poussière, profusion, quantité, richesse, surabondance, tas, trésor. *FIG.* carnaval. *FAM.* festival, flopée, kyrielle, tapée, tonne, tripotée, wagon. *SUISSE FAM.* craquée. △ **ANT.** DÉPÉRISSEMENT, ÉTIOLEMENT; MANQUE, PÉNURIE, TARISSEMENT.

flore *n.f.* ▶ ***Végétation*** – couverture végétale, formation végétale, végétation, verdure, vert. ▶ ***Population*** – biocénose, biomasse, biosphère, biote, faune, habitat, occupation, peuplement.

florissant *adj.* ▶ ***Prospère*** – beau, brillant, faste, fécond, heureux, prospère, riche. ▶ ***En parlant du teint*** – clair, coloré, fleuri, frais, pur, rose, vermeil. △ **ANT.** DÉCADENT, DÉCLINANT.

flot *n.m.* ▶ ***Affluence*** – affluence, afflux, arrivée, circulation, écoulement, flux, issue. ▶ ***Abondance*** – abondance, avalanche, averse, bombardement, bordée, cascade, déferlement, déluge, flux, grêle, kaléidoscope, mascaret, pluie, rivière, torrent, vague. *SOUT.* fleuve. ▶ ***Grande quantité de personnes*** – abondance, affluence, armada, armée, attroupement, bande, cohue, concentration, concours, encombrement, essaim, forêt, foule, fourmilière, fourmillement, grouillement, légion, marée, masse, meute, monde, multitude, peuple, pléiade *(célébrités)*, pullulement, rassemblement, régiment, réunion, ribambelle, ruche, tas, troupeau. *FAM.* flopée, marmaille *(enfants)*, tapée, tripotée. *QUÉB. FAM.* achalandage, gang. *PÉJ.* ramassis. ▶ ***Marée*** – flux, marée montante, revif. ▶ ***Courant*** – courant, cours, fil (de l'eau), rapide, saut. ♦ **flots, *plur.*** ▶ ***Cours d'eau*** (SOUT.) – eau. *SOUT.* (l')onde, (les) flots. ▶ ***Mer*** (SOUT.) – la mer, les mers, océan. *SOUT.* l'empire des ondes, l'onde amère, la plaine liquide, le royaume de Neptune. *FRANCE FAM.* la (grande) baille. △ **ANT.** GOUTTE; MANQUE, PÉNURIE, RARETÉ.

flottant *adj.* ▶ ***Qui varie*** – changeant, en dents de scie, fluctuant, incertain, inconstant, inégal, instable, irrégulier, mobile, mouvant, variable. *SOUT.* labile, volatil. *DIDACT.* erratique. ▶ ***Hésitant*** – embarrassé, fluctuant, hésitant, incertain, indécis, indéterminé, irrésolu, perplexe, velléitaire. *FRANCE FAM.* entre le zist et le zest, vasouillard. *MÉD.* aboulique. ▶ ***Sujet à des caprices*** – capricieux, changeant, fantaisiste, fantasque, inconsistant, inconstant, instable, lunatique, mobile, versatile, volage. *SOUT.* caméléonesque, ondoyant. ▶ ***Qui ne s'arrête sur rien de précis*** – errant, vagabond. △ **ANT.** CONSTANT, STABLE; FIXE, IMMOBILE, INVARIABLE, INVARIANT, STATIONNAIRE, STATIQUE; ASSURÉ, CERTAIN, CONVAINCU, PERSUADÉ, SÛR; FERME, RÉSOLU; POSÉ, RAISONNABLE, SÉRIEUX. ♦ **flottante, *fém.*** CONSOLIDÉE *(DETTE)*.

flotte *n.f.* ▶ ***Forces navales*** – armada, escadre, force navale. ▸ *Petits navires* – escadrille. ▶ ***Forces aériennes*** – escadre, escadrille, flottille, formation aérienne. ▶ ***Bouée*** – balancier, bouchon, bouée, flotteur, plume. ▶ ***Train de bois*** (*FRANCE RÉGION.*) – radeau.

flotter *v.* ▶ ***Se maintenir sur l'eau*** – nager, surnager. ▶ ***Remuer au gré du vent*** – ondoyer, onduler. *SOUT.* brandiller. ▶ ***Battre au vent*** – planer, voler, voleter, voltiger. ▶ ***En parlant de vêtements*** – blouser, bouffer. ▶ ***En parlant de l'esprit*** – errer, vagabonder. *SOUT.* vaguer. ▶ ***Hésiter*** – balancer, hésiter, osciller. ▶ ***Pleuvoir*** (FAM.) – pleuvoir, tomber de la pluie. *QUÉB. FAM.* mouiller. ▶ ***Pleuvoir beaucoup*** (FAM.) – pleuvoir à flots, pleuvoir à seaux, pleuvoir à torrents, pleuvoir à verse, pleuvoir des clous, pleuvoir des cordes, pleuvoir des hallebardes. *FAM.* pleuvoir à boire debout. *BELG. AFR.* dracher. *SUISSE* roiller. △ **ANT.** COULER, DISPARAÎTRE, S'ABÎMER, S'ENFONCER, S'ENGLOUTIR, SOMBRER; SE FIXER; SE DÉCIDER.

flou *adj.* ▶ ***Qui manque de netteté*** – confus, estompé, imprécis, incertain, indécis, indéfini, indéfinissable, indéterminé, indistinct, ni chair ni poisson, obscur, sourd *(sentiment)*, trouble, vague, vaporeux, voilé. ▶ ***Difficile à comprendre*** – brouillé, brumeux, compliqué, confus, contourné, embarrassé, embrouillé, embroussaillé, enchevêtré, entortillé, fumeux, incompréhensible, indéchiffrable, inintelligible, nébuleux, obscur, tarabiscoté, vague, vaseux. *SOUT.* abscons, abstrus, amphigourique, fuligineux. *FAM.* chinois, emberlificoté, filandreux, vasouillard. △ **ANT.** CLAIR, NET, PRÉCIS.

fluctuation *n.f.* ▶ ***Changement*** – ballottement, changement, déséquilibre, fragilité, inadaptation, incertitude, inconstance, inégalité, instabilité, mouvant, mouvement, précarité, variabilité, variation, versatilité, vicissitude, volatilité. ▶ ***Instabilité*** – balancement, ballant, ballottement, déséquilibre, fragilité, instabilité, jeu, mobilité, motilité, motricité, mouvance, mouvant, mouvement, ondulation, oscillation, roulis, tangage, turbulence, va-et-vient, vibration. ▶ ***Remous*** – agitation, balancement, ballottement, bercement, branle, branlement, cahotement, flottement, flux et reflux, houle, impulsion, lacet, mouvement, onde, ondoiement, ondulation, oscillation, pulsation, raz de marée, remous, roulis, tangage, va-et-vient, vague, valse, vibration. *FAM.* brimbalement. △ **ANT.** FIXITÉ, IMMOBILITÉ, STABILITÉ; CALME.

fluctuer *v.* changer, différer, se modifier, varier. *FAM.* bouger. △ **ANT.** STAGNER.

fluide *adj.* ▶ ***En parlant d'une substance*** – aqueux, coulant, liquide. *DIDACT.* liquidien. ▶ ***En parlant du style*** – aisé, coulant, facile, naturel. △ **ANT.** CAILLÉ, ÉPAIS, FIGÉ, PÂTEUX; CHARGÉ, LOURD, TARABISCOTÉ.

fluide *n.m.* ▶ ***Émanation*** – émanation, influx (magnétique). △ **ANT.** SOLIDE.

flûte *n.f.* ▶ ***Pain*** – baguette, demi-baguette, ficelle, (pain) bâtard, (pain) parisien, saucisson. ▶ ***Récipient*** – gobelet, godet, quart, verre. *FAM.* dé à coudre. *ANC.* rhyton, rince-bouche. ▶ ***Jambe*** (*FAM.*) – jambe. *FAM.* canne, gambette, gigue, guibolle, patte, quille. *FRANCE FAM.* béquille, crayon. ▸ *Longue FAM.* échasse. ▸ *Maigre FAM.* fumeron. ▸ *Grosse FAM.* pilier, poteau.

flux *n.m.* ▶ ***Mouvement de la mer*** – flot, marée montante, revif. ▶ ***Écoulement*** – circulation, débit, débordement, écoulement, éruption, évacuation, exsudation, fuite, ingression, inondation, irrigation, irruption, larmoiement, mouvement, passage, ravinement, régime, ruissellement, sortie, suage, suintement, transpiration, vidange. *SOUT.* submersion, transsudation. *RÉGION.* débord. *GÉOGR.* défluviation, transfluence, transgression. ▶ ***Affluence*** – affluence, afflux, arrivée, circulation, écoulement, flot, issue. ▶ ***Grande quantité*** (*SOUT.*) – abondance, avalanche, averse, bombardement, bordée, cascade, déferlement, déluge, flot, grêle, kaléidoscope, mascaret, pluie, rivière, torrent, vague. *SOUT.* fleuve.

foi *n.f.* ▶ ***Croyance*** – confession, conviction, croyance, culte, religion. ▶ ***Piété*** – piété, religiosité. ▶ ***Fidélité*** – allégeance, attachement, confiance, dévouement, fidélité, loyalisme, loyauté. △ **ANT.** CRITIQUE, DOUTE, INCRÉDULITÉ, SCEPTICISME; AGNOSTICISME, ATHÉISME, IMPIÉTÉ, INCROYANCE; INFIDÉLITÉ, TRAHISON.

foin *n.m.* ▶ ***Fourrage*** – fourrage, hivernage, nourriture, pâtée, pâture, pouture, provende, verdage. *FRANCE RÉGION.* pâturin. ▶ ***Paille*** – chaume, éteule, paille.

foire *n.f.* ▶ ***Marché*** – bazar, braderie, fondouk *(pays arabes)*, halle, khan, marché aux puces, marché, marché-gare, salon, souk. *BELG.* minque *(poissons)*. *RÉGION.* foirail, louée. ▶ ***Exposition*** – concours, démonstration, étalage, exhibition, exposition, foire-exposition, galerie, manifestation, montre, présentation, rétrospective, salon, vernissage. *FAM.* démo, expo. *SUISSE* comptoir.

fois *n.f.* ▶ ***Cas*** – cas, circonstance, coup, heure, moment, occasion, occurrence.

foisonnement *n.m.* ▶ ***Abondance*** – abondance, afflux, amas, ampleur, concentration, débauche, débordement, exubérance, filon, fleuraison, floraison, forêt, foule, fourmillement, gisement, infinité, inondation, luxe, luxuriance, masse, mine, multiplicité, myriade, nuée, paquet, pléthore, poussière, profusion, quantité, richesse, surabondance, tas, trésor. *FIG.* carnaval. *FAM.* festival, flopée, kyrielle, tapée, tonne, tripotée, wagon. *SUISSE FAM.* craquée. ▶ ***Prolifération*** – accroissement, augmentation, multiplication, peuplement, prolifération, propagation, pullulation, pullulement, reproduction. △ **ANT.** DÉFAUT, MANQUE, PÉNURIE, RARETÉ.

foisonner *v.* ▶ ***Se trouver en grand nombre*** – abonder, fourmiller, pulluler. ▶ ***Croître en grand nombre*** – champignonner, proliférer, pulluler, se multiplier, se propager. ▶ ***Contenir qqch. en abondance*** – abonder en, déborder de, fourmiller de, regorger de, surabonder de/en. △ **ANT.** FAIRE DÉFAUT, MANQUER; SE RARÉFIER; DIMINUER, SE RÉDUIRE.

folie *n.f.* ▶ ***Maladie mentale*** – aliénation (mentale), démence, dérangement, déséquilibre, psychose. ▶ ***Irrationalité*** – insanité, irrationalité, irrationnel. ▶ ***Délire*** – agitation, aliénation, amok, aveuglement, délire, divagation, égarement, excitation, frénésie, hallucination, hystérie, onirisme, paranoïa, surexcitation. ▶ ***Bizarrerie*** – anomalie, anormalité, bizarrerie, chinoiserie, cocasserie, curiosité, drôlerie, étrangeté, excentricité, extravagance, fantaisie, fantasmagorie, loufoquerie, monstruosité, non-conformisme, originalité, singularité. ▶ ***Aberration*** – aberration, démence, extravagance, idiotie, imbécillité, inconséquence, ineptie, stupidité. *FAM. RARE* maboulisme. ▶ ***Caprice*** – ambition, appel, appétit, aspiration, attirance, attrait, besoin, but, convoitise, desideratum, désir, envie, exigence, faim, fantaisie, fantasme, fièvre, fringale, goût, idéal, intention, jalousie, passion, prétention, quête, recherche, rêve, soif, souhait, tentation, velléité, visée, vœu, voix, volonté. *SOUT.* appétence, dessein, prurit, vouloir. *FAM.* démangeaison. ▶ ***Acte ou parole stupide*** – absurdité, ânerie, bafouillage, bafouillis, baliverne, balourdise, bêlement, bêtise, bourde, calembredaine, cliché, dinguerie, divagation, fadaise, faribole, idiotie, imbécillité, ineptie, insanité, niaiserie, non-sens, perle, propos en l'air, sornette, sottise, stupidité. *SOUT.* billevesée. *FAM.* connerie, crétinerie, déblocage, déconnage, raisonnement de femme saoule, vanne. △ **ANT.** ÉQUILIBRE, RAISON, SANTÉ; JUGEMENT, SAGESSE.

follement *adv.* ▶ ***Stupidement*** – absurdement, bêtement, débilement, idiotement, imbécilement, inconsciemment, inintelligemment, naïvement, niaisement, ridiculement, simplement, sottement, stupidement. *FAM.* connement. ▶ ***Extrêmement*** – à l'extrême, affreusement, astronomiquement, au dernier degré, au dernier point, au maximum, au plus haut degré, au plus haut point, beaucoup, bien, colossalement, considérablement, éminemment, énormément, exceptionnellement, extraordinairement, extrêmement, fabuleusement, fort, fortement, grandement, gros, hautement, immensément, incommensurablement, infiniment, inconcevablement, incroyablement, intensément, long, mortellement, nettement, on ne peut plus, phénoménalement, prodigieusement, profondément, remarquablement, sérieusement, singulièrement, souverainement, supérieurement, suprêmement, terriblement, très, vertigineusement, vivement, vraiment. *FAM.* bigrement, bougrement, diablement, drôlement, effroyablement, épais, épouvantablement, fameusement, fantastiquement, fichtrement, fichûment, formidablement, foutrement, furieusement, joliment, rudement, sacrément, salement, super, terrible, tout plein, vachement. ▶ ***Passionnément*** – à corps perdu, à la folie, ardemment, éperdument, fanatiquement, fervemment, frénétiquement, furieusement, passionnément, violemment, vivement. △ **ANT.** ASTUCIEUSEMENT, BRILLAMMENT, GÉNIALEMENT, INGÉNIEUSEMENT, INTELLIGEMMENT, JUDICIEUSEMENT, LUCIDEMENT, SAVAMMENT; TIÈDEMENT; MOYENNEMENT; PAS TRÈS, PEU.

foncé *adj.* ▶ ***En parlant d'une couleur*** – profond, sombre. ▶ ***En parlant du teint*** – basané, bis, bistre, bistré, brun, mat, olivâtre. △ **ANT.** CLAIR, PÂLE.

foncer *v.* ▶ ***Rendre plus foncé*** – assombrir, noircir, obscurcir, ombrer. ▶ ***Conduire très vite*** – filer. *FAM.* brûler le pavé, droper, gazer, rouler (à) pleins gaz. *FRANCE FAM.* bomber, bourrer. ▶ ***S'élancer*** – s'élancer, sauter, se jeter, se lancer, se précipiter, se ruer. ▶ ***Attaquer*** – agresser, assaillir, attaquer, charger, fondre sur, sauter sur, se jeter sur, se ruer sur, tomber sur. *BELG.* broquer sur. △ **ANT.** ÉCLAIRCIR, PÂLIR; FLÂNER; ÉVITER, FUIR; HÉSITER; S'ABSTENIR.

fonceur *n.* audacieux, aventurier, battant, brave (à trois poils), courageux, dur (à cuire), lion, stoïque, (vrai) homme. *FAM.* baroudeur, va-de-l'avant. △ **ANT.** LÂCHE.

foncier *adj.* ▶ ***Intrinsèque*** – constitutif, fondamental, inhérent, inné, intrinsèque, radical. *PHILOS.* essentiel, immanent, substantiel. ▶ ***En parlant d'un bien*** – immeuble, immobilier. △ **ANT.** ACQUIS, ARTIFICIEL, SUPERFICIEL; MOBILIER.

foncièrement *adv.* absolument, en essence, essentiellement, fondamentalement, intrinsèquement, organiquement, primordialement, principalement, profondément, radicalement, substantiellement, totalement, viscéralement, vitalement. △ **ANT.** AU-DEHORS, EN APPARENCE, EXTÉRIEUREMENT.

fonction *n.f.* ▶ ***Rôle*** – affectation, charge, dignité, emploi, métier, mission, office, place, poste, responsabilité, rôle, siège, titre, vocation. ▶ ***Travail actuel*** – devoir, exercice, service, travail. ▶ ***Utilité*** – avantage, bénéfice, bienfait, commodité, convenance, désidérabilité, efficacité, fonctionnalité, indispensabilité, intérêt, mérite, nécessité, profit, profitabilité, recours, service, usage, utilité, valeur. ▶ ***Relation mathématique*** – application, correspondance. ▶ ***Conséquence*** – action, conclusion, conséquence, contrecoup, corollaire, développement, effet, efficacité, fruit, impact, implication, incidence, jeu, juste retour des choses, œuvre, portée, prolongement, réaction, rejaillissement, répercussion, résultante, résultat, retentissement, retombées, ricochet, séquelle, suite (logique). *SOUT.* aboutissant, efficace, fille. ▶ ***Fonctionnalité d'un logiciel*** – fonctionnalité, possibilité.

fonctionnaire *n.* agent de l'État. *PÉJ.* bureaucrate.

fonctionnalité *n.f.* ▶ ***Commodité*** – avantage, bénéfice, bienfait, commodité, convenance, désidérabilité, efficacité, fonction, indispensabilité, intérêt, mérite, nécessité, profit, profitabilité, recours, service, usage, utilité, valeur. ▶ ***Fonction d'un logiciel*** – fonction, possibilité.

fonctionnel *adj.* ▶ ***Pratique*** – commode, efficace, pratique, utile, utilitaire. *QUÉB. FAM.* pratico-pratique. ▶ ***En parlant d'un trouble*** – inorganique. △ **ANT.** DIFFICILE À UTILISER, MALCOMMODE; ORGANIQUE (*MÉDECINE*).

fonctionnement *n.m.* ▶ ***Processus*** – déroulement, marche, mécanique, mécanisme, opération, procédure, procès, processus. ▶ ***Activité*** – activité, exercice, marche, mouvement, opération, service, travail, usage, vie. △ **ANT.** ARRÊT, INACTIVITÉ.

fonctionner *v.* ▶ ***Être en marche*** – être en marche, marcher, tourner. △ **ANT.** CESSER, S'ARRÊTER, S'ENRAYER, S'IMMOBILISER, SE DÉTRAQUER, TOMBER EN PANNE.

fond *n.m.* ▶ ***Base*** – accul, bas, bas-fond, creux, cul, culot, cuvette, fondement, sole. ▶ ***Profondeur*** – abîme, abysse, creux, distance, enfoncement, épaisseur, (fin) fond, fosse, gouffre, lointain, perspective, profondeur. *SOUT.* entrailles. ▶ ***Arrière-plan*** – arrière-fond, arrière-plan, lointain, plan éloigné, second plan. ▶ ***Âme*** – âme, atman *(hindouisme)*, cœur, conscience, esprit, mystère, pensée, principe (vital), psyché, psychisme, souffle (vital), spiritualité, transcendance, vie. *PSYCHOL.* conscient. ▶ ***Secret*** – âme, arrière-fond, arrière-pensée, conscience, coulisse, dedans, dessous, for intérieur, intérieur, intériorité, intimité, jardin secret, repli, secret. *SOUT.* tréfonds. ▶ ***Partie essentielle*** – cœur, corps, essence, essentiel, gros, important, principal, substance, tout, vif. ▶ ***Matière*** – fait, matière, objet, point, problème, propos, question, sujet, thème. ▶ ***Groupe de végétaux*** (*QUÉB. FAM.*) – boqueteau, bosquet, bouquet, buisson, massif. *SOUT.* touffe. *ACADIE* bouillée. △ **ANT.** DESSUS, HAUT; SURFACE; DEHORS, EXTÉRIEUR; BORD, ENTRÉE; AVANT-PLAN; APPARENCE; FORME.

fondamental *adj.* ▶ ***Important*** – capital, crucial, de première nécessité, essentiel, important, incontournable, indispensable, irremplaçable, nécessaire, primordial, vital. ▶ ***De base*** – basal, basique, de base, élémentaire. ▶ ***Inhérent*** – constitutif, foncier, inhérent, inné, intrinsèque, radical. *PHILOS.* essentiel, immanent, substantiel. ▶ ***En parlant de la recherche*** – pur, théorique. △ **ANT.** ACCESSOIRE, INSIGNIFIANT, MARGINAL, SECONDAIRE; APPROFONDI, DÉTAILLÉ, FOUILLÉ, POINTU, POUSSÉ, PRÉCIS. ♦ **fondamentale, *fém.*** APPLIQUÉE *(RECHERCHE)*.

fondamentalement *adv.* absolument, en essence, essentiellement, foncièrement, intrinsèquement, organiquement, primordialement, principalement, profondément, radicalement, substantiellement, totalement, viscéralement, vitalement. △ **ANT.** ACCESSOIREMENT, AUXILIAIREMENT, INCIDEMMENT, MARGINALEMENT, SECONDAIREMENT; AU-DEHORS, EN APPARENCE, EXTÉRIEUREMENT.

fondamentalisme *n.m.* ▶ ***Conservatisme*** – conformisme, conservatisme, contre-révolution, conventionnalisme, droite, droitisme, immobilisme, intégrisme, orthodoxie, passéisme, réaction, suivisme, traditionalisme. SOUT. philistinisme. △ **ANT.** PROGRESSISME, RÉFORMISME.

fondant *adj.* ▶ ***En parlant d'un fruit*** – aqueux, juteux. △ **ANT.** FARINEUX ; BOUILLANT, EN ÉBULLITION.

fondateur *n.* ▶ ***Créateur d'une chose concrète*** – aménageur, architecte, bâtisseur, concepteur, concepteur-projeteur, créateur, créatif, édificateur, ingénieur, inventeur, maître d'œuvre, ordonnateur, projeteur, urbaniste. SOUT. démiurge. ▶ ***Créateur d'une chose abstraite*** – âme, artisan, auteur, centre, cerveau, chef, cheville ouvrière, créateur, dirigeant, incitateur, initiateur, inspirateur, instigateur, locomotive, maître (d'œuvre), meneur, moteur, organisateur, patron, père, promoteur, protagoniste, régisseur, responsable. SOUT. excitateur, instaurateur, ouvrier. △ **ANT.** DESTRUCTEUR, FOSSOYEUR.

fondation *n.f.* ▶ ***Établissement*** – constitution, création, disposition, édification, établissement, implantation, importation, installation, instauration, institution, introduction, intronisation, mise en œuvre, mise en place, mise sur pied, nomination, organisation, placement, pose. INFORM. implémentation. ▶ ***Base*** – assiette, assise, base, infrastructure, pied, radier, soubassement, substruction, substructure. QUÉB. solage. ARCHIT. embasement, empattement. △ **ANT.** DESTRUCTION, RENVERSEMENT, RUINE ; FAÎTE, TOIT, TOITURE.

fondement *n.m.* ▶ ***Commencement*** – actionnement, amorçage, amorce, balbutiement, bégaiement, commencement, création, début, déclenchement, démarrage, départ, ébauche, embryon, enclenchement, enfance, entrée, esquisse, germe, inauguration, origine, ouverture, prélude, prémisse, principe, tête. SOUT. aube, aurore, matin, prémices. FIG. apparition, avènement, éclosion, émergence, éruption, explosion, genèse, germination, naissance, venue au monde. ▶ ***Cause*** – agent, base, cause, explication, facteur, ferment, fontaine, germe, inspiration, levain, levier, mobile, moteur, motif, motivation, moyen, objet, occasion, origine, point de départ, pourquoi, principe, raison, raison d'être, source, sujet. SOUT. étincelle, mère, racine, ressort. ▶ ***Principe*** – apodicticité, axiome, convention, définition, donnée, évidence, hypothèse, lemme, postulat, postulatum, prémisse, principe, proposition, théorème, théorie, vérité. ▶ ***Fond*** – accul, bas, bas-fond, creux, cul, culot, cuvette, sole. ▶ ***Base*** – assise, base, pierre angulaire, pierre d'assise, pivot, principe, soubassement.

fonder *v.* ▶ ***Instituer*** – constituer, créer, établir, former, instaurer, instituer, mettre en place. SOUT. ériger. ▶ ***Baser*** – appuyer, asseoir, baser, établir, faire reposer. ▶ ***Justifier*** – expliquer, justifier, motiver. ♦ **se fonder** ▶ ***Se baser*** – reposer, s'appuyer, se baser. ♦ **fondé** ▶ ***Justifié*** – équitable, juste, justifié, légitime, mérité, motivé. △ **ANT.** ABOLIR, SUPPRIMER ; ANÉANTIR, DÉFAIRE, DÉTRUIRE, RENVERSER, RUINER.

fondre *v.* ▶ ***Rendre liquide*** – dégeler, liquéfier. ▶ ***Fabriquer*** – couler. ▶ ***Unir pour former un tout*** – amalgamer, confondre, incorporer, mélanger, mêler, réunir, unir. DIDACT. mixtionner. ▶ ***Graduer les nuances*** – dégrader, graduer, nuancer. SOUT. diaprer, nuer. ▶ ***Devenir liquide*** – dégeler, se liquéfier. ▶ ***Perdre du poids*** (FAM.) – maigrir, mincir. FAM. amincir, décoller. ▶ ***S'émouvoir*** (FAM.) – s'attendrir, s'émouvoir. FAM. craquer. ▶ ***Attaquer*** – agresser, assaillir, attaquer, charger, foncer sur, sauter sur, se jeter sur, se ruer sur, tomber sur. BELG. broquer sur. ▶ ***Arriver en grand nombre*** – pleuvoir, s'abattre, tomber. ▶ ***Se précipiter du haut des airs*** – piquer, plonger, s'abattre. ♦ **se fondre** ▶ ***S'unir en un tout*** – s'amalgamer, s'unir, se fusionner, se mélanger, se mêler, se souder. ♦ **fondu** ▶ ***Fou*** (FRANCE FAM.) – dérangé, fou, gâteux, qui a perdu la tête, qui n'a plus toute sa raison, troublé. FAM. cinglé, dingo, dingue, fêlé, folasse *(femme)*, gaga, maboul, malade, marteau, qui a perdu la boule, sonné, timbré, toqué, tordu. FRANCE FAM. atteint, azimuté, barjot, braque, brindezingue, cintré, déjanté, fada, foldingue, folingue, frappé, givré, jeté, pété, piqué, schnock, sinoque, siphonné, toc toc, zinzin. QUÉB. FAM. fou braque. BELG. FAM. mastoc. △ **ANT.** CAILLER, COAGULER, CONGELER, DURCIR, FIGER, GELER, SOLIDIFIER ; DÉSUNIR, DÉTACHER, DISJOINDRE, DIVISER, SÉPARER ; AUGMENTER, GROSSIR ; APPARAÎTRE ; FUIR, S'ÉLOIGNER.

fonds *n.m.* ▶ ***Part*** – apport, commandite, contingent, contribution, cotisation, dot, dotation, écot, financement, fournissement, lot, mise, montant, obligation, parrainage, part, participation, portion, quote-part, quotité. ▶ ***Somme*** – addition, cagnotte, chiffre, ensemble, mandat, masse, montant, quantité, quantum, somme, total, totalisation, volume. ▶ ***Capital*** – argent, avoir, bien, capital, cassette, épargne, fortune, fruit, gain, investissement, liquidités, numéraire, patrimoine, pécule, placement, portefeuille, possession, produit, propriété, richesse, trésor, valeur. SOUT. deniers. FAM. finances, magot.

fondu *n.m.* ▶ ***Dégradation*** – dégradé, gradation. ▶ ***Amateur*** (FAM.) – adepte, aficionado, amant, amateur, ami, amoureux, connaisseur, fanatique, fervent, fou, passionné. SOUT. assoiffé. FAM. accro, allumé, enragé, fan, fana, malade, mordu.

fontaine *n.f.* ▶ ***Source*** – geyser, point d'eau, puits, source. ▶ ***Dispositif fournissant de l'eau potable*** – QUÉB. FAM. abreuvoir. ▶ ***Construction*** – borne-fontaine, (fontaine) wallace. ▶ ***Récipient*** (ANC.) – évier *(cuisine)*, lavabo *(salle de bains)*, lave-mains *(d'appoint)*. ANC. aiguière, aquamanile. ▶ ***Principe*** (FIG.) – agent, base, cause, explication, facteur, ferment, fondement, germe, inspiration, levain, levier, mobile, moteur, motif, motivation, moyen, objet, occasion, origine, point de départ, pourquoi, principe, raison, raison d'être, source, sujet. SOUT. étincelle, mère, racine, ressort.

fonte *n.f.* ▶ ***Dégel*** – débâcle, dégel, fonte des glaces, fonte des neiges. ▶ ***Liquéfaction*** – condensation, déliquescence, fluidification, fonderie, fusion, liquation, liquéfaction, réduction, surfusion. ▶ ***Sac*** – besace, bissac, cabas, fourre-tout, havresac, musette, poche, sac, sacoche. FAM. baise-en-ville, balluchon. FRANCE RÉGION. pochon.

football *n.m.* ▶ ***Football européen*** – FAM. ballon rond, foot. QUÉB. ACADIE soccer. ▶ ***Football nord-américain*** (QUÉB. ACADIE) – FRANCE football américain.

forain *adj.* ambulant, itinérant. △ **ANT.** FIXE, SÉDENTAIRE.

forain *n.* ▶ ***Marchand*** – bonimenteur, camelot, colporteur, marchand ambulant, (marchand) forain. AFR. dioula *(musulman)*. ▶ ***Itinérant*** – banquiste, saltimbanque.

force *n.f.* ▶ ***Action*** – action, énergie, interaction, intervention, rapport, réaction. ▶ ***Poids*** – attraction, gravitation, gravité, pesanteur, poids, poussée, pression. ▶ ***Violence*** – acharnement, animosité, ardeur, énergie, frénésie, fureur, furie, impulsivité, intensité, puissance, rage, vigueur, violence, virulence, vivacité. SOUT. impétuosité, véhémence. ▶ ***Fermeté*** – cohésion, compacité, consistance, coriacité, dureté, fermeté, fixité, homogénéité, indélébilité, indestructibilité, inextensibilité, massiveté, monolithisme, résilience, résistance, rigidité, robustesse, solidité, sûreté. ▶ ***Assurance*** – aplomb, assurance, autorité, caractère, constance, courage, cran, détermination, endurance, énergie, fermeté, permanence, poigne, rectitude, résolution, ressort, sang-froid, sérieux, solidité, sûreté, ténacité, vigueur, virilité, volonté. SOUT. invulnérabilité. FAM. estomac, gagne. ▶ ***Habileté*** – adresse, aisance, aptitude, art, brio, capacité, compétence, dextérité, disposition, doigté, don, expertise, facilité, faculté, fort, génie, habileté, main, maîtrise, métier, pouvoir, professionnalisme, savoir, savoir-faire, sens, talent, technique, virtuosité. FAM. bosse. DR. habilitation, habilité. ▶ ***Contrainte*** – astreinte, coercition, contrainte, pression. SOUT. joug. ▶ *Sur un pays* – satellisation. ▶ ***Pouvoir*** – autorité, commandement, domination, gouvernement *(politique)*, juridiction, loi, maîtrise, pouvoir, puissance, règne, tutelle. SOUT. empire, férule, houlette. ▶ ***Influence*** – action, aide, appui, ascendant, attirance, attraction, aura, autorité, contagion, crédit, dominance, domination, effet, empreinte, emprise, fascination, importance, incitation, influence, inspiration, magie, magnétisme, mainmise, manipulation, mouvance, persuasion, pétition, poids, pouvoir, prépondérance, présence, pression, prestige, puissance, règne, rôle, séduction, subjugation, suggestion, tyrannie. SOUT. empire, intercession. ♦ **forces,** ***plur.*** ▶ ***Armée*** – armée, effectifs, forces (militaires), troupes. BELG. milice. FÉOD. ost. △ **ANT.** ASTHÉNIE, DÉBILITÉ, FAIBLESSE, FRAGILITÉ; DOUCEUR, MODÉRATION; APATHIE, INERTIE, MOLLESSE; PERSUASION; IMPUISSANCE, INEFFICACITÉ.

forcé *adj.* ▶ ***Fait contre son gré*** – contraint, involontaire. ▶ ***Qui manque de naturel*** – affecté, apprêté, artificiel, compassé, composé, empesé, emprunté, étudié, frelaté. ▶ ***Qui n'est pas sincère*** – affecté, artificiel, de commande, factice, feint, insincère, (qui sonne) faux, simulé. ▶ ***Exagéré*** – abusif, débridé, déchaîné, délirant, démesuré, déraisonnable, déréglé, effréné, exagéré, excessif, exorbitant, extravagant, extrême, immodéré, intempérant, outrancier, outré, qui dépasse la mesure, qui dépasse les bornes, sans frein. SOUT. outrageux. FAM. dément, démentiel, soigné. ▶ ***Inévitable*** (FAM.) – assuré, certain, fatal, immanquable, imparable, implacable, incontournable, inéluctable, inévitable, inexorable, nécessaire, obligatoire, obligé, sûr. △ **ANT.** FAMILIER, NATUREL, RELÂCHÉ, SINCÈRE, SPONTANÉ; LÉGER, SUBTIL; ÉVITABLE.

forcément *adv.* à coup sûr, automatiquement, fatalement, immanquablement, implacablement, inéluctablement, inévitablement, inexorablement, infailliblement, ipso facto, irrésistiblement, logiquement, mathématiquement, nécessairement, obligatoirement, par la force des choses. △ **ANT.** ALÉATOIREMENT, DOUTEUSEMENT, PEUT-ÊTRE.

forcené *adj.* ▶ ***En colère*** – blanc de colère, courroucé, déchaîné, en colère, enragé, fou de colère, fou de rage, fulminant, fumant, furibond, furieux, hors de soi, irrité, outré, rageur, révolté, ulcéré. FAM. en boule, en rogne. FRANCE FAM. à cran, en pétard, fumasse, furax, furibard. QUÉB. FAM. choqué. ▶ ***Acharné*** – acharné, enragé, exalté, farouche, furieux, passionné. △ **ANT.** CALME, FLEGMATIQUE, IMPASSIBLE, IMPERTURBABLE, MAÎTRE DE SOI, PLACIDE; ATTENDRI, ÉMU, TOUCHÉ; MODÉRÉ, RELÂCHÉ; ÉQUILIBRÉ, QUI A TOUTE SA RAISON, SAIN D'ESPRIT.

forcer *v.* ▶ ***Faire céder qqch.*** – défoncer, enfoncer, fracturer. ▶ ***Obliger*** – assujettir, astreindre, contraindre, mettre dans l'obligation, obliger, soumettre. ▶ ***Acculer*** – acculer, contraindre, piéger, réduire. FAM. coincer, squeezer. ▶ ***Exténuer*** – abrutir, briser, courbaturer, épuiser, éreinter, exténuer, fatiguer, harasser, lasser, mettre à plat, surmener, tuer. FAM. claquer, crever, démolir, esquinter, lessiver, mettre sur le flanc, nettoyer, pomper, rétamer, vanner, vider. QUÉB. FAM. maganer. ▶ ***Exagérer*** – amplifier, charger, enfler, exagérer, grandir, grossir. SOUT. outrer. FAM. broder, en rajouter, tirer sur la ficelle. FRANCE FAM. chariboter, chérer. ▶ ***En parlant du vent*** – forcir, fraîchir, se lever. ▶ ***En parlant d'un mécanisme*** (QUÉB.) – fatiguer, peiner. ♦ **se forcer** ▶ ***S'efforcer*** – s'efforcer, s'obliger, se contraindre. △ **ANT.** FERMER, RÉPARER; FACILITER, PERMETTRE, TOLÉRER.

forestier *adj.* SOUT. sylvestre. △ **ANT.** CHAMPÊTRE *(GARDE)*.

forêt *n.f.* ▶ ***Étendue boisée*** – bois, zone forestière. SOUT. bocage, sylve. QUÉB. boisé. ▶ ***Abondance de choses*** – abondance, afflux, amas, ampleur, concentration, débauche, débordement, exubérance, filon, fleuraison, floraison, foisonnement, foule, fourmillement, gisement, infinité, inondation, luxe, luxuriance, masse, mine, multiplicité, myriade, nuée, orgie, paquet, pléthore, poussière, profusion, quantité, richesse, surabondance, tas, trésor. FIG. carnaval. FAM. festival, flopée, kyrielle, tapée, tonne, tripotée, wagon. SUISSE FAM. craquée. ▶ ***Abondance de personnes*** – abondance, affluence, armada, armée, attroupement, bande, cohue, concentration, concours, encombrement, essaim, flot, foule, fourmilière, fourmillement, grouillement, légion, marée, masse, meute, monde, multitude, peuple, pléiade *(célébrités)*, pullulement, rassemblement, régiment, réunion, ribambelle, ruche, tas, troupeau. FAM. flopée, marmaille *(enfants)*, tapée, tripotée. QUÉB. FAM. achalandage, gang. PÉJ. ramassis. ▶ ***Ensemble inextricable*** – dédale, labyrinthe, lacis, maquis, méandres, réseau, sinuosités.

forfait *n. m.* ▶ ***Contrat*** – abonnement, carte (d'abonnement), souscription. ▶ ***Crime*** (SOUT.) – accroc, contravention, crime, délit, dérogation, entorse, faute, forfaiture, inconduite, infraction, manquement, mauvaise action, mauvaise conduite, méfait, non-respect, rupture, transgression, violation. BELG. méconduite. DR. cas. ▶ ***Abandon*** – abandon, abdication, défection, délaissement, démission, désengagement, désertion, désintérêt, désistement, dessaisissement, inachèvement, recul, repli, retrait, retraite. SOUT. inaccomplissement. FAM. décrochage, lâchage, largage, plaquage. DR. non-lieu, résignation.

forge *n. f.* ▶ ***Atelier*** – aciérie, fonderie. ▶ ***Fourneau*** – four à bas foyer, fourneau de forge.

forger *v.* ▶ ***Battre un métal*** – battre, bigorner, cingler, corroyer, marteler. ▶ ***Inventer*** – fabriquer, inventer. ♦ **forgé** ▶ ***Fabriqué*** – apocryphe, fabriqué, fantaisiste, faux, fictif, forgé (de toutes pièces), imaginé, inauthentique, inexistant, inventé. SOUT. controuvé. ▶ ***Truqué*** – contrefait, falsifié, faux, maquillé, simulé, truqué. FAM. bidon, bidonné, bidouillé.

formalisme *n. m.* ▶ ***Respect des lois*** – juridisme, légalisme.

formalité *n. f.* ▶ ***Procédure*** – démarche, forme, procédure, règle. ▶ ***Procédure tatillonne*** – paperasse, paperasserie, scribouillage, tracasserie administrative/procédurière. ▶ ***Convenances*** – bienséance, cérémonial, cérémonie, convenances, décorum, étiquette, formule, mondanités, protocole, règle, usage. FAM. salamalecs.

format *n. m.* ▶ ***Grosseur*** – ampleur, amplitude, calibre, carrure, diamètre, empan, envergure, étendue, évasure, giron *(d'une marche)*, grosseur, laize, large, largeur, lé, module, portée, taille.

formation *n. f.* ▶ ***Création*** – composition, conception, confection, constitution, construction, création, développement, édification, élaboration, exécution, fabrication, façon, façonnage, façonnement, génération, genèse, gestation, invention, œuvre, organisation, paternité, production, réalisation, structuration, synthèse. SOUT. accouchement, enfantement. DIDACT. engendrement. ▶ ***Détachement militaire*** – bataillon, brigade, colonne, commando, compagnie, corps, échelon, escadron, escorte, garde, garnison, légion, parti, patrouille, peloton, régiment, section, soldatesque *(indisciplinés)*, tabor *(Maroc)*, troupe, unité. PAR EXT. caserne. ANC. escouade, goum, piquet. ▶ ***Musiciens*** – bastringue *(bruyant)*, ensemble, fanfare, groupe, orchestre, orphéon. ▶ ***Éducation*** – alphabétisation, apprentissage, conscientisation, didactique, édification, éducation, enrichissement, enseignement, entraînement, études, expérience, façonnage, façonnement, inculcation, information, initiation, instruction, monitorat, pédagogie, professorat, scolarisation, scolarité, stage. QUÉB. andragogie *(aux adultes)*. PÉJ. FAM. dressage *(très sévère)*. ▶ ***Expérience de travail*** – curriculum, curriculum vitæ, cursus, expérience (professionnelle), formation (professionnelle), itinéraire (professionnel), parcours (professionnel). △ **ANT.** DESTRUCTION; DÉFORMATION.

forme *n. f.* ▶ ***Contour*** – bord, ceinture, cercle, circonférence, contour, dessin, extérieur, lèvres, limbe, marli *(plat, assiette)*, périmètre, périphérie, pourtour, tour. ▶ ***Aspect*** – air, allure, apparence, aspect, caractère, configuration, couleur, couvert, dehors, éclairage, expression, extérieur, façade, faciès, figure, formule, impression, jour, masque, mine, paraître, perspective, physionomie, plastique *(en art)*, portrait, présentation, profil, ressemblance, semblant, surface, ton, tour, tournure, traits, vernis, visage. SOUT. enveloppe, regardure, superficie. ▶ ***Anatomie*** – anatomie, corps, morphologie, musculature, organisme. SOUT. chair, enveloppe. FAM. carcasse, châssis, mécanique. ▶ ***Santé*** – apparence, condition (physique), conformation, constitution, état (physique), nature, santé, vitalité. SOUT. complexion. MÉD. diathèse, habitus. ▶ ***Manière d'être*** – classe, condition, état, genre, modalité, mode, situation. ▶ ***Formalité*** – démarche, formalité, procédure, règle. ▶ ***Moule*** – coffrage, matrice, moule. ▶ ***Châssis*** – carrelet, châssis, contrechâssis, passe-vue. TECHN. rame. ▶ ***Pièce à la forme du pied*** – embauchoir. ▶ ***En construction*** – couchis, lit. ▶ ***En philosophie*** – accident, apparence, attribut, contingence, phénoménalité, phénomène, prédicat. ▶ ***En linguistique*** – expression, forme (linguistique), signifiant. △ **ANT.** INTÉRIEUR; CONTENU, FOND, MATIÈRE, RÉALITÉ.

formel *adj.* ▶ ***Clair*** – clair, clair et net, évident, explicite, net, qui ne fait aucun doute, sans équivoque. DIDACT. apodictique, prédicatif. ▶ ***Incontestable*** – avéré, certain, démontré, établi, inattaquable, incontestable, incontesté, indéniable, indiscutable, indiscuté, indubitable, irrécusable, irréfutable, prouvé, reconnu, sûr. FAM. garanti. DIDACT. irréfragable. ▶ ***Catégorique*** – affirmatif, autoritaire, catégorique, dogmatique, impératif, impérieux, péremptoire, sans réplique, tranchant. FAM. pète-sec. △ **ANT.** INFORMEL; CONFUS, FLOU, IMPRÉCIS, INDÉFINISSABLE, INDÉTERMINÉ, INDISTINCT, OBSCUR, TROUBLE, VAGUE; ÉVASIF, FUYANT.

formellement *adv.* ▶ ***Irréfutablement*** – catégoriquement, incontestablement, indéniablement, indiscutablement, irrécusablement, irréfutablement, péremptoirement. ▶ ***Explicitement*** – catégoriquement, clairement, en toutes lettres, explicitement, expressément, nettement, noir sur blanc, nommément, positivement. △ **ANT.** ALLUSIVEMENT, EN SOUS-ENTENDU, ENTRE LES LIGNES, IMPLICITEMENT, TACITEMENT; DUBITATIVEMENT, INTERROGATIVEMENT, SCEPTIQUEMENT.

former *v.* ▶ ***Donner une forme*** – façonner, modeler, sculpter. SOUT. configurer. ▶ ***Avoir comme forme*** – dessiner, faire, présenter. ▶ ***Établir*** – constituer, créer, établir, fonder, instaurer, instituer, mettre en place. SOUT. ériger. ▶ ***Causer*** – amener, apporter, catalyser, causer, créer, déchaîner, déclencher, déterminer, donner lieu à, donner naissance à, engendrer, entraîner, faire, faire naître, générer, occasionner, produire, provoquer, soulever, susciter. PHILOS. nécessiter. ▶ ***Composer*** – composer, constituer. ▶ ***Développer*** – cultiver, développer, éduquer. ▶ ***Organiser*** – élaborer, établir, mettre sur pied, monter, organiser. ▶ ***Habituer*** – discipliner, dresser, entraîner, exercer, façonner, habituer. SOUT. rompre.

▶ *Éduquer* – éduquer, instruire. ♦ **se former** ▶ *Se manifester* – apparaître, éclore, faire son apparition, germer, naître, paraître, pointer, se manifester. SOUT. poindre, sourdre. ▶ *Se préciser* – cristalliser, mûrir, prendre corps, prendre forme, prendre tournure, se dessiner, se développer, se préciser. △ **ANT.** DÉFAIRE, DÉFORMER, DÉTRUIRE; DÉNATURER, FAUSSER, PERVERTIR.

formidable *adj.* ▶ *Immense* – colossal, considérable, démesuré, énorme, extraordinaire, extrême, fabuleux, géant, gigantesque, grand, gros, immense, incommensurable, monstrueux, monumental, phénoménal, prodigieux, surhumain, titanesque, vaste, vertigineux. SOUT. cyclopéen, herculéen. FAM. bœuf, de tous les diables, du diable, effrayant, effroyable, épouvantable, faramineux, méchant, monstre. FRANCE FAM. gratiné. ▶ *Remarquable* (FAM.) – admirable, brillant, éblouissant, excellent, extraordinaire, fantastique, magistral, magnifique, merveilleux, parfait, prodigieux, remarquable, réussi, sensationnel, sublime. FAM. à tout casser, champion, d'enfer, du tonnerre, épatant, extra, fameux, fumant, génial, mirifique, pas piqué des vers, splendide, super, terrible. FRANCE FAM. du feu de Dieu, énorme, fadé, formide, géant, gratiné, pas piqué des hannetons. △ **ANT.** DOUX, FAIBLE, LÉGER; CHARMANT, MIGNON, TOUCHANT; LAMENTABLE, MÉDIOCRE, MINABLE, NAVRANT, PIÈTRE, PITEUX, PITOYABLE, RATÉ.

formulaire *n.m.* ▶ *Répertoire de médicaments* – codex, pharmacopée. ▶ *Questionnaire* – feuille, formule, questionnaire.

formule *n.f.* ▶ *Expression* – collocation, construction, cooccurrence, énoncé, expression (figée), lexie complexe, locution, phrase, proposition, syntagme, terme, tour, tournure. ▶ *Libellé* – énoncé, intitulé, libellé. ▶ *Slogan* – accroche, slogan. ▶ *Formulaire* – feuille, formulaire, questionnaire. ▶ *Modèle* – archétype, canon, critère, échantillon, étalon, exemple, gabarit, idéal, idée, image, individu, modèle, norme, original, paradigme, précédent, prototype, référence, représentant, type, unité. ▶ *Norme* – arrêté, charte, code, convention, cote, coutume, loi, mesure, norme, obligation, ordre, précepte, prescription, protocole, régime, règle, règlement, usage. ▶ *Méthode* – approche, art, chemin, code, comment, credo, démarche, discipline, dispositif, façon (de faire), facture, heuristique, instruction, instrument, ligne de conduite, maïeutique, manière, marche (à suivre), méthode, méthodologie, modalité, mode d'emploi, mode, moyen, opération, ordre, organisation, outil, posologie, pratique, procédé, procédure, protocole, raisonnement, recette, règle, secret, stratagème, stratégie, système, tactique, technique, théorie, traitement, voie. SOUT. faire.

formuler *v.* ▶ *Exprimer* – dire, émettre, exprimer, extérioriser, objectiver, verbaliser. ▶ *Exprimer avec précision* – énoncer, expliciter, exposer. ▶ *Rédiger suivant une formule* – dresser, libeller, rédiger dans les formes. △ **ANT.** CACHER, DISSIMULER, TAIRE.

fort *adj.* ▶ *Doué de force physique* – athlétique, bien bâti, bien découplé, bréviligne, costaud, gaillard, musclé, puissant, râblé, ramassé, robuste, solide, trapu, vigoureux. FAM. qui a du coffre. FRANCE FAM. balèze, bien baraqué, malabar, maous. ▶ *Qui a un corps massif* – adipeux, bien en chair, charnu, corpulent, de forte taille, empâté, épais, étoffé, gras, gros, imposant, large, lourd, massif, obèse, opulent, plantureux, plein. FAM. éléphantesque, hippopotamesque. FRANCE FAM. mastoc. ▶ *Endurant* – aguerri, bien trempé, courageux, dur, dur au mal, endurant, endurci, stoïque. ▶ *Redoutable* – dangereux, menaçant, puissant, redoutable. ▶ *Doué dans un domaine* – à la hauteur, adroit, bon, brillant, capable, chevronné, compétent, connaisseur, d'élite, de haut vol, de haute volée, de talent, doué, émérite, entraîné, exercé, expérimenté, expert, ferré, fin, habile, passé maître, performant, qualifié, qui s'y connaît, talentueux, versé. RARE blanchi sous le harnais. SOUT. entendu à, industrieux, rompu à. FAM. calé, qui a la bosse de, qui sait y faire. FRANCE FAM. balèze, costaud, fortiche, incollable, trapu. ▶ *De grande qualité* – élevé, haut, supérieur, transcendant. ▶ *Intense* – déchaîné, furieux, impétueux, intense, puissant, terrible, violent. ▶ *En parlant d'un mal* – grand, grave, intense, profond, violent. FAM. carabiné. ▶ *Important* – appréciable, de taille, grand, gros, important, non négligeable, notable, respectable, sensible, sérieux, substantiel. ▶ *Marqué* – accentué, accusé, marqué, net, prononcé, sec. ▶ *Épicé* – assaisonné, corsé, épicé, extra-fort, pimenté, piquant, relevé. ▶ *Résistant* – dur, ferme, raide, résistant, rigide, solide. RARE inflexible. ▶ *En parlant d'un bruit* – assourdissant, bruyant, éclatant, étourdissant, fracassant, résonnant, retentissant, sonore, tapageur, tonitruant, tonnant. SOUT. abasourdissant. ▶ *En parlant d'une voix* – claironnant, cuivré, de stentor, de tonnerre, éclatant, retentissant, sonore, tonitruant, tonnant, vibrant. △ **ANT.** DÉLICAT, DOUX, FAIBLE, LÉGER; ANÉMIQUE, CHÉTIF, FRÊLE, GRINGALET, MAIGRELET, MAIGRICHON, MALINGRE, RACHITIQUE; DOUILLET, SENSIBLE; MAUVAIS, MÉDIOCRE, NUL; NÉGLIGEABLE, RIDICULE; FADE, INSIPIDE; FRAGILE.

fort *adv.* ▶ *Énergiquement* – activement, avec la dernière énergie, avec zèle, décidément, dru, dynamiquement, énergiquement, fermement, fortement, puissamment, résolument, sérieusement, virilement. ▶ *Brutalement* – à la hussarde, à tour de bras, à toute force, âprement, brutalement, crûment, de la belle manière, durement, énergiquement, fortement, net, raide, raidement, rudement, sans ménagement, sec, vertement, vigoureusement, violemment, vivement. ▶ *À haute voix* – à haute voix, à tue-tête, à voix haute, de vive voix, haut. ▶ *Abondamment* – à discrétion, à foison, à la tonne, à pleines mains, à profusion, à satiété, à souhait, à volonté, abondamment, amplement, beaucoup, bien, considérablement, copieusement, dru, en abondance, en masse, en quantité, énormément, généreusement, grassement, gros, intarissablement, largement, libéralement, lourd, profusément, richement, suffisamment, torrentiellement. FAM. à gogo, à revendre, à tire-larigot, bésef, des tonnes, pas mal. ▶ *Extrêmement* – à l'extrême, affreusement, astronomiquement, au dernier degré, au dernier point, au maximum, au plus haut degré, au plus haut point, beaucoup, bien, colossalement, considérablement, éminemment, énormément, exceptionnellement, extraordinairement, extrêmement, fabuleusement, follement, fortement, grandement, gros, hautement, immensément, incommensurablement, inconcevablement, incroyablement, infiniment, intensément, long, mortellement, nettement, on ne peut plus, phénoménalement, prodigieusement, profondément, remarquablement, sérieusement, singulièrement, souverainement, supérieurement, suprêmement, terriblement, très, vertigineusement, vivement, vraiment. *FAM.* bigrement, bougrement, diablement, drôlement, effroyablement, épais, épouvantablement, fameusement, fantastiquement, fichtrement, fichûment, formidablement, foutrement, furieusement, joliment, rudement, sacrément, salement, super, terrible, tout plein, vachement. △ **ANT.** FAIBLEMENT; À VOIX BASSE, EN CHUCHOTANT; PEU.

fort *n.* ▶ ***Personne forte physiquement*** – athlète, colosse, costaud, fort des Halles, gaillard, hercule, (homme) fort, puissant. *FAM.* armoire à glace, Tarzan. *FRANCE FAM.* armoire normande, balèze, malabar, mastard. *QUÉB.* fier-à-bras. ▶ ***Personne puissante*** – figure, grand, notabilité, notable, personnage, personnalité, puissant. *FAM.* bonze. ♦ **fort,** *masc.* ▶ ***Compétence*** – adresse, aisance, aptitude, art, brio, capacité, compétence, dextérité, disposition, doigté, don, expertise, facilité, faculté, force, génie, habileté, main, maîtrise, métier, pouvoir, professionnalisme, savoir, savoir-faire, sens, talent, technique, virtuosité. *FAM.* bosse. *DR.* habilitation, habilité. ▶ ***Ouvrage de fortification*** – bastion, bonnette, flanquement, forteresse, fortifications, ouvrage, place, place de guerre, place forte, retranchement. *ANC.* bretèche, castrum, ferté, préside, redoute. ▶ ***Summum*** – acmé, apex, apogée, apothéose, cime, climax, comble, culmination, excès, faîte, fin du fin, limite, maximum, meilleur, nec plus ultra, optimum, paroxysme, pinacle, plafond, point culminant, pointe, record, sommet, summum, triomphe, zénith. *SOUT.* plus haut période. *FAM.* top niveau. △ **ANT.** DÉBILE, FAIBLE.

fortement *adv.* ▶ ***Énergiquement*** – activement, avec la dernière énergie, avec zèle, décidément, dru, dynamiquement, énergiquement, fermement, fort, puissamment, résolument, sérieusement, virilement. ▶ ***Brutalement*** – à la hussarde, à tour de bras, à toute force, âprement, brutalement, crûment, de la belle manière, durement, énergiquement, fort, net, raide, raidement, rudement, sans ménagement, sec, vertement, vigoureusement, violemment, vivement. ▶ ***Beaucoup*** – à l'extrême, affreusement, astronomiquement, au dernier degré, au dernier point, au maximum, au plus haut degré, au plus haut point, beaucoup, bien, colossalement, considérablement, éminemment, énormément, exceptionnellement, extraordinairement, extrêmement, fabuleusement, follement, fort, grandement, gros, hautement, immensément, incommensurablement, inconcevablement, incroyablement, infiniment, intensément, long, mortellement, nettement, on ne peut plus, phénoménalement, prodigieusement, profondément, remarquablement, sérieusement, singulièrement, souverainement, supérieurement, suprêmement, terriblement, très, vertigineusement, vivement, vraiment. *FAM.* bigrement, bougrement, diablement, drôlement, effroyablement, épais, épouvantablement, fameusement, fantastiquement, fichtrement, fichûment, formidablement, foutrement, furieusement, joliment, rudement, sacrément, salement, super, terrible, tout plein, vachement. △ **ANT.** DOUCEMENT, FAIBLEMENT; PEU.

forteresse *n.f.* ▶ ***Au sens propre*** – bastion, bonnette, flanquement, fort, fortifications, ouvrage, place, place de guerre, place forte, retranchement. *ANC.* bretèche, castrum, ferté, préside, redoute. ▶ ***Au sens figuré*** – bastion, citadelle. *SOUT.* muraille, rempart.

fortification *n.f.* ▶ ***Renforcement*** – affermissement, amélioration, ancrage, cimentation, consolidation, durcissement, enracinement, fixation, garantie, protection, radicalisation, raffermissement, raidissement, renforçage, renforcement, renfort, scellement, stabilisation. *SOUT.* roidissement. ♦ **fortifications,** *plur.* ▶ ***Ouvrage défensif*** – bastion, bonnette, flanquement, fort, forteresse, ouvrage, place, place de guerre, place forte, retranchement. *ANC.* bretèche, castrum, ferté, préside, redoute. △ **ANT.** SAPE.

fortifier *v.* ▶ ***Donner des forces*** – soutenir, sustenter. ▶ ***Rendre plus endurant*** – aguerrir, cuirasser, endurcir, habituer, tremper. *FAM.* blinder. ▶ ***Munir d'ouvrages de défense*** – armer. ▶ ***Affermir*** – affermir, asseoir, cimenter, confirmer, conforter, consolider, raffermir, renforcer. ♦ **se fortifier** ▶ ***Se protéger*** – se retrancher. △ **ANT.** AFFAIBLIR, AMOLLIR, ANÉMIER, CONSUMER, DÉBILITER, MINER, RÉDUIRE, RUINER.

fortuit *adj.* ▶ ***Imprévu*** – accidentel, exceptionnel, imprévu, inattendu, inopiné. *SOUT.* de rencontre. ▶ ***Occasionnel*** – d'exception, exceptionnel, inaccoutumé, inhabituel, inusité, occasionnel, rare, rarissime, spécial. *SOUT.* extraordinaire, inusuel. △ **ANT.** PRÉVISIBLE, PRÉVU; INTENTIONNEL, PLANIFIÉ, PRÉMÉDITÉ, PROVOQUÉ, VOLONTAIRE.

fortune *n.f.* ▶ ***Hasard*** (*SOUT.*) – accident, aléa, aléatoire, aventure, cas fortuit, chance, circonstance, coïncidence, conjoncture, contingence, coup de dés, coup du sort, facteur chance, fortuit, hasard, impondérable, imprévu, inattendu, incertitude, indétermination, occurrence, rencontre, sort. *PHILOS.* casualisme, casualité, indéterminisme. *FIG.* loterie. ▶ ***Chance*** (*SOUT.*) – aubaine, chance, coup de chance, heureux hasard, occasion. *FAM.* baraka, (coup de) bol, occase, pot, veine. ▶ ***Destin*** – avenir, chance, demain(s), destin, destinée, devenir, étoile, existence, fatalité, futur, hasard, horizon, karma, lendemain(s), lot, nécessité, prédestination, prédétermination, prédéterminisme, providence, sort, vie. *SOUT.* fatum, Parque. ▶ ***Richesse*** – abondance, aisance, bien-être, opulence, or, prospérité, richesse. ▶ ***Capital*** – argent, avoir, bien, capital, cassette, épargne, fonds, fruit, gain, investissement, liquidités, numéraire, patrimoine, pécule, placement, portefeuille, possession, produit, propriété, richesse, trésor, valeur. *SOUT.* deniers. *FAM.* finances, magot. ▶ ***Patrimoine*** – apanage, bien, domaine, héritage, légitime, legs, majorat, patrimoine, propriété, succession. *RELIG.* défroque. △ **ANT.** ADVERSITÉ, FATALITÉ, MALCHANCE; GÊNE, INDIGENCE, MISÈRE, PAUVRETÉ.

forum *n.m.* ▶ ***Place*** – agora, esplanade, parvis, piazza, place piétonnière, place publique, place, placette, rond-point, square. *QUÉB.* carré. ▶ ***Conférence*** – assemblée, atelier de discussion, colloque, comice, comité, conférence, congrès, conseil, groupe de travail, junte, panel, plénum, réunion, séminaire, sommet, symposium, table ronde. FAM. grand-messe. QUÉB. caucus *(politique)*. ANTIQ. boulê, ecclésia. ANTIQ. ROM. comices. AGRIC. comice agricole. ▶ ***Espace virtuel de discussion*** – tribune.

fosse *n. f.* ▶ ***Cavité*** – excavation, fossé. ▸ *Obstacle* – douve *(rempli d'eau)*, saut-de-loup. ▶ ***Relief terrestre*** – abîme, crevasse, géosynclinal, gouffre, précipice, puits naturel. ▶ ***Relief sous-marin*** – abysse, fosse abyssale, fosse marginale *(en bordure d'un continent)*, fosse sous-marine, grand fond, grands fonds sous-marins, profondeurs hadales, profondeurs océaniques. ▶ ***Profondeur*** – abîme, abysse, creux, distance, enfoncement, épaisseur, (fin) fond, gouffre, lointain, perspective, profondeur. SOUT. entrailles. ▶ ***Lieu funéraire*** – caveau, cénotaphe, crypte, hypogée, mausolée, monument, niche funéraire, sépulture, tombe, tombeau. SOUT. sépulcre. ANC. ciste, enfeu, pyramide, spéos, tholos, tombelle, tumulus. ▶ ***Cachot*** – cachot, cellule, oubliette, violon. FRANCE FAM. mitard. ANC. basse-fosse, cabanon *(pour les fous)*, cul-de-basse-fosse. ANTIQ. ROM. ergastule.

fossé *n. m.* ▶ ***Fosse*** – excavation, fosse. ▸ *Obstacle* – douve *(rempli d'eau)*, saut-de-loup. ▶ ***Obstacle équestre*** – brook, douve. ▶ ***Ouvrage militaire*** – circonvallation, contrevallation, sape, tranchée, tranchée-abri. ▶ ***Affaissement*** – affaissement, cavité, creux, crevasse, dépression, éboulement, écroulement, effondrement, flache, fondrière. GÉOL. ensellement, épirogenèse, fondis, graben. RARE enfonçure. ▶ ***Voie d'écoulement*** – adducteur, canal, drain, encaissement, lit, sangsue, tranchée. BELG. watergang. SUISSE bisse. FRANCE RÉGION. bésau, duit, étier *(vers la mer)*. AFR. seguia. ▸ *Petit* – rigole, saignée. TECHN. goulette, goulotte, larron d'eau, noue, noulet, pierrée. ▸ *Bordant une route* – caniveau, cassis, ruisseau. ▸ *Souterrain* – aqueduc, égout, puisard *(vertical)*. ▸ *Entre deux écluses* – bief, sas. ▸ *Entre deux rivières* – arroyo. ▶ ***Bord de la voie*** – accotement, banquette, bas-côté, berme, bord, bordure, caniveau, trottoir. ▶ ***Différence*** – abîme, altérité, changement, désaccord, déviance, différence, dissemblance, dissimilitude, distance, distinction, divergence, diversité, division, divorce, écart, gouffre, incompréhension, inégalité, intervalle, marginalité, nuance, séparation, variante, variation, variété. MATH. inéquation. ▶ ***Discontinuité*** – brisure, cassure, coupure, discontinuité, hiatus, interruption, lacune, rupture, saut, solution de continuité.

fou *adj.* ▶ ***Dérangé*** – dérangé, gâteux, qui a perdu la tête, qui n'a plus toute sa raison, troublé. FAM. cinglé, dingo, dingue, fêlé, folasse *(femme)*, gaga, maboul, malade, marteau, qui a perdu la boule, sonné, timbré, toqué, tordu. FRANCE FAM. atteint, azimuté, barjot, braque, brindezingue, cintré, déjanté, fada, foldingue, folingue, fondu, frappé, givré, jeté, pété, piqué, schnock, sinoque, siphonné, toc toc, zinzin. QUÉB. FAM. fou braque. BELG. FAM. mastoc. ▶ ***Déséquilibré*** – aliéné, dément, désaxé, déséquilibré, détraqué, psychopathe. ▶ ***Halluciné*** – effaré, égaré, hagard, halluciné. ▶ ***En proie à une vive émotion*** – enivré, éperdu, exalté, ivre, transporté. ▶ ***Fanatique*** – amateur, amoureux, avide, entiché, épris, fanatique, féru, fervent, friand, passionné. FAM. accro, enragé, fana, maniaque, mordu. ▶ ***Farfelu*** – à dormir debout, abracadabrant, abracadabrantesque, absurde, baroque, biscornu, bizarre, burlesque, cocasse, exagéré, excentrique, extravagant, fantasque, farfelu, funambulesque, grotesque, impayable, impossible, incroyable, insolite, invraisemblable, loufoque, qui ne tient pas debout, rocambolesque, saugrenu, tiré par les cheveux, vaudevillesque. FRANCE FAM. foutraque, gaguesque. ▶ ***Déraisonnable*** – aberrant, absurde, déraisonnable, idiot, illogique, inepte, insensé, irrationnel, qui n'a aucun sens, ridicule, stupide. SOUT. insane. FAM. dément, qui ne tient pas debout. RARE antirationnel. PHILOS. alogique. ▶ ***En parlant d'un prix*** – astronomique, cher, coûteux, élevé, exorbitant, hors de prix, inabordable, prohibitif, ruineux. FAM. chérot, faramineux, salé. ▶ ***Extraordinaire*** (FAM.) – étonnant, extraordinaire, fabuleux, fantastique, hors du commun, incroyable, inouï, miraculeux, phénoménal, prodigieux. FAM. délirant, dément, dingue. FRANCE FAM. foutral. △ **ANT.** ÉQUILIBRÉ, QUI A TOUTE SA RAISON, SAIN D'ESPRIT; MESURÉ, MODÉRÉ, PONDÉRÉ, RAISONNÉ; DÉTACHÉ, INDIFFÉRENT, TIÈDE; LOGIQUE, SENSÉ, SÉRIEUX; BON MARCHÉ, ÉCONOMIQUE; BANAL, ININTÉRESSANT, ORDINAIRE.

fou *n.* ▶ ***Malade mental*** – aliéné, dément, désaxé, déséquilibré, détraqué, forcené, furieux, interné, malade (mental), perdu, psychosé, psychotique. FAM. barjot, (cerveau) fêlé, cinglé, cinoque, dingo, dingue, foldingue, maboul, piqué, siphonné, timbré, toqué, zinzin; PÉJ. psychiatrisé *(qui subit un traitement)*. FRANCE RÉGION. fada. ▶ ***Personne écervelée*** – écervelé, étourneau, évaporé, imprévoyant, inconscient, irresponsable, négligent. FAM. hurluberlu, tête de linotte, tête en l'air. ▶ ***Personne passionnée*** – adepte, aficionado, amant, amateur, ami, amoureux, connaisseur, fanatique, fervent, passionné. SOUT. assoiffé. FAM. accro, allumé, enragé, fan, fana, malade, mordu. FRANCE FAM. fondu. ♦ **fou,** ***masc.*** ▶ ***Bouffon*** – amuseur (public), bouffon, clown, comique. SOUT. clownesse *(femme)*. ANC. loustic, (un) paillasse. HIST. fou (du roi). ANTIQ. histrion. △ **ANT.** SAIN D'ESPRIT; SAGE.

foudre *n. f.* ▶ ***Éclair*** – éclair, feu, fulguration. SOUT. fulgurance, tonnerre. ♦ **foudres,** ***plur.*** ▶ ***Reproches*** – accusation, admonestation, admonition, anathématisation, anathème, attaque, avertissement, blâme, censure, condamnation, correction, critique, désapprobation, diatribe, grief, grognerie, gronderie, interdit, leçon, malédiction, mise à l'écart, mise à l'index, mise en quarantaine, objection, observation, plainte, punition, récrimination, remarque, remontrance, représentation, réprimande, réprobation, reproche, réquisitoire, semonce, sérénade, sermon, tollé. SOUT. animadversion, fustigation, improbation, mercuriale, objurgation, stigmatisation, vitupération. FAM. douche, engueulade, savon, tabac. FRANCE FAM. attrapade, lavage de tête, prêchi-prêcha, soufflante. BELG. cigare. RELIG. fulmination. △ **ANT.** COMPLIMENTS, FÉLICITATIONS, LOUANGES.

foudroyant *adj.* brusque, fulgurant, instantané, prompt, soudain, subit. △ **ANT.** ÉVOLUTIF, GRADUEL, LENT, PROGRESSIF.

foudroyer *v.* ▸ ***Tuer par une décharge électrique*** – électrocuter. ▸ ***Tuer subitement*** – faucher, frapper, terrasser. ▸ ***Anéantir moralement*** – abattre, accabler, anéantir, atterrer, briser, consterner, désespérer, terrasser. FAM. catastropher, jeter à terre. △ **ANT.** RANIMER, RAVIVER, REVIGORER; CONSOLER, RASSURER, RÉCONFORTER, RELEVER.

fouet *n.m.* ▸ ***Instrument*** – AFR. chicote. ▸ ***Flagellation*** – flagellation, fustigation, knout. ▸ ***Appareil culinaire*** – batteur, fouet (mécanique), malaxeur, mélangeur, moulinette, moussoir, robot (de cuisine)/robot culinaire. ▸ ***Cordon*** – cordelette, cordon, cordonnet, ficelle, lacet, tirant.

fouetter *v.* ▸ ***Battre à coups de fouet*** – cingler, cravacher, flageller. ▸ ***Pincer au visage*** – cingler, couper, gifler, mordre, pincer, piquer, taillader. SOUT. flageller. ▸ ***Remuer des aliments liquides*** – battre. ▸ ***Stimuler*** – aiguillonner, animer, éperonner, exciter, motiver, pousser, stimuler. SOUT. agir. ▸ ***Puer*** (FAM.) – empester, puer, sentir fort, sentir mauvais. FAM. cocotter, sentir. FRANCE FAM. renifler, taper. ▸ ***Avoir peur*** (FAM.) – avoir grand-peur, avoir peur, blêmir, frissonner, pâlir, prendre peur, trembler, verdir. FAM. avoir la frousse, avoir la pétoche, avoir la tremblote, avoir la trouille, avoir le trac, avoir le trouillomètre à zéro, avoir les chocottes, avoir les foies, avoir les jetons, baliser. △ **ANT.** CAJOLER, CÂLINER, CARESSER, CHOYER, DORLOTER; APAISER, ENDORMIR; ARRÊTER, EMPÊCHER, RÉFRÉNER, RÉPRIMER.

fougue *n.f.* ▸ ***Ardeur*** – ardeur, emportement, feu, furia, impétuosité, pétulance, véhémence, vivacité. FAM. mordant. ▸ ***Impatience*** – avidité, brusquerie, désir, empressement, fièvre, hâte, impatience, impétuosité, précipitation, presse, urgence, urgent. ▸ ***Turbulence*** – agitation, dissipation, espièglerie, excitation, impétuosité, mobilité, mouvement, nervosité, pétulance, tapage, turbulence, vivacité. ▸ ***Partie de navire*** – vergue de hune. △ **ANT.** FROIDEUR; PATIENCE; CALME, FLEGME, PLACIDITÉ.

fougueux *adj.* ▸ ***Enthousiaste*** – animé, ardent, enthousiaste, exubérant, pétulant, véhément, vif. ▸ ***Impulsif*** – bouillant, emporté, enflammé, explosif, impatient, impétueux, impulsif, passionné, prompt, qui a la tête chaude, sanguin, véhément, vif, violent, volcanique. △ **ANT.** AMORPHE, APATHIQUE, ENDORMI, INDOLENT, LYMPHATIQUE, MOU, NONCHALANT, SANS RESSORT; MESURÉ, PONDÉRÉ, POSÉ, RAISONNABLE, RÉFLÉCHI, RESPONSABLE, SAGE, SENSÉ, SÉRIEUX.

fouille *n.f.* ▸ ***Creusage*** – affouillement, approfondissement, creusage, creusement, déblai, défonçage, défoncement, évidement, excavation, fonçage, foncement, forage, fouissage, perçage, percement, piochage, sondage. TECHN. rigolage. AGRIC. effondrement. ▸ ***Exploration*** – découverte, documentation, exploration, furetage, prospection, recherche, reconnaissance, sondage. FAM. farfouillage, farfouillement. ▸ ***Perquisition*** – coup de filet, descente (de police), perquisition, quadrillage, rafle, raid, ratissage, rezzou. FAM. razzia. ▸ ***Recherche d'objets anciens*** – archéologie. ▸ ***Poche*** (FRANCE FAM.) – gousset, poche.

fouillé *adj.* ▸ ***Détaillé*** – approfondi, détaillé, pointu, poussé, précis. △ **ANT.** APPROXIMATIF, GROSSIER, IMPRÉCIS, RUDIMENTAIRE, SOMMAIRE, SUPERFICIEL, VAGUE.

fouiller *v.* ▸ ***Explorer un lieu*** – arpenter, battre, explorer, inspecter, parcourir, prospecter, ratisser, reconnaître, visiter. ▸ ***Examiner attentivement*** – examiner, inspecter, passer au peigne fin, regarder à la loupe, scruter. ▸ ***Étudier plus à fond*** – approfondir, ausculter, creuser, épuiser, étudier à fond, examiner sous toutes les coutures, passer au crible, scruter, traiter à fond. ▸ ***Remuer la terre*** – ameublir, bêcher, biner, défoncer, écroûter, effondrer, égratigner, émotter, gratter, herser, labourer, piocher, remuer, retourner, scarifier, serfouir. ▸ ***Creuser*** – fouir, muloter, vermillonner. ▸ ***Chercher partout*** – chercher, explorer, fourgonner, fourrager, fureter, tripoter. FAM. farfouiller, fouiner, trifouiller.

fouilleur *n.* ▸ ***Curieux*** – badaud, curieux, furet, fureteur, indiscret. SOUT. fâcheux. FAM. farfouilleur, fouine, fouineur. BELG. mêle-tout. FRANCE FAM. fouinard. QUÉB. FAM. écornifleur. RARE écouteur. ▸ ***Chercheur d'objets anciens*** – archéologue. ♦ **fouilleuse,** ***fém.*** ▸ ***Instrument aratoire*** – araire, brabant, butteur, buttoir, chisel, cultivateur, décavaillonneuse, déchaumeuse, déchausseuse, défonceuse, fossoir, houe à cheval, motoculteur, piocheuse, polysoc, pulvériseur, sarcloir, scarificateur, sous-soleuse, trisoc.

foulard *n.m.* bandana, cache-col, cache-nez, carré, châle, écharpe, étole, fichu, madras, mantille, mouchoir, pointe.

foule *n.f.* ▸ ***Gens*** – gens, monde, public. ▸ ***Rassemblement*** – abondance, affluence, armada, armée, attroupement, bande, cohue, concentration, concours, encombrement, essaim, flot, forêt, fourmilière, fourmillement, grouillement, légion, marée, masse, meute, monde, multitude, peuple, pléiade *(célébrités)*, pullulement, rassemblement, régiment, réunion, ribambelle, ruche, tas, troupeau. FAM. flopée, marmaille *(enfants)*, tapée, tripotée. QUÉB. FAM. achalandage, gang. PÉJ. ramassis. ▸ ***Populace*** – (bas) peuple, (basse) pègre, bétail, la rue, masse, multitude, plèbe, populace, prolétariat, troupeau, vulgaire. FAM. populo, vulgum pecus. ▸ ***Auditoire*** – assemblée, assistance, assistants, auditoire, galerie, présents, public, salle. ▸ ***Abondance*** – abondance, afflux, amas, ampleur, concentration, débauche, débordement, exubérance, filon, fleuraison, floraison, foisonnement, forêt, fourmillement, gisement, infinité, inondation, luxe, luxuriance, masse, mine, multiplicité, myriade, nuée, paquet, pléthore, poussière, profusion, quantité, richesse, surabondance, tas, trésor. FIG. carnaval. FAM. festival, flopée, kyrielle, tapée, tonne, tripotée, wagon. SUISSE FAM. craquée. ▸ ***Collection*** – accumulation, amas, appareil, assemblage, assortiment, collection, compilation, ensemble, grand nombre, groupe, groupement, jeu, quantité, rassemblement, recueil, service, tas, train. FAM. attirail, cargaison, compil. PÉJ. ramassis. △ **ANT.** DÉSERT; RARETÉ; POIGNÉE; ÉLITE.

fouler *v.* ▸ ***Écraser le raisin*** – écraser, presser, pressurer *(au pressoir)*, pulper. ♦ **se fouler** ▸ ***Se fatiguer*** (FAM.) – brûler la chandelle par les deux bouts, s'épuiser, s'éreinter, s'exténuer, se fatiguer, se mettre à plat, se surmener, se tuer. FAM. s'esquinter, se casser, se crever.

four *n. m.* ▶ ***Foyer*** – alandier, foyer. ▶ ***Lieu très chaud*** (QUÉB.) – étuve, fournaise. ▶ ***Échec*** – avortement, banqueroute, capitulation, catastrophe, chute, débâcle, débandade, déconfiture, défaite, déroute, désavantage, échec, écrasement, faillite, fiasco, infortune, insuccès, mauvaise fortune, naufrage, perte, ratage, raté, retraite, revers. *SOUT.* traverse. *FAM.* désastre, piquette, plantage, raclée, recalage, volée. *FRANCE FAM.* bide, déculottée, dégelée, écrabouillement, fessée, foirade, gamelle, loupage, pile, rincée, rossée, tannée, veste. △ **ANT.** RÉUSSITE, SUCCÈS, TRIOMPHE.

fourbe *adj.* ▶ ***Hypocrite*** – à double face, de mauvaise foi, déloyal, dissimulateur, dissimulé, fallacieux, faux, hypocrite, insidieux, insincère, menteur, perfide, sournois, tortueux, traître, trompeur. *SOUT.* captieux, cauteleux, chafouin, tartufe, tartuffard, tortu. *DIDACT.* sophistique. ▶ ***Rusé*** – diabolique, machiavélique, malin, perfide, rusé, tortueux. *SOUT.* artificieux, chafouin, madré, matois, retors, roué, scélérat. *FAM.* roublard, vicelard. *QUÉB. FAM.* ratoureux. △ **ANT.** DROIT, FRANC, HONNÊTE, LOYAL; ANGÉLIQUE, CANDIDE, INGÉNU, INNOCENT, NAÏF, PUR, SIMPLE.

fourbu *adj.* à bout, à plat, brisé, courbatu, épuisé, éreinté, exténué, fatigué, harassé, las, mort (de fatigue), moulu (de fatigue). *SOUT.* recru (de fatigue), rompu (de fatigue), roué de fatigue. *FAM.* au bout du rouleau, avachi, claqué, crevé, esquinté, flagada, flapi, lessivé, nase, pompé, ramollo, raplapla, sur le flanc, sur les genoux, sur les rotules, vanné, vidé.△ **ANT.** EN (PLEINE) FORME, PLEIN D'ÉNERGIE, PLEIN DE VITALITÉ; DISPOS, REPOSÉ.

fourche *n. f.* ▶ ***Instrument*** – *ANTIQ. ROM.* fuscine. ▶ ***Carrefour*** – bifurcation, branchement, bretelle, carrefour, croisée, croisement, échangeur, embranchement, étoile, intersection, patte-d'oie, rond-point, (voie de) raccordement. ▶ ***Intervalle*** (*BELG.*) – battement, creux, distance, durée, espace (de temps), intervalle, laps de temps. *SOUT.* échappée. ▶ ***Couture*** – enfourchure.

fourchette *n. f.* ▶ ***Pièce qui transmet un mouvement*** – pendillon. ▶ ***Poitrine de l'oiseau*** – bréchet. ▶ ***Écart*** – dispersion, écart, variance, variation.

fourgon *n. m.* ▶ ***Véhicule routier*** – camion, poids lourd. *FRANCE FAM.* bahut. ▶ ***Véhicule ferroviaire*** – remorque *(camion ou métro)*, voiture, wagon, wagonnet *(petit)*. ▶ ***Lieu de rangement d'un véhicule*** – coffre *(auto)*, soute *(bateau ou avion)*. *QUÉB. FAM.* valise *(auto)*.

fourmilière *n. f.* ▶ ***Abondance de personnes*** – abondance, affluence, armada, armée, attroupement, bande, cohue, concentration, concours, encombrement, essaim, flot, forêt, foule, fourmillement, grouillement, légion, marée, masse, meute, monde, multitude, peuple, pléiade *(célébrités)*, pullulement, rassemblement, régiment, réunion, ribambelle, ruche, tas, troupeau. *FAM.* flopée, marmaille *(enfants)*, tapée, tripotée. *QUÉB. FAM.* achalandage, gang. *PÉJ.* ramassis.

fourmiller *v.* ▶ ***Se trouver en grand nombre*** – abonder, foisonner, pulluler. ▶ ***Remuer en grand nombre*** – grouiller, pulluler. ▶ ***Contenir en abondance*** – abonder en, déborder de, foisonner de, regorger de, surabonder de/en. ▶ ***Démanger*** – chatouiller, démanger. *FAM.* gratter, grattouiller, piquer.

fournaise *n. f.* ▶ ***Incendie*** – brasier, embrasement, feu, flammes, foyer, incendie. ▶ ***Lieu très chaud*** – étuve. *QUÉB.* four.

fourneau *n. m.* ▶ ***Four pour fondre des substances*** – bessemer, convertisseur, cubilot, finerie, forge, four oscillant, fourneau de fusion, fourneau de sidérurgie, fournette, haut fourneau, huguenot. ▶ ***Cavité d'une mine*** – camouflet, fourneau (de mine).

fournir *v.* ▶ ***Mettre à la disposition*** – apporter, donner, mettre à la disposition, procurer. ▶ ***Présenter un document*** – donner, exhiber, montrer, présenter, produire. ▶ ***Générer*** – donner, générer, produire, rapporter, rendre. ▶ ***Approvisionner*** – alimenter, approvisionner, pourvoir, ravitailler. ♦ **fourni** ▶ ***Épais*** – abondant, dru, épais, luxuriant, touffu. △ **ANT.** DÉGARNIR, DÉMUNIR, DÉNUDER, PRIVER; REFUSER, RETIRER; FRUSTRER.

fournisseur *n.* ▶ ***Pourvoyeur*** – apporteur, approvisionneur, casernier *(militaire)*, donateur, fournituriste, pourvoyeur, prestataire (de services), ravitailleur. △ **ANT.** BÉNÉFICIAIRE, CLIENT.

fourniture *n. f.* ▶ ***Approvisionnement*** – apport, approvisionnement, ravitaillement. ▶ ***Provision*** – amas, approvisionnement, dépôt, provision, réserve, stock.

fourré *n. m.* buisson, épinaie, épinier, haie, hallier, hayette *(petit)*, roncier. *FRANCE RÉGION.* traîne. ▸ *Dans une forêt* – brande, sous-bois, sous-étage.

fourrer *v.* ▶ ***Enfouir*** – enfoncer, enfouir, plonger. ▶ ***Mettre*** (*FAM.*) – mettre, placer, ranger. *FAM.* caser, foutre. *QUÉB. FAM.* serrer. ♦ **se fourrer** ▶ ***S'immiscer*** (*FAM.*) – s'immiscer dans, s'ingérer dans, se mêler de. *FAM.* mêler son grain de sel dans, mettre son grain de sel dans, mettre son nez dans. ▶ ***S'engager*** (*FAM.*) – s'aventurer, s'engager. *FAM.* s'embarquer, s'empêtrer, se mettre les pieds dans. *FRANCE FAM.* s'embringuer. △ **ANT.** ENLEVER, EXTRAIRE, RETIRER, SORTIR.

fourrure *n. f.* ▶ ***Poil*** – lainage, livrée, manteau, mantelure *(chien)*, peau, pelage, robe, toison. ▶ ***Peau*** – fourrage, peau, pelleterie. *ANC.* aumusse.

foyer *n. m.* ▶ ***Âtre*** – âtre, cheminée, feu. ▶ ***Four*** – alandier, four. ▶ ***Feu*** – brasier, embrasement, feu, flammes, fournaise, incendie. ▶ ***Domicile*** – domicile, intérieur, maison, nid, résidence, toit. *SOUT.* demeure, habitacle, logis. *FAM.* bercail, bicoque, chaumière, chez-soi, crèche, pénates. *PÉJ. FAM.* boutique. ▶ ***Famille*** – cellule familiale, entourage, famille, fratrie, gens, logis, maison, maisonnée, ménage, toit. *FAM.* bercail, clan, couvée, marmaille, nichée, progéniture, smala, tribu. ▶ ***Centre*** – axe, centre, entre-deux, intermédiaire, milieu, moyen terme, pivot, point central. *FIG.* clef (de voûte), cœur, midi, nœud, nombril, noyau, ombilic, sein, siège.

fracas *n. m.* ▶ ***Bruit*** – déflagration, détonation, explosion, mugissement, pétarade, rugissement, tonnerre, vacarme. △ **ANT.** SILENCE.

fraction *n. f.* ▶ ***Pourcentage*** – contingent, part, portion, pourcentage, quantité, quota. ▶ ***Frag-***

ment – bribe, brisure, charpie, coupure, débris, éclat, esquille *(os)*, fragment, grain, granule, granulé, havrit, lambeau, limaille, miette, morceau, parcelle, part, particule, partie, pépite, portion, quartier, reste. FAM. graine. ▸ ***Action*** – atomisation, décomposition, découpage, démembrement, désagrégation, désagrégement, désintégration, dislocation, dissociation, dissolution, division, éclatement, écroulement, effritement, émiettement, fission, fractionnement, fragmentation, îlotage, micronisation, morcellement, parcellarisation, parcellarité, parcellisation, partage, pulvérisation, quadripartition, sectorisation, séparation, tranchage, tripartition. FRANCE FAM. saucissonnage. ▸ *Territoires* – balkanisation, partition. ▸ ***Nombre*** – nombre fractionnaire. ▸ ***Part*** – apport, commandite, contingent, contribution, cotisation, dot, dotation, écot, financement, fonds, fournissement, lot, mise, montant, obligation, parrainage, part, participation, portion, quote-part, quotité. △ **ANT.** TOTALITÉ, TOUT; ENTIER, UNITÉ.

fragile *adj.* ♦ **choses** ▸ ***Qui casse facilement*** – cassable, cassant. ▸ ***Précaire*** – chancelant, défaillant, faible, glissant, incertain, instable, menacé, précaire, vacillant. ▸ ***Sans base solide*** – attaquable, contestable, controversable, controversé, critiquable, discutable, douteux, litigieux, mis en doute, sujet à caution, sujet à controverse, vulnérable. ♦ **personnes** ▸ ***Peu robuste*** – anémique, chétif, débile, délicat, en mauvaise santé, faible, frêle, mal portant, maladif, malingre, rachitique, souffreteux. SOUT. valétudinaire. FAM. crevard, faiblard. ▸ ***Facile à attaquer*** – désarmé, faible, impuissant, sans défense, vulnérable. △ **ANT.** SOLIDE; INCASSABLE, INFRANGIBLE, RÉSISTANT; ASSURÉ, FERME, STABLE; AVÉRÉ, CERTAIN, DÉMONTRÉ, ÉTABLI, FORMEL, INATTAQUABLE, INCONTESTABLE, INDÉNIABLE, INDISCUTABLE, INDUBITABLE, IRRÉFUTABLE, PROUVÉ, RECONNU, SÛR; BIEN PORTANT, EN BONNE SANTÉ, EN SANTÉ, SAIN, VALIDE; (PSYCHOLOGIQUEMENT) FORT, SÛR DE SOI.

fragiliser *v.* ▸ ***Affaiblir*** – affaiblir, précariser. ▸ ***Perturber mentalement*** – désaxer, déséquilibrer, déstabiliser, ébranler, perturber. △ **ANT.** AFFERMIR, ASSURER, CONSOLIDER, RENFORCER.

fragilité *n.f.* ▸ ***Délicatesse*** – délicatesse, étroitesse, finesse, gracilité, légèreté, minceur, petitesse, sveltesse. SOUT. ténuité. ▸ ***Altérabilité*** – délicatesse, faiblesse, friabilité, instabilité, labilité, tendreté, vulnérabilité. ▸ ***Instabilité*** – ballottement, changement, déséquilibre, fluctuation, inadaptation, incertitude, inconstance, inégalité, instabilité, mouvant, mouvement, précarité, variabilité, variation, versatilité, vicissitude, volatilité. ▸ ***Maigreur*** – amaigrissement, dépérissement, dessèchement, gracilité, maigreur, minceur. MÉD. anorexie, athrepsie, cachexie, marasme, rachitisme. SOUT. émaciation, émaciement. △ **ANT.** RÉSISTANCE, ROBUSTESSE, SOLIDITÉ; INALTÉRABILITÉ; STABILITÉ; FORCE, VIGUEUR.

fragment *n.m.* ▸ ***Morceau*** – bribe, brisure, charpie, coupure, débris, éclat, esquille *(os)*, fraction, grain, granule, granulé, havrit, lambeau, limaille, miette, morceau, parcelle, part, particule, partie, pépite, portion, quartier, reste. FAM. graine. ▸ ***Partie d'un texte*** – citation, épigraphe, exemple, exergue, extrait, passage. △ **ANT.** ENSEMBLE, TOUT, UNITÉ.

fragmentaire *adj.* imparfait, inachevé, incomplet, insuffisant, lacunaire, partiel, relatif. △ **ANT.** COMPLET, ENTIER.

fraîchement *adv.* ▸ ***Récemment*** – à une époque rapprochée, depuis peu, dernièrement, frais, il y a peu, naguère, nouvellement, récemment. ▸ ***Froidement*** – durement, froidement, glacialement, hautainement, impersonnellement, insensiblement, raide, raidement, sec, sèchement. △ **ANT.** CHALEUREUSEMENT, CHAUDEMENT; IL Y A BELLE LURETTE, IL Y A LONGTEMPS.

fraîcheur *n.f.* ▸ ***Froid léger*** – fraîche. ▸ ***Froideur*** – désaffection, désintéressement, désintérêt, détachement, froideur, indifférence. SOUT. désamour. ▸ ***Nouveauté*** – actualité, avant-gardisme, changement, contemporanéité, inédit, innovation, jamais vu, jeunesse, mode, modernité, neuf, nouveau, nouveauté, originalité, pertinence, précédent, première, présent, primeur. ▸ ***Originalité*** – anticonformisme, audace, cachet, caractère, hardiesse, indépendance, individualité, innovation, inspiration, marginalité, non-conformisme, nouveauté, originalité, particularité, personnalité, piquant, pittoresque, singularité. ▸ ***Légèreté*** – délicatesse, douceur, finesse, légèreté, modération, moelleux, mollesse, onctuosité, quiétude, suavité, tranquillité, velouté. FIG. soie. ▸ ***Pureté*** – candeur, fleur, honnêteté, ingénuité, innocence, naïveté, pureté, simplicité. ▸ ***Grâce*** – agrément, art, attrait, beau, beauté, charme, chic, classe, coquetterie, délicatesse, distinction, éclat, élégance, esthétique, féerie, grâce, gracieux, harmonie, magnificence, majesté, perfection, photogénie, pureté, séduction, splendeur, symétrie. SOUT. blandice, joliesse, morbidesse, sublimité, symphonie, vénusté. △ **ANT.** CHALEUR; SÉCHERESSE; CORRUPTION; VIEILLESSE; FATIGUE, USURE; BANALITÉ, FADEUR; GRISAILLE.

frais *adj.* ▸ ***Légèrement froid*** – froid, rafraîchi, refroidi. FAM. frisquet. ▸ ***Sans cordialité*** – de glace, de marbre, distant, froid, glaçant, glacial, réfrigérant, réservé. SOUT. marmoréen. ▸ ***Nouveau*** – à la mode, à la page, actuel, au goût du jour, dans le vent, dernier cri, en vogue, jeune, moderne, neuf, nouveau, récent. FAM. branché. ▸ ***Jeune*** – décapant, jeune, rafraîchissant, vivifiant. ▸ ***Détendu*** – délassé, détendu, en forme, (frais et) dispos, reposé. ▸ ***En parlant du teint*** – clair, coloré, fleuri, florissant, pur, rose, vermeil. ▸ ***Vaniteux*** (QUÉB. FAM.) – cabot, cabotin, complaisant, conquérant, content de soi, fat, fier, fiérot, hâbleur, imbu de soi-même, infatué, m'as-tu-vu, orgueilleux, outrecuidant, pédant, pétri d'orgueil, plein de soi-même, présomptueux, prétentieux, qui fait l'important, qui se prend pour quelqu'un, qui se prend pour un autre, rempli de soi-même, suffisant, vain, vaniteux, vantard. FAM. chochotte. LOUISIANE AFR. faraud. △ **ANT.** BON, CHAUD, CONFORTABLE, DOUX; CHALEUREUX, CORDIAL, ENGAGEANT, SOCIABLE; AFFECTUEUX, AMI, AMICAL, FRATERNEL, TENDRE; CONNU, ÉCULÉ, REBATTU, RÉCHAUFFÉ, RESSASSÉ, USÉ; MORNE, SANS ÉCLAT, TERNE; ÉPUISÉ, ÉREINTÉ, EXTÉNUÉ, FATIGUÉ, FOURBU, LAS; BLAFARD, BLANC, BLÊME, CADAVÉRIQUE, EXSANGUE, HÂVE, LIVIDE, PÂLE; HUMBLE, MODESTE, SANS PRÉTENTION, SIMPLE; FERMENTÉ *(FROMAGE)*.

frais *n.m.pl.* ▸ ***Dépense*** – contribution, cotisation, débours, déboursement, décaissement, dépense, faux frais, paiement, sortie. ▶ ***Facture*** – addition, compte, dû, état de compte, état de frais, facture, note, relevé. *FAM.* coup de fusil, douloureuse, quart d'heure de Rabelais. ▶ ***Commission*** – agio, charges, commission, crédit, intérêt, plus-value, prélèvement. ▶ ***Coûts judiciaires*** – dépens. △ **ANT.** ÉCONOMIE, ÉPARGNE.

franc *adj.* ▶ ***Loyal*** – correct, droit, honnête, loyal, probe, régulier. *FAM.* carré, réglo, rond. ▶ ***Qui dit la vérité*** – sincère, vrai. *SOUT.* véracе, véridique. ▶ ***Pour renforcer un terme*** – fameux, fieffé, fier, parfait, rude, sale. *FAM.* damné, fichu, maudit, sacré, satané. △ **ANT.** DÉLOYAL, FALLACIEUX, FAUX, FOURBE, HYPOCRITE, INSINCÈRE, MENTEUR, PERFIDE, SOURNOIS, TORTUEUX, TRAÎTRE, TROMPEUR; ADORÉ, CHER.

français *n.* ♦ **Français ou Française** ▶ ***Personne*** – *SPORTS* tricolore. *FAM.* mangeur de grenouilles. *FRANCE PÉJ. FAM.* beauf, franchouillard. ♦ **le français** ▶ ***Langue*** – langue d'oïl, langue de Molière.

franchement *adv.* ▶ ***Carrément*** – abruptement, brusquement, brutalement, carrément, catégoriquement, crûment, directement, droit, droit au but, fermement, franc, hardiment, librement, net, nettement, raide, raidement, résolument, rondement, sans ambages, sans ambiguïté, sans barguigner, sans détour(s), sans dissimulation, sans équivoque, sans faux-fuyant, sans hésitation, sans intermédiaire, vertement. *FAM.* franco. ▶ ***Sincèrement*** – à la loyale, authentiquement, de bonne foi, en toute bonne foi, franc, honnêtement, loyalement, ouvertement, sincèrement, uniment. *FAM.* franco. △ **ANT.** HYPOCRITEMENT, INSIDIEUSEMENT, MALHONNÊTEMENT, MENSONGÈREMENT, SOURNOISEMENT, TORTUEUSEMENT, TRAÎTREUSEMENT, TROMPEUSEMENT; PAS MAL, PLUS OU MOINS, PLUTÔT, RELATIVEMENT.

franchir *v.* ▶ ***Sauter par-dessus*** – enjamber, passer, sauter. ▶ ***Dépasser*** – dépasser, passer. ▶ ***Vaincre*** – avoir raison de, surmonter, triompher de, vaincre, venir à bout de. △ **ANT.** ACHOPPER, BUTER, HEURTER; RESPECTER; ÉCHOUER, MANQUER, RATER.

franchise *n.f.* ▶ ***Sincérité*** – abandon, bonne foi, confiance, cordialité, droiture, franc-jeu, franc-parler, loyauté, netteté, rondeur, simplicité, sincérité, spontanéité. ▶ ***Honnêteté*** – conscience, droiture, exactitude, fidélité, honnêteté, incorruptibilité, intégrité, irréprochabilité, justice, loyauté, mérite, moralité, netteté, probité, scrupule, sens moral, transparence, vertu. ▶ ***Exemption*** – abattement, décharge, dégrèvement, dérogation, détaxation, détaxe, dispense, exemption, exonération, grâce, immunité, impunité, inamovibilité, inviolabilité, irresponsabilité, libération, liberté, mainlevée, réforme *(armée)*, transit. △ **ANT.** DÉTOUR, DISSIMULATION; DUPLICITÉ, FAUSSETÉ, HYPOCRISIE, SOURNOISERIE; OBLIGATION.

frange *n.f.* ▶ ***Ornement*** – crépine, effilé. ▶ ***Bordure*** – aboutissement, bord, bordure, borne, bout, cap, confins, délimitation, extrême, extrémité, fin, finitude, frontière, ligne, limite, lisière, orée, pied, pointe, pôle, queue, talon, terme, terminaison, tête. ▶ ***Cheveux*** – toupet, toupillon *(petit)*. ▶ ***Limite imprécise*** – marge. ▶ ***Petit nombre de personnes*** – minoritaires, minorité, poignée, quarteron.

frappant *adj.* ▶ ***Étonnant*** – étonnant, hallucinant, impressionnant, marquant, notable, remarquable, saillant, saisissant, spectaculaire. ▶ ***Évident*** – apparent, aveuglant, certain, clair, criant, éclatant, évident, flagrant, hurlant (de vérité), incontestable, manifeste, patent, qui coule de source, qui crève les yeux, qui ne fait pas un pli, qui saute aux yeux, qui se voit comme le nez au milieu du visage, qui tombe sous le sens, qui va de soi, qui va sans dire, visible. △ **ANT.** DOUTEUX, ÉQUIVOQUE, INCERTAIN, MITIGÉ, VAGUE; CACHÉ, DISSIMULÉ, LATENT.

frapper *v.* ▶ ***Donner des coups*** – battre, cogner, taper (sur). ▶ ***Heurter*** – buter contre, cogner, donner dans, heurter, rentrer dans. ▶ ***Emboutir*** – caramboler, emboutir, heurter, percuter, rentrer dans, tamponner, télescoper. *FAM.* emplafonner. ▶ ***Cogner à la porte*** – cogner. *FRANCE RÉGION. ou BELG.* toquer. ▶ ***Atteindre physiquement*** – atteindre, toucher. ▶ ***Affliger d'un mal*** – accabler, affliger, atteindre, toucher. ▶ ***Battre*** – battre, porter la main sur, rosser, rouer de coups. *SOUT.* étriller. *FAM.* abîmer le portrait à, administrer une correction à, arranger le portrait à, casser la figure à, casser la gueule à, cogner, corriger, dérouiller, flanquer une raclée à, flanquer une volée à, passer à tabac, péter la gueule à, piler, rentrer dedans, tabasser, taper sur, voler dans les plumes à. *FRANCE FAM.* boxer, castagner, châtaigner, esquinter le portrait à, flanquer une pile à, mettre la tête au carré à, rentrer dans le chou à, rentrer dans le lard à, rentrer dans le mou à, tatouiller, tomber sur le paletot à, tomber sur le poil à, tricoter les côtes à. ▶ ***Tuer subitement*** – faucher, foudroyer, terrasser. ▶ ***Étonner*** – étonner, interloquer, stupéfaire, surprendre. *FAM.* en boucher un coin à, laisser pantois. ▶ ***Marquer*** – déteindre sur, exercer une influence sur, faire impression sur, impressionner, influencer, marquer. ♦ **se frapper** ▶ ***S'inquiéter*** (*FAM.*) – être sur des charbons ardents, s'alarmer, s'angoisser, s'en faire, s'énerver, s'inquiéter, se faire du mauvais sang, se faire du souci, se faire du tracas, se faire un sang d'encre, se mettre martel en tête, se morfondre, se ronger les sangs, se soucier, se tourmenter, se tracasser. *FAM.* angoisser, flipper, se biler, se faire de la bile, se faire des cheveux, (se) stresser. *QUÉB. FAM.* capoter. △ **ANT.** CARESSER; DÉFENDRE, PRÉSERVER, PROTÉGER; ÉPARGNER, MÉNAGER; PARDONNER, RÉCOMPENSER; LAISSER INDIFFÉRENT.

fraternel *adj.* ▶ ***Relatif aux relations entre frères et sœurs*** – ▶ ***Amical*** – affectueux, ami, amical, chaleureux, tendre. ▶ ***Charitable*** – altruiste, bon, charitable, compatissant, désintéressé, généreux, humain, humanitaire, philanthrope, qui a bon cœur, secourable. *SOUT.* bienfaisant. △ **ANT.** FILIAL; PARENTAL; DE PIERRE, DUR, ENDURCI, FROID, INDIFFÉRENT, INSENSIBLE, SANS-CŒUR, SEC; FIELLEUX, HAINEUX, HARGNEUX, HOSTILE, MALVEILLANT, MÉCHANT, PERFIDE.

fraternité *n.f.* ▶ ***Camaraderie*** – amitié, camaraderie, confraternité, coude à coude, entente, solidarité, sympathie. *FAM.* copinerie. ▶ ***Bonne entente*** – accord, affinité, amitié, atomes crochus, (bonne) intelligence, communauté de goûts, communauté de sentiments, communauté de vues, communion, compatibilité, complicité, compréhension, concorde, connivence, convergence d'idées, harmonie, point commun, sympathie, union, unisson. ▶ ***Paix*** – accalmie, apaisement, bonace, bonheur, calme, éclaircie, entente, harmonie, idylle, paix, quiétude, rémission, repos, silence, tranquillité, trêve, union. SOUT. kief. ▶ ***Altruisme*** – aide, allocentrisme, altruisme, amour (d'autrui), assistance, bénévolat, bienveillance, bonté, charité, commisération, compassion, complaisance, convivialité, dévouement, don de soi, empathie, entraide, extraversion, générosité, gentillesse, humanité, oblativité, oubli de soi, philanthropie, pitié, sensibilité, serviabilité, solidarité, sollicitude. SOUT. bienfaisance. ▶ ***Communauté*** – communauté, confrérie, congrégation, observance, ordre. ▶ ***Association*** – amicale, association, cercle, club, compagnie, groupe, société, union. ▶ ***Généalogie*** (RARE) – agnation, alliance, arbre généalogique, ascendance, branche, cognation, consanguinité, cousinage, degré, descendance, dynastie, extraction, famille, filiation, fratrie, généalogie, génération, hérédité, lignage, ligne, lignée, maison, matriarcat, matrilignage, origine, parentage, parenté, parentelle, patriarcat, patrilignage, postérité, primogéniture, quartier (de noblesse), race, sang, souche. △ **ANT.** HAINE, INIMITIÉ.

fraude *n.f.* ▶ ***Altération*** – altération, barbouillage, bricolage, contrefaçon, déformation, déguisement, dénaturation, entorse, falsification, fardage, faux, frelatage, gauchissement, maquillage, modification, truquage. DR. contrefaction. ▶ ***Ruse*** – artifice, astuce, escamotage, fourberie, machiavélisme, machination, manœuvre, ruse, stratagème, subterfuge. FAM. feinte. ▶ ***Escroquerie*** – abus de confiance, canaillerie, carambouillage, carambouille, charlatanerie, charlatanisme, coup monté, crapulerie, enjôlement, escamotage, escroquerie, grivèlerie, maquignonnage, mystification, supercherie, tricherie, tromperie, usurpation, vol. SOUT. coquinerie, duperie, imposture, piperie. FAM. arnaque, embrouille, filoutage, friponnerie, tour de passe-passe. FRANCE FAM. carottage, entubage, estampage. ▶ ***Malversation*** – achat (de conscience), compromission, concussion, corruption, déprédation, détournement (de fonds), dilapidation, exaction, extorsion, forfaiture, malversation, maquignonnage, péculat, prévarication, soudoiement, subornation, trafic d'influence, tripotage, vénalité. SOUT. prévarication. FAM. magouillage, magouille, tripatouillage. △ **ANT.** INTÉGRITÉ, VÉRITÉ; FRANCHISE, HONNÊTETÉ, PROBITÉ, SCRUPULE.

frayer *v.* ▶ ***Féconder*** – féconder, inséminer. ▶ ***Fréquenter*** (FAM.) – courir, fréquenter, hanter.

frayeur *n.f.* affolement, alarme, angoisse, appréhension, crainte, effarement, effarouchement, effroi, épouvante, grand-peur, hantise, horreur, inquiétude, panique, peur, phobie, terreur, transes. SOUT. affres, apeurement. FAM. cauchemar, chiasse, frousse, pétoche, trac, trouille.

fredonner *v.* chanter à mi-voix, chantonner. QUÉB. turluter.

frein *n.m.* ▶ ***Obstacle*** – accroc, adversité, anicroche, barrière, blocage, contrariété, contretemps, défense, difficulté, digue, écueil, embarras, empêchement, ennui, entrave, gêne, impasse, impossibilité, inhibition, interdiction, objection, obstruction, ombre au tableau, opposition, pierre d'achoppement, point noir, problème, résistance, restriction, tribulations. SOUT. achoppement, impedimenta, traverse. FAM. hic, lézard, os, pépin. QUÉB. FAM. aria. RARE empêtrement. ▶ ***Dispositif*** – déviateur. ▶ ***Repli muqueux*** – filet. △ **ANT.** ACCÉLÉRATEUR.

freiner *v.* ▶ ***Refréner*** – contenir, endiguer, juguler, modérer, ralentir, refréner. SOUT. brider. ▶ ***Aller moins vite*** – décélérer, perdre de la vitesse, ralentir. △ **ANT.** AIGUILLONNER, ENCOURAGER, ENTRAÎNER, FAVORISER; ACTIVER, HÂTER, PRESSER; ACCÉLÉRER.

frêle *adj.* ▶ ***À la santé fragile*** – anémique, chétif, débile, délicat, en mauvaise santé, faible, fragile, mal portant, maladif, malingre, rachitique, souffreteux. SOUT. valétudinaire. FAM. crevard, faiblard. ▶ ***Au physique délicat*** – délicat, délié, élancé, filiforme, fin, fluet, gracile, grêle, léger, long, longiligne, maigre, mince, svelte. △ **ANT.** ATHLÉTIQUE, BIEN BÂTI, COSTAUD, GAILLARD, MUSCLÉ, ROBUSTE, SOLIDE; BIEN PORTANT, EN BONNE SANTÉ, EN SANTÉ, SAIN, VALIDE.

frémir *v.* ▶ ***Trembler légèrement*** – frissonner, trembler, tressaillir. ▶ ***Faire entendre un son doux*** – bruire, bruisser, chuchoter, friseliser, frissonner, froufrouter, murmurer, soupirer.

frémissant *adj.* ▶ ***Qui tremble légèrement*** – frissonnant. ▶ ***Qui tremble d'émotion*** – agité, émotionné, ému, palpitant, sous le coup de l'émotion, tremblant.

frémissement *n.m.* ▶ ***Tremblement*** – agitation, convulsion, ébranlement, flageolement, frisson, frissonnement, grelottement, haut-le-corps, oscillation, saccade, secousse, soubresaut, sursaut, titubation, tortillage, tortillement, tremblement, tremblotement, trémoussement, trémulation, trépidation, tressaillement, vacillement, vibration. FAM. tremblote. ▶ ***Bruit*** – bruissage, friselis, froissement, frôlement, frottement, froufrou, froufroutement, glissement, souffle. SOUT. bruissement, chuchotement, chuchotis.

frénésie *n.f.* ▶ ***Violence*** – acharnement, animosité, ardeur, énergie, force, fureur, furie, impulsivité, intensité, puissance, rage, vigueur, violence, virulence, vivacité. SOUT. impétuosité, véhémence. ▶ ***Agitation*** – affolement, agitation, bouleversement, colère, confusion, débridement, déchaînement, désarroi, ébranlement, ébullition, embrasement, émotion, fièvre, mouvement, passion, violence. SOUT. émoi, exaltation. FIG. dévergondage. ▶ ***Délire*** – agitation, aliénation, amok, aveuglement, délire, divagation, égarement, excitation, folie, hallucination, hystérie, onirisme, paranoïa, surexcitation. △ **ANT.** CALME, TRANQUILLITÉ; DOUCEUR, LENTEUR; FLEGME, MODÉRATION, RÉSERVE, RETENUE.

frénétique *adj.* ▶ ***Intense*** – agité, bouillonnant, délirant, échevelé, effervescent, effréné, fébrile, intense, mouvementé, passionné, trépidant, tumultueux, violent. ▶ ***Endiablé*** – d'enfer, débridé, effréné, endiablé, infernal. △ **ANT.** CALME, TRANQUILLE.

frénétiquement *adv.* à corps perdu, à la folie, ardemment, éperdument, fanatiquement, fervemment, follement, furieusement, passionnément, violemment, vivement. △ **ANT.** AVEC SANG-FROID, CALMEMENT, DOUCEMENT, PAISIBLEMENT, PLACIDEMENT, POSÉMENT.

fréquemment *adv.* à de rares exceptions près, à l'accoutumée, à l'ordinaire, à maintes reprises, à quelques exceptions près, communément, couramment, coutumièrement, d'habitude, d'ordinaire, dans la généralité des cas, dans la majorité des cas, dans la plupart des cas, de coutume, en général, en règle générale, généralement, habituellement, journellement, la plupart du temps, maintes fois, normalement, ordinairement, régulièrement, rituellement, souvent, toujours. △ **ANT.** EXCEPTIONNELLEMENT, GUÈRE, PAR EXCEPTION, RAREMENT.

fréquence *n.f.* ▶ ***Répétition*** – cycle, itération, période, périodicité, rechute, récidive, récidivité, recommencement, récurrence, récursivité, renouvellement, répétition, répétitivité, reprise, reproduction, retour. SOUT. réitération, retombement. FAM. réédition. ▶ ***Probabilité*** – chance, conjecture, éventualité, hypothèse, perspective, possibilité, potentialité, prévisibilité, probabilité, prospective, viabilité, virtualité. ▶ ***Ondes*** – hauteur, longueur d'onde, période, tonie. △ **ANT.** RARETÉ.

fréquent *adj.* ▶ ***Répété*** – continuel, multiple, nombreux, récurrent, répété, répétitif. ▶ ***Courant*** – banal, commun, courant, habituel, normal, ordinaire, répandu, usuel. LING. usité. △ **ANT.** EXCEPTIONNEL, EXTRAORDINAIRE, INCOMPARABLE, INHABITUEL, INUSITÉ, RARE, REMARQUABLE, SPÉCIAL.

fréquentation *n.f.* ▶ ***Communication*** – attache, bons/mauvais termes, communication, compagnie, contact, correspondance, côtoiement, coudoiement, entourage, familiarité, habitude, intelligence, intimité, liaison, lien, pratique, rapport, relation, société, usage, voisinage. SOUT. commerce. PÉJ. acoquinement, encanaillement. ▶ ***Connaissance*** – accointance, connaissance, contact, relation. △ **ANT.** ABANDON, ABSENCE, DÉLAISSEMENT, ÉLOIGNEMENT, RUPTURE, SÉPARATION; ÉVITEMENT.

fréquenter *v.* ▶ ***Être souvent à tel endroit*** – courir, hanter. ▶ ***Voir régulièrement qqn*** – côtoyer, coudoyer, voir. FAM. frayer avec. ♦ **fréquenté** ▶ ***Passant*** – animé, passant, vivant. FAM. passager. △ **ANT.** ÉVITER, IGNORER, SE TENIR À L'ÉCART DE; ABANDONNER, DÉLAISSER, FUIR, QUITTER. ♦ **fréquenté** DÉSERT, ÉCARTÉ, ISOLÉ.

frère *n.m.* ▶ ***Parent*** – FAM. frangin, frérot. ▶ ***Laïque*** – coreligionnaire. ▶ ***Ami intime*** – allié, alter ego, ami, (ami) intime, (ami) proche, bon ami, camarade, compagnon, connaissance, familier, relation. SOUT. féal. FAM. acolyte, aminche, complice, copain, frangin, pote. FRANCE RÉGION. collègue. △ **ANT.** ENNEMI.

fresque *n.f.* mural. QUÉB. murale.

friand *adj.* ▶ ***Passionné*** – amateur, amoureux, avide, entiché, épris, fanatique, féru, fervent, fou, passionné. FAM. accro, enragé, fana, maniaque, mordu. △ **ANT.** MESURÉ, MODÉRÉ, PONDÉRÉ, RAISONNÉ; DÉTACHÉ, INDIFFÉRENT, TIÈDE.

friche *n.f.* ▶ ***Brande*** – brousse, bush *(régions sèches)*, sahel *(Afrique du Nord)*, savane. ▶ ***Pâturage*** – alpage, alpe, champ, embouche, enclos, estive, herbage, kraal, lande, noue, pacage, paddock, paissance, pâquis, parc, parcours, parquet, passage, pâtis, pâturage, pâture, prairie, pré, remue. FRANCE RÉGION. engane, ouche. SUISSE mayen. AFR. secco.

friction *n.f.* ▶ ***Frottement*** – abrasion, bouchonnage, bouchonnement, brossage, embrocation, érosion, frottage, frottement, frottis, grattage, grattement, massage, onction, raclage, râpage, ripage, ripement, traînement, trituration. FAM. grattouillement. ▶ ***Conflit*** – affrontement, antagonisme, combat, compétition, concurrence, conflit, contentieux, contestation, controverse, débat, désaccord, différend, discorde, discussion, dispute, dissension, dissentiment, divergence, émulation, heurt, incompatibilité, incompréhension, lutte, mésentente, mésintelligence, opposition, polémique, querelle, rivalité. FAM. bagarre.

frileux *adj.* ▶ ***Qui manque d'audace*** – couard, craintif, faible, lâche, mou, peureux, pleutre, poltron, pusillanime, qui se dérobe, timide, timoré, veule. FAM. dégonflé, froussard, péteux, pétochard, poule mouillée, trouillard. △ **ANT.** BRAVE, COURAGEUX, INTRÉPIDE, VAILLANT, VALEUREUX.

fripes *n.f.pl.* ▶ ***Haillons*** – chiffons, défroque, friperie, guenilles, haillons, lambeaux, loques. SOUT. hardes, oripeaux. ▶ ***Vêtements usagés*** – friperie, nippes, vêtements d'occasion, vêtements usagés. FRANCE FAM. frusques.

frise *n.f.* ▶ ***Planche*** – frisette, lame, latte, volige.

friser *v.* ▶ ***Mettre en boucles*** – boucler, frisotter, onduler, permanenter. BELG. FAM. croller. RARE anneler. ▶ ***Toucher légèrement*** – caresser, effleurer, frôler, lécher, raser. ▶ ***Passer très près*** – effleurer, frôler, raser, serrer. ▶ ***Confiner*** – approcher, avoisiner, confiner à, côtoyer, coudoyer, frôler, toucher à. ▶ ***Être en boucles*** – boucler, frisotter. ♦ **frisé** afro, bouclé, crépu, frisottant, frisotté, moutonné. BELG. FAM. crollé. △ **ANT.** DÉBOUCLER, DÉCRÊPER, DÉFRISER, LISSER.

frisson *n.m.* ▶ ***Tremblement*** – agitation, convulsion, ébranlement, flageolement, frémissement, frissonnement, grelottement, haut-le-corps, oscillation, saccade, secousse, soubresaut, sursaut, titubation, tortillage, tortillement, tremblement, tremblotement, trémoussement, trémulation, trépidation, tressaillement, vacillement, vibration. FAM. tremblote. △ **ANT.** CHALEUR; ABATTEMENT, IMPASSIBILITÉ, PASSIVITÉ.

frissonnant *adj.* frémissant. △ **ANT.** EN SUEUR, EN TRANSPIRATION, SUANT, TRANSPIRANT.

frissonner *v.* ▶ ***Bruire*** – bruire, bruisser, chuchoter, frémir, friseliser, froufrouter, murmurer, soupirer. ▶ ***Trembler légèrement*** – frémir, trembler, tressaillir. ▶ ***Trembler de froid, de peur*** – claquer des dents, grelotter, trembler. ▶ ***Avoir peur*** – avoir grand-peur, avoir peur, blêmir, pâlir, prendre peur, trembler, verdir. FAM. avoir la frousse, avoir la pétoche, avoir la tremblote, avoir la trouille, avoir le trac, avoir le trouillomètre à zéro, avoir les chocottes, avoir les foies, avoir les jetons, baliser.

frivole *adj.* ▶ ***Peu sérieux*** – futile, léger, mondain, puéril, superficiel. ▶ ***Infidèle*** – adultère, in constant, infidèle, volage. FAM. cavaleur, coureur, qui a un cœur d'artichaut. △ **ANT.** DENSE, ÉDIFIANT, GRAVE,

IMPORTANT, INSTRUCTIF, PROFOND, SÉRIEUX; CONSTANT, FIDÈLE.

frivolité *n. f.* ▶ ***Insouciance*** – détachement, imprévoyance, inapplication, inconscience, irresponsabilité, laisser-aller, légèreté, négligence, nonchalance. FIG. myopie. SOUT. imprévision, morbidesse. FAM. je-m'en-fichisme, je-m'en-foutisme. ▶ ***Futilité*** – futilité, inanité, inconsistance, inefficacité, insignifiance, inutilité, néant, nullité, puérilité, stérilité, superfétation, superficialité, superfluité, vacuité, vanité, vide. ▶ ***Affaire sans importance*** – amusette, bagatelle, baliverne, bêtise, bricole, broutille, chanson, détail, enfantillage, fadaise, faribole, futilité, jeu, misère, plaisanterie, rien, sornette, sottise, vétille. SOUT. badinerie, puérilité. FAM. connerie, foutaise, mômerie. BELG. FAM. carabistouille. ▶ ***Objet de peu de valeur*** – affiquet, babiole, bagatelle, baliverne, bêtise, bibelot, breloque, bricole, brimborion, chiffon, colifichet, fanfreluche, fantaisie, futilité, gadget, hochet, inutilité, jouet, misère, rien. FAM. gimmick, gnognote. △ **ANT.** GRAVITÉ, SÉRIEUX; IMPORTANCE.

froid *adj.* ▶ ***À basse température*** – FRANCE FAM. frigo. ▸ *Légèrement froid* – frais, rafraîchi, refroidi. FAM. frisquet. ▸ *Très froid* – glacé, glacial. ▶ ***Pénétré par le froid*** – gelé, glacé, gourd, transi. FAM. frigorifié. ▶ ***Distant*** – de glace, de marbre, distant, frais, glaçant, glacial, réfrigérant, réservé. SOUT. marmoréen. ▶ ***Indifférent*** – aride, de granit, de pierre, dur, endurci, indifférent, insensible, sans-cœur, sec. SOUT. d'airain, frigide, granitique. FAM. blindé. ▶ ***Sans ornement*** – austère, dépouillé, gris, nu, sévère, triste. △ **ANT.** CHAUD; CHALEUREUX, CORDIAL, ENGAGEANT, SOCIABLE; AFFECTUEUX, AMI, AMICAL, FRATERNEL, TENDRE; COMPATISSANT, EMPATHIQUE, SENSIBLE; COLORÉ, PITTORESQUE, VIVANT.

froid *n. m.* ▶ ***État de la matière*** – SOUT. frisquet. SUISSE cramine, fricasse. ▸ *Léger* – fraîche, fraîcheur. ▶ ***Sensation*** – engourdissement, transissement. ▶ ***Dispute*** – accrochage, algarade, altercation, brouille, brouillerie, chicane, controverse, démêlé, désaccord, désunion, différend, discorde, dispute, divergence, escarmouche, explication, fâcherie, heurt, joute oratoire, litige, malentendu, mésentente, passe d'armes, polémique, querelle, rupture, scène, zizanie. FAM. bagarre, bisbille, bringue, chamaille, chamaillerie, empoignade, empoignement, engueulade, prise de bec, séance. BELG. FAM. bisbrouille. △ **ANT.** CHALEUR, CHAUD; ARDEUR, ENCHANTEMENT, ENTHOUSIASME; CORDIALITÉ, EMPRESSEMENT, SYMPATHIE.

froidement *adv.* ▶ ***Calmement*** – à froid, à loisir, à tête reposée, avec sang-froid, calmement, doucement, flegmatiquement, impassiblement, imperturbablement, inébranlablement, pacifiquement, paisiblement, placidement, posément, sagement, sans broncher, sereinement, silencieusement, tranquillement. SOUT. impavidement. FAM. peinardement, tranquillos. FRANCE RÉGION. FAM. plan-plan. ▶ ***Sèchement*** – durement, fraîchement, glacialement, hautainement, impersonnellement, insensiblement, raide, raidement, sec, sèchement. ▶ ***Ennuyeusement*** – académiquement, ennuyeusement. △ **ANT.** CHALEUREUSEMENT, CHAUDEMENT; AVEC ANIMATION, AVEC ENTRAIN, AVEC VIVACITÉ.

froideur *n. f.* ▶ ***Flegme*** – apathie, flegme, indifférence, insensibilité, lymphatisme, mollesse, tiédeur. ▶ ***Indifférence*** – désaffection, désintéressement, désintérêt, détachement, fraîcheur, indifférence. SOUT. désamour. ▶ ***Incroyance*** – agnosticisme, apostasie, athéisme, blasphème, désacralisation, doute, gentilité, hérésie, impiété, incrédulité, incroyance, indifférence, infidélité, irréligion, libre pensée, matérialisme, paganisme, panthéisme, péché, profanation, reniement, sacrilège, scandale, scepticisme. SOUT. inobservance. △ **ANT.** ARDEUR, ENTHOUSIASME; CHALEUR, CORDIALITÉ, EFFUSION, ÉMOTION, EMPRESSEMENT, SENSIBILITÉ, SYMPATHIE.

froissant *adj.* blessant, choquant, cinglant, désobligeant, humiliant, injurieux, insultant, mortifiant, offensant, outrageant, vexant. SOUT. sanglant. △ **ANT.** BIENSÉANT, COURTOIS, DÉLICAT, POLI; ENCOURAGEANT, POSITIF.

froissement *n. m.* ▶ ***Bruit*** – bruissage, frémissement, friselis, frôlement, frottement, froufrou, froufroutement, glissement, souffle. SOUT. bruissement, chuchotement, chuchotis. ▶ ***Vexation*** – affront, crève-cœur, déboires, dégoût, déplaisir, humiliation, vexation. SOUT. camouflet, désobligeance, soufflet. △ **ANT.** CONTENTEMENT, SATISFACTION; ENTENTE, MÉNAGEMENT.

froisser *v.* ▶ ***Blesser légèrement*** – contusionner, meurtrir. FAM. abîmer, amocher, arranger, esquinter. ▶ ***Friper*** – chiffonner, friper, plisser. QUÉB. FAM. taponner. ▶ ***Vexer*** – atteindre (dans sa dignité), blesser (dans sa dignité), choquer, cingler, désobliger, effaroucher, égratigner, heurter, humilier, insulter, mortifier, offenser, offusquer, outrager, piquer au vif, toucher au vif, ulcérer, vexer. SOUT. fouailler. ♦ **se froisser** ▶ ***Se formaliser*** – s'indigner, s'offenser, s'offusquer, se fâcher, se formaliser, se piquer, se scandaliser, se vexer. △ **ANT.** DÉFRIPER, DÉFROISSER, PRESSER, REPASSER; CONTENTER, RÉJOUIR, SATISFAIRE; FLATTER, MÉNAGER, PLAIRE.

frôlement *n. m.* ▶ ***Effleurement*** – attouchement, caresse, effleurement. ▶ ***Bruit*** – bruissage, frémissement, friselis, froissement, frottement, froufrou, froufroutement, glissement, souffle. SOUT. bruissement, chuchotement, chuchotis.

frôler *v.* ▶ ***Toucher légèrement*** – caresser, effleurer, friser, lécher, raser. ▶ ***Passer très près*** – effleurer, friser, raser, serrer. ▶ ***Confiner*** – approcher, avoisiner, confiner à, côtoyer, coudoyer, friser, toucher à. △ **ANT.** HEURTER, TOUCHER; ÉVITER; FUIR; S'ÉLOIGNER.

fromage *n. m.* ▶ ***Aliment*** – FRANCE FAM. fromgi, fromton. ▶ ***Situation*** (FRANCE FAM.) – prébende, sinécure. FRANCE FAM. filon, planque.

froncer *v.* plisser. ♦ **froncé** ▶ ***Garni de plis serrés*** – à fronces, plissé. △ **ANT.** DÉFRONCER.

frondaison *n. f.* ▶ ***Époque*** – feuillaison, foliation. ▶ ***Feuillage*** (SOUT.) – branchage, branches, feuillage, ramure. SOUT. feuillée, ramée.

fronde *n. f.* ▶ ***Thalle*** – hyphe, mycélium, stroma, thalle. ▶ ***Arme*** – lance-pierre. ▶ ***Insurrection*** – agitation, agitation-propagande, chouannerie, désordre, effervescence, embrasement, émeute, excitation, faction, fermentation, fièvre, insoumission, insubordination, insurrection, jacquerie, manifestation, mutinerie, rébellion, remous, résistance, révolte, révolution, sédition, soulèvement, tourmente, troubles. FAM. agit-prop.

front *n.m.* ▶ ***Tête*** (SOUT.) – tête. FAM. caboche, ciboulot, citrouille, coco, crâne, fiole, pomme, tirelire, tronche. FRANCE FAM. bocal, bouillotte, boule, bourrichon, cafetière, caillou, calebasse, carafe, carafon, cassis, cigare, citron, cocarde, coloquinte, job, terrine, tronc. ▶ ***Insolence*** – aplomb, arrogance, audace, effronterie, impertinence, impolitesse, impudence, incorrection, insolence, irrespect, irrévérence. SOUT. outrecuidance, sans-gêne. FAM. culot, toupet. ▶ ***Face antérieure*** – devanture, façade. ▶ ***Zone de bataille*** – avant, ligne, première ligne, théâtre des opérations. ▶ ***Association politique*** – alliance, apparentement, association, bloc, camp, cartel, club, coalition, confédération, faisceau, fédération, formation, groupe, groupe d'intérêts, groupe de pression, groupement, ligue, mouvement, organisation, parti, phalange, rapprochement, rassemblement, union. ANC. hétairie. FÉOD. hermandad. PÉJ. bande, cabale, camarilla, chapelle, clan, clique, coterie, école, église, faction, gang, groupuscule, ligue, maffia, secte. △ **ANT.** ARRIÈRE, DOS; BAS; FLANC; LÂCHETÉ, PEUR, RÉSERVE, TIMIDITÉ; DISPERSION, DIVISION.

frontière *n.f.* ▶ ***Limite territoriale*** – borne, confins, délimitation, démarcation, limite (territoriale), mur, séparation, zone douanière, zone limitrophe. FAM. lignes *(pays)*. ANC. limes *(Empire romain)*, marche. ▶ ***Extrémité*** – aboutissement, bord, bordure, borne, bout, cap, confins, délimitation, extrême, extrémité, fin, finitude, frange, ligne, limite, lisière, orée, pied, pointe, pôle, queue, talon, terme, terminaison, tête. △ **ANT.** CENTRE, INTÉRIEUR, MILIEU.

frottement *n.m.* ▶ ***Friction*** – abrasion, bouchonnage, bouchonnement, brossage, embrocation, érosion, friction, frottage, frottis, grattage, grattement, massage, onction, raclage, râpage, ripage, ripement, traînement, trituration. FAM. grattouillement. ▶ ***Bruit*** – bruissage, frémissement, friselis, froissement, frôlement, froufrou, froufroutement, glissement, souffle. SOUT. bruissement, chuchotement, chuchotis.

frotter *v.* ▶ ***Enlever la saleté*** – curer, décrasser, désencrasser, gratter, nettoyer, racler, récurer. FAM. décrotter. BELG. FAM. approprier, reloqueter. SUISSE poutser. ▶ ***Polir*** – astiquer, fourbir, nettoyer, peaufiner, polir. FAM. briquer. BELG. blinquer. SUISSE poutser. ▶ ***Masser*** – bouchonner, frictionner, malaxer, masser, pétrir. ▶ ***Enduire*** – enduire. ♦ **se frotter** ▶ ***Attaquer*** – accuser, attaquer, prendre à partie, s'en prendre à. △ **ANT.** SALIR; GLISSER; EFFLEURER, ÉVITER.

fructifier *v.* ▶ ***Générer des bénéfices*** – être rentable, rapporter. △ **ANT.** DÉPÉRIR, PÉRICLITER.

fructueux *adj.* ▶ ***Qui produit en abondance*** – abondant, débordant, fécond, fertile, foisonnant, généreux, inépuisable, intarissable, productif, prolifique, riche. SOUT. copieux, inexhaustible, plantureux. ▶ ***Qui rapporte*** – bénéficiaire, intéressant, lucratif, payant, productif, profitable, rémunérateur, rentable. FAM. juteux. △ **ANT.** IMPRODUCTIF, INFRUCTUEUX, STÉRILE.

fruit *n.m.* ▶ ***Enfant*** (SOUT.) – enfant, héritier, petit, progéniture, rejeton. SOUT. chair de sa chair. FAM. gamin. ▶ ***Capital*** – argent, avoir, bien, capital, cassette, épargne, fonds, fortune, gain, investissement, liquidités, numéraire, patrimoine, pécule, placement, portefeuille, possession, produit, propriété, richesse, trésor, valeur. SOUT. deniers. FAM. finances, magot. ▶ ***Crédit*** – actif, avantage, avoir, bénéfice, boni, crédit, excédent, gain, produit, profit, rapport, reliquat, reste, revenant-bon, revenu, solde, solde créditeur, solde positif. FAM. bénef, gras, gratte, part du gâteau. ▶ ***Aboutissement*** – aboutissement, accomplissement, achèvement, apothéose, but, chute, complémentation, complètement, complétude, conclusion, consécration, consommation, couronnement, dénouement, exécution, fin, finition, issue, produit, réalisation, règlement, résolution, résultat, sortie, terme, terminaison. SOUT. aboutissant. PHILOS. entéléchie. ▶ ***Conséquence*** – action, conclusion, conséquence, contrecoup, corollaire, développement, effet, efficacité, fonction, impact, implication, incidence, jeu, juste retour des choses, œuvre, portée, prolongement, réaction, rejaillissement, répercussion, résultante, résultat, retentissement, retombées, ricochet, séquelle, suite (logique). SOUT. aboutissant, efficace, fille.

fruste *adj.* ▶ ***Élémentaire*** – (à l'état) brut, à l'état d'ébauche, ébauché, élémentaire, embryonnaire, grossier, imparfait, informe, larvaire, mal équarri, primitif, rudimentaire. ▶ ***Qui manque de finesse*** – grossier, inculte, mal dégrossi, primitif, rude, rustaud, rustique. PÉJ. FAM. paysan, péquenaud, plouc. ▶ ***En parlant d'une monnaie*** – altéré, usé. △ **ANT.** DÉLICAT, FIN, RAFFINÉ, RECHERCHÉ, SOPHISTIQUÉ; CULTIVÉ, ÉVOLUÉ; À FLEUR DE COIN *(MONNAIE)*.

frustrant *adj.* contrariant, enrageant, frustrateur, rageant, vexant. FAM. râlant. QUÉB. choquant, fâchant. △ **ANT.** APAISANT, CALMANT, RASSÉRÉNANT, TRANQUILLISANT.

frustrer *v.* ▶ ***Mécontenter*** – contrarier, dépiter, déplaire à, fâcher, mécontenter. FAM. défriser. QUÉB. FAM. choquer. ▶ ***Décevoir*** – briser l'espoir de, décevoir, dégriser, dépiter, désabuser, désappointer, désenchanter, désillusionner, échauder, tromper. FAM. doucher. ▶ ***Sevrer*** – priver, sevrer. ▶ ***Déposséder*** – démunir, déposséder, dépouiller, dessaisir, priver, spolier. △ **ANT.** COMBLER, CONTENTER, GRATIFIER, SATISFAIRE; AVANTAGER, FAVORISER.

fugace *adj.* ▶ ***Court*** – bref, court, éphémère, évanescent, fugitif, intérimaire, momentané, passager, précaire, provisoire, rapide, temporaire, transitoire. SOUT. périssable. ▶ ***Furtif*** – fugitif, furtif, fuyant, insaisissable. △ **ANT.** DURABLE, ÉTERNEL, IMMORTEL, IMPÉRISSABLE, PERMANENT, PERPÉTUEL.

fugitif *adj.* ▶ ***Furtif*** – fugace, furtif, fuyant, insaisissable. ▶ ***Court*** – bref, court, éphémère, évanescent, fugace, intérimaire, momentané, passager, précaire, provisoire, rapide, temporaire, transitoire. SOUT. périssable. △ **ANT.** DURABLE, ÉTERNEL, IMMORTEL, IMPÉRISSABLE, PERMANENT, PERPÉTUEL.

fugitif *n.* évadé, fugueur, fuyard.

fugue *n.f.* ▶ ***Évasion*** – échappée, escapade, évasion, fuite, liberté, marronnage *(esclave)*. FAM. cavale.

▶ ***Absence*** – absence, départ, disparition, échappée, éloignement, escapade, évasion, séparation. FAM. éclipse.

fuir *v.* ▶ ***Éviter*** – couper à, échapper à, esquiver, éviter, passer au travers de, se dérober à, se dispenser de, se soustraire à. FAM. se défiler. FRANCE FAM. se débiner. ▶ ***Éluder*** – contourner, éluder, escamoter, esquiver, éviter, se dérober à, tourner. ▶ ***S'enfuir*** – prendre la clé des champs, prendre la fuite, s'enfuir, se sauver. SOUT. s'ensauver. FAM. calter, caner, débarrasser le plancher, décamper, décaniller, déguerpir, détaler, droper, ficher le camp, filer, foutre le camp, prendre la poudre d'escampette, prendre le large, s'esbigner, se barrer, se carapater, se casser, se cavaler, se débiner, se faire la malle, se faire la paire, se faire la valise, se tailler, se tirer, se tirer des flûtes, se trisser. ▶ ***Couler*** – couler, dégoutter, goutter. BELG. gouttiner. ▶ ***Passer, en parlant du temps*** – passer, s'enfuir, s'envoler. FAM. filer. △ **ANT.** APPROCHER; CHERCHER, RECHERCHER; FRÉQUENTER; AFFRONTER, BRAVER, ENDURER; DEMEURER, RESTER, SÉJOURNER; ACCOURIR, SE PRÉCIPITER.

fuite *n.f.* ▶ ***Débandade*** – abandon, débâcle, débandade, déroute, dispersion, panique, retraite, sauve-qui-peut. ▶ ***Évasion*** – échappée, escapade, évasion, fugue, liberté, marronnage *(esclave)*. FAM. cavale. ▶ ***Échappatoire*** – alibi, défaite, dérobade, échappatoire, esquive, excuse, faux-fuyant, moyen, prétexte, reculade, subterfuge, volte-face. FAM. pirouette. ▶ ***Émigration*** – départ, émigration, exode, expatriation. ▶ ***Écoulement*** – circulation, débit, débordement, écoulement, éruption, évacuation, exsudation, flux, ingression, inondation, irrigation, irruption, larmoiement, mouvement, passage, ravinement, régime, ruissellement, sortie, suage, suintement, transpiration, vidange. SOUT. submersion, transsudation. RÉGION. débord. GÉOGR. défluviation, transfluence, transgression. ▶ ***Fissure*** – brèche, brisure, cassure, craquelure, crevasse, déchirure, ébréchure, écornure, fêlure, fendillement, fente, fissure, gerçure, lézarde. TECHN. crique, étonnement, gerce. DIDACT. gélivure. GÉOGR. rimaye. GÉOL. diaclase. ▶ ***Divulgation*** – annonce, aveu, confession, confidence, déclaration, dévoilement, divulgation, ébruitement, indiscrétion, initiation, instruction, mea culpa, mise au courant, proclamation, publication, reconnaissance, révélation. FAM. déballage, mise au parfum. △ **ANT.** APPROCHE, ARRIVÉE; RENFORT, SECOURS; AFFRONTEMENT, RÉSISTANCE; PERMANENCE; DISCRÉTION.

fulgurant *adj.* ▶ ***Rapide et inattendu*** – brusque, foudroyant, instantané, prompt, soudain, subit. ▶ ***En parlant de la lumière*** – aveuglant, éblouissant. △ **ANT.** ÉVOLUTIF, GRADUEL, LENT, PROGRESSIF.

fumant *adj.* ▶ ***Qui émet de la fumée*** – fumeux, fumigène. ▶ ***En colère*** – blanc de colère, courroucé, déchaîné, en colère, enragé, forcené, fou de colère, fou de rage, fulminant, furibond, furieux, hors de soi, irrité, outré, rageur, révolté, ulcéré. FAM. en boule, en rogne. FRANCE FAM. à cran, en pétard, fumasse, furax, furibard. QUÉB. FAM. choqué. ▶ ***Remarquable*** (FAM.) – admirable, brillant, éblouissant, excellent, extraordinaire, fantastique, magistral, magnifique, merveilleux, parfait, prodigieux, remarquable, réussi, sensationnel, sublime. FAM. à tout casser, champion, d'enfer, du tonnerre, épatant, extra, fameux, formidable, génial, mirifique, pas piqué des vers, splendide, super, terrible. FRANCE FAM. du feu de Dieu, énorme, fadé, formide, géant, gratiné, pas piqué des hannetons. △ **ANT.** CALME, FLEGMATIQUE, IMPASSIBLE, IMPERTURBABLE, MAÎTRE DE SOI, PLACIDE; ATTENDRI, ÉMU, TOUCHÉ; LAMENTABLE, MÉDIOCRE, MINABLE, NAVRANT, PIÈTRE, PITEUX, PITOYABLE, RATÉ.

fumée *n.f.* ▶ ***Émanation*** – buée, émanation, exhalaison, fumerolle *(volcan)*, gaz, mofette *(volcan)*, nuage, nuée, salamandre *(alchimie)*, vapeur. QUÉB. FAM. boucane. ▶ ***Illusion*** – abstraction, abstrait, apparence, berlue, chimère, déréalisation, effet d'optique, fantasme, faux, faux-semblant, fiction, hallucination, illusion, illusion d'optique, image, imagination, irréalisme, irréalité, leurre, mensonge, mirage, onirisme, psychédélisme, rêve, rêverie, semblant, simulation, songe, songerie, trompe-l'œil, tromperie, utopie, vision, vue de l'esprit. FAM. frime. SOUT. prestige. ♦ **fumées,** ***plur.*** ▶ ***Excréments de gibier*** – épreintes *(loutres)*, fumet, housure, laissées *(sangliers)*.

fumer *v.* ▶ ***Sécher à la fumée*** – boucaner, saurer, sécher. ▶ ***Fumer des cigarettes*** – FRANCE FAM. bombarder, cloper, crapoter *(sans avaler la fumée)*. ▶ ***Enrager*** (FAM.) – bouillir de colère, écumer, écumer de colère, écumer de rage, enrager. FAM. bisquer, rager, râler, rogner. FRANCE RÉGION. endiabler.

fumet *n.m.* ▶ ***Odeur agréable*** – arôme, bouquet *(vin)*, fragrance, parfum, senteur. ▶ ***Agrément*** – agrément, bouquet, charme, piment, piquant, saveur, sel, truculence. ▶ ***Excréments du gibier*** – épreintes *(loutres)*, fumées, housure, laissées *(sangliers)*.

funèbre *adj.* ▶ ***Qui concerne les funérailles*** – funéraire, mortuaire, obituaire. ▶ ***Qui évoque la mort*** – lugubre, macabre, sépulcral. ▶ ***Qui évoque le malheur*** – glauque, lugubre, noir, sinistre, sombre, triste. SOUT. funeste. △ **ANT.** CHARMANT, GAI, PLAISANT, RIANT.

funérailles *n.f.pl.* cérémonie funèbre, convoi funèbre, cortège funèbre, dernier hommage, derniers devoirs, derniers honneurs, deuil, enfouissement, enterrement, inhumation, mise au sépulcre, mise au tombeau, mise en bière, mise en terre, obsèques, sépulture, service civil, service religieux. SOUT. ensevelissement.

funéraire *adj.* funèbre, mortuaire, obituaire.

funeste *adj.* ▶ ***Qui tue*** – fatal, létal, meurtrier, mortel. DIDACT. mortifère. ▶ ***Qui tue en grand nombre*** – cruel, destructeur, exterminateur, meurtrier, sanglant, sanguinaire. ▶ ***Tragique*** – catastrophique, désastreux, effroyable, épouvantable, terrible, tragique. SOUT. calamiteux. ▶ ***Nuisible*** – dangereux, dévastateur, dommageable, malfaisant, mauvais, néfaste, négatif, nocif, nuisible, pernicieux, ravageur. SOUT. délétère. ▶ ***Qui évoque le malheur*** (SOUT.) – funèbre, glauque, lugubre, noir, sinistre, sombre, triste. △ **ANT.** ANODIN, BÉNIN, INNOCENT, INOFFENSIF, SANS DANGER, SANS GRAVITÉ; BIEN VENU, BON, FAVORABLE, OPPORTUN, PROPICE.

fureter *v.* ▶ ***Fouiller*** – chercher, explorer, fourgonner, fouiller, fourrager, tripoter. FAM. farfouiller, fouiner, trifouiller. ▶ ***Rôder*** – rôder. ▶ ***Explorer Internet*** – naviguer, surfer.

fureur *n. f.* ▶ ***Colère*** – agacement, colère, emportement, énervement, exaspération, furie, impatience, indignation, irritabilité, irritation, rage, susceptibilité. SOUT. courroux, irascibilité. FAM. horripilation, rogne. ▶ ***Violence*** – acharnement, animosité, ardeur, énergie, force, frénésie, furie, impulsivité, intensité, puissance, rage, vigueur, violence, virulence, vivacité. SOUT. impétuosité, véhémence. ▶ ***Mode*** – avant-gardisme, dernier cri, engouement, épidémie, fantaisie, goût (du jour), mode, style, tendance, ton, vague, vent, vogue. △ ANT. JOIE, RAVISSEMENT; CALME, SÉRÉNITÉ, TRANQUILLITÉ; DOUCEUR, MODÉRATION, RETENUE; BON SENS, RAISON.

furie *n. f.* ▶ ***Colère*** – agacement, colère, emportement, énervement, exaspération, fureur, impatience, indignation, irritabilité, irritation, rage, susceptibilité. SOUT. courroux, irascibilité. FAM. horripilation, rogne. ▶ ***Violence*** – acharnement, animosité, ardeur, énergie, force, frénésie, fureur, impulsivité, intensité, puissance, rage, vigueur, violence, virulence, vivacité. SOUT. impétuosité, véhémence. ▶ ***Femme méchante*** – chipie, grognasse, harpie, mégère, sorcière. FAM. démon femelle, dragon, garce, peau de vache, (vieille) bique. FRANCE FAM. vieille toupie. △ ANT. JOIE, RAVISSEMENT; CALME, SÉRÉNITÉ, TRANQUILLITÉ; DOUCEUR, MODÉRATION, RETENUE.

furieux *adj.* ▶ ***En colère*** – blanc de colère, courroucé, déchaîné, en colère, enragé, forcené, fou de colère, fou de rage, fulminant, fumant, furibond, hors de soi, irrité, outré, rageur, révolté, ulcéré. FAM. en boule, en rogne. FRANCE FAM. à cran, en pétard, fumasse, furax, furibard. QUÉB. FAM. choqué. ▶ ***Acharné*** – acharné, enragé, exalté, farouche, forcené, passionné. ▶ ***Intense*** – déchaîné, fort, impétueux, intense, puissant, terrible, violent. ▶ ***En parlant d'une lutte*** – acharné, âpre, chaud, farouche, féroce, opiniâtre. △ ANT. CALME, FLEGMATIQUE, IMPASSIBLE, IMPERTURBABLE, MAÎTRE DE SOI, PLACIDE; ATTENDRI, ÉMU, TOUCHÉ; FAIBLE, MOU, SANS CONVICTION; DOUX, LÉGER.

furtif *adj.* ▶ ***Qui passe inaperçu*** – discret, inaperçu, rapide. ▶ ***Qui disparaît brusquement*** – fugace, fugitif, fuyant, insaisissable. △ ANT. CLAIR, DIRECT, ÉCLATANT, ÉVIDENT, FRANC, MANIFESTE, VISIBLE.

furtivement *adv.* à huis clos, à la dérobée, anonymement, clandestinement, confidentiellement, discrètement, en cachette, en catimini, en confidence, en secret, en sourdine, en vase clos, incognito, ni vu ni connu, occultement, sans tambour ni trompette, secrètement, sourdement, sous le manteau, souterrainement, subrepticement. FAM. en douce, en sous-main, en tapinois. △ ANT. AU GRAND JOUR, DEVANT TOUT LE MONDE, EN PUBLIC, OSTENSIBLEMENT, OUVERTEMENT.

fusée *n. f.* ▶ ***Pièce d'artifice*** – engin balistique, missile, roquette, torpille. ▶ ***Jet liquide*** – gerbe (d'eau), geyser, giclée, giclement, girandole, jet. PHYSIOL. émission.

fusil *n. m.* ▶ ***Arme*** – FAM. calibre, feu, flingot, flingue, pétard, rif, seringue, soufflant. ▶ *Mauvais* – pétoire. ▶ ***Tireur*** – fusilier mitrailleur, fusilleur, gâchette, mitrailleur, tireur. ▶ ***Chasseur*** – chasseur, prédateur. SOUT. chasseresse *(femme)*. FAM. plombiste. ▶ ***Instrument pour aiguiser*** – affiloir, aiguisoir, meule, périgueux, pierre à aiguiser, queux. ▶ ***Ventre*** (FAM.) – estomac. FAM. gésier, panse.

fusillade *n. f.* ▶ ***Décharge*** – décharge, mitraillade, rafale, salve, tiraillement, tiraillerie, volée. FAM. giclée *(arme automatique)*. ANC. bordée, mousquetade, mousqueterie. ▶ ***Exécution*** – poteau d'exécution.

fusiller *v.* ▶ ***Exécuter par fusillade*** – coller au mur, mettre au poteau, passer par les armes. ▶ ***Endommager*** (FAM.) – abîmer, briser, casser, dégrader, délabrer, détériorer, endommager, mutiler. FAM. amocher, bigorner, bousiller, déglinguer, esquinter, flinguer, massacrer. QUÉB. FAM. maganer. RARE accidenter.

fusion *n. f.* ▶ ***Liquéfaction*** – condensation, déliquescence, fluidification, fonderie, fonte, liquation, liquéfaction, réduction, surfusion. ▶ ***Combinaison*** – alliance, assemblage, association, collage, combinaison, communion, composition, concentration, conjonction, constitution, fusionnement, groupement, incorporation, intégration, ralliement, rassemblement, regroupement, réunion, symbiose, synthèse, unification, union. ▶ ***Intégration*** – absorption, annexion, fusionnement, incorporation, intégration, phagocytose, rattachement, réunification, réunion. △ ANT. COAGULATION, PRISE, SOLIDIFICATION; CONGÉLATION, GEL; DÉSUNION, FISSION, SÉPARATION.

futile *adj.* ▶ ***Qui ne donne rien*** – inutile, oiseux, stérile, vain. SOUT. byzantin. ▶ ***Vide de sens*** – creux, insignifiant, spécieux, vain, vide. ▶ ***Peu sérieux*** – frivole, léger, mondain, puéril, superficiel. △ ANT. DENSE, ÉDIFIANT, GRAVE, IMPORTANT, INSTRUCTIF, PROFOND, SÉRIEUX; PHILOSOPHE.

futilité *n. f.* ▶ ***Inanité*** – frivolité, inanité, inconsistance, inefficacité, insignifiance, inutilité, néant, nullité, puérilité, stérilité, superfétation, superficialité, superfluité, vacuité, vanité, vide. ▶ ***Affaire sans importance*** – amusette, bagatelle, baliverne, bêtise, bricole, broutille, chanson, détail, enfantillage, fadaise, faribole, frivolité, jeu, misère, plaisanterie, rien, sornette, sottise, vétille. SOUT. badinerie, puérilité. FAM. connerie, foutaise, mômerie. BELG. FAM. carabistouille. ▶ ***Objet de peu de valeur*** – affiquet, babiole, bagatelle, baliverne, bêtise, bibelot, breloque, bricole, brimborion, chiffon, colifichet, fanfreluche, fantaisie, frivolité, gadget, hochet, inutilité, jouet, misère, rien. FAM. gimmick, gnognote. △ ANT. GRAVITÉ, IMPORTANCE, INTÉRÊT, SÉRIEUX, UTILITÉ; PRIX, TRÉSOR, VALEUR.

futur *adj.* à venir, postérieur, prochain, subséquent, suivant, ultérieur. △ ANT. ANCIEN, ANTÉRIEUR, PASSÉ; ACTUEL, PRÉSENT.

futur *n. m.* ▶ ***Destin*** – avenir, chance, demain(s), destin, destinée, devenir, étoile, existence, fatalité, fortune, hasard, horizon, karma, lendemain(s), lot, nécessité, prédestination, prédétermination, prédéterminisme, providence, sort, vie. SOUT. fatum, Parque. △ ANT. PASSÉ; PRÉSENT.

fuyant *adj.* ▶ ***Qui disparaît brusquement*** – fugace, fugitif, furtif, insaisissable. ▶ ***Évasif*** – évasif, imprécis, vague. *SOUT.* élusif. △ **ANT.** DIRECT, FIXE, FRANC; CATÉGORIQUE, CLAIR, EXPLICITE, FORMEL, NET, PRÉCIS.

fuyard *n.* ▸ ***Déserteur*** – déserteur, insoumis, objecteur de conscience, réfractaire. ▸ ***Fugitif*** – évadé, fugitif, fugueur. △ **ANT.** POURSUIVANT.

g

gâcher *v.* ▶ ***Délayer le ciment, le plâtre*** – couler, délayer, détremper. ▶ ***Gaspiller*** – dilapider, galvauder, gaspiller, perdre. ▶ ***Faire vite et mal*** – bâcler, expédier, faire à la diable, faire à la hâte, faire à la va-vite, saboter, sabrer. *FAM.* cochonner, saloper, torcher, torchonner. ▶ ***Gêner le déroulement*** – aller à l'encontre de, barrer, contrarier, contrecarrer, déranger, empêcher, entraver, faire obstacle à, gêner, mettre des bâtons dans les roues de, nuire à, s'opposer à, se mettre en travers de, troubler. ▶ ***Ruiner*** – empoisonner, gâter, ruiner, saboter. *FAM.* bousiller. △ **ANT.** CONSERVER, ÉPARGNER; RÉPARER; EXPLOITER, PROFITER, TIRER PARTI.

gaffe *n.f.* ▶ ***Perche*** – aine, alinette, apex, archet, badine, baguette, bâton, bâtonnet, branche, canne, cravache, crosse, gaule, honchet, houssine, jonc, jonchet, mailloche, perche, stick, style, tige, triballe, tringle, verge, vergette. ▶ ***Erreur*** (*FAM.*) – bavure, bêtise, bévue, blague, bourde, erreur, étourderie, fausse manœuvre, fausse note, faute, faux pas, impair, imprudence, maladresse, maldonne, méprise, sottise. *FAM.* boulette, connerie, couac, gourance, gourante.

gage *n.m.* ▶ ***Garantie*** – assurance, aval, caution, cautionnement, charge, consignation, couverture, ducroire, engagement, garant, garantie, hypothèque, indexage, indexation, nantissement, obligation, palladium, parrainage, précaution, préservation, promesse, répondant, responsabilité, salut, sauvegarde, sécurité, signature, soulte, sûreté, warrant, warrantage. *DR.* porte-fort. ▶ ***Témoignage*** – affirmation, assurance, attestation, certitude, confirmation, corroboration, démonstration, manifestation, marque, preuve, témoignage, vérification. ▶ ***Pénitence*** – châtiment, condamnation, correction, damnation, expiation, leçon, peine, pénalisation, pénalité, pénitence, punition, répression, sanction, verbalisation. ♦ **gages,** ***plur.*** ▶ ***Salaire*** – appointements, cachet, commission, droit, émoluments, fixe, gain, honoraires, jeton (de présence), mensualité, paye, pourboire, rémunération, rétribution, revenu, salaire, semaine, solde, traitement, vacations. △ **ANT.** DÉCHARGE.

gageure *n.f.* ▶ ***Pari*** – défi, mise, pari, risque. ▶ ***Défi*** (*SOUT.*) – exploit, performance, prouesse, record, réussite, succès, tour de force.

gagnant *adj.* champion, triomphant, vainqueur, victorieux. △ **ANT.** BATTU, DÉFAIT, PERDANT, VAINCU.

gagnant *n.* ▶ ***Vainqueur*** – champion, gagneur, lauréat, médaillé, premier, tenant du titre, triomphateur, vainqueur. ▶ ***Gagneur*** (*QUÉB.*) – battant, gagneur. *RARE* jouteur. △ **ANT.** PERDANT, VAINCU.

gagner *v.* ▶ ***Obtenir en retour*** – obtenir, retirer, tirer. ▶ ***Remporter*** – conquérir, enlever, obtenir, remporter. *FAM.* décrocher. ▶ ***Encaisser*** – empocher, encaisser, mettre dans ses poches, percevoir, recevoir, recouvrer, toucher. *FAM.* palper, se faire. ▶ ***Rallier*** – convertir, rallier. ▶ ***Séduire*** – captiver, charmer, conquérir, faire la conquête de, s'attacher, s'attirer les bonnes grâces de, s'attirer les faveurs de, séduire, subjuguer. ▶ ***Amadouer*** – amadouer, cajoler, enjôler. ▶ ***S'attirer la faveur de qqn*** – s'attirer la faveur de, se concilier. ▶ ***Atteindre un endroit*** – accéder à, arriver à, atteindre, parvenir à, se rendre à, toucher. ▶ ***Triompher*** – avoir cause gagnée, avoir gain de cause, avoir le dessus, l'emporter, obtenir gain de cause, remporter la victoire, triompher. △ **ANT.** ÉCHOUER, PERDRE; RECULER; CHOQUER, DÉPLAIRE; ABANDONNER, QUITTER, S'ÉLOIGNER.

gai *adj.* ▶ ***Joyeux*** – allègre, badin, de belle humeur, en joie, enjoué, épanoui, folâtre, foufou, guilleret, hilare, jovial, joyeux, léger, plein d'entrain, réjoui, riant, rieur, souriant. *FAM.* rigolard, rigoleur. ▶ ***Plaisant*** – agréable, amusant, charmant, distrayant, divertissant, égayant, plaisant, réjouissant, riant, souriant, sympathique. *FAM.* chic, chouette, sympa. ▶ ***Légèrement ivre*** – éméché, émoustillé, gris, pris de vin. *FAM.* en goguette, parti, pompette. △ **ANT.** TRISTE; BOURRU, DE MAUVAISE HUMEUR, GROGNON, MAUSSADE, MOROSE, RENFROGNÉ, TACITURNE; DÉPRIMÉ, LAS, MÉLANCOLIQUE, PESSIMISTE, TÉNÉBREUX;

AFFLIGEANT, ATTRISTANT, CHAGRINANT, DÉPLORABLE, DÉSESPÉRANT, DÉSOLANT, NAVRANT; DÉPRIMANT, ENNUYEUX, GRIS, GRISÂTRE, MAUSSADE, MONOTONE, MORNE, PLAT, SANS VIE, TERNE; FUNÈBRE, GLAUQUE, LUGUBRE, NOIR, SINISTRE, SOMBRE; SOBRE.

gaiement *adv.* agréablement, allègrement, avec entrain, béatement, bienheureusement, de bon cœur, en gaieté, euphoriquement, extatiquement, heureusement, jovialement, joyeusement, plaisamment, radieusement, sans souci. △ **ANT.** AMÈREMENT, DOULOUREUSEMENT, LANGOUREUSEMENT, LANGUISSAMMENT, MALHEUREUSEMENT, MAUSSADEMENT, MÉLANCOLIQUEMENT, NOSTALGIQUEMENT, SOMBREMENT, TRISTEMENT.

gaieté *n.f.* ▶ ***Rire*** – éclat (de rire), enjouement, esclaffement, fou rire, gros rire, hilarité, raillerie, ricanement, rictus, rire, ris, risée, sourire. *FAM.* rigolade, risette. ▶ ***Bonne humeur*** – belle humeur, bonne humeur, enjouement, enthousiasme, entrain, joie, jovialité, pétulance. *SOUT.* alacrité. ▶ ***Joie très vive*** – allégresse, béatitude, bonheur, égaiement, enthousiasme, euphorie, exaltation, extase, exultation, hilarité, ivresse, joie, jubilation, plaisir, ravissement, réjouissance, vertige. *SOUT.* aise, félicité, liesse, rayonnement. △ **ANT.** ABATTEMENT, ENNUI, MOROSITÉ, TRISTESSE.

gaillard *n.* ▶ ***Personne pleine d'entrain*** – bon vivant, gai luron, insouciant, joyeux drille, joyeux luron. *FAM.* batifoleur, rigolo. *RARE FAM.* rigolard. ♦ **gaillard**, *masc.* ▶ ***Homme robuste*** – athlète, colosse, costaud, fort des Halles, hercule, (homme) fort, puissant. *FAM.* armoire à glace, Tarzan. *FRANCE FAM.* armoire normande, balèze, malabar, mastard. *QUÉB.* fier-à-bras. ▶ ***Homme*** (*FAM.*) – homme, individu. *FAM.* bonhomme *(assez vieux)*, bougre, diable, gars *(jeune)*, mec, type. *FRANCE FAM.* bonze, gazier, pèlerin, pingouin. *PÉJ. FAM.* loustic, particulier.

gain *n.m.* ▶ ***Victoire*** – avantage, réussite, succès, triomphe, victoire. *FAM.* gagne, événement heureux, heureuse tournure, issue heureuse. ▶ ***Salaire*** – appointements, cachet, commission, droit, émoluments, fixe, gages, honoraires, jeton (de présence), mensualité, paye, pourboire, rémunération, rétribution, revenu, salaire, semaine, solde, traitement, vacations. ▶ ***Revenu*** – allocation, arrérages, avantage, bénéfice, casuel, chômage, dividende, dotation, fermage, fruit, intérêt, loyer, mense, mensualité, métayage, pension, prébende, présalaire, produit, profit, rapport, recette, redevance, rente, rentrée, retraite, revenu, tontine, usufruit, usure, viager. *FAM.* alloc. *FRANCE FAM.* bénef. *ANC.* cens, lods et ventes. ▶ ***Bénéfice*** – actif, avantage, avoir, bénéfice, boni, crédit, excédent, fruit, produit, profit, rapport, reliquat, reste, revenant-bon, revenu, solde, solde créditeur, solde positif. *FAM.* bénef, gras, gratte, part du gâteau. ▶ ***Augmentation*** – accroissement, amélioration, appréciation, augmentation, bénéfice, excédent, majoration, plus-value, profit, survaleur, valorisation. ▶ ***Rendement*** – bénéfice, effet, efficacité, efficience, production, productivité, produit, profit, rapport, rendement, rentabilité, revenu. △ **ANT.** DÉFAITE; DÉPENSE; PERTE; DÉSAVANTAGE, DOMMAGE; RUINE; DÉPERDITION, DIMINUTION.

gaine *n.f.* ▶ ***Étui*** – étui, fourreau, housse. *SUISSE* fourre. ▶ ***Sous-vêtement*** – corset, gaine-culotte, guêpière. ▶ ***Enveloppe anatomique*** – capsule, cloison, enveloppe, membrane, membranule, pellicule, septum, tunique. ▶ ***Conduit*** – boyau, buse, canal, conduit, lance, pipe, tube, tubulure, tuyau. ▶ ***Contrainte*** (*SOUT.*) – abaissement, allégeance, appartenance, asservissement, assujettissement, attachement, captivité, contrainte, dépendance, domestication, domesticité, domination, emprise, esclavage, gêne, hilotisme, inféodation, infériorité, mainmise, merci, mouvance, obédience, obéissance, obligation, oppression, pouvoir, puissance, servage, servitude, soumission, subordination, sujétion, tutelle, tyrannie, vassalité. *FIG.* carcan, chaîne, corset (de fer), coupe, fardeau, griffe, main, patte, prison; *SOUT.* fers, joug. *FÉOD.* tenure.

galant *adj.* ▶ ***Prompt à courtiser*** – entreprenant. ▶ ***Courtois*** – affable, bien élevé, bienséant, civil, courtois, délicat, poli, qui a de belles manières. *SOUT.* urbain. *FAM.* civilisé. ▶ ***Élégant*** (*AFR.*) – bichonné, bien mis, chic, coquet, élégant, en costume d'apparat, en tenue de soirée, endimanché, fringant, habillé, pimpant, pomponné, tiré à quatre épingles. *FAM.* superchic. *FRANCE FAM.* alluré, chicos, sur son trente et un. △ **ANT.** GROSSIER, IMPERTINENT, IMPOLI, MAL ÉLEVÉ, RUSTRE; ACCOUTRÉ, MAL MIS. ♦ **galante**, ***fém.*** CHASTE, PRUDE, PUDIQUE, VERTUEUSE.

galanterie *n.f.* ▶ ***Politesse*** – affabilité, amabilité, aménité, attention, bienséance, bonnes manières, civilité, civisme, convivialité, correction, courtoisie, délicatesse, éducation, entregent, gentillesse, hospitalité, mondanités, obligeance, politesse, prévenance, savoir-vivre, serviabilité, sociabilité, tact, urbanité. *SOUT.* gracieuseté, liant. △ **ANT.** BRUTALITÉ, GOUJATERIE, IMPOLITESSE, MUFLERIE; FROIDEUR.

galère *n.f.* ▶ ***Navire*** ▸ *Petit* – galiote. ▸ *Grand* – galéasse. ▶ ***Situation difficile*** – bagne, enfer. ▶ ***Fugue*** (*FAM.*) – caprice, écart, échappée, équipée, escapade, évasion, frasque, fredaine, fugue, incartade, sortie. *SOUT.* échappée. *FAM.* bordée.

galerie *n.f.* ▶ ***Couloir*** – corridor, couloir, portique. *QUÉB.* passage. ▶ ***Passage dans une mine*** – bowette, boyau de mine, descenderie, descente, galerie (de mine), travers-banc. ▶ ***Passage creusé par un animal*** – vermoulure *(vers)*. ▶ ***Passage d'irrigation*** – foggara. ▶ ***Lieu d'exposition*** – musée. ▶ ***Exposition*** – concours, démonstration, étalage, exhibition, exposition, foire, foire-exposition, manifestation, montre, présentation, rétrospective, salon, vernissage. *FAM.* démo, expo. *SUISSE* comptoir. ▶ ***Balcon de théâtre*** – balcon, corbeille, mezzanine, paradis. *FAM.* poulailler. ▶ ***Auditoire*** – assemblée, assistance, assistants, auditoire, foule, présents, public, salle. ▶ ***Cadre*** – porte-bagages. ▶ ***Balcon de maison*** (*QUÉB.*) – balcon, encorbellement, loge, loggia, mâchicoulis, mirador, moucharabieh, terrasse.

galet *n.m.* ▶ ***Pierre*** – caillou, minerai, minéral, pierre, pierrette *(petite)*, roc, roche, rocher. ▶ ***Roue*** – molette, roulette.

galette *n.f.* ▶ ***Préparation de pâte*** – crêpe. ▶ ***Argent*** (*FAM.*) – argent. *FAM.* blé, braise, flouse, fric, grisbi, jonc, oseille, pépètes, picaillons, pognon, radis, sous, trèfle. ▶ ***Cédérom*** (*FAM.*) – CDV, cédérom, compact, disque audionumérique, disque compact, disque laser, disque numérique, disque numérique polyvalent, disque numérique universel, disque optique, disque vidéonumérique, DOC, D.O.N., DVD, vidéodisque, zip.

galon *n.m.* ▶ ***Bande d'étoffe*** – bolduc, boucle, bouffette, chou, cocarde, dragonne, élastique, embrasse, extrafort, faveur, ganse, gansette, gros-grain, lambrequin, padou, passement, rosette, ruban, volant. ANC. falbala. ▶ ***Ruban gradué*** (QUÉB.) – ruban gradué. FRANCE mètre à ruban. QUÉB. galon (à mesurer). ▶ ***Insigne militaire*** – chevron, tresse. FRANCE FAM. brisque, ficelle, sardine.

galoper *v.* ▶ ***En parlant d'une personne*** – courir, filer. FAM. calter, cavaler, droper, fendre l'air, jouer des jambes, pédaler, piquer un sprint, prendre ses jambes à son cou, sprinter, tracer, tricoter des jambes, tricoter des pieds.

gamelle *n.f.* ▶ ***Récipient*** – assiette, écuelle, plat, soucoupe. ▶ ***Échec*** (FRANCE FAM.) – avortement, banqueroute, capitulation, catastrophe, chute, débâcle, débandade, déconfiture, défaite, déroute, désavantage, échec, écrasement, faillite, fiasco, four, infortune, insuccès, mauvaise fortune, naufrage, perte, ratage, raté, retraite, revers. SOUT. traverse. FAM. désastre, piquette, plantage, raclée, recalage, volée. FRANCE FAM. bide, déculottée, dégelée, écrabouillement, fessée, foirade, loupage, pile, rincée, rossée, tannée, veste. ▶ ***Chute*** (FRANCE FAM.) – chute, dégringolade. SOUT. tombée. FAM. pelle.

gamme *n.f.* ▶ ***Série*** – alignement, chaîne, chapelet, colonne, combinaison, consécution, cordon, enchaînement, enfilade, énumération, file, guirlande, ligne, liste, rang, rangée, séquence, série, succession, suite, tissu, travée. ▶ ***Choix*** – assortiment, choix, collection, échantillon, éventail, ligne, palette, prix, qualité, quota, réunion, sélection, surchoix, tri, variété.

gant *n.m.* ▶ ***Pièce d'habillement*** – ANC. gantelet. ▶ ***Article de toilette*** – FRANCE gant (de toilette), main (de toilette). QUÉB. débarbouillette. BELG. SUISSE lavette.

garage *n.m.* ▶ ***Commerce*** – pompe à essence, station-service. AFR. essencerie. ▶ ***Action de stationner*** – parcage, stationnement.

garant *n.* ▶ ***Endosseur*** – accréditeur, appui, avaliseur, avaliste, caution, endosseur, fidéjusseur, parrain, répondant, soutien. ▶ ***Garantie*** – assurance, aval, caution, cautionnement, charge, consignation, couverture, ducroire, engagement, gage, garantie, hypothèque, indexage, indexation, nantissement, obligation, palladium, parrainage, précaution, préservation, promesse, répondant, responsabilité, salut, sauvegarde, sécurité, signature, soulte, sûreté, warrant, warrantage. DR. porte-fort.

garantie *n.f.* ▶ ***Caution*** – assurance, aval, caution, cautionnement, charge, consignation, couverture, ducroire, engagement, gage, garant, hypothèque, indexage, indexation, nantissement, obligation, palladium, parrainage, précaution, préservation, promesse, répondant, responsabilité, salut, sauvegarde, sécurité, signature, soulte, sûreté, warrant, warrantage. DR. porte-fort. ▶ ***Protection*** – abri, aide, appui, assistance, chapeautage, conservation, couverture, garde, mandat, parrainage, paternalisme, patronage, protection, recommandation, renfort, rescousse, sauvegarde, secours, sécurisation, soutien, surveillance, tutelle. FIG. parapluie. SOUT. égide. FAM. piston. △ **ANT.** DÉCOUVERT, IMPRUDENCE.

garantir *v.* ▶ ***Affirmer*** – affirmer, assurer, attester, certifier, déclarer, donner l'assurance, donner sa parole (d'honneur), jurer, promettre, répondre de. ▶ ***Protéger*** – abriter, assurer, défendre, garder, mettre à l'abri, préserver, protéger, tenir à l'abri. ♦ **se garantir** ▶ ***Se protéger*** – parer à, prendre ses précautions, s'armer, s'assurer, se prémunir, se protéger. SOUT. se précautionner. △ **ANT.** NIER; HASARDER; COMPROMETTRE, EXPOSER.

garçon *n.m.* ▶ ***Homme*** – homme, mâle. ▶ ***Enfant*** – garçonnet, petit garçon. FAM. bambin, bout de chou, chiard, gamin, gosse, lardon, loupiot, marmot, mioche, môme, moucheron, mouflet, (petit) bonhomme, (petit) gars, petit homme, (petit) trognon, têtard. FRANCE FAM. fanfan, gniard, mômignard, moujingue, moustique, moutard, petiot, puceron. FRANCE RÉGION. drôle, gone, minot, miston. ▶ ***Adolescent*** – adolescent, blanc-bec *(inexpérimenté)*, jeune, jeune garçon, jeune homme, mineur. SOUT. damoiseau *(qui courtise les femmes)*, impubère, puceau *(vierge)*. FAM. ado, adonis *(beau)*, éphèbe *(beau)*, gamin, gars, jeunot, préado. ▶ ***Enfant de qqn*** (QUÉB. FAM.) – fils. FAM. fiston. FRANCE RÉGION. fieu. ▶ ***Serveur*** – barman, garçon (de café), serveur. PÉJ. FRANCE FAM. loufiat. ▶ ***Apprenti*** – aide, apprenant, apprenti, stagiaire. FAM. grouillot. △ **ANT.** FILLE; PARENT; PÈRE; PATRON.

garde *n.* ▶ ***Gardien de prison*** – cerbère *(brutal)*, gardien (de prison), guichetier, prévôt, surveillant. SOUT. geôlier. FRANCE FAM. maton. PÉJ. garde-chiourme *(brutal)*. ▶ ***Militaire*** – factionnaire, guetteur, planton, sentinelle, soldat de faction, soldat de garde, veilleur, vigie, vigile *(romain)*. ▶ ***Garde du corps*** – garde du corps. FAM. gorille. PÉJ. estafier. ▶ ***Surveillant d'un parc*** – garde forestier, garde-chasse. ▶ ***Nurse*** – bonne d'enfants, gouvernante, nurse. QUÉB. gardienne.

garde *n.f.* ▶ ***Surveillance*** – attention, espionnage, faction, filature, gardiennage, guet, îlotage, inspection, monitorage, observation, patrouille, ronde, sentinelle, veille, veillée, vigie, vigilance. FAM. filoche. ▶ ***Protection*** – abri, aide, appui, assistance, chapeautage, conservation, couverture, garantie, mandat, parrainage, paternalisme, patronage, protection, recommandation, renfort, rescousse, sauvegarde, secours, sécurisation, soutien, surveillance, tutelle. FIG. parapluie. SOUT. égide. FAM. piston. ▶ ***Coup de la boxe*** – allonge, attaque, frappe, poing, portée, punch, riposte. ▶ ***Ensemble de personnes*** – accompagnement, convoi, cortège, équipage, escorte, pompe, suite. ▶ ***Unité militaire*** – bataillon, brigade, colonne, commando, compagnie, corps, échelon, escadron, escorte, formation, garnison, légion, parti, patrouille, peloton, régiment, section, soldatesque *(indisciplinés)*, tabor *(Maroc)*, troupe, unité. PAR EXT. caserne. ANC. escouade, goum, piquet. ▶ ***Partie de l'épée*** – monture d'épée. ▶ ***Feuille*** – page de garde. △ **ANT.** INADVERTANCE, MÉGARDE, NÉGLIGENCE, OUBLI; ATTAQUE.

garde-fou *n.m.* balustrade, banquette de sûreté, descente, garde-corps, main courante, parapet, rambarde, rampe. QUÉB. FAM. balustre. ▸ *Bateau* – balcon, bastingage, filière, garde-corps, rambarde.

garder *v.* ▸ ***Mettre en réserve*** – conserver, mettre de côté, mettre en réserve, réserver, tenir en réserve. ▸ ***Maintenir*** – conserver, entretenir, maintenir, tenir. ▸ ***Protéger*** – conserver, préserver, protéger, sauvegarder, sauver. ▸ ***Protéger de qqch.*** – abriter, assurer, défendre, garantir, mettre à l'abri, préserver, protéger, tenir à l'abri. ▸ ***Faire durer*** – continuer, entretenir, maintenir, perpétuer, prolonger. ▸ ***Prendre soin de qqn*** – prendre soin de, s'occuper de, surveiller, veiller sur. ▸ ***Retenir en captivité*** – détenir, retenir en captivité, séquestrer. ▸ ***Défendre un lieu*** – défendre, tenir. ♦ **se garder** ▸ ***Se méfier*** – douter de, prendre garde à, se méfier de, se mettre en garde contre, tenir pour suspect. SOUT. se défier de. ▸ ***S'abstenir*** – éviter de, s'abstenir de, s'empêcher de, s'interdire de, se défendre de, se refuser à, se retenir de. △ **ANT.** DÉPENSER, DÉTRUIRE, DISSIPER; ABANDONNER, CÉDER, DÉLAISSER, DONNER, LAISSER, NÉGLIGER, OUBLIER, PERDRE, RENDRE, RENONCER; CHANGER; DÉTÉRIORER, GÂTER; CONGÉDIER, DÉLIVRER.

garde-robe *n.* ▸ ***Lieu de rangement*** – lingerie, penderie, placard, placard-penderie, rangement. FAM. cagibi, fourre-tout. QUÉB. FAM. armoire à linge. ▸ ***Vêtements*** – affaires, atours, chiffons, ensemble, habillement, habits, linge, mise, parure, tenue, toilette, trousseau, vestiaire, vêtements. SOUT. vêture. FRANCE FAM. fringues, frusques, nippes, pelures, saint-frusquin, sapes. QUÉB. ACADIE FAM. hardes.

gardien *n.* ▸ ***Garde d'une prison*** – cerbère *(brutal)*, garde, gardien (de prison), guichetier, prévôt, surveillant. SOUT. geôlier. FRANCE FAM. maton. PÉJ. garde-chiourme *(brutal)*. ▸ ***Garde d'un bâtiment*** – concierge, portier. SOUT. cerbère *(sévère)*. FAM. bignole. ▸ ***Huissier*** – aboyeur, annoncier, appariteur, chaouch *(pays musulmans)*, crieur, huissier, introducteur, massier, portier, surveillant. ▸ ***Personne qui garde les animaux*** – gardeur. ▸ ***Protecteur*** – ange gardien, bon génie, défenseur, pilier, protecteur. RARE mainteneur. ▸ ***Joueur*** – cerbère, gardien de but. ♦ **gardienne,** *fém.* ▸ ***Gouvernante*** (QUÉB.) – bonne d'enfants, garde, gouvernante, nurse. △ **ANT.** PRISONNIER; ATTAQUANT.

gare *n.f.* halte, station, terminal.

garer *v.* ▸ ***Mettre en stationnement*** – parquer. QUÉB. stationner. ▸ ***Écarter du passage*** – ranger. ▸ ***Mettre en lieu sûr*** (FAM.) – enfermer, mettre à l'abri, mettre en lieu sûr, ranger, remiser. QUÉB. FAM. serrer. △ **ANT.** HEURTER, RENCONTRER; DÉRANGER, EXPOSER.

garnir *v.* ▸ ***Munir*** – doter, équiper, munir, nantir, outiller, pourvoir. QUÉB. ACADIE gréer. ▸ ***Orner*** – agrémenter, colorer, décorer, émailler, embellir, enjoliver, enrichir, habiller, ornementer, orner, parer, rehausser, relever. SOUT. diaprer. ▸ ***Occuper un espace*** – couvrir, emplir, occuper, remplir, s'étendre sur. △ **ANT.** DÉGARNIR, DÉMUNIR, PRIVER, VIDER; DÉNUDER, DÉPARER, DÉPOUILLER.

gaspillage *n.m.* ▸ ***Dilapidation*** – coulage, déprédation, déséconomie, dilapidation, dissipation, gabegie, gâchage, gâchis, perte, prodigalité. RARE engloutissement, galvaudage. SOUT. profusion. ▸ ***Excès*** – comble, débauche, débordement, dépassement, disproportion, énormité, excédent, excès, exubérance, inutile, luxe, luxuriance, orgie, profusion, redondance, satiété, saturation, superfétation, superflu, superfluité, surabondance, surcharge, surcroît, surenchère, surnombre, surplus, trop, trop-plein. △ **ANT.** CONSERVATION, ÉCONOMIE, ÉPARGNE; ACCUMULATION, ENTASSEMENT, THÉSAURISATION; AVARICE.

gaspiller *v.* ▸ ***Dépenser sans discernement*** – dévorer, dilapider, dissiper, engloutir, engouffrer, manger, prodiguer. FAM. claquer, croquer, flamber, griller. ▸ ***Mal utiliser*** – dilapider, gâcher, galvauder, perdre. △ **ANT.** ACCUMULER, CONSERVER, ÉCONOMISER, ENTASSER, ÉPARGNER, MÉNAGER, RÉSERVER.

gâté *adj.* ▸ ***Pourri*** – altéré, avarié, corrompu, en décomposition, en putréfaction, pourri, pourrissant, putrescent, putride. ▸ ***Dorloté*** (FAM.) – choyé, comblé, comme un coq en pâte, dorloté. FAM. chouchouté. △ **ANT.** BIEN CONSERVÉ, INTACT, SAIN; ABANDONNÉ, DÉLAISSÉ, NÉGLIGÉ.

gâteau *n.m.* ▸ ***Masse de forme analogue*** – tourteau. ▸ ***Alvéoles*** – rayon. ▸ ***Chose facile à accomplir*** (FAM.) – un jeu d'enfant, une bagatelle. FAM. de la petite bière, de la tarte, du billard, du gâteau, du nanan, l'enfance de l'art. QUÉB. FAM. une affaire de rien.

gâter *v.* ▸ ***Gâcher*** – empoisonner, gâcher, ruiner, saboter. FAM. bousiller. ▸ ***Enlaidir*** (SOUT.) – défigurer, déparer, enlaidir. ▸ ***Altérer un aliment*** – avarier. ▸ *Plus général* – altérer, décomposer, pourrir, putréfier. ▸ ***Entourer de soins*** (FAM.) – cajoler, choyer, combler, couver, dorloter, entourer de soins, être aux petits soins avec, materner, pouponner *(un bébé)*, soigner. FAM. bichonner, bouchonner, chouchouter, mitonner, soigner aux petits oignons, traiter aux petits oignons. SUISSE FAM. cocoler. ♦ **se gâter** ▸ ***Empirer*** – aller de mal en pis, décliner, dégénérer, empirer, s'aggraver, s'envenimer, se dégrader, se détériorer, tourner au vinaigre. ▸ ***S'altérer*** – blettir *(fruit)*, s'avarier. ▸ *Plus général* – pourrir, s'altérer, se corrompre, se décomposer, se putréfier. △ **ANT.** AMÉLIORER, AMENDER, BONIFIER, CORRIGER; DÉCORER, EMBELLIR, ENJOLIVER; CONSERVER, MAINTENIR.

gâteux *adj.* ▸ ***Amoindri par l'âge*** – retombé en enfance, sénile, tombé en enfance. FAM. déliquescent, ramolli. ▸ ***Qui n'a plus toute sa raison*** – dérangé, fou, qui a perdu la tête, qui n'a plus toute sa raison, troublé. FAM. cinglé, dingo, dingue, fêlé, folasse *(femme)*, gaga, maboul, malade, marteau, qui a perdu la boule, sonné, timbré, toqué, tordu. FRANCE FAM. atteint, azimuté, barjot, braque, brindezingue, cintré, déjanté, fada, foldingue, folingue, fondu, frappé, givré, jeté, pété, piqué, schnock, sinoque, siphonné, toc toc, zinzin. QUÉB. FAM. fou braque. BELG. FAM. mastoc. △ **ANT.** ÉQUILIBRÉ, SAIN D'ESPRIT.

gauche *adj.* ▸ ***Maladroit*** – balourd, incapable, lourdaud, maladroit, malhabile, pataud. SOUT. inhabile. FAM. brise-tout, cloche, empaillé, empoté, gaffeur, godiche, godichon, gourd, gourde, manche, manchot. RARE casseur. ▸ ***Gêné*** – contraint, crispé, embarrassé, forcé, gêné, mal à l'aise. ▸ ***Laborieux*** – embarrassé, laborieux, lourd, qui sent l'effort. △ **ANT.** DROIT; ADROIT, CAPABLE, COMPÉTENT, DOUÉ, EXPERT, HABILE, PERFORMANT, QUALIFIÉ, TALENTUEUX, VERSÉ; À

L'AISE, AISÉ, DÉCONTRACTÉ, DÉGAGÉ, DÉSINVOLTE, DÉTENDU, LIBRE, NATUREL.

gauche *n.f.* ▶ ***Côté*** – bâbord. ▶ ***Socialisme*** – autogestion, babouvisme, bolchevisme, chartisme, collectivisme, collégialité, communisme, coopératisme, dirigisme, égalitarisme, étatisation, étatisme, extrême gauche, fouriérisme, gauchisme, interventionnisme, léninisme, maoïsme, marxisme, marxisme-léninisme, mutualisme, mutuellisme, nationalisation, ouvriérisme, progressisme, radicalisme, radical-socialisme, réformisme, saint-simonisme, social-démocratie, socialisme, spartakisme, stalinisme, syndicalisme, trade-unionisme, travaillisme, trotskisme. △ **ANT.** DEXTRE, DROITE, TRIBORD.

gauchement *adv.* à la diable, à tort et à travers, inhabilement, lourdement, mal, maladroitement, malhabilement. △ **ANT.** ADROITEMENT, AGILEMENT, HABILEMENT, LESTEMENT, SOUPLEMENT.

gaucherie *n.f.* balourdise, lourdeur, maladresse. *SOUT.* inhabileté. △ **ANT.** ADRESSE, AISANCE, DEXTÉRITÉ, HABILETÉ.

gaulois *adj.* ▶ ***Grivois*** – coquin, croustillant, égrillard, gaillard, gras, grivois, hardi, impudique, impur, léger, leste, libertin, libre, licencieux, lubrique, osé, paillard, polisson, salace. *SOUT.* rabelaisien. *FAM.* épicé, olé olé, poivré, salé. △ **ANT.** JANSÉNISTE, PURITAIN, RIGIDE, SÉRIEUX, SÉVÈRE, VERTUEUX.

gaz *n.m.* ▶ ***Corps chimique*** – corps gazeux. ▶ ***Arme*** – gaz asphyxiant, gaz de combat, gaz intoxicant. ▶ ***Combustible*** – gaz naturel. ▶ ***Émanation*** – buée, émanation, exhalaison, fumée, fumerolle *(volcan)*, mofette *(volcan)*, nuage, nuée, salamandre *(alchimie)*, vapeur. *QUÉB. FAM.* boucane. ▶ ***Flatulence*** – flatulence, flatuosité, gaz (intestinaux), vent. *FAM.* pet, vesse. △ **ANT.** LIQUIDE; SOLIDE.

gazon *n.m.* herbe, pelouse.

géant *adj.* ▶ ***Grand*** – colossal, considérable, démesuré, énorme, extraordinaire, extrême, fabuleux, formidable, gigantesque, grand, gros, immense, incommensurable, monstrueux, monumental, phénoménal, prodigieux, surhumain, titanesque, vaste, vertigineux. *SOUT.* cyclopéen, herculéen. *FAM.* bœuf, de tous les diables, du diable, effrayant, effroyable, épouvantable, faramineux, méchant, monstre. *FRANCE FAM.* gratiné. ▶ ***Remarquable*** (*FRANCE FAM.*) – admirable, brillant, éblouissant, excellent, extraordinaire, fantastique, magistral, magnifique, merveilleux, parfait, prodigieux, remarquable, réussi, sensationnel, sublime. *FAM.* à tout casser, champion, d'enfer, du tonnerre, épatant, extra, fameux, formidable, fumant, génial, mirifique, pas piqué des vers, splendide, super, terrible. *FRANCE FAM.* du feu de Dieu, énorme, fadé, formide, gratiné, pas piqué des hannetons. △ **ANT.** MICROSCOPIQUE, MINUSCULE, NAIN; LAMENTABLE, MÉDIOCRE, MINABLE, NAVRANT, PIÈTRE, PITEUX, PITOYABLE, RATÉ.

géant *n.* ▶ ***Personne de grande taille*** – colosse, goliath, grand, grand diable. *FAM.* (grand) échalas, (grand) escogriffe. *FRANCE FAM.* balèze, (grand) flandrin, grande bringue *(femme)*. ▸ *Personne grande et mince* – leptosome, longiligne. *FAM.* asperge, girafe, grand échalas, grande perche. *FRANCE FAM.* (grande) gigue *(femme)*. *ACADIE FAM.* fouine. ♦ **géant,** ***masc.*** ▶ ***Être imaginaire*** – cyclope, ogre. ▶ ***Héros*** – brave, demi-dieu, dieu, exemple, glorieux, grand, héros, idole, modèle, titan. *SOUT.* parangon. ♦ **géante,** ***fém.*** ▶ ***Étoile*** – étoile géante. △ **ANT.** NAIN.

geindre *v.* ▶ ***Se plaindre sans arrêt*** – gémir, pleurer, se lamenter, se plaindre. *FAM.* faire des jérémiades, jérémiader. ▶ ***Se plaindre faiblement*** – gémir.

gel *n.m.* ▶ ***Congélation*** – congélation, glaciation, réfrigération, refroidissement, surgélation. ▶ ***Givre*** – gelée (blanche), givre, verglas. *SOUT. ou QUÉB. FAM.* frimas. *SUISSE* fricasse. ▶ ***Confiscation*** – appropriation, blocus, confiscation, désapprovisionnement, embargo, expropriation, immobilisation, mainmise, prise, privation, saisie, séquestre, suppression. ▶ ***Corps gélatineux*** – gelée. △ **ANT.** DÉGEL.

gelée *n.f.* ▶ ***Givre*** – gel, gelée (blanche), givre, verglas. *SOUT. ou QUÉB. FAM.* frimas. *SUISSE* fricasse. ▶ ***Aliment sucré*** – beurre, compote, confiture, marmelade, purée. ▶ ***Corps gélatineux*** – gel.

geler *v.* ▶ ***Donner froid*** – glacer, pénétrer, saisir. *SOUT.* transir. *FAM.* frigorifier. ▶ ***Intimider*** (*FAM.*) – annihiler, inhiber, intimider, paralyser. *FAM.* frigorifier, réfrigérer, refroidir. ▶ ***Anesthésier*** (*FAM.*) – analgésier, anesthésier, insensibiliser. ▶ ***Avoir froid*** – grelotter. *SOUT.* transir. *FAM.* cailler, peler. ♦ **gelé** ▶ ***Engourdi par le froid*** – froid, glacé, gourd, transi. *FAM.* frigorifié. △ **ANT.** BRÛLER, RÉCHAUFFER; BOUILLIR, DÉGELER, FONDRE, LIQUÉFIER; ENCOURAGER, ENHARDIR, RASSURER.

gémir *v.* ▶ ***Se plaindre faiblement*** – geindre. ▶ ***Se plaindre sans arrêt*** – geindre, pleurer, se lamenter, se plaindre. *FAM.* faire des jérémiades, jérémiader. ▶ ***Grincer*** – crier, crisser, grincer. *FAM.* couiner.

gémissant *adj.* dolent, larmoyant, plaintif, pleureur, pleurnichard, pleurnicheur. *FAM.* bêlant, geignard, pleurard. △ **ANT.** ENJOUÉ, GAI.

gémissement *n.m.* ▶ ***Lamentation*** – bêlement, braillement, cri, doléances, geignement, grincement, hélas, jérémiade, lamentation, larmoiement, murmure, plainte, pleurs, sanglot, soupir. *SOUT.* sanglotement. *FAM.* pleurnichage, pleurnichement, pleurnicherie. *QUÉB. FAM.* braillage. ▶ ***Bruit*** – chuintement, sifflement, sifflet, sifflotement, stridence, stridulation. △ **ANT.** RIRE.

gênant *adj.* ▶ ***Pénible*** – déplaisant, désagréable, incommodant, inconfortable, pénible. ▶ ***Peu pratique*** – embarrassant, encombrant, incommode, malcommode. ▸ *Par sa taille* – volumineux. ▶ ***Qui intimide*** (*QUÉB. FAM.*) – intimidant, qui en impose. △ **ANT.** AGRÉABLE; COMMODE, EFFICACE, FONCTIONNEL, PRATIQUE, UTILE, UTILITAIRE; ENCOURAGEANT, RASSURANT, SÉCURISANT.

gendarme *n.m.* ▶ ***Policier*** – *PÉJ.* guignol. ▶ ***Personne autoritaire*** – *FAM.* pète-sec. ▶ ***Insecte*** – punaise rouge, soldat. *ZOOL.* pyrocorise, pyrrhocoris. ▶ ***Poisson*** (*FRANCE RÉGION.*) – vairon. ▶ ***Poisson fumé*** (*FAM.*) – (hareng) bouffi, hareng saur, hareng sauré, kipper, saurin. ▶ ***Paillette*** – crapaud, paille, paillette. ▶ ***Piton*** – aiguille, pic, piton, sommet.

gêne *n.f.* ▶ ***Malaise physique*** – affection, altération, anomalie, défaillance, déficience, dérangement, dysfonction, dysfonctionnement, embarras, faiblesse, indisposition, insuffisance, mal, malaise, trouble. DIDACT. dysphorie. MÉD. lipothymie. SOUT. mésaise. ▶ ***Obstacle*** – accroc, adversité, anicroche, barrière, blocage, contrariété, contretemps, défense, difficulté, digue, écueil, embarras, empêchement, ennui, entrave, frein, impasse, impossibilité, inhibition, interdiction, objection, obstruction, ombre au tableau, opposition, pierre d'achoppement, point noir, problème, résistance, restriction, tribulations. SOUT. achoppement, impedimenta, traverse. FAM. hic, lézard, os, pépin. QUÉB. FAM. aria. RARE empêtrement. ▶ ***Inconvénient*** – aléa, charge, contre, danger, défaut, déplaisir, dérangement, désagrément, désavantage, difficulté, écueil, embarras, empêchement, ennui, fissure, handicap, incommodité, inconfort, inconvénient, mauvais côté, objection, obstacle, point faible, risque, trouble. SOUT. importunité. ▶ ***Honte*** – confusion, contrainte, crainte, embarras, honte, humilité, pudeur, réserve, retenue, scrupule, timidité. ▶ ***Pauvreté*** – appauvrissement, besoin, dénuement, détresse, embarras, gouffre, indigence, manque, mendicité, misère, nécessité, pauvreté, pouillerie, privation, ruine. SOUT. impécuniosité. FAM. dèche. FRANCE FAM. débine, fauche, mistoufle, mouise, mouscaille, panade, purée. DR. carence. △ **ANT.** AISANCE, BIEN-ÊTRE; COMMODITÉ, FACILITÉ, LIBERTÉ; APLOMB, ASSURANCE, FAMILIARITÉ; RICHESSE.

gêné *adj.* ▶ ***Embarrassé*** – contraint, crispé, embarrassé, forcé, gauche, mal à l'aise. ▶ ***Sans argent*** – à court, dans la gêne, désargenté, pauvre, sans le sou, serré. FAM. à sec, dans la dèche, dans le rouge, fauché, raide (comme un passe-lacet), sur le sable. FRANCE FAM. panné, sans un. ▶ ***Timide*** (QUÉB. FAM.) – complexé, inhibé, timide. FAM. coincé. △ **ANT.** AFFRANCHI, DÉBARRASSÉ, LIBÉRÉ, LIBRE; AISÉ, FORTUNÉ, NANTI, QUI A LES MOYENS, QUI ROULE SUR L'OR, RICHE; ASSURÉ, CONFIANT, ENTREPRENANT, FONCEUR, HARDI, SÛR DE SOI.

généalogie *n.f.* ▶ ***Généalogie humaine*** – agnation, alliance, arbre généalogique, ascendance, branche, cognation, consanguinité, cousinage, degré, descendance, dynastie, extraction, famille, filiation, fratrie, génération, hérédité, lignage, ligne, lignée, maison, matriarcat, matrilignage, origine, parentage, parenté, parentelle, patriarcat, patrilignage, postérité, primogéniture, quartier (de noblesse), race, sang, souche. RARE fraternité. ▶ ***Généalogie animale*** – flock-book, herd-book, stud-book. ▶ ***Généalogie des espèces vivantes*** – darwinisme, évolutionnisme, lamarckisme, mitchourinisme, mutationnisme, néodarwinisme, transformisme. ▸ *Parenté des espèces* – cladisme, cladistique, génétique, phénétique, phylogenèse, phylogénie, systématique. ▶ ***Généalogie des dieux*** – théogonie.

gêner *v.* ▶ ***Encombrer*** – embarrasser, encombrer. FAM. emplâtrer. ▶ ***Nuire*** – aller à l'encontre de, barrer, contrarier, contrecarrer, déranger, empêcher, entraver, faire obstacle à, gâcher, mettre des bâtons dans les roues de, nuire à, s'opposer à, se mettre en travers de, troubler. ▶ ***Incommoder*** – déranger, ennuyer, importuner, incommoder, indisposer. ▶ ***Intimider*** – embarrasser, intimider, mettre mal à l'aise, troubler. △ **ANT.** DÉBARRASSER, DÉGAGER, DÉSENCOMBRER, FACILITER, LIBÉRER, SERVIR; METTRE À L'AISE, SOULAGER.

général *adj.* ▶ ***Qui concerne tous*** – collectif, commun, communautaire, public, social. ▶ ***Répandu*** – courant, dominant, en vogue, populaire, qui a cours, régnant, répandu. ▶ ***Unanime*** – commun, consensuel, qui fait l'unanimité, unanime. ▶ ***Considéré dans l'ensemble*** – d'ensemble, global, globalisant, globalisateur, holiste, holistique. ▶ ***En parlant d'un terme*** – générique. △ **ANT.** INDIVIDUEL, PARTICULIER; LOCAL *(ANESTHÉSIE)*, PARTIEL; EXCEPTIONNEL, INHABITUEL, INUSITÉ, RARE, SINGULIER; SPÉCIAL, SPÉCIALISÉ.

généralement *adv.* ▶ ***Globalement*** – génériquement, globalement, planétairement, totalement, universellement. ▶ ***Souvent*** – à de rares exceptions près, à l'accoutumée, à l'ordinaire, à maintes reprises, à quelques exceptions près, communément, couramment, coutumièrement, d'habitude, d'ordinaire, dans la généralité des cas, dans la majorité des cas, dans la plupart des cas, de coutume, en général, en règle générale, fréquemment, habituellement, journellement, la plupart du temps, maintes fois, normalement, ordinairement, régulièrement, rituellement, souvent, toujours. △ **ANT.** EN PARTICULIER, PARTICULIÈREMENT, SINGULIÈREMENT, SPÉCIALEMENT, SPÉCIFIQUEMENT, TYPIQUEMENT; EXCEPTIONNELLEMENT, GUÈRE, PAR EXCEPTION, RAREMENT.

généralisation *n.f.* ▶ ***Extension*** – analogie, extension, extrapolation, globalisation, induction, systématisation. ▶ ***Concept*** – abstraction, archétype, concept, conception, conceptualisation, connaissance, conscience, entité, fiction, idée, imagination, notion, noumène, pensée, représentation (mentale), schème, théorie. △ **ANT.** INDIVIDUALISATION, LIMITATION, PARTICULARISATION, SPÉCIALISATION.

généraliser *v.* ▶ ***Répandre*** – diffuser, étendre, répandre, universaliser. ▶ ***Remonter du particulier au général*** – extrapoler, induire. △ **ANT.** LIMITER, LOCALISER, RESTREINDRE; DISTINGUER, INDIVIDUALISER, PARTICULARISER, SPÉCIALISER, SPÉCIFIER.

généralité *n.f.* ▶ ***Majorité*** – la majorité, la plupart, le commun, le plus grand nombre. ▶ ***Truisme*** – banalité, cliché, évidence, fadaise, lapalissade, lieu commun, platitude, poncif, redite, stéréotype, tautologie, truisme. ▶ ***Totalité*** – absoluité, complétude, ensemble, entier, entièreté, exhaustivité, globalité, intégralité, intégrité, masse, plénitude, réunion, somme, total, totalité, tout, universalité. △ **ANT.** MINORITÉ; PARTICULARITÉ, SPÉCIALITÉ; EXCEPTION; DÉTAIL, PRÉCISION.

générateur *adj.* créateur, producteur. △ **ANT.** DESTRUCTEUR, ÉLIMINATEUR.

génération *n.f.* ▶ ***Reproduction*** – conception, fécondation, gestation, reproduction (sexuée). SOUT. procréation. DIDACT. engendrement. ▶ ***Formation*** – composition, conception, confection, constitution, construction, création, développement, édification, élaboration, exécution, fabrication, façon, façonnage, façonnement, formation, genèse, gestation, invention, œuvre, organisation, paternité, production, réalisation, structuration, synthèse. SOUT. accouchement, enfantement. DIDACT. engendrement. ▶ ***Généalogie*** – agnation, alliance, arbre généalogique, ascendance, branche, cognation, consanguinité, cousinage, degré, descendance, dynastie, extraction, famille, filiation, fratrie, généalogie, hérédité, lignage, ligne, lignée, maison, matriarcat, matrilignage, origine, parentage, parenté, parentelle, patriarcat, patrilignage, postérité, primogéniture, quartier (de noblesse), race, sang, souche. *RARE* fraternité. ▶ ***Époque*** – âge, cycle, date, époque, ère, étape, heure, jour, moment, période, règne, saison, siècle, temps. △ **ANT.** DESTRUCTION.

générer *v.* ▶ ***Occasionner*** – amener, apporter, catalyser, causer, créer, déchaîner, déclencher, déterminer, donner lieu à, donner naissance à, engendrer, entraîner, faire, faire naître, former, occasionner, produire, provoquer, soulever, susciter. *PHILOS.* nécessiter. ▶ ***Donner*** – donner, fournir, produire, rapporter, rendre.

généreusement *adv.* ▶ ***Prodigalement*** – charitablement, chevaleresquement, fraternellement, grassement, humainement, largement, libéralement, magnanimement, prodigalement. *FAM.* chiquement. ▶ ***Abondamment*** – à discrétion, à foison, à la tonne, à pleines mains, à profusion, à satiété, à souhait, à volonté, abondamment, amplement, beaucoup, bien, considérablement, copieusement, dru, en abondance, en masse, en quantité, énormément, fort, grassement, gros, intarissablement, largement, libéralement, lourd, profusément, richement, suffisamment, torrentiellement. *FAM.* à gogo, à revendre, à tire-larigot, bésef, des tonnes, pas mal. △ **ANT.** AVAREMENT, CHÉTIVEMENT, CHICHEMENT, CUPIDEMENT, MAIGREMENT, MESQUINEMENT, PARCIMONIEUSEMENT; EN FAIBLE QUANTITÉ, FAIBLEMENT, PAS BEAUCOUP, PEU.

généreux *adj.* ▶ ***Qui donne volontiers*** – large, prodigue, qui a le cœur sur la main, qui a un cœur d'or. *SOUT.* magnificent, munificent. ▶ ***Qui se dévoue pour autrui*** – altruiste, bon, charitable, compatissant, désintéressé, fraternel, humain, humanitaire, philanthrope, qui a bon cœur, secourable. *SOUT.* bienfaisant. ▶ ***Qui pardonne*** – bon prince, clément, indulgent, magnanime, miséricordieux. ▶ ***Moralement élevé*** – chevaleresque, grand, magnanime, noble. *SOUT.* fier. ▶ ***Qui produit beaucoup*** – abondant, débordant, fécond, fertile, foisonnant, fructueux, inépuisable, intarissable, productif, prolifique, riche. *SOUT.* copieux, inexhaustible, plantureux. △ **ANT.** AVARE, CHICHE, CUPIDE, ÉGOÏSTE, MESQUIN; DRACONIEN, DUR, EXIGEANT, RIGIDE, RIGOUREUX, SÉVÈRE, STRICT; ARIDE, IMPRODUCTIF, PAUVRE, STÉRILE.

générosité *n.f.* ▶ ***Largesse*** – charité, don, largesse, prodigalité. *SOUT.* libéralité, magnanimité, magnificence, munificence. ▶ ***Cadeau*** – avantage, donation, gracieuseté, gratification, largesse, libéralité, manne *(inespéré)*. *SOUT.* bienfait. ▶ ***Altruisme*** – aide, allocentrisme, altruisme, amour (d'autrui), assistance, bénévolat, bienveillance, bonté, charité, commisération, compassion, complaisance, convivialité, dévouement, don de soi, empathie, entraide, extraversion, fraternité, gentillesse, humanité, oblativité, oubli de soi, philanthropie, pitié, sensibilité, serviabilité, solidarité, sollicitude. *SOUT.* bienfaisance. ▶ ***Dignité*** – dignité, élévation, grandeur (d'âme), hauteur, mérite, noblesse, sublime, sublimité, valeur, vertu. *RARE* ennoblissement. ▶ ***Fertilité*** – abondance, fécondité, fertilité, luxuriance, prodigalité, productivité, rendement, richesse. △ **ANT.** AVARICE, CUPIDITÉ, MESQUINERIE, PARCIMONIE; ÉGOÏSME; BASSESSE, LÂCHETÉ, PETITESSE; ARIDITÉ, INFERTILITÉ, PAUVRETÉ, STÉRILITÉ.

genèse *n.f.* ▶ ***Formation*** – composition, conception, confection, constitution, construction, création, développement, édification, élaboration, exécution, fabrication, façon, façonnage, façonnement, formation, génération, gestation, invention, œuvre, organisation, paternité, production, réalisation, structuration, synthèse. *SOUT.* accouchement, enfantement. *DIDACT.* engendrement. ▶ ***Commencement*** – actionnement, amorçage, amorce, balbutiement, bégaiement, commencement, création, début, déclenchement, démarrage, départ, ébauche, embryon, enclenchement, enfance, entrée, esquisse, fondement, germe, inauguration, origine, ouverture, prélude, prémisse, principe, tête. *SOUT.* aube, aurore, matin, prémices. *FIG.* apparition, avènement, éclosion, émergence, éruption, explosion, germination, naissance, venue au monde. △ **ANT.** DESTRUCTION; ABOUTISSEMENT, ACHÈVEMENT, FIN.

génétique *adj.* ▶ ***Qui concerne l'hérédité*** – atavique, congénital, héréditaire. ▶ ***Qui concerne les gènes*** – génique. △ **ANT.** ACQUIS.

génétique *n.f.* ▶ ***Généalogie des espèces vivantes*** – darwinisme, évolutionnisme, lamarckisme, mitchourinisme, mutationnisme, néodarwinisme, transformisme. ▶ *Parenté des espèces* – cladisme, cladistique, généalogie, phénétique, phylogenèse, phylogénie, systématique.

génial *adj.* ▶ ***Remarquable*** (*FAM.*) – admirable, brillant, éblouissant, excellent, extraordinaire, fantastique, magistral, magnifique, merveilleux, parfait, prodigieux, remarquable, réussi, sensationnel, sublime. *FAM.* à tout casser, champion, d'enfer, du tonnerre, épatant, extra, fameux, formidable, fumant, mirifique, pas piqué des vers, splendide, super, terrible. *FRANCE FAM.* du feu de Dieu, énorme, fadé, formide, géant, gratiné, pas piqué des hannetons. △ **ANT.** IDIOT, IMBÉCILE, STUPIDE; INCAPABLE, INCOMPÉTENT; LAMENTABLE, MÉDIOCRE, MINABLE, NAVRANT, PIÈTRE, PITEUX, PITOYABLE, RATÉ.

génie *n.m.* ▶ ***Être mythique*** – cupidon, djinn, efrit, elfe, gnome, gobelin, katchina, kobold, ondine, sylphe, sylphide. *SOUT.* nixe. ▶ ***Talent*** – adresse, aisance, aptitude, art, brio, capacité, compétence, dextérité, disposition, doigté, don, expertise, facilité, faculté, force, fort, habileté, main, maîtrise, métier, pouvoir, professionnalisme, savoir, savoir-faire, sens, talent, technique, virtuosité. *FAM.* bosse. *DR.* habilitation, habilité. ▶ ***Personne de génie*** – maître, prodige, superhomme, surdoué, surhomme, talent, virtuose. *SOUT.* phénix, surhumain. *FAM.* phénomène. ▶ ***Ingénierie*** – ingénierie, technique, technologie. △ **ANT.** IGNORANCE, INAPTITUDE, INCAPACITÉ; MÉDIOCRITÉ, NULLITÉ.

genre *n.m.* ▶ ***Sorte*** – catégorie, classe, espèce, famille, groupe, nature, ordre, sorte, type, variété. *SOUT.* gent. ▶ ***Allure*** – air, allure, apparence, aspect, attitude, contenance, démarche, façon, ligne, maintien, manière, panache, physique, port, posture, prestance, silhouette, style, tenue, tournure. *SOUT.*

extérieur, mine. FAM. gueule, touche. QUÉB. FAM. erre d'aller. PÉJ. FAM. dégaine. ▶ ***Manière d'être*** – griffe, manière d'être, marque, profil psychologique, style. ▶ ***Affectation*** – affectation, air, apparence, apprêt, bluff, cabotinage, comédie, composition, contenance, convenu, dandysme, imposture, jeu, maniérisme, manque de naturel, mascarade, mièvrerie, pose, raideur, recherche, représentation, snobisme. SOUT. cambrure. FAM. chiqué, cinéma. ▶ ***Grandeur morale*** – envergure, étoffe, importance, qualité, stature. FIG. carrure. ▶ ***Style littéraire*** – style.

gens *n.m.pl.* ▶ ***Foule*** – foule, monde, public. ▶ ***Domestiques*** – domesticité, équipage, gens de maison, personnel (de maison), suite. PÉJ. SOUT. valetaille.

gentil *adj.* ▶ ***Serviable*** – aimable, attentif, attentionné, aux petits soins, complaisant, délicat, dévoué, diligent, empressé, obligeant, prévenant, secourable, serviable, zélé. FAM. chic, chou. QUÉB. FAM. fin. BELG. FAM. amitieux. ▶ ***Obéissant*** – disciplinable, discipliné, docile, doux, facile, obéissant, sage, soumis, tranquille. ▶ ***Mignon*** – à croquer, adorable, avenant, beau, bien, charmant, coquet, délicieux, gentillet, gracieux, joli, mignon, mignonnet, plaisant, ravissant. FAM. chou. FRANCE FAM. croquignolet, mignard, mimi, trognon. ▶ ***Païen*** – idolâtre, infidèle, mécréant, païen. ▶ ***En parlant d'une somme*** – beau, coquet, joli, rondelet. △ **ANT.** DISTANT, FROID, INDIFFÉRENT, RÉSERVÉ; DÉPLAISANT, DÉSAGRÉABLE, DÉTESTABLE, EXÉCRABLE, HAÏSSABLE; DÉSOBÉISSANT, DIFFICILE, INDISCIPLINÉ, INDOCILE, INSOUMIS, INSUBORDONNÉ; CROYANT.

gentilhomme *n.m.* ▶ ***Homme distingué*** (SOUT.) – gentleman, honnête homme. ▶ ***Noble*** (ANC.) – homme bien né, homme de condition, homme de qualité, seigneur. △ **ANT.** BOURGEOIS.

gentillesse *n.f.* ▶ ***Politesse*** – affabilité, amabilité, aménité, attention, bienséance, bonnes manières, civilité, civisme, convivialité, correction, courtoisie, délicatesse, éducation, entregent, galanterie, hospitalité, mondanités, obligeance, politesse, prévenance, savoir-vivre, serviabilité, sociabilité, tact, urbanité. SOUT. gracieuseté, liant. ▶ ***Bonté*** – aide, allocentrisme, altruisme, amour (d'autrui), assistance, bénévolat, bienveillance, bonté, charité, commisération, compassion, complaisance, convivialité, dévouement, don de soi, empathie, entraide, extraversion, fraternité, générosité, humanité, oblativité, oubli de soi, philanthropie, pitié, sensibilité, serviabilité, solidarité, sollicitude. SOUT. bienfaisance. ▶ ***Douceur*** – affabilité, agrément, amabilité, aménité, bénignité, bienveillance, bonhomie, bonté, calme, chaleur, charité, clémence, docilité, douceur, grâce, humanité, indulgence, patience, placidité, suavité. SOUT. débonnaireté, magnanimité, mansuétude, onction. △ **ANT.** GROSSIÈRETÉ, IMPOLITESSE, INSOLENCE; DURETÉ, MÉCHANCETÉ.

gentiment *adv.* adorablement, affablement, agréablement, aimablement, amiablement, amicalement, bienveillamment, chaleureusement, civilement, complaisamment, cordialement, courtoisement, délicatement, délicieusement, diplomatiquement, galamment, gracieusement, obligeamment, plaisamment, poliment, sagement, serviablement, sympathiquement. FAM. chiquement, chouettement. △ **ANT.** CAVALIÈREMENT, CYNIQUEMENT, DÉPLAISAMMENT, DISCOURTOISEMENT, EFFRONTÉMENT, GROSSIÈREMENT, HARDIMENT, IMPERTINEMMENT, IMPOLIMENT, IMPUDEMMENT, INCIVILEMENT, INCONGRÛMENT, INDÉLICATEMENT, INSOLEMMENT, IRRESPECTUEUSEMENT, IRRÉVÉRENCIEUSEMENT.

geôlier *n.* ▶ ***Garde*** (SOUT.) – cerbère *(brutal)*, garde, gardien (de prison), guichetier, prévôt, surveillant. FRANCE FAM. maton. PÉJ. garde-chiourme *(brutal)*. △ **ANT.** CAPTIF, PRISONNIER.

gérable *adj.* gouvernable, menable. △ **ANT.** INGÉRABLE, INGOUVERNABLE.

gérant *n.* ▶ ***Administrateur*** – administrateur, agent, intendant. ▶ ***Directeur*** – administrateur, cadre, chef d'entreprise, chef d'industrie, décideur, décisionnaire, directeur, dirigeant, gestionnaire, logisticien, patron, responsable.

gerbe *n.f.* ▶ ***Groupe de végétaux*** – botte, bouquet *(décoratif)*, faisceau, gerbée, manoque *(tabac)*, trochet. ▶ ***Faisceau*** – bouquet, faisceau, girandole. ▶ ***Jet liquide*** – fusée, gerbe (d'eau), geyser, giclée, giclement, girandole, jet. PHYSIOL. émission.

gérer *v.* ▶ ***Administrer un État*** – administrer, diriger, gouverner, manier. ▶ ***Diriger un projet, une entreprise*** – assurer la direction de, conduire, diriger, faire marcher, mener, piloter, présider à, superviser, tenir les rênes de.

germe *n.m.* ▶ ***Pousse*** – accru, bouture, brin, brout, cépée, drageon, jet, mailleton, marcotte, plant, provin, recrû, rejet, rejeton, revenue, surgeon, talle, tendron, turion. ▶ ***Début*** – actionnement, amorçage, amorce, balbutiement, bégaiement, commencement, création, début, déclenchement, démarrage, départ, ébauche, embryon, enclenchement, enfance, entrée, esquisse, fondement, inauguration, origine, ouverture, prélude, prémisse, principe, tête. SOUT. aube, aurore, matin, prémices. FIG. apparition, avènement, éclosion, émergence, éruption, explosion, genèse, germination, naissance, venue au monde. ▶ ***Origine*** – agent, base, cause, explication, facteur, ferment, fondement, fontaine, inspiration, levain, levier, mobile, moteur, motif, motivation, moyen, objet, occasion, origine, point de départ, pourquoi, principe, raison, raison d'être, source, sujet. SOUT. étincelle, mère, racine, ressort. △ **ANT.** ABOUTISSEMENT, ACCOMPLISSEMENT, ACHÈVEMENT, CONCLUSION, FIN, RÉSULTAT.

germer *v.* ▶ ***Faire son apparition*** (FIG.) – apparaître, éclore, faire son apparition, naître, paraître, pointer, se former, se manifester. SOUT. poindre, sourdre. △ **ANT.** ÉCLORE, MÛRIR; CONCLURE, ÉTOUFFER, FANER, MOURIR.

geste *n.m.* ▶ ***Acte*** – acte, action, choix, comportement, conduite, décision, démarche, entreprise, faire, fait, intervention, manifestation, réalisation. ▶ ***Gestuelle*** – allure, attitude, chironomie, chorégraphie, contenance, danse, gesticulation, gestique, gestualité, gestuelle, jeu (physique), langage corporel, langage gestuel, manière, mime, mimique, mimodrame, mimographie, mimologie, mouvement, mudra, pantomime, posture, signal, signe. ▶ ***Signal*** – alerte, appel, clignement, clin d'œil, message, signal, signe. △ ANT. IMMOBILITÉ, INACTION, INERTIE.

gesticuler *v.* ▶ ***Bouger beaucoup*** – frétiller, remuer, s'agiter, se tortiller, se trémousser. *FAM.* gigoter.

gestion *n.f.* administration, conduite, direction, gérance, gouverne, intendance, logistique, management, maniement, organisation, régie, surintendance, tenue. ▸ *À plusieurs* – cogérance, cogestion. △ ANT. ABANDON, NÉGLIGENCE.

gibier *n.m.* ▶ ***Viande*** – gros gibier, venaison, viande noire. ▶ ***Personne*** – bouc émissaire, dindon de la farce, jouet, martyr, opprimé, persécuté, plastron, proie, sacrifié, souffre-douleur, tête de Turc, victime. △ ANT. CHASSEUR, PRÉDATEUR.

gicler *v.* jaillir, rejaillir. *BELG. FAM.* spiter.

gifle *n.f.* ▶ ***Claque*** – claque, tape. *SOUT.* soufflet. *FAM.* baffe, beigne, mornifle, pain, taloche, tarte, torgnole. *FRANCE FAM.* aller et retour, calotte, emplâtre, giroflée (à cinq feuilles), mandale, pêche, rouste. ▶ ***Humiliation*** – abaissement, abjection, accroupissement, culpabilisation, dégradation, démérite, déshonneur, discrédit, flétrissure, honte, humiliation, ignominie, indignité, infamie, infériorisation, mépris, noircissure, opprobre, ridicule, scandale, ternissure. *SOUT.* turpitude, vilenie. △ ANT. CARESSE; RÉCOMPENSE.

gifler *v.* ▶ ***Donner une gifle*** – claquer, souffleter. *FAM.* talocher. *FRANCE FAM.* calotter, torgnoler. ▶ ***Pincer au visage*** – cingler, couper, fouetter, mordre, pincer, piquer, taillader. *SOUT.* flageller. ▶ ***Humilier*** (*SOUT.*) – bafouer, faire affront à, faire injure à, faire insulte à, faire outrage à, humilier, injurier, insulter, outrager. *SOUT.* blasphémer, souffleter. △ ANT. CARESSER, MÉNAGER; RÉCOMPENSER; ÉLEVER, EXALTER, HONORER.

gigantesque *adj.* colossal, considérable, démesuré, énorme, extraordinaire, extrême, fabuleux, formidable, géant, grand, gros, immense, incommensurable, monstrueux, monumental, phénoménal, prodigieux, surhumain, titanesque, vaste, vertigineux. *SOUT.* cyclopéen, herculéen. *FAM.* bœuf, de tous les diables, du diable, effrayant, effroyable, épouvantable, faramineux, méchant, monstre. *FRANCE FAM.* gratiné. △ ANT. MICROSCOPIQUE, MINUSCULE, NAIN.

gilet *n.m.* ▶ ***Vêtement sans manches*** – *QUÉB.* (petite) veste, sous-veste. ▶ ***Sous-vêtement*** – gilet de corps, gilet de peau, maillot de corps. *QUÉB.* camisole. *BELG. AFR.* singlet.

gisement *n.m.* ▶ ***Accumulation dans le sous-sol*** – bassin, gîte, mine, puits. ▶ ***Grande quantité*** – abondance, afflux, amas, ampleur, concentration, débauche, débordement, exubérance, filon, fleuraison, floraison, foisonnement, forêt, foule, fourmillement, infinité, inondation, luxe, luxuriance, masse, mine, multiplicité, myriade, nuée, paquet, pléthore, poussière, profusion, quantité, richesse, surabondance, tas, trésor. *FIG.* carnaval. *FAM.* festival, flopée, kyrielle, tapée, tonne, tripotée, wagon. *SUISSE FAM.* craquée.

gîte *n.m.* ▶ ***Fait d'être hébergé pour la nuit*** – coucher, hébergement. ▶ ***Étape*** – auberge, escale, étape, halte, hôtel, hôtellerie, relais. ▸ *Pays arabes* – caravansérail, fondouk, khan. ▸ *Espagne* – posada. ▸ *Québec* – gîte du passant, gîte touristique. ▶ ***Abri*** – abri, affût, asile, cache, cachette, lieu de repos, lieu sûr, refuge, retraite. *FIG.* ermitage, havre (de paix), oasis, port, solitude, tanière, toit. *PÉJ.* antre, planque, repaire. ▶ ***Refuge d'animal*** – abri, aire, antre, breuil, caverne, halot, héronnière, liteau, nid, refuge, renardière, repaire, reposée, ressui, retraite, soue, tanière, taupinière, terrier, trou. *QUÉB.* ravage *(cerfs)*; *FRANCE RÉGION.* rabouillère. ▶ ***Gisement*** – bassin, gisement, mine, puits. ▶ ***Viande*** – gîte-gîte.

givre *n.m.* gel, gelée (blanche), verglas. *SOUT. ou QUÉB. FAM.* frimas. *SUISSE* fricasse.

glace *n.f.* ▶ ***Cube d'eau congelée*** – (cube de) glace, glaçon. ▶ ***Aliment*** – *QUÉB.* crème glacée. ▶ ***Miroir*** – miroir. ▶ ***Vitre*** – carreau, vitre, vitrine. ▶ ***Préparation culinaire*** – nappage. *QUÉB.* givrage, glaçage; *FAM.* crémage. ▶ ***Tache d'une pierre*** – givrure.

glacer *v.* ▶ ***Donner froid*** – geler, pénétrer, saisir. *SOUT.* transir. *FAM.* frigorifier. ▶ ***Pétrifier*** – clouer sur place, figer, immobiliser, méduser, paralyser, pétrifier, statufier, tétaniser. ▶ ***Intimider*** – annihiler, inhiber, intimider, paralyser. *FAM.* frigorifier, geler, réfrigérer, refroidir. ▶ ***Lustrer*** – lustrer, satiner, vernir, vernisser. ▸ *Un tissu* – brillanter, calandrer, catir, lustrer, moirer. ♦ **glacé** ▶ ***Très froid*** – glacial. ▶ ***Engourdi par le froid*** – froid, gelé, gourd, transi. *FAM.* frigorifié. △ ANT. CHAUFFER, DÉGELER, FONDRE, RÉCHAUFFER; AIGUILLONNER, ALLUMER, ANIMER, ATTISER, ÉVEILLER, EXCITER, RASSURER, RÉCONFORTER, STIMULER.

glacial *adj.* ▶ ***Au sens propre*** – glacé. ▶ ***Au sens figuré*** – de glace, de marbre, distant, frais, froid, glaçant, réfrigérant, réservé. *SOUT.* marmoréen. △ ANT. ACCABLANT, BRÛLANT, CANICULAIRE, ÉCRASANT, ÉTOUFFANT, LOURD, SAHARIEN, SUFFOCANT, TORRIDE, TROPICAL; CHALEUREUX, CORDIAL, ENGAGEANT, SOCIABLE; AFFECTUEUX, AMI, AMICAL, FRATERNEL, TENDRE.

glaise *n.f.* ▶ ***Argile*** – argile, (terre) glaise. *QUÉB. FAM.* terre forte, terre grasse. ▶ ***Engrais*** – amendement, apport, chanci, chaux, compost, craie, engrais, falun, fertilisant, fumier, fumure, goémon, guano, limon, lisier, marne, paillé, plâtre, poudrette, pralin, purin, superphosphate *(artificiel)*, tangue, terre de bruyère, terreau. *FRANCE RÉGION.* wagage.

glapir *v.* ▶ ***En parlant du chien*** – aboyer, clabauder, donner de la voix, hurler. *QUÉB.* japper.

glas *n.m.* carillon, carillonnement, sonnaille, sonnerie, sonnette, timbre, tintement, tocsin. *FAM.* drelin.

glauque *adj.* ▶ ***Bleu-vert*** – aigue-marine, bleu canard, bleu pétrole, cyan, turquoise, vert d'eau. ▶ ***Lugubre*** – funèbre, lugubre, noir, sinistre, sombre, triste. *SOUT.* funeste. △ ANT. CHARMANT, GAI, PLAISANT, RIANT.

glissant *adj.* ▶ ***Couvert d'une substance grasse*** – graisseux, gras, huileux. ▶ ***Instable*** – chancelant, défaillant, faible, fragile, incertain, instable, menacé, précaire, vacillant. △ ANT. ADHÉRENT, ADHÉSIF, COLLANT; SANS DANGER, SÛR.

glissement *n.m.* ▶ ***Action de glisser*** – glissade. *SUISSE* glisse. ▶ ***Bruit*** – bruissage, frémissement, friselis, froissement, frôlement, frottement, froufrou, froufroutement, souffle. *SOUT.* bruissement, chuchotement, chuchotis. ▶ ***Passage graduel*** – adaptation, ajustement, altération, avatar, changement, conversion, évolution, gradation, infléchissement, métamorphose, modification, modulation, mue, mutation, passage, progression, transfiguration, transformation, transition, transmutation, variation, vie.

glisser *v.* ▶ ***Déraper*** – chasser, déraper, patiner, riper. ▶ ***Ne pas insister*** – effleurer, passer sur, survoler. ▶ ***S'enfoncer dans une mauvaise situation*** – s'embourber, s'enfoncer, s'enliser, sombrer, tomber. ▶ ***Insérer*** – engager, entrer, insérer, introduire, loger, mettre. ♦ **se glisser** ▶ ***S'introduire subrepticement*** – s'insinuer, se couler, se faufiler. △ **ANT.** ARRÊTER, FREINER, IMMOBILISER, STOPPER; APPROFONDIR, APPUYER, CREUSER, INSISTER; ENLEVER, EXTRAIRE, RETIRER.

global *adj.* ▶ ***Total*** – absolu, complet, entier, exhaustif, inconditionnel, intégral, parfait, plein, rigoureux, sans réserve, total. *PÉJ.* aveugle. ▶ ***Considéré dans l'ensemble*** – d'ensemble, général, globalisant, globalisateur, holiste, holistique. ▶ ***Mondial*** – international, mondial, planétaire, universel. △ **ANT.** ÉTROIT, PARTIEL; DÉTAILLÉ, MINUTIEUX, PRÉCIS.

globalité *n.f.* absoluité, complétude, ensemble, entier, entièreté, exhaustivité, généralité, intégralité, intégrité, masse, plénitude, réunion, somme, total, totalité, tout, universalité. △ **ANT.** DÉTAIL, PARTIE.

globe *n.m.* ▶ ***Sphère*** – solide sphérique, sphère, sphéroïde. ▶ ***Partie d'une lampe*** – verrine. ▶ ***Planète*** – la géosphère, la planète Terre, la sphère terrestre, la Terre, le globe (terrestre), le monde, notre planète.

gloire *n.f.* ▶ ***Honneur*** – apothéose, bonheur, bonne fortune, boum, consécration, couronnement, honneur, lauriers, prospérité, retentissement, réussite, succès, triomphe, trophée. *FAM.* malheur, (succès) bœuf, tabac. *FRANCE FAM.* carton, saucisson, ticket. ▶ ***Célébrité*** – célébrité, considération, éclat, faveur, notoriété, palmarès, popularité, renom, renommée, réputation, vedettariat. *FIG.* auréole, immortalité, la déesse aux cent bouches. ▶ ***Caractère marqué*** – rayonnement. *SOUT.* lustre, relief. ▶ ***Sainteté*** – béatitude, sainteté, salut. △ **ANT.** AVILISSEMENT, BASSESSE, DÉCHÉANCE, DÉSHONNEUR, FLÉTRISSURE, HONTE, HUMILIATION, IGNOMINIE, INFAMIE, OBSCURITÉ, OPPROBRE, TURPITUDE.

glorieux *adj.* ▶ ***Inoubliable*** – célèbre, connu, de grand renom, fameux, historique, illustre, immortel, inoubliable, légendaire, marquant, mémorable, notoire, proverbial, reconnu, renommé, réputé. ▶ *Non favorable* – de triste mémoire. ▶ ***Sanctifié*** – élu, saint. △ **ANT.** ANONYME, IGNORÉ, INCONNU, MÉPRISÉ, OBSCUR; AVILISSANT, DÉSHONORANT, INFAMANT; HUMBLE, MODESTE; DAMNÉ, MAUDIT.

glorifier *v.* ▶ ***Vanter au plus haut point*** – acclamer, auréoler, célébrer, chanter, chanter les louanges de, diviniser, encenser, exalter, héroïser, magnifier, mettre sur un piédestal, mythifier, porter au pinacle, porter aux nues. *SOUT.* lyriser, tresser des couronnes à, tresser des lauriers à. ▶ ***Rendre gloire à Dieu*** – bénir, louer, rendre gloire à. ♦ **se glorifier** ▶ ***Se vanter*** – faire grand cas, s'enorgueillir, s'honorer, se faire gloire, se faire honneur, se flatter, se piquer, se prévaloir, se rengorger, se targuer, se vanter, tirer gloire, tirer vanité. △ **ANT.** AVILIR, DÉSHONORER, DIFFAMER, DISCRÉDITER, HONNIR, HUMILIER, RABAISSER, SALIR.

gluant *adj.* collant, gommeux, poissant, poisseux, visqueux.

gobelet *n.m.* godet, quart, verre. *FAM.* dé à coudre. *ANC.* rhyton, rince-bouche.

goguenard *adj.* caustique, cynique, frondeur, gouailleur, ironique, malicieux, moqueur, narquois, persifleur, railleur, sarcastique, sardonique. *QUÉB. FAM.* baveux. △ **ANT.** POLI, RESPECTUEUX, SÉRIEUX; RÉSERVÉ, TIMIDE.

golfe *n.m.* ▶ ***Mer*** – mer, océan.

gomme *n.f.* ▶ ***Substance végétale*** – baume, cire, gomme d'adragant/adragante, gomme-ammoniaque, gomme-gutte, gomme-résine, labdanum, résine. ▶ ***Morceau de caoutchouc*** – gomme à effacer. *QUÉB.* efface. ▶ ***Maladie*** – gommose. ▶ ***Nodosité*** – granulation, infiltrat, léprome, nodosité, nodule, nœud, nouure, sarcoïde, tubercule. ▶ ***Gomme à mâcher*** (*QUÉB. ACADIE FAM.*) – gomme à mâcher.

gonfler *v.* ▶ ***Enfler le visage*** – bouffir, boursoufler, enfler. ▶ ***Tuméfier*** – boursoufler, enfler, tuméfier. ▶ ***Arrondir*** – arrondir, bomber, enfler, renfler, rondir. ▶ ***Remplir de liquide*** – gorger, imprégner, remplir, saturer. ▶ ***Remplir d'une chose abstraite*** – emplir, envahir, inonder, pénétrer, remplir, submerger. ▶ ***Augmenter*** – accroître, augmenter, décupler, multiplier, redoubler. ▶ ***Surévaluer*** – surestimer, surévaluer, surfaire. ▶ ***Agacer*** (*FAM.*) – agacer, crisper, énerver, exaspérer, excéder, fatiguer, hérisser, impatienter, importuner, irriter, porter sur les nerfs de. *FAM.* barber, casser les pieds à, courir sur le système de, embêter, emmieller, empoisonner, enquiquiner, faire suer, horripiler, insupporter, pomper l'air à, scier, tanner, taper sur les nerfs de. *FRANCE FAM.* bassiner, canuler, cavaler, courir, courir sur le haricot de, soûler. *QUÉB. FAM.* achaler, déranger. ▶ ***Se remplir d'air*** – bouffir, enfler, se dilater. ▶ ***Prendre une forme arrondie*** – ballonner, bomber, faire bosse, faire ventre, rondir, s'arrondir, saillir, (se) renfler. ▶ ***En parlant de la pâte*** – fermenter, lever, monter. ▶ ***En parlant de cheveux*** – bouffer. △ **ANT.** DÉGONFLER, VIDER; APLATIR, COMPRIMER, CONTRACTER; RÉDUIRE; SOUS-ESTIMER.

gorge *n.f.* ▶ ***Dépression géographique*** – cañon, col, couloir, défilé, goulet, porte, ravin, ravine. *FRANCE RÉGION.* port *(Pyrénées)*, ravinée. ▶ ***Partie du cou*** – arrière-bouche, gosier. *ANAT.* pharynx. *FAM.* avaloire, dalle, kiki, sifflet. ▶ ***Seins*** (*SOUT.*) – buste, poitrine. ▶ ***Rainure*** – canal, cannelure, douve de fond, goujure, jable, rainure, saignée, strie, striure.

gorgée *n.f.* trait. *FAM.* goulée, lampée, lichette.

gosier *n.m.* arrière-bouche, gorge. *ANAT.* pharynx. *FAM.* avaloire, dalle, kiki, sifflet.

gouailleur *adj.* caustique, cynique, frondeur, goguenard, ironique, malicieux, moqueur, narquois, persifleur, railleur, sarcastique, sardonique. *QUÉB. FAM.* baveux. △ **ANT.** POLI, RESPECTUEUX, SÉRIEUX; RÉSERVÉ, TIMIDE.

goudron *n.m.* ▶ ***Substance huileuse*** – coaltar. ▶ ***Asphalte*** – asphaltage, asphalte, bitume, goudron (routier), macadam (goudronné). ▶ ***Chaussée***

(*AFR.*) – chaussée, route, rue. *PAR EXT.* asphalte, bitume, macadam.

gouffre *n.m.* ▶ ***Précipice*** – abîme, crevasse, fosse, géosynclinal, précipice, puits naturel. ▶ ***Profondeur*** – abîme, abysse, creux, distance, enfoncement, épaisseur, (fin) fond, fosse, lointain, perspective, profondeur. *SOUT.* entrailles. ▶ ***Ruine*** – appauvrissement, besoin, dénuement, détresse, embarras, gêne, indigence, manque, mendicité, misère, nécessité, pauvreté, pouillerie, privation, ruine. *SOUT.* impécuniosité. *FAM.* dèche. *FRANCE FAM.* débine, fauche, mistoufle, mouise, mouscaille, panade, purée. *DR.* carence. ▶ ***Différence*** – abîme, altérité, changement, désaccord, déviance, différence, dissemblance, dissimilitude, distance, distinction, divergence, diversité, division, divorce, écart, fossé, incompréhension, inégalité, intervalle, marginalité, nuance, séparation, variante, variation, variété. *MATH.* inéquation. △ **ANT.** HAUTEUR, PIC, SOMMET; RESSEMBLANCE.

goulot *n.m.* ▶ ***Col d'un récipient*** – col, cou.

gourmand *adj.* ▶ ***Qui mange beaucoup*** – avide, dévoreur, glouton, goinfre, goulu, intempérant, vorace. *FRANCE FAM.* morfal. *FRANCE RÉGION.* gueulard. *BELG.* goulafre. ▶ ***Où l'on mange bien*** – gastronomique. ▶ ***Avide*** – affamé, assoiffé, avide, insatiable. *SOUT.* altéré. △ **ANT.** ABSTINENT, FRUGAL, MODÉRÉ, SOBRE, TEMPÉRANT; À LA BONNE FRANQUETTE, SANS PRÉTENTION, SIMPLE; FADE, INSIPIDE; DÉSINTÉRESSÉ, DÉTACHÉ, INDIFFÉRENT, TIÈDE.

gourmandise *n.f.* ▶ ***Appétit*** – appétit, avidité, faim, insatiabilité, voracité. *PÉJ.* gloutonnerie, goinfrerie. *MÉD.* boulimie, cynorexie, hyperorexie, sitiomanie. ▶ ***Friandise*** – chatterie, confiserie, douceur, friandise, gâterie, sucrerie. △ **ANT.** FRUGALITÉ, SOBRIÉTÉ.

gourmet *n.m.* amateur de bonne chère, amateur de bonne cuisine, bec fin, bouche fine, (fin) gourmet, fine bouche, gastronome, gourmand. *FAM.* fine gueule. △ **ANT.** GLOUTON, GOINFRE; ASCÈTE.

gourou (var. **guru**) *n.m.* chef de file, guide (spirituel), leader, magistère, mahatma, maître à penser, maître (spirituel), meneur, pandit, pasteur, phare, rassembleur, sage. *SOUT.* conducteur, coryphée, entraîneur (d'hommes). *FAM.* pape.

goût *n.m.* ▶ ***Gustation*** – gustation, palais. ▶ ***Saveur*** – montant, parfum, saveur. *SOUT.* flaveur, sapidité, succulence. ▶ ***Prédilection*** – affection, aptitude, attirance, disposition, faible, faiblesse, habitude, impulsion, inclination, instinct, penchant, pente, prédilection, prédisposition, préférence, propension, tendance, vocation. *DIDACT.* susceptibilité. *PSYCHOL.* compulsion. *FAM.* tendresses. ▶ ***Envie*** – ambition, appel, appétit, aspiration, attirance, attrait, besoin, but, convoitise, desideratum, désir, envie, exigence, faim, fantaisie, fantasme, fièvre, fringale, idéal, intention, jalousie, passion, prétention, quête, recherche, rêve, soif, souhait, tentation, velléité, visée, vœu, voix, volonté. *SOUT.* appétence, dessein, prurit, vouloir. *FAM.* démangeaison. ▶ ***Mode*** – avant-gardisme, dernier cri, engouement, épidémie, fantaisie, fureur, goût (du jour), mode, style, tendance, ton, vague, vent, vogue. △ **ANT.** DÉGOÛT; ANTIPATHIE, AVERSION, DÉDAIN, INDISPOSITION, RÉPULSION; GROSSIÈRETÉ, VULGARITÉ.

goûter *v.* ▶ ***Prendre un goûter*** – collationner, faire collation. ▶ ***Apprécier le goût*** – déguster, savourer, siroter *(boisson)*. ▶ ***Retirer du plaisir*** – déguster, faire ses délices de, jouir de, profiter de, s'enchanter de, savourer, se délecter de, se régaler de, se réjouir de, se repaître de, tirer plaisir de. *FAM.* se gargariser de. ▶ ***Aimer*** (*SOUT.*) – adorer, affectionner, aimer, apprécier, avoir un faible pour, avoir un penchant pour, être fou de, être friand de, être porté sur, faire ses délices de, prendre plaisir à, priser, raffoler de, s'intéresser à, se complaire, se délecter, se passionner pour, se plaire. *SOUT.* chérir. △ **ANT.** DÉDAIGNER, DÉTESTER.

goûter *n.m.* casse-croûte, collation, en-cas, lunch, panier-repas. *FAM.* morceau. *FRANCE FAM.* casse-dalle, casse-graine, dînette, quatre heures. *FRANCE RÉGION.* mâchon. *QUÉB.* bouchée, grignoterie, grignotine.

goutte *n.f.* ▶ ***Sphère de liquide*** – gouttelette *(petite)*. *SOUT.* perle. ▶ ***Petite quantité*** – atome, bouchée, brin, chouia, doigt, filet, gouttelette, grain, larme, lueur, miette, nuage, once, paille, parcelle, peu, pincée, pointe, relent, restant, reste, rien, soupçon, tantinet, teinte, touche, trace, trait, zeste. ▶ ***Alcool*** (*FRANCE FAM.*) – alcool, cordial, eau-de-vie, remontant, spiritueux. *FAM.* bibine, glass, gnôle, rincette, rinçure; *PÉJ.* bistouille, casse-pattes, tord-boyaux *(très fort)*. *QUÉB. FAM.* boire, boisson forte, fort.

gouttière *n.f.* ▶ ***Canal*** – chéneau, égout, gargouille. ▶ ***Appareil*** – attelle, éclisse.

gouvernail *n.m.* aiguillot, barre.

gouvernement *n.m.* ▶ ***Pouvoir*** – autorité, commandement, domination, force, juridiction, loi, maîtrise, pouvoir, puissance, règne, tutelle. *SOUT.* empire, férule, houlette. ▶ ***Personnes qui administrent un État*** – conseil, État, gouvernants, (pouvoir) exécutif, sénat. ▸ *Ministres* – cabinet, conseil (des ministres), ministère, ministres. ▶ ***Période d'administration d'un État*** – mandat, règne. ▶ ***Façon d'administrer un État*** – régime. ▶ ***Fait d'administrer un État*** (*SOUT.*) – administration d'un État, affaires de l'État, maniement des affaires, maniement des hommes. △ **ANT.** ANARCHIE, DÉSORDRE; OPPOSITION; GOUVERNÉ, SUJET .

gouvernemental *adj.* ministériel.

gouverner *v.* ▶ ***Diriger une embarcation*** – conduire, diriger, mener, piloter. ▶ ***Administrer*** – administrer, diriger, gérer, manier. ▶ ***Dominer*** – asservir, contrôler, diriger, dominer, exercer son empire sur, exercer son emprise sur, régenter, soumettre, subjuguer, tenir en son pouvoir, vampiriser, vassaliser. *SOUT.* inféoder. ▶ ***Manipuler*** – manier, manipuler, manœuvrer, mener à sa guise. ▶ ***Maîtriser un sentiment*** – calmer, contenir, contrôler, dominer, dompter, maîtriser, surmonter, vaincre. *SOUT.* commander à. △ **ANT.** ABANDONNER; OBÉIR, SE SOUMETTRE; SUBIR.

grâce *n.f.* ▶ ***Aisance*** – aisance, aise, assurance, décontraction, désinvolture, distinction, facilité, légèreté, naturel, rondeur, souplesse. ▶ ***Agilité*** – adresse, agilité, aisance, dextérité, élasticité, élégance, facilité, habileté, légèreté, main, mobilité, précision, rapidité, souplesse, technique, virtuosité, vivacité. SOUT. félinité, prestesse. ▶ ***Beauté*** – agrément, art, attrait, beau, beauté, charme, chic, classe, coquetterie, délicatesse, distinction, éclat, élégance, esthétique, féerie, fraîcheur, gracieux, harmonie, magnificence, majesté, perfection, photogénie, pureté, séduction, splendeur, symétrie. SOUT. blandice, joliesse, morbidesse, sublimité, symphonie, vénusté. ▶ ***Pardon*** – absolution, absoute *(public)*, acquittement, aman, amnistie, annulation, clémence, dédouanement, disculpation, extinction, indulgence, jubilé, mise hors de cause, miséricorde, mitigation, oubli, pardon, pénitence, prescription, réhabilitation, relaxe, remise (de peine), rémission, suppression (de peine). ▶ ***Exemption*** – abattement, décharge, dégrèvement, dérogation, détaxation, détaxe, dispense, exemption, exonération, franchise, immunité, impunité, inamovibilité, inviolabilité, irresponsabilité, libération, liberté, mainlevée, réforme *(armée)*, transit. ▶ ***Faveur*** – aide, allocation, apport, assistance, aumône, bonne œuvre, charité, dation, disposition, distribution, don, faveur, hommage, indemnité, obole, prestation, secours, soulagement, subside, subvention. SOUT. bienfait. FAM. dépannage. DR. donation, fidéicommis, legs, libéralité. RELIG. bénédiction, charisme. ▶ ***Aide*** – aide, appoint, apport, appui, assistance, association, bienfaisance, bons offices, collaboration, complicité, concours, conseil, contribution, coopération, coup d'épaule, coup de main, coup de pouce, dépannage, entraide, main-forte, participation, planche de salut, renfort, secours, service, soutien, synergie. SOUT. viatique. FAM. (coup de) fion. ♦ **grâces,** ***plur.*** ▶ ***Manières affectées*** – affectation, agacerie, coquetterie, façons, grimace, manières, mignardise, minauderie, mine, simagrée, singerie. SOUT. afféterie. FAM. chichi. △ **ANT.** LOURDEUR, MALADRESSE; INÉLÉGANCE, LAIDEUR; CONDAMNATION; DETTE, OBLIGATION; DÉFAVEUR, DISGRÂCE; HAINE, MALVEILLANCE. ♦ **grâces,** ***plur.*** GROSSIÈRETÉ.

gracieusement *adv.* ▶ ***Joliment*** – agréablement, bien, coquettement, élégamment, harmonieusement, joliment, magnifiquement, mignardement, mignonnement, plaisamment, superbement. ▶ ***Gentiment*** – adorablement, affablement, agréablement, aimablement, amiablement, amicalement, bienveillamment, chaleureusement, civilement, complaisamment, cordialement, courtoisement, délicatement, délicieusement, diplomatiquement, galamment, gentiment, obligeamment, plaisamment, poliment, sagement, serviablement, sympathiquement. FAM. chiquement, chouettement. ▶ ***Gratuitement*** – à titre gracieux, bénévolement, gratis, gratuitement, pour rien. FAM. à l'œil, aux frais de la princesse, gratos. △ **ANT.** DISGRACIEUSEMENT, INESTHÉTIQUEMENT; CAVALIÈREMENT, CYNIQUEMENT, DÉPLAISAMMENT, DISCOURTOISEMENT, EFFRONTÉMENT, GROSSIÈREMENT, HARDIMENT, IMPERTINEMMENT, IMPOLIMENT, IMPUDEMMENT, INCIVILEMENT, INCONGRÛMENT, INDÉLICATEMENT, INSOLEMMENT, IRRESPECTUEUSEMENT, IRRÉVÉRENCIEUSEMENT; CONTRE UNE SOMME D'ARGENT; À PRIX COÛTANT; CONTRE RÉMUNÉRATION.

gracieuseté *n.f.* ▶ ***Cadeau*** – avantage, donation, générosité, gratification, largesse, libéralité, manne *(inespéré)*. SOUT. bienfait. ▶ ***Amabilité*** (SOUT.) – affabilité, amabilité, aménité, attention, bienséance, bonnes manières, civilité, civisme, convivialité, correction, courtoisie, délicatesse, éducation, entregent, galanterie, gentillesse, hospitalité, mondanités, obligeance, politesse, prévenance, savoir-vivre, serviabilité, sociabilité, tact, urbanité. SOUT. liant.

gracieux *adj.* ▶ ***Joli*** – à croquer, adorable, avenant, beau, bien, charmant, coquet, délicieux, gentil, gentillet, joli, mignon, mignonnet, plaisant, ravissant. FAM. chou. FRANCE FAM. croquignolet, mignard, mimi, trognon. ▶ ***Élégant*** – beau, élégant, esthétique. ▶ ***Aimable*** – accueillant, affable, agréable, aimable, amène, amical, avenant, bienveillant, chaleureux, charmant, convivial, cordial, de bonne compagnie, engageant, familier, invitant, liant, ouvert, sociable, souriant, sympathique. FAM. sympa. ▶ ***Gratuit*** – (à titre) gracieux, bénévole, désintéressé, gratuit. △ **ANT.** DISGRACIEUX, INESTHÉTIQUE, INGRAT, LAID, VILAIN; DÉPLAISANT, DÉSAGRÉABLE, DÉTESTABLE, EXÉCRABLE, HAÏSSABLE; PAYANT. ♦ **gracieuse,** ***fém.*** CONTENTIEUSE *(JURIDICTION)*.

grade *n.m.* ▶ ***Fonction*** – affectation, charge, dignité, emploi, fonction, métier, mission, office, place, poste, responsabilité, rôle, siège, titre, vocation.

gradin *n.m.* ▶ ***Banc*** – banc, banquette, exèdre, rotonde. ▶ ***Palier*** – hélistation, mezzanine, palier, plancher, planchette, plateau, plateforme, podium, praticable, quai, tablier. MAR. gril, hune. MILIT. dispersal. ♦ **gradins,** ***plur.*** ▶ ***Lieu de spectacle*** – amphithéâtre, arène, carrière, champ de bataille, cirque, hémicycle, lice, odéon, piste, ring, théâtre.

graduel *adj.* croissant, évolutif, gradué, grandissant, progressif. △ **ANT.** BRUSQUE, FOUDROYANT, FULGURANT, INSTANTANÉ, PROMPT, SOUDAIN, SUBIT.

graduellement *adv.* au compte-gouttes, au fur et à mesure, crescendo, de fil en aiguille, de plus en plus, exponentiellement, goutte à goutte, par degrés, par étapes (successives), par paliers (successifs), pas à pas, petit à petit, peu à peu, progressivement. △ **ANT.** BRUSQUEMENT, SOUDAINEMENT, SUBITEMENT, TOUT À COUP, (TOUT) D'UN COUP, TOUT DE GO.

graffiti *n.m.* graff, tag. FAM. bombage.

grain *n.m.* ▶ ***Graine*** – graine, noyau, pépin, semence. ▶ ***Fragment*** – bribe, brisure, charpie, coupure, débris, éclat, esquille *(os)*, fraction, fragment, granule, granulé, havrit, lambeau, limaille, miette, morceau, parcelle, part, particule, partie, pépite, portion, quartier, reste. FAM. graine. ▶ ***Petite quantité*** – atome, bouchée, brin, chouia, doigt, filet, goutte, gouttelette, larme, lueur, miette, nuage, once, paille, parcelle, peu, pincée, pointe, relent, restant, reste, rien, soupçon, tantinet, teinte, touche, trace, trait, zeste. ▶ ***Petit corps arrondi*** – perle. ▶ ***Pilule*** – cachet, capsule, comprimé, dragée *(enrobé)*, gélule, linguette, pilule. PHARM. globule, granule, granulé; ANC. bol. ▶ ***Averse*** – averse, cataracte, déluge, giboulée, ondée, pluie battante, pluie d'abat, pluie diluvienne, pluie drue, pluie torrentielle, trombe d'eau. FAM. douche, rincée, sauce, saucée. BELG. FAM. drache. ▶ ***Tempête*** – baguio, cyclone, gros temps, orage, ouragan, rafale, tempête (tropicale), tornade, tourbillon, trombe, typhon, vent violent. *SOUT.* tourmente. *FAM.* coup de chien, coup de tabac, coup de vent.

graine *n. f.* ▶ ***Partie d'une plante*** – grain, noyau, pépin, semence. ▶ ***Petit morceau*** (*FAM.*) – bribe, brisure, charpie, coupure, débris, éclat, esquille *(os)*, fraction, fragment, grain, granule, granulé, havrit, lambeau, limaille, miette, morceau, parcelle, part, particule, partie, pépite, portion, quartier, reste.

graisse *n. f.* ▶ ***Substance du corps*** – lipide. *FAM.* lard. ▶ ***Substance animale*** – axonge *(fondue)*, barde, graillons, gras, lard gras, lard, panne, partie grasse, sain, saindoux, viande grasse. ▶ ***Lubrifiant*** – dégrippant, huile de graissage, huile de paraffine, (lubrifiant au) graphite, lubrifiant. △ **ANT.** MAIGRE.

grand *adj.* ▶ ***Haut*** – culminant, dominant, élevé, en contre-haut, haut. ▶ ***Long*** – interminable, long. ▶ ***Gros*** – épais, gros, large, volumineux. ▶ ***Vaste*** – ample, étendu, large, spacieux, vaste. ▶ ***Intense*** – fort, grave, intense, profond, violent. *FAM.* carabiné. ▶ ***Important*** – appréciable, de taille, fort, gros, important, non négligeable, notable, respectable, sensible, sérieux, substantiel. ▶ ***Remarquable*** – élevé, éminent, exceptionnel, important, insigne, prestigieux, remarquable, signalé. *SOUT.* suréminent. ▶ ***Démesuré*** – colossal, considérable, démesuré, énorme, extraordinaire, extrême, fabuleux, formidable, géant, gigantesque, gros, immense, incommensurable, monstrueux, monumental, phénoménal, prodigieux, surhumain, titanesque, vaste, vertigineux. *SOUT.* cyclopéen, herculéen. *FAM.* bœuf, de tous les diables, du diable, effrayant, effroyable, épouvantable, faramineux, méchant, monstre. *FRANCE FAM.* gratiné. ▶ ***Illimité*** – considérable, illimité, immense, inappréciable, incalculable, incommensurable, infini, insondable, sans borne, sans fin, sans limites, sans mesure, vaste. *RARE* immensurable. ▶ ***Beau*** – beau, élevé, haut, idéalisé, noble, pur, sublime. *SOUT.* éthéré. ▶ ***Majestueux*** – grandiose, imposant, impressionnant, magistral, magnifique, majestueux, monumental. ▶ ***Adulte*** – adulte, majeur. *FAM.* majeur et vacciné. ▶ ***Noble*** – chevaleresque, généreux, magnanime, noble. *SOUT.* fier. ▶ ***Qui a de l'influence*** – de haut rang, haut placé, important, influent, notable, puissant, qui a le bras long. *SOUT.* de haute volée. ▶ ***Qui a du prestige*** – choisi, de distinction, de marque, de prestige, distingué, élitaire, éminent, en vue, prestigieux, sélect, trié sur le volet. △ **ANT.** PETIT; EXIGU; FAIBLE, INFIME, LÉGER, MINIME, MODESTE, NÉGLIGEABLE; ABJECT, BAS, CRAPULEUX, IGNOBLE, IMMONDE, INDIGNE, INFÂME, INFECT, LÂCHE, MÉPRISABLE, MESQUIN, ODIEUX, SORDIDE; MÉDIOCRE, SANS ENVERGURE, SANS IMPORTANCE, TERNE.

grand *n.* ▶ ***Personne de taille élevée*** – colosse, géant, goliath, grand diable. *FAM.* (grand) échalas, (grand) escogriffe. *FRANCE FAM.* balèze, dépendeur d'andouilles, (grand) flandrin, grande bringue *(femme)*. ♦ **grand,** ***masc.*** ▶ ***Adulte*** – adulte, grande personne, majeur. *FRANCE FAM.* amorti. ▶ ***Personne de condition élevée*** – figure, fort, notabilité, notable, personnage, personnalité, puissant. *FAM.* bonze. ▶ ***Héros*** – brave, demi-dieu, dieu, exemple, géant, glorieux, héros, idole, modèle, titan. *SOUT.* parangon. ▶ ***Pays*** – (grande) puissance, superpuissance. *FAM.* super-grand. △ **ANT.** PETIT. ♦ **grand,** ***masc.*** ENFANT; HUMBLE.

grandement *adv.* ▶ ***Vastement*** – amplement, colossalement, considérablement, énormément, gigantesquement, immensément, large, largement, spacieusement, vastement. ▶ ***Grandiosement*** – colossalement, en grande pompe, grandiosement, hiératiquement, immensément, magnifiquement, majestueusement, noblement, pompeusement, solennellement. ▶ ***Beaucoup*** – à l'extrême, affreusement, astronomiquement, au dernier degré, au dernier point, au maximum, au plus haut degré, au plus haut point, beaucoup, bien, colossalement, considérablement, éminemment, énormément, exceptionnellement, extraordinairement, extrêmement, fabuleusement, follement, fort, fortement, gros, hautement, immensément, incommensurablement, inconcevablement, incroyablement, infiniment, intensément, long, mortellement, nettement, on ne peut plus, phénoménalement, prodigieusement, profondément, remarquablement, sérieusement, singulièrement, souverainement, supérieurement, suprêmement, terriblement, très, vertigineusement, vivement, vraiment. *FAM.* bigrement, bougrement, diablement, drôlement, effroyablement, épais, épouvantablement, fameusement, fantastiquement, fichtrement, fichûment, formidablement, foutrement, furieusement, joliment, rudement, sacrément, salement, super, terrible, tout plein, vachement. △ **ANT.** MÉDIOCREMENT, MODÉRÉMENT, MOYENNEMENT, PASSABLEMENT, TIÈDEMENT.

grandeur *n. f.* ▶ ***Dimension*** – ampleur, dimension, envergure, étendue, mesure, proportion, valeur. ▶ ***Fait d'être grand*** – immensité, importance, longueur, monumentalité. *SOUT.* taille. ▶ ***Taille d'une personne*** – gabarit, stature, taille. ▶ ***Dignité*** – dignité, élévation, générosité, grandeur (d'âme), hauteur, mérite, noblesse, sublime, sublimité, valeur, vertu. *RARE* ennoblissement. ▶ ***Luxe*** – abondance, apparat, appareil, beauté, confort, dolce vita, éclat, étalage, faste, luxe, magnificence, majesté, opulence, ostentation, pompe, profusion, richesse, somptuosité, splendeur. *FAM.* tralala. △ **ANT.** ÉTROITESSE, EXIGUÏTÉ, PETITESSE; FAIBLESSE, MÉDIOCRITÉ; BASSESSE, MESQUINERIE; DÉCADENCE, DÉCHÉANCE, RUINE; MISÈRE.

grandiose *adj.* grand, imposant, impressionnant, magistral, magnifique, majestueux, monumental. △ **ANT.** HUMBLE, MODESTE, PETIT, SIMPLE.

grandir *v.* ▶ ***Croître, en parlant d'un végétal*** – croître, pousser, se développer, venir. ▶ ***Croître, en parlant d'une personne*** – croître, s'épanouir, se développer, se réaliser. ▶ ***Augmenter*** – augmenter, croître, grossir, prendre de l'ampleur, prendre de l'envergure, redoubler, s'accentuer, s'accroître, s'amplifier, s'intensifier, se développer. ▶ ***Se développer*** – croître, progresser, prospérer, s'épanouir, se développer. ▶ ***Exagérer*** – amplifier, charger, enfler, exagérer, forcer, grossir. *SOUT.* outrer. *FAM.* broder, en rajouter, tirer sur la ficelle. *FRANCE FAM.* chariboter, chérer. ▶ ***Élever moralement*** – élever, ennoblir. △ **ANT.** DÉCROÎTRE, DIMINUER, RAPETISSER; ABRÉGER, AMOINDRIR, ATTÉNUER, RÉDUIRE, RESTREINDRE, SIMPLIFIER; ABAISSER, DÉPRÉCIER, RABAISSER.

grandissant *adj.* croissant, évolutif, gradué, graduel, progressif. △ **ANT.** DÉCLINANT, DÉCROISSANT, DESCENDANT, FAIBLISSANT.

graphique *adj.* écrit, scripturaire, scriptural. △ **ANT.** ORAL, PHONÉTIQUE.

graphique *n.m.* courbe, diagramme, enregistrement, graphe, tracé. FRANCE FAM. camembert *(en demi-cercle).*

gras *adj.* ▶ ***Qui a la consistance du gras*** – graisseux, huileux, oléagineux, onctueux. SC. butyreux, butyrique, oléiforme. ▶ ***Couvert d'une substance grasse*** – glissant, graisseux, huileux. ▶ ***Corpulent*** – adipeux, bien en chair, charnu, corpulent, de forte taille, empâté, épais, étoffé, fort, gros, imposant, large, lourd, massif, obèse, opulent, plantureux, plein. FAM. éléphantesque, hippopotamesque. FRANCE FAM. mastoc. ▶ ***Grivois*** – coquin, croustillant, égrillard, gaillard, gaulois, grivois, hardi, impudique, impur, léger, leste, libertin, libre, licencieux, lubrique, osé, paillard, polisson, salace. SOUT. rabelaisien. FAM. épicé, olé olé, poivré, salé. ▶ ***En parlant d'un sol*** – argileux, glaise, glaiseux. △ **ANT.** MAIGRE; SANS GRAS; CHÉTIF, GRINGALET, MAIGRELET, MAIGRICHON; JANSÉNISTE, PURITAIN, RIGIDE, SÉRIEUX, SÉVÈRE, VERTUEUX; INFERTILE, PAUVRE, STÉRILE.

gras *n.m.* ▶ ***Graisse animale*** – axonge *(fondue)*, barde, graillons, graisse, lard gras, lard, panne, partie grasse, sain, saindoux, viande grasse. ▶ ***Grosse personne*** (FAM.) – forte taille, obèse. FAM. éléphant, gros, hippopotame, mastodonte, pansu, patapouf, poussah, ventru. FRANCE FAM. pépère. MÉD. pléthorique. ▸ *Petit et gros* FAM. boulot. ▶ ***Profit*** (FAM.) – actif, avantage, avoir, bénéfice, boni, crédit, excédent, fruit, gain, produit, profit, rapport, reliquat, reste, revenant-bon, revenu, solde, solde créditeur, solde positif. FAM. bénef, gratte, part du gâteau. △ **ANT.** MAIGRE.

gratifiant *adj.* valorisant. △ **ANT.** DÉVALORISANT.

gratitude *n.f.* bénédiction, gré, merci, obligation, reconnaissance, remerciement. △ **ANT.** INGRATITUDE.

gratte-ciel *n.m.* bâtiment, bâtisse, construction, édifice, maison, monument *(caractère historique)*, ouvrage. ▸ *Construction urbaine* – immeuble, tour. FAM. caserne.

gratter *v.* ▶ ***Enlever la saleté*** – curer, décrasser, désencrasser, frotter, nettoyer, racler, récurer. FAM. décrotter. BELG. FAM. approprier, reloqueter. SUISSE poutser. ▶ ***Remuer la terre*** – ameublir, bêcher, biner, défoncer, écroûter, effondrer, égratigner, émotter, fouiller, herser, labourer, piocher, remuer, retourner, scarifier, serfouir. ▶ ***Démanger*** (FAM.) – chatouiller, démanger, fourmiller. FAM. grattouiller, piquer. ▶ ***Faire de petits profits*** (FAM.) – grappiller. FAM. rabioter. ▶ ***Travailler*** (FAM.) – être à l'œuvre, œuvrer, s'activer, s'affairer, travailler. FAM. bosser, marner, turbiner, usiner. AFR. FAM. boulotter.

gratuit *adj.* ▶ ***Qui ne coûte rien*** – gratis. FAM. gratos. ▶ ***Désintéressé*** – (à titre) gracieux, bénévole, désintéressé. ▶ ***Injustifié*** – immotivé, injustifié, non fondé, non motivé, sans fondement. SOUT. infondé. ▶ ***Qui procède d'une libre choix*** – libre. △ **ANT.** PAYANT; CALCULÉ, INTÉRESSÉ; FONDÉ, MOTIVÉ.

gratuitement *adv.* à titre gracieux, bénévolement, gracieusement, gratis, pour rien. FAM. à l'œil, aux frais de la princesse, gratos. △ **ANT.** CONTRE RÉMUNÉRATION.

grave *adj.* ▶ ***Sans gaieté*** – austère, sérieux. ▶ ***Digne*** – auguste, digne, impérial, imposant, majestueux, noble, olympien, qui impose le respect, solennel. ▶ ***Important*** – d'importance, de conséquence, gravissime, gros, important, lourd. ▶ ***Inquiétant*** – critique, dangereux, difficile, dramatique, inquiétant, menaçant, préoccupant, sérieux, sombre. SOUT. climatérique. ▶ ***En parlant d'une voix*** – bas, caverneux, d'outre-tombe, profond, sépulcral. △ **ANT.** BADIN, ENJOUÉ, FOLÂTRE, FOUFOU, GUILLERET, RIANT, RIEUR; FRIVOLE, FUTILE, INSOUCIANT, LÉGER, SUPERFICIEL; ANODIN, BÉNIN, INNOCENT, INOFFENSIF, SANS DANGER, SANS GRAVITÉ; AIGRELETTE *(VOIX)*, AIGUË, FLUETTE, FLÛTÉE, GRÊLE, HAUTE, PERÇANTE, POINTUE.

gravement *adv.* ▶ ***Dangereusement*** – dangereusement, défavorablement, désavantageusement, dramatiquement, funestement, grièvement, imprudemment, mal, malencontreusement, nuisiblement, pernicieusement, sérieusement, subversivement, terriblement. ▶ ***Dignement*** – aristocratiquement, augustement, dignement, fièrement, honorablement, majestueusement, noblement, princièrement, royalement, solennellement. △ **ANT.** LÉGÈREMENT; COQUINEMENT, FACÉTIEUSEMENT, MALICIEUSEMENT, MOQUEUSEMENT.

graver *v.* ▶ ***Sculpter*** – buriner, ciseler, estamper, sculpter, tailler. ▶ ***Marquer par pression*** – empreindre, imprimer, marquer. ▶ ***Fixer dans la mémoire*** – imprimer, marquer. ▶ ***Enraciner*** – ancrer, enraciner, implanter.

gravier *n.m.* ▶ ***Cailloux*** – agrégat, ballast *(chemin de fer)*, cailloutage, cailloutis, fines, granulat, gravillon, litière *(absorbant)*, mignonnette, pierraille. FAM. caillasse. QUÉB. FAM. gravois. BELG. grenailles errantes. ▶ ***Sable*** – arène, calcul, castine, sable, sablon, tangue *(vaseux)*.

gravir *v.* ascensionner, escalader, faire l'ascension de, grimper, monter. △ **ANT.** DESCENDRE, DÉVALER.

gravitation *n.f.* attraction, force, gravité, pesanteur, poids, poussée, pression.

gravité *n.f.* ▶ ***Dignité*** – componction, décence, dignité, hiératisme, majesté, pompe, raideur, réserve, rigidité, sérieux, solennité. ▶ ***Austérité*** – âpreté, aridité, austérité, dureté, exigence, rigidité, rigueur, sécheresse, sérieux, sévérité. ▶ ***Importance*** – dimension, importance, portée, priorité, prix. ▶ ***Pesanteur*** – attraction, force, gravitation, pesanteur, poids, poussée, pression. △ **ANT.** FRIVOLITÉ, LÉGÈRETÉ; FANTAISIE, GAIETÉ, INSOUCIANCE, PLAISANTERIE; BÉNIGNITÉ, FUTILITÉ, INNOCUITÉ.

graviter *v.* orbiter, tourner.

greffe *n.f.* ▶ ***Pousse*** – ente, greffon, plançon, plantard, scion. ▶ ***Opération horticole*** – écussonnage, ente, greffage. ▶ ***Opération chirurgicale*** – chirurgie restauratrice, plastie, transplantation.

greffer *v.* ▶ ***Insérer une pousse*** – écussonner, enter. ▶ ***Implanter un organe*** – transplanter. ♦ **se greffer** ▶ ***S'ajouter*** – grossir, s'ajouter à, se joindre à. △ **ANT.** AMPUTER; RETRANCHER.

grelot *n.m.* ▶ ***Objet qui tinte*** – cloche, clochette, sonnette, timbre. ▶ ***Au cou d'un animal*** – clarine, sonnaille. ▶ ***Téléphone*** (FRANCE FAM.) – appareil téléphonique, téléphone. FAM. bigophone, fil, tube.

grelotter *v.* ▶ ***Trembler*** – claquer des dents, frissonner, trembler. ▶ ***Avoir froid*** – geler. SOUT. transir. FAM. cailler, peler. ▶ ***Produire un son aigu*** – sonnailler, sonner, tinter, tintinnabuler. △ **ANT.** AVOIR CHAUD, ÉTOUFFER, SUER, TRANSPIRER.

grenade *n.f.* ▶ ***Explosif*** – bombe, bombette *(petite)*, engin explosif, mine, obus.

grenier *n.m.* ▶ ***Partie d'une maison*** – chambre mansardée, comble, mansarde, réduit, soupente. RARE cabinet.

grève *n.f.* ▶ ***Rivage*** – berge, bord, rivage, rive. ▸ *Plat* – graves, plage. ▶ ***Banc de sable*** – banc de sable. FRANCE RÉGION. jard. ▶ ***Arrêt de travail*** – arrêt de travail, cessation de travail, débrayage, interruption de travail, lock-out, piquet de grève, suspension de travail. QUÉB. piquetage.

grief *n.m.* ▶ ***Blâme*** – accusation, admonestation, admonition, anathématisation, anathème, attaque, avertissement, blâme, censure, condamnation, correction, critique, désapprobation, diatribe, grognerie, gronderie, interdit, leçon, malédiction, mise à l'écart, mise à l'index, mise en quarantaine, objection, observation, plainte, punition, récrimination, remarque, remontrance, représentation, réprimande, réprobation, reproche, réquisitoire, semonce, sérénade, sermon, tollé. SOUT. animadversion, foudres, fustigation, improbation, mercuriale, objurgation, stigmatisation, vitupération. FAM. douche, engueulade, savon, tabac. FRANCE FAM. attrapade, lavage de tête, prêchi-prêcha, soufflante. BELG. cigare. RELIG. fulmination.

griffer *v.* écorcher, égratigner, érafler, labourer. DIDACT. excorier.

griffonner *v.* ▶ ***Écrire à la hâte*** – brouillonner. ▶ ***Barbouiller*** – barbouiller, crayonner, gribouiller. △ **ANT.** CALLIGRAPHIER.

grignoter *v.* ▶ ***Emploi transitif*** – mordiller, ronger. QUÉB. gruger. ▶ ***Emploi intransitif*** – chipoter, manger du bout des dents, manger du bout des lèvres, picorer. FAM. mangeotter.

grillage *n.m.* ▶ ***Combustion*** – brûlage, calcination, carbonisation, combustion, feu, flambage, ignescence, ignition, incandescence, incinération, torréfaction. SOUT. consomption. ▶ ***Treillis*** – canisse, claie, claire-voie, clayette, clayon, treillage, treillis. ▶ ***Clôture*** – bande, barbelés, barbelure, barreaux, barricade, barrière, cancel, chancel, claie, claire-voie, clôture, échalier, échalis, enclos, grille, haie, moucharabieh, mur (de clôture), palis, parc, treillage. ACADIE FAM. bouchure.

grille *n.f.* ▶ ***Barreaux*** – bande, barbelés, barbelure, barreaux, barricade, barrière, cancel, chancel, claie, claire-voie, clôture, échalier, échalis, enclos, grillage, haie, moucharabieh, mur (de clôture), palis, parc, treillage. ACADIE FAM. bouchure. ▶ ***Objet pour trier*** – blutoir *(farine)*, claie, crible, sas, tamis, tamiseur *(cendres)*, van *(grains)*. ▸ *Mécanique* – calibreuse *(produits agricoles)*, cribleur, décuscuteuse *(graines de cuscute)*, plansichter *(farine)*, sasseur, secoueur *(partie de moissonneuse-batteuse)*, tamiseuse, tarare *(grains)*, trieuse, trommel *(minerai)*, vanneuse *(grains)*. ▶ ***Électricité*** – grille de commande. ▶ ***Carton*** – carton, matrice, modèle, modélisation, moule, patron, pattern, pilote, plan, prototype, simulation, spécimen. FAM. topo. ▶ ***Quadrillage*** – carroyage, moletage, quadrillage, trame.

griller *v.* ▶ ***Rissoler*** – dorer, faire blondir, faire revenir, faire roussir, faire sauter, rissoler. ▶ ***Torréfier*** – brûler, torréfier. ▶ ***Dépenser*** (FAM.) – dévorer, dilapider, dissiper, engloutir, engouffrer, gaspiller, manger, prodiguer. FAM. claquer, croquer, flamber. ▶ ***Discréditer*** (FAM.) – déconsidérer, décrédibiliser, discréditer, disqualifier, perdre. FAM. brûler, couler. RARE démonétiser. ▶ ***Distancer*** (FAM.) – dépasser, devancer, distancer, doubler, gagner de vitesse, lâcher, passer, semer. FAM. larguer. MAR. trémater. ▶ ***Surclasser*** (FAM.) – battre, couper l'herbe sous le pied à, damer le pion à, dégommer, dépasser, devancer, dominer, éclipser, faucher l'herbe sous le pied à, l'emporter sur, laisser loin derrière, supplanter, surclasser, surpasser. FAM. enfoncer. FRANCE FAM. faire la pige à. ▶ ***Avoir très hâte*** – brûler (d'envie), être impatient, être sur le gril, mourir d'envie, ne plus tenir en place. △ **ANT.** CONGELER, GELER, GLACER, REFROIDIR.

grillon *n.m.* ▶ ***Insecte sauteur*** – FAM. cricri. QUÉB. FAM. criquet.

grimace *n.f.* ▶ ***Mimique du visage*** – contorsion, expression, froncement, lippe, mimique, mine, moue, nique, rictus, simagrée, singerie, tic. FAM. bouche en cul de poule. ▶ ***Minauderie*** – affectation, agacerie, coquetterie, façons, grâces, manières, mignardise, minauderie, mine, simagrée, singerie. SOUT. afféterie. FAM. chichi. ▶ ***Feinte*** – affectation, artifice, cachotterie, comédie, déguisement, dissimulation, duplicité, faux-semblant, feinte, fiction, finauderie, hypocrisie, invention, leurre, mensonge, momerie, pantalonnade, parade, ruse, simulation, singerie, sournoiserie, tromperie. SOUT. simulacre. FAM. cinéma, cirque, finasserie, frime.

grimacer *v.* ▶ ***Former un faux pli*** – godailler, goder, grigner, pocher.

grimper *v.* ▶ ***Devenir plus cher*** – augmenter, enchérir, être en hausse, monter, renchérir. ▶ ***Gravir*** – ascensionner, escalader, faire l'ascension de, gravir, monter. ▶ ***Mettre dans un endroit élevé*** (QUÉB. FAM.) – jucher. FAM. percher. △ **ANT.** DESCENDRE, DÉVALER; DÉBOULER, DÉGRINGOLER; CULBUTER; DÉCHOIR, TOMBER.

grinçant *adj.* ▶ ***Au sens propre*** – aigre, criard. ▶ ***Au sens figuré*** – à l'emporte-pièce, acerbe, acéré, acide, acrimonieux, aigre, blessant, caustique, cinglant, corrosif, fielleux, incisif, méchant, mordant, piquant, sarcastique, sardonique, virulent, vitriolique. △ **ANT.** DOUX, MÉLODIEUX.

grincement *n.m.* ▶ ***Bruit*** – couinement, crissement, ferraillement. ▶ ***Gémissement*** – bêlement, braillement, cri, doléances, geignement, hélas, jérémiade, lamentation, larmoiement, murmure, plainte, pleurs, sanglot, soupir. SOUT. sanglotement. FAM. pleurnichage, pleurnichement, pleurnicherie. QUÉB. FAM. braillage.

grincer *v.* crier, crisser, gémir. *FAM.* couiner.

grippe *n. f.* algidité, chaud et froid, coup de froid, refroidissement, rhinite, rhume. *FRANCE FAM.* crève. *QUÉB. FAM.* coup de mort, fraîche.

gris *adj.* ▶ ***De la couleur du gris*** – (gris) cendré, grisâtre, grisé. ▸ *Gris pâle* – gris clair, gris pâle, gris perle, gris tourterelle. ▸ *Gris moyen* – gris acier, gris de lin, gris fer, (gris) souris. ▸ *Gris foncé* – anthracite, gris foncé, gris sombre. ▸ *Gris brillant* – argent, argenté, gris fer, gris métallisé. ▸ *Gris-bleu* – (gris) ardoise. ▸ *Gris-beige* – bis, grège, sable. ▶ ***En parlant du ciel*** – assombri, bouché, chargé de nuages, couvert, ennuagé, lourd, nébuleux, nuageux, obscurci, voilé. ▶ ***Sans ornement*** – austère, dépouillé, froid, nu, sévère, triste. ▶ ***Morne*** – déprimant, ennuyeux, grisâtre, maussade, monotone, morne, plat, sans vie, terne. ▶ ***Légèrement ivre*** – éméché, émoustillé, gai, pris de vin. *FAM.* en goguette, parti, pompette. △ **ANT.** BEAU, CLAIR, DÉGAGÉ, SEREIN; COLORÉ, PITTORESQUE, VIVANT; AMUSANT, CHARMANT, DISTRAYANT, DIVERTISSANT, ÉGAYANT, GAI, PLAISANT, RÉJOUISSANT; ENCOURAGEANT, MOTIVANT, STIMULANT; SOBRE.

grisaille *n. f.* ▶ ***Tristesse*** – abattement, accablement, affliction, aigreur, amertume, chagrin, dépression, désolation, deuil, douleur, ennui, épreuve, humeur noire, idées noires, idées sombres, langueur, lypémanie, mal du pays, mal-être, maussaderie, mélancolie, monotonie, morosité, neurasthénie, noir, nostalgie, papillons, peine, serrement de cœur, souci, tædium vitæ, tristesse, vague à l'âme. *SOUT.* atrabile, larmes, navrement, nuage, spleen, taciturnité. *FAM.* blues, bourdon, cafard, déprime, sinistrose. △ **ANT.** COULEUR, ÉCLAT, FRAÎCHEUR, GAIETÉ.

grisâtre *adj.* ▶ ***Qui tire sur le gris*** – (gris) cendré, gris, grisé. ▶ ***Sans vie*** – déprimant, ennuyeux, gris, maussade, monotone, morne, plat, sans vie, terne. ▶ ***En parlant du teint*** – bleuâtre, cendreux, livide, plombé. △ **ANT.** AMUSANT, CHARMANT, DISTRAYANT, DIVERTISSANT, ÉGAYANT, GAI, PLAISANT, RÉJOUISSANT; ENCOURAGEANT, MOTIVANT, STIMULANT.

griser *v.* ▶ ***Rendre ivre*** – enivrer. *FAM.* rétamer, soûler. ▶ ***Étourdir*** – entêter, étourdir, faire tourner la tête de, monter à la tête de. ▶ ***Mettre dans une joie extrême*** – enivrer, transporter. *SOUT.* enlever. ♦ **se griser** ▶ ***S'enivrer*** – boire, s'enivrer. *FAM.* prendre une cuite, s'alcooliser, se biturer, se charger, se mûrir, se noircir, se picrater, se pinter, se pocharder, se poivrer, se soûler, se soûler la gueule. *FRANCE FAM.* prendre une biture, se beurrer (la gueule), se bourrer, se bourrer la gueule, se charger, se cuiter. *SUISSE FAM.* prendre une caisse. △ **ANT.** DÉGRISER, DÉSENIVRER, DESSOÛLER; DÉSILLUSIONNER, REFROIDIR, RÉVEILLER.

griserie *n. f.* ▶ ***Excitation*** – agitation, effervescence, électrisation, emballement, énervement, étourdissement, exaltation, excitation, fébrilité, fièvre, nervosité, stress, surexcitation, tension. *SOUT.* enivrement, éréthisme, exaspération, surtension. *RARE* enfièvrement. *SPORTS* pressing. ▶ ***Ivresse*** – ébriété, ivresse. *FAM.* biture, cuite, défonce, poivrade, soûlerie. △ **ANT.** APATHIE, IMPASSIBILITÉ.

grisonnant *adj.* poivre et sel.

grognement *n. m.* ▶ ***Action*** – bougonnement, grommellement, ronchonnement. ▶ ***Bruit*** – borborygme, bourdonnement, gargouillement, gargouillis, grondement, râlement, ronflement, ronron, ronronnement, roulement, rumeur, vrombissement. ▶ ***Aboiement*** – aboiement, clabaudage, glapissement, hurlement, jappement.

grogner *v.* ▶ ***Manifester son mécontentement*** – bougonner, grognonner, grommeler, maugréer, murmurer, pester, ronchonner. *SOUT.* gronder. *FAM.* grognasser, râler, rouscailler, rouspéter. *FRANCE RÉGION. FAM.* maronner. ▶ ***En parlant du chat*** – feuler. *RARE* félir. △ **ANT.** APPLAUDIR, S'ENTHOUSIASMER, SE FÉLICITER, SE RÉJOUIR.

grognon *adj.* ▶ ***Qui a l'habitude de bougonner*** – bougon, bougonneur, criailleur, critiqueur, grincheux, grogneur, grogneux, grondeur, récriminateur. *FAM.* chialeur, râleur, rechigneur, ronchon, ronchonneur, rouspéteur. *FRANCE FAM.* rouscailleur. *QUÉB. FAM.* chialeux. *SUISSE* gringe. ▶ ***D'humeur maussade*** – boudeur, bourru, de mauvaise humeur, mal disposé, maussade, mécontent, morne, morose, qui fait la tête, rechigné, rembruni, renfrogné, sombre, taciturne. *SOUT.* chagrin. *FAM.* à ne pas prendre avec des pincettes, de mauvais poil, mal luné, qui fait la gueule, qui fait la lippe, qui s'est levé du mauvais pied, soupe au lait. *QUÉB. FAM.* marabout. *BELG.* mal levé. △ **ANT.** ALLÈGRE, ENJOUÉ, GAI, JOVIAL, JOYEUX, SOURIANT.

grommeler *v.* bougonner, grogner, grognonner, maugréer, murmurer, pester, ronchonner. *SOUT.* gronder. *FAM.* grognasser, râler, rouscailler, rouspéter. *FRANCE RÉGION. FAM.* maronner.

grondant *adj.* bruyant, grondeur, ronflant, tonnant.

grondement *n. m.* borborygme, bourdonnement, gargouillement, gargouillis, grognement, râlement, ronflement, ronron, ronronnement, roulement, rumeur, vrombissement. △ **ANT.** GAZOUILLIS, MURMURE; SILENCE.

gronder *v.* ▶ ***Émettre un grondement régulier*** – bourdonner, ronfler, ronronner, vrombir. ▶ ***Faire un bruit puissant*** – hurler, mugir, rugir. ▶ ***Menacer*** – attendre, guetter, menacer, planer sur. *SOUT.* imminer. ▶ ***Bougonner*** (*SOUT.*) – bougonner, grogner, grognonner, grommeler, maugréer, murmurer, pester, ronchonner. *FAM.* grognasser, râler, rouscailler, rouspéter. *FRANCE RÉGION. FAM.* maronner. ▶ ***Réprimander*** – admonester, attraper, chapitrer, faire des remontrances à, faire la leçon à, faire la morale à, houspiller, malmener, moraliser, morigéner, rappeler à l'ordre, remettre à sa place, remettre au pas, réprimander, sermonner. *SOUT.* gourmander, redresser, semoncer, semondre, tancer. *FAM.* assaisonner, dire deux mots à, disputer, doucher, engueuler, enguirlander, incendier, laver la tête à, moucher, passer un savon à, remonter les bretelles à, sacquer, savonner, savonner la tête à, secouer, secouer comme un (vieux) prunier, secouer les puces à, sonner les cloches à, tirer les oreilles à. *FRANCE FAM.* donner un cigare à, passer un cigare à. *QUÉB. FAM.* chicaner. △ **ANT.** COMPLIMENTER, FÉLICITER, LOUER; ENCOURAGER, RÉCOMPENSER, REMERCIER.

gros *adj.* ▶ ***Corpulent*** – adipeux, bien en chair, charnu, corpulent, de forte taille, empâté, épais, étoffé, fort, gras, imposant, large, lourd, massif, obèse, opulent, plantureux, plein. FAM. éléphantesque, hippopotamesque. FRANCE FAM. mastoc. ▶ ***Bouffi*** – ballonné, bouffi, boursouflé, dilaté, distendu, enflé, gonflé, grossi. SOUT. turgescent, turgide. DIDACT. intumescent, œdémateux, vultueux. ▶ ***De grande taille*** – épais, grand, large, volumineux. ▶ ***Considérable*** – colossal, considérable, démesuré, énorme, extraordinaire, extrême, fabuleux, formidable, géant, gigantesque, grand, immense, incommensurable, monstrueux, monumental, phénoménal, prodigieux, surhumain, titanesque, vaste, vertigineux. SOUT. cyclopéen, herculéen. FAM. bœuf, de tous les diables, du diable, effrayant, effroyable, épouvantable, faramineux, méchant, monstre. FRANCE FAM. gratiné. ▶ ***Important*** – appréciable, de taille, fort, grand, important, non négligeable, notable, respectable, sensible, sérieux, substantiel. ▶ ***Grave*** – d'importance, de conséquence, grave, gravissime, important, lourd. ▶ ***Déformé et exagéré*** – caricatural, grossier, primaire, simpliste. ▶ ***Qui manque de finesse*** – épais, grossier, lourd. ♦ **grosse**, ***fém.*** ▶ ***Enceinte*** – enceinte. FAM. en cloque. BELG. FAM. qui attend (de la) famille. △ **ANT.** PETIT; CHÉTIF, GRINGALET, MAIGRE, MAIGRELET, MAIGRICHON; FAIBLE, INFIME, INSIGNIFIANT, LÉGER, MINIME, MODESTE, NÉGLIGEABLE; DÉLICAT, FIN, SUBTIL.

gros *n.* ▶ ***Personne corpulente*** – forte taille, obèse. FAM. éléphant, gras, hippopotame, mastodonte, pansu, patapouf, poussah, ventru. FRANCE FAM. pépère. MÉD. pléthorique. ▸ *Petit et gros* FAM. boulot. ▶ ***Personne riche*** – crésus, financier, heureux, milliardaire, millionnaire, multimilliardaire, multimillionnaire, nabab, nanti, ploutocrate, privilégié, rentier, riche. SOUT. satrape. FRANCE FAM. rupin. ANC. milord. PÉJ. FAM. capitaliste, richard. ♦ **gros**, ***masc. sing.*** ▶ ◪ ***Appellatif affectueux*** (FAM.) – ami, amour, ange, beau, bijou, biquet, cher, chéri, cœur, joli, lapin, loup, petit oiseau, trésor. FAM. chou, loulou, mimi, minou, vieux. ♦ **le gros**, ***masc. sing.*** ▶ ***Principal*** – cœur, corps, essence, essentiel, fond, important, principal, substance, tout, vif. ▶ ***Vente*** – commerce de gros, vente en gros. △ **ANT.** DÉTAIL.

grossesse *n.f.* gestation, gravidité. RARE prégnation.

grosseur *n.f.* ▶ ***Grandeur*** – ampleur, amplitude, calibre, carrure, diamètre, empan, envergure, étendue, évasure, format, giron *(d'une marche)*, laize, large, largeur, lé, module, portée, taille. ▶ ***Embonpoint*** – adipose, adiposité, bouffissure, corpulence, embonpoint, empâtement, engraissage, engraissement, épaississement, obésité, polysarcie, rondeur. FAM. rotondité. ▶ ***Boursouflure*** – ampoule, ballonnement, bombement, bosse, bouffissure, boursouflage, boursouflement, boursouflure, bulle, cloche, cloque, débordement, dilatation, distension, enflure, engorgement, fluxion, gonflement, grossissement, hypertrophie, intumescence, renflement, rondeur, sinus, soufflure, soulèvement, tuméfaction, tumescence, turgescence, ventre, vésicule, vultuosité. QUÉB. FAM. bouffie. PATHOL. bubon, ectasie, emphysème, hydronéphrose, inflation, météorisation, météorisme, œdème, phlyctène. △ **ANT.** ÉTROITESSE, FINESSE, MAIGREUR, MINCEUR, PETITESSE.

grossier *adj.* ▶ ***Dans son état premier*** – (à l'état) brut, à l'état d'ébauche, ébauché, élémentaire, embryonnaire, fruste, imparfait, informe, larvaire, mal équarri, primitif, rudimentaire. ▶ ***Peu approfondi*** – approximatif, imprécis, rudimentaire, sommaire, superficiel, vague. ▶ ***Déformé et exagéré*** – caricatural, gros, primaire, simpliste. ▶ ***Qui manque de finesse*** – épais, gros, lourd. ▶ ***Qui manque d'éducation*** – fruste, inculte, mal dégrossi, primitif, rude, rustaud, rustique. PÉJ. FAM. paysan, péquenaud, plouc. ▶ ***Sans élévation morale*** – bas, trivial, vulgaire. PÉJ. populacier. FAM. poissard. ▶ ***Obscène*** – choquant, obscène, ordurier, sale, scatologique, trivial, vilain, vulgaire. ▶ ***En parlant d'une texture, d'une étoffe*** – bourru, rude. △ **ANT.** ACHEVÉ, COMPLET, DANS SA PHASE FINALE, TERMINÉ; EXACT, PRÉCIS; DÉLICAT, EXQUIS, FIN, RECHERCHÉ, SUBTIL; COURTOIS, POLI; CIVILISÉ, CULTIVÉ, DISTINGUÉ, RAFFINÉ; CHASTE, INNOCENT, PUR.

grossièrement *adv.* ▶ ***Rudimentairement*** – rudimentairement, simplement, sommairement. SOUT. rustaudement. ▶ ***Impoliment*** – cavalièrement, cyniquement, déplaisamment, discourtoisement, effrontément, hardiment, impertinemment, impoliment, impudemment, inamicalement, incivilement, incongrûment, incorrectement, indélicatement, insolemment, irrespectueusement, irrévérencieusement, lestement, malhonnêtement, sans gêne. ▶ ***Pesamment*** – lourdement, massivement, péniblement, pesamment. ▶ ***Vulgairement*** – bassement, salement, trivialement, vulgairement. ▶ ***Obscènement*** – crûment, déshonnêtement, érotiquement, gaillardement, gauloisement, graveleusement, impudiquement, impurement, indécemment, lascivement, librement, licencieusement, obscènement, salement. △ **ANT.** AVEC PRÉCISION, PRÉCISÉMENT, RIGOUREUSEMENT, SOIGNEUSEMENT; AFFABLEMENT, AIMABLEMENT, AMIABLEMENT, AMICALEMENT, BIENVEILLAMMENT, CIVILEMENT, COMPLAISAMMENT, COURTOISEMENT, DÉLICATEMENT, GALAMMENT, GRACIEUSEMENT, OBLIGEAMMENT, POLIMENT, SERVIABLEMENT; AVEC PUDEUR, CHASTEMENT, PUDIQUEMENT, PUREMENT, SAINTEMENT, VERTUEUSEMENT.

grossièreté *n.f.* ▶ ***Imperfection*** – défaut, défectuosité, démérite, faible, faiblesse, faille, faute, fil, handicap, imperfection, infirmité, insuffisance, lacune, maladie, malfaçon, manque, médiocrité, péché mignon, péché véniel, petitesse, ridicule, tache, tare, tort, travers, vice. SOUT. perfectibilité. ▶ ***Manque de raffinement*** – balourdise, barbarie, béotisme, bestialité, brutalité, fruste, goujaterie, impolitesse, inélégance, lourdeur, rudesse, rustauderie, rusticité, rustrerie, vulgarité. ▶ ***Impolitesse*** – goujaterie, impolitesse, incongruité, inconvenance, incorrection, indélicatesse, malséance, muflerie. ▶ ***Insulte*** – blasphème, fulmination, imprécation, infamie, injure, insolence, insulte, invective, sottise. SOUT. vilenie. FAM. engueulade. QUÉB. FAM. bêtise. ▶ ***Grivoiserie*** – canaillerie, coprolalie, cynisme, gaillardise, gauloiserie, gravelure, grivoiserie, gros mot, immodestie, impudeur, incongruité, inconvenance, indécence, licence, malpropreté, obscénité, polissonnerie, pornographie, saleté. FAM. cochonnerie. ▶ ***Vulgarité*** – bassesse, mauvais goût, obscénité, trivialité, vulgarité. SOUT. vulgaire. ▶ ***Abjection*** – abjection, abomination, atrocité, bassesse, boue, corruption, crapulerie, crime, débauche, déshonneur, honte, horreur, ignominie, impureté, indignité, infamie, laideur, misère, monstruosité, noirceur, obscénité, odieux, ordure, saleté, sordide, souillure, vice. SOUT. sordidité, stupre, turpitude, vilenie. FAM. dégoûtation, dégueulasserie, pouillerie. △ ANT. PERFECTION, PURETÉ; ACHÈVEMENT, FINITION; DÉLICATESSE, FINESSE; RAFFINEMENT, SUBTILITÉ; AMABILITÉ, BIENSÉANCE, CIVILITÉ, CORRECTION, DISTINCTION, POLITESSE.

grossir *v.* ▶ ***Gonfler*** – ballonner, boursoufler, dilater, distendre, enfler, gonfler, souffler. ▶ ***Exagérer la gravité*** – amplifier, dramatiser, en faire (tout) un drame, exagérer, prendre au tragique, se faire un monde de, se faire une montagne de. FAM. en faire (tout) un plat, faire d'une mouche un éléphant. ▶ ***Caricaturer*** – caricaturer, charger, déformer, exagérer, pousser jusqu'à la caricature, simplifier. ▶ ***S'ajouter*** – s'ajouter à, se greffer sur, se joindre à. ▶ ***Augmenter*** – augmenter, croître, grandir, prendre de l'ampleur, prendre de l'envergure, redoubler, s'accentuer, s'accroître, s'amplifier, s'intensifier, se développer. ▶ ***Prendre du poids*** – engraisser, forcir, prendre du poids. FAM. profiter. ▸ *Non favorable* – épaissir, s'empâter. △ ANT. AMOINDRIR, MINIMISER; AMINCIR, DÉCROÎTRE, DÉGONFLER, DÉSENFLER, DIMINUER, FAIBLIR, MAIGRIR, RAPETISSER, S'ÉMACIER.

grosso modo *loc. adv.* à première vue, à (très) peu près, approximativement, autour de, dans les, en gros, environ, plus ou moins, quelque, un peu moins de, un peu plus de, vaguement. SOUT. approchant. FAM. à vue de nez, au pif, au pifomètre. △ ANT. EXACTEMENT, JUSTE, PRÉCISÉMENT.

grotesque *adj.* ▶ ***Extravagant*** – à dormir debout, abracadabrant, abracadabrantesque, absurde, baroque, biscornu, bizarre, burlesque, cocasse, exagéré, excentrique, extravagant, fantasque, farfelu, fou, funambulesque, impayable, impossible, incroyable, insolite, invraisemblable, loufoque, qui ne tient pas debout, rocambolesque, saugrenu, tiré par les cheveux, vaudevillesque. FRANCE FAM. foutraque, gaguesque. ▶ ***Qui suscite la moquerie*** – dérisoire, ridicule, risible. ▶ ***Qui tient de la caricature*** – caricatural, carnavalesque, clownesque, comique, ridicule. △ ANT. LOGIQUE, SENSÉ; AUSTÈRE, GRAVE, SÉRIEUX.

grotesque *n.* burlesque, ridicule.

grotte *n.f.* ▶ ***Caverne*** – abri-sous-roche, caverne.

grouillant *adj.* ▶ ***Pullulant*** – fourmillant, populeux, pullulant, surpeuplé. ▶ ***Remuant*** (QUÉB. FAM.) – agité, bruyant, chahuteur, diable, dissipé, emporté, excité, remuant, tapageur, turbulent. QUÉB. FAM. énervé, tannant. △ ANT. DÉSERT, VIDE; ENDORMI, FIGÉ, IMMOBILE; APATHIQUE, CALME, TRANQUILLE.

grouillement *n.m.* ▶ ***Agitation*** – activité, affairement, affolement, agitation, alarme, animation, bouillonnement, branle-bas (de combat), bruit, dérangement, désordre, désorganisation, détraquement, effervescence, excitation, fourmillement, hâte, incohérence, mouvement, orage, précipitation, remous, remue-ménage, secousse, tempête, tohu-bohu, tourbillon, tourmente, trépidation, trouble, tumulte, turbulence, va-et-vient. SOUT. émoi, remuement. FAM. chambardement. ▶ ***Foule*** – abondance, affluence, armada, armée, attroupement, bande, cohue, concentration, concours, encombrement, essaim, flot, forêt, foule, fourmilière, fourmillement, légion, marée, masse, meute, monde, multitude, peuple, pléiade *(célébrités)*, pullulement, rassemblement, régiment, réunion, ribambelle, ruche, tas, troupeau. FAM. flopée, marmaille *(enfants)*, tapée, tripotée. QUÉB. FAM. achalandage, gang. PÉJ. ramassis.

grouiller *v.* ▶ ***Remuer en grand nombre*** – fourmiller, pulluler. ▶ ***Remuer sans cesse*** (QUÉB. FAM.) – frétiller, remuer, s'agiter, se tortiller, se trémousser. FAM. gigoter. ♦ **se grouiller** ▶ ***Se dépêcher*** (FAM.) – courir, faire vite, s'empresser, se dépêcher, se hâter, se précipiter, se presser. FAM. activer, bourrer, pédaler, se dégrouiller, se magner, se magner le popotin. △ ANT. DIMINUER, MANQUER.

groupe *n.m.* ▶ ***Collection*** – accumulation, amas, appareil, assemblage, assortiment, collection, compilation, ensemble, foule, grand nombre, groupement, jeu, quantité, rassemblement, recueil, service, tas, train. FAM. attirail, cargaison, compil. PÉJ. ramassis. ▶ ***Sorte*** – catégorie, classe, espèce, famille, genre, nature, ordre, sorte, type, variété. SOUT. gent. ▶ ***Ensemble de personnes*** – brigade, caravane, cellule, collectif, colonie, corps, équipe, escadron, escouade, horde, meute, noyau, peloton, troupe. IRON. fournée. FAM. bataillon, brochette, cohorte. QUÉB. FAM. gang. PÉJ. bande, cabale, camarilla, chapelle, clan, clique, coterie, école, église, faction, gang, groupuscule, ligue, maffia, secte. ▶ ***Collectivité*** – collectivité, communauté, groupement, regroupement, société. ▶ ***Peuple*** – clan, ethnie, horde, nation, pays, peuplade, peuple, phratrie, population, race, société, tribu. ▶ ***Association*** – amicale, association, cercle, club, compagnie, fraternité, société, union. ▶ ***Association politique*** – alliance, apparentement, association, bloc, camp, cartel, club, coalition, confédération, faisceau, fédération, formation, front, groupe d'intérêts, groupe de pression, groupement, ligue, mouvement, organisation, parti, phalange, rapprochement, rassemblement, union. ANC. hétairie. FÉOD. hermandad. ▶ ***Association d'entreprises*** – alliance, cartel, coentreprise, combinat, complexe, concentration, conglomérat, consortium, duopole, entente, industrie, monopole, oligopole, trust. PÉJ. féodalité. ▶ ***Ensemble musical*** – bastringue *(bruyant)*, ensemble, fanfare, formation, orchestre, orphéon. △ ANT. ÉLÉMENT, INDIVIDU; DISPERSION, DIVISION, ISOLEMENT.

grouper *v.* ▶ ***Mettre ensemble*** – bloquer, concentrer, rassembler, regrouper, réunir. ▶ ***Classer par groupes*** – catégoriser, classer, classifier, distribuer, ordonner, ranger, répartir, sérier, trier. △ ANT. DISPERSER, DISSÉMINER, ÉPARPILLER, PARSEMER; DÉVELOPPER, ÉTENDRE; DISJOINDRE, DIVISER, FRACTIONNER, SÉPARER.

groupie *n.* admirateur, adorateur, amoureux, fanatique, fervent, idolâtre, inconditionnel. FAM. fan, fana.

grue *n.f.* ▶ ***Oiseau*** – demoiselle de Numidie. ▶ ***Appareil*** – bigue, bras de manutention, caliorne, chevalet de levage, chèvre, drisse, guinde, mât de charge, palan, sapine, tour de forage, transstockeur. MAR. garde. ▸ *Petit* – cabestan, haleur *(filet de pêche)*, pouliot, treuil, vindas, winch. MAR. guindeau.

guenille *n.f.* ▶ ***Chiffon*** (QUÉB.) – chamoisine, chiffon (à poussière), éponge, essuie-meubles, essuie-verres, lavette, linge, pattemouille, (peau de) chamois, serpillière, tampon, torchon. BELG. drap de maison, loque (à reloqueter), wassingue. SUISSE panosse, patte. ACADIE FAM. brayon. TECHN. peille. ▸ ***Amorphe*** – MÉD. aboulique, apragmatique, cataleptique, psychasthénique. ♦ **guenilles, *plur.*** ▸ ***Vêtements usés*** – chiffons, défroque, friperie, fripes, haillons, lambeaux, loques. SOUT. hardes, oripeaux.

guéridon *n. m.* sellette, tabouret, trépied.

guérir *v.* ▸ ***Rendre la santé*** – remettre sur pied. ▸ ***Recouvrer la santé*** – aller mieux, récupérer, relever de maladie, se remettre, se rétablir. FAM. prendre du mieux, se retaper. ▸ ***Se cicatriser*** – (se) cicatriser, se fermer. ♦ **se guérir** ▸ ***Se corriger d'un défaut*** – se corriger, se débarrasser, se défaire. △ **ANT.** AGGRAVER, DÉTRAQUER; ATTRAPER UNE MALADIE, TOMBER MALADE; DÉPÉRIR, SE DÉTÉRIORER; MOURIR.

guérison *n. f.* ▸ ***Rétablissement*** – amélioration, apaisement, cicatrisation, convalescence, cure, mieux-être, relevailles, relèvement, rémission, répit, résurrection, rétablissement, retour à la santé, salut, soulagement, traitement. MÉD. délitescence, postcure, résorption, rétrocession. △ **ANT.** AGGRAVATION, COMPLICATION, CONTAGION, RECHUTE.

guerre *n. f.* ▸ ***Belligérance*** – belligérance, conflit, (état de) guerre. ▸ ***Combat*** – accrochage, action (de guerre), affrontement, assaut, attaque, bagarre, bataille, choc, combat, conflit, duel, échauffourée, empoignade, empoignement, engagement, escarmouche, ferraillement, feu, guérilla, heurt, hostilités, lutte, mêlée, opération, pugilat, rencontre, rixe. FAM. baroud, baston, bigorne, casse-gueule, casse-pipe, castagne, guéguerre, rif, rififi, riflette. BELG. FAM. margaille. MILIT. blitz *(de courte durée)*. ▸ ***Hostilité*** – agressivité, allergie, animosité, antipathie, aversion, haine, hostilité, malveillance, phobie, répugnance, répulsion, ressentiment. SOUT. détestation, exécration, inimitié, venin. △ **ANT.** PAIX; ARMISTICE, TRÊVE; CONCORDE, ENTENTE, HARMONIE.

guerrier *adj.* ▸ ***Porté à la guerre*** – belliciste, belliqueux, martial, militaire, militariste. FAM. va-t-en-guerre. ▸ ***Propre au militaire*** – martial, militaire, soldatesque. △ **ANT.** PACIFIQUE; ANTIMILITARISTE, PACIFISTE.

guerrier *n.* homme de guerre, homme de troupe, soldat. FAM. bidasse, reître, troufion. FRANCE FAM. griveton, pioupiou. △ **ANT.** CIVIL; PACIFISTE.

guet *n. m.* ▸ ***Surveillance*** – attention, espionnage, faction, filature, garde, gardiennage, îlotage, inspection, monitorage, observation, patrouille, ronde, sentinelle, veille, veillée, vigie, vigilance.

guet-apens *n. m.* attrape, attrape-nigaud, chausse-trappe, embuscade, filet, guêpier, leurre, piège, ruse, traquenard, tromperie. SOUT. duperie, rets.

guetter *v.* ▸ ***Surveiller*** – épier, être à l'affût de, être aux aguets, observer, surveiller. QUÉB. FAM. écornifler. ▸ ***Menacer*** – attendre, gronder, menacer, planer sur. SOUT. imminer. △ **ANT.** ABANDONNER, DÉSERTER, LAISSER, NÉGLIGER, SE DÉSINTÉRESSER.

guetteur *n.* factionnaire, garde, planton, sentinelle, soldat de faction, soldat de garde, veilleur, vigie, vigile *(romain)*.

gueule *n. f.* ▸ ***Bouche animale*** – bec, bouche. ZOOL. appendices buccaux, péristome, pièces buccales, rostre. ▸ ***Bouche humaine*** (FAM.) – bouche. FAM. bec, margoulette. FRANCE FAM. avaloire, clapet, claquette, déconophone, piège à mouches. ACADIE FAM. goule. ▸ ***Visage*** (FAM.) – face, figure, minois, physionomie, tête, traits, visage. FAM. bille, binette, bobine, bougie, bouille, fiole, fraise, frimousse, margoulette, museau, poire, pomme, trogne, trombine, tronche. ▸ ***Allure*** (FAM.) – air, allure, apparence, aspect, attitude, contenance, démarche, façon, genre, ligne, maintien, manière, panache, physique, port, posture, prestance, silhouette, style, tenue, tournure. SOUT. extérieur, mine. FAM. touche. QUÉB. FAM. erre d'aller. PÉJ. FAM. dégaine.

guichet *n. m.* bureau, caisse.

guide *n.* ▸ ***Accompagnateur de touristes*** – accompagnateur, guide (touristique), pilote. FAM. cornac. ▸ ***Conseiller*** – conseil, conseiller, consultant, directeur, éminence grise, éveilleur, inspirateur, orienteur, précepteur, prescripteur. SOUT. égérie *(femme)*, mentor. FAM. cornac. ▸ ***Meneur*** – chef de file, gourou, guide (spirituel), leader, magistère, mahatma, maître à penser, maître (spirituel), meneur, pandit, pasteur, phare, rassembleur, sage. SOUT. conducteur, coryphée, entraîneur (d'hommes). FAM. pape. ♦ **guide, *masc.*** ▸ ***Principe directeur*** – SOUT. flambeau. ▸ ***Ouvrage pratique*** – indicateur. ▸ ***Aide-mémoire*** – agenda, aide-mémoire, almanach, bloc-notes, calepin, carnet, éphéméride, guide-âne, mémento, mémorandum, pense-bête, précis, vademecum. FAM. antisèche, mémo. ▸ ***Dispositif de guidage*** – coulisse, coulisseau *(petit)*, glissière, toboggan. ▸ ***Corps de troupe*** (BELG.) – régiment blindé. ♦ **guides, *fém. plur.*** ▸ ***Ce qui sert à diriger*** – bride, bridon, rêne. △ **ANT.** SUIVEUR.

guider *v.* ▸ ***Servir de guide*** – accompagner, piloter. FAM. cornaquer. ▸ ***Orienter*** – aiguiller, conduire, diriger, mener, mettre sur une piste, mettre sur une voie, orienter. ▸ ***Conseiller*** – conseiller, donner conseil à, donner son avis à, éclairer de ses conseils, prodiguer des conseils à. ♦ **se guider** ▸ ***S'orienter*** – s'orienter, se diriger, se reconnaître, se repérer, se retrouver. △ **ANT.** DÉSORIENTER, DÉTOURNER, ÉCARTER, ÉGARER, FOURVOYER; ABUSER, AVEUGLER, BERNER, TROMPER.

guignol *n. m.* ▸ ***Marionnette*** – fantoche, mannequin, marionnette, pantin, polichinelle. ▸ ***Représentation*** – (théâtre de) marionnettes. ▸ ***Personne bizarre ou ridicule*** – anticonformiste, bizarre, excentrique, non-conformiste, original. FAM. anormal, coco, drôle de pistolet, moineau, numéro, oiseau, olibrius, ostrogot, ouistiti, phénomène, rigolo, zèbre, zig, zigomar, zigoto, zouave, zozo. FRANCE FAM. allumé, asticot, charlot, citoyen, foutraque, gugusse, gus. ▸ ***Gendarme*** (PÉJ. FAM.) – gendarme.

guillotine *n. f.* ▸ ***Décapitation*** – billot, décapitation, décollation, échafaud, guillotinement, hache.

guindé *adj.* ▸ ***Dont le maintien manque de naturel*** – coincé, engoncé, gêné aux entournures, raide. ▸ ***Qui affecte la dignité*** – collet monté, compassé, corseté, empesé, gourmé, pincé. FAM. constipé, raide comme la justice. △ **ANT.** FAMILIER, NATUREL, RELÂCHÉ, SIMPLE, SPONTANÉ.

guirlande *n. f.* ▶ ***Cordon ornemental*** – feston, girandole. MAR. grand pavois. ▶ ***Série*** – alignement, chaîne, chapelet, colonne, combinaison, consécution, cordon, enchaînement, enfilade, énumération, file, gamme, ligne, liste, rang, rangée, séquence, série, succession, suite, tissu, travée.

gymnastique *n. f.* ▶ ***Exercices physiques*** – culture physique, éducation physique, exercice, gymnique, hébertisme, sport. FAM. gym. QUÉB. plein air. ▶ ***Manœuvres*** – acrobatie, astuce, demi-mesure *(inefficace)*, échappatoire, expédient, intrigue, mesure, moyen, palliatif, procédé, remède, ressource, ruse, solution, système, tour. FAM. combine, gimmick, truc.

h

habile *adj.* ▸ ***Doué*** – à la hauteur, adroit, bon, brillant, capable, chevronné, compétent, connaisseur, d'élite, de haut vol, de haute volée, de talent, doué, émérite, entraîné, exercé, expérimenté, expert, ferré, fin, fort, passé maître, performant, qualifié, qui s'y connaît, talentueux, versé. *RARE* blanchi sous le harnais. *SOUT.* entendu à, industrieux, rompu à. *FAM.* calé, qui a la bosse de, qui sait y faire. *FRANCE FAM.* balèze, costaud, fortiche, incollable, trapu. ▸ ***Inventif*** – adroit, astucieux, déluré, fin, finaud, futé, ingénieux, intelligent, inventif, malin, qui a plus d'un tour dans son sac, rusé. *FAM.* débrouillard, dégourdi. *FRANCE FAM.* dessalé, fortiche, fute-fute, mariol, sioux. *QUÉB. FAM.* fin finaud. ▸ ***Diplomate*** – adroit, averti, avisé, circonspect, fin, prudent, sage. ▸ ***Capable*** – apte à, capable de, propre à, susceptible de. *FAM.* chiche de, fichu de. ▸ ***Bien pensé*** – astucieux, bien conçu, bien pensé, ingénieux, intelligent, judicieux, pertinent. △ **ANT.** GAUCHE, MALADROIT, MALHABILE; IGNORANT, INCAPABLE, INCOMPÉTENT, MAUVAIS, MÉDIOCRE, NUL.

habilement *adv* adroitement, astucieusement, avec brio, avec éclat, bien, brillamment, de main de maître, expertement, finement, génialement, industrieusement, ingénieusement, intelligemment, judicieusement, lucidement, magistralement, pertinemment, professionnellement, savamment, sensément, spirituellement, subtilement, talentueusement, vivement. △ **ANT.** GAUCHEMENT, INHABILEMENT, LOURDEMENT, MAL, MALADROITEMENT, MALHABILEMENT.

habileté *n.f.* ▸ ***Agilité*** – adresse, agilité, aisance, dextérité, élasticité, élégance, facilité, grâce, légèreté, main, mobilité, précision, rapidité, souplesse, technique, virtuosité, vivacité. *SOUT.* félinité, prestesse. ▸ ***Compétence*** – adresse, aisance, aptitude, art, brio, capacité, compétence, dextérité, disposition, doigté, don, expertise, facilité, faculté, force, fort, génie, main, maîtrise, métier, pouvoir, professionnalisme, savoir, savoir-faire, sens, talent, technique, virtuosité. *FAM.* bosse. *DR.* habilitation, habilité. ▸ ***Finesse*** – acuité, clairvoyance, fin, finesse, flair, jugement, lucidité, pénétration, perspicacité, sagacité, sensibilité, subtilité. *RARE* acutesse, perspicuité. *FAM.* nez. ▸ ***Diplomatie*** – adresse, circonspection, diplomatie, doigté, finesse, souplesse, tact. ▸ ***Stratégie*** – adresse, calcul, diplomatie, finesse, ligne de conduite, machiavélisme, manège, négociation, patience, prudence, ruse, sagesse, savoir-faire, souplesse, stratégie, tactique, temporisation, tractation. ▸ ***Ruse*** – adresse, débrouillardise, finesse, industrie, ingéniosité, jonglerie, perfidie, roublardise, rouerie, ruse. *SOUT.* cautèle. *FAM.* système D, système débrouille. △ **ANT.** BALOURDISE, GAUCHERIE, INHABILETÉ, MALADRESSE; INAPTITUDE, INCAPACITÉ, INCOMPÉTENCE; IGNORANCE, INEXPÉRIENCE; GROSSIÈRETÉ; BÊTISE, NAÏVETÉ.

habillement *n.m.* ▸ ***Vêtements*** – affaires, atours, chiffons, ensemble, garde-robe, habits, linge, mise, parure, tenue, toilette, trousseau, vestiaire, vêtements. *SOUT.* vêture. *FRANCE FAM.* fringues, frusques, nippes, pelures, saint-frusquin, sapes. *QUÉB. ACADIE FAM.* hardes. ▸ ***Uniforme*** – costume, habit, harnachement, livrée, tenue, toilette, uniforme, vêtement. *ANC.* harnais, harnois. △ **ANT.** DÉPOUILLEMENT, NUDITÉ.

habiller *v.* ▸ ***Vêtir*** – revêtir, vêtir. *FRANCE FAM.* fringuer, nipper. ▸ *De façon ridicule* – accoutrer, affubler, fagoter, harnacher. *FAM.* attifer, ficeler. *BELG.* agayonner. ▸ ***Orner*** – agrémenter, colorer, décorer, émailler, embellir, enjoliver, enrichir, garnir, ornementer, orner, parer, rehausser, relever. *SOUT.* diaprer. ▸ ***Camoufler*** – cacher, camoufler, couvrir, déguiser, dissimuler, envelopper, escamoter, étouffer, farder, maquiller, masquer, occulter. *SOUT.* pallier. ♦ **s'habiller** ▸ ***Se vêtir*** – se vêtir. *FRANCE FAM.* se fringuer, se frusquer, se nipper, se saper. ▸ *Avec recherche* – mettre ses habits du dimanche, s'endimancher, se bichonner, se parer, se pomponner, se tirer à quatre épingles. *FAM.* se mettre sur son trente et un. ▸ *De façon ridicule* – s'accoutrer, s'affubler, se fagoter, se harnacher. *FAM.* s'attifer. ♦ **habillé** ▸ ***Vêtu avec recherche*** – bichonné, bien mis, chic, coquet, élégant, en costume d'apparat, en tenue de soirée, endimanché, fringant, pimpant, pomponné, tiré à quatre épingles. FAM. superchic. FRANCE FAM. alluré, chicos, sur son trente et un. AFR. galant. △ **ANT.** DÉSHABILLER, DÉVÊTIR; DÉPARER, DISCONVENIR; DÉCOUVRIR, DÉNUDER, METTRE À NU.

habit *n. m.* ▶ ***Uniforme*** – costume, habillement, harnachement, livrée, tenue, toilette, uniforme, vêtement. ANC. harnais, harnois. ▶ ***Vêtement de cérémonie*** – complet, complet-veston, costume (de ville), (costume) trois-pièces, frac, jaquette, rochet, smoking, tenue de soirée. FAM. costard, habit queue de morue, queue-de-pie. ♦ **habits, *plur.*** ▶ ***Vêtements*** – affaires, atours, chiffons, ensemble, garde-robe, habillement, linge, mise, parure, tenue, toilette, trousseau, vestiaire, vêtements. SOUT. vêture. FRANCE FAM. fringues, frusques, nippes, pelures, saint-frusquin, sapes. QUÉB. ACADIE FAM. hardes.

habitant *n.* ▶ ***Résidant*** – âme, résidant. ▶ ***Occupant*** – colon, fermier, hôte, locataire, métayer, occupant, preneur, sous-locataire. ▶ ***Rustre*** (QUÉB. FAM.) – animal, balourd, barbare, béotien, brute (épaisse), butor, goujat, grossier personnage, mal élevé, malotru, malpropre, mufle, ostrogoth, ours mal léché, paysan, porc, rustaud. SOUT. manant, palot. FAM. gougnafier, pignouf, plouc, primate, sagouin. QUÉB. FAM. colon. ▸ *Femme* – poissarde. △ **ANT.** ÉTRANGER.

habitat *n. m.* ▶ ***Environnement*** – biome, biotope, climat, écosystème, environnement, milieu, nature, niche écologique, station. ▶ ***Population*** – biocénose, biomasse, biosphère, biote, faune, flore, occupation, peuplement.

habitation *n. f.* ▶ ***Adresse*** – adresse, coordonnées, domicile, résidence, suscription. ▶ ***Fait d'habiter*** – occupation.

habiter *v.* ▶ ***Avoir sa demeure*** – demeurer, être domicilié, loger, rester, vivre. FAM. crécher, nicher, percher, résider. ▶ ***Vivre dans tel lieu*** – occuper, peupler, vivre dans. ▶ ***Occuper l'esprit*** – hanter, harceler, obnubiler, obséder, posséder, pourchasser, poursuivre.

habitude *n. f.* ▶ ***Penchant*** – affection, aptitude, attirance, disposition, faible, faiblesse, goût, impulsion, inclination, instinct, penchant, pente, prédilection, prédisposition, préférence, propension, tendance, vocation. DIDACT. susceptibilité. PSYCHOL. compulsion. FAM. tendresses. ▶ ***Répétition des mêmes gestes*** – accoutumance, automatisme, façons, manières, mœurs, pli, réflexe, rite, rituel, seconde nature. PSYCHOL. stéréotypie. FAM. abonnement, métro-boulot-dodo, train-train, train-train quotidien. ▸ *Non favorable* – encroûtement, manie, marotte, monotonie, ordinaire, ronron, routine, tic, uniformité. ▶ ***Comportement*** – attitude, comportement, conduite, habitus, mœurs, réaction, vie. ▶ ***Coutume*** – convention, coutume, habitus, mode, mœurs, pratique, règle, rite, tradition, us et coutumes, usage. ▶ ***Fréquentation*** – attache, bons/mauvais termes, communication, compagnie, contact, correspondance, côtoiement, coudoiement, entourage, familiarité, fréquentation, intelligence, intimité, liaison, lien, pratique, rapport, relation, société, usage, voisinage. SOUT. commerce. PÉJ. acoquinement, encanaillement. ▶ ***Acclimatement*** – acclimatation, acclimatement, accommodation, accoutumance, acculturation, adaptation, aguerrissement, apprivoisement, appropriation, assuétude, endurcissement, familiarisation, habituation, intégration, mise à jour, mise au courant. MÉD. anergie. △ **ANT.** ACCIDENT, ANOMALIE, EXCEPTION, OCCASION; INHABITUDE, NOUVEAUTÉ, ORIGINALITÉ, RARETÉ; INEXPÉRIENCE.

habitué *n.* client, familier, fidèle. SOUT. pratique. FAM. abonné. PÉJ. pilier.

habituel *adj.* ▶ ***Coutumier*** – accoutumé, attendu, consacré, coutumier, d'usage, de règle, de routine, familier, normal, ordinaire, quotidien, régulier, rituel, usuel. ▶ ***Fréquent*** – banal, commun, courant, fréquent, normal, ordinaire, répandu, usuel. LING. usité. ▶ ***Inévitable*** – classique, inévitable, traditionnel. △ **ANT.** EXCEPTIONNEL, EXTRAORDINAIRE, INCOMPARABLE, INHABITUEL, INUSITÉ, RARE, REMARQUABLE, SPÉCIAL.

habituellement *adv.* à de rares exceptions près, à l'accoutumée, à l'ordinaire, à maintes reprises, à quelques exceptions près, communément, couramment, coutumièrement, d'habitude, d'ordinaire, dans la généralité des cas, dans la majorité des cas, dans la plupart des cas, de coutume, en général, en règle générale, fréquemment, généralement, journellement, la plupart du temps, maintes fois, normalement, ordinairement, régulièrement, rituellement, souvent, toujours. △ **ANT.** EXCEPTIONNELLEMENT, GUÈRE, PAR EXCEPTION, RAREMENT.

habituer *v.* ▶ ***Familiariser*** – accoutumer, familiariser. ▸ *Une espèce animale ou végétale* – acclimater, implanter, naturaliser. ▶ ***Aguerrir*** – aguerrir, cuirasser, endurcir, fortifier, tremper. FAM. blinder. ▶ ***Entraîner*** – discipliner, dresser, entraîner, exercer, façonner, former. SOUT. rompre. ♦ **s'habituer** ▶ ***Se familiariser*** – s'acclimater, s'accommoder, s'accoutumer, s'adapter, se faire à, se familiariser. SOUT. s'apprivoiser. △ **ANT.** DÉPAYSER, DÉROUTER, DÉSACCOUTUMER, DÉSHABITUER; DÉSINTOXIQUER.

hache *n. f.* ▶ ***Instrument tranchant*** – cognée, doloire (de tonnelier), merlin. ANTIQ. ROM. bipenne. ▶ ***Arme*** – hache de guerre. ▶ ***Décapitation*** – billot, décapitation, décollation, échafaud, guillotine, guillotinement.

hagard *adj.* effaré, égaré, fou, halluciné. s

haie *n. f.* ▶ ***Groupe d'arbrisseaux*** – buisson, épinaie, épinier, fourré, hallier, hayette *(petit)*, roncier. FRANCE RÉGION. traîne. ▸ *Dans une forêt* – brande, sous-bois, sous-étage. ▶ ***Séparation*** – bande, barbelés, barbelure, barreaux, barricade, barrière, cancel, chancel, claie, claire-voie, clôture, échalier, échalis, enclos, grillage, grille, moucharabieh, mur (de clôture), palis, parc, treillage. ACADIE FAM. bouchure.

haillons *n. m. pl.* ▶ ***Vêtements usés*** – chiffons, défroque, friperie, fripes, guenilles, lambeaux, loques. SOUT. hardes, oripeaux.

haine *n. f.* ▶ ***Aversion*** – agressivité, allergie, animosité, antipathie, aversion, guerre, hostilité, malveillance, phobie, répugnance, répulsion, ressentiment. SOUT. détestation, exécration, inimitié, venin. ▶ ***Dégoût*** – abomination, allergie, aversion, dégoût, écœurement, haut-le-cœur, horreur, indigestion, nausée, phobie, répugnance, répulsion, révulsion.

SOUT. détestation, exécration. FAM. dégoûtation. ▶ ***Aigreur*** – acariâtreté, acerbité, acidité, âcreté, acrimonie, agressivité, aigreur, amertume, animosité, âpreté, bave, bile, causticité, colère, dépit, désagrément, dureté, fiel, hargne, humeur, irritation, malveillance, maussaderie, mauvaise humeur, méchanceté, mordant, pique, rancœur, rancune, récrimination, ressentiment, rudesse, tranchant, venin, vindicte, virulence. SOUT. mordacité. FAM. rouspétance. △ **ANT.** AFFECTION, AMITIÉ, AMOUR, ATTACHEMENT, BIENVEILLANCE, PASSION, SYMPATHIE, TENDRESSE; ATTIRANCE, ATTRAIT, GOÛT, PENCHANT; CONCORDE, CORDIALITÉ, ENTENTE, HARMONIE.

haineux *adj.* ▶ ***Qui exprime la haine*** – empoisonné, fielleux, hargneux, hostile, malveillant, méchant, perfide, venimeux. SOUT. enfiellé. △ **ANT.** AFFECTUEUX, AIMANT, AMOUREUX, CAJOLEUR, CÂLIN, CARESSANT, DOUX, TENDRE.

haïr *v.* avoir en aversion, avoir en haine, avoir en horreur, exécrer, maudire, ne pas pouvoir souffrir, ne pas pouvoir supporter, réprouver, vomir. SOUT. abhorrer, abominer, avoir en abomination. FAM. avoir dans le nez, ne pas pouvoir blairer, ne pas pouvoir encadrer, ne pas pouvoir encaisser, ne pas pouvoir pifer, ne pas pouvoir sacquer, ne pas pouvoir sentir, ne pas pouvoir voir en peinture. △ **ANT.** ADORER, AFFECTIONNER, AIMER, APPRÉCIER, BÉNIR, CHÉRIR, ESTIMER, RAFFOLER DE. ♦ **se haïr** S'ENTENDRE.

haïssable *adj.* antipathique, atroce, déplaisant, désagréable, détestable, exécrable, impossible, infernal, insoutenable, insupportable, intenable, intolérable, invivable, irrespirable, odieux, pénible. FAM. imbuvable. △ **ANT.** ADORABLE, AIMABLE, CHARMANT, DÉLICIEUX, GENTIL.

haleine *n.f.* ▶ ***Respiration*** – aspiration, bouffée, exhalation, expiration, humage, inhalation, inspiration, respiration, souffle, soupir, ventilation. SOUT. ahan.

haletant *adj.* à bout de souffle, époumoné, essoufflé, hors d'haleine, pantelant, poussif.

halètement *n.m.* anhélation, apnée, asthme, dyspnée, enchifrènement, essoufflement, étouffement, han, oppression, pousse, ronflement, sibilation, stertor, stridor *(inspiration)*, suffocation. SOUT. ahan. ACADIE FAM. courte-haleine.

haleter *v.* avoir le souffle court, étouffer, être hors d'haleine, manquer de souffle, perdre haleine, s'époumoner, s'essouffler, souffler, suffoquer. SOUT. anhéler, panteler.

hall *n.m.* antichambre, entrée, hall d'entrée, narthex *(église)*, passage, porche, réception, salle d'attente, salle d'embarquement, salle des pas perdus, vestibule. QUÉB. portique. ANTIQ. propylée.

hallucinant *adj.* ▶ ***Qui produit des hallucinations*** – hallucinogène. ▶ ***Frappant*** – étonnant, frappant, impressionnant, marquant, notable, remarquable, saillant, saisissant, spectaculaire. △ **ANT.** BANAL, ININTÉRESSANT, ORDINAIRE, SANS INTÉRÊT.

hallucination *n.f.* ▶ ***Illusion*** – abstraction, abstrait, apparence, berlue, chimère, déréalisation, effet d'optique, fantasme, faux, faux-semblant, fiction, fumée, illusion, illusion d'optique, image, imagination, irréalisme, irréalité, leurre, mensonge, mirage, onirisme, psychédélisme, rêve, rêverie, semblant, simulation, songe, songerie, trompe-l'œil, tromperie, utopie, vision, vue de l'esprit. FAM. frime. SOUT. prestige. ▶ ***Délire*** – agitation, aliénation, amok, aveuglement, délire, divagation, égarement, excitation, folie, frénésie, hystérie, onirisme, paranoïa, surexcitation. △ **ANT.** RÉALITÉ; BON SENS, LOGIQUE, RAISON.

halluciné *n.* exalté, extravagant, fixé, illuminé, obsédé.

halo *n.m.* ▶ ***Cercle lumineux*** – auréole. ▶ ***Clarté*** – clair, clair-obscur, clarté, contre-jour, demi-jour, éclair, éclairage, éclat, embrasement, flamboiement, flamme, illumination, jour, lueur, lumière, nitescence, pénombre, soleil. SOUT. splendeur. ▶ ***Reflet*** – brasillement, brillance, brillant, cati, chatoiement, coruscation, éclat, étincellement, feux, image, irisation, lueur, luisant, lustre, miroitement, moire, moiré, moirure, orient, papillotage, papillotement, poli, poudroiement, rayonnement, reflet, réflexion, réfraction, réverbération, ruissellement, scintillement. SOUT. luisance, nacre, opalescence, resplendissement, rutilance, rutilation, rutilement. SC. albédo. TECHN. bruni, brunissure.

halte *n.f.* ▶ ***Repos*** – congé, délassement, détente, escale, loisir, mi-temps, pause, récréation, récupération, relâche, répit, repos, temps, trêve, vacances, villégiature. ▶ ***Étape*** – auberge, escale, étape, gîte, hôtel, hôtellerie, relais. ▸ *Pays arabes* – caravansérail, fondouk, khan. ▸ *Espagne* – posada. ▸ *Québec* – gîte du passant, gîte touristique. ▶ ***Station*** – gare, station, terminal. △ **ANT.** MARCHE, MOUVEMENT, PROGRESSION; CONTINUATION, REPRISE.

hameau *n.m.* agglomération (rurale), bourg *(gros)*, bourgade, lieudit *(petit)*, localité, mechta *(Maghreb)*, pays, village. FAM. patelin. QUÉB. paroisse. FRANCE RÉGION. OU ADMIN. écart. PÉJ. FAM. bled, trou.

hangar *n.m.* ▶ ***Lieu d'entreposage*** – appentis, arrière-boutique, dépôt, dock, entrepôt, fondouk *(pays arabes)*, réserve. ▶ ***Petit local*** (QUÉB. FAM.) – appentis, bûcher *(pour le bois)*, cabanon, débarras, remise. FAM. fourre-tout. SUISSE galetas.

hanter *v.* ▶ ***Fréquenter assidûment*** – courir, fréquenter. ▶ ***Occuper sans cesse l'esprit*** – habiter, harceler, obnubiler, obséder, posséder, pourchasser, poursuivre. △ **ANT.** DÉSERTER, FUIR.

hantise *n.f.* ▶ ***Peur*** – affolement, alarme, angoisse, appréhension, crainte, effarement, effarouchement, effroi, épouvante, frayeur, grand-peur, horreur, inquiétude, panique, peur, phobie, terreur, transes. SOUT. affres, apeurement. FAM. cauchemar, chiasse, frousse, pétoche, trac, trouille.

happer *v.* ▶ ***Saisir avec la main*** – accrocher, agripper, attraper, empoigner, prendre, s'emparer de, saisir, se saisir de. △ **ANT.** ABANDONNER, JETER, LÂCHER, LAISSER.

harceler *v.* ▶ ***Importuner*** – éperonner, être aux trousses de, importuner, poursuivre, presser, sergenter, talonner, tourmenter. SOUT. assiéger, molester. FAM. asticoter, courir après, tarabuster. FRANCE RÉGION. taler. QUÉB. ACADIE FAM. achaler. QUÉB. FAM. écœurer. ▶ ***Presser de questions*** – assaillir, bombarder, mettre sur la sellette, presser. FAM. mitrailler. ▶ ***Persé-***

cuter – attaquer, persécuter, poursuivre, s'acharner contre. SOUT. inquiéter. ▸ ***Occuper sans cesse l'esprit*** – habiter, hanter, obnubiler, obséder, posséder, pourchasser, poursuivre. △ **ANT.** LAISSER; APAISER, CALMER, RASSURER, SOULAGER; AIDER, PROTÉGER, SECOURIR.

harde *n.f.* bestiaux, bétail, cheptel, harpail, transhumant, troupe, troupeau. FRANCE RÉGION. manade *(bovins ou chevaux)*, ramade *(moutons)*.

hardi *adj.* ▸ ***Qui ne se laisse pas intimider*** – audacieux, aventureux, entreprenant, fonceur, qui n'a pas froid aux yeux, téméraire. ▸ ***Ferme*** – assuré, décidé, délibéré, déterminé, énergique, ferme, résolu, volontaire. ▸ ***Risqué*** – audacieux, aventuré, aventureux, dangereux, fou, hasardé, hasardeux, imprudent, osé, périlleux, risqué, suicidaire, téméraire. SOUT. scabreux. FAM. casse-cou, casse-gueule. ▸ ***Innovateur*** – audacieux, avant-gardiste, d'avant-garde, futuriste, inédit, innovant, innovateur, neuf, new-look, nouveau, nouvelle vague, novateur, original, renouvelé, révolutionnaire. △ **ANT.** CRAINTIF, LÂCHE, PEUREUX, TIMIDE, TIMORÉ; HÉSITANT, INACTIF, PARESSEUX, PUSILLANIME, ROUTINIER, SANS INITIATIVE; PRÉCAUTIONNEUX, PRUDENT, SAGE; BANAL, CLASSIQUE, COMMUN, SANS ORIGINALITÉ, TERNE; CHASTE, PRUDE, PUDIQUE; PURITAIN, RIGIDE, SÉRIEUX, SÉVÈRE, VERTUEUX; POLI, RESPECTUEUX.

hardiesse *n.f.* ▸ ***Familiarité*** – familiarité, franc-parler, libertés, privautés, sans-façon, sans-gêne. ▸ ***Originalité*** – anticonformisme, audace, cachet, caractère, fraîcheur, indépendance, individualité, innovation, inspiration, marginalité, non-conformisme, nouveauté, originalité, particularité, personnalité, piquant, pittoresque, singularité. ▸ ***Courage*** – audace, bravoure, cœur, cœur au ventre, courage, cran, héroïsme, intrépidité, mépris du danger, témérité, vaillance. RARE héroïcité. SOUT. valeur. FAM. tripes. △ **ANT.** DÉCENCE, MODESTIE, RÉSERVE, RETENUE; BANALITÉ, PLATITUDE; CRAINTE, LÂCHETÉ, PUSILLANIMITÉ, TIMIDITÉ.

hardiment *adv.* ▸ ***Courageusement*** – audacieusement, bravement, courageusement, intrépidement, résolument, vaillamment, valeureusement, virilement. ▸ ***Témérairement*** – audacieusement, aventureusement, imprudemment, périlleusement, témérairement. ▸ ***Carrément*** – abruptement, brusquement, brutalement, carrément, catégoriquement, crûment, directement, droit, droit au but, fermement, franc, franchement, librement, net, nettement, raide, raidement, résolument, rondement, sans ambages, sans ambiguïté, sans barguigner, sans détour(s), sans dissimulation, sans équivoque, sans faux-fuyant, sans hésitation, sans intermédiaire, vertement. FAM. franco. ▸ ***Impoliment*** – cavalièrement, cyniquement, déplaisamment, discourtoisement, effrontément, grossièrement, impertinemment, impoliment, impudemment, inamicalement, incivilement, incongrûment, incorrectement, indélicatement, insolemment, irrespectueusement, irrévérencieusement, lestement, malhonnêtement, sans gêne. △ **ANT.** CRAINTIVEMENT, LÂCHEMENT, PEUREUSEMENT, TIMIDEMENT; AVEC CIRCONSPECTION, PRÉCAUTIONNEUSEMENT, PRÉVENTIVEMENT, PRUDEMMENT, SAGEMENT; AFFABLEMENT, AIMABLEMENT, AMIABLEMENT, AMICALEMENT, BIENVEILLAMMENT, CHALEUREUSEMENT, CIVILEMENT, COMPLAISAMMENT, COURTOISEMENT, DÉLICATEMENT, DÉLICIEUSEMENT, DIPLOMATIQUEMENT, GALAMMENT, GENTIMENT, GRACIEUSEMENT, OBLIGEAMMENT, PLAISAMMENT, POLIMENT, SERVIABLEMENT, SYMPATHIQUEMENT.

hargne *n.f.* acariâtreté, acerbité, acidité, âcreté, acrimonie, agressivité, aigreur, amertume, animosité, âpreté, bave, bile, causticité, colère, dépit, désagrément, dureté, fiel, haine, humeur, irritation, malveillance, maussaderie, mauvaise humeur, méchanceté, mordant, pique, rancœur, rancune, récrimination, ressentiment, rudesse, tranchant, venin, vindicte, virulence. SOUT. mordacité. FAM. rouspétance.

hargneux *adj.* ▸ ***En parlant de qqn*** – acariâtre, acerbe, aigri, anguleux, âpre, bourru, déplaisant, désagréable, désobligeant, difficile, grincheux, intraitable, maussade, rébarbatif, rêche, revêche. SOUT. atrabilaire. FAM. chameau, teigneux. QUÉB. FAM. malcommode. SUISSE gringe. ▸ ***En parlant de qqch.*** – empoisonné, fielleux, haineux, hostile, malveillant, méchant, perfide, venimeux. SOUT. enfiellé. △ **ANT.** AIMABLE, CONCILIANT; AFFECTUEUX, CAJOLEUR, CÂLIN, CARESSANT, DOUX, TENDRE.

harmonie *n.f.* ▸ ***Équilibre*** – accord, balance, balancement, compensation, contrepoids, égalité, équilibre, juste milieu, moyenne, pondération, proportion, suspension, symétrie. ▸ ***Beauté*** – agrément, art, attrait, beau, beauté, charme, chic, classe, coquetterie, délicatesse, distinction, éclat, élégance, esthétique, féerie, fraîcheur, grâce, gracieux, magnificence, majesté, perfection, photogénie, pureté, séduction, splendeur, symétrie. SOUT. blandice, joliesse, morbidesse, sublimité, symphonie, vénusté. ▸ ***Ordre*** – accommodation, accommodement, agencement, ajustement, aménagement, architecture, arrangement, articulation, assemblage, combinaison, combinatoire, composition, concaténation, configuration, construction, contexture, coordination, disposition, distribution, élaboration, enchaînement, liaison, mise en ordre, mise en place, ordonnance, ordonnancement, ordre, organisation, orientation, plan, profil, programmation, rangement, structuration, structure, système, texture. ▸ ***Bonne entente*** – accord, affinité, amitié, atomes crochus, (bonne) intelligence, communauté de goûts, communauté de sentiments, communauté de vues, communion, compatibilité, complicité, compréhension, concorde, connivence, convergence d'idées, fraternité, point commun, sympathie, union, unisson. ▸ ***Paix*** – accalmie, apaisement, bonace, bonheur, calme, éclaircie, entente, fraternité, idylle, paix, quiétude, rémission, repos, silence, tranquillité, trêve, union. SOUT. kief. ▸ ***Musiciens*** – bastringue *(bruyant)*, ensemble, fanfare, formation, groupe, orchestre, orphéon. ▸ ***Euphonie musicale*** – euphonie, phonogénie. ▸ ***Rythme en poésie*** – cadence, euphonie, musicalité, nombre, rythme, sonorité. ▸ ***Poésie*** (SOUT.) – art poétique, poésie, poétique, versification. SOUT. muse, Parnasse, vers. △ **ANT.** CONTRASTE, DÉSÉQUILIBRE, DISCORDANCE; INHARMONIE, LAIDEUR; CHAOS, DÉSORDRE; ANTAGONISME, DÉSACCORD, INCOMPATIBILITÉ, OPPOSITION; ANTIPATHIE, DISCORDE, DISSENSION, DISSENTIMENT; CACOPHONIE, DISSONANCE.

harmonieusement *adv.* ▸ ***Musicalement*** – euphoniquement, harmoniquement, mélodieusement, mélodiquement, musicalement, rythmiquement, symphoniquement. ▶ ***Joliment*** – agréablement, bien, coquettement, élégamment, gracieusement, joliment, magnifiquement, mignardement, mignonnement, plaisamment, superbement.△ **ANT.** ANARCHIQUEMENT, CONFUSÉMENT; AFFREUSEMENT, DÉSAGRÉABLEMENT, DISGRACIEUSEMENT, INESTHÉTIQUEMENT, LAIDEMENT, VILAINEMENT.

harmonieux *adj.* ▶ ***Agréable à l'oreille*** – chantant, doux, mélodieux, musical, suave. *DIDACT.* euphonique, eurythmique. ▶ ***Régulier*** – régulier, symétrique. ▶ ***Structuré*** – cohérent, conséquent, consistant, logique, ordonné, structuré, suivi. △ **ANT.** CACOPHONIQUE, CRIARD, DISCORDANT, DISSONANT, FAUX, INHARMONIEUX; CHAOTIQUE, DÉCOUSU, DÉSORDONNÉ, INCOHÉRENT, INCONSÉQUENT, SANS QUEUE NI TÊTE; CONFLICTUEL, OÙ RÈGNE LA DISCORDE.

harmoniser *v.* ▶ ***Réunir ce qui est harmonieux*** – accorder, agencer, assortir, coordonner. ▶ ***Rendre homogène*** – homogénéiser, normaliser, standardiser, unifier, uniformiser. ♦ **s'harmoniser** ▶ ***Se correspondre*** – aller bien, aller ensemble, cadrer, concorder, faire bien, s'accorder, s'associer, s'assortir, (se) correspondre, se marier. ▶ ***Cadrer*** – aller, cadrer, coller, convenir, correspondre, répondre, s'accorder, s'appliquer. △ **ANT.** DÉSACCORDER; CONTRASTER. ♦ **s'harmoniser** DÉTONNER, DISSONER.

harnais *n.m.* ▶ ***Harnachement*** – attelage, bât, caparaçon, harnachement, joug, sellerie. ▶ ***Système de sangles*** – baudrier, harnais (de sécurité).

hasard *n.m.* ▶ ***Imprévu*** – accident, aléa, aléatoire, aventure, cas fortuit, chance, circonstance, coïncidence, conjoncture, contingence, coup de dés, coup du sort, facteur chance, fortuit, impondérable, imprévu, inattendu, incertitude, indétermination, occurrence, rencontre, sort. *SOUT.* fortune. *PHILOS.* casualisme, casualité, indéterminisme. *FIG.* loterie. ▸ *Heureux* – aubaine, chance, coup de chance, heureux hasard, occasion. *SOUT.* fortune. *FAM.* baraka, (coup de) bol, occase, pot, veine. ▸ *Malheureux* – accident, coup du destin, coup du sort, coup dur, cruauté du destin, fatalité, fortune contraire, infortune, malchance, malheur, mauvais sort, mauvaise fortune, sort contraire, vicissitude. *SOUT.* adversité, infélicité. *FAM.* chiasse, déveine, guigne, manque de bol, manque de pot, poisse, scoumoune. *FRANCE FAM.* cerise, débine, guignon, mélasse, mouscaille. ▶ ***Destin*** – avenir, chance, demain(s), destin, destinée, devenir, étoile, existence, fatalité, fortune, futur, horizon, karma, lendemain(s), lot, nécessité, prédestination, prédétermination, prédéterminisme, providence, sort, vie. *SOUT.* fatum, Parque. ▶ ***Danger*** – aléa, casse-cou, danger, détresse, difficulté, écueil, embûche, épée de Damoclès, épouvantail, guêpier, impasse, imprudence, insécurité, mauvais pas, menace, perdition, péril, piège, point chaud, point sensible, poudrière, récif, risque, spectre, traverse, urgence, volcan. *SOUT.* tarasque. *FRANCE FAM.* casse-gueule. △ **ANT.** DÉTERMINISME, FINALITÉ, NÉCESSITÉ; PRÉVISIBILITÉ; CALCUL, PRÉVISION.

hasarder *v.* ▶ ***Livrer au hasard*** – aventurer, compromettre, exposer, jouer, mettre en jeu, mettre en péril, risquer. ▶ ***Oser une parole*** – avancer, oser, risquer. ♦ **se hasarder** ▶ ***Se risquer*** – s'avancer, s'aventurer, s'essayer à, se risquer. ♦ **hasardé** ▶ ***Douteux*** – aléatoire, casuel, conditionnel, conjectural, contingent, douteux, éventuel, hasardeux, hypothétique, incertain, possible, problématique, supposé. ▶ ***Risqué*** – audacieux, aventuré, aventureux, dangereux, fou, hardi, hasardeux, imprudent, osé, périlleux, risqué, suicidaire, téméraire. *SOUT.* scabreux. *FAM.* casse-cou, casse-gueule.

hasardeux *adj.* audacieux, aventuré, aventureux, dangereux, fou, hardi, hasardé, imprudent, osé, périlleux, risqué, suicidaire, téméraire. *SOUT.* scabreux. *FAM.* casse-cou, casse-gueule. △ **ANT.** SANS DANGER, SANS RISQUE, SÛR.

hâte *n.f.* ▶ ***Rapidité*** – activité, agilité, célérité, diligence, empressement, précipitation, promptitude, rapidité, vélocité, vitesse, vivacité. *SOUT.* prestesse. ▶ ***Impatience*** – avidité, brusquerie, désir, empressement, fièvre, fougue, impatience, impétuosité, précipitation, presse, urgence, urgent. ▶ ***Agitation*** – activité, affairement, affolement, agitation, alarme, animation, bouillonnement, branle-bas (de combat), bruit, dérangement, désordre, désorganisation, détraquement, effervescence, excitation, fourmillement, grouillement, incohérence, mouvement, orage, précipitation, remous, remue-ménage, secousse, tempête, tohu-bohu, tourbillon, tourmente, trépidation, trouble, tumulte, turbulence, va-et-vient. *SOUT.* émoi, remuement. *FAM.* chambardement. ▶ ***Précocité*** – avance, précocité, prématurité, rapidité. ▶ ***Accélération*** – accélération, accroissement, activation, augmentation de cadence, augmentation de vitesse, fuite en avant, précipitation. △ **ANT.** LENTEUR; PATIENCE, RETENUE; CALME; MODÉRATION, RALENTISSEMENT, RETARDEMENT; ATERMOIEMENT, TEMPORISATION.

hâter *v.* ▶ ***Accélérer*** – accélérer, activer, brusquer, précipiter, presser. *SOUT.* diligenter. ▶ ***Faire arriver plus vite*** – avancer, brusquer, devancer, précipiter. ♦ **se hâter** ▶ ***Se dépêcher*** – courir, faire vite, s'empresser, se dépêcher, se précipiter, se presser. *FAM.* activer, bourrer, pédaler, se dégrouiller, se grouiller, se magner, se magner le popotin. △ **ANT.** FREINER, MODÉRER, RALENTIR; AJOURNER, DIFFÉRER, REMETTRE, REPOUSSER, SURSEOIR. ♦ **se hâter** ATERMOYER, ATTENDRE, PROCRASTINER, RETARDER, TARDER, TÂTONNER, TEMPORISER, TERGIVERSER, TRAÎNER.

hâtif *adj.* ▶ ***Qui a lieu en avance*** – anticipé, précoce, prématuré. ▶ ***Qui est fait à la hâte*** – expéditif, précipité, rapide, sommaire. ▸ *Non favorable* – bâclé, expédié. *FAM.* cochonné, salopé, torché, torchonné. △ **ANT.** TARDIF; MÉTICULEUX, MINUTIEUX, SCRUPULEUX, SOIGNÉ.

hausse *n.f.* accentuation, accroissement, accrue, agrandissement, amplification, arrondissement, augmentation, bond, boom, crescendo, croissance, crue, décuplement, développement, dilatation, élargissement, élévation, enflement, enrichissement, envolée, essor, évolution, expansion, extension, flambée, foisonnement, gonflement, gradation, grossissement, haussement, inflation, intensification, majoration, montée, poussée, progrès, progression, recrudescence, redoublement, redressement, rehaussement, relèvement, renchérissement, renforcement, revalorisation, valorisation. △ ANT. BAISSE, DÉCROISSANCE, DÉPRÉCIATION, DIMINUTION, EFFONDREMENT.

hausser *v.* ▸ ***Mettre plus haut*** – élever, exhausser, hisser, monter, rehausser, remonter, surélever, surhausser. ▸ ***Rendre plus cher*** – accroître, augmenter, élever, enchérir, majorer. ♦ **se hausser** ▸ ***S'élever dans une hiérarchie*** – monter, s'élever, se hisser. △ ANT. ABAISSER, ABATTRE, BAISSER, COUCHER, DESCENDRE, PENCHER, RENVERSER; AVILIR, DÉPRÉCIER, DÉVALORISER, DIMINUER, RABAISSER.

haut *adj.* ▸ ***De dimension verticale élevée*** – culminant, dominant, élevé, en contre-haut, grand. ▸ ***Supérieur*** – élevé, fort, supérieur, transcendant. ▸ ***Sublime*** – beau, élevé, grand, idéalisé, noble, pur, sublime. SOUT. éthéré. ▸ ***En parlant d'une voix*** – aigrelet, aigu, fluet, flûté, grêle, haut perché, perçant, pointu, suraigu. △ ANT. BAS, INFÉRIEUR; FAIBLE, PETIT; HUMBLE, MODESTE; GRAVE.

haut *n.m.* ▸ ***Dimension verticale*** – altitude, élévation, hauteur, niveau au-dessus de la mer, plafond. MAR. guindant *(mât)*. ▸ ***Point le plus haut*** – cime, couronnement, crête, dessus, faîte, pinacle, point culminant, sommet. ACADIE FAM. fait. △ ANT. BAS, BASE, FOND.

hautain *adj.* arrogant, condescendant, dédaigneux, fier, méprisant, orgueilleux, outrecuidant, pimbêche *(femme)*, pincé, présomptueux, prétentieux, snob, supérieur. SOUT. altier, rogue. FAM. péteux, snobinard, snobinette *(femme)*. QUÉB. FAM. fendant. △ ANT. HUMBLE, MODESTE.

hauteur *n.f.* ▸ ***Altitude*** – altitude, élévation, haut, niveau au-dessus de la mer, plafond. MAR. guindant *(mât)*. ▸ ***Position du haut de qqch.*** – niveau. ▸ ***Relief*** – élévation, éminence. ▸ ***Ondes*** – fréquence, longueur d'onde, période, tonie. ▸ ***Dignité*** – dignité, élévation, générosité, grandeur (d'âme), mérite, noblesse, sublime, sublimité, valeur, vertu. RARE ennoblissement. ▸ ***Orgueil*** – amour-propre, arrogance, autosatisfaction, bouffissure, complaisance, contentement (de soi), crânerie, enflure, fatuité, gloriole, immodestie, importance, jactance, mégalomanie, morgue, orgueil, ostentation, outrecuidance, parade, pose, présomption, prétention, suffisance, superbe, supériorité, vanité, vantardise. SOUT. fierté, infatuation. FAM. ego. ▸ ***Mépris*** – arrogance, condescendance, dédain, dégoût, dérision, mépris, morgue, snobisme. SOUT. déconsidération, mésestimation, mésestime. △ ANT. PROFONDEUR; DÉPRESSION, ENFONCEMENT; ABÎME, BAS-FOND; BASSESSE, MÉDIOCRITÉ, PETITESSE; AFFABILITÉ, HUMILITÉ, SIMPLICITÉ.

haut-le-corps *n.m.* agitation, convulsion, ébranlement, flageolement, frémissement, frisson, frissonnement, grelottement, oscillation, saccade, secousse, soubresaut, sursaut, titubation, tortillage, tortillement, tremblement, tremblotement, trémoussement, trémulation, trépidation, tressaillement, vacillement, vibration. FAM. tremblote.

héberger *v.* ▸ ***Loger*** – abriter, accueillir, coucher, donner l'hospitalité à, donner le gîte à, loger, recevoir, recueillir. △ ANT. CHASSER, CONGÉDIER, DÉLOGER, EXPULSER, RENVOYER.

hébété *adj.* ▸ ***Étonné*** – abasourdi, ahuri, bouche bée, confondu, ébahi, éberlué, estomaqué, étonné, frappé de stupeur, interdit, interloqué, médusé, muet d'étonnement, pantois, pétrifié, sidéré, stupéfait, surpris. FAM. baba, ébaubi, épaté, époustouflé, riboulant, soufflé, suffoqué. ▸ ***Stupide*** – abruti, benêt, bête, bête à manger du foin, borné, crétin, demeuré, idiot, imbécile, inintelligent, niais, nigaud, obtus, sot, stupide. FAM. bébête, bêta, bouché, cloche, con, cruche, débile, gourde, nouille, qui n'a pas inventé la poudre, taré, tarte, zozo. FRANCE FAM. ballot, connard, corniaud, cucul la praline, ganache, nunuche, qui n'a pas inventé le fil à couper le beurre, schnock, tourte. QUÉB. FAM. cabochon, cave, niaiseux, sans-dessein. SUISSE FAM. bobet. △ ANT. IMPASSIBLE, INEXPRESSIF; À L'ESPRIT VIF, BRILLANT, ÉVEILLÉ, INTELLIGENT; ASTUCIEUX, DÉLURÉ, FIN, FINAUD, FUTÉ, HABILE, INGÉNIEUX, INVENTIF, MALIN, RUSÉ.

hébétude *n.f.* ▸ ***État morbide*** – abattement, accablement, anéantissement, catalepsie, catatonie, démotivation, dépression, effondrement, léthargie, marasme, neurasthénie, prostration, sidération, stupeur, torpeur. ▸ ***Abêtissement*** (SOUT.) – abêtissement, ahurissement, crétinisme, encroûtement, engourdissement, gâtisme, hébétement, idiotie, imbécillité, infantilisme, stupidité.

hégémonie *n.f.* autorité, commandement, domination, force, gouvernement *(politique)*, juridiction, loi, maîtrise, pouvoir, puissance, règne, tutelle. SOUT. empire, férule, houlette.

héler *v.* ▸ ***Interpeller*** – apostropher, appeler, interpeller.

hémorragie *n.f.* ▸ ***Afflux de sang*** – afflux (de sang), apoplexie, attaque, cataplexie, coup de sang, embolie, hyperémie, ictus, pléthore, révulsion, stase, tension, thrombose, transport au cerveau, turgescence. ▸ ***Déversement*** – saignée, saignement.

herbe *n.f.* ▸ ***Plante*** – gazon, pelouse.

héréditaire *adj.* atavique, congénital, génétique. △ ANT. ACQUIS; ÉLECTIF.

hérédité *n.f.* ▸ ***Transmission*** – atavisme, micromérisme, transmission des caractères. ▸ ***Généalogie*** – agnation, alliance, arbre généalogique, ascendance, branche, cognation, consanguinité, cousinage, degré, descendance, dynastie, extraction, famille, filiation, fratrie, généalogie, génération, lignage, ligne, lignée, maison, matriarcat, matrilignage, origine, parentage, parenté, parentelle, patriarcat, patrilignage, postérité, primogéniture, quartier (de noblesse), race, sang, souche. RARE fraternité.

hérésie *n.f.* ▸ ***Hétérodoxie*** – hétérodoxie. ▸ ***Dissidence*** – désobéissance, déviation, déviationnisme, division, hétérodoxie, insoumission, insurrection, non-conformisme, opposition, rébellion, révolte, schisme, scission, sécession, séparation. ▸ ***Incroyance*** – agnosticisme, apostasie, athéisme, blasphème, désacralisation, doute, froideur, gentilité, impiété, incrédulité, incroyance, indifférence, infidélité, irréligion, libre pensée, matérialisme, paganisme, panthéisme, péché, profanation, reniement, sacrilège, scandale, scepticisme. SOUT. inobservance. △ ANT. CONFORMISME, ORTHODOXIE; DOGME.

hérétique *adj.* ▸ ***Qui renie l'Église*** – déviationniste, dissident, hétérodoxe, schismatique.

▶ *Qui renie sa religion* – apostat, (laps et) relaps. △ **ANT.** CONFORMISTE, ORTHODOXE, TRADITIONNEL.

hérisser *v.* ▶ *Importuner* (FAM.) – agacer, crisper, énerver, exaspérer, excéder, fatiguer, impatienter, importuner, irriter, porter sur les nerfs de. FAM. barber, casser les pieds à, courir sur le système de, embêter, emmieller, empoisonner, enquiquiner, faire suer, gonfler, horripiler, insupporter, pomper l'air à, scier, tanner, taper sur les nerfs de. FRANCE FAM. bassiner, canuler, cavaler, courir, courir sur le haricot de, soûler. QUÉB. FAM. achaler, déranger. ♦ **se hérisser** ▶ *Manifester son mécontentement* – s'exaspérer, s'irriter, se crisper. QUÉB. FAM. se choquer. ♦ **hérissé** ▶ *Hirsute* – broussailleux, embroussaillé, en bataille, en broussaille, hirsute, inculte. ▶ *Exaspéré* – à bout (de nerfs), à cran, agacé, crispé, énervé, exacerbé, exaspéré, irrité. △ **ANT.** APLATIR, LISSER; ADOUCIR, CALMER.

héritage *n.m.* ▶ *Patrimoine* – apanage, bien, domaine, fortune, légitime, legs, majorat, patrimoine, propriété, succession. RELIG. défroque.

hériter *v.* ▶ *Recevoir par voie d'héritage* – avoir en partage, recevoir en partage.

héritier *n.* ▶ *Acquéreur* – acquéreur, bénéficiaire, donataire, légataire, portionnaire. ▶ *Successeur* – ayant cause, continuateur, dauphin, enfant, fils, remplaçant, successeur, successible. SOUT. épigone, hoir. ▶ *Descendant* – enfant, petit, progéniture, rejeton. SOUT. chair de sa chair, fruit. FAM. gamin. △ **ANT.** AUTEUR, DE CUJUS, TESTATEUR; DEVANCIER.

hermétique *adj.* ▶ *Étanche* – clos, étanche, fermé. ▶ *Difficile à comprendre* – cabalistique, caché, cryptique, énigmatique, ésotérique, impénétrable, inaccessible, incompréhensible, inconcevable, inconnaissable, indéchiffrable, indécodable, inexplicable, insaisissable, insondable, mystérieux, obscur, opaque, secret, ténébreux. SOUT. abscons, abstrus, sibyllin. ▶ *Inexpressif* – fermé, impassible, impénétrable, inexpressif. △ **ANT.** À LA PORTÉE DE TOUS, ACCESSIBLE, CLAIR, COMPRÉHENSIBLE, ÉVIDENT, INTELLIGIBLE, LIMPIDE, SIMPLE, TRANSPARENT; COMMUNICATIF, OUVERT, VIF, VIVANT.

héroïque *adj.* ▶ *Courageux* – brave, courageux, intrépide, vaillant, valeureux. SOUT. sans peur et sans reproche. △ **ANT.** CRAINTIF, LÂCHE, PEUREUX, TIMIDE.

héroïquement *adv.* fameusement, glorieusement, historiquement, magnifiquement, mémorablement, proverbialement, splendidement, superbement. △ **ANT.** HONTEUSEMENT, IGNOBLEMENT, IGNOMINIEUSEMENT, INDIGNEMENT.

héroïsme *n.m.* ▶ *Courage* – audace, bravoure, cœur, cœur au ventre, courage, cran, hardiesse, intrépidité, mépris du danger, témérité, vaillance. RARE héroïcité. SOUT. valeur. FAM. tripes. △ **ANT.** LÂCHETÉ; BASSESSE, MESQUINERIE.

héros *n.m.* ▶ *Idole* – brave, demi-dieu, dieu, exemple, géant, glorieux, grand, idole, modèle, titan. SOUT. parangon. ▶ *Personnage central* – acteur, intervenant, personnage central, personnage principal, protagoniste. ▶ *Personne mourant pour une cause* – martyr, saint. △ **ANT.** LÂCHE; BRAVACHE, HÂBLEUR.

hésitant *adj.* ▶ *Indécis* – embarrassé, flottant, fluctuant, incertain, indécis, indéterminé, irrésolu, perplexe, velléitaire. FRANCE FAM. entre le zist et le zest, vasouillard. MÉD. aboulique. ▶ *Réticent* – réservé, réticent. ▶ *Qui dénote de l'hésitation* – faible, mal assuré, tremblant. ▶ *En parlant de la voix, des paroles* – balbutiant, bégayant, bredouillant. △ **ANT.** ASSURÉ, DÉCIDÉ, FERME, RÉSOLU.

hésitation *n.f.* ▶ *Irrésolution* – doute, embarras, flottement, incertitude, inconstance, indécision, indétermination, instabilité, irrésolution, perplexité, procrastination, réticence, scrupule, tâtonnement, trouble, vacillement, valse-hésitation, velléité, versatilité. SOUT. limbes. ▶ *Tergiversation* – atermoiement, attentisme, échappatoire, faux-fuyant, lenteur, manœuvre dilatoire, procrastination, retardement, temporisation, tergiversation. DR. préfixion. QUÉB. FAM. niaisage, taponnage. △ **ANT.** APLOMB, ASSURANCE, DÉCISION, DÉTERMINATION, FERMETÉ, RÉSOLUTION, VOLONTÉ.

hésiter *v.* ▶ *Avoir du mal à prendre une décision* – s'interroger. FAM. se tâter. QUÉB. FAM. niaiser, taponner. SUISSE être sur le balan. ▶ *Avoir du mal à choisir entre deux choses* – balancer, flotter, osciller. ▶ *Procéder de façon hésitante* – essayer, tâtonner. ▶ *Balbutier* – ânonner, bafouiller, balbutier, bégayer, bredouiller, chercher ses mots. ▶ *Craindre* – avoir scrupule, craindre. △ **ANT.** CHOISIR, DÉCIDER, SE PRONONCER; AGIR.

hétérogène *adj.* bigarré, complexe, composite, disparate, dissemblable, divers, diversifié, éclectique, hétéroclite, mélangé, mêlé, mixte, multiple, varié. SOUT. pluriel. RARE inhomogène. △ **ANT.** ASSORTI, COORDONNÉ, HARMONIEUX, HOMOGÈNE.

heure *n.f.* ▶ *Période* – FAM. plombe. ▶ *Époque* – âge, cycle, date, époque, ère, étape, génération, jour, moment, période, règne, saison, siècle, temps. ▶ *Occasion* – cas, circonstance, coup, fois, moment, occasion, occurrence.

heureusement *adv.* ▶ *Favorablement* – à point (nommé), à propos, à temps, agréablement, au bon moment, avantageusement, bien, commodément, convenablement, favorablement, inespérément, judicieusement, opportunément, par bonheur, par miracle, précieusement, providentiellement, salutairement, utilement. FAM. à pic. ▶ *Joyeusement* – agréablement, allègrement, avec entrain, béatement, bienheureusement, de bon cœur, en gaieté, euphoriquement, extatiquement, gaiement, jovialement, joyeusement, plaisamment, radieusement, sans souci. △ **ANT.** MALHEUREUSEMENT; MAL; MALADROITEMENT, MALHABILEMENT.

heureux *adj.* ▶ *Ravi* – au comble du bonheur, au septième ciel, aux anges, béat, comblé, en fête, en joie, en liesse, enchanté, euphorique, extasié, extatique, exultant, fou de joie, le cœur en joie, radieux, ravi, rayonnant, réjoui, resplendissant de bonheur, ruisselant de joie, transporté de joie, triomphant. SOUT. aise, bienheureux. FAM. jubilant. ▶ *Satisfait* – content, fier, fiérot, satisfait. FAM. joice. ▶ *Prospère* – beau, brillant, faste, fécond, florissant, prospère, riche. ▶ *Chanceux* – bien loti, chanceux, favorisé, fortuné. FAM. veinard. FRANCE FAM. chançard, verni.

▶ *Qui tombe bien* – bien venu, bienvenu, bon, favorable, opportun, propice, qui tombe à pic. ▶ *Qui convient* – à propos, adapté, adéquat, approprié, bien trouvé, bien venu, bon, conforme, convenable, correct, de circonstance, indiqué, juste, opportun, pertinent, propice, propre. SOUT. ad hoc, congruent, expédient, idoine. DIDACT. topique. ▶ *Dans les formules de politesse* – charmé, enchanté, ravi. △ **ANT.** MALHEUREUX; AFFLIGÉ, DÉSESPÉRÉ, TRISTE; INFORTUNÉ, MALCHANCEUX; CONTRARIÉ, FÂCHÉ, INSATISFAIT, MÉCONTENT; DÉPLORABLE, DÉSASTREUX, DÉSOLANT, FÂCHEUX, REGRETTABLE; DÉPLACÉ, HORS DE PROPOS, IMPORTUN, INCONGRU, INOPPORTUN, INTEMPESTIF, MAL À PROPOS, MAL VENU, MALENCONTREUX.

heurt *n.m.* ▶ *Choc* – accrochage, choc, cognement, collision, coup, entrechoquement, impact, percussion, rencontre, secousse. ▶ *Contraste* – antithèse, contraste, désaccord, désagencement, désassortiment, déséquilibre, différence, discordance, disharmonie, disparité, disproportion, dissemblance, hétérogénéité, opposition, repoussoir. SOUT. disconvenance, tapage. ▶ *Antagonisme* – affrontement, antagonisme, combat, compétition, concurrence, conflit, contentieux, contestation, controverse, débat, désaccord, différend, discorde, discussion, dispute, dissension, dissentiment, divergence, émulation, friction, incompatibilité, incompréhension, lutte, mésentente, mésintelligence, opposition, polémique, querelle, rivalité. FAM. bagarre. ▶ *Dispute* – accrochage, algarade, altercation, brouille, brouillerie, chicane, controverse, démêlé, désaccord, désunion, différend, discorde, dispute, divergence, escarmouche, explication, fâcherie, froid, joute oratoire, litige, malentendu, mésentente, passe d'armes, polémique, querelle, rupture, scène, zizanie. FAM. bagarre, bisbille, bringue, chamaille, chamaillerie, empoignade, empoignement, engueulade, prise de bec, séance. BELG. FAM. bisbrouille. ▶ *Bataille* – accrochage, action (de guerre), affrontement, assaut, attaque, bagarre, bataille, choc, combat, conflit, duel, échauffourée, empoignade, empoignement, engagement, escarmouche, ferraillement, feu, guérilla, guerre, hostilités, lutte, mêlée, opération, pugilat, rencontre, rixe. FAM. baroud, baston, bigorne, casse-gueule, casse-pipe, castagne, guéguerre, rif, rififi, riflette. BELG. FAM. margaille. MILIT. blitz *(de courte durée)*. △ **ANT.** HARMONIE; CONCILIATION.

heurter *v.* ▶ *Frapper* – buter contre, cogner, donner dans, frapper, rentrer dans. QUÉB. FAM. accrocher. ▸ *Une voiture* – caramboler, emboutir, frapper, percuter, rentrer dans, tamponner, télescoper. FAM. emplafonner. ▶ *Offusquer* – atteindre (dans sa dignité), blesser (dans sa dignité), choquer, cingler, désobliger, effaroucher, égratigner, froisser, humilier, insulter, mortifier, offenser, offusquer, outrager, piquer au vif, toucher au vif, ulcérer, vexer. SOUT. fouailler. ▶ *Choquer l'œil, l'oreille* – agresser, blesser, choquer, déplaire à, offenser. ♦ **se heurter** ▶ *Rencontrer une difficulté* – buter sur, trébucher sur. SOUT. broncher contre/sur, s'achopper à. ▶ *Se choquer l'un contre l'autre* – s'entrechoquer. ♦ **heurté** ▶ *En parlant du débit* – discontinu, haché, irrégulier, saccadé, sautillant. DIDACT. capricant. ▶ *En parlant du style* – haché, raboteux, rocailleux, saccadé. △ **ANT.** ÉVITER; DÉFENDRE, PRÉSERVER, PROTÉGER; MÉNAGER; CHARMER, PLAIRE. ♦ **se heurter** S'ENTENDRE, SE RÉCONCILIER; S'HARMONISER.

hic *n.m.* ▶ *Obstacle* (FAM.) – accroc, adversité, anicroche, barrière, blocage, contrariété, contretemps, défense, difficulté, digue, écueil, embarras, empêchement, ennui, entrave, frein, gêne, impasse, impossibilité, inhibition, interdiction, objection, obstruction, ombre au tableau, opposition, pierre d'achoppement, point noir, problème, résistance, restriction, tribulations. SOUT. achoppement, impedimenta, traverse. FAM. lézard, os, pépin. QUÉB. FAM. aria. RARE empêtrement.

hideux *adj.* à faire peur, affreux, déplaisant, disgracieux, horrible, ignoble, inesthétique, informe, ingrat, inharmonieux, laid, laideron *(femme)*, monstrueux, repoussant, répugnant, vilain. SOUT. malgracieux, répulsif. FAM. blèche, dégueu, dégueulasse, mochard, moche, tarte, tartignolle, tocard. △ **ANT.** À CROQUER, ADORABLE, CHARMANT, COQUET, DÉLICIEUX, GENTIL, GRACIEUX, JOLI, MIGNON, RAVISSANT; ADMIRABLE, BEAU, ÉBLOUISSANT, MAGNIFIQUE, SPLENDIDE, SUPERBE.

hier *adv.* ▶ *Dans le passé* – à une époque lointaine, anciennement, antiquement, au temps ancien, autrefois, dans l'ancien temps, dans l'antiquité, dans le passé, dans les temps anciens, de ce temps-là, en ce temps-là, il y a longtemps, jadis, naguère *(passé récent)*, par le passé. FAM. dans le temps. △ **ANT.** AUJOURD'HUI; DEMAIN.

hiérarchie *n.f.* ▶ *Organisation* – autorité, commandement, ordre, rang, subordination. RARE notabilité. ▶ *Classification* – catégorisation, classification, compartimentage, compartimentation, hiérarchisation, nomenclature, systématique, taxinomie, taxologie, terminologie, typologie. △ **ANT.** ANARCHIE, DÉSORDRE; ÉGALITÉ.

hirsute *adj.* broussailleux, embroussaillé, en bataille, en broussaille, hérissé, inculte. △ **ANT.** COIFFÉ, PEIGNÉ.

hisser *v.* ▶ *Soulever* – élever, lever, soulever. ▶ *Mettre plus haut* – élever, exhausser, hausser, monter, rehausser, remonter, surélever, surhausser. ♦ **se hisser** ▶ *S'élever dans une hiérarchie* – monter, s'élever, se hausser. △ **ANT.** ABAISSER, DESCENDRE; AMENER, BAISSER; ABATTRE, PRÉCIPITER, RENVERSER.

histoire *n.f.* ▶ *Passé* – ancien temps, antécédents, antériorité, antiquité, bon vieux temps, histoire (ancienne), le temps jadis, nuit des temps, passé, temps révolus, tradition. BELG. rétroactes. ▶ *Vécu* – cheminement, expérience (de vie), histoire (personnelle), itinéraire, passé, trajectoire, vécu. ▶ *Récit historique* – anecdote, annales, autobiographie, biographie, carnet, chroniques, chronologie, commentaires, confessions, évocation, historiographie, historique, journal, mémoires, mémorial, souvenirs, vie. ▶ *Narration* – compte rendu, description, exposé, exposition, narration, peinture, procès-verbal, rapport, relation, reportage, tableau. SOUT. radiographie. ▶ *Conte* – chantefable, chronique, conte, épopée, fabliau, historiette, légende, monogatari *(Japon)*, mythe, nouvelle, odyssée, roman, saga. ▸ *À valeur morale* – allégorie, apologue, fable, parabole. ▶ *Fiction* – affabulation, artifice, chimère, combinaison, comédie, expédient, fabrication, fabulation, fantaisie, feinte, fiction, fumisterie, idée, imagination, invention, irréalité, légende, mensonge, rêve, roman, saga, songe. PSYCHOL. confabulation, mythomanie. ▶ ***Plaisanterie*** – badinage, baliverne, blague, bon mot, bouffonnerie, boutade, cabriole, calembour, calembredaine, clownerie, drôlerie, facétie, farce, galéjade, gauloiserie, histoire (drôle), humour, joyeuseté, mot pour rire, pitrerie, plaisanterie. SOUT. arlequinade. FAM. astuce, flan, gag, gaudriole, histoire de fous. FRANCE RÉGION. galéjade. BELG. zwanze. SUISSE witz.

historique *adj.* ▶ ***Véridique*** – attesté, authentique, exact, factuel, positif, réel, véridique, véritable, vrai. ▶ ***Légendaire*** – célèbre, connu, de grand renom, fameux, glorieux, illustre, immortel, inoubliable, légendaire, marquant, mémorable, notoire, proverbial, reconnu, renommé, réputé. ▶ *Non favorable* – de triste mémoire. ▶ ***En linguistique*** – diachronique. △ **ANT.** CHIMÉRIQUE, FANTASTIQUE, FICTIF, IMAGINAIRE, LÉGENDAIRE, MYTHIQUE, MYTHOLOGIQUE.

historique *n.m.* ▶ ***Récit*** – anecdote, annales, autobiographie, biographie, carnet, chroniques, chronologie, commentaires, confessions, évocation, histoire, historiographie, journal, mémoires, mémorial, souvenirs, vie.

historiquement *adv.* ▶ ***Chronologiquement*** – chronologiquement, par ordre chronologique, temporellement. ▶ ***Glorieusement*** – fameusement, glorieusement, héroïquement, magnifiquement, mémorablement, proverbialement, splendidement, superbement.

hiver *n.m.* mauvaise saison, saison froide, saison hivernale. SOUT. bise. △ **ANT.** ÉTÉ.

hochement *n.m.* frétillement. SOUT. remuement, secouement.

holocauste *n.m.* ▶ ***Sacrifice rituel*** – libation, oblats, offrande. SOUT. oblation. ▶ ***Massacre*** – anéantissement, assassinat, boucherie, carnage, destruction, extermination, hécatombe, massacre, saignée, tuerie. SOUT. (lourd) tribut. FAM. étripage. ▶ ***Privation*** (SOUT.) – abnégation, altruisme, désintéressement, détachement, dévouement, effacement, humilité, oubli de soi, privation, renoncement, résignation, sacrifice.

hommage *n.m.* ▶ ***Respect*** – admiration, considération, déférence, égard, estime, ménagement, respect, révérence. ▶ ***Don*** – aide, allocation, apport, assistance, aumône, bonne œuvre, charité, dation, disposition, distribution, don, faveur, grâce, indemnité, obole, prestation, secours, soulagement, subside, subvention. SOUT. bienfait. FAM. dépannage. DR. donation, fidéicommis, legs, libéralité. RELIG. bénédiction, charisme. ▶ ***Salut*** – baisemain, civilités, compliments, coup de chapeau, courbette, génuflexion, inclination, poignée de main, prosternation, révérence, salut, salutation. FAM. salamalecs. △ **ANT.** AFFRONT, INSULTE, OFFENSE.

homme *n.m.* ▶ ***Individu de l'espèce humaine*** – être humain, humain, personne, terrien *(science-fiction)*. ZOOL. homo sapiens (sapiens). SOUT. mortel. ▶ ***Individu de la famille de l'homme*** – ZOOL. homo. ▶ ***Humanité*** – espèce (humaine), humanité, la terre. SOUT. race humaine. ▶ ***Personne de sexe masculin*** – individu. FAM. bonhomme *(assez vieux)*, bougre, diable, gaillard *(jeune)*, gars *(jeune)*, mec, type. FRANCE FAM. bonze, gazier, pèlerin, pingouin. PÉJ. FAM. loustic, particulier. ▶ *Appellatifs* – don *(Espagne)*, monsieur, sahib *(Inde)*, sir *(anglais)*. FAM. m'sieu, patron, père. ▶ ***Époux*** (FAM.) – conjoint, époux, mari. SOUT. compagnon (de vie), douce moitié, tendre moitié. FAM. jules, mec, moitié. PAR PLAIS. seigneur et maître. ▶ ***Homme viril*** – mâle, (vrai) homme. FRANCE FAM. mec. ▶ ***Homme courageux*** – audacieux, aventurier, battant, brave (à trois poils), courageux, dur (à cuire), fonceur, lion, stoïque, (vrai) homme. FAM. baroudeur, va-de-l'avant. ▶ ***Homme fort*** – athlète, colosse, costaud, fort des Halles, gaillard, hercule, (homme) fort, puissant. FAM. armoire à glace, Tarzan. FRANCE FAM. armoire normande, balèze, malabar, mastard. △ **ANT.** FEMME; ENFANT.

homogène *adj.* ▶ ***Semblable*** – analogue, apparenté, approchant, assimilable, comparable, conforme, contigu, correspondant, équivalent, homologue, indifférencié, pareil, parent, proche, ressemblant, semblable, similaire, voisin. FAM. kif-kif. DIDACT. commensurable. ▶ ***Uniforme*** – cohérent, uni, uniforme. △ **ANT.** DISPARATE, HÉTÉROCLITE, HÉTÉROGÈNE, MÉLANGÉ, MÊLÉ.

homogénéiser *v.* ▶ ***Uniformiser*** – harmoniser, normaliser, standardiser, unifier, uniformiser. △ **ANT.** DIVERSIFIER, VARIER; CONTRASTER.

homogénéité *n.f.* ▶ ***Absence d'autres substances*** – pureté. ▶ ***Solidité*** – cohésion, compacité, consistance, coriacité, dureté, fermeté, fixité, force, indélébilité, indestructibilité, inextensibilité, massiveté, monolithisme, résilience, résistance, rigidité, robustesse, solidité, sûreté. ▶ ***Cohérence*** – cohérence, cohésion, consistance, égalité, liaison, logique, non-contradiction, régularité, uniformité, unité. LING. signifiance. △ **ANT.** HÉTÉROGÉNÉITÉ.

honnête *adj.* ▶ ***Intègre*** – à l'abri de tout soupçon, au-dessus de tout soupçon, consciencieux, digne de confiance, droit, fiable, incorruptible, insoupçonnable, intègre, probe, propre, scrupuleux, sûr. ▶ ***Franc*** – correct, droit, franc, loyal, probe, régulier. FAM. carré, réglo, rond. ▶ ***Respectable*** – bien, bienséant, convenable, correct, de bon ton, décent, digne, fréquentable, honorable, moral, rangé, recommandable, respectable, sérieux. FAM. comme il faut. ▶ ***Satisfaisant*** – acceptable, approuvable, bien, bon, convenable, correct, décent, honorable, moyen, passable, présentable, raisonnable, satisfaisant, suffisant. FAM. O.K., potable, supportable. △ **ANT.** DÉLOYAL, LOUCHE, MALHONNÊTE, SANS SCRUPULE, VÉREUX; FAUX, FOURBE, HYPOCRITE, MENTEUR, PERFIDE, SOURNOIS, TORTUEUX, TROMPEUR; INSATISFAISANT, INSUFFISANT.

honnêtement *adv.* ▶ ***Intègrement*** – bien, droitement, exemplairement, honorablement, incorruptiblement, intègrement, irréprochablement, loyalement, saintement, vertueusement. FAM. à la loyale, proprement. ▶ ***Impartialement*** – démocratiquement, équitablement, impartialement, justement, lucidement, objectivement. ▶ ***Franchement*** – à la loyale, authentiquement, de bonne foi, en toute bonne foi, franc, franchement, loyalement, ouvertement, sincèrement, uniment. FAM. franco. ▶ ***Décem-***

ment – angéliquement, chastement, décemment, discrètement, exemplairement, modestement, moralement, pudiquement, purement, sagement, saintement, vénérablement, vertueusement, virginalement. ▶ *Assez* – à satiété, amplement, assez, autant qu'il faut, ce qu'il faut, convenablement, en quantité suffisante, passablement, plutôt, quelque peu, raisonnablement, suffisamment, valablement. FAM. jusqu'à plus soif, marre. FRANCE FAM. class. ▶ *Moyennement* – médiocrement, modérément, moyennement, passablement, tièdement. FAM. comme ci comme ça, couci-couça, moitié-moitié, pas mal. △ **ANT.** MALHONNÊTEMENT, MENSONGÈREMENT, SOURNOISEMENT, TORTUEUSEMENT, TRAÎTREUSEMENT, TROMPEUSEMENT; COUPABLEMENT, CRIMINELLEMENT, FRAUDULEUSEMENT, ILLÉGALEMENT; ARBITRAIREMENT, INÉQUITABLEMENT, INJUSTEMENT, PARTIALEMENT, TENDANCIEUSEMENT; DÉRISOIREMENT, INSUFFISAMMENT, MÉDIOCREMENT, PAUVREMENT; À LA PERFECTION, À MERVEILLE, À RAVIR, ADMIRABLEMENT, DIVINEMENT, EXTRAORDINAIREMENT, IMPECCABLEMENT, INCOMPARABLEMENT, LE MIEUX DU MONDE, MERVEILLEUSEMENT, MIRIFIQUEMENT, ON NE PEUT MIEUX, PARFAITEMENT, PRODIGIEUSEMENT.

honnêteté *n.f.* ▶ *Intégrité* – conscience, droiture, exactitude, fidélité, franchise, incorruptibilité, intégrité, irréprochabilité, justice, loyauté, mérite, moralité, netteté, probité, scrupule, sens moral, transparence, vertu. ▶ *Pureté* – candeur, fleur, fraîcheur, ingénuité, innocence, naïveté, pureté, simplicité. ▶ *Décence* – bienséance, bon ton, chasteté, convenance, correction, décence, délicatesse, dignité, discrétion, éducation, fierté, gravité, honneur, modestie, politesse, propreté, pudeur, quant-à-soi, réserve, respect, retenue, sagesse, sobriété, tact, tenue, vertu. SOUT. pudicité. △ **ANT.** DÉLOYAUTÉ, IMMORALITÉ, IMPROBITÉ, MALHONNÊTETÉ; GROSSIÈRETÉ, IMPOLITESSE, INDÉCENCE.

honneur *n.m.* ▶ *Réputation* – honorabilité, réputation, respectabilité, valeur. ▶ *Gloire* – apothéose, bonheur, bonne fortune, boum, consécration, couronnement, gloire, lauriers, prospérité, retentissement, réussite, succès, triomphe, trophée. FAM. malheur, (succès) bœuf, tabac. FRANCE FAM. carton, saucisson, ticket. ▶ *Distinction* – décoration, dignité, égards, élévation, faveur, pourpre, prérogative, promotion. ▶ *Privilège* – acquis, apanage, attribution, avantage, bénéfice, chasse gardée, concession, droit, exclusivisme, exclusivité, exemption, faveur, immunité, inviolabilité, monopole, passe-droit, pouvoir, préférence, prérogative, privilège. ANC. franchise. RELIG. indult. ▶ *Décence* – bienséance, bon ton, chasteté, convenance, correction, décence, délicatesse, dignité, discrétion, éducation, fierté, gravité, honnêteté, modestie, politesse, propreté, pudeur, quant-à-soi, réserve, respect, retenue, sagesse, sobriété, tact, tenue, vertu. SOUT. pudicité. ▶ *Carte* – figure, haute carte, tête. △ **ANT.** DÉSHONNEUR, DISCRÉDIT, HONTE, INFAMIE, OPPROBRE; HUMILIATION, VEXATION; IMPUDEUR, INDÉCENCE.

honorable *adj.* ▶ *Digne d'estime* – appréciable, bien, bon, considéré, de bon aloi, digne, estimable, estimé, louable, méritant, méritoire, respectable. ▶ *Qui respecte les convenances* – bien, bienséant, convenable, correct, de bon ton, décent, digne, fréquentable, honnête, moral, rangé, recommandable, respectable, sérieux. FAM. comme il faut. ▶ *Satisfaisant* – acceptable, approuvable, bien, bon, convenable, correct, décent, honnête, moyen, passable, présentable, raisonnable, satisfaisant, suffisant. FAM. O.K., potable, supportable. △ **ANT.** ABJECT, CRAPULEUX, DÉGOÛTANT, IGNOBLE, INDIGNE, INFÂME, MÉPRISABLE, ODIEUX, RÉPUGNANT; AVILISSANT, DÉSHONORANT, HONTEUX, INFAMANT; INSATISFAISANT, INSUFFISANT.

honorablement *adv.* ▶ *Intègrement* – bien, droitement, exemplairement, honnêtement, incorruptiblement, intègrement, irréprochablement, loyalement, saintement, vertueusement. FAM. à la loyale, proprement. ▶ *Dignement* – aristocratiquement, augustement, dignement, fièrement, gravement, majestueusement, noblement, princièrement, royalement, solennellement. △ **ANT.** COUPABLEMENT, CRIMINELLEMENT, FRAUDULEUSEMENT, ILLÉGALEMENT; CRAPULEUSEMENT, HONTEUSEMENT, IGNOBLEMENT, IGNOMINIEUSEMENT, INDIGNEMENT, ODIEUSEMENT.

honorer *v.* ▶ *Traiter avec grand respect* – admirer, respecter, révérer, tenir en grand honneur, vénérer. ▶ *Payer* – acquitter, amortir, éteindre, liquider, rembourser, s'acquitter de. ♦ **s'honorer** ▶ *Se vanter* – faire grand cas, s'enorgueillir, se faire gloire, se faire honneur, se flatter, se glorifier, se piquer, se prévaloir, se rengorger, se targuer, se vanter, tirer gloire, tirer vanité. △ **ANT.** ABAISSER, AVILIR, BLASPHÉMER, CALOMNIER, DÉNIGRER, DÉSHONORER, DIFFAMER, FLÉTRIR, MÉPRISER, OFFENSER, OUTRAGER, RABAISSER, VILIPENDER.

honte *n.f.* ▶ *Pudeur* – confusion, contrainte, crainte, embarras, gêne, humilité, pudeur, réserve, retenue, scrupule, timidité. ▶ *Remords* – attrition, componction, contrition, pénitence, regret, remords, repentir. SOUT. repentance, résipiscence. ▶ *Déshonneur* – abaissement, abjection, accroupissement, culpabilisation, dégradation, démérite, déshonneur, discrédit, flétrissure, gifle, humiliation, ignominie, indignité, infamie, infériorisation, mépris, noircissure, opprobre, ridicule, scandale, ternissure. SOUT. turpitude, vilenie. ▶ *Abjection* – abjection, abomination, atrocité, bassesse, boue, corruption, crapulerie, crime, débauche, déshonneur, fange, grossièreté, horreur, ignominie, impureté, indignité, infamie, laideur, misère, monstruosité, noirceur, obscénité, odieux, ordure, saleté, sordide, souillure, vice. SOUT. sordidité, stupre, turpitude, vilenie. FAM. dégoûtation, dégueulasserie, pouillerie. ▶ *Scandale* – choc, commotion, émotion, étonnement, indignation, scandale. △ **ANT.** AUDACE, EFFRONTERIE, IMPUDEUR, INDÉCENCE; GLOIRE, HONNEUR; FIERTÉ.

honteux *adj.* ▶ *Penaud* – confus, embarrassé, mal à l'aise, penaud, piteux, troublé. FAM. dans ses petits souliers. ▶ *Repentant* – contrit, pénitent, repentant. ▶ *Indigne* – abject, bas, coupable, crapuleux, dégoûtant, ignoble, immonde, inavouable, indigne, infâme, infect, innommable, inqualifiable, lâche, méprisable, odieux, repoussant, répugnant, sans nom, scandaleux, sordide, vil. SOUT. fangeux, ignominieux, nauséeux, triste, turpide. FAM. dégueu, dégueulasse, écœurant, salaud. ▶ *Déshonorant* – abaissant, dégradant, déshonorant, humiliant, infamant, rabaissant. △ **ANT.** FIER; ENDURCI, IMPÉNITENT,

INCORRIGIBLE, INCURABLE, INGUÉRISSABLE, INVÉTÉRÉ; DIGNE, HONORABLE, NOBLE.

hooligan (var. **houligan**) *n.m.* barbare, casseur, destructeur, dévastateur, iconoclaste, profanateur, saboteur, saccageur, vandale, violateur.

hôpital *n.m.* ▶ ***Établissement médical*** – clinique, dispensaire, établissement hospitalier, hôtel-Dieu, maison de santé, maternité, policlinique, polyclinique. FAM. hosto. ANC. ambulance. PÉJ. mouroir. ▶ ***Établissement de soins*** (ANC.) – hospice, maison de retraite, résidence pour personnes âgées. PÉJ. mouroir.

hoquet *n.m.* sanglot.

horaire *n.m.* calendrier, échéancier, emploi du temps, minutage, ordre du jour, plan, planification, programme, projet. FAM. menu.

horde *n.f.* ▶ ***Tribu*** – clan, ethnie, groupe, nation, pays, peuplade, peuple, phratrie, population, race, société, tribu. ▶ ***Groupe*** – brigade, caravane, cellule, collectif, colonie, corps, équipe, escadron, escouade, groupe, meute, noyau, peloton, troupe. IRON. fournée. FAM. bataillon, brochette, cohorte. QUÉB. FAM. gang.

horizon *n.m.* ▶ ***Vue*** – champ (de vision), panorama, paysage, perspective, point de vue, site, vue. ▶ ***Avenir*** – avenir, chance, demain(s), destin, destinée, devenir, étoile, existence, fatalité, fortune, futur, hasard, karma, lendemain(s), lot, nécessité, prédestination, prédétermination, prédéterminisme, providence, sort, vie. SOUT. fatum, Parque.

horizontal *adj.* égal, plan, plat, uni. △ **ANT.** VERTICAL; DÉCLIVE, EN PENTE, INCLINÉ, PENCHÉ; DIAGONAL, OBLIQUE.

horreur *n.f.* ▶ ***Peur*** – affolement, alarme, angoisse, appréhension, crainte, effarement, effarouchement, effroi, épouvante, frayeur, grand-peur, hantise, inquiétude, panique, peur, phobie, terreur, transes. SOUT. affres, apeurement. FAM. cauchemar, chiasse, frousse, pétoche, trac, trouille. ▶ ***Dégoût*** – abomination, allergie, aversion, dégoût, écœurement, haine, haut-le-cœur, indigestion, nausée, phobie, répugnance, répulsion, révulsion. SOUT. détestation, exécration. FAM. dégoûtation. ▶ ***Abjection*** – abjection, abomination, atrocité, bassesse, boue, corruption, crapulerie, crime, débauche, déshonneur, grossièreté, honte, ignominie, impureté, indignité, infamie, laideur, misère, monstruosité, noirceur, obscénité, odieux, ordure, saleté, sordide, souillure, vice. SOUT. sordidité, stupre, turpitude, vilenie. FAM. dégoûtation, dégueulasserie, pouillerie. △ **ANT.** ATTRAIT, BEAUTÉ, CHARME; ADMIRATION, AMOUR, SYMPATHIE.

horrible *adj.* ▶ ***Qui fait peur*** – à donner la chair de poule, à faire frémir, à figer le sang, à glacer le sang, affreux, cauchemardesque, cauchemardeux, cauchemaresque, effrayant, effroyable, épouvantable, grand-guignolesque, horrifiant, pétrifiant, terrible, terrifiant, terrorisant. SOUT. horrifique. QUÉB. FAM. épeurant. ▶ ***Cruel*** – abominable, atroce, barbare, inhumain, monstrueux. ▶ ***Laid*** – à faire peur, affreux, déplaisant, disgracieux, hideux, ignoble, inesthétique, informe, ingrat, inharmonieux, laid, laideron *(femme)*, monstrueux, repoussant, répugnant, vilain. SOUT. malgracieux, répulsif. FAM. blèche, dégueu, dégueulasse, mochard, moche, tarte, tartignolle, tocard, vomitif. ▶ ***Mauvais*** – abominable, affreux, atroce, déplorable, désastreux, épouvantable, exécrable, infect, insipide, lamentable, manqué, mauvais, médiocre, minable, navrant, nul, odieux, piètre, piteux, pitoyable, qui ne vaut rien, raté. SOUT. méchant, triste. FAM. à la con, à la flan, à la gomme, à la manque, à la mie de pain, à la noix (de coco), blèche, craignos, crapoteux, moche, pourri, qui ne vaut pas un clou. △ **ANT.** RASSÉRÉNANT, RASSURANT, RÉCONFORTANT, SÉCURISANT; ATTIRANT, ATTRAYANT, ENGAGEANT, INVITANT; À CROQUER, ADORABLE, COQUET, CHARMANT, DÉLICIEUX, GRACIEUX, JOLI, MIGNON, RAVISSANT; ADMIRABLE, BEAU, ÉBLOUISSANT, MAGNIFIQUE, SPLENDIDE, SUPERBE; BRILLANT, EXCELLENT, EXTRAORDINAIRE, FANTASTIQUE, MERVEILLEUX, PARFAIT, PRODIGIEUX, REMARQUABLE, SENSATIONNEL.

horriblement *adv.* abominablement, affreusement, atrocement, déplaisamment, désagréablement, détestablement, disgracieusement, hideusement, inesthétiquement, laidement, monstrueusement, vilainement. FAM. mochement. △ **ANT.** COQUETTEMENT, ÉLÉGAMMENT, GRACIEUSEMENT, HARMONIEUSEMENT, JOLIMENT, MAGNIFIQUEMENT, SUPERBEMENT.

hospice *n.m.* maison de retraite, résidence pour personnes âgées. PÉJ. mouroir. ANC. hôpital.

hospitalier *adj.* accueillant. QUÉB. FAM. recevant. △ **ANT.** ACARIÂTRE, ANTIPATHIQUE, BOURRU, DÉSAGRÉABLE, GRINCHEUX, RÉBARBATIF, REVÊCHE.

hospitalité *n.f.* ▶ ***Accueil*** – accueil, réception. ▶ ***Bon accueil*** – affabilité, amabilité, aménité, attention, bienséance, bonnes manières, civilité, civisme, convivialité, correction, courtoisie, délicatesse, éducation, entregent, galanterie, gentillesse, mondanités, obligeance, politesse, prévenance, savoir-vivre, serviabilité, sociabilité, tact, urbanité. SOUT. gracieuseté, liant. △ **ANT.** EXPULSION, RENVOI.

hostile *adj.* ▶ ***Inamical*** – ennemi, inamical, inhospitalier. ▶ ***Rempli de haine*** – empoisonné, fielleux, haineux, hargneux, malveillant, méchant, perfide, venimeux. SOUT. enfiellé. ▶ ***Opposé*** – fermé, opposé, réfractaire. ▶ ***Défavorable*** – adverse, attentatoire, contraire, défavorable, désavantageux, dommageable, nuisible, pernicieux, préjudiciable. ▶ ***En parlant d'un lieu*** – farouche, ingrat, inhabitable, inhospitalier, sauvage. △ **ANT.** AMI, AMICAL; AFFECTUEUX, AIMANT, AMOUREUX, CAJOLEUR, CÂLIN, CARESSANT, DOUX, TENDRE; APPROBATEUR, CONSENTANT, DISPOSÉ; FAVORABLE, OPPORTUN, PROPICE; ACCUEILLANT, HOSPITALIER.

hostilité *n.f.* ▶ ***Haine*** – agressivité, allergie, animosité, antipathie, aversion, guerre, haine, malveillance, phobie, répugnance, répulsion, ressentiment. SOUT. détestation, exécration, inimitié, venin. ▶ ***Dureté*** – brusquerie, brutalité, dureté, rudesse. SOUT. rudoiement. ▶ ***Agressivité*** – agressivité, brutalité, combativité, malveillance, méchanceté, provocation. SOUT. pugnacité. MÉD. quérulence. ♦ **hostilités,** ***plur.*** ▶ ***Combat*** – accrochage, action (de guerre), affrontement, assaut, attaque, bagarre, bataille, choc, combat, conflit, duel, échauffourée, empoignade, empoignement, engagement, escarmouche, ferraillement, feu, guérilla, guerre, heurt, lutte, mêlée, opération, pugilat, rencontre, rixe. FAM.

baroud, baston, bigorne, casse-gueule, casse-pipe, castagne, guéguerre, rif, rififi, riflette. *BELG. FAM.* margaille. *MILIT.* blitz *(de courte durée)*. △ **ANT.** AMITIÉ; BIENVEILLANCE, CORDIALITÉ, SYMPATHIE. ♦ **hostilités, plur.** ARMISTICE, PAIX, TRÊVE.

hôte *n.* ▸ ***Personne qui reçoit*** – maître (de maison). *SOUT.* amphitryon. ▸ ***Personne chargée de l'accueil*** – réceptionnaire, réceptionniste. ▸ ***Convive*** – banqueteur, commensal, convié, convive, invité. ▸ ***Client*** – colon, fermier, habitant, locataire, métayer, occupant, preneur, sous-locataire. ♦ **hôtesse** ▸ ***Agent de bord*** – hôtesse de l'air *(femme)*. *QUÉB.* agent de bord *(homme ou femme)*. *FRANCE* steward *(homme)*.

hôtel *n.m.* ▸ ***Étape*** – auberge, escale, étape, gîte, halte, hôtellerie, relais. ▸ *Pays arabes* – caravansérail, fondouk, khan. ▸ *Espagne* – posada. ▸ *Québec* – gîte du passant, gîte touristique. ▸ ***Édifice*** – bâtiment, bâtisse, construction, édifice, maison, monument *(caractère historique)*, ouvrage. ▸ *Construction urbaine* – gratte-ciel, immeuble, tour. *FAM.* caserne.

hôtelier *n.* aubergiste, logeur. *FAM.* tôlier. *PÉJ.* marchand de sommeil.

hotte *n.f.* ▸ ***Panier*** – banne, banneton, bannette, bourriche, cabas, cloyère, corbeille, hottereau, hotteret, manne, mannette, panier, panière. *FRANCE RÉGION.* couffe, couffin, gabion. *BOULANG.* paneton. *ANTIQ.* ciste. ▸ ***Panier de vendangeur*** – bouille. *SUISSE* brante. *FRANCE RÉGION.* vendangeoir. ▸ ***Soufflerie*** – aérateur, climatiseur, soufflante, soufflerie, soufflet, turbosoufflante, ventilateur, ventilateur-aérateur. *QUÉB. FAM.* éventail.

houle *n.f.* ▸ ***Grosse vague*** – lame de fond, raz de marée, tsunami. ▸ ***Remous*** – agitation, balancement, ballottement, bercement, branle, branlement, cahotement, flottement, fluctuation, flux et reflux, impulsion, lacet, mouvement, onde, ondoiement, ondulation, oscillation, pulsation, raz de marée, remous, roulis, tangage, va-et-vient, vague, valse, vibration. *FAM.* brimbalement. △ **ANT.** CALME, TRANQUILLITÉ.

houleux *adj.* ▸ ***Au sens propre*** – agité, déchaîné, démonté. *SOUT.* torrentueux, turbide. ▸ ***Au sens figuré*** – agité, mouvementé, orageux, tempétueux, tumultueux, violent. *SOUT.* torrentueux, turbulent. △ **ANT.** CALME; D'HUILE *(MER)*; DÉTENDU, SEREIN, TRANQUILLE.

housse *n.f.* ▸ ***Enveloppe*** – étui, fourreau, gaine. *SUISSE* fourre. ▸ ***Bâche*** – bâche, banne, capot, couverture, prélart, taud, toile. ▸ ***Couverture pour chevaux*** – chabraque.

humain *adj.* ▸ ***Charitable*** – altruiste, bon, charitable, compatissant, désintéressé, fraternel, généreux, humanitaire, philanthrope, qui a bon cœur, secourable. *SOUT.* bienfaisant. ▸ ***Excusable*** – compréhensible, défendable, excusable, justifiable, légitime, naturel, normal. △ **ANT.** DE PIERRE, DUR, ENDURCI, FROID, INDIFFÉRENT, INHUMAIN, INSENSIBLE, SANS-CŒUR, SEC; IMPARDONNABLE, INACCEPTABLE, INCONCEVABLE, INEXCUSABLE, INTOLÉRABLE.

humain *n.* ▸ ***Être humain*** – être humain, homme, personne, terrien *(science-fiction)*. *ZOOL.* homo sapiens (sapiens). *SOUT.* mortel. ▸ ***Ce qui se rapporte à l'humain*** – humanité.

humainement *adv.* charitablement, chevaleresquement, fraternellement, généreusement, grassement, largement, libéralement, magnanimement, prodigalement. *FAM.* chiquement. △ **ANT.** BARBAREMENT, BESTIALEMENT, BRUTALEMENT, CRUELLEMENT, INHUMAINEMENT, MÉCHAMMENT, SADIQUEMENT.

humaniser *v.* ▸ ***Raffiner les mœurs*** – civiliser, décrasser, décrotter, dégrossir, éduquer, policer, raffiner les mœurs de. △ **ANT.** ABRUTIR, DÉSHUMANISER; DIVINISER.

humanisme *n.m.* ▸ ***Renaissance*** – Renaissance. ▸ ***Savoir*** – acquis, bagage, compétence, connaissances, culture (générale), éducation, encyclopédisme, épistémè, érudition, expérience, instruction, lettres, lumières, notions, sagesse, savoir, science. *SOUT.* omniscience. ▸ ***Tolérance*** – bienveillance, bonté, compréhension, douceur, indulgence, irénisme, largeur d'esprit, libéralisme, non-discrimination, non-violence, ouverture (d'esprit), patience, philosophie, réceptivité, respect, tolérance, tolérantisme. *SOUT.* bénignité, longanimité.

humanitaire *adj.* ▸ ***Qui vise le bien de l'humanité*** – philanthropique. *PÉJ.* humanitariste. ▸ ***Charitable*** – altruiste, bon, charitable, compatissant, désintéressé, fraternel, généreux, humain, philanthrope, qui a bon cœur, secourable. *SOUT.* bienfaisant. △ **ANT.** AVARE, CHÉTIF, CHICHE, CUPIDE, ÉGOÏSTE, MESQUIN; DE PIERRE, DUR, ENDURCI, FROID, INDIFFÉRENT, INSENSIBLE, SANS-CŒUR, SEC.

humanité *n.f.* ▸ ***Êtres humains*** – espèce (humaine), homme, la terre. *SOUT.* race humaine. ▸ ***Ce qui se rapporte à l'humain*** – humain. ▸ ***Altruisme*** – aide, allocentrisme, altruisme, amour (d'autrui), assistance, bénévolat, bienveillance, bonté, charité, commisération, compassion, complaisance, convivialité, dévouement, don de soi, empathie, entraide, extraversion, fraternité, générosité, gentillesse, oblativité, oubli de soi, philanthropie, pitié, sensibilité, serviabilité, solidarité, sollicitude. *SOUT.* bienfaisance. ▸ ***Sensibilité*** – affect, affectivité, âme, attendrissement, cœur, compassion, émotion, émotivité, empathie, fibre, impressionnabilité, pitié, romantisme, sensibilité, sentiment, sentimentalité, susceptibilité, sympathie, tendresse, vulnérabilité. *SOUT.* entrailles. *FAM.* tripes. ▸ ***Douceur*** – affabilité, agrément, amabilité, aménité, bénignité, bienveillance, bonhomie, bonté, calme, chaleur, charité, clémence, docilité, douceur, gentillesse, grâce, indulgence, patience, placidité, suavité. *SOUT.* débonnaireté, magnanimité, mansuétude, onction. △ **ANT.** DIVINITÉ; BARBARIE, BESTIALITÉ, BRUTALITÉ, CRUAUTÉ, INHUMANITÉ, MÉCHANCETÉ.

humble *adj.* ▸ ***Simple*** – modeste, sans prétention, simple. ▸ ***D'origine modeste*** – de bas étage, de basse extraction. ▸ ***Dans les formules de politesse*** – dévoué. △ **ANT.** ARROGANT, FIER, HAUTAIN, ORGUEILLEUX, PRÉSOMPTUEUX, PRÉTENTIEUX; GRANDIOSE, MAGNIFIQUE, MAJESTUEUX, MONUMENTAL.

humblement *adv.* modestement, pauvrement, respectueusement, simplement, timidement. △ **ANT.**

FIÈREMENT, LA TÊTE HAUTE, ORGUEILLEUSEMENT, TRIOMPHALEMENT, VANITEUSEMENT.

humer *v.* ▶ ***Sentir*** – flairer, renifler, respirer, sentir, subodorer. *CHASSE* éventer, halener. ▶ ***Inhaler*** – aspirer, inhaler, inspirer, respirer. △ **ANT.** EXHALER, EXPIRER.

humeur *n.f.* ▶ ***Tempérament*** – abord, caractère, comportement, constitution, esprit, état d'âme, état d'esprit, idiosyncrasie, individualité, mentalité, nature, naturel, personnalité, sensibilité, tempérament, trempe. *FAM.* psychologie. *ACADIE FAM.* alément. *PSYCHOL.* thymie. ▶ ***Disposition*** – disposition, état d'esprit, moral. ▶ ***Caprice*** (*SOUT.*) – accès, bizarrerie, bon plaisir, caprice, changement, chimère, coup de tête, envie, extravagance, fantaisie, fantasme, folie, frasque, gré, guise, immaturité, impatience, incartade, inconstance, infantilisme, instabilité, légèreté, lubie, marotte, mobilité, originalité, saute (d'humeur), singularité, sporadicité, variation, versatilité, volonté. *SOUT.* folle gamberge, foucade. *FAM.* toquade. ▶ ***Aigreur*** – acariâtreté, acerbité, acidité, âcreté, acrimonie, agressivité, aigreur, amertume, animosité, âpreté, bave, bile, causticité, colère, dépit, désagrément, dureté, fiel, haine, hargne, irritation, malveillance, maussaderie, mauvaise humeur, méchanceté, mordant, pique, rancœur, rancune, récrimination, ressentiment, rudesse, tranchant, venin, vindicte, virulence. *SOUT.* mordacité. *FAM.* rouspétance. △ **ANT.** IMPASSIBILITÉ, INDIFFÉRENCE.

humide *adj.* ▶ ***Légèrement mouillé*** – humecté, humidifié, suintant. ▶ ***En parlant des yeux*** – embué, mouillé (de larmes). ▶ ***En parlant du corps*** – en sueur, moite. *FAM.* suant. △ **ANT.** ARIDE, SEC.

humidité *n.f.* ▶ ***Eau*** – humide, moiteur, mouillé, mouillure. ▶ ***Teneur*** – degré hygrométrique, hygrométricité. △ **ANT.** ARIDITÉ, SÉCHERESSE, SICCITÉ.

humiliant *adj.* ▶ ***Insultant*** – blessant, choquant, cinglant, désobligeant, froissant, injurieux, insultant, mortifiant, offensant, outrageant, vexant. *SOUT.* sanglant. ▶ ***Dégradant*** – abaissant, dégradant, déshonorant, honteux, infamant, rabaissant. △ **ANT.** BIENSÉANT, COURTOIS, DÉLICAT, POLI; ENCOURAGEANT, POSITIF, VALORISANT.

humiliation *n.f.* ▶ ***Honte*** – abjection, abaissement, accroupissement, culpabilisation, dégradation, démérite, déshonneur, discrédit, flétrissure, gifle, honte, ignominie, indignité, infamie, infériorisation, mépris, noircissure, opprobre, ridicule, scandale, ternissure. *SOUT.* turpitude, vilenie. ▶ ***Vexation*** – affront, crève-cœur, déboires, dégoût, déplaisir, froissement, vexation. *SOUT.* camouflet, désobligeance, soufflet. ▶ ***Abaissement*** – génuflexion, inclinaison, prosternation, prosternement. *RELIG.* prostration. △ **ANT.** GLOIRE, HONNEUR; ÉLOGE, EXALTATION, FLATTERIE, GLORIFICATION, LOUANGE.

humilier *v.* ▶ ***Outrager*** – bafouer, faire affront à, faire injure à, faire insulte à, faire outrage à, injurier, insulter, outrager. *SOUT.* blasphémer, gifler, souffleter. ▶ ***Vexer*** – atteindre (dans sa dignité), blesser (dans sa dignité), choquer, cingler, désobliger, effaroucher, égratigner, froisser, heurter, insulter, mortifier, offenser, offusquer, outrager, piquer au vif, toucher au vif, ulcérer, vexer. *SOUT.* fouailler. ♦ **s'humilier** ▶ ***Faire preuve d'humilité*** – s'abaisser, se diminuer, se rabaisser. ▶ ***Se montrer servile*** – faire des courbettes, ramper, s'abaisser, s'agenouiller, se prosterner. *FAM.* s'aplatir (comme une carpette), se coucher. △ **ANT.** ÉLEVER, ENORGUEILLIR, EXALTER, FÉLICITER, FLATTER, GLORIFIER, HONORER, LOUER, RELEVER.

humilité *n.f.* ▶ ***Modestie*** – bonhomie, déférence, modestie, respect, simplicité, soumission. ▶ ***Timidité*** – appréhension, confusion, crainte, discrétion, effacement, effarouchement, embarras, émoi, frilosité, gaucherie, gêne, hésitation, honte, indécision, inhibition, introversion, malaise, modestie, peur, réserve, retenue, sauvagerie, timidité. *SOUT.* pusillanimité. *FAM.* trac. ▶ ***Honte*** – confusion, contrainte, crainte, embarras, gêne, honte, pudeur, réserve, retenue, scrupule, timidité. ▶ ***Abnégation*** – abnégation, altruisme, désintéressement, détachement, dévouement, effacement, oubli de soi, privation, renoncement, résignation, sacrifice. *SOUT.* holocauste. △ **ANT.** AMOUR-PROPRE, ARROGANCE, FIERTÉ, HAUTEUR, ORGUEIL, SUPERBE, VANITÉ.

humour *n.m.* ▶ ***Plaisanterie*** – badinage, baliverne, blague, bon mot, bouffonnerie, boutade, cabriole, calembour, calembredaine, clownerie, drôlerie, facétie, farce, galéjade, gauloiserie, histoire (drôle), joyeuseté, mot pour rire, pitrerie, plaisanterie. *SOUT.* arlequinade. *FAM.* astuce, flan, gag, gaudriole, histoire de fous. *FRANCE RÉGION.* galéjade. *BELG.* zwanze. *SUISSE* witz. ▶ ***Raillerie*** – dérision, épigramme, esprit, flèche, goguenardise, gouaille, gouaillerie, ironie, lazzi, malice, moquerie, persiflage, pique, plaisanterie, pointe, quolibet, raillerie, ricanement, risée, sarcasme, satire, taquinerie, trait. *SOUT.* brocard, nargue, saillie. *FAM.* vanne. *QUÉB. FAM.* craque. *QUÉB. SUISSE FAM.* fion. △ **ANT.** SÉRIEUX; BANALITÉ, ENNUI, PLATITUDE.

hurlement *n.m.* ▶ ***Aboiement*** – aboiement, clabaudage, glapissement, grognement, jappement. ▶ ***Cri humain*** – braillement, cri, criaillement, criaillerie, éclat, gloussement, réclame, rugissement, vagissement, vocifération, youyou. *SOUT.* clabaudage, clabauderie, hosanna. *FAM.* gueulement, piaillerie. *QUÉB. FAM.* braillage. △ **ANT.** MURMURE; SILENCE.

hurler *v.* ▶ ***Crier*** – crier, rugir. *SOUT.* tonitruer, vociférer. *FAM.* beugler, brailler, gueuler. *ACADIE FAM.* horler. ▶ *À en perdre le souffle* – crier à tue-tête, s'égosiller, s'époumoner. ▶ *En parlant du chien* – aboyer, clabauder, donner de la voix, glapir. *QUÉB.* japper. ▶ ***Faire un bruit puissant*** – gronder, mugir, rugir. ▶ ***Jurer, en parlant de couleurs*** – aller mal, détonner. *SOUT.* dissoner. △ **ANT.** CHUCHOTER, MURMURER; TAIRE.

hutte *n.f.* ▶ ***Habitation des pays chauds*** – case, gourbi, paillote. *ANTILLES* carbet. ▶ ***Petite maison*** – cabane, cabanon, case, chaumière, gloriette, maisonnette.

hybride *adj.* ▶ ***Croisé*** – bâtard, croisé, mâtiné, métis, métissé. ▶ ***En parlant d'un logiciel*** – multiplates-formes. △ **ANT.** PUR.

hygiène *n.f.* ▶ ***Salubrité*** – propreté, salubrité, santé, stérilité. ▶ ***Prévention*** – précaution, préservation, prévention, prophylaxie, protection.

hypocrisie *n.f.* ▸ ***Duplicité*** – déloyauté, dissimulation, duplicité, facticité, fausseté, félonie, fourberie, mauvaise foi, perfidie, scélératesse, sournoiserie, trahison, traîtrise, tromperie. SOUT. factice, félinité, insincérité. ▸ ***Hypocrisie religieuse*** – affectation (de piété), bigoterie, bondieuserie, jésuitisme, pharisaïsme, tartuferie. ▸ ***Feinte*** – affectation, artifice, cachotterie, comédie, déguisement, dissimulation, duplicité, faux-semblant, feinte, fiction, finauderie, grimace, invention, leurre, mensonge, momerie, pantalonnade, parade, ruse, simulation, singerie, sournoiserie, tromperie. SOUT. simulacre. FAM. cinéma, cirque, finasserie, frime. △ **ANT.** FRANCHISE, LOYAUTÉ, SINCÉRITÉ.

hypocrite *adj.* ▸ ***Qui agit avec hypocrisie*** – à double face, de mauvaise foi, déloyal, dissimulateur, dissimulé, fallacieux, faux, fourbe, insidieux, insincère, menteur, perfide, sournois, tortueux, traître, trompeur. SOUT. captieux, cauteleux, chafouin, tartufe, tartuffard, tortu. DIDACT. sophistique. ▸ ***Destiné à tromper*** – fallacieux, mensonger, mystifiant, mystificateur, spécieux, trompeur. DIDACT. sophistique. FAM. canularesque. △ **ANT.** FRANC, HONNÊTE, LOYAL, SINCÈRE.

hypocrite *n.* bonimenteur, cabotin, chafouin, charlatan, comédien, dissimulateur, dissimulé, doucereux, faux jeton, grimacier, homme à deux visages, imposteur, jésuite, sainte-nitouche *(femme)*, simulateur, sournois, sucré, tartufe, trompeur. SOUT. dupeur, endormeur. FAM. chattemite, emberlificoteur, faux cul. SPORTS FAM. feinteur.

hypothèque *n.f.* ▸ ***Garantie*** – assurance, aval, caution, cautionnement, charge, consignation, couverture, ducroire, engagement, gage, garant, garantie, indexage, indexation, nantissement, obligation, palladium, parrainage, précaution, préservation, promesse, répondant, responsabilité, salut, sauvegarde, sécurité, signature, soulte, sûreté, warrant, warrantage. DR. porte-fort.

hypothèse *n.f.* ▸ ***Probabilité*** – chance, conjecture, éventualité, fréquence, perspective, possibilité, potentialité, prévisibilité, probabilité, prospective, viabilité, virtualité. ▸ ***Supposition*** – a priori, apriorisme, apriorité, cas de figure, condition, conjecture, doute, extrapolation, idée reçue, induction, jeu de l'esprit, œillère, préjugé, présomption, présupposé, présupposition, pronostic, scénario, supputation. ▸ ***Axiome*** – apodicticité, axiome, convention, définition, donnée, évidence, fondement, lemme, postulat, postulatum, prémisse, principe, proposition, théorème, théorie, vérité. ▸ ***Théorie*** – conjecture, explication, interprétation, loi, principe, scénario, spéculation, théorie, thèse. △ **ANT.** CERTITUDE, ÉVIDENCE, FAIT, PREUVE, RÉALITÉ.

hypothétique *adj.* ▸ ***Incertain*** – aléatoire, casuel, conditionnel, conjectural, contingent, douteux, éventuel, hasardé, hasardeux, incertain, possible, problématique, supposé. △ **ANT.** ASSURÉ, CERTAIN, FATAL, IMMANQUABLE, INCONTOURNABLE, INÉLUCTABLE, INÉVITABLE, NÉCESSAIRE, OBLIGATOIRE, SÛR.

hystérie *n.f.* ▸ ***Délire*** – agitation, aliénation, amok, aveuglement, délire, divagation, égarement, excitation, folie, frénésie, hallucination, onirisme, paranoïa, surexcitation. △ **ANT.** LUCIDITÉ, RAISON; CALME.

hystérique *adj.* ▸ ***Énervé*** – agité, énervé, excité, fébrile, fiévreux, impatient, nerveux, surexcité. FAM. mordu de la tarentule, piqué de la tarentule, tout-fou. ▸ ***Exalté*** – délirant, électrisé, en délire, en transe, exalté, galvanisé, gonflé à bloc, surexcité, transporté. △ **ANT.** CALME, DÉTENDU, PLACIDE, SEREIN, TRANQUILLE.

i

ici *adv.* ▶ ***En ce lieu*** – ci, en ce lieu, en cet endroit. ▶ ***Maintenant*** – à cette heure, à l'époque actuelle, à l'heure actuelle, à l'heure présente, à l'heure qu'il est, à l'instant présent, à présent, actuellement, au moment présent, aujourd'hui, dans le cas présent, de ce temps-ci, de nos jours, de notre temps, en ce moment, en cette saison, maintenant, par le temps qui court, présentement. △ **ANT.** LÀ, LÀ-BAS.

idéal *adj.* ▶ ***Qui existe dans l'esprit*** – abstractif, abstrait, cérébral, conceptuel, intellectuel, mental, spéculatif, théorique. *PHILOS.* idéationnel, idéel, théorétique. ▶ ***Parfait*** – accompli, achevé, consommé, de rêve, exemplaire, idyllique, incomparable, irréprochable, modèle, parfait, rêvé. △ **ANT.** CONCRET, MATÉRIEL, PHYSIQUE, RÉEL, SENSIBLE, TANGIBLE, VISIBLE, VRAI; ÉLOIGNÉ, IMPARFAIT, INADÉQUAT, INAPPROPRIÉ, INCOMPATIBLE.

idéal *n.m.* ▶ ***Modèle*** – archétype, canon, critère, échantillon, étalon, exemple, formule, gabarit, idée, image, individu, modèle, norme, original, paradigme, précédent, prototype, référence, représentant, type, unité. ▶ ***Désir*** – ambition, appel, appétit, aspiration, attirance, attrait, besoin, but, convoitise, desideratum, désir, envie, exigence, faim, fantaisie, fantasme, fièvre, fringale, goût, intention, jalousie, passion, prétention, quête, recherche, rêve, soif, souhait, tentation, velléité, visée, vœu, voix, volonté. *SOUT.* appétence, dessein, prurit, vouloir. *FAM.* démangeaison. △ **ANT.** RÉALITÉ, RÉEL; PROSAÏSME.

idéaliser *v.* ▶ ***Rendre plus conforme à un idéal*** – embellir, enjoliver, magnifier, poétiser, sublimiser. ♦ **idéalisé** ▶ ***Sublime*** – beau, élevé, grand, haut, noble, pur, sublime. *SOUT.* éthéré. △ **ANT.** DÉMYTHIFIER, HUMANISER, RABAISSER, VULGARISER.

idéalisme *n.m.* ▶ ***Immatérialisme*** – essentialisme, immatérialisme, intellectualisme, spiritualisme, transcendantalisme. ▶ ***Optimisme*** – don-quichottisme, naïveté, optimisme, triomphalisme, utopie, utopisme. △ **ANT.** MATÉRIALISME; CYNISME, RÉALISME; PRAGMATISME; PROSAÏSME.

idéaliste *n.* ▶ ***Rêveur*** – contemplateur, extatique, méditatif, poète, rêvasseur, rêveur, songe-creux, utopiste, visionnaire. *RARE* songeur. △ **ANT.** MATÉRIALISTE; CYNIQUE, RÉALISTE.

idée *n.f.* ▶ ***Perception*** – aperception, appréhension, conception, discernement, entendement, impression, intelligence, perception, sens, sensation, sentiment. *FIG.* œil. *PSYCHOL.* gnosie. *PHILOS.* senti. ▶ ***Concept*** – abstraction, archétype, concept, conception, conceptualisation, connaissance, conscience, entité, fiction, généralisation, imagination, notion, noumène, pensée, représentation (mentale), schème, théorie. ▶ ***Modèle*** – archétype, canon, critère, échantillon, étalon, exemple, formule, gabarit, idéal, image, individu, modèle, norme, original, paradigme, précédent, prototype, référence, représentant, type, unité. ▶ ***Aperçu*** – anticipation, aperçu, avant-goût, avant-première, échantillon, esquisse, essai, exemple, perspective, tableau. *SOUT.* préfiguration. *FAM.* topo. ▶ ***Opinion*** – appréciation, avis, conception, conviction, critique, croyance, dogme, estime, impression, jugement, optique, pensée, perception, point de vue, position, principe, prise de position, sentiment, théorie, thèse, vote, vue. *SOUT.* oracle. ▶ ***Doctrine*** – conception, doctrine, dogme, école (de pensée), idéologie, mouvement, opinion, pensée, philosophie, principe, système, théorie, thèse. ▶ ***Suggestion*** – avertissement, avis, conseil, encouragement, exhortation, guidance, incitation, indication, information, initiative, inspiration, instigation, motion *(dans une assemblée)*, offre, opinion, préconisation, proposition, recommandation, renseignement, suggestion. *FAM.* tuyau. *DR.* pollicitation. ▶ ***Projet*** – entreprise, intention, plan, préméditation *(mauvaise action)*, programme, projet, résolution, vue. *SOUT.* dessein. ▶ ***Fiction*** – affabulation, artifice, chimère, combinaison, comédie, expédient, fabrication, fabulation, fantaisie, feinte, fiction, fumisterie, histoire, imagination, invention, irréalité, légende, mensonge, rêve, roman, saga, songe. *PSYCHOL.* confabulation, mythomanie.

♦ **idées**, *plur.* ▶ ***Philosophie*** – conception du monde, pensée, philosophie, science humaine, vision du monde, weltanschauung. FAM. philo. PÉJ. idéologie, philosophisme. △ **ANT.** MATIÈRE.

identification *n.f.* décèlement, découverte, dénichement, dépistage, détection, détermination, diagnostic, localisation, positivité, pronostic, récognition, reconnaissance, repérage. PHYSIOL. spatialisation.

identifier *v.* ▶ ***Reconnaître*** – apprécier, déceler, détecter, discerner, distinguer, percevoir, reconnaître. ▶ ***Diagnostiquer*** – découvrir, dépister, diagnostiquer, reconnaître. ▶ ***Considérer comme identique*** – assimiler. ♦ **s'identifier** ▶ ***Être solidaire*** – sympathiser avec. ▶ ***Se retrouver*** – s'assimiler à, se reconnaître dans, se retrouver dans. △ **ANT.** DIFFÉRENCIER, DISCERNER, DISTINGUER, SÉPARER.

identique *adj.* ▶ ***Semblable en tous points*** – indiscernable, jumeau, pareil. ▶ ***Équivalent*** – égal, équivalent, inchangé, même, pareil, tel. △ **ANT.** AUTRE, DIFFÉRENT, DISSEMBLABLE, DISTINCT, DIVERS.

identité *n.f.* ▶ ***Similitude*** – adéquation, analogie, conformité, égalité, équivalence, gémellité, littéralité, parallélisme, parité, ressemblance, similarité, similitude, unité. MATH. congruence, homéomorphisme. △ **ANT.** ALTÉRITÉ, DIFFÉRENCE, DISSEMBLANCE, DISTINCTION, INÉGALITÉ, OPPOSITION.

idéologie *n.f.* ▶ ***Doctrine*** – conception, doctrine, dogme, école (de pensée), idée, mouvement, opinion, pensée, philosophie, principe, système, théorie, thèse. ▶ ***Philosophie*** (PÉJ.) – conception du monde, idées, pensée, philosophie, science humaine, vision du monde, weltanschauung. FAM. philo. PÉJ. philosophisme. ▶ ***Mentalité*** – mentalité, opinion publique.

idiot *adj.* ▶ ***Imbécile*** – abruti, benêt, bête, bête à manger du foin, borné, crétin, demeuré, hébété, imbécile, inintelligent, niais, nigaud, obtus, sot, stupide. FAM. bébête, bêta, bouché, cloche, con, cruche, débile, gourde, nouille, qui n'a pas inventé la poudre, taré, tarte, zozo. FRANCE FAM. ballot, connard, corniaud, cucul la praline, ganache, nunuche, qui n'a pas inventé le fil à couper le beurre, schnock, tourte. QUÉB. FAM. cabochon, niaiseux, sans-dessein. SUISSE FAM. bobet. ▶ ***Absurde*** – aberrant, absurde, déraisonnable, fou, illogique, inepte, insensé, irrationnel, qui n'a aucun sens, ridicule, stupide. SOUT. insane. FAM. dément, qui ne tient pas debout. RARE antirationnel. PHILOS. alogique. ▶ ***Inepte*** – bête, imbécile, inepte, inintelligent, ridicule, sot, stupide. FAM. con, crétin. △ **ANT.** À L'ESPRIT VIF, BRILLANT, ÉVEILLÉ, INTELLIGENT; DÉLURÉ, FIN, FINAUD, FUTÉ, INGÉNIEUX, INVENTIF, MALIN, RUSÉ; ASTUCIEUX, BIEN PENSÉ, HABILE, JUDICIEUX, PERTINENT.

idolâtrie *n.f.* ▶ ***Fétichisme*** – fétichisme, totémisme. ▶ ***Adoration*** – admiration, adoration, adulation, amour, attachement, culte, dévotion, emballement, engouement, fanatisme, ferveur, iconolâtrie, passion, respect, vénération, zèle. SOUT. dilection, révérence. PÉJ. encens, flagornerie, flatterie. △ **ANT.** CHRISTIANISME; HAINE, MÉPRIS.

idole *n.f.* ▶ ***Fétiche*** – agnus-Dei, amulette, bondieuserie, effigie, ex-voto, gri-gri, image, main de Fatma, mascotte, médaille, médaillon, porte-bonheur, relique, scapulaire, statuette, talisman, tephillim, totem. ▶ ***Vedette adulée*** – célébrité, étoile, vedette. ▶ ***Personne admirable*** – brave, demi-dieu, dieu, exemple, géant, glorieux, grand, héros, modèle, titan. SOUT. parangon.

idylle *n.f.* ▶ ***Aventure amoureuse*** – amourette, aventure, aventure amoureuse, aventure galante, bricole, caprice, coquetterie, coup de foudre, engouement, faible, fantaisie, flirt, liaison (amoureuse), marivaudage, passade, passion. SOUT. amours, entichement, oaristys. FAM. batifolage, béguin, toquade, touche. ▶ ***Texte champêtre*** – bergerie, bucolique, églogue, pastorale, poème pastoral, villanelle. ▶ ***Harmonie*** – accalmie, apaisement, bonace, bonheur, calme, éclaircie, entente, fraternité, harmonie, paix, quiétude, rémission, repos, silence, tranquillité, trêve, union. SOUT. kief.

ignominie *n.f.* ▶ ***Abjection*** – abjection, abomination, atrocité, bassesse, boue, corruption, crapulerie, crime, débauche, déshonneur, fange, grossièreté, honte, horreur, impureté, indignité, infamie, laideur, misère, monstruosité, noirceur, obscénité, odieux, ordure, saleté, sordide, souillure, vice. SOUT. sordidité, stupre, turpitude, vilenie. FAM. dégoûtation, dégueulasserie, pouillerie. ▶ ***Honte*** – abaissement, abjection, accroupissement, culpabilisation, dégradation, démérite, déshonneur, discrédit, flétrissure, gifle, honte, humiliation, indignité, infamie, infériorisation, mépris, noircissure, opprobre, ridicule, scandale, ternissure. SOUT. turpitude, vilenie. △ **ANT.** DIGNITÉ, DISTINCTION, GRANDEUR, NOBLESSE; GLOIRE, HONNEUR.

ignorance *n.f.* ▶ ***Manque de savoir*** – analphabétisme, illettrisme, inadéquation, inaptitude, incapacité, incompétence, incompréhension, inconscience, inculture, inexpérience, ingénuité, innocence, insuffisance, lacune, naïveté, nullité, obscurantisme, simplicité. SOUT. impéritie, inconnaissance, méconnaissance. ▶ ***Stupidité*** – ânerie, béotisme, bêtise, bornerie, débilité, idiotie, imbécillité, ineptie, inintelligence, innocence, insipidité, lenteur, lourdeur, naïveté, niaiserie, nigauderie, pesanteur, simplicité, sottise, stupidité. FAM. connerie, crétinisme, dinguerie. △ **ANT.** CONNAISSANCE, CULTURE, ÉDUCATION, EXPÉRIENCE, INSTRUCTION, SAVOIR, SCIENCE.

ignorant *adj.* ▶ ***Incompétent*** – incapable, incompétent, insuffisant, mauvais, médiocre, nul. FAM. à la flan, à la gomme, à la manque, à la mie de pain, à la noix, à la noix de coco. FRANCE FAM. nullard. ▶ ***Inculte*** – analphabète, barbare, béotien, ignare, illettré, inculte, philistin. △ **ANT.** CULTIVÉ, ÉRUDIT, INSTRUIT, INTELLECTUEL, LETTRÉ, SAVANT.

ignorer *v.* ▶ ***Traiter avec indifférence*** – bouder, être sourd à, faire fi de, faire la sourde oreille à, faire peu de cas de, méconnaître, mépriser, ne pas se soucier de, ne pas tenir compte de, négliger, se désintéresser de, se moquer de. SOUT. n'avoir cure de, passer outre à. FAM. n'avoir rien à cirer de, n'avoir rien à foutre de, s'en balancer, s'en battre les flancs, s'en contrebalancer, s'en tamponner (le coquillard), s'en taper, se battre l'œil de, se contreficher de, se contrefoutre de, se ficher de, se foutre de, se soucier de qqch. comme d'une guigne, se soucier de qqch.

comme de l'an quarante, se soucier de qqch. comme de sa première chemise. ▶ ***Traiter avec irrespect*** – bafouer, braver, faire bon marché de, faire fi de, faire peu de cas de, fouler aux pieds, mépriser, ne pas faire grand cas de, piétiner, se moquer de. *SOUT.* faire litière de. *FAM.* s'asseoir dessus. △ **ANT.** CONNAÎTRE, SAVOIR; RESPECTER.

île *n.f.* ▶ ***Terre*** – atoll, îlot, javeau.

illégal *adj.* clandestin, contrebandier, coupable, défendu, extralégal, frauduleux, illégitime, illicite, interdit, interlope, irrégulier, marron, pirate, prohibé. *DR.* délictuel, délictueux, fraudatoire. △ **ANT.** LÉGAL, LICITE, PERMIS.

illégitime *adj.* ▶ ***Né hors du mariage*** – adultérin, bâtard, naturel. ▶ ***Illégal*** – clandestin, contrebandier, coupable, défendu, extralégal, frauduleux, illégal, illicite, interdit, interlope, irrégulier, marron, pirate, prohibé. *DR.* délictuel, délictueux, fraudatoire. ▶ ***Inadmissible*** – déraisonnable, inacceptable, inadmissible, indéfendable, injustifiable, injustifié, insoutenable, irrecevable. *SOUT.* infondé. ▶ ***Injuste*** – abusif, arbitraire, attentatoire, immérité, indu, inéquitable, inique, injuste, injustifié, inquisitorial, léonin, oppressif, vexatoire. △ **ANT.** LÉGITIME; LÉGAL, LICITE, PERMIS; COMPRÉHENSIF, JUSTIFIÉ.

illettré *adj.* ▶ ***Inculte*** – analphabète, barbare, béotien, ignare, ignorant, inculte, philistin. △ **ANT.** ALPHABÉTISÉ, INSTRUIT, LETTRÉ.

illimité *adj.* ▶ ***Immense*** – considérable, grand, immense, inappréciable, incalculable, incommensurable, infini, insondable, sans borne, sans fin, sans limites, sans mesure, vaste. *RARE* immensurable. ▶ ***Indéfini*** – indéfini, indéterminé. ▶ ***En parlant d'un pouvoir*** – absolu, discrétionnaire. △ **ANT.** BORNÉ, FINI, LIMITÉ.

illisible *adj.* indéchiffrable. △ **ANT.** DÉCHIFFRABLE, LISIBLE.

illumination *n.f.* ▶ ***Clarté*** – clair, clair-obscur, clarté, contre-jour, demi-jour, éclair, éclairage, éclat, embrasement, flamboiement, flamme, halo, jour, lueur, lumière, nitescence, pénombre, soleil. *SOUT.* splendeur. ▶ ***Inspiration*** – conception, création, créativité, évasion, extrapolation, fantaisie, fantasme, fictif, fiction, idéal, idéation, idée, imaginaire, imagination, inspiration, invention, inventivité, irréel, souffle (créateur), supposition, surréalité, surréel, veine, virtuel. *SOUT.* folle du logis, muse. *FRANCE FAM.* gamberge. ▶ ***Éveil spirituel*** – délivrance, éveil, libération, mort de l'ego, réalisation (du Soi), révélation. ▸ *Dans l'hindouisme* – moksha, nirvana. ▸ *Dans le bouddhisme* – bodhi, samadhi. ▸ *Dans le zen* – satori. ▶ ***Découverte*** – découverte, flash, innovation, invention, trait de génie, trait de lumière, trouvaille. *SOUT.* éclairement. *FAM.* astuce. △ **ANT.** OBSCURCISSEMENT.

illuminé *n.* ▶ ***Adepte*** – inspiré, mystique. ▶ ***Personne chimérique*** – exalté, extravagant, fixé, halluciné, obsédé.

illuminer *v.* ▶ ***Remplir de lumière*** – allumer, éclairer, ensoleiller. *SOUT.* embraser, enflammer. ▶ ***Remplir de joie*** – égayer, ensoleiller. ♦ **illuminé** ▶ ***Mystique*** – inspiré, mystique. △ **ANT.** ASSOMBRIR, OBSCURCIR.

illusion *n.f.* ▶ ***Apparence*** – abstraction, abstrait, apparence, berlue, chimère, déréalisation, effet d'optique, fantasme, faux, faux-semblant, fiction, fumée, hallucination, illusion d'optique, image, imagination, irréalisme, irréalité, leurre, mensonge, mirage, onirisme, psychédélisme, rêve, rêverie, semblant, simulation, songe, songerie, trompe-l'œil, tromperie, utopie, vision, vue de l'esprit. *FAM.* frime. *SOUT.* prestige. ▶ ***Magie*** – illusionnisme, tour d'adresse, (tour de) magie, (tour de) prestidigitation. *FAM.* tour de passe-passe. *FIG.* jonglerie. △ **ANT.** CERTITUDE, EXISTENCE, FAIT, OBJECTIVITÉ, RÉALITÉ, RÉEL, VÉRITÉ; DÉCEPTION, DÉSILLUSION.

illusoire *adj.* chimérique, faux, qui fait illusion, trompeur, vain. △ **ANT.** CONCRET, EXISTANT, RÉEL; INCONTESTABLE, INDÉNIABLE, INDISCUTABLE, PROUVÉ, RECONNU, SÛR.

illustration *n.f.* ▶ ***Action de dessiner*** – crayonnage. ▶ ***Figure*** – planche. ▶ ***Action d'expliquer*** – analyse, clarification, commentaire, critique, définition, désambiguïsation, éclaircissement, élucidation, exemplification, explication, explicitation, exposé, exposition, glose, indication, interprétation, légende, lumière, note, paraphrase, précision, remarque, renseignement. ▶ ***Ce qui sert à expliquer*** – exemple. △ **ANT.** CONTRE-EXEMPLE.

illustre *adj.* célèbre, connu, de grand renom, fameux, glorieux, historique, immortel, inoubliable, légendaire, marquant, mémorable, notoire, proverbial, reconnu, renommé, réputé. ▸ *Non favorable* – de triste mémoire. △ **ANT.** ANONYME, IGNORÉ, INCONNU, OBSCUR.

illustré *n.m.* ▶ ***Journal*** – bulletin, feuille, hebdomadaire, journal, magazine, organe, périodique, quotidien, tabloïd. *FAM.* hebdo. ▶ ***Revue*** – annales, bihebdomadaire, bimensuel, bimestriel, bulletin, cahier, fanzine, gazette, hebdomadaire, journal, magazine, mensuel, organe, périodique, publication, revue, tabloïd, trimestriel, zine. *FAM.* hebdo.

illustrer *v.* ▶ ***Rendre plus clair pour l'esprit*** – éclairer, mettre en lumière. ♦ **s'illustrer** ▶ ***Se distinguer*** – briller, exceller, se distinguer, se signaler. △ **ANT.** EMBROUILLER, OBSCURCIR. ♦ **s'illustrer** SE DÉSHONORER.

îlot *n.m.* ▶ ***Île*** – atoll, île, javeau. ▶ ***Groupe de maisons*** – bloc d'habitations, cité, ensemble, grand ensemble, lotissement, résidence. ▶ ***Espace délimité par des rues*** – pâté (de maison). ▶ ***Partie d'une voie*** – îlot directionnel, terre-plein.

imagé *adj.* animé, coloré, expressif, figuré, haut en couleur, métaphorique, pittoresque, savoureux, truculent, vivant. *FAM.* folklorique. △ **ANT.** MONOTONE, MORNE, SANS COULEUR, SANS VIE, TERNE.

image *n.f.* ▶ ***Représentation fixe*** – carte, copie, dessin, diagramme, fac-similé, figuration, levé, plan, représentation, reproduction, schéma, symbole, visuel *(en publicité)*. ▶ ***Représentation artistique*** – dessin. ▶ ***Représentation animée*** – projection. ▶ ***Représentation affaiblie*** – miroir, (pâle) imitation, reflet. ▶ ***Scène*** – scène, spectacle, tableau, vision, vue. ▶ ***Reflet*** – brasillement, brillance, brillant, cati, chatoiement, coruscation, éclat, étincellement, feux, halo, irisation, lueur, luisant, lustre, miroitement, moire, moiré, moirure, orient, papillotage, papillotement, poli, poudroiement, rayonnement, reflet, réflexion, réfraction, réverbération, ruissellement, scintillement. *SOUT.* luisance, nacre, opalescence, resplendissement, rutilance, rutilation, rutilement. *SC.* albédo. *TECHN.* bruni, brunissure. ▶ ***Illusion*** – abstraction, abstrait, apparence, berlue, chimère, déréalisation, effet d'optique, fantasme, faux, faux-semblant, fiction, fumée, hallucination, illusion, illusion d'optique, imagination, irréalisme, irréalité, leurre, mensonge, mirage, onirisme, psychédélisme, rêve, rêverie, semblant, simulation, songe, songerie, trompe-l'œil, tromperie, utopie, vision, vue de l'esprit. *FAM.* frime. *SOUT.* prestige. ▶ ***Symbole*** – allégorie, attribut, chiffre, devise, drapeau, effigie, emblème, figure, icône, incarnation, insigne, livrée, logo, logotype, marque, notation, personnification, représentation, signe, symbole, type. ▶ ***Analogie*** – allégorie, analogie, apologue, assimilation, association (d'idées), catachrèse *(lexicalisée)*, comparaison, équivalence, figure, lien, métaphore, parabole, parallèle, parenté, personnification, rapport, rapprochement, relation, ressemblance, similitude, symbole, symbolisme. ▶ ***Modèle*** – archétype, canon, critère, échantillon, étalon, exemple, formule, gabarit, idéal, idée, individu, modèle, norme, original, paradigme, précédent, prototype, référence, représentant, type, unité. △ **ANT.** RÉALITÉ.

imaginable *adj.* concevable, envisageable, pensable, possible, réaliste. △ **ANT.** ABASOURDISSANT, AHURISSANT, DÉCONCERTANT, ÉBAHISSANT, EFFARANT, ÉPOUSTOUFLANT, IMPENSABLE, INCONCEVABLE, INCROYABLE, INIMAGINABLE, INOUÏ, INVRAISEMBLABLE, STUPÉFIANT.

imaginaire *adj.* chimérique, fabuleux, fantasmagorique, fantastique, fictif, inexistant, irréel, légendaire, mythique, mythologique. △ **ANT.** CONCRET, RÉEL, VÉRITABLE, VRAI.

imaginaire *n.m.* conception, création, créativité, évasion, extrapolation, fantaisie, fantasme, fictif, fiction, idéal, idéation, idée, illumination *(soudain)*, imagination, inspiration, invention, inventivité, irréel, souffle (créateur), supposition, surréalité, surréel, veine, virtuel. *SOUT.* folle du logis, muse. *FRANCE FAM.* gamberge. △ **ANT.** RÉALITÉ, RÉEL.

imaginatif *adj.* ▶ ***Créatif*** – créateur, créatif, innovant, inventif, qui a l'imagination fertile. △ **ANT.** IMITATEUR, SUIVEUR; CONSERVATEUR, CONVENTIONNEL.

imagination *n.f.* ▶ ***Créativité*** – conception, création, créativité, évasion, extrapolation, fantaisie, fantasme, fictif, fiction, idéal, idéation, idée, illumination *(soudain)*, imaginaire, inspiration, invention, inventivité, irréel, souffle (créateur), supposition, surréalité, surréel, veine, virtuel. *SOUT.* folle du logis, muse. *FRANCE FAM.* gamberge. ▶ ***Entendement*** – bon sens, cerveau, cervelle, clairvoyance, compréhension, conception, discernement, entendement, esprit, faculté, intellect, intelligence, jugement, lucidité, pénétration, raison, tête. *FAM.* matière grise, méninges. *PHILOS.* logos. ▶ ***Concept*** – abstraction, archétype, concept, conception, conceptualisation, connaissance, conscience, entité, fiction, généralisation, idée, notion, noumène, pensée, représentation (mentale), schème, théorie. ▶ ***Illusion*** – abstraction, abstrait, apparence, berlue, chimère, déréalisation, effet d'optique, fantasme, faux, faux-semblant, fiction, fumée, hallucination, illusion, illusion d'optique, image, irréalisme, irréalité, leurre, mensonge, mirage, onirisme, psychédélisme, rêve, rêverie, semblant, simulation, songe, songerie, trompe-l'œil, tromperie, utopie, vision, vue de l'esprit. *FAM.* frime. *SOUT.* prestige. ▶ ***Fiction*** – affabulation, artifice, chimère, combinaison, comédie, expédient, fabrication, fabulation, fantaisie, feinte, fiction, fumisterie, histoire, idée, invention, irréalité, légende, mensonge, rêve, roman, saga, songe. *PSYCHOL.* confabulation, mythomanie. ▶ ***Divagation*** – divagation, élucubration, extravagance, fantasme, puérilité, vision. *SOUT.* disparade, disparate, vaticination. △ **ANT.** RÉALITÉ, RÉEL, VÉRITÉ.

imaginer *v.* ▶ ***Se représenter mentalement*** – concevoir, se faire une idée de, se figurer, se représenter, visualiser, voir. *PSYCHOL.* mentaliser. ▶ ***Considérer comme probable*** – croire, penser, présumer, supposer. *SOUT.* conjecturer. ▶ ***Préparer par une longue réflexion*** – calculer, combiner, couver, méditer, mûrir, préméditer, ruminer. ▶ ***Inventer*** – concevoir, créer, improviser, innover, inventer, mettre au point, trouver. *QUÉB. FAM.* patenter. ♦ **s'imaginer** ▶ ***Se représenter*** – concevoir, se faire une idée de, se figurer, se représenter, visualiser, voir. *PSYCHOL.* mentaliser. ▶ ***Croire*** – croire, penser, se figurer. ▶ ***Juger*** – croire, penser, présumer, supposer. *SOUT.* conjecturer. ♦ **imaginé** ▶ ***Inventé*** – apocryphe, fabriqué, fantaisiste, faux, fictif, forgé (de toutes pièces), inauthentique, inexistant, inventé. *SOUT.* controuvé.

imbécile *n.* ahuri, âne, animal, idiot, sot. *FAM.* abruti, andouille, âne bâté, bourrique, bûche, buse, cave, cerveau ramolli, cloche, con, cornichon, couenne, courge, crétin, cruche, débile, dégénéré, demeuré, dindon, enflé, gâteux, gourde, huître, innocent, légume, manche, moule, nouille, œuf, patate, pauvre d'esprit, pochetée, primate, saucisse, simple d'esprit, taré, tarte, truffe. *FRANCE FAM.* ballot, connard, conneau, corniaud, couillon, enfoiré, ganache, schnock, tourte. *FRANCE RÉGION.* fada, fier. *QUÉB. FAM.* cabochon, niaiseux, sans-allure, sans-dessein. ▸ *Femme idiote* *FAM.* bécasse, bécassine, chabraque, dinde.

imberbe *adj.* ▶ ***En parlant d'un visage*** – glabre, lisse, nu, rasé. △ **ANT.** BARBU.

imitateur *n.* ▶ ***Plagiaire*** – contrefacteur, copieur, copiste, démarqueur, falsificateur, faussaire, mystificateur, pasticheur, plagiaire, voleur. *SOUT.* épigone, picoreur. *FAM.* piqueur. *PÉJ.* compilateur. △ **ANT.** CRÉATEUR, INNOVATEUR, INVENTEUR, NOVATEUR, PIONNIER.

imitation *n.f.* ▶ ***Simulation*** – calquage, caricature, charge, contrefaçon, copiage, décalquage, démarquage, emprunt, émulation, figuration, grégarisme, homochromie, mime, mimétisme, moutonnerie, parodie, pastiche, pillage, plagiat, représentation, servilité, simulation, singerie, suivisme, travestissement. *DR.* contrefaction. ▶ ***Copie*** – calque, copie (conforme), double, duplicata, duplication, exemplaire, fac-similé, réplique, reproduction. *DR.* grosse. ▶ ***Objet faux*** – clinquant, faux. *FAM.* quincaillerie, simili, toc. ▶ ***Représentation affaiblie*** – image, miroir, reflet. ▸ ***Adoption*** – adoption, assimilation, emprunt, insertion, ralliement. △ **ANT.** CRÉATION, INNOVATION, INVENTION; AUTHENTICITÉ; MODÈLE, ORIGINAL.

imiter *v.* ▸ ***Reconstituer*** – reconstituer, recréer, rendre, reproduire, restituer, simuler. *INFORM.* émuler. ▸ ***Reproduire par imitation*** – calquer, copier, mimer, reproduire, s'inspirer de. ▸ *De façon favorable* – émuler, marcher dans les traces de, prendre exemple sur, prendre modèle sur, s'inspirer de, suivre les traces de, trouver son inspiration chez. ▸ *De façon non favorable* – contrefaire, plagier, singer. ▸ ***Copier illégalement*** – compiler, copier, démarquer, piller, pirater, plagier. ▸ ***Copier pour se moquer*** – caricaturer, contrefaire, parodier, pasticher. ▸ ***Suivre*** – emboîter le pas à, s'accorder sur, s'adapter à, s'ajuster à, s'aligner sur, se conformer à, se mettre au diapason de, se mettre dans le ton, se modeler sur, se rallier à, se ranger à, se régler sur, suivre. △ **ANT.** CRÉER, DÉCOUVRIR, INNOVER, INVENTER; INSPIRER.

immaculé *adj.* ▸ ***Sans souillure morale*** – chaste, décent, innocent, platonique, pudique, pur, réservé, sage, vertueux, virginal. ▸ *Non favorable* – bégueule, collet monté, prude, pudibond, puritain. ▸ ***Blanc*** – blanc, blanchâtre, crayeux, laiteux, neigeux, opale, opalescent, opalin. *SOUT.* d'albâtre, lacté, lactescent, lilial, marmoréen. ▸ ***Propre*** – impeccable, net, propre, propret, soigné. △ **ANT.** CRASSEUX, INFECT, MACULÉ, MALPROPRE, SALE, SOUILLÉ, TACHÉ; D'ÉBÈNE; CONCUPISCENT, DÉBAUCHÉ, ÉROTIQUE, GAILLARD, GROSSIER, IMPUDIQUE, IMPUR, INDÉCENT, LASCIF, LIBIDINEUX, LICENCIEUX, LUBRIQUE, LUXURIEUX, OBSCÈNE, VICIEUX.

immatériel *adj.* ▸ ***Sans forme matérielle*** – désincarné, incorporel, intemporel, spirituel. ▸ ***Impalpable*** – impalpable, intangible. *DIDACT.* intactile. ▸ ***Léger*** – aérien, léger, mousseux, vaporeux. *SOUT.* arachnéen, éthéré. △ **ANT.** CHARNEL, CONCRET, CORPOREL, MATÉRIEL; LOURD, PESANT.

immature *adj.* bébé, enfant, enfantin, infantile, puéril. △ **ANT.** ÉQUILIBRÉ, MATURE, MÛR.

immédiat *adj.* ▸ ***Qui a lieu sur-le-champ*** – instantané. ▸ ***Sans intermédiaire*** – direct. △ **ANT.** INDIRECT, MÉDIAT; À RETARDEMENT, DIFFÉRÉ, RETARDÉ.

immédiatement *adv.* ▸ ***Aussitôt*** – à l'instant, au plus vite, aussitôt, aussitôt que possible, d'emblée, d'urgence, directement, en urgence, instantanément, sans délai, sans différer, sans tarder, séance tenante, sitôt, sur l'heure, sur le coup, sur-le-champ, tout de suite. *SOUT.* dans l'instant, incontinent. *FAM.* aussi sec, de suite, illico. △ **ANT.** PLUS TARD; SUR LE TARD, TARDIVEMENT.

immémorial *adj.* ancestral, ancien, éloigné, lointain, passé, reculé, révolu. △ **ANT.** RÉCENT.

immense *adj.* ▸ ***Incalculable*** – considérable, grand, illimité, inappréciable, incalculable, incommensurable, infini, insondable, sans borne, sans fin, sans limites, sans mesure, vaste. *RARE* immensurable. ▸ ***Démesuré*** – colossal, considérable, démesuré, énorme, extraordinaire, extrême, fabuleux, formidable, géant, gigantesque, grand, gros, incommensurable, monstrueux, monumental, phénoménal, prodigieux, surhumain, titanesque, vaste, vertigineux. *SOUT.* cyclopéen, herculéen. *FAM.* bœuf, de tous les diables, du diable, effrayant, effroyable, épouvantable, faramineux, méchant, monstre. *FRANCE FAM.* gratiné. △ **ANT.** FAIBLE, INFIME, MODESTE, NÉGLIGEABLE, PETIT; MICROSCOPIQUE, MINUSCULE, NAIN.

immensité *n.f.* ▸ ***Fait d'être immense*** – grandeur, importance, longueur, monumentalité. *SOUT.* taille. ▸ ***Infini*** – espace, illimité, incommensurable, inconditionné, infini, infinitude, vastité, vastitude. *SOUT.* abîme. ▸ ***Profondeur*** – acuité, ardeur, complexité, difficulté, élévation, ésotérisme, extase, extrémité, force, impénétrabilité, intelligence, intensité, intériorité, intimité, mystère, pénétration, perspicacité, plénitude, profond, profondeur, puissance, science, secret. △ **ANT.** ÉTROITESSE, EXIGUÏTÉ, PETITESSE.

immeuble *n.m.* ▸ ***Bâtiment*** – bâtiment, bâtisse, construction, édifice, maison, monument *(caractère historique)*, ouvrage. ▸ *Construction urbaine* – gratte-ciel, tour. *FAM.* caserne. ♦ **immeubles, *plur.*** ▸ ***Biens ne pouvant être déplacés*** – bien-fonds, (biens) immeubles, domaine, foncier, fonds de terre, propriété (foncière). △ **ANT.** MEUBLE.

immigration *n.f.* ▸ ***Établissement dans un nouveau pays*** – arrivée, entrée, établissement, gain de population, invasion, venue. ▸ ***Peuplement*** – colonisation, natalité, occupation, peuplement. △ **ANT.** DÉPART, ÉMIGRATION.

immigré *n.* déraciné, émigrant, émigré, expatrié, immigrant, migrant, transplanté. △ **ANT.** ÉMIGRÉ.

imminent *adj.* immédiat, prochain, proche. *SOUT.* instant. △ **ANT.** ÉLOIGNÉ, LOINTAIN.

immobile *adj.* ▸ ***Qui ne se déplace pas*** – fixé, fixe. *TECHN.* dormant. ▸ ***Qui ne change pas*** – constant, figé, fixe, inchangé, invariable, invariant, stable, stationnaire, statique. ▸ ***En parlant d'une étendue d'eau*** – calme, dormant, étale, stagnant. △ **ANT.** EN MOUVEMENT, MOBILE; INSTABLE, VARIABLE; COURANTE *(EAU)*.

immobiliser *v.* ▸ ***Empêcher qqch. de bouger*** – bloquer, coincer, paralyser. ▸ *À l'aide de liens* – amarrer, arrimer, assujettir, assurer, attacher, bloquer, fixer, retenir, river. ▸ ***Empêcher qqn de bouger*** – clouer, maintenir, retenir, river, tenir. ▸ *Par l'usage de la force* – maîtriser, neutraliser, se rendre maître de. ▸ *Sous le coup de l'émotion* – clouer sur place, figer, glacer, méduser, paralyser, pétrifier, statufier, tétaniser. ♦ **s'immobiliser** ▸ ***Faire une halte*** – faire halte, faire une station, s'arrêter, stationner. △ **ANT.** ACTIONNER, AGITER, BOUGER, ÉBRANLER, MOUVOIR, REMUER; DÉBLOQUER, DÉGAGER, LIBÉRER; ANIMER, POUSSER; MOBILISER.

immobilité *n.f.* calme, fixité, hiératisme, immobilisme, immuabilité, immutabilité, impassibilité, improductivité, inaction, inactivité, inamovibilité, inertie, paralysie, piétinement, plafonnement, repos, sclérose, stabilité, stagnation, stationnarité, statisme, statu quo, sur place. *SOUT.* marasme, morosité. △ **ANT.** ACTION, AGITATION, DÉPLACEMENT, MOBILITÉ, MOUVEMENT; CHANGEMENT, DEVENIR, ÉVOLUTION, PROGRÈS.

immonde *adj.* ▸ ***Moralement répugnant*** – abject, bas, coupable, crapuleux, dégoûtant, honteux, ignoble, inavouable, indigne, infâme, infect, innommable, inqualifiable, lâche, méprisable, odieux, repoussant, répugnant, sans nom, scandaleux, sordide, vil. SOUT. fangeux, ignominieux, nauséeux, triste, turpide. FAM. dégueu, dégueulasse, écœurant, salaud. ▶ ***D'une saleté repoussante*** – crasseux, crotté, d'une propreté douteuse, dégoûtant, encrassé, ignoble, infâme, infect, maculé, malpropre, sale, sordide, souillé. FAM. crapoteux, dégueu, dégueulasse, pouilleux. FRANCE FAM. cracra, crade, cradingue, crado. △ **ANT.** DIGNE, HONORABLE, NOBLE; IMMACULÉ, IMPECCABLE, NET, PROPRE, SOIGNÉ.

immoral *adj.* ▶ ***Qui méprise les conventions morales*** – cynique, immoraliste. ▶ ***Qui corrompt moralement*** – corrupteur, dépravant, malsain, mauvais, nocif, pernicieux, pervers, pervertisseur. SOUT. suborneur. ▶ ***Dépravé*** – corrompu, débauché, dépravé, déréglé, dévoyé, dissipé, dissolu, libertin, relâché. SOUT. sardanapalesque. ▶ ***Révoltant*** – amoral, choquant, éhonté, impur, inconvenant, indécent, obscène, offensant, révoltant, scabreux, scandaleux. RARE antimoral. △ **ANT.** MORAL; BIENSÉANT, CONVENABLE, CORRECT, DÉCENT, HONORABLE; HONNÊTE, PUR, VERTUEUX.

immortalité *n.f.* ▶ ***Vie future*** – autre vie, survie, vie future. ▶ ***Éternité*** – éternel, éternité, pérennité, perpétuité. ▶ ***Gloire*** – célébrité, considération, éclat, faveur, gloire, notoriété, palmarès, popularité, renom, renommée, réputation, vedettariat. FIG. auréole, la déesse aux cent bouches. △ **ANT.** MORTALITÉ.

immortel *adj.* ▶ ***Éternel*** – constant, durable, éternel, immuable, impérissable, imprescriptible, inaltérable, indéfectible, indestructible, indissoluble, infini, permanent, perpétuel, sans fin. SOUT. pérenne. ▶ ***Mémorable*** – célèbre, connu, de grand renom, fameux, glorieux, historique, illustre, inoubliable, légendaire, marquant, mémorable, notoire, proverbial, reconnu, renommé, réputé. △ **ANT.** MORTEL; ÉPHÉMÈRE, PÉRISSABLE; ANONYME, IGNORÉ, INCONNU, OBSCUR.

immuable *adj.* ▶ ***Constant*** – constant, durable, éternel, immortel, impérissable, imprescriptible, inaltérable, indéfectible, indestructible, indissoluble, infini, permanent, perpétuel, sans fin. SOUT. pérenne. ▶ ***Inflexible*** – catégorique, décidé, déterminé, entier, ferme, inébranlable, inflexible, résolu. △ **ANT.** CHANGEANT, MOUVANT, VARIABLE; FANTASQUE, FLOTTANT, INCONSTANT, INSTABLE, VOLAGE.

immunité *n.f.* ▶ ***Résistance naturelle*** – accoutumance, inexcitabilité, insensibilité, prémunition, tolérance. ▶ ***Exemption*** – abattement, décharge, dégrèvement, dérogation, détaxation, détaxe, dispense, exemption, exonération, franchise, grâce, impunité, inamovibilité, inviolabilité, irresponsabilité, libération, liberté, mainlevée, réforme *(armée)*, transit. ▶ ***Privilège*** – acquis, apanage, attribution, avantage, bénéfice, chasse gardée, concession, droit, exclusivisme, exclusivité, exemption, faveur, honneur, inviolabilité, monopole, passe-droit, pouvoir, préférence, prérogative, privilège. ANC. franchise. RELIG. indult. △ **ANT.** ALLERGIE, ANAPHYLAXIE, SENSIBILITÉ; CONTRAINTE, OBLIGATION.

impalpable *adj.* immatériel, intangible. DIDACT. intactile. △ **ANT.** PALPABLE, SAISISSABLE.

impardonnable *adj.* inacceptable, inadmissible, inconcevable, inexcusable, injustifiable, intolérable. SOUT. irrémissible. △ **ANT.** EXCUSABLE, PARDONNABLE.

imparfait *adj.* ▶ ***Incomplet*** – fragmentaire, inachevé, incomplet, insuffisant, lacunaire, partiel, relatif. ▶ ***Rudimentaire*** – (à l'état) brut, à l'état d'ébauche, ébauché, élémentaire, embryonnaire, fruste, grossier, informe, larvaire, mal équarri, primitif, rudimentaire. △ **ANT.** PARFAIT; ACHEVÉ, COMPLET, DANS SA PHASE FINALE, TERMINÉ; IMPECCABLE, IRRÉPROCHABLE.

imparfaitement *adv.* ▶ ***Insuffisamment*** – dérisoirement, faiblement, insuffisamment, mal, médiocrement, mollement, pauvrement. ▶ ***Partiellement*** – à demi, à moitié, défectueusement, demi, en partie, fragmentairement, incomplètement, insuffisamment, partiellement. △ **ANT.** AU LONG, EN TOTALITÉ, ENTIÈREMENT, INTÉGRALEMENT, PLEINEMENT, TOTALEMENT, TOUT À FAIT.

impartial *adj.* équitable, intègre, juste, neutre, objectif, sans parti pris. △ **ANT.** ARBITRAIRE, ATTENTATOIRE, INÉQUITABLE, INIQUE, INJUSTE, PARTIAL.

impartialité *n.f.* droiture, égalité, équité, impersonnalité, intégrité, justice, légalité, neutralité, objectivité, probité. △ **ANT.** PARTI PRIS, PARTIALITÉ.

impasse *n.f.* ▶ ***Cul-de-sac*** – cul-de-sac, rue sans issue, voie sans issue. ▶ ***Obstacle*** – accroc, adversité, anicroche, barrière, blocage, contrariété, contretemps, défense, difficulté, digue, écueil, embarras, empêchement, ennui, entrave, frein, gêne, impossibilité, inhibition, interdiction, objection, obstruction, ombre au tableau, opposition, pierre d'achoppement, point noir, problème, résistance, restriction, tribulations. SOUT. achoppement, impedimenta, traverse. FAM. hic, lézard, os, pépin. QUÉB. FAM. aria. RARE empêtrement. △ **ANT.** ISSUE, PASSAGE.

impassible *adj.* ▶ ***Calme*** – calme, d'humeur égale, flegmatique, imperturbable, maître de soi, placide. ▶ ***Inexpressif*** – fermé, hermétique, impénétrable, inexpressif. ▶ ***Qui ne montre aucune peur*** – ferme, héroïque, inébranlable, intrépide, stoïque. △ **ANT.** DÉCHAÎNÉ, EMPORTÉ, ÉNERVÉ, EXCITÉ; ENTHOUSIASTE, EXUBÉRANT; EN COLÈRE, FULMINANT.

impatiemment *adv.* anxieusement, convulsivement, fébrilement, fiévreusement, nerveusement, spasmodiquement, vivement. △ **ANT.** PATIEMMENT.

impatience *n.f.* ▶ ***Hâte*** – avidité, brusquerie, désir, empressement, fièvre, fougue, hâte, impétuosité, précipitation, presse, urgence, urgent. ▶ ***Colère*** – agacement, colère, emportement, énervement, exaspération, fureur, furie, indignation, irritabilité, irritation, rage, susceptibilité. SOUT. courroux, irascibilité. FAM. horripilation, rogne. ▶ ***Caprice*** – accès, bizarrerie, bon plaisir, caprice, changement, chimère, coup de tête, envie, extravagance, fantaisie, fantasme, folie, frasque, gré, guise, immaturité, incartade, inconstance, infantilisme, instabilité, légèreté, lubie, marotte, mobilité, originalité, saute (d'humeur), singularité, sporadicité, variation, versatilité, volonté. SOUT. folle gamberge, foucade, humeur. FAM. toquade. △ **ANT.** PATIENCE; CALME, IMPASSIBILITÉ, RÉSIGNATION; ENDURANCE, TOLÉRANCE.

impatient *adj.* ▸ ***Nerveux*** – agité, énervé, excité, fébrile, fiévreux, hystérique, nerveux, surexcité. *FAM.* mordu de la tarentule, piqué de la tarentule, tout-fou. ▸ ***Qui attend avec impatience*** – anxieux, avide, désireux, qui brûle, qui meurt d'envie. ▸ ***Impulsif*** – bouillant, emporté, enflammé, explosif, fougueux, impétueux, impulsif, passionné, prompt, qui a la tête chaude, sanguin, véhément, vif, violent, volcanique. △ **ANT.** PATIENT; CALME, DÉTENDU, PLACIDE, SEREIN, TRANQUILLE; MESURÉ, PONDÉRÉ, POSÉ, RÉFLÉCHI, SAGE.

impatienter *v.* agacer, crisper, énerver, exaspérer, excéder, fatiguer, hérisser, importuner, irriter, porter sur les nerfs de. *FAM.* barber, casser les pieds à, courir sur le système de, embêter, emmieller, empoisonner, enquiquiner, faire suer, gonfler, horripiler, insupporter, pomper l'air à, scier, tanner, taper sur les nerfs de. *FRANCE FAM.* bassiner, canuler, cavaler, courir, courir sur le haricot de, soûler. *QUÉB. FAM.* achaler, déranger. ♦ **s'impatienter** perdre patience, perdre son calme, s'énerver. *FAM.* bouillir. △ **ANT.** CALMER. ♦ **s'impatienter** ENDURER, PATIENTER, SE RÉSIGNER, SUPPORTER, TOLÉRER; ATTENDRE.

impeccable *adj.* ▸ ***Sans défaut*** – irréprochable, parfait, sans bavure. *FAM.* impec, nickel. ▸ ***Propre*** – immaculé, net, propre, propret, soigné. △ **ANT.** BÂCLÉ, NÉGLIGÉ, SANS SOIN.

impénétrable *adj.* ▸ ***Où l'on ne peut pénétrer*** – inabordable, inaccessible, inatteignable. ▸ ***Incompréhensible*** – cabalistique, caché, cryptique, énigmatique, ésotérique, hermétique, inaccessible, incompréhensible, inconcevable, inconnaissable, indéchiffrable, indécodable, inexplicable, insaisissable, insondable, mystérieux, obscur, opaque, secret, ténébreux. *SOUT.* abscons, abstrus, sibyllin. ▸ ***Inexpressif*** – fermé, hermétique, impassible, inexpressif. ▸ ***Indifférent*** – étranger, fermé, imperméable, inaccessible, indifférent, insensible, réfractaire, sourd. △ **ANT.** PÉNÉTRABLE; À LA PORTÉE DE TOUS, ACCESSIBLE, CLAIR, COMPRÉHENSIBLE, ÉVIDENT, INTELLIGIBLE, LIMPIDE, SIMPLE, TRANSPARENT; PERMÉABLE, RÉCEPTIF, SENSIBLE.

impensable *adj.* à (vous) couper le souffle, abasourdissant, ahurissant, bouleversant, confondant, déconcertant, ébahissant, effarant, époustouflant, étonnant, étourdissant, extraordinaire, inconcevable, incroyable, inimaginable, inouï, invraisemblable, pétrifiant, renversant, stupéfiant, suffocant, surprenant. *SOUT.* qui confond l'entendement. *FAM.* ébouriffant, mirobolant, sidérant, soufflant. △ **ANT.** BANAL, ININTÉRESSANT, ORDINAIRE, SANS INTÉRÊT.

impératif *adj.* ▸ ***Autoritaire*** – affirmatif, autoritaire, catégorique, dogmatique, formel, impérieux, péremptoire, sans réplique, tranchant. *FAM.* pète-sec. ▸ ***Urgent*** – impérieux, nécessaire, pressant, pressé, urgent. *SOUT.* instant. △ **ANT.** BONASSE, DOCILE, FAIBLE, HUMBLE, MODESTE, SOUMIS, TIMIDE; HÉSITANT, INDÉCIS.

imperceptible *adj.* inconstatable, indécelable, indétectable, indiscernable, insaisissable, insensible, insoupçonnable. ▸ *À la vue* – inapparent, inobservable, invisible, microscopique. *PHYS.* infrarouge, ultraviolet. ▸ *Au toucher* – immatériel, impalpable, intangible. *DIDACT.* intactile. ▸ *À l'ouïe* – inaudible. *PHYS.* infrasonore. △ **ANT.** DÉCELABLE, DÉTECTABLE.

imperceptiblement *adv.* ▸ ***Indistinctement*** – indistinctement, insensiblement, invisiblement, subtilement. ▸ ***Vaguement*** – abstraitement, confusément, évasivement, imprécisément, indistinctement, nébuleusement, obscurément, vaguement, vaseusement. △ **ANT.** DISTINCTEMENT, NOTABLEMENT, MANIFESTEMENT, PERCEPTIBLEMENT, REMARQUABLEMENT, SENSIBLEMENT, SIGNIFICATIVEMENT, TANGIBLEMENT, VISIBLEMENT.

imperfection *n.f.* ▸ ***Défaut*** – défaut, défectuosité, démérite, faible, faiblesse, faille, faute, fil, grossièreté, handicap, infirmité, insuffisance, lacune, maladie, malfaçon, manque, médiocrité, péché mignon, péché véniel, petitesse, ridicule, tache, tare, tort, travers, vice. *SOUT.* perfectibilité. ▸ ***Inexactitude*** – écart, erreur, faute, imprécision, incorrection, inexactitude, infidélité, irrégularité. △ **ANT.** ACHÈVEMENT, EXCELLENCE, PERFECTION; CORRECTION, EXACTITUDE.

impérial *adj.* ▸ ***Majestueux*** – auguste, digne, grave, imposant, majestueux, noble, olympien, qui impose le respect, solennel. ▸ ***De grande qualité*** – de classe, de luxe, de premier ordre, de première qualité, de qualité supérieure, excellent, extra, extrafin, haut de gamme, hors classe, royal, supérieur, surchoix, surfin. *RARE* excellentissime. △ **ANT.** HUMBLE, MODESTE, ORDINAIRE.

impérialisme *n.m.* ▸ ***Expansionnisme*** – annexionnisme, colonialisme, expansionnisme, indigénisme, néocolonialisme, paternalisme.

impérieux *adj.* ▸ ***Autoritaire*** – affirmatif, autoritaire, catégorique, dogmatique, formel, impératif, péremptoire, sans réplique, tranchant. *FAM.* pète-sec. ▸ ***Urgent*** – impératif, nécessaire, pressant, pressé, urgent. *SOUT.* instant. ▸ ***En parlant d'un besoin, d'un sentiment*** – incoercible, incontrôlable, incontrôlé, indomptable, instinctif, insurmontable, irraisonné, irrépressible, irrésistible, profond, violent, viscéral. *RARE* irréfrénable, irréprimable. △ **ANT.** HUMBLE, OBÉISSANT, SOUMIS, TIMIDE; CONTRÔLABLE, MAÎTRISABLE.

imperméable *adj.* ▸ ***En parlant de qqch.*** – étanche, hydrofuge, imperméabilisé. ▸ ***En parlant de qqn*** – étranger, fermé, inaccessible, indifférent, insensible, réfractaire, sourd. *SOUT.* impénétrable. △ **ANT.** PERMÉABLE; ACCESSIBLE, OUVERT, RÉCEPTIF.

impersonnel *adj.* ▸ ***Sans personnalité*** – anonyme, dépersonnalisé, neutre. △ **ANT.** ORIGINAL, PARTICULIER, PERSONNALISÉ, PERSONNEL, SPÉCIAL.

impertinence *n.f.* aplomb, arrogance, audace, effronterie, front, impolitesse, impudence, incorrection, insolence, irrespect, irrévérence. *SOUT.* outrecuidance, sans-gêne. *FAM.* culot, toupet. △ **ANT.** CORRECTION, COURTOISIE, POLITESSE, RESPECT; PERTINENCE.

impertinent *adj.* ▸ ***Effronté*** – cavalier, cynique, désinvolte, effronté, éhonté, familier, impoli, impudent, insolent, irrespectueux, irrévérencieux, leste, libre, provocant, sans gêne, sans vergogne. *FAM.*

culotté, gonflé. *QUÉB. FAM.* baveux. *ACADIE FAM.* effaré. ▸ ***Impoli*** – de mauvaise compagnie, discourtois, goujat, grossier, impoli, incivil, inconvenant, incorrect, indélicat, mal élevé, rustre. *FAM.* mal embouché, malpoli, mufle. *FRANCE RÉGION.* malgracieux. *QUÉB. FAM.* habitant. △ **ANT.** AFFABLE, BIEN ÉLEVÉ, BIENSÉANT, CIVIL, COURTOIS, DÉLICAT, GALANT, POLI.

imperturbable *adj.* calme, d'humeur égale, flegmatique, impassible, maître de soi, placide. △ **ANT.** ÉMOTIF, SENSIBLE; ÉMU, TOUCHÉ, TROUBLÉ.

impétueux *adj.* ▸ ***Intense*** – déchaîné, fort, furieux, intense, puissant, terrible, violent. ▸ ***Fougueux*** – bouillant, emporté, enflammé, explosif, fougueux, impatient, impulsif, passionné, prompt, qui a la tête chaude, sanguin, véhément, vif, violent, volcanique. △ **ANT.** DOUX, FAIBLE; MESURÉ, PONDÉRÉ, POSÉ, RAISONNABLE, RÉFLÉCHI, RESPONSABLE, SAGE, SENSÉ, SÉRIEUX.

impie *adj.* ▸ ***En parlant de qqn*** – agnostique, antireligieux, areligieux, athée, incrédule, incroyant, irréligieux, non croyant. ▸ ***En parlant de qqch.*** – blasphémateur, blasphématoire, irréligieux, sacrilège. △ **ANT.** PIEUX, PRATIQUANT; GLORIFICATEUR, SACRÉ, SAINT.

impiété *n.f.* ▸ ***Incroyance*** – agnosticisme, apostasie, athéisme, blasphème, désacralisation, doute, froideur, gentilité, hérésie, incrédulité, incroyance, indifférence, infidélité, irréligion, libre pensée, matérialisme, paganisme, panthéisme, péché, profanation, reniement, sacrilège, scandale, scepticisme. *SOUT.* inobservance. △ **ANT.** CROYANCE, FOI, PIÉTÉ.

impitoyable *adj.* ▸ ***Sans pitié*** – féroce, implacable, sans merci. *SOUT.* inexpiable. ▸ ***Sévère*** – implacable, inexorable, inflexible, intransigeant, sévère. ▸ ***Accablant*** – accablant, aliénant, asservissant, assujettissant, astreignant, contraignant, écrasant, étouffant, exigeant, lourd, oppressant, pénible, pesant. △ **ANT.** BON, CHARITABLE, HUMAIN; BIENVEILLANT, CLÉMENT, COMPRÉHENSIF, INDULGENT, TOLÉRANT.

implacable *adj.* ▸ ***Sans pitié*** – féroce, impitoyable, sans merci. *SOUT.* inexpiable. ▸ ***Intransigeant*** – impitoyable, inexorable, inflexible, intransigeant, sévère. ▸ ***Inévitable*** – assuré, certain, fatal, immanquable, imparable, incontournable, inéluctable, inévitable, inexorable, nécessaire, obligatoire, obligé, sûr. *FAM.* forcé, mathématique. △ **ANT.** BIENVEILLANT, CLÉMENT, COMPRÉHENSIF, INDULGENT, TOLÉRANT; ALÉATOIRE, DOUTEUX, INCERTAIN.

implacablement *adv.* ▸ ***Cruellement*** – barbarement, bestialement, brutalement, cruellement, durement, farouchement, férocement, impitoyablement, inhumainement, méchamment, rudement, sadiquement, sauvagement. ▸ ***Inévitablement*** – à coup sûr, automatiquement, fatalement, forcément, immanquablement, inéluctablement, inévitablement, inexorablement, infailliblement, ipso facto, irrésistiblement, logiquement, mathématiquement, nécessairement, obligatoirement, par la force des choses. △ **ANT.** AVEC INDULGENCE; ALÉATOIREMENT, AVEC DE LA CHANCE, DOUTEUSEMENT, PEUT-ÊTRE.

implanter *v.* ▸ ***Assimiler à un milieu nouveau*** – acclimater, naturaliser. ▸ ***Enraciner une chose abstraite*** – ancrer, enraciner, graver. ♦ **s'implanter** ▸ ***S'établir dans un milieu*** – s'établir, s'installer, se fixer. ▸ ***S'installer de façon durable*** – s'enraciner, s'incruster, s'installer. ♦ **implanté** ▸ ***Tenace*** – ancré, chronique, durable, endémique, enraciné, établi, gravé, indéracinable, inextirpable, invétéré, persistant, tenace, vieux, vivace. △ **ANT.** ARRACHER, DÉRACINER, EXTIRPER; DÉTRUIRE, EFFACER, ÉRADIQUER.

implication *n.f.* ▸ ***Conséquence*** – action, conclusion, conséquence, contrecoup, corollaire, développement, effet, efficacité, fonction, fruit, impact, incidence, jeu, juste retour des choses, œuvre, portée, prolongement, réaction, rejaillissement, répercussion, résultante, résultat, retentissement, retombées, ricochet, séquelle, suite (logique). *SOUT.* aboutissant, efficace, fille. ▸ ***Raisonnement*** – analyse, apagogie, argument, argumentation, considérations, déduction, démonstration, dialectique, dilemme, discussion, échafaudage, explication, induction, inférence, logique, méthode, preuve, raison, réflexion, réfutation, sorite, substruction, syllogisme, syllogistique, synthèse. ▸ ***Responsabilité*** – complicité, compromission, responsabilité. △ **ANT.** CAUSE, ORIGINE.

implicite *adj.* informulé, sous-entendu, tacite. △ **ANT.** ÉNONCÉ, EXPLICITE, EXPRÈS, FORMULÉ.

implicitement *adv.* allusivement, en sous-entendu, entre les lignes, euphémiquement, muettement, tacitement. △ **ANT.** EXPLICITEMENT.

impliquer *v.* ▸ ***Compromettre*** – compromettre, mêler, mettre en cause. *FAM.* mouiller. ▸ ***Comporter de façon implicite*** – présupposer, supposer. △ **ANT.** DÉGAGER, EXCUSER, LIBÉRER; EXCEPTER; EXCLURE.

implorer *v.* ▸ ***Supplier qqn*** – adjurer, prier, solliciter, supplier. *SOUT.* conjurer, crier grâce, crier merci, tendre les bras vers, tomber aux genoux de, tomber aux pieds de. ▸ ***Demander qqch. avec insistance*** – invoquer, mendier, quémander, quêter, solliciter. *FAM.* mendigoter. △ **ANT.** DÉDAIGNER, MÉPRISER, REFUSER, RENVOYER, REPOUSSER.

impoli *adj.* ▸ ***Qui manque de savoir-vivre*** – de mauvaise compagnie, discourtois, goujat, grossier, impertinent, incivil, inconvenant, incorrect, indélicat, mal élevé, rustre. *FAM.* mal embouché, malpoli, mufle. *FRANCE RÉGION.* malgracieux. *QUÉB. FAM.* habitant. ▸ ***Effronté*** – cavalier, cynique, désinvolte, effronté, éhonté, familier, impertinent, impudent, insolent, irrespectueux, irrévérencieux, leste, libre, provocant, sans gêne, sans vergogne. *FAM.* culotté, gonflé. *QUÉB. FAM.* baveux. *ACADIE FAM.* effaré. △ **ANT.** AFFABLE, BIEN ÉLEVÉ, BIENSÉANT, CIVIL, COURTOIS, DÉLICAT, GALANT, POLI.

importance *n.f.* ▸ ***Caractère important*** – dimension, gravité, portée, priorité, prix. ▸ ***Immensité*** – grandeur, immensité, longueur, monumentalité. *SOUT.* taille. ▸ ***Grandeur morale*** – envergure, étoffe, genre, qualité, stature. *FIG.* carrure. ▸ ***Influence*** – action, aide, appui, ascendant, attirance, attraction, aura, autorité, contagion, crédit, dominance, domination, effet, empreinte, emprise, fascination, force, incitation, influence, inspiration, magie, magnétisme, mainmise, manipulation, mouvance, persuasion, pétition, poids, pouvoir, prépondérance, présence, pression, prestige, puissance, règne, rôle, séduction, subjugation, suggestion, tyrannie. SOUT. empire, intercession. ▸ *Vanité* – amour-propre, arrogance, autosatisfaction, bouffissure, complaisance, contentement (de soi), crânerie, enflure, fatuité, gloriole, hauteur, immodestie, jactance, mégalomanie, morgue, orgueil, ostentation, outrecuidance, parade, pose, présomption, prétention, suffisance, superbe, supériorité, vanité, vantardise. SOUT. fierté, infatuation. FAM. ego. △ **ANT.** FUTILITÉ, INSIGNIFIANCE; FAIBLESSE, MÉDIOCRITÉ; MODESTIE.

important *adj.* ▸ *Majeur* – capital, central, crucial, de la plus haute importance, de premier plan, décisif, déterminant, dominant, essentiel, maître, majeur, numéro un, prédominant, prééminent, premier, prépondérant, primordial, principal, prioritaire, supérieur. SOUT. à nul autre second, cardinal. ▸ *Indispensable* – capital, crucial, de première nécessité, essentiel, fondamental, incontournable, indispensable, irremplaçable, nécessaire, primordial, vital. ▸ *D'une certaine importance* – appréciable, de taille, fort, grand, gros, non négligeable, notable, respectable, sensible, sérieux, substantiel. ▸ *Digne d'être remarqué* – élevé, éminent, exceptionnel, grand, insigne, prestigieux, remarquable, signalé. SOUT. suréminent. ▸ *Grave* – d'importance, de conséquence, grave, gravissime, gros, lourd. ▸ *Puissant* – de haut rang, grand, haut placé, influent, notable, puissant, qui a le bras long. SOUT. de haute volée. △ **ANT.** ACCESSOIRE, (D'INTÉRÊT) SECONDAIRE, DE SECOND PLAN, MARGINAL, MINEUR, NÉGLIGEABLE; DE PEU D'IMPORTANCE, FAIBLE, MODESTE; COMMUN, DU PEUPLE, HUMBLE, ORDINAIRE, PROLÉTAIRE; DÉRISOIRE, INSIGNIFIANT, MALHEUREUX, MINIME, MISÉRABLE, PIÈTRE, RIDICULE.

importation *n.f.* ▸ *Introduction* – constitution, création, disposition, édification, établissement, fondation, implantation, installation, instauration, institution, introduction, intronisation, mise en œuvre, mise en place, mise sur pied, nomination, organisation, placement, pose. INFORM. implémentation. △ **ANT.** EXPORTATION.

importer *v.* ▸ *Avoir de l'importance* – agir sur, compter, entrer en ligne de compte, influencer, influer sur, jouer, peser dans la balance, peser sur. △ **ANT.** ÊTRE ÉGAL, INDIFFÉRER; EXPORTER.

importun *adj.* ▸ *Qui tombe mal* – fâcheux, inopportun, mal à propos, mal choisi *(moment)*, mal venu, qui tombe mal. ▸ *Qui importune* – accaparant, encombrant, envahissant, fatigant, indésirable, indiscret, intrus, pesant, sans gêne. FAM. casse-pieds, collant, crampon, embêtant. QUÉB. FAM. achalant, dérangeant. ▸ *Exaspérant* – agaçant, crispant, désagréable, énervant, exaspérant, excédant, fatigant, harcelant, inopportun, insupportable, irritant. FAM. assommant, casse-pieds, embêtant, empoisonnant, enquiquinant, enquiquineur, horripilant, qui tape sur les nerfs, suant, tannant, tuant. FRANCE FAM. gonflant. QUÉB. FAM. achalant, dérangeant. ▸ *Déplacé* – choquant, de mauvais goût, déplacé, fâcheux, hors de propos, incongru, inconvenant, indélicat, indiscret, inélégant, inopportun, intempestif, mal à propos, mal venu, malencontreux. SOUT. malséant, malsonnant *(parole)*. △ **ANT.** À PROPOS, BIENVENU, OPPORTUN, PROPICE, QUI TOMBE À PIC; AGRÉABLE, CALMANT, TRANQUILLISANT; ATTIRANT, CONVIVIAL, DE BONNE COMPAGNIE, ENGAGEANT, INTÉRESSANT, SYMPATHIQUE; POLI, RESPECTUEUX.

importuner *v.* ▸ *Agacer* – agacer, crisper, énerver, exaspérer, excéder, fatiguer, hérisser, impatienter, irriter, porter sur les nerfs de. FAM. barber, casser les pieds à, courir sur le système de, embêter, emmieller, empoisonner, enquiquiner, faire suer, gonfler, horripiler, insupporter, pomper l'air à, scier, tanner, taper sur les nerfs de. FRANCE FAM. bassiner, canuler, cavaler, courir, courir sur le haricot de, soûler. QUÉB. FAM. achaler, déranger. ▸ *Harceler sans répit* – éperonner, être aux trousses de, harceler, poursuivre, presser, sergenter, talonner, tourmenter. SOUT. assiéger, molester. FAM. asticoter, courir après, tarabuster. FRANCE RÉGION. taler. QUÉB. ACADIE FAM. achaler. QUÉB. FAM. écœurer. ▸ *Incommoder* – déranger, ennuyer, gêner, incommoder, indisposer. ▸ *Interrompre* – déranger, envahir, gêner, interrompre. △ **ANT.** AMUSER, CHARMER; DISTRAIRE, DIVERTIR, ÉGAYER, PLAIRE, RÉJOUIR; ACCOMMODER, AIDER.

imposant *adj.* ▸ *Qui impose le respect* – auguste, digne, grave, impérial, majestueux, noble, olympien, qui impose le respect, solennel. ▸ *Impressionnant* – grand, grandiose, impressionnant, magistral, magnifique, majestueux, monumental. ▸ *Corpulent* – adipeux, bien en chair, charnu, corpulent, de forte taille, empâté, épais, étoffé, fort, gras, gros, large, lourd, massif, obèse, opulent, plantureux, plein. FAM. éléphantesque, hippopotamesque. FRANCE FAM. mastoc. △ **ANT.** HUMBLE, MODESTE, PETIT, SIMPLE; CHÉTIF, GRINGALET, MAIGRE, MAIGRELET, MAIGRICHON.

imposer *v.* ▸ *Infliger* – faire subir, infliger. ▸ *Ordonner* – commander, décréter, dicter, donner l'ordre de, ordonner, prescrire, vouloir. SOUT. édicter. ▸ *Nécessiter* – appeler, avoir besoin de, commander, demander, exiger, nécessiter, obliger, postuler, prendre, prescrire, réclamer, requérir, vouloir. ▸ *Soumettre à une taxe* – frapper d'une taxe, taxer. ♦ **s'imposer** ▸ *Dominer* – avoir le dessus, avoir préséance, dominer, l'emporter, prédominer, prévaloir, primer, régner, triompher. △ **ANT.** PERMETTRE, TOLÉRER; AFFRANCHIR, DÉGREVER, DISPENSER. ♦ **s'imposer** S'INCLINER.

impossibilité *n.f.* ▸ *Contradiction* – absurdité, antilogie, antinomie, aporie, conflit, contradiction, contresens, contrevérité, incohérence, inconsistance, invraisemblance, non-sens, paradoxe, sophisme. ▸ *Invraisemblance* – bizarrerie, énormité, étrangeté, extravagance, improbabilité, incrédibilité, invraisemblance. ▸ *Incapacité* – inaptitude légale, incapacité. ▸ *Obstacle* – accroc, adversité, anicroche, barrière, blocage, contrariété, contretemps, défense, difficulté, digue, écueil, embarras, empêchement, ennui, entrave, frein, gêne, impasse, inhibition, interdiction, objection, obstruction, ombre au tableau, opposition, pierre d'achoppement, point noir, problème, résistance, restriction, tribulations. SOUT. achoppement, impedimenta, traverse. FAM. hic, lézard, os, pépin. QUÉB. FAM. aria. RARE empêtrement. △ **ANT.** POSSIBILITÉ; VRAISEMBLANCE; CAPACITÉ, POUVOIR.

impossible *adj.* ▶ ***Infaisable*** – impraticable, inapplicable, inenvisageable, inexécutable, infaisable, irréalisable. ▶ ***Irréaliste*** – chimérique, improbable, inaccessible, invraisemblable, irréalisable, irréaliste, utopique. ▶ ***Invraisemblable*** – à dormir debout, abracadabrant, abracadabrantesque, absurde, baroque, biscornu, bizarre, burlesque, cocasse, exagéré, excentrique, extravagant, fantasque, farfelu, fou, funambulesque, grotesque, impayable, incroyable, insolite, invraisemblable, loufoque, qui ne tient pas debout, rocambolesque, saugrenu, tiré par les cheveux, vaudevillesque. *FRANCE FAM.* foutraque, gaguesque. ▶ ***Insupportable*** – antipathique, atroce, déplaisant, désagréable, détestable, exécrable, haïssable, infernal, insoutenable, insupportable, intenable, intolérable, invivable, irrespirable, odieux, pénible. *FAM.* imbuvable. △ **ANT.** PLAUSIBLE, POSSIBLE; LOGIQUE, SENSÉ, SÉRIEUX; ADORABLE, AIMABLE, CHARMANT, DÉLICIEUX, GENTIL.

imposteur *n.m.* ▶ ***Hypocrite*** – bonimenteur, cabotin, chafouin, charlatan, comédien, dissimulateur, dissimulé, doucereux, faux jeton, grimacier, homme à deux visages, hypocrite, jésuite, saintenitouche *(femme)*, simulateur, sournois, sucré, tartufe, trompeur. *SOUT.* dupeur, endormeur. *FAM.* chattemite, emberlificoteur. *SPORTS FAM.* feinteur. ▶ ***Usurpateur*** – usurpateur.

imposture *n.f.* ▶ ***Tromperie*** (*SOUT.*) – abus de confiance, canaillerie, carambouillage, carambouille, charlatanerie, charlatanisme, coup monté, crapulerie, enjôlement, escamotage, escroquerie, fraude, grivèlerie, maquignonnage, mystification, supercherie, tricherie, tromperie, usurpation, vol. *SOUT.* coquinerie, duperie, piperie. *FAM.* arnaque, embrouille, filoutage, friponnerie, tour de passe-passe. *FRANCE FAM.* carottage, entubage, estampage. ▶ ***Affectation*** – affectation, air, apparence, apprêt, bluff, cabotinage, comédie, composition, contenance, convenu, dandysme, genre, jeu, maniérisme, manque de naturel, mascarade, mièvrerie, pose, raideur, recherche, représentation, snobisme. *SOUT.* cambrure. *FAM.* chiqué, cinéma. △ **ANT.** FRANCHISE, SINCÉRITÉ.

impôt *n.m.* ▶ ***Prélèvement*** – charge, contribution, cote, droit, excise, fiscalité, imposition, levée, patente, prélèvement, prestation, prime *(assurance)*, redevance, surtaxe, taxation, taxe, tribut. *QUÉB.* accise. *BELG.* accises. *HIST.* capitation, champart, corvée, dîme, fouage, franc-fief, gabelle, maltôte, moulage, taille, tonlieu. *DR.* foretage. △ **ANT.** DÉGRÈVEMENT, EXEMPTION, EXONÉRATION.

impraticable *adj.* ▶ ***Infaisable*** – impossible, inapplicable, inenvisageable, inexécutable, infaisable, irréalisable. △ **ANT.** PRATICABLE; CARROSSABLE; FAISABLE, RÉALISABLE.

imprécation *n.f.* ▶ ***Malédiction*** – anathématisation, anathème, blâme, blasphème, condamnation, damnation, déprécation, excommunication, jurement, malédiction, réprobation, vœu. *SOUT.* exécration. ▶ ***Insulte*** – blasphème, fulmination, grossièreté, infamie, injure, insolence, insulte, invective, sottise. *SOUT.* vilenie. *FAM.* engueulade. *QUÉB. FAM.* bêtise. ▶ ***Juron*** – blasphème, cri, exclamation, exécration, gros mot, jurement, juron, outrage. *QUÉB.* sacre. △ **ANT.** BÉNÉDICTION.

imprécis *adj.* ▶ ***Indistinct*** – confus, estompé, flou, incertain, indécis, indéfini, indéfinissable, indéterminé, indistinct, ni chair ni poisson, obscur, sourd *(sentiment)*, trouble, vague, vaporeux, voilé. ▶ ***Volontairement vague*** – évasif, fuyant, vague. *SOUT.* élusif. ▶ ***Peu détaillé*** – approximatif, grossier, rudimentaire, sommaire, superficiel, vague. △ **ANT.** PRÉCIS; DISCERNABLE, DISTINCT, IDENTIFIABLE, PERCEPTIBLE; CATÉGORIQUE, CLAIR, EXPLICITE, FORMEL, NET; DÉTAILLÉ, POINTU.

imprécision *n.f.* ▶ ***Indétermination*** – à-peu-près, approximation, confusion, flou, indétermination, nébulosité, vague. ▶ ***Inexactitude*** – écart, erreur, faute, imperfection, incorrection, inexactitude, infidélité, irrégularité. △ **ANT.** NETTETÉ, PRÉCISION; EXACTITUDE.

imprégner *v.* ▶ ***Mouiller*** – abreuver, arroser, baigner, détremper, gorger d'eau, imbiber, inonder, mouiller. ▶ ***Remplir de liquide*** – gonfler, gorger, remplir, saturer. ♦ **s'imprégner** ▶ ***Absorber un liquide*** – absorber, boire, pomper, s'imbiber de. △ **ANT.** ASSÉCHER, ESSUYER, SÉCHER; DÉGORGER, ESSORER. ♦ **s'imprégner** EXSUDER, REJETER.

impression *n.f.* ▶ ***Perception*** – aperception, appréhension, conception, discernement, entendement, idée, intelligence, perception, sens, sensation, sentiment. *FIG.* œil. *PSYCHOL.* gnosie. *PHILOS.* senti. ▶ ***Excitabilité*** – excitabilité, irritabilité, réceptivité, sensation, sensibilité. *MÉD.* esthésie, kinesthésie. ▶ *Excessive* – surexcitabilité. *MÉD.* éréthisme, hyperesthésie. ▶ ***Pressentiment*** – anticipation, divination, flair, instinct, intuition, précognition, prédiction, prémonition, prénotion, prescience, pressentiment, prévision, sentiment, voyance. *FAM.* pif, pifomètre. ▶ ***Opinion*** – appréciation, avis, conception, conviction, critique, croyance, dogme, estime, idée, jugement, optique, pensée, perception, point de vue, position, principe, prise de position, sentiment, théorie, thèse, vote, vue. *SOUT.* oracle. ▶ ***Souvenir*** – allusion, anamnèse, commémoration, déjà vu, évocation, mémoire, mémoration, mémorisation, pensée, rappel, réminiscence, souvenir, trace. *SOUT.* remémoration. ▶ *Non favorable* – arrière-goût. ▶ ***Aspect*** – air, allure, apparence, aspect, caractère, configuration, couleur, couvert, dehors, éclairage, expression, extérieur, façade, faciès, figure, forme, formule, jour, masque, mine, paraître, perspective, physionomie, plastique *(en art)*, portrait, présentation, profil, ressemblance, semblant, surface, ton, tour, tournure, traits, vernis, visage. *SOUT.* enveloppe, regardure, superficie. ▶ ***Édition*** – parution, publication, tirage.

impressionnant *adj.* ▶ ***Étonnant*** – étonnant, frappant, hallucinant, marquant, notable, remarquable, saillant, saisissant, spectaculaire. ▶ ***Grandiose*** – grand, grandiose, imposant, magistral, magnifique, majestueux, monumental. △ **ANT.** BANAL, ININTÉRESSANT, ORDINAIRE, SANS INTÉRÊT; HUMBLE, MODESTE, PETIT, SIMPLE.

impressionner *v.* ▶ ***Causer une vive impression*** – déteindre sur, exercer une influence sur, faire impression sur, frapper, influencer, marquer. ▶ ***Remplir d'étonnement et d'admiration*** – éblouir, émerveiller, faire de l'effet, faire impression, faire sensation, fasciner. *FAM.* en mettre plein la vue à, épater. ▶ ***Intimider*** – en imposer à, intimider. △ **ANT.** APAISER, CALMER; LAISSER FROID, LAISSER INDIFFÉRENT.

imprévisible *adj.* impondérable. *DIDACT.* imprédictible. △ **ANT.** PRÉDICTIBLE, PRÉVISIBLE.

imprévu *adj.* accidentel, exceptionnel, fortuit, inattendu, inopiné. *SOUT.* de rencontre. △ **ANT.** PRÉVISIBLE, PRÉVU.

imprévu *n.m.* ▶ ***Hasard*** – accident, aléa, aléatoire, aventure, cas fortuit, chance, circonstance, coïncidence, conjoncture, contingence, coup de dés, coup du sort, facteur chance, fortuit, hasard, impondérable, inattendu, incertitude, indétermination, occurrence, rencontre, sort. *SOUT.* fortune. *PHILOS.* casualisme, casualité, indéterminisme. *FIG.* loterie. ▶ ***Incident*** – accident, accroc, accrochage, affaire, anicroche, avatar, aventure, complication, contingences, contrariété, contretemps, crise, désagrément, difficulté, dispute, embarras, empêchement, ennui, épine, épisode, événement, éventualité, incident, mésaventure, obstacle, occasion, occurrence, péripétie, problème, rebondissement, tribulations. *SOUT.* adversité. *FAM.* cactus, embêtement, emmerde, emmerdement, enquiquinement, os, pépin, pétrin, tuile. *FRANCE FAM.* empoisonnement.

imprimer *v.* ▶ ***Reproduire par l'imprimerie*** – sortir, tirer. ▶ ***Publier*** – éditer, faire paraître, publier. ▶ ***Marquer par pression*** – empreindre, graver, marquer. ▶ ***Fixer dans la mémoire*** – graver, marquer. ▶ ***Transmettre un mouvement*** – communiquer, transmettre. △ **ANT.** BIFFER, EFFACER, SUPPRIMER.

improbable *adj.* chimérique, impossible, inaccessible, invraisemblable, irréalisable, irréaliste, utopique. △ **ANT.** PROBABLE.

impropre *adj.* ▶ ***Qui enfreint les règles d'usage*** – abusif, barbare, fautif, incorrect. ▶ ***Inapte*** – impuissant, inapte, incapable. *FAM.* pas chiche, pas fichu, pas foutu. *FRANCE FAM.* infichu, infoutu. *DR.* incompétent. ▶ ***Inadéquat*** – inadapté, inadéquat, inapproprié. △ **ANT.** ACCEPTÉ, BON, CORRECT, DE BON ALOI, PERMIS. ♦ **impropre à** APTE À, CAPABLE DE, HABILE À, PROPRE À, SUSCEPTIBLE DE.

improvisation *n.f.* chorus, impromptu. △ **ANT.** PLANIFICATION, PRÉPARATION.

improviser *v.* concevoir, créer, imaginer, innover, inventer, mettre au point, trouver. *QUÉB. FAM.* patenter. △ **ANT.** PLANIFIER, PRÉPARER.

imprudemment *adv.* ▶ ***Témérairement*** – audacieusement, aventureusement, hardiment, périlleusement, témérairement. ▶ ***Dangereusement*** – dangereusement, défavorablement, désavantageusement, dramatiquement, funestement, gravement, grièvement, mal, malencontreusement, nuisiblement, pernicieusement, sérieusement, subversivement, terriblement. △ **ANT.** AVEC CIRCONSPECTION, PRÉCAUTIONNEUSEMENT, PRÉVENTIVEMENT, PRUDEMMENT, RAISONNABLEMENT, SAGEMENT, SENSÉMENT, VIGILAMMENT.

imprudence *n.f.* ▶ ***Manque de prudence*** – absence (d'esprit), déconcentration, défaillance, dispersion, dissipation, distraction, étourderie, inadvertance, inapplication, inattention, inconséquence, irréflexion, légèreté, négligence, omission, oubli. *PSYCHAN.* aprosexie, déflexion. *PSYCHOL.* distractivité. ▶ ***Danger*** – aléa, casse-cou, danger, détresse, difficulté, écueil, embûche, épée de Damoclès, épouvantail, guêpier, hasard, impasse, insécurité, mauvais pas, menace, perdition, péril, piège, point chaud, point sensible, poudrière, récif, risque, spectre, traverse, urgence, volcan. *SOUT.* tarasque. *FRANCE FAM.* casse-gueule. ▶ ***Action imprudente*** – bavure, bêtise, bévue, blague, bourde, erreur, étourderie, fausse manœuvre, fausse note, faute, faux pas, impair, maladresse, maldonne, méprise, sottise. *FAM.* boulette, connerie, couac, gaffe, gourance, gourante. △ **ANT.** CIRCONSPECTION, PRUDENCE.

imprudent *adj.* ▶ ***Téméraire*** – aventureux, téméraire. *FAM.* casse-cou, risque-tout. ▶ ***Écervelé*** – écervelé, étourdi, évaporé, imprévoyant, impulsif, inconscient, inconséquent, inconsidéré, insouciant, irréfléchi, irresponsable, léger, négligent, sans cervelle, sans-souci. *SOUT.* malavisé. ▶ ***Risqué*** – audacieux, aventuré, aventureux, dangereux, fou, hardi, hasardé, hasardeux, osé, périlleux, risqué, suicidaire, téméraire. *SOUT.* scabreux. *FAM.* casse-cou, casse-gueule. △ **ANT.** ATTENTIF, PRÉCAUTIONNEUX, PRÉVOYANT, PRUDENT, VIGILANT.

impudique *adj.* ▶ ***Provocant*** – affriolant, aguichant, aguicheur, aphrodisiaque, émoustillant, érotique, incendiaire, lascif, osé, provocant, sensuel, suggestif, troublant, voluptueux. ▶ ***Grivois*** – coquin, croustillant, égrillard, gaillard, gaulois, gras, grivois, hardi, impur, léger, leste, libertin, libre, licencieux, lubrique, osé, paillard, polisson, salace. *SOUT.* rabelaisien. *FAM.* épicé, olé olé, poivré, salé. △ **ANT.** CHASTE, DÉCENT, INNOCENT, PLATONIQUE, PUDIQUE, PUR, RÉSERVÉ, SAGE, VERTUEUX; JANSÉNISTE, PURITAIN, RIGIDE, SÉRIEUX, SÉVÈRE.

impuissance *n.f.* ▶ ***Absence d'orgasme*** – anaphrodisie, anorgasmie, atonie sexuelle, frigidité *(homme ou femme)*. ▶ ***Faiblesse*** – abattement, anémie, débilité, délicatesse, faiblesse, fragilité, impotence, langueur. *SOUT.* chétivité. *MÉD.* aboulie, adynamie, asthénie, atonie, cataplexie, hypotonie, myatonie, psychasthénie. ▶ ***Paralysie*** – arrêt, asphyxie, blocage, désactivation, engourdissement, enraiement, entrave, immobilisation, immobilisme, inhibition, neutralisation, obstruction, paralysie, ralentissement, sclérose, stagnation. ▶ ***Désespoir*** – désarroi, désespoir, détresse. △ **ANT.** VIRILITÉ; PUISSANCE; APTITUDE, CAPACITÉ, EFFICACITÉ, POUVOIR.

impuissant *adj.* ▶ ***Sans moyens*** – désarmé, faible, fragile, sans défense, vulnérable. ▶ ***Sans effet*** – inactif, inefficace, inopérant. ▶ ***Incapable*** – impropre, inapte, incapable. *FAM.* pas chiche, pas fichu, pas foutu. *FRANCE FAM.* infichu, infoutu. *DR.* incompétent. △ **ANT.** PUISSANT; FORT, REDOUTABLE; IMBATTABLE, INVINCIBLE, IRRÉDUCTIBLE; ACTIF, AGISSANT, EFFICACE, OPÉRANT.

impulsif *adj.* ▶ ***Irréfléchi*** – écervelé, étourdi, évaporé, imprévoyant, imprudent, inconscient, inconséquent, inconsidéré, insouciant, irréfléchi, irresponsable, léger, négligent, sans cervelle, sans-souci. *SOUT.* malavisé. ▶ ***Emporté*** – bouillant, emporté, enflammé, explosif, fougueux, impatient, impétueux, passionné, prompt, qui a la tête chaude, sanguin, véhément, vif, violent, volcanique. ▶ ***Spon-***

tané – naturel, primesautier, spontané. FAM. nature. △ **ANT.** MESURÉ, PONDÉRÉ, POSÉ, RAISONNABLE, RÉFLÉCHI, RESPONSABLE, SAGE, SENSÉ, SÉRIEUX.

impulsion *n.f.* ▶ ***Élan*** – bond, branle, coup, élan, élancement, envolée, erre, essor, lancée, lancement, mouvement, rondade *(acrobatie)*, saut. QUÉB. FAM. erre d'aller. ▶ ***Remous*** – agitation, balancement, ballottement, bercement, branle, branlement, cahotement, flottement, fluctuation, flux et reflux, houle, lacet, mouvement, onde, ondoiement, ondulation, oscillation, pulsation, raz de marée, remous, roulis, tangage, va-et-vient, vague, valse, vibration. FAM. brimbalement. ▶ ***Tendance*** – affection, aptitude, attirance, disposition, faible, faiblesse, goût, habitude, inclination, instinct, penchant, pente, prédilection, prédisposition, préférence, propension, tendance, vocation. DIDACT. susceptibilité. PSYCHOL. compulsion. FAM. tendresses. ▶ ***Stimulation*** – aide, aiguillon, animation, appel, défi, dépassement (de soi), émulation, encouragement, entraînement, excitation, exhortation, fanatisation, fomentation, incitation, instigation, invitation, invite, motivation, provocation, sollicitation, stimulation, stimulus. SOUT. surpassement. △ **ANT.** BARRIÈRE, FREIN, INHIBITION.

impunément *adv.* en toute impunité, en toute liberté, librement.

impur *adj.* ▶ ***Malsain*** – antihygiénique, insalubre, malsain, pollué, vicié. ▶ ***Impudique*** – coquin, croustillant, égrillard, gaillard, gaulois, gras, grivois, hardi, impudique, léger, leste, libertin, libre, licencieux, lubrique, osé, paillard, polisson, salace. SOUT. rabelaisien. FAM. épicé, olé olé, poivré, salé. ▶ ***Contraire à la morale*** – amoral, choquant, éhonté, immoral, inconvenant, indécent, obscène, offensant, révoltant, scabreux, scandaleux. RARE antimoral. △ **ANT.** INALTÉRÉ, INTACT, PUR; CLAIR, CRISTALLIN, LIMPIDE, TRANSPARENT; CHASTE, DÉCENT, INNOCENT, PLATONIQUE, PUDIQUE, SAGE, VERTUEUX; BIENSÉANT, CONVENABLE, CORRECT, HONORABLE, MORAL.

impureté *n.f.* ▶ ***Saleté*** – bourre, bourrier, chiure, chute, crasse, culot, débris, déchet, dépôt, détritus, gadoue, immondices, lavure, lie, malpropreté, ordure, parcelle, perte, poussière, raclure, rebut, reliefs, reliquat, résidu, reste, rinçure, rognure, saleté, salissure. FAM. cochonnerie, margouillis, saloperie. ▶ ***Péché*** – accroc, chute, crime, déchéance, écart, errements, faute, mal, manquement, mauvais, offense, péché, sacrilège, scandale, souillure, tache, transgression, vice. ▶ ***Abjection*** – abjection, abomination, atrocité, bassesse, boue, corruption, crapulerie, crime, débauche, déshonneur, fange, grossièreté, honte, horreur, ignominie, indignité, infamie, laideur, misère, monstruosité, noirceur, obscénité, odieux, ordure, saleté, sordide, souillure, vice. SOUT. sordidité, stupre, turpitude, vilenie. FAM. dégoûtation, dégueulasserie, pouillerie. ▶ ***Atome*** – accepteur, atome accepteur, atome d'impureté. △ **ANT.** PURETÉ; IMPECCABILITÉ; HONNÊTETÉ; CHASTETÉ, CONTINENCE.

imputer *v.* ▶ ***Reprocher*** – mettre sur le dos, reprocher. ▶ ***Attribuer*** – attribuer, mettre sur le compte, rejeter. ▶ ***Affecter une somme*** – affecter, appliquer, assigner, attribuer, porter. △ **ANT.** BLANCHIR, DÉCHARGER, DISCULPER, EXCUSER, INNOCENTER, JUSTIFIER, LAVER.

inacceptable *adj.* ▶ ***Déraisonnable*** – déraisonnable, illégitime, inadmissible, indéfendable, injustifiable, injustifié, insoutenable, irrecevable. SOUT. infondé. ▶ ***Impardonnable*** – impardonnable, inadmissible, inconcevable, inexcusable, injustifiable, intolérable. SOUT. irrémissible. △ **ANT.** ACCEPTABLE; APPROUVABLE, BIEN, BON, CONVENABLE, CORRECT, DÉCENT, HONNÊTE, HONORABLE, MOYEN, PASSABLE, PRÉSENTABLE, RAISONNABLE, SATISFAISANT, SUFFISANT; ADMISSIBLE, RECEVABLE, VALABLE, VALIDE.

inaccessible *adj.* ▶ ***Difficile d'accès*** – impénétrable, inabordable, inatteignable. ▶ ***Incompréhensible*** – cabalistique, caché, cryptique, énigmatique, ésotérique, hermétique, impénétrable, incompréhensible, inconcevable, inconnaissable, indéchiffrable, indécodable, inexplicable, insaisissable, insondable, mystérieux, obscur, opaque, secret, ténébreux. SOUT. abscons, abstrus, sibyllin. ▶ ***Irréaliste*** – chimérique, impossible, improbable, invraisemblable, irréalisable, irréaliste, utopique. ▶ ***Difficile à aborder*** – d'un abord difficile, inabordable. ▶ ***Insensible*** – étranger, fermé, imperméable, indifférent, insensible, réfractaire, sourd. SOUT. impénétrable. △ **ANT.** ACCESSIBLE; ABORDABLE, ACCOSTABLE; À LA PORTÉE DE TOUS, CLAIR, COMPRÉHENSIBLE, ÉVIDENT, INTELLIGIBLE, LIMPIDE, SIMPLE, TRANSPARENT; APPROCHABLE, D'UN ABORD FACILE, DISPONIBLE. ♦ **inaccessible à** DISPOSÉ À, FAVORABLE, OUVERT À.

inaccoutumé *adj.* ▶ ***Exceptionnel*** – d'exception, exceptionnel, fortuit, inhabituel, inusité, occasionnel, rare, rarissime, spécial. SOUT. extraordinaire, inusuel. ▶ ***Bizarre*** – anormal, bizarre, curieux, drôle, étonnant, étrange, incompréhensible, inexplicable, inhabituel, insolite, inusité, singulier, spécial, surprenant. SOUT. extraordinaire. FAM. bizarroïde. △ **ANT.** COUTUMIER, HABITUEL, NORMAL, ORDINAIRE, STANDARD, USUEL.

inachevé *adj.* fragmentaire, imparfait, incomplet, insuffisant, lacunaire, partiel, relatif. △ **ANT.** ACHEVÉ, COMPLET, ENTIER.

inactif *adj.* ▶ ***En parlant de qqn*** – désoccupé, désœuvré, inoccupé, oisif. FAM. végétatif. ▶ ***En parlant de qqch.*** – impuissant, inefficace, inopérant. △ **ANT.** ACTIF; AU TRAVAIL; AGISSANT, EFFICACE, OPÉRANT, PUISSANT.

inaction *n.f.* ▶ ***Immobilité*** – calme, fixité, hiératisme, immobilisme, immobilité, immuabilité, immutabilité, impassibilité, improductivité, inactivité, inamovibilité, inertie, paralysie, piétinement, plafonnement, repos, sclérose, stabilité, stagnation, stationnarité, statisme, statu quo, sur place. SOUT. marasme, morosité. ▶ ***Désœuvrement*** – chômage, désœuvrement, farniente, inactivité, inertie, oisiveté, passivité, sédentarité, sinécure, sous-emploi. SOUT. désoccupation, inoccupation. △ **ANT.** ACTION, MOBILITÉ, MOUVEMENT; ACTIVITÉ, EXERCICE, OCCUPATION, TRAVAIL.

inadéquat *adj.* impropre, inadapté, inapproprié. △ **ANT.** ADAPTÉ, ADÉQUAT, APPROPRIÉ, CONFORME, CONVENABLE, CORRECT, INDIQUÉ, JUSTE, OPPORTUN, PERTINENT, PROPICE.

inadmissible *adj.* ▸ ***Déraisonnable*** – déraisonnable, illégitime, inacceptable, indéfendable, injustifiable, injustifié, insoutenable, irrecevable. SOUT. infondé. ▸ ***Inexcusable*** – impardonnable, inacceptable, inconcevable, inexcusable, injustifiable, intolérable. SOUT. irrémissible. △ **ANT.** ACCEPTABLE, ADMISSIBLE, RECEVABLE, VALABLE, VALIDE; COMPRÉHENSIBLE, DÉFENDABLE, EXCUSABLE, HUMAIN, JUSTIFIABLE, LÉGITIME, NATUREL, NORMAL, PARDONNABLE.

inaltérable *adj.* ▸ ***Durable*** – constant, durable, éternel, immortel, immuable, impérissable, imprescriptible, indéfectible, indestructible, indissoluble, infini, permanent, perpétuel, sans fin. SOUT. pérenne. ▸ ***Incorruptible*** – imputrescible, inattaquable, incorruptible, inox, inoxydable. ▸ ***En parlant d'une couleur*** – bon teint, fixe, grand teint. △ **ANT.** CHANGEANT, ÉPHÉMÈRE, FRAGILE, FUGITIF, PASSAGER, PRÉCAIRE, PROVISOIRE; ALTÉRABLE, BIODÉGRADABLE, CORRUPTIBLE, DÉCOMPOSABLE, PÉRISSABLE, PUTRÉFIABLE, PUTRESCIBLE.

inaltéré *adj.* ▸ ***Intact*** – intact, intouché, pur, sauf. ▸ ***Inutilisé*** – intact, inutilisé, neuf, vierge. △ **ANT.** ALTÉRÉ, CORROMPU.

inanimé *adj.* évanoui, inerte, sans connaissance. SOUT. gisant. △ **ANT.** ANIMÉ, EN MOUVEMENT; COLORÉ, EXPRESSIF, PITTORESQUE, VIVANT.

inappréciable *adj.* ▸ ***Sans prix*** – cher, de (grande) valeur, de prix, inestimable, introuvable, précieux, rare, rarissime, recherché, sans prix. ▸ ***Sans limites*** – considérable, grand, illimité, immense, incalculable, incommensurable, infini, insondable, sans borne, sans fin, sans limites, sans mesure, vaste. RARE immensurable. △ **ANT.** FAIBLE, INFIME, MODESTE, NÉGLIGEABLE, PETIT.

inapproprié *adj.* impropre, inadapté, inadéquat. △ **ANT.** ADÉQUAT, APPROPRIÉ.

inapte *adj.* impropre, impuissant, incapable. FAM. pas chiche, pas fichu, pas foutu. FRANCE FAM. infichu, infoutu. DR. incompétent. △ **ANT.** ADROIT, APTE, CAPABLE.

inattendu *adj.* ▸ ***Imprévu*** – accidentel, exceptionnel, fortuit, imprévu, inopiné. SOUT. de rencontre. ▸ ***Surprenant*** – étonnant, insoupçonné, surprenant. △ **ANT.** ATTENDU, PRÉVISIBLE, PRÉVU; BANAL, NORMAL.

inattention *n.f.* ▸ ***Distraction*** – absence (d'esprit), déconcentration, défaillance, dispersion, dissipation, distraction, étourderie, imprudence, inadvertance, inapplication, inconséquence, irréflexion, légèreté, négligence, omission, oubli. PSYCHAN. aprosexie, déflexion. PSYCHOL. distractivité. ▸ ***Oubli*** – absence, amnésie, étourderie, manque, mauvaise mémoire, omission, oubli, perte de mémoire, trou (de mémoire). △ **ANT.** APPLICATION, ATTENTION, CIRCONSPECTION, CONCENTRATION.

inaugurer *v.* ▸ ***Instaurer*** – instaurer, instituer, introduire. ▸ ***Entreprendre*** – commencer, déclencher, donner le coup d'envoi à, enclencher, engager, entamer, entreprendre, lancer, mettre en branle, mettre en route, mettre en train. FAM. démarrer. ▸ ***Constituer le premier élément*** – commencer, ouvrir. △ **ANT.** CONCLURE, FERMER, FINIR; CONTINUER, POURSUIVRE; COPIER, IMITER.

inavouable *adj.* abject, bas, coupable, crapuleux, dégoûtant, honteux, ignoble, immonde, indigne, infâme, infect, innommable, inqualifiable, lâche, méprisable, odieux, repoussant, répugnant, sans nom, scandaleux, sordide, vil. SOUT. fangeux, ignominieux, nauséeux, triste, turpide. FAM. dégueu, dégueulasse, écœurant, salaud. △ **ANT.** AVOUABLE.

incalculable *adj.* ▸ ***Impossible à calculer*** – indénombrable. ▸ ***Immense*** – considérable, grand, illimité, immense, inappréciable, incommensurable, infini, insondable, sans borne, sans fin, sans limites, sans mesure, vaste. RARE immensurable. △ **ANT.** APPRÉCIABLE, CALCULABLE; FAIBLE, INFIME, MODESTE, NÉGLIGEABLE, PETIT.

incandescent *adj.* ▸ ***En combustion*** – ardent, embrasé, igné. ▸ ***Brillant*** – brasillant, brillant, éclatant, étincelant, flamboyant, luisant, miroitant, papillotant, reluisant, rutilant, scintillant. △ **ANT.** ÉTEINT, FROID; BLAFARD, MAT, PÂLE, TERNE; CALME, INDIFFÉRENT.

incantation *n.f.* ▸ ***Appel des esprits*** – évocation.

incapable *adj.* ▸ ***Inapte*** – impropre, impuissant, inapte. FAM. pas chiche, pas fichu, pas foutu. FRANCE FAM. infichu, infoutu. DR. incompétent. ▸ ***Incompétent*** – ignorant, incompétent, insuffisant, mauvais, médiocre, nul. FAM. à la flan, à la gomme, à la manque, à la mie de pain, à la noix, à la noix de coco. FRANCE FAM. nullard. ▸ ***Malhabile*** – balourd, gauche, lourdaud, maladroit, malhabile, pataud. SOUT. inhabile. FAM. brise-tout, cloche, empaillé, empoté, gaffeur, godiche, godichon, gourd, gourde, manche, manchot. RARE casseur. △ **ANT.** ADROIT, CAPABLE, COMPÉTENT, DOUÉ, EXPERT, HABILE, PERFORMANT, QUALIFIÉ, TALENTUEUX, VERSÉ. ♦ **incapable de** APTE À, CAPABLE DE, HABILE À, PROPRE À, SUSCEPTIBLE DE.

incapable *n.* ▸ ***Au sens courant*** – bon à rien, gâcheur, inapte, incompétent, mazette, médiocre, nullité, propre à rien, raté. FAM. bousilleur, cloche, ganache, gougnafier, jean-foutre, manche, minable, minus habens, nul, nullard, perdant, ringard, tocard, zéro. FRANCE FAM. loupeur. QUÉB. FAM. cabochon.

incapacité *n.f.* ▸ ***Ignorance*** – analphabétisme, ignorance, illettrisme, inadéquation, inaptitude, incompétence, incompréhension, inconscience, inculture, inexpérience, ingénuité, innocence, insuffisance, lacune, naïveté, nullité, obscurantisme, simplicité. SOUT. impéritie, inconnaissance, méconnaissance. ▸ ***Invalidité*** – handicap, impotence, infirmité, invalidité. ▸ ***Paralysie*** – akinésie, bradykinésie, diplégie, hémiplégie, invalidité, monoplégie, paralysie, paraplégie, parésie, quadraplégie, raideur, tétraplégie. ▸ ***État légal*** – inaptitude légale. △ **ANT.** APTITUDE, CAPACITÉ, COMPÉTENCE; POUVOIR, PUISSANCE; HABILITÉ.

incarnation *n.f.* ▸ ***Concrétisation*** – actualisation, actuation, chosification, concrétisation, corporification, corporisation, expression, matérialisation, objectivation, personnification, réalisation, réification, substantialisation, substantification. ▸ ***Symbole*** – allégorie, attribut, chiffre, devise, drapeau, effigie, emblème, figure, icône, image, insigne, livrée, logo, logotype, marque, notation, personnification, représentation, signe, symbole, type.

incarner *v.* ▶ ***Symboliser*** – désigner, évoquer, exprimer, figurer, matérialiser, représenter, signifier, symboliser. ▶ ***Personnifier*** – personnifier, représenter. ▶ ***Jouer*** – camper *(avec vigueur)*, faire, interpréter, jouer, jouer le rôle de, tenir le rôle de.

incendie *n. m.* brasier, embrasement, feu, flammes, fournaise, foyer.

incendier *v.* ▶ ***Mettre en feu*** – brûler, embraser, enflammer. ▶ ***Exciter*** – aiguiser, allumer, attiser, augmenter, aviver, échauffer, embraser, enflammer, exalter, exciter, stimuler. ▶ ***Réprimander*** (FAM.) – admonester, attraper, chapitrer, faire des remontrances à, faire la leçon à, faire la morale à, gronder, houspiller, malmener, moraliser, morigéner, rappeler à l'ordre, remettre à sa place, remettre au pas, réprimander, sermonner. SOUT. gourmander, redresser, semoncer, semondre, tancer. FAM. assaisonner, dire deux mots à, disputer, doucher, engueuler, enguirlander, laver la tête à, moucher, passer un savon à, remonter les bretelles à, sacquer, savonner, savonner la tête à, secouer, secouer comme un (vieux) prunier, secouer les puces à, sonner les cloches à, tirer les oreilles à. FRANCE FAM. donner un cigare à, passer un cigare à. QUÉB. FAM. chicaner. △ **ANT.** ÉTEINDRE, ÉTOUFFER; CALMER, REFROIDIR.

incertain *adj.* ▶ ***Possible*** – aléatoire, casuel, conditionnel, conjectural, contingent, douteux, éventuel, hasardé, hasardeux, hypothétique, possible, problématique, supposé. ▶ ***Variable*** – changeant, en dents de scie, flottant, fluctuant, inconstant, inégal, instable, irrégulier, mobile, mouvant, variable. SOUT. labile, volatil. DIDACT. erratique. ▶ ***Précaire*** – chancelant, défaillant, faible, fragile, glissant, instable, menacé, précaire, vacillant. ▶ ***Imprécis*** – confus, estompé, flou, imprécis, indécis, indéfini, indéfinissable, indéterminé, indistinct, ni chair ni poisson, obscur, sourd *(sentiment)*, trouble, vague, vaporeux, voilé. ▶ ***Hésitant*** – embarrassé, flottant, fluctuant, hésitant, indécis, indéterminé, irrésolu, perplexe, velléitaire. FRANCE FAM. entre le zist et le zest, vasouillard. MÉD. aboulique. △ **ANT.** ASSURÉ, CERTAIN, SÛR; FATAL, IMMANQUABLE, INCONTOURNABLE, INÉLUCTABLE, INÉVITABLE, NÉCESSAIRE, OBLIGATOIRE; CONSTANT, FIXE, IMMOBILE, INVARIABLE, INVARIANT, STABLE, STATIONNAIRE, STATIQUE; ARRÊTÉ, CLAIR, DÉFINI, DÉTERMINÉ, NET, PRÉCIS, TRANCHÉ; CONVAINCU, PERSUADÉ.

incertitude *n. f.* ▶ ***Hésitation*** – doute, embarras, flottement, hésitation, inconstance, indécision, indétermination, instabilité, irrésolution, perplexité, procrastination, réticence, scrupule, tâtonnement, trouble, vacillement, valse-hésitation, velléité, versatilité. SOUT. limbes. ▶ ***Ambiguïté*** – ambiguïté, ambivalence, amphibologie, dilogie, double entente, double sens, énigme, équivoque, indétermination, obscurité, plurivocité, polysémie. ▶ ***Instabilité*** – ballottement, changement, déséquilibre, fluctuation, fragilité, inadaptation, inconstance, inégalité, instabilité, mouvant, mouvement, précarité, variabilité, variation, versatilité, vicissitude, volatilité. ▶ ***Hasard*** – accident, aléa, aléatoire, aventure, cas fortuit, chance, circonstance, coïncidence, conjoncture, contingence, coup de dés, coup du sort, facteur chance, fortuit, hasard, impondérable, imprévu, inattendu, indétermination, occurrence, rencontre, sort. SOUT. fortune. PHILOS. casualisme, casualité, indéterminisme. FIG. loterie. △ **ANT.** CONVICTION, FERMETÉ, RÉSOLUTION; CERTITUDE, CLARTÉ, ÉVIDENCE; PRÉVISIBILITÉ.

incessant *adj.* constant, continu, continuel, de tous les instants, ininterrompu, permanent, perpétuel, persistant, régulier. ▶ *Non favorable* – continuel, éternel, perpétuel, sans fin, sempiternel. △ **ANT.** DISCONTINU, INTERMITTENT, IRRÉGULIER.

incidemment *adv.* ▶ ***Accessoirement*** – accessoirement, anecdotiquement, auxiliairement, concomitamment, en outre, marginalement, secondairement, subsidiairement, supplémentairement. ▶ ***Accidentellement*** – accidentellement, au passage, en passant, entre parenthèses, fortuitement, par extraordinaire, par hasard, par impossible. SOUT. d'aventure, par accident, par aventure, par rencontre. △ **ANT.** ESSENTIELLEMENT, PRINCIPALEMENT; À DESSEIN, DE PROPOS DÉLIBÉRÉ, DÉLIBÉRÉMENT, EXPRÈS, INTENTIONNELLEMENT, SCIEMMENT, VOLONTAIREMENT.

incidence *n. f.* ▶ ***Effet*** – action, conclusion, conséquence, contrecoup, corollaire, développement, effet, efficacité, fonction, fruit, impact, implication, jeu, juste retour des choses, œuvre, portée, prolongement, réaction, rejaillissement, répercussion, résultante, résultat, retentissement, retombées, ricochet, séquelle, suite (logique). SOUT. aboutissant, efficace, fille.

incident *n. m.* accident, accroc, accrochage, affaire, anicroche, avatar, aventure, complication, contingences, contrariété, contretemps, crise, désagrément, difficulté, dispute, embarras, empêchement, ennui, épine, épisode, événement, éventualité, imprévu, mésaventure, obstacle, occasion, occurrence, péripétie, problème, rebondissement, tribulations. SOUT. adversité. FAM. cactus, embêtement, emmerde, emmerdement, enquiquinement, os, pépin, pétrin, tuile. FRANCE FAM. empoisonnement.

inciter *v.* ▶ ***Entraîner*** – amener, conditionner, conduire, disposer, encourager, engager, entraîner, exhorter, impulser, incliner, mener, porter, pousser, provoquer. SOUT. exciter, mouvoir. ▶ ***Conseiller fortement*** – encourager, engager, exhorter, inviter. ▶ ***Mettre dans un certain état d'esprit*** – convier, inviter. △ **ANT.** DÉCOURAGER, DÉTOURNER, DISSUADER, EMPÊCHER, RETENIR; APAISER.

inclinaison *n. f.* ▶ ***Orientation*** – axe, cap, côté, direction, exposition, face, ligne, orientation, sens, situation, vue. QUÉB. ACADIE FAM. bord. ASTRON. azimut. AÉRON. MAR. cap. MAR. gisement, orientement. ▶ ***Pente*** – angle, déclivité, dénivelé, dénivellation, dénivellement, dévers, déversement, dévoiement, obliquité, pente. ▶ ***Déformation*** – anamorphose, aplatissement, courbure, déformation, déviation, distorsion, gauchissement, gondolage, gondolement, ovalisation, plissement, voilage, voile, voilement, voilure. TECHN. fluage. ▶ ***Amplitude*** – amplitude, écart, oscillation, portée, variation. ▶ ***Agenouillement*** – génuflexion, prosternation, prosternement. RELIG. prostration. △ **ANT.** APLOMB, RECTITUDE; HORIZONTALITÉ; VERTICALITÉ.

inclination *n.f.* ▸ ***Propension*** – affection, aptitude, attirance, disposition, faible, faiblesse, goût, habitude, impulsion, instinct, penchant, pente, prédilection, prédisposition, préférence, propension, tendance, vocation. DIDACT. susceptibilité. PSYCHOL. compulsion. FAM. tendresses. ▸ ***Affinité*** (SOUT.) – affection, amitié, amour, attachement, attirance, intérêt, lien, sympathie, tendresse. FAM. coup de cœur, coup de foudre. ▸ ***Hommage*** – baisemain, civilités, compliments, coup de chapeau, courbette, génuflexion, hommage, poignée de main, prosternation, révérence, salut, salutation. FAM. salamalecs. △ **ANT.** ANTIPATHIE, AVERSION, DÉGOÛT, RÉPULSION.

incliner *v.* ▸ ***Pencher*** – coucher, pencher. ▸ ***Prédestiner*** – appeler, destiner, prédestiner, prédéterminer, prédisposer. ▸ ***Rendre enclin*** – amener, conditionner, conduire, disposer, encourager, engager, entraîner, exhorter, impulser, inciter, mener, porter, pousser, provoquer. SOUT. exciter, mouvoir. ▸ ***Préférer*** – aimer mieux, avoir un faible pour, avoir un penchant pour, avoir une inclination pour, avoir une prédilection pour, pencher pour, préférer. ♦ **s'incliner** ▸ ***Se pencher*** – pencher. ▸ *Se pencher en signe de respect* – se courber, se prosterner. ▸ ***Devenir courbe*** – s'arquer, s'incurver, s'infléchir, se courber. ▸ ***Obéir*** – céder à, écouter, obéir à, s'exécuter, se soumettre à. SUISSE FAM. baster. ▸ ***Se résigner*** – accepter, faire contre mauvaise fortune bon cœur, prendre son parti de, se faire à l'idée, se faire une raison, se résigner, se résoudre, se soumettre. FAM. digérer. ♦ **incliné** ▸ ***En pente*** – déclive, en déclive, en pente, pentu. △ **ANT.** DRESSER, LEVER, REDRESSER, RELEVER; DÉTOURNER, EMPÊCHER. ♦ **s'incliner** S'IMPOSER; CONTINUER, LUTTER, PERSÉVÉRER, RÉSISTER, S'OBSTINER, S'OPPOSER.

incognito *adv.* à huis clos, à la dérobée, anonymement, clandestinement, confidentiellement, discrètement, en cachette, en catimini, en confidence, en secret, en sourdine, en vase clos, furtivement, ni vu ni connu, occultement, sans tambour ni trompette, secrètement, sourdement, sous le manteau, souterrainement, subrepticement. FAM. en douce, en sous-main, en tapinois. △ **ANT.** AU GRAND JOUR, DEVANT TOUT LE MONDE, EN PUBLIC.

incohérence *n.f.* ▸ ***Discordance*** – décousu, désaccord, discordance, disparité, divergence, hétérogénéité, inadéquation, incompatibilité, inhomogénéité, non-conformité. SOUT. disconvenance, incohésion. ▸ ***Contradiction*** – absurdité, antilogie, antinomie, aporie, conflit, contradiction, contresens, contrevérité, impossibilité, inconsistance, invraisemblance, non-sens, paradoxe, sophisme. ▸ ***Illogisme*** – aberration, absurde, absurdité, apagogie, contradiction, illogisme, inconséquence, irrationalité, irrationnel, non-sens, paradoxe, paralogisme. △ **ANT.** ADÉQUATION, COHÉRENCE, CONVERGENCE, CORRESPONDANCE; LOGIQUE, RATIONALITÉ; COHÉSION, ORDRE, UNITÉ.

incohérent *adj.* chaotique, décousu, désordonné, incompréhensible, inconséquent, sans queue ni tête, sans suite. △ **ANT.** COHÉRENT; CLAIR, INTELLIGIBLE, SAISISSABLE; CONTINU, ININTERROMPU, LOGIQUE, ORDONNÉ, STRUCTURÉ, SUIVI.

incolore *adj.* ▸ ***Pâle*** – blafard, blanc, blanchâtre, blême, clair, pâle, pâlot, terne. ▸ ***Banal*** – anodin, banal, fade, falot, inintéressant, insignifiant, insipide, plat, sans intérêt, terne. FAM. inodore et sans saveur. △ **ANT.** COLORÉ; ANIMÉ, ENJOUÉ, FRINGANT, PÉTILLANT, PÉTULANT, PLEIN D'ENTRAIN, PLEIN DE VIE, VIVANT.

incomber *v.* appartenir à, peser sur, retomber sur (les épaules de), revenir à.

incommode *adj.* embarrassant, encombrant, gênant, malcommode. ▸ *Par sa taille* – volumineux. △ **ANT.** COMMODE, EFFICACE, FONCTIONNEL, PRATIQUE, UTILE, UTILITAIRE.

incomparable *adj.* ▸ ***Exceptionnel*** – d'exception, exceptionnel, hors du commun, hors ligne, hors pair, hors série, inégalable, inégalé, inimitable, irremplaçable, précieux, qui n'a pas son pareil, rare, remarquable, sans égal, sans pareil, sans précédent, sans rival, sans second, spécial, supérieur, unique. ▸ ***Exemplaire*** – accompli, achevé, consommé, de rêve, exemplaire, idéal, idyllique, irréprochable, modèle, parfait, rêvé. △ **ANT.** ANODIN, BANAL, ORDINAIRE, SANS IMPORTANCE, SANS INTÉRÊT.

incomparablement *adv.* à la perfection, à merveille, à ravir, admirablement, bien, divinement, extraordinairement, idéalement, impeccablement, infailliblement, irréprochablement, le mieux du monde, merveilleusement, mirifiquement, on ne peut mieux, parfaitement, prodigieusement, sans fautes, sublimement, supérieurement, suprêmement. SOUT. excellemment. FAM. épatamment, sans bavure. △ **ANT.** BANALEMENT, MOYENNEMENT, RELATIVEMENT.

incompatibilité *n.f.* ▸ ***Mésentente*** – affrontement, antagonisme, combat, compétition, concurrence, conflit, contentieux, contestation, controverse, débat, désaccord, différend, discorde, discussion, dispute, dissension, dissentiment, divergence, émulation, friction, heurt, incompréhension, lutte, mésentente, mésintelligence, opposition, polémique, querelle, rivalité. FAM. bagarre. ▸ ***Incohérence*** – décousu, désaccord, discordance, disparité, divergence, hétérogénéité, inadéquation, incohérence, inhomogénéité, non-conformité. SOUT. disconvenance, incohésion. △ **ANT.** ACCORD, ADÉQUATION, AFFINITÉ, COMPATIBILITÉ, ENTENTE, HARMONIE, SYMPATHIE.

incompatible *adj.* contradictoire, contraire, discordant, dissonant, divergent, éloigné, inconciliable, opposé. RARE inaccordable. △ **ANT.** COMPATIBLE, CONCILIABLE, CONCORDANT, CONVERGENT, CORRESPONDANT.

incomplet *adj.* fragmentaire, imparfait, inachevé, insuffisant, lacunaire, partiel, relatif. △ **ANT.** COMPLET, ENTIER.

incompréhensible *adj.* ▸ ***Dont le sens est caché*** – cabalistique, caché, cryptique, énigmatique, ésotérique, hermétique, impénétrable, inaccessible, inconcevable, inconnaissable, indéchiffrable, indécodable, inexplicable, insaisissable, insondable, mystérieux, obscur, opaque, secret, ténébreux. SOUT. abscons, abstrus, sibyllin. ▸ ***Dont le sens est confus*** – brouillé, brumeux, compliqué, confus, contourné, embarrassé, embrouillé, embroussaillé, enchevêtré, entortillé, flou, fumeux, indéchiffrable, inintelligible, nébuleux, obscur, tarabiscoté, vague, vaseux. SOUT. abscons, abstrus, amphigourique, fuligineux. FAM. chinois, emberlificoté, filandreux, vasouillard. ▶ ***Sans suite logique*** – chaotique, décousu, désordonné, incohérent, inconséquent, sans queue ni tête, sans suite. ▶ ***Bizarre*** – anormal, bizarre, curieux, drôle, étonnant, étrange, inaccoutumé, inexplicable, inhabituel, insolite, inusité, singulier, spécial, surprenant. SOUT. extraordinaire. FAM. bizarroïde. △ **ANT.** ACCESSIBLE, CLAIR, COMPRÉHENSIBLE, ÉVIDENT, INTELLIGIBLE, LIMPIDE, SIMPLE, TRANSPARENT; COHÉRENT, CONTINU, ININTERROMPU, LOGIQUE, ORDONNÉ, STRUCTURÉ, SUIVI.

incompréhension *n.f.* ▶ ***Ignorance*** – analphabétisme, ignorance, illettrisme, inadéquation, inaptitude, incapacité, incompétence, inconscience, inculture, inexpérience, ingénuité, innocence, insuffisance, lacune, naïveté, nullité, obscurantisme, simplicité. SOUT. impéritie, inconnaissance, méconnaissance. ▶ ***Incompréhensibilité*** – abstrusion, difficulté, hermétisme, illisibilité, impénétrabilité, imperceptibilité, inintelligibilité, obscurité, opacité. SOUT. incompréhensibilité. RARE herméticité. ▶ ***Mésentente*** – affrontement, antagonisme, combat, compétition, concurrence, conflit, contentieux, contestation, controverse, débat, désaccord, différend, discorde, discussion, dispute, dissension, dissentiment, divergence, émulation, friction, heurt, incompatibilité, lutte, mésentente, mésintelligence, opposition, polémique, querelle, rivalité. FAM. bagarre. ▶ ***Différence*** – abîme, altérité, changement, désaccord, déviance, différence, dissemblance, dissimilitude, distance, distinction, divergence, diversité, division, divorce, écart, fossé, gouffre, inégalité, intervalle, marginalité, nuance, séparation, variante, variation, variété. MATH. inéquation. △ **ANT.** COMPRÉHENSION, ENTENDEMENT, INTELLIGENCE; COMPRÉHENSIBILITÉ, INTELLIGIBILITÉ; ACCORD, COMMUNION, ENTENTE.

inconcevable *adj.* ▶ ***Difficile à comprendre*** – cabalistique, caché, cryptique, énigmatique, ésotérique, hermétique, impénétrable, inaccessible, incompréhensible, inconnaissable, indéchiffrable, indécodable, inexplicable, insaisissable, insondable, mystérieux, obscur, opaque, secret, ténébreux. SOUT. abscons, abstrus, sibyllin. ▶ ***Inimaginable*** – à (vous) couper le souffle, abasourdissant, ahurissant, bouleversant, confondant, déconcertant, ébahissant, effarant, époustouflant, étonnant, étourdissant, extraordinaire, impensable, incroyable, inimaginable, inouï, invraisemblable, pétrifiant, renversant, stupéfiant, suffocant, surprenant. SOUT. qui confond l'entendement. FAM. ébouriffant, mirobolant, sidérant, soufflant. ▶ ***Inacceptable*** – impardonnable, inacceptable, inadmissible, inexcusable, injustifiable, intolérable. SOUT. irrémissible. △ **ANT.** CONCEVABLE; ACCESSIBLE, CLAIR, COMPRÉHENSIBLE, ÉVIDENT, INTELLIGIBLE, LIMPIDE, SIMPLE; DÉFENDABLE, EXCUSABLE, HUMAIN, INCOMPRÉHENSIBLE, JUSTIFIABLE, LÉGITIME, NATUREL, NORMAL; BANAL, ININTÉRESSANT, ORDINAIRE, SANS INTÉRÊT.

inconnu *adj.* ▶ ***Dont on ne connaît pas l'identité*** – anonyme, ignoré, obscur. ▶ ***Mystérieux*** – étrange, indéterminé, inexpliqué, mystérieux. ▶ ***En parlant d'un lieu*** – étranger, inexploré, nouveau. △ **ANT.** COMMUN, CONNU, RÉPANDU; EXPLORÉ, FAMILIER.

inconnu *n.* ▶ ***Personne*** – anonyme, obscur, premier venu, quidam. RARE quelconque. ▶ *Appellatif* – monsieur Tout-le-Monde, monsieur X, Untel. FAM. Chose, individu/citoyen lambda, Machin, Machin Chouette, tartempion, Truc, Trucmuche. ♦ **l'inconnu**, *masc.* ▶ ***Mystère*** – arcanes, énigme, inconnaissable, mystère, obscurité, secret, voile. FAM. cachotterie. ♦ **inconnue**, *fém.* ▶ ***Variable*** – argument, identificateur, identifieur, paramètre, variable. △ **ANT.** CÉLÉBRITÉ, PERSONNALITÉ, VEDETTE.

inconsciemment *adv.* ▶ ***Machinalement*** – à l'instinct, à l'intuition, au flair, automatiquement, d'instinct, impulsivement, instinctivement, intuitivement, involontairement, machinalement, mécaniquement, naturellement, par habitude, par humeur, par instinct, par nature, sans réfléchir, spontanément, viscéralement. ▶ ***Inconsidérément*** – à la légère, aveuglément, distraitement, étourdiment, inconsidérément, indiscrètement, légèrement. ▶ ***Témérairement*** – audacieusement, aventureusement, hardiment, imprudemment, périlleusement, témérairement. ▶ ***Stupidement*** – absurdement, bêtement, débilement, follement, idiotement, imbécilement, inintelligemment, naïvement, niaisement, ridiculement, simplement, sottement, stupidement. FAM. connement. △ **ANT.** CONSCIEMMENT; ATTENTIVEMENT, CONSCIENCIEUSEMENT, MÉTICULEUSEMENT, MINUTIEUSEMENT, PRÉCISÉMENT, PROPREMENT, RELIGIEUSEMENT, RIGOUREUSEMENT, SCRUPULEUSEMENT, SÉRIEUSEMENT, SOIGNEUSEMENT; AVEC CIRCONSPECTION, PRÉCAUTIONNEUSEMENT, PRUDEMMENT, SAGEMENT, SENSÉMENT, VIGILAMMENT; ASTUCIEUSEMENT, BRILLAMMENT, GÉNIALEMENT, INGÉNIEUSEMENT, INTELLIGEMMENT, JUDICIEUSEMENT, LUCIDEMENT, SAVAMMENT.

inconscience *n.f.* ▶ ***Insensibilité*** – anesthésie, détachement, indifférence, insensibilité, nirvana, sommeil. FAM. voyage. ▶ ***Insouciance*** – détachement, frivolité, imprévoyance, inapplication, irresponsabilité, laisser-aller, légèreté, négligence, nonchalance. FIG. myopie. SOUT. imprévision, morbidesse. FAM. je-m'en-fichisme, je-m'en-foutisme. △ **ANT.** CONNAISSANCE, CONSCIENCE, LUCIDITÉ; PRUDENCE, RESPONSABILITÉ.

inconscient *adj.* ▶ ***Dans le coma*** – comateux, léthargique. ▶ ***Irresponsable*** – écervelé, étourdi, évaporé, imprévoyant, imprudent, impulsif, inconséquent, inconsidéré, insouciant, irréfléchi, irresponsable, léger, négligent, sans cervelle, sans-souci. SOUT. malavisé. ▶ ***Subconscient*** – infraliminaire, infraliminal, subconscient, subliminaire, subliminal. ▶ ***Instinctif*** – automatique, indélibéré, instinctif, intuitif, involontaire, irréfléchi, machinal, mécanique, naturel, réflexe, spontané. DIDACT. instinctuel, pulsionnel. △ **ANT.** CONSCIENT, ÉVEILLÉ; MESURÉ, PONDÉRÉ, POSÉ, RAISONNABLE, RÉFLÉCHI, RESPONSABLE, SAGE, SENSÉ, SÉRIEUX; INTENTIONNEL, PLANIFIÉ, PRÉMÉDITÉ, PROVOQUÉ, VOLONTAIRE.

inconséquence *n.f.* ▶ ***Incohérence*** – aberration, absurde, absurdité, apagogie, contradiction, illogisme, incohérence, irrationalité, irrationnel, non-sens, paradoxe, paralogisme. ▶ ***Irréflexion*** –

absence (d'esprit), déconcentration, défaillance, dispersion, dissipation, distraction, étourderie, imprudence, inadvertance, inapplication, inattention, irréflexion, légèreté, négligence, omission, oubli. PSYCHAN. aprosexie, déflexion. PSYCHOL. distractivité. ▶ ***Folie*** – aberration, démence, extravagance, folie, idiotie, imbécillité, ineptie, stupidité. FAM. RARE maboulisme. △ **ANT.** CONSÉQUENCE, LOGIQUE, SUITE; BON SENS, RAISON.

inconsistance *n.f.* ▶ ***Médiocrité*** – banalité, facilité, fadeur, faiblesse, indigence, insignifiance, insuffisance, médiocre, médiocrité, pauvreté, platitude, prévisibilité. SOUT. trivialité. ▶ ***Futilité*** – frivolité, futilité, inanité, inefficacité, insignifiance, inutilité, néant, nullité, puérilité, stérilité, superfétation, superficialité, superfluité, vacuité, vanité, vide. ▶ ***Manque de profondeur d'une chose*** – légèreté, superficialité. ▶ ***Mollesse*** – abattement, affaiblissement, apathie, atonie, avachissement, faiblesse, indolence, langueur, laxisme, mollasserie, mollesse, nonchalance, passivité, veulerie. MÉD. aboulie, dysboulie, psychasthénie. ▶ ***Contradiction*** – absurdité, antilogie, antinomie, aporie, conflit, contradiction, contresens, contrevérité, impossibilité, incohérence, invraisemblance, non-sens, paradoxe, sophisme. △ **ANT.** CONSISTANCE; IMPORTANCE; VIGUEUR; COHÉRENCE.

inconsistant *adj.* ▶ ***Qui change facilement d'idée*** – capricieux, changeant, fantaisiste, fantasque, flottant, inconstant, instable, lunatique, mobile, versatile, volage. SOUT. caméléonesque, ondoyant. ▶ ***Sans force morale*** – affaissé, amorphe, apathique, atone, avachi, désossé, endormi, faible, indolent, inerte, léthargique, lymphatique, mou, nonchalant, passif, ramolli, sans ressort. SOUT. lâche, veule. FAM. gnangnan, mollasse, mollasson, ramollo. △ **ANT.** CONSTANT, STABLE; CONSISTANT, ÉPAIS; ACTIF, DILIGENT, DYNAMIQUE, ÉNERGIQUE, INFATIGABLE, LABORIEUX, TRAVAILLEUR, VAILLANT, ZÉLÉ.

inconsolable *adj.* affligé, attristé, comme une âme en peine, désespéré, désolé, en grand désarroi, inconsolé, malheureux, navré, peiné, triste. △ **ANT.** CONSOLABLE.

inconstance *n.f.* ▶ ***Caprice*** – accès, bizarrerie, bon plaisir, caprice, changement, chimère, coup de tête, envie, extravagance, fantaisie, fantasme, folie, frasque, gré, guise, immaturité, impatience, incartade, infantilisme, instabilité, légèreté, lubie, marotte, mobilité, originalité, saute (d'humeur), singularité, sporadicité, variation, versatilité, volonté. SOUT. folle gamberge, foucade, humeur. FAM. toquade. ▶ ***Infidélité*** – adultère, infidélité, trahison, tromperie. FAM. cocuage, cocufiage. ▶ ***Hésitation*** – doute, embarras, flottement, hésitation, incertitude, indécision, indétermination, instabilité, irrésolution, perplexité, procrastination, réticence, scrupule, tâtonnement, trouble, vacillement, valse-hésitation, velléité, versatilité. SOUT. limbes. ▶ ***Instabilité*** – ballottement, changement, déséquilibre, fluctuation, fragilité, inadaptation, incertitude, inégalité, instabilité, mouvant, mouvement, précarité, variabilité, variation, versatilité, vicissitude, volatilité. △ **ANT.** CONSTANCE; FIDÉLITÉ; STABILITÉ.

inconstant *adj.* ▶ ***Qui change facilement d'idée*** – capricieux, changeant, fantaisiste, fantasque, flottant, inconsistant, instable, lunatique, mobile, versatile, volage. SOUT. caméléonesque, ondoyant. ▶ ***Infidèle*** – adultère, frivole, infidèle, volage. FAM. cavaleur, coureur, qui a un cœur d'artichaut. ▶ ***En parlant de qqch.*** – changeant, en dents de scie, flottant, fluctuant, incertain, inégal, instable, irrégulier, mobile, mouvant, variable. SOUT. labile, volatil. DIDACT. erratique. △ **ANT.** CONSTANT, STABLE; POSÉ, RAISONNABLE, SÉRIEUX; FIDÈLE; FIXE, IMMOBILE, INVARIABLE, INVARIANT, STATIONNAIRE, STATIQUE.

incontestable *adj.* ▶ ***Indéniable*** – avéré, certain, démontré, établi, formel, inattaquable, incontesté, indéniable, indiscutable, indiscuté, indubitable, irrécusable, irréfutable, prouvé, reconnu, sûr. FAM. garanti. DIDACT. irréfragable. ▶ ***Évident*** – apparent, aveuglant, certain, clair, criant, éclatant, évident, flagrant, frappant, hurlant (de vérité), manifeste, patent, qui coule de source, qui crève les yeux, qui ne fait pas un pli, qui saute aux yeux, qui se voit comme le nez au milieu du visage, qui tombe sous le sens, qui va de soi, qui va sans dire, visible. △ **ANT.** DOUTEUX; ATTAQUABLE, CONTESTABLE, CONTROVERSABLE, CONTROVERSÉ, CRITIQUABLE, DISCUTABLE, FRAGILE, LITIGIEUX, MIS EN DOUTE, SUJET À CAUTION, SUJET À CONTROVERSE, VULNÉRABLE; ÉQUIVOQUE, INCERTAIN, MITIGÉ, VAGUE.

incontestablement *adv.* ▶ ***Irréfutablement*** – catégoriquement, formellement, indéniablement, indiscutablement, irrécusablement, irréfutablement, péremptoirement. ▶ ***Véritablement*** – à dire vrai, à l'évidence, à la vérité, à n'en pas douter, à vrai dire, assurément, authentiquement, bel et bien, bien, bien entendu, bien sûr, cela va de soi, cela va sans dire, certainement, certes, comme de juste, d'évidence, de toute évidence, effectivement, en effet, en vérité, évidemment, il va sans dire, indubitablement, manifestement, naturellement, nul doute, oui, réellement, sans (aucun) doute, sans conteste, sans contredit, sans le moindre doute, sans nul doute, sérieusement, sûrement, véridiquement, véritablement, vraiment. FAM. pour de vrai, vrai. △ **ANT.** AVEC RÉSERVE, DOUTEUSEMENT, HYPOTHÉTIQUEMENT, SOUS TOUTES RÉSERVES.

incontesté *adj.* avéré, certain, démontré, établi, formel, inattaquable, incontestable, indéniable, indiscutable, indiscuté, indubitable, irrécusable, irréfutable, prouvé, reconnu, sûr. FAM. garanti. DIDACT. irréfragable. △ **ANT.** CONTESTÉ, MIS EN DOUTE, REMIS EN CAUSE, REMIS EN QUESTION.

incontournable *adj.* ▶ ***Inévitable*** – assuré, certain, fatal, immanquable, imparable, implacable, inéluctable, inévitable, inexorable, nécessaire, obligatoire, obligé, sûr. FAM. forcé, mathématique. ▶ ***Important*** – capital, crucial, de première nécessité, essentiel, fondamental, important, indispensable, irremplaçable, nécessaire, primordial, vital. △ **ANT.** FACULTATIF, OPTIONNEL; INSIGNIFIANT, SANS IMPORTANCE.

inconvenance *n.f.* ▶ ***Impolitesse*** – goujaterie, grossièreté, impolitesse, incongruité, incorrection, indélicatesse, malséance, muflerie. △ **ANT.** BIENSÉANCE, POLITESSE; CONVENANCE.

inconvenant *adj.* ▶ ***Déplacé*** – choquant, de mauvais goût, déplacé, fâcheux, hors de propos, importun, incongru, indélicat, indiscret, inélégant, inopportun, intempestif, mal à propos, mal venu, malencontreux. SOUT. malséant, malsonnant *(parole)*. ▶ ***Impoli*** – de mauvaise compagnie, discourtois, goujat, grossier, impertinent, impoli, incivil, incorrect, indélicat, mal élevé, rustre. FAM. mal embouché, malpoli, mufle. FRANCE RÉGION. malgracieux. QUÉB. FAM. habitant. ▶ ***Révoltant*** – amoral, choquant, éhonté, immoral, impur, indécent, obscène, offensant, révoltant, scabreux, scandaleux. RARE antimoral. △ **ANT.** À PROPOS, BIENVENU, OPPORTUN, PROPICE, QUI TOMBE À PIC; COURTOIS, DÉLICAT, POLI; BIENSÉANT, CONVENABLE, CORRECT, DÉCENT, HONORABLE, MORAL.

inconvénient *n.m.* ▶ ***Défaut*** – aléa, charge, contre, danger, défaut, déplaisir, dérangement, désagrément, désavantage, difficulté, écueil, embarras, empêchement, ennui, fissure, gêne, handicap, incommodité, inconfort, mauvais côté, objection, obstacle, point faible, risque, trouble. SOUT. importunité. △ **ANT.** AVANTAGE, QUALITÉ; BÉNÉFICE, COMMODITÉ; AGRÉMENT, BONHEUR.

incorporer *v.* ▶ ***Unir pour former un tout*** – amalgamer, confondre, fondre, mélanger, mêler, réunir, unir. DIDACT. mixtionner. ▶ ***Inclure dans un ensemble*** – enchâsser, insérer, intégrer, introduire. ▶ ***Faire entrer dans une communauté*** – assimiler, intégrer. ▶ ***Enrôler dans l'armée*** – appeler, engager, enrôler, mobiliser, recruter. △ **ANT.** DÉSUNIR, DÉTACHER, DISJOINDRE, DIVISER, ISOLER, SÉPARER; ÉLIMINER, EXCLURE, RETRANCHER; DÉMOBILISER, LICENCIER.

incorrect *adj.* ▶ ***Inexact*** – erroné, fautif, faux, inexact, mauvais. ▶ ***Qui enfreint les règles d'usage*** – abusif, barbare, fautif, impropre. ▶ ***Impoli*** – de mauvaise compagnie, discourtois, goujat, grossier, impertinent, impoli, incivil, inconvenant, indélicat, mal élevé, rustre. FAM. mal embouché, malpoli, mufle. FRANCE RÉGION. malgracieux. QUÉB. FAM. habitant. △ **ANT.** CORRECT; BON, EXACT, FIDÈLE, JUSTE; BIENSÉANT, CIVIL, COURTOIS, DÉLICAT, GALANT, POLI.

incorrigible *adj.* endurci, impénitent, incurable, inguérissable, invétéré. FAM. indécrottable. △ **ANT.** CONTRIT, HONTEUX, PÉNITENT, REPENTANT.

incorruptible *adj.* ▶ ***En parlant d'une matière*** – imputrescible, inaltérable, inattaquable, inox, inoxydable. ▶ ***En parlant de qqn*** – à l'abri de tout soupçon, au-dessus de tout soupçon, consciencieux, digne de confiance, droit, fiable, honnête, insoupçonnable, intègre, probe, propre, scrupuleux, sûr. △ **ANT.** ALTÉRABLE, BIODÉGRADABLE, CORRUPTIBLE, DÉCOMPOSABLE, PÉRISSABLE, PUTRÉFIABLE, PUTRESCIBLE; ACHETABLE *(PERSONNE)*; DÉLOYAL, LOUCHE, MALHONNÊTE, SANS SCRUPULE, VÉREUX.

incrédule *adj.* ▶ ***Qui n'a pas la foi religieuse*** – agnostique, antireligieux, areligieux, athée, impie, incroyant, irréligieux, non croyant. ▶ ***Qui doute*** – dubitatif, sceptique. SOUT. douteur. PHILOS. aporétique. △ **ANT.** CONFIANT, CRÉDULE; ASSURÉ, CERTAIN, CONVAINCU, PERSUADÉ, SÛR.

incrédulité *n.f.* ▶ ***Méfiance*** – défiance, désintéressement, doute, méfiance, prudence, scepticisme, soupçon, suspicion, vigilance. SOUT. cautèle. FAM. paranoïa *(excessive)*. ▶ ***Impiété*** – agnosticisme, apostasie, athéisme, blasphème, désacralisation, doute, froideur, gentilité, hérésie, impiété, incroyance, indifférence, infidélité, irréligion, libre pensée, matérialisme, paganisme, panthéisme, péché, profanation, reniement, sacrilège, scandale, scepticisme. SOUT. inobservance. △ **ANT.** CRÉDULITÉ, NAÏVETÉ; CROYANCE, FOI.

incroyable *adj.* ▶ ***Invraisemblable*** – à dormir debout, abracadabrant, abracadabrantesque, absurde, baroque, biscornu, bizarre, burlesque, cocasse, exagéré, excentrique, extravagant, fantasque, farfelu, fou, funambulesque, grotesque, impayable, impossible, insolite, invraisemblable, loufoque, qui ne tient pas debout, rocambolesque, saugrenu, tiré par les cheveux, vaudevillesque. FRANCE FAM. foutraque, gaguesque. ▶ ***Étonnant*** – à (vous) couper le souffle, abasourdissant, ahurissant, bouleversant, confondant, déconcertant, ébahissant, effarant, époustouflant, étonnant, étourdissant, extraordinaire, impensable, inconcevable, inimaginable, inouï, invraisemblable, pétrifiant, renversant, stupéfiant, suffocant, surprenant. SOUT. qui confond l'entendement. FAM. ébouriffant, mirobolant, sidérant, soufflant. ▶ ***Fantastique*** – étonnant, extraordinaire, fabuleux, fantastique, hors du commun, inouï, miraculeux, phénoménal, prodigieux. FAM. délirant, dément, dingue, fou. FRANCE FAM. foutral. △ **ANT.** BANAL, ININTÉRESSANT, ORDINAIRE, SANS INTÉRÊT.

inculte *adj.* ▶ ***Qui n'est pas exploité*** – en friche, en jachère, incultivé, inemployé, inexploité, inutilisé. ▶ ***Qui produit peu de végétation*** – aride, avare, désertique, improductif, incultivable, infertile, ingrat, pauvre, stérile. ▶ ***Ignorant*** – analphabète, barbare, béotien, ignare, ignorant, illettré, philistin. ▶ ***Peu raffiné*** – fruste, grossier, mal dégrossi, primitif, rude, rustaud, rustique. PÉJ. FAM. paysan, péquenaud, plouc. ▶ ***En parlant des poils, des cheveux*** – broussailleux, embroussaillé, en bataille, en broussaille, hérissé, hirsute. △ **ANT.** CULTIVÉ, DÉFRICHÉ; ÉRUDIT, INSTRUIT, INTELLECTUEL, LETTRÉ, SAVANT; COIFFÉ, PEIGNÉ.

incurable *adj.* ▶ ***Au sens propre*** – inguérissable, insoignable, irrémédiable, sans remède. ▶ ***Au sens figuré*** – endurci, impénitent, incorrigible, inguérissable, invétéré. FAM. indécrottable. △ **ANT.** CURABLE, GUÉRISSABLE, SOIGNABLE; CONTRIT, HONTEUX, PÉNITENT, REPENTANT.

incursion *n.f.* ▶ ***Intervention*** – aide, appui, concours, entremise, immixtion, ingérence, interposition, interventionnisme, intrusion, médiation, ministère, office. SOUT. intercession. ▶ ***Entrée soudaine*** – envahissement, inondation, invasion, irruption, ruée. MILIT. débarquement, descente, raid. ▶ ***Voyage*** – allées et venues, balade, campagne, circuit, circumnavigation, course, croisière, déplacement, excursion, expédition, exploration, hadj, marche, méharée, mission, navette, navigation, odyssée, passage, pèlerinage, pérégrination, périple, promenade, raid, rallye, randonnée, reconnaissance, tour, tourisme, tournée, transport, traversée, va-et-vient, voyage. SOUT. chevauchée, errance. FAM. bourlingue, transhumance. QUÉB. voyagement. △ **ANT.** EXPULSION; SORTIE.

indécelable *adj.* imperceptible, inconstatable, indétectable, indiscernable, insaisissable, insensible, insoupçonnable. ▸ *À la vue* – inapparent, inobservable, invisible, microscopique. PHYS. infrarouge, ultraviolet. ▸ *Au toucher* – immatériel, impalpable, intangible. DIDACT. intactile. ▸ *À l'ouïe* – inaudible. PHYS. infrasonore. △ ANT. DÉCELABLE, DÉTECTABLE, REPÉRABLE.

indécence *n.f.* ▸ ***Obscénité*** – canaillerie, coprolalie, cynisme, gaillardise, gauloiserie, gravelure, grivoiserie, gros mot, grossièreté, immodestie, impudeur, incongruité, inconvenance, licence, malpropreté, obscénité, polissonnerie, pornographie, saleté. FAM. cochonnerie. △ ANT. CHASTETÉ, DÉCENCE, PUDEUR, PUDICITÉ; BIENSÉANCE, CONVENANCE.

indécent *adj.* ▸ ***Immoral*** – amoral, choquant, éhonté, immoral, impur, inconvenant, obscène, offensant, révoltant, scabreux, scandaleux. RARE antimoral. ▸ ***En parlant de la chance*** – impudent, inouï, insolent. FAM. obscène. △ ANT. DÉCENT; BIENSÉANT, CONVENABLE, CORRECT, HONORABLE, MORAL; CHASTE, INNOCENT, PLATONIQUE, PUDIQUE, PUR, SAGE, VERTUEUX.

indéchiffrable *adj.* ▸ ***Impossible à lire*** – illisible. ▸ ***Dont le sens est caché*** – cabalistique, caché, cryptique, énigmatique, ésotérique, hermétique, impénétrable, inaccessible, incompréhensible, inconcevable, inconnaissable, indécodable, inexplicable, insaisissable, insondable, mystérieux, obscur, opaque, secret, ténébreux. SOUT. abscons, abstrus, sibyllin. ▸ ***Dont le sens est confus*** – brouillé, brumeux, compliqué, confus, contourné, embarrassé, embrouillé, embroussaillé, enchevêtré, entortillé, flou, fumeux, incompréhensible, inintelligible, nébuleux, obscur, tarabiscoté, vague, vaseux. SOUT. abscons, abstrus, amphigourique, fuligineux. FAM. chinois, emberlificoté, filandreux, vasouillard. △ ANT. À LA PORTÉE DE TOUS, ACCESSIBLE, CLAIR, COMPRÉHENSIBLE, DÉCHIFFRABLE, ÉVIDENT, INTELLIGIBLE, LIMPIDE, SIMPLE, TRANSPARENT.

indécis *adj.* ▸ ***Qui a peine à se décider*** – embarrassé, flottant, fluctuant, hésitant, incertain, indéterminé, irrésolu, perplexe, velléitaire. FRANCE FAM. entre le zist et le zest, vasouillard. MÉD. aboulique. ▸ ***Imprécis*** – confus, estompé, flou, imprécis, incertain, indéfini, indéfinissable, indéterminé, indistinct, ni chair ni poisson, obscur, sourd *(sentiment)*, trouble, vague, vaporeux, voilé. △ ANT. CLAIR, DÉCISIF, FRANC, INCONTESTÉ, NET, PRÉCIS; CATÉGORIQUE, DÉCIDÉ, DÉTERMINÉ, ENTIER, FERME, INÉBRANLABLE, INFLEXIBLE, RÉSOLU.

indécision *n.f.* ▸ ***Hésitation*** – doute, embarras, flottement, hésitation, incertitude, inconstance, indétermination, instabilité, irrésolution, perplexité, procrastination, réticence, scrupule, tâtonnement, trouble, vacillement, valse-hésitation, velléité, versatilité. SOUT. limbes. ▸ ***Timidité*** – appréhension, confusion, crainte, discrétion, effacement, effarouchement, embarras, émoi, frilosité, gaucherie, gêne, hésitation, honte, humilité, inhibition, introversion, malaise, modestie, peur, réserve, retenue, sauvagerie, timidité. SOUT. pusillanimité. FAM. trac. △ ANT. DÉCISION, DÉTERMINATION, FERMETÉ, RÉSOLUTION, VOLONTÉ; ASSURANCE; CERTITUDE.

indéfini *adj.* ▸ ***Sans limites fixes*** – illimité, indéterminé. ▸ ***Vague*** – confus, estompé, flou, imprécis, incertain, indécis, indéfinissable, indéterminé, indistinct, ni chair ni poisson, obscur, sourd *(sentiment)*, trouble, vague, vaporeux, voilé. △ ANT. DÉFINI; BORNÉ, FINI, LIMITÉ; CLAIR, DÉTERMINÉ, NET, PRÉCIS, TRANCHÉ.

indéfiniment *adv.* à l'infini, à perpétuité, à tous coups, à tous les coups, à tout bout de champ, à tout instant, à (tout) jamais, à tout moment, à toute heure (du jour et de la nuit), à vie, ad vitam æternam, assidûment, beau temps mauvais temps, chroniquement, constamment, continuellement, continûment, dans tous les cas, de nuit comme de jour, de toute éternité, en permanence, en tout temps, en toute saison, en toute(s) circonstance(s), éternellement, hiver comme été, immuablement, inaltérablement, infiniment, invariablement, jour et nuit, nuit et jour, perpétuellement, pour la vie, pour les siècles des siècles, rituellement, sans arrêt, sans cesse, sans discontinuer, sans fin, sans interruption, sans relâche, sans répit, sempiternellement, systématiquement, toujours, tous les jours. SOUT. à demeure, incessamment. FAM. à perpète, tout le temps. △ ANT. PENDANT UNE PÉRIODE DÉTERMINÉE.

indéfinissable *adj.* ▸ ***Indescriptible*** – extraordinaire, indescriptible, indicible, ineffable, inexprimable. ▸ ***Vague*** – confus, estompé, flou, imprécis, incertain, indécis, indéfini, indéterminé, indistinct, ni chair ni poisson, obscur, sourd *(sentiment)*, trouble, vague, vaporeux, voilé. ▸ ***Mystérieux*** – ambigu, énigmatique, mystérieux. SOUT. sibyllin. ▸ ***Qui ne peut être catégorisé*** – atypique, inclassable, indéterminable. △ ANT. DÉFINISSABLE *(CONCEPT)*; CLAIR, DÉFINI, NET, PRÉCIS, TRANCHÉ.

indélébile *adj.* ▸ ***Au sens propre*** – ineffaçable. ▸ ***Au sens figuré*** – durable, impérissable, ineffaçable, inoubliable, vif, vivace, vivant. △ ANT. DÉLÉBILE.

indemne *adj.* sain et sauf. △ ANT. ACCIDENTÉ, ATTEINT, BLESSÉ, TOUCHÉ.

indemnité *n.f.* ▸ ***Dédommagement*** – compensation, consolation, contrepartie, correctif, dédommagement, dommages et intérêts, dommages-intérêts, échange, indemnisation, raison, récompense, remboursement, réparation, retour, satisfaction, soulte. ▸ ***Allocation*** – aide, allocation, apport, assistance, aumône, bonne œuvre, charité, dation, disposition, distribution, don, faveur, grâce, hommage, obole, prestation, secours, soulagement, subside, subvention. SOUT. bienfait. FAM. dépannage. DR. donation, fidéicommis, legs, libéralité. RELIG. bénédiction, charisme. △ ANT. AMENDE, PÉNALISATION; PRÉLÈVEMENT.

indéniable *adj.* avéré, certain, démontré, établi, formel, inattaquable, incontestable, incontesté, indiscutable, indiscuté, indubitable, irrécusable, irréfutable, prouvé, reconnu, sûr. FAM. garanti. DIDACT. irréfragable. △ ANT. CONTESTABLE, CONTROVERSÉ, DISCUTABLE, DOUTEUX, LITIGIEUX, MIS EN DOUTE, SUJET À CAUTION.

indépendamment *adv.* à l'unité, à part, autrement, distinctement, en particulier, individuellement, isolément, par personne, séparément.

△ ANT. À PLUSIEURS, COLLECTIVEMENT, CONJOINTEMENT, EN COLLABORATION, EN COMMUN, EN ÉQUIPE, ENSEMBLE.

indépendance *n.f.* ▶ ***Liberté*** – autonomie, choix, contingence, disponibilité, droit, faculté, franc arbitre, hasard, indéterminisme, liberté, libre arbitre, licence, loisir, permission, possibilité, pouvoir. ▶ ***Originalité*** – anticonformisme, audace, cachet, caractère, fraîcheur, hardiesse, individualité, innovation, inspiration, marginalité, non-conformisme, nouveauté, originalité, particularité, personnalité, piquant, pittoresque, singularité. ▶ ***Autonomie politique*** – autodétermination, autonomie, désatellisation, liberté, souveraineté. ▶ ***Sécession*** – autonomie, division, partition, scission, sécession, séparation. △ ANT. CORRÉLATION, INTERDÉPENDANCE, LIEN; ASSUJETTISSEMENT, DÉPENDANCE, SOUMISSION, SUJÉTION.

indépendant *adj.* ▶ ***Qui ne compte sur personne*** – autonome, individualiste, libre, non conformiste, qui est son propre maître. ▶ ***Qui jouit d'une indépendance politique*** – autonome, libre, souverain. ▶ ***Non relié*** – autonome, dissocié, distinct, séparé. △ ANT. ASSUJETTI, DÉPENDANT, ESCLAVE, SOUMIS, SUBORDONNÉ, TRIBUTAIRE; ANNEXÉ, COLONISÉ, SOUS TUTELLE; AFFÉRENT, CONNEXE, CORRÉLATIF, LIÉ, RATTACHÉ.

indépendantisme *n.m.* autonomisme, décentralisation, nationalisme, particularisme, partitionnisme, régionalisme, scissionnisme, sécessionnisme, séparatisme. *QUÉB.* souverainisme.

indescriptible *adj.* extraordinaire, indéfinissable, indicible, ineffable, inexprimable. △ ANT. DESCRIPTIBLE; FAIBLE, MODÉRÉ, NÉGLIGEABLE, SANS IMPORTANCE.

indésirable *adj.* accaparant, encombrant, envahissant, fatigant, importun, indiscret, intrus, pesant, sans gêne. *FAM.* casse-pieds, collant, crampon, embêtant. *QUÉB. FAM.* achalant, dérangeant. △ ANT. ATTIRANT, CONVIVIAL, DE BONNE COMPAGNIE, ENGAGEANT, INTÉRESSANT, SYMPATHIQUE; POLI, RESPECTUEUX.

indésirable *n.* gêneur, importun, intrus. *SOUT.* fâcheux, officieux. *FAM.* casse-pieds, emmerdeur, enquiquineur, glu, plaie, pot de colle, raseur, rasoir, sangsue. *FRANCE FAM.* accrocheur, crampon. *QUÉB. FAM.* achalant, fatigant, tannant, teigne.

indestructible *adj.* constant, durable, éternel, immortel, immuable, impérissable, imprescriptible, inaltérable, indéfectible, indissoluble, infini, permanent, perpétuel, sans fin. *SOUT.* pérenne. △ ANT. DESTRUCTIBLE.

indétermination *n.f.* ▶ ***Hésitation*** – doute, embarras, flottement, hésitation, incertitude, inconstance, indécision, instabilité, irrésolution, perplexité, procrastination, réticence, scrupule, tâtonnement, trouble, vacillement, valse-hésitation, velléité, versatilité. *SOUT.* limbes. ▶ ***Imprécision*** – à-peu-près, approximation, confusion, flou, imprécision, nébulosité, vague. ▶ ***Ambiguïté*** – ambiguïté, ambivalence, amphibologie, dilogie, double entente, double sens, énigme, équivoque, incertitude, obscurité, plurivocité, polysémie. ▶ ***Hasard*** – accident, aléa, aléatoire, aventure, cas fortuit, chance, circonstance, coïncidence, conjoncture, contingence, coup de dés, coup du sort, facteur chance, fortuit, hasard, impondérable, imprévu, inattendu, incertitude, occurrence, rencontre, sort. *SOUT.* fortune. *PHILOS.* casualisme, casualité, indéterminisme. *FIG.* loterie. △ ANT. DÉTERMINATION.

indéterminé *adj.* ▶ ***Qui n'est pas fixé*** – illimité, indéfini. ▶ ***Imprécis*** – confus, estompé, flou, imprécis, incertain, indécis, indéfini, indéfinissable, indistinct, ni chair ni poisson, obscur, sourd *(sentiment)*, trouble, vague, vaporeux, voilé. ▶ ***Inconnu*** – étrange, inconnu, inexpliqué, mystérieux. ▶ ***Qui n'a pas décidé*** – embarrassé, flottant, fluctuant, hésitant, incertain, indécis, irrésolu, perplexe, velléitaire. *FRANCE FAM.* entre le zist et le zest, vasouillard. *MÉD.* aboulique. ▶ ***En philosophie*** – contingent. △ ANT. DÉTERMINÉ; DÉFINI; CLAIR, NET, PRÉCIS, TRANCHÉ; CONNU, ÉTABLI; CATÉGORIQUE, DÉCIDÉ, ENTIER, FERME, INÉBRANLABLE, INFLEXIBLE, RÉSOLU.

index *n.m.* ▶ ***Liste de mots*** – dictionnaire, encyclopédie, glossaire, lexique, terminologie, thésaurus, vocabulaire. *FAM.* dico. ▶ ***Liste*** – barème, bordereau, cadre, catalogue, inventaire, liste, matricule, mémoire, menu, nomenclature, registre, relevé, répertoire, rôle, série, suite, table, tableau. *SUISSE* tabelle. ▶ ***Censure*** – autocensure, bâillonnement, boycottage, caviardage, censure, contrôle, exclusive, filtre, imprimatur, interdiction, (mise à l')index, musellement, veto. *FIG.* bâillon, muselière. *FAM.* anastasie. *RELIG.* interdit, monition, suspense, tabouisation.

indicateur *n.* ▶ ***Accusateur*** – accusateur, calomniateur, délateur, dénonciateur, détracteur, diffamateur, espion, rapporteur. *SOUT.* sycophante, vitupérateur. *FAM.* balance, cafard, cafardeur, cafteur, donneur, indic, mouchard. *QUÉB. FAM.* porte-panier. ♦ **indicateur,** *masc.* ▶ ***Document*** – guide. ▶ ***Appareil*** – compteur, encodeur, enregistreur. *FAM.* boîte noire, mouchard. ▶ ***Variable*** – avertisseur, clignotant.

indication *n.f.* ▶ ***Information*** – donnée, information, nouvelle, renseignement. *FAM.* info, rancard, tube, tuyau. ▶ ***Explication*** – analyse, clarification, commentaire, critique, définition, désambiguïsation, éclaircissement, élucidation, exemplification, explication, explicitation, exposé, exposition, glose, illustration, interprétation, légende, lumière, note, paraphrase, précision, remarque, renseignement. ▶ ***Conseil*** – avertissement, avis, conseil, encouragement, exhortation, guidance, idée, incitation, information, initiative, inspiration, instigation, motion *(dans une assemblée)*, offre, opinion, préconisation, proposition, recommandation, renseignement, suggestion. *FAM.* tuyau. *DR.* pollicitation. ▶ ***Symptôme*** – diagnostic, expression, indice, manifestation, marque, présage, prodrome, signe, symptôme, syndrome. *SOUT.* avant-coureur. *MÉD.* marqueur. ▶ ***Indice*** – apparence, cachet, cicatrice, critère, empreinte, indice, justificatif, lueur, marque, ombre, pas, piste, preuve, repère, reste, ride, sceau, signature, signe, stigmate, tache, témoignage, témoin, trace, trait, vestige.

indice *n.m.* ▶ ***Trace*** – apparence, cachet, cicatrice, critère, empreinte, indication, justificatif, lueur, marque, ombre, pas, piste, preuve, repère, reste, ride, sceau, signature, signe, stigmate, tache, témoignage, témoin, trace, trait, vestige. ▸ ***Symptôme*** – diagnostic, expression, indication, manifestation, marque, présage, prodrome, signe, symptôme, syndrome. SOUT. avant-coureur. MÉD. marqueur. ▸ ***Repère*** – balise, borne, borne repère, borne témoin, coordonnée, cran, délinéateur, empreinte, fanion, index, jalon, jalon-mire, marque, mire, mire-jalon, piquet, point de repère, référence, référentiel, taquet, trace. MAR. amer, vigie. ▸ ***Pourcentage*** – coefficient, facteur, pour cent, pourcentage, proportion, quotient, rapport, ratio, tantième, taux, teneur.

indicible *adj.* ▸ ***Qu'on ne peut exprimer*** – incommunicable, inexprimable, intraduisible. ▸ ***Extraordinaire*** – extraordinaire, indéfinissable, indescriptible, ineffable, inexprimable. △ **ANT.** FAIBLE, MODÉRÉ, NÉGLIGEABLE, SANS IMPORTANCE.

indifféremment *adv.* indistinctement, sans distinction. △ **ANT.** DE PRÉFÉRENCE, PLUTÔT, PRÉFÉRABLEMENT, PRÉFÉRENTIELLEMENT.

indifférence *n.f.* ▸ ***Neutralité*** – abstention, abstentionnisme, apolitisme, indifférentisme, isolationnisme, laisser-faire, neutralisme, neutralité, non-agression, non-alignement, non-belligérance, non-engagement, non-ingérence, non-intervention. ▸ ***Détachement du monde*** – anesthésie, détachement, inconscience, insensibilité, nirvana, sommeil. FAM. voyage. ▸ ***Repli sur soi*** – autisme, repli sur soi, schizoïdie. ▸ ***Sérénité*** – apathie, ataraxie, calme, détachement, distanciation, égalité d'âme, égalité d'humeur, équilibre, flegme, impassibilité, imperturbabilité, paix, philosophie, placidité, quiétude, sérénité, stoïcisme, tranquillité. SOUT. équanimité. ▸ ***Insouciance*** – détachement, frivolité, imprévoyance, inapplication, inconscience, irresponsabilité, laisser-aller, légèreté, négligence, nonchalance. FIG. myopie. SOUT. imprévision, morbidesse. FAM. je-m'en-fichisme, je-m'en-foutisme. ▸ ***Désaffection*** – désaffection, désintéressement, désintérêt, détachement, fraîcheur, froideur. SOUT. désamour. ▸ ***Flegme*** – apathie, flegme, froideur, insensibilité, lymphatisme, mollesse, tiédeur. ▸ ***Dureté*** – dureté, froideur, insensibilité, sécheresse (de cœur). SOUT. aridité. ▸ ***Impiété*** – agnosticisme, apostasie, athéisme, blasphème, désacralisation, doute, froideur, gentilité, hérésie, impiété, incrédulité, incroyance, infidélité, irréligion, libre pensée, matérialisme, paganisme, panthéisme, péché, profanation, reniement, sacrilège, scandale, scepticisme. SOUT. inobservance. △ **ANT.** ENGAGEMENT, INTÉRÊT; CURIOSITÉ; ARDEUR, ENTHOUSIASME, FERVEUR, PASSION; AFFECTION, AMOUR; SENSIBILITÉ, TENDRESSE; CROYANCE, FOI, PIÉTÉ.

indifférent *adj.* ▸ ***Peu important*** – accessoire, anecdotique, annexe, contingent, (d'intérêt) secondaire, de second plan, décoratif, dédaignable, épisodique, incident, insignifiant, marginal, mineur, négligeable. ▸ ***Insensible*** – étranger, fermé, imperméable, inaccessible, insensible, réfractaire, sourd. SOUT. impénétrable. ▸ ***Blasé*** – blasé, détaché, nonchalant, revenu de tout. SOUT. incurieux. ▸ ***Insouciant*** – insouciant. SOUT. insoucieux. FAM. je-m'en-fichiste, je-m'en-foutiste. △ **ANT.** CAPITAL, ESSENTIEL, FONDAMENTAL, IMPORTANT; INTÉRESSANT, PALPITANT, PASSIONNANT; ATTENTIF, CONCERNÉ, CURIEUX, SENSIBLE, TOUCHÉ.

indigence *n.f.* ▸ ***Pauvreté*** – appauvrissement, besoin, dénuement, détresse, embarras, gêne, gouffre, manque, mendicité, misère, nécessité, pauvreté, pouillerie, privation, ruine. SOUT. impécuniosité. FAM. dèche. FRANCE FAM. débine, fauche, mistoufle, mouise, mouscaille, panade, purée. DR. carence. ▸ *Sociale* – clochardisation, disette, paupérisation, paupérisme, pauvreté, pénurie, sous-développement, sous-équipement, tiers-mondisation. ▸ ***Médiocrité*** – banalité, facilité, fadeur, faiblesse, inconsistance, insignifiance, insuffisance, médiocre, médiocrité, pauvreté, platitude, prévisibilité. SOUT. trivialité. △ **ANT.** ABONDANCE, LUXE, PROFUSION, RICHESSE.

indigène *n.* aborigène, autochtone, habitant de vieille race, habitant de (vieille) souche, natif, naturel. △ **ANT.** ALLOGÈNE, IMMIGRANT.

indignation *n.f.* ▸ ***Colère*** – agacement, colère, emportement, énervement, exaspération, fureur, furie, impatience, irritabilité, irritation, rage, susceptibilité. SOUT. courroux, irascibilité. FAM. horripilation, rogne. ▸ ***Scandale*** – choc, commotion, émotion, étonnement, honte, scandale.

indigne *adj.* ▸ ***Méprisable*** – abject, bas, coupable, crapuleux, dégoûtant, honteux, ignoble, immonde, inavouable, infâme, infect, innommable, inqualifiable, lâche, méprisable, odieux, repoussant, répugnant, sans nom, scandaleux, sordide, vil. SOUT. fangeux, ignominieux, nauséeux, triste, turpide. FAM. dégueu, dégueulasse, écœurant, salaud. ▸ ***Dans les formules de politesse*** – dévoué, humble. △ **ANT.** DIGNE, ESTIMABLE, LOUABLE, MÉRITOIRE, RESPECTABLE.

indigner *v.* ▸ ***Choquer*** – choquer, horrifier, outrer, révolter, scandaliser. FAM. écœurer, estomaquer. ♦ **s'indigner** ▸ ***S'offusquer*** – s'offenser, s'offusquer, se fâcher, se formaliser, se froisser, se piquer, se scandaliser, se vexer. ▸ ***Protester*** – broncher, murmurer, pousser les hauts cris, protester, réagir, récriminer, renâcler, répliquer, s'élever, s'opposer, se dresser, se gendarmer, se plaindre, se récrier. SOUT. réclamer. FAM. criailler, faire du foin, moufter, piailler, rouscailler, rouspéter, ruer dans les brancards, tiquer, tousser. QUÉB. FAM. chialer. △ **ANT.** ENTHOUSIASMER, PLAIRE, RAVIR; APAISER, CALMER.

indiquer *v.* ▸ ***Montrer par un geste*** – désigner, montrer, pointer. ▸ ***Mentionner*** – énoncer, mentionner, préciser, souligner, spécifier, stipuler. ▸ ***Dénoter*** – annoncer, déceler, démontrer, dénoter, faire foi de, laisser paraître, marquer, montrer, prouver, révéler, signaler, signifier, témoigner de. SOUT. dénoncer. ▸ *Une chose non favorable* – accuser, trahir. ▸ ***Conseiller*** – conseiller, proposer, recommander, suggérer. ♦ **indiqué** ▸ ***Approprié*** – à propos, adapté, adéquat, approprié, bien trouvé, bien venu, bon, conforme, convenable, correct, de circonstance, heureux, juste, opportun, pertinent, propice, propre. SOUT. ad hoc, congruent, expédient, idoine. DIDACT. topique. △ **ANT.** CACHER, DISSIMULER, TAIRE, VOILER.

indirect *adj.* ▸ ***Qui use de détours*** – allusif, détourné, elliptique, sous-entendu. ▸ ***Qui s'effectue par un intermédiaire*** – détourné. DIDACT. médiat. ▸ ***Éloigné*** – éloigné, lointain. △ **ANT.** DIRECT, FRANC.

indirectement *adv.* allusivement, évasivement, obliquement, par ricochet, par une voie détournée. FAM. par la bande. △ ANT. DIRECTEMENT, SANS DÉTOUR.

indiscernable *adj.* ▸ ***Identique*** – identique, jumeau, pareil. ▸ ***Imperceptible*** – imperceptible, inconstatable, indécelable, indétectable, insaisissable, insensible, insoupçonnable. ▸ *À la vue* – inapparent, inobservable, invisible, microscopique. PHYS. infrarouge, ultraviolet. ▸ *Au toucher* – immatériel, impalpable, intangible. DIDACT. intactile. ▸ *À l'ouïe* – inaudible. PHYS. infrasonore. △ ANT. DISCERNABLE, DISTINGUABLE; DÉCELABLE, DÉTECTABLE, REPÉRABLE.

indiscret *adj.* ▸ ***Déplacé*** – choquant, de mauvais goût, déplacé, fâcheux, hors de propos, importun, incongru, inconvenant, indélicat, inélégant, inopportun, intempestif, mal à propos, mal venu, malencontreux. SOUT. malséant, malsonnant *(parole)*. ▸ ***Envahissant*** – accaparant, encombrant, envahissant, fatigant, importun, indésirable, intrus, pesant, sans gêne. FAM. casse-pieds, collant, crampon, embêtant. QUÉB. FAM. achalant, dérangeant. ▸ ***Curieux*** – curieux, fureteur, qui met son nez partout. FAM. fouineur. FRANCE FAM. fouinard. QUÉB. FAM. écornifleur. ▸ ***Qui aime commérer*** – bavard, cancanier. △ ANT. À PROPOS, BIENVENU, OPPORTUN, PROPICE, QUI TOMBE À PIC; ATTIRANT, CONVIVIAL, DE BONNE COMPAGNIE, ENGAGEANT, INTÉRESSANT, SYMPATHIQUE; POLI, RESPECTUEUX; DISCRET, RÉSERVÉ; INDIFFÉRENT.

indiscret *n.* badaud, curieux, fouilleur, furet, fureteur. SOUT. fâcheux. FAM. farfouilleur, fouine, fouineur. BELG. mêle-tout. FRANCE FAM. fouinard. QUÉB. FAM. écornifleur. RARE écouteur.

indiscrétion *n.f.* ▸ ***Curiosité*** – curiosité, espionnage. QUÉB. FAM. écorniflage. ▸ ***Révélation*** – annonce, aveu, confession, confidence, déclaration, dévoilement, divulgation, ébruitement, fuite, initiation, instruction, mea culpa, mise au courant, proclamation, publication, reconnaissance, révélation. FAM. déballage, mise au parfum. △ ANT. DISCRÉTION, RÉSERVE, RETENUE; SILENCE.

indiscutable *adj.* avéré, certain, démontré, établi, formel, inattaquable, incontestable, incontesté, indéniable, indiscuté, indubitable, irrécusable, irréfutable, prouvé, reconnu, sûr. FAM. garanti. DIDACT. irréfragable. △ ANT. CONTESTABLE, DISCUTABLE, DOUTEUX, INCERTAIN, SUSPECT.

indispensable *adj.* ▸ ***Essentiel*** – capital, crucial, de première nécessité, essentiel, fondamental, important, incontournable, irremplaçable, nécessaire, primordial, vital. ▸ ***Obligatoire*** – de rigueur, déontique, exigé, imposé, obligatoire, requis. △ ANT. FACULTATIF, OPTIONNEL; INUTILE, SUPERFLU.

indisposer *v.* ▸ ***Incommoder*** – déranger, ennuyer, gêner, importuner, incommoder. ♦ **indisposé** ▸ ***Souffrant*** – incommodé, mal en point, mal portant, malade, souffrant. SOUT. dolent. FAM. mal fichu, mal foutu, patraque. ▸ *Qui garde le lit* – alité. SOUT. grabataire. △ ANT. METTRE À L'AISE, SOULAGER; CONTENTER, OBLIGER, PLAIRE, SATISFAIRE.

indissoluble *adj.* constant, durable, éternel, immortel, immuable, impérissable, imprescriptible, inaltérable, indéfectible, indestructible, infini, permanent, perpétuel, sans fin. SOUT. pérenne. △ ANT. DISSOLUBLE.

indistinct *adj.* ▸ ***Vague*** – confus, estompé, flou, imprécis, incertain, indécis, indéfini, indéfinissable, indéterminé, ni chair ni poisson, obscur, sourd *(sentiment)*, trouble, vague, vaporeux, voilé. ▸ ***Mal prononcé*** – inarticulé, inintelligible. △ ANT. DISTINCT, IDENTIFIABLE, PERCEPTIBLE, SENSIBLE; BIEN ARTICULÉ, CLAIR, INTELLIGIBLE.

indistinctement *adv.* ▸ ***Imperceptiblement*** – imperceptiblement, insensiblement, invisiblement, subtilement. ▸ ***Vaguement*** – abstraitement, confusément, évasivement, imperceptiblement, imprécisément, nébuleusement, obscurément, vaguement, vaseusement. ▸ ***Indifféremment*** – indifféremment, sans distinction. △ ANT. DISTINCTEMENT; DE PRÉFÉRENCE, PLUTÔT, PRÉFÉRABLEMENT, PRÉFÉRENTIELLEMENT.

individu *n.m.* ▸ ***Personne*** – homme. FAM. bonhomme *(assez vieux)*, bougre, diable, gaillard *(jeune)*, gars *(jeune)*, mec, type. FRANCE FAM. bonze, gazier, pèlerin, pingouin. PÉJ. FAM. loustic, particulier. ▸ ***Individualité*** – eccéité, ego, être, individualité, moi, organisme, personnalité, personne, soi. ▸ ***Échantillon*** – archétype, canon, critère, échantillon, étalon, exemple, formule, gabarit, idéal, idée, image, modèle, norme, original, paradigme, précédent, prototype, référence, représentant, type, unité. △ ANT. COLLECTIVITÉ, ENSEMBLE, GROUPE, SOCIÉTÉ.

individualiste *adj.* ▸ ***Qui tient à son indépendance*** – autonome, indépendant, libre, non conformiste, qui est son propre maître. ▸ ***Qui ne pense qu'à lui-même*** – égocentrique, égocentriste, égoïste, introversif, narcissique. SOUT. égotique, égotiste. FAM. nombriliste, qui se regarde le nombril. △ ANT. COLLECTIVISTE, COMMUNISTE, SOCIALISTE; ALTRUISTE, CHARITABLE, COMPATISSANT, DÉSINTÉRESSÉ, GÉNÉREUX, HUMANITAIRE, PHILANTHROPE.

individuel *adj.* ▸ ***Personnel*** – attitré, exclusif, particulier, personnel, privé, propre, réservé, spécial. ▸ ***Séparé*** – à part, isolé, séparé, seul, simple, singulier, unique, unitaire. △ ANT. COLLECTIF; COMMUN, GÉNÉRAL, SOCIAL, UNIVERSEL; D'ÉQUIPE *(SPORT)*; HIÉRATIQUE *(ART)*, SACRÉ.

individuellement *adv.* ▸ ***Personnellement*** – en personne, intimement, nominativement, particulièrement, personnellement, pour sa part, quant à soi, soi-même, subjectivement. ▸ ***Séparément*** – à l'unité, à part, autrement, distinctement, en particulier, indépendamment, isolément, par personne, séparément. △ ANT. À PLUSIEURS, COLLECTIVEMENT, CONJOINTEMENT, EN COLLABORATION, EN COMMUN, EN ÉQUIPE, ENSEMBLE.

indivisible *adj.* élémentaire, indécomposable, insécable, simple. PHILOS. consubstantiel. △ ANT. DIVISIBLE.

indolent *adj.* ▸ ***Apathique*** – affaissé, amorphe, apathique, atone, avachi, désossé, endormi, faible, inconsistant, inerte, léthargique, lymphatique, mou, nonchalant, passif, ramolli, sans ressort. SOUT. lâche, veule. FAM. gnangnan, mollasse, mollasson, ramollo. ▸ ***Paresseux*** – fainéant, flâneur, négligent, nonchalant, paresseux. FAM. cossard, faignant, flemmard, mollasse, mollasson, musard, musardeur. QUÉB. FAM. sans-cœur. ▸ ***Affaibli*** – affaibli, alangui, lent, nonchalant. SOUT. languissant. △ ANT. DYNAMIQUE, ÉNER-

GIQUE, INFATIGABLE, LABORIEUX, TRAVAILLEUR, VAILLANT, ZÉLÉ.

indomptable *adj.* ▶ ***En parlant d'un animal*** – farouche, inapprivoisable, inapprivoisé, indompté, sauvage. ▶ ***En parlant de qqn*** – désobéissant, difficile, indiscipliné, indocile, insoumis, insubordonné. QUÉB. FAM. malcommode. ▶ ***En parlant d'un sentiment*** – impérieux, incoercible, incontrôlable, incontrôlé, instinctif, insurmontable, irraisonné, irrépressible, irrésistible, profond, violent, viscéral. RARE irréfrénable, irréprimable. △ **ANT.** APPRIVOISABLE, DOMESTICABLE, DOMPTABLE; DISCIPLINÉ, DOCILE, DOUX, FACILE, OBÉISSANT, SAGE, SOUMIS, TRANQUILLE; CONTRÔLABLE.

indubitable *adj.* avéré, certain, démontré, établi, formel, inattaquable, incontestable, incontesté, indéniable, indiscutable, indiscuté, irrécusable, irréfutable, prouvé, reconnu, sûr. FAM. garanti. DIDACT. irréfragable. △ **ANT.** CONTESTABLE, DISCUTABLE, DOUTEUX, INCERTAIN, SUSPECT.

induire *v.* ▶ ***Remonter du particulier au général*** – extrapoler, généraliser. △ **ANT.** DÉDUIRE.

indulgence *n.f.* ▶ ***Pardon*** – absolution, absoute *(public)*, acquittement, aman, amnistie, annulation, clémence, dédouanement, disculpation, extinction, grâce, jubilé, mise hors de cause, miséricorde, mitigation, oubli, pardon, pénitence, prescription, réhabilitation, relaxe, remise (de peine), rémission, suppression (de peine). ▶ ***Tolérance*** – bienveillance, bonté, compréhension, douceur, humanisme, irénisme, largeur d'esprit, libéralisme, non-discrimination, non-violence, ouverture (d'esprit), patience, philosophie, réceptivité, respect, tolérance, tolérantisme. SOUT. bénignité, longanimité. ▶ ***Douceur*** – affabilité, agrément, amabilité, aménité, bénignité, bienveillance, bonhomie, bonté, calme, chaleur, charité, clémence, docilité, douceur, gentillesse, grâce, humanité, patience, placidité, suavité. SOUT. débonnaireté, magnanimité, mansuétude, onction. ▶ ***Altruisme*** – aide, allocentrisme, altruisme, amour (d'autrui), assistance, bénévolat, bienveillance, bonté, charité, commisération, compassion, complaisance, convivialité, dévouement, don de soi, empathie, entraide, extraversion, fraternité, générosité, gentillesse, humanité, oblativité, oubli de soi, philanthropie, pitié, sensibilité, serviabilité, solidarité, sollicitude. SOUT. bienfaisance. △ **ANT.** INCLÉMENCE, INTOLÉRANCE, INTRANSIGEANCE, SÉVÉRITÉ; AUSTÉRITÉ, INSENSIBILITÉ; ÂPRETÉ, CRUAUTÉ, DURETÉ, RIGUEUR, RUDESSE.

indulgent *adj.* ▶ ***Qui pardonne*** – bon prince, clément, généreux, magnanime, miséricordieux. ▶ ***Compréhensif*** – bien disposé, bien intentionné, bienveillant, clément, compréhensif, dans de bonnes dispositions, favorable, ouvert, tolérant. △ **ANT.** DRACONIEN, DUR, EXIGEANT, RIGIDE, RIGOUREUX, SÉVÈRE, STRICT; INCOMPRÉHENSIF, INTOLÉRANT, INTRANSIGEANT.

industrie *n.f.* ▶ ***Activités économiques*** – secteur secondaire. ▶ ***Branche de l'industrie*** – alliance, cartel, coentreprise, combinat, complexe, concentration, conglomérat, consortium, duopole, entente, groupe, monopole, oligopole, trust. PÉJ. féodalité. ▶ ***Ruse*** – adresse, débrouillardise, finesse, habileté, ingéniosité, jonglerie, perfidie, roublardise, rouerie, ruse. SOUT. cautèle. FAM. système D, système débrouille. ▶ ***Entreprise*** (RARE) – affaire, bureau, compagnie, entreprise, établissement, exploitation, firme, institution, société. FAM. boîte, boutique. FRANCE FAM. burlingue. PÉJ. FAM. baraque.

industriel *adj.* ▶ ***Qui concerne l'industrie*** – manufacturier. ▶ ***Où il y a des industries*** – manufacturier, usinier. △ **ANT.** ARTISANAL; RÉSIDENTIEL *(SECTEUR)*; AGRICOLE; COMMERCIAL.

industriel *n.* artisan, constructeur, entrepreneur, fabricant, faiseur, manufacturier, producteur.

inébranlable *adj.* ▶ ***Solide*** – à toute épreuve, absolu, d'acier, solide. ▶ ***Inflexible*** – catégorique, décidé, déterminé, entier, ferme, immuable, inflexible, résolu. ▶ ***Qui ne montre aucune peur*** – ferme, héroïque, impassible, intrépide, stoïque. SOUT. impavide. △ **ANT.** FLOTTANT, FLUCTUANT, HÉSITANT, INCERTAIN, INDÉCIS, INDÉTERMINÉ, IRRÉSOLU, PERPLEXE; FRAGILE, TIMORÉ.

inédit *adj.* audacieux, avant-gardiste, d'avant-garde, futuriste, hardi, innovant, innovateur, neuf, new-look, nouveau, nouvelle vague, novateur, original, renouvelé, révolutionnaire. △ **ANT.** ÉDITÉ, IMPRIMÉ, PUBLIÉ; BANAL, CLASSIQUE, COMMUN, CONNU, ORDINAIRE.

ineffaçable *adj.* ▶ ***Au sens propre*** – indélébile. ▶ ***Au sens figuré*** – durable, impérissable, indélébile, inoubliable, vif, vivace, vivant. △ **ANT.** DÉLÉBILE, EFFAÇABLE; FUGACE, FUGITIF, PASSAGER.

inefficace *adj.* impuissant, inactif, inopérant. △ **ANT.** ACTIF, AGISSANT, EFFICACE, OPÉRANT, PUISSANT.

inégal *adj.* ▶ ***Différent*** – autre, différent, dissemblable, distinct, divers. ▶ ***Qui n'est pas uni*** – accidenté, bosselé, mouvementé, raboteux. ▶ ***Qui manque de régularité*** – changeant, en dents de scie, flottant, fluctuant, incertain, inconstant, instable, irrégulier, mobile, mouvant, variable. SOUT. labile, volatil. DIDACT. erratique. △ **ANT.** ÉGAL; ÉQUIVALENT, IDENTIQUE, INCHANGÉ, MÊME, PAREIL, SEMBLABLE, SIMILAIRE, TEL; PLAN, PLAT, UNI; CONSTANT, FIXE, IMMOBILE, INVARIABLE, INVARIANT, STABLE, STATIONNAIRE, STATIQUE.

inégalement *adv.* disproportionnellement, dissemblablement, diversement, irrégulièrement. △ **ANT.** ÉGALEMENT, RÉGULIÈREMENT, UNIFORMÉMENT.

inégalité *n.f.* ▶ ***Différence*** – abîme, altérité, changement, désaccord, déviance, différence, dissemblance, dissimilitude, distance, distinction, divergence, diversité, division, divorce, écart, fossé, gouffre, incompréhension, intervalle, marginalité, nuance, séparation, variante, variation, variété. MATH. inéquation. ▶ ***Injustice*** – abus, arbitraire, déloyauté, déni de justice, empiétement, erreur (judiciaire), exploitation, favoritisme, illégalité, illégitimité, inconstitutionnalité, iniquité, injustice, irrégularité, mal-jugé, malveillance, noirceur, partialité, passe-droit, privilège, scélératesse, tort, usurpation. SOUT. improbité. ▶ ***Rugosité*** – âpreté, aspérité, callosité, irrégularité, rudesse, rugosité. ▶ ***Instabilité*** – ballottement, changement, déséquilibre, fluctuation, fragilité, inadaptation, incertitude, inconstance, instabilité, mouvant, mouvement, précarité, variabilité, variation, versatilité, vicissitude, volatilité. △ **ANT.** IDENTITÉ; ÉGALITÉ, ÉQUIVALENCE; RESSEMBLANCE, SIMILI-

TUDE; ÉQUITÉ, JUSTICE; UNIFORMITÉ; RÉGULARITÉ, STABILITÉ.

inéluctable *adj.* assuré, certain, fatal, immanquable, imparable, implacable, incontournable, inévitable, inexorable, nécessaire, obligatoire, obligé, sûr. *FAM.* forcé, mathématique. △ **ANT.** ÉVENTUEL, HYPOTHÉTIQUE, INCERTAIN.

inépuisable *adj.* ▸ ***Qui produit beaucoup*** – abondant, débordant, fécond, fertile, foisonnant, fructueux, généreux, intarissable, productif, prolifique, riche. *SOUT.* copieux, inexhaustible, plantureux. △ **ANT.** INSUFFISANT, LIMITÉ, MAIGRE, PAUVRE; ÉPUISABLE, TARISSABLE.

inéquitable *adj.* abusif, arbitraire, attentatoire, illégitime, immérité, indu, inique, injuste, injustifié, inquisitorial, léonin, oppressif, vexatoire. △ **ANT.** ÉQUITABLE, JUSTE, JUSTIFIÉ, LÉGITIME.

inerte *adj.* ▸ ***Sans connaissance*** – évanoui, inanimé, sans connaissance. *SOUT.* gisant. ▸ ***Sans énergie*** – affaissé, amorphe, apathique, atone, avachi, désossé, endormi, faible, inconsistant, indolent, léthargique, lymphatique, mou, nonchalant, passif, ramolli, sans ressort. *SOUT.* lâche, veule. *FAM.* gnangnan, mollasse, mollasson, ramollo. △ **ANT.** ANIMÉ, EN MOUVEMENT; CONSCIENT; ACTIF, DILIGENT, DYNAMIQUE, ÉNERGIQUE, INFATIGABLE, LABORIEUX, TRAVAILLEUR, VAILLANT, ZÉLÉ.

inertie *n.f.* ▸ ***Immobilité*** – calme, fixité, hiératisme, immobilisme, immobilité, immuabilité, immutabilité, impassibilité, improductivité, inaction, inactivité, inamovibilité, paralysie, piétinement, plafonnement, repos, sclérose, stabilité, stagnation, stationnarité, statisme, statu quo, sur place. *SOUT.* marasme, morosité. ▸ ***Paresse*** – alanguissement, apathie, atonie, engourdissement, fainéantise, farniente, indolence, laisser-aller, langueur, lenteur, léthargie, lourdeur, mollesse, négligence, nonchalance, oisiveté, paresse, somnolence, torpeur. *FAM.* cosse, flémingite aiguë, flemmardise, flemme. ▸ ***Fatigue*** – abattement, accablement, affaiblissement, affaissement, affalement, alanguissement, amollissement, anéantissement, apathie, atonie, consomption, épuisement, éreintement, exténuation, faiblesse, fatigue, forçage, harassement, labeur, langueur, lassitude, marasme, peine, prostration, stress, surmenage. *MÉD.* adynamie, anémie, asthénie. ▸ ***Désœuvrement*** – chômage, désœuvrement, farniente, inaction, inactivité, oisiveté, passivité, sédentarité, sinécure, sous-emploi. *SOUT.* désoccupation, inoccupation. *PAR EUPHÉM.* inemploi. △ **ANT.** ACTION, MOUVEMENT; ARDEUR, DYNAMISME, ÉNERGIE, ENTRAIN, VIGUEUR, VITALITÉ; ACTIVITÉ.

inestimable *adj.* cher, de (grande) valeur, de prix, inappréciable, introuvable, précieux, rare, rarissime, recherché, sans prix. △ **ANT.** MÉDIOCRE, ORDINAIRE, SANS GRANDE VALEUR.

inévitable *adj.* ▸ ***Immanquable*** – assuré, certain, fatal, immanquable, imparable, implacable, incontournable, inéluctable, inexorable, nécessaire, obligatoire, obligé, sûr. *FAM.* forcé, mathématique. ▸ ***Passé à l'état d'habitude*** – classique, habituel, traditionnel. ▸ ***Inséparable*** – éternel, inséparable. △ **ANT.** ÉVENTUEL, HYPOTHÉTIQUE, INCERTAIN; INHABITUEL, INSOLITE, RARE; ÉVITABLE.

inévitablement *adv.* à coup sûr, automatiquement, fatalement, forcément, immanquablement, implacablement, inéluctablement, inexorablement, infailliblement, ipso facto, irrésistiblement, logiquement, mathématiquement, nécessairement, obligatoirement, par la force des choses. △ **ANT.** ALÉATOIREMENT, AVEC DE LA CHANCE, DOUTEUSEMENT, PEUT-ÊTRE.

inexact *adj.* ▸ ***Faux*** – erroné, fautif, faux, incorrect, mauvais. ▸ ***Infidèle*** – déformé, infidèle. ▸ ***En parlant d'un raisonnement*** – bancal, boiteux, défaillant, défectueux, déficient, incomplet, lacunaire, vicieux. △ **ANT.** BON, CORRECT, EXACT, FIDÈLE, JUSTE.

inexistant *adj.* ▸ ***Nul*** – absent, négligeable, nul. ▸ ***Imaginaire*** – chimérique, fabuleux, fantasmagorique, fantastique, fictif, imaginaire, irréel, légendaire, mythique, mythologique. ▸ ***Inventé*** – apocryphe, fabriqué, fantaisiste, faux, fictif, forgé (de toutes pièces), imaginé, inauthentique, inventé. *SOUT.* controuvé. △ **ANT.** EXISTANT; CONCRET, MATÉRIEL, PHYSIQUE, RÉEL, SENSIBLE, VISIBLE, VRAI; PALPABLE, SIGNIFICATIF, TANGIBLE.

inexistence *n.f.* irréalité, néantise, négativité, non-être, non-existence, nullité, vacuité. △ **ANT.** EXISTENCE, RÉALITÉ; IMPORTANCE.

inexorable *adj.* ▸ ***Que rien ne peut empêcher*** – assuré, certain, fatal, immanquable, imparable, implacable, incontournable, inéluctable, inévitable, nécessaire, obligatoire, obligé, sûr. *FAM.* forcé, mathématique. ▸ ***Inflexible*** – impitoyable, implacable, inflexible, intransigeant, sévère. △ **ANT.** ÉVENTUEL, HYPOTHÉTIQUE, INCERTAIN.

inexpérience *n.f.* ▸ ***Ignorance*** – analphabétisme, ignorance, illettrisme, inadéquation, inaptitude, incapacité, incompétence, incompréhension, inconscience, inculture, ingénuité, innocence, insuffisance, lacune, naïveté, nullité, obscurantisme, simplicité. *SOUT.* impéritie, inconnaissance, méconnaissance. △ **ANT.** COMPÉTENCE, EXPÉRIENCE, EXPERTISE, HABILETÉ.

inexplicablement *adv.* ▸ ***Mystérieusement*** – ambigument, cabalistiquement, énigmatiquement, hermétiquement, illisiblement, impénétrablement, incompréhensiblement, inintelligiblement, mystérieusement, obscurément, occultement, opaquement, secrètement, ténébreusement. ▸ ***Inexprimablement*** – indiciblement, ineffablement, inexprimablement. △ **ANT.** CLAIREMENT, EN TOUTES LETTRES, EXPLICITEMENT, NETTEMENT, NOIR SUR BLANC.

inexpressif *adj.* ▸ ***Impassible*** – fermé, hermétique, impassible, impénétrable. ▸ ***En parlant de l'œil, du regard*** – atone, éteint, morne, terne. *FAM.* bovin. △ **ANT.** COLORÉ, PITTORESQUE; ANIMÉ, EXPRESSIF, MOBILE, VIVANT.

inexprimable *adj.* ▸ ***Qu'on ne peut exprimer*** – incommunicable, indicible, intraduisible. ▸ ***Extraordinaire*** – extraordinaire, indéfinissable, indescriptible, indicible, ineffable. △ **ANT.** EXPRIMABLE.

inextricable *adj.* ▸ ***Qu'on ne peut démêler*** – indébrouillable. ▸ ***Qui tient du labyrinthe*** – dédaléen, labyrinthien, labyrinthique. △ **ANT.** CLAIR, FACILE, SIMPLE.

infaillible *adj.* ▸ ***Efficace*** – efficace, souverain, sûr. ▸ ***Inévitable*** – assuré, certain, fatal, immanquable, imparable, implacable, incontournable, inéluctable, inévitable, inexorable, nécessaire, obligatoire, obligé, sûr. *FAM.* forcé, mathématique. △ **ANT.** ALÉATOIRE, DOUTEUX, FRAGILE, INCERTAIN; INEFFICACE, MAUVAIS; FAILLIBLE, IMPARFAIT.

infâme *adj.* ▸ ***Moralement répugnant*** – abject, bas, coupable, crapuleux, dégoûtant, honteux, ignoble, immonde, inavouable, indigne, infect, innommable, inqualifiable, lâche, méprisable, odieux, repoussant, répugnant, sans nom, scandaleux, sordide, vil. *SOUT.* fangeux, ignominieux, nauséeux, triste, turpide. *FAM.* dégueu, dégueulasse, écœurant, salaud. ▸ ***D'une saleté repoussante*** – crasseux, crotté, d'une propreté douteuse, dégoûtant, encrassé, ignoble, immonde, infect, maculé, malpropre, sale, sordide, souillé. *FAM.* crapoteux, dégueu, dégueulasse, pouilleux. *FRANCE FAM.* cracra, crade, cradingue, crado. △ **ANT.** DIGNE, HONORABLE, NOBLE; IMMACULÉ, IMPECCABLE, NET, PROPRE, SOIGNÉ.

infamie *n.f.* ▸ ***Insulte*** – affront, attaque, atteinte, attentat, avanie, blessure, calomnie, défi, dommage, indignité, injure, insolence, insulte, manquement, offense, outrage, pique, tort. *SOUT.* bave, camouflet, soufflet. ▸ ***Honte*** – abaissement, abjection, accroupissement, culpabilisation, dégradation, démérite, déshonneur, discrédit, flétrissure, gifle, honte, humiliation, ignominie, indignité, infériorisation, mépris, noircissure, opprobre, ridicule, scandale, ternissure. *SOUT.* turpitude, vilenie. ▸ ***Abjection*** – abjection, abomination, atrocité, bassesse, boue, corruption, crapulerie, crime, débauche, déshonneur, fange, grossièreté, honte, horreur, ignominie, impureté, indignité, laideur, misère, monstruosité, noirceur, obscénité, odieux, ordure, saleté, sordide, souillure, vice. *SOUT.* sordidité, stupre, turpitude, vilenie. *FAM.* dégoûtation, dégueulasserie, pouillerie. △ **ANT.** DIGNITÉ, GLOIRE, HONNEUR, NOBLESSE.

infantile *adj.* ▸ ***Qui concerne les enfants*** – d'enfant, enfantin. ▸ ***Qui agit comme un enfant*** – bébé, enfant, enfantin, immature, puéril. △ **ANT.** ADULTE.

infatigable *adj.* ▸ ***Dynamique*** – actif, affairé, allant, diligent, dynamique, énergique, laborieux, travailleur, vaillant, zélé. *FAM.* bosseur, boulot boulot, bûcheur, increvable, piocheur. *QUÉB.* travaillant. ▸ ***Persévérant*** – inlassable, patient, persévérant. △ **ANT.** APATHIQUE, INDOLENT, NONCHALANT, OISIF, PARESSEUX; DOUILLET, FATIGABLE, FRAGILE.

infect *adj.* ▸ ***Malodorant*** – écœurant, empyreumatique, fétide, malodorant, méphitique, nauséabond, pestilentiel, puant, putride. ▸ ***Sale*** – crasseux, crotté, d'une propreté douteuse, dégoûtant, encrassé, ignoble, immonde, infâme, maculé, malpropre, sale, sordide, souillé. *FAM.* crapoteux, dégueu, dégueulasse, pouilleux. *FRANCE FAM.* cracra, crade, cradingue, crado. ▸ ***Médiocre*** – abominable, affreux, atroce, déplorable, désastreux, épouvantable, exécrable, horrible, insipide, lamentable, manqué, mauvais, médiocre, minable, navrant, nul, odieux, piètre, piteux, pitoyable, qui ne vaut rien, raté. *SOUT.* méchant, triste. *FAM.* à la con, à la flan, à la gomme, à la manque, à la mie de pain, à la noix (de coco), blèche, craignos, crapoteux, moche, pourri, qui ne vaut pas un clou. ▸ ***Moralement répugnant*** – abject, bas, coupable, crapuleux, dégoûtant, honteux, ignoble, immonde, inavouable, indigne, infâme, innommable, inqualifiable, lâche, méprisable, odieux, repoussant, répugnant, sans nom, scandaleux, sordide, vil. *SOUT.* fangeux, ignominieux, nauséeux, triste, turpide. *FAM.* dégueu, dégueulasse, écœurant, salaud. △ **ANT.** AROMATIQUE, ODORANT, ODORIFÉRANT, PARFUMÉ, SUAVE; IMMACULÉ, IMPECCABLE, NET, PROPRE, SOIGNÉ; BRILLANT, ÉBLOUISSANT, EXCELLENT, EXTRAORDINAIRE, FANTASTIQUE, MAGNIFIQUE, MERVEILLEUX, PARFAIT, PRODIGIEUX, REMARQUABLE, SENSATIONNEL; DIGNE, HONORABLE, NOBLE.

infecter *v.* ▸ ***Transmettre l'infection*** – contaminer, envenimer. ▸ ***Empester*** (*SOUT.*) – empester. *SOUT.* empoisonner, empuantir. ▸ ***Souiller moralement*** (*SOUT.*) – avilir, flétrir, profaner, salir, souiller. *SOUT.* contaminer, empoisonner, polluer. △ **ANT.** ASSAINIR, DÉSINFECTER, IMMUNISER, STÉRILISER; EMBAUMER, PURIFIER; AMÉLIORER, CORRIGER, RÉGÉNÉRER.

infection *n.f.* ▸ ***Contamination*** – contagion, contamination, corruption, envenimement, gangrène, infestation, putréfaction. ▸ ***Maladie*** – maladie contagieuse, maladie infectieuse, maladie microbienne. ▸ ***Puanteur*** – empyreume, fétidité, méphitisme, miasme, moisi, pestilence, puanteur, rance, ranci, relent, renfermé. *SOUT.* remugle. △ **ANT.** ANTISEPSIE, ASSAINISSEMENT, DÉSINFECTION, PURIFICATION; IMMUNISATION; GUÉRISON, SOIN; ARÔME, PARFUM.

inférieur *adj.* ▸ ***Qui occupe un rang moins élevé*** – bas, mineur, moindre, secondaire, subalterne, subordonné. △ **ANT.** SUPÉRIEUR.

infériorité *n.f.* ▸ ***État de ce qui est inférieur*** – abaissement, allégeance, appartenance, asservissement, assujettissement, attachement, captivité, contrainte, dépendance, domestication, domesticité, domination, emprise, esclavage, gêne, hilotisme, inféodation, mainmise, merci, mouvance, obédience, obéissance, obligation, oppression, pouvoir, puissance, servage, servitude, soumission, subordination, sujétion, tutelle, tyrannie, vassalité. *FIG.* carcan, chaîne, corset (de fer), coupe, fardeau, griffe, main, patte, prison; *SOUT.* fers, gaine, joug. *FÉOD.* tenure. ▸ ***Ce qui rend inférieur*** – désavantage, dessous, faiblesse, handicap. △ **ANT.** AVANTAGE, DESSUS, SUPÉRIORITÉ.

infernal *adj.* ▸ ***Digne du démon*** – démoniaque, diabolique, luciférien, méphistophélique, pervers, satanique. ▸ ***Insupportable*** – antipathique, atroce, déplaisant, désagréable, détestable, exécrable, haïssable, impossible, insoutenable, insupportable, intenable, intolérable, invivable, irrespirable, odieux, pénible. *FAM.* imbuvable. ▸ ***Très rapide*** – d'enfer, débridé, effréné, endiablé, frénétique. △ **ANT.** ANGÉLIQUE, CÉLESTE, DIVIN, PUR; ENCHANTEUR, FÉERIQUE, IDYLLIQUE, IRRÉEL, MAGNIFIQUE, MERVEILLEUX, PARADISIAQUE; ADORABLE, AIMABLE, CHARMANT, DÉLICIEUX, GENTIL; FAIBLE, MODÉRÉ.

infidèle *adj.* ▶ ***Inconstant en amour*** – adultère, frivole, inconstant, volage. FAM. cavaleur, coureur, qui a un cœur d'artichaut. ▶ ***Qui manque à sa parole*** – déloyal, parjure, traître. ▶ ***Non conforme à la réalité*** – déformé, inexact. ▶ ***Païen*** – gentil, idolâtre, mécréant, païen. △ ANT. CONSTANT, FIDÈLE, SÉRIEUX; ATTACHÉ, DÉVOUÉ, LOYAL, SÛR; CONFORME, EXACT, JUSTE, PRÉCIS; CROYANT, PIEUX.

infidélité *n.f.* ▶ ***Trahison*** – défection, désertion, faux serment, félonie, forfaiture, (haute) trahison, insoumission, parjure, scélératesse. SOUT. prévarication. FAM. lâchage. ▶ ***Adultère*** – adultère, inconstance, trahison, tromperie. FAM. cocuage, cocufiage. ▶ ***Impiété*** – agnosticisme, apostasie, athéisme, blasphème, désacralisation, doute, froideur, gentilité, hérésie, impiété, incrédulité, incroyance, indifférence, irréligion, libre pensée, matérialisme, paganisme, panthéisme, péché, profanation, reniement, sacrilège, scandale, scepticisme. SOUT. inobservance. ▶ ***Inexactitude*** – écart, erreur, faute, imperfection, imprécision, incorrection, inexactitude, irrégularité. △ ANT. DROITURE, FIDÉLITÉ, LOYAUTÉ; CONSTANCE; FOI, PIÉTÉ; EXACTITUDE, JUSTESSE, VÉRITÉ.

infime *adj.* faible, infinitésimal, insignifiant, mince, minime, négligeable, petit, sans importance. △ ANT. COLOSSAL, CONSIDÉRABLE, ÉNORME, EXTRAORDINAIRE, EXTRÊME, FABULEUX, FORMIDABLE, GÉANT, GIGANTESQUE, IMMENSE, INCOMMENSURABLE, MONUMENTAL, PHÉNOMÉNAL, TITANESQUE, VASTE.

infini *adj.* ▶ ***Éternel*** – constant, durable, éternel, immortel, immuable, impérissable, imprescriptible, inaltérable, indéfectible, indestructible, indissoluble, permanent, perpétuel, sans fin. SOUT. pérenne. ▶ ***Immense*** – considérable, grand, illimité, immense, inappréciable, incalculable, incommensurable, insondable, sans borne, sans fin, sans limites, sans mesure, vaste. RARE immensurable. △ ANT. BORNÉ, FINI, LIMITÉ; FAIBLE, INFIME, MODESTE, NÉGLIGEABLE, PETIT.

infini *n.m.* ▶ ***Perfection*** – achèvement, consommation, couronnement, épanouissement, excellence, fini, fleur, maturité, meilleur, parachèvement, perfection, plénitude, précellence. PHILOS. entéléchie. ▶ ***Immensité*** – espace, illimité, immensité, incommensurable, inconditionné, infinitude, vastité, vastitude. SOUT. abîme.

infiniment *adv.* ▶ ***Toujours*** – à l'infini, à perpétuité, à tous coups, à tous les coups, à tout bout de champ, à tout instant, à (tout) jamais, à tout moment, à toute heure (du jour et de la nuit), à vie, ad vitam æternam, assidûment, beau temps mauvais temps, chroniquement, constamment, continuellement, continûment, dans tous les cas, de nuit comme de jour, de toute éternité, en permanence, en tout temps, en toute saison, en toute(s) circonstance(s), éternellement, hiver comme été, immuablement, inaltérablement, indéfiniment, invariablement, jour et nuit, nuit et jour, perpétuellement, pour la vie, pour les siècles des siècles, rituellement, sans arrêt, sans cesse, sans discontinuer, sans fin, sans interruption, sans relâche, sans répit, sempiternellement, systématiquement, toujours, tous les jours. SOUT. à demeure, incessamment. FAM. à perpète, tout le temps. ▶ ***Longtemps*** – à l'infini, à long terme, à longue échéance, à n'en plus finir, ad vitam æternam, beaucoup, depuis belle lurette, durablement, interminablement, lentement, longtemps, longuement, mûrement, toujours. ▶ ***Extrêmement*** – à l'extrême, affreusement, astronomiquement, au dernier degré, au dernier point, au maximum, au plus haut degré, au plus haut point, beaucoup, bien, colossalement, considérablement, éminemment, énormément, exceptionnellement, extraordinairement, extrêmement, fabuleusement, follement, fort, fortement, grandement, gros, hautement, immensément, incommensurablement, inconcevablement, incroyablement, intensément, long, mortellement, nettement, on ne peut plus, phénoménalement, prodigieusement, profondément, remarquablement, sérieusement, singulièrement, souverainement, supérieurement, suprêmement, terriblement, très, vertigineusement, vivement, vraiment. FAM. bigrement, bougrement, diablement, drôlement, effroyablement, épais, épouvantablement, fameusement, fantastiquement, fichtrement, fichûment, formidablement, foutrement, furieusement, joliment, rudement, sacrément, salement, super, terrible, tout plein, vachement. △ ANT. EXTRÊMEMENT PEU, UN TOUT PETIT PEU.

infinité *n.f.* ▶ ***Nombre très important*** – abondance, afflux, amas, ampleur, concentration, débauche, débordement, exubérance, filon, fleuraison, floraison, foisonnement, forêt, foule, fourmillement, gisement, inondation, luxe, luxuriance, masse, mine, multiplicité, myriade, nuée, orgie, paquet, pléthore, poussière, profusion, quantité, richesse, surabondance, tas, trésor. FIG. carnaval. FAM. festival, flopée, kyrielle, tapée, tonne, tripotée, wagon. SUISSE FAM. craquée. △ ANT. BORNE, FINITUDE, LIMITE.

infinitésimal *adj.* faible, infime, insignifiant, mince, minime, négligeable, petit, sans importance. △ ANT. COLOSSAL, CONSIDÉRABLE, ÉNORME, EXTRAORDINAIRE, EXTRÊME, FABULEUX, FORMIDABLE, GÉANT, GIGANTESQUE, IMMENSE, INCOMMENSURABLE, MONUMENTAL, PHÉNOMÉNAL, TITANESQUE, VASTE.

infirme *adj.* à mobilité réduite, handicapé (moteur), impotent, invalide, paralysé, paralytique. SOUT. grabataire, perclus. MÉD. hémiplégique, paraplégique, tétraplégique. △ ANT. VALIDE.

infirmité *n.f.* ▶ ***Invalidité*** – handicap, impotence, incapacité, invalidité. ▶ ***Difformité*** – anomalie, défaut, déficience, déformation, difformité, disgrâce, dysmorphie, dysmorphose, handicap, malformation, malposition, monstruosité, vice. △ ANT. CAPACITÉ, FORCE, SANTÉ, VIGUEUR; INTÉGRITÉ.

inflation *n.f.* ▶ ***Augmentation*** – accentuation, accroissement, accrue, agrandissement, amplification, arrondissement, augmentation, bond, boom, crescendo, croissance, crue, décuplement, développement, dilatation, élargissement, élévation, enflement, enrichissement, envolée, essor, évolution, expansion, extension, flambée, foisonnement, gonflement, gradation, grossissement, hausse, haussement, intensification, majoration, montée, poussée, progrès, progression, recrudescence, redoublement, redressement, rehaussement, relèvement, renchérissement, renforcement, revalorisation, valorisation. △ ANT. DÉFLATION.

infléchir *v.* ▶ ***Incliner*** – courber, fléchir, plier, recourber. ▶ ***Changer la direction*** – détourner, dévier. SC. défléchir. ♦ **s'infléchir** ▶ ***S'incliner*** – s'arquer, s'incurver, se courber. △ **ANT.** DRESSER, RECTIFIER, REDRESSER, RELEVER; MAINTENIR.

inflexible *adj.* ▶ ***Décidé*** – catégorique, décidé, déterminé, entier, ferme, immuable, inébranlable, résolu. ▶ ***Sans pitié*** – impitoyable, implacable, inexorable, intransigeant, sévère. ▶ ***Qui reste droit*** – dur, ferme, fort, raide, résistant, rigide, solide. △ **ANT.** FLEXIBLE; ACCOMMODANT, COMPLAISANT, CONCILIANT, FACILE (À VIVRE), SOUPLE, TRAITABLE; CHANGEANT, FANTASQUE, FLOTTANT, INCONSTANT, INSTABLE, VOLAGE.

inflexion *n.f.* ▶ ***Courbure*** – arçonnage, arcure, arrondi, bombage, cambre, cambrure, cintrage, circularité, concavité, conicité, convexité, courbe, courbure, fléchissement, flexion, flexuosité, galbe, incurvation, parabolicité, rondeur, rotondité, sinuosité, sphéricité, tortuosité, voussure. ▶ ***Intonation*** – accent, accentuation, intensité, intonation, modulation, prononciation, prosodie, ton, tonalité.

infliger *v.* ▶ ***Donner*** – asséner, donner, porter. FAM. administrer, allonger, coller, ficher, filer, flanquer, foutre. ▶ ***Imposer*** – faire subir, imposer. △ **ANT.** ÉPROUVER, ESSUYER, SUBIR; ÉPARGNER.

influence *n.f.* ▶ ***Ascendant*** – action, aide, appui, ascendant, attirance, attraction, aura, autorité, contagion, crédit, dominance, domination, effet, empreinte, emprise, fascination, force, importance, incitation, inspiration, magie, magnétisme, mainmise, manipulation, mouvance, persuasion, pétition, poids, pouvoir, prépondérance, présence, pression, prestige, puissance, règne, rôle, séduction, subjugation, suggestion, tyrannie. SOUT. empire, intercession. ▶ ***Ensorcellement*** – charme, diablerie, enchantement, ensorcellement, envoûtement, fascination, jettatura, magie, maléfice, malheur, maraboutage, mauvais œil, (mauvais) sort, philtre, possession, sorcellerie, sortilège. ANTIQ. goétie.

influencer *v.* ▶ ***Avoir une influence sur qqch.*** – agir sur, compter, entrer en ligne de compte, importer, influer sur, jouer, peser dans la balance, peser sur. ▶ ***Avoir une influence sur qqn*** – déteindre sur, exercer une influence sur, faire impression sur, frapper, impressionner, marquer. △ **ANT.** LAISSER LIBRE, SE DÉSINTÉRESSER; COPIER, IMITER, SUIVRE.

influent *adj.* de haut rang, grand, haut placé, important, notable, puissant, qui a le bras long. SOUT. de haute volée.

informatif *adj.* édifiant, éducatif, enrichissant, formateur, formatif, instructif, profitable. △ **ANT.** ABÊTISSANT, ABRUTISSANT, BÊTIFIANT, CRÉTINISANT.

information *n.f.* ▶ ***Renseignement*** – donnée, indication, nouvelle, renseignement. FAM. info, rancard, tube, tuyau. ▶ ***Nouvelle*** – actualités, annonce, brève, bulletin, communiqué, flash, information(s), journal *(parlé ou télévisé)*, nouvelle(s). ▶ *Information exclusive* – exclusivité, primeur, scoop. ▶ ***Conseil*** – avertissement, avis, conseil, encouragement, exhortation, guidance, idée, incitation, indication, initiative, inspiration, instigation, motion *(dans une assemblée)*, offre, opinion, préconisation, proposition, recommandation, renseignement, suggestion. FAM. tuyau. DR. pollicitation. ▶ ***Instruction*** – alphabétisation, apprentissage, conscientisation, didactique, édification, éducation, enrichissement, enseignement, entraînement, études, expérience, façonnage, façonnement, formation, inculcation, initiation, instruction, monitorat, pédagogie, professorat, scolarisation, scolarité, stage. QUÉB. andragogie *(aux adultes)*. PÉJ. FAM. dressage *(très sévère)*. ▶ ***Enquête*** – analyse, enquête, étude, examen, exploration, investigation, recherche, sondage, survol, traitement. SOUT. perquisition. ▶ ***Enquête judiciaire*** – enquête, examen, instruction, recherche.

informatisation *n.f.* automatisation, machinisme, mécanisation, motorisation, robotisation.

informe *adj.* ▶ ***Rudimentaire*** – (à l'état) brut, à l'état d'ébauche, ébauché, élémentaire, embryonnaire, fruste, grossier, imparfait, larvaire, mal équarri, primitif, rudimentaire. ▶ ***Peu esthétique*** – à faire peur, affreux, déplaisant, disgracieux, hideux, horrible, ignoble, inesthétique, ingrat, inharmonieux, laid, laideron *(femme)*, monstrueux, repoussant, répugnant, vilain. SOUT. malgracieux, répulsif. FAM. blèche, dégueu, dégueulasse, mochard, moche, tarte, tartignolle, tocard. △ **ANT.** ACHEVÉ, COMPLET, DANS SA PHASE FINALE, TERMINÉ; BEAU, ESTHÉTIQUE, GRACIEUX.

informé *adj.* au courant, averti, avisé. FAM. à la coule, au parfum. △ **ANT.** À L'ÉCART, IGNORANT DE.

informer *v.* ▶ ***Renseigner*** – éclairer, édifier, renseigner. FAM. éclairer la lanterne de. ▶ ***Aviser d'une chose nouvelle*** – avertir, aviser, mettre au courant, prévenir. SOUT. instruire. FAM. affranchir, brancher, briefer, mettre au parfum. ♦ **s'informer** ▶ ***Se renseigner*** – demander, s'enquérir de, se renseigner au sujet de. FAM. aller aux nouvelles. △ **ANT.** CACHER, DISSIMULER, TAIRE, VOILER; DÉSINFORMER, TROMPER.

infortune *n.f.* ▶ ***Malchance*** – accident, coup du destin, coup du sort, coup dur, cruauté du destin, fatalité, fortune contraire, malchance, malheur, mauvais sort, mauvaise fortune, sort contraire, vicissitude. SOUT. adversité, infélicité. FAM. chiasse, déveine, guigne, manque de bol, manque de pot, poisse, scoumoune. FRANCE FAM. cerise, débine, guignon, mélasse, mouscaille. ▶ ***Malheur*** – adversité, calamité, calice (de douleur), chagrin, détresse, deuil, disgrâce, douleur, échec, épreuve, fatalité, mal, malchance, malédiction, malheur, mauvaise fortune, mauvaise passe, mésaventure, misère, nuage, orage, peine, revers, ruine, sale affaire, sale histoire, souffrance, traverse, tribulation. SOUT. bourrèlement, plaie, tourment. ▶ ***Épreuve*** – contrariété, coup, coup du destin, coup du sort, coup dur, disgrâce, échec, épreuve, hydre, mal, malchance, malheur, mauvais moment à passer, misère, péril, revers, ruine, tribulation. SOUT. traverse. ▶ ***Insuccès*** – avortement, banqueroute, capitulation, catastrophe, chute, débâcle, débandade, déconfiture, défaite, déroute, désavantage, échec, écrasement, faillite, fiasco, four, insuccès, mauvaise fortune, naufrage, perte, ratage, raté, retraite, revers. SOUT. traverse. FAM. désastre, piquette, plantage, raclée, recalage, volée. FRANCE FAM. bide, déculottée, dégelée, écrabouillement, fessée, foirade, gamelle, loupage, pile, rincée, rossée, tannée, veste. ▶ ***Déception*** – abattement, accablement, affliction, amertume, anéantissement, chagrin, consternation, déboires, déception, déconvenue, découragement, dégoût, dégrisement, démoralisation, dépit, désappointement, désenchantement, désespoir, désillusion, désolation, échec, écœurement, ennui, insuccès, lassitude, mécompte, peine, regret, revers, tristesse. *SOUT.* atterrement, déréliction, désabusement, désespérance, retombement. *FAM.* défrisage, défrisement, douche (froide), ras-le-bol. △ **ANT.** CHANCE, FORTUNE; BONHEUR, FÉLICITÉ.

infortuné *adj.* malchanceux, malheureux. △ **ANT.** BIEN LOTI, CHANCEUX, FAVORISÉ, FORTUNÉ.

infortuné *n.* affligé, damné de la terre, déshérité, exclu (de la société), gueux, laissé-pour-compte, mal-aimé, malchanceux, malheureux, miséreux, paria, pauvre, persona non grata, réprouvé. *FAM.* paumé. *FRANCE FAM.* déveinard.

infraction *n.f.* accroc, contravention, crime, délit, dérogation, entorse, faute, forfait, forfaiture, inconduite, manquement, mauvaise action, mauvaise conduite, méfait, non-respect, rupture, transgression, violation. *BELG.* méconduite. *DR.* cas. △ **ANT.** OBSERVATION, RESPECT.

infranchissable *adj.* insurmontable. △ **ANT.** FRANCHISSABLE, SURMONTABLE.

infrastructure *n.f.* ▶ ***Partie inférieure*** – assiette, assise, base, fondation, pied, radier, soubassement, substruction, substructure. *QUÉB.* solage. *ARCHIT.* embasement, empattement. ▶ ***Équipements*** – installation. △ **ANT.** SUPERSTRUCTURE.

infusion *n.f.* ▶ ***Action d'infuser*** – décoction, macération, marinage. *CHIM.* digestion.

ingénier (s') *v.* ▶ ***S'efforcer*** – chercher à, entreprendre de, essayer de, s'attacher à, s'efforcer de, tâcher de, tenter de, travailler à. *SOUT.* avoir à cœur de, faire effort pour, prendre à tâche de. △ **ANT.** ÉVITER, MANQUER, NÉGLIGER; ÉCHOUER.

ingénieusement *adv.* adroitement, astucieusement, avec brio, avec éclat, bien, brillamment, de main de maître, expertement, finement, génialement, habilement, industrieusement, intelligemment, judicieusement, lucidement, magistralement, pertinemment, professionnellement, savamment, sensément, spirituellement, subtilement, talentueusement, vivement. △ **ANT.** ABSURDEMENT, BÊTEMENT, IDIOTEMENT, IMBÉCILEMENT, ININTELLIGEMMENT, NAÏVEMENT, SOTTEMENT, STUPIDEMENT.

ingénieux *adj.* adroit, astucieux, déluré, fin, finaud, futé, habile, intelligent, inventif, malin, qui a plus d'un tour dans son sac, rusé. *FAM.* débrouillard, dégourdi. *FRANCE FAM.* dessalé, fortiche, fute-fute, mariol, sioux. *QUÉB. FAM.* fin finaud. △ **ANT.** ABERRANT, FOU, IDIOT, ILLOGIQUE, INSENSÉ; GAUCHE, INCAPABLE, MALADROIT, MALHABILE.

ingéniosité *n.f.* adresse, débrouillardise, finesse, habileté, industrie, jonglerie, perfidie, roublardise, rouerie, ruse. *SOUT.* cautèle. *FAM.* système D, système débrouille. △ **ANT.** BÊTISE; GAUCHERIE, MALADRESSE.

ingénu *adj.* angélique, candide, confiant, crédule, innocent, naïf, pur, simple. △ **ANT.** ASTUCIEUX, DÉLURÉ, FUTÉ, INGÉNIEUX, MALIN, RUSÉ; HYPOCRITE, MALICIEUX, PERVERS.

ingénuité *n.f.* ▶ ***Pureté*** – candeur, fleur, fraîcheur, honnêteté, innocence, naïveté, pureté, simplicité. ▶ ***Ignorance*** – analphabétisme, ignorance, illettrisme, inadéquation, inaptitude, incapacité, incompétence, incompréhension, inconscience, inculture, inexpérience, innocence, insuffisance, lacune, naïveté, nullité, obscurantisme, simplicité. *SOUT.* impéritie, inconnaissance, méconnaissance. △ **ANT.** RUSE.

ingérence *n.f.* ▶ ***Intervention*** – aide, appui, concours, entremise, immixtion, incursion, interposition, interventionnisme, intrusion, médiation, ministère, office. *SOUT.* intercession. △ **ANT.** NEUTRALITÉ, NON-INGÉRENCE, NON-INTERVENTION.

ingrat *adj.* ▶ ***Sans gratitude*** – égoïste, oublieux, sans-cœur. ▶ ***Disgracieux*** – à faire peur, affreux, déplaisant, disgracieux, hideux, horrible, ignoble, inesthétique, informe, inharmonieux, laid, laideron *(femme)*, monstrueux, repoussant, répugnant, vilain. *SOUT.* malgracieux, répulsif. *FAM.* blèche, dégueu, dégueulasse, mochard, moche, tarte, tartignolle, tocard. ▶ ***Difficile et ennuyeux*** – aride, désagréable, pénible, rébarbatif, rebutant. *FAM.* craignos. ▶ ***Qui produit peu de végétation*** – aride, avare, désertique, improductif, inculte, incultivable, infertile, pauvre, stérile. ▶ ***Inhospitalier*** – farouche, hostile, inhabitable, inhospitalier, sauvage. △ **ANT.** CHARMANT, DÉLICIEUX, GRACIEUX, JOLI, MIGNON, RAVISSANT; BIEN FAIT, BIEN GALBÉ, SCULPTURAL; OBLIGÉ, RECONNAISSANT, REDEVABLE.

ingrédient *n.m.* ▶ ***Élément*** – composant, composante, constituant, élément (constitutif), fragment, membre, module, morceau, organe, partie, pièce, principe, unité.

inguérissable *adj.* ▶ ***Au sens propre*** – incurable, insoignable, irrémédiable, sans remède. ▶ ***Au sens figuré*** – endurci, impénitent, incorrigible, incurable, invétéré. *FAM.* indécrottable. △ **ANT.** CURABLE, GUÉRISSABLE, SOIGNABLE; CONTRIT, HONTEUX, PÉNITENT, REPENTANT.

inhabité *adj.* ▶ ***Inexploré*** – désert, désolé, inexploré, sauvage, solitaire, vierge. ▶ ***Déserté*** – abandonné, dépeuplé, désert, déserté, vide. △ **ANT.** HABITÉ, OCCUPÉ, PEUPLÉ.

inhabituel *adj.* ▶ ***Exceptionnel*** – d'exception, exceptionnel, fortuit, inaccoutumé, inusité, occasionnel, rare, rarissime, spécial. *SOUT.* extraordinaire, inusuel. ▶ ***Bizarre*** – anormal, bizarre, curieux, drôle, étonnant, étrange, inaccoutumé, incompréhensible, inexplicable, insolite, inusité, singulier, spécial, surprenant. *SOUT.* extraordinaire. *FAM.* bizarroïde. △ **ANT.** COUTUMIER, HABITUEL, NORMAL, ORDINAIRE, STANDARD, USUEL.

inhérent *adj.* ▶ ***Fondamental*** – constitutif, foncier, fondamental, inné, intrinsèque, radical. *PHILOS.* essentiel, immanent, substantiel. ▶ ***Relié*** – associé, attaché, conjoint, indissociable, inséparable, joint, lié, relié, uni. △ **ANT.** ACCESSOIRE, ACCIDENTEL, CONTINGENT, INCIDENT.

inhibition *n.f.* ▶ ***Refoulement*** – autocensure, barrage, blocage, censure, refoulement, refus, résistance. ▶ ***Timidité*** – appréhension, confusion, crainte, discrétion, effacement, effarouchement, embarras, émoi, frilosité, gaucherie, gêne, hésitation, honte, humilité, indécision, introversion, malaise, modestie, peur, réserve, retenue, sauvagerie, timidité. SOUT. pusillanimité. FAM. trac. ▶ ***Paralysie*** – arrêt, asphyxie, blocage, désactivation, engourdissement, enraiement, entrave, immobilisation, immobilisme, impuissance, neutralisation, obstruction, paralysie, ralentissement, sclérose, stagnation. ▶ ***Obstacle*** – accroc, adversité, anicroche, barrière, blocage, contrariété, contretemps, défense, difficulté, digue, écueil, embarras, empêchement, ennui, entrave, frein, gêne, impasse, impossibilité, interdiction, objection, obstruction, ombre au tableau, opposition, pierre d'achoppement, point noir, problème, résistance, restriction, tribulations. SOUT. achoppement, impedimenta, traverse. FAM. hic, lézard, os, pépin. QUÉB. FAM. aria. RARE empêtrement. △ **ANT.** EXCITATION, IMPULSION, STIMULATION; EXPRESSION, EXTÉRIORISATION; LIBÉRATION.

inhumain *adj.* ▶ ***D'une cruauté sauvage*** – barbare, bestial, cannibale, cannibalesque, cruel, féroce, sadique, sanguinaire, sauvage. SOUT. néronien. ▶ ***Qui remplit d'horreur*** – abominable, atroce, barbare, horrible, monstrueux. ▶ ***Au-delà des capacités humaines*** – surhumain. △ **ANT.** BIENVEILLANT, CHARITABLE, COMPATISSANT, DÉLICAT, DOUX, HUMAIN, MISÉRICORDIEUX; AGRÉABLE, CHARMANT, DÉLICIEUX, DIVIN, EXQUIS, SUAVE, SUBLIME; MODÉRÉ, RAISONNABLE.

inimaginable *adj.* à (vous) couper le souffle, abasourdissant, ahurissant, bouleversant, confondant, déconcertant, ébahissant, effarant, époustouflant, étonnant, étourdissant, extraordinaire, impensable, inconcevable, incroyable, inouï, invraisemblable, pétrifiant, renversant, stupéfiant, suffocant, surprenant. SOUT. qui confond l'entendement. FAM. ébouriffant, mirobolant, sidérant, soufflant. △ **ANT.** BANAL, ININTÉRESSANT, ORDINAIRE, SANS INTÉRÊT.

inimitable *adj.* ▶ ***Original*** – à part, différent, original, particulier, pittoresque, sans précédent, singulier, spécial, unique en son genre, unique. ▶ ***Inégalable*** – d'exception, exceptionnel, hors du commun, hors ligne, hors pair, hors série, incomparable, inégalable, inégalé, irremplaçable, précieux, qui n'a pas son pareil, rare, remarquable, sans égal, sans pareil, sans précédent, sans rival, sans second, spécial, supérieur, unique. △ **ANT.** IMITABLE; BANAL, ORDINAIRE, SANS ORIGINALITÉ.

inintelligible *adj.* ▶ ***Dont le sens est obscur*** – brouillé, brumeux, compliqué, confus, contourné, embarrassé, embrouillé, embroussaillé, enchevêtré, entortillé, flou, fumeux, incompréhensible, indéchiffrable, nébuleux, obscur, tarabiscoté, vague, vaseux. SOUT. abscons, abstrus, amphigourique, fuligineux. FAM. chinois, emberlificoté, filandreux, vasouillard. ▶ ***Mal prononcé*** – inarticulé, indistinct. △ **ANT.** CLAIR, INTELLIGIBLE; ACCESSIBLE, COMPRÉHENSIBLE, ÉVIDENT, LIMPIDE, SIMPLE, TRANSPARENT; ARTICULÉ.

ininterrompu *adj.* constant, continu, continuel, de tous les instants, incessant, permanent, perpétuel, persistant, régulier. ▶ *Non favorable* – continuel, éternel, incessant, perpétuel, sans fin, sempiternel. △ **ANT.** DISCONTINU, INTERMITTENT, IRRÉGULIER.

iniquité *n.f.* abus, arbitraire, déloyauté, déni de justice, empiétement, erreur (judiciaire), exploitation, favoritisme, illégalité, illégitimité, inconstitutionnalité, inégalité, injustice, irrégularité, mal-jugé, malveillance, noirceur, partialité, passe-droit, privilège, scélératesse, tort, usurpation. SOUT. improbité. △ **ANT.** ÉQUITÉ, JUSTICE.

initial *adj.* originaire, original, originel, premier, primaire, primitif, primordial. SOUT. liminaire, prime. △ **ANT.** DERNIER, FINAL, TERMINAL, ULTIME.

initialement *adv.* à l'origine, au commencement, au départ, au (tout) début, originairement, originellement, premièrement, primitivement. △ **ANT.** À LA FIN, AU BOUT DU COMPTE, EN DÉFINITIVE, EN FIN DE COMPTE, FINALEMENT.

initiateur *n.* ▶ ***Précurseur*** – ancêtre, annonciateur, avant-garde, avant-gardiste, devancier, innovateur, introducteur, inventeur, messager, novateur, pionnier, précurseur, prédécesseur, préfiguration, prophète, visionnaire. SOUT. avant-coureur, avant-courrier, fourrier, héraut, préparateur. ▶ ***Instigateur*** – âme, artisan, auteur, centre, cerveau, chef, cheville ouvrière, créateur, dirigeant, fondateur, incitateur, inspirateur, instigateur, locomotive, maître (d'œuvre), meneur, moteur, organisateur, patron, père, promoteur, protagoniste, régisseur, responsable. SOUT. excitateur, instaurateur, ouvrier. △ **ANT.** DISCIPLE, INITIÉ.

initiation *n.f.* ▶ ***Acte rituel*** – mystagogie, rite d'initiation, rite de passage, rite initiatique. ▶ ***Coutume scolaire*** – brimade, épreuve. FRANCE FAM. bizutage. ▶ ***Admission*** – admission, adoubement, élévation, intronisation, investiture, promotion. ▶ ***Affiliation*** – adhésion, adjonction, admission, adoption, affiliation, agrégation, agrément, appartenance, association, enrôlement, entrée, incorporation, inscription, intégration, mobilisation, rattachement, réception. ▶ ***Premiers pas*** – débuts, premières armes, premiers pas. SOUT. apprentissage. ▶ ***Éducation*** – alphabétisation, apprentissage, conscientisation, didactique, édification, éducation, enrichissement, enseignement, entraînement, études, expérience, façonnage, façonnement, formation, inculcation, information, instruction, monitorat, pédagogie, professorat, scolarisation, scolarité, stage. QUÉB. andragogie *(aux adultes)*. PÉJ. FAM. dressage *(très sévère)*.

initiative *n.f.* avertissement, avis, conseil, encouragement, exhortation, guidance, idée, incitation, indication, information, inspiration, instigation, motion *(dans une assemblée)*, offre, opinion, préconisation, proposition, recommandation, renseignement, suggestion. FAM. tuyau. DR. pollicitation. △ **ANT.** PASSIVITÉ, ROUTINE.

initié *n.* ▶ ***Personne admise*** – catéchumène, converti, prosélyte *(sens large)*. ▶ ***Agioteur*** – accapareur, agioteur, baissier, boursicoteur, boursicotier, bricoleur, haussier, joueur, margoulin, monopoleur, monopolisateur, monopoliste, reporté, spéculateur, thésauriseur, trafiquant. FAM. cumulard, traficoteur, tripoteur. △ **ANT.** INITIATEUR; NON-INITIÉ, PROFANE.

initier *v.* ▶ ***Dégourdir*** – dégourdir, dégrossir, délurer, déniaiser. FAM. débrouiller, dérouiller, dessaler. *FRANCE FAM.* bizuter. ♦ **s'initier** ▶ ***Commencer à pratiquer*** – se mettre à.

injure *n. f.* ▶ ***Offense*** – affront, attaque, atteinte, attentat, avanie, blessure, calomnie, défi, dommage, indignité, insolence, insulte, manquement, offense, outrage, pique, tort. *SOUT.* bave, camouflet, soufflet. ▶ ***Insulte*** – blasphème, fulmination, grossièreté, imprécation, infamie, insolence, insulte, invective, sottise. *SOUT.* vilenie. *FAM.* engueulade. *QUÉB. FAM.* bêtise. △ **ANT.** COMPLIMENT, ÉLOGE, LOUANGE; CIVILITÉ, POLITESSE.

injurier *v.* ▶ ***Couvrir d'injures*** – abreuver d'injures, accabler d'injures, couvrir d'injures, donner des noms d'oiseau à, insulter, invectiver, traiter de tous les noms. *SOUT.* agonir d'injures, chanter pouilles à. *FAM.* engueuler. ▶ ***Outrager*** – bafouer, faire affront à, faire injure à, faire insulte à, faire outrage à, humilier, insulter, outrager. *SOUT.* blasphémer, gifler, souffleter. △ **ANT.** BÉNIR, COMPLIMENTER, ENCENSER, FÉLICITER, GLORIFIER, LOUANGER, VANTER.

injurieux *adj.* blessant, choquant, cinglant, désobligeant, froissant, humiliant, insultant, mortifiant, offensant, outrageant, vexant. *SOUT.* sanglant. △ **ANT.** BIENSÉANT, COURTOIS, DÉLICAT, POLI; ADMIRATIF, ENCOURAGEANT, POSITIF.

injuste *adj.* abusif, arbitraire, attentatoire, illégitime, immérité, indu, inéquitable, inique, injustifié, inquisitorial, léonin, oppressif, vexatoire. △ **ANT.** ÉQUITABLE, JUSTE, JUSTIFIÉ, LÉGITIME.

injustement *adv.* ▶ ***Inéquitablement*** – abusivement, arbitrairement, faussement, inéquitablement, iniquement, partialement, subjectivement, tendancieusement. ▶ ***Illégalement*** – coupablement, criminellement, frauduleusement, illégalement, illégitimement, illicitement, incorrectement, indûment, irrégulièrement. *FAM.* en sous-main, par la bande. △ **ANT.** ÉQUITABLEMENT, IMPARTIALEMENT, JUSTEMENT, OBJECTIVEMENT.

injustice *n. f.* ▶ ***Iniquité*** – abus, arbitraire, déloyauté, déni de justice, empiétement, erreur (judiciaire), exploitation, favoritisme, illégalité, illégitimité, inconstitutionnalité, inégalité, iniquité, irrégularité, mal-jugé, malveillance, noirceur, partialité, passe-droit, privilège, scélératesse, tort, usurpation. *SOUT.* improbité. ▶ ***Préjudice*** – affront, atteinte, désavantage, dommage, lésion, mal, perte, préjudice, tort. △ **ANT.** ÉQUITÉ, JUSTICE.

injustifié *adj.* ▶ ***Non motivé*** – gratuit, immotivé, non fondé, non motivé, sans fondement. *SOUT.* infondé. ▶ ***Injuste*** – abusif, arbitraire, attentatoire, illégitime, immérité, indu, inéquitable, inique, injuste, inquisitorial, léonin, oppressif, vexatoire. ▶ ***Inadmissible*** – déraisonnable, illégitime, inacceptable, inadmissible, indéfendable, injustifiable, insoutenable, irrecevable. *SOUT.* infondé. △ **ANT.** JUSTE, JUSTIFIÉ; FONDÉ, MOTIVÉ; ÉQUITABLE, LÉGITIME.

inlassable *adj.* infatigable, patient, persévérant. △ **ANT.** APATHIQUE, INDOLENT, NONCHALANT, OISIF, PARESSEUX.

inné *adj.* ▶ ***De naissance*** – congénital, dans le sang, de naissance, de nature, natif, naturel. *SOUT.* infus. ▶ ***Inhérent*** – constitutif, foncier, fondamental, inhérent, intrinsèque, radical. *PHILOS.* essentiel, immanent, substantiel. △ **ANT.** ACQUIS.

innocemment *adv.* ▶ ***Naïvement*** – candidement, crédulement, ingénument, naïvement, niaisement, simplement. ▶ ***Stupidement*** – absurdement, bêtement, débilement, follement, idiotement, imbécilement, inconsciemment, inintelligemment, naïvement, niaisement, ridiculement, simplement, sottement, stupidement. *FAM.* connement. △ **ANT.** HYPOCRITEMENT, INSIDIEUSEMENT, INSINCÈREMENT, PERFIDEMENT, SCÉLÉRATEMENT, SOURNOISEMENT, TORTUEUSEMENT, TRAÎTREUSEMENT, TROMPEUSEMENT; ASTUCIEUSEMENT, BRILLAMMENT, GÉNIALEMENT, INGÉNIEUSEMENT, INTELLIGEMMENT, JUDICIEUSEMENT, LUCIDEMENT, SAVAMMENT.

innocence *n. f.* ▶ ***Pureté*** – candeur, fleur, fraîcheur, honnêteté, ingénuité, naïveté, pureté, simplicité. ▶ ***Ignorance*** – analphabétisme, ignorance, illettrisme, inadéquation, inaptitude, incapacité, incompétence, incompréhension, inconscience, inculture, inexpérience, ingénuité, insuffisance, lacune, naïveté, nullité, obscurantisme, simplicité. *SOUT.* impéritie, inconnaissance, méconnaissance. ▶ ***Stupidité*** – ânerie, béotisme, bêtise, bornerie, débilité, idiotie, ignorance, imbécillité, ineptie, inintelligence, insipidité, lenteur, lourdeur, naïveté, niaiserie, nigauderie, pesanteur, simplicité, sottise, stupidité. *FAM.* connerie, crétinisme, dinguerie. ▶ ***Innocuité*** (*SOUT.*) – bénignité, innocuité. △ **ANT.** CORRUPTION, IMPURETÉ; DÉBAUCHE, DÉPRAVATION; EXPÉRIENCE; RUSE; CULPABILITÉ; NOCIVITÉ.

innocent *adj.* ▶ ***Sans pensée impure*** – chaste, décent, immaculé, platonique, pudique, pur, réservé, sage, vertueux, virginal. ▶ *Non favorable* – bégueule, collet monté, prude, pudibond, puritain. ▶ ***Simple et confiant*** – angélique, candide, confiant, crédule, ingénu, naïf, pur, simple. ▶ ***Confiant jusqu'à la bêtise*** – crédule, naïf, niais, simple, simplet. *FAM.* cucul, jobard, nunuche, poire. ▶ ***Sans gravité*** – anodin, bénin, inoffensif, sans danger, sans gravité. *SOUT.* irrépréhensible. △ **ANT.** CONCUPISCENT, DÉBAUCHÉ, ÉROTIQUE, GAILLARD, GROSSIER, IMPUDIQUE, IMPUR, INDÉCENT, LASCIF, LIBIDINEUX, LICENCIEUX, LUBRIQUE, LUXURIEUX, OBSCÈNE, VICIEUX; HYPOCRITE, INTÉRESSÉ, PERFIDE, RAPACE; ASTUCIEUX, DÉLURÉ, FUTÉ, INGÉNIEUX, INTELLIGENT, MALIN, RUSÉ; GRAVE, LOURD DE CONSÉQUENCES.

innombrable *adj.* abondant, considérable, nombreux. *FAM.* à la pelle. △ **ANT.** DÉNOMBRABLE, NOMBRABLE; CLAIRSEMÉ, PETIT, RESTREINT.

innovateur *adj.* audacieux, avant-gardiste, d'avant-garde, futuriste, hardi, inédit, innovant, neuf, new-look, nouveau, nouvelle vague, novateur, original, renouvelé, révolutionnaire. △ **ANT.** ARRIÉRÉ, PASSÉISTE, RÉACTIONNAIRE, RÉTROGRADE, TRADITIONALISTE.

innovation *n. f.* ▶ ***Découverte*** – découverte, flash, illumination, invention, trait de génie, trait de lumière, trouvaille. *SOUT.* éclairement. *FAM.* astuce. ▶ ***Nouveauté*** – actualité, avant-gardisme, changement, contemporanéité, fraîcheur, inédit, jamais vu, jeunesse, mode, modernité, neuf, nouveau, nouveauté, originalité, pertinence, précédent, première, présent, primeur. ▶ ***Originalité*** – anticonformisme, audace, cachet, caractère, fraîcheur, hardiesse, indépendance, individualité, inspiration, marginalité, non-conformisme, nouveauté, originalité, particularité, personnalité, piquant, pittoresque, singularité. △ **ANT.** ARCHAÏSME; CONFORMISME, CONSERVATISME, TRADITION; BANALITÉ, ROUTINE.

innover *v.* concevoir, créer, imaginer, improviser, inventer, mettre au point, trouver. QUÉB. FAM. patenter. △ **ANT.** CONSERVER, MAINTENIR; STAGNER; COPIER, IMITER.

inoccupé *adj.* ▶ ***Vacant*** – disponible, libre, vacant, vide. ▶ ***Désœuvré*** – désoccupé, désœuvré, inactif, oisif. FAM. végétatif. △ **ANT.** BONDÉ, BOURRÉ, COMBLE, COMPLET, PLEIN, REMPLI; APATHIQUE, INDOLENT, NONCHALANT, OISIF, PARESSEUX; ACTIF, AU TRAVAIL.

inoffensif *adj.* ▶ ***Sans méchanceté*** – bon, doux, sans malice. ▶ ***Sans gravité*** – anodin, bénin, innocent, sans danger, sans gravité. SOUT. irrépréhensible. △ **ANT.** AGRESSIF, BELLIQUEUX, BRUTAL, VIOLENT; DANGEREUX, NUISIBLE; NOCIF, TOXIQUE.

inonder *v.* ▶ ***Couvrir d'eau*** – engloutir, ennoyer, noyer, submerger. ▶ ***Pénétrer d'un liquide*** – abreuver, arroser, baigner, détremper, gorger d'eau, imbiber, imprégner, mouiller. ▶ ***Remplir*** – emplir, envahir, gonfler, pénétrer, remplir, submerger. ▶ ***Donner en abondance*** – abreuver, accabler, combler, couvrir, gaver, gorger, rassasier, soûler. △ **ANT.** ASSÉCHER, DESSÉCHER, DRAINER, SÉCHER; ÉGOUTTER, ÉPONGER, ESSUYER; ÉVACUER.

inopinément *adv.* à brûle-pourpoint, à l'improviste, au dépourvu, brusquement, d'un coup, de but en blanc, du jour au lendemain,ex abrupto, imprévisiblement, impromptu, intempestivement, promptement, sans avertissement, sans crier gare, soudain, soudainement, subitement, tout à coup, tout d'un coup, tout de go. FAM. subito, subito presto. △ **ANT.** GRADUELLEMENT, PETIT À PETIT, PEU À PEU, PROGRESSIVEMENT; COMME ON S'Y ATTENDAIT.

inopportun *adj.* ▶ ***Qui tombe mal*** – fâcheux, importun, mal à propos, mal choisi *(moment)*, mal venu, qui tombe mal. ▶ ***Déplacé*** – choquant, de mauvais goût, déplacé, fâcheux, hors de propos, importun, incongru, inconvenant, indélicat, indiscret, inélégant, intempestif, mal à propos, mal venu, malencontreux. SOUT. malséant, malsonnant *(parole)*. ▶ ***Exaspérant*** – agaçant, crispant, désagréable, énervant, exaspérant, excédant, fatigant, harcelant, importun, insupportable, irritant. FAM. assommant, casse-pieds, embêtant, empoisonnant, enquiquinant, enquiquineur, horripilant, qui tape sur les nerfs, suant, tannant, tuant. FRANCE FAM. gonflant. QUÉB. FAM. achalant, dérangeant. △ **ANT.** BIENVENU, OPPORTUN, PROPICE, QUI TOMBE À PIC; AGRÉABLE, CALMANT, TRANQUILLISANT.

inoubliable *adj.* ▶ ***Légendaire*** – célèbre, connu, de grand renom, fameux, glorieux, historique, illustre, immortel, légendaire, marquant, mémorable, notoire, proverbial, reconnu, renommé, réputé. ▶ *Non favorable* – de triste mémoire. ▶ ***En parlant d'un souvenir*** – durable, impérissable, indélébile, ineffaçable, vif, vivace, vivant. △ **ANT.** ANONYME, IGNORÉ, INCONNU, OBSCUR; ÉPHÉMÈRE, ÉVANESCENT, FRAGILE, FUGACE, FUGITIF, PASSAGER, TRANSITOIRE.

inouï *adj.* ▶ ***Surprenant*** – à (vous) couper le souffle, abasourdissant, ahurissant, bouleversant, confondant, déconcertant, ébahissant, effarant, époustouflant, étonnant, étourdissant, extraordinaire, impensable, inconcevable, incroyable, inimaginable, invraisemblable, pétrifiant, renversant, stupéfiant, suffocant, surprenant. SOUT. qui confond l'entendement. FAM. ébouriffant, mirobolant, sidérant, soufflant. ▶ ***Fantastique*** – étonnant, extraordinaire, fabuleux, fantastique, hors du commun, incroyable, miraculeux, phénoménal, prodigieux. FAM. délirant, dément, dingue, fou. FRANCE FAM. foutral. ▶ ***En parlant de la chance*** – impudent, indécent, insolent. FAM. obscène. △ **ANT.** BANAL, ININTÉRESSANT, ORDINAIRE, SANS INTÉRÊT.

inquiet *adj.* ▶ ***Anxieux*** – agité, alarmé, angoissé, anxieux, appréhensif, en proie à l'inquiétude, énervé, fiévreux, fou d'inquiétude, nerveux, qui s'en fait, qui se fait de la bile, qui se fait du mauvais sang, qui se ronge les sangs, tourmenté, tracassé, troublé. FAM. bileux; PÉJ. paniquard. ▶ ***Craintif*** – angoissé, apeuré, craintif, effrayé, ombrageux *(animal)*, peureux. SOUT. OU QUÉB. FAM. épeuré. ▶ ***Songeur*** – absorbé, contrarié, ennuyé, pensif, perplexe, préoccupé, songeur, soucieux, tracassé. ▶ ***Inassouvi*** (SOUT.) – inapaisé, inassouvi, insatisfait. △ **ANT.** INSOUCIANT, SANS-SOUCI; RASSÉRÉNÉ, RASSURÉ; CALME, SEREIN, TRANQUILLE; PATIENT.

inquiétant *adj.* ▶ ***Grave*** – critique, dangereux, difficile, dramatique, grave, menaçant, préoccupant, sérieux, sombre. SOUT. climatérique. ▶ ***Alarmant*** – affolant, alarmant, angoissant, effarant, oppressant, paniquant, troublant. FAM. stressant. ▶ ***Suspect*** – étrange, louche, suspect, trouble. ▶ ***Redoutable*** – dangereux, mauvais, méchant, menaçant, patibulaire, redoutable, sinistre, sombre, terrible, torve *(regard)*. QUÉB. FAM. malin. △ **ANT.** CALMANT, RASSÉRÉNANT, RASSURANT, RÉCONFORTANT, SÉCURISANT, TRANQUILLISANT.

inquiéter *v.* ▶ ***Causer de l'inquiétude*** – affoler, agiter, alarmer, angoisser, effrayer, énerver, épouvanter, oppresser, préoccuper, tourmenter, tracasser, troubler. FAM. stresser. ▶ ***Harceler*** (SOUT.) – attaquer, harceler, persécuter, poursuivre, s'acharner contre. ♦ **s'inquiéter** ▶ ***S'alarmer*** – être sur des charbons ardents, s'alarmer, s'angoisser, s'en faire, s'énerver, se faire du mauvais sang, se faire du souci, se faire du tracas, se faire un sang d'encre, se mettre martel en tête, se morfondre, se ronger les sangs, se soucier, se tourmenter, se tracasser. FAM. angoisser, flipper, se biler, se faire de la bile, se faire des cheveux, se frapper, (se) stresser. QUÉB. FAM. capoter. ▶ ***Se préoccuper*** – s'embarrasser, s'occuper, se préoccuper, se soucier. △ **ANT.** APAISER, CALMER, RASSÉRÉNER, RASSURER, TRANQUILLISER. ♦ **s'inquiéter** NÉGLIGER, SE DÉSINTÉRESSER.

inquiétude *n.f.* ▶ ***Préoccupation*** – agitation, angoisse, anxiété, cassement de tête, contrariété, désagrément, difficulté, doute, ennui, gêne, obnubilation, occupation, peine, pensée, préoccupation, sollicitude, souci, suspens, tiraillement, tourment, tracas. SOUT. affres. FAM. tintouin, tracassin. ▶ ***Crainte*** – affolement, alarme, angoisse, appréhension, crainte, effarement, effarouchement, effroi, épouvante, frayeur, grand-peur, hantise, horreur, panique, peur, phobie, terreur, transes. SOUT. affres, apeurement. FAM. cauchemar, chiasse, frousse, pétoche, trac, trouille. ▸ ***Pessimisme*** – alarmisme, catastrophisme, défaitisme, négativisme, pessimisme, scepticisme. ▸ ***Danger*** – aléa, casse-cou, danger, détresse, difficulté, écueil, embûche, épée de Damoclès, épouvantail, guêpier, hasard, impasse, imprudence, insécurité, mauvais pas, menace, perdition, péril, piège, point chaud, point sensible, poudrière, récif, risque, spectre, traverse, urgence, volcan. SOUT. tarasque. FRANCE FAM. casse-gueule. △ **ANT.** SÉRÉNITÉ, TRANQUILLITÉ; CONFIANCE, OPTIMISME; PAIX, SÉCURITÉ, SÛRETÉ.

inquisiteur *adj.* curieux, investigateur, questionneur, scrutateur.

insaisissable *adj.* ▸ ***Qui disparaît brusquement*** – fugace, fugitif, furtif, fuyant. ▸ ***Incompréhensible*** – cabalistique, caché, cryptique, énigmatique, ésotérique, hermétique, impénétrable, inaccessible, incompréhensible, inconcevable, inconnaissable, indéchiffrable, indécodable, inexplicable, insondable, mystérieux, obscur, opaque, secret, ténébreux. SOUT. abscons, abstrus, sibyllin. ▸ ***Imperceptible*** – imperceptible, inconstatable, indécelable, indétectable, indiscernable, insensible, insoupçonnable. ▸ *À la vue* – inapparent, inobservable, invisible, microscopique. PHYS. infrarouge, ultraviolet. ▸ *Au toucher* – immatériel, impalpable, intangible. DIDACT. intactile. ▸ *À l'ouïe* – inaudible. PHYS. infrasonore. △ **ANT.** DURABLE, INEFFAÇABLE, PERMANENT; À LA PORTÉE DE TOUS, ACCESSIBLE, CLAIR, COMPRÉHENSIBLE, ÉVIDENT, INTELLIGIBLE, LIMPIDE, SIMPLE, TRANSPARENT; DISCERNABLE, IDENTIFIABLE, PALPABLE, PERCEPTIBLE, RECONNAISSABLE, SAISISSABLE, SENSIBLE, TANGIBLE.

insatiable *adj.* ▸ ***Qui ne peut être assouvi*** – avide, dévorant, inapaisable, inassouvissable, inextinguible, irrassasiable, vorace. ▸ ***Qui désire fortement*** – affamé, assoiffé, avide, gourmand. SOUT. altéré. △ **ANT.** MITIGÉ, MODÉRÉ; CONTRÔLABLE, MAÎTRISABLE; DÉTACHÉ, INDIFFÉRENT.

insatisfaction *n.f.* ▸ ***Mécontentement*** – besoin, frustration, mécontentement, non-satisfaction, vague à l'âme. SOUT. bovarysme, inapaisement, inassouvissement, insatiabilité. FAM. grogne. PSYCHOL. sentiment d'incomplétude. ▸ ***Ennui*** – assommement, bâillement, dégoût, déplaisir, ennui, langueur, lassitude, vide. SOUT. blasement. △ **ANT.** CONTENTEMENT, SATISFACTION.

insatisfait *adj.* ▸ ***En parlant de qqn*** – contrarié, ennuyé, fâché, mécontent. ▸ ***En parlant d'un besoin*** – inapaisé, inassouvi. SOUT. inquiet. △ **ANT.** SATISFAIT; CONTENT, FIER, HEUREUX; APAISÉ, ASSOUVI, COMBLÉ, CONTENTÉ, RASSASIÉ.

inscription *n.f.* ▸ ***Caractères écrits*** – épigraphe, épitaphe, exergue, ex-libris, légende. ▸ ***Enregistrement*** – archivage, comptabilisation, enregistrement, immatriculation, mention. ▸ ***Adhésion*** – adhésion, adjonction, admission, adoption, affiliation, agrégation, agrément, appartenance, association, enrôlement, entrée, incorporation, initiation, intégration, mobilisation, rattachement, réception. △ **ANT.** RADIATION, SUPPRESSION.

inscrire *v.* ▸ ***Écrire pour mémoire*** – consigner, enregistrer, noter, prendre (bonne) note de, prendre en note, recueillir, relever. ♦ **s'inscrire** ▸ ***Adhérer*** – adhérer à, entrer dans, s'affilier à. ▸ ***Se trouver*** – apparaître, être, être présent, exister, résider, se rencontrer, se retrouver, se situer, se trouver, siéger. SOUT. gésir. △ **ANT.** BIFFER, EFFACER, RAYER; EXPULSER, RADIER.

insécurité *n.f.* ▸ ***Danger*** – aléa, casse-cou, danger, détresse, difficulté, écueil, embûche, épée de Damoclès, épouvantail, guêpier, hasard, impasse, imprudence, mauvais pas, menace, perdition, péril, piège, point chaud, point sensible, poudrière, récif, risque, spectre, traverse, urgence, volcan. SOUT. tarasque. FRANCE FAM. casse-gueule. △ **ANT.** SÉCURITÉ.

insensé *adj.* aberrant, absurde, déraisonnable, fou, idiot, illogique, inepte, irrationnel, qui n'a aucun sens, ridicule, stupide. SOUT. insane. FAM. dément, qui ne tient pas debout. RARE antirationnel. PHILOS. alogique. △ **ANT.** JUDICIEUX, RAISONNABLE, RATIONNEL, SAGE, SENSÉ.

insensibilité *n.f.* ▸ ***Insensibilisation*** – analgésie, anesthésie, chloroformisation, engourdissement, éthérisation, hémianesthésie, hypoesthésie, insensibilisation, narcose, rachianesthésie, subnarcose, tronculaire. FAM. rachi. ▸ ***Immunité*** – accoutumance, immunité, inexcitabilité, prémunition, tolérance. ▸ ***Inconscience*** – anesthésie, détachement, inconscience, indifférence, nirvana, sommeil. FAM. voyage. ▸ ***Flegme*** – apathie, flegme, froideur, indifférence, lymphatisme, mollesse, tiédeur. ▸ ***Dureté*** – dureté, froideur, indifférence, sécheresse (de cœur). SOUT. aridité. △ **ANT.** HYPERESTHÉSIE; ATTENDRISSEMENT, COMPASSION, ÉMOTION, ÉMOTIVITÉ, HYPERSENSIBILITÉ, SENSIBILITÉ.

insensible *adj.* ▸ ***Sans-cœur*** – aride, de granit, de pierre, dur, endurci, froid, indifférent, sans-cœur, sec. SOUT. d'airain, frigide, granitique. FAM. blindé. ▸ ***Fermé aux sentiments*** – étranger, fermé, imperméable, inaccessible, indifférent, réfractaire, sourd. SOUT. impénétrable. ▸ ***Imperceptible*** – imperceptible, inconstatable, indécelable, indétectable, indiscernable, insaisissable, insoupçonnable. △ **ANT.** SENSIBLE; COMPATISSANT, EMPATHIQUE; IMPRESSIONNABLE; ARDENT, ENFLAMMÉ; APPRÉCIABLE, DE TAILLE, FORT, GRAND, GROS, IMPORTANT, NOTABLE, RESPECTABLE, SÉRIEUX, SUBSTANTIEL.

insensiblement *adv.* ▸ ***Froidement*** – durement, fraîchement, froidement, glacialement, hautainement, impersonnellement, raide, raidement, sec, sèchement. ▸ ***Imperceptiblement*** – imperceptiblement, indistinctement, invisiblement, subtilement. △ **ANT.** NOTABLEMENT, PERCEPTIBLEMENT, SENSIBLEMENT, SIGNIFICATIVEMENT, TANGIBLEMENT, VISIBLEMENT; BRUSQUEMENT, SOUDAINEMENT, SUBITEMENT.

inséparable *adj.* ▸ ***Qui forme un tout*** – d'un seul tenant, d'un tenant, indissociable, soudé, uni. ▸ ***Relié*** – associé, attaché, conjoint, indissociable, inhérent, joint, lié, relié, uni. △ **ANT.** DISSOCIABLE, ISOLABLE, SÉPARABLE; AUTONOME, INDÉPENDANT.

insérer *v.* ▸ ***Mettre à l'intérieur*** – engager, entrer, glisser, introduire, loger, mettre. ▸ ***Inclure dans un ensemble*** – enchâsser, incorporer, intégrer, introduire. △ **ANT.** ENLEVER, EXTRAIRE, ÔTER, RETIRER; EXCLURE, RETRANCHER, SÉPARER, SUPPRIMER.

insertion *n.f.* ▶ ***Action d'insérer*** – encartage *(entre des feuillets)*, inclusion, intercalation, interpolation, interposition. ▶ ***Annonce*** – annonce, circulaire, dépliant, flash, prospectus, publicité, tract. ▶ ***Adoption*** – adoption, assimilation, emprunt, imitation, ralliement. △ **ANT.** DÉGAGEMENT, EXTRACTION, RETRAIT.

insidieusement *adv.* artificieusement, captieusement, cauteleusement, déloyalement, fallacieusement, hypocritement, insincèrement, jésuitiquement, machiavéliquement, malhonnêtement, mensongèrement, papelardement, perfidement, scélératement, sournoisement, tortueusement, traîtreusement, trompeusement. △ **ANT.** À LA LOYALE, AUTHENTIQUEMENT, DE BONNE FOI, EN TOUTE BONNE FOI, FRANC, FRANCHEMENT, HONNÊTEMENT, LOYALEMENT, OUVERTEMENT, SINCÈREMENT.

insidieux *adj.* ▶ ***Qui se manifeste sournoisement*** – perfide, rampant, sournois, subreptice, traître. ▶ ***Hypocrite*** – à double face, de mauvaise foi, déloyal, dissimulateur, dissimulé, fallacieux, faux, fourbe, hypocrite, insincère, menteur, perfide, sournois, tortueux, traître, trompeur. *SOUT.* captieux, cauteleux, chafouin, tartufe, tartuffard, tortu. *DIDACT.* sophistique. △ **ANT.** FRANC, HONNÊTE, LOYAL, SINCÈRE.

insigne *adj.* élevé, éminent, exceptionnel, grand, important, prestigieux, remarquable, signalé. *SOUT.* suréminent.

insigne *n.m.* ▶ ***Emblème*** – allégorie, attribut, chiffre, devise, drapeau, effigie, emblème, figure, icône, image, incarnation, livrée, logo, logotype, marque, notation, personnification, représentation, signe, symbole, type. ▶ ***Cocarde*** – auto-collant, badge, cocarde, décalcomanie, écusson, épinglette, étiquette, marque, plaque, porte-nom, rosette, tatouage, timbre, vignette, vitrophanie. *FAM.* macaron. ▶ ***Décoration*** – badge, décoration, distinction (honorifique). *FAM.* banane, crachat, hochet.

insignifiance *n.f.* ▶ ***Non-sens*** – asémanticité, inanité, néant, non-sens, non-signifiance, vacuité. ▶ ***Médiocrité*** – banalité, facilité, fadeur, faiblesse, inconsistance, indigence, insuffisance, médiocre, médiocrité, pauvreté, platitude, prévisibilité. *SOUT.* trivialité. △ **ANT.** IMPORTANCE, INTÉRÊT, VALEUR.

insignifiant *adj.* ▶ ***Peu important*** – accessoire, anecdotique, annexe, contingent, (d'intérêt) secondaire, de second plan, décoratif, dédaignable, épisodique, incident, indifférent, marginal, mineur, négligeable. ▶ ***Vide de sens*** – creux, futile, spécieux, vain, vide. ▶ ***Inintéressant*** – anodin, banal, fade, falot, incolore, inintéressant, insipide, plat, sans intérêt, terne. *FAM.* incolore, inodore et sans saveur. ▶ ***Peu élevé*** – faible, infime, infinitésimal, mince, minime, négligeable, petit, sans importance. ▶ *Non favorable* – dérisoire, malheureux, minime, misérable, piètre, ridicule. △ **ANT.** CAPITAL, CENTRAL, CRUCIAL, DÉCISIF, DÉTERMINANT, DOMINANT, ESSENTIEL, IMPORTANT, MAJEUR, PRÉDOMINANT, PRIMORDIAL, PRINCIPAL, PRIORITAIRE; SIGNIFIANT, SIGNIFICATIF; CAPTIVANT, FASCINANT, INTÉRESSANT, PALPITANT, PASSIONNANT; COLOSSAL, CONSIDÉRABLE, ÉNORME, FABULEUX, FORMIDABLE, GÉANT, GIGANTESQUE, IMMENSE, MONUMENTAL, PHÉNOMÉNAL, TITANESQUE, VASTE.

insinuation *n.f.* ▶ ***Sous-entendu*** – allégorie, allusion, arrière-pensée, double sens, évocation, réserve, restriction, réticence, sous-entendu. ▶ ***Médisance*** – accusation, allégation, attaque, cafardage, calomnie, critique, délation, dénigrement, dénonciation, dépréciation, dévalorisation, diffamation, imputation, médisance, plainte, rabaissement, réquisitoire, trahison. *SOUT.* détraction. *FAM.* mouchardage. △ **ANT.** EXPLICITATION; DÉCLARATION, PROCLAMATION.

insinuer *v.* ▶ ***Laisser entendre*** – dire à demi-mot, dire à mots couverts, donner à entendre, laisser entendre, sous-entendre, suggérer. ♦ **s'insinuer** ▶ ***Pénétrer*** – entrer, pénétrer, s'infiltrer, s'introduire. ▶ ***Se faufiler*** – se couler, se faufiler, se glisser. △ **ANT.** EXPLICITER; DÉMONTRER, ÉTABLIR, PROUVER.

insipide *adj.* ▶ ***Qui manque de goût*** – douceâtre, doucereux, fade. *FAM.* fadasse. ▶ ***Ennuyeux*** – assommant, endormant, ennuyeux, fastidieux, inintéressant, lassant, monotone, plat, répétitif, soporifique. *FAM.* barbant, lugubre, mortel, mortifère, mourant, rasant, raseur, rasoir, usant. *FRANCE FAM.* barbifiant, barbifique, bassinant, canulant. *QUÉB. FAM.* plate. ▶ ***Inintéressant*** – anodin, banal, fade, falot, incolore, inintéressant, insignifiant, plat, sans intérêt, terne. *FAM.* incolore, inodore et sans saveur. ▶ ***Médiocre*** – abominable, affreux, atroce, déplorable, désastreux, épouvantable, exécrable, horrible, infect, lamentable, manqué, mauvais, médiocre, minable, navrant, nul, odieux, piètre, piteux, pitoyable, qui ne vaut rien, raté. *SOUT.* méchant, triste. *FAM.* à la con, à la flan, à la gomme, à la manque, à la mie de pain, à la noix (de coco), blèche, craignos, crapoteux, moche, pourri, qui ne vaut pas un clou. △ **ANT.** DÉLECTABLE, DÉLICIEUX, EXQUIS, GASTRONOMIQUE, SAVOUREUX, SUCCULENT; CAPTIVANT, FASCINANT, INTÉRESSANT, PALPITANT, PASSIONNANT; BRILLANT, ÉBLOUISSANT, EXCELLENT, EXTRAORDINAIRE, FANTASTIQUE, MAGNIFIQUE, MERVEILLEUX, PARFAIT, PRODIGIEUX, REMARQUABLE, SENSATIONNEL.

insistance *n.f.* acharnement, assiduité, constance, détermination, entêtement, fermeté, obstination, opiniâtreté, persévérance, persistance, résolution, suite dans les idées, ténacité, volonté. *PÉJ.* aveuglement. △ **ANT.** RENONCEMENT.

insistant *adj.* appuyé, lourd.

insister *v.* ▶ ***Souligner avec force*** – appuyer sur, mettre l'accent sur, s'appesantir sur. ▶ ***Porter à l'attention*** – appuyer sur, attirer l'attention sur, faire remarquer, mentionner, porter à l'attention, signaler, soulever, souligner. ▶ ***S'entêter*** – ne pas démordre de, persévérer, persister, s'acharner, s'entêter, s'obstiner, se buter. ▶ ***Persévérer*** (*FAM.*) – continuer, persévérer, poursuivre. *FAM.* tenir bon. *BELG.* perdurer. △ **ANT.** GLISSER, PASSER; ABANDONNER, CÉDER, RENONCER.

insolence *n.f.* ▶ ***Arrogance*** – aplomb, arrogance, audace, effronterie, front, impertinence, impolitesse, impudence, incorrection, irrespect, irrévérence. *SOUT.* outrecuidance, sans-gêne. *FAM.* culot, toupet. ▶ ***Insulte*** – affront, attaque, atteinte, attentat, avanie, blessure, calomnie, défi, dommage, indignité, injure, insulte, manquement, offense, outrage, pique, tort. *SOUT.* bave, camouflet, soufflet. △ **ANT.** DISCRÉTION, MODESTIE; DÉFÉRENCE, ÉGARD, POLITESSE, RESPECT.

insolent *adj.* ▶ ***Effronté*** – cavalier, cynique, désinvolte, effronté, éhonté, familier, impertinent, impoli, impudent, irrespectueux, irrévérencieux, leste, libre, provocant, sans gêne, sans vergogne. *FAM.* culotté, gonflé. *QUÉB. FAM.* baveux. *ACADIE FAM.* effaré. ▶ ***En parlant de la chance*** – impudent, indécent, inouï. *FAM.* obscène. △ **ANT.** AFFABLE, BIEN ÉLEVÉ, BIENSÉANT, CIVIL, COURTOIS, DÉLICAT, GALANT, POLI.

insolite *adj.* ▶ ***Inhabituel*** – anormal, bizarre, curieux, drôle, étonnant, étrange, inaccoutumé, incompréhensible, inexplicable, inhabituel, inusité, singulier, spécial, surprenant. *SOUT.* extraordinaire. *FAM.* bizarroïde. ▶ ***Invraisemblable*** – à dormir debout, abracadabrant, abracadabrantesque, absurde, baroque, biscornu, bizarre, burlesque, cocasse, exagéré, excentrique, extravagant, fantasque, farfelu, fou, funambulesque, grotesque, impayable, impossible, incroyable, invraisemblable, loufoque, qui ne tient pas debout, rocambolesque, saugrenu, tiré par les cheveux, vaudevillesque. *FRANCE FAM.* foutraque, gaguesque. △ **ANT.** COUTUMIER, HABITUEL, NORMAL, ORDINAIRE, STANDARD, USUEL.

insomnie *n.f.* éveil, veille, vigilance.

insondable *adj.* ▶ ***Immense*** – considérable, grand, illimité, immense, inappréciable, incalculable, incommensurable, infini, sans borne, sans fin, sans limites, sans mesure, vaste. *RARE* immensurable. ▶ ***Impossible à comprendre*** – cabalistique, caché, cryptique, énigmatique, ésotérique, hermétique, impénétrable, inaccessible, incompréhensible, inconcevable, inconnaissable, indéchiffrable, indécodable, inexplicable, insaisissable, mystérieux, obscur, opaque, secret, ténébreux. *SOUT.* abscons, abstrus, sibyllin. △ **ANT.** DE FAIBLE PROFONDEUR, PEU PROFOND; FAIBLE, INFIME, MODESTE, NÉGLIGEABLE, PETIT; ACCESSIBLE, CLAIR, COMPRÉHENSIBLE, ÉVIDENT, INTELLIGIBLE, LIMPIDE, TRANSPARENT.

insouciance *n.f.* ▶ ***Nonchalance*** – détachement, frivolité, imprévoyance, inapplication, inconscience, irresponsabilité, laisser-aller, légèreté, négligence, nonchalance. *FIG.* myopie. *SOUT.* imprévision, morbidesse. *FAM.* je-m'en-fichisme, je-m'en-foutisme. ▶ ***Négligence*** – abandon, abdication, défection, désertion, désintérêt, impréparation, incoordination, incurie, inorganisation, laisser-aller, négligence. ▶ ***Familiarité*** – abandon, confiance, détachement, familiarité, liberté, naturel, spontanéité. △ **ANT.** INQUIÉTUDE, PRÉOCCUPATION, SOUCI; CURIOSITÉ, INTÉRÊT; DISCIPLINE, RIGUEUR, SÉRIEUX.

insouciant *adj.* ▶ ***Indifférent*** – indifférent. *SOUT.* insoucieux. *FAM.* je-m'en-fichiste, je-m'en-foutiste. ▶ ***Irréfléchi*** – écervelé, étourdi, évaporé, imprévoyant, imprudent, impulsif, inconscient, inconséquent, inconsidéré, irréfléchi, irresponsable, léger, négligent, sans cervelle, sans-souci. *SOUT.* malavisé. ▶ ***Bohème*** – artiste, bohème. △ **ANT.** INQUIET, SOUCIEUX, TRACASSÉ; MESURÉ, PONDÉRÉ, POSÉ, RAISONNABLE, RÉFLÉCHI, RESPONSABLE, SAGE, SENSÉ, SÉRIEUX.

insoumis *adj.* désobéissant, difficile, indiscipliné, indocile, indomptable, insubordonné. *QUÉB. FAM.* malcommode. △ **ANT.** DISCIPLINÉ, DOCILE, DOUX, FACILE, OBÉISSANT, SAGE, SOUMIS, TRANQUILLE.

insoupçonné *adj.* étonnant, inattendu, surprenant. △ **ANT.** ATTENDU, PRÉVISIBLE, PRÉVU; CONNU, SU.

insoutenable *adj.* ▶ ***Impossible à défendre*** – déraisonnable, illégitime, inacceptable, inadmissible, indéfendable, injustifiable, injustifié, irrecevable. *SOUT.* infondé. ▶ ***Insupportable*** – antipathique, atroce, déplaisant, désagréable, détestable, exécrable, haïssable, impossible, infernal, insupportable, intenable, intolérable, invivable, irrespirable, odieux, pénible. *FAM.* imbuvable. △ **ANT.** DÉFENDABLE, SOUTENABLE; ENCHANTEUR, FÉERIQUE, IDYLLIQUE, IRRÉEL, MAGNIFIQUE, MERVEILLEUX, PARADISIAQUE.

inspecter *v.* ▶ ***Vérifier*** – contrôler, réviser, tester, vérifier. ▶ ***Fouiller*** – examiner, fouiller, passer au peigne fin, regarder à la loupe, scruter. ▶ ***Parcourir un lieu*** – arpenter, battre, explorer, parcourir, prospecter, ratisser, reconnaître, visiter.

inspecteur *n.* contrôleur, essayeur, testeur, vérificateur, vérifieur, visiteur. *FAM.* vérif.

inspection *n.f.* ▶ ***Vérification*** – analyse, apurement, audit, censure, confrontation, contrôle, épreuve, examen, expérience, expérimentation, expertise, filtrage, pointage, recensement, recension, récolement, reconnaissance, recoupement, révision, revue, suivi, supervision, surveillance, test, vérification. *RARE* schibboleth. ▶ ***Surveillance*** – attention, espionnage, faction, filature, garde, gardiennage, guet, îlotage, monitorage, observation, patrouille, ronde, sentinelle, veille, veillée, vigie, vigilance. ▶ ***Charge d'inspecteur*** – inspectorat.

inspirateur *n.* ▶ ***Conseiller*** – conseil, conseiller, consultant, directeur, éminence grise, éveilleur, guide, orienteur, précepteur, prescripteur. *SOUT.* égérie *(femme)*, mentor. *FAM.* cornac. ▶ ***Instigateur*** – âme, artisan, auteur, centre, cerveau, chef, cheville ouvrière, créateur, dirigeant, fondateur, incitateur, initiateur, instigateur, locomotive, maître (d'œuvre), meneur, moteur, organisateur, patron, père, promoteur, protagoniste, régisseur, responsable. *SOUT.* excitateur, instaurateur, ouvrier. ♦ **inspirateur, *masc.*** ▶ ***Appareil*** – cœur-poumon (artificiel), poumon d'acier, réanimateur, respirateur. ♦ **inspiratrice, *fém.*** égérie, muse.

inspiration *n.f.* ▶ ***Respiration*** – aspiration, bouffée, exhalation, expiration, haleine, humage, inhalation, respiration, souffle, soupir, ventilation. *SOUT.* ahan. ▶ ***Influence*** – action, aide, appui, ascendant, attirance, attraction, aura, autorité, contagion, crédit, dominance, domination, effet, empreinte, emprise, fascination, force, importance, incitation, influence, magie, magnétisme, mainmise, manipulation, mouvance, persuasion, pétition, poids, pouvoir, prépondérance, présence, pression, prestige, puissance, règne, rôle, séduction, subjugation, suggestion, tyrannie. *SOUT.* empire, intercession. ▶ ***Cause*** – agent, base, cause, explication, facteur, ferment, fondement, fontaine, germe, levain, levier, mobile, moteur, motif, motivation, moyen, objet, occasion, origine, point de départ, pourquoi, principe, raison, raison d'être, source, sujet. *SOUT.* étincelle, mère, racine, ressort. ▶ ***Conseil*** – avertissement, avis, conseil, encouragement, exhortation, guidance, idée, incitation, indication, information, initiative, instigation, motion *(dans une assemblée)*, offre, opinion, préconisation, proposition, recommandation, renseignement, suggestion. FAM. tuyau. DR. pollicitation. ▶ ***Imagination*** – conception, création, créativité, évasion, extrapolation, fantaisie, fantasme, fictif, fiction, idéal, idéation, idée, illumination *(soudain)*, imaginaire, imagination, invention, inventivité, irréel, souffle (créateur), supposition, surréalité, surréel, veine, virtuel. SOUT. folle du logis, muse. FRANCE FAM. gamberge. ▶ ***Originalité*** – anticonformisme, audace, cachet, caractère, fraîcheur, hardiesse, indépendance, individualité, innovation, marginalité, non-conformisme, nouveauté, originalité, particularité, personnalité, piquant, pittoresque, singularité. △ **ANT.** EXPIRATION.

inspirer *v.* ▶ ***Faire naître une idée*** – souffler, suggérer. SOUT. instiller. ▶ ***Communiquer un sentiment*** – communiquer, insuffler, transmettre. SOUT. infuser, inoculer. ♦ **s'inspirer** ▶ ***Imiter*** – calquer, copier, imiter, mimer, reproduire. ▸ *Imiter de façon favorable* – émuler, marcher dans les traces de, prendre exemple sur, prendre modèle sur, suivre les traces de, trouver son inspiration chez. ▶ ***Respirer*** – aspirer, humer, inhaler, respirer. ♦ **inspiré** ▶ ***Fervent*** – ardent, enflammé, exalté, fervent, lyrique, passionné, vibrant. ▶ ***Mystique*** – illuminé, mystique. △ **ANT.** DISSUADER; EXHALER, EXPIRER.

instabilité *n.f.* ▶ ***Déséquilibre*** – balancement, ballant, ballottement, déséquilibre, fragilité, jeu, mobilité, motilité, motricité, mouvance, mouvant, mouvement, ondulation, oscillation, roulis, tangage, turbulence, va-et-vient, vibration. ▶ ***Fluctuation*** – ballottement, changement, déséquilibre, fluctuation, fragilité, inadaptation, incertitude, inconstance, inégalité, mouvant, mouvement, précarité, variabilité, variation, versatilité, vicissitude, volatilité. ▶ ***Gravité*** – acuité, crise, gravité, précarité, urgence. ▶ ***Hésitation*** – doute, embarras, flottement, hésitation, incertitude, inconstance, indécision, indétermination, irrésolution, perplexité, procrastination, réticence, scrupule, tâtonnement, trouble, vacillement, valse-hésitation, velléité, versatilité. SOUT. limbes. ▶ ***Caprice*** – accès, bizarrerie, bon plaisir, caprice, changement, chimère, coup de tête, envie, extravagance, fantaisie, fantasme, folie, frasque, gré, guise, immaturité, impatience, incartade, inconstance, infantilisme, légèreté, lubie, marotte, mobilité, originalité, saute (d'humeur), singularité, sporadicité, variation, versatilité, volonté. SOUT. folle gamberge, foucade, humeur. FAM. toquade. ▶ ***Vagabondage*** – aventure, course, déambulation, déplacement, égarement, flânerie, nomadisme, pérégrination, promenade, randonnée, rêverie, vagabondage, voyage. SOUT. badauderie, errance. FAM. vadrouille, virée. FRANCE FAM. baguenaude. FAM. niaisage. △ **ANT.** ÉQUILIBRE, STABILITÉ; PERMANENCE.

instable *adj.* ▶ ***En déséquilibre*** – bancal, boiteux, branlant, en déséquilibre. QUÉB. FAM. chambranlant. ▶ ***Précaire*** – chancelant, défaillant, faible, fragile, glissant, incertain, menacé, précaire, vacillant. ▶ ***Irrégulier*** – changeant, en dents de scie, flottant, fluctuant, incertain, inconstant, inégal, irrégulier, mobile, mouvant, variable. SOUT. labile, volatil. DIDACT. erratique. ▶ ***Sujet à des caprices*** – capricieux, changeant, fantaisiste, fantasque, flottant, inconsistant, inconstant, lunatique, mobile, versatile, volage. SOUT. caméléonesque, ondoyant. ▶ ***Vagabond*** – errant, mobile, nomade, sans domicile fixe, vagabond. SOUT. sans feu ni lieu. △ **ANT.** STABLE; ASSURÉ, EN ÉQUILIBRE, ÉQUILIBRÉ, FERME, SOLIDE; À TOUTE ÉPREUVE; CONSTANT, FIXE, IMMOBILE, INVARIABLE, INVARIANT, STATIONNAIRE, STATIQUE; PRÉVISIBLE, RAISONNABLE.

installation *n.f.* ▶ ***Montage*** – assemblage, dressage, montage. ▶ ***Action de s'installer*** – emménagement. ▶ ***Établissement*** – constitution, création, disposition, édification, établissement, fondation, implantation, importation, instauration, institution, introduction, intronisation, mise en œuvre, mise en place, mise sur pied, nomination, organisation, placement, pose. INFORM. implémentation. ▶ ***Nomination*** – affectation, collation, commissionnement, désignation, destination, investiture, mise en place, nomination, promotion, titularisation. ▶ ***Équipements*** – infrastructure. △ **ANT.** DÉMONTAGE; DÉMÉNAGEMENT, ÉVACUATION; EXPULSION.

installer *v.* ▶ ***Aménager un local, un logement*** – aménager, arranger. ▶ ***Planter un décor*** – planter, poser. ♦ **s'installer** ▶ ***S'établir dans un milieu*** – s'établir, s'implanter, se fixer. ▶ ***S'enraciner*** – s'enraciner, s'implanter, s'incruster. ▶ ***Se carrer*** – se caler, se carrer. △ **ANT.** DÉPLACER, TRANSFÉRER, TRANSPORTER; DÉSINSTALLER. ♦ **s'installer** DÉMÉNAGER, PARTIR, S'EN ALLER.

instamment *adv.* avec insistance, avec instance. △ **ANT.** AVEC TIÉDEUR, SANS CONVICTION.

instance *n.f.* ▶ ***Tribunal*** – cour, juridiction, tribunal. ANC. directoire, inquisition, présidial. ▶ ***Demande*** – adjuration, appel, demande, démarche, desideratum, désir, doléances, exigence, injonction, interpellation, interrogation, invocation, mandement, ordre, pétition, placet, prétention, prière, question, réclamation, requête, réquisition, revendication, sollicitation, sommation, supplication, supplique, ultimatum, vœu. SOUT. imploration.

instant *n.m.* minute, moment, seconde. △ **ANT.** ÉTERNITÉ, PERPÉTUITÉ.

instantané *adj.* ▶ ***Qui a lieu sur-le-champ*** – immédiat. ▶ ***Rapide et inattendu*** – brusque, foudroyant, fulgurant, prompt, soudain, subit. △ **ANT.** DURABLE, LENT, LONG, PERMANENT; ÉTERNEL.

instantané *n.m.* cliché, diapositive, épreuve, galvanotype, photogramme, photographie, portrait, positif, tirage, trait. FAM. diapo, galvano. ANC. daguerréotype.

instantanément *adv.* à l'instant, au plus vite, aussitôt, aussitôt que possible, d'emblée, d'urgence, directement, en urgence, immédiatement, sans délai, sans différer, sans tarder, séance tenante, sitôt, sur l'heure, sur le coup, sur-le-champ, tout de suite. SOUT. dans l'instant, incontinent. FAM. aussi sec, de suite, illico. △ **ANT.** LENTEMENT, PENDANT LONGTEMPS, PENDANT UNE LONGUE PÉRIODE; ÉTERNELLEMENT.

instaurer *v.* ▶ ***Établir*** – constituer, créer, établir, fonder, former, instituer, mettre en place. SOUT. ériger. ▶ ***Introduire*** – inaugurer, instituer, introduire. △ ANT. ABOLIR, ABROGER, ANÉANTIR, DÉTRUIRE, RENVERSER, SUPPRIMER.

instinct *n.m.* ▶ ***Tendances innées*** – pulsion. ▶ ***Intuition*** – anticipation, divination, flair, impression, intuition, précognition, prédiction, prémonition, prénotion, prescience, pressentiment, prévision, sentiment, voyance. FAM. pif, pifomètre. ▶ ***Disposition*** – affection, aptitude, attirance, disposition, faible, faiblesse, goût, habitude, impulsion, inclination, penchant, pente, prédilection, prédisposition, préférence, propension, tendance, vocation. DIDACT. susceptibilité. PSYCHOL. compulsion. FAM. tendresses. △ ANT. CALCUL, RAISONNEMENT.

instinctif *adj.* ▶ ***Auquel la volonté ne peut résister*** – impérieux, incoercible, incontrôlable, incontrôlé, indomptable, insurmontable, irraisonné, irrépressible, irrésistible, profond, violent, viscéral. RARE irréfrénable, irréprimable. ▶ ***Irréfléchi*** – automatique, inconscient, indélibéré, intuitif, involontaire, irréfléchi, machinal, mécanique, naturel, réflexe, spontané. DIDACT. instinctuel, pulsionnel. △ ANT. CONSCIENT, DÉLIBÉRÉ, INTENTIONNEL, RÉFLÉCHI, VOLONTAIRE.

instinctivement *adv.* à l'instinct, à l'intuition, au flair, automatiquement, d'instinct, impulsivement, inconsciemment, intuitivement, involontairement, machinalement, mécaniquement, naturellement, par habitude, par humeur, par instinct, par nature, sans réfléchir, spontanément, viscéralement. △ ANT. RATIONNELLEMENT.

instituer *v.* ▶ ***Fonder*** – constituer, créer, établir, fonder, former, instaurer, mettre en place. SOUT. ériger. ▶ ***Introduire*** – inaugurer, instaurer, introduire. ▶ ***Nommer à une fonction*** – créer, nommer, promouvoir, titulariser. SUISSE repourvoir. △ ANT. ABOLIR, ABROGER, ANÉANTIR, DÉTRUIRE, RENVERSER, SUPPRIMER.

institut *n.m.* ▶ ***Association savante ou artistique*** – académie, aréopage, cénacle, cercle, club, école, société. ▶ ***Établissement scolaire*** – académie, collège, conservatoire, école, établissement scolaire, high school *(pays anglo-saxons)*, institution, lycée, maison d'éducation, maison d'enseignement, medersa *(pays musulmans)*, petit séminaire. FRANCE FAM. bahut, boîte. QUÉB. cégep, collégial, polyvalente, régionale *(en région)*; FAM. poly. BELG. athénée. SUISSE gymnase. ▶ ***Université*** – académie, alma mater, campus, collège, complexe universitaire, école, enseignement supérieur, faculté, université. FAM. fac.

instituteur *n.* animateur, éducateur, enseignant, instructeur, moniteur, pédagogue, professeur. FAM. prof, sorbonnard *(Sorbonne)*. QUÉB. andragogue *(enseignement aux adultes)*. BELG. régent. ▸ *Au primaire* – maître/maîtresse (d'école). FAM. insti. ANTIQ. grammatiste. ▸ *Directeur* – directeur, patron de thèse. ▸ *Assistant* – assistant, lecteur, maître assistant, moniteur, préparateur, répétiteur, sous-maître. FRANCE FAM. caïman. ▸ *Enseignant à contrat* – chargé de cours. FRANCE maître de conférence. ▸ *Suppléant* – (professeur) suppléant, remplaçant.

institution *n.f.* ▶ ***Mise en place*** – constitution, création, disposition, édification, établissement, fondation, implantation, importation, installation, instauration, introduction, intronisation, mise en œuvre, mise en place, mise sur pied, nomination, organisation, placement, pose. INFORM. implémentation. ▶ ***Établissement commercial*** – affaire, bureau, compagnie, entreprise, établissement, exploitation, firme, société. FAM. boîte, boutique. FRANCE FAM. burlingue. RARE industrie. PÉJ. FAM. baraque. ▶ ***Établissement d'enseignement*** – académie, collège, conservatoire, école, établissement scolaire, high school *(pays anglo-saxons)*, institut, lycée, maison d'éducation, maison d'enseignement, medersa *(pays musulmans)*, petit séminaire. FRANCE FAM. bahut, boîte. QUÉB. cégep, collégial, polyvalente, régionale *(en région)*; FAM. poly. BELG. athénée. SUISSE gymnase. ♦ **institutions, *plur.*** ▶ ***Administration publique*** – Administration, affaires de l'État, bureaux, fonction publique, grands corps de l'État, ministères, organe, organismes, secrétariat, services. PÉJ. bureaucratie. △ ANT. ABOLITION, SUPPRESSION.

instructif *adj.* ▶ ***Éducatif*** – édifiant, éducatif, enrichissant, formateur, formatif, informatif, profitable. ▶ ***Révélateur*** – édifiant, éloquent, expressif, parlant, qui en dit long, révélateur, significatif. △ ANT. ABÊTISSANT, ABRUTISSANT, BÊTIFIANT, CRÉTINISANT.

instruction *n.f.* ▶ ***Enseignement*** – alphabétisation, apprentissage, conscientisation, didactique, édification, éducation, enrichissement, enseignement, entraînement, études, expérience, façonnage, façonnement, formation, inculcation, information, initiation, monitorat, pédagogie, professorat, scolarisation, scolarité, stage. QUÉB. andragogie *(aux adultes)*. PÉJ. FAM. dressage *(très sévère)*. ▶ ***Savoir*** – acquis, bagage, compétence, connaissances, culture (générale), éducation, encyclopédisme, épistémè, érudition, expérience, humanisme, lettres, lumières, notions, sagesse, savoir, science. SOUT. omniscience. ▶ ***Méthode*** – approche, art, chemin, code, comment, credo, démarche, discipline, dispositif, façon (de faire), facture, formule, heuristique, instrument, ligne de conduite, maïeutique, manière, marche (à suivre), méthode, méthodologie, modalité, mode d'emploi, mode, moyen, opération, ordre, organisation, outil, posologie, pratique, procédé, procédure, protocole, raisonnement, recette, règle, secret, stratagème, stratégie, système, tactique, technique, théorie, traitement, voie. SOUT. faire. ▶ ***Directive*** – citation, commande, commandement, consigne, directive, injonction, intimation, mandat, ordre, prescription, semonce. ▶ ***Enquête judiciaire*** – enquête, examen, information, recherche. △ ANT. ABÊTISSEMENT; IGNORANCE.

instruire *v.* ▶ ***Éduquer*** – éduquer, former. ▶ ***Renseigner*** – éclairer, édifier, informer, renseigner. FAM. éclairer la lanterne de. ▶ ***Aviser*** (SOUT.) – avertir, aviser, informer, mettre au courant, prévenir. FAM. affranchir, brancher, briefer, mettre au parfum. ♦ **s'instruire** ▶ ***Se cultiver*** – apprendre, se cultiver. ♦ **instruit** ▶ ***Cultivé*** – averti, cultivé, éclairé, érudit, évolué, intellectuel, lettré, savant. SOUT. docte. FAM. calé. QUÉB. renseigné. △ ANT. AVEUGLER, TROMPER.

instrument *n.m.* ▶ ***Ce qui agit*** – agent, âme, bras, moteur, organe. ▶ ***Accessoire*** – accessoire, appareil, outil, pièce, ustensile. ▶ ***Instrument pour faire de la musique*** – instrument de musique.

FRANCE FAM. biniou *(à vent)*. ▸ *Mauvais* – casserole, chaudron, sabot. ▸ ***Instrument de mesure*** – appareil de mesure, instrument (de mesure). ▸ ***Méthode*** – approche, art, chemin, code, comment, credo, démarche, discipline, dispositif, façon (de faire), facture, formule, heuristique, instruction, ligne de conduite, maïeutique, manière, marche (à suivre), méthode, méthodologie, modalité, mode d'emploi, mode, moyen, opération, ordre, organisation, outil, posologie, pratique, procédé, procédure, protocole, raisonnement, recette, règle, secret, stratagème, stratégie, système, tactique, technique, théorie, traitement, voie. SOUT. faire. ♦ **instruments, *plur.*** ▸ ***Matériel*** – affaires, appareil, bagage, chargement, équipement, fourniment, harnachement, matériel, outillage. FAM. arsenal, attirail, barda, bastringue, bataclan, bazar, fourbi, matos, paquet, paquetage, saint-crépin, saint-frusquin. QUÉB. FAM. agrès, gréement.

insuffisamment *adv.* ▸ ***Faiblement*** – dérisoirement, faiblement, imparfaitement, mal, médiocrement, mollement, pauvrement. ▸ ***Partiellement*** – à demi, à moitié, défectueusement, demi, en partie, fragmentairement, imparfaitement, incomplètement, partiellement. △ **ANT.** À SATIÉTÉ, AMPLEMENT, SUFFISAMMENT; AU LONG, EN TOTALITÉ, ENTIÈREMENT, INTÉGRALEMENT, PLEINEMENT, TOTALEMENT, TOUT À FAIT.

insuffisance *n.f.* ▸ ***Manque*** – carence, déficience, déficit, incomplétude, manque, pénurie, rareté. ▸ ***Déficience physique*** – affection, altération, anomalie, défaillance, déficience, dérangement, dysfonction, dysfonctionnement, embarras, faiblesse, gêne, indisposition, mal, malaise, trouble. DIDACT. dysphorie. MÉD. lipothymie. SOUT. mésaise. ▸ ***Parcimonie*** – parcimonie, petitesse, peu, portion congrue. ▸ ***Imperfection*** – défaut, défectuosité, démérite, faible, faiblesse, faille, faute, fil, grossièreté, handicap, imperfection, infirmité, lacune, maladie, malfaçon, manque, médiocrité, péché mignon, péché véniel, petitesse, ridicule, tache, tare, tort, travers, vice. SOUT. perfectibilité. ▸ ***Médiocrité*** – banalité, facilité, fadeur, faiblesse, inconsistance, indigence, insignifiance, médiocre, médiocrité, pauvreté, platitude, prévisibilité. SOUT. trivialité. ▸ ***Incompétence*** – analphabétisme, ignorance, illettrisme, inadéquation, inaptitude, incapacité, incompétence, incompréhension, inconscience, inculture, inexpérience, ingénuité, innocence, lacune, naïveté, nullité, obscurantisme, simplicité. SOUT. impéritie, inconnaissance, méconnaissance. △ **ANT.** SUFFISANCE; ABONDANCE, AFFLUENCE, PROFUSION; EXCÈS, SURABONDANCE; APTITUDE, CAPACITÉ, EFFICIENCE; SUPÉRIORITÉ.

insuffisant *adj.* ▸ ***Qui ne suffit pas*** – anémique, chétif, chiche, déficient, déficitaire, faible, insatisfaisant, maigre, mauvais, médiocre, misérable, pauvre, piètre, rachitique. ▸ ***Incomplet*** – fragmentaire, imparfait, inachevé, incomplet, lacunaire, partiel, relatif. ▸ ***Qui manque d'aptitudes*** – ignorant, incapable, incompétent, mauvais, médiocre, nul. FAM. à la flan, à la gomme, à la manque, à la mie de pain, à la noix, à la noix de coco. FRANCE FAM. nullard. △ **ANT.** ACCEPTABLE, CONVENABLE, CORRECT, DÉCENT, RAISONNABLE, SATISFAISANT, SUFFISANT; COMPLET, ENTIER; À LA HAUTEUR, CAPABLE, COMPÉTENT, DOUÉ, HABILE, PERFORMANT, QUALIFIÉ, TALENTUEUX, VERSÉ.

insultant *adj.* blessant, choquant, cinglant, désobligeant, froissant, humiliant, injurieux, mortifiant, offensant, outrageant, vexant. SOUT. sanglant. △ **ANT.** BIENSÉANT, COURTOIS, DÉLICAT, POLI; ADMIRATIF, ENCOURAGEANT, POSITIF.

insulte *n.f.* ▸ ***Invective*** – blasphème, fulmination, grossièreté, imprécation, infamie, injure, insolence, invective, sottise. SOUT. vilenie. FAM. engueulade. QUÉB. FAM. bêtise. ▸ ***Offense*** – affront, attaque, atteinte, attentat, avanie, blessure, calomnie, défi, dommage, indignité, injure, insolence, manquement, offense, outrage, pique, tort. SOUT. bave, camouflet, soufflet. △ **ANT.** COMPLIMENT, ÉLOGE, FLATTERIE, LOUANGE.

insulter *v.* ▸ ***Couvrir d'injures*** – abreuver d'injures, accabler d'injures, couvrir d'injures, donner des noms d'oiseau à, injurier, invectiver, traiter de tous les noms. SOUT. agonir d'injures, chanter pouilles à. FAM. engueuler. ▸ ***Offenser gravement*** – bafouer, faire affront à, faire injure à, faire insulte à, faire outrage à, humilier, injurier, outrager. SOUT. blasphémer, gifler, souffleter. ▸ ***Vexer*** – atteindre (dans sa dignité), blesser (dans sa dignité), choquer, cingler, désobliger, effaroucher, égratigner, froisser, heurter, humilier, mortifier, offenser, offusquer, outrager, piquer au vif, toucher au vif, ulcérer, vexer. SOUT. fouailler. △ **ANT.** BÉNIR, COMPLIMENTER, ENCENSER, FÉLICITER, GLORIFIER, LOUANGER, VANTER; RESPECTER.

insupportable *adj.* ▸ ***Insoutenable*** – antipathique, atroce, déplaisant, désagréable, détestable, exécrable, haïssable, impossible, infernal, insoutenable, intenable, intolérable, invivable, irrespirable, odieux, pénible. FAM. imbuvable. ▸ ***Fatigant*** – agaçant, crispant, désagréable, énervant, exaspérant, excédant, fatigant, harcelant, importun, inopportun, irritant. FAM. assommant, casse-pieds, embêtant, empoisonnant, enquiquinant, enquiquineur, horripilant, qui tape sur les nerfs, suant, tannant, tuant. FRANCE FAM. gonflant. QUÉB. FAM. achalant, dérangeant. △ **ANT.** ENCHANTEUR, FÉERIQUE, IDYLLIQUE, IRRÉEL, MAGNIFIQUE, MERVEILLEUX, PARADISIAQUE; AGRÉABLE, CALMANT, TRANQUILLISANT; ADORABLE, AIMABLE, CHARMANT, DÉLICIEUX, GENTIL.

insurgé *n.* ▸ ***Révolutionnaire*** – émeutier, mutin, rebelle, révolté, révolutionnaire. ▸ ***Agitateur*** – agent provocateur, agitateur, cabaleur, contestant, contestataire, émeutier, excitateur, factieux, fauteur (de trouble), fomentateur, iconoclaste, instigateur, intrigant, manifestant, meneur, mutin, partisan, perturbateur, provocateur, rebelle, révolté, révolutionnaire, séditieux, semeur de troubles, trublion. FAM. provo. △ **ANT.** CONFORMISTE, LOYALISTE.

insurger (s') *v.* ▸ ***S'élever contre l'autorité*** – se mutiner, se rebeller, se révolter, se soulever. ▸ ***Protester avec véhémence*** – regimber, résister, ruer dans les brancards, se braquer, se buter, se cabrer, se rebeller, se révolter. FAM. rebecquer, se rebiffer; RARE récalcitrer. △ **ANT.** OBÉIR, SE RÉSIGNER, SE SOUMETTRE; APPROUVER.

insurmontable *adj.* ▸ ***Qu'on ne peut franchir*** – infranchissable. ▸ ***En parlant d'un senti-***

ment – impérieux, incoercible, incontrôlable, incontrôlé, indomptable, instinctif, irraisonné, irrépressible, irrésistible, profond, violent, viscéral. *RARE* irréfrénable, irréprimable. △ **ANT.** FACILE, SURMONTABLE; CONTRÔLABLE, MAÎTRISABLE.

insurrection *n.f.* ▶ ***Révolte*** – agitation, agitation-propagande, chouannerie, désordre, effervescence, embrasement, émeute, excitation, faction, fermentation, fièvre, fronde, insoumission, insubordination, jacquerie, manifestation, mutinerie, rébellion, remous, résistance, révolte, révolution, sédition, soulèvement, tourmente, troubles. *FAM.* agit-prop. △ **ANT.** SOUMISSION.

intact *adj.* ▶ ***Entier*** – complet, entier, inentamé, intouché. ▶ ***Inutilisé*** – inaltéré, inutilisé, neuf, vierge. ▶ ***En parlant d'une chose abstraite*** – inaltéré, intouché, pur, sauf. △ **ANT.** ABÎMÉ, BRISÉ, CASSÉ, DÉTÉRIORÉ, ENDOMMAGÉ; ENTAMÉ, INCOMPLET; ALTÉRÉ, CORROMPU.

intangible *adj.* ▶ ***Impalpable*** – immatériel, impalpable. *DIDACT.* intactile. ▶ ***Sacré*** – intouchable, inviolable, sacral, sacralisé, sacré, tabou. *PÉJ.* sacro-saint. △ **ANT.** PALPABLE, PERCEPTIBLE, PHYSIQUE, SENSIBLE, TANGIBLE; MÉPRISABLE, PROFANÉ, VIOLÉ.

intarissable *adj.* abondant, débordant, fécond, fertile, foisonnant, fructueux, généreux, inépuisable, productif, prolifique, riche. *SOUT.* copieux, inexhaustible, plantureux. △ **ANT.** INSUFFISANT, LIMITÉ, MAIGRE, PAUVRE; AVARE DE PAROLES, SILENCIEUX, TACITURNE; ÉPUISABLE, TARISSABLE.

intégral *adj.* absolu, complet, entier, exhaustif, global, inconditionnel, parfait, plein, rigoureux, sans réserve, total. *PÉJ.* aveugle. △ **ANT.** INCOMPLET, PARTIEL.

intégralement *adv.* à fond, à tous (les) égards, au (grand) complet, au long, au total, complètement, d'un bout à l'autre, de A (jusqu')à Z, du début à la fin, du tout au tout, en bloc, en entier, en totalité, en tous points, entièrement, exhaustivement, fin, in extenso, pleinement, sous tous les rapports, sur toute la ligne, totalement, tout, tout à fait. △ **ANT.** À DEMI, À MOITIÉ, EN PARTIE, FRAGMENTAIREMENT, INCOMPLÈTEMENT, PARTIELLEMENT.

intégration *n.f.* ▶ ***Combinaison*** – alliance, assemblage, association, collage, combinaison, communion, composition, concentration, conjonction, constitution, fusion, fusionnement, groupement, incorporation, ralliement, rassemblement, regroupement, réunion, symbiose, synthèse, unification, union. ▶ ***Absorption*** – absorption, annexion, fusion, fusionnement, incorporation, phagocytose, rattachement, réunification, réunion. ▶ ***Monopolisation*** – accaparement, cartellisation, centralisation, centralisme, concentration, monopolisation, monopolisme. ▶ ***Adaptation*** – acclimatation, acclimatement, accommodation, accoutumance, acculturation, adaptation, aguerrissement, apprivoisement, appropriation, assuétude, endurcissement, familiarisation, habituation, habitude, mise à jour, mise au courant. *MÉD.* anergie. ▶ ***Adhésion*** – adhésion, adjonction, admission, adoption, affiliation, agrégation, agrément, appartenance, association, enrôlement, entrée, incorporation, initiation, inscription, mobilisation, rattachement, réception. △ **ANT.** DÉSINTÉGRATION, SÉPARATION; EXCLUSION, EXPULSION.

intègre *adj.* ▶ ***Honnête*** – à l'abri de tout soupçon, au-dessus de tout soupçon, consciencieux, digne de confiance, droit, fiable, honnête, incorruptible, insoupçonnable, probe, propre, scrupuleux, sûr. ▶ ***Sans parti pris*** – équitable, impartial, juste, neutre, objectif, sans parti pris. △ **ANT.** DÉLOYAL, LOUCHE, MALHONNÊTE, SANS SCRUPULE, VÉREUX; ARBITRAIRE, ATTENTATOIRE, INÉQUITABLE, INIQUE, INJUSTE, PARTIAL.

intégrer *v.* ▶ ***Inclure dans un ensemble*** – enchâsser, incorporer, insérer, introduire. ▶ ***Faire entrer dans une communauté*** – assimiler, incorporer. △ **ANT.** DÉTACHER, ÉLIMINER; EXCLURE.

intégrisme *n.m.* ▶ ***Conformisme*** – conformisme, conservatisme, contre-révolution, conventionnalisme, droite, droitisme, fondamentalisme, immobilisme, orthodoxie, passéisme, réaction, suivisme, traditionalisme. *SOUT.* philistinisme. △ **ANT.** PROGRESSISME, RÉFORMISME; TOLÉRANCE.

intégrité *n.f.* ▶ ***Totalité*** – absoluité, complétude, ensemble, entier, entièreté, exhaustivité, généralité, globalité, intégralité, masse, plénitude, réunion, somme, total, totalité, tout, universalité. ▶ ***Plénitude*** – abondance, ampleur, plénitude, satiété, saturation, totalité. ▶ ***Honnêteté*** – conscience, droiture, exactitude, fidélité, franchise, honnêteté, incorruptibilité, irréprochabilité, justice, loyauté, mérite, moralité, netteté, probité, scrupule, sens moral, transparence, vertu. ▶ ***Justice*** – droiture, égalité, équité, impartialité, impersonnalité, justice, légalité, neutralité, objectivité, probité. △ **ANT.** ALTÉRATION, CORRUPTION; FRAGMENT, MORCEAU, PARTIE; MALHONNÊTETÉ.

intellect *n.m.* bon sens, cerveau, cervelle, clairvoyance, compréhension, conception, discernement, entendement, esprit, faculté, imagination, intelligence, jugement, lucidité, pénétration, raison, tête. *FAM.* matière grise, méninges. *PHILOS.* logos.

intellectuel *adj.* ▶ ***Cérébral*** – abstractif, abstrait, cérébral, conceptuel, idéal, mental, spéculatif, théorique. *PHILOS.* idéationnel, idéel, théorétique. ▶ ***Moral*** – mental, moral, psychique, psychologique, spirituel. ▶ ***Érudit*** – averti, cultivé, éclairé, érudit, évolué, instruit, lettré, savant. *SOUT.* docte. *FAM.* calé. △ **ANT.** MANUEL; BÉOTIEN, IGNARE, IGNORANT, ILLETTRÉ, INCULTE, PHILISTIN.

intellectuel *n.* ▶ ***Érudit*** – docteur, encyclopédiste, érudit, humaniste, lettré, maître-penseur, philosophe, sage, savant. *SOUT.* bénédictin, (grand) clerc, mandarin. *FAM.* bibliothèque (vivante), dictionnaire ambulant, dictionnaire (vivant), encyclopédie (vivante), fort en thème, grosse tête, intello, puits d'érudition, puits de science, rat de bibliothèque, tête d'œuf. ▶ ***Celui chez qui prédomine la raison*** – cérébral.

intellectuellement *adv.* ▶ ***Mentalement*** – mentalement, moralement, psychologiquement, rationnellement, spirituellement. ▶ ***Abstraitement*** – abstractivement, abstraitement, dans l'absolu, dans l'abstrait, en théorie, hypothétiquement, idéalement, imaginairement, in abstracto, irréellement, platoniquement, profondément, subtilement, théoriquement. △ **ANT.** MANUELLEMENT; PHYSIQUEMENT; ÉMOTIONNELLEMENT; CONCRÈTEMENT.

intelligemment *adv.* adroitement, astucieusement, avec brio, avec éclat, bien, brillamment, de main de maître, expertement, finement, génialement, habilement, industrieusement, ingénieusement, judicieusement, lucidement, magistralement, pertinemment, professionnellement, savamment, sensément, spirituellement, subtilement, talentueusement, vivement. △ **ANT.** ABSURDEMENT, BÊTEMENT, IDIOTEMENT, IMBÉCILEMENT, ININTELLIGEMMENT, NAÏVEMENT, SOTTEMENT, STUPIDEMENT.

intelligence *n.f.* ▶ ***Perception*** – aperception, appréhension, conception, discernement, entendement, idée, impression, perception, sens, sensation, sentiment. FIG. œil. PSYCHOL. gnosie. PHILOS. senti. ▶ ***Faculté de comprendre*** – cognition, compréhension, entendement, intellect, intellection, intellectualisation. FAM. comprenette. ▶ ***Jugement*** – bon sens, cerveau, cervelle, clairvoyance, compréhension, conception, discernement, entendement, esprit, faculté, imagination, intellect, jugement, lucidité, pénétration, raison, tête. FAM. matière grise, méninges. ▶ ***Adaptabilité*** – adaptabilité, élasticité, faculté d'adaptation, flexibilité, malléabilité, moulabilité, plasticité, polyvalence, souplesse. ▶ ***Sagesse*** – bon goût, connaissance, discernement, (gros) bon sens, jugement, philosophie, raison, sagesse, sens commun, vérité. FAM. jugeote. ▶ ***Profondeur*** – acuité, ardeur, complexité, difficulté, élévation, ésotérisme, extase, extrémité, force, immensité, impénétrabilité, intensité, intériorité, intimité, mystère, pénétration, perspicacité, plénitude, profond, profondeur, puissance, science, secret. ▶ ***Personne intelligente*** – as, bonne lame, cerveau, esprit supérieur, fine lame. SOUT. phénix. FAM. aigle, grosse tête, lumière. ▶ ***Accord*** – accord, affinité, amitié, atomes crochus, (bonne) intelligence, communauté de goûts, communauté de sentiments, communauté de vues, communion, compatibilité, complicité, compréhension, concorde, connivence, convergence d'idées, fraternité, harmonie, point commun, sympathie, union, unisson. ▶ ***Complicité*** – accord (tacite), acoquinement, collusion, complicité, connivence, entente (secrète). SOUT. compérage. ▶ ***Fréquentation*** – attache, bons/mauvais termes, communication, compagnie, contact, correspondance, côtoiement, coudoiement, entourage, familiarité, fréquentation, habitude, intimité, liaison, lien, pratique, rapport, relation, société, usage, voisinage. SOUT. commerce. PÉJ. acoquinement, encanaillement. △ **ANT.** AVEUGLEMENT, INCOMPRÉHENSION; BÊTISE, ININTELLIGENCE, STUPIDITÉ; IGNORANCE; DISSENSION, MÉSINTELLIGENCE.

intelligent *adj.* ▶ ***Qui peut raisonner*** – doué de raison, pensant. DIDACT. raisonnable. ▶ ***Qui comprend vite et bien*** – à l'esprit vif, agile, alerte, brillant, éveillé, rapide, vif. ▶ ***D'une intelligence pénétrante*** – aigu, clairvoyant, fin, lucide, lumineux, pénétrant, perçant, perspicace, profond, psychologue, qui voit loin, sagace, subtil. ▶ ***Futé*** – adroit, astucieux, déluré, fin, finaud, futé, habile, ingénieux, inventif, malin, qui a plus d'un tour dans son sac, rusé. FAM. débrouillard, dégourdi. FRANCE FAM. dessalé, fortiche, fute-fute, mariol, sioux. QUÉB. FAM. fin finaud. ▶ ***Bien pensé*** – astucieux, bien conçu, bien pensé, habile, ingénieux, judicieux, pertinent. △ **ANT.** IDIOT, STUPIDE; ABRUTI, BENÊT, BÊTE, BORNÉ, CRÉTIN, DEMEURÉ, HÉBÉTÉ, IMBÉCILE, ININTELLIGENT, NIAIS, NIGAUD, OBTUS, SOT; ABERRANT, ABSURDE, DÉRAISONNABLE, FOU, ILLOGIQUE, INEPTE, INSENSÉ, IRRATIONNEL, RIDICULE.

intelligible *adj.* à la portée de tous, accessible, clair, cohérent, compréhensible, concevable, déchiffrable, évident, facile, interprétable, limpide, lumineux, pénétrable, saisissable, simple, transparent. △ **ANT.** CABALISTIQUE, CRYPTIQUE, ÉNIGMATIQUE, ÉSOTÉRIQUE, HERMÉTIQUE, IMPÉNÉTRABLE, INCOMPRÉHENSIBLE, ININTELLIGIBLE, MYSTÉRIEUX, OBSCUR, OPAQUE, TÉNÉBREUX; SENSIBLE *(MONDE (PHILOSOPHIE))*.

intempérie *n.f.* gros temps, mauvais temps, rigueurs. SOUT. inclémence. FAM. coup de tabac, temps de chien. △ **ANT.** BEAU TEMPS, CALME.

intempestif *adj.* choquant, de mauvais goût, déplacé, fâcheux, hors de propos, importun, incongru, inconvenant, indélicat, indiscret, inélégant, inopportun, mal à propos, mal venu, malencontreux. SOUT. malséant, malsonnant *(parole)*. △ **ANT.** BIENVENU, OPPORTUN, PROPICE, QUI TOMBE À PIC.

intendance *n.f.* ▶ ***Gestion*** – administration, conduite, direction, gérance, gestion, gouverne, logistique, management, maniement, organisation, régie, surintendance, tenue. ▶ ***Subsistance*** – aliment, alimentation, approvisionnement, comestibles, denrée, entretien, fourniture, nourriture, pain, produit alimentaire, provision, ravitaillement, subsistance, victuailles, vie, vivres. SOUT. provende. FAM. matérielle.

intense *adj.* ▶ ***Soutenu*** – assidu, constant, continu, fidèle, régulier, soutenu, suivi. ▶ ***Violent*** – déchaîné, fort, furieux, impétueux, puissant, terrible, violent. ▶ ***Lancinant*** – aigu, lancinant, térébrant, vif, violent. ▶ ***Grave*** – fort, grand, grave, profond, violent. FAM. carabiné. ▶ ***Ardent*** – animé, ardent, chaud, vif. ▶ ***Frénétique*** – agité, bouillonnant, délirant, échevelé, effervescent, effréné, fébrile, frénétique, mouvementé, passionné, trépidant, tumultueux, violent. △ **ANT.** FAIBLE, LÉGER, MODÉRÉ.

intensité *n.f.* ▶ ***Violence*** – acharnement, animosité, ardeur, énergie, force, frénésie, fureur, furie, impulsivité, puissance, rage, vigueur, violence, virulence, vivacité. SOUT. impétuosité, véhémence. ▶ ***Profondeur*** – acuité, ardeur, complexité, difficulté, élévation, ésotérisme, extase, extrémité, force, immensité, impénétrabilité, intelligence, intériorité, intimité, mystère, pénétration, perspicacité, plénitude, profond, profondeur, puissance, science, secret. ▶ ***Accent tonique*** – accent, accentuation, inflexion, intonation, modulation, prononciation, prosodie, ton, tonalité. △ **ANT.** CALME; DOUCEUR, FAIBLESSE.

intention *n.f.* ▶ ***Projet*** – entreprise, idée, plan, préméditation *(mauvaise action)*, programme, projet, résolution, vue. SOUT. dessein. ▶ ***Désir*** – ambition, appel, appétit, aspiration, attirance, attrait, besoin, but, convoitise, desideratum, désir, envie, exigence, faim, fantaisie, fantasme, fièvre, fringale, goût, idéal, jalousie, passion, prétention, quête, recherche, rêve, soif, souhait, tentation, velléité, visée, vœu, voix, volonté. *SOUT.* appétence, dessein, prurit, vouloir. *FAM.* démangeaison. ▶ ***But*** – ambition, but, cause, cible, considération, destination, fin, finalité, mission, mobile, motif, objectif, objet, point de mire, pourquoi, prétexte, raison, raison d'être, sens, visée. *SOUT.* propos.

intentionnel *adj.* conscient, délibéré, volontaire, voulu. △ **ANT.** CONSCIENT, CONTRAINT, FORCÉ, INDÉLIBÉRÉ, INVOLONTAIRE, MACHINAL.

intentionnellement *adv.* consciemment, à dessein, de plein gré, de propos délibéré, de sang-froid, délibérément, en connaissance de cause, en pleine connaissance de cause, en toute connaissance de cause, exprès, expressément, sciemment, volontairement. △ **ANT.** IMPULSIVEMENT, INCONSCIEMMENT, INVOLONTAIREMENT, MACHINALEMENT, MÉCANIQUEMENT, SANS RÉFLÉCHIR.

interaction *n.f.* ▶ ***Échange*** – échange. *PHILOS.* intersubjectivité. *INFORM.* transaction. ▶ ***Relation*** – association, connexion, connexité, corrélation, correspondance, dépendance, filiation, interdépendance, interrelation, liaison, lien, lien causal, rapport, rapprochement, relation, relation de cause à effet. *FIG.* pont. ▶ ***Réflexe*** – automatisme, conditionnement, réaction (immédiate), réflexe, réponse. ▶ ***Force physique*** – action, énergie, force, intervention, rapport, réaction.

interchangeable *adj.* changeable, commutable, permutable, remplaçable, substituable, transposable. △ **ANT.** INCHANGEABLE, IRREMPLAÇABLE.

interdiction *n.f.* ▶ ***Prohibition*** – condamnation, défense, embargo, empêchement, interdit, prohibition, refus, tabou. ▶ ***Censure*** – autocensure, bâillonnement, boycottage, caviardage, censure, contrôle, exclusive, filtre, imprimatur, (mise à l')index, musellement, veto. *FIG.* bâillon, muselière. *FAM.* anastasie. *RELIG.* interdit, monition, suspense, tabouisation. ▶ ***Obstacle*** – accroc, adversité, anicroche, barrière, blocage, contrariété, contretemps, défense, difficulté, digue, écueil, embarras, empêchement, ennui, entrave, frein, gêne, impasse, impossibilité, inhibition, objection, obstruction, ombre au tableau, opposition, pierre d'achoppement, point noir, problème, résistance, restriction, tribulations. *SOUT.* achoppement, impedimenta, traverse. *FAM.* hic, lézard, os, pépin. *QUÉB. FAM.* aria. *RARE* empêtrement. △ **ANT.** AUTORISATION, CONSENTEMENT, PERMISSION; OBLIGATION; COMMANDEMENT, ORDRE.

interdire *v.* ▶ ***Défendre*** – condamner, défendre, empêcher, prohiber, proscrire, punir. ▶ ***Censurer*** – censurer, condamner, mettre à l'index. ▶ ***Être incompatible avec*** – empêcher, exclure. ♦ **s'interdire** ▶ ***S'abstenir*** – éviter de, s'abstenir de, s'empêcher de, se défendre de, se garder de, se refuser à, se retenir de. △ **ANT.** APPROUVER, AUTORISER, PERMETTRE, TOLÉRER; ENCOURAGER; COMMANDER, CONTRAINDRE, OBLIGER.

interdit *adj.* ▶ ***Prohibé*** – clandestin, contrebandier, coupable, défendu, extralégal, frauduleux, illégal, illégitime, illicite, interlope, irrégulier, marron, pirate, prohibé. *DR.* délictuel, délictueux, frauduleux. ▶ ***Tabou*** – banni, tabou. ▶ ***Stupéfait*** – abasourdi, ahuri, bouche bée, confondu, ébahi, éberlué, estomaqué, étonné, frappé de stupeur, hébété, interloqué, médusé, muet d'étonnement, pantois, pétrifié, sidéré, stupéfait, surpris. *FAM.* baba, ébaubi, épaté, époustouflé, riboulant, soufflé, suffoqué. △ **ANT.** LÉGAL, LICITE, PERMIS; IMPASSIBLE, INEXPRESSIF.

intéressant *adj.* ▶ ***Qui captive*** – absorbant, accrocheur, captivant, fascinant, palpitant, passionnant, prenant. *SOUT.* attractif. ▶ ***Qui pique la curiosité*** – amusant, croustillant, piquant, qui pique l'intérêt, qui pique la curiosité, savoureux. ▶ ***Qui tente*** – affriolant, aguichant, alléchant, appétissant, attirant, attrayant, désirable, engageant, excitant, invitant, irrésistible, ragoûtant, séduisant, tentant. *SOUT.* affriandant. ▶ ***Qui procure un avantage matériel*** – bénéficiaire, fructueux, lucratif, payant, productif, profitable, rémunérateur, rentable. *FAM.* juteux. △ **ANT.** ASSOMMANT, ENDORMANT, ENNUYEUX, FASTIDIEUX, ININTÉRESSANT, INSIPIDE, LASSANT, MONOTONE, PLAT, RÉPÉTITIF, SOPORIFIQUE; ANODIN, BANAL, ORDINAIRE, SANS INTÉRÊT, TERNE; ASTRONOMIQUE, DÉSAVANTAGEUX, EXORBITANT, FOU.

intéressé *adj.* ▶ ***Concerné*** – concerné, touché. ▶ ***Qui recherche son avantage personnel*** – avide, boutiquier, calculateur, égoïste, qui agit par calcul. ▶ ***Rapace*** – âpre au gain, avide, cupide, mercantile, mercenaire, rapace, sordide, vénal. △ **ANT.** À TITRE GRACIEUX, BÉNÉVOLE, DÉSINTÉRESSÉ, GRATUIT. ♦ **intéressé par** ÉTRANGER À.

intéresser *v.* ▶ ***Susciter l'intérêt*** – captiver, empoigner, passionner, plaire à. *SOUT.* attacher l'esprit. *FAM.* accrocher, brancher. ▶ ***Concerner qqn*** – être d'intérêt pour, regarder, s'appliquer à, toucher, valoir pour, viser. ▶ ***Concerner qqch.*** – avoir pour objet, avoir rapport à, avoir trait à, concerner, porter sur, relever de, s'appliquer à, se rapporter à, toucher, viser. ♦ **s'intéresser** ▶ ***Aimer*** – adorer, affectionner, aimer, apprécier, avoir un faible pour, avoir un penchant pour, être fou de, être friand de, être porté sur, faire ses délices de, prendre plaisir à, priser, raffoler de, se complaire, se délecter, se passionner pour, se plaire. *SOUT.* chérir, goûter. ▶ ***Étudier*** – analyser, considérer, envisager, étudier, examiner, explorer, observer, penser à, pousser plus avant, prendre en considération, réfléchir sur, se pencher sur, traiter, voir. △ **ANT.** DÉGOÛTER, DÉSINTÉRESSER, EMBÊTER, ENNUYER. ♦ **s'intéresser** NÉGLIGER, SE FICHER, SE MOQUER.

intérêt *n.m.* ▶ ***Attention*** – application, attention, concentration, contention, recueillement, réflexion, tension. ▶ ***Curiosité*** – appétit, attention, avidité, curiosité, soif, soif d'apprendre, soif de connaissance, soif de connaître, soif de savoir. ▶ ***Affinité*** – affection, amitié, amour, attachement, attirance, lien, sympathie, tendresse. *FAM.* coup de cœur, coup de foudre. ▶ ***Utilité*** – avantage, bénéfice, bienfait, commodité, convenance, désidérabilité, efficacité, fonction, fonctionnalité, indispensabilité, mérite, nécessité, profit, profitabilité, recours, service, usage, utilité, valeur. ▶ ***Revenu*** – allocation, arrérages, avantage, bénéfice, casuel, chômage, dividende, dotation, fermage, fruit, gain, loyer, mense, mensualité, métayage, pension, prébende, présalaire, produit, profit, rapport, recette, redevance, rente, rentrée, retraite, revenu, tontine, usufruit, usure, viager. FAM. alloc. FRANCE FAM. bénef. ▶ ***Frais*** – agio, charges, commission, crédit, frais, plus-value, prélèvement. △ **ANT.** INDIFFÉRENCE; DÉSINTÉRÊT; FUTILITÉ, INSIGNIFIANCE, INUTILITÉ; DÉSINTÉRESSEMENT, GRATUITÉ.

interférence *n. f.* ▶ ***Phénomène physique*** ▸ *Sonore* – diaphonie, transmodulation. ▸ *Optique* – frange d'interférence.

intérieur *adj.* ▶ ***De l'intérieur*** – interne. SOUT. intestin. DIDACT. endogène. ▶ ***Propre à un pays*** – national. ▶ ***Intime*** – intime, profond. △ **ANT.** EXTÉRIEUR; INTERNATIONAL.

intérieur *n. m.* ▶ ***Partie interne*** – dedans. ▶ ***Âme*** – âme, arrière-fond, arrière-pensée, conscience, coulisse, dedans, dessous, fond, for intérieur, intériorité, intimité, jardin secret, repli, secret. SOUT. tréfonds. ▶ ***Logement*** – domicile, foyer, maison, nid, résidence, toit. SOUT. demeure, habitacle, logis. FAM. bercail, bicoque, chaumière, chez-soi, crèche, pénates. PÉJ. FAM. boutique. △ **ANT.** DEHORS, EXTÉRIEUR; BORD, CONTOUR, PÉRIPHÉRIE, POURTOUR; SURFACE; APPARENCE, ASPECT, FAÇADE.

intérieurement *adv.* à l'intérieur, au-dedans, dedans, en dedans, in petto, intimement, introspectivement, mentalement, moralement, secrètement. △ **ANT.** APPAREMMENT, AU-DEHORS, EN APPARENCE, EN SURFACE, EXTÉRIEUREMENT, EXTRINSÈQUEMENT, SUPERFICIELLEMENT.

interlocuteur *n.* ▶ ***Destinataire*** – allocutaire, auditeur, décodeur, destinataire, récepteur. ▶ ***Personne en négociation*** – partenaire.

intermédiaire *adj.* ▶ ***Entre deux choses*** – central, médian, mitoyen, moyen. △ **ANT.** EXTRÊME; SUPÉRIEUR; INFÉRIEUR.

intermédiaire *n.* ▶ ***Négociateur*** – arbitragiste, arbitre, arrangeur, conciliateur, juge, médiateur, modérateur, négociateur, ombudsman, pacificateur, réconciliateur, surarbitre. DR. amiable compositeur. ▶ ***Dans le commerce*** – milieu. ANC. remisier. ▶ ***Porte-parole*** – interprète, messager, organe, porte-parole, représentant. SOUT. truchement. ♦ ***intermédiaire, masc.*** ▶ ***Truchement*** – canal, entremise, moyen, truchement, voie. ▶ ***Moyen terme*** – axe, centre, entre-deux, milieu, moyen terme, pivot, point central. FIG. clef (de voûte), cœur, foyer, midi, nœud, nombril, noyau, ombilic, sein, siège. △ **ANT.** CONSOMMATEUR; PRODUCTEUR.

interminable *adj.* ▶ ***Étendu dans le temps*** – à n'en plus finir, long, sans fin. FAM. longuet. ▶ ***Étendu dans l'espace*** – grand, long. △ **ANT.** BREF, COURT, ÉPHÉMÈRE, FUGACE, MOMENTANÉ, PASSAGER, PRÉCAIRE, PROVISOIRE, RAPIDE, TEMPORAIRE, TRANSITOIRE; CONCIS, LACONIQUE, SUCCINCT.

intermittence *n. f.* ▶ ***Interruption*** – annulation, arrêt, avortement, cessation, discontinuation, entrecoupement, interruption, levée, panne, pause, relâche, station, suspension. ▶ ***Intermission*** – intermission, rémission, rémittence. ▶ ***Alternance*** – allée et venue, alternatives, balancement, bascule, changement, flux et reflux, ondulation, oscillation, palpitation, périodicité, pulsation, récurrence, récursivité, retour, rotation, roulement, rythme, sinusoïde, succession, tour, va-et-vient, variation. △ **ANT.** CONTINUITÉ, PERMANENCE, RÉGULARITÉ.

intermittent *adj.* ▶ ***Qui apparaît et disparaît*** – à éclipses, brisé, discontinu, irrégulier. MÉD. erratique, rémittent. ▶ ***En parlant d'une lumière*** – à éclipses, clignotant. △ **ANT.** CONTINU, ININTERROMPU; FIXE.

international *adj.* ▶ ***Qui concerne plusieurs nations*** – multinational, plurinational, transnational. ▶ ***Qui concerne le monde*** – global, mondial, planétaire, universel. ▶ ***Cosmopolite*** – cosmopolite, multiculturel, multiethnique, pluriethnique. △ **ANT.** INTÉRIEUR, NATIONAL.

interne *adj.* intérieur. SOUT. intestin. DIDACT. endogène. △ **ANT.** EXTERNE.

interpeller *v.* apostropher, appeler, héler *(de loin)*. △ **ANT.** RÉPLIQUER, RÉPONDRE, RIPOSTER.

interposer *v.* ▶ ***Placer entre deux entités*** – intercaler. ♦ **s'interposer** ▶ ***Intervenir*** – intervenir, s'entremettre. △ **ANT.** ENLEVER, RETRANCHER, SUPPRIMER. ♦ **s'interposer** RESTER À L'ÉCART, S'ABSTENIR, S'ÉLOIGNER.

interprétation *n. f.* ▶ ***Explication*** – analyse, clarification, commentaire, critique, définition, désambiguïsation, éclaircissement, élucidation, exemplification, explication, explicitation, exposé, exposition, glose, illustration, indication, légende, lumière, note, paraphrase, précision, remarque, renseignement. ▶ ***Théorie*** – conjecture, explication, hypothèse, loi, principe, scénario, spéculation, théorie, thèse. ▶ ***Traduction*** – a[illegible]ation, calque, explication, herméneutique, paraphrase, thème, traduction, transcodage, transcription, translittération, transposition, version. FAM. traduc. ▶ ***Exécution d'une œuvre*** – exécution, jeu.

interprète *n.* ▶ ***Comédien*** – acteur, artiste, comédien. SOUT. histrion. FAM. théâtreux. ▸ *Mauvais* FAM. cabot, cabotin. ▸ *Rôle mineur* – figurant, utilité. ▶ ***Musicien*** – exécutant, instrumentiste, joueur, musicien. FAM. croque-note *(mauvais)*. ▶ ***Traducteur*** – traducteur. ▸ *Oral* – traducteur-interprète. ▶ ***Annotateur religieux*** – annotateur, commentateur, exégète, glossateur, scoliaste. ▶ ***Porte-parole*** – intermédiaire, messager, organe, porte-parole, représentant. SOUT. truchement.

interpréter *v.* ▶ ***Expliquer*** – annoter, commenter, expliquer, gloser, paraphraser. ▶ ***Déchiffrer un texte*** – déchiffrer, décoder, décrypter, traduire. ▶ ***Exécuter une pièce musicale*** – exécuter, jouer. ▶ ***Tenir un rôle*** – camper *(avec vigueur)*, faire, incarner, jouer, jouer le rôle de, tenir le rôle de.

interrogation *n. f.* ▶ ***Demande*** – adjuration, appel, demande, démarche, desideratum, désir, doléances, exigence, injonction, instance, interpellation, invocation, mandement, ordre, pétition, placet, prétention, prière, question, réclamation, requête, réquisition, revendication, sollicitation, sommation, supplication, supplique, ultimatum, vœu. SOUT. imploration. ▶ ***Examen*** – épreuve, examen, interpellation, interrogatoire, interview, question, questionnaire. ▶ ***Épreuve scolaire*** – contrôle, épreuve, évaluation, examen, test. FAM. colle, interro. △ **ANT.** RÉPONSE; AFFIRMATION, ASSERTION.

interroger *v.* ▶ ***Poser une question*** – demander à, poser la question à. ▶ ***Soumettre à un inter-***

rogatoire – questionner. FAM. cuisiner. ▶ ***Soumettre à un test*** – tester. ▶ ***Chercher à connaître*** – ausculter, pénétrer, prendre le pouls de, sonder, tâter. △ **ANT.** RÉPLIQUER, RÉPONDRE, RIPOSTER.

interrompre *v.* ▶ ***Arrêter momentanément*** – arrêter, cesser, lever, suspendre. SOUT. discontinuer. ▶ ***Faire cesser*** – briser, couper court à, mettre fin à, mettre un terme à, rompre. ▶ ***Entrecouper*** – couper, entrecouper, hacher, saccader. ▶ ***Déranger*** – déranger, envahir, gêner. ♦ **s'interrompre** ▶ *S'arrêter* – cesser, discontinuer, prendre fin, s'arrêter. △ **ANT.** CONTINUER, POURSUIVRE; RECOMMENCER, REPRENDRE, RÉTABLIR. ♦ **s'interrompre** CONTINUER, PROGRESSER.

interruption *n.f.* ▶ ***Cessation*** – annulation, arrêt, avortement, cessation, discontinuation, entrecoupement, intermittence, levée, panne, pause, relâche, station, suspension. ▶ ***Silence*** – arrêt, pause, silence, temps. ▶ ***Discontinuité*** – brisure, cassure, coupure, discontinuité, fossé, hiatus, lacune, rupture, saut, solution de continuité. △ **ANT.** REPRISE, RÉTABLISSEMENT; CONTINUATION, DÉROULEMENT, PROGRESSION; CONTINUITÉ, SUITE.

intersection *n.f.* ▶ ***Recoupement*** – chevauchement, croisement, empiétement, nœud, recoupement, recouvrement, rencontre, superposition. ▶ ***Carrefour*** – bifurcation, branchement, bretelle, carrefour, croisée, croisement, échangeur, embranchement, étoile, fourche, patte-d'oie, rond-point, (voie de) raccordement.

intervalle *n.m.* ▶ ***Espace*** – créneau, espace, espacement, fente, interstice, ouverture. ▶ ***Durée*** – battement, creux, distance, durée, espace (de temps), laps de temps. SOUT. échappée. BELG. fourche. ▶ ***Différence*** – abîme, altérité, changement, désaccord, déviance, différence, dissemblance, dissimilitude, distance, distinction, divergence, diversité, division, divorce, écart, fossé, gouffre, incompréhension, inégalité, marginalité, nuance, séparation, variante, variation, variété. MATH. inéquation. △ **ANT.** CONTINUITÉ, SUITE.

intervenant *n.* ▶ ***Débatteur*** – débatteur, orateur, participant (d'un débat). ▶ ***Protagoniste*** – acteur, héros, personnage central, personnage principal, protagoniste.

intervenir *v.* ▶ ***Agir*** – agir, entrer en jeu, entrer en scène, passer aux actes. ▶ ***Participer*** – entrer en jeu, entrer en scène, participer, prendre part à, se mêler à, se mettre de la partie. ▶ ***S'interposer*** – s'entremettre, s'interposer. ▸ *De façon indésirable* – s'immiscer dans, s'ingérer dans, se mêler de. FAM. mêler son grain de sel dans, mettre son grain de sel dans, mettre son nez dans. ▸ *De façon favorable* – défendre, intercéder, parler, plaider, prendre la défense de, soutenir, voler au secours de. ▶ ***Procéder à une intervention chirurgicale*** – opérer. △ **ANT.** IGNORER, RESTER À L'ÉCART, RESTER NEUTRE, S'ABSTENIR, S'EN LAVER LES MAINS.

intervention *n.f.* ▶ ***Ingérence*** – aide, appui, concours, entremise, immixtion, incursion, ingérence, interposition, interventionnisme, intrusion, médiation, ministère, office. SOUT. intercession. ▶ ***Agression*** – agression, assaut, attaque, attentat, charge, déferlement, envahissement, invasion, irruption, offensive. SOUT. entreprise. MILIT. blitz *(de courte durée)*. ▶ ***Acte*** – acte, action, choix, comportement, conduite, décision, démarche, entreprise, faire, fait, geste, manifestation, réalisation. ▶ ***Opération chirurgicale*** – anatomie, chirurgie, dissection *(pour étudier)*, intervention (chirurgicale), opération (chirurgicale). FAM. charcutage *(maladroite)*. △ **ANT.** ABSTENTION, NEUTRALITÉ, NON-INGÉRENCE, NON-INTERVENTION.

interview *n.* ▶ ***Entretien*** – causerie, colloque, concertation, conversation, dialogue, discussion, échange (de vues), entretien, pourparlers, tête-à-tête. SOUT. entretènement. FAM. causette, chuchoterie. QUÉB. jasette. PÉJ. conciliabule, palabres; FAM. parlote. ▶ ***Rencontre*** – abouchement, audience, conférence, confrontation, entretien, entrevue, face à face, huis clos, micro-trottoir, rencontre, rendez-vous, retrouvailles, réunion, tête-à-tête, vis-à-vis, visite. SOUT. abouchement, rancard. FRANCE FAM. rambot, rambour. PÉJ. conciliabule. ▶ ***Interrogation*** – épreuve, examen, interpellation, interrogation, interrogatoire, question, questionnaire.

intime *adj.* ▶ ***Intérieur*** – intérieur, profond. ▶ ***Privé*** – confidentiel, personnel, privé, secret. ▶ ***En parlant d'un lien*** – étroit. △ **ANT.** EXTÉRIEUR, SUPERFICIEL; OFFICIEL, PROFESSIONNEL, PUBLIC.

intime *n.* allié, alter ego, ami, (ami) intime, (ami) proche, bon ami, camarade, compagnon, connaissance, familier, frère, relation. SOUT. féal. FAM. acolyte, aminche, complice, copain, frangin, pote. FRANCE RÉGION. collègue.

intimement *adv.* ▶ ***Par un lien intime*** – étroitement. ▶ ***Inséparablement*** – consubstantiellement, étroitement, indéfectiblement, indestructiblement, indissolublement, indivisiblement, ineffaçablement, inséparablement. ▶ ***Personnellement*** – en personne, individuellement, nominativement, particulièrement, personnellement, pour sa part, quant à soi, soi-même, subjectivement. ▶ ***Secrètement*** – à l'intérieur, au-dedans, dedans, en dedans, in petto, intérieurement, introspectivement, mentalement, moralement, secrètement. △ **ANT.** FAIBLEMENT, MOLLEMENT; IMPERSONNELLEMENT; PUBLIQUEMENT.

intimidant *adj.* ▶ ***Qui cherche à effrayer*** – agressif, intimidateur, menaçant. DR. OU SOUT. comminatoire. ▶ ***Qui rend timide*** – qui en impose. QUÉB. FAM. gênant. △ **ANT.** ENCOURAGEANT, RASSÉRÉNANT, RASSURANT, SÉCURISANT.

intimidation *n.f.* ▶ ***Menace*** – avertissement, bravade, chantage, commination, défi, dissuasion, effarouchement, fulmination, menace, mise en garde, provocation, rodomontade, semonce, sommation, ultimatum. ▶ ***Terrorisme*** – activisme, extrémisme, subversion, terreur, terrorisme, violence.

intimider *v.* ▶ ***Effrayer*** – effaroucher, effrayer, faire peur à. ▶ ***Impressionner*** – en imposer à, impressionner. ▶ ***Inhiber*** – annihiler, inhiber, paralyser. FAM. frigorifier, geler, réfrigérer, refroidir. ▶ ***Gêner*** – embarrasser, gêner, mettre mal à l'aise, troubler. △ **ANT.** APAISER, CALMER, RASSÉRÉNER, RASSURER, TRANQUILLISER; ENCOURAGER, ENHARDIR, METTRE À L'AISE.

intimité *n.f.* ▶ ***Vie privée*** – privé, vie intime. ▶ ***Secret*** – âme, arrière-fond, arrière-pensée, conscience, coulisse, dedans, dessous, fond, for intérieur, intérieur, intériorité, jardin secret, repli, secret. SOUT. tréfonds. ▶ ***Fréquentation*** – attache, bons/mauvais termes, communication, compagnie, contact, correspondance, côtoiement, coudoiement, entourage, familiarité, fréquentation, habitude, intelligence, liaison, lien, pratique, rapport, relation, société, usage, voisinage. SOUT. commerce. PÉJ. acoquinement, encanaillement. △ **ANT.** VIE PUBLIQUE, VIE SOCIALE; ÉTALAGE, PUBLICITÉ.

intolérable *adj.* ▶ ***Insupportable*** – antipathique, atroce, déplaisant, désagréable, détestable, exécrable, haïssable, impossible, infernal, insoutenable, insupportable, intenable, invivable, irrespirable, odieux, pénible. FAM. imbuvable. ▶ ***Inadmissible*** – impardonnable, inacceptable, inadmissible, inconcevable, inexcusable, injustifiable. SOUT. irrémissible. △ **ANT.** ENDURABLE, SUPPORTABLE, TENABLE, TOLÉRABLE; FAIBLE, LÉGER, MODÉRÉ; ENCHANTEUR, FÉERIQUE, IDYLLIQUE, IRRÉEL, MAGNIFIQUE, MERVEILLEUX, PARADISIAQUE.

intolérance *n.f.* ▶ ***Intransigeance*** – dogmatisme, étroitesse d'esprit, étroitesse de vue, fanatisme, intransigeance, parti pris, rigidité. SOUT. sectarisme. PSYCHOL. psychorigidité. △ **ANT.** COMPRÉHENSION, INDULGENCE, LARGEUR D'ESPRIT, OUVERTURE, TOLÉRANCE; ACCOUTUMANCE.

intolérant *adj.* ▶ ***Fanatique*** – extrémiste, fanatique, sectaire. ▶ ***Incompréhensif*** – borné, étriqué, étroit, étroit d'esprit, incompréhensif, intransigeant, mesquin, petit, qui a des œillères, sectaire. FAM. beauf, riquiqui. △ **ANT.** BIENVEILLANT, COMPRÉHENSIF, INDULGENT, OUVERT, TOLÉRANT.

intonation *n.f.* articulation, débit, déclamation, diction, élocution, éloquence, énonciation, expression, langage, langue, parole, phonation, phonétique, phonie, pose de voix, prononciation, style, voix.

intoxicant *adj.* nocif, pathogène, toxique. FAM. poison. △ **ANT.** ATOXIQUE, DIGÉRABLE, DIGESTIBLE, INOFFENSIF.

intoxication *n.f.* ▶ ***Empoisonnement*** – empoisonnement, envenimation, envenimement, toxémie. FAM. intox. ▶ ***Ivrognerie*** – absinthisme, alcool, alcoolémie, alcoolisme, boisson, intempérance, ivresse, ivrognerie. MÉD. dipsomanie, éthylisme, intoxication éthylique, œnilisme. FAM. soûlerie. FRANCE FAM. pochardise, soûlographie. △ **ANT.** DÉSINTOXICATION.

intraitable *adj.* ▶ ***Intransigeant*** – intransigeant, irréductible. ▶ ***Au caractère difficile*** – acariâtre, acerbe, aigri, anguleux, âpre, bourru, déplaisant, désagréable, désobligeant, difficile, grincheux, hargneux, maussade, rébarbatif, rêche, revêche. SOUT. atrabilaire. FAM. chameau, teigneux. QUÉB. FAM. malcommode. SUISSE gringe. △ **ANT.** AIMABLE, CONCILIANT, DOUX.

intransigeance *n.f.* ▶ ***Inflexibilité*** – dureté, exigence, impitoyabilité, implacabilité, inclémence, inflexibilité, rigidité, rigueur, sévérité. SOUT. inexorabilité. ▶ ***Intolérance*** – dogmatisme, étroitesse d'esprit, étroitesse de vue, fanatisme, intolérance, parti pris, rigidité. SOUT. sectarisme. PSYCHOL. psychorigidité. △ **ANT.** FLEXIBILITÉ, SOUPLESSE; TOLÉRANCE.

intransigeant *adj.* ▶ ***Intraitable*** – intraitable, irréductible. ▶ ***Sévère*** – impitoyable, implacable, inexorable, inflexible, sévère. ▶ ***Qui suit trop étroitement une doctrine*** – doctrinaire, dogmatique, sectaire, systématique. ▶ ***Étroit d'esprit*** – borné, étriqué, étroit, étroit d'esprit, incompréhensif, intolérant, mesquin, petit, qui a des œillères, sectaire. FAM. beauf, riquiqui. △ **ANT.** ACCOMMODANT, COMPLAISANT, CONCILIANT, FACILE (À VIVRE), FLEXIBLE, SOUPLE, TRAITABLE; BIENVEILLANT, COMPRÉHENSIF, INDULGENT, OUVERT, TOLÉRANT.

intrépide *adj.* ▶ ***Courageux*** – brave, courageux, héroïque, vaillant, valeureux. SOUT. sans peur et sans reproche. ▶ ***Qui ne montre aucune peur*** – ferme, héroïque, impassible, inébranlable, stoïque. SOUT. impavide. △ **ANT.** CRAINTIF, LÂCHE, PEUREUX, TIMIDE.

intrigant *n.* ▶ ***Calculateur*** – arriviste, calculateur, machinateur, manipulateur, manœuvrier, maquignon, margoulin, opportuniste. FAM. combinard, magouilleur. ▶ ***Affairiste*** – affairiste, agioteur, bricoleur, chevalier d'industrie, spéculateur, tripoteur. ▶ ***Agitateur*** – agent provocateur, agitateur, cabaleur, contestant, contestataire, émeutier, excitateur, factieux, fauteur (de trouble), fomentateur, iconoclaste, instigateur, insurgé, manifestant, meneur, mutin, partisan, perturbateur, provocateur, rebelle, révolté, révolutionnaire, séditieux, semeur de troubles, trublion.

intrigue *n.f.* ▶ ***Machination*** – agissements, cabale, calcul, combinaison, complot, conjuration, conspiration, machination, manigance, manipulation, manœuvre, maquignonnage, menées, plan, tractation. SOUT. brigue, fomentation. FAM. combine, fricotage, grenouillage, magouillage, magouille, micmac, mijotage. ▶ ***Affairisme*** – accaparement, affairisme, agiotage, boursicotage, concussion, coup de bourse, spéculation, trafic, tripotage. SOUT. prévarication. FAM. combine. ▶ ***Trame*** – action, affabulation, canevas, péripétie, scénario, scène, trame, vie. ▶ ***Expédient*** – acrobatie, astuce, demi-mesure *(inefficace)*, échappatoire, expédient, gymnastique, mesure, moyen, palliatif, procédé, remède, ressource, ruse, solution, système, tour. FAM. combine, gimmick, truc. △ **ANT.** DROITURE, FRANCHISE, LOYAUTÉ, SINCÉRITÉ.

intriguer *v.* ▶ ***Éveiller la curiosité*** – donner l'éveil à, mettre la puce à l'oreille de, piquer l'attention de, piquer la curiosité de. ▶ ***Conspirer*** – briguer, comploter, conspirer, manœuvrer. SOUT. se conjurer.

intrinsèque *adj.* constitutif, foncier, fondamental, inhérent, inné, radical. PHILOS. essentiel, immanent, substantiel. △ **ANT.** EXTRINSÈQUE.

introduction *n.f.* ▶ ***Action d'introduire*** – pénétration. SOUT. OU MÉD. instillation. DIDACT. intromission. MÉD. inclusion. ▶ ***Entrée*** – abord, accès, approche, arrivée, entrée, ouverture, seuil. MAR. embouquement *(d'une passe)*. ▶ ***Apparition*** – apparition, approche, arrivée, avènement, entrée, irruption, jaillissement, manifestation, occurrence, survenance, venue. SOUT. surgissement, survenue. DIDACT.

exondation. ▶ ***Établissement*** – constitution, création, disposition, édification, établissement, fondation, implantation, importation, installation, instauration, institution, intronisation, mise en œuvre, mise en place, mise sur pied, nomination, organisation, placement, pose. *INFORM.* implémentation. ▶ ***Ce qui prépare*** – préparation, prolégomènes. ▶ ***Avant-propos*** – avant-propos, avertissement, avis (préliminaire), début, discours préliminaire, entrée en matière, exorde, exposition, notice, préambule, préliminaire, prélude, présentation, prolégomènes, prologue. *SOUT.* prodrome. △ **ANT.** DÉGAGEMENT, EXTRACTION, RETRAIT; SORTIE; ÉVICTION, RENVOI; DISPARITION; CONCLUSION, ÉPILOGUE, POSTFACE.

introduire *v.* ▶ ***Insérer*** – engager, entrer, glisser, insérer, loger, mettre. ▶ ***Inclure dans un ensemble*** – enchâsser, incorporer, insérer, intégrer. ▶ ***Instaurer*** – inaugurer, instaurer, instituer. ♦ **s'introduire** ▶ ***En parlant de qqch.*** – entrer, pénétrer, s'infiltrer, s'insinuer. ▶ ***En parlant de qqn*** – entrer, pénétrer, s'avancer, s'engager. △ **ANT.** ARRACHER, ENLEVER, EXTIRPER, EXTRAIRE, ÔTER, RETIRER; ÉLIMINER; CHASSER, ÉLOIGNER, EXCLURE, EXPULSER, RENVOYER; CONCLURE. ♦ **s'introduire** PARTIR, SE RETIRER, SORTIR.

introspection *n.f.* ▶ ***Introversion*** – intériorisation, introversion. *PSYCHAN.* introjection. ▶ ***Approfondissement*** – analyse, approfondissement, dépouillement, développement, enrichissement, épluchage, étude, examen, exploration, méditation, pesée, progrès, recherche, réflexion, sondage. ▶ ***Réflexion*** – méditation, pensée, questionnement, recueillement, réflexion, remâchement, rêvasserie, rumination, ruminement. *DIDACT.* problématique. *SOUT.* reploiement. *FAM.* cogitation. △ **ANT.** EXTRAVERSION; DISTRACTION.

introuvable *adj.* ▶ ***Perdu*** – égaré, perdu. ▶ ***Rare*** – cher, de (grande) valeur, de prix, inappréciable, inestimable, précieux, rare, rarissime, recherché, sans prix. △ **ANT.** DISPONIBLE, PRÉSENT, TROUVABLE.

intrus *n.* ▶ ***Importun*** – gêneur, importun, indésirable. *SOUT.* fâcheux, officieux. *FAM.* casse-pieds, emmerdeur, enquiquineur, glu, plaie, pot de colle, raseur, rasoir, sangsue. *FRANCE FAM.* accrocheur, crampon. *QUÉB. FAM.* achalant, fatigant, tannant, teigne.

intrusion *n.f.* ▶ ***Ingérence*** – aide, appui, concours, entremise, immixtion, incursion, ingérence, interposition, interventionnisme, médiation, ministère, office. *SOUT.* intercession.

intuitif *adj.* automatique, inconscient, indélibéré, instinctif, involontaire, irréfléchi, machinal, mécanique, naturel, réflexe, spontané. *DIDACT.* instinctuel, pulsionnel. △ **ANT.** LOGIQUE, RATIONNEL; DÉDUCTIF, DISCURSIF.

intuition *n.f.* anticipation, divination, flair, impression, instinct, précognition, prédiction, prémonition, prénotion, prescience, pressentiment, prévision, sentiment, voyance. *FAM.* pif, pifomètre. △ **ANT.** DÉDUCTION, RAISONNEMENT.

inutile *adj.* ▶ ***Superflu*** – en trop, redondant, superflu. *SOUT.* superfétatoire. ▶ ***Qui ne donne rien*** – futile, oiseux, stérile, vain. *SOUT.* byzantin. △ **ANT.** COMMODE, EFFICACE, FONCTIONNEL, PRATIQUE, UTILE, UTILITAIRE; AVANTAGEUX, BÉNÉFIQUE, BIENFAISANT, FRUCTUEUX, PROFITABLE, SALUTAIRE; IMPORTANT, INDISPENSABLE, NÉCESSAIRE, PRÉCIEUX.

inutilement *adv.* ▶ ***Infructueusement*** – en vain, futilement, inefficacement, infructueusement, stérilement, vainement. ▶ ***Frivolement*** – distraitement, frivolement, futilement, inconséquemment, infidèlement, légèrement, négligemment, superficiellement, vainement. △ **ANT.** UTILEMENT; AVEC SÉRIEUX, SÉRIEUSEMENT.

inutilisable *adj.* ▶ ***Défectueux*** – brisé, cassé, défectueux, déréglé, détérioré, détraqué, endommagé, hors d'usage, usé, vétuste. *FAM.* nase, patraque. ▶ ***Irréparable*** – irrécupérable, irréparable, mort, perdu. *FAM.* fichu, foutu. ▶ ***Qui ne peut être exploité*** – inemployable, inexploitable. △ **ANT.** EMPLOYABLE, UTILISABLE.

inutilisé *adj.* ▶ ***Intact*** – inaltéré, intact, neuf, vierge. ▶ ***En parlant d'une terre*** – en friche, en jachère, inculte, incultivé, inemployé, inexploité. △ **ANT.** EMPLOYÉ, EN EXPLOITATION, EN FONCTION, EN USAGE, EXPLOITÉ, UTILISÉ.

inutilité *n.f.* ▶ ***Frivolité*** – frivolité, futilité, inanité, inconsistance, inefficacité, insignifiance, néant, nullité, puérilité, stérilité, superfétation, superficialité, superfluité, vacuité, vanité, vide. ▶ ***Chose inutile*** – affiquet, babiole, bagatelle, baliverne, bêtise, bibelot, breloque, bricole, brimborion, chiffon, colifichet, fanfreluche, fantaisie, frivolité, futilité, gadget, hochet, jouet, misère, rien. *FAM.* gimmick, gnognote. △ **ANT.** UTILITÉ.

invalide *adj.* ▶ ***Infirme*** – à mobilité réduite, handicapé (moteur), impotent, infirme, paralysé, paralytique. *SOUT.* grabataire, perclus. *MÉD.* hémiplégique, paraplégique, tétraplégique. ▶ ***Périmé*** – annulé, échu, expiré, nul, périmé. *DR.* caduc, nul et de nul effet, nul et non avenu. △ **ANT.** VALIDE; ACTUEL, EN COURS.

invalide *n.* éclopé, estropié, grabataire, hémiplégique, impotent, paralysé, paralytique, paraplégique, quadraplégique, tétraplégique.

invariable *adj.* ▶ ***Stable*** – constant, figé, fixe, immobile, inchangé, invariant, stable, stationnaire, statique. ▶ ***Uniforme*** – constant, égal, régulier, uniforme. *SOUT.* uni. △ **ANT.** INSTABLE; CHANGEANT, FLOTTANT, FLUCTUANT, VARIABLE; FANTASQUE, INCONSTANT, VOLAGE.

invariablement *adv.* ▶ ***Fixement*** – durablement, fixement, immuablement, inaltérablement, passivement, sédentairement, statiquement. ▶ ***Toujours*** – à l'infini, à perpétuité, à tous coups, à tous les coups, à tout bout de champ, à tout instant, à (tout) jamais, à tout moment, à toute heure (du jour et de la nuit), à vie, ad vitam æternam, assidûment, beau temps mauvais temps, chroniquement, constamment, continuellement, continûment, dans tous les cas, de nuit comme de jour, de toute éternité, en permanence, en tout temps, en toute saison, en toute(s) circonstance(s), éternellement, hiver comme été, immuablement, inaltérablement, indéfiniment, infiniment, jour et nuit, nuit et jour, perpétuellement, pour la vie, pour les siècles des siècles, rituellement, sans arrêt, sans cesse, sans discontinuer, sans fin, sans interruption, sans relâche, sans répit, sempiternellement, systématiquement, toujours, tous les jours. *SOUT.* à demeure, incessamment. *FAM.* à perpète, tout le temps. △ **ANT.** À L'OCCASION, DE TEMPS À AUTRE, DE TEMPS EN TEMPS, OCCASIONNELLEMENT, PARFOIS, QUELQUEFOIS.

invasion *n.f.* ▶ ***Agression*** – agression, assaut, attaque, attentat, charge, déferlement, envahissement, intervention, irruption, offensive. *SOUT.* entreprise. *MILIT.* blitz *(de courte durée)*. ▶ ***Conquête*** – assujettissement, conquête, empiétement, envahissement, mainmise, occupation, prise (de possession), usurpation. *DR.* appropriation. ▶ ***Arrivée massive*** – envahissement, incursion, inondation, irruption, ruée. *MILIT.* débarquement, descente, raid. △ **ANT.** ÉVACUATION, FUITE, RETRAIT, RETRAITE, SORTIE; EXODE.

inventaire *n.m.* ▶ ***Dénombrement*** – catalogue, cens, chiffrage, comptage, compte, décompte, dénombrement, détail, énumération, état, évaluation, inventoriage, inventorisation, liste, litanie, numération, recensement, recension, revue, rôle, statistique. ▶ ***Liste*** – barème, bordereau, cadre, catalogue, index, liste, matricule, mémoire, menu, nomenclature, registre, relevé, répertoire, rôle, série, suite, table, tableau. *SUISSE* tabelle. ▶ ***Évaluation*** – aperçu, appréciation, approximation, calcul, détermination, devis, estimation, évaluation, expertise, mesure, prévision, prisée, supputation.

inventer *v.* ▶ ***Créer*** – concevoir, créer, imaginer, improviser, innover, mettre au point, trouver. *QUÉB. FAM.* patenter. ▸ *Non favorable* – fabriquer, forger. ♦ **inventé** ▶ ***Fabriqué*** – apocryphe, fabriqué, fantaisiste, faux, fictif, forgé (de toutes pièces), imaginé, inauthentique, inexistant. *SOUT.* controuvé. △ **ANT.** COPIER, IMITER, PLAGIER, RÉPÉTER, REPRODUIRE.

inventeur *n.* ▶ ***Précurseur*** – ancêtre, annonciateur, avant-garde, avant-gardiste, devancier, initiateur, innovateur, introducteur, messager, novateur, pionnier, précurseur, prédécesseur, préfiguration, prophète, visionnaire. *SOUT.* avant-coureur, avant-courrier, fourrier, héraut, préparateur. ▶ ***Architecte*** – aménageur, architecte, bâtisseur, concepteur, concepteur-projeteur, créateur, créatif, édificateur, fondateur, ingénieur, maître d'œuvre, ordonnateur, projeteur, urbaniste. *SOUT.* démiurge. △ **ANT.** COPIEUR, IMITATEUR.

inventif *adj.* ▶ ***Créatif*** – créateur, créatif, imaginatif, innovant, qui a l'imagination fertile. ▶ ***Astucieux*** – adroit, astucieux, déluré, fin, finaud, futé, habile, ingénieux, intelligent, malin, qui a plus d'un tour dans son sac, rusé. *FAM.* débrouillard, dégourdi. *FRANCE FAM.* dessalé, fortiche, fute-fute, mariol, sioux. *QUÉB. FAM.* fin finaud. △ **ANT.** CONSERVATEUR, CONVENTIONNEL; IMITATEUR, SUIVEUR; GAUCHE, INCAPABLE, MALADROIT, MALHABILE.

invention *n.f.* ▶ ***Découverte*** – découverte, flash, illumination, innovation, trait de génie, trait de lumière, trouvaille. *SOUT.* éclairement. *FAM.* astuce. ▶ ***Création*** – composition, conception, confection, constitution, construction, création, développement, édification, élaboration, exécution, fabrication, façon, façonnage, façonnement, formation, génération, genèse, gestation, œuvre, organisation, paternité, production, réalisation, structuration, synthèse. *SOUT.* accouchement, enfantement. *DIDACT.* engendrement. ▶ ***Imagination*** – conception, création, créativité, évasion, extrapolation, fantaisie, fantasme, fictif, fiction, idéal, idéation, idée, illumination *(soudain)*, imaginaire, imagination, inspiration, inventivité, irréel, souffle (créateur), supposition, surréalité, surréel, veine, virtuel. *SOUT.* folle du logis, muse. *FRANCE FAM.* gamberge. ▶ ***Fiction*** – affabulation, artifice, chimère, combinaison, comédie, expédient, fabrication, fabulation, fantaisie, feinte, fiction, fumisterie, histoire, idée, imagination, irréalité, légende, mensonge, rêve, roman, saga, songe. *PSYCHOL.* confabulation, mythomanie. ▶ ***Feinte*** – affectation, artifice, cachotterie, comédie, déguisement, dissimulation, duplicité, faux-semblant, feinte, fiction, finauderie, grimace, hypocrisie, leurre, mensonge, momerie, pantalonnade, parade, ruse, simulation, singerie, sournoiserie, tromperie. *SOUT.* simulacre. *FAM.* cinéma, cirque, finasserie, frime. △ **ANT.** COPIE, IMITATION; RÉALITÉ, VÉRITÉ.

inverse *adj.* ▶ ***À l'envers*** – à l'envers, inversé, renversé. *GÉOM.* réciproque. ▶ ***Contraire*** – adverse, contraire, opposé. △ **ANT.** ANALOGUE, COMPARABLE, ÉQUIVALENT, PAREIL, PROCHE, RESSEMBLANT, SEMBLABLE, SIMILAIRE.

inverse *n.m.sing.* ▶ ***Contraire*** – antilogie, antinomie, antipode, antithèse, antonymie, contradiction, contraire, contraste, contrepartie, contre-pied, dichotomie, différence, divergence, envers, opposition, polarité, réciproque.

inversement *adv.* ▶ ***Contrairement*** – à l'inverse, au contraire, contrairement, en contrepartie, vice-versa. ▶ ***À reculons*** – à rebours, à rebrousse-poil, à reculons, en sens inverse. △ **ANT.** DE LA MÊME FAÇON, DE MÊME, ÉGALEMENT, IDENTIQUEMENT, PARALLÈLEMENT, PAREILLEMENT, SEMBLABLEMENT, SYMÉTRIQUEMENT.

inversion *n.f.* ▶ ***Permutation*** – commutation, interversion, mutation, permutation, renversement, retournement, substitution, transposition. ▶ ***Déplacement linguistique*** – anastrophe, chiasme, contrepet, contrepèterie, hyperbate, métathèse, permutation, postposition, régression, verlan. *MÉD.* paraphasie. ▶ ***Opération photographique*** – retournement. △ **ANT.** REPLACEMENT, RÉTABLISSEMENT.

investigation *n.f.* analyse, enquête, étude, examen, exploration, information, recherche, sondage, survol, traitement. *SOUT.* perquisition.

investir *v.* ▶ ***Charger d'une autorité*** – charger, pourvoir, revêtir. ▶ ***Encercler*** – boucler, cerner (de toutes parts), encercler, envelopper. ▶ ***Placer des fonds*** – engager, injecter, placer. ♦ **s'investir** ▶ ***S'engager*** – avoir part, collaborer, concourir, contribuer, coopérer, partager, participer, prendre part, s'associer, s'engager, s'impliquer, se joindre. △ **ANT.** RETIRER.

investissement *n.m.* ▶ ***Placement*** – financement, impenses, participation, placement. ▶ ***Capital*** – argent, avoir, bien, capital, cassette, épargne, fonds, fortune, fruit, gain, liquidités, numéraire, patrimoine, pécule, placement, portefeuille, possession, produit, propriété, richesse, trésor, valeur. *SOUT.* deniers. *FAM.* finances, magot. ▶ ***Action d'investir***

un lieu – blocus, bouclage, encerclement, quadrillage, siège. △ ANT. RÉTRACTION, RETRAIT; RETRAITE.

invincible *adj.* ▸ ***Qui ne peut être vaincu*** – imbattable, irréductible. ▸ ***En parlant d'un lieu*** – imprenable, inexpugnable, inviolable, invulnérable. △ ANT. FACILE À VAINCRE, INDÉFENDABLE, PRENABLE; DÉLICAT, FRAGILE, FRÊLE.

inviolable *adj.* ▸ ***Sacré*** – intangible, intouchable, sacral, sacralisé, sacré, tabou. PÉJ. sacro-saint. ▸ ***Qui ne peut être conquis*** – imprenable, inexpugnable, invincible, invulnérable. △ ANT. PROFANÉ, VIOLÉ.

invisible *adj.* ▸ ***Caché*** – caché, dérobé, dissimulé, masqué, secret. ▸ ***Inobservable à l'œil nu*** – inapparent, inobservable, microscopique. PHYS. infrarouge, ultraviolet. △ ANT. VISIBLE; ÉVIDENT, FRAPPANT, MANIFESTE.

invitant *adj.* ▸ ***Cordial*** – accueillant, affable, agréable, aimable, amène, amical, avenant, bienveillant, chaleureux, charmant, convivial, cordial, de bonne compagnie, engageant, familier, gracieux, liant, ouvert, sociable, souriant, sympathique. FAM. sympa. ▸ ***Tentant*** – affriolant, aguichant, alléchant, appétissant, attirant, attrayant, désirable, engageant, excitant, intéressant, irrésistible, ragoûtant, séduisant, tentant. SOUT. affriandant. △ ANT. DISSUASIF; REPOUSSANT.

invitation *n.f.* ▸ ***Incitation*** – aide, aiguillon, animation, appel, défi, dépassement (de soi), émulation, encouragement, entraînement, excitation, exhortation, fanatisation, fomentation, impulsion, incitation, instigation, invite, motivation, provocation, sollicitation, stimulation, stimulus. SOUT. surpassement. ▸ ***Document*** – bristol, (carte d')invitation. FAM. carton. △ ANT. DISSUASION; REFUS; ÉVICTION, EXPULSION, RENVOI, RÉVOCATION.

invité *n.* banqueteur, commensal, convié, convive, hôte.

inviter *v.* ▸ ***Faire une invitation*** – convier. SOUT. prier, semondre. ▸ ***Mettre dans un certain état d'esprit*** – convier, inciter. ▸ ***Conseiller fortement*** – encourager, engager, exhorter, inciter. △ ANT. BANNIR, CHASSER, CONGÉDIER, EXPULSER, PROSCRIRE; REFUSER, RENVOYER, REPOUSSER; DISSUADER.

invocation *n.f.* ▸ ***Prière*** – acte de contrition, acte de foi, déprécation, exercice, exercice de piété, exercice spirituel, litanie, méditation, obsécration, oraison, prière, recueillement, souhait, supplication. ▸ ***Demande*** – adjuration, appel, demande, démarche, desideratum, désir, doléances, exigence, injonction, instance, interpellation, interrogation, mandement, ordre, pétition, placet, prétention, prière, question, réclamation, requête, réquisition, revendication, sollicitation, sommation, supplication, supplique, ultimatum, vœu. SOUT. imploration.

involontaire *adj.* ▸ ***Instinctif*** – automatique, inconscient, indélibéré, instinctif, intuitif, irréfléchi, machinal, mécanique, naturel, réflexe, spontané. DIDACT. instinctuel, pulsionnel. ▸ ***Convulsif*** – convulsif, nerveux, spasmodique, spastique. ▸ ***Forcé*** – contraint, forcé. △ ANT. CONSCIENT, DÉLIBÉRÉ, INTENTIONNEL, VOLONTAIRE, VOULU.

involontairement *adv.* à l'instinct, à l'intuition, au flair, automatiquement, d'instinct, impulsivement, inconsciemment, instinctivement, intuitivement, machinalement, mécaniquement, naturellement, par habitude, par humeur, par instinct, par nature, sans réfléchir, spontanément, viscéralement. △ ANT. VOLONTAIREMENT.

invoquer *v.* ▸ ***Faire apparaître*** – conjurer, évoquer. ▸ ***Demander avec insistance*** – implorer, mendier, quémander, quêter, solliciter. FAM. mendigoter. ▸ ***Citer*** – alléguer, citer. ▸ ***Prétexter*** – alléguer, avancer, objecter, opposer, prétexter. SOUT. arguer, exciper de, s'autoriser de. △ ANT. DÉDAIGNER, MÉPRISER; CONTESTER, INFIRMER, OPPOSER.

invraisemblable *adj.* ▸ ***Irréaliste*** – chimérique, impossible, improbable, inaccessible, irréalisable, irréaliste, utopique. ▸ ***Extravagant*** – à dormir debout, abracadabrant, abracadabrantesque, absurde, baroque, biscornu, bizarre, burlesque, cocasse, exagéré, excentrique, extravagant, fantasque, farfelu, fou, funambulesque, grotesque, impayable, impossible, incroyable, insolite, loufoque, qui ne tient pas debout, rocambolesque, saugrenu, tiré par les cheveux, vaudevillesque. FRANCE FAM. foutraque, gaguesque. ▸ ***Étonnant*** – à (vous) couper le souffle, abasourdissant, ahurissant, bouleversant, confondant, déconcertant, ébahissant, effarant, époustouflant, étonnant, étourdissant, extraordinaire, impensable, inconcevable, incroyable, inimaginable, inouï, pétrifiant, renversant, stupéfiant, suffocant, surprenant. SOUT. qui confond l'entendement. FAM. ébouriffant, mirobolant, sidérant, soufflant. △ ANT. LOGIQUE, PLAUSIBLE, SENSÉ, SÉRIEUX; BANAL, ININTÉRESSANT, ORDINAIRE, SANS INTÉRÊT.

invraisemblance *n.f.* ▸ ***Improbabilité*** – bizarrerie, énormité, étrangeté, extravagance, improbabilité, incrédibilité. ▸ ***Impossibilité*** – absurdité, antilogie, antinomie, aporie, conflit, contradiction, contresens, contrevérité, impossibilité, incohérence, inconsistance, non-sens, paradoxe, sophisme. △ ANT. CRÉDIBILITÉ, POSSIBILITÉ, PROBABILITÉ, VRAISEMBLANCE.

invulnérable *adj.* ▸ ***En parlant de qqn*** – hors d'atteinte, inattaquable, intouchable. ▸ ***En parlant d'un lieu*** – imprenable, inexpugnable, invincible, inviolable. △ ANT. VULNÉRABLE; DÉSARMÉ, FAIBLE, FRAGILE, IMPUISSANT, SANS DÉFENSE; NÉVRALGIQUE, SENSIBLE.

ironie *n.f.* ▸ ***Raillerie*** – dérision, épigramme, esprit, flèche, goguenardise, gouaille, gouaillerie, humour, lazzi, malice, moquerie, persiflage, pique, plaisanterie, pointe, quolibet, raillerie, ricanement, risée, sarcasme, satire, taquinerie, trait. SOUT. brocard, nargue, saillie. FAM. vanne. ▸ ***Figure*** – antiphrase, contre-vérité. △ ANT. SÉRIEUX.

ironique *adj.* caustique, cynique, frondeur, goguenard, gouailleur, malicieux, moqueur, narquois, persifleur, railleur, sarcastique, sardonique. QUÉB. FAM. baveux. △ ANT. POLI, RESPECTUEUX, SÉRIEUX; RÉSERVÉ, TIMIDE.

ironiquement *adv.* caustiquement, incisivement, moqueusement, narquoisement, railleusement, sarcastiquement, sardoniquement, satiriquement, spirituellement. △ **ANT.** FRANCHEMENT, SÉRIEUSEMENT.

irrationnel *adj.* aberrant, absurde, déraisonnable, fou, idiot, illogique, inepte, insensé, qui n'a aucun sens, ridicule, stupide. *SOUT.* insane. *FAM.* dément, qui ne tient pas debout. *RARE* antirationnel. *PHILOS.* alogique. △ **ANT.** RATIONNEL; LOGIQUE, NORMAL, RAISONNABLE, RÉFLÉCHI, SAGE.

irréalisable *adj.* ▶ ***Infaisable*** – impossible, impraticable, inapplicable, inenvisageable, inexécutable, infaisable. ▶ ***Irréaliste*** – chimérique, impossible, improbable, inaccessible, invraisemblable, irréaliste, utopique. △ **ANT.** EXÉCUTABLE, FAISABLE, POSSIBLE, PRATICABLE, RÉALISABLE.

irréaliste *adj.* ▶ ***Irréalisable*** – chimérique, impossible, improbable, inaccessible, invraisemblable, irréalisable, utopique. ▶ ***Rêveur*** – chimérique, idéaliste, rêveur, romanesque, utopiste, visionnaire. △ **ANT.** RÉALISTE; CONCEVABLE, ENVISAGEABLE, IMAGINABLE, PENSABLE, PLAUSIBLE, POSSIBLE; CONCRET, POSITIF, PRAGMATIQUE, PRATIQUE.

irréductible *adj.* ▶ ***Invincible*** – imbattable, invincible. ▶ ***Intransigeant*** – intraitable, intransigeant. △ **ANT.** RÉDUCTIBLE; SURMONTABLE; ACCOMMODANT, COMPLAISANT, CONCILIANT, FLEXIBLE, SOUPLE, TRAITABLE.

irréel *adj.* ▶ ***Imaginaire*** – chimérique, fabuleux, fantasmagorique, fantastique, fictif, imaginaire, inexistant, légendaire, mythique, mythologique. ▶ ***Enchanteur*** – enchanteur, féerique, idyllique, magnifique, merveilleux, paradisiaque. *SOUT.* édénique. ▶ ***Surréaliste*** – onirique, surréaliste, surréel. △ **ANT.** RÉEL; AUTHENTIQUE, NATUREL, PUR, VÉRITABLE, VRAI; CONCRET, EFFECTIF, EXISTANT, MATÉRIEL, PALPABLE, PHYSIQUE, SENSIBLE, TANGIBLE, VISIBLE.

irréfléchi *adj.* ▶ ***Qui agit sans réfléchir*** – écervelé, étourdi, évaporé, imprévoyant, imprudent, impulsif, inconscient, inconséquent, inconsidéré, insouciant, irresponsable, léger, négligent, sans cervelle, sans-souci. *SOUT.* malavisé. ▶ ***Qui est fait sans réflexion*** – automatique, inconscient, indélibéré, instinctif, intuitif, involontaire, machinal, mécanique, naturel, réflexe, spontané. *DIDACT.* instinctuel, pulsionnel. △ **ANT.** RÉFLÉCHI; MESURÉ, PONDÉRÉ, POSÉ, RAISONNABLE, RESPONSABLE, SAGE, SENSÉ, SÉRIEUX; CONSCIENT, DÉLIBÉRÉ, INTENTIONNEL, VOLONTAIRE.

irréfutable *adj.* avéré, certain, démontré, établi, formel, inattaquable, incontestable, incontesté, indéniable, indiscutable, indiscuté, indubitable, irrécusable, prouvé, reconnu, sûr. *FAM.* garanti. *DIDACT.* irréfragable. △ **ANT.** CONTESTABLE, DISCUTABLE, DOUTEUX, INCERTAIN, RÉFUTABLE, SUSPECT.

irrégulier *adj.* ▶ ***Qui dévie de la norme*** – aberrant, anomal, anormal, atypique, déviant. ▶ ***De forme non régulière*** – biscornu, difforme, dissymétrique. ▶ ***Instable*** – changeant, en dents de scie, flottant, fluctuant, incertain, inconstant, inégal, instable, mobile, mouvant, variable. *SOUT.* labile, volatil. *DIDACT.* erratique. ▶ ***Qui cesse et reprend*** – à éclipses, brisé, discontinu, intermittent. *MÉD.* erratique, rémittent. ▶ ***Qui survient à l'occasion*** – épisodique, sporadique. ▶ ***Illicite*** – clandestin, contrebandier, coupable, défendu, extralégal, frauduleux, illégal, illégitime, illicite, interdit, interlope, marron, pirate, prohibé. *DR.* délictuel, délictueux, fraudatoire. △ **ANT.** RÉGULIER; CONFORME, CORRECT, NORMAL, ORDINAIRE; BEAU, ÉLÉGANT, ESTHÉTIQUE, GRACIEUX; CONSTANT, FIXE, IMMOBILE, INVARIABLE, INVARIANT, STABLE, STATIONNAIRE, STATIQUE; CONTINU, CONTINUEL, INCESSANT, ININTERROMPU; LÉGAL, LICITE, PERMIS.

irrémédiable *adj.* ▶ ***Irréversible*** – irréparable, irréversible. *SOUT.* irrémissible. ▶ ***En parlant d'une maladie*** – incurable, inguérissable, insoignable, sans remède. △ **ANT.** AMENDABLE, ARRANGEABLE, CORRIGIBLE, RECTIFIABLE, REMÉDIABLE, RÉPARABLE; CURABLE, GUÉRISSABLE, SOIGNABLE.

irrémédiablement *adv.* à jamais, décisivement, définitivement, durablement, irrémissiblement, irréparablement, irréversiblement, irrévocablement, pour de bon, pour toujours, sans appel, sans retour possible, une fois pour toutes. *SOUT.* tout de bon. △ **ANT.** MOMENTANÉMENT, POUR UN MOMENT, POUR UN TEMPS, PROVISOIREMENT, TEMPORAIREMENT, TRANSITOIREMENT.

irremplaçable *adj.* ▶ ***Unique*** – d'exception, exceptionnel, hors du commun, hors ligne, hors pair, hors série, incomparable, inégalable, inégalé, inimitable, précieux, qui n'a pas son pareil, rare, remarquable, sans égal, sans pareil, sans précédent, sans rival, sans second, spécial, supérieur, unique. ▶ ***Indispensable*** – capital, crucial, de première nécessité, essentiel, fondamental, important, incontournable, indispensable, nécessaire, primordial, vital. △ **ANT.** REMPLAÇABLE.

irréparable *adj.* ▶ ***Inutilisable*** – inutilisable, irrécupérable, mort, perdu. *FAM.* fichu, foutu. ▶ ***Irrémédiable*** – irrémédiable, irréversible. *SOUT.* irrémissible. △ **ANT.** ARRANGEABLE, CORRIGIBLE, RECTIFIABLE, REMÉDIABLE, RÉPARABLE.

irréprochable *adj.* ▶ ***Qu'on ne peut blâmer*** – inattaquable, sans reproche. *SOUT.* irrépréhensible. ▶ ***Impeccable*** – impeccable, parfait, sans bavure. *FAM.* impec, nickel. ▶ ***Exemplaire*** – accompli, achevé, consommé, de rêve, exemplaire, idéal, idyllique, incomparable, modèle, parfait, rêvé. △ **ANT.** BLÂMABLE, CONDAMNABLE, COUPABLE, RÉPRÉHENSIBLE; DÉFECTUEUX, QUI LAISSE À DÉSIRER, RELÂCHÉ, SANS SOIN.

irrésistible *adj.* ▶ ***Auquel la volonté ne peut résister*** – impérieux, incoercible, incontrôlable, incontrôlé, indomptable, instinctif, insurmontable, irraisonné, irrépressible, profond, violent, viscéral. *RARE* irréfrénable, irréprimable. ▶ ***Qui excite les sens*** – affriolant, aguichant, alléchant, appétissant, attirant, attrayant, désirable, engageant, excitant, intéressant, invitant, ragoûtant, séduisant, tentant. *SOUT.* affriandant. ▶ ***Qui séduit*** – agréable, attachant, charmant, (d'un charme) irrésistible, plaisant, séduisant. *FRANCE FAM.* craquant. △ **ANT.** CONTRÔLABLE, MAÎTRISABLE, RÉPRESSIBLE; ENNUYEUX, PLAT, TERNE; RÉFRIGÉRANT, REPOUSSANT, SANS CHARME.

irrésistiblement *adv.* ▶ ***Inévitablement*** – à coup sûr, automatiquement, fatalement, forcément, immanquablement, implacablement, inéluctablement, inévitablement, inexorablement, infailliblement, ipso facto, logiquement, mathématiquement, nécessairement, obligatoirement, par la force des choses. ▸ ***Invinciblement*** – incoerciblement, invinciblement, inviolablement, irréductiblement. △ **ANT.** ALÉATOIREMENT, AVEC DE LA CHANCE, DOUTEUSEMENT, PEUT-ÊTRE.

irrespirable *adj.* ▸ ***Au sens propre*** – asphyxiant, délétère, méphitique, suffocant, toxique. ▸ ***Au sens figuré*** – antipathique, atroce, déplaisant, désagréable, détestable, exécrable, haïssable, impossible, infernal, insoutenable, insupportable, intenable, intolérable, invivable, odieux, pénible. *FAM.* imbuvable. △ **ANT.** RESPIRABLE; AGRÉABLE, CHARMANT, IDYLLIQUE, PARADISIAQUE.

irresponsable *adj.* écervelé, étourdi, évaporé, imprévoyant, imprudent, impulsif, inconscient, inconséquent, inconsidéré, insouciant, irréfléchi, léger, négligent, sans cervelle, sans-souci. *SOUT.* malavisé. △ **ANT.** MESURÉ, PONDÉRÉ, POSÉ, RAISONNABLE, RÉFLÉCHI, RESPONSABLE, SAGE, SENSÉ, SÉRIEUX.

irréversible *adj.* irrémédiable, irréparable. *SOUT.* irrémissible. △ **ANT.** ARRANGEABLE, CORRIGIBLE, RECTIFIABLE, REMÉDIABLE, RÉPARABLE, RÉVERSIBLE, RÉVOCABLE.

irrévocable *adj.* arrêté, définitif, final, sans appel. △ **ANT.** CHANGEABLE, MODIFIABLE, RÉVOCABLE.

irrigation *n.f.* ▸ ***Écoulement*** – circulation, débit, débordement, écoulement, éruption, évacuation, exsudation, flux, fuite, ingression, inondation, irruption, larmoiement, mouvement, passage, ravinement, régime, ruissellement, sortie, suage, suintement, transpiration, vidange. *SOUT.* submersion, transsudation. *RÉGION.* débord. *GÉOGR.* défluviation, transfluence, transgression. ▸ ***Injection*** – lavage, lavement. △ **ANT.** ASSÈCHEMENT, DRAINAGE.

irritable *adj.* ▸ ***Colérique*** – bilieux, chatouilleux, coléreux, colérique, emporté, excitable, irascible, ombrageux, rageur, susceptible. *SOUT.* atrabilaire, colère. *FAM.* soupe au lait. ▸ ***Qui réagit à un stimulus*** – excitable. △ **ANT.** COMPRÉHENSIF, INDULGENT, TOLÉRANT; DÉBONNAIRE, DOUX, FLEGMATIQUE, PAISIBLE, PLACIDE; INEXCITABLE.

irritant *adj.* ▸ ***Énervant*** – agaçant, crispant, désagréable, énervant, exaspérant, excédant, fatigant, harcelant, importun, inopportun, insupportable. *FAM.* assommant, casse-pieds, embêtant, empoisonnant, enquiquinant, enquiquineur, horripilant, qui tape sur les nerfs, suant, tannant, tuant. *FRANCE FAM.* gonflant. *QUÉB. FAM.* achalant, dérangeant. ▸ ***Irritant à l'odorat*** – âcre, piquant, qui brûle la gorge, qui prend à la gorge. △ **ANT.** AGRÉABLE, CALMANT, TRANQUILLISANT; ADOUCISSANT; DOUX, SUAVE.

irritation *n.f.* ▸ ***Inflammation*** – inflammation, maladie inflammatoire, rougeur, tuméfaction. ▸ ***Colère*** – agacement, colère, emportement, énervement, exaspération, fureur, furie, impatience, indignation, irritabilité, rage, susceptibilité. *SOUT.* courroux, irascibilité. *FAM.* horripilation, rogne. ▸ ***Aigreur*** – acariâtreté, acerbité, acidité, âcreté, acrimonie, agressivité, aigreur, amertume, animosité, âpreté, bave, bile, causticité, colère, dépit, désagrément, dureté, fiel, haine, hargne, humeur, malveillance, maussaderie, mauvaise humeur, méchanceté, mordant, pique, rancœur, rancune, récrimination, ressentiment, rudesse, tranchant, venin, vindicte, virulence. *SOUT.* mordacité. *FAM.* rouspétance. △ **ANT.** ADOUCISSEMENT, APAISEMENT; RASSÉRÉNEMENT; CALME, SÉRÉNITÉ.

irrité *adj.* ▸ ***Exaspéré*** – à bout (de nerfs), à cran, agacé, crispé, énervé, exacerbé, exaspéré, hérissé. ▸ ***En colère*** – blanc de colère, courroucé, déchaîné, en colère, enragé, forcené, fou de colère, fou de rage, fulminant, fumant, furibond, furieux, hors de soi, outré, rageur, révolté, ulcéré. *FAM.* en boule, en rogne. *FRANCE FAM.* à cran, en pétard, fumasse, furax, furibard. *QUÉB. FAM.* choqué. ▸ ***Qui est le siège d'une inflammation*** – enflammé. △ **ANT.** CALME, FLEGMATIQUE, IMPASSIBLE, IMPERTURBABLE, MAÎTRE DE SOI, PLACIDE; ATTENDRI, ÉMU, TOUCHÉ.

irriter *v.* ▸ ***Énerver*** – agacer, crisper, énerver, exaspérer, excéder, fatiguer, hérisser, impatienter, importuner, porter sur les nerfs de. *FAM.* barber, casser les pieds à, courir sur le système de, embêter, emmieller, empoisonner, enquiquiner, faire suer, gonfler, horripiler, insupporter, pomper l'air à, scier, tanner, taper sur les nerfs de. *FRANCE FAM.* bassiner, canuler, cavaler, courir, courir sur le haricot de, soûler. *QUÉB. FAM.* achaler, déranger. ▸ ***Contrarier*** – agacer, chiffonner, contrarier, ennuyer. *FAM.* embêter, empoisonner. ▸ ***Mettre en colère*** – courroucer, exaspérer, fâcher, faire déborder, faire enrager, faire sortir de ses gonds, mettre à bout, mettre en colère, mettre en rage, mettre hors de soi, pousser à bout, provoquer. *FAM.* faire bisquer, faire damner, faire maronner, faire râler, les gonfler à. *QUÉB. FAM.* choquer. ▸ ***Causer une inflammation*** – brûler, échauffer, enflammer. ♦ **s'irriter** ▸ ***Manifester son mécontentement*** – s'exaspérer, se crisper, se hérisser. *QUÉB. FAM.* se choquer. ▸ ***Se mettre en colère*** – colérer, éclater, fulminer, monter sur ses ergots, monter sur ses grands chevaux, prendre la mouche, prendre le mors aux dents, s'emporter, s'enflammer, se courroucer, se déchaîner, se fâcher, se gendarmer, se mettre en colère, sortir de ses gonds, voir rouge. *FAM.* exploser, piquer une colère, piquer une crise, se mettre en rogne, se monter. *QUÉB. FAM.* se choquer. △ **ANT.** FLATTER, PLAIRE, RAVIR; APAISER, CALMER, RASSÉRÉNER, TRANQUILLISER; ADOUCIR, AFFAIBLIR, DIMINUER.

irruption *n.f.* ▸ ***Entrée soudaine*** – envahissement, incursion, inondation, invasion, ruée. *MILIT.* débarquement, descente, raid. ▸ ***Apparition*** – apparition, approche, arrivée, avènement, entrée, introduction, jaillissement, manifestation, occurrence, survenance, venue. *SOUT.* surgissement, survenue. *DIDACT.* exondation. ▸ ***Invasion*** – agression, assaut, attaque, attentat, charge, déferlement, envahissement, intervention, invasion, offensive. *SOUT.* entreprise. *MILIT.* blitz *(de courte durée).*

isolement *n.m.* ▸ ***Solitude*** – abandon, délaissement, éloignement, exil, ghettoïsation, isolation, quarantaine, réclusion, retraite, retranchement, séparation, solitude. *FIG.* bulle, cocon, désert, tanière, tour d'ivoire. *SOUT.* déréliction, thébaïde. *RELIG.* récollection. ▸ ***Emprisonnement*** – captivité, cellulaire, claustration, confinement, contrainte par corps, détention, écrou, embastillement, emmurement, emprisonnement, encagement, encellulement, enfermement, incarcération, internement, prise de corps, prison, réclusion, relégation, séquestration, transportation. *FAM.* mise à l'ombre, mise sous les verrous. *DIDACT.* renfermement. *DR. BELG.* collocation. ▶ ***Isolationnisme*** – isolationnisme. ▶ ***Isolation*** – isolation. ▸ *Sonore* – insonorisation. ▸ *Thermique* – calorifugeage. ▶ ***Ségrégation*** – discrimination, exclusion, ghettoïsation, marginalisation, ségrégation, séparation. △ **ANT.** ASSOCIATION, COMPAGNIE, CONTACT, GROUPEMENT, SOCIÉTÉ; ALLIANCE, RAPPROCHEMENT, RELATION, UNION; INTÉGRATION.

isolément *adv.* à l'unité, à part, autrement, distinctement, en particulier, indépendamment, individuellement, par personne, séparément. △ **ANT.** DANS SON ENSEMBLE, EN BLOC, EN GROUPE, GLOBALEMENT.

isoler *v.* ▶ ***Séparer*** – couper, déconnecter, dégrouper, désunir, détacher, disjoindre, dissocier, écarter, éloigner, séparer. ▶ ***Confiner dans un lieu*** – claquemurer, claustrer, cloîtrer, confiner, emmurer, emprisonner, encager, enfermer, murer, séquestrer, verrouiller. *SOUT.* enclore, reclure. ▶ ***Dégager*** – abstraire, dégager, extraire, mettre en évidence. ♦ **s'isoler** ▶ ***S'enfermer dans un lieu*** – s'emmurer, s'enfermer, se barricader, se boucler, se calfeutrer, se cantonner, se claquemurer, se claustrer, se cloîtrer, se confiner, se couper du monde, se murer, se retirer, se terrer, se verrouiller. ▶ ***Se refermer sur soi*** – faire le vide autour de soi, rentrer dans sa coquille, s'emmurer, s'enfermer, s'enfermer dans son cocon, se murer. *SOUT.* se reclure. ♦ **isolé** ▶ ***Éloigné*** – à l'écart, écarté, éloigné, perdu, reculé, retiré, solitaire. *FAM.* paumé. ▶ ***Individuel*** – à part, individuel, séparé, seul, simple, singulier, unique, unitaire. ▶ ***Solitaire*** – cloîtré, esseulé, reclus, seul, solitaire. △ **ANT.** ALLIER, ASSOCIER, COMBINER, GROUPER, JOINDRE, MARIER, RASSEMBLER, RÉUNIR. ♦ **s'isoler** SE MONTRER.

issue *n.f.* ▶ ***Ouverture*** – débouché, ouverture, sortie. ▶ ***Porte*** – contre-porte, hayon, layon, portail, porte, (porte d') entrée, portière, portillon, poterne, sortie, tape-cul. *FAM.* lourde. *SUISSE OU FRANCE RÉGION.* clédar. *ANC.* barrière, vomitoire. *MAR.* portelone. ▶ ***Aboutissement*** – aboutissement, accomplissement, achèvement, apothéose, but, chute, complémentation, complètement, complétude, conclusion, consécration, consommation, couronnement, dénouement, exécution, fin, finition, fruit, produit, réalisation, règlement, résolution, résultat, sortie, terme, terminaison. *SOUT.* aboutissant. *PHILOS.* entéléchie. ▶ ***Entente*** – accord, armistice, cessation des hostilités, cessez-le-feu, compromis, conciliation, détente, entente, modus vivendi, négociation, neutralité, non-belligérance, normalisation, pacification, pacte, paix, réconciliation, traité, trêve. ▶ ***Affluence*** – affluence, afflux, arrivée, circulation, écoulement, flot, flux. △ **ANT.** ACCÈS, ENTRÉE; COMMENCEMENT, DÉBUT, ORIGINE.

itinéraire *n.m.* ▶ ***Trajet*** – aller (et retour), chemin, cheminement, circuit, course, direction, distance, espace, marche, parcours, retour, route, tracé, traite, trajectoire, trajet, traversée, voyage. *FAM.* trotte. *FRANCE FAM.* tirée. ▶ ***Expérience de travail*** – curriculum, curriculum vitæ, cursus, expérience (professionnelle), formation (professionnelle), itinéraire (professionnel), parcours (professionnel). ▶ ***Vécu*** – cheminement, expérience (de vie), histoire (personnelle), passé, trajectoire, vécu.

ivre *adj.* ▶ ***Intoxiqué par l'alcool*** – aviné, en état d'ébriété, enivré, pris de boisson. *FAM.* paf, parti, plein, poivré, rond, saoul. *FRANCE FAM.* beurré (comme un petit Lu), blindé, bourré, cuit, cuité, mûr, noir, pété, pinté, schlass. ▸ *Légèrement ivre* – éméché, émoustillé, gai, gris, pris de vin. *FAM.* en goguette, parti, pompette. ▸ *Complètement ivre* – ivre mort. *FAM.* fin saoul. *SUISSE* fin caque. ▶ ***En proie à une vive émotion*** – enivré, éperdu, exalté, fou, transporté. △ **ANT.** SOBRE; EN PLEINE POSSESSION DE SES MOYENS, LUCIDE, QUI A TOUTE SA TÊTE.

ivresse *n.f.* ▶ ***Ébriété*** – ébriété, griserie. *FAM.* biture, cuite, défonce, poivrade, soûlerie. ▶ ***Ivrognerie*** – absinthisme, alcool, alcoolémie, alcoolisme, boisson, intempérance, ivrognerie. *MÉD.* dipsomanie, éthylisme, intoxication éthylique, œnilisme. *FAM.* soûlerie. *FRANCE FAM.* pochardise, soûlographie. ▶ ***Joie*** – allégresse, béatitude, bonheur, égaiement, enthousiasme, euphorie, exaltation, extase, exultation, gaieté, hilarité, joie, jubilation, plaisir, ravissement, réjouissance, vertige. *SOUT.* aise, félicité, liesse, rayonnement. △ **ANT.** ABSTINENCE; SOBRIÉTÉ; LUCIDITÉ; FROIDEUR, INDIFFÉRENCE.

ivrogne *n.* alcoolique, (gros) buveur. *FAM.* boit-sans-soif, biberon, picoleur, pilier de bar, pochard, poivrot, sac à vin, soiffard, soûlard, soûlaud, soûlographe. *MÉD.* dipsomane, éthylique. △ **ANT.** ABSTÈME, ABSTINENT.

jaillir *v.* ▶ ***Gicler*** – gicler, rejaillir. ▶ ***Apparaître brusquement*** – émerger, saillir, sortir, surgir. ▶ ***Se manifester brusquement*** – éclater, émerger, fuser, s'élever, surgir. △ **ANT.** DISPARAÎTRE.

jaillissement *n.m.* ▶ ***Éruption*** – bouillonnement, débordement, ébullition, éclaboussement, écoulement, émission, éruption, évacuation, explosion, extrusion, giclée, jet, sortie. ▶ ***Apparition*** – apparition, approche, arrivée, avènement, entrée, introduction, irruption, manifestation, occurrence, survenance, venue. *SOUT.* surgissement, survenue. *DIDACT.* exondation.

jalon *n.m.* ▶ ***Repère*** – balise, borne, borne repère, borne témoin, coordonnée, cran, délinéateur, empreinte, fanion, index, indice, jalon-mire, marque, mire, mire-jalon, piquet, point de repère, référence, référentiel, taquet, trace. *MAR.* amer, vigie. ▶ ***Bâton fixe*** – bâton, échalas, marquant, pal, palis, pieu, pilot, piquet, roulon, tuteur. *ACADIE FAM.* perche.

jalonner *v.* ▶ ***Au sens propre*** – baliser, borner, bornoyer, délimiter, limiter, marquer, piqueter, repérer. ▶ ***Au sens figuré*** – marquer, ponctuer.

jalousie *n.f.* ▶ ***Convoitise*** – ambition, appel, appétit, aspiration, attirance, attrait, besoin, but, convoitise, desideratum, désir, envie, exigence, faim, fantaisie, fantasme, fièvre, fringale, goût, idéal, intention, passion, prétention, quête, recherche, rêve, soif, souhait, tentation, velléité, visée, vœu, voix, volonté. *SOUT.* appétence, dessein, prurit, vouloir. *FAM.* démangeaison. ▶ ***Volet*** – contrevent, persienne, volet. △ **ANT.** DÉTACHEMENT, INDIFFÉRENCE; CONTENTEMENT, SATISFACTION.

jaloux *adj.* ▶ ***Qui ressent ou montre de la jalousie*** – envieux, ombrageux. ▶ ***Possessif*** – abusif, captatif, possessif. ▶ ***Qui a grand soin de qqch.*** (*SOUT.*) – attentif à, préoccupé de, soigneux de, soucieux de. △ **ANT.** DÉSINTÉRESSÉ, INDIFFÉRENT; OUVERT, TOLÉRANT; COMPLAISANT, DÉBONNAIRE.

jamais *adv.* à aucun moment, au grand jamais, aux calendes grecques, en aucun temps, pour rien au monde. *FAM.* à la saint-glinglin, à Pâques ou à la Trinité, la semaine des quatre jeudis, quand les poules auront des dents. △ **ANT.** À PERPÉTUITÉ, À TOUT BOUT DE CHAMP, À TOUT INSTANT, À TOUT MOMENT, CONSTAMMENT, CONTINUELLEMENT, EN PERMANENCE, EN TOUT TEMPS, ÉTERNELLEMENT, INDÉFINIMENT, PERPÉTUELLEMENT, SANS RELÂCHE, SANS RÉPIT, TOUJOURS.

japonais *adj.* nippon.

jaquette *n.f.* ▶ ***Vêtement de cérémonie*** – complet, complet-veston, costume (de ville), (costume) trois-pièces, frac, habit, rochet, smoking, tenue de soirée. *FAM.* costard, habit queue de morue, queue-de-pie. ▶ ***Couvre-livre*** – couverture, couvre-livre, liseuse, protège-cahier. *SUISSE* fourre.

jardin *n.m.* ▶ ***Terrain*** – clos, closerie, hortillonnage, jardinet, massif, parc, parterre. ▶ ***Potager*** (*QUÉB.*) – (jardin) potager. *FRANCE RÉGION.* ouche. ♦ **le Jardin** ▶ ***École philosophique*** – épicurisme.

jardinage *n.m.* ▶ ***Culture des jardins*** – arboriculture, culture maraîchère, horticulture, maraîchage. ▶ ***Culture des forêts*** – arboriculture forestière, forestage, foresterie, sylviculture.

jardinier *n.* ♦ **jardinier,** ***masc.*** ▶ ***Oiseau*** – oiseau à berceaux, oiseau jardinier. ♦ **jardinière,** ***fém.*** ▶ ***Bac à fleurs*** – bac, caisse à fleurs, jarre, vasque. ▶ ***Récipient*** – macédoine, salade. ▶ ***Insecte*** – carabe doré, couturière, sergent, vinaigrier.

jargon *n.m.* ▶ ***Langue déformée*** – argot. ▶ ***Langue incompréhensible*** – argot, galimatias, patois, sabir, volapük. *SOUT.* amphigouri, cacographie, logogriphe. *FAM.* baragouin, charabia. *DIDACT.* babélisme. ▶ ***Bredouillement*** – ânonnement, bafouillage, bafouillis, balbutiement, bégaiement, bredouillage, bredouillement, bredouillis, marmonnage, marmonnement, marmottage, marmottement. *FAM.* baragouin, baragouinage, cafouillage, cafouillis, charabia. ▶ ***Langue spécialisée*** – langue de spécialité.

jaune *adj.* ▶ ***De la couleur du jaune*** – jaunâtre, jaunet. ▸ *Jaune pâle* – beurre-frais, chamois, isabelle, jaune pâle, nankin, paille, paillé, soufre. ▸ *Jaune vif* –

canari, citron, jaune canari, jaune vif, jonquille, serin. ▸ *Jaune doré* – ambre, ambré, blond, bouton-d'or, doré, jaune d'or, jaune doré, miellé, or, topaze, vieil or. SOUT. flavescent. ▸ *Jaune orangé* – abricot, jaune orangé, mandarine, safran. ▸ *Jaune-vert* – caca d'oie, moutarde, olive, réséda. FAM. merde d'oie. ▶ ***En parlant du teint*** – bilieux, cireux, jaunâtre, terreux.

jet *n. m.* ▶ ***Éruption*** – bouillonnement, débordement, ébullition, éclaboussement, écoulement, émission, éruption, évacuation, explosion, extrusion, giclée, jaillissement, sortie. ▶ ***Giclement*** – fusée, gerbe (d'eau), geyser, giclée, giclement, girandole. PHYSIOL. émission. ▶ ***Lumière*** – faisceau (lumineux), pinceau (lumineux), rayon, trait (de lumière). SOUT. rai. ▶ ***Lancer*** – catapultage, éjection, lancement, lancer, projection, tir. RARE jetage. ▶ ***Pousse*** – accru, bouture, brin, brout, cépée, drageon, germe, mailleton, marcotte, plant, provin, recrû, rejet, rejeton, revenue, surgeon, talle, tendron, turion.

jeter *v.* ▶ ***Envoyer loin de soi*** – envoyer, lancer. FAM. balancer, flanquer, foutre. QUÉB. ACADIE FAM. garrocher. ▶ ***Envoyer avec force*** – catapulter, éjecter, envoyer, lancer, projeter, propulser. ▶ ***Envoyer du haut des airs*** – lâcher, lancer, larguer. ▶ ***Décocher*** – darder, décocher, envoyer, lancer. ▶ ***Mettre au rebut*** – mettre à la poubelle, mettre au panier, mettre au rebut. ▶ ***Abandonner qqn*** (FAM.) – abandonner, délaisser, déserter, laisser, laisser en plan, laisser tomber, quitter. FAM. lâcher, laisser choir, larguer, lourder, planter là, plaquer. ▶ ***Mettre soudainement dans un état*** – plonger, précipiter. ▶ ***Répandre une chose abstraite*** – répandre, semer. ♦ **se jeter** ▶ ***Sauter*** – bondir, s'élancer, sauter, se lancer, se précipiter. ▶ ***Se ruer*** – foncer, s'élancer, sauter, se lancer, se précipiter, se ruer. ▶ ***Attaquer*** – agresser, assaillir, attaquer, charger, foncer sur, fondre sur, sauter sur, se ruer sur, tomber sur. BELG. broquer sur. △ **ANT.** ATTRAPER, RECEVOIR, SAISIR; ACQUÉRIR; CONSERVER, GARDER, RETENIR.

jeton *n. m.* ▶ ***Pièce*** – fiche, marque, pièce, pion. ▶ ***Salaire*** – appointements, cachet, commission, droit, émoluments, fixe, gages, gain, honoraires, jeton (de présence), mensualité, paye, pourboire, rémunération, rétribution, revenu, salaire, semaine, solde, traitement, vacations. ▶ ***Coup*** (FAM.) – coup de poing, horion. FAM. castagne, châtaigne, gnon, macaron, marron, pain, tarte, torgnole.

jeu *n. m.* ♦ **activité** ▶ ***Divertissement*** – agrément, amusement, amusette, délassement, dérivatif, distraction, divertissement, ébats, ébattement, étourdissement, loisir, ludisme, partie, passe-temps, plaisance, plaisir, récréation, sport. SOUT. diversion. FAM. récré. ♦ **objet** ▶ ***Jouet*** – jouet. ENFANTIN joujou. ▶ ***Cartes*** – talon. QUÉB. paquet. ▶ ***Série*** – accumulation, amas, appareil, assemblage, assortiment, collection, compilation, ensemble, foule, grand nombre, groupe, groupement, quantité, rassemblement, recueil, service, tas, train. FAM. attirail, cargaison, compil. PÉJ. ramassis. ▶ ***Affaire sans importance*** – amusette, bagatelle, baliverne, bêtise, bricole, broutille, chanson, détail, enfantillage, fadaise, faribole, frivolité, futilité, misère, plaisanterie, rien, sornette, sottise, vétille. SOUT. badinerie, puérilité. FAM. connerie, foutaise, mômerie. BELG. FAM. carabistouille. ▶ ***Taquinerie*** – agacerie, chinage, diablerie, espièglerie, facétie, farce, gaminerie, goguenardise, lutinerie, malice, mièvreté, moquerie, pique, provocation, raillerie, taquinerie, turlupinade. SOUT. folâtrerie. FAM. asticotage. ♦ **façon d'agir** ▶ *Gestuelle* – allure, attitude, chironomie, chorégraphie, contenance, danse, geste, gesticulation, gestique, gestualité, gestuelle, jeu (physique), langage corporel, langage gestuel, manière, mime, mimique, mimodrame, mimographie, mimologie, mouvement, mudra, pantomime, posture, signal, signe. ▶ ***Interprétation*** – exécution, interprétation. ▶ ***Affectation*** – affectation, air, apparence, apprêt, bluff, cabotinage, comédie, composition, contenance, convenu, dandysme, genre, imposture, maniérisme, manque de naturel, mascarade, mièvrerie, pose, raideur, recherche, représentation, snobisme. SOUT. cambrure. FAM. chiqué, cinéma. ▶ ***Effet*** – action, conclusion, conséquence, contrecoup, corollaire, développement, effet, efficacité, fonction, fruit, impact, implication, incidence, juste retour des choses, œuvre, portée, prolongement, réaction, rejaillissement, répercussion, résultante, résultat, retentissement, retombées, ricochet, séquelle, suite (logique). SOUT. aboutissant, efficace, fille. ♦ **manque** ▶ ***Espace libre*** – espace, place. ▶ ***Défaut de tension*** – mou. ▶ ***Instabilité*** – balancement, ballant, ballottement, déséquilibre, fragilité, instabilité, mobilité, motilité, motricité, mouvance, mouvant, mouvement, ondulation, oscillation, roulis, tangage, turbulence, va-et-vient, vibration. △ **ANT.** EFFORT, LABEUR, TRAVAIL; GRAVITÉ, SÉRIEUX.

jeune *adj.* ▶ ***Peu avancé en âge*** – dans la fleur de l'âge, dans la force de l'âge. FAM. jeunet, jeunot. ▶ ***Agile malgré l'âge avancé*** – alerte, ingambe, vert, vif. ▶ ***Inexpérimenté*** – béotien, débutant, inexercé, inexpérimenté, naïf, néophyte, neuf, non initié, nouveau, novice, profane. SOUT. inexpert. RARE commençant. ▶ ***À la mode*** – à la mode, à la page, actuel, au goût du jour, dans le vent, dernier cri, en vogue, frais, moderne, neuf, nouveau, récent. FAM. branché. ▶ ***En parlant d'un vin*** – vert. FRANCE RÉGION. ginglard, ginguet, verdelet. △ **ANT.** ÂGÉ, ANCIEN, VIEUX; SÉNILE; MÛR; EXPÉRIMENTÉ; DÉMODÉ, SURANNÉ; CADUC, FANÉ.

jeune *n.* ▶ ***Homme ou femme*** – adolescent, mineur, préadolescent. SOUT. impubère. FAM. ado, gamin, préado. ▸ *Homme* – adolescent, blanc-bec *(inexpérimenté)*, garçon, jeune garçon, jeune homme, mineur. SOUT. damoiseau *(qui courtise les femmes)*, impubère, puceau *(vierge)*. FAM. ado, adonis *(beau)*, éphèbe *(beau)*, gamin, gars, jeunot, préado. ▸ *Femme* – adolescente, demoiselle, fille, jeune femme, jeune fille, midinette, mineure, miss *(pays anglo-saxons)*, préadolescente. SOUT. impubère, pucelle *(vierge)*. FAM. ado, belle, gamine, préado, pucelle, tendron. PÉJ. fillasse. ▶ ***Petit d'un animal*** (RARE) – petit. ♦ **jeunes,** ***plur.*** ▶ ***Jeunes*** – jeunesse. △ **ANT.** VIEILLARD, VIEUX; ADULTE.

jeûne *n. m.* ▶ ***Privation de nourriture*** – abstinence, diète. ▶ ***Faim*** – appétit, besoin, boulimie, creux, disette, faim, famine, inanition, polyphagie, voracité. FAM. fringale. △ **ANT.** INTEMPÉRANCE; BANQUET, BOMBANCE, FESTIN, RÉGAL.

jeûner *v.* ▶ ***Se priver de nourriture*** – faire maigre. SOUT. faire diète, faire maigre chère. FAM. bouder contre son ventre, faire ceinture, manger à la table qui recule, se mettre la ceinture, se serrer la ceinture. △ **ANT.** MANGER, S'ALIMENTER; S'EMPIFFRER, SE GAVER.

jeunesse *n.f.* ▶ ***Début de la vie*** – bel âge, fleur de l'âge, jeune âge, jeunes années, première saison, verte jeunesse. SOUT. mai, matin, printemps. ▶ ***Début de l'âge adulte*** – adolescence, âge bête, âge ingrat, minorité, nubilité, préadolescence, puberté, pubescence. SOUT. juvénilité, printemps. ▶ ***Caractère nouveau*** – actualité, avant-gardisme, changement, contemporanéité, fraîcheur, inédit, innovation, jamais vu, mode, modernité, neuf, nouveau, nouveauté, originalité, pertinence, précédent, première, présent, primeur. △ **ANT.** VIEILLESSE; SÉNILITÉ; ANCIENNETÉ, ARCHAÏSME.

joie *n.f.* ▶ ***Euphorie*** – allégresse, béatitude, bonheur, égaiement, enthousiasme, euphorie, exaltation, extase, exultation, gaieté, hilarité, ivresse, jubilation, plaisir, ravissement, réjouissance, vertige. SOUT. aise, félicité, liesse, rayonnement. ▶ ***Entrain*** – belle humeur, bonne humeur, enjouement, enthousiasme, entrain, gaieté, jovialité, pétulance. SOUT. alacrité. △ **ANT.** AFFLICTION, CHAGRIN, DÉSENCHANTEMENT, DÉSESPOIR, DÉSOLATION, DOULEUR, PEINE, SOUFFRANCE, TRISTESSE; DÉSAGRÉMENT, ENNUI, ÉPREUVE, MALHEUR, REVERS.

joindre *v.* ▶ ***Juxtaposer*** – accoler, juxtaposer, mettre en contact. QUÉB. coller. ▶ ***Ajouter*** – adjoindre, ajouter, annexer. ▶ ***Faire communiquer*** – brancher, connecter, embrancher, lier, raccorder, rattacher, relier, réunir. ▶ ***Réunir*** – allier, associer, combiner, concilier, conjuguer, marier, mêler, réunir, unir. ▶ ***Unir par un lien abstrait*** – attacher, lier, souder, unir. ▶ ***Unir dans une cause commune*** – associer, coaliser, liguer, réunir, unir. ▶ ***Contacter*** – contacter, entrer en contact avec, prendre contact avec, rejoindre, se mettre en rapport avec, toucher. SOUT. prendre langue avec. PÉJ. s'aboucher avec. ♦ **se joindre** ▶ ***S'unir dans une cause commune*** – faire front commun, s'allier, s'associer, s'unir, se coaliser, se liguer, se solidariser. ▶ ***Prendre part*** – avoir part, collaborer, concourir, contribuer, coopérer, partager, participer, prendre part, s'associer, s'engager, s'impliquer, s'investir. ▶ ***S'ajouter*** – grossir, s'ajouter à, se greffer sur. ♦ **joint** ▶ ***Physiquement relié*** – associé, attaché, conjoint, indissociable, inhérent, inséparable, lié, relié, uni. △ **ANT.** DÉSUNIR, DÉTACHER, DISJOINDRE, ÉCARTER, FRACTIONNER, SCINDER, SÉPARER; ÉLOIGNER, ISOLER; BROUILLER, DIVISER, OPPOSER.

joint *n.m.* ▶ ***Branchement*** – abouchement, aboutage, aboutement, accolement, accouplage, accouplement, ajustage, apposition, articulation, assemblage, association, branchement, coalescence, confluence, conjonction, conjugaison, connexion, contact, convergence, couplage, couplement, groupage, interconnexion, interface, jointure, jonction, jumelage, juxtaposition, liaison, mariage, mise en couple, mixage, raccord, raccordement, rapprochement, reboutement, relation, rencontre, réunion, suture, union. RARE liage. ▶ ***Ajout*** – about, aboutement, ajout, ajutage, assemblage, emboîtement, emboîture, embout, embrèvement, enfourchement, enlaçure, enture, jointure, raccord. ▶ ***Jonction d'un assemblage*** – brisure, collure, enchevauchure, entablure, genou. ▶ ***Fente de stratification*** – délit. ▶ ***Dispositif de transmission*** – cardan, joint de cardan. ▶ ***Garniture étanche*** – coulis, fourrure.

jointure *n.f.* ▶ ***Partie du corps*** – articulation, attache. ANAT. glène, ligament, ménisque, trochlée. ▶ ***Branchement*** – abouchement, aboutage, aboutement, accolement, accouplage, accouplement, ajustage, apposition, articulation, assemblage, association, branchement, coalescence, confluence, conjonction, conjugaison, connexion, contact, convergence, couplage, couplement, groupage, interconnexion, interface, joint, jonction, jumelage, juxtaposition, liaison, mariage, mise en couple, mixage, raccord, raccordement, rapprochement, reboutement, relation, rencontre, réunion, suture, union. RARE liage.

joli *adj.* ▶ ***Ravissant*** – à croquer, adorable, avenant, beau, bien, charmant, coquet, délicieux, gentil, gentillet, gracieux, mignon, mignonnet, plaisant, ravissant. FAM. chou. FRANCE FAM. croquignolet, mignard, mimi, trognon. ▶ ***En parlant d'une somme*** – beau, coquet, gentil, rondelet. △ **ANT.** DÉPLAISANT, DISGRACIEUX, INESTHÉTIQUE, INGRAT, LAID, VILAIN; FAIBLE, MODESTE.

jonc *n.m.* ▶ ***Baguette*** – aine, alinette, apex, archet, badine, baguette, bâton, bâtonnet, branche, canne, cravache, crosse, gaule, honchet, houssine, jonchet, mailloche, perche, stick, style, tige, triballe, tringle, verge, vergette. ▶ ***Bijou*** – anneau, bague. FRANCE FAM. bagouse. ▶ ***Argent*** (FAM.) – argent. FAM. blé, braise, flouse, fric, galette, grisbi, oseille, pépètes, picaillons, pognon, radis, sous, trèfle.

joncher *v.* ▶ ***Couvrir*** – couvrir, parsemer, recouvrir. △ **ANT.** DÉBARRASSER, DÉGARNIR, ENLEVER.

jonction *n.f.* ▶ ***Rapprochement*** – abouchement, aboutage, aboutement, accolement, accouplage, accouplement, ajustage, apposition, articulation, assemblage, association, branchement, coalescence, confluence, conjonction, conjugaison, connexion, contact, convergence, couplage, couplement, groupage, interconnexion, interface, joint, jointure, jumelage, juxtaposition, liaison, mariage, mise en couple, mixage, raccord, raccordement, rapprochement, reboutement, relation, rencontre, réunion, suture, union. RARE liage. △ **ANT.** COUPURE, DÉCONNEXION, DISJONCTION, DISSOCIATION, ÉCARTEMENT, ÉLOIGNEMENT, ESPACEMENT, ISOLEMENT, RUPTURE, SÉPARATION.

jouer *v.* ▶ ***Se livrer à des jeux*** – s'amuser, s'ébattre. ENFANTIN faire joujou. ▶ ***Plaisanter*** – badiner, folâtrer, plaisanter, rire, s'amuser, se gausser. FAM. batifoler, blaguer, déconner, rigoler. BELG. baleter, zwanzer. FRANCE RÉGION. galéjer. ▶ ***Faire un sport*** – pratiquer, s'adonner à. ▶ ***Affronter dans un match*** – affronter, disputer la victoire à, disputer un match contre, rencontrer, se battre, se mesurer à. ▶ ***Faire des opérations financières*** – spéculer. ▶ ***Être un facteur*** – agir sur, compter, entrer en ligne de compte, importer, influencer, influer sur, peser dans la balance, peser sur. ▶ ***Utiliser*** – avoir recours à, déployer, employer, exercer, faire appel à, faire jouer, faire usage de, mettre en œuvre, recourir à, s'aider de, se servir de, user de, utiliser. ▶ *Miser* – blinder, miser, parier, ponter, y aller de. FAM. éclairer. QUÉB. gager. ▶ *Livrer au hasard* – aventurer, compromettre, exposer, hasarder, mettre en jeu, mettre en péril, risquer. ▶ *Incarner un rôle* – camper *(avec vigueur)*, faire, incarner, interpréter, tenir le rôle de. ▶ *Donner en représentation* – donner, représenter. ▶ *Exécuter une pièce musicale* – exécuter, interpréter. ♦ **se jouer** ▶ *Surmonter avec facilité* – se rire de. ▶ *Duper* – abuser, attraper, avoir, bercer, berner, duper, en conter à, en faire accroire à, flouer, leurrer, mentir à, mystifier, se moquer de, tromper. SOUT. trigauder. FAM. blouser, bluffer, canuler, charrier, cravater, empaumer, empiler, entourlouper, esbroufer, faire marcher, feinter, la faire à, mener en bateau, mettre en boîte, pigeonner, posséder, refaire, rouler. QUÉB. FAM. niaiser. RARE jobarder.

jouet *n.m.* ▶ *Objet pour s'amuser* – jeu. ENFANTIN joujou. ▶ *Objet de peu de valeur* – affiquet, babiole, bagatelle, baliverne, bêtise, bibelot, breloque, bricole, brimborion, chiffon, colifichet, fanfreluche, fantaisie, frivolité, futilité, gadget, hochet, inutilité, misère, rien. FAM. gimmick, gnognote. ▶ *Personne* – baudruche, cire molle, esclave, fantoche, figurant, mannequin, marionnette, mouton, pantin, potiche, suiveur, suiviste. FAM. béni-oui-oui. ▶ *Victime* – bouc émissaire, dindon de la farce, gibier, martyr, opprimé, persécuté, plastron, proie, sacrifié, souffre-douleur, tête de Turc, victime.

joueur *n.* ▶ *Membre d'une équipe sportive* – coéquipier, équipier. QUÉB. porte-couleurs. ▶ *Parieur* – parieur. SOUT. *ou* QUÉB. FAM. gageur. FAM. flambeur. ▶ *Spéculateur* – accapareur, agioteur, baissier, boursicoteur, boursicotier, bricoleur, haussier, initié, margoulin, monopoleur, monopolisateur, monopoliste, reporté, spéculateur, thésauriseur, trafiquant. FAM. cumulard, traficoteur, tripoteur. ▶ *Musicien* – exécutant, instrumentiste, interprète, musicien. FAM. croque-note *(mauvais)*. △ **ANT.** SPECTATEUR.

joug *n.m.* ▶ *Pièce d'attelage* – attelage, bât, caparaçon, harnachement, harnais, sellerie. ▶ *Soumission* (FIG.) – abaissement, allégeance, appartenance, asservissement, assujettissement, attachement, captivité, contrainte, dépendance, domestication, domesticité, domination, emprise, esclavage, gêne, hilotisme, inféodation, infériorité, mainmise, merci, mouvance, obédience, obéissance, obligation, oppression, pouvoir, puissance, servage, servitude, soumission, subordination, sujétion, tutelle, tyrannie, vassalité. FIG. carcan, chaîne, corset (de fer), coupe, fardeau, griffe, main, patte, prison; SOUT. fers, gaine. FÉOD. tenure. ▶ *Contrainte* (SOUT.) – astreinte, coercition, contrainte, force, pression. ▸ *Sur un pays* – satellisation. △ **ANT.** AFFRANCHISSEMENT, AUTONOMIE, ÉMANCIPATION, INDÉPENDANCE, LIBERTÉ.

jouir *v.* ▶ *Se réjouir* – déguster, faire ses délices de, goûter, profiter de, s'enchanter de, savourer, se délecter de, se régaler de, se réjouir de, se repaître de, tirer plaisir de. FAM. se gargariser de. ▶ *Bénéficier* – bénéficier de, disposer de, profiter de. ▶ *Déborder de joie* (FAM.) – être fou de joie, être ivre de joie, être transporté de joie, exulter, nager dans la joie, ne plus se sentir de joie, pavoiser, sauter de joie, triompher. FAM. jubiler, sauter au plafond, sauter dans les airs. ▶ *Avoir très mal* (FRANCE FAM.) – avoir très mal. SOUT. souffrir comme un damné, souffrir comme un possédé, souffrir le martyre, souffrir mille morts, souffrir mort et passion. FAM. agoniser. △ **ANT.** MANQUER; PÂTIR, SOUFFRIR.

jouissance *n.f.* ▶ *Plaisir* – bien-être, bon temps, bonheur, contentement, délectation, délice, douceur, euphorie, félicité, plaisir, régal, satisfaction, septième ciel, volupté. SOUT. aise, félicité, miel, nectar. ▶ *Usage* – consommation, détention, possession, propriété, usage, usufruit, utilisation. △ **ANT.** DÉPLAISIR, DOULEUR, MALAISE, SOUFFRANCE; ABSTINENCE, ASCÉTISME; NON-JOUISSANCE, PRIVATION.

jour *n.m.* ▶ *Unité de 24 heures* – journée. BIOL. nycthémère. ▸ *Exprimé par un numéro* – combien, combientième, date, quantième. ▶ *Époque* – âge, cycle, date, époque, ère, étape, génération, heure, moment, période, règne, saison, siècle, temps. ♦ **jour**, *sing.* ▶ *Clarté* – clair, clair-obscur, clarté, contre-jour, demi-jour, éclair, éclairage, éclat, embrasement, flamboiement, flamme, halo, illumination, lueur, lumière, nitescence, pénombre, soleil. SOUT. splendeur. ▶ *Aspect* – air, allure, apparence, aspect, caractère, configuration, couleur, couvert, dehors, éclairage, expression, extérieur, façade, faciès, figure, forme, formule, impression, masque, mine, paraître, perspective, physionomie, plastique *(en art)*, portrait, présentation, profil, ressemblance, semblant, surface, ton, tour, tournure, traits, vernis, visage. SOUT. enveloppe, regardure, superficie. ♦ **jours**, *plur.* ▶ *Vie* – vie, vivant. △ **ANT.** NUIT, SOIR; OBSCURITÉ, TÉNÈBRES; MORT.

journal *n.m.* ▶ *Publication d'information* – bulletin, feuille, hebdomadaire, illustré, magazine, organe, périodique, quotidien, tabloïd. FAM. hebdo. ▸ *Mauvais journal* – feuille de chou. FAM. canard, torchon. FRANCE FAM. baveux. ▶ *Revue* – annales, bihebdomadaire, bimensuel, bimestriel, bulletin, cahier, fanzine, gazette, hebdomadaire, illustré, magazine, mensuel, organe, périodique, publication, revue, tabloïd, trimestriel, zine. FAM. hebdo. ▶ *Livre de commerce* – journal (originaire), livre journal. ▶ *Petit cahier* – agenda, bloc-notes, cahier, calepin, carnet, livre, livret, manifold, mémento, mémorandum, notes, registre, répertoire. ▶ *Récit* – anecdote, annales, autobiographie, biographie, carnet, chroniques, chronologie, commentaires, confessions, évocation, histoire, historiographie, historique, mémoires, mémorial, souvenirs, vie. ▶ *Actualités* – actualités, annonce, brève, bulletin, communiqué, flash, information(s), nouvelle(s). ▸ *Information exclusive* – exclusivité, primeur, scoop.

journalier *n.* ▶ *Travailleur* – agent, cachetier, employé, ouvrier *(manuel)*, préposé, salarié, travailleur. QUÉB. FAM. travaillant. ▶ *Ouvrier d'une ferme* – aide rural, ouvrier agricole, paysan salarié, saisonnier, tâcheron, valet/fille de ferme. QUÉB. engagé, homme engagé. FRANCE RÉGION. domestique de ferme.

journaliste *n.* ▶ *Rédacteur* ▸ *Mauvais* – articlier, bobardier, feuilliste, posticheur. SOUT. folliculaire. FAM. pisse-copie, plumitif.

jovial *adj.* allègre, badin, de belle humeur, en joie, enjoué, épanoui, folâtre, foufou, gai, guilleret, hilare, joyeux, léger, plein d'entrain, réjoui, riant, rieur, souriant. FAM. rigolard, rigoleur. △ **ANT.** BOURRU, DE MAUVAISE HUMEUR, GROGNON, MAUSSADE, MOROSE, RENFROGNÉ, TACITURNE; DÉPRIMÉ, LAS, MÉLANCOLIQUE, MORNE, PESSIMISTE, SOMBRE, TÉNÉBREUX, TRISTE.

joyau *n. m.* ▶ ***Objet précieux*** – bijou. ▸ *Imitation* – pacotille, toc. FAM. affûtiaux, quincaillerie. ▶ ***Parole d'une grande valeur*** – perle. SOUT. sublimité.

joyeusement *adv.* agréablement, allègrement, avec entrain, béatement, bienheureusement, de bon cœur, en gaieté, euphoriquement, extatiquement, gaiement, heureusement, jovialement, plaisamment, radieusement, sans souci. △ **ANT.** AMÈREMENT, DOULOUREUSEMENT, LANGOUREUSEMENT, LANGUISSAMMENT, MALHEUREUSEMENT, MAUSSADEMENT, MÉLANCOLIQUEMENT, NOSTALGIQUEMENT, SOMBREMENT, TRISTEMENT.

joyeux *adj.* ▶ ***Jovial*** – allègre, badin, de belle humeur, en joie, enjoué, épanoui, folâtre, foufou, gai, guilleret, hilare, jovial, léger, plein d'entrain, réjoui, riant, rieur, souriant. FAM. rigolard, rigoleur. ▶ ***Qui procure de la joie*** – réjouissant. FAM. jouissif, jubilatoire. △ **ANT.** BOURRU, DE MAUVAISE HUMEUR, GROGNON, MAUSSADE, MOROSE, RENFROGNÉ, TACITURNE; DÉPRIMÉ, LAS, MÉLANCOLIQUE, PESSIMISTE, SOMBRE, TÉNÉBREUX, TRISTE; DOULOUREUX, FUNÈBRE, LUGUBRE, MAUVAIS, MORNE, PÉNIBLE.

jubilation *n. f.* ▶ ***Joie*** – allégresse, béatitude, bonheur, égaiement, enthousiasme, euphorie, exaltation, extase, exultation, gaieté, hilarité, ivresse, joie, plaisir, ravissement, réjouissance, vertige. SOUT. aise, félicité, liesse, rayonnement. ▶ ***Exultation*** – débordement, délire, éclatement, emballement, exultation. SOUT. transport. △ **ANT.** ACCABLEMENT, AFFLICTION, CHAGRIN, DÉSENCHANTEMENT, DÉSOLATION, DOULEUR, TRISTESSE.

judiciaire *adj.* juridique.

judicieux *adj.* ▶ ***Qui a du jugement*** – éclairé, mesuré, modéré, philosophe, pondéré, posé, raisonnable, raisonné, rationnel, réfléchi, responsable, sage, sain, sensé, sérieux. SOUT. rassis, tempéré. ▶ ***Bien pensé*** – astucieux, bien conçu, bien pensé, habile, ingénieux, intelligent, pertinent. △ **ANT.** ABSURDE, INSENSÉ, NAÏF, STUPIDE.

juge *n.* ▶ ***Magistrat*** – magistrat assis, magistrat du siège. ▸ *Titre* – Son Honneur *(anglo-saxon)*, Votre Honneur. ▶ ***Arbitre*** – arbitragiste, arbitre, arrangeur, conciliateur, intermédiaire, médiateur, modérateur, négociateur, ombudsman, pacificateur, réconciliateur, surarbitre. DR. amiable compositeur. ▶ ***Juge d'une épreuve sportive*** – arbitre, officiel. ▶ ***Appréciateur*** – appréciateur, arbitre, connaisseur, enquêteur, expert, juré. ▶ ***Critique*** – critique. SOUT. censeur, épilogueur, éreinteur *(méchant)*, zoïle. △ **ANT.** ACCUSÉ, INCULPÉ.

jugement *n. m.* ▶ ***Entendement*** – bon sens, cerveau, cervelle, clairvoyance, compréhension, conception, discernement, entendement, esprit, faculté, imagination, intellect, intelligence, lucidité, pénétration, raison, tête. FAM. matière grise, méninges. PHILOS. logos. ▶ ***Comparaison*** – analyse, balance, collation, collationnement, comparaison, confrontation, mesure, mise en regard, parallèle, rapprochement, recension. ▶ ***Sagacité*** – acuité, clairvoyance, fin, finesse, flair, habileté, lucidité, pénétration, perspicacité, sagacité, sensibilité, subtilité. RARE acutesse, perspicuité. FAM. nez. ▶ ***Sagesse*** – bon goût, connaissance, discernement, (gros) bon sens, intelligence, philosophie, raison, sagesse, sens commun, vérité. FAM. jugeote. ▶ ***Opinion*** – appréciation, avis, conception, conviction, critique, croyance, dogme, estime, idée, impression, optique, pensée, perception, point de vue, position, principe, prise de position, sentiment, théorie, thèse, vote, vue. SOUT. oracle. ▶ ***Décision publique*** – arrêt, arrêté, décision, délibération, ordonnance, règlement, résolution, résultat, sentence, verdict. ▸ *Arbitraire ou injuste* – diktat, ukase. △ **ANT.** AVEUGLEMENT, STUPIDITÉ.

juger *v.* ▶ ***Régler un litige*** – arbitrer, régler. ▶ ***Décider*** – conclure, décider, prendre une décision, se prononcer, statuer, trancher. ▶ ***Évaluer*** – apprécier, calculer, estimer, évaluer, jauger, mesurer, peser, soupeser, supputer, toiser. ▶ ***Considérer*** – considérer, croire, estimer, être d'avis que, penser, regarder, tenir, trouver. SOUT. compter, réputer. ♦ **se juger** ▶ ***Se considérer*** – s'estimer, se compter, se considérer, se croire, se penser, se trouver.

jumelle *n. f.* binoculaire, longue-vue, lorgnette, lunette, télescope.

jurer *v.* ▶ ***Promettre*** – faire serment, prêter serment, promettre. ▶ ***Certifier*** – affirmer, assurer, attester, certifier, déclarer, donner l'assurance, donner sa parole (d'honneur), garantir, promettre, répondre de. ▶ ***Proférer des jurons*** – blasphémer, sacrer. FAM. dire des gros mots. ▶ ***Détonner*** – aller mal, détonner, hurler. SOUT. dissoner. △ **ANT.** CONTESTER, DÉMENTIR, DÉNIER, DÉSAVOUER, NIER, RÉFUTER, RENIER; ABJURER; CADRER, S'ACCORDER, S'HARMONISER.

juridiction *n. f.* ▶ ***Pouvoir*** – autorité, commandement, domination, force, gouvernement *(politique)*, loi, maîtrise, pouvoir, puissance, règne, tutelle. SOUT. empire, férule, houlette. ▶ ***Tribunal*** – cour, instance, tribunal. ANC. directoire, inquisition, présidial. ▶ ***Allégeance*** – allégeance, nationalité, statut.

juridique *adj.* ▶ ***Relatif au droit*** – légal, légitime, licite, réglementaire. ▶ ***Qui se fait en justice*** – judiciaire.

juron *n. m.* ▶ ***Blasphème*** – blasphème, cri, exclamation, exécration, gros mot, imprécation, jurement, outrage. QUÉB. sacre. ▶ ***Profanation*** – atteinte, avilissement, blasphème, dégradation, hooliganisme, iconoclasme, irrespect, irrévérence, lèse-majesté, outrage, pollution, profanation, sac, saccage, sacrilège, subversion, vandalisme, viol, violation. △ **ANT.** BÉNÉDICTION, LOUANGE, PRIÈRE.

juste *adj.* ▶ ***Sans parti pris*** – équitable, impartial, intègre, neutre, objectif, sans parti pris. ▶ ***Conforme à la justice*** – équitable, fondé, justifié, légitime, mérité, motivé. ▶ ***Exact*** – bon, conforme, exact, fidèle, précis. ▶ ***Qui convient*** – à propos, adapté, adéquat, approprié, bien trouvé, bien venu, bon, conforme, convenable, correct, de circonstance, heureux, indiqué, opportun, pertinent, propice, propre. SOUT. ad hoc, congruent, expédient, idoine. DIDACT. topique. ▶ ***En parlant de l'heure*** – pile, précis, sonnant, tapant. FAM. pétant. △ **ANT.** ARBITRAIRE,

ATTENTATOIRE, INÉQUITABLE, INIQUE, INJUSTE; À PEU PRÈS, APPROXIMATIVEMENT, ENVIRON.

juste *adv.* ▸ ***Correctement*** – adéquatement, bien, comme il faut, comme il se doit, convenablement, correctement, dans les règles de l'art, décemment, justement, pertinemment, proprement, raisonnablement, sainement, valablement, validement. SOUT. congrûment. ▸ ***Pile*** – au juste, exactement, pile, précisément. FAM. ric-à-rac. ▸ ***Seulement*** – ne ... que, seulement. △ **ANT.** FAUX *(MUSIQUE)*; À PEU PRÈS, APPROXIMATIVEMENT, AUTOUR DE, DANS LES, EN GROS, ENVIRON, GROSSO MODO, PLUS OU MOINS; EN OUTRE, EN PLUS.

justement *adv.* ▸ ***Impartialement*** – démocratiquement, équitablement, honnêtement, impartialement, lucidement, objectivement. ▸ ***Correctement*** – adéquatement, bien, comme il faut, comme il se doit, convenablement, correctement, dans les règles de l'art, décemment, juste, pertinemment, proprement, raisonnablement, sainement, valablement, validement. SOUT. congrûment. △ **ANT.** ARBITRAIREMENT, INÉQUITABLEMENT, INJUSTEMENT, PARTIALEMENT, TENDANCIEUSEMENT; À TORT, ABUSIVEMENT, DÉFECTUEUSEMENT, ERRONÉMENT, FAUSSEMENT, FAUTIVEMENT, IMPROPREMENT, INADÉQUATEMENT, INCORRECTEMENT, INEXACTEMENT, PAR ERREUR.

justesse *n.f.* ▸ ***Adéquation*** – adéquation, convenance, efficacité, exactitude, pertinence, propriété, vérité. SOUT. véridicité. ▸ ***Exactitude*** – exactitude, infaillibilité, netteté, précision, rigueur. ▸ ***Rectitude*** – droiture, rectitude, rigueur. ▸ ***Conformité*** – canonicité, conformité, constitutionnalité, correction, juste, légalité, légitimité, normalité, normativité, régularité, validité. ▸ ***Vérité*** – apodicticité, authenticité, évidence, existence, flagrance, historicité, incontestabilité, objectivité, positivité, réalité, validité, véracité, véridicité, vérité, vrai. SOUT. véridicité. △ **ANT.** APPROXIMATION, ERREUR, FAUSSETÉ, FAUTE, IMPRÉCISION, INCORRECTION, INEXACTITUDE.

justice *n.f.* ▸ ***Droit*** – appareil législatif, code, droit, législation, loi, système législatif. SOUT. tribunal. ▸ ***Équité*** – droiture, égalité, équité, impartialité, impersonnalité, intégrité, légalité, neutralité, objectivité, probité. ▸ ***Honnêteté*** – conscience, droiture, exactitude, fidélité, franchise, honnêteté, incorruptibilité, intégrité, irréprochabilité, loyauté, mérite, moralité, netteté, probité, scrupule, sens moral, transparence, vertu. ▸ ***Hommes de loi*** – gens de robe. FAM. la basoche. △ **ANT.** CRIME, DÉLIT, IRRÉGULARITÉ; ILLÉGALITÉ; INIQUITÉ, INJUSTICE, PARTIALITÉ.

justicier *n.* défenseur (de la veuve et de l'orphelin), don Quichotte, redresseur de torts, tribun, vengeur.

justification *n.f.* ▸ ***Explication*** – éclaircissement, explication, motivation, réponse, version. SOUT. légitimation. ▸ ***Excuse*** – amende honorable, décharge, déculpabilisation, défense, disculpation, explication, motif, pardon, raison, regret, ressource. ▸ ***Plaidoyer*** – apologétique *(religion)*, apologie, défense, éloge, plaidoirie, plaidoyer. △ **ANT.** ACCUSATION, ATTAQUE, BLÂME, CALOMNIE, IMPUTATION, INCULPATION.

justifier *v.* ▸ ***Dégager d'une accusation*** – blanchir, décharger, disculper, innocenter, laver d'une accusation, mettre hors de cause, réhabiliter. DR. acquitter. ▸ ***Constituer un motif valable*** – autoriser, excuser, légitimer, permettre. ▸ ***Constituer une explication*** – expliquer, fonder, motiver. ▸ ***Constituer une preuve*** – attester, confirmer, démontrer, établir, montrer, prouver, vérifier. ♦ **se justifier** ▸ ***S'expliquer*** – s'excuser, s'expliquer, se défendre, se disculper. ♦ **justifié** équitable, fondé, juste, légitime, mérité, motivé. △ **ANT.** ACCUSER, BLÂMER, CONDAMNER, INCRIMINER, INCULPER, NOIRCIR; CONTREDIRE, DÉMENTIR, INFIRMER.

juvénile *adj.* ▸ ***Propre aux jeunes*** – junior. △ **ANT.** SÉNILE, VIEUX.

juxtaposer *v.* accoler, joindre, mettre en contact. QUÉB. coller. ♦ **juxtaposé** à côté, accolé, adjacent, attenant, bord à bord, contigu, côte à côte, en contact, limitrophe, voisin. QUÉB. collé. △ **ANT.** DÉCOLLER, ÉCARTER, ÉLOIGNER, ESPACER, SÉPARER.

juxtaposition *n.f.* abouchement, aboutage, aboutement, accolement, accouplage, accouplement, ajustage, apposition, articulation, assemblage, association, branchement, coalescence, confluence, conjonction, conjugaison, connexion, contact, convergence, couplage, couplement, groupage, interconnexion, interface, joint, jointure, jonction, jumelage, liaison, mariage, mise en couple, mixage, raccord, raccordement, rapprochement, reboutement, relation, rencontre, réunion, suture, union. RARE liage. △ **ANT.** DISJONCTION, ÉCARTEMENT, ÉLOIGNEMENT, ESPACEMENT, SÉPARATION.

kiosque *n.m.* ▸ ***Abri esthétique*** – belvédère, berceau, bungalow, gloriette, mirador, pavillon, pergola, rotonde, tonnelle, treille. ▸ ***Petite construction*** – échoppe, édicule. BELG. aubette. ▸ ***Lieu d'exposition*** – stand.

kitsch (var. **kitch**) *adj.* d'un goût douteux, de mauvais goût, laid. FAM. ringard, tocard. QUÉB. FAM. quétaine.

klaxon *n.m.* avertisseur, corne de brume *(sur un bateau)*. ANC. trompe.

l

là *adv.* ▶ ***Alors*** – à ce moment-là, à l'époque, alors. △ **ANT.** ICI.

labeur *n.m.* ▶ ***Travail*** (*SOUT.*) – affaire, besogne, corvée, devoir, obligation, occupation, ouvrage, peine, tâche, travail. ▶ ***Fatigue*** – abattement, accablement, affaiblissement, affaissement, affalement, alanguissement, amollissement, anéantissement, apathie, atonie, consomption, épuisement, éreintement, exténuation, faiblesse, fatigue, forçage, harassement, inertie, langueur, lassitude, marasme, peine, prostration, stress, surmenage. *MÉD.* adynamie, anémie, asthénie. △ **ANT.** DÉSŒUVREMENT, INACTION, LOISIR, OISIVETÉ; REPOS.

laboratoire *n.m.* ▶ ***Local*** – *FAM.* labo. ▶ ***Lieu où se prépare quelque chose*** – officine.

laborieusement *adv.* ▶ ***Difficilement*** – à grand-peine, à peine, difficilement, difficultueusement, durement, incommodément, mal, malaisément, péniblement, tant bien que mal. *FAM.* cahincaha. ▶ ***Studieusement*** – avec application, avec attention, besogneusement, sérieusement, studieusement. △ **ANT.** AISÉMENT, FACILEMENT, SANS DIFFICULTÉ, SANS EFFORT; APATHIQUEMENT, INDOLEMMENT, LANGUISSAMMENT, MOLLEMENT, NÉGLIGEMMENT, NONCHALAMMENT, OISIVEMENT, PARESSEUSEMENT, PASSIVEMENT.

laborieux *adj.* ▶ ***Qui exige beaucoup d'efforts*** – ardu, complexe, compliqué, corsé, délicat, difficile, épineux, malaisé, problématique. *SOUT.* scabreux. ▶ ***Qui manque d'aisance*** – embarrassé, gauche, lourd, qui sent l'effort. ▶ ***Qui travaille beaucoup*** – actif, affairé, allant, diligent, dynamique, énergique, infatigable, travailleur, vaillant, zélé. *FAM.* bosseur, bûcheur, increvable, piocheur. *QUÉB.* travaillant. △ **ANT.** AISÉ, COMMODE, ÉLÉMENTAIRE, ENFANTIN, FACILE, REPOSANT, SIMPLE; APATHIQUE, INACTIF, INDOLENT, NONCHALANT, OISIF, PARESSEUX.

labour *n.m.* ameublissement, bêchage, billonnage, billonnement, binage, charruage, culture, décavaillonnage, écroûtage, émottage, émottement, façon, façonnage, façonnement, grattage, hersage, hivernage, labourage, plombage, roulage, scarifiage, scarification, serfouissage, tassage, travail.

labourer *v.* ▶ ***Remuer la terre*** – ameublir, bêcher, biner, défoncer, écroûter, effondrer, égratigner, émotter, fouiller, gratter, herser, piocher, remuer, retourner, scarifier, serfouir. ▶ ***Écorcher*** – écorcher, égratigner, érafler, griffer. *DIDACT.* excorier. ▶ ***Rider*** – chiffonner, creuser de rides, flétrir, raviner, rider, sillonner de rides. △ **ANT.** LAISSER EN FRICHE.

labyrinthe *n.m.* ▶ ***Réseau compliqué*** – dédale, forêt, lacis, maquis, méandres, réseau, sinuosités. ▶ ***Situation complexe*** – confusion, dédale, détours, écheveau, enchevêtrement, maquis. *FAM.* embrouillamini.

lac *n.m.* ▶ ***Grande quantité d'un liquide*** (*SOUT.*) – flaque, mare. *SUISSE* gouille.

lacet *n.m.* ▶ ***Cordon*** – cordelette, cordon, cordonnet, ficelle, fouet, tirant. ▶ ***Sinuosité*** – arabesque, boucle, contour, courbe, détour, méandre, ondulation, repli, serpentin, sinuosité, volute *(fumée)*. *SOUT.* flexuosité. ▶ ***Mouvement*** – agitation, balancement, ballottement, bercement, branle, branlement, cahotement, flottement, fluctuation, flux et reflux, houle, impulsion, mouvement, onde, ondoiement, ondulation, oscillation, pulsation, raz de marée, remous, roulis, tangage, va-et-vient, vague, valse, vibration. *FAM.* brimbalement. ▶ ***Piège à petit gibier*** – collet, lacs, poche.

lâche *adj.* ▶ ***En parlant d'un vêtement*** – ample, blousant, bouffant, flottant, large. *RARE* vague. ▶ ***En parlant d'un ressort*** – détendu. ▶ ***Qui manque de tonus*** – flasque, mollasse, mou, relâché. ▶ ***Qui manque de courage*** – couard, craintif, faible, frileux, mou, peureux, pleutre, poltron, pusillanime, qui se dérobe, timide, timoré, veule. *FAM.* dégonflé, froussard, poule mouillée, trouillard. ▶ ***Faible de caractère*** – affaissé, amorphe, apathique, atone, avachi, désossé, endormi, faible, inconsistant, indolent, inerte, léthargique, lymphatique, mou, nonchalant, passif, ramolli, sans ressort. *SOUT.* veule. *FAM.* gnangnan, mollasse, mollasson, ramollo. ▶ ***Mépri-***

sable – abject, bas, coupable, crapuleux, dégoûtant, honteux, ignoble, immonde, inavouable, indigne, infâme, infect, innommable, inqualifiable, méprisable, odieux, repoussant, répugnant, sans nom, scandaleux, sordide, vil. SOUT. fangeux, ignominieux, nauséeux, triste, turpide. FAM. dégueu, dégueulasse, écœurant, salaud. ▶ ***En parlant d'une intrigue*** – languissant, mou, qui manque de nerf, traînant. △ **ANT.** AJUSTÉ, ÉTROIT, MOULANT, SERRÉ; COMPRIMÉ, TENDU; ACTIF, DILIGENT, DYNAMIQUE, ÉNERGIQUE, INFATIGABLE, LABORIEUX, TRAVAILLEUR, VAILLANT, ZÉLÉ; BRAVE, COURAGEUX, INTRÉPIDE, VALEUREUX; CONCIS, DENSE, NERVEUX.

lâche *n.* frileux, peureux, pleutre, poltron, timoré. SOUT. couard, trembleur. FAM. caneur, dégonflé, demi-sel, froussard, lâcheur, poule mouillée, trouillard.

lâchement *adv.* ▶ ***Peureusement*** – craintivement, frileusement, ombrageusement, peureusement, pusillanimement, timidement. ▶ ***Servilement*** – à genoux, à plat ventre, bassement, complaisamment, honteusement, indignement, obséquieusement, platement, servilement. △ **ANT.** AUDACIEUSEMENT, BRAVEMENT, COURAGEUSEMENT, HARDIMENT, INTRÉPIDEMENT, VAILLAMMENT, VALEUREUSEMENT.

lâcher *v.* ▶ ***Desserrer*** – desserrer, détendre, donner du jeu à, relâcher. MAR. mollir. ▶ ***Laisser tomber du haut des airs*** – jeter, lancer, larguer. ▶ ***Abandonner qqch.*** (FAM.) – abandonner, délaisser, enterrer, faire une croix sur, jeter aux oubliettes, laisser, laisser en jachère, laisser tomber, mettre au placard, mettre au rancart, mettre aux oubliettes, quitter, renoncer à, tirer une croix sur. SOUT. dépouiller, renoncer. FAM. planter là, plaquer. ▶ ***Abandonner qqn*** (FAM.) – abandonner, délaisser, déserter, laisser, laisser en plan, laisser tomber, quitter. FAM. jeter, laisser choir, larguer, lourder, planter là, plaquer. ▶ ***Dépasser*** – dépasser, devancer, distancer, doubler, gagner de vitesse, passer, semer. FAM. griller, larguer. ▶ ***Débourser*** (FAM.) – débourser, décaisser, dépenser, payer, verser. FAM. allonger, casquer, cracher. ▶ ***Émettre*** – articuler, dire, émettre, lancer, pousser, proférer, prononcer, sortir. ▶ ***Céder*** – céder, (se) casser, (se) rompre. △ **ANT.** AGRIPPER, EMPOIGNER, PRENDRE, SAISIR; ATTRAPER, CAPTURER; ÉTREINDRE, TENIR; GARDER, RETENIR.

lâcheté *n.f.* ▶ ***Manque de courage*** – faiblesse, peur, poltronnerie. SOUT. couardise, pleutrerie. ▶ ***Complaisance*** – génuflexion, inclinaison, prosternation, prosternement. RELIG. prostration. △ **ANT.** BRAVOURE, COURAGE, HÉROÏSME, INTRÉPIDITÉ, VAILLANCE; ARDEUR, ÉNERGIE; DIGNITÉ, GÉNÉROSITÉ, HONNEUR, LOYAUTÉ, NOBLESSE.

lacs *n.m.* ▶ ***Piège à petit gibier*** – collet, lacet, poche.

lacune *n.f.* ▶ ***Absence*** – absence, défaut, manque, omission, privation, trou, vide. ▶ ***Discontinuité*** – brisure, cassure, coupure, discontinuité, fossé, hiatus, interruption, rupture, saut, solution de continuité. ▶ ***Imperfection*** – défaut, défectuosité, démérite, faible, faiblesse, faille, faute, fil, grossièreté, handicap, imperfection, infirmité, insuffisance, maladie, malfaçon, manque, médiocrité, péché mignon, péché véniel, petitesse, ridicule, tache, tare, tort, travers, vice. SOUT. perfectibilité. ▶ ***Ignorance*** – analphabétisme, ignorance, illettrisme, inadéquation, inaptitude, incapacité, incompétence, incompréhension, inconscience, inculture, inexpérience, ingénuité, innocence, insuffisance, naïveté, nullité, obscurantisme, simplicité. SOUT. impéritie, inconnaissance, méconnaissance. △ **ANT.** EXISTENCE, PRÉSENCE; ABONDANCE, RICHESSE; CONTINUITÉ; ACHÈVEMENT, INTÉGRITÉ, PERFECTION; CONNAISSANCE.

laid *adj.* ▶ ***Hideux*** – à faire peur, affreux, déplaisant, disgracieux, hideux, horrible, ignoble, inesthétique, informe, ingrat, inharmonieux, laideron *(femme)*, monstrueux, repoussant, répugnant, vilain. SOUT. malgracieux, répulsif. FAM. blèche, dégueulasse, mochard, moche, tocard. ▶ ***De mauvais goût*** – d'un goût douteux, de mauvais goût, kitsch. FAM. ringard, tocard. QUÉB. FAM. quétaine. △ **ANT.** BEAU; À CROQUER, ADORABLE, CHARMANT, COQUET, DÉLICIEUX, GRACIEUX, JOLI, MIGNON, RAVISSANT; ADMIRABLE, ÉBLOUISSANT, MAGNIFIQUE, SPLENDIDE, SUPERBE; BIEN FAIT, BIEN GALBÉ, SCULPTURAL; ÉLÉGANT, ESTHÉTIQUE.

laideur *n.f.* ▶ ***Au physique*** – hideur, laid. FAM. mocheté. ▶ ***Au moral*** – abjection, abomination, atrocité, bassesse, boue, corruption, crapulerie, crime, débauche, déshonneur, fange, grossièreté, honte, horreur, ignominie, impureté, indignité, infamie, misère, monstruosité, noirceur, obscénité, odieux, ordure, saleté, sordide, souillure, vice. SOUT. sordidité, stupre, turpitude, vilenie. FAM. dégoûtation, dégueulasserie, pouillerie. △ **ANT.** BEAUTÉ, GRÂCE, JOLIESSE.

lainage *n.m.* ▶ ***Toison*** – fourrure, livrée, manteau, mantelure *(chien)*, peau, pelage, robe, toison. ▶ ***Vêtement*** – laine.

laine *n.f.* ▶ ***Vêtement*** – lainage. ▶ ***Duvet végétal*** – bourre.

laïque *adj.* civil, séculier. RELIG. temporel. △ **ANT.** CLÉRICAL, ECCLÉSIASTIQUE, RELIGIEUX; CONFESSIONNELLE *(ÉCOLE)*.

laisse *n.f.* ▶ ***Lien*** – accouple, couple. ▶ ***Rivage*** – estran, lais, platier. QUÉB. batture. ▶ ***Alluvion*** – accroissement, accrue, accumulation, allaise, alluvion, alluvionnement, apport, atterrissement, banc, boue, cailloutis, chaos, colluvion, congère, couche, dépôt, drift, ensablement, falun, flysch, illuviation, illuvion, lais, limon, lit, lœss, moraine, relais, remblaiement, sédiment, sédimentation, strate, stratification, substratum, terrassement, varve. ♦ **laisses,** ***plur.*** ▶ ***Fiente des sangliers*** – laissées.

laisser *v.* ▶ ***Permettre*** – approuver, autoriser, passer, permettre. ▶ ***Léguer*** – abandonner, céder, léguer, transférer, transmettre. DR. ou SOUT. aliéner. ▶ ***Confier*** – confier, donner, remettre. ▶ ***Abandonner qqch.*** – abandonner, délaisser, enterrer, faire une croix sur, jeter aux oubliettes, mettre au placard, mettre au rancart, mettre aux oubliettes, quitter, renoncer à, tirer une croix sur. SOUT. dépouiller, renoncer. FAM. lâcher, planter là, plaquer. ▶ ***Abandonner qqn*** – abandonner, délaisser, déserter, quitter. FAM. jeter, lâcher, larguer, lourder, planter là, plaquer. △ **ANT.** DÉFENDRE, EMPÊCHER; CONTINUER, RÉSISTER; CONSERVER, GARDER, MAINTENIR; CONTRÔLER; PRENDRE, S'EMPARER; ENLEVER, ÔTER, RETIRER; EMMENER, EMPORTER; CHANGER, DÉPLACER, MODIFIER.

laisser-aller *n. m.* ▶ ***Paresse*** – alanguissement, apathie, atonie, engourdissement, fainéantise, farniente, indolence, inertie, langueur, lenteur, léthargie, lourdeur, mollesse, négligence, nonchalance, oisiveté, paresse, somnolence, torpeur. FAM. cosse, flémingite aiguë, flemmardise, flemme. ▶ ***Insouciance*** – détachement, frivolité, imprévoyance, inapplication, inconscience, irresponsabilité, légèreté, négligence, nonchalance. FIG. myopie. SOUT. imprévision, morbidesse. FAM. je-m'en-fichisme, je-m'en-foutisme. ▶ ***Laxisme*** – complaisance, faiblesse, laisser-faire, laxisme, mollesse, permissivité, relâchement. ▶ ***Négligence*** – abandon, abdication, défection, désertion, désintérêt, impréparation, incoordination, incurie, inorganisation, insouciance, négligence. ▶ ***Désordre de la tenue*** – débraillé, négligé. △ **ANT.** ZÈLE; RIGUEUR, SOIN; DISCIPLINE, ORDRE; CORRECTION, ÉLÉGANCE, TENUE.

laissez-passer *n. m.* autorisation, bon, congé, coupe-file, décharge, dispense, licence, navicert, passavant, passe-debout, passeport, permis, sauf-conduit, visa.

laiteux *adj.* blanc, blanchâtre, crayeux, immaculé, neigeux, opale, opalescent, opalin. SOUT. d'albâtre, lacté, lactescent, lilial, marmoréen. △ **ANT.** NOIR, TERNI.

lambeau *n. m.* ▶ ***Morceau*** – bribe, brisure, charpie, coupure, débris, éclat, esquille *(os)*, fraction, fragment, grain, granule, granulé, havrit, limaille, miette, morceau, parcelle, part, particule, partie, pépite, portion, quartier, reste. ♦ **lambeaux,** ***plur.*** ▶ ***Tissu usé*** – chiffons, défroque, friperie, fripes, guenilles, haillons, loques. SOUT. hardes, oripeaux.

lame *n. f.* ▶ ***Arme*** – épée, fer. ▶ ***Objet mince et plat*** – lamelle, paillette. ▶ ***Latte*** – frise, frisette, latte, volige. ▶ ***Eau*** – vague. ▸ *Petite* – mouton *(écume)*, vaguelette. ▸ *Grosse* – lame de fond, raz de marée, tsunami. ▸ *Qui se brise* – brisant, contre-lame *(inversée)*, mascaret, paquet de mer, rouleau, (vague) déferlante.

lamentable *adj.* ▶ ***Mauvais*** – abominable, affreux, atroce, déplorable, désastreux, épouvantable, exécrable, horrible, infect, insipide, manqué, mauvais, médiocre, minable, navrant, nul, odieux, piètre, piteux, pitoyable, qui ne vaut rien, raté. SOUT. méchant, triste. FAM. à la flan, à la gomme, à la manque, à la mie de pain, à la noix (de coco), blèche, craignos, crapoteux, moche, pourri, qui ne vaut pas un clou. △ **ANT.** BRILLANT, ÉBLOUISSANT, EXCELLENT, EXTRAORDINAIRE, FANTASTIQUE, MAGNIFIQUE, MERVEILLEUX, PARFAIT, PRODIGIEUX, REMARQUABLE, SENSATIONNEL.

lamentation *n. f.* ▶ ***Plainte*** – bêlement, braillement, cri, doléances, geignement, grincement, hélas, jérémiade, larmoiement, murmure, plainte, pleurs, sanglot, soupir. SOUT. sanglotement. FAM. pleurnichement, pleurnicherie. QUÉB. FAM. braillage. △ **ANT.** GAIETÉ, JOIE, RIRE.

lamenter (se) *v.* ▶ ***Se plaindre sans arrêt*** – geindre, gémir, pleurer, se plaindre. FAM. faire des jérémiades. ▶ ***Se plaindre bruyamment*** – se plaindre. FAM. beugler, brailler, braire, bramer. △ **ANT.** RIRE, SE RÉJOUIR.

lampadaire *n. m.* ▶ ***Pylône*** – réverbère. ANC. bec de gaz, lanterne.

lampe *n. f.* ▶ ***Appareil à l'électricité*** – FRANCE FAM. loupiote. ▶ ***Source lumineuse*** – ampoule (électrique), lampe (à) halogène, lampe (à incandescence), (lampe) flamme, veilleuse. FAM. lumière.

lance *n. f.* ▶ ***Arme*** – javelot. ▶ ***Cavalier*** – lancier. ▶ ***Tuyau*** – boyau, buse, canal, conduit, gaine, pipe, tube, tubulure, tuyau.

lancement *n. m.* ▶ ***Lancer*** – catapultage, éjection, jet, lancer, projection, tir. ▶ ***Lancement d'un engin spatial*** – tir. ▶ ***Élan*** – bond, branle, coup, élan, élancement, envolée, erre, essor, impulsion, lancée, mouvement, rondade *(acrobatie)*, saut. QUÉB. FAM. erre d'aller. ▶ ***Publication*** – parution, publication, sortie.

lancer *v.* ▶ ***Envoyer loin de soi*** – envoyer, jeter. FAM. balancer, flanquer, foutre. QUÉB. ACADIE FAM. garrocher. ▶ ***Envoyer avec force*** – catapulter, éjecter, envoyer, jeter, projeter, propulser. ▶ ***Envoyer du haut des airs*** – jeter, lâcher, larguer. ▶ ***Décocher*** – darder, décocher, envoyer, jeter. ▶ ***Émettre*** – articuler, dire, émettre, lâcher, pousser, proférer, prononcer, sortir. ▶ ***Dire avec hostilité*** – asséner, cracher, jeter par la tête, proférer, vomir. SOUT. éructer. FAM. débagouler. ▶ ***Déclencher*** – commencer, déclencher, donner le coup d'envoi à, enclencher, engager, entamer, entreprendre, inaugurer, mettre en branle, mettre en route, mettre en train. FAM. démarrer. ♦ **se lancer** ▶ ***S'élancer*** – foncer, s'élancer, sauter, se jeter, se précipiter, se ruer. ▶ ***Sauter*** – bondir, s'élancer, sauter, se jeter, se précipiter. △ **ANT.** ATTIRER, RETIRER; ATTRAPER, RECEVOIR, SAISIR; ARRÊTER, CONTENIR, EMPÊCHER, FREINER, REFRÉNER, RÉPRIMER, RÉSISTER, RETENIR; CACHER, DISSIMULER, TAIRE. ♦ **se lancer** RECULER; S'ABSTENIR; SE CACHER, SE DÉROBER.

lancer *n. m.* ▶ ***Jet*** – catapultage, éjection, jet, lancement, projection, tir.

lancinant *adj.* ▶ ***Qui blesse moralement*** – âcre, affligeant, amer, cruel, cuisant, déchirant, douloureux, dur, éprouvant, navrant, pénible, poignant, saignant, vif. ▶ ***Qui tourmente*** – tenaillant, torturant. SOUT. taraudant, taraudeur, térébrant. ▶ ***Persistant*** – entêtant, harcelant, obsédant, persistant. ▶ ***En parlant d'une douleur*** – aigu, intense, térébrant, vif, violent. △ **ANT.** AGRÉABLE, PLAISANT; ÉPHÉMÈRE, FUGITIF, PASSAGER; ATTÉNUÉ, FAIBLE, LÉGER.

langage *n. m.* ▶ ***Moyen d'expression*** – langue. SOUT. verbe. ▶ ***Élocution*** – articulation, débit, déclamation, diction, élocution, éloquence, énonciation, expression, langue, parole, phonation, phonétique, phonie, pose de voix, prononciation, style, voix. ▶ ***En linguistique*** – idiome, langue. LING. code linguistique, langage naturel, système linguistique. ▶ ***En informatique*** – langage de programmation.

lange *n. m.* barboteuse, brassière, camisole, dormeuse(-couverture), grenouillère, maillot, robe.

langue *n. f.* ▶ ***Système linguistique*** – idiome, langage. LING. code linguistique, langage naturel, système linguistique. ▶ ***Moyen d'expression*** – langage. SOUT. verbe. ▶ ***Élocution*** – articulation, débit, déclamation, diction, élocution, éloquence, énonciation, expression, langage, parole, phonation, phonétique, phonie, pose de voix, prononciation, style, voix. ▸ ***Style*** – écriture, prose (de qqn), style. ▸ ***Languette*** – bande, bandelette, languette, lanière, mèche, ruban.

languir *v.* ▸ ***Ne pas progresser*** – patiner, piétiner, s'enliser, stagner, traîner. FAM. faire du surplace. ♦ **se languir** ▸ ***S'ennuyer de qqn*** – avoir la nostalgie de, regretter, s'ennuyer de. ▸ ***Se morfondre*** – s'ennuyer, se morfondre, sécher sur pied, tourner en rond, trouver le temps long. FAM. s'embêter, se barber, se barbifier, se raser. △ **ANT.** PRENDRE DES FORCES, PROGRESSER, S'ÉPANOUIR, SE DÉVELOPPER; PROSPÉRER, RÉUSSIR.

languissant *adj.* ▸ ***Qui ne progresse pas*** – piétinant, stagnant, traînant. ▸ ***Qui manque d'énergie*** – lâche, mou, qui manque de nerf, traînant. ▸ ***Faible et lent*** (SOUT.) – affaibli, alangui, indolent, lent, nonchalant. ▸ ***Qui exprime la tendresse amoureuse*** (SOUT.) – amoureux, énamouré, langoureux. SOUT. alangui, languide. △ **ANT.** ÉVOLUTIF, PROGRESSIF; ACTIF, ARDENT, ÉNERGIQUE, VIF; FROID, INDIFFÉRENT.

lanière *n.f.* ▸ ***Courroie*** – attache, câble, chaîne, corde, courroie, fers, lien, ligament, ligature, liure, rétinacle, sangle. ▸ ***Morceau long et étroit*** – bande, bandelette, langue, languette, mèche, ruban.

lanterne *n.f.* ▸ ***Boîte*** – campanile *(édifice)*, falot, fanal, lampion, lanterne rouge, lanterne-tempête, lanternon. ▸ ***Feu*** – feu de position, feu de stationnement, lanterne (d'automobile), veilleuse. ▸ ***Réverbère*** (ANC.) – lampadaire, réverbère. ANC. bec de gaz. ▸ ***Dôme*** – berceau, calotte, coupole, cul-de-four, dôme, voûte. ▸ *Intérieur* – cintre, intrados. ▸ *Extérieur* – extrados.

lapin *n.* ♦ **lapin**, *masc.* ▸ ***Fourrure*** – peau de lapin, visonnette. ▸ ***Appellatif affectueux pour un garçon*** – chaton, loup. FAM. petit bonhomme. FRANCE FAM. poulot. ▸ *Plus général* – ange, bijou, chérubin, cœur, poussin, puce, trésor. ♦ **lapine**, *fém.*

laquais *n.m.* ▸ ***Homme servile*** (SOUT.) – acclamateur, admirateur, adorateur, adulateur, apologiste, caudataire, complaisant, complimenteur, courtisan, dithyrambiste, flatteur, patelin, valet. SOUT. applaudisseur, approbateur, glorificateur, laudateur, thuriféraire. FAM. béni-oui-oui, carpette, cloporte, fayot, larbin, lèche-bottes, paillasson. BELG. FAM. frotte-manche. ▸ ***Domestique*** (ANC.) – domestique.

laque *n.* ▸ ***Vernis*** – blanc de chaux, brasque, briquetage, caviar, enduit, engluage, fart, mastic, patine, stuc, vernis. ♦ **laque**, *fém.* ▸ ***Peinture*** – peinture laque, ripolin. ▸ ***Produit pour cheveux*** – brillantine, fixateur, gel coiffant, gomina. QUÉB. fixatif.

large *adj.* ▸ ***De grande taille*** – épais, grand, gros, volumineux. ▸ ***Spacieux*** – ample, étendu, grand, spacieux, vaste. ▸ ***Qui n'est pas serré*** – ample, blousant, bouffant, flottant, lâche. RARE vague. ▸ ***Généreux*** – généreux, prodigue, qui a le cœur sur la main, qui a un cœur d'or. SOUT. magnificent, munificent. ▸ ***Tolérant*** – évolué, large (d'esprit), libéral, ouvert, tolérant. ▸ ***Permissif*** – élastique, latitudinaire, laxiste, permissif, relâché. △ **ANT.** COURT, MENU, PETIT; DÉRISOIRE, INSIGNIFIANT, RESTREINT; AJUSTÉ, ÉTROIT, MOULANT; AVARE, MESQUIN; RIGOUREUX, SÉVÈRE, STRICT; SERRÉ, TENDU.

large *n.m.* ▸ ***Mer*** – haute mer. DR. les eaux internationales. ▸ ***Largeur*** – ampleur, amplitude, calibre, carrure, diamètre, empan, envergure, étendue, évasure, format, giron *(d'une marche)*, grosseur, laize, largeur, lé, module, portée, taille.

largement *adv.* ▸ ***Vastement*** – amplement, colossalement, considérablement, énormément, gigantesquement, grandement, immensément, large, spacieusement, vastement. ▸ ***Généreusement*** – charitablement, chevaleresquement, fraternellement, généreusement, grassement, humainement, libéralement, magnanimement, prodigalement. △ **ANT.** EN FAIBLE QUANTITÉ, FAIBLEMENT, PAS BEAUCOUP, PEU; AVAREMENT, CHÉTIVEMENT, CHICHEMENT, CUPIDEMENT, MAIGREMENT, MESQUINEMENT, PARCIMONIEUSEMENT.

largeur *n.f.* ▸ ***Étendue*** – ampleur, amplitude, calibre, carrure, diamètre, empan, envergure, étendue, évasure, format, giron *(d'une marche)*, grosseur, laize, large, lé, module, portée, taille. △ **ANT.** ÉTROITESSE, EXIGUÏTÉ, PETITESSE.

larme *n.f.* ▸ ***Liquide oculaire*** – SOUT. pleurs. ♦ **larme**, *sing.* ▸ ***Petite quantité*** – atome, bouchée, brin, chouia, doigt, filet, goutte, gouttelette, grain, lueur, miette, nuage, once, paille, parcelle, peu, pincée, pointe, relent, restant, reste, rien, soupçon, tantinet, teinte, touche, trace, trait, zeste. ♦ **larmes**, *plur.* ▸ ***Gémissement*** – bêlement, braillement, cri, doléances, geignement, grincement, hélas, jérémiade, lamentation, larmoiement, murmure, plainte, pleurs, sanglot, soupir. SOUT. sanglotement. FAM. pleurnichement, pleurnicherie. QUÉB. FAM. braillage. ▸ ***Tristesse*** (SOUT.) – abattement, accablement, affliction, aigreur, amertume, chagrin, dépression, désolation, deuil, douleur, ennui, épreuve, grisaille, humeur noire, idées noires, idées sombres, langueur, lypémanie, mal du pays, mal-être, maussaderie, mélancolie, monotonie, morosité, neurasthénie, noir, nostalgie, papillons, peine, serrement de cœur, souci, tædium vitæ, tristesse, vague à l'âme. SOUT. atrabile, navrement, nuage, spleen, taciturnité. FAM. blues, bourdon, cafard, déprime, sinistrose. △ **ANT.** RIRE, SOURIRE; PLAISIR.

larmoyant *adj.* ▸ ***Qui pleure*** – en larmes, en pleurs, éploré. ▸ ***Qui pleurniche*** – dolent, gémissant, plaintif, pleureur, pleurnichard, pleurnicheur. FAM. bêlant, geignard, pleurard. △ **ANT.** ENJOUÉ, GAI.

larve *n.f.* ▸ ***Paresseux*** – fainéant, feignant, paresseux. FAM. branleur, cossard, flemmard, glandeur, tire-au-cul, tire-au-flanc, traîne-savates, traîne-semelles. ▸ ***Fantôme*** – apparition, créature éthérée, double, ectoplasme, esprit, esprit frappeur, fantôme, mort-vivant, ombre, périsprit, revenant, spectre, vision, zombie. ANTIQ. lémure. ▸ ***Personne déchue*** – déchet de la société, déchet (humain), épave, larve (humaine), loque (humaine), ruine (humaine), sous-homme.

las *adj.* ▸ ***Épuisé*** – à bout, à plat, brisé, courbatu, épuisé, éreinté, exténué, fatigué, fourbu, harassé, mort (de fatigue), moulu (de fatigue). SOUT. recru (de fatigue), rompu (de fatigue), roué de fatigue. FAM. au bout du rouleau, avachi, claqué, crevé, esquinté, flagada, flapi, lessivé, nase, pompé, ramollo, raplapla, sur le flanc, sur les genoux, sur les rotules, vanné, vidé. ▶ ***Dégoûté*** – blasé, dégoûté, désabusé, écœuré, fatigué, lassé, qui en a assez, saturé. FAM. qui en a ras-le-bol. QUÉB. FAM. tanné. ▶ ***Morose*** – abattu, découragé, démoralisé, déprimé, mélancolique, morne, morose, pessimiste, qui a le vague à l'âme, qui broie du noir, sombre, ténébreux, triste. SOUT. bilieux, saturnien, spleenétique. FAM. cafardeux, tristounet. △ **ANT.** ALERTE, DISPOS, REPOSÉ; ARDENT, EMBALLÉ, ENTHOUSIASTE.

lasser *v.* ▶ ***Remplir de fatigue*** – abrutir, briser, courbaturer, épuiser, éreinter, exténuer, fatiguer, forcer, harasser, mettre à plat, surmener, tuer. FAM. claquer, crever, démolir, esquinter, lessiver, mettre sur le flanc, nettoyer, pomper, rétamer, vanner, vider. QUÉB. FAM. maganer. ▶ ***Remplir d'ennui*** – assommer, endormir, ennuyer. FAM. barber, barbifier, pomper, raser. ▶ ***Rebuter*** – décourager, ennuyer, fatiguer, rebuter. ▶ ***Blaser*** – blaser, dégoûter, désabuser, écœurer, fatiguer, saturer. ▶ ***Démoraliser*** – abattre, débiliter, décourager, démobiliser, démoraliser, démotiver, déprimer, écœurer, mettre à plat. FAM. démonter. BELG. déforcer. △ **ANT.** DÉLASSER, REPOSER; AMUSER, DISTRAIRE, DIVERTIR, ÉGAYER; ANIMER, ENCOURAGER, STIMULER; RÉCONFORTER.

lassitude *n.f.* ▶ ***Fatigue*** – abattement, accablement, affaiblissement, affaissement, affalement, alanguissement, amollissement, anéantissement, apathie, atonie, consomption, épuisement, éreintement, exténuation, faiblesse, fatigue, forçage, harassement, inertie, labeur, langueur, marasme, peine, prostration, stress, surmenage. MÉD. adynamie, anémie, asthénie. ▶ ***Ennui*** – assommement, bâillement, dégoût, déplaisir, ennui, insatisfaction, langueur, vide. SOUT. blasement. ▶ ***Découragement*** – abattement, accablement, affliction, amertume, anéantissement, chagrin, consternation, déboires, déception, déconvenue, découragement, dégoût, dégrisement, démoralisation, dépit, désappointement, désenchantement, désespoir, désillusion, désolation, échec, écœurement, ennui, infortune, insuccès, mécompte, peine, regret, revers, tristesse. SOUT. atterrement, déréliction, désabusement, désespérance, retombement. FAM. douche (froide), ras-le-bol. △ **ANT.** BIEN-ÊTRE, ÉNERGIE, FORCE, VITALITÉ; ARDEUR, ENTHOUSIASME, ENTRAIN; ENCOURAGEMENT.

latent *adj.* à l'état latent, dormant, en germe, en gestation, larvé, qui couve, somnolent, sourd. △ **ANT.** APPARENT, MANIFESTE, PATENT, VISIBLE; ACTIF, EN ACTIVITÉ.

latitude *n.f.* ▶ ***Région*** – coin (de pays), contrée, partie du monde, pays, région, secteur, zone. SOUT. cieux, climats. FAM. patelin. ▶ ***Possibilité*** – chance, facilité, liberté, marge (de manœuvre), moyen, occasion, offre, possibilité, volant de sécurité. ▶ ***Distance d'un astre*** – créneau, espace, espacement, fente, interstice, intervalle, ouverture. △ **ANT.** LONGITUDE; CONTRAINTE, DIFFICULTÉ.

lavabo *n.m.* ▶ ***Cuvette*** – évier *(cuisine)*, lave-mains *(d'appoint)*. ANC. aiguière, aquamanile, fontaine. ♦ **lavabos,** ***plur.*** ▶ ***Toilettes*** (PAR EUPHÉM.) – cabinet d'aisances, cabinet de toilette, cabinets, latrines, lieux d'aisances, sanisette *(publiques)*, sanitaires, toilettes, W.-C., water-closets, waters. FAM. petit coin, petit endroit, vécés. BELG. cour. AFR. douchière. ANC. garde-robe.

lavage *n.m.* ▶ ***Nettoyage*** – astiquage, bichonnage, débarbouillage, déblaiement, décrassage, décrassement, décrottage, dégagement, dépoussiérage, détachage, essuyage, fourbissage, fourbissement, lessivage, lessive, ménage, nettoyage, rangement, ravalement, savonnage, vidange. ▶ ***Irrigation*** – irrigation, lavement. ▶ ***Toilette*** – ablutions, bain, débarbouillage, douche, nettoyage, rinçage, toilette.

lavande *n.f.* ▶ ***Essence*** – eau de lavande, essence de lavande, huile de spic.

lave *n.f.* magma.

laver *v.* ▶ ***Nettoyer qqch.*** – lessiver, nettoyer, rincer. ▶ ***Nettoyer le corps*** – décrasser, désencrasser, savonner. FAM. décrotter. ▶ ***Nettoyer le visage*** – débarbouiller, démaquiller. RARE défarder. ▶ ***Venger*** – punir, redresser, réparer, venger. ♦ **se laver** ▶ ***Se nettoyer*** – faire sa toilette, faire ses ablutions, se bouchonner, se décrasser, se nettoyer, se savonner. FAM. se décrotter. ▸ *Le visage* – faire sa toilette, faire ses ablutions, se débarbouiller, se démaquiller. △ **ANT.** BARBOUILLER, ENCRASSER, GRAISSER, MACULER, NOIRCIR, SALIR, SOUILLER, TACHER; ACCUSER, IMPUTER, INCRIMINER.

laveur *n.* ▶ ***Celui qui lave*** – nettoyeur, technicien de surface. ▶ ***Celui qui lave la vaisselle*** – plongeur, rinceur. ▶ ***Celui qui lave le linge*** – FRANCE blanchisseur, lavandier, teinturier. QUÉB. buandier, nettoyeur. ♦ **laveur,** ***masc.*** ▶ ***Appareil industriel*** – barboteur, laverie, lavoir. ♦ **laveuse,** ***fém.*** ▶ ***Machine à laver*** (QUÉB.) – machine, machine à laver. FRANCE lave-linge. QUÉB. ANC. lessiveuse.

lécher *v.* ▶ ***Passer la langue*** – passer la langue sur. ▶ ***Effleurer*** – caresser, effleurer, friser, frôler, raser. ▶ ***Parfaire*** – ciseler, fignoler, finir, parachever, parfaire, peaufiner, perfectionner, polir, raffiner, soigner. △ **ANT.** BÂCLER.

leçon *n.f.* ▶ ***Répétition*** – classe, cours, mémorisation, répétition, révision. ▶ ***Sermon*** – catéchisme, discours, enseignement, exhortation, harangue, morale, propos, sermon. PÉJ. prêchi-prêcha, radotage. ▶ ***Blâme*** – accusation, admonestation, admonition, anathématisation, anathème, attaque, avertissement, blâme, censure, condamnation, correction, critique, désapprobation, diatribe, grief, grognerie, gronderie, interdit, malédiction, mise à l'écart, mise à l'index, mise en quarantaine, objection, observation, plainte, punition, récrimination, remarque, remontrance, représentation, réprimande, réprobation, reproche, réquisitoire, semonce, sérénade, sermon, tollé. SOUT. animadversion, foudres, fustigation, improbation, mercuriale, objurgation, stigmatisation, vitupération. FAM. douche, engueulade, savon, tabac. FRANCE FAM. attrapade, prêchi-prêcha. RELIG. fulmination. ▶ ***Punition*** – châtiment, condamnation, correction, damnation, expiation, gage *(dans un jeu)*, peine, pénalisation, pénalité, pénitence, punition, répression, sanction, verbalisation.

lecteur *n.* ▶ ***Personne qui lit*** – liseur. ANTIQ. anagnoste. ▶ ***Assistant d'un professeur*** – assistant, maître assistant, moniteur, préparateur, répétiteur, sous-maître.

lecture *n.f.* ▸ ***Action de reconnaître des mots*** – déchiffrage, déchiffrement, décodage. ▸ ***Action de lire à voix haute*** – prononcé. ▸ ***Conférence*** – causerie, conférence, cours, discours, exposé, laïus.

légal *adj.* juridique, légitime, licite, réglementaire. △ ANT. CLANDESTIN, ILLÉGAL, ILLICITE, INTERDIT, IRRÉGULIER; ARBITRAIRE.

légalement *adv.* canoniquement, conformément, constitutionnellement, correctement, de droit, de jure, de plein droit, dûment, en bonne et due forme, juridiquement, légitimement, licitement, officiellement, réglementairement, régulièrement, valablement, validement. FAM. réglo. △ ANT. CRIMINELLEMENT, FRAUDULEUSEMENT, ILLÉGALEMENT, ILLÉGITIMEMENT, ILLICITEMENT, INCORRECTEMENT, IRRÉGULIÈREMENT.

légalité *n.f.* ▸ ***Normalité*** – canonicité, conformité, constitutionnalité, correction, juste, justesse, légitimité, normalité, normativité, régularité, validité. ▸ ***Justice*** – droiture, égalité, équité, impartialité, impersonnalité, intégrité, justice, neutralité, objectivité, probité. △ ANT. ARBITRAIRE, ILLÉGALITÉ.

légendaire *adj.* ▸ ***Imaginaire*** – chimérique, fabuleux, fantasmagorique, fantastique, fictif, imaginaire, inexistant, irréel, mythique, mythologique. ▸ ***Célèbre*** – célèbre, connu, de grand renom, fameux, glorieux, historique, illustre, immortel, inoubliable, marquant, mémorable, notoire, proverbial, reconnu, renommé, réputé. ▸ *Non favorable* – de triste mémoire. △ ANT. AUTHENTIQUE, VRAI; ANONYME, IGNORÉ, INCONNU, OBSCUR.

légende *n.f.* ▸ ***Fiction*** – affabulation, artifice, chimère, combinaison, comédie, expédient, fabrication, fabulation, fantaisie, feinte, fiction, fumisterie, histoire, idée, imagination, invention, irréalité, mensonge, rêve, roman, saga, songe. PSYCHOL. confabulation, mythomanie. ▸ ***Récit*** – chantefable, chronique, conte, épopée, fabliau, histoire, historiette, monogatari *(Japon)*, mythe, nouvelle, odyssée, roman, saga. ▸ *À valeur morale* – allégorie, apologue, fable, parabole. ▸ ***Inscription*** – épigraphe, épitaphe, exergue, ex-libris, inscription. ▸ ***Explication*** – analyse, clarification, commentaire, critique, définition, désambiguïsation, éclaircissement, élucidation, exemplification, explication, explicitation, exposé, exposition, glose, illustration, indication, interprétation, lumière, note, paraphrase, précision, remarque, renseignement. ▸ ***Vie des saints*** – hagiographie, histoire des saints, légende (dorée), martyrologie *(martyrs)*, vie des saints. △ ANT. RÉALITÉ, VÉRITÉ.

léger *adj.* ▸ ***Peu intense*** – atténué, doux, faible, ténu. ▸ ***Délicat*** – délicat, délié, élancé, filiforme, fin, fluet, frêle, gracile, grêle, long, longiligne, maigre, mince, svelte. ▸ ***Vaporeux*** – aérien, immatériel, mousseux, vaporeux. SOUT. arachnéen, éthéré. ▸ ***Faible en calories*** – à teneur réduite, allégé, diététique, hypocalorique, maigre. ▸ ***Frugal*** – frugal, maigre. ▸ ***Agile*** – agile, leste, preste, souple. ▸ ***Gai*** – allègre, badin, de belle humeur, en joie, enjoué, épanoui, folâtre, foufou, gai, guilleret, hilare, jovial, joyeux, plein d'entrain, réjoui, riant, rieur, souriant. FAM. rigolard, rigoleur. ▸ ***Écervelé*** – écervelé, étourdi, évaporé, imprévoyant, imprudent, impulsif, inconscient, inconséquent, inconsidéré, insouciant, irréfléchi, irresponsable, négligent, sans cervelle, sans-souci. SOUT. malavisé. ▸ ***Futile*** – frivole, futile, mondain, puéril, superficiel. ▸ ***Grivois*** – coquin, croustillant, égrillard, gaillard, gaulois, gras, grivois, hardi, impudique, impur, leste, libertin, libre, licencieux, lubrique, osé, paillard, polisson, salace. SOUT. rabelaisien. FAM. épicé, olé olé, poivré, salé. ▸ ***En parlant de théâtre*** – boulevardier, comique, vaudevillesque. △ ANT. AIGU, FORT, INTENSE, VIOLENT; ENCOMBRANT, GROS, LOURD, MASSIF, PESANT; ABONDANT, COPIEUX, GARGANTUESQUE, INDIGESTE; BOURRU, DE MAUVAISE HUMEUR, GROGNON, MAUSSADE, MOROSE, RENFROGNÉ, TACITURNE; DÉPRIMÉ, LAS, MÉLANCOLIQUE, MORNE, PESSIMISTE, SOMBRE, TÉNÉBREUX, TRISTE; MESURÉ, PONDÉRÉ, POSÉ, RAISONNABLE, RÉFLÉCHI, RESPONSABLE, SAGE, SENSÉ, SÉRIEUX; GRAVE, IMPORTANT; CHASTE, PUDIQUE; CONSTANT, STABLE.

légèrement *adv.* ▸ ***Doucement*** – délicatement, discrètement, doucement, en douceur, faiblement, lentement, mesurément, modérément, mollement, posément, timidement. FAM. doucettement, mollo, mou, pianissimo, piano. ▸ ***Frivolement*** – distraitement, frivolement, futilement, inconséquemment, infidèlement, inutilement, négligemment, superficiellement, vainement. ▸ ***Inconsidérément*** – à la légère, aveuglément, distraitement, étourdiment, inconsciemment, inconsidérément, indiscrètement. ▸ ***Imprudemment*** – audacieusement, aventureusement, hardiment, imprudemment, périlleusement, témérairement. ▸ ***Frugalement*** – austèrement, discrètement, frugalement, mesurément, modérément, peu, raisonnablement, sobrement. ▸ ***Un peu*** – faiblement, modérément, un peu. △ ANT. FORTEMENT, INTENSÉMENT, PUISSAMMENT; BRUTALEMENT, CRÛMENT, DUREMENT, RAIDE, RUDEMENT, SANS MÉNAGEMENT, VERTEMENT, VIOLEMMENT; ATTENTIVEMENT, AVEC CIRCONSPECTION, CONSCIENCIEUSEMENT, MÉTICULEUSEMENT, MINUTIEUSEMENT, PRÉCISÉMENT, PROPREMENT, RELIGIEUSEMENT, RIGOUREUSEMENT, SCRUPULEUSEMENT, SÉRIEUSEMENT, SOIGNEUSEMENT, VIGILAMMENT.

légèreté *n.f.* ▸ ***Douceur*** – délicatesse, douceur, finesse, fraîcheur, modération, moelleux, mollesse, onctuosité, quiétude, suavité, tranquillité, velouté. FIG. soie. ▸ ***Finesse*** – délicatesse, étroitesse, finesse, fragilité, gracilité, minceur, petitesse, sveltesse. SOUT. ténuité. ▸ ***Agilité*** – adresse, agilité, aisance, dextérité, élasticité, élégance, facilité, grâce, habileté, main, mobilité, précision, rapidité, souplesse, technique, virtuosité, vivacité. SOUT. félinité, prestesse. ▸ ***Aisance*** – aisance, aise, assurance, décontraction, désinvolture, distinction, facilité, grâce, naturel, rondeur, souplesse. ▸ ***Manque de profondeur*** – inconsistance, superficialité. ▸ ***Distraction*** – absence (d'esprit), déconcentration, défaillance, dispersion, dissipation, distraction, étourderie, imprudence, inadvertance, inapplication, inattention, inconséquence, irréflexion, négligence, omission, oubli. PSYCHAN. aprosexie, déflexion. PSYCHOL. distractivité. ▸ ***Frivolité*** – détachement, frivolité, imprévoyance, inapplication, inconscience, irresponsabilité, laisser-aller, négligence, nonchalance. FIG. myopie. SOUT. imprévision, morbidesse. FAM. je-m'en-fichisme, je-m'en-foutisme. ▶ *Caprice* – accès, bizarrerie, bon plaisir, caprice, changement, chimère, coup de tête, envie, extravagance, fantaisie, fantasme, folie, frasque, gré, guise, immaturité, impatience, incartade, inconstance, infantilisme, instabilité, lubie, marotte, mobilité, originalité, saute (d'humeur), singularité, sporadicité, variation, versatilité, volonté. SOUT. folle gamberge, foucade, humeur. FAM. toquade. △ ANT. LOURDEUR, PESANTEUR; GRAVITÉ, PROFONDEUR, SÉRIEUX; CIRCONSPECTION, PRUDENCE, RÉFLEXION; CONSTANCE, FIDÉLITÉ.

légion *n.f.* ▶ *Unité militaire* – bataillon, brigade, colonne, commando, compagnie, corps, échelon, escadron, escorte, formation, garde, garnison, parti, patrouille, peloton, régiment, section, soldatesque *(indisciplinés)*, tabor *(Maroc)*, troupe, unité. PAR EXT. caserne. ANC. escouade, goum, piquet. ▶ *Multitude* – abondance, affluence, armada, armée, attroupement, bande, cohue, concentration, concours, encombrement, essaim, flot, forêt, foule, fourmilière, fourmillement, grouillement, marée, masse, meute, monde, multitude, peuple, pléiade *(célébrités)*, pullulement, rassemblement, régiment, réunion, ribambelle, ruche, tas, troupeau. FAM. flopée, marmaille *(enfants)*, tapée, tripotée. QUÉB. FAM. achalandage, gang. PÉJ. ramassis.

législateur *n.* ▶ *Celui qui codifie* – codificateur, nomographe.

législation *n.f.* appareil législatif, code, droit, justice, loi, système législatif. SOUT. tribunal.

légitime *adj.* ▶ *Conforme au droit* – juridique, légal, licite, réglementaire. ▶ *Juste* – équitable, fondé, juste, justifié, mérité, motivé. ▶ *Qui peut se justifier* – compréhensible, défendable, excusable, humain, justifiable, naturel, normal. △ ANT. CRIMINEL, ILLÉGAL, ILLÉGITIME; ADULTÉRIN, BÂTARD, NATUREL; INJUSTE; DÉRAISONNABLE, INADMISSIBLE, INJUSTIFIÉ.

légitimité *n.f.* ▶ *Normalité* – canonicité, conformité, constitutionnalité, correction, juste, justesse, légalité, normalité, normativité, régularité, validité. ▶ *Pertinence* – à-propos, bien-fondé, convenance, opportunité, pertinence, présence d'esprit, repartie, utilité. △ ANT. ILLÉGITIMITÉ; INADMISSIBILITÉ.

léguer *v.* abandonner, céder, laisser, transférer, transmettre. DR. OU SOUT. aliéner. △ ANT. HÉRITER, RECEVOIR; DÉSHÉRITER.

légume *n.m.* ▶ *Aliment* – fruit légumier, plante potagère, racine potagère, verdure. ▶ *Gousse* – gousse, goussette. ▶ *Personne stupide* (FAM.) – ahuri, âne, animal, idiot, imbécile, sot. FAM. abruti, andouille, âne bâté, bourrique, bûche, buse, cave, cerveau ramolli, cloche, con, cornichon, couenne, courge, crétin, cruche, débile, dégénéré, demeuré, dindon, enflé, gâteux, gourde, huître, innocent, manche, moule, nouille, œuf, patate, pauvre d'esprit, pochetée, primate, saucisse, simple d'esprit, taré, tarte, truffe. FRANCE FAM. ballot, connard, conneau, corniaud, couillon, enfoiré, ganache, schnock, tourte. FRANCE RÉGION. fada, fier. QUÉB. FAM. cabochon, niaiseux, sans-allure, sans-dessein. ▶ *Femme idiote* FAM. bécasse, bécassine, chabraque, dinde. ▶ *Personne inconsciente* (FAM.) – comateux.

lent *adj.* ▶ *En parlant de qqch.* – long. ▶ *Qui met trop de temps* – lambin, long. ▶ *Qui manque d'énergie* – affaibli, alangui, indolent, nonchalant. SOUT. languissant. ▶ *Qui manque de vivacité* – balourd, lourd, lourdaud, pesant. ▶ *Qui manque de finesse intellectuelle* – épais, lourd, lourdaud, obtus, pesant. FAM. bouché, dur à la détente. FRANCE FAM. lourdingue. ▶ *Qui fonctionne au ralenti* – atone, endormi, engourdi, paresseux. △ ANT. RAPIDE, VITE; ACCÉLÉRÉ, ACTIF, DILIGENT, EXPÉDITIF, INSTANTANÉ, PROMPT; DYNAMIQUE, ÉNERGIQUE, ENTHOUSIASTE, VAILLANT; ALERTE, BRILLANT, INTELLIGENT, VIF.

lentement *adv.* ▶ *Paresseusement* – apathiquement, indolemment, languissamment, mollement, négligemment, nonchalamment, oisivement, paresseusement, passivement, poussivement, végétativement. ▶ *Doucement* – délicatement, discrètement, doucement, en douceur, faiblement, légèrement, mesurément, modérément, mollement, posément, timidement. FAM. doucettement, mollo, pianissimo, piano. ▶ *Longtemps* – à l'infini, à long terme, à longue échéance, à n'en plus finir, ad vitam æternam, beaucoup, depuis belle lurette, durablement, infiniment, interminablement, longtemps, longuement, mûrement, toujours. △ ANT. RAPIDEMENT, VITE.

lenteur *n.f.* ▶ *Paresse* – alanguissement, apathie, atonie, engourdissement, fainéantise, farniente, indolence, inertie, laisser-aller, langueur, léthargie, lourdeur, mollesse, négligence, nonchalance, oisiveté, paresse, somnolence, torpeur. FAM. cosse, flemmardise, flemme. ▶ *Patience* – calme, constance, courage, douceur, endurance, flegme, patience, persévérance, persistance, résignation, sang-froid, tranquillité. SOUT. longanimité. ▶ *Prudence* – clairvoyance, précaution, prévention, prévision, prévoyance, prudence, sagesse. ▶ *Hésitation* – atermoiement, attentisme, échappatoire, faux-fuyant, hésitation, manœuvre dilatoire, procrastination, retardement, temporisation, tergiversation. DR. préfixion. QUÉB. FAM. niaisage, taponnage. ▶ *Stupidité* – ânerie, béotisme, bêtise, bornerie, débilité, idiotie, ignorance, imbécillité, ineptie, inintelligence, innocence, insipidité, lourdeur, naïveté, niaiserie, nigauderie, pesanteur, simplicité, sottise, stupidité. FAM. connerie, crétinisme, dinguerie. △ ANT. ACTIVITÉ, CÉLÉRITÉ, DILIGENCE, EMPRESSEMENT, PRESTESSE, PROMPTITUDE, RAPIDITÉ, VIVACITÉ.

lentille *n.f.* ▶ *Instrument optique* – bonnette, judas optique *(porte)*, mire, objectif, oculaire, œilleton *(arme)*, sténopé, système optique, verre, verre de contact/lentille cornéenne, viseur.

lèpre *n.f.* ▶ *Ce qui ronge* – cancer, chancre.

lésion *n.f.* ▶ *Blessure* – blessure, dégénérescence, marque, plaie. FAM. OU ENFANTIN bobo. DIDACT. trauma. ▶ *Brûlure* – actinite, ampoule, blessure, cloque, douleur, échaudure, échauffement, escarre, fer chaud, feu, fièvre, inflammation, insolation, irradiation, irritation, phlogose, ulcération, urtication. ▶ *Ulcération* – plaie, ulcération, ulcère. ▶ *Préjudice* – affront, atteinte, désavantage, dommage, injustice, mal, perte, préjudice, tort.

lessive *n.f.* ▸ ***Substance*** – détachant, détergent, détersif, nettoyant, produit lessiviel, savon, savonnette *(petit)*. QUÉB. javellisant. ▸ ***Action de laver*** – astiquage, bichonnage, débarbouillage, déblaiement, décrassage, décrassement, décrottage, dégagement, dépoussiérage, détachage, essuyage, fourbissage, fourbissement, lavage, lessivage, ménage, nettoyage, rangement, ravalement, savonnage, vidange. FAM. briquage. ▸ ***Exclusion*** (FAM.) – bannissement, délogement, désinsertion, disgrâce, disqualification, élimination, évacuation, éviction, exclusion, exil, expatriation, expulsion, nettoyage, ostracisme, proscription, rabrouement, radiation, refoulement, rejet, relégation, renvoi. FAM. dégommage, éjection, vidage. RARE évincement.

lettré *adj.* averti, cultivé, éclairé, érudit, évolué, instruit, intellectuel, savant. SOUT. docte. FAM. calé. △ **ANT.** ANALPHABÈTE, BÉOTIEN, IGNARE, IGNORANT, ILLETTRÉ, INCULTE, PHILISTIN.

lettré *n.* ▸ ***Érudit*** – docteur, encyclopédiste, érudit, humaniste, intellectuel, maître-penseur, philosophe, sage, savant. SOUT. bénédictin, (grand) clerc, mandarin. FAM. bibliothèque (vivante), dictionnaire ambulant, dictionnaire (vivant), encyclopédie (vivante), fort en thème, grosse tête, intello, puits d'érudition, puits de science, rat de bibliothèque. △ **ANT.** IGNARE, IGNORANT, ILLETTRÉ.

lettre *n.f.* ▸ ***Signe*** – caractère alphabétique. ▸ ***Écrit adressé à une personne*** – billet, message, mot, pli, réponse. IRON. épître. SOUT. missive. FRANCE FAM. babillarde, bafouille. AFR. note. ▸ ***Lettre ecclésiastique*** – bref, bulle, décrétale, encyclique, monitoire, motu proprio, rescrit. ♦ **lettres, *plur.*** ▸ ***Connaissances*** – acquis, bagage, compétence, connaissances, culture (générale), éducation, encyclopédisme, épistémè, érudition, expérience, humanisme, instruction, lumières, notions, sagesse, savoir, science. SOUT. omniscience. ▸ ***Littérature*** – art d'écrire, expression/production littéraire, littérature.

leurre *n.m.* ▸ ***Illusion*** – abstraction, abstrait, apparence, berlue, chimère, déréalisation, effet d'optique, fantasme, faux, faux-semblant, fiction, fumée, hallucination, illusion, illusion d'optique, image, imagination, irréalisme, irréalité, mensonge, mirage, onirisme, psychédélisme, rêve, rêverie, semblant, simulation, songe, songerie, trompe-l'œil, tromperie, utopie, vision, vue de l'esprit. FAM. frime. ▸ ***Feinte*** – affectation, artifice, cachotterie, comédie, déguisement, dissimulation, duplicité, faux-semblant, feinte, fiction, finauderie, grimace, hypocrisie, invention, mensonge, momerie, pantalonnade, parade, ruse, simulation, singerie, sournoiserie, tromperie. SOUT. simulacre. FAM. cinéma, cirque, finasserie, frime. ▸ ***Guet-apens*** – attrape, attrape-nigaud, chausse-trappe, embuscade, filet, guêpier, guet-apens, piège, ruse, traquenard, tromperie. SOUT. duperie, rets. △ **ANT.** RÉALITÉ, VÉRITÉ.

levant *n.m.* ▸ ***Est*** – est, orient. △ **ANT.** COUCHANT, OCCIDENT, OUEST, PONANT.

lever *v.* ▸ ***Hisser*** – élever, hisser, soulever. ▸ ***Faire cesser*** – arrêter, cesser, interrompre, suspendre. SOUT. discontinuer. ▸ ***Supprimer une difficulté*** – aplanir, supprimer. ▸ ***Se déplacer vers le haut*** – monter. ▸ ***Gonfler, en parlant de la pâte*** – fermenter, gonfler, monter. ♦ **se lever** ▸ ***Augmenter, en parlant du vent*** – forcer, forcir, fraîchir. △ **ANT.** ABAISSER, AMENER, BAISSER, DESCENDRE, POSER; ASSEOIR, COUCHER, INCLINER, PENCHER; CONTINUER, LAISSER, MAINTENIR.

lever *n.m.* ▸ ***Moment*** – aube, aurore, crépuscule (du matin), début du jour, lever de l'aurore, lever du jour, lever du matin, naissance du jour, (petit) matin, point du jour. SOUT. lueur crépusculaire, pointe de l'aube, pointe du jour. ▸ ***Action*** – saut du lit. △ **ANT.** COUCHER.

levier *n.m.* ▸ ***Appui*** – bielle, biellette, cric, vérin. ▸ ***Tige de commande*** – anspect, commande, manche à balai, marche, palonnier, pédale. ▸ ***Moyen*** – agent, base, cause, explication, facteur, ferment, fondement, fontaine, germe, inspiration, levain, mobile, moteur, motif, motivation, moyen, objet, occasion, origine, point de départ, pourquoi, principe, raison, raison d'être, source, sujet. SOUT. étincelle, mère, racine, ressort.

lèvre *n.f.* ▸ ***Partie de la bouche*** – lippe *(épaisse)*. ♦ **lèvres, *plur.*** ▸ ***Partie du visage*** – bouche. FAM. babines. FRANCE FAM. badigoinces. ▸ ***Pourtour*** – bord, ceinture, cercle, circonférence, contour, dessin, extérieur, forme, limbe, marli *(plat, assiette)*, périmètre, périphérie, pourtour, tour.

lexique *n.m.* ▸ ***Liste de mots*** – dictionnaire, encyclopédie, glossaire, index, terminologie, thésaurus, vocabulaire. FAM. dico. ▸ ***Ensemble des mots d'une langue*** – vocabulaire.

lézard *n.m.* ▸ ***Vivant*** – ZOOL. lacertilien. ▸ ***Problème*** (FAM.) – accroc, adversité, anicroche, barrière, blocage, contrariété, contretemps, défense, difficulté, digue, écueil, embarras, empêchement, ennui, entrave, frein, gêne, impasse, impossibilité, inhibition, interdiction, objection, obstruction, ombre au tableau, opposition, pierre d'achoppement, point noir, problème, résistance, restriction, tribulations. SOUT. achoppement, impedimenta, traverse. FAM. hic, os, pépin. QUÉB. FAM. aria.

liaison *n.f.* ▸ ***Jonction*** – abouchement, aboutage, aboutement, accolement, accouplage, accouplement, ajustage, apposition, articulation, assemblage, association, branchement, coalescence, confluence, conjonction, conjugaison, connexion, contact, convergence, couplage, couplement, groupage, interconnexion, interface, joint, jointure, jonction, jumelage, juxtaposition, mariage, mise en couple, mixage, raccord, raccordement, rapprochement, reboutement, relation, rencontre, réunion, suture, union. RARE liage. ▸ ***Adhérence*** – adhérence, cohérence. ▸ ***Rapport*** – association, connexion, connexité, corrélation, correspondance, dépendance, filiation, interaction, interdépendance, interrelation, lien, lien causal, rapport, rapprochement, relation, relation de cause à effet. FIG. pont. ▸ ***Lien atomique*** – liaison (chimique). ▸ ***Agencement*** – accommodation, accommodement, agencement, ajustement, aménagement, architecture, arrangement, articulation, assemblage, combinaison, combinatoire, composition, concaténation, configuration, construction, contexture, coordination, disposition, distribution, élaboration, enchaînement, harmonie, mise en ordre, mise en place, ordonnance, ordonnancement, ordre, organisation, orientation, plan, profil, programmation, rangement, structuration, structure, système, texture. ▶ ***Fréquentation*** – attache, bons/mauvais termes, communication, compagnie, contact, correspondance, côtoiement, coudoiement, entourage, familiarité, fréquentation, habitude, intelligence, intimité, lien, pratique, rapport, relation, société, usage, voisinage. *SOUT.* commerce. *PÉJ.* acoquinement, encanaillement. △ **ANT.** DÉSUNION, DISJONCTION, DISSOCIATION, DIVISION, RUPTURE, SCISSION, SÉPARATION.

liant *adj.* accueillant, affable, agréable, aimable, amène, amical, avenant, bienveillant, chaleureux, charmant, convivial, cordial, de bonne compagnie, engageant, familier, gracieux, invitant, ouvert, sociable, souriant, sympathique. *FAM.* sympa. △ **ANT.** BOURRU, CASSANT, DISTANT, SEC.

liasse *n.f.* ▶ ***Papier lié*** – balle, ballot, paquet. ▸ *Papier* *BELG. AFR.* farde.

libéral *adj.* ▶ ***Tolérant*** – évolué, large (d'esprit), ouvert, tolérant. △ **ANT.** BORNÉ, ÉTROIT D'ESPRIT, INTOLÉRANT; AUTORITAIRE, DESPOTIQUE, DICTATORIAL, DIRIGISTE, FASCISTE, HÉGÉMONIQUE, TOTALITAIRE, TYRANNIQUE; AVARE, MESQUIN; PÉQUISTE *(POLITIQUE QUÉBÉCOISE)*; ADÉQUISTE; CONSERVATEUR.

libéralisme *n.m.* ▶ ***Doctrine économique*** – capitalisme, individualisme, libre concurrence, libre entreprise, propriété privée. *PÉJ.* productivisme. ▶ ***Doctrine politique*** – conservatisme, droite, droitisme, extrême droite, fascisme, réaction. ▶ ***Tolérance*** – bienveillance, bonté, compréhension, douceur, humanisme, indulgence, irénisme, largeur d'esprit, non-discrimination, non-violence, ouverture (d'esprit), patience, philosophie, réceptivité, respect, tolérance, tolérantisme. *SOUT.* bénignité, longanimité. △ **ANT.** DIRIGISME, ÉTATISME, SOCIALISME; ABSOLUTISME, DESPOTISME.

libérateur *adj.* émancipateur. △ **ANT.** ALIÉNANT, ASSERVISSANT, ASTREIGNANT, CONTRAIGNANT, ÉCRASANT, ÉTOUFFANT, OPPRESSANT.

libérateur *n.* affranchisseur, bienfaiteur, défenseur, deus ex machina, émancipateur, messie, protecteur, rédempteur, sauveur. *SOUT.* salvateur. △ **ANT.** OPPRESSEUR, TYRAN.

libération *n.f.* ▶ ***Délivrance*** – acquittement, affranchissement, décolonisation, délivrance, désaliénation, élargissement, émancipation, évacuation, manumission, rachat, rédemption, salut. *SOUT.* déprise. ▶ ***Éveil spirituel*** – délivrance, éveil, illumination, mort de l'ego, réalisation (du Soi), révélation. ▸ *Dans l'hindouisme* – moksha, nirvana. ▸ *Dans le bouddhisme* – bodhi, samadhi. ▸ *Dans le zen* – satori. ▶ ***Exemption*** – abattement, décharge, dégrèvement, dérogation, détaxation, détaxe, dispense, exemption, exonération, franchise, grâce, immunité, impunité, inamovibilité, inviolabilité, irresponsabilité, liberté, mainlevée, réforme *(armée)*, transit. ▶ ***Remboursement*** – acquittement, amortissement, couverture, défraiement, désendettement, extinction, paiement, prise en charge, rachat, recouvrement, règlement, remboursement, remise de dette, restitution, rétrocession, reversement. ▶ ***Quittance*** – acquit, apurement, bulletin, connaissement, décharge, facture, facturette *(carte de crédit)*, quitus, récépissé, reconnaissance (de paiement), reçu, warrant. △ **ANT.** ASSERVISSEMENT, ASSUJETTISSEMENT, ESCLAVAGE, OPPRESSION, SERVITUDE; ARRESTATION, DÉTENTION, EMPRISONNEMENT, ENFERMEMENT, INCARCÉRATION; INVASION, OCCUPATION; CONTRAINTE, OBLIGATION; INHIBITION, REFOULEMENT.

libérer *v.* ▶ ***Relâcher un détenu*** – élargir, relâcher, relaxer, (re)mettre en liberté. ▶ ***Affranchir d'un état de dépendance*** – affranchir, émanciper. *DIDACT.* désaliéner. *FÉOD.* mainmettre. ▶ ***Délivrer d'une obligation*** – affranchir, décharger, dégager, délier, délivrer, désengager, dispenser, excuser, exempter, exonérer, soustraire. ▶ ***Délivrer d'un poids moral*** – débarrasser, décharger, délivrer, enlever une épine du pied à, ôter une épine du pied à, soulager, tirer une épine du pied à. ▶ ***Délivrer de ce qui nuit*** – défaire, dégager, délivrer, dépêtrer. ▶ ***Décoincer*** – débloquer, décoincer, dégager, dégripper. *QUÉB. FAM.* déprendre. ♦ **se libérer** ▶ ***S'affranchir d'un état de dépendance*** – prendre sa volée, s'affranchir, s'émanciper, secouer le joug, voler de ses propres ailes. ▶ ***Se délier d'une obligation*** – se délier, se désengager. ♦ **libéré** ▶ ***Exempté*** – affranchi, déchargé, dégagé, dispensé, exempt, exempté, exonéré, libre. △ **ANT.** EMPRISONNER, ENFERMER, INCARCÉRER; ASSERVIR, ASSUJETTIR, CONTRAINDRE, ENCHAÎNER, FORCER, OPPRIMER; CHARGER, GREVER, IMPOSER, OBLIGER; ARRÊTER, BLOQUER, COINCER, ENTRAVER, GÊNER.

liberté *n.f.* ♦ **liberté,** *sing.* ▶ ***Possibilité*** – chance, facilité, latitude, marge (de manœuvre), moyen, occasion, offre, possibilité, volant de sécurité. ▶ ***Libre arbitre*** – autonomie, choix, contingence, disponibilité, droit, faculté, franc arbitre, hasard, indépendance, indéterminisme, libre arbitre, licence, loisir, permission, possibilité, pouvoir. ▶ ***Liberté politique*** – autodétermination, autonomie, désatellisation, indépendance, souveraineté. ▶ ***Évasion*** – échappée, escapade, évasion, fugue, fuite, marronnage *(esclave)*. *FAM.* cavale. ▶ ***Exemption*** – abattement, décharge, dégrèvement, dérogation, détaxation, détaxe, dispense, exemption, exonération, franchise, grâce, immunité, impunité, inamovibilité, inviolabilité, irresponsabilité, libération, mainlevée, réforme *(armée)*, transit. ▶ ***Spontanéité*** – abandon, confiance, détachement, familiarité, insouciance, naturel, spontanéité. ♦ **libertés,** ***plur.*** familiarité, franc-parler, hardiesse, privautés, sans-façon, sans-gêne. △ **ANT.** ♦ **liberté,** ***sing.*** CONTRAINTE, EMPÊCHEMENT, ENTRAVE, IMPOSSIBILITÉ, OBLIGATION, OBSTACLE; DESTIN, DÉTERMINISME, FATALITÉ; ASSERVISSEMENT, DÉPENDANCE, ESCLAVAGE, OPPRESSION, SERVITUDE; CAPTIVITÉ, DÉTENTION, EMPRISONNEMENT; GÊNE, RAIDEUR. ♦ **libertés,** ***plur.*** DISCRÉTION, RÉSERVE, RETENUE.

libertin *adj.* ▶ ***Enclin à la débauche*** – corrompu, débauché, dépravé, déréglé, dévoyé, dissipé, dissolu, immoral, relâché. *SOUT.* sardanapalesque. ▶ ***Grivois*** – coquin, croustillant, égrillard, gaillard, gaulois, gras, grivois, hardi, impudique, impur, léger, leste, libre, licencieux, lubrique, osé, paillard, polisson, salace. *SOUT.* rabelaisien. *FAM.* épicé, olé olé, poivré, salé. △ **ANT.** CHASTE, DÉCENT, INNOCENT, PLATONIQUE, PUDIQUE, PUR, SAGE, VERTUEUX.

libertin *n.* ▶ ***Débauché*** – cochon, concupiscent, débauché, dépravé, dévergondé, déviant, obsédé (sexuel), paillard, pervers, polisson, satyre, vicieux. *SOUT.* dissipé. *FAM.* vicelard.

libido *n.f.* ▶ ***Désir*** – amour, ardeur, chair, concupiscence, désir, (les) sens, passion, sensualité. *SOUT.* feu, flamme.

libraire *n.* ▶ ***Marchand de livres*** – bouquiniste *(rares ou d'occasion)*, libraire-imprimeur.

libre *adj.* ▶ ***Qui n'est pas attaché*** – en liberté. ▶ ***Dispensé*** – affranchi, déchargé, dégagé, dispensé, exempt, exempté, exonéré, libéré. ▶ ***Décontracté*** – à l'aise, aisé, décontracté, dégagé, désinvolte, détendu, naturel. ▶ ***Effronté*** – cavalier, cynique, désinvolte, effronté, éhonté, familier, impertinent, impoli, impudent, insolent, irrespectueux, irrévérencieux, leste, provocant, sans gêne, sans vergogne. *FAM.* culotté, gonflé. *QUÉB. FAM.* baveux. ▶ ***Osé*** – coquin, croustillant, égrillard, gaillard, gaulois, gras, grivois, hardi, impudique, impur, léger, leste, libertin, licencieux, lubrique, osé, paillard, polisson, salace. *SOUT.* rabelaisien. *FAM.* épicé, olé olé, poivré, salé. ▶ ***Vacant*** – disponible, inoccupé, vacant, vide. ▶ ***Ouvert à tous*** – accessible, ouvert, public. ▶ ***Au choix*** – à la carte, au choix. ▶ ***En parlant d'un État*** – autonome, indépendant, souverain. △ **ANT.** CAPTIF, DÉTENU, PRISONNIER; ASSERVI, DÉPENDANT, ENCHAÎNÉ, ESCLAVE, OPPRIMÉ, SOUMIS; ASSUJETTI À, ASTREINT À, OBLIGÉ DE, TENU DE; DÉTERMINÉ, FORCÉ, IMPOSÉ, OBLIGATOIRE; DÉFENDU, INTERDIT, RÉGLEMENTÉ, SURVEILLÉ; ATTACHÉ, ENGAGÉ; CÉRÉMONIEUX; COMPASSÉ, GÊNÉ, GUINDÉ, RAIDE; AFFABLE, BIEN ÉLEVÉ, BIENSÉANT, CIVIL, COURTOIS, DÉLICAT, GALANT, POLI; CHASTE, DÉCENT, PUDIQUE; BONDÉ, COMPLET, ENCOMBRÉ, OCCUPÉ, PLEIN; PRIS, RÉSERVÉ, RETENU; IMPÉNÉTRABLE, INACCESSIBLE; RÉGULIER, TRADITIONNEL; DIRIGEABLE *(BALLON)*.

librement *adv.* ▶ ***Facultativement*** – à volonté, ad libitum, au choix, en option, éventuellement, facultativement, sans obligation, volontairement. ▶ ***Franchement*** – abruptement, brusquement, brutalement, carrément, catégoriquement, crûment, directement, droit, droit au but, fermement, franc, franchement, hardiment, net, nettement, raide, raidement, résolument, rondement, sans ambages, sans ambiguïté, sans barguigner, sans détour(s), sans dissimulation, sans équivoque, sans faux-fuyant, sans hésitation, sans intermédiaire, vertement. *FAM.* franco. ▶ ***Impunément*** – en toute impunité, en toute liberté, impunément. ▶ ***Impudiquement*** – crûment, déshonnêtement, érotiquement, gaillardement, gauloisement, graveleusement, grossièrement, impudiquement, impurement, indécemment, lascivement, licencieusement, obscènement, salement. △ **ANT.** DANS LA CONTRAINTE, LES MAINS LIÉES, SOUS SURVEILLANCE; AUSTÈREMENT, ÉTROITEMENT, PURITAINEMENT, RIGIDEMENT, RIGOUREUSEMENT, SÉVÈREMENT, STRICTEMENT; AVEC PUDEUR, CHASTEMENT, PUDIQUEMENT, PUREMENT, SAINTEMENT, VERTUEUSEMENT.

licence *n.f.* ▶ ***Liberté*** – autonomie, choix, contingence, disponibilité, droit, faculté, franc arbitre, hasard, indépendance, indéterminisme, liberté, libre arbitre, loisir, permission, possibilité, pouvoir. ▶ ***Permis*** – autorisation, bon, congé, coupe-file, décharge, dispense, laissez-passer, navicert, passavant, passe-debout, passeport, permis, sauf-conduit, visa. ▶ ***Obscénité*** – canaillerie, coprolalie, cynisme, gaillardise, gauloiserie, gravelure, grivoiserie, gros mot, grossièreté, immodestie, impudeur, incongruité, inconvenance, indécence, malpropreté, obscénité, polissonnerie, saleté. *FAM.* cochonnerie. ▶ ***Débauche*** – débauche, débordement, dépravation, dévergondage, dissolution, excès, grivoiserie, immoralité, impureté, inconduite, intempérance, liberté de mœurs, libertinage, lubricité, luxure, mauvaise conduite, obscénité, paillardise, perversion, sensualité, vice. *SOUT.* dissipation, égarements, impudicité, incontinence, lascivité, salacité, stupre, sybaritisme, turpitude. △ **ANT.** DÉFENSE, ENTRAVE, INTERDICTION; DÉCENCE, RETENUE.

lie *n.f.* ▶ ***Dépôt*** – dépôt, marc. ▶ ***Résidu*** – bourre, bourrier, chiure, chute, crasse, culot, débris, déchet, dépôt, détritus, gadoue, immondices, impureté, lavure, malpropreté, ordure, parcelle, perte, poussière, raclure, rebut, reliefs, reliquat, résidu, reste, rinçure, rognure, saleté, salissure. *FAM.* cochonnerie, margouillis, saloperie. ▶ ***Racaille*** – bas-fonds, engeance, lie (de la société), racaille, ramassis. *SOUT.* tourbe, vermine. △ **ANT.** ÉLITE.

lien *n.m.* ▶ ***Attache*** – attache, câble, chaîne, corde, courroie, fers, lanière, ligament, ligature, liure, rétinacle, sangle. *QUÉB.* babiche. ▸ *Pour les cheveux* – catogan, chouchou, élastique, ruban. ▸ *Pour les chiens* – accouple, couple, laisse. ▸ *Pour les chevaux* – licou, longe, plate-longe. ▶ ***Relation*** – association, connexion, connexité, corrélation, correspondance, dépendance, filiation, interaction, interdépendance, interrelation, liaison, lien causal, rapport, rapprochement, relation, relation de cause à effet. *FIG.* pont. ▶ ***Analogie*** – allégorie, analogie, apologue, assimilation, association (d'idées), catachrèse *(lexicalisée)*, comparaison, équivalence, figure, image, métaphore, parabole, parallèle, parenté, personnification, rapport, rapprochement, relation, ressemblance, similitude, symbole, symbolisme. ▶ ***Attachement*** – affection, amitié, amour, attachement, attirance, intérêt, sympathie, tendresse. *FAM.* coup de cœur, coup de foudre. ▶ ***Obligation*** – charge, commandement, contrat, dette, devoir, engagement, obligation, parole, promesse, responsabilité, serment. ▶ ***Entrave*** – abot, billot, entrave, tribart. ▶ ***En informatique*** – hyperlien, lien hypermédia, lien hypertexte, pointeur. △ **ANT.** DÉSUNION, DISJONCTION, DISSOCIATION, DIVISION, RUPTURE, SCISSION, SÉPARATION; INDÉPENDANCE; LIBERTÉ.

lier *v.* ▶ ***Faire un nœud*** – attacher, mailler, nouer. ▶ ***Attacher qqch.*** – attacher, ficeler, nouer. *FAM.* saucissonner. ▶ ***Attacher qqn*** – attacher, garrotter, ligoter. ▶ ***Faire communiquer*** – brancher, connecter, embrancher, joindre, raccorder, rattacher, relier, réunir. ▶ ***Unir par un lien abstrait*** – attacher, joindre, souder, unir. ♦ **lié** ▶ ***Physiquement joint*** – associé, attaché, conjoint, indissociable, inhérent, inséparable, joint, relié, uni. ▶ ***Connexe*** – afférent, connexe, rattaché. ▶ ***Interdépendant*** – corrélatif, corrélé, interdépendant, relié, solidaire. *DIDACT.* corrélationnel. △ **ANT.** COUPER, DÉFAIRE, DÉFICELER, DÉLIER, DÉNOUER, DÉTACHER, ROMPRE, SÉPARER; DÉLIVRER, LIBÉ-

RER; DISPENSER, EXEMPTER; DISSOCIER, DIVISER, ISOLER, RÉPARER.

lieu *n. m.* ▶ ***Endroit*** – coin, emplacement, endroit, localisation, localité, place, point, position, poste, scène, séjour, siège, site, situation, théâtre, zone. BIOL. locus. ▶ ***Environnement*** – ambiance, atmosphère, cadre, climat, décor, élément, entourage, environnement, environs, milieu, monde, société, sphère, théâtre, voisinage.

lieutenant *n.* ▶ ***Militaire*** – ANC. juge mage. ▶ ***Adjoint*** – adjoint, aidant, aide, alter ego, assesseur, assistant, auxiliaire, bras droit, collaborateur, complice, exécutant, homme de confiance, préparateur, second, sous-chef, subalterne, subordonné. SOUT. suivant. RELIG. coadjuteur, définiteur. ▶ *Non favorable* – acolyte, lampiste, second couteau, second rôle, second violon, sous-fifre, sous-ordre.

ligne *n. f.* ▶ ***Trait*** – modénature, ombre, profil, silhouette, trait. SOUT. linéament. DIDACT. délinéament. ▶ ***Rayure*** – bande, barre, biffage, biffure, contre-taille *(gravure)*, hachure, liséré, liteau, raie, rature, rayure, strie, trait, vergeture *(peau)*, zébrure. ▶ ***Trait qui sépare*** – aboutissement, bord, bordure, borne, bout, cap, confins, délimitation, extrême, extrémité, fin, finitude, frange, frontière, limite, lisière, orée, pied, pointe, pôle, queue, talon, terme, terminaison, tête. ▶ ***Contour*** – bord, ceinture, cercle, circonférence, contour, dessin, extérieur, forme, lèvres, limbe, marli *(plat, assiette)*, périmètre, périphérie, pourtour, tour. ▶ ***Allure*** – air, allure, apparence, aspect, attitude, contenance, démarche, façon, genre, maintien, manière, panache, physique, port, posture, prestance, silhouette, style, tenue, tournure. SOUT. extérieur, mine. FAM. gueule, touche. QUÉB. FAM. erre d'aller. PÉJ. FAM. dégaine. ▶ ***Direction*** – axe, cap, côté, direction, exposition, face, inclinaison, orientation, sens, situation, vue. QUÉB. ACADIE FAM. bord. ASTRON. azimut. AÉRON. MAR. cap. MAR. gisement, orientement. ▶ ***Front*** – avant, front, première ligne, théâtre des opérations. ▶ ***Fil pour aligner*** – cordeau. ▶ ***Fil pour pêcher*** – empile, fil de canne à pêche, libouret *(à plusieurs hameçons)*. ▶ *De fond* – cordeau, cordée, ligne de fond, palangre, palangrotte, traînée, vermille. ▶ ***Fil pour tendre le linge*** (QUÉB. ACADIE FAM.) – corde à linge, séchoir. ▶ ***Suite*** – alignement, chaîne, chapelet, colonne, combinaison, consécution, cordon, enchaînement, enfilade, énumération, file, gamme, guirlande, liste, rang, rangée, séquence, série, succession, suite, tissu, travée. ▶ ***Collection*** – assortiment, choix, collection, échantillon, éventail, gamme, palette, prix, qualité, quota, réunion, sélection, surchoix, tri, variété. ▶ ***Descendance*** – descendance, lignée, postérité, progéniture.

lignée *n. f.* ▶ ***Descendance*** – descendance, ligne, postérité, progéniture. ▶ ***Noblesse*** – aristocratie, élite, gentry, grandesse, lignage, naissance, nom, qualité, sang bleu.

ligue *n. f.* ▶ ***Association politique*** – alliance, apparentement, association, bloc, camp, cartel, club, coalition, confédération, faisceau, fédération, formation, front, groupe, groupe d'intérêts, groupe de pression, groupement, mouvement, organisation, parti, phalange, rapprochement, rassemblement, union. ANC. hétairie. FÉOD. hermandad. PÉJ. bande, cabale, camarilla, chapelle, clan, clique, coterie, école, église, faction, gang, groupuscule, maffia, secte. ▶ ***Association sportive*** – association, fédération.

lime *n. f.* ▶ ***Instrument pour polir*** – brunissoir, grésoir, joliette, lapidaire, lisse, meule, périgueux, (pierre) ponce, polissoir, polissoire, râpe. ▶ ***Fruit*** – citron vert, limette.

limitation *n. f.* ▶ ***Rationnement*** – contingentement, rationnement. ▶ ***Fixation*** – détermination, fixation, numerus clausus, réglementation, stabilisation. ▶ ***Non-prolifération*** – non-dissémination, non-prolifération. △ **ANT.** EXTENSION, GÉNÉRALISATION; PROPAGATION.

limite *n. f.* ▶ ***Délimitation*** – abornement, bornage, cadre, ceinture, délimitation, démarcation, encadrement, jalonnage, jalonnement, séparation, tracé. ▶ ***Frontière*** – borne, confins, délimitation, démarcation, frontière, limite (territoriale), mur, séparation, zone douanière, zone limitrophe. FAM. lignes *(pays)*. ANC. limes *(Empire romain)*, marche. ▶ ***Valeur à ne pas dépasser*** – butoir, seuil. ▶ ***Extrémité*** – aboutissement, bord, bordure, borne, bout, cap, confins, délimitation, extrême, extrémité, fin, finitude, frange, frontière, ligne, lisière, orée, pied, pointe, pôle, queue, talon, terme, terminaison, tête. ▶ ***Summum*** – acmé, apex, apogée, apothéose, cime, climax, comble, culmination, excès, faîte, fin du fin, fort, maximum, meilleur, nec plus ultra, optimum, paroxysme, pinacle, plafond, point culminant, pointe, record, sommet, summum, triomphe, zénith. SOUT. plus haut période. FAM. top niveau. △ **ANT.** INFINI, OUVERTURE.

limiter *v.* ▶ ***Former une limite*** – borner, boucher, fermer, terminer. ▶ ***Marquer de limites*** – baliser, borner, bornoyer, délimiter, jalonner, marquer, piqueter, repérer. ▶ ***Diminuer*** – borner, comprimer, diminuer, réduire, resserrer, restreindre. ▶ ***Mesurer*** – compter, mesurer, rationner. ▶ ***Reléguer*** – confiner, enfermer, reléguer, restreindre. ♦ **se limiter** ▶ ***Se contenter*** – s'en tenir à, se borner à, se cantonner dans, se contenter de. ▶ ***Se limiter*** – se borner à, se réduire à, se résumer à. △ **ANT.** AGRANDIR, ÉLARGIR, ÉTENDRE; LIBÉRER, OUVRIR; GÉNÉRALISER.

limon *n. m.* ▶ ***Boue*** – boue, bourbe, gâchis, gadoue, vase. SOUT. fange. FRANCE FAM. bouillasse, gadouille. FRANCE RÉGION. vasard. AFR. poto-poto. ▶ ***Alluvion*** – accroissement, accrue, accumulation, allaise, alluvion, alluvionnement, apport, atterrissement, banc, boue, cailloutis, chaos, colluvion, congère, couche, dépôt, drift, ensablement, falun, flysch, illuviation, illuvion, lais, laisse, lit, lœss, moraine, relais, remblaiement, sédiment, sédimentation, strate, stratification, substratum, terrassement, varve. ▶ ***Engrais*** – amendement, apport, chanci, chaux, compost, craie, engrais, falun, fertilisant, fumier, fumure, glaise, goémon, guano, lisier, marne, paillé, plâtre, poudrette, pralin, purin, superphosphate *(artificiel)*, tangue, terre de bruyère, terreau. FRANCE RÉGION. wagage.

limpide *adj.* ▶ ***Transparent*** – clair, cristallin, pur, transparent. DIDACT. hyalin, hyaloïde, vitré. ▶ ***Facile à comprendre*** – à la portée de tous, accessible, clair, cohérent, compréhensible, concevable, déchiffrable, évident, facile, intelligible, interprétable, lumineux, pénétrable, saisissable, simple, transparent. △ ANT. OPAQUE; SALE, TERNE, TROUBLE; CABALISTIQUE, CRYPTIQUE, ÉNIGMATIQUE, ÉSOTÉRIQUE, HERMÉTIQUE, IMPÉNÉTRABLE, INCOMPRÉHENSIBLE, MYSTÉRIEUX, OBSCUR, TÉNÉBREUX.

limpidité *n.f.* ▸ ***Clarté*** – clarté, diaphanéité, eau, luminosité, netteté, pureté, translucidité, transparence, visibilité, vivacité. ▸ ***Intelligibilité*** – accessibilité, clarté, compréhensibilité, compréhension, évidence, facilité, intelligibilité, intercompréhension, lisibilité, luminosité, netteté, transparence. △ ANT. FLOU, NÉBULOSITÉ, OBSCURITÉ, OPACITÉ; CONFUSION, ININTELLIGIBILITÉ.

linceul *n.m.* drap mortuaire. SOUT. suaire. ANC. poêle.

linge *n.m.* ▸ ***Vêtements*** – affaires, atours, chiffons, ensemble, garde-robe, habillement, habits, mise, parure, tenue, toilette, trousseau, vestiaire, vêtements. SOUT. vêture. FRANCE FAM. fringues, frusques, nippes, pelures, saint-frusquin, sapes. QUÉB. ACADIE FAM. hardes. ▸ ***Serviette*** (SUISSE) – essuie-mains, serviette. BELG. essuie. ▸ ***Torchon*** – chamoisine, chiffon (à poussière), éponge, essuie-meubles, essuie-verres, lavette, pattemouille, (peau de) chamois, serpillière, tampon, torchon. QUÉB. guenille. BELG. loque, wassingue. SUISSE panosse, patte.

lingerie *n.f.* ▸ ***Fabrication*** – bonneterie, lingerie (pour dames). ▸ ***Vêtements*** – bonneterie, dessous, petite tenue, sous-vêtement. ▸ ***Placard*** – garde-robe, penderie, placard, placard-penderie, rangement. FAM. cagibi, fourre-tout. QUÉB. FAM. armoire à linge.

linguistique *adj.* langagier.

linguistique *n.f.* philologie, science du langage.

lion *n.* ▸ ***Animal*** – roi des animaux. ♦ **lion,** ***masc.*** ▸ ***Homme courageux*** – audacieux, aventurier, battant, brave (à trois poils), courageux, dur (à cuire), fonceur, stoïque, (vrai) homme. FAM. baroudeur. ♦ **lionne,** ***fém.*** ▸ ***Femme agressive*** – tigresse.

liqueur *n.f.* ▸ ***Boisson alcoolisée*** – FAM. rogomme *(forte)*. ▸ ***Boisson non alcoolisée*** (QUÉB. FAM.) – soda. QUÉB. FAM. boisson gazeuse.

liquidation *n.f.* ▸ ***Destruction*** – absorption, anéantissement, annihilation, démolition, destruction, dévastation, disparition, effacement, élimination, enlèvement, éradication, fin, gommage, mort, néantisation, suppression. SOUT. extirpation. RARE engloutissement. ▸ ***Épuration*** – balayage, chasse aux sorcières, coup de balai, épuration, exclusion, expulsion, purge. ▸ ***Meurtre*** – assassinat, crime, élimination, exécution, homicide, meurtre, mise à mort, suppression. ▸ ***Débâcle financière*** – banqueroute, chute, crise, culbute, débâcle, déconfiture, dépôt de bilan, dépression, effondrement, faillite, fiasco, insolvabilité, krach, marasme, mévente, naufrage, récession, ruine, stagflation. FAM. dégringolade. ▸ ***Rabais*** – abattement, baisse, bas prix, bonification, bradage, décompte, déduction, dégrèvement, diminution, discompte, escompte, prix modique, rabais, réduction, réfaction, remise, ristourne, solde. QUÉB. (prix d') aubaine.

liquide *adj.* aqueux, coulant, fluide. DIDACT. liquidien. △ ANT. CAILLÉ, ÉPAIS, FIGÉ, PÂTEUX.

liquide *n.m.* ▸ ***Corps fluide*** – ▸ *Restant* – baquetures *(vin)*, coulure, lavure. ▸ ***Boisson*** – boisson, breuvage *(spécial)*. SOUT. nectar. PÉJ. FAM. lavasse. ▸ ***Argent*** – argent, argent comptant, argent liquide, billet (de banque), comptant, coupure, papier-monnaie. △ ANT. SOLIDE; GAZ.

liquider *v.* ▸ ***Vendre à bas prix*** – brader, solder. ▸ ***Rembourser*** – acquitter, amortir, éteindre, honorer, rembourser, s'acquitter de. ▸ ***Tuer*** (FAM.) – abattre, assassiner, éliminer, exécuter, supprimer, tuer. SOUT. immoler. FAM. buter, descendre, envoyer dans l'autre monde, expédier, faire la peau à, flinguer *(arme à feu)*, nettoyer, ratatiner, rectifier, refroidir, se faire, trucider, zigouiller. FRANCE FAM. bousiller. △ ANT. ACHETER, ACQUÉRIR; GARDER, RETENIR.

lisible *adj.* déchiffrable. △ ANT. ILLISIBLE, INDÉCHIFFRABLE.

lisière *n.f.* ▸ ***Bord d'une étoffe*** – bordé, bordure, feston, liséré, passepoil. ▸ ***Extrémité*** – aboutissement, bord, bordure, borne, bout, cap, confins, délimitation, extrême, extrémité, fin, finitude, frange, frontière, ligne, limite, orée, pied, pointe, pôle, queue, talon, terme, terminaison, tête. △ ANT. CENTRE, MILIEU.

lisser *v.* ▸ ***Satiner*** – satiner, velouter. ▸ ***Défroisser*** – déchiffonner, défriper, défroisser, déplisser, repasser. BELG. calandrer. ▸ ***Défriser*** – déboucler, décrêper, défriser. △ ANT. ÉBOURIFFER, FRISER, FROISSER; CRAQUELER.

liste *n.f.* ▸ ***Énumération écrite*** – barème, bordereau, cadre, catalogue, index, inventaire, matricule, mémoire, menu, nomenclature, registre, relevé, répertoire, rôle, série, suite, table, tableau. SUISSE tabelle. ▸ ***Dénombrement*** – catalogue, cens, chiffrage, comptage, compte, décompte, dénombrement, détail, énumération, état, évaluation, inventaire, inventoriage, inventorisation, litanie, numération, recensement, recension, revue, rôle, statistique.

lister *v.* ▸ ***Énumérer*** – compter, dénombrer, détailler, dresser la liste de, énumérer, faire l'inventaire de, faire le décompte de, inventorier, recenser. ▸ ***Classer*** – cataloguer, classer, inventorier, répertorier.

lit *n.m.* ▸ ***Meuble*** – couchette *(petit)*. SOUT. couche, grabat *(mauvais)*. FAM. paddock, page, pageot, pagnot, pieu, plumard, pucier, (un) plume. ▸ ***Canal*** – adducteur, canal, drain, encaissement, fossé, sangsue, tranchée. BELG. watergang. SUISSE bisse. FRANCE RÉGION. étier *(vers la mer)*. AFR. seguia. ▸ *Petit* – rigole, saignée. TECHN. dalot, goulotte, noue, noulet, pierrée. ▸ *Bordant une route* – caniveau, cassis, ruisseau. ▸ *Souterrain* – aqueduc, égout, puisard *(vertical)*. ▸ *Entre deux écluses* – bief, sas. ▸ *Entre deux rivières* – arroyo. ▸ ***Couche de nourriture*** – fond. ▸ ***Matière sur le sol*** – litière, matelas, natte, tapis. ▸ ***En géologie*** – accroissement, accrue, accumulation, allaise, alluvion, alluvionnement, apport, atterrissement, banc, boue, cailloutis, chaos, colluvion, congère, couche, dépôt, drift, ensablement, falun, flysch, illuviation, illuvion, lais, laisse, limon, lœss, moraine, relais, remblaiement, sédiment, sédimentation, strate, stratification, substratum, terrassement, varve. ▶ ***En construction*** – couchis, forme. ▶ ***Mariage*** – alliance, contrat conjugal, couple, mariage, ménage, nuptialité, union conjugale, union matrimoniale. *SOUT.* hymen, hyménée.

litanie *n. f.* ▶ ***Prière*** – acte de contrition, acte de foi, déprécation, exercice, exercice de piété, exercice spirituel, invocation, méditation, obsécration, oraison, prière, recueillement, souhait, supplication. ▶ ***Énumération*** – catalogue, cens, chiffrage, comptage, compte, décompte, dénombrement, détail, énumération, état, évaluation, inventaire, inventoriage, inventorisation, liste, numération, recensement, recension, revue, rôle, statistique.

litière *n. f.* ▶ ***Lit à brancards*** (*ANC.*) – bard, brancard, chaise à porteurs, civière, palanquin. *ANC.* basterne, filanzane. ▶ ***Paille*** – lit, matelas, natte, tapis. ▶ ***Gravier*** – agrégat, ballast *(chemin de fer)*, cailloutage, cailloutis, fines, granulat, gravier, gravillon, mignonnette, pierraille. *FAM.* caillasse. *QUÉB. FAM.* gravois. ▶ ***Bac à litière*** (*QUÉB.*) – bac à litière.

litige *n. m.* ▶ ***Procès*** – affaire (judiciaire), audience, cas, cause, débat, dossier, espèce, litispendance, poursuite, procès. ▶ ***Controverse*** – accrochage, algarade, altercation, brouille, brouillerie, chicane, controverse, démêlé, désaccord, désunion, différend, discorde, dispute, divergence, escarmouche, explication, fâcherie, froid, heurt, joute oratoire, malentendu, mésentente, passe d'armes, polémique, querelle, rupture, scène, zizanie. *FAM.* bagarre, bisbille, bringue, chamaille, chamaillerie, empoignade, empoignement, engueulade, prise de bec, séance. *BELG. FAM.* bisbrouille. △ **ANT.** ACCORD, ENTENTE.

littéral *adj.* ▶ ***En parlant d'une transcription*** – mot à mot, textuel. ▶ ***En parlant du sens d'un mot*** – concret, propre, strict. △ **ANT.** DÉFORMÉ, INEXACT; ALLÉGORIQUE, FIGURÉ, SYMBOLIQUE.

littéralement *adv.* ▶ ***Mot à mot*** – à la lettre, ad litteram, exactement, fidèlement, mot à mot, mot pour mot, sic, textuellement. *FAM.* texto. ▶ ***Au sens propre*** – à la lettre, au sens propre, proprement. △ **ANT.** ALLÉGORIQUEMENT, AU FIGURÉ, MÉTAPHORIQUEMENT, SYMBOLIQUEMENT.

littérateur *n.* (*PÉJ.*) auteur, écrivain, femme de lettres/homme de lettres.

littérature *n. f.* ▶ ***Art littéraire*** – art d'écrire, expression/production littéraire, lettres. ▶ ***Ouvrages*** – bibliographie, corpus. ▶ ***Culture générale*** – acquis, bagage, compétence, connaissances, culture (générale), éducation, encyclopédisme, épistémè, érudition, expérience, humanisme, instruction, lettres, lumières, notions, sagesse, savoir, science. *SOUT.* omniscience.

littoral *n. m.* bord de mer, côte. △ **ANT.** ARRIÈRE-PAYS, INTÉRIEUR.

liturgie *n. f.* ▶ ***Messe*** – célébration, cérémonial, cérémonie, culte, messe, obit, office divin, office, saint sacifice, service, service divin, service religieux.

liturgique *adj.* cultuel, hiératique, religieux, rituel, sacré.

livide *adj.* ▶ ***Pâle*** – blafard, blanc, blême, cadavéreux, cadavérique, diaphane, exsangue, hâve, pâle, pâlot. *FAM.* pâlichon. ▶ ***Bleuâtre*** – bleuâtre, cendreux, grisâtre, plombé. △ **ANT.** FRAIS, RESPLENDISSANT DE SANTÉ, SAIN.

livraison *n. f.* ▶ ***Remise*** – arrivage, délivrance, distribution, factage, port, remise, transport. ▶ ***Acheminement*** – acheminement, amenée, convoi, desserte, diffusion, distribution, envoi, expédition, marche, postage, progression, service, transport. ▶ ***Numéro d'un périodique*** – exemplaire, numéro. △ **ANT.** RÉCEPTION.

livre *n. m.* ▶ ***Assemblage de feuilles*** – album, brochure, brochurette, cahier, catalogue, document, écrit, fascicule, imprimé, livret, manuel, opuscule, ouvrage, parution, plaquette, publication, recueil, registre, titre, tome, volume. *FAM.* bouquin. ▸ *Gros* *FAM.* pavé. *QUÉB. FAM.* brique. ▶ ***Subdivision de livre*** – alinéa, article, chapitre, matière, objet, paragraphe, partie, question, rubrique, section, sujet, titre, tome, volet, volume. ▸ *Dans un texte sacré* – psaume, surate *(musulman)*, verset. ▶ ***Registre*** – agenda, bloc-notes, cahier, calepin, carnet, journal, livret, manifold, mémento, mémorandum, notes, registre, répertoire.

livrée *n. f.* ▶ ***Uniforme*** – affaires, atours, chiffons, ensemble, garde-robe, habillement, habits, linge, mise, parure, tenue, toilette, trousseau, vestiaire, vêtements. *SOUT.* vêture. *FRANCE FAM.* fringues, frusques, nippes, pelures, saint-frusquin, sapes. *QUÉB. ACADIE FAM.* hardes. ▶ ***Signes*** – allégorie, attribut, chiffre, devise, drapeau, effigie, emblème, figure, icône, image, incarnation, insigne, logo, logotype, marque, notation, personnification, représentation, signe, symbole, type. ▶ ***Poil*** – fourrure, lainage, manteau, mantelure *(chien)*, peau, pelage, robe, toison. ▶ ***Plumes*** – pennage, plumage, plumée.

livrer *v.* ▶ ***Trahir*** – dénoncer, trahir, vendre. *FAM.* donner. ▶ ***Confier*** – avouer, confier, épancher. ♦ **se livrer** ▶ ***Se soumettre*** – se rendre, se soumettre. ▶ ***Se fier*** – compter sur, faire confiance à, faire fond sur, s'en rapporter à, s'en remettre à, se confier à, se fier à, se reposer sur. ▶ ***Faire des confidences*** – débonder son cœur, décharger son cœur, ouvrir son cœur, s'abandonner, s'épancher, s'ouvrir, se confier, (se) débonder, se soulager, se vider le cœur. *FAM.* égrener son chapelet, se déboutonner. ▶ ***Se laisser aller*** – céder à, donner dans, entrer dans, s'abandonner à, s'adonner à, se laisser aller à, se porter à. ▶ ***S'occuper*** – s'adonner à, s'appliquer à, s'employer à, s'occuper de, se consacrer à, vaquer à. ▶ ***Se dédier*** – se consacrer à, se dédier à, se dévouer à, se donner à, vivre pour. △ **ANT.** ARRACHER, DÉLIVRER, ENLEVER; CACHER, DÉROBER; CONSERVER, DÉFENDRE, DÉTENIR, GARDER; RECEVOIR.

local *n. m.* pièce, salle. *BELG.* place. *QUÉB. FAM.* appartement. *ACADIE* bord.

localisation *n. f.* ▶ ***Détection*** – décèlement, découverte, dénichement, dépistage, détection, détermination, diagnostic, identification, positivité, pronostic, récognition, reconnaissance, repérage. *PHYSIOL.* spatialisation. ▶ ***Endroit*** – coin, emplacement, endroit, lieu, localité, place, point, position, poste, scène, séjour, siège, site, situation, théâtre, zone. *BIOL.* locus. △ **ANT.** EXTENSION, GÉNÉRALISATION.

localiser *v.* ▶ ***Repérer*** – découvrir, détecter, repérer, trouver. FAM. loger. ▶ ***Situer*** – placer, situer. ▶ ***Contenir dans des limites*** – circonscrire, délimiter, restreindre. △ ANT. PERDRE; ÉTENDRE; GÉNÉRALISER.

localité *n.f.* ▶ ***Endroit*** – coin, emplacement, endroit, lieu, localisation, place, point, position, poste, scène, séjour, siège, site, situation, théâtre, zone. BIOL. locus. ▶ ***Village*** – agglomération (rurale), bourg *(gros)*, bourgade, hameau, lieudit *(petit)*, mechta *(Maghreb)*, pays, village. FAM. patelin. QUÉB. paroisse. FRANCE RÉGION. OU ADMIN. écart. PÉJ. FAM. bled, trou. ▶ ***Ville*** – agglomération, commune, municipalité, ville. SOUT. cité. ANTIQ. municipe.

locataire *n.* colon, fermier, habitant, hôte, métayer, occupant, preneur, sous-locataire. △ ANT. BAILLEUR, LOCATEUR, PROPRIÉTAIRE.

locomotive *n.f.* ▶ ***Machine*** – ▸ *Moyenne* – locomoteur, locomotrice, motrice. ▸ *Petite* – draisine, locotracteur. ▶ ***Personne*** – âme, artisan, auteur, centre, cerveau, chef, cheville ouvrière, créateur, dirigeant, fondateur, incitateur, initiateur, inspirateur, instigateur, maître (d'œuvre), meneur, moteur, organisateur, patron, père, promoteur, protagoniste, régisseur, responsable. SOUT. excitateur, instaurateur, ouvrier.

loge *n.f.* ▶ ***Loggia*** – balcon, encorbellement, loggia, mâchicoulis, mirador, moucharabieh, terrasse. QUÉB. galerie. ▶ ***Compartiment d'écurie*** – stalle. ▶ ***Logement de concierge*** – conciergerie. ▶ ***Local maçonnique*** – atelier. ▶ ***Dans une salle de spectacle*** – avant-scène, baignoire, proscenium.

logement *n.m.* ▶ ***Appartement*** – appartement. FAM. piaule. QUÉB. FAM. loyer. BELG. flat.

loger *v.* ▶ ***Habiter de façon permanente*** – demeurer, être domicilié, habiter, rester, vivre. FAM. crécher, nicher, percher, résider. ▶ ***Séjourner*** – descendre, rester, s'arrêter, se relaisser, séjourner. ▸ *Pour une nuit* – coucher, dormir, passer la nuit. ▶ ***Héberger*** – abriter, accueillir, coucher, donner l'hospitalité à, donner le gîte à, héberger, recevoir, recueillir. ▶ ***Accueillir un certain nombre de personnes*** – accueillir, contenir, recevoir, tenir. ▶ ***Mettre*** – engager, entrer, glisser, insérer, introduire, mettre. ▶ ***Repérer*** (FAM.) – découvrir, détecter, localiser, repérer, trouver. △ ANT. CHASSER, CONGÉDIER, DÉLOGER; DÉMÉNAGER, QUITTER.

logiciel *n.m.* algorithme, application, progiciel, programme.

logique *adj.* ▶ ***Cohérent*** – cohérent, conséquent, consistant, harmonieux, ordonné, structuré, suivi. ▶ ***Rationnel*** – cartésien, déductif, discursif, méthodique, rationnel. △ ANT. ABSURDE, CONTRADICTOIRE, ILLOGIQUE, IRRATIONNEL; CHAOTIQUE, DÉCOUSU, DÉSORDONNÉ, INCOHÉRENT, SANS QUEUE NI TÊTE; ÉCERVELÉ, ÉTOURDI, INCONSÉQUENT, INSOUCIANT, IRRÉFLÉCHI, IRRESPONSABLE, SANS CERVELLE, SANS-SOUCI.

logique *n.f.* ▶ ***Raisonnement*** – analyse, apagogie, argument, argumentation, considérations, déduction, démonstration, dialectique, dilemme, discussion, échafaudage, explication, implication, induction, inférence, méthode, preuve, raison, réflexion, réfutation, sorite, substruction, syllogisme, syllogistique, synthèse. ▶ ***Méthode*** – dialectique, didactique, maïeutique, méthode, praxis. ▶ ***Cohérence*** – cohérence, cohésion, consistance, égalité, homogénéité, liaison, non-contradiction, régularité, uniformité, unité. LING. signifiance. △ ANT. ABSURDITÉ, CONTRADICTION, ILLOGISME; INCONSÉQUENCE; INCOHÉRENCE.

logiquement *adv.* ▶ ***Rationnellement*** – analytiquement, conséquemment, dialectiquement, inductivement, mathématiquement, méthodiquement, point par point, rationnellement, rigoureusement, scientifiquement, sensément, soigneusement, systématiquement, techniquement. ▶ ***Inévitablement*** – à coup sûr, automatiquement, fatalement, forcément, immanquablement, implacablement, inéluctablement, inévitablement, inexorablement, infailliblement, ipso facto, irrésistiblement, mathématiquement, nécessairement, obligatoirement, par la force des choses. △ ANT. ÉMOTIVEMENT; CONTRE TOUTE ATTENTE, DE FAÇON INATTENDUE, ÉTONNAMMENT, ILLOGIQUEMENT.

logis *n.m.* ▶ ***Domicile*** (SOUT.) – domicile, foyer, intérieur, maison, nid, résidence, toit. SOUT. demeure, habitacle. FAM. bercail, bicoque, chaumière, chez-soi, crèche, pénates. PÉJ. FAM. boutique. ▶ ***Famille*** – cellule familiale, entourage, famille, foyer, fratrie, gens, maison, maisonnée, ménage, toit. FAM. bercail, clan, couvée, marmaille, nichée, progéniture, smala, tribu.

logistique *n.f.* ▶ ***Organisation*** – administration, conduite, direction, gérance, gestion, gouverne, intendance, management, maniement, organisation, régie, surintendance, tenue.

logo *n.m.* ▶ ***Symbole*** – allégorie, attribut, chiffre, devise, drapeau, effigie, emblème, figure, icône, image, incarnation, insigne, livrée, logotype, marque, notation, personnification, représentation, signe, symbole, type.

loi *n.f.* ▶ ***Règles publiques*** – appareil législatif, code, droit, justice, législation, système législatif. SOUT. tribunal. ▶ ***Norme*** – arrêté, charte, code, convention, cote, coutume, formule, mesure, norme, obligation, ordre, précepte, prescription, protocole, régime, règle, règlement, usage. ▶ ***Pouvoir*** – autorité, commandement, domination, force, gouvernement *(politique)*, juridiction, maîtrise, pouvoir, puissance, règne, tutelle. SOUT. empire, férule, houlette. ▶ ***En religion*** – canon, commandement, dogme, observance. ▶ ***Théorie*** – conjecture, explication, hypothèse, interprétation, principe, scénario, spéculation, théorie, thèse. △ ANT. ANARCHIE, ANOMIE, DÉSORDRE.

loin *adv.* à cent lieues (à la ronde), à distance, à l'écart, à perte de vue, ailleurs, au loin, au lointain, bien après, bien avant, dehors, hors d'atteinte, hors de portée, lointainement. FAM. à l'autre bout du monde, au bout du monde, au diable. △ ANT. À CÔTÉ, À DEUX PAS, À PROXIMITÉ, DANS LES ENVIRONS, NON LOIN, PRÈS.

lointain *adj.* ▶ ***Éloigné dans l'espace*** – distant, éloigné, espacé. ▶ ***Éloigné dans le temps*** – ancestral, ancien, éloigné, immémorial, passé, reculé, révolu. ▶ ***Sans lien direct*** – éloigné, indirect. ▶ ***Songeur*** – absent, absorbé (dans ses pensées), distrait, inattentif, lunaire, méditatif, pensif, qui a l'esprit ailleurs, rêvasseur, rêveur, somnambule, songeur. *FAM.* dans la lune. *QUÉB. FAM.* lunatique. △ **ANT.** ADJACENT, AVOISINANT, PROCHAIN, PROCHE, RAPPROCHÉ, VOISIN; NEUF, RÉCENT; ATTENTIF, CONCENTRÉ, VIGILANT.

loisir *n. m.* ▶ ***Liberté*** – autonomie, choix, contingence, disponibilité, droit, faculté, franc arbitre, hasard, indépendance, indéterminisme, liberté, libre arbitre, licence, permission, possibilité, pouvoir. ▶ ***Divertissement*** – divertissement, entracte, interlude, intermède, intermezzo. ▶ ***Repos*** – congé, délassement, détente, escale, halte, mi-temps, pause, récréation, récupération, relâche, répit, repos, temps, trêve, vacances, villégiature. △ **ANT.** OCCUPATION, TRAVAIL.

long *adj.* ▶ ***Étendu dans l'espace*** – grand, interminable. ▶ ***Mince*** – délicat, délié, élancé, filiforme, fin, fluet, frêle, gracile, grêle, léger, longiligne, maigre, mince, svelte. ▶ ***En parlant du visage*** – allongé, oblong, ovale. ▶ ***Étendu dans le temps*** – à n'en plus finir, interminable, sans fin. *FAM.* longuet. ▶ ***Qui prend du temps*** – lent. ▶ ***Lambin*** – lambin, lent. △ **ANT.** COURT; LARGE; CONCIS, SUCCINCT; BREF, INSTANTANÉ; ACTIF, DILIGENT, EMPRESSÉ, EXPÉDITIF, PROMPT, RAPIDE, VIF.

longer *v.* ▶ ***Border*** – border, confiner à, côtoyer, suivre, toucher.

longtemps *adv.* à l'infini, à long terme, à longue échéance, à n'en plus finir, ad vitam æternam, beaucoup, depuis belle lurette, durablement, infiniment, interminablement, lentement, longuement, mûrement, toujours. △ **ANT.** BRIÈVEMENT, MOMENTANÉMENT, POUR UN MOMENT, POUR UN TEMPS, RAPIDEMENT; INSTANTANÉMENT, TOUT DE SUITE.

longuement *adv.* à l'infini, à long terme, à longue échéance, à n'en plus finir, ad vitam æternam, beaucoup, depuis belle lurette, durablement, infiniment, interminablement, lentement, longtemps, mûrement, toujours. △ **ANT.** BRIÈVEMENT, RAPIDEMENT.

longueur *n.f.* ▶ ***Dimension*** – distance, écartement, éloignement, portée. ▶ ***Fait d'être grand*** – grandeur, immensité, importance, monumentalité. *SOUT.* taille. △ **ANT.** BRIÈVETÉ.

loque *n.f.* ▶ ***Personne*** – amorphe, apathique, baudruche, faible, indolent, léthargique, lymphatique, mollasse. *FAM.* chiffe (molle), emplâtre, endormi, gnangnan, lavette, limace, mollasson, mollusque, mou, zombie. *MÉD.* aboulique, apragmatique, cataleptique, psychasthénique. ▶ ***Torchon*** (*BELG.*) – chamoisine, chiffon (à poussière), éponge, essuie-meubles, essuie-verres, lavette, linge, pattemouille, (peau de) chamois, serpillière, tampon, torchon. *QUÉB.* guenille. *BELG.* loque, wassingue. *SUISSE* panosse, patte. ▶ ***Pellicule*** – mère du vinaigre, peau, voile, zooglée. ♦ **loques,** ***plur.*** ▶ ***Tissu usé*** – chiffons, défroque, friperie, fripes, guenilles, haillons, lambeaux. *SOUT.* hardes, oripeaux.

lorgnette *n.f.* binoculaire, jumelle, longue-vue, lunette, télescope.

lot *n.m.* ▶ ***Fraction d'un terrain*** – enclave, lopin, lotissement, parcelle. ▶ ***Part*** – apport, commandite, contingent, contribution, cotisation, dot, dotation, écot, financement, fonds, fournissement, mise, montant, obligation, parrainage, part, participation, portion, quote-part, quotité. ▶ ***Marchandises*** – assortiment, pack. ▶ ***Chose gagnée*** – prix. ▶ ***Destinée*** – avenir, chance, demain(s), destin, destinée, devenir, étoile, existence, fatalité, fortune, futur, hasard, horizon, karma, lendemain(s), nécessité, prédestination, prédétermination, prédéterminisme, providence, sort, vie. *SOUT.* fatum, Parque. △ **ANT.** TOTALITÉ, TOUT.

loterie *n.f.* ▶ ***Tirage*** – arlequin, bingo, loto, sweepstake, tirage, tombola, totocalcio.

louable *adj.* appréciable, bien, bon, considéré, de bon aloi, digne, estimable, estimé, honorable, méritant, méritoire, respectable. △ **ANT.** BLÂMABLE, CONDAMNABLE, PUNISSABLE, RÉPRÉHENSIBLE.

louange *n.f.* acclamation, apologie, apothéose, applaudissement, bravo, célébration, compliment, éloge, encensement, félicitations, fleur, glorification, panégyrique, solennisation. *SOUT.* baisemain, congratulation, dithyrambe, exaltation. △ **ANT.** ACCUSATION, ATTAQUE, BLÂME, CRITIQUE, REPROCHE, RÉQUISITOIRE.

loucher *v.* ▶ ***Être affecté de strabisme*** – *FAM.* bigler. ▶ ***Regarder furtivement*** – jeter un coup d'œil à, lorgner, regarder à la dérobée, regarder du coin de l'œil. *FAM.* bigler, guigner, mater, reluquer, zieuter.

louer *v.* ▶ ***Retenir en payant*** – réserver, retenir. ▶ ***Rendre gloire à Dieu*** – bénir, glorifier, rendre gloire à. ▶ ***Faire l'éloge de qqn*** – applaudir, approuver, chanter les louanges de, complimenter, congratuler, couvrir de fleurs, couvrir de louanges, encenser, faire l'éloge de, féliciter, louanger, rendre hommage à, saluer, vanter. ▶ ***Faire l'éloge de qqch.*** – chanter les louanges de, faire l'éloge de, louanger, prôner, vanter (les mérites de). ♦ **se louer** ▶ ***Être content de soi*** – s'applaudir, se féliciter, se réjouir. △ **ANT.** ACHETER; ABAISSER, AVILIR, BLÂMER, CENSURER, CRITIQUER, DÉCRIER, DÉPRÉCIER, DÉSAPPROUVER, HUMILIER, INJURIER, RÉPRIMANDER, SERMONNER; DÉPLORER, RÉCUSER.

lourd *adj.* ▶ ***Qui pèse lourd*** – pesant. *DIDACT.* pondéreux. ▶ ***Corpulent*** – adipeux, bien en chair, charnu, corpulent, de forte taille, empâté, épais, étoffé, fort, gras, gros, imposant, large, massif, obèse, opulent, plantureux, plein. *FAM.* éléphantesque, hippopotamesque. *FRANCE FAM.* mastoc. ▶ ***Qui surcharge*** – accablant, aliénant, asservissant, assujettissant, astreignant, contraignant, écrasant, étouffant, exigeant, impitoyable, oppressant, pénible, pesant. ▶ ***Difficile à digérer*** – indigeste, pesant. ▶ ***En parlant de l'estomac*** – chargé, embarrassé. ▶ ***Qui manque de vivacité*** – balourd, lent, lourdaud, pesant. ▶ ***Qui manque d'aisance*** – embarrassé, gauche, laborieux, qui sent l'effort. ▶ ***Qui insiste trop*** – appuyé, insistant. ▶ ***Important*** – d'importance, de conséquence, grave, gravissime, gros, important. ▶ ***Onéreux*** – cher, dispendieux, onéreux, ruineux. *FAM.* budgétivore. ▶ ***En parlant du style*** – chargé, orné, tarabiscoté. ▶ ***En parlant de la température*** – accablant, brûlant, caniculaire, chaud, écrasant, étouffant, oppressant, saharien, suffocant, torride, tropical. ▶ ***En parlant du ciel*** – assombri, bouché, chargé de nuages, couvert, ennuagé, gris, nébuleux, nuageux, obscurci, voilé. ▶ ***En parlant du sommeil*** – de plomb, profond. △ **ANT.**

IMPONDÉRABLE, LÉGER; CHÉTIF, DÉLIÉ, ÉLANCÉ, MAIGRE, SVELTE; DIGESTE; DÉLICAT, ÉLÉGANT, GRACIEUX; ALERTE, VIF; AISÉ, FACILE, SUPPORTABLE; FUTILE, SANS IMPORTANCE; CHER, COÛTEUX; COULANT, FLUIDE, NATUREL; CLÉMENT, DOUX, TEMPÉRÉ.

lourdeur *n.f.* ▶ ***Poids*** – densité, masse, massiveté, pesanteur, poids. ▶ ***Alourdissement*** – alourdissement, appesantissement, augmentation de poids, embarras, indigestion, oppression, surcharge. ▶ ***Paresse*** – alanguissement, apathie, atonie, engourdissement, fainéantise, farniente, indolence, inertie, laisser-aller, langueur, lenteur, léthargie, mollesse, négligence, nonchalance, oisiveté, paresse, somnolence, torpeur. *FAM.* cosse, flemmardise, flemme. ▶ ***Maladresse*** – balourdise, gaucherie, maladresse. *SOUT.* inhabileté. ▶ ***Manque de raffinement*** – balourdise, barbarie, béotisme, bestialité, brutalité, fruste, goujaterie, grossièreté, impolitesse, inélégance, rudesse, rustauderie, rusticité, rustrerie, vulgarité. ▶ ***Stupidité*** – ânerie, béotisme, bêtise, bornerie, débilité, idiotie, ignorance, imbécillité, ineptie, inintelligence, innocence, insipidité, lenteur, naïveté, niaiserie, nigauderie, pesanteur, simplicité, sottise, stupidité. *FAM.* connerie, crétinisme, dinguerie. △ **ANT.** LÉGÈRETÉ.

loyal *adj.* ▶ ***Fidèle*** – attaché, constant, dévoué, fidèle, sûr. ▶ ***Honnête*** – correct, droit, franc, honnête, probe, régulier. *FAM.* réglo, rond. ▶ ***Franc-jeu*** – beau joueur, franc-jeu, sportif. △ **ANT.** DÉLOYAL, INFIDÈLE; FAUX, HYPOCRITE, MALHONNÊTE, PERFIDE.

loyalement *adv.* ▶ ***Fidèlement*** – docilement, fidèlement, inconditionnellement, indéfectiblement, sagement. ▶ ***Franchement*** – à la loyale, authentiquement, de bonne foi, en toute bonne foi, franc, franchement, honnêtement, ouvertement, sincèrement, uniment. *FAM.* franco. ▶ ***Intègrement*** – bien, droitement, exemplairement, honnêtement, honorablement, incorruptiblement, intègrement, irréprochablement, saintement, vertueusement. *FAM.* à la loyale, proprement. △ **ANT.** DÉLOYALEMENT, HYPOCRITEMENT, INSINCÈREMENT, MALHONNÊTEMENT, MENSONGÈREMENT, SOURNOISEMENT, TRAÎTREUSEMENT, TROMPEUSEMENT.

loyauté *n.f.* ▶ ***Fidélité*** – allégeance, attachement, confiance, dévouement, fidélité, foi, loyalisme. ▶ ***Honnêteté*** – conscience, droiture, exactitude, fidélité, franchise, honnêteté, incorruptibilité, intégrité, irréprochabilité, justice, mérite, moralité, netteté, probité, scrupule, sens moral, transparence, vertu. ▶ ***Franchise*** – abandon, bonne foi, confiance, cordialité, droiture, franchise, franc-jeu, franc-parler, netteté, rondeur, simplicité, sincérité, spontanéité. △ **ANT.** DÉLOYAUTÉ, TRAHISON, TRAÎTRISE; DUPLICITÉ, HYPOCRISIE, PERFIDIE.

loyer *n.m.* ▶ ***Prix*** – pas-de-porte *(commerçant)*. ▶ ***Logement*** (*QUÉB. FAM.*) – appartement, logement. *FAM.* piaule. *BELG.* flat. ▶ ***Revenu*** – allocation, arrérages, avantage, bénéfice, casuel, chômage, dividende, dotation, fermage, fruit, gain, intérêt, mense, mensualité, métayage, pension, prébende, présalaire, produit, profit, rapport, recette, redevance, rente, rentrée, retraite, revenu, tontine, usufruit, usure, viager. *FAM.* alloc. *FRANCE FAM.* bénef. *ANC.* cens, lods et ventes.

lubie *n.f.* ▶ ***Caprice*** – accès, bizarrerie, bon plaisir, caprice, changement, chimère, coup de tête, envie, extravagance, fantaisie, fantasme, folie, frasque, gré, guise, immaturité, impatience, incartade, inconstance, infantilisme, instabilité, légèreté, marotte, mobilité, originalité, saute (d'humeur), singularité, sporadicité, variation, versatilité, volonté. *SOUT.* folle gamberge, foucade, humeur. *FAM.* toquade.

lucide *adj.* ▶ ***Aux facultés intellectuelles intactes*** – conscient, en pleine possession de ses moyens, qui a toute sa tête, qui a toutes ses idées. ▶ ***Clairvoyant*** – aigu, clairvoyant, fin, lumineux, pénétrant, perçant, perspicace, profond, psychologue, qui voit loin, sagace, subtil. △ **ANT.** CONFUS, INCONSCIENT, QUI N'A PAS TOUTE SA TÊTE.

lucidité *n.f.* ▶ ***Entendement*** – bon sens, cerveau, cervelle, clairvoyance, compréhension, conception, discernement, entendement, esprit, faculté, imagination, intellect, intelligence, jugement, pénétration, raison, tête. *FAM.* matière grise, méninges. *PHILOS.* logos. ▶ ***Finesse*** – acuité, clairvoyance, fin, finesse, flair, habileté, jugement, pénétration, perspicacité, sagacité, sensibilité, subtilité. *RARE* acutesse, perspicuité. *FAM.* nez. ▶ ***Perception extrasensorielle*** – clairvoyance, cryptesthésie, métagnomie. △ **ANT.** AVEUGLEMENT, DÉMENCE, ÉGAREMENT, ILLUSION, IVRESSE, PASSION, RÊVE.

lueur *n.f.* ▶ ***Clarté*** – clair, clair-obscur, clarté, contre-jour, demi-jour, éclair, éclairage, éclat, embrasement, flamboiement, flamme, halo, illumination, jour, lumière, nitescence, pénombre, soleil. *SOUT.* splendeur. ▶ ***Reflet*** – brasillement, brillance, brillant, cati, chatoiement, coruscation, éclat, étincellement, feux, halo, image, irisation, luisant, lustre, miroitement, moire, moiré, moirure, orient, papillotage, papillotement, poli, poudroiement, rayonnement, reflet, réflexion, réfraction, réverbération, ruissellement, scintillement. *SOUT.* luisance, nacre, opalescence, resplendissement, rutilance, rutilation, rutilement. *SC.* albédo. *TECHN.* bruni, brunissure. ▶ ***Petite quantité*** – atome, bouchée, brin, chouia, doigt, filet, goutte, gouttelette, grain, larme, miette, nuage, once, paille, parcelle, peu, pincée, pointe, relent, restant, reste, rien, soupçon, tantinet, teinte, touche, trace, trait, zeste. ▶ ***Indice*** – apparence, cachet, cicatrice, critère, empreinte, indication, indice, justificatif, marque, ombre, pas, piste, preuve, repère, reste, ride, sceau, signature, signe, stigmate, tache, témoignage, témoin, trace, trait, vestige. △ **ANT.** OBSCURITÉ.

lugubre *adj.* ▶ ***Qui évoque la mort*** – funèbre, macabre, sépulcral. ▶ ***Qui évoque le malheur*** – funèbre, glauque, noir, sinistre, sombre, triste. *SOUT.* funeste. ▶ ***Ennuyeux*** (*FAM.*) – assommant, endormant, ennuyeux, fastidieux, inintéressant, insipide, lassant, monotone, plat, répétitif, soporifique. *FAM.* barbant, mortel, mortifère, mourant, rasant, raseur, rasoir, usant. *FRANCE FAM.* barbifiant, barbifique, bassinant, canulant. *QUÉB. FAM.* plate. △ **ANT.** GAI, PLAISANT, RÉJOUISSANT.

luire *v.* ▶ ***Jeter des reflets*** – brasiller, briller, chatoyer, étinceler, flamboyer, fulgurer *(éclat passager)*, miroiter, reluire, resplendir, rutiler, scintiller. *SOUT.* palpiter, papilloter, pétiller. *BELG.* blinquer. *ACADIE FAM.*

mirer. △ ANT. PÂLIR, S'EFFACER, S'ÉTEINDRE, TERNIR; DISPARAÎTRE.

luisant *adj.* ▶ ***Scintillant*** – brasillant, brillant, éclatant, étincelant, flamboyant, incandescent, miroitant, papillotant, reluisant, rutilant, scintillant. ▶ ***Lustré*** – brillant, glacé, laqué, lisse, lustré, poli, satiné, verni. △ ANT. BLAFARD, ÉTEINT, MAT, PÂLE, TERNE.

lumière *n.f.* ▶ ***Clarté*** – clair, clair-obscur, clarté, contre-jour, demi-jour, éclair, éclairage, éclat, embrasement, flamboiement, flamme, halo, illumination, jour, lueur, nitescence, pénombre, soleil. SOUT. splendeur. ▶ ***Ampoule*** (FAM.) – ampoule (électrique), lampe (à) halogène, lampe (à incandescence), (lampe) flamme, veilleuse. ▶ ***Personne*** (FAM.) – as, bonne lame, cerveau, esprit supérieur, fine lame, intelligence. SOUT. phénix. FAM. aigle, grosse tête. ▶ ***Explication*** – analyse, clarification, commentaire, critique, définition, désambiguïsation, éclaircissement, élucidation, exemplification, explication, explicitation, exposé, exposition, glose, illustration, indication, interprétation, légende, note, paraphrase, précision, remarque, renseignement. ♦ **lumières,** ***plur.*** ▶ ***Lumières*** – acquis, bagage, compétence, connaissances, culture (générale), éducation, encyclopédisme, épistémè, érudition, expérience, humanisme, instruction, lettres, notions, sagesse, savoir, science. SOUT. omniscience. △ ANT. NUIT, OBSCURITÉ, OMBRE, TÉNÈBRES; AVEUGLEMENT, ERREUR. ♦ **lumières,** ***plur.*** IGNORANCE, OBSCURANTISME.

lumineux *adj.* ▶ ***Qui émet de la lumière*** – brillant, fluorescent, luminescent, phosphorescent. ▶ ***Qui est rempli de lumière*** – clair, éclairé, éclatant, radieux, rayonnant, resplendissant. ▶ ***Évident*** – à la portée de tous, accessible, clair, cohérent, compréhensible, concevable, déchiffrable, évident, facile, intelligible, interprétable, limpide, pénétrable, saisissable, simple, transparent. ▶ ***Perspicace*** – aigu, clairvoyant, fin, lucide, pénétrant, perçant, perspicace, profond, psychologue, qui voit loin, sagace, subtil. △ ANT. NOIR, OBSCUR, SOMBRE; MAT, TERNE; CABALISTIQUE, CRYPTIQUE, EMBROUILLÉ, ÉNIGMATIQUE, ÉSOTÉRIQUE, HERMÉTIQUE, IMPÉNÉTRABLE, INCOMPRÉHENSIBLE, MYSTÉRIEUX, OPAQUE, TÉNÉBREUX.

lunaire *adj.* ▶ ***Relatif à la lune*** – sélène, sélénien, sélénique, sélénite. ▶ ***Rêveur*** – absent, absorbé (dans ses pensées), distrait, inattentif, lointain, méditatif, pensif, qui a l'esprit ailleurs, rêvasseur, rêveur, somnambule, songeur. FAM. dans la lune. QUÉB. FAM. lunatique. △ ANT. ATTENTIF, CONCENTRÉ, VIGILANT; CONCRET, RÉEL, TANGIBLE; ALLONGÉ *(VISAGE)*, OBLONG.

lune *n.f.* ▶ ***Satellite de la Terre*** – l'astre de la nuit, le compagnon de la Terre. ▶ ***Satellite d'une planète*** – satellite naturel, satellite.

lunette *n.f.* ▶ ***Instrument optique*** – binoculaire, jumelle, longue-vue, lorgnette, télescope. ▶ ***Cuvette*** – bidet, cuvette (sanitaire). ▶ ***Partie d'auto*** – lunette arrière, vitre arrière. ♦ **lunettes,** ***plur.*** ▶ ***Verres correcteurs*** – lorgnon, monocle *(verre unique)*, pince-nez, verres. FAM. binocles, carreaux.

lustre *n.m.* ▶ ***Éclat*** – brasillement, brillance, brillant, cati, chatoiement, coruscation, éclat, étincellement, feux, halo, image, irisation, lueur, luisant, miroitement, moire, moiré, moirure, orient, papillotage, papillotement, poli, poudroiement, rayonnement, reflet, réflexion, réfraction, réverbération, ruissellement, scintillement. SOUT. luisance, nacre, opalescence, resplendissement, rutilance, rutilement. SC. albédo. TECHN. bruni, brunissure. ▶ ***Enduit*** – blanc de chaux, brasque, briquetage, caviar, enduit, engluage, fart, laque, mastic, patine, stuc, vernis. TECHN. apprêt, engobe, futée, glairure, lut, salbande. ▶ ***Relief*** (SOUT.) – gloire, rayonnement. SOUT. relief. ♦ **lustres,** ***plur.*** ▶ ***Des lustres*** (SOUT.) – une éternité. FAM. des siècles, un bail, un siècle, une paye. △ ANT. MATITÉ.

lutte *n.f.* ▶ ***Contact corporel violent*** – corps à corps. ▶ ***Combat*** – accrochage, action (de guerre), affrontement, assaut, attaque, bagarre, bataille, choc, combat, conflit, duel, échauffourée, empoignade, empoignement, engagement, escarmouche, ferraillement, feu, guérilla, guerre, heurt, hostilités, mêlée, opération, pugilat, rencontre, rixe. FAM. baroud, baston, bigorne, casse-gueule, casse-pipe, castagne, guéguerre, rif, rififi, riflette. MILIT. blitz *(de courte durée)*. ▶ ***Antagonisme*** – affrontement, antagonisme, combat, compétition, concurrence, conflit, contentieux, contestation, controverse, débat, désaccord, différend, discorde, discussion, dispute, dissension, dissentiment, divergence, émulation, friction, heurt, incompatibilité, incompréhension, mésentente, mésintelligence, opposition, polémique, querelle, rivalité. FAM. bagarre. ▶ ***Acharnement*** – acharnement, ardeur, effort, énergie. △ ANT. ACCORD, ENTENTE, PAIX, TRÊVE; COLLABORATION, COOPÉRATION, HARMONIE; ABANDON, RENONCEMENT, RÉSIGNATION.

lutter *v.* ▶ ***Combattre corps à corps*** – combattre, livrer un combat, livrer une lutte, se battre. ▶ ***Livrer une lutte armée*** – combattre, faire la guerre, livrer bataille, livrer un combat, se battre. SOUT. guerroyer. ▶ ***Se mesurer à un adversaire*** – affronter, se battre, se mesurer. ▶ ***Combattre une chose abstraite*** – batailler, combattre, ferrailler, guerroyer, livrer bataille, livrer un combat, livrer une lutte, (se) bagarrer, se battre. ▶ ***Rivaliser*** – rivaliser de. SOUT. disputer de, faire assaut de, jouter de, le disputer en. ▶ ***Refuser de céder*** – ne pas se laisser faire, résister, s'accrocher, se défendre, tenir, tenir bon, tenir ferme, tenir tête. △ ANT. CAPITULER, SE RENDRE; ABANDONNER, CÉDER, LÂCHER, RENONCER, SE RÉSIGNER.

lutteur *n.* ▶ ***Athlète*** – catcheur, judoka, karatéka, (lutteur de) sumo *(japonais)*. FAM. tombeur *(vainqueur)*. ▶ ***Lutteur de foire*** (QUÉB.) – hercule de foire, hercule forain, lutteur de foire. ▶ ***Personne énergique*** – accrocheur, battant, gagneur. QUÉB. gagnant. RARE jouteur.

luxe *n.m.* ▶ ***Somptuosité*** – abondance, apparat, appareil, beauté, confort, dolce vita, éclat, étalage, faste, grandeur, magnificence, majesté, opulence, ostentation, pompe, profusion, richesse, somptuosité, splendeur. FAM. tralala. ▶ ***Abondance*** – abondance, afflux, amas, ampleur, concentration, débauche, débordement, exubérance, filon, fleuraison, floraison, foisonnement, forêt, foule, fourmillement, gisement, infinité, inondation, luxuriance, masse, mine, multiplicité, myriade, nuée, orgie, paquet, pléthore, poussière, profusion, quantité, richesse, surabondance, tas, trésor. *FIG.* carnaval. *FAM.* festival, flopée, kyrielle, tapée, tonne, tripotée, wagon. *SUISSE FAM.* craquée. ▶ ***Excès*** – comble, débauche, débordement, dépassement, disproportion, énormité, excédent, excès, exubérance, gaspillage, inutile, luxuriance, profusion, redondance, satiété, saturation, superfétation, superflu, superfluité, surabondance, surcharge, surcroît, surenchère, surnombre, surplus, trop, trop-plein. ▶ ***Utilité*** – avantage, bénéfice, bienfait, commodité, convenance, désidérabilité, efficacité, fonction, fonctionnalité, indispensabilité, intérêt, mérite, nécessité, profit, profitabilité, recours, service, usage, utilité, valeur. △ **ANT.** SIMPLICITÉ, SOBRIÉTÉ; DÉNUEMENT, PAUVRETÉ; INSUFFISANCE, LACUNE, MANQUE, RARETÉ.

luxueux *adj.* fastueux, magnifique, opulent, princier, riche, royal, seigneurial, somptueux. *SOUT.* magnificent, splendide. △ **ANT.** À LA BONNE FRANQUETTE, HUMBLE, MODESTE, SANS CÉRÉMONIES, SIMPLE, SOBRE.

luxure *n.f.* ▶ ***Débauche*** – débauche, débordement, dépravation, dévergondage, dissolution, excès, grivoiserie, immoralité, impureté, inconduite, intempérance, liberté de mœurs, libertinage, licence, lubricité, mauvaise conduite, obscénité, paillardise, perversion, sensualité, vice. *SOUT.* dissipation, égarements, fange, impudicité, incontinence, lascivité, salacité, stupre, sybaritisme, turpitude. △ **ANT.** CHASTETÉ, PURETÉ, VERTU.

lycée *n.m.* ▶ ***Établissement scolaire*** – académie, collège, conservatoire, école, établissement scolaire, high school *(pays anglo-saxons)*, institut, institution, maison d'éducation, maison d'enseignement, medersa *(pays musulmans)*, petit séminaire. *FRANCE FAM.* bahut, boîte. *QUÉB.* cégep, collégial, polyvalente, régionale *(en région)*; *FAM.* poly. *BELG.* athénée. *SUISSE* gymnase. ▶ ***Le Lycée*** – aristotélisme.

lyrique *adj.* ▶ ***Poétique*** – poétique, romantique. ▶ ***Passionné*** – ardent, enflammé, exalté, fervent, inspiré, passionné, vibrant. △ **ANT.** PROSAÏQUE.

m

macabre *adj.* funèbre, lugubre, sépulcral. △ **ANT.** GAI, PLAISANT, RÉJOUISSANT.

mâcher *v.* mastiquer. *FAM.* chiquer. △ **ANT.** AVALER, CRACHER.

machinal *adj.* automatique, inconscient, indélibéré, instinctif, intuitif, involontaire, irréfléchi, mécanique, naturel, réflexe, spontané. *DIDACT.* instinctuel, pulsionnel. △ **ANT.** CALCULÉ, CONSCIENT, RÉFLÉCHI, VOLONTAIRE.

machinalement *adv.* à l'instinct, à l'intuition, au flair, automatiquement, d'instinct, impulsivement, inconsciemment, instinctivement, intuitivement, involontairement, mécaniquement, naturellement, par habitude, par humeur, par instinct, par nature, sans réfléchir, spontanément, viscéralement. △ **ANT.** À DESSEIN, EXPRÈS, INTENTIONNELLEMENT, VOLONTAIREMENT.

machination *n.f.* ▶ ***Manigance*** – agissements, cabale, calcul, combinaison, complot, conjuration, conspiration, intrigue, manigance, manipulation, manœuvre, maquignonnage, menées, plan, tractation. *SOUT.* brigue, fomentation. *FAM.* combine, fricotage, grenouillage, magouillage, magouille, micmac, mijotage. ▶ ***Ruse*** – artifice, astuce, escamotage, fourberie, fraude, machiavélisme, manœuvre, ruse, stratagème, subterfuge. *FAM.* feinte.

machine *n.f.* ▶ ***Appareil*** – appareil, dispositif, engin, mécanique, mécanisme. *FAM.* bécane, zinzin. *QUÉB. FAM.* patente. ▶ ***Personne conditionnée*** – automate, robot, somnambule.

machiner *v.* combiner, fomenter, manigancer, monter, ourdir, tramer. *FAM.* fricoter, goupiller, magouiller, mijoter, traficoter, trafiquer. ▸ *À plusieurs* – comploter, concerter, conspirer.

machisme *n.m.* misogynie, phallocentrisme, phallocratie, phallocratisme, sexisme.

mâchoire *n.f.* ▶ ***Os de la bouche*** – *FAM.* mandibule. *ANAT.* maxillaire. ▶ ***Organe des animaux*** – ganache *(cheval)*, mandibule *(oiseaux et insectes)*, maxille *(insectes et crustacés)*. ▶ ***Partie d'un outil qui serre*** – mors.

maçon *n.* ▶ ***Franc-maçon*** – franc-maçon, frère maçon. *FAM.* frère trois-points. ▸ *Grade* – compagnon maçon, grand maître, maître, rose-croix.

madame *n.f.* ▶ ***Titre social*** – madame (Unetelle). *FAM.* la mère (Unetelle). *DR.* la femme (Unetelle). ▶ ***Femme distinguée*** (*FAM.*) – dame. ▶ ***Femme en général*** (*ENFANTIN*) – femme, fille. ▶ ***Qui a des domestiques*** – maîtresse (de maison).

mademoiselle *n.f.* ▶ ***Femme célibataire*** – célibataire. ▸ *Homme* – jeune homme, vieux garçon. ▸ *Femme* – jeune fille. *FAM.* catherinette. *PÉJ.* vieille fille.

madone *n.f.* ▶ ***Représentation de la Vierge*** – mater dolorosa, pietà, vierge, vierge à l'enfant, vierge aux sept douleurs, vierge de miséricorde, vierge de pitié. ♦ **la Madone** ▶ ***La Vierge*** – la Bonne Mère, la consolatrice des affligés, la Dame du Ciel, la mère de Dieu, la Reine du ciel, la Rose mystique, la Sainte Vierge, la Vierge, la Vierge de majesté, la Vierge immaculée, la Vierge Marie, la Vierge Mère, Marie, Notre-Dame, Sainte Marie.

magasin *n.m.* ▶ ***Entreprise commerciale*** – boutique, commerce, maison (de commerce). ▶ ***Cellier*** – cave, caveau, cellier, chai, magasin à vins, sous-sol. ▶ ***Entrepôt militaire*** – arsenal, dépôt d'armes, poudrière. *ANC.* atelier/manufacture d'armes, sainte-barbe. ▶ ***Partie d'une caméra*** – *FAM.* boîte.

magazine *n.m.* ▶ ***Revue*** – annales, bihebdomadaire, bimensuel, bimestriel, bulletin, cahier, fanzine, gazette, hebdomadaire, illustré, journal, mensuel, organe, périodique, publication, revue, tabloïd, trimestriel, zine. *FAM.* hebdo. ▶ ***Journal*** – bulletin, feuille, hebdomadaire, illustré, journal, organe, périodique, quotidien, tabloïd. *FAM.* hebdo.

mage *n.m.* ▶ ***Devin*** – devin, prophète, voyant. *SOUT.* augure, vaticinateur. ▶ ***Magicien*** (*SOUT.*) – enchanteur, ensorceleur, envoûteur, magicien, sorcier. *SOUT.* thaumaturge. ♦ **les Mages,** ***plur.*** ▶ ***Adorateurs de l'enfant Jésus*** – les Rois, les Rois mages.

magicien *n.* ▶ ***Occulte*** – enchanteur, ensorceleur, envoûteur, sorcier. SOUT. mage, thaumaturge.

magie *n.f.* ▶ ***Occultisme*** – archimagie, ésotérisme, gnose, grand art, hermétisme, mystagogie, occultisme, parapsychisme, parapsychologie, phénomènes paranormaux, sciences occultes. ▶ ***Sorcellerie*** – charme, diablerie, enchantement, ensorcellement, envoûtement, fascination, influence, jettatura, maléfice, malheur, maraboutage, mauvais œil, (mauvais) sort, philtre, possession, sorcellerie, sortilège. ANTIQ. goétie. ▶ ***Surnaturel*** – fantasmagorie, fantastique, féerie, merveilleux, mystère, prodige, prodigieux, sorcellerie, surnaturel. ▶ ***Prestidigitation*** – illusion, illusionnisme, tour d'adresse, (tour de) magie, (tour de) prestidigitation. FAM. tour de passe-passe. FIG. jonglerie. ▶ ***Influence*** – action, aide, appui, ascendant, attirance, attraction, aura, autorité, contagion, crédit, dominance, domination, effet, empreinte, emprise, fascination, force, importance, incitation, influence, inspiration, magnétisme, mainmise, manipulation, mouvance, persuasion, pétition, poids, pouvoir, prépondérance, présence, pression, prestige, puissance, règne, rôle, séduction, subjugation, suggestion, tyrannie. SOUT. empire, intercession. ▶ ***Charme*** – aimant, attirance, attraction, attrait, charisme, charme, chien, désirabilité, envoûtement, fascination, magnétisme, séduction, sex-appeal.

magique *adj.* enchanté, ensorcelé, envoûté, féerique, merveilleux, surnaturel. △ ANT. NATUREL, ORDINAIRE; CONCRET, TANGIBLE.

magistral *adj.* ▶ ***Exceptionnel*** – admirable, brillant, éblouissant, excellent, extraordinaire, fantastique, magnifique, merveilleux, parfait, prodigieux, remarquable, réussi, sensationnel, sublime. FAM. à tout casser, champion, d'enfer, du tonnerre, épatant, extra, fameux, formidable, fumant, génial, mirifique, pas piqué des vers, splendide, super, terrible. FRANCE FAM. du feu de Dieu, énorme, fadé, formide, géant, gratiné, pas piqué des hannetons. ▶ ***Grandiose*** – grand, grandiose, imposant, impressionnant, magnifique, majestueux, monumental. △ ANT. LAMENTABLE, MÉDIOCRE, MINABLE, NAVRANT, PIÈTRE, PITEUX, PITOYABLE, RATÉ; HUMBLE, MODESTE, PETIT, SIMPLE.

magistrat *n.* ▶ ***Chef*** – officier. ▶ ***Maire*** – magistrat municipal, maire. ANC. échevin. BELG. *ou* SUISSE bourgmestre. BELG. *ou* ANC. maïeur. ▸ *Autres régions* – alcade *(Espagne)*, lord-maire *(Grande-Bretagne)*. ▶ ***Juge*** – juge, magistrat assis, magistrat du siège. ▸ *Titre* – Son Honneur *(anglo-saxon)*, Votre Honneur. ▶ ***Avocat*** – avocat, avocat-conseil, avoué, conseil, conseiller juridique, homme de loi, jurisconsulte, juriste, légiste, membre du barreau, plaideur, procureur. PÉJ. avocaillon, chicaneur, chicanier; FAM. chasseur d'ambulance.

magnétique *adj.* ▶ ***Qui subjugue*** – captivant, ensorcelant, envoûtant, fascinant, séduisant. △ ANT. RÉFRIGÉRANT, SANS CHARME.

magnétisme *n.m.* ▶ ***Aimantation*** – aimantation, induction. ▶ ***Hypnose*** – fascination, hypnose, hypnotisme, narcoanalyse, sophrologie. ▶ ***Attraction*** – aimant, attirance, attraction, attrait, charisme, charme, chien, désirabilité, envoûtement, fascination, magie, séduction, sex-appeal. ▶ ***Influence*** – action, aide, appui, ascendant, attirance, attraction, aura, autorité, contagion, crédit, dominance, domination, effet, empreinte, emprise, fascination, force, importance, incitation, influence, inspiration, magie, mainmise, manipulation, mouvance, persuasion, pétition, poids, pouvoir, prépondérance, présence, pression, prestige, puissance, règne, rôle, séduction, subjugation, suggestion, tyrannie. SOUT. empire, intercession. △ ANT. RÉPULSION.

magnificence *n.f.* ▶ ***Beauté*** – agrément, art, attrait, beau, beauté, charme, chic, classe, coquetterie, délicatesse, distinction, éclat, élégance, esthétique, féerie, fraîcheur, grâce, gracieux, harmonie, majesté, perfection, photogénie, pureté, séduction, splendeur, symétrie. SOUT. blandice, joliesse, morbidesse, sublimité, symphonie, vénusté. ▶ ***Splendeur*** – abondance, apparat, appareil, beauté, confort, dolce vita, éclat, étalage, faste, grandeur, luxe, majesté, opulence, ostentation, pompe, profusion, richesse, somptuosité, splendeur. FAM. tralala. ▶ ***Générosité*** (SOUT.) – charité, don, générosité, largesse, prodigalité. SOUT. libéralité, magnanimité, munificence. △ ANT. LAIDEUR, MÉDIOCRITÉ; SIMPLICITÉ, SOBRIÉTÉ; PAUVRETÉ; AVARICE, MESQUINERIE.

magnifique *adj.* ▶ ***Grandiose*** – grand, grandiose, imposant, impressionnant, magistral, majestueux, monumental. ▶ ***Somptueux*** – fastueux, luxueux, opulent, princier, riche, royal, seigneurial, somptueux. SOUT. magnificent, splendide. ▶ ***Beau*** – admirable, beau, d'une grande beauté, de toute beauté, éblouissant, ravissant, splendide, superbe. FRANCE FAM. flambant. ▶ ***Féerique*** – enchanteur, féerique, idyllique, irréel, merveilleux, paradisiaque. SOUT. édénique. ▶ ***Exceptionnel*** – admirable, brillant, éblouissant, excellent, extraordinaire, fantastique, magistral, merveilleux, parfait, prodigieux, remarquable, réussi, sensationnel, sublime. FAM. à tout casser, champion, d'enfer, du tonnerre, épatant, extra, fameux, formidable, fumant, génial, mirifique, pas piqué des vers, splendide, super, terrible. FRANCE FAM. du feu de Dieu, énorme, fadé, formide, géant, gratiné, pas piqué des hannetons. △ ANT. LAMENTABLE, MÉDIOCRE, MINABLE, NAVRANT, PIÈTRE, PITEUX, PITOYABLE; À LA BONNE FRANQUETTE, HUMBLE, MODESTE, SANS CÉRÉMONIES, SIMPLE, SOBRE; AVARE, MESQUIN; AFFREUX, HIDEUX, HORRIBLE, IGNOBLE, MONSTRUEUX, REPOUSSANT; ATROCE, INFERNAL, INSOUTENABLE, INTOLÉRABLE, INVIVABLE; BANAL, COMMUN, ORDINAIRE.

magnifiquement *adv.* ▶ ***Glorieusement*** – fameusement, glorieusement, héroïquement, historiquement, mémorablement, proverbialement, splendidement, superbement. ▶ ***Grandiosement*** – colossalement, en grande pompe, grandement, grandiosement, hiératiquement, immensément, majestueusement, noblement, pompeusement, solennellement. ▶ ***Somptueusement*** – fastueusement, impérialement, luxueusement, princièrement, richement, royalement, somptueusement, splendidement, superbement. ▶ ***Joliment*** – agréablement, bien, coquettement, élégamment, gracieusement, harmonieusement, joliment, mignardement, mignonnement, plaisamment, superbement. △ ANT. HUM-

BLEMENT, MODESTEMENT, SANS CÉRÉMONIES, SIMPLEMENT, SOBREMENT; MÉDIOCREMENT, MODÉRÉMENT, MOYENNEMENT, PASSABLEMENT, TIÈDEMENT; ABOMINABLEMENT, AFFREUSEMENT, ATROCEMENT, DÉTESTABLEMENT, HORRIBLEMENT.

magot *n.m.* ▶ ***Économies*** (FAM.) – argent, cagnotte, économies, épargnes, réserve. FAM. bas (de laine), pécule. ▶ ***Capital*** (FAM.) – argent, avoir, bien, capital, cassette, épargne, fonds, fortune, fruit, gain, investissement, liquidités, numéraire, patrimoine, pécule, placement, portefeuille, possession, produit, propriété, richesse, trésor, valeur. SOUT. deniers. FAM. finances. ▶ ***Singe*** – magot de Gibraltar. ▶ ***Figurine*** – magot (chinois).

maigre *adj.* ▶ ***Qui a peu de graisse*** – délicat, délié, élancé, filiforme, fin, fluet, frêle, gracile, grêle, léger, long, longiligne, mince, svelte. ▸ *Un peu trop maigre* – chétif, gringalet, maigrelet, maigrichon, maigriot. ▸ *Extrêmement maigre* – amaigri, décharné, desséché, efflanqué, émacié, famélique, hâve, maigri, osseux, qui n'a que la peau et les os, sec, squelettique. SOUT. étique. FAM. maigre comme un clou, maigre comme un coucou, maigre comme un hareng saur, sec comme un coup de trique. MÉD. cachectique. ▶ ***Peu fourni*** – clair, clairsemé, rare. ▶ ***Insuffisant*** – anémique, chétif, chiche, déficient, déficitaire, faible, insatisfaisant, insuffisant, mauvais, médiocre, misérable, pauvre, piètre, rachitique. ▸ *En parlant d'une somme* – bas, faible, modeste, modique, petit. ▶ ***Faible en calories*** – à teneur réduite, allégé, diététique, hypocalorique, léger. ▸ *En parlant d'un repas* – frugal, léger. △ **ANT.** ADIPEUX, CORPULENT, DE FORTE TAILLE, EMPÂTÉ, GRAS, GROS, MASSIF, OBÈSE, OPULENT; ÉPAIS, FOURNI, LUXURIANT, TOUFFU; EXCESSIF, SURABONDANT; ASTRONOMIQUE, EXORBITANT, FARAMINEUX; CONSISTANT, LOURD, RICHE; ABONDANT, COPIEUX, GARGANTUESQUE, PLANTUREUX.

maigreur *n.f.* ▶ ***Minceur*** – amaigrissement, dépérissement, dessèchement, fragilité, gracilité, minceur. MÉD. anorexie, athrepsie, cachexie, marasme, rachitisme. SOUT. émaciation, émaciement. △ **ANT.** CORPULENCE, EMBONPOINT, GRAISSE, GROSSEUR, OBÉSITÉ; ABONDANCE; IMPORTANCE.

maigrir *v.* ▶ ***Rendre maigre*** (SOUT.) – affiner, amaigrir, amincir. ▶ ***Amincir une pièce de bois*** – allégir, amaigrir, amenuiser, amincir, corroyer, dégraisser, dégrossir, délarder, démaigrir, élégir. ▶ ***Perdre du poids*** – mincir. FAM. amincir, décoller, fondre. ♦ **maigri** ▶ ***Rendu très maigre*** – amaigri, décharné, desséché, efflanqué, émacié, famélique, hâve, osseux, qui n'a que la peau et les os, sec, squelettique. SOUT. étique. FAM. maigre comme un clou, maigre comme un coucou, maigre comme un hareng saur, sec comme un coup de trique. MÉD. cachectique. △ **ANT.** ENGRAISSER, GROSSIR, PRENDRE DU POIDS, S'EMPÂTER.

maillet *n.m.* ▶ ***Marteau*** – batte, besaiguë, bigorne, boucharde, châsse, ferretier, frappe-devant, laie, longuet, mailloche, marteau, marteau-piolet *(escalade)*, martelet, masse, massette, matoir, merlin, minahouet, picot, rivoir, robine, rustique, smille, têtu. ▶ ***Arme*** – maillotin, masse, masse d'armes.

maillot *n.m.* ▶ ***Vêtement souple*** – tee-shirt. QUÉB. gaminet. ▶ ***Vêtement pour bébé*** – barboteuse, brassière, camisole, dormeuse(-couverture), grenouillère, lange, robe. ▶ ***Maillot de bain*** – maillot (de bain). QUÉB. costume de bain.

main *n.f.* ▶ ***Partie du corps*** – FAM. battoir, menotte, paluche, patoche, patte, pince, pogne; FRANCE FAM. cuiller, fourchette du père Adam, louche. SOUT. dextre, senestre. ▶ ***Aux cartes*** – levée, pli. ▶ ***Ensemble de feuilles*** – rame. ▶ ***Poignée*** – anse, bec-de-cane, béquille, bouton (de porte), crémone, crosse *(arme à feu)*, ente, espagnolette, manche, mancheron, maneton, manette, manicle, oreille, pied-de-biche, poignée, queue *(casserole)*, robinet. BELG. clenche. SPORTS palonnier. ▶ ***Gant de toilette*** – FRANCE gant (de toilette), main (de toilette). QUÉB. débarbouillette. BELG. SUISSE lavette. ▶ ***Partie d'une plante*** – cirre, vrille.

main-d'œuvre *n.f.* ▶ ***Ensemble des travailleurs*** – effectif, personnel, ressources humaines, salariat.

maintenance *n.f.* ▶ ***Entretien préventif*** – (service d')entretien, vérification. ▸ *Dans le commerce* – service après-vente.

maintenant *adv.* à cette heure, à l'époque actuelle, à l'heure actuelle, à l'heure présente, à l'heure qu'il est, à l'instant présent, à présent, actuellement, au moment présent, aujourd'hui, dans le cas présent, de ce temps-ci, de nos jours, de notre temps, en ce moment, en cette saison, ici, par le temps qui court, présentement. △ **ANT.** ALORS; À UN AUTRE MOMENT; AVANT; APRÈS, PLUS TARD.

maintenir *v.* ▶ ***Retenir qqch.*** – fixer, retenir, tenir. ▶ ***Retenir qqn*** – clouer, immobiliser, retenir, river, tenir. ▶ ***Faire durer*** – continuer, entretenir, perpétuer, prolonger. ▶ ***Conserver*** – conserver, entretenir, garder, tenir. ▶ ***Affirmer de nouveau*** – réaffirmer, réitérer. ♦ **se maintenir** ▶ ***Continuer d'exister*** – demeurer, durer, perdurer, persister, résister, rester, se conserver, se perpétuer, subsister, survivre. △ **ANT.** DÉPLACER, DÉTACHER; CHANGER, MODIFIER; INNOVER; ANNULER, RETIRER, SUPPRIMER; ARRÊTER, CESSER; CONTESTER, DÉSAVOUER, NIER.

maintien *n.m.* ▶ ***Préservation*** – conservation, continuation, immortalisation, pérennisation, persistance, poursuite, préservation, prolongement, sauvegarde, suite, transmission. SOUT. ininterruption, perpétuation, perpétuement. ▶ ***Posture*** – attitude, contenance, port, pose, position, posture, station, tenue. △ **ANT.** CHANGEMENT; ABANDON, CESSATION; ABOLITION, SUPPRESSION.

maire *n.* ▶ ***Administrateur d'une ville*** – magistrat municipal. ANC. échevin. BELG. OU SUISSE bourgmestre. BELG. OU ANC. maïeur. ▸ *Autres régions* – alcade *(Espagne)*, lord-maire *(Grande-Bretagne)*. ▶ ***Commissaire du roi*** (ANC.) – intendant.

mairie *n.f.* ▶ ***Édifice*** – hôtel de ville. BELG. maison communale. ▶ ***Service*** – l'Administration municipale.

maison *n.f.* ▶ ***Domicile*** – domicile, foyer, intérieur, nid, résidence, toit. SOUT. demeure, habitacle, logis. FAM. bercail, bicoque, chaumière, chez-soi, crèche, pénates. PÉJ. FAM. boutique. ▶ ***Lieu à usage particulier*** – centre, complexe, établissement, station. ▶ ***Famille*** – cellule familiale, entourage, famille, foyer, fratrie, gens, logis, maisonnée, ménage, toit. FAM. bercail, clan, couvée, marmaille, nichée, progéniture, smala, tribu. ▶ ***Généalogie*** – agnation, alliance, arbre généalogique, ascendance, branche, cognation, consanguinité, cousinage, degré, descendance, dynastie, extraction, famille, filiation, fratrie, généalogie, génération, hérédité, lignage, ligne, lignée, matriarcat, matrilignage, origine, parentage, parenté, parentelle, patriarcat, patrilignage, postérité, primogéniture, quartier (de noblesse), race, sang, souche. RARE fraternité. ▶ ***Entreprise*** – boutique, commerce, magasin, maison (de commerce).

maître *n. m.* ▶ ***Chef*** – chef, leader, meneur, numéro un, parrain, seigneur, tête. FAM. baron, cacique, caïd, éléphant, (grand) manitou, grand sachem, gros bonnet, grosse légume, hiérarque, les huiles, pontife. FRANCE FAM. (grand) ponte, grosse pointure. ▸ *Avec titre* – autorité, dignitaire, officiel, responsable, supérieur. ▸ *Puissant* – magnat, mandarin, roi (de X), seigneur et maître. SOUT. prince. PÉJ. adjudant. ▸ *Peu important* – chefaillon, petit chef. ▶ ***Organisateur*** – âme, artisan, auteur, centre, cerveau, chef, cheville ouvrière, créateur, dirigeant, fondateur, incitateur, initiateur, inspirateur, instigateur, locomotive, maître (d'œuvre), meneur, moteur, organisateur, patron, père, promoteur, protagoniste, régisseur, responsable. SOUT. excitateur, instaurateur, ouvrier. ▶ ***Propriétaire*** – détenteur, porteur, possesseur, propriétaire, titulaire, usufruitier. ▶ ***Hôte*** – hôte, maître (de maison). SOUT. amphitryon. ▶ ***Virtuose*** – génie, prodige, superhomme, surdoué, surhomme, talent, virtuose. SOUT. phénix, surhumain. FAM. phénomène. ▶ ***Expert*** – as, expert, (fin) connaisseur, grand clerc, professionnel, spécialiste, virtuose. FAM. champion, chef, crack, pro. FRANCE FAM. bête. QUÉB. personne-ressource. ▶ ***Savant*** – autorité (en la matière), chercheur, connaisseur, découvreur, docteur, expert, homme de science, investigateur, maître de recherches, professeur, savant, scientifique, sommité, spécialiste. SOUT. (grand) clerc. ▶ ***Instituteur*** – animateur, éducateur, enseignant, instructeur, moniteur, pédagogue, professeur. FAM. prof, sorbonnard *(Sorbonne)*. QUÉB. andragogue *(enseignement aux adultes)*. BELG. régent. ▸ *Au primaire* – instituteur. FAM. insti. ANTIQ. grammatiste. ▸ *Directeur* – directeur, patron de thèse. ▸ *Assistant* – assistant, lecteur, maître assistant, moniteur, préparateur, répétiteur, sous-maître. FRANCE FAM. caïman. ▸ *Enseignant à contrat* – chargé de cours. FRANCE maître de conférence. ▸ *Suppléant* – (professeur) suppléant, remplaçant. ▶ ***Guide spirituel*** – chef de file, gourou, guide (spirituel), leader, magistère, mahatma, maître à penser, maître (spirituel), meneur, pandit, pasteur, phare, rassembleur, sage. SOUT. conducteur, coryphée, entraîneur (d'hommes). FAM. pape. △ **ANT.** ESCLAVE, SERVITEUR; INFÉRIEUR, SUBALTERNE, SUBORDONNÉ; DISCIPLE, ÉLÈVE.

maîtresse *n. f.* ▶ ***Institutrice*** – animateur, éducateur, enseignant, instructeur, moniteur, pédagogue, professeur. FAM. prof, sorbonnard *(Sorbonne)*. QUÉB. andragogue *(enseignement aux adultes)*. BELG. régent. ▸ *Au primaire* – instituteur, maître/maîtresse (d'école). FAM. insti. ANTIQ. grammatiste. ▸ *Directeur* – directeur, patron de thèse. ▸ *Assistant* – assistant, lecteur, maître assistant, moniteur, préparateur, répétiteur, sous-maître. FRANCE FAM. caïman. ▸ *Enseignant à contrat* – chargé de cours. FRANCE maître de conférence. ▸ *Suppléant* – (professeur) suppléant, remplaçant. ▶ ***Qui a des domestiques*** – madame, maîtresse (de maison).

maîtrise *n. f.* ▶ ***Habileté*** – adresse, aisance, aptitude, art, brio, capacité, compétence, dextérité, disposition, doigté, don, expertise, facilité, faculté, force, fort, génie, habileté, main, métier, pouvoir, professionnalisme, savoir, savoir-faire, sens, talent, technique, virtuosité. DR. habilitation, habilité. ▶ ***Éloquence*** – ardeur, art, art oratoire, brio, chaleur, charme, conviction, élégance, expression, parole, persuasion, rhétorique. SOUT. bien-dire. ▶ ***Domination*** – autorité, commandement, domination, force, gouvernement *(politique)*, juridiction, loi, pouvoir, puissance, règne, tutelle. SOUT. empire, férule, houlette. ▶ ***Chanteurs*** – chœur, chorale, ensemble vocal. ▸ *Enfants* – psallette. △ **ANT.** INCOMPÉTENCE, INEXPÉRIENCE; SERVITUDE.

maîtriser *v.* ▶ ***Contraindre physiquement*** – immobiliser, neutraliser, se rendre maître de. ▶ ***Dominer*** – contrôler, domestiquer, dominer, dompter, gouverner, juguler, surmonter. SOUT. briser, discipliner. ▶ ***Dominer un sentiment*** – calmer, contenir, contrôler, dominer, dompter, gouverner, surmonter, vaincre. SOUT. commander à. ▶ ***Connaître un sujet*** – connaître, savoir. ♦ **se maîtriser** ▶ ***Rester maître de soi*** – garder son sang-froid, rester maître de soi, se calmer, se contenir, se contrôler, se dominer, se dompter, se posséder, se raisonner, se retenir. △ **ANT.** ABANDONNER, CÉDER, DÉLIVRER, LAISSER, LIBÉRER; OBÉIR, SE SOUMETTRE. ♦ **se maîtriser** ÉCLATER, S'ABANDONNER, SE LAISSER ALLER, SUCCOMBER.

majesté *n. f.* ▶ ***Beauté*** – agrément, art, attrait, beau, beauté, charme, chic, classe, coquetterie, délicatesse, distinction, éclat, élégance, esthétique, féerie, fraîcheur, grâce, gracieux, harmonie, magnificence, perfection, photogénie, pureté, séduction, splendeur, symétrie. SOUT. blandice, joliesse, morbidesse, sublimité, symphonie, vénusté. ▶ ***Somptuosité*** – abondance, apparat, appareil, beauté, confort, dolce vita, éclat, étalage, faste, grandeur, luxe, magnificence, opulence, ostentation, pompe, profusion, richesse, somptuosité, splendeur. FAM. tralala. ▶ ***Gravité*** – componction, décence, dignité, gravité, hiératisme, pompe, raideur, réserve, rigidité, sérieux, solennité. △ **ANT.** MÉDIOCRITÉ, PAUVRETÉ, SIMPLICITÉ, SOBRIÉTÉ; BASSESSE, VULGARITÉ.

majestueusement *adv.* ▶ ***Grandiosement*** – colossalement, en grande pompe, grandement, grandiosement, hiératiquement, immensément, magnifiquement, noblement, pompeusement, solennellement. ▶ ***Dignement*** – aristocratiquement, augustement, dignement, fièrement, gravement, honorablement, noblement, princièrement, royalement, solennellement. △ **ANT.** MÉDIOCREMENT, MODÉRÉMENT, MOYENNEMENT, PASSABLEMENT, TIÈDEMENT.

majestueux *adj.* ▶ ***Grandiose*** – grand, grandiose, imposant, impressionnant, magistral, magnifique, monumental. ▶ ***Digne*** – auguste, digne, grave, impérial, imposant, noble, olympien, qui impose le respect, solennel. △ **ANT.** HUMBLE, MODESTE, PETIT, SIMPLE.

majeur *adj.* ▶ ***Important*** – capital, central, crucial, de la plus haute importance, de premier plan, décisif, déterminant, dominant, essentiel, important, maître, numéro un, prédominant, prééminent, premier, prépondérant, primordial, principal, prioritaire, supérieur. SOUT. à nul autre second, cardinal. ▶ ***Qui a atteint l'âge de la majorité*** – adulte, grand. FAM. majeur et vacciné. △ **ANT.** MINEUR; ACCESSOIRE, INSIGNIFIANT, PETIT, SECONDAIRE; IMPUBÈRE.

majorité *n.f.* ▶ ***Âge adulte*** – adultie, adultisme, âge, âge adulte, âge mûr, assurance, confiance en soi, épanouissement, expérience (de la vie), force de l'âge, maturité, plénitude, réalisation de soi, sagesse. ▶ ***Nombre majoritaire*** – la généralité, la plupart, le commun, le plus grand nombre. △ **ANT.** MINORITÉ.

majuscule *adj.* capital. △ **ANT.** MINUSCULE.

mal *adv.* ▶ ***Défavorablement*** – dangereusement, défavorablement, désavantageusement, dramatiquement, funestement, gravement, grièvement, imprudemment, malencontreusement, nuisiblement, pernicieusement, sérieusement, subversivement, terriblement. ▶ ***Désagréablement*** – à regret, âcrement, déplaisamment, désagréablement, désobligeamment, détestablement, douloureusement, ennuyeusement, fâcheusement, fastidieusement, importunément, inconfortablement, inopinément, inopportunément, insupportablement, intolérablement, mal à propos, malencontreusement, malheureusement, par malheur, péniblement, regrettablement. FAM. salement. ▶ ***Difficilement*** – à grand-peine, à peine, difficilement, difficultueusement, durement, incommodément, laborieusement, malaisément, péniblement, tant bien que mal. FAM. cahin-caha. ▶ ***Erronément*** – à tort, abusivement, défectueusement, erronément, faussement, fautivement, improprement, inadéquatement, incorrectement, inexactement, par erreur, vicieusement. ▶ ***Maladroitement*** – à la diable, à tort et à travers, gauchement, inhabilement, lourdement, maladroitement, malhabilement. ▶ ***Insuffisamment*** – dérisoirement, faiblement, imparfaitement, insuffisamment, médiocrement, mollement, pauvrement. ▶ ***Immoralement*** – immoralement, méchamment, perversement, vicieusement. △ **ANT.** BIEN.

mal *n.m.* ▶ ***Malaise*** – affection, altération, anomalie, défaillance, déficience, dérangement, dysfonction, dysfonctionnement, embarras, faiblesse, gêne, indisposition, insuffisance, malaise, trouble. DIDACT. dysphorie. MÉD. lipothymie. SOUT. mésaise. ▶ ***Maladie*** – affection, cas, maladie, morbidité, syndrome. ▶ ***Douleur morale*** – blessure, déchirement, déchirure, douleur, martyre, souffrance, supplice, torture. SOUT. tenaillement, tribulation. ▶ ***Épreuve*** – contrariété, coup, coup du destin, coup du sort, coup dur, disgrâce, échec, épreuve, hydre, infortune, malchance, malheur, mauvais moment à passer, misère, péril, revers, ruine, tribulation. SOUT. traverse. ▶ ***Péché*** – accroc, chute, crime, déchéance, écart, errements, faute, impureté, manquement, mauvais, offense, péché, sacrilège, scandale, souillure, tache, transgression, vice. ▶ ***Préjudice*** – affront, atteinte, désavantage, dommage, injustice, lésion, perte, préjudice, tort. △ **ANT.** BIEN; BONHEUR; VERTU; BIENFAIT.

malade *adj.* ▶ ***Souffrant*** – incommodé, indisposé, mal en point, mal portant, souffrant. SOUT. dolent. FAM. mal fichu, mal foutu, patraque. ▶ ***Qui garde le lit*** – alité. SOUT. grabataire. ▶ ***Fou*** (FAM.) – dérangé, fou, gâteux, qui a perdu la tête, qui n'a plus toute sa raison, troublé. FAM. cinglé, dingo, dingue, fêlé, folasse *(femme)*, gaga, maboul, marteau, qui a perdu la boule, sonné, timbré, toqué, tordu. FRANCE FAM. atteint, azimuté, barjot, braque, brindezingue, cintré, déjanté, fada, foldingue, folingue, fondu, frappé, givré, jeté, pété, piqué, schnock, sinoque, siphonné, toc toc, zinzin. QUÉB. FAM. fou braque. BELG. FAM. mastoc. △ **ANT.** BIEN PORTANT, EN BONNE SANTÉ, EN SANTÉ; ÉQUILIBRÉ, SAIN D'ESPRIT.

malade *n.* ▶ ***Personne en mauvaise santé*** – malportant. ▶ ***Fou*** – aliéné, dément, désaxé, déséquilibré, détraqué, forcené, fou, furieux, interné, malade (mental), perdu, psychosé, psychotique. FAM. barjot, (cerveau) fêlé, cinglé, cinoque, dingo, dingue, foldingue, maboul, piqué, siphonné, timbré, toqué, zinzin; PÉJ. psychiatrisé *(qui subit un traitement)*. FRANCE RÉGION. fada. ▶ ***Passionné*** – adepte, aficionado, amant, amateur, ami, amoureux, connaisseur, fanatique, fervent, fou, passionné. SOUT. assoiffé. FAM. accro, allumé, enragé, fan, fana, mordu. FRANCE FAM. fondu.

maladie *n.f.* ▶ ***Trouble de l'organisme*** – affection, cas, mal, morbidité, syndrome. ▶ ***Vice*** – défaut, défectuosité, démérite, faible, faiblesse, faille, faute, fil, grossièreté, handicap, imperfection, infirmité, insuffisance, lacune, malfaçon, manque, médiocrité, péché mignon, péché véniel, petitesse, ridicule, tache, tare, tort, travers, vice. SOUT. perfectibilité. ▶ ***Obsession*** – fixation, idée fixe, maniaquerie, manie, obsession. PSYCHOL. centration. FAM. fixette. RARE monoïdéisme. △ **ANT.** SANTÉ; GUÉRISON, RÉTABLISSEMENT.

maladif *adj.* ▶ ***À la santé fragile*** – anémique, chétif, débile, délicat, en mauvaise santé, faible, fragile, frêle, mal portant, malingre, rachitique, souffreteux. SOUT. valétudinaire. FAM. crevard, faiblard. ▶ ***Excessif et incontrôlé*** – anormal, malsain, morbide, obsessif, obsessionnel, pathologique. △ **ANT.** BIEN PORTANT, EN BONNE SANTÉ, EN SANTÉ, ROBUSTE, SAIN, VALIDE; NORMAL.

maladresse *n.f.* ▶ ***Gaucherie*** – balourdise, gaucherie, lourdeur. SOUT. inhabileté. ▶ ***Bévue*** – bavure, bêtise, bévue, blague, bourde, erreur, étourderie, fausse manœuvre, fausse note, faute, faux pas, impair, imprudence, maldonne, méprise, sottise. FAM. boulette, connerie, couac, gaffe, gourance, gourante. △ **ANT.** ADRESSE, AISANCE, DEXTÉRITÉ, HABILETÉ.

maladroit *adj.* balourd, gauche, incapable, lourdaud, malhabile, pataud. SOUT. inhabile. FAM. brisetout, cloche, empaillé, empoté, gaffeur, godiche, godichon, gourd, gourde, manche, manchot. RARE casseur. △ **ANT.** ADROIT, CAPABLE, COMPÉTENT, DOUÉ, EXPERT, HABILE, PERFORMANT, QUALIFIÉ, TALENTUEUX, VERSÉ.

maladroitement *adv.* à la diable, à tort et à travers, gauchement, inhabilement, lourdement, mal, malhabilement. △ **ANT.** ADROITEMENT.

mal-aimé *n.* affligé, damné de la terre, déshérité, exclu (de la société), gueux, infortuné, laissé-pour-compte, malchanceux, malheureux, miséreux, paria, pauvre, persona non grata, réprouvé. FAM. paumé. FRANCE FAM. déveinard. △ **ANT.** BIEN-AIMÉ.

malaisé *adj.* ardu, complexe, compliqué, corsé, délicat, difficile, épineux, laborieux, problématique. SOUT. scabreux. FAM. dur. △ **ANT.** AISÉ, COMMODE, ÉLÉMENTAIRE, ENFANTIN, FACILE, SIMPLE.

malaise *n.m.* ▶ ***Trouble physique*** – affection, altération, anomalie, défaillance, déficience, dérangement, dysfonction, dysfonctionnement, embarras, faiblesse, gêne, indisposition, insuffisance, mal, trouble. DIDACT. dysphorie. MÉD. lipothymie. SOUT. mésaise. ▶ ***Gêne*** – appréhension, confusion, crainte, discrétion, effacement, effarouchement, embarras, émoi, frilosité, gaucherie, gêne, hésitation, honte, humilité, indécision, inhibition, introversion, modestie, peur, réserve, retenue, sauvagerie, timidité. SOUT. pusillanimité. FAM. trac. △ **ANT.** BIEN-ÊTRE; EUPHORIE; AISE, CONFORT.

malchance *n.f.* ▶ ***Hasard malheureux*** – accident, coup du destin, coup du sort, coup dur, cruauté du destin, fatalité, fortune contraire, infortune, malheur, mauvais sort, mauvaise fortune, sort contraire, vicissitude. SOUT. adversité, infélicité. FAM. chiasse, déveine, guigne, manque de bol, manque de pot, poisse, scoumoune. FRANCE FAM. cerise, débine, guignon, mélasse, mouscaille. ▶ ***Épreuve*** – contrariété, coup, coup du destin, coup du sort, coup dur, disgrâce, échec, épreuve, hydre, infortune, mal, malheur, mauvais moment à passer, misère, péril, revers, ruine, tribulation. SOUT. traverse. △ **ANT.** CHANCE, FORTUNE.

malchanceux *adj.* infortuné, malheureux. △ **ANT.** BIEN LOTI, CHANCEUX, FORTUNÉ.

mâle *adj.* masculin, viril. △ **ANT.** FEMELLE; FÉMININ.

mâle *n.m.* ▶ ***Animal*** – géniteur, reproducteur. ▶ ***Homme viril*** – (vrai) homme. FRANCE FAM. mec. ▶ ***Au sens juridique*** – garçon, homme. △ **ANT.** FEMELLE.

malédiction *n.f.* ▶ ***Malheur*** – adversité, calamité, calice (de douleur), chagrin, détresse, deuil, disgrâce, douleur, échec, épreuve, fatalité, infortune, mal, malchance, malheur, mauvaise fortune, mauvaise passe, mésaventure, misère, nuage, orage, peine, revers, ruine, sale affaire, sale histoire, souffrance, traverse, tribulation. SOUT. bourrèlement, plaie, tourment. ▶ ***Damnation*** – anathématisation, anathème, blâme, blasphème, condamnation, damnation, déprécation, excommunication, imprécation, jurement, réprobation, vœu. SOUT. exécration. ▶ ***Blâme*** – accusation, admonestation, admonition, anathématisation, anathème, attaque, avertissement, blâme, censure, condamnation, correction, critique, désapprobation, diatribe, grief, grognerie, gronderie, interdit, leçon, mise à l'écart, mise à l'index, mise en quarantaine, objection, observation, plainte, punition, récrimination, remarque, remontrance, représentation, réprimande, réprobation, reproche, réquisitoire, semonce, sérénade, sermon, tollé. SOUT. animadversion, foudres, fustigation, improbation, mercuriale, objurgation, stigmatisation, vitupération. FAM. douche, engueulade, savon, tabac. FRANCE FAM. attrapade, lavage de tête, prêchi-prêcha, soufflante. BELG. cigare. RELIG. fulmination. △ **ANT.** BONHEUR, CHANCE; BÉNÉDICTION.

maléfice *n.m.* charme, diablerie, enchantement, ensorcellement, envoûtement, fascination, influence, jettatura, magie, malheur, maraboutage, mauvais œil, (mauvais) sort, philtre, possession, sorcellerie, sortilège. ANTIQ. goétie. △ **ANT.** DÉSENSORCELLEMENT, DÉSENVOÛTEMENT, EXORCISME.

malentendu *n.m.* ▶ ***Méprise*** – confusion, équivoque, erreur, imbroglio, maldonne, mécompte, méprise, quiproquo. SOUT. brandon de discorde. ▶ ***Dispute*** – accrochage, algarade, altercation, brouille, brouillerie, chicane, controverse, démêlé, désaccord, désunion, différend, discorde, dispute, divergence, escarmouche, explication, fâcherie, froid, heurt, joute oratoire, litige, mésentente, passe d'armes, polémique, querelle, rupture, scène, zizanie. FAM. bagarre, bisbille, bringue, chamaille, chamaillerie, empoignade, empoignement, engueulade, prise de bec, séance. △ **ANT.** COMPRÉHENSION; ACCORD, ENTENTE.

malfaisant *adj.* ▶ ***Méchant*** – cruel, maléfique, malintentionné, malveillant, mauvais, méchant, pervers, sadique, vicieux. FAM. chien, vachard, vache. FRANCE FAM. rossard, rosse. ▶ ***Dommageable*** – dangereux, dévastateur, dommageable, funeste, mauvais, néfaste, négatif, nocif, nuisible, pernicieux, ravageur. SOUT. délétère. △ **ANT.** BIENVEILLANT, CLÉMENT, COMPRÉHENSIF, INDULGENT, TOLÉRANT; BÉNÉFIQUE, BIENFAISANT, BON, PROFITABLE, SALUTAIRE, UTILE.

malhabile *adj.* balourd, gauche, incapable, lourdaud, maladroit, pataud. SOUT. inhabile. FAM. brise-tout, cloche, empaillé, empoté, gaffeur, godiche, godichon, gourd, gourde, manche, manchot. RARE casseur. △ **ANT.** ADROIT, CAPABLE, COMPÉTENT, DOUÉ, EXPERT, HABILE, PERFORMANT, QUALIFIÉ, TALENTUEUX, VERSÉ.

malheur *n.m.* ▶ ***Catastrophe*** – apocalypse, bouleversement, calamité, cataclysme, catastrophe, chaos, désastre, drame, fléau, néant, ruine, sinistre, tragédie. FIG. précipice. SOUT. abîme. FAM. cata. ▶ ***Malchance*** – accident, coup du destin, coup du sort, coup dur, cruauté du destin, fatalité, fortune contraire, infortune, malchance, mauvais sort, mauvaise fortune, sort contraire, vicissitude. SOUT. adversité, infélicité. FAM. chiasse, déveine, guigne, manque de bol, manque de pot, poisse, scoumoune. FRANCE FAM. cerise, débine, guignon, mélasse, mouscaille. ▶ ***Épreuve*** – adversité, calamité, calice (de douleur), chagrin, détresse, deuil, disgrâce, douleur, échec, épreuve, fatalité, infortune, mal, malchance, malédiction, mauvaise fortune, mauvaise passe, mésaventure, misère, nuage, orage, peine, revers, ruine, sale affaire, sale histoire, souffrance, traverse, tribulation. SOUT. bourrèlement, plaie, tourment. ▶ ***Maléfice*** – charme, diablerie, enchantement, ensorcellement, envoûtement, fascination, influence, jettatura, magie, maléfice, maraboutage, mauvais œil, (mauvais) sort, philtre, possession, sorcellerie, sortilège. ANTIQ. goétie. ▶ ***Succès*** (FAM.) – apothéose, bonheur, bonne fortune, boum, consécration, couronnement, gloire, honneur, lauriers, prospérité, retentissement, réussite, succès, triomphe, trophée. *FAM.* (succès) bœuf, tabac. *FRANCE FAM.* carton, saucisson, ticket. △ **ANT.** BIENFAIT, CHANCE; BÉATITUDE, BONHEUR, JOIE.

malheureusement *adv.* ▶ ***Désagréablement*** – à regret, âcrement, déplaisamment, désagréablement, désobligeamment, détestablement, douloureusement, ennuyeusement, fâcheusement, fastidieusement, importunément, inconfortablement, inopinément, inopportunément, insupportablement, intolérablement, mal, mal à propos, malencontreusement, par malheur, péniblement, regrettablement. *FAM.* salement. ▶ ***Tristement*** – amèrement, douloureusement, langoureusement, languissamment, maussadement, mélancoliquement, nostalgiquement, sombrement, tristement. ▶ ***Seulement*** – cependant, mais, malgré cela, malgré tout, néanmoins, pourtant, seulement, toutefois. *SOUT.* nonobstant. △ **ANT.** HEUREUSEMENT.

malheureux *adj.* ♦ **choses** ▶ ***Navrant*** – affligeant, atterrant, attristant, chagrinant, consternant, déplorable, désespérant, désolant, douloureux, misérable, navrant, pénible, pitoyable, qui serre le cœur, triste. ▶ ***Regrettable*** – déplorable, désastreux, désolant, fâcheux, regrettable. ▶ ***Piètre*** – dérisoire, insignifiant, minime, misérable, piètre, ridicule. ♦ **personnes** ▶ ***Peiné*** – affligé, attristé, comme une âme en peine, désespéré, désolé, en grand désarroi, inconsolable, inconsolé, navré, peiné, triste. ▶ ***Malchanceux*** – infortuné, malchanceux. ▶ ***Qui inspire la pitié*** – à plaindre, minable, misérable, miteux, pauvre, piteux, pitoyable. *FAM.* paumé. △ **ANT.** AGRÉABLE, AVANTAGEUX, SALUTAIRE; FAVORABLE, OPPORTUN, PROPICE; HEUREUX, JOYEUX, SATISFAIT; BIEN LOTI, CHANCEUX, FAVORISÉ, FORTUNÉ.

malhonnête *adj.* ▶ ***Déloyal*** – déloyal, indélicat, sans scrupule, véreux. *FAM.* salaud. *QUÉB. FAM.* croche. ▸ *Très déloyal* – canaille, crapule, sans aveu, sans foi ni loi, sans scrupule, voyou. *FAM.* arsouille. △ **ANT.** CORRECT, DROIT, FRANC, HONNÊTE, LOYAL, PROBE, RÉGULIER.

malice *n.f.* ▶ ***Raillerie*** – dérision, épigramme, esprit, flèche, goguenardise, gouaille, gouaillerie, humour, ironie, lazzi, moquerie, persiflage, pique, plaisanterie, pointe, quolibet, raillerie, ricanement, risée, sarcasme, satire, taquinerie, trait. *SOUT.* brocard, nargue, saillie. *FAM.* vanne. ▶ ***Taquinerie*** – agacerie, chinage, diablerie, espièglerie, facétie, farce, gaminerie, goguenardise, jeu, lutinerie, mièvreté, moquerie, pique, provocation, raillerie, taquinerie, turlupinade. *SOUT.* folâtrerie. *FAM.* asticotage. ▶ ***Méchanceté*** (*SOUT.*) – malfaisance, malignité, méchanceté, perversité. △ **ANT.** BONTÉ; CANDEUR, INNOCENCE, NAÏVETÉ.

malicieusement *adv.* coquinement, facétieusement, moqueusement. △ **ANT.** CANDIDEMENT, INGÉNUMENT, INNOCEMMENT, NAÏVEMENT.

malicieux *adj.* ▶ ***Espiègle*** – blagueur, coquin, espiègle, facétieux, farceur, fripon, futé, gamin, malin, mutin, plaisantin, polisson, taquin. ▶ ***Sarcastique*** – caustique, cynique, frondeur, goguenard, gouailleur, ironique, moqueur, narquois, persifleur, railleur, sarcastique, sardonique. *QUÉB. FAM.* baveux. ▶ ***Plein d'esprit*** – brillant, fin, pétillant, piquant, plein d'esprit, spirituel, subtil, vif. △ **ANT.** BÊTE, NIAIS, SOT; APATHIQUE, INDOLENT; POLI, RESPECTUEUX, SÉRIEUX; RÉSERVÉ, TIMIDE.

malin *adj.* ▶ ***Rusé*** – adroit, astucieux, déluré, fin, finaud, futé, habile, ingénieux, intelligent, inventif, qui a plus d'un tour dans son sac, rusé. *FAM.* débrouillard, dégourdi. *FRANCE FAM.* dessalé, fortiche, fute-fute, mariol, sioux. *QUÉB. FAM.* fin finaud. ▸ *Non favorable* – diabolique, fourbe, machiavélique, perfide, rusé, tortueux. *SOUT.* artificieux, chafouin, madré, matois, retors, roué, scélérat. *FAM.* roublard, vicelard. *QUÉB. FAM.* ratoureux. ▶ ***Espiègle*** – blagueur, coquin, espiègle, facétieux, farceur, fripon, futé, gamin, malicieux, mutin, plaisantin, polisson, taquin. ▶ ***Méchant*** (*QUÉB. FAM.*) – dangereux, inquiétant, mauvais, méchant, menaçant, patibulaire, redoutable, sinistre, sombre, terrible, torve *(regard)*. △ **ANT.** GAUCHE, INCAPABLE, MALADROIT, MALHABILE; AUSTÈRE, GRAVE, SÉRIEUX; BON, CHARITABLE, COMPATISSANT, DOUX, GÉNÉREUX, HUMAIN, QUI A BON CŒUR, SECOURABLE; BIENFAISANT, BIENVEILLANT, INOFFENSIF; BÉNIN.

malingre *adj.* anémique, chétif, débile, délicat, en mauvaise santé, faible, fragile, frêle, mal portant, maladif, rachitique, souffreteux. *SOUT.* valétudinaire. *FAM.* crevard, faiblard. △ **ANT.** ATHLÉTIQUE, BIEN BÂTI, COSTAUD, GAILLARD, MUSCLÉ, ROBUSTE, SOLIDE; BIEN PORTANT, EN BONNE SANTÉ, EN SANTÉ, SAIN, VALIDE.

malle *n.f.* ▶ ***Coffre*** – caisse, coffre, conteneur, huche, malle-cabine. *FAM.* cantine. ▶ ***Partie de la voiture*** – coffre *(auto)*, fourgon *(train)*, soute *(bateau ou avion)*. *QUÉB. FAM.* valise *(auto)*. ▶ ***Voiture*** – voiture de poste.

malléable *adj.* ▶ ***Au sens propre*** – mou, plastique, ramolli, tendre. ▶ ***Au sens figuré*** – entraînable, influençable, manipulable. △ **ANT.** CASSANT, DUR, RÉSISTANT, RIGIDE, SOLIDE; DÉTERMINÉ, ENTIER, IMMUABLE, INÉBRANLABLE, INFLEXIBLE, RÉCALCITRANT, RÉTIF, TÊTU.

malnutrition *n.f.* dénutrition, kwashiorkor, sous-alimentation.

malpropre *adj.* ▶ ***Sale*** – crasseux, crotté, d'une propreté douteuse, dégoûtant, encrassé, ignoble, immonde, infâme, infect, maculé, sale, sordide, souillé. *FAM.* crapoteux, dégueu, dégueulasse, pouilleux. *FRANCE FAM.* cracra, crade, cradingue, crado. △ **ANT.** IMMACULÉ, IMPECCABLE, NET, PROPRE, SOIGNÉ; CORRECT, DROIT, FRANC, HONNÊTE, LOYAL, PROBE, RÉGULIER.

malsain *adj.* ▶ ***Nuisible à la santé*** – antihygiénique, impur, insalubre, pollué, vicié. ▶ ***Immoral*** – corrupteur, dépravant, immoral, mauvais, nocif, pernicieux, pervers, pervertisseur. *SOUT.* suborneur. ▶ ***Excessif et incontrôlé*** – anormal, maladif, morbide, obsessif, obsessionnel, pathologique. △ **ANT.** BIENFAISANT, HYGIÉNIQUE, PUR, SAIN, SALUBRE, SANITAIRE; BON, INOFFENSIF, MORAL; NORMAL.

malveillance *n.f.* ▶ ***Haine*** – agressivité, allergie, animosité, antipathie, aversion, guerre, haine, hostilité, phobie, répugnance, répulsion, ressentiment. *SOUT.* détestation, exécration, inimitié, venin. ▶ ***Agressivité*** – agressivité, brutalité, combativité, hostilité, méchanceté, provocation. *SOUT.* pugnacité. *MÉD.* quérulence. ▶ ***Aigreur*** – acariâtreté, acerbité, acidité, âcreté, acrimonie, agressivité, aigreur, amertume, animosité, âpreté, bave, bile, causticité, colère, dépit, désagrément, dureté, fiel, haine, hargne, humeur, irritation, maussaderie, mauvaise humeur, méchanceté, mordant, pique, rancœur, rancune, récrimination, ressentiment, rudesse, tranchant, venin, vindicte, virulence. SOUT. mordacité. FAM. rouspétance. ▶ ***Injustice*** – abus, arbitraire, déloyauté, déni de justice, empiétement, erreur (judiciaire), exploitation, favoritisme, illégalité, illégitimité, inconstitutionnalité, inégalité, iniquité, injustice, irrégularité, mal-jugé, noirceur, partialité, passe-droit, privilège, scélératesse, tort, usurpation. SOUT. improbité. △ **ANT.** AMITIÉ, BIENVEILLANCE, SYMPATHIE.

malveillant *adj.* ▶ ***Qui cherche à faire le mal*** – cruel, maléfique, malfaisant, malintentionné, mauvais, méchant, pervers, sadique, vicieux. FAM. chien, vachard, vache. FRANCE FAM. rossard, rosse. ▶ ***Qui exprime la haine*** – empoisonné, fielleux, haineux, hargneux, hostile, méchant, perfide, venimeux. SOUT. enfiellé. △ **ANT.** BIENVEILLANT, BON, CHARITABLE, COMPATISSANT, GÉNÉREUX, HUMAIN, QUI A BON CŒUR, SECOURABLE; AFFECTUEUX, AIMANT, AMOUREUX, CAJOLEUR, CÂLIN, CARESSANT, DOUX, TENDRE.

mamelle *n.f.* ▶ ***Partie du corps*** – sein.

manche *n.m.* ♦ **chose** ▶ ***Partie d'un instrument*** – anse, bec-de-cane, béquille, bouton (de porte), crémone, crosse *(arme à feu)*, ente, espagnolette, main *(tiroir)*, mancheron, maneton, manette, manicle, oreille, pied-de-biche, poignée, queue *(casserole)*, robinet. BELG. clenche. SPORTS palonnier.

mandat *n.m.* ▶ ***Délégation*** – bureau, charge, comité, commission, courtage, délégation, légation, mandatement, mission, pouvoir, procuration, représentation. ▶ ***Durée d'une charge*** – mandature. ▶ ***Tutelle*** – abri, aide, appui, assistance, chapeautage, conservation, couverture, garantie, garde, parrainage, paternalisme, patronage, protection, recommandation, renfort, rescousse, sauvegarde, secours, sécurisation, soutien, surveillance, tutelle. FIG. parapluie. SOUT. égide. FAM. piston. ▶ ***Titre financier*** – effet (de commerce), ordre, traite. ▶ ***Somme versée*** – addition, cagnotte, chiffre, ensemble, fonds, masse, montant, quantité, quantum, somme, total, totalisation, volume. ▶ ***Ordre écrit*** – citation, commande, commandement, consigne, directive, injonction, instruction, intimation, ordre, prescription, semonce.

mandataire *n.* agent, ambassadeur, attaché, chargé d'affaires, chargé de mission, commissaire, correspondant, délégataire, délégué, député, diplomate, émissaire, envoyé, fondé de pouvoir, légat, messager, ministre, négociateur, parlementaire, plénipotentiaire, représentant. FRANCE ANC. agréé. △ **ANT.** COMMETTANT, MANDANT.

manège *n.m.* ▶ ***Lieu de dressage des chevaux*** – carrière, centre d'équitation. ▶ ***Machine agricole*** – trépigneuse. ▶ ***Attraction foraine*** – manège (de chevaux de bois). QUÉB. BELG. SUISSE carrousel. ▶ ***Ruse*** – adresse, calcul, diplomatie, finesse, habileté, ligne de conduite, machiavélisme, négociation, patience, prudence, ruse, sagesse, savoir-faire, souplesse, stratégie, tactique, temporisation, tractation.

manette *n.f.* anse, bec-de-cane, béquille, bouton (de porte), crémone, crosse *(arme à feu)*, ente, espagnolette, main *(tiroir)*, manche, mancheron, maneton, manicle, oreille, pied-de-biche, poignée, queue *(casserole)*, robinet. BELG. clenche. SPORTS palonnier.

manger *v.* ▶ ***Avaler*** – FAM. becter, bouffer, boulotter, briffer, gober, grailler, (s') enfiler, s'envoyer, se farcir, se taper, se tasser, tortorer. ▶ ***Dilapider*** – dévorer, dilapider, dissiper, engloutir, engouffrer, gaspiller, prodiguer. FAM. claquer, croquer, flamber, griller. ▶ ***Ronger*** – attaquer, corroder, entamer, éroder, mordre, ronger. ▶ ***Recevoir*** (FAM.) – recevoir. FAM. attraper, morfler, prendre, ramasser. ▶ ***Se nourrir*** – s'alimenter, se nourrir, se restaurer, se sustenter. SOUT. se repaître. FAM. becter, bouffer, boulotter, boustifailler, briffer, casser la croûte, casser la graine, croûter, grailler, tortorer. △ **ANT.** CRACHER, RÉGURGITER, RENDRE, VOMIR; CONSERVER, GARDER, MÉNAGER; PRODUIRE, RAPPORTER; JEÛNER, S'ABSTENIR, SE PRIVER.

manger *n.m.* ▶ ***Nourriture*** (FAM.) – aliment, couvert, nourriture, pain (quotidien), table. FAM. bouffe, bouffetance, boustifaille, mangeaille. FRANCE FAM. becquetance, tortore. RELIG. manne.

maniable *adj.* ▶ ***Au sens propre*** – dirigeable, manœuvrable. ▶ ***Au sens figuré*** – entraînable, influençable, malléable, manipulable. △ **ANT.** DIFFICILE, DUR, ENCOMBRANT, INCOMMODE; DÉTERMINÉ, ENTIER, IMMUABLE, INDOCILE, INÉBRANLABLE, INFLEXIBLE, TÊTU.

maniaque *adj.* ▶ ***Obsédé*** – monomane, monomaniaque, obsédé. ▶ *D'ordre sexuel* – ▷ *En parlant d'une femme* – nymphomane. ▷ *En parlant d'un homme* – satyriasique. ▶ ***Perfectionniste*** – à cheval sur les principes, chatouilleux, exigeant, perfectionniste, pointilleux, scrupuleux, sourcilleux. FAM. service-service. ▶ ***Passionné*** (FAM.) – amateur, amoureux, avide, entiché, épris, fanatique, féru, fervent, fou, friand, passionné. FAM. accro, enragé, fana, mordu. △ **ANT.** COMPRÉHENSIF, INDULGENT, TOLÉRANT; MESURÉ, MODÉRÉ, PONDÉRÉ, RAISONNÉ; DÉTACHÉ, INDIFFÉRENT, TIÈDE.

manie *n.f.* ▶ ***Obsession*** – fixation, idée fixe, maladie, maniaquerie, obsession. PSYCHOL. centration. FAM. fixette. RARE monoïdéisme. ▶ ***Habitude*** – encroûtement, marotte, monotonie, ordinaire, ronron, routine, tic, uniformité.

maniement *n.m.* ▶ ***Manipulation*** – emploi, manipulation, manœuvre, usage, utilisation. FAM. manip. ▶ ***Gestion*** – administration, conduite, direction, gérance, gestion, gouverne, intendance, logistique, management, organisation, régie, surintendance, tenue.

manier *v.* ▶ ***Contrôler à l'aide des mains*** – manipuler, manœuvrer. ▶ ***Pétrir*** – malaxer, manipuler, modeler, pétrir, travailler, triturer. ▶ ***Administrer*** – administrer, diriger, gérer, gouverner. ▶ ***Manipuler une chose abstraite*** – employer, manipuler, se servir de, user de, utiliser. ▶ ***Mener qqn à sa guise*** – gouverner, manipuler, manœuvrer, mener à sa guise.

manière *n.f.* ▶ ***Méthode*** – approche, art, chemin, code, comment, credo, démarche, discipline, dispositif, façon (de faire), facture, formule, heuristique, instruction, instrument, ligne de conduite, maïeutique, marche (à suivre), méthode, méthodologie, modalité, mode d'emploi, mode, moyen, opération, ordre, organisation, outil, posologie, pratique, procédé, procédure, protocole, raisonnement, recette, règle, secret, stratagème, stratégie, système, tactique, technique, théorie, traitement, voie. SOUT. faire. ▸ ***Allure*** – air, allure, apparence, aspect, attitude, contenance, démarche, façon, genre, ligne, maintien, panache, physique, port, posture, prestance, silhouette, style, tenue, tournure. SOUT. extérieur, mine. FAM. gueule, touche. QUÉB. FAM. erre d'aller. PÉJ. FAM. dégaine. ♦ **manières,** ***plur.*** ▸ ***Comportement*** – agissements, allées et venues, comportement, conduite, démarche, façons, faits et gestes, pratiques, procédés. ▸ ***Habitude*** – accoutumance, automatisme, façons, habitude, mœurs, pli, réflexe, rite, rituel, seconde nature. PSYCHOL. stéréotypie. FAM. abonnement, métro-boulot-dodo, train-train, train-train quotidien. ▸ *Non favorable* – encroûtement, manie, marotte, monotonie, ordinaire, ronron, routine, tic, uniformité. ▸ ***Affectation*** – affectation, agacerie, coquetterie, façons, grâces, grimace, mignardise, minauderie, mine, simagrée, singerie. SOUT. afféterie. FAM. chichi. ▸ ***Cérémonies*** – cérémonies, chichis, façons.

maniérisme *n.m.* ▸ ***Préciosité*** – affectation, byzantinisme, emphase, marivaudage, mignardise, préciosité, purisme, raffinement, recherche, sophistication, subtilité. SOUT. afféterie, concetti. ▸ ***Affectation*** – affectation, air, apparence, apprêt, bluff, cabotinage, comédie, composition, contenance, convenu, dandysme, genre, imposture, jeu, manque de naturel, mascarade, mièvrerie, pose, raideur, recherche, représentation, snobisme. SOUT. cambrure. FAM. chiqué, cinéma. △ **ANT.** NATUREL, SIMPLICITÉ.

manifestant *n.* ▸ ***Agitateur*** – agent provocateur, agitateur, cabaleur, contestant, contestataire, émeutier, excitateur, factieux, fauteur (de trouble), fomentateur, iconoclaste, instigateur, insurgé, intrigant, meneur, mutin, partisan, perturbateur, provocateur, rebelle, révolté, révolutionnaire, séditieux, semeur de troubles, trublion. FAM. provo.

manifestation *n.f.* ▸ ***Phénomène*** – circonstance, épiphénomène, événement, fait, occurrence, phénomène. ▸ ***Apparition*** – apparition, approche, arrivée, avènement, entrée, introduction, irruption, jaillissement, occurrence, survenance, venue. SOUT. surgissement, survenue. DIDACT. exondation. ▸ ***Signe*** – diagnostic, expression, indication, indice, marque, présage, prodrome, signe, symptôme, syndrome. SOUT. avant-coureur. MÉD. marqueur. ▸ ***Preuve*** – affirmation, assurance, attestation, certitude, confirmation, corroboration, démonstration, gage, marque, preuve, témoignage, vérification. ▸ ***Rassemblement public*** – cortège, défilé, démonstration publique, marche, protestation, rassemblement, réunion. FAM. manif. ▸ ***Insurrection*** – agitation, agitation-propagande, chouannerie, désordre, effervescence, embrasement, émeute, excitation, faction, fermentation, fièvre, fronde, insoumission, insubordination, insurrection, jacquerie, mutinerie, rébellion, remous, résistance, révolte, révolution, sédition, soulèvement, tourmente, troubles. FAM. agit-prop. ▸ ***Exposition*** – concours, démonstration, étalage, exhibition, exposition, foire, foire-exposition, galerie, montre, présentation, rétrospective, salon, vernissage. FAM. démo, expo. SUISSE comptoir. ▸ ***Événement artistique*** – festival. △ **ANT.** CAMOUFLAGE, DISSIMULATION; RÉPRESSION.

manifeste *adj.* apparent, aveuglant, certain, clair, criant, éclatant, évident, flagrant, frappant, hurlant (de vérité), incontestable, patent, qui coule de source, qui crève les yeux, qui ne fait pas un pli, qui saute aux yeux, qui se voit comme le nez au milieu du visage, qui tombe sous le sens, qui va de soi, qui va sans dire, visible. △ **ANT.** CACHÉ, CONTESTABLE, DOUTEUX, IMPLICITE, LATENT, OBSCUR.

manifeste *n.m.* annonce, appel, avis, ban, communication, communiqué, déclaration, décret, dénonciation, dépêche, divulgation, édit, message, notification, proclamation, profession de foi, programme, promulgation, publication, rescrit, serment, signification.

manifestement *adv.* ▸ ***Perceptiblement*** – distinctement, notablement, perceptiblement, remarquablement, sensiblement, significativement, tangiblement, visiblement. ▸ ***Expressivement*** – communicativement, démonstrativement, éloquemment, expressivement, persuasivement, pittoresquement, significativement. ▸ ***Véritablement*** – à dire vrai, à l'évidence, à la vérité, à n'en pas douter, à vrai dire, assurément, authentiquement, bel et bien, bien, bien entendu, bien sûr, cela va de soi, cela va sans dire, certainement, certes, comme de juste, d'évidence, de toute évidence, effectivement, en effet, en vérité, évidemment, il va sans dire, indubitablement, naturellement, nul doute, oui, réellement, sans (aucun) doute, sans conteste, sans contredit, sans le moindre doute, sans nul doute, sérieusement, sûrement, véridiquement, véritablement, vraiment. FAM. pour de vrai, vrai. △ **ANT.** PEUT-ÊTRE, PROBABLEMENT.

manifester *v.* ▸ ***Manifester*** – affirmer, donner des marques de, donner la preuve/des preuves de, extérioriser, faire montre de, faire preuve de, marquer, montrer (des signes de), prouver, témoigner. ▸ ***Laisser voir un sentiment*** – dégager, exprimer, respirer, transpirer. SOUT. transsuder. ♦ **se manifester** ▸ ***Faire son apparition*** – apparaître, éclore, faire son apparition, germer, naître, paraître, pointer, se former. SOUT. poindre, sourdre. ▸ ***Paraître plus clairement*** – apparaître, émerger, se dégager, se dévoiler, se faire jour, se profiler, se révéler, transparaître. SOUT. affleurer. ▸ ***S'exprimer*** – s'exprimer, se traduire. △ **ANT.** CACHER, DISSIMULER; TAIRE. ♦ **se manifester** DISPARAÎTRE.

manigance *n.f.* agissements, cabale, calcul, combinaison, complot, conjuration, conspiration, intrigue, machination, manipulation, manœuvre, maquignonnage, menées, plan, tractation. SOUT. brigue, fomentation. FAM. combine, fricotage, grenouillage, magouillage, magouille, micmac, mijotage.

manipulation *n.f.* ▸ ***Tâtement*** – attouchement, tâtement, tâtonnement. MÉD. palpation. FRANCE FAM. tripatouillage. ▸ ***Maniement*** – emploi, maniement, manœuvre, usage, utilisation. FAM. manip. ▸ ***Machination*** – agissements, cabale, calcul, combinaison, complot, conjuration, conspiration, intrigue, machination, manigance, maquignonnage, manœuvre, menées, plan, tractation. *SOUT.* brigue, fomentation. *FAM.* combine, fricotage, grenouillage, magouillage, magouille, micmac, mijotage.

manipuler *v.* ▶ ***Contrôler à l'aide des mains*** – manier, manœuvrer. ▶ ***Pétrir*** – malaxer, manier, modeler, pétrir, travailler, triturer. ▶ ***Manier une chose abstraite*** – employer, manier, se servir de, user de, utiliser. ▶ ***Mener qqn à sa guise*** – gouverner, manier, manœuvrer, mener à sa guise.

manivelle *n.f.* ▶ ***Axe*** – arbre, arbre-manivelle, axe, bielle, biellette, charnière, essieu, moyeu, pivot, tige, vilebrequin. *TECHN.* goujon, tourillon. ▶ ***Ce qui sert à actionner*** – remontoir.

mannequin *n.* ▶ ***Personne qui défile*** – modèle, top-modèle. ♦ **mannequin**, *masc.* ▶ ***Figure articulée*** – fantoche, guignol, marionnette, pantin, polichinelle. ▶ ***Personne influençable*** – baudruche, cire molle, esclave, fantoche, figurant, jouet, marionnette, mouton, pantin, potiche, suiveur, suiviste. *FAM.* béni-oui-oui.

manœuvre *n.f.* ▶ ***Maniement*** – emploi, maniement, manipulation, usage, utilisation. *FAM.* manip. ▶ ***Navigation*** – gouverne, marine, navigation, pilotage. ▶ ***Combat*** – accrochage, action (de guerre), affrontement, assaut, attaque, bagarre, bataille, choc, combat, conflit, duel, échauffourée, empoignade, empoignement, engagement, escarmouche, ferraillement, feu, guérilla, guerre, heurt, hostilités, lutte, mêlée, opération, pugilat, rencontre, rixe. *FAM.* baroud, baston, bigorne, casse-gueule, casse-pipe, castagne, guéguerre, rif, rififi, riflette. *BELG. FAM.* margaille. *MILIT.* blitz *(de courte durée)*. ▶ ***Machination*** – agissements, cabale, calcul, combinaison, complot, conjuration, conspiration, intrigue, machination, manigance, manipulation, maquignonnage, menées, plan, tractation. *SOUT.* brigue, fomentation. *FAM.* combine, fricotage, grenouillage, magouillage, magouille, micmac, mijotage.

manœuvrer *v.* ▶ ***Contrôler à l'aide des mains*** – manier, manipuler. ▶ ***Mener qqn à sa guise*** – gouverner, manier, manipuler, mener à sa guise. ▶ ***User de ruse*** – finasser, renarder, ruser. *FAM.* roublarder. ▶ ***Conspirer*** – briguer, comploter, conspirer, intriguer. *SOUT.* se conjurer.

manoir *n.m.* ▶ ***Petit château*** – gentilhommière. *SOUT.* castel.

manquant *adj.* absent, qui fait défaut. △ **ANT.** PRÉSENT; EXCESSIF, SURABONDANT; EXCÉDENTAIRE.

manque *n.m.* ▶ ***Omission*** – absence, amnésie, étourderie, mauvaise mémoire, omission, oubli, perte de mémoire, trou (de mémoire). ▶ ***Absence*** – absence, défaut, lacune, omission, privation, trou, vide. ▶ ***Insuffisance*** – carence, déficience, déficit, incomplétude, insuffisance, pénurie, rareté. ▶ ***Pauvreté*** – appauvrissement, besoin, dénuement, détresse, embarras, gêne, gouffre, indigence, mendicité, misère, nécessité, pauvreté, pouillerie, privation, ruine. *SOUT.* impécuniosité. *FAM.* dèche. *FRANCE FAM.* débine, fauche, mistoufle, mouise, mouscaille, panade, purée. *DR.* carence. ▸ ***Sociale*** – clochardisation, disette, paupérisation, paupérisme, pauvreté, pénurie, sous-développement, sous-équipement, tiers-mondisation. ▶ ***Imperfection*** – défaut, défectuosité, démérite, faible, faiblesse, faille, faute, fil, grossièreté, handicap, imperfection, infirmité, insuffisance, lacune, maladie, malfaçon, médiocrité, péché mignon, péché véniel, petitesse, ridicule, tache, tare, tort, travers, vice. *SOUT.* perfectibilité. △ **ANT.** ABONDANCE, FOISON, SUFFISANCE; EXCÉDENT, EXCÈS, SURABONDANCE.

manquement *n.m.* ▶ ***Oubli*** – absence, amnésie, étourderie, manque, mauvaise mémoire, omission, oubli, perte de mémoire, trou (de mémoire). ▶ ***Inexécution*** – désobéissance, inexécution, inapplication, non-exécution, non-observation, non-respect, violation. *SOUT.* inaccomplissement, inobservance, inobservation. ▶ ***Infraction*** – accroc, contravention, crime, délit, dérogation, entorse, faute, forfait, forfaiture, inconduite, infraction, mauvaise action, mauvaise conduite, méfait, non-respect, rupture, transgression, violation. *BELG.* méconduite. *DR.* cas. ▶ ***Péché*** – accroc, chute, crime, déchéance, écart, errements, faute, impureté, mal, mauvais, offense, péché, sacrilège, scandale, souillure, tache, transgression, vice. △ **ANT.** OBÉISSANCE, OBSERVANCE, OBSERVATION.

manquer *v.* ▶ ***Ne pas être là*** – faire défaut, ne pas se trouver. ▶ ***Échouer*** – échouer, rater. *FAM.* louper. ▶ ***Transgresser*** – contrevenir à, déroger à, désobéir à, enfreindre, pécher contre, transgresser, violer. ▶ ***Négliger*** – négliger, se dédire de, se dérober à. *SOUT.* faillir à, forfaire à. ▶ ***Être près de*** – faillir. ▶ ***Ne pas réussir*** – rater. *FAM.* louper. ▶ ***Omettre*** – escamoter, omettre, oublier, passer, sauter. ▶ ***Sauter volontairement un cours*** – *FAM.* sécher. *BELG. FAM.* brosser. *SUISSE FAM.* courber. ♦ **manqué** ▶ ***Médiocre*** – abominable, affreux, atroce, déplorable, désastreux, épouvantable, exécrable, horrible, infect, insipide, lamentable, mauvais, médiocre, minable, navrant, nul, odieux, piètre, piteux, pitoyable, qui ne vaut rien, raté. *SOUT.* méchant, triste. *FAM.* à la con, à la flan, à la gomme, à la manque, à la mie de pain, à la noix (de coco), blèche, craignos, crapoteux, moche, pourri, qui ne vaut pas un clou. △ **ANT.** EXISTER; ABONDER, REGORGER; ATTEINDRE, OBTENIR, TOUCHER; RÉUSSIR; EXÉCUTER, REMPLIR, RESPECTER.

mansarde *n.f.* chambre mansardée, comble, grenier, réduit, soupente. *QUÉB.* entretoit. *RARE* cabinet.

manteau *n.m.* ▶ ***Vêtement*** – *QUÉB. ACADIE FAM.* capot. ▶ ***Pelage*** – fourrure, lainage, livrée, mantelure *(chien)*, peau, pelage, robe, toison. ▶ ***Partie de l'écorce terrestre*** – croûte terrestre, écorce terrestre, lithosphère, sous-sol, surface terrestre, terre. ▶ ***Ce qui recouvre*** (*FIG.*) – chape, gangue, parure, vêtement. *SOUT.* enveloppe.

manuel *n.* ♦ **manuel**, *masc.* ▶ ***Livre*** – album, brochure, brochurette, cahier, catalogue, document, écrit, fascicule, imprimé, livre, livret, opuscule, ouvrage, parution, plaquette, publication, recueil, registre, titre, tome, volume. *FAM.* bouquin. ▸ ***Gros*** *FAM.* pavé. *QUÉB. FAM.* brique. ▶ ***Résumé*** – abrégé, aide-mémoire, analyse, aperçu, argument, compendium, condensé, éléments, épitomé, esquisse, extrait, livret, mémento, morceau, notice, page, passage, plan, précis, promptuaire, raccourci, récapitulation, réduction, résumé, rudiment, schéma, sommaire, somme, synopsis, vade-mecum. *FAM.* topo. ▶ ***Traité*** – argument, argumentation, cours, développement, discours, dissertation, essai, étude, exposé, mémoire, monographie, somme, thèse. *DR.* dire. ♦ **manuelle**, *fém.* ▶ ***Voiture*** – voiture manuelle.

manu militari *loc. adv.* martialement, militairement, soldatesquement, stratégiquement, tactiquement.

manuscrit *n. m.* texte manuscrit. △ **ANT.** IMPRIMÉ.

maquette *n. f.* ▶ ***Modèle*** – miniature, modèle (réduit), plan-relief, reproduction (à échelle réduite). ▶ ***Ébauche*** – canevas, crayon, crayonné, croquis, dessin, ébauche, épure, esquisse, essai, étude (préparatoire), griffonnement, pochade, premier jet, préparation, projet, rough, schéma. *SOUT.* linéaments. *FRANCE FAM.* crobard.

maquignon *n.* ▶ ***Manipulateur*** – arriviste, calculateur, intrigant, machinateur, manipulateur, manœuvrier, margoulin, opportuniste. *FAM.* combinard, magouilleur.

maquillage *n. m.* ▶ ***Action de maquiller*** – grimage. ▶ ***Éléments de maquillage*** – fard. ▶ ***Camouflage*** – camouflage, déguisement, dissimulation, fard, mascarade, masquage, masque, mimétisme, occultation. ▶ ***Altération*** – altération, barbouillage, bricolage, contrefaçon, déformation, déguisement, dénaturation, entorse, falsification, fardage, faux, fraude, frelatage, gauchissement, modification, truquage. *DR.* contrefaction. △ **ANT.** DÉMAQUILLAGE.

maquiller *v.* ▶ ***Couvrir le visage*** – farder, grimer. ▶ ***Modifier dans le but de tromper*** – altérer, contrefaire, déguiser, falsifier, habiller, trafiquer, travestir, truquer. *FAM.* bidonner, bidouiller, tripatouiller. ▶ ***Cacher dans le but de tromper*** – cacher, camoufler, couvrir, déguiser, dissimuler, envelopper, escamoter, étouffer, farder, masquer, occulter. *SOUT.* pallier. △ **ANT.** DÉMAQUILLER, MONTRER, RÉTABLIR.

maquis *n. m.* ▶ ***Région méditerranéenne*** – brande, friche, garrigue, lande, matorral. ▶ ***Réseau compliqué*** – dédale, forêt, labyrinthe, lacis, méandres, réseau, sinuosités. ▶ ***Situation complexe*** – confusion, dédale, détours, écheveau, enchevêtrement, labyrinthe. *FAM.* embrouillamini.

maraîcher *adj.* légumier.

marais *n. m.* ▶ ***Étendue d'eau*** – *BELG.* fagne. *QUÉB. FAM.* marécage. *SOUT.* pourrissoir. ▶ ***Terrain boueux*** – marécage, maremme *(Italie)*, terrain marécageux. *QUÉB.* savane. *ACADIE* mocauque. *LOUISIANE* ciprière. *FRANCE RÉGION.* gâtine, maiche.

marbre *n. m.* ▶ ***Roche*** ▸ *Imitation* – similimarbre. ▶ ***Au baseball*** – plaque.

marchand *n.* commerçant au détail, commerçant détaillant, (marchand) détaillant, revendeur. △ **ANT.** ACHETEUR, CLIENT, CONSOMMATEUR.

marchandage *n. m.* ▶ ***Fait de confier un travail*** – sous-traitance. ▶ ***Négociation*** – conversation, dialogue, discussion, échange (de vues), négociation, pourparlers, tractation, transaction. *SOUT.* transigeance.

marchander *v.* ▶ ***Débattre le prix*** – débattre le prix, négocier. *AFR.* palabrer. △ **ANT.** PRODIGUER.

marchandise *n. f.* ▶ ***Cargaison*** – cargaison, charge, chargement, fret. ▶ ***Objet à vendre*** – article, produit.

marché *n. m.* ▶ ***Lieu de vente*** – bazar, braderie, foire, fondouk *(pays arabes)*, halle, khan, marché aux puces, marché-gare, salon, souk. *BELG.* minque *(poissons)*. *RÉGION.* foirail, louée. ▶ ***Commerce*** – activité commerciale, affaires, circulation, commerce, commercialisation, distribution, échange, finance, négoce, opération, traite, troc, vente. *FAM.* business. ▶ ***Entente*** – accommodement, accord, alliance, arrangement, compromis, concordat, consensus, contrat, convention, engagement, entente, modus vivendi, pacte, protocole, traité, transaction.

marche *n. f.* ▶ ***Pas*** – allure, enjambée, figure, foulée, pas. ▶ ***Allure*** – allure, cadence, course, erre, mouvement, pas, rythme, tempo, train, vitesse. ▶ ***Promenade*** – allées et venues, balade, campagne, circumnavigation, circuit, course, croisière, déplacement, excursion, expédition, exploration, hadj, incursion, méharée, mission, navette, navigation, odyssée, passage, pèlerinage, pérégrination, périple, promenade, raid, rallye, randonnée, reconnaissance, tour, tourisme, tournée, transport, traversée, va-et-vient, voyage. *SOUT.* chevauchée, errance. *FAM.* bourlingue, transhumance. *QUÉB.* voyagement. ▶ ***Progression dans l'espace*** – ascension, avance, avancée, avancement, cheminement, développement, marche avant, montée, percée, progrès, progression. ▶ ***Trajet*** – aller (et retour), chemin, cheminement, circuit, course, direction, distance, espace, itinéraire, parcours, retour, route, tracé, traite, trajectoire, trajet, traversée, voyage. *FAM.* trotte. *FRANCE FAM.* tirée. ▶ ***Progression dans le temps*** – cheminement, cours, déroulement, développement, devenir, évolution, fil, progrès, progression, suite. ▶ ***Procession*** – cérémonie, colonne, convoi, cortège, défilé, file, noce, noria, pardon, pèlerinage, procession, queue, suite, théorie, va-et-vient. ▶ ***Manifestation*** – cortège, défilé, démonstration publique, protestation, rassemblement, réunion. *FAM.* manif. ▶ ***Processus*** – déroulement, fonctionnement, mécanique, mécanisme, opération, procédure, procès, processus. ▶ ***Méthode*** – approche, art, chemin, code, comment, credo, démarche, discipline, dispositif, façon (de faire), facture, formule, heuristique, instruction, instrument, ligne de conduite, maïeutique, manière, marche (à suivre), méthode, méthodologie, modalité, mode d'emploi, mode, moyen, opération, ordre, organisation, outil, posologie, pratique, procédé, procédure, protocole, raisonnement, recette, règle, secret, stratagème, stratégie, système, tactique, technique, théorie, traitement, voie. *SOUT.* faire. ▶ ***Activité*** – activité, exercice, fonctionnement, mouvement, opération, service, travail, usage, vie. ▶ ***Degré d'un escalier*** – marchepied. *SOUT.* degré. *BELG.* escalier. ▶ ***Pédale*** – anspect, commande, levier, manche à balai, palonnier, pédale. ▶ ***Zone frontière*** (*ANC.*) – borne, confins, délimitation, démarcation, frontière, limite (territoriale), mur, séparation, zone douanière, zone limitrophe. *FAM.* lignes *(pays)*. *ANC.* limes *(Empire romain)*. △ **ANT.** ARRÊT, HALTE, IMMOBILITÉ, PAUSE.

marcher *v.* ▶ ***Aller à pied*** – aller à pied, poser un pied devant l'autre. *FAM.* arquer. ▸ *Se déplacer* –

aller, évoluer, se déplacer, se diriger, se mouvoir, se porter. ▶ ***Poser le pied sur qqch.*** – mettre le pied sur, passer sur. ▶ ***Fonctionner*** – être en marche, fonctionner, tourner. ▶ ***Avoir du succès*** – aboutir, prendre, réussir. ▶ ***Accepter*** (FAM.) – accéder à, accepter, acquiescer à, agréer, approuver, avaliser, cautionner, consentir à, dire oui à, donner son aval à, opiner à, toper, vouloir. ▶ ***Croire naïvement*** (FAM.) – donner dans le panneau, mordre, mordre à l'appât, mordre à l'hameçon, se faire avoir, tomber dans le panneau. △ **ANT.** FAIRE HALTE, S'ARRÊTER, STOPPER; COURIR; ÊTRE EN PANNE, S'ENRAYER, SE BLOQUER, SE DÉRÉGLER, SE DÉTRAQUER; ÊTRE DÉFECTUEUX; ÉCHOUER.

mare *n. f.* ▶ ***Étendue d'eau*** – étang, grenouillère. ▸ *Artificiel* – pièce d'eau. ▸ *Pour les canards* – barbotière, canardière, mare aux canards. ▶ ***Liquide répandu*** – flaque. *SOUT.* lac. *FRANCE RÉGION.* flache. *SUISSE* gouille.

marécage *n. m.* ▶ ***Terrain boueux*** – marais, maremme *(Italie)*, terrain marécageux. *QUÉB.* savane. *ACADIE* mocauque. *LOUISIANE* cipriére. *FRANCE RÉGION.* gâtine, maiche. ▶ ***Étendue d'eau*** (*QUÉB. FAM.*) – marais. *BELG.* fagne.

maréchal *n.* ▶ ***Palefrenier*** (*ANC.*) – garçon/laquais d'écurie, lad *(chevaux de course)*, palefrenier, piqueur. *ANC.* écuyer, valet (d'écurie).

marée *n. f.* ▶ ***Mouvement de la mer*** ▸ *Qui descend* – descente, jusant, marée descendante, perdant, reflux. ▸ *Fort* – (marée de) vive-eau. ▸ *Faible* – (marée de) morte-eau, marée de quadrature. ▸ *Niveau maximal* – haute mer, hautes eaux, marée haute, plein, pleine mer. ▸ *Niveau minimal* – basse mer, basses eaux, étiage, le maigre, marée basse. ▸ *Amplitude maximale* – marnage. ▶ ***Grand nombre de personnes*** – abondance, affluence, armada, armée, attroupement, bande, cohue, concentration, concours, encombrement, essaim, flot, forêt, foule, fourmilière, fourmillement, grouillement, légion, masse, meute, monde, multitude, peuple, pléiade *(célébrités)*, pullulement, rassemblement, régiment, réunion, ribambelle, ruche, tas, troupeau. *FAM.* flopée, marmaille *(enfants)*, tapée, tripotée. *QUÉB. FAM.* achalandage, gang. *PÉJ.* ramassis.

marge *n. f.* ▶ ***Limite*** – frange. ▶ ***Possibilité*** – chance, facilité, latitude, liberté, marge (de manœuvre), moyen, occasion, offre, possibilité, volant de sécurité.

marginal *adj.* ▶ ***Secondaire*** – accessoire, anecdotique, annexe, contingent, (d'intérêt) secondaire, de second plan, décoratif, dédaignable, épisodique, incident, indifférent, insignifiant, mineur, négligeable. ▶ ***Excentrique*** – anticonformiste, excentrique, hétérodoxe, non conformiste, original. *FRANCE FAM.* décalé, déphasé. ▶ ***Non officiel*** – alternatif, contre-culturel, parallèle. ▶ ***Qui vit en marge de la société*** – bohème. ▶ ***Qui n'est pas adapté à la vie en société*** – antisocial, asocial. △ **ANT.** CONVENTIONNEL, NORMAL, ORDINAIRE, TRADITIONNEL; OFFICIEL, PRINCIPAL; ADAPTÉ, SOCIABLE, SOCIAL.

mari *n. m.* ▶ ***Époux*** – conjoint, époux. *SOUT.* compagnon (de vie), douce moitié, tendre moitié. *FAM.* homme, jules, mec, moitié. *PAR PLAIS.* seigneur et maître. △ **ANT.** ÉPOUSE, FEMME.

mariage *n. m.* ▶ ***Union conjugale*** – alliance, contrat conjugal, couple, lit, ménage, nuptialité, union conjugale, union matrimoniale. *SOUT.* hymen, hyménée. ▶ ***Noces*** – bénédiction nuptiale, célébration, cérémonie, consentement mutuel, cortège, marida, noces, sacrement. ▶ ***Jonction*** – abouchement, aboutage, aboutement, accolement, accouplage, accouplement, ajustage, apposition, articulation, assemblage, association, branchement, coalescence, confluence, conjonction, conjugaison, connexion, contact, convergence, couplage, couplement, groupage, interconnexion, interface, joint, jointure, jonction, jumelage, juxtaposition, liaison, mise en couple, mixage, raccord, raccordement, rapprochement, reboutement, relation, rencontre, réunion, suture, union. *RARE* liage. ▶ ***Jeu*** – brisque. ▶ ***Oiseaux*** (*QUÉB.*) – escadrille, vol, volée. △ **ANT.** CÉLIBAT; DIVORCE, SÉPARATION.

marier *v.* ▶ ***Associer*** – allier, associer, combiner, concilier, conjuguer, joindre, mêler, réunir, unir. ▶ ***Épouser*** (*QUÉB. BELG. FAM.*) – épouser, prendre pour époux/épouse. ♦ **se marier** ▶ ***S'unir par le mariage*** – s'unir. *SOUT.* s'épouser. *FAM.* convoler (en justes noces), se maquer. ▶ ***Contracter un mariage*** – prendre mari/femme. *FAM.* se caser, se mettre la corde au cou. △ **ANT.** DÉSUNIR, DIVISER, ISOLER, SÉPARER. ♦ **se marier** DIVORCER, ROMPRE, SE SÉPARER; CONTRASTER, S'OPPOSER.

marin *adj.* ▶ ***Qui concerne la mer*** – océanique, pélagique. *SOUT.* océane. ▶ ***Propre à la navigation*** – maritime, nautique, naval. △ **ANT.** TERRESTRE, TERRICOLE; AÉRICOLE; D'EAU DOUCE *(POISSON)*, DULÇAQUICOLE.

marin *n.* ▶ ***Navigateur*** – inscrit maritime, maritime, navigateur. *SOUT.* marinier. *FAM.* éléphant *(débutant)*, loup de mer *(expérimenté)*, marin d'eau douce *(amateur)*. ▶ ***Homme d'équipage*** – homme d'équipage, homme de mer, matelot. *FRANCE FAM.* mataf, mathurin. ▸ *Apprenti* – apprenti (matelot), mousse, novice. *FAM.* moussaillon.

marine *adj.* bleu barbeau, bleu bleuet, bleu (de) nuit, bleu foncé, (bleu) marine, bleu sombre, indigo, saphir, turquin. *QUÉB.* bleu marin.

marionnette *n. f.* ▶ ***Figurine*** – fantoche, guignol, mannequin, pantin, polichinelle. ▶ ***Personne*** – baudruche, cire molle, esclave, fantoche, figurant, jouet, mannequin, mouton, pantin, potiche, suiveur, suiviste. *FAM.* béni-oui-oui. ▶ ***Oiseau*** (*QUÉB. FAM.*) – petit garrot.

maritime *adj.* marin, nautique, naval. △ **ANT.** CONTINENTAL *(CLIMAT)*; AÉRIEN *(TRANSPORT)*; ROUTIER; FERROVIAIRE.

marketing *n. m.* ▶ ***Commercialisation*** – commercialisation, conditionnement, distribution, étude de marché, marchandisage, marchéage, mercatique, mise en marché. ▶ ***Publicité*** – annonce, bande-annonce *(d'un film)*, battage, bruit, commercialisation, conditionnement, croisade, lancement, marchandisage, message (publicitaire), petite annonce *(journal)*, placard, promotion, propagande, publicité, publipostage, raccrochage, racolage, réclame, renommée, retentissement, slogan. *FAM.* pub, tam-tam. *QUÉB. FAM.* cabale *(pour un candidat)*. ▸ *Non favo-*

rable – bourrage de crâne, endoctrinement, intoxication, lavage de cerveau, matraquage, propagande.

marmite *n.f.* ▶ ***Récipient*** – braisière, chaudron, cocotte, couscoussier, daubière, faitout. QUÉB. soupière. ANC. bouteillon. ▶ ***Contenu*** – casserolée, chaudron, chaudronnée, poêlée, terrinée. ▶ ***Projectile*** (FRANCE FAM.) – obus.

marmonner *v.* avaler ses mots, mâchonner, marmotter, parler dans sa barbe, parler entre ses dents. FAM. baragouiner. △ **ANT.** CRIER, HURLER.

marotte *n.f.* ▶ ***Habitude*** – encroûtement, manie, monotonie, ordinaire, ronron, routine, tic, uniformité. ▶ ***Caprice*** – accès, bizarrerie, bon plaisir, caprice, changement, chimère, coup de tête, envie, extravagance, fantaisie, fantasme, folie, frasque, gré, guise, immaturité, impatience, incartade, inconstance, infantilisme, instabilité, légèreté, lubie, mobilité, originalité, saute (d'humeur), singularité, sporadicité, variation, versatilité, volonté. SOUT. folle gamberge, foucade, humeur. FAM. toquade. ▶ ***Occupation favorite*** – passe-temps (favori), violon d'Ingres. FAM. dada.

marquant *adj.* ▶ ***Impressionnant*** – étonnant, frappant, hallucinant, impressionnant, notable, remarquable, saillant, saisissant, spectaculaire. ▶ ***Mémorable*** – célèbre, connu, de grand renom, fameux, glorieux, historique, illustre, immortel, inoubliable, légendaire, mémorable, notoire, proverbial, reconnu, renommé, réputé. ▸ *Non favorable* – de triste mémoire. △ **ANT.** BANAL, ININTÉRESSANT, ORDINAIRE, SANS INTÉRÊT.

marqué *adj.* ▶ ***Qui apparaît clairement*** – accentué, accusé, fort, net, prononcé, sec.

marque *n.f.* ▶ ***Tache*** – éclaboussure, noircissure, piqûre, point, saleté, salissure, souillure, tache. ▸ *Sur le papier* – bavochure, bavure, maculage, maculation, macule, pâté, rousseur. ▸ *Sur un fruit* – meurtrissure, tavelure. RARE talure. ▸ *Sur une pierre* – givrure, glace. ▸ *Sur le corps* – maille, maillure, moucheture, ocelle, pétéchie, tache de rousseur. ▶ ***Lésion*** – blessure, dégénérescence, lésion, plaie. FAM. ou ENFANTIN bobo. DIDACT. trauma. ▶ ***Cicatrice*** – balafre *(au visage)*, cicatrice, couture *(longue)*. ▶ ***Tatouage*** – tatouage. ANC. flétrissure, stigmate. ▶ ***Symptôme*** – diagnostic, expression, indication, indice, manifestation, présage, prodrome, signe, symptôme, syndrome. SOUT. avant-coureur. MÉD. marqueur. ▶ ***Indice*** – apparence, cachet, cicatrice, critère, empreinte, indication, indice, justificatif, lueur, ombre, pas, piste, preuve, repère, reste, ride, sceau, signature, signe, stigmate, tache, témoignage, témoin, trace, trait, vestige. ▶ ***Preuve*** – affirmation, assurance, attestation, certitude, confirmation, corroboration, démonstration, gage, manifestation, preuve, témoignage, vérification. ▶ ***Qualité*** – attribut, caractère, caractéristique, particularité, propre, propriété, qualité, signe, spécialité, spécificité, trait. ▸ *Louable* – mérite. ▶ ***Qualification*** – affectation, désignation, qualification, quantification, spécification. ▶ ***Caractérisation*** – caractérisation, choix, définition, détermination, différenciation, distinction, élection, individualisation, individuation, particularisation, personnalisation, polarisation, singularisation, spécification, tri. ▶ ***Style personnel*** – genre, griffe, manière d'être, profil psychologique, style. ▶ ***Entaille*** – adent, brèche, coche, coupure, cran, créneau, crevasse, échancrure, égratignure, enclenche, encochage, encoche, encochement, engravure, entaille, entamure, épaufrure, faille, fente, feuillure, hoche, incision, mortaise, moucheture, onglet, raie, rainurage, rainure, rayure, ruinure, scarification, scissure, sillon, souchèvement *(roche)*, strie. BELG. griffe. BELG. FAM. gratte. ▶ ***Cachet*** – cachet, contrôle, empreinte, estampille, flamme, frappe, griffe, insculpation, label, oblitération, plomb, poinçon, sceau, tampon, timbre. QUÉB. FAM. étampe. ▶ ***Étiquette*** – auto-collant, badge, cocarde, décalcomanie, écusson, épinglette, étiquette, insigne, plaque, porte-nom, rosette, tatouage, timbre, vignette, vitrophanie. FAM. macaron. ▶ ***Appellation*** – appellation, dénomination, désignation, étiquette, mot, nom, qualification, taxon, taxum, vocable. ▶ ***Symbole*** – allégorie, attribut, chiffre, devise, drapeau, effigie, emblème, figure, icône, image, incarnation, insigne, livrée, logo, logotype, notation, personnification, représentation, signe, symbole, type. ▶ ***Repère*** – balise, borne, borne repère, borne témoin, coordonnée, cran, délinéateur, empreinte, fanion, index, indice, jalon, jalon-mire, mire, mire-jalon, piquet, point de repère, référence, référentiel, taquet, trace. MAR. amer, vigie. ▶ ***Renvoi*** – appel de note, astérisque, grébiche, lettrine, référence, renvoi. ▶ ***Signe numérique*** – adresse, code, cote, marque (numérique), matricule, nombre, numéro. ▶ ***Jeton*** – fiche, jeton, pièce, pion.

marquer *v.* ▶ ***Délimiter par des marques*** – baliser, borner, bornoyer, délimiter, jalonner, limiter, piqueter, repérer. ▶ ***Écrire*** – écrire, tracer. ▶ ***Graver*** – empreindre, graver, imprimer. ▶ ***Souligner le rythme*** – ponctuer, rythmer, souligner. ▶ ***Ponctuer d'événements*** – jalonner, ponctuer. ▶ ***Dénoter*** – annoncer, déceler, démontrer, dénoter, faire foi de, indiquer, laisser paraître, montrer, prouver, révéler, signaler, signifier, témoigner de. SOUT. dénoncer. ▸ *De façon non favorable* – accuser, trahir. ▶ ***Faire ressortir*** – accentuer, accuser, faire ressortir, mettre en évidence, mettre en relief, souligner. ▸ *De façon favorable* – faire valoir, mettre en valeur, rehausser, relever, valoriser. ▶ ***Manifester*** – affirmer, donner des marques de, donner la preuve/des preuves de, extérioriser, faire montre de, faire preuve de, manifester, montrer (des signes de), prouver, témoigner. ▶ ***Fixer dans le mémoire*** – graver, imprimer. ▶ ***Traumatiser*** – affecter, bouleverser, choquer, commotionner, ébranler, perturber, secouer, traumatiser. ▶ ***Faire impression*** – déteindre sur, exercer une influence sur, faire impression sur, frapper, impressionner, influencer. ▶ ***Laisser un souvenir collectif*** – dater, faire date, faire époque. △ **ANT.** EFFACER, ENLEVER, SUPPRIMER; ADOUCIR, AFFAIBLIR, ATTÉNUER; CACHER, TAIRE; DÉSINTÉRESSER, LAISSER INDIFFÉRENT, PASSER INAPERÇU.

marron *adj.* ▶ ***Brun*** – brun, brunâtre. ▶ ***Brun-rouge*** – acajou, brique, cachou, châtaigne, marengo, puce, terre d'ombre, terre de Sienne.

marseillais *adj.* ▶ ***De Marseille*** – SOUT. phocéen. HIST. massaliote.

martyr *n.* ▶ ***Personne mourant pour une cause*** – héros, saint. ▶ ***Victime*** – bouc émissaire, dindon de la farce, gibier, jouet, opprimé, persécuté, plastron, proie, sacrifié, souffre-douleur, tête de Turc, victime. △ ANT. BOURREAU.

martyre *n. m.* ▶ ***Supplice*** – échafaud, exécution, géhenne, peine, question, supplice, torture, tourment. ▶ ***Douleur*** – affliction, agonie, calvaire, douleur, élancement, enfer, lancination, souffrances, supplice, tiraillement, torture. SOUT. affres, géhenne, tourment. MÉD. algie. ▶ ***Souffrance morale*** – blessure, déchirement, déchirure, douleur, mal, souffrance, supplice, torture. SOUT. tenaillement, tribulation. △ ANT. JOIE, PLAISIR; BONHEUR.

mascarade *n. f.* ▶ ***Fête costumée*** – bal costumé, carnaval, défilé. ▶ ***Déguisement*** – camouflage, déguisement, dissimulation, fard, maquillage, masquage, masque, mimétisme, occultation. ▶ ***Accoutrement*** – accoutrement, affublement, attirail, défroque, déguisement, fagotage. FAM. affiquets, affûtiaux, attifage, attifement. ▶ ***Hypocrisie*** – affectation, air, apparence, apprêt, bluff, cabotinage, comédie, composition, contenance, convenu, dandysme, genre, imposture, jeu, maniérisme, manque de naturel, mièvrerie, pose, raideur, recherche, représentation, snobisme. SOUT. cambrure. FAM. chiqué, cinéma. ▶ ***Spectacle burlesque*** (ANC.) – arlequinade, bouffonnerie, boulevard, burlesque, clownerie, comédie, farce, limerick, momerie, pantalonnade, parodie, pièce de boulevard, proverbe, saynète, sketch, sotie, spectacle, théâtre de boulevard, vaudeville. PÉJ. caleçonnade.

masculin *adj.* ▶ ***Propre à l'homme*** – mâle, viril. ▶ ***En parlant d'une femme*** – garçonnier. △ ANT. FÉMININ; NEUTRE *(GRAMMAIRE)*.

masochisme *n. m.* ▶ ***Recherche de la souffrance*** – algophilie, dolorisme.

masque *n. m.* ▶ ***Objet couvrant le visage*** – loup. ▶ ***Camouflage*** – camouflage, déguisement, dissimulation, fard, maquillage, mascarade, masquage, mimétisme, occultation. ▶ ***Anonymat*** – anonymat, banalité, humble origine, incognito, obscurité, ombre. ▶ ***Aspect*** – air, allure, apparence, aspect, caractère, configuration, couleur, couvert, dehors, éclairage, expression, extérieur, façade, faciès, figure, forme, formule, impression, jour, mine, paraître, perspective, physionomie, plastique *(en art)*, portrait, présentation, profil, ressemblance, semblant, surface, ton, tour, tournure, traits, vernis, visage. SOUT. enveloppe, regardure, superficie.

masquer *v.* ▶ ***Soustraire à la vue*** – cacher, camoufler, couvrir, dérober, dérober aux regards, dissimuler, escamoter, receler, recouvrir, soustraire à la vue, soustraire aux regards, voiler. FAM. planquer. FRANCE RÉGION. mucher, musser. ▶ ***Cacher dans le but de tromper*** – cacher, camoufler, couvrir, déguiser, dissimuler, envelopper, escamoter, étouffer, farder, maquiller, occulter. SOUT. pallier. △ ANT. AFFICHER, EXHIBER, MONTRER; DÉMASQUER, DÉVOILER, RÉVÉLER.

massacre *n. m.* anéantissement, assassinat, boucherie, carnage, destruction, extermination, hécatombe, holocauste, saignée, tuerie. SOUT. (lourd) tribut. FAM. étripage.

massacrer *v.* ▶ ***Tuer en grand nombre*** – décimer, exterminer. SOUT. faucher, moissonner. ▶ ***Tuer sauvagement*** – écharper, mettre en charpie. ▶ ***Critiquer*** – attaquer, critiquer, descendre en flammes, écharper, éreinter, étriller, faire le procès de, malmener, maltraiter, matraquer, mettre à mal, pourfendre, s'acharner contre. FAM. couler, démolir, descendre, écorcher, esquinter. FRANCE FAM. allumer, débiner. QUÉB. FAM. maganer. ▶ ***Endommager*** (FAM.) – abîmer, briser, casser, dégrader, délabrer, détériorer, endommager, mutiler. FAM. amocher, bigorner, bousiller, déglinguer, esquinter, flinguer, fusiller. QUÉB. FAM. maganer. RARE accidenter. ▶ ***Vaincre complètement*** (FAM.) – battre à plate couture. FAM. écraser, enfoncer, lessiver. △ ANT. ÉPARGNER, MÉNAGER, PRÉSERVER, SAUVER; RESPECTER.

massage *n. m.* ▶ ***Frottage*** – abrasion, bouchonnage, bouchonnement, brossage, embrocation, érosion, friction, frottage, frottement, frottis, grattage, grattement, onction, raclage, râpage, ripage, ripement, traînement, trituration. FAM. grattouillement.

masse *n. f.* ▶ ***Poids*** – densité, lourdeur, massiveté, pesanteur, poids. ▶ ***Bloc*** – accrétion, accumulation, agglomérat, agglomération, aggloméré, agglutinat, agglutination, agglutinement, agrégat, agrégation, amas, bloc, concentration, concrétion, conglomérat, conglomération, conglutination, entassement, nodule, paquet, réunion, sédiment, sédimentation, tas. ▶ ***Abondance*** – abondance, afflux, amas, ampleur, concentration, débauche, débordement, exubérance, filon, fleuraison, floraison, foisonnement, forêt, foule, fourmillement, gisement, infinité, inondation, luxe, luxuriance, mine, multiplicité, myriade, nuée, orgie, paquet, pléthore, poussière, profusion, quantité, richesse, surabondance, tas, trésor. FIG. carnaval. FAM. festival, flopée, kyrielle, tapée, tonne, tripotée, wagon. SUISSE FAM. craquée. ▶ ***Foule*** – abondance, affluence, armada, armée, attroupement, bande, cohue, concentration, concours, encombrement, essaim, flot, forêt, foule, fourmilière, fourmillement, grouillement, légion, marée, meute, monde, multitude, peuple, pléiade *(célébrités)*, pullulement, rassemblement, régiment, réunion, ribambelle, ruche, tas, troupeau. FAM. flopée, marmaille *(enfants)*, tapée, tripotée. QUÉB. FAM. achalandage, gang. PÉJ. ramassis. ▶ ***Populace*** – (bas) peuple, (basse) pègre, bétail, foule, la rue, multitude, plèbe, populace, prolétariat, troupeau, vulgaire. FAM. populo, vulgum pecus. ▶ ***Somme*** – addition, cagnotte, chiffre, ensemble, fonds, mandat, montant, quantité, quantum, somme, total, totalisation, volume. ▶ ***Totalité*** – absoluité, complétude, ensemble, entier, entièreté, exhaustivité, généralité, globalité, intégralité, intégrité, plénitude, réunion, somme, total, totalité, tout, universalité. ▶ ***Mise*** – cave, enjambage, enjeu, mise, pot, poule. ▶ ***Outil*** – batte, besaiguë, bigorne, boucharde, châsse, ferretier, frappe-devant, laie, longuet, maillet, mailloche, marteau, marteau-piolet *(escalade)*, martelet, massette, matoir, merlin, minahouet, picot, rivoir, robine, rustique, smille, têtu. ▶ ***Arme*** – maillet, maillotin, masse d'armes. △ ANT. PETIT NOMBRE, PEU; INDIVIDU; UNITÉ; BRIN, PARCELLE.

masser *v.* ▶ ***Rassembler*** – ameuter, assembler, attrouper, mobiliser, rallier, ramasser, rameuter, rassembler, regrouper, réunir. SOUT. battre le rappel de, conglomérer. ▶ ***Frotter vigoureusement*** – bouchonner, frictionner, frotter, malaxer, pétrir. ♦ **se masser** ▶ ***S'assembler*** – s'assembler, s'attrouper, se mobiliser, se rallier, se rassembler, se regrouper, se réunir. ▶ ***Être en foule compacte*** – s'agglutiner, s'entasser, se presser. △ **ANT.** DISPERSER, DISSÉMINER, ÉPARPILLER.

massif *adj.* ▶ ***Qui n'est pas creux*** – plein. ▶ ***Corpulent*** – adipeux, bien en chair, charnu, corpulent, de forte taille, empâté, épais, étoffé, fort, gras, gros, imposant, large, lourd, obèse, opulent, plantureux, plein. *FAM.* éléphantesque, hippopotamesque. *FRANCE FAM.* mastoc. △ **ANT.** CREUX, VIDE; PLAQUÉ; LÉGER; CHÉTIF, GRINGALET, MAIGRE, MAIGRELET, MAIGRICHON; ÉLANCÉ, SVELTE; DISSÉMINÉ, ÉPARS.

massif *n.m.* ▶ ***Groupe d'arbres*** – boqueteau, bosquet, bouquet, buisson. *SOUT.* touffe. *ACADIE* bouillée. ▶ ***Groupe de fleurs*** – clos, closerie, hortillonnage, jardin, jardinet, parc, parterre. ▶ ***Ouvrage de maçonnerie*** – butée, contre-butement, contrefort, contre-mur, culée.

masure *n.f.* cabane, cahute. *FAM.* baraque. △ **ANT.** CHÂTEAU, PALAIS.

mat *adj.* ▶ ***En parlant de la peau*** – basané, bis, bistre, bistré, brun, foncé, olivâtre. ▶ ***En parlant d'un métal*** – amati, dépoli, terne, terni. ▶ ***En parlant d'un son*** – amorti, assourdi, atténué, cotonneux, étouffé, faible, feutré, mou, ouaté, sourd, voilé. △ **ANT.** BRILLANT, ÉCLATANT, LUISANT; LUSTRÉ, POLI, VERNI; GLACÉ *(PAPIER)*; CLAIR, CRISTALLIN, PUR, SONORE.

mât *n.m.* poteau, pylône.

match *n.m.* ▶ ***Partie*** – affrontement, duel, joute, partie, rencontre. ▶ ***Compétition*** – affrontement, challenge, compétition, concours, duel, épreuve, face à face, tournoi. *SOUT.* joute.

matelas *n.m.* ▶ ***Pièce de literie*** – futon, paillasse. ▶ ***Lit*** – lit, litière, natte, tapis. ▶ ***Paquet d'argent*** (*FAM.*) – liasse.

matelot *n.* homme d'équipage, homme de mer, marin. *FRANCE FAM.* mataf, mathurin. ▶ *Apprenti* – apprenti (matelot), mousse, novice. *FAM.* moussaillon.

mater *v.* ▶ ***Discipliner*** – discipliner, dompter, dresser, mettre au pas, serrer la vis à. *FAM.* visser. ▶ ***Soumettre à des privations*** – châtier, crucifier, macérer, mortifier. ▶ ***Mettre en échec*** – arrêter, désamorcer, enrayer, entraver, étouffer, étrangler, faire obstacle à, freiner, inhiber, juguler, mettre en échec, mettre un frein à, neutraliser, refouler, stopper. ▶ ***Regarder furtivement*** (*FAM.*) – jeter un coup d'œil à, lorgner, regarder à la dérobée, regarder du coin de l'œil. *FAM.* bigler, guigner, loucher sur, reluquer, zieuter. ▶ ***Rendre mat*** – amatir, dépolir, matir, ternir. △ **ANT.** AMEUTER, EXCITER, PROVOQUER, SOULEVER.

matérialiser *v.* ▶ ***Concrétiser*** – actualiser, concrétiser, donner corps à, objectiver, réaliser. ▶ ***Symboliser*** – désigner, évoquer, exprimer, figurer, incarner, représenter, signifier, symboliser. ♦ **se matérialiser** ▶ ***Se concrétiser*** – devenir réalité, se concrétiser, se réaliser. △ **ANT.** ABSTRAIRE, IDÉALISER, SPIRITUALISER.

matérialisme *n.m.* ▶ ***Prosaïsme*** – activisme, cynisme, empirisme, opportunisme, pragmatisme, prosaïsme, réalisme, utilitarisme. ▶ ***En philosophie*** – agnosticisme, atomisme, chosisme, hylozoïsme, marxisme, mécanicisme, mécanisme, mécanistique, objectivisme, phénoménisme, positivisme, radicalisme, réalisme, relativisme, substantialisme. ▶ ***Impiété*** – agnosticisme, apostasie, athéisme, blasphème, désacralisation, doute, froideur, gentilité, hérésie, impiété, incrédulité, incroyance, indifférence, infidélité, irréligion, libre pensée, paganisme, panthéisme, péché, profanation, reniement, sacrilège, scandale, scepticisme. *SOUT.* inobservance. △ **ANT.** IDÉALISME, UTOPISME; IMMATÉRIALISME, SPIRITUALISME.

matérialiste *adj.* matériel, prosaïque, terre-à-terre. *FAM.* au ras des pâquerettes. △ **ANT.** SPIRITUALISTE; ASCÉTIQUE.

matérialité *n.f.* ▶ ***Tangibilité*** – actualité, concret, corporéité, palpabilité, phénoménalité, positif, rationalité, rationnel, réalité, réel, tangibilité, tangible, visible. △ **ANT.** IMMATÉRIALITÉ, SPIRITUALITÉ; ABSTRACTION.

matériel *adj.* ▶ ***Concret*** – concret, effectif, existant, palpable, physique, réel, sensible, tangible, visible, vrai. *DIDACT.* positif. *RELIG.* de ce monde, temporel, terrestre. ▶ ***Corporel*** – charnel, corporel, physique. ▶ ***Matérialiste*** – matérialiste, prosaïque, terre-à-terre. *FAM.* au ras des pâquerettes. △ **ANT.** ABSTRAIT, IMMATÉRIEL, INTELLECTUEL, INTEMPOREL, MORAL, SPIRITUEL; INCORPOREL; DÉLICAT, ÉTHÉRÉ, LÉGER, SUBTIL.

matériel *n.m.* ▶ ***Équipement*** – affaires, appareil, bagage, chargement, équipement, fourniment, harnachement, instruments, outillage. *FAM.* arsenal, attirail, barda, bastringue, bataclan, bazar, fourbi, matos, paquet, paquetage, saint-crépin, saint-frusquin. *QUÉB. FAM.* agrès, gréement. ▶ ***Éléments recueillis en vue d'un travail*** – banque de données, base de données, corpus, données, matériau.

maternité *n.f.* ▶ ***Accouchement*** – accouchement, couches, délivrance, enfantement, expulsion, heureux événement, maïeutique, mal d'enfant, mise au monde, naissance, parturition.

mathématique *adj.* ▶ ***Très précis*** – exact, géométrique, rigoureux. ▶ ***Inévitable*** (*FAM.*) – assuré, certain, fatal, immanquable, imparable, implacable, incontournable, inéluctable, inévitable, inexorable, nécessaire, obligatoire, obligé, sûr. *FAM.* forcé. △ **ANT.** FAUX, INEXACT; APPROXIMATIF, IMPRÉCIS, VAGUE; ALÉATOIRE, INCERTAIN.

matière *n.f.* ▶ ***Ce qui est concret*** – corps, substance. ▶ ***Matériau de construction*** – matériau. ▶ ***Spécialité*** – branche, champ, département, discipline, division, domaine, étude, fief, partie, scène, science, secteur, spécialité, sphère. *FAM.* rayon. ▶ ***Sujet*** – fait, fond, objet, point, problème, propos, question, sujet, thème. △ **ANT.** ÂME, ESPRIT; CONTENANT, FORME.

matin *n.m.* ▶ ***Début du jour*** – aube, aurore, crépuscule (du matin), début du jour, lever de l'aurore, lever du jour, lever du matin, lever, naissance du jour, (petit) matin, point du jour. *SOUT.* lueur crépusculaire, pointe de l'aube, pointe du jour. ▶ ***Matinée*** – matinée. *QUÉB. BELG.* avant-midi. ▶ ***Commencement*** (*FIG.*) – actionnement, amorçage, amorce, balbutiement, bégaiement, commencement, création, début, déclenchement, démarrage, départ, ébauche, embryon, enclenchement, enfance, entrée, esquisse, fondement, germe, inauguration, origine, ouverture, prélude, prémisse, principe, tête. *SOUT.* aube, aurore, prémices. *FIG.* apparition, avènement, éclosion, émergence, éruption, explosion, genèse, germination, naissance, venue au monde. ▶ ***Jeunesse*** (*SOUT.*) – bel âge, fleur de l'âge, jeune âge, jeunes années, jeunesse, première saison, verte jeunesse. *SOUT.* mai, printemps. △ **ANT.** APRÈS-MIDI; CRÉPUSCULE, SOIR, SOIRÉE; NUIT; DÉCLIN, FIN; VIEILLESSE.

matinée *n.f.* ▶ ***Début de la journée*** – matin. *QUÉB. BELG.* avant-midi. △ **ANT.** APRÈS-MIDI; CRÉPUSCULE, SOIR, SOIRÉE; NUIT.

matrice *n.f.* ▶ ***Moule*** – coffrage, forme, moule. ▶ ***Modèle*** – carton, grille, modèle, modélisation, moule, patron, pattern, pilote, plan, prototype, simulation, spécimen. *FAM.* topo. ▶ ***Ébauche*** – canevas, crayon, crayonné, croquis, dessin, ébauche, épure, esquisse, essai, étude (préparatoire), griffonnement, pochade, premier jet, préparation, projet, rough, schéma. *SOUT.* linéaments. *FRANCE FAM.* crobard. ▶ ***Souche d'une famille*** – origine, souche, source.

maturation *n.f.* ▶ ***Mûrissement*** – aoûtement *(rameaux)*, fructification, grenaison *(céréales)*, mûrissage, mûrissement, nouaison, nouure, véraison.

mature *adj.* ▶ ***En parlant d'un végétal*** – adulte, développé, formé, mûr. △ **ANT.** IMMATURE, VERT.

maturité *n.f.* ▶ ***Plénitude*** – adultie, adultisme, âge, âge adulte, âge mûr, assurance, confiance en soi, épanouissement, expérience (de la vie), force de l'âge, majorité, plénitude, réalisation de soi, sagesse. ▶ ***Perfection*** – achèvement, consommation, couronnement, épanouissement, excellence, fini, fleur, meilleur, parachèvement, perfection, plénitude, précellence. *PHILOS.* entéléchie. ▶ ***Diplôme*** (*SUISSE*) – baccalauréat. *FAM.* bac, bachot. *SUISSE FAM.* matu. △ **ANT.** ENFANCE; ENFANTILLAGE, INFANTILISME.

maudire *v.* ▶ ***Haïr*** – avoir en aversion, avoir en haine, avoir en horreur, exécrer, haïr, ne pas pouvoir souffrir, ne pas pouvoir supporter, réprouver, vomir. *SOUT.* abhorrer, abominer, avoir en abomination. *FAM.* avoir dans le nez, ne pas pouvoir blairer, ne pas pouvoir encadrer, ne pas pouvoir encaisser, ne pas pouvoir pifer, ne pas pouvoir sacquer, ne pas pouvoir sentir, ne pas pouvoir voir en peinture. ▶ ***Vouer à la damnation*** – condamner, damner, perdre, réprouver, vouer à la damnation. △ **ANT.** AIMER, CHÉRIR; ADORER, BÉNIR, EXALTER.

maudit *adj.* ▶ ***Pour renforcer un terme*** – fameux, fieffé, fier, franc, parfait, rude, sale. *FAM.* damné, fichu, sacré, satané. △ **ANT.** ADORÉ, CHER.

maussade *adj.* ▶ ***De mauvaise humeur*** – boudeur, bourru, de mauvaise humeur, grognon, mal disposé, mécontent, morne, morose, qui fait la tête, rechigné, rembruni, renfrogné, sombre, taciturne. *SOUT.* chagrin. *FAM.* à ne pas prendre avec des pincettes, de mauvais poil, mal luné, qui fait la gueule, qui fait la lippe, qui s'est levé du mauvais pied, soupe au lait. *QUÉB. FAM.* marabout. *BELG.* mal levé. ▶ ***D'un caractère désagréable*** – acariâtre, acerbe, aigri, anguleux, âpre, bourru, déplaisant, désagréable, désobligeant, difficile, grincheux, hargneux, intraitable, rébarbatif, rêche, revêche. *SOUT.* atrabilaire. *FAM.* chameau, teigneux. *QUÉB. FAM.* malcommode. *SUISSE* gringe. ▶ ***Qui inspire l'ennui*** – déprimant, ennuyeux, gris, grisâtre, monotone, morne, plat, sans vie, terne. △ **ANT.** ACCUEILLANT, AFFABLE, AIMABLE, AMÈNE, AVENANT, CORDIAL, ENGAGEANT, ENJOUÉ, GAI, INVITANT, JOVIAL, SOURIANT; AMUSANT, ATTRAYANT, CHARMANT, DISTRAYANT, DIVERTISSANT, ÉGAYANT, PLAISANT, RÉJOUISSANT; ENCOURAGEANT, MOTIVANT, STIMULANT.

mauvais *adj.* ♦ **choses** ▶ ***Nuisible*** – dangereux, dévastateur, dommageable, funeste, malfaisant, néfaste, négatif, nocif, nuisible, pernicieux, ravageur. *SOUT.* délétère. ▶ ***Désagréable*** – déplaisant, déplorable, désagréable, détestable, fâcheux, méchant, vilain. *FAM.* sale. ▶ ***Insuffisant*** – anémique, chétif, chiche, déficient, déficitaire, faible, insatisfaisant, insuffisant, maigre, médiocre, misérable, pauvre, piètre, rachitique. ▶ ***Médiocre*** – abominable, affreux, atroce, déplorable, désastreux, épouvantable, exécrable, horrible, infect, insipide, lamentable, manqué, médiocre, minable, navrant, nul, odieux, piètre, piteux, pitoyable, qui ne vaut rien, raté. *SOUT.* méchant, triste. *FAM.* à la con, à la flan, à la gomme, à la manque, à la mie de pain, à la noix (de coco), blèche, craignos, crapoteux, moche, pourri, qui ne vaut pas un clou. ▶ ***Inexact*** – erroné, fautif, faux, incorrect, inexact. ♦ **personnes** ▶ ***Méchant*** – cruel, maléfique, malfaisant, malintentionné, malveillant, méchant, pervers, sadique, vicieux. *FAM.* chien, vachard, vache. *FRANCE FAM.* rossard, rosse. ▶ ***Menaçant*** – dangereux, inquiétant, méchant, menaçant, patibulaire, redoutable, sinistre, sombre, terrible, torve *(regard)*. *QUÉB. FAM.* malin. ▶ ***Corrupteur*** – corrupteur, dépravant, immoral, malsain, nocif, pernicieux, pervers, pervertisseur. *SOUT.* suborneur. ▶ ***Incompétent*** – ignorant, incapable, incompétent, insuffisant, médiocre, nul. *FAM.* à la flan, à la gomme, à la manque, à la mie de pain, à la noix, à la noix de coco. *FRANCE FAM.* nullard. △ **ANT.** BON; AGRÉABLE, BÉNÉFIQUE, BIENFAISANT, PROFITABLE, SALUTAIRE, UTILE; FAVORABLE, HEUREUX, OPPORTUN; BIEN, RÉUSSI; BRILLANT, ÉBLOUISSANT, EXCELLENT, EXTRAORDINAIRE, FANTASTIQUE, LOUABLE, MAGNIFIQUE, MERVEILLEUX, PARFAIT, PRODIGIEUX, REMARQUABLE, SENSATIONNEL; CORRECT, EXACT; DROIT, FIDÈLE, HONNÊTE, JUSTE; BRAVE, CHARITABLE, COMPATISSANT, GÉNÉREUX, HUMAIN, QUI A BON CŒUR, SECOURABLE, VERTUEUX; ADROIT, COMPÉTENT, DOUÉ, HABILE.

mauve *adj.* cyclamen, lilas, parme.

maxime *n.f.* adage, aphorisme, apophtegme, axiome, citation, devise, dicton, dit, dogme, enseignement, formule, mantra, moralité, mot, on-dit, parole, pensée, précepte, principe, proverbe, réflexion, règle, sentence, sutra, vérité.

maximiser *v.* maximaliser, optimaliser, optimiser, tirer le meilleur parti de. △ **ANT.** MINIMISER.

maximum *n.m.* acmé, apex, apogée, apothéose, cime, climax, comble, culmination, excès, faîte, fin du fin, fort, limite, meilleur, nec plus ultra, optimum, paroxysme, pinacle, plafond, point culminant, pointe, record, sommet, summum, triomphe, zénith. *SOUT.* plus haut période. *FAM.* top niveau. △ **ANT.** BAS, MINIMUM.

méandres *n. m. pl.* ▶ ***Courbe*** – arabesque, boucle, contour, courbe, détour, lacet, ondulation, repli, serpentin, sinuosité, volute *(fumée)*. SOUT. flexuosité. ♦ **méandres,** ***plur.*** ▶ ***Détours*** – dédale, forêt, labyrinthe, lacis, maquis, réseau, sinuosités. △ **ANT.** RACCOURCI; DROITURE, FRANCHISE, RECTITUDE.

mécanique *adj.* ▶ ***Inconscient*** – automatique, inconscient, indélibéré, instinctif, intuitif, involontaire, irréfléchi, machinal, naturel, réflexe, spontané. DIDACT. instinctuel, pulsionnel. ▶ ***Routinier*** – répétitif, routinier. △ **ANT.** CONSCIENT, RAISONNÉ, RÉFLÉCHI; EXCEPTIONNEL, INHABITUEL, NOUVEAU; CALORIFIQUE *(ÉNERGIE)*.

mécaniquement *adv.* à l'instinct, à l'intuition, au flair, automatiquement, d'instinct, impulsivement, inconsciemment, instinctivement, intuitivement, involontairement, machinalement, naturellement, par habitude, par humeur, par instinct, par nature, sans réfléchir, spontanément, viscéralement.

mécanisme *n. m.* ▶ ***Dispositif*** – appareil, dispositif, engin, machine, mécanique. FAM. bécane, zinzin. QUÉB. FAM. patente. ▶ ***Processus*** – déroulement, fonctionnement, marche, mécanique, opération, procédure, procès, processus. ▶ ***En philosophie*** – agnosticisme, atomisme, chosisme, hylozoïsme, marxisme, matérialisme, mécanicisme, mécanistique, objectivisme, phénoménisme, positivisme, radicalisme, réalisme, relativisme, substantialisme.

méchamment *adv.* ▶ ***Vicieusement*** – immoralement, mal, perversement, vicieusement. ▶ ***Haineusement*** – acrimonieusement, agressivement, aigrement, calomnieusement, désobligeamment, haineusement, hostilement, inamicalement, malignement, malveillamment, venimeusement, vindicativement, virulemment. FAM. vachement. ▶ ***Cruellement*** – barbarement, bestialement, brutalement, cruellement, durement, farouchement, férocement, impitoyablement, inhumainement, rudement, sadiquement, sauvagement. △ **ANT.** AVEC COMPASSION, AVEC DOUCEUR, AVEC MISÉRICORDE, BIENVEILLAMMENT, CHARITABLEMENT, DÉLICATEMENT, HUMAINEMENT.

méchanceté *n. f.* ▶ ***Malignité*** – malfaisance, malignité, perversité. SOUT. malice. ▶ ***Cruauté*** – acharnement, agressivité, atrocité, barbarie, brutalité, cruauté, dureté, férocité, inhumanité, maltraitance, sadisme, sauvagerie, violence. SOUT. implacabilité, inexorabilité. PSYCHIATRIE psychopathie. ▶ ***Agressivité*** – agressivité, brutalité, combativité, hostilité, malveillance, provocation. SOUT. pugnacité. MÉD. quérulence. ▶ ***Aigreur*** – acariâtreté, acerbité, acidité, âcreté, acrimonie, agressivité, aigreur, amertume, animosité, âpreté, bave, bile, causticité, colère, dépit, désagrément, dureté, fiel, haine, hargne, humeur, irritation, malveillance, maussaderie, mauvaise humeur, mordant, pique, rancœur, rancune, récrimination, ressentiment, rudesse, tranchant, venin, vindicte, virulence. SOUT. mordacité. FAM. rouspétance. ▶ ***Action méchante*** – bassesse, coup bas, crasse, malfaisance, méfait, rosserie. SOUT. perfidie, scélératesse, vilenie. FAM. sale coup, sale tour, saloperie, tour de cochon, vacherie. FRANCE FAM. mistoufle. RARE mauvaiseté. △ **ANT.** BIENVEILLANCE, BONTÉ, DOUCEUR, GENTILLESSE, HUMANITÉ.

méchant *adj.* ▶ ***Qui aime faire le mal*** – cruel, maléfique, malfaisant, malintentionné, malveillant, mauvais, pervers, sadique, vicieux. FAM. chien, vachard, vache. FRANCE FAM. rossard, rosse. ▶ ***Redoutable*** – dangereux, inquiétant, mauvais, menaçant, patibulaire, redoutable, sinistre, sombre, terrible, torve *(regard)*. QUÉB. FAM. malin. ▶ ***Qui exprime la haine*** – empoisonné, fielleux, haineux, hargneux, hostile, malveillant, perfide, venimeux. SOUT. enfiellé. ▶ ***Cinglant*** – à l'emporte-pièce, acerbe, acéré, acide, acrimonieux, aigre, blessant, caustique, cinglant, corrosif, fielleux, grinçant, incisif, mordant, piquant, sarcastique, sardonique, virulent, vitriolique. ▶ ***Déplaisant*** – déplaisant, déplorable, désagréable, détestable, fâcheux, mauvais, vilain. FAM. sale. ▶ ***Minable*** (SOUT.) – abominable, affreux, atroce, déplorable, désastreux, épouvantable, exécrable, horrible, infect, insipide, lamentable, manqué, mauvais, médiocre, minable, navrant, nul, odieux, piètre, piteux, pitoyable, qui ne vaut rien, raté. SOUT. triste. FAM. à la con, à la flan, à la gomme, à la manque, à la mie de pain, à la noix (de coco), blèche, craignos, crapoteux, moche, pourri, qui ne vaut pas un clou. ▶ ***Extraordinaire*** (FAM.) – colossal, considérable, démesuré, énorme, extraordinaire, extrême, fabuleux, formidable, géant, gigantesque, grand, gros, immense, incommensurable, monstrueux, monumental, phénoménal, prodigieux, surhumain, titanesque, vaste, vertigineux. SOUT. cyclopéen, herculéen. FAM. bœuf, de tous les diables, du diable, effrayant, effroyable, épouvantable, faramineux, monstre. FRANCE FAM. gratiné. △ **ANT.** BIENVEILLANT, BON, CHARITABLE, COMPATISSANT, GÉNÉREUX, GENTIL, HUMAIN, QUI A BON CŒUR, SECOURABLE; AFFECTUEUX, CARESSANT, DOUX, TENDRE; SAGE, TRANQUILLE; AGRÉABLE, PLAISANT; NORMAL, ORDINAIRE.

mèche *n. f.* ▶ ***Cheveux*** – épi, houppe, houppette, touffe. FAM. choupette, couette. ▶ ***Bande de gaze*** – bandage, bande, gaze, pansement. FAM. poupée. ▶ ***Instrument*** – avant-clou, chignole, drille, foret, fraise, fraisoir, perce, percerette, percette, perçoir, queue-de-cochon, quillier, tamponnoir, taraud, tarière, trépan, vilebrequin, vrille. ▶ *Machine* – foreuse, perceuse, perforatrice, perforeuse, poinçonneuse, tricône, tunnelier. ▶ ***Trajet*** (QUÉB. FAM.) – aller (et retour), chemin, cheminement, circuit, course, direction, distance, espace, itinéraire, marche, parcours, retour, route, tracé, traite, trajectoire, trajet, traversée, voyage. FAM. trotte. FRANCE FAM. tirée. ▶ ***Longue période*** (QUÉB. FAM.) – une éternité. SOUT. des lustres. FAM. des siècles, un bail, un siècle, une paye.

méconnaissable *adj.* autre, changé, différent, métamorphosé, nouveau, transformé. △ **ANT.** RECONNAISSABLE; INCHANGÉ.

méconnaissance *n. f.* ▶ ***Ignorance*** (SOUT.) – analphabétisme, ignorance, illettrisme, inadéquation, inaptitude, incapacité, incompétence, incompréhension, inconscience, inculture, inexpérience, ingénuité, innocence, insuffisance, lacune, naïveté, nullité, obscurantisme, simplicité. SOUT. impéritie, inconnaissance.

méconnaître *v.* ▶ ***Sous-estimer*** – avoir mauvaise opinion de, déprécier, inférioriser, mésestimer, minorer, ne pas apprécier à sa juste valeur, sous-estimer, sous-évaluer. SOUT. dépriser, méjuger de. ▸ ***Ignorer*** – bouder, être sourd à, faire fi de, faire la sourde oreille à, faire peu de cas de, ignorer, mépriser, ne pas se soucier de, ne pas tenir compte de, négliger, se désintéresser de, se moquer de. SOUT. n'avoir cure de, passer outre à. FAM. n'avoir rien à cirer de, n'avoir rien à foutre de, s'en balancer, s'en battre les flancs, s'en contrebalancer, s'en tamponner (le coquillard), s'en taper, se battre l'œil de, se contreficher de, se contrefoutre de, se ficher de, se foutre de, se soucier de qqch. comme d'une guigne, se soucier de qqch. comme de l'an quarante, se soucier de qqch. comme de sa première chemise. △ **ANT.** APPRÉCIER, ESTIMER, RECONNAÎTRE; SURESTIMER; COMPRENDRE, CONNAÎTRE. CONSIDÉRER, SAVOIR.

mécontent *adj.* ▸ ***Fâché*** – contrarié, ennuyé, fâché, insatisfait. ▸ ***Maussade*** – boudeur, bourru, de mauvaise humeur, grognon, mal disposé, maussade, morne, morose, qui fait la tête, rechigné, rembruni, renfrogné, sombre, taciturne. SOUT. chagrin. FAM. à ne pas prendre avec des pincettes, de mauvais poil, mal luné, qui fait la gueule, qui fait la lippe, qui s'est levé du mauvais pied, soupe au lait. QUÉB. FAM. marabout. BELG. mal levé. △ **ANT.** CONTENT, HEUREUX, RAVI, SATISFAIT.

mécontentement *n.m.* ▸ ***Insatisfaction*** – besoin, frustration, insatisfaction, non-satisfaction, vague à l'âme. SOUT. bovarysme, inapaisement, inassouvissement, insatiabilité. FAM. grogne. PSYCHOL. sentiment d'incomplétude. ▸ ***Colère*** – agacement, colère, emportement, énervement, exaspération, fureur, furie, impatience, indignation, irritabilité, irritation, rage, susceptibilité. SOUT. courroux, irascibilité. FAM. horripilation, rogne. △ **ANT.** CONTENTEMENT, SATISFACTION; JOIE, JUBILATION, PLAISIR.

médaille *n.f.* ▸ ***Pièce de métal*** – pièce, (pièce de) monnaie, piécette *(petite)*. ▸ ***Récompense*** – accessit, bon point, citation, couronne, décoration, diplôme, distinction, gratification, mention, nomination, pourboire, prime, prix, récompense, satisfecit, trophée. ▸ ***Porte-bonheur*** – agnus-Dei, amulette, bondieuserie, effigie, ex-voto, gri-gri, idole, image, main de Fatma, mascotte, médaillon, porte-bonheur, relique, scapulaire, statuette, talisman, tephillim, totem.

médaillon *n.m.* ▸ ***Porte-bonheur*** – agnus-Dei, amulette, bondieuserie, effigie, ex-voto, gri-gri, idole, image, main de Fatma, mascotte, médaille, porte-bonheur, relique, scapulaire, statuette, talisman, tephillim, totem.

médecin *n.* docteur, praticien. SOUT. thérapeute. FAM. doc, toubib. ▸ *Bon* – diagnostiqueur. ▸ *Mauvais* – médicastre.

médecine *n.f.* ▸ ***Substance*** (FRANCE RÉGION.) – médicament, potion, préparation (pharmaceutique), remède, spécialité (pharmaceutique). ▸ *Artisanal* – drogue, orviétan, poudre de perlimpinpin, remède de bonne femme. ▸ *Fort* – remède bénin *(doux)*, remède de cheval *(fort)*. ▸ *Efficace* – remède miracle, remède souverain.

médiateur *n.* ▸ ***Personne*** – arbitragiste, arbitre, arrangeur, conciliateur, intermédiaire, juge, modérateur, négociateur, ombudsman, pacificateur, réconciliateur, surarbitre. DR. amiable compositeur. △ **ANT.** AGITATEUR, FOMENTATEUR, PROVOCATEUR.

médiation *n.f.* ▸ ***Intervention*** – aide, appui, concours, entremise, immixtion, incursion, ingérence, interposition, interventionnisme, intrusion, ministère, office. SOUT. intercession. △ **ANT.** AGITATION, FOMENTATION, PROVOCATION, SOULÈVEMENT.

médical *adj.* curatif, médicamenteux, médicinal, thérapeutique.

médicament *n.m.* potion, préparation (pharmaceutique), remède, spécialité (pharmaceutique). ▸ *Artisanal* – drogue, orviétan, poudre de perlimpinpin. ▸ *Fort* – remède bénin *(doux)*, remède de cheval *(fort)*. ▸ *Efficace* – remède miracle, remède souverain.

médiocre *adj.* ▸ ***Mauvais*** – affreux, abominable, affreux, atroce, déplorable, désastreux, épouvantable, exécrable, horrible, infect, insipide, lamentable, manqué, mauvais, minable, navrant, nul, odieux, piètre, piteux, pitoyable, qui ne vaut rien, raté. SOUT. méchant, triste. FAM. à la con, à la flan, à la gomme, à la manque, à la mie de pain, à la noix (de coco), blèche, craignos, crapoteux, moche, pourri, qui ne vaut pas un clou. ▸ ***Ordinaire*** – commun, ordinaire, quelconque, trivial, vulgaire. ▸ ***Insuffisant*** – anémique, chétif, chiche, déficient, déficitaire, faible, insatisfaisant, insuffisant, maigre, mauvais, misérable, pauvre, piètre, rachitique. ▸ ***Incompétent*** – ignorant, incapable, incompétent, insuffisant, mauvais, nul. FAM. à la flan, à la gomme, à la manque, à la mie de pain, à la noix, à la noix de coco. FRANCE FAM. nullard. △ **ANT.** ADMIRABLE, BON, EXCELLENT, FAMEUX, GRAND, MERVEILLEUX, PARFAIT, REMARQUABLE, SUBLIME; ÉMINENT, EXCEPTIONNEL, HORS PAIR, INCOMPARABLE, INÉGALABLE, SUPÉRIEUR; BRILLANT, CHEVRONNÉ, COMPÉTENT, DOUÉ, HABILE, TALENTUEUX.

médiocrement *adv.* ▸ ***Insuffisamment*** – dérisoirement, faiblement, imparfaitement, insuffisamment, mal, mollement, pauvrement. ▸ ***Moyennement*** – honnêtement, modérément, moyennement, passablement, tièdement. FAM. comme ci comme ça, couci-couça, moitié-moitié, pas mal. ▸ ***Fadement*** – anonymement, banalement, fadement, insipidement, monotonement, platement, prosaïquement. △ **ANT.** À LA PERFECTION, À MERVEILLE, À RAVIR, ADMIRABLEMENT, DIVINEMENT, EXTRAORDINAIREMENT, IMPECCABLEMENT, INCOMPARABLEMENT, LE MIEUX DU MONDE, MERVEILLEUSEMENT, MIRIFIQUEMENT, ON NE PEUT MIEUX, PARFAITEMENT, PRODIGIEUSEMENT.

médiocrité *n.f.* ▸ ***Insuffisance*** – banalité, facilité, fadeur, faiblesse, inconsistance, indigence, insignifiance, insuffisance, médiocre, pauvreté, platitude, prévisibilité. SOUT. trivialité. ▸ ***Imperfection*** – défaut, défectuosité, démérite, faible, faiblesse, faille, faute, fil, grossièreté, handicap, imperfection, infirmité, insuffisance, lacune, maladie, malfaçon, manque, péché mignon, péché véniel, petitesse, ridicule, tache, tare, tort, travers, vice. SOUT. perfectibilité. △ **ANT.** EXCELLENCE, GÉNIE, GRANDEUR, IMPORTANCE, PERFECTION, RICHESSE, TALENT, VALEUR.

médisance *n.f.* ▸ ***Dénigrement*** – accusation, allégation, attaque, cafardage, calomnie, critique, délation, dénigrement, dénonciation, dépréciation, dévalorisation, diffamation, imputation, insinuation, plainte, rabaissement, réquisitoire, trahison. SOUT. détraction. FAM. mouchardage. ▶ ***Paroles*** – bavardage, cancan, caquetage, caquètement, potin, qu'en-dira-t-on, rumeur. SOUT. clabaudage, clabauderie. FAM. chuchoterie, commérage, débinage, racontage, racontar, ragot. QUÉB. FAM. placotage. △ **ANT.** APOLOGIE, COMPLIMENT, ÉLOGE, LOUANGE.

méditatif *adj.* ▶ ***Porté à la méditation*** – contemplateur, contemplatif, pensif. ▶ ***Songeur*** – absent, absorbé (dans ses pensées), distrait, inattentif, lointain, lunaire, pensif, qui a l'esprit ailleurs, rêvasseur, rêveur, somnambule, songeur. FAM. dans la lune. QUÉB. FAM. lunatique. △ **ANT.** DISTRAIT, ÉTOURDI.

méditation *n.f.* ▶ ***Réflexion*** – introspection, pensée, questionnement, recueillement, réflexion, remâchement, rêvasserie, rumination, ruminement. DIDACT. problématique. SOUT. reploiement. FAM. cogitation. ▶ ***Approfondissement*** – analyse, approfondissement, dépouillement, développement, enrichissement, épluchage, étude, examen, exploration, introspection, pesée, progrès, recherche, réflexion, sondage. ▶ ***Prière mentale*** – acte de contrition, acte de foi, déprécation, exercice, exercice de piété, exercice spirituel, invocation, litanie, obsécration, oraison, prière, recueillement, souhait, supplication. △ **ANT.** ACTION; DISTRACTION, INSOUCIANCE, LÉGÈRETÉ, NÉGLIGENCE.

méditer *v.* ▶ ***Chercher le recueillement*** – se recueillir, se replier sur soi. SOUT. rentrer en soi. ▶ ***Réfléchir*** – penser, raisonner, réfléchir, se concentrer, songer, spéculer. SOUT. délibérer. FAM. cogiter, faire travailler sa matière grise, gamberger, phosphorer, ruminer, se casser la tête, se creuser la tête, se creuser les méninges, se presser le citron, se pressurer le cerveau, se servir de sa tête. ▶ ***Préparer par une longue réflexion*** – calculer, combiner, couver, imaginer, mûrir, préméditer, ruminer. △ **ANT.** SE DISTRAIRE, SE DIVERTIR; IMPROVISER.

médium *n.m.* ▶ ***Spirite*** – canal, spirite, spiritiste, télépathe. ▶ ***Liquide*** – véhicule.

méfait *n.m.* ▶ ***Action méchante*** – malfaisance, malignité, méchanceté, perversité. SOUT. malice. ▶ ***Infraction*** – accroc, contravention, crime, délit, dérogation, entorse, faute, forfait, forfaiture, inconduite, infraction, manquement, mauvaise action, mauvaise conduite, non-respect, rupture, transgression, violation. BELG. méconduite. DR. cas. ▶ ***Dégât*** – avarie, bris, casse, débâcle, dégradation, déprédation, désolation, destruction, détérioration, dévastation, dommage, endommagement, mouille, perte, ravage, ruine, sabotage, vilain. FAM. bousillage, charcutage, grabuge. △ **ANT.** BIENFAIT.

méfiance *n.f.* ▶ ***Suspicion*** – défiance, désintéressement, doute, incrédulité, prudence, scepticisme, soupçon, suspicion, vigilance. SOUT. cautèle. FAM. paranoïa *(excessive)*. △ **ANT.** ASSURANCE, CONFIANCE, CRÉDIT, FOI.

méfiant *adj.* ▶ ***Soupçonneux*** – défiant, ombrageux, soupçonneux, sur la défensive, sur ses gardes, suspicieux. ▶ ***Farouche*** – craintif, farouche, sauvage. △ **ANT.** CONFIANT, OUVERT, SEREIN, SÛR; ENGAGEANT, LIANT, SOCIABLE; AUDACIEUX, FONCEUR.

méfier (se) *v.* ▶ ***Ne pas faire confiance*** – douter de, prendre garde à, se garder de, se mettre en garde contre, tenir pour suspect. SOUT. se défier de. ▶ ***Faire attention*** – être sur ses gardes, faire attention, rester sur ses gardes, se garder à carreau, se tenir à carreau, se tenir sur ses gardes. FAM. faire gaffe, gaffer. △ **ANT.** AVOIR CONFIANCE, SE FIER; S'ABANDONNER, S'EN REMETTRE., SE CONFIER.

meilleur *adj.* ▶ ***Qui est mieux*** – préférable. ▶ ***Insurpassable*** – inégalable, inégalé, insurpassable, par excellence, souverain, supérieur, suprême. △ **ANT.** PIRE; DERNIER, INFÉRIEUR.

meilleur *n.* ▶ ***Premier de classe*** – cacique, major, premier de classe. ♦ **meilleur,** ***masc.*** ▶ ***Élite*** – aristocratie, choix, élite, (fine) fleur, gotha, sérail. FAM. crème, dessus du panier, gratin. ▶ ***Summum*** – acmé, apex, apogée, apothéose, cime, climax, comble, culmination, excès, faîte, fin du fin, fort, limite, maximum, nec plus ultra, optimum, paroxysme, pinacle, plafond, point culminant, pointe, record, sommet, summum, triomphe, zénith. SOUT. plus haut période. FAM. top niveau. ▶ ***Excellence*** – achèvement, consommation, couronnement, épanouissement, excellence, fini, fleur, maturité, parachèvement, perfection, plénitude, précellence. PHILOS. entéléchie. △ **ANT.** PIRE.

mélancolie *n.f.* ▶ ***Tristesse*** – abattement, accablement, affliction, aigreur, amertume, chagrin, dépression, désolation, deuil, douleur, ennui, épreuve, grisaille, humeur noire, idées noires, idées sombres, langueur, lypémanie, mal du pays, mal-être, maussaderie, monotonie, morosité, neurasthénie, noir, nostalgie, papillons, peine, serrement de cœur, souci, tædium vitæ, tristesse, vague à l'âme. SOUT. atrabile, larmes, navrement, nuage, spleen, taciturnité. FAM. blues, bourdon, cafard, déprime, sinistrose. △ **ANT.** GAIETÉ, JOIE.

mélancolique *adj.* ▶ ***Nostalgique*** – nostalgique, triste. SOUT. élégiaque. ▶ ***Morose*** – abattu, découragé, démoralisé, déprimé, las, morne, morose, pessimiste, qui a le vague à l'âme, qui broie du noir, sombre, ténébreux, triste. SOUT. bilieux, saturnien, spleenétique. FAM. cafardeux, tristounet. △ **ANT.** ALLÈGRE, GAI, JOYEUX.

mélange *n.m.* ▶ ***Action de mêler*** – brassage, brassement, malaxage, mêlage. FAM. touillage. ▶ ***Amalgame*** – admixtion, alliage, amalgamation, amalgame, cocktail, combinaison, composé, mixtion, mixture. ▶ ***Métissage*** – acculturation, croisement, hybridation, interfécondité, métisation, métissage. ▶ ***Confusion*** – anarchie, bourbier, brouillement, cafouillage, cafouillis, chaos, complication, confusion, désordre, désorganisation, embrouillement, emmêlage, emmêlement, enchevêtrement, imbroglio. SOUT. chienlit, pandémonium. FAM. bordel, embrouillage, embrouille, pagaille. FRANCE FAM. cirque, embrouillamini, foutoir, micmac, sac d'embrouilles, sac de nœuds, salade. FRANCE RÉGION. pastis. ♦ **mélanges,** ***plur.*** ▶ ***Anthologie*** – ana, analecta, anthologie, choix, chrestomathie, collection, compilation, épitomé, extraits, florilège, miscellanées, morceaux choisis, pages choisies, recueil, sélection, spicilège, varia. FAM. compil. △ **ANT.** DISSOCIATION, SÉPARA-

TION, TRI; DIFFÉRENCIATION, DISCRIMINATION; CHOIX, SÉLECTION.

mélanger *v.* ▶ ***Mettre ensemble des éléments divers*** – mêler, panacher. ▶ ***Unir pour former un tout*** – amalgamer, confondre, fondre, incorporer, mêler, réunir, unir. *DIDACT.* mixtionner. ▶ ***Prendre pour un autre*** – confondre. ▶ ***Remuer un mélange*** – brasser, malaxer, remuer, tourner. ♦ **se mélanger** ▶ ***S'unir*** – s'amalgamer, s'unir, se fondre, se fusionner, se mêler, se souder. ♦ **mélangé** ▶ ***Hétérogène*** – bigarré, complexe, composite, disparate, dissemblable, divers, diversifié, éclectique, hétéroclite, hétérogène, mêlé, mixte, multiple, varié. *SOUT.* pluriel. *RARE* inhomogène. ▶ ***Partagé*** – mêlé, mi-figue mi-raisin, partagé. △ **ANT.** DÉMÊLER, DISSOCIER, SÉPARER; CRIBLER, FILTRER, TAMISER; RANGER, TRIER; CHOISIR.

mêlée *n.f.* ▶ ***Bataille*** – accrochage, action (de guerre), affrontement, assaut, attaque, bagarre, bataille, choc, combat, conflit, duel, échauffourée, empoignade, empoignement, engagement, escarmouche, ferraillement, feu, guérilla, guerre, heurt, hostilités, lutte, opération, pugilat, rencontre, rixe. *FAM.* baroud, baston, bigorne, casse-gueule, casse-pipe, castagne, guéguerre, rif, rififi, riflette. *BELG. FAM.* margaille. *MILIT.* blitz *(de courte durée)*. ▶ ***Au rugby*** – maul.

mêler *v.* ▶ ***Unir pour former un tout*** – amalgamer, confondre, fondre, incorporer, mélanger, réunir, unir. *DIDACT.* mixtionner. ▶ ***Associer*** – allier, associer, combiner, concilier, conjuguer, joindre, marier, réunir, unir. ▶ ***Réunir des éléments divers*** – mélanger, panacher. ▶ ***Entremêler*** – embrouiller, emmêler, enchevêtrer, entortiller, entrecroiser, entrelacer, entremêler. ▶ ***Défaire le classement*** – brouiller, déclasser, déranger. ▶ ***Battre les cartes*** – battre, brouiller. *FAM.* brasser. ▶ ***Rendre confus*** – brouiller, compliquer, embrouiller, embroussailler, emmêler, enchevêtrer, entortiller, entremêler, mélanger, obscurcir. *FAM.* emberlificoter. *DIDACT.* intriquer. ▶ ***Impliquer*** – compromettre, impliquer, mettre en cause. *FAM.* mouiller. ♦ **se mêler** ▶ ***Se mélanger*** – s'amalgamer, s'unir, se fondre, se fusionner, se mélanger, se souder. ▶ ***Prendre part*** – entrer en jeu, entrer en scène, intervenir, participer, prendre part à, se mettre de la partie. ▶ ***Intervenir de façon indésirable*** – s'immiscer dans, s'ingérer dans. *FAM.* mettre son grain de sel dans, mettre son nez dans. ♦ **mêlé** ▶ ***Hétérogène*** – bigarré, complexe, composite, disparate, dissemblable, divers, diversifié, éclectique, hétéroclite, hétérogène, mélangé, mixte, multiple, varié. *SOUT.* pluriel. *RARE* inhomogène. ▶ ***Dont l'avis est partagé*** – mélangé, mi-figue mi-raisin, partagé. △ **ANT.** DÉBROUILLER, DÉMÊLER, DÉNOUER; DISCERNER, DISSOCIER, DISTINGUER, ISOLER, SÉPARER; RANGER, TRIER.

mélodie *n.f.* ▶ ***Partie d'une pièce musicale*** – chant, ligne mélodique. ▶ ***Pièce instrumentale*** – air, musique. ▶ ***Pièce vocale*** – air, chanson, chant, couplet, pièce vocale, refrain. *FAM.* beuglante.

mélodieux *adj.* chantant, doux, harmonieux, musical, suave. *DIDACT.* euphonique, eurythmique. △ **ANT.** CACOPHONIQUE, CRIARD, DISCORDANT, DISSONANT, FAUX, INHARMONIEUX.

membrane *n.f.* ▶ ***Séparation anatomique*** – capsule, cloison, enveloppe, gaine, membranule, pellicule, septum, tunique.

membre *n.* ▶ ***Adhérent*** – adhérent, affilié, cotisant, participant, souscripteur. ▶ ***Élément*** – composant, composante, constituant, élément (constitutif), fragment, ingrédient, module, morceau, organe, partie, pièce, principe, unité. ▶ ***Ornement architectural*** – mouluration, moulure.

même *adj.* égal, équivalent, identique, inchangé, pareil, tel. △ **ANT.** AUTRE, DIFFÉRENT, DISTINCT.

même *adv.* ▶ ***De plus*** – aussi, de même, de plus, en outre, encore, item, voire.

mémoire *n.m.* ▶ ***Traité*** – argument, argumentation, cours, développement, discours, dissertation, essai, étude, exposé, manuel, monographie, somme, thèse. *DR.* dire. ▶ ***Liste*** – barème, bordereau, cadre, catalogue, index, inventaire, liste, matricule, menu, nomenclature, registre, relevé, répertoire, rôle, série, suite, table, tableau. *SUISSE* tabelle. ♦ **mémoires, *plur.*** ▶ ***Autobiographie*** – anecdote, annales, autobiographie, biographie, carnet, chroniques, chronologie, commentaires, confessions, évocation, histoire, historiographie, historique, journal, mémorial, souvenirs, vie.

mémoire *n.f.* ▶ ***Faculté*** – souvenir, tête. ▶ ***Réminiscence*** – allusion, anamnèse, commémoration, déjà vu, évocation, impression, mémoration, mémorisation, pensée, rappel, réminiscence, souvenir, trace. *SOUT.* remémoration. ▶ *Non favorable* – arrière-goût. △ **ANT.** OUBLI.

mémorable *adj.* célèbre, connu, de grand renom, fameux, glorieux, historique, illustre, immortel, inoubliable, légendaire, marquant, notoire, proverbial, reconnu, renommé, réputé. ▶ *Non favorable* – de triste mémoire. △ **ANT.** ANODIN, BANAL, COMMUN, INSIGNIFIANT, ORDINAIRE, QUELCONQUE.

menaçant *adj.* ▶ ***Sinistre*** – dangereux, inquiétant, mauvais, méchant, patibulaire, redoutable, sinistre, sombre, terrible, torve *(regard)*. *QUÉB. FAM.* malin. ▶ ***Intimidant*** – agressif, intimidant, intimidateur. *DR. ou SOUT.* comminatoire. ▶ ***Que l'on redoute*** – dangereux, fort, puissant, redoutable. ▶ ***Grave*** – critique, dangereux, difficile, dramatique, grave, inquiétant, préoccupant, sérieux, sombre. *SOUT.* climatérique. △ **ANT.** APAISANT, RASSURANT; ATTIRANT, INVITANT; ANODIN, LÉGER.

menace *n.f.* ▶ ***Intimidation*** – avertissement, bravade, chantage, commination, défi, dissuasion, effarouchement, fulmination, intimidation, mise en garde, provocation, rodomontade, semonce, sommation, ultimatum. ▶ ***Danger*** – aléa, casse-cou, danger, détresse, difficulté, écueil, embûche, épée de Damoclès, épouvantail, guêpier, hasard, impasse, imprudence, insécurité, mauvais pas, perdition, péril, piège, point chaud, point sensible, poudrière, récif, risque, spectre, traverse, urgence, volcan. *SOUT.* tarasque. *FRANCE FAM.* casse-gueule. △ **ANT.** ASSURANCE, PROMESSE; ESPOIR; SÉCURITÉ.

menacer *v.* ▶ ***Faire des menaces*** – avertir, lancer un avertissement à. ▶ ***Constituer une menace*** – attendre, gronder, guetter, planer sur. *SOUT.* imminer. ♦ **menacé** ▶ ***Précaire*** – chancelant, défaillant, faible, fragile, glissant, incertain, instable, précaire, vacillant. △ ANT. PROMETTRE; RASSURER.

ménage *n.m.* ▶ ***Nettoyage*** – astiquage, bichonnage, débarbouillage, déblaiement, décrassage, décrassement, décrottage, dégagement, dépoussiérage, détachage, essuyage, fourbissage, fourbissement, lavage, lessivage, lessive, nettoyage, rangement, ravalement, savonnage, vidange. FAM. briquage. BELG. appropriation. RARE essangeage. ▶ ***Union conjugale*** – alliance, contrat conjugal, couple, lit, mariage, nuptialité, union conjugale, union matrimoniale. SOUT. hymen, hyménée. ▶ ***Famille*** – cellule familiale, entourage, famille, foyer, fratrie, gens, logis, maison, maisonnée, toit. FAM. bercail, clan, couvée, marmaille, nichée, progéniture, smala, tribu.

ménagement *n.m.* ▶ ***Modération*** – centrisme, dépouillement, frugalité, juste milieu, mesure, modérantisme, modération, modestie, pondération, réserve, retenue, rusticité, sagesse, simple, simplicité, sobriété, tempérance. ▶ ***Précaution*** – circonspection, mesure, pondération, précaution, prudence, réserve, sagesse. ▶ ***Égards*** – admiration, considération, déférence, égard, estime, hommage, respect, révérence. △ ANT. ABUS; BRUSQUERIE, BRUTALITÉ, DURETÉ, GROSSIÈRETÉ.

ménager *adj.* ▶ ***Propre au ménage*** – domestique, familial. △ ANT. DÉPENSIER, DILAPIDATEUR, DISSIPATEUR, GASPILLEUR, PRODIGUE.

ménager *v.* ▶ ***Traiter avec ménagements*** – y mettre les formes. FAM. mettre des gants (blancs), prendre des gants (blancs). ▶ ***Modérer*** – atténuer, euphémiser, mesurer, modérer, nuancer, pondérer, tempérer. ▶ ***Utiliser avec modération*** – économiser, épargner. ▶ ***Épargner de l'argent*** – capitaliser, économiser, épargner, mettre de côté. SOUT. thésauriser. ▶ ***Préparer*** – préparer, réserver. ▶ ***Aménager une ouverture*** – aménager, ouvrir, percer, pratiquer. △ ANT. ACCABLER, BRUSQUER, BRUTALISER, MALMENER, MALTRAITER; CONSUMER, DÉPENSER, DILAPIDER, GASPILLER, PRODIGUER; EXPOSER, FATIGUER; EMPÊCHER, ENTRAVER.

ménagerie *n.f.* animalerie, clapier, fauverie, herpétarium *(reptiles)*, insectarium *(insectes)*, jardin d'acclimatation, jardin zoologique, paludarium *(amphibiens)*, singerie, terrarium, vivarium, zoo.

mendiant *n.* clochard, meurt-de-faim, misérable, miséreux, pauvre, sans-abri, sans-logis, S.D.F, squatter, vagabond, va-nu-pieds. FAM. clodo, crève-la-faim, mendigot. △ ANT. DONATEUR.

mendier *v.* ▶ ***Demander de l'argent*** – demander l'aumône, demander la charité, faire la quête, quêter. FAM. faire la manche, mendigoter. FRANCE FAM. faire la tinche. ▶ ***Demander une faveur*** – implorer, invoquer, quémander, quêter, solliciter. FAM. mendigoter. △ ANT. DONNER.

mener *v.* ▶ ***Accompagner*** – accompagner, amener, conduire, convoyer, emmener, escorter. PÉJ. flanquer. ▶ ***Mettre sur une piste*** – aiguiller, conduire, diriger, guider, mettre sur une piste, mettre sur une voie, orienter. ▶ ***Entraîner*** – amener, conditionner, conduire, disposer, encourager, engager, entraîner, exhorter, impulser, inciter, incliner, porter, pousser, provoquer. SOUT. exciter, mouvoir. ▶ ***Diriger*** – commander, diriger, encadrer, superviser. ▶ ***Diriger un véhicule*** – conduire, diriger, gouverner *(embarcation)*, piloter. ▶ ***Gérer*** – assurer la direction de, conduire, diriger, faire marcher, gérer, piloter, présider à, superviser, tenir les rênes de. ▶ ***Conduire à une pièce*** – commander, conduire à, desservir, donner accès à, donner sur, ouvrir sur. ▶ ***Déboucher*** – aboutir à, conduire, déboucher sur, donner accès à. △ ANT. SUIVRE; OBÉIR, SE SOUMETTRE.

meneur *n.* ▶ ***Chef*** – chef, leader, maître, numéro un, parrain, seigneur, tête. FAM. baron, cacique, caïd, éléphant, (grand) manitou, grand sachem, gros bonnet, grosse légume, hiérarque, les huiles, pontife. FRANCE FAM. (grand) ponte, grosse pointure. ▶ *Avec titre* – autorité, dignitaire, officiel, responsable, supérieur. ▶ ***Initiateur*** – âme, artisan, auteur, centre, cerveau, chef, cheville ouvrière, créateur, dirigeant, fondateur, incitateur, initiateur, inspirateur, instigateur, locomotive, maître (d'œuvre), moteur, organisateur, patron, père, promoteur, protagoniste, régisseur, responsable. SOUT. excitateur, instaurateur, ouvrier. ▶ ***Agitateur*** – agent provocateur, agitateur, cabaleur, contestant, contestataire, émeutier, excitateur, factieux, fauteur (de trouble), fomentateur, iconoclaste, instigateur, insurgé, intrigant, manifestant, mutin, partisan, perturbateur, provocateur, rebelle, révolté, révolutionnaire, séditieux, semeur de troubles, trublion. FAM. provo. ▶ ***Guide spirituel*** – chef de file, gourou, guide (spirituel), leader, magistère, mahatma, maître à penser, maître (spirituel), pandit, pasteur, phare, rassembleur, sage. SOUT. conducteur, coryphée, entraîneur (d'hommes). FAM. pape. △ ANT. SUIVEUR.

menotte *n.f.* ▶ ***Partie du corps*** – main. FAM. battoir, paluche, patoche, patte, pince, pogne; FRANCE FAM. cuiller, fourchette du père Adam, louche. SOUT. dextre, senestre. ♦ **menottes,** ***plur.*** ▶ ***Entrave*** – boulet *(pied)*, carcan *(cou)*, chaîne, entrave, poucettes *(pouces)*. ANC. liens.

mensonge *n.m.* ▶ ***Action de mentir*** – SOUT. fable. FAM. bide, bidon, bobard, char, craque, salade. QUÉB. FAM. pipe. ▶ ***Feinte*** – affectation, artifice, cachotterie, comédie, déguisement, dissimulation, duplicité, faux-semblant, feinte, fiction, finauderie, grimace, hypocrisie, invention, leurre, momerie, pantalonnade, parade, ruse, simulation, singerie, sournoiserie, tromperie. SOUT. simulacre. FAM. cinéma, cirque, finasserie, frime. ▶ ***Fiction*** – affabulation, artifice, chimère, combinaison, comédie, expédient, fabrication, fabulation, fantaisie, feinte, fiction, fumisterie, histoire, idée, imagination, invention, irréalité, légende, rêve, roman, saga, songe. PSYCHOL. confabulation, mythomanie. ▶ ***Illusion*** – abstraction, abstrait, apparence, berlue, chimère, déréalisation, effet d'optique, fantasme, faux, faux-semblant, fiction, fumée, hallucination, illusion, illusion d'optique, image, imagination, irréalisme, irréalité, leurre, mirage, onirisme, psychédélisme, rêve, rêverie, semblant, simulation, songe, songerie, trompe-l'œil, tromperie, utopie, vision, vue de l'esprit. FAM. frime. SOUT. prestige. ▶ ***Vantardise*** – bluff, bravade, braverie, charlatanerie, charlatanisme, conte, crânerie, exagération, fabulation, fanfaronnade, forfanterie, gasconnade, hâblerie, histoire marseillaise, jactance, mythomanie, rengorgement, rodomontade, tromperie, vantardise, vanterie. *FRANCE FAM.* charre, craque, épate, esbroufe, frime, vanne. *FRANCE RÉGION.* galéjade. *QUÉB. FAM.* menterie. △ **ANT.** AUTHENTICITÉ, FIDÉLITÉ, RÉALITÉ, VÉRACITÉ, VÉRITÉ; FRANCHISE, SINCÉRITÉ.

mensonger *adj.* fallacieux, hypocrite, mystifiant, mystificateur, spécieux, trompeur. *DIDACT.* sophistique. *FAM.* canularesque. △ **ANT.** AUTHENTIQUE, EXACT, FRANC, SINCÈRE, VÉRIDIQUE, VÉRITABLE, VRAI.

mental *adj.* ▶ ***Qui n'existe que dans l'esprit*** – abstractif, abstrait, cérébral, conceptuel, idéal, intellectuel, spéculatif, théorique. *PHILOS.* idéationnel, idéel, théorétique. ▶ ***Qui concerne la pensée*** – intellectuel, moral, psychique, psychologique, spirituel. △ **ANT.** CONCRET, MATÉRIEL, PHYSIQUE, RÉEL; ÉCRIT, PARLÉ.

mentalement *adv.* ▶ ***Intellectuellement*** – intellectuellement, moralement, psychologiquement, rationnellement, spirituellement. ▶ ***Introspectivement*** – à l'intérieur, au-dedans, dedans, en dedans, in petto, intérieurement, intimement, introspectivement, moralement, secrètement. △ **ANT.** PHYSIQUEMENT; PAR ÉCRIT *(CALCUL)*.

mentalité *n.f.* ▶ ***Idéologie*** – idéologie, opinion publique. ▶ ***Tempérament*** – abord, caractère, comportement, constitution, esprit, état d'âme, état d'esprit, humeur, idiosyncrasie, individualité, nature, naturel, personnalité, sensibilité, tempérament, trempe. *FAM.* psychologie. *ACADIE FAM.* alément. *PSYCHOL.* thymie.

menteur *adj.* à double face, de mauvaise foi, déloyal, dissimulateur, dissimulé, fallacieux, faux, fourbe, hypocrite, insidieux, insincère, perfide, sournois, tortueux, traître, trompeur. *SOUT.* captieux, cauteleux, chafouin, tartufe, tartuffard, tortu. *DIDACT.* sophistique. △ **ANT.** FRANC, HONNÊTE, LOYAL, SINCÈRE.

menteur *n.* désinformateur, fabulateur, mythomane. *FAM.* mytho. *FRANCE FAM.* saladier.

mention *n.f.* ▶ ***Énonciation*** – affirmation, communication, déclaration, donnée, élocution, énoncé, énonciation, exposition, expression, extériorisation, formulation, prononciation, proposition, récitation, stipulation, verbalisation. ▶ ***Inscription*** – archivage, comptabilisation, enregistrement, immatriculation, inscription. ▶ ***Énoncé d'un contrat*** – clause, condition, disposition, stipulation. ▶ ***Récompense*** – accessit, bon point, citation, couronne, décoration, diplôme, distinction, gratification, médaille, nomination, pourboire, prime, prix, récompense, satisfecit, trophée. △ **ANT.** OMISSION; OUBLI; EFFACEMENT, RETRAIT.

mentionner *v.* ▶ ***Porter à l'attention*** – appuyer sur, attirer l'attention sur, faire remarquer, insister sur, porter à l'attention, signaler, soulever, souligner. ▶ ***Nommer*** – citer, faire allusion à, faire mention de, faire référence à, nommer. ▶ ***Indiquer clairement*** – énoncer, indiquer, préciser, souligner, spécifier, stipuler. ▶ ***Relater*** – citer, rapporter, relater. △ **ANT.** OMETTRE; CACHER, DISSIMULER, ÉLUDER, TAIRE.

mentir *v.* ▶ ***Dire des mensonges*** – dire des faussetés, dire des mensonges, en inventer, fabuler. *FAM.* raconter des bobards, raconter des histoires, raconter des salades. ▶ ***Tromper*** – abuser, attraper, avoir, bercer, berner, duper, en conter à, en faire accroire à, flouer, leurrer, mystifier, se jouer de, se moquer de, tromper. *SOUT.* trigauder. *FAM.* blouser, bluffer, canuler, charrier, cravater, empaumer, empiler, entourlouper, esbroufer, faire marcher, feinter, la faire à, mener en bateau, mettre en boîte, pigeonner, posséder, refaire, rouler. *QUÉB. FAM.* niaiser. *RARE* jobarder. △ **ANT.** DIRE VRAI; DÉSABUSER, DÉTROMPER.

menu *adj.* ▶ ***Très petit*** – de petite taille, microscopique, miniature, minuscule, nain, petit, réduit, ténu. *SOUT.* lilliputien. ▶ ***Au physique délicat*** – délicat, délié, élancé, filiforme, fin, fluet, frêle, gracile, grêle, léger, long, longiligne, maigre, mince, svelte. △ **ANT.** ÉNORME, ÉPAIS, GROS, VOLUMINEUX; COSTAUD, ROBUSTE, TRAPU; IMPORTANT.

menu *n.m.* ▶ ***Liste des plats*** – carte. ▶ ***Alimentation*** – absorption, alimentation, consommation, cuisine, ingestion, ingurgitation, manducation, nourrissement, nourriture, nutrition, ordinaire, repas, sustentation. *FAM.* cuistance, popote. ▶ ***Programme*** (*FAM.*) – calendrier, échéancier, emploi du temps, horaire, minutage, ordre du jour, plan, planification, programme, projet.

méprendre (se) *v.* avoir tort, commettre une erreur, faire erreur, faire fausse route, s'abuser, se fourvoyer, se tromper. *SOUT.* errer, s'égarer. *FAM.* prendre des vessies pour des lanternes, se blouser, se ficher dedans, se gourer, se mettre le doigt dans l'œil, se planter. *RARE* aberrer. △ **ANT.** AVOIR RAISON.

mépris *n.m.* ▶ ***Dédain*** – arrogance, condescendance, dédain, dégoût, dérision, hauteur, morgue, snobisme. *SOUT.* déconsidération, mésestimation, mésestime. ▶ ***Honte*** – abaissement, abjection, accroupissement, culpabilisation, dégradation, démérite, déshonneur, discrédit, flétrissure, gifle, honte, humiliation, ignominie, indignité, infamie, infériorisation, noircissure, opprobre, ridicule, scandale, ternissure. *SOUT.* turpitude, vilenie. △ **ANT.** ADMIRATION, CONSIDÉRATION, DÉFÉRENCE, ESTIME, RESPECT; CRAINTE; DÉSIR, ENVIE.

méprisable *adj.* ▶ ***Infâme*** – abject, bas, coupable, crapuleux, dégoûtant, honteux, ignoble, immonde, inavouable, indigne, infâme, infect, innommable, inqualifiable, lâche, odieux, repoussant, répugnant, sans nom, scandaleux, sordide, vil. *SOUT.* fangeux, ignominieux, nauséeux, triste, turpide. *FAM.* dégueu, dégueulasse, écœurant, salaud. △ **ANT.** DIGNE, HONORABLE, NOBLE.

méprisant *adj.* arrogant, condescendant, dédaigneux, fier, hautain, orgueilleux, outrecuidant, pimbêche *(femme)*, pincé, présomptueux, prétentieux, snob, supérieur. *SOUT.* altier, rogue. *FAM.* péteux, snobinard, snobinette *(femme)*. *QUÉB. FAM.* fendant. △ **ANT.** ADMIRATIF, DÉFÉRENT, RESPECTUEUX.

méprise *n.f.* ▶ ***Malentendu*** – confusion, équivoque, erreur, imbroglio, maldonne, malentendu, mécompte, quiproquo. *SOUT.* brandon de discorde. ▶ ***Erreur*** – bavure, bêtise, bévue, blague, bourde, erreur, étourderie, fausse manœuvre, fausse note, faute, faux pas, impair, imprudence, maladresse, maldonne, sottise. *FAM.* boulette, connerie, couac, gaffe, gourance, gourante. ▶ ***Aberration*** – aberrance, aberration, divagation, égarement, errements, erreur. *SOUT.* fourvoiement.

mépriser *v.* ▶ ***Dédaigner*** – avoir en piètre estime, dédaigner, faire peu de cas de, mettre plus bas que terre, prendre de haut, regarder de haut, traiter de haut. *FAM.* bêcher, snober. *AFR.* saboter. ▶ ***Condamner publiquement*** – conspuer, mettre au ban de la société, montrer du doigt, stigmatiser, vouer au mépris. *SOUT.* clouer au pilori, flétrir, mettre au pilori, traîner aux gémonies, vilipender, vouer à l'opprobre, vouer aux gémonies. ▶ ***Traiter avec irrespect*** – bafouer, braver, faire bon marché de, faire fi de, faire peu de cas de, fouler aux pieds, ignorer, ne pas faire grand cas de, piétiner, se moquer de. *SOUT.* faire litière de. *FAM.* s'asseoir dessus. ▶ ***Traiter avec indifférence*** – bouder, être sourd à, faire fi de, faire la sourde oreille à, faire peu de cas de, ignorer, méconnaître, ne pas se soucier de, ne pas tenir compte de, négliger, se désintéresser de, se moquer de. *SOUT.* n'avoir cure de, passer outre à. *FAM.* n'avoir rien à cirer de, n'avoir rien à foutre de, s'en balancer, s'en battre les flancs, s'en contrebalancer, s'en tamponner (le coquillard), s'en taper, se battre l'œil de, se contreficher de, se contrefoutre de, se ficher de, se foutre de, se soucier de qqch. comme d'une guigne, se soucier de qqch. comme de l'an quarante, se soucier de qqch. comme de sa première chemise. △ **ANT.** APPRÉCIER, CONSIDÉRER, ESTIMER, RESPECTER; CONVOITER, DÉSIRER; ADMIRER; EXALTER, GLORIFIER, HONORER, LOUANGER.

mer *n.f.* ▶ ***Eau recouvrant le globe*** – océan. *SOUT.* l'empire des ondes, l'onde amère, la plaine liquide, le royaume de Neptune, les flots. *FRANCE FAM.* la (grande) baille. ▶ ***Partie de cette eau*** – golfe, océan. △ **ANT.** CONTINENT, TERRE.

mercenaire *adj.* âpre au gain, avide, cupide, intéressé, mercantile, rapace, sordide, vénal. △ **ANT.** ALTRUISTE, DÉSINTÉRESSÉ, GÉNÉREUX.

merci *n.m.* ▶ ***Gratitude*** – bénédiction, gratitude, gré, obligation, reconnaissance, remerciement.

merci *n.f.* abaissement, allégeance, appartenance, asservissement, assujettissement, attachement, captivité, contrainte, dépendance, domestication, domesticité, domination, emprise, esclavage, gêne, hilotisme, inféodation, infériorité, mainmise, mouvance, obédience, obéissance, obligation, oppression, pouvoir, puissance, servage, servitude, soumission, subordination, sujétion, tutelle, tyrannie, vassalité. *FIG.* carcan, chaîne, corset (de fer), coupe, fardeau, griffe, main, patte, prison; *SOUT.* fers, gaine, joug. *FÉOD.* tenure.

mercure *n.m.* ▶ ***Appareil*** – thermomètre, thermoscope *(rudimentaire)*.

mère *n.f.* ▶ ***Parent*** – *FAM.* maman, maman-gâteau, mater, vieille. *PÉJ. FAM.* marâtre, mère poule. ▶ ***Religieuse*** – abbesse, doyenne, générale (des X), mère prieure, mère supérieure, prieure. ▶ ***Titre*** – (Ma) Révérende, (Ma) Révérende Mère. ▶ ***Titre social*** (*FAM.*) – madame (Unetelle). *FAM.* la mère (Unetelle). *DR.* la femme (Unetelle). ▶ ***Source*** (*SOUT.*) – agent, base, cause, explication, facteur, ferment, fondement, fontaine, germe, inspiration, levain, levier, mobile, moteur, motif, motivation, moyen, objet, occasion, origine, point de départ, pourquoi, principe, raison, raison d'être, source, sujet. *SOUT.* étincelle, racine, ressort. △ **ANT.** ENFANT; FILLE; PÈRE.

mérite *n.m.* ▶ ***Grandeur d'âme*** – dignité, élévation, générosité, grandeur (d'âme), hauteur, noblesse, sublime, sublimité, valeur, vertu. *RARE* ennoblissement. ▶ ***Sagesse*** – angélisme, moralité, perfection, sagesse, sainteté, vertu. ▶ ***Utilité*** – avantage, bénéfice, bienfait, commodité, convenance, désidérabilité, efficacité, fonction, fonctionnalité, indispensabilité, intérêt, nécessité, profit, profitabilité, recours, service, usage, utilité, valeur. △ **ANT.** CULPABILITÉ, DÉMÉRITE, FAUTE; DÉFAUT, FAIBLESSE.

mériter *v.* ▶ ***Avoir droit à une chose favorable*** – avoir droit à, être digne de, être en droit de. ▶ ***S'exposer à une chose défavorable*** – chercher, courir le risque de, donner prise à, encourir, être passible de, prêter le flanc à, risquer de, s'attirer, s'exposer à. ▶ ***Valoir*** – valoir, valoir la peine. ▶ ***Procurer à qqn*** – acquérir, attirer, procurer, valoir. △ **ANT.** DÉMÉRITER.

méritoire *adj.* appréciable, bien, bon, considéré, de bon aloi, digne, estimable, estimé, honorable, louable, méritant, respectable. △ **ANT.** BLÂMABLE, COUPABLE, MAUVAIS, RÉPRÉHENSIBLE.

merveille *n.f.* ▶ ***Prodige*** – exploit, miracle, phénomène, prodige. ▶ ***Chef-d'œuvre*** – bijou, chef-d'œuvre, classique, monument, œuvre capitale, œuvre classique, œuvre de génie, œuvre maîtresse, œuvre majeure, perfection, pièce maîtresse, trésor artistique. △ **ANT.** HORREUR, MONSTRUOSITÉ.

merveilleusement *adv.* ▶ ***Extraordinairement*** – exceptionnellement, extraordinairement, fantastiquement, féeriquement, magiquement, miraculeusement, mirifiquement, phénoménalement, prodigieusement, surnaturellement. ▶ ***Parfaitement*** – à la perfection, à merveille, à ravir, admirablement, bien, divinement, extraordinairement, idéalement, impeccablement, incomparablement, infailliblement, irréprochablement, le mieux du monde, mirifiquement, on ne peut mieux, parfaitement, prodigieusement, sans fautes, sublimement, supérieurement, suprêmement. *SOUT.* excellemment. *FAM.* épatamment, sans bavure. △ **ANT.** ABOMINABLEMENT, AFFREUSEMENT, ATROCEMENT, DÉTESTABLEMENT, HORRIBLEMENT.

merveilleux *adj.* ▶ ***Extraordinaire*** – admirable, brillant, éblouissant, excellent, extraordinaire, fantastique, magistral, magnifique, parfait, prodigieux, remarquable, réussi, sensationnel, sublime. *FAM.* à tout casser, champion, d'enfer, du tonnerre, épatant, extra, fameux, formidable, fumant, génial, mirifique, pas piqué des vers, splendide, super, terrible. *FRANCE FAM.* du feu de Dieu, énorme, fadé, formide, géant, gratiné, pas piqué des hannetons. ▶ ***Magique*** – enchanté, ensorcelé, envoûté, féerique, magique, surnaturel. ▶ ***Féerique*** – enchanteur, féerique, idyllique, irréel, magnifique, paradisiaque. *SOUT.* édénique. △ **ANT.** LAMENTABLE, MÉDIOCRE, MINABLE, NAVRANT, PIÈTRE, PITEUX, PITOYABLE, RATÉ; ATROCE, INFERNAL, INSOUTENABLE, INTOLÉRABLE, INVIVABLE.

merveilleux *n.m.* ▶ ***Surnaturel*** – fantasmagorie, fantastique, féerie, magie, mystère, prodige, prodigieux, sorcellerie, surnaturel.

mésaventure *n.f.* ▶ ***Imprévu*** – accident, accroc, accrochage, affaire, anicroche, avatar, aventure, complication, contingences, contrariété, contretemps, crise, désagrément, difficulté, dispute, embarras, empêchement, ennui, épine, épisode, événement, éventualité, imprévu, incident, obstacle, occasion, occurrence, péripétie, problème, rebondissement, tribulations. SOUT. adversité. FAM. cactus, embêtement, emmerde, emmerdement, enquiquinement, os, pépin, pétrin, tuile. FRANCE FAM. empoisonnement. ▶ ***Malheur*** – adversité, calamité, calice (de douleur), chagrin, détresse, deuil, disgrâce, douleur, échec, épreuve, fatalité, infortune, mal, malchance, malédiction, malheur, mauvaise fortune, mauvaise passe, misère, nuage, orage, peine, revers, ruine, sale affaire, sale histoire, souffrance, traverse, tribulation. SOUT. bourrèlement, plaie, tourment. △ **ANT.** CHANCE.

mésentente *n.f.* ▶ ***Dispute*** – accrochage, algarade, altercation, brouille, brouillerie, chicane, controverse, démêlé, désaccord, désunion, différend, discorde, dispute, divergence, escarmouche, explication, fâcherie, froid, heurt, joute oratoire, litige, malentendu, passe d'armes, polémique, querelle, rupture, scène, zizanie. FAM. bagarre, bisbille, bringue, chamaille, chamaillerie, empoignade, empoignement, engueulade, prise de bec, séance. BELG. FAM. bisbrouille. ▶ ***Antagonisme*** – affrontement, antagonisme, combat, compétition, concurrence, conflit, contentieux, contestation, controverse, débat, désaccord, différend, discorde, discussion, dispute, dissension, dissentiment, divergence, émulation, friction, heurt, incompatibilité, incompréhension, lutte, mésintelligence, opposition, polémique, querelle, rivalité. FAM. bagarre. △ **ANT.** ACCORD, ENTENTE, HARMONIE.

mesquin *adj.* ▶ ***Avare*** – avare, chiche, pingre, regardant. SOUT. ladre, lésineur, thésauriseur. FAM. chien, chipoteur, dur à la détente, radin, rat. QUÉB. FAM. grippe-sou, séraphin. ▶ ***Parcimonieux*** – chiche, parcimonieux, sordide. ▶ ***Étroit d'esprit*** – borné, étriqué, étroit, étroit d'esprit, incompréhensif, intolérant, intransigeant, petit, qui a des œillères, sectaire. FAM. beauf, riquiqui. △ **ANT.** GÉNÉREUX, LARGE, NOBLE, PRODIGUE, QUI A LE CŒUR SUR LA MAIN, QUI A UN CŒUR D'OR.

message *n.m.* ▶ ***Signal*** – alerte, appel, clignement, clin d'œil, geste, signal, signe. ▶ ***Communication*** – annonce, appel, avis, ban, communication, communiqué, déclaration, décret, dénonciation, dépêche, divulgation, édit, manifeste, notification, proclamation, profession de foi, programme, promulgation, publication, rescrit, serment, signification. ▶ ***Lettre*** – billet, lettre, mot, pli, réponse. IRON. épître. SOUT. missive. FAM. biffeton *(dans une prison)*. FRANCE FAM. babillarde, bafouille. AFR. note.

messager *n.* ▶ ***Porteur d'un message*** – bagagiste, chasseur, commissionnaire, courrier, coursier, employé livreur, envoyé, garçon livreur, groom, livreur, porteur. ANC. estafette. MILIT. héraut (d'armes). ▶ ***Agent d'une messagerie*** (ANC.) – facteur. FRANCE préposé. ANC. postillon. MILIT. MAR. vaguemestre. ▶ ***Porte-parole*** – intermédiaire, interprète, organe, porte-parole, représentant. SOUT. truchement. ▶ ***Chargé de mission*** – agent, ambassadeur, attaché, chargé d'affaires, chargé de mission, commissaire, correspondant, délégataire, délégué, député, diplomate, émissaire, envoyé, fondé de pouvoir, légat, mandataire, ministre, négociateur, parlementaire, plénipotentiaire, représentant. FRANCE ANC. agréé. ▶ ***Annonciateur*** (SOUT.) – ancêtre, annonciateur, avant-garde, avant-gardiste, devancier, initiateur, innovateur, introducteur, inventeur, novateur, pionnier, précurseur, prédécesseur, préfiguration, prophète, visionnaire. SOUT. avant-coureur, avant-courrier, fourrier, héraut, préparateur.

messe *n.f.* ▶ ***Office divin*** – célébration, cérémonial, cérémonie, culte, liturgie, obit, office divin, office, saint sacifice, service, service divin, service religieux. ▸ *Moments de la messe* – bénédiction, canon, collecte, communion, consécration, Credo, élévation, épître, eucharistie, évangile, gloria (in excelsis Deo), graduel, homélie, introït, kyrie, lavabo, lecture, mémento, offertoire, oraison, orémus, Pater, prêche, préface, secrète, séquence, sermon.

messie *n.m.* ▶ ***Sauveur*** – affranchisseur, bienfaiteur, défenseur, deus ex machina, émancipateur, libérateur, protecteur, rédempteur, sauveur. SOUT. salvateur. ♦ **le Messie,** ***sing.*** Agneau de Dieu, Agneau mystique, Agneau sans tache, céleste époux, Christ de majesté, Christ pantocrator, christ, Christ-Roi, Crucifié, Dieu fait homme, Dieu le Fils, (divin) Messie, divin Sauveur, Enfant Jésus, époux de l'Église, époux mystique, Fils de l'homme, Fils de Marie, Fils (unique) de Dieu, Homme-Dieu, Jésus, Jésus de Galilée, Jésus le Christ Notre Seigneur, Jésus-Christ, le Galiléen, le Nazaréen, Notre Sauveur, Notre Seigneur Jésus-Christ, Oint du Seigneur, Pain céleste, Pain de vie, Rédempteur, Sacré-Cœur, Sauveur (du monde), Seigneur Jésus.

mesurable *adj.* appréciable, calculable, chiffrable, évaluable, quantifiable. △ **ANT.** IMMENSURABLE, IMPONDÉRABLE, INCALCULABLE.

mesure *n.f.* ▶ ***Évaluation*** – aperçu, appréciation, approximation, calcul, détermination, devis, estimation, évaluation, expertise, inventaire, prévision, prisée, supputation. ▶ ***Comparaison*** – analyse, balance, collation, collationnement, comparaison, confrontation, jugement, mise en regard, parallèle, rapprochement, recension. ▶ ***Norme*** – arrêté, charte, code, convention, cote, coutume, formule, loi, norme, obligation, ordre, précepte, prescription, protocole, régime, règle, règlement, usage. ▶ ***Préparatif*** – apprêt, arrangement, branle-bas, dispositif, disposition, préalable, précaution, préliminaires, préparatifs, préparation. ▶ ***Expédient*** – acrobatie, astuce, demi-mesure *(inefficace)*, échappatoire, expédient, gymnastique, intrigue, moyen, palliatif, procédé, remède, ressource, ruse, solution, système, tour. FAM. combine, gimmick, truc. ▶ ***Modération*** – centrisme, dépouillement, frugalité, juste milieu, ménagement, modérantisme, modération, modestie, pondération, réserve, retenue, rusticité, sagesse, simple, simplicité, sobriété, tempérance. ▶ ***Réserve*** – circonspection, pondération, précaution, prudence, réserve, sagesse. ▶ ***Rythme musical*** – battement, cadence, eurythmie, mouvement, musique, période, phrasé, pouls, pulsation, respiration, rythme, swing, tempo, vitesse. ▶ ***Capacité*** – capacité, contenance, cubage, cylindrée, dose, jauge, tonnage, volume. ▶ ***Grandeur mathématique*** – ampleur, dimension, envergure, étendue, grandeur, proportion, valeur. ▶ ***Action de mesurer*** – métrologie. △ **ANT.** ABUS, DÉMESURE, EXAGÉRATION, EXCÈS, OUTRANCE.

mesuré *adj.* ▶ ***En parlant de qqn*** – éclairé, judicieux, modéré, philosophe, pondéré, posé, raisonnable, raisonné, rationnel, réfléchi, responsable, sage, sain, sensé, sérieux. *SOUT.* rassis, tempéré. ▶ ***En parlant de qqch.*** – cadencé, égal, réglé, régulier, rythmé. △ **ANT.** EXCESSIF; BOUILLANT, DÉRAISONNABLE, EMPORTÉ, EXCITÉ, IMPULSIF; INCONSCIENT, INCONSÉQUENT, IRRÉFLÉCHI, SPONTANÉ; DÉMESURÉ; INÉGAL, IRRÉGULIER, VARIABLE.

mesurer *v.* ▶ ***Estimer*** – apprécier, calculer, estimer, évaluer, jauger, juger, peser, soupeser, supputer, toiser. ▶ ***Distribuer avec mesure*** – compter, limiter, rationner. ▶ ***Tempérer*** – atténuer, euphémiser, ménager, modérer, nuancer, pondérer, tempérer. ▶ ***Proportionner*** – doser, proportionner. ♦ **se mesurer** ▶ ***Affronter un adversaire*** – affronter, lutter, se battre. ▸ *Dans une rencontre sportive* – affronter, disputer la victoire à, disputer un match contre, jouer contre, rencontrer, se battre. ▶ ***Affronter un danger*** – affronter, braver, faire face à, faire front à. ▶ ***S'affronter*** – s'affronter, s'opposer, se battre. △ **ANT.** ACCENTUER, EXACERBER, EXAGÉRER, GONFLER.

métairie *n.f.* ▶ ***Exploitation agricole*** – domaine, exploitation (agricole), ferme, fermette. *FRANCE RÉGION.* borderie. *FRANCE RÉGION. OU BELG.* cense. *ANTIQ.* villa.

métamorphose *n.f.* ▶ ***Transformation*** – adaptation, ajustement, altération, avatar, changement, conversion, évolution, glissement, gradation, infléchissement, modification, modulation, mue, mutation, passage, progression, transfiguration, transformation, transition, transmutation, variation, vie. △ **ANT.** INVARIABILITÉ, STABILITÉ.

métaphore *n.f.* allégorie, analogie, apologue, assimilation, association (d'idées), catachrèse *(lexicalisée)*, comparaison, équivalence, figure, image, lien, parabole, parallèle, parenté, personnification, rapport, rapprochement, relation, ressemblance, similitude, symbole, symbolisme.

métayer *n.* ▶ ***Locataire*** – colon, fermier, habitant, hôte, locataire, occupant, preneur, sous-locataire.

méthode *n.f.* ▶ ***Marche à suivre*** – approche, art, chemin, code, comment, credo, démarche, discipline, dispositif, façon (de faire), facture, formule, heuristique, instruction, instrument, ligne de conduite, maïeutique, manière, marche (à suivre), méthodologie, modalité, mode d'emploi, mode, moyen, opération, ordre, organisation, outil, posologie, pratique, procédé, procédure, protocole, raisonnement, recette, règle, secret, stratagème, stratégie, système, tactique, technique, théorie, traitement, voie. *SOUT.* faire. ▶ ***Didactique*** – dialectique, didactique, logique, maïeutique, praxis. ▶ ***Raisonnement*** – analyse, apagogie, argument, argumentation, considérations, déduction, démonstration, dialectique, dilemme, discussion, échafaudage, explication, implication, induction, inférence, logique, preuve, raison, réflexion, réfutation, sorite, substruction, syllogisme, syllogistique, synthèse. △ **ANT.** CONFUSION, DÉSORDRE, DÉSORGANISATION; HASARD, IMPROVISATION, INTUITION, TÂTONNEMENT; EMPIRISME.

méthodique *adj.* ▶ ***Rationnel*** – cartésien, déductif, discursif, logique, rationnel. ▶ ***Systématisé*** – organisé, systématique, systématisé. ▶ ***Soigneux*** – appliqué, assidu, attentif, consciencieux, méticuleux, minutieux, ordonné, précis, rangé, rigoureux, scrupuleux, soigné, soigneux, systématique. *SOUT.* exact. △ **ANT.** EMPIRIQUE; ABSURDE, CONTRADICTOIRE, ILLOGIQUE, IRRATIONNEL; ALÉATOIRE; BROUILLON, DÉSORDONNÉ.

méthodiquement *adv.* analytiquement, conséquemment, dialectiquement, inductivement, logiquement, mathématiquement, point par point, rationnellement, rigoureusement, scientifiquement, sensément, soigneusement, systématiquement, techniquement. *SOUT.* cohéremment. △ **ANT.** DE FAÇON BÂCLÉE, NÉGLIGEMMENT, SANS MÉTHODE.

méticuleux *adj.* appliqué, assidu, attentif, consciencieux, méthodique, minutieux, ordonné, précis, rangé, rigoureux, scrupuleux, soigné, soigneux, systématique. *SOUT.* exact. △ **ANT.** BROUILLON, DÉSORDONNÉ, INSOUCIANT, NÉGLIGENT.

métier *n.m.* ▶ ***Occupation*** – activité, art, carrière, emploi, état, gagne-pain, occupation, profession, qualité, services, situation, spécialité, travail. *FAM.* boulot, turbin, turf. ▶ ***Rôle*** – affectation, charge, dignité, emploi, fonction, mission, office, place, poste, responsabilité, rôle, siège, titre, vocation. ▶ ***Habileté*** – adresse, aisance, aptitude, art, brio, capacité, compétence, dextérité, disposition, doigté, don, expertise, facilité, faculté, force, fort, génie, habileté, main, maîtrise, pouvoir, professionnalisme, savoir, savoir-faire, sens, talent, technique, virtuosité. *FAM.* bosse. *DR.* habilitation, habilité. ▶ ***Association professionnelle*** – assemblée, association, collège, communauté, compagnie, confrérie, congrégation, corporation, corps, guilde, hanse, ordre, société, syndicat, trade-union.

mètre *n.m.* ▶ ***Ruban gradué*** – ruban gradué. *FRANCE* mètre à ruban. *QUÉB.* galon (à mesurer). ▶ ***Unité*** ▸ *Subdivisions et multiples métriques* – femtomètre; fermi; angström; micromètre; millimètre; centimètre; décimètre; décamètre; hectomètre; kilomètre; myriamètre. *FRANCE FAM.* borne *(km)*. *ANC.* millimicron; micron. ▸ *Mesures anglo-saxonnes* – ligne; pouce; pied. *QUÉB.* verge; mille. *FRANCE* yard; mile. ▸ *Anciennes ou traditionnelles* – li *(chinois)*, nœud *(marin)*. ▹ *Françaises* – arpent, aune, brasse, coudée, empan, encablure, lieue, main, perche, toise. ▹ *Russes* – archine, verste. ▹ *Antiques* – palme, stade. ▸ *Astronomiques* – année-lumière, parsec. ▸ *Distance à pied* – heure de marche, pas.

métropole *n.f.* ▶ ***État colonisateur*** – mère patrie. ▶ ***Ville principale*** – capitale, centre. *FAM.* La Mecque. ▶ ***Ville et sa banlieue*** – agglomération, communauté urbaine, conurbation, district urbain, mégalopole, zone urbaine. ▸ *Banlieue* – abords, alentours, banlieue, banlieue-dortoir, ceinture, cité-dortoir, couronne, environs, extension, faubourg, périphérie, quartier-dortoir, ville-dortoir, zone (suburbaine). △ **ANT.** COLONIE; VILLAGE.

mets *n.m.* plat, spécialité.
mettre *v.* ▶ ***Déposer*** – déposer, poser. ▶ ***Disposer*** – arranger, disposer, placer, présenter. ▶ ***Ranger*** – placer, ranger. FAM. caser. QUÉB. FAM. serrer. ▶ ***Insérer*** – engager, entrer, glisser, insérer, introduire, loger. ▶ ***Apposer*** – appliquer, apposer, poser. ▶ ***Étaler*** – appliquer, étaler, étendre. ▶ ***Employer*** – appliquer, consacrer, employer. ▶ ***Endosser*** – endosser, enfiler, passer, porter, revêtir. ▶ ***Chausser*** – chausser, enfiler. ♦ **se mettre** ▶ ***Commencer à pratiquer*** – s'initier à. △ **ANT.** ENLEVER, ÔTER, RETIRER; RETRANCHER, SOUSTRAIRE; DÉPLACER, DÉRANGER.
meuble *adj.* ▶ ***En parlant d'un bien*** – mobilier. ▶ ***En parlant d'un sol*** – arable, cultivable, exploitable, labourable. △ **ANT.** FONCIER, IMMOBILIER; ARIDE, AVARE, DÉSERTIQUE, IMPRODUCTIF, INCULTE, INCULTIVABLE, INFERTILE, INGRAT, PAUVRE, STÉRILE.
meubler *v.* ▶ ***Occuper son temps*** – emplir, occuper, remplir. SOUT. peupler. △ **ANT.** DÉGARNIR, DÉMEUBLER; DÉPARER, SUPPRIMER.
meule *n.f.* ▶ ***Instrument qui polit*** – brunissoir, grésoir, joliette, lapidaire, lime, lisse, périgueux, (pierre) ponce, polissoir, polissoire, râpe. ▶ ***Instrument qui aiguise*** – affiloir, aiguisoir, fusil, périgueux, pierre à aiguiser, queux. ▶ ***Machine*** – aléseuse, alésoir, calibreur, fraiseuse, polisseuse, rectifieuse, rodoir, tour. ▶ ***Moto*** (FAM.) – moto, motocyclette. FRANCE FAM. bécane, monture, pétrolette *(petite)*. ▶ ***Grosse*** – gros cube. ▶ ***Tas*** – barge, gerbier, meulette, moyette, pailler. FRANCE RÉGION. meulon, veillotte. ANC. foin.
meunier *n.* ▶ ***Personne*** – minotier. ♦ **meunier**, *masc.* ▶ ***Poisson*** – ZOOL. chevesne. ▶ ***Champignon*** – BOT. clitopile (petite prune). ♦ **meunière**, *fém.* ▶ ***Oiseau*** – mésange bleue, (mésange) meunière.
meurtre *n.m.* ▶ ***Crime*** – assassinat, crime, élimination, exécution, homicide, liquidation, mise à mort, suppression.
meurtrier *adj.* ▶ ***Qui tue*** – fatal, funeste, létal, mortel. DIDACT. mortifère. ▶ ***Qui tue en grand nombre*** – cruel, destructeur, exterminateur, funeste, sanglant, sanguinaire. ▶ ***En parlant de l'arme d'un meurtre*** – homicide. ▶ ***En parlant de qqn*** – assassin, criminel. △ **ANT.** INOFFENSIF, SÛR; AVANTAGEUX, BON, SALUTAIRE.
meurtrier *n.* ▶ ***Assassin*** – assassin, criminel, tueur. SOUT. exterminateur, homicide. RARE massacreur. ♦ **meurtrière**, *fém.* ▶ ***Fente*** – arbalétrière, barbacane. △ **ANT.** VICTIME.
meurtrir *v.* ▶ ***Blesser légèrement*** – contusionner, froisser. FAM. abîmer, amocher, arranger, esquinter. ▶ ***Abîmer un fruit, un légume*** – taler. ▶ ***Blesser moralement*** – blesser, déchirer. ♦ **meurtri** ▶ ***En parlant du corps*** – contus, contusionné. ▶ ***En parlant des yeux*** – poché. FAM. au beurre noir. △ **ANT.** ADOUCIR; PROTÉGER; CICATRISER; SOIGNER.
meute *n.f.* ▶ ***Animaux*** – bande. ▶ ***Foule*** – abondance, affluence, armada, armée, attroupement, bande, cohue, concentration, concours, encombrement, essaim, flot, forêt, foule, fourmilière, fourmillement, grouillement, légion, marée, masse, monde, multitude, peuple, pléiade *(célébrités)*, pullulement, rassemblement, régiment, réunion, ribambelle, ruche, tas, troupeau. FAM. flopée, marmaille *(enfants)*, tapée, tripotée. QUÉB. FAM. achalandage, gang. PÉJ. ramassis. ▶ ***Troupe*** – brigade, caravane, cellule, collectif, colonie, corps, équipe, escadron, escouade, groupe, horde, noyau, peloton, troupe. IRON. fournée. FAM. bataillon, brochette, cohorte. QUÉB. FAM. gang.
microbe *n.m.* ▶ ***Au sens spécifique*** – germe. ▶ ***Petite personne*** (PÉJ.) – courtaud, lilliputien, nain, petit. ▶ ***Personne insignifiante*** – moins que rien, paltoquet *(prétentieux)*, pas-grand-chose, plat personnage, rien-du-tout. SOUT. nain. FAM. gougnafier, minus (habens), mirmidon, miteux *(pauvre)*. QUÉB. insignifiant.
micro-ordinateur (var. **microordinateur**) *n.m.* mini-ordinateur, ordinateur individuel, ordinateur personnel, P.C. FAM. bécane, micro, ordi.
microscope *n.m.* ▶ ***Instrument*** – loupe.
microscopique *adj.* ▶ ***Invisible à l'œil nu*** – inapparent, inobservable, invisible. PHYS. infrarouge, ultraviolet. ▶ ***Très petit*** – de petite taille, menu, miniature, minuscule, nain, petit, réduit, ténu. SOUT. lilliputien. △ **ANT.** MACROSCOPIQUE, VISIBLE; COLOSSAL, ÉNORME, GÉANT, GRAND, GROS.
midi *n.m.* ▶ ***Milieu*** – axe, centre, entre-deux, intermédiaire, milieu, moyen terme, pivot, point central. FIG. clef (de voûte), cœur, foyer, nœud, nombril, noyau, ombilic, sein, siège. ▶ ***Sud*** – Antarctique, autan, sud. △ **ANT.** MINUIT; NORD, SEPTENTRION.
miette *n.f.* ▶ ***Fragment*** – bribe, brisure, charpie, coupure, débris, éclat, esquille *(os)*, fraction, fragment, grain, granule, granulé, havrit, lambeau, limaille, morceau, parcelle, part, particule, partie, pépite, portion, quartier, reste. FAM. graine. ▶ ***Petite quantité*** – atome, bouchée, brin, chouia, doigt, filet, goutte, gouttelette, grain, larme, lueur, nuage, once, paille, parcelle, peu, pincée, pointe, relent, restant, reste, rien, soupçon, tantinet, teinte, touche, trace, trait, zeste. ♦ **miettes**, *plur.* ▶ ***Restes d'un repas*** – débris, reliefs, restant, restes, rognures. FAM. rogatons. ▶ ***Décombres*** – déblais, débris, décharge, décombres, démolitions, éboulement, éboulis, épave, gravats, gravois, plâtras, reste, ruines, vestiges. SOUT. cendres.
mieux *adv.* ▶ ***Plus*** – au-dessus, davantage, encore, plus, supérieurement. SOUT. encor. ▶ ***Préférablement*** – de préférence, par préférence, plutôt, préférablement, préférentiellement. △ **ANT.** PIRE, PIS; INDIFFÉREMMENT, INDISTINCTEMENT, SANS DISTINCTION.
mignon *adj.* à croquer, adorable, avenant, beau, bien, charmant, coquet, délicieux, gentil, gentillet, gracieux, joli, mignonnet, plaisant, ravissant. FAM. chou. FRANCE FAM. croquignolet, mignard, mimi, trognon. △ **ANT.** DISGRACIEUX, INESTHÉTIQUE, INGRAT, LAID, VILAIN; DÉPLAISANT, DÉSAGRÉABLE, DÉTESTABLE, EXÉCRABLE, HAÏSSABLE.
migraine *n.f.* mal de tête. MÉD. céphalalgie, céphalée, encéphalalgie.
migration *n.f.* ▶ ***Migration animale*** – montaison *(saumon)*, passée, remue *(bétail)*, transhumance *(bétail)*. DIALECTAL remue. ▶ ***Migration humaine*** –

déplacement, mouvement, nomadisme, transplantation. *SOUT.* transmigration. ▸ *Immigration* – arrivée, entrée, établissement, gain de population, immigration, invasion, venue. ▸ *Émigration* – départ, émigration, exode, expatriation, fuite. ▸ *Émigration forcée* – bannissement, déportation, déracinement, émigration, exil, expatriation, expulsion, interdiction de séjour, proscription, relégation, transportation. △ **ANT.** SÉDENTARITÉ.

milice *n.f.* ▶ ***Corps de police*** – force publique, forces policières, police. *FRANCE* commissariat, gendarmerie. *FRANCE FAM.* rousse; ▶ ***Armée mobilisable*** – territoriale. *ANC.* goumier. ▶ ***Armée*** (*BELG.*) – armée, effectifs, forces (militaires), troupes. *FÉOD.* ost.

milicien *n.* ▶ ***Militaire*** (*BELG.*) – mobilisé.

milieu *n.m.* ▶ ***Centre*** – axe, centre, entre-deux, intermédiaire, moyen terme, pivot, point central. *FIG.* clef (de voûte), cœur, foyer, midi, nœud, nombril, noyau, ombilic, siège. ▶ ***Moitié*** – demi, demie, moitié. ▶ ***Intermédiaire*** – intermédiaire. *ANC.* remisier. ▶ ***Environnement*** – ambiance, atmosphère, cadre, climat, décor, élément, entourage, environnement, environs, lieu, monde, société, sphère, théâtre, voisinage. △ **ANT.** BORD, CÔTÉ, LIMITE, PÉRIPHÉRIE, POURTOUR; BOUT, EXTRÉMITÉ; COMMENCEMENT; FIN.

militaire *adj.* ▶ ***Propre au militaire*** – guerrier, martial, soldatesque. ▶ ***Porté à la guerre*** – belliciste, belliqueux, guerrier, martial, militariste. *FAM.* va-t-en-guerre. ▶ ***Propre à l'art de la guerre*** – stratégique, tactique. △ **ANT.** CIVIL; PACIFIQUE.

militant *adj.* actif, activiste.

militant *n.* adepte, adhérent, allié, ami, apôtre, champion, défenseur, disciple, fidèle, inconditionnel, partisan, soutien, sympathisant, tenant. *RARE* mainteneur. *SOUT.* chantre, séide, zélateur. *FAM.* godillot. ▸ *À l'esprit fermé* – doctrinaire, dogmatique, dogmatiste, fanatique, sectaire. ▸ *Récent* – néophyte, prosélyte, recrue. △ **ANT.** OPPOSANT.

militarisme *n.m.* ▶ ***Bellicisme*** – bellicisme, caporalisme. △ **ANT.** ANTIMILITARISME, PACIFISME.

militer *v.* ▶ ***Défendre activement*** – appuyer, défendre, prendre fait et cause pour, prendre la défense de, prendre parti pour, soutenir. ▶ ***Constituer un argument*** – parler, plaider.

mime *n.m.* ▶ ***Geste*** – allure, attitude, chironomie, chorégraphie, contenance, danse, geste, gesticulation, gestique, gestualité, gestuelle, jeu (physique), langage corporel, langage gestuel, manière, mimique, mimodrame, mimographie, mimologie, mouvement, mudra, pantomime, posture, signal, signe. ▶ ***Imitation*** – calquage, caricature, charge, contrefaçon, copiage, décalquage, démarquage, emprunt, émulation, figuration, grégarisme, homochromie, imitation, mimétisme, moutonnerie, parodie, pastiche, pillage, plagiat, représentation, servilité, simulation, singerie, suivisme, travestissement. *DR.* contrefaction.

mimer *v.* ▶ ***Imiter*** – calquer, copier, imiter, reproduire, s'inspirer de. ▸ *De façon favorable* – émuler, marcher dans les traces de, prendre exemple sur, prendre modèle sur, s'inspirer de, suivre les traces de, trouver son inspiration chez. ▸ *De façon non favorable* – contrefaire, plagier, singer.

mimétisme *n.m.* ▶ ***Imitation*** – calquage, caricature, charge, contrefaçon, copiage, décalquage, démarquage, emprunt, émulation, figuration, grégarisme, homochromie, imitation, mime, moutonnerie, parodie, pastiche, pillage, plagiat, représentation, servilité, simulation, singerie, suivisme, travestissement. *DR.* contrefaction. ▶ ***Camouflage*** – camouflage, déguisement, dissimulation, fard, maquillage, mascarade, masquage, masque, occultation.

mimique *n.f.* ▶ ***Grimace*** – contorsion, expression, froncement, grimace, lippe, mine, moue, nique, rictus, simagrée, singerie, tic. ▶ ***Gesticulation*** – allure, attitude, chironomie, chorégraphie, contenance, danse, geste, gesticulation, gestique, gestualité, gestuelle, jeu (physique), langage corporel, langage gestuel, manière, mime, mimodrame, mimographie, mimologie, mouvement, mudra, pantomime, posture, signal, signe. ▶ ***Danse*** – chorégraphie, danse, pantomime.

minable *adj.* ▶ ***Médiocre*** – affreux, abominable, atroce, déplorable, désastreux, épouvantable, exécrable, horrible, infect, insipide, lamentable, manqué, mauvais, médiocre, navrant, nul, odieux, piètre, piteux, pitoyable, qui ne vaut rien, raté. *SOUT.* méchant, triste. *FAM.* à la con, à la flan, à la gomme, à la manque, à la mie de pain, à la noix (de coco), blèche, craignos, crapoteux, moche, pourri, qui ne vaut pas un clou. ▶ ***Qui inspire la pitié*** – à plaindre, malheureux, misérable, miteux, pauvre, piteux, pitoyable. *FAM.* paumé. △ **ANT.** BRILLANT, ÉBLOUISSANT, EXCELLENT, EXTRAORDINAIRE, FANTASTIQUE, MAGNIFIQUE, MERVEILLEUX, PARFAIT, PRODIGIEUX, REMARQUABLE, RÉUSSI, SENSATIONNEL; LUXUEUX, SOMPTUEUX; EXORBITANT, FARAMINEUX; ENVIABLE, ESTIMABLE; COMPÉTENT, TALENTUEUX.

mince *adj.* ▶ ***Fin et allongé*** – délié, élancé, étroit, filiforme, fin, grêle, ténu. ▸ *En parlant du physique* – délicat, délié, élancé, filiforme, fin, fluet, frêle, gracile, grêle, léger, long, longiligne, maigre, svelte. ▶ ***De peu d'épaisseur*** – aplati, plat. ▶ ***De peu de valeur*** – faible, infime, infinitésimal, insignifiant, minime, négligeable, petit, sans importance. ▸ *Non favorable* – dérisoire, insignifiant, malheureux, minime, misérable, piètre, ridicule. △ **ANT.** ÉPAIS, FORT, GROS, LARGE; CORPULENT, GRAS, LOURD, MASSIF; CONSIDÉRABLE, IMPORTANT, INESTIMABLE.

minceur *n.f.* ▶ ***Finesse*** – délicatesse, étroitesse, finesse, fragilité, gracilité, légèreté, petitesse, sveltesse. *SOUT.* ténuité. ▶ ***Maigreur*** – amaigrissement, dépérissement, dessèchement, fragilité, gracilité, maigreur. *MÉD.* anorexie, athrepsie, cachexie, marasme, rachitisme. *SOUT.* émaciation, émaciement. △ **ANT.** ÉPAISSEUR, GROSSEUR; EMBONPOINT, OBÉSITÉ.

mine *n.f.* ▶ ***Terrain*** – amas, gisement, gisement minier. ▶ ***Mine de charbon*** – charbonnage, houillère, mine (de charbon). ▶ ***Grande quantité*** – abondance, afflux, amas, ampleur, concentration, débauche, débordement, exubérance, filon, fleuraison, floraison, foisonnement, forêt, foule, fourmillement, gisement, infinité, inondation, luxe, luxuriance, masse, multiplicité, myriade, nuée, orgie, paquet, pléthore, poussière, profusion, quantité, richesse, surabondance, tas, trésor. *FIG.* carnaval. *FAM.* festival, flopée, kyrielle, tapée, tonne, tripotée, wagon. *SUISSE FAM.* craquée. ▶ ***Aspect*** – air, allure, apparence, aspect, caractère, configuration, couleur, couvert, dehors, éclairage, expression, extérieur, façade, faciès, figure, forme, formule, impression, jour, masque, paraître, perspective, physionomie, plastique *(en art)*, portrait, présentation, profil, ressemblance, semblant, surface, ton, tour, tournure, traits, vernis, visage. SOUT. enveloppe, regardure, superficie. ▶ ***Prestance*** (SOUT.) – air, allure, apparence, aspect, attitude, contenance, démarche, façon, genre, ligne, maintien, manière, panache, physique, port, posture, prestance, silhouette, style, tenue, tournure. SOUT. extérieur. FAM. gueule, touche. QUÉB. FAM. erre d'aller. PÉJ. FAM. dégaine. ▶ ***Grimace*** – contorsion, expression, froncement, grimace, lippe, mimique, moue, nique, rictus, simagrée, singerie, tic. ▶ ***Minauderie*** – affectation, agacerie, coquetterie, façons, grâces, grimace, manières, mignardise, minauderie, simagrée, singerie. SOUT. afféterie. FAM. chichi. ▶ ***Accueil*** – abord, accès, accueil, approche, attitude, contact, réception, tête, traitement. ▶ ***Explosif*** – bombe, bombette *(petite)*, engin explosif, grenade, obus.

minerai *n.m.* caillou, galet, minéral, pierre, pierrette *(petite)*, roc, roche, rocher.

mineur *adj.* ▶ ***Qui est moins important*** – accessoire, anecdotique, annexe, contingent, (d'intérêt) secondaire, de second plan, décoratif, dédaignable, épisodique, incident, indifférent, insignifiant, marginal, négligeable. ▶ ***Qui occupe un rang moins élevé*** – bas, inférieur, moindre, secondaire, subalterne, subordonné. ▶ ***Qui n'est pas d'âge adulte*** – impubère. △ **ANT.** MAJEUR; ESSENTIEL, IMPORTANT; SUPÉRIEUR; ADULTE.

mineur *n.* ▶ ***Homme ou femme*** – adolescent, jeune, préadolescent. SOUT. impubère. FAM. ado, gamin, préado. ▸ *Homme* – adolescent, blanc-bec *(inexpérimenté)*, garçon, jeune, jeune garçon, jeune homme. SOUT. damoiseau *(qui courtise les femmes)*, impubère, puceau *(vierge)*. FAM. ado, adonis *(beau)*, éphèbe *(beau)*, gamin, gars, jeunot, préado. ▸ *Femme* – adolescente, demoiselle, fille, jeune, jeune femme, jeune fille, midinette, miss *(pays anglo-saxons)*, préadolescente. SOUT. impubère, pucelle *(vierge)*. FAM. ado, belle, gamine, préado, pucelle, tendron. PÉJ. fillasse.

miniature *adj.* de petite taille, menu, microscopique, minuscule, nain, petit, réduit, ténu. SOUT. lilliputien. △ **ANT.** GRANDEUR NATURE.

miniature *n.f.* ▶ ***Modèle*** – maquette, modèle (réduit), plan-relief, reproduction (à échelle réduite). ▶ ***Ornement d'un texte*** – cul-de-lampe, enluminure, fleuron, ornement, vignette.

minime *adj.* ▶ ***Peu important*** – faible, infime, infinitésimal, insignifiant, mince, négligeable, petit, sans importance. ▶ ***Dérisoire*** – dérisoire, insignifiant, malheureux, misérable, piètre, ridicule. △ **ANT.** COLOSSAL, CONSIDÉRABLE, ÉNORME, EXTRAORDINAIRE, EXTRÊME, FABULEUX, FORMIDABLE, GÉANT, GIGANTESQUE, IMMENSE, INCOMMENSURABLE, MONUMENTAL, PHÉNOMÉNAL, TITANESQUE, VASTE.

minimum *n.m.* moins, plancher. △ **ANT.** MAXIMUM, PLAFOND.

ministère *n.m.* ▶ ***Poste de ministre*** – ministériat, portefeuille. ▶ ***Ensemble des ministres*** – cabinet, conseil (des ministres), gouvernement, ministres. ▶ ***Intervention*** – aide, appui, concours, entremise, immixtion, incursion, ingérence, interposition, interventionnisme, intrusion, médiation, office. SOUT. intercession. ▶ ***Évangélisation*** – apostolat, catéchèse, catéchisation, catéchisme, endoctrinement, évangélisation, mission, missionnariat, pastorale, prédication, propagande, propagation (de la foi), prosélytisme. FAM. caté. ▶ ***Sacerdoce*** – cléricature, état ecclésiastique, ministère ecclésiastique, ministère religieux, ordre, pastorat *(protestant)*, prêtrise, sacerdoce, sécularité. ♦ **les ministères,** ***plur.*** ▶ ***L'Administration*** – Administration, affaires de l'État, bureaux, fonction publique, grands corps de l'État, institutions, organe, organismes, secrétariat, services. PÉJ. bureaucratie.

ministériel *adj.* gouvernemental.

ministre *n.* ▶ ***Chargé de mission*** – agent, ambassadeur, attaché, chargé d'affaires, chargé de mission, commissaire, correspondant, délégataire, délégué, député, diplomate, émissaire, envoyé, fondé de pouvoir, légat, mandataire, messager, négociateur, parlementaire, plénipotentiaire, représentant. FRANCE ANC. agréé. ▶ ***Prêtre*** – clergyman, pasteur, prêtre. ▶ ***Ange*** – ange, esprit, esprit aérien, esprit céleste, esprit de (la) lumière, messager (de Dieu), ministre (de Dieu).

minorité *n.f.* ▶ ***Adolescence*** – adolescence, âge bête, âge ingrat, jeunesse, nubilité, préadolescence, puberté, pubescence. SOUT. juvénilité, printemps. ▶ ***Petit nombre de personnes*** – frange, minoritaires, poignée, quarteron. △ **ANT.** MAJORITÉ.

minuscule *adj.* ▶ ***Très petit*** – de petite taille, menu, microscopique, miniature, nain, petit, réduit, ténu. SOUT. lilliputien. ▶ ***En parlant d'une lettre*** – bas de casse. △ **ANT.** CAPITALE, MAJUSCULE; COLOSSAL, ÉNORME, GÉANT, GIGANTESQUE, IMMENSE, VASTE.

minute *n.f.* ▶ ***Court moment*** – instant, moment, seconde.

minutie *n.f.* application, exactitude, précision, soin, souci du détail. SOUT. méticulosité. △ **ANT.** NÉGLIGENCE.

minutieux *adj.* appliqué, assidu, attentif, consciencieux, méthodique, méticuleux, ordonné, précis, rangé, rigoureux, scrupuleux, soigné, soigneux, systématique. SOUT. exact. △ **ANT.** BROUILLON, DÉSORDONNÉ, NÉGLIGENT; GROSSIER, SUPERFICIEL.

miracle *n.m.* ▶ ***Prodige*** – exploit, merveille, phénomène, prodige. △ **ANT.** BANALITÉ.

miraculeusement *adv.* ▶ ***Providentiellement*** – comme par enchantement, comme par miracle, par magie, prodigieusement, providentiellement. ▶ ***Extraordinairement*** – exceptionnellement, extraordinairement, fantastiquement, féeriquement, magiquement, merveilleusement, mirifiquement, phénoménalement, prodigieusement, surnaturellement. △ **ANT.** BANALEMENT, COMME ON S'Y ATTENDAIT, TRIVIALEMENT; ABOMINABLEMENT, AFFREUSEMENT, ATROCEMENT, DÉTESTABLEMENT, HORRIBLEMENT.

miraculeux *adj.* ▶ ***Qui relève du miracle*** – céleste, divin, surnaturel. ▶ ***Qui étonne*** – étonnant, extraordinaire, fabuleux, fantastique, hors du commun, incroyable, inouï, phénoménal, prodigieux.

FAM. délirant, dément, dingue, fou. FRANCE FAM. foutral. △ ANT. ANODIN, BANAL, NATUREL, ORDINAIRE, QUELCONQUE, SANS IMPORTANCE, SANS INTÉRÊT.

mirage *n.m.* ▶ ***Illusion*** – abstraction, abstrait, apparence, berlue, chimère, déréalisation, effet d'optique, fantasme, faux, faux-semblant, fiction, fumée, hallucination, illusion, illusion d'optique, image, imagination, irréalisme, irréalité, leurre, mensonge, onirisme, psychédélisme, rêve, rêverie, semblant, simulation, songe, songerie, trompe-l'œil, tromperie, utopie, vision, vue de l'esprit. FAM. frime. SOUT. prestige. △ ANT. RÉALITÉ.

mirer *v.* ▶ ***Refléter*** (SOUT.) – réfléchir, refléter, rendre, renvoyer, réverbérer. RARE répercuter. ▶ ***Reluire*** (ACADIE FAM.) – brasiller, briller, chatoyer, étinceler, flamboyer, fulgurer *(éclat passager)*, luire, miroiter, reluire, resplendir, rutiler, scintiller. SOUT. palpiter, papilloter, pétiller. BELG. blinquer. FRANCE RÉGION. mirailler. ♦ **se mirer** ▶ ***Se refléter*** – se réfléchir, se refléter. ▶ ***Se contempler*** – s'admirer, se contempler, se regarder.

miroir *n.m.* ▶ ***Objet*** – glace. ▶ ***Représentation*** – image, (pâle) imitation, reflet.

miroitant *adj.* ▶ ***Qui brille*** – brasillant, brillant, éclatant, étincelant, flamboyant, incandescent, luisant, papillotant, reluisant, rutilant, scintillant. ▶ ***Qui a des reflets*** – agatisé, changeant, chatoyant, gorge-de-pigeon, moiré. SOUT. diapré. DIDACT. versicolore. △ ANT. BLAFARD, ÉTEINT, MAT, PÂLE, TERNE; DÉCOLORÉ, DÉFRAÎCHI, DÉLAVÉ, DÉTEINT, FADE, PÂLI.

miroiter *v.* brasiller, briller, chatoyer, étinceler, flamboyer, fulgurer *(éclat passager)*, luire, reluire, resplendir, rutiler, scintiller. SOUT. palpiter, papilloter, pétiller. BELG. blinquer. FRANCE RÉGION. mirailler. ACADIE FAM. mirer.

misanthrope *adj.* ▶ ***Qui déteste le genre humain*** – misanthropique. ▸ *Qui déteste les femmes* – misogyne. ▸ *Qui déteste les hommes* – misandre. ▶ ***Solitaire*** – farouche, insociable, ours, sauvage, solitaire. △ ANT. CHARITABLE, PHILANTHROPE; SOCIABLE.

misanthrope *n.* ▶ ***Personne solitaire*** – ermite, ours, reclus, sauvage/sauvagesse, solitaire. ▶ ***Personne mésadaptée*** – caractériel, inadapté, marginal, mésadapté. △ ANT. PHILANTHROPE.

mise *n.f.* ▶ ***Enjeu*** – cave, enjambage, enjeu, masse, pot, poule. ▶ ***Pari*** – défi, gageure, pari, risque. ▶ ***Part*** – apport, commandite, contingent, contribution, cotisation, dot, dotation, écot, financement, fonds, fournissement, lot, montant, obligation, parrainage, part, participation, portion, quote-part, quotité. ▶ ***Application*** – application, apposition, pose. ▶ ***Habillement*** – affaires, atours, chiffons, ensemble, garde-robe, habillement, habits, linge, parure, tenue, toilette, trousseau, vestiaire, vêtements. SOUT. vêture. FRANCE FAM. fringues, frusques, nippes, pelures, saint-frusquin, sapes. QUÉB. ACADIE FAM. hardes.

miser *v.* ▶ ***Mettre en jeu*** – blinder, jouer, parier, ponter, y aller de. FAM. éclairer. QUÉB. gager. ▶ ***Surenchérir*** (SUISSE) – couvrir une enchère, enchérir sur, monter, relancer, renchérir, renvier, surenchérir. ▶ ***Se fier*** (FAM.) – compter sur, faire fond sur, s'appuyer sur, se fier à, spéculer sur, tabler sur. △ ANT. PRÉLEVER.

misérable *adj.* ▶ ***Démuni*** – dans le besoin, dans une cruelle nécessité, défavorisé, démuni, famélique, indigent, miséreux, nécessiteux, pauvre. SOUT. dénué, impécunieux. FAM. dans la mouise, dans la panade, dans la purée. ▶ ***Qui inspire la pitié*** – à plaindre, malheureux, minable, miteux, pauvre, piteux, pitoyable. FAM. paumé. ▶ ***Triste*** – affligeant, atterrant, attristant, chagrinant, consternant, déplorable, désespérant, désolant, douloureux, malheureux, navrant, pénible, pitoyable, qui serre le cœur, triste. ▶ ***Insuffisant*** – anémique, chétif, chiche, déficient, déficitaire, faible, insatisfaisant, insuffisant, maigre, mauvais, médiocre, pauvre, piètre, rachitique. ▸ *Nettement insuffisant* – dérisoire, insignifiant, malheureux, minime, piètre, ridicule. △ ANT. À L'AISE, AISÉ, COSSU, FORTUNÉ, NANTI, RICHE; DIGNE, HONORABLE, NOBLE; HEUREUX, JOYEUX; ABONDANT; IMPORTANT, REMARQUABLE.

misérablement *adv.* déplorablement, dérisoirement, désastreusement, douloureusement, lamentablement, minablement, miteusement, pauvrement, piètrement, piteusement, pitoyablement, tristement. △ ANT. CONSIDÉRABLEMENT, ÉNORMÉMENT, REMARQUABLEMENT, SÉRIEUSEMENT, TERRIBLEMENT, VRAIMENT.

misère *n.f.* ▶ ***Pauvreté*** – appauvrissement, besoin, dénuement, détresse, embarras, gêne, gouffre, indigence, manque, mendicité, nécessité, pauvreté, pouillerie, privation, ruine. SOUT. impécuniosité. FAM. dèche. FRANCE FAM. débine, fauche, mistoufle, mouise, mouscaille, panade, purée. DR. carence. ▸ *Sociale* – clochardisation, disette, paupérisation, paupérisme, pauvreté, pénurie, sous-développement, sous-équipement, tiers-mondisation. ▶ ***Abjection*** – abjection, abomination, atrocité, bassesse, boue, corruption, crapulerie, crime, débauche, déshonneur, fange, grossièreté, honte, horreur, ignominie, impureté, indignité, infamie, laideur, monstruosité, noirceur, obscénité, odieux, ordure, saleté, sordide, souillure, vice. SOUT. sordidité, stupre, turpitude, vilenie. FAM. dégoûtation, pouillerie. ▶ ***Malheur*** – adversité, calamité, calice (de douleur), chagrin, détresse, deuil, disgrâce, douleur, échec, épreuve, fatalité, infortune, mal, malchance, malédiction, malheur, mauvaise fortune, mauvaise passe, mésaventure, nuage, orage, peine, revers, ruine, sale affaire, sale histoire, souffrance, traverse, tribulation. SOUT. bourrèlement, plaie, tourment. ▶ ***Épreuve*** – contrariété, coup, coup du destin, coup du sort, coup dur, disgrâce, échec, épreuve, hydre, infortune, mal, malchance, malheur, mauvais moment à passer, péril, revers, ruine, tribulation. SOUT. traverse. ▶ ***Chose insignifiante*** – affiquet, babiole, bagatelle, baliverne, bêtise, bibelot, breloque, bricole, brimborion, chiffon, colifichet, fanfreluche, fantaisie, frivolité, futilité, gadget, hochet, inutilité, jouet, rien. FAM. gimmick, gnognote. ▶ ***Affaire sans importance*** – amusette, bagatelle, baliverne, bêtise, bricole, broutille, chanson, détail, enfantillage, fadaise, faribole, frivolité, futilité, jeu, plaisanterie, rien, sornette, sottise, vétille. SOUT. badinerie, puérilité. FAM. connerie, foutaise, mômerie. BELG. FAM. carabistouille. ▶ ***Plante*** – BOT. tradescantia. △ ANT. ABONDANCE, AISANCE, BIEN-ÊTRE, LUXE, OPULENCE, PROSPÉRITÉ, RICHESSE; BON-

HEUR, FÉLICITÉ; GRANDEUR, IMPORTANCE, NOBLESSE, VALEUR.

miséricorde *n. f.* ▶ ***Pardon*** – absolution, absoute *(public)*, acquittement, aman, amnistie, annulation, clémence, dédouanement, disculpation, extinction, grâce, indulgence, jubilé, mise hors de cause, mitigation, oubli, pardon, pénitence, prescription, réhabilitation, relaxe, remise (de peine), rémission, suppression (de peine). ▶ ***Pitié*** – apitoiement, attendrissement, bienveillance, clémence, commisération, compassion, indulgence, pitié. SOUT. mansuétude. △ **ANT.** DURETÉ, IMPLACABILITÉ, RIGUEUR, SÉVÉRITÉ.

mission *n. f.* ▶ ***Évangélisation*** – apostolat, catéchèse, catéchisation, catéchisme, endoctrinement, évangélisation, ministère, missionnariat, pastorale, prédication, propagande, propagation (de la foi), prosélytisme. FAM. caté. ▶ ***Vocation*** – apostolat, appel, destination, sacerdoce, vocation. ▶ ***Rôle*** – affectation, charge, dignité, emploi, fonction, métier, office, place, poste, responsabilité, rôle, siège, titre, vocation. ▶ ***But*** – ambition, but, cause, cible, considération, destination, fin, finalité, intention, mobile, motif, objectif, objet, point de mire, pourquoi, prétexte, raison, raison d'être, sens, visée. SOUT. propos. ▶ ***Délégation*** – bureau, charge, comité, commission, courtage, délégation, légation, mandat, mandatement, pouvoir, procuration, représentation. ▶ ***Voyage*** – allées et venues, balade, campagne, circuit, circumnavigation, course, croisière, déplacement, excursion, expédition, exploration, hadj, incursion, marche, méharée, navette, navigation, odyssée, passage, pèlerinage, pérégrination, périple, promenade, raid, rallye, randonnée, reconnaissance, tour, tourisme, tournée, transport, traversée, va-et-vient, voyage. SOUT. chevauchée, errance. FAM. bourlingue, transhumance. QUÉB. voyagement.

missionnaire *n.* apôtre, évangélisateur, pêcheur d'hommes. RARE convertisseur.

miteux *adj.* à plaindre, malheureux, minable, misérable, pauvre, piteux, pitoyable. FAM. paumé. △ **ANT.** FASTUEUX, IMPÉRIAL, LUXUEUX, PRINCIER, RICHE, ROYAL, SOMPTUEUX.

mixte *adj.* bigarré, complexe, composite, disparate, dissemblable, divers, diversifié, éclectique, hétéroclite, hétérogène, mélangé, mêlé, multiple, varié. SOUT. pluriel. RARE inhomogène. △ **ANT.** SÉPARÉ; DE GARÇONS; DE FILLES; HOMOGÈNE, UNI, UNIFORME; ENDOGAME *(MARIAGE)*.

mobile *adj.* ▶ ***Qui se détache*** – amovible, détachable. ▶ ***Qui peut être modifié*** – adaptable, altérable, changeable, élastique, flexible, modifiable, modulable, souple, variable. ▶ ***Qui fluctue*** – changeant, en dents de scie, flottant, fluctuant, incertain, inconstant, inégal, instable, irrégulier, mouvant, variable. SOUT. labile, volatil. DIDACT. erratique. ▶ ***Qui se déplace sans cesse*** – errant, instable, nomade, sans domicile fixe, vagabond. SOUT. sans feu ni lieu. ▶ ***Au caractère changeant*** – capricieux, changeant, fantaisiste, fantasque, flottant, inconsistant, inconstant, instable, lunatique, versatile, volage. SOUT. caméléonesque, ondoyant. ▶ ***En parlant du visage*** – animé, expressif, vivant. △ **ANT.** FIXE, IMMOBILE, STABLE; FIXÉ; CHANGEABLE, MODIFIABLE; CONSTANT, INVARIABLE, INVARIANT, STATIONNAIRE, STATIQUE; SÉDENTAIRE; ÉQUILIBRÉ, PRÉVISIBLE; INEXPRESSIF, MORT, TERNE.

mobile *n. m.* ▶ ***Cause*** – agent, base, cause, explication, facteur, ferment, fondement, fontaine, germe, inspiration, levain, levier, moteur, motif, motivation, moyen, objet, occasion, origine, point de départ, pourquoi, principe, raison, raison d'être, source, sujet. SOUT. étincelle, mère, racine, ressort. ▶ ***But*** – ambition, but, cause, cible, considération, destination, fin, finalité, intention, mission, motif, objectif, objet, point de mire, pourquoi, prétexte, raison, raison d'être, sens, visée. SOUT. propos.

mobilier *n. m.* meubles.

mobiliser *v.* ▶ ***Faire entrer dans l'armée*** – appeler, engager, enrôler, incorporer, recruter. ▶ ***Rassembler*** – ameuter, assembler, attrouper, masser, rallier, ramasser, rameuter, rassembler, regrouper, réunir. SOUT. battre le rappel de, conglomérer. ▶ ***Faire appel à qqn*** (FAM.) – retenir les services de, s'assurer les services de. FAM. réquisitionner. ▶ ***Déclarer meuble*** – ameublir. ♦ **se mobiliser** ▶ ***Se réunir*** – s'assembler, s'attrouper, se masser, se rallier, se rassembler, se regrouper, se réunir. △ **ANT.** DÉMOBILISER.

mobilité *n. f.* ▶ ***Instabilité*** – balancement, ballant, ballottement, déséquilibre, fragilité, instabilité, jeu, motilité, motricité, mouvance, mouvant, mouvement, ondulation, oscillation, roulis, tangage, turbulence, va-et-vient, vibration. ▶ ***Fluctuation*** – ballottement, changement, déséquilibre, fluctuation, fragilité, inadaptation, incertitude, inconstance, inégalité, instabilité, mouvant, mouvement, précarité, variabilité, variation, versatilité, vicissitude, volatilité. ▶ ***Turbulence*** – agitation, dissipation, espièglerie, excitation, fougue, impétuosité, mouvement, nervosité, pétulance, tapage, turbulence, vivacité. ▶ ***Agilité*** – adresse, agilité, aisance, dextérité, élasticité, élégance, facilité, grâce, habileté, légèreté, main, précision, rapidité, souplesse, technique, virtuosité, vivacité. SOUT. félinité, prestesse. △ **ANT.** FIXITÉ, IMMOBILITÉ, STABILITÉ.

modalité *n. f.* approche, art, chemin, code, comment, credo, démarche, discipline, dispositif, façon (de faire), facture, formule, heuristique, instruction, instrument, ligne de conduite, maïeutique, manière, marche (à suivre), méthode, méthodologie, mode d'emploi, mode, moyen, opération, ordre, organisation, outil, posologie, pratique, procédé, procédure, protocole, raisonnement, recette, règle, secret, stratagème, stratégie, système, tactique, technique, théorie, traitement, voie. SOUT. faire.

mode *n. m.* ▶ ***Manière*** – approche, art, chemin, code, comment, credo, démarche, discipline, dispositif, façon (de faire), facture, formule, heuristique, instruction, instrument, ligne de conduite, maïeutique, manière, marche (à suivre), méthode, méthodologie, modalité, mode d'emploi, moyen, opération, ordre, organisation, outil, posologie, pratique, procédé, procédure, protocole, raisonnement, recette, règle, secret, stratagème, stratégie, système, tactique, technique, théorie, traitement, voie. SOUT. faire.

mode *n.f.* ▶ ***Coutume*** – convention, coutume, habitude, habitus, mœurs, pratique, règle, rite, tradition, us et coutumes, usage. ▶ ***Tendance*** – avant-gardisme, dernier cri, engouement, épidémie, fantaisie, fureur, goût (du jour), style, tendance, ton, vague, vent, vogue. ▶ ***Nouveauté*** – actualité, avant-gardisme, changement, contemporanéité, fraîcheur, inédit, innovation, jamais vu, jeunesse, modernité, neuf, nouveau, nouveauté, originalité, pertinence, précédent, première, présent, primeur. ▶ ***Haute couture*** – confection, couture, haute couture, prêt-à-porter.

modèle *adj.* accompli, achevé, consommé, de rêve, exemplaire, idéal, idyllique, incomparable, irréprochable, parfait, rêvé. △ **ANT.** EXCEPTIONNEL, HORS DU COMMUN, SPÉCIAL, UNIQUE.

modèle *n.m.* ▶ ***Ébauche*** – canevas, crayon, crayonné, croquis, dessin, ébauche, épure, esquisse, essai, étude (préparatoire), griffonnement, pochade, premier jet, préparation, projet, rough, schéma. *SOUT.* linéaments. *FRANCE FAM.* crobard. ▶ ***Prototype*** – carton, grille, matrice, modélisation, moule, patron, pattern, pilote, plan, prototype, simulation, spécimen. *FAM.* topo. ▶ ***Objet qui en imite un autre*** – maquette, miniature, modèle (réduit), plan-relief, reproduction (à échelle réduite). ▶ ***Mannequin*** – mannequin, top-modèle. ▶ ***Portrait*** – académie, anatomie, charnure, gymnité, nu, nudité, plastique, sujet. ▶ ***Personne admirable*** – brave, demi-dieu, dieu, exemple, géant, glorieux, grand, héros, idole, titan. *SOUT.* parangon. ▶ ***Exemple*** – archétype, canon, critère, échantillon, étalon, exemple, formule, gabarit, idéal, idée, image, individu, norme, original, paradigme, précédent, prototype, référence, représentant, type, unité. △ **ANT.** COPIE, IMITATION, REPRODUCTION.

modeler *v.* ▶ ***Pétrir une matière*** – malaxer, manier, manipuler, pétrir, travailler, triturer. ▶ ***Donner une forme à qqch.*** – façonner, former, sculpter. *SOUT.* configurer. ▶ ***Rendre conforme*** – accommoder, accorder, adapter, ajuster, aligner, approprier, conformer, faire cadrer, moduler, mouler, régler. ♦ **se modeler** ▶ ***Se conformer*** – emboîter le pas à, imiter, s'accorder sur, s'adapter à, s'ajuster à, s'aligner sur, se conformer à, se mettre au diapason de, se mettre dans le ton, se rallier à, se ranger à, se régler sur, suivre.

modération *n.f.* ▶ ***Retenue*** – centrisme, dépouillement, frugalité, juste milieu, ménagement, mesure, modérantisme, modestie, pondération, réserve, retenue, rusticité, sagesse, simple, simplicité, sobriété, tempérance. ▶ ***Douceur*** – délicatesse, douceur, finesse, fraîcheur, légèreté, moelleux, mollesse, onctuosité, quiétude, suavité, tranquillité, velouté. *FIG.* soie. ▶ ***Pacification*** – dédramatisation, dégel, désamorçage, désescalade, minimisation, pacification. △ **ANT.** ABUS, DÉMESURE, EXAGÉRATION, EXCÈS, EXTRÉMISME, IMMODÉRATION, INTEMPÉRANCE, OUTRANCE; ACCENTUATION, AGGRAVATION, AUGMENTATION, INTENSIFICATION.

modéré *adj.* ▶ ***Sobre*** – abstinent, frugal, sobre, tempérant. ▶ ***Raisonnable*** – éclairé, judicieux, mesuré, philosophe, pondéré, posé, raisonnable, raisonné, rationnel, réfléchi, responsable, sage, sain, sensé, sérieux. *SOUT.* rassis, tempéré. ▶ ***En matière de politique*** – centriste. ▶ ***En parlant du climat*** – clément, doux, moyen, tempéré. △ **ANT.** DÉRAISONNABLE, EXCESSIF; DÉMESURÉ, EFFRÉNÉ, EXAGÉRÉ, EXTRÊME, IMMODÉRÉ, OUTRANCIER; ASTRONOMIQUE *(PRIX)*, EXORBITANT, FOU; EXTRÉMISTE, RADICAL; GLACIAL *(TEMPS)*, RIGOUREUX, RUDE, SIBÉRIEN; ACCABLANT, BRÛLANT, CANICULAIRE, ÉCRASANT, ÉTOUFFANT, LOURD, SAHARIEN, SUFFOCANT, TORRIDE, TROPICAL.

modérément *adv.* ▶ ***Sobrement*** – austèrement, discrètement, frugalement, légèrement, mesurément, peu, raisonnablement, sobrement. ▶ ***Moyennement*** – honnêtement, médiocrement, moyennement, passablement, tièdement. *FAM.* comme ci comme ça, couci-couça, moitié-moitié, pas mal. ▶ ***Doucement*** – délicatement, discrètement, doucement, en douceur, faiblement, légèrement, lentement, mesurément, mollement, posément, timidement. *FAM.* doucettement, mollo, mou, piane-piane, pianissimo, piano. ▶ ***Un peu*** – faiblement, légèrement, un peu. △ **ANT.** À L'EXCÈS, À OUTRANCE, ABUSIVEMENT, DÉMESURÉMENT, EXAGÉRÉMENT, EXCESSIVEMENT, OUTRE MESURE, PLUS QUE DE RAISON, SANS RETENUE, TROP; À LA PERFECTION, À MERVEILLE, À RAVIR, ADMIRABLEMENT, DIVINEMENT, EXTRAORDINAIREMENT, IMPECCABLEMENT, INCOMPARABLEMENT, LE MIEUX DU MONDE, MERVEILLEUSEMENT, MIRIFIQUEMENT, ON NE PEUT MIEUX, PARFAITEMENT, PRODIGIEUSEMENT; BRUTALEMENT, CRÛMENT, DUREMENT, RAIDE, RUDEMENT, SANS MÉNAGEMENT, VERTEMENT, VIOLEMMENT.

modérer *v.* ▶ ***Ralentir*** – contenir, endiguer, freiner, juguler, ralentir, refréner. *SOUT.* brider. ▶ ***Atténuer des propos*** – atténuer, euphémiser, ménager, mesurer, nuancer, pondérer, tempérer. ▶ ***Diminuer l'intensité d'un sentiment*** – attiédir, éteindre, refroidir. *FAM.* doucher. ▶ ***Assagir*** – assagir, calmer, raisonner, tempérer. △ **ANT.** ACCÉLÉRER, AIGUILLONNER, AVIVER, EXCITER, FOUETTER; ACCENTUER, AUGMENTER, INTENSIFIER; EXAGÉRER, OUTRER.

moderne *adj.* ▶ ***Contemporain*** – actuel, contemporain, d'aujourd'hui. ▶ ***À la mode*** – à la mode, à la page, actuel, au goût du jour, dans le vent, dernier cri, en vogue, frais, jeune, neuf, nouveau, récent. *FAM.* branché. △ **ANT.** ANCIEN, ANTIQUE, VIEUX; CLASSIQUE, TRADITIONNEL; ARCHAÏQUE, DÉMODÉ, DÉPASSÉ, OBSOLÈTE, SURANNÉ.

modeste *adj.* ▶ ***Simple*** – humble, sans prétention, simple. ▶ ***Peu élevé*** – bas, faible, maigre, modique, petit. △ **ANT.** AMBITIEUX, ORGUEILLEUX, PRÉTENTIEUX, VANITEUX; AMPLE, CONSIDÉRABLE, ÉNORME, IMPORTANT; EXCESSIF; EFFRONTÉ, HARDI, IMMODESTE, INDÉCENT, PROVOCANT.

modestement *adv.* ▶ ***Humblement*** – humblement, pauvrement, respectueusement, simplement, timidement. ▶ ***Pudiquement*** – angéliquement, chastement, décemment, discrètement, exemplairement, honnêtement, moralement, pudiquement, purement, sagement, saintement, vénérablement, vertueusement, virginalement. △ **ANT.** FIÈREMENT, LA TÊTE HAUTE, ORGUEILLEUSEMENT, TRIOMPHALEMENT, VANITEUSEMENT.

modestie *n.f.* ▶ ***Humilité*** – bonhomie, déférence, humilité, respect, simplicité, soumission. ▶ ***Timidité*** – appréhension, confusion, crainte, discrétion, effacement, effarouchement, embarras, émoi, frilosité, gaucherie, gêne, hésitation, honte, humilité, indécision, inhibition, introversion, malaise, peur, réserve, retenue, sauvagerie, timidité. SOUT. pusillanimité. FAM. trac. ▶ *Décence* – bienséance, bon ton, chasteté, convenance, correction, décence, délicatesse, dignité, discrétion, éducation, fierté, gravité, honnêteté, honneur, politesse, propreté, pudeur, quant-à-soi, réserve, respect, retenue, sagesse, sobriété, tact, tenue, vertu. SOUT. pudicité. ▶ *Modération* – centrisme, dépouillement, frugalité, juste milieu, ménagement, mesure, modérantisme, modération, pondération, réserve, retenue, rusticité, sagesse, simple, simplicité, sobriété, tempérance. ▶ *Modicité* – exiguïté, modicité, petitesse. △ **ANT.** FATUITÉ, IMMODESTIE, ORGUEIL, PRÉTENTION, SUFFISANCE, VANITÉ; AUDACE; IMPUDEUR, INDÉCENCE; EXAGÉRATION, EXCÈS; IMPORTANCE, VALEUR.

modification *n. f.* ▶ *Transformation* – adaptation, ajustement, altération, avatar, changement, conversion, évolution, glissement, gradation, infléchissement, métamorphose, modulation, mue, mutation, passage, progression, transfiguration, transformation, transition, transmutation, variation, vie. ▶ *Remaniement d'une œuvre* – actualisation, adaptation, aggiornamento, correction, mise à jour, rectification, réévaluation, refonte, remaniement, révision. ▶ *Renouvellement* – amélioration, changement, dépoussiérage, modernisation, prorogation, rajeunissement, recommencement, reconduction, réformation, réforme, régénération, réhabilitation, réinvention, remplacement, renouveau, renouvellement, rénovation, réparation, restauration, résurrection, rétablissement, transformation. PÉJ. FAM. réformette. ▶ *Amendement* – amendement, changement, correctif, correction, rectification. FAM. modif. ▶ *Modification visant à tromper* – altération, barbouillage, bricolage, contrefaçon, déformation, déguisement, dénaturation, entorse, falsification, fardage, faux, fraude, frelatage, gauchissement, maquillage, truquage. DR. contrefaction. △ **ANT.** CONSERVATION, MAINTIEN; PERMANENCE, STABILITÉ.

modifier *v.* ▶ *Changer légèrement* – altérer, changer. ▶ *Changer en profondeur* – métamorphoser, réformer, réinventer, renouveler, rénover, repousser les limites de, révolutionner, transformer. ♦ **se modifier** ▶ *Varier* – changer, différer, fluctuer, varier. FAM. bouger. △ **ANT.** FIXER; CONSERVER, GARDER, MAINTENIR, PERPÉTUER, POURSUIVRE; LAISSER, RESPECTER.

modulation *n. f.* ▶ *Accent* – accent, accentuation, inflexion, intensité, intonation, prononciation, prosodie, ton, tonalité. ▶ *Modification* – adaptation, ajustement, altération, avatar, changement, conversion, évolution, glissement, gradation, infléchissement, métamorphose, modification, mue, mutation, passage, progression, transfiguration, transformation, transition, transmutation, variation, vie. △ **ANT.** MAINTIEN.

moduler *v.* ▶ *Adapter* – accommoder, accorder, adapter, ajuster, aligner, approprier, conformer, faire cadrer, modeler, mouler, régler. ▶ *Chanter* – chanter, vocaliser. FAM. pousser la chansonnette.

moelle *n. f.* ▶ *Substance végétale* – parenchyme médullaire. ▶ *En cuisine* – amourettes. ▶ *Quintessence* (SOUT.) – caractère, en-soi, essence, essentialité, inhérence, nature, principe, qualité, quiddité, quintessence, substance. PHILOS. entité.

moelleux *adj.* ▶ *Mou* – mollet, mou, tendre. ▶ *Confortable et doux* – confortable, douillet, doux, mollet. ▶ *Doux au palais* – crémeux, onctueux, velouté. △ **ANT.** DUR, RAIDE; INCONFORTABLE; AIGRE, SEC.

mœurs *n. f. pl.* ▶ *Coutume* – convention, coutume, habitude, habitus, mode, pratique, règle, rite, tradition, us et coutumes, usage. ▶ *Habitude* – accoutumance, automatisme, façons, habitude, manières, pli, réflexe, rite, rituel, seconde nature. PSYCHOL. stéréotypie. FAM. abonnement, métro-boulot-dodo, train-train, train-train quotidien. ▶ *Non favorable* – encroûtement, manie, marotte, monotonie, ordinaire, ronron, routine, tic, uniformité. ▶ *Comportement* – attitude, comportement, conduite, habitude, habitus, réaction, vie. ▶ *Moralité* – bien, (bonnes) mœurs, conscience, déontologie, devoir, droit chemin, éthique, morale, moralité, obligation (morale), prescription, principes, règles de vie, vertu. PSYCHOL. surmoi.

moignon *n. m.* ▶ *Membre atrophié ou coupé* – rudiment. ▶ *Branche taillée* – chicot, courçon, crossette, dard, lambourde, plançon, plantard.

moindre *adj.* bas, inférieur, mineur, secondaire, subalterne, subordonné. △ **ANT.** MEILLEUR, SUPÉRIEUR.

moine *n. m.* ▶ *Personne* – moinillon *(jeune)*.

moineau *n. m.* ▶ *Oiseau* – FRANCE FAM. piaf, pierrot. ▶ *Personne bizarre* (FAM.) – anticonformiste, bizarre, excentrique, guignol, non-conformiste, original. FAM. anormal, coco, drôle de pistolet, numéro, oiseau, olibrius, ostrogot, ouistiti, phénomène, rigolo, zèbre, zig, zigomar, zigoto, zouave, zozo. FRANCE FAM. allumé, asticot, charlot, citoyen, foutraque, gugusse, gus. ▶ *Volant de badminton* (QUÉB. FAM.) – volant.

moins *adv.* au-dessous, inférieurement. △ **ANT.** AU-DESSUS, DAVANTAGE, ENCORE, MIEUX, PLUS, SUPÉRIEUREMENT.

mois *n. m.* lunaison.

moisir *v.* ▶ *Se couvrir de moisissure* – se piquer. SOUT. chancir. ▶ *Rester dans une situation médiocre* – croupir, pourrir, s'encroûter, stagner, végéter, vivoter. ▶ *Attendre trop longtemps* (FAM.) – attendre, compter les clous de la porte, faire antichambre, faire le pied de grue, faire les cent pas, patienter, prendre racine, prendre son mal en patience, s'armer de patience. FAM. croquer le marmot, faire le planton, faire le poireau, macérer, mariner, poireauter, pourrir, s'éterniser. FRANCE RÉGION. FAM. maronner. QUÉB. FAM. niaiser.

moisissure *n. f.* ▶ *Pourrissement* – blettissement, blettissure, contamination, corruption, malandre, moisi, pourrissement, pourriture, rancissement. FAM. pourri. SOUT. chancissure, croupissement. ▶ *Sens scientifique* – micromycète.

moisson *n. f.* ▶ *Action de ramasser du foin* – moissonnage. ▶ *Saison* – fauchaison, fenaison. ▶ *Choses recueillies* – collecte, récolte.

moite *adj.* en sueur, humide. FAM. suant. △ **ANT.** SEC.

moiteur *n. f.* ▶ ***Humidité*** – humide, humidité, mouillé, mouillure. ▶ ***Sueur*** – eau, écume *(animal)*, nage, perspiration, sudation, sudorification, sueur, transpiration. FAM. suée.

moitié *n. f.* ▶ ***Demi*** – demi, demie. ▶ ***Épouse*** (FAM.) – conjoint, conjointe, épouse, femme. SOUT. compagne (de vie), douce moitié, tendre moitié. ▶ ***Époux*** (FAM.) – conjoint, époux, mari. SOUT. compagnon (de vie), douce moitié, tendre moitié. FAM. homme, jules, mec. △ ANT. DOUBLE; ENTIER.

molécule *n. f.* ▶ ***Groupe d'éléments chimiques*** – combinaison, composé, corps composé.

mollement *adv.* ▶ ***Paresseusement*** – apathiquement, indolemment, languissamment, lentement, négligemment, nonchalamment, oisivement, paresseusement, passivement, poussivement, végétativement. ▶ ***Doucement*** – délicatement, discrètement, doucement, en douceur, faiblement, légèrement, lentement, mesurément, modérément, posément, timidement. FAM. doucettement, mollo, mou, piane-piane, pianissimo, piano. ▶ ***Insuffisamment*** – dérisoirement, faiblement, imparfaitement, insuffisamment, mal, médiocrement, pauvrement. ▶ ***Débonnairement*** – bonassement, bravement, complaisamment, débonnairement, faiblement, paternellement. △ ANT. ACTIVEMENT, AVEC ZÈLE, DYNAMIQUEMENT, ÉNERGIQUEMENT.

mollesse *n. f.* ▶ ***Flaccidité*** – distension, flaccidité, laxité, relâchement. ▶ ***Apathie*** – abattement, affaiblissement, apathie, atonie, avachissement, faiblesse, inconsistance, indolence, langueur, laxisme, mollasserie, nonchalance, passivité, veulerie. MÉD. aboulie, dysboulie, psychasthénie. ▶ ***Paresse*** – alanguissement, apathie, atonie, engourdissement, fainéantise, farniente, indolence, inertie, laisser-aller, langueur, lenteur, léthargie, lourdeur, négligence, nonchalance, oisiveté, paresse, somnolence, torpeur. FAM. cosse, flémingite aiguë, flemmardise, flemme. ▶ ***Douceur*** – délicatesse, douceur, finesse, fraîcheur, légèreté, modération, moelleux, onctuosité, quiétude, suavité, tranquillité, velouté. FIG. soie. ▶ ***Laxisme*** – complaisance, faiblesse, laisser-aller, laisser-faire, laxisme, permissivité, relâchement. △ ANT. DURETÉ, FERMETÉ, RIGIDITÉ; ARDEUR, DYNAMISME, ÉNERGIE, ENTRAIN, FORCE, VIVACITÉ; AUSTÉRITÉ, RIGUEUR, SÉVÉRITÉ.

mollet *adj.* ▶ ***Un peu mou*** – moelleux, mou, tendre. ▶ ***Confortable et doux*** – confortable, douillet, doux, moelleux.

mollusque *n. m.* ▶ ***Personne amorphe*** (FAM.) – amorphe, apathique, baudruche, faible, indolent, léthargique, loque, lymphatique, mollasse. FAM. chiffe (molle), emplâtre, endormi, gnangnan, lavette, limace, mollasson, mou, zombie. MÉD. aboulique, apragmatique, cataleptique, psychasthénique.

moment *n. m.* ▶ ***Instant*** – instant, minute, seconde. ▶ ***Fois*** – cas, circonstance, coup, fois, heure, occasion, occurrence. ▶ ***Époque*** – âge, cycle, date, époque, ère, étape, génération, heure, jour, période, règne, saison, siècle, temps. △ ANT. ÉTERNITÉ.

momentané *adj.* bref, court, éphémère, évanescent, fugace, fugitif, intérimaire, passager, précaire, provisoire, rapide, temporaire, transitoire. SOUT. périssable. △ ANT. DURABLE, ÉTERNEL, IMMORTEL, IMPÉRISSABLE, PERMANENT, PERPÉTUEL.

monarchie *n. f.* ▶ ***Territoire*** – couronne, grand-duché *(petit)*, royaume, sultanat *(Moyen-Orient)*. △ ANT. DÉMOCRATIE, OLIGARCHIE; RÉPUBLIQUE.

monarque *n. m.* ▶ ***Souverain*** – souverain. SOUT. prince. △ ANT. SUJET.

monastère *n. m.* ▶ ***Lieu où vivent des religieux*** – abbaye, béguinage, chartreuse, cloître, commanderie, couvent, laure *(orthodoxe)*, lavra *(orthodoxe)*, prieuré, trappe. ▸ *Bouddhiste* – bonzerie, lamaserie, vihara. ▸ *Indien* – acrama, ashram. ▶ ***Groupe de personnes*** – abbaye, couvent.

monceau *n. m.* ▶ ***Accumulation*** – abondance, accumulation, addition, agrégation, amas, amoncellement, collection, déballage, échafaudage, emmagasinage, empilage, empilement, encombrement, entassement, étagement, faisceau, fatras, fouillis, montagne, pile, pyramide, quantité, stratification, superposition, tas. ▶ ***Désordre*** – bric-à-brac, désordre, fatras, fourbi, gâchis, pêle-mêle. FAM. bordel, fouillis, foutoir, marmelade, micmac, pagaille. QUÉB. FAM. barda. BELG. FAM. margaille. SUISSE chenil.

mondain *adj.* ▶ ***Superficiel*** – frivole, futile, léger, puéril, superficiel. △ ANT. RELIGIEUX; MISANTHROPE, SAUVAGE.

monde *n. m.* ▶ ***Univers*** – ciel, cosmos, création, espace, galaxie, macrocosme, nature, sphère, tout. ▶ ***Terre*** – la géosphère, la planète Terre, la sphère terrestre, la Terre, le globe (terrestre), notre planète. ▶ ***Création de l'esprit*** – système, univers. ▶ ***Microcosme*** – landernau, microcosme. ▶ ***Milieu*** – ambiance, atmosphère, cadre, climat, décor, élément, entourage, environnement, environs, lieu, milieu, société, sphère, théâtre, voisinage. ▶ ***Vie séculière*** – siècle, (vraie) vie. ▶ ***Haute société*** – aristocratie, beau monde, gens du monde, gotha, grand monde, haute société, société. FAM. beau linge, gratin, haute. ▶ ***Gens*** – foule, gens, public. ▶ ***Grande quantité de gens*** – abondance, affluence, armada, armée, attroupement, bande, cohue, concentration, concours, encombrement, essaim, flot, forêt, foule, fourmilière, fourmillement, grouillement, légion, marée, masse, meute, multitude, peuple, pléiade *(célébrités)*, pullulement, rassemblement, régiment, réunion, ribambelle, ruche, tas, troupeau. FAM. flopée, marmaille *(enfants)*, tapée, tripotée. QUÉB. FAM. achalandage, gang. PÉJ. ramassis.

mondial *adj.* global, international, planétaire, universel. △ ANT. LOCAL, NATIONAL, RÉGIONAL.

monétaire *adj.* économique, financier, pécuniaire.

moniteur *n.* ▶ ***Instructeur*** – animateur, éducateur, enseignant, instructeur, pédagogue, professeur. FAM. mono. ▶ ***Entraîneur*** – entraîneur, entraîneur-chef, instructeur. ANTIQ. gymnaste. ▶ ***Assistant d'un professeur*** – assistant, lecteur, maître assistant, préparateur, répétiteur, sous-maître. FRANCE FAM. caïman. ♦ **moniteur,** ***masc.*** ▶ ***Écran d'ordinateur*** – console de visualisation, écran, écran d'affichage, écran de visualisation, visu, visuel.

monnaie *n. f.* ▶ ***Pièce de métal*** – médaille, pièce, (pièce de) monnaie, piécette *(petite)*. ▶ ***Argent***

sous forme de métal – espèces, numéraire, pièce. ▸ ***Unité monétaire*** – devise, unité monétaire.

monologue *n.m.* soliloque. △ **ANT.** CONVERSATION, DIALOGUE, ENTRETIEN.

monopole *n.m.* ▸ ***Privilège*** – acquis, apanage, attribution, avantage, bénéfice, chasse gardée, concession, droit, exclusivisme, exclusivité, exemption, faveur, honneur, immunité, inviolabilité, passe-droit, pouvoir, préférence, prérogative, privilège. *ANC.* franchise. *RELIG.* indult. ▸ ***Concentration d'entreprises*** – alliance, cartel, coentreprise, combinat, complexe, concentration, conglomérat, consortium, duopole, entente, groupe, industrie, oligopole, trust. *PÉJ.* féodalité. △ **ANT.** CONCURRENCE.

monotone *adj.* ▸ ***Lassant*** – assommant, endormant, ennuyeux, fastidieux, inintéressant, insipide, lassant, plat, répétitif, soporifique. *FAM.* barbant, lugubre, mortel, mortifère, mourant, rasant, raseur, rasoir, usant. *FRANCE FAM.* barbifiant, barbifique, bassinant, canulant. *QUÉB. FAM.* plate. ▸ ***Terne*** – déprimant, ennuyeux, gris, grisâtre, maussade, morne, plat, sans vie, terne. ▸ ***En parlant d'une voix*** – monocorde, traînant. *SOUT.* psalmodique. △ **ANT.** CAPTIVANT, FASCINANT, INTÉRESSANT, PALPITANT, PASSIONNANT; AMUSANT, CHARMANT, DISTRAYANT, DIVERTISSANT, ÉGAYANT, GAI, PLAISANT, RÉJOUISSANT; ENCOURAGEANT, MOTIVANT, STIMULANT; NUANCÉ, VARIÉ.

monotonie *n.f.* ▸ ***Ennui*** – abattement, accablement, affliction, aigreur, amertume, chagrin, dépression, désolation, deuil, douleur, ennui, épreuve, grisaille, humeur noire, idées noires, idées sombres, langueur, lypémanie, mal du pays, mal-être, maussaderie, mélancolie, morosité, neurasthénie, noir, nostalgie, papillons, peine, serrement de cœur, souci, tædium vitæ, tristesse, vague à l'âme. *SOUT.* atrabile, larmes, navrement, nuage, spleen, taciturnité. *FAM.* blues, bourdon, cafard, déprime, sinistrose. ▸ ***Routine*** – accoutumance, automatisme, façons, habitude, manières, mœurs, pli, réflexe, rite, rituel, seconde nature. *PSYCHOL.* stéréotypie. *FAM.* abonnement, métro-boulot-dodo, train-train, train-train quotidien. ▸ *Non favorable* – encroûtement, manie, marotte, ordinaire, ronron, routine, tic, uniformité. △ **ANT.** INATTENDU, SURPRISE; CHANGEMENT, DIVERSITÉ, VARIÉTÉ.

monseigneur *n.m.* ▸ ***Seigneur*** – messire, Sa Grandeur, seigneur, sire. ▸ ***Pied-de-biche*** – pied-de-biche, pied-de-chèvre, pince, pince-monseigneur, tire-clou.

monsieur *n.m.* ▸ ***Titre*** – don *(Espagne)*, sahib *(Inde)*, sir *(anglais)*. *FAM.* m'sieu, patron, père.

monstre *n.m.* ▸ ***Bête imaginaire*** – créature monstrueuse. ▸ ***Personne laide*** – laid, singe. *SOUT.* disgracié. *FAM.* macaque, mocheté, remède à l'amour, remède contre l'amour, repoussoir. ▸ *Très laid* – épouvantail. ▸ *Homme* – gnome *(petit)*. ▸ *Femme* – laideron. *FAM.* chabraque, grognasse *(acariâtre)*, guenon, (vieille) sorcière. ▸ ***Personne méchante*** – bête (immonde), chameau, chien, démon, gale, malveillant, mauvais, méchant, peste, poison, pourriture, rosse, serpent, suppôt de Satan, suppôt du diable, teigne, vicieux, vil personnage, vipère. *RARE* haineux. *FAM.* charogne, choléra, dégueulasse, fumier, ordure, pourri, salaud, salopard. *FRANCE FAM.* saleté, saligaud, salopiaud, vache. ▸ ***Personne sadique*** – barbare, boucher, bourreau, cannibale, dépravé, ogre, psychopathe, sadique, tordu, tortionnaire, vampire. *SOUT.* tigre. ▸ ***Enfant espiègle*** (*FAM.*) – (affreux) jojo, chipie, coquin, diablotin, filou, fripon, galopin, mauvaise graine, (petit) bandit, (petit) chenapan, (petit) démon, (petit) diable, (petit) garnement, (petit) gredin, (petit) poison, (petit) polisson, (petit) vaurien, (petit) voyou, (petite) canaille, (petite) peste, poulbot *(de Montmartre)*, titi, vilain. *SOUT.* lutin. *FAM.* morveux, (petit) crapaud, petit merdeux, petit monstre, sacripant. *QUÉB. FAM.* (petit) tannant.

monstrueux *adj.* ▸ ***Laid*** – à faire peur, affreux, déplaisant, disgracieux, hideux, horrible, ignoble, inesthétique, informe, ingrat, inharmonieux, laid, laideron *(femme)*, repoussant, répugnant, vilain. *SOUT.* malgracieux, répulsif. *FAM.* blèche, dégueu, dégueulasse, mochard, moche, tarte, tartignolle, tocard. ▸ ***Énorme*** – colossal, considérable, démesuré, énorme, extraordinaire, extrême, fabuleux, formidable, géant, gigantesque, grand, gros, immense, incommensurable, monumental, phénoménal, prodigieux, surhumain, titanesque, vaste, vertigineux. *SOUT.* cyclopéen, herculéen. *FAM.* bœuf, de tous les diables, du diable, effrayant, effroyable, épouvantable, faramineux, méchant, monstre. *FRANCE FAM.* gratiné. ▸ ***Extrêmement cruel*** – abominable, atroce, barbare, horrible, inhumain. △ **ANT.** ADMIRABLE, BEAU, ÉBLOUISSANT, MAGNIFIQUE, RAVISSANT, SPLENDIDE, SUPERBE; NORMAL; BIENVEILLANT, DOUX.

mont *n.m.* dôme *(arrondi)*, montagne. *FAM.* montagnette. *FRANCE RÉGION.* puy. *AFR.* adrar, djebel. △ **ANT.** DÉPRESSION; PLAINE.

montage *n.m.* ▸ ***Installation*** – assemblage, dressage, installation. ▸ ***En architecture*** – agencement, appareil, appareillage, disposition, taille. ▸ ***Opération technique*** – habillage. △ **ANT.** DÉMONTAGE; DÉCONSTRUCTION.

montagne *n.f.* ▸ ***Relief*** – dôme *(arrondi)*, mont. *FAM.* montagnette. *FRANCE RÉGION.* puy. *AFR.* adrar, djebel. ▸ ***Alpinisme*** – alpinisme, ascension, escalade, grimpée, montée, randonnée, trek, trekking, varappe. *FAM.* grimpe, grimpette. ▸ ***Amoncellement*** – abondance, accumulation, addition, agrégation, amas, amoncellement, collection, déballage, échafaudage, emmagasinage, empilage, empilement, encombrement, entassement, étagement, faisceau, fatras, fouillis, monceau, pile, pyramide, quantité, stratification, superposition, tas. △ **ANT.** DÉPRESSION; CAMPAGNE, PLAINE; MER.

montagneux *adj.* accidenté. *SOUT.* montueux.

montant *adj.* ▸ ***Qui monte*** – ascendant, ascensionnel. ▸ ***Escarpé*** – à fond de cuve, à pic, abrupt, accore, escarpé, raide, rapide. *RARE* ardu. △ **ANT.** DESCENDANT; AVALANT *(BATEAU)*.

montant *n.m.* ▸ ***Somme*** – addition, cagnotte, chiffre, ensemble, fonds, mandat, masse, quantité, quantum, somme, total, totalisation, volume. ▸ ***Prix*** – appréciabilité, cherté, cotation, cote, cours, coût, estimation, évaluation, prix, tarif, tarification, taux, valeur. ▸ ***Part*** – apport, commandite, contingent, contribution, cotisation, dot, dotation, écot, financement, fonds, fournissement, lot, mise, obligation, parrainage, part, participation, portion, quote-part, quotité. ▶ ***Élément vertical*** – dosseret, jambage, jambe sous poutre, portant. ARCHIT. piédroit. ▶ ***Goût*** – goût, parfum, saveur. SOUT. flaveur, sapidité, succulence.

montée *n.f.* ▶ ***Pente*** – côte, coteau, déclivité, descente, grimpette, pente, raidillon, rampant *(toit)*, rampe, talus, versant. ANC. calade *(équitation)*. ▶ ***Alpinisme*** – alpinisme, ascension, escalade, grimpée, montagne, randonnée, trek, trekking, varappe. FAM. grimpe, grimpette. ▶ ***Ascension*** – ascension, élévation, lévitation. ▶ ***Augmentation*** – accentuation, accroissement, accrue, agrandissement, amplification, arrondissement, augmentation, bond, boom, crescendo, croissance, crue, décuplement, développement, dilatation, élargissement, élévation, enflement, enrichissement, envolée, essor, évolution, expansion, extension, flambée, foisonnement, gonflement, gradation, grossissement, hausse, haussement, inflation, intensification, majoration, poussée, progrès, progression, recrudescence, redoublement, redressement, rehaussement, relèvement, renchérissement, renforcement, revalorisation, valorisation. ▶ ***Progrès*** – ascension, avance, avancée, avancement, cheminement, développement, marche, marche avant, percée, progrès, progression. △ **ANT.** DESCENTE; BAISSE, CHUTE, DIMINUTION; DÉCLIN, RÉGRESSION; AVILISSEMENT, DÉCHÉANCE.

monter *v.* ▶ ***Se déplacer vers le haut*** – lever. ▶ ***Lever, en parlant de la pâte*** – fermenter, gonfler, lever. ▶ ***S'élever dans l'air*** – s'élever (dans les airs). ▶ ***S'élever dans une hiérarchie*** – s'élever, se hausser, se hisser. ▶ ***Parvenir à un niveau*** – atteindre, s'élever. ▶ ***Totaliser*** – compter (au total), s'élever à, se chiffrer à, totaliser. ▶ ***Devenir plus cher*** – augmenter, enchérir, être en hausse, grimper, renchérir. ▶ ***Surenchérir*** – couvrir une enchère, enchérir sur, relancer, renchérir, renvier, surenchérir. SUISSE miser sur. ▶ ***Mettre plus haut*** – élever, exhausser, hausser, hisser, rehausser, remonter, surélever, surhausser. ▶ ***Escalader*** – ascensionner, escalader, faire l'ascension de, gravir, grimper. ▶ ***S'accoupler avec la femelle*** – couvrir, saillir, servir. ▶ ***Organiser*** – élaborer, établir, former, mettre sur pied, organiser. ▸ *Une chose complexe* – ficeler, nouer, ourdir, tisser, tramer. ▶ ***Manigancer*** – combiner, fomenter, machiner, manigancer, ourdir, tramer. FAM. fricoter, goupiller, magouiller, mijoter, traficoter, trafiquer. ▸ *À plusieurs* – comploter, concerter, conspirer. ▶ ***Sertir*** – enchâsser, enchatonner *(chaton)*, sertir. ▶ ***Animer contre qqn*** – braquer, cabrer, dresser, opposer. ♦ **se monter** ▶ ***Se fâcher*** (FAM.) – colérer, éclater, fulminer, prendre la mouche, prendre le mors aux dents, s'emporter, s'enflammer, s'irriter, se courroucer, se déchaîner, se fâcher, se gendarmer, se mettre en colère, sortir de ses gonds, voir rouge. FAM. exploser, piquer une colère, piquer une crise, se mettre en rogne. QUÉB. FAM. se choquer. △ **ANT.** DESCENDRE, DÉVALER; BAISSER, DIMINUER; DÉCHOIR, DÉCLINER; ABAISSER; DÉFAIRE, DÉMOLIR, DÉMONTER.

monticule *n.m.* butte, tertre, tumulus *(tombe)*. QUÉB. button. △ **ANT.** DÉPRESSION.

montrable *adj.* présentable, sortable.

montre *n.f.* ▶ ***Instrument de mesure*** – FRANCE FAM. tocante. ▶ ***Ostentation*** – affectation, démonstration, étalage, ostentation, parade. FAM. fla-fla. ▶ ***Exposition*** – concours, démonstration, étalage, exhibition, exposition, foire, foire-exposition, galerie, manifestation, présentation, rétrospective, salon, vernissage. FAM. démo, expo. SUISSE comptoir.

montrer *v.* ▶ ***Désigner par un geste*** – désigner, indiquer, pointer. ▶ ***Exposer à la vue*** – exhiber, exposer, faire voir, présenter. ▶ ***Produire un document*** – donner, exhiber, fournir, présenter, produire. ▶ ***Exprimer*** – affirmer, donner des marques de, donner la preuve/des preuves de, extérioriser, faire montre de, faire preuve de, manifester, marquer, prouver, témoigner. ▶ ***Dénoter*** – annoncer, déceler, démontrer, dénoter, faire foi de, indiquer, laisser paraître, marquer, prouver, révéler, signaler, signifier, témoigner de. SOUT. dénoncer. ▶ ***Confirmer*** – attester, confirmer, démontrer, établir, justifier, prouver, vérifier. ▶ ***Démontrer*** – démontrer, établir, prouver. ▶ ***Enseigner*** – apprendre, enseigner, expliquer, inculquer, transmettre. ▶ ***Décrire*** – brosser un tableau de, décrire, dépeindre, peindre, présenter, représenter, tracer le portrait de. ♦ **se montrer** ▶ ***Apparaître*** – apparaître, paraître, se révéler. ▶ ***Commencer à apparaître*** – percer, pointer, sortir. SOUT. poindre. ▶ ***S'avérer*** – s'avérer, se révéler, se trouver. ▶ ***Se présenter*** – arriver, paraître, se présenter. FAM. rappliquer, s'amener, se pointer, (se) radiner, se ramener. ▶ ***S'exhiber*** – paraître, s'afficher, s'exhiber, s'offrir en spectacle. △ **ANT.** CACHER, COUVRIR, DÉROBER, DISSIMULER, MASQUER, SOUSTRAIRE, VOILER; TAIRE. ♦ **se montrer** DISPARAÎTRE, S'ÉCLIPSER.

monture *n.f.* ▶ ***Montage*** – accommodation, accommodement, agencement, ajustement, aménagement, architecture, arrangement, articulation, assemblage, combinaison, combinatoire, composition, concaténation, configuration, construction, contexture, coordination, disposition, distribution, élaboration, enchaînement, harmonie, liaison, mise en ordre, mise en place, ordonnance, ordonnancement, ordre, organisation, orientation, plan, profil, programmation, rangement, structuration, structure, système, texture. ▶ ***Support*** – châsse. ▶ ***Moto*** (FAM.) – moto, motocyclette. FRANCE FAM. bécane, meule, pétrolette *(petite)*. ▸ *Grosse* – gros cube. ▶ ***Bicyclette*** (FAM.) – bicyclette, vélo. FAM. bécane, vélocipède. ▸ *Mauvaise* – clou.

monument *n.m.* ▶ ***Construction*** – bâtiment, bâtisse, construction, édifice, maison, ouvrage. ▸ *Construction urbaine* – gratte-ciel, immeuble, tour. FAM. caserne. ▶ ***Monument mégalithique*** – mégalithe, monolithe, monument (mégalitique). ▶ ***Tombe*** – caveau, cénotaphe, crypte, fosse, hypogée, mausolée, niche funéraire, sépulture, tombe, tombeau. SOUT. sépulcre. ANC. ciste, enfeu, pyramide, spéos, tholos, tombelle, tumulus. ▶ ***Œuvre de grande ampleur*** – somme. ▶ ***Chef-d'œuvre*** – bijou, chef-d'œuvre, classique, merveille, œuvre capitale, œuvre classique, œuvre de génie, œuvre maîtresse, œuvre majeure, perfection, pièce maîtresse, trésor artistique.

monumental *adj.* ▶ ***Majestueux*** – grand, grandiose, imposant, impressionnant, magistral, magnifique, majestueux. ▶ ***Énorme*** – colossal, considérable, démesuré, énorme, extraordinaire, extrême, fabuleux, formidable, géant, gigantesque, grand, gros, immense, incommensurable, monstrueux, phénoménal, prodigieux, surhumain, titanesque, vaste, vertigineux. *SOUT.* cyclopéen, herculéen. *FAM.* bœuf, de tous les diables, du diable, effrayant, effroyable, épouvantable, faramineux, méchant, monstre. *FRANCE FAM.* gratiné. △ **ANT.** HUMBLE, MODESTE, PETIT, SIMPLE; MICROSCOPIQUE, MINUSCULE, NAIN.

moquer (se) *v.* ***Ridiculiser*** – bafouer, faire des gorges chaudes de, gouailler, railler, ridiculiser, rire au nez de, rire aux dépens de, rire de, s'amuser aux dépens de, s'amuser de, se gausser de, tourner au/en ridicule, tourner en dérision. *SOUT.* brocarder, dauber, fronder, larder d'épigrammes, persifler, satiriser. *FAM.* chambrer, charrier, chiner, faire la nique à, se foutre de la gueule de, se payer la gueule de, se payer la tête de. *QUÉB. FAM.* niaiser. ▶ ***Ironiser*** – gouailler, ironiser, railler. ▶ ***Traiter avec irrespect*** – bafouer, braver, faire bon marché de, faire fi de, faire peu de cas de, fouler aux pieds, ignorer, mépriser, ne pas faire grand cas de, piétiner. *SOUT.* faire litière de. *FAM.* s'asseoir dessus. ▶ ***Traiter avec indifférence*** – bouder, être sourd à, faire fi de, faire la sourde oreille à, faire peu de cas de, ignorer, méconnaître, mépriser, ne pas se soucier de, ne pas tenir compte de, négliger, se désintéresser de. *SOUT.* n'avoir cure de, passer outre à. *FAM.* n'avoir rien à cirer de, n'avoir rien à foutre de, s'en balancer, s'en battre les flancs, s'en contrebalancer, s'en tamponner (le coquillard), s'en taper, se battre l'œil de, se contreficher de, se contrefoutre de, se ficher de, se foutre de, se soucier de qqch. comme d'une guigne, se soucier de qqch. comme de l'an quarante, se soucier de qqch. comme de sa première chemise. ▶ ***Tromper*** – abuser, attraper, avoir, bercer, berner, duper, en conter à, en faire accroire à, flouer, leurrer, mentir à, mystifier, se jouer de, tromper. *SOUT.* trigauder. *FAM.* blouser, bluffer, canuler, charrier, cravater, empaumer, empiler, entourlouper, esbroufer, faire marcher, feinter, la faire à, mener en bateau, mettre en boîte, pigeonner, posséder, refaire, rouler. *QUÉB. FAM.* niaiser. *RARE* jobarder. △ **ANT.** FLATTER; ADMIRER, APPROUVER, RESPECTER; S'INTÉRESSER, SE PRÉOCCUPER.

moquerie *n.f.* ▶ ***Raillerie*** – dérision, épigramme, esprit, flèche, goguenardise, gouaille, gouaillerie, humour, ironie, lazzi, malice, persiflage, pique, plaisanterie, pointe, quolibet, raillerie, ricanement, risée, sarcasme, satire, taquinerie, trait. *SOUT.* brocard, nargue, saillie. *FAM.* vanne. ▶ ***Taquinerie*** – agacerie, chinage, diablerie, espièglerie, facétie, farce, gaminerie, goguenardise, jeu, lutinerie, malice, mièvreté, pique, provocation, raillerie, taquinerie, turlupinade. *SOUT.* folâtrerie. *FAM.* asticotage. △ **ANT.** ADMIRATION, RESPECT; ÉLOGE, FLATTERIE, LOUANGE.

moqueur *adj.* caustique, cynique, frondeur, goguenard, gouailleur, ironique, malicieux, narquois, persifleur, railleur, sarcastique, sardonique. *QUÉB. FAM.* baveux. △ **ANT.** ADMIRATIF, FLATTEUR, LOUANGEUR; RESPECTUEUX.

moral *adj.* ▶ ***Conforme à la morale*** – bien, bienséant, convenable, correct, de bon ton, décent, digne, fréquentable, honnête, honorable, rangé, recommandable, respectable, sérieux. *FAM.* comme il faut. ▶ ***Vertueux*** – édifiant, exemplaire, vertueux. ▶ ***Qui concerne la pensée*** – intellectuel, mental, psychique, psychologique, spirituel. △ **ANT.** CHOQUANT, IMMORAL, IMPUR, OFFENSANT, RÉVOLTANT, SCANDALEUX; INUTILE, SANS INTÉRÊT, VAIN; CORPOREL, MATÉRIEL, PHYSIQUE.

moral *n.m.* disposition, état d'esprit, humeur. △ **ANT.** PHYSIQUE.

moralité *n.f.* ▶ ***Droiture*** – conscience, droiture, exactitude, fidélité, franchise, honnêteté, incorruptibilité, intégrité, irréprochabilité, justice, loyauté, mérite, netteté, probité, scrupule, sens moral, transparence, vertu. ▶ ***Vertu*** – angélisme, mérite, perfection, sagesse, sainteté, vertu. ▶ ***Morale*** – bien, (bonnes) mœurs, conscience, déontologie, devoir, droit chemin, éthique, morale, obligation (morale), prescription, principes, règles de vie, vertu. *PSYCHOL.* surmoi. ▶ ***Maxime*** – adage, aphorisme, apophtegme, axiome, citation, devise, dicton, dit, dogme, enseignement, formule, mantra, maxime, mot, on-dit, parole, pensée, précepte, principe, proverbe, réflexion, règle, sentence, sutra, vérité. △ **ANT.** AMORALITÉ, IMMORALITÉ.

morbide *adj.* ▶ ***Qui concerne la maladie*** – pathologique. ▶ ***Obsessif*** – anormal, maladif, malsain, obsessif, obsessionnel, pathologique. △ **ANT.** SAIN.

morceau *n.m.* ▶ ***Fragment*** – bribe, brisure, charpie, coupure, débris, éclat, esquille *(os)*, fraction, fragment, grain, granule, granulé, havrit, lambeau, limaille, miette, parcelle, part, particule, partie, pépite, portion, quartier, reste. *FAM.* graine. ▶ ***Élément*** – composant, composante, constituant, élément (constitutif), fragment, ingrédient, membre, module, organe, partie, pièce, principe, unité. ▶ ***Segment*** – bout, carotte *(terrain)*, détail, échantillon, pan, partie, portion, section, segment, tranche, travée, tronçon. ▶ ***Bouchée*** – bouchée. *FAM.* becquée, brifée, goulée, lichette. *QUÉB.* croquée, mordée. ▶ ***Texte*** – abrégé, aide-mémoire, analyse, aperçu, argument, compendium, condensé, éléments, épitomé, esquisse, extrait, livret, manuel, mémento, notice, page, passage, plan, précis, promptuaire, raccourci, récapitulation, réduction, résumé, rudiment, schéma, sommaire, somme, synopsis, vade-mecum. *FAM.* topo. △ **ANT.** BLOC; INTÉGRALITÉ, TOTALITÉ, TOUT.

morcellement *n.m.* ▶ ***Séparation*** – atomisation, décomposition, découpage, démembrement, désagrégation, désagrégement, désintégration, dislocation, dissociation, dissolution, division, éclatement, écroulement, effritement, émiettement, fission, fractionnement, fragmentation, îlotage, micronisation, parcellarisation, parcellarité, parcellisation, partage, pulvérisation, quadripartition, sectorisation, séparation, tranchage, tripartition. *FRANCE FAM.* saucissonnage. *RELIG.* fraction. ▶ *Territoires* – balkanisation, partition. △ **ANT.** REGROUPEMENT, REMEMBREMENT, RÉUNIFICATION, RÉUNION.

mordant *adj.* ▶ ***Qui corrode*** – acide, brûlant, caustique, corrodant, corrosif. ▶ ***En parlant du froid*** – âpre, cinglant, pénétrant, perçant, piquant, saisissant, vif. *RARE* cuisant. ▶ ***D'une méchanceté blessante*** – à l'emporte-pièce, acerbe, acéré, acide, acrimonieux, aigre, blessant, caustique, cinglant, corrosif, fielleux, grinçant, incisif, méchant, piquant, sarcastique, sardonique, virulent, vitriolique. △ **ANT.** CALMANT, DOUX; ÉMOUSSÉ.

mordant *n.m.* ▶ ***Aigreur*** – acariâtreté, acerbité, acidité, âcreté, acrimonie, agressivité, aigreur, amertume, animosité, âpreté, bave, bile, causticité, colère, dépit, désagrément, dureté, fiel, haine, hargne, humeur, irritation, malveillance, maussaderie, mauvaise humeur, méchanceté, pique, rancœur, rancune, récrimination, ressentiment, rudesse, tranchant, venin, vindicte, virulence. *SOUT.* mordacité. *FAM.* rouspétance. ▶ ***Fougue*** (*FAM.*) – abattage, activité, allant, ardeur, dynamisme, effort, énergie, vie, vigueur, vitalité, vivacité. *FAM.* punch.

mordre *v.* ▶ ***Blesser par morsure*** – piquer. ▶ ***Corroder*** – attaquer, corroder, entamer, éroder, manger, ronger. ▶ ***Pincer au visage*** – cingler, couper, fouetter, gifler, pincer, piquer, taillader. *SOUT.* flageller. ▶ ***Croire naïvement*** – donner dans le panneau, se faire avoir, tomber dans le panneau. *FAM.* marcher. ▶ ***Empiéter*** – chevaucher, déborder, dépasser, empiéter. △ **ANT.** DÉMORDRE, LÂCHER PRISE.

morgue *n.f.* ▶ ***Lieu*** – catacombe, charnier, cimetière, colombaire, fosse commune, nécropole, ossuaire. *SOUT.* champ du repos, dernier asile, dernière demeure. *FAM.* boulevard des allongés, jardin des allongés, terminus. ▶ ***Mépris*** – arrogance, condescendance, dédain, dégoût, dérision, hauteur, mépris, snobisme. *SOUT.* déconsidération, mésestimation, mésestime. ▶ ***Orgueil*** – amour-propre, arrogance, autosatisfaction, bouffissure, complaisance, contentement (de soi), crânerie, enflure, fatuité, gloriole, hauteur, immodestie, importance, jactance, mégalomanie, orgueil, ostentation, outrecuidance, parade, pose, présomption, prétention, suffisance, superbe, supériorité, vanité, vantardise. *SOUT.* fierté, infatuation. *FAM.* ego. △ **ANT.** RESPECT; MODESTIE.

morne *adj.* ▶ ***Triste*** – abattu, découragé, démoralisé, déprimé, las, mélancolique, morose, pessimiste, qui a le vague à l'âme, qui broie du noir, sombre, ténébreux, triste. *SOUT.* bilieux, saturnien, spleenétique. *FAM.* cafardeux, tristounet. ▶ ***De mauvaise humeur*** – boudeur, bourru, de mauvaise humeur, grognon, mal disposé, maussade, mécontent, morose, qui fait la tête, rechigné, rembruni, renfrogné, sombre, taciturne. *SOUT.* chagrin. *FAM.* à ne pas prendre avec des pincettes, de mauvais poil, mal luné, qui fait la gueule, qui fait la lippe, qui s'est levé du mauvais pied, soupe au lait. *QUÉB. FAM.* marabout. *BELG.* mal levé. ▶ ***Monotone*** – déprimant, ennuyeux, gris, grisâtre, maussade, monotone, plat, sans vie, terne. ▶ ***En parlant de l'œil, du regard*** – atone, éteint, inexpressif, terne. *FAM.* bovin. △ **ANT.** ACCUEILLANT, AFFABLE, AIMABLE, AMÈNE, AVENANT, CORDIAL, ENGAGEANT, INVITANT, SOURIANT; AMUSANT, CHARMANT, DISTRAYANT, DIVERTISSANT, ÉGAYANT, GAI, PLAISANT, RÉJOUISSANT; ENCOURAGEANT, MOTIVANT, STIMULANT.

morose *adj.* ▶ ***Triste*** – abattu, découragé, démoralisé, déprimé, las, mélancolique, morne, pessimiste, qui a le vague à l'âme, qui broie du noir, sombre, ténébreux, triste. *SOUT.* bilieux, saturnien, spleenétique. *FAM.* cafardeux, tristounet. ▶ ***Maussade*** – boudeur, bourru, de mauvaise humeur, grognon, mal disposé, maussade, mécontent, morne, qui fait la tête, rechigné, rembruni, renfrogné, sombre, taciturne. *SOUT.* chagrin. *FAM.* à ne pas prendre avec des pincettes, de mauvais poil, mal luné, qui fait la gueule, qui fait la lippe, qui s'est levé du mauvais pied, soupe au lait. *QUÉB. FAM.* marabout. *BELG.* mal levé. △ **ANT.** ACCUEILLANT, AFFABLE, AIMABLE, AMÈNE, AVENANT, CORDIAL, ENGAGEANT, INVITANT, SOURIANT; GAI, JOYEUX.

morsure *n.f.* ▶ ***Action de mordre*** – *QUÉB.* mordée.

mort *n.* ▶ ***Corps*** – cadavre, corps. *SOUT.* dépouille (mortelle). *FAM.* macchab, macchabée. ▶ ***Être qui ne vit plus*** – défunt, disparu. *SOUT.* trépassé. △ **ANT.** VIVANT.

mort *n.f.* ▶ ***Cessation de la vie*** – décès, disparition, extinction, fin, perte. *FIG.* départ, dernier repos, dernier sommeil, dernier soupir, grand voyage, sépulture, sommeil éternel, tombe, tombeau. *SOUT.* la Camarde, la Faucheuse, la Parque, trépas. *FRANCE FAM.* crève. ▶ ***Anéantissement*** – absorption, anéantissement, annihilation, démolition, destruction, dévastation, disparition, effacement, élimination, enlèvement, éradication, fin, gommage, liquidation, néantisation, suppression. *SOUT.* extirpation. *RARE* engloutissement. △ **ANT.** EXISTENCE, VIE; NAISSANCE; COMMENCEMENT, DÉBUT.

mortel *adj.* ▶ ***Qui tue*** – fatal, funeste, létal, meurtrier. *DIDACT.* mortifère. ▶ ***Qui n'est pas éternel*** – destructible, éphémère, périssable, temporel. ▶ ***Ennuyeux*** (*FAM.*) – assommant, endormant, ennuyeux, fastidieux, inintéressant, insipide, lassant, monotone, plat, répétitif, soporifique. *FAM.* barbant, lugubre, mortifère, mourant, rasant, raseur, rasoir, usant. *FRANCE FAM.* barbifiant, barbifique, bassinant, canulant. *QUÉB. FAM.* plate. △ **ANT.** ANODIN, BÉNIN, INNOCENT, INOFFENSIF, SANS DANGER, SANS GRAVITÉ; ÉTERNEL, IMMORTEL; CAPTIVANT, FASCINANT, INTÉRESSANT, PALPITANT, PASSIONNANT.

mortier *n.m.* ▶ ***Arme*** – bouche à feu, canon, obusier. ▶ ***Bouche à feu*** – bombarde, bouche à feu, lance-bombes, mortier-éprouvette. ▶ ***Ciment*** – ciment, gâchis, liant.

mortification *n.f.* ▶ ***Ascèse*** – abstinence, ascèse, ascétisme, austérité, dépouillement, expiation, flagellation, frugalité, macération, pénitence, privation, propitiation, renoncement, restriction, sacrifice, stigmatisation, tempérance. ▶ ***Vexation*** – affront, crève-cœur, déboires, dégoût, déplaisir, froissement, humiliation, vexation. *SOUT.* camouflet, désobligeance, soufflet. ▶ ***Nécrose*** – gangrène, nécrose. △ **ANT.** PLAISIR, SATISFACTION.

mortuaire *adj.* funèbre, funéraire, obituaire.

mosaïque *n.f.* ▶ ***Ensemble d'éléments disparates*** – costume d'Arlequin, damier, marqueterie, patchwork. *QUÉB.* courtepointe.

mosquée *n.f.* zaouïa.

mot *n.m.* ▶ ***Élément d'une phrase*** – lexème, terme, vocable. ▶ ***Appellation*** – appellation, dénomination, désignation, étiquette, marque, nom, qualification, taxon, taxum, vocable. ▶ ***Maxime*** – adage, aphorisme, apophtegme, axiome, citation, devise, dicton, dit, dogme, enseignement, formule, mantra, maxime, moralité, on-dit, parole, pensée, précepte, principe, proverbe, réflexion, règle, sentence, sutra, vérité. ▶ ***Courte lettre*** – billet, lettre, message, pli, réponse. IRON. épître. SOUT. missive. FAM. biffeton *(dans une prison)*. FRANCE FAM. babillarde, bafouille. AFR. note. ▶ ***Allocution*** – allocution, discours, harangue, toast. FAM. laïus, topo. RELIG. homélie, sermon.

moteur *n.m.* ▶ ***Appareil*** – turbine. FAM. bourrin, moulin. ▶ ***Ce qui agit*** – agent, âme, bras, instrument, organe. ▶ ***Cause*** – agent, base, cause, explication, facteur, ferment, fondement, fontaine, germe, inspiration, levain, levier, mobile, motif, motivation, moyen, objet, occasion, origine, point de départ, pourquoi, principe, raison, raison d'être, source, sujet. SOUT. étincelle, mère, racine, ressort. ▶ ***Instigateur*** – âme, artisan, auteur, centre, cerveau, chef, cheville ouvrière, créateur, dirigeant, fondateur, incitateur, initiateur, inspirateur, instigateur, locomotive, maître (d'œuvre), meneur, organisateur, patron, père, promoteur, protagoniste, régisseur, responsable. SOUT. excitateur, instaurateur, ouvrier.

motif *n.m.* ▶ ***But*** – ambition, but, cause, cible, considération, destination, fin, finalité, intention, mission, mobile, objectif, objet, point de mire, pourquoi, prétexte, raison, raison d'être, sens, visée. SOUT. propos. ▶ ***Cause*** – agent, base, cause, explication, facteur, ferment, fondement, fontaine, germe, inspiration, levain, levier, mobile, moteur, motivation, moyen, objet, occasion, origine, point de départ, pourquoi, principe, raison, raison d'être, source, sujet. SOUT. étincelle, mère, racine, ressort. ▶ ***Excuse*** – amende honorable, décharge, déculpabilisation, défense, disculpation, explication, justification, pardon, raison, regret, ressource. ▶ ***Ornement*** – brochure, décor, dessin, ornement. △ **ANT.** CONSÉQUENCE, EFFET.

motion *n.f.* ▶ ***Proposition*** – avertissement, avis, conseil, encouragement, exhortation, guidance, idée, incitation, indication, information, initiative, inspiration, instigation, offre, opinion, préconisation, proposition, recommandation, renseignement, suggestion. FAM. tuyau. DR. pollicitation.

motivant *adj.* encourageant, incitateur, incitatif, mobilisateur, stimulant, stimulateur. △ **ANT.** DÉCOURAGEANT, DÉMOBILISATEUR, DÉMORALISANT, DÉMORALISATEUR, DÉMOTIVANT, DÉPRIMANT.

motivation *n.f.* ▶ ***Justification*** – éclaircissement, explication, justification, réponse, version. SOUT. légitimation. ▶ ***Cause*** – agent, base, cause, explication, facteur, ferment, fondement, fontaine, germe, inspiration, levain, levier, mobile, moteur, motif, moyen, objet, occasion, origine, point de départ, pourquoi, principe, raison, raison d'être, source, sujet. SOUT. étincelle, mère, racine, ressort. ▶ ***Stimulation*** – aide, aiguillon, animation, appel, défi, dépassement (de soi), émulation, encouragement, entraînement, excitation, exhortation, fanatisation, fomentation, impulsion, incitation, instigation, invitation, invite, provocation, sollicitation, stimulation, stimulus. SOUT. surpassement. △ **ANT.** DÉMOTIVATION.

motiver *v.* ▶ ***Justifier*** – expliquer, fonder, justifier. ▶ ***Pousser à agir*** – aiguillonner, animer, éperonner, exciter, fouetter, pousser, stimuler. SOUT. agir. ▶ ***Donner de l'entrain*** – animer, encourager, enthousiasmer, stimuler. SOUT. exhorter. ♦ **motivé** ▶ ***Justifié*** – équitable, fondé, juste, justifié, légitime, mérité. △ **ANT.** DÉMOTIVER.

motocyclette *n.f.* ▶ ***Engin*** – moto. FRANCE FAM. bécane, meule, monture, pétrolette *(petite)*. ▸ *Grosse* – gros cube. ▶ ***Motocyclisme*** – moto, motocyclisme.

motte *n.f.* ▶ ***Moule*** – gueuse, lingotière.

mou *adj.* ♦ **choses** ▶ ***Qui enfonce au contact*** – moelleux, mollet, tendre. ▶ ***Facile à modeler*** – malléable, plastique, ramolli, tendre. ▶ ***Qui manque de tonus*** – flasque, lâche, mollasse, relâché. ▶ ***En parlant d'une intrigue*** – lâche, languissant, qui manque de nerf, traînant. ▶ ***En parlant d'un son*** – amorti, assourdi, atténué, cotonneux, étouffé, faible, feutré, mat, ouaté, sourd, voilé. ♦ **personnes** ▶ ***Amorphe*** – affaissé, amorphe, apathique, atone, avachi, désossé, endormi, faible, inconsistant, indolent, inerte, léthargique, lymphatique, nonchalant, passif, ramolli, sans ressort. SOUT. lâche, veule. FAM. gnangnan, mollasse, mollasson, ramollo. ▶ ***Trop indulgent*** – bonasse, débonnaire, faible. △ **ANT.** DUR, FERME, SOLIDE; RAIDE, RIGIDE, TENDU; FORT, VIGOUREUX; ACTIF, DILIGENT, DYNAMIQUE, ÉNERGIQUE, INFATIGABLE, LABORIEUX, TRAVAILLEUR, VAILLANT, ZÉLÉ; RIGOUREUX, SÉVÈRE, STRICT.

mouchard *n.* ▶ ***Accusateur*** (FAM.) – accusateur, calomniateur, délateur, dénonciateur, détracteur, diffamateur, espion, indicateur, rapporteur. SOUT. sycophante, vitupérateur. FAM. balance, cafard, cafardeur, cafteur, donneur, indic. QUÉB. FAM. porte-panier. ▶ ***Espion*** (FAM.) – agent de renseignements, agent secret, agent, épieur, espion, sous-marin. SOUT. affidé, argus. FAM. taupe. FRANCE FAM. barbouze. ♦ **mouchard,** ***masc.*** ▶ ***Appareil*** – compteur, encodeur, enregistreur, indicateur. FAM. boîte noire.

moucher *v.* ▶ ***Réprimander*** (FAM.) – admonester, attraper, chapitrer, faire des remontrances à, faire la leçon à, faire la morale à, gronder, houspiller, malmener, moraliser, morigéner, rappeler à l'ordre, remettre à sa place, remettre au pas, réprimander, sermonner. SOUT. gourmander, redresser, semoncer, semondre, tancer. FAM. assaisonner, dire deux mots à, disputer, doucher, engueuler, enguirlander, incendier, laver la tête à, passer un savon à, remonter les bretelles à, sacquer, savonner, savonner la tête à, secouer, secouer comme un (vieux) prunier, secouer les puces à, sonner les cloches à, tirer les oreilles à. FRANCE FAM. donner un cigare à, passer un cigare à. QUÉB. FAM. chicaner.

mouchoir *n.m.* ▶ ***Ce qui sert à se moucher*** – FRANCE FAM. tire-jus. ▶ ***Foulard*** – bandana, cache-col, cache-nez, carré, châle, écharpe, étole, fichu, foulard, madras, mantille, pointe.

moue *n.f.* ▶ ***Grimace*** – contorsion, expression, froncement, grimace, lippe, mimique, mine, nique, rictus, simagrée, singerie, tic. FAM. bouche en cul de poule.

mouillé *adj.* ▶ ***Trempé*** – dégouttant, détrempé, ruisselant, trempé. ▶ ***En parlant des yeux*** – embué, humide, mouillé (de larmes). △ **ANT.** SEC.

mouiller *v.* ▶ ***Pénétrer d'un liquide*** – abreuver, arroser, baigner, détremper, gorger d'eau, imbiber, imprégner, inonder. ▶ ***Arroser, en parlant de la pluie*** – tremper. FAM. doucher, rincer, saucer. ▶ ***Diluer*** – allonger, couper, diluer, éclaircir, étendre. FAM. baptiser. ▶ ***Compromettre*** (FAM.) – compromettre, impliquer, mêler, mettre en cause. ▶ ***Jeter l'ancre*** – donner fond, jeter l'ancre, s'ancrer. ▶ ***Avoir peur*** (FAM.) – avoir grand-peur, avoir peur, blêmir, frissonner, pâlir, prendre peur, trembler, verdir. FAM. avoir la frousse, avoir la pétoche, avoir la tremblote, avoir la trouille, avoir le trac, avoir le trouillomètre à zéro, avoir les jetons, baliser, fouetter. △ **ANT.** ÉPONGER, ESSUYER; ASSÉCHER, DESSÉCHER, SÉCHER, TARIR; APPAREILLER.

moulant *adj.* ajusté, collant, étriqué *(trop serré)*, étroit, serré. △ **ANT.** AMPLE, BLOUSANT, BOUFFANT, FLOTTANT, LÂCHE, LARGE.

moule *n.m.* ▶ ***Récipient*** – coffrage, forme, matrice. ▶ ***Modèle*** – carton, grille, matrice, modèle, modélisation, patron, pattern, pilote, plan, prototype, simulation, spécimen. FAM. topo.

mouler *v.* ▶ ***Suivre étroitement la forme*** – coller à, épouser, gainer, serrer. ▶ ***Adapter*** – accommoder, accorder, adapter, ajuster, aligner, approprier, conformer, faire cadrer, modeler, moduler, régler.

moulin *n.m.* ▶ ***Appareil de broyage*** – broyeur, broyeuse, déchiqueteur, triturateur. ▶ ***Pressoir*** – maillotin *(à olives)*, moulin (à huile), pressoir. ▶ ***Appareil de propulsion*** (FAM.) – moteur, turbine. FAM. bourrin. ▶ ***Usine*** – meunerie, minoterie.

mourant *adj.* ▶ ***Sur le point de mourir*** – à l'agonie, à l'article de la mort, agonisant, expirant, moribond, qui se meurt. FAM. qui a un pied dans la fosse, qui a un pied dans la tombe. ▶ ***Ennuyeux*** (FAM.) – assommant, endormant, ennuyeux, fastidieux, inintéressant, insipide, lassant, monotone, plat, répétitif, soporifique. FAM. barbant, lugubre, mortel, mortifère, rasant, raseur, rasoir, usant. FRANCE FAM. barbifiant, barbifique, bassinant, canulant. QUÉB. FAM. plate. ▶ ***Comique*** (QUÉB. FAM.) – amusant, bouffon, burlesque, cocasse, comique, d'un haut comique, désopilant, drolatique, drôle, gai, hilarant, humoristique, impayable, ineffable, inénarrable, plaisant, rigolo, risible, vaudevillesque. SOUT. drôlet. FAM. bidonnant, boyautant, crevant, éclatant, gondolant, marrant, poilant, roulant, tordant. △ **ANT.** NAISSANT; CAPTIVANT, FASCINANT, INTÉRESSANT, PALPITANT, PASSIONNANT; GRAVE, SÉRIEUX; ATTRISTANT, CHAGRINANT, TRISTE.

mourant *n.* agonisant, incurable, moribond.

mourir *v.* ▶ ***Cesser de vivre*** – décéder, être emporté, être tué, expirer, perdre la vie, périr, s'éteindre, succomber, trouver la mort. SOUT. exhaler le dernier soupir, passer de vie à trépas, rendre l'âme, rendre l'esprit, rendre le dernier soupir, rendre son dernier souffle, trépasser. PAR EUPHÉM. avoir vécu, disparaître, faire le grand voyage, fermer les paupières, fermer les yeux, finir, monter au ciel, paraître devant Dieu, partir, passer, passer dans l'autre monde, quitter ce (bas) monde, s'effacer, s'en aller, s'endormir. FAM. calancher, caner, clamser, claquer, crever, passer l'arme à gauche, sortir les pieds devant, y rester. FRANCE FAM. claboter. ▸ *Au combat* – consentir l'ultime sacrifice, tomber, tomber au champ d'honneur, verser son sang. ▶ ***S'anéantir*** – crouler, disparaître, finir, périr, s'anéantir, s'écrouler, s'effondrer. ▶ ***S'estomper*** – disparaître, partir, passer, s'assoupir, s'effacer, s'en aller, s'envoler, s'estomper, s'évanouir, s'évaporer, se dissiper, se volatiliser. △ **ANT.** NAÎTRE; COMMENCER, ÉCLORE; DURER, EXISTER, VIVRE.

mousse *n.f.* ▶ ***Plante*** – BOT. bryale. ▶ ***Écume*** – bouillons, écume. QUÉB. FAM. broue. ▶ ***Bulles de bière*** – FAM. faux col. ▶ ***Bière*** (FAM.) – bière. QUÉB. FAM. broue. ACADIE flacatoune *(artisanale)*. ANTIQ. OU PAR PLAIS. cervoise. ▸ *Mauvaise* – bière acescente, bière éventée. FAM. pipi de chat, pisse d'âne. ▸ *Quantité* – bock, boîte, bouteille, caisse, canette, chope, demi, demi pression, pack, pichet, pinte, pot, tonneau, verre. FRANCE RÉGION. moque. ▶ ***Dessert*** – crème, flan. ▶ ***Charcuterie*** – aspic, confit, pâté, terrine.

mousseux *adj.* ▶ ***Qui produit de la mousse*** – écumant, écumeux, moutonnant, moutonneux. DIDACT. spumescent, spumeux. ▶ ***Vaporeux*** – aérien, immatériel, léger, vaporeux. SOUT. arachnéen, éthéré. ▶ ***En parlant d'un vin*** – champagnisé, perlant, pétillant. △ **ANT.** PLAT.

moustache *n.f.* ▶ ***Humains*** – FAM. bacchante. ▶ ***Animaux*** – poil de nez *(humain)*. ANAT. poil tactile, vibrisse.

moustique *n.m.* ▶ ***Insecte*** – QUÉB. brûlot, maringouin, mouche noire. ZOOL. diptère à longues antennes, nématocère. ▶ ***Homme minuscule*** (FAM.) – courtaud, lilliputien, nain, petit.

mouton *n.m.* ▶ ***Suiveur*** – baudruche, cire molle, esclave, fantoche, figurant, jouet, mannequin, marionnette, pantin, potiche, suiveur, suiviste. FAM. béni-oui-oui. ▶ ***Codétenu*** – codétenu, compagnon de cellule. ▶ ***Petite vague*** – vague. ▸ *Petite* – vaguelette. ▶ ***Ciel*** – nuage moutonné, nuage pommelé. ▶ ***Masse*** – bélier, sonnette. ▶ ***Machine*** – estampe. ▶ ***Amas de poussière*** (FAM.) – FAM. chaton. ACADIE rolon de poussière.

mouvant *adj.* ▶ ***Changeant*** – changeant, en dents de scie, flottant, fluctuant, incertain, inconstant, inégal, instable, irrégulier, mobile, variable. SOUT. labile, volatil. DIDACT. erratique. ▶ ***Ondulant*** – ondoyant, ondulant, onduleux, serpentin. △ **ANT.** CONSTANT, FIXE, IMMOBILE, INVARIABLE, INVARIANT, STABLE, STATIONNAIRE, STATIQUE.

mouvement *n.m.* ▶ ***Déplacement*** – déplacement. ▶ ***Geste*** – allure, attitude, chironomie, chorégraphie, contenance, danse, geste, gesticulation, gestique, gestualité, gestuelle, jeu (physique), langage corporel, langage gestuel, manière, mime, mimique, mimodrame, mimographie, mimologie, mudra, pantomime, posture, signal, signe. ▶ ***Élan*** – bond, branle, coup, élan, élancement, envolée, erre, essor, impulsion, lancée, lancement, rondade *(acrobatie)*, saut. QUÉB. FAM. erre d'aller. ▶ ***Allure*** – allure, cadence, course, erre, marche, pas, rythme, tempo, train, vitesse. ▶ ***Tempo ou morceau musical*** – battement, cadence, eurythmie, mesure, musique, période, phrasé, pouls, pulsation, respiration, rythme, swing, tempo, vitesse. ▶ ***Entraînement*** – engrenage, engrènement, entraînement, transmission. ▶ ***Opéra-***

tion – activité, exercice, fonctionnement, marche, opération, service, travail, usage, vie. ▸ ***Activité*** – activité, animation, circulation, exercice. ▸ ***Avancement*** – accession, avancement, élévation, émancipation, mutation, nomination, promotion, reclassement. ▸ ***Migration*** – déplacement, migration, nomadisme, transplantation. SOUT. transmigration. ▸ ***Mutation*** – affectation, déplacement, mutation. ▸ ***Écoulement*** – circulation, débit, débordement, écoulement, éruption, évacuation, exsudation, flux, fuite, ingression, inondation, irrigation, irruption, larmoiement, passage, ravinement, régime, ruissellement, sortie, suage, suintement, transpiration, vidange. SOUT. submersion, transsudation. RÉGION. débord. GÉOGR. défluviation, transfluence, transgression. ▸ ***Circulation de véhicules*** – circulation, trafic. ▸ *Automobiles* – circulation, circulation automobile, circulation routière, circulation urbaine, trafic (routier). ▸ *Bateaux* – navigation, trafic maritime. ▸ ***Instabilité*** – balancement, ballant, ballottement, déséquilibre, fragilité, instabilité, jeu, mobilité, motilité, motricité, mouvance, mouvant, ondulation, oscillation, roulis, tangage, turbulence, va-et-vient, vibration. ▸ ***Fluctuation*** – ballottement, changement, déséquilibre, fluctuation, fragilité, inadaptation, incertitude, inconstance, inégalité, instabilité, mouvant, précarité, variabilité, variation, versatilité, vicissitude, volatilité. ▸ ***Remous*** – agitation, balancement, ballottement, bercement, branle, branlement, cahotement, flottement, fluctuation, flux et reflux, houle, impulsion, lacet, onde, ondoiement, ondulation, oscillation, pulsation, raz de marée, remous, roulis, tangage, va-et-vient, vague, valse, vibration. FAM. brimbalement. ▸ ***Remue-ménage*** – activité, affairement, affolement, agitation, alarme, animation, bouillonnement, branle-bas (de combat), bruit, dérangement, désordre, désorganisation, détraquement, effervescence, excitation, fourmillement, grouillement, hâte, incohérence, orage, précipitation, remous, remue-ménage, secousse, tempête, tohu-bohu, tourbillon, tourmente, trépidation, trouble, tumulte, turbulence, va-et-vient. SOUT. émoi, remuement. FAM. chambardement. ▸ ***Animation*** – agitation, dissipation, espièglerie, excitation, fougue, impétuosité, mobilité, nervosité, pétulance, tapage, turbulence, vivacité. ▸ ***Agitation*** – affolement, agitation, bouleversement, colère, confusion, débridement, déchaînement, désarroi, ébranlement, ébullition, embrasement, émotion, fièvre, frénésie, passion, violence. SOUT. émoi, exaltation. FIG. dévergondage. ▸ ***Augmentation subite*** – afflux, batillage, courant, déferlement, vague. ▸ ***Tendance*** – chemin, courant, cours, direction, évolution, fil, mouvance, orientation, tendance, virage. SOUT. voie. ▸ ***Doctrine*** – conception, doctrine, dogme, école (de pensée), idée, idéologie, opinion, pensée, philosophie, principe, système, théorie, thèse. ▸ ***Association politique*** – alliance, apparentement, association, bloc, camp, cartel, club, coalition, confédération, faisceau, fédération, formation, front, groupe, groupe d'intérêts, groupe de pression, groupement, ligue, organisation, parti, phalange, rapprochement, rassemblement, union. ANC. hétairie. FÉOD. hermandad. PÉJ. bande, cabale, camarilla, chapelle, clan, clique, coterie, école, église, faction, gang, groupuscule, ligue, maffia, secte. △ **ANT.** IMMOBILITÉ; ARRÊT; INACTION, INACTIVITÉ, REPOS; STABILITÉ; CALME, TRANQUILLITÉ.

mouvoir *v.* ▸ ***Faire bouger*** – ébranler, remuer. ▸ ***Mettre un mécanisme en mouvement*** (SOUT.) – actionner, commander, enclencher. ▸ ***Faire agir qqn*** (SOUT.) – amener, conditionner, conduire, disposer, encourager, engager, entraîner, exhorter, impulser, inciter, incliner, mener, porter, pousser, provoquer. SOUT. exciter. ♦ **se mouvoir** ▸ ***Être en mouvement*** – bouger, se déplacer, se remuer. ▸ ***Se déplacer*** – aller, évoluer, se déplacer, se diriger, se porter. △ **ANT.** ARRÊTER, BLOQUER, FIXER, FREINER, IMMOBILISER, PARALYSER, RETENIR, RIVER, STOPPER.

moyen *adj.* ▸ ***Modéré*** – clément, doux, modéré, tempéré. ▸ ***Satisfaisant*** – acceptable, approuvable, bien, bon, convenable, correct, décent, honnête, honorable, passable, présentable, raisonnable, satisfaisant, suffisant. FAM. O.K., potable, supportable. ▸ ***Typique*** – caractéristique, représentatif, typique. FAM. lambda, pur jus. △ **ANT.** ANORMAL, ATYPIQUE, DÉVIANT, IRRÉGULIER, SPÉCIAL; EXTRÉMAL, EXTRÊME.

moyen *n.m.* ▸ ***Possibilité*** – chance, facilité, latitude, liberté, marge (de manœuvre), occasion, offre, possibilité, volant de sécurité. ▸ ***Méthode*** – approche, art, chemin, code, comment, credo, démarche, discipline, dispositif, façon (de faire), facture, formule, heuristique, instruction, instrument, ligne de conduite, maïeutique, manière, marche (à suivre), méthode, méthodologie, modalité, mode d'emploi, mode, opération, ordre, organisation, outil, posologie, pratique, procédé, procédure, protocole, raisonnement, recette, règle, secret, stratagème, stratégie, système, tactique, technique, théorie, traitement, voie. SOUT. faire. ▸ ***Truchement*** – canal, entremise, intermédiaire, truchement, voie. ▸ ***Procédé*** – acrobatie, astuce, demi-mesure *(inefficace)*, échappatoire, expédient, gymnastique, intrigue, mesure, palliatif, procédé, remède, ressource, ruse, solution, système, tour. FAM. combine, gimmick, truc. ▸ ***Atout*** – argument, arme, atout, avantage, carte maîtresse, un plus. ▸ ***Prétexte*** – alibi, défaite, dérobade, échappatoire, esquive, excuse, faux-fuyant, fuite, prétexte, reculade, subterfuge, volte-face. FAM. pirouette. ▸ ***Cause*** – agent, base, cause, explication, facteur, ferment, fondement, fontaine, germe, inspiration, levain, levier, mobile, moteur, motif, motivation, objet, occasion, origine, point de départ, pourquoi, principe, raison, raison d'être, source, sujet. SOUT. étincelle, mère, racine, ressort. ♦ **le moyen,** ***sing.*** ▸ ***Voix grammaticale*** – médiopassif, voix moyenne. ♦ **moyens,** ***plur.*** ▸ ***Richesse*** – or, pactole, ressources, richesses, trésor. △ **ANT.** IMPOSSIBILITÉ, IMPUISSANCE; FIN.

moyenne *n.f.* ▸ ***Équilibre*** – accord, balance, balancement, compensation, contrepoids, égalité, équilibre, harmonie, juste milieu, pondération, proportion, suspension, symétrie. ▸ ***Chiffre*** – moyenne-indice, normale. △ **ANT.** EXTRÊME.

mue *n.f.* ▸ ***Peau*** – dépouille, exuvie. ▸ ***Métamorphose*** – adaptation, ajustement, altération, avatar, changement, conversion, évolution, glissement, gradation, infléchissement, métamorphose, modification, modulation, mutation, passage, progression, transfiguration, transformation, transition, transmutation, variation, vie. ▶ ***Cage à poules*** – poulailler. ▶ ***Cage à lapins*** – cabane à lapins, clapier, lapinière.

muer *v.* ▶ ***Transformer*** – changer, convertir, transformer. SOUT. transmuer, transmuter. ♦ **se muer** ▶ ***Se transformer*** – devenir, se changer en, se métamorphoser en, se transformer en.

muet *adj.* ▶ ***Qui ne parle pas*** – aphone, mutique. ▶ ***Qui n'est pas exprimé*** – inexprimé, informulé. △ **ANT.** BAVARD, LOQUACE; CRIANT, ÉLOQUENT, PARLANT.

mufle *n.m.* ▶ ***Nez d'animal*** – chanfrein, groin, museau, trompe, truffe. ▶ ***Personne*** – animal, balourd, barbare, béotien, brute (épaisse), butor, goujat, grossier personnage, mal élevé, malotru, malpropre, ostrogoth, ours mal léché, paysan, porc, rustaud. SOUT. manant, palot. FAM. gougnafier, pignouf, plouc, primate, sagouin. ▸ *Femme* – poissarde. △ **ANT.** GENTLEMAN.

multicolore *adj.* bigarré, chamarré, coloré, panaché. DIDACT. omnicolore, polychrome, versicolore. ▸ *Aux couleurs peu harmonieuses* – bariolé, bigarré, peinturluré. △ **ANT.** MONOCHROME, MONOCOLORE, UNI, UNICOLORE.

multiculturel *adj.* cosmopolite, international, multiethnique, pluriethnique.

multiforme *adj.* polymorphe. SOUT. diversiforme, hétéromorphe, protéiforme.

multiple *adj.* ▶ ***Fréquent*** – continuel, fréquent, nombreux, récurrent, répété, répétitif. ▶ ***Qui a plusieurs composantes*** – bigarré, complexe, composite, disparate, dissemblable, divers, diversifié, éclectique, hétéroclite, hétérogène, mélangé, mêlé, mixte, varié. SOUT. pluriel. RARE inhomogène. ♦ **multiples, *plur.*** ▶ ***Nombreux*** – différents, divers, maints, nombreux, plusieurs. △ **ANT.** SIMPLE, UNIQUE.

multiplication *n. f.* ▶ ***Prolifération*** – accroissement, augmentation, foisonnement, peuplement, prolifération, propagation, pullulation, pullulement, reproduction. ▶ ***Propagation*** – cession, circulation, communication, dévolution, diffusion, dissémination, émission, expansion, extension, intercommunication, passation, progression, propagation, rayonnement, reproduction, transfert, translation, virement. △ **ANT.** DIVISION; DIMINUTION, RARÉFACTION; LIMITATION.

multiplicité *n.f.* ▶ ***Pluralité*** – complexité, diversité, pluralité, variété. ▶ ***Abondance*** – abondance, afflux, amas, ampleur, concentration, débauche, débordement, exubérance, filon, fleuraison, floraison, foisonnement, forêt, foule, fourmillement, gisement, infinité, inondation, luxe, luxuriance, masse, mine, myriade, nuée, orgie, paquet, pléthore, poussière, profusion, quantité, richesse, surabondance, tas, trésor. FIG. carnaval. FAM. festival, flopée, kyrielle, tapée, tonne, tripotée, wagon. SUISSE FAM. craquée. △ **ANT.** SIMPLICITÉ, UNICITÉ, UNITÉ; RARETÉ.

multiplier *v.* ▶ ***Accroître*** – accroître, augmenter, décupler, gonfler, redoubler. ♦ **se multiplier** ▶ ***Pulluler*** – champignonner, foisonner, proliférer, pulluler, se propager. ▶ ***Se reproduire*** – se perpétuer, se reproduire. △ **ANT.** AMOINDRIR, DIMINUER, RÉDUIRE; DIVISER. ♦ **se multiplier** SE DÉPEUPLER, SE RARÉFIER.

multitude *n.f.* ▶ ***Foule*** – abondance, affluence, armada, armée, attroupement, bande, cohue, concentration, concours, encombrement, essaim, flot, forêt, foule, fourmilière, fourmillement, grouillement, légion, marée, masse, meute, monde, peuple, pléiade *(célébrités)*, pullulement, rassemblement, régiment, réunion, ribambelle, ruche, tas, troupeau. FAM. flopée, marmaille *(enfants)*, tapée, tripotée. QUÉB. FAM. achalandage, gang. PÉJ. ramassis. ▶ ***Populace*** – (bas) peuple, (basse) pègre, bétail, foule, la rue, masse, plèbe, populace, prolétariat, troupeau, vulgaire. FAM. populo, vulgum pecus. △ **ANT.** ISOLEMENT, SOLITUDE.

municipal *adj.* communal, échevinal. SOUT. édilitaire.

municipalité *n.f.* ▶ ***Territoire*** – agglomération, commune, localité, ville. SOUT. cité. ANTIQ. municipe.

munir *v.* ▶ ***Pourvoir*** – doter, équiper, garnir, nantir, outiller, pourvoir. QUÉB. ACADIE gréer. ▶ ***Approvisionner en munitions*** – ravitailler. ♦ **se munir** ▶ ***Se pourvoir*** – s'équiper, se doter, se nantir, se pourvoir. SOUT. se précautionner. ▶ ***Prendre*** – prendre, s'armer de. △ **ANT.** DÉGARNIR, DÉMUNIR, DÉPOSSÉDER, DÉPOUILLER, PRIVER.

mûr *adj.* ▶ ***Parvenu à maturité*** – adulte, développé, formé, mature. ▸ *Pas assez mûr* – vert. ▸ *Trop mûr* – avancé, blet. ▶ ***Dans la force de l'âge*** – dans la force de l'âge, fait. ▶ ***Ivre*** (FRANCE FAM.) – aviné, en état d'ébriété, enivré, ivre, pris de boisson. FAM. paf, parti, plein, poivré, rond, saoul. FRANCE FAM. beurré (comme un petit Lu), blindé, bourré, cuit, cuité, noir, pété, pinté, schlass. ▶ ***En parlant d'un tissu*** – élimé, limé, râpé, usé (jusqu'à la corde). △ **ANT.** IMMATURE, JEUNE, VERT; SOBRE.

mur *n.m.* ▶ ***Maçonnerie*** – cloison, pan, paroi. ▸ *Petit* – muret, muretin, murette, panneau. ▶ ***Obstacle*** – barrage, barricade, barrière, cloison, défense, écran, obstacle, rideau, séparation. ▶ ***Pente raide*** – abrupt, à-pic, crêt, épaulement, escarpement, falaise, paroi. ▶ ***Frontière*** – borne, confins, délimitation, démarcation, frontière, limite (territoriale), séparation, zone douanière, zone limitrophe. FAM. lignes *(pays)*. ANC. limes *(Empire romain)*, marche. ♦ **murs, *plur.*** ▶ ***Enceinte*** – cloître, clôture, enceinte. ANC. champ clos. ANTIQ. cirque, péribole, stade. △ **ANT.** OUVERTURE; LIBERTÉ.

muraille *n.f.* ▶ ***Enceinte*** – enceinte, muraillement, rempart. ANTIQ. péribole. MILIT. épaulement. ▶ ***Moyen de protection*** (SOUT.) – bastion, citadelle, forteresse. SOUT. rempart.

mûrir *v.* ▶ ***Préparer par une longue réflexion*** – calculer, combiner, couver, imaginer, méditer, préméditer, ruminer. ▶ ***Se développer*** – cristalliser, prendre corps, prendre forme, prendre tournure, se dessiner, se développer, se former, se préciser. ▶ ***S'assagir*** – atteindre à la sagesse, s'assagir. FAM. dételer, se ranger. FRANCE FAM. être rangé des voitures. ▶ ***S'améliorer, en parlant du vin*** – rabonnir, s'abonnir, s'améliorer, se bonifier, se faire. ♦ **se mûrir** ▶ ***S'enivrer*** (FAM.) – boire, s'enivrer, se griser. FAM. prendre une cuite, s'alcooliser, se biturer, se charger, se noircir, se picrater, se pinter, se pocharder, se poivrer, se soûler, se soûler la gueule. FRANCE FAM. prendre une biture, se beurrer (la gueule), se bourrer, se bourrer la gueule, se charger, se cuiter. SUISSE FAM. prendre une caisse. △ ANT. AVORTER.

murmure *n.m.* ▶ ***Bruit sourd*** – chuchotement, chuchotis, marmonnage, marmonnement, marmottage, marmottement, susurration, susurrement. ▶ ***Plainte*** – bêlement, braillement, cri, doléances, geignement, grincement, hélas, jérémiade, lamentation, larmoiement, plainte, pleurs, sanglot, soupir. SOUT. sanglotement. FAM. pleurnichage, pleurnichement, pleurnicherie. QUÉB. FAM. braillage. ▶ ***Bruit léger*** (SOUT.) – babil, babillage, gazouillement, gazouillis. △ ANT. CRI, HURLEMENT; VACARME.

murmurer *v.* ▶ ***Dire à voix basse*** – chuchoter, dire à voix basse, glisser dans le creux de l'oreille, souffler, susurrer. ▶ ***Parler à voix basse*** – chuchoter, parler à mi-voix, parler à voix basse, parler (tout) bas, susurrer. ▶ ***Grommeler*** – bougonner, grogner, grognonner, grommeler, maugréer, pester, ronchonner. SOUT. gronder. FAM. grognasser, râler, rouscailler, rouspéter. FRANCE RÉGION. FAM. maronner. ▶ ***Protester*** – broncher, pousser les hauts cris, protester, réagir, récriminer, renâcler, répliquer, s'élever, s'indigner, s'opposer, se dresser, se gendarmer, se plaindre, se récrier. SOUT. réclamer. FAM. criailler, faire du foin, moufter, piailler, rouscailler, rouspéter, ruer dans les brancards, tiquer, tousser. QUÉB. FAM. chialer. ACADIE FAM. bagueuler. ▶ ***Faire entendre un son doux*** – bruire, bruisser, chuchoter, frémir, friseliser, frissonner, froufrouter, soupirer. △ ANT. CRIER, HURLER.

muscle *n.m.* ▶ ***Chair*** – chair, viande. FAM. bidoche. FRANCE FAM. frigo *(congelée)*. ▶ *Mauvaise* FAM. barbaque, semelle de botte *(coriace)*. FRANCE FAM. carne.

musclé *adj.* ▶ ***Pourvu de muscles*** – athlétique, bien bâti, bien découplé, bréviligne, costaud, fort, gaillard, puissant, râblé, ramassé, robuste, solide, trapu, vigoureux. FAM. qui a du coffre. FRANCE FAM. balèze, bien baraqué, malabar, maous. ▶ ***Plein d'énergie*** – énergique, ferme, nerveux, qui a du nerf, solide, vigoureux. ▶ ***Difficile*** (FAM.) – ardu, complexe, compliqué, corsé, délicat, difficile, épineux, laborieux, malaisé, problématique. SOUT. scabreux. FAM. dur, anémique, chétif, frêle, gringalet, maigrelet, maigrichon, malingre, rachitique; aisé, commode, élémentaire, enfantin, facile, simple. △ ANT. ANÉMIQUE, CHÉTIF, FRÊLE, GRINGALET, MAIGRELET, MAIGRICHON, MALINGRE, RACHITIQUE; AMORPHE, FAIBLE, MOU.

muse *n.f.* ▶ ***Divinité des arts*** – docte sœur. ▶ ***Inspiration*** (SOUT.) – conception, création, créativité, évasion, extrapolation, fantaisie, fantasme, fictif, fiction, idéal, idéation, idée, illumination *(soudain)*, imaginaire, imagination, inspiration, invention, inventivité, irréel, souffle (créateur), supposition, surréalité, surréel, veine, virtuel. SOUT. folle du logis. FRANCE FAM. gamberge. ▶ ***Poésie*** (SOUT.) – art poétique, poésie, poétique, versification. SOUT. harmonie, Parnasse, vers.

musical *adj.* ▶ ***Agréable à l'oreille*** – chantant, doux, harmonieux, mélodieux, suave. DIDACT. euphonique, eurythmique. ▶ ***Qui apprécie la musique*** – musicien. △ ANT. CACOPHONIQUE, CRIARD, DISCORDANT, DISSONANT, FAUX, INHARMONIEUX.

musicien *n.* exécutant, instrumentiste, interprète, joueur. FAM. croque-note *(mauvais)*.

musique *n.f.* ▶ ***Art de combiner les sons*** – art musical. PÉJ. musiquette. FAM. zizique. ▶ ***Mélodie*** – air, mélodie. ▶ ***Harmonie*** – accompagnement, arrangement, harmonisation, instrumentation, orchestration. ▶ ***Rythme*** – battement, cadence, eurythmie, mesure, mouvement, période, phrasé, pouls, pulsation, respiration, rythme, swing, tempo, vitesse. ▶ ***Bruit*** – bruit, son. △ ANT. CACOPHONIE.

musulman *adj.* islamique, islamiste. HIST. sarracénique, sarrasin. △ ANT. CHRÉTIEN; HINDOUISTE; BOUDDHISTE.

mutation *n.f.* ▶ ***Modification*** – adaptation, ajustement, altération, avatar, changement, conversion, évolution, glissement, gradation, infléchissement, métamorphose, modification, modulation, mue, passage, progression, transfiguration, transformation, transition, transmutation, variation, vie. ▶ ***Permutation*** – commutation, interversion, inversion, permutation, renversement, retournement, substitution, transposition. ▶ ***Déplacement*** – affectation, déplacement, mouvement. ▶ ***Avancement*** – accession, avancement, élévation, émancipation, mouvement, nomination, promotion, reclassement. ▶ ***En biologie*** – hétérogenèse, hétérogénie, mutation chromosomique, mutation génétique, mutation génique. △ ANT. FIXITÉ, INVARIABILITÉ, PERMANENCE, PERSISTANCE; CONSERVATION, FIXATION, MAINTIEN.

mutilation *n.f.* ▶ ***Atteinte à l'intégrité d'un texte*** – échenillage, épuration, expurgation. △ ANT. INTÉGRITÉ; RÉPARATION, RESTAURATION.

mutisme *n.m.* ▶ ***Silence*** – black-out, mystère, non-dit, réticence, secret, silence, sourdine. ▶ ***Mutité*** – alogie, aphasie, audi-mutité, mussitation, mutacisme, mutité, surdi-mutité. △ ANT. EXPRESSION, PAROLE; LOQUACITÉ, VOLUBILITÉ; BAVARDAGE; RÉVÉLATION.

mutuel *adj.* partagé, réciproque. △ ANT. À SENS UNIQUE, UNILATÉRAL; ÉGOÏSTE, INDÉPENDANT.

mutuellement *adv.* bilatéralement, en contrepartie, réciproquement, vice-versa. △ ANT. UNILATÉRALEMENT.

myope *adj.* qui a la vue basse, qui a la vue courte. FAM. bigleux, miro. △ ANT. HYPERMÉTROPE.

myriade *n.f.* ▶ ***Grande quantité*** – abondance, afflux, amas, ampleur, concentration, débauche, débordement, exubérance, filon, fleuraison, floraison, foisonnement, forêt, foule, fourmillement, gisement, infinité, inondation, luxe, luxuriance, masse, mine, multiplicité, nuée, orgie, paquet, pléthore, poussière, profusion, quantité, richesse, surabondance, tas, trésor. FIG. carnaval. FAM. festival, flopée, kyrielle, tapée, tonne, tripotée, wagon. SUISSE FAM. craquée.

mystère *n.m.* ▶ ***Secret*** – arcanes, énigme, inconnaissable, inconnu, obscurité, secret, voile. FAM. cachotterie. ▶ ***Surnaturel*** – fantasmagorie, fantastique, féerie, magie, merveilleux, prodige, prodigieux, sorcellerie, surnaturel. ▶ ***Profondeur*** – acuité, ardeur, complexité, difficulté, élévation, ésotérisme, extase, extrémité, force, immensité, impénétrabilité, intelligence, intensité, intériorité, intimité, pénétration, perspicacité, plénitude, profond, profondeur, puissance, science, secret. ▸ ***Silence*** – black-out, mutisme, non-dit, réticence, secret, silence, sourdine. △ **ANT.** CONNAISSANCE, RÉVÉLATION; CLARTÉ, ÉVIDENCE.

mystérieusement *adv.* ambigument, cabalistiquement, énigmatiquement, hermétiquement, illisiblement, impénétrablement, incompréhensiblement, inexplicablement, inintelligiblement, obscurément, occultement, opaquement, secrètement, ténébreusement. △ **ANT.** CLAIREMENT, EN TOUTES LETTRES, EXPLICITEMENT, NETTEMENT, NOIR SUR BLANC.

mystérieux *adj.* ▸ ***Difficile à comprendre*** – cabalistique, caché, cryptique, énigmatique, ésotérique, hermétique, impénétrable, inaccessible, incompréhensible, inconcevable, inconnaissable, indéchiffrable, indécodable, inexplicable, insaisissable, insondable, obscur, opaque, secret, ténébreux. *SOUT.* abscons, abstrus, sibyllin. ▸ ***Inexpliqué*** – étrange, inconnu, indéterminé, inexpliqué. ▸ ***Indéfinissable*** – ambigu, énigmatique, indéfinissable. *SOUT.* sibyllin. ▸ ***Occulte*** – occulte, paranormal, suprasensible, supraterrestre, surnaturel. △ **ANT.** À LA PORTÉE DE TOUS, ACCESSIBLE, CLAIR, COMPRÉHENSIBLE, ÉVIDENT, INTELLIGIBLE, LIMPIDE, SIMPLE, TRANSPARENT; CONNU, PUBLIC, RÉVÉLÉ; EXPLICABLE; BANAL, NATUREL.

mysticisme *n.m.* ▸ ***Spiritualité*** – anagogie, contemplation, dévotion, élévation, extase, illuminisme, mystique, oraison, philocalie, ravissement, sainteté, spiritualité, transe, vision. *SOUT.* mysticité. △ **ANT.** RATIONALISME, RÉALISME.

mystification *n.f.* ▸ ***Tour*** – attrape, blague, canular, facétie, farce, fumisterie, plaisanterie, tour. *FAM.* bateau. ▸ ***Tromperie*** – abus de confiance, canaillerie, carambouillage, carambouille, charlatanerie, charlatanisme, coup monté, crapulerie, enjôlement, escamotage, escroquerie, fraude, grivèlerie, maquignonnage, supercherie, tricherie, tromperie, usurpation, vol. *SOUT.* coquinerie, duperie, imposture, piperie. *FAM.* arnaque, embrouille, filoutage, friponnerie, tour de passe-passe. *FRANCE FAM.* carottage, entubage, estampage. △ **ANT.** DÉMYSTIFICATION, DÉSABUSEMENT.

mystique *n.* ▸ ***Inspiré*** – illuminé, inspiré. ♦ **mystique,** *fém.* ▸ ***Mysticisme*** – anagogie, contemplation, dévotion, élévation, extase, illuminisme, mysticisme, oraison, philocalie, ravissement, sainteté, spiritualité, transe, vision. *SOUT.* mysticité.

mythe *n.m.* ▸ ***Récit*** – chantefable, chronique, conte, épopée, fabliau, histoire, historiette, légende, monogatari *(Japon)*, nouvelle, odyssée, roman, saga. ▸ ***Fiction*** – affabulation, artifice, chimère, combinaison, comédie, expédient, fabrication, fabulation, fantaisie, feinte, fiction, fumisterie, histoire, idée, imagination, invention, irréalité, légende, mensonge, rêve, roman, saga, songe. *PSYCHOL.* confabulation, mythomanie. △ **ANT.** AUTHENTICITÉ, RÉALITÉ, VÉRITÉ.

mythique *adj.* chimérique, fabuleux, fantasmagorique, fantastique, fictif, imaginaire, inexistant, irréel, légendaire, mythologique. △ **ANT.** HISTORIQUE, RÉEL.

mythologique *adj.* chimérique, fabuleux, fantasmagorique, fantastique, fictif, imaginaire, inexistant, irréel, légendaire, mythique. △ **ANT.** HISTORIQUE, RÉEL.

n

nage *n.f.* ▶ ***Action de nager*** – natation. ▶ ***Sueur*** – eau, écume *(animal)*, moiteur, perspiration, sudation, sudorification, sueur, transpiration. *FAM.* suée.

nager *v.* ▶ ***Flotter*** – flotter, surnager. ▶ ***Être plongé dans un liquide*** – baigner, tremper. ▶ ***Ramer*** – aller à l'aviron, ramer. ▶ ***Se débrouiller*** (*FAM.*) – s'arranger, se débrouiller, se dépêtrer, se tirer d'affaire. *FAM.* se dépatouiller. ▶ ***Ne plus comprendre*** (*FAM.*) – perdre pied, y perdre son latin. △ **ANT.** COULER, SE NOYER, SOMBRER.

naguère *adv.* ▶ ***Récemment*** – à une époque rapprochée, depuis peu, dernièrement, fraîchement, frais, il y a peu, nouvellement, récemment. ▶ ***Autrefois*** – à une époque lointaine, anciennement, antiquement, au temps ancien, autrefois, dans l'ancien temps, dans l'antiquité, dans le passé, dans les temps anciens, de ce temps-là, en ce temps-là, hier, il y a longtemps, jadis, par le passé. *FAM.* dans le temps. △ **ANT.** IL Y A BELLE LURETTE, IL Y A LONGTEMPS.

naïf *adj.* ▶ ***Simple et confiant*** – angélique, candide, confiant, crédule, ingénu, innocent, pur, simple. ▶ ***Niais*** – crédule, innocent, niais, simple, simplet. *FAM.* cucul, jobard, nunuche, poire. ▶ ***Facile à tromper*** – crédule, dupe, mystifiable. △ **ANT.** ASTUCIEUX, FIN, INTELLIGENT, MALIN, RUSÉ, SUBTIL; CRITIQUE, INCRÉDULE, MÉFIANT, SCEPTIQUE.

nain *n.* ▶ ***Personne de petite taille*** – courtaud, lilliputien, petit. ♦ **naine,** ***fém.*** ▶ ***Étoile*** – étoile naine. △ **ANT.** COLOSSE, GÉANT.

naissance *n.f.* ▶ ***Accouchement*** – accouchement, couches, délivrance, enfantement, expulsion, heureux événement, maïeutique, mal d'enfant, maternité, mise au monde, parturition. ▶ ***Commencement*** – actionnement, amorçage, amorce, balbutiement, bégaiement, commencement, création, début, déclenchement, démarrage, départ, ébauche, embryon, enclenchement, enfance, entrée, esquisse, fondement, germe, inauguration, origine, ouverture, prélude, prémisse, principe, tête. *SOUT.* aube, aurore, matin, prémices. *FIG.* apparition, avènement, éclosion, émergence, éruption, explosion, genèse, germination, venue au monde. ▶ ***Noblesse*** – aristocratie, élite, gentry, grandesse, lignage, lignée, nom, qualité, sang bleu. △ **ANT.** MORT; DISPARITION, FIN, TERME.

naître *v.* ▶ ***Venir au monde*** – recevoir le jour, venir au jour, venir au monde, voir le jour. ▶ ***Commencer à se manifester*** – apparaître, éclore, faire son apparition, germer, paraître, pointer, se former, se manifester. *SOUT.* poindre, sourdre. ▶ ***Vivre un sentiment nouveau*** (*SOUT.*) – s'éveiller à, s'ouvrir à. ▶ ***Provenir*** – arriver, provenir, venir. △ **ANT.** EXPIRER, MOURIR; DISPARAÎTRE; ACHEVER, FINIR, SE TERMINER.

naïvement *adv.* ▶ ***Ingénument*** – candidement, crédulement, ingénument, innocemment, niaisement, simplement. ▶ ***Stupidement*** – absurdement, bêtement, débilement, follement, idiotement, imbécilement, inconsciemment, inintelligemment, niaisement, ridiculement, simplement, sottement, stupidement. *FAM.* connement. △ **ANT.** HYPOCRITEMENT, INSIDIEUSEMENT, INSINCÈREMENT, PERFIDEMENT, SCÉLÉRATEMENT, SOURNOISEMENT, TORTUEUSEMENT, TRAÎTREUSEMENT, TROMPEUSEMENT; ASTUCIEUSEMENT, BRILLAMMENT, GÉNIALEMENT, INGÉNIEUSEMENT, INTELLIGEMMENT, JUDICIEUSEMENT, LUCIDEMENT, SAVAMMENT.

naïveté *n.f.* ▶ ***Candeur*** – candeur, fleur, fraîcheur, honnêteté, ingénuité, innocence, pureté, simplicité. ▶ ***Idéalisme*** – don-quichottisme, idéalisme, optimisme, triomphalisme, utopie, utopisme. ▶ ***Crédulité*** – candeur, crédulité, jobarderie, jobardise, niaiserie. ▶ ***Stupidité*** – ânerie, béotisme, bêtise, bornerie, débilité, idiotie, ignorance, imbécillité, ineptie, inintelligence, innocence, insipidité, lenteur, lourdeur, niaiserie, nigauderie, pesanteur, simplicité, sottise, stupidité. *FAM.* connerie, crétinisme, dinguerie. ▶ ***Ignorance*** – analphabétisme, ignorance, illettrisme, inadéquation, inaptitude, incapacité, incompétence, incompréhension, inconscience, inculture, inexpérience, ingénuité, innocence, insuffisance, lacune, nullité, obscurantisme, simplicité. *SOUT.* impéritie, méconnaissance. △ **ANT.** ASTUCE, MALICE,

RUSE; RÉALISME; INCRÉDULITÉ, MÉFIANCE, SCEPTICISME; FINESSE, SUBTILITÉ.

nappe *n.f.* ▶ ***Linge*** – jeté, molleton, nappage, napperon. ANC. doublier *(plié en deux)*.

narcissique *adj.* égocentrique, égocentriste, égoïste, individualiste, introversif. SOUT. égotiste. FAM. nombriliste, qui se regarde le nombril. △ **ANT.** HUMBLE, MODESTE, SANS PRÉTENTION, SIMPLE.

narguer *v.* braver, défier, provoquer, toiser. SOUT. fronder. FAM. chercher, faire la nique à. QUÉB. FAM. barber, faire la barbe à. △ **ANT.** COMPLIMENTER, ENCOURAGER, LOUER, RESPECTER.

narine *n.f.* ▶ ***Orifice du nez*** – FAM. trou de nez. ▸ *Animaux* – évent *(cétacés)*, naseau. ♦ **narines, *plur.*** ▶ ***Nez*** – nez. DIDACT. appendice nasal, organe de l'odorat, protubérance nasale. FAM. museau, nase, pif. FRANCE FAM. blair, blase, tarin, truffe. ▸ *Animaux* – chanfrein, groin, mufle, museau, trompe, truffe.

narquois *adj.* ▶ ***Moqueur*** – caustique, cynique, frondeur, goguenard, gouailleur, ironique, malicieux, moqueur, persifleur, railleur, sarcastique, sardonique. QUÉB. FAM. baveux. △ **ANT.** RESPECTUEUX; COMPLIMENTEUR, FLATTEUR, LOUANGEUR.

narrateur *n.* ▶ ***Raconteur*** – conteur, raconteur. SOUT. anecdotier, diseur. ▶ ***Écrivain*** – descripteur.

narration *n.f.* ▶ ***Récit*** – compte rendu, description, exposé, exposition, histoire, peinture, procès-verbal, rapport, relation, reportage, tableau. SOUT. radiographie.

naseau *n.m.* narine. FAM. trou de nez. ▸ *Animaux* – évent *(cétacés)*.

natif *adj.* ▶ ***Né à tel endroit*** – originaire. ▶ ***Présent dès la naissance*** – congénital, dans le sang, de naissance, de nature, inné, naturel. △ **ANT.** ÉTRANGER, EXOTIQUE; ACQUIS.

nation *n.f.* ▶ ***Peuple*** – clan, ethnie, groupe, horde, pays, peuplade, peuple, phratrie, population, race, société, tribu. ▶ ***Pays*** – État, pays. SOUT. Cité. △ **ANT.** INDIVIDU.

national *adj.* ▶ ***Qui concerne la nation*** – intérieur. communal, municipal; départemental, provincial *(Québec)*; fédéral *(Québec, Suisse)*; international. △ **ANT.** ÉTRANGER, EXTÉRIEUR.

nationalisme *n.m.* ▶ ***Patriotisme*** – civisme, militarisme, patriotisme. ▸ *Excessif* – chauvinisme, clanisme, esprit de clocher, xénophobie. ▶ ***Nationalisme d'extrême droite*** – fascisme, hitlérisme, national-socialisme, nazisme, néo-fascisme, néo-nazisme. ▶ ***Indépendantisme*** – autonomisme, décentralisation, indépendantisme, particularisme, partitionnisme, régionalisme, scissionnisme, sécessionnisme, séparatisme. QUÉB. souverainisme. △ **ANT.** INTERNATIONALISME.

nationaliste *adj.* ▶ ***Patriote*** – patriote, patriotique. ▶ ***Indépendantiste*** – autonomiste, indépendantiste, sécessionniste, séparatiste.

nationaliste *n.* patriote. PÉJ. chauvin. △ **ANT.** INTERNATIONALISTE.

nationalité *n.f.* ▶ ***Fait d'être citoyen*** – citoyenneté. ▶ ***Sentiment d'appartenance*** – allégeance, juridiction, statut.

natte *n.f.* ▶ ***Cheveux*** – torsade de cheveux, tresse. ▶ ***Paille*** – lit, litière, matelas, tapis.

naturaliste *n.* ▶ ***Empailleur d'animaux*** – empailleur, taxidermiste.

nature *n.f.* ▶ ***Essence*** – caractère, en-soi, essence, inhérence, principe, qualité, quiddité, quintessence, substance. SOUT. (substantifique) moelle. PHILOS. entité. ▶ ***Sorte*** – catégorie, classe, espèce, famille, genre, groupe, ordre, sorte, type, variété. SOUT. gent. ▶ ***Tempérament*** – abord, caractère, comportement, constitution, esprit, état d'âme, état d'esprit, humeur, idiosyncrasie, individualité, mentalité, naturel, personnalité, sensibilité, tempérament, trempe. FAM. psychologie. ACADIE FAM. alément. PSYCHOL. thymie. ▶ ***Constitution*** – apparence, condition (physique), conformation, constitution, état (physique), forme, santé, vitalité. SOUT. complexion. MÉD. diathèse, habitus. ▶ ***Environnement*** – biome, biotope, climat, écosystème, environnement, habitat, milieu, niche écologique, station. ▶ ***Univers*** – ciel, cosmos, création, espace, galaxie, macrocosme, monde, sphère, tout. △ **ANT.** SURNATUREL; CIVILISATION, CULTURE.

naturel *adj.* ▶ ***Inné*** – congénital, dans le sang, de naissance, de nature, inné, natif. ▶ ***Réflexe*** – automatique, inconscient, indélibéré, instinctif, intuitif, involontaire, irréfléchi, machinal, mécanique, réflexe, spontané. DIDACT. instinctuel, pulsionnel. ▶ ***Normal*** – compréhensible, défendable, excusable, humain, justifiable, légitime, normal. ▶ ***Impulsif*** – impulsif, primesautier, spontané. FAM. nature. ▶ ***Décontracté*** – à l'aise, aisé, décontracté, dégagé, désinvolte, détendu, libre. ▶ ***Qui n'est pas imité*** – authentique, pur, véritable, vrai. ▶ ***Qui n'a pas été traité*** – brut, cru, vierge. ▸ *En parlant d'un textile* – brut, cru, écru, grège *(soie)*. ▶ ***En parlant du style*** – aisé, coulant, facile, fluide. ▶ ***Né hors mariage*** – adultérin, bâtard, illégitime. △ **ANT.** ARTIFICIEL; ANORMAL, IRRÉGULIER; ACQUIS, APPRIS, CULTUREL; GAUCHE, LABORIEUX, LOURD; IMPARDONNABLE, INACCEPTABLE, INADMISSIBLE, INEXCUSABLE, INJUSTIFIABLE; AFFECTÉ, COINCÉ, ENGONCÉ, FORCÉ, GUINDÉ, MANIÉRÉ, RAIDE; ACADÉMIQUE, FACTICE, FALSIFIÉ; CHIMIQUE *(PRODUIT)*, SYNTHÉTIQUE; MODIFIÉ, TRAITÉ; LÉGITIME *(ENFANT)*; GRAMMATICAL *(GENRE)*; MIRACULEUX, SURNATUREL; RÉVÉLÉ *(EN RELIGION)*; ARTIFICIEL, FABRIQUÉ (DE MAIN D'HOMME), HUMAIN. ♦ **naturelle, *fém.*** TEMPÉRÉE *(GAMME)*; ACCIDENTELLE *(MORT)*, PROVOQUÉE, TRAGIQUE; ARTIFICIELLE *(PROCRÉATION)*, ASSISTÉE.

naturellement *adv.* ▶ ***Simplement*** – à la bonne franquette, familièrement, sans affectation, sans apprêt, sans cérémonies, sans complications, sans façons, sans ornement, sans tambour ni trompette, simplement, sobrement, tout bonnement. SOUT. nûment. ▶ ***Véritablement*** – à dire vrai, à l'évidence, à la vérité, à n'en pas douter, à vrai dire, assurément, authentiquement, bel et bien, bien, bien entendu, bien sûr, cela va de soi, cela va sans dire, certainement, certes, comme de juste, d'évidence, de toute évidence, effectivement, en effet, en vérité, évidemment, il va sans dire, indubitablement, manifestement, nul doute, oui, réellement, sans (aucun) doute, sans conteste, sans contredit, sans le moindre doute, sans nul doute, sérieusement, sûrement, véridiquement, véritablement, vraiment. FAM. pour de vrai, vrai. ▶ ***Spontanément*** – à l'instinct, à l'intuition, au flair, automatiquement, d'instinct, impulsivement, inconsciemment, instinctivement, intuitivement, involontairement, machinalement, mécaniquement, par habitude, par humeur, par instinct, par nature, sans réfléchir, spontanément, viscéralement. ▶ ***Corporellement*** – anatomiquement, biologiquement, charnellement, corporellement, organiquement, physiologiquement, physiquement. △ **ANT.** ARTIFICIELLEMENT, SYNTHÉTIQUEMENT; AVEC AFFECTATION, DE FAÇON COMPASSÉE; FASTUEUSEMENT, IMPÉRIALEMENT, LUXUEUSEMENT, MAGNIFIQUEMENT, PRINCIÈREMENT, RICHEMENT, ROYALEMENT, SOMPTUEUSEMENT, SPLENDIDEMENT, SUPERBEMENT.

naufrage *n. m.* ▶ ***Accident maritime*** – accident, chavirage, chavirement, perte. FAM. dessalage. ▶ ***Faillite*** – banqueroute, chute, crise, culbute, débâcle, déconfiture, dépôt de bilan, dépression, effondrement, faillite, fiasco, insolvabilité, krach, liquidation, marasme, mévente, récession, ruine, stagflation. FAM. dégringolade. ▶ ***Échec*** – avortement, banqueroute, capitulation, catastrophe, chute, débâcle, débandade, déconfiture, défaite, déroute, désavantage, échec, écrasement, faillite, fiasco, four, infortune, insuccès, mauvaise fortune, perte, ratage, raté, retraite, revers. SOUT. traverse. FAM. désastre, piquette, plantage, raclée, recalage, volée. FRANCE FAM. bide, déculottée, dégelée, écrabouillement, fessée, foirade, gamelle, loupage, pile, rincée, rossée, tannée, veste. △ **ANT.** RENFLOUEMENT, SAUVETAGE; RÉUSSITE, SUCCÈS, TRIOMPHE.

nausée *n. f.* ▶ ***Malaise*** – écœurement, envie de vomir, haut-le-cœur, mal de cœur, mal de mer, naupathie, soulèvement d'estomac. ▶ ***Dégoût*** – abomination, allergie, aversion, dégoût, écœurement, haine, haut-le-cœur, horreur, indigestion, phobie, répugnance, répulsion, révulsion. SOUT. détestation, exécration. FAM. dégoûtation. ▶ ***Saturation*** – dégoût, mal de cœur, réplétion, satiété, saturation. △ **ANT.** APPÉTENCE, APPÉTIT.

naval *adj.* marin, maritime, nautique. △ **ANT.** ROUTIER *(TRANSPORT)*; FERROVIAIRE; AÉRIEN.

navet *n. m.* ▶ ***Mauvais film*** – film, œuvre cinématographique, production. ▸ *Mauvais* FRANCE FAM. nanar. ▶ ***Mauvais tableau*** – barbouillage, barbouillis, chromo, gribouillage, gribouillis. FAM. croûte.

navigateur *n.* ▶ ***Conducteur de bateau*** – batelier, gondolier, lamaneur *(navire)*, marinier, pilote *(navire)*, piroguier, régatier. SOUT. nautonier. ▶ ***Explorateur*** – aventurier, chercheur, découvreur, globe-trotter, prospecteur, voyageur. FAM. bourlingueur. ♦ **navigateur,** ***masc.*** ▶ ***Logiciel*** – fureteur.

navigation *n. f.* ▶ ***Action de naviguer*** – gouverne, manœuvre, marine, pilotage. ▶ ***Trafic maritime*** – circulation, mouvement, trafic. ▸ *Automobiles* – circulation, circulation automobile, circulation routière, circulation urbaine, trafic (routier). ▸ *Bateaux* – trafic maritime. ▶ ***Voyage*** – allées et venues, balade, campagne, circuit, circumnavigation, course, croisière, déplacement, excursion, expédition, exploration, hadj, incursion, marche, méharée, mission, navette, odyssée, passage, pèlerinage, pérégrination, périple, promenade, raid, rallye, randonnée, reconnaissance, tour, tourisme, tournée, transport, traversée, va-et-vient, voyage. SOUT. chevauchée, errance. FAM. bourlingue, transhumance. QUÉB. voyagement.

naviguer *v.* ▶ ***Avancer sur l'eau*** – SOUT. voguer. ▸ *Avancer dans une direction* – cingler, faire voile. ▶ ***Voyager beaucoup*** (FAM.) – courir le monde, voir du pays. FAM. bourlinguer, rouler sa bosse, trimarder, vagabonder. ▶ ***Explorer Internet*** – fureter, surfer.

navire *n. m.* bateau, bâtiment. SOUT. nef, vaisseau.

navrant *adj.* ▶ ***Qui attriste*** – affligeant, atterrant, attristant, chagrinant, consternant, déplorable, désespérant, désolant, douloureux, malheureux, misérable, pénible, pitoyable, qui serre le cœur, triste. ▶ ***Qui blesse profondément*** – âcre, affligeant, amer, cruel, cuisant, déchirant, douloureux, dur, éprouvant, lancinant, pénible, poignant, saignant, vif. ▶ ***Médiocre*** – abominable, affreux, atroce, déplorable, désastreux, épouvantable, exécrable, horrible, infect, insipide, lamentable, manqué, mauvais, médiocre, minable, nul, odieux, piètre, piteux, pitoyable, qui ne vaut rien, raté. SOUT. méchant, triste. FAM. à la con, à la flan, à la gomme, à la manque, à la mie de pain, à la noix (de coco), blèche, craignos, crapoteux, moche, pourri, qui ne vaut pas un clou. △ **ANT.** AGRÉABLE, AMUSANT, PLAISANT, RÉJOUISSANT; ENCOURAGEANT, MOTIVANT, STIMULANT; BRILLANT, ÉBLOUISSANT, EXCELLENT, EXTRAORDINAIRE, FANTASTIQUE, MAGNIFIQUE, MERVEILLEUX, PRODIGIEUX, REMARQUABLE, SENSATIONNEL.

nazi *n.* chemise brune, hitlérien, national-socialiste.

néanmoins *adv.* cependant, mais, malgré cela, malgré tout, malheureusement, pourtant, seulement, toutefois. SOUT. nonobstant. △ **ANT.** DE PLUS, EN OUTRE, ET.

néant *n. m.* ▶ ***Vide*** – désert, nullité, rien, vacuité, vacuum, vide, zéro. ▶ ***Non-sens*** – asémanticité, inanité, insignifiance, non-sens, non-signifiance, vacuité. ▶ ***Futilité*** – frivolité, futilité, inanité, inconsistance, inefficacité, insignifiance, inutilité, nullité, puérilité, stérilité, superfétation, superficialité, superfluité, vacuité, vanité, vide. ▶ ***Abîme*** – apocalypse, bouleversement, calamité, cataclysme, catastrophe, chaos, désastre, drame, fléau, malheur, ruine, sinistre, tragédie. FIG. précipice. SOUT. abîme. △ **ANT.** ÊTRE, EXISTENCE; PLÉNITUDE.

nébuleux *adj.* ▶ ***Qui a l'aspect des nuages*** – brumeux, vaporeux. ▶ ***En parlant du ciel*** – assombri, bouché, chargé de nuages, couvert, ennuagé, gris, lourd, nuageux, obscurci, voilé. ▶ ***Incompréhensible*** – brouillé, brumeux, compliqué, confus, contourné, embarrassé, embrouillé, embroussaillé, enchevêtré, entortillé, flou, fumeux, incompréhensible, indéchiffrable, inintelligible, obscur, tarabiscoté, vague, vaseux. SOUT. abscons, abstrus, amphigourique, fuligineux. FAM. chinois, emberlificoté, filandreux, vasouillard. △ **ANT.** CLAIR; BEAU, DÉGAGÉ, SEREIN; ACCESSIBLE, COMPRÉHENSIBLE, ÉVIDENT, INTELLIGIBLE, LIMPIDE, SIMPLE, TRANSPARENT.

nécessaire *adj.* ▸ ***Essentiel*** – capital, crucial, de première nécessité, essentiel, fondamental, important, incontournable, indispensable, irremplaçable, primordial, vital. ▸ ***Urgent*** – impératif, impérieux, pressant, pressé, urgent. *SOUT.* instant. ▸ ***Inévitable*** – assuré, certain, fatal, immanquable, imparable, implacable, incontournable, inéluctable, inévitable, inexorable, obligatoire, obligé, sûr. *FAM.* forcé, mathématique. △ **ANT.** FACULTATIF, OPTIONNEL.

nécessairement *adv.* ▸ ***Inévitablement*** – à coup sûr, automatiquement, fatalement, forcément, immanquablement, implacablement, inéluctablement, inévitablement, inexorablement, infailliblement, ipso facto, irrésistiblement, logiquement, mathématiquement, obligatoirement, par la force des choses. ▸ ***Obligatoirement*** – à tout prix, absolument, coûte que coûte, essentiellement, impérativement, impérieusement, inconditionnellement, obligatoirement, sans faute. △ **ANT.** ALÉATOIREMENT, AVEC DE LA CHANCE, DOUTEUSEMENT, PEUT-ÊTRE.

nécessité *n.f.* ▸ ***Obligation*** – astreinte, contrainte, exigence, impératif, obligation, servitude. ▸ ***Utilité*** – avantage, bénéfice, bienfait, commodité, convenance, désidérabilité, efficacité, fonction, fonctionnalité, indispensabilité, intérêt, mérite, profit, profitabilité, recours, service, usage, utilité, valeur. ▸ ***Fatalité*** – avenir, chance, demain(s), destin, destinée, devenir, étoile, existence, fatalité, fortune, futur, hasard, horizon, karma, lendemain(s), lot, prédestination, prédétermination, prédéterminisme, providence, sort, vie. *SOUT.* fatum. ▸ ***Pauvreté*** – appauvrissement, besoin, dénuement, détresse, embarras, gêne, gouffre, indigence, manque, mendicité, misère, pauvreté, pouillerie, privation, ruine. *SOUT.* impécuniosité. *FAM.* dèche. *FRANCE FAM.* débine, mistoufle, mouise, panade, purée. *DR.* carence. △ **ANT.** ÉVENTUALITÉ, POSSIBILITÉ; CONTINGENCE; LUXE.

nécessiter *v.* ▸ ***Requérir*** – appeler, avoir besoin de, commander, demander, exiger, imposer, obliger, postuler, prendre, prescrire, réclamer, requérir, vouloir. ▸ ***Entraîner*** – amener, apporter, catalyser, causer, créer, déchaîner, déclencher, déterminer, donner lieu à, donner naissance à, engendrer, entraîner, faire, faire naître, former, générer, occasionner, produire, provoquer, soulever, susciter. △ **ANT.** ÉLIMINER.

nef *n.f.* ▸ ***Navire*** – bateau, bâtiment, navire. *SOUT.* vaisseau. ▸ ***Véhicule spatial*** – astronef, engin spatial, spationef, vaisseau spatial. ▸ ***Partie d'une église*** – vaisseau.

néfaste *adj.* dangereux, dévastateur, dommageable, funeste, malfaisant, mauvais, négatif, nocif, nuisible, pernicieux, ravageur. *SOUT.* délétère. △ **ANT.** AVANTAGEUX, BÉNÉFIQUE, BIENFAISANT, BON, FAVORABLE, PROFITABLE, SALUTAIRE, UTILE; ANODIN, BÉNIN, INNOCENT, INOFFENSIF, SANS DANGER; FASTE *(JOUR)*.

négatif *adj.* dangereux, dévastateur, dommageable, funeste, malfaisant, mauvais, néfaste, nocif, nuisible, pernicieux, ravageur. *SOUT.* délétère. △ **ANT.** AFFIRMATIF, POSITIF; CONSTRUCTIF; BÉNÉFIQUE, BIENFAISANT, BON, PROFITABLE, SALUTAIRE, UTILE.

négation *n.f.* contestation, contradiction, désapprobation, négative, non, opposition, récusation, refus, réfutation, rejet. △ **ANT.** AFFIRMATION; ASSENTIMENT, CONSENTEMENT.

négativement *adv.* ▸ ***En dépréciant*** – défavorablement. ▸ ***Non*** – aucunement, d'aucune façon, d'aucune manière, du tout, en aucun cas, en aucune façon, en aucune manière, en aucune sorte, en rien, ne, non, nullement, pas, pas du tout, point. *SOUT.* ni peu ni prou. △ **ANT.** AFFIRMATIVEMENT.

négativisme *n.m.* alarmisme, catastrophisme, défaitisme, inquiétude, pessimisme, scepticisme. △ **ANT.** POSITIVISME.

négligeable *adj.* ▸ ***Inexistant*** – absent, inexistant, nul. ▸ ***Peu élevé*** – faible, infime, infinitésimal, insignifiant, mince, minime, petit, sans importance. ▸ *Non favorable* – dérisoire, insignifiant, malheureux, minime, misérable, piètre, ridicule. ▸ ***Secondaire*** – accessoire, anecdotique, annexe, contingent, (d'intérêt) secondaire, de second plan, décoratif, dédaignable, épisodique, incident, indifférent, insignifiant, marginal, mineur. △ **ANT.** COLOSSAL, CONSIDÉRABLE, ÉNORME, EXTRAORDINAIRE, EXTRÊME, FABULEUX, FORMIDABLE, GÉANT, GIGANTESQUE, IMMENSE, INCOMMENSURABLE, MONUMENTAL, PHÉNOMÉNAL, TITANESQUE, VASTE; APPRÉCIABLE, DE TAILLE, FORT, IMPORTANT, NOTABLE, RESPECTABLE, SENSIBLE, SÉRIEUX, SUBSTANTIEL.

négligemment *adv.* ▸ ***Frivolement*** – distraitement, frivolement, futilement, inconséquemment, infidèlement, inutilement, légèrement, superficiellement, vainement. ▸ ***Paresseusement*** – apathiquement, indolemment, languissamment, lentement, mollement, nonchalamment, oisivement, paresseusement, passivement, poussivement, végétativement. ▸ ***Malproprement*** – à la diable, dégoûtamment, impurement, malproprement, salement, sordidement. △ **ANT.** ACTIVEMENT, AVEC ZÈLE, DYNAMIQUEMENT, ÉNERGIQUEMENT; AVEC MÉTHODE, AVEC SOIN, CORRECTEMENT, MINUTIEUSEMENT, SCRUPULEUSEMENT.

négligence *n.f.* ▸ ***Paresse*** – alanguissement, apathie, atonie, engourdissement, fainéantise, farniente, indolence, inertie, laisser-aller, langueur, lenteur, léthargie, lourdeur, mollesse, nonchalance, oisiveté, paresse, somnolence, torpeur. *FAM.* cosse, flemmardise, flemme. ▸ ***Insouciance*** – détachement, frivolité, imprévoyance, inapplication, inconscience, irresponsabilité, laisser-aller, légèreté, nonchalance. *FIG.* myopie. *SOUT.* imprévision, morbidesse. *FAM.* je-m'en-fichisme, je-m'en-foutisme. ▸ ***Distraction*** – absence (d'esprit), déconcentration, défaillance, dispersion, dissipation, distraction, étourderie, imprudence, inadvertance, inapplication, inattention, inconséquence, irréflexion, légèreté, omission, oubli. *PSYCHAN.* aprosexie, déflexion. *PSYCHOL.* distractivité. ▸ ***Oubli*** – absence, amnésie, étourderie, manque, mauvaise mémoire, omission, oubli, perte de mémoire, trou (de mémoire). ▸ ***Abandon*** – abandon, abdication, défection, désertion, désintérêt, impréparation, incoordination, incurie, inorganisation, insouciance, laisser-aller. △ **ANT.** ASSIDUITÉ, DILIGENCE, EMPRESSEMENT, ZÈLE; APPLICATION, ATTENTION, EXACTITUDE, MINUTIE, RIGUEUR, SOIN; CONSCIENCE.

négligent *adj.* ▸ ***Paresseux*** – fainéant, flâneur, indolent, nonchalant, paresseux. *FAM.* cossard, faignant, flemmard, mollasse, mollasson, musard. *QUÉB. FAM.* sans-cœur. ▸ ***Irresponsable*** – écervelé, étourdi, évaporé, imprévoyant, imprudent, impulsif, inconscient, inconséquent, inconsidéré, insouciant, irréfléchi, irresponsable, léger, sans cervelle, sans-souci. *SOUT.* malavisé. ▶ ***Distrait*** – distrait, étourdi, inappliqué, inattentif. △ **ANT.** APPLIQUÉ, CONSCIENCIEUX, MÉTHODIQUE, MÉTICULEUX, MINUTIEUX, RIGOUREUX, SCRUPULEUX, SOIGNEUX, SYSTÉMATIQUE; MESURÉ, PONDÉRÉ, POSÉ, RAISONNABLE, RÉFLÉCHI, RESPONSABLE, SAGE, SENSÉ, SÉRIEUX.

négliger *v.* ▶ ***Ne pas prendre soin*** – laisser aller. ▶ ***Ne pas accomplir*** – manquer à, se dédire de, se dérober à. *SOUT.* faillir à, forfaire à. ▶ ***Traiter avec indifférence*** – bouder, être sourd à, faire fi de, faire la sourde oreille à, faire peu de cas de, ignorer, méconnaître, mépriser, ne pas se soucier de, ne pas tenir compte de, se désintéresser de, se moquer de. *SOUT.* n'avoir cure de, passer outre à. *FAM.* n'avoir rien à cirer de, n'avoir rien à foutre de, s'en balancer, s'en battre les flancs, s'en contrebalancer, s'en tamponner (le coquillard), s'en taper, se battre l'œil de, se contreficher de, se contrefoutre de, se ficher de, se foutre de, se soucier de qqch. comme d'une guigne, se soucier de qqch. comme de l'an quarante, se soucier de qqch. comme de sa première chemise. ▶ ***Délaisser*** – délaisser, perdre le goût de, s'éloigner de, se désintéresser de, se détacher de. ▶ ***Ne pas envisager*** – balayer d'un revers de la main, écarter, éliminer, excepter, exclure, faire abstraction de, mettre à l'écart, ne pas prendre en considération, ne pas tenir compte de, rejeter. ▶ ***Omettre*** – omettre, oublier. ♦ **négligé** ▶ ***Laissé seul*** – abandonné, délaissé, esseulé. △ **ANT.** S'APPLIQUER, SOIGNER; PENSER, S'OCCUPER, SE PRÉOCCUPER, SE SOUCIER, TENIR COMPTE; CULTIVER, ENTRETENIR, S'INTÉRESSER.

négoce *n.m.* ▶ ***Commerce*** – activité commerciale, affaires, circulation, commerce, commercialisation, distribution, échange, finance, marché, opération, traite, troc, vente.

négociateur *n.* ▶ ***Commissaire*** – agent, ambassadeur, attaché, chargé d'affaires, chargé de mission, commissaire, correspondant, délégataire, délégué, député, diplomate, émissaire, envoyé, fondé de pouvoir, légat, mandataire, messager, ministre, parlementaire, plénipotentiaire, représentant. *FRANCE ANC.* agréé. ▶ ***Intermédiaire*** – arbitragiste, arbitre, arrangeur, conciliateur, intermédiaire, juge, médiateur, modérateur, ombudsman, pacificateur, réconciliateur, surarbitre. *DR.* amiable compositeur.

négociation *n.f.* ▶ ***Pourparlers*** – conversation, dialogue, discussion, échange (de vues), marchandage, pourparlers, tractation, transaction. *SOUT.* transigeance. ▶ ***Accord*** – accord, armistice, cessation des hostilités, cessez-le-feu, compromis, conciliation, détente, entente, issue, modus vivendi, neutralité, non-belligérance, normalisation, pacification, pacte, paix, réconciliation, traité, trêve. ▶ ***Affaire*** – affaire, arbitrage, contestation, débat, démêlé, différend, discussion, dispute, médiation, panel, querelle, règlement, spéculation, tractation. ▶ ***Stratégie*** – adresse, calcul, diplomatie, finesse, habileté, ligne de conduite, machiavélisme, manège, patience, prudence, ruse, sagesse, savoir-faire, souplesse, stratégie, tactique, temporisation, tractation.

négocier *v.* ▶ ***Marchander*** – débattre le prix, marchander. *AFR.* palabrer. ▶ ***Débattre un accord*** – débattre, discuter, traiter. ▶ ***Discuter*** – dialoguer, discuter, être en pourparlers, parlementer, traiter.

neige *n.f.* ▶ ***Eau congelée*** ▸ *Au sol* – linceul, manteau, tapis.

neigeux *adj.* ▶ ***Couvert de neige*** – enneigé. ▶ ***Blanc*** – blanc, blanchâtre, crayeux, immaculé, laiteux, opale, opalescent, opalin. *SOUT.* d'albâtre, lacté, lactescent, lilial, marmoréen.

nerf *n.m.* ▶ ***Ce qui transmet l'information au cerveau*** – axone, neurone, synapse, terminaison nerveuse. ▶ ***En reliure*** – nervure.

nerveusement *adv.* anxieusement, convulsivement, fébrilement, fiévreusement, impatiemment, vivement. △ **ANT.** AVEC CALME, AVEC SANG-FROID, AVEC SÉRÉNITÉ, CALMEMENT, FLEGMATIQUEMENT, FROIDEMENT, IMPASSIBLEMENT, PLACIDEMENT, POSÉMENT, TRANQUILLEMENT.

nerveux *adj.* ▶ ***Qui concerne les émotions*** – affectif, émotif, émotionnel, psychoaffectif. ▶ ***Qui résulte de la nervosité*** – convulsif, involontaire, spasmodique, spastique. ▶ ***Excité*** – agité, énervé, excité, fébrile, fiévreux, hystérique, impatient, surexcité. ▶ ***Angoissé*** – agité, alarmé, angoissé, anxieux, appréhensif, en proie à l'inquiétude, énervé, fiévreux, fou d'inquiétude, inquiet, qui s'en fait, qui se fait de la bile, qui se fait du mauvais sang, qui se ronge les sangs, tourmenté, tracassé, troublé. *FAM.* bileux; *PÉJ.* paniquard. ▶ ***Tendu*** – contracté, stressé, tendu. ▶ ***Rempli d'énergie*** – énergique, ferme, musclé, qui a du nerf, solide, vigoureux. ▶ ***En parlant d'une viande*** – coriace, fibreux, filamenteux, filandreux, tendineux. △ **ANT.** CALME, DÉTENDU, FLEGMATIQUE, PLACIDE, SEREIN, TRANQUILLE; BALOURD, LENT, LOURD, LOURDAUD, PESANT; INDOLENT, NONCHALANT; TENDRE.

nervosité *n.f.* ▶ ***Énervement*** – agitation, effervescence, électrisation, emballement, énervement, étourdissement, exaltation, excitation, fébrilité, fièvre, griserie, stress, surexcitation, tension. *SOUT.* enivrement, éréthisme, exaspération, surtension. *RARE* enfièvrement. *SPORTS* pressing. ▶ ***Turbulence*** – agitation, dissipation, espièglerie, excitation, fougue, impétuosité, mobilité, mouvement, pétulance, tapage, turbulence, vivacité. △ **ANT.** CALME, FLEGME; SÉRÉNITÉ, TRANQUILLITÉ; STABILITÉ.

net *adj.* ▶ ***Propre*** – immaculé, impeccable, propre, propret, soigné. ▶ ***Bien défini*** – arrêté, clair, défini, déterminé, précis, tranché. ▶ ***Évident*** – clair, clair et net, évident, explicite, formel, qui ne fait aucun doute, sans équivoque. *DIDACT.* apodictique, prédicatif. △ **ANT.** CRASSEUX, CROTTÉ, ENCRASSÉ, MACULÉ, MALPROPRE, SALE, SOUILLÉ; CONFUS, FLOU, IMPRÉCIS, INDÉFINISSABLE, INDÉTERMINÉ, INDISTINCT, OBSCUR, TROUBLE, VAGUE; AMBIGU, ÉNIGMATIQUE, ÉQUIVOQUE, MYSTÉRIEUX; BRUT *(SOMME)*.

nettement *adv.* ▶ ***Proprement*** – hygiéniquement, net, proprement, sainement. ▶ ***Clairement*** – catégoriquement, clairement, en toutes lettres, explicitement, expressément, formellement, noir sur blanc, nommément, positivement. ▶ ***Carrément*** – abruptement, brusquement, brutalement, carrément, catégoriquement, crûment, directement, droit, droit au but, fermement, franc, franchement, hardiment, librement, net, raide, raidement, résolument, rondement, sans ambages, sans ambiguïté, sans barguigner, sans détour(s), sans dissimulation, sans équivoque, sans faux-fuyant, sans hésitation, sans intermédiaire, vertement. FAM. franco. ▶ ***Extrêmement*** – à l'extrême, affreusement, astronomiquement, au dernier degré, au dernier point, au maximum, au plus haut degré, au plus haut point, beaucoup, bien, colossalement, considérablement, éminemment, énormément, exceptionnellement, extraordinairement, extrêmement, fabuleusement, follement, fort, fortement, grandement, gros, hautement, immensément, incommensurablement, inconcevablement, incroyablement, infiniment, intensément, long, mortellement, on ne peut plus, phénoménalement, prodigieusement, profondément, remarquablement, sérieusement, singulièrement, souverainement, supérieurement, suprêmement, terriblement, très, vertigineusement, vivement, vraiment. FAM. bigrement, bougrement, diablement, drôlement, effroyablement, épais, épouvantablement, fameusement, fantastiquement, fichtrement, fichûment, formidablement, foutrement, furieusement, joliment, rudement, sacrément, salement, super, terrible, tout plein, vachement. △ **ANT.** DÉGOÛTAMMENT, IMPUREMENT, MALPROPREMENT, SALEMENT; CONFUSÉMENT, IMPRÉCISÉMENT, INDISTINCTEMENT, VAGUEMENT; À PEINE, PAS TRÈS, PEU.

netteté *n. f.* ▶ ***Propreté*** – propreté, soin. ▶ ***Pureté*** – clarté, eau, limpidité, luminosité, pureté, translucidité, transparence, visibilité, vivacité. ▶ ***Intelligibilité*** – accessibilité, clarté, compréhensibilité, compréhension, évidence, facilité, intelligibilité, intercompréhension, limpidité, lisibilité, luminosité, transparence. ▶ ***Rigueur*** – exactitude, infaillibilité, justesse, précision, rigueur. ▶ ***Franchise*** – abandon, bonne foi, confiance, cordialité, droiture, franchise, franc-jeu, franc-parler, loyauté, rondeur, simplicité, sincérité, spontanéité. ▶ ***Honnêteté*** – conscience, droiture, exactitude, fidélité, franchise, honnêteté, incorruptibilité, intégrité, irréprochabilité, justice, loyauté, mérite, moralité, probité, scrupule, sens moral, transparence, vertu. △ **ANT.** SALETÉ; IMPURETÉ; CONFUSION, FLOU, IMPRÉCISION, NÉBULOSITÉ, OBSCURITÉ; AMBIGUÏTÉ, INCERTITUDE.

nettoyage *n. m.* ▶ ***Ménage*** – astiquage, bichonnage, débarbouillage, déblaiement, décrassage, décrassement, décrottage, dégagement, dépoussiérage, détachage, essuyage, fourbissage, lavage, lessivage, lessive, ménage, rangement, ravalement, savonnage, vidange. ▸ *Laine* – carbonisage, désoufrage. ▶ ***Purification*** – assainissement, épuration, nettoiement, purification. ▶ ***Ablution*** – ablutions, bain, débarbouillage, douche, lavage, rinçage, toilette. ▶ ***Affinage*** – affinage, assainissement, blanchissage *(sucre)*, écrémage *(lait)*, élimination, façonnage, façonnement, finissage, finition. ▶ ***Expulsion*** – bannissement, délogement, désinsertion, disgrâce, disqualification, élimination, évacuation, éviction, exclusion, exil, expatriation, expulsion, ostracisme, proscription, rabrouement, radiation, refoulement, rejet, relégation, renvoi. FAM. dégommage, éjection, lessive, vidage. RARE évincement. △ **ANT.** SALETÉ, SOUILLURE; CORRUPTION.

nettoyer *v.* ▶ ***Enlever la saleté*** – curer, décrasser, désencrasser, frotter, gratter, racler, récurer. FAM. décrotter. SUISSE poutser. ▸ *Avec de l'eau* – laver, laver à grande eau, lessiver, rincer. ▶ ***Enlever ce qui encombre*** – débarrasser, déblayer, dégager, désencombrer. ▶ ***Faire briller*** – astiquer, fourbir, frotter, peaufiner, polir. FAM. briquer. BELG. blinquer. SUISSE poutser. ▶ ***Désinfecter*** – assainir, désinfecter. ▶ ***Éliminer ce qui est néfaste*** – débarrasser, purger. ▶ ***Tuer*** (FAM.) – abattre, assassiner, éliminer, exécuter, supprimer, tuer. SOUT. immoler. FAM. buter, descendre, envoyer dans l'autre monde, expédier, faire la peau à, flinguer *(arme à feu)*, liquider, ratatiner, refroidir, trucider, zigouiller. FRANCE FAM. bousiller. ▶ ***Ruiner au jeu*** (FAM.) – ruiner. FAM. lessiver, ratiboiser, rétamer. ▶ ***Épuiser*** (FAM.) – abrutir, briser, courbaturer, épuiser, éreinter, exténuer, fatiguer, forcer, harasser, lasser, mettre à plat, surmener, tuer. FAM. claquer, crever, démolir, esquinter, lessiver, mettre sur le flanc, pomper, rétamer, vanner, vider. QUÉB. FAM. maganer. ▶ ***Boire en entier*** (FAM.) – finir, vider. △ **ANT.** BARBOUILLER, ENCRASSER, MACULER, SALIR, SOUILLER, TACHER, TERNIR; CONTAMINER, INFECTER.

neuf *adj.* ▶ ***Nouveau*** – de fraîche date, de nouvelle date, flambant neuf, nouveau, récent, tout neuf. ▶ ***Qui n'a pas encore servi*** – inaltéré, intact, inutilisé, vierge. ▶ ***En vogue*** – à la mode, à la page, actuel, au goût du jour, dans le vent, dernier cri, en vogue, frais, jeune, moderne, nouveau, récent. FAM. branché. ▶ ***Innovateur*** – audacieux, avant-gardiste, d'avant-garde, futuriste, hardi, inédit, innovant, innovateur, new-look, nouveau, nouvelle vague, novateur, original, renouvelé, révolutionnaire. ▶ ***Inexpérimenté*** – béotien, débutant, inexercé, inexpérimenté, jeune, naïf, néophyte, non initié, nouveau, novice, profane. SOUT. inexpert. RARE commençant. △ **ANT.** ANCIEN, ANTIQUE, ARCHAÏQUE, VIEUX.

neutraliser *v.* ▶ ***Compenser*** – balancer, compenser, contrebalancer, équilibrer, faire contrepoids à, faire équilibre à, pondérer. ▶ ***Empêcher de produire son effet*** – arrêter, désamorcer, enrayer, entraver, étouffer, étrangler, faire obstacle à, freiner, inhiber, juguler, mater, mettre en échec, mettre un frein à, refouler, stopper. ▶ ***Contraindre physiquement*** – immobiliser, maîtriser, se rendre maître de. ♦ **se neutraliser** ▶ ***S'annuler*** – s'annuler, s'exclure, se compenser. △ **ANT.** ACTIVER, ANIMER, ÉVEILLER, PROVOQUER, STIMULER.

neutre *adj.* ▶ ***Sans parti pris*** – équitable, impartial, intègre, juste, objectif, sans parti pris. ▶ ***Sans originalité*** – anonyme, dépersonnalisé, impersonnel. △ **ANT.** POSITIF; NÉGATIF; ENGAGÉ, IMPLIQUÉ; ARBITRAIRE, INÉQUITABLE, INJUSTE, PARTIAL; PERSONNALISÉ, PERSONNEL; BELLIGÉRANT *(PAYS)*, MASCULIN; FÉMININ; ACIDE; BASIQUE; ÉCLATANT *(COULEUR)*, VIF, VOYANT.

nez *n. m.* ▶ ***Partie du corps*** – narines. DIDACT. appendice nasal, organe de l'odorat, protubérance nasale. FAM. museau, nase, pif. FRANCE FAM. blair, blase, tarin, truffe. ▸ *Animaux* – chanfrein, groin, mufle, museau, trompe, truffe. ▶ ***Partie antérieure*** – étrave, proue. ▶ ***Sagacité*** (FAM.) – acuité, clairvoyance, fin, finesse, flair, habileté, jugement, lucidité, pénétration, perspicacité, sagacité, sensibilité, subtilité. ▶ ***Dégustateur*** (FAM.) – connaisseur (en vins), dégustateur (de vin), goûteur (de vins).

niais *adj.* ▶ ***Naïf jusqu'à la bêtise*** – crédule, innocent, naïf, simple, simplet. FAM. cucul, jobard, nunuche, poire. ▶ ***Peu intelligent*** – abruti, benêt, bête, borné, crétin, demeuré, hébété, idiot, imbécile, inintelligent, nigaud, obtus, sot, stupide. FAM. bébête, bêta, bouché, cloche, con, cruche, débile, gourde, nouille, taré, tarte, zozo. FRANCE FAM. ballot, connard, corniaud, cucul la praline, ganache, nunuche, schnock. QUÉB. FAM. cabochon, cave, niaiseux, sans-dessein. △ **ANT.** À L'ESPRIT VIF, BRILLANT, ÉVEILLÉ, INTELLIGENT; ASTUCIEUX, DÉLURÉ, FIN, FINAUD, FUTÉ, HABILE, INGÉNIEUX, INVENTIF, MALIN, RUSÉ; HAGARD *(OISEAU)*.

niaiserie *n.f.* ▶ ***Naïveté*** – candeur, crédulité, jobarderie, jobardise, naïveté. ▶ ***Stupidité*** – ânerie, béotisme, bêtise, débilité, idiotie, ignorance, imbécillité, ineptie, inintelligence, innocence, insipidité, lenteur, lourdeur, naïveté, nigauderie, pesanteur, simplicité, sottise, stupidité. FAM. connerie, crétinisme, dinguerie. ▶ ***Acte ou parole stupide*** – absurdité, ânerie, bafouillage, bafouillis, baliverne, balourdise, bêlement, bêtise, bourde, calembredaine, cliché, dinguerie, divagation, fadaise, faribole, folie, idiotie, imbécillité, ineptie, insanité, non-sens, perle, propos en l'air, sornette, sottise, stupidité. SOUT. billevesée. FAM. connerie, crétinerie, déblocage, déconnage, vanne. △ **ANT.** FINESSE, INTELLIGENCE, MALICE, SUBTILITÉ.

niche *n.f.* ▶ ***Enfoncement*** – enfoncement, renfoncement. ▶ ***Alcôve*** – alcôve, réduit, renfoncement. ANC. ruelle. ▶ ***Plaisanterie*** – attrape, blague, canular, facétie, farce, fumisterie, mystification, plaisanterie, tour. FAM. bateau. ▶ ***Habitation du chien*** – panier.

nicher *v.* ▶ ***Avoir son nid*** – airer *(oiseau de proie)*, nidifier. ▶ ***Habiter*** (FAM.) – demeurer, être domicilié, habiter, loger, rester, vivre. FAM. crécher, percher, résider. ♦ **se nicher** ▶ ***Se cacher*** – s'abriter, se blottir, se cacher, se mettre à couvert, se mettre à l'abri, se réfugier, se tapir, se terrer. FAM. se planquer. △ **ANT.** DÉLOGER, DÉNICHER.

nid *n.m.* ▶ ***Lieu destiné à la ponte*** – aire *(aigle)*, boulin *(pigeon)*, couvoir, nichoir, pondoir. ▶ ***Domicile de l'homme*** – domicile, foyer, intérieur, maison, résidence, toit. SOUT. demeure, habitacle, logis. FAM. bercail, bicoque, chaumière, chez-soi, crèche, pénates. PÉJ. FAM. boutique. ▶ ***Milieu sécurisant*** – bulle, cocon, giron, ouate.

nier *v.* ▶ ***Ne pas admettre comme vrai*** – contester, démentir, disconvenir de, rejeter. RARE récuser. ▶ ***Ne pas admettre comme sien*** – désavouer, renier. △ **ANT.** AFFIRMER, ASSURER, ATTESTER, AVOUER, CERTIFIER, CONFESSER, CONFIRMER, CORROBORER, GARANTIR, MAINTENIR, RATIFIER, RECONNAÎTRE, SANCTIONNER, SOUTENIR.

nihilisme *n.m.* ▶ ***Scepticisme*** – criticisme, positivisme, pragmatisme, probabilisme, pyrrhonisme, relativisme, scepticisme, subjectivisme. ▶ ***Anarchisme*** – anarchie, anarchisme, anarcho-syndicalisme, doctrine libertaire, égalitarisme, individualisme. △ **ANT.** OPTIMISME.

nihiliste *adj.* ▶ ***Anarchiste*** – anarchique, anarchisant, anarchiste, antiautoritaire, libertaire. FAM. anar. ▶ ***Pessimiste*** – désenchanté, désillusionné, pessimiste. △ **ANT.** ENTHOUSIASTE, OPTIMISTE.

nirvana *n.m.* ▶ ***Éveil spirituel*** – délivrance, éveil, illumination, libération, mort de l'ego, réalisation (du Soi), révélation. ▸ *Dans l'hindouisme* – moksha. ▸ *Dans le bouddhisme* – bodhi, samadhi. ▸ *Dans le zen* – satori. ▶ ***Paradis*** – au-delà, champs Élysées, Ciel, Éden, Élysée, limbes, oasis, paradis. SOUT. empyrée, royaume céleste, royaume de Dieu, royaume des cieux, sein de Dieu. ▶ ***Insensibilité*** – anesthésie, détachement, inconscience, indifférence, insensibilité, sommeil. FAM. voyage.

niveau *n.m.* ▶ ***Position*** – hauteur. ▶ ***Degré*** – degré, échelon, position, rang. ▶ ***Étage*** – étage. ▶ ***Instrument*** – nivelle.

noble *adj.* ▶ ***Moralement élevé*** – beau, élevé, grand, haut, idéalisé, pur, sublime. SOUT. éthéré. ▶ ***Généreux*** – chevaleresque, généreux, grand, magnanime. SOUT. fier. ▶ ***Majestueux*** – auguste, digne, grave, impérial, imposant, majestueux, olympien, qui impose le respect, solennel. ▶ ***Qui appartient à la noblesse*** – aristocratique, de haut lignage, de haute extraction, nobiliaire, patricien, princier. △ **ANT.** ABJECT, BAS, CRAPULEUX, IGNOBLE, IMMONDE, INDIGNE, INFÂME, INFECT, LÂCHE, MÉPRISABLE, ODIEUX, SORDIDE, VIL; CHICHE, MESQUIN, PARCIMONIEUX; COMMUN; POPULAIRE, ROTURIER; BOURGEOIS.

noble *n.* aristocrate, titré. SOUT. patricien. HIST. talon rouge. PÉJ. ci-devant, hobereau, noblaillon, nobliau. ▸ *Homme* – homme bien né, homme de condition, homme de qualité, seigneur. ANC. gentilhomme. ▹ *Jeune homme* – damoiseau *(pas encore chevalier)*, menin, page. ▸ *Femme* – femme bien née, femme de condition, femme de qualité. ANC. dame, damoiselle, demoiselle. △ **ANT.** BOURGEOIS, ROTURIER.

noblement *adv.* ▶ ***Dignement*** – aristocratiquement, augustement, dignement, fièrement, gravement, honorablement, majestueusement, princièrement, royalement, solennellement. ▶ ***Majestueusement*** – colossalement, grandement, en grande pompe, grandiosement, hiératiquement, immensément, magnifiquement, majestueusement, pompeusement, solennellement. △ **ANT.** À GENOUX, À PLAT VENTRE, BASSEMENT, COMPLAISAMMENT, HONTEUSEMENT, INDIGNEMENT, LÂCHEMENT, OBSÉQUIEUSEMENT, PLATEMENT, SERVILEMENT.

noblesse *n.f.* ▶ ***Aristocratie*** – aristocratie, élite, gentry, grandesse, lignage, lignée, naissance, nom, qualité, sang bleu. ▶ ***Dignité*** – dignité, élévation, générosité, grandeur (d'âme), hauteur, mérite, sublime, sublimité, valeur, vertu. RARE ennoblissement. △ **ANT.** BOURGEOISIE, PEUPLE, PLÈBE, ROTURE; ABJECTION, BASSESSE, INDIGNITÉ, INFAMIE; FAMILIARITÉ, VULGARITÉ.

noce *n.f.* ▶ ***Cortège*** – cérémonie, colonne, convoi, cortège, défilé, file, marche, noria, pardon, pèlerinage, procession, queue, suite, théorie, va-et-vient. ♦ **noces, *plur.*** ▶ ***Mariage*** – bénédiction nuptiale, célébration, cérémonie, consentement mutuel, cortège, sacrement.

nœud *n.m.* ▶ ***Corde nouée*** – boucle. ▶ ***Ce qui unit*** – affection, amitié, amour, attachement, attirance, intérêt, lien, sympathie, tendresse. FAM. coup de cœur, coup de foudre. ▶ ***Centre*** (FIG.) – axe, centre, entre-deux, intermédiaire, milieu, moyen terme, pivot, point central. FIG. clef (de voûte), cœur, foyer, midi, nombril, noyau, ombilic, sein, siège. ▶ ***Dans le bois*** – broussin, loupe, lunure, madrure, maillure, malandre, nodosité. ▶ ***Partie du corps*** – articulation, attache, jointure. ANAT. glène, ligament, ménisque, trochlée. ▶ ***Amas*** – gomme, granulation, infiltrat, léprome, nodosité, nodule, nouure, sarcoïde, tubercule. ▶ ***Intersection*** – chevauchement, croisement, empiétement, intersection, recoupement, recouvrement, rencontre, superposition.

noir *adj.* ▶ ***En parlant de la couleur*** – aile de corbeau, charbonneux, de jais, ébène, fuligineux, noir d'ébène, noir d'encre, noir de jais, noirâtre. ▶ ***Peu lumineux*** – obscur, ombreux, opaque, plongé dans les ténèbres, sombre. SOUT. enténébré, ténébreux. ▶ ***Sinistre*** – funèbre, glauque, lugubre, sinistre, sombre, triste. SOUT. funeste. ▶ ***Ivre*** (FRANCE FAM.) – aviné, en état d'ébriété, enivré, ivre, pris de boisson. FAM. paf, parti, plein, poivré, rond, saoul. FRANCE FAM. beurré, bourré, cuit, cuité, pinté, schlass. △ **ANT.** BLANC; BLOND *(CHEVEUX)*; CLAIR, ÉCLAIRÉ, ENSOLEILLÉ, LUMINEUX; GAI, OPTIMISTE.

noir *n.m.* ▶ ***Obscurité*** – nuit, obscurité, ombre, pénombre, ténèbres. QUÉB. noirceur. SOUT. opacité. ▶ ***Cécité*** – cécité. FIG. brouillard, brume, nuit, obscurité. MÉD. amaurose, amblyopie, anopsie. ▶ ***Tristesse*** – abattement, accablement, affliction, aigreur, amertume, chagrin, dépression, désolation, deuil, douleur, ennui, épreuve, grisaille, humeur noire, idées noires, idées sombres, langueur, lypémanie, mal du pays, mal-être, maussaderie, mélancolie, monotonie, morosité, neurasthénie, nostalgie, papillons, peine, serrement de cœur, souci, tædium vitæ, tristesse, vague à l'âme. SOUT. atrabile, larmes, navrement, nuage, spleen. FAM. blues, bourdon, cafard, déprime, sinistrose. ▶ ***Produit pour faire briller*** – cirage (à chaussures), noir (à chaussures). QUÉB. cire à chaussures. ▶ ***Point visé*** – cible, mouche. ▶ ***Boisson*** – café noir.

noirceur *n.f.* ▶ ***Abjection*** – abjection, abomination, atrocité, bassesse, boue, corruption, crapulerie, crime, débauche, déshonneur, fange, grossièreté, honte, horreur, ignominie, impureté, indignité, infamie, laideur, misère, monstruosité, obscénité, odieux, ordure, saleté, sordide, souillure, vice. SOUT. sordidité, stupre, turpitude, vilenie. FAM. dégoûtation, pouillerie. ▶ ***Injustice*** – abus, arbitraire, déloyauté, déni de justice, empiétement, erreur (judiciaire), exploitation, favoritisme, illégalité, illégitimité, inconstitutionnalité, inégalité, iniquité, injustice, irrégularité, malveillance, partialité, passe-droit, privilège, scélératesse, tort, usurpation. SOUT. improbité. ▶ ***Obscurité*** (QUÉB.) – noir, nuit, obscurité, ombre, pénombre, ténèbres. SOUT. opacité. △ **ANT.** BEAUTÉ, BONTÉ; BLANCHEUR, CLARTÉ.

noircir *v.* ▶ ***Salir de noir*** – charbonner. ▶ ***Rendre plus foncé*** – assombrir, foncer, obscurcir, ombrer. ▶ ***Dessiner des ombres*** – cerner, estomper, ombrer. ▶ ***Chercher à discréditer*** – attaquer, baver sur, calomnier, casser du sucre sur le dos de, cracher sur, critiquer, décrier, dénigrer, déprécier, diffamer, dire du mal de, gloser sur, médire de, perdre de réputation, traîner dans la boue. SOUT. arranger de la belle manière, clabauder sur, dauber sur, détracter, dire pis que pendre de, mettre plus bas que terre. FAM. déblatérer contre, taper sur. FRANCE FAM. débiner, habiller pour l'hiver, tailler un costard à, tailler une veste à. ▶ ***Salir moralement*** – déshonorer, éclabousser, entacher, flétrir, porter atteinte à, salir, souiller, tacher, ternir. ▶ ***Devenir bronzé*** – basaner, boucaner, bronzer, brunir, cuivrer, dorer, hâler, tanner. ♦ **se noircir** ▶ ***S'enivrer*** (FAM.) – boire, s'enivrer, se griser. FAM. prendre une cuite, s'alcooliser, se biturer, se charger, se picrater, se pinter, se pocharder, se poivrer, se soûler. FRANCE FAM. prendre une biture, se bourrer la gueule, se cuiter. △ **ANT.** BLANCHIR, LAVER, NETTOYER; ÉCLAIRCIR, ÉCLAIRER; DÉFENDRE, DISCULPER, INNOCENTER, JUSTIFIER.

noisette *adj.* cognac, fauve, feuille-morte, ocré, ocre, rouille, roussâtre, roussi, roux, tabac. SOUT. rouillé. DIDACT. rubigineux.

nom *n.m.* ▶ ***Catégorie grammaticale*** – substantif. ▶ ***Appellation*** – appellation, dénomination, désignation, étiquette, marque, mot, qualification, taxon, taxum, vocable. ▶ ***Prénom*** – nom de baptême, nom individuel, prénom. FAM. petit nom. ▶ ***Noblesse*** – aristocratie, élite, gentry, lignage, lignée, naissance, qualité, sang bleu.

nomade *adj.* errant, instable, mobile, sans domicile fixe, vagabond. SOUT. sans feu ni lieu. △ **ANT.** FIXE, SÉDENTAIRE, STABLE; CASANIER.

nomade *n.* ▶ ***Vagabond*** – romanichel, sans-abri, vagabond. △ **ANT.** SÉDENTAIRE.

nombre *n.m.* ▶ ***Expression numérique*** – caractère numérique, chiffre, numéro. ▶ ***Numéro*** – adresse, code, cote, marque (numérique), matricule, numéro. ▶ ***Rythme*** – cadence, euphonie, harmonie, musicalité, rythme, sonorité. ▶ ***En grammaire*** – nombre (grammatical).

nombreux *adj.* ▶ ***Multiple*** – différents, divers, maints, multiples, plusieurs. ▶ ***Considérable*** – abondant, considérable, innombrable. FAM. à la pelle. ▶ ***Fréquent*** – continuel, fréquent, multiple, récurrent, répété, répétitif. △ **ANT.** SEUL, SINGULIER, UNIQUE; RARE; CLAIRSEMÉ.

nominal *adj.* ▶ ***En parlant d'une valeur*** – conventionnel, extrinsèque, fictif. △ **ANT.** EFFECTIF, RÉEL; COLLECTIF.

nomination *n.f.* ▶ ***Affectation*** – affectation, collation, commissionnement, désignation, destination, installation, investiture, mise en place, promotion, titularisation. ▶ ***Avancement*** – accession, avancement, élévation, émancipation, mouvement, mutation, promotion, reclassement. ▶ ***Choix*** – adoption, choix, cooptation, décision, désignation, détermination, échantillonnage, écrémage, élection, plébiscite, prédilection, présélection, résolution, sélection, suffrage, tri, triage, vote. SOUT. décret, parti. ▶ ***Établissement*** – constitution, création, disposition, édification, établissement, fondation, implantation, importation, installation, instauration, institution, introduction, intronisation, mise en œuvre, mise en place, mise sur pied, organisation, placement, pose. INFORM. implémentation. ▶ ***Récompense*** – accessit, bon point, citation, couronne, décoration, diplôme, distinction, gratification, médaille, mention, pourboire, prime, prix, récompense, satisfecit, trophée. △ ANT. DÉCHÉANCE, DESTITUTION.

nommer *v.* ▸ ***Donner un nom à qqn*** – appeler, dénommer. ▸ ***Donner un prénom à qqn*** – appeler, baptiser, prénommer. ▸ ***Donner un nom à qqch.*** – appeler, baptiser, dénommer, désigner. ▸ ***Mentionner le nom*** – citer, faire allusion à, faire mention de, faire référence à, mentionner. ▸ ***Affecter à un poste de façon durable*** – créer, instituer, promouvoir, titulariser. *SUISSE* repourvoir. ♦ **se nommer** ▸ ***Avoir pour nom ou prénom*** – répondre au nom de, s'appeler, se prénommer *(prénom)*. △ ANT. CACHER, OMETTRE, TAIRE; DÉPOSER, DESTITUER, LIMOGER.

non *adv.* aucunement, d'aucune façon, d'aucune manière, du tout, en aucun cas, en aucune façon, en aucune manière, en aucune sorte, en rien, ne, négativement, nullement, pas, pas du tout, point. *SOUT.* ni peu ni prou. △ ANT. OUI.

non *n.m.* ▸ ***Négation*** – contestation, contradiction, désapprobation, négation, négative, opposition, récusation, refus, réfutation, rejet. △ ANT. ACCEPTATION, AUTORISATION, CONSENTEMENT, OUI.

nonchalamment *adv.* apathiquement, indolemment, languissamment, lentement, mollement, négligemment, oisivement, paresseusement, passivement, poussivement. △ ANT. ACTIVEMENT, AVEC ZÈLE, DYNAMIQUEMENT, ÉNERGIQUEMENT.

nonchalance *n.f.* ▸ ***Insouciance*** – détachement, frivolité, imprévoyance, inapplication, inconscience, irresponsabilité, laisser-aller, légèreté, négligence. *FIG.* myopie. *SOUT.* imprévision, morbidesse. *FAM.* je-m'en-fichisme, je-m'en-foutisme. ▸ ***Paresse*** – alanguissement, apathie, atonie, engourdissement, fainéantise, farniente, indolence, inertie, laisser-aller, langueur, lenteur, léthargie, lourdeur, mollesse, négligence, oisiveté, paresse, somnolence, torpeur. *FAM.* cosse, flemmardise, flemme. ▸ ***Mollesse*** – abattement, affaiblissement, apathie, atonie, avachissement, faiblesse, inconsistance, indolence, langueur, laxisme, mollasserie, mollesse, passivité, veulerie. *MÉD.* aboulie, dysboulie, psychasthénie. △ ANT. ATTENTION, PRÉOCCUPATION, SOIN; ACTIVITÉ, VIVACITÉ, ZÈLE; ARDEUR, ÉNERGIE, ENTHOUSIASME, ENTRAIN.

nonchalant *adj.* ▸ ***Indifférent*** – blasé, détaché, indifférent, revenu de tout. *SOUT.* incurieux. ▸ ***Paresseux*** – fainéant, flâneur, indolent, négligent, paresseux. *FAM.* cossard, faignant, flemmard, mollasse, mollasson, musard, musardeur. *QUÉB. FAM.* sans-cœur. ▸ ***Passif*** – affaissé, amorphe, apathique, atone, avachi, désossé, endormi, faible, inconsistant, indolent, inerte, léthargique, lymphatique, mou, passif, ramolli, sans ressort. *SOUT.* lâche, veule. *FAM.* gnangnan, mollasse, mollasson, ramollo. ▸ ***Affaibli*** – affaibli, alangui, indolent, lent. *SOUT.* languissant. △ ANT. PRÉOCCUPÉ, SOUCIEUX; DYNAMIQUE, ÉNERGIQUE, INFATIGABLE, LABORIEUX, TRAVAILLEUR, VAILLANT, ZÉLÉ; ACTIF, DILIGENT, EMPRESSÉ.

non-respect *n.m.* ▸ ***Inexécution*** – désobéissance, inapplication, inexécution, manquement, non-exécution, non-observation, violation. *SOUT.* inaccomplissement, inobservance, inobservation. ▸ ***Infraction*** – accroc, contravention, crime, délit, dérogation, entorse, faute, forfait, forfaiture, inconduite, infraction, manquement, mauvaise action, mauvaise conduite, méfait, rupture, transgression, violation. *BELG.* méconduite. *DR.* cas. △ ANT. OBSERVANCE, OBSERVATION, RESPECT.

non-sens *n.m.* ▸ ***Absence de signification*** – asémanticité, inanité, insignifiance, néant, non-signifiance, vacuité. ▸ ***Illogisme*** – aberration, absurde, absurdité, apagogie, contradiction, illogisme, incohérence, inconséquence, irrationalité, irrationnel, paradoxe, paralogisme. ▸ ***Contradiction*** – absurdité, antilogie, antinomie, aporie, conflit, contradiction, contresens, contrevérité, impossibilité, incohérence, inconsistance, invraisemblance, paradoxe, sophisme. ▸ ***Acte ou parole stupide*** – absurdité, ânerie, bafouillage, baliverne, balourdise, bêtise, bourde, calembredaine, cliché, dinguerie, divagation, fadaise, faribole, folie, idiotie, imbécillité, ineptie, insanité, niaiserie, perle, propos en l'air, sornette, sottise, stupidité. *SOUT.* billevesée. *FAM.* connerie, crétinerie, déblocage, déconnage, vanne. △ ANT. SÉMANTICITÉ, SENS, SIGNIFIANCE; BON SENS, LOGIQUE, RAISON.

non-violent *n.* antimilitariste, colombe, neutraliste, pacifiste.

nord *adj.* ▸ ***Du nord*** – boréal, septentrional. ▸ ***Arctique*** – arctique, boréal, nordique. *SOUT.* hyperborée, hyperboréen. △ ANT. AUSTRAL, SUD; MÉRIDIONAL; ANTARCTIQUE.

nord *n.m.* ▸ ***Région*** – Arctique, borée, septentrion. △ ANT. MIDI, SUD.

nordique *adj.* ▸ ***Du Grand Nord*** – arctique, boréal, nord. *SOUT.* hyperborée, hyperboréen. ▸ ***De Scandinavie*** – scandinave.

normal *adj.* ▸ ***Conforme à la norme établie*** – normalisé, officiel, standard, standardisé. ▸ ***Conforme à la norme naturelle*** – correct. ▸ ***Coutumier*** – accoutumé, attendu, consacré, coutumier, d'usage, de règle, de routine, familier, habituel, ordinaire, quotidien, régulier, rituel, usuel. ▸ ***Répandu*** – banal, commun, courant, fréquent, habituel, ordinaire, répandu, usuel. *LING.* usité. ▸ ***Compréhensible*** – compréhensible, défendable, excusable, humain, justifiable, légitime, naturel. ▸ ***Perpendiculaire*** – orthogonal, perpendiculaire. △ ANT. ANORMAL, BIZARRE; EXCEPTIONNEL, EXTRAORDINAIRE, INCOMPARABLE, INHABITUEL, INUSITÉ, PARTICULIER, RARE, REMARQUABLE, SINGULIER, SPÉCIAL; IMPARDONNABLE, INACCEPTABLE, INADMISSIBLE, INEXCUSABLE, INJUSTIFIABLE; PARALLÈLE.

normalement *adv.* à de rares exceptions près, à l'accoutumée, à l'ordinaire, à maintes reprises, à quelques exceptions près, communément, couramment, coutumièrement, d'habitude, d'ordinaire, dans la généralité des cas, dans la majorité des cas, dans la plupart des cas, de coutume, en général, en règle générale, fréquemment, généralement, habituellement, journellement, la plupart du temps, maintes fois, ordinairement, régulièrement, rituellement, souvent, toujours. △ ANT. EXCEPTIONNELLEMENT, GUÈRE, PAR EXCEPTION, RAREMENT.

norme *n.f.* ▸ ***Modèle*** – archétype, canon, critère, échantillon, étalon, exemple, formule, gabarit, idéal, idée, image, individu, modèle, original, paradigme, précédent, prototype, référence, représentant, type, unité. ▶ ***Règle*** – arrêté, charte, code, convention, cote, coutume, formule, loi, mesure, obligation, ordre, précepte, prescription, protocole, régime, règle, règlement, usage. △ ANT. ANOMALIE, BIZARRERIE, EXCEPTION.

nostalgie *n. f.* ▶ ***Tristesse*** – abattement, accablement, affliction, aigreur, amertume, chagrin, dépression, désolation, deuil, douleur, ennui, épreuve, grisaille, humeur noire, idées noires, idées sombres, langueur, lypémanie, mal du pays, mal-être, maussaderie, mélancolie, monotonie, morosité, neurasthénie, noir, papillons, peine, serrement de cœur, souci, tædium vitæ, tristesse, vague à l'âme. *SOUT.* atrabile, larmes, navrement, nuage, spleen. *FAM.* blues, bourdon, cafard, déprime, sinistrose. △ ANT. BONHEUR, GAIETÉ.

nostalgique *adj.* ▶ ***Mélancolique*** – mélancolique, triste. *SOUT.* élégiaque. ▶ ***Passéiste*** – arriéré, attardé, contre-révolutionnaire, droitiste, immobiliste, passéiste, réactionnaire, rétrograde. *FAM.* archéo, réac. △ ANT. GAI, JOYEUX; MODERNISTE.

notable *adj.* ▶ ***Remarquable*** – étonnant, frappant, hallucinant, impressionnant, marquant, remarquable, saillant, saisissant, spectaculaire. ▶ ***Important*** – appréciable, de taille, fort, grand, gros, important, non négligeable, respectable, sensible, sérieux, substantiel. ▶ ***Haut placé*** – de haut rang, grand, haut placé, important, influent, puissant, qui a le bras long. *SOUT.* de haute volée. △ ANT. BANAL, ININTÉRESSANT, ORDINAIRE, SANS INTÉRÊT; NÉGLIGEABLE; SUBORDONNÉ.

notaire *n.* ▶ ***Adjudicateur*** – aboyeur, adjudicateur, commissaire-priseur, greffier-adjudicateur, huissier, vendeur. *SOUT.* tabellion. *QUÉB.* encanteur.

notamment *adv.* avant tout, en particulier, particulièrement, principalement, proprement, singulièrement, spécialement, spécifiquement, surtout, typiquement. △ ANT. ACCESSOIREMENT, AUXILIAIREMENT, INCIDEMMENT, MARGINALEMENT, SECONDAIREMENT.

notation *n. f.* ▶ ***Sons transcrits*** – transcription, translittération. ▶ ***Symbole*** – allégorie, attribut, chiffre, devise, drapeau, effigie, emblème, figure, icône, image, incarnation, insigne, livrée, logo, logotype, marque, personnification, représentation, signe, symbole, type.

note *n. f.* ▶ ***Annotation*** – annotation, apostille, commentaire, glose, nota, nota bene, notule, remarque. ▶ ***Explication*** – analyse, clarification, commentaire, critique, définition, désambiguïsation, éclaircissement, élucidation, exemplification, explication, explicitation, exposé, exposition, glose, illustration, indication, interprétation, légende, lumière, paraphrase, précision, remarque, renseignement. ▶ ***Facture*** – addition, compte, dû, état de compte, état de frais, facture, frais, relevé. *FAM.* coup de fusil, douloureuse. ▶ ***Résultat*** – balance, bilan, compte, compte rendu, conclusion, constat, état, résultat, résumé, situation, tableau. ▶ ***Signe musical*** – neume, note de musique, note musicale, ton. ♦ **notes,** ***plur.*** ▶ ***Carnet*** – agenda, bloc-notes, cahier, calepin, carnet, journal, livre, livret, manifold, mémento, mémorandum, registre, répertoire.

noter *v.* ▶ ***Écrire pour mémoire*** – consigner, enregistrer, inscrire, prendre (bonne) note de, prendre en note, recueillir, relever. ▶ ***Remarquer*** – apercevoir, constater, observer, prendre acte, relever, remarquer, voir. ▶ ***Donner une note*** – coter, évaluer. △ ANT. IGNORER, PASSER OUTRE; OMETTRE, OUBLIER.

notice *n. f.* ▶ ***Introduction*** – avant-propos, avertissement, avis (préliminaire), début, discours préliminaire, entrée en matière, exorde, exposition, introduction, préambule, préliminaire, prélude, présentation, prolégomènes, prologue. *SOUT.* prodrome. ▶ ***Résumé*** – abrégé, aide-mémoire, analyse, aperçu, argument, compendium, condensé, éléments, épitomé, esquisse, extrait, livret, manuel, mémento, morceau, page, passage, plan, précis, promptuaire, raccourci, récapitulation, réduction, résumé, rudiment, schéma, sommaire, somme, synopsis, vade-mecum. *FAM.* topo.

notion *n. f.* ▶ ***Concept*** – abstraction, archétype, concept, conception, conceptualisation, connaissance, conscience, entité, fiction, généralisation, idée, imagination, noumène, pensée, représentation (mentale), schème, théorie. ♦ **notions,** ***plur.*** ▶ ***Rudiments*** – a b c, b.a.-ba, base, éléments, essentiel, notions de base, notions élémentaires, principes, rudiments, teinture, théorie. *PÉJ.* vernis. ▶ ***Savoir*** – acquis, bagage, compétence, connaissances, culture (générale), éducation, encyclopédisme, épistémê, érudition, expérience, humanisme, instruction, lettres, lumières, sagesse, savoir, science. *SOUT.* omniscience. △ ANT. OBJET. ♦ **notions,** ***plur.*** APPROFONDISSEMENT; IGNORANCE.

notoriété *n. f.* célébrité, considération, éclat, faveur, gloire, palmarès, popularité, renom, renommée, réputation, vedettariat. *FIG.* auréole, immortalité. △ ANT. EFFACEMENT, OBSCURITÉ; IGNORANCE, OUBLI.

nouer *v.* ▶ ***Faire un nœud*** – attacher, lier, mailler. ▶ ***Attacher au moyen d'un nœud*** – attacher, ficeler, lier. *FAM.* saucissonner. ▶ ***Organiser une chose complexe*** – ficeler, monter, ourdir, tisser, tramer. ♦ **se nouer** ▶ ***S'entremêler*** – s'entrecroiser, s'entrelacer, s'entremêler, s'imbriquer, se mêler. △ ANT. DÉFAIRE, DÉLACER, DÉLIER, DÉNOUER, DÉTACHER; DÉSUNIR; AVORTER, BRISER, ROMPRE.

nourrice *n. f.* ▶ ***Domestique*** – *ENFANTIN* nounou. *ADMIN.* assistante maternelle. ▶ ***Réservoir*** – bidon, jerrican, touque. *SUISSE* boille *(lait)*. *MAR.* moque.

nourricier *adj.* nutritif.

nourrir *v.* ▶ ***Faire manger*** – alimenter, restaurer. ▶ ***Allaiter*** – allaiter, donner le sein à. ▶ ***Faire vivre*** – avoir la charge de, entretenir, faire bouillir la marmite, faire vivre, mettre du pain sur la table, subvenir aux besoins de. ▶ ***Cultiver*** – cultiver, entretenir, soigner. ▶ ***Se complaire dans une pensée*** – caresser, entretenir, se complaire dans. ♦ **se nourrir** ▶ ***Manger*** – manger, s'alimenter, se restaurer, se sustenter. *SOUT.* se repaître. *FAM.* becter, bouffer, boulotter, briffer, casser la croûte, casser la graine, croûter, grailler, tortorer. △ ANT. AFFAMER, COUPER LES VIVRES À, PRIVER, SEVRER; AFFAIBLIR, ANÉMIER; DÉTRUIRE. ♦ **se nourrir** JEÛNER, S'ABSTENIR, SE PRIVER.

nourrissant *adj.* consistant, nutritif, rassasiant, riche, substantiel. FAM. bourrant, bourratif. △ ANT. LÉGER, PAUVRE.

nourrisson *n.m.* bébé, nouveau-né, poupard *(gros)*, poupon, tout-petit.

nourriture *n.f.* ▶ ***Aliment*** – aliment, couvert, pain (quotidien), table. FAM. bouffe, bouffetance, boustifaille, mangeaille, manger. FRANCE FAM. bectance. RELIG. manne. ▸ *Pauvre* – pitance. ▸ *Raffinée* – ambroisie, bonne chère, ortolans. ▶ ***Aliment pour animaux*** – foin, fourrage, hivernage, pâtée, pâture, provende. FRANCE RÉGION. pâturin. ▶ ***Subsistance*** – aliment, alimentation, approvisionnement, comestibles, denrée, entretien, fourniture, intendance, pain, produit alimentaire, provision, ravitaillement, subsistance, victuailles, vie, vivres. SOUT. provende. FAM. matérielle. ▸ *Pour une personne* – part, portion, ration. ▶ ***Alimentation*** – absorption, alimentation, consommation, cuisine, ingestion, ingurgitation, manducation, menu, nutrition, ordinaire, repas, sustentation. FAM. cuistance, popote.

nouveau *adj.* ▶ ***Récent*** – de fraîche date, de nouvelle date, flambant neuf, neuf, récent, tout neuf. ▶ ***En vogue*** – à la mode, à la page, actuel, au goût du jour, dans le vent, dernier cri, en vogue, frais, jeune, moderne, neuf, récent. FAM. branché. ▶ ***Innovateur*** – audacieux, avant-gardiste, d'avant-garde, futuriste, hardi, inédit, innovant, innovateur, neuf, new-look, nouvelle vague, novateur, original, renouvelé, révolutionnaire. ▶ ***Inconnu*** – étranger, inconnu, inexploré. ▶ ***Autre*** – autre, deuxième, second. ▶ ***Transformé*** – autre, changé, différent, métamorphosé, transformé. ▶ ***Inexpérimenté*** – béotien, débutant, inexercé, inexpérimenté, jeune, naïf, néophyte, neuf, non initié, novice, profane. SOUT. inexpert. RARE commençant. △ ANT. ANCIEN, ANTIQUE, VIEUX; ARCHAÏQUE, DÉMODÉ, DÉPASSÉ; BANAL, CONNU, ÉCULÉ, USÉ; INCHANGÉ; MÊME; EXERCÉ, EXPÉRIMENTÉ, INITIÉ.

nouveau *n.m.* ▶ ***Débutant*** – apprenti, commençant, débutant, néophyte, novice, (petit) nouveau, poulain *(prometteur)*, recrue. FRANCE FAM. bizuth, deb. ▶ ***Celui qui vient d'arriver*** – débarqué, nouveau venu. ▶ ***Nouvel élève*** – bleu, (petit) nouveau. FRANCE FAM. bizuth. ▶ ***Nouveauté*** – actualité, avant-gardisme, changement, contemporanéité, fraîcheur, inédit, innovation, jamais vu, jeunesse, mode, modernité, neuf, nouveauté, originalité, pertinence, précédent, première, présent, primeur. △ ANT. ANCIEN, VÉTÉRAN.

nouveau-né *n.* bébé, nourrisson, poupard *(gros)*, poupon, tout-petit.

nouveauté *n.f.* ▶ ***Fait d'être récent*** – récence. ▶ ***Inédit*** – actualité, avant-gardisme, changement, contemporanéité, fraîcheur, inédit, innovation, jamais vu, jeunesse, mode, modernité, neuf, nouveau, originalité, pertinence, précédent, première, présent, primeur. ▶ ***Originalité*** – anticonformisme, audace, cachet, caractère, fraîcheur, hardiesse, indépendance, individualité, innovation, inspiration, marginalité, non-conformisme, originalité, particularité, personnalité, piquant, pittoresque, singularité. △ ANT. ANCIENNETÉ, ANTIQUITÉ, ARCHAÏSME; COUTUME, TRADITION; BANALITÉ, CLICHÉ.

nouvellement *adv.* à une époque rapprochée, depuis peu, dernièrement, fraîchement, frais, il y a peu, naguère, récemment. △ ANT. ANCIENNEMENT.

novateur *adj.* audacieux, avant-gardiste, d'avant-garde, futuriste, hardi, inédit, innovant, innovateur, neuf, new-look, nouveau, nouvelle vague, original, renouvelé, révolutionnaire. △ ANT. CONSERVATEUR, PASSÉISTE, RÉACTIONNAIRE, RÉTROGRADE, TRADITIONALISTE; IMITATEUR.

novice *adj.* béotien, débutant, inexercé, inexpérimenté, jeune, naïf, néophyte, neuf, non initié, nouveau, profane. SOUT. inexpert. RARE commençant. △ ANT. EXERCÉ, EXPÉRIMENTÉ, INITIÉ.

novice *n.* ▶ ***Débutant*** – apprenti, commençant, débutant, néophyte, (petit) nouveau, poulain *(prometteur)*, recrue. FRANCE FAM. bizuth, deb. ▶ ***Religieux*** – futur religieux, postulant. ▸ *En Belgique et aux Pays-Bas* – béguine. ▶ ***Jeune matelot*** – apprenti (matelot), mousse. FAM. moussaillon. △ ANT. ANCIEN, VÉTÉRAN; CONNAISSEUR, EXPERT, SPÉCIALISTE.

noyau *n.m.* ▶ ***Semence*** – grain, graine, pépin, semence. ▶ ***Partie de l'atome*** – noyau (atomique), nucléide. ▶ ***Milieu*** – axe, centre, entre-deux, intermédiaire, milieu, moyen terme, pivot, point central. FIG. clef (de voûte), cœur, foyer, midi, nœud, nombril, ombilic, sein, siège. ▶ ***Groupe de personnes*** – brigade, caravane, cellule, collectif, colonie, corps, équipe, escadron, escouade, groupe, horde, meute, peloton, troupe. IRON. fournée. FAM. bataillon, brochette, cohorte. QUÉB. FAM. gang. △ ANT. PÉRIPHÉRIE, POURTOUR.

noyer *v.* ▶ ***Inonder*** – engloutir, ennoyer, inonder, submerger. ▶ ***Estomper*** – estomper, voiler. ▶ ***Exposer sans concision*** – allonger la sauce, délayer. △ ANT. ASSÉCHER, DRAINER, SÉCHER.

nu *adj.* ▶ ***Sans vêtements*** – dans l'état de nature, dans le costume d'Adam/d'Ève, dans le plus simple appareil, dénudé, déshabillé, dévêtu. FAM. à poil. ▶ ***Non caché*** – à découvert, découvert. FAM. à l'air. ▶ ***Sans barbe*** – glabre, imberbe, lisse, rasé. ▶ ***Sans ornements*** – austère, dépouillé, froid, gris, sévère, triste. △ ANT. COUVERT, DÉGUISÉ, HABILLÉ, VÊTU; ORNÉ.

nuage *n.m.* ▶ ***Phénomène météorologique*** – SOUT. OU QUÉB. FAM. nuée. ▶ ***Émanation*** – buée, émanation, exhalaison, fumée, fumerolle *(volcan)*, gaz, mofette *(volcan)*, nuée, salamandre *(alchimie)*, vapeur. QUÉB. FAM. boucane. ▶ ***Vol d'insectes*** – essaim, nuée, vol. ▶ ***Malheur*** – adversité, calamité, calice (de douleur), chagrin, détresse, deuil, disgrâce, douleur, échec, épreuve, fatalité, infortune, mal, malchance, malédiction, malheur, mauvaise fortune, mauvaise passe, mésaventure, misère, orage, peine, revers, ruine, sale affaire, sale histoire, souffrance, traverse, tribulation. SOUT. bourrèlement, plaie, tourment.

nuageux *adj.* assombri, bouché, chargé de nuages, couvert, ennuagé, gris, lourd, nébuleux, obscurci, voilé. △ ANT. CLAIR, ENSOLEILLÉ, SEREIN.

nuance *n.f.* ▶ ***Distinction*** – analyse, démarcation, différenciation, discrimination, distinction, distinguo, séparation. ▶ ***Différence*** – abîme, altérité, changement, désaccord, déviance, différence, dissemblance, dissimilitude, distance, distinction, divergence, diversité, division, divorce, écart, fossé, gouffre, incompréhension, inégalité, intervalle, marginalité, séparation, variante, variation, variété. *MATH.* inéquation. ▶ ***Couleur*** – coloration, coloris, couleur, degré, demi-teinte, teinte, ton, tonalité. *SOUT.* chromatisme. △ **ANT.** CONFUSION, INDIFFÉRENCIATION.

nuancer *v.* ▶ ***Exprimer avec modération*** – atténuer, ménager, mesurer, modérer, pondérer, tempérer. ▶ ***Graduer les nuances, les couleurs*** – dégrader, fondre, graduer. *SOUT.* diaprer, nuer. △ **ANT.** ACCENTUER, EXAGÉRER, OUTRER; CONTRASTER, OPPOSER, TRANCHER; UNIFORMISER.

nucléaire *adj.* atomique. △ **ANT.** CONVENTIONNEL *(ARME)*.

nudiste *n.* naturiste.

nudité *n.f.* ▶ ***Fait d'être nu*** – naturisme, nudisme. ▶ ***En peinture*** – académie, anatomie, charnure, gymnité, modèle, nu, plastique, sujet. ▶ ***Absence d'ornement*** – austérité, dépouillement, pureté, sévérité, simplicité, sobriété. △ **ANT.** ORNEMENT.

nue *n.f.* air, atmosphère, calotte (céleste), ciel, coupole (céleste), dôme (céleste), espace, sphère céleste, voûte (céleste), zénith. *SOUT.* azur, empyrée, éther, firmament.

nuée *n.f.* ▶ ***Nuage*** (*SOUT.*) – nuage. ▶ ***Émanation*** – buée, émanation, exhalaison, fumée, fumerolle *(volcan)*, gaz, mofette *(volcan)*, nuage, salamandre *(alchimie)*, vapeur. *QUÉB. FAM.* boucane. ▶ ***Vol d'insectes*** – essaim, nuage, vol. ▶ ***Abondance*** – abondance, afflux, amas, ampleur, concentration, débauche, débordement, exubérance, filon, fleuraison, floraison, foisonnement, forêt, foule, fourmillement, gisement, infinité, inondation, luxe, luxuriance, masse, mine, multiplicité, myriade, orgie, paquet, pléthore, poussière, profusion, quantité, richesse, surabondance, tas, trésor. *FIG.* carnaval. *FAM.* festival, flopée, kyrielle, tapée, tonne, tripotée. *SUISSE FAM.* craquée.

nuire *v.* ▶ ***Causer du tort*** – causer un préjudice à, compromettre, défavoriser, désavantager, desservir, faire du tort à, handicaper, léser, pénaliser, porter atteinte à, porter préjudice à. *RARE* inférioriser. ▶ ***Entraver*** – aller à l'encontre de, barrer, contrarier, contrecarrer, déranger, empêcher, entraver, faire obstacle à, gâcher, gêner, mettre des bâtons dans les roues de, s'opposer à, se mettre en travers de, troubler. △ **ANT.** AIDER, ASSISTER, COLLABORER, SECONDER, SERVIR; AVANTAGER, FACILITER, FAVORISER.

nuisible *adj.* ▶ ***Néfaste*** – dangereux, dévastateur, dommageable, funeste, malfaisant, mauvais, néfaste, négatif, nocif, pernicieux, ravageur. *SOUT.* délétère. ▶ ***Défavorable*** – adverse, attentatoire, contraire, défavorable, désavantageux, dommageable, hostile, pernicieux, préjudiciable. △ **ANT.** BÉNÉFIQUE, BIENFAISANT, BON, PROFITABLE, SALUTAIRE, UTILE; AVANTAGEUX, FAVORABLE, OPPORTUN, PROPICE; INOFFENSIF.

nuit *n.f.* ▶ ***Obscurité*** – noir, obscurité, ombre, pénombre, ténèbres. *QUÉB.* noirceur. *SOUT.* opacité. ▶ ***Période où l'on dort*** – nuitée *(hôtel)*. △ **ANT.** CLARTÉ, LUMIÈRE; JOUR.

nul *adj.* ▶ ***Qui se réduit à rien*** – absent, inexistant, négligeable. ▶ ***Sans effet légal*** – annulé, échu, expiré, invalide, périmé. *DR.* caduc, nul et de nul effet, nul et non avenu. ▶ ***Médiocre*** – abominable, affreux, atroce, déplorable, désastreux, épouvantable, exécrable, horrible, infect, insipide, lamentable, manqué, mauvais, médiocre, minable, navrant, odieux, piètre, piteux, pitoyable, qui ne vaut rien, raté. *SOUT.* méchant, triste. *FAM.* à la con, à la flan, à la gomme, à la mie de pain, à la noix (de coco), blèche, craignos, crapoteux, moche, pourri. ▶ ***Incompétent*** – ignorant, incapable, incompétent, insuffisant, mauvais, médiocre. *FAM.* à la flan, à la gomme, à la manque, à la mie de pain, à la noix, à la noix de coco. *FRANCE FAM.* nullard. △ **ANT.** IMPORTANT, NOTABLE, SIGNIFICATIF; ACTUEL, EN COURS, VALIDE; BRILLANT, ÉBLOUISSANT, EXCELLENT, EXTRAORDINAIRE, FANTASTIQUE, MAGNIFIQUE, MERVEILLEUX, PARFAIT, PRODIGIEUX, REMARQUABLE, SENSATIONNEL; COMPÉTENT, DOUÉ, ÉMINENT, FORT.

nullement *adv.* aucunement, d'aucune façon, d'aucune manière, du tout, en aucun cas, en aucune façon, en aucune manière, en aucune sorte, en rien, ne, négativement, non, pas, pas du tout, point. *SOUT.* ni peu ni prou. △ **ANT.** ASSURÉMENT, BIEN SÛR, CERTAINEMENT, CERTES, D'ÉVIDENCE, DE TOUTE ÉVIDENCE, EFFECTIVEMENT, EN VÉRITÉ, ÉVIDEMMENT, IL VA SANS DIRE, MANIFESTEMENT, NATURELLEMENT, SANS LE MOINDRE DOUTE, SANS NUL DOUTE, SÛREMENT, VRAIMENT.

numérique *adj.* ▶ ***Évalué en nombre*** – chiffré, quantitatif. ▶ ***En parlant de données*** – numérisé. △ **ANT.** ANALOGIQUE.

numéro *n.m.* ▶ ***Chiffre*** – caractère numérique, chiffre, nombre. ▶ ***Nombre identificateur*** – adresse, code, cote, marque (numérique), matricule, nombre. ▶ ***Numéro de page*** – folio, pagination. ▶ ***Exemplaire d'un périodique*** – exemplaire, livraison. ▶ ***Spectacle*** – attraction, concert, danse, divertissement, exécution, exhibition, happening, pièce, projection, récital, représentation, revue, séance, soirée. ▶ ***Personne excentrique*** (*FAM.*) – anticonformiste, bizarre, excentrique, guignol, non-conformiste, original. *FAM.* anormal, coco, drôle de pistolet, moineau, oiseau, olibrius, ostrogot, ouistiti, phénomène, rigolo, zèbre, zig, zigoto, zouave, zozo. *FRANCE FAM.* allumé, asticot, charlot, citoyen, foutraque, gugusse, gus.

nutrition *n.f.* ▶ ***Alimentation*** – absorption, alimentation, consommation, cuisine, ingestion, ingurgitation, manducation, menu, nourrissement, nourriture, ordinaire, repas, sustentation. *FAM.* cuistance, popote. ▶ ***Digestion*** – absorption, anabolisme, assimilation, biosynthèse, chimisme, coction, digestion, eupepsie, ingestion, métabolisme, phagocytose *(cellules)*, rumination, transformation.

nymphe *n.f.* ▶ ***Belle fille*** – beauté, belle (femme), déesse, houri, vénus. *SOUT.* sylphide.

O

oasis *n.f.* ▶ ***Bosquet de palmiers*** – palmeraie. ▶ ***Refuge*** – abri, affût, asile, cache, cachette, gîte, lieu de repos, lieu sûr, refuge, retraite. FIG. ermitage, havre (de paix), port, solitude, tanière, toit. PÉJ. antre, planque, repaire.

obéir *v.* ▶ ***Se conformer aux volontés de qqn*** – céder à, écouter, s'exécuter, s'incliner, se soumettre à. SUISSE FAM. baster. ▶ ***Se conformer à*** – acquiescer à, observer, obtempérer à, respecter, se conformer à, se plier à, se soumettre à, suivre. SOUT. déférer à, sacrifier à. ▶ ***Subir qqch.*** – subir, suivre. △ **ANT.** COMMANDER, DIRIGER, ORDONNER; CONTREVENIR, DÉSOBÉIR, ENFREINDRE, REFUSER, REGIMBER, RÉSISTER, S'OPPOSER, SE REBELLER, TRANSGRESSER, VIOLER.

obéissance *n.f.* ▶ ***Soumission*** – abaissement, allégeance, appartenance, asservissement, assujettissement, attachement, captivité, contrainte, dépendance, domestication, domesticité, domination, emprise, esclavage, gêne, hilotisme, inféodation, infériorité, mainmise, merci, mouvance, obédience, obligation, oppression, pouvoir, puissance, servage, servitude, soumission, subordination, sujétion, tutelle, tyrannie, vassalité. FIG. carcan, chaîne, corset (de fer), coupe, fardeau, griffe, main, patte, prison; SOUT. fers, gaine, joug. FÉOD. tenure. ▶ ***Docilité*** – apathie, docilité, fidélité, malléabilité, plasticité, servilité, suggestibilité. PSYCHOL. psychoplasticité. △ **ANT.** COMMANDEMENT; DÉSOBÉISSANCE, INDISCIPLINE, INSOUMISSION, INSUBORDINATION, RÉBELLION, RÉVOLTE; INDOCILITÉ.

obéissant *adj.* disciplinable, discipliné, docile, doux, facile, gentil, sage, soumis, tranquille. △ **ANT.** DÉSOBÉISSANT, DIFFICILE, INDISCIPLINÉ, INDOCILE, INSOUMIS, INSUBORDONNÉ.

obèse *adj.* adipeux, bien en chair, charnu, corpulent, de forte taille, empâté, épais, étoffé, fort, gras, gros, imposant, large, lourd, massif, opulent, plantureux, plein. FAM. éléphantesque, hippopotamesque. FRANCE FAM. mastoc. ▸ *Du ventre* – bedonnant, pansu, ventripotent, ventru. △ **ANT.** ÉMACIÉ, FRÊLE, MAIGRE, MINCE, SEC, SVELTE.

obèse *n.* forte taille. FAM. éléphant, gras, gros, hippopotame, mastodonte, pansu, patapouf, poussah, ventru. FRANCE FAM. bide, pépère. MÉD. pléthorique. ▸ *Petit et gros* FAM. boulot.

objecter *v.* ▶ ***Prétexter*** – alléguer, avancer, invoquer, opposer, prétexter. SOUT. arguer, exciper de, s'autoriser de. ▶ ***Rétorquer*** – faire remarquer, rétorquer. △ **ANT.** ACCEPTER, ACCUEILLIR, ACQUIESCER, ADMETTRE, AGRÉER, APPROUVER, CONCÉDER, CONSENTIR.

objectif *adj.* ▶ ***Sans parti pris*** – équitable, impartial, intègre, juste, neutre, sans parti pris. △ **ANT.** ARBITRAIRE, PARTIAL, SUBJECTIF, TENDANCIEUX; INTROSPECTIF.

objectif *n.m.* ▶ ***But*** – ambition, but, cause, cible, considération, destination, fin, finalité, intention, mission, mobile, motif, objet, point de mire, pourquoi, prétexte, raison, raison d'être, sens, visée. SOUT. propos. ▶ ***Partie d'un instrument optique*** – bonnette, judas optique *(porte)*, lentille, mire, oculaire, œilleton *(arme)*, sténopé, système optique, verre, verre de contact/lentille cornéenne, viseur. ▶ ***Appareil photo*** – appareil photo, appareil photographique, reflex. ANC. daguerréotype.

objection *n.f.* ▶ ***Réponse*** – écho, réaction, réflexe, réfutation, repartie, réplique, réponse, riposte. FIG. contre-attaque. ▶ ***Critique*** – accusation, admonestation, admonition, anathématisation, anathème, attaque, avertissement, blâme, censure, condamnation, correction, critique, désapprobation, diatribe, grief, grognerie, gronderie, interdit, leçon, malédiction, mise à l'écart, mise à l'index, mise en quarantaine, observation, plainte, punition, récrimination, remarque, remontrance, représentation, réprimande, réprobation, reproche, réquisitoire, semonce, sérénade, sermon, tollé. SOUT. animadversion, foudres, fustigation, improbation, mercuriale, objurgation, stigmatisation, vitupération. FAM. douche, engueulade, savon, tabac. FRANCE FAM. attrapade, lavage de tête, prêchi-prêcha, soufflante. BELG. cigare. RELIG. fulmination. ▶ ***Refus*** – barrage, désapprobation, désobéissance, mauvaise volonté, obstacle, obstruction, opposition, réaction, rebuffade, refus, résistance, veto. *SOUT.* contredit, inacceptation. ▶ ***Obstacle*** – accroc, adversité, anicroche, barrière, blocage, contrariété, contretemps, défense, difficulté, digue, écueil, embarras, empêchement, ennui, entrave, frein, gêne, impasse, impossibilité, inhibition, interdiction, obstruction, ombre au tableau, opposition, pierre d'achoppement, point noir, problème, résistance, restriction, tribulations. *SOUT.* achoppement, impedimenta, traverse. *FAM.* hic, lézard, os, pépin. *QUÉB. FAM.* aria. *RARE* empêtrement. ▶ ***Inconvénient*** – aléa, charge, contre, danger, défaut, déplaisir, dérangement, désagrément, désavantage, difficulté, écueil, embarras, empêchement, ennui, fissure, gêne, handicap, incommodité, inconfort, inconvénient, mauvais côté, obstacle, point faible, risque, trouble. *SOUT.* importunité. △ **ANT.** APPROBATION.

objectivement *adv.* ▶ ***Réellement*** – concrètement, dans la pratique, dans les faits, effectivement, empiriquement, en fait, en pratique, en réalité, expérimentalement, matériellement, par l'expérience, physiquement, positivement, pratiquement, prosaïquement, réalistement, réellement, tangiblement. ▶ ***Impartialement*** – démocratiquement, équitablement, honnêtement, impartialement, justement, lucidement. △ **ANT.** ABSTRACTIVEMENT, ABSTRAITEMENT, EN THÉORIE, HYPOTHÉTIQUEMENT, IDÉALEMENT, IMAGINAIREMENT, IN ABSTRACTO, THÉORIQUEMENT; PARTIALEMENT, SUBJECTIVEMENT.

objectivité *n.f.* ▶ ***Vérité*** – apodicticité, authenticité, évidence, existence, flagrance, historicité, incontestabilité, justesse, positivité, réalité, validité, véracité, véridicité, vérité, vrai. *SOUT.* véridicité. ▶ ***Impartialité*** – droiture, égalité, équité, impartialité, impersonnalité, intégrité, justice, légalité, neutralité, probité. △ **ANT.** SUBJECTIVITÉ; PARTI PRIS, PARTIALITÉ.

objet *n.m.* ▶ ***Chose*** – chose. *FAM.* bidule, engin, fourbi, machin, truc, trucmuche. *FRANCE FAM.* ustensile, zinzin. *QUÉB. FAM.* affaire, patente. ▶ ***Sujet*** – fait, fond, matière, point, problème, propos, question, sujet, thème. ▶ ***But*** – ambition, but, cause, cible, considération, destination, fin, finalité, intention, mission, mobile, motif, objectif, point de mire, pourquoi, prétexte, raison, raison d'être, sens, visée. *SOUT.* propos. ▶ ***Cause*** – agent, base, cause, explication, facteur, ferment, fondement, fontaine, germe, inspiration, levain, levier, mobile, moteur, motif, motivation, moyen, occasion, origine, point de départ, pourquoi, principe, raison, raison d'être, source, sujet. *SOUT.* étincelle, mère, racine, ressort. △ **ANT.** CRÉATURE, ÊTRE VIVANT; FORME.

obligation *n.f.* ▶ ***Exigence*** – astreinte, contrainte, exigence, impératif, nécessité, servitude. ▶ ***Norme*** – arrêté, charte, code, convention, cote, coutume, formule, loi, mesure, norme, ordre, précepte, prescription, protocole, régime, règle, règlement, usage. ▶ ***Devoir moral*** – bien, (bonnes) mœurs, conscience, déontologie, devoir, droit chemin, éthique, morale, moralité, obligation (morale), prescription, principes, règles de vie, vertu. *PSYCHOL.* surmoi. ▶ ***Affaire*** – affaire, besogne, corvée, devoir, occupation, ouvrage, peine, tâche, travail. *SOUT.* labeur. ▶ ***Servitude*** – abaissement, allégeance, appartenance, asservissement, assujettissement, attachement, captivité, contrainte, dépendance, domestication, domesticité, domination, emprise, esclavage, gêne, hilotisme, inféodation, infériorité, mainmise, merci, mouvance, obédience, obéissance, oppression, pouvoir, puissance, servage, servitude, soumission, subordination, sujétion, tutelle, tyrannie, vassalité. *FIG.* carcan, chaîne, corset (de fer), coupe, fardeau, griffe, main, patte, prison; *SOUT.* fers, gaine, joug. *FÉOD.* tenure. ▶ ***Engagement*** – charge, commandement, contrat, dette, devoir, engagement, lien, parole, promesse, responsabilité, serment. ▶ ***Garantie*** – assurance, aval, caution, cautionnement, charge, consignation, couverture, ducroire, engagement, gage, garant, garantie, hypothèque, indexage, indexation, nantissement, palladium, parrainage, précaution, préservation, promesse, répondant, responsabilité, salut, sauvegarde, sécurité, signature, soulte, sûreté, warrant, warrantage. *DR.* porte-fort. ▶ ***Dette*** – arriéré, charge, compte, créance, crédit à découvert, débet, débit, découvert, déficit, dette, devoir, doit, dû, emprunt, engagement, impayé, moins-perçu, non-paiement, passif, solde débiteur. *BELG.* mali, pouf. ▶ ***Titre financier*** – action, bon, coupon, effet de commerce, papier, part, titre, valeur. ▶ ***Part*** – apport, commandite, contingent, contribution, cotisation, dot, dotation, écot, financement, fonds, lot, mise, montant, parrainage, part, participation, portion, quote-part, quotité. ▶ ***Gratitude*** – bénédiction, gratitude, gré, merci, reconnaissance, remerciement. △ **ANT.** DISPENSE, GRÂCE, LIBERTÉ; DROIT, PERMISSION; INTERDICTION.

obligatoire *adj.* ▶ ***Exigé*** – de rigueur, déontique, exigé, imposé, indispensable, requis. ▶ ***Inévitable*** – assuré, certain, fatal, immanquable, imparable, implacable, incontournable, inéluctable, inévitable, inexorable, nécessaire, obligé, sûr. *FAM.* forcé, mathématique. △ **ANT.** FACULTATIF, LIBRE, OPTIONNEL, VOLONTAIRE; FORTUIT.

obligatoirement *adv.* ▶ ***Indispensablement*** – à tout prix, absolument, coûte que coûte, essentiellement, impérativement, impérieusement, inconditionnellement, indispensablement, nécessairement, sans faute. ▶ ***Inévitablement*** – à coup sûr, automatiquement, fatalement, forcément, immanquablement, implacablement, inéluctablement, inévitablement, inexorablement, infailliblement, ipso facto, irrésistiblement, logiquement, mathématiquement, nécessairement, par la force des choses. △ **ANT.** EN OPTION, FACULTATIVEMENT, SANS OBLIGATION, SANS Y ÊTRE OBLIGÉ; ALÉATOIREMENT, AVEC DE LA CHANCE, DOUTEUSEMENT, PEUT-ÊTRE.

obligé *n.* débiteur, emprunteur. *DR.* débirentier.

obligeance *n.f.* ▶ ***Amabilité*** – affabilité, amabilité, aménité, attention, bienséance, bonnes manières, civilité, civisme, convivialité, correction, courtoisie, délicatesse, éducation, entregent, galanterie, gentillesse, hospitalité, mondanités, politesse, prévenance, savoir-vivre, serviabilité, sociabilité, tact, urbanité. *SOUT.* gracieuseté, liant. △ **ANT.** DÉSOBLIGEANCE, IMPOLITESSE, MALVEILLANCE.

obligeant *adj.* aimable, attentif, attentionné, aux petits soins, complaisant, délicat, dévoué, diligent, empressé, gentil, prévenant, secourable, serviable, zélé. FAM. chic, chou. QUÉB. FAM. fin. BELG. FAM. amitieux. △ **ANT.** DISTANT, FROID, INDIFFÉRENT, RÉSERVÉ.

obliger *v.* ▶ ***Nécessiter*** – appeler, avoir besoin de, commander, demander, exiger, imposer, nécessiter, postuler, prendre, prescrire, réclamer, requérir, vouloir. ▶ ***Contraindre*** – assujettir, astreindre, contraindre, forcer, mettre dans l'obligation, soumettre. ▶ ***Aider*** – aider, être utile à, porter secours à, prêter assistance à, prêter main-forte à, prêter secours à, rendre service à, secourir, tirer d'affaire, tirer d'embarras, venir à la rescousse de, venir au secours de, venir en aide à. FAM. dépanner, donner un coup de main à, donner un coup de pouce à. ♦ **s'obliger** ▶ ***Prendre un engagement*** – promettre, s'engager. ▶ ***Se forcer*** – s'efforcer, se contraindre, se forcer. △ **ANT.** AFFRANCHIR, DÉGAGER, DÉLIER, DISPENSER, ÉPARGNER, EXEMPTER, LIBÉRER; BLESSER, CONTRARIER, DÉPLAIRE, DÉSOBLIGER, FROISSER, NUIRE.

obliquement *adv.* ▶ ***Diagonalement*** – de biais, de côté, diagonalement, en diagonale, en oblique. FAM. de guingois. ▶ ***Indirectement*** – allusivement, évasivement, indirectement, par ricochet, par une voie détournée. FAM. par la bande. △ **ANT.** DIRECTEMENT, EN LIGNE DROITE, TOUT DROIT.

obscène *adj.* ▶ ***Immoral*** – amoral, choquant, éhonté, immoral, impur, inconvenant, indécent, offensant, révoltant, scabreux, scandaleux. RARE antimoral. ▶ ***Cru*** – cru, dégoûtant, graveleux, scabreux. ▶ ***En parlant de la chance*** – impudent, indécent, inouï, insolent. △ **ANT.** BIENSÉANT, CONVENABLE, CORRECT, DÉCENT, HONORABLE, MORAL; CHASTE, INNOCENT, PUDIQUE, PUR.

obscur *adj.* ▶ ***Sans lumière*** – noir, ombreux, opaque, plongé dans les ténèbres, sombre. SOUT. enténébré, ténébreux. ▶ ***Dont le sens est caché*** – cabalistique, caché, cryptique, énigmatique, ésotérique, hermétique, impénétrable, inaccessible, incompréhensible, inconcevable, inconnaissable, indéchiffrable, indécodable, inexplicable, insaisissable, insondable, mystérieux, opaque, secret, ténébreux. SOUT. abscons, abstrus, sibyllin. ▶ ***Dont le sens est confus*** – confus, estompé, flou, imprécis, incertain, indécis, indéfini, indéfinissable, indéterminé, indistinct, ni chair ni poisson, sourd *(sentiment)*, trouble, vague, vaporeux, voilé. ▶ ***Inconnu*** – anonyme, ignoré, inconnu. △ **ANT.** BRILLANT, CLAIR, ÉBLOUISSANT, ÉCLATANT, LUMINEUX; À LA PORTÉE DE TOUS, ACCESSIBLE, COMPRÉHENSIBLE, ÉVIDENT, INTELLIGIBLE, LIMPIDE, SIMPLE, TRANSPARENT; CÉLÈBRE, FAMEUX, ILLUSTRE, RENOMMÉ.

obscurcir *v.* ▶ ***Priver de lumière*** – assombrir, ombrer. SOUT. enténébrer, obombrer, plonger dans les ténèbres. ▶ ***Rendre plus foncé*** – assombrir, foncer, noircir, ombrer. ▶ ***Embrouiller*** – brouiller, compliquer, embrouiller, embroussailler, emmêler, enchevêtrer, entortiller, entremêler, mélanger, mêler. FAM. emberlificoter. DIDACT. intriquer. ▶ ***Troubler l'esprit*** – aveugler, brouiller, embrumer, obnubiler, troubler, voiler. ▶ ***Attrister*** – assombrir, attrister, endeuiller. SOUT. embrumer, rembrunir. ♦ **s'obscurcir** ▶ ***En parlant du ciel*** – s'assombrir, s'ennuager, se brouiller, se couvrir, se voiler. △ **ANT.** ÉCLAIRCIR, ÉCLAIRER, ILLUMINER; BRILLER; ENSOLEILLER.

obscurément *adv.* ▶ ***Sombrement*** – opaquement, sombrement, ténébreusement. ▶ ***Vaguement*** – abstraitement, confusément, évasivement, imperceptiblement, imprécisément, indistinctement, nébuleusement, vaguement, vaseusement. ▶ ***Mystérieusement*** – ambigument, cabalistiquement, énigmatiquement, hermétiquement, illisiblement, impénétrablement, incompréhensiblement, inexplicablement, inintelligiblement, mystérieusement, occultement, opaquement, secrètement, ténébreusement. △ **ANT.** CLAIREMENT, EN TOUTES LETTRES, EXPLICITEMENT, NETTEMENT, NOIR SUR BLANC; LOGIQUEMENT, MÉTHODIQUEMENT, RATIONNELLEMENT, SCIENTIFIQUEMENT, SENSÉMENT, SYSTÉMATIQUEMENT; AU GRAND JOUR, EN PUBLIC.

obscurité *n.f.* ▶ ***Absence de lumière*** – noir, nuit, ombre, pénombre, ténèbres. QUÉB. noirceur. SOUT. opacité. ▶ ***Mystère*** – arcanes, énigme, inconnaissable, inconnu, mystère, secret, voile. FAM. cachotterie. ▶ ***Incompréhensibilité*** – abstrusion, difficulté, hermétisme, illisibilité, impénétrabilité, imperceptibilité, incompréhension, inintelligibilité, opacité. SOUT. incompréhensibilité. RARE herméticité. ▶ ***Cécité*** – cécité. FIG. brouillard, brume, noir, nuit. MÉD. amaurose, amblyopie, anopsie. ▶ ***Anonymat*** – anonymat, banalité, humble origine, incognito, masque, ombre. △ **ANT.** CLARTÉ, LUMIÈRE; NETTETÉ; ÉVIDENCE; CÉLÉBRITÉ, RENOMMÉE.

obsédant *adj.* entêtant, harcelant, lancinant, persistant.

obsédé *n.* ▶ ***Celui qui a une idée fixe*** – monomane, monomaniaque, obsessionnel. ▶ ***Exalté*** – exalté, extravagant, fixé, halluciné, illuminé.

obséder *v.* ▶ ***Occuper l'esprit sans relâche*** – habiter, hanter, harceler, obnubiler, posséder, pourchasser, poursuivre. ▶ ***Préoccuper*** – ennuyer, fatiguer, préoccuper, taquiner, tarabuster, tracasser, travailler. FAM. titiller, turlupiner. QUÉB. FAM. chicoter. FRANCE RÉGION. taler. △ **ANT.** AMUSER, ASSURER, CALMER, DÉLIVRER, DÉTENDRE, RASSÉRÉNER, RASSURER, REPOSER, TRANQUILLISER; LIBÉRER, SOULAGER; EXORCISER.

obsèques *n.f.pl.* cérémonie funèbre, convoi funèbre, cortège funèbre, dernier hommage, derniers devoirs, derniers honneurs, deuil, enfouissement, enterrement, funérailles, inhumation, mise au sépulcre, mise au tombeau, mise en bière, mise en terre, sépulture, service civil, service religieux. SOUT. ensevelissement.

observable *adj.* apparent, extérieur, visible. MÉD. clinique. △ **ANT.** INOBSERVABLE.

observateur *n.* auditeur, participant, spectateur, témoin.

observation *n.f.* ▶ ***Examen scientifique*** – étude, examen. SOUT. scrutation. ▶ ***Regard soutenu*** – contemplation, scrutation. ▶ ***Surveillance*** – attention, espionnage, faction, filature, garde, gardiennage, guet, îlotage, inspection, monitorage, patrouille, ronde, sentinelle, veille, veillée, vigie, vigilance. ▶ ***Remarque*** – constatation, réflexion, remarque. ▶ ***Reproche*** – accusation, admonestation, admonition, anathématisation, anathème, attaque, avertissement, blâme, censure, condamnation, correction, critique, désapprobation, diatribe, grief, grognerie, gronderie, interdit, leçon, malédiction, mise à l'écart, mise à l'index, mise en quarantaine, objection, plainte, punition, récrimination, remarque, remontrance, représentation, réprimande, réprobation, reproche, réquisitoire, semonce, sérénade, sermon, tollé. SOUT. animadversion, foudres, fustigation, improbation, mercuriale, objurgation, stigmatisation, vitupération. FAM. douche, engueulade, savon, tabac. FRANCE FAM. attrapade, lavage de tête, prêchi-prêcha, soufflante. BELG. cigare. RELIG. fulmination. ▶ ***Fait de suivre les règles*** – observance, respect. △ **ANT.** INDIFFÉRENCE; DISTRACTION, INATTENTION, NÉGLIGENCE, OMISSION, OUBLI; COMPLIMENT, ÉLOGE; DÉSOBÉISSANCE, INOBSERVATION, MANQUEMENT.

observatoire *n. m.* ▶ ***Poste d'observation*** – échauguette, guérite de guet, mirador, poivrière, poste d'observation, poste de veille, tour. MAR. nid-de-pie, vigie.

observer *v.* ▶ ***Regarder avec attention*** – arrêter son regard sur, attacher son regard sur, braquer les yeux sur, considérer, contempler, dévisager *(une personne)*, examiner, fixer, fixer le regard sur, fouiller du regard, regarder, scruter. FAM. gaffer, viser, zieuter. ▶ ***Garder à portée du regard*** – avoir à l'œil, garder à vue, ne pas perdre de vue, ne pas quitter des yeux, surveiller, tenir à l'œil. ▶ ***Guetter*** – épier, être à l'affût de, être aux aguets, guetter, surveiller. QUÉB. FAM. écornifler. ▶ ***Espionner*** – épier, espionner, surveiller. FAM. moucharder. ▶ ***Étudier*** – analyser, considérer, envisager, étudier, examiner, explorer, penser à, pousser plus avant, prendre en considération, réfléchir sur, s'intéresser à, se pencher sur, traiter, voir. ▶ ***Constater*** – apercevoir, constater, noter, prendre acte, relever, remarquer, voir. ▶ ***Se conformer*** – acquiescer à, obéir à, obtempérer à, respecter, se conformer à, se plier à, se soumettre à, suivre. SOUT. déférer à, sacrifier à. △ **ANT.** IGNORER, MÉCONNAÎTRE, NÉGLIGER, OMETTRE, OUBLIER; ÉLOIGNER, LAISSER ALLER; DÉDAIGNER, ENFREINDRE, MÉPRISER, TRANSGRESSER, VIOLER.

obsessif *adj.* anormal, maladif, malsain, morbide, obsessionnel, pathologique. △ **ANT.** ÉQUILIBRÉ, MODÉRÉ, NORMAL.

obsession *n. f.* ▶ ***Idée fixe*** – fixation, idée fixe, maladie, maniaquerie, manie. PSYCHOL. centration. FAM. fixette. RARE monoïdéisme. ▶ ***Envoûtement*** – charme, diablerie, enchantement, ensorcellement, envoûtement, fascination, influence, jettatura, magie, maléfice, malheur, maraboutage, mauvais œil, (mauvais) sort, philtre, possession, sorcellerie, sortilège. ANTIQ. goétie.

obstacle *n. m.* ▶ ***Objet qui barre le passage*** – barrage, barricade, barrière, cloison, défense, écran, mur, rideau, séparation. ▶ ***Opposition*** – barrage, désapprobation, désobéissance, mauvaise volonté, objection, obstruction, opposition, réaction, rebuffade, refus, résistance, veto. SOUT. contredit, inacceptation. ▶ ***Difficulté*** – accroc, adversité, anicroche, barrière, blocage, contrariété, contretemps, défense, difficulté, digue, écueil, embarras, empêchement, ennui, entrave, frein, gêne, impasse, impossibilité, inhibition, interdiction, objection, obstruction, ombre au tableau, opposition, pierre d'achoppement, point noir, problème, résistance, restriction, tribulations. SOUT. achoppement, impedimenta, traverse. FAM. hic, lézard, os, pépin. QUÉB. FAM. aria. RARE empêtrement. ▶ ***Inconvénient*** – aléa, charge, contre, danger, défaut, déplaisir, dérangement, désagrément, désavantage, difficulté, écueil, embarras, empêchement, ennui, fissure, gêne, handicap, incommodité, inconfort, inconvénient, mauvais côté, objection, point faible, risque, trouble. SOUT. importunité. ▶ ***Contrariété*** – accident, accroc, accrochage, affaire, anicroche, avatar, aventure, complication, contingences, contrariété, contretemps, crise, désagrément, difficulté, dispute, embarras, empêchement, ennui, épine, épisode, événement, éventualité, imprévu, incident, mésaventure, occasion, occurrence, péripétie, problème, rebondissement, tribulations. SOUT. adversité. FAM. cactus, embêtement, emmerde, emmerdement, enquiquinement, os, pépin, pétrin, tuile. FRANCE FAM. empoisonnement. △ **ANT.** AIDE, APPUI; COMMODITÉ, FACILITÉ.

obstination *n. f.* ▶ ***Ténacité*** – acharnement, assiduité, constance, détermination, entêtement, fermeté, insistance, opiniâtreté, persévérance, persistance, résolution, suite dans les idées, ténacité, volonté. PÉJ. aveuglement. △ **ANT.** INCONSTANCE, INSTABILITÉ, VERSATILITÉ; HÉSITATION, IRRÉSOLUTION, VELLÉITÉ; DOCILITÉ, FAIBLESSE, MOLLESSE.

obstiné *adj.* ▶ ***Persévérant*** – acharné, coriace, opiniâtre, persévérant, persistant, tenace. ▶ ***Têtu*** – buté, entêté, têtu, volontaire. FAM. cabochard, tête de mule, tête de pioche, tête dure. △ **ANT.** INCONSTANT, INSTABLE, VERSATILE; ACCOMMODANT, ARRANGEANT, COMPLAISANT, CONCILIANT, FLEXIBLE, SOUPLE, TRAITABLE.

obstinément *adv.* avec entêtement, d'arrache-pied, opiniâtrement, tenacement. FAM. mordicus. △ **ANT.** SANS CONVICTION.

obstiner (s') *v.* ▶ ***Contredire*** (QUÉB. FAM.) – contredire, démentir. ♦ **s'obstiner** ▶ ***S'entêter*** – insister, ne pas démordre de, persévérer, persister, s'acharner, s'entêter, se buter. △ **ANT.** CÉDER, FLÉCHIR.

obtenir *v.* ▶ ***Recueillir*** – recevoir, récolter, recueillir. ▶ ***Se procurer*** – acquérir, avoir, entrer en possession de, faire l'acquisition de, se porter acquéreur/acquéresse de, se procurer. ▶ ***Gagner*** – conquérir, enlever, gagner, remporter. FAM. décrocher. ▶ ***Avoir en retour*** – gagner, retirer, tirer. △ **ANT.** MANQUER, PERDRE, RATER, REFUSER; ÉCHOUER.

obus *n. m.* FRANCE FAM. marmite.

occasion *n. f.* ▶ ***Chance*** – aubaine, chance, coup de chance, heureux hasard. SOUT. fortune. FAM. baraka, (coup de) bol, occase, pot, veine. ▶ ***Fois*** – cas, circonstance, coup, fois, heure, moment, occurrence. ▶ ***Possibilité*** – chance, facilité, latitude, liberté, marge (de manœuvre), moyen, offre, possibilité, volant de sécurité. ▶ ***Cause*** – agent, base, cause, explication, facteur, ferment, fondement, fontaine, germe, inspiration, levain, levier, mobile, moteur, motif, motivation, moyen, objet, origine, point de départ, pourquoi, principe, raison, raison d'être, source, sujet. SOUT. étincelle, mère, racine, ressort.

occasionnel *adj.* ▶ ***Inaccoutumé*** – d'exception, exceptionnel, fortuit, inaccoutumé, inhabituel, inusité, rare, rarissime, spécial. SOUT. extraordinaire, inusuel. △ **ANT.** COURANT, FRÉQUENT, HABITUEL.

occident *n.m.* couchant, ouest. △ **ANT.** EST, LEVANT, ORIENT.

occidental *adj.* ouest. △ **ANT.** EST, ORIENTAL.

occulte *adj.* ▶ ***Ésotérique*** – cabalistique, ésotérique, initiatique. ▶ ***Mystérieux*** – mystérieux, paranormal, suprasensible, supraterrestre, surnaturel. ▶ ***Secret*** – clandestin, dissimulé, parallèle, secret, souterrain, subreptice. △ **ANT.** EXOTÉRIQUE, OUVERT; RÉVÉLÉ; AUTORISÉ, LÉGAL, OFFICIEL, PERMIS, PUBLIC.

occultisme *n.m.* ésotérisme, grand art, gnose, hermétisme, magie, parapsychisme, parapsychologie, phénomènes paranormaux, sciences occultes.

occupant *n.* ▶ ***Locataire*** – colon, fermier, habitant, hôte, locataire, métayer, preneur, sous-locataire. ▶ ***Qui occupe un territoire*** – colonisateur, envahisseur.

occupation *n.f.* ▶ ***Métier*** – activité, art, carrière, emploi, état, gagne-pain, métier, profession, qualité, services, situation, spécialité, travail. *FAM.* boulot, turbin, turf. ▶ ***Tâche*** – affaire, besogne, corvée, devoir, obligation, ouvrage, peine, tâche, travail. *SOUT.* labeur. ▶ ***Préoccupation*** – agitation, angoisse, anxiété, cassement de tête, contrariété, désagrément, difficulté, doute, ennui, gêne, inquiétude, obnubilation, peine, pensée, préoccupation, sollicitude, souci, suspens, tiraillement, tourment, tracas. *SOUT.* affres. *FAM.* tintouin, tracassin. ▶ ***Fait d'occuper*** – habitation. ▶ ***Invasion*** – assujettissement, conquête, empiétement, envahissement, invasion, mainmise, prise (de possession), usurpation. *DR.* appropriation. ▶ ***Peuplement*** – colonisation, immigration, natalité, peuplement. ▶ ***Population*** – biocénose, biomasse, biosphère, biote, faune, flore, habitat, peuplement. ♦ **occupations, *plur.*** activités, quotidien, vie (de tous les jours). △ **ANT.** DÉSŒUVREMENT, INACTION, INACTIVITÉ, OISIVETÉ, REPOS; ABANDON, ÉVACUATION; EXPULSION, LIBÉRATION.

occuper *v.* ▶ ***Remplir un espace*** – couvrir, emplir, garnir, remplir, s'étendre sur. ▶ ***Habiter*** – habiter, peupler, vivre dans. ▶ ***Envahir*** – conquérir, envahir, prendre, s'emparer de. ▶ ***Remplir le temps*** – emplir, meubler, remplir. *SOUT.* peupler. ▶ ***Absorber*** – absorber, accaparer, prendre en entier. *FAM.* bouffer. ▶ ***Distraire*** – changer les idées, délasser, désennuyer, distraire. ♦ **s'occuper** ▶ ***Vaquer*** – s'adonner à, s'appliquer à, s'employer à, se consacrer à, se livrer à, vaquer à. ▶ ***Se préoccuper*** – s'embarrasser, s'inquiéter, se préoccuper, se soucier. ▶ ***Prendre soin de qqn*** – garder, prendre soin de, surveiller, veiller sur. △ **ANT.** ABANDONNER, ÉVACUER, LIBÉRER, QUITTER. ♦ **s'occuper** CHÔMER, TRAÎNER; SE DISTRAIRE; OUBLIER, SE DÉSINTÉRESSER; SE MOQUER.

occurrence *n.f.* ▶ ***Existence*** – actualité, essence, être, existence, fait, présence, réalité, réel, substance, vie. ▶ ***Apparition*** – apparition, approche, arrivée, avènement, entrée, introduction, irruption, jaillissement, manifestation, survenance, venue. *SOUT.* surgissement, survenue. *DIDACT.* exondation. ▶ ***Fois*** – cas, circonstance, coup, fois, heure, moment, occasion.

océan *n.m.* ▶ ***Eau recouvrant le globe*** – la mer, les mers. *SOUT.* l'empire des ondes, l'onde amère, la plaine liquide, le royaume de Neptune, les flots. *FRANCE FAM.* la (grande) baille. △ **ANT.** CONTINENT.

ode *n.f.* canzone, canzonette, dithyrambe, élégie, hymne, poème lyrique, rotruenge, stances.

odeur *n.f.* effluence, effluve, émanation, exhalaison.

odieux *adj.* ▶ ***Qui suscite l'indignation*** – abject, bas, coupable, crapuleux, dégoûtant, honteux, ignoble, immonde, inavouable, indigne, infâme, infect, innommable, inqualifiable, lâche, méprisable, repoussant, répugnant, sans nom, scandaleux, sordide, vil. *SOUT.* fangeux, ignominieux, nauséeux, triste, turpide. *FAM.* dégueu, dégueulasse, écœurant, salaud. ▶ ***Insupportable*** – antipathique, atroce, déplaisant, désagréable, détestable, exécrable, haïssable, impossible, infernal, insoutenable, insupportable, intenable, intolérable, invivable, irrespirable, pénible. *FAM.* imbuvable. △ **ANT.** DIGNE, HONORABLE, NOBLE; ADORABLE, AIMABLE, CHARMANT, DÉLICIEUX, GENTIL.

odorant *adj.* aromatique, odoriférant, parfumé, suave. △ **ANT.** ÉCŒURANT, FÉTIDE, INFECT, MALODORANT, NAUSÉABOND, PESTILENTIEL, PUANT; INODORE.

odorat *n.m.* flair, olfaction.

œil *n.m.* ▶ ***Organe*** – *FAM.* calot, carreau, châsse, clignotant, mirette, quinquet. *DIDACT.* organe de la vision, organe de la vue. *ANAT.* globe oculaire. *ZOOL.* ocelle *(arthropode)*, ommatidie *(arthropode)*, stemmate *(larve)*. ▶ ***Regard*** – regard, vue. ▶ ***Partie d'une plante*** – bourgeon, bouton, bulbille, caïeu, gemmule, œilleton, turion.

œillet *n.m.* ▶ ***Trou où on passe un bouton*** – boutonnière, bride.

œuf *n.m.* ▶ ***Produit de l'oiseau*** – *ENFANTIN* coco. ▶ ***Cabine de téléphérique*** – benne, cabine de téléphérique, télébenne, télécabine.

œuvre *n.f.* ▶ ***Réalisation*** – composition, conception, confection, constitution, construction, création, développement, édification, élaboration, exécution, fabrication, façon, façonnage, façonnement, formation, génération, genèse, gestation, invention, organisation, paternité, production, réalisation, structuration, synthèse. *SOUT.* accouchement, enfantement. *DIDACT.* engendrement. ▶ ***Production artistique*** – *FAM.* œuvrette *(petite et sans importance)*. ▶ ***Résultat*** – action, conclusion, conséquence, contrecoup, corollaire, développement, effet, efficacité, fonction, fruit, impact, implication, incidence, jeu, juste retour des choses, portée, prolongement, réaction, rejaillissement, répercussion, résultante, résultat, retentissement, retombées, ricochet, séquelle, suite (logique). *SOUT.* aboutissant, efficace, fille.

offensant *adj.* ▶ ***Blessant*** – blessant, choquant, cinglant, désobligeant, froissant, humiliant, injurieux, insultant, mortifiant, outrageant, vexant. *SOUT.* sanglant. ▶ ***Immoral*** – amoral, choquant, éhonté, immoral, impur, inconvenant, indécent, obscène, révoltant, scabreux, scandaleux. *RARE* antimoral. △ **ANT.** FLATTEUR; BIENSÉANT, CONVENABLE, CORRECT, DÉCENT, HONORABLE, MORAL.

offense *n.f.* ▶ ***Injure*** – affront, attaque, atteinte, attentat, avanie, blessure, calomnie, défi, dommage, indignité, injure, insolence, insulte, manquement, outrage, pique, tort. *SOUT.* camouflet, soufflet.

▶ *Péché* – accroc, chute, crime, déchéance, écart, errements, faute, impureté, mal, manquement, mauvais, péché, sacrilège, scandale, souillure, tache, transgression, vice. △ ANT. COMPLIMENT, ÉLOGE, FLATTERIE.

offenser *v.* ▶ *Vexer* – atteindre (dans sa dignité), blesser (dans sa dignité), choquer, cingler, désobliger, effaroucher, égratigner, froisser, heurter, humilier, insulter, mortifier, offusquer, outrager, piquer au vif, toucher au vif, ulcérer, vexer. SOUT. fouailler. ▶ *Choquer l'œil, l'oreille* – agresser, blesser, choquer, déplaire à, heurter. ▶ *Transgresser gravement* – attenter à, outrager, porter atteinte à. ♦ **s'offenser** ▶ *Se formaliser* – s'indigner, s'offusquer, se fâcher, se formaliser, se froisser, se piquer, se scandaliser, se vexer. △ ANT. BÉNIR, COMPLIMENTER, FÉLICITER, FLATTER; CHARMER, PLAIRE; RESPECTER; MÉNAGER. ♦ **s'offenser** S'ENTHOUSIASMER, SE FÉLICITER, SE RÉJOUIR.

offensif *adj.* agressif, bagarreur, batailleur, belliqueux, combatif, querelleur. SOUT. pugnace. FAM. chamailleur, teigneux. △ ANT. DÉFENSIF.

offensive *n.f.* ▶ *Attaque* – agression, assaut, attaque, attentat, charge, déferlement, envahissement, intervention, invasion, irruption. SOUT. entreprise. MILIT. blitz *(de courte durée)*. ▶ *Joueurs* – attaque. △ ANT. DÉFENSE, DÉFENSIVE.

office *n.m.* ▶ *Fonction* – affectation, charge, dignité, emploi, fonction, métier, mission, place, poste, responsabilité, rôle, siège, titre, vocation. ▶ *Organisme* – agence, bureau, cabinet, centre, organisme, service. ▶ *Messe* – célébration, cérémonial, cérémonie, culte, liturgie, messe, obit, office divin, saint sacifice, service, service divin, service religieux. ▶ *Intervention* – aide, appui, concours, entremise, immixtion, incursion, ingérence, interposition, interventionnisme, intrusion, médiation, ministère. SOUT. intercession.

officiel *adj.* ▶ *Conforme à la norme* – normal, normalisé, standard, standardisé. ▶ *Dressé selon les formes légales* – authentifié, authentique, certifié, notarié, public, solennel. ▶ *Connu* (FAM.) – connu, de notoriété publique, ébruité, notoire, officieux, public, su. △ ANT. APOCRYPHE, ILLÉGAL, OFFICIEUX; PRIVÉ.

officiel *n.* ▶ *Autorité* – autorité, dignitaire, responsable, supérieur. ▶ *Juge d'une épreuve sportive* – arbitre, juge.

officiellement *adv.* administrativement, authentiquement, dans les formes, de source officielle, légalement, notoirement, publiquement, solennellement, statutairement. △ ANT. OFFICIEUSEMENT.

officieux *adj.* ▶ *Connu* – connu, de notoriété publique, ébruité, notoire, public, su. FAM. officiel. △ ANT. OFFICIEL; ÉGOÏSTE.

offrande *n.f.* ▶ *Don à une divinité* – libation, oblats. SOUT. oblation. ▶ *Cadeau* – cadeau, cadeau-souvenir, don, prime, souvenir, surprise. SOUT. présent. FAM. fleur. △ ANT. PRÉLÈVEMENT.

offre *n.f.* ▶ *Suggestion* – avertissement, avis, conseil, encouragement, exhortation, guidance, idée, incitation, indication, information, initiative, inspiration, instigation, motion *(dans une assemblée)*, opinion, préconisation, proposition, recommandation, renseignement, suggestion. FAM. tuyau. DR. pollicitation. ▶ *Possibilité* – chance, facilité, latitude, liberté, marge (de manœuvre), moyen, occasion, possibilité, volant de sécurité. △ ANT. DEMANDE; REFUS.

offrir *v.* ▶ *Tendre* – avancer, présenter, tendre. ▶ *Donner* – donner, faire cadeau de, faire don de, prodiguer. SOUT. contribuer. ▶ *Vendre* – débiter, détailler, écouler, faire commerce de, proposer, vendre. ▶ *Proposer* – avancer, jeter sur le tapis, mettre sur le tapis, présenter, proposer, servir, soumettre. ▶ *Consacrer* – consacrer, dédier, donner, vouer. ▶ *Faire hommage d'une œuvre* – dédicacer, dédier. ♦ **s'offrir** ▶ *S'octroyer* – s'accorder, s'octroyer, se donner, se permettre. △ ANT. ACCEPTER, RECEVOIR; ENLEVER, PRENDRE; ACHETER; DEMANDER, SOLLICITER; REFUSER.

offusquer *v.* ▶ *Blesser la pudeur, l'amour-propre* – atteindre (dans sa dignité), blesser (dans sa dignité), choquer, cingler, désobliger, effaroucher, égratigner, froisser, heurter, humilier, insulter, mortifier, offenser, outrager, piquer au vif, toucher au vif, ulcérer, vexer. SOUT. fouailler. ♦ **s'offusquer** ▶ *Se formaliser* – s'indigner, s'offenser, se fâcher, se formaliser, se froisser, se piquer, se scandaliser, se vexer. △ ANT. BÉNIR, COMPLIMENTER, FÉLICITER, FLATTER; CHARMER, PLAIRE; RESPECTER; MÉNAGER. ♦ **s'offusquer** S'ENTHOUSIASMER, SE FÉLICITER, SE RÉJOUIR.

ogre *n.* ♦ **être imaginaire** ▶ *Géant* – cyclope, géant. ▶ *Cannibale* – dévoreur d'enfants. ♦ **personne réelle** ▶ *Glouton* – bonne fourchette, dévoreur, gargantua, glouton, gobeur, goinfre, goulu, gourmand, gros mangeur, ripailleur, solide fourchette, vorace. FAM. avale-tout, bouffeur, morfal. FRANCE FAM. bâfreur, boustifailleur, croqueur. BELG. goulafre. FRANCE RÉGION. gueulard. PATHOL. boulimique. ▶ *Sadique* – barbare, boucher, bourreau, cannibale, dépravé, monstre, psychopathe, sadique, tordu, tortionnaire, vampire. SOUT. tigre.

oignon *n.m.* ▶ *Callosité* – cal, callosité, calus, cor, corne, durillon, induration, œil-de-perdrix, tylose, tylosis.

oiseau *n.m.* ▶ *Animal* – DIDACT. animal à plumes, bête à plumes. ▶ *Individu* (FAM.) – anticonformiste, bizarre, excentrique, guignol, non-conformiste, original. FAM. anormal, coco, drôle de pistolet, moineau, numéro, olibrius, ostrogot, ouistiti, phénomène, rigolo, zèbre, zig, zigomar, zigoto, zouave, zozo. FRANCE FAM. allumé, asticot, charlot, citoyen, gugusse, gus. ▶ *Échafaudage* – cintre, échafaudage, triquet.

oiseux *adj.* futile, inutile, stérile, vain. SOUT. byzantin. △ ANT. PERTINENT, UTILE.

oisif *adj.* désoccupé, désœuvré, inactif, inoccupé. FAM. végétatif. △ ANT. ACTIF, AFFAIRÉ, AU TRAVAIL, OCCUPÉ.

oisiveté *n.f.* ▶ *Désœuvrement* – chômage, désœuvrement, farniente, inaction, inactivité, inertie, passivité, sédentarité, sinécure, sous-emploi. SOUT. désoccupation, inoccupation. PAR EUPHÉM. inemploi. ▶ *Paresse* – alanguissement, apathie, atonie, engourdissement, fainéantise, farniente, indolence, inertie, laisser-aller, langueur, lenteur, léthargie, lourdeur, mollesse, négligence, nonchalance, paresse, somnolence, torpeur. FAM. cosse, flemmardise, flemme. △ ANT. OCCUPATION, TRAVAIL; ACTIVITÉ, DYNAMISME, EFFORT, ENTRAIN.

olive *adj.* caca d'oie, moutarde, réséda.

olive *n.f.* ▶ ***Animal*** – pignon, trialle. ZOOL. donax.

ombrage *n.m.* ▶ ***Feuillage*** – couvert, feuillage. ▶ ***Ombre*** – abri, ombre, protection. △ ANT. DÉCOUVERT; CONFIANCE, TRANQUILLITÉ.

ombrageux *adj.* ▶ ***Craintif*** – angoissé, apeuré, craintif, effrayé, inquiet, peureux. SOUT. OU QUÉB. FAM. épeuré. ▶ ***Méfiant*** – défiant, méfiant, soupçonneux, sur la défensive, sur ses gardes, suspicieux. ▶ ***Susceptible*** – bilieux, chatouilleux, coléreux, colérique, emporté, excitable, irascible, irritable, rageur, susceptible. SOUT. atrabilaire, colère. FAM. soupe au lait. ▶ ***Jaloux*** – envieux, jaloux. △ ANT. INSOUCIANT; COMPRÉHENSIF, INDULGENT, MAGNANIME, TOLÉRANT; DÉBONNAIRE, FLEGMATIQUE, PAISIBLE, PLACIDE, TRANQUILLE.

ombre *n.f.* ▶ ***Ombrage*** – abri, ombrage, protection. ▶ ***Obscurité*** – noir, nuit, obscurité, pénombre, ténèbres. QUÉB. noirceur. SOUT. opacité. ▶ ***Silhouette*** – ligne, modénature, profil, silhouette, trait. SOUT. linéament. DIDACT. délinéament. ▶ ***Fantôme*** – apparition, créature éthérée, double, ectoplasme, esprit, esprit frappeur, fantôme, mort-vivant, périsprit, revenant, spectre, vision, zombie. ANTIQ. larve, lémure. ▶ ***Anonymat*** – anonymat, banalité, humble origine, incognito, masque, obscurité. ▶ ***Indice*** – apparence, cachet, cicatrice, critère, empreinte, indication, indice, justificatif, lueur, marque, pas, piste, preuve, repère, reste, ride, sceau, signature, signe, stigmate, tache, témoignage, témoin, trace, trait, vestige. ▶ ***Ocre brune*** – ocre brune, terre d'ombre, terre de Sienne. △ ANT. CLARTÉ, ÉCLAIRAGE, LUMIÈRE; RÉALITÉ; CÉLÉBRITÉ, RENOMMÉE.

ombrelle *n.f.* ▶ ***Instrument*** – parasol.

ombreux *adj.* noir, obscur, opaque, plongé dans les ténèbres, sombre. SOUT. enténébré, ténébreux. △ ANT. CLAIR, ÉCLAIRÉ, ENSOLEILLÉ, LUMINEUX.

omettre *v.* ▶ ***Négliger*** – négliger, oublier. ▶ ***Sauter*** – escamoter, manquer, oublier, passer, sauter. ▶ ***Passer sous silence*** – cacher, couvrir, dissimuler, laisser de côté, passer sous silence, taire. SOUT. celer. △ ANT. ACCOMPLIR, EXÉCUTER, FAIRE; NE PAS OUBLIER DE, PENSER À; CITER, MENTIONNER; CONSIGNER, NOTER.

omission *n.f.* ▶ ***Absence*** – absence, défaut, lacune, manque, privation, trou, vide. ▶ ***Oubli*** – absence, amnésie, étourderie, manque, mauvaise mémoire, oubli, perte de mémoire, trou (de mémoire). ▶ ***Distraction*** – absence (d'esprit), déconcentration, défaillance, dispersion, dissipation, distraction, étourderie, imprudence, inadvertance, inapplication, inattention, inconséquence, irréflexion, légèreté, négligence, oubli. PSYCHAN. aprosexie, déflexion. PSYCHOL. distractivité. △ ANT. PRÉSENCE; DÉCLARATION, MENTION; NOTE, REMARQUE.

oncle *n.m.* FAM. tonton.

onction *n.f.* ▶ ***Friction*** – abrasion, bouchonnage, bouchonnement, brossage, embrocation, érosion, friction, frottage, frottement, frottis, grattage, grattement, massage, raclage, râpage, ripage, ripement, traînement, trituration. ▶ ***Bénédiction*** – bénédiction, consécration, couronnement, dédicace, intronisation, sacralisation, sacre. ▶ ***Douceur*** (SOUT.) – affabilité, agrément, amabilité, aménité, bénignité, bienveillance, bonhomie, bonté, calme, chaleur, charité, clémence, docilité, douceur, gentillesse, grâce, humanité, indulgence, patience, placidité, suavité. SOUT. débonnaireté, magnanimité, mansuétude. △ ANT. DURETÉ, RUDESSE, SÉCHERESSE.

onctueux *adj.* ♦ **choses** ▶ ***Riche et épais*** – crémeux, moelleux, velouté. ▶ ***Qui a la consistance du gras*** – graisseux, gras, huileux, oléagineux. SC. butyreux, butyrique, oléiforme. ♦ **personnes** ▶ ***D'une grande douceur*** – doux, pieux. ▶ ***D'une douceur affectée*** – douceâtre, doucereux, mielleux, sucré, (tout sucre) tout miel. SOUT. cauteleux, papelard, patelin, paterne. △ ANT. DUR, RUGUEUX, SEC; BRUSQUE, CASSANT, CATÉGORIQUE, DIRECT, FRANC.

onde *n.f.* ▶ ***Remous*** – agitation, balancement, ballottement, bercement, branle, branlement, cahotement, flottement, fluctuation, flux et reflux, houle, impulsion, lacet, mouvement, ondoiement, ondulation, oscillation, pulsation, raz de marée, remous, roulis, tangage, va-et-vient, vague, valse, vibration. FAM. brimbalement. ♦ **onde,** ***sing.*** ▶ ***Étendue d'eau*** (SOUT.) – eau. SOUT. (l')onde, (les) flots. ♦ **les ondes,** ***plur.*** ▶ ***Télévision*** – le huitième art, télédiffusion, télévision, vidéocommunication. FAM. télé. ▶ ***Radiophonie*** – radio, radiocommunication, radiodiffusion, radiophonie, radiotélégraphie.

ondulation *n.f.* ▶ ***Fluctuation*** – agitation, balancement, ballottement, bercement, branle, branlement, cahotement, flottement, fluctuation, flux et reflux, houle, impulsion, lacet, mouvement, onde, ondoiement, oscillation, pulsation, raz de marée, remous, roulis, tangage, va-et-vient, vague, valse, vibration. FAM. brimbalement. ▶ ***Balancement*** – balancement, ballant, ballottement, déséquilibre, fragilité, instabilité, jeu, mobilité, motilité, motricité, mouvance, mouvant, mouvement, oscillation, roulis, tangage, turbulence, va-et-vient, vibration. ▶ ***Alternance*** – allée et venue, alternatives, balancement, bascule, changement, flux et reflux, intermittence, oscillation, palpitation, périodicité, pulsation, récurrence, récursivité, retour, rotation, roulement, rythme, sinusoïde, succession, tour, va-et-vient, variation. ▶ ***Courbe*** – arabesque, boucle, contour, courbe, détour, lacet, méandre, repli, serpentin, sinuosité, volute *(fumée)*. SOUT. flexuosité. △ ANT. FIXITÉ, STABILITÉ; RAIDEUR.

onduler *v.* ▶ ***Suivre une ligne sinueuse*** – serpenter, sinuer. ▶ ***Remuer au gré du vent*** – flotter au vent, ondoyer. SOUT. brandiller. ▶ ***Se déhancher*** – balancer les hanches, se déhancher, tortiller des hanches. ▶ ***Boucler*** – boucler, friser, frisotter, permanenter. BELG. FAM. croller. RARE anneler. ♦ **ondulé** ▶ ***Qui présente des ondulations*** – onduleux. SOUT. ondé.

onirique *adj.* ▶ ***Qui rappelle un rêve*** – irréel, surréaliste, surréel. △ ANT. RÉALISTE, RÉEL.

opacité *n.f.* ▶ ***État de ce qui est sombre*** (SOUT.) – noir, nuit, obscurité, ombre, pénombre, ténèbres. QUÉB. noirceur. ▶ ***Inintelligibilité*** – abstrusion, difficulté, hermétisme, illisibilité, impénétrabilité, imperceptibilité, incompréhension, inintelligibilité, obscurité. SOUT. incompréhensibilité. RARE herméticité. △ **ANT.** TRANSLUCIDITÉ, TRANSPARENCE; CLARTÉ, INTELLIGIBILITÉ.

opaque *adj.* ▶ ***Sombre*** – noir, obscur, ombreux, plongé dans les ténèbres, sombre. SOUT. enténébré, ténébreux. ▶ ***En parlant d'une eau*** – bourbeux, sale, terne, trouble. ▶ ***En parlant du brouillard*** – à couper au couteau, dense, épais. ▶ ***Difficile à comprendre*** – cabalistique, caché, cryptique, énigmatique, ésotérique, hermétique, impénétrable, inaccessible, incompréhensible, inconcevable, inconnaissable, indéchiffrable, indécodable, inexplicable, insaisissable, insondable, mystérieux, obscur, secret, ténébreux. SOUT. abscons, abstrus, sibyllin. △ **ANT.** CLAIR; DIAPHANE, HYALIN, TRANSLUCIDE, TRANSPARENT; CRISTALLIN, LIMPIDE; LÉGER *(BRUME)*; À LA PORTÉE DE TOUS, ACCESSIBLE, COMPRÉHENSIBLE, ÉVIDENT, INTELLIGIBLE, SIMPLE.

opérant *adj.* actif, agissant, efficace, puissant. △ **ANT.** IMPUISSANT, INACTIF, INEFFICACE, INOPÉRANT.

opérateur *n.* ▶ ***Personne qui fait fonctionner un appareil*** – manipulateur. ▶ ***Personne qui filme*** – cadreur, cameraman, opérateur (de prise de vues). ▶ ***Intermédiaire à la bourse*** – agent de change, courtier, démarcheur, opérateur boursier, opérateur financier. ♦ **opérateur,** ***masc.*** ▶ ***Élément*** – connecteur.

opération *n.f.* ▶ ***Déroulement*** – déroulement, fonctionnement, marche, mécanique, mécanisme, procédure, procès, processus. ▶ ***Méthode*** – approche, art, chemin, code, comment, credo, démarche, discipline, dispositif, façon (de faire), facture, formule, heuristique, instruction, instrument, ligne de conduite, maïeutique, manière, marche (à suivre), méthode, méthodologie, modalité, mode d'emploi, mode, moyen, ordre, organisation, outil, posologie, pratique, procédé, procédure, protocole, raisonnement, recette, règle, secret, stratagème, stratégie, système, tactique, technique, théorie, traitement, voie. SOUT. faire. ▶ ***Opération mathématique*** – algèbre, algorithme, arithmétique, calcul, chiffrage, compte, supputation. ▶ ***Intervention chirurgicale*** – anatomie, chirurgie, dissection *(pour étudier)*, intervention (chirurgicale), opération (chirurgicale). FAM. charcutage *(maladroite)*. ▶ ***Transaction commerciale*** – activité commerciale, affaires, circulation, commerce, commercialisation, distribution, échange, finance, marché, négoce, traite, troc, vente. FAM. business.

opérer *v.* ▶ ***Exécuter*** – accomplir, effectuer, exécuter, faire, pratiquer, procéder à, réaliser. ▶ ***Faire effet*** – agir, faire effet. ▶ ***Procéder à une intervention chirurgicale*** – intervenir. ♦ **s'opérer** ▶ ***Se produire*** – s'accomplir, se faire, se passer, se produire, se réaliser.

opiniâtre *adj.* ▶ ***Tenace*** – acharné, coriace, obstiné, persévérant, persistant, tenace. ▶ ***En parlant d'une lutte*** – acharné, âpre, chaud, farouche, féroce, furieux. △ **ANT.** FAIBLE, LÂCHE, MOU; INCONSTANT, VERSATILE; DOCILE, MALLÉABLE.

opinion *n.f.* ▶ ***Avis*** – appréciation, avis, conception, conviction, critique, croyance, dogme, estime, idée, impression, jugement, optique, pensée, perception, point de vue, position, principe, prise de position, sentiment, théorie, thèse, vote, vue. SOUT. oracle. ▶ ***Conseil*** – avertissement, avis, conseil, encouragement, exhortation, guidance, idée, incitation, indication, information, initiative, inspiration, instigation, motion *(dans une assemblée)*, offre, préconisation, proposition, recommandation, renseignement, suggestion. FAM. tuyau. DR. pollicitation. ▶ ***Doctrine*** – conception, doctrine, dogme, école (de pensée), idée, idéologie, mouvement, pensée, philosophie, principe, système, théorie, thèse.

opportun *adj.* bien venu, bienvenu, bon, favorable, propice, qui tombe à pic. SOUT. heureux. △ **ANT.** FÂCHEUX, IMPORTUN, INOPPORTUN, INTEMPESTIF, MAL À PROPOS.

opportunisme *n.m.* activisme, cynisme, empirisme, matérialisme, pragmatisme, prosaïsme, réalisme, utilitarisme. △ **ANT.** DÉSINTÉRESSEMENT; DÉVOUEMENT, SACRIFICE.

opportuniste *n.* arriviste, calculateur, intrigant, machinateur, manipulateur, manœuvrier, maquignon, margoulin. FAM. combinard, magouilleur.

opportunité *n.f.* ▶ ***Pertinence*** – à-propos, bien-fondé, convenance, légitimité, pertinence, présence d'esprit, repartie, utilité. △ **ANT.** CONTRETEMPS, INOPPORTUNITÉ, OBSTACLE.

opposant *adj.* adverse, antagonique, antagoniste, concurrent, ennemi, opposé, rival.

opposant *n.* ▶ ***Adversaire*** – adversaire, antagoniste, attaqueur, challenger, compétiteur, concurrent, contestataire, contraire, contre-manifestant, détracteur, dissident, ennemi, mécontent, opposé, pourfendeur, prétendant, protestataire, rival. SOUT. émule. ♦ **opposant,** ***masc.*** ▶ ***Muscle*** – muscle antagoniste, muscle opposant. △ **ANT.** DÉFENSEUR, PARTISAN, TENANT; ALLIÉ, AMI.

opposer *v.* ▶ ***Désunir*** – brouiller, déchirer, désaccorder, désolidariser, désunir, diviser, semer la discorde, semer la zizanie, séparer. ▶ ***Dresser contre qqn*** – braquer, cabrer, dresser, monter, monter la tête. ▶ ***Objecter*** – alléguer, avancer, invoquer, objecter, prétexter. SOUT. arguer, exciper de, s'autoriser de. ♦ **s'opposer** ▶ ***Résister*** – résister, se dresser, se raidir. ▶ ***Faire obstacle*** – aller à l'encontre de, barrer, contrarier, contrecarrer, déranger, empêcher, entraver, faire obstacle à, gâcher, gêner, mettre des bâtons dans les roues de, nuire à, se mettre en travers de, troubler. ▶ ***Différer*** – différer, diverger, se contredire. ▶ ***Protester*** – broncher, murmurer, pousser les hauts cris, protester, réagir, récriminer, renâcler, répliquer, s'élever, s'indigner, se dresser, se gendarmer, se plaindre, se récrier. SOUT. réclamer. FAM. criailler, faire du foin, moufter, piailler, rouscailler, rouspéter, ruer dans les brancards, tiquer, tousser. QUÉB. FAM. chialer. ▶ ***S'affronter*** – s'affronter, se battre, se mesurer. ♦ **opposé** ▶ ***Différent*** – contrastant, contrasté, différent, tranché. ▶ ***Incompatible*** – contradictoire, contraire, discordant, dissonant, divergent, éloigné, incompatible, inconciliable. RARE inaccordable. ▶ ***Contraire*** – adverse, contraire, inverse. ▶ ***Enne-***

mi – adverse, antagonique, antagoniste, concurrent, ennemi, opposant, rival. ▶ ***Hostile*** – contestataire, dissident, factieux, iconoclaste, incendiaire, insurgé, insurrectionnel, mal pensant, protestataire, rebelle, révolté, révolutionnaire, séditieux, subversif. *RARE* contestateur. △ **ANT.** CONJUGUER, RAPPROCHER, RÉUNIR; ACCORDER, CONCILIER, RÉCONCILIER. ♦ **s'opposer** CONCORDER, CORRESPONDRE; CÉDER, FLÉCHIR; OBÉIR, RESPECTER, SE SOUMETTRE, SUIVRE.

opposition *n.f.* ▶ ***Alternative*** – bifurcation, choix, dilemme, embarras du choix, option. ▶ ***Comparaison*** – allégorie, analogie, apologue, assimilation, association (d'idées), catachrèse *(lexicalisée)*, comparaison, équivalence, figure, image, lien, métaphore, parabole, parallèle, parenté, personnification, rapport, rapprochement, relation, ressemblance, similitude, symbole, symbolisme. ▶ ***Contraste*** – antithèse, contraste, désaccord, désagencement, désassortiment, déséquilibre, différence, discordance, disharmonie, disparité, disproportion, dissemblance, hétérogénéité, heurt, repoussoir. *SOUT.* disconvenance, tapage. ▶ ***Contraire*** – antilogie, antinomie, antipode, antithèse, antonymie, contradiction, contraire, contraste, contrepartie, contre-pied, dichotomie, différence, divergence, envers, inverse, polarité, réciproque. ▶ ***Antagonisme*** – affrontement, antagonisme, combat, compétition, concurrence, conflit, contentieux, contestation, controverse, débat, désaccord, différend, discorde, discussion, dispute, dissension, dissentiment, divergence, émulation, friction, heurt, incompatibilité, incompréhension, lutte, mésentente, mésintelligence, polémique, querelle, rivalité. *FAM.* bagarre. ▶ ***Refus*** – barrage, désapprobation, désobéissance, mauvaise volonté, objection, obstacle, obstruction, réaction, rebuffade, refus, résistance, veto. *SOUT.* contredit, inacceptation. ▶ ***Dissidence*** – désobéissance, déviation, déviationnisme, division, hérésie, hétérodoxie, insoumission, insurrection, non-conformisme, rébellion, révolte, schisme, scission, sécession, séparation. ▶ ***Négation*** – contestation, contradiction, désapprobation, négation, négative, non, récusation, refus, réfutation, rejet. ▶ ***Obstacle*** – accroc, adversité, anicroche, barrière, blocage, contrariété, contretemps, défense, difficulté, digue, écueil, embarras, empêchement, ennui, entrave, frein, gêne, impasse, impossibilité, inhibition, interdiction, objection, obstruction, ombre au tableau, pierre d'achoppement, point noir, problème, résistance, restriction, tribulations. *SOUT.* achoppement, impedimenta, traverse. *FAM.* hic, lézard, os, pépin. *QUÉB. FAM.* aria. *RARE* empêtrement. △ **ANT.** ÉGALITÉ, IDENTITÉ; ACCORD, ANALOGIE, CONFORMITÉ, CONJONCTION, CORRESPONDANCE, HARMONIE; ADHÉSION, ALLIANCE, RALLIEMENT; APPROBATION, CONSENTEMENT; OBÉISSANCE, PASSIVITÉ, SOUMISSION; DÉBLOCAGE, PASSAGE.

oppresser *v.* ▶ ***Gêner la respiration*** – étouffer, suffoquer. ▶ ***Étrangler par l'émotion*** – étrangler, étreindre, serrer. ▶ ***Angoisser*** – affoler, agiter, alarmer, angoisser, effrayer, énerver, épouvanter, inquiéter, préoccuper, tourmenter, tracasser, troubler. *FAM.* stresser. △ **ANT.** DILATER, SOULAGER; APAISER, CALMER, RASSÉRÉNER.

oppression *n.f.* ▶ ***Pouvoir autoritaire*** – arbitraire, autoritarisme, caporalisme, despotisme, dictature, directivisme, directivité, omnipotence, tyrannie. *SOUT.* satrapie. ▶ ***Persécution*** – abus de pouvoir, brimade, exactions, harcèlement, persécution, talonnement. ▶ ***Soumission*** – abaissement, allégeance, appartenance, asservissement, assujettissement, attachement, captivité, contrainte, dépendance, domestication, domesticité, domination, emprise, esclavage, gêne, hilotisme, inféodation, infériorité, mainmise, merci, mouvance, obédience, obéissance, obligation, pouvoir, puissance, servage, servitude, soumission, subordination, sujétion, tutelle, tyrannie, vassalité. *FIG.* carcan, chaîne, corset (de fer), coupe, fardeau, griffe, main, patte, prison; *SOUT.* fers, gaine, joug. *FÉOD.* tenure. ▶ ***Respiration difficile*** – anhélation, apnée, asthme, dyspnée, enchifrènement, essoufflement, étouffement, halètement, han, pousse, ronflement, sibilation, stertor, stridor *(inspiration)*, suffocation. *SOUT.* ahan. ▶ ***Alourdissement*** – alourdissement, appesantissement, augmentation de poids, embarras, indigestion, lourdeur, surcharge. △ **ANT.** PERMISSIVITÉ, TOLÉRANCE; LIBÉRATION; LIBERTÉ.

opprimé *n.* ▶ ***Victime*** – bouc émissaire, dindon de la farce, gibier, jouet, martyr, persécuté, plastron, proie, sacrifié, souffre-douleur, tête de Turc, victime. △ **ANT.** OPPRESSEUR, TYRAN.

opprimer *v.* ▶ ***Tyranniser*** – accabler, écraser, persécuter, tyranniser. ▶ ***Empêcher de s'exprimer*** – bâillonner, étouffer, garrotter, museler, réduire au silence. ▶ ***Charger d'un poids moral*** (*SOUT.*) – accabler, charger, écraser, étouffer, peser sur, surcharger. △ **ANT.** DÉLIVRER, ÉMANCIPER, LIBÉRER; EXPRIMER, EXTÉRIORISER; APAISER, SOULAGER.

opprobre *n.m.* ▶ ***Honte*** – abaissement, abjection, accroupissement, culpabilisation, dégradation, démérite, déshonneur, discrédit, flétrissure, gifle, honte, humiliation, ignominie, indignité, infamie, infériorisation, mépris, noircissure, ridicule, scandale, ternissure. *SOUT.* turpitude, vilenie. △ **ANT.** CONSIDÉRATION, GLOIRE, HONNEUR.

opter *v.* arrêter son choix sur, choisir, jeter son dévolu sur, prendre le parti de, se décider pour. △ **ANT.** S'ABSTENIR; REFUSER.

optimisation *n.f.* abonnissement, affinement, amélioration, anoblissement, bonification, embellie, embellissement, ennoblissement, enrichissement, maximalisation, optimalisation, perfectionnement, progrès. *SOUT.* épurement. *FIG.* bond en avant.

optimiser *v.* maximaliser, maximiser, optimaliser, tirer le meilleur parti de.

optimisme *n.m.* ▶ ***Idéalisme*** – don-quichottisme, idéalisme, naïveté, triomphalisme, utopie, utopisme. ▶ ***Confiance*** – attente, confiance, espérance, espoir, expectative. △ **ANT.** PESSIMISME; MÉFIANCE, SCEPTICISME.

optimiste *adj.* confiant en l'avenir. △ **ANT.** ALARMISTE, CATASTROPHISTE, DÉFAITISTE, NIHILISTE, PESSIMISTE.

optimiste *n.* triomphaliste, utopiste.

optimum *adj.* idéal, optimal.

option *n.f.* ▸ ***Choix*** – bifurcation, choix, dilemme, embarras du choix, opposition. △ ANT. OBLIGATION.

optionnel *adj.* en option, facultatif. △ ANT. INDISPENSABLE, NÉCESSAIRE, OBLIGATOIRE, REQUIS.

optique *adj.* visuel. △ ANT. AUDITIF; ÉLECTRONIQUE *(MICROSCOPE)*.

opulent *adj.* ▸ ***Riche*** – à l'aise, aisé, cossu, cousu d'or, fortuné, huppé, nanti, qui a les moyens, qui roule sur l'or, riche. *FAM.* argenté, plein aux as; *PÉJ.* richard. *FRANCE FAM.* friqué, rupin. ▸ ***Luxueux*** – fastueux, luxueux, magnifique, princier, riche, royal, seigneurial, somptueux. *SOUT.* magnificent, splendide. ▸ ***Plantureux*** – adipeux, bien en chair, charnu, corpulent, de forte taille, empâté, épais, étoffé, fort, gras, gros, imposant, large, lourd, massif, obèse, plantureux, plein. *FAM.* éléphantesque, hippopotamesque. *FRANCE FAM.* mastoc. △ ANT. DANS LE BESOIN, DÉFAVORISÉ, DÉMUNI, INDIGENT, MISÉRABLE, MISÉREUX, NÉCESSITEUX, PAUVRE; À LA BONNE FRANQUETTE, HUMBLE, MODESTE, SANS CÉRÉMONIES, SIMPLE, SOBRE; CHÉTIF, GRINGALET, MAIGRE, MAIGRELET, MAIGRICHON.

or *n.m.* ▸ ***Richesses*** – moyens, pactole, ressources, richesses, trésor. ▸ ***Opulence*** – abondance, aisance, bien-être, fortune, opulence, prospérité, richesse.

oracle *n.m.* ▸ ***Prédiction*** – annonce, annonciation, augure, auspices, conjecture, horoscope, pari, prédiction, présage, prévision, projection, promesse, pronostic, prophétie, signe. *ANTIQ. ROM.* auspices, haruspication. ▸ ***Opinion*** (*SOUT.*) – appréciation, avis, conception, conviction, critique, croyance, dogme, estime, idée, impression, jugement, optique, pensée, perception, point de vue, position, principe, prise de position, sentiment, théorie, thèse, vote, vue.

orage *n.m.* ▸ ***Tempête*** – baguio, cyclone, grain, gros temps, ouragan, rafale, tempête (tropicale), tornade, tourbillon, trombe, typhon, vent violent. *SOUT.* tourmente. ▸ ***Agitation*** – activité, affairement, affolement, agitation, alarme, animation, bouillonnement, branle-bas (de combat), bruit, dérangement, désordre, désorganisation, détraquement, effervescence, excitation, fourmillement, grouillement, hâte, incohérence, mouvement, précipitation, remous, remue-ménage, secousse, tempête, tohu-bohu, tourbillon, tourmente, trépidation, trouble, tumulte, turbulence, va-et-vient. *SOUT.* émoi, remuement. *FAM.* chambardement. ▸ ***Malheur*** – adversité, calamité, calice (de douleur), chagrin, détresse, deuil, disgrâce, douleur, échec, épreuve, fatalité, infortune, mal, malchance, malédiction, malheur, mauvaise fortune, mauvaise passe, mésaventure, misère, nuage, peine, revers, ruine, sale affaire, sale histoire, souffrance, traverse, tribulation. *SOUT.* bourrèlement, plaie, tourment. △ ANT. CALME, SÉRÉNITÉ.

orageux *adj.* ▸ ***Tumultueux*** – agité, houleux, mouvementé, tempétueux, tumultueux, violent. *SOUT.* torrentueux, turbulent. △ ANT. CALME, DÉTENDU, PLACIDE, SEREIN, TRANQUILLE.

oraison *n.f.* ▸ ***Prière*** – acte de contrition, acte de foi, déprécation, exercice, exercice de piété, exercice spirituel, invocation, litanie, méditation, obsécration, prière, recueillement, souhait, supplication. ▸ ***Mysticisme*** – anagogie, contemplation, dévotion, élévation, extase, illuminisme, mysticisme, mystique, philocalie, ravissement, sainteté, spiritualité, transe, vision. *SOUT.* mysticité.

oral *adj.* ▸ ***Qui concerne la bouche*** – buccal. ▸ ***Fait de vive voix*** – verbal. △ ANT. ÉCRIT, GRAPHIQUE; NASAL; GÉNITAL *(STADE)*; ANAL. ♦ **orale,** ***fém.*** INTRAVEINEUSE *(PAR VOIE)*; NASALE.

orange *adj.* orangé. *QUÉB.* jaune orange. ▸ *Jaune orangé* – abricot, jaune orangé, mandarine, safran. ▸ *Rouge orangé* – capucine, rouge orangé, tango. ▸ *Rose orangé* – crevette, pêche, pelure d'oignon, rose orangé, rose saumoné, saumon.

orangé *n.m.* ▸ ***Couleur*** – orange. *QUÉB. FAM.* jaune orange. ▸ *Cheveux* – rousseur, roux. ▸ ***Colorant*** – (colorant) azoïque.

orateur *n.* ▸ ***Personne donnant une conférence*** – conférencier. ▸ ***Participant à un débat*** – débatteur, intervenant, participant (d'un débat). ▸ ***Personne habile à s'exprimer*** – communicateur.

orbite *n.f.* ▸ ***Courbe*** – boucle, cercle, orbe, ovale, ove, rond.

orchestre *n.m.* ▸ ***Personnes jouant de la musique*** – bastringue *(bruyant)*, ensemble, fanfare, formation, groupe, orphéon. ▸ ***Partie d'une salle*** – parterre *(à l'arrière)*. △ ANT. SOLISTE; CHEF.

ordinaire *adj.* ▸ ***Coutumier*** – accoutumé, attendu, consacré, coutumier, d'usage, de règle, de routine, familier, habituel, normal, quotidien, régulier, rituel, usuel. ▸ ***Courant*** – banal, commun, courant, fréquent, habituel, normal, répandu, usuel. *LING.* usité. ▸ ***Médiocre*** – commun, médiocre, quelconque, trivial, vulgaire. △ ANT. ANORMAL, BIZARRE, CURIEUX, DRÔLE, ÉTRANGE, INACCOUTUMÉ, INSOLITE, INUSITÉ, SINGULIER, SPÉCIAL; EXCEPTIONNEL, EXTRAORDINAIRE, INCOMPARABLE, INHABITUEL, RARE, REMARQUABLE.

ordinairement *adv.* à de rares exceptions près, à l'accoutumée, à l'ordinaire, à maintes reprises, à quelques exceptions près, communément, couramment, coutumièrement, d'habitude, d'ordinaire, dans la généralité des cas, dans la majorité des cas, dans la plupart des cas, de coutume, en général, en règle générale, fréquemment, généralement, habituellement, journellement, la plupart du temps, maintes fois, normalement, régulièrement, rituellement, souvent, toujours. △ ANT. EXCEPTIONNELLEMENT, GUÈRE, PAR EXCEPTION, RAREMENT.

ordination *n.f.* ▸ ***Cérémonie religieuse d'initiation*** – prise d'habit, prise de voile, tonsure, vêture.

ordonner *v.* ▸ ***Classer*** – catégoriser, classer, classifier, distribuer, grouper, ranger, répartir, sérier, trier. ▸ ***Organiser*** – agencer, aménager, arranger, coordonner, ordonnancer, organiser, structurer, systématiser. ▸ ***Imposer*** – commander, décréter, dicter, donner l'ordre de, imposer, prescrire, vouloir. *SOUT.* édicter. ▸ ***Demander avec fermeté*** – commander, demander, enjoindre, intimer, mettre en demeure, prier, sommer. ♦ **ordonné** ▸ ***Structuré*** – cohérent, conséquent, consistant, harmonieux, logique, structuré, suivi. ▸ ***Soigneux*** – appliqué, assidu, attentif, consciencieux, méthodique, méticuleux, minutieux, précis, rangé, rigoureux, scrupuleux, soigné, soigneux, systématique. *SOUT.* exact. △ **ANT.** DÉRANGER, DÉRÉGLER, DÉSORGANISER, MÊLER, TROUBLER; EXÉCUTER, OBÉIR, OBSERVER; INTERDIRE.

ordre *n.m.* ▶ ***Arrangement*** – accommodation, accommodement, agencement, ajustement, aménagement, architecture, arrangement, articulation, assemblage, combinaison, combinatoire, composition, concaténation, configuration, construction, contexture, coordination, disposition, distribution, élaboration, enchaînement, harmonie, liaison, mise en ordre, mise en place, ordonnance, ordonnancement, organisation, orientation, plan, profil, programmation, rangement, structuration, structure, système, texture. ▶ ***Classement*** – archivage, arrangement, catalogage, classement, classification, collocation, distribution, indexage, indexation, mise en ordre, ordonnancement, rangement, répartition, sériation, tri, triage. ▶ ***Sorte*** – catégorie, classe, espèce, famille, genre, groupe, nature, sorte, type, variété. *SOUT.* gent. ▶ ***Hiérarchie*** – autorité, commandement, rang, subordination. *RARE* notabilité. ▶ ***Demande*** – adjuration, appel, demande, démarche, desideratum, désir, doléances, exigence, injonction, instance, interpellation, interrogation, invocation, mandement, pétition, placet, prétention, prière, question, réclamation, requête, réquisition, revendication, sollicitation, sommation, supplication, supplique, ultimatum, vœu. *SOUT.* imploration. ▶ ***Directive*** – citation, commande, commandement, consigne, directive, injonction, instruction, intimation, mandat, prescription, semonce. ▶ ***Norme*** – arrêté, charte, code, convention, cote, coutume, formule, loi, mesure, norme, obligation, précepte, prescription, protocole, régime, règle, règlement, usage. ▶ ***Méthode*** – approche, art, chemin, code, comment, credo, démarche, discipline, dispositif, façon (de faire), facture, formule, heuristique, instruction, instrument, ligne de conduite, maïeutique, manière, marche (à suivre), méthode, méthodologie, modalité, mode d'emploi, mode, moyen, opération, organisation, outil, posologie, pratique, procédé, procédure, protocole, raisonnement, recette, règle, secret, stratagème, stratégie, système, tactique, technique, théorie, traitement, voie. *SOUT.* faire. ▶ ***Titre financier*** – effet (de commerce), mandat, traite. ▶ ***Association professionnelle*** – assemblée, association, collège, communauté, compagnie, confrérie, congrégation, corporation, corps, guilde, hanse, métier, société, syndicat, trade-union. ▶ ***Association religieuse*** – communauté, confrérie, congrégation, fraternité, observance. ▶ ***Sacerdoce*** – cléricature, état ecclésiastique, ministère, ministère ecclésiastique, ministère religieux, pastorat *(protestant)*, prêtrise, sacerdoce, sécularité. △ **ANT.** CHAOS, CONFUSION, DÉSORDRE; ANARCHIE, TROUBLES; DÉFENSE, INTERDICTION.

ordure *n.f.* ▶ ***Déchet*** – bourre, bourrier, chiure, chute, crasse, culot, débris, déchet, dépôt, détritus, gadoue, immondices, impureté, lavure, lie, malpropreté, parcelle, perte, poussière, raclure, rebut, reliefs, reliquat, résidu, reste, rinçure, rognure, saleté, salissure. *FAM.* cochonnerie, margouillis, saloperie. ▸ *Métallique* – crasse, ferraille, gratture, laitier, limaille, mâchefer, scorie, sinter, suint. ▸ *Verre* – écrémure. ▶ ***Excrément d'animal*** – bouse *(bovins)*, crotte, crottin *(équidés et ovins)*, fumier. ▶ ***Abjection*** – abjection, abomination, atrocité, bassesse, boue, corruption, crapulerie, crime, débauche, déshonneur, grossièreté, honte, horreur, ignominie, impureté, indignité, infamie, laideur, misère, monstruosité, noirceur, obscénité, odieux, saleté, sordide, souillure, vice. *SOUT.* sordidité, stupre, turpitude, vilenie. *FAM.* dégoûtation, dégueulasserie, pouillerie. ▶ ***Personne méchante*** (*FAM.*) – bête (immonde), chameau, chien, démon, gale, malveillant, mauvais, méchant, monstre, peste, poison, pourriture, rosse, serpent, suppôt de Satan, suppôt du diable, teigne, vicieux, vil personnage, vipère. *RARE* haineux. *FAM.* charogne, choléra, dégueulasse, fumier, pourri, salaud, salopard. *FRANCE FAM.* saligaud, salopiaud. △ **ANT.** PROPRETÉ.

oreille *n.f.* ▶ ***Partie du corps*** – pavillon. *DIDACT.* organe de l'ouïe. ▶ ***Ouïe*** – audition, écoute, ouïe. ▶ ***Partie d'un chapeau*** – cache-oreilles, oreillette. ▶ ***Partie par laquelle on tient un objet*** – anse, bec-de-cane, béquille, bouton (de porte), crémone, crosse *(arme à feu)*, ente, espagnolette, main *(tiroir)*, manche, mancheron, maneton, manette, manicle, pied-de-biche, poignée, queue *(casserole)*, robinet. *BELG.* clenche. *SPORTS* palonnier. ▶ ***Partie d'une charrue*** – oreille (de charrue), versoir.

oreiller *n.m.* *BELG.* coussin.

organe *n.m.* ▶ ***Partie du corps*** – ▸ *Organe de la digestion* – estomac, foie, intestin, rectum. ▸ *Organe de la respiration* – bouche, nez, poumon, trachée. ▸ *Organes génitaux* – sexe, utérus. ▸ *Organe des sens* – langue, nez, œil, oreille, peau. ▸ *Organe d'une cellule* – organite/organelle. ▶ ***Élément*** – composant, composante, constituant, élément (constitutif), fragment, ingrédient, membre, module, morceau, partie, pièce, principe, unité. ▶ ***Ce qui agit*** – agent, âme, bras, instrument, moteur. ▶ ***Façon de chanter*** – chant, voix. ▶ ***Organisme*** – Administration, affaires de l'État, bureaux, fonction publique, grands corps de l'État, institutions, ministères, organismes, secrétariat, services. *PÉJ.* bureaucratie. ▶ ***Porte-parole*** – intermédiaire, interprète, messager, porte-parole, représentant. *SOUT.* truchement. ▶ ***Journal*** – bulletin, feuille, hebdomadaire, illustré, journal, magazine, périodique, quotidien, tabloïd. *FAM.* hebdo. ▶ ***Revue*** – annales, bihebdomadaire, bimensuel, bimestriel, bulletin, cahier, fanzine, gazette, hebdomadaire, illustré, journal, magazine, mensuel, périodique, publication, revue, tabloïd, trimestriel, zine. *FAM.* hebdo.

organique *adj.* ▶ ***En parlant d'un trouble*** – physiologique, physique, somatique. △ **ANT.** INORGANIQUE; CHIMIQUE *(ENGRAIS)*, FONCTIONNEL *(TROUBLE PHYSIQUE)*, MINÉRALE *(CHIMIE)*.

organisateur *n.* ▶ ***Responsable*** – âme, artisan, auteur, centre, cerveau, chef, cheville ouvrière, créateur, dirigeant, fondateur, incitateur, initiateur, inspirateur, instigateur, locomotive, maître (d'œuvre), meneur, moteur, patron, père, promoteur, protagoniste, régisseur, responsable. *SOUT.* excitateur, instaurateur, ouvrier. ▶ ***Celui qui organise un ensemble*** – coordinateur, coordonnateur, ordonnateur, programmateur. ▶ ***Affréteur*** – pourvoyeur, répartiteur.

organisation *n. f.* ▸ ***Formation*** – composition, conception, confection, constitution, construction, création, développement, édification, élaboration, exécution, fabrication, façon, façonnage, façonnement, formation, génération, genèse, gestation, invention, œuvre, paternité, production, réalisation, structuration, synthèse. SOUT. accouchement, enfantement. DIDACT. engendrement. ▸ ***Établissement*** – constitution, création, disposition, édification, établissement, fondation, implantation, importation, installation, instauration, institution, introduction, intronisation, mise en œuvre, mise en place, mise sur pied, nomination, placement, pose. INFORM. implémentation. ▸ ***Agencement*** – accommodation, accommodement, agencement, ajustement, aménagement, architecture, arrangement, articulation, assemblage, combinaison, combinatoire, composition, concaténation, configuration, construction, contexture, coordination, disposition, distribution, élaboration, enchaînement, harmonie, liaison, mise en ordre, mise en place, ordonnance, ordonnancement, ordre, orientation, plan, profil, programmation, rangement, structuration, structure, système, texture. ▸ ***Gestion*** – administration, conduite, direction, gérance, gestion, gouverne, intendance, logistique, management, maniement, régie, surintendance, tenue. ▸ ***Méthode*** – approche, art, chemin, code, comment, credo, démarche, discipline, dispositif, façon (de faire), facture, formule, heuristique, instruction, instrument, ligne de conduite, maïeutique, manière, marche (à suivre), méthode, méthodologie, modalité, mode d'emploi, mode, moyen, opération, ordre, outil, posologie, pratique, procédé, procédure, protocole, raisonnement, recette, règle, secret, stratagème, stratégie, système, tactique, technique, théorie, traitement, voie. SOUT. faire. ▸ ***Association politique*** – alliance, apparentement, association, bloc, camp, cartel, club, coalition, confédération, faisceau, fédération, formation, front, groupe, groupe d'intérêts, groupe de pression, groupement, ligue, mouvement, parti, phalange, rapprochement, rassemblement, union. ANC. hétairie. FÉOD. hermandad. PÉJ. bande, cabale, camarilla, chapelle, clan, clique, coterie, école, église, faction, gang, groupuscule, ligue, maffia, secte. ▸ ***Association sportive*** – club, équipe. △ **ANT.** ANARCHIE, CHAOS, DÉRÈGLEMENT, DÉSORDRE, DÉSORGANISATION, DESTRUCTION.

organiser *v.* ▸ ***Préparer*** – orchestrer, préparer. FAM. concocter. ▸ ***Mettre sur pied*** – élaborer, établir, former, mettre sur pied, monter. ▸ ***Planifier*** – planifier, prévoir, programmer. ▸ ***Arranger en système*** – agencer, aménager, arranger, coordonner, ordonnancer, ordonner, structurer, systématiser. ▸ ***Doter d'une structure*** – architecturer, articuler, bâtir, charpenter, construire, façonner, structurer. ♦ **organisé** méthodique, systématique, systématisé. △ **ANT.** DÉFAIRE, DÉMOLIR, DÉRANGER, DÉRÉGLER, DÉSORGANISER, DÉTRUIRE, MÊLER, TROUBLER; GÊNER, NUIRE; IMPROVISER.

organisme *n. m.* ▸ ***Corps*** – anatomie, corps, forme, morphologie, musculature. SOUT. chair, enveloppe. FAM. carcasse, châssis, mécanique. ▸ ***Être vivant*** – être vivant, forme de vie. ▸ ***Individualité*** – eccéité, ego, être, individu, individualité, moi, personnalité, personne, soi. ▸ ***Bureau*** – agence, bureau, cabinet, centre, office, service. ♦ **les organismes,** ***plur.*** ▸ ***Fonction publique*** – Administration, affaires de l'État, bureaux, fonction publique, grands corps de l'État, institutions, ministères, organe, secrétariat, services. PÉJ. bureaucratie.

orgie *n. f.* ▸ ***Fête*** – bacchanales, dionysiaques, dionysies. ▸ ***Festin*** (PAR EXT.) – agapes, banquet, bombance, bonne chère, fête, régal, ventrée. SOUT. franche lippée. FAM. gueuleton, ripaille. FRANCE FAM. bombe. ▸ ***Excès*** – comble, débauche, débordement, dépassement, disproportion, énormité, excédent, excès, exubérance, gaspillage, inutile, luxe, luxuriance, profusion, redondance, satiété, saturation, superfétation, superflu, superfluité, surabondance, surcharge, surcroît, surenchère, surnombre, surplus, trop, trop-plein. ▸ ***Abondance*** – abondance, afflux, amas, ampleur, concentration, débauche, débordement, exubérance, filon, fleuraison, floraison, foisonnement, forêt, foule, fourmillement, gisement, infinité, inondation, luxe, luxuriance, masse, mine, multiplicité, myriade, nuée, paquet, pléthore, poussière, profusion, quantité, richesse, surabondance, tas, trésor. FIG. carnaval. FAM. festival, flopée, kyrielle, tapée, tonne, wagon. SUISSE FAM. craquée. △ **ANT.** ABSTINENCE, ASCÈSE, CONTINENCE, FRUGALITÉ; DISETTE, INSUFFISANCE, MANQUE, RARETÉ.

orgueil *n. m.* ▸ ***Vanité*** – amour-propre, arrogance, autosatisfaction, bouffissure, complaisance, contentement (de soi), crânerie, enflure, fatuité, gloriole, hauteur, immodestie, importance, jactance, mégalomanie, morgue, ostentation, outrecuidance, parade, pose, présomption, prétention, suffisance, superbe, supériorité, vanité, vantardise. SOUT. fierté, infatuation. FAM. ego. △ **ANT.** HUMILITÉ, MODESTIE, SIMPLICITÉ; HONTE; BASSESSE.

orgueilleux *adj.* ▸ ***Fier*** – fier, fiérot. QUÉB. FAM. fier-pet. ▸ ***Vantard*** – cabot, cabotin, complaisant, conquérant, content de soi, fat, fier, fiérot, hâbleur, imbu de soi-même, infatué, m'as-tu-vu, outrecuidant, pédant, pétri d'orgueil, plein de soi-même, présomptueux, prétentieux, qui fait l'important, qui se prend pour quelqu'un, qui se prend pour un autre, rempli de soi-même, suffisant, vain, vaniteux, vantard. FAM. chochotte. LOUISIANE AFR. faraud. ▸ ***Arrogant*** – arrogant, condescendant, dédaigneux, fier, hautain, méprisant, outrecuidant, pimbêche *(femme)*, pincé, présomptueux, prétentieux, snob, supérieur. SOUT. altier, rogue. FAM. péteux, snobinard. QUÉB. FAM. fendant. △ **ANT.** HUMBLE, MODESTE, SANS PRÉTENTION, SIMPLE.

oriental *adj.* est. △ **ANT.** OCCIDENTAL, OUEST.

orientation *n. f.* ▸ ***Direction*** – axe, cap, côté, direction, exposition, face, inclinaison, ligne, sens, situation, vue. QUÉB. ACADIE FAM. bord. ASTRON. azimut. AÉRON. MAR. cap. MAR. gisement, orientement. ▸ ***Aiguillage*** – aiguillage, bifurcation, branchement, bretelle, changement. ▸ ***Tendance*** – chemin, courant, cours, direction, évolution, fil, mouvance, mouvement, tendance, virage. SOUT. voie. ▸ ***Agencement*** – accommodation, accommodement, agencement, ajustement, aménagement, architecture, arrangement, articulation, assemblage, combinaison, combinatoire, composition, concaténation, configuration, construction, contexture, coordination, disposition, distribution, élaboration, enchaînement, harmonie, liaison, mise en ordre, mise en place, ordonnance, ordonnancement, ordre, organisation, plan, profil, programmation, rangement, structuration, structure, système, texture. △ **ANT.** DÉRIVE, DÉSORIENTATION, DÉTOURNEMENT, ÉGAREMENT.

orienter *v.* ▶ ***Guider*** – aiguiller, conduire, diriger, guider, mener, mettre sur une piste, mettre sur une voie. ♦ **s'orienter** ▶ ***Se retrouver*** – se diriger, se guider, se reconnaître, se repérer, se retrouver. △ **ANT.** DÉSORIENTER, DÉTOURNER, ÉGARER, FOURVOYER; DÉPAYSER, DÉROUTER.

orifice *n.m.* brèche, ouverture, trou.

originaire *adj.* ▶ ***Qui vient de tel endroit*** – natif. ▶ ***Premier*** – initial, original, originel, premier, primaire, primitif, primordial. SOUT. liminaire, prime. △ **ANT.** ÉTRANGER; DERNIER, FINAL, TERMINAL, ULTIME.

original *adj.* ▶ ***Premier*** – initial, originaire, originel, premier, primaire, primitif, primordial. SOUT. liminaire, prime. ▶ ***Innovateur*** – audacieux, avant-gardiste, d'avant-garde, futuriste, hardi, inédit, innovant, innovateur, neuf, new-look, nouveau, nouvelle vague, novateur, renouvelé, révolutionnaire. ▶ ***Différent*** – à part, différent, inimitable, particulier, pittoresque, sans précédent, singulier, spécial, unique en son genre, unique. ▶ ***Marginal*** – anticonformiste, excentrique, hétérodoxe, marginal, non conformiste. FRANCE FAM. décalé, déphasé. △ **ANT.** DERNIER, FINAL, TERMINAL, ULTIME; CLASSIQUE, CONFORMISTE, CONSERVATEUR, CONVENTIONNEL, TRADITIONALISTE; BANAL, COMMUN, ORDINAIRE, USUEL; COPIÉ, IMITÉ.

originalité *n.f.* ▶ ***Nouveauté*** – actualité, avant-gardisme, changement, contemporanéité, fraîcheur, inédit, innovation, jamais vu, jeunesse, mode, modernité, neuf, nouveau, nouveauté, pertinence, précédent, première, présent, primeur. ▶ ***Unicité*** – exclusivité, marginalité, singularité, unicité, unité. ▶ ***Particularité*** – anticonformisme, audace, cachet, caractère, fraîcheur, hardiesse, indépendance, individualité, innovation, inspiration, marginalité, non-conformisme, nouveauté, particularité, personnalité, piquant, pittoresque, singularité. ▶ ***Bizarrerie*** – anomalie, anormalité, bizarrerie, chinoiserie, cocasserie, curiosité, drôlerie, étrangeté, excentricité, extravagance, fantaisie, fantasmagorie, folie, loufoquerie, monstruosité, non-conformisme, singularité. ▶ ***Fantaisie*** – accès, bizarrerie, bon plaisir, caprice, changement, chimère, coup de tête, envie, extravagance, fantaisie, fantasme, folie, frasque, gré, guise, immaturité, impatience, incartade, inconstance, infantilisme, instabilité, légèreté, lubie, marotte, mobilité, saute (d'humeur), singularité, sporadicité, variation, versatilité, volonté. SOUT. folle gamberge, foucade, humeur. FAM. toquade. △ **ANT.** COPIE, IMITATION; CONFORMISME, IMPERSONNALITÉ; BANALITÉ.

origine *n.f.* ▶ ***Commencement*** – actionnement, amorçage, amorce, balbutiement, bégaiement, commencement, création, début, déclenchement, démarrage, départ, ébauche, embryon, enclenchement, enfance, entrée, esquisse, fondement, germe, inauguration, ouverture, prélude, prémisse, principe, tête. SOUT. aube, aurore, matin, prémices. FIG. apparition, avènement, éclosion, émergence, éruption, explosion, genèse, germination, naissance, venue au monde. ▶ ***Cause*** – agent, base, cause, explication, facteur, ferment, fondement, fontaine, germe, inspiration, levain, levier, mobile, moteur, motif, motivation, moyen, objet, occasion, point de départ, pourquoi, principe, raison, raison d'être, source, sujet. SOUT. étincelle, mère, racine, ressort. ▶ ***Provenance*** – provenance, racines, souche. ▶ ***Origine d'une famille*** – matrice, souche, source. △ **ANT.** FIN; CONSÉQUENCE; BUT, DESTINATION; DESCENDANCE, POSTÉRITÉ.

originel *adj.* initial, originaire, original, premier, primaire, primitif, primordial. SOUT. liminaire, prime. △ **ANT.** DERNIER, FINAL, TERMINAL, ULTIME.

ornement *n.m.* ▶ ***Accessoire*** – accessoire, agrément, décor, décoration, détail, enjolivement, enjolivure, enrichissement, figure, fioriture, garniture, ornementation, parure. FAM. affiquet, affûtiaux. ▶ *De mauvais goût* – chamarrure, colifichet. ▶ ***Ornement d'un tissu*** – brochure, décor, dessin, motif. ▶ ***Ornement d'un texte*** – cul-de-lampe, enluminure, fleuron, miniature, vignette. ▶ ***Ornement musical*** – agrément, enjolivement, fioriture, ornementation. ♦ **ornements, *plur.*** ▶ ***Vêtements*** – aube, cappa (magna), chape, chasuble, dalmatique, froc, mantelet, mosette, ornements (sacerdotaux), rochet, soutane, surplis, tunicelle, tunique, vêtement (sacerdotal). ANTIQ. éphod. △ **ANT.** AUSTÉRITÉ, DÉPOUILLEMENT, NUDITÉ, SIMPLICITÉ, SOBRIÉTÉ.

orner *v.* ▶ ***Enjoliver*** – agrémenter, colorer, décorer, émailler, embellir, enjoliver, enrichir, garnir, habiller, ornementer, parer, rehausser, relever. SOUT. diaprer. ▶ ***Décorer de petites scènes*** – enluminer, historier. ♦ **orné** ▶ ***En parlant du style*** – chargé, lourd, tarabiscoté. △ **ANT.** DÉFIGURER, DÉFORMER, DÉPARER, ENLAIDIR; APPAUVRIR, DÉNUDER, DÉPOUILLER.

ornière *n.f.* ▶ ***Trace*** – empreinte, foulées, marque (de pas), pas, piste, sillon, trace, traînée, vestige, voie. ▶ *À la chasse* – abattures *(cerf)*, connaissance, erres, marche, passée.

orphelin *n.* ▶ ***Personne*** – pupille.

orteil *n.m.* doigt de pied, pouce.

orthodoxe *adj.* conforme, conformiste, traditionnel. △ **ANT.** ANTICONFORMISTE, EXCENTRIQUE, MARGINAL, NON CONFORMISTE, ORIGINAL; CALVINISTE; CATHOLIQUE.

orthodoxie *n.f.* ▶ ***Conformisme*** – conformisme, conservatisme, contre-révolution, conventionnalisme, droite, droitisme, fondamentalisme, immobilisme, intégrisme, passéisme, réaction, suivisme, traditionalisme. SOUT. philistinisme. △ **ANT.** DÉVIATIONNISME, DISSIDENCE, HÉRÉSIE, HÉTÉRODOXIE, NON-CONFORMISME.

orthographe *n.f.* graphie.

oscillation *n.f.* ▶ ***Tremblement*** – agitation, convulsion, ébranlement, flageolement, frémissement, frisson, frissonnement, grelottement, haut-le-corps, saccade, secousse, soubresaut, sursaut, titubation, tortillage, tortillement, tremblement, tremblotement, trémoussement, trémulation, trépidation, tressaillement, vacillement, vibration. FAM. tremblote. ▶ ***Instabilité*** – balancement, ballant, ballottement, déséquilibre, fragilité, instabilité, jeu, mobilité, motilité, motricité, mouvance, mouvant, mouvement, ondulation, roulis, tangage, turbulence, va-et-vient, vibration. ▸ ***Fluctuation*** – ballottement, changement, déséquilibre, fluctuation, fragilité, inadaptation, incertitude, inconstance, inégalité, instabilité, mouvant, mouvement, précarité, variabilité, variation, versatilité, vicissitude, volatilité. ▸ ***Remous*** – agitation, balancement, ballottement, bercement, branle, branlement, cahotement, flottement, fluctuation, flux et reflux, houle, impulsion, lacet, mouvement, onde, ondoiement, ondulation, pulsation, raz de marée, remous, roulis, tangage, va-et-vient, vague, valse, vibration. FAM. brimbalement. ▸ ***Rythme*** – allée et venue, alternatives, balancement, bascule, changement, flux et reflux, intermittence, ondulation, palpitation, périodicité, pulsation, récurrence, récursivité, retour, rotation, roulement, rythme, sinusoïde, succession, tour, va-et-vient, variation. ▸ ***Amplitude*** – amplitude, écart, inclinaison, portée, variation. △ **ANT.** FIXITÉ, IMMOBILITÉ, STABILITÉ.

osciller *v.* ▸ ***Balancer*** – branler, (se) balancer. ▸ ***Hésiter*** – balancer, flotter, hésiter. ▸ ***Ne pas tenir sur ses jambes*** – chanceler, flageoler, tituber, trébucher, vaciller. ▸ ***Manquer de stabilité*** – branler, chanceler, vaciller. ▸ ***En parlant d'une flamme, d'une lumière*** – trembler, trembloter, vaciller. △ **ANT.** AFFERMIR, ARRÊTER, FIXER, IMMOBILISER, STABILISER; AGIR, CHOISIR, SE DÉCIDER.

osé *adj.* ▸ ***Risqué*** – audacieux, aventuré, aventureux, dangereux, fou, hardi, hasardé, hasardeux, imprudent, périlleux, risqué, suicidaire, téméraire. SOUT. scabreux. FAM. casse-cou, casse-gueule. ▸ ***Aguichant*** – affriolant, aguichant, aguicheur, aphrodisiaque, émoustillant, érotique, impudique, incendiaire, lascif, provocant, sensuel, suggestif, troublant, voluptueux. ▸ ***Grivois*** – coquin, croustillant, égrillard, gaillard, gaulois, gras, grivois, hardi, impudique, impur, léger, leste, libertin, libre, licencieux, lubrique, paillard, polisson, salace. SOUT. rabelaisien. FAM. épicé, olé olé, poivré, salé. △ **ANT.** RÉFLÉCHI, SAGE; CONVENABLE; PRUDE, PUDIBOND, PUDIQUE.

oser *v.* ▸ ***Entreprendre avec audace*** – avoir l'audace de, s'aviser de, s'enhardir jusqu'à, se permettre de. ▸ ***Risquer une parole*** – avancer, hasarder, risquer. △ **ANT.** CRAINDRE, HÉSITER; ATTENDRE; RECULER, RENONCER, S'ABSTENIR, SE RETENIR.

ossature *n.f.* ▸ ***Squelette*** – charpente, squelette. ▸ ***Armature*** – armature, bâti, cadre, carcasse, chaînage, charpente, châssis, lisoir, poutrage, poutraison. ▸ ***Structure*** – architecture, armature, charpente, ferme, gros œuvre, squelette, structure.

osseux *adj.* ▸ ***Maigre*** – amaigri, décharné, desséché, efflanqué, émacié, famélique, hâve, maigri, qui n'a que la peau et les os, sec, squelettique. SOUT. étique. FAM. maigre comme un clou, maigre comme un coucou, maigre comme un hareng saur, sec comme un coup de trique. MÉD. cachectique. △ **ANT.** ADIPEUX, CORPULENT, DE FORTE TAILLE, EMPÂTÉ, GRAS, GROS, LOURD, MASSIF, OBÈSE, OPULENT, PLANTUREUX; CARTILAGINEUX *(POISSONS)*.

ostensiblement *adv.* à la face du monde, à visage découvert, au grand jour, devant tout le monde, en public, haut, hautement, ouvertement, publiquement. △ **ANT.** DISCRÈTEMENT, EN CACHETTE.

ostentation *n.f.* ▸ ***Étalage*** – affectation, démonstration, étalage, montre, parade. FAM. fla-fla. ▸ ***Vanité*** – amour-propre, arrogance, autosatisfaction, bouffissure, complaisance, contentement (de soi), crânerie, enflure, fatuité, gloriole, hauteur, immodestie, importance, jactance, mégalomanie, morgue, orgueil, outrecuidance, parade, pose, présomption, prétention, suffisance, superbe, supériorité, vanité, vantardise. SOUT. fierté, infatuation. FAM. ego. ▸ ***Luxe*** – abondance, apparat, appareil, beauté, confort, dolce vita, éclat, étalage, faste, grandeur, luxe, magnificence, majesté, opulence, pompe, profusion, richesse, somptuosité, splendeur. FAM. tralala. △ **ANT.** DISCRÉTION, EFFACEMENT, MODESTIE, RÉSERVE, RETENUE.

ôter *v.* ▸ ***Dégager*** – dégager, extraire, retirer, sortir, tirer. ▸ ***Éliminer*** – couper, éliminer, enlever, radier, retrancher, supprimer. FAM. sucrer. ▸ ***Déduire*** – décompter, déduire, défalquer, enlever, rabattre, retenir, retirer, retrancher, soustraire. ▸ ***Enlever*** – enlever, retirer. SOUT. dérober. ▸ *Enlever un vêtement* – enlever, quitter, retirer. ▸ ***Confisquer*** – confisquer, enlever, prendre, retirer. ♦ **s'ôter** ▸ ***S'enlever*** – s'écarter, s'enlever, se pousser, se retirer. FAM. s'enlever du chemin. △ **ANT.** INSTALLER, METTRE, PLACER, POSER; GARDER, MAINTENIR; ADDITIONNER, AJOUTER; ACCROÎTRE, AMPLIFIER, AUGMENTER; DONNER, DOTER, MUNIR; COUVRIR, REVÊTIR.

ouate *n.f.* ▸ ***Bourre de laine*** – bourre (de laine), bourre lanice, capiton. ▸ ***Bourre de soie*** – bourre (de soie), bourrette (de soie), capiton, (fils de) schappe, lassis, strasse. ANC. filoselle. ▸ ***Coton*** – coton (hydrophile). ▸ ***Milieu sécurisant*** – bulle, cocon, giron, nid.

oubli *n.m.* ▸ ***Omission*** – absence, amnésie, étourderie, manque, mauvaise mémoire, omission, perte de mémoire, trou (de mémoire). ▸ ***Distraction*** – absence (d'esprit), déconcentration, défaillance, dispersion, dissipation, distraction, étourderie, imprudence, inadvertance, inapplication, inattention, inconséquence, irréflexion, légèreté, négligence, omission. PSYCHAN. aprosexie, déflexion. PSYCHOL. distractivité. ▸ ***Pardon*** – absolution, absoute *(public)*, acquittement, aman, amnistie, annulation, clémence, dédouanement, disculpation, extinction, grâce, indulgence, jubilé, mise hors de cause, miséricorde, mitigation, pardon, pénitence, prescription, réhabilitation, relaxe, remise (de peine), rémission, suppression (de peine). △ **ANT.** MÉMOIRE, MÉMORISATION; RAPPEL, RÉMINISCENCE, SOUVENIR; APPLICATION, ATTENTION, OBSERVATION, RESPECT; RECONNAISSANCE; RESSENTIMENT; CÉLÉBRITÉ, RENOMMÉE.

oublier *v.* ▸ ***Ne pas se rappeler*** – désapprendre, perdre le souvenir de. ▸ ***Négliger*** – négliger, omettre. ▸ ***Sauter*** – escamoter, manquer, omettre, passer, sauter. ▸ ***Pardonner une offense*** – enterrer, pardonner, passer l'éponge sur, passer sur, remettre. △ **ANT.** ÉVOQUER, SE RAPPELER, SE REMÉMORER, SE SOUVENIR; PENSER À, RETENIR, S'OCCUPER DE, SONGER À, VEILLER À; GARDER RANCUNE.

oublieux *adj.* ▸ ***Sans gratitude*** – égoïste, ingrat, sans-cœur. △ **ANT.** OBLIGÉ, RECONNAISSANT, REDEVABLE; ATTENTIF, SOIGNEUX, SOUCIEUX.

ouest *adj.* occidental. △ ANT. EST, ORIENTAL.

ouest *n. m.* couchant, occident. △ ANT. EST, LEVANT, ORIENT.

oui *n. m.* ▶ ***Affirmation*** – acceptation, accord, accréditation, acquiescement, adhésion, adoption, affirmation, affirmative, agrément, amen, approbation, approuvé, assentiment, autorisation, aval, avis favorable, bénédiction, caution, chorus, confirmation, consentement, déclaration favorable, engagement, entérinement, exeat, feu vert, gré, homologation, légalisation, permission, ratification, sanction, validation. *BELG.* agréage, agréation. *SOUT.* suffrage. *RELIG.* admittatur, celebret, créance, imprimatur, nihil obstat. △ ANT. NON, REFUS.

ouïe *n. f.* ▶ ***Sens*** – audition, écoute, oreille. ▶ ***Partie d'un poisson*** – opercule. ▶ ***Ouverture d'un instrument*** – esse.

ouragan *n. m.* ▶ ***Tempête*** – baguio, cyclone, grain, gros temps, orage, rafale, tempête (tropicale), tornade, tourbillon, trombe, typhon, vent violent. *SOUT.* tourmente. *FAM.* coup de chien, coup de tabac, coup de vent. △ ANT. BONACE, CALME; APAISEMENT, TRANQUILLITÉ.

outil *n. m.* ▶ ***Accessoire*** – accessoire, appareil, instrument, pièce, ustensile. ▶ ***Méthode*** – approche, art, chemin, code, comment, credo, démarche, discipline, dispositif, façon (de faire), facture, formule, heuristique, instruction, instrument, ligne de conduite, maïeutique, manière, marche (à suivre), méthode, méthodologie, modalité, mode d'emploi, mode, moyen, opération, ordre, organisation, posologie, pratique, procédé, procédure, protocole, raisonnement, recette, règle, secret, stratagème, stratégie, système, tactique, technique, théorie, traitement, voie. *SOUT.* faire.

outillage *n. m.* affaires, appareil, bagage, chargement, équipement, fourniment, harnachement, instruments, matériel. *FAM.* arsenal, attirail, barda, bastringue, bataclan, bazar, fourbi, matos, paquet, paquetage, saint-crépin, saint-frusquin. *QUÉB. FAM.* agrès, gréement.

outrage *n. m.* ▶ ***Offense*** – affront, attaque, atteinte, attentat, avanie, blessure, calomnie, défi, dommage, indignité, injure, insolence, insulte, manquement, offense, pique, tort. *SOUT.* bave, camouflet, soufflet. ▶ ***Profanation*** – atteinte, avilissement, blasphème, dégradation, hooliganisme, iconoclasme, irrespect, irrévérence, lèse-majesté, pollution, profanation, sac, saccage, sacrilège, subversion, vandalisme, viol, violation. ▶ ***Juron*** – blasphème, cri, exclamation, exécration, gros mot, imprécation, jurement, juron. *QUÉB.* sacre. △ ANT. COMPLIMENT, ÉLOGE, FLATTERIE, HOMMAGE, LOUANGE; PRÉSERVATION, RESPECT; RÉPARATION.

outrance *n. f.* ▶ ***Excès*** – abus, démesure, exagération, excès, extrémisme, immodération, jusqu'au-boutisme, maximalisme. *FAM.* charriage. ▶ ***Amplification*** – alourdissement, amplification, boursouflure, broderie, développement, dramatisation, emphase, enflure, enjolivement, enjolivure, exagération, grossissement, hypertrophie, paraphrase, redondance, renchérissement. △ ANT. MESURE, MODÉRATION, RETENUE.

ouvertement *adv.* ▶ ***Franchement*** – à la loyale, authentiquement, de bonne foi, en toute bonne foi, franc, franchement, honnêtement, loyalement, sincèrement, uniment. *FAM.* franco. ▶ ***Publiquement*** – à la face du monde, à visage découvert, au grand jour, devant tout le monde, en public, haut, hautement, ostensiblement, publiquement. △ ANT. HYPOCRITEMENT, INSIDIEUSEMENT, MALHONNÊTEMENT, MENSONGÈREMENT, SOURNOISEMENT, TORTUEUSEMENT, TRAÎTREUSEMENT, TROMPEUSEMENT; CONFIDENTIELLEMENT, DISCRÈTEMENT, EN CACHETTE, EN CONFIDENCE, EN SECRET, SECRÈTEMENT.

ouverture *n. f.* ▶ ***Trou*** – brèche, orifice, trou. ▶ ***Issue*** – débouché, issue, sortie. ▶ ***Échancrure*** – coupure, crénelure, découpure, dentelure, échancrure, encochage, encoche, encochement, entaille, faille, indentation, sinuosité. *BOT. ANAT.* incisure. ▶ ***Espace*** – créneau, espace, espacement, fente, interstice, intervalle. ▶ ***Entrée*** – abord, accès, approche, arrivée, entrée, introduction, seuil. *MAR.* embouquement *(d'une passe)*. ▶ ***Début*** – actionnement, amorçage, amorce, balbutiement, bégaiement, commencement, création, début, déclenchement, démarrage, départ, ébauche, embryon, enclenchement, enfance, entrée, esquisse, fondement, germe, inauguration, origine, prélude, prémisse, principe, tête. *SOUT.* aube, aurore, matin, prémices. *FIG.* apparition, avènement, éclosion, émergence, éruption, explosion, genèse, germination, naissance, venue au monde. ▶ ***Action d'ouvrir*** – débouchage, débouchement, désoblitération, désobstruction. ▶ ***Tolérance*** – bienveillance, bonté, compréhension, douceur, humanisme, indulgence, irénisme, largeur d'esprit, libéralisme, non-discrimination, non-violence, ouverture (d'esprit), patience, philosophie, réceptivité, respect, tolérance, tolérantisme. *SOUT.* bénignité, longanimité. ♦ **ouvertures, *plur.*** ▶ ***Emploi disponible*** – avenir, débouchés, perspectives d'avenir, perspectives d'emploi. △ ANT. BARRAGE, BARRIÈRE, CLÔTURE, FERMETURE, OBSTACLE, OBSTRUCTION; FIN; FINALE; INTOLÉRANCE.

ouvrage *n. m.* ▶ ***Besogne*** – affaire, besogne, corvée, devoir, obligation, occupation, peine, tâche, travail. *SOUT.* labeur. ▶ ***Bâtiment*** – bâtiment, bâtisse, construction, édifice, maison, monument *(caractère historique)*. ▸ *Construction urbaine* – gratte-ciel, immeuble, tour. *FAM.* caserne. ▶ ***Fortification*** – bastion, bonnette, flanquement, fort, forteresse, fortifications, place, place de guerre, place forte, retranchement. *ANC.* bretèche, castrum, ferté, préside, redoute. ▶ ***Livre*** – album, brochure, brochurette, cahier, catalogue, document, écrit, fascicule, imprimé, livre, livret, manuel, opuscule, parution, plaquette, publication, recueil, registre, titre, tome, volume. *FAM.* bouquin. ▸ *Gros* *FAM.* pavé. *QUÉB. FAM.* brique. △ ANT. RÉCRÉATION, REPOS; CHÔMAGE, INACTIVITÉ, OISIVETÉ.

ouvrier *adj.* prolétaire, prolétarien. *FAM.* prolo. △ ANT. PATRONAL.

ouvrier *n.* ▶ ***Travailleur manuel*** – manœuvre, prolétaire, travailleur (manuel). *FAM.* manœuvre-balai, prolo. *QUÉB. FAM.* col bleu. *PÉJ.* soutier, tâcheron. *ANTIQ.* plébéien *(Rome)*, prolétaire *(Rome)*, thête *(Grèce)*. ▶ ***Instigateur*** (*SOUT.*) – âme, artisan, auteur, centre, cerveau, chef, cheville ouvrière, créateur, dirigeant, fondateur, incitateur, initiateur, inspirateur, instigateur, locomotive, maître (d'œuvre), meneur, moteur, organisateur, patron, père, promoteur, protagoniste, régisseur, responsable. *SOUT.* excitateur, instaurateur. △ **ANT.** EMPLOYEUR, PATRON.

ouvrir *v.* ▶ ***Constituer le premier élément*** – commencer, inaugurer. ▶ ***Élargir*** – agrandir, desserrer, dilater, donner du large à, élargir, étendre, évaser. ▶ ***Déplier*** – déplier, déployer, développer, étaler, étendre. ▶ ***Déballer*** – déballer, défaire, dépaqueter. ▶ ***Décacheter le courrier*** – décacheter, dépouiller. ▶ ***Décapsuler*** – déboucher, décapsuler. *FAM.* décalotter. ▶ ***Aménager une ouverture*** – aménager, ménager, percer, pratiquer. ▶ ***Écorcher la peau*** – balafrer, couper, déchirer, écharper, écorcher, entailler, entamer, lacérer, larder, taillader. *FAM.* chapeler. ▶ ***Inciser un abcès*** – crever, débrider, inciser, percer. ♦ **s'ouvrir** ▶ ***Éclore*** – éclore, fleurir, s'épanouir. ▶ ***Vivre un sentiment nouveau*** – s'éveiller à. *SOUT.* naître à. ▶ ***Se confier*** – débonder son cœur, décharger son cœur, s'abandonner, s'épancher, se confier, (se) débonder, se livrer, se soulager, se vider le cœur. *FAM.* se déboutonner. ♦ **ouvert** ▶ ***Tolérant*** – évolué, large (d'esprit), libéral, tolérant. ▶ ***Accessible*** – accessible, perméable, réceptif, sensible. ▶ ***Extraverti*** – communicatif, confiant, débordant, démonstratif, expansif, expressif, extraverti, exubérant. ▶ ***Transparent*** – public, transparent. △ **ANT.** CLORE, FERMER, FINIR, TERMINER; CONTRACTER, RESSERRER, SERRER; PLIER, REFERMER; EMBALLER; CACHETER, SCELLER; BARRER, BOUCHER, OBSTRUER, OCCLURE; CICATRISER. ♦ **s'ouvrir** DÉPÉRIR, S'ÉTIOLER; SE FERMER, SE MÉFIER, SE RAIDIR. SE TAIRE. ♦ **ouvert** BORNÉ, BUTÉ, ÉTROIT; FROID, RENFERMÉ; FAUX, HYPOCRITE.

ovale *adj.* elliptique, oblong, ové, ovoïdal, ovoïde. *RARE* ovalaire, oviforme. ▶ *En parlant du visage* – allongé, long, oblong.

ovale *n.m.* ▶ ***Courbe*** – boucle, cercle, orbe, orbite, ove, rond.

p

pacifique *adj.* ▶ ***Paisible*** – calme, de tout repos, paisible, serein, tranquille. *FAM.* peinard, pépère, tranquillos. *PHILOS.* ataraxique. ▶ ***En faveur de la paix*** – antimilitariste, pacifiste. △ **ANT.** AGITÉ, EMPORTÉ, TOURMENTÉ; AGRESSIF, BATAILLEUR, BELLIQUEUX, DUR, GUERRIER, MÉCHANT, QUERELLEUR.

pacifisme *n.m.* antimilitarisme, neutralisme. △ **ANT.** BELLICISME; MILITARISME.

pacifiste *n.* antimilitariste, colombe, neutraliste, non-violent. △ **ANT.** BELLICISTE; MILITARISTE.

pacte *n.m.* ▶ ***Accord*** – accommodement, accord, alliance, arrangement, compromis, concordat, consensus, contrat, convention, engagement, entente, marché, modus vivendi, protocole, traité, transaction. ▶ ***Paix*** – accord, armistice, cessation des hostilités, cessez-le-feu, compromis, conciliation, détente, entente, issue, modus vivendi, négociation, neutralité, non-belligérance, normalisation, pacification, paix, réconciliation, traité, trêve. △ **ANT.** DÉSACCORD, DISCORDE, DIVISION, MÉSENTENTE, RUPTURE.

page *n.f.* ▶ ***Feuille*** – feuille, feuillet, folio. *FRANCE FAM.* papelard. ▶ ***Passage*** – extrait, morceau, passage.

paiement (var. **payement**) *n.m.* ▶ ***Versement*** – dépôt, règlement, versement. ▶ ***Remboursement*** – acquittement, amortissement, couverture, défraiement, désendettement, extinction, libération, prise en charge, rachat, recouvrement, règlement, remboursement, remise de dette, restitution, rétrocession, reversement. ▶ ***Dépense*** – contribution, cotisation, débours, déboursement, décaissement, dépense, faux frais, frais, sortie. △ **ANT.** NON-PAIEMENT; RECETTE.

paillasse *n.* ♦ **paillasse,** ***fém.*** ▶ ***Matelas*** – futon, matelas. ♦ **paillasse,** ***masc.*** ▶ ***Bouffon*** (*ANC.*) – amuseur (public), bouffon, clown, comique. *SOUT.* clownesse *(femme)*. *ANC.* loustic, (un) paillasse. *HIST.* fou (du roi). *ANTIQ.* histrion.

paillasson *n.m.* ▶ ***Tapis*** – essuie-pieds, gratte-pieds, tapis-brosse. ▶ ***Protection*** – accot, paillis. ▶ ***Personne servile*** (*FAM.*) – admirateur, adorateur, adulateur, apologiste, caudataire, complaisant, complimenteur, courtisan, dithyrambiste, flatteur, patelin, valet. *SOUT.* applaudisseur, approbateur, glorificateur, laquais, laudateur, thuriféraire. *FAM.* béni-oui-oui, carpette, cloporte, fayot, larbin, lèche-bottes, lécheur. *BELG. FAM.* frotte-manche.

paille *n.f.* ▶ ***Tiges*** – chaume, éteule, foin. ▶ ***Défaut*** – crapaud, gendarme, paillette. ▶ ***Petite quantité*** (*FAM.*) – atome, bouchée, brin, chouia, doigt, filet, goutte, gouttelette, grain, larme, lueur, miette, nuage, once, parcelle, peu, pincée, pointe, relent, restant, reste, rien, soupçon, tantinet, teinte, touche, trace, trait, zeste.

paillette *n.f.* ▶ ***Ornement*** – clinquant, écaille, lamelle de métal, oripeau, paillon, parcelle de métal. ▶ ***Lamelle*** – lame, lamelle. ▶ ***Défaut*** – crapaud, gendarme, paille. ▶ ***Ressort*** – paillet.

pain *n.m.* ▶ ***Aliment*** – *FRANCE FAM.* bricheton, brignolet. ▶ ***Subsistance*** – aliment, alimentation, approvisionnement, comestibles, denrée, entretien, fourniture, intendance, nourriture, produit alimentaire, provision, ravitaillement, subsistance, victuailles, vie, vivres. *SOUT.* provende. *FAM.* matérielle. ▸ *Pour une personne* – part, portion, ration. ▶ ***Coup de poing*** (*FAM.*) – coup de poing, horion. *FAM.* castagne, châtaigne, gnon, jeton, macaron, marron, tarte, torgnole. ▶ ***Gifle*** (*FAM.*) – claque, gifle, tape. *SOUT.* soufflet. *FAM.* baffe, beigne, mornifle, taloche, tarte, torgnole. *FRANCE FAM.* aller et retour, calotte, emplâtre, giroflée (à cinq feuilles), mandale, pêche, rouste.

pair *n.m.* ▶ ***Confrère*** – alter ego, associé, collaborateur, collègue (de travail), compagnon de travail, condisciple *(études)*, confrère, coopérateur, égal, partenaire. ▶ ***Égalité*** – adéquation, analogie, conformité, égalité, équivalence, gémellité, identité, littéralité, parallélisme, parité, ressemblance, similarité, similitude, unité. *MATH.* congruence, homéomorphisme.

paire *n.f.* ▶ ***Deux choses*** – doublet. *MATH.* couple. *PHILOS.* dyade. ▶ ***Deux individus*** – couple, duo, pariade *(oiseaux)*. FAM. tandem. ▸ *En politique* – ticket. ANTIQ. duumvirat.

paisible *adj.* ▸ ***Silencieux*** – calme, silencieux, tranquille. ▸ ***Serein*** – calme, de tout repos, pacifique, serein, tranquille. FAM. peinard, pépère, tranquillos. PHILOS. ataraxique. ▸ ***Doux*** – berceur, calme, doux. △ ANT. BRUYANT; AGITÉ, EMPORTÉ, INQUIET, TOURMENTÉ, TROUBLÉ; AGRESSIF, BATAILLEUR, BELLIQUEUX, DUR, GUERRIER, MÉCHANT, QUERELLEUR.

paisiblement *adv.* à froid, à loisir, à tête reposée, avec sang-froid, calmement, doucement, flegmatiquement, froidement, impassiblement, imperturbablement, inébranlablement, pacifiquement, placidement, posément, sagement, sans broncher, sereinement, silencieusement, tranquillement. SOUT. impavidement. FAM. peinardement, tranquillos. FRANCE RÉGION. FAM. plan-plan. △ ANT. ANXIEUSEMENT, FÉBRILEMENT, FIÉVREUSEMENT, IMPATIEMMENT, NERVEUSEMENT.

paître *v.* ▸ ***Manger de l'herbe*** – brouter, pacager, pâturer, viander *(cervidés)*.

paix *n.f.* ▸ ***Sérénité*** – apathie, ataraxie, calme, détachement, distanciation, égalité d'âme, égalité d'humeur, équilibre, flegme, impassibilité, imperturbabilité, indifférence, philosophie, placidité, quiétude, sérénité, stoïcisme, tranquillité. SOUT. équanimité. ▸ ***Tranquillité*** – accalmie, apaisement, bonace, bonheur, calme, éclaircie, entente, fraternité, harmonie, idylle, quiétude, rémission, repos, silence, tranquillité, trêve, union. SOUT. kief. ▸ ***Sécurité*** – abri, assurance, calme, confiance, quiétude, repos, salut, sécurité, sérénité, sûreté, tranquillité (d'esprit). ▸ ***Accord*** – accord, armistice, cessation des hostilités, cessez-le-feu, compromis, conciliation, détente, entente, issue, modus vivendi, négociation, neutralité, non-belligérance, normalisation, pacification, pacte, réconciliation, traité, trêve. △ ANT. AGITATION, INQUIÉTUDE, TROUBLE; CONFLIT, DISPUTE, GUERRE, QUERELLE, VIOLENCE.

palais *n.m.* ▸ ***Partie de la bouche*** – ANAT. os palatin, voile du palais/palais mou, voûte palatine. ▸ ***Prothèse dentaire*** (ACADIE) – dentier. FAM. râtelier. QUÉB. FAM. dents. ▸ ***Goût*** – goût, gustation. △ ANT. CABANE, TAUDIS.

pale *n.f.* ▸ ***Partie d'une rame*** – pelle. ▸ ***Partie d'une roue*** – ailette, aube, palette. ▸ ***Vanne*** – empellement *(dans un étang)*, vanne.

pâle *adj.* ▸ ***Sans éclat*** – blafard, blanc, blanchâtre, blême, clair, incolore, pâlot, terne. ▸ ***En parlant du teint*** – blafard, blanc, blême, cadavéreux, cadavérique, diaphane, exsangue, hâve, livide, pâlot. FAM. pâlichon. ▸ ***En parlant d'une couleur*** – clair, doux, pastel, tendre. ▸ *Délavé* – décoloré, défraîchi, délavé, déteint, éteint, fade, fané, pâli, passé, terne. FAM. fadasse, pisseux. △ ANT. FONCÉ, PROFOND, SOMBRE; COLORÉ, ROUGE, SANGUIN, VERMEIL; BRILLANT, ÉCLATANT, VIF, VOYANT.

palette *n.f.* ▸ ***Partie d'une roue*** – ailette, aube, pale. ▸ ***Instrument de cuisine*** (QUÉB. FAM.) – bec-à-cuiller, spatule. ▸ ***Partie d'un chapeau*** (QUÉB. FAM.) – mézail, ventail, visière. ▸ ***Viande*** – jumeau, macreuse, paleron. ▸ ***Aliment de forme allongée*** – barre, bâton, tablette. FRANCE RÉGION. bille. ▸ *Animaux* – pince *(herbivore)*. ▸ ***Variété*** – assortiment, choix, collection, échantillon, éventail, gamme, ligne, prix, qualité, quota, réunion, sélection, surchoix, tri, variété.

pâleur *n.f.* blancheur, lividité. MÉD. hypochromie.

palier *n.m.* ▸ ***Plateforme*** – gradin, hélistation, mezzanine, plancher, planchette, plateau, plateforme, podium, praticable, quai, tablier. MAR. gril, hune. MILIT. dispersal. ▸ ***Phase*** – épisode, étape, période, phase, point, stade, transition. ▸ ***Segment d'une courbe*** – plateau. △ ANT. DESCENTE, MONTÉE.

pâlir *v.* ▸ ***Perdre sa couleur*** – déteindre, passer, s'estomper, se décolorer, se défraîchir, se faner. ▸ ***Perdre de son intensité*** – baisser, diminuer, faiblir, s'affaiblir, s'atténuer, s'estomper. ▸ ***Devenir blême*** – blêmir, perdre ses couleurs, verdir. ▸ ***Avoir peur*** – avoir grand-peur, avoir peur, blêmir, frissonner, prendre peur, trembler, verdir. FAM. avoir la frousse, avoir la pétoche, avoir la tremblote, avoir la trouille, avoir le trac, avoir le trouillomètre à zéro, avoir les chocottes, avoir les foies, avoir les jetons, baliser, fouetter. ▸ ***Rendre plus pâle*** – éclaircir. ▸ ***Faire perdre sa couleur*** – décolorer, défraîchir, délaver, déteindre, faner, ternir. △ ANT. ROUGIR, S'EMPOURPRER, SE COLORER; BRUNIR; PRENDRE DE L'ÉCLAT, S'INTENSIFIER; BRILLER, LUIRE.

palissade *n.f.* ▸ ***Barrière*** – palanque. AFR. secco. ▸ ***Rangée d'arbres*** – contre-espalier, espalier.

palmier *n.m.* ▸ ***Végétal*** – BOT. arécacée, palmacée.

palpable *adj.* ▸ ***Qu'on peut palper*** – tactile, tangible. ▸ ***Concret*** – concret, effectif, existant, matériel, physique, réel, sensible, tangible, visible, vrai. DIDACT. positif. RELIG. de ce monde, temporel, terrestre. △ ANT. IMPALPABLE, INSAISISSABLE; ABSTRAIT, CONCEPTUEL, IMMATÉRIEL, INTELLECTUEL, MENTAL, SPIRITUEL, THÉORIQUE; ALÉATOIRE, DOUTEUX, INCERTAIN.

palper *v.* ▸ ***Examiner en touchant*** – tâter, toucher. ▸ ***Recevoir de l'argent*** (FAM.) – empocher, encaisser, gagner, mettre dans ses poches, percevoir, recevoir, recouvrer, toucher.

palpitant *adj.* ▸ ***Qui palpite*** – pantelant. ▸ ***Qui tremble d'émotion*** – agité, émotionné, ému, frémissant, sous le coup de l'émotion, tremblant. ▸ ***Excitant*** – captivant, électrisant, enivrant, enthousiasmant, exaltant, excitant, grisant, passionnant. FAM. emballant, planant. ▸ ***Intéressant*** – absorbant, accrocheur, captivant, fascinant, intéressant, passionnant, prenant. SOUT. attractif. △ ANT. ASSOMMANT, ENDORMANT, ENNUYEUX, FASTIDIEUX, ININTÉRESSANT, INSIPIDE, LASSANT, MONOTONE, PLAT, RÉPÉTITIF, SOPORIFIQUE.

palpitation *n.f.* ▸ ***Battements du cœur*** – fibrillation, flutter, tachyarythmie, tachycardie. ▸ ***Alternance*** – allée et venue, alternatives, balancement, bascule, changement, flux et reflux, intermittence, ondulation, oscillation, périodicité, pulsation, récurrence, récursivité, retour, rotation, roulement, rythme, sinusoïde, succession, tour, va-et-vient, variation. ▸ ***Contraction*** – astriction, constriction, contraction, crampe, crispation, étranglement, pressage, pression, pressurage, resserrement, rétraction, rétrécissement, serrement, spasme, tension. *MÉD.* clonie, clonus, contracture, striction, tétanisation.

palpiter *v.* ▶ ***En parlant du cœur*** – battre, cogner. ▶ ***En parlant d'un corps*** – panteler. ▶ ***En parlant d'une source lumineuse*** (*SOUT.*) – brasiller, briller, chatoyer, étinceler, flamboyer, fulgurer *(éclat passager)*, luire, miroiter, reluire, resplendir, rutiler, scintiller. *SOUT.* papilloter, pétiller. *BELG.* blinquer. *FRANCE RÉGION.* mirailler. *ACADIE FAM.* mirer.

pâmer (se) *v.* ▶ ***S'évanouir*** – défaillir, être pris d'un malaise, perdre connaissance, perdre conscience, perdre ses esprits, s'évanouir, se trouver mal, tomber en syncope. *FAM.* tomber dans les pommes, tomber dans les vapes, tourner de l'œil. ▶ ***S'émerveiller*** – admirer, s'émerveiller, s'extasier, tomber en extase. *PAR PLAIS.* tomber en pâmoison.

pamphlet *n.m.* brûlot, diatribe, épigramme, factum, feuille, libelle, mazarinade, satire. *SOUT.* catilinaire, philippique.

pan *n.m.* ▶ ***Segment*** – bout, carotte *(terrain)*, détail, échantillon, morceau, partie, portion, section, segment, tranche, travée, tronçon. ▶ ***Côté*** – bord, chant, côté, face, facette, flanc, paroi, profil, surface, tranche. *MAR.* travers. ▶ ***Mur*** – cloison, mur, paroi. ▸ *Petit* – muret, muretin, murette, panneau. ▶ ***Coin*** – angle, anglet, arête, carre, coin, corne, coude, diverticule, écoinçon, encoignure, enfourchement, noue, recoin, renfoncement, retour, saillant, tournant. *MAR.* empointure.

panache *n.m.* ▶ ***Ornement vestimentaire*** – aigrette, casoar, crête, plumet. ▶ ***Bois d'un cervidé*** (*QUÉB.*) – bois, cor. *QUÉB.* ramage *(cerf)*. ▶ ***Allure*** – air, allure, apparence, aspect, attitude, contenance, démarche, façon, genre, ligne, maintien, manière, physique, port, posture, prestance, silhouette, style, tenue, tournure. *SOUT.* extérieur, mine. *FAM.* gueule, touche. *QUÉB. FAM.* erre d'aller. *PÉJ. FAM.* dégaine.

pancarte *n.f.* affiche, affichette, annonce, avis, écriteau, enseigne, panneau, panneau réclame, panonceau, placard, proclamation, programme, publicité, réclame.

panel *n.m.* ▶ ***Débat*** – affaire, arbitrage, contestation, débat, démêlé, différend, discussion, dispute, médiation, négociation, querelle, règlement, spéculation, tractation. ▶ ***Personnes*** – assemblée, atelier de discussion, colloque, comice, comité, conférence, congrès, conseil, forum, groupe de travail, junte, plénum, réunion, séminaire, sommet, symposium, table ronde. *FAM.* grand-messe. *QUÉB.* caucus *(politique)*. *ANTIQ.* boulê, ecclésia. *ANTIQ. ROM.* comices. *AGRIC.* comice agricole.

panier *n.m.* ▶ ***Récipient*** – banne, banneton, bannette, bourriche, cabas, cloyère, corbeille, hotte, hottereau, hotteret, manne, mannette, panière. *FRANCE RÉGION.* couffe, couffin, gabion. *BOULANG.* paneton. *ANTIQ.* ciste. ▶ ***Contenu de ce récipient*** – corbeille, hottée, panière. ▶ ***Dispositif*** – carrousel. ▶ ***Nasse*** – casier, nasse, nassette. *ACADIE* trappe. ▶ ***Habitacle de ballon*** – nacelle. ▶ ***Chariot de supermarché*** (*QUÉB.*) – chariot. *QUÉB.* carrosse. ▶ ***Corps de jupe*** – crinoline, faux cul, tournure, vertugadin. ▶ ***Poubelle*** – corbeille (à papier), poubelle.

panique *n.f.* ▶ ***Peur*** – affolement, alarme, angoisse, appréhension, crainte, effarement, effarouchement, effroi, épouvante, frayeur, grand-peur, hantise, horreur, inquiétude, peur, phobie, terreur, transes. *SOUT.* affres, apeurement. *FAM.* cauchemar, chiasse, frousse, pétoche, trac, trouille. ▶ ***Fuite*** – abandon, débâcle, débandade, déroute, dispersion, retraite, sauve-qui-peut. △ **ANT.** QUIÉTUDE, SÉCURITÉ, SÉRÉNITÉ.

panne *n.f.* ▶ ***Interruption*** – annulation, arrêt, avortement, cessation, discontinuation, entrecoupement, intermittence, interruption, levée, pause, relâche, station, suspension. ▶ ***Court-circuit*** (*FAM.*) – court-circuit, dérivation, shunt. *FAM.* court-jus, panne (d'électricité). ▶ ***Gras*** – axonge *(fondue)*, barde, graillons, graisse, gras, lard gras, lard, partie grasse, sain, saindoux, viande grasse. △ **ANT.** FONCTIONNEMENT, MARCHE.

panneau *n.m.* ▶ ***Objet mince*** – feuille, planche, plaque, tableau. ▸ *De petite taille* – carreau, écusson, panonceau, plaquette. ▶ ***Mur*** – cloison, mur, pan, paroi. ▸ *Petit* – muret, muretin, murette. ▶ ***Affiche*** – affiche, affichette, annonce, avis, écriteau, enseigne, pancarte, panneau réclame, panonceau, placard, proclamation, programme, publicité, réclame.

panorama *n.m.* ▶ ***Paysage*** – champ (de vision), horizon, paysage, perspective, point de vue, site, vue. ▶ ***Sujets traités*** – survol, vue d'ensemble.

pansement *n.m.* ▶ ***Action*** – bandage, pansage. ▶ ***Chose*** – bandage, bande, gaze, mèche. ▸ *Selon la partie du corps* – écharpe *(avant-bras)*, mentonnière *(menton)*, minerve *(tête)*, spica *(membre)*.

panser *v.* ▶ ***Soigner une blessure*** – bander, emmailloter. ▶ ***Étriller un cheval*** – bouchonner, brosser, étriller. △ **ANT.** BLESSER, ENDOLORIR; AGGRAVER, AVIVER.

pantalon *n.m.* ▶ ***Vêtement*** – *FAM.* falzar, froc, futal. *FRANCE FAM.* culbutant, fendant, fendard.

pantin *n.m.* ▶ ***Figurine*** – fantoche, guignol, mannequin, marionnette, polichinelle. ▶ ***Personne*** – baudruche, cire molle, esclave, fantoche, figurant, jouet, mannequin, marionnette, mouton, potiche, suiveur, suiviste. *FAM.* béni-oui-oui.

pantoufle *n.f.* ▶ ***Chaussure d'intérieur*** – chausson.

paon *n.* ▶ ***Oiseau*** – *SOUT.* oiseau de Junon. ▶ ***Personne vaniteuse*** – fier, fiérot, orgueilleux.

pape *n.m.* ▶ ***Chef de l'Église catholique*** – souverain pontife, successeur de saint Pierre, vicaire de Dieu, vicaire de Jésus-Christ, vicaire de Saint-Pierre. ▸ *Titre* – Sa Sainteté, Saint-Père. ▸ *Chef de l'Église orthodoxe* – catholicos, exarque *(bulgare)*, patriarche. ▶ ***Guide spirituel*** (*FAM.*) – chef de file, gourou, guide (spirituel), leader, magistère, mahatma, maître à penser, maître (spirituel), meneur, pandit, pasteur, phare, rassembleur, sage. *SOUT.* conducteur, coryphée, entraîneur (d'hommes). ▶ ***Oiseau*** – passerine.

paperasse *n.f.* formalité, paperasserie, scribouillage, tracasserie administrative/procédurière.

papier *n.m.* ▶ ***Document*** – document, pièce. *FAM.* doc, docu. ▶ ***Article*** – article, texte. ▶ ***En finance*** – action, bon, coupon, effet de commerce, obligation, part, titre, valeur. ♦ **papiers,** ***plur.*** ▶ ***Pièces d'identité*** – papiers d'identité.

papillon *n.m.* ▶ ***Être vivant*** – FRANCE RÉGION. grisette *(gris)*. ZOOL. lépidoptère. ▶ ***Nage*** – brasse papillon. ▶ ***Écrou*** – écrou à ailettes, écrou à oreilles. ▶ ***Contravention*** (FAM.) – amende, astreinte, constat d'infraction, contrainte, contravention, jour-amende, peine, pénalisation, pénalité, procès-verbal. FAM. contredanse, P.-V.

paquebot *n.m.* transatlantique *(liaison Europe-Amérique)*.

paquet *n.m.* ▶ ***Choses assemblées*** – balle, ballot. ▶ *Papier* – liasse. BELG. AFR. farde. ▶ ***Contenant*** – pochette, sachet. SUISSE fourre. QUÉB. FAM. poche. ▶ ***Objet emballé*** – FAM. pacsif, pacsin, pacson. ▶ ***Bagage*** (FAM.) – affaires, appareil, bagage, chargement, équipement, fourniment, harnachement, instruments, matériel, outillage. FAM. arsenal, attirail, barda, bastringue, bataclan, bazar, fourbi, matos, paquetage, saint-crépin, saint-frusquin. QUÉB. FAM. agrès, gréement. ▶ ***Jeu de cartes*** (QUÉB.) – jeu, talon. ▶ ***Abondance*** – abondance, afflux, amas, ampleur, concentration, débauche, débordement, exubérance, filon, fleuraison, floraison, foisonnement, forêt, foule, fourmillement, gisement, infinité, inondation, luxe, luxuriance, masse, mine, multiplicité, myriade, nuée, orgie, pléthore, poussière, profusion, quantité, richesse, surabondance, tas, trésor. FIG. carnaval. FAM. festival, flopée, kyrielle, tapée, tonne, tripotée, wagon. SUISSE FAM. craquée. ▶ ***Tas*** – accrétion, accumulation, agglomérat, agglomération, aggloméré, agglutinat, agglutination, agglutinement, agrégat, agrégation, amas, bloc, concentration, concrétion, conglomérat, conglomération, conglutination, entassement, masse, nodule, réunion, sédiment, sédimentation, tas.

parabole *n.f.* ▶ ***Récit*** – allégorie, apologue, fable. ▶ ***Comparaison*** – allégorie, analogie, apologue, assimilation, association (d'idées), catachrèse *(lexicalisée)*, comparaison, équivalence, figure, image, lien, métaphore, parallèle, parenté, personnification, rapport, rapprochement, relation, ressemblance, similitude, symbole, symbolisme.

parade *n.f.* ▶ ***Défilé militaire*** – défilé, prise d'armes, revue. ▶ ***Défilé de cavalerie*** – carrousel, cavalcade, fantasia, manège d'ensemble, parade (de cavalerie). ▶ ***Ostentation*** – affectation, démonstration, étalage, montre, ostentation. FAM. fla-fla. ▶ ***Vanité*** – amour-propre, arrogance, autosatisfaction, bouffissure, complaisance, contentement (de soi), crânerie, enflure, fatuité, gloriole, hauteur, immodestie, importance, jactance, mégalomanie, morgue, orgueil, ostentation, outrecuidance, pose, présomption, prétention, suffisance, superbe, supériorité, vanité, vantardise. SOUT. fierté, infatuation. FAM. ego. ▶ ***Séduction*** – charme, conquête, enchantement, ensorcellement, entreprises, envoûtement, séduction. FAM. drague, rentre-dedans; RARE dragage. ▶ ***Action de parer un coup*** – esquive. ▶ ***Dissimulation*** – affectation, artifice, cachotterie, comédie, déguisement, dissimulation, duplicité, faux-semblant, feinte, fiction, finauderie, grimace, hypocrisie, invention, leurre, mensonge, momerie, pantalonnade, ruse, simulation, singerie, sournoiserie, tromperie. SOUT. simulacre. FAM. cinéma, cirque, finasserie, frime. △ ANT. DISCRÉTION, EFFACEMENT; ATTAQUE.

paradigme *n.m.* ▶ ***Modèle*** – archétype, canon, critère, échantillon, étalon, exemple, formule, gabarit, idéal, idée, image, individu, modèle, norme, original, précédent, prototype, référence, représentant, type, unité.

paradis *n.m.* ▶ ***Lieu céleste*** – au-delà, champs Élysées, Ciel, Éden, Élysée, limbes, nirvana, oasis. SOUT. empyrée, royaume céleste, royaume de Dieu, royaume des cieux, sein de Dieu. ▶ ***Lieu de bonheur*** – éden, eldorado, pays de cocagne. ▶ ***Galerie*** – balcon, encorbellement, loge, loggia, mâchicoulis, mirador, moucharabieh, terrasse. QUÉB. galerie. ▶ ***Arbre*** – pommier de paradis. △ ANT. ENFER, GÉHENNE.

paradoxal *adj.* antinomique, antipodal, antithétique, contradictoire. PHILOS. aporétique. △ ANT. COMPATIBLE, CONCILIABLE, CONCORDANT, CONVERGENT, CORRESPONDANT.

paradoxalement *adv.* absurdement, contradictoirement, déraisonnablement, illogiquement, inconséquemment, irrationnellement, sans rime ni raison, subjectivement, superstitieusement. △ ANT. NORMALEMENT.

paradoxe *n.m.* ▶ ***Contradiction*** – absurdité, antilogie, antinomie, aporie, conflit, contradiction, contresens, contrevérité, impossibilité, incohérence, inconsistance, invraisemblance, non-sens, sophisme. ▶ ***Illogisme*** – aberration, absurde, absurdité, apagogie, contradiction, illogisme, incohérence, inconséquence, irrationalité, irrationnel, non-sens, paralogisme. △ ANT. ÉVIDENCE.

paragraphe *n.m.* ▶ ***Subdivision d'un livre*** – alinéa, article, chapitre, livre, matière, objet, partie, question, rubrique, section, sujet, titre, tome, volet, volume. ▶ *Dans un texte sacré* – psaume, surate *(musulman)*, verset.

paraître *v.* ▶ ***Devenir visible*** – apparaître, se montrer, se révéler. ▶ ***Se manifester*** – apparaître, éclore, faire son apparition, germer, naître, pointer, se former, se manifester. SOUT. poindre, sourdre. ▶ ***Sembler*** – apparaître, avoir l'air, sembler. ▶ ***Se présenter*** – arriver, se montrer, se présenter. FAM. rappliquer, s'amener, se pointer, (se) radiner, se ramener. ▶ ***S'exhiber*** – s'afficher, s'exhiber, s'offrir en spectacle, se montrer. △ ANT. DISPARAÎTRE, S'ÉVANOUIR; S'ÉCLIPSER; SE CACHER, SE DISSIMULER.

parallèle *adj.* ▶ ***Secret*** – clandestin, dissimulé, occulte, secret, souterrain, subreptice. ▶ ***Non officiel*** – alternatif, contre-culturel, marginal. △ ANT. OBLIQUE; PERPENDICULAIRE; AUTORISÉ, LÉGAL, OFFICIEL, PERMIS, PUBLIC.

parallèle *n.* ▶ ***Confrontation*** – analyse, balance, collation, collationnement, comparaison, confrontation, jugement, mesure, mise en regard, rapprochement, recension. ▶ ***Comparaison*** – allégorie, analogie, apologue, assimilation, association (d'idées), catachrèse *(lexicalisée)*, comparaison, équivalence, figure, image, lien, métaphore, parabole, parenté, personnification, rapport, rapprochement, relation, ressemblance, similitude, symbole, symbolisme. △ ANT. MÉRIDIEN; DIFFÉRENCE, DIVERGENCE.

parallèlement *adv.* à l'avenant, analogiquement, conformément, de la même façon, de même, également, homologiquement, identiquement, item *(dans un compte)*, pareillement, semblablement, similairement, symétriquement. FAM. pareil. △ **ANT.** AUTREMENT, CONTRAIREMENT, DIFFÉREMMENT, DISSEMBLABLEMENT, DIVERSEMENT, INVERSEMENT; PERPENDICULAIREMENT.

paralyser *v.* ▶ ***Engourdir*** – ankyloser, engourdir. FAM. endormir. ▶ ***Figer sous le coup de l'émotion*** – clouer sur place, figer, glacer, immobiliser, méduser, pétrifier, statufier, tétaniser. ▶ ***Intimider*** – annihiler, inhiber, intimider. FAM. frigorifier, geler, réfrigérer, refroidir. ▶ ***Empêcher de bouger*** – bloquer, coincer, immobiliser. ♦ **paralysé** ▶ ***Tombé en catalepsie*** – cataleptique. ▶ ***Invalide*** – à mobilité réduite, handicapé (moteur), impotent, infirme, invalide, paralytique. SOUT. grabataire, perclus. MÉD. hémiplégique, paraplégique, tétraplégique. △ **ANT.** ANIMER, AVIVER, DÉGOURDIR, ÉVEILLER, RANIMER, RÉVEILLER, SENSIBILISER; DÉBLOQUER, DÉGAGER, LIBÉRER; AIDER; ACTIVER, EXCITER, STIMULER.

paralysie *n.f.* ▶ ***Incapacité*** – akinésie, bradykinésie, diplégie, hémiplégie, incapacité, invalidité, monoplégie, paraplégie, parésie, quadraplégie, raideur, tétraplégie. ▶ ***Blocage*** – arrêt, asphyxie, blocage, désactivation, engourdissement, enraiement, entrave, immobilisation, immobilisme, impuissance, inhibition, neutralisation, obstruction, ralentissement, sclérose, stagnation. ▶ ***Immobilité*** – calme, fixité, hiératisme, immobilisme, immobilité, immuabilité, immutabilité, impassibilité, improductivité, inaction, inactivité, inamovibilité, inertie, piétinement, plafonnement, repos, sclérose, stabilité, stagnation, stationnarité, statisme, statu quo, sur place. SOUT. marasme, morosité. △ **ANT.** ANIMATION, MOUVEMENT; ACTIVITÉ.

paramètre *n.m.* argument, identificateur, identifieur, inconnue, variable.

paranoïaque *adj.* FAM. parano.

paranoïaque *n.* FAM. parano.

parapet *n.m.* ▶ ***Garde-fou*** – balustrade, banquette de sûreté, descente, garde-corps, garde-fou, main courante, rambarde, rampe. QUÉB. FAM. balustre. ▸ *Bateau* – balcon, bastingage, filière, garde-corps, rambarde. ▶ ***Talus*** – ados, barbette, berge, berme, cavalier, chaussée, levée, remblai, risberme *(barrage)*, talus, terrasse, terre-plein. AGRIC. billon.

parapluie *n.m.* ▶ ***Instrument*** – FAM. pébroc, pépin. ▶ ***Protection*** (FIG.) – abri, aide, appui, assistance, chapeautage, conservation, couverture, garantie, garde, mandat, parrainage, paternalisme, patronage, protection, recommandation, renfort, rescousse, sauvegarde, secours, sécurisation, soutien, surveillance, tutelle. SOUT. égide. FAM. piston.

parasite *n.m.* ▶ ***Personne*** – bouche à nourrir, bouche inutile. FAM. pique-assiette. SUISSE chemarotze. ▶ ***Être vivant*** – nuisible, peste. ♦ **parasites,** ***plur.*** ▶ ***Perturbation*** – crépitement, souffle. FAM. friture. △ **ANT.** HÔTE.

paravent *n.m.* cloison, cloisonnette.

parc *n.m.* ▶ ***Pâturage*** – alpage, alpe, champ, embouche, enclos, estive, friche, herbage, kraal, lande, noue, pacage, paddock, paissance, pâquis, parcours, parquet, passage, pâtis, pâturage, pâture, prairie, pré, remue. FRANCE RÉGION. engane, ouche. SUISSE mayen. AFR. secco. ▶ ***Jardin*** – clos, closerie, hortillonnage, jardin, jardinet, massif, parterre. ▶ ***Zone naturelle gérée*** – réserve. QUÉB. pourvoirie, zec. ▶ ***Aire de stationnement*** – aire de stationnement, espace de stationnement. FRANCE parc à autos, parc de stationnement, parc-autos; RARE parcage. QUÉB. stationnement.

parcelle *n.f.* ▶ ***Fragment*** – bribe, brisure, charpie, coupure, débris, éclat, esquille *(os)*, fraction, fragment, grain, granule, granulé, havrit, lambeau, limaille, miette, morceau, part, particule, partie, pépite, portion, quartier, reste. FAM. graine. ▶ ***Déchet*** – bourre, bourrier, chiure, chute, crasse, culot, débris, déchet, dépôt, détritus, gadoue, immondices, impureté, lavure, lie, malpropreté, ordure, perte, poussière, raclure, rebut, reliefs, reliquat, résidu, reste, rinçure, rognure, saleté, salissure. FAM. cochonnerie, margouillis, saloperie. ▸ *Métallique* – crasse, ferraille, gratture, laitier, limaille, mâchefer, scorie, sinter, suint. ▸ *Verre* – écrémure. ▶ ***Petite quantité*** – atome, bouchée, brin, chouia, doigt, filet, goutte, gouttelette, grain, larme, lueur, miette, nuage, once, paille, peu, pincée, pointe, relent, restant, reste, rien, soupçon, tantinet, teinte, touche, trace, trait, zeste. ▶ ***Portion de terrain*** – enclave, lopin, lot, lotissement. △ **ANT.** BLOC, MASSE; TOTALITÉ, TOUT.

parchemin *n.m.* ▶ ***Manuscrit*** – palimpseste, papyrus. ▶ ***Attestation de noblesse*** – brevet de noblesse, titre de noblesse. ▶ ***Titre universitaire*** (FAM.) – agrégation, brevet, certificat, diplôme. FRANCE FAM. agrég, peau d'âne.

parcourir *v.* ▶ ***Traverser*** – courir, sillonner, traverser. ▶ ***Explorer*** – arpenter, battre, explorer, inspecter, prospecter, ratisser, reconnaître, visiter. ▶ ***Lire superficiellement*** – feuilleter, jeter un coup d'œil à, lire en diagonale, regarder, survoler.

parcours *n.m.* ▶ ***Trajet*** – aller (et retour), chemin, cheminement, circuit, course, direction, distance, espace, itinéraire, marche, retour, route, tracé, traite, trajectoire, trajet, traversée, voyage. FAM. trotte. FRANCE FAM. tirée. ▶ ***Expérience de travail*** – curriculum (vitæ), cursus, expérience (professionnelle), formation (professionnelle), itinéraire (professionnel), parcours (professionnel).

pardon *n.m.* ▶ ***Absolution*** – absolution, absoute *(public)*, acquittement, aman, amnistie, annulation, clémence, dédouanement, disculpation, extinction, grâce, indulgence, jubilé, mise hors de cause, miséricorde, mitigation, oubli, pénitence, prescription, réhabilitation, relaxe, remise (de peine), rémission, suppression (de peine). ▶ ***Excuse*** – amende honorable, décharge, déculpabilisation, défense, disculpation, explication, justification, motif, raison, regret, ressource. ▶ ***Procession*** – cérémonie, colonne, convoi, cortège, défilé, file, marche, noce, noria, pèlerinage, procession, queue, suite, théorie, va-et-vient. △ **ANT.** BLÂME, CONDAMNATION, REPROCHE; ANIMOSITÉ, RANCŒUR, RANCUNE, RESSENTIMENT; REPRÉSAILLES, REVANCHE, VENGEANCE.

pardonner *v.* ▶ ***Accorder son pardon à qqn*** – absoudre, excuser. SOUT. amnistier, ne pas tenir rigueur à, tenir pour quitte. ▸ ***Oublier*** – enterrer, oublier, passer l'éponge sur, passer sur, remettre. ▸ ***Tolérer*** – admettre, excuser, fermer les yeux sur, innocenter, laisser passer, supporter, tolérer. △ **ANT.** ACCUSER, BLÂMER, CENSURER, CONDAMNER, FRAPPER, PUNIR.

pareil *adj.* ▸ ***Semblable en tous points*** – identique, indiscernable, jumeau. ▸ ***Équivalent*** – égal, équivalent, identique, inchangé, même, tel. ▸ ***Similaire*** – analogue, apparenté, approchant, assimilable, comparable, conforme, contigu, correspondant, équivalent, homogène, homologue, indifférencié, parent, proche, ressemblant, semblable, similaire, voisin. *FAM.* kif-kif. *DIDACT.* commensurable. △ **ANT.** AUTRE, DIFFÉRENT, DISSEMBLABLE, DISTINCT; CONTRAIRE, INVERSE, OPPOSÉ.

pareillement *adv.* ▸ ***Semblablement*** – à l'avenant, analogiquement, conformément, de la même façon, de même, également, homologiquement, identiquement, item *(dans un compte)*, parallèlement, semblablement, similairement, symétriquement. *FAM.* pareil. ▸ ***Aussi*** – aussi, autant, de même, également, encore, non moins. *SOUT.* encor. *FAM.* avec, idem, itou. △ **ANT.** AUTREMENT, CONTRAIREMENT, DIFFÉREMMENT, DISSEMBLABLEMENT, DIVERSEMENT.

parent *adj.* analogue, apparenté, approchant, assimilable, comparable, conforme, contigu, correspondant, équivalent, homogène, homologue, indifférencié, pareil, proche, ressemblant, semblable, similaire, voisin. *FAM.* kif-kif. *DIDACT.* commensurable.

parent *n.* ▸ ***Personne qui a un lien de parenté*** – consanguin, proche, siens *(plur).* ▸ ***Équivalent*** – analogue, correspondant, équivalent, homologue, pareil, pendant, semblable. ♦ **parents,** ***plur.*** ▸ ***Père et mère*** – chef de famille. *FAM.* géniteur, procréateur, vieux, vioc. *FRANCE FAM.* dab. ▸ ***Du point de vue du lien biologique*** – tuteur *(adoptif)*; parent biologique, parent naturel. △ **ANT.** ÉTRANGER; ENFANT.

parenté *n.f.* ▸ ***Généalogie*** – agnation, alliance, arbre généalogique, ascendance, branche, cognation, consanguinité, cousinage, degré, descendance, dynastie, extraction, famille, filiation, fratrie, généalogie, génération, hérédité, lignage, ligne, lignée, maison, matriarcat, matrilignage, origine, parentage, parentelle, patriarcat, patrilignage, postérité, primogéniture, quartier (de noblesse), race, sang, souche. *RARE* fraternité. ▸ ***Analogie*** – allégorie, analogie, apologue, assimilation, association (d'idées), catachrèse *(lexicalisée)*, comparaison, équivalence, figure, image, lien, métaphore, parabole, parallèle, personnification, rapport, rapprochement, relation, ressemblance, similitude, symbole, symbolisme.

parenthèse *n.f.* ▸ ***Digression*** – à-côté, aparté, coq-à-l'âne, digression, divagation, écart, épisode, excursion, excursus, hors-d'œuvre, parabase, placage.

parer *v.* ▸ ***Orner*** – agrémenter, colorer, décorer, émailler, embellir, enjoliver, enrichir, garnir, habiller, ornementer, orner, rehausser, relever. *SOUT.* diaprer. ▸ ***Vêtir, coiffer avec coquetterie*** – bichonner, pomponner. ▸ ***Attribuer des qualités*** – auréoler. ▸ ***Préparer*** – apprêter, arranger, préparer. *QUÉB. ACADIE FAM.* gréer. ▸ ***Éviter*** – conjurer, écarter, empêcher, éviter, prévenir. ▸ ***Pallier*** – compenser, faire oublier, pallier, racheter, remédier à, réparer, suppléer à. *SOUT.* obvier à. ▸ ***Se protéger*** – prendre ses précautions, s'armer, s'assurer, se garantir, se prémunir, se protéger. *SOUT.* se précautionner. ♦ **se parer** ▸ ***Se vêtir avec recherche*** – mettre ses habits du dimanche, s'endimancher, s'habiller, se bichonner, se pomponner, se tirer à quatre épingles. *FAM.* se mettre sur son trente et un. ♦ **paré** (fin) prêt. △ **ANT.** DÉFIGURER, DÉFORMER, DÉPARER, ENLAIDIR; DÉNUDER, DÉPOUILLER; SE DÉCOUVRIR; ATTAQUER.

paresse *n.f.* ▸ ***Fainéantise*** – alanguissement, apathie, atonie, engourdissement, fainéantise, farniente, indolence, inertie, laisser-aller, langueur, lenteur, léthargie, lourdeur, mollesse, négligence, nonchalance, oisiveté, somnolence, torpeur. *FAM.* cosse, flemmardise, flemme. △ **ANT.** ACTIVITÉ, DYNAMISME, EFFORT, ÉNERGIE, TRAVAIL; DILIGENCE, EMPRESSEMENT, RAPIDITÉ.

paresseusement *adv.* apathiquement, indolemment, languissamment, lentement, mollement, négligemment, nonchalamment, oisivement, passivement, poussivement, végétativement. △ **ANT.** ACTIVEMENT, AVEC ZÈLE, DYNAMIQUEMENT, ÉNERGIQUEMENT.

paresseux *adj.* ▸ ***En parlant de qqn*** – fainéant, flâneur, indolent, négligent, nonchalant. *FAM.* cossard, faignant, flemmard, mollasse, mollasson, musard, musardeur. *QUÉB. FAM.* sans-cœur. ▸ ***En parlant de qqch.*** – atone, endormi, engourdi, lent. △ **ANT.** ACTIF, AFFAIRÉ, ALLANT, DILIGENT, DYNAMIQUE, ÉNERGIQUE, INFATIGABLE, LABORIEUX, TRAVAILLEUR, VAILLANT, ZÉLÉ.

parfaire *v.* ▸ ***Améliorer*** – améliorer, perfectionner. ▸ ***Raffiner*** – ciseler, fignoler, finir, lécher, parachever, peaufiner, perfectionner, polir, raffiner, soigner. *RARE* repolir. △ **ANT.** BÂCLER, EXPÉDIER; ÉBAUCHER, ESQUISSER.

parfaitement *adv.* ▸ ***Suprêmement*** – à la perfection, à merveille, à ravir, admirablement, bien, divinement, extraordinairement, idéalement, impeccablement, incomparablement, infailliblement, irréprochablement, le mieux du monde, merveilleusement, mirifiquement, on ne peut mieux, prodigieusement, sans fautes, sublimement, supérieurement, suprêmement. *SOUT.* excellemment. *FAM.* épatamment, sans bavure. ▸ ***Absolument*** – absolument, carrément, catégoriquement, complètement, purement, radicalement, tout à fait. *FAM.* royalement, souverainement. ▸ ***Entièrement*** – à fond, à tous (les) égards, au (grand) complet, au long, au total, complètement, d'un bout à l'autre, de A (jusqu')à Z, du début à la fin, du tout au tout, en bloc, en entier, en totalité, en tous points, entièrement, exhaustivement, fin, in extenso, intégralement, pleinement, sous tous les rapports, sur toute la ligne, totalement, tout, tout à fait. △ **ANT.** IMPARFAITEMENT; PARTIELLEMENT.

parfois *adv.* à certains moments, à l'occasion, certaines fois, dans certains cas, de temps à autre, de temps en temps, en certaines occasions, en certains cas, occasionnellement, par instants, par moments, quelquefois, tantôt. *FAM.* des fois. △ **ANT.** À TOUT BOUT DE CHAMP, À TOUT INSTANT, À TOUT MOMENT, CONSTAM-

MENT, CONTINUELLEMENT, EN TOUT TEMPS, INVARIABLEMENT, SANS ARRÊT, TOUJOURS; FRÉQUEMMENT, LA PLUPART DU TEMPS, RÉGULIÈREMENT, SOUVENT.

parfum *n.m.* ▶ ***Odeur agréable*** – arôme, bouquet *(vin)*, fragrance, fumet, senteur. ▶ ***Saveur*** – goût, montant, saveur. SOUT. flaveur, sapidité, succulence. ▶ ***Substance*** – substance odoriférante.

parfumer *v.* ▶ ***Répandre une bonne odeur*** – embaumer, sentir bon. SOUT. fleurer. ▶ ***Ajouter un aromate*** – aromatiser. ♦ **parfumé** aromatique, odorant, odoriférant, suave. △ **ANT.** EMPESTER, EMPUANTIR.

pari *n.m.* ▶ ***Gageure*** – défi, gageure, mise, risque. ▶ ***Prédiction*** – annonce, annonciation, augure, auspices, conjecture, horoscope, oracle, prédiction, présage, prévision, projection, promesse, pronostic, prophétie, signe. ANTIQ. ROM. auspices, haruspication.

parier *v.* ▶ ***Faire un pari*** – SOUT. ou QUÉB. gager. ▶ ***Mettre une somme en jeu*** – blinder, jouer, miser, ponter, y aller de. FAM. éclairer. QUÉB. gager.

parlant *adj.* ▶ ***Révélateur*** – édifiant, éloquent, expressif, instructif, qui en dit long, révélateur, significatif. ▶ ***Bavard*** (FAM.) – bavard, causeur, jacasseur, loquace, qui a la langue bien pendue, volubile. SOUT. babillard. FAM. causant, jacteur, qui a de la gueule, tchatcheur. QUÉB. FAM. bavasseur, jasant, placoteux, qui a de la jasette. RARE discuteur. △ **ANT.** AVARE DE PAROLES, LACONIQUE, SILENCIEUX, TACITURNE; AMBIGU, CONTESTABLE, CONTROVERSÉ, DOUTEUX, FRAGILE, LITIGIEUX; INEXPRESSIF, MORNE, TERNE; MUET *(CINÉMA)*.

parlement *n.m.* ▶ ***Assemblée politique*** – (assemblée) législative, assemblée (nationale), chambre des communes, chambre (des députés), chambre des lords, chambre des représentants, Congrès *(É-U)*, cortès *(Espagne)*, douma *(Russie)*, Knesset *(Israël)*, landsgemeinde *(Suisse alémanique)*, législateur, (pouvoir) législatif, représentation nationale, soviet *(U.R.S.S.)*. ▸ *Révolution française* – la Constituante, la Convention (nationale).

parlementaire *n.* ▶ ***Chargé de mission*** – agent, ambassadeur, attaché, chargé d'affaires, chargé de mission, commissaire, correspondant, délégataire, délégué, député, diplomate, émissaire, envoyé, fondé de pouvoir, légat, mandataire, messager, ministre, négociateur, plénipotentiaire, représentant. FRANCE ANC. agréé. ▶ ***Député*** – député.

parler *v.* ▶ ***S'exprimer*** – communiquer, s'exprimer. ▶ ***Échanger des propos sérieux*** – conférer, discuter, s'entretenir, tenir conférence, tenir conseil. ▶ ***Bavarder*** – bavarder, causer, converser, deviser, dialoguer, discuter, papoter, s'entretenir. FAM. babiller, bavasser, blablater, caqueter, faire un brin de causette, jacasser, jacter, jaspiner, parlementer, parloter, tailler une bavette. QUÉB. FAM. jaser, placoter. BELG. FAM. babeler. ▶ ***Intercéder*** – défendre, intercéder, plaider, prendre la défense de, soutenir, voler au secours de. ▶ ***Avouer*** – avouer, passer aux aveux. FAM. casser le morceau, cracher le morceau, lâcher le morceau, manger le morceau, se mettre à table, vider son sac. ▶ ***Constituer un argument*** – militer, plaider. ▶ ***S'adresser*** – adresser la parole, s'adresser. ▶ ***Avoir comme sujet*** – porter sur, traiter de. ♦ **se parler** ▶ ***Penser à voix haute*** – monologuer, penser à voix haute, penser tout haut, soliloquer. △ **ANT.** GARDER LE SILENCE, RESTER COI, SE TAIRE.

parodie *n.f.* ▶ ***Imitation*** – calquage, caricature, charge, contrefaçon, copiage, décalquage, démarquage, emprunt, émulation, figuration, grégarisme, homochromie, imitation, mime, mimétisme, moutonnerie, pastiche, pillage, plagiat, représentation, servilité, simulation, singerie, suivisme, travestissement. DR. contrefaction. ▶ ***Comédie*** – arlequinade, bouffonnerie, boulevard, burlesque, clownerie, comédie, farce, limerick, momerie, pantalonnade, pièce de boulevard, proverbe, saynète, sketch, sotie, spectacle, théâtre de boulevard, vaudeville. PÉJ. caleçonnade. ANC. mascarade.

paroi *n.f.* ▶ ***Mur*** – cloison, mur, pan. ▸ *Petit* – muret, muretin, murette, panneau. ▶ ***Surface latérale*** – bord, chant, côté, face, facette, flanc, pan, profil, surface, tranche. MAR. travers. ▶ ***Escarpement*** – abrupt, à-pic, crêt, épaulement, escarpement, falaise, mur.

parole *n.f.* ▶ ***Élocution*** – articulation, débit, déclamation, diction, élocution, éloquence, énonciation, expression, langage, langue, phonation, phonétique, phonie, pose de voix, prononciation, style, voix. ▶ ***Éloquence*** – ardeur, art, art oratoire, brio, chaleur, charme, conviction, élégance, expression, maîtrise, persuasion, rhétorique. SOUT. bien-dire. ▶ ***Citation*** – adage, aphorisme, apophtegme, axiome, citation, devise, dicton, dit, dogme, enseignement, formule, mantra, maxime, moralité, mot, on-dit, pensée, précepte, principe, proverbe, réflexion, règle, sentence, sutra, vérité. ▶ ***Promesse*** – charge, commandement, contrat, dette, devoir, engagement, lien, obligation, promesse, responsabilité, serment. ♦ **paroles, *plur.*** ▶ ***Affirmation*** – affirmation, allégation, argument, argumentation, assertion, déclaration, dire, expression, position, propos, proposition, raison, théorème, thèse. △ **ANT.** MUTISME, SILENCE; ÉCRIT; RENIEMENT, RÉTRACTATION. ♦ **paroles, *plur.*** ACTION, EXÉCUTION.

paroxysme *n.m.* ▶ ***Apogée*** – acmé, apex, apogée, apothéose, cime, climax, comble, culmination, excès, faîte, fin du fin, fort, limite, maximum, meilleur, nec plus ultra, optimum, pinacle, plafond, point culminant, pointe, record, sommet, summum, triomphe, zénith. SOUT. plus haut période. FAM. top niveau. △ **ANT.** APAISEMENT, CALME, DIMINUTION; BAS, BAS-FOND, CREUX, MINIMUM, NADIR.

parrain *n.m.* ▶ ***Endosseur*** – accréditeur, appui, avaliseur, avaliste, caution, endosseur, fidéjusseur, garant, répondant, soutien. ▶ ***Commanditaire*** – bailleur de fonds, commanditaire, financeur, parraineur. ▶ ***Chef*** – chef, leader, maître, meneur, numéro un, seigneur, tête. FAM. baron, cacique, caïd, éléphant, (grand) manitou, grand sachem, gros bonnet, grosse légume, hiérarque, les huiles, pontife. FRANCE FAM. (grand) ponte, grosse pointure. ▸ *Avec titre* – autorité, dignitaire, officiel, responsable, supérieur.

part *n.f.* ▶ ***Fragment*** – bribe, brisure, charpie, coupure, débris, éclat, esquille *(os)*, fraction, fragment, grain, granule, granulé, havrit, lambeau, limaille, miette, morceau, parcelle, particule, partie, pépite, portion, quartier, reste. FAM. graine. ▶ ***Contribution*** – apport, commandite, contingent, contribution, cotisation, dot, dotation, écot, financement, fonds, fournissement, lot, mise, montant, obligation, parrainage, participation, portion, quote-part, quotité. ▶ ***Titre financier*** – action, bon, coupon, effet de commerce, obligation, papier, titre, valeur. △ ANT. ENSEMBLE, INTÉGRALITÉ, TOTALITÉ, TOUT.

partage *n.m.* ▶ ***Séparation*** – atomisation, décomposition, découpage, démembrement, désagrégation, désagrégement, désintégration, dislocation, dissociation, dissolution, division, éclatement, écroulement, effritement, émiettement, fission, fractionnement, fragmentation, îlotage, micronisation, morcellement, parcellarisation, parcellarité, parcellisation, pulvérisation, quadripartition, sectorisation, séparation, tranchage, tripartition. *FRANCE FAM.* saucissonnage. *RELIG.* fraction. ▸ *Territoires* – balkanisation, partition. ▶ ***Distribution*** – distribution, division, mi-partition, partition, répartition, ventilation. ▶ ***Répartition*** – allotissement, assiette, attribution, coéquation, contingent, diffusion, distribution, groupage, péréquation, quote-part, ration, répartement, répartiement, répartition, routage. *DR.* copartage. ▶ ***Aliénation*** – cession, distribution, donation, donation-partage, échange, legs, mancipation, perte, transfert, vente. △ ANT. ACCUMULATION, RÉUNION, UNION; ACCAPAREMENT; INDIVISION.

partager *v.* ▶ ***Répartir*** – distribuer, diviser, répartir, séparer, ventiler. ▶ ***Diviser en sections*** – découper, diviser, éclater, fractionner, scinder, sectionner, segmenter, sous-diviser, subdiviser. *FAM.* saucissonner. ▶ ***Participer*** – avoir part, collaborer, concourir, contribuer, coopérer, participer, prendre part, s'associer, s'engager, s'impliquer, s'investir, se joindre. ♦ **se partager** ▶ ***Se ramifier*** – se diviser, se ramifier, se sous-diviser, se subdiviser. ♦ **partagé** ▶ ***Mutuel*** – mutuel, réciproque. ▶ ***Mi-figue mi-raisin*** – mélangé, mêlé, mi-figue mi-raisin. ▶ ***Tiraillé*** – déchiré, écartelé, tiraillé. △ ANT. ACCAPARER, GARDER, RÉSERVER; FUSIONNER, RÉUNIR, SOUDER.

partenaire *n.* ▶ ***Amant*** – amant de cœur, amant, partenaire (sexuel). *FAM.* homme, jules, mec, type. ▶ ***Amante*** – amante, maîtresse, partenaire (sexuelle). *QUÉB. FAM.* blonde. ▶ ***Collègue*** – alter ego, associé, collaborateur, collègue (de travail), compagnon de travail, condisciple *(études)*, confrère, coopérateur, égal, pair. ▶ ***Associé*** – actionnaire, associé, coassocié, coïntéressé, porteur d'actions, porteur de parts, sociétaire. ▶ ***Danseur*** – cavalier. △ ANT. ADVERSAIRE, COMPÉTITEUR, CONCURRENT, RIVAL.

parterre *n.m.* ▶ ***Jardin*** – clos, closerie, hortillonnage, jardin, jardinet, massif, parc. ▶ ***Partie d'une salle*** – orchestre *(à l'avant)*.

parti *n.m.* ▶ ***Association politique*** – alliance, apparentement, association, bloc, camp, cartel, club, coalition, confédération, faisceau, fédération, formation, front, groupe, groupe d'intérêts, groupe de pression, groupement, ligue, mouvement, organisation, phalange, rapprochement, rassemblement, union. *ANC.* hétairie. *FÉOD.* hermandad. ▸ *Non favorable* – bande, cabale, camarilla, chapelle, clan, clique, coterie, école, église, faction, gang, groupuscule, ligue, maffia, secte. ▶ ***Résolution*** (*SOUT.*) – adoption, choix, cooptation, décision, désignation, détermination, échantillonnage, écrémage, élection, nomination, plébiscite, prédilection, présélection, résolution, sélection, suffrage, tri, triage, vote. *SOUT.* décret.

partial *adj.* arbitraire, partisan, prévenu, qui a des œillères, subjectif, tendancieux. △ ANT. ÉQUITABLE, IMPARTIAL, JUSTE, NEUTRE, OBJECTIF.

partialité *n.f.* ▶ ***Favoritisme*** – clientélisme, faveur, favoritisme, népotisme, préférence. *FAM.* chouchoutage, combine, copinage, piston, pistonnage. *QUÉB.* partisanerie. ▶ ***Injustice*** – abus, arbitraire, déloyauté, déni de justice, empiétement, erreur (judiciaire), exploitation, favoritisme, illégalité, illégitimité, inconstitutionnalité, inégalité, iniquité, injustice, irrégularité, mal-jugé, malveillance, noirceur, passe-droit, privilège, scélératesse, tort, usurpation. *SOUT.* improbité. △ ANT. ÉQUITÉ, IMPARTIALITÉ, JUSTICE, NEUTRALITÉ, OBJECTIVITÉ.

participant *n.* ▶ ***Adhérent*** – adhérent, affilié, cotisant, membre, souscripteur. ▶ ***Débatteur*** – débatteur, intervenant, orateur, participant (d'un débat). ▶ ***Spectateur*** – auditeur, observateur, spectateur, témoin.

participation *n.f.* ▶ ***Coopération*** – aide, appoint, apport, appui, assistance, association, bienfaisance, bons offices, collaboration, complicité, concours, conseil, contribution, coopération, coup d'épaule, coup de main, coup de pouce, dépannage, entraide, grâce, main-forte, planche de salut, renfort, secours, service, soutien, synergie. *SOUT.* viatique. *FAM.* (coup de) fion. ▶ ***Part*** – apport, commandite, contingent, contribution, cotisation, dot, dotation, écot, financement, fonds, fournissement, lot, mise, montant, obligation, parrainage, part, portion, quote-part, quotité. ▶ ***Financement*** – financement, impenses, investissement, placement. △ ANT. ABSTENTION; OPPOSITION; DÉFECTION, DÉSISTEMENT, FORFAIT, RETRAIT.

participer *v.* ▶ ***Collaborer*** – avoir part, collaborer, concourir, contribuer, coopérer, partager, prendre part, s'associer, s'engager, s'impliquer, s'investir, se joindre. ▸ *Non favorable* – être de mèche, prêter la main à, tremper dans. ▶ ***Payer sa part*** – contribuer à, cotiser. ▶ ***Intervenir*** – entrer en jeu, entrer en scène, intervenir, prendre part à, se mêler à, se mettre de la partie. ▶ ***Être présent*** – assister à, être de, figurer dans, prendre part à. ▶ ***Être de même nature*** (*SOUT.*) – procéder de, tenir de. △ ANT. S'OPPOSER; S'ABSTENIR; DIFFÉRER.

particularité *n.f.* ▶ ***Qualité*** – attribut, caractère, caractéristique, marque, propre, propriété, qualité, signe, spécialité, spécificité, trait. ▸ *Louable* – mérite. ▶ ***Originalité*** – anticonformisme, audace, cachet, caractère, fraîcheur, hardiesse, indépendance, individualité, innovation, inspiration, marginalité, non-conformisme, nouveauté, originalité, personnalité, piquant, pittoresque, singularité. ▶ ***Exception*** – accident, anomalie, anormalité, contre-exemple, contre-indication, dérogation, exception, exclusion, réserve, restriction, singularité. △ ANT. GÉNÉRALITÉ, UNIVERSALITÉ; RÈGLE, RÉGULARITÉ.

particule *n.f.* ▶ ***Fragment*** – bribe, brisure, charpie, coupure, débris, éclat, esquille *(os)*, fraction, fragment, grain, granule, granulé, havrit, lambeau, limaille, miette, morceau, parcelle, part, partie, pépite, portion, quartier, reste. FAM. graine. ▸ ***Élément subatomique*** – particule élémentaire, particule fondamentale.

particulier *adj.* ▸ ***Personnel*** – attitré, exclusif, individuel, personnel, privé, propre, réservé, spécial. ▸ ***Distinctif*** – caractéristique, déterminant, distinctif, propre, spécial, spécifique, typique. SOUT. sui generis. ▸ ***Unique*** – à part, différent, inimitable, original, pittoresque, sans précédent, singulier, spécial, unique en son genre, unique. △ **ANT.** COLLECTIF, COMMUN, GÉNÉRAL, PUBLIC, UNIVERSEL; PAREIL, SEMBLABLE; COURANT, HABITUEL, NORMAL, ORDINAIRE, STANDARD.

particulièrement *adv.* ▸ ***Spécialement*** – avant tout, en particulier, notamment, principalement, proprement, singulièrement, spécialement, spécifiquement, surtout, typiquement. ▸ ***Personnellement*** – en personne, individuellement, intimement, nominativement, personnellement, pour sa part, quant à soi, soi-même, subjectivement. △ **ANT.** ACCESSOIREMENT, AUXILIAIREMENT, INCIDEMMENT, MARGINALEMENT, SECONDAIREMENT; COLLECTIVEMENT, EN GROUPE.

partie *n.f.* ▸ ***Segment*** – bout, carotte *(terrain)*, détail, échantillon, morceau, pan, portion, section, segment, tranche, travée, tronçon. ▸ ***Fragment*** – bribe, brisure, charpie, coupure, débris, éclat, esquille *(os)*, fraction, fragment, grain, granule, granulé, havrit, lambeau, limaille, miette, morceau, parcelle, part, particule, pépite, portion, quartier, reste. FAM. graine. ▸ ***Élément*** – composant, composante, constituant, élément (constitutif), fragment, ingrédient, membre, module, morceau, organe, pièce, principe, unité. ▸ ***Subdivision*** – branche, division, ramification, secteur, section, subdivision. ▸ ***Subdivision d'un livre*** – alinéa, article, chapitre, livre, matière, objet, paragraphe, question, rubrique, section, sujet, titre, tome, volet, volume. ▸ *Dans un texte sacré* – psaume, surate *(musulman)*, verset. ▸ ***Spécialité*** – branche, champ, département, discipline, division, domaine, étude, fief, matière, scène, science, secteur, spécialité, sphère. FAM. rayon. ▸ ***Divertissement*** – divertissement, entracte, interlude, intermède, intermezzo. ▸ ***Fête*** – bacchanale, bambochade, beuverie, fête, godaille, libation, noce, partie carrée, partie de plaisir, partie fine, soûlerie. SOUT. saturnale. FAM. bamboche, bamboula, bombe, bordée, bringue, fiesta, foire, java, nouba, ribouldingue, ripaille. BELG. guindaille. ▸ ***Compétition sportive*** – affrontement, duel, joute, match, rencontre. △ **ANT.** BLOC, MASSE; ENSEMBLE, INTÉGRALITÉ, TOTALITÉ, TOUT.

partiel *adj.* fragmentaire, imparfait, inachevé, incomplet, insuffisant, lacunaire, relatif. △ **ANT.** COMPLET, ENTIER.

partiellement *adv.* à demi, à moitié, défectueusement, demi, en partie, fragmentairement, imparfaitement, incomplètement, insuffisamment. △ **ANT.** AU LONG, EN TOTALITÉ, ENTIÈREMENT, INTÉGRALEMENT, PLEINEMENT, TOTALEMENT, TOUT À FAIT.

parti-pris (var. **parti pris**) *n. m.* ▸ ***Opinion*** – idée reçue, préconception, préjugé, prénotion, prévention, subjectivisme, subjectivité. ▸ ***Intolérance*** – dogmatisme, étroitesse d'esprit, étroitesse de vue, fanatisme, intolérance, intransigeance, rigidité. SOUT. sectarisme. PSYCHOL. psychorigidité. △ **ANT.** ÉQUITÉ, IMPARTIALITÉ, JUSTICE, NEUTRALITÉ, OBJECTIVITÉ.

partir *v.* ▸ ***S'en aller*** – faire un tour, filer, montrer les talons, plier bagage, quitter, s'éloigner, s'en aller, se retirer, tourner les talons, vider les lieux. FAM. calter, débarrasser le plancher, décoller, dévisser, ficher le camp, foutre le camp, lever l'ancre, mettre les bouts, mettre les voiles, riper, s'arracher, se barrer, se casser, se tailler, se tirer, se trotter, trisser. ▸ ***Démissionner*** – démissionner de, résigner, se démettre de, se retirer de. FAM. rendre son tablier. ▸ ***Disparaître*** – disparaître, mourir, passer, s'assoupir, s'effacer, s'en aller, s'envoler, s'estomper, s'évanouir, s'évaporer, se dissiper, se volatiliser. ▸ ***S'enlever*** – disparaître, s'effacer, s'en aller, s'enlever. ▸ ***Mourir*** – décéder, être emporté, être tué, expirer, mourir, perdre la vie, périr, s'éteindre, succomber, trouver la mort. SOUT. exhaler le dernier soupir, passer de vie à trépas, rendre l'âme, rendre l'esprit, rendre le dernier soupir, rendre son dernier souffle, trépasser. PAR EUPHÉM. avoir vécu, disparaître, faire le grand voyage, fermer les paupières, fermer les yeux, finir, monter au ciel, paraître devant Dieu, passer, passer dans l'autre monde, quitter ce (bas) monde, s'effacer, s'en aller, s'endormir. FAM. caner, clamser, claquer, crever, passer l'arme à gauche, sortir les pieds devant, y rester. FRANCE FAM. claboter. ▸ ***Se mettre en route*** – démarrer, s'ébranler, se mettre en branle, se mettre en route. ▸ ***Débuter*** – commencer, débuter, démarrer, s'amorcer, s'engager. ▸ ***Découler*** – découler, dépendre, dériver, émaner, procéder, provenir, résulter, s'ensuivre. BELG. conster. △ **ANT.** ARRIVER; ATTENDRE, DEMEURER, RESTER; APPARAÎTRE, NAÎTRE; ENVAHIR, S'ÉTABLIR, S'INSTALLER.

partisan *adj.* arbitraire, partial, prévenu, qui a des œillères, subjectif, tendancieux. △ **ANT.** ♦ **partisan** ÉGALITAIRE, ÉQUITABLE, JUSTE, NEUTRE, UNIVERSEL. ♦ **partisan de** CONTRE, EN DÉSACCORD (AVEC).

partisan *n.* ▸ ***Adepte d'une doctrine*** – adepte, adhérent, allié, ami, apôtre, champion, défenseur, disciple, fidèle, inconditionnel, militant, soutien, sympathisant, tenant. RARE mainteneur. SOUT. chantre, séide, zélateur. FAM. godillot. ▸ *À l'esprit fermé* – doctrinaire, dogmatique, dogmatiste, fanatique, sectaire. ▸ *Récent* – néophyte, prosélyte, recrue. ▸ ***Supporteur*** (QUÉB.) – fanatique, supporteur. FAM. fan, fana. ▸ ***Agitateur*** – agent provocateur, agitateur, cabaleur, contestant, contestataire, émeutier, excitateur, factieux, fauteur (de trouble), fomentateur, iconoclaste, instigateur, insurgé, intrigant, manifestant, meneur, mutin, perturbateur, provocateur, rebelle, révolté, révolutionnaire, séditieux, semeur de troubles, trublion. ▸ ***Combattant*** – franc-tireur, guérillero, maquisard, pistolero, résistant. △ **ANT.** ADVERSAIRE, ANTAGONISTE, CONTRADICTEUR, DÉTRACTEUR, ENNEMI, OPPOSANT.

partition *n.f.* ▸ ***Distribution*** – distribution, division, mi-partition, partage, répartition, ventilation. ▸ ***Division d'un territoire*** – balkanisation. ▸ ***Sécession*** – autonomie, division, indépendance, scission, sécession, séparation.

partout *adv.* à chaque coin de rue, à tous les coins de rue, dans toutes les directions, de tous côtés, de toute part, en tous lieux, en tous sens, tout partout. △ ANT. NULLE PART; À QUELQUES ENDROITS, PAR-CI PAR-LÀ.

parure *n.f.* ▶ ***Ornementation*** – décoration, embellissement, enjolivement, ornementation. ▶ ***Ornement*** – accessoire, agrément, décor, décoration, détail, enjolivement, enjolivure, enrichissement, figure, fioriture, garniture, ornement, ornementation. FAM. affiquet, affûtiaux. ▶ ***Vêtement*** – affaires, atours, chiffons, ensemble, garde-robe, habillement, habits, linge, mise, tenue, toilette, trousseau, vestiaire, vêtements. SOUT. vêture. FRANCE FAM. fringues, frusques, nippes, pelures, saint-frusquin, sapes. QUÉB. ACADIE FAM. hardes. ▶ ***Ce qui couvre*** (FIG.) – chape, gangue, manteau, vêtement. SOUT. enveloppe. △ ANT. AUSTÉRITÉ, DÉPOUILLEMENT, NUDITÉ.

parvenir *v.* ▶ ***Atteindre un endroit*** – accéder à, arriver à, atteindre, gagner, se rendre à, toucher. ▶ ***Atteindre un but*** – arriver à, atteindre, réussir à. ♦ **parvenu** nouveau riche. △ ANT. ÉCHOUER, MANQUER, RATER.

parvis *n.m.* ▶ ***Place*** – agora, esplanade, forum, piazza, place piétonnière, place publique, place, placette, rond-point, square. QUÉB. carré.

pas *adv.* aucunement, d'aucune façon, d'aucune manière, du tout, en aucun cas, en aucune façon, en aucune manière, en aucune sorte, en rien, ne, négativement, non, nullement, pas du tout, point. SOUT. ni peu ni prou.

pas *n.m.* ▶ ***Enjambée*** – allure, enjambée, figure, foulée, marche. ▶ ***Façon de marcher*** – allure, cadence, course, erre, marche, mouvement, rythme, tempo, train, vitesse. ▶ ***Trace*** – empreinte, foulées, marque (de pas), piste, sillon, trace, traînée, vestige, voie. ▸ *À la chasse* – abattures *(cerf)*, connaissance, erres, marche, passée. ▶ ***Voie maritime*** – bras de mer, canal *(artificiel)*, détroit, pertuis. ▶ ***Mesure*** – mètre. ▸ *Subdivisions et multiples métriques* – femtomètre; fermi; angström; micromètre; millimètre; centimètre; décimètre; décamètre; hectomètre; kilomètre; myriamètre. FRANCE FAM. borne *(km)*. ANC. millimicron; micron. ▸ *Mesures anglo-saxonnes* – ligne; pouce; pied. QUÉB. verge; mille. FRANCE yard; mile. ▸ *Anciennes ou traditionnelles* – li *(chinois)*, nœud *(marin)*. ▹ *Françaises* – arpent, aune, brasse, coudée, empan, encablure, lieue, main, perche, toise. ▹ *Russes* – archine, verste. ▹ *Antiques* – palme, stade. ▸ *Astronomiques* – année-lumière, parsec. ▸ *Distance à pied* – heure de marche. ▶ ***Incrément*** – augmentation (minimale), incrément, incrémentation. △ ANT. COURSE.

passable *adj.* acceptable, approuvable, bien, bon, convenable, correct, décent, honnête, honorable, moyen, présentable, raisonnable, satisfaisant, suffisant. FAM. O.K., potable, supportable. △ ANT. AFFREUX, ATROCE, DÉPLORABLE, DÉSASTREUX, EXÉCRABLE, LAMENTABLE, MANQUÉ, MAUVAIS, MINABLE, NUL, RATÉ; EXCELLENT, PARFAIT.

passage *n.m.* ▶ ***Fait de traverser*** – franchissement, transit, traversée. ▶ ***Voyage*** – allées et venues, balade, campagne, circuit, circumnavigation, course, croisière, déplacement, excursion, expédition, exploration, hadj, incursion, marche, méharée, mission, navette, navigation, odyssée, pèlerinage, pérégrination, périple, promenade, raid, rallye, randonnée, reconnaissance, tour, tourisme, tournée, transport, traversée, va-et-vient, voyage. SOUT. chevauchée, errance. FAM. bourlingue, transhumance. QUÉB. voyagement. ▶ ***Séjour*** – résidence, séjour. ▶ ***Écoulement*** – circulation, débit, débordement, écoulement, éruption, évacuation, exsudation, flux, fuite, ingression, inondation, irrigation, irruption, larmoiement, mouvement, ravinement, régime, ruissellement, sortie, suage, suintement, transpiration, vidange. SOUT. submersion, transsudation. RÉGION. débord. GÉOGR. défluviation, transfluence, transgression. ▶ ***Changement*** – adaptation, ajustement, altération, avatar, changement, conversion, évolution, glissement, gradation, infléchissement, métamorphose, modification, modulation, mue, mutation, progression, transfiguration, transformation, transition, transmutation, variation, vie. ▶ ***Relief*** – cañon, col, couloir, défilé, gorge, goulet, porte, ravin, ravine. FRANCE RÉGION. port *(Pyrénées)*, ravinée. ▶ ***Cours d'eau*** – bras, chenal, passe. QUÉB. FAM. chenail. ▶ ***Zone dégagée*** – corridor, couloir. ▶ ***Rue*** – boyau *(étroit)*, ruelle. FRANCE RÉGION. traboule. SOUT. venelle. ▶ ***Couloir*** (QUÉB.) – corridor, couloir, galerie, portique. ▶ ***Antichambre*** – antichambre, entrée, hall, hall d'entrée, narthex *(église)*, porche, réception, salle d'attente, salle d'embarquement, salle des pas perdus, vestibule. QUÉB. portique. ANTIQ. propylée. ▶ ***Partie d'un texte*** – citation, épigraphe, exemple, exergue, extrait, fragment. ▶ ***Extrait*** – extrait, morceau, page. △ ANT. ÉTABLISSEMENT, INSTALLATION, PERMANENCE, SÉJOUR; BARRAGE, DIGUE, FERMETURE; OBSTACLE, OBSTRUCTION; INTÉGRALITÉ *(TEXTE)*.

passager *adj.* ▶ ***Temporaire*** – bref, court, éphémère, évanescent, fugace, fugitif, intérimaire, momentané, précaire, provisoire, rapide, temporaire, transitoire. SOUT. périssable. ▶ ***Passant*** – animé, fréquenté, passant, vivant. △ ANT. DURABLE, ÉTERNEL, IMMORTEL, IMPÉRISSABLE, PERMANENT, PERPÉTUEL; ABANDONNÉ, DÉSERT, MORT, VIDE.

passant *adj.* animé, fréquenté, vivant. FAM. passager. △ ANT. ABANDONNÉ, DÉSERT, MORT, VIDE.

passant *n.* ▶ ***Piéton*** – excursionniste, marcheur, piéton, promeneur, randonneur. SOUT. venant. ♦ **passant**, ***masc.*** ▶ ***Partie d'un pantalon*** (QUÉB.) – boucle de ganse. QUÉB. ganse. BELG. lichette. SUISSE suspente.

passé *adj.* ▶ ***Qui précède dans le temps*** – antécédent, antérieur, dernier, précédent. ▶ ***Éloigné dans le temps*** – ancestral, ancien, éloigné, immémorial, lointain, reculé, révolu. ▶ ***En parlant d'une couleur*** – décoloré, défraîchi, délavé, déteint, éteint, fade, fané, pâli, terne. FAM. fadasse, pisseux. △ ANT. ACTUEL, PRÉSENT; À VENIR, FUTUR, POSTÉRIEUR, PROCHAIN, SUBSÉQUENT, SUIVANT, ULTÉRIEUR.

passe *n.f.* ▶ ***Voie maritime*** – bras, chenal, passage. QUÉB. FAM. chenail. ▶ ***Accessoire*** (QUÉB.) – serre-tête. ▶ ***Bord d'un chapeau*** – bord. ▶ ***En tauromachie*** – esquive. ▶ ***Attachement passager*** (QUÉB. FAM.) – passade. ▶ ***Fenêtre grillagée*** (QUÉB. FAM.) – moustiquaire.

passé *n.m.* ▶ ***Ce qui est antérieur*** – ancien temps, antécédents, antériorité, antiquité, bon vieux temps, histoire (ancienne), le temps jadis, nuit des temps, temps révolus, tradition. *BELG.* rétroactes. ▶ ***Vécu*** – cheminement, expérience (de vie), histoire (personnelle), itinéraire, trajectoire, vécu. △ **ANT.** AVENIR, FUTUR; ACTUALITÉ, PRÉSENT.

passeport *n.m.* autorisation, bon, congé, coupe-file, décharge, dispense, laissez-passer, licence, navicert, passavant, passe-debout, permis, sauf-conduit, visa.

passer *v.* ▶ ***Marcher*** – marcher sur, mettre le pied sur. ▶ ***Suivre un chemin*** – emprunter, enfiler, prendre, s'engager dans, suivre. ▶ ***Desservir*** – desservir, s'arrêter à. ▶ ***Visiter*** – aller voir, faire un saut, payer une visite à, rendre visite à, visiter. ▶ ***Ne pas insister*** – effleurer, glisser sur, survoler. ▶ ***Pardonner*** – enterrer, oublier, pardonner, remettre. ▶ ***Accomplir sa durée*** – couler, s'écouler. ▶ ***Se dissiper*** – défaillir, être pris d'un malaise, perdre connaissance, perdre conscience, perdre ses esprits, s'évanouir, se trouver mal, tomber en syncope. *FAM.* tomber dans les pommes, tomber dans les vapes, tourner de l'œil. ▶ ***Mourir*** – décéder, être emporté, être tué, expirer, mourir, perdre la vie, périr, s'éteindre, succomber, trouver la mort. *SOUT.* exhaler le dernier soupir, rendre l'âme, rendre l'esprit, rendre le dernier soupir, rendre son dernier souffle, trépasser. *PAR EUPHÉM.* avoir vécu, disparaître, faire le grand voyage, fermer les paupières, fermer les yeux, finir, monter au ciel, paraître devant Dieu, partir, quitter ce (bas) monde, s'effacer, s'en aller, s'endormir. *FAM.* caner, clamser, claquer, crever, sortir les pieds devant, y rester. *FRANCE FAM.* claboter. ▶ ***Perdre sa couleur*** – déteindre, pâlir, s'estomper, se décolorer, se défraîchir, se faner. ▸ *Trop rapidement* – fuir, s'enfuir, s'envoler. *FAM.* filer. ▶ ***Filtrer, en parlant d'un liquide*** – couler, filtrer. ▶ ***Tamiser*** – bluter *(farine)*, cribler, filtrer, sasser, tamiser, trier. ▶ ***Enjamber*** – enjamber, franchir, sauter. ▶ ***Dépasser un endroit*** – dépasser, franchir. ▶ ***Dépasser qqn*** – dépasser, devancer, distancer, doubler, gagner de vitesse, lâcher, semer. *FAM.* griller, larguer. *MAR.* trémater. ▶ ***Réussir*** (*QUÉB. FAM.*) – réussir. *FRANCE FAM.* rupiner. ▶ ***Omettre*** – escamoter, manquer, omettre, oublier, sauter. ▶ ***Permettre*** – approuver, autoriser, laisser, permettre. ▶ ***Donner*** – donner. *FAM.* filer, refiler, repasser. ▶ ***Transmettre une maladie*** (*FAM.*) – communiquer, donner, transmettre. ▶ ***Faire aller sa main, un objet*** – promener. ▶ ***Mettre un vêtement*** – endosser, enfiler, mettre, porter, revêtir. ▶ ***Traverser une période*** – traverser, vivre. ▸ *Une période heureuse* – couler. ▶ ***Subir volontairement*** – se soumettre à, subir. ♦ **se passer** ▶ ***Arriver*** – advenir, arriver, avoir lieu, se dérouler, se produire, survenir. ▶ ***Se réaliser*** – s'accomplir, s'opérer, se faire, se produire, se réaliser. ▶ ***Se priver*** – faire une croix sur, renoncer à, s'abstenir de, sacrifier, se priver de, tirer une croix sur. *SOUT.* immoler, se dénuer de. *FAM.* se brosser. △ **ANT.** S'ARRÊTER; DEMEURER, RESTER; DURER, S'ÉTERNISER.

passe-temps *n.m.* ▶ ***Divertissement*** – divertissement, entracte, interlude, intermède, intermezzo. ▶ ***Divertissement favori*** – marotte, passe-temps (favori), violon d'Ingres. *FAM.* dada. △ **ANT.** OBLIGATION, OUVRAGE, TRAVAIL; CONTRARIÉTÉ, ENNUI.

passif *adj.* ▶ ***Sans énergie*** – affaissé, amorphe, apathique, atone, avachi, désossé, endormi, faible, inconsistant, indolent, inerte, léthargique, lymphatique, mou, nonchalant, ramolli, sans ressort. *SOUT.* lâche, veule. *FAM.* gnangnan, mollasse, mollasson, ramollo. ▶ ***Qui se résigne à son sort*** – fataliste, résigné. ▶ ***Qui pratique une politique d'attente*** – attentiste, expectant. △ **ANT.** DILIGENT, DYNAMIQUE, ÉNERGIQUE, INFATIGABLE, LABORIEUX, TRAVAILLEUR, VAILLANT, ZÉLÉ; AGRESSIF, BAGARREUR, BATAILLEUR, COMBATIF; ACTIF *(VOIX GRAMMATICALE)*; MOYEN.

passif *n.m.* ▶ ***Dette*** – arriéré, charge, compte, créance, crédit à découvert, débet, débit, découvert, déficit, dette, devoir, doit, dû, emprunt, engagement, impayé, moins-perçu, non-paiement, obligation, solde débiteur. *BELG.* mali, pouf. ▶ ***Voix grammaticale*** – voix passive. △ **ANT.** ACTIF.

passion *n.f.* ▶ ***Enthousiasme*** – allant, animation, ardeur, chaleur, cœur, élan, enthousiasme, entrain, ferveur, flamme, zèle. *FAM.* pep. *SOUT.* feu. ▶ ***Agitation*** – affolement, agitation, bouleversement, colère, confusion, débridement, déchaînement, désarroi, ébranlement, ébullition, embrasement, émotion, fièvre, frénésie, mouvement, violence. *SOUT.* émoi, exaltation. *FIG.* dévergondage. ▶ ***Adoration*** – admiration, adoration, adulation, amour, attachement, culte, dévotion, emballement, engouement, fanatisme, ferveur, iconolâtrie, idolâtrie, respect, vénération, zèle. *SOUT.* dilection, révérence. *PÉJ.* encens, flagornerie, flatterie. ▶ ***Désir amoureux*** – amour, ardeur, chair, concupiscence, désir, (les) sens, libido, sensualité. *SOUT.* feu, flamme. ▶ ***Aventure amoureuse*** – amourette, aventure, aventure amoureuse, aventure galante, bricole, caprice, coquetterie, coup de foudre, engouement, faible, fantaisie, flirt, idylle, liaison (amoureuse), marivaudage, passade. *SOUT.* amours, entichement, oaristys. *FAM.* batifolage, béguin, toquade, touche. △ **ANT.** DÉTACHEMENT, INDIFFÉRENCE; CALME, FLEGME, SANG-FROID; RÉSERVE, RETENUE; LUCIDITÉ, RAISON, SAGESSE.

passionnant *adj.* ▶ ***Intéressant*** – absorbant, accrocheur, captivant, fascinant, intéressant, palpitant, prenant. *SOUT.* attractif. ▶ ***Excitant*** – captivant, électrisant, enivrant, enthousiasmant, exaltant, excitant, grisant, palpitant. *FAM.* emballant, planant. △ **ANT.** ASSOMMANT, ENDORMANT, ENNUYEUX, FASTIDIEUX, ININTÉRESSANT, INSIPIDE, LASSANT, MONOTONE, PLAT, RÉPÉTITIF, SOPORIFIQUE.

passionné *n.* ▶ ***Sensible*** – douillet, émotif, intuitif, sensible, tendre. *SOUT.* sensitif. ▶ ***Amateur*** – adepte, aficionado, amant, amateur, ami, amoureux, connaisseur, fanatique, fervent, fou. *SOUT.* assoiffé. *FAM.* accro, allumé, enragé, fan, fana, malade, mordu. *FRANCE FAM.* fondu.

passionnément *adv.* ▶ ***Ardemment*** – à corps perdu, à la folie, ardemment, éperdument, fanatiquement, fervemment, follement, frénétiquement, furieusement, violemment, vivement. ▶ ***Romantiquement*** – affectivement, poétiquement, rêveusement, romanesquement, sensiblement, sentimentalement. ▶ ***Extrêmement*** – à l'extrême, affreusement, astronomiquement, au dernier degré, au dernier point, au maximum, au plus haut degré, au plus haut point, beaucoup, bien, colossalement, considérablement, éminemment, énormément, exceptionnellement, extraordinairement, extrêmement, fabuleusement, follement, fort, fortement, grandement, gros, hautement, immensément, incommensurablement, inconcevablement, incroyablement, infiniment, intensément, long, mortellement, nettement, on ne peut plus, phénoménalement, prodigieusement, profondément, remarquablement, sérieusement, singulièrement, souverainement, supérieurement, suprêmement, terriblement, très, vertigineusement, vivement, vraiment. FAM. bigrement, bougrement, diablement, drôlement, effroyablement, épais, épouvantablement, fameusement, fantastiquement, fichtrement, fichûment, formidablement, foutrement, furieusement, joliment, rudement, sacrément, salement, super, terrible, tout plein, vachement. △ **ANT.** MODÉRÉMENT, MOYENNEMENT, TIÈDEMENT; AVEC INDIFFÉRENCE, FROIDEMENT, GLACIALEMENT, IMPERSONNELLEMENT, INSENSIBLEMENT.

passionner *v.* ▶ ***Intéresser*** – captiver, empoigner, intéresser, plaire à. SOUT. attacher l'esprit. FAM. accrocher, brancher. ▶ ***Enthousiasmer*** – animer, enfiévrer, enflammer, enthousiasmer, exalter, exciter, soulever, transporter. FAM. emballer. ♦ **se passionner** ▶ ***Aimer beaucoup*** – adorer, affectionner, aimer, apprécier, avoir un faible pour, avoir un penchant pour, être fou de, être friand de, être porté sur, faire ses délices de, prendre plaisir à, priser, raffoler de, s'intéresser à, se complaire, se délecter, se plaire. SOUT. chérir, goûter. ♦ **passionné** ▶ ***Fanatique*** – amateur, amoureux, avide, entiché, épris, fanatique, féru, fervent, fou, friand. FAM. accro, enragé, fana, maniaque, mordu. △ **ANT.** DÉSINTÉRESSER, ENNUYER; APAISER, CALMER, DÉPASSIONNER.

passivement *adv.* ▶ ***Paresseusement*** – apathiquement, indolemment, languissamment, lentement, mollement, négligemment, nonchalamment, oisivement, paresseusement, poussivement, végétativement. ▶ ***Statiquement*** – durablement, fixement, immuablement, inaltérablement, invariablement, sédentairement, statiquement. △ **ANT.** ACTIVEMENT, AVEC ZÈLE, DYNAMIQUEMENT, ÉNERGIQUEMENT.

passivité *n.f.* ▶ ***Apathie*** – abattement, affaiblissement, apathie, atonie, avachissement, faiblesse, inconsistance, indolence, langueur, laxisme, mollasserie, mollesse, nonchalance, veulerie. MÉD. aboulie, dysboulie, psychasthénie. ▶ ***Désœuvrement*** – chômage, désœuvrement, farniente, inaction, inactivité, inertie, oisiveté, sédentarité, sinécure, sous-emploi. SOUT. désoccupation, inoccupation. ▶ ***Fatalisme*** – acceptation, aquoibonisme, déterminisme, fatalisme, philosophie, providentialisme, renoncement, résignation, stoïcisme. △ **ANT.** ACTIVITÉ, DYNAMISME, INITIATIVE.

pasteur *n.* ▶ ***Prêtre protestant*** – clergyman, ministre, prêtre. ▶ ***Berger*** (SOUT.) – berger. SOUT. pastoureau, pâtre. ▶ ***Guide*** – chef de file, gourou, guide (spirituel), leader, magistère, mahatma, maître à penser, maître (spirituel), meneur, pandit, phare, rassembleur, sage. SOUT. conducteur, coryphée, entraîneur (d'hommes). FAM. pape.

patauger *v.* ▶ ***S'amuser dans l'eau*** – barboter. ▶ ***Marcher dans la boue*** – barboter. FAM. patouiller. ▶ ***S'empêtrer*** (FAM.) – s'embarrasser, s'embrouiller, s'empêtrer, s'enferrer, se perdre, se tromper. FAM. cafouiller, patouiller, s'emberlificoter, s'emmêler les crayons, s'emmêler les pédales, s'emmêler les pieds, s'emmêler les pinceaux, vasouiller. △ **ANT.** SE DÉPÊTRER.

pâte *n.f.* ▶ ***Aliment pâteux*** – bouillie, colle. ▶ ***Médicament*** – balsamique, baume, cérat, crème, embrocation, liniment, onguent, pommade. FAM. embroc. ♦ **pâtes,** ***plur.*** ▶ ***Nouilles*** – nouilles, nouillettes *(petites)*, pâtes alimentaires.

pâté *n.m.* ▶ ***Préparation sans pâte*** – aspic, confit, mousse, terrine. ▶ ***Préparation avec pâte*** – QUÉB. tourtière. ▶ ***Tache d'encre*** – bavochure, bavure, maculage, maculation, macule, rousseur. ▶ ***Espace délimité par des rues*** – îlot, pâté (de maison).

patelin *n.m.* ▶ ***Village*** – agglomération (rurale), bourg *(gros)*, bourgade, hameau, lieudit *(petit)*, localité, mechta *(Maghreb)*, pays, village. QUÉB. paroisse. FRANCE RÉGION. *ou* ADMIN. écart. PÉJ. FAM. bled, trou. ▶ ***Région*** – coin (de pays), contrée, latitude, partie du monde, pays, région, secteur, zone. SOUT. cieux, climats. ▶ ***Flatteur*** – admirateur, adorateur, adulateur, apologiste, caudataire, complaisant, complimenteur, courtisan, dithyrambiste, flatteur, valet. SOUT. applaudisseur, approbateur, glorificateur, laquais, laudateur, thuriféraire. FAM. béni-oui-oui, carpette, cloporte, fayot, larbin, lèche-bottes, paillasson. BELG. FAM. frotte-manche.

paternité *n.f.* ▶ ***Fait d'être le créateur*** – composition, conception, confection, constitution, construction, création, développement, édification, élaboration, exécution, fabrication, façon, façonnage, façonnement, formation, génération, genèse, gestation, invention, œuvre, organisation, production, réalisation, structuration, synthèse. SOUT. accouchement, enfantement. DIDACT. engendrement. △ **ANT.** FILIATION.

pâteux *adj.* consistant, épais, sirupeux, visqueux. △ **ANT.** CLAIR, LIQUIDE.

pathétique *adj.* bouleversant, déchirant, dramatique, émouvant, poignant, troublant, vibrant *(discours)*. SOUT. empoignant. △ **ANT.** APAISANT, CALMANT, CONSOLANT, CONSOLATEUR, RASSÉRÉNANT, RASSURANT, RÉCONFORTANT, SÉCURISANT, TRANQUILLISANT; BANAL, ININTÉRESSANT, SANS INTÉRÊT; COMIQUE, GROTESQUE.

pathologique *adj.* ▶ ***Qui concerne la pathologie*** – morbide. ▶ ***Anormal*** – anormal, maladif, malsain, morbide, obsessif, obsessionnel. △ **ANT.** NORMAL.

patiemment *adv.* inépuisablement, infatigablement, inlassablement. △ **ANT.** IMPATIEMMENT.

patience *n.f.* ▶ ***Endurance*** – calme, constance, courage, douceur, endurance, flegme, lenteur, persévérance, persistance, résignation, sang-froid, tranquillité. SOUT. longanimité. ▶ ***Tolérance*** – bienveillance, bonté, compréhension, douceur, humanisme, indulgence, irénisme, largeur d'esprit, libéralisme, non-discrimination, non-violence, ouverture (d'esprit), philosophie, réceptivité, respect, tolérance, tolérantisme. SOUT. bénignité, longanimité. ▶ ***Douceur*** – affabilité, agrément, amabilité, aménité, bénignité, bienveillance, bonhomie, bonté, calme, chaleur, charité, clémence, docilité, douceur, gentillesse, grâce, humanité, indulgence, placidité, suavité. *SOUT.* débonnaireté, magnanimité, mansuétude, onction. ▶ ***Jeu*** – réussite, solitaire, tour de cartes. ▶ ***Plante*** – oseille épinard. △ **ANT.** EXASPÉRATION, IMPATIENCE; BRUSQUERIE, RUDESSE.

patient *adj.* ▶ ***Persévérant*** – infatigable, inlassable, persévérant. △ **ANT.** IMPATIENT.

patient *n.* ▶ ***Hospitalisé*** – hospitalisé. *QUÉB.* bénéficiaire. ▶ ***Client*** – client, consultant.

patienter *v.* attendre, compter les clous de la porte, faire antichambre, faire le pied de grue, faire les cent pas, prendre racine, prendre son mal en patience, s'armer de patience. *FAM.* croquer le marmot, faire le planton, faire le poireau, macérer, mariner, moisir, poireauter, pourrir, s'éterniser. *FRANCE RÉGION. FAM.* maronner. *QUÉB. FAM.* niaiser. △ **ANT.** PERDRE PATIENCE, S'IMPATIENTER.

patine *n.f.* ▶ ***Corrosion*** – patine (du cuivre), vert-de-gris. ▶ ***Usure*** – abrasion, cisaillement, corrosion, dégradation, diminution, éraillement, érosion, frai *(monnaie)*, rongeage *(impression textile)*, rongement, usure. *TECHN.* étincelage. ▶ ***Vernis*** – blanc de chaux, brasque, briquetage, caviar, enduit, engluage, fart, laque, mastic, stuc, vernis. *TECHN.* apprêt, engobe, futée, glairure, lustre, lut, salbande.

patiner *v.* ▶ ***Déraper*** – chasser, déraper, glisser, riper. ▶ ***Ne pas progresser*** – languir, piétiner, s'enliser, stagner, traîner. *FAM.* faire du surplace. ▶ ***Tergiverser*** (*QUÉB. FAM.*) – atermoyer, biaiser, louvoyer, se dérober, tergiverser, tortiller, tourner autour du pot.

pâtir *v.* ▶ ***Subir péniblement*** – être victime de, souffrir de. ▶ ***Péricliter*** (*SOUT.*) – agoniser, aller à la ruine, décliner, dépérir, menacer ruine, péricliter, se dégrader, se délabrer, se détériorer. *SOUT.* déchoir, tomber en décadence. △ **ANT.** BÉNÉFICIER, JOUIR, PROFITER.

pâtisserie *n.f.* ▶ ***Commerce*** – boulangerie, boulangerie-pâtisserie. *FAM.* boulange. ▶ ***Aliment*** – viennoiserie.

patois *n.m.* ▶ ***Variante linguistique*** – parler patois, parler rural. ▶ ***Langage incompréhensible*** – argot, galimatias, jargon, sabir, volapük. *SOUT.* amphigouri, cacographie, logogriphe. *FAM.* baragouin, charabia. *DIDACT.* babélisme.

patriarche *n.m.* ▶ ***Titre orthodoxe*** – catholicos, exarque *(bulgare)*. ▶ ***Titre catholique*** – évêque, métropolitain *(orthodoxe)*. ▸ *Titre* – Excellence, Monseigneur, Sa Grandeur. ▶ ***Ancêtre*** – ancêtre. *SOUT.* aïeul. ▶ ***Vieillard*** – aîné, ancien, doyen, personne âgée, vieillard, vieille personne, vieux. *DIDACT.* sénescence. *FAM.* ancêtre, petit vieux, vioc. *FRANCE FAM.* baderne, vieille baderne.

patrie *n.f.* ▶ ***Pays d'origine*** – (mère) patrie, pays natal/patrie d'origine. *FAM.* bercail. △ **ANT.** ÉTRANGER.

patrimoine *n.m.* ▶ ***Héritage*** – apanage, bien, domaine, fortune, héritage, légitime, legs, majorat, propriété, succession. *RELIG.* défroque. ▶ ***Capital*** – argent, avoir, bien, capital, cassette, épargne, fonds, fortune, fruit, gain, investissement, liquidités, numéraire, pécule, placement, portefeuille, possession, produit, propriété, richesse, trésor, valeur. *SOUT.* deniers. *FAM.* finances, magot.

patriote *n.* ▶ ***Personne qui favorise son pays*** – nationaliste. *PÉJ.* chauvin. △ **ANT.** COSMOPOLITE, INTERNATIONALISTE.

patriotique *adj.* nationaliste, patriote. △ **ANT.** ANTIPATRIOTIQUE; INTERNATIONAL, UNIVERSEL.

patriotisme *n.m.* ▶ ***Nationalisme*** – civisme, militarisme, nationalisme. ▸ *Nationalisme excessif* – chauvinisme, clanisme, coquerico, esprit de clocher, xénophobie. △ **ANT.** ANTIPATRIOTISME, COSMOPOLITISME, INTERNATIONALISME.

patron *n.* ▶ ***Dirigeant*** – administrateur, cadre, chef d'entreprise, chef d'industrie, décideur, décisionnaire, directeur, dirigeant, gestionnaire, logisticien, responsable. ▶ ***Patron d'un café*** – débitant (de boissons), tenancier. *FAM.* bistrotier. *PAR PLAIS.* tavernier. ▶ ***Chef d'un navire*** – capitaine, commandant. *FRANCE FAM.* pacha. *ANTIQ.* navarque, triérarque. ▶ ***Organisateur*** – âme, artisan, auteur, centre, cerveau, chef, cheville ouvrière, créateur, dirigeant, fondateur, incitateur, initiateur, inspirateur, instigateur, locomotive, maître (d'œuvre), meneur, moteur, organisateur, père, promoteur, protagoniste, régisseur, responsable. *SOUT.* excitateur, instaurateur, ouvrier. ♦ **patron,** ***masc.*** ▶ ***Modèle*** – carton, grille, matrice, modèle, modélisation, moule, pattern, pilote, plan, prototype, simulation, spécimen. *FAM.* topo. △ **ANT.** EMPLOYÉ, OUVRIER, PERSONNEL; DOMESTIQUE, SERVITEUR; APPRENTI; GARÇON.

patronage *n.m.* ▶ ***Protection*** – abri, aide, appui, assistance, chapeautage, conservation, couverture, garantie, garde, mandat, parrainage, paternalisme, protection, recommandation, renfort, rescousse, sauvegarde, secours, sécurisation, soutien, surveillance, tutelle. *FIG.* parapluie. *SOUT.* égide. *FAM.* piston.

patrouille *n.f.* ▶ ***Surveillance*** – attention, espionnage, faction, filature, garde, gardiennage, guet, îlotage, inspection, monitorage, observation, ronde, sentinelle, veille, veillée, vigie, vigilance. ▶ ***Groupe de soldats*** – bataillon, brigade, colonne, commando, compagnie, corps, échelon, escadron, escorte, formation, garde, garnison, légion, parti, peloton, régiment, section, soldatesque *(indisciplinés)*, tabor *(Maroc)*, troupe, unité. *PAR EXT.* caserne. *ANC.* escouade, goum, piquet.

patte *n.f.* ▶ ***Membre d'animal d'animal*** – gigot *(cheval)*, jambe, membre, membre antérieur, membre postérieur. ▶ ***Aliment*** – pied. ▶ ***Jambe*** – jambe. *FAM.* canne, flûte, gambette, gigue, guibolle, quille. *FRANCE FAM.* béquille, crayon. ▸ *Longue FAM.* échasse. ▸ *Maigre FAM.* fumeron. ▸ *Grosse FAM.* pilier, poteau. ▶ ***Pied*** – pied. *FAM.* arpion, panard, paturon, peton *(petit)*, ripaton. *FRANCE FAM.* latte, nougat, pince, pinceau. ▶ ***Main*** – main. *FAM.* battoir, menotte, paluche, patoche, pince, pogne; *FRANCE FAM.* cuiller, fourchette du père Adam, louche. *SOUT.* dextre, senestre. ▶ ***Bande d'étoffe*** – découpe, empiècement, parement. *TECHN.* flipot. ▶ ***Chiffon*** (*SUISSE*) – chamoisine, chiffon (à poussière), éponge, essuie-meubles, essuie-verres, lavette, linge, pattemouille, (peau de) chamois, serpillière, tampon, torchon. *QUÉB.* guenille. *BELG.* drap de maison, loque (à reloqueter), wassingue. *SUISSE* panosse. *ACADIE FAM.* brayon. *TECHN.* peille. ♦ **pattes, plur.** ▶ ***Favoris*** – favoris, pattes de lapin, pattes de lièvre, rouflaquettes.

pâturage *n.m.* ▶ ***Terrain où paît le bétail*** – alpage, alpe, champ, embouche, enclos, estive, friche, herbage, kraal, lande, noue, pacage, paddock, paissance, pâquis, parc, parcours, parquet, passage, pâtis, pâture, prairie, pré, remue. *FRANCE RÉGION.* engane, ouche. *SUISSE* mayen. *AFR.* secco. ▶ ***Action de faire paître*** – herbagement, pacage, pâture. △ **ANT.** STABULATION.

pause *n.f.* ▶ ***Interruption*** – annulation, arrêt, avortement, cessation, discontinuation, entrecoupement, intermittence, interruption, levée, panne, relâche, station, suspension. ▶ ***Repos*** – congé, délassement, détente, escale, halte, loisir, mi-temps, récréation, récupération, relâche, répit, repos, temps, trêve, vacances, villégiature. ▶ ***Silence*** – arrêt, interruption, silence, temps. ▶ ***Césure*** – césure, coupe, coupure, hémistiche, repos. △ **ANT.** MARCHE, MOUVEMENT; CONTINUATION, POURSUITE, PROLONGEMENT; TRAVAIL.

pauvre *adj.* ▶ ***Dans le besoin*** – dans le besoin, dans une cruelle nécessité, défavorisé, démuni, famélique, indigent, misérable, miséreux, nécessiteux. *SOUT.* dénué, impécunieux. *FAM.* dans la mouise, dans la panade, dans la purée. ▶ ***Sans argent*** – à court, dans la gêne, désargenté, gêné, sans le sou, serré. *FAM.* à sec, dans la dèche, dans le rouge, fauché, raide (comme un passe-lacet), sur le sable. *FRANCE FAM.* panné, sans un. ▶ ***Qui inspire la pitié*** – à plaindre, malheureux, minable, misérable, miteux, piteux, pitoyable. *FAM.* paumé. ▶ ***Qui produit peu de végétation*** – aride, avare, désertique, improductif, inculte, incultivable, infertile, ingrat, stérile. ▶ ***Insuffisant*** – anémique, chétif, chiche, déficient, déficitaire, faible, insatisfaisant, insuffisant, maigre, mauvais, médiocre, misérable, piètre, rachitique. △ **ANT.** RICHE; À L'AISE, AISÉ, FORTUNÉ, NANTI, PROSPÈRE, QUI A LES MOYENS, QUI ROULE SUR L'OR; FÉCOND, FERTILE, FLORISSANT, LUXURIANT; CHANCEUX, COMBLÉ, HEUREUX; ABONDANT, FOISONNANT, FRUCTUEUX, GÉNÉREUX, INÉPUISABLE, INTARISSABLE, PRODUCTIF, PROLIFIQUE.

pauvreté *n.f.* ▶ ***Indigence*** – appauvrissement, besoin, dénuement, détresse, embarras, gêne, gouffre, indigence, manque, mendicité, misère, nécessité, pouillerie, privation, ruine. *SOUT.* impécuniosité. *FAM.* dèche. *FRANCE FAM.* débine, fauche, mistoufle, mouise, mouscaille, panade, purée. *DR.* carence. ▶ *Sociale* – clochardisation, disette, paupérisation, paupérisme, pénurie, sous-développement, sous-équipement, tiers-mondisation. ▶ ***Médiocrité*** – banalité, facilité, fadeur, faiblesse, inconsistance, indigence, insignifiance, insuffisance, médiocre, médiocrité, platitude, prévisibilité. *SOUT.* trivialité. ▶ ***Stérilité*** – improductivité, infécondité, stérilité, tarissement. *SOUT.* aridité, infertilité. △ **ANT.** AISANCE, FORTUNE, LUXE, OPULENCE, RICHESSE; EXCELLENCE, VALEUR; FÉCONDITÉ, FERTILITÉ; ABONDANCE, LUXURIANCE, PROFUSION.

pavé *n.m.* ▶ ***Matériau de construction*** – adobe, brique, briquette, carreau, chantignole, dalle, tuile. *FRANCE FAM.* paveton. *SUISSE* planelle. ▶ ***Gros livre*** (*FAM.*) – *QUÉB. FAM.* brique.

pavillon *n.m.* ▶ ***Drapeau*** – banderole, bandière, bannière, baucent, calicot, cornette, couleurs, drapeau, étendard, fanion, flamme, gonfalon, guidon, oriflamme, pavois *(marine)*, pennon, tanka *(religieux)*. *SOUT.* enseigne. *ANTIQ.* vexille. ▶ ***Construction légère*** – belvédère, berceau, bungalow, gloriette, kiosque, mirador, pergola, rotonde, tonnelle, treille. ▶ ***Partie d'un édifice*** – aile, corps de logis. ▶ ***Oreille*** – oreille. *DIDACT.* organe de l'ouïe. ▶ ***En religion*** – conopée, parement (d'autel). ▶ ***Sortie d'air d'un instrument*** – tuyère *(soufflet)*.

payant *adj.* bénéficiaire, fructueux, intéressant, lucratif, productif, profitable, rémunérateur, rentable. *FAM.* juteux. △ **ANT.** GRATIS, GRATUIT; INVITÉ *(SPECTATEUR)*; DÉFICITAIRE, DÉSAVANTAGEUX, INFRUCTUEUX.

payer *v.* ▶ ***Verser une somme*** – débourser, décaisser, dépenser, verser. *FAM.* allonger, casquer, cracher, lâcher. ▶ ***Régler une note*** – acquitter, régler, s'acquitter de. ▶ ***Expier une faute*** – expier, racheter, réparer. ▶ ***Rémunérer un travail*** – rémunérer, rétribuer. ▶ ***Rémunérer qqn*** – appointer, rémunérer, rétribuer, salarier. ▶ ***Rembourser une dette*** – acquitter, amortir, éteindre, honorer, liquider, rembourser, s'acquitter de. ▶ ***Rembourser qqn*** – dédommager, défrayer, désintéresser, indemniser, rembourser. ▶ ***Donner de l'argent*** – *FAM.* banquer, casquer, douiller, les aligner, raquer. ▶ ***Être profitable*** – porter fruit, rapporter. △ **ANT.** ENCAISSER, RECEVOIR, TOUCHER; DONNER, VENDRE; DEVOIR.

pays *n.m.* ▶ ***Territoire*** – État, nation. *SOUT.* Cité. ▶ ***Région*** – coin (de pays), contrée, latitude, partie du monde, région, secteur, zone. *SOUT.* cieux, climats. *FAM.* patelin. ▶ ***Village*** – agglomération (rurale), bourg *(gros)*, bourgade, hameau, lieudit *(petit)*, localité, mechta *(Maghreb)*, village. *FAM.* patelin. *QUÉB.* paroisse. *FRANCE RÉGION. ou ADMIN.* écart. *PÉJ. FAM.* bled, trou. ▶ ***Peuple*** – clan, ethnie, groupe, horde, nation, peuplade, peuple, phratrie, population, race, société, tribu. △ **ANT.** ÉTRANGER, EXTÉRIEUR.

paysage *n.m.* ▶ ***Panorama*** – champ (de vision), horizon, panorama, perspective, point de vue, site, vue. ▶ ***Contexte*** – circonstance, climat, condition, conjoncture, contexte, cours des choses, état de choses, état de fait, position, situation, tenants et aboutissants.

paysan *adj.* ▶ ***Qui concerne la campagne*** – campagnard, champêtre, rural, rustique. *SOUT.* agreste, bucolique, pastoral. ▶ ***Qui concerne l'agriculture*** – agricole, cultivateur, rural, terrien. ▶ ***Fruste*** (*PÉJ.*) – fruste, grossier, inculte, mal dégrossi, primitif, rude, rustaud, rustique. *PÉJ. FAM.* péquenaud, plouc. △ **ANT.** CITADIN, URBAIN; DÉLICAT, FIN, RAFFINÉ, RECHERCHÉ, SOPHISTIQUÉ; CULTIVÉ, ÉVOLUÉ.

paysan *n.* ▶ ***Agriculteur*** – agriculteur, agronome, exploitant (agricole), fermier, producteur (agricole). ▶ ***Campagnard*** – campagnard, rural. *QUÉB.* paroissien. *AFR. FAM.* broussard. *PÉJ. FAM.* bouseux, cambroussard, croquant, cul-terreux, péquenot, plouc. ▶ ***Rustre*** – animal, balourd, barbare, béotien, brute (épaisse), butor, goujat, grossier personnage, mal élevé, malotru, malpropre, mufle, ostrogoth, ours mal léché, porc, rustaud. *SOUT.* manant, palot.

FAM. gougnafier, pignouf, plouc, primate, sagouin. QUÉB. FAM. colon, habitant. ▸ *Femme* – poissarde. △ **ANT.** BOURGEOIS; CITADIN.

peau *n.f.* ▸ ***Épiderme*** – téguments, tissu cutané. ANAT. chorion, derme, épiderme, hypoderme. ▸ ***Fourrure sur l'animal*** – fourrure, lainage, livrée, manteau, mantelure *(chien)*, pelage, robe, toison. ▸ ***Fourrure provenant de la dépouille*** – fourrage, fourrure, pelleterie. ANC. aumusse. ▸ ***Cuir*** – cuir. ▸ ***Enveloppe*** – bogue, brou, coque, coquille, cosse, écale, écalure, écorce, efflorescence, épicarpe, pellicule, pelure, pruine, robe, tégument, zeste. ▸ ***Pellicule*** – mère du vinaigre, voile, zooglée. BELG. loque.

peaufinage *n.m.* ▸ ***Finition*** – achèvement, amélioration, arrangement, complètement, correction, enjolivement, finition, léchage, mise au point, perfectionnement, polissage, raffinage, raffinement, retouche, révision, soin. SOUT. parachèvement. FAM. fignolage.

peaufiner *v.* ▸ ***Frotter*** – astiquer, fourbir, frotter, nettoyer, polir. FAM. briquer. BELG. blinquer. SUISSE poutser. ▸ ***Parfaire*** – ciseler, fignoler, finir, lécher, parachever, parfaire, perfectionner, polir, raffiner, soigner. RARE repolir. △ **ANT.** BÂCLER.

pêche *n.f.* ▸ ***Gifle*** (FAM.) – claque, gifle, tape. SOUT. soufflet. FAM. baffe, beigne, mornifle, pain, taloche, tarte, torgnole. FRANCE FAM. aller et retour, calotte, emplâtre, giroflée (à cinq feuilles), mandale, rouste. ▸ ***Ensemble de poissons*** – remonte.

péché *n.m.* ▸ ***Faute*** – accroc, chute, crime, déchéance, écart, errements, faute, impureté, mal, manquement, mauvais, offense, sacrilège, scandale, souillure, tache, transgression, vice. ▸ ***Immoralité*** – amoralité, corruption, cynisme, dépravation, immoralisme, immoralité, laxisme, permissivité, perversion, perversité, vice. SOUT. désordre. ▸ ***Impiété*** – agnosticisme, apostasie, athéisme, blasphème, désacralisation, doute, froideur, gentilité, hérésie, impiété, incrédulité, incroyance, indifférence, infidélité, irréligion, libre pensée, matérialisme, paganisme, panthéisme, profanation, reniement, sacrilège, scandale, scepticisme. SOUT. inobservance. △ **ANT.** PURETÉ, SAINTETÉ; MORALITÉ; PIÉTÉ.

pécher *v.* ▸ ***Transgresser*** – contrevenir à, déroger à, désobéir à, enfreindre, manquer à, transgresser, violer.

pêcher *v.* ▸ ***Trouver*** (FAM.) – découvrir, dénicher, déterrer, tomber sur, trouver. FAM. dégoter. SUISSE FAM. rapercher. ▸ ***Prendre du poisson*** – FAM. taquiner le goujon, taquiner le poisson.

pédagogie *n.f.* ▸ ***Éducation*** – alphabétisation, apprentissage, conscientisation, didactique, édification, éducation, enrichissement, enseignement, entraînement, études, expérience, façonnage, façonnement, formation, inculcation, information, initiation, instruction, monitorat, professorat, scolarisation, scolarité, stage. QUÉB. andragogie *(aux adultes)*. PÉJ. FAM. dressage *(très sévère)*. ▸ ***Fait d'élever un enfant*** – puériculture.

pédagogique *adj.* ▸ ***Qui concerne l'éducation*** – éducateur, éducatif, éducationnel. ▸ ***En parlant de matériel*** – didactique, éducatif, éducationnel, ludoéducatif, scolaire. △ **ANT.** D'APPRENTISSAGE.

pédagogue *n.* ▸ ***Éducateur*** – animateur, éducateur, enseignant, instructeur, moniteur, professeur. ▸ ***Spécialiste de l'éducation des enfants*** – puériculteur. △ **ANT.** ÉLÈVE; DISCIPLE.

pédale *n.f.* ▸ ***Organe de commande*** – anspect, commande, levier, manche à balai, marche, palonnier.

pédant *adj.* ▸ ***Qui exhibe son savoir*** – cuistre, docte, doctoral, doctrinaire, pédantesque, pontifiant, professoral, sentencieux, solennel. ▸ ***Vaniteux*** – cabot, cabotin, complaisant, conquérant, content de soi, fat, fier, fiérot, hâbleur, imbu de soi-même, infatué, m'as-tu-vu, orgueilleux, outrecuidant, pétri d'orgueil, plein de soi-même, présomptueux, prétentieux, qui fait l'important, qui se prend pour quelqu'un, qui se prend pour un autre, rempli de soi-même, suffisant, vain, vaniteux, vantard. FAM. chochotte. LOUISIANE AFR. faraud. △ **ANT.** HUMBLE, MODESTE, SANS PRÉTENTION, SIMPLE.

peigne *n.m.* ▸ ***Instrument de coiffure*** – brosse (à cheveux). ▸ ***Instrument textile*** – carde, séran, sérançoir. ▸ ***Être vivant*** – ZOOL. pecten.

peigner *v.* ▸ ***Coiffer*** – brosser, coiffer, discipliner, mettre en plis. ▸ ***Carder*** – carder, démêler, sérancer. ▸ ***Griffer*** (QUÉB. FAM.) – écorcher, égratigner, érafler, griffer. DIDACT. excorier. △ **ANT.** DÉCOIFFER, DÉPEIGNER, DÉRANGER, ÉBOURIFFER, ÉCHEVELER.

peindre *v.* ▸ ***Couvrir de peinture*** – QUÉB. peinturer. ▸ ***Décrire*** – brosser un tableau de, décrire, dépeindre, montrer, présenter, représenter, tracer le portrait de.

peine *n.f.* ▸ ***Travail pénible*** – affaire, besogne, corvée, devoir, obligation, occupation, ouvrage, tâche, travail. SOUT. labeur. ▸ ***Fatigue*** – abattement, accablement, affaiblissement, affaissement, affalement, alanguissement, amollissement, anéantissement, apathie, atonie, consomption, épuisement, éreintement, exténuation, faiblesse, fatigue, forçage, harassement, inertie, labeur, langueur, lassitude, marasme, prostration, stress, surmenage. MÉD. adynamie, anémie, asthénie. ▸ ***Préoccupation*** – agitation, angoisse, anxiété, cassement de tête, contrariété, désagrément, difficulté, doute, ennui, gêne, inquiétude, obnubilation, occupation, pensée, préoccupation, sollicitude, souci, suspens, tiraillement, tourment, tracas. SOUT. affres. FAM. tintouin, tracassin. ▸ ***Tristesse*** – abattement, accablement, affliction, aigreur, amertume, chagrin, dépression, désolation, deuil, douleur, ennui, épreuve, grisaille, humeur noire, idées noires, idées sombres, langueur, lypémanie, mal du pays, mal-être, maussaderie, mélancolie, monotonie, morosité, neurasthénie, noir, nostalgie, papillons, serrement de cœur, souci, tædium vitæ, tristesse, vague à l'âme. SOUT. atrabile, larmes, navrement, nuage, spleen, taciturnité. FAM. blues, bourdon, cafard, déprime, sinistrose. ▸ ***Déception*** – abattement, accablement, affliction, amertume, anéantissement, chagrin, consternation, déboires, déception, déconvenue, découragement, dégoût, dégrisement, démoralisation, dépit, désappointement, désenchantement, désespoir, désillusion, désolation, échec, écœurement, ennui, infortune, insuccès, lassitude, mécompte, regret, revers, tristesse. SOUT. atterrement, déréliction, désabusement, désespérance, retombement. *FAM.* défrisage, défrisement, douche (froide), ras-le-bol. ▶ ***Malheur*** – adversité, calamité, calice (de douleur), chagrin, détresse, deuil, disgrâce, douleur, échec, épreuve, fatalité, infortune, mal, malchance, malédiction, malheur, mauvaise fortune, mauvaise passe, mésaventure, misère, nuage, orage, revers, ruine, sale affaire, sale histoire, souffrance, traverse, tribulation. *SOUT.* bourrèlement, plaie, tourment. ▶ ***Punition*** – châtiment, condamnation, correction, damnation, expiation, gage *(dans un jeu)*, leçon, pénalisation, pénalité, pénitence, punition, répression, sanction, verbalisation. *FAM.* tarif. ▶ ***Supplice*** – échafaud, exécution, géhenne, martyre, question, supplice, torture, tourment. ▶ ***Amende*** – amende, astreinte, constat d'infraction, contrainte, contravention, jour-amende, pénalisation, pénalité, procès-verbal. *FAM.* contredanse, P.-V., papillon. △ **ANT.** AMUSEMENT, DIVERTISSEMENT; REPOS; CALME, TRANQUILLITÉ; BÉATITUDE, BONHEUR, FÉLICITÉ, JOIE, PLAISIR; CONSOLATION; RÉCOMPENSE; COMPENSATION.

peiner *v.* ▶ ***Chagriner*** – affliger, arracher le cœur à, attrister, chagriner, consterner, désespérer, désoler, faire de la peine à, fendre le cœur à, navrer. *SOUT.* contrister. ▶ ***Travailler fort*** – besogner, suer, travailler comme un forçat, travailler d'arrache-pied. *SOUT.* tâcher. *FAM.* bûcher, en baver, en travailler un coup, galérer, marner, ne pas chômer, trimer. *FRANCE FAM.* boulonner. ▶ ***Se donner du mal*** – faire des pieds et des mains, remuer ciel et terre, s'échiner, s'évertuer, se démener, se dépenser, se donner beaucoup de peine, se donner du mal, se fatiguer, se mettre en quatre, se remuer, se tuer. *FAM.* ramer, se décarcasser, se défoncer, se démancher, se donner un mal de chien, se donner un mal de fou, se fouler la rate. ▶ ***Souffrir*** – souffrir, suer. *FAM.* en baver, en baver des ronds de chapeau, en roter. ▶ ***Fatiguer, en parlant d'un mécanisme*** – fatiguer. ♦ **peiné** ▶ ***Triste*** – affligé, attristé, comme une âme en peine, désespéré, désolé, en grand désarroi, inconsolable, inconsolé, malheureux, navré, triste. △ **ANT.** RÉJOUIR; CONSOLER, RÉCONFORTER; SE REPOSER.

peintre *n.* ▶ ***Artiste*** – artiste peintre. ▶ *Mauvais* – badigeonneur, barbouilleur, gribouilleur, rapin.

peinture *n.f.* ▶ ***Action de colorer*** – coloration, coloriage, pigmentation, teinture. ▶ ***Recouvrement*** – *FAM. PÉJ.* barbouille. ▶ ***Couche*** – blanc de chaux, brasque, briquetage, caviar, enduit, engluage, fart, laque, mastic, patine, stuc, vernis. *TECHN.* apprêt, engobe, futée, glairure, lustre, lut, salbande. ▶ ***Œuvre*** – tableau, tableautin *(petite)*, toile. ▶ ***Description*** – compte rendu, description, exposé, exposition, histoire, narration, procès-verbal, rapport, relation, reportage, tableau. *SOUT.* radiographie.

peinturer *v.* ▶ ***Peindre maladroitement*** – barbouiller, barioler, bigarrer, peinturlurer. ▶ ***Couvrir de peinture*** (*QUÉB.*) – peindre.

pelage *n.m.* ▶ ***Poil*** – fourrure, lainage, livrée, manteau, mantelure *(chien)*, peau, robe, toison. ▶ ***Élimination du poil*** – débourrage, dépilage, dépilation, ébourrage. ▶ ***Élimination de la peau des végétaux*** – épluchage. *FRANCE FAM.* pluches.

pêle-mêle *adv.* anarchiquement, confusément, inextricablement, sens dessus dessous. △ **ANT.** EN ORDRE.

pèlerin *n.* ▶ ***Pénitent*** – flagellant, jeûneur, lollard, pénitent. ♦ **pèlerin**, *masc.* ▶ ***Oiseau*** – faucon pèlerin. ▶ ***Poisson*** – requin-pèlerin.

pèlerinage *n.m.* ▶ ***Voyage*** – allées et venues, balade, campagne, circuit, circumnavigation, course, croisière, déplacement, excursion, expédition, exploration, hadj, incursion, marche, méharée, mission, navette, navigation, odyssée, passage, pérégrination, périple, promenade, raid, rallye, randonnée, reconnaissance, tour, tourisme, tournée, transport, traversée, va-et-vient, voyage. *SOUT.* chevauchée, errance. *FAM.* bourlingue, transhumance. *QUÉB.* voyagement. ▶ ***Procession*** – cérémonie, colonne, convoi, cortège, défilé, file, marche, noce, noria, pardon, procession, queue, suite, théorie, va-et-vient.

pellicule *n.f.* ▶ ***Membrane*** – capsule, cloison, enveloppe, gaine, membrane, membranule, septum, tunique. ▶ ***Pelure*** – bogue, brou, coque, coquille, cosse, écale, écalure, écorce, efflorescence, épicarpe, peau, pelure, pruine, robe, tégument, zeste. ▶ ***Lamelle de peau*** – peau morte. *MÉD.* squame. ▶ ***Feuille*** – bande, film.

peloton *n.m.* ▶ ***Boule de laine*** – pelote. ▶ ***Unité militaire*** – bataillon, brigade, colonne, commando, compagnie, corps, échelon, escadron, escorte, formation, garde, garnison, légion, parti, patrouille, régiment, section, soldatesque *(indisciplinés)*, tabor *(Maroc)*, troupe, unité. *PAR EXT.* caserne. *ANC.* escouade, goum, piquet. ▶ ***Groupe de personnes*** – brigade, caravane, cellule, collectif, colonie, corps, équipe, escadron, escouade, groupe, horde, meute, noyau, troupe. *IRON.* fournée. *FAM.* bataillon, brochette, cohorte. *QUÉB. FAM.* gang.

pelouse *n.f.* ▶ ***Terrain*** – gazon, herbe.

peluche *n.f.* ▶ ***Tissu*** – *FAM.* pluche. ▶ ***Animal en peluche*** – *QUÉB.* toutou.

pelure *n.f.* ▶ ***Enveloppe*** – bogue, brou, coque, coquille, cosse, écale, écalure, écorce, efflorescence, épicarpe, peau, pellicule, pruine, robe, tégument, zeste. ▶ ***Partie enlevée*** – épluchure. ♦ **pelures**, ***plur.*** ▶ ***Vêtement*** (*FAM.*) – affaires, atours, chiffons, ensemble, garde-robe, habillement, habits, linge, mise, parure, tenue, toilette, trousseau, vestiaire, vêtements. *SOUT.* vêture. *FRANCE FAM.* fringues, frusques, nippes, saint-frusquin, sapes. *QUÉB. ACADIE FAM.* hardes.

penchant *n.m.* ▶ ***Propension*** – affection, aptitude, attirance, disposition, faible, faiblesse, goût, habitude, impulsion, inclination, instinct, pente, prédilection, prédisposition, préférence, propension, tendance, vocation. *DIDACT.* susceptibilité. *PSYCHOL.* compulsion. *FAM.* tendresses. ▶ ***Sympathie*** (*SOUT.*) – affection, amitié, amour, attachement, attirance, intérêt, lien, sympathie, tendresse. *FAM.* coup de cœur, coup de foudre. △ **ANT.** AVERSION, DÉGOÛT, RÉPUGNANCE; ANTIPATHIE.

pencher *v.* ▶ ***S'incliner*** – s'incliner. ▶ ***Préférer*** – aimer mieux, avoir un faible pour, avoir un penchant pour, avoir une inclination pour, avoir une prédilection pour, incliner pour, préférer. ▶ ***Incli-***

ner – coucher, incliner. ▶ ***Étudier*** – analyser, considérer, envisager, étudier, examiner, explorer, observer, penser à, pousser plus avant, prendre en considération, réfléchir sur, s'intéresser à, traiter, voir. △ **ANT.** DRESSER, ÉLEVER, LEVER, REDRESSER.

pendant *adj.* ▶ ***Qui pend*** – retombant, tombant. ▶ ***En parlant des membres*** – ballant. ▶ ***En parlant d'une affaire*** – en cours, en instance. △ **ANT.** DRESSÉ, DROIT, EN ÉRECTION, RELEVÉ, RETROUSSÉ, VERTICAL; FERME; RÉCOLTÉ *(FRUIT)*. ♦ **pendante,** ***fém.*** CLASSÉE *(AFFAIRE)*, RÉGLÉE.

pendant *n.m.* analogue, correspondant, équivalent, homologue, pareil, parent, semblable.

pendre *v.* ▶ ***Suspendre*** – accrocher, suspendre. ▶ ***Mettre à mort*** – mettre la corde au cou à. ▶ ***Être ballant*** – *SOUT.* baller. ▶ ***Être suspendu*** – pendiller. *RARE* pendeloquer. ▶ ***Tomber*** – retomber, tomber. ▸ *De façon disgracieuse* – traîner. *FAM.* pendouiller. △ **ANT.** DÉCROCHER, DÉPENDRE.

pénétrant *adj.* ▶ ***En parlant du vent, du froid*** – âpre, cinglant, mordant, perçant, piquant, saisissant, vif. *RARE* cuisant. ▶ ***Perspicace*** – aigu, clairvoyant, fin, lucide, lumineux, perçant, perspicace, profond, psychologue, qui voit loin, sagace, subtil. △ **ANT.** DOUX, FAIBLE, LÉGER, SUPERFICIEL; ÉTROIT D'ESPRIT, OBTUS.

pénétration *n.f.* ▶ ***Entrée*** – introduction. *SOUT.* ou *MÉD.* instillation. *DIDACT.* intromission. *MÉD.* inclusion. ▶ ***Imprégnation*** – absorption, absorptivité, aluminage *(alumine)*, alunage *(alun)*, endosmose, imbibition, imprégnation, incération *(cire)*, infiltration, percolation. *PHYSIOL.* insalivation. ▶ ***Copulation*** – accouplement, acte (sexuel), activité sexuelle, amour physique, coït, copulation. ▶ ***Finesse d'esprit*** – acuité, clairvoyance, fin, finesse, flair, habileté, jugement, lucidité, perspicacité, sagacité, sensibilité, subtilité. *RARE* acutesse, perspicuité. *FAM.* nez. ▶ ***Profondeur*** – acuité, ardeur, complexité, difficulté, élévation, ésotérisme, extase, extrémité, force, immensité, impénétrabilité, intelligence, intensité, intériorité, intimité, mystère, perspicacité, plénitude, profond, profondeur, puissance, science, secret. ▶ ***Entendement*** – bon sens, cerveau, cervelle, clairvoyance, compréhension, conception, discernement, entendement, esprit, faculté, imagination, intellect, intelligence, jugement, lucidité, raison, tête. *FAM.* matière grise, méninges. *PHILOS.* logos. △ **ANT.** EXTRACTION, RETRAIT, SORTIE; GROSSIÈRETÉ, ININTELLIGENCE, STUPIDITÉ, SUPERFICIALITÉ.

pénétrer *v.* ▶ ***Entrer, en parlant de qqch.*** – entrer, s'infiltrer, s'insinuer, s'introduire. ▶ ***Entrer, en parlant d'un être vivant*** – entrer, s'avancer, s'engager, s'introduire. ▶ ***Passer à travers*** – passer à travers, transpercer, traverser. ▶ ***Donner froid*** – geler, glacer, saisir. *SOUT.* transir. *FAM.* frigorifier. ▶ ***Remplir*** – emplir, envahir, gonfler, inonder, remplir, submerger. ▶ ***Comprendre*** – déchiffrer, découvrir, dénouer, deviner, éclaircir, élucider, éventer, expliquer, faire (toute) la lumière sur, percer, résoudre, tirer au clair, trouver, trouver la clé de. ▶ ***Chercher à connaître*** – ausculter, interroger, prendre le pouls de, sonder, tâter. ♦ **pénétré** ▶ ***Rempli*** – bourré, débordant, farci, imbu, imprégné, plein, rempli, saturé. △ **ANT.** S'EXTRAIRE, SE RETIRER, SORTIR; EFFLEURER, SURVOLER.

pénible *adj.* ▶ ***Écrasant*** – accablant, aliénant, asservissant, assujettissant, astreignant, contraignant, écrasant, étouffant, exigeant, impitoyable, lourd, oppressant, pesant. ▶ ***Inconfortable*** – déplaisant, désagréable, gênant, incommodant, inconfortable. ▶ ***Désagréable*** – antipathique, atroce, déplaisant, désagréable, détestable, exécrable, haïssable, impossible, infernal, insoutenable, insupportable, intenable, intolérable, invivable, irrespirable, odieux. *FAM.* imbuvable. ▶ ***Difficile et ennuyeux*** – aride, désagréable, ingrat, rébarbatif, rebutant. *FAM.* craignos. ▶ ***Ardu*** – ardu, difficile, dur, éprouvant, rude. *FAM.* galère. ▶ ***Moralement douloureux*** – âcre, affligeant, amer, cruel, cuisant, déchirant, douloureux, dur, éprouvant, lancinant, navrant, poignant, saignant, vif. ▶ ***Triste*** – affligeant, atterrant, attristant, chagrinant, consternant, déplorable, désespérant, désolant, douloureux, malheureux, misérable, navrant, pitoyable, qui serre le cœur, triste. △ **ANT.** ADORABLE, AIMABLE, CHARMANT, GENTIL; AGRÉABLE, DÉLICIEUX, DIVIN, PLAISANT, SUBLIME; ENFANTIN, FACILE, SIMPLE.

péniblement *adv.* ▶ ***Difficilement*** – à grand-peine, à peine, difficilement, difficultueusement, durement, incommodément, laborieusement, mal, malaisément, tant bien que mal. *FAM.* cahin-caha. ▶ ***Désagréablement*** – à regret, âcrement, déplaisamment, désagréablement, désobligeamment, détestablement, douloureusement, ennuyeusement, fâcheusement, fastidieusement, importunément, inconfortablement, inopinément, inopportunément, insupportablement, intolérablement, mal, mal à propos, malencontreusement, malheureusement, par malheur, regrettablement. *FAM.* salement. ▶ ***Pesamment*** – grossièrement, lourdement, massivement, pesamment. △ **ANT.** AISÉMENT, FACILEMENT, SANS DIFFICULTÉ, SANS EFFORT.

péniche *n.f.* ▶ ***Bateau à fond plat*** ▸ *Petite* – pénichette. ▸ *Grande* – barge.

péninsule *n.f.* bec, isthme, pointe *(petite)*, presqu'île. ▸ *Surélevée* – cap, promontoire.

pénitence *n.f.* ▶ ***Punition*** – châtiment, condamnation, correction, damnation, expiation, gage *(dans un jeu)*, leçon, peine, pénalisation, pénalité, punition, répression, sanction, verbalisation. *FAM.* tarif. ▶ ***Ascèse*** – abstinence, ascèse, ascétisme, austérité, dépouillement, expiation, flagellation, frugalité, macération, mortification, privation, propitiation, renoncement, restriction, sacrifice, stigmatisation, tempérance. ▶ ***Regret*** – attrition, componction, contrition, honte, regret, remords, repentir. *SOUT.* repentance, résipiscence. ▶ ***Absolution*** – absolution, absoute *(public)*, acquittement, aman, amnistie, annulation, clémence, dédouanement, disculpation, extinction, grâce, indulgence, jubilé, mise hors de cause, miséricorde, mitigation, oubli, pardon, prescription, réhabilitation, relaxe, remise (de peine), rémission, suppression (de peine). △ **ANT.** ENDURCISSEMENT, IMPÉNITENCE, SENSUALITÉ.

pénitent *n.* flagellant, jeûneur, lollard, pèlerin. △ **ANT.** IMPÉNITENT.

pénombre *n.f.* ▶ ***Obscurité*** – noir, nuit, obscurité, ombre, ténèbres. QUÉB. noirceur. SOUT. opacité. ▶ ***Clarté*** – clair, clair-obscur, clarté, contre-jour, demi-jour, éclair, éclairage, éclat, embrasement, flamboiement, flamme, halo, illumination, jour, lueur, lumière, nitescence, soleil. SOUT. splendeur.

pensable *adj.* concevable, envisageable, imaginable, possible, réaliste. △ ANT. IMPENSABLE.

pensant *adj.* doué de raison, intelligent. DIDACT. raisonnable.

pensée *n.f.* ▶ ***Réflexion*** – introspection, méditation, questionnement, recueillement, réflexion, remâchement, rêvasserie, rumination, ruminement. DIDACT. problématique. SOUT. reploiement. FAM. cogitation. ▶ ***Préoccupation*** – agitation, angoisse, anxiété, cassement de tête, contrariété, désagrément, difficulté, doute, ennui, gêne, inquiétude, obnubilation, occupation, peine, préoccupation, sollicitude, souci, suspens, tiraillement, tourment, tracas. SOUT. affres. FAM. tintouin, tracassin. ▶ ***Souvenir*** – allusion, anamnèse, commémoration, déjà vu, évocation, impression, mémoire, mémoration, mémorisation, rappel, réminiscence, souvenir, trace. SOUT. remémoration. ▸ *Non favorable* – arrière-goût. ▶ ***Concept*** – abstraction, archétype, concept, conception, conceptualisation, connaissance, conscience, entité, fiction, généralisation, idée, imagination, notion, noumène, représentation (mentale), schème, théorie. ▶ ***Opinion*** – appréciation, avis, conception, conviction, critique, croyance, dogme, estime, idée, impression, jugement, optique, perception, point de vue, position, principe, prise de position, sentiment, théorie, thèse, vote, vue. SOUT. oracle. ▶ ***Doctrine*** – conception, doctrine, dogme, école (de pensée), idée, idéologie, mouvement, opinion, philosophie, principe, système, théorie, thèse. ▶ ***Philosophie*** – conception du monde, idées, philosophie, science humaine, vision du monde, weltanschauung. FAM. philo. PÉJ. idéologie, philosophisme. ▶ ***Maxime*** – adage, aphorisme, apophtegme, axiome, citation, devise, dicton, dit, dogme, enseignement, formule, mantra, maxime, moralité, mot, on-dit, parole, précepte, principe, proverbe, réflexion, règle, sentence, sutra, vérité. △ ANT. INSOUCIANCE; OMISSION, OUBLI.

penser *v.* ▶ ***Réfléchir*** – méditer, raisonner, réfléchir, se concentrer, songer, spéculer. SOUT. délibérer. FAM. cogiter, faire travailler sa matière grise, gamberger, phosphorer, ruminer, se casser la tête, se creuser la tête, se creuser les méninges, se presser le citron, se pressurer le cerveau, se servir de sa tête. ▶ ***Avoir comme opinion*** – considérer, croire, estimer, être d'avis que, juger, regarder, tenir, trouver. SOUT. compter, réputer. ▶ ***Supposer*** – croire, présumer, (s') imaginer, supposer. SOUT. conjecturer. ▶ ***Croire*** – croire, s'imaginer, se figurer. ▶ ***Avoir l'intention*** – avoir l'intention de, caresser le projet de, considérer, envisager, préméditer de, projeter, songer à. SOUT. former le dessein de. ▶ ***Songer*** – aviser à, réfléchir à, songer à, tourner ses pensées vers. ▶ ***Se remémorer*** – revoir, se rappeler, se remémorer, se souvenir. SOUT. se ressouvenir. ▶ ***Étudier*** – analyser, considérer, envisager, étudier, examiner, explorer, observer, pousser plus avant, prendre en considération, réfléchir sur, s'intéresser à, se pencher sur, traiter, voir. ♦ **se penser** ▶ ***Se croire*** – s'estimer, se compter, se considérer, se croire, se trouver. △ ANT. NÉGLIGER, OUBLIER, SE DÉSINTÉRESSER DE.

penseur *n.* SOUT. raisonneur.

pensif *adj.* ▶ ***Porté à la méditation*** – contemplateur, contemplatif, méditatif. ▶ ***Absorbé*** – absent, absorbé (dans ses pensées), distrait, inattentif, lointain, lunaire, méditatif, qui a l'esprit ailleurs, rêvasseur, rêveur, somnambule, songeur. FAM. dans la lune. QUÉB. FAM. lunatique. ▶ ***Soucieux*** – absorbé, contrarié, ennuyé, inquiet, perplexe, préoccupé, songeur, soucieux, tracassé. △ ANT. INSOUCIANT, SANS-SOUCI; ATTENTIF, ÉVEILLÉ, TOUTE OUÏE.

pension *n.f.* ▶ ***Revenu*** – allocation, arrérages, avantage, bénéfice, casuel, chômage, dividende, dotation, fermage, fruit, gain, intérêt, loyer, mense, mensualité, métayage, prébende, présalaire, produit, profit, rapport, recette, redevance, rente, rentrée, retraite, revenu, tontine, usufruit, usure, viager. FAM. alloc. FRANCE FAM. bénef. ANC. cens, lods et ventes. ▶ ***Établissement d'enseignement*** – couvent, internat, pensionnat.

pensionnaire *n.* ▶ ***Locataire*** – QUÉB. chambreur. ▶ ***Élève*** – interne. ▶ ***Prisonnier*** (FAM.) – captif, cellulaire, condamné, détenu, prisonnier. DR. réclusionnaire. FAM. taulard. △ ANT. EXTERNE.

pensionnat *n.m.* couvent, internat, pension. △ ANT. EXTERNAT.

pente *n.f.* ▶ ***Inclinaison*** – angle, déclivité, dénivelé, dénivellation, dénivellement, dévers, déversement, dévoiement, inclinaison, obliquité. ▶ ***Terrain incliné*** – côte, coteau, déclivité, descente, grimpette, montée, raidillon, rampant *(toit)*, rampe, talus, versant. ANC. calade *(équitation)*. ▸ *Autour d'une fortification* – contrescarpe, escarpe, glacis. ▶ ***Propension*** – affection, aptitude, attirance, disposition, faible, faiblesse, goût, habitude, impulsion, inclination, instinct, penchant, prédilection, prédisposition, préférence, propension, tendance, vocation. DIDACT. susceptibilité. PSYCHOL. compulsion. FAM. tendresses. △ ANT. PALIER, PLAT, PLATEAU; PLAINE; AVERSION, RÉPUGNANCE.

pénurie *n.f.* ▶ ***Manque*** – carence, déficience, déficit, incomplétude, insuffisance, manque, rareté. ▶ ***Pauvreté*** – appauvrissement, besoin, dénuement, détresse, embarras, gêne, gouffre, indigence, manque, mendicité, misère, nécessité, pauvreté, pouillerie, privation, ruine. SOUT. impécuniosité. FAM. dèche. FRANCE FAM. débine, fauche, mistoufle, mouise, mouscaille, panade, purée. DR. carence. ▸ *Sociale* – clochardisation, disette, paupérisation, paupérisme, pauvreté, sous-développement, sous-équipement, tiers-mondisation. △ ANT. ABONDANCE, PROFUSION; EXCÉDENT, SURABONDANCE, SURPLUS; LUXE.

pépinière *n.f.* ▶ ***Plantation d'arbres*** – bois, forêt, zone forestière. SOUT. bocage, sylve. QUÉB. boisé. ▶ ***Lieu propice*** – terreau, usine, vivier.

perçant *adj.* ▶ ***En parlant du vent, du froid*** – âpre, cinglant, mordant, pénétrant, piquant, saisissant, vif. RARE cuisant. ▶ ***En parlant d'un son*** – aigu, qui déchire les oreilles, sifflant, strident, stridulant, suraigu. ▶ ***En parlant d'une voix*** – aigrelet, aigu, fluet, flûté, grêle, haut, haut perché, pointu, suraigu.

▶ ***En parlant de l'esprit*** – aigu, clairvoyant, fin, lucide, lumineux, pénétrant, perspicace, profond, psychologue, qui voit loin, sagace, subtil. △ **ANT.** AMORTI, ASSOURDI, ATTÉNUÉ, COTONNEUX, ÉTOUFFÉ, FAIBLE, FEUTRÉ, MAT, MOU, OUATÉ, SOURD, VOILÉ; HAGARD, VIDE; ÉPAIS, GROSSIER, LOURD, OBTUS.

percepteur *n.* ANC. exacteur, fermier (général), financier, maltôtier, partisan, publicain, traitant.

perceptible *adj.* appréciable, discernable, distinct, identifiable, reconnaissable, saisissable, sensible. RARE constatable. ▸ *À la vue* – apparent, extérieur, observable, visible. MÉD. clinique. ▸ *À l'ouïe* – audible. ▸ *Au toucher* – palpable, tactile, tangible. △ **ANT.** DISCERNABLE, IDENTIFIABLE, PALPABLE, RECONNAISSABLE, SAISISSABLE, SENSIBLE, TANGIBLE; IRRÉCOUVRABLE, IRRÉCUPÉRABLE.

perceptif *adj.* percepteur.

perception *n.f.* ▶ ***Recouvrement*** – encaissement, recette, recouvrement, rentrée. ▶ ***Discernement*** – aperception, appréhension, conception, discernement, entendement, idée, impression, intelligence, sens, sensation, sentiment. FIG. œil. PSYCHOL. gnosie. PHILOS. senti. ▶ ***Jugement*** – appréciation, avis, conception, conviction, critique, croyance, dogme, estime, idée, impression, jugement, optique, pensée, point de vue, position, principe, prise de position, sentiment, théorie, thèse, vote, vue. SOUT. oracle. △ **ANT.** AVEUGLEMENT.

percer *v.* ▶ ***Crever*** – crever, déchirer. ▶ ***Faire un trou*** – cribler, forer, perforer, tarauder, transpercer, traverser, trouer, vriller. ▶ ***Faire une trouée*** – déchirer, trouer. ▶ ***Aménager une ouverture*** – aménager, ménager, ouvrir, pratiquer. ▶ ***Inciser un abcès*** – crever, débrider, inciser, ouvrir. ▶ ***Résoudre un mystère*** – déchiffrer, découvrir, dénouer, deviner, éclaircir, élucider, éventer, expliquer, faire (toute) la lumière sur, pénétrer, résoudre, tirer au clair, trouver, trouver la clé de. ▶ ***Tourmenter*** – assaillir, consumer, crucifier, déchirer, dévorer, faire souffrir, lanciner, martyriser, mettre au supplice, poignarder, ronger, supplicier, tarauder, tenailler, torturer, tourmenter, transpercer. SOUT. poindre. RARE bourreler. ▶ ***Crever*** – crever, éclater. ▶ ***Commencer à être visible*** – pointer, se montrer, sortir. SOUT. poindre. ▶ ***Réussir*** – aller loin, arriver, briller, faire carrière, faire du chemin, faire fortune, réussir. △ **ANT.** BOUCHER, CLORE, FERMER, OBTURER; DISPARAÎTRE.

percevoir *v.* ▶ ***Distinguer*** – apprécier, déceler, détecter, discerner, distinguer, identifier, reconnaître. ▶ ***Recevoir de l'argent*** – empocher, encaisser, gagner, mettre dans ses poches, recevoir, recouvrer, toucher. FAM. palper, se faire. ▶ ***Prendre une partie d'un revenu*** – déduire, prélever, retenir. FAM. ponctionner. △ **ANT.** DONNER, PAYER, VERSER.

perche *n.f.* ▶ ***Pièce de bois*** – aine, alinette, apex, archet, badine, baguette, bâton, bâtonnet, branche, canne, cravache, crosse, gaule, honchet, houssine, jonc, jonchet, mailloche, stick, style, tige, triballe, tringle, verge, vergette. ▶ ***Pieu*** (ACADIE FAM.) – bâton, échalas, jalon, marquant, pal, palis, pieu, pilot, piquet, roulon, tuteur. ▶ ***Grande personne*** (FAM.) – leptosome, longiligne. FAM. asperge, girafe, grand échalas, grande perche. FRANCE FAM. (grande) gigue *(femme)*. ACADIE FAM. fouine. ▶ ***Personne maigre*** (FAM.) – gringalet, maigre, maigrelet, maigrichon, maigriot, sécot. FAM. cadavre ambulant, fantôme, (grand) échalas, (grande) bringue *(femme)*, (grande) gigue *(femme)*, (grande) perche, manche à balai, momie, paquet d'os, sac d'os, sauterelle, spectre, squelette. QUÉB. FAM. (grand) efflanqué.

percher *v.* ▶ ***Habiter*** (FAM.) – demeurer, être domicilié, habiter, loger, rester, vivre. FAM. crécher, nicher, résider. ▶ ***Jucher*** (FAM.) – jucher. QUÉB. FAM. grimper. ACADIE FAM. joucler. ♦ **se percher** ▶ ***Se poser*** – jucher, se poser. ▶ ***Se mettre très haut*** – se jucher. ACADIE FAM. se joucler.

perdant *adj.* battu, défait, vaincu. △ **ANT.** CONQUÉRANT, VAINQUEUR.

perdant *n.* ▶ ***Personne qui a perdu*** – vaincu. ▶ ***Incapable*** – bon à rien, gâcheur, inapte, incapable, incompétent, mazette, médiocre, nullité, propre à rien, raté. FAM. bousilleur, cloche, ganache, gougnafier, jean-foutre, manche, minable, minus habens, nul, nullard, ringard, tocard, zéro. FRANCE FAM. loupeur. QUÉB. FAM. cabochon. ♦ **perdant,** ***masc.*** ▶ ***Marée*** – descente, jusant, marée descendante, reflux. △ **ANT.** GAGNANT, VAINQUEUR; BATTANT.

perdition *n.f.* ▶ ***Danger*** – aléa, casse-cou, danger, détresse, difficulté, écueil, embûche, épée de Damoclès, épouvantail, guêpier, hasard, impasse, imprudence, insécurité, mauvais pas, menace, péril, piège, point chaud, point sensible, poudrière, récif, risque, spectre, traverse, urgence, volcan. SOUT. tarasque. FRANCE FAM. casse-gueule. △ **ANT.** SALUT; SAUVETAGE; PRÉSERVATION.

perdre *v.* ▶ ***Égarer*** – égarer, fourvoyer. FAM. paumer. ▶ ***Gaspiller*** – dilapider, gâcher, galvauder, gaspiller. ▶ ***Causer un grand tort à qqn*** – achever, casser les reins à, causer la perte de, causer la ruine de, démolir, ruiner. ▶ ***Discréditer*** – déconsidérer, décrédibiliser, discréditer, disqualifier. FAM. brûler, couler, griller. RARE démonétiser. ▶ ***Vouer à la damnation*** – condamner, damner, maudire, réprouver, vouer à la damnation. ♦ **se perdre** ▶ ***S'égarer*** – s'égarer, se fourvoyer. FAM. se paumer. ▶ ***S'empêtrer*** – s'embarrasser, s'embrouiller, s'empêtrer, s'enferrer, se tromper. FAM. cafouiller, patauger, patouiller, s'emberlificoter, s'emmêler les crayons, s'emmêler les pédales, s'emmêler les pieds, s'emmêler les pinceaux, vasouiller. ▶ ***Se plonger*** – s'absorber, se plonger, sombrer. SOUT. s'abîmer. ♦ **perdu** ▶ ***Introuvable*** – égaré, introuvable. ▶ ***Éloigné*** – à l'écart, écarté, éloigné, isolé, reculé, retiré, solitaire. FAM. paumé. ▶ ***Inutilisable*** – inutilisable, irrécupérable, irréparable, mort. FAM. fichu, foutu. QUÉB. FAM. fini. ▶ ***Fini*** – fini. FAM. cuit, fichu, flambé, foutu. △ **ANT.** GAGNER; RETROUVER, TROUVER; RÉCUPÉRER, REGAGNER, SAUVER; ACQUÉRIR, CONQUÉRIR, OBTENIR, S'EMPARER DE; AVOIR, DÉTENIR, GARDER, POSSÉDER; BÉNÉFICIER, MÉRITER, PROFITER; TRIOMPHER.

perdrix *n.f.* ▶ ***Gélinotte*** (QUÉB. FAM.) – gélinotte, lagopède, tétras.

père *n.m.* ▶ ***Parent*** – SOUT. pater familias. FAM. papa, pater, paternel, vieux. FRANCE FAM. dab. QUÉB. FAM. bonhomme. PÉJ. parâtre. ▶ ***Créateur*** – âme, artisan, auteur, centre, cerveau, chef, cheville ouvrière, créateur, dirigeant, fondateur, incitateur, initiateur, inspirateur, instigateur, locomotive, maître (d'œuvre), meneur, moteur, organisateur, patron, promoteur, protagoniste, régisseur, responsable. SOUT. excitateur, instaurateur, ouvrier. ▶ ***Supérieur*** – abbé, curé doyen, doyen, général (des X), père abbé, père prévôt, père prieur, père procureur, père supérieur, prieur. ▸ *Titre* – (Mon) Révérend, (Mon) Révérend Père. ▶ ***Monsieur*** – don *(Espagne)*, monsieur, sahib *(Inde)*, sir *(anglais)*. FAM. m'sieu, patron. ♦ **le Père,** ***sing.*** ▶ ***Dieu*** – Auteur de la nature, Créateur, Créateur du Ciel et de la Terre, Dieu, Dieu le Père, Divin Créateur, Être suprême, l'alpha et l'oméga, l'Éternel, l'Infini, la Lumière, la Providence, le ciel, le Divin Maître, le Père céleste, le Père éternel, le Tout-Puissant, le Très-Haut, le Verbe, Maître de l'univers, Notre Seigneur, principe de l'univers, Roi du Ciel et de la Terre, Seigneur Dieu, Seigneur (tout-puissant), Souverain Juge. FAM. Bon Dieu. ANC. démiurge *(platonisme)*, éon *(néoplatonisme)*, logos *(stoïcisme)*; RARE formateur. ▸ *Judaïsme* – Adonaï, Dieu d'Abraham, Dieu d'Israël, Élohim, Jéhovah, Yahvé. ▸ *Divers peuples* – Allah *(Islam)*, grand manitou *(Amérindiens)*, Jupiter *(Romains)*, Zeus *(Grecs)*. ♦ **pères,** ***plur.*** ▶ ***Ascendants*** – ancêtres. △ **ANT.** ENFANT, FILLE, FILS; MÈRE.

péremptoire *adj.* ▶ ***Catégorique*** – affirmatif, autoritaire, catégorique, dogmatique, formel, impératif, impérieux, sans réplique, tranchant. FAM. pète-sec. ▶ ***Décisif*** – concluant, convaincant, décisif, définitif, éloquent, probant, tranchant. △ **ANT.** FLOTTANT, FLUCTUANT, HÉSITANT, INCERTAIN, INDÉCIS, INDÉTERMINÉ, IRRÉSOLU, PERPLEXE; CONTESTABLE, DISCUTABLE, DOUTEUX, FRAGILE, VULNÉRABLE.

perfection *n.f.* ▶ ***Achèvement*** – achèvement, consommation, couronnement, épanouissement, excellence, fini, fleur, maturité, meilleur, parachèvement, plénitude, précellence. PHILOS. entéléchie. ▶ ***Summum*** – absolu, absoluité, beau, bien, bonté, exemplarité, idéal, infini, nec plus ultra, pureté, qualité, quintessence, succulence, summum, transcendance. ▶ ***Beauté*** – agrément, art, attrait, beau, beauté, charme, chic, classe, coquetterie, délicatesse, distinction, éclat, élégance, esthétique, féerie, fraîcheur, grâce, gracieux, harmonie, magnificence, majesté, photogénie, pureté, séduction, splendeur, symétrie. SOUT. blandice, joliesse, morbidesse, sublimité, symphonie, vénusté. ▶ ***Chef-d'œuvre*** – bijou, chef-d'œuvre, classique, merveille, monument, œuvre capitale, œuvre classique, œuvre de génie, œuvre maîtresse, œuvre majeure, pièce maîtresse, trésor artistique. ▶ ***Score parfait*** – sans-faute. ▶ ***Sainteté*** – angélisme, mérite, moralité, sagesse, sainteté, vertu. △ **ANT.** IMPERFECTION, INACHÈVEMENT; DÉFAUT, DÉFECTUOSITÉ, DIFFORMITÉ, VICE; MÉDIOCRITÉ, NULLITÉ; ERREUR, FAUTE; ABJECTION.

perfectionné *adj.* avancé, de pointe, évolué, haute technologie, pointu, spécialisé. △ **ANT.** ÉBAUCHÉ, EMBRYONNAIRE, FRUSTE, GROSSIER, PRIMITIF, RUDIMENTAIRE.

perfectionnement *n.m.* ▶ ***Amélioration*** – abonnissement, affinement, amélioration, anoblissement, bonification, embellie, embellissement, ennoblissement, enrichissement, maximalisation, optimalisation, optimisation, progrès. SOUT. épurement. FIG. bond en avant. ▶ ***Finition*** – achèvement, amélioration, arrangement, complètement, correction, enjolivement, finition, léchage, mise au point, peaufinage, polissage, raffinage, raffinement, retouche, révision, soin. SOUT. parachèvement. FAM. fignolage. ▶ ***Finissage*** – achevage, fin, finition, garnissage. FAM. fignolage. ▶ ***Finesse*** – détail, finesse, précision, raffinement, recherche, sophistication, stylisme, subtilité. RARE exquisité. ▶ ***Progrès*** – avancement, civilisation, culture, évolution, progrès. △ **ANT.** CORRUPTION, DÉGRADATION, DÉTÉRIORATION; ÉBAUCHE; DÉCLIN, DÉPÉRISSEMENT, RÉGRESSION.

perfectionner *v.* ▶ ***Améliorer*** – améliorer, parfaire. ▶ ***Peaufiner*** – ciseler, fignoler, finir, lécher, parachever, parfaire, peaufiner, polir, raffiner, soigner. RARE repolir. ▶ ***Mettre au point*** – mettre au point, régler. FAM. roder. ♦ **se perfectionner** ▶ ***Se raffiner*** – se raffiner, se sophistiquer. △ **ANT.** ABÎMER, AVILIR, CORROMPRE, DÉTÉRIORER, EMPIRER, GÂCHER, GÂTER; BÂCLER.

perfectionnisme *n.m.* purisme, rigorisme, rigueur. △ **ANT.** LAISSER-ALLER, LAXISME, NÉGLIGENCE.

perfectionniste *adj.* à cheval sur les principes, chatouilleux, exigeant, maniaque, pointilleux, scrupuleux, sourcilleux. FAM. service-service. △ **ANT.** INAPPLIQUÉ, NÉGLIGENT.

perfectionniste *n.* maniaque, paperassier, procédurier, tatillon. FAM. compliqué, coupeur de cheveux en quatre.

perfide *adj.* ▶ ***Hypocrite*** – à double face, de mauvaise foi, déloyal, dissimulateur, dissimulé, fallacieux, faux, fourbe, hypocrite, insidieux, insincère, menteur, sournois, tortueux, traître, trompeur. SOUT. captieux, cauteleux, chafouin, tartufe, tartuffard, tortu. DIDACT. sophistique. ▶ ***Très rusé*** – diabolique, fourbe, machiavélique, malin, rusé, tortueux. SOUT. artificieux, chafouin, madré, matois, retors, roué, scélérat. FAM. roublard, vicelard. QUÉB. FAM. ratoureux. ▶ ***Méchant*** – empoisonné, fielleux, haineux, hargneux, hostile, malveillant, méchant, venimeux. SOUT. enfiellé. ▶ ***Qui constitue une menace*** – insidieux, rampant, sournois, subreptice, traître. △ **ANT.** FRANC, HONNÊTE, LOYAL, SINCÈRE; ANGÉLIQUE, BON, CANDIDE, INNOCENT, PUR; AFFECTUEUX, AIMANT, AMOUREUX, CAJOLEUR, CÂLIN, CARESSANT, DOUX, TENDRE; ANODIN, BÉNIN, INOFFENSIF, SANS DANGER.

perfidie *n.f.* ▶ ***Hypocrisie*** – déloyauté, dissimulation, duplicité, facticité, fausseté, félonie, fourberie, hypocrisie, mauvaise foi, scélératesse, sournoiserie, trahison, traîtrise, tromperie. SOUT. factice, félinité, insincérité. ▶ ***Ruse*** – adresse, débrouillardise, finesse, habileté, industrie, ingéniosité, jonglerie, roublardise, rouerie, ruse. SOUT. cautèle. FAM. système D, système débrouille. ▶ ***Action méchante*** – bassesse, coup bas, crasse, malfaisance, méchanceté, méfait, rosserie. SOUT. scélératesse, vilenie. FAM. sale coup, sale tour, saloperie, tour de cochon, vacherie. FRANCE FAM. mistoufle. RARE mauvaiseté. △ **ANT.** DROITURE, FIDÉLITÉ, FRANCHISE, LOYAUTÉ, PROBITÉ; NAÏVETÉ.

performance *n.f.* ▶ ***Exécution*** – accomplissement, exécution, réalisation. DR. OU SOUT. perpétration *(crime)*. ▶ ***Succès*** – exploit, prouesse, record, réussite, succès, tour de force. *SOUT.* gageure. △ **ANT.** ÉCHEC, INSUCCÈS.

performant *adj.* ▸ ***En parlant de qqch.*** – compétitif, concurrentiel. ▸ ***En parlant de qqn*** – à la hauteur, adroit, bon, brillant, capable, chevronné, compétent, connaisseur, d'élite, de haut vol, de haute volée, de talent, doué, émérite, entraîné, exercé, expérimenté, expert, ferré, fin, fort, habile, passé maître, qualifié, qui s'y connaît, talentueux, versé. *RARE* blanchi sous le harnais. *SOUT.* entendu à, industrieux, rompu à. *FAM.* calé, qui a la bosse de, qui sait y faire. *FRANCE FAM.* balèze, costaud, fortiche, incollable, trapu. △ **ANT.** IGNORANT, INCAPABLE, INCOMPÉTENT, MAUVAIS, MÉDIOCRE, NUL.

péril *n.m.* ▸ ***Danger*** – aléa, casse-cou, danger, détresse, difficulté, écueil, embûche, épée de Damoclès, épouvantail, guêpier, hasard, impasse, imprudence, insécurité, mauvais pas, menace, perdition, piège, point chaud, point sensible, poudrière, récif, risque, spectre, traverse, urgence, volcan. *SOUT.* tarasque. *FRANCE FAM.* casse-gueule. ▸ ***Épreuve*** – contrariété, coup, coup du destin, coup du sort, coup dur, disgrâce, échec, épreuve, hydre, infortune, mal, malchance, malheur, mauvais moment à passer, misère, revers, ruine, tribulation. *SOUT.* traverse. △ **ANT.** SÉCURITÉ, SÛRETÉ.

périlleux *adj.* ▸ ***Risqué*** – audacieux, aventuré, aventureux, dangereux, fou, hardi, hasardé, hasardeux, imprudent, osé, risqué, suicidaire, téméraire. *SOUT.* scabreux. *FAM.* casse-cou, casse-gueule. ▸ *Très risqué* – kamikaze, suicidaire, suicide. △ **ANT.** ANODIN, BÉNIN, INNOCENT, INOFFENSIF, SANS DANGER, SÛR.

périmé *adj.* ▸ ***Expiré*** – annulé, échu, expiré, invalide, nul. *DR.* caduc, nul et de nul effet, nul et non avenu. ▸ ***Démodé*** – anachronique, ancien, antédiluvien, antique, archaïque, arriéré, caduc, démodé, dépassé, désuet, fossile, inactuel, moyenâgeux, obsolescent, obsolète, passé de mode, poussiéreux, préhistorique, qui a fait son temps, suranné, tombé en désuétude, usé, vétuste, vieilli, vieillot, vieux, vieux jeu. △ **ANT.** ACTUEL, EN COURS, VALIDE; À LA MODE, À LA PAGE, EN VOGUE, MODERNE, NEUF, NOUVEAU, RÉCENT.

période *n.f.* ▸ ***Espace de temps*** – durée, laps de temps, plage (horaire), planche (horaire), temps. ▸ ***Époque*** – âge, cycle, date, époque, ère, étape, génération, heure, jour, moment, règne, saison, siècle, temps. ▸ ***Période géologique*** – âge, ère, série, système. ▸ ***Période menstruelle*** – écoulement menstruel, flot menstruel, flux menstruel, menstruation, règles, sang menstruel. *PAR EUPHÉM.* indisposition. ▸ ***Phase*** – épisode, étape, palier, phase, point, stade, transition. ▸ ***Caractéristique d'une onde*** – fréquence, hauteur, longueur d'onde, tonie. ▸ ***Répétition*** – cycle, fréquence, itération, périodicité, rechute, récidive, récidivité, recommencement, récurrence, récursivité, renouvellement, répétition, répétitivité, reprise, reproduction, retour. *SOUT.* réitération, retombement. *FAM.* réédition. ▸ ***Rythme musical*** – battement, cadence, eurythmie, mesure, mouvement, musique, phrasé, pouls, pulsation, respiration, rythme, swing, tempo, vitesse.

périodique *adj.* ▸ ***À intervalles réguliers*** – alternant, alternatif, alterné, cyclique, en alternance. △ **ANT.** ACYCLIQUE, ERRATIQUE, INTERMITTENT, IRRÉGULIER.

périodique *n.m.* ▸ ***Revue*** – annales, bihebdomadaire, bimensuel, bimestriel, bulletin, cahier, fanzine, gazette, hebdomadaire, illustré, journal, magazine, mensuel, organe, publication, revue, tabloïd, trimestriel, zine. *FAM.* hebdo. ▸ ***Journal*** – bulletin, feuille, hebdomadaire, illustré, journal, magazine, organe, quotidien, tabloïd. *FAM.* hebdo.

périodiquement *adv.* à date fixe, à des intervalles répétés, à heure fixe, à intervalles constants, à intervalles fixes, à intervalles réguliers, à jour fixe, à périodes fixes, à périodes régulières, à plusieurs reprises, à répétition, cycliquement, itérativement, régulièrement, rythmiquement, successivement. ▸ *Selon la période* – annuellement, hebdomadairement, mensuellement, quotidiennement. △ **ANT.** ALÉATOIREMENT, CAPRICIEUSEMENT, ÉPISODIQUEMENT, IRRÉGULIÈREMENT, PAR INTERMITTENCE, SPORADIQUEMENT.

péripétie *n.f.* ▸ ***Incident*** – accident, accroc, accrochage, affaire, anicroche, avatar, aventure, complication, contingences, contrariété, contretemps, crise, désagrément, difficulté, dispute, embarras, empêchement, ennui, épine, épisode, événement, éventualité, imprévu, incident, mésaventure, obstacle, occasion, occurrence, problème, rebondissement, tribulations. *SOUT.* adversité. *FAM.* cactus, embêtement, emmerde, emmerdement, enquiquinement, os, pépin, pétrin, tuile. *FRANCE FAM.* empoisonnement. ▸ ***Action d'un récit*** – action, affabulation, canevas, intrigue, scénario, scène, trame, vie.

périphérie *n.f.* ▸ ***Pourtour*** – bord, ceinture, cercle, circonférence, contour, dessin, extérieur, forme, lèvres, limbe, marli *(plat, assiette)*, périmètre, pourtour, tour. ▸ ***Banlieue*** – abords, alentours, banlieue, banlieue-dortoir, ceinture, cité-dortoir, couronne, environs, extension, faubourg, quartier-dortoir, ville-dortoir, zone (suburbaine). △ **ANT.** CENTRE, INTÉRIEUR, MILIEU; CENTRE-VILLE.

périphérique *adj.* ▸ ***Loin du centre*** – excentré, excentrique, externe. ▸ ***À la périphérie d'une ville*** – périurbain, suburbain. △ **ANT.** CENTRAL.

périr *v.* ▸ ***Mourir*** – décéder, être emporté, être tué, expirer, mourir, perdre la vie, s'éteindre, succomber, trouver la mort. *SOUT.* exhaler le dernier soupir, passer de vie à trépas, rendre l'âme, rendre l'esprit, rendre le dernier soupir, rendre son dernier souffle, trépasser. *PAR EUPHÉM.* avoir vécu, disparaître, faire le grand voyage, fermer les paupières, fermer les yeux, finir, monter au ciel, paraître devant Dieu, partir, passer, passer dans l'autre monde, quitter ce (bas) monde, s'effacer, s'en aller, s'endormir. *FAM.* caner, clamser, claquer, crever, passer l'arme à gauche, sortir les pieds devant, y rester. *FRANCE FAM.* claboter. ▸ ***S'anéantir*** – crouler, disparaître, finir, mourir, s'anéantir, s'écrouler, s'effondrer. △ **ANT.** SURVIVRE, VIVRE; APPARAÎTRE, COMMENCER, NAÎTRE.

périssable *adj.* ▸ ***Qui peut se gâter*** – altérable, biodégradable, corruptible, décomposable, putréfiable, putrescible. ▸ ***Qui n'est pas éternel*** – destructible, éphémère, mortel, temporel. ▸ ***Éphémère*** – bref, court, éphémère, évanescent, fugace, fugitif, intérimaire, momentané, passager, précaire, provisoire, rapide, temporaire, transitoire. △ ANT. IMPUTRESCIBLE, INALTÉRABLE, INATTAQUABLE, INCORRUPTIBLE; DURABLE, ÉTERNEL, IMMORTEL, IMPÉRISSABLE, PERMANENT, PERPÉTUEL.

perle *n.f.* ▶ ***Pierre*** – FRANCE FAM. perlouse. ▶ ***Petite boule*** – grain. ▶ ***Sphère liquide*** (SOUT.) – goutte, gouttelette *(petite)*. ▶ ***Chose remarquable*** – joyau. SOUT. sublimité. ▶ ***Acte ou parole stupide*** – absurdité, ânerie, bafouillage, bafouillis, baliverne, balourdise, bêlement, bêtise, bourde, calembredaine, cliché, dinguerie, divagation, fadaise, faribole, folie, idiotie, imbécillité, ineptie, insanité, niaiserie, non-sens, propos en l'air, sornette, sottise, stupidité. SOUT. billevesée. FAM. connerie, crétinerie, déblocage, déconnage, raisonnement de femme saoule, vanne. ▶ ***Insecte*** – ZOOL. plécoptère. ▶ ***Centre de l'œil*** (QUÉB. FAM.) – prunelle, pupille.

permanence *n.f.* ▶ ***Stabilité*** – constance, continu, continuité, durabilité, durée, fermeté, fixité, immuabilité, immutabilité, imprescriptibilité, imputrescibilité, inaliénabilité, inaltérabilité, incorruptibilité, indéfectibilité, indissolubilité, invariabilité, longévité, pérennité, persistance, stabilité, tenue. PHYS. invariance. ▶ ***Solidité*** – aplomb, assurance, autorité, caractère, constance, courage, cran, détermination, endurance, énergie, fermeté, force, poigne, rectitude, résolution, ressort, sang-froid, sérieux, solidité, sûreté, ténacité, vigueur, virilité, volonté. SOUT. invulnérabilité. FAM. estomac, gagne. △ ANT. ALTÉRATION, CHANGEMENT, CONVERSION, ÉVOLUTION, MODIFICATION; INSTABILITÉ, INTERMITTENCE; ARRÊT, DISCONTINUITÉ, INTERRUPTION.

permanent *adj.* ▶ ***Ininterrompu*** – constant, continu, continuel, de tous les instants, incessant, ininterrompu, perpétuel, persistant, régulier. ▶ *Non favorable* – continuel, éternel, incessant, perpétuel, sans fin, sempiternel. ▶ ***Inaltérable*** – constant, durable, éternel, immortel, immuable, impérissable, imprescriptible, inaltérable, indéfectible, indestructible, indissoluble, infini, perpétuel, sans fin. SOUT. pérenne. △ ANT. BREF, COURT, ÉPHÉMÈRE, FUGACE, FUGITIF, MOMENTANÉ, PASSAGER, PROVISOIRE, TEMPORAIRE, TRANSITOIRE; DISCONTINU, INTERMITTENT, IRRÉGULIER.

permettre *v.* ▶ ***Donner la permission*** – autoriser, approuver, laisser, passer. ▶ ***Tolérer*** – accepter, endurer, souffrir, supporter, tolérer. ▶ ***Constituer un motif valable*** – autoriser, excuser, justifier, légitimer. ♦ **se permettre** ▶ ***S'octroyer*** – s'accorder, s'octroyer, s'offrir, se donner. ▶ ***Oser*** – avoir l'audace de, oser, s'aviser de, s'enhardir jusqu'à. △ ANT. DÉFENDRE, EMPÊCHER, INTERDIRE, PROHIBER; BRIDER, CONTRAINDRE, FORCER.

permis *n.m.* autorisation, bon, congé, coupe-file, décharge, dispense, laissez-passer, licence, navicert, passavant, passe-debout, passeport, sauf-conduit, visa.

permissif *adj.* élastique, large, latitudinaire, laxiste, relâché. △ ANT. RIGOUREUX, STRICT.

permission *n.f.* ▶ ***Assentiment*** – acceptation, accord, accréditation, acquiescement, adhésion, adoption, affirmation, affirmative, agrément, amen, approbation, approbativité, approuvé, assentiment, autorisation, aval, avis favorable, bénédiction, caution, chorus, confirmation, consentement, déclaration favorable, engagement, entérinement, exeat, feu vert, gré, homologation, légalisation, oui, ratification, sanction, validation. BELG. agréage, agréation. SOUT. suffrage. RELIG. admittatur, celebret, créance, imprimatur, nihil obstat. ▶ ***Liberté*** – autonomie, choix, contingence, disponibilité, droit, faculté, franc arbitre, hasard, indépendance, indéterminisme, liberté, libre arbitre, licence, loisir, possibilité, pouvoir. ▶ ***Sortie sous condition*** – congé, semi-liberté. FRANCE FAM. perme. △ ANT. DÉFENSE, EMPÊCHEMENT, INTERDICTION, INTERDIT, REFUS.

pernicieux *adj.* ▶ ***Dommageable*** – dangereux, dévastateur, dommageable, funeste, malfaisant, mauvais, néfaste, négatif, nocif, nuisible, ravageur. SOUT. délétère. ▶ ***Immoral*** – corrupteur, dépravant, immoral, malsain, mauvais, nocif, pervers, pervertisseur. SOUT. suborneur. △ ANT. BÉNÉFIQUE, BIENFAISANT, BON, PROFITABLE, SALUTAIRE, UTILE; ANODIN, BÉNIN, INNOCENT, INOFFENSIF, SANS DANGER; AVANTAGEUX, PROPICE.

pérorer *v.* ▶ ***Parler avec emphase*** – pédantiser, philosopher, pontifier. FAM. laïusser. ▶ ***Parler trop longuement*** – disserter, épiloguer, palabrer. FAM. baratiner, dégoiser, laïusser, tartiner.

perpendiculaire *adj.* ▶ ***Qui forme un angle droit*** (COUR.) – normal, orthogonal. ▶ ***Qui est en position verticale*** (SOUT.) – debout, vertical. △ ANT. PARALLÈLE; OBLIQUE.

perpétuel *adj.* ▶ ***Ininterrompu*** – constant, continu, continuel, de tous les instants, incessant, ininterrompu, permanent, persistant, régulier. ▶ *Non favorable* – continuel, éternel, incessant, sans fin, sempiternel. ▶ ***Inaltérable*** – constant, durable, éternel, immortel, immuable, impérissable, imprescriptible, inaltérable, indéfectible, indestructible, indissoluble, infini, permanent, sans fin. SOUT. pérenne. △ ANT. BREF, COURT, ÉPHÉMÈRE, FUGITIF, MOMENTANÉ, PASSAGER, PROVISOIRE, TEMPORAIRE, TRANSITOIRE; DISCONTINU, INTERMITTENT, IRRÉGULIER.

perpétuellement *adv.* à l'infini, à perpétuité, à tous coups, à tous les coups, à tout bout de champ, à tout instant, à (tout) jamais, à tout moment, à toute heure (du jour et de la nuit), à vie, ad vitam æternam, assidûment, beau temps mauvais temps, chroniquement, constamment, continuellement, continûment, dans tous les cas, de nuit comme de jour, de toute éternité, en permanence, en tout temps, en toute saison, en toute(s) circonstance(s), éternellement, hiver comme été, immuablement, inaltérablement, indéfiniment, infiniment, invariablement, jour et nuit, nuit et jour, pour la vie, pour les siècles des siècles, rituellement, sans arrêt, sans cesse, sans discontinuer, sans fin, sans interruption, sans relâche, sans répit, sempiternellement, systématiquement, toujours, tous les jours. SOUT. à demeure, incessamment. FAM. à perpète, tout le temps. △ ANT. À L'OCCASION, DE TEMPS À AUTRE, DE TEMPS EN TEMPS, OCCASIONNELLEMENT, PARFOIS, QUELQUEFOIS.

perpétuer *v.* ▶ ***Faire durer*** – continuer, entretenir, maintenir, prolonger. ▶ *Très longtemps* – immortaliser, transmettre à la postérité. SOUT. éterniser, pérenniser. ♦ **se perpétuer** ▶ ***Durer*** – demeurer, durer, perdurer, persister, résister, rester, se conserver, se maintenir, subsister, survivre. ▸ ***Se reproduire*** – se multiplier, se reproduire. ▸ ***Se prolonger dans qqn*** – se prolonger, se survivre. △ **ANT.** CESSER, INTERROMPRE; ACHEVER, FINIR; CHANGER. ♦ **se perpétuer** MOURIR, S'ÉTEINDRE, SE TERMINER.

perpétuité *n.f.* ▸ ***Éternité*** – éternel, éternité, immortalité, pérennité. ▸ ***Stabilité*** – constance, continu, continuité, durabilité, durée, fermeté, fixité, immuabilité, immutabilité, imprescriptibilité, imputrescibilité, inaliénabilité, inaltérabilité, incorruptibilité, indéfectibilité, indissolubilité, invariabilité, longévité, pérennité, permanence, persistance, stabilité, tenue. *PHYS.* invariance. △ **ANT.** INSTANT, MOMENT; BRIÈVETÉ.

perplexe *adj.* ▸ ***Indécis*** – embarrassé, flottant, fluctuant, hésitant, incertain, indécis, indéterminé, irrésolu, velléitaire. *FRANCE FAM.* entre le zist et le zest, vasouillard. *MÉD.* aboulique. ▸ ***Songeur*** – absorbé, contrarié, ennuyé, inquiet, pensif, préoccupé, songeur, soucieux, tracassé. △ **ANT.** CATÉGORIQUE, DÉCIDÉ, DÉTERMINÉ, ENTIER, FERME, INÉBRANLABLE, INFLEXIBLE, RÉSOLU.

perplexité *n.f.* doute, embarras, flottement, hésitation, incertitude, inconstance, indécision, indétermination, instabilité, irrésolution, procrastination, réticence, scrupule, tâtonnement, trouble, vacillement, valse-hésitation, velléité, versatilité. *SOUT.* limbes. △ **ANT.** ASSURANCE, CERTITUDE, DÉCISION.

perruque *n.f.* postiche. *FAM.* moumoute. *QUÉB.* toupet. *ANC.* fontange.

persécuter *v.* ▸ ***Torturer*** – martyriser, torturer. ▸ ***Opprimer*** – accabler, écraser, opprimer, tyranniser. ▸ ***Harceler*** – attaquer, harceler, poursuivre, s'acharner contre. *SOUT.* inquiéter. △ **ANT.** DÉFENDRE, PROTÉGER; MÉNAGER.

persécution *n.f.* abus de pouvoir, brimade, exactions, harcèlement, oppression, talonnement. △ **ANT.** APPUI, DÉFENSE, PROTECTION, SECOURS.

persévérance *n.f.* ▸ ***Obstination*** – acharnement, assiduité, constance, détermination, entêtement, fermeté, insistance, obstination, opiniâtreté, persistance, résolution, suite dans les idées, ténacité, volonté. *PÉJ.* aveuglement. ▸ ***Patience*** – calme, constance, courage, douceur, endurance, flegme, lenteur, patience, persistance, résignation, sang-froid, tranquillité. *SOUT.* longanimité. △ **ANT.** ABANDON, ABJURATION, CHANGEMENT, DÉSISTEMENT; CAPRICE, INCONSTANCE, VERSATILITÉ.

persévérant *adj.* ▸ ***Inlassable*** – infatigable, inlassable, patient. ▸ ***Acharné*** – acharné, coriace, obstiné, opiniâtre, persistant, tenace. △ **ANT.** CHANGEANT, FANTASQUE, INCONSTANT, INSTABLE, VERSATILE; CAPITULARD, LÂCHEUR.

persévérer *v.* ▸ ***Continuer*** – continuer, poursuivre. *FAM.* insister, tenir bon. *BELG.* perdurer. ▸ ***Faire de grands efforts*** – faire son possible, mettre tout en œuvre, s'acharner, s'appliquer, s'efforcer, s'escrimer, s'évertuer, suer sang et eau, tout faire. ▸ ***S'entêter*** – insister, ne pas démordre de, persister, s'acharner, s'entêter, s'obstiner, se buter. △ **ANT.** ABANDONNER, CAPITULER, CÉDER, CESSER, LÂCHER, LAISSER TOMBER, RENONCER, SE DÉSISTER.

persienne *n.f.* contrevent, jalousie, volet.

persistance *n.f.* ▸ ***Fait de continuer*** – conservation, continuation, immortalisation, maintien, pérennisation, poursuite, préservation, prolongement, sauvegarde, suite, transmission. *SOUT.* ininterruption, perpétuation, perpétuement. ▸ ***En psychologie*** – rémanence. ▸ ***Obstination*** – acharnement, assiduité, constance, détermination, entêtement, fermeté, insistance, obstination, opiniâtreté, persévérance, résolution, suite dans les idées, ténacité, volonté. *PÉJ.* aveuglement. ▸ ***Patience*** – calme, constance, courage, douceur, endurance, flegme, lenteur, patience, persévérance, résignation, sang-froid, tranquillité. *SOUT.* longanimité. △ **ANT.** ABANDON, CESSATION; CHANGEMENT, ÉVOLUTION, TRANSFORMATION.

persistant *adj.* ▸ ***Incessant*** – constant, continu, continuel, de tous les instants, incessant, ininterrompu, permanent, perpétuel, régulier. ▸ *Non favorable* – continuel, éternel, incessant, perpétuel, sans fin, sempiternel. ▸ ***Durable*** – ancré, chronique, durable, endémique, enraciné, établi, gravé, implanté, indéracinable, inextirpable, invétéré, tenace, vieux, vivace. ▸ ***Obsédant*** – entêtant, harcelant, lancinant, obsédant. ▸ ***Persévérant*** – acharné, coriace, obstiné, opiniâtre, persévérant, tenace. ▸ ***En parlant de feuilles*** – sempervirent. △ **ANT.** BREF, COURT, ÉPHÉMÈRE, FUGITIF, MOMENTANÉ, PASSAGER, PROVISOIRE, TEMPORAIRE, TRANSITOIRE; DISCONTINU, INTERMITTENT, IRRÉGULIER; AGRÉABLE, PLAISANT; DÉCIDU *(FEUILLAGE)*.

persister *v.* ▸ ***Continuer d'exister*** – demeurer, durer, perdurer, résister, rester, se conserver, se maintenir, se perpétuer, subsister, survivre. ▸ ***S'entêter*** – insister, ne pas démordre de, persévérer, s'acharner, s'entêter, s'obstiner, se buter. △ **ANT.** ARRÊTER, CESSER, S'INTERROMPRE; ABANDONNER, CÉDER, FAIBLIR, FLANCHER, FLÉCHIR, PLIER, RENONCER.

personnage *n.m.* ▸ ***Ce qu'incarne l'acteur*** – rôle. ▸ ***Personne influente*** – figure, fort, grand, notabilité, notable, personnalité, puissant. *FAM.* bonze. △ **ANT.** INCONNU.

personnalité *n.f.* ▸ ***Individualité*** – eccéité, ego, être, individu, individualité, moi, organisme, personne, soi. ▸ ***Tempérament*** – abord, caractère, comportement, constitution, esprit, état d'âme, état d'esprit, humeur, idiosyncrasie, individualité, mentalité, nature, naturel, sensibilité, tempérament, trempe. *FAM.* psychologie. *ACADIE FAM.* alément. *PSYCHOL.* thymie. ▸ ***Personnage important*** – figure, fort, grand, notabilité, notable, personnage, puissant. *FAM.* bonze. △ **ANT.** GÉNÉRALITÉ, IMPERSONNALITÉ, OBJECTIVITÉ; INCONNU.

personne *n.f.* ▸ ***Membre de l'espèce humaine*** – être humain, homme, humain, singe nu, terrien *(science-fiction)*. *ZOOL.* homo sapiens (sapiens). *SOUT.* mortel. ▸ ***Être social*** – âme. *DR.* partie civile. ▸ ***Individualité*** – eccéité, ego, être, individu, individualité, moi, organisme, personnalité, soi. ▸ ***Terme grammatical*** – personne (grammaticale).

personnel *adj.* ▸ ***Individuel*** – attitré, exclusif, individuel, particulier, privé, propre, réservé, spécial. ▸ ***Intime*** – confidentiel, intime, privé, secret. ▸ ***Subjectif*** – impressionniste, subjectif. *SOUT.* impressif. △ **ANT.** IMPERSONNEL; ANONYME, DÉPERSONNALI-

SÉ, NEUTRE; COLLECTIF, COMMUN, COMMUNAUTAIRE, GÉNÉRAL, PUBLIC, SOCIAL; ACCESSIBLE, OUVERT; BANAL, ORDINAIRE, SANS ORIGINALITÉ; MATÉRIEL; RÉEL *(DROIT)*.

personnel *n. m.* ▶ ***Main-d'œuvre*** – effectif, main-d'œuvre, ressources humaines, salariat. ▶ ***Domesticité*** – domesticité, équipage, gens de maison, personnel (de maison), suite. PÉJ. SOUT. valetaille. △ **ANT.** MATÉRIEL.

personnellement *adv.* en personne, individuellement, intimement, nominativement, particulièrement, pour sa part, quant à soi, soi-même, subjectivement. △ **ANT.** COLLECTIVEMENT, EN GROUPE; PROFESSIONNELLEMENT.

personnifier *v.* incarner, représenter.

perspective *n. f.* ▶ ***Représentation sur un plan*** – axonométrie, fuyant, géométral, perspective cavalière, perspective centrale, perspective militaire, perspective parallèle, perspective sphérique, projection, relief, scénographie, trompe-l'œil. ▶ ***Profondeur*** – abîme, abysse, creux, distance, enfoncement, épaisseur, (fin) fond, fosse, gouffre, lointain, profondeur. SOUT. entrailles. ▶ ***Paysage*** – champ (de vision), horizon, panorama, paysage, point de vue, site, vue. ▶ ***Point de vue*** – angle, aspect, biais, côté, face, facette, point de vue, versant. ▶ ***Opinion*** – appréciation, avis, conception, conviction, critique, croyance, dogme, estime, idée, impression, jugement, optique, pensée, perception, point de vue, position, principe, prise de position, sentiment, théorie, thèse, vote, vue. SOUT. oracle. ▶ ***Aperçu*** – anticipation, aperçu, avant-goût, avant-première, échantillon, esquisse, essai, exemple, idée, tableau. SOUT. préfiguration. FAM. topo. ▶ ***Possibilité*** – chance, conjecture, éventualité, fréquence, hypothèse, possibilité, potentialité, prévisibilité, probabilité, prospective, viabilité, virtualité.

perspicace *adj.* aigu, clairvoyant, fin, lucide, lumineux, pénétrant, perçant, profond, psychologue, qui voit loin, sagace, subtil. △ **ANT.** OBTUS.

perspicacité *n. f.* ▶ ***Finesse*** – acuité, clairvoyance, fin, finesse, flair, habileté, jugement, lucidité, pénétration, sagacité, sensibilité, subtilité. RARE acutesse, perspicuité. FAM. nez. ▶ ***Profondeur*** – acuité, ardeur, complexité, difficulté, élévation, ésotérisme, extase, extrémité, force, immensité, impénétrabilité, intelligence, intensité, intériorité, intimité, mystère, pénétration, plénitude, profond, profondeur, puissance, science, secret. △ **ANT.** AVEUGLEMENT, CÉCITÉ; IMBÉCILLITÉ, NAÏVETÉ, STUPIDITÉ.

persuader *v.* amener, convaincre, décider, déterminer, entraîner. △ **ANT.** DÉCONSEILLER, DÉCOURAGER, DÉTOURNER, DISSUADER.

persuasif *adj.* convaincant, éloquent, entraînant. △ **ANT.** DISSUASIF.

persuasion *n. f.* ▶ ***Éloquence*** – ardeur, art, art oratoire, brio, chaleur, charme, conviction, élégance, expression, maîtrise, parole, rhétorique. SOUT. biendire. ▶ ***Influence*** – action, aide, appui, ascendant, attirance, attraction, aura, autorité, contagion, crédit, dominance, domination, effet, empreinte, emprise, fascination, force, importance, incitation, influence, inspiration, magie, magnétisme, mainmise, manipulation, mouvance, pétition, poids, pouvoir, prépondérance, présence, pression, prestige, puissance, règne, rôle, séduction, subjugation, suggestion, tyrannie. SOUT. empire, intercession. △ **ANT.** DISSUASION; DOUTE, HÉSITATION.

perte *n. f.* ▶ ***Fait de ne plus posséder*** – cession, distribution, donation, donation-partage, échange, legs, mancipation, partage, transfert, vente. ▶ ***Fait de ne plus être fixé*** – chute. ▶ ***Gaspillage*** – coulage, déprédation, déséconomie, dilapidation, dissipation, gabegie, gâchage, gâchis, gaspillage, prodigalité. RARE engloutissement, galvaudage. SOUT. profusion. ▶ ***Dégât*** – avarie, bris, casse, débâcle, dégradation, déprédation, désolation, destruction, détérioration, dévastation, dommage, endommagement, méfait, mouille, ravage, ruine, sabotage, vilain. FAM. bousillage, charcutage, grabuge. ▶ ***Préjudice*** – affront, atteinte, désavantage, dommage, injustice, lésion, mal, préjudice, tort. ▶ ***Insuccès*** – avortement, banqueroute, capitulation, catastrophe, chute, débâcle, débandade, déconfiture, défaite, déroute, désavantage, échec, écrasement, faillite, fiasco, four, infortune, insuccès, mauvaise fortune, naufrage, ratage, raté, retraite, revers. SOUT. traverse. FAM. désastre, piquette, plantage, raclée, recalage, volée. FRANCE FAM. bide, déculottée, dégelée, écrabouillement, fessée, foirade, gamelle, loupage, pile, rincée, rossée, tannée, veste. ▶ ***Naufrage*** – accident, chavirage, chavirement, naufrage. FAM. dessalage. ▶ ***Dégénérescence*** – abaissement, abâtardissement, abjection, abrutissement, affadissement, affaiblissement, agonie, altération, amollissement, appauvrissement, atrophie, avachissement, avilissement, baisse, corruption, décadence, déchéance, déclin, décrépitude, dégénérescence, dégradation, délabrement, déliquescence, dénaturation, dépérissement, détérioration, édulcoration, empirement, étiolement, flétrissure, perversion, pourrissement, pourriture, rouille, ruine, sape, usure. SOUT. aveulissement, crépuscule, pervertissement. FAM. déglingue, dégringolade. ▶ ***Mort*** – décès, disparition, extinction, fin, mort. FIG. départ, dernier repos, dernier sommeil, dernier soupir, grand voyage, sépulture, sommeil éternel, tombe, tombeau. SOUT. la Camarde, la Faucheuse, la Parque, trépas. FRANCE FAM. crève. ♦ **pertes, *plur.*** ▶ ***Saignement*** – métrorragie, pertes (de sang). △ **ANT.** CONSERVATION, SAUVEGARDE; BÉNÉFICE, EXCÉDENT, GAIN, PROFIT; ACCROISSEMENT, AMÉLIORATION; AVANTAGE, BIENFAIT; CONQUÊTE, RÉUSSITE, SUCCÈS; RÉAPPARITION, RÉUNION, VIE.

pertinent *adj.* ▶ ***Approprié*** – à propos, adapté, adéquat, approprié, bien trouvé, bien venu, bon, conforme, convenable, correct, de circonstance, heureux, indiqué, juste, opportun, propice, propre. SOUT. ad hoc, congruent, expédient, idoine. DIDACT. topique. ▶ ***Intelligent*** – astucieux, bien conçu, bien pensé, habile, ingénieux, intelligent, judicieux. ▶ ***Significatif*** – distinctif, significatif. △ **ANT.** DÉPLACÉ, HORS DE PROPOS, IMPORTUN, INCONGRU, INOPPORTUN, INTEMPESTIF, MAL À PROPOS, MAL VENU, MALENCONTREUX, NON PERTINENT.

perturbation *n. f.* ▶ ***Bouleversement*** – bouleversement, changement, chavirage, chavirement, conflagration, convulsion, dérangement, dérèglement, déséquilibre, désorganisation, détraquement, renouvellement, rénovation, renversement, retournement, révolution, séisme, stress, trouble. *FAM.* chambard, chambardement, chamboulement. △ **ANT.** CALME, PAIX, TRANQUILLITÉ; HARMONIE, ORDRE.

pervers *adj.* ▶ ***Qui aime faire le mal*** – cruel, maléfique, malfaisant, malintentionné, malveillant, mauvais, méchant, sadique, vicieux. *FAM.* chien, vachard, vache. *FRANCE FAM.* rossard, rosse. ▶ ***Digne du diable*** – démoniaque, diabolique, infernal, luciférien, méphistophélique, satanique. ▶ ***Qui pervertit*** – corrupteur, dépravant, immoral, malsain, mauvais, nocif, pernicieux, pervertisseur. *SOUT.* suborneur. △ **ANT.** ANGÉLIQUE, PUR, SAGE, VERTUEUX; BON, CHARITABLE, COMPATISSANT, GÉNÉREUX, HUMAIN, QUI A BON CŒUR, SECOURABLE; DIGNE, HONNÊTE, HONORABLE, NOBLE; ÉQUILIBRÉ, SAIN.

perversion *n.f.* ▶ ***Immoralité*** – amoralité, corruption, cynisme, dépravation, immoralisme, immoralité, laxisme, péché, permissivité, perversité, vice. *SOUT.* désordre. ▶ ***Débauche*** – débauche, débordement, dépravation, dévergondage, dissolution, excès, grivoiserie, immoralité, impureté, inconduite, intempérance, liberté de mœurs, libertinage, licence, lubricité, luxure, mauvaise conduite, obscénité, paillardise, sensualité, vice. *SOUT.* dissipation, égarements, fange, impudicité, incontinence, lascivité, salacité, stupre, sybaritisme, turpitude. ▶ ***Corruption*** – abaissement, abâtardissement, abjection, abrutissement, affadissement, affaiblissement, agonie, altération, amollissement, appauvrissement, atrophie, avachissement, avilissement, baisse, corruption, décadence, déchéance, déclin, décrépitude, dégénérescence, dégradation, délabrement, déliquescence, dénaturation, dépérissement, détérioration, édulcoration, empirement, étiolement, flétrissure, perte, pourrissement, pourriture, rouille, ruine, sape, usure. *SOUT.* aveulissement, crépuscule, pervertissement. *FAM.* déglingue, dégringolade. △ **ANT.** MORALITÉ, PROBITÉ, VERTU; AMÉLIORATION, CORRECTION, PROGRÈS.

perversité *n.f.* ▶ ***Méchanceté*** – malfaisance, malignité, méchanceté. *SOUT.* malice. ▶ ***Immoralité*** – amoralité, corruption, cynisme, dépravation, immoralisme, immoralité, laxisme, péché, permissivité, perversion, vice. *SOUT.* désordre. △ **ANT.** BIENVEILLANCE, BONTÉ, GENTILLESSE; PURETÉ, VERTU.

pervertir *v.* ▶ ***Inciter au mal*** – corrompre, débaucher, dépraver, dérégler, détourner du droit chemin, dévoyer. ♦ **se pervertir** ▶ ***Dégénérer*** – dégénérer, s'abâtardir, s'avilir, se corrompre, se dégrader. △ **ANT.** AMENDER, CONVERTIR, CORRIGER, ÉDIFIER, ÉLEVER, ÉPURER, INSTRUIRE; AMÉLIORER.

pesamment *adv.* grossièrement, lourdement, massivement, péniblement. △ **ANT.** LÉGÈREMENT.

pesant *adj.* ▶ ***Qui pèse lourd*** – lourd. *DIDACT.* pondéreux. ▶ ***Pénible à supporter*** – accablant, aliénant, asservissant, assujettissant, astreignant, contraignant, écrasant, étouffant, exigeant, impitoyable, lourd, oppressant, pénible. ▶ ***Importun*** – accaparant, encombrant, envahissant, fatigant, importun, indésirable, indiscret, intrus, sans gêne. *FAM.* casse-pieds, crampon, embêtant. *QUÉB. FAM.* achalant, dérangeant. ▶ ***Qui manque de vivacité*** – balourd, lent, lourd, lourdaud. ▶ ***Difficile à digérer*** – indigeste, lourd. △ **ANT.** LÉGER; AGRÉABLE, AISÉ; AGILE, ÉVEILLÉ, PROMPT, VIF; ÉLANCÉ, FIN, GRACIEUX; ALLÉGÉ, DIÉTÉTIQUE, DIGESTE.

pesanteur *n.f.* ▶ ***Lourdeur*** – densité, lourdeur, masse, massiveté, poids. ▶ ***Force*** – attraction, force, gravitation, gravité, poids, poussée, pression. ▶ ***Stupidité*** – ânerie, béotisme, bêtise, bornerie, débilité, idiotie, ignorance, imbécillité, ineptie, inintelligence, innocence, insipidité, lenteur, lourdeur, naïveté, niaiserie, nigauderie, simplicité, sottise, stupidité. *FAM.* connerie, crétinisme, dinguerie. △ **ANT.** LÉGÈRETÉ; RAPIDITÉ, SOUPLESSE; INTELLIGENCE, VIVACITÉ.

pesée *n.f.* ▶ ***Approfondissement*** – analyse, approfondissement, dépouillement, développement, enrichissement, épluchage, étude, examen, exploration, introspection, méditation, progrès, recherche, réflexion, sondage. ▶ ***Mesure du poids*** – gravimétrie, pesage, tarage *(du contenant)*.

peser *v.* ▶ ***Évaluer*** – apprécier, calculer, estimer, évaluer, jauger, juger, mesurer, soupeser, supputer, toiser. ▶ ***Appuyer*** – appuyer, pousser, presser. ▶ ***Accabler*** – accabler, charger, écraser, étouffer, surcharger. *SOUT.* opprimer. ▶ ***Incomber*** – appartenir à, incomber à, retomber sur (les épaules de), revenir à. ▶ ***Être pénible*** – coûter à, fatiguer. ▶ ***Être un facteur*** – agir sur, compter, entrer en ligne de compte, importer, influencer, influer sur, jouer. △ **ANT.** DÉCHARGER, SOULAGER.

pessimisme *n.m.* ▶ ***Inquiétude*** – alarmisme, catastrophisme, défaitisme, inquiétude, négativisme, scepticisme. △ **ANT.** CONFIANCE, ENTHOUSIASME, ESPOIR, OPTIMISME.

pessimiste *adj.* ▶ ***Qui prévoit le pire*** – alarmiste, catastrophiste, défaitiste, démoralisateur, dramatisant. ▶ ***Désillusionné*** – désenchanté, désillusionné, nihiliste. ▶ ***D'humeur sombre*** – abattu, découragé, démoralisé, déprimé, las, mélancolique, morne, morose, qui a le vague à l'âme, qui broie du noir, sombre, ténébreux, triste. *SOUT.* bilieux, saturnien, spleenétique. *FAM.* cafardeux, tristounet. △ **ANT.** CONFIANT, CONFIANT EN L'AVENIR, OPTIMISTE.

peste *n.f.* ▶ ***Personne méchante*** – bête (immonde), chameau, chien, démon, gale, malveillant, mauvais, méchant, monstre, poison, pourriture, rosse, serpent, suppôt de Satan, suppôt du diable, teigne, vicieux, vil personnage, vipère. *RARE* haineux. *FAM.* charogne, choléra, dégueulasse, fumier, ordure, pourri, salaud, salopard. *FRANCE FAM.* saleté, saligaud, salopiaud, vache. ▶ ***Enfant espiègle*** – (affreux) jojo, chipie, coquin, diablotin, filou, fripon, galopin, mauvaise graine, (petit) bandit, (petit) chenapan, (petit) démon, (petit) diable, (petit) garnement, (petit) gredin, (petit) poison, (petit) polisson, (petit) vaurien, (petit) voyou, (petite) canaille, (petite) peste, poulbot *(de Montmartre)*, titi, vilain. *SOUT.* lutin. *FAM.* morveux, (petit) crapaud, petit merdeux, petit monstre, sacripant. *QUÉB. FAM.* (petit) tannant.

pétale *n.m.* aile, étendard, labelle. *SOUT.* feuille.

pétiller *v.* ▶ ***Émettre de petits bruits secs*** – craquer, craqueter, crépiter, grésiller. ▶ ***Briller*** (*SOUT.*) – brasiller, briller, chatoyer, étinceler, flamboyer, fulgurer *(éclat passager)*, luire, miroiter, reluire, resplendir, rutiler, scintiller. *SOUT.* palpiter, papilloter. *BELG.* blinquer. *FRANCE RÉGION.* mirailler. *ACADIE FAM.* mirer. ▶ ***Être plein de gaieté*** – sémiller.

petit *adj.* ▶ ***De dimensions inférieures*** – de petite taille, menu, microscopique, miniature, minuscule, nain, réduit, ténu. *SOUT.* lilliputien. ▶ ***De faible longueur*** – bas, court. ▶ ***D'espace réduit*** – étriqué, étroit, exigu. ▶ ***Faible*** – faible, infime, infinitésimal, insignifiant, mince, minime, négligeable, sans importance. ▶ ***En bas âge*** – en bas âge, enfant, haut comme trois pommes, petiot. *FAM.* gosse, môme. ▶ ***À l'esprit borné*** – borné, étriqué, étroit, étroit d'esprit, incompréhensif, intolérant, intransigeant, mesquin, qui a des œillères, sectaire. *FAM.* beauf, riquiqui. ▶ ***En parlant d'une somme*** – bas, faible, maigre, modeste, modique. △ **ANT.** GRAND; COLOSSAL, CONSIDÉRABLE, ÉNORME, EXTRAORDINAIRE, EXTRÊME, FABULEUX, FORMIDABLE, GÉANT, GIGANTESQUE, IMMENSE, MONUMENTAL, TITANESQUE; ÉTENDU, LARGE, VASTE; ADULTE; CURIEUX, LARGE D'ESPRIT, OUVERT; ASTRONOMIQUE, EXORBITANT, FOU.

petit *n.* ▶ ***Rejeton*** – enfant, héritier, progéniture, rejeton. *SOUT.* chair de sa chair, fruit. *FAM.* gamin. ▶ ***Enfant*** – fille, fillette, garçonnet, (petit) enfant, (petit) garçon, petite fille, (tout-)petit. *SOUT.* enfantelet. *FAM.* bambin, bout de chou, chiard, fifille, gamin, gosse, lardon, loupiot, marmot, mioche, môme, moucheron, mouflet, (petit) bonhomme, (petit) gars, petit homme, (petit) trognon, sauvageon *(sans éducation)*, têtard. *FRANCE FAM.* fanfan, gniard, mômignard, môminette, moujingue, moustique, moutard, petiot, puceron. *FRANCE RÉGION.* drôle, gone, minot, miston. ▶ ***Personne petite*** – courtaud, lilliputien, nain. ♦ **petit,** ***masc.*** ▶ ***Animal*** – *RARE* jeune. ▶ ***Personne d'une condition peu élevée*** – inférieur. △ **ANT.** MÈRE, PÈRE; ADULTE; GÉANT.

petitesse *n.f.* ▶ ***Étroitesse*** – étroitesse, exiguïté. ▶ ***Finesse*** – délicatesse, étroitesse, finesse, fragilité, gracilité, légèreté, minceur, sveltesse. *SOUT.* ténuité. ▶ ***Nanisme*** – microsomatie, nanisme. ▶ ***Imperfection*** – défaut, défectuosité, démérite, faible, faiblesse, faille, faute, fil, grossièreté, handicap, imperfection, infirmité, insuffisance, lacune, maladie, malfaçon, manque, médiocrité, péché mignon, péché véniel, ridicule, tache, tare, tort, travers, vice. *SOUT.* perfectibilité. ▶ ***Peu*** – insuffisance, parcimonie, peu, portion congrue. ▶ ***Modicité*** – exiguïté, modestie, modicité. ▶ ***Mesquinerie*** – appât du gain, âpreté (au gain), avarice, avidité, cupidité, économie de bouts de chandelle, égoïsme, mesquinerie, parcimonie, pingrerie, rapacité, thésaurisation. *SOUT.* ladrerie, lésine, sordidité, vilenie. *FAM.* mégotage, radinerie. △ **ANT.** AMPLEUR, GRANDEUR, GROSSEUR, HAUTEUR, IMMENSITÉ; GÉNÉROSITÉ, LIBÉRALITÉ.

pétition *n.f.* ▶ ***Demande*** – adjuration, appel, demande, démarche, desideratum, désir, doléances, exigence, injonction, instance, interpellation, interrogation, invocation, mandement, ordre, placet, prétention, prière, question, réclamation, requête, réquisition, revendication, sollicitation, sommation, supplication, supplique, ultimatum, vœu. *SOUT.* imploration.

pétrin *n.m.* ▶ ***Appareil servant à pétrir le pain*** – pétrisseur, pétrisseuse. ▶ ***Situation difficile*** (*FAM.*) – accident, accroc, accrochage, affaire, anicroche, avatar, aventure, complication, contingences, contrariété, contretemps, crise, désagrément, difficulté, dispute, embarras, empêchement, ennui, épine, épisode, événement, éventualité, imprévu, incident, mésaventure, obstacle, occasion, occurrence, péripétie, problème, rebondissement, tribulations. *SOUT.* adversité. *FAM.* cactus, embêtement, emmerde, emmerdement, enquiquinement, os, pépin, tuile. *FRANCE FAM.* empoisonnement.

pétrir *v.* ▶ ***Modeler*** – malaxer, manier, manipuler, modeler, travailler, triturer. ▶ ***Masser*** – bouchonner, frictionner, frotter, malaxer, masser.

pétrole *n.m.* bitume liquide, huile minérale, or noir.

peu *adv.* ▶ ***En faible quantité*** – en faible quantité, pas beaucoup. *FRANCE FAM.* pas chouia, pas lerch. ▶ ***Parcimonieusement*** – avarement, avec ménagement, chétivement, chichement, cupidement, maigrement, mesquinement, modiquement, parcimonieusement, petitement, prudemment, serré, sordidement, usurairement. ▶ ***Sobrement*** – austèrement, discrètement, frugalement, légèrement, mesurément, modérément, raisonnablement, sobrement. ▶ ***Rarement*** – dans la minorité des cas, exceptionnellement, guère, par exception, peu souvent, pratiquement jamais, quasiment jamais, rarement. △ **ANT.** BEAUCOUP, EN GRANDE QUANTITÉ; FORT, GRANDEMENT, GRAVEMENT, INTENSÉMENT, SÉRIEUSEMENT.

peuplade *n.f.* clan, ethnie, groupe, horde, nation, pays, peuple, phratrie, population, race, société, tribu.

peuple *n.m.* ▶ ***Population*** – clan, ethnie, groupe, horde, nation, pays, peuplade, phratrie, population, race, société, tribu. ▶ ***Populace*** – (bas) peuple, (basse) pègre, bétail, foule, la rue, masse, multitude, plèbe, populace, prolétariat, troupeau, vulgaire. *FAM.* populo, vulgum pecus. ▶ ***Grande quantité de gens*** – abondance, affluence, armada, armée, attroupement, bande, cohue, concentration, concours, encombrement, essaim, flot, forêt, foule, fourmilière, fourmillement, grouillement, légion, marée, masse, meute, monde, multitude, pléiade *(célébrités)*, pullulement, rassemblement, régiment, réunion, ribambelle, ruche, tas, troupeau. *FAM.* flopée, marmaille *(enfants)*, tapée, tripotée. *QUÉB. FAM.* achalandage, gang. *PÉJ.* ramassis. △ **ANT.** INDIVIDU; ARISTOCRATIE, ÉLITE, NOBLESSE.

peuplement *n.m.* ▶ ***Croissance de population*** – colonisation, immigration, natalité, occupation. ▶ ***Multiplication*** – accroissement, augmentation, foisonnement, multiplication, prolifération, propagation, pullulation, pullulement, reproduction. ▶ ***Ensemencement*** – alevinage, empoissonnage, empoissonnement, ensemencement. ▶ ***En biologie*** – biocénose, biomasse, biosphère, biote, faune, flore, habitat, occupation. △ **ANT.** DÉPEUPLEMENT, DÉPOPULATION.

peupler *v.* ▶ ***Occuper un lieu*** – habiter, occuper, vivre dans. ▶ ***Occuper le temps*** (*SOUT.*) – emplir, meubler, occuper, remplir. △ **ANT.** DÉPEUPLER, DÉSERTER, ÉVACUER, VIDER.

peur *n.f.* ▶ ***Crainte*** – affolement, alarme, angoisse, appréhension, crainte, effarement, effarouchement, effroi, épouvante, frayeur, grand-peur, hantise, horreur, inquiétude, panique, phobie, terreur, transes. SOUT. affres, apeurement. FAM. cauchemar, chiasse, frousse, pétoche, trac, trouille. ▶ ***Timidité*** – appréhension, confusion, crainte, discrétion, effacement, effarouchement, embarras, émoi, frilosité, gaucherie, gêne, hésitation, honte, humilité, indécision, inhibition, introversion, malaise, modestie, réserve, retenue, sauvagerie, timidité. SOUT. pusillanimité. FAM. trac. ▶ ***Lâcheté*** – faiblesse, lâcheté, poltronnerie. SOUT. couardise, pleutrerie. △ **ANT.** AUDACE, BRAVOURE, COURAGE, HARDIESSE, SANG-FROID; ASSURANCE, CONFIANCE.

peureux *adj.* ▶ ***Qui manque de courage*** – couard, craintif, faible, frileux, lâche, mou, pleutre, poltron, pusillanime, qui se dérobe, timide, timoré, veule. FAM. dégonflé, froussard, péteux, pétochard, poule mouillée, trouillard. ▶ ***Qui a peur*** – angoissé, apeuré, craintif, effrayé, inquiet, ombrageux *(animal)*. SOUT. *ou* QUÉB. FAM. épeuré. △ **ANT.** BRAVE, COURAGEUX, INTRÉPIDE, VAILLANT, VALEUREUX.

peut-être *adv.* ▶ ***Possiblement*** – plausiblement, possiblement, potentiellement, probablement, sans doute, virtuellement, vraisemblablement. ▶ ***Éventuellement*** – accessoirement, éventuellement, hypothétiquement, le cas échéant, possiblement, s'il y a lieu, si besoin (est), si l'occasion se présente, si nécessaire, si possible. △ **ANT.** À COUP SÛR, AUTOMATIQUEMENT, FATALEMENT, FORCÉMENT, IMMANQUABLEMENT, IMPLACABLEMENT, INÉVITABLEMENT, INFAILLIBLEMENT, NÉCESSAIREMENT, OBLIGATOIREMENT, PAR LA FORCE DES CHOSES.

phalange *n.f.* ▶ ***Unité militaire*** – bataillon, brigade, colonne, commando, compagnie, corps, échelon, escadron, escorte, formation, garde, garnison, légion, parti, patrouille, peloton, régiment, section, soldatesque *(indisciplinés)*, tabor *(Maroc)*, troupe, unité. PAR EXT. caserne. ANC. escouade, goum, piquet. ▶ ***Association politique*** – alliance, apparentement, association, bloc, camp, cartel, club, coalition, confédération, faisceau, fédération, formation, front, groupe, groupe d'intérêts, groupe de pression, groupement, ligue, mouvement, organisation, parti, rapprochement, rassemblement, union. ANC. hétairie. FÉOD. hermandad. PÉJ. bande, cabale, camarilla, chapelle, clan, clique, coterie, école, église, faction, gang, groupuscule, ligue, maffia, secte. ▶ ***Communauté*** – phalanstère.

phare *n.m.* ▶ ***Projecteur de lumière*** – feu. ANC. fanal *(sur un bateau)*. ▶ ***Meneur*** – chef de file, gourou, guide (spirituel), leader, magistère, mahatma, maître à penser, maître (spirituel), meneur, pandit, pasteur, rassembleur, sage. SOUT. conducteur, coryphée, entraîneur (d'hommes). FAM. pape.

pharisien *n.* ▶ ***Faux dévot*** – bigot, faux dévot. FAM. bondieusard, calotin, cul-bénit, grenouille de bénitier, punaise de sacristie.

pharmacie *n.f.* ▶ ***Meuble*** – (armoire à) pharmacie, armoire de toilette. ▶ ***Magasin*** – droguerie.

phase *n.f.* ▶ ***Étape*** – épisode, étape, palier, période, point, stade, transition. ▶ ***Apparence d'un astre*** – croissant, quartier.

phénoménal *adj.* ▶ ***Extraordinaire*** – étonnant, extraordinaire, fabuleux, fantastique, hors du commun, incroyable, inouï, miraculeux, prodigieux. FAM. délirant, dément, dingue, fou. FRANCE FAM. foutral. ▶ ***Immense*** – colossal, considérable, démesuré, énorme, extraordinaire, extrême, fabuleux, formidable, géant, gigantesque, grand, gros, immense, incommensurable, monstrueux, monumental, prodigieux, surhumain, titanesque, vaste, vertigineux. SOUT. cyclopéen, herculéen. FAM. bœuf, de tous les diables, du diable, effrayant, effroyable, épouvantable, faramineux, méchant, monstre. FRANCE FAM. gratiné. △ **ANT.** ANODIN, BANAL, ORDINAIRE, SANS IMPORTANCE, SANS INTÉRÊT; FAIBLE, MODÉRÉ, PAUVRE.

phénomène *n.m.* ▶ ***En philosophie*** – accident, apparence, attribut, contingence, forme, phénoménalité, prédicat. ▶ ***Événement*** – circonstance, épiphénomène, événement, fait, manifestation, occurrence. ▶ ***Prodige*** – exploit, merveille, miracle, prodige. ▶ ***Génie*** (FAM.) – génie, maître, prodige, superhomme, surdoué, surhomme, talent, virtuose. SOUT. phénix, surhumain. ▶ ***Personne originale*** (FAM.) – anticonformiste, bizarre, excentrique, guignol, non-conformiste, original. FAM. anormal, coco, drôle de pistolet, moineau, numéro, oiseau, olibrius, ostrogot, ouistiti, rigolo, zèbre, zig, zigomar, zigoto, zouave, zozo. FRANCE FAM. allumé, asticot, charlot, citoyen, foutraque, gugusse, gus. △ **ANT.** INCOMPÉTENT, NULLITÉ.

philosophe *n.* ▶ ***Savant*** – docteur, encyclopédiste, érudit, humaniste, intellectuel, lettré, maître-penseur, sage, savant. SOUT. bénédictin, (grand) clerc, mandarin. FAM. bibliothèque (vivante), dictionnaire ambulant, dictionnaire (vivant), encyclopédie (vivante), fort en thème, grosse tête, intello, puits d'érudition, puits de science, rat de bibliothèque, tête d'œuf.

philosophie *n.f.* ▶ ***Façon de voir le monde*** – conception du monde, idées, pensée, science humaine, vision du monde, weltanschauung. FAM. philo. PÉJ. idéologie, philosophisme. ▶ ***Doctrine*** – conception, doctrine, dogme, école (de pensée), idée, idéologie, mouvement, opinion, pensée, principe, système, théorie, thèse. ▶ ***Principes*** – catéchisme, morale, principes, religion. ▶ ***Sagesse*** – bon goût, connaissance, discernement, (gros) bon sens, intelligence, jugement, raison, sagesse, sens commun, vérité. FAM. jugeote. ▶ ***Détachement*** – apathie, ataraxie, calme, détachement, distanciation, égalité d'âme, égalité d'humeur, équilibre, flegme, impassibilité, imperturbabilité, indifférence, paix, placidité, quiétude, sérénité, stoïcisme, tranquillité. SOUT. équanimité. ▶ ***Résignation*** – acceptation, aquoibonisme, déterminisme, fatalisme, passivité, providentialisme, renoncement, résignation, stoïcisme. ▶ ***Tolérance*** – bienveillance, bonté, compréhension, douceur, humanisme, indulgence, irénisme, largeur d'esprit, libéralisme, non-discrimination, non-violence, ouverture (d'esprit), patience, réceptivité, respect, tolérance, tolérantisme. SOUT. bénignité, longanimité.

phobie *n.f.* ▶ ***Peur*** – affolement, alarme, angoisse, appréhension, crainte, effarement, effarouchement, effroi, épouvante, frayeur, grand-peur, hantise, horreur, inquiétude, panique, peur, terreur, transes. SOUT. affres, apeurement. FAM. cauchemar, chiasse, frousse, pétoche, trac, trouille. ▶ ***Dégoût*** –

abomination, allergie, aversion, dégoût, écœurement, haine, haut-le-cœur, horreur, indigestion, nausée, répugnance, répulsion, révulsion. SOUT. détestation, exécration. FAM. dégoûtation. ▶ *Haine* – agressivité, allergie, animosité, antipathie, aversion, guerre, haine, hostilité, malveillance, répugnance, répulsion, ressentiment. SOUT. détestation, exécration, inimitié, venin. △ **ANT.** AMOUR, ATTIRANCE, GOÛT, PASSION.

phoque *n. m.* ▶ *Mammifère* – QUÉB. loup-marin.

phosphorescent *adj.* brillant, fluorescent, luminescent, lumineux. △ **ANT.** NOIR, OBSCUR, SOMBRE.

photographe *n.* ▶ *Personne qui photographie* – chasseur d'images. ▶ *Vendeur* – développeur.

photographie *n. f.* ▶ *Action* – photo. ANC. daguerréotype, daguerréotypie, héliochromie. ▶ *Image* – cliché, diapositive, épreuve, galvanotype, instantané, photogramme, portrait, positif, tirage, trait. FAM. diapo, galvano. ANC. daguerréotype.

photographier *v.* prendre en photo. FAM. mitrailler *(à répétition)*, tirer le portrait.

phrase *n. f.* collocation, construction, cooccurrence, énoncé, expression (figée), formule, lexie complexe, locution, proposition, syntagme, terme, tour, tournure.

physique *adj.* ▶ *Concret* – concret, effectif, existant, matériel, palpable, réel, sensible, tangible, visible, vrai. DIDACT. positif. RELIG. de ce monde, temporel, terrestre. ▶ *Qui concerne le monde réel* – charnel, corporel, matériel. ▶ *Qui concerne le corps humain* – organique, physiologique, somatique. △ **ANT.** ABSTRAIT, CONCEPTUEL, INTELLECTUEL, MENTAL, THÉORIQUE; IDÉAL, IMMATÉRIEL, SPIRITUEL; CHASTE, PLATONIQUE, PUDIQUE, PUR, SAGE, VIRGINAL; SENTIMENTAL; CHIMIQUE.

physique *n. m.* air, allure, apparence, aspect, attitude, contenance, démarche, façon, genre, ligne, maintien, manière, panache, port, posture, prestance, silhouette, style, tenue, tournure. SOUT. extérieur, mine. FAM. gueule, touche. QUÉB. FAM. erre d'aller. PÉJ. FAM. dégaine.

physiquement *adv.* ▶ *Concrètement* – concrètement, dans la pratique, dans les faits, effectivement, empiriquement, en fait, en pratique, en réalité, expérimentalement, matériellement, objectivement, par l'expérience, positivement, pratiquement, prosaïquement, réalistement, réellement, tangiblement. ▶ *Corporellement* – anatomiquement, biologiquement, charnellement, corporellement, naturellement, organiquement, physiologiquement. △ **ANT.** ABSTRACTIVEMENT, ABSTRAITEMENT, EN THÉORIE, HYPOTHÉTIQUEMENT, IDÉALEMENT, IMAGINAIREMENT, IN ABSTRACTO, THÉORIQUEMENT; MENTALEMENT, PSYCHOLOGIQUEMENT.

pic *n. m.* ▶ *Sommet pointu* – aiguille, piton, sommet. ▶ *Outil* – picot, pioche, piolet, rivelaine. ▶ *Oiseau* – QUÉB. FAM. pic-bois.

pie *n. f.* ▶ *Oiseau* – FRANCE RÉGION. agace, jacasse. ▶ *Geai* (QUÉB. FAM.) – geai du Canada, geai gris. ▶ *Personne bavarde* (FAM.) – bavard, (beau) parleur, bonimenteur, causeur, commère, crécelle, discoureur, enjôleur, péroreur, phraseur. FAM. baratineur, fort en gueule, gazette, jacasseur, jacteur, laïusseur, moulin à paroles, pipelet, robinet (d'eau tiède). QUÉB. FAM. jasant, mémère, placoteux.

pièce *n. f.* ▶ *Élément* – composant, composante, constituant, élément (constitutif), fragment, ingrédient, membre, module, morceau, organe, partie, principe, unité. ▶ *Accessoire* – accessoire, appareil, instrument, outil, ustensile. ▶ *Ce qui bouche un trou* – rustine. SUISSE tacon. ▶ *Élément de jeu* – fiche, jeton, marque, pion. ▶ *Argent sous forme de métal* – espèces, monnaie, numéraire. ▶ *Monnaie* – médaille, (pièce de) monnaie, piécette *(petite)*. ▶ *Fût* – bachotte *(poissons)*, baril, barillet, barrique *(200 l)*, barrot *(anchois)*, bordelaise *(225 l)*, caque *(harengs)*, demi-barrique *(100 l)*, feuillette *(125 l)*, foissier *(foies)*, foudre *(de 50 à 300 hl)*, fût, futaille, muid, pièce (de vin), pipe *(eau-de-vie)*, tine, tonne, tonneau, tonnelet. ANC. queue *(un muid et demi)*. TECHN. tinette. ▶ *Salle* – local, salle. BELG. place. QUÉB. FAM. appartement. ACADIE bord. ▶ *Document* – document, papier. FAM. doc, docu. ▶ *Œuvre théâtrale* – ACADIE séance. △ **ANT.** ENSEMBLE, ENTIER, TOTALITÉ, TOUT.

pied *n. m.* ▶ *Partie du corps* – FAM. arpion, panard, patte, paturon, peton *(petit)*, ripaton. FRANCE FAM. latte, nougat, pince, pinceau. ▸ *Animal* – patte, paturon *(cheval)*. ▶ *Aliment* – patte. ▶ *Base* – assiette, assise, base, fondation, infrastructure, radier, soubassement, substruction, substructure. QUÉB. solage. ARCHIT. embasement, empattement. ▶ *Support* – chevalet, chevrette, lutrin, porte-copie, statif, trépied. ▶ *Extrémité* – aboutissement, bord, bordure, borne, bout, cap, confins, délimitation, extrême, extrémité, fin, finitude, frange, frontière, ligne, limite, lisière, orée, pointe, pôle, queue, talon, terme, terminaison, tête. △ **ANT.** SOMMET, TÊTE.

piédestal *n. m.* acrotère, base, podium, socle, soubassement, stylobate, terrasse.

piège *n. m.* ▶ *Instrument pour capturer* – attrape-mouche, chausse-trappe, filet, nasse, panneau, piège à gibier, piège à loups, piège à taupes, quatre-de-chiffre, raquette, rets, taupière, trappe. ▸ *Piège à petit gibier* – collet, lacet, lacs, poche. ▸ *Piège à animaux nuisibles* – piège à rats, piège à souris, ratière, souricière, taupière, traquenard, traquet. QUÉB. FAM. trappe à rats, trappe à souris. ▸ *Piège à oiseaux* – gluaux, mésangette, miroir à alouettes/miroir aux alouettes, piège à oiseaux, tendelle *(grive)*, tenderie, tirasse, trébuchet. FRANCE RÉGION. reginglette. ▸ *Piège à poissons* – bordigue, gord, turlutte. FRANCE RÉGION. madrague. ▶ *Guet-apens* – attrape, attrape-nigaud, chausse-trappe, embuscade, filet, guêpier, guet-apens, leurre, ruse, traquenard, tromperie. SOUT. duperie, rets. ▶ *Danger* – aléa, casse-cou, danger, détresse, difficulté, écueil, embûche, épée de Damoclès, épouvantail, guêpier, hasard, impasse, imprudence, insécurité, mauvais pas, menace, perdition, péril, point chaud, point sensible, poudrière, récif, risque, spectre, traverse, urgence, volcan. SOUT. tarasque. FRANCE FAM. casse-gueule. ▶ *Difficulté cachée* – difficulté, écueil, embûche. △ **ANT.** AIDE, PROTECTION, SECOURS.

pierre *n. f.* ▶ *Minéral* – caillou, galet, minerai, minéral, pierrette *(petite)*, roc, roche, rocher. ▶ *Gemme* – gemme. FAM. bouchon de carafe, caillou.

▸ *Fausse* – doublet, strass. ▶ ***Pion*** – go-ishi, pion de go.

piété *n.f.* ▶ ***Ferveur religieuse*** – foi, religiosité. ▶ ***Affection*** (SOUT.) – affection, amitié, amour, attachement, attirance, intérêt, lien, sympathie, tendresse. FAM. coup de cœur, coup de foudre. △ **ANT.** IMPIÉTÉ, IRRÉLIGION; INSOLENCE, IRRÉVÉRENCE, MÉPRIS.

piétinement *n.m.* ▶ ***Mouvement*** – trépignement. ▶ ***Immobilité*** – calme, fixité, hiératisme, immobilisme, immobilité, immuabilité, immutabilité, impassibilité, improductivité, inaction, inactivité, inamovibilité, inertie, paralysie, plafonnement, repos, sclérose, stabilité, stagnation, stationnarité, statisme, statu quo, sur place. SOUT. marasme, morosité.

piétiner *v.* ▶ ***Taper des pieds*** – piaffer, taper des pieds, trépigner. ▶ ***Ne pas progresser*** – languir, patiner, s'enliser, stagner, traîner. FAM. faire du surplace. ▶ ***Écraser des pieds*** – fouler. RARE trépigner. ▶ ***Traiter avec irrespect*** – bafouer, braver, faire bon marché de, faire fi de, faire peu de cas de, fouler aux pieds, ignorer, mépriser, ne pas faire grand cas de, se moquer de. SOUT. faire litière de. FAM. s'asseoir dessus. △ **ANT.** AVANCER, PROGRESSER; ÉVOLUER.

piéton *n.* ▶ ***Passant*** – excursionniste, marcheur, passant, promeneur, randonneur. SOUT. venant. △ **ANT.** AUTOMOBILISTE.

pieu *n.m.* ▶ ***Bâton fixe*** – bâton, échalas, jalon, marquant, pal, palis, pilot, piquet, roulon, tuteur. ACADIE FAM. perche. ▶ ***Lit*** (FAM.) – couchette *(petit)*, lit. SOUT. couche, grabat *(mauvais)*. FAM. paddock, page, pageot, pagnot, plumard, pucier, (un) plume. ENFANTIN dodo.

pieux *adj.* ▶ ***Religieux*** – croyant, dévot, fervent, pratiquant, religieux. ▸ *D'une piété affectée* – bigot, bondieusard, cagot. ▶ ***Doux*** – doux, onctueux. △ **ANT.** AGNOSTIQUE, ANTIRELIGIEUX, ARELIGIEUX, ATHÉE, INCRÉDULE, INCROYANT, IRRÉLIGIEUX, NON CROYANT.

pigeon *n.* ▶ ***Dupe*** (FAM.) – benêt. SOUT. nicodème. FAM. (grand) dadais, zozo. ▶ ***Personne trompée*** (FAM.) – berné, dindon de la farce, dupe, trompé. FAM. cocu *(conjoint)*. FRANCE FAM. blousé. ▶ ***Appellatif affectueux pour une femme*** (FAM.) – belle, biche, bichette, cocotte, colombe, douce, princesse, tourterelle. SOUT. mie. FAM. fille.

pignon *n.m.* ▶ ***Partie d'un mur*** – fronton, gâble. ▶ ***Roue*** – rouage, tympan *(gros)*. ▶ ***Arbre*** – pin parasol, pin pignon. ▶ ***Noix*** – pigne. ▶ ***Mollusque*** – olive, trialle. ZOOL. donax.

pile *adv.* au juste, exactement, juste, précisément. FAM. ric-à-rac. △ **ANT.** APPROXIMATIVEMENT, ENVIRON.

pile *n.f.* ▶ ***Amoncellement*** – abondance, accumulation, addition, agrégation, amas, amoncellement, collection, déballage, échafaudage, emmagasinage, empilage, empilement, encombrement, entassement, étagement, faisceau, fatras, fouillis, monceau, montagne, pyramide, quantité, stratification, superposition, tas. ▶ ***Appareil*** – générateur, photopile, pile électrique. ▶ ***Accumulateur*** – accumulateur, batterie, condensateur. FAM. accu. ▶ ***Correction*** (FAM.) – châtiment corporel, correction, punition corporelle, volée (de coups). FAM. dégelée, dérouille, dérouillée, passage à tabac, pâtée, peignée, raclée, ratatouille, rossée, roulée, rouste, tabassage, tabassée, tannée, torchée, tournée, trempe, tripotée. FRANCE FAM. secouée, tatouille, tisane, trépignée. ▶ ***Défaite*** (FAM.) – avortement, banqueroute, capitulation, catastrophe, chute, débâcle, débandade, déconfiture, défaite, déroute, désavantage, échec, écrasement, faillite, fiasco, four, infortune, insuccès, mauvaise fortune, naufrage, perte, ratage, raté, retraite, revers. SOUT. traverse. FAM. désastre, piquette, plantage, raclée, recalage, volée. FRANCE FAM. bide, déculottée, dégelée, écrabouillement, fessée, foirade, gamelle, loupage, rincée, rossée, tannée, veste.

pilier *n.m.* ▶ ***Support vertical*** – colonne, poteau. ▶ ***Défenseur*** – ange gardien, bon génie, défenseur, gardien, protecteur. RARE mainteneur. ▶ ***Jambe*** (FAM.) – jambe. FAM. canne, flûte, gambette, gigue, guibolle, patte, quille. FRANCE FAM. béquille, crayon. ▸ *Longue* FAM. échasse. ▸ *Maigre* FAM. fumeron. ▸ *Grosse* FAM. poteau. ▶ ***Habitué*** (FAM.) – client, familier, fidèle, (vieil) habitué. SOUT. pratique. FAM. abonné.

pillage *n.m.* ▶ ***Vol*** – appropriation, brigandage, cambriolage, déprédation, détournement, détroussement, enlèvement, extorsion, grappillage, kleptomanie, larcin, malversation, maraudage, maraude, piraterie, racket, rafle, rançonnement, razzia, sac, saccage, spoliation, subtilisation, vol. SOUT. rapine. FAM. barbotage, chapardage, coup, resquillage., resquille. FRANCE FAM. braquage, cambriole, casse, cassement, entôlage, fauche, vol à la roulotte *(voitures)*, vol à la tire, vol à main armée. QUÉB. taxage *(entre adolescents)*. ▶ ***Imitation*** – calquage, caricature, charge, contrefaçon, copiage, décalquage, démarquage, emprunt, émulation, figuration, grégarisme, homochromie, imitation, mime, mimétisme, moutonnerie, parodie, pastiche, plagiat, représentation, servilité, simulation, singerie, suivisme, travestissement. DR. contrefaction.

piller *v.* ▶ ***Ravager*** – dévaster, écumer, mettre à feu et à sang, mettre à sac, raser, ravager, razzier, saccager. SOUT. infester. ▶ ***Dévaliser*** – cambrioler, dévaliser, voler. FRANCE FAM. faire un casse. ▶ ***Copier frauduleusement*** – compiler, copier, démarquer, imiter, pirater, plagier.

pilote *n.* ▶ ***Personne qui dirige un bateau*** – bachoteur, batelier, gondolier, lamaneur *(navire)*, marinier, navigateur *(navire)*, piroguier, régatier. SOUT. nautonier. ▶ ***Personne qui conduit un avion*** – aviateur, pilote aviateur. ▶ ***Personne qui conduit un aérostat*** – aéronaute, aérostier. ▶ ***Accompagnateur touristique*** – accompagnateur, guide (touristique). FAM. cornac. ▶ ***Meneur*** – chef de file, gourou, guide (spirituel), leader, magistère, mahatma, maître à penser, maître (spirituel), meneur, pandit, pasteur, phare, rassembleur, sage. SOUT. conducteur, coryphée, entraîneur (d'hommes). FAM. pape. ♦ **pilote,** ***masc.*** ▶ ***Dispositif*** – pilote (automatique). ▶ ***Modèle*** – carton, grille, matrice, modèle, modélisation, moule, patron, pattern, plan, prototype, simulation, spécimen. FAM. topo. ▶ ***Poisson*** – poisson-pilote.

pilule *n.f.* ▶ ***Médicament*** – cachet, capsule, comprimé, dragée *(enrobé)*, gélule, linguette. PHARM. globule, grain, granule, granulé; ANC. bol. ▶ ***Anovulant*** – anovulant, pilule anovulatoire, pilule (anticonceptionnelle), pilule contraceptive.

piment *n.m.* ▸ ***Agrément*** – agrément, bouquet, charme, fumet, piquant, saveur, sel, truculence. △ **ANT.** MONOTONIE, ROUTINE.

pince *n.f.* ▸ ***Instrument à deux parties*** – pincette *(petite)*, tenaille *(grosse)*. ▸ ***Barre de fer*** – monseigneur, pied-de-biche, pied-de-chèvre, pince monseigneur, tire-clou. ▸ ***Main*** (*FAM.*) – main. *FAM.* battoir, menotte, paluche, patoche, patte, pogne; *FRANCE FAM.* cuiller, fourchette du père Adam, louche. *SOUT.* dextre, senestre. ▸ ***Pied*** (*FAM.*) – pied. *FAM.* arpion, panard, patte, paturon, peton *(petit)*, ripaton. *FRANCE FAM.* latte, nougat, pinceau. ▸ ***Pli*** – bouillon, fronce, godron, ourlet, pli, rempli, rentré, repli, roulotté, tuyau.

pincé *adj.* ▸ ***Qui affecte la dignité*** – collet monté, compassé, corseté, empesé, gourmé, guindé. *FAM.* constipé, raide comme la justice. ▸ ***Hautain*** – arrogant, condescendant, dédaigneux, fier, hautain, méprisant, orgueilleux, outrecuidant, pimbêche *(femme)*, présomptueux, prétentieux, snob, supérieur. *SOUT.* altier, rogue. *FAM.* péteux, snobinard, snobinette *(femme)*. *QUÉB. FAM.* fendant. ▸ ***Amoureux*** (*FAM.*) – amoureux, entiché, épris. *FAM.* mordu. *QUÉB.* en amour. △ **ANT.** FAMILIER, NATUREL, RELÂCHÉ, SIMPLE, SPONTANÉ; HUMBLE, MODESTE.

pinceau *n.m.* ▸ ***Instrument pour peindre*** – brosse. ▸ ***Ce qui sert à appliquer une substance*** – applicateur, coton-tige, tampon. ▸ ***Lumière*** – faisceau (lumineux), jet, pinceau (lumineux), rayon, trait (de lumière). *SOUT.* rai. ▸ ***Pied*** (*FAM.*) – pied. *FAM.* arpion, panard, patte, paturon, peton *(petit)*, ripaton. *FRANCE FAM.* latte, nougat, pince.

pincer *v.* ▸ ***Maintenir rapproché*** – serrer. ▸ ***Cingler*** – cingler, couper, fouetter, gifler, mordre, piquer, taillader. *SOUT.* flageller. ▸ ***Prendre sur le fait*** (*FAM.*) – attraper, découvrir, prendre sur le fait, surprendre. ▸ ***Arrêter*** (*FAM.*) – appréhender, arrêter, capturer, faire prisonnier, prendre, saisir. *FAM.* attraper, choper, coffrer, coiffer, coincer, cravater, cueillir, embarquer, épingler, harponner, mettre la main au collet de, mettre le grappin sur, poisser, prendre au collet, ramasser, saisir au collet. *FRANCE FAM.* agrafer, alpaguer, arnaquer, arquepincer, emballer, gauler, piquer, poivrer. △ **ANT.** DÉCONTRACTER, DESSERRER.

pioche *n.f.* ▸ ***Houe*** – arrache-racine, arrachoir, binette, bineuse, déchaussoir, fossoir, gratte, houe, hoyau, ratissoire, sarclette, sarcloir, serfouette. *AFR.* daba. *FRANCE RÉGION. ou TECHN.* sape. ▸ ***Pic*** – pic, picot, piolet, rivelaine.

pion *n.m.* ▸ ***Pièce*** – fiche, jeton, marque, pièce. ▸ ***Surveillant d'étude*** (*FAM.*) – directeur des études, surveillant d'études/d'internat, surveillant (général). *FRANCE FAM.* caïman, surgé, surpète. *RELIG.* préfet (des études); *ANC.* père préfet. △ **ANT.** CHEF, MENEUR, TÊTE.

pionnier *n.* ▸ ***Personne qui creuse*** – sapeur. ▸ ***Terrassier*** – piocheur, remblayeur, terrassier. ▸ ***Personne qui colonise*** – colon, colonial, défricheur. ▸ ***Précurseur*** – ancêtre, annonciateur, avant-garde, avant-gardiste, devancier, initiateur, innovateur, introducteur, inventeur, messager, novateur, précurseur, prédécesseur, préfiguration, prophète, visionnaire. *SOUT.* avant-coureur, avant-courrier, fourrier, héraut, préparateur. △ **ANT.** COPIEUR, IMITATEUR.

pipe *n.f.* ▸ ***Objet pour fumer*** – brûle-gueule *(tuyau court)*. *RARE* pipette *(petite)*. *FRANCE FAM.* bouffarde. ▸ ***Contenu d'une pipe*** – pipée. ▸ ***Tuyau*** – boyau, buse, canal, conduit, gaine, lance, tube, tubulure, tuyau. ▸ ***Mensonge*** (*QUÉB. FAM.*) – mensonge. *SOUT.* fable. *FAM.* bide, bidon, bobard, char, craque, salade.

piquant *adj.* ▸ ***Épicé*** – assaisonné, corsé, épicé, extra-fort, fort, pimenté, relevé. ▸ ***Aigre*** – acescent, acide, acidulé, âcre, aigre, aigrelet, aigri, amer, piqué, rance, râpeux, sur, suret, suri, tourné. ▸ ***Irritant à l'odorat*** – âcre, irritant, qui brûle la gorge, qui prend à la gorge. ▸ ***En parlant du froid*** – âpre, cinglant, mordant, pénétrant, perçant, saisissant, vif. *RARE* cuisant. ▸ ***Qui pique la curiosité*** – amusant, croustillant, intéressant, qui pique l'intérêt, qui pique la curiosité, savoureux. ▸ ***Spirituel*** – brillant, fin, malicieux, pétillant, plein d'esprit, spirituel, subtil, vif. ▸ ***D'une méchanceté blessante*** – à l'emporte-pièce, acerbe, acéré, acide, acrimonieux, aigre, blessant, caustique, cinglant, corrosif, fielleux, grinçant, incisif, méchant, mordant, sarcastique, sardonique, virulent, vitriolique. △ **ANT.** DOUX; ARRONDI, LISSE; FADE, INSIPIDE; AFFECTUEUX, TENDRE; ANODIN, BANAL, ININTÉRESSANT, PLAT, SANS INTÉRÊT.

piquant *n.m.* ▸ ***Épine*** – aiguille, aiguillon, éperon, épine, mucron, spicule. ▸ ***Originalité*** – anticonformisme, audace, cachet, caractère, fraîcheur, hardiesse, indépendance, individualité, innovation, inspiration, marginalité, non-conformisme, nouveauté, originalité, particularité, personnalité, pittoresque, singularité. ▸ ***Agrément*** – agrément, bouquet, charme, fumet, piment, saveur, sel, truculence. ♦ **piquants, *plur.*** ▸ ***Plante sauvage*** (*QUÉB. FAM.*) – bardane. *QUÉB. FAM.* artichaut, artichou, craquias, glouton, grappes, graquias, gratteaux, rapaces, rhubarbe du diable, tabac du diable, teignes, toques. *ACADIE FAM.* amoureux. *FRANCE RÉGION.* glouteron. △ **ANT.** MONOTONIE, ROUTINE.

piquer *v.* ▸ ***Picorer*** – becqueter, picorer, picoter. ▸ ***Donner des coups d'éperon*** – éperonner, talonner. ▸ ***Blesser par morsure*** – mordre. ▸ ***Produire une sensation de brûlure*** – brûler, cuire, picoter. ▸ ***Pincer au visage*** – cingler, couper, fouetter, gifler, mordre, pincer, taillader. *SOUT.* flageller. ▸ ***Démanger*** (*FAM.*) – chatouiller, démanger, fourmiller. *FAM.* gratter, grattouiller. ▸ ***Couvrir de petites taches*** – cribler, marqueter, moucheter, piqueter, tacher, tacheter, taveler. ▸ ***Voler*** (*FAM.*) – dérober, faire main basse sur, prendre, soustraire, subtiliser, voler. *FAM.* barboter, chaparder, chiper, choper, escamoter, faire, faucher, flibuster, rafler, taxer. *FRANCE FAM.* calotter, chouraver. ▸ ***Arrêter*** (*FRANCE FAM.*) – appréhender, arrêter, capturer, faire prisonnier, prendre, saisir. *FAM.* attraper, choper, coffrer, coiffer, coincer, cravater, cueillir, embarquer, épingler, harponner, mettre la main au collet de, mettre le grappin sur, pincer, poisser, prendre au collet, ramasser, saisir au collet. *FRANCE FAM.* agrafer, alpaguer, arnaquer, arquepincer, emballer, gauler, poivrer. ▸ ***Se précipiter du haut des airs*** – fondre, plonger, s'abattre. ♦ **se piquer** ▸ ***Se vexer*** – s'indigner, s'offenser, s'offusquer, se fâcher, se formaliser, se froisser, se scandaliser, se vexer. ▶ ***S'enorgueillir*** – faire grand cas, s'enorgueillir, s'honorer, se faire gloire, se faire honneur, se flatter, se glorifier, se prévaloir, se rengorger, se targuer, se vanter, tirer gloire, tirer vanité. ▶ ***Prétendre*** – avoir la prétention, prétendre, se faire fort, se flatter, se prévaloir, se targuer, se vanter. ▶ ***Aigrir, en parlant du vin*** – aigrir, surir, tourner. ▶ ***Se couvrir de moisissure*** – moisir. SOUT. chancir. ♦ **piqué** ▶ ***Couvert de petites taches*** – marqueté, moucheté, piqueté, serpentin, tacheté, tavelé, tigré, tiqueté, vergeté. △ **ANT.** APAISER, CALMER.

piquet *n.m.* ▶ ***Pieu*** – bâton, échalas, jalon, marquant, pal, palis, pieu, pilot, roulon, tuteur. ACADIE FAM. perche. ▶ ***Repère*** – balise, borne, borne repère, borne témoin, coordonnée, cran, délinéateur, empreinte, fanion, index, indice, jalon, jalon-mire, marque, mire, mire-jalon, point de repère, référence, référentiel, taquet, trace. MAR. amer, vigie. ▶ ***Détachement militaire*** (ANC.) – bataillon, brigade, colonne, commando, compagnie, corps, échelon, escadron, escorte, formation, garde, garnison, légion, parti, patrouille, peloton, régiment, section, soldatesque *(indisciplinés)*, tabor *(Maroc)*, troupe, unité. PAR EXT. caserne. ANC. escouade, goum.

piqûre *n.f.* ▶ ***Picotement*** – chatouillement, démangeaison, fourmillement, fourmis dans les jambes, impatiences, prurigo, prurit, urtication. ▶ ***Injection*** – (injection) intramusculaire, (injection) intraveineuse, injection sous-cutanée, injection, inoculation, intracardiaque, intradermique, vaccination. ▶ ***Prélèvement*** – biopsie, coupe, forage, ponction, ponction-biopsie, prélèvement, prise. ▶ ***Petite tache*** – éclaboussure, marque, noircissure, point, saleté, salissure, souillure, tache. ▸ *Sur le papier* – bavochure, bavure, maculage, maculation, macule, pâté, rousseur. ▸ *Sur un fruit* – meurtrissure, tavelure. RARE talure. ▸ *Sur une pierre* – givrure, glace. ▸ *Sur le corps* – maille, maillure, moucheture, ocelle, pétéchie, tache de rousseur. ▶ ***Série de points*** – bâti, couture, faufilure, piquage, rentraiture, surjet, suture, tranchefile, transfilage.

pirate *adj.* clandestin, contrebandier, coupable, défendu, extralégal, frauduleux, illégal, illégitime, illicite, interdit, interlope, irrégulier, marron, prohibé. DR. délictuel, délictueux, fraudatoire. △ **ANT.** LÉGAL, LICITE, PERMIS.

pirate *n.m.* ▶ ***Aventurier marin*** – boucanier, corsaire, écumeur (de mer), flibustier, forban. ANC. aventurier. ▶ ***Bandit*** – bandit, brigand, cagoulard, cambrioleur *(maisons)*, coquillard *(Moyen-Âge)*, crocheteur, escamoteur, gangster, gentleman cambrioleur, kleptomane *(pathologique)*, maraudeur, pillard, pilleur, rat d'hôtel, souris d'hôtel, stellionataire, tireur, truand, voleur de grand chemin, voleur. FAM. barboteur, braqueur, casseur, chapardeur, chipeur, entôleur, malfrat, monte-en-l'air, piqueur, roulottier *(voitures)*. FRANCE FAM. enquilleuse *(femme)*, volereau *(malhabile)*. ▶ ***Homme sans scrupules*** – aigrefin, arnaqueur, bandit, brigand, canaille, carambouilleur, chevalier d'industrie, concussionnaire, crapule, escroc, extorqueur, faisan, fraudeur, gangster, gredin, malfaiteur, mercanti, profiteur, sangsue, spoliateur, tripoteur, voleur, voyou. SOUT. déprédateur, forban. DR. captateur. FAM. carotteur, carottier, fricoteur, fripouille, (maître) filou. FRANCE FAM. écorcheur, estampeur, malfrat.

pirater *v.* ▶ ***Reproduire frauduleusement*** – compiler, copier, démarquer, imiter, piller, plagier.

piscine *n.f.* baignoire, douche, jacuzzi. QUÉB. bain, spa.

piste *n.f.* ▶ ***Trace*** – empreinte, foulées, marque (de pas), pas, sillon, trace, traînée, vestige, voie. ▸ *À la chasse* – abattures *(cerf)*, connaissance, erres, marche, passée. ▶ ***Indice*** – apparence, cachet, cicatrice, critère, empreinte, indication, indice, justificatif, lueur, marque, ombre, pas, preuve, repère, reste, ride, sceau, signature, signe, stigmate, tache, témoignage, témoin, trace, trait, vestige. ▶ ***Sentier*** – allée, banquette, cavée, chemin, coulée, laie, layon, ligne, sentier, tortille, traverse. SOUT. OU FRANCE RÉGION. sente. QUÉB. portage, rang. FRANCE RÉGION. draille. ▶ ***Arène*** – amphithéâtre, arène, carrière, champ de bataille, cirque, gradins, hémicycle, lice, odéon, ring, théâtre. ▶ ***Champ de courses*** – champ de course. ▶ ***Ligne*** – microsillon, sillon.

pistolet *n.m.* ▶ ***Arme*** – revolver. FAM. joujou. ▶ ***Pain*** (BELG.) – bun, muffin, navette, pain à la reine, pain mollet, petit pain. SUISSE miche. ▶ ***Appareil de levage*** – arc-boutant, bossoir, minot, portemanteau. ▶ ***Individu bizarre*** (FAM.) – anticonformiste, bizarre, excentrique, guignol, non-conformiste, original. FAM. anormal, coco, drôle de pistolet, moineau, numéro, oiseau, olibrius, ostrogot, ouistiti, phénomène, rigolo, zèbre, zig, zigomar, zigoto, zouave, zozo. FRANCE FAM. allumé, asticot, charlot, citoyen, foutraque, gugusse, gus.

piston *n.m.* ▶ ***Recommandation*** (FAM.) – abri, aide, appui, assistance, chapeautage, conservation, couverture, garantie, garde, mandat, parrainage, paternalisme, patronage, protection, recommandation, renfort, rescousse, sauvegarde, secours, sécurisation, soutien, surveillance, tutelle. FIG. parapluie. SOUT. égide. ▶ ***Favoritisme*** (FAM.) – clientélisme, faveur, favoritisme, népotisme, partialité, préférence. FAM. chouchoutage, combine, copinage, pistonnage. QUÉB. partisanerie.

piteux *adj.* ▶ ***Mauvais*** – abominable, affreux, atroce, déplorable, désastreux, épouvantable, exécrable, horrible, infect, insipide, lamentable, manqué, mauvais, médiocre, minable, navrant, nul, odieux, piètre, pitoyable, qui ne vaut rien, raté. SOUT. méchant, triste. FAM. à la con, à la flan, à la gomme, à la manque, à la mie de pain, à la noix (de coco), blèche, craignos, crapoteux, moche, pourri, qui ne vaut pas un clou. ▶ ***Honteux*** – confus, embarrassé, honteux, mal à l'aise, penaud, troublé. FAM. dans ses petits souliers. ▶ ***Qui inspire la pitié*** – à plaindre, malheureux, minable, misérable, miteux, pauvre, pitoyable. FAM. paumé. △ **ANT.** BRILLANT, ÉBLOUISSANT, EXCELLENT, EXTRAORDINAIRE, FANTASTIQUE, MAGNIFIQUE, MERVEILLEUX, PARFAIT, PRODIGIEUX, REMARQUABLE, SENSATIONNEL; FIER; ENVIABLE, ESTIMABLE, HONORABLE.

pitié *n.f.* ▶ ***Compassion*** – apitoiement, attendrissement, bienveillance, clémence, commisération, compassion, indulgence, miséricorde. SOUT. mansuétude. ▶ ***Altruisme*** – aide, allocentrisme, altruisme, amour (d'autrui), assistance, bénévolat, bienveillance, bonté, charité, commisération, compassion, complaisance, convivialité, dévouement, don de soi, empathie, entraide, extraversion, fraternité, générosité, gentillesse, humanité, oblativité, oubli de soi, philanthropie, sensibilité, serviabilité, solidarité, sollicitude. SOUT. bienfaisance. ▶ ***Sensibilité*** – affect, affectivité, âme, attendrissement, cœur, compassion, émotion, émotivité, empathie, fibre, humanité, impressionnabilité, romantisme, sensibilité, sentiment, sentimentalité, susceptibilité, sympathie, tendresse, vulnérabilité. SOUT. entrailles. FAM. tripes. ▸ *À l'excès* – hyperémotivité, hypersensibilité, sensiblerie, sentimentalisme. △ **ANT.** CRUAUTÉ, DURETÉ, FROIDEUR, INDIFFÉRENCE, INHUMANITÉ, INSENSIBILITÉ.

pitoyable *adj.* ▶ ***Qui inspire la pitié*** – à plaindre, malheureux, minable, misérable, miteux, pauvre, piteux. FAM. paumé. ▶ ***Qui attriste*** – affligeant, atterrant, attristant, chagrinant, consternant, déplorable, désespérant, désolant, douloureux, malheureux, misérable, navrant, pénible, qui serre le cœur, triste. ▶ ***Médiocre*** – abominable, affreux, atroce, déplorable, désastreux, épouvantable, exécrable, horrible, infect, insipide, lamentable, manqué, mauvais, médiocre, minable, navrant, nul, odieux, piètre, piteux, qui ne vaut rien, raté. SOUT. méchant, triste. FAM. à la con, à la flan, à la gomme, à la manque, à la mie de pain, à la noix (de coco), blèche, craignos, crapoteux, moche, pourri, qui ne vaut pas un clou. △ **ANT.** ENVIABLE, ESTIMABLE, HONORABLE; AGRÉABLE, AMUSANT, PLAISANT, RÉJOUISSANT; ENCOURAGEANT, MOTIVANT, STIMULANT; BRILLANT, ÉBLOUISSANT, EXCELLENT, EXTRAORDINAIRE, FANTASTIQUE, MAGNIFIQUE, MERVEILLEUX, PARFAIT, PRODIGIEUX, REMARQUABLE, SENSATIONNEL.

pittoresque *adj.* ▶ ***Imagé*** – animé, coloré, expressif, figuré, haut en couleur, imagé, métaphorique, savoureux, truculent, vivant. FAM. folklorique. ▶ ***Original*** – à part, différent, inimitable, original, particulier, sans précédent, singulier, spécial, unique en son genre, unique. △ **ANT.** MONOTONE, MORNE, SANS COULEUR, SANS VIE, TERNE.

pivot *n.m.* ▶ ***Axe*** – arbre, arbre-manivelle, axe, bielle, biellette, charnière, essieu, manivelle, moyeu, tige, vilebrequin. TECHN. goujon, tourillon. ▶ ***Partie d'une plante*** – racine pivotante. ▶ ***Partie d'une dent artificielle*** – tenon. ▶ ***Centre*** – axe, centre, entre-deux, intermédiaire, milieu, moyen terme, point central. FIG. clef (de voûte), cœur, foyer, midi, nœud, nombril, noyau, ombilic, sein, siège. ▶ ***Élément essentiel*** – assise, base, fondement, pierre angulaire, pierre d'assise, principe, soubassement.

pivoter *v.* ▶ ***Tourner sur soi-même*** – pirouetter, toupiller, tourbillonner, tourner, tournoyer, virer, virevolter, vriller. FRANCE RÉGION. toupiner.

placard *n.m.* ▶ ***Lieu de rangement*** – garde-robe, lingerie, penderie, placard-penderie, rangement. FAM. cagibi, fourre-tout. QUÉB. FAM. armoire à linge. ▶ ***Affiche*** – affiche, affichette, annonce, avis, écriteau, enseigne, pancarte, panneau, panneau réclame, panonceau, proclamation, programme, publicité, réclame. ▶ ***Prison*** (FAM.) – bagne, centre de détention, centre pénitentiaire, établissement pénitentiaire, maison de détention, pénitencier, prison. FAM. cachot, cage, taule, trou. FRANCE FAM. bloc, gnouf.

place *n.f.* ▶ ***Lieu*** – coin, emplacement, endroit, lieu, localisation, localité, point, position, poste, scène, séjour, siège, site, situation, théâtre, zone. BIOL. locus. ▶ ***Zone terrestre*** – aire, champ, domaine, emplacement, espace, région, terrain, territoire, zone. ▶ ***Place forte*** – bastion, bonnette, flanquement, fort, forteresse, fortifications, ouvrage, place de guerre, place forte, retranchement. ANC. bretèche, castrum, ferté, préside, redoute. ▶ ***Espace public*** – agora, esplanade, forum, parvis, piazza, place piétonnière, place publique, placette, rond-point, square. QUÉB. carré. ▶ ***Espace pour le mouvement*** – espace, jeu. ▶ ***Partie d'une maison*** (QUÉB. ACADIE FAM.) – plancher. ▶ ***Pièce*** (BELG.) – local, pièce, salle. QUÉB. FAM. appartement. ACADIE bord. ▶ ***Endroit où l'on s'assoit*** – siège. ▶ ***Rôle*** – affectation, charge, dignité, emploi, fonction, métier, mission, office, poste, responsabilité, rôle, siège, titre, vocation. ▶ ***Situation sociale*** – caste, classe, condition, état, fortune, position, rang, situation, statut. SOUT. étage.

placement *n.m.* ▶ ***Mise en place*** – constitution, création, disposition, édification, établissement, fondation, implantation, importation, installation, instauration, institution, introduction, intronisation, mise en œuvre, mise en place, mise sur pied, nomination, organisation, pose. INFORM. implémentation. ▶ ***Action de placer de l'argent*** – financement, impenses, investissement, participation. ▶ ***Capital*** – argent, avoir, bien, capital, cassette, épargne, fonds, fortune, fruit, gain, investissement, liquidités, numéraire, patrimoine, pécule, portefeuille, possession, produit, propriété, richesse, trésor, valeur. SOUT. deniers. FAM. finances, magot. ▶ ***Mise en institution*** – hospitalisation.

placer *v.* ▶ ***Mettre à sa place*** – mettre, ranger. FAM. caser, fourrer, foutre. QUÉB. FAM. serrer. ▶ ***Disposer*** – arranger, disposer, mettre, présenter. ▶ ***Localiser*** – localiser, situer. ▶ ***Établir dans une situation*** – caser, établir. ▶ ***Investir*** – engager, injecter, investir. △ **ANT.** DÉPLACER, DÉRANGER; ENLEVER, RETIRER.

placide *adj.* calme, d'humeur égale, flegmatique, impassible, imperturbable, maître de soi. △ **ANT.** AGITÉ, EMPORTÉ, ÉNERVÉ, ÉTOURDISSANT, EXCITÉ, FÉBRILE, FIÉVREUX, FRÉTILLANT, HYSTÉRIQUE, IMPATIENT, NERVEUX; ENRAGÉ, FULMINANT, FUMANT, FURIBOND, FURIEUX, IRRITÉ, VIOLENT; COLÉRIQUE, EXCITABLE, FOUGUEUX, IRASCIBLE, IRRITABLE.

plafond *n.m.* ▶ ***Partie supérieure*** – ciel de carrière *(mine)*, soffite, vélum, voûte *(caverne)*. ▶ ***Altitude*** – altitude, élévation, haut, hauteur, niveau au-dessus de la mer. MAR. guindant *(mât)*. ▶ ***Maximum*** – acmé, apex, apogée, apothéose, cime, climax, comble, culmination, excès, faîte, fin du fin, fort, limite, maximum, meilleur, nec plus ultra, optimum, paroxysme, pinacle, point culminant, pointe, record, sommet, summum, triomphe, zénith. SOUT. plus haut période. FAM. top niveau. △ **ANT.** PARQUET, PLANCHER; BAS, MINIMUM.

plage *n.f.* ▶ ***Étendue de sable*** – berge, bord, rivage, rive. ▸ *Plat* – graves, grève. ▶ ***Station balnéaire*** – station balnéaire, station thermale, ville d'eaux. ▶ ***Période*** – durée, laps de temps, période, plage (horaire), planche (horaire), temps.

plaider *v.* ▶ ***Intercéder*** – défendre, intercéder, parler, prendre la défense de, soutenir, voler au secours de. ▶ ***Constituer un argument*** – militer, parler.

plaidoirie *n.f.* apologétique *(religion)*, apologie, défense, éloge, justification, plaidoyer. △ **ANT.** ACCUSATION, RÉQUISITOIRE.

plaidoyer *n.m.* apologétique *(religion)*, apologie, défense, éloge, justification, plaidoirie. △ **ANT.** ACCUSATION, RÉQUISITOIRE.

plaie *n.f.* ▶ ***Blessure*** – blessure, dégénérescence, lésion, marque. *FAM. OU ENFANTIN* bobo. *DIDACT.* trauma. ▶ ***Ulcération*** – lésion, ulcération, ulcère. ▶ ***Douleur*** – adversité, calamité, calice (de douleur), chagrin, détresse, deuil, disgrâce, douleur, échec, épreuve, fatalité, infortune, mal, malchance, malédiction, malheur, mauvaise fortune, mauvaise passe, mésaventure, misère, nuage, orage, peine, revers, ruine, sale affaire, sale histoire, souffrance, traverse, tribulation. *SOUT.* bourrèlement, tourment. ▶ ***Personne insupportable*** – gêneur, importun, indésirable, intrus. *SOUT.* fâcheux, officieux. *FAM.* casse-pieds, emmerdeur, enquiquineur, glu, pot de colle, raseur, rasoir, sangsue. *FRANCE FAM.* accrocheur, crampon. *QUÉB. FAM.* achalant, fatigant, tannant, teigne. △ **ANT.** JOIE, PLAISIR, RAVISSEMENT.

plaignant *n.* appelant, demandeur, partie plaignante, partie poursuivante, partie requérante, pétitionnaire, poursuivant, réclamant, requérant, revendicateur. △ **ANT.** ACCUSÉ.

plaindre *v.* ▶ ***Éprouver de la pitié*** – avoir pitié de, compatir à, s'apitoyer, s'attendrir. ♦ **se plaindre** ▶ ***Se lamenter*** – geindre, gémir, pleurer, se lamenter. *FAM.* faire des jérémiades, jérémiader. ▶ ***Se lamenter bruyamment*** – se lamenter. *FAM.* beugler, brailler, braire, bramer. ▶ ***Protester*** – broncher, murmurer, pousser les hauts cris, protester, réagir, récriminer, renâcler, répliquer, s'élever, s'indigner, s'opposer, se dresser, se gendarmer, se récrier. *SOUT.* réclamer. *FAM.* criailler, faire du foin, moufter, piailler, rouscailler, rouspéter, ruer dans les brancards, tiquer, tousser. *QUÉB. FAM.* chialer. *ACADIE FAM.* bagueuler. △ **ANT.** ENVIER. ♦ **se plaindre** SE CONTENTER, SE FÉLICITER, SE SATISFAIRE.

plaine *n.f.* ▶ ***Étendue*** – campagne, rase campagne. △ **ANT.** COLLINE, ÉLÉVATION, MONTAGNE.

plainte *n.f.* ▶ ***Lamentation*** – bêlement, braillement, cri, doléances, geignement, grincement, hélas, jérémiade, lamentation, larmoiement, murmure, pleurs, sanglot, soupir. *SOUT.* sanglotement. *FAM.* pleurnichage, pleurnichement, pleurnicherie. *QUÉB. FAM.* braillage. ▶ ***Reproche*** – accusation, admonestation, admonition, anathématisation, anathème, attaque, avertissement, blâme, censure, condamnation, correction, critique, désapprobation, diatribe, grief, grognerie, gronderie, interdit, leçon, malédiction, mise à l'écart, mise à l'index, mise en quarantaine, objection, observation, punition, récrimination, remarque, remontrance, représentation, réprimande, réprobation, reproche, réquisitoire, semonce, sérénade, sermon, tollé. *SOUT.* animadversion, foudres, fustigation, improbation, mercuriale, objurgation, stigmatisation, vitupération. *FAM.* douche, engueulade, savon, tabac. *FRANCE FAM.* attrapade, lavage de tête, prêchi-prêcha, soufflante. *BELG.* cigare. *RELIG.* fulmination. ▶ ***Dénonciation*** – accusation, allégation, attaque, cafardage, calomnie, critique, délation, dénigrement, dénonciation, dépréciation, dévalorisation, diffamation, imputation, insinuation, médisance, rabaissement, réquisitoire, trahison. *SOUT.* détraction. *FAM.* mouchardage. ▶ ***Inculpation*** – accusation, charge, imputation, incrimination, inculpation, poursuite, présomption, prise à partie, réquisitoire. *SOUT.* prévention. *ANC.* clain. *DR.* chef d'accusation. ▶ ***Action en justice*** – action, demande, poursuite, procès, réclamation, recours, référé, requête. △ **ANT.** COMPLIMENT, ÉLOGE, LOUANGE; APPROBATION, SATISFACTION; REMERCIEMENT; DÉSISTEMENT.

plaintif *adj.* dolent, gémissant, larmoyant, pleureur, pleurnichard, pleurnicheur. *FAM.* bêlant, geignard, pleurard. △ **ANT.** GAI, JOYEUX, RIANT, RIEUR.

plaire *v.* ▶ ***Satisfaire*** – aller à, contenter, convenir à, faire l'affaire de, satisfaire, sourire à. *SOUT.* agréer à, complaire à. *FAM.* arranger, chanter à. ▶ ***Intéresser*** – captiver, empoigner, intéresser, passionner. *SOUT.* attacher l'esprit. *FAM.* accrocher, brancher. ▶ ***Enchanter*** – charmer, combler, enchanter, enthousiasmer, exaucer, faire la joie de, faire le bonheur de, faire plaisir à, mettre en joie, ravir, réjouir. *SOUT.* assouvir, délecter. *FAM.* emballer. ▶ ***Éveiller l'amour*** – *FAM.* taper dans l'œil de, tomber dans l'œil de, tourner la tête à. ♦ **se plaire** ▶ ***Aimer*** – adorer, affectionner, aimer, apprécier, avoir un faible pour, avoir un penchant pour, être fou de, être friand de, être porté sur, faire ses délices de, prendre plaisir à, priser, raffoler de, s'intéresser à, se complaire, se délecter, se passionner pour. *SOUT.* chérir, goûter. ▶ ***Entretenir*** – caresser, entretenir, nourrir, se complaire dans. △ **ANT.** DÉPLAIRE; AGACER, CONTRARIER, ENNUYER, FÂCHER, MÉCONTENTER, OFFUSQUER; BLASER, DÉGOÛTER.

plaisant *adj.* ▶ ***Agréable*** – agréable, amusant, charmant, distrayant, divertissant, égayant, gai, réjouissant, riant, souriant, sympathique. *FAM.* chic, chouette, sympa. ▶ ***Drôle*** – amusant, bouffon, burlesque, cocasse, comique, d'un haut comique, désopilant, drolatique, drôle, gai, hilarant, humoristique, impayable, ineffable, inénarrable, rigolo, risible, vaudevillesque. *SOUT.* drôlet. *FAM.* bidonnant, boyautant, crevant, éclatant, gondolant, marrant, poilant, roulant, tordant. ▶ ***Joli*** – à croquer, adorable, avenant, beau, bien, charmant, coquet, délicieux, gentil, gentillet, gracieux, joli, mignon, mignonnet, ravissant. *FAM.* chou. *FRANCE FAM.* croquignolet, mignard, mimi, trognon. ▶ ***Séduisant*** – agréable, attachant, charmant, (d'un charme) irrésistible, séduisant. *FRANCE FAM.* craquant. △ **ANT.** DÉPLAISANT; DÉSAGRÉABLE, DÉTESTABLE, EXÉCRABLE, HAÏSSABLE; DISGRACIEUX, INESTHÉTIQUE, INGRAT, LAID, VILAIN; GRAVE, SÉRIEUX; ATTRISTANT, CHAGRINANT, TRISTE.

plaisanter *v.* ▶ ***Faire des plaisanteries*** – badiner, folâtrer, jouer, rire, s'amuser, se gausser. *FAM.* batifoler, blaguer, déconner, rigoler. *BELG.* baleter, zwanzer. *FRANCE RÉGION.* galéjer. ▶ ***Taquiner*** – agacer, faire enrager, taquiner. FAM. asticoter, blaguer, chiner. QUÉB. FAM. niaiser. ACADIE FAM. tisonner. △ ANT. ÊTRE SÉRIEUX, NE PAS RIRE.

plaisanterie *n.f.* ▶ ***Blague*** – badinage, baliverne, blague, bon mot, bouffonnerie, boutade, cabriole, calembour, calembredaine, clownerie, drôlerie, facétie, farce, galéjade, gauloiserie, histoire (drôle), humour, joyeuseté, mot pour rire, pitrerie. SOUT. arlequinade. FAM. astuce, flan, gag, gaudriole, histoire de fous. FRANCE RÉGION. galéjade. BELG. zwanze. SUISSE witz. ▶ ***Raillerie*** – dérision, épigramme, esprit, flèche, goguenardise, gouaille, gouaillerie, humour, ironie, lazzi, malice, moquerie, persiflage, pique, pointe, quolibet, raillerie, ricanement, risée, sarcasme, satire, taquinerie, trait. SOUT. brocard, nargue, saillie. FAM. vanne. ▶ ***Tour*** – attrape, blague, canular, facétie, farce, fumisterie, mystification, tour. FAM. bateau. ▶ ***Affaire sans importance*** – amusette, bagatelle, baliverne, bêtise, bricole, broutille, chanson, détail, enfantillage, fadaise, faribole, frivolité, futilité, jeu, misère, rien, sornette, sottise, vétille. SOUT. badinerie, puérilité. FAM. connerie, foutaise, mômerie. BELG. FAM. carabistouille.

plaisir *n.m.* ▶ ***Joie*** – allégresse, béatitude, bonheur, égaiement, enthousiasme, euphorie, exaltation, extase, exultation, gaieté, hilarité, ivresse, joie, jubilation, ravissement, réjouissance, vertige. SOUT. aise, félicité, liesse, rayonnement. ▶ ***Volupté*** – bien-être, bon temps, bonheur, contentement, délectation, délice, douceur, euphorie, félicité, jouissance, orgasme, régal, satisfaction, septième ciel, volupté. SOUT. aise, félicité, miel, nectar. ▶ ***Amusement*** – agrément, amusement, distraction, divertissement, égaiement. ▶ ***Divertissement*** – agrément, amusement, amusette, délassement, dérivatif, distraction, divertissement, ébats, ébattement, étourdissement, jeu, loisir, ludisme, partie, passe-temps, plaisance, récréation, sport. SOUT. diversion. FAM. récré. △ ANT. CHAGRIN, DÉPLAISIR, DOULEUR, MÉLANCOLIE, SOUFFRANCE, TRISTESSE; DÉSAGRÉMENT, ENNUI, LASSITUDE.

plan *adj.* égal, horizontal, plat, uni. △ ANT. COURBE, GAUCHE, GONDOLÉ, INÉGAL, IRRÉGULIER, ONDULÉ, RABOTEUX. ♦ **plane, *fém.*** SPATIALE *(GÉOMÉTRIE)*.

plan *n.m.* ▶ ***Ce qui est plan*** – aire, méplat, surface. ▶ ***Aile*** – aile, foil *(embarcation)*, volet *(avion)*. ▶ ***Représentation*** – carte, copie, dessin, diagramme, fac-similé, figuration, image, levé, représentation, reproduction, schéma, symbole, visuel *(en publicité)*. ▶ ***Modèle*** – carton, grille, matrice, modèle, modélisation, moule, patron, pattern, pilote, prototype, simulation, spécimen. FAM. topo. ▶ ***Sommaire*** – abrégé, aide-mémoire, analyse, aperçu, argument, compendium, condensé, éléments, épitomé, esquisse, extrait, livret, manuel, mémento, morceau, notice, page, passage, précis, promptuaire, raccourci, récapitulation, réduction, résumé, rudiment, schéma, sommaire, somme, synopsis, vade-mecum. FAM. topo. ▶ ***Programme*** – calendrier, échéancier, emploi du temps, horaire, minutage, ordre du jour, planification, programme, projet. FAM. menu. ▶ ***Agencement*** – accommodation, accommodement, agencement, ajustement, aménagement, architecture, arrangement, articulation, assemblage, combinaison, combinatoire, composition, concaténation, configuration, construction, contexture, coordination, disposition, distribution, élaboration, enchaînement, harmonie, liaison, mise en ordre, mise en place, ordonnance, ordonnancement, ordre, organisation, orientation, profil, programmation, rangement, structuration, structure, système, texture. ▶ ***Machination*** – agissements, cabale, calcul, combinaison, complot, conjuration, conspiration, intrigue, machination, manigance, manipulation, manœuvre, maquignonnage, menées, tractation. SOUT. brigue, fomentation. FAM. combine, fricotage, grenouillage, magouillage, magouille, micmac, mijotage. ▶ ***Subdivision d'un film*** – scène, séquence. ▶ ***Prise de vue*** – prise de vue.

planche *n.f.* ▶ ***Pièce de bois*** – planchette. ▶ ***Estampe*** – illustration. ▶ ***Terrain*** – pièce de terre. ▶ ***Lingot*** – lingot. TECHN. billette, bloom, gueuse, saumon. ♦ **les planches, *plur.*** ▶ ***Théâtre*** – art dramatique, scène, théâtre. ▶ ***Scène*** – (les) planches, plateau, scène.

plancher *n.m.* ▶ ***Plateforme*** – gradin, hélistation, mezzanine, palier, planchette, plateau, plateforme, podium, praticable, quai, tablier. MAR. gril, hune. MILIT. dispersal. ▶ ***Plancher d'une maison*** – QUÉB. ACADIE FAM. place. ▶ ***Minimum*** – minimum, moins. △ ANT. PLAFOND; MAXIMUM, SOMMET.

planer *v.* ▶ ***Flotter en l'air*** – flotter, voler, voleter, voltiger. ▶ ***Menacer*** – attendre, gronder, guetter, menacer. SOUT. imminer. ▶ ***Aplanir*** – aplanir, décourber, dégauchir, doler, dresser, raboter, redresser, replanir, varloper. RARE blanchir, unir. △ ANT. PIQUER, PLONGER, TOMBER.

planétaire *adj.* ▶ ***Relatif aux planètes*** – astral, céleste, sidéral. ▶ ***Relatif à toute la planète Terre*** – global, international, mondial, universel. △ ANT. LOCAL, NATIONAL, RÉGIONAL; LIBRE *(ÉLECTRON)*.

planète *n.f.* ▶ ***Corps céleste*** – astre, corps céleste.

plant *n.m.* ▶ ***Plante*** – accru, bouture, brin, brout, cépée, drageon, germe, jet, mailleton, marcotte, provin, recrû, rejet, rejeton, revenue, surgeon, talle, tendron, turion. ▶ ***Terrain planté*** – brûlis, champ, chaume, guéret, plantation, pré. SOUT. glèbe. FRANCE RÉGION. gagnage, platière. ▶ ***Vigne*** – cépage, hautin *(sur échalas)*, joualle/vigne en ouillière *(cultivée avec d'autres plantes)*, treille *(qui grimpe)*. FRANCE RÉGION. lambruche *(sauvage)*, plantier. ▸ *Qui produit d'autres vignes* – marcotte de vigne, provin, sautelle.

plantation *n.f.* ▶ ***Action de planter*** – repiquage, replantation, transplantation. ▸ *D'arbres* – afforestation, boisement, reboisement, reforestation. ▶ ***Terrain*** – brûlis, champ, chaume, guéret, plant, pré. SOUT. glèbe. FRANCE RÉGION. gagnage, platière.

plante *n.f.* ▶ ***Végétal*** – BOT. plante herbacée. ▶ ***Accident*** (QUÉB. FAM.) – chute, dégringolade. SOUT. tombée. FAM. pelle.

planter *v.* ▶ ***Semer*** – mettre en terre, semer. ▶ ***Enfoncer dans la terre*** – enfoncer, ficher. ▶ ***Faire tenir droit*** – dresser, élever, ériger. ▶ ***Installer un décor*** – installer, poser. ▶ ***Tomber*** (QUÉB. FAM.) – basculer, culbuter, faire une chute, tomber, verser. FAM. aller choir, chuter, dinguer, prendre un billet de parterre, prendre une bûche, prendre une gamelle, prendre une pelle, ramasser un gadin, ramasser une bûche, ramasser une gamelle, ramasser une pelle, s'allonger, s'étaler, se casser la figure, se casser la gueule, se fiche par terre, se rétamer, valdinguer. ♦ **se planter** ▶ ***Se tenir en un endroit*** – se camper, se poster. ▶ ***Se tromper*** (FAM.) – avoir tort, commettre une erreur, faire erreur, faire fausse route, s'abuser, se fourvoyer, se méprendre, se tromper. SOUT. errer, s'égarer. FAM. prendre des vessies pour des lanternes, se blouser, se ficher dedans, se gourer, se mettre le doigt dans l'œil. RARE aberrer. ▶ ***Échouer*** (FAM.) – échouer, essuyer un échec, faire chou blanc, faire fiasco, manquer son coup, rater son coup, subir un échec. FAM. faire un bide, faire un flop, faire un four, prendre une gamelle, prendre une pelle, prendre une veste, ramasser une gamelle, ramasser une pelle, ramasser une veste, remporter une veste, se casser la gueule, se casser le nez, se casser les dents. ▸ *Échouer à un examen* – échouer à. FAM. se faire étaler à, se ramasser à. BELG. FAM. moffler. SUISSE FAM. luger. △ **ANT.** ARRACHER, DÉRACINER, EXTIRPER; RÉCOLTER, RECUEILLIR; ENLEVER, ÔTER.

planton *n.* ▶ ***Soldat*** – agent de liaison, estafette. ▶ ***Guetteur*** – factionnaire, garde, guetteur, sentinelle, soldat de faction, soldat de garde, veilleur, vigie, vigile *(romain)*.

plaque *n.f.* ▶ ***Objet mince*** – feuille, panneau, planche, tableau. ▸ *De petite taille* – carreau, écusson, panonceau, plaquette. ▶ ***Électricité*** – borne, électrode, pôle.

plaquer *v.* ▶ ***Coller*** – appliquer, appuyer, coller. ▶ ***Abandonner qqn*** (FAM.) – abandonner, délaisser, déserter, laisser, laisser en plan, laisser tomber, quitter. FAM. jeter, lâcher, laisser choir, larguer, lourder, planter là. ▶ ***Abandonner qqch.*** (FAM.) – abandonner, délaisser, enterrer, faire une croix sur, jeter aux oubliettes, laisser, laisser en jachère, laisser tomber, mettre au placard, mettre au rancart, mettre aux oubliettes, quitter, renoncer à, tirer une croix sur. SOUT. dépouiller, renoncer. FAM. lâcher, planter là. △ **ANT.** SÉPARER; RETROUVER.

plastique *adj.* malléable, mou, ramolli, tendre. △ **ANT.** RIGIDE.

plat *adj.* ▶ ***Sans saillie*** – égal, horizontal, plan, uni. ▶ ***Peu épais*** – aplati, mince. ▶ ***Morne*** – déprimant, ennuyeux, gris, grisâtre, maussade, monotone, morne, sans vie, terne. ▶ ***Lassant*** – assommant, endormant, ennuyeux, fastidieux, inintéressant, insipide, lassant, monotone, répétitif, soporifique. FAM. barbant, lugubre, mortel, mortifère, mourant, rasant, raseur, rasoir, usant. FRANCE FAM. barbifiant, barbifique, bassinant, canulant. ▶ ***D'une soumission déshonorante*** – bas, obséquieux, qui fait le chien couchant, rampant, servile, soumis. FAM. à-plat-ventriste, fayot. △ **ANT.** COURBE, GAUCHE, GONDOLÉ, INÉGAL, IRRÉGULIER, ONDULÉ, RABOTEUX; MONTAGNEUX, VALLONNÉ; ARRONDI, BOMBÉ, ROND, SPHÉRIQUE; ÉPAIS; EXCITANT, PALPITANT, PASSIONNANT; AMUSANT, CHARMANT, DISTRAYANT, DIVERTISSANT, ÉGAYANT, GAI, PLAISANT, RÉJOUISSANT; COLORÉ, PIQUANT, PITTORESQUE; ENCOURAGEANT, MOTIVANT, STIMULANT.

plat *n.m.* ▶ ***Contenant de table*** – assiette, écuelle, gamelle *(campeur)*, soucoupe. ▶ ***Contenu*** – assiette, assiettée, écuelle, écuellée, platée. ▶ ***Contenant à four*** – plat à four. QUÉB. FAM. lèchefrite. ▶ ***Nourriture*** – mets, spécialité.

plateau *n.m.* ▶ ***Support*** – plateau-repas, servante, serviteur. ▶ ***Plateau de service*** – plateau de service. QUÉB. cabaret. ▶ ***Relief*** – hautes terres. ▶ ***Plateforme*** – gradin, hélistation, mezzanine, palier, plancher, planchette, plateforme, podium, praticable, quai, tablier. MAR. gril, hune. MILIT. dispersal. ▶ ***Scène*** – (les) planches, scène. ▶ ***Segment d'une courbe*** – palier. △ **ANT.** VALLÉE.

plate-forme (var. **plateforme**) *n.f.* ▶ ***Surface plane*** – gradin, hélistation, mezzanine, palier, plancher, planchette, plateau, podium, praticable, quai, tablier. MAR. gril, hune. MILIT. dispersal. ▶ ***Relief*** – plateau continental, plateforme (continentale), socle (continental), soubassement. ▶ ***Aire*** – aire, champ, domaine, emplacement, espace, place, région, terrain, territoire, zone.

platitude *n.f.* ▶ ***Médiocrité*** – banalité, facilité, fadeur, faiblesse, inconsistance, indigence, insignifiance, insuffisance, médiocre, médiocrité, pauvreté, prévisibilité. SOUT. trivialité. ▶ ***Cliché*** – banalité, cliché, évidence, fadaise, généralité, lapalissade, lieu commun, poncif, redite, stéréotype, tautologie, truisme. ▶ ***Servilité*** – adulation, approbativité, (basse) flatterie, bassesse, cajolerie, complaisance, compromission, courbette, flagornerie, obséquiosité, servilité. SOUT. blandice. FAM. à-plat-ventrisme, léchage (de bottes), lèche, mamours. △ **ANT.** EXCELLENCE, GRANDEUR, PERFECTION; ESPRIT, HARDIESSE, JAMAIS VU, ORIGINALITÉ, SAVEUR; FIERTÉ, NOBLESSE.

platonique *adj.* ▶ ***Chaste*** (MOD.) – chaste, décent, immaculé, innocent, pudique, pur, réservé, sage, vertueux, virginal. ▸ *Non favorable* – bégueule, collet monté, prude, pudibond, puritain. △ **ANT.** SEXUEL, SEXUELLEMENT ACTIF.

plâtre *n.m.* ▶ ***Pierre*** – gypse, pierre à plâtre, sulfate de calcium.

plausible *adj.* crédible, croyable, probable, vraisemblable. △ **ANT.** IMPOSSIBLE, IMPROBABLE, INVRAISEMBLABLE, IRRÉALISTE.

plein *adj.* ▶ ***Qui n'est pas creux*** – massif. ▶ ***Rempli*** – bondé, bourré, comble, complet, rempli. ▶ ***Dodu*** – arrondi, aux formes pleines, charnu, dodu, enveloppé, grassouillet, potelé, pulpeux, rebondi, replet, rond, rondelet. FAM. boulot, girond, rondouillard. ▸ *En parlant du visage* – joufflu, poupard, poupin. ▶ ***Gros*** – adipeux, bien en chair, charnu, corpulent, de forte taille, empâté, épais, étoffé, fort, gras, gros, imposant, large, lourd, massif, obèse, opulent, plantureux. FAM. éléphantesque, hippopotamesque. FRANCE FAM. mastoc. ▶ ***En parlant d'une femelle*** – en gestation, gestante, gravide. FAM. enceinte. ▶ ***Total*** – absolu, complet, entier, exhaustif, global, inconditionnel, intégral, parfait, rigoureux, sans réserve, total. PÉJ. aveugle. ▶ ***En parlant de l'esprit*** – bourré, débordant, farci, imbu, imprégné, pénétré, rempli, saturé. ▶ ***Ivre*** (FAM.) – aviné, en état d'ébriété, enivré, ivre, pris de boisson. FAM. paf, parti, poivré, rond, saoul. FRANCE FAM. beurré (comme un petit Lu), blindé, bourré, cuit, cuité, mûr, noir, pété, pinté, schlass. △ **ANT.** VIDE; CREUX; ÉMACIÉ; CHÉTIF, GRINGALET, MAIGRE, MAIGRELET, MAIGRICHON; PAR-

TIEL; DÉSERT, INOCCUPÉ, LIBRE, VACANT; HUMBLE, MODESTE; SOBRE. ♦ **plein de** DÉNUÉ DE, DÉPOURVU DE, EXEMPT DE, PRIVÉ DE, SANS.

pleinement *adv.* à fond, à tous (les) égards, au (grand) complet, au long, au total, complètement, d'un bout à l'autre, de A (jusqu')à Z, du début à la fin, du tout au tout, en bloc, en entier, en totalité, en tous points, entièrement, exhaustivement, fin, in extenso, intégralement, sous tous les rapports, sur toute la ligne, totalement, tout, tout à fait. △ **ANT.** À DEMI, À MOITIÉ, EN PARTIE, FRAGMENTAIREMENT, INCOMPLÈTEMENT, PARTIELLEMENT.

plénipotentiaire *n.* agent, ambassadeur, attaché, chargé d'affaires, chargé de mission, commissaire, correspondant, délégataire, délégué, député, diplomate, émissaire, envoyé, fondé de pouvoir, légat, mandataire, messager, ministre, négociateur, parlementaire, représentant. *FRANCE ANC.* agréé.

plénitude *n.f.* ▸ ***Maturité*** – adultie, adultisme, âge, âge adulte, âge mûr, assurance, confiance en soi, épanouissement, expérience (de la vie), force de l'âge, majorité, maturité, réalisation de soi, sagesse. ▸ ***Perfection*** – achèvement, consommation, couronnement, épanouissement, excellence, fini, fleur, maturité, meilleur, parachèvement, perfection, précellence. *PHILOS.* entéléchie. ▸ ***Totalité*** – absoluité, complétude, ensemble, entier, entièreté, exhaustivité, généralité, globalité, intégralité, intégrité, masse, réunion, somme, total, totalité, tout, universalité. ▸ ***Saturation*** – abondance, ampleur, intégrité, satiété, saturation, totalité. ▸ ***Profondeur*** – acuité, ardeur, complexité, difficulté, élévation, ésotérisme, extase, extrémité, force, immensité, impénétrabilité, intelligence, intensité, intériorité, intimité, mystère, pénétration, perspicacité, profond, profondeur, puissance, science, secret. △ **ANT.** INCOMPLÉTUDE, VIDE; FRAGMENT, PARTIE, PORTION; CARENCE, PÉNURIE.

pleurer *v.* ▸ ***En parlant d'un nourrisson*** – crier, vagir. ▸ ***Verser des larmes*** – sangloter, verser des larmes, verser des pleurs. *FAM.* chialer. *QUÉB. FAM.* brailler. ▸ ***Pleurnicher*** – larmoyer, pleurnicher. *FAM.* chialer, chigner, couiner, piailler, piauler. *SUISSE FAM.* piorner. ▸ ***Regretter vivement*** – déplorer, regretter. ▸ ***Se plaindre*** – geindre, gémir, se lamenter, se plaindre. *FAM.* faire des jérémiades. △ **ANT.** RIRE; SE RÉJOUIR.

pleureur *adj.* dolent, gémissant, larmoyant, plaintif, pleurnichard, pleurnicheur. *FAM.* bêlant, geignard, pleurard. △ **ANT.** ENJOUÉ, GAI, RIANT, RIEUR.

pleurnicher *v.* larmoyer. *FAM.* chialer, chigner, couiner, piailler, piauler. *SUISSE FAM.* piorner.

pleuvoir *v.* ▸ ***Tomber de la pluie*** – tomber de la pluie. *FAM.* flotter. *QUÉB. FAM.* mouiller. ▸ ***Arriver en grand nombre*** – fondre, s'abattre, tomber.

pli *n.m.* ▸ ***Dans une étoffe*** – bouillon, fronce, godron, ourlet, pince, rempli, rentré, repli, roulotté, tuyau. ▸ ***Faux pli*** – faux pli, godage, godet. *RARE* froissure. ▸ ***Ride*** – commissure, fanon, froncement, pliure, repli, ride, ridule. ▸ ***En géologie*** – plissement. ▸ ***Levée*** – levée, main. ▸ ***Lettre*** – billet, lettre, message, mot, réponse. *IRON.* épître. *SOUT.* missive. *FAM.* biffeton *(dans une prison)*. *FRANCE FAM.* babillarde, bafouille. *AFR.* note. ▸ ***Habitude*** – accoutumance, automatisme, façons, habitude, manières, mœurs, réflexe, rite, rituel, seconde nature. *PSYCHOL.* stéréotypie. *FAM.* abonnement, métro-boulot-dodo, train-train, train-train quotidien. ▸ *Non favorable* – encroûtement, manie, marotte, monotonie, ordinaire, ronron, routine, tic, uniformité.

pliant *adj.* convertible, escamotable, rabattable, repliable, transformable.

plier *v.* ▸ ***Courber*** – courber, fléchir, infléchir, recourber. ▸ *Sous un poids* – arquer, faiblir, fléchir, ployer. ▸ ***Rabattre*** – rabattre. ▸ *Ce qui a été déplié* – rabattre, ramener, replier. ▸ ***Déformer une articulation*** – tordre. *SUISSE* mailler. ▸ ***Tempérer*** – assouplir, relâcher, tempérer. ▸ ***Se courber*** – s'arquer, s'incurver, s'infléchir, se courber. ▸ *Sous un poids* – arquer, céder, fléchir. ▸ ***Céder*** – battre en retraite, céder, faiblir, faire marche arrière, fléchir, lâcher pied, mollir, reculer. *FAM.* caler, caner, flancher, se déballonner, se dégonfler. ♦ **se plier** ▸ ***Se courber*** – s'arquer, s'incurver, s'infléchir, se courber. ▸ ***Respecter*** – acquiescer à, obéir à, observer, obtempérer à, respecter, se conformer à, se soumettre à, suivre. *SOUT.* déférer à, sacrifier à. △ **ANT.** DRESSER, RECTIFIER, REDRESSER; DÉPLIER, DÉPLOYER, DÉVELOPPER, ÉTENDRE, OUVRIR; DÉSOBÉIR, RÉSISTER, S'ENTÊTER, S'OBSTINER, S'OPPOSER.

plisser *v.* ▸ ***Garnir de plis serrés*** – froncer. ▸ ***Froisser*** – chiffonner, friper, froisser. ♦ **plissé** ▸ ***En parlant d'un vêtement*** – à fronces, froncé. △ **ANT.** DÉPLISSER.

plomb *n.m.* ▸ ***Sceau*** – cachet, contrôle, empreinte, estampille, flamme, frappe, griffe, insculpation, label, marque, oblitération, poinçon, sceau, tampon, timbre. *QUÉB. FAM.* étampe. ▸ ***Fusible*** – coupe-circuit, fusible, fusible-cartouche, plomb (fusible). ▸ ***Projectile*** – balle, cartouche, cendrée, chevrotine, grenaille, menuise. *FAM.* bastos, dragée, pruneau.

plongée *n.f.* ▸ ***Action de s'enfoncer dans l'eau*** – immersion, plongeon.

plonger *v.* ▸ ***Immerger*** – baigner, faire tremper, immerger, tremper. ▸ ***Enfoncer*** – enfoncer, enfouir, fourrer. ▸ ***Mettre soudainement dans un état*** – jeter, précipiter. ▸ ***Sauter dans l'eau tête première*** – faire un plongeon, piquer une tête. ▸ ***Se précipiter du haut des airs*** – fondre, piquer, s'abattre. ♦ **se plonger** ▸ ***S'absorber*** – s'absorber, se perdre, sombrer. *SOUT.* s'abîmer. △ **ANT.** ÉMERGER; FLOTTER; RETIRER; LIBÉRER. ♦ **se plonger** S'EXTRAIRE, SE TIRER.

pluie *n.f.* ▸ ***Phénomène atmosphérique*** – *FAM.* flotte. ▸ ***Déferlement*** – abondance, avalanche, averse, bombardement, bordée, cascade, déferlement, déluge, flot, flux, grêle, kaléidoscope, mascaret, rivière, torrent, vague. *SOUT.* fleuve. △ **ANT.** SÉCHERESSE; CARENCE, DISETTE, PÉNURIE; FILET, GOUTTE, TRAIT.

plumage *n.m.* ▸ ***Ensemble des plumes*** – livrée, pennage, plumée. ▸ ***Action de plumer*** – plumée. *RARE* plumaison. ▸ ***Action d'écorcer*** (*QUÉB. FAM.*) – décortication.

plume *n.f.* ▸ ***Partie d'un oiseau*** ▸ *Petite* – plumette, plumule. ▸ ***Instrument pour écrire*** – porte-plume, stylo (à) plume. ▸ ***Bouée*** – balancier, bouchon, bouée, flotteur. ▶ ***Partie d'une flèche*** – aileron.

pluralité *n. f.* ▶ ***Multiplicité*** – complexité, diversité, multiplicité, variété. △ **ANT.** SINGULARITÉ, UNICITÉ; MINORITÉ.

pluriethnique *adj.* cosmopolite, international, multiculturel, multiethnique. △ **ANT.** MONOLITHIQUE.

plutôt *adv.* ▶ ***Préférablement*** – de préférence, mieux, par préférence, préférablement, préférentiellement. ▶ ***Assez*** – à satiété, amplement, assez, autant qu'il faut, ce qu'il faut, convenablement, en quantité suffisante, honnêtement, passablement, quelque peu, raisonnablement, suffisamment, valablement. *FAM.* jusqu'à plus soif, marre. △ **ANT.** ABSOLUMENT, CARRÉMENT, CATÉGORIQUEMENT, COMPLÈTEMENT, PARFAITEMENT, RADICALEMENT, TOUT À FAIT, VRAIMENT; INDIFFÉREMMENT, INDISTINCTEMENT, SANS DISTINCTION.

pneu *n. m.* ▶ ***Partie d'un véhicule*** – pneumatique. ▶ ***Message*** – carte pneumatique, pneumatique.

poche *n. f.* ▶ ***Partie d'un vêtement*** – gousset. *FRANCE FAM.* fouille. ▶ ***Sac*** – besace, bissac, cabas, fonte *(selle)*, fourre-tout, havresac, musette, sac, sacoche. *FAM.* baise-en-ville, balluchon. *FRANCE RÉGION.* pochon. ▶ ***Contenu*** – sac. ▶ ***Emballage à herbes*** (*QUÉB.*) – paquet, pochette, sachet. *SUISSE* fourre. ▶ ***Piège à petit gibier*** – collet, lacet, lacs. ▶ ***Ustensile*** (*SUISSE*) – cuiller à pot, louche. *FRANCE RÉGION.* pochon, pucheux.

podium *n. m.* ▶ ***Plateforme*** – gradin, hélistation, mezzanine, palier, plancher, planchette, plateau, plateforme, praticable, quai, tablier. *MAR.* gril, hune. *MILIT.* dispersal. ▶ ***Soubassement*** – acrotère, base, piédestal, socle, soubassement, stylobate, terrasse.

poêle (var. **poële**) *n. m.* ▶ ***Réchaud*** – athanor *(alchimie)*, bec Bunsen, brasero, brûleur, chaudière, rebouilleur, réchaud, resurchauffeur, surchauffeur *(locomotive)*, têt, thermosiphon. *ANTIQ.* hypocauste. ▶ ***Appareil de cuisson*** (*QUÉB. FAM.*) – cuisinière. ▶ ***Drap mortuaire*** (*ANC.*) – drap mortuaire, linceul. *SOUT.* suaire. △ **ANT.** CLIMATISEUR; RÉFRIGÉRATEUR.

poème *n. m.* poésie.

poésie *n. f.* ▶ ***Art*** – art poétique, poétique, versification. *SOUT.* harmonie, muse, Parnasse, vers. △ **ANT.** PROSE; MATÉRIALISME, PROSAÏSME, RÉALISME.

poète *n.* ▶ ***Écrivain*** ▸ *Mauvais* – rimeur, versificateur. ▸ *Femme* – femme poète. *PÉJ.* poétesse. ▶ ***Rêveur*** – contemplateur, extatique, idéaliste, méditatif, rêvasseur, rêveur, songe-creux, utopiste, visionnaire. *QUÉB. FAM.* pelleteur de nuages. *RARE* songeur. △ **ANT.** PROSATEUR.

poétique *adj.* lyrique, romantique. △ **ANT.** MATÉRIALISTE, MATÉRIEL, PROSAÏQUE, TERRE-À-TERRE; ANTIPOÉTIQUE.

poids *n. m.* ▶ ***Force de la pesanteur*** – attraction, force, gravitation, gravité, pesanteur, poussée, pression. ▶ ***Lourdeur*** – densité, lourdeur, masse, massiveté, pesanteur. ▶ ***Charge*** – charge, chargement, fardeau. *SOUT.* faix. ▶ ***Influence*** – action, aide, appui, ascendant, attirance, attraction, aura, autorité, contagion, crédit, dominance, domination, effet, empreinte, emprise, fascination, force, importance, incitation, influence, inspiration, magie, magnétisme, mainmise, manipulation, mouvance, persuasion, pétition, pouvoir, prépondérance, présence, pression, prestige, puissance, règne, rôle, séduction, subjugation, suggestion, tyrannie. *SOUT.* empire, intercession. △ **ANT.** APAISEMENT, SOULAGEMENT; FUTILITÉ, INANITÉ, INEFFICACITÉ, INSIGNIFIANCE, LÉGÈRETÉ, VANITÉ.

poignant *adj.* ▶ ***Émouvant*** – bouleversant, déchirant, dramatique, émouvant, pathétique, troublant, vibrant *(discours)*. *SOUT.* empoignant. ▶ ***Affligeant*** – âcre, affligeant, amer, cruel, cuisant, déchirant, douloureux, dur, éprouvant, lancinant, navrant, pénible, saignant, vif. △ **ANT.** APAISANT, CALMANT, CONSOLANT, CONSOLATEUR, RASSÉRÉNANT, RASSURANT, RÉCONFORTANT, SÉCURISANT, TRANQUILLISANT.

poignard *n. m.* couteau. *SOUT.* acier, fer. *FAM.* lardoire, schlass.

poigne *n. f.* ▶ ***Solidité*** – aplomb, assurance, autorité, caractère, constance, courage, cran, détermination, endurance, énergie, fermeté, force, permanence, rectitude, résolution, ressort, sang-froid, sérieux, solidité, sûreté, ténacité, vigueur, virilité, volonté. *SOUT.* invulnérabilité. *FAM.* estomac, gagne.

poignée *n. f.* ▶ ***Quantité de matière*** – bouchon *(paille)*. *TECHN.* pigeon *(plâtre)*. ▶ ***Petit nombre de personnes*** – frange, minoritaires, minorité, quarteron. ▶ ***Partie d'un objet*** – anse, bec-de-cane, béquille, bouton (de porte), crémone, crosse *(arme à feu)*, ente, espagnolette, main *(tiroir)*, manche, mancheron, maneton, manette, manicle, oreille, pied-de-biche, queue *(casserole)*, robinet. *BELG.* clenche. *SPORTS* palonnier. △ **ANT.** MAJORITÉ; ARMÉE, ESSAIM, FLOT, FOULE, MARÉE, MEUTE, MULTITUDE, RIBAMBELLE, TROUPEAU.

poil *n. m.* ▶ ***Revêtement pileux*** – *ANAT.* pilosité, villosité.

poilu *adj.* velu. ▸ *Au visage* – barbu, moustachu. *FAM.* barbichu. △ **ANT.** GLABRE, LISSE, NU, RASÉ.

point *n. m.* ▶ ***Lieu*** – coin, emplacement, endroit, lieu, localisation, localité, place, position, poste, scène, séjour, siège, site, situation, théâtre, zone. *BIOL.* locus. ▶ ***Stade*** – épisode, étape, palier, période, phase, stade, transition. ▶ ***Sujet*** – fait, fond, matière, objet, problème, propos, question, sujet, thème. ▶ ***Bilan personnel*** – bilan. *SOUT.* rétrospection. ▶ ***Maille*** – boucle, gansette, maille.

pointe *n. f.* ▶ ***Aiguille*** – alène, broche, épingle, épinglette, ferret, lardoire, passe-lacet, piquoir, poinçon. *MÉD.* trocart. ▶ ***Instrument*** – pointe sèche. ▶ ***Saillie*** – angle, appendice, arête, aspérité, avancée, avancement, balèvre, bec, bosse, bourrelet, console, corne, corniche, côte, coude, crête, dent, éminence, encorbellement, éperon, ergot, excroissance, gibbosité, hourd, moulure, nervure, picot, proéminence, projecture, prolongement, protubérance, redan, relief, ressaut, saillant, saillie, surplomb, surplombement, tubercule. ▶ ***Extrémité*** – aboutissement, bord, bordure, borne, bout, cap, confins, délimitation, extrême, extrémité, fin, finitude, frange, frontière, ligne, limite, lisière, orée, pied, pôle, queue, talon, terme, terminaison, tête. ▶ ***Bande de terre*** – bec, isthme, péninsule *(grosse)*, presqu'île. ▶ *Surélevée* – cap, promontoire. ▶ ***Maximum*** – acmé, apex, apogée, apothéose, cime, climax, comble, culmination, excès, faîte, fin du fin, fort, limite, maximum, meilleur, nec plus ultra, optimum, paroxysme, pinacle, plafond, point culminant, record, sommet, summum, triomphe, zénith. *SOUT.* plus haut période. *FAM.* top niveau. ▶ ***Sprint*** – emballage, finish, sprint (final). ▶ ***Offensive*** – percée, trouée. ▶ ***Raillerie*** – dérision, épigramme, esprit, flèche, goguenardise, gouaille, gouaillerie, humour, ironie, lazzi, malice, moquerie, persiflage, pique, plaisanterie, quolibet, raillerie, ricanement, risée, sarcasme, satire, taquinerie, trait. *SOUT.* brocard, nargue, saillie. *FAM.* vanne. △ **ANT.** FLATTERIE, LOUANGE, MOT D'ENCOURAGEMENT.

pointer *v.* ▶ ***Montrer*** – désigner, indiquer, montrer. ▶ ***Diriger*** – braquer, diriger. ▶ ***Darder*** – darder. ▶ ***Égorger*** – égorger, saigner. ▶ ***Commencer à être visible*** – percer, se montrer, sortir. *SOUT.* poindre. ▶ ***Commencer à se manifester*** – apparaître, éclore, faire son apparition, germer, naître, paraître, se former, se manifester. *SOUT.* poindre, sourdre. ♦ **se pointer** ▶ ***Arriver*** (*FAM.*) – arriver, paraître, se montrer, se présenter. *FAM.* rappliquer, s'amener, (se) radiner, se ramener.

pointu *adj.* ▶ ***À l'extrémité très fine*** – aigu, effilé, fin. *BOT.* aciculaire, acuminé, subulé. ▶ ***En parlant du menton*** – en galoche, proéminent, saillant. ▶ ***En parlant d'une voix*** – aigrelet, aigu, fluet, flûté, grêle, haut, haut perché, perçant, suraigu. ▶ ***Spécialisé*** – avancé, de pointe, évolué, haute technologie, perfectionné, spécialisé. △ **ANT.** ARRONDI; ÉMOUSSÉ, MOUSSE; CARRÉ *(MENTON)*; GROSSIER, PRIMITIF, RUDIMENTAIRE. ♦ **pointue,** ***fém.*** BASSE, CAVERNEUSE, DOUCE *(VOIX)*, GRAVE.

poison *n.m.* ▶ ***Substance toxique*** – polluant, toxique. △ **ANT.** ANTIDOTE, CONTREPOISON; ANGE, CHÉRUBIN, ENFANT SAGE, JÉSUS.

poisseux *adj.* collant, gluant, gommeux, poissant, visqueux. △ **ANT.** CLAIR, LIQUIDE.

poitrine *n.f.* ▶ ***Torse*** – buste, cœur, torse. *ANAT.* cage thoracique, sternum, thorax; *MÉD.* gril costal. *SOUT.* sein. *FAM.* caisse, coffre. *QUÉB. ACADIE FAM.* estomac. ▶ *Gros mammifères* – poitrail. ▶ *Oiseaux* – bréchet, fourchette. ▶ ***Seins*** – buste. *SOUT.* gorge.

polaire *adj.* ▶ ***Relatif aux pôles*** – circumpolaire. ▶ ***En parlant d'un grand froid*** – sibérien. *FAM.* de canard, de loup. △ **ANT.** ÉQUATORIAL; ACCABLANT, BRÛLANT, CANICULAIRE, ÉCRASANT, ÉTOUFFANT, LOURD, SAHARIEN, SUFFOCANT, TORRIDE, TROPICAL.

pôle *n.m.* ▶ ***En électricité*** – borne, électrode, plaque. ▶ ***Extrémité*** – aboutissement, bord, bordure, borne, bout, cap, confins, délimitation, extrême, extrémité, fin, finitude, frange, frontière, ligne, limite, lisière, orée, pied, pointe, queue, talon, terme, terminaison, tête. △ **ANT.** ÉQUATEUR; CENTRE, MILIEU.

polémique *n.f.* ▶ ***Antagonisme*** – affrontement, antagonisme, combat, compétition, concurrence, conflit, contentieux, contestation, controverse, débat, désaccord, différend, discorde, discussion, dispute, dissension, dissentiment, divergence, émulation, friction, heurt, incompatibilité, incompréhension, lutte, mésentente, mésintelligence, opposition, querelle, rivalité. *FAM.* bagarre. ▶ ***Dispute*** – accrochage, algarade, altercation, brouille, brouillerie, chicane, controverse, démêlé, désaccord, désunion, différend, discorde, dispute, divergence, escarmouche, explication, fâcherie, froid, heurt, joute oratoire, litige, malentendu, mésentente, passe d'armes, querelle, rupture, scène, zizanie. *FAM.* bagarre, bisbille, bringue, chamaille, chamaillerie, empoignade, empoignement, engueulade, prise de bec, séance. *BELG. FAM.* bisbrouille. △ **ANT.** CONSENSUS, ENTENTE, UNANIMITÉ.

poli *adj.* ▶ ***Lisse et brillant*** – brillant, glacé, laqué, lisse, luisant, lustré, satiné, verni. ▶ ***Courtois*** – affable, bien élevé, bienséant, civil, courtois, délicat, galant, qui a de belles manières. *SOUT.* urbain. *FAM.* civilisé. △ **ANT.** ÂPRE, INÉGAL, RABOTEUX, RÊCHE, RIDÉ, RUDE, RUGUEUX; DISCOURTOIS, GOUJAT, GROSSIER, IMPERTINENT, IMPOLI, INCIVIL, INCONVENANT, INCORRECT, INDÉLICAT, MAL ÉLEVÉ, RUSTRE.

police *n.f.* ▶ ***Service d'ordre public*** – force publique, forces policières, milice. *FRANCE* commissariat, gendarmerie. *FRANCE FAM.* rousse. ▶ ***Policier*** (*QUÉB. FAM.*) – agent de police, gardien de la paix, policier. *FAM.* cogne, condé, flic, keuf, poulet, ripou *(corrompu)*, roussin, vache. ▶ ***Gestion publique*** – affaires publiques, chose publique, État, gouvernement, politique, pouvoir. *SOUT.* Cité. *PÉJ. FAM.* politicaillerie. ▶ ***En typographie*** – caractère, fonte.

policier *n.* ▶ ***Agent de police*** – agent de police, gardien de la paix. *FAM.* cogne, condé, flic, keuf, poulet, ripou *(corrompu)*, roussin, vache. *QUÉB. FAM.* police. ▶ *Femme FAM.* aubergine, pervenche. ♦ **policier,** ***masc.*** ▶ ***Roman policier*** (*FAM.*) – roman noir, roman policier. *FAM.* polar, (un) policier.

poliment *adv.* adorablement, affablement, agréablement, aimablement, amiablement, amicalement, bienveillamment, chaleureusement, civilement, complaisamment, cordialement, courtoisement, délicatement, délicieusement, diplomatiquement, galamment, gentiment, gracieusement, obligeamment, plaisamment, sagement, serviablement, sympathiquement. *FAM.* chiquement, chouettement. △ **ANT.** CAVALIÈREMENT, CYNIQUEMENT, DÉPLAISAMMENT, DISCOURTOISEMENT, EFFRONTÉMENT, GROSSIÈREMENT, HARDIMENT, IMPERTINEMMENT, IMPOLIMENT, IMPUDEMMENT, INCIVILEMENT, INCONGRÛMENT, INDÉLICATEMENT, INSOLEMMENT, IRRESPECTUEUSEMENT, IRRÉVÉRENCIEUSEMENT.

polir *v.* ▶ ***Faire briller*** – astiquer, fourbir, frotter, nettoyer, peaufiner. *FAM.* briquer. *BELG.* blinquer. *SUISSE* poutser. ▶ ***Poncer*** – brunir, doucir, égriser, gréser, poncer. ▶ ***Parfaire*** – ciseler, fignoler, finir, lécher, parachever, parfaire, peaufiner, perfectionner, raffiner, soigner. *RARE* repolir. ▶ ***Épurer le style, la langue*** – châtier, épurer, soigner. △ **ANT.** DÉPOLIR, TERNIR; BÂCLER, NÉGLIGER.

politesse *n.f.* ▶ ***Courtoisie*** – affabilité, amabilité, aménité, attention, bienséance, bonnes manières, civilité, civisme, convivialité, correction, courtoisie, délicatesse, éducation, entregent, galanterie, gentillesse, hospitalité, mondanités, obligeance, prévenance, savoir-vivre, serviabilité, sociabilité, tact, urbanité. *SOUT.* gracieuseté, liant. ▶ ***Décence*** – bienséance, bon ton, chasteté, convenance, correction, décence, délicatesse, dignité, discrétion, éducation, fierté, gravité, honnêteté, honneur, modestie, propreté, pudeur, quant-à-soi, réserve, respect, retenue, sagesse, sobriété, tact, tenue, vertu. SOUT. pudicité. △ **ANT.** EFFRONTERIE, GOUJATERIE, GROSSIÈRETÉ, IMPERTINENCE, IMPOLITESSE, INCIVILITÉ, INCONVENANCE, INCORRECTION, MALSÉANCE; INDÉCENCE.

politique *n.f.* ▶ ***Pouvoir*** – affaires publiques, chose publique, État, gouvernement, pouvoir. SOUT. Cité. PÉJ. FAM. politicaillerie. ▶ ***Étude*** – politologie.

polluant *adj.* pollueur. △ **ANT.** ANTIPOLLUTION, ÉCOLOGIQUE, PROPRE; DÉPOLLUANT.

polytechnicien *n.* FRANCE FAM. carva, pipo.

pommette *n.f.* ▶ ***Partie du visage*** – fossette *(creuse)*, joue. ANAT. apophyse zygomatique, muscles génaux, os jugal, région malaire.

pompe *n.f.* ▶ ***Appareil*** – piston, trompe. ▶ ***Faste*** – abondance, apparat, appareil, beauté, confort, dolce vita, éclat, étalage, faste, grandeur, luxe, magnificence, majesté, opulence, ostentation, profusion, richesse, somptuosité, splendeur. FAM. tralala. ▶ ***Emphase*** – apparat, bouffissure, boursouflure, cérémonie, déclamation, démesure, emphase, enflure, excès, gonflement, grandiloquence, hyperbole, pédanterie, pédantisme, prétention, solennité. SOUT. ithos, pathos. ▶ ***Gravité*** – componction, décence, dignité, gravité, hiératisme, majesté, raideur, réserve, rigidité, sérieux, solennité. ▶ ***Exercice*** (FAM.) – traction. ▶ ***Chaussure*** (FAM.) – chaussure, soulier. FAM. godasse. FRANCE FAM. grolle, latte, tatane. ▸ *Usée* – savate. ▸ *Grosse* FRANCE FAM. croquenot, godillot. △ **ANT.** MODESTIE, NATUREL, SIMPLICITÉ, SOBRIÉTÉ.

pomper *v.* ▶ ***Aspirer un liquide*** – aspirer, sucer. MAR. super. ▶ ***S'imprégner d'un liquide*** – absorber, boire, s'imbiber de, s'imprégner de. ▶ ***Attirer*** – attirer, drainer. ▶ ***Exténuer*** (FAM.) – abrutir, briser, courbaturer, épuiser, éreinter, exténuer, fatiguer, forcer, harasser, lasser, mettre à plat, surmener, tuer. FAM. claquer, crever, démolir, esquinter, lessiver, mettre sur le flanc, nettoyer, rétamer, vanner, vider. QUÉB. FAM. maganer. ▶ ***Ennuyer*** (FAM.) – assommer, endormir, ennuyer, lasser. FAM. barber, barbifier, raser. ▶ ***Tricher*** (FAM.) – copier, plagier, tricher. ▶ ***Manquer de souffle*** (QUÉB. FAM.) – avoir le souffle court, étouffer, être hors d'haleine, haleter, manquer de souffle, perdre haleine, s'époumoner, s'essouffler, souffler, suffoquer. SOUT. anhéler, panteler. ▶ ***Se fâcher*** (QUÉB. FAM.) – colérer, éclater, fulminer, monter sur ses ergots, monter sur ses grands chevaux, prendre la mouche, prendre le mors aux dents, s'emporter, s'enflammer, s'irriter, se courroucer, se déchaîner, se fâcher, se gendarmer, se mettre en colère, sortir de ses gonds, voir rouge. FAM. exploser, piquer une colère, piquer une crise, se mettre en rogne, se monter. QUÉB. FAM. se choquer. ♦ **pompé** ▶ ***Exténué*** (FAM.) – à bout, à plat, brisé, courbatu, épuisé, éreinté, exténué, fatigué, fourbu, harassé, las, mort (de fatigue), moulu (de fatigue). SOUT. recru (de fatigue), rompu (de fatigue), roué de fatigue. FAM. au bout du rouleau, avachi, claqué, crevé, esquinté, flagada, flapi, lessivé, nase, ramollo, raplapla, sur le flanc, sur les genoux, sur les rotules, vanné, vidé. △ **ANT.** REFOULER, REJETER, REPOUSSER.

pompeusement *adv.* ▶ ***Grandiosement*** – colossalement, en grande pompe, grandement, grandiosement, hiératiquement, immensément, magnifiquement, majestueusement, noblement, solennellement. ▶ ***Emphatiquement*** – cérémonieusement, emphatiquement, en grande pompe, hyperboliquement, sentencieusement, solennellement, théâtralement. △ **ANT.** À LA BONNE FRANQUETTE, FAMILIÈREMENT, NATURELLEMENT, SANS AFFECTATION, SANS APPRÊT, SANS CÉRÉMONIES, SANS COMPLICATIONS, SANS FAÇONS, SANS ORNEMENT, SANS TAMBOUR NI TROMPETTE, SIMPLEMENT, SOBREMENT, TOUT BONNEMENT.

pompeux *adj.* ▶ ***Prétentieux*** – ampoulé, bouffi, boursouflé, déclamateur, déclamatoire, emphatique, enflé, gonflé, grandiloquent, hyperbolique, pédantesque, pompier, pontifiant, prétentieux, ronflant, théâtral. SOUT. histrionique, pindarique. △ **ANT.** DÉPOUILLÉ, MODESTE, SIMPLE, SOBRE.

pompier *n.* ▶ ***Personne qui éteint les incendies*** – sapeur-pompier.

ponctualité *n.f.* ▶ ***Assiduité*** – assiduité, attachement, constance, fidélité, indéfectibilité, régularité. SOUT. exactitude. △ **ANT.** DÉLAI, RETARD; INEXACTITUDE, IRRÉGULARITÉ, NÉGLIGENCE.

ponctuel *adj.* à l'heure, assidu, exact, régulier. △ **ANT.** EN RETARD, INEXACT, IRRÉGULIER, NÉGLIGENT, PROCRASTINATEUR, RETARDATAIRE; CHRONIQUE, GÉNÉRAL, GLOBAL, SYSTÉMATIQUE.

pondre *v.* ▶ ***Rédiger*** (FAM. PÉJ.) – composer, écrire, rédiger. FAM. PÉJ. scribouiller.

pont *n.m.* ▶ ***Construction terrestre*** – ponceau *(petit)*. ▶ ***Partie d'un navire*** – ANC. tillac. ▶ ***Dentier*** (QUÉB.) – bridge. ▶ ***Lien*** (FIG.) – association, connexion, connexité, corrélation, correspondance, dépendance, filiation, interaction, interdépendance, interrelation, liaison, lien, lien causal, rapport, rapprochement, relation, relation de cause à effet. △ **ANT.** DIVISION, FOSSÉ, RUPTURE, SÉPARATION.

pontife *n.m.* ▶ ***Homme influent*** (FAM.) – chef, leader, maître, meneur, numéro un, parrain, seigneur, tête. FAM. baron, cacique, caïd, éléphant, (grand) manitou, grand sachem, gros bonnet, grosse légume, hiérarque, les huiles. FRANCE FAM. (grand) ponte, grosse pointure. ▸ *Avec titre* – autorité, dignitaire, officiel, responsable, supérieur. ▶ ***Pédant*** (FAM.) – bel esprit, pédant. SOUT. cuistre, grimaud, magister, savantas. FAM. bonze.

pontifical *adj.* papal. PÉJ. papalin.

populace *n.f.* ▶ ***Bas peuple*** (PÉJ.) – (bas) peuple, (basse) pègre, bétail, foule, la rue, masse, multitude, plèbe, prolétariat, troupeau, vulgaire. FAM. populo, vulgum pecus. △ **ANT.** ARISTOCRATIE, ÉLITE, GRATIN.

populaire *adj.* ▶ ***Qui concerne le peuple*** – SOUT. plébéien, roturier. ▶ ***Traditionnel*** – folklorique, traditionnel. ▶ ***Répandu*** – courant, dominant, en vogue, général, qui a cours, régnant, répandu. △ **ANT.** ARISTOCRATIQUE, DISTINGUÉ, NOBLE, RAFFINÉ; AUTOCRATIQUE, DICTATORIAL, FASCISTE; SAVANT, SCIENTIFIQUE; IMPOPULAIRE.

popularité *n.f.* célébrité, considération, éclat, faveur, gloire, notoriété, palmarès, renom, renommée, réputation, vedettariat. FIG. auréole, immortalité, la déesse aux cent bouches. △ ANT. IMPOPULARITÉ; ANONYMAT, OBSCURITÉ.

population *n.f.* clan, ethnie, groupe, horde, nation, pays, peuplade, peuple, phratrie, race, société, tribu.

populeux *adj.* fourmillant, grouillant, pullulant, surpeuplé. △ ANT. DÉPEUPLÉ, DÉSERT, INHABITÉ, SAUVAGE, SOLITAIRE.

porcelaine *n.f.* ▶ ***Matière*** – céramique, faïence, terre cuite. ▶ ***Objet*** – céramique, faïence, majolique, poterie.

porche *n.m.* antichambre, entrée, hall, hall d'entrée, narthex *(église)*, passage, réception, salle d'attente, salle d'embarquement, salle des pas perdus, vestibule. QUÉB. portique. ANTIQ. propylée.

port *n.m.* ▶ ***Baie*** – anse, baie, calanque, crique. ▶ ***Abri pour bateaux*** – accul, appontement, bassin, cale de radoub, cale sèche, darce, débarcadère, dock, embarcadère, escale, havre, hivernage, marina, mouillage, port de plaisance, quai, rade, relâche, wharf. ▶ ***Lieu sûr*** – abri, affût, asile, cache, cachette, gîte, lieu de repos, lieu sûr, refuge, retraite. FIG. ermitage, havre (de paix), oasis, solitude, tanière, toit. PÉJ. antre, planque, repaire. ▶ ***Posture*** – attitude, contenance, maintien, pose, position, posture, station, tenue. ▶ ***Allure*** – air, allure, apparence, aspect, attitude, contenance, démarche, façon, genre, ligne, maintien, manière, panache, physique, posture, prestance, silhouette, style, tenue, tournure. SOUT. extérieur, mine. FAM. gueule, touche. QUÉB. FAM. erre d'aller. PÉJ. FAM. dégaine. ▶ ***Prix de transport*** – fret. ▶ ***Livraison*** – arrivage, délivrance, distribution, factage, livraison, remise, transport.

porte *n.f.* ▶ ***Entrée*** – contre-porte, hayon, issue, layon, portail, (porte d') entrée, portière, portillon, poterne, sortie. FAM. lourde. SUISSE OU FRANCE RÉGION. clédar. ANC. barrière, vomitoire. MAR. portelone.

porte-à-porte *n.m.* chine, colportage, démarchage, publipostage, sollicitation.

portée *n.f.* ▶ ***Distance*** – distance, écartement, éloignement, longueur. ▶ ***Largeur*** – ampleur, amplitude, calibre, carrure, diamètre, empan, envergure, étendue, évasure, format, giron *(d'une marche)*, grosseur, laize, large, largeur, lé, module, taille. ▶ ***Amplitude*** – amplitude, écart, inclinaison, oscillation, variation. ▶ ***Conséquence*** – action, conclusion, conséquence, contrecoup, corollaire, développement, effet, efficacité, fonction, fruit, impact, implication, incidence, jeu, juste retour des choses, œuvre, prolongement, réaction, rejaillissement, répercussion, résultante, résultat, retentissement, retombées, ricochet, séquelle, suite (logique). SOUT. aboutissant, efficace, fille. ▶ ***Importance*** – dimension, gravité, importance, priorité, prix. △ ANT. FAIBLESSE, INEFFICACITÉ, INSIGNIFIANCE.

portefeuille *n.m.* ▶ ***Étui*** – bourse, porte-billets, porte-coupures, porte-monnaie. ANC. aumônière, escarcelle. ▶ ***Capital*** – argent, avoir, bien, capital, cassette, épargne, fonds, fortune, fruit, gain, investissement, liquidités, numéraire, patrimoine, pécule, placement, possession, produit, propriété, richesse, trésor, valeur. SOUT. deniers. FAM. finances, magot. ▶ ***Ministère*** – ministère, ministériat.

porte-monnaie *n.m.* bourse, porte-billets, porte-coupures, portefeuille. ANC. aumônière, escarcelle.

porter *v.* ▶ ***Transporter*** – traîner, transporter. FAM. balader, coltiner, trimarder, trimballer. ▶ ***Supporter*** – soutenir, supporter. ▶ ***Attribuer une qualité*** – accorder, attacher, attribuer, prêter, reconnaître. ▶ ***Imputer une somme*** – affecter, appliquer, assigner, attribuer, imputer. ▶ ***Mettre un vêtement*** – endosser, enfiler, mettre, passer, revêtir. ▶ ***Donner*** – asséner, donner, infliger. FAM. administrer, allonger, coller, ficher, filer, flanquer, foutre. ▶ ***Inciter*** – amener, conditionner, conduire, disposer, encourager, engager, entraîner, exhorter, impulser, inciter, incliner, mener, pousser, provoquer. SOUT. exciter, mouvoir. ▶ ***Avoir comme sujet*** – parler de, traiter de. ▶ ***Concerner*** – avoir pour objet, avoir rapport à, avoir trait à, concerner, intéresser, relever de, s'appliquer à, se rapporter à, toucher, viser. ▶ ***Être propice*** – donner matière à, prêter à. ♦ **se porter** ▶ ***Se laisser aller*** – céder à, donner dans, entrer dans, s'abandonner à, s'adonner à, se laisser aller à, se livrer à. ▶ ***Se diriger*** – aller, évoluer, se déplacer, se diriger, se mouvoir. △ ANT. DÉPOSER, POSER; ENLEVER, REMPORTER, RETIRER.

porteur *n.* ▶ ***Portefaix*** – coolie *(Extrême-Orient)*, portefaix, sherpa *(Himalaya)*. ANC. crocheteur. QUÉB. ANC. portageur. ▶ ***Commissionnaire*** – bagagiste, chasseur, commissionnaire, courrier, coursier, employé livreur, envoyé, garçon livreur, groom, livreur, messager. ANC. estafette. MILIT. héraut (d'armes). ▶ ***Possesseur*** – détenteur, maître, possesseur, propriétaire, titulaire, usufruitier. ▶ ***Bénéficiaire*** – abandonnataire, adjudicataire, affectataire, aliénataire, allocataire, attributaire, ayant droit, bénéficiaire, bénéficier, cessionnaire, client, commendataire, confidentiaire, crédirentier, impétrant, indemnitaire, indivisaire, prestataire, propriétaire, récipiendaire, rentier, résignataire.

portier *n.* ▶ ***Huissier*** – aboyeur, annoncier, appariteur, chaouch *(pays musulmans)*, crieur, gardien, huissier, introducteur, massier, surveillant. ▶ ***Concierge*** – concierge, gardien. SOUT. cerbère *(sévère)*. FAM. bignole.

portion *n.f.* ▶ ***Ration*** – part, ration. ▶ ***Part*** – apport, commandite, contingent, contribution, cotisation, dot, dotation, écot, financement, fonds, fournissement, lot, mise, montant, obligation, parrainage, part, participation, quote-part, quotité. ▶ ***Morceau*** – bribe, brisure, charpie, coupure, débris, éclat, esquille *(os)*, fraction, fragment, grain, granule, granulé, havrit, lambeau, limaille, miette, morceau, parcelle, part, particule, partie, pépite, quartier, reste. FAM. graine. △ ANT. ENSEMBLE, TOTALITÉ, TOUT.

portique *n.m.* ▶ ***Couloir*** – corridor, couloir, galerie. QUÉB. passage. ▶ ***Antichambre*** (QUÉB.) – antichambre, entrée, hall, hall d'entrée, narthex *(église)*, passage, porche, réception, salle d'attente, salle d'embarquement, salle des pas perdus, vestibule. ANTIQ. propylée. ▶ ***Appareil*** – grue-portique, pont élévateur, pont-portique, semi-portique.

portrait *n.m.* ▶ ***Signalement*** – photo-robot, portrait-robot, signalement. ▶ ***Aspect*** – air, allure, apparence, aspect, caractère, configuration, couleur, couvert, dehors, éclairage, expression, extérieur, façade, faciès, figure, forme, formule, impression, jour, masque, mine, paraître, perspective, physionomie, plastique *(en art)*, présentation, profil, ressemblance, semblant, surface, ton, tour, tournure, traits, vernis, visage. SOUT. enveloppe, regardure, superficie.

portugais *adj.* lusophone. HIST. lusitanien.

pose *n.f.* ▶ ***Application*** – application, apposition, mise. ▶ ***Établissement*** – constitution, création, disposition, édification, établissement, fondation, implantation, importation, installation, instauration, institution, introduction, intronisation, mise en œuvre, mise en place, mise sur pied, nomination, organisation, placement. INFORM. implémentation. ▶ ***Posture*** – attitude, contenance, maintien, port, position, posture, station, tenue. ▶ ***Affectation*** – affectation, air, apparence, apprêt, bluff, cabotinage, comédie, composition, contenance, convenu, dandysme, genre, imposture, jeu, maniérisme, manque de naturel, mascarade, mièvrerie, raideur, recherche, représentation, snobisme. SOUT. cambrure. FAM. chiqué, cinéma. ▶ ***Vanité*** – amour-propre, arrogance, autosatisfaction, bouffissure, complaisance, contentement (de soi), crânerie, enflure, fatuité, gloriole, hauteur, immodestie, importance, jactance, mégalomanie, morgue, orgueil, ostentation, outrecuidance, parade, présomption, prétention, suffisance, superbe, supériorité, vanité, vantardise. SOUT. fierté, infatuation. FAM. ego. ▶ ***Pédantisme*** – affectation, cuistraillerie, cuistrerie, didactisme, dogmatisme, érudition affectée, fatuité, pédanterie, pédantisme, sottise, suffisance. SOUT. omniscience. △ **ANT.** DÉPOSE; INSTANTANÉ; NATUREL, SIMPLICITÉ, SPONTANÉITÉ.

posé *adj.* éclairé, judicieux, mesuré, modéré, philosophe, pondéré, raisonnable, raisonné, rationnel, réfléchi, responsable, sage, sain, sensé, sérieux. SOUT. rassis, tempéré. △ **ANT.** EXCESSIF; BOUILLANT, DÉRAISONNABLE, EMPORTÉ, EXCITÉ, IMPULSIF; INCONSCIENT, INCONSÉQUENT, IRRÉFLÉCHI, SPONTANÉ; DÉMESURÉ.

posément *adv.* ▶ ***Calmement*** – à froid, à loisir, à tête reposée, avec sang-froid, calmement, doucement, flegmatiquement, froidement, impassiblement, imperturbablement, inébranlablement, pacifiquement, paisiblement, placidement, sagement, sans broncher, sereinement, silencieusement, tranquillement. SOUT. impavidement. FAM. peinardement, tranquillos. FRANCE RÉGION. FAM. plan-plan. ▶ ***Doucement*** – délicatement, discrètement, doucement, en douceur, faiblement, légèrement, lentement, mesurément, modérément, mollement, timidement. FAM. doucettement, mollo, mou, pianepiane, pianissimo, piano. △ **ANT.** ANXIEUSEMENT, FÉBRILEMENT, FIÉVREUSEMENT, IMPATIEMMENT, NERVEUSEMENT.

poser *v.* ▶ ***Déposer*** – déposer, mettre. ▶ ***Apposer*** – appliquer, apposer, mettre. ▶ ***Planter un décor*** – installer, planter. ▶ ***Admettre a priori*** – affirmer, énoncer, postuler. ▶ ***Prendre des poses avantageuses*** – faire la roue, faire le beau, parader, plastronner, se pavaner. ▶ ***Être appuyé*** – prendre appui, reposer, s'appuyer. ♦ **se poser** ▶ ***Se percher*** – jucher, se percher. ▶ ***Toucher le sol*** – atterrir. ▶ ***S'attribuer un rôle*** – s'ériger en, se présenter comme. △ **ANT.** ENLEVER, LEVER, ÔTER. ♦ **se poser** DÉCOLLER, S'ENVOLER.

positif *adj.* ▶ ***Qui existe*** – concret, effectif, existant, matériel, palpable, physique, réel, sensible, tangible, visible, vrai. RELIG. de ce monde, temporel, terrestre. ▶ ***Véritable*** – attesté, authentique, exact, factuel, historique, réel, véridique, véritable, vrai. ▶ ***Pragmatique*** – concret, pragmatique, pratique, réaliste. QUÉB. FAM. pratico-pratique. △ **ANT.** NÉGATIF; ABSTRAIT, CONCEPTUEL, IDÉAL, INTELLECTUEL, MENTAL, THÉORIQUE; AFFECTIF, INTUITIF, MYSTIQUE; IMAGINAIRE, SURNATUREL; CHIMÉRIQUE, DOUTEUX, ÉQUIVOQUE, ÉVASIF, IMPRÉCIS, VAGUE; CRITIQUE, NÉGATEUR; COMPARATIF *(ADJECTIF)*; SUPERLATIF; NATUREL *(DROIT)*; MÉTAPHYSIQUE, THÉOLOGIQUE *(PHILOSOPHIE)*.

positif *n.m.* ▶ ***Matérialité*** – actualité, concret, corporéité, matérialité, palpabilité, phénoménalité, rationalité, rationnel, réalité, réel, tangibilité, tangible, visible. ▶ ***En photographie*** – cliché, diapositive, épreuve, galvanotype, instantané, photogramme, photographie, portrait, tirage, trait. FAM. diapo, galvano. ANC. daguerréotype. ▶ ***Orgue*** – orgue portatif. ▶ ***Châssis*** – châssis-presse.

position *n.f.* ▶ ***Emplacement*** – coin, emplacement, endroit, lieu, localisation, localité, place, point, poste, scène, séjour, siège, site, situation, théâtre, zone. BIOL. locus. ▶ ***Niveau*** – degré, échelon, niveau, rang. ▶ ***Posture*** – attitude, contenance, maintien, port, pose, posture, station, tenue. ▶ ***Contexte*** – circonstance, climat, condition, conjoncture, contexte, cours des choses, état de choses, état de fait, paysage, situation, tenants et aboutissants. ▶ ***Situation sociale*** – caste, classe, condition, état, fortune, place, rang, situation, statut. SOUT. étage. ▶ ***Opinion*** – appréciation, avis, conception, conviction, critique, croyance, dogme, estime, idée, impression, jugement, optique, pensée, perception, point de vue, principe, prise de position, sentiment, théorie, thèse, vote, vue. SOUT. oracle. ▶ ***Affirmation*** – affirmation, allégation, argument, argumentation, assertion, déclaration, dire, expression, parole, propos, proposition, raison, théorème, thèse.

positivement *adv.* ▶ ***Favorablement*** – bienveillamment, complaisamment, favorablement, miséricordieusement, obligeamment. ▶ ***Concrètement*** – concrètement, dans la pratique, dans les faits, effectivement, empiriquement, en fait, en pratique, en réalité, expérimentalement, matériellement, objectivement, par l'expérience, physiquement, pratiquement, prosaïquement, réalistement, réellement, tangiblement. ▶ ***Explicitement*** – catégoriquement, clairement, en toutes lettres, explicitement, expressément, formellement, nettement, noir sur blanc, nommément. △ **ANT.** NÉGATIVEMENT; DUBITATIVEMENT, SCEPTIQUEMENT, SOUS TOUTES RÉSERVES; À PEINE, PAS TRÈS, UN PEU.

posséder *v.* ▶ ***Détenir*** – avoir, détenir, tenir. ▶ ***Connaître un sujet*** – connaître, maîtriser, savoir. ▶ ***S'emparer de l'esprit*** – habiter, hanter, harceler, obnubiler, obséder, pourchasser, poursuivre. ▶ ***Duper*** (FAM.) – abuser, attraper, avoir, bercer, berner, duper, en conter à, en faire accroire à, flouer, leurrer, mentir à, mystifier, se jouer de, se moquer de, tromper. SOUT. trigauder. FAM. blouser, bluffer, canuler, charrier, cravater, empaumer, empiler, entourlouper, esbroufer, faire marcher, feinter, la faire à, mener en bateau, mettre en boîte, pigeonner, refaire, rouler. *QUÉB. FAM.* niaiser. *RARE* jobarder. ♦ **se posséder** ▶ ***Se contrôler*** – garder son sang-froid, rester maître de soi, se calmer, se contenir, se contrôler, se dominer, se dompter, se maîtriser, se raisonner, se retenir. △ **ANT.** LAISSER, LIBÉRER.

possesseur *n.m.* détenteur, maître, porteur, propriétaire, titulaire, usufruitier. △ **ANT.** LOCATAIRE.

possession *n.f.* ▶ ***Usage*** – consommation, détention, jouissance, propriété, usage, usufruit, utilisation. ▶ ***Ensorcellement*** – charme, diablerie, enchantement, ensorcellement, envoûtement, fascination, influence, jettatura, magie, maléfice, malheur, maraboutage, mauvais œil, (mauvais) sort, philtre, sorcellerie, sortilège. *ANTIQ.* goétie. ▶ ***Capital*** – argent, avoir, bien, capital, cassette, épargne, fonds, fortune, fruit, gain, investissement, liquidités, numéraire, patrimoine, pécule, placement, portefeuille, produit, propriété, richesse, trésor, valeur. *SOUT.* deniers. *FAM.* finances, magot. ▶ ***Territoire*** – colonie (d'exploitation), conquête, pays conquis. *ANC.* dominion *(britannique).* △ **ANT.** CONFISCATION, DÉPOSSESSION, PRIVATION; LOCATION.

possibilité *n.f.* ▶ ***Vraisemblance*** – acceptabilité, admissibilité, crédibilité, plausibilité, présomption, probabilité, recevabilité, viabilité, vraisemblable, vraisemblance. ▶ ***Probabilité*** – chance, conjecture, éventualité, fréquence, hypothèse, perspective, potentialité, prévisibilité, probabilité, prospective, viabilité, virtualité. ▶ ***Facilité*** – accessibilité, agrément, commodité, confort, disponibilité, facilité, faisabilité, simplicité. *INFORM.* convivialité, transparence. ▶ ***Moyen*** – chance, facilité, latitude, liberté, marge (de manœuvre), moyen, occasion, offre, volant de sécurité. ▶ ***Liberté*** – autonomie, choix, contingence, disponibilité, droit, faculté, franc arbitre, hasard, indépendance, indéterminisme, liberté, libre arbitre, licence, loisir, permission, pouvoir. △ **ANT.** IMPOSSIBILITÉ; INVRAISEMBLANCE; IMPUISSANCE; DIFFICULTÉ, INCAPACITÉ; NÉCESSITÉ.

possible *adj.* ▶ ***Imaginable*** – concevable, envisageable, imaginable, pensable, réaliste. ▶ ***Faisable*** – exécutable, faisable, jouable, praticable, réalisable. ▶ ***Qui pourrait se produire*** – aléatoire, casuel, conditionnel, conjectural, contingent, douteux, éventuel, hasardé, hasardeux, hypothétique, incertain, problématique, supposé. ▶ ***Qui existe peut-être*** – en puissance, potentiel, virtuel. ▶ ***Autorisé*** – permis. *SOUT.* loisible. △ **ANT.** IMPOSSIBLE; ABASOURDISSANT, AHURISSANT, DÉCONCERTANT, ÉBAHISSANT, EFFARANT, ÉPOUSTOUFLANT, IMPENSABLE, INCONCEVABLE, INCROYABLE, INIMAGINABLE, INOUÏ, INVRAISEMBLABLE, STUPÉFIANT; IMPRATICABLE, INEXÉCUTABLE, INFAISABLE, IRRÉALISABLE; ASSURÉ, CERTAIN, FATAL, IMMANQUABLE, INCONTOURNABLE, INÉLUCTABLE, INÉVITABLE, NÉCESSAIRE, OBLIGATOIRE, SÛR; DÉFENDU, INTERDIT.

possiblement *adv.* peut-être, plausiblement, potentiellement, probablement, sans doute, virtuellement, vraisemblablement. △ **ANT.** À COUP SÛR, AUTOMATIQUEMENT, FATALEMENT, FORCÉMENT, IMMANQUABLEMENT, IMPLACABLEMENT, INÉVITABLEMENT, INFAILLIBLEMENT, NÉCESSAIREMENT, OBLIGATOIREMENT, PAR LA FORCE DES CHOSES.

poste *n.m.* ▶ ***Emploi*** – affectation, charge, dignité, emploi, fonction, métier, mission, office, place, responsabilité, rôle, siège, titre, vocation. ▶ ***Emplacement*** – coin, emplacement, endroit, lieu, localisation, localité, place, point, position, scène, séjour, siège, site, situation, théâtre, zone. *BIOL.* locus. ▶ ***Local de police*** – *FRANCE* commissariat, gendarmerie. *QUÉB.* poste (de police). ▶ ***Affût*** – affût, cache, embuscade, palombière *(chasse à la palombe).* ▶ ***Appareil de radio*** – poste de radio, radio, radiorécepteur, transistor. ▶ ***Appareil de télévision*** – appareil de télévision, petit écran, poste de télévision, téléviseur. *FAM.* télé, télévision, téloche. ▶ ***Station de télécommunication*** (*QUÉB. FAM.*) – chaîne, station. *QUÉB.* télédiffuseur; *FAM.* canal (de télévision), poste (de télévision).

poste *n.f.* ▶ ***Service postal*** – courrier, service postal. *FRANCE* P. T. T.

postérieur *adj.* ▶ ***Qui vient après*** – à venir, futur, prochain, subséquent, suivant, ultérieur. ▶ ***Qui se situe derrière*** – caudal, terminal. △ **ANT.** ANTÉRIEUR; ANCIEN, PASSÉ, PRÉCÉDENT; ACTUEL, PRÉSENT; AVANT.

postérieur *n.m.* derrière, fesses, siège.

postulat *n.m.* apodicticité, axiome, convention, définition, donnée, évidence, fondement, hypothèse, lemme, postulatum, prémisse, principe, proposition, théorème, théorie, vérité.

postuler *v.* ▶ ***Poser comme postulat*** – affirmer, énoncer, poser. ▶ ***Nécessiter*** – appeler, avoir besoin de, commander, demander, exiger, imposer, nécessiter, obliger, prendre, prescrire, réclamer, requérir, vouloir. ▶ ***Solliciter un emploi*** – demander, faire une demande, offrir ses services, poser sa candidature pour, présenter une demande, proposer ses services, solliciter.

posture *n.f.* ▶ ***Position*** – attitude, contenance, maintien, port, pose, position, station, tenue. ▶ ***Allure*** – air, allure, apparence, aspect, attitude, contenance, démarche, façon, genre, ligne, maintien, manière, panache, physique, port, prestance, silhouette, style, tenue, tournure. *SOUT.* extérieur, mine. *FAM.* gueule, touche. *QUÉB. FAM.* erre d'aller. *PÉJ. FAM.* dégaine.

pot *n.m.* ▶ ***Verre*** – demi, double, rasade, triple, verre. *FAM.* canon. ▶ ***Enjeu*** – cave, enjambage, enjeu, masse, mise, poule. ▶ ***Chance*** (*FAM.*) – aubaine, chance, coup de chance, heureux hasard, occasion. *SOUT.* fortune. *FAM.* baraka, (coup de) bol, occase, veine.

potage *n.m.* ▶ ***Bouillon*** – soupe. *SOUT.* brouet. ▶ ***Onctueux*** – crème, velouté.

potager *n.m.* ▶ ***Jardin de légumes*** – (jardin) potager. *QUÉB.* jardin. *FRANCE RÉGION.* ouche. ▶ ***Réchaud*** – athanor *(alchimie)*, bec Bunsen, brasero, brûleur, chaudière, rebouilleur, réchaud, resurchauffeur, surchauffeur *(locomotive)*, têt, thermosiphon. *ANTIQ.* hypocauste.

poteau *n.m.* ▶ ***Pilier*** – colonne, pilier. ▶ ***Jambe*** (*FAM.*) – jambe. *FAM.* canne, flûte, gambette, gigue, guibolle, patte, quille. *FRANCE FAM.* béquille, crayon.

▸ *Longue* FAM. échasse. ▸ *Maigre* FAM. fumeron. ▸ *Grosse* FAM. pilier.

potence *n.f.* ▶ ***Pendaison*** – corde, gibet, pendaison.

potentiel *adj.* en puissance, possible, virtuel. △ **ANT.** ACTUEL, RÉEL; CINÉTIQUE *(ÉNERGIE)*.

potentiel *n.m.* ▶ ***Ce qui peut être exploité*** – ressources, richesse.

poterie *n.f.* ▶ ***Art*** – céramique. ▶ ***Objet*** – céramique, faïence, majolique, porcelaine.

potin *n.m.* ▶ ***Commérage*** – bavardage, cancan, caquetage, caquètement, médisance, qu'en-dira-t-on, rumeur. SOUT. clabaudage, clabauderie. FAM. chuchoterie, commérage, débinage, racontage, racontar, ragot. QUÉB. FAM. placotage. ▶ ***Vacarme*** (FAM.) – brouhaha, cacophonie, chahut, charivari, clameur, tapage, tohu-bohu, tumulte, vacarme. SOUT. bacchanale, hourvari, pandémonium. FAM. barouf, bastringue, bazar, bordel, boucan, bousin, corrida, grabuge, pétard, raffut, ramdam, ronron, sabbat, schproum, tintamarre, tintouin. QUÉB. FAM. barda, train. △ **ANT.** DISCRÉTION, MUTISME; SILENCE.

potion *n.f.* médicament, préparation (pharmaceutique), remède, spécialité (pharmaceutique). ▸ *Artisanal* – drogue, orviétan, poudre de perlimpinpin, remède de bonne femme. ▸ *Fort* – remède bénin *(doux)*, remède de cheval *(fort)*. ▸ *Efficace* – remède miracle, remède souverain.

pou *n.m.* ▶ ***Au sens strict*** – ZOOL. anoploure. FAM. toto.

poubelle *n.f.* ▶ ***Récipient*** – corbeille (à papier), panier. ▶ ***Au sens figuré*** – FAM. dépotoir.

pouce *n.m.* ▶ ***Partie du pied*** – doigt de pied, orteil. ▶ ***Auto-stop*** (QUÉB. FAM.) – auto-stop. FAM. stop. ▸ *Autres véhicules* – bateau-stop, camion-stop.

poudre *n.f.* ▶ ***Matière fine*** – poussier, poussière.

poulain *n.m.* ▶ ***Débutant prometteur*** – apprenti, commençant, débutant, néophyte, novice, (petit) nouveau, recrue. FRANCE FAM. bizuth, deb.

poule *n.f.* ▶ ***Oiseau domestique*** – ENFANTIN cocotte. ▶ ***Enjeu*** – cave, enjambage, enjeu, masse, mise, pot.

poulet *n.m.* ▶ ***Policier*** (FAM.) – agent de police, gardien de la paix, policier. FAM. cogne, condé, flic, keuf, ripou *(corrompu)*, roussin, sbire, vache. QUÉB. FAM. police. ▶ ***Appellatif affectueux pour un homme*** – coco. SOUT. prince. FAM. (gros) minet, vieille branche.

poulie *n.f.* rouet, tambour.

pouls *n.m.* ▶ ***Battement du cœur*** – battement, pulsation. ▸ *Anormal* – arythmie, bradycardie, extrasystole, palpitation, tachycardie. ▶ ***Rythme*** – battement, cadence, eurythmie, mesure, mouvement, musique, période, phrasé, pulsation, respiration, rythme, swing, tempo, vitesse.

poumon *n.m.* ▶ ***Organe*** – FAM. éponge. ANAT. alvéoles, appareil respiratoire, bronches, organe de la respiration. ▶ ***Aliment*** – foie blanc, mou.

poupée *n.f.* ▶ ***Jouet*** – FRANCE ENFANTIN pépée. ▸ *Figurant un bébé* – baigneur, bébé, poupard, poupon. ▶ ***Partie d'un cigare*** – tripe.

pourboire *n.m.* ▶ ***Cadeau*** – dessous-de-table, enveloppe, pot-de-vin. FAM. arrosage, bakchich. AFR. matabiche. ▶ ***Ce qu'on donne pour le service à la table*** – service. BELG. FAM. dringuelle.

pourchasser *v.* ▶ ***Poursuivre*** – courir après, être aux trousses de, poursuivre, traquer. FAM. courser. SUISSE FAM. tracer après. ▶ ***Rechercher*** – ambitionner, aspirer à, avoir des vues sur, avoir en tête de, briguer, convoiter, courir après, désirer, poursuivre, prétendre à, rechercher, solliciter, souhaiter, tendre à, viser. FAM. guigner, lorgner, reluquer. ▶ ***Occuper sans cesse l'esprit*** – habiter, hanter, harceler, obnubiler, obséder, posséder, poursuivre. △ **ANT.** FUIR; TROUVER; LAISSER, LIBÉRER.

pourpre *adj.* ▶ ***Rouge foncé*** – bordeaux, brique, empourpré, grenat, (rouge) cerise, rouge foncé, rouge sombre, sang-de-bœuf. SOUT. pourpré, pourprin, purpurin. QUÉB. bourgogne, rouge vin. ▶ ***Rouge-violet*** – amarante, colombin, cramoisi, lie-de-vin, violine, zinzolin.

pourri *adj.* ▶ ***En décomposition*** – altéré, avarié, corrompu, en décomposition, en putréfaction, gâté, pourrissant, putrescent, putride. ▶ ***Moralement corrompu*** – corrompu, soudoyé, vénal, vendu. SOUT. prévaricateur. FAM. ripou. ▶ ***Mauvais*** (FAM.) – abominable, affreux, atroce, déplorable, désastreux, épouvantable, exécrable, horrible, infect, insipide, lamentable, manqué, mauvais, médiocre, minable, navrant, nul, odieux, piètre, piteux, pitoyable, qui ne vaut rien, raté. SOUT. méchant, triste. FAM. à la con, à la flan, à la gomme, à la manque, à la mie de pain, à la noix (de coco), blèche, craignos, crapoteux, moche, qui ne vaut pas un clou. △ **ANT.** BIEN CONSERVÉ, BON, EN BONNE CONDITION, INALTÉRÉ, INTACT, SAIN; CONSCIENCIEUX, DROIT, FIABLE, HONNÊTE, INCORRUPTIBLE, INSOUPÇONNABLE, INTÈGRE, PROBE, PROPRE, SCRUPULEUX, SÛR; BRILLANT, ÉBLOUISSANT, EXCELLENT, EXTRAORDINAIRE, FANTASTIQUE, MAGNIFIQUE, MERVEILLEUX, PARFAIT, PRODIGIEUX, REMARQUABLE, SENSATIONNEL.

pourrir *v.* ▶ ***Décomposer*** – altérer, décomposer, putréfier. ▸ *Une denrée* – avarier, gâter. ▶ ***Faire perdre ses qualités*** – abâtardir, avilir, corrompre, dégrader, souiller. SOUT. gangrener, vicier. ▶ ***Se décomposer*** – s'altérer, se corrompre, se décomposer, se putréfier. ▸ *En parlant d'un aliment* – blettir *(fruit)*, s'avarier, se gâter. ▶ ***Rester dans une situation médiocre*** – croupir, moisir, s'encroûter, stagner, végéter, vivoter. ▶ ***Attendre trop longtemps*** (FAM.) – attendre, compter les clous de la porte, faire antichambre, faire le pied de grue, faire les cent pas, patienter, prendre racine, prendre son mal en patience, s'armer de patience. FAM. croquer le marmot, faire le planton, faire le poireau, macérer, mariner, moisir, poireauter, s'éterniser. FRANCE RÉGION. FAM. maronner. QUÉB. FAM. niaiser. △ **ANT.** S'AMÉLIORER, SE BONIFIER, SE RÉGÉNÉRER; SE CONSERVER.

pourriture *n.f.* ▶ ***Décomposition*** – altération, biodégradation, corruption, décomposition, faisandage, fermentation, gangrène, pourrissement, putréfaction, putrescence, putridité, suiffage *(beurre)*, thanatomorphose. ▶ ***Pourrissement*** – blettissement, blettissure, contamination, corruption, malandre, moisi, moisissure, pourrissement, rancissement. FAM. pourri. SOUT. chancissure, croupissement. ▶ ***Dégéné-***

rescence – abaissement, abâtardissement, abjection, abrutissement, affadissement, affaiblissement, agonie, altération, amollissement, appauvrissement, atrophie, avachissement, avilissement, baisse, corruption, décadence, déchéance, déclin, décrépitude, dégénérescence, dégradation, délabrement, déliquescence, dénaturation, dépérissement, détérioration, édulcoration, empirement, étiolement, flétrissure, perte, perversion, pourrissement, rouille, ruine, sape, usure. SOUT. aveulissement, crépuscule, pervertissement. FAM. déglingue, dégringolade. ▶ ***Personne méprisable*** – bête (immonde), chameau, chien, démon, gale, malveillant, mauvais, méchant, monstre, peste, poison, rosse, serpent, suppôt de Satan, suppôt du diable, teigne, vicieux, vil personnage, vipère. RARE haineux. FAM. charogne, choléra, dégueulasse, fumier, ordure, pourri, salaud, salopard. FRANCE FAM. saleté, saligaud, salopiaud, vache. △ **ANT.** ASSAINISSEMENT, DÉSINFECTION, ÉPURATION; CONSERVATION, PRÉSERVATION; FRAÎCHEUR; SALUBRITÉ; INTÉGRITÉ, PERFECTION, PURETÉ; HONNÊTETÉ, MORALITÉ.

poursuite *n.f.* ▶ ***Action de suivre qqn*** – chasse (à l'homme). ▶ ***Continuation*** – conservation, continuation, immortalisation, maintien, pérennisation, persistance, préservation, prolongement, sauvegarde, suite, transmission. SOUT. ininterruption, perpétuation, perpétuement. ▶ ***Inculpation*** – accusation, charge, imputation, incrimination, inculpation, plainte, présomption, prise à partie, réquisitoire. SOUT. prévention. ANC. clain. DR. chef d'accusation. ▶ ***Action en justice*** – action, demande, plainte, procès, réclamation, recours, référé, requête. ▶ ***Procès*** – affaire (judiciaire), audience, cas, cause, débat, dossier, espèce, litige, litispendance, procès. △ **ANT.** ÉLOIGNEMENT, FUITE; ARRÊT, CESSATION, INTERRUPTION; FIN; DÉSISTEMENT.

poursuivre *v.* ▶ ***Chasser le gibier*** – chasser, courir. CHASSE courre. ▶ ***Presser sans relâche*** – éperonner, être aux trousses de, harceler, importuner, presser, sergenter, talonner, tourmenter. SOUT. assiéger, molester. FAM. asticoter, courir après, tarabuster. FRANCE RÉGION. taler. QUÉB. ACADIE FAM. achaler. QUÉB. FAM. écœurer. ▶ ***Attaquer avec acharnement*** – attaquer, harceler, persécuter, s'acharner contre. SOUT. inquiéter. ▶ ***Occuper sans cesse l'esprit*** – habiter, hanter, harceler, obnubiler, obséder, posséder, pourchasser. ▶ ***Reprendre*** – renouer, reprendre, rétablir. ▶ ***Persévérer*** – continuer, persévérer. FAM. insister, tenir bon. BELG. perdurer. ▶ ***Convoiter*** – ambitionner, aspirer à, avoir des vues sur, avoir en tête de, briguer, convoiter, courir après, désirer, pourchasser, prétendre à, rechercher, solliciter, souhaiter, tendre à, viser. FAM. guigner, lorgner, reluquer. ▶ ***Accuser*** – accuser, inculper, mettre en examen. ▶ ***Avancer*** – avancer, continuer, pousser. ♦ **se poursuivre** ▶ ***Continuer dans le temps*** – continuer, durer. ▶ ***Continuer dans l'espace*** – continuer, s'étendre, se prolonger. △ **ANT.** PRÉCÉDER; ÉVITER, FUIR; DÉFENDRE; LAISSER, MÉNAGER; ABANDONNER, ARRÊTER, CESSER; COMMENCER, INAUGURER.

pourtour *n.m.* bord, ceinture, cercle, circonférence, contour, dessin, extérieur, forme, lèvres, limbe, marli *(plat, assiette)*, périmètre, périphérie, tour. △ **ANT.** CENTRE, MILIEU; INTÉRIEUR.

pourvoir *v.* ▶ ***Munir*** – doter, équiper, garnir, munir, nantir, outiller. QUÉB. ACADIE gréer. ▶ ***Investir*** – affecter, avoir, prendre, revêtir. ▶ ***Approvisionner*** – alimenter, approvisionner, fournir, ravitailler. ▶ ***Subvenir*** – assurer, satisfaire, subvenir à. ♦ **se pourvoir** ▶ ***Se munir*** – s'équiper, se doter, se munir, se nantir. SOUT. se précautionner. △ **ANT.** DÉMUNIR, DÉPOSSÉDER, DÉPOUILLER.

pousse *n.f.* ▶ ***Fait de croître*** – croissance. ▶ ***Ce qui croît*** – accru, bouture, brin, brout, cépée, drageon, germe, jet, mailleton, marcotte, plant, provin, recrû, rejet, rejeton, revenue, surgeon, talle, tendron, turion. ▶ ***Bruit au poumon*** – anhélation, apnée, asthme, dyspnée, enchifrènement, essoufflement, étouffement, halètement, han, oppression, ronflement, sibilation, stertor, stridor *(inspiration)*, suffocation. SOUT. ahan. ACADIE FAM. courte-haleine. ▶ ***Altération*** – tourne. △ **ANT.** CHUTE; DÉFEUILLAISON.

poussée *n.f.* ▶ ***Action de pousser*** – FAM. poussette. ▶ ***Poids*** – densité, lourdeur, masse, massiveté, pesanteur, poids. ▶ ***Bourrade*** – bourrade, coup. FAM. ramponneau. ▶ ***Croissance*** – accentuation, accroissement, accrue, agrandissement, amplification, arrondissement, augmentation, bond, boom, crescendo, croissance, crue, décuplement, développement, dilatation, élargissement, élévation, enflement, enrichissement, envolée, essor, évolution, expansion, extension, flambée, foisonnement, gonflement, gradation, grossissement, hausse, haussement, inflation, intensification, majoration, montée, progrès, progression, recrudescence, redoublement, redressement, rehaussement, relèvement, renchérissement, renforcement, revalorisation, valorisation. ▶ ***Accès*** – abord, accès, approche, arrivée, entrée, introduction, ouverture, seuil. MAR. embouquement *(d'une passe)*. △ **ANT.** TRACTION.

pousser *v.* ▶ ***Déplacer*** – décaler, déplacer, déranger, éloigner. FAM. bouger, remuer. ▶ ***Bousculer*** – bousculer, chahuter, culbuter. ▶ ***Inciter*** – amener, conditionner, conduire, disposer, encourager, engager, entraîner, exhorter, impulser, inciter, incliner, mener, porter, provoquer. SOUT. exciter, mouvoir. ▶ ***Exciter*** – aiguillonner, animer, éperonner, exciter, fouetter, motiver, stimuler. SOUT. agir. ▶ ***Proférer*** – articuler, dire, émettre, lâcher, lancer, proférer, prononcer, sortir. ▶ ***Croître*** – croître, grandir, se développer, venir. ▶ ***Appuyer*** – appuyer, peser, presser. ▶ ***Avancer*** – avancer, continuer, poursuivre. ▶ ***Exagérer*** (FAM.) – aller trop loin, combler la mesure, dépasser la mesure, dépasser les bornes, exagérer, ne pas y aller de main morte. FAM. attiger, charrier, forcer la dose, forcer la note, y aller fort. QUÉB. FAM. ambitionner. ♦ **se pousser** ▶ ***S'écarter*** – s'écarter, s'enlever, s'ôter, se retirer. FAM. s'enlever du chemin, s'ôter du chemin. ▶ ***S'enfuir*** (QUÉB. FAM.) – fuir, prendre la clé des champs, prendre la fuite, s'enfuir, se sauver. SOUT. s'ensauver. FAM. calter, caner, débarrasser le plancher, décamper, décaniller, déguerpir, détaler, droper, ficher le camp, filer, foutre le camp, prendre la poudre d'escampette, prendre le large, s'esbigner, se barrer, se carapater, se casser, se cavaler, se débiner, se faire la malle, se faire la paire, se faire la valise, se tailler, se tirer, se tirer des flûtes, se trisser.

△ **ANT.** HALER, TIRER; ARRÊTER, IMMOBILISER; EMPÊCHER; DÉCOURAGER, DÉTOURNER, DISSUADER.

poussière *n.f.* ▸ ***Matière fine*** – poudre, poussier. △ **ANT.** PROPRETÉ; FRAÎCHEUR, NOUVEAUTÉ.

poussiéreux *adj.* ▸ ***Couvert de poussière*** – empoussiéré, poudreux. ▸ ***Démodé*** – anachronique, ancien, antédiluvien, antique, archaïque, arriéré, caduc, démodé, dépassé, désuet, fossile, inactuel, moyenâgeux, obsolescent, obsolète, passé de mode, périmé, préhistorique, qui a fait son temps, suranné, tombé en désuétude, usé, vétuste, vieilli, vieillot, vieux, vieux jeu. △ **ANT.** NET, PROPRE; ACTUEL, EN COURS, VALIDE; À LA MODE, À LA PAGE, EN VOGUE, MODERNE, NEUF, NOUVEAU, RÉCENT.

poutre *n.f.* ▸ ***Pièce de bois allongée*** – arbalétrier, baliveau, basting, chandelier, chantignole, chevêtre, chevron, colombage, contrefiche, croisillon, doubleau, entrait, étai, étançon, étrésillon, jambette, lambourde, linteau, longrine, madrier, maîtresse poutre, panne, poinçon, poutrelle, racinal, sablière, sapine, sole, solive, soliveau, sous-poutre, soutènement, tournisse, traverse *(chemin de fer)*, traversine, vau. MAR. barrot, bau, carlingue, tangon, traversier, traversin.

pouvoir *v.* ▸ ***Avoir la capacité*** – avoir la possibilité de, être à même de, être capable de, être en état de, être en mesure de, être susceptible de. ▸ ***Avoir la permission*** – avoir le droit de, être autorisé à. △ **ANT.** ÊTRE DANS L'IMPOSSIBILITÉ DE, ÊTRE IMPUISSANT, ÊTRE INCAPABLE DE.

pouvoir *n.m.* ▸ ***Propriété d'une chose*** – capacité, propriété, vertu. ▸ ***Savoir-faire*** – adresse, aisance, aptitude, art, brio, capacité, compétence, dextérité, disposition, doigté, don, expertise, facilité, faculté, force, fort, génie, habileté, main, maîtrise, métier, professionnalisme, savoir, savoir-faire, sens, talent, technique, virtuosité. FAM. bosse. DR. habilitation, habilité. ▸ ***Liberté*** – autonomie, choix, contingence, disponibilité, droit, faculté, franc arbitre, hasard, indépendance, indéterminisme, liberté, libre arbitre, licence, loisir, permission, possibilité. ▸ ***Privilège*** – acquis, apanage, attribution, avantage, bénéfice, chasse gardée, concession, droit, exclusivisme, exclusivité, exemption, faveur, honneur, immunité, inviolabilité, monopole, passe-droit, préférence, prérogative, privilège. ANC. franchise. RELIG. indult. ▸ ***Compétence légale*** – attributions, autorité, compétence, département, qualité, ressort. FAM. rayon. ▸ ***Mandat*** – bureau, charge, comité, commission, courtage, délégation, légation, mandat, mandatement, mission, procuration, représentation. ▸ ***Puissance*** – autorité, commandement, domination, force, gouvernement *(politique)*, juridiction, loi, maîtrise, puissance, règne, tutelle. SOUT. empire, férule, houlette. ▸ ***Politique*** – affaires publiques, chose publique, État, gouvernement, politique. SOUT. Cité. PÉJ. FAM. politicaillerie. ▸ ***Domination*** – abaissement, allégeance, appartenance, asservissement, assujettissement, attachement, captivité, contrainte, dépendance, domestication, domesticité, domination, emprise, esclavage, gêne, hilotisme, inféodation, infériorité, mainmise, merci, mouvance, obédience, obéissance, obligation, oppression, puissance, servage, servitude, soumission, subordination, sujétion, tutelle, tyrannie, vassalité. FIG. carcan, chaîne, corset (de fer), coupe, fardeau, griffe, main, patte, prison; SOUT. fers, gaine, joug. FÉOD. tenure. ▸ ***Influence*** – action, aide, appui, ascendant, attirance, attraction, aura, autorité, contagion, crédit, dominance, domination, effet, empreinte, emprise, fascination, force, importance, incitation, influence, inspiration, magie, magnétisme, mainmise, manipulation, mouvance, persuasion, pétition, poids, prépondérance, présence, pression, prestige, puissance, règne, rôle, séduction, subjugation, suggestion, tyrannie. SOUT. empire, intercession. △ **ANT.** IMPOSSIBILITÉ; INCAPACITÉ; INHABILETÉ; IMPUISSANCE.

pragmatique *adj.* concret, positif, pratique, réaliste. QUÉB. FAM. pratico-pratique. △ **ANT.** CHIMÉRIQUE, IDÉALISTE, RÊVEUR, ROMANESQUE, UTOPISTE, VISIONNAIRE; SÉMANTIQUE; SYNTAXIQUE.

prairie *n.f.* ▸ ***Pâturage*** – alpage, alpe, champ, embouche, enclos, estive, friche, herbage, kraal, lande, noue, pacage, paddock, paissance, pâquis, parc, parcours, parquet, passage, pâtis, pâturage, pâture, pré, remue. FRANCE RÉGION. engane, ouche. SUISSE mayen. AFR. secco.

praticable *adj.* ▸ ***Où l'on peut circuler*** – carrossable. ▸ ***Que l'on peut mettre à exécution*** – exécutable, faisable, jouable, possible, réalisable. △ **ANT.** IMPRATICABLE, MAUVAIS; IMPOSSIBLE, INEXÉCUTABLE, INFAISABLE, IRRÉALISABLE; EN TROMPE-L'ŒIL *(ARCADE)*.

praticable *n.m.* gradin, hélistation, mezzanine, palier, plancher, planchette, plateau, plateforme, podium, quai, tablier. MAR. gril, hune. MILIT. dispersal.

pratiquant *adj.* croyant, dévot, fervent, pieux, religieux. ▸ *D'une piété affectée* – bigot, bondieusard, cagot. △ **ANT.** NON PRATIQUANT.

pratique *adj.* ▸ ***Commode*** – commode, efficace, fonctionnel, utile, utilitaire. QUÉB. FAM. pratico-pratique. ▸ ***Pragmatique*** – concret, positif, pragmatique, réaliste. QUÉB. FAM. pratico-pratique. △ **ANT.** THÉORIQUE; FONDAMENTAL, PUR; ABSTRACTIF, ABSTRAIT, CÉRÉBRAL, CONCEPTUEL, IDÉAL, INTELLECTUEL, MENTAL, SPÉCULATIF; CHIMÉRIQUE, IDÉALISTE, RÊVEUR, ROMANESQUE, SENTIMENTAL, UTOPISTE, VISIONNAIRE; EMBARRASSANT, ENCOMBRANT, GÊNANT, INCOMMODE, MALCOMMODE.

pratique *n.f.* ▸ ***Coutume*** – convention, coutume, habitude, habitus, mode, mœurs, règle, rite, tradition, us et coutumes, usage. ▸ ***Rituel*** – cérémonie, rite, rituel. ▸ ***Méthode*** – approche, art, chemin, code, comment, credo, démarche, discipline, dispositif, façon (de faire), facture, formule, heuristique, instruction, instrument, ligne de conduite, maïeutique, manière, marche (à suivre), méthode, méthodologie, modalité, mode d'emploi, mode, moyen, opération, ordre, organisation, outil, posologie, procédé, procédure, protocole, raisonnement, recette, règle, secret, stratagème, stratégie, système, tactique, technique, théorie, traitement, voie. SOUT. faire. ▸ ***Client*** (SOUT.) – client, familier, fidèle, (vieil) habitué. FAM. abonné. PÉJ. pilier. ♦ **pratiques**, ***plur.*** ▸ ***Agissements*** – agissements, allées et venues, comportement, conduite, démarche, façons, faits et gestes, manières, procédés. △ **ANT.** INOBSERVANCE; PRINCIPE, THÉORIE; ABSTRACTION, SPÉCULATION.

pratiquement *adv.* ▶ ***Concrètement*** – concrètement, dans la pratique, dans les faits, effectivement, empiriquement, en fait, en pratique, en réalité, expérimentalement, matériellement, objectivement, par l'expérience, physiquement, positivement, prosaïquement, réalistement, réellement, tangiblement. ▶ ***Efficacement*** – commodément, efficacement, fonctionnellement. ▶ ***Presque*** – à peu de chose près, pour ainsi dire, presque, quasi, quasiment, virtuellement. △ **ANT.** ABSTRACTIVEMENT, ABSTRAITEMENT, EN THÉORIE, HYPOTHÉTIQUEMENT, IDÉALEMENT, IMAGINAIREMENT, IN ABSTRACTO, THÉORIQUEMENT; INCOMMODÉMENT, INCONFORTABLEMENT, INEFFICACEMENT, MALCOMMODÉMENT; COMPLÈTEMENT, EN TOTALITÉ, ENTIÈREMENT, TOTALEMENT, TOUT À FAIT; PAS DU TOUT.

pratiquer *v.* ▶ ***Mettre en application*** – appliquer, mettre en application, mettre en œuvre, mettre en pratique. ▶ ***Exécuter*** – accomplir, effectuer, exécuter, faire, opérer, procéder à, réaliser. ▶ ***Aménager*** – aménager, ménager, ouvrir, percer. ▶ ***Faire un métier*** – exercer. ▶ ***Faire un sport*** – jouer à, s'adonner à. △ **ANT.** S'ABSTENIR; REFUSER; DÉLAISSER; IGNORER, MÉCONNAÎTRE, NÉGLIGER.

pré *n.m.* ▶ ***Pâturage*** – alpage, alpe, champ, embouche, enclos, estive, friche, herbage, kraal, lande, noue, pacage, paddock, paissance, pâquis, parc, parcours, parquet, passage, pâtis, pâturage, pâture, prairie, remue. *FRANCE RÉGION.* engane, ouche. *SUISSE* mayen. *AFR.* secco. ▶ ***Étendue d'herbe*** – brûlis, champ, chaume, guéret, plant, plantation. *SOUT.* glèbe. *FRANCE RÉGION.* gagnage, platière.

préalable *adj.* exploratoire, préliminaire, préparatoire. △ **ANT.** POSTÉRIEUR, SUBSÉQUENT, ULTÉRIEUR.

préalable *n.m.* apprêt, arrangement, branle-bas, dispositif, disposition, mesure, précaution, préliminaires, préparatifs, préparation.

préalablement *adv.* ▶ ***Avant*** – à l'avance, antérieurement, au préalable, auparavant, avant, ci-devant, d'abord, d'avance, déjà, précédemment, préliminairement. ▶ ***Premièrement*** – a priori, au premier abord, au premier chef, d'abord, en premier lieu, par priorité, préliminairement, premièrement, primo, prioritairement, tout d'abord. △ **ANT.** PAR LA SUITE, ULTÉRIEUREMENT.

préambule *n.m.* avant-propos, avertissement, avis (préliminaire), début, discours préliminaire, entrée en matière, exorde, exposition, introduction, notice, préliminaire, prélude, présentation, prolégomènes, prologue. *SOUT.* prodrome. △ **ANT.** CONCLUSION, PÉRORAISON, POSTFACE.

précaire *adj.* ▶ ***Instable*** – chancelant, défaillant, faible, fragile, glissant, incertain, instable, menacé, vacillant. ▶ ***Éphémère*** – bref, court, éphémère, évanescent, fugace, fugitif, intérimaire, momentané, passager, provisoire, rapide, temporaire, transitoire. *SOUT.* périssable. △ **ANT.** À TOUTE ÉPREUVE, ASSURÉ, FERME, SOLIDE, STABLE; DURABLE, ÉTERNEL, IMMORTEL, IMPÉRISSABLE, PERMANENT, PERPÉTUEL.

précaution *n.f.* ▶ ***Réserve*** – circonspection, mesure, pondération, prudence, réserve, sagesse. ▶ ***Préparatif*** – apprêt, arrangement, branle-bas, dispositif, disposition, mesure, préalable, préliminaires, préparatifs, préparation. ▶ ***Prévoyance*** – clairvoyance, lenteur, prévention, prévision, prévoyance, prudence, sagesse. ▶ ***Garantie*** – assurance, aval, caution, cautionnement, charge, consignation, couverture, ducroire, engagement, gage, garant, garantie, hypothèque, indexage, indexation, nantissement, obligation, palladium, parrainage, préservation, promesse, répondant, responsabilité, salut, sauvegarde, sécurité, signature, soulte, sûreté, warrant, warrantage. *DR.* porte-fort. ▶ ***Prévention*** – hygiène, préservation, prévention, prophylaxie, protection. △ **ANT.** AUDACE, TÉMÉRITÉ; IMPRÉVOYANCE; ÉGAREMENT, ÉTOURDERIE, IMPRUDENCE, INSOUCIANCE.

précédemment *adv.* à l'avance, antérieurement, au préalable, auparavant, avant, ci-devant, d'abord, d'avance, déjà, préalablement, préliminairement. △ **ANT.** PAR LA SUITE, ULTÉRIEUREMENT.

précédent *adj.* antécédent, antérieur, dernier, passé. △ **ANT.** SUBSÉQUENT, SUIVANT *(UNITÉ DE TEMPS)*.

précédent *n.m.* ▶ ***Nouveauté*** – actualité, avant-gardisme, changement, contemporanéité, fraîcheur, inédit, innovation, jamais vu, jeunesse, mode, modernité, neuf, nouveau, nouveauté, originalité, pertinence, première, présent, primeur. ▶ ***Modèle*** – archétype, canon, critère, échantillon, étalon, exemple, formule, gabarit, idéal, idée, image, individu, modèle, norme, original, paradigme, prototype, référence, représentant, type, unité. ▶ ***Équivalent*** – analogue, correspondant, équivalent, homologue, pareil, parent, pendant, semblable. △ **ANT.** REDITE, RÉPÉTITION; BANALITÉ.

précéder *v.* devancer. △ **ANT.** SUCCÉDER, SUIVRE; ACCOMPAGNER.

précepte *n.m.* ▶ ***Maxime*** – adage, aphorisme, apophtegme, axiome, citation, devise, dicton, dit, dogme, enseignement, formule, mantra, maxime, moralité, mot, on-dit, parole, pensée, principe, proverbe, réflexion, règle, sentence, sutra, vérité. ▶ ***Norme*** – arrêté, charte, code, convention, cote, coutume, formule, loi, mesure, norme, obligation, ordre, prescription, protocole, régime, règle, règlement, usage.

précepteur *n.* ▶ ***Guide*** – conseil, conseiller, consultant, directeur, éminence grise, éveilleur, guide, inspirateur, orienteur, prescripteur. *SOUT.* égérie *(femme)*, mentor. *FAM.* cornac. △ **ANT.** DISCIPLE, ÉLÈVE.

prêcher *v.* ▶ ***Convertir au christianisme*** – catéchiser, christianiser, évangéliser. ▶ ***Prôner*** – préconiser, prescrire, prôner, recommander. ▶ ***Faire la morale*** – chapitrer, donner des leçons, faire des remontrances, faire la leçon, faire la morale, haranguer, moraliser, morigéner, sermonner.

précieux *adj.* ▶ ***Sans prix*** – cher, de (grande) valeur, de prix, inappréciable, inestimable, introuvable, rare, rarissime, recherché, sans prix. ▶ ***Unique*** – d'exception, exceptionnel, hors du commun, hors ligne, hors pair, hors série, incomparable, inégalable, inégalé, inimitable, irremplaçable, qui n'a pas son pareil, rare, remarquable, sans égal, sans pareil, sans précédent, sans rival, sans second, spécial, supérieur, unique. ▶ ***Qui manque de naturel*** – façonnier, maniéré, maniériste, minaudier, poseur, qui fait des façons. *FAM.* chichiteux, chochotte. ▶ *En parlant du langage* – à effet, fleuri, jargonneux, prétentieux. △ **ANT.** BANAL, COMMUN, COURANT, ORDINAIRE; NATUREL, SIMPLE.

précipice *n.m.* ▶ *Gouffre* – abîme, crevasse, fosse, géosynclinal, gouffre, puits naturel. ▶ *Catastrophe* – apocalypse, bouleversement, calamité, cataclysme, catastrophe, chaos, désastre, drame, fléau, malheur, néant, ruine, sinistre, tragédie. *SOUT.* abîme. *FAM.* cata. △ **ANT.** HAUTEUR, SOMMET.

précipitation *n.f.* ▶ *Rapidité* – activité, agilité, célérité, diligence, empressement, hâte, promptitude, rapidité, vélocité, vitesse, vivacité. *SOUT.* prestesse. ▶ *Suite précipitée* – bousculade. *FAM.* cavalcade, course. ▶ *Accélération* – accélération, accroissement, activation, augmentation de cadence, augmentation de vitesse, fuite en avant, hâte. ▶ *Impatience* – avidité, brusquerie, désir, empressement, fièvre, fougue, hâte, impatience, impétuosité, presse, urgence, urgent. ▶ *Remue-ménage* – activité, affairement, affolement, agitation, alarme, animation, bouillonnement, branle-bas (de combat), bruit, dérangement, désordre, désorganisation, détraquement, effervescence, excitation, fourmillement, grouillement, hâte, incohérence, mouvement, orage, remous, remue-ménage, secousse, tempête, tohu-bohu, tourbillon, tourmente, trépidation, trouble, tumulte, turbulence, va-et-vient. *SOUT.* émoi, remuement. *FAM.* chambardement. ▶ *Chute d'une fenêtre* – défenestration. ▶ *Supplice* – défenestration. ♦ **précipitations,** *plur.* ▶ *Phénomène météorologique* – chute. △ **ANT.** INDOLENCE, LENTEUR, NONCHALANCE; DÉCÉLÉRATION, MODÉRATION, RALENTISSEMENT; RETENUE; ATERMOIEMENT; PRUDENCE; PATIENCE.

précipiter *v.* ▶ *Mettre soudainement dans un état* – jeter, plonger. ▶ *Accélérer* – accélérer, activer, brusquer, hâter, presser. *SOUT.* diligenter. ▶ *Faire arriver plus vite* – avancer, brusquer, devancer, hâter. ♦ **se précipiter** ▶ *Sauter* – bondir, s'élancer, sauter, se jeter, se lancer. ▶ *Accourir* – accourir, courir, se presser. ▶ *Se hâter* – courir, faire vite, s'empresser, se dépêcher, se hâter, se presser. *FAM.* activer, bourrer, pédaler, se dégrouiller, se grouiller, se magner, se magner le popotin. ▶ *Se ruer* – foncer, s'élancer, sauter, se jeter, se lancer, se ruer. ♦ **précipité** ▶ *Fait à la hâte* – expéditif, hâtif, rapide, sommaire. ▶ *Non favorable* – bâclé, expédié. *FAM.* cochonné, salopé, torché, torchonné. ▶ *Très rapide* – endiablé, éperdu. △ **ANT.** FREINER, MODÉRER, RALENTIR; DIFFÉRER, RETARDER; ATTENDRE. ♦ **précipité** MÛRI, POSÉ, RÉFLÉCHI.

précis *adj.* ▶ *Soigneux* – appliqué, assidu, attentif, consciencieux, méthodique, méticuleux, minutieux, ordonné, rangé, rigoureux, scrupuleux, soigné, soigneux, systématique. *SOUT.* exact. ▶ *Détaillé* – approfondi, détaillé, fouillé, pointu, poussé. ▶ *Clair* – arrêté, clair, défini, déterminé, net, tranché. ▶ *Exact* – bon, conforme, exact, fidèle, juste. ▶ *En parlant d'une transcription* – littéral, mot à mot, textuel. ▶ *En parlant de l'heure* – juste, pile, sonnant, tapant. *FAM.* pétant. △ **ANT.** IMPRÉCIS; INAPPLIQUÉ, NÉGLIGENT; CONFUS, FLOU, INCERTAIN, INDÉFINISSABLE, INDÉTERMINÉ, INDISTINCT, TROUBLE, VAGUE; DIFFUS, FUMEUX, OBSCUR; APPROXIMATIF, GROSSIER.

précisément *adv.* ▶ *Soigneusement* – amoureusement, attentivement, consciencieusement, en détail, méticuleusement, minutieusement, précieusement, proprement, religieusement, rigoureusement, scrupuleusement, sérieusement, soigneusement, vigilamment. ▶ *Exactement* – au juste, exactement, juste, pile. △ **ANT.** GROSSIÈREMENT, IMPRÉCISÉMENT; ENVIRON, PAS TOUT À FAIT, PLUS OU MOINS.

préciser *v.* ▶ *Exposer en détail* – descendre dans le détail, descendre jusqu'aux détails, détailler, développer, expliciter, expliquer. *FAM.* broder sur. ▶ *Indiquer avec précision* – énoncer, indiquer, mentionner, souligner, spécifier, stipuler. ▶ *Clarifier* – clarifier, lever l'ambiguïté. *LING.* désambiguïser. ♦ **se préciser** ▶ *Prendre forme* – cristalliser, mûrir, prendre corps, prendre forme, prendre tournure, se dessiner, se développer, se former. △ **ANT.** EFFLEURER, ESCAMOTER; EMBROUILLER, ESTOMPER, OBSCURCIR.

précision *n.f.* ▶ *Finesse* – détail, finesse, perfectionnement, raffinement, recherche, sophistication, stylisme, subtilité. *RARE* exquisité. ▶ *Minutie* – application, exactitude, minutie, soin, souci du détail. *SOUT.* méticulosité. ▶ *Rigueur* – exactitude, infaillibilité, justesse, netteté, rigueur. ▶ *Explication* – analyse, clarification, commentaire, critique, définition, désambiguïsation, éclaircissement, élucidation, exemplification, explication, explicitation, exposé, exposition, glose, illustration, indication, interprétation, légende, lumière, note, paraphrase, remarque, renseignement. ▶ *Finesse dans le geste* – adresse, agilité, aisance, dextérité, élasticité, élégance, facilité, grâce, habileté, légèreté, main, mobilité, rapidité, souplesse, technique, virtuosité, vivacité. *SOUT.* félinité, prestesse. △ **ANT.** APPROXIMATION, GROSSIÈRETÉ, IMPRÉCISION, INEXACTITUDE; FLOU, VAGUE; AMBIGUÏTÉ, CONFUSION, INCERTITUDE, INDÉCISION; GÉNÉRALITÉS.

précoce *adj.* ▶ *Qui a lieu en avance* – anticipé, hâtif, prématuré. ▶ *Très développé* – avancé, en avance. △ **ANT.** TARDIF; ARRIÉRÉ, ATTARDÉ, DEMEURÉ, RETARDÉ.

préconiser *v.* prêcher, prescrire, prôner, recommander. △ **ANT.** BLÂMER, CRITIQUER, DÉCRIER, DÉNIGRER, DÉNONCER.

précurseur *adj.* annonciateur, avant-coureur, prémonitoire, prophétique, qui laisse présager. *SOUT.* avant-courrier. *MÉD.* prodromique. △ **ANT.** INDICATIF, RÉVÉLATEUR, SYMPTOMATIQUE.

précurseur *n.* ▶ *Devancier* – ancêtre, annonciateur, avant-garde, avant-gardiste, devancier, initiateur, innovateur, introducteur, inventeur, messager, novateur, pionnier, prédécesseur, préfiguration, prophète, visionnaire. *SOUT.* avant-coureur, avant-courrier, fourrier, héraut, préparateur. △ **ANT.** SUCCESSEUR; IMITATEUR, SUIVEUR.

prédécesseur *n.m.* ancêtre, annonciateur, avant-garde, avant-gardiste, devancier, initiateur, innovateur, introducteur, inventeur, messager, novateur, pionnier, précurseur, préfiguration, prophète, visionnaire. *SOUT.* avant-coureur, avant-courrier, fourrier, héraut, préparateur. △ **ANT.** SUCCESSEUR.

prédicateur *n.* catéchiste.

prédication *n.f.* ▶ *Évangélisation* – apostolat, catéchèse, catéchisation, catéchisme, endoctrinement, évangélisation, ministère, mission, missionnariat, pastorale, propagande, propagation (de la foi), prosélytisme. *FAM.* caté. ▶ ***Sermon*** – homélie, instruction, prêche, sermon.

prédiction *n. f.* ▶ ***Prophétie*** – annonce, annonciation, augure, auspices, conjecture, horoscope, oracle, pari, présage, prévision, projection, promesse, pronostic, prophétie, signe. *ANTIQ. ROM.* auspices, haruspication. ▶ ***Prévision*** – anticipation, divination, futurologie, prévision, projection, prospective. *SOUT.* vaticination. ▶ ***Pressentiment*** – anticipation, divination, flair, impression, instinct, intuition, précognition, prémonition, prénotion, prescience, pressentiment, prévision, sentiment, voyance. *FAM.* pif, pifomètre. △ **ANT.** RAPPEL, SOUVENIR.

prédilection *n. f.* ▶ ***Propension*** – affection, aptitude, attirance, disposition, faible, faiblesse, goût, habitude, impulsion, inclination, instinct, penchant, pente, prédisposition, préférence, propension, tendance, vocation. *DIDACT.* susceptibilité. *PSYCHOL.* compulsion. *FAM.* tendresses. ▶ ***Choix*** – adoption, choix, cooptation, décision, désignation, détermination, échantillonnage, écrémage, élection, nomination, plébiscite, présélection, résolution, sélection, suffrage, tri, triage, vote. *SOUT.* décret, parti. △ **ANT.** AVERSION, DÉGOÛT, HORREUR, RÉPUGNANCE.

prédire *v.* ▶ ***Faire des prédictions*** – prophétiser. *RARE* deviner. △ **ANT.** SE SOUVENIR; ACCOMPLIR, CONFIRMER, VÉRIFIER.

prédominance *n. f.* avantage, dessus, prééminence, préférence, prépondérance, préséance, primauté, priorité, supériorité, suprématie, transcendance. *SOUT.* précellence, préexcellence. △ **ANT.** SUBORDINATION; INFÉRIORITÉ.

préexistant *adj.* antécédent, antérieur. △ **ANT.** À VENIR, FUTUR.

préfabriqué *n. m.* aggloméré, carreau de plâtre, hourdis, panneau d'aggloméré, panneau de contreplaqué, panneau de liège, parpaing, staff, stuc, synderme. *FAM.* agglo.

préface *n. f.* ▶ ***Introduction*** – avant-propos, avertissement, avis (préliminaire), début, discours préliminaire, entrée en matière, exorde, exposition, introduction, notice, préambule, préliminaire, prélude, présentation, prolégomènes, prologue. *SOUT.* prodrome. △ **ANT.** CONCLUSION, ÉPILOGUE, POSTFACE.

préfecture *n. f.* ▶ ***Ville*** – chef-lieu, sous-préfecture.

préférablement *adv.* de préférence, mieux, par préférence, plutôt, préférentiellement. △ **ANT.** INDIFFÉREMMENT, INDISTINCTEMENT, SANS DISTINCTION.

préféré *n.* favori. *FAM.* chouchou, coqueluche.

préférence *n. f.* ▶ ***Propension*** – affection, aptitude, attirance, disposition, faible, faiblesse, goût, habitude, impulsion, inclination, instinct, penchant, pente, prédilection, prédisposition, propension, tendance, vocation. *DIDACT.* susceptibilité. *PSYCHOL.* compulsion. *FAM.* tendresses. ▶ ***Favoritisme*** – clientélisme, faveur, favoritisme, népotisme, partialité. *FAM.* chouchoutage, combine, copinage, piston, pistonnage. *QUÉB.* partisanerie. ▶ ***Prédominance*** – avantage, dessus, prédominance, prééminence, prépondérance, préséance, primauté, priorité, supériorité, suprématie, transcendance. *SOUT.* précellence, préexcellence. ▶ ***Choix*** – choix, sélection. △ **ANT.** AVERSION, DÉGOÛT, HORREUR, RÉPUGNANCE; ÉQUITÉ, IMPARTIALITÉ; INFÉRIORITÉ.

préférer *v.* ▶ ***Aimer mieux*** – aimer mieux, avoir un faible pour, avoir un penchant pour, avoir une inclination pour, avoir une prédilection pour, incliner pour, pencher pour. ♦ **préféré** ▶ ***Favori*** – de prédilection, favori. △ **ANT.** DÉTESTER, HAÏR, REPOUSSER. ♦ **préféré** BRIMÉ.

préfet *n.* ▶ ***Responsable de la discipline*** – directeur des études, surveillant d'études/d'internat, surveillant (général). *FAM.* pion. *FRANCE FAM.* caïman, surgé, surpète. *RELIG.* préfet (des études); *ANC.* père préfet.

préhistoire *n. f.* âge de (la) pierre, âge des cavernes, temps préhistoriques.

préhistorique *adj.* ▶ ***Très ancien*** – anachronique, ancien, antédiluvien, antique, archaïque, arriéré, caduc, démodé, dépassé, désuet, fossile, inactuel, moyenâgeux, obsolescent, obsolète, passé de mode, périmé, poussiéreux, qui a fait son temps, suranné, tombé en désuétude, usé, vétuste, vieilli, vieillot, vieux, vieux jeu. △ **ANT.** ACTUEL, EN COURS, VALIDE; À LA MODE, À LA PAGE, EN VOGUE, MODERNE, NEUF, NOUVEAU, RÉCENT; HISTORIQUE.

préjudice *n. m.* affront, atteinte, désavantage, dommage, injustice, lésion, mal, perte, tort. △ **ANT.** AVANTAGE, BÉNÉFICE, BIEN; AIDE, ASSISTANCE, BIENFAIT, FAVEUR, SERVICE.

préjugé *n. m.* ▶ ***Opinion préconçue*** – idée reçue, parti pris, préconception, prénotion, prévention, subjectivisme, subjectivité. ▶ ***Supposition*** – a priori, apriorisme, apriorité, cas de figure, condition, conjecture, doute, extrapolation, hypothèse, idée reçue, induction, jeu de l'esprit, œillère, présomption, présupposé, présupposition, pronostic, scénario, supputation. △ **ANT.** OBJECTIVITÉ; OUVERTURE D'ESPRIT; RÉFLEXION.

prélèvement *n. m.* ▶ ***Ponction*** – biopsie, coupe, forage, piqûre, ponction, ponction-biopsie, prise. ▶ ***Saisie*** – défalcation, ponction, précompte, réquisition, retenue, saignée, saisie, soustraction. ▶ ***Impôt*** – charge, contribution, cote, droit, excise, fiscalité, imposition, levée, patente, prestation, prime *(assurance)*, redevance, surtaxe, taxation, taxe, tribut. *QUÉB.* accise. *BELG.* accises. *HIST.* capitation, champart, corvée, dîme, fouage, franc-fief, gabelle, maltôte, moulage, taille, tonlieu. *DR.* foretage. ▶ ***Frais*** – agio, charges, commission, crédit, frais, intérêt, plus-value. △ **ANT.** DON; REMBOURSEMENT.

prélever *v.* ▶ ***Prendre une partie d'un tout*** – extraire. *SOUT.* distraire. ▶ ***Prendre une partie d'un revenu*** – déduire, percevoir, retenir. *FAM.* ponctionner. △ **ANT.** AJOUTER, METTRE; INSÉRER, INTRODUIRE; DONNER, PAYER.

préliminaire *adj.* exploratoire, préalable, préparatoire. △ **ANT.** POSTÉRIEUR, SUBSÉQUENT, ULTÉRIEUR.

préliminaire *n. m.* ▶ ***Introduction*** – avant-propos, avertissement, avis (préliminaire), début, discours préliminaire, entrée en matière, exorde, exposition, introduction, notice, préambule, prélude, présentation, prolégomènes, prologue. *SOUT.* prodrome.

♦ **préliminaires**, *plur.* apprêt, arrangement, branle-bas, dispositif, disposition, mesure, préalable, précaution, préparatifs, préparation. △ **ANT.** CONCLUSION.

prélude *n.m.* ▶ ***Préambule*** – avant-propos, avertissement, avis (préliminaire), début, discours préliminaire, entrée en matière, exorde, exposition, introduction, notice, préambule, préliminaire, présentation, prolégomènes, prologue. *SOUT.* prodrome. ▶ ***Commencement*** – actionnement, amorçage, amorce, balbutiement, bégaiement, commencement, création, début, déclenchement, démarrage, départ, ébauche, embryon, enclenchement, enfance, entrée, esquisse, fondement, germe, inauguration, origine, ouverture, prémisse, principe, tête. *SOUT.* aube, aurore, matin, prémices. *FIG.* apparition, avènement, éclosion, émergence, éruption, explosion, genèse, germination, naissance, venue au monde. △ **ANT.** CONCLUSION, FIN.

prématuré *adj.* ▶ ***Qui a lieu en avance*** – anticipé, hâtif, précoce. △ **ANT.** TARDIF; ARRIÉRÉ, ATTARDÉ, DEMEURÉ, RETARDÉ.

prématurément *adv.* de bonne heure, précocement, tôt. △ **ANT.** TARDIVEMENT.

premier *n.* ▶ ***Celui qui a gagné*** – champion, gagnant, gagneur, lauréat, médaillé, tenant du titre, triomphateur, vainqueur. ▶ ***Enfant*** (*FAM.*) – aîné, premier-né. ♦ **premier**, *masc.* ▶ ***Espace d'un bâtiment*** (*FRANCE*) – premier étage. ▶ ***Espace d'un bâtiment*** (*QUÉB.*) – basilaire, rez-de-chaussée. *QUÉB.* premier (étage). ♦ **première**, *fém.* ▶ ***Nouveauté*** – actualité, avant-gardisme, changement, contemporanéité, fraîcheur, inédit, innovation, jamais vu, jeunesse, mode, modernité, neuf, nouveau, nouveauté, originalité, pertinence, précédent, présent, primeur. ▶ ***Vitesse*** – première vitesse. ▶ ***Catégorie de confort*** – classe affaires, première classe. △ **ANT.** DERNIER; BENJAMIN, CADET.

premièrement *adv.* ▶ ***D'abord*** – a priori, au premier abord, au premier chef, d'abord, en premier lieu, par priorité, préalablement, préliminairement, primo, prioritairement, tout d'abord. ▶ ***Initialement*** – à l'origine, au commencement, au départ, au (tout) début, initialement, originairement, originellement, primitivement. △ **ANT.** À LA FIN, AU BOUT DU COMPTE, EN DÉFINITIVE, EN FIN DE COMPTE, FINALEMENT.

prémisse *n.f.* ▶ ***Postulat*** – apodicticité, axiome, convention, définition, donnée, évidence, fondement, hypothèse, lemme, postulat, postulatum, principe, proposition, théorème, théorie, vérité. ▶ ***Commencement*** – actionnement, amorçage, amorce, balbutiement, bégaiement, commencement, création, début, déclenchement, démarrage, départ, ébauche, embryon, enclenchement, enfance, entrée, esquisse, fondement, germe, inauguration, origine, ouverture, prélude, principe, tête. *SOUT.* aube, aurore, matin, prémices. *FIG.* apparition, avènement, éclosion, émergence, éruption, explosion, genèse, germination, naissance, venue au monde. △ **ANT.** CONCLUSION, CONSÉQUENCE.

prenant *adj.* ▶ ***Émouvant*** – attachant, attendrissant, désarmant, émouvant, touchant. ▶ ***Captivant*** – absorbant, accrocheur, captivant, fascinant, intéressant, palpitant, passionnant. *SOUT.* attractif. ▶ ***Accaparant*** – absorbant, accaparant, exigeant. △ **ANT.** ASSOMMANT, ENDORMANT, ENNUYEUX, FASTIDIEUX, INSIPIDE, LASSANT, MONOTONE, PLAT, RÉPÉTITIF, SOPORIFIQUE; COMIQUE, GROTESQUE; BANAL, ININTÉRESSANT, SANS INTÉRÊT; AGAÇANT, CRISPANT, DÉSAGRÉABLE, ÉNERVANT, EXASPÉRANT, IRRITANT.

prendre *v.* ▶ ***Saisir*** – accrocher, agripper, attraper, empoigner, happer, s'emparer de, saisir, se saisir de. ▶ ***Se munir*** – s'armer de, se munir de. ▶ ***Voler*** – dérober, faire main basse sur, soustraire, subtiliser, voler. *FAM.* barboter, chaparder, chiper, choper, escamoter, faire, faucher, flibuster, piquer, rafler, taxer. *FRANCE FAM.* calotter, chouraver. ▶ ***Confisquer*** – confisquer, enlever, retirer. ▶ ***Obtenir par la force*** – conquérir, enlever, mettre la main sur, s'emparer de, se rendre maître de, se saisir de. ▶ ***Envahir*** – conquérir, envahir, occuper, s'emparer de. ▶ ***Avaler*** – absorber, avaler, consommer, déglutir, ingérer, ingurgiter. ▶ ***Recevoir*** (*FAM.*) – recevoir. *FAM.* attraper, morfler, ramasser. ▶ ***Puiser une chose abstraite*** – puiser, tirer, trouver. ▶ ***Choisir*** – adopter, choisir, embrasser, épouser, faire sien. ▶ ***Revêtir un certain aspect*** – affecter, avoir, revêtir. ▶ ***Contracter une habitude*** – acquérir, contracter, développer. ▶ ***Nécessiter*** – appeler, avoir besoin de, commander, demander, exiger, imposer, nécessiter, obliger, postuler, prescrire, réclamer, requérir, vouloir. ▶ ***Suivre un chemin*** – emprunter, enfiler, passer par, s'engager dans, suivre. ▶ ***Arrêter*** – appréhender, arrêter, capturer, faire prisonnier, saisir. *FAM.* attraper, choper, coffrer, coiffer, coincer, cravater, cueillir, embarquer, épingler, harponner, mettre la main au collet de, mettre le grappin sur, pincer, poisser, ramasser, saisir au collet. *FRANCE FAM.* agrafer, alpaguer, arnaquer, arquepincer, emballer, gauler, piquer, poivrer. ▶ ***Se solidifier*** – durcir, épaissir, grumeler, (se) coaguler, se figer, se grumeler, se solidifier. ▶ ***Avoir du succès*** – aboutir, marcher, réussir. △ **ANT.** JETER, LÂCHER; ABANDONNER, CÉDER, LAISSER, LIVRER, PERDRE; DONNER, OFFRIR; RELÂCHER, RENDRE, RESTITUER; RENVOYER, SE SÉPARER DE; MANQUER, RATER.

prénom *n.m.* ▶ ***Nom de baptême*** – nom, nom de baptême, nom individuel. *FAM.* petit nom. △ **ANT.** NOM DE FAMILLE, PATRONYME.

préoccupation *n.f.* ▶ ***Souci*** – angoisse, agitation, anxiété, cassement de tête, contrariété, désagrément, difficulté, doute, ennui, gêne, inquiétude, obnubilation, occupation, peine, pensée, sollicitude, souci, suspens, tiraillement, tourment, tracas. *SOUT.* affres. *FAM.* tintouin, tracassin. △ **ANT.** INDIFFÉRENCE, INSOUCIANCE, OUBLI; CALME, QUIÉTUDE, SÉRÉNITÉ, TRANQUILLITÉ.

préoccuper *v.* ▶ ***Occuper l'esprit*** – ennuyer, fatiguer, obséder, taquiner, tarabuster, tracasser, travailler. *FAM.* titiller, turlupiner. *QUÉB. FAM.* chicoter. *FRANCE RÉGION.* taler. ▶ ***Inquiéter*** – affoler, agiter, alarmer, angoisser, effrayer, énerver, épouvanter, inquiéter, oppresser, tourmenter, tracasser, troubler. *FAM.* stresser. ♦ **se préoccuper** ▶ ***S'inquiéter*** – s'embarrasser, s'inquiéter, s'occuper, se soucier. ▶ ***Faire attention*** – faire attention à, surveiller, veiller à. ♦ **préoccupé** ▶ ***Soucieux*** – absorbé, contrarié, ennuyé, inquiet, pensif, perplexe, songeur, soucieux, tracassé. ▸ ***Attentif*** – attentif à, préoccupé de, soigneux de, soucieux de. *SOUT.* jaloux de. △ **ANT.** INDIFFÉRER; APAISER, CALMER, RASSÉRÉNER, RASSURER, TRANQUILLISER. ♦ **se préoccuper** DÉDAIGNER, NÉGLIGER, SE DÉSINTÉRESSER, SE MOQUER.

préparatifs *n. m. pl.* ▸ ***Arrangement*** – apprêt, arrangement, branle-bas, dispositif, disposition, mesure, préalable, précaution, préliminaires, préparation.

préparation *n. f.* ▸ ***Préparatifs*** – apprêt, arrangement, branle-bas, dispositif, disposition, mesure, préalable, précaution, préliminaires, préparatifs. ▸ ***Ébauche*** – canevas, crayon, crayonné, croquis, dessin, ébauche, épure, esquisse, essai, étude (préparatoire), griffonnement, pochade, premier jet, projet, rough, schéma. *SOUT.* linéaments. *FRANCE FAM.* crobard. ▸ ***Action de rendre apte à*** – introduction, prolégomènes. ▸ ***Aliment*** – préparation culinaire. ▸ *Mauvais* – mixture. ▸ ***Médicament*** – médicament, potion, préparation (pharmaceutique), remède, spécialité (pharmaceutique). ▸ *Artisanal* – drogue, orviétan, poudre de perlimpinpin, remède de bonne femme. ▸ *Fort* – remède bénin *(doux)*, remède de cheval *(fort)*. ▸ *Efficace* – remède miracle, remède souverain. △ **ANT.** EXÉCUTION, PRATIQUE, RÉALISATION; ACCOMPLISSEMENT, ACHÈVEMENT.

préparatoire *adj.* exploratoire, préalable, préliminaire. △ **ANT.** POSTÉRIEUR, SUBSÉQUENT, ULTÉRIEUR.

préparer *v.* ▸ ***Apprêter*** – apprêter, arranger, parer. *QUÉB. ACADIE FAM.* gréer. ▸ *Apprêter un mets* – accommoder, apprêter, confectionner, cuisiner, faire, mijoter, mitonner. *FAM.* concocter, fricoter. ▸ ***Confectionner*** – composer, confectionner, créer, élaborer, fabriquer, façonner, faire, mettre au point, produire, travailler à. *SOUT.* enfanter. *PÉJ.* accoucher de. ▸ ***Organiser*** – orchestrer, organiser. *FAM.* concocter. ▸ ***Réserver*** – ménager, réserver. ♦ **se préparer** ▸ ***S'apprêter*** – aller, être sur le point de, s'apprêter à, se disposer à. △ **ANT.** ACCOMPLIR, EFFECTUER, EXÉCUTER; BÂCLER, IMPROVISER.

prépondérance *n. f.* ▸ ***Prédominance*** – avantage, dessus, prédominance, prééminence, préférence, préséance, primauté, priorité, supériorité, suprématie, transcendance. *SOUT.* précellence, préexcellence. ▸ ***Influence*** – action, aide, appui, ascendant, attirance, attraction, aura, autorité, contagion, crédit, dominance, domination, effet, empreinte, emprise, fascination, force, importance, incitation, influence, inspiration, magie, magnétisme, mainmise, manipulation, mouvance, persuasion, pétition, poids, pouvoir, présence, pression, prestige, puissance, règne, rôle, séduction, subjugation, suggestion, tyrannie. *SOUT.* empire, intercession. △ **ANT.** SUBORDINATION; INFÉRIORITÉ.

prépondérant *adj.* capital, central, crucial, de la plus haute importance, de premier plan, décisif, déterminant, dominant, essentiel, important, maître, majeur, numéro un, prédominant, prééminent, premier, primordial, principal, prioritaire, supérieur. *SOUT.* à nul autre second, cardinal. △ **ANT.** ACCESSOIRE, INSIGNIFIANT, MINEUR, PETIT, SECONDAIRE.

préposé *n.* ▸ ***Employé*** – agent, cachetier, employé, journalier, ouvrier *(manuel)*, salarié, travailleur. ▸ ***Facteur*** *(FRANCE)* – facteur. *ANC.* messager, postillon. *MILIT. MAR.* vaguemestre.

prérogative *n. f.* ▸ ***Privilège*** – acquis, apanage, attribution, avantage, bénéfice, chasse gardée, concession, droit, exclusivisme, exclusivité, exemption, faveur, honneur, immunité, inviolabilité, monopole, passe-droit, pouvoir, préférence, privilège. *ANC.* franchise. *RELIG.* indult. ▸ ***Distinction*** – décoration, dignité, égards, élévation, faveur, honneur, pourpre, promotion. △ **ANT.** CHARGE, CONTRAINTE, DEVOIR, OBLIGATION.

près *adv.* à côté, à deux pas, à la ronde, à peu de distance, à proximité, à quelques pas, alentour, auprès, autour, dans les environs, dans les parages, non loin, tout autour, (tout) contre. *FAM.* sous la main. *QUÉB. FAM.* proche. △ **ANT.** LOIN.

présage *n. m.* ▸ ***Prédiction*** – annonce, annonciation, augure, auspices, conjecture, horoscope, oracle, pari, prédiction, prévision, projection, promesse, pronostic, prophétie, signe. *ANTIQ. ROM.* auspices, haruspication. ▸ ***Signe*** – diagnostic, expression, indication, indice, manifestation, marque, prodrome, signe, symptôme, syndrome. *SOUT.* avant-coureur. *MÉD.* marqueur. △ **ANT.** CONFIRMATION.

présager *v.* ▸ ***Prédire*** – annoncer, anticiper, augurer, prédire, pressentir, prévoir, pronostiquer. ▸ ***Être un signe avant-coureur*** – annoncer, augurer, préluder à, promettre. △ **ANT.** CONFIRMER, VÉRIFIER.

prescience *n. f.* anticipation, divination, flair, impression, instinct, intuition, précognition, prédiction, prémonition, prénotion, pressentiment, prévision, sentiment, voyance. *FAM.* pif, pifomètre.

prescription *n. f.* ▸ ***Norme*** – arrêté, charte, code, convention, cote, coutume, formule, loi, mesure, norme, obligation, ordre, précepte, protocole, régime, règle, règlement, usage. ▸ ***Directive*** – citation, commande, commandement, consigne, directive, injonction, instruction, intimation, mandat, ordre, semonce. ▸ ***Instructions médicales*** – ordonnance. ▸ ***Devoir*** – bien, (bonnes) mœurs, conscience, déontologie, devoir, droit chemin, éthique, morale, moralité, obligation (morale), principes, règles de vie, vertu. *PSYCHOL.* surmoi. ▸ ***Absolution*** – absolution, absoute *(public)*, acquittement, aman, amnistie, annulation, clémence, dédouanement, disculpation, extinction, grâce, indulgence, jubilé, mise hors de cause, miséricorde, mitigation, oubli, pardon, pénitence, réhabilitation, relaxe, remise (de peine), rémission, suppression (de peine). △ **ANT.** INTERDICTION; LIBERTÉ.

prescrire *v.* ▸ ***Ordonner*** – commander, décréter, dicter, donner l'ordre de, imposer, ordonner, vouloir. *SOUT.* édicter. ▸ ***Recommander fortement*** – prêcher, préconiser, prôner, recommander. ▸ ***Nécessiter*** – appeler, avoir besoin de, commander, demander, exiger, imposer, nécessiter, obliger, postuler, prendre, réclamer, requérir, vouloir. △ **ANT.** DÉFENDRE, INTERDIRE, PROHIBER; OBÉIR, OBSERVER, SUBIR, SUIVRE.

présence *n. f.* ▸ ***Existence*** – actualité, essence, être, existence, fait, occurrence, réalité, réel, substance, vie. ▸ ***Actualité*** – actualité, contemporanéité, immédiateté. ▸ ***Influence*** – action, aide, appui, ascendant, attirance, attraction, aura, autorité, contagion, crédit, dominance, domination, effet, empreinte, emprise, fascination, force, importance, incitation, influence, inspiration, magie, magnétisme, mainmise, manipulation, mouvance, persuasion, pétition, poids, pouvoir, prépondérance, pression, prestige, puissance, règne, rôle, séduction, subjugation, suggestion, tyrannie. SOUT. empire, intercession. △ **ANT.** ABSENCE, CARENCE, MANQUE.

présent *adj.* actuel, courant, de l'heure, en application, en cours, en usage, en vigueur, existant. △ **ANT.** ABSENT; ANCIEN; ANTÉRIEUR, PASSÉ; FUTUR, POSTÉRIEUR.

présent *n.m.* ▶ ***Cadeau*** – cadeau, cadeau-souvenir, don, offrande, prime, souvenir, surprise. FAM. fleur. ▶ ***Temps présent*** – instant présent, moment présent, temps présent. ▶ ***Actualité*** – actualité, avant-gardisme, changement, contemporanéité, fraîcheur, inédit, innovation, jamais vu, jeunesse, mode, modernité, neuf, nouveau, nouveauté, originalité, pertinence, précédent, première, primeur. ♦ **les présents, *plur.*** assemblée, assistance, assistants, auditoire, foule, galerie, public, salle. △ **ANT.** PASSÉ; AVENIR, FUTUR.

présentation *n.f.* ▶ ***Fait de montrer*** – exhibition, production. RELIG. porrection *(objets sacrés)*. ▶ ***Aspect*** – air, allure, apparence, aspect, caractère, configuration, couleur, couvert, dehors, éclairage, expression, extérieur, façade, faciès, figure, forme, formule, impression, jour, masque, mine, paraître, perspective, physionomie, plastique *(en art)*, portrait, profil, ressemblance, semblant, surface, ton, tour, tournure, traits, vernis, visage. SOUT. enveloppe, regardure, superficie. ▶ ***Exposition*** – concours, démonstration, étalage, exhibition, exposition, foire, foire-exposition, galerie, manifestation, montre, rétrospective, salon, vernissage. FAM. démo, expo. SUISSE comptoir. ▶ ***Avant-propos*** – avant-propos, avertissement, avis (préliminaire), début, discours préliminaire, entrée en matière, exorde, exposition, introduction, notice, préambule, préliminaire, prélude, prolégomènes, prologue. SOUT. prodrome. ♦ **la Présentation** ▶ ***Fête chrétienne*** – Chandeleur, Présentation (de Jésus au temple), Purification (de la Vierge).

présentement *adv.* à cette heure, à l'époque actuelle, à l'heure actuelle, à l'heure présente, à l'heure qu'il est, à l'instant présent, à présent, actuellement, au moment présent, aujourd'hui, dans le cas présent, de ce temps-ci, de nos jours, de notre temps, en ce moment, en cette saison, ici, maintenant, par le temps qui court. △ **ANT.** ALORS; À UN AUTRE MOMENT; AVANT; APRÈS, PLUS TARD.

présenter *v.* ▶ ***Montrer*** – exhiber, exposer, faire voir, montrer. ▶ ***Tendre un objet*** – avancer, offrir, tendre. ▶ ***Fournir un document*** – donner, exhiber, fournir, montrer, produire. ▶ ***Proposer une idée*** – avancer, jeter sur le tapis, mettre sur le tapis, offrir, proposer, servir, soumettre. ▶ ***Décrire*** – brosser un tableau de, décrire, dépeindre, montrer, peindre, représenter, tracer le portrait de. ▶ ***Disposer*** – arranger, disposer, mettre, placer. ▶ ***Avoir comme forme*** – dessiner, faire, former. ▶ ***Comporter*** – avoir, comporter, consister en, se composer de. ♦ **se présenter** ▶ ***Devenir visible*** – apparaître, paraître, se montrer, se révéler. ▶ ***Arriver en un lieu*** – arriver, paraître, se montrer. FAM. rappliquer, s'amener, se pointer, (se) radiner, se ramener. ▶ ***Être candidat*** – poser sa candidature, se porter candidat. ▶ ***S'ériger*** – s'ériger en, se poser en. △ **ANT.** CACHER, DISSIMULER; ENLEVER, ÔTER, RETENIR, RETRANCHER; TAIRE; CONCLURE. ♦ **se présenter** DISPARAÎTRE.

préserver *v.* ▶ ***Conserver*** – conserver, garder, protéger, sauvegarder, sauver. ▶ ***Protéger de qqch.*** – abriter, assurer, défendre, garantir, garder, mettre à l'abri, protéger, tenir à l'abri. △ **ANT.** ABANDONNER, LAISSER; ABÎMER, ATTAQUER, CONTAMINER, DÉTÉRIORER, DÉTRUIRE, ENDOMMAGER, GÂTER.

président *n.* ▶ ***Chef de compagnie*** – administrateur, cadre, chef d'entreprise, chef d'industrie, décideur, décisionnaire, directeur, dirigeant, gestionnaire, logisticien, patron, responsable. ▶ ***Chef d'une assemblée politique*** – speaker.

présider *v.* ▶ ***Diriger*** – assurer la direction de, conduire, diriger, faire marcher, gérer, mener, piloter, superviser, tenir les rênes de.

présomption *n.f.* ▶ ***Supposition*** – a priori, apriorisme, apriorité, cas de figure, condition, conjecture, doute, extrapolation, hypothèse, idée reçue, induction, jeu de l'esprit, œillère, préjugé, présupposé, présupposition, pronostic, scénario, supputation. ▶ ***Vraisemblance*** – acceptabilité, admissibilité, crédibilité, plausibilité, possibilité, probabilité, recevabilité, viabilité, vraisemblable, vraisemblance. ▶ ***Inculpation*** – accusation, charge, imputation, incrimination, inculpation, plainte, poursuite, prise à partie, réquisitoire. SOUT. prévention. ANC. clain. DR. chef d'accusation. ▶ ***Vanité*** – amour-propre, arrogance, autosatisfaction, bouffissure, complaisance, contentement (de soi), crânerie, enflure, fatuité, gloriole, hauteur, immodestie, importance, jactance, mégalomanie, morgue, orgueil, ostentation, outrecuidance, parade, pose, prétention, suffisance, superbe, supériorité, vanité, vantardise. SOUT. fierté, infatuation. FAM. ego. △ **ANT.** CERTITUDE, ÉVIDENCE; PREUVE; HUMILITÉ, MODESTIE.

présomptueux *adj.* ▶ ***Vaniteux*** – cabot, cabotin, complaisant, conquérant, content de soi, fat, fier, fiérot, hâbleur, imbu de soi-même, infatué, m'as-tu-vu, orgueilleux, outrecuidant, pédant, pétri d'orgueil, plein de soi-même, prétentieux, qui fait l'important, qui se prend pour quelqu'un, qui se prend pour un autre, rempli de soi-même, suffisant, vain, vaniteux, vantard. FAM. chochotte. LOUISIANE AFR. faraud. ▶ ***Arrogant*** – arrogant, condescendant, dédaigneux, fier, hautain, méprisant, orgueilleux, outrecuidant, pimbêche *(femme)*, pincé, prétentieux, snob, supérieur. SOUT. altier, rogue. FAM. péteux, snobinard, snobinette *(femme)*. QUÉB. FAM. fendant. △ **ANT.** HUMBLE, MODESTE, SANS PRÉTENTION, SIMPLE.

presque *adv.* à peu de chose près, pour ainsi dire, pratiquement, quasi, quasiment, virtuellement. △ **ANT.** COMPLÈTEMENT, EN TOTALITÉ, ENTIÈREMENT, TOTALEMENT, TOUT À FAIT; PAS DU TOUT.

pressant *adj.* impératif, impérieux, nécessaire, pressé, urgent. SOUT. instant. △ **ANT.** FAIBLE, LÉGER, MODÉRÉ; CONTRÔLABLE, MAÎTRISABLE.

presse *n.f.* ▸ ***Machine*** – étau, fouloir. ▸ ***Presse écrite*** – médias écrits, presse écrite. ▸ ***Foule*** (SOUT.) – abondance, affluence, armada, armée, attroupement, bande, cohue, concentration, concours, encombrement, essaim, flot, forêt, foule, fourmilière, fourmillement, grouillement, légion, marée, masse, meute, monde, multitude, peuple, pléiade *(célébrités)*, pullulement, rassemblement, régiment, réunion, ribambelle, ruche, tas, troupeau. FAM. flopée, marmaille *(enfants)*, tapée, tripotée. QUÉB. FAM. achalandage, gang. PÉJ. ramassis. ▸ ***Hâte*** – avidité, brusquerie, désir, empressement, fièvre, fougue, hâte, impatience, impétuosité, précipitation, urgence, urgent. △ **ANT.** CALME, LENTEUR, TRANQUILLITÉ.

pressentiment *n.m.* ▸ ***Intuition*** – anticipation, divination, flair, impression, instinct, intuition, précognition, prédiction, prémonition, prénotion, prescience, prévision, sentiment, voyance. FAM. pif, pifomètre. △ **ANT.** CONFIRMATION, PREUVE.

pressentir *v.* ▸ ***Deviner*** – avoir conscience de, deviner, entrevoir, flairer, se douter, sentir, soupçonner. FAM. subodorer. ▸ ***Prévoir*** – annoncer, anticiper, augurer, prédire, présager, prévoir, pronostiquer. ▸ ***Sonder les intentions*** – approcher, sonder. △ **ANT.** IGNORER, MÉCONNAÎTRE.

presser *v.* ▸ ***Comprimer*** – compacter, compresser, comprimer, serrer. ▸ ***Réduire en pulpe*** – écraser, fouler *(le raisin)*, pressurer *(au pressoir)*, pulper. ▸ ***Poursuivre sans répit*** – éperonner, être aux trousses de, harceler, importuner, poursuivre, sergenter, talonner, tourmenter. SOUT. assiéger, molester. FAM. asticoter, courir après, tarabuster. FRANCE RÉGION. taler. QUÉB. ACADIE FAM. achaler. QUÉB. FAM. écœurer. ▸ ***Assaillir de questions*** – assaillir, bombarder, harceler, mettre sur la sellette. FAM. mitrailler. ▸ ***Obliger à se dépêcher*** – bousculer, brusquer. ▸ ***Accélérer*** – accélérer, activer, brusquer, hâter, précipiter. SOUT. diligenter. ▸ ***Être urgent*** – FAM. urger. ▸ ***Peser*** – appuyer, peser, pousser. ♦ **se presser** ▸ ***Faire vite*** – courir, faire vite, s'empresser, se dépêcher, se hâter, se précipiter. FAM. activer, bourrer, pédaler, se dégrouiller, se grouiller, se magner, se magner le popotin. ▸ ***Arriver vite*** – accourir, courir, se précipiter. ▸ ***Se rassembler en grand nombre*** – s'agglutiner, s'entasser, se masser. ♦ **pressé** ▸ ***Qui se dépêche*** – QUÉB. FAM. à la course. ▸ ***Urgent*** – impératif, impérieux, nécessaire, pressant, urgent. SOUT. instant. △ **ANT.** DILATER, ÉCARTER, OUVRIR; EFFLEURER, FRÔLER; DÉCHARGER, EXEMPTER, LIBÉRER, SOULAGER; LAISSER, MÉNAGER; DÉCOURAGER, DISSUADER; FREINER, MODÉRER, RALENTIR. ♦ **se presser** ATERMOYER, ATTENDRE, RETARDER, TRAÎNER.

pression *n.f.* ▸ ***Action d'exercer une force*** – astriction, constriction, contraction, crampe, crispation, étranglement, palpitation, pressage, pressurage, resserrement, rétraction, rétrécissement, serrement, spasme, tension. MÉD. clonie, clonus, contracture, striction, tétanisation. ▸ ***Poids*** – attraction, force, gravitation, gravité, pesanteur, poids, poussée. ▸ ***Bouton*** – bouton-pression, fermoir à pression. ▸ ***Contrainte*** – astreinte, coercition, contrainte, force. SOUT. joug. ▸ ***Influence*** – action, aide, appui, ascendant, attirance, attraction, aura, autorité, contagion, crédit, dominance, domination, effet, empreinte, emprise, fascination, force, importance, incitation, influence, inspiration, magie, magnétisme, mainmise, manipulation, mouvance, persuasion, pétition, poids, pouvoir, prépondérance, présence, prestige, puissance, règne, rôle, séduction, subjugation, suggestion, tyrannie. SOUT. empire, intercession. △ **ANT.** DESSERREMENT, DÉTENTE, LIBÉRATION; RELAXATION; AISANCE, LIBERTÉ.

prestige *n.m.* ▸ ***Influence*** – action, aide, appui, ascendant, attirance, attraction, aura, autorité, contagion, crédit, dominance, domination, effet, empreinte, emprise, fascination, force, importance, incitation, influence, inspiration, magie, magnétisme, mainmise, manipulation, mouvance, persuasion, pétition, poids, pouvoir, prépondérance, présence, pression, puissance, règne, rôle, séduction, subjugation, suggestion, tyrannie. SOUT. empire, intercession. ▸ ***Illusion*** (SOUT.) – abstraction, abstrait, apparence, berlue, chimère, déréalisation, effet d'optique, fantasme, faux, faux-semblant, fiction, fumée, hallucination, illusion, illusion d'optique, image, imagination, irréalisme, irréalité, leurre, mensonge, mirage, onirisme, psychédélisme, rêve, rêverie, semblant, simulation, songe, songerie, trompe-l'œil, tromperie, utopie, vision, vue de l'esprit. FAM. frime. △ **ANT.** DISCRÉDIT; OBSCURITÉ.

prestigieux *adj.* ▸ ***Qui a du prestige*** – choisi, de distinction, de marque, de prestige, distingué, élitaire, éminent, en vue, grand, sélect, trié sur le volet. ▸ ***Remarquable*** – élevé, éminent, exceptionnel, grand, important, insigne, remarquable, signalé. SOUT. suréminent. △ **ANT.** BANAL, COMMUN, INSIGNIFIANT, MÉDIOCRE, ORDINAIRE, PIÈTRE, SIMPLE; DÉGRADANT, DÉVALORISANT, MÉPRISABLE, MINABLE.

présumer *v.* ▸ ***Supposer*** – croire, penser, (s') imaginer, supposer. SOUT. conjecturer.

présupposer *v.* impliquer, supposer.

prêt *adj.* (fin) prêt. △ **ANT.** EN CHANTIER, EN COURS, EN PRÉPARATION.

prêt *n.m.* ▸ ***Crédit*** – aide (financière), avance, bourse, commodat, crédit, découvert, dépannage, préfinancement, prime, subvention (remboursable). △ **ANT.** EMPRUNT; REMBOURSEMENT.

prétendant *n.* ▸ ***Candidat*** – admissible, aspirant, candidat, compétiteur, concouriste, concurrent, demandeur, postulant. ▸ ***Rival*** – adversaire, antagoniste, attaqueur, challenger, compétiteur, concurrent, contestataire, contraire, contre-manifestant, détracteur, dissident, ennemi, mécontent, opposant, opposé, pourfendeur, protestataire, rival. SOUT. émule. ▸ ***Celui qui désire épouser une femme*** – SOUT. épouseur. △ **ANT.** CHAMPION, VAINQUEUR; ÉPOUX.

prétendre *v.* ▸ ***Déclarer*** – affirmer, déclarer, soutenir. ▸ ***Se vanter*** – avoir la prétention, se faire fort, se flatter, se piquer, se prévaloir, se targuer, se vanter. ▸ ***Aspirer*** – ambitionner, aspirer à, avoir des vues sur, avoir en tête de, briguer, convoiter, courir après, désirer, pourchasser, poursuivre, rechercher, solliciter, souhaiter, tendre à, viser. FAM. guigner, lorgner, reluquer. ▸ ***Revendiquer*** (SOUT.) – demander, exiger, réclamer, revendiquer. SOUT. demander à cor et à cri. △ **ANT.** CONTESTER, DÉSAVOUER, NIER; REFUSER, RENONCER, SE DÉSINTÉRESSER.

prétendu *adj.* apparent, faux, soi-disant, supposé. △ **ANT.** ASSURÉ, CERTAIN, SÛR.

prétentieux *adj.* ▶ ***Arrogant*** – arrogant, condescendant, dédaigneux, fier, hautain, méprisant, orgueilleux, outrecuidant, pimbêche *(femme)*, pincé, présomptueux, snob, supérieur. SOUT. altier, rogue. FAM. péteux, snobinard, snobinette *(femme)*. QUÉB. FAM. fendant. ▶ ***Vaniteux*** – cabot, cabotin, complaisant, conquérant, content de soi, fat, fier, fiérot, hâbleur, imbu de soi-même, infatué, m'as-tu-vu, orgueilleux, outrecuidant, pédant, pétri d'orgueil, plein de soi-même, présomptueux, qui fait l'important, qui se prend pour quelqu'un, qui se prend pour un autre, rempli de soi-même, suffisant, vain, vaniteux, vantard. FAM. chochotte. LOUISIANE AFR. faraud. ▶ ***Pompeux*** – ampoulé, bouffi, boursouflé, déclamateur, déclamatoire, emphatique, enflé, gonflé, grandiloquent, hyperbolique, pédantesque, pompeux, pompier, pontifiant, ronflant, théâtral. SOUT. histrionique, pindarique. △ **ANT.** DÉPOUILLÉ, HUMBLE, MODESTE, SANS PRÉTENTION, SIMPLE, SOBRE.

prétention *n.f.* ▶ ***Désir*** – ambition, appel, appétit, aspiration, attirance, attrait, besoin, but, convoitise, desideratum, désir, envie, exigence, faim, fantaisie, fantasme, fièvre, fringale, goût, idéal, intention, jalousie, passion, quête, recherche, rêve, soif, souhait, tentation, velléité, visée, vœu, voix, volonté. SOUT. appétence, dessein, prurit, vouloir. FAM. démangeaison. ▶ ***Demande*** – adjuration, appel, demande, démarche, desideratum, désir, doléances, exigence, injonction, instance, interpellation, interrogation, invocation, mandement, ordre, pétition, placet, prière, question, réclamation, requête, réquisition, revendication, sollicitation, sommation, supplication, supplique, ultimatum, vœu. SOUT. imploration. ▶ ***Emphase*** – apparat, bouffissure, boursouflure, cérémonie, déclamation, démesure, emphase, enflure, excès, gonflement, grandiloquence, hyperbole, pédanterie, pédantisme, pompe, solennité. SOUT. ithos, pathos. ▶ ***Vanité*** – amour-propre, arrogance, autosatisfaction, bouffissure, complaisance, contentement (de soi), crânerie, enflure, fatuité, gloriole, hauteur, immodestie, importance, jactance, mégalomanie, morgue, orgueil, ostentation, outrecuidance, parade, pose, présomption, suffisance, superbe, supériorité, vanité, vantardise. SOUT. fierté, infatuation. FAM. ego. △ **ANT.** RENONCEMENT; MODESTIE, SIMPLICITÉ.

prêter *v.* ▶ ***Céder temporairement*** – mettre à la disposition. ▶ ***Attacher*** – accorder, attacher, attribuer, porter, reconnaître. ▶ ***Attribuer un acte, un trait à qqn*** – attribuer, rapporter, supposer. ▶ ***Être propice*** – donner matière à, porter à. ▶ ***S'étirer*** – donner, s'agrandir, s'étendre, s'étirer, se distendre. ♦ **se prêter** ▶ ***Consentir*** – adhérer à, approuver, appuyer, consentir à, souscrire à, soutenir, supporter. SOUT. entendre à. △ **ANT.** EMPRUNTER; RENDRE, RESTITUER; ENLEVER, ÔTER; EMPÊCHER. ♦ **se prêter** REFUSER.

prétexte *n.m.* ▶ ***Excuse*** – alibi, défaite, dérobade, échappatoire, esquive, excuse, faux-fuyant, fuite, moyen, reculade, subterfuge, volte-face. FAM. pirouette. ▶ ***Motif*** – ambition, but, cause, cible, considération, destination, fin, finalité, intention, mission, mobile, motif, objectif, objet, point de mire, pourquoi, raison, raison d'être, sens, visée. SOUT. propos. △ **ANT.** RÉALITÉ, VÉRITÉ.

prêtre *n.m.* ▶ ***Dans la religion chrétienne*** – clerc, curé, ecclésiastique, homme d'Église, membre du clergé, ministre (du culte), religieux. ▶ ***Titre*** – abbé. FIG. berger. PÉJ. FAM. capelan, curaillon, cureton. △ **ANT.** LAÏC.

prêtrise *n.f.* ▶ ***Sacerdoce*** – cléricature, état ecclésiastique, ministère, ministère ecclésiastique, ministère religieux, ordre, pastorat *(protestant)*, sacerdoce, sécularité. △ **ANT.** LAÏCAT.

preuve *n.f.* ▶ ***Confirmation*** – affirmation, assurance, attestation, certitude, confirmation, corroboration, démonstration, gage, manifestation, marque, témoignage, vérification. ▶ ***Démonstration*** – analyse, apagogie, argument, argumentation, considérations, déduction, démonstration, dialectique, dilemme, discussion, échafaudage, explication, implication, induction, inférence, logique, méthode, raison, réflexion, réfutation, sorite, substruction, syllogisme, syllogistique, synthèse. ▶ ***Indice*** – apparence, cachet, cicatrice, critère, empreinte, indication, indice, justificatif, lueur, marque, ombre, pas, piste, repère, reste, ride, sceau, signature, signe, stigmate, tache, témoignage, témoin, trace, trait, vestige. △ **ANT.** DOUTE, INCERTITUDE; INFIRMATION, RÉFUTATION.

prévaloir *v.* ▶ ***Dominer*** – avoir le dessus, avoir préséance, dominer, l'emporter, prédominer, primer, régner, s'imposer, triompher. ♦ **se prévaloir** ▶ ***Prétendre*** – avoir la prétention, prétendre, se faire fort, se flatter, se piquer, se targuer, se vanter. ▶ ***S'enorgueillir*** – faire grand cas, s'enorgueillir, s'honorer, se faire gloire, se faire honneur, se flatter, se glorifier, se piquer, se rengorger, se targuer, se vanter, tirer gloire, tirer vanité. △ **ANT.** CÉDER, SUBIR, SUIVRE. ♦ **se prévaloir** S'ABAISSER, S'HUMILIER.

prévenance *n.f.* ▶ ***Politesse*** – affabilité, amabilité, aménité, attention, bienséance, bonnes manières, civilité, civisme, convivialité, correction, courtoisie, délicatesse, éducation, entregent, galanterie, gentillesse, hospitalité, mondanités, obligeance, politesse, savoir-vivre, serviabilité, sociabilité, tact, urbanité. SOUT. gracieuseté, liant. ♦ **prévenances, *plur.*** attentions, bichonnage, dorlotement, empressement, maternage, soins. SOUT. gâterie. △ **ANT.** IMPOLITESSE, MÉPRIS.

prévenant *adj.* aimable, attentif, attentionné, aux petits soins, complaisant, délicat, dévoué, diligent, empressé, gentil, obligeant, secourable, serviable, zélé. FAM. chic, chou. QUÉB. FAM. fin. BELG. FAM. amitieux. △ **ANT.** DISTANT, FROID, INDIFFÉRENT, RÉSERVÉ.

prévenir *v.* ▶ ***Alerter*** – alerter, avertir, mettre en garde, prémunir. ▶ ***Informer*** – avertir, aviser, informer, mettre au courant. SOUT. instruire. FAM. affranchir, brancher, briefer, mettre au parfum. ▶ ***Devancer*** – aller au-devant de, devancer. ▶ ***Éviter*** – conjurer, écarter, empêcher, éviter, parer. ♦ **prévenu** ▶ ***Partial*** – arbitraire, partial, partisan, qui a des œillères, subjectif, tendancieux. △ **ANT.** CACHER, S'ABSTENIR, SE TAIRE; TARDER; SUBIR; PRODUIRE, PROVOQUER.

prévention *n.f.* ▶ ***Prévoyance*** – clairvoyance, lenteur, précaution, prévision, prévoyance, prudence, sagesse. ▶ ***Dissuasion*** – découragement, dissuasion. ▶ ***Préjugé*** – idée reçue, parti pris, préconception, préjugé, prénotion, subjectivisme, subjectivité. ▶ ***Accusation*** (SOUT.) – accusation, charge, imputation, incrimination, inculpation, plainte, poursuite, présomption, prise à partie, réquisitoire. ANC. clain. DR. chef d'accusation. ▶ ***Prévention médicale*** – hygiène, précaution, préservation, prophylaxie, protection. △ **ANT.** IMPRÉVOYANCE; PERSUASION; IMPARTIALITÉ, OBJECTIVITÉ; LIBÉRATION; THÉRAPEUTIQUE.

prévenu *n.* accusé, inculpé, suspect.

prévisible *adj.* devinable, présumable.

prévision *n.f.* ▶ ***Pressentiment*** – anticipation, divination, flair, impression, instinct, intuition, précognition, prédiction, prémonition, prénotion, prescience, pressentiment, sentiment, voyance. FAM. pif, pifomètre. ▶ ***Vision de l'avenir*** – anticipation, divination, futurologie, prédiction, projection, prospective. SOUT. vaticination. ▶ ***Prédiction*** – annonce, annonciation, augure, auspices, conjecture, horoscope, oracle, pari, prédiction, présage, projection, promesse, pronostic, prophétie, signe. ANTIQ. ROM. auspices, haruspication. ▶ ***Évaluation*** – aperçu, appréciation, approximation, calcul, détermination, devis, estimation, évaluation, expertise, inventaire, mesure, prisée, supputation. ▶ ***Prévoyance*** – clairvoyance, lenteur, précaution, prévention, prévoyance, prudence, sagesse. △ **ANT.** IMPRÉVISION, MÉCOMPTE; ACCOMPLISSEMENT, CONFIRMATION; BILAN; AVEUGLEMENT, IMPRÉVOYANCE.

prévoir *v.* ▶ ***Imaginer un événement futur*** – annoncer, anticiper, augurer, prédire, présager, pressentir, pronostiquer. ▶ ***Escompter*** – anticiper, compter, escompter, espérer, s'attendre à. ▶ ***Planifier*** – organiser, planifier, programmer. △ **ANT.** IGNORER; IMPROVISER.

prévoyance *n.f.* clairvoyance, lenteur, précaution, prévention, prévision, prudence, sagesse. △ **ANT.** AVEUGLEMENT, IMPRÉVOYANCE, IMPRUDENCE, INSOUCIANCE, NÉGLIGENCE, OUBLI.

prévoyant *adj.* attentif, précautionneux, prudent, vigilant. écervelé, étourdi, évaporé, imprévoyant, imprudent, inconscient, inconséquent, insouciant, irréfléchi, irresponsable, léger, négligent, sans cervelle, sans-souci. △ **ANT.** IMPRÉVOYANT, INSOUCIANT, NÉGLIGENT.

prier *v.* ▶ ***Supplier*** – adjurer, implorer, solliciter, supplier. SOUT. conjurer, crier grâce, crier merci, tendre les bras vers, tomber aux genoux de, tomber aux pieds de. ▶ ***Ordonner*** – commander, demander, enjoindre, intimer, mettre en demeure, ordonner, sommer. ▶ ***Inviter*** (SOUT.) – convier, inviter. SOUT. semondre. △ **ANT.** BLASPHÉMER, JURER, SACRER; OBÉIR; EXAUCER, EXÉCUTER, RÉPONDRE; DISSUADER.

prière *n.f.* ▶ ***Oraison*** – acte de contrition, acte de foi, déprécation, exercice, exercice de piété, exercice spirituel, invocation, litanie, méditation, obsécration, oraison, recueillement, souhait, supplication. ▶ ***Demande*** – adjuration, appel, demande, démarche, desideratum, désir, doléances, exigence, injonction, instance, interpellation, interrogation, invocation, mandement, ordre, pétition, placet, prétention, question, réclamation, requête, réquisition, revendication, sollicitation, sommation, supplication, supplique, ultimatum, vœu. SOUT. imploration. △ **ANT.** BLASPHÈME, JURON, PROFANATION, SACRILÈGE; MALÉDICTION; RÉPONSE; EXAUCEMENT; REFUS.

prieur *n.* ♦ **prieur,** *masc.* ▶ ***Homme*** – abbé, curé doyen, doyen, général (des X), père, père abbé, père prévôt, père prieur, père procureur, père supérieur. ▶ *Titre* – (Mon) Révérend, (Mon) Révérend Père. ♦ **prieure,** *fém.* ▶ ***Femme*** – abbesse, doyenne, générale (des X), mère, mère prieure, mère supérieure.

primaire *adj.* ▶ ***Premier*** – initial, originaire, original, originel, premier, primitif, primordial. SOUT. liminaire, prime. ▶ ***Simpliste*** – caricatural, gros, grossier, simpliste. △ **ANT.** DERNIER, FINAL, TERMINAL, ULTIME; SUBTIL.

primauté *n.f.* avantage, dessus, prédominance, prééminence, préférence, prépondérance, préséance, priorité, supériorité, suprématie, transcendance. SOUT. précellence, préexcellence. △ **ANT.** SUBORDINATION.

prime *n.f.* ▶ ***Montant à payer*** – charge, contribution, cote, droit, excise, fiscalité, imposition, levée, patente, prélèvement, prestation, redevance, surtaxe, taxation, taxe, tribut. QUÉB. accise. BELG. accises. HIST. capitation, champart, corvée, dîme, fouage, franc-fief, gabelle, maltôte, moulage, taille, tonlieu. DR. foretage. ▶ ***Prêt*** – aide (financière), avance, bourse, commodat, crédit, découvert, dépannage, préfinancement, prêt, subvention (remboursable). ▶ ***Ajout sur le salaire*** – gratification, récompense. QUÉB. boni. ▶ ***Cadeau*** – cadeau, cadeau-souvenir, don, offrande, souvenir, surprise. SOUT. présent. FAM. fleur. △ **ANT.** AMENDE.

primer *v.* ▶ ***Récompenser*** – couronner, récompenser. ▶ ***Prédominer*** – avoir le dessus, avoir préséance, dominer, l'emporter, prédominer, prévaloir, régner, s'imposer, triompher. ♦ **primé** couronné, récompensé. SOUT. lauré. △ **ANT.** PÉNALISER; SUBIR, SUIVRE.

primeur *n.f.* ▶ ***Nouvelle*** – exclusivité, scoop. ▶ ***Nouveauté*** – actualité, avant-gardisme, changement, contemporanéité, fraîcheur, inédit, innovation, jamais vu, jeunesse, mode, modernité, neuf, nouveau, nouveauté, originalité, pertinence, précédent, première, présent. ▶ ***Végétal hâtif*** – madeleine.

primitif *adj.* ▶ ***Originel*** – initial, originaire, original, originel, premier, primaire, primordial. SOUT. liminaire, prime. ▶ ***Rudimentaire*** – (à l'état) brut, à l'état d'ébauche, ébauché, élémentaire, embryonnaire, fruste, grossier, imparfait, informe, larvaire, mal équarri, rudimentaire. ▶ ***Inculte*** – fruste, grossier, inculte, mal dégrossi, rude, rustaud, rustique. PÉJ. FAM. paysan, péquenaud, plouc. △ **ANT.** DERNIER, FINAL, TERMINAL, ULTIME; DÉLICAT, FIN, RAFFINÉ, RECHERCHÉ, SOPHISTIQUÉ; CULTIVÉ, ÉVOLUÉ; MODERNE, RÉCENT.

primordial *adj.* ▶ ***Indispensable*** – capital, crucial, de première nécessité, essentiel, fondamental, important, incontournable, indispensable, irremplaçable, nécessaire, vital. ▶ ***Important*** – capital, central, crucial, de la plus haute importance, de premier plan, décisif, déterminant, dominant, essentiel, important, maître, majeur, numéro un, prédominant, prééminent, premier, prépondérant, principal, prioritaire, supérieur. *SOUT.* à nul autre second, cardinal. ▶ ***Primitif*** – initial, originaire, original, originel, premier, primaire, primitif. *SOUT.* liminaire, prime. △ **ANT.** ACCESSOIRE, INSIGNIFIANT, MINEUR, NÉGLIGEABLE, PETIT, SECONDAIRE; MODERNE, RÉCENT.

prince *n.m.* ▶ ***Souverain*** (*SOUT. ou DIDACT.*) – monarque, souverain. ▶ ***Chef d'une principauté*** – grand-duc. *ANC.* rhingrave *(allemand)*. ▶ ***Fils d'un souverain*** – dauphin *(héritier de France)*, infant *(cadet d'Espagne ou du Portugal)*, prince de Galles *(Angleterre)*, tsarévitch *(aîné russe)*. ▶ ***Détenteur du plus haut titre de noblesse*** – altesse, monseigneur, Son Altesse, Son Altesse Impériale, Son Altesse Royale. △ **ANT.** SUJET.

princesse *n.f.* ▶ ***Souveraine*** (*SOUT. ou DIDACT.*) – grande-duchesse, impératrice, maharani, pharaonne, rani, reine. ▶ ***Chef d'une principauté*** – grande-duchesse. ▶ ***Fille d'un souverain*** – infante *(Espagne ou Portugal)*.

princier *adj.* ▶ ***Noble*** – aristocratique, de haut lignage, de haute extraction, nobiliaire, noble, patricien. ▶ ***Somptueux*** – fastueux, luxueux, magnifique, opulent, riche, royal, seigneurial, somptueux. *SOUT.* magnificent, splendide. △ **ANT.** DÉMOCRATIQUE, PLÉBÉIEN, POPULAIRE, PROLÉTAIRE; À LA BONNE FRANQUETTE, HUMBLE, MODESTE, SANS CÉRÉMONIES, SIMPLE, SOBRE.

principal *adj.* capital, central, crucial, de la plus haute importance, de premier plan, décisif, déterminant, dominant, essentiel, important, maître, majeur, numéro un, prédominant, prééminent, premier, prépondérant, primordial, prioritaire, supérieur. *SOUT.* à nul autre second, cardinal. △ **ANT.** ACCESSOIRE, INSIGNIFIANT, MINEUR, PETIT, SECONDAIRE; DIVISIONNAIRE *(MONNAIE)*.

principalement *adv.* ▶ ***Fondamentalement*** – absolument, en essence, essentiellement, foncièrement, fondamentalement, intrinsèquement, organiquement, primordialement, profondément, radicalement, substantiellement, totalement, viscéralement, vitalement. ▶ ***Particulièrement*** – avant tout, en particulier, notamment, particulièrement, proprement, singulièrement, spécialement, spécifiquement, surtout, typiquement. △ **ANT.** ACCESSOIREMENT, AUXILIAIREMENT, INCIDEMMENT, MARGINALEMENT, SECONDAIREMENT.

principe *n.m.* ▶ ***Essence*** – caractère, en-soi, essence, essentialité, inhérence, nature, qualité, quiddité, quintessence, substance. *SOUT.* (substantifique) moelle. *PHILOS.* entité. ▶ ***Âme*** – âme, atman *(hindouisme)*, cœur, conscience, esprit, mystère, pensée, principe (vital), psyché, psychisme, souffle (vital), spiritualité, transcendance, vie. *PSYCHOL.* conscient. ▶ ***Constituant*** – composant, composante, constituant, élément (constitutif), fragment, ingrédient, membre, module, morceau, organe, partie, pièce, unité. ▶ ***Cause*** – agent, base, cause, explication, facteur, ferment, fondement, fontaine, germe, inspiration, levain, levier, mobile, moteur, motif, motivation, moyen, objet, occasion, origine, point de départ, pourquoi, raison, raison d'être, source, sujet. *SOUT.* étincelle, mère, racine, ressort. ▶ ***Fondement*** – assise, base, fondement, pierre angulaire, pierre d'assise, pivot, soubassement. ▶ ***Postulat*** – apodicticité, axiome, convention, définition, donnée, évidence, fondement, hypothèse, lemme, postulat, postulatum, prémisse, proposition, théorème, théorie, vérité. ▶ ***Précepte*** – adage, aphorisme, apophtegme, axiome, citation, devise, dicton, dit, dogme, enseignement, formule, mantra, maxime, moralité, mot, on-dit, parole, pensée, précepte, proverbe, réflexion, règle, sentence, sutra, vérité. ▶ ***Doctrine*** – conception, doctrine, dogme, école (de pensée), idée, idéologie, mouvement, opinion, pensée, philosophie, système, théorie, thèse. ♦ **principes**, *plur.* ▶ ***Notions de base*** – a b c, b.a.-ba, base, éléments, essentiel, notions, notions de base, notions élémentaires, rudiments, teinture, théorie. *PÉJ.* vernis. ▶ ***Opinion*** – appréciation, avis, conception, conviction, critique, croyance, dogme, estime, idée, impression, jugement, optique, pensée, perception, point de vue, position, prise de position, sentiment, théorie, thèse, vote, vue. *SOUT.* oracle. ▶ ***Morale*** – catéchisme, morale, philosophie, religion. ▶ ***Devoir*** – bien, (bonnes) mœurs, conscience, déontologie, devoir, droit chemin, éthique, morale, moralité, obligation (morale), prescription, règles de vie, vertu. *PSYCHOL.* surmoi. △ **ANT.** CONSÉQUENCE; FIN; APPLICATION, PRATIQUE; DÉROGATION, EXCEPTION.

printanier *adj.* *DIDACT.* vernal. △ **ANT.** AUTOMNAL; USÉ, VIEILLI, VIEUX.

printemps *n.m.* ▶ ***Saison*** – floraison, saison des amours, saison du renouveau, saison nouvelle, semailles, semaison. ▶ ***Renouveau*** (*FIG.*) – dégel, progrès, recrudescence, redémarrage, régénération, regain, régénérescence, réincarnation, relance, renouveau, renouvellement, reprise, résurrection, retour, réveil, revival, reviviscence, second souffle. *SOUT.* refleurissement, revif. *FIG.* résurgence. *BOT.* anabiose. ▶ ***Jeunesse*** (*SOUT.*) – bel âge, fleur de l'âge, jeune âge, jeunes années, jeunesse, première saison, verte jeunesse. *SOUT.* mai, matin. ▶ ***Adolescence*** (*SOUT.*) – adolescence, âge bête, âge ingrat, jeunesse, minorité, nubilité, préadolescence, puberté, pubescence. *SOUT.* juvénilité. ▶ ***Âge*** (*SOUT.*) – an, année, millésime. *FAM.* balai, berge, carat, pige. △ **ANT.** ARRIÈRE-SAISON, AUTOMNE; VIEILLESSE.

priorité *n.f.* ▶ ***Antériorité*** – ancienneté, antécédence, antériorité. *SOUT.* préexistence. ▶ ***Préséance*** – avantage, dessus, prédominance, prééminence, préférence, prépondérance, préséance, primauté, supériorité, suprématie, transcendance. *SOUT.* précellence, préexcellence. ▶ ***Importance*** – dimension, gravité, importance, portée, prix. △ **ANT.** SUBORDINATION; SUITE.

prise *n.f.* ▶ ***Action de saisir*** – capture, préhension. *RARE* saisie. ▶ ***Prélèvement*** – biopsie, coupe, forage, piqûre, ponction, ponction-biopsie, prélèvement. ▶ ***Confiscation*** – appropriation, blocus, confiscation, désapprovisionnement, embargo, expropriation, gel, immobilisation, mainmise, privation, saisie, séquestre, suppression. ▶ ***Enlèvement*** – détournement (de mineur), enlèvement, kidnappage, prise (d'otage), rapt, ravissement, vol (d'enfant). ▶ ***Conquête*** – assujettissement, conquête, empiétement, envahissement, invasion, mainmise, occupation, prise (de possession), usurpation. *DR.* appropriation. ▶ ***Durcissement*** – caillage, caillement, candisation, coagulation, conglutination, cristallisation, durcissement, épaississement, figeage, figement, gélatinisation, gélation, gélification, racornissement, solidification, thrombose. PATHOL. éburnation, éburnification. ▶ ***Dispositif électrique*** – prise (de courant). △ **ANT.** ABANDON, LÂCHAGE; RAMOLLISSEMENT; DÉGEL, FUSION, LIQUÉFACTION.

priser *v.* ▶ ***Attacher du prix*** – avoir bonne opinion de, considérer, estimer, faire cas de, respecter, tenir en estime. ▶ ***Aimer*** – adorer, affectionner, aimer, apprécier, avoir un faible pour, avoir un penchant pour, être fou de, être friand de, être porté sur, faire ses délices de, prendre plaisir à, raffoler de, s'intéresser à, se complaire, se délecter, se passionner pour, se plaire. SOUT. chérir, goûter. ▶ ***Aspirer par le nez*** – aspirer, renifler. △ **ANT.** DÉPRÉCIER, DISCRÉDITER; DÉTESTER, HAÏR, MÉPRISER.

prison *n.f.* ▶ ***Lieu de détention*** – bagne, centre de détention, centre pénitentiaire, établissement pénitentiaire, maison de détention, pénitencier. FAM. cachot, cage, placard, taule, trou. FRANCE FAM. bloc, gnouf. ▶ ***Emprisonnement*** – captivité, cellulaire, claustration, confinement, contrainte par corps, détention, écrou, embastillement, emmurement, emprisonnement, encagement, encellulement, enfermement, incarcération, internement, isolement, prise de corps, réclusion, relégation, séquestration, transportation. FAM. mise à l'ombre, mise sous les verrous. DIDACT. renfermement. DR. BELG. collocation. ▶ ***Dépendance*** – abaissement, allégeance, appartenance, asservissement, assujettissement, attachement, captivité, contrainte, dépendance, domestication, domesticité, domination, emprise, esclavage, gêne, hilotisme, inféodation, infériorité, mainmise, merci, mouvance, obédience, obéissance, obligation, oppression, pouvoir, puissance, servage, servitude, soumission, subordination, sujétion, tutelle, tyrannie, vassalité. FIG. carcan, chaîne, corset (de fer), coupe, fardeau, griffe, main, patte; SOUT. fers, gaine, joug. FÉOD. tenure. △ **ANT.** LIBERTÉ; LIBÉRATION.

prisonnier *n.* captif, cellulaire, condamné, détenu. DR. réclusionnaire. FAM. pensionnaire, taulard. ▶ ***Codétenu*** – codétenu, compagnon de cellule, mouton *(espion)*. △ **ANT.** GARDIEN, GEÔLIER.

privation *n.f.* ▶ ***Dépossession*** – captation, dépossession, dépouillement, frustration. ▶ ***Confiscation*** – appropriation, blocus, confiscation, désapprovisionnement, embargo, expropriation, gel, immobilisation, mainmise, prise, saisie, séquestre, suppression. ▶ ***Manque*** – absence, défaut, lacune, manque, omission, trou, vide. ▶ ***Pauvreté*** – appauvrissement, besoin, dénuement, détresse, embarras, gêne, gouffre, indigence, manque, mendicité, misère, nécessité, pauvreté, pouillerie, ruine. SOUT. impécuniosité. FAM. dèche. FRANCE FAM. débine, fauche, mistoufle, mouise, mouscaille, panade, purée. DR. carence. ▶ ***Renoncement*** – abstinence, ascèse, ascétisme, austérité, dépouillement, expiation, flagellation, frugalité, macération, mortification, pénitence, propitiation, renoncement, restriction, sacrifice, stigmatisation, tempérance. ▶ ***Abnégation*** – abnégation, altruisme, désintéressement, détachement, dévouement, effacement, humilité, oubli de soi, renoncement, résignation, sacrifice. SOUT. holocauste. △ **ANT.** JOUISSANCE, POSSESSION; ABONDANCE, LUXE, RICHESSE.

privatiser *v.* dénationaliser, désétatiser. △ **ANT.** ÉTATISER, NATIONALISER.

priver *v.* ▶ ***Déposséder*** – démunir, déposséder, dépouiller, dessaisir, frustrer, spolier. ▶ ***Frustrer*** – frustrer, sevrer. ♦ **se priver** ▶ ***Renoncer*** – faire une croix sur, renoncer à, s'abstenir de, sacrifier, se passer de, tirer une croix sur. SOUT. immoler, se dénuer de. FAM. se brosser. ♦ **privé** ▶ ***Dépourvu*** – démuni, dénué, dépourvu, exempt. ▶ ***Exclusif*** – attitré, exclusif, individuel, particulier, personnel, propre, réservé, spécial. ▶ ***Intime*** – confidentiel, intime, personnel, secret. △ **ANT.** DOTER, GARNIR, GRATIFIER, MUNIR, NANTIR; ACCORDER, DONNER, FOURNIR; CONTENTER, GAVER, RASSASIER, SATISFAIRE. ♦ **se priver** S'AUTORISER, SE PERMETTRE.

privilège *n.m.* ▶ ***Avantage*** – acquis, apanage, attribution, avantage, bénéfice, chasse gardée, concession, droit, exclusivisme, exclusivité, exemption, faveur, honneur, immunité, inviolabilité, monopole, passe-droit, pouvoir, préférence, prérogative. ANC. franchise. RELIG. indult. ▶ ***Exemption*** – abattement, décharge, dégrèvement, dérogation, détaxation, détaxe, dispense, exemption, exonération, franchise, grâce, immunité, impunité, inamovibilité, inviolabilité, irresponsabilité, libération, liberté, mainlevée, réforme *(armée)*, transit. ▶ ***Injustice*** – abus, arbitraire, déloyauté, déni de justice, empiétement, erreur (judiciaire), exploitation, favoritisme, illégalité, illégitimité, inconstitutionnalité, inégalité, iniquité, injustice, irrégularité, mal-jugé, malveillance, noirceur, partialité, passe-droit, scélératesse, tort, usurpation. SOUT. improbité. △ **ANT.** DÉSAVANTAGE, HANDICAP, INCONVÉNIENT; CHARGE, DEVOIR, OBLIGATION.

prix *n.m.* ▶ ***Valeur*** – appréciabilité, cherté, cotation, cote, cours, coût, estimation, évaluation, montant, tarif, tarification, taux, valeur. ▶ ***Importance*** – dimension, gravité, importance, portée, priorité. ▶ ***Ce qu'on gagne*** – lot. ▶ ***Récompense*** – accessit, bon point, citation, couronne, décoration, diplôme, distinction, gratification, médaille, mention, nomination, pourboire, prime, récompense, satisfecit, trophée. ▶ ***Encouragement*** – aide, aiguillon, applaudissement, approbation, appui, compliment, éloge, exhortation, incitation, prime, protection, récompense, soutien, stimulant, subvention. SOUT. satisfecit. ▶ ***Choix*** – assortiment, choix, collection, échantillon, éventail, gamme, ligne, palette, qualité, quota, réunion, sélection, surchoix, tri, variété. ▶ ***Désavantage obtenu pour un avantage*** – coût, rançon, revers de la médaille.

probabilité *n.f.* ▶ ***Vraisemblance*** – acceptabilité, admissibilité, crédibilité, plausibilité, possibilité, présomption, recevabilité, viabilité, vraisemblable, vraisemblance. ▶ ***Éventualité*** – chance, conjecture, éventualité, fréquence, hypothèse, perspective, possibilité, potentialité, prévisibilité, prospective, viabilité, virtualité. △ **ANT.** IMPROBABILITÉ, INVRAISEMBLANCE; IMPOSSIBILITÉ; CERTITUDE.

probable *adj.* crédible, croyable, plausible, vraisemblable. △ **ANT.** CERTAIN; DOUTEUX, IMPROBABLE, INVRAISEMBLABLE; ALÉATOIRE.

probablement *adv.* peut-être, plausiblement, possiblement, potentiellement, sans doute, virtuellement, vraisemblablement. △ **ANT.** À COUP SÛR, AUTOMATIQUEMENT, FATALEMENT, FORCÉMENT, IMMANQUABLEMENT, IMPLACABLEMENT, INÉVITABLEMENT, INFAILLIBLEMENT, NÉCESSAIREMENT, OBLIGATOIREMENT, PAR LA FORCE DES CHOSES.

probité *n.f.* ▶ ***Honnêteté*** – conscience, droiture, exactitude, fidélité, franchise, honnêteté, incorruptibilité, intégrité, irréprochabilité, justice, loyauté, mérite, moralité, netteté, scrupule, sens moral, transparence, vertu. ▶ ***Justice*** – droiture, égalité, équité, impartialité, impersonnalité, intégrité, justice, légalité, neutralité, objectivité. △ **ANT.** DÉLOYAUTÉ, FOURBERIE, IMPROBITÉ, MALHONNÊTETÉ.

problématique *adj.* ▶ ***Qui constitue un problème*** – ardu, complexe, compliqué, corsé, délicat, difficile, épineux, laborieux, malaisé. ▶ ***Douteux*** – aléatoire, casuel, conditionnel, conjectural, contingent, douteux, éventuel, hasardé, hasardeux, hypothétique, incertain, possible, supposé. △ **ANT.** ASSURÉ, CERTAIN, FATAL, IMMANQUABLE, INCONTOURNABLE, INÉLUCTABLE, INÉVITABLE, NÉCESSAIRE, OBLIGATOIRE, SÛR; ÉVIDENT, MANIFESTE, PROBANT.

problème *n.m.* ▶ ***Sujet*** – fait, fond, matière, objet, point, propos, question, sujet, thème. ▶ ***Question*** – affaire, cas, énigme, puzzle, question. *FAM.* bébé. *QUÉB.* casse-tête. ▶ ***Contrariété*** – accident, accroc, accrochage, affaire, anicroche, avatar, aventure, complication, contingences, contrariété, contretemps, crise, désagrément, difficulté, dispute, embarras, empêchement, ennui, épine, épisode, événement, éventualité, imprévu, incident, mésaventure, obstacle, occasion, occurrence, péripétie, rebondissement, tribulations. *SOUT.* adversité. *FAM.* cactus, embêtement, emmerde, emmerdement, enquiquinement, os, pépin, pétrin, tuile. *FRANCE FAM.* empoisonnement. ▶ ***Obstacle*** – accroc, adversité, anicroche, barrière, blocage, contrariété, contretemps, défense, difficulté, digue, écueil, embarras, empêchement, ennui, entrave, frein, gêne, impasse, impossibilité, inhibition, interdiction, objection, obstruction, ombre au tableau, opposition, pierre d'achoppement, point noir, résistance, restriction, tribulations. *SOUT.* achoppement, impedimenta, traverse. *FAM.* hic, lézard, os, pépin. *QUÉB. FAM.* aria. *RARE* empêtrement. △ **ANT.** RÉSOLUTION, SOLUTION; RÉSULTAT.

procédé *n.m.* ▶ ***Méthode*** – approche, art, chemin, code, comment, credo, démarche, discipline, dispositif, façon (de faire), facture, formule, heuristique, instruction, instrument, ligne de conduite, maïeutique, manière, marche (à suivre), méthode, méthodologie, modalité, mode d'emploi, mode, moyen, opération, ordre, organisation, outil, posologie, pratique, procédure, protocole, raisonnement, recette, règle, secret, stratagème, stratégie, système, tactique, technique, théorie, traitement, voie. *SOUT.* faire. ▶ ***Expédient*** – acrobatie, astuce, demi-mesure *(inefficace)*, échappatoire, expédient, gymnastique, intrigue, mesure, moyen, palliatif, remède, ressource, ruse, solution, système, tour. *FAM.* combine, gimmick, truc. ▶ ***Secret*** – martingale *(au jeu)*, recette, secret. *FAM.* truc. ♦ **procédés, *plur.*** ▶ ***Agissements*** – agissements, allées et venues, comportement, conduite, démarche, façons, faits et gestes, manières, pratiques.

procéder *v.* ▶ ***Effectuer*** – accomplir, effectuer, exécuter, faire, opérer, pratiquer, réaliser. ▶ ***Provenir*** – découler, dépendre, dériver, émaner, partir, provenir, résulter, s'ensuivre. *BELG.* conster. ▶ ***Être de même nature*** – tenir de. *SOUT.* participer de. ▶ ***Agir*** – agir, faire, se comporter, se conduire. △ **ANT.** ENTRAÎNER, PROVOQUER; HÉSITER, REMETTRE, RETARDER, S'ABSTENIR.

procédure *n.f.* ▶ ***Opération*** – déroulement, fonctionnement, marche, mécanique, mécanisme, opération, procès, processus. ▶ ***Méthode*** – approche, art, chemin, code, comment, credo, démarche, discipline, dispositif, façon (de faire), facture, formule, heuristique, instruction, instrument, ligne de conduite, maïeutique, manière, marche (à suivre), méthode, méthodologie, modalité, mode d'emploi, mode, moyen, opération, ordre, organisation, outil, posologie, pratique, procédé, protocole, raisonnement, recette, règle, secret, stratagème, stratégie, système, tactique, technique, théorie, traitement, voie. *SOUT.* faire. ▶ ***Formalité*** – démarche, formalité, forme, règle.

procès *n.m.* ▶ ***Affaire judiciaire*** – affaire (judiciaire), audience, cas, cause, débat, dossier, espèce, litige, litispendance, poursuite. ▶ ***Processus*** – déroulement, fonctionnement, marche, mécanique, mécanisme, opération, procédure, processus.

procession *n.f.* cérémonie, colonne, convoi, cortège, défilé, file, marche, noce, noria, pardon, pèlerinage, queue, suite, théorie, va-et-vient.

processus *n.m.* ▶ ***Marche*** – déroulement, fonctionnement, marche, mécanique, mécanisme, opération, procédure, procès. △ **ANT.** ARRÊT, INTERRUPTION, SUSPENSION.

procès-verbal *n.m.* ▶ ***Récit*** – compte rendu, description, exposé, exposition, histoire, narration, peinture, rapport, relation, reportage, tableau. *SOUT.* radiographie. ▶ ***Contravention*** – amende, astreinte, constat d'infraction, contrainte, contravention, jour-amende, peine, pénalisation, pénalité. *FAM.* contredanse, P.-V., papillon.

prochain *adj.* ▶ ***Sur le point d'arriver*** – immédiat, imminent, proche. *SOUT.* instant. ▶ ***Qui suit*** – à venir, futur, postérieur, subséquent, suivant, ultérieur. ▶ ***Proche*** – à côté, à proximité, adjacent, avoisinant, environnant, proche, rapproché, voisin. *SOUT.* circonvoisin. △ **ANT.** DERNIER, PASSÉ; ÉLOIGNÉ, LOINTAIN; INDIRECT.

prochain *n.* autre, autrui, semblable, tierce personne, tiers.

proche *adj.* ▶ ***Voisin*** – à côté, à proximité, adjacent, avoisinant, environnant, prochain, rapproché, voisin. *SOUT.* circonvoisin. ▶ ***Semblable*** – analogue, apparenté, approchant, assimilable, comparable, conforme, contigu, correspondant, équivalent, homogène, homologue, indifférencié, pareil, parent, ressemblant, semblable, similaire, voisin. *FAM.* kif-kif. *DIDACT.* commensurable. ▶ ***Sur le point d'arriver*** – immédiat, imminent, prochain. *SOUT.* instant. △ **ANT.** À L'ÉCART, ÉLOIGNÉ, LOINTAIN; AUTRE, DIFFÉRENT, DISSEMBLABLE, DISTINCT, DIVERS.

proche *n.* ▸ ***Parent*** – consanguin, parent, siens (*plur*). ▸ ***Ami intime*** – allié, alter ego, ami, (ami) intime, (ami) proche, bon ami, camarade, compagnon, connaissance, familier, frère, relation. SOUT. féal. FAM. acolyte, aminche, complice, copain, frangin, pote. FRANCE RÉGION. collègue.

proclamation *n.f.* ▸ ***Déclaration*** – annonce, appel, avis, ban, communication, communiqué, déclaration, décret, dénonciation, dépêche, divulgation, édit, manifeste, message, notification, profession de foi, programme, promulgation, publication, rescrit, serment, signification. ▸ ***Révélation*** – annonce, aveu, confession, confidence, déclaration, dévoilement, divulgation, ébruitement, fuite, indiscrétion, initiation, instruction, mea culpa, mise au courant, publication, reconnaissance, révélation. FAM. déballage, mise au parfum. ▸ ***Vote*** – consultation (populaire), élection, plébiscite, référendum, scrutin, suffrage, tour, urnes, voix, vote. ▸ ***Affiche*** – affiche, affichette, annonce, avis, écriteau, enseigne, pancarte, panneau, panneau réclame, panonceau, placard, programme, publicité, réclame. △ **ANT.** MUTISME, SILENCE; DISSIMULATION.

proclamer *v.* ▸ ***Annoncer publiquement*** – annoncer à grand fracas, carillonner, claironner, clamer, crier, crier sur (tous) les toits. FAM. corner. △ **ANT.** CACHER, CELER, DISSIMULER, TAIRE.

procrastination *n.f.* ▸ ***Tergiversation*** – atermoiement, attentisme, échappatoire, faux-fuyant, hésitation, lenteur, manœuvre dilatoire, retardement, temporisation, tergiversation. DR. préfixion. QUÉB. FAM. niaisage. △ **ANT.** DÉCISION, RÉSOLUTION; ACTION.

procrastiner *v.* ▸ ***Temporiser*** – atermoyer, différer, temporiser, tergiverser. △ **ANT.** AGIR, DÉCIDER; ACTIVER; HÂTER, PRESSER.

procurer *v.* ▸ ***Fournir*** – apporter, donner, fournir, mettre à la disposition. ▸ ***Attirer à qqn*** – acquérir, attirer, mériter, valoir. ♦ **se procurer** ▸ ***Obtenir*** – acquérir, avoir, entrer en possession de, faire l'acquisition de, obtenir, se porter acquéreur/acquéresse de. △ **ANT.** PRIVER; REFUSER; ENLEVER, ÔTER, PRENDRE, RETIRER, SOUSTRAIRE.

procureur *n.* avocat, avocat-conseil, avoué, conseil, conseiller juridique, homme de loi, jurisconsulte, juriste, légiste, membre du barreau, plaideur. PÉJ. avocaillon, chicaneur, chicanier; FAM. chasseur d'ambulance. △ **ANT.** DÉFENSEUR.

prodigalité *n.f.* ▸ ***Générosité*** – charité, don, générosité, largesse. SOUT. libéralité, magnanimité, magnificence, munificence. ▸ ***Gaspillage*** – coulage, déprédation, déséconomie, dilapidation, dissipation, gabegie, gâchage, gâchis, gaspillage, perte. RARE engloutissement, galvaudage. SOUT. profusion. ▸ ***Fertilité*** – abondance, fécondité, fertilité, générosité, luxuriance, productivité, rendement, richesse. △ **ANT.** AVARICE, PARCIMONIE; ÉCONOMIE, ÉPARGNE; PAUVRETÉ, STÉRILITÉ; RARETÉ.

prodige *n.m.* ▸ ***Caractère surnaturel*** – fantasmagorie, fantastique, féerie, magie, merveilleux, mystère, prodigieux, sorcellerie, surnaturel. ▸ ***Chose extraordinaire*** – exploit, merveille, miracle, phénomène. ▸ ***Personne aux facultés remarquables*** – génie, maître, superhomme, surdoué, surhomme, talent, virtuose. SOUT. phénix, surhumain. FAM. phénomène. △ **ANT.** BANALITÉ.

prodigieux *adj.* ▸ ***Étonnant*** – étonnant, extraordinaire, fabuleux, fantastique, hors du commun, incroyable, inouï, miraculeux, phénoménal. FAM. délirant, dément, dingue, fou. FRANCE FAM. foutral. ▸ ***Remarquable*** – admirable, brillant, éblouissant, excellent, extraordinaire, fantastique, magistral, magnifique, merveilleux, parfait, remarquable, réussi, sensationnel, sublime. FAM. à tout casser, champion, d'enfer, du tonnerre, épatant, extra, fameux, formidable, fumant, génial, mirifique, pas piqué des vers, splendide, super, terrible. FRANCE FAM. du feu de Dieu, énorme, fadé, formide, géant, gratiné, pas piqué des hannetons. ▸ ***Immense*** – colossal, considérable, démesuré, énorme, extraordinaire, extrême, fabuleux, formidable, géant, gigantesque, grand, gros, immense, incommensurable, monstrueux, monumental, phénoménal, surhumain, titanesque, vaste, vertigineux. SOUT. cyclopéen, herculéen. FAM. bœuf, de tous les diables, du diable, effrayant, effroyable, épouvantable, faramineux, méchant, monstre. FRANCE FAM. gratiné. △ **ANT.** ANODIN, BANAL, ORDINAIRE, SANS IMPORTANCE, SANS INTÉRÊT; LAMENTABLE, MÉDIOCRE, MINABLE, NAVRANT, PIÈTRE, PITEUX, PITOYABLE, RATÉ; FAIBLE, INSIGNIFIANT, RIDICULE.

prodiguer *v.* ▸ ***Dépenser avec excès*** – dévorer, dilapider, dissiper, engloutir, engouffrer, gaspiller, manger. FAM. claquer, croquer, flamber, griller. ▸ ***Dispenser*** – dispenser, distribuer, donner. ▸ ***Donner généreusement*** – donner, faire cadeau de, faire don de, offrir. SOUT. contribuer. ♦ **se prodiguer** ▸ ***Se dévouer*** – se dévouer, se donner, se sacrifier, se saigner aux quatre veines. △ **ANT.** ACCUMULER, AMASSER, ÉCONOMISER, ÉPARGNER, MÉNAGER, MESURER, RÉSERVER; CONSERVER, GARDER; REFUSER.

producteur *n.* ▸ ***Fabricant*** – artisan, constructeur, entrepreneur, fabricant, faiseur, industriel, manufacturier. ▸ ***Producteur agricole*** – agriculteur, agronome, exploitant (agricole), fermier, paysan, producteur (agricole). △ **ANT.** DESTRUCTEUR; CONSOMMATEUR, POSSESSEUR; ACHETEUR; INTERMÉDIAIRE.

productif *adj.* ▸ ***Qui produit*** – abondant, débordant, fécond, fertile, foisonnant, fructueux, généreux, inépuisable, intarissable, prolifique, riche. SOUT. copieux, inexhaustible, plantureux. ▸ ***Qui rapporte*** – bénéficiaire, fructueux, intéressant, lucratif, payant, profitable, rémunérateur, rentable. FAM. juteux. △ **ANT.** ARIDE, STÉRILE; CONTRE-PRODUCTIF, IMPRODUCTIF; D'ENCADREMENT *(PERSONNEL)*.

production *n.f.* ▸ ***Création*** – composition, conception, confection, constitution, construction, création, développement, édification, élaboration, exécution, fabrication, façon, façonnage, façonnement, formation, génération, genèse, gestation, invention, œuvre, organisation, paternité, réalisation, structuration, synthèse. SOUT. accouchement, enfantement. DIDACT. engendrement. ▸ ***Productivité*** – bénéfice, effet, efficacité, efficience, gain, productivité, produit, profit, rapport, rendement, rentabilité, revenu. ▸ ***Production agricole*** – agriculture, agroalimentaire, agrobiologie, agrochimie, agro-industrie, agrologie, agronomie, économie rurale, exploitation (agricole), production (agricole). ▶ ***Action de filmer*** – filmage, réalisation, tournage. ▶ ***Œuvre*** – film, œuvre cinématographique. ▸ *Mauvais* FAM. navet. FRANCE FAM. nanar. ▶ ***Fait de montrer*** – exhibition, présentation. RELIG. porrection *(objets sacrés)*. △ **ANT.** DESTRUCTION; CONSOMMATION, JOUISSANCE, POSSESSION; ACHAT; DISSIMULATION.

productivité *n.f.* ▶ ***Fertilité*** – abondance, fécondité, fertilité, générosité, luxuriance, prodigalité, rendement, richesse. ▶ ***Rendement*** – bénéfice, effet, efficacité, efficience, gain, production, produit, profit, rapport, rendement, rentabilité, revenu. △ **ANT.** STÉRILITÉ; IMPRODUCTIVITÉ, INEFFICACITÉ, INUTILITÉ.

produire *v.* ▶ ***Fabriquer*** – composer, confectionner, créer, élaborer, fabriquer, façonner, faire, mettre au point, préparer, travailler à. SOUT. enfanter. PÉJ. accoucher de. ▶ ***Occasionner*** – amener, apporter, catalyser, causer, créer, déchaîner, déclencher, déterminer, donner lieu à, donner naissance à, engendrer, entraîner, faire, faire naître, former, générer, occasionner, provoquer, soulever, susciter. PHILOS. nécessiter. ▶ ***Générer comme bénéfice*** – donner, fournir, générer, rapporter, rendre. ▶ ***Fournir un document*** – donner, exhiber, fournir, montrer, présenter. ▶ ***Dégager*** – dégager, diffuser, émettre, répandre. SC. dissiper. ♦ **se produire** ▶ ***Avoir lieu*** – advenir, arriver, avoir lieu, se dérouler, se passer, survenir. ▶ ***Se réaliser*** – s'accomplir, s'opérer, se faire, se passer, se réaliser. △ **ANT.** DÉFAIRE, DÉTRUIRE; CONSOMMER, UTILISER; PROCÉDER, PROVENIR, RÉSULTER, VENIR; CACHER, DISSIMULER.

produit *n.m.* ▶ ***Revenu*** – allocation, arrérages, avantage, bénéfice, casuel, chômage, dividende, dotation, fermage, fruit, gain, intérêt, loyer, mense, mensualité, métayage, pension, prébende, présalaire, profit, rapport, recette, redevance, rente, rentrée, retraite, revenu, tontine, usufruit, usure, viager. FAM. alloc. FRANCE FAM. bénef. ANC. cens, lods et ventes. ▶ ***Rendement*** – bénéfice, effet, efficacité, efficience, gain, production, productivité, profit, rapport, rendement, rentabilité, revenu. ▶ ***Résultat*** – aboutissement, accomplissement, achèvement, apothéose, but, chute, complémentation, complètement, complétude, conclusion, consécration, consommation, couronnement, dénouement, exécution, fin, finition, fruit, issue, réalisation, règlement, résolution, résultat, sortie, terme, terminaison. SOUT. aboutissant. PHILOS. entéléchie. ▶ ***Objet à vendre*** – article, marchandise. △ **ANT.** DÉPENSE; AUTEUR; CAUSE, CONDITION, FACTEUR; QUOTIENT.

proéminent *adj.* bombé, protubérant, saillant. BELG. biquant. TECHN. en saillie, hors d'œuvre, hors œuvre. ▸ *En parlant des yeux* – à fleur de tête, exorbité, globuleux, saillant. ▸ *En parlant du menton* – en galoche, pointu, saillant. △ **ANT.** CREUX, RENTRANT; FUYANT *(MENTON, FRONT)*.

profane *adj.* béotien, débutant, inexercé, inexpérimenté, jeune, naïf, néophyte, neuf, non initié, nouveau, novice. SOUT. inexpert. RARE commençant. △ **ANT.** SACRÉ; INITIÉ; EXERCÉ, EXPÉRIMENTÉ, SAVANT.

profane *n.* ▶ ***Personne non professionnelle*** – amateur, commun des mortels, non-initié, non-spécialiste. ▶ ***Personne ignorante*** – béotien, non-initié. △ **ANT.** PROFESSIONNEL; CONNAISSEUR, EXPERT, SPÉCIALISTE.

proférer *v.* ▶ ***Prononcer*** – articuler, dire, émettre, lâcher, lancer, pousser, prononcer, sortir. ▶ ***Dire avec hostilité*** – asséner, cracher, jeter par la tête, lancer, vomir. SOUT. éructer. FAM. débagouler. △ **ANT.** TAIRE.

professer *v.* ▶ ***Enseigner*** – enseigner, faire cours, faire la classe. △ **ANT.** ÉTUDIER; ABJURER, CONTESTER, NIER, REJETER.

professeur *n.* ▶ ***Enseignant*** – animateur, éducateur, enseignant, instructeur, moniteur, pédagogue. FAM. prof, sorbonnard *(Sorbonne)*. QUÉB. andragogue *(enseignement aux adultes)*. BELG. régent. ▸ *Au primaire* – instituteur, maître/maîtresse (d'école). FAM. insti. ANTIQ. grammatiste. ▸ *Directeur* – directeur, patron de thèse. ▸ *Assistant* – assistant, lecteur, maître assistant, moniteur, préparateur, répétiteur, sous-maître. FRANCE FAM. caïman. ▸ *Enseignant à contrat* – chargé de cours. FRANCE maître de conférence. ▸ *Suppléant* – (professeur) suppléant, remplaçant. ▶ ***Savant*** – autorité (en la matière), chercheur, connaisseur, découvreur, docteur, expert, homme de science, investigateur, maître, maître de recherches, savant, scientifique, sommité, spécialiste. SOUT. (grand) clerc. △ **ANT.** DISCIPLE, ÉLÈVE, ÉTUDIANT.

profession *n.f.* ▶ ***Métier*** – activité, art, carrière, emploi, état, gagne-pain, métier, occupation, qualité, services, situation, spécialité, travail. FAM. boulot, turbin, turf.

professionnel *adj.* de métier, de profession. FAM. pro. △ **ANT.** AMATEUR, DILETTANTE; PERSONNEL; BÉNÉVOLE; BÂCLÉ, D'AMATEUR, NÉGLIGÉ, SANS SOIN.

professionnel *n.* ▶ ***Expert*** – as, expert, (fin) connaisseur, grand clerc, maître, spécialiste, virtuose. FAM. champion, chef, crack, pro. FRANCE FAM. bête. QUÉB. personne-ressource. ▶ ***Sportif*** – FAM. pro. △ **ANT.** AMATEUR, DILETTANTE.

profil *n.m.* ▶ ***Traits*** – ligne, modénature, ombre, silhouette, trait. SOUT. linéament. DIDACT. délinéament. ▶ ***Aspect*** – air, allure, apparence, aspect, caractère, configuration, couleur, couvert, dehors, éclairage, expression, extérieur, façade, faciès, figure, forme, formule, impression, jour, masque, mine, paraître, perspective, physionomie, plastique *(en art)*, portrait, présentation, ressemblance, semblant, surface, ton, tour, tournure, traits, vernis, visage. SOUT. enveloppe, regardure, superficie. ▶ ***Côté*** – bord, chant, côté, face, facette, flanc, pan, paroi, surface, tranche. MAR. travers. ▶ ***Vue interne*** – coupe, section, vue. ▶ ***Configuration*** – accommodation, accommodement, agencement, ajustement, aménagement, architecture, arrangement, articulation, assemblage, combinaison, combinatoire, composition, concaténation, configuration, construction, contexture, coordination, disposition, distribution, élaboration, enchaînement, harmonie, liaison, mise en ordre, mise en place, ordonnance, ordonnancement, ordre, organisation, orientation, plan, programmation, rangement, structuration, structure, système, texture. △ **ANT.** DOS, FACE, TROIS-QUARTS.

profit *n.m.* ▶ ***Revenu*** – allocation, arrérages, avantage, bénéfice, casuel, chômage, dividende, dotation, fermage, fruit, gain, intérêt, loyer, mense, mensualité, métayage, pension, prébende, présalaire, produit, rapport, recette, redevance, rente, rentrée, retraite, revenu, tontine, usufruit, usure, viager. *FAM.* alloc. *FRANCE FAM.* bénef. *ANC.* cens, lods et ventes. ▸ ***Plus-value*** – accroissement, amélioration, appréciation, augmentation, bénéfice, excédent, gain, majoration, plus-value, survaleur, valorisation. ▸ ***Rendement*** – bénéfice, effet, efficacité, efficience, gain, production, productivité, produit, rapport, rendement, rentabilité, revenu. ▸ ***Utilité*** – avantage, bénéfice, bienfait, commodité, convenance, désidérabilité, efficacité, fonction, fonctionnalité, indispensabilité, intérêt, mérite, nécessité, profitabilité, recours, service, usage, utilité, valeur. ▸ ***Crédit*** – actif, avantage, avoir, bénéfice, boni, crédit, excédent, fruit, gain, produit, rapport, reliquat, reste, revenant-bon, revenu, solde, solde créditeur, solde positif. *FAM.* bénef, gras, gratte, part du gâteau. △ **ANT.** DÉFICIT, PERTE; DOMMAGE, PRÉJUDICE; DÉSAVANTAGE.

profitable *adj.* ▸ ***Payant*** – bénéficiaire, fructueux, intéressant, lucratif, payant, productif, rémunérateur, rentable. *FAM.* juteux. ▸ ***Bénéfique*** – avantageux, bénéfique, bienfaisant, bon, salutaire, utile. ▸ ***Instructif*** – édifiant, éducatif, enrichissant, formateur, formatif, informatif, instructif. △ **ANT.** DÉFAVORABLE, DÉSAVANTAGEUX, DOMMAGEABLE, NÉFASTE, NUISIBLE, PERNICIEUX, PRÉJUDICIABLE; INUTILE, VAIN.

profiter *v.* ▸ ***Être utile*** – être utile à, servir à. ▸ ***Utiliser*** – exploiter, faire valoir, tirer parti de, tirer profit de, utiliser. ▸ ***Savourer*** – déguster, faire ses délices de, goûter, jouir de, s'enchanter de, savourer, se délecter de, se régaler de, se réjouir de, se repaître de, tirer plaisir de. *FAM.* se gargariser de. ▸ ***Abuser*** – abuser de, exploiter, presser comme un citron, pressurer. △ **ANT.** ENTRAVER, GÊNER, NUIRE; NÉGLIGER, PERDRE; PÂTIR, SOUFFRIR, SUBIR; MÉNAGER, SOULAGER.

profiteur *n.* ▸ ***Exploiteur*** – exploiteur, pressureur. ▸ ***Profiteur*** – aigrefin, arnaqueur, bandit, brigand, canaille, carambouilleur, chevalier d'industrie, concussionnaire, crapule, escroc, extorqueur, faisan, fraudeur, gangster, gredin, malfaiteur, mercanti, pirate, sangsue, spoliateur, tripoteur, voleur, voyou. *SOUT.* déprédateur, forban. *DR.* captateur. *FAM.* carotteur, carottier, fricoteur, fripouille, (maître) filou. *FRANCE FAM.* écorcheur, estampeur, malfrat.

profond *adj.* ▸ ***Creusé et resserré*** – creux, encaissé. ▸ ***En parlant du sommeil*** – de plomb, lourd. ▸ ***En parlant d'une voix*** – bas, caverneux, d'outre-tombe, grave, sépulcral. ▸ ***En parlant d'une couleur*** – foncé, sombre. ▸ ***Intense*** – fort, grand, grave, intense, violent. *FAM.* carabiné. ▸ ***Intime*** – intérieur, intime. ▸ ***Viscéral*** – impérieux, incoercible, incontrôlable, incontrôlé, indomptable, instinctif, insurmontable, irraisonné, irrépressible, irrésistible, violent, viscéral. *RARE* irréfrénable, irréprimable. ▸ ***Perspicace*** – aigu, clairvoyant, fin, lucide, lumineux, pénétrant, perçant, perspicace, psychologue, qui voit loin, sagace, subtil. △ **ANT.** PLAT; SUPERFICIEL; FAIBLE, LÉGER, PETIT; MÉDIOCRE. ♦ **profonde,** ***fém.*** AIGRELETTE *(VOIX)*, AIGUË, FLUETTE, FLÛTÉE, GRÊLE, HAUTE, PERÇANTE, POINTUE.

profondeur *n.f.* ▸ ***Dimension*** – ampleur, dimension, envergure, étendue, grandeur, mesure, proportion, valeur. ▸ ***Enfoncement*** – abîme, abysse, creux, distance, enfoncement, épaisseur, (fin) fond, fosse, gouffre, lointain, perspective. *SOUT.* entrailles. ▸ ***Intensité*** – acuité, ardeur, complexité, difficulté, élévation, ésotérisme, extase, extrémité, force, immensité, impénétrabilité, intelligence, intensité, intériorité, intimité, mystère, pénétration, perspicacité, plénitude, profond, puissance, science, secret. △ **ANT.** SUPERFICIE, SURFACE; FAIBLESSE, LÉGÈRETÉ, SUPERFICIALITÉ.

profusion *n.f.* ▸ ***Abondance*** – abondance, afflux, amas, ampleur, concentration, débauche, débordement, exubérance, filon, fleuraison, floraison, foisonnement, forêt, foule, fourmillement, gisement, infinité, inondation, luxe, luxuriance, masse, mine, multiplicité, myriade, nuée, orgie, paquet, pléthore, poussière, quantité, richesse, surabondance, tas, trésor. *FIG.* carnaval. *FAM.* festival, flopée, kyrielle, tapée, tonne, tripotée, wagon. *SUISSE FAM.* craquée. ▸ ***Excès*** – comble, débauche, débordement, dépassement, disproportion, énormité, excédent, excès, exubérance, gaspillage, inutile, luxe, luxuriance, orgie, redondance, satiété, saturation, superfétation, superflu, superfluité, surabondance, surcharge, surcroît, surenchère, surnombre, surplus, trop, trop-plein. ▸ ***Luxe*** – abondance, apparat, appareil, beauté, confort, dolce vita, éclat, étalage, faste, grandeur, luxe, magnificence, majesté, opulence, ostentation, pompe, richesse, somptuosité, splendeur. *FAM.* tralala. △ **ANT.** RARETÉ; INSUFFISANCE, MANQUE, PÉNURIE; DÉNUEMENT, PAUVRETÉ.

programme *n.m.* ▸ ***Emploi du temps*** – calendrier, échéancier, emploi du temps, horaire, minutage, ordre du jour, plan, planification, projet. *FAM.* menu. ▸ ***Affiche*** – affiche, affichette, annonce, avis, écriteau, enseigne, pancarte, panneau, panneau réclame, panonceau, placard, proclamation, publicité, réclame. ▸ ***En informatique*** – algorithme, application, logiciel, progiciel.

progrès *n.m.* ▸ ***Cheminement*** – ascension, avance, avancée, avancement, cheminement, développement, marche, marche avant, montée, percée, progression. ▸ ***Approfondissement*** – analyse, approfondissement, dépouillement, développement, enrichissement, épluchage, étude, examen, exploration, introspection, méditation, pesée, recherche, réflexion, sondage. ▸ ***Croissance*** – accentuation, accroissement, accrue, agrandissement, amplification, arrondissement, augmentation, bond, boom, crescendo, croissance, crue, décuplement, développement, dilatation, élargissement, élévation, enflement, enrichissement, envolée, essor, évolution, expansion, extension, flambée, foisonnement, gonflement, gradation, grossissement, hausse, haussement, inflation, intensification, majoration, montée, poussée, progression, recrudescence, redoublement, redressement, rehaussement, relèvement, renchérissement, renforcement, revalorisation, valorisation. ▸ ***Renaissance*** – dégel, recrudescence, redémarrage, regain, régénération, régénérescence, réincarnation, relance, renouveau, renouvellement, reprise, résurrection, retour, réveil, revival, reviviscence, second souffle. *SOUT.* refleurissement, revif. *FIG.* printemps, résurgence. *BOT.* anabiose. ▸ ***Régénération*** – adoucissement, amélioration, civilisation, éducation, évolution, mieux-être, réforme, régénération, rénovation. ▶ ***Amélioration*** – abonnissement, affinement, amélioration, anoblissement, bonification, embellie, embellissement, ennoblissement, enrichissement, maximalisation, optimalisation, optimisation, perfectionnement. *SOUT.* épurement. *FIG.* bond en avant. ▶ ***Aggravation*** – accentuation, accroissement, aggravation, alourdissement, amplification, augmentation, complexification, complication, croissance, détérioration, développement, escalade, exacerbation, intensification, progression, propagation, rechute, recrudescence, redoublement. ▶ ***Civilisation*** – avancement, civilisation, culture, évolution, perfectionnement. △ **ANT.** ARRÊT, IMMOBILITÉ; RECUL, RÉTROGRADATION; DÉCROISSANCE; DÉCHÉANCE, DÉGÉNÉRESCENCE, DÉGRADATION, DÉTÉRIORATION; DÉCADENCE, DÉCLIN, RÉGRESSION; BARBARIE.

progresser *v.* ▶ ***Se déplacer vers l'avant*** – aller de l'avant, avancer, cheminer. ▶ ***S'améliorer*** – avancer, évoluer, faire des progrès, s'améliorer, se développer. ▶ ***Se développer*** – croître, grandir, prospérer, s'épanouir, se développer. △ **ANT.** S'ARRÊTER; RECULER, RÉTROGRADER; DÉCLINER, DÉCROÎTRE, RÉGRESSER; EMPIRER, SE DÉTÉRIORER.

progressif *adj.* ▶ ***Qui suit une progression*** – croissant, évolutif, gradué, graduel, grandissant. △ **ANT.** BRUSQUE, FOUDROYANT, FULGURANT, INSTANTANÉ, PROMPT, SOUDAIN, SUBIT; DÉGRESSIF *(MONTANT)*, RÉTROGRADE; STATIONNAIRE.

progression *n.f.* ▶ ***Cheminement*** – ascension, avance, avancée, avancement, cheminement, développement, marche, marche avant, montée, percée, progrès. ▶ ***Évolution dans le temps*** – cheminement, cours, déroulement, développement, devenir, évolution, fil, marche, progrès, suite. ▶ ***Croissance*** – accentuation, accroissement, accrue, agrandissement, amplification, arrondissement, augmentation, bond, boom, crescendo, croissance, crue, décuplement, développement, dilatation, élargissement, élévation, enflement, enrichissement, envolée, essor, évolution, expansion, extension, flambée, foisonnement, gonflement, gradation, grossissement, hausse, haussement, inflation, intensification, majoration, montée, poussée, progrès, recrudescence, redoublement, redressement, rehaussement, relèvement, renchérissement, renforcement, revalorisation, valorisation. ▶ ***Modification*** – adaptation, ajustement, altération, avatar, changement, conversion, évolution, glissement, gradation, infléchissement, métamorphose, modification, modulation, mue, mutation, passage, transfiguration, transformation, transition, transmutation, variation, vie. ▶ ***Amélioration*** – abonnissement, affinement, amélioration, anoblissement, bonification, embellie, embellissement, ennoblissement, enrichissement, maximalisation, optimalisation, optimisation, perfectionnement, progrès. *SOUT.* épurement. *FIG.* bond en avant. ▶ ***Aggravation*** – accentuation, accroissement, aggravation, alourdissement, amplification, augmentation, complexification, complication, croissance, détérioration, développement, escalade, exacerbation, intensification, progrès, propagation, rechute, recrudescence, redoublement. ▶ ***Acheminement*** – acheminement, amenée, convoi, desserte, diffusion, distribution, envoi, expédition, livraison, marche, postage, service, transport. ▶ ***Transmission*** – cession, circulation, communication, dévolution, diffusion, dissémination, émission, expansion, extension, intercommunication, multiplication, passation, propagation, rayonnement, reproduction, transfert, translation, virement. △ **ANT.** ARRÊT, IMMOBILITÉ; RECUL, RÉTROGRADATION; DÉCROISSANCE; DÉCHÉANCE, DÉGÉNÉRESCENCE, DÉGRADATION, DÉTÉRIORATION, RÉGRESSION.

progressivement *adv.* au compte-gouttes, au fur et à mesure, crescendo, de fil en aiguille, de plus en plus, exponentiellement, goutte à goutte, graduellement, par degrés, par étapes (successives), par paliers (successifs), pas à pas, petit à petit, peu à peu. △ **ANT.** BRUSQUEMENT, SOUDAINEMENT, SUBITEMENT, TOUT À COUP, (TOUT) D'UN COUP, TOUT DE GO.

proie *n.f.* ▶ ***Victime*** – bouc émissaire, dindon de la farce, gibier, jouet, martyr, opprimé, persécuté, plastron, sacrifié, souffre-douleur, tête de Turc, victime. △ **ANT.** PRÉDATEUR; AGRESSEUR.

projection *n.f.* ▶ ***Fait de lancer*** – catapultage, éjection, jet, lancement, lancer, tir. *RARE* jetage. ▶ ***Matière volcanique projetée*** – déjection (volcanique), projection (volcanique). ▶ ***Perspective*** – axonométrie, fuyant, géométral, perspective cavalière, perspective centrale, perspective militaire, perspective parallèle, perspective sphérique, perspective, relief, scénographie, trompe-l'œil. ▶ ***Action de projeter un film*** – écoute, visionnage, visionnement. ▶ ***Ce qui est projeté sur écran*** – image. ▶ ***Prévision*** – anticipation, divination, futurologie, prédiction, prévision, prospective. *SOUT.* vaticination. ▶ ***Prédiction*** – annonce, annonciation, augure, auspices, conjecture, horoscope, oracle, pari, prédiction, présage, prévision, promesse, pronostic, prophétie, signe. *ANTIQ. ROM.* auspices, haruspication.

projet *n.m.* ▶ ***Ébauche*** – canevas, crayon, crayonné, croquis, dessin, ébauche, épure, esquisse, essai, étude (préparatoire), griffonnement, pochade, premier jet, préparation, rough, schéma. *SOUT.* linéaments. *FRANCE FAM.* crobard. ▶ ***Intention*** – entreprise, idée, intention, plan, préméditation *(mauvaise action)*, programme, résolution, vue. *SOUT.* dessein. ▶ ***Machination*** – agissements, cabale, calcul, combinaison, complot, conjuration, conspiration, intrigue, machination, manigance, manipulation, manœuvre, maquignonnage, menées, plan, tractation. *SOUT.* brigue, fomentation. *FAM.* combine, fricotage, grenouillage, magouillage, magouille, micmac, mijotage. ▶ ***Programme*** – calendrier, échéancier, emploi du temps, horaire, minutage, ordre du jour, plan, planification, programme. *FAM.* menu. △ **ANT.** CONCRÉTISATION, EXÉCUTION, RÉALISATION.

projeter *v.* ▶ ***Lancer*** – catapulter, éjecter, envoyer, jeter, lancer, propulser. ▶ ***Rejeter*** – cracher, éjecter, rejeter, vomir. ▶ ***Envisager*** – avoir l'intention de, caresser le projet de, considérer, envisager, penser, préméditer de, songer à. *SOUT.* former le dessein de. ▶ ***Causer des élancements*** (*BELG.*) – élancer. *BELG.* lancer. ♦ **se projeter** ▶ ***Se dessiner*** – se découper, se dessiner, se détacher, se profiler, se silhouetter. △ ANT. RECEVOIR; ACCOMPLIR, CONCRÉTISER, EFFECTUER, EXÉCUTER, FAIRE, RÉALISER.

prolétaire *n.* ▶ ***Ouvrier*** – manœuvre, ouvrier, travailleur (manuel). FAM. manœuvre-balai, prolo. QUÉB. FAM. col bleu. PÉJ. soutier, tâcheron. ANTIQ. plébéien *(Rome)*, thête *(Grèce)*. △ **ANT.** ARISTOCRATE, NOBLE; BOURGEOIS; CAPITALISTE, FINANCIER; EXPLOITEUR, PATRON, PROPRIÉTAIRE.

prolétariat *n.m.* ▶ ***Travailleurs*** – tiers état. ▶ ***Populace*** – (bas) peuple, (basse) pègre, bétail, foule, la rue, masse, multitude, plèbe, populace, troupeau, vulgaire. FAM. populo, vulgum pecus. △ **ANT.** ARISTOCRATIE; BOURGEOISIE, CAPITAL.

prolongation *n.f.* allongement, prorogation. △ **ANT.** DIMINUTION, RACCOURCISSEMENT; CESSATION, FIN.

prolongement *n.m.* ▶ ***Action d'allonger*** – affinement, allongement, bandage, dépliage, dépliement, déploiement, développement, élongation, étirage, étirement, excroissance, extension, rallonge, rallongement, tension, tirage. ▶ ***Ce qui dépasse*** – angle, appendice, arête, aspérité, avancée, avancement, balèvre, bec, bosse, bourrelet, console, corne, corniche, côte, coude, crête, dent, éminence, encorbellement, éperon, ergot, excroissance, gibbosité, hourd, moulure, nervure, picot, pointe, proéminence, projecture, protubérance, redan, relief, ressaut, saillant, saillie, surplomb, surplombement, tubercule. ▶ ***Continuation*** – conservation, continuation, immortalisation, maintien, pérennisation, persistance, poursuite, préservation, sauvegarde, suite, transmission. SOUT. ininterruption, perpétuation, perpétuement. ▶ ***Conséquence*** – action, conclusion, conséquence, contrecoup, corollaire, développement, effet, efficacité, fonction, fruit, impact, implication, incidence, jeu, juste retour des choses, œuvre, portée, réaction, rejaillissement, répercussion, résultante, résultat, retentissement, retombées, ricochet, séquelle, suite (logique). SOUT. aboutissant, efficace, fille. △ **ANT.** CONTRACTION, RACCOURCISSEMENT; CESSATION, FIN; CAUSE, ORIGINE, PRINCIPE.

prolonger *v.* ▶ ***Accroître la longueur*** – agrandir, allonger, étendre, étirer, rallonger. TECHN. dégrosser, fileter, laminer, tréfiler. ▶ ***Accroître la durée*** – allonger, étendre, proroger, rallonger, reconduire. ▶ ***Faire durer*** – continuer, entretenir, maintenir, perpétuer. ▶ *Trop longtemps* – éterniser, faire durer, tirer en longueur, traîner. ♦ **se prolonger** ▶ ***Se poursuivre plus loin*** – continuer, s'étendre. ▶ ***Durer trop longtemps*** – n'en plus finir, s'éterniser, se traîner, traîner (en longueur). ▶ ***Se perpétuer dans qqn*** – se perpétuer, se survivre. △ **ANT.** ABRÉGER, COUPER, DIMINUER, RACCOURCIR; ÉCOURTER; SUSPENDRE. ♦ **se prolonger** CESSER, S'ARRÊTER.

promenade *n.f.* ▶ ***Balade*** – allées et venues, balade, campagne, circuit, circumnavigation, course, croisière, déplacement, excursion, expédition, exploration, hadj, incursion, marche, méharée, mission, navette, navigation, odyssée, passage, pèlerinage, pérégrination, périple, raid, rallye, randonnée, reconnaissance, tour, tourisme, tournée, transport, traversée, va-et-vient, voyage. SOUT. chevauchée, errance. FAM. bourlingue, transhumance. QUÉB. voyagement. ▶ ***Vagabondage*** – aventure, course, déambulation, déplacement, égarement, flânerie, instabilité, nomadisme, pérégrination, randonnée, rêverie, vagabondage, voyage. SOUT. badauderie, errance. FAM. vadrouille, virée. FRANCE FAM. baguenaude. FAM. niaisage. ▶ ***Large rue*** – allée, avenue, boulevard, cours, mail. BELG. drève.

promener *v.* ▶ ***Faire aller sa main, un objet*** – passer. ▶ ***Entraîner à sa suite*** – traîner. FAM. remorquer, trimbaler. ♦ **se promener** ▶ ***Se balader*** – badauder, déambuler, errer, flâner, rôder, (se) baguenauder, se balader, traînailler, traînasser, traîner, vagabonder. SOUT. battre le pavé, divaguer, vaguer. FAM. vadrouiller, zoner. BELG. FAM. baligander, balziner. ACADIE FAM. gaboter. △ **ANT.** ARRÊTER, RETENIR; ABANDONNER, LAISSER.

promeneur *n.* excursionniste, marcheur, passant, piéton, randonneur. SOUT. venant.

promesse *n.f.* ▶ ***Obligation*** – charge, commandement, contrat, dette, devoir, engagement, lien, obligation, parole, responsabilité, serment. ▶ ***Garantie*** – assurance, aval, caution, cautionnement, charge, consignation, couverture, ducroire, engagement, gage, garant, garantie, hypothèque, indexage, indexation, nantissement, obligation, palladium, parrainage, précaution, préservation, répondant, responsabilité, salut, sauvegarde, sécurité, signature, soulte, sûreté, warrant, warrantage. DR. porte-fort. ▶ ***Prédiction*** – annonce, annonciation, augure, auspices, conjecture, horoscope, oracle, pari, prédiction, présage, prévision, projection, pronostic, prophétie, signe. ANTIQ. ROM. auspices, haruspication. △ **ANT.** DÉDIT, RÉTRACTATION.

promettre *v.* ▶ ***Prêter serment*** – faire serment, jurer, prêter serment. ▶ ***Prendre un engagement*** – s'engager, s'obliger. ▶ ***Garantir*** – affirmer, assurer, attester, certifier, déclarer, donner l'assurance, donner sa parole (d'honneur), garantir, jurer, répondre de. ▶ ***Annoncer*** – annoncer, augurer, préluder à, présager. ▶ ***Prédestiner*** – destiner, prédestiner, vouer. △ **ANT.** REFUSER; SE DÉDIRE.

promontoire *n.m.* cap.

promotion *n.f.* ▶ ***Nomination*** – affectation, collation, commissionnement, désignation, destination, installation, investiture, mise en place, nomination, titularisation. ▶ ***Avancement*** – accession, avancement, élévation, émancipation, mouvement, mutation, nomination, reclassement. ▶ ***Admission*** – admission, adoubement, élévation, initiation, intronisation, investiture. ▶ ***Distinction*** – décoration, dignité, égards, élévation, faveur, honneur, pourpre, prérogative. ▶ ***Classe*** – terminale. FAM. cuvée, promo. ▶ ***Publicité*** – annonce, bande-annonce *(d'un film)*, battage, bruit, commercialisation, conditionnement, croisade, lancement, marchandisage, marketing, message (publicitaire), petite annonce *(journal)*, placard, propagande, publicité, publipostage, raccrochage, racolage, réclame, renommée, retentissement, slogan. FAM. pub, tam-tam. QUÉB. FAM. cabale *(pour un candidat)*. ▶ *Non favorable* – bourrage de crâne, endoctrinement, intoxication, lavage de cerveau, matraquage, propagande. △ **ANT.** DÉGRADATION, DESTITUTION, RÉTROGRADATION.

promouvoir *v.* ▶ ***Nommer dans une fonction*** – créer, instituer, nommer, titulariser. *SUISSE* repourvoir. ▶ ***Favoriser*** – encourager, favoriser, impulser, soutenir. △ **ANT.** DÉCHOIR, DÉGRADER, DESTITUER; COMBATTRE, CONDAMNER, DÉCRIER; DÉCOURAGER, ENTRAVER, FREINER, RALENTIR.

prompt *adj.* ▶ ***Rapide*** – rapide, vif, vite. *SOUT.* preste, véloce. ▶ ***Expéditif*** – actif, diligent, expéditif, qui va vite en besogne, rapide, vif. ▶ ***Soudain*** – brusque, foudroyant, fulgurant, instantané, soudain, subit. ▶ ***Impulsif*** – bouillant, emporté, enflammé, explosif, fougueux, impatient, impétueux, impulsif, passionné, qui a la tête chaude, sanguin, véhément, vif, violent, volcanique. △ **ANT.** LENT, PESANT; MESURÉ, PATIENT, PONDÉRÉ, POSÉ, PRUDENT, RAISONNABLE, RÉFLÉCHI, RESPONSABLE, SAGE, SENSÉ, SÉRIEUX.

promptitude *n.f.* ▶ ***Empressement*** – activité, agilité, célérité, diligence, empressement, hâte, précipitation, rapidité, vélocité, vitesse, vivacité. *SOUT.* prestesse. ▶ ***Instantanéité*** – brusquerie, brutalité, immédiateté, instantanéité, rapidité, soudaineté. △ **ANT.** LENTEUR; NÉGLIGENCE, NONCHALANCE, PARESSE; RETARD.

prononcer *v.* ▶ ***Dire*** – articuler, dire, émettre, lâcher, lancer, pousser, proférer, sortir. ♦ **se prononcer** ▶ ***Décider*** – conclure, décider, juger, prendre une décision, statuer, trancher. ▶ ***Donner son avis*** – se déclarer. ♦ **prononcé** ▶ ***Marqué*** – accentué, accusé, fort, marqué, net, sec. △ **ANT.** TAIRE; BARAGOUINER, BREDOUILLER; ÉCOUTER, ENTENDRE. ♦ **se prononcer** S'ABSTENIR, SE RÉSERVER. ♦ **prononcé** ATTÉNUÉ, FAIBLE, INDÉCIS, LÉGER, PÂLE.

prononciation *n.f.* ▶ ***Diction*** – articulation, débit, déclamation, diction, élocution, éloquence, énonciation, expression, langage, langue, parole, phonation, phonétique, phonie, pose de voix, style, voix. ▶ ***Accent*** – accent, accentuation, inflexion, intensité, intonation, modulation, prosodie, ton, tonalité. ▶ ***Énonciation*** – affirmation, communication, déclaration, donnée, élocution, énoncé, énonciation, exposition, expression, extériorisation, formulation, mention, proposition, récitation, stipulation, verbalisation.

pronostic *n.m.* ▶ ***Prédiction*** – annonciation, annonce, augure, auspices, conjecture, horoscope, oracle, pari, prédiction, présage, prévision, projection, promesse, prophétie, signe. *ANTIQ. ROM.* auspices, haruspication. ▶ ***Supposition*** – a priori, apriorisme, apriorité, cas de figure, condition, conjecture, doute, extrapolation, hypothèse, idée reçue, induction, jeu de l'esprit, œillère, préjugé, présomption, présupposé, présupposition, scénario, supputation. △ **ANT.** BILAN, DIAGNOSTIC.

propagande *n.f.* ▶ ***Évangélisation*** – apostolat, catéchèse, catéchisation, catéchisme, endoctrinement, évangélisation, ministère, mission, missionnariat, pastorale, prédication, propagation (de la foi), prosélytisme. *FAM.* caté. ▶ ***Endoctrinement*** (*PÉJ.*) – bourrage de crâne, endoctrinement, intoxication, lavage de cerveau, matraquage.

propagation *n.f.* ▶ ***Reproduction biologique*** – accroissement, augmentation, foisonnement, multiplication, peuplement, prolifération, pullulation, pullulement, reproduction. ▶ ***Rayonnement*** – émission, irradiation, phosphorescence, radiation, rayonnement. ▶ ***Dissémination*** – cession, circulation, communication, dévolution, diffusion, dissémination, émission, expansion, extension, intercommunication, multiplication, passation, progression, rayonnement, reproduction, transfert, translation, virement. ▶ ***Aggravation*** – accentuation, accroissement, aggravation, alourdissement, amplification, augmentation, complexification, complication, croissance, détérioration, développement, escalade, exacerbation, intensification, progrès, progression, rechute, recrudescence, redoublement. ▶ ***Évangélisation*** – apostolat, catéchèse, catéchisation, catéchisme, endoctrinement, évangélisation, ministère, mission, missionnariat, pastorale, prédication, propagande, propagation (de la foi), prosélytisme. *FAM.* caté. △ **ANT.** DESTRUCTION; ABSORPTION, CAPTAGE; ARRÊT, CONFINEMENT, ENDIGUEMENT.

propager *v.* ▶ ***Faire connaître*** – diffuser, populariser, répandre, véhiculer. ♦ **se propager** ▶ ***Proliférer*** – champignonner, foisonner, proliférer, pulluler, se multiplier. ▶ ***Irradier*** – irradier, s'étendre, se répandre. ▶ ***Se répercuter*** – retentir, se répercuter, se transmettre. ▶ ***Courir*** – circuler, courir. △ **ANT.** TAIRE; ARRÊTER, BORNER, CIRCONSCRIRE, ENDIGUER, LIMITER, REFOULER, RESTREINDRE, RETENIR.

propension *n.f.* ▶ ***Prédilection*** – affection, aptitude, attirance, disposition, faible, faiblesse, goût, habitude, impulsion, inclination, instinct, penchant, pente, prédilection, prédisposition, préférence, tendance, vocation. *DIDACT.* susceptibilité. *PSYCHOL.* compulsion. *FAM.* tendresses. △ **ANT.** AVERSION, DÉGOÛT, HORREUR, RÉPUGNANCE.

prophète *n.* ▶ ***Ésotérisme*** – devin, voyant. *SOUT.* augure, mage, vaticinateur. ▶ ***Précurseur*** – ancêtre, annonciateur, avant-garde, avant-gardiste, devancier, initiateur, innovateur, introducteur, inventeur, messager, novateur, pionnier, précurseur, prédécesseur, préfiguration, visionnaire. *SOUT.* avant-coureur, avant-courrier, fourrier, héraut, préparateur.

prophétie *n.f.* annonce, annonciation, augure, auspices, conjecture, horoscope, oracle, pari, prédiction, présage, prévision, projection, promesse, pronostic, signe. *ANTIQ. ROM.* auspices, haruspication.

prophétique *adj.* annonciateur, avant-coureur, précurseur, prémonitoire, qui laisse présager. *SOUT.* avant-courrier. *MÉD.* prodromique. △ **ANT.** INDICATIF, RÉVÉLATEUR, SYMPTOMATIQUE.

prophétiser *v.* ▶ ***Emploi transitif*** – prédire. *RARE* deviner. ▶ ***Emploi intransitif*** – *SOUT.* vaticiner. △ **ANT.** ACCOMPLIR, CONFIRMER, VÉRIFIER.

propice *adj.* ▶ ***Approprié*** – à propos, adapté, adéquat, approprié, bien trouvé, bien venu, bon, conforme, convenable, correct, de circonstance, heureux, indiqué, juste, opportun, pertinent, propre. *SOUT.* ad hoc, congruent, expédient, idoine. *DIDACT.* topique. ▶ ***Favorable*** – bien venu, bienvenu, bon, favorable, opportun, qui tombe à pic. *SOUT.* heureux. △ **ANT.** FÂCHEUX, IMPORTUN, INOPPORTUN, MAL À PROPOS; ADVERSE, CONTRAIRE, DÉFAVORABLE, FUNESTE, NÉFASTE.

proportion *n.f.* ▶ ***Grandeur*** – ampleur, dimension, envergure, étendue, grandeur, mesure, valeur. ▶ ***Rapport*** – coefficient, facteur, indice, pour cent, pourcentage, quotient, rapport, ratio, tantième, taux, teneur. ▶ ***Équilibre*** – accord, balance, balancement, compensation, contrepoids, égalité, équilibre, harmonie, juste milieu, moyenne, pondération, suspension, symétrie. △ **ANT.** ASYMÉTRIE, DÉSÉQUILIBRE, DISCORDANCE, DISPROPORTION.

proportionnel *adj.* relatif. △ **ANT.** INDÉPENDANT; ABSOLU.

propos *n.m.* ▶ ***Affirmation*** – affirmation, allégation, argument, argumentation, assertion, déclaration, dire, expression, parole, position, proposition, raison, théorème, thèse. ▶ ***Sujet*** – fait, fond, matière, objet, point, problème, question, sujet, thème. ▶ ***Discours*** – catéchisme, discours, enseignement, exhortation, harangue, leçon, morale, sermon. *PÉJ.* prêchi-prêcha, radotage. ▶ ***But*** (*SOUT.*) – ambition, but, cause, cible, considération, destination, fin, finalité, intention, mission, mobile, motif, objectif, objet, point de mire, pourquoi, prétexte, raison, raison d'être, sens, visée. △ **ANT.** SILENCE; PENSÉE, RÉFLEXION.

proposer *v.* ▶ ***Suggérer*** – conseiller, indiquer, recommander, suggérer. ▶ ***Présenter*** – avancer, jeter sur le tapis, mettre sur le tapis, offrir, présenter, servir, soumettre. ▶ ***Vendre*** – débiter, détailler, écouler, faire commerce de, offrir, vendre. △ **ANT.** REFUSER. ♦ **se proposer** S'ABSTENIR.

proposition *n.f.* ▶ ***Énonciation*** – affirmation, communication, déclaration, donnée, élocution, énoncé, énonciation, exposition, expression, extériorisation, formulation, mention, prononciation, récitation, stipulation, verbalisation. ▶ ***Affirmation*** – affirmation, allégation, argument, argumentation, assertion, déclaration, dire, expression, parole, position, propos, raison, théorème, thèse. ▶ ***Suggestion*** – avertissement, avis, conseil, encouragement, exhortation, guidance, idée, incitation, indication, information, initiative, inspiration, instigation, motion *(dans une assemblée)*, offre, opinion, préconisation, recommandation, renseignement, suggestion. *FAM.* tuyau. *DR.* pollicitation. ▶ ***En linguistique*** – collocation, construction, cooccurrence, énoncé, expression (figée), formule, lexie complexe, locution, phrase, syntagme, terme, tour, tournure. △ **ANT.** RÉPONSE; REFUS.

propre *adj.* ▶ ***En parlant du sens d'un mot*** – concret, littéral, strict. ▶ ***Spécifique*** – caractéristique, déterminant, distinctif, particulier, spécial, spécifique, typique. *SOUT.* sui generis. ▶ ***Personnel*** – attitré, exclusif, individuel, particulier, personnel, privé, réservé, spécial. ▶ ***Approprié*** – à propos, adapté, adéquat, approprié, bien trouvé, bien venu, bon, conforme, convenable, correct, de circonstance, heureux, indiqué, juste, opportun, pertinent, propice. *SOUT.* ad hoc, congruent, expédient, idoine. *DIDACT.* topique. ▶ ***Impeccable*** – immaculé, impeccable, net, propret, soigné. ▶ ***Honnête*** – à l'abri de tout soupçon, au-dessus de tout soupçon, consciencieux, digne de confiance, droit, fiable, honnête, incorruptible, insoupçonnable, intègre, probe, scrupuleux, sûr. ▶ ***Capable*** – apte à, capable de, habile à, susceptible de. *FAM.* chiche de, fichu de. △ **ANT.** COLLECTIF, COMMUN; GÉNÉRIQUE; IMPROPRE, INAPPROPRIÉ, INCORRECT, INEXACT; MACULÉ, SALE, SALI, SOUILLÉ, TACHÉ; POLLUANT; MALPROPRE, NÉGLIGÉ; INDÉCENT, OBSCÈNE; MALHONNÊTE; INAPTE, INCAPABLE.

proprement *adv.* ▶ ***Au sens propre*** – à la lettre, au sens propre, littéralement. ▶ ***Particulièrement*** – avant tout, en particulier, notamment, particulièrement, principalement, singulièrement, spécialement, spécifiquement, surtout, typiquement. ▶ ***Convenablement*** – adéquatement, bien, comme il faut, comme il se doit, convenablement, correctement, dans les règles de l'art, décemment, juste, justement, pertinemment, raisonnablement, sainement, valablement, validement. *SOUT.* congrûment. ▶ ***Honnêtement*** (*FAM.*) – bien, droitement, exemplairement, honnêtement, honorablement, incorruptiblement, intègrement, irréprochablement, loyalement, saintement, vertueusement. *FAM.* à la loyale. ▶ ***Soigneusement*** – amoureusement, attentivement, consciencieusement, en détail, méticuleusement, minutieusement, précieusement, précisément, religieusement, rigoureusement, scrupuleusement, sérieusement, soigneusement, vigilamment. ▶ ***Sainement*** – hygiéniquement, net, nettement, sainement. *SOUT.* blanchement. △ **ANT.** AU SENS FIGURÉ, MÉTAPHORIQUEMENT, SYMBOLIQUEMENT; MALHONNÊTEMENT, MENSONGÈREMENT, SOURNOISEMENT, TORTUEUSEMENT, TRAÎTREUSEMENT, TROMPEUSEMENT; DE FAÇON BÂCLÉE, NÉGLIGEMMENT, SANS MÉTHODE; DÉGOÛTAMMENT, IMPUREMENT, MALPROPREMENT, SALEMENT.

propreté *n.f.* ▶ ***Netteté*** – netteté, soin. ▶ ***Hygiène*** – hygiène, salubrité, santé, stérilité. ▶ ***Décence*** – bienséance, bon ton, chasteté, convenance, correction, décence, délicatesse, dignité, discrétion, éducation, fierté, gravité, honnêteté, honneur, modestie, politesse, pudeur, quant-à-soi, réserve, respect, retenue, sagesse, sobriété, tact, tenue, vertu. *SOUT.* pudicité. △ **ANT.** CRASSE, MALPROPRETÉ, SALETÉ; INSALUBRITÉ; INDÉCENCE.

propriétaire *n.* ▶ ***Possesseur*** – détenteur, maître, porteur, possesseur, titulaire, usufruitier. ▶ ***Locateur*** – bailleur, locateur. *FAM.* proprio. ▶ ***Bénéficiaire*** – abandonnataire, adjudicataire, affectataire, aliénataire, allocataire, attributaire, ayant droit, bénéficiaire, bénéficier, cessionnaire, client, commendataire, confidentiaire, crédirentier, impétrant, indemnitaire, indivisaire, prestataire, récipiendaire, rentier, résignataire. △ **ANT.** LOCATAIRE; PROLÉTAIRE.

propriété *n.f.* ▶ ***Utilisation*** – consommation, détention, jouissance, possession, usage, usufruit, utilisation. ▶ ***Possession*** – argent, avoir, bien, capital, cassette, épargne, fonds, fortune, fruit, gain, investissement, liquidités, numéraire, patrimoine, pécule, placement, portefeuille, possession, produit, richesse, trésor, valeur. *SOUT.* deniers. *FAM.* finances, magot. ▶ ***Patrimoine*** – apanage, bien, domaine, fortune, héritage, légitime, legs, majorat, patrimoine, succession. *RELIG.* défroque. ▶ ***Terre*** – bien-fonds, (biens) immeubles, domaine, foncier, fonds de terre, propriété (foncière). ▶ ***Monopole d'utilisation*** – brevet, copyright, droits d'auteur. ▶ ***Adéquation*** – adéquation, convenance, efficacité, exactitude, justesse, pertinence, vérité. *SOUT.* véridicité. ▶ ***Qualité*** – attribut, caractère, caractéristique, marque, particularité, propre, qualité, signe, spécialité, spécificité, trait.

▸ *Louable* – mérite. ▸ ***Capacité*** – capacité, pouvoir, vertu. △ **ANT.** IMPROPRIÉTÉ, INCORRECTION.

proscrit *n.* banni, exilé, expatrié, expulsé, interdit de séjour, réfugié, relégué, sans-papiers. *FAM.* tricard.

prospectus *n.m.* annonce, circulaire, dépliant, flash, insertion, publicité, tract.

prospère *adj.* ▸ ***Florissant*** – beau, brillant, faste, fécond, florissant, heureux, riche. △ **ANT.** MISÉRABLE, PAUVRE; MALHEUREUX.

prospérer *v.* ▸ ***Briller*** – briller, être florissant, faire florès, fleurir, réussir. ▸ ***S'enrichir*** – faire fortune, s'enrichir. *FAM.* s'engraisser. ▸ ***Se développer*** – croître, grandir, progresser, s'épanouir, se développer. △ **ANT.** AVORTER, ÉCHOUER; S'APPAUVRIR; DÉCLINER, DÉPÉRIR, PÉRICLITER, S'ÉTIOLER.

prospérité *n.f.* ▸ ***Succès*** – apothéose, bonheur, bonne fortune, boum, consécration, couronnement, gloire, honneur, lauriers, retentissement, réussite, succès, triomphe, trophée. *FAM.* malheur, (succès) bœuf, tabac. *FRANCE FAM.* carton, saucisson, ticket. ▸ ***Richesse*** – abondance, aisance, bien-être, fortune, opulence, or, richesse. ▸ ***Activité*** – activité, boom, essor, plein-emploi. △ **ANT.** ÉCHEC, FAILLITE, INFORTUNE, INSUCCÈS, MALHEUR; PAUVRETÉ; CRISE, DÉPRESSION, MARASME.

prosterner (se) *v.* ▸ ***Se pencher en signe de respect*** – s'incliner, se courber. ▸ ***Se montrer servile*** – faire des courbettes, ramper, s'abaisser, s'agenouiller, s'humilier. *FAM.* s'aplatir (comme une carpette), se coucher. △ **ANT.** S'ÉLEVER CONTRE, SE DRESSER CONTRE, SE RÉVOLTER, SE TENIR DEBOUT.

prostituée *n.f.* femme de mauvaise vie, femme de petite vertu, femme entretenue. *SOUT.* courtisane, hétaïre, péripatéticienne.

prostitution *n.f.* ▸ ***Métier*** – amour vénal.

prostré *adj.* anéanti, atonique, effondré, léthargique. *SOUT.* torpide. △ **ANT.** AGITÉ, EXCITÉ.

protecteur *n.* ▸ ***Défenseur*** – ange gardien, bon génie, défenseur, gardien, pilier. *RARE* mainteneur. ▸ ***Avocat*** – apologiste, apôtre, appui, avocat, champion, défenseur, redresseur de torts, représentant, serviteur, soldat, soutien, tenant. *SOUT.* intercesseur. ▸ ***Mécène*** – bienfaiteur, donateur, mécène, philanthrope. △ **ANT.** AGRESSEUR, OPPRESSEUR, PERSÉCUTEUR, TYRAN; PROTÉGÉ.

protection *n.f.* ▸ ***Défense*** – abri, aide, appui, assistance, chapeautage, conservation, couverture, garantie, garde, mandat, parrainage, paternalisme, patronage, recommandation, renfort, rescousse, sauvegarde, secours, sécurisation, soutien, surveillance, tutelle. *FIG.* parapluie. *SOUT.* égide. *FAM.* piston. ▸ ***Encouragement*** – aide, aiguillon, applaudissement, approbation, appui, compliment, éloge, exhortation, incitation, prime, prix, récompense, soutien, stimulant, subvention. *SOUT.* satisfecit. ▸ ***Affermissement*** – affermissement, amélioration, ancrage, cimentation, consolidation, durcissement, enracinement, fixation, fortification, garantie, radicalisation, raffermissement, raidissement, renforçage, renforcement, renfort, scellement, stabilisation. *SOUT.* roidissement. ▸ ***Immunisation*** – immunisation, inoculation, insensibilisation, préservation, sérothérapie, vaccination. *FAM.* vaccin. ▸ ***Prévention*** – hygiène, précaution, préservation, prévention, prophylaxie. ▸ ***Ombrage*** – abri, ombrage, ombre. ▸ ***Chose qui protège*** – appareil de protection, écran. △ **ANT.** AGRESSION, ATTAQUE; OPPRESSION, PERSÉCUTION, TYRANNIE.

protégé *n.* créature, favori. *ANTIQ. ROM.* client. △ **ANT.** PROTECTEUR.

protéger *v.* ▸ ***Préserver*** – conserver, garder, préserver, sauvegarder, sauver. ▸ ***Patronner*** – appuyer, favoriser, patronner, prendre sous son aile, recommander, soutenir. *FAM.* donner un coup de pouce à, pistonner. ♦ **se protéger** ▸ ***S'abriter*** – s'abriter, se mettre à couvert, se mettre à l'abri. ▸ ***Se prémunir*** – parer à, prendre ses précautions, s'armer, s'assurer, se garantir, se prémunir. *SOUT.* se précautionner. ♦ **protégé** ▸ ***En sûreté*** – à l'abri, en lieu sûr, en sécurité, en sûreté, sous bonne garde. △ **ANT.** ASSAILLIR, ATTAQUER, DÉVASTER, MENACER; ASSERVIR, OPPRIMER, PERSÉCUTER, PRESSURER, TOURMENTER, TYRANNISER; ENTRAVER, NUIRE; DÉCOUVRIR, EXPOSER, METTRE À NU.

protestantisme *n.m.* la Réforme, religion prétendue réformée. △ **ANT.** CATHOLICISME.

protestation *n.f.* ▸ ***Expression d'un désaccord*** – chicane, rechignement, tollé. *SOUT.* récri, regimbement, vitupération. *FRANCE FAM.* gueulante, rouspétance, schproum. *QUÉB. FAM.* chialage. ▸ ***Manifestation*** – cortège, défilé, démonstration publique, marche, rassemblement, réunion. *FAM.* manif. △ **ANT.** ACCLAMATION; ACCEPTATION, APPROBATION, ASSENTIMENT; RÉSIGNATION.

protester *v.* ▸ ***Exprimer son désaccord*** – broncher, murmurer, pousser les hauts cris, réagir, récriminer, renâcler, répliquer, s'élever, s'indigner, s'opposer, se dresser, se gendarmer, se plaindre, se récrier. *SOUT.* réclamer. *FAM.* criailler, faire du foin, moufter, piailler, rouscailler, rouspéter, ruer dans les brancards, tiquer, tousser. *QUÉB. FAM.* chialer. *ACADIE FAM.* bagueuler. △ **ANT.** ACCEPTER, ACQUIESCER, ADMETTRE, APPROUVER, CONSENTIR, SOUTENIR; SE RÉSIGNER, SE SOUMETTRE.

protocole *n.m.* ▸ ***Cérémonial*** – bienséance, cérémonial, cérémonie, convenances, décorum, étiquette, formalité, formule, mondanités, règle, usage. *FAM.* salamalecs. ▸ ***Norme*** – arrêté, charte, code, convention, cote, coutume, formule, loi, mesure, norme, obligation, ordre, précepte, prescription, régime, règle, règlement, usage. ▸ ***Accord*** – accommodement, accord, alliance, arrangement, compromis, concordat, consensus, contrat, convention, engagement, entente, marché, modus vivendi, pacte, traité, transaction. ▸ ***Marche à suivre*** – approche, art, chemin, code, comment, credo, démarche, discipline, dispositif, façon (de faire), facture, formule, heuristique, instruction, instrument, ligne de conduite, maïeutique, manière, marche (à suivre), méthode, méthodologie, modalité, mode d'emploi, mode, moyen, opération, ordre, organisation, outil, posologie, pratique, procédé, procédure, raisonnement, recette, règle, secret, stratagème, stratégie, système, tactique, technique, théorie, traitement, voie. *SOUT.* faire.

prototype *n.m.* ▸ ***Exemple*** – archétype, canon, critère, échantillon, étalon, exemple, formule, gabarit, idéal, idée, image, individu, modèle, norme, original, paradigme, précédent, référence, représentant, type, unité. ▸ ***Modèle*** – carton, grille, matrice, modèle, modélisation, moule, patron, pattern, pilote, plan, simulation, spécimen. *FAM.* topo.

proue *n.f.* étrave, nez. △ **ANT.** ARRIÈRE, POUPE.

prouesse *n.f.* ▸ ***Acte de bravoure*** – acte de bravoure, action d'éclat, exploit, fait d'armes, geste de bravoure, haut fait, trait de courage. ▸ ***Exploit*** – exploit, performance, record, réussite, succès, tour de force. *SOUT.* gageure. △ **ANT.** BASSESSE, LÂCHETÉ, VILENIE; CRIME, FAUTE.

prouver *v.* ▸ ***Établir la vérité*** – démontrer, établir, montrer. ▸ ***Constituer une preuve*** – attester, confirmer, démontrer, établir, justifier, montrer, vérifier. ▸ ***Constituer un indice*** – annoncer, déceler, démontrer, dénoter, faire foi de, indiquer, laisser paraître, marquer, montrer, révéler, signaler, signifier, témoigner de. *SOUT.* dénoncer. ▸ ***Manifester*** – affirmer, donner des marques de, donner la preuve/des preuves de, extérioriser, faire montre de, faire preuve de, manifester, marquer, montrer (des signes de), témoigner. △ **ANT.** DÉMENTIR, INFIRMER, NIER, RÉCUSER, RÉFUTER.

provenance *n.f.* origine, racines, souche. △ **ANT.** DESTINATION.

provenir *v.* ▸ ***Avoir comme lieu de départ*** – arriver, venir. ▸ ***Avoir comme origine*** – naître, tirer son origine, venir. ▸ ***Être le résultat*** – découler, dépendre, dériver, émaner, partir, procéder, résulter, s'ensuivre. *BELG.* conster. △ **ANT.** ABOUTIR; FINIR; CAUSER, PROVOQUER.

proverbe *n.m.* ▸ ***Sentence*** – adage, aphorisme, apophtegme, axiome, citation, devise, dicton, dit, dogme, enseignement, formule, mantra, maxime, moralité, mot, on-dit, parole, pensée, précepte, principe, réflexion, règle, sentence, sutra, vérité. ▸ ***Comédie*** – arlequinade, bouffonnerie, boulevard, burlesque, clownerie, comédie, farce, limerick, momerie, pantalonnade, parodie, pièce de boulevard, saynète, sketch, sotie, spectacle, théâtre de boulevard, vaudeville. *PÉJ.* caleçonnade. *ANC.* mascarade.

providence *n.f.* ▸ ***Destinée*** – avenir, chance, demain(s), destin, destinée, devenir, étoile, existence, fatalité, fortune, futur, hasard, horizon, karma, lendemain(s), lot, nécessité, prédestination, prédétermination, prédéterminisme, sort, vie. *SOUT.* fatum, Parque. ♦ **la Providence** ▸ ***Dieu*** – Auteur de la nature, Créateur, Créateur du Ciel et de la Terre, Dieu, Dieu le Père, Divin Créateur, Être suprême, l'alpha et l'oméga, l'Éternel, l'Infini, la Lumière, le ciel, le Divin Maître, le Père céleste, le Père éternel, le Tout-Puissant, le Très-Haut, le Verbe, Maître de l'univers, Notre Seigneur, principe de l'univers, Roi du Ciel et de la Terre, Seigneur Dieu, Seigneur (tout-puissant), Souverain Juge. *FAM.* Bon Dieu. *ANC.* démiurge *(platonisme)*, éon *(néoplatonisme)*, logos *(stoïcisme)*; *RARE* formateur. ▸ *Judaïsme* – Adonaï, Dieu d'Abraham, Dieu d'Israël, Élohim, Jéhovah, Yahvé. ▸ *Divers peuples* – Allah *(Islam)*, grand manitou *(Amérindiens)*, Jupiter *(Romains)*, Zeus *(Grecs)*.

providentiel *adj.* inespéré. △ **ANT.** FATAL, FUNESTE; FÂCHEUX, MALENCONTREUX.

province *n.f.* canton, circonscription, district, région. *ANC.* seigneurie. △ **ANT.** CAPITALE, MÉTROPOLE.

provision *n.f.* ▸ ***Réserve*** – amas, approvisionnement, dépôt, fourniture, réserve, stock. ▸ ***Subsistance*** – aliment, alimentation, approvisionnement, comestibles, denrée, entretien, fourniture, intendance, nourriture, pain, produit alimentaire, ravitaillement, subsistance, victuailles, vie, vivres. *SOUT.* provende. *FAM.* matérielle. ▸ ***Acompte*** – acompte, arrhes, avaloir, avance, dépôt, tiers provisionnel. ♦ **provisions,** ***plur.*** ▸ ***Action d'acheter*** – commissions, courses, emplettes. *QUÉB. FAM.* magasinage. △ **ANT.** PÉNURIE.

provisoire *adj.* ▸ ***Transitoire*** – bref, court, éphémère, évanescent, fugace, fugitif, intérimaire, momentané, passager, précaire, rapide, temporaire, transitoire. *SOUT.* périssable. ▸ ***Improvisé*** – de fortune, improvisé, temporaire. △ **ANT.** DÉFINITIF; DURABLE, ÉTERNEL, IMMORTEL, IMPÉRISSABLE, PERMANENT, PERPÉTUEL.

provisoirement *adv.* à titre provisoire, épisodiquement, fugitivement, momentanément, par intérim, passagèrement, pour un moment, pour un temps, précairement, temporairement, transitoirement. △ **ANT.** À JAMAIS, CONSTAMMENT, CONTINÛMENT, DE FAÇON DURABLE, EN PERMANENCE, ÉTERNELLEMENT, INDÉFINIMENT, PERPÉTUELLEMENT, SANS DISCONTINUER, SANS FIN, SANS INTERRUPTION, SANS RELÂCHE.

provocant *adj.* ▸ ***Qui choque la vue*** – agressif, clinquant, criard, de mauvais goût, tapageur, tape-à-l'œil, voyant. ▸ ***Qui ne respecte pas les convenances*** – cavalier, cynique, désinvolte, effronté, éhonté, familier, impertinent, impoli, impudent, insolent, irrespectueux, irrévérencieux, leste, libre, sans gêne, sans vergogne. *FAM.* culotté, gonflé. *QUÉB. FAM.* baveux. *ACADIE FAM.* effaré. ▸ ***Qui pousse à la violence*** – provocateur, qui cherche noise, qui cherche querelle. △ **ANT.** PRUDE, PUDIBOND, PUDIQUE; CLASSIQUE, DÉPOUILLÉ, DISCRET, SIMPLE, SOBRE, STRICT; AFFABLE, BIEN ÉLEVÉ, BIENSÉANT, CIVIL, COURTOIS, DÉLICAT, GALANT, POLI; APAISANT, CALMANT.

provocateur *n.* ▸ ***Agitateur*** – agent provocateur, agitateur, cabaleur, contestant, contestataire, émeutier, excitateur, factieux, fauteur (de trouble), fomentateur, iconoclaste, instigateur, insurgé, intrigant, manifestant, meneur, mutin, partisan, perturbateur, rebelle, révolté, révolutionnaire, séditieux, semeur de troubles, trublion. ▸ ***Agresseur*** – agresseur, assaillant, attaquant, offenseur, oppresseur, persécuteur. ♦ **provocatrice,** ***fém.*** ▸ ***Séductrice*** – aguicheuse, charmeuse, coquette, dragueuse, femme fatale, flirteuse, frôleuse, mante religieuse, nymphette, séductrice, sirène, tentatrice, vamp. *FAM.* allumeuse, cavaleuse, flambeuse, lolita.

provocation *n.f.* ▸ ***Taquinerie*** – agacerie, chinage, diablerie, espièglerie, facétie, farce, gaminerie, goguenardise, jeu, lutinerie, malice, mièvreté, moquerie, pique, raillerie, taquinerie, turlupinade. *SOUT.* folâtrerie. *FAM.* asticotage. ▸ ***Incitation*** – aide, aiguillon, animation, appel, défi, dépassement (de soi), émulation, encouragement, entraînement, excitation, exhortation, fanatisation, fomentation, impulsion, incitation, instigation, invitation, invite, motivation, sollicitation, stimulation, stimulus. *SOUT.* surpassement. ▶ ***Menace*** – avertissement, bravade, chantage, commination, défi, dissuasion, effarouchement, fulmination, intimidation, menace, mise en garde, rodomontade, semonce, sommation, ultimatum. ▶ ***Agressivité*** – agressivité, brutalité, combativité, hostilité, malveillance, méchanceté. *SOUT.* pugnacité. *MÉD.* quérulence. △ **ANT.** RÉPONSE, RIPOSTE; DÉFENSE; APAISEMENT, CONCILIATION, PACIFICATION.

provoquer *v.* ▶ ***Causer*** – amener, apporter, catalyser, causer, créer, déchaîner, déclencher, déterminer, donner lieu à, donner naissance à, engendrer, entraîner, faire, faire naître, former, générer, occasionner, produire, soulever, susciter. *PHILOS.* nécessiter. ▶ ***Inciter*** – amener, conditionner, conduire, disposer, encourager, engager, entraîner, exhorter, impulser, inciter, incliner, mener, porter, pousser. *SOUT.* exciter, mouvoir. ▶ ***Narguer*** – braver, défier, narguer, toiser. *SOUT.* fronder. *FAM.* chercher, faire la nique à. *QUÉB. FAM.* barber, baver, faire la barbe à. ▶ ***Mettre en colère*** – courroucer, exaspérer, fâcher, faire déborder, faire enrager, faire sortir de ses gonds, irriter, mettre à bout, mettre en colère, mettre en rage, mettre hors de soi, pousser à bout. *FAM.* faire bisquer, faire damner, faire maronner, faire râler, les gonfler à. *QUÉB. FAM.* choquer. ▶ ***Inviter au combat*** – défier, lancer un défi à. △ **ANT.** DÉCOULER, DÉRIVER, PROVENIR; DÉCOURAGER, DISSUADER, PRÉVENIR; RESPECTER; ADOUCIR, AMORTIR, APAISER, CALMER, PACIFIER, RASSÉRÉNER, TRANQUILLISER; ESSUYER, SUBIR.

proximité *n.f.* ▶ ***Proximité spatiale*** – contiguïté, mitoyenneté, voisinage. ▶ ***Proximité temporelle*** – approche, imminence. △ **ANT.** DISTANCE, ÉLOIGNEMENT, SÉPARATION.

prudemment *adv.* ▶ ***Vigilamment*** – avec circonspection, précautionneusement, préventivement, raisonnablement, sagement, sensément, serré, vigilamment. ▶ ***Parcimonieusement*** – avarement, avec ménagement, chétivement, chichement, cupidement, maigrement, mesquinement, modiquement, parcimonieusement, petitement, serré, sordidement, usurairement. △ **ANT.** IMPRUDEMMENT, PÉRILLEUSEMENT, TÉMÉRAIREMENT; GÉNÉREUSEMENT, GRASSEMENT, LARGEMENT.

prudence *n.f.* ▶ ***Réserve*** – circonspection, mesure, pondération, précaution, réserve, sagesse. ▶ ***Méfiance*** – défiance, désintéressement, doute, incrédulité, méfiance, scepticisme, soupçon, suspicion, vigilance. *SOUT.* cautèle. *FAM.* paranoïa *(excessive)*. ▶ ***Prévoyance*** – clairvoyance, lenteur, précaution, prévention, prévision, prévoyance, sagesse. △ **ANT.** AUDACE, IMPRUDENCE, TÉMÉRITÉ; INSOUCIANCE, LÉGÈRETÉ; IMPRÉVOYANCE.

prudent *adj.* ▶ ***Prévoyant*** – attentif, précautionneux, prévoyant, vigilant. ▶ ***Sage*** – adroit, averti, avisé, circonspect, fin, habile, sage. △ **ANT.** FRIVOLE, IMPRÉVOYANT, INSOUCIANT; AVENTUREUX, IMPRUDENT, TÉMÉRAIRE; DANGEREUX, RISQUÉ.

prune *n.f.* ▶ ***Ecchymose*** (*QUÉB. FAM.*) – bosse, contusion, ecchymose, hématome, mâchure, meurtrissure. *FAM.* bleu. *MÉD.* attrition. ♦ **des prunes,** ***plur.*** pas l'ombre (de qqch.), rien. *FAM.* des clopes, des clopinettes, des clous.

pseudonyme *n.m.* diminutif, faux nom, hétéronyme, nom d'artiste, nom d'emprunt, nom de guerre, nom de plume, nom de théâtre, qualificatif, sobriquet, surnom.

psychanalyse *n.f.* ▶ ***Méthode*** – freudisme. ▶ ***Traitement*** – analyse, cure psychanalytique.

psyché (var. **psychè**) *n.f.* âme, atman *(hindouisme)*, cœur, conscience, esprit, mystère, pensée, principe (vital), psychisme, souffle (vital), spiritualité, transcendance, vie. *PSYCHOL.* conscient. △ **ANT.** CORPS.

psychiatre *n.* psychologue, psychothérapeute, thérapeute. *FAM.* psy.

psychique *adj.* intellectuel, mental, moral, psychologique, spirituel. △ **ANT.** ORGANIQUE, PHYSIOLOGIQUE, PHYSIQUE, SOMATIQUE.

psychisme *n.m.* âme, atman *(hindouisme)*, cœur, conscience, esprit, mystère, pensée, principe (vital), psyché, souffle (vital), spiritualité, transcendance, vie. *PSYCHOL.* conscient. △ **ANT.** CORPS, ORGANISME.

psychologie *n.f.* ▶ ***Science*** – noologie. *FAM.* psycho. ▶ ***Tempérament*** (*FAM.*) – abord, caractère, comportement, constitution, esprit, état d'âme, état d'esprit, humeur, idiosyncrasie, individualité, mentalité, nature, naturel, personnalité, sensibilité, tempérament, trempe. *ACADIE FAM.* alément. *PSYCHOL.* thymie.

psychologique *adj.* intellectuel, mental, moral, psychique, spirituel. △ **ANT.** ORGANIQUE, PHYSIOLOGIQUE, PHYSIQUE, SOMATIQUE.

psychologue *n.* ▶ ***Personne qui traite*** – psychiatre, psychothérapeute, thérapeute. *FAM.* psy.

psychose *n.f.* ▶ ***Maladie mentale*** – aliénation (mentale), démence, dérangement, déséquilibre, folie.

puant *adj.* écœurant, empyreumatique, fétide, infect, malodorant, méphitique, nauséabond, pestilentiel, putride. △ **ANT.** AROMATIQUE, ODORANT, ODORIFÉRANT, PARFUMÉ, SUAVE.

puanteur *n.f.* empyreume, fétidité, infection, méphitisme, miasme, moisi, pestilence, rance, ranci, relent, renfermé. *SOUT.* remugle. △ **ANT.** ARÔME, PARFUM.

puberté *n.f.* adolescence, âge bête, âge ingrat, jeunesse, minorité, nubilité, préadolescence, pubescence. *SOUT.* juvénilité, printemps. △ **ANT.** ENFANCE; VIEILLESSE.

public *adj.* ▶ ***Communautaire*** – collectif, commun, communautaire, général, social. ▶ ***Ouvert à tous*** – accessible, libre, ouvert. ▶ ***Connu de tous*** – connu, de notoriété publique, ébruité, notoire, officieux, su. *FAM.* officiel. ▶ ***Non dissimulé*** – ouvert, transparent. ▶ ***Officiel*** – authentifié, authentique, certifié, notarié, officiel, solennel. △ **ANT.** INDIVIDUEL, PARTICULIER; DOMESTIQUE; PRIVÉ; INTIME; SECRET.

public *n.m.* ▶ ***Assistance*** – assemblée, assistance, assistants, auditoire, foule, galerie, présents, salle. ▶ ***Foule*** – foule, gens, monde.

publication *n.f.* ▶ ***Révélation*** – annonce, aveu, confession, confidence, déclaration, dévoilement, divulgation, ébruitement, fuite, indiscrétion, initiation, instruction, mea culpa, mise au courant, proclamation, reconnaissance, révélation. *FAM.* déballage, mise au parfum. ▶ ***Proclamation*** – annonce, appel, avis, ban, communication, communiqué, déclaration, décret, dénonciation, dépêche, divulgation, édit, manifeste, message, notification, proclamation, profession de foi, programme, promulgation, rescrit, serment, signification. ▶ ***Édition*** – impression, parution, tirage. ▶ ***Livre*** – album, brochure, brochurette, cahier, catalogue, document, écrit, fascicule, imprimé, livre, livret, manuel, opuscule, ouvrage, parution, plaquette, recueil, registre, titre, tome, volume. *FAM.* bouquin. ▸ *Gros FAM.* pavé. *QUÉB. FAM.* brique. ▶ ***Revue*** – annales, bihebdomadaire, bimensuel, bimestriel, bulletin, cahier, fanzine, gazette, hebdomadaire, illustré, journal, magazine, mensuel, organe, périodique, revue, tabloïd, trimestriel, zine. *FAM.* hebdo. △ **ANT.** DISSIMULATION, SILENCE; ABROGATION.

publicité *n.f.* ▶ ***Promotion*** – annonce, bande-annonce *(d'un film)*, battage, bruit, commercialisation, conditionnement, croisade, lancement, marchandisage, marketing, message (publicitaire), petite annonce *(journal)*, placard, promotion, propagande, publipostage, raccrochage, racolage, réclame, renommée, retentissement, slogan. *FAM.* pub, tam-tam. *QUÉB. FAM.* cabale *(pour un candidat)*. ▸ *Non favorable* – bourrage de crâne, endoctrinement, intoxication, lavage de cerveau, matraquage, propagande. ▶ ***Annonce*** – annonce, circulaire, dépliant, flash, insertion, prospectus, tract. ▶ ***Affiche*** – affiche, affichette, annonce, avis, écriteau, enseigne, pancarte, panneau, panneau réclame, panonceau, placard, proclamation, programme, réclame. △ **ANT.** CLANDESTINITÉ, DISSIMULATION; DISCRÉTION, RETENUE.

publier *v.* ▶ ***Faire paraître*** – éditer, faire paraître, imprimer. △ **ANT.** CACHER, DISSIMULER, TAIRE.

publiquement *adv.* ▶ ***Ouvertement*** – à la face du monde, à visage découvert, au grand jour, devant tout le monde, en public, haut, hautement, ostensiblement, ouvertement. ▶ ***Officiellement*** – administrativement, authentiquement, dans les formes, de source officielle, légalement, notoirement, officiellement, solennellement, statutairement. △ **ANT.** EN CONFIDENCE, EN PRIVÉ.

pudeur *n.f.* ▶ ***Décence*** – bienséance, bon ton, chasteté, convenance, correction, décence, délicatesse, dignité, discrétion, éducation, fierté, gravité, honnêteté, honneur, modestie, politesse, propreté, quant-à-soi, réserve, respect, retenue, sagesse, sobriété, tact, tenue, vertu. *SOUT.* pudicité. ▶ ***Honte*** – confusion, contrainte, crainte, embarras, gêne, honte, humilité, réserve, retenue, scrupule, timidité. ▶ ***Pudeur affectée ou excessive*** – affectation (de vertu), bégueulerie, bégueulisme, collet monté, pudibonderie, puritanisme. *SOUT.* pruderie. △ **ANT.** DÉVERGONDAGE, IMPUDEUR, IMPUDICITÉ, IMPURETÉ, INDÉCENCE, LIBERTINAGE, OBSCÉNITÉ; AUDACE, CYNISME, IMPUDENCE.

pudique *adj.* chaste, décent, immaculé, innocent, platonique, pur, réservé, sage, vertueux, virginal. ▸ *Non favorable* – bégueule, collet monté, prude, pudibond, puritain. △ **ANT.** AUDACIEUX, CYNIQUE; DÉBAUCHÉ, DÉVERGONDÉ, IMPUDIQUE, LASCIF, LUBRIQUE; GRIVOIS, LÉGER, LICENCIEUX, OBSCÈNE.

puer *v.* ▶ ***Sentir mauvais*** – empester, sentir fort, sentir mauvais. *FAM.* cocotter, fouetter, sentir. *FRANCE FAM.* renifler, taper. △ **ANT.** EMBAUMER.

puéril *adj.* bébé, enfant, enfantin, immature, infantile. △ **ANT.** ADULTE, MÛR, SÉRIEUX.

puérilité *n.f.* ▶ ***Comportement enfantin*** – infantilisme. *PSYCHOL.* puérilisme. ▶ ***Enfantillage*** (*SOUT.*) – amusette, bagatelle, baliverne, bêtise, bricole, broutille, chanson, détail, enfantillage, fadaise, faribole, frivolité, futilité, jeu, misère, plaisanterie, rien, sornette, sottise, vétille. *SOUT.* badinerie. *FAM.* connerie, foutaise, mômerie. *BELG. FAM.* carabistouille. ▶ ***Futilité*** – frivolité, futilité, inanité, inconsistance, inefficacité, insignifiance, inutilité, néant, nullité, stérilité, superfétation, superficialité, superfluité, vacuité, vanité, vide. ▶ ***Divagation*** – divagation, élucubration, extravagance, fantasme, imagination, vision. *SOUT.* disparade, disparate, vaticination. △ **ANT.** MATURITÉ, SÉRIEUX.

puissance *n.f.* ▶ ***Force*** – acharnement, animosité, ardeur, énergie, force, frénésie, fureur, furie, impulsivité, intensité, rage, vigueur, violence, virulence, vivacité. *SOUT.* impétuosité, véhémence. ▶ ***Pouvoir*** – autorité, commandement, domination, force, gouvernement *(politique)*, juridiction, loi, maîtrise, pouvoir, règne, tutelle. *SOUT.* empire, férule, houlette. ▶ ***Influence*** – action, aide, appui, ascendant, attirance, attraction, aura, autorité, contagion, crédit, dominance, domination, effet, empreinte, emprise, fascination, force, importance, incitation, influence, inspiration, magie, magnétisme, mainmise, manipulation, mouvance, persuasion, pétition, poids, pouvoir, prépondérance, présence, pression, prestige, règne, rôle, séduction, subjugation, suggestion, tyrannie. *SOUT.* empire, intercession. ▶ ***Sujétion*** – abaissement, allégeance, appartenance, asservissement, assujettissement, attachement, captivité, contrainte, dépendance, domestication, domesticité, domination, emprise, esclavage, gêne, hilotisme, inféodation, infériorité, mainmise, merci, mouvance, obédience, obéissance, obligation, oppression, pouvoir, servage, servitude, soumission, subordination, sujétion, tutelle, tyrannie, vassalité. *FIG.* carcan, chaîne, corset (de fer), coupe, fardeau, griffe, main, patte, prison; *SOUT.* fers, gaine, joug. *FÉOD.* tenure. ▶ ***Profondeur*** – acuité, ardeur, complexité, difficulté, élévation, ésotérisme, extase, extrémité, force, immensité, impénétrabilité, intelligence, intensité, intériorité, intimité, mystère, pénétration, perspicacité, plénitude, profond, profondeur, science, secret. ▶ ***Pays*** – grand, (grande) puissance, superpuissance. *FAM.* super-grand. ▶ ***Valeur mathématique*** – exposant. △ **ANT.** FAIBLESSE, IMPUISSANCE.

puissant *adj.* ▶ ***Physiquement fort*** – athlétique, bien bâti, bien découplé, bréviligne, costaud, fort, gaillard, musclé, râblé, ramassé, robuste, solide, trapu, vigoureux. *FAM.* qui a du coffre. *FRANCE FAM.* balèze, bien baraqué, malabar, maous. ▶ ***Redoutable*** – dangereux, fort, menaçant, redoutable. ▶ ***Qui a beaucoup d'influence*** – de haut rang, grand, haut placé, important, influent, notable, qui a le bras long. *SOUT.* de haute volée. ▶ ***Très intense*** – déchaîné, fort, furieux, impétueux, intense, terrible, violent. ▶ ***Efficace*** – actif, agissant, efficace, opérant.

▸ *Très efficace* – surpuissant. △ **ANT.** IMPUISSANT; FAIBLE; PETIT; INACTIF, INEFFICACE, INOPÉRANT.

puits *n.m.* fontaine, geyser, point d'eau, source.

pulluler *v.* ▸ ***Croître en grand nombre*** – champignonner, foisonner, proliférer, se multiplier, se propager. ▸ ***Être en grand nombre*** – abonder, foisonner, fourmiller. ▸ ***Remuer en grand nombre*** – fourmiller, grouiller. △ **ANT.** SE FAIRE RARE, SE RARÉFIER; DÉCROÎTRE, DIMINUER; DISPARAÎTRE.

pulsation *n.f.* ▸ ***Rythme biologique*** – battement, pouls. ▸ *Anormal* – arythmie, bradycardie, extrasystole, palpitation, tachycardie. ▸ ***Rythme musical*** – battement, cadence, eurythmie, mesure, mouvement, musique, période, phrasé, pouls, respiration, rythme, swing, tempo, vitesse. ▸ ***Choc*** – battement, cognement, martèlement. *RARE* fouettement. ▸ ***Remous*** – agitation, balancement, ballottement, bercement, branle, branlement, cahotement, flottement, fluctuation, flux et reflux, houle, impulsion, lacet, mouvement, onde, ondoiement, ondulation, oscillation, raz de marée, remous, roulis, tangage, va-et-vient, vague, valse, vibration. *FAM.* brimbalement. ▸ ***Alternance*** – allée et venue, alternatives, balancement, bascule, changement, flux et reflux, intermittence, ondulation, oscillation, palpitation, périodicité, récurrence, récursivité, retour, rotation, roulement, rythme, sinusoïde, succession, tour, va-et-vient, variation.

punir *v.* ▸ ***Sévir contre qqch.*** – réprimer, sanctionner, sévir contre. ▸ ***Sévir contre qqn*** – châtier, corriger, infliger une punition à, pénaliser, sévir contre. *FAM.* faire payer. ▸ ***Interdire*** – condamner, défendre, empêcher, interdire, prohiber, proscrire. ▸ ***Venger*** – laver, redresser, réparer, venger. △ **ANT.** RÉCOMPENSER; ÉPARGNER, GRACIER, MÉNAGER, PARDONNER.

punition *n.f.* ▸ ***Châtiment*** – châtiment, condamnation, correction, damnation, expiation, gage *(dans un jeu)*, leçon, peine, pénalisation, pénalité, pénitence, répression, sanction, verbalisation. *FAM.* tarif. ▸ ***Vengeance*** – châtiment, colère, (loi du) talion, pareille, rancune, réciproque, réparation, représailles, ressentiment, rétorsion, revanche, riposte, vendetta, vengeance. *SOUT.* vindicte. ▸ ***Blâme*** – accusation, admonestation, admonition, anathématisation, anathème, attaque, avertissement, blâme, censure, condamnation, correction, critique, désapprobation, diatribe, grief, grognerie, gronderie, interdit, leçon, malédiction, mise à l'écart, mise à l'index, mise en quarantaine, objection, observation, plainte, récrimination, remarque, remontrance, représentation, réprimande, réprobation, reproche, réquisitoire, semonce, sérénade, sermon, tollé. *SOUT.* animadversion, foudres, fustigation, improbation, mercuriale, objurgation, stigmatisation, vitupération. *FAM.* douche, engueulade, savon, tabac. *FRANCE FAM.* attrapade, lavage de tête, prêchi-prêcha, soufflante. *BELG.* cigare. *RELIG.* fulmination. △ **ANT.** RÉCOMPENSE; ABSOLUTION, ACQUITTEMENT.

pur *adj.* ▸ ***Véritable*** – authentique, naturel, véritable, vrai. ▸ ***Intact*** – inaltéré, intact, intouché, sauf. ▸ ***Limpide*** – clair, cristallin, limpide, transparent. *DIDACT.* hyalin, hyaloïde, vitré. ▸ ***En parlant du temps*** – beau, calme, clair. *SOUT.* serein. ▸ ***En parlant du teint*** – clair, coloré, fleuri, florissant, frais, rose, vermeil. ▸ ***En parlant d'un son*** – argentin, clair, cristallin. ▸ ***Candide*** – angélique, candide, confiant, crédule, ingénu, innocent, naïf, simple. ▸ ***Vertueux*** – chaste, décent, immaculé, innocent, platonique, pudique, réservé, sage, vertueux, virginal. ▸ *Non favorable* – bégueule, collet monté, prude, pudibond, puritain. ▸ ***Qui évoque la pureté des anges*** – angélique, céleste, divin, sublime, transcendant. *SOUT.* archangélique, séraphique. ▸ ***Élevé dans l'échelle des valeurs*** – beau, élevé, grand, haut, idéalisé, noble, sublime. *SOUT.* éthéré. ▸ ***En parlant de recherche*** – fondamental, théorique. △ **ANT.** IMPUR; ALTÉRÉ, CORROMPU, SOUILLÉ, VICIÉ; BÂTARD, COMPOSITE, HYBRIDE, MÊLÉ; OPAQUE, SALE, TERNE, TROUBLE; ÉTOUFFÉ, MAT, SOURD; MAUVAIS; CONCUPISCENT, DÉBAUCHÉ, ÉROTIQUE, GAILLARD, GROSSIER, IMPUDIQUE, INDÉCENT, LASCIF, LIBIDINEUX, LICENCIEUX, LUBRIQUE, LUXURIEUX, OBSCÈNE, VICIEUX; APPLIQUÉ, PRATIQUE.

purement *adv.* ▸ ***Complètement*** – absolument, carrément, catégoriquement, complètement, parfaitement, radicalement, tout à fait. *FAM.* royalement, souverainement. ▸ ***Strictement*** – exclusivement, seulement, simplement, strictement, uniquement. ▸ ***Correctement*** – avec correction, correctement. ▸ ***Vertueusement*** – angéliquement, chastement, décemment, discrètement, exemplairement, honnêtement, modestement, moralement, pudiquement, sagement, saintement, vénérablement, vertueusement, virginalement. △ **ANT.** IMPUREMENT; ÉROTIQUEMENT, GAILLARDEMENT, GAULOISEMENT, GRAVELEUSEMENT, GROSSIÈREMENT, IMPUDIQUEMENT, INDÉCEMMENT, LASCIVEMENT, LICENCIEUSEMENT, OBSCÈNEMENT.

pureté *n.f.* ▸ ***Absence d'autres substances*** – homogénéité. ▸ ***Clarté*** – clarté, diaphanéité, eau, limpidité, luminosité, netteté, translucidité, transparence, visibilité, vivacité. ▸ ***Innocence*** – candeur, fleur, fraîcheur, honnêteté, ingénuité, innocence, naïveté, simplicité. ▸ ***Chasteté*** – abstinence, ascétisme, célibat, chasteté, continence, vertu, virginité. *FAM.* pucelage. ▸ ***Absence d'ornement*** – austérité, dépouillement, nudité, sévérité, simplicité, sobriété. ▸ ***Beauté*** – agrément, art, attrait, beau, beauté, charme, chic, classe, coquetterie, délicatesse, distinction, éclat, élégance, esthétique, féerie, fraîcheur, grâce, gracieux, harmonie, magnificence, majesté, perfection, photogénie, séduction, splendeur, symétrie. *SOUT.* blandice, joliesse, morbidesse, sublimité, symphonie, vénusté. ▸ ***Perfection*** – achèvement, consommation, couronnement, épanouissement, excellence, fini, fleur, maturité, meilleur, parachèvement, perfection, plénitude, précellence. *PHILOS.* entéléchie. △ **ANT.** CORRUPTION, IMPURETÉ, MÉLANGE; MALPROPRETÉ, SALETÉ, SOUILLURE, TACHE; FAUTE, IMMORALITÉ, PÉCHÉ; CONCUPISCENCE, LIBERTINAGE; EXCÈS, SURCHARGE; DÉFAUT, INCORRECTION; IMPERFECTION.

purger *v.* ▸ ***Éliminer les impuretés*** – affiner, dépurer, épurer, purifier, raffiner. ▸ ***Éliminer ce qui est néfaste*** – débarrasser, nettoyer. ▸ ***Vider*** – vidanger, vider. △ **ANT.** CONTAMINER, CORROMPRE, INFECTER, POLLUER, SALIR, SOUILLER.

purification *n.f.* ▸ ***Épuration*** – assainissement, épuration, nettoiement, nettoyage. ▸ ***Acte rituel*** – ablutions. *SOUT.* lustration. ▸ ***Exorcisme*** –

adjuration, conjuration, délivrance, désensorcellement, désenvoûtement, exorcisme, obsécration, supplication. *SOUT.* exorcisation. ♦ **la Purification** ▶ ***Fête*** – Chandeleur, Présentation (de Jésus au temple), Purification (de la Vierge). △ **ANT.** ALTÉRATION, CORRUPTION, DÉGRADATION, SOUILLURE.

purifier *v.* ▶ ***Débarrasser des impuretés*** – affiner, dépurer, épurer, purger, raffiner. ▶ ***Filtrer un liquide*** – clarifier, coller *(vin)*, décanter, déféquer, dépurer, épurer, filtrer, passer, sasser, soutirer, tirer au clair. ▶ ***Désinfecter une pièce*** – assainir, désinfecter, fumiger. △ **ANT.** ALTÉRER, CONTAMINER, CORROMPRE, INFECTER, POLLUER, SALIR, SOUILLER, VICIER.

puritain *adj.* ▶ ***Rigoureux*** – ascétique, austère, frugal, janséniste, monacal, rigide, rigoriste, rigoureux, sévère, spartiate. *SOUT.* claustral, érémitique. ▶ ***Prude*** – bégueule, collet monté, prude, pudibond. △ **ANT.** BON VIVANT, ÉPICURIEN, HÉDONISTE, JOUISSEUR, SENSUEL, VOLUPTUEUX; LAXISTE, PERMISSIF; DÉBAUCHÉ, DÉVERGONDÉ, LIBERTIN.

pyjama *n.m.* ▶ ***Vêtement d'intérieur*** – chemise de nuit, déshabillé, douillette, kimono, nuisette, peignoir, robe de chambre, saut-de-lit, sortie de bain. *SOUT.* négligé.

q

quai *n.m.* ▸ ***Port*** – accul, appontement, bassin, cale de radoub, cale sèche, darce, débarcadère, dock, embarcadère, escale, havre, hivernage, marina, mouillage, port, port de plaisance, rade, relâche, wharf.

qualification *n.f.* ▸ ***Appellation*** – appellation, dénomination, désignation, étiquette, marque, mot, nom, taxon, taxum, vocable. ▸ ***Affectation*** – affectation, désignation, marque, quantification, spécification. △ **ANT.** DISQUALIFICATION, ÉLIMINATION; INCAPACITÉ, INCOMPÉTENCE.

qualifier *v.* ▸ ***Donner une caractéristique*** – caractériser. ▸ *Non favorable* – taxer, traiter. ♦ **qualifié** ▸ ***Expérimenté*** – à la hauteur, adroit, bon, brillant, capable, chevronné, compétent, connaisseur, d'élite, de haut vol, de haute volée, de talent, doué, émérite, entraîné, exercé, expérimenté, expert, ferré, fin, fort, habile, passé maître, performant, qui s'y connaît, talentueux, versé. *RARE* blanchi sous le harnais. *SOUT.* entendu à, industrieux, rompu à. *FAM.* calé, qui a la bosse de, qui sait y faire. *FRANCE FAM.* balèze, costaud, fortiche, incollable, trapu. △ **ANT.** DISCRÉDITER, DISQUALIFIER, ÉLIMINER; QUANTIFIER. ♦ **qualifié** INAPTE, INCAPABLE, INCOMPÉTENT.

qualité *n.f.* ▸ ***Essence*** – caractère, en-soi, essence, essentialité, inhérence, nature, principe, quiddité, quintessence, substance. *SOUT.* (substantifique) moelle. *PHILOS.* entité. ▸ ***Propriété*** – attribut, caractère, caractéristique, marque, particularité, propre, propriété, signe, spécialité, spécificité, trait. ▸ *Louable* – mérite. ▸ ***Sorte*** – catégorie, classe, espèce, famille, genre, groupe, nature, ordre, sorte, type, variété. *SOUT.* gent. ▸ ***Excellence*** – absolu, absoluité, beau, bien, bonté, exemplarité, idéal, infini, nec plus ultra, perfection, pureté, quintessence, succulence, summum, transcendance. ▸ ***Stature*** – envergure, étoffe, genre, importance, stature. *FIG.* carrure. ▸ ***Noblesse*** – aristocratie, élite, gentry, grandesse, lignage, lignée, naissance, nom, sang bleu. ▸ ***Métier*** – activité, art, carrière, emploi, état, gagne-pain, métier, occupation, profession, services, situation, spécialité, travail. *FAM.* boulot, turbin, turf. ▸ ***Compétence*** – attributions, autorité, compétence, département, pouvoir, ressort. *FAM.* rayon. ▸ ***Choix*** – assortiment, choix, collection, échantillon, éventail, gamme, ligne, palette, prix, quota, réunion, sélection, surchoix, tri, variété. △ **ANT.** QUANTITÉ; DÉFAUT, IMPERFECTION, INCONVÉNIENT, TARE; FAIBLESSE, TRAVERS.

quantifier *v.* ▸ ***Chiffrer*** – calculer, chiffrer, compter, dénombrer, évaluer, faire le compte de. △ **ANT.** QUALIFIER.

quantitatif *adj.* chiffré, numérique. △ **ANT.** QUALITATIF.

quantité *n.f.* ▸ ***Collection*** – accumulation, amas, appareil, assemblage, assortiment, collection, compilation, ensemble, foule, grand nombre, groupe, groupement, jeu, rassemblement, recueil, service, tas, train. *FAM.* attirail, cargaison, compil. *PÉJ.* ramassis. ▸ ***Accumulation*** – abondance, accumulation, addition, agrégation, amas, amoncellement, collection, déballage, échafaudage, emmagasinage, empilage, empilement, encombrement, entassement, étagement, faisceau, fatras, fouillis, monceau, montagne, pile, pyramide, stratification, superposition, tas. ▸ ***Abondance*** – abondance, afflux, amas, ampleur, concentration, débauche, débordement, exubérance, filon, fleuraison, floraison, foisonnement, forêt, foule, fourmillement, gisement, infinité, inondation, luxe, luxuriance, masse, mine, multiplicité, myriade, nuée, paquet, pléthore, poussière, profusion, richesse, surabondance, tas, trésor. *FIG.* carnaval. *FAM.* festival, flopée, kyrielle, tapée, tonne, tripotée, wagon. *SUISSE FAM.* craquée. ▸ ***Part*** – contingent, fraction, part, portion, pourcentage, quota. ▸ ***Somme d'argent*** – addition, cagnotte, chiffre, ensemble, fonds, mandat, masse, montant, quantum, somme, total, totalisation, volume. △ **ANT.** QUALITÉ; RARETÉ.

quarantaine *n.f.* ▸ ***Isolement*** – abandon, délaissement, éloignement, exil, ghettoïsation, isolation, isolement, réclusion, retraite, retranchement, séparation, solitude. *FIG.* bulle, cocon, désert, tanière, tour d'ivoire. *SOUT.* déréliction, thébaïde. *RELIG.* récollection.

quart *n.m.* ▶ ***Quart de livre*** – *FRANCE RÉGION.* quarteron. ▶ ***Quart de litre*** – berlingot. ▶ ***Récipient*** – gobelet, godet, verre. *FAM.* dé à coudre. *ANC.* rhyton, rince-bouche. △ **ANT.** QUADRUPLE.

quartier *n.m.* ▶ ***Fragment*** – bribe, brisure, charpie, coupure, débris, éclat, esquille *(os)*, fraction, fragment, grain, granule, granulé, havrit, lambeau, limaille, miette, morceau, parcelle, part, particule, partie, pépite, portion, reste. *FAM.* graine. ▶ ***Apparence d'un astre*** – croissant, phase. ▶ ***Sur un blason*** – franc-quartier. ▶ ***Ascendance*** – agnation, alliance, arbre généalogique, ascendance, branche, cognation, consanguinité, cousinage, degré, descendance, dynastie, extraction, famille, filiation, fratrie, généalogie, génération, hérédité, lignage, ligne, lignée, maison, matriarcat, matrilignage, origine, parentage, parenté, parentelle, patriarcat, patrilignage, postérité, primogéniture, quartier (de noblesse), race, sang, souche. *RARE* fraternité. ▶ ***Partie d'une ville*** – faubourg, secteur, sous-secteur. *SUISSE* dicastère. *ANTIQ.* tribu. ♦ **quartiers,** ***plur.*** ▶ ***Campement*** – baraquement, base, bivouac, camp, campement, cantonnement, installation provisoire.

quasiment *adv.* à peu de chose près, pour ainsi dire, pratiquement, presque, quasi, virtuellement. △ **ANT.** COMPLÈTEMENT, EN TOTALITÉ, ENTIÈREMENT, TOTALEMENT, TOUT À FAIT.

quelconque *adj.* commun, médiocre, ordinaire, trivial, vulgaire. △ **ANT.** PARTICULIER, REMARQUABLE, SINGULIER; IMPORTANT, PRÉCIEUX; FAMEUX.

quelquefois *adv.* à certains moments, à l'occasion, certaines fois, dans certains cas, de temps à autre, de temps en temps, en certaines occasions, en certains cas, occasionnellement, par instants, par moments, parfois, tantôt. *FAM.* des fois. △ **ANT.** À TOUT BOUT DE CHAMP, À TOUT INSTANT, À TOUT MOMENT, CONSTAMMENT, CONTINUELLEMENT, EN TOUT TEMPS, INVARIABLEMENT, SANS ARRÊT, TOUJOURS; FRÉQUEMMENT, LA PLUPART DU TEMPS, RÉGULIÈREMENT, SOUVENT.

querelle *n.f.* ▶ ***Dispute*** – accrochage, algarade, altercation, brouille, brouillerie, chicane, controverse, démêlé, désaccord, désunion, différend, discorde, dispute, divergence, escarmouche, explication, fâcherie, froid, heurt, joute oratoire, litige, malentendu, mésentente, passe d'armes, polémique, rupture, scène, zizanie. *FAM.* bagarre, bisbille, bringue, chamaille, chamaillerie, empoignade, empoignement, engueulade, prise de bec, séance. *BELG. FAM.* bisbrouille. ▶ ***Esclandre*** – algarade, discussion, dispute, éclat, esclandre, scandale, scène, tapage. ▶ ***Affaire*** – affaire, arbitrage, contestation, débat, démêlé, différend, discussion, dispute, médiation, négociation, panel, règlement, spéculation, tractation. ▶ ***Conflit*** – affrontement, antagonisme, combat, compétition, concurrence, conflit, contentieux, contestation, controverse, débat, désaccord, différend, discorde, discussion, dispute, dissension, dissentiment, divergence, émulation, friction, heurt, incompatibilité, incompréhension, lutte, mésentente, mésintelligence, opposition, polémique, rivalité. *FAM.* bagarre. △ **ANT.** ACCORD, COMPRÉHENSION, ENTENTE; RÉCONCILIATION.

quereller (se) *v.* ▶ ***Se disputer*** – s'entendre comme chien et chat, se disputer, se voler dans les plumes. *FAM.* s'accrocher, s'engueuler, se chamailler, se chicaner, se crêper le chignon *(femmes)*, se prendre aux cheveux, se prendre la tête. *SUISSE FAM.* se bringuer. *AFR.* palabrer. △ **ANT.** COMPLIMENTER, FÉLICITER, FLATTER, LOUANGER. ♦ **se quereller** S'ENTENDRE; SE RÉCONCILIER.

question *n.f.* ▶ ***Demande*** – adjuration, appel, demande, démarche, desideratum, désir, doléances, exigence, injonction, instance, interpellation, interrogation, invocation, mandement, ordre, pétition, placet, prétention, prière, réclamation, requête, réquisition, revendication, sollicitation, sommation, supplication, supplique, ultimatum, vœu. *SOUT.* imploration. ▶ ***Interrogation*** – épreuve, examen, interpellation, interrogation, interrogatoire, interview, questionnaire. ▶ ***Problème*** – affaire, cas, énigme, problème, puzzle. *QUÉB.* casse-tête. ▶ ***Sujet*** – fait, fond, matière, objet, point, problème, propos, sujet, thème. ▶ ***Torture*** (*ANC.*) – échafaud, exécution, géhenne, martyre, peine, supplice, torture, tourment. △ **ANT.** RÉPONSE.

questionnement *n.m.* introspection, méditation, pensée, recueillement, réflexion, remâchement, rêvasserie, rumination, ruminement. *DIDACT.* problématique. *SOUT.* reploiement. *FAM.* cogitation.

questionner *v.* interroger. *FAM.* cuisiner. △ **ANT.** RÉPONDRE.

quête *n.f.* ▶ ***Désir*** – ambition, appel, appétit, aspiration, attirance, attrait, besoin, but, convoitise, desideratum, désir, envie, exigence, faim, fantaisie, fantasme, fièvre, fringale, goût, idéal, intention, jalousie, passion, prétention, recherche, rêve, soif, souhait, tentation, velléité, visée, vœu, voix, volonté. *SOUT.* appétence, dessein, prurit, vouloir. *FAM.* démangeaison. ▶ ***Action de recueillir des aumônes*** – collecte. *QUÉB.* guignolée *(pour Noël)*.

quêter *v.* ▶ ***Mendier*** – demander l'aumône, demander la charité, faire la quête, mendier. *FAM.* faire la manche, mendigoter. *FRANCE FAM.* faire la tinche. ▶ ***Demander avec insistance*** – implorer, invoquer, mendier, quémander, solliciter. *FAM.* mendigoter. △ **ANT.** DONNER, PRODIGUER, RÉPANDRE.

queue *n.f.* ▶ ***Partie d'un animal*** – appendice caudal, balai *(oiseau de proie)*, fouet *(chien)*. ▶ ***Pénis*** (*FAM.*) – membre viril, pénis, sexe (de l'homme), verge. ▶ ***Partie d'une plante*** – axe, hampe, pédoncule, pétiole, rachis, rafle, râpe. ▶ ***Partie d'un vêtement*** – traîne. ▶ ***Partie d'une lettre*** – hampe, jambage. ▶ ***Partie d'une comète*** – chevelure. ▶ ***Poignée*** – anse, bec-de-cane, béquille, bouton (de porte), crémone, crosse *(arme à feu)*, ente, espagnolette, main *(tiroir)*, manche, mancheron, maneton, manette, manicle, oreille, pied-de-biche, poignée, robinet. *BELG.* clenche. *SPORTS* palonnier. ▶ ***Extrémité*** – aboutissement, bord, bordure, borne, bout, cap, confins, délimitation, extrême, extrémité, fin, finitude, frange, frontière, ligne, limite, lisière, orée, pied, pointe, pôle, talon, terme, terminaison, tête. ▶ ***Procession*** – cérémonie, colonne, convoi, cortège, défilé, file, marche, noce, noria, pardon, pèlerinage, procession, suite, théorie, va-et-vient. △ **ANT.** COMMENCEMENT, DÉBUT, TÊTE.

quiétude *n.f.* ▶ ***Paix*** – accalmie, apaisement, bonace, bonheur, calme, éclaircie, entente, fraternité, harmonie, idylle, paix, rémission, repos, silence, tranquillité, trêve, union. *SOUT.* kief. ▶ ***Sérénité*** – apathie, ataraxie, calme, détachement, distanciation, égalité d'âme, égalité d'humeur, équilibre, flegme, impassibilité, imperturbabilité, indifférence, paix, philosophie, placidité, sérénité, stoïcisme, tranquillité. *SOUT.* équanimité. ▶ ***Sécurité*** – abri, assurance, calme, confiance, paix, repos, salut, sécurité, sérénité, sûreté, tranquillité (d'esprit). ▶ ***Douceur*** – délicatesse, douceur, finesse, fraîcheur, légèreté, modération, moelleux, mollesse, onctuosité, suavité, tranquillité, velouté. *FIG.* soie. △ **ANT.** AGITATION, BRUIT, TROUBLE; ANXIÉTÉ, INQUIÉTUDE, SOUCI; ANGOISSE, PEUR.

quinte *n.f.* ▶ ***Accès*** – accès, attaque, atteinte, bouffée, crise, flambée, poussée.

quitte *adj.* débarrassé, dégagé, délivré, libéré. △ **ANT.** OBLIGÉ, REDEVABLE.

quitter *v.* ▶ ***Laisser un lieu*** – abandonner, déserter, évacuer. ▶ ***Abandonner qqn*** – abandonner, délaisser, déserter, laisser, laisser en plan, laisser tomber. *FAM.* jeter, lâcher, laisser choir, larguer, lourder, planter là, plaquer. ▶ ***Renoncer à qqch.*** – abandonner, délaisser, enterrer, faire une croix sur, jeter aux oubliettes, laisser, laisser en jachère, laisser tomber, mettre au placard, mettre au rancart, mettre aux oubliettes, renoncer à, tirer une croix sur. *SOUT.* dépouiller, renoncer. *FAM.* lâcher, planter là, plaquer. ▶ ***Enlever un vêtement*** – enlever, ôter, retirer. ▶ ***Partir*** – faire un tour, filer, montrer les talons, partir, plier bagage, s'éloigner, s'en aller, se retirer, tourner les talons, vider les lieux. *FAM.* calter, débarrasser le plancher, décoller, dévisser, ficher le camp, foutre le camp, lever l'ancre, mettre les bouts, mettre les voiles, riper, s'arracher, se barrer, se casser, se tailler, se tirer, se trotter, trisser. ♦ **se quitter** ▶ ***Se séparer*** – rompre, se brouiller, se désunir, se fâcher, se séparer. △ **ANT.** APPROCHER, ARRIVER, ATTEINDRE, ENTRER, VENIR; S'ÉTABLIR, S'INSTALLER; DEMEURER, RESTER; FRÉQUENTER; RÉINTÉGRER, RENTRER, RETROUVER; ADOPTER, PRENDRE; METTRE, REVÊTIR. ♦ **se quitter** SE RETROUVER.

quotidien *adj.* ▶ ***Qui revient chaque jour*** – journalier. ▶ ***Habituel*** – accoutumé, attendu, consacré, coutumier, d'usage, de règle, de routine, familier, habituel, normal, ordinaire, régulier, rituel, usuel. △ **ANT.** ANORMAL, BIZARRE, CURIEUX, DRÔLE, ÉTRANGE, INACCOUTUMÉ, INHABITUEL, INSOLITE, INUSITÉ, SINGULIER, SPÉCIAL.

r

rabaisser *v.* ▶ ***Diminuer le mérite*** – dénigrer, déprécier, dévaloriser, dévaluer, diminuer, inférioriser, rapetisser, ravaler. RARE démonétiser, péjorer. ▶ ***Enlever toute dignité*** – abaisser, avilir, dégrader, dépraver, déshonorer, galvauder, ravaler, souiller. ♦ **se rabaisser** ▶ ***S'humilier*** – s'abaisser, s'humilier, se diminuer. △ **ANT.** EXALTER, HONORER, VANTER; EXHAUSSER, REHAUSSER, RELEVER.

rabattre *v.* ▶ ***Soustraire*** – décompter, déduire, défalquer, enlever, ôter, retenir, retirer, retrancher, soustraire. ▶ ***Refermer*** – ramener, refermer. ▶ ***Plier*** – plier. ▶ ***Replier*** – plier, ramener, replier. △ **ANT.** AJOUTER; ACCROÎTRE, AUGMENTER, MAJORER, REHAUSSER; RELEVER; DÉPLIER, DÉPLOYER, ÉTALER, ÉTENDRE; ÉLOIGNER.

raccommoder *v.* ▶ ***Réparer à l'aiguille*** – rapiécer, recoudre, remailler, repriser, stopper. SOUT. raccoutrer, rapiéceter. FAM. rapetasser. ACADIE FAM. retêsser. ▶ ***Réconcilier*** (FAM.) – accorder, concilier, réconcilier. FAM. rabibocher. ♦ **se raccommoder** ▶ ***Se réconcilier*** (FAM.) – renouer, se réconcilier. FAM. enterrer la hache de guerre, se rabibocher, se rapapilloter. △ **ANT.** DÉTÉRIORER; BRISER, BROUILLER, DÉSUNIR, DÉTRUIRE.

raccompagner *v.* ramener, reconduire.

raccourcir *v.* ▶ ***Diminuer la durée*** – abréger, écourter. SOUT. accourcir. ▶ ***Diminuer la longueur*** – couper, ébouter, écourter, rapetisser, rétrécir. SOUT. accourcir. ▶ ***Résumer*** – abréger, condenser, écourter, ramasser, réduire, resserrer, résumer. ▶ ***Diminuer en taille*** – rapetisser, rétrécir, se contracter, se rétracter. SOUT. accourcir. ▶ ***Diminuer en durée*** – rapetisser. SOUT. accourcir. △ **ANT.** ÉTIRER, PROLONGER; ALLONGER, DÉPLOYER, RALLONGER; AMPLIFIER, AUGMENTER, DÉVELOPPER, ÉTOFFER; AGRANDIR.

raccrocher *v.* ▶ ***Prendre de nouveau*** – rattraper, reprendre, ressaisir. ▶ ***Racoler*** – racoler. FAM. faire la retape, faire le tapin, michetonner, tapiner. FRANCE FAM. faire le taf, faire le tas. ▶ ***Associer par un lien logique*** – associer, faire un rapprochement, mettre en rapport, mettre en relation, rapporter, rapprocher, relier. ▶ ***Prendre sa retraite*** – prendre sa retraite, se retirer. QUÉB. FAM. accrocher ses patins. ▶ ***Récupérer*** (FAM.) – ravoir, reconquérir, recouvrer, récupérer, regagner, rentrer en possession de, reprendre, retrouver, se réapproprier. SUISSE FAM. rapercher. ♦ **se raccrocher** ▶ ***S'accrocher*** – s'accrocher, s'agripper, se cramponner, se retenir, se tenir. SOUT. s'agriffer. ▶ ***Se rattacher*** – se rapporter, se rattacher. ▶ ***Réparer une perte*** (FAM.) – se dédommager, se rattraper. △ **ANT.** ARRACHER, DÉCROCHER, DÉPENDRE, ÔTER; ÉVITER, FUIR; ISOLER, SÉPARER.

race *n.f.* ▶ ***Peuple*** – clan, ethnie, groupe, horde, nation, pays, peuplade, peuple, phratrie, population, société, tribu. ▶ ***Taxonomie biologique*** – sous-espèce.

rachat *n.m.* ▶ ***Remboursement*** – acquittement, amortissement, couverture, défraiement, désendettement, extinction, libération, paiement, prise en charge, recouvrement, règlement, remboursement, remise de dette, restitution, rétrocession, reversement. ▶ ***Libération*** – acquittement, affranchissement, décolonisation, délivrance, désaliénation, élargissement, émancipation, évacuation, libération, manumission, rédemption, salut. FAM. débarras, quille. SOUT. déprise. ▶ ***Sauvetage*** – planche de salut, récupération, rédemption, salut, sauvetage, secours. △ **ANT.** REVENTE; CONDAMNATION, PERDITION.

racheter *v.* ▶ ***Sauver par la rédemption*** – rédimer, sauver. ▶ ***Rétablir dans l'estime*** – dédouaner, réhabiliter, relever. ▶ ***Expier*** – expier, payer, réparer. ▶ ***Compenser*** – compenser, faire oublier, pallier, parer à, remédier à, réparer, suppléer à. SOUT. obvier à. ♦ **se racheter** ▶ ***Se réhabiliter*** – se dédouaner, se rattraper, se réhabiliter. △ **ANT.** RÉTROCÉDER, REVENDRE; AGGRAVER.

racine *n.f.* ▶ ***Cause*** (SOUT.) – agent, base, cause, explication, facteur, ferment, fondement, fontaine, germe, inspiration, levain, levier, mobile, moteur, motif, motivation, moyen, objet, occasion, origine, point de départ, pourquoi, principe, raison, raison d'être, source, sujet. SOUT. étincelle, mère, ressort. ▶ ***En linguistique*** – étymologie, étymon, radical.

▶ *En mathématiques* – radical. ♦ **racines,** *plur.* ▶ *Origines* – origine, provenance, souche. △ **ANT.** CIME, SOMMET; FIN, TERME.

racler *v.* ▶ *Enlever la saleté* – curer, décrasser, désencrasser, frotter, gratter, nettoyer, récurer. FAM. décrotter. BELG. FAM. approprier, reloqueter. SUISSE poutser. ▶ *Irriter la gorge* – écorcher, râper.

racoleur *adj.* accrocheur, raccrocheur, vendeur.

racontar *n. m.* ▶ *Rumeur* – bruit, écho, on-dit, ouï-dire, rumeur, vent. AFR. radiotrottoir. ▶ *Commérage* – bavardage, cancan, caquetage, caquètement, médisance, potin, qu'en-dira-t-on, rumeur. SOUT. clabaudage, clabauderie. FAM. chuchoterie, commérage, débinage, racontage, ragot. QUÉB. FAM. placotage. △ **ANT.** CIRCONSPECTION, RÉSERVE, RETENUE.

raconter *v.* conter, exposer, faire le récit de, relater, retracer. SOUT. narrer. FRANCE FAM. bonir. △ **ANT.** CELER, OMETTRE, TAIRE.

rade *n. f.* ▶ *Baie* – anse, baie, calanque, crique. QUÉB. barachois. ▶ *Port* – accul, appontement, bassin, cale de radoub, cale sèche, darce, débarcadère, dock, embarcadère, escale, havre, hivernage, marina, mouillage, port, port de plaisance, quai, relâche, wharf.

radeau *n. m.* ▶ *Construction flottante* – jangada, ras. ▶ *Train de bois* – FRANCE RÉGION. flotte.

radiation *n. f.* ▶ *Émission* – émission, irradiation, phosphorescence, propagation, rayonnement. ▶ *Expulsion* – bannissement, délogement, désinsertion, disgrâce, disqualification, élimination, évacuation, éviction, exclusion, exil, expatriation, expulsion, nettoyage, ostracisme, proscription, rabrouement, refoulement, rejet, relégation, renvoi. FAM. dégommage, éjection, lessive, vidage. RARE évincement. DIDACT. forclusion. DR. déboutement. ANTIQ. pétalisme, xénélasie. △ **ANT.** ADMISSION, INSCRIPTION.

radical *adj.* ▶ *Fondamental* – constitutif, foncier, fondamental, inhérent, inné, intrinsèque. PHILOS. essentiel, immanent, substantiel. ▶ *Extrême* – draconien, énergique, extrême. ▶ *Extrémiste* – extrémiste, pur et dur, ultra. △ **ANT.** AFFIXAL *(MOT)*; DOUX, FRILEUX, INDULGENT, TIMIDE; CENTRISTE, MODÉRÉ.

radicalement *adv.* ▶ *Complètement* – absolument, carrément, catégoriquement, complètement, parfaitement, purement, tout à fait. FAM. royalement, souverainement. ▶ *Fondamentalement* – absolument, en essence, essentiellement, foncièrement, fondamentalement, intrinsèquement, organiquement, primordialement, principalement, profondément, substantiellement, totalement, viscéralement, vitalement. △ **ANT.** MODÉRÉMENT, QUELQUE PEU.

radieux *adj.* ▶ *Lumineux* – clair, éclairé, éclatant, lumineux, rayonnant, resplendissant. ▶ *Heureux* – au comble du bonheur, au septième ciel, aux anges, béat, comblé, en fête, en joie, en liesse, enchanté, euphorique, extasié, extatique, exultant, fou de joie, heureux, le cœur en joie, ravi, rayonnant, réjoui, resplendissant de bonheur, ruisselant de joie, transporté de joie, triomphant. SOUT. aise, bienheureux. FAM. jubilant. △ **ANT.** NOIR, OBSCUR, OMBREUX, OPAQUE, SOMBRE, TERNE; TRISTE.

radio *n. f.* ▶ *Appareil* – poste de radio, poste, radiorécepteur, transistor. ▶ *Diffusion* – ondes, radiocommunication, radiodiffusion, radiophonie, radiotélégraphie. ▶ *Radiographie* – examen radiologique, exploration radiologique, radiographie. ▶ *Radioscopie* – radioscopie. FAM. scopie.

rafale *n. f.* ▶ *Vent* – bourrasque, coup de vent, rafale de vent, saute de vent, vent à rafales. ▶ *Décharge* – décharge, fusillade, mitraillade, salve, tiraillement, tiraillerie, volée. FAM. giclée *(arme automatique)*. ANC. bordée, mousquetade, mousqueterie. △ **ANT.** BRISE.

raffiné *adj.* ▶ *En parlant de qqch.* – délicat, exquis, fin, recherché, subtil. ▶ *En parlant de qqn* – aristocratique, chic, de grande classe, distingué, élégant, qui a bon genre, racé, ultrachic. FAM. classe. △ **ANT.** BRUT, GROSSIER, LOURD, VULGAIRE; À LA BONNE FRANQUETTE, FAMILIER, MODESTE, NATUREL, SANS APPRÊT, SANS CÉRÉMONIES, SANS COMPLICATIONS, SANS FAÇON, SANS ORNEMENT, SANS PRÉTENTION, SIMPLE, SOBRE.

raffinement *n. m.* ▶ *Finition* – achèvement, amélioration, arrangement, complètement, correction, enjolivement, finition, léchage, mise au point, peaufinage, perfectionnement, polissage, raffinage, retouche, révision, soin. SOUT. parachèvement. FAM. fignolage. ▶ *Finesse* – détail, finesse, perfectionnement, précision, recherche, sophistication, stylisme, subtilité. RARE exquisité. ▶ *Préciosité* – affectation, byzantinisme, emphase, maniérisme, marivaudage, mignardise, préciosité, purisme, recherche, sophistication, subtilité. SOUT. afféterie, concetti. △ **ANT.** GROSSIÈRETÉ, INÉLÉGANCE, LOURDEUR, VULGARITÉ.

raffiner *v.* ▶ *Débarrasser des impuretés* – affiner, dépurer, épurer, purger, purifier. ▶ *Perfectionner* – ciseler, fignoler, finir, lécher, parachever, parfaire, peaufiner, perfectionner, polir, soigner. RARE repolir. ▶ *Donner plus de finesse* – affiner, épurer. SOUT. sublimer. ♦ **se raffiner** ▶ *Se perfectionner* – se perfectionner, se sophistiquer. △ **ANT.** ALTÉRER, CONTAMINER, ENTACHER, SOUILLER; BÂCLER, GÂCHER, GÂTER, SABOTER; ABÊTIR, ABRUTIR, ALOURDIR, SIMPLIFIER.

rafraîchir *v.* ▶ *Rendre plus frais* – refroidir. ▶ *Redonner de l'éclat* – aviver, raviver. ▶ *Rénover* – refaire (à neuf), réhabiliter, remettre à neuf, remettre en état, rénover, réparer, restaurer, retaper. SOUT. raccoutrer. ▶ *Mettre à jour* – actualiser, dépoussiérer, mettre à jour, moderniser, présenter sous un jour nouveau, rajeunir, réactualiser, renouveler, rénover, rhabiller. ▶ *Désaltérer* (FAM.) – abreuver *(animal)*, apaiser la soif de, désaltérer, étancher la soif de. ♦ **se rafraîchir** ▶ *Devenir plus frais* – fraîchir, se refroidir. ▶ *Refaire sa coiffure, son maquillage* – faire un brin de toilette. FAM. se refaire une beauté. ▶ *Boire* (FAM.) – boire, s'abreuver *(animal)*, se désaltérer. FAM. se rincer le gosier. ▸ *Avec de l'alcool* – prendre un verre. △ **ANT.** BRÛLER, CHAUFFER, RÉCHAUFFER, TIÉDIR; PÂLIR, TERNIR; ABÎMER, DÉTÉRIORER, NÉGLIGER, SALIR; ASSOIFFER. ♦ **se rafraîchir** AVOIR SOIF; SUER.

rafraîchissant *adj.* ▶ *Qui plaît par sa spontanéité* – décapant, frais, jeune, vivifiant. △ **ANT.** BRÛLANT, CHAUD, ÉCHAUFFANT; BANAL, ÉCULÉ, RÉCHAUFFÉ, USÉ.

rafraîchissement *n. m.* boisson rafraîchissante.

rage *n.f.* ▶ *Colère* – agacement, colère, emportement, énervement, exaspération, fureur, furie, impatience, indignation, irritabilité, irritation, susceptibilité. SOUT. courroux, irascibilité. FAM. horripilation, rogne. ▶ *Violence* – acharnement, animosité, ardeur, énergie, force, frénésie, fureur, furie, impulsivité, intensité, puissance, vigueur, violence, virulence, vivacité. SOUT. impétuosité, véhémence. △ **ANT.** BIENVEILLANCE, DOUCEUR, GENTILLESSE.

rageant *adj.* contrariant, enrageant, frustrant, frustrateur, vexant. FAM. râlant. QUÉB. choquant, fâchant. △ **ANT.** APAISANT, CALMANT, RASSÉRÉNANT, TRANQUILLISANT.

rageur *adj.* ▶ *Furieux* – blanc de colère, courroucé, déchaîné, en colère, enragé, forcené, fou de colère, fou de rage, fulminant, fumant, furibond, furieux, hors de soi, irrité, outré, révolté, ulcéré. FAM. en boule, en rogne. FRANCE FAM. à cran, en pétard, fumasse, furax, furibard. QUÉB. FAM. choqué. ▶ *Colérique* – bilieux, chatouilleux, coléreux, colérique, emporté, excitable, irascible, irritable, ombrageux, susceptible. SOUT. atrabilaire, colère. FAM. soupe au lait. △ **ANT.** COMPRÉHENSIF, INDULGENT, TOLÉRANT; DÉBONNAIRE, DOUX, FLEGMATIQUE, PAISIBLE, PLACIDE.

rageusement *adv.* acrimonieusement, coléreusement, furieusement, hargneusement. △ **ANT.** AVEC DOUCEUR, DÉLICATEMENT, DOUCEMENT; AIMABLEMENT, AMICALEMENT, BIENVEILLAMMENT, DÉLICIEUSEMENT, PLAISAMMENT.

ragot *n.* ▶ *Animal* – jeune sanglier. ▶ *Médisance* (FAM.) – bavardage, cancan, caquetage, caquètement, médisance, potin, qu'en-dira-t-on, rumeur. SOUT. clabaudage, clabauderie. FAM. chuchoterie, commérage, débinage, racontage, racontar. QUÉB. FAM. placotage. △ **ANT.** CIRCONSPECTION, RÉSERVE, RETENUE.

ragoût *n.m.* ▶ *Aliment* – blanquette, (bœuf) bourguignon, carbonade, cassoulet, civet, fricassée, gibelotte, goulache *(Hongrie)*, haricot de mouton, mafé *(Afrique)*, navarin, oille, ragoût irlandais, ratatouille, sagamité *(amérindien)*, salmis, sauté, tajine *(Maghreb)*. QUÉB. ragoût de boulettes, ragoût de pattes (de cochon). ACADIE fricot. ANTILLES colombo.

raid *n.m.* ▶ *Attaque militaire* – envahissement, incursion, inondation, invasion, irruption, ruée. MILIT. débarquement, descente. ▶ *Attaque policière* – coup de filet, descente (de police), fouille, perquisition, quadrillage, rafle, ratissage, rezzou. FAM. razzia. ▶ *Voyage* – allées et venues, balade, campagne, circuit, circumnavigation, course, croisière, déplacement, excursion, expédition, exploration, hadj, incursion, marche, méharée, mission, navette, navigation, odyssée, passage, pèlerinage, pérégrination, périple, promenade, rallye, randonnée, reconnaissance, tour, tourisme, tournée, transport, traversée, va-et-vient, voyage. SOUT. chevauchée, errance. FAM. bourlingue, transhumance. QUÉB. voyagement.

raide *adj.* ▶ *Qui n'est pas souple* – dur, ferme, fort, résistant, rigide, solide. RARE inflexible. ▶ *Engourdi* – ankylosé, engourdi. SOUT. perclus. FAM. endormi. ▶ *Escarpé* – à fond de cuve, à pic, abrupt, accore, escarpé, montant, rapide. RARE ardu. ▶ *Dont le maintien manque de naturel* – coincé, engoncé, gêné aux entournures, guindé. ▶ *Brutal* – agressif, brutal, dur, emporté, rude, violent. FAM. à la redresse. ▶ *En parlant du ton, des paroles* – abrupt, agressif, bourru, bref, brusque, brutal, cassant, coupant, dur, incisif, rude, sec, tranchant. ▶ *En parlant d'une corde* – tendu. ▶ *Sans argent* (FAM.) – à court, dans la gêne, désargenté, gêné, pauvre, sans le sou, serré. FAM. à sec, dans la dèche, dans le rouge, fauché, raide (comme un passe-lacet), sur le sable. FRANCE FAM. panné, sans un. △ **ANT.** ÉLASTIQUE, FLEXIBLE, MOU, SOUPLE; COURBE; GRADUEL; COULANT, FLUIDE; NATUREL; À L'AISE, AISÉ, FORTUNÉ, NANTI, PROSPÈRE, QUI A LES MOYENS, QUI ROULE SUR L'OR, RICHE.

raideur *n.f.* ▶ *Ankylose* – ankylose, rigidité. ▶ *Paralysie* – akinésie, bradykinésie, diplégie, hémiplégie, incapacité, invalidité, monoplégie, paralysie, paraplégie, parésie, quadraplégie, tétraplégie. ▶ *Solennité* – componction, décence, dignité, gravité, hiératisme, majesté, pompe, réserve, rigidité, sérieux, solennité. ▶ *Manque de naturel* – affectation, air, apparence, apprêt, bluff, cabotinage, comédie, composition, contenance, convenu, dandysme, genre, imposture, jeu, maniérisme, manque de naturel, mascarade, mièvrerie, pose, recherche, représentation, snobisme. SOUT. cambrure. FAM. chiqué, cinéma. △ **ANT.** ÉLASTICITÉ, FLEXIBILITÉ, SOUPLESSE.

raidir *v.* ▶ *Durcir* – durcir, rigidifier. SOUT. roidir. ▶ *Tendre* – bander, tendre. MAR. embraquer. ▶ *Tendre un muscle* – bander, contracter, crisper, tendre. ♦ **se raidir** ▶ *Tendre tous ses muscles* – se bander, se tendre. ▶ *Résister* – résister, s'opposer, se dresser. △ **ANT.** AMOLLIR, ASSOUPLIR; DÉCONTRACTER, DÉTENDRE.

raie *n.f.* ▶ *Bande* – bande, barre, biffage, biffure, contre-taille *(gravure)*, hachure, ligne, liséré, liteau, rature, rayure, strie, trait, vergeture *(peau)*, zébrure. ▶ *Entaille* – adent, brèche, coche, coupure, cran, créneau, crevasse, échancrure, égratignure, enclenche, encochage, encoche, encochement, engravure, entaille, entamure, épaufrure, faille, fente, feuillure, hoche, incision, marque, mortaise, moucheture, onglet, rainurage, rainure, rayure, ruinure, scarification, scissure, sillon, souchèvement *(roche)*, strie. BELG. griffe. BELG. FAM. gratte. ▶ *Sillon* – dérayure, enrayure, jauge, orne, perchée, rayon, rigole, sillon. GÉOL. sulcature.

rail *n.m.* ▶ *Voie ferrée* – chemin de fer, voie (ferrée). ▶ *Transport* – chemin de fer, train, transport ferroviaire.

railler *v.* ▶ *Ridiculiser* – bafouer, faire des gorges chaudes de, gouailler, ridiculiser, rire au nez de, rire aux dépens de, rire de, s'amuser aux dépens de, s'amuser de, se gausser de, se moquer de, tourner au/en ridicule, tourner en dérision. SOUT. brocarder, dauber, fronder, larder d'épigrammes, moquer, persifler, satiriser. FAM. chambrer, charrier, chiner, faire la nique à, se foutre de la gueule de, se payer la gueule de, se payer la tête de. QUÉB. FAM. niaiser. ▶ *Prendre un ton railleur* – gouailler, ironiser, se moquer. △ **ANT.** CÉLÉBRER, LOUANGER, LOUER, VANTER.

raillerie *n.f.* ▶ *Taquinerie* – agacerie, chinage, diablerie, espièglerie, facétie, farce, gaminerie, goguenardise, jeu, lutinerie, malice, mièvreté, moquerie, pique, provocation, taquinerie, turlupinade. SOUT. folâtrerie. FAM. asticotage. ▶ *Moquerie* – dérision, épigramme, esprit, flèche, goguenardise, gouaille, gouaillerie, humour, ironie, lazzi, malice, moquerie, persiflage, pique, plaisanterie, pointe, quolibet, ricanement, risée, sarcasme, satire, taquinerie, trait. SOUT. brocard, nargue, saillie. FAM. vanne. ▶ ***Rire*** – éclat (de rire), enjouement, esclaffement, fou rire, gaieté, gros rire, hilarité, ricanement, rictus, rire, ris, risée, sourire. FAM. rigolade, risette. △ **ANT.** ADMIRATION, CONSIDÉRATION, RESPECT.

railleur *adj.* caustique, cynique, frondeur, goguenard, gouailleur, ironique, malicieux, moqueur, narquois, persifleur, sarcastique, sardonique. QUÉB. FAM. baveux. △ **ANT.** FLATTEUR; RESPECTUEUX.

raison *n.f.* ▶ ***Raisonnement*** – analyse, apagogie, argument, argumentation, considérations, déduction, démonstration, dialectique, dilemme, discussion, échafaudage, explication, implication, induction, inférence, logique, méthode, preuve, réflexion, réfutation, sorite, substruction, syllogisme, syllogistique, synthèse. ▶ ***Entendement*** – bon sens, cerveau, cervelle, clairvoyance, compréhension, conception, discernement, entendement, esprit, faculté, imagination, intellect, intelligence, jugement, lucidité, pénétration, tête. FAM. matière grise, méninges. PHILOS. logos. ▶ ***Sagesse*** – bon goût, connaissance, discernement, (gros) bon sens, intelligence, jugement, philosophie, sagesse, sens commun, vérité. FAM. jugeote. ▶ ***Modération*** – centrisme, dépouillement, frugalité, juste milieu, ménagement, mesure, modérantisme, modération, modestie, pondération, réserve, retenue, rusticité, sagesse, simple, simplicité, sobriété, tempérance. ▶ ***Cause*** – agent, base, cause, explication, facteur, ferment, fondement, fontaine, germe, inspiration, levain, levier, mobile, moteur, motif, motivation, moyen, objet, occasion, origine, point de départ, pourquoi, principe, raison d'être, source, sujet. SOUT. étincelle, mère, racine, ressort. ▶ ***But*** – ambition, but, cause, cible, considération, destination, fin, finalité, intention, mission, mobile, motif, objectif, objet, point de mire, pourquoi, prétexte, raison d'être, sens, visée. SOUT. propos. ▶ ***Excuse*** – amende honorable, décharge, déculpabilisation, défense, disculpation, explication, justification, motif, pardon, regret, ressource. ▶ ***Affirmation*** – affirmation, allégation, argument, argumentation, assertion, déclaration, dire, expression, parole, position, propos, proposition, théorème, thèse. ▶ ***Dédommagement*** – compensation, consolation, contrepartie, correctif, dédommagement, dommages et intérêts, dommages-intérêts, échange, indemnisation, indemnité, récompense, remboursement, réparation, retour, satisfaction, soulte. △ **ANT.** CŒUR, INSTINCT, SENTIMENT; DÉRAISON, FOLIE; TORT.

raisonnable *adj.* ▶ ***Qui peut raisonner*** – doué de raison, intelligent, pensant. ▶ ***Qui fait preuve de bon sens*** – éclairé, judicieux, mesuré, modéré, philosophe, pondéré, posé, raisonné, rationnel, réfléchi, responsable, sage, sain, sensé, sérieux. SOUT. rassis, tempéré. ▶ ***Acceptable*** – acceptable, approuvable, bien, bon, convenable, correct, décent, honnête, honorable, moyen, passable, présentable, satisfaisant, suffisant. FAM. O.K., potable, supportable. ▶ ***En parlant d'un prix*** – abordable, accessible, avantageux, modique. △ **ANT.** ABERRANT, DÉRAISONNABLE, EXTRAVAGANT, FOU, INSENSÉ; INJUSTE; INACCEPTABLE, INSATISFAISANT; EXCESSIF.

raisonnablement *adv.* ▶ ***Sagement*** – avec circonspection, précautionneusement, préventivement, prudemment, sagement, sensément, serré, vigilamment. ▶ ***Convenablement*** – adéquatement, bien, comme il faut, comme il se doit, convenablement, correctement, dans les règles de l'art, décemment, juste, justement, pertinemment, proprement, sainement, valablement, validement. SOUT. congrûment. ▶ ***Sobrement*** – austèrement, discrètement, frugalement, légèrement, mesurément, modérément, peu, sobrement. ▶ ***Assez*** – à satiété, amplement, assez, autant qu'il faut, ce qu'il faut, convenablement, en quantité suffisante, honnêtement, passablement, plutôt, quelque peu, suffisamment, valablement. FAM. jusqu'à plus soif, marre. FRANCE FAM. class. △ **ANT.** ABSURDEMENT, CONTRADICTOIREMENT, DÉRAISONNABLEMENT, ILLOGIQUEMENT, IRRATIONNELLEMENT, PARADOXALEMENT, RIDICULEMENT; IMPROPREMENT, INADÉQUATEMENT; DÉRISOIREMENT, INSUFFISAMMENT.

raisonnement *n.m.* ▶ ***Logique*** – analyse, apagogie, argument, argumentation, considérations, déduction, démonstration, dialectique, dilemme, discussion, échafaudage, explication, implication, induction, inférence, logique, méthode, preuve, raison, réflexion, réfutation, sorite, substruction, syllogisme, syllogistique, synthèse. ▶ ***Raisonnement contradictoire*** – absurdité, antilogie, antinomie, aporie, conflit, contradiction, contresens, contrevérité, impossibilité, incohérence, inconsistance, invraisemblance, non-sens, paradoxe, sophisme. ▶ ***Raisonnement faux ou trompeur*** – artifice, cercle vicieux, circularité, paralogisme, pétition de principe, sophisme. ▶ ***Raisonnement trop subtil*** – argutie, byzantinisme, casuistique, chicane, distinguo, élucubration, ergotage, ergoterie, finesse, formalisme, logomachie, scolastique, subtilité. SOUT. ratiocination, sophistique. FAM. chinoiserie, chipotage, pinaillage. ▶ ***Méthode*** – approche, art, chemin, code, comment, credo, démarche, discipline, dispositif, façon (de faire), facture, formule, heuristique, instruction, instrument, ligne de conduite, maïeutique, manière, marche (à suivre), méthode, méthodologie, modalité, mode d'emploi, mode, moyen, opération, ordre, organisation, outil, posologie, pratique, procédé, procédure, protocole, recette, règle, secret, stratagème, stratégie, système, tactique, technique, théorie, traitement, voie. SOUT. faire. △ **ANT.** ILLOGISME; INTUITION, SENTIMENT.

raisonner *v.* ▶ ***Réfléchir*** – méditer, penser, réfléchir, se concentrer, songer, spéculer. SOUT. délibérer. FAM. cogiter, faire travailler sa matière grise, gamberger, phosphorer, ruminer, se casser la tête, se creuser la tête, se creuser les méninges, se presser le citron, se pressurer le cerveau, se servir de sa tête. ▶ ***Présenter des arguments*** – argumenter. ▶ ***Répondre*** – discuter, répliquer, répondre, rétorquer, riposter. SOUT. repartir. ▶ ***Calmer*** – assagir, calmer, modérer, tempérer. ♦ **se raisonner** ▶ ***Se contrôler*** – garder son sang-froid, rester maître de soi, se calmer, se contenir, se contrôler, se dominer, se dompter, se maîtriser, se posséder, se retenir. ♦ **raisonné** éclairé, judicieux, mesuré, modéré, philosophe, pondéré, posé, raisonnable, rationnel, réfléchi, responsable, sage, sain, sensé, sérieux. *SOUT.* rassis, tempéré. △ **ANT.** DÉRAISONNER, DIVAGUER.

raisonneur *n.* ▶ ***Ergoteur*** – chicaneur, chicanier, ergoteur, procédurier. *SOUT.* argumentateur, ratiocineur. *FAM.* chichiteux, chipoteur, discutailleur, pinailleur. *MÉD.* processif, quérulent. ▶ ***Personne qui pense*** (*SOUT.*) – penseur.

rajeunir *v.* ▶ ***Moderniser*** – actualiser, dépoussiérer, mettre à jour, moderniser, présenter sous un jour nouveau, rafraîchir, réactualiser, renouveler, rénover, rhabiller. ▶ ***Se renouveler*** – faire peau neuve, se moderniser, se renouveler. △ **ANT.** VIEILLIR.

rajeunissement *n.m.* amélioration, changement, dépoussiérage, modernisation, modification, prorogation, recommencement, reconduction, réformation, réforme, régénération, réhabilitation, réinvention, remplacement, renouveau, renouvellement, rénovation, réparation, restauration, résurrection, rétablissement, transformation. *PÉJ. FAM.* réformette. △ **ANT.** VIEILLISSEMENT.

rajuster (var. **réajuster**) *v.* ▶ ***Rectifier*** – corriger, rectifier, redresser. ▶ ***Ajuster à la hausse*** – relever, revaloriser.

râle *n.m.* ▶ ***Action de râler*** – enrouement, graillement, graillonnement, râlement. *SOUT.* raucité. *FAM.* voix de mêlé-casse, voix de mêlé-cassis, voix de rogomme.

ralentir *v.* ▶ ***Retarder*** – mettre en retard, retarder. *RARE* attarder. ▶ ***Refréner*** – contenir, endiguer, freiner, juguler, modérer, refréner. *SOUT.* brider. ▶ ***Engourdir*** – abrutir, appesantir, engourdir. *SOUT.* stupéfier. ▶ ***Aller moins vite*** – décélérer, freiner, perdre de la vitesse. ▶ ***Diminuer*** – décliner, diminuer, régresser, s'essouffler. ▶ ***Agir avec moins d'ardeur*** – mettre la pédale douce. △ **ANT.** ACCÉLÉRER, ACTIVER, DÉPÊCHER, HÂTER, PRÉCIPITER, PRESSER.

ralentissement *n.m.* ▶ ***Diminution de mouvement*** – décélération, freinage, rétropropulsion. ▶ ***Paralysie*** – arrêt, asphyxie, blocage, désactivation, engourdissement, enraiement, entrave, immobilisation, immobilisme, impuissance, inhibition, neutralisation, obstruction, paralysie, sclérose, stagnation. ▶ ***Affaiblissement*** – abattement, accablement, affaiblissement, alanguissement, amoindrissement, amollissement, anémie, apathie, avachissement, consomption, découragement, défaillance, dépérissement, épuisement, étiolement, exténuation, fatigue, fragilisation, harassement, lassitude, rabaissement, ramollissement, sape, usure. *SOUT.* débilité. *MÉD.* adynamie, asthénie, atonie, collapsus, débilitation. ▶ ***Activité ralentie*** – abaissement, affaiblissement, affaissement, amenuisement, amoindrissement, baisse, chute, creux, déclin, décroissance, décroissement, décrue, dégression, déplétion, dépréciation, descente, désescalade, dévalorisation, dévaluation, diminution, éclipse, effondrement, effritement, essoufflement, fléchissement, réduction. *SOUT.* émasculation. △ **ANT.** ACCÉLÉRATION.

râler *v.* ▶ ***Respirer bruyamment*** – râloter. *SOUT.* ahaner. ▶ ***En parlant du tigre*** – feuler. *RARE* rauquer. ▶ ***Maugréer*** (*FAM.*) – bougonner, grogner, grognonner, grommeler, maugréer, murmurer, pester, ronchonner. *SOUT.* gronder. *FAM.* grognasser, rouscailler, rouspéter. *FRANCE RÉGION. FAM.* maronner. ▶ ***Enrager*** (*FAM.*) – bouillir de colère, écumer, écumer de colère, écumer de rage, enrager. *FAM.* bisquer, fumer, rager, rogner. *FRANCE RÉGION.* endiabler.

ralliement *n.m.* ▶ ***Réunion*** – alliance, assemblage, association, collage, combinaison, communion, composition, concentration, conjonction, constitution, fusion, fusionnement, groupement, incorporation, intégration, rassemblement, regroupement, réunion, symbiose, synthèse, unification, union. ▶ ***Adoption*** – adoption, assimilation, emprunt, imitation, insertion. △ **ANT.** DÉBANDADE, DISPERSION, SCISSION; DÉMISSION.

rallier *v.* ▶ ***Rassembler*** – ameuter, assembler, attrouper, masser, mobiliser, ramasser, rameuter, rassembler, regrouper, réunir. *SOUT.* battre le rappel de, conglomérer. ▶ ***Convertir*** – convertir, gagner. ▶ ***Rejoindre*** – regagner, réintégrer, rejoindre, rentrer à, retourner à, revenir à. ♦ **se rallier** ▶ ***Se rassembler*** – s'assembler, s'attrouper, se masser, se mobiliser, se rassembler, se regrouper, se réunir. ▶ ***Suivre*** – emboîter le pas à, imiter, s'accorder sur, s'adapter à, s'ajuster à, s'aligner sur, se conformer à, se mettre au diapason de, se mettre dans le ton, se modeler sur, se ranger à, se régler sur, suivre. △ **ANT.** DÉMOBILISER, DISPERSER, DISSÉMINER; DÉSUNIR, DIVISER, ISOLER, SÉPARER; DRESSER CONTRE SOI, PERDRE; DÉSERTER, QUITTER. ♦ **se rallier** DÉMISSIONNER, SE RETIRER.

rallumer *v.* ▶ ***Ranimer un feu*** – activer, attiser, aviver, ranimer, raviver, réactiver, renflammer. ▶ ***Redonner de la vitalité*** – donner un second souffle à, faire renaître, faire revivre, ragaillardir, ranimer, raviver, réactiver, réchauffer, redonner vie à, redynamiser, régénérer, renflammer, renouveler, ressusciter, réveiller, revigorer, revitaliser, revivifier, stimuler, vivifier. ♦ **se rallumer** ▶ ***Renaître*** – réapparaître, refleurir, renaître de ses cendres, renaître, reparaître, reprendre vie, ressurgir, ressusciter, revenir, revivre, se ranimer, se réveiller.

ramage *n.m.* ▶ ***Chant*** – babil, chant, gazouillement, gazouillis, pépiement, piaillement, piaulement, sifflement. *FAM.* cui-cui. ▶ ***Bois d'un cervidé*** (*QUÉB.*) – bois, cor. *QUÉB.* panache *(orignal)*.

ramassé *adj.* ▶ ***Trapu*** – athlétique, bien bâti, bien découplé, bréviligne, costaud, fort, gaillard, musclé, puissant, râblé, robuste, solide, trapu, vigoureux. *FAM.* qui a du coffre. *FRANCE FAM.* balèze, bien baraqué, malabar, maous. ▶ ***Blotti*** – blotti, pelotonné, recroquevillé, roulé en boule. ▶ ***Exprimé en peu de mots*** – bref, concis, condensé, court, dense, laconique, lapidaire, serré, sobre, sommaire, succinct. *PÉJ.* touffu. △ **ANT.** ÉLANCÉ, MINCE; ALLONGÉ, ÉTENDU; BAVARD, DÉLAYÉ, DIFFUS, PROLIXE, REDONDANT, VERBEUX.

ramasser *v.* ▶ ***Prendre ici et là*** – butiner, glaner, grappiller, prendre çà et là. ▶ ***Recueillir*** – assembler, collecter, colliger, rassembler, recueillir, relever. *SUISSE FAM.* rapercher. ▶ ***Recevoir*** (*FAM.*) – recevoir. *FAM.* attraper, morfler, prendre. ▶ ***Récolter des fruits*** – cueillir. ▶ ***Rassembler des personnes*** – ameuter, assembler, attrouper, masser, mobiliser, rallier, rameuter, rassembler, regrouper, réunir. *SOUT.* battre le rappel de, conglomérer. ▶ ***Résumer*** – abréger, condenser, écourter, raccourcir, réduire, resserrer, résumer. ▶ ***Arrêter*** (FAM.) – appréhender, arrêter, capturer, faire prisonnier, prendre, saisir. FAM. attraper, choper, coffrer, coiffer, coincer, cravater, cueillir, embarquer, épingler, harponner, mettre la main au collet de, mettre le grappin sur, pincer, poisser, prendre au collet, saisir au collet. FRANCE FAM. agrafer, alpaguer, arnaquer, arquepincer, emballer, gauler, piquer, poivrer. ▶ ***Réprimander*** (QUÉB. FAM.) – admonester, attraper, chapitrer, faire des remontrances à, faire la leçon à, faire la morale à, gronder, houspiller, malmener, moraliser, morigéner, rappeler à l'ordre, remettre à sa place, remettre au pas, réprimander, sermonner. SOUT. gourmander, redresser, semoncer, semondre, tancer. FAM. assaisonner, dire deux mots à, disputer, doucher, engueuler, enguirlander, incendier, laver la tête à, moucher, passer un savon à, remonter les bretelles à, sacquer, savonner, savonner la tête à, secouer, secouer comme un (vieux) prunier, secouer les puces à, sonner les cloches à, tirer les oreilles à. FRANCE FAM. donner un cigare à, passer un cigare à. QUÉB. FAM. chicaner. ♦ **se ramasser** ▶ ***Se blottir*** – se blottir, se lover, se mettre en boule, se pelotonner, se ratatiner, se recroqueviller, se replier sur soi, se tapir. ▶ ***Échouer à un examen*** (FAM.) – échouer à. FAM. se faire étaler à, se planter à. BELG. FAM. moffler. SUISSE FAM. luger. △ **ANT.** DISSÉMINER, ÉPANDRE, ÉPARPILLER, RÉPANDRE, SEMER; DÉSUNIR; AMPLIFIER, DÉVELOPPER, ÉTOFFER. ♦ **se ramasser** S'ÉTALER, S'ÉTENDRE, S'ÉTIRER.

rame *n.f.* ▶ ***Instrument pour ramer*** – aviron, godille, pagaie. ▶ ***Ensemble de feuilles*** – main. ▶ ***Ensemble de wagons*** – convoi, train. FRANCE FAM. dur, tortillard.

rameau *n.m.* ▶ ***Petite branche d'arbre*** – branchette, brindille, ramille, scion.

ramener *v.* ▶ ***Amener d'un autre lieu*** – rapporter. ▶ ***Reconduire*** – raccompagner, reconduire. ▶ ***Rétablir*** – restaurer, rétablir. ▶ ***Réduire*** – réduire, simplifier. ▶ ***Refermer*** – rabattre, refermer. ▶ ***Replier*** – plier, rabattre, replier. ♦ **se ramener** ▶ ***Arriver*** (FAM.) – arriver, paraître, se montrer, se présenter. FAM. rappliquer, s'amener, se pointer, (se) radiner. △ **ANT.** ÉCARTER, ÉLOIGNER, EMPORTER, REMPORTER, RETOURNER.

rampant *adj.* ▶ ***D'une soumission déshonorante*** – bas, obséquieux, plat, qui fait le chien couchant, servile, soumis. FAM. à-plat-ventriste, fayot, lécheur. ▶ ***Insidieux*** – insidieux, perfide, sournois, subreptice, traître. △ **ANT.** ALTIER, HAUTAIN, SUPÉRIEUR; NAVIGANT *(PERSONNEL)*.

rampe *n.f.* ▶ ***Pente*** – côte, coteau, déclivité, descente, grimpette, montée, pente, raidillon, rampant *(toit)*, talus, versant. ANC. calade *(équitation)*.

ramper *v.* ▶ ***Avancer ventre contre le sol*** – se traîner. ▶ ***Se montrer servile*** – faire des courbettes, s'abaisser, s'agenouiller, s'humilier, se prosterner. FAM. s'aplatir (comme une carpette), se coucher. △ **ANT.** S'ÉLEVER, SE DRESSER, SE TENIR DEBOUT.

ramure *n.f.* branchage, branches, feuillage. SOUT. feuillée, frondaison, ramée.

rancœur *n.f.* acariâtreté, acerbité, acidité, âcreté, acrimonie, agressivité, aigreur, amertume, animosité, âpreté, bave, bile, causticité, colère, dépit, désagrément, dureté, fiel, haine, hargne, humeur, irritation, malveillance, maussaderie, mauvaise humeur, méchanceté, mordant, pique, rancune, récrimination, ressentiment, rudesse, tranchant, venin, vindicte, virulence. SOUT. mordacité. FAM. rouspétance. △ **ANT.** INDULGENCE, OUBLI, PARDON.

rançon *n.f.* ▶ ***Inconvénient*** – coût, prix, revers de la médaille.

rancune *n.f.* ▶ ***Aigreur*** – acariâtreté, acerbité, acidité, âcreté, acrimonie, agressivité, aigreur, amertume, animosité, âpreté, bave, bile, causticité, colère, dépit, désagrément, dureté, fiel, haine, hargne, humeur, irritation, malveillance, maussaderie, mauvaise humeur, méchanceté, mordant, pique, rancœur, récrimination, ressentiment, rudesse, tranchant, venin, vindicte, virulence. SOUT. mordacité. FAM. rouspétance. ▶ ***Vengeance*** – châtiment, colère, (loi du) talion, pareille, punition, réciproque, réparation, représailles, ressentiment, rétorsion, revanche, riposte, vendetta, vengeance. SOUT. vindicte. △ **ANT.** INDULGENCE, OUBLI, PARDON.

randonnée *n.f.* ▶ ***Promenade*** – aventure, course, déambulation, déplacement, égarement, flânerie, instabilité, nomadisme, pérégrination, promenade, rêverie, vagabondage, voyage. SOUT. badauderie, errance. FAM. vadrouille, virée. FRANCE FAM. baguenaude. QUÉB. FAM. niaisage. ▶ ***Voyage*** – allées et venues, balade, campagne, circuit, circumnavigation, course, croisière, déplacement, excursion, expédition, exploration, hadj, incursion, marche, méharée, mission, navette, navigation, odyssée, passage, pèlerinage, pérégrination, périple, promenade, raid, rallye, reconnaissance, tour, tourisme, tournée, transport, traversée, va-et-vient, voyage. SOUT. chevauchée, errance. FAM. bourlingue, transhumance. QUÉB. voyagement. ▶ ***Escalade*** – alpinisme, ascension, escalade, grimpée, montagne, montée, trek, trekking, varappe. FAM. grimpe, grimpette.

randonneur *n.* ▶ ***Personne qui marche*** – excursionniste, marcheur, passant, piéton, promeneur. SOUT. venant.

rang *n.m.* ▶ ***Série*** – alignement, chaîne, chapelet, colonne, combinaison, consécution, cordon, enchaînement, enfilade, énumération, file, gamme, guirlande, ligne, liste, rangée, séquence, série, succession, suite, tissu, travée. ▶ ***Niveau*** – degré, échelon, niveau, position. ▶ ***Situation sociale*** – caste, classe, condition, état, fortune, place, position, situation, statut. SOUT. étage. ▶ ***Chemin*** (QUÉB.) – allée, banquette, cavée, chemin, coulée, laie, layon, ligne, piste, sentier, tortille, traverse. SOUT. OU FRANCE RÉGION. sente. QUÉB. portage. FRANCE RÉGION. draille. ♦ **les rangs, *plur.*** ▶ ***Campagne*** (QUÉB. FAM.) – campagne, terroir.

rangée *n.f.* alignement, chaîne, chapelet, colonne, combinaison, consécution, cordon, enchaînement, enfilade, énumération, file, gamme, guirlande, ligne, liste, rang, séquence, série, succession, suite, tissu, travée.

ranger *v.* ▶ ***Mettre à sa place*** – mettre, placer. FAM. caser, fourrer, foutre. QUÉB. FAM. serrer. ▶ ***Mettre en lieu sûr*** – enfermer, mettre à l'abri, mettre en lieu sûr, remiser. FAM. garer. QUÉB. FAM. serrer. ▶ ***Classer*** –

catégoriser, classer, classifier, distribuer, grouper, ordonner, répartir, sérier, trier. ▶ ***Écarter un véhicule du passage*** – garer. ♦ **se ranger** ▶ ***Se conformer*** – emboîter le pas à, imiter, s'accorder sur, s'adapter à, s'ajuster à, s'aligner sur, se conformer à, se mettre au diapason de, se mettre dans le ton, se modeler sur, se rallier à, se régler sur, suivre. ▶ ***S'assagir*** (*FAM.*) – atteindre à la sagesse, mûrir, s'assagir. *FAM.* dételer. *FRANCE FAM.* être rangé des voitures. ♦ **rangé** ▶ ***Respectable*** – bien, bienséant, convenable, correct, de bon ton, décent, digne, fréquentable, honnête, honorable, moral, recommandable, respectable, sérieux. *FAM.* comme il faut. ▶ ***Ordonné*** – appliqué, assidu, attentif, consciencieux, méthodique, méticuleux, minutieux, ordonné, précis, rigoureux, scrupuleux, soigné, soigneux, systématique. *SOUT.* exact. △ **ANT.** DÉPLACER, DÉRANGER, DÉRÉGLER, DÉSORDONNER, DÉSORGANISER; ENTASSER, MÉLANGER. ♦ **se ranger** RÉSISTER, SE REBELLER; SE DÉVERGONDER, SE DISSIPER.

ranimer *v.* ▶ ***Faire reprendre conscience*** – réanimer. ▶ ***Redonner des forces*** – donner un coup de fouet à, ragaillardir, réconforter, régénérer, remonter, revigorer, stimuler, tonifier, vitaliser, vivifier. *FAM.* ravigoter, recharger les accus à, recharger les batteries à, requinquer, retaper. ▶ ***Redonner de la vitalité*** – donner un second souffle à, faire renaître, faire revivre, ragaillardir, rallumer, raviver, réactiver, réchauffer, redonner vie à, redynamiser, régénérer, renflammer, renouveler, ressusciter, réveiller, revigorer, revitaliser, revivifier, stimuler, vivifier. ▶ ***Attiser un feu*** – activer, attiser, aviver, rallumer, raviver, réactiver, renflammer. ♦ **se ranimer** ▶ ***Renaître*** – réapparaître, refleurir, renaître de ses cendres, renaître, reparaître, reprendre vie, ressurgir, ressusciter, revenir, revivre, se rallumer, se réveiller. △ **ANT.** ASSOUPIR, ENDORMIR, ENGOURDIR, PARALYSER; AFFAIBLIR, RALENTIR; APAISER, CALMER; ÉTEINDRE, ÉTOUFFER.

rapace *adj.* âpre au gain, avide, cupide, intéressé, mercantile, mercenaire, sordide, vénal. △ **ANT.** GÉNÉREUX; CONSCIENCIEUX, DROIT, FIABLE, HONNÊTE, INCORRUPTIBLE, INSOUPÇONNABLE, INTÈGRE, PROBE, PROPRE, SCRUPULEUX, SÛR.

rapace *n.m.* ▶ ***Personne*** – chacal, charognard, pieuvre, prédateur, requin, tueur, vautour. ♦ ***rapaces, plur.*** ▶ ***Plante sauvage*** (*QUÉB. FAM.*) – bardane. *QUÉB. FAM.* artichaut, artichou, craquias, glouton, grappes, graquias, gratteaux, piquants, rhubarbe du diable, tabac du diable, teignes, toques. *ACADIE FAM.* amoureux. *FRANCE RÉGION.* glouteron.

râpeux *adj.* ▶ ***Au toucher*** – âpre, rêche, rude, rugueux. ▶ ***Au goût*** – acescent, acide, acidulé, âcre, aigre, aigrelet, aigri, amer, piquant, piqué, rance, sur, suret, suri, tourné. ▶ ***En parlant d'une voix*** – âpre, enroué, éraillé, guttural, rauque, rocailleux, rude. *FAM.* de rogomme. △ **ANT.** DOUX; LISSE; SUAVE; CLAIR, CRISTALLIN, MÉLODIEUX.

rapide *adj.* ▶ ***Qui bouge vite*** – prompt, vif, vite. *SOUT.* preste, véloce. ▶ ***Qui fait les choses rapidement*** – actif, diligent, expéditif, prompt, qui va vite en besogne, vif. ▶ ***Qui comprend vite*** – à l'esprit vif, agile, alerte, brillant, éveillé, intelligent, vif. *QUÉB. FAM.* vite. ▶ ***Qui dure peu longtemps*** – bref, court, éphémère, évanescent, fugace, fugitif, intérimaire, momentané, passager, précaire, provisoire, temporaire, transitoire. *SOUT.* périssable. ▶ ***Qui passe inaperçu*** – discret, furtif, inaperçu. ▶ ***Qui est fait à la hâte*** – expéditif, hâtif, précipité, sommaire. ▶ *Non favorable* – bâclé, expédié. *FAM.* cochonné, salopé, torché, torchonné. ▶ ***Simplifié*** – schématique, simplifié, sommaire, succinct. ▶ ***En parlant d'une lecture*** – bref, cursif, superficiel. ▶ ***En parlant d'une pente*** – à fond de cuve, à pic, abrupt, accore, escarpé, montant, raide. *RARE* ardu. △ **ANT.** LENT; ABRUTI, BENÊT, BÊTE, BORNÉ, CRÉTIN, DEMEURÉ, HÉBÉTÉ, IDIOT, IMBÉCILE, ININTELLIGENT, NIAIS, NIGAUD, OBTUS, SOT, STUPIDE.

rapide *n.m.* ▶ ***Eau*** – courant, cours, fil (de l'eau), flot, saut. ▶ ***Véhicule*** – train rapide.

rapidement *adv.* ▶ ***Promptement*** – à fond de train, à grande vitesse, à la hâte, à la sauvette, à plein régime, à pleine vitesse, à toute allure, à toute vitesse, à toutes jambes, à toute(s) pompe(s), à un train d'enfer, à vive allure, activement, au pas de course, avec célérité, bon train, d'urgence, diligemment, en coup de vent, en moins de deux, en moins de rien, en peu de temps, en trois coups de cuiller à pot, en un clin d'œil, en un éclair, en un instant, en un moment, en un rien de temps, en un temps record, en un tour de main, en un tournemain, expéditivement, exponentiellement, hâtivement, précipitamment, prestement, promptement, rondement, tôt, vite, vivement. *SOUT.* vélocement, vitement. *FAM.* à la va-vite, à pleins gaz, à pleins tubes, à tout berzingue, à toute biture, à toute vapeur, au galop, dans le temps de le dire, dare-dare, en deux temps trois mouvements, illico presto, presto, prompto, rapido, vite fait. ▶ ***Immédiatement*** – à l'instant, au plus vite, aussitôt, aussitôt que possible, d'emblée, d'urgence, directement, en urgence, immédiatement, instantanément, sans délai, sans différer, sans tarder, séance tenante, sitôt, sur l'heure, sur le coup, sur-le-champ, tout de suite. *SOUT.* dans l'instant, incontinent. *FAM.* aussi sec, de suite, illico. ▶ ***Bientôt*** – à bref délai, à brève échéance, à court terme, à courte échéance, bientôt, d'ici peu, d'un instant à l'autre, d'un jour à l'autre, d'un moment à l'autre, d'une minute à l'autre, dans les jours à venir, dans peu, dans peu de temps, dans quelque temps, dans quelques instants, dans un avenir rapproché, dans un instant, dans un moment, incessamment, prochainement, sans tarder, sous peu, tantôt, tôt, tout à l'heure. ▶ ***Brièvement*** – abréviativement, bref, brièvement, court, densément, elliptiquement, en abrégé, en bref, en peu de mots, en résumé, en un mot, laconiquement, sommairement, succinctement, télégraphiquement. △ **ANT.** EN DOUCEUR, INDOLEMMENT, LENTEMENT, SANS HÂTE.

rapidité *n.f.* ▶ ***Vitesse*** – activité, agilité, célérité, diligence, empressement, hâte, précipitation, promptitude, vélocité, vitesse, vivacité. *SOUT.* prestesse. ▶ ***Soudaineté*** – brusquerie, brutalité, immédiateté, instantanéité, promptitude, soudaineté. ▶ ***Précocité*** – avance, hâte, précocité, prématurité. ▶ ***Agilité*** – adresse, agilité, aisance, dextérité, élasticité, élégance, facilité, grâce, habileté, légèreté, main, mobilité, précision, souplesse, technique, virtuosité, vivacité. SOUT. félinité, prestesse. △ ANT. LENTEUR; LOURDEUR, PARESSE, PESANTEUR.

rappel *n.m.* ► ***Évocation*** – allusion, anamnèse, commémoration, déjà vu, évocation, impression, mémoire, mémoration, mémorisation, pensée, réminiscence, souvenir, trace. SOUT. remémoration. ► *Non favorable* – arrière-goût. ► ***Mobilisation*** – appel (sous les drapeaux), conscription, mobilisation. ► ***Resollicitation*** – relance. ► ***Applaudissement*** (QUÉB.) – acclamation, applaudissement, ban, bis, bravo, chorus, clameur, hourra, ovation, triomphe, vivat. △ ANT. BANNISSEMENT, EXIL, OUBLI, RENVOI; HUÉES.

rappeler *v.* ► ***Remémorer*** – évoquer, remémorer. ► ***Ressembler*** – connoter, évoquer, faire penser à, ressembler à, s'apparenter à, se rapprocher de. ► ***Téléphoner de nouveau*** – retéléphoner. ♦ **se rappeler** ► ***Se remémorer*** – penser à, revoir, se remémorer, se souvenir. SOUT. se ressouvenir. ► ***Reconnaître*** – reconnaître, se souvenir de. FAM. replacer. ► ***Mémoriser*** – apprendre, assimiler, enregistrer, mémoriser, retenir. △ ANT. OMETTRE, OUBLIER; BANNIR, CHASSER, EXILER, RENVOYER.

rapport *n.m.* ► ***Relation*** – association, connexion, connexité, corrélation, correspondance, dépendance, filiation, interaction, interdépendance, interrelation, liaison, lien, lien causal, rapprochement, relation, relation de cause à effet. FIG. pont. ► ***Comparaison*** – allégorie, analogie, apologue, assimilation, association (d'idées), catachrèse *(lexicalisée)*, comparaison, équivalence, figure, image, lien, métaphore, parabole, parallèle, parenté, personnification, rapprochement, relation, ressemblance, similitude, symbole, symbolisme. ► ***Communication*** – attache, bons/mauvais termes, communication, compagnie, contact, correspondance, côtoiement, coudoiement, entourage, familiarité, fréquentation, habitude, intelligence, intimité, liaison, lien, pratique, relation, société, usage, voisinage. SOUT. commerce. PÉJ. acoquinement, encanaillement. ► ***Quotient*** – coefficient, facteur, indice, pour cent, pourcentage, proportion, quotient, ratio, tantième, taux, teneur. ► ***Force*** – action, énergie, force, interaction, intervention, réaction. ► ***Rendement*** – bénéfice, effet, efficacité, efficience, gain, production, productivité, produit, profit, rendement, rentabilité, revenu. ► ***Revenu*** – allocation, arrérages, avantage, bénéfice, casuel, chômage, dividende, dotation, fermage, fruit, gain, intérêt, loyer, mense, mensualité, métayage, pension, prébende, présalaire, produit, profit, recette, redevance, rente, rentrée, retraite, revenu, tontine, usufruit, usure, viager. FAM. alloc. FRANCE FAM. bénef. ANC. cens, lods et ventes. ► ***Crédit*** – actif, avantage, avoir, bénéfice, boni, crédit, excédent, fruit, gain, produit, profit, reliquat, reste, revenant-bon, revenu, solde, solde créditeur, solde positif. FAM. bénef, gras, gratte, part du gâteau. ► ***Récit*** – compte rendu, description, exposé, exposition, histoire, narration, peinture, procès-verbal, relation, reportage, tableau. SOUT. radiographie. ► ***Éructation*** (QUÉB. FAM.) – éructation, renvoi, rot. FAM. rototo *(bébé)*. ♦ **rapports, *plur.*** ► ***Relations sexuelles*** – accouplement, acte (sexuel), activité sexuelle, amour physique, coït, copulation. △ ANT. DIFFÉRENCE, DISPROPORTION, INCOMPATIBILITÉ; PERTE.

rapporter *v.* ► ***Apporter d'un autre lieu*** – ramener. ► ***Relater*** – citer, mentionner, relater. ► ***Répéter*** – répéter. FAM. cafarder, cafter, moucharder. ► ***Attribuer*** – attribuer, prêter, supposer. ► ***Générer*** – donner, fournir, générer, produire, rendre. ► *Des bénéfices* – être rentable, fructifier. ► ***Mettre en relation*** – associer, faire un rapprochement, mettre en rapport, mettre en relation, raccrocher, rapprocher, relier. ► ***Annuler*** – abolir, abroger, casser, invalider, révoquer. DR. infirmer. ► ***Être profitable*** – payer, porter fruit. ♦ **se rapporter** ► ***Concerner*** – avoir pour objet, avoir rapport à, avoir trait à, concerner, intéresser, porter sur, relever de, s'appliquer à, toucher, viser. ► ***Dépendre*** – appartenir à, dépendre de, être du ressort de, relever de, ressortir à, se rattacher à. ► ***Être relié*** – se raccrocher, se rattacher. △ ANT. EMPORTER, ENLEVER, REMPORTER; RENVOYER, RETOURNER; CONSERVER, GARDER; COÛTER; DISSOCIER, OPPOSER; CONFIRMER, PROROGER.

rapprochement *n.m.* ► ***Diminution de la distance*** – approche. ► ***Jonction*** – abouchement, aboutage, aboutement, accolement, accouplage, accouplement, ajustage, apposition, articulation, assemblage, association, branchement, coalescence, confluence, conjonction, conjugaison, connexion, contact, convergence, couplage, couplement, groupage, interconnexion, interface, joint, jointure, jonction, jumelage, juxtaposition, liaison, mariage, mise en couple, mixage, raccord, raccordement, reboutement, relation, rencontre, réunion, suture, union. RARE liage. ► ***Relation*** – association, connexion, connexité, corrélation, correspondance, dépendance, filiation, interaction, interdépendance, interrelation, liaison, lien, lien causal, rapport, relation, relation de cause à effet. FIG. pont. ► ***Comparaison*** – analyse, balance, collation, collationnement, comparaison, confrontation, jugement, mesure, mise en regard, parallèle, recension. ► ***Analogie*** – allégorie, analogie, apologue, assimilation, association (d'idées), catachrèse *(lexicalisée)*, comparaison, équivalence, figure, image, lien, métaphore, parabole, parallèle, parenté, personnification, rapport, relation, ressemblance, similitude, symbole, symbolisme. ► ***Réconciliation*** – accommodement, accord, conciliation, fraternisation, réconciliation, renouement, replâtrage, retrouvailles. FAM. rabibochage, raccommodement. ► ***Pacte*** – accommodement, accord, alliance, arrangement, compromis, concordat, consensus, contrat, convention, engagement, entente, marché, modus vivendi, pacte, protocole, traité, transaction. ► ***Alliance politique*** – alliance, apparentement, association, bloc, camp, cartel, club, coalition, confédération, faisceau, fédération, formation, front, groupe, groupe d'intérêts, groupe de pression, groupement, ligue, mouvement, organisation, parti, phalange, rassemblement, union. △ ANT. DÉPART, ÉLOIGNEMENT, SÉPARATION; DIFFÉRENCIATION, DISSOCIATION.

rapprocher *v.* ► ***Mettre plus près*** – approcher. ► ***Associer par un lien logique*** – associer, faire un rapprochement, mettre en rapport, mettre en relation, raccrocher, rapporter, relier. ♦ **se rapprocher** ► ***Ressembler*** – connoter, évoquer, faire penser à, rappeler, ressembler à, s'apparenter à. ▶ ***Tendre vers*** – tendre vers, tirer sur. △ **ANT.** ÉCARTER, ÉLOIGNER, ESPACER; DIFFÉRENCIER, DISJOINDRE, DISSOCIER, DIVISER, OPPOSER, SÉPARER. ♦ **se rapprocher** SE RARÉFIER; DIVERGER; SE BROUILLER.

rare *adj.* ▶ ***Inhabituel*** – d'exception, exceptionnel, fortuit, inaccoutumé, inhabituel, inusité, occasionnel, rarissime, spécial. *SOUT.* extraordinaire, inusuel. ▶ ***Remarquable*** – d'exception, exceptionnel, hors du commun, hors ligne, hors pair, hors série, incomparable, inégalable, inégalé, inimitable, irremplaçable, précieux, qui n'a pas son pareil, remarquable, sans égal, sans pareil, sans précédent, sans rival, sans second, spécial, supérieur, unique. ▶ ***De grande valeur*** – cher, de (grande) valeur, de prix, inappréciable, inestimable, introuvable, précieux, rarissime, recherché, sans prix. ▶ ***Peu fourni*** – clair, clairsemé, maigre. △ **ANT.** COURANT, FRÉQUENT, HABITUEL; BANAL, ORDINAIRE; ABONDANT, COMMUN, NOMBREUX, RÉPANDU; DENSE, DRU, ÉPAIS, FOURNI, LUXURIANT, TOUFFU.

rarement *adv.* dans la minorité des cas, exceptionnellement, guère, par exception, peu, peu souvent, pratiquement jamais, quasiment jamais. △ **ANT.** À DE RARES EXCEPTIONS PRÈS, COURAMMENT, D'HABITUDE, EN GÉNÉRAL, FRÉQUEMMENT, GÉNÉRALEMENT, HABITUELLEMENT, LA PLUPART DU TEMPS, NORMALEMENT, ORDINAIREMENT, RÉGULIÈREMENT.

rareté *n.f.* ▶ ***Raréfaction*** – carence, déficience, déficit, incomplétude, insuffisance, manque, pénurie. ▶ ***Ce qui est rare*** – curiosité, merle blanc, mouton à cinq pattes. △ **ANT.** ABONDANCE, FOISONNEMENT, PROFUSION; BANALITÉ, FRÉQUENCE.

ras *adj.* chauve, dégarni, dénudé, lisse, pelé, tondu. *FAM.* déplumé. △ **ANT.** LONGS *(CHEVEUX)*.

raser *v.* ▶ ***Couper la barbe*** – faire la barbe à. *FAM.* barbifier. ▶ ***Passer très près*** – effleurer, friser, frôler, serrer. ▶ ***Toucher légèrement*** – caresser, effleurer, friser, frôler, lécher. ▶ ***Niveler*** – aplanir, araser, égaliser, niveler, régaler. ▶ ***Démolir une construction*** – abattre, démanteler, démolir. ▶ ***Détruire complètement*** – anéantir, annihiler, détruire, néantiser, pulvériser, rayer de la carte, rayer de la surface de la terre, réduire en cendres, réduire en miettes, réduire en poussière. ▶ ***Ravager*** – dévaster, écumer, mettre à feu et à sang, mettre à sac, piller, ravager, razzier, saccager. *SOUT.* infester. ▶ ***Ennuyer*** (*FAM.*) – assommer, endormir, ennuyer, lasser. *FAM.* barber, barbifier, pomper. ♦ **se raser** ▶ ***S'ennuyer*** (*FAM.*) – s'ennuyer, se languir, se morfondre, sécher sur pied, tourner en rond, trouver le temps long. *SOUT.* languir d'ennui. *FAM.* s'embêter, se barber, se barbifier.

rassasier *v.* ▶ ***Satisfaire la faim*** – gaver, gorger. *FAM.* bourrer. ▶ ***Satisfaire un besoin*** – apaiser, assouvir, calmer, contenter, étancher, satisfaire, soulager. *SOUT.* désaltérer, repaître. ▶ ***Pourvoir en abondance*** – abreuver, accabler, combler, couvrir, gaver, gorger, inonder, soûler. △ **ANT.** AFFAMER, VIDER; FRUSTRER, PRIVER.

rassemblement *n.m.* ▶ ***Collection*** – accumulation, amas, appareil, assemblage, assortiment, collection, compilation, ensemble, foule, grand nombre, groupe, groupement, jeu, quantité, recueil, service, tas, train. *FAM.* attirail, cargaison, compil. *PÉJ.* ramassis. ▶ ***Regroupement*** – alliance, assemblage, association, collage, combinaison, communion, composition, concentration, conjonction, constitution, fusion, fusionnement, groupement, incorporation, intégration, ralliement, regroupement, réunion, symbiose, synthèse, unification, union. ▶ ***Grande quantité de gens*** – abondance, affluence, armada, armée, attroupement, bande, cohue, concentration, concours, encombrement, essaim, flot, forêt, foule, fourmilière, fourmillement, grouillement, légion, marée, masse, meute, monde, multitude, peuple, pléiade *(célébrités)*, pullulement, régiment, réunion, ribambelle, ruche, tas, troupeau. *FAM.* flopée, marmaille *(enfants)*, tapée, tripotée. *QUÉB. FAM.* achalandage, gang. *PÉJ.* ramassis. ▶ ***Association politique*** – alliance, apparentement, association, bloc, camp, cartel, club, coalition, confédération, faisceau, fédération, formation, front, groupe, groupe d'intérêts, groupe de pression, groupement, ligue, mouvement, organisation, parti, phalange, rapprochement, union. *PÉJ.* bande, cabale, camarilla, chapelle, clan, clique, coterie, école, église, faction, gang, groupuscule, ligue, maffia, secte. ▶ ***Manifestation*** – cortège, défilé, démonstration publique, marche, protestation, réunion. *FAM.* manif. △ **ANT.** DISPERSION, DISSÉMINATION, ÉPARPILLEMENT, SÉPARATION.

rassembler *v.* ▶ ***Recueillir*** – assembler, collecter, colliger, ramasser, recueillir, relever. *SUISSE FAM.* rapercher. ▶ ***Réunir des choses*** – bloquer, concentrer, grouper, regrouper, réunir. ▶ ***Réunir des personnes*** – ameuter, assembler, attrouper, masser, mobiliser, rallier, ramasser, rameuter, regrouper, réunir. *SOUT.* battre le rappel de, conglomérer. ♦ **se rassembler** ▶ ***Se réunir*** – s'assembler, s'attrouper, se masser, se mobiliser, se rallier, se regrouper, se réunir. △ **ANT.** DISPERSER, DISSÉMINER, ÉPARPILLER; DIVISER, ISOLER, SÉPARER; DISTRIBUER, RÉPARTIR; DÉSORGANISER, DÉSUNIR.

rassurant *adj.* apaisant, calmant, consolant, consolateur, lénifiant, lénitif, rassérénant, réconfortant, sécurisant, tranquillisant. △ **ANT.** ALARMANT, ANGOISSANT, EFFARANT, INQUIÉTANT, OPPRESSANT, PANIQUANT, TROUBLANT.

rassurer *v.* apaiser, calmer, consoler, rasséréner, réconforter, sécuriser, tranquilliser. △ **ANT.** AFFOLER, AGITER, ALARMER, ÉBRANLER, EFFRAYER, ÉMOUVOIR, ÉNERVER, INQUIÉTER, INTIMIDER, MENACER, PRÉOCCUPER, TERRIFIER, TROUBLER.

raté *n.* ▶ ***Personne incapable*** – bon à rien, gâcheur, inapte, incapable, incompétent, mazette, médiocre, nullité, propre à rien. *FAM.* bousilleur, cloche, ganache, gougnafier, jean-foutre, manche, minable, minus habens, nul, nullard, perdant, ringard, tocard, zéro. *FRANCE FAM.* loupeur. *QUÉB. FAM.* cabochon. ♦ ***raté, masc.*** ▶ ***Secousse*** – à-coup, cahot, saccade, secousse, soubresaut. ▶ ***Bruit brusque*** – bang, battement, boum, choc, clappement, claquement, coup, tapement. ▶ ***Échec*** – avortement, banqueroute, capitulation, catastrophe, chute, débâcle, débandade, déconfiture, défaite, déroute, désavantage, échec, écrasement, faillite, fiasco, four, infortune, insuccès, mauvaise fortune, naufrage, perte, ratage, retraite, revers. *SOUT.* traverse. *FAM.*

désastre, piquette, plantage, raclée, recalage, volée. FRANCE FAM. bide, déculottée, dégelée, écrabouillement, fessée, foirade, gamelle, loupage, pile, rincée, rossée, tannée, veste.

rater *v.* ▶ ***Ne pas réussir*** – échouer, manquer. FAM. louper. ▶ ***Ne pas aboutir*** – avorter, échouer, faire long feu. FAM. capoter, louper, queuter, s'en aller en eau de boudin. ▶ ***Manquer*** – manquer. FAM. louper. ♦ **raté** ▶ ***Médiocre*** – abominable, affreux, atroce, déplorable, désastreux, épouvantable, exécrable, horrible, infect, insipide, lamentable, manqué, mauvais, médiocre, minable, navrant, nul, odieux, piètre, piteux, pitoyable, qui ne vaut rien. SOUT. méchant, triste. FAM. à la con, à la flan, à la gomme, à la manque, à la mie de pain, à la noix (de coco), blèche, craignos, crapoteux, moche, pourri, qui ne vaut pas un clou. △ **ANT.** ABOUTIR, ARRIVER, PARVENIR, RÉUSSIR; ATTEINDRE, GAGNER, OBTENIR, TOUCHER.

ratio *n.m.* coefficient, facteur, indice, pour cent, pourcentage, proportion, quotient, rapport, tantième, taux, teneur.

ration *n.f.* ▶ ***Portion*** – part, portion. ▶ ***Répartition*** – allotissement, assiette, attribution, coéquation, contingent, diffusion, distribution, groupage, partage, péréquation, quote-part, répartement, répartiement, répartition, routage. DR. copartage. △ **ANT.** ENSEMBLE, TOTALITÉ.

rationalité *n.f.* actualité, concret, corporéité, matérialité, palpabilité, phénoménalité, positif, rationnel, réalité, réel, tangibilité, tangible, visible. △ **ANT.** AFFECTIVITÉ.

rationnel *adj.* ▶ ***Logique*** – cartésien, déductif, discursif, logique, méthodique. ▶ ***Sensé*** – éclairé, judicieux, mesuré, modéré, philosophe, pondéré, posé, raisonnable, raisonné, réfléchi, responsable, sage, sain, sensé, sérieux. SOUT. rassis, tempéré. △ **ANT.** EMPIRIQUE; ABSURDE, CONTRADICTOIRE, ILLOGIQUE, IRRATIONNEL; MYSTIQUE; ÉMOTIF, ÉMOTIONNEL, IMPULSIF, IRRÉFLÉCHI, PASSIONNÉ.

rationnellement *adv.* ▶ ***Mentalement*** – intellectuellement, mentalement, moralement, psychologiquement, spirituellement. ▶ ***Méthodiquement*** – analytiquement, conséquemment, dialectiquement, inductivement, logiquement, mathématiquement, méthodiquement, point par point, rigoureusement, scientifiquement, sensément, soigneusement, systématiquement, techniquement. SOUT. cohéremment. △ **ANT.** ÉMOTIVEMENT, INTUITIVEMENT; IRRATIONNELLEMENT.

rattacher *v.* ▶ ***Attacher de nouveau*** – reficeler, renouer. ▶ ***Annexer*** – annexer, relier. ▶ ***Faire communiquer*** – brancher, connecter, embrancher, joindre, lier, raccorder, relier, réunir. ▶ ***Associer par un lien logique*** – associer, faire un rapprochement, mettre en rapport, mettre en relation, raccrocher, rapporter, rapprocher, relier. ♦ **se rattacher** ▶ ***Se raccrocher*** – se raccrocher, se rapporter. ▶ ***Dépendre*** – appartenir à, dépendre de, être du ressort de, relever de, ressortir à, se rapporter à. △ **ANT.** DÉTACHER, SÉPARER; ÉCARTER, ÉLOIGNER.

rattraper *v.* ▶ ***Attraper de nouveau*** – raccrocher, reprendre, ressaisir. ▶ ***Récupérer*** – ravoir, reconquérir, recouvrer, récupérer, regagner, rentrer en possession de, reprendre, retrouver, se réapproprier. FAM. raccrocher. SUISSE FAM. rapercher. ▶ ***Rejoindre*** – atteindre, rejoindre, remonter, retrouver. ♦ **se rattraper** ▶ ***Se racheter*** – se dédouaner, se racheter, se réhabiliter. ▶ ***Réparer une perte*** – se dédommager. FAM. se raccrocher. △ **ANT.** MANQUER, RATER.

rature *n.f.* bande, barre, biffage, biffure, contretaille *(gravure)*, hachure, ligne, liséré, liteau, raie, rayure, strie, trait, vergeture *(peau)*, zébrure.

rauque *adj.* âpre, enroué, éraillé, guttural, râpeux, rocailleux, rude. FAM. de rogomme. △ **ANT.** CLAIR, CRISTALLIN, DOUX, MÉLODIEUX.

ravage *n.m.* ▶ ***Dégât*** – avarie, bris, casse, débâcle, dégradation, déprédation, désolation, destruction, détérioration, dévastation, dommage, endommagement, méfait, mouille, perte, ruine, sabotage, vilain. FAM. bousillage, charcutage, grabuge. △ **ANT.** AMÉLIORATION, AMÉNAGEMENT, CONSTRUCTION.

ravager *v.* ▶ ***Piller*** – dévaster, écumer, mettre à feu et à sang, mettre à sac, piller, raser, razzier, saccager. SOUT. infester. ▶ ***Dévaster*** – anéantir, détruire, dévaster, endommager, ruiner, saccager. SOUT. désoler. ▶ ***Perturber gravement*** – détruire, miner, ronger. SOUT. corroder. ♦ **ravagé** à feu et à sang, dévasté, massacré. △ **ANT.** ÉPARGNER, MÉNAGER, RESPECTER; AMÉLIORER, CONSTRUIRE, EMBELLIR, RÉPARER, RÉTABLIR.

ravaler *v.* ▶ ***Déprécier*** – dénigrer, déprécier, dévaloriser, dévaluer, diminuer, inférioriser, rabaisser, rapetisser. RARE démonétiser, péjorer. ▶ ***Enlever toute dignité*** – abaisser, avilir, dégrader, dépraver, déshonorer, galvauder, rabaisser, souiller. ▶ ***Retenir ce qu'on allait dire*** – FAM. rengainer. FRANCE FAM. renquiller. ♦ **se ravaler** ▶ ***Perdre toute dignité*** – s'abaisser, s'avilir, se dégrader, tomber (bien) bas. SOUT. déchoir. △ **ANT.** ÉLEVER, EXALTER, HAUSSER.

ravin *n.m.* cañon, col, couloir, défilé, gorge, goulet, porte, ravine. FRANCE RÉGION. port *(Pyrénées)*, ravinée.

ravir *v.* ▶ ***Kidnapper*** – enlever, kidnapper, prendre en otage, voler. ▶ ***Usurper*** – enlever, prendre, s'emparer de, se saisir de, usurper, voler. FAM. faucher, souffler, soulever. ▶ ***Rendre heureux*** – charmer, combler, enchanter, enthousiasmer, exaucer, faire la joie de, faire le bonheur de, faire plaisir à, mettre en joie, plaire à, réjouir. SOUT. assouvir, délecter. FAM. emballer. ♦ **ravi** ▶ ***Heureux*** – au comble du bonheur, au septième ciel, aux anges, béat, comblé, en fête, en joie, en liesse, enchanté, euphorique, extasié, extatique, exultant, fou de joie, heureux, le cœur en joie, radieux, rayonnant, réjoui, resplendissant de bonheur, ruisselant de joie, transporté de joie, triomphant. SOUT. aise, bienheureux. FAM. jubilant. ▶ ***Dans les formules de politesse*** – charmé, enchanté, heureux. △ **ANT.** LIBÉRER, RELÂCHER; RAPPORTER, REMETTRE, RETOURNER; AFFLIGER, ATTRISTER, CHAGRINER, CONTRARIER, DÉCEVOIR, DÉPLAIRE, DÉSAPPOINTER, ENNUYER, MÉCONTENTER.

raviser (se) *v.* changer d'avis, faire machine arrière, faire marche arrière, ravaler ses paroles, retirer ses paroles, revenir sur ses paroles, se dédire, se déjuger, se rétracter. FAM. manger son chapeau.

ravissant *adj.* ▶ ***Très beau*** – admirable, beau, d'une grande beauté, de toute beauté, éblouissant, magnifique, splendide, superbe. FRANCE FAM. flambant. ▶ ***Charmant*** – à croquer, adorable, avenant, beau, bien, charmant, coquet, délicieux, gentil, gentillet, gracieux, joli, mignon, mignonnet, plaisant. FAM. chou. FRANCE FAM. croquignolet, mignard, mimi, trognon. △ **ANT.** DÉPLAISANT, DISGRACIEUX, INESTHÉTIQUE, INGRAT, LAID, VILAIN.

ravissement *n.m.* ▶ ***Enlèvement*** – détournement (de mineur), enlèvement, kidnappage, prise (d'otage), rapt, vol (d'enfant). ▶ ***Mysticisme*** – anagogie, contemplation, dévotion, élévation, extase, illuminisme, mysticisme, mystique, oraison, philocalie, sainteté, spiritualité, transe, vision. SOUT. mysticité. ▶ ***Émerveillement*** – admiration, adoration, éblouissement, émerveillement, enchantement, engouement, enthousiasme, envoûtement, fascination, subjugation. ▶ ***Joie*** – allégresse, béatitude, bonheur, égaiement, enthousiasme, euphorie, exaltation, extase, exultation, gaieté, hilarité, ivresse, joie, jubilation, plaisir, réjouissance, vertige. SOUT. aise, félicité, liesse, rayonnement. △ **ANT.** AFFLICTION, DÉGOÛT, DÉSENCHANTEMENT, DÉSOLATION, ENNUI.

ravitaillement *n. m.* ▶ ***Approvisionnement*** – apport, approvisionnement, fourniture. ▶ ***Subsistance*** – aliment, alimentation, approvisionnement, comestibles, denrée, entretien, fourniture, intendance, nourriture, pain, produit alimentaire, provision, subsistance, victuailles, vie, vivres. SOUT. provende. FAM. matérielle. △ **ANT.** CONFISCATION, DÉSAPPROVISIONNEMENT, PRIVATION.

ravitailler *v.* ▶ ***Fournir des vivres*** – alimenter, approvisionner, fournir, pourvoir. △ **ANT.** AFFAMER, DÉSAPPROVISIONNER, PRIVER.

raviver *v.* ▶ ***Attiser un feu*** – activer, attiser, aviver, rallumer, ranimer, réactiver, renflammer. ▶ ***Redonner de l'éclat*** – aviver, rafraîchir. ▶ ***Redonner de la vitalité*** – donner un second souffle à, faire renaître, faire revivre, ragaillardir, rallumer, ranimer, réactiver, réchauffer, redonner vie à, redynamiser, régénérer, renflammer, renouveler, ressusciter, réveiller, revigorer, revitaliser, revivifier, stimuler, vivifier. △ **ANT.** ÉTEINDRE, ÉTOUFFER; ATTÉNUER, EFFACER, ESTOMPER, OBSCURCIR; AFFAIBLIR, APAISER, CALMER, ENDORMIR, MODÉRER.

rayer *v.* ▶ ***Marquer de raies*** – rainer, rainurer, rider, sillonner, strier. TECHN. bretteler, bretter, rainetter. ▶ *Marquer de raies sinueuses* – jasper, marbrer, raciner *(le cuir)*, tigrer, veiner, vermiculer, zébrer. ▶ ***Marquer de hachures*** – hacher, hachurer. ▶ ***Érafler*** – égratigner, érafler, érailler. ▶ ***Biffer*** – barrer, biffer, raturer. SUISSE tracer. ♦ **rayé** ▶ ***Strié*** – à rayures, strié. △ **ANT.** AJOUTER, INSCRIRE; CONSERVER, GARDER, LAISSER.

rayon *n.m.* ▶ ***Étagère*** – balconnet, étagère, planchette, rayonnage, tablette, tirette. TECHN. stand. BELG. archelle. SUISSE tablar. ▶ ***Spécialité*** (FAM.) – branche, champ, département, discipline, division, domaine, étude, fief, matière, partie, scène, science, secteur, spécialité, sphère. ▶ ***Dans une ruche*** – gâteau. ▶ ***Sillon*** – dérayure, enrayure, jauge, orne, perchée, raie, rigole, sillon. GÉOL. sulcature. ▶ ***En géométrie*** – demi-diamètre. ▶ ***Lumière*** – faisceau (lumineux), jet, pinceau (lumineux), trait (de lumière). SOUT. rai. ▶ ***Radiation*** – radiation, radioactivité, rayonnement, rayon(s).

rayonnant *adj.* ▶ ***Lumineux*** – clair, éclairé, éclatant, lumineux, radieux, resplendissant. ▶ ***Heureux*** – au comble du bonheur, au septième ciel, aux anges, béat, comblé, en fête, en joie, en liesse, enchanté, euphorique, extasié, extatique, exultant, fou de joie, heureux, le cœur en joie, radieux, ravi, réjoui, resplendissant de bonheur, ruisselant de joie, transporté de joie, triomphant. SOUT. aise, bienheureux. FAM. jubilant. △ **ANT.** NOIR, OBSCUR, OMBREUX, OPAQUE, SOMBRE; ÉTEINT, TRISTE.

rayonnement *n.m.* ▶ ***Éclat*** – brasillement, brillance, brillant, cati, chatoiement, coruscation, éclat, étincellement, feux, halo, image, irisation, lueur, luisant, lustre, miroitement, moire, moiré, moirure, orient, papillotage, papillotement, poli, poudroiement, reflet, réflexion, réfraction, réverbération, ruissellement, scintillement. SOUT. luisance, nacre, opalescence, resplendissement, rutilance, rutilation, rutilement. SC. albédo. TECHN. bruni, brunissure. ▶ ***Radiation*** – émission, irradiation, phosphorescence, propagation, radiation. ▶ ***Diffusion*** – cession, circulation, communication, dévolution, diffusion, dissémination, émission, expansion, extension, intercommunication, multiplication, passation, progression, propagation, reproduction, transfert, translation, virement. ▶ ***Influence*** – gloire. SOUT. lustre, relief. ▶ ***Bonheur*** (SOUT.) – allégresse, béatitude, bonheur, égaiement, enthousiasme, euphorie, exaltation, extase, exultation, gaieté, hilarité, ivresse, joie, jubilation, plaisir, ravissement, réjouissance, vertige. SOUT. aise, félicité, liesse. △ **ANT.** OBSCURITÉ; DÉCLIN, RÉGRESSION; TRISTESSE.

rayonner *v.* ▶ ***Répandre une vive lumière*** – briller, étinceler, irradier, resplendir, ruisseler de lumière. SOUT. briller de mille feux, flamber, jeter des feux. ▶ ***Jeter des reflets*** – brasiller, briller, chatoyer, étinceler, flamboyer, fulgurer *(éclat passager)*, luire, miroiter, reluire, resplendir, rutiler, scintiller. SOUT. palpiter, papilloter, pétiller. BELG. blinquer. FRANCE RÉGION. miraller. ACADIE FAM. mirer. △ **ANT.** PÂLIR, S'ASSOMBRIR, S'OBSCURCIR.

rayure *n.f.* ▶ ***Bande*** – bande, barre, biffage, biffure, contre-taille *(gravure)*, hachure, ligne, liséré, liteau, raie, rature, strie, trait, vergeture *(peau)*, zébrure. ▶ ***Entaille*** – adent, brèche, coche, coupure, cran, créneau, crevasse, échancrure, égratignure, enclenche, encochage, encoche, encochement, engravure, entaille, entamure, épaufrure, faille, fente, feuillure, hoche, incision, marque, mortaise, moucheture, onglet, raie, rainurage, rainure, ruinure, scarification, scissure, sillon, souchèvement *(roche)*, strie. BELG. griffe. BELG. FAM. gratte.

raz de marée (var. **raz-de-marée**) *n. m.* ▶ ***Grosse vague*** – lame de fond, tsunami. ▶ ***Remous*** – agitation, balancement, ballottement, bercement, branle, branlement, cahotement, flottement, fluctuation, flux et reflux, houle, impulsion, lacet, mouvement, onde, ondoiement, ondulation, oscillation, pulsation, remous, roulis, tangage, va-et-vient, vague, valse, vibration. FAM. brimbalement. △ **ANT.** PAIX, STABILITÉ, TRANQUILLITÉ.

réaction *n.f.* ▸ ***Force opposée*** – action, énergie, force, interaction, intervention, rapport. ▸ ***Effet*** – action, conclusion, conséquence, contrecoup, corollaire, développement, effet, efficacité, fonction, fruit, impact, implication, incidence, jeu, juste retour des choses, œuvre, portée, prolongement, rejaillissement, répercussion, résultante, résultat, retentissement, retombées, ricochet, séquelle, suite (logique). *SOUT.* aboutissant, efficace, fille. ▸ ***Réflexe*** – automatisme, conditionnement, interaction, réaction (immédiate), réflexe, réponse. ▸ ***Réponse*** – écho, objection, réflexe, réfutation, repartie, réplique, réponse, riposte. *FIG.* contre-attaque. ▸ ***Opposition*** – barrage, désapprobation, désobéissance, mauvaise volonté, objection, obstacle, obstruction, opposition, rebuffade, refus, résistance, veto. *SOUT.* contredit, inacceptation. ▸ ***Contre-révolution*** – conformisme, conservatisme, contre-révolution, conventionnalisme, droite, droitisme, fondamentalisme, immobilisme, intégrisme, orthodoxie, passéisme, suivisme, traditionalisme. *SOUT.* philistinisme. ▸ ***Conservatisme*** – conservatisme, droite, droitisme, extrême droite, fascisme, libéralisme. △ **ANT.** IMPASSIBILITÉ, INDIFFÉRENCE, NEUTRALITÉ.

réactionnaire *adj.* arriéré, attardé, contre-révolutionnaire, droitiste, immobiliste, nostalgique, passéiste, rétrograde. *FAM.* archéo, réac. △ **ANT.** RÉVOLUTIONNAIRE; AVANT-GARDISTE, NOVATEUR, PROGRESSISTE.

réactiver *v.* ▸ ***Redonner de la vitalité*** – donner un second souffle à, faire renaître, faire revivre, ragaillardir, rallumer, ranimer, raviver, réchauffer, redonner vie à, redynamiser, régénérer, renflammer, renouveler, ressusciter, réveiller, revigorer, revitaliser, revivifier, stimuler, vivifier. ▸ ***Ranimer un feu*** – activer, attiser, aviver, rallumer, ranimer, raviver, renflammer.

réagir *v.* ▸ ***Avoir une réaction*** – répondre. ▸ ***Protester*** – broncher, murmurer, pousser les hauts cris, protester, récriminer, renâcler, répliquer, s'élever, s'indigner, s'opposer, se dresser, se gendarmer, se plaindre, se récrier. *SOUT.* réclamer. *FAM.* criailler, faire du foin, moufter, piailler, rouscailler, rouspéter, ruer dans les brancards, tiquer, tousser. *QUÉB. FAM.* chialer. *ACADIE FAM.* bagueuler. ▸ ***Se secouer*** – se reprendre, se ressaisir, se secouer. *BELG. FAM.* se ravoir. △ **ANT.** NE PAS BRONCHER, RESTER IMPASSIBLE; SE LAISSER ALLER.

réalisable *adj.* exécutable, faisable, jouable, possible, praticable. △ **ANT.** IMPOSSIBLE, IMPRATICABLE, INEXÉCUTABLE, INFAISABLE, IRRÉALISABLE, IRRÉALISTE.

réalisation *n.f.* ▸ ***Concrétisation*** – actualisation, actuation, chosification, concrétisation, corporification, corporisation, expression, incarnation, matérialisation, objectivation, personnification, réification, substantialisation, substantification. ▸ ***Création*** – composition, conception, confection, constitution, construction, création, développement, édification, élaboration, exécution, fabrication, façon, façonnage, façonnement, formation, génération, genèse, gestation, invention, œuvre, organisation, paternité, production, structuration, synthèse. *SOUT.* accouchement, enfantement. *DIDACT.* engendrement. ▸ ***Filmage*** – filmage, production, tournage. ▸ ***Exécution*** – accomplissement, exécution, performance. *DR. ou SOUT.* perpétration *(crime)*. ▸ ***Acte*** – acte, action, choix, comportement, conduite, décision, démarche, entreprise, faire, fait, geste, intervention, manifestation. ▸ ***Aboutissement*** – aboutissement, accomplissement, achèvement, apothéose, but, chute, complémentation, complètement, complétude, conclusion, consécration, consommation, couronnement, dénouement, exécution, fin, finition, fruit, issue, produit, règlement, résolution, résultat, sortie, terme, terminaison. *SOUT.* aboutissant. *PHILOS.* entéléchie. ▸ ***Exaucement*** – accomplissement, concrétisation, exaucement, satisfaction. ▸ ***Éveil spirituel*** – délivrance, éveil, illumination, libération, mort de l'ego, réalisation (du Soi), révélation. ▸ *Dans l'hindouisme* – moksha, nirvana. ▸ *Dans le bouddhisme* – bodhi, samadhi. ▸ *Dans le zen* – satori. △ **ANT.** ÉBAUCHE, INTENTION, PROJET.

réaliser *v.* ▸ ***Concrétiser*** – actualiser, concrétiser, donner corps à, matérialiser, objectiver. ▸ ***Exécuter*** – accomplir, effectuer, exécuter, faire, opérer, pratiquer, procéder à. ▸ ***Exaucer*** – accomplir, combler, exaucer, répondre à, satisfaire. *SOUT.* écouter, entendre. ▸ ***Se rendre compte*** – constater, découvrir, prendre conscience, remarquer, s'apercevoir, s'aviser, se rendre compte, voir. *SOUT.* éprouver. ♦ **se réaliser** ▸ ***Se concrétiser*** – devenir réalité, se concrétiser, se matérialiser. ▸ ***Se produire*** – s'accomplir, s'opérer, se faire, se passer, se produire. ▸ ***S'épanouir*** – croître, grandir, s'épanouir, se développer. △ **ANT.** CONCEVOIR, IDÉALISER, RÊVER; AVORTER, ÉCHOUER.

réalisme *n.m.* ▸ ***Crudité*** – brutalité, crudité, verdeur. ▸ ***Pragmatisme*** – activisme, cynisme, empirisme, matérialisme, opportunisme, pragmatisme, prosaïsme, utilitarisme. ▸ ***En philosophie*** – agnosticisme, atomisme, chosisme, hylozoïsme, marxisme, matérialisme, mécanicisme, mécanisme, mécanistique, objectivisme, phénoménisme, positivisme, radicalisme, relativisme, substantialisme. △ **ANT.** DÉLICATESSE, RÉSERVE; IDÉALISME, UTOPIE; IRRÉALISME, SYMBOLISME.

réaliste *adj.* ▸ ***En parlant de qqn*** – concret, positif, pragmatique, pratique. *QUÉB. FAM.* pratico-pratique. ▸ ***En parlant de qqch.*** – concevable, envisageable, imaginable, pensable, possible. △ **ANT.** SPIRITUALISTE; IDÉALISTE, RÊVEUR, UTOPISTE; PESSIMISTE; OPTIMISTE; ABASOURDISSANT, AHURISSANT, DÉCONCERTANT, ÉBAHISSANT, EFFARANT, ÉPOUSTOUFLANT, IMPENSABLE, INCONCEVABLE, INCROYABLE, INIMAGINABLE, INOUÏ, INVRAISEMBLABLE, STUPÉFIANT; IMPOSSIBLE, IMPRATICABLE, INEXÉCUTABLE, INFAISABLE, IRRÉALISABLE, IRRÉALISTE.

réalité *n.f.* ▸ ***Matérialité*** – actualité, concret, corporéité, matérialité, palpabilité, phénoménalité, positif, rationalité, rationnel, réel, tangibilité, tangible, visible. ▸ ***Existence*** – actualité, essence, être, existence, fait, occurrence, présence, réel, substance, vie. ▸ ***Vérité*** – apodicticité, authenticité, évidence, existence, flagrance, historicité, incontestabilité, justesse, objectivité, positivité, validité, véracité, véridicité, vérité, vrai. *SOUT.* véridicité. △ **ANT.** APPARENCE, IDÉALITÉ; INEXISTENCE, IRRÉALITÉ; FICTION, ILLUSION, IMAGINATION, RÊVE, VISION.

réaménager *v.* ▸ ***Restructurer*** – redéployer, remodeler, réorganiser, restructurer. *SUISSE* redimensionner.

réapparaître *v.* refleurir, renaître de ses cendres, renaître, reparaître, reprendre vie, ressurgir, ressusciter, revenir, revivre, se rallumer, se ranimer, se réveiller. △ ANT. DISPARAÎTRE.

rebâtir *v.* reconstruire, relever. SOUT. réédifier. △ ANT. ABATTRE, DÉMOLIR.

rebelle *adj.* ▶ ***Tenace*** – coriace, inusable, résistant, robuste, tenace, vivace. ▶ ***Récalcitrant*** – récalcitrant, réfractaire, regimbeur, rétif. RARE résistant. ▶ ***Qui pousse à la révolte*** – contestataire, dissident, factieux, iconoclaste, incendiaire, insurgé, insurrectionnel, mal pensant, protestataire, révolté, révolutionnaire, séditieux, subversif. RARE contestateur. △ ANT. DISCIPLINÉ, DOCILE, OBÉISSANT, SOUMIS; DÉVOUÉ, FIDÈLE, LOYAL, SÛR.

rebelle *n.* ▶ ***Contestataire*** – agent provocateur, agitateur, cabaleur, contestant, contestataire, émeutier, excitateur, factieux, fauteur (de trouble), fomentateur, iconoclaste, instigateur, insurgé, intrigant, manifestant, meneur, mutin, partisan, perturbateur, provocateur, révolté, révolutionnaire, séditieux, semeur de troubles, trublion. ▶ ***Révolutionnaire*** – émeutier, insurgé, mutin, révolté, révolutionnaire. ▶ ***Personne non conformiste*** – récalcitrant. △ ANT. MARIONNETTE, MOUTON, SUIVEUR.

rébellion *n.f.* ▶ ***Dissidence*** – désobéissance, déviation, déviationnisme, division, hérésie, hétérodoxie, insoumission, insurrection, non-conformisme, opposition, révolte, schisme, scission, sécession, séparation. ▶ ***Indiscipline*** – contestation, désobéissance, désordre, dissipation, fantaisie, indiscipline, indocilité, insoumission, insubordination, mauvaise volonté, opiniâtreté, refus d'obéissance, résistance, rétivité, révolte. ▶ ***Insurrection*** – agitation, agitation-propagande, chouannerie, désordre, effervescence, embrasement, émeute, excitation, faction, fermentation, fièvre, fronde, insoumission, insubordination, insurrection, jacquerie, manifestation, mutinerie, remous, résistance, révolte, révolution, sédition, soulèvement, tourmente, troubles. FAM. agit-prop. △ ANT. OBÉISSANCE, SOUMISSION, SUBORDINATION; DISCIPLINE; HARMONIE, PAIX.

rebondir *v.* faire ricochet, ricocher.

rebord *n.m.* bordure, margelle.

rebut *n.m.* bourre, bourrier, chiure, chute, crasse, culot, débris, déchet, dépôt, détritus, gadoue, immondices, impureté, lavure, lie, malpropreté, ordure, parcelle, perte, poussière, raclure, reliefs, reliquat, résidu, reste, rinçure, rognure, saleté, salissure. FAM. cochonnerie, margouillis, saloperie. △ ANT. ARISTOCRATIE, ÉLITE, NOBLESSE.

rebuter *v.* ▶ ***Décourager*** – décourager, ennuyer, fatiguer, lasser. ▶ ***Répugner*** – déplaire à, répugner à. SOUT. repousser. FAM. débecter. △ ANT. ENCOURAGER; ATTIRER, INTÉRESSER, PLAIRE.

récalcitrant *adj.* ▶ ***Qui refuse d'obéir*** – rebelle, réfractaire, regimbeur, rétif. RARE résistant. △ ANT. DISCIPLINÉ, DOCILE, OBÉISSANT, SOUMIS; FLEXIBLE, MALLÉABLE, SOUPLE.

receler (var. **recéler**) *v.* ▶ ***Contenir*** – comporter, comprendre, compter, contenir, englober, inclure, renfermer. ▶ ***Cacher*** – cacher, camoufler, couvrir, dérober, dérober aux regards, dissimuler, escamoter, masquer, recouvrir, soustraire à la vue, soustraire aux regards, voiler. FAM. planquer. FRANCE RÉGION. mucher, musser.

récemment *adv.* à une époque rapprochée, depuis peu, dernièrement, fraîchement, frais, il y a peu, naguère, nouvellement. △ ANT. IL Y A BELLE LURETTE, IL Y A LONGTEMPS.

recensement *n.m.* ▶ ***Dénombrement*** – catalogue, cens, chiffrage, comptage, compte, décompte, dénombrement, détail, énumération, état, évaluation, inventaire, inventoriage, inventorisation, liste, litanie, numération, recension, revue, rôle, statistique. ▶ ***Recrutement*** – appel, conscription, embauchage, embauche, embrigadement, engagement, enrégimentation, enrégimentement, enrôlement, levée, maraudage, prosélytisme, racolage, recrutement. ▶ ***Vérification*** – analyse, apurement, audit, censure, confrontation, contrôle, épreuve, examen, expérience, expérimentation, expertise, filtrage, inspection, pointage, recension, récolement, reconnaissance, recoupement, révision, revue, suivi, supervision, surveillance, test, vérification. RARE schibboleth.

récent *adj.* ▶ ***Neuf*** – battant neuf, de fraîche date, de nouvelle date, flambant neuf, neuf, nouveau, tout neuf. ▶ ***Moderne*** – à la mode, à la page, actuel, au goût du jour, dans le vent, dernier cri, en vogue, frais, jeune, moderne, neuf, nouveau. FAM. branché. △ ANT. ANCIEN, ANTIQUE, LOINTAIN, RECULÉ, VIEUX.

réception *n.f.* ▶ ***Action d'attraper*** – captage. ▶ ***Accueil*** – abord, accès, accueil, approche, attitude, contact, mine, tête, traitement. ▶ ***Hospitalité*** – accueil, hospitalité. ▶ ***Bureau d'accueil*** – accueil, conciergerie *(grand hôtel)*. ▶ ***Admission*** – admission, adoubement, élévation, initiation, intronisation, investiture, promotion. ▶ ***Adhésion*** – adhésion, adjonction, admission, adoption, affiliation, agrégation, agrément, appartenance, association, enrôlement, entrée, incorporation, initiation, inscription, intégration, mobilisation, rattachement. △ ANT. ÉMISSION, ENVOI, EXPÉDITION; EXCLUSION.

réceptivité *n.f.* ▶ ***Sensibilité*** – excitabilité, impression, irritabilité, sensation, sensibilité. MÉD. esthésie, kinesthésie. ▸ *Excessive* – surexcitabilité. MÉD. éréthisme, hyperesthésie. ▶ ***Ouverture d'esprit*** – bienveillance, bonté, compréhension, douceur, humanisme, indulgence, irénisme, largeur d'esprit, libéralisme, non-discrimination, non-violence, ouverture (d'esprit), patience, philosophie, respect, tolérance, tolérantisme. SOUT. bénignité, longanimité. △ ANT. IMMUNITÉ, RÉSISTANCE.

recette *n.f.* ▶ ***Secret*** – martingale *(au jeu)*, procédé, secret. FAM. truc. ▶ ***Méthode*** – approche, art, chemin, code, comment, credo, démarche, discipline, dispositif, façon (de faire), facture, formule, heuristique, instruction, instrument, ligne de conduite, maïeutique, manière, marche (à suivre), méthode, méthodologie, modalité, mode d'emploi, mode, moyen, opération, ordre, organisation, outil, posologie, pratique, procédé, procédure, protocole, raisonnement, règle, secret, stratagème, stratégie, système, tactique, technique, théorie, traitement, voie. SOUT. faire. ▶ ***Revenu*** – allocation, arrérages, avantage, bénéfice, casuel, chômage, dividende, dotation, fermage, fruit, gain, intérêt, loyer, mense, mensualité, métayage, pension, prébende, présalaire, produit, profit, rapport, redevance, rente, rentrée, retraite, revenu, tontine, usufruit, usure, viager. FAM. alloc. FRANCE FAM. bénef. ANC. cens, lods et ventes. ▶ ***Action de recevoir des sommes*** – encaissement, perception, recouvrement, rentrée. △ **ANT.** DÉBOURS, DÉPENSE.

recevoir *v.* ▶ ***Obtenir*** – obtenir, récolter, recueillir. ▶ ***Subir des coups*** – FAM. attraper, morfler, prendre, ramasser. ▶ ***Subir une chose déplaisante*** – FAM. avaler, déguster, écoper de, empocher, encaisser, morfler. ▶ ***Percevoir*** – empocher, encaisser, gagner, mettre dans ses poches, percevoir, recouvrer, toucher. FAM. palper, se faire. ▶ ***Héberger*** – abriter, accueillir, coucher, donner l'hospitalité à, donner le gîte à, héberger, loger, recueillir. ▶ ***Admettre dans un groupe*** – accepter, accueillir, admettre, agréger. ADMIN. agréer. ▶ ***Accueillir un certain nombre de personnes*** – accueillir, contenir, loger, tenir. ▶ ***Reconnaître*** (SOUT.) – accorder, admettre, concéder, convenir, reconnaître. △ **ANT.** ADRESSER, ÉMETTRE, ENVOYER, TRANSMETTRE; ASSENER, INFLIGER; DONNER, LÉGUER, OFFRIR; DÉBOURSER, PAYER; CHASSER, EXCLURE, EXPULSER, REFUSER, RENVOYER.

réchauffer *v.* ▶ ***Adoucir la température*** – adoucir, radoucir. ▶ ***Ranimer*** – donner un second souffle à, faire renaître, faire revivre, ragaillardir, rallumer, ranimer, raviver, réactiver, redonner vie à, redynamiser, régénérer, renflammer, renouveler, ressusciter, réveiller, revigorer, revitaliser, revivifier, stimuler, vivifier. ♦ **se réchauffer** ▶ ***Devenir plus doux*** – s'adoucir, se radoucir. △ **ANT.** CONGELER, GELER, RAFRAÎCHIR, REFROIDIR; AMORTIR, APAISER, CALMER, PACIFIER.

recherche *n.f.* ▶ ***Désir*** – ambition, appel, appétit, aspiration, attirance, attrait, besoin, but, convoitise, desideratum, désir, envie, exigence, faim, fantaisie, fantasme, fièvre, fringale, goût, idéal, intention, jalousie, passion, prétention, quête, rêve, soif, souhait, tentation, velléité, visée, vœu, voix, volonté. SOUT. appétence, dessein, prurit, vouloir. FAM. démangeaison. ▶ ***Exploration*** – découverte, documentation, exploration, fouille, furetage, prospection, reconnaissance, sondage. FAM. farfouillage, farfouillement. ▶ ***Enquête*** – analyse, enquête, étude, examen, exploration, information, investigation, sondage, survol, traitement. SOUT. perquisition. ▶ ***Enquête judiciaire*** – enquête, examen, information, instruction. ▶ ***Approfondissement*** – analyse, approfondissement, dépouillement, développement, enrichissement, épluchage, étude, examen, exploration, introspection, méditation, pesée, progrès, réflexion, sondage. ▶ ***Raffinement*** – détail, finesse, perfectionnement, précision, raffinement, sophistication, stylisme, subtilité. RARE exquisité. ▶ ***Préciosité*** – affectation, byzantinisme, emphase, maniérisme, marivaudage, mignardise, préciosité, purisme, raffinement, sophistication, subtilité. SOUT. afféterie, concetti. ▶ ***Manque de naturel*** – affectation, air, apparence, apprêt, bluff, cabotinage, comédie, composition, contenance, convenu, dandysme, genre, imposture, jeu, maniérisme, manque de naturel, mascarade, mièvrerie, pose, raideur, représentation, snobisme. SOUT. cambrure. FAM. chiqué, cinéma. △ **ANT.** ABANDON, RENONCEMENT; LAISSER-ALLER, NÉGLIGENCE, SIMPLICITÉ.

rechercher *v.* ▶ ***Convoiter*** – ambitionner, aspirer à, avoir des vues sur, avoir en tête de, briguer, convoiter, courir après, désirer, pourchasser, poursuivre, prétendre à, solliciter, souhaiter, tendre à, viser. FAM. guigner, lorgner, reluquer. ▶ ***S'efforcer de trouver*** – chercher. ♦ **recherché** ▶ ***Rare*** – cher, de (grande) valeur, de prix, inappréciable, inestimable, introuvable, précieux, rare, rarissime, sans prix. ▶ ***Complexe*** – complexe, délicat, difficile, savant, subtil. ▶ ***Subtil*** – délicat, exquis, fin, raffiné, subtil. ▶ ***Châtié*** – châtié, épuré, soigné. △ **ANT.** ÉVITER, FUIR; TROUVER.

rechute *n.f.* ▶ ***Aggravation*** – accentuation, accroissement, aggravation, alourdissement, amplification, augmentation, complexification, complication, croissance, détérioration, développement, escalade, exacerbation, intensification, progrès, progression, propagation, recrudescence, redoublement. ▶ ***Répétition*** – cycle, fréquence, itération, période, périodicité, récidive, récidivité, recommencement, récurrence, récursivité, renouvellement, répétition, répétitivité, reprise, reproduction, retour. SOUT. réitération, retombement. FAM. réédition. △ **ANT.** AMÉLIORATION, GUÉRISON, RÉMISSION.

récif *n.m.* ▶ ***Rocher*** – brisant, écueil, étoc, rocher (à fleur d'eau). ▶ ***Danger*** (FIG.) – aléa, casse-cou, danger, détresse, difficulté, écueil, embûche, épée de Damoclès, épouvantail, guêpier, hasard, impasse, imprudence, insécurité, mauvais pas, menace, perdition, péril, piège, point chaud, point sensible, poudrière, risque, spectre, traverse, urgence, volcan. SOUT. tarasque. FRANCE FAM. casse-gueule.

récipient *n.m.* contenant. BELG. potiquet.

réciprocité *n.f.* bilatéralité, mutualité. △ **ANT.** UNILATÉRALITÉ.

réciproque *adj.* ▶ ***Mutuel*** – mutuel, partagé. ▶ ***Bilatéral*** – bilatéral, symétrique. DR. synallagmatique. △ **ANT.** À SENS UNIQUE, UNILATÉRAL, UNIVOQUE.

réciproque *n.f.* ▶ ***Contrepartie*** – antilogie, antinomie, antipode, antithèse, antonymie, contradiction, contraire, contraste, contrepartie, contrepied, dichotomie, différence, divergence, envers, inverse, opposition, polarité.

réciproquement *adv.* bilatéralement, en contrepartie, vice-versa. △ **ANT.** UNILATÉRALEMENT.

récit *n.m.* ▶ ***Narration*** – compte rendu, description, exposé, exposition, histoire, narration, peinture, procès-verbal, rapport, relation, reportage, tableau. SOUT. radiographie. ▸ *Faits réels* – anecdote, annales, autobiographie, biographie, carnet, chroniques, chronologie, commentaires, confessions, évocation, histoire, historiographie, historique, journal, mémoires, mémorial, souvenirs, vie. ▸ *Faits imaginaires* – chantefable, chronique, conte, épopée, fabliau, histoire, historiette, légende, monogatari (Japon), mythe, nouvelle, odyssée, roman, saga. ▷ *À valeur morale* – allégorie, apologue, fable, parabole. ▶ ***Récitatif*** – récitatif.

réciter *v.* débiter, déclamer. DIDACT. oraliser.

réclamation *n.f.* ▶ ***Demande*** – adjuration, appel, demande, démarche, desideratum, désir, doléances, exigence, injonction, instance, interpellation, interrogation, invocation, mandement, ordre, pétition, placet, prétention, prière, question, requête, réquisition, revendication, sollicitation, sommation, supplication, supplique, ultimatum, vœu. SOUT. implorationation. ▶ ***En droit*** – action, demande, plainte, poursuite, procès, recours, référé, requête.

réclamer *v.* ▶ ***Solliciter*** – demander, requérir, solliciter, vouloir. ▶ ***Revendiquer*** – demander, exiger, revendiquer. SOUT. demander à cor et à cri, prétendre à. ▶ ***Nécessiter*** – appeler, avoir besoin de, commander, demander, exiger, imposer, nécessiter, obliger, postuler, prendre, prescrire, requérir, vouloir. ♦ **se réclamer** ▶ ***Invoquer en sa faveur*** – se recommander de. △ **ANT.** ACCORDER, ACQUIESCER, DONNER.

recoin *n.m.* angle, anglet, arête, carre, coin, corne, coude, diverticule, écoinçon, encoignure, enfourchement, noue, pan, renfoncement, retour, saillant, tournant. MAR. empointure.

récolte *n.f.* ▶ ***Collecte*** – collectage, collecte, cueillette, enlèvement, ramassage. DIDACT. levée. ▶ ***Cueillette de végétaux*** – cueillette, ramassage. SOUT. cueillaison. ANTIQ. annone. ▶ ***Produits*** – gibier, pêche. ▶ ***Choses recueillies*** – collecte, moisson. △ **ANT.** ENSEMENCEMENT, SEMAILLES.

récolter *v.* ▶ ***Récolter les céréales*** – faire la moisson/les moissons, moissonner. ▶ ***Récolter les fruits*** – cueillir, ramasser. ▸ *Les fruits à coque* – gauler. FRANCE RÉGION. chabler. ▸ *Le raisin* – vendanger. ▶ ***Récolter la résine*** – gemmer, résiner. ▶ ***Recevoir*** – obtenir, recevoir, recueillir. ▸ *En grande quantité* – amasser, moissonner. △ **ANT.** PLANTER, SEMER.

recommandable *adj.* bien, bienséant, convenable, correct, de bon ton, décent, digne, fréquentable, honnête, honorable, moral, rangé, respectable, sérieux. FAM. comme il faut. △ **ANT.** CONDAMNABLE, INDÉSIRABLE; DISCOURTOIS, GROSSIER, IMPERTINENT, IMPOLI, INCONVENANT, INCORRECT, MAL ÉLEVÉ, RUSTRE.

recommandation *n.f.* ▶ ***Conseil*** – avertissement, avis, conseil, encouragement, exhortation, guidance, idée, incitation, indication, information, initiative, inspiration, instigation, motion *(dans une assemblée)*, offre, opinion, préconisation, proposition, renseignement, suggestion. FAM. tuyau. DR. pollicitation. ▶ ***Patronage*** – abri, aide, appui, assistance, chapeautage, conservation, couverture, garantie, garde, mandat, parrainage, paternalisme, patronage, protection, renfort, rescousse, sauvegarde, secours, sécurisation, soutien, surveillance, tutelle. FIG. parapluie. SOUT. égide. FAM. piston. △ **ANT.** ENTRAVE, OPPOSITION.

recommander *v.* ▶ ***Suggérer*** – conseiller, indiquer, proposer, suggérer. ▶ ***Prôner*** – prêcher, préconiser, prescrire, prôner. ▶ ***Patronner*** – appuyer, favoriser, patronner, prendre sous son aile, protéger, soutenir. FAM. donner un coup de pouce à, pistonner. ♦ **se recommander** ▶ ***Invoquer en sa faveur*** – se réclamer de. △ **ANT.** DÉCONSEILLER, DISSUADER; CONDAMNER, DÉNIGRER.

recommencement *n.m.* ▶ ***Répétition*** – cycle, fréquence, itération, période, périodicité, rechute, récidive, récidivité, récurrence, récursivité, renouvellement, répétition, répétitivité, reprise, reproduction, retour. SOUT. réitération, retombement. FAM. réédition. ▶ ***Renouvellement*** – amélioration, changement, dépoussiérage, modernisation, modification, prorogation, rajeunissement, reconduction, réformation, réforme, régénération, réhabilitation, réinvention, remplacement, renouveau, renouvellement, rénovation, réparation, restauration, résurrection, rétablissement, transformation. PÉJ. FAM. réformette. △ **ANT.** FIN, TERME.

recommencer *v.* ▶ ***Reprendre ce qu'on avait interrompu*** – rentamer, reprendre, se remettre à. FAM. repiquer au truc. ▶ ***Faire de nouveau*** – refaire, réitérer, renouveler, répéter, reproduire, revenir à la charge. FAM. récidiver, rééditer, remettre ça, y retourner, y revenir. ▶ ***Avoir un nouveau commencement*** – se renouveler. ▶ ***Repartir*** – redémarrer, repartir, reprendre. △ **ANT.** ARRÊTER, CESSER, INTERROMPRE.

récompense *n.f.* ▶ ***Gratification*** – accessit, bon point, citation, couronne, décoration, diplôme, distinction, gratification, médaille, mention, nomination, pourboire, prime, prix, satisfecit, trophée. ▶ ***Ajout sur le salaire*** – gratification, prime. QUÉB. boni. ▶ ***Dédommagement*** – compensation, consolation, contrepartie, correctif, dédommagement, dommages et intérêts, dommages-intérêts, échange, indemnisation, indemnité, raison, remboursement, réparation, retour, satisfaction, soulte. ▶ ***Encouragement*** – aide, aiguillon, applaudissement, approbation, appui, compliment, éloge, exhortation, incitation, prime, prix, protection, soutien, stimulant, subvention. SOUT. satisfecit. △ **ANT.** CHÂTIMENT, CORRECTION, PUNITION, SANCTION.

récompenser *v.* ▶ ***Couronner*** – couronner, primer. ▶ ***Remercier*** – dédommager, remercier. △ **ANT.** CHÂTIER, PUNIR; PÉNALISER.

réconciliation *n.f.* ▶ ***Rapprochement*** – accommodement, accord, conciliation, fraternisation, rapprochement, renouement, replâtrage, retrouvailles. FAM. rabibochage, raccommodement. ▶ ***Paix*** – accord, armistice, cessation des hostilités, cessez-le-feu, compromis, conciliation, détente, entente, issue, modus vivendi, négociation, neutralité, non-belligérance, normalisation, pacification, pacte, paix, traité, trêve. △ **ANT.** DIVORCE, RUPTURE, SÉPARATION; BROUILLE, DÉSACCORD, DISPUTE, MÉSENTENTE.

réconcilier *v.* accorder, concilier. FAM. rabibocher, raccommoder. ♦ **se réconcilier** renouer. FAM. enterrer la hache de guerre, se rabibocher, se raccommoder, se rapapilloter. △ **ANT.** BROUILLER, DÉSUNIR, DIVISER. ♦ **se réconcilier** SE BROUILLER, SE FÂCHER.

reconduire *v.* ▶ ***Rendre de nouveau valide*** – renouveler. ▶ ***Prolonger*** – allonger, étendre, prolonger, proroger, rallonger. ▶ ***Raccompagner*** – raccompagner, ramener. ▶ ***Congédier*** – chasser, congédier, débaucher, démettre, donner son congé à, expulser, licencier, mettre à la porte, mettre à pied, mettre dehors, mettre en disponibilité, remercier, remercier de ses services, renvoyer. FAM. balancer, balayer, déboulonner, lourder, sabrer, sacquer, vider, virer. △ **ANT.** ABOLIR, ABROGER, INVALIDER, RÉVOQUER; INTERROMPRE, TERMINER.

réconfort *n.m.* adoucissement, apaisement, appui, baume, bercement, cicatrisation, consolation, rassérénement, soulagement, soutien moral. SOUT. dictame. FAM. béquille. △ ANT. DÉCOURAGEMENT, INQUIÉTUDE, SOUCI.

réconfortant *adj.* ▶ ***Calmant*** – apaisant, calmant, consolant, consolateur, lénifiant, lénitif, rassérénant, rassurant, sécurisant, tranquillisant. △ ANT. ALARMANT, ANGOISSANT, EFFARANT, INQUIÉTANT, OPPRESSANT, PANIQUANT, TROUBLANT; AFFAIBLISSANT, ALANGUISSANT, AMOLLISSANT, ANÉMIANT, DÉBILITANT.

réconforter *v.* ▶ ***Alléger le chagrin*** – consoler, mettre du baume au cœur, mettre un baume sur la plaie, remonter, sécher les larmes, sécher les pleurs, soulager le cœur. SOUT. panser les plaies, tarir les larmes. ▶ ***Ramener à la sérénité*** – apaiser, calmer, consoler, rasséréner, rassurer, sécuriser, tranquilliser. ▶ ***Remonter le moral*** – encourager, ragaillardir, regonfler, remonter (le moral de), retremper. FAM. requinquer, retaper. ▶ ***Redonner des forces physiques*** – donner un coup de fouet à, ragaillardir, ranimer, régénérer, remonter, revigorer, stimuler, tonifier, vitaliser, vivifier. FAM. ravigoter, recharger les accus à, recharger les batteries à, requinquer, retaper. △ ANT. ABATTRE, ACCABLER, DÉCOURAGER, DÉMORALISER, DÉPRIMER; AFFAIBLIR, DÉBILITER.

reconnaissable *adj.* appréciable, discernable, distinct, identifiable, perceptible, saisissable, sensible. RARE constatable. △ ANT. MÉCONNAISSABLE.

reconnaissance *n.f.* ▶ ***Exploration*** – découverte, documentation, exploration, fouille, furetage, prospection, recherche, sondage. FAM. farfouillage, farfouillement. ▶ ***Vérification*** – analyse, apurement, audit, censure, confrontation, contrôle, épreuve, examen, expérience, expérimentation, expertise, filtrage, inspection, pointage, recensement, recension, récolement, recoupement, révision, revue, suivi, supervision, surveillance, test, vérification. RARE schibboleth. ▶ ***Identification*** – décèlement, découverte, dénichement, dépistage, détection, détermination, diagnostic, identification, localisation, positivité, pronostic, récognition, repérage. PHYSIOL. spatialisation. ▶ ***Certification*** – attestation, authentification, certificat, certification, confirmation, constat, enregistrement, homologation, légalisation, légitimation, officialisation. ▶ ***Aveu*** – annonce, aveu, confession, confidence, déclaration, dévoilement, divulgation, ébruitement, fuite, indiscrétion, initiation, instruction, mea culpa, mise au courant, proclamation, publication, révélation. FAM. déballage, mise au parfum. ▶ ***Gratitude*** – bénédiction, gratitude, gré, merci, obligation, remerciement. ▶ ***Quittance*** – acquit, apurement, bulletin, connaissement, décharge, facture, facturette *(carte de crédit)*, libération, quitus, récépissé, reconnaissance (de paiement), reçu, warrant. △ ANT. DÉNÉGATION, DÉSAVEU, OUBLI; INGRATITUDE.

reconnaissant *adj.* obligé, redevable. △ ANT. INGRAT, OUBLIEUX; RANCUNIER.

reconnaître *v.* ▶ ***Explorer*** – arpenter, battre, explorer, inspecter, parcourir, prospecter, ratisser, visiter. ▶ ***Percevoir*** – apprécier, déceler, détecter, discerner, distinguer, identifier, percevoir. ▶ ***Distinguer une chose de l'autre*** – démêler, différencier, discerner, discriminer, distinguer, faire la différence entre, séparer. ▶ ***Se rappeler*** – se rappeler, se souvenir de. FAM. replacer. ▶ ***Diagnostiquer*** – découvrir, dépister, diagnostiquer, identifier. ▶ ***Admettre*** – accorder, admettre, concéder, convenir. SOUT. recevoir. ▶ ***Prêter une qualité*** – accorder, attacher, attribuer, porter, prêter. ♦ **se reconnaître** ▶ ***S'orienter*** – s'orienter, se diriger, se guider, se repérer, se retrouver. ▶ ***S'identifier*** – s'assimiler à, s'identifier à, se retrouver dans. ♦ **reconnu** ▶ ***Célèbre*** – célèbre, connu, de grand renom, fameux, glorieux, historique, illustre, immortel, inoubliable, légendaire, marquant, mémorable, notoire, proverbial, renommé, réputé. ▸ *Non favorable* – de triste mémoire. ▶ ***Incontestable*** – avéré, certain, démontré, établi, formel, inattaquable, incontestable, incontesté, indéniable, indiscutable, indiscuté, indubitable, irrécusable, irréfutable, prouvé, sûr. FAM. garanti. DIDACT. irréfragable. △ ANT. CONFONDRE, MÉCONNAÎTRE; OUBLIER; CONTESTER, NIER, PROTESTER; REFUSER. ♦ **reconnu** CACHÉ, CLANDESTIN, SECRET.

reconstituer *v.* ▶ ***Recomposer*** – recomposer, refaire, reformer. ▶ ***Reproduire*** – imiter, recréer, rendre, reproduire, restituer, simuler. INFORM. émuler. ▶ ***Régénérer un tissu organique*** – régénérer, réparer.

reconstruction *n.f.* réassemblage, remontage. SOUT. réédification. △ ANT. DÉMOLITION, DESTRUCTION.

reconstruire *v.* rebâtir, relever. SOUT. réédifier.

recopier *v.* ▶ ***Transcrire*** – copier, reporter, retranscrire, transcrire.

record *n.m.* ▶ ***Exploit*** – exploit, performance, prouesse, réussite, succès, tour de force. SOUT. gageure. ▶ ***Maximum*** – acmé, apex, apogée, apothéose, cime, climax, comble, culmination, excès, faîte, fin du fin, fort, limite, maximum, meilleur, nec plus ultra, optimum, paroxysme, pinacle, plafond, point culminant, pointe, sommet, summum, triomphe, zénith. SOUT. plus haut période. FAM. top niveau. △ ANT. DÉFAITE, ÉCHEC, INSUCCÈS.

recourir *v.* ▶ ***Faire appel à qqn*** – avoir recours à, consulter, faire appel à, passer par, prendre conseil auprès de, s'adresser à. ▶ ***Faire appel à qqch.*** – avoir recours à, déployer, employer, exercer, faire appel à, faire jouer, faire usage de, jouer de, mettre en œuvre, s'aider de, se servir de, user de, utiliser.

recours *n.m.* ▶ ***Utilité*** – avantage, bénéfice, bienfait, commodité, convenance, désidérabilité, efficacité, fonction, fonctionnalité, indispensabilité, intérêt, mérite, nécessité, profit, profitabilité, service, usage, utilité, valeur. ▶ ***Recours juridique*** – appel, appel a maxima, appel a minima, intimation, pourvoi. ▸ *Irrecevable* – fol appel. ▶ ***Action en justice*** – action, demande, plainte, poursuite, procès, réclamation, référé, requête.

recouvrer *v.* ▶ ***Retrouver*** – ravoir, reconquérir, récupérer, regagner, rentrer en possession de, reprendre, retrouver, se réapproprier. FAM. raccrocher. SUISSE FAM. rapercher. ▶ ***Encaisser*** – empocher, encaisser, gagner, mettre dans ses poches, percevoir, recevoir, toucher. FAM. palper, se faire. △ ANT. PERDRE; PAYER.

recouvrir *v.* ▶ ***Couvrir d'un tissu, d'un papier*** – couvrir, tapisser, tendre. ▶ ***Couvrir d'un enduit*** – badigeonner, couvrir, enduire. ▶ ***Protéger du froid*** – abriter, couvrir. QUÉB. FAM. abrier. ▶ ***Cacher*** – cacher, camoufler, couvrir, dérober, dérober aux regards, dissimuler, escamoter, masquer, receler, soustraire à la vue, soustraire aux regards, voiler. FAM. planquer. FRANCE RÉGION. mucher, musser. ▶ ***Parsemer*** – couvrir, joncher, parsemer. ▶ ***Englober*** – couvrir, embrasser, englober. ♦ **se recouvrir** s'imbriquer, (se) chevaucher, se superposer. △ **ANT.** DÉCOUVRIR, DÉVOILER.

récréation *n.f.* ▶ ***Repos*** – congé, délassement, détente, escale, halte, loisir, mi-temps, pause, récupération, relâche, répit, repos, temps, trêve, vacances, villégiature. ▶ ***Divertissement*** – divertissement, entracte, interlude, intermède, intermezzo. △ **ANT.** ACTIVITÉ, CORVÉE, TRAVAIL; DÉSAGRÉMENT, ENNUI.

recréer *v.* imiter, reconstituer, rendre, reproduire, restituer, simuler. INFORM. émuler.

récrier (se) *v.* ▶ ***Pousser une exclamation*** – s'écrier, s'exclamer. ▶ ***Protester*** – broncher, murmurer, pousser les hauts cris, protester, réagir, récriminer, renâcler, répliquer, s'élever, s'indigner, s'opposer, se dresser, se gendarmer, se plaindre. SOUT. réclamer. FAM. criailler, faire du foin, moufter, piailler, rouscailler, rouspéter, ruer dans les brancards, tiquer, tousser. QUÉB. FAM. chialer. ACADIE FAM. bagueuler.

recroqueviller (se) *v.* ▶ ***Se replier sur soi*** – se blottir, se lover, se mettre en boule, se pelotonner, se ramasser, se ratatiner, se replier sur soi, se tapir. ▶ ***Rapetisser en desséchant*** – se dessécher, se rabougrir, se racornir, se ratatiner. ♦ **recroquevillé** ▶ ***Replié sur soi*** – blotti, pelotonné, ramassé, roulé en boule. △ **ANT.** S'ÉTIRER, SE DÉPLIER; S'ÉPANOUIR.

recrue *n.f.* ▶ ***Militaire*** – appelé, bleu, conscrit. ▶ ***Nouvel adepte*** – néophyte, prosélyte. ▶ ***Débutant*** – apprenti, commençant, débutant, néophyte, novice, (petit) nouveau, poulain *(prometteur)*. FRANCE FAM. bizuth, deb.

recrutement *n.m.* appel, conscription, embauchage, embauche, embrigadement, engagement, enrégimentation, enrégimentement, enrôlement, levée, maraudage, prosélytisme, racolage, recensement. △ **ANT.** CONGÉDIEMENT, LICENCIEMENT.

recruter *v.* ▶ ***Enrôler dans l'armée*** – appeler, engager, enrôler, incorporer, mobiliser. ▶ ***Enrôler dans un groupe*** – embrigader, enrégimenter, enrôler. △ **ANT.** DÉMOBILISER, LICENCIER, RENVOYER; REFUSER.

rectifier *v.* ▶ ***Corriger*** – corriger, rajuster, redresser. ▶ ***Distiller*** – distiller. RARE alambiquer. ▶ ***Assassiner*** (FAM.) – abattre, assassiner, éliminer, exécuter, supprimer, tuer. SOUT. immoler. FAM. buter, descendre, envoyer dans l'autre monde, expédier, faire la peau à, flinguer *(arme à feu)*, liquider, nettoyer, ratatiner, refroidir, se faire, trucider, zigouiller. FRANCE FAM. bousiller. △ **ANT.** TORDRE; ALTÉRER, DÉFORMER, FAUSSER.

rectiligne *adj.* droit. △ **ANT.** COURBE, CURVILIGNE, SINUEUX.

rectitude *n.f.* ▶ ***Rigueur*** – droiture, rigueur. ▶ ***Solidité*** – aplomb, assurance, autorité, caractère, constance, courage, cran, détermination, endurance, énergie, fermeté, force, permanence, poigne, résolution, ressort, sang-froid, sérieux, solidité, sûreté, ténacité, vigueur, virilité, volonté. SOUT. invulnérabilité. FAM. estomac, gagne. △ **ANT.** ERREUR, FAUSSETÉ, INEXACTITUDE.

reçu *n.m.* acquit, apurement, bulletin, connaissement, décharge, facture, facturette *(carte de crédit)*, libération, quitus, récépissé, reconnaissance (de paiement), warrant.

recueil *n.m.* ▶ ***Collection*** – accumulation, amas, appareil, assemblage, assortiment, collection, compilation, ensemble, foule, grand nombre, groupe, groupement, jeu, quantité, rassemblement, service, tas, train. FAM. attirail, cargaison, compil. PÉJ. ramassis. ▶ ***Anthologie*** – ana, analecta, anthologie, choix, chrestomathie, collection, compilation, épitomé, extraits, florilège, mélanges, miscellanées, morceaux choisis, pages choisies, sélection, spicilège, varia. FAM. compil. ▶ ***Livre*** – album, brochure, brochurette, cahier, catalogue, document, écrit, fascicule, imprimé, livre, livret, manuel, opuscule, ouvrage, parution, plaquette, publication, registre, titre, tome, volume. FAM. bouquin. ▸ *Gros* FAM. pavé. QUÉB. FAM. brique.

recueillement *n.m.* ▶ ***Prière*** – acte de contrition, acte de foi, déprécation, exercice, exercice de piété, exercice spirituel, invocation, litanie, méditation, obsécration, oraison, prière, souhait, supplication. ▶ ***Réflexion*** – introspection, méditation, pensée, questionnement, réflexion, remâchement, rêvasserie, rumination, ruminement. DIDACT. problématique. SOUT. reploiement. FAM. cogitation. ▶ ***Concentration*** – application, attention, concentration, contention, intérêt, réflexion, tension. △ **ANT.** DISSIPATION, DIVERTISSEMENT; DISTRACTION, INATTENTION.

recueillir *v.* ▶ ***Ramasser*** – assembler, collecter, colliger, ramasser, rassembler, relever. SUISSE FAM. rapercher. ▶ ***Noter*** – consigner, enregistrer, inscrire, noter, prendre (bonne) note de, prendre en note, relever. ▶ ***Obtenir*** – obtenir, recevoir, récolter. ▶ ***Accueillir*** – abriter, accueillir, coucher, donner l'hospitalité à, donner le gîte à, héberger, loger, recevoir. ♦ **se recueillir** ▶ ***Chercher le recueillement*** – méditer, se replier sur soi. SOUT. rentrer en soi. △ **ANT.** DISPERSER, DISSÉMINER, ÉPARPILLER; CHASSER, RENVOYER. ♦ **se recueillir** S'AGITER, SE DISSIPER.

recul *n.m.* ▶ ***Régression*** – acculée, acculement, éloignement, marche arrière, récession, reculade, reculement, reflux, régression, repli, repliement, repoussement, retour, retrait, retraite, rétrogradation, rétrogression. PHYS. répulsion. ▶ ***Ajournement*** – ajournement, délai, prorogation, recul (de date), rééchelonnement *(dette)*, remise (à plus tard), renvoi, répit, report, sursis. ▶ ***Éloignement*** – distanciation. ▶ ***Délaissement*** – abandon, abdication, défection, délaissement, démission, désengagement, désertion, désintérêt, désistement, dessaisissement, forfait, inachèvement, repli, retrait, retraite. SOUT. inaccomplissement. FAM. décrochage, lâchage, largage, plaquage. DR. non-lieu, résignation. △ **ANT.** AVANCEMENT, CROISSANCE, PERCÉE, PROGRESSION; RAPPROCHEMENT.

reculer *v.* ▶ ***Battre en retraite*** – battre en retraite, rétrograder, se replier, se retirer. QUÉB. retraiter.

MILIT. décrocher. ▸ ***Aller vers l'arrière*** – culer, faire machine arrière, faire marche arrière. ▸ ***Revenir à un état antérieur*** – aller à reculons, régresser, rétrograder. ▸ ***Céder*** – battre en retraite, céder, faiblir, faire marche arrière, fléchir, lâcher pied, mollir, plier. *FAM.* caler, caner, flancher, se déballonner, se dégonfler. ▸ ***Reporter*** – ajourner, décaler, différer, proroger, remettre, renvoyer, reporter, repousser, retarder, suspendre. *SOUT. OU DR.* surseoir à. *BELG. SUISSE* postposer. *TECHN.* temporiser. ♦ **reculé** ▸ ***Éloigné dans l'espace*** – à l'écart, écarté, éloigné, isolé, perdu, retiré, solitaire. *FAM.* paumé. ▸ ***Éloigné dans le temps*** – ancestral, ancien, éloigné, immémorial, lointain, passé, révolu. △ **ANT.** AVANCER, PROGRESSER; APPROCHER; RESTER; RÉSISTER, S'ACCROCHER, TENIR; DEVANCER.

récupérer *v.* ▸ ***Ravoir*** – ravoir, reconquérir, recouvrer, regagner, rentrer en possession de, reprendre, retrouver, se réapproprier. *FAM.* raccrocher. *SUISSE FAM.* rapercher. ▸ ***Réutiliser*** – recycler, réemployer, réutiliser, se resservir de. ▸ ***Se reposer*** – faire une pause, reprendre haleine, respirer, se délasser, se détendre, se refaire, se relaxer, se reposer, souffler. *FAM.* décompresser. ▸ ***Se rétablir*** – aller mieux, guérir, relever de maladie, se remettre, se rétablir. *FAM.* prendre du mieux, se retaper. △ **ANT.** PERDRE; JETER; S'ÉPUISER.

récurrent *adj.* continuel, fréquent, multiple, nombreux, répété, répétitif. △ **ANT.** RARE; PASSAGER, PROVISOIRE.

récuser *v.* ▸ ***Contester*** – contester, dénier. ▸ ***Rejeter*** (*RARE*) – contester, démentir, disconvenir de, nier, rejeter. △ **ANT.** ACCEPTER, AGRÉER.

recyclable *adj.* récupérable, réutilisable. △ **ANT.** IRRÉCUPÉRABLE.

recycler *v.* ▸ ***Récupérer*** – récupérer, réemployer, réutiliser, se resservir de. ▸ ***Donner une nouvelle formation*** – requalifier. △ **ANT.** JETER.

rédaction *n.f.* ▸ ***Action d'écrire*** – écriture. ▸ ***Exercice*** – composition, dissertation.

reddition *n.f.* capitulation. △ **ANT.** DISSIDENCE, RÉBELLION.

rédempteur *adj.* salvateur, sauveur.

rédemption *n.f.* ▸ ***Libération*** – acquittement, affranchissement, décolonisation, délivrance, désaliénation, élargissement, émancipation, évacuation, libération, manumission, rachat, salut. *FAM.* débarras, quille. *SOUT.* déprise. ▸ ***Sauvetage*** – planche de salut, rachat, récupération, salut, sauvetage, secours. △ **ANT.** CONDAMNATION, DAMNATION, PERTE.

redescendre *v.* rebaisser, retomber. △ **ANT.** REMONTER.

rédiger *v.* ▸ ***Composer*** – composer, écrire. *FAM. PÉJ.* pondre, scribouiller. ▸ ***Mettre par écrit*** – écrire, libeller, mettre noir sur blanc, mettre par écrit. *SOUT.* coucher sur le papier.

redire *v.* ▸ ***Répéter*** – répéter, reprendre, revenir sur. ▸ *Répéter sans cesse* – chanter sur tous les tons, rabâcher, radoter, rebattre les oreilles à qqn de, répéter, ressasser, seriner, tympaniser. *FAM.* corner aux oreilles/dans les oreilles de qqn.

redite *n.f.* banalité, cliché, évidence, fadaise, généralité, lapalissade, lieu commun, platitude, poncif, stéréotype, tautologie, truisme. △ **ANT.** INÉDIT, INNOVATION, NOUVEAUTÉ, PRIMEUR.

redonner *v.* ▸ ***Rendre*** – remettre, rendre, restituer. *DR.* recéder, rétrocéder. ▸ ***Rediffuser*** – rediffuser, repasser. △ **ANT.** CONSERVER, GARDER; REPRENDRE, RETIRER.

redoubler *v.* ▸ ***Multiplier par deux*** – doubler, dupliquer. ▸ ***Accroître*** – accroître, augmenter, décupler, gonfler, multiplier. ▸ ***Augmenter*** – augmenter, croître, grandir, grossir, prendre de l'ampleur, prendre de l'envergure, s'accentuer, s'accroître, s'amplifier, s'intensifier, se développer. ♦ **redoublé** ▸ ***Répété*** – itératif, répété, répétitif. *LING.* réduplicatif. △ **ANT.** DIVISER; DIMINUER; CESSER.

redoutable *adj.* ▸ ***Qui effraie*** – dangereux, inquiétant, mauvais, méchant, menaçant, patibulaire, sinistre, sombre, terrible, torve *(regard)*. *QUÉB. FAM.* malin. ▸ ***Que l'on redoute*** – dangereux, fort, menaçant, puissant. △ **ANT.** INOFFENSIF.

redouter *v.* appréhender, avoir peur de, craindre, s'effrayer de. △ **ANT.** ESPÉRER, SOUHAITER.

redoux *n.m.* accalmie, adoucissement, amélioration, bonace, calme plat, éclaircie, embellie, radoucissement, réchauffement, répit, tiédissement, tranquillité, trouée. *QUÉB. FAM.* doux temps. *ACADIE FAM.* clairon.

redressement *n.m.* ▸ ***Action de rendre droit*** – dégauchissage, dégauchissement, redressage. ▸ ***Action de remettre en position verticale*** – relèvement. ▸ ***Hausse*** – accentuation, accroissement, accrue, agrandissement, amplification, arrondissement, augmentation, bond, boom, crescendo, croissance, crue, décuplement, développement, dilatation, élargissement, élévation, enflement, enrichissement, envolée, essor, évolution, expansion, extension, flambée, foisonnement, gonflement, gradation, grossissement, hausse, haussement, inflation, intensification, majoration, montée, poussée, progrès, progression, recrudescence, redoublement, rehaussement, relèvement, renchérissement, renforcement, revalorisation, valorisation. △ **ANT.** COURBURE, DÉFORMATION; AFFAISSEMENT, EFFONDREMENT.

redresser *v.* ▸ ***Redonner une forme droite*** – aplanir, décourber, dégauchir, doler, dresser, planer, raboter, replanir, varloper. *RARE* blanchir, unir. ▸ ***Remettre à la verticale*** – relever. ▸ ***Rectifier*** – corriger, rajuster, rectifier. ▸ ***Venger*** – laver, punir, réparer, venger. ▸ ***Réprimander*** – admonester, attraper, chapitrer, faire des remontrances à, faire la leçon à, faire la morale à, gronder, houspiller, malmener, moraliser, morigéner, rappeler à l'ordre, remettre à sa place, remettre au pas, réprimander, sermonner. *SOUT.* gourmander, semoncer, semondre, tancer. *FAM.* assaisonner, dire deux mots à, disputer, doucher, engueuler, enguirlander, incendier, laver la tête à, moucher, passer un savon à, remonter les bretelles à, sacquer, savonner, savonner la tête à, secouer, secouer comme un (vieux) prunier, secouer les puces à, sonner les cloches à, tirer les oreilles à. *FRANCE FAM.* donner un cigare à, passer un cigare à. *QUÉB. FAM.* chicaner. △ **ANT.** COURBER, FLÉCHIR, GAUCHIR, PLIER, TORDRE; ABATTRE, COUCHER, INCLINER, RENVERSER; DÉVIER. ♦ **se redresser** S'AFFAISSER, S'ÉCROULER.

réducteur *adj.* simplificateur, simpliste. △ **ANT.** MESURÉ, NUANCÉ; AMPLIFICATEUR; OXYDANT.

réduction *n.f.* ▸ ***Diminution*** – abrégement, allégement, amenuisement, amoindrissement, amputation, atténuation, compression, délestage, diminution, gommage, graticulation, miniaturisation, minimalisation, minimisation, minoration, raccourcissement, racornissement, rapetissement, resserrement, restriction, rétrécissement, schématisation, simplification. *SOUT.* estompement. ▸ ***Décroissance*** – abaissement, affaiblissement, affaissement, amenuisement, amoindrissement, baisse, chute, creux, déclin, décroissance, décroissement, décrue, dégression, déplétion, dépréciation, descente, désescalade, dévalorisation, dévaluation, diminution, éclipse, effondrement, effritement, essoufflement, fléchissement, ralentissement. *SOUT.* émasculation. ▸ ***Rabais*** – abattement, baisse, bas prix, bonification, bradage, décompte, déduction, dégrèvement, diminution, discompte, escompte, liquidation, prix modique, rabais, réfaction, remise, ristourne, solde. *FAM.* bazardage. *QUÉB.* (prix d') aubaine. ▸ ***Impôt*** – abattement, décote, dégrèvement, réduction d'impôt. ▸ ***Résumé*** – abrégé, aide-mémoire, analyse, aperçu, argument, compendium, condensé, éléments, épitomé, esquisse, extrait, livret, manuel, mémento, morceau, notice, page, passage, plan, précis, promptuaire, raccourci, récapitulation, résumé, rudiment, schéma, sommaire, somme, synopsis, vade-mecum. *FAM.* topo. ▸ ***Division*** – décomposition, définition, résolution, séparation. ▸ ***Opération chirurgicale*** – remboîtement. ▸ ***Liquéfaction*** – condensation, déliquescence, fluidification, fonderie, fonte, fusion, liquation, liquéfaction, surfusion. △ **ANT.** ACCROISSEMENT, AGRANDISSEMENT, AUGMENTATION, HAUSSE, MAJORATION.

réduire *v.* ▸ ***Baisser*** – abaisser, affaiblir, amenuiser, baisser, diminuer, moindrir. ▸ ***Limiter*** – borner, comprimer, diminuer, limiter, resserrer, restreindre. ▸ ***Simplifier*** – ramener, simplifier. ▸ ***Résumer*** – abréger, condenser, écourter, raccourcir, ramasser, resserrer, résumer. ▸ ***Acculer*** – acculer, contraindre, forcer, piéger. *FAM.* coincer, squeezer. ♦ **se réduire** ▸ ***Se limiter*** – se borner à, se limiter à, se résumer à. △ **ANT.** ACCROÎTRE, AUGMENTER, DÉVELOPPER; AGRANDIR.

réduit *n.m.* ▸ ***Pièce sous le toit*** – chambre mansardée, comble, grenier, mansarde, soupente. *RARE* cabinet. ▸ ***Alcôve*** – alcôve, niche, renfoncement. *ANC.* ruelle.

réel *adj.* ▸ ***Véritable*** – attesté, authentique, exact, factuel, historique, positif, véridique, véritable, vrai. ▸ ***Concret*** – concret, effectif, existant, matériel, palpable, physique, sensible, tangible, visible, vrai. *DIDACT.* positif. *RELIG.* de ce monde, temporel, terrestre. △ **ANT.** APPARENT, ILLUSOIRE, INEXISTANT, IRRÉEL, VIRTUEL; FAUX, FICTIF, IMAGINAIRE, INVENTÉ; ABSTRAIT, CONCEPTUEL, INTELLECTUEL, MENTAL, THÉORIQUE.

réel *n.m.* ▸ ***Existence*** – actualité, essence, être, existence, fait, occurrence, présence, réalité, substance, vie. ▸ ***Matérialité*** – actualité, concret, corporéité, matérialité, palpabilité, phénoménalité, positif, rationalité, rationnel, réalité, tangibilité, tangible, visible. △ **ANT.** INEXISTENCE, IRRÉEL, VIRTUEL; ABSTRACTION, ILLUSION, RÊVE.

réellement *adv.* ▸ ***Véritablement*** – à dire vrai, à l'évidence, à la vérité, à n'en pas douter, à vrai dire, assurément, authentiquement, bel et bien, bien, bien entendu, bien sûr, cela va de soi, cela va sans dire, certainement, certes, comme de juste, d'évidence, de toute évidence, effectivement, en effet, en vérité, évidemment, il va sans dire, indubitablement, manifestement, naturellement, nul doute, oui, sans (aucun) doute, sans conteste, sans contredit, sans le moindre doute, sans nul doute, sérieusement, sûrement, véridiquement, véritablement, vraiment. *FAM.* pour de vrai, vrai. ▸ ***Concrètement*** – concrètement, dans la pratique, dans les faits, effectivement, empiriquement, en fait, en pratique, en réalité, expérimentalement, matériellement, objectivement, par l'expérience, physiquement, positivement, pratiquement, prosaïquement, réalistement, tangiblement. △ **ANT.** DUBITATIVEMENT, SCEPTIQUEMENT, SOUS TOUTES RÉSERVES; ABSTRACTIVEMENT, ABSTRAITEMENT, EN THÉORIE, HYPOTHÉTIQUEMENT, IDÉALEMENT, IMAGINAIREMENT, IN ABSTRACTO, THÉORIQUEMENT.

refaire *v.* ▸ ***Répéter*** – recommencer, réitérer, renouveler, répéter, reproduire, revenir à la charge. *FAM.* récidiver, rééditer, remettre ça, y retourner, y revenir. ▸ ***Reconstituer*** – recomposer, reconstituer, reformer. ▸ ***Remanier*** – refondre, remanier, reprendre. ▸ ***Rénover*** – rafraîchir, réhabiliter, remettre à neuf, remettre en état, rénover, réparer, restaurer, retaper. *SOUT.* raccoutrer. ▸ ***Duper*** (*FAM.*) – abuser, attraper, avoir, bercer, berner, duper, en conter à, en faire accroire à, flouer, leurrer, mentir à, mystifier, se jouer de, se moquer de, tromper. *SOUT.* trigauder. *FAM.* blouser, bluffer, canuler, charrier, cravater, empaumer, empiler, entourlouper, esbroufer, faire marcher, feinter, la faire à, mener en bateau, mettre en boîte, pigeonner, posséder, rouler. *QUÉB. FAM.* niaiser. *RARE* jobarder. ♦ **se refaire** ▸ ***Se reposer*** – faire une pause, récupérer, reprendre haleine, respirer, se délasser, se détendre, se relaxer, se reposer, souffler. *FAM.* décompresser. △ **ANT.** DÉFAIRE; DÉTRUIRE.

réfectoire *n.m.* cafétéria, cantine, mess *(officiers)*, salle à manger, salle de repas. *FAM.* cantoche. *SUISSE* carnotset *(dans une cave)*, chambre à manger. *ANTIQ.* triclinium.

référence *n.f.* ▸ ***Modèle*** – archétype, canon, critère, échantillon, étalon, exemple, formule, gabarit, idéal, idée, image, individu, modèle, norme, original, paradigme, précédent, prototype, représentant, type, unité. ▸ ***Renvoi*** – appel de note, astérisque, grébiche, lettrine, marque, renvoi. ▸ ***Repère*** – balise, borne, borne repère, borne témoin, coordonnée, cran, délinéateur, empreinte, fanion, index, indice, jalon, jalon-mire, marque, mire, mire-jalon, piquet, point de repère, référentiel, taquet, trace. *MAR.* amer, vigie.

référer *v.* ▸ ***Faire référence*** – faire référence, renvoyer. ♦ **se référer** ▸ ***Soumettre un cas à qqn*** – en appeler à, s'en rapporter à, s'en remettre à. ▸ ***Consulter un document*** – consulter, lire, regarder, se reporter à, voir.

refermer *v.* ▸ ***Fermer*** – fermer. *SOUT.* clore, reclore. ▸ ***Rabattre*** – rabattre, ramener. ♦ **se refer-**

mer ▶ *Ne pas s'exprimer* – rentrer en soi-même, se renfermer, se replier sur soi-même. SOUT. se reclore. △ **ANT.** ROUVRIR. ♦ **se refermer** S'EXPRIMER, S'EXTÉRIORISER, S'OUVRIR.

réfléchi *adj.* éclairé, judicieux, mesuré, modéré, philosophe, pondéré, posé, raisonnable, raisonné, rationnel, responsable, sage, sain, sensé, sérieux. SOUT. rassis, tempéré. △ **ANT.** IMPULSIF, INSTINCTIF, IRRÉFLÉCHI, MACHINAL; ÉTOURDI, IMPRUDENT, INCONSÉQUENT.

réfléchir *v.* ▶ ***Refléter*** – refléter, rendre, renvoyer, réverbérer. SOUT. mirer. RARE répercuter. ▶ ***Raisonner*** – méditer, penser, raisonner, se concentrer, songer, spéculer. SOUT. délibérer. FAM. cogiter, faire travailler sa matière grise, gamberger, phosphorer, ruminer, se casser la tête, se creuser la tête, se creuser les méninges, se presser le citron, se pressurer le cerveau, se servir de sa tête. ▶ ***Songer*** – aviser à, penser à, songer à, tourner ses pensées vers. ▶ ***Étudier*** – analyser, considérer, envisager, étudier, examiner, explorer, observer, penser à, pousser plus avant, prendre en considération, s'intéresser à, se pencher sur, traiter, voir. ♦ **se réfléchir** ▶ ***Se refléter*** – se mirer, se refléter.

réfléchissant *adj.* réflecteur, réverbérant. △ **ANT.** ABSORBANT.

reflet *n.m.* ▶ ***Réflexion*** – brasillement, brillance, brillant, cati, chatoiement, coruscation, éclat, étincellement, feux, halo, image, irisation, lueur, luisant, lustre, miroitement, moire, moiré, moirure, orient, papillotage, papillotement, poli, poudroiement, rayonnement, réflexion, réfraction, réverbération, ruissellement, scintillement. SOUT. luisance, nacre, opalescence, resplendissement, rutilance, rutilation, rutilement. SC. albédo. TECHN. bruni, brunissure. ▶ ***Représentation affaiblie*** – image, miroir, (pâle) imitation.

refléter *v.* ▶ ***Réfléchir une image*** – réfléchir, rendre, renvoyer, réverbérer. SOUT. mirer. RARE répercuter. ▶ ***Exprimer*** – exprimer, rendre, traduire. ♦ **se refléter** ▶ ***Se réfléchir*** – se mirer, se réfléchir.

réflexe *n.m.* ▶ ***Réaction*** – automatisme, conditionnement, interaction, réaction (immédiate), réponse. ▶ ***Réponse*** – écho, objection, réaction, réfutation, repartie, réplique, réponse, riposte. FIG. contre-attaque. ▶ ***Habitude*** – accoutumance, automatisme, façons, habitude, manières, mœurs, pli, rite, rituel, seconde nature. PSYCHOL. stéréotypie. FAM. abonnement, métro-boulot-dodo, train-train, train-train quotidien. ▸ *Non favorable* – encroûtement, manie, marotte, monotonie, ordinaire, ronron, routine, tic, uniformité.

réflexion *n.f.* ▶ ***Reflet*** – brasillement, brillance, brillant, cati, chatoiement, coruscation, éclat, étincellement, feux, halo, image, irisation, lueur, luisant, lustre, miroitement, moire, moiré, moirure, orient, papillotage, papillotement, poli, poudroiement, rayonnement, reflet, réfraction, réverbération, ruissellement, scintillement. SOUT. luisance, nacre, opalescence, resplendissement, rutilance, rutilation, rutilement. SC. albédo. TECHN. bruni, brunissure. ▶ ***Concentration*** – application, attention, concentration, contention, intérêt, recueillement, tension. ▶ ***Méditation*** – introspection, méditation, pensée, questionnement, recueillement, remâchement, rêvasserie, rumination, ruminement. DIDACT. problématique. SOUT. reploiement. FAM. cogitation. ▶ ***Raisonnement*** – analyse, apagogie, argument, argumentation, considérations, déduction, démonstration, dialectique, dilemme, discussion, échafaudage, explication, implication, induction, inférence, logique, méthode, preuve, raison, réfutation, sorite, substruction, syllogisme, syllogistique, synthèse. ▶ ***Remarque*** – constatation, observation, remarque. ▶ ***Maxime*** – adage, aphorisme, apophtegme, axiome, citation, devise, dicton, dit, dogme, enseignement, formule, mantra, maxime, moralité, mot, on-dit, parole, pensée, précepte, principe, proverbe, règle, sentence, sutra, vérité. △ **ANT.** DISTRACTION, ÉTOURDERIE, INATTENTION, IRRÉFLEXION, LÉGÈRETÉ.

refluer *v.* ▶ ***En parlant de la mer*** – descendre, rebaisser, se retirer. △ **ANT.** AFFLUER, ARRIVER, AVANCER.

reflux *n.m.* ▶ ***Marée descendante*** – descente, jusant, marée descendante, perdant. ▶ ***Recul*** – acculée, acculement, éloignement, marche arrière, récession, recul, reculade, reculement, régression, repli, repliement, repoussement, retour, retrait, retraite, rétrogradation, rétrogression. FAM. recul. PHYS. répulsion. △ **ANT.** FLUX; AFFLUENCE, AFFLUX, ENGORGEMENT.

refonte *n.f.* ▶ ***Remaniement d'un ouvrage*** – actualisation, adaptation, aggiornamento, correction, mise à jour, modification, rectification, réévaluation, remaniement, révision. △ **ANT.** CONTINUITÉ, MAINTIEN, PRÉSERVATION.

réformateur *n.* ▶ ***Sens général*** – innovateur, modernisateur, novateur, renouveleur, rénovateur. △ **ANT.** CONSERVATEUR.

réforme *n.f.* ▶ ***Renouvellement*** – amélioration, changement, dépoussiérage, modernisation, modification, prorogation, rajeunissement, recommencement, reconduction, réformation, régénération, réhabilitation, réinvention, remplacement, renouveau, renouvellement, rénovation, réparation, restauration, résurrection, rétablissement, transformation. PÉJ. FAM. réformette. ▶ ***Progrès*** – adoucissement, amélioration, civilisation, éducation, évolution, mieux-être, progrès, régénération, rénovation. ▶ ***Exemption*** – abattement, décharge, dégrèvement, dérogation, détaxation, détaxe, dispense, exemption, exonération, franchise, grâce, immunité, impunité, inamovibilité, inviolabilité, irresponsabilité, libération, liberté, mainlevée, transit. △ **ANT.** CORRUPTION, DÉCLIN, DÉGRADATION.

reformer *v.* ▶ ***Reconstituer*** – recomposer, reconstituer, refaire. △ **ANT.** DISPERSER.

réformer *v.* ▶ ***Améliorer*** – améliorer, amender, corriger, rénover. ▶ ***Changer en profondeur*** – métamorphoser, modifier, réinventer, renouveler, rénover, repousser les limites de, révolutionner, transformer. △ **ANT.** EMPIRER; CONSERVER, MAINTENIR.

refoulement *n.m.* ▶ ***Inhibition*** – autocensure, barrage, blocage, censure, inhibition, refus, résistance. △ **ANT.** ACCUEIL, ASSOUVISSEMENT, DÉFOULEMENT, EXPRESSION.

refouler *v.* ▶ ***Chasser un envahisseur*** – chasser, culbuter, repousser. ▶ ***Chasser du pays*** – bannir, chasser (hors) de son pays, déporter, exiler, expatrier, expulser, mettre au ban, proscrire. *SOUT.* arracher de sa patrie, arracher de son sol natal, déraciner. *DR.* reléguer. ▶ ***Freiner*** – arrêter, désamorcer, enrayer, entraver, étouffer, étrangler, faire obstacle à, freiner, inhiber, juguler, mater, mettre en échec, mettre un frein à, neutraliser, stopper. ▶ ***Retenir*** – contenir, empêcher, endiguer, étouffer, museler, refréner, rentrer, réprimer, retenir. *SOUT.* brider, contraindre. △ **ANT.** ACCUEILLIR, ADMETTRE, INVITER, RECEVOIR; ATTIRER, POMPER, TIRER; ASSOUVIR, DÉFOULER.

réfractaire *adj.* ▶ ***Qui refuse d'obéir*** – rebelle, récalcitrant, regimbeur, rétif. *RARE* résistant. ▶ ***Hostile*** – fermé, hostile, opposé. ▶ ***Indifférent*** – étranger, fermé, imperméable, inaccessible, indifférent, insensible, sourd. *SOUT.* impénétrable. ▶ ***Qui résiste à de hautes températures*** – infusible. *DIDACT.* apyre. △ **ANT.** DISCIPLINÉ, DOCILE, OBÉISSANT, SOUMIS; ACCESSIBLE, OUVERT, PERMÉABLE, RÉCEPTIF; FUSIBLE.

refrain *n.m.* ▶ ***Mélodie*** – air, chanson, chant, couplet, mélodie, pièce vocale. *FAM.* beuglante. ▶ ***Répétition*** – chanson, écho, leitmotiv, rabâchage, radotage, récurrence, redite, redondance, rengaine, répétition, reprise, ressassage, ressassement, ritournelle, routine, scie, sérénade, turlutaine. *FAM.* resucée.

refroidir *v.* ▶ ***Rendre plus froid*** – rafraîchir. ▶ ***Modérer*** – attiédir, éteindre, modérer. *FAM.* doucher. ▶ ***Intimider*** (*FAM.*) – annihiler, inhiber, intimider, paralyser. *FAM.* frigorifier, geler, réfrigérer. ▶ ***Assassiner*** (*FAM.*) – abattre, assassiner, éliminer, exécuter, supprimer, tuer. *SOUT.* immoler. *FAM.* buter, descendre, envoyer dans l'autre monde, expédier, faire la peau à, flinguer *(arme à feu)*, liquider, nettoyer, ratatiner, rectifier, se faire, trucider, zigouiller. *FRANCE FAM.* bousiller. ♦ **se refroidir** ▶ ***Devenir plus froid*** – fraîchir, se rafraîchir. △ **ANT.** CHAUFFER, RÉCHAUFFER; EXCITER, STIMULER; ENFLAMMER, ENTHOUSIASMER, EXALTER.

refroidissement *n.m.* ▶ ***Réfrigération*** – congélation, gel, glaciation, réfrigération, surgélation. ▶ ***Maladie*** – algidité, chaud et froid, coup de froid, grippe, rhinite, rhume. ▶ ***Sentiments non favorables*** – crispation, durcissement, tension. *SOUT.* pétrification. △ **ANT.** CHAUFFAGE, ÉCHAUFFEMENT, RÉCHAUFFEMENT.

refuge *n.m.* ▶ ***Abri*** – abri. ▶ ***Abri d'animal*** – abri, aire, antre, breuil, caverne, gîte, halot, héronnière, liteau, nid, renardière, repaire, reposée, ressui, retraite, soue, tanière, taupinière, terrier, trou. *QUÉB.* ravage *(cerfs)*. *FRANCE RÉGION.* rabouillère. ▶ ***Lieu sûr*** – abri, affût, asile, cache, cachette, gîte, lieu de repos, lieu sûr, retraite. *FIG.* ermitage, havre (de paix), oasis, port, solitude, tanière, toit. *PÉJ.* antre, planque, repaire.

réfugié *n.* banni, exilé, expatrié, expulsé, interdit de séjour, proscrit, relégué, sans-papiers. *FAM.* tricard.

réfugier (se) *v.* ▶ ***Se cacher*** – s'abriter, se blottir, se cacher, se mettre à couvert, se mettre à l'abri, se nicher, se tapir, se terrer. *FAM.* se planquer. ▶ ***S'exiler*** – émigrer, s'exiler, s'expatrier. △ **ANT.** S'EXPOSER.

refus *n.m.* ▶ ***Négation*** – contestation, contradiction, désapprobation, négation, négative, non, opposition, récusation, réfutation, rejet. ▶ ***Opposition*** – barrage, désapprobation, désobéissance, mauvaise volonté, objection, obstacle, obstruction, opposition, réaction, rebuffade, résistance, veto. *SOUT.* contredit, inacceptation. ▶ ***Interdiction*** – condamnation, défense, embargo, empêchement, interdiction, interdit, prohibition, tabou. ▶ ***Refoulement*** – autocensure, barrage, blocage, censure, inhibition, refoulement, résistance. △ **ANT.** ACCEPTATION, APPROBATION; ADHÉSION; AUTORISATION, CONSENTEMENT, PERMISSION.

refuser *v.* ▶ ***Dire non*** – décliner, opposer un refus à, opposer une fin de non-recevoir à, rejeter, répondre par la négative à, repousser. *SOUT.* ne pas daigner accepter. ▶ ***Dédaigner*** – dédaigner, laisser pour compte, rejeter, repousser, tourner le dos à. ▶ ***Ne pas admettre un candidat*** – ajourner. *FAM.* blackbouler, coller, recaler. ♦ **se refuser** ▶ ***S'abstenir*** – éviter de, s'abstenir de, s'empêcher de, s'interdire de, se défendre de, se garder de, se retenir de. △ **ANT.** ACCEPTER, ACQUIESCER, CONSENTIR; ACCORDER, AUTORISER, PERMETTRE; ACCUEILLIR, ADMETTRE.

réfuter *v.* ▶ ***Contredire*** – contredire, démentir, infirmer, prendre le contre-pied de, s'inscrire en faux contre. △ **ANT.** CONFIRMER, PROUVER; APPROUVER, SOUTENIR.

regagner *v.* ▶ ***Revenir*** – rallier, réintégrer, rejoindre, rentrer à, retourner à, revenir à. ▶ ***Retrouver*** – ravoir, reconquérir, recouvrer, récupérer, rentrer en possession de, reprendre, retrouver, se réapproprier. *FAM.* raccrocher. *SUISSE FAM.* rapercher. △ **ANT.** QUITTER; PERDRE, REPERDRE.

regain *n.m.* ▶ ***Recrudescence*** – dégel, progrès, recrudescence, redémarrage, régénération, régénérescence, réincarnation, relance, renouveau, renouvellement, reprise, résurrection, retour, réveil, revival, reviviscence, second souffle. *SOUT.* refleurissement, revif. *FIG.* printemps, résurgence. *BOT.* anabiose. △ **ANT.** BAISSE, CHUTE, DÉCLIN.

régaler *v.* ▶ ***Offrir un bon repas*** – traiter. ▶ ***Niveler*** – aplanir, araser, égaliser, niveler, raser. ♦ **se régaler** ▶ ***Savourer*** – déguster, faire ses délices de, goûter, jouir de, profiter de, s'enchanter de, savourer, se délecter de, se réjouir de, se repaître de, tirer plaisir de. *FAM.* se gargariser de. △ **ANT.** DÉGOÛTER.

regard *n.m.* ▶ ***Vue*** – œil, vue. ▶ ***Clin d'œil*** – battement, battement de cils, battement de paupières, clignement (d'œil), clin d'œil, coup d'œil, œillade. ▸ *Répété* – cillement, clignotement (d'yeux), nictation, papillotage, papillotement. ▶ ***Attention*** – attention, considération. ▶ ***Ouverture*** – soupirail.

regarder *v.* ▶ ***Fixer du regard*** – arrêter son regard sur, attacher son regard sur, braquer les yeux sur, considérer, contempler, dévisager *(une personne)*, examiner, fixer, fixer le regard sur, fouiller du regard, observer, scruter. *FAM.* gaffer, viser, zieuter. ▶ ***Consulter*** – consulter, lire, se référer à, se reporter à, voir. ▶ ***Lire rapidement*** – feuilleter, jeter un coup d'œil à, lire en diagonale, parcourir, survoler. ▶ ***Juger de telle façon*** – considérer, croire, estimer, être d'avis que, juger, penser, tenir, trouver. *SOUT.* compter, réputer. ▶ ***Concerner*** – être d'intérêt pour, intéresser, s'appliquer à, toucher, valoir pour, viser. ▶ ***Lésiner*** – chipoter, faire des économies de bouts de chandelles, lésiner, rogner. *FAM.* mégoter. △ **ANT.** NÉGLIGER, OMETTRE.

régénération *n.f.* ▶ ***Renaissance*** – dégel, progrès, recrudescence, redémarrage, regain, régénérescence, réincarnation, relance, renouveau, renouvellement, reprise, résurrection, retour, réveil, revival, reviviscence, second souffle. *SOUT.* refleurissement, revif. *FIG.* printemps, résurgence. *BOT.* anabiose. ▶ ***Renouvellement*** – amélioration, changement, dépoussiérage, modernisation, modification, prorogation, rajeunissement, recommencement, reconduction, réformation, réforme, réhabilitation, réinvention, remplacement, renouveau, renouvellement, rénovation, réparation, restauration, résurrection, rétablissement, transformation. *PÉJ. FAM.* réformette. ▶ ***Progrès*** – adoucissement, amélioration, civilisation, éducation, évolution, mieux-être, progrès, réforme, rénovation. △ **ANT.** DÉCADENCE, DÉCRÉPITUDE, DÉGÉNÉRESCENCE, DÉTÉRIORATION.

régénérescence *n.f.* dégel, progrès, recrudescence, redémarrage, regain, régénération, réincarnation, relance, renouveau, renouvellement, reprise, résurrection, retour, réveil, revival, reviviscence, second souffle. *SOUT.* refleurissement, revif. *FIG.* printemps, résurgence. *BOT.* anabiose. △ **ANT.** DÉGÉNÉRESCENCE.

regimber *v.* ▶ ***Protester avec véhémence*** – résister, ruer dans les brancards, s'insurger, se braquer, se buter, se cabrer, se rebeller, se révolter. *FAM.* rebecquer, se rebiffer; *RARE* récalcitrer. △ **ANT.** CÉDER, CONSENTIR; OBÉIR, SE SOUMETTRE.

régime *n.m.* ▶ ***Façon de gouverner*** – gouvernement. ▶ ***Règlements*** – arrêté, charte, code, convention, cote, coutume, formule, loi, mesure, norme, obligation, ordre, précepte, prescription, protocole, règle, règlement, usage. ▶ ***Alimentation*** – alimentation, diète. ▶ ***Groupe de fruits*** – girandole *(fleurs)*, grappe *(fruits ou fleurs)*, grappillon *(raisin)*, thyrse *(fleurs)*. ▶ ***Groupe de bananes*** – main. *QUÉB. FAM.* tresse. ▶ ***Vitesse d'un moteur*** – vitesse. ▶ ***Débit*** – circulation, débit, débordement, écoulement, éruption, évacuation, exsudation, flux, fuite, ingression, inondation, irrigation, irruption, larmoiement, mouvement, passage, ravinement, ruissellement, sortie, suage, suintement, transpiration, vidange. *SOUT.* submersion, transsudation. *RÉGION.* débord. *GÉOGR.* défluviation, transfluence, transgression. ▶ ***Conditions climatiques*** – air, ambiance, atmosphère, ciel, climat, conditions atmosphériques, conditions climatiques, conditions météorologiques, météorologie, pression, température, temps, vent. *FAM.* fond de l'air, météo. ▶ ***En grammaire*** – complément, objet.

régiment *n.m.* ▶ ***Corps de troupe*** – bataillon, brigade, colonne, commando, compagnie, corps, échelon, escadron, escorte, formation, garde, garnison, légion, parti, patrouille, peloton, section, soldatesque *(indisciplinés)*, tabor *(Maroc)*, troupe, unité. *PAR EXT.* caserne. *ANC.* escouade, goum, piquet. ▶ ***Temps passé dans l'armée*** (*FAM.*) – service. ▶ ***Foule*** (*FAM.*) – abondance, affluence, armada, armée, attroupement, bande, cohue, concentration, concours, encombrement, essaim, flot, forêt, foule, fourmilière, fourmillement, grouillement, légion, marée, masse, meute, monde, multitude, peuple, pléiade *(célébrités)*, pullulement, rassemblement, réunion, ribambelle, ruche, tas, troupeau. *FAM.* flopée, marmaille *(enfants)*, tapée, tripotée. *QUÉB. FAM.* achalandage, gang. *PÉJ.* ramassis. △ **ANT.** INDIVIDU, PERSONNE.

région *n.f.* ▶ ***Aire*** – aire, champ, domaine, emplacement, espace, place, terrain, territoire, zone. ▶ ***Territoire non délimité*** – coin (de pays), contrée, latitude, partie du monde, pays, secteur, zone. *SOUT.* cieux, climats. *FAM.* patelin. ▶ ***Territoire délimité*** – canton, circonscription, district, province. *ANC.* seigneurie. ▸ *France* – arrondissement, circonscription d'action régionale, collectivité, département, diocèse *(ecclésiastique)*, préfecture, sous-arrondissement, sous-préfecture. *ANC.* capitainerie, chefferie, généralité. ▸ *Canada* – comté. ▸ *Algérie* – douar, willaya. ▸ *Turquie* – eyalet, pachalik, sandjak, vilayet. ▸ *Perse* – hyparchie, satrapie. ▸ *Afrique* – bantoustan, chefferie. ▸ *Autres pays* – land *(Autriche)*, nome *(Grèce)*, voïvodie *(Pologne)*. ▸ *Antiquité* – dème *(Grèce antique)*, despotat *(Empire byzantin)*, nome *(Égypte)*, pagus, paralie *(Athènes)*, tétrarchie.

régional *adj.* local. △ **ANT.** NATIONAL; GLOBAL, INTERNATIONAL, MONDIAL.

régir *v.* ▶ ***Régler*** – dicter, régler.

registre *n.m.* ▶ ***Cahier*** – agenda, bloc-notes, cahier, calepin, carnet, journal, livre, livret, manifold, mémento, mémorandum, notes, répertoire. ▶ ***Liste*** – barème, bordereau, cadre, catalogue, index, inventaire, liste, matricule, mémoire, menu, nomenclature, relevé, répertoire, rôle, série, suite, table, tableau. *SUISSE* tabelle. ▶ ***Étendue d'une voix*** – ambitus, étendue, tessiture. ▶ ***Partie d'un conduit*** – clé, tirette.

règle *n.f.* ▶ ***Instrument de mesure*** – *BELG.* latte. ▸ *Petite* – réglet, réglette. ▶ ***Norme*** – arrêté, charte, code, convention, cote, coutume, formule, loi, mesure, norme, obligation, ordre, précepte, prescription, protocole, régime, règlement, usage. ▶ ***Méthode*** – approche, art, chemin, code, comment, credo, démarche, discipline, dispositif, façon (de faire), facture, formule, heuristique, instruction, instrument, ligne de conduite, maïeutique, manière, marche (à suivre), méthode, méthodologie, modalité, mode d'emploi, mode, moyen, opération, ordre, organisation, outil, posologie, pratique, procédé, procédure, protocole, raisonnement, recette, secret, stratagème, stratégie, système, tactique, technique, théorie, traitement, voie. *SOUT.* faire. ▶ ***Formalité*** – démarche, formalité, forme, procédure. ▶ ***Protocole*** – bienséance, cérémonial, cérémonie, convenances, décorum, étiquette, formalité, formule, mondanités, protocole, usage. *FAM.* salamalecs. ▶ ***Coutume*** – convention, coutume, habitude, habitus, mode, mœurs, pratique, rite, tradition, us et coutumes, usage. ▶ ***Précepte*** – adage, aphorisme, apophtegme, axiome, citation, devise, dicton, dit, dogme, enseignement, formule, mantra, maxime, moralité, mot, on-dit, parole, pensée, précepte, principe, proverbe, réflexion, sentence, sutra, vérité. ♦ **règles,** ***plur.*** ▶ ***Menstruation*** – écoulement menstruel, flot menstruel, flux menstruel, menstruation, périodes, sang menstruel. *PAR EUPHÉM.* indisposition. △ **ANT.** EXCEPTION; DÉSORDRE, IRRÉGULARITÉ.

règlement *n. m.* ▶ ***Règle*** – arrêté, charte, code, convention, cote, coutume, formule, loi, mesure, norme, obligation, ordre, précepte, prescription, protocole, régime, règle, usage. ▶ ***Décision publique*** – arrêt, arrêté, décision, délibération, jugement, ordonnance, résolution, résultat, sentence, verdict. ▶ *Arbitraire ou injuste* – diktat, ukase. ▶ ***Affaire*** – affaire, arbitrage, contestation, débat, démêlé, différend, discussion, dispute, médiation, négociation, panel, querelle, spéculation, tractation. ▶ ***Remboursement*** – acquittement, amortissement, couverture, défraiement, désendettement, extinction, libération, paiement, prise en charge, rachat, recouvrement, remboursement, remise de dette, restitution, rétrocession, reversement. ▶ ***Versement*** – dépôt, paiement, versement. ▶ ***Conclusion*** – aboutissement, accomplissement, achèvement, apothéose, but, chute, complémentation, complètement, complétude, conclusion, consécration, consommation, couronnement, dénouement, exécution, fin, finition, fruit, issue, produit, réalisation, résolution, résultat, sortie, terme, terminaison. SOUT. aboutissant. PHILOS. entéléchie. △ **ANT.** DÉRANGEMENT, DÉRÈGLEMENT.

réglementaire *adj.* ▶ ***Conforme aux règlements*** – en bonne et due forme, en due forme, en règle, régulier, valable, valide. ▶ ***Conforme aux lois*** – juridique, légal, légitime, licite. △ **ANT.** ANTIRÉGLEMENTAIRE, ILLÉGAL, INVALIDE, IRRÉGULIER.

régler *v.* ▶ ***Adapter*** – accommoder, accorder, adapter, ajuster, aligner, approprier, conformer, faire cadrer, modeler, moduler, mouler. ▶ ***Fixer*** – arrêter, assigner, décider, déterminer, établir, fixer. ▶ ***Résoudre*** – en finir avec, résoudre, trancher, vider. ▶ ***Imposer*** – commander, décréter, dicter, donner l'ordre de, imposer, ordonner, prescrire, vouloir. SOUT. édicter. ▶ ***Régulariser*** – normaliser, régulariser, réguler. ▶ ***Arbitrer*** – arbitrer, juger. ▶ ***Servir de règle*** – dicter, régir. ▶ ***Perfectionner*** – mettre au point, perfectionner. FAM. roder. ♦ **se régler** ▶ ***Se conformer*** – emboîter le pas à, imiter, s'accorder sur, s'adapter à, s'ajuster à, s'aligner sur, se conformer à, se mettre au diapason de, se mettre dans le ton, se modeler sur, se rallier à, se ranger à, suivre. ♦ **réglé** ▶ ***Mesuré*** – cadencé, égal, mesuré, régulier, rythmé. ▶ ***Nubile*** – formée, nubile, pubère. △ **ANT.** DÉRANGER, DÉRÉGLER, PERTURBER, TROUBLER.

règne *n. m.* ▶ ***Époque*** – âge, cycle, date, époque, ère, étape, génération, heure, jour, moment, période, saison, siècle, temps. ▶ ***Pouvoir*** – autorité, commandement, domination, force, gouvernement *(politique)*, juridiction, loi, maîtrise, pouvoir, puissance, tutelle. SOUT. empire, férule, houlette. ▶ ***Influence*** – action, aide, appui, ascendant, attirance, attraction, aura, autorité, contagion, crédit, dominance, domination, effet, empreinte, emprise, fascination, force, importance, incitation, influence, inspiration, magie, magnétisme, mainmise, manipulation, mouvance, persuasion, pétition, poids, pouvoir, prépondérance, présence, pression, prestige, puissance, rôle, séduction, subjugation, suggestion, tyrannie. SOUT. empire, intercession.

régner *v.* ▶ ***Exercer le pouvoir monarchique*** – occuper le trône. ▶ ***Prédominer*** – avoir le dessus, avoir préséance, dominer, l'emporter, prédominer, prévaloir, primer, s'imposer, triompher.

régression *n. f.* ▶ ***Recul*** – acculée, acculement, éloignement, marche arrière, récession, recul, reculade, reculement, reflux, repli, repliement, repoussement, retour, retrait, retraite, rétrogradation, rétrogression. FAM. recul. PHYS. répulsion. ▶ ***Involution*** – involution, présénescence. ▶ ***Inversion linguistique*** – anastrophe, chiasme, contrepet, contrepèterie, hyperbate, inversion, métathèse, permutation, postposition, verlan. MÉD. paraphasie. △ **ANT.** AVANCÉE, DÉVELOPPEMENT, PROGRÈS, PROGRESSION.

regret *n. m.* ▶ ***Remords*** – attrition, componction, contrition, honte, pénitence, remords, repentir. SOUT. repentance, résipiscence. ▶ ***Déception*** – abattement, accablement, affliction, amertume, anéantissement, chagrin, consternation, déboires, déception, déconvenue, découragement, dégoût, dégrisement, démoralisation, dépit, désappointement, désenchantement, désespoir, désillusion, désolation, échec, écœurement, ennui, infortune, insuccès, lassitude, mécompte, peine, revers, tristesse. SOUT. atterrement, déréliction, désabusement, désespérance, retombement. FAM. défrisage, défrisement, douche (froide), ras-le-bol. ▶ ***Excuse*** – amende honorable, décharge, déculpabilisation, défense, disculpation, explication, justification, motif, pardon, raison, ressource. △ **ANT.** CONSOLATION, CONTENTEMENT, PLAISIR, SATISFACTION.

regrettable *adj.* déplorable, désastreux, désolant, fâcheux, malheureux. △ **ANT.** DÉSIRABLE, SOUHAITABLE; BIENVENU, HEUREUX, OPPORTUN.

regretter *v.* ▶ ***Être nostalgique*** – avoir la nostalgie de, s'ennuyer de, se languir de. ▶ ***S'en vouloir*** – s'en vouloir de, se reprocher. FAM. se mordre les doigts de, se mordre les poings de, se mordre les pouces de. ▶ ***Déplorer*** – déplorer, pleurer. ▶ ***Demander pardon*** – demander pardon, être confus, faire amende honorable, faire son mea culpa, reconnaître ses torts, s'excuser, se repentir. SOUT. battre sa coulpe, demander miséricorde, faire pénitence. ▶ ***Dans les formules de politesse*** – avoir le regret, être au regret, être désolé, être navré. △ **ANT.** SE FÉLICITER, SE RÉJOUIR; DÉSIRER, SOUHAITER; ASSUMER, REVENDIQUER.

regroupement *n. m.* ▶ ***Association de choses*** – alliance, assemblage, association, collage, combinaison, communion, composition, concentration, conjonction, constitution, fusion, fusionnement, groupement, incorporation, intégration, ralliement, rassemblement, réunion, symbiose, synthèse, unification, union. ▶ ***Association de personnes*** – collectivité, communauté, groupe, groupement, société. △ **ANT.** DISPERSION, ÉPARPILLEMENT, SÉPARATION.

regrouper *v.* ▶ ***Réunir des choses*** – bloquer, concentrer, grouper, rassembler, réunir. ▶ ***Réunir des personnes*** – ameuter, assembler, attrouper, masser, mobiliser, rallier, ramasser, rameuter, rassembler, réunir. SOUT. battre le rappel de, conglomérer. ♦ **se regrouper** ▶ ***Se réunir*** – s'assembler, s'attrouper, se masser, se mobiliser, se rallier, se rassembler, se réunir. △ **ANT.** DISPERSER, DISSÉMINER, ÉPARPILLER; DÉSUNIR, SÉPARER.

régulariser *v.* ▶ ***Rendre régulier*** – normaliser, régler, réguler. △ **ANT.** PERTURBER.

régularité *n.f.* ▶ ***Normalité*** – canonicité, conformité, constitutionnalité, correction, juste, justesse, légalité, légitimité, normalité, normativité, validité. ▶ ***Fidélité*** – assiduité, attachement, constance, fidélité, indéfectibilité, ponctualité. *SOUT.* exactitude. ▶ ***Périodicité*** – cadence, chronicité, cyclicité, périodicité, rythme, rythmicité, saisonnalité. ▶ ***Cohérence*** – cohérence, cohésion, consistance, égalité, homogénéité, liaison, logique, non-contradiction, uniformité, unité. *LING.* signifiance. △ **ANT.** DISPARITÉ, INÉGALITÉ, IRRÉGULARITÉ; INTERMITTENCE.

régulateur *adj.* équilibrant, équilibrateur, équilibreur, modérateur, pondérateur, stabilisateur. △ **ANT.** DÉSÉQUILIBRANT, DÉSTABILISANT, DÉSTABILISATEUR, PERTURBATEUR.

régulation *n.f.* ▶ ***Stabilisation*** – normalisation, régularisation, retour à la normale, stabilisation.

régulier *adj.* ▶ ***Conforme aux règlements*** – en bonne et due forme, en due forme, en règle, réglementaire, valable, valide. ▶ ***Aux traits égaux*** – harmonieux, symétrique. ▶ ***Au rythme égal*** – cadencé, égal, mesuré, réglé, rythmé. ▶ ***Sans changement*** – constant, égal, invariable, uniforme. *SOUT.* uni. ▶ ***Habituel*** – accoutumé, attendu, consacré, coutumier, d'usage, de règle, de routine, familier, habituel, normal, ordinaire, quotidien, rituel, usuel. ▶ ***Continuel*** – constant, continu, continuel, de tous les instants, incessant, ininterrompu, permanent, perpétuel, persistant. ▸ *Non favorable* – continuel, éternel, incessant, perpétuel, sans fin, sempiternel. ▶ ***Assidu*** – assidu, constant, continu, fidèle, intense, soutenu, suivi. ▶ ***Ponctuel*** – à l'heure, assidu, exact, ponctuel. ▶ ***Honnête*** – correct, droit, franc, honnête, loyal, probe. *FAM.* carré, réglo, rond. △ **ANT.** IRRÉGULIER; ANTIRÉGLEMENTAIRE, ILLÉGAL, INTERDIT; ASYMÉTRIQUE, DIFFORME, INÉGAL; ANORMAL, BIZARRE, CURIEUX, DRÔLE, ÉTRANGE, INACCOUTUMÉ, INHABITUEL, INSOLITE, INUSITÉ, SINGULIER, SPÉCIAL; INSTABLE; DISCONTINU, INTERMITTENT, SPORADIQUE; SÉCULIER.

régulièrement *adv.* ▶ ***Légalement*** – canoniquement, conformément, constitutionnellement, correctement, de droit, de jure, de plein droit, dûment, en bonne et due forme, juridiquement, légalement, légitimement, licitement, officiellement, réglementairement, valablement, validement. *FAM.* réglo. ▶ ***Périodiquement*** – à date fixe, à des intervalles répétés, à heure fixe, à intervalles constants, à intervalles fixes, à intervalles réguliers, à jour fixe, à périodes fixes, à périodes régulières, à plusieurs reprises, à répétition, cycliquement, itérativement, périodiquement, rythmiquement, successivement. ▸ *Selon la période* – annuellement, hebdomadairement, mensuellement, quotidiennement. ▶ ***Souvent*** – à de rares exceptions près, à l'accoutumée, à l'ordinaire, à maintes reprises, à quelques exceptions près, communément, couramment, coutumièrement, d'habitude, d'ordinaire, dans la généralité des cas, dans la majorité des cas, dans la plupart des cas, de coutume, en général, en règle générale, fréquemment, généralement, habituellement, journellement, la plupart du temps, maintes fois, normalement, ordinairement, rituellement, souvent, toujours. ▶ ***Uniformément*** – continûment, également, monotonement, platement, semblablement, uniformément, uniment. △ **ANT.** IRRÉGULIÈREMENT; CRIMINELLEMENT, FRAUDULEUSEMENT, ILLÉGALEMENT, ILLÉGITIMEMENT, ILLICITEMENT, INCORRECTEMENT; EXCEPTIONNELLEMENT, GUÈRE, PAR EXCEPTION, RAREMENT; ALÉATOIREMENT, CAPRICIEUSEMENT, ÉPISODIQUEMENT, PAR INTERMITTENCE, SPORADIQUEMENT.

réhabilitation *n.f.* ▶ ***Disculpation*** – amende honorable, décharge, déculpabilisation, défense, disculpation, explication, justification, motif, pardon, raison, regret, ressource. ▶ ***Rétablissement*** – amélioration, changement, dépoussiérage, modernisation, modification, prorogation, rajeunissement, recommencement, reconduction, réformation, réforme, régénération, réinvention, remplacement, renouveau, renouvellement, rénovation, réparation, restauration, résurrection, rétablissement, transformation. *PÉJ. FAM.* réformette. ▶ ***Réadaptation*** – désinstitutionnalisation, réadaptation, rééducation, réinsertion, réintégration, rétablissement. △ **ANT.** INCRIMINATION; AVILISSEMENT, DÉGRADATION, FLÉTRISSURE.

rehausser *v.* ▶ ***Mettre plus haut*** – élever, exhausser, hausser, hisser, monter, remonter, surélever, surhausser. ▶ ***Mettre en valeur*** – faire valoir, mettre en valeur, relever, valoriser. ▶ ***Orner*** – agrémenter, colorer, décorer, émailler, embellir, enjoliver, enrichir, garnir, habiller, ornementer, orner, parer, relever. *SOUT.* diaprer. ▶ ***Rendre intéressant*** – agrémenter, assaisonner, corser, épicer, pimenter, poivrer, relever. △ **ANT.** ABAISSER, BAISSER, DESCENDRE, RABAISSER; AMOINDRIR, ATTÉNUER, RABATTRE; ENLAIDIR; AVILIR, DÉGRADER, DÉPRÉCIER, MÉPRISER, TERNIR.

réinsertion *n.f.* ▶ ***Fait de réinsérer*** – réimplantation. ▶ ***Réhabilitation*** – désinstitutionnalisation, réadaptation, rééducation, réhabilitation, réintégration, rétablissement. △ **ANT.** DÉSINSERTION, EXCLUSION, EXPULSION.

réintégrer *v.* ▶ ***Regagner*** – rallier, regagner, rejoindre, rentrer à, retourner à, revenir à. ▶ ***Réinsérer*** – réinsérer, réintroduire. ▶ ***Rétablir dans ses droits, ses fonctions*** – réhabiliter, rétablir. △ **ANT.** ABANDONNER, DÉSERTER, FUIR, QUITTER; LAISSER; EXCLURE.

réinventer *v.* métamorphoser, modifier, réformer, renouveler, rénover, repousser les limites de, révolutionner, transformer.

rejaillir *v.* ▶ ***Gicler*** – gicler, jaillir. *BELG. FAM.* spiter.

rejet *n.m.* ▶ ***Expulsion*** – bannissement, délogement, désinsertion, disgrâce, disqualification, élimination, évacuation, éviction, exclusion, exil, expatriation, expulsion, nettoyage, ostracisme, proscription, rabrouement, radiation, refoulement, relégation, renvoi. *FAM.* dégommage, éjection, lessive, vidage. *RARE* évincement. *DIDACT.* forclusion. *DR.* déboutement. *ANTIQ.* pétalisme, xénélasie. ▶ ***Abandon*** – abandon, abdication, aliénation, capitulation, cession, don, donation, fléchissement, non-usage, passation, renoncement, renonciation, répudiation, retrait, suppression. *FIG.* bradage. ▶ ***Refus*** – contestation, contradiction, désapprobation, négation, négative, non, opposition, récusation, refus, réfutation. ▶ ***En versification*** – enjambement. ▶ ***Pous-***

se – accru, bouture, brin, brout, cépée, drageon, germe, jet, mailleton, marcotte, plant, provin, recrû, rejeton, revenue, surgeon, talle, tendron, turion. △ **ANT.** ACCUEIL, RÉCEPTION; ACCEPTATION, ADMISSION, ADOPTION.

rejeter *v.* ▶ ***Supprimer*** – bannir, éliminer, exclure, proscrire, supprimer. ▶ ***Chasser*** – bannir, barrer, chasser, éloigner, exclure, exiler, fermer la porte à, mettre en quarantaine. *SOUT.* excommunier, frapper d'ostracisme, ostraciser, proscrire, répudier. ▶ ***Évacuer de l'organisme*** – éliminer, évacuer, excréter, expulser. ▶ ***Ne pas accepter*** – décliner, opposer un refus à, opposer une fin de non-recevoir à, répondre par la négative à, repousser. *SOUT.* ne pas daigner accepter. ▶ ***Dédaigner*** – dédaigner, laisser pour compte, refuser, repousser, tourner le dos à. ▶ ***Ne pas considérer*** – balayer d'un revers de la main, écarter, éliminer, excepter, exclure, faire abstraction de, mettre à l'écart, ne pas prendre en considération, ne pas tenir compte de, négliger. ▶ ***Nier*** – contester, démentir, disconvenir de, nier. *RARE* récuser. ▶ ***Imputer*** – attribuer, imputer, mettre sur le compte. △ **ANT.** CONSERVER, GARDER; PRENDRE; ACCUEILLIR, ADMETTRE, ADOPTER, RECEVOIR; ABSORBER, ASSIMILER, DIGÉRER; CONSIDÉRER; AGRÉER, APPROUVER, APPUYER, ENTÉRINER; ASSUMER.

rejoindre *v.* ▶ ***Rattraper*** – atteindre, rattraper, remonter, retrouver. ▶ ***Regagner*** – rallier, regagner, réintégrer, rentrer à, retourner à, revenir à. ▶ ***Prendre contact*** – contacter, entrer en contact avec, joindre, prendre contact avec, se mettre en rapport avec, toucher. *SOUT.* prendre langue avec. *PÉJ.* s'aboucher avec. ♦ **se rejoindre** ▶ ***Coïncider*** – coïncider, concorder, correspondre, se recouper. ▶ ***Converger*** – confluer, converger, se rencontrer. ▶ ***En parlant d'un cours d'eau*** – confluer, s'unir, se rencontrer. △ **ANT.** DISTANCER, ÉLOIGNER; DÉSERTER, QUITTER; DÉSUNIR, DISJOINDRE, SÉPARER. ♦ **se rejoindre** DIFFÉRER, DIVERGER, SE CONTREDIRE; S'ÉCARTER.

réjouir *v.* ▶ ***Rendre heureux*** – charmer, combler, enchanter, enthousiasmer, exaucer, faire la joie de, faire le bonheur de, faire plaisir à, mettre en joie, plaire à, ravir. *SOUT.* assouvir, délecter. *FAM.* emballer. ▶ ***Rendre gai*** – amuser, dérider, égayer, émoustiller, épanouir, mettre de belle humeur, mettre en gaieté, mettre en joie. *SOUT.* désattrister. *FAM.* désopiler. ▶ ***Divertir*** – amuser, distraire, divertir, égayer, récréer. ♦ **se réjouir** ▶ ***Savourer*** – déguster, faire ses délices de, goûter, jouir de, profiter de, s'enchanter de, savourer, se délecter de, se régaler de, se repaître de, tirer plaisir de. *FAM.* se gargariser de. ▶ ***Être content de soi*** – s'applaudir, se féliciter, se louer. ▶ ***Se divertir*** – prendre du bon temps, s'amuser, s'égayer, se distraire, se divertir, se récréer. *FAM.* rigoler, s'éclater, se défoncer, se marrer. ♦ **réjoui** ▶ ***Ravi*** – au comble du bonheur, au septième ciel, aux anges, béat, comblé, en fête, en joie, en liesse, enchanté, euphorique, extasié, extatique, exultant, fou de joie, heureux, le cœur en joie, radieux, ravi, rayonnant, resplendissant de bonheur, ruisselant de joie, transporté de joie, triomphant. *SOUT.* aise, bienheureux. *FAM.* jubilant. ▶ ***Enjoué*** – allègre, badin, de belle humeur, en joie, enjoué, épanoui, folâtre, foufou, gai, guilleret, hilare, jovial, joyeux, léger, plein d'entrain, riant, rieur, souriant. *FAM.* rigolard, rigoleur. △ **ANT.** AFFLIGER, ATTRISTER, CHAGRINER, DÉSOLER, PEINER; AGACER, CONTRARIER, ENNUYER, FÂCHER, MÉCONTENTER. ♦ **se réjouir** DÉPLORER, REGRETTER; SE LAMENTER, SE PLAINDRE.

réjouissant *adj.* ▶ ***Qui cause un vif plaisir*** – joyeux. *FAM.* jouissif, jubilatoire. ▶ ***Qui plaît bien*** – agréable, amusant, charmant, distrayant, divertissant, égayant, gai, plaisant, riant, souriant, sympathique. *FAM.* chic, chouette, sympa. △ **ANT.** ATTERRANT, CONSTERNANT, DÉCEVANT, NAVRANT.

relâche *n.* ▶ ***Pause*** – congé, délassement, détente, escale, halte, loisir, mi-temps, pause, récréation, récupération, répit, repos, temps, trêve, vacances, villégiature. ▶ ***Interruption*** – annulation, arrêt, avortement, cessation, discontinuation, entrecoupement, intermittence, interruption, levée, panne, pause, station, suspension. △ **ANT.** CONTINUITÉ, REPRISE.

relâchement *n.m.* ▶ ***Décontraction*** – décontraction, décrispation, détente, relaxation. ▶ ***Action de rendre moins serré*** – desserrage, desserrement. ▶ ***État de ce qui n'est pas serré*** – distension, flaccidité, laxité, mollesse. ▶ ***Abaissement d'un organe*** – chute, collapsus, descente, distension, procidence, prolapsus, ptôse. ▶ ***Affaiblissement*** – abattement, accablement, affaiblissement, alanguissement, amoindrissement, amollissement, anémie, apathie, avachissement, consomption, découragement, défaillance, dépérissement, épuisement, étiolement, exténuation, fatigue, fragilisation, harassement, lassitude, rabaissement, ralentissement, ramollissement, sape, usure. *SOUT.* débilité. *MÉD.* adynamie, asthénie, atonie, collapsus, débilitation. ▶ ***Laxisme*** – complaisance, faiblesse, laisser-aller, laisser-faire, laxisme, mollesse, permissivité. △ **ANT.** CONTRACTION, SERREMENT, TENSION; ACCÉLÉRATION, ARDEUR, EFFORT.

relâcher *v.* ▶ ***Détendre un muscle*** – décontracter, déraidir, détendre. ▶ ***Desserrer*** – desserrer, détendre, donner du jeu à, lâcher. *MAR.* mollir. ▶ ***Mettre en liberté*** – élargir, libérer, relaxer, (re)mettre en liberté. ▶ ***Tempérer*** – assouplir, plier, tempérer. ▶ ***Faire escale*** – faire escale, faire halte, faire relâche. ♦ **se relâcher** ▶ ***Devenir moins tendu*** – se distendre. ♦ **relâché** ▶ ***Qui manque de tonus*** – flasque, lâche, mollasse, mou. ▶ ***Dissipé*** – corrompu, débauché, dépravé, déréglé, dévoyé, dissipé, dissolu, immoral, libertin. *SOUT.* sardanapalesque. ▶ ***Permissif*** – élastique, large, latitudinaire, laxiste, permissif. △ **ANT.** CONTRACTER, RAIDIR, TENDRE; COMPRIMER, RESSERRER, SERRER; ARRÊTER, CAPTURER, EMPRISONNER, INCARCÉRER, PRENDRE; DÉTENIR, RETENIR; DURCIR, RENFORCER. ♦ **se relâcher** S'AFFERMIR, SE TENDRE; SE SOIGNER.

relais *n.m.* ▶ ***Étape*** – auberge, escale, étape, gîte, halte, hôtel, hôtellerie. ▸ *Pays arabes* – caravansérail, fondouk, khan. ▸ *Espagne* – posada. ▸ *Québec* – gîte du passant, gîte touristique. ▶ ***Transmetteur*** – réémetteur, retransmetteur.

relancer *v.* ▶ ***Lancer de nouveau*** – renvoyer. ▶ ***Remettre en marche*** – redémarrer, remettre en marche. ▶ ***Surenchérir*** – couvrir une enchère, enchérir sur, monter, renchérir, renvier, surenchérir. *SUISSE* miser sur.

relater *v.* ▸ ***Rapporter*** – citer, mentionner, rapporter. ▸ ***Raconter*** – conter, exposer, faire le récit de, raconter, retracer. *SOUT.* narrer. *FRANCE FAM.* bonir. △ **ANT.** CACHER, TAIRE.

relatif *adj.* ▸ ***Qui dépend d'une autre chose*** – proportionnel. ▸ ***Imparfait*** – fragmentaire, imparfait, inachevé, incomplet, insuffisant, lacunaire, partiel. △ **ANT.** INDÉPENDANT; ABSOLU, IDÉAL, PARFAIT.

relation *n.f.* ▸ ***Récit*** – compte rendu, description, exposé, exposition, histoire, narration, peinture, procès-verbal, rapport, reportage, tableau. *SOUT.* radiographie. ▸ ***Lien*** – association, connexion, connexité, corrélation, correspondance, dépendance, filiation, interaction, interdépendance, interrelation, liaison, lien, lien causal, rapport, rapprochement, relation de cause à effet. *FIG.* pont. ▸ ***Analogie*** – allégorie, analogie, apologue, assimilation, association (d'idées), catachrèse *(lexicalisée)*, comparaison, équivalence, figure, image, lien, métaphore, parabole, parallèle, parenté, personnification, rapport, rapprochement, ressemblance, similitude, symbole, symbolisme. ▸ ***Jonction*** – abouchement, aboutage, aboutement, accolement, accouplage, accouplement, ajustage, apposition, articulation, assemblage, association, branchement, coalescence, confluence, conjonction, conjugaison, connexion, contact, convergence, couplage, couplement, groupage, interconnexion, interface, joint, jointure, jonction, jumelage, juxtaposition, liaison, mariage, mise en couple, mixage, raccord, raccordement, rapprochement, reboutement, rencontre, réunion, suture, union. *RARE* liage. ▸ ***Rapport entre humains*** – attache, bons/mauvais termes, communication, compagnie, contact, correspondance, côtoiement, coudoiement, entourage, familiarité, fréquentation, habitude, intelligence, intimité, liaison, lien, pratique, rapport, société, usage, voisinage. *SOUT.* commerce. *PÉJ.* acoquinement, encanaillement. ▸ ***Connaissance*** – accointance, connaissance, contact, fréquentation. ▸ ***Ami*** – allié, alter ego, ami, (ami) intime, (ami) proche, bon ami, camarade, compagnon, connaissance, familier, frère. *SOUT.* féal. *FAM.* acolyte, aminche, complice, copain, frangin, pote. *FRANCE RÉGION.* collègue. ♦ **relations, *plur.*** ▸ ***Rapports sexuels*** – accouplement, acte (sexuel), activité sexuelle, amour physique, coït, copulation. △ **ANT.** DISTANCE, RUPTURE, SÉPARATION; ÉTRANGER, INCONNU.

relativement *adv.* comparativement, corrélativement, proportionnellement, proportionnément, toute(s) proportion(s) gardée(s). △ **ANT.** ABSOLUMENT.

relaxant *adj.* apaisant, délassant, reposant. △ **ANT.** ÉPUISANT, ÉREINTANT, EXTÉNUANT, FATIGANT, HARASSANT, SURMENANT.

relayer *v.* ▸ ***Remplacer*** – remplacer, substituer. ▸ ***Diffuser*** – diffuser, retransmettre. ♦ **se relayer** ▸ ***Se remplacer*** – alterner, se remplacer.

reléguer *v.* ▸ ***Envoyer au loin*** – éloigner, exiler. ▸ ***Restreindre*** – confiner, enfermer, limiter, restreindre. △ **ANT.** RAPATRIER, RAPPELER; DÉGAGER, LIBÉRER.

relent *n.m.* ▸ ***Odeur désagréable*** – empyreume, fétidité, infection, méphitisme, miasme, moisi, pestilence, puanteur, rance, ranci, renfermé. *SOUT.* remugle. ▸ ***Ce qui reste*** – atome, bouchée, brin, chouia, doigt, filet, goutte, gouttelette, grain, larme, lueur, miette, nuage, once, paille, parcelle, peu, pincée, pointe, restant, reste, rien, soupçon, tantinet, teinte, touche, trace, trait, zeste. △ **ANT.** FRAGRANCE, PARFUM.

relève *n.f.* change, changement, chassé-croisé, commutation, échange, intérim, rechange, remplacement, rotation, roulement, subrogation, substitution, succession, suppléance.

relevé *n.m.* ▸ ***Liste*** – barème, bordereau, cadre, catalogue, index, inventaire, liste, matricule, mémoire, menu, nomenclature, registre, répertoire, rôle, série, suite, table, tableau. *SUISSE* tabelle. ▸ ***Facture*** – addition, compte, dû, état de compte, état de frais, facture, frais, note. *FAM.* coup de fusil, douloureuse, quart d'heure de Rabelais.

relèvement *n.m.* ▸ ***Redressement au sens propre*** – redressement. ▸ ***Redressement au sens figuré*** – accentuation, accroissement, accrue, agrandissement, amplification, arrondissement, augmentation, bond, boom, crescendo, croissance, crue, décuplement, développement, dilatation, élargissement, élévation, enflement, enrichissement, envolée, essor, évolution, expansion, extension, flambée, foisonnement, gonflement, gradation, grossissement, hausse, haussement, inflation, intensification, majoration, montée, poussée, progrès, progression, recrudescence, redoublement, redressement, rehaussement, renchérissement, renforcement, revalorisation, valorisation. ▸ ***Guérison*** – amélioration, apaisement, cicatrisation, convalescence, cure, guérison, mieux-être, relevailles, rémission, répit, résurrection, rétablissement, retour à la santé, salut, soulagement, traitement. *MÉD.* délitescence, postcure, résorption, rétrocession. △ **ANT.** ABAISSEMENT; BAISSE, CHUTE, DIMINUTION, RÉDUCTION.

relever *v.* ▸ ***Remettre à la verticale*** – redresser. ▸ ***Reconstruire*** – rebâtir, reconstruire. *SOUT.* réédifier. ▸ ***Retrousser un vêtement*** – remonter, retrousser, trousser. ▸ ***Ajuster à la hausse*** – rajuster, revaloriser. ▸ ***Donner du goût*** – assaisonner, condimenter, corser, épicer. *SOUT.* donner du montant. ▸ ***Rendre intéressant*** – agrémenter, assaisonner, corser, épicer, pimenter, poivrer, rehausser. ▸ ***Rehausser*** – agrémenter, colorer, décorer, émailler, embellir, enjoliver, enrichir, garnir, habiller, ornementer, orner, parer, rehausser. *SOUT.* diaprer. ▸ ***Réhabiliter*** – dédouaner, racheter, réhabiliter. ▸ ***Remplacer*** – prendre la relève de, relayer, remplacer, suppléer. ▸ ***Ramasser*** – assembler, collecter, colliger, ramasser, rassembler, recueillir. *SUISSE FAM.* rapercher. ▸ ***Remarquer*** – apercevoir, constater, noter, observer, prendre acte, remarquer, voir. ▸ ***Prendre en note*** – consigner, enregistrer, inscrire, noter, prendre (bonne) note de, prendre en note, recueillir. ▸ ***Esquisser*** – brosser, crayonner, croquer, ébaucher, esquisser, pocher, profiler, silhouetter, tracer. ▸ ***Dépendre*** – appartenir à, dépendre de, être du ressort de, ressortir à, se rapporter à, se rattacher à. ▸ ***Concerner*** – avoir pour objet, avoir rapport à, avoir trait à, concerner, intéresser, porter sur, s'appliquer à, se rapporter à, toucher, viser. ♦ **relevé** ▶ ***Épicé*** – assaisonné, corsé, épicé, extra-fort, fort, pimenté, piquant. △ **ANT.** BAISSER, COUCHER, DESCENDRE, INCLINER, PENCHER; ABATTRE, RENVERSER; ABAISSER, DIMINUER, RÉDUIRE; AFFADIR, AFFAIBLIR; AVILIR, DÉNIGRER, DÉPRÉCIER, RABAISSER.

relief *n.m.* ▶ ***Saillie*** – angle, appendice, arête, aspérité, avancée, avancement, balèvre, bec, bosse, bourrelet, console, corne, corniche, côte, coude, crête, dent, éminence, encorbellement, éperon, ergot, excroissance, gibbosité, hourd, moulure, nervure, picot, pointe, proéminence, projecture, prolongement, protubérance, redan, ressaut, saillant, saillie, surplomb, surplombement, tubercule. ▶ ***Accidents de terrain*** – topographie, vallonnement. ▶ ***Impression de profondeur*** – axonométrie, fuyant, géométral, perspective cavalière, perspective centrale, perspective militaire, perspective parallèle, perspective sphérique, perspective, projection, scénographie, trompe-l'œil. ▶ ***Caractère marqué*** (SOUT.) – gloire, rayonnement. SOUT. lustre. ♦ **reliefs, *plur.*** ▶ ***Restes d'un repas*** – débris, miettes, restant, restes, rognures. FAM. rogatons. ▶ ***Résidus*** – bourre, bourrier, chiure, chute, crasse, culot, débris, déchet, dépôt, détritus, gadoue, immondices, impureté, lavure, lie, malpropreté, ordure, parcelle, perte, poussière, raclure, rebut, reliquat, résidu, reste, rinçure, rognure, saleté, salissure. FAM. cochonnerie, margouillis, saloperie. △ **ANT.** CREUX; BANALITÉ, CLICHÉ, PRÉVISIBILITÉ.

relier *v.* ▶ ***Faire communiquer*** – brancher, connecter, embrancher, joindre, lier, raccorder, rattacher, réunir. ▶ ***Faire dépendre*** – annexer, rattacher. ▶ ***Associer par un lien logique*** – associer, faire un rapprochement, mettre en rapport, mettre en relation, raccrocher, rapporter, rapprocher. △ **ANT.** COUPER, DÉCONNECTER, DÉSUNIR, ISOLER, SÉPARER; DISTINGUER, OPPOSER.

religieux *adj.* ▶ ***Relatif au clergé*** – clérical, ecclésiastique. ▶ ***En parlant d'un mode de vie*** – claustral, conventuel, monacal, monastique. ▶ ***En parlant d'une cérémonie*** – cultuel, hiératique, liturgique, rituel, sacré. ▶ ***En parlant d'une école*** – confessionnel, congréganiste. △ **ANT.** CIVIL, LAÏQUE, MONDAIN, PROFANE, SÉCULIER, TEMPOREL; AGNOSTIQUE, ARELIGIEUX, ATHÉE, IRRÉLIGIEUX.

religieux *n.* ♦ **religieux, *masc.*** ▶ ***Homme*** – clerc, ecclésiastique, profès. FAM. ensoutané. ♦ **le religieux, *masc.*** ▶ ***Caractère religieux*** – divin, sacré. ♦ **religieuse, *fém.*** ▶ ***Femme*** – nonne, professe, sœur. FAM. bonne sœur, nonnette *(jeune)*.

religion *n.f.* ▶ ***Culte*** – admiration, adoration, adulation, amour, attachement, culte, dévotion, emballement, engouement, fanatisme, ferveur, iconolâtrie, idolâtrie, passion, respect, vénération, zèle. SOUT. dilection, révérence. PÉJ. encens, flagornerie, flatterie. ▶ ***Doctrine*** – confession, conviction, croyance, culte, foi. ▶ ***Principes*** – catéchisme, morale, philosophie, principes. △ **ANT.** ATHÉISME, INCROYANCE, IRRÉLIGION; HÉRÉSIE, IMPIÉTÉ.

remaniement *n.m.* ▶ ***Modification*** – actualisation, adaptation, aggiornamento, correction, mise à jour, modification, rectification, réévaluation, refonte, révision. ▶ ***Remaniement de personnel*** – replacement. ▶ *Sommaire* – replâtrage. △ **ANT.** CONTINUATION, MAINTIEN.

remarquable *adj.* ▶ ***Particulièrement réussi*** – admirable, brillant, éblouissant, excellent, extraordinaire, fantastique, magistral, magnifique, merveilleux, parfait, prodigieux, réussi, sensationnel, sublime. FAM. à tout casser, champion, d'enfer, du tonnerre, épatant, extra, fameux, formidable, fumant, génial, mirifique, pas piqué des vers, splendide, super, terrible. FRANCE FAM. du feu de Dieu, énorme, fadé, formide, géant, gratiné, pas piqué des hannetons. ▶ ***Unique*** – d'exception, exceptionnel, hors du commun, hors ligne, hors pair, hors série, incomparable, inégalable, inégalé, inimitable, irremplaçable, précieux, qui n'a pas son pareil, rare, sans égal, sans pareil, sans précédent, sans rival, sans second, spécial, supérieur, unique. ▶ ***Étonnant*** – étonnant, frappant, hallucinant, impressionnant, marquant, notable, saillant, saisissant, spectaculaire. ▶ ***Prestigieux*** – élevé, éminent, exceptionnel, grand, important, insigne, prestigieux, signalé. SOUT. suréminent. △ **ANT.** LAMENTABLE, MÉDIOCRE, MINABLE, NAVRANT, PIÈTRE, PITEUX, PITOYABLE, RATÉ; BANAL, ININTÉRESSANT, INSIGNIFIANT, NÉGLIGEABLE, ORDINAIRE, SANS INTÉRÊT.

remarque *n.f.* ▶ ***Observation*** – constatation, observation, réflexion. ▶ ***Explication*** – analyse, clarification, commentaire, critique, définition, désambiguïsation, éclaircissement, élucidation, exemplification, explication, explicitation, exposé, exposition, glose, illustration, indication, interprétation, légende, lumière, note, paraphrase, précision, renseignement. ▶ ***Annotation*** – annotation, apostille, commentaire, glose, nota, nota bene, note, notule. ▶ ***Blâme*** – accusation, admonestation, admonition, anathématisation, anathème, attaque, avertissement, blâme, censure, condamnation, correction, critique, désapprobation, diatribe, grief, grognerie, gronderie, interdit, leçon, malédiction, mise à l'écart, mise à l'index, mise en quarantaine, objection, observation, plainte, punition, récrimination, remontrance, représentation, réprimande, réprobation, reproche, réquisitoire, semonce, sérénade, sermon, tollé. SOUT. animadversion, foudres, fustigation, improbation, mercuriale, objurgation, stigmatisation, vitupération. FAM. douche, engueulade, savon, tabac. FRANCE FAM. attrapade, lavage de tête, prêchi-prêcha, soufflante. BELG. cigare. RELIG. fulmination.

remarquer *v.* ▶ ***Voir tout à coup*** – apercevoir, voir. FAM. repérer. SOUT. aviser. ▶ ***Noter*** – apercevoir, constater, noter, observer, prendre acte, relever, voir. ▶ ***Prendre conscience*** – constater, découvrir, prendre conscience, réaliser, s'apercevoir, s'aviser, se rendre compte, voir. SOUT. éprouver. ♦ **se remarquer** ▶ ***Être visible*** – se voir.

remblai *n.m.* ▶ ***Bouchage*** – barrage, bouchage, bouclage, cloisonnage, cloisonnement, clôture, comblement, condamnation, coupure, fermeture, interception, lutage, murage, oblitération, obstruction, obturation, occlusion, tamponnement, verrouillage. ▶ ***Modification d'un terrain*** – terrassement. ▶ *En creusant* – déblai. ▶ *En remplissant* – remblayage. ▶ ***Talus*** – ados, barbette, berge, berme, cavalier, chaussée, levée, parapet, risberme *(barrage)*, talus, terrasse, terre-plein. AGRIC. billon. △ **ANT.** DÉBLAI.

remboursement *n. m.* ▶ ***Restitution*** – acquittement, amortissement, couverture, défraiement, désendettement, extinction, libération, paiement, prise en charge, rachat, recouvrement, règlement, remise de dette, restitution, rétrocession, reversement. ▶ ***Dédommagement*** – compensation, consolation, contrepartie, correctif, dédommagement, dommages et intérêts, dommages-intérêts, échange, indemnisation, indemnité, raison, récompense, réparation, retour, satisfaction, soulte. △ **ANT.** DÉBOURSEMENT, ENDETTEMENT.

rembourser *v.* ▶ ***Payer qqn*** – dédommager, défrayer, désintéresser, indemniser, payer. ▶ ***Payer une dette*** – acquitter, amortir, éteindre, honorer, liquider, s'acquitter de. △ **ANT.** AVANCER, DÉBOURSER, PRÊTER; EMPRUNTER; ENCAISSER.

remède *n. m.* ▶ ***Substance*** – médicament, potion, préparation (pharmaceutique), spécialité (pharmaceutique). ▸ *Artisanal* – drogue, orviétan, poudre de perlimpinpin. ▸ *Fort* – remède bénin *(doux)*, remède de cheval *(fort)*. ▸ *Efficace* – remède miracle, remède souverain. ▶ ***Solution*** – acrobatie, astuce, demi-mesure *(inefficace)*, échappatoire, expédient, gymnastique, intrigue, mesure, moyen, palliatif, procédé, ressource, ruse, solution, système, tour. FAM. combine, gimmick, truc. ▶ ***Consolation*** – adoucissement, allégement, antidote, apaisement, atténuation, baume, consolation, correctif, dérivatif, distraction, diversion, exutoire, préservatif, soulagement. SOUT. dictame. △ **ANT.** POISON.

remédier *v.* ▶ ***Compenser*** – compenser, faire oublier, pallier, parer à, racheter, réparer, suppléer à. SOUT. obvier à. ▶ ***Calmer la douleur*** (SOUT.) – calmer, soulager. △ **ANT.** AGGRAVER, EMPIRER, GÂCHER.

remémorer *v.* évoquer, rappeler. ♦ **se remémorer** penser à, revoir, se rappeler, se souvenir. SOUT. se ressouvenir. △ **ANT.** IGNORER, OMETTRE, OUBLIER, PASSER, TAIRE.

remerciement *n. m.* bénédiction, gratitude, gré, merci, obligation, reconnaissance.

remercier *v.* ▶ ***Exprimer sa gratitude*** – être reconnaissant à, rendre grâce à, savoir gré à. ▶ ***Récompenser*** – dédommager, récompenser. ▶ ***Congédier*** – chasser, congédier, débaucher, démettre, donner son congé à, expulser, licencier, mettre à la porte, mettre à pied, mettre dehors, mettre en disponibilité, reconduire, renvoyer. FAM. balancer, balayer, déboulonner, lourder, sabrer, sacquer, vider, virer. △ **ANT.** ADMETTRE, EMBAUCHER, ENGAGER.

remettre *v.* ▶ ***Restituer*** – redonner, rendre, restituer. DR. recéder, rétrocéder. ▶ ***Confier*** – confier, donner, laisser. ▶ ***Décerner*** – adjuger, attribuer, conférer, décerner, donner. ▶ ***Ajouter de nouveau*** – rajouter. ▶ ***Replacer un objet*** – replacer. FAM. refourrer, refoutre. ▶ ***Replacer un membre démis*** – FAM. rebouter. ▶ ***Mettre un vêtement de nouveau*** – rendosser, renfiler. ▶ ***Renvoyer à plus tard*** – ajourner, décaler, différer, proroger, reculer, renvoyer, reporter, repousser, retarder, suspendre. SOUT. ou DR. surseoir à. BELG. SUISSE postposer. TECHN. temporiser. ▶ ***Pardonner une offense*** – enterrer, oublier, pardonner, passer l'éponge sur, passer sur. ♦ **se remettre** ▶ ***Recommencer*** – recommencer, rentamer, reprendre. FAM. repiquer au truc. ▶ ***Se replonger*** – retomber, se replonger, se retremper. FAM. remordre. ▶ ***Guérir*** – aller mieux, guérir, récupérer, relever de maladie, se rétablir. FAM. prendre du mieux, se retaper. △ **ANT.** EMPORTER, ENLEVER, PRENDRE; CONFISQUER; GARDER; DÉPLACER; DEVANCER, HÂTER; CONDAMNER.

réminiscence *n. f.* ▶ ***Souvenir*** – allusion, anamnèse, commémoration, déjà vu, évocation, impression, mémoire, mémoration, mémorisation, pensée, rappel, souvenir, trace. SOUT. remémoration. ▸ *Non favorable* – arrière-goût. △ **ANT.** OUBLI.

remise *n. f.* ▶ ***Attribution*** – allocation, attribution, distribution, dotation. ▶ ***Rabais*** – abattement, baisse, bas prix, bonification, bradage, décompte, déduction, dégrèvement, diminution, discompte, escompte, liquidation, prix modique, rabais, réduction, réfaction, ristourne, solde. FAM. bazardage. QUÉB. (prix d') aubaine. ▸ *Impôt* – abattement, décote, dégrèvement, réduction d'impôt. ▶ ***Pardon*** – absolution, absoute *(public)*, acquittement, aman, amnistie, annulation, clémence, dédouanement, disculpation, extinction, grâce, indulgence, jubilé, mise hors de cause, miséricorde, mitigation, oubli, pardon, pénitence, prescription, réhabilitation, relaxe, remise (de peine), rémission, suppression (de peine). ▶ ***Ajournement*** – ajournement, délai, prorogation, recul (de date), rééchelonnement *(dette)*, remise (à plus tard), renvoi, répit, report, sursis. ▶ ***Renvoi*** – ajournement, annulation, cassation, destitution, dissolution, infirmation, invalidation, péremption d'instance, relaxe, report, rescision, résiliation, résolution, révocation, sursis. ▶ ***Petit local*** – appentis, bûcher *(pour le bois)*, cabanon, débarras, resserre. FAM. fourre-tout. SUISSE galetas. QUÉB. FAM. hangar. △ **ANT.** ADDITION, SUPPLÉMENT; CONDAMNATION.

rémission *n. f.* ▶ ***Pardon*** – absolution, absoute *(public)*, acquittement, aman, amnistie, annulation, clémence, dédouanement, disculpation, extinction, grâce, indulgence, jubilé, mise hors de cause, miséricorde, mitigation, oubli, pardon, pénitence, prescription, réhabilitation, relaxe, remise (de peine), suppression (de peine). ▶ ***Diminution momentanée*** – intermission, intermittence, rémittence. ▶ ***Guérison*** – amélioration, apaisement, cicatrisation, convalescence, cure, guérison, mieux-être, relevailles, relèvement, répit, résurrection, rétablissement, retour à la santé, salut, soulagement, traitement. MÉD. délitescence, postcure, résorption, rétrocession. ▶ ***Paix*** – accalmie, apaisement, bonace, bonheur, calme, éclaircie, entente, fraternité, harmonie, idylle, paix, quiétude, repos, silence, tranquillité, trêve, union. SOUT. kief. △ **ANT.** CONDAMNATION; AGGRAVATION, RECHUTE, RECRUDESCENCE.

remodeler *v.* ▶ ***Restructurer*** – réaménager, redéployer, réorganiser, restructurer. SUISSE redimensionner.

remontant *n. m.* ▶ ***Alcool*** – alcool, cordial, eau-de-vie, spiritueux. FAM. bibine, glass, gnôle, goutte, rincette, rinçure; PÉJ. bistouille, casse-pattes, tord-boyaux *(très fort)*. ▶ ***Médicament*** – analeptique, défatigant, dopant, énergisant, excitant, fortifiant, reconstituant, stimulant, tonifiant, tonique. *PHYSIOL.* incitant.

remontée *n. f.* ▶ ***Mouvement en amont*** – remontage, remonte. △ **ANT.** DESCENTE.

remonter *v.* ▶ ***Augmenter la hauteur*** – élever, exhausser, hausser, hisser, monter, rehausser, surélever, surhausser. ▶ ***Redonner des forces physiques*** – donner un coup de fouet à, ragaillardir, ranimer, réconforter, régénérer, revigorer, stimuler, tonifier, vitaliser, vivifier. *FAM.* ravigoter, recharger les accus à, recharger les batteries à, requinquer, retaper. ▶ ***Redonner du courage*** – encourager, ragaillardir, réconforter, regonfler, retremper. *FAM.* requinquer, retaper. ▶ ***Alléger le chagrin*** – consoler, mettre du baume au cœur, mettre un baume sur la plaie, réconforter, sécher les larmes, sécher les pleurs, soulager le cœur. *SOUT.* panser les plaies, tarir les larmes. ▶ ***Rattraper*** – atteindre, rattraper, rejoindre, retrouver. ▶ ***Retrousser*** – relever, retrousser, trousser. ▶ ***Avoir lieu à tel moment*** – dater de. ▶ ***Donner de nouvelles fleurs*** – refleurir. △ **ANT.** ABAISSER, BAISSER, DESCENDRE, RABATTRE, REDESCENDRE; DÉMONTER, DISLOQUER; DÉCOURAGER, DÉMORALISER, DÉPRIMER; DIMINUER.

remontrance *n. f.* accusation, admonestation, admonition, anathématisation, anathème, attaque, avertissement, blâme, censure, condamnation, correction, critique, désapprobation, diatribe, grief, grognerie, gronderie, interdit, leçon, malédiction, mise à l'écart, mise à l'index, mise en quarantaine, objection, observation, plainte, punition, récrimination, remarque, représentation, réprimande, réprobation, reproche, réquisitoire, semonce, sérénade, sermon, tollé. *SOUT.* animadversion, foudres, fustigation, improbation, mercuriale, objurgation, stigmatisation, vitupération. *FAM.* douche, engueulade, savon, tabac. *FRANCE FAM.* attrapade, lavage de tête, prêchi-prêcha, soufflante. *BELG.* cigare. *RELIG.* fulmination. △ **ANT.** COMPLIMENT, ÉLOGE, LOUANGE.

remords *n. m.* attrition, componction, contrition, honte, pénitence, regret, repentir. *SOUT.* repentance, résipiscence. △ **ANT.** CONTENTEMENT, SATISFACTION; PAIX.

remous *n. m.* ▶ ***Tourbillon*** – tourbillon. *DIDACT.* vortex. ▸ *De vent* – cyclone, tornade, trombe. *QUÉB. ACADIE FAM.* sorcière (de vent). ▸ *D'eau* – maelström, tourbillon. ▶ ***Fluctuation*** – agitation, balancement, ballottement, bercement, branle, branlement, cahotement, flottement, fluctuation, flux et reflux, houle, impulsion, lacet, mouvement, onde, ondoiement, ondulation, oscillation, pulsation, raz de marée, roulis, tangage, va-et-vient, vague, valse, vibration. *FAM.* brimbalement. ▶ ***Agitation*** – activité, affairement, affolement, agitation, alarme, animation, bouillonnement, branle-bas (de combat), bruit, dérangement, désordre, désorganisation, détraquement, effervescence, excitation, fourmillement, grouillement, hâte, incohérence, mouvement, orage, précipitation, remue-ménage, secousse, tempête, tohu-bohu, tourbillon, tourmente, trépidation, trouble, tumulte, turbulence, va-et-vient. *SOUT.* émoi, remuement. *FAM.* chambardement. ▶ ***Insurrection*** – agitation, agitation-propagande, chouannerie, désordre, effervescence, embrasement, émeute, excitation, faction, fermentation, fièvre, fronde, insoumission, insubordination, insurrection, jacquerie, manifestation, mutinerie, rébellion, résistance, révolte, révolution, sédition, soulèvement, tourmente, troubles. *FAM.* agit-prop. △ **ANT.** FIXITÉ, IMMOBILITÉ; HARMONIE, ORDRE, PAIX.

rempart *n. m.* ▶ ***Muraille*** – enceinte, muraille, muraillement. *ANTIQ.* péribole. *MILIT.* épaulement. ▶ ***Moyen de protection*** (*SOUT.*) – bastion, citadelle, forteresse. *SOUT.* muraille. △ **ANT.** BRÈCHE, OUVERTURE.

remplaçant *n.* ▶ ***Personne qui remplace momentanément*** – intérimaire, représentant, subrogé, substitut, suppléant. ▸ *Non favorable* – pis aller. *FAM.* bouche-trou. ▶ ***Successeur*** – ayant cause, continuateur, dauphin, enfant, fils, héritier, successeur, successible. *SOUT.* épigone, hoir. ▶ ***Professeur suppléant*** – (professeur) suppléant. ▶ ***En grammaire*** – anaphore, anaphorique, cataphore, substitut. △ **ANT.** TITULAIRE.

remplacement *n. m.* ▶ ***Substitution*** – changement, chassé-croisé, commutation, échange, intérim, rechange, relève, rotation, roulement, subrogation, substitution, succession, suppléance. ▶ ***Ce qui remplace*** – ersatz, substitut, succédané. ▶ ***Renouvellement*** – amélioration, changement, dépoussiérage, modernisation, modification, prorogation, rajeunissement, recommencement, reconduction, réformation, réforme, régénération, réhabilitation, réinvention, renouveau, renouvellement, rénovation, réparation, restauration, résurrection, rétablissement, transformation. *PÉJ. FAM.* réformette. △ **ANT.** CONSERVATION, MAINTIEN.

remplacer *v.* ▶ ***Mettre à la place*** – substituer. ▶ ***Changer*** – changer, renouveler. ▶ ***Tenir la place*** – faire fonction de, jouer le rôle de, se substituer à, servir de, suppléer, tenir la place de, tenir lieu de. ▶ ***Venir après qqn*** – prendre la suite de, succéder à, suivre. ▶ ***Relayer*** – prendre la relève de, relayer, relever, suppléer. ▶ ***Représenter*** – agir au nom de, représenter. ♦ **se remplacer** ▶ ***Se relayer*** – alterner, se relayer. △ **ANT.** CONSERVER, GARDER, RETENIR.

remplir *v.* ▶ ***Emplir de choses concrètes*** – bourrer, charger, emplir. ▶ ***Emplir de personnes*** – emplir, faire salle comble. *FAM.* bourrer (de monde). ▶ ***Emplir d'une chose abstraite*** – emplir, envahir, gonfler, inonder, pénétrer, submerger. ▶ ***Occuper un espace*** – couvrir, emplir, garnir, occuper, s'étendre sur. ▶ ***Charger un texte*** – bourrer, charger, émailler, farcir, larder, semer, truffer. ▶ ***Exercer un rôle*** – exercer, s'acquitter de, tenir. ▶ ***Occuper le temps*** – emplir, meubler, occuper. *SOUT.* peupler. ▶ ***Répondre à une exigence*** – répondre à, satisfaire à, suffire à. ♦ **rempli** ▶ ***Plein de gens*** – bondé, bourré, comble, complet, plein. ▶ ***Imprégné*** – bourré, débordant, farci, imbu, imprégné, pénétré, plein, saturé. △ **ANT.** VIDER; CREUSER, ÉVIDER; DÉGARNIR; ÉVACUER; DÉPEUPLER; EFFACER; FAILLIR À, MANQUER À, NÉGLIGER, OMETTRE.

remporter *v.* ▶ ***Gagner*** – conquérir, enlever, gagner, obtenir. *FAM.* décrocher. △ **ANT.** MANQUER, PERDRE, RATER; CÉDER, DONNER, LAISSER.

remuant *adj.* ▶ ***Vif*** – animé, déluré, enjoué, frétillant, fringant, guilleret, pétillant, pétulant, plein d'entrain, plein de vie, primesautier, sémillant, vif, vivant. *BELG. FAM.* spitant. ▶ ***Turbulent*** – agité, bruyant, chahuteur, diable, dissipé, emporté, excité, tapageur, turbulent. QUÉB. FAM. énervé, tannant. △ ANT. AMORPHE, APATHIQUE, AVACHI, ENDORMI, INDOLENT, INERTE, LÉTHARGIQUE, LYMPHATIQUE, MOU, NONCHALANT, PASSIF, RAMOLLI, SANS RESSORT; CALME, TRANQUILLE.

remue-ménage *n.m.* ▶ ***Effervescence*** – activité, affairement, affolement, agitation, alarme, animation, bouillonnement, branle-bas (de combat), bruit, dérangement, désordre, désorganisation, détraquement, effervescence, excitation, fourmillement, grouillement, hâte, incohérence, mouvement, orage, précipitation, remous, secousse, tempête, tohu-bohu, tourbillon, tourmente, trépidation, trouble, tumulte, turbulence, va-et-vient. SOUT. émoi, remuement. FAM. chambardement. △ ANT. HARMONIE, ORDRE, ORGANISATION, STRUCTURE.

remuer *v.* ▶ ***Faire bouger*** – ébranler, mouvoir. ▶ *Faire bouger la tête* – branler, dodeliner de. SOUT. brandiller. ▶ ***Déplacer*** (FAM.) – décaler, déplacer, déranger, éloigner, pousser. FAM. bouger. ▶ ***Secouer*** – agiter, secouer. ▶ ***Tourner la salade*** – tourner. FAM. fatiguer, touiller. ▶ ***Mélanger*** – brasser, malaxer, mélanger, tourner. ▶ ***Labourer*** – ameublir, bêcher, biner, défoncer, écroûter, effondrer, égratigner, émotter, fouiller, gratter, herser, labourer, piocher, retourner, scarifier, serfouir. ▶ ***Attendrir*** – aller droit au cœur de, apitoyer, attendrir, émouvoir, faire quelque chose à, toucher, troubler. SOUT. prendre aux entrailles. FAM. émotionner, prendre aux tripes. ▶ ***Bouleverser*** – bouleverser, chavirer, ébranler, émouvoir, retourner, révulser, secouer, troubler. FAM. chambouler, émotionner, révolutionner, tourneboulcr, tourner les sangs à. ▶ ***Faire un mouvement*** – bouger. ▶ ***Ballotter*** – ballotter. ▶ ***Bouger beaucoup*** – frétiller, s'agiter, se tortiller, se trémousser. FAM. gigoter. ♦ **se remuer** ▶ ***Être en mouvement*** – bouger, se déplacer, se mouvoir. ▶ ***Se donner du mal*** – faire des pieds et des mains, peiner, s'échiner, s'évertuer, se démener, se dépenser, se donner beaucoup de peine, se donner du mal, se fatiguer, se mettre en quatre, se tuer. FAM. ramer, se décarcasser, se défoncer, se démancher, se donner un mal de chien, se donner un mal de fou, se fouler la rate. △ ANT. ARRÊTER, FIXER, IMMOBILISER, RETENIR; APAISER, CALMER, TRANQUILLISER. ♦ **se remuer** RESTER IMMOBILE; S'ENDORMIR, S'ENGOURDIR.

rémunération *n.f.* appointements, cachet, commission, droit, émoluments, fixe, gages, gain, honoraires, jeton (de présence), mensualité, paye, pourboire, rétribution, revenu, salaire, semaine, solde, traitement, vacations.

renaissance *n.f.* ▶ ***Réincarnation*** – métempsycose, métensomatose, palingénésie, réincarnation, résurrection, transmigration. ▶ ***Renouveau*** – dégel, progrès, recrudescence, redémarrage, regain, régénération, régénérescence, réincarnation, relance, renouveau, renouvellement, reprise, résurrection, retour, réveil, revival, reviviscence, second souffle. SOUT. refleurissement, revif. FIG. printemps, résurgence. BOT. anabiose. ▶ ***La Renaissance*** – humanisme. △ ANT. AGONIE, MORT; DÉCADENCE, DÉCLIN; LÉTHARGIE, STAGNATION.

renaître *v.* ▶ ***Se ranimer*** – réapparaître, refleurir, reparaître, reprendre vie, ressurgir, ressusciter, revenir, revivre, se rallumer, se ranimer, se réveiller. △ ANT. AGONISER, DISPARAÎTRE, MOURIR; S'EFFACER.

renchérir *v.* ▶ ***Faire une enchère plus élevée*** – couvrir une enchère, enchérir sur, monter, relancer, renvier, surenchérir. SUISSE miser sur. ▶ ***Aller plus loin*** – dépasser, surenchérir sur. ▶ ***Devenir plus cher*** – augmenter, enchérir, être en hausse, grimper, monter. △ ANT. BAISSER, DIMINUER.

rencontre *n.f.* ▶ ***Entrevue*** – abouchement, audience, conférence, confrontation, entretien, entrevue, face à face, huis clos, interview, micro-trottoir, rendez-vous, retrouvailles, réunion, tête-à-tête, vis-à-vis, visite. SOUT. abouchement, rancard. FRANCE FAM. rambot, rambour. PÉJ. conciliabule. ▶ ***Match*** – affrontement, duel, joute, match, partie. ▶ ***Combat*** – accrochage, action (de guerre), affrontement, assaut, attaque, bagarre, bataille, choc, combat, conflit, duel, échauffourée, empoignade, empoignement, engagement, escarmouche, ferraillement, feu, guérilla, guerre, heurt, hostilités, lutte, mêlée, opération, pugilat, rixe. FAM. baroud, baston, bigorne, casse-gueule, casse-pipe, castagne, guéguerre, rif, rififi, riflette. BELG. FAM. margaille. MILIT. blitz *(de courte durée)*. ▶ ***Collision*** – accrochage, choc, cognement, collision, coup, entrechoquement, heurt, impact, percussion, secousse. ▶ ***Jonction*** – abouchement, aboutage, aboutement, accolement, accouplage, accouplement, ajustage, apposition, articulation, assemblage, association, branchement, coalescence, confluence, conjonction, conjugaison, connexion, contact, convergence, couplage, couplement, groupage, interconnexion, interface, joint, jointure, jonction, jumelage, juxtaposition, liaison, mariage, mise en couple, mixage, raccord, raccordement, rapprochement, reboutement, relation, réunion, suture, union. RARE liage. ▶ ***Intersection*** – chevauchement, croisement, empiétement, intersection, nœud, recoupement, recouvrement, superposition. ▶ ***Simultanéité*** – accompagnement, coexistence, coïncidence, concomitance, concordance, concours de circonstances, contemporanéité, coordination, correspondance, isochronie, isochronisme, synchronicité, synchronie, synchronisation, synchronisme. ▶ ***Hasard*** (SOUT.) – accident, aléa, aléatoire, aventure, cas fortuit, chance, circonstance, coïncidence, conjoncture, contingence, coup de dés, coup du sort, facteur chance, fortuit, hasard, impondérable, imprévu, inattendu, incertitude, indétermination, occurrence, sort. SOUT. fortune. PHILOS. casualisme, casualité, indéterminisme. FIG. loterie. △ ANT. FUITE.

rencontrer *v.* ▶ ***Croiser*** – croiser, tomber sur, trouver (sur son chemin), voir. ▶ ***Affronter*** – affronter, disputer la victoire à, disputer un match contre, jouer contre, se battre, se mesurer à. ▶ ***Faire la connaissance*** – connaître, faire la connaissance de, lier connaissance avec. ♦ **se rencontrer** ▶ ***Faire une première rencontre*** – faire connaissance. ▶ ***Se trouver*** – apparaître, être, être présent, exister, résider, s'inscrire, se retrouver, se situer, se trouver, siéger. SOUT. gésir. ▶ ***Converger*** – confluer, converger, se rejoindre. ▶ ***En parlant d'un cours d'eau*** –

confluer, s'unir, se rejoindre. △ **ANT.** MANQUER; ÉVITER, FUIR. ♦ **se rencontrer** S'ÉLOIGNER.

rendement *n. m.* ▶ ***Fertilité*** – abondance, fécondité, fertilité, générosité, luxuriance, prodigalité, productivité, richesse. ▶ ***Productivité*** – bénéfice, effet, efficacité, efficience, gain, production, productivité, produit, profit, rapport, rentabilité, revenu. △ **ANT.** DÉFICIT, PERTE; INEFFICACITÉ.

rendre *v.* ▶ ***Redonner*** – redonner, remettre, restituer. *DR.* recéder, rétrocéder. ▶ ***Donner en contrepartie*** – revaloir. ▶ ***Donner comme rendement*** – donner, fournir, générer, produire, rapporter. ▶ ***Vomir*** – régurgiter, vomir. *FAM.* gerber. *FRANCE FAM.* aller au renard, renarder. ▶ ***Renvoyer le son*** – renvoyer, répercuter, répéter, réverbérer. ▶ ***Recréer*** – imiter, reconstituer, recréer, reproduire, restituer, simuler. *INFORM.* émuler. ▶ ***Exprimer*** – exprimer, refléter, traduire. ♦ **se rendre** ▶ ***Se soumettre*** – se livrer, se soumettre. ▶ ***Capituler*** – capituler, déposer les armes, s'avouer vaincu. ▶ ***Parvenir à un endroit*** – accéder à, arriver à, atteindre, gagner, parvenir à, toucher. △ **ANT.** CONFISQUER, CONSERVER, GARDER; EMPRUNTER, ENCAISSER; VOLER; ABSORBER, DIGÉRER; TAIRE. ♦ **se rendre** RÉSISTER.

rêne *n. f.* bride, bridon, guides.

renfermer *v.* ▶ ***Comprendre*** – comporter, comprendre, compter, contenir, englober, inclure, receler. ♦ **se renfermer** ▶ ***Ne pas s'exprimer*** – rentrer en soi-même, se refermer, se replier sur soi-même. *SOUT.* se reclore. ♦ **renfermé** ▶ ***Introverti*** – introverti, replié sur soi-même, secret. △ **ANT.** EXCLURE; LIBÉRER, RELÂCHER; EXPRIMER, MONTRER. ♦ **se renfermer** COMMUNIQUER, S'EXTÉRIORISER; SORTIR. ♦ **renfermé** AÉRÉ, OUVERT; COMMUNICATIF, DÉMONSTRATIF, EXPANSIF, SOCIABLE.

renforcement *n. m.* ▶ ***Réparation*** – amélioration, arrangement, bricolage, consolidation, dépannage, entretien, maintenance, rajustement, ravalement, reconstitution, réfection, remise à neuf, remise en état, remontage, réparation, reprise, restauration, restitution, rétablissement, retapage, rhabillage, sauvetage, soin. *FAM.* rafistolage. ▶ ***Affermissement*** – affermissement, amélioration, ancrage, cimentation, consolidation, durcissement, enracinement, fixation, fortification, garantie, protection, radicalisation, raffermissement, raidissement, renforçage, renfort, scellement, stabilisation. *SOUT.* roidissement. ▶ ***Augmentation*** – accentuation, accroissement, accrue, agrandissement, amplification, arrondissement, augmentation, bond, boom, crescendo, croissance, crue, décuplement, développement, dilatation, élargissement, élévation, enflement, enrichissement, envolée, essor, évolution, expansion, extension, flambée, foisonnement, gonflement, gradation, grossissement, hausse, haussement, inflation, intensification, majoration, montée, poussée, progrès, progression, recrudescence, redoublement, redressement, rehaussement, relèvement, renchérissement, revalorisation, valorisation. △ **ANT.** ADOUCISSEMENT, AFFAIBLISSEMENT; BAISSE, DIMINUTION.

renforcer *v.* ▶ ***Rendre plus solide*** – affermir, consolider. *QUÉB.* solidifier; *FAM.* solider. ▶ ***Rendre plus fort*** – affermir, asseoir, cimenter, confirmer, conforter, consolider, fortifier, raffermir. ▶ ***Rendre plus intense*** – accentuer, accroître, ajouter à, amplifier, augmenter, intensifier. *SOUT.* exalter. △ **ANT.** AFFAIBLIR, DÉTRUIRE, ÉBRANLER, MINER, SAPER; ADOUCIR, ATTÉNUER, DIMINUER.

renfort *n. m.* ▶ ***Aide*** – aide, appoint, apport, appui, assistance, association, bienfaisance, bons offices, collaboration, complicité, concours, conseil, contribution, coopération, coup d'épaule, coup de main, coup de pouce, dépannage, entraide, grâce, main-forte, participation, planche de salut, secours, service, soutien, synergie. *SOUT.* viatique. *FAM.* (coup de) fion. ▶ ***Protection*** – abri, aide, appui, assistance, chapeautage, conservation, couverture, garantie, garde, mandat, parrainage, paternalisme, patronage, protection, recommandation, rescousse, sauvegarde, secours, sécurisation, soutien, surveillance, tutelle. *FIG.* parapluie. *SOUT.* égide. *FAM.* piston. ▶ ***Consolidation*** – affermissement, amélioration, ancrage, cimentation, consolidation, durcissement, enracinement, fixation, fortification, garantie, protection, radicalisation, raffermissement, raidissement, renforçage, renforcement, scellement, stabilisation. *SOUT.* roidissement. ▶ ***Soutien physique*** – appui, soutènement, soutien, support. ▶ ***Pièce*** – contrefort, épaulement. △ **ANT.** ENTRAVE, OBSTACLE, PRÉJUDICE.

reniement *n. m.* ▶ ***Négation*** – démenti, dénégation, déni, désaveu. ▶ ***Rétractation*** – abandon, abjuration, apostasie, défection, dénégation, désaveu, palinodie, retournement, rétractation, revirement, virevolte, volte-face. *FAM.* pirouette. ▶ ***Impiété*** – agnosticisme, apostasie, athéisme, blasphème, désacralisation, doute, froideur, gentilité, hérésie, impiété, incrédulité, incroyance, indifférence, infidélité, irréligion, libre pensée, matérialisme, paganisme, panthéisme, péché, profanation, sacrilège, scandale, scepticisme. *SOUT.* inobservance.

renier *v.* ▶ ***Trahir*** – déserter, trahir. ▶ ***Ne pas admettre comme sien*** – contester, démentir, disconvenir de, nier, rejeter. *RARE* récuser. ▶ ***Abandonner une croyance*** – abandonner, renoncer à, répudier. ▸ *Une religion* – abjurer. ▸ *Le christianisme* – apostasier, faire acte d'apostasie. △ **ANT.** ASSUMER, RECONNAÎTRE, REVENDIQUER; ADOPTER, EMBRASSER, PROFESSER, SE CONVERTIR.

renifler *v.* ▶ ***Respirer bruyamment*** – renâcler. ▶ ***Puer*** (*FRANCE FAM.*) – empester, puer, sentir fort, sentir mauvais. *FAM.* cocotter, fouetter, sentir. *FRANCE FAM.* taper. ▶ ***Sentir*** – flairer, humer, respirer, sentir, subodorer. *CHASSE* éventer, halener. ▶ ***Aspirer par le nez*** – aspirer, priser.

renommée *n. f.* ▶ ***Célébrité*** – célébrité, considération, éclat, faveur, gloire, notoriété, palmarès, popularité, renom, réputation, vedettariat. *FIG.* auréole, immortalité, la déesse aux cent bouches. ▶ ***Publicité*** – annonce, bande-annonce *(d'un film)*, battage, bruit, commercialisation, conditionnement, croisade, lancement, marchandisage, marketing, message (publicitaire), petite annonce *(journal)*, placard, promotion, propagande, publicité, publipostage, raccrochage, racolage, réclame, retentissement, slogan. *FAM.* pub, tam-tam. *QUÉB. FAM.* cabale *(pour un candidat)*. ▸ *Non favorable* – bourrage de crâne, endoctrinement, intoxication, lavage de cerveau, matraquage, propagande. △ ANT. DISCRÉDIT, IMPOPULARITÉ, OUBLI.

renoncement *n.m.* ▶ ***Abandon*** – abandon, abdication, aliénation, capitulation, cession, don, donation, fléchissement, non-usage, passation, rejet, renonciation, répudiation, retrait, suppression. *FIG.* bradage. ▶ ***Ascèse*** – abstinence, ascèse, ascétisme, austérité, dépouillement, expiation, flagellation, frugalité, macération, mortification, pénitence, privation, propitiation, restriction, sacrifice, stigmatisation, tempérance. ▶ ***Abnégation*** – abnégation, altruisme, désintéressement, détachement, dévouement, effacement, humilité, oubli de soi, privation, résignation, sacrifice. *SOUT.* holocauste. ▶ ***Fatalisme*** – acceptation, aquoibonisme, déterminisme, fatalisme, passivité, philosophie, providentialisme, résignation, stoïcisme. △ ANT. ATTACHEMENT; AVIDITÉ, CONVOITISE, CUPIDITÉ; REVENDICATION.

renoncer *v.* ▶ ***Se débarrasser*** – se débarrasser de, se défaire de, se démunir de, se départir de, se dépouiller de, se dessaisir de. *FAM.* balancer, bazarder, larguer, lourder, sacrifier. ▶ ***Se priver*** – faire une croix sur, s'abstenir de, sacrifier, se passer de, se priver de, tirer une croix sur. *SOUT.* immoler, se dénuer de. *FAM.* se brosser. ▶ ***Délaisser*** – abandonner, délaisser, enterrer, faire une croix sur, jeter aux oubliettes, laisser, laisser en jachère, laisser tomber, mettre au placard, mettre au rancart, mettre aux oubliettes, quitter, tirer une croix sur. *SOUT.* dépouiller. *FAM.* lâcher, planter là, plaquer. ▶ ***Cesser*** – abandonner, arrêter, cesser, mettre fin à, mettre un terme à. ▶ ***Abandonner une croyance*** – abandonner, renier, répudier. ▶ ***Rétracter*** – abjurer, désavouer, retirer, rétracter, revenir sur. ▶ ***Abdiquer*** – abdiquer, déposer, se désister. ▶ ***S'avouer vaincu*** – abandonner, abdiquer, baisser les bras, capituler, céder, courber le dos, déclarer forfait, démordre de, jeter le manche après la cognée, lâcher prise, laisser tomber, s'avouer vaincu. *FAM.* décrocher, démissionner, fermer boutique, plier boutique. ▶ ***Résilier*** – annuler, casser, dissoudre, mettre fin à, résilier, rompre. *DR.* nullifier, rescinder, résoudre. △ ANT. CONSERVER, GARDER, MAINTENIR; PERSÉVÉRER, PERSISTER; ACCEPTER, CONSENTIR, REVENDIQUER, VOULOIR; ADOPTER, EMBRASSER, SE CONVERTIR; RÉSISTER, TENIR.

renouer *v.* ▶ ***Attacher de nouveau*** – brancher, connecter, embrancher, joindre, lier, raccorder, rattacher, relier, réunir. ▶ ***Reprendre*** – poursuivre, reprendre, rétablir. ▶ ***Se réconcilier*** – se réconcilier. *FAM.* enterrer la hache de guerre, se rabibocher, se raccommoder, se rapapilloter. △ ANT. DÉLIER, DÉNOUER, DÉTACHER, DISJOINDRE, SÉPARER; INTERROMPRE.

renouveau *n.m.* ▶ ***Renouvellement*** – amélioration, changement, dépoussiérage, modernisation, modification, prorogation, rajeunissement, recommencement, reconduction, réformation, réforme, régénération, réhabilitation, réinvention, remplacement, renouvellement, rénovation, réparation, restauration, résurrection, rétablissement, transformation. *PÉJ. FAM.* réformette. ▶ ***Renaissance*** – dégel, progrès, recrudescence, redémarrage, regain, régénération, régénérescence, réincarnation, relance, renouvellement, reprise, résurrection, retour, réveil, revival, reviviscence, second souffle. *SOUT.* refleurissement, revif. *FIG.* printemps, résurgence. *BOT.* anabiose. △ ANT. IMMOBILITÉ, STAGNATION; CHUTE, DÉCLIN, RÉGRESSION; MORTE-SAISON.

renouveler *v.* ▶ ***Remplacer*** – remplacer, substituer. ▶ ***Transformer*** – métamorphoser, modifier, réformer, réinventer, rénover, repousser les limites de, révolutionner, transformer. ▶ ***Moderniser*** – actualiser, dépoussiérer, mettre à jour, moderniser, présenter sous un jour nouveau, rafraîchir, rajeunir, réactualiser, rénover, rhabiller. ▶ ***Rendre de nouveau valide*** – reconduire. ▶ ***Ranimer*** – donner un second souffle à, faire renaître, faire revivre, ragaillardir, rallumer, ranimer, raviver, réactiver, réchauffer, redonner vie à, redynamiser, régénérer, renflammer, ressusciter, réveiller, revigorer, revitaliser, revivifier, stimuler, vivifier. ▶ ***Faire de nouveau*** – recommencer, refaire, réitérer, répéter, reproduire, revenir à la charge. *FAM.* récidiver, rééditer, remettre ça, y retourner, y revenir. ♦ **se renouveler** ▶ ***Avoir un nouveau début*** – recommencer. ▶ ***Se moderniser*** – faire peau neuve, rajeunir, se moderniser. ♦ **renouvelé** ▶ ***Novateur*** – audacieux, avant-gardiste, d'avant-garde, futuriste, hardi, inédit, innovant, innovateur, neuf, new-look, nouveau, nouvelle vague, novateur, original, révolutionnaire. △ ANT. CONSERVER, GARDER, MAINTENIR, PRÉSERVER; ABOLIR, ABROGER, ANNULER, RÉSILIER. ♦ **se renouveler** SE DÉMODER, VIEILLIR.

renouvellement *n.m.* ▶ ***Répétition*** – cycle, fréquence, itération, période, périodicité, rechute, récidive, récidivité, recommencement, récurrence, récursivité, répétition, répétitivité, reprise, reproduction, retour. *SOUT.* réitération, retombement. *FAM.* réédition. ▶ ***Rite catholique*** – confirmation, renouvellement (des vœux du baptême). ▶ ***Restauration*** – amélioration, changement, dépoussiérage, modernisation, modification, prorogation, rajeunissement, recommencement, reconduction, réformation, réforme, régénération, réhabilitation, réinvention, remplacement, renouveau, rénovation, réparation, restauration, résurrection, rétablissement, transformation. *PÉJ. FAM.* réformette. ▶ ***Renaissance*** – dégel, progrès, recrudescence, redémarrage, regain, régénération, régénérescence, réincarnation, relance, renouveau, reprise, résurrection, retour, réveil, revival, reviviscence, second souffle. *SOUT.* refleurissement, revif. *FIG.* printemps, résurgence. *BOT.* anabiose. ▶ ***Bouleversement*** – bouleversement, changement, chavirage, chavirement, conflagration, convulsion, dérangement, dérèglement, déséquilibre, désorganisation, détraquement, perturbation, rénovation, renversement, retournement, révolution, séisme, stress, trouble. *FAM.* chambardement, chamboulement. △ ANT. CONSERVATION, MAINTIEN; DÉCADENCE, DÉCLIN; ABOLITION, ANNULATION.

rénovation *n.f.* ▶ ***Renouvellement*** – amélioration, changement, dépoussiérage, modernisation, modification, prorogation, rajeunissement, recommencement, reconduction, réformation, réforme, régénération, réhabilitation, réinvention, remplacement, renouveau, renouvellement, réparation, restauration, résurrection, rétablissement, transformation. *PÉJ. FAM.* réformette. ▶ ***Bouleversement*** – bouleversement, changement, chavirage, chavirement, conflagration, convulsion, dérangement, dérèglement, déséquilibre, désorganisation, détraquement, perturbation, renouvellement, renversement, retournement, révolution, séisme, stress, trouble. FAM. chambardement, chamboulement. ▶ ***Progrès*** – adoucissement, amélioration, civilisation, éducation, évolution, mieux-être, progrès, réforme, régénération. △ **ANT.** DÉCADENCE, DÉGRADATION, DÉTÉRIORATION.

renseignement *n.m.* ▶ ***Explication*** – analyse, clarification, commentaire, critique, définition, désambiguïsation, éclaircissement, élucidation, exemplification, explication, explicitation, exposé, exposition, glose, illustration, indication, interprétation, légende, lumière, note, paraphrase, précision, remarque. ▶ ***Conseil*** – avertissement, avis, conseil, encouragement, exhortation, guidance, idée, incitation, indication, information, initiative, inspiration, instigation, motion *(dans une assemblée)*, offre, opinion, préconisation, proposition, recommandation, suggestion. FAM. tuyau. DR. pollicitation. ▶ ***Espionnage*** – contre-espionnage, espionnage, services secrets. △ **ANT.** MUTISME, SECRET, VOILE.

renseigner *v.* ▶ ***Informer*** – éclairer, édifier, informer. FAM. éclairer la lanterne de. ♦ **se renseigner** ▶ ***S'informer*** – demander, s'enquérir de, s'informer de. FAM. aller aux nouvelles. ACADIE FAM. s'émoyer de. ♦ **renseigné** ▶ ***Cultivé*** (QUÉB.) – averti, cultivé, éclairé, érudit, évolué, instruit, intellectuel, lettré, savant. SOUT. docte. FAM. calé. △ **ANT.** TAIRE; DÉSINFORMER.

rente *n.f.* allocation, arrérages, avantage, bénéfice, casuel, chômage, dividende, dotation, fermage, fruit, gain, intérêt, loyer, mense, mensualité, métayage, pension, prébende, présalaire, produit, profit, rapport, recette, redevance, rentrée, retraite, revenu, tontine, usufruit, usure, viager. FAM. alloc. FRANCE FAM. bénef. ANC. cens, lods et ventes. △ **ANT.** REDEVANCE.

rentrée *n.f.* ▶ ***Fin de congé*** – réouverture, reprise. ▶ ***Action de mettre à l'abri*** – emmagasinage, entreposage, magasinage, manutention, remisage, rentrage, stockage. ▶ ***Recouvrement*** – encaissement, perception, recette, recouvrement. ▶ ***Revenu*** – allocation, arrérages, avantage, bénéfice, casuel, chômage, dividende, dotation, fermage, fruit, gain, intérêt, loyer, mense, mensualité, métayage, pension, prébende, présalaire, produit, profit, rapport, recette, redevance, rente, retraite, revenu, tontine, usufruit, usure, viager. FAM. alloc. FRANCE FAM. bénef. ANC. cens, lods et ventes. △ **ANT.** DÉPART, SORTIE, VACANCES; DÉPENSE.

rentrer *v.* ▶ ***Revenir*** – faire demi-tour, rebrousser chemin, revenir (sur ses pas), (s'en) retourner. ▶ *Revenir à un endroit* – rallier, regagner, réintégrer, rejoindre, retourner à, revenir à. ▶ ***Heurter*** – buter contre, cogner, donner dans, frapper, heurter. ▶ ***Emboutir*** – caramboler, emboutir, frapper, heurter, percuter, tamponner, télescoper. FAM. emplafonner. ▶ ***Replier*** – escamoter, replier. ▶ ***Réprimer*** – contenir, empêcher, endiguer, étouffer, museler, refouler, refréner, réprimer, retenir. SOUT. brider, contraindre. ▶ ***Battre*** (FAM.) – battre, frapper, porter la main sur, rosser, rouer de coups. SOUT. étriller. FAM. abîmer le portrait à, administrer une correction à, arranger le portrait à, casser la figure à, casser la gueule à, cogner, corriger, dérouiller, flanquer une raclée à, flanquer une volée à, passer à tabac, péter la gueule à, piler, tabasser, taper sur, voler dans les plumes à. FRANCE FAM. boxer, castagner, châtaigner, esquinter le portrait à, flanquer une pile à, mettre la tête au carré à, tatouiller, tomber sur le paletot à, tomber sur le poil à, tricoter les côtes à. ♦ **rentré** ▶ ***En parlant du visage, des joues*** – creusé, creux. △ **ANT.** PARTIR, QUITTER, SORTIR.

renversant *adj.* à (vous) couper le souffle, abasourdissant, ahurissant, bouleversant, confondant, déconcertant, ébahissant, effarant, époustouflant, étonnant, étourdissant, extraordinaire, impensable, inconcevable, incroyable, inimaginable, inouï, invraisemblable, pétrifiant, stupéfiant, suffocant, surprenant. SOUT. qui confond l'entendement. FAM. ébouriffant, mirobolant, sidérant, soufflant. △ **ANT.** BANAL, ININTÉRESSANT, ORDINAIRE, SANS INTÉRÊT.

renversement *n.m.* ▶ ***Bouleversement*** – bouleversement, changement, chavirage, chavirement, conflagration, convulsion, dérangement, dérèglement, déséquilibre, désorganisation, détraquement, perturbation, renouvellement, rénovation, retournement, révolution, séisme, stress, trouble. FAM. chambardement, chamboulement. ▶ ***Interversion*** – commutation, interversion, inversion, mutation, permutation, retournement, substitution, transposition. ▶ ***Pivotement de bas en haut*** – bascule, basculement, chavirage, chavirement, culbutage, culbutement. △ **ANT.** ÉQUILIBRE, HARMONIE, STABILITÉ; REDRESSEMENT, RELÈVEMENT.

renverser *v.* ▶ ***Répandre*** – déverser, répandre, verser. BELG. baquer, benner. ▶ ***Disposer en sens inverse*** – inverser, retourner. ▶ ***Permuter*** – intervertir, inverser, permuter, transposer. DIDACT. commuter. ▶ ***Faire tomber qqch.*** – abattre, coucher, faucher. ▶ ***Faire tomber qqn*** – abattre, culbuter, faire tomber à la renverse, jeter à terre, mettre à terre, terrasser. RARE verser. ▶ ***Stupéfier*** – abasourdir, ahurir, couper bras et jambes à, couper le souffle à, ébahir, époustoufler, étonner, méduser, saisir, souffler, stupéfaire, stupéfier, suffoquer. FAM. décoiffer, défoncer, déménager, éberluer, ébouriffer, épater, estomaquer, estourbir, scier, sidérer. ▶ ***Supplanter*** – détrôner, évincer, prendre la place de, supplanter. ♦ **se renverser** ▶ ***Chavirer*** – basculer, capoter, chavirer, culbuter. MAR. dessaler. ▶ ***En parlant des yeux*** – chavirer, se révulser. ♦ **renversé** ▶ ***Inverse*** – à l'envers, inverse, inversé. GÉOM. réciproque. △ **ANT.** RAMASSER; RÉTABLIR; BÂTIR, CONSTRUIRE, DRESSER, ÉDIFIER, ÉRIGER, REDRESSER, RELEVER; FONDER, INSTAURER; COURONNER.

renvoi *n.m.* ▶ ***Expulsion*** – bannissement, délogement, désinsertion, disgrâce, disqualification, élimination, évacuation, éviction, exclusion, exil, expatriation, expulsion, nettoyage, ostracisme, proscription, rabrouement, radiation, refoulement, rejet, relégation. FAM. dégommage, éjection, lessive, vidage. RARE évincement. DIDACT. forclusion. DR. déboutement. ANTIQ. pétalisme, xénélasie. ▶ ***Congédiement*** – congé, congédiement, débauchage, destitution, licenciement, limogeage, mise à pied, révocation. ▶ ***Ajournement*** – ajournement, délai, prorogation, recul (de date), rééchelonnement *(dette)*, remise (à plus tard), répit, report, sursis. ▸ ***Au sens juridique*** – ajournement, annulation, cassation, destitution, dissolution, infirmation, invalidation, péremption d'instance, relaxe, remise, report, rescision, résiliation, résolution, révocation, sursis. ▸ ***Appel de note*** – appel de note, astérisque, grébiche, lettrine, marque, référence. △ ANT. ADMISSION, ADOPTION, RAPPEL; EMBAUCHE, ENGAGEMENT; RÉCEPTION.

renvoyer *v.* ▸ ***Expulser*** – chasser, évincer, expulser, mettre à la porte, mettre dehors. *FAM.* éjecter, vider, virer. ▸ ***Congédier*** – chasser, congédier, débaucher, démettre, donner son congé à, expulser, licencier, mettre à la porte, mettre à pied, mettre dehors, mettre en disponibilité, reconduire, remercier, remercier de ses services. *FAM.* balancer, balayer, déboulonner, lourder, sabrer, sacquer, vider, virer. ▸ ***Éconduire*** – congédier, écarter, éconduire, en finir avec, rabrouer, repousser, se débarrasser de, se défaire de, se dépêtrer de. *FAM.* envoyer au bain, envoyer au diable, envoyer balader, envoyer bouler, envoyer dinguer, envoyer paître, envoyer promener, envoyer sur les roses, envoyer valdinguer, envoyer valser, expédier. ▸ ***Réfléchir la lumière*** – réfléchir, refléter, rendre, réverbérer. *SOUT.* mirer. *RARE* répercuter. ▸ ***Répercuter le son*** – répercuter, répéter, réverbérer. ▸ ***Remettre à plus tard*** – ajourner, décaler, différer, proroger, reculer, remettre, reporter, repousser, retarder, suspendre. *SOUT. ou DR.* surseoir à. *BELG. SUISSE* postposer. *TECHN.* temporiser. ▸ ***Réexpédier*** – réexpédier, retourner. ▸ ***Lancer de nouveau*** – relancer. ▸ ***Vomir*** (*QUÉB. FAM.*) – régurgiter, rendre, vomir. *FAM.* gerber. *FRANCE FAM.* aller au renard, renarder. *QUÉB. FAM.* restituer. ▸ ***Référer*** – faire référence, référer. △ ANT. ACCUEILLIR, APPELER, CONVIER, INVITER; ACCEPTER, ADMETTRE, EMBAUCHER, RECRUTER; ABSORBER, RETENIR; DEVANCER, HÂTER.

réorganisation *n.f.* réaménagement, redéploiement, remodelage, restructuration. *SUISSE* redimensionnement. △ ANT. DÉSORDRE, DÉSORGANISATION.

réorganiser *v.* réaménager, redéployer, remodeler, restructurer. *SUISSE* redimensionner. △ ANT. DÉSORGANISER.

repaître *v.* ▸ ***Assouvir*** (*SOUT.*) – apaiser, assouvir, calmer, contenter, étancher, rassasier, satisfaire, soulager. *SOUT.* désaltérer. ♦ **se repaître** ▸ ***Manger*** (*SOUT.*) – manger, s'alimenter, se nourrir, se restaurer, se sustenter. *FAM.* becter, bouffer, boulotter, boustifailler, briffer, casser la croûte, casser la graine, croûter, grailler, tortorer. ▸ ***Savourer*** – déguster, faire ses délices de, goûter, jouir de, profiter de, s'enchanter de, savourer, se délecter de, se régaler de, se réjouir de, tirer plaisir de. *FAM.* se gargariser de. △ ANT. AFFAMER, PRIVER; FRUSTRER. ♦ **se repaître** JEÛNER, S'ABSTENIR, SE PRIVER.

répandre *v.* ▸ ***Renverser*** – déverser, renverser, verser. *BELG.* baquer, benner. ▸ ***Exhaler*** – dégager, exhaler. ▸ *Une odeur* – sentir. ▸ ***Émettre*** – dégager, diffuser, émettre, produire. *SC.* dissiper. ▸ ***Semer*** – jeter, semer. ▸ ***Étendre en dispersant*** – épandre, étaler, étendre. ▸ ***Jeter çà et là*** – disperser, disséminer, éparpiller, saupoudrer, semer. ▸ ***Répéter de façon indiscrète*** – colporter, crier sur les toits, ébruiter, faire courir, se faire l'écho de. ▸ ***Faire connaître*** – diffuser, populariser, propager, véhiculer. ▸ ***Généraliser*** – diffuser, étendre, généraliser, universaliser. ♦ **se répandre** ▸ ***S'écouler*** – couler, ruisseler, s'écouler, se déverser. *SOUT.* courir, fluer, s'épancher. ▸ ***Déborder*** – déborder, s'échapper. *MÉD.* s'extravaser. ▸ ***Couler en fondant*** – couler, fuser. ▸ ***En parlant de la lumière*** – ruisseler, se déverser. *SOUT.* s'épandre. ▸ ***Se propager*** – irradier, s'étendre, se propager. ▸ ***S'ébruiter*** – filtrer, paraître au jour, s'ébruiter, se savoir, transpirer. △ ANT. AMASSER, RAMASSER; RECEVOIR, RECUEILLIR; RÉCOLTER; CONCENTRER; RETENIR; CACHER, RÉPRIMER, TAIRE. ♦ **se répandre** SE CONCENTRER, SE CONFINER.

réparation *n.f.* ▸ ***Remise en état*** – amélioration, arrangement, bricolage, consolidation, dépannage, entretien, maintenance, rajustement, ravalement, reconstitution, réfection, remise à neuf, remise en état, remontage, renforcement, reprise, restauration, restitution, rétablissement, retapage, rhabillage, sauvetage, soin. *FAM.* rafistolage. ▸ ***Renouvellement*** – amélioration, changement, dépoussiérage, modernisation, modification, prorogation, rajeunissement, recommencement, reconduction, réformation, réforme, régénération, réhabilitation, réinvention, remplacement, renouveau, renouvellement, rénovation, restauration, résurrection, rétablissement, transformation. *PÉJ. FAM.* réformette. ▸ ***Dédommagement*** – compensation, consolation, contrepartie, correctif, dédommagement, dommages et intérêts, dommages-intérêts, échange, indemnisation, indemnité, raison, récompense, remboursement, retour, satisfaction, soulte. ▸ ***Vengeance*** – châtiment, colère, (loi du) talion, pareille, punition, rancune, réciproque, représailles, ressentiment, rétorsion, revanche, riposte, vendetta, vengeance. *SOUT.* vindicte. △ ANT. BRIS, DÉGÂT, DÉTÉRIORATION, DOMMAGE.

réparer *v.* ▸ ***Arranger*** – arranger, bricoler, retaper. *FAM.* rabibocher, rabobiner, rafistoler, replâtrer. ▸ ***Rénover*** – rafraîchir, refaire (à neuf), réhabiliter, remettre à neuf, remettre en état, rénover, restaurer, retaper. *SOUT.* raccoutrer. ▸ ***Régénérer un tissu organique*** – reconstituer, régénérer. ▸ ***Expier*** – expier, payer, racheter. ▸ ***Compenser*** – compenser, faire oublier, pallier, parer à, racheter, remédier à, suppléer à. *SOUT.* obvier à. ▸ ***Venger*** – laver, punir, redresser, venger. △ ANT. ABÎMER, CASSER, DÉTÉRIORER, DÉTRUIRE, ENDOMMAGER, RUINER; AGGRAVER, BLESSER, GÂTER, PERVERTIR; PARDONNER.

répartir *v.* ▸ ***Partager*** – distribuer, diviser, partager, séparer, ventiler. ▸ ***Classer*** – catégoriser, classer, classifier, distribuer, grouper, ordonner, ranger, sérier, trier. △ ANT. ACCAPARER, GARDER, MONOPOLISER, RETENIR, S'ATTRIBUER; REGROUPER, RÉUNIR.

répartition *n.f.* ▸ ***Distribution*** – allotissement, assiette, attribution, coéquation, contingent, diffusion, distribution, groupage, partage, péréquation, quote-part, ration, répartement, répartiement, routage. *DR.* copartage. ▸ ***Partage*** – distribution, division, mi-partition, partage, partition, ventilation. ▸ ***Classement*** – archivage, arrangement, catalogage, classement, classification, collocation, distribution, indexage, indexation, mise en ordre, ordonnancement, ordre, rangement, sériation, tri, triage.

▸ *Agencement* – échelonnement, espacement, étalement.

repas *n.m.* ▸ *Nourriture prise à heures fixes* – FAM. bouffe, bouffetance, boustifaille, soupe. FRANCE FAM. frichti, fricot. ▸ *Matin* – déjeuner, repas du matin. FRANCE petit déjeuner. FRANCE FAM. petit-déj'. ▸ *Midi* – dîner, repas du midi, repas de midi. FRANCE déjeuner. QUÉB. lunch. ▸ *Soir* – repas du soir, souper. FRANCE dîner. ▸ *Très tard* – souper. ▸ *En plein air* – barbecue, méchoui, pique-nique. ▸ *Léger* – casse-croûte, collation, en-cas, goûter, lunch, panier-repas. FAM. morceau. FRANCE FAM. casse-graine, dînette, quatre heures. FRANCE RÉGION. mâchon. QUÉB. bouchée, grignoterie, grignotine. ▸ *Copieux* – agapes, banquet, bombance, bonne chère, festin (de Balthazar), fête, régal, ventrée. SOUT. franche lippée. FAM. gueuleton, ripaille. FRANCE FAM. bâfre, bâfrée, bombe. ▸ *Alimentation* – absorption, alimentation, consommation, cuisine, ingestion, ingurgitation, manducation, menu, nourrissement, nourriture, nutrition, ordinaire, sustentation. FAM. cuistance, popote. △ ANT. ABSTINENCE, JEÛNE.

repasser *v.* ▸ *Défroisser* – déchiffonner, défriper, défroisser, déplisser, lisser. BELG. calandrer. ▸ *Aiguiser* – acérer, affiler, affûter, aiguiser, appointer, appointir, effiler, épointer, rappointir. ▸ *Réviser* – réviser, revoir. ▸ *Rediffuser* – rediffuser, redonner. ▸ *Donner* (FAM.) – donner, passer. FAM. filer, refiler. ▸ *Revenir* – revenir. FAM. rappliquer. △ ANT. CHIFFONNER, FROISSER; ÉMOUSSER; CONSERVER; DISPARAÎTRE.

repenser *v.* ▸ *Reconsidérer* – reconsidérer, réenvisager, réévaluer, réexaminer, remettre à plat, remettre en cause, remettre en question, réviser, revoir. ▸ *Penser de nouveau* – resonger.

repentir (se) *v.* demander pardon, être confus, faire amende honorable, faire son mea culpa, reconnaître ses torts, regretter, s'excuser. SOUT. battre sa coulpe, demander miséricorde, faire pénitence. △ ANT. S'ENDURCIR, S'OBSTINER.

repentir *n.m.* ▸ *Regret* – attrition, componction, contrition, honte, pénitence, regret, remords. SOUT. repentance, résipiscence. △ ANT. SATISFACTION.

répercussion *n.f.* ▸ *Écho* – écho, résonance, réverbération. SOUT. résonnement, retentissement. ▸ *Conséquence* – action, conclusion, conséquence, contrecoup, corollaire, développement, effet, efficacité, fonction, fruit, impact, implication, incidence, jeu, juste retour des choses, œuvre, portée, prolongement, réaction, rejaillissement, résultante, résultat, retentissement, retombées, ricochet, séquelle, suite (logique). SOUT. aboutissant, efficace, fille.

répercuter *v.* ▸ *Renvoyer le son* – renvoyer, répéter, réverbérer. ▸ *Renvoyer la lumière* – réfléchir, refléter, rendre, renvoyer, réverbérer. SOUT. mirer. ♦ **se répercuter** ▸ *Se transmettre* – retentir, se propager, se transmettre. △ ANT. ÉTOUFFER, TAIRE.

repère *n.m.* ▸ *Objet de référence* – balise, borne, borne repère, borne témoin, coordonnée, cran, délinéateur, empreinte, fanion, index, indice, jalon, jalon-mire, marque, mire, mire-jalon, piquet, point de repère, référence, référentiel, taquet, trace. MAR. amer, vigie. ▸ *Indice* – apparence, cachet, cicatrice, critère, empreinte, indication, indice, justificatif, lueur, marque, ombre, pas, piste, preuve, reste, ride, sceau, signature, signe, stigmate, tache, témoignage, témoin, trace, trait, vestige.

repérer *v.* ▸ *Marquer de repères* – baliser, borner, bornoyer, délimiter, jalonner, limiter, marquer, piqueter. ▸ *Trouver* – découvrir, détecter, localiser, trouver. FAM. loger. ▸ *Voir* (FAM.) – apercevoir, remarquer, voir. SOUT. aviser. ♦ **se repérer** ▸ *S'orienter* – s'orienter, se diriger, se guider, se reconnaître, se retrouver. △ ANT. PERDRE; PERDRE DE VUE.

répertoire *n.m.* ▸ *Liste* – barème, bordereau, cadre, catalogue, index, inventaire, liste, matricule, mémoire, menu, nomenclature, registre, relevé, rôle, série, suite, table, tableau. SUISSE tabelle. ▸ *Petit cahier* – agenda, bloc-notes, cahier, calepin, carnet, journal, livre, livret, manifold, mémento, mémorandum, notes, registre.

répéter *v.* ▸ *Redire* – redire, reprendre, revenir sur. ▸ *Redire continuellement* – chanter sur tous les tons, rabâcher, radoter, rebattre les oreilles à qqn de, redire, ressasser, seriner, tympaniser. FAM. corner aux oreilles/dans les oreilles de qqn. ▸ *Rapporter* – rapporter. FAM. cafarder, cafter, moucharder. ▸ *Refaire* – recommencer, refaire, réitérer, renouveler, reproduire, revenir à la charge. FAM. récidiver, rééditer, remettre ça, y retourner, y revenir. ▸ *Renvoyer le son* – renvoyer, répercuter, réverbérer. ♦ **se répéter** ▸ *Radoter* – faire des redites, radoter. FAM. chanter toujours la même rengaine, chanter toujours le même refrain. SUISSE FAM. faire la meule. △ ANT. OMETTRE, TAIRE; NÉGLIGER, S'ABSTENIR; CRÉER, INNOVER.

répétitif *adj.* ▸ *Qui est répété* – itératif, redoublé, répété. LING. réduplicatif. ▸ *Fréquent* – continuel, fréquent, multiple, nombreux, récurrent, répété. ▸ *Routinier* – mécanique, routinier. ▸ *Monotone* – assommant, endormant, ennuyeux, fastidieux, inintéressant, insipide, lassant, monotone, plat, soporifique. FAM. barbant, lugubre, mortel, mortifère, mourant, rasant, raseur, rasoir, usant. FRANCE FAM. barbifiant, barbifique, bassinant, canulant. QUÉB. FAM. plate. △ ANT. UNIQUE; EXCEPTIONNEL, INHABITUEL; IMPRÉVISIBLE, INNOVATEUR, ORIGINAL, SURPRENANT.

répétition *n.f.* ▸ *Réitération* – cycle, fréquence, itération, période, périodicité, rechute, récidive, récidivité, recommencement, récurrence, récursivité, renouvellement, répétitivité, reprise, reproduction, retour. SOUT. réitération, retombement. FAM. réédition. ▸ *Parole* – chanson, écho, leitmotiv, rabâchage, radotage, récurrence, redite, redondance, refrain, rengaine, reprise, ressassage, ressassement, ritournelle, routine, scie, sérénade, turlutaine. FAM. resucée. ▸ *Leçon* – classe, cours, leçon, mémorisation, révision. ▸ *Essai* – entraînement, exercice. ▸ *Générale* – avant-première, couturière, (répétition) générale. △ ANT. INNOVATION, NOUVEAUTÉ, PRIMEUR; PREMIÈRE (*THÉÂTRE*).

répit *n.m.* ▸ *Repos* – congé, délassement, détente, escale, halte, loisir, mi-temps, pause, récréation, récupération, relâche, repos, temps, trêve, vacances, villégiature. ▸ *Guérison* – amélioration, apaisement, cicatrisation, convalescence, cure, guérison, mieux-être, relevailles, relèvement, rémission, résurrection, rétablissement, retour à la santé, salut, soulagement, traitement. *MÉD.* délitescence, postcure, résorption, rétrocession. ▶ ***Amélioration du temps*** – accalmie, adoucissement, amélioration, bonace, calme plat, éclaircie, embellie, radoucissement, réchauffement, redoux, tiédissement, tranquillité, trouée. *QUÉB. FAM.* doux temps. *ACADIE FAM.* clairon. ▶ ***Délai*** – ajournement, délai, prorogation, recul (de date), rééchelonnement *(dette)*, remise (à plus tard), renvoi, report, sursis. △ **ANT.** CONTINUATION, PROLONGEMENT; RÉCIDIVE, RÉCURRENCE.

replacer *v.* ▶ ***Mettre à la même place*** – remettre. *FAM.* refourrer, refoutre. ▶ ***Mettre en situation*** – situer. ▶ ***Reconnaître*** (*FAM.*) – reconnaître, se rappeler, se souvenir de. △ **ANT.** DÉPLACER.

repli *n.m.* ▶ ***Bord*** – bouillon, fronce, godron, ourlet, pince, pli, rempli, rentré, roulotté, tuyau. ▶ ***Ondulation*** – arabesque, boucle, contour, courbe, détour, lacet, méandre, ondulation, serpentin, sinuosité, volute *(fumée)*. *SOUT.* flexuosité. ▶ ***En anatomie*** – commissure, fanon, froncement, pli, pliure, ride, ridule. ▶ ***Secret*** – âme, arrière-fond, arrière-pensée, conscience, coulisse, dedans, dessous, fond, for intérieur, intérieur, intériorité, intimité, jardin secret, secret. *SOUT.* tréfonds. ▶ ***Recul*** – acculée, acculement, éloignement, marche arrière, récession, recul, reculade, reculement, reflux, régression, repliement, repoussement, retour, retrait, retraite, rétrogradation, rétrogression. *FAM.* recul. *PHYS.* répulsion. ▶ ***Abandon*** – abandon, abdication, défection, délaissement, démission, désengagement, désertion, désintérêt, désistement, dessaisissement, forfait, inachèvement, recul, retrait, retraite. *SOUT.* inaccomplissement. *FAM.* décrochage, lâchage, largage, plaquage. *DR.* non-lieu, résignation. ▶ ***Détour*** – biais, circonlocution, détour, digression, diversion, faux-fuyant, louvoiement, louvoyage, périphrase, subterfuge, subtilité, tour. △ **ANT.** ÉGALITÉ, UNIFORMITÉ; AVANCE, AVANCÉE; AUGMENTATION.

replier *v.* ▶ ***Plier ce qui a été déplié*** – plier, rabattre, ramener. ▶ ***Rentrer*** – escamoter, rentrer. ♦ **se replier** ▶ ***Reculer*** – battre en retraite, reculer, rétrograder, se retirer. *MILIT.* décrocher. △ **ANT.** DÉPLIER, DÉPLOYER, ÉTENDRE; REDRESSER, RELEVER. ♦ **se replier** S'ÉTALER, S'ÉTENDRE; AVANCER, PROGRESSER; S'ÉPANCHER, S'OUVRIR.

réplique *n.f.* ▶ ***Réponse*** – écho, objection, réaction, réflexe, réfutation, repartie, réponse, riposte. *FIG.* contre-attaque. ▶ ***Copie*** – calque, copie (conforme), double, duplicata, duplication, exemplaire, fac-similé, imitation, reproduction. *DR.* grosse. △ **ANT.** ABSTENTION, MUTISME; ORIGINAL.

répliquer *v.* ▶ ***Répondre*** – discuter, raisonner, répondre, rétorquer, riposter. *SOUT.* repartir. ▶ ***Protester*** – broncher, murmurer, pousser les hauts cris, protester, réagir, récriminer, renâcler, s'élever, s'indigner, s'opposer, se dresser, se gendarmer, se plaindre, se récrier. *SOUT.* réclamer. *FAM.* criailler, faire du foin, moufter, piailler, rouscailler, rouspéter, ruer dans les brancards, tiquer, tousser. *QUÉB. FAM.* chialer. *ACADIE FAM.* bagueuler. ▶ ***Contre-attaquer*** – contre-attaquer, lancer une contre-attaque, riposter. △ **ANT.** SE TAIRE.

répondant *n.* ▶ ***Endosseur*** – accréditeur, appui, avaliseur, avaliste, caution, endosseur, fidéjusseur, garant, parrain, soutien. ▶ ***Garantie*** – assurance, aval, caution, cautionnement, charge, consignation, couverture, ducroire, engagement, gage, garant, garantie, hypothèque, indexage, indexation, nantissement, obligation, palladium, parrainage, précaution, préservation, promesse, responsabilité, salut, sauvegarde, sécurité, signature, soulte, sûreté, warrant, warrantage. *DR.* porte-fort. △ **ANT.** DÉBITEUR, REQUÉRANT.

répondre *v.* ▶ ***Répliquer*** – discuter, raisonner, répliquer, rétorquer, riposter. *SOUT.* repartir. ▶ ***Avoir une réaction*** – réagir. ▶ ***Correspondre*** – aller, cadrer, coller, convenir, correspondre, s'accorder, s'appliquer, s'harmoniser. ▶ ***Satisfaire*** – remplir, satisfaire à, suffire à. ▶ ***Exaucer*** – accomplir, combler, exaucer, réaliser, satisfaire. *SOUT.* écouter, entendre. ▶ ***Garantir*** – affirmer, assurer, attester, certifier, déclarer, donner l'assurance, donner sa parole (d'honneur), garantir, jurer, promettre. ▶ ***Se porter garant de qqn*** – cautionner, se porter garant de. △ **ANT.** DEMANDER; INTERROGER, QUESTIONNER; SE TAIRE; S'OPPOSER; DÉCEVOIR; DÉSAVOUER, S'EN LAVER LES MAINS, SE DÉSOLIDARISER DE.

réponse *n.f.* ▶ ***Réplique*** – écho, objection, réaction, réflexe, réfutation, repartie, réplique, riposte. *FIG.* contre-attaque. ▶ ***Explication d'une faute*** – éclaircissement, explication, justification, motivation, version. *SOUT.* légitimation. ▶ ***Lettre de retour*** – billet, lettre, message, mot, pli. *IRON.* épître. *SOUT.* missive. *FAM.* biffeton *(dans une prison)*. *FRANCE FAM.* babillarde, bafouille. *AFR.* note. ▶ ***Réponse à un problème*** – clé, corrigé, explication, solution. ▶ ***Réflexe*** – automatisme, conditionnement, interaction, réaction (immédiate), réflexe. △ **ANT.** DEMANDE, INTERROGATION, QUESTION; ABSTENTION, MUTISME.

reportage *n.m.* compte rendu, description, exposé, exposition, histoire, narration, peinture, procès-verbal, rapport, relation, tableau. *SOUT.* radiographie.

reporter *v.* ▶ ***Remettre à plus tard*** – ajourner, décaler, différer, proroger, reculer, remettre, renvoyer, repousser, retarder, suspendre. *SOUT. ou DR.* surseoir à. *BELG. SUISSE* postposer. *TECHN.* temporiser. ▶ ***Différer un paiement*** – arriérer, atermoyer, différer, retarder. ▶ ***Transcrire*** – copier, recopier, retranscrire, transcrire. ♦ **se reporter** ▶ ***Se référer*** – consulter, lire, regarder, se référer à, voir. △ **ANT.** DEVANCER, HÂTER; GARDER; RETRANCHER.

reporter *n.* correspondant, envoyé permanent, envoyé spécial, journaliste globe-trotter, reporteur.

repos *n.m.* ▶ ***Césure*** – césure, coupe, coupure, hémistiche, pause. ▶ ***Pause*** – congé, délassement, détente, escale, halte, loisir, mi-temps, pause, récréation, récupération, relâche, répit, temps, trêve, vacances, villégiature. ▶ ***Sommeil*** – endormissement, sommeil. *SOUT.* les bras de Morphée. ▸ *Demi-sommeil* – assoupissement, demi-sommeil, engourdissement, somnolence, torpeur. ▸ *Sommeil provoqué* – hypnose, narcose. ▸ *Sommeil pathologique* – coma, hypersomnie, léthargie, maladie du sommeil, narcolepsie, somnambulisme, trypanosomiase. ▶ ***Im-***

mobilité – calme, fixité, hiératisme, immobilisme, immobilité, immuabilité, immutabilité, impassibilité, improductivité, inaction, inactivité, inamovibilité, inertie, paralysie, piétinement, plafonnement, sclérose, stabilité, stagnation, stationnarité, statisme, statu quo, sur place. SOUT. marasme, morosité. ▶ ***Paix*** – accalmie, apaisement, bonace, bonheur, calme, éclaircie, entente, fraternité, harmonie, idylle, paix, quiétude, rémission, silence, tranquillité, trêve, union. SOUT. kief. ▶ ***Sécurité*** – abri, assurance, calme, confiance, paix, quiétude, salut, sécurité, sérénité, sûreté, tranquillité (d'esprit). △ **ANT.** EFFORT, TRAVAIL; FATIGUE; INSOMNIE, VEILLE; MOBILITÉ, MOUVEMENT; AGITATION, TROUBLE; BRUIT, TAPAGE.

reposant *adj.* apaisant, délassant, relaxant. △ **ANT.** ÉPUISANT, ÉREINTANT, EXTÉNUANT, FATIGANT, HARASSANT, SURMENANT.

reposer *v.* ▶ ***Chasser la fatigue*** – défatiguer, délasser, détendre, relaxer. ▶ ***Dormir*** (SOUT.) – dormir. ENFANTIN faire dodo. SOUT. être dans les bras de Morphée. FAM. en écraser, pioncer, ronfler, roupiller. ▶ ***Décanter*** – déposer, se clarifier, (se) décanter. ▶ ***Être posé*** – poser, prendre appui, s'appuyer. ▶ ***Se baser*** – s'appuyer, se baser, se fonder. ♦ **se reposer** ▶ ***Se détendre*** – faire une pause, récupérer, reprendre haleine, respirer, se délasser, se détendre, se refaire, se relaxer, souffler. FAM. décompresser. ▶ ***Se fier*** – compter sur, faire confiance à, faire fond sur, s'en rapporter à, s'en remettre à, se confier à, se fier à, se livrer à. ♦ **reposé** ▶ ***Dispos*** – délassé, détendu, en forme, (frais et) dispos, frais. △ **ANT.** FATIGUER, LASSER; AFFOLER, AGITER, ÉNERVER, INQUIÉTER. ♦ **se reposer** S'ACTIVER, TRAVAILLER.

repoussant *adj.* ▶ ***Laid*** – à faire peur, affreux, déplaisant, disgracieux, hideux, horrible, ignoble, inesthétique, informe, ingrat, inharmonieux, laid, laideron *(femme)*, monstrueux, répugnant, vilain. SOUT. malgracieux, répulsif. FAM. blèche, dégueu, dégueulasse, mochard, moche, tarte, tartignolle, tocard. ▶ ***Moralement répugnant*** – abject, bas, coupable, crapuleux, dégoûtant, honteux, ignoble, immonde, inavouable, indigne, infâme, infect, innommable, inqualifiable, lâche, méprisable, odieux, répugnant, sans nom, scandaleux, sordide, vil. SOUT. fangeux, ignominieux, nauséeux, triste, turpide. FAM. dégueu, dégueulasse, écœurant, salaud. △ **ANT.** AFFRIOLANT, ALLÉCHANT, APPÉTISSANT, ATTIRANT, ATTRAYANT, ENGAGEANT, SÉDUISANT; DIGNE, HONORABLE, NOBLE.

repousser *v.* ▶ ***Refuser*** – décliner, opposer un refus à, opposer une fin de non-recevoir à, rejeter, répondre par la négative à. SOUT. ne pas daigner accepter. ▶ ***Dédaigner*** – dédaigner, laisser pour compte, refuser, rejeter, tourner le dos à. ▶ ***Remettre à plus tard*** – ajourner, décaler, différer, proroger, reculer, remettre, renvoyer, reporter, retarder, suspendre. SOUT. *ou* DR. surseoir à. BELG. SUISSE postposer. TECHN. temporiser. ▶ ***Éconduire*** – congédier, écarter, éconduire, en finir avec, rabrouer, renvoyer, se débarrasser de, se défaire de, se dépêtrer de. FAM. envoyer au bain, envoyer au diable, envoyer balader, envoyer bouler, envoyer dinguer, envoyer paître, envoyer promener, envoyer sur les roses, envoyer valdinguer, envoyer valser, expédier. ▶ ***Rabrouer*** – brusquer, rabrouer, rembarrer, rudoyer. FAM. remballer. ▶ ***Chasser un envahisseur*** – chasser, culbuter, refouler. ▶ ***Répugner*** (SOUT.) – déplaire à, rebuter, répugner à. FAM. débecter. △ **ANT.** ACCEPTER, AGRÉER; ACCORDER, CÉDER, CONCÉDER; CONVOITER, ENVIER, RECHERCHER; DEVANCER, HÂTER; ACCUEILLIR, ADMETTRE, APPELER, CONVIER, INVITER; ATTAQUER, ENVAHIR, OCCUPER; ATTIRER, PLAIRE.

reprendre *v.* ▶ ***Poursuivre*** – poursuivre, renouer, rétablir. ▶ ***Recommencer*** – recommencer, rentamer, se remettre à. FAM. repiquer au truc. ▶ ***Récupérer*** – ravoir, reconquérir, recouvrer, récupérer, regagner, rentrer en possession de, retrouver, se réapproprier. FAM. raccrocher. SUISSE FAM. rapercher. ▶ ***Rattraper*** – raccrocher, rattraper, ressaisir. ▶ ***Refaire*** – refaire, refondre, remanier. ▶ ***Redire*** – redire, répéter, revenir sur. ▶ ***Récapituler*** – faire la synthèse de, récapituler, synthétiser. ▶ ***Condamner*** – blâmer, condamner, critiquer, désapprouver, désavouer, reprocher, réprouver. SOUT. en savoir mauvais gré à. ▶ ***Ressaisir qqn*** – ressaisir. ♦ **se reprendre** ▶ ***Recommencer*** – recommencer, redémarrer, repartir. ▶ ***Se ressaisir*** – réagir, se ressaisir, se secouer. BELG. FAM. se ravoir. △ **ANT.** CESSER, DISCONTINUER, INTERROMPRE; CÉDER, LAISSER, REDONNER; APPROUVER, LOUANGER. ♦ **se reprendre** SE LAISSER ALLER.

représailles *n.f.pl.* châtiment, colère, (loi du) talion, pareille, punition, rancune, réciproque, réparation, ressentiment, rétorsion, revanche, riposte, vendetta, vengeance. SOUT. vindicte. △ **ANT.** PARDON; FUITE, RETRAITE.

représentant *n.* ▶ ***Porte-parole*** – intermédiaire, interprète, messager, organe, porte-parole. SOUT. truchement. ▶ ***Défenseur*** – apologiste, apôtre, appui, avocat, champion, défenseur, protecteur, redresseur de torts, serviteur, soldat, soutien, tenant. SOUT. intercesseur. ▶ ***Remplaçant*** – intérimaire, remplaçant, subrogé, substitut, suppléant. ▶ *Non favorable* – pis aller. FAM. bouche-trou. ▶ ***Chargé d'affaires*** – agent, ambassadeur, attaché, chargé d'affaires, chargé de mission, commissaire, correspondant, délégataire, délégué, député, diplomate, émissaire, envoyé, fondé de pouvoir, légat, mandataire, messager, ministre, négociateur, parlementaire, plénipotentiaire. FRANCE ANC. agréé. ▶ ***Vendeur*** – agent commercial, attaché commercial, commis (de magasin), commis-vendeur, délégué commercial, représentant commercial, représentant de commerce, vendeur. ▶ ***Type*** – archétype, canon, critère, échantillon, étalon, exemple, formule, gabarit, idéal, idée, image, individu, modèle, norme, original, paradigme, précédent, prototype, référence, type, unité. △ **ANT.** COMMETTANT, MANDANT.

représentatif *adj.* ▶ ***Symbolique*** – allégorique, emblématique, figuratif, métaphorique, symbolique. RARE parabolique. RELIG. anagogique. ▶ ***Typique*** – caractéristique, moyen, typique. FAM. lambda, pur jus.

représentation *n.f.* ▶ ***Action de se représenter qqch.*** – schématisation. ▶ ***Concept*** – abstraction, archétype, concept, conception, conceptualisation, connaissance, conscience, entité, fiction, généralisation, idée, imagination, notion, noumène, pensée, représentation (mentale), schème, théorie.

▶ ***Figuration*** – carte, copie, dessin, diagramme, fac-similé, figuration, image, levé, plan, reproduction, schéma, symbole, visuel *(en publicité)*. ▶ ***Symbole*** – allégorie, attribut, chiffre, devise, drapeau, effigie, emblème, figure, icône, image, incarnation, insigne, livrée, logo, logotype, marque, notation, personnification, signe, symbole, type. ▶ ***Imitation*** – calquage, caricature, charge, contrefaçon, copiage, décalquage, démarquage, emprunt, émulation, figuration, grégarisme, homochromie, imitation, mime, mimétisme, moutonnerie, parodie, pastiche, pillage, plagiat, servilité, simulation, singerie, suivisme, travestissement. *DR.* contrefaction. ▶ ***Affectation*** – affectation, air, apparence, apprêt, bluff, cabotinage, comédie, composition, contenance, convenu, dandysme, genre, imposture, jeu, maniérisme, manque de naturel, mascarade, mièvrerie, pose, raideur, recherche, snobisme. *SOUT.* cambrure. *FAM.* chiqué, cinéma. ▶ ***Spectacle*** – attraction, concert, danse, divertissement, exécution, exhibition, happening, numéro, pièce, projection, récital, revue, séance, soirée. ▶ ***Délégation*** – bureau, charge, comité, commission, courtage, délégation, légation, mandat, mandatement, mission, pouvoir, procuration. ▶ ***Blâme*** – accusation, admonestation, admonition, anathématisation, anathème, attaque, avertissement, blâme, censure, condamnation, correction, critique, désapprobation, diatribe, grief, grognerie, gronderie, interdit, leçon, malédiction, mise à l'écart, mise à l'index, mise en quarantaine, objection, observation, plainte, punition, récrimination, remarque, remontrance, réprimande, réprobation, reproche, réquisitoire, semonce, sérénade, sermon, tollé. *SOUT.* animadversion, foudres, fustigation, improbation, mercuriale, objurgation, stigmatisation, vitupération. *FAM.* douche, engueulade, savon, tabac. *FRANCE FAM.* attrapade, lavage de tête, prêchi-prêcha, soufflante. *BELG.* cigare. *RELIG.* fulmination.

représenter *v.* ▶ ***Désigner*** – dénommer, désigner, signifier. ▶ ***Symboliser*** – désigner, évoquer, exprimer, figurer, incarner, matérialiser, signifier, symboliser. ▶ ***Décrire*** – brosser un tableau de, décrire, dépeindre, montrer, peindre, présenter, tracer le portrait de. ▶ ***Dessiner*** – dessiner, reproduire. ▶ ***Constituer*** – constituer, être, faire office de, jouer le rôle de, tenir lieu de. ▶ ***Personnifier*** – incarner, personnifier. ▶ ***Donner en représentation*** – donner, jouer. ▶ ***Équivaloir*** – correspondre à, égaler, équivaloir à, revenir à, valoir. ▶ ***Agir comme représentant*** – agir au nom de, remplacer. ♦ **se représenter** ▶ ***S'imaginer*** – concevoir, (s') imaginer, se faire une idée de, se figurer, visualiser, voir. *PSYCHOL.* mentaliser. △ **ANT.** CACHER, DISSIMULER, EFFACER; DÉLÉGUER.

répression *n.f.* châtiment, condamnation, correction, damnation, expiation, gage *(dans un jeu)*, leçon, peine, pénalisation, pénalité, pénitence, punition, sanction, verbalisation. *FAM.* tarif. △ **ANT.** LIBERTÉ, LICENCE, PERMISSION.

réprimande *n.f.* accusation, admonestation, admonition, anathématisation, anathème, attaque, avertissement, blâme, censure, condamnation, correction, critique, désapprobation, diatribe, grief, grognerie, gronderie, interdit, leçon, malédiction, mise à l'écart, mise à l'index, mise en quarantaine, objection, observation, plainte, punition, récrimination, remarque, remontrance, représentation, réprobation, reproche, réquisitoire, semonce, sérénade, sermon, tollé. *SOUT.* animadversion, foudres, fustigation, improbation, mercuriale, objurgation, stigmatisation, vitupération. *FAM.* douche, engueulade, savon, tabac. *FRANCE FAM.* attrapade, lavage de tête, prêchi-prêcha, soufflante. *BELG.* cigare. *RELIG.* fulmination. △ **ANT.** COMPLIMENT, ÉLOGE, LOUANGE.

réprimer *v.* ▶ ***Refouler un sentiment*** – contenir, empêcher, endiguer, étouffer, museler, refouler, refréner, rentrer, retenir. *SOUT.* brider, contraindre. ▶ ***Punir un geste*** – punir, sanctionner, sévir contre. △ **ANT.** EXPRIMER, EXTÉRIORISER, LIBÉRER; PERMETTRE, TOLÉRER; AIDER, ENCOURAGER, FAVORISER.

reprise *n.f.* ▶ ***Action de conquérir*** – reconquête, réoccupation. ▶ ***Fin de pause*** – rentrée, réouverture. ▶ ***Répétition*** – cycle, fréquence, itération, période, périodicité, rechute, récidive, récidivité, recommencement, récurrence, récursivité, renouvellement, répétition, répétitivité, reproduction, retour. *SOUT.* réitération, retombement. *FAM.* réédition. ▶ ***Redite*** – chanson, écho, leitmotiv, rabâchage, radotage, récurrence, redite, redondance, refrain, rengaine, répétition, ressassage, ressassement, ritournelle, routine, scie, sérénade, turlutaine. *FAM.* resucée. ▶ ***Renaissance*** – dégel, progrès, recrudescence, redémarrage, regain, régénération, régénérescence, réincarnation, relance, renouveau, renouvellement, résurrection, retour, réveil, revival, reviviscence, second souffle. *SOUT.* refleurissement, revif. *FIG.* printemps, résurgence. *BOT.* anabiose. ▶ ***Réparation*** – amélioration, arrangement, bricolage, consolidation, dépannage, entretien, maintenance, rajustement, ravalement, reconstitution, réfection, remise à neuf, remise en état, remontage, renforcement, réparation, restauration, restitution, rétablissement, retapage, rhabillage, sauvetage, soin. *FAM.* rafistolage. *QUÉB. FAM.* radoub. ▶ ***Émission rediffusée*** (*QUÉB.*) – différé, rediffusion, retransmission. △ **ANT.** ARRÊT, CESSATION, INTERRUPTION; BAISSE, DÉCLIN, DIMINUTION.

réprobation *n.f.* ▶ ***Blâme*** – accusation, admonestation, admonition, anathématisation, anathème, attaque, avertissement, blâme, censure, condamnation, correction, critique, désapprobation, diatribe, grief, grognerie, gronderie, interdit, leçon, malédiction, mise à l'écart, mise à l'index, mise en quarantaine, objection, observation, plainte, punition, récrimination, remarque, remontrance, représentation, réprimande, reproche, réquisitoire, semonce, sérénade, sermon, tollé. *SOUT.* animadversion, foudres, fustigation, improbation, mercuriale, objurgation, stigmatisation, vitupération. *FAM.* douche, engueulade, savon, tabac. *FRANCE FAM.* attrapade, lavage de tête, prêchi-prêcha, soufflante. *BELG.* cigare. *RELIG.* fulmination. ▶ ***Malédiction*** – anathématisation, anathème, blâme, blasphème, condamnation, damnation, déprécation, excommunication, imprécation, jurement, malédiction, vœu. *SOUT.* exécration. △ **ANT.** APOLOGIE, APPROBATION, LOUANGE; SALUT.

reproche *n.m.* accusation, admonition, admonestation, anathématisation, anathème, attaque, avertissement, blâme, censure, condamnation, correction, critique, désapprobation, diatribe, grief, grognerie, gronderie, interdit, leçon, malédiction, mise à l'écart, mise à l'index, mise en quarantaine, objection, observation, plainte, punition, récrimination, remarque, remontrance, représentation, réprimande, réprobation, réquisitoire, semonce, sérénade, sermon, tollé. SOUT. animadversion, foudres, fustigation, improbation, mercuriale, objurgation, stigmatisation, vitupération. FAM. douche, engueulade, savon, tabac. FRANCE FAM. attrapade, lavage de tête, prêchi-prêcha, soufflante. BELG. cigare. RELIG. fulmination. △ **ANT.** COMPLIMENT, ÉLOGE, FÉLICITATIONS, LOUANGE.

reprocher *v.* ▶ ***Blâmer*** – blâmer, condamner, critiquer, désapprouver, désavouer, reprendre, réprouver. SOUT. en savoir mauvais gré à. ▶ ***Imputer*** – imputer, mettre sur le dos. ♦ **se reprocher** ▶ ***S'en vouloir*** – regretter, s'en vouloir de. FAM. se mordre les doigts de, se mordre les poings de, se mordre les pouces de. △ **ANT.** FÉLICITER.

reproduction *n. f.* ▶ ***Reproduction asexuée*** – agamie, blastogenèse, clonage, division, fissiparité, reproduction (asexuée), schizogamie, schizogenèse, schizogonie, schizométamérie, scissiparité. ▶ ***Reproduction sexuée*** – conception, fécondation, génération, gestation, reproduction (sexuée). SOUT. procréation. DIDACT. engendrement. ▶ ***Accouplement*** – accouplement, coït, copulation, insémination, monte, saillie, union. SOUT. appariement. ▶ ***Gestation*** – gestation, gravidité, grossesse. RARE prégnation. ▶ ***Fécondité*** – conception, fécondité, fertilité, reproductibilité, reproductivité. SOUT. prolificité. FAM. lapinisme. PHYSIOL. œstrus. ▶ ***Multiplication*** – accroissement, augmentation, foisonnement, multiplication, peuplement, prolifération, propagation, pullulation, pullulement. ▶ ***Copie*** – calque, copie (conforme), double, duplicata, duplication, exemplaire, fac-similé, imitation, réplique. DR. grosse. ▶ ***Copie réduite*** – maquette, miniature, modèle (réduit), plan-relief, reproduction (à échelle réduite). ▶ ***Représentation*** – carte, copie, dessin, diagramme, fac-similé, figuration, image, levé, plan, représentation, schéma, symbole, visuel *(en publicité)*. ▶ ***Répétition*** – cycle, fréquence, itération, période, périodicité, rechute, récidive, récidivité, recommencement, récurrence, récursivité, renouvellement, répétition, répétitivité, reprise, retour. SOUT. réitération, retombement. FAM. réédition. ▶ ***Transmission*** – cession, circulation, communication, dévolution, diffusion, dissémination, émission, expansion, extension, intercommunication, multiplication, passation, progression, propagation, rayonnement, transfert, translation, virement. △ **ANT.** ORIGINAL; CRÉATION, NOUVEAUTÉ, PRIMEUR.

reproduire *v.* ▶ ***Reconstituer*** – imiter, reconstituer, recréer, rendre, restituer, simuler. INFORM. émuler. ▶ ***Imiter*** – calquer, copier, imiter, mimer, s'inspirer de. ▸ *De façon favorable* – émuler, marcher dans les traces de, prendre exemple sur, prendre modèle sur, s'inspirer de, suivre les traces de, trouver son inspiration chez. ▸ *De façon non favorable* – contrefaire, plagier, singer. ▶ ***Dupliquer*** – copier, dupliquer. ▶ ***Répéter*** – recommencer, refaire, réitérer, renouveler, répéter, revenir à la charge. FAM. récidiver, rééditer, remettre ça, y retourner, y revenir. ▶ ***Dessiner*** – dessiner, représenter. ♦ **se reproduire** ▶ ***Se perpétuer*** – se multiplier, se perpétuer. △ **ANT.** CRÉER, INNOVER.

réprouver *v.* ▶ ***Désapprouver*** – blâmer, condamner, critiquer, désapprouver, désavouer, reprendre, reprocher. SOUT. en savoir mauvais gré à. ▶ ***Blâmer avec véhémence*** – condamner, montrer du doigt, stigmatiser. SOUT. anathématiser, crier haro sur, frapper d'anathème, fustiger, vitupérer. RARE objurguer. ▶ ***Détester*** – avoir en aversion, avoir en haine, avoir en horreur, exécrer, haïr, maudire, ne pas pouvoir souffrir, ne pas pouvoir supporter, vomir. SOUT. abhorrer, abominer, avoir en abomination. FAM. avoir dans le nez, ne pas pouvoir blairer, ne pas pouvoir encadrer, ne pas pouvoir encaisser, ne pas pouvoir pifer, ne pas pouvoir sacquer, ne pas pouvoir sentir, ne pas pouvoir voir en peinture. ▶ ***Maudire*** – condamner, damner, maudire, perdre, vouer à la damnation. △ **ANT.** ACCEPTER, APPROUVER, LOUANGER; ABSOUDRE, PARDONNER.

repu *adj.* gavé, rassasié, saoul. △ **ANT.** AFFAMÉ, INASSOUVI; AVIDE, INSATIABLE.

répudier *v.* ▶ ***Abandonner une croyance*** – abandonner, renier, renoncer à. ▶ ***Chasser qqn*** (SOUT.) – bannir, barrer, chasser, éloigner, exclure, exiler, fermer la porte à, mettre en quarantaine, ostraciser, rejeter. SOUT. excommunier, frapper d'ostracisme, proscrire. △ **ANT.** ADOPTER, EMBRASSER, ÉPOUSER; ACCEPTER, ACCUEILLIR, ADMETTRE.

répugnance *n. f.* ▶ ***Dégoût*** – abomination, allergie, aversion, dégoût, écœurement, haine, haut-le-cœur, horreur, indigestion, nausée, phobie, répulsion, révulsion. SOUT. détestation, exécration. FAM. dégoûtation. ▶ ***Haine*** – agressivité, allergie, animosité, antipathie, aversion, guerre, haine, hostilité, malveillance, phobie, répulsion, ressentiment. SOUT. détestation, exécration, inimitié, venin. △ **ANT.** ATTIRANCE, DÉSIR, ENVIE, GOÛT; AMOUR, SYMPATHIE.

répugnant *adj.* ▶ ***Laid*** – à faire peur, affreux, déplaisant, disgracieux, hideux, horrible, ignoble, inesthétique, informe, ingrat, inharmonieux, laid, laideron *(femme)*, monstrueux, repoussant, vilain. SOUT. malgracieux, répulsif. FAM. blèche, dégueu, dégueulasse, mochard, moche, tarte, tartignolle, tocard. ▶ ***Moralement répugnant*** – abject, bas, coupable, crapuleux, dégoûtant, honteux, ignoble, immonde, inavouable, indigne, infâme, infect, innommable, inqualifiable, lâche, méprisable, odieux, repoussant, sans nom, scandaleux, sordide, vil. SOUT. fangeux, ignominieux, nauséeux, triste, turpide. FAM. dégueu, dégueulasse, écœurant, salaud. △ **ANT.** AFFRIOLANT, ALLÉCHANT, APPÉTISSANT, ATTIRANT, ATTRAYANT, DÉSIRABLE, ENGAGEANT, SÉDUISANT; ADMIRABLE, BEAU, ÉBLOUISSANT, MAGNIFIQUE, RAVISSANT, SPLENDIDE, SUPERBE; DIGNE, HONORABLE, NOBLE.

répugner *v.* ▶ ***Déplaire*** – déplaire à, rebuter. SOUT. repousser. FAM. débecter. ▶ ***Donner la nausée*** – dégoûter, donner la nausée à, donner mal au cœur à, écœurer, lever le cœur à, soulever le cœur à. FAM. débecter, tourner sur le cœur à. ▶ ***Dégoûter moralement*** – dégoûter, faire horreur à, révolter, révulser. ▶ ***Rechigner*** – rechigner à, renâcler. △ **ANT.** ATTIRER, CHARMER, PLAIRE, SÉDUIRE.

répulsion *n.f.* ▸ ***Dégoût*** – abomination, allergie, aversion, dégoût, écœurement, haine, haut-le-cœur, horreur, indigestion, nausée, phobie, répugnance, révulsion. SOUT. détestation, exécration. FAM. dégoûtation. ▸ ***Haine*** – agressivité, allergie, animosité, antipathie, aversion, guerre, haine, hostilité, malveillance, phobie, répugnance, ressentiment. SOUT. détestation, exécration, inimitié, venin. ▸ ***Phénomène physique*** – acculée, acculement, éloignement, marche arrière, récession, recul, reculade, reculement, reflux, régression, repli, repliement, repoussement, retour, retrait, retraite, rétrogradation, rétrogression. FAM. recul. △ ANT. ATTIRANCE, DÉSIR, ENVIE, GOÛT; AMOUR, SYMPATHIE.

réputation *n.f.* ▸ ***Respectabilité*** – honneur, honorabilité, respectabilité, valeur. ▸ ***Célébrité*** – célébrité, considération, éclat, faveur, gloire, notoriété, palmarès, popularité, renom, renommée, vedettariat. FIG. auréole, immortalité, la déesse aux cent bouches. △ ANT. DÉFAVEUR, DISCRÉDIT, DISGRÂCE; ANONYMAT, IMPOPULARITÉ, OBSCURITÉ, OMBRE.

requérir *v.* ▸ ***Nécessiter*** – appeler, avoir besoin de, commander, demander, exiger, imposer, nécessiter, obliger, postuler, prendre, prescrire, réclamer, vouloir. ▸ ***Solliciter*** – demander, réclamer, solliciter, vouloir. △ ANT. DÉCLINER, REFUSER.

requête *n.f.* ▸ ***Demande*** – adjuration, appel, demande, démarche, desideratum, désir, doléances, exigence, injonction, instance, interpellation, interrogation, invocation, mandement, ordre, pétition, placet, prétention, prière, question, réclamation, réquisition, revendication, sollicitation, sommation, supplication, supplique, ultimatum, vœu. SOUT. imploration. ▸ ***Action en justice*** – action, demande, plainte, poursuite, procès, réclamation, recours, référé. △ ANT. RÉPONSE.

requin *n.m.* ▸ ***Animal*** – squale. ▸ ***Personne*** – chacal, charognard, pieuvre, prédateur, rapace, tueur, vautour.

réquisition *n.f.* ▸ ***Requête*** – adjuration, appel, demande, démarche, desideratum, désir, doléances, exigence, injonction, instance, interpellation, interrogation, invocation, mandement, ordre, pétition, placet, prétention, prière, question, réclamation, requête, revendication, sollicitation, sommation, supplication, supplique, ultimatum, vœu. SOUT. imploration. ▸ ***Prélèvement*** – défalcation, ponction, précompte, prélèvement, retenue, saignée, saisie, soustraction.

réseau *n.m.* ▸ ***Entrecroisement*** – emmêlement, emmêlage, enchevêtrement, enlacement, entortillage, entortillement, entrecroisement, entrelacement, entremêlement, guillochure, treillage, treillis. ▸ ***Réseau compliqué*** – dédale, forêt, labyrinthe, lacis, maquis, méandres, sinuosités. ▸ ***Canalisation*** – adduction, branchement, canalisation, colonne, conduit, conduite, égout, émissaire, gazoduc, griffon, manifold, oléoduc, pipe, pipeline, sealine, tubulure. ▸ ***Organisation*** – filière.

réserve *n.f.* ▸ ***Restriction*** – économie, empêchement, épargne, parcimonie, rationalisation, rationnement, restriction, réticence. FAM. dégraissage. ▸ ***Provision*** – amas, approvisionnement, dépôt, fourniture, provision, stock. ▸ ***Économie*** – argent, cagnotte, économies, épargnes. FAM. bas (de laine), magot, pécule. ▸ ***Exception*** – accident, anomalie, anormalité, contre-exemple, contre-indication, dérogation, exception, exclusion, particularité, restriction, singularité. ▸ ***Précaution*** – circonspection, mesure, pondération, précaution, prudence, sagesse. ▸ ***Modération*** – centrisme, dépouillement, frugalité, juste milieu, ménagement, mesure, modérantisme, modération, modestie, pondération, retenue, rusticité, sagesse, simple, simplicité, sobriété, tempérance. ▸ ***Décence*** – bienséance, bon ton, chasteté, convenance, correction, décence, délicatesse, dignité, discrétion, éducation, fierté, gravité, honnêteté, honneur, modestie, politesse, propreté, pudeur, quant-à-soi, respect, retenue, sagesse, sobriété, tact, tenue, vertu. SOUT. pudicité. ▸ ***Timidité*** – appréhension, confusion, crainte, discrétion, effacement, effarouchement, embarras, émoi, frilosité, gaucherie, gêne, hésitation, honte, humilité, indécision, inhibition, introversion, malaise, modestie, peur, retenue, sauvagerie, timidité. SOUT. pusillanimité. FAM. trac. ▸ ***Honte*** – confusion, contrainte, crainte, embarras, gêne, honte, humilité, pudeur, retenue, scrupule, timidité. ▸ ***Gravité*** – componction, décence, dignité, gravité, hiératisme, majesté, pompe, raideur, rigidité, sérieux, solennité. ▸ ***Sous-entendu*** – allégorie, allusion, arrière-pensée, double sens, évocation, insinuation, restriction, réticence, sous-entendu. ▸ ***Lieu d'entreposage*** – appentis, arrière-boutique, dépôt, dock, entrepôt, fondouk *(pays arabes)*, hangar. ▸ ***Zone naturelle gérée*** – parc. QUÉB. pourvoirie, zec. ▸ ***Marque d'un arbre*** – balivage, martelage. △ ANT. DILAPIDATION, GASPILLAGE, PRODIGALITÉ; IMPRUDENCE; AUDACE, FAMILIARITÉ, HARDIESSE, IMPUDENCE.

réservé *adj.* ▸ ***Discret*** – discret, effacé, qui garde ses distances, qui reste sur son quant-à-soi, qui se tient sur la réserve. ▸ ***Pudique*** – chaste, décent, immaculé, innocent, platonique, pudique, pur, sage, vertueux, virginal. ▸ *Non favorable* – bégueule, collet monté, prude, pudibond, puritain. ▸ ***Froid*** – de glace, de marbre, distant, frais, froid, glaçant, glacial, réfrigérant. SOUT. marmoréen. ▸ ***Réticent*** – hésitant, réticent. ▸ ***Exclusif*** – attitré, exclusif, individuel, particulier, personnel, privé, propre, spécial. △ ANT. COMMUNICATIF, DÉMONSTRATIF, EXPANSIF; OSTENTATOIRE, VANITEUX; ARROGANT, EFFRONTÉ, INSOLENT; IMPUDIQUE, INDÉCENT, INDISCRET; DÉBRIDÉ, IMMODÉRÉ; DISPONIBLE, LIBRE.

réserver *v.* ▸ ***Garder pour plus tard*** – conserver, garder, garder en réserve, mettre de côté, mettre en réserve, tenir en réserve. ▸ ***Attribuer à un usage*** – affecter, destiner. ▸ ***Retenir en payant*** – louer, retenir. ▸ ***Préparer*** – ménager, préparer. △ ANT. DÉPENSER; DILAPIDER, GASPILLER; DISPOSER, DONNER.

réservoir *n.m.* ▸ ***Étendue d'eau artificielle*** – bassin, pièce d'eau. ▸ ***Récipient*** – citerne, cuve.

résidence *n.f.* ▸ ***Fait de demeurer dans un lieu*** – passage, séjour. ▸ ***Domicile*** – domicile, foyer, intérieur, maison, nid, toit. SOUT. demeure, habitacle, logis. FAM. bercail, bicoque, chaumière, chez-soi, crèche, pénates. PÉJ. FAM. boutique. ▸ ***Adresse*** – adresse, coordonnées, domicile, habitation, suscription. ▸ ***Ensemble d'habitations*** – bloc d'habitations, cité, ensemble, grand ensemble, îlot, lotissement. ▶ ***Ambassade*** – ambassade, consulat.

résider *v.* ▶ ***Avoir sa résidence*** – demeurer, être domicilié, habiter, loger, rester, vivre. FAM. crécher, nicher, percher. ▶ ***Se trouver*** – apparaître, être, être présent, exister, s'inscrire, se rencontrer, se retrouver, se situer, se trouver, siéger. SOUT. gésir. △ **ANT.** DÉSERTER, LAISSER, QUITTER; PARTIR.

résidu *n.m.* ▶ ***Reste*** – complément, différence, excédent, excès, reliquat, restant, reste, solde, soulte, surcroît, surplus. FAM. rab, rabiot. ▶ ***Déchet*** – bourre, bourrier, chiure, chute, crasse, culot, débris, déchet, dépôt, détritus, gadoue, immondices, impureté, lavure, lie, malpropreté, ordure, parcelle, perte, poussière, raclure, ramas, rebut, reliefs, reliquat, reste, rinçure, rognure, saleté, salissure. FAM. cochonnerie, margouillis, saloperie. ▸ *Métallique* – crasse, ferraille, gratture, laitier, limaille, mâchefer, scorie, sinter, suint. ▸ *Verre* – écrémure.

résignation *n.f.* ▶ ***Abandon*** – abandon, abdication, défection, délaissement, démission, désengagement, désertion, désintérêt, désistement, dessaisissement, forfait, inachèvement, recul, repli, retrait, retraite. SOUT. inaccomplissement. FAM. décrochage, lâchage, largage, plaquage. DR. non-lieu. ▶ ***Fatalisme*** – acceptation, aquoibonisme, déterminisme, fatalisme, passivité, philosophie, providentialisme, renoncement, stoïcisme. ▶ ***Abnégation*** – abnégation, altruisme, désintéressement, détachement, dévouement, effacement, humilité, oubli de soi, privation, renoncement, sacrifice. SOUT. holocauste. ▶ ***Patience*** – calme, constance, courage, douceur, endurance, flegme, lenteur, patience, persévérance, persistance, sang-froid, tranquillité. SOUT. longanimité. △ **ANT.** LUTTE, PROTESTATION, RÉVOLTE; ÉNERVEMENT, IMPATIENCE.

résigné *adj.* ▶ ***Qui se résigne à son sort*** – fataliste, passif. △ **ANT.** RÉVOLTÉ; ENTÊTÉ; ACTIF, COMBATIF, ÉNERGIQUE.

résigner *v.* ▶ ***Quitter ses fonctions*** – démissionner de, partir, se démettre de, se retirer de. FAM. rendre son tablier. ♦ **se résigner** ▶ ***Accepter*** – accepter, faire contre mauvaise fortune bon cœur, prendre son parti de, s'incliner, se faire à l'idée, se faire une raison, se résoudre, se soumettre. FAM. digérer. △ **ANT.** DEMEURER, GARDER. ♦ **se résigner** LUTTER, PERSÉVÉRER, RÉSISTER; S'INSURGER, S'OPPOSER, SE RÉVOLTER.

résine *n.f.* ▶ ***Matière naturelle*** – baume, cire, gomme, gomme d'adragant/adragante, gomme-ammoniaque, gomme-gutte, gomme-résine, labdanum. ▶ ***Matière synthétique*** – résine de synthèse, résine synthétique. ▶ ***Matière d'obturation dentaire*** – amalgame, ciment. FAM. plombage.

résistance *n.f.* ▶ ***Solidité*** – cohésion, compacité, consistance, coriacité, dureté, fermeté, fixité, force, homogénéité, indélébilité, indestructibilité, inextensibilité, massiveté, monolithisme, résilience, rigidité, robustesse, solidité, sûreté. ▶ ***Obstacle*** – accroc, adversité, anicroche, barrière, blocage, contrariété, contretemps, défense, difficulté, digue, écueil, embarras, empêchement, ennui, entrave, frein, gêne, impasse, impossibilité, inhibition, interdiction, objection, obstruction, ombre au tableau, opposition, pierre d'achoppement, point noir, problème, restriction, tribulations. SOUT. achoppement, impedimenta, traverse. FAM. hic, lézard, os, pépin. QUÉB. FAM. aria. RARE empêtrement. ▶ ***Opposition*** – barrage, désapprobation, désobéissance, mauvaise volonté, objection, obstacle, obstruction, opposition, réaction, rebuffade, refus, veto. SOUT. contredit, inacceptation. ▶ ***Indiscipline*** – contestation, désobéissance, désordre, dissipation, fantaisie, indiscipline, indocilité, insoumission, insubordination, mauvaise volonté, opiniâtreté, rébellion, refus d'obéissance, rétivité, révolte. ▶ ***Insurrection*** – agitation, agitation-propagande, chouannerie, désordre, effervescence, embrasement, émeute, excitation, faction, fermentation, fièvre, fronde, insoumission, insubordination, insurrection, jacquerie, manifestation, mutinerie, rébellion, remous, révolte, révolution, sédition, soulèvement, tourmente, troubles. FAM. agit-prop. ▶ ***Refoulement*** – autocensure, barrage, blocage, censure, inhibition, refoulement, refus. ▶ ***Propriété électrique*** – impédance, résistivité. ▶ ***Élément électrique*** – semi-conducteur. △ **ANT.** FAIBLESSE, FRAGILITÉ; ABANDON, CAPITULATION, FUITE; ABDICATION, ACQUIESCEMENT, ADHÉSION, APPROBATION, ASSENTIMENT, SOUMISSION.

résistant *adj.* ▶ ***Solide*** – dur, ferme, fort, raide, rigide, solide. RARE inflexible. ▶ ***Tenace*** – coriace, inusable, rebelle, robuste, tenace, vivace. ▶ ***Rebelle*** (RARE) – rebelle, récalcitrant, réfractaire, regimbeur, rétif. △ **ANT.** FRAGILE; MALADIF; FAIBLE, MOU; COLLABORATEUR, COLLABORATIONNISTE, SOUMIS.

résister *v.* ▶ ***Ne pas accepter*** – s'opposer, se dresser, se raidir. ▶ ***Se défendre*** – lutter, ne pas se laisser faire, s'accrocher, se défendre, tenir, tenir bon, tenir ferme, tenir tête. ▶ ***Se révolter*** – regimber, ruer dans les brancards, s'insurger, se braquer, se buter, se cabrer, se rebeller, se révolter. FAM. rebecquer, se rebiffer; RARE récalcitrer. ▶ ***Continuer d'exister*** – demeurer, durer, perdurer, persister, rester, se conserver, se maintenir, se perpétuer, subsister, survivre. ▶ ***Être à l'épreuve*** – être à l'épreuve de, supporter. △ **ANT.** ACCEPTER, CÉDER, CONSENTIR, FLÉCHIR, PLOYER; CAPITULER, SE RENDRE; OBÉIR, SE SOUMETTRE; PÉRIR, SUCCOMBER.

résolu *adj.* catégorique, décidé, déterminé, entier, ferme, immuable, inébranlable, inflexible. △ **ANT.** FLOTTANT, FLUCTUANT, HÉSITANT, INCERTAIN, INDÉCIS, INDÉTERMINÉ, IRRÉSOLU, PERPLEXE.

résolument *adv.* ▶ ***Hardiment*** – audacieusement, bravement, courageusement, hardiment, intrépidement, vaillamment, valeureusement, virilement. ▶ ***Énergiquement*** – activement, avec la dernière énergie, avec zèle, décidément, dru, dynamiquement, énergiquement, fermement, fort, fortement, puissamment, sérieusement, virilement. ▶ ***Carrément*** – abruptement, brusquement, brutalement, carrément, catégoriquement, crûment, directement, droit, droit au but, fermement, franc, franchement, hardiment, librement, net, nettement, raide, raidement, rondement, sans ambages, sans ambiguïté, sans barguigner, sans détour(s), sans dissimulation, sans équivoque, sans faux-fuyant, sans hésitation, sans intermédiaire, vertement. FAM. franco. △ **ANT.** DE FAÇON INDÉCISE, IRRÉSOLUMENT, SANS Y ÊTRE DÉCIDÉ; À CONTRECŒUR.

résolution *n.f.* ▶ ***Action de résoudre*** – solution. ▶ ***Division*** – décomposition, définition, réduction, séparation. ▶ ***Projet*** – entreprise, idée, intention, plan, préméditation *(mauvaise action)*, programme, projet, vue. SOUT. dessein. ▶ ***Choix*** – adoption, choix, cooptation, décision, désignation, détermination, échantillonnage, écrémage, élection, nomination, plébiscite, prédilection, présélection, sélection, suffrage, tri, triage, vote. SOUT. décret, parti. ▶ ***Décision publique*** – arrêt, arrêté, décision, délibération, jugement, ordonnance, règlement, résultat, sentence, verdict. ▸ *Arbitraire ou injuste* – diktat, ukase. ▶ ***Conclusion*** – aboutissement, accomplissement, achèvement, apothéose, but, chute, complémentation, complètement, complétude, conclusion, consécration, consommation, couronnement, dénouement, exécution, fin, finition, fruit, issue, produit, réalisation, règlement, résultat, sortie, terme, terminaison. SOUT. aboutissant. PHILOS. entéléchie. ▶ ***Obstination*** – acharnement, assiduité, constance, détermination, entêtement, fermeté, insistance, obstination, opiniâtreté, persévérance, persistance, suite dans les idées, ténacité, volonté. PÉJ. aveuglement. ▶ ***Solidité*** – aplomb, assurance, autorité, caractère, constance, courage, cran, détermination, endurance, énergie, fermeté, force, permanence, poigne, rectitude, ressort, sang-froid, sérieux, solidité, sûreté, ténacité, vigueur, virilité, volonté. SOUT. invulnérabilité. FAM. estomac, gagne. ▶ ***Abolition*** – abolition, abrogation, annulation, cassation, cessation, coupure, dissolution, invalidation, résiliation, retrait, révocation, rupture de contrat, suppression. BELG. renon. ▶ ***Renvoi*** – ajournement, annulation, cassation, destitution, dissolution, infirmation, invalidation, péremption d'instance, relaxe, remise, report, rescision, résiliation, révocation, sursis. ▶ ***Précision*** – exactitude, infaillibilité, justesse, netteté, précision, rigueur. △ **ANT.** HÉSITATION, INCERTITUDE, IRRÉSOLUTION, PERPLEXITÉ.

résonance *n.f.* ▶ ***Capacité de transmettre le son*** – sonorité. ▶ ***Réflexion sonore*** – écho, répercussion, réverbération. SOUT. résonnement, retentissement.

résonner *v.* retentir, sonner, vibrer.

résorber *v.* ▶ ***Éliminer l'excédent*** – éponger. ▶ ***Faire disparaître*** – faire disparaître. MÉD. résoudre.

résoudre *v.* ▶ ***Élucider*** – déchiffrer, découvrir, dénouer, deviner, éclaircir, élucider, éventer, expliquer, faire (toute) la lumière sur, pénétrer, percer, tirer au clair, trouver, trouver la clé de. ▶ ***Régler*** – en finir avec, régler, trancher, vider. ▶ ***Faire disparaître*** – faire disparaître. MÉD. résorber. ▶ ***Résilier*** – annuler, casser, dissoudre, mettre fin à, résilier, rompre. BELG. renoncer. DR. nullifier, rescinder. ♦ **se résoudre** ▶ ***Se résigner*** – accepter, faire contre mauvaise fortune bon cœur, prendre son parti de, s'incliner, se faire à l'idée, se faire une raison, se résigner, se soumettre. FAM. digérer.

respect *n.m.* ▶ ***Tolérance*** – bienveillance, bonté, compréhension, douceur, humanisme, indulgence, irénisme, largeur d'esprit, libéralisme, non-discrimination, non-violence, ouverture (d'esprit), patience, philosophie, réceptivité, tolérance, tolérantisme. SOUT. bénignité, longanimité. ▶ ***Déférence*** – admiration, considération, déférence, égard, estime, hommage, ménagement, révérence. ▶ ***Humilité*** – bonhomie, déférence, humilité, modestie, simplicité, soumission. ▶ ***Adoration*** – admiration, adoration, adulation, amour, attachement, culte, dévotion, emballement, engouement, fanatisme, ferveur, iconolâtrie, idolâtrie, passion, vénération, zèle. SOUT. dilection, révérence. PÉJ. encens, flagornerie, flatterie. ▶ ***Décence*** – bienséance, bon ton, chasteté, convenance, correction, décence, délicatesse, dignité, discrétion, éducation, fierté, gravité, honnêteté, honneur, modestie, politesse, propreté, pudeur, quant-à-soi, réserve, retenue, sagesse, sobriété, tact, tenue, vertu. SOUT. pudicité. ▶ ***Fait de respecter le règlement*** – observance, observation. △ **ANT.** ARROGANCE, INSOLENCE, IRRÉVÉRENCE, MÉPRIS; BLASPHÈME; DÉLIT, INFRACTION.

respectable *adj.* ▶ ***Digne de respect*** – appréciable, bien, bon, considéré, de bon aloi, digne, estimable, estimé, honorable, louable, méritant, méritoire. ▶ ***Vénérable*** – auguste, digne, révéré, sacré, saint, vénérable. ▶ ***Décent*** – bien, bienséant, convenable, correct, de bon ton, décent, digne, fréquentable, honnête, honorable, moral, rangé, recommandable, sérieux. FAM. comme il faut. ▶ ***À prendre en considération*** – appréciable, de taille, fort, grand, gros, important, non négligeable, notable, sensible, sérieux, substantiel. △ **ANT.** ABJECT, IGNOBLE, IMMONDE, INDIGNE, INFÂME, MÉPRISABLE, ODIEUX, REPOUSSANT, RÉPUGNANT, VIL; DISCOURTOIS, GROSSIER, IMPERTINENT, IMPOLI, INCONVENANT, INCORRECT, MAL ÉLEVÉ, RUSTRE; INSIGNIFIANT, NÉGLIGEABLE.

respecter *v.* ▶ ***Traiter avec révérence*** – admirer, honorer, révérer, tenir en grand honneur, vénérer. ▶ ***Estimer*** – avoir bonne opinion de, considérer, estimer, faire cas de, priser, tenir en estime. ▶ ***Se conformer*** – acquiescer à, obéir à, observer, obtempérer à, se conformer à, se plier à, se soumettre à, suivre. SOUT. déférer à, sacrifier à. △ **ANT.** ATTAQUER, DÉSHONORER, INSULTER, MÉPRISER, OFFENSER, OUTRAGER; CONTOURNER, DÉROGER À, DÉSOBÉIR, ENFREINDRE, SE SOUSTRAIRE À, VIOLER.

respectueusement *adv.* ▶ ***En témoignant du respect*** – révérencieusement. ▶ ***Humblement*** – humblement, modestement, pauvrement, simplement, timidement. △ **ANT.** CAVALIÈREMENT, CYNIQUEMENT, DISCOURTOISEMENT, EFFRONTÉMENT, IMPERTINEMMENT, IMPOLIMENT, INSOLEMMENT, IRRESPECTUEUSEMENT, IRRÉVÉRENCIEUSEMENT.

respectueux *adj.* déférent. △ **ANT.** INSOLENT, IRRESPECTUEUX, IRRÉVÉRENCIEUX; MÉPRISANT; CONDESCENDANT; CONTREVENANT.

respiration *n.f.* ▶ ***Respiration*** – aspiration, bouffée, exhalation, expiration, haleine, humage, inhalation, inspiration, souffle, soupir, ventilation. SOUT. ahan. ▶ ***Rythme musical*** – battement, cadence, eurythmie, mesure, mouvement, musique, période, phrasé, pouls, pulsation, rythme, swing, tempo, vitesse. △ **ANT.** ASPHYXIE.

respirer *v.* ▶ ***Se reposer*** – faire une pause, récupérer, reprendre haleine, se délasser, se détendre, se refaire, se relaxer, se reposer, souffler. FAM. décompresser. ▶ ***Sentir*** – flairer, humer, renifler, sentir, subodorer. *CHASSE* éventer, halener. ▶ ***Inhaler*** – aspirer, humer, inhaler, inspirer. ▶ ***Exprimer*** – dégager, exprimer, manifester, transpirer. *SOUT.* transsuder. ▶ ***Dégager une ambiance, un sentiment*** – exhaler, suer, transpirer. △ **ANT.** S'AFFOLER, S'INQUIÉTER; EXHALER, EXPIRER; ÉTOUFFER, S'ASPHYXIER.

resplendir *v.* briller, étinceler, irradier, rayonner, ruisseler de lumière. *SOUT.* briller de mille feux, flamber, jeter des feux.

responsabilité *n.f.* ▶ ***Rôle*** – affectation, charge, dignité, emploi, fonction, métier, mission, office, place, poste, rôle, siège, titre, vocation. ▶ ***Obligation*** – charge, commandement, contrat, dette, devoir, engagement, lien, obligation, parole, promesse, serment. ▶ ***Garantie*** – assurance, aval, caution, cautionnement, charge, consignation, couverture, ducroire, engagement, gage, garant, garantie, hypothèque, indexage, indexation, nantissement, obligation, palladium, parrainage, précaution, préservation, promesse, répondant, salut, sauvegarde, sécurité, signature, soulte, sûreté, warrant, warrantage. *DR.* porte-fort. ▶ ***Culpabilité*** – culpabilité, faute, imputabilité. ▶ ***Implication*** – complicité, compromission, implication. △ **ANT.** IRRESPONSABILITÉ, NÉGLIGENCE; INDÉPENDANCE, LIBERTÉ.

responsable *adj.* ▶ ***Qui a des comptes à rendre*** – comptable, garant, imputable, solidaire. ▶ ***Qui est coupable*** – coupable, dans son tort, fautif. *DR.* délinquant. ▶ ***Qui décide*** – décideur, directeur, dirigeant, gouvernant. ▶ ***Qui est raisonnable*** – éclairé, judicieux, mesuré, modéré, philosophe, pondéré, posé, raisonnable, raisonné, rationnel, réfléchi, sage, sain, sensé, sérieux. *SOUT.* rassis, tempéré. △ **ANT.** IRRESPONSABLE; INNOCENT; IMPRUDENT, INCONSCIENT, IRRÉFLÉCHI, NÉGLIGENT.

responsable *n.* ▶ ***Instigateur*** – âme, artisan, auteur, centre, cerveau, chef, cheville ouvrière, créateur, dirigeant, fondateur, incitateur, initiateur, inspirateur, instigateur, locomotive, maître (d'œuvre), meneur, moteur, organisateur, patron, père, promoteur, protagoniste, régisseur. *SOUT.* excitateur, instaurateur, ouvrier. ▶ ***Coupable*** – contrevenant, coupable, fautif. ▶ ***Chef*** – autorité, dignitaire, officiel, supérieur. ▶ ***Directeur*** – administrateur, cadre, chef d'entreprise, chef d'industrie, décideur, décisionnaire, directeur, dirigeant, gestionnaire, logisticien, patron. △ **ANT.** EXÉCUTANT, SECOND, SUBALTERNE.

ressaisir *v.* ▶ ***Saisir qqch. de nouveau*** – raccrocher, rattraper, reprendre. ▶ ***Saisir qqn de nouveau*** – reprendre. ♦ **se ressaisir** ▶ ***Se reprendre*** – réagir, se reprendre, se secouer. *BELG. FAM.* se ravoir. △ **ANT.** ABANDONNER, LAISSER, LAISSER ALLER.

ressasser *v.* ▶ ***Retourner dans son esprit*** – remâcher, retourner, retourner dans sa tête, retourner dans son esprit, rouler, ruminer. ▶ ***Répéter sans cesse*** – chanter sur tous les tons, rabâcher, radoter, rebattre les oreilles à qqn de, redire, répéter, seriner, tympaniser. *FAM.* corner aux oreilles/dans les oreilles de qqn. △ **ANT.** GLISSER SUR, OMETTRE, SAUTER, TAIRE.

ressemblance *n.f.* ▶ ***Similitude*** – adéquation, analogie, conformité, égalité, équivalence, gémellité, identité, littéralité, parallélisme, parité, similarité, similitude, unité. *MATH.* congruence, homéomorphisme. ▶ ***Relation*** – association, connexion, connexité, corrélation, correspondance, dépendance, filiation, interaction, interdépendance, interrelation, liaison, lien, lien causal, rapport, rapprochement, relation, relation de cause à effet. *FIG.* pont. ▶ ***Comparaison*** – allégorie, analogie, apologue, assimilation, association (d'idées), catachrèse *(lexicalisée)*, comparaison, équivalence, figure, image, lien, métaphore, parabole, parallèle, parenté, personnification, rapport, rapprochement, relation, similitude, symbole, symbolisme. ▶ ***Aspect*** – air, allure, apparence, aspect, caractère, configuration, couleur, couvert, dehors, éclairage, expression, extérieur, façade, faciès, figure, forme, formule, impression, jour, masque, mine, paraître, perspective, physionomie, plastique *(en art)*, portrait, présentation, profil, semblant, surface, ton, tour, tournure, traits, vernis, visage. *SOUT.* enveloppe, regardure, superficie. △ **ANT.** CONTRASTE, DIFFÉRENCE, DISPARITÉ, DISSEMBLANCE, OPPOSITION, VARIÉTÉ.

ressemblant *adj.* analogue, apparenté, approchant, assimilable, comparable, conforme, contigu, correspondant, équivalent, homogène, homologue, indifférencié, pareil, parent, proche, semblable, similaire, voisin. *FAM.* kif-kif. *DIDACT.* commensurable. △ **ANT.** AUTRE, DIFFÉRENT, DISSEMBLABLE, DISTINCT, DIVERS; CONTRAIRE.

ressembler (se) *v.* connoter, évoquer, faire penser à, rappeler, s'apparenter à, se rapprocher de. △ **ANT.** CONTRASTER, DIFFÉRER, DIVERGER, S'OPPOSER, SE DISTINGUER.

ressentiment *n.m.* ▶ ***Aigreur*** – acariâtreté, acerbité, acidité, âcreté, acrimonie, agressivité, aigreur, amertume, animosité, âpreté, bave, bile, causticité, colère, dépit, désagrément, dureté, fiel, haine, hargne, humeur, irritation, malveillance, maussaderie, mauvaise humeur, méchanceté, mordant, pique, rancœur, rancune, récrimination, rudesse, tranchant, venin, vindicte, virulence. *SOUT.* mordacité. *FAM.* rouspétance. ▶ ***Haine*** – agressivité, allergie, animosité, antipathie, aversion, guerre, haine, hostilité, malveillance, phobie, répugnance, répulsion. *SOUT.* détestation, exécration, inimitié, venin. ▶ ***Vengeance*** – châtiment, colère, (loi du) talion, pareille, punition, rancune, réciproque, réparation, représailles, rétorsion, revanche, riposte, vendetta, vengeance. *SOUT.* vindicte. △ **ANT.** AMOUR, SYMPATHIE; INDULGENCE, OUBLI, PARDON.

ressentir *v.* ▶ ***Éprouver une sensation*** – avoir, éprouver, sentir. ▶ ***Éprouver un sentiment*** – avoir, concevoir, éprouver. △ **ANT.** IGNORER.

resserrement *n.m.* ▶ ***Contraction*** – astriction, constriction, contraction, crampe, crispation, étranglement, palpitation, pressage, pression, pressurage, rétraction, rétrécissement, serrement, spasme, tension. *MÉD.* clonie, clonus, contracture, striction, tétanisation. ▶ ***Réduction*** – abrégement, allégement, amenuisement, amoindrissement, amputation, atténuation, compression, délestage, diminution, gommage, graticulation, miniaturisation, minimalisation, minimisation, minoration, raccourcissement, racornissement, rapetissement, réduction, restriction, rétrécissement, schématisation, simplification. *SOUT.* estompement. △ **ANT.** DILATATION, ÉLAR-

GISSEMENT, ÉVASEMENT, EXPANSION, EXTENSION, RELÂCHEMENT.

resserrer *v.* ▶ ***Contracter*** – contracter, étrangler, rétrécir. ▶ ***Serrer la taille*** – comprimer, étrangler, sangler, serrer. ▶ ***Restreindre*** – borner, comprimer, diminuer, limiter, réduire, restreindre. ▶ ***Résumer*** – abréger, condenser, écourter, raccourcir, ramasser, réduire, résumer. △ **ANT.** DÉCOMPRIMER, DESSERRER, RELÂCHER; AGRANDIR, DILATER, ÉLARGIR; AMPLIFIER, AUGMENTER, ÉTOFFER.

ressort *n.m.* ▶ ***Objet*** – suspension. ▶ ***Énergie*** (*SOUT.*) – agent, base, cause, explication, facteur, ferment, fondement, fontaine, germe, inspiration, levain, levier, mobile, moteur, motif, motivation, moyen, objet, occasion, origine, point de départ, pourquoi, principe, raison, raison d'être, source, sujet. *SOUT.* étincelle, mère, racine. ▶ ***Solidité*** – aplomb, assurance, autorité, caractère, constance, courage, cran, détermination, endurance, énergie, fermeté, force, permanence, poigne, rectitude, résolution, sang-froid, sérieux, solidité, sûreté, ténacité, vigueur, virilité, volonté. *SOUT.* invulnérabilité. *FAM.* estomac, gagne. ▶ ***Compétence*** – attributions, autorité, compétence, département, pouvoir, qualité. *FAM.* rayon. △ **ANT.** APATHIE, INERTIE, TORPEUR.

ressortir *v.* ▶ ***Tirer de l'oubli*** – déterrer, exhumer, redécouvrir, ressusciter, sortir de l'oubli, tirer de l'oubli. ▶ ***Contraster*** – contraster, détonner, se détacher, trancher. ▶ ***Saillir*** – avancer, déborder, dépasser, faire saillie, saillir, se détacher, sortir. *BELG.* dessortir. *TECHN.* forjeter, surplomber. ▶ ***Apparaître*** – apparaître, apparoir. △ **ANT.** CACHER, DISSIMULER, RANGER; S'EFFACER, S'ESTOMPER; DISPARAÎTRE.

ressource *n.f.* ▶ ***Expédient*** – acrobatie, astuce, demi-mesure *(inefficace)*, échappatoire, expédient, gymnastique, intrigue, mesure, moyen, palliatif, procédé, remède, ruse, solution, système, tour. *FAM.* combine, gimmick, truc. ▶ ***Excuse*** – amende honorable, décharge, déculpabilisation, défense, disculpation, explication, justification, motif, pardon, raison, regret. ♦ **ressources, *plur.*** ▶ ***Argent*** – moyens, or, pactole, richesses, trésor. ▶ ***Ce qui peut être exploité*** – potentiel, richesse. △ **ANT.** INCAPACITÉ. ♦ **ressources, *plur.*** BESOIN, PAUVRETÉ.

ressusciter *v.* ▶ ***Redonner de la vitalité*** – donner un second souffle à, faire renaître, faire revivre, ragaillardir, rallumer, ranimer, raviver, réactiver, réchauffer, redonner vie à, redynamiser, régénérer, renflammer, renouveler, réveiller, revigorer, revitaliser, revivifier, stimuler, vivifier. ▶ ***Tirer de l'oubli*** – déterrer, exhumer, redécouvrir, ressortir, sortir de l'oubli, tirer de l'oubli. ▶ ***En parlant d'une chose abstraite*** – réapparaître, refleurir, renaître de ses cendres, renaître, reparaître, reprendre vie, ressurgir, revenir, revivre, se rallumer, se ranimer, se réveiller.

restaurant *n.m.* ▶ ***Établissement de restauration*** – *FAM.* restau. *FRANCE RÉGION.* restauration. ▸ *Modeste FAM.* bistroquet, bistrot. ▸ *Mauvais FAM.* boui-boui, gargote.

restauration *n.f.* ▶ ***Établissement*** (*FRANCE RÉGION.*) – restaurant. *FAM.* restau. ▸ *Modeste FAM.* bistroquet, bistrot. ▸ *Mauvais FAM.* boui-boui, gargote. ▶ ***Réparation*** – amélioration, arrangement, bricolage, consolidation, dépannage, entretien, maintenance, rajustement, ravalement, reconstitution, réfection, remise à neuf, remise en état, remontage, renforcement, réparation, reprise, restitution, rétablissement, retapage, rhabillage, sauvetage, soin. *FAM.* rafistolage. ▶ ***Renouvellement*** – amélioration, changement, dépoussiérage, modernisation, modification, prorogation, rajeunissement, recommencement, reconduction, réformation, réforme, régénération, réhabilitation, réinvention, remplacement, renouveau, renouvellement, rénovation, réparation, résurrection, rétablissement, transformation. *PÉJ. FAM.* réformette. △ **ANT.** DÉGRADATION, DÉTÉRIORATION, ENDOMMAGEMENT.

restaurer *v.* ▶ ***Instaurer de nouveau*** – ramener, rétablir. ▶ ***Remettre en bon état*** – rafraîchir, refaire (à neuf), réhabiliter, remettre à neuf, remettre en état, rénover, réparer, retaper. *SOUT.* raccoutrer. ▶ ***Faire manger*** – alimenter, nourrir. ♦ **se restaurer** ▶ ***Manger*** – manger, s'alimenter, se nourrir, se sustenter. *SOUT.* se repaître. *FAM.* becter, bouffer, boulotter, boustifailler, briffer, casser la croûte, casser la graine, croûter, grailler, tortorer. △ **ANT.** DESTITUER, RENVERSER; DÉBILITER, DÉGRADER, ENDOMMAGER.

reste *n.m.* ▶ ***Restant*** – complément, différence, excédent, excès, reliquat, résidu, restant, solde, soulte, surcroît, surplus. *FAM.* rab, rabiot. ▶ ***Fragment*** – bribe, brisure, charpie, coupure, débris, éclat, esquille *(os)*, fraction, fragment, grain, granule, granulé, havrit, lambeau, limaille, miette, morceau, parcelle, part, particule, partie, pépite, portion, quartier. *FAM.* graine. ▶ ***Décombres*** – déblais, débris, décharge, décombres, démolitions, éboulement, éboulis, épave, gravats, gravois, miettes, plâtras, ruines, vestiges. *SOUT.* cendres. ▶ ***Un peu*** – atome, bouchée, brin, chouia, doigt, filet, goutte, gouttelette, grain, larme, lueur, miette, nuage, once, paille, parcelle, peu, pincée, pointe, relent, restant, rien, soupçon, tantinet, teinte, touche, trace, trait, zeste. ▶ ***Personne déchue*** – déchet de la société, déchet (humain), épave, larve (humaine), loque (humaine), ruine (humaine), sous-homme. ♦ **le reste, *sing.*** ▶ ***Dans une énumération*** – et le reste. *FAM.* et tout le tralala. *FRANCE FAM.* et tout le toutim. ♦ **restes, *plur.*** ▶ ***Reliefs d'un repas*** – débris, miettes, reliefs, restant, rognures. *FAM.* rogatons. ▶ ***Cadavre*** – relique, restes (mortels). ▶ ***Indice*** – apparence, cachet, cicatrice, critère, empreinte, indication, indice, justificatif, lueur, marque, ombre, pas, piste, preuve, repère, ride, sceau, signature, signe, stigmate, tache, témoignage, témoin, trace, trait, vestige. △ **ANT.** ENTIER, TOTALITÉ, TOUT.

rester *v.* ▶ ***Être*** – demeurer, être, se tenir. ▶ ***Continuer d'exister*** – demeurer, durer, perdurer, persister, résister, se conserver, se maintenir, se perpétuer, subsister, survivre. ▶ ***Séjourner*** – descendre, loger, s'arrêter, se relaisser, séjourner. ▶ ***Habiter*** – demeurer, être domicilié, habiter, loger, vivre. *FAM.* crécher, nicher, percher, résider. △ **ANT.** DISPARAÎTRE, S'EFFACER; CHANGER; BOUGER, PASSER, SE DÉPLACER; PARTIR, QUITTER, S'ABSENTER, S'EN ALLER.

restituer *v.* ▶ ***Recréer*** – imiter, reconstituer, recréer, rendre, reproduire, simuler. *INFORM.* émuler. ▶ ***Remettre*** – redonner, remettre, rendre. *DR.* recéder, rétrocéder. ▸ ***Vomir*** (QUÉB. FAM.) – régurgiter, rendre, vomir. FAM. gerber. FRANCE FAM. aller au renard, renarder. △ **ANT.** CONSERVER, GARDER, RETENIR; CONFISQUER, DÉPOUILLER, DÉROBER, PRENDRE, VOLER.

restitution *n.f.* ▸ ***Remboursement*** – acquittement, amortissement, couverture, défraiement, désendettement, extinction, libération, paiement, prise en charge, rachat, recouvrement, règlement, remboursement, remise de dette, rétrocession, reversement. ▸ ***Réparation*** – amélioration, arrangement, bricolage, consolidation, dépannage, entretien, maintenance, rajustement, ravalement, reconstitution, réfection, remise à neuf, remise en état, remontage, renforcement, réparation, reprise, restauration, rétablissement, retapage, rhabillage, sauvetage, soin. FAM. rafistolage. △ **ANT.** CONFISCATION, PRISE, SÉQUESTRE.

restreindre *v.* ▸ ***Diminuer*** – borner, comprimer, diminuer, limiter, réduire, resserrer. ▸ ***Contenir dans des limites*** – circonscrire, délimiter, localiser. ▸ ***Reléguer*** – confiner, enfermer, limiter, reléguer. △ **ANT.** ACCROÎTRE, AMPLIFIER, AUGMENTER, DÉVELOPPER; ÉLARGIR, ÉTENDRE, LIBÉRER, OUVRIR, PROPAGER; GÉNÉRALISER.

restriction *n.f.* ▸ ***Réduction*** – abrégement, allégement, amenuisement, amoindrissement, amputation, atténuation, compression, délestage, diminution, gommage, graticulation, miniaturisation, minimalisation, minimisation, minoration, raccourcissement, racornissement, rapetissement, réduction, resserrement, rétrécissement, schématisation, simplification. SOUT. estompement. ▸ ***Économie*** – économie, empêchement, épargne, parcimonie, rationalisation, rationnement, réserve, réticence. FAM. dégraissage. ▸ ***Austérité*** – abstinence, ascèse, ascétisme, austérité, dépouillement, expiation, flagellation, frugalité, macération, mortification, pénitence, privation, propitiation, renoncement, sacrifice, stigmatisation, tempérance. ▸ ***Sous-entendu*** – allégorie, allusion, arrière-pensée, double sens, évocation, insinuation, réserve, réticence, sous-entendu. ▸ ***Exception*** – accident, anomalie, anormalité, contre-exemple, contre-indication, dérogation, exception, exclusion, particularité, réserve, singularité. ▸ ***Obstacle*** – accroc, adversité, anicroche, barrière, blocage, contrariété, contretemps, défense, difficulté, digue, écueil, embarras, empêchement, ennui, entrave, frein, gêne, impasse, impossibilité, inhibition, interdiction, objection, obstruction, ombre au tableau, opposition, pierre d'achoppement, point noir, problème, résistance, tribulations. SOUT. achoppement, impedimenta, traverse. FAM. hic, lézard, os, pépin. QUÉB. FAM. aria. RARE empêtrement. △ **ANT.** ACCROISSEMENT, AUGMENTATION, HAUSSE; LIBERTÉ, LICENCE, PERMISSION.

résultat *n.m.* ▸ ***Conséquence*** – action, conclusion, conséquence, contrecoup, corollaire, développement, effet, efficacité, fonction, fruit, impact, implication, incidence, jeu, juste retour des choses, œuvre, portée, prolongement, réaction, rejaillissement, répercussion, résultante, retentissement, retombées, ricochet, séquelle, suite (logique). SOUT. aboutissant, efficace, fille. ▸ ***Aboutissement*** – aboutissement, accomplissement, achèvement, apothéose, but, chute, complémentation, complètement, complétude, conclusion, consécration, consommation, couronnement, dénouement, exécution, fin, finition, fruit, issue, produit, réalisation, règlement, résolution, sortie, terme, terminaison. SOUT. aboutissant. PHILOS. entéléchie. ▸ ***Bilan*** – balance, bilan, compte, compte rendu, conclusion, constat, état, note, résumé, situation, tableau. △ **ANT.** CAUSE, POINT DE DÉPART, SOURCE.

résulter *v.* ▸ ***Être le résultat*** – découler, dépendre, dériver, émaner, partir, procéder, provenir, s'ensuivre. BELG. conster. ▸ ***Avoir comme résultat*** – découler, s'ensuivre. △ **ANT.** CAUSER, ENTRAÎNER, OCCASIONNER, PROVOQUER.

résumé *n.m.* ▸ ***Condensé*** – abrégé, aide-mémoire, analyse, aperçu, argument, compendium, condensé, éléments, épitomé, esquisse, extrait, livret, manuel, mémento, morceau, notice, page, passage, plan, précis, promptuaire, raccourci, récapitulation, réduction, rudiment, schéma, sommaire, somme, synopsis, vade-mecum. FAM. topo. ▸ ***Bilan*** – balance, bilan, compte, compte rendu, conclusion, constat, état, note, résultat, situation, tableau. △ **ANT.** DÉVELOPPEMENT, DISSERTATION, PARAPHRASE.

résumer *v.* ▸ ***Abréger*** – abréger, condenser, écourter, raccourcir, ramasser, réduire, resserrer. ♦ **se résumer** ▸ ***Se limiter*** – se borner à, se limiter à, se réduire à. △ **ANT.** DÉVELOPPER, EXPOSER EN DÉTAIL; AMPLIFIER.

résurrection *n.f.* ▸ ***Réincarnation*** – métempsycose, métensomatose, palingénésie, réincarnation, renaissance, transmigration. ▸ ***Renaissance*** – dégel, progrès, recrudescence, redémarrage, regain, régénération, régénérescence, réincarnation, relance, renouveau, renouvellement, reprise, retour, réveil, revival, reviviscence, second souffle. SOUT. refleurissement, revif. FIG. printemps, résurgence. BOT. anabiose. ▸ ***Renouvellement*** – amélioration, changement, dépoussiérage, modernisation, modification, prorogation, rajeunissement, recommencement, reconduction, réformation, réforme, régénération, réhabilitation, réinvention, remplacement, renouveau, renouvellement, rénovation, réparation, restauration, rétablissement, transformation. PÉJ. FAM. réformette. △ **ANT.** DÉCLIN, DISPARITION.

rétablir *v.* ▸ ***Restaurer*** – ramener, restaurer. ▸ ***Reprendre ce qui avait été interrompu*** – poursuivre, renouer, reprendre. ▸ ***Réintégrer dans ses droits, ses fonctions*** – réhabiliter, réintégrer. ♦ **se rétablir** ▸ ***Recouvrer la santé*** – aller mieux, guérir, récupérer, relever de maladie, se remettre. FAM. prendre du mieux, se retaper. △ **ANT.** ABATTRE, DÉTRUIRE, RENVERSER; ALTÉRER, ENDOMMAGER; COUPER, INTERROMPRE; DÉPLACER, MUTER.

rétablissement *n.m.* ▸ ***Recommencement*** – amélioration, changement, dépoussiérage, modernisation, modification, prorogation, rajeunissement, recommencement, reconduction, réformation, réforme, régénération, réhabilitation, réinvention, remplacement, renouveau, renouvellement, rénovation, réparation, restauration, résurrection, transformation. PÉJ. FAM. réformette. ▸ ***Réparation*** – amélioration, arrangement, bricolage, consolidation, dépannage, entretien, maintenance, rajustement, ravalement, reconstitution, réfection, remise à neuf, remise en état, remontage, renforcement, réparation, reprise, restauration, restitution, retapage, rhabillage, sauvetage, soin. *FAM.* rafistolage. ▶ ***Guérison*** – amélioration, apaisement, cicatrisation, convalescence, cure, guérison, mieux-être, relevailles, relèvement, rémission, répit, résurrection, retour à la santé, salut, soulagement, traitement. *MÉD.* délitescence, postcure, résorption, rétrocession. ▶ ***Réhabilitation*** – désinstitutionnalisation, réadaptation, rééducation, réhabilitation, réinsertion, réintégration. △ **ANT.** ARRÊT, INTERRUPTION; ABOLITION, ANÉANTISSEMENT; AGGRAVATION, RECHUTE.

retard *n.m.* ▶ ***Décalage*** – arriéré, décalage, déphasage, désynchronisation. *AGRIC.* tardiveté. *PHYS.* hystérésis. ▶ ***Arriération mentale*** – arriération (mentale), déficience intellectuelle, déficience (mentale), déficit (intellectuel), insuffisance mentale, retard intellectuel, retard (mental). *MÉD.* oligophrénie. △ **ANT.** AVANCE; ACCÉLÉRATION, EMPRESSEMENT, HÂTE.

retardataire *n.* tortue, traînard, traîneur. *SOUT.* lendore. *FAM.* lambin, veau.

retarder *v.* ▶ ***Mettre en retard*** – mettre en retard, ralentir. *RARE* attarder. ▶ ***Remettre à plus tard*** – ajourner, décaler, différer, proroger, reculer, remettre, renvoyer, reporter, repousser, suspendre. *SOUT. OU DR.* surseoir à. *BELG. SUISSE* postposer. *TECHN.* temporiser. ▶ ***Reporter un paiement*** – arriérer, atermoyer, différer, reporter. ♦ **se retarder** ▶ ***Se mettre en retard*** – s'arriérer, s'attarder. △ **ANT.** ACCÉLÉRER, ACTIVER, HÂTER, PRÉCIPITER, PRESSER; ANTICIPER, AVANCER, DEVANCER.

retenir *v.* ▶ ***Prendre en entier*** – accaparer, monopoliser, s'approprier, s'emparer de, se rendre maître de. *FAM.* truster. ▶ ***Réserver*** – louer, réserver. ▶ ***Garder en mémoire*** – apprendre, assimiler, enregistrer, mémoriser. ▶ ***Soustraire*** – décompter, déduire, défalquer, enlever, ôter, rabattre, retirer, retrancher, soustraire. ▸ *Soustraire une partie d'un revenu* – déduire, percevoir, prélever. *FAM.* ponctionner. ▶ ***Maintenir en place*** – fixer, maintenir, tenir. ▶ ***Attacher*** – amarrer, arrimer, assujettir, assurer, attacher, bloquer, fixer, immobiliser, river. ▶ ***Immobiliser qqn*** – clouer, immobiliser, maintenir, river, tenir. ▶ ***Refouler à l'intérieur de soi*** – contenir, empêcher, endiguer, étouffer, museler, refouler, refréner, rentrer, réprimer. *SOUT.* brider, contraindre. ▶ ***Priver de sortie*** – consigner. *FAM.* coller. ♦ **se retenir** ▶ ***S'accrocher*** – s'accrocher, s'agripper, se cramponner, se raccrocher, se tenir. *SOUT.* s'agriffer. ▶ ***Garder son sang-froid*** – garder son sang-froid, rester maître de soi, se calmer, se contenir, se contrôler, se dominer, se dompter, se maîtriser, se posséder, se raisonner. ▶ ***S'abstenir*** – éviter de, s'abstenir de, s'empêcher de, s'interdire de, se défendre de, se garder de, se refuser à. △ **ANT.** ABANDONNER, CÉDER, LÂCHER, LAISSER, REMETTRE, RENDRE, RESTITUER; LIBÉRER, RELÂCHER; ANIMER, ENTRAÎNER, EXCITER, STIMULER.

retentir *v.* ▶ ***Produire un son*** – résonner, sonner, vibrer. ▶ ***Faire un bruit soudain*** – éclater. ▶ ***Se répercuter*** – se propager, se répercuter, se transmettre. △ **ANT.** AMORTIR, ASSOURDIR, ÉTOUFFER.

retentissant *adj.* ▶ ***Qui fait un grand bruit*** – assourdissant, bruyant, éclatant, étourdissant, fort, fracassant, résonnant, sonore, tapageur, tonitruant, tonnant. *SOUT.* abasourdissant. ▶ ***Spectaculaire*** – éclatant, fracassant, spectaculaire. ▶ ***En parlant d'une voix*** – claironnant, cuivré, de stentor, de tonnerre, éclatant, fort, sonore, tonitruant, tonnant, vibrant. △ **ANT.** ÉTOUFFÉ, MAT, SOURD; CALME, PAISIBLE, SILENCIEUX; FAIBLE, LÉGER, MÉDIOCRE; DISCRET, IGNORÉ, INCONNU.

retentissement *n.m.* ▶ ***Succès*** – apothéose, bonheur, bonne fortune, boum, consécration, couronnement, gloire, honneur, lauriers, prospérité, réussite, succès, triomphe, trophée. *FAM.* malheur, (succès) bœuf, tabac. *FRANCE FAM.* carton, saucisson, ticket. ▶ ***Publicité*** – annonce, bande-annonce *(d'un film)*, battage, bruit, commercialisation, conditionnement, croisade, lancement, marchandisage, marketing, message (publicitaire), petite annonce *(journal)*, placard, promotion, propagande, publicité, publipostage, raccrochage, racolage, réclame, renommée, slogan. *FAM.* pub, tam-tam. *QUÉB. FAM.* cabale *(pour un candidat)*. ▸ *Non favorable* – bourrage de crâne, endoctrinement, intoxication, lavage de cerveau, matraquage, propagande. ▶ ***Conséquence*** – action, conclusion, conséquence, contrecoup, corollaire, développement, effet, efficacité, fonction, fruit, impact, implication, incidence, jeu, juste retour des choses, œuvre, portée, prolongement, réaction, rejaillissement, répercussion, résultante, résultat, retombées, ricochet, séquelle, suite (logique). *SOUT.* aboutissant, efficace, fille. ▶ ***Réflexion sonore*** (*SOUT.*) – écho, répercussion, résonance, réverbération. *SOUT.* résonnement. △ **ANT.** ÉCHEC, IMPOPULARITÉ; DISCRÉTION, EFFACEMENT, RÉSERVE; SILENCE.

retenue *n.f.* ▶ ***Modération*** – centrisme, dépouillement, frugalité, juste milieu, ménagement, mesure, modérantisme, modération, modestie, pondération, réserve, rusticité, sagesse, simple, simplicité, sobriété, tempérance. ▶ ***Honte*** – confusion, contrainte, crainte, embarras, gêne, honte, humilité, pudeur, réserve, scrupule, timidité. ▶ ***Timidité*** – appréhension, confusion, crainte, discrétion, effacement, effarouchement, embarras, émoi, frilosité, gaucherie, gêne, hésitation, honte, humilité, indécision, inhibition, introversion, malaise, modestie, peur, réserve, sauvagerie, timidité. *SOUT.* pusillanimité. *FAM.* trac. ▶ ***Décence*** – bienséance, bon ton, chasteté, convenance, correction, décence, délicatesse, dignité, discrétion, éducation, fierté, gravité, honnêteté, honneur, modestie, politesse, propreté, pudeur, quant-à-soi, réserve, respect, sagesse, sobriété, tact, tenue, vertu. *SOUT.* pudicité. ▶ ***Secret*** – black-out, confidentialité, discrétion, secret. ▶ ***Prélèvement*** – défalcation, ponction, précompte, prélèvement, réquisition, saignée, saisie, soustraction. ▶ ***Embouteillage*** – affluence, afflux, bouchon, congestion, embouteillage, encombrement, engorgement, obstruction. *QUÉB.* trafic. △ **ANT.** EFFUSION, EXCÈS, EXUBÉRANCE; AUDACE, DÉSINVOLTURE, FAMILIARITÉ; INDÉCENCE, LICENCE; BÉNÉFICE, BONI, GRATIFICATION, PRIME.

réticence *n.f.* ▶ ***Hésitation*** – doute, embarras, flottement, hésitation, incertitude, inconstance, indécision, indétermination, instabilité, irrésolution, perplexité, procrastination, scrupule, tâtonnement, trouble, vacillement, valse-hésitation, velléité, versatilité. SOUT. limbes. ▶ ***Restriction*** – économie, empêchement, épargne, parcimonie, rationalisation, rationnement, réserve, restriction. FAM. dégraissage. ▶ ***Sous-entendu*** – allégorie, allusion, arrière-pensée, double sens, évocation, insinuation, réserve, restriction, sous-entendu. ▶ ***Mutisme*** – black-out, mutisme, mystère, non-dit, secret, silence, sourdine. △ **ANT.** APLOMB, ASSURANCE; FRANC-PARLER, SINCÉRITÉ.

réticent *adj.* hésitant, réservé. △ **ANT.** EMBALLÉ, ENTHOUSIASTE; ASSURÉ, DÉCIDÉ, RÉSOLU.

rétif *adj.* rebelle, récalcitrant, réfractaire, regimbeur. RARE résistant. △ **ANT.** DISCIPLINÉ, DOCILE, DOUX, OBÉISSANT, SOUMIS.

retirer *v.* ▶ ***Enlever*** – enlever, ôter. SOUT. dérober. ▸ *Enlever un vêtement* – enlever, ôter, quitter. ▶ ***Extraire*** – dégager, extraire, ôter, sortir, tirer. ▶ ***Soustraire*** – décompter, déduire, défalquer, enlever, ôter, rabattre, retenir, retrancher, soustraire. ▶ ***Confisquer*** – confisquer, enlever, prendre. ▶ ***Obtenir en retour*** – gagner, obtenir, tirer. ▶ ***Revenir sur ses paroles*** – abjurer, désavouer, renoncer à, rétracter, revenir sur. ♦ **se retirer** ▶ ***S'enlever*** – s'écarter, s'enlever, s'ôter, se pousser. FAM. s'enlever du chemin, s'ôter du chemin. ▶ ***Reculer*** – battre en retraite, reculer, rétrograder, se replier. MILIT. décrocher. ▶ ***Prendre sa retraite*** – prendre sa retraite, raccrocher (les gants). QUÉB. FAM. accrocher ses patins. ▶ ***Démissionner*** – démissionner de, partir, résigner, se démettre de. FAM. rendre son tablier. ▶ ***S'isoler*** – s'emmurer, s'enfermer, s'isoler, se barricader, se boucler, se calfeutrer, se cantonner, se claquemurer, se claustrer, se cloîtrer, se confiner, se couper du monde, se murer, se terrer, se verrouiller. ▶ ***Redescendre à marée basse*** – descendre, rebaisser, refluer. ♦ **retiré** ▶ ***Éloigné*** – à l'écart, écarté, éloigné, isolé, perdu, reculé, solitaire. FAM. paumé. △ **ANT.** METTRE, PLACER, POSER; APPORTER; ENGAGER, INTRODUIRE; ADDITIONNER, AJOUTER; DONNER, REMETTRE, RENDRE, RESTITUER. ♦ **se retirer** AVANCER, S'APPROCHER; MONTER; ENVAHIR; ARRIVER.

retombée *n.f.* ▶ ***En architecture*** – retombe. ♦ **retombées,** ***plur.*** ▶ ***Retombées*** – action, conclusion, conséquence, contrecoup, corollaire, développement, effet, efficacité, fonction, fruit, impact, implication, incidence, jeu, juste retour des choses, œuvre, portée, prolongement, réaction, rejaillissement, répercussion, résultante, résultat, retentissement, ricochet, séquelle, suite (logique). SOUT. aboutissant, efficace, fille.

retomber *v.* ▶ ***Descendre plus bas*** – rebaisser, redescendre. ▶ ***Pendre*** – pendre, tomber. ▶ ***Incomber*** – appartenir à, incomber à, peser sur, revenir à. ▶ ***Se replonger*** – se remettre, se replonger, se retremper. FAM. remordre. △ **ANT.** MONTER, REMONTER, SE REDRESSER, SE RELEVER.

retouche *n.f.* ▶ ***Retouche concrète*** – achèvement, amélioration, arrangement, complètement, correction, enjolivement, finition, léchage, mise au point, peaufinage, perfectionnement, polissage, raffinage, raffinement, révision, soin. SOUT. parachèvement. FAM. fignolage. ▶ ***Retouche informatique*** – pansement logiciel, pièce, rustine.

retour *n.m.* ▶ ***Recul*** – acculée, acculement, éloignement, marche arrière, récession, recul, reculade, reculement, reflux, régression, repli, repliement, repoussement, retrait, retraite, rétrogradation, rétrogression. FAM. recul. PHYS. répulsion. ▶ ***Trajet*** – aller (et retour), chemin, cheminement, circuit, course, direction, distance, espace, itinéraire, marche, parcours, route, tracé, traite, trajectoire, trajet, traversée, voyage. FAM. trotte. FRANCE FAM. tirée. ▶ ***Répétition*** – cycle, fréquence, itération, période, périodicité, rechute, récidive, récidivité, recommencement, récurrence, récursivité, renouvellement, répétition, répétitivité, reprise, reproduction. SOUT. réitération, retombement. FAM. réédition. ▶ ***Alternance*** – allée et venue, alternatives, balancement, bascule, changement, flux et reflux, intermittence, ondulation, oscillation, palpitation, périodicité, pulsation, récurrence, récursivité, rotation, roulement, rythme, sinusoïde, succession, tour, va-et-vient, variation. ▶ ***Renaissance*** – dégel, progrès, recrudescence, redémarrage, regain, régénération, régénérescence, réincarnation, relance, renouveau, renouvellement, reprise, résurrection, réveil, revival, reviviscence, second souffle. SOUT. refleurissement, revif. FIG. printemps, résurgence. BOT. anabiose. ▶ ***Coin*** – angle, anglet, arête, carre, coin, corne, coude, diverticule, écoinçon, encoignure, enfourchement, noue, pan, recoin, renfoncement, saillant, tournant. MAR. empointure. ▶ ***Dédommagement*** – compensation, consolation, contrepartie, correctif, dédommagement, dommages et intérêts, dommages-intérêts, échange, indemnisation, indemnité, raison, récompense, remboursement, réparation, satisfaction, soulte. ▶ ***Livre invendu*** – invendu. FAM. rossignol. △ **ANT.** ALLER, DÉPART, DISPARITION; DÉCLIN.

retournement *n.m.* ♦ **sens concrets** ▶ ***Mouvement*** – demi-tour, pirouette, tour, virevolte, volte-face. MAR. revirement. ▸ *À cheval* – caracole, demi-pirouette, demi-volte, volte. ▶ ***Interversion*** – commutation, interversion, inversion, mutation, permutation, renversement, substitution, transposition. ▶ ***Inversion photographique*** – inversion. ▶ ***Acrobatie aérienne*** – boucle, demi-tonneau, looping, tonneau, vrille. ♦ **sens abstraits** ▶ ***Bouleversement*** – bouleversement, changement, chavirage, chavirement, conflagration, convulsion, dérangement, dérèglement, déséquilibre, désorganisation, détraquement, perturbation, renouvellement, rénovation, renversement, révolution, séisme, stress, trouble. FAM. chambard, chambardement, chamboulement. ▶ ***Rétractation*** – abandon, abjuration, apostasie, défection, dénégation, désaveu, palinodie, reniement, rétractation, revirement, virevolte, volte-face. FAM. pirouette.

retourner *v.* ▶ ***Tourner en sens inverse*** – inverser, renverser. ▶ ***Réexpédier*** – réexpédier, renvoyer. ▶ ***Émouvoir*** – bouleverser, chavirer, ébranler, émouvoir, remuer, révulser, secouer, troubler. FAM. chambouler, émotionner, remuer les tripes à, révolutionner, tourneboulér, tourner les sangs à. ▶ ***Remuer la terre*** – ameublir, bêcher, biner, défoncer, écroûter, effondrer, égratigner, émotter, fouiller, gratter, herser, labourer, piocher, remuer, scarifier, serfouir. ▶ ***Revenir*** – faire demi-tour, rebrousser chemin, rentrer, revenir (sur ses pas), (s'en) retourner. ▶ ***Regagner un lieu*** – rallier, regagner, réintégrer, rejoindre, rentrer à, revenir à. ♦ **se retourner** ▶ ***Se tourner*** – se détourner, se tourner.

retrait *n.m.* ▶ ***Extraction*** – déblocage, décoinçage, décoincement, dégagement, extraction, tirage. ▶ ***Fait d'enlever*** – collectage, collecte, cueillette, enlèvement, ramassage, récolte. *DIDACT.* levée. ▶ ***Délaissement*** – abandon, abdication, défection, délaissement, démission, désengagement, désertion, désintérêt, désistement, dessaisissement, forfait, inachèvement, recul, repli, retraite. *SOUT.* inaccomplissement. *FAM.* décrochage, lâchage, largage, plaquage. *DR.* non-lieu, résignation. ▶ ***Renonciation*** – abandon, abdication, aliénation, capitulation, cession, don, donation, fléchissement, non-usage, passation, rejet, renoncement, renonciation, répudiation, suppression. *FIG.* bradage. ▶ ***Recul*** – acculée, acculement, éloignement, marche arrière, récession, recul, reculade, reculement, reflux, régression, repli, repliement, repoussement, retour, retraite, rétrogradation, rétrogression. *FAM.* recul. *PHYS.* répulsion. ▶ ***Abolition*** – abolition, abrogation, annulation, cassation, cessation, coupure, dissolution, invalidation, résiliation, résolution, révocation, rupture de contrat, suppression. *BELG.* renon. △ **ANT.** INSERTION; AVANCE, AVANCÉE; DÉPÔT.

retraite *n.f.* ▶ ***Revenu*** – allocation, arrérages, avantage, bénéfice, casuel, chômage, dividende, dotation, fermage, fruit, gain, intérêt, loyer, mense, mensualité, métayage, pension, prébende, présalaire, produit, profit, rapport, recette, redevance, rente, rentrée, revenu, tontine, usufruit, usure, viager. *FAM.* alloc. *FRANCE FAM.* bénef. *ANC.* cens, lods et ventes. ▶ ***Solitude*** – abandon, délaissement, éloignement, exil, ghettoïsation, isolation, isolement, quarantaine, réclusion, retranchement, séparation, solitude. *FIG.* bulle, cocon, désert, tanière, tour d'ivoire. *SOUT.* déréliction, thébaïde. *RELIG.* récollection. ▶ ***Abri*** – abri, affût, asile, cache, cachette, gîte, lieu de repos, lieu sûr, refuge. *FIG.* ermitage, havre (de paix), oasis, port, solitude, tanière, toit. *PÉJ.* antre, planque, repaire. ▶ ***Refuge d'animal*** – abri, aire, antre, breuil, caverne, gîte, halot, héronnière, liteau, nid, refuge, renardière, repaire, reposée, ressui, soue, tanière, taupinière, terrier, trou. *QUÉB.* ravage *(cerfs)*. *FRANCE RÉGION.* rabouillère. ▶ ***Recul*** – acculée, acculement, éloignement, marche arrière, récession, recul, reculade, reculement, reflux, régression, repli, repliement, repoussement, retour, retrait, rétrogradation, rétrogression. *FAM.* recul. *PHYS.* répulsion. ▶ ***Défaite*** – avortement, banqueroute, capitulation, catastrophe, chute, débâcle, débandade, déconfiture, défaite, déroute, désavantage, échec, écrasement, faillite, fiasco, four, infortune, insuccès, mauvaise fortune, naufrage, perte, ratage, raté, revers. *SOUT.* traverse. *FAM.* désastre, piquette, plantage, raclée, recalage, volée. *FRANCE FAM.* bide, déculottée, dégelée, écrabouillement, fessée, foirade, gamelle, loupage, pile, rincée, rossée, tannée, veste. ▶ ***Fuite*** – abandon, débâcle, débandade, déroute, dispersion, panique, sauve-qui-peut. ▶ ***Abandon*** – abandon, abdication, défection, délaissement, démission, désengagement, désertion, désintérêt, désistement, dessaisissement, forfait, inachèvement, recul, repli, retrait. *SOUT.* inaccomplissement. *FAM.* décrochage, lâchage, largage, plaquage. *DR.* non-lieu, résignation. △ **ANT.** ACTIVITÉ, OCCUPATION; AVANCE, INVASION.

retrancher *v.* ▶ ***Éliminer*** – couper, éliminer, enlever, ôter, radier, supprimer. *FAM.* sucrer. ▶ ***Déduire*** – décompter, déduire, défalquer, enlever, ôter, rabattre, retenir, retirer, soustraire. ♦ **se retrancher** ▶ ***Se protéger*** – se fortifier. △ **ANT.** GREFFER, INCORPORER, INSÉRER; ADDITIONNER, AJOUTER. ♦ **se retrancher** S'EXPOSER, SORTIR.

rétrécir *v.* ▶ ***Rendre plus étroit*** – contracter, étrangler, resserrer. ▶ ***Rendre plus petit*** – couper, ébouter, écourter, raccourcir, rapetisser. *SOUT.* accourcir. ▶ ***Limiter la portée*** – circonscrire, délimiter, localiser, restreindre. ▶ ***Devenir plus petit*** – raccourcir, rapetisser, se contracter, se rétracter. *SOUT.* accourcir. △ **ANT.** DESSERRER, DILATER, ÉLARGIR, ÉVASER, GONFLER; ACCROÎTRE, AGRANDIR, AMPLIFIER; ALLONGER, ÉTIRER.

rétrécissement *n.m.* ▶ ***Réduction*** – abrégement, allégement, amenuisement, amoindrissement, amputation, atténuation, compression, délestage, diminution, gommage, graticulation, miniaturisation, minimalisation, minimisation, minoration, raccourcissement, racornissement, rapetissement, réduction, resserrement, restriction, schématisation, simplification. *SOUT.* estompement. ▶ ***Contraction*** – astriction, constriction, contraction, crampe, crispation, étranglement, palpitation, pressage, pression, pressurage, resserrement, rétraction, serrement, spasme, tension. *MÉD.* clonie, clonus, contracture, striction, tétanisation. △ **ANT.** AGRANDISSEMENT, AMPLIFICATION, ÉLARGISSEMENT, EXPANSION; DILATATION, RELÂCHEMENT.

retrousser *v.* relever, remonter, trousser. ♦ **se retrousser** se dresser. *FAM.* rebiquer. △ **ANT.** BAISSER, CACHER, RABATTRE.

retrouver *v.* ▶ ***Récupérer*** – ravoir, reconquérir, recouvrer, récupérer, regagner, rentrer en possession de, reprendre, se réapproprier. *FAM.* raccrocher. *SUISSE FAM.* rapercher. ▶ ***Rejoindre*** – atteindre, rattraper, rejoindre, remonter. ♦ **se retrouver** ▶ ***Se trouver*** – apparaître, être, être présent, exister, résider, s'inscrire, se rencontrer, se situer, se trouver, siéger. *SOUT.* gésir. ▶ ***S'orienter*** – s'orienter, se diriger, se guider, se reconnaître, se repérer. ▶ ***S'identifier*** – s'assimiler à, s'identifier à, se reconnaître dans. △ **ANT.** ÉGARER, OUBLIER, PERDRE; DÉROUTER.

réunion *n.f.* ♦ **personnes** ▶ ***Rencontre*** – abouchement, audience, conférence, confrontation, entretien, entrevue, face à face, huis clos, interview, micro-trottoir, rencontre, rendez-vous, retrouvailles, tête-à-tête, vis-à-vis, visite. *SOUT.* abouchement, rancard. *FRANCE FAM.* rambot, rambour. *PÉJ.* conciliabule. ▶ ***Conférence*** – assemblée, atelier de discussion, colloque, comice, comité, conférence, congrès, conseil, forum, groupe de travail, junte, panel, plénum, séminaire, sommet, symposium, table ronde. *FAM.* grand-messe. *QUÉB.* caucus *(politique)*. *ANTIQ.* boulê, ecclésia. *ANTIQ. ROM.* comices. *AGRIC.* comice agricole. ▶ ***Manifestation*** – cortège, défilé, démonstration publique, marche, protestation, rassemblement. *FAM.* manif. ▶ ***Fête*** – festivités, fête, réception. ▶ ***Grande quan-***

tité de personnes – abondance, affluence, armada, armée, attroupement, bande, cohue, concentration, concours, encombrement, essaim, flot, forêt, foule, fourmilière, fourmillement, grouillement, légion, marée, masse, meute, monde, multitude, peuple, pléiade *(célébrités)*, pullulement, rassemblement, régiment, ribambelle, ruche, tas, troupeau. FAM. flopée, marmaille *(enfants)*, tapée, tripotée. QUÉB. FAM. achalandage, gang. PÉJ. ramassis. ♦ **choses** ▶ ***Annexion*** – absorption, annexion, fusion, fusionnement, incorporation, intégration, phagocytose, rattachement, réunification. ▶ ***Accrétion*** – accrétion, accumulation, agglomérat, agglomération, aggloméré, agglutinat, agglutination, agglutinement, agrégat, agrégation, amas, bloc, concentration, concrétion, conglomérat, conglomération, conglutination, entassement, masse, nodule, paquet, sédiment, sédimentation, tas. ▶ ***Mélange*** – admixtion, alliage, amalgamation, amalgame, cocktail, combinaison, composé, mélange, mixtion, mixture. ▶ ***Combinaison*** – alliance, assemblage, association, collage, combinaison, communion, composition, concentration, conjonction, constitution, fusion, fusionnement, groupement, incorporation, intégration, ralliement, rassemblement, regroupement, symbiose, synthèse, unification, union. ▶ ***Jonction*** – abouchement, aboutage, aboutement, accolement, accouplage, accouplement, ajustage, apposition, articulation, assemblage, association, branchement, coalescence, confluence, conjonction, conjugaison, connexion, contact, convergence, couplage, couplement, groupage, interconnexion, interface, joint, jointure, jonction, jumelage, juxtaposition, liaison, mariage, mise en couple, mixage, raccord, raccordement, rapprochement, reboutement, relation, rencontre, suture, union. RARE liage. ▶ ***Addition*** – addition, adjonction, ajout, rajout, rattachement. ▶ ***Totalité*** – absoluité, complétude, ensemble, entier, entièreté, exhaustivité, généralité, globalité, intégralité, intégrité, masse, plénitude, somme, total, totalité, tout, universalité. ▶ ***Collection*** – assortiment, choix, collection, échantillon, éventail, gamme, ligne, palette, prix, qualité, quota, sélection, surchoix, tri, variété. △ **ANT.** DÉSUNION, DISPERSION, DIVISION, ÉPARPILLEMENT, FRACTIONNEMENT, PARTAGE, SÉPARATION; INTERSECTION.

réunir *v.* ▶ ***Combiner*** – allier, associer, combiner, concilier, conjuguer, joindre, marier, mêler, unir. ▶ ***Grouper*** – bloquer, concentrer, grouper, rassembler, regrouper. ▶ ***Mélanger*** – amalgamer, confondre, fondre, incorporer, mélanger, mêler, unir. DIDACT. mixtionner. ▶ ***Unifier*** – fusionner, unifier, unir. ▶ ***Faire communiquer*** – brancher, connecter, embrancher, joindre, lier, raccorder, rattacher, relier. ▶ ***Rassembler des personnes*** – ameuter, assembler, attrouper, masser, mobiliser, rallier, ramasser, rameuter, rassembler, regrouper. SOUT. battre le rappel de, conglomérer. ▶ ***Unir dans une cause commune*** – associer, coaliser, joindre, liguer, unir. ♦ **se réunir** ▶ ***Se rassembler*** – s'assembler, s'attrouper, se masser, se mobiliser, se rallier, se rassembler, se regrouper. △ **ANT.** DÉTACHER, DISJOINDRE, DISSOCIER, SÉPARER; COUPER, DIVISER, FRACTIONNER, FRAGMENTER, PARTAGER; DISPERSER, DISSÉMINER, ÉPARPILLER; BROUILLER, DÉSACCORDER, DÉSUNIR.

réussir *v.* ▶ ***Avoir du succès*** – aboutir, marcher, prendre. ▶ ***Subir avec succès*** – FRANCE FAM. rupiner. QUÉB. FAM. passer. ▶ ***Avoir une carrière prospère*** – aller loin, arriver, briller, faire carrière, faire du chemin, faire fortune, percer. ▶ ***Parvenir*** – arriver à, atteindre, parvenir à. ▶ ***Mener à bien*** – accomplir, achever, clore, finir, mener à bien, mener à (bon) terme, mener à bonne fin, terminer. SOUT. consommer. FAM. boucler. ♦ **réussi** admirable, brillant, éblouissant, excellent, extraordinaire, fantastique, magistral, magnifique, merveilleux, parfait, prodigieux, remarquable, sensationnel, sublime. FAM. à tout casser, champion, d'enfer, du tonnerre, épatant, extra, fameux, formidable, fumant, génial, mirifique, pas piqué des vers, splendide, super, terrible. FRANCE FAM. du feu de Dieu, énorme, fadé, formide, géant, gratiné, pas piqué des hannetons. △ **ANT.** AVORTER, ÉCHOUER, FAILLIR; MANQUER, RATER.

réussite *n.f.* ▶ ***Victoire*** – avantage, gain, succès, triomphe, victoire. FAM. gagne. événement heureux, heureuse tournure, issue heureuse. ▶ ***Exploit*** – exploit, performance, prouesse, record, succès, tour de force. SOUT. gageure. ▶ ***Succès*** – apothéose, bonheur, bonne fortune, boum, consécration, couronnement, gloire, honneur, lauriers, prospérité, retentissement, succès, triomphe, trophée. FAM. malheur, (succès) bœuf, tabac. FRANCE FAM. carton, saucisson, ticket. ▶ ***Jeu*** – patience, solitaire, tour de cartes. △ **ANT.** DÉFAITE, DÉSASTRE, ÉCHEC, INSUCCÈS; INFORTUNE, MALCHANCE.

réutiliser *v.* ▶ ***Recycler*** – récupérer, recycler, réemployer, se resservir de.

revanche *n.f.* châtiment, colère, (loi du) talion, pareille, punition, rancune, réciproque, réparation, représailles, ressentiment, rétorsion, riposte, vendetta, vengeance. SOUT. vindicte. △ **ANT.** ABSOLUTION, OUBLI, PARDON.

rêve *n.m.* ▶ ***Illusion*** – abstraction, abstrait, apparence, berlue, chimère, déréalisation, effet d'optique, fantasme, faux, faux-semblant, fiction, fumée, hallucination, illusion, illusion d'optique, image, imagination, irréalisme, irréalité, leurre, mensonge, mirage, onirisme, psychédélisme, rêverie, semblant, simulation, songe, songerie, trompe-l'œil, tromperie, utopie, vision, vue de l'esprit. FAM. frime. SOUT. prestige. ▶ ***Fiction*** – affabulation, artifice, chimère, combinaison, comédie, expédient, fabrication, fabulation, fantaisie, feinte, fiction, fumisterie, histoire, idée, imagination, invention, irréalité, légende, mensonge, roman, saga, songe. PSYCHOL. confabulation, mythomanie. ▶ ***Désir*** – ambition, appel, appétit, aspiration, attirance, attrait, besoin, but, convoitise, desideratum, désir, envie, exigence, faim, fantaisie, fantasme, fièvre, fringale, goût, idéal, intention, jalousie, passion, prétention, quête, recherche, soif, souhait, tentation, velléité, visée, vœu, voix, volonté. SOUT. appétence, dessein, prurit, vouloir. FAM. démangeaison. △ **ANT.** RÉALITÉ; ACCOMPLISSEMENT, EXÉCUTION, RÉALISATION.

rêvé *adj.* accompli, achevé, consommé, de rêve, exemplaire, idéal, idyllique, incomparable, irréprochable, modèle, parfait.

réveil *n.m.* ▸ ***Fin du sommeil*** – éveil. ▸ ***Renaissance*** – dégel, progrès, recrudescence, redémarrage, regain, régénération, régénérescence, réincarnation, relance, renouveau, renouvellement, reprise, résurrection, retour, revival, reviviscence, second souffle. SOUT. refleurissement, revif. FIG. printemps, résurgence. BOT. anabiose. ▸ ***Air de trompette*** – appel, ban, rappel, sonnerie. SOUT. diane. ▸ ***Réveille-matin*** – réveille-matin. QUÉB. FAM. cadran. △ ANT. ENDORMISSEMENT, ÉVANOUISSEMENT, REPOS, SOMMEIL; DÉCLIN.

réveiller *v.* ▸ ***Tirer du sommeil*** – SOUT. éveiller. ▸ ***Dégourdir un membre*** – dégourdir, déraidir, dérouiller, désengourdir. ▸ ***Redonner vie*** – donner un second souffle à, faire renaître, faire revivre, ragaillardir, rallumer, ranimer, raviver, réactiver, réchauffer, redonner vie à, redynamiser, régénérer, renflammer, renouveler, ressusciter, revigorer, revitaliser, revivifier, stimuler, vivifier. ♦ **se réveiller** ▸ ***Sortir du sommeil*** – s'éveiller. ▸ ***Reprendre vie*** – réapparaître, refleurir, renaître de ses cendres, renaître, reparaître, reprendre vie, ressurgir, ressusciter, revenir, revivre, se rallumer, se ranimer. △ ANT. ASSOUPIR, ENDORMIR; ENGOURDIR; APAISER, CALMER.

révélateur *adj.* ▸ ***Indicatif*** – indicatif, symptomatique. ▸ ***Éloquent*** – édifiant, éloquent, expressif, instructif, parlant, qui en dit long, significatif. ▸ ***Accusateur*** – accablant, accusateur. △ ANT. MUET, SECRET; TROMPEUR.

révélation *n.f.* ▸ ***Divulgation*** – annonce, aveu, confession, confidence, déclaration, dévoilement, divulgation, ébruitement, fuite, indiscrétion, initiation, instruction, mea culpa, mise au courant, proclamation, publication, reconnaissance. FAM. déballage, mise au parfum. ▸ ***Éveil spirituel*** – délivrance, éveil, illumination, libération, mort de l'ego, réalisation (du Soi). ▸ *Dans l'hindouisme* – moksha, nirvana. ▸ *Dans le bouddhisme* – bodhi, samadhi. ▸ *Dans le zen* – satori. △ ANT. DUPERIE, TROMPERIE; MYSTIFICATION, OBSCURITÉ, SECRET.

révéler *v.* ▸ ***Divulguer*** – annoncer, déclarer, découvrir, dévoiler, divulguer, lever le voile sur, mettre au grand jour. ▸ ***Dénoter*** – annoncer, déceler, démontrer, dénoter, faire foi de, indiquer, laisser paraître, marquer, montrer, prouver, signaler, signifier, témoigner de. SOUT. dénoncer. ▸ *Dénoter une chose non favorable* – accuser, trahir. ♦ **se révéler** ▸ ***Devenir visible*** – apparaître, paraître, se montrer. ▸ ***Se manifester*** – apparaître, émerger, se dégager, se dévoiler, se faire jour, se manifester, se profiler, transparaître. SOUT. affleurer. ▸ ***S'avérer*** – s'avérer, se montrer, se trouver. △ ANT. CACHER, CELER, DISSIMULER, GARDER, TAIRE.

revenant *n.* apparition, créature éthérée, double, ectoplasme, esprit, esprit frappeur, fantôme, mort-vivant, ombre, périsprit, spectre, vision, zombie. ANTIQ. larve, lémure.

revendication *n.f.* adjuration, appel, demande, démarche, desideratum, désir, doléances, exigence, injonction, instance, interpellation, interrogation, invocation, mandement, ordre, pétition, placet, prétention, prière, question, réclamation, requête, réquisition, sollicitation, sommation, supplication, supplique, ultimatum, vœu. SOUT. imploration.

revendiquer *v.* ▸ ***Réclamer*** – demander, exiger, réclamer. SOUT. demander à cor et à cri, prétendre à. △ ANT. DÉCLINER, REFUSER, REJETER.

revenir *v.* ▸ ***Repasser*** – repasser. FAM. rappliquer. ▸ ***S'en retourner*** – faire demi-tour, rebrousser chemin, rentrer, (s'en) retourner. ▸ ***Regagner un lieu*** – rallier, regagner, réintégrer, rejoindre, rentrer à, retourner à. ▸ ***Réapparaître*** – réapparaître, refleurir, renaître de ses cendres, renaître, reparaître, reprendre vie, ressurgir, ressusciter, revivre, se rallumer, se ranimer, se réveiller. ▸ ***Retirer ses paroles*** – abjurer, désavouer, renoncer à, retirer, rétracter. ▸ ***Répéter*** – redire, répéter, reprendre. ▸ ***Incomber*** – appartenir à, incomber à, peser sur, retomber sur (les épaules de). ▸ ***Équivaloir*** – correspondre à, égaler, équivaloir à, représenter, valoir. ▸ ***Coûter*** – coûter, valoir. FAM. faire. △ ANT. PARTIR, QUITTER, REPARTIR, S'EN ALLER; ABANDONNER, LAISSER.

revenu *n.m.* ▸ ***Salaire*** – appointements, cachet, commission, droit, émoluments, fixe, gages, gain, honoraires, jeton (de présence), mensualité, paye, pourboire, rémunération, rétribution, salaire, semaine, solde, traitement, vacations. ▸ ***Gain financier*** – allocation, arrérages, avantage, bénéfice, casuel, chômage, dividende, dotation, fermage, fruit, gain, intérêt, loyer, mense, mensualité, métayage, pension, prébende, présalaire, produit, profit, rapport, recette, redevance, rente, rentrée, retraite, tontine, usufruit, usure, viager. FAM. alloc. FRANCE FAM. bénef. ANC. cens, lods et ventes. ▸ ***Rendement*** – bénéfice, effet, efficacité, efficience, gain, production, productivité, produit, profit, rapport, rendement, rentabilité. ▸ ***Crédit*** – actif, avantage, avoir, bénéfice, boni, crédit, excédent, fruit, gain, produit, profit, rapport, reliquat, reste, revenant-bon, solde, solde créditeur, solde positif. FAM. bénef, gras, gratte, part du gâteau. △ ANT. DÉPENSE.

rêver *v.* ▸ ***Faire un rêve en dormant*** – faire un rêve. SOUT. faire un songe. ▸ ***Rêvasser*** – avoir l'esprit ailleurs, être dans la lune, être dans les nuages, rêvasser, s'abandonner à la rêverie, se perdre dans ses pensées, songer. ▸ ***Désirer*** – appeler de tous ses vœux, aspirer à, avoir envie de, désirer, espérer, souhaiter, soupirer après, vouloir. △ ANT. ACCOMPLIR, CONCRÉTISER, RÉALISER.

réverbère *n.m.* lampadaire. ANC. bec de gaz, lanterne.

révérence *n.f.* ▸ ***Salutation*** – baisemain, civilités, compliments, coup de chapeau, courbette, génuflexion, hommage, inclination, poignée de main, prosternation, salut, salutation. FAM. salamalecs. ▸ ***Respect*** – admiration, considération, déférence, égard, estime, hommage, ménagement, respect. ▸ ***Vénération*** (SOUT.) – admiration, adoration, adulation, amour, attachement, culte, dévotion, emballement, engouement, fanatisme, ferveur, iconolâtrie, idolâtrie, passion, respect, vénération, zèle. SOUT. dilection. PÉJ. encens, flagornerie, flatterie. △ ANT. IRRÉVÉRENCE, MÉPRIS.

rêverie *n.f.* ▸ ***Illusion*** – abstraction, abstrait, apparence, berlue, chimère, déréalisation, effet d'optique, fantasme, faux, faux-semblant, fiction, fumée, hallucination, illusion, illusion d'optique, image, imagination, irréalisme, irréalité, leurre, mensonge, mirage, onirisme, psychédélisme, rêve, semblant, simulation, songe, songerie, trompe-l'œil, tromperie, utopie, vision, vue de l'esprit. FAM. frime. SOUT. prestige. ▶ ***Vagabondage*** – aventure, course, déambulation, déplacement, égarement, flânerie, instabilité, nomadisme, pérégrination, promenade, randonnée, vagabondage, voyage. SOUT. badauderie, errance. FAM. vadrouille, virée. FRANCE FAM. baguenaude. QUÉB. FAM. niaisage. △ **ANT.** RÉALITÉ; ATTENTION, CONCENTRATION.

revers *n.m.* ▶ ***Côté*** – arrière, derrière, dos, envers, verso. ▶ ***Partie d'un vêtement*** – parement, parementure, retroussis. ▶ ***Insuccès*** – avortement, banqueroute, capitulation, catastrophe, chute, débâcle, débandade, déconfiture, défaite, déroute, désavantage, échec, écrasement, faillite, fiasco, four, infortune, insuccès, mauvaise fortune, naufrage, perte, ratage, raté, retraite. SOUT. traverse. FAM. désastre, piquette, plantage, raclée, recalage, volée. FRANCE FAM. bide, déculottée, dégelée, écrabouillement, fessée, foirade, gamelle, loupage, pile, rincée, rossée, tannée, veste. ▶ ***Épreuve*** – contrariété, coup, coup du destin, coup du sort, coup dur, disgrâce, échec, épreuve, hydre, infortune, mal, malchance, malheur, mauvais moment à passer, misère, péril, ruine, tribulation. SOUT. traverse. ▶ ***Malheur*** – adversité, calamité, calice (de douleur), chagrin, détresse, deuil, disgrâce, douleur, échec, épreuve, fatalité, infortune, mal, malchance, malédiction, malheur, mauvaise fortune, mauvaise passe, mésaventure, misère, nuage, orage, peine, ruine, sale affaire, sale histoire, souffrance, traverse, tribulation. SOUT. bourrèlement, plaie, tourment. ▶ ***Déception*** – abattement, accablement, affliction, amertume, anéantissement, chagrin, consternation, déboires, déception, déconvenue, découragement, dégoût, dégrisement, démoralisation, dépit, désappointement, désenchantement, désespoir, désillusion, désolation, échec, écœurement, ennui, infortune, insuccès, lassitude, mécompte, peine, regret, tristesse. SOUT. atterrement, déréliction, désabusement, désespérance, retombement. FAM. défrisage, défrisement, douche (froide), ras-le-bol. △ **ANT.** AVERS (*MÉDAILLE OU MONNAIE*), ENDROIT, FACE, RECTO; RÉUSSITE, SUCCÈS, VICTOIRE; CHANCE, FORTUNE.

revêtir *v.* ▶ ***Mettre sur soi*** – endosser, enfiler, mettre, passer, porter. ▶ ***Prendre un certain aspect*** – affecter, avoir, prendre. ▶ ***Vêtir*** – habiller, vêtir. FRANCE FAM. fringuer, nipper. QUÉB. ACADIE FAM. gréer. ▶ ***Charger d'un pouvoir*** – charger, investir, pourvoir. △ **ANT.** ENLEVER; DÉNUDER, DÉPOUILLER, DÉVÊTIR.

rêveur *adj.* ▶ ***Visionnaire*** – chimérique, idéaliste, romanesque, utopiste, visionnaire. RARE irréaliste. ▶ ***Songeur*** – absent, absorbé (dans ses pensées), distrait, inattentif, lointain, lunaire, méditatif, pensif, qui a l'esprit ailleurs, rêvasseur, somnambule, songeur. FAM. dans la lune. QUÉB. FAM. lunatique. △ **ANT.** ACTIF, PRAGMATIQUE, PRATIQUE, RÉALISTE; ATTENTIF, CONCENTRÉ, ÉVEILLÉ, VIGILANT.

rêveur *n.* contemplateur, extatique, idéaliste, méditatif, poète, rêvasseur, songe-creux, utopiste, visionnaire. QUÉB. FAM. pelleteur de nuages. RARE songeur.

revirement *n.m.* ▶ ***Rétractation*** – abandon, abjuration, apostasie, défection, dénégation, désaveu, palinodie, reniement, retournement, rétractation, virevolte, volte-face. FAM. pirouette. ▶ ***Manœuvre*** – demi-tour, pirouette, retournement, tour, virevolte, volte-face. ▶ ***À cheval*** – caracole, demi-pirouette, demi-volte, volte.

révision *n.f.* ▶ ***Finition*** – achèvement, amélioration, arrangement, complètement, correction, enjolivement, finition, léchage, mise au point, peaufinage, perfectionnement, polissage, raffinage, raffinement, retouche, soin. SOUT. parachèvement. FAM. fignolage. ▶ ***Vérification*** – analyse, apurement, audit, censure, confrontation, contrôle, épreuve, examen, expérience, expérimentation, expertise, filtrage, inspection, pointage, recensement, recension, récolement, reconnaissance, recoupement, revue, suivi, supervision, surveillance, test, vérification. RARE schibboleth. ▶ ***Leçon*** – classe, cours, leçon, mémorisation, répétition.

revitaliser *v.* donner un second souffle à, faire renaître, faire revivre, ragaillardir, rallumer, ranimer, raviver, réactiver, réchauffer, redonner vie à, redynamiser, régénérer, renflammer, renouveler, ressusciter, réveiller, revigorer, revivifier, stimuler, vivifier.

revivre *v.* ▶ ***En parlant d'une chose abstraite*** – réapparaître, refleurir, renaître de ses cendres, renaître, reparaître, reprendre vie, ressurgir, ressusciter, revenir, se rallumer, se ranimer, se réveiller. △ **ANT.** AGONISER, DÉPÉRIR, MOURIR, S'ÉTEINDRE.

revoir *v.* ▶ ***Passer en revue*** – passer en revue, réviser. ▶ ***Réviser une chose apprise*** – repasser, réviser. ▶ ***Corriger*** – arranger, corriger, éditer, retoucher, réviser. ▶ ***Réévaluer*** – reconsidérer, réenvisager, réévaluer, réexaminer, remettre à plat, remettre en cause, remettre en question, repenser, réviser. ▶ ***Se rappeler*** – penser à, se rappeler, se remémorer, se souvenir. SOUT. se ressouvenir. △ **ANT.** BÂCLER.

révoltant *adj.* ▶ ***Offensant*** – amoral, choquant, éhonté, immoral, impur, inconvenant, indécent, obscène, offensant, scabreux, scandaleux. RARE antimoral. ▶ ***Qui soulève les protestations*** – choquant, criant. △ **ANT.** BIENSÉANT, CONVENABLE, CORRECT, DÉCENT, HONORABLE, MORAL; ACCEPTABLE, SATISFAISANT.

révolte *n.f.* ▶ ***Révolte*** – agitation, agitation-propagande, chouannerie, désordre, effervescence, embrasement, émeute, excitation, faction, fermentation, fièvre, fronde, insoumission, insubordination, insurrection, jacquerie, manifestation, mutinerie, rébellion, remous, résistance, révolution, sédition, soulèvement, tourmente, troubles. FAM. agit-prop. ▶ ***Dissidence*** – désobéissance, déviation, déviationnisme, division, hérésie, hétérodoxie, insoumission, insurrection, non-conformisme, opposition, rébellion, schisme, scission, sécession, séparation. ▶ ***Indiscipline*** – contestation, désobéissance, désordre, dissipation, fantaisie, indiscipline, indocilité, insoumission, insubordination, mauvaise volonté, opiniâtreté, rébellion, refus d'obéissance, résistance, rétivité.

△ **ANT.** CONFORMISME, OBÉISSANCE, RÉSIGNATION, SOUMISSION.

révolté *n.* ▶ ***Révolutionnaire*** – émeutier, insurgé, mutin, rebelle, révolutionnaire. ▶ ***Agitateur*** – agent provocateur, agitateur, cabaleur, contestant, contestataire, émeutier, excitateur, factieux, fauteur (de trouble), fomentateur, iconoclaste, instigateur, insurgé, intrigant, manifestant, meneur, mutin, partisan, perturbateur, provocateur, rebelle, révolutionnaire, séditieux, semeur de troubles, trublion. FAM. provo. △ **ANT.** CONFORMISTE, SUIVEUR.

révolter *v.* ▶ ***Choquer*** – choquer, horrifier, indigner, outrer, scandaliser. FAM. écœurer, estomaquer. ▶ ***Dégoûter moralement*** – dégoûter, faire horreur à, répugner, révulser. ♦ **se révolter** ▶ ***S'élever contre l'autorité*** – s'insurger, se mutiner, se rebeller, se soulever. ▶ ***Protester avec véhémence*** – regimber, résister, ruer dans les brancards, s'insurger, se braquer, se buter, se cabrer, se rebeller. FAM. rebecquer, se rebiffer; RARE récalcitrer. △ **ANT.** CHARMER, PLAIRE; APAISER, CALMER, PACIFIER, RASSÉRÉNER, RASSURER. ♦ **se révolter** OBÉIR, SE RÉSIGNER, SE SOUMETTRE.

révolu *adj.* ancestral, ancien, éloigné, immémorial, lointain, passé, reculé. △ **ANT.** INACHEVÉ, INCOMPLET; ACTUEL, VIVANT.

révolution *n.f.* ▶ ***Tour*** – circuit, tour. ▶ ***Rotation*** – circumduction, giration, pivotement, rotation, roulement, tour, tourbillonnement, tournoiement, translation. ▶ ***Insurrection*** – agitation, agitation-propagande, chouannerie, désordre, effervescence, embrasement, émeute, excitation, faction, fermentation, fièvre, fronde, insoumission, insubordination, insurrection, jacquerie, manifestation, mutinerie, rébellion, remous, résistance, révolte, sédition, soulèvement, tourmente, troubles. FAM. agit-prop. ▶ ***Bouleversement*** – bouleversement, changement, chavirage, chavirement, conflagration, convulsion, dérangement, dérèglement, déséquilibre, désorganisation, détraquement, perturbation, renouvellement, rénovation, renversement, retournement, séisme, stress, trouble. FAM. chambard, chambardement, chamboulement. △ **ANT.** CONTRE-RÉVOLUTION, RÉACTION; CALME, HARMONIE, PAIX.

révolutionnaire *adj.* ▶ ***Rebelle*** – contestataire, dissident, factieux, iconoclaste, incendiaire, insurgé, insurrectionnel, mal pensant, protestataire, rebelle, révolté, séditieux, subversif. RARE contestateur. ▶ ***Innovateur*** – audacieux, avant-gardiste, d'avant-garde, futuriste, hardi, inédit, innovant, innovateur, neuf, new-look, nouveau, nouvelle vague, novateur, original, renouvelé. △ **ANT.** ANTIRÉVOLUTIONNAIRE, BOURGEOIS, CONTRERÉVOLUTIONNAIRE, RÉACTIONNAIRE; CONSERVATEUR, FIDÈLE, ORTHODOXE, TRADITIONALISTE.

révolutionnaire *n.* ▶ ***Partisan d'une révolution*** – émeutier, insurgé, mutin, rebelle, révolté. ▶ ***Communiste*** – collectiviste, communiste, rouge. ▸ *Plus modéré* – rose, socialiste. PÉJ. bolchevik; FAM. bolcho, coco. ▶ ***Agitateur*** – agent provocateur, agitateur, cabaleur, contestant, contestataire, émeutier, excitateur, factieux, fauteur (de trouble), fomentateur, iconoclaste, instigateur, insurgé, intrigant, manifestant, meneur, mutin, partisan, perturbateur, provocateur, rebelle, révolté, séditieux, semeur de troubles, trublion. △ **ANT.** CONTRE-RÉVOLUTIONNAIRE, RÉFORMISTE; CONSERVATEUR, RÉACTIONNAIRE, TRADITIONALISTE.

revue *n.f.* ▶ ***Périodique*** – annales, bihebdomadaire, bimensuel, bimestriel, bulletin, cahier, fanzine, gazette, hebdomadaire, illustré, journal, magazine, mensuel, organe, périodique, publication, tabloïd, trimestriel, zine. FAM. hebdo. ▶ ***Bilan personnel*** – bilan, point. SOUT. rétrospection. ▶ ***Vérification*** – analyse, apurement, audit, censure, confrontation, contrôle, épreuve, examen, expérience, expérimentation, expertise, filtrage, inspection, pointage, recensement, recension, récolement, reconnaissance, recoupement, révision, suivi, supervision, surveillance, test, vérification. RARE schibboleth. ▶ ***Énumération*** – catalogue, cens, chiffrage, comptage, compte, décompte, dénombrement, détail, énumération, état, évaluation, inventaire, inventoriage, inventorisation, liste, litanie, numération, recensement, recension, rôle, statistique. ▶ ***Cérémonie militaire*** – défilé, parade, prise d'armes. ▶ ***Spectacle*** – attraction, concert, danse, divertissement, exécution, exhibition, happening, numéro, pièce, projection, récital, représentation, séance, soirée.

rhétorique *n.f.* ▶ ***Éloquence*** – ardeur, art, art oratoire, brio, chaleur, charme, conviction, élégance, expression, maîtrise, parole, persuasion. SOUT. biendire. ▶ ***Étude*** – stylistique, tropologie.

rhume *n.m.* algidité, chaud et froid, coup de froid, grippe, refroidissement, rhinite. FRANCE FAM. crève.

riant *adj.* ▶ ***Gai*** – allègre, badin, de belle humeur, en joie, enjoué, épanoui, folâtre, foufou, gai, guilleret, hilare, jovial, joyeux, léger, plein d'entrain, réjoui, rieur, souriant. FAM. rigolard, rigoleur. ▶ ***Agréable*** – agréable, amusant, charmant, distrayant, divertissant, égayant, gai, plaisant, réjouissant, souriant, sympathique. FAM. chic, chouette, sympa. △ **ANT.** TRISTE; BOURRU, DE MAUVAISE HUMEUR, GROGNON, MAUSSADE, MOROSE, RENFROGNÉ, TACITURNE; DÉPRIMÉ, LAS, MÉLANCOLIQUE, MORNE, PESSIMISTE, SOMBRE, TÉNÉBREUX; AFFLIGEANT, ATTRISTANT, CHAGRINANT, DÉPLORABLE, DÉSESPÉRANT, DÉSOLANT, NAVRANT.

ricanement *n.m.* ▶ ***Rire*** – éclat (de rire), enjouement, esclaffement, fou rire, gaieté, gros rire, hilarité, raillerie, rictus, rire, ris, risée, sourire. FAM. rigolade, risette. ▶ ***Raillerie*** – dérision, épigramme, esprit, flèche, goguenardise, gouaille, gouaillerie, humour, ironie, lazzi, malice, moquerie, persiflage, pique, plaisanterie, pointe, quolibet, raillerie, risée, sarcasme, satire, taquinerie, trait. SOUT. brocard, nargue, saillie. FAM. vanne.

riche *adj.* ▶ ***Fortuné*** – à l'aise, aisé, cossu, cousu d'or, fortuné, huppé, nanti, qui a les moyens, qui roule sur l'or. SOUT. opulent. FAM. argenté, plein aux as; PÉJ. richard. FRANCE FAM. friqué, rupin. ▶ ***Somptueux*** – fastueux, luxueux, magnifique, opulent, princier, royal, seigneurial, somptueux. SOUT. magnificent, splendide. ▶ ***Abondant*** – abondant, débordant, fécond, fertile, foisonnant, fructueux, généreux, inépuisable, intarissable, productif, prolifique. SOUT. copieux, inexhaustible, plantureux. ▶ ***Prospère*** – beau, brillant, faste, fécond, florissant, heureux, prospère. ▶ ***En parlant de nourriture*** – consistant, nourrissant, nutritif, rassasiant, substantiel. *FAM.* bourrant, bourratif, qui cale l'estomac. △ **ANT.** DANS LE BESOIN, DÉFAVORISÉ, DÉMUNI, INDIGENT, MISÉRABLE, MISÉREUX, NÉCESSITEUX, PAUVRE; AUSTÈRE, DÉPOUILLÉ, HUMBLE, MODESTE, SIMPLE, SOBRE; ARIDE, INFÉCOND, INFERTILE, STÉRILE; FAIBLE, MAIGRE, MÉDIOCRE.

riche *n.* crésus, financier, heureux, milliardaire, millionnaire, multimilliardaire, multimillionnaire, nabab, nanti, ploutocrate, privilégié, rentier. *SOUT.* satrape. *FAM.* gros. *FRANCE FAM.* rupin. *ANC.* milord. *PÉJ. FAM.* capitaliste, richard. △ **ANT.** MISÉREUX, PAUVRE, VA-NU-PIEDS.

richesse *n.f.* ♦ ***richesse, sing.*** ▶ ***Fertilité*** – abondance, fécondité, fertilité, générosité, luxuriance, prodigalité, productivité, rendement. ▶ ***Opulence*** – abondance, aisance, bien-être, fortune, opulence, or, prospérité. ▶ ***Luxe*** – abondance, apparat, appareil, beauté, confort, dolce vita, éclat, étalage, faste, grandeur, luxe, magnificence, majesté, opulence, ostentation, pompe, profusion, somptuosité, splendeur. *FAM.* tralala. ▶ ***Profusion*** – abondance, afflux, amas, ampleur, concentration, débauche, débordement, exubérance, filon, fleuraison, floraison, foisonnement, forêt, foule, fourmillement, gisement, infinité, inondation, luxe, luxuriance, masse, mine, multiplicité, myriade, nuée, orgie, paquet, pléthore, poussière, profusion, quantité, surabondance, tas, trésor. *FIG.* carnaval. *FAM.* festival, flopée, kyrielle, tapée, tonne, tripotée, wagon. *SUISSE FAM.* craquée. ♦ ***richesses, plur.*** ▶ ***Trésor*** – moyens, or, pactole, ressources, trésor. ▶ ***Capital*** – argent, avoir, bien, capital, cassette, épargne, fonds, fortune, fruit, gain, investissement, liquidités, numéraire, patrimoine, pécule, placement, portefeuille, possession, produit, propriété, trésor, valeur. *SOUT.* deniers. *FAM.* finances, magot. ▶ ***Ce qui peut être exploité*** – potentiel, ressources. △ **ANT.** ARIDITÉ, STÉRILITÉ; BESOIN, INDIGENCE, MANQUE, MISÈRE, PAUVRETÉ; DÉPOUILLEMENT, SIMPLICITÉ, SOBRIÉTÉ; CARENCE, INSUFFISANCE, RARETÉ.

ride *n.f.* ▶ ***Pli*** – commissure, fanon, froncement, pli, pliure, repli, ridule. ▶ ***Indice*** – apparence, cachet, cicatrice, critère, empreinte, indication, indice, justificatif, lueur, marque, ombre, pas, piste, preuve, repère, reste, sceau, signature, signe, stigmate, tache, témoignage, témoin, trace, trait, vestige.

rideau *n.m.* ▶ ***Pièce d'étoffe*** – cantonnière, draperie, mille fleurs, pente de fenêtre, portière, store, tapisserie, tenture, toile. ▶ ***Objet qui couvre*** – voile. ▶ ***Obstacle*** – barrage, barricade, barrière, cloison, défense, écran, mur, obstacle, séparation.

ridicule *adj.* ▶ ***Qui suscite la moquerie*** – dérisoire, grotesque, risible. ▶ ***Qui tient de la caricature*** – caricatural, carnavalesque, clownesque, comique, grotesque. ▶ ***Très insuffisant*** – dérisoire, insignifiant, malheureux, minime, misérable, piètre. ▶ ***Dénué d'intelligence*** – bête, idiot, imbécile, inepte, inintelligent, sot, stupide. *FAM.* con, crétin. ▶ ***Contraire au bon sens*** – aberrant, absurde, déraisonnable, fou, idiot, illogique, inepte, insensé, irrationnel, qui n'a aucun sens, stupide. *SOUT.* insane. *FAM.* dément, qui ne tient pas debout. *RARE* antirationnel. *PHILOS.* alogique. △ **ANT.** RESPECTABLE; ADMIRABLE, ESTIMABLE, HONORABLE, LOUABLE, MÉRITOIRE; APPRÉCIABLE, DE TAILLE, FORT, GRAND, GROS, IMPORTANT, NOTABLE, SENSIBLE, SUBSTANTIEL; AUSTÈRE, GRAVE, SÉRIEUX; ASTUCIEUX, BIEN PENSÉ, HABILE, INGÉNIEUX, INTELLIGENT, JUDICIEUX, PERTINENT.

ridiculiser *v.* bafouer, faire des gorges chaudes de, gouailler, railler, rire au nez de, rire aux dépens de, rire de, s'amuser aux dépens de, s'amuser de, se gausser de, se moquer de, tourner au/en ridicule, tourner en dérision. *SOUT.* brocarder, dauber, fronder, larder d'épigrammes, moquer, persifler, satiriser. *FAM.* chambrer, charrier, chiner, faire la nique à, se foutre de la gueule de, se payer la gueule de, se payer la tête de. *QUÉB. FAM.* niaiser. △ **ANT.** APPLAUDIR, COMPLIMENTER, ENCOURAGER, FÉLICITER, HONORER, LOUANGER, VANTER.

rien *n.m.* ▶ ***Néant*** – désert, néant, nullité, vacuité, vacuum, vide, zéro. ▶ ***Un peu*** – atome, bouchée, brin, chouia, doigt, filet, goutte, gouttelette, grain, larme, lueur, miette, nuage, once, paille, parcelle, peu, pincée, pointe, relent, restant, reste, soupçon, tantinet, teinte, touche, trace, trait, zeste. ▶ ***Objet de peu de valeur*** – affiquet, babiole, bagatelle, baliverne, bêtise, bibelot, breloque, bricole, brimborion, chiffon, colifichet, fanfreluche, fantaisie, frivolité, futilité, gadget, hochet, inutilité, jouet, misère. *FAM.* gimmick, gnognote. ▶ ***Affaire sans importance*** – amusette, bagatelle, baliverne, bêtise, bricole, broutille, chanson, détail, enfantillage, fadaise, faribole, frivolité, futilité, jeu, misère, plaisanterie, sornette, sottise, vétille. *SOUT.* badinerie, puérilité. *FAM.* connerie, foutaise, mômerie. *BELG. FAM.* carabistouille. △ **ANT.** QUELQUE CHOSE, TOUT; PLÉNITUDE, TOTALITÉ; ABONDANCE, PLÉTHORE, PROFUSION.

rieur *adj.* allègre, badin, de belle humeur, en joie, enjoué, épanoui, folâtre, foufou, gai, guilleret, hilare, jovial, joyeux, léger, plein d'entrain, réjoui, riant, souriant. *FAM.* rigolard, rigoleur. △ **ANT.** BOURRU, DE MAUVAISE HUMEUR, GROGNON, MAUSSADE, MOROSE, RENFROGNÉ, TACITURNE; DÉPRIMÉ, LAS, MÉLANCOLIQUE, MORNE, PESSIMISTE, SOMBRE, TÉNÉBREUX, TRISTE.

rigide *adj.* ▶ ***Qui garde sa forme*** – dur, ferme, fort, raide, résistant, solide. *RARE* inflexible. ▶ ***Qui ne laisse aucune liberté*** – astreignant, contraignant, étroit, restreignant, rigoureux, strict. ▶ ***Très exigeant*** – draconien, dur, exigeant, rigoureux, sévère, strict. *FAM.* chien, vache. *FRANCE FAM.* rosse. ▶ ***Austère*** – ascétique, austère, frugal, janséniste, monacal, puritain, rigoriste, rigoureux, sévère, spartiate. *SOUT.* claustral, érémitique. △ **ANT.** ÉLASTIQUE, FLEXIBLE, MOU, SOUPLE; LAXISTE, LIBRE, PERMISSIF; ACCOMMODANT, BIENVEILLANT, CLÉMENT, COMPRÉHENSIF, DOUX, INDULGENT, TOLÉRANT; BON VIVANT, ÉPICURIEN, HÉDONISTE, JOUISSEUR, SENSUEL, VOLUPTUEUX.

rigidité *n.f.* ▶ ***Fait d'être solide*** – cohésion, compacité, consistance, coriacité, dureté, fermeté, fixité, force, homogénéité, indélébilité, indestructibilité, inextensibilité, massiveté, monolithisme, résilience, résistance, robustesse, solidité, sûreté. ▶ ***Fait d'être raide*** – ankylose, raideur. ▶ ***Sévérité*** – dureté, exigence, impitoyabilité, implacabilité, inclémence, inflexibilité, intransigeance, rigueur, sévérité. *SOUT.* inexorabilité. ▶ ***Intolérance*** – dogmatisme, étroitesse d'esprit, étroitesse de vue, fanatisme, intolérance, intransigeance, parti pris. *SOUT.* sectarisme. *PSYCHOL.* psychorigidité. ▶ ***Austérité*** – âpreté, aridité, austérité, dureté, exigence, gravité, rigueur, sécheresse, sérieux, sévérité. ▶ ***Solennité*** – componction, décence, dignité, gravité, hiératisme, majesté, pompe, raideur, réserve, sérieux, solennité. △ **ANT.** ÉLASTICITÉ, FLEXIBILITÉ, SOUPLESSE; DOUCEUR, INDULGENCE, LAXISME, PERMISSIVITÉ, TOLÉRANCE.

rigole *n.f.* ▶ ***Naturel*** – ruisseau. *QUÉB. FAM.* crique. ▸ *Petit* – ruisselet. *FRANCE RÉGION.* platière. ▶ ***Artificiel*** – adducteur, canal, drain, encaissement, fossé, lit, sangsue, tranchée. *BELG.* watergang. *SUISSE* bisse. *FRANCE RÉGION.* bésau, duit, étier *(vers la mer)*. *AFR.* seguia. ▸ *Petit* – saignée. *TECHN.* dalot, goulette, goulotte, larron d'eau, noue, noulet, pierrée. ▸ *Bordant une route* – caniveau, cassis, ruisseau. ▸ *Souterrain* – aqueduc, égout, puisard *(vertical)*. ▸ *Entre deux écluses* – bief, sas. ▸ *Entre deux rivières* – arroyo. ▶ ***Sillon*** – dérayure, enrayure, jauge, orne, perchée, raie, rayon, sillon. *GÉOL.* sulcature.

rigolo *adj.* amusant, bouffon, burlesque, cocasse, comique, d'un haut comique, désopilant, drolatique, drôle, gai, hilarant, humoristique, impayable, ineffable, inénarrable, plaisant, risible, vaudevillesque. *SOUT.* drôlet. *FAM.* bidonnant, boyautant, crevant, éclatant, gondolant, marrant, poilant, roulant, tordant. △ **ANT.** GRAVE, SÉRIEUX; ATTRISTANT, CHAGRINANT, TRISTE.

rigoureusement *adv.* ▶ ***Austèrement*** – austèrement, durement, étroitement, puritainement, rigidement, sévèrement, stoïquement, strictement. ▶ ***Méthodiquement*** – analytiquement, conséquemment, dialectiquement, inductivement, logiquement, mathématiquement, méthodiquement, point par point, rationnellement, scientifiquement, sensément, soigneusement, systématiquement, techniquement. *SOUT.* cohéremment. ▶ ***Soigneusement*** – amoureusement, attentivement, consciencieusement, en détail, méticuleusement, minutieusement, précieusement, précisément, proprement, religieusement, scrupuleusement, sérieusement, soigneusement, vigilamment. △ **ANT.** AVEC INDULGENCE, AVEC LAXISME; DE FAÇON BÂCLÉE, N'IMPORTE COMMENT, NÉGLIGEMMENT, SANS SOIN.

rigoureux *adj.* ▶ ***Très précis*** – exact, géométrique, mathématique. ▶ ***Très exigeant*** – draconien, dur, exigeant, rigide, sévère, strict. *FAM.* chien, vache. *FRANCE FAM.* rosse. ▶ ***Austère*** – ascétique, austère, frugal, janséniste, monacal, puritain, rigide, rigoriste, sévère, spartiate. *SOUT.* claustral, érémitique. ▶ ***Qui ne laisse aucune liberté*** – astreignant, contraignant, étroit, restreignant, rigide, strict. ▶ ***Total*** – absolu, complet, entier, exhaustif, global, inconditionnel, intégral, parfait, plein, sans réserve, total. *PÉJ.* aveugle. ▶ ***Méticuleux*** – appliqué, assidu, attentif, consciencieux, méthodique, méticuleux, minutieux, ordonné, précis, rangé, scrupuleux, soigné, soigneux, systématique. *SOUT.* exact. ▶ ***En parlant de l'hiver, du climat*** – âpre, dur, inclément, rude. △ **ANT.** APPROXIMATIF, IMPRÉCIS, INCERTAIN, INEXACT; NÉGLIGENT; BIENVEILLANT, CLÉMENT, COMPRÉHENSIF, DOUX, INDULGENT, TOLÉRANT; ACCABLANT, BRÛLANT, CANICULAIRE, ÉCRASANT, ÉTOUFFANT, LOURD, SAHARIEN, SUFFOCANT, TORRIDE, TROPICAL.

rigueur *n.f.* ▶ ***Austérité*** – âpreté, aridité, austérité, dureté, exigence, gravité, rigidité, sécheresse, sérieux, sévérité. ▶ ***Sévérité*** – dureté, exigence, impitoyabilité, implacabilité, inclémence, inflexibilité, intransigeance, rigidité, sévérité. *SOUT.* inexorabilité. ▶ ***Perfectionnisme*** – perfectionnisme, purisme, rigorisme. ▶ ***Exactitude*** – exactitude, infaillibilité, justesse, netteté, précision. ▸ *Appareil* – résolution, résolvance. ▶ ***Droiture*** – droiture, rectitude. ▶ ***Conditions atmosphériques*** – gros temps, intempérie, mauvais temps. *SOUT.* inclémence. *FAM.* coup de tabac, temps de chien. △ **ANT.** CLÉMENCE, DOUCEUR, INDULGENCE; LAISSER-ALLER, LAXISME; APPROXIMATION, IMPRÉCISION, INCERTITUDE, INEXACTITUDE.

rime *n.f.* consonance, homonymie, homophonie, unisson. *FAM.* rimette.

rincer *v.* ▶ ***Laver*** – curer, décrasser, désencrasser, frotter, gratter, nettoyer, racler, récurer. *FAM.* décrotter. *BELG. FAM.* approprier, reloqueter. *SUISSE* poutser. ▶ ***Ruiner au jeu*** (*FAM.*) – ruiner. *FAM.* lessiver, nettoyer, ratiboiser, rétamer. ▶ ***En parlant de la pluie*** (*FAM.*) – mouiller, tremper. *FAM.* doucher, saucer. △ **ANT.** ENCRASSER, GRAISSER, MACULER, SALIR, TACHER.

riposte *n.f.* ▶ ***Réponse*** – écho, objection, réaction, réflexe, réfutation, repartie, réplique, réponse. *FIG.* contre-attaque. ▶ ***Vengeance*** – châtiment, colère, (loi du) talion, pareille, punition, rancune, réciproque, réparation, représailles, ressentiment, rétorsion, revanche, vendetta, vengeance. *SOUT.* vindicte. ▶ ***Coup de la boxe*** – allonge, attaque, frappe, garde, poing, portée, punch. △ **ANT.** AGRESSION, ASSAUT, ATTAQUE.

riposter *v.* ▶ ***Répondre*** – discuter, raisonner, répliquer, répondre, rétorquer. *SOUT.* repartir. ▶ ***Contre-attaquer*** – contre-attaquer, lancer une contre-attaque, répliquer. △ **ANT.** S'ABSTENIR, SE TAIRE.

rire *v.* ▶ ***Manifester sa gaieté*** – glousser, se dérider. *FAM.* rigoler, se bidonner, se boyauter, se désopiler, se dilater la rate, se fendre la pipe, se fendre la poire, se gondoler, se marrer, se poiler, se rouler par terre, se tenir les côtes, se tordre (de rire). *FRANCE FAM.* se fendre la tirelire, se tire-bouchonner. *SUISSE FAM.* se mailler de rire. ▶ ***Plaisanter*** – badiner, folâtrer, jouer, plaisanter, s'amuser, se gausser. *FAM.* batifoler, blaguer, déconner, rigoler. *BELG.* baleter, zwanzer. *FRANCE RÉGION.* galéjer. ▶ ***Se moquer*** – bafouer, faire des gorges chaudes de, gouailler, railler, ridiculiser, s'amuser aux dépens de, s'amuser de, se gausser de, se moquer de, tourner au/en ridicule, tourner en dérision. *SOUT.* brocarder, dauber, fronder, larder d'épigrammes, moquer, persifler, satiriser. *FAM.* chambrer, charrier, chiner, faire la nique à, se foutre de la gueule de, se payer la gueule de, se payer la tête de. *QUÉB. FAM.* niaiser. ▸ *Se moquer légèrement* – s'amuser, sourire. ♦ **se rire** ▶ ***Surmonter avec facilité*** – se jouer de. △ **ANT.** PLEURER; S'AFFLIGER, S'ATTRISTER.

rire *n.m.* ▶ ***Hilarité*** – éclat (de rire), enjouement, esclaffement, fou rire, gaieté, gros rire, hilarité, raillerie, ricanement, rictus, ris, risée, sourire. *FAM.* rigolade, risette. △ **ANT.** LARME, PLEUR, SANGLOT.

risible *adj.* ▶ ***Comique*** – amusant, bouffon, burlesque, cocasse, comique, d'un haut comique, désopilant, drolatique, drôle, gai, hilarant, humoristique, impayable, ineffable, inénarrable, plaisant, rigolo, vaudevillesque. *SOUT.* drôlet. *FAM.* bidonnant, boyautant, crevant, éclatant, gondolant, marrant, poilant, roulant, tordant. ▶ ***Ridicule*** – dérisoire, grotesque, ridicule. △ **ANT.** GRAVE, SÉRIEUX; ATTRISTANT, CHAGRINANT, TRISTE; ADMIRABLE, ESTIMABLE, HONORABLE, LOUABLE, MÉRITOIRE, RESPECTABLE.

risque *n.m.* ▶ ***Danger*** – aléa, casse-cou, danger, détresse, difficulté, écueil, embûche, épée de Damoclès, épouvantail, guêpier, hasard, impasse, imprudence, insécurité, mauvais pas, menace, perdition, péril, piège, point chaud, point sensible, poudrière, récif, spectre, traverse, urgence, volcan. *SOUT.* tarasque. *FRANCE FAM.* casse-gueule. ▶ ***Inconvénient*** – aléa, charge, contre, danger, défaut, déplaisir, dérangement, désagrément, désavantage, difficulté, écueil, embarras, empêchement, ennui, fissure, gêne, handicap, incommodité, inconfort, inconvénient, mauvais côté, objection, obstacle, point faible, trouble. *SOUT.* importunité. ▶ ***Pari*** – défi, gageure, mise, pari. △ **ANT.** ASSURANCE, PRÉCAUTION, SÉCURITÉ.

risqué *adj.* audacieux, aventuré, aventureux, dangereux, fou, hardi, hasardé, hasardeux, imprudent, osé, périlleux, suicidaire, téméraire. *SOUT.* scabreux. *FAM.* casse-cou, casse-gueule. △ **ANT.** ANODIN, BÉNIN, INNOCENT, INOFFENSIF, SANS DANGER, SÛR; PRUDENT; CHASTE, PUDIQUE.

risquer *v.* ▶ ***Mettre en péril*** – aventurer, compromettre, exposer, hasarder, jouer, mettre en jeu, mettre en péril. ▶ ***Mettre en jeu*** – blinder, jouer, miser, parier, ponter, y aller de. *FAM.* éclairer. *QUÉB.* gager. ▶ ***Oser une parole*** – avancer, hasarder, oser. ▶ ***Encourir*** – chercher, courir le risque de, donner prise à, encourir, être passible de, mériter, prêter le flanc à, s'attirer, s'exposer à. ♦ **se risquer** ▶ ***S'aventurer*** – s'avancer, s'aventurer, s'essayer à, se hasarder. △ **ANT.** ASSURER, PROTÉGER. ♦ **se risquer** ÉVITER, S'ABSTENIR; FUIR.

rite *n.m.* ▶ ***Acte rituel*** – cérémonie, pratique, rituel. ▶ ***Coutume*** – convention, coutume, habitude, habitus, mode, mœurs, pratique, règle, tradition, us et coutumes, usage. ▶ ***Habitude*** – accoutumance, automatisme, façons, habitude, manières, mœurs, pli, réflexe, rituel, seconde nature. *PSYCHOL.* stéréotypie. *FAM.* abonnement, métro-boulot-dodo, train-train, train-train quotidien. ▸ *Non favorable* – encroûtement, manie, marotte, monotonie, ordinaire, ronron, routine, tic, uniformité.

rituel *adj.* ▶ ***Qui relève d'un rite*** – cultuel, hiératique, liturgique, religieux, sacré. ▶ ***Coutumier*** – accoutumé, attendu, consacré, coutumier, d'usage, de règle, de routine, familier, habituel, normal, ordinaire, quotidien, régulier, usuel. △ **ANT.** EXCEPTIONNEL, INACCOUTUMÉ, INHABITUEL, RARE.

rituel *n.m.* ▶ ***Geste symbolique*** – cérémonie, pratique, rite. ▶ ***Habitude*** – accoutumance, automatisme, façons, habitude, manières, mœurs, pli, réflexe, rite, seconde nature. *PSYCHOL.* stéréotypie. *FAM.* abonnement, métro-boulot-dodo, train-train, train-train quotidien. ▸ *Non favorable* – encroûtement, manie, marotte, monotonie, ordinaire, ronron, routine, tic, uniformité. ▶ ***Livre liturgique*** – anthologe *(Église orthodoxe)*, bréviaire, cérémonial, directoire, (livre d')Heures, livre de messe, livre de prières, missel, ordinal *(Église anglicane)*, paroissien, rational. ▸ *Selon les prières* – antiphonaire *(chants)*, diurnal *(office de la journée)*, eucologe *(dimanche et jours de fête)*, évangéliaire, hymnaire, processionnal *(processions)*, psautier *(psaumes)*, vespéral *(office du soir)*.

rivage *n.m.* berge, bord, rive. ▸ *Plat* – graves, grève, plage. ▸ *Longeant la mer* – bord de mer, côte, littoral. ▸ *À marée basse* – estran, lais, laisse, platier. *QUÉB.* batture. ▸ *Longeant un cours d'eau* – berge. △ **ANT.** HAUTE MER, LARGE.

rival *n.* adversaire, antagoniste, attaqueur, challenger, compétiteur, concurrent, contestataire, contraire, contre-manifestant, détracteur, dissident, ennemi, mécontent, opposant, opposé, pourfendeur, prétendant, protestataire. *SOUT.* émule. △ **ANT.** ALLIÉ, ASSOCIÉ, PARTENAIRE; AMI, CAMARADE.

rivaliser *v.* ▶ ***Faire mieux sur un aspect*** – lutter de. *SOUT.* disputer de, faire assaut de, jouter de, le disputer en. ▶ ***Faire concurrence à qqn*** – concurrencer, faire concurrence à. *QUÉB.* compétitionner.

rivalité *n.f.* affrontement, antagonisme, combat, compétition, concurrence, conflit, contentieux, contestation, controverse, débat, désaccord, différend, discorde, discussion, dispute, dissension, dissentiment, divergence, émulation, friction, heurt, incompatibilité, incompréhension, lutte, mésentente, mésintelligence, opposition, polémique, querelle. *FAM.* bagarre. △ **ANT.** COLLABORATION, COMPLICITÉ, COOPÉRATION, SOUTIEN.

rive *n.f.* berge, bord, rivage. ▸ *Plat* – graves, grève, plage. ▸ *Longeant la mer* – bord de mer, côte, littoral. ▸ *À marée basse* – estran, lais, laisse, platier. *QUÉB.* batture. ▸ *Longeant un cours d'eau* – berge. △ **ANT.** HAUTE MER, LARGE.

river *v.* ▶ ***Fixer par des rivets*** – riveter. ▶ ***Immobiliser qqch.*** – amarrer, arrimer, assujettir, assurer, attacher, bloquer, fixer, immobiliser, retenir. ▶ ***Immobiliser qqn*** – clouer, immobiliser, maintenir, retenir, tenir. △ **ANT.** DÉTACHER, LIBÉRER; BOUGER, MOUVOIR.

rivière *n.f.* ▶ ***Cours d'eau*** – riviérette *(petite)*. ▶ ***Grande quantité*** – abondance, avalanche, averse, bombardement, bordée, cascade, déferlement, déluge, flot, flux, grêle, kaléidoscope, mascaret, pluie, torrent, vague. *SOUT.* fleuve. △ **ANT.** FILET, GOUTTE, LARME, ONCE, PEU.

robe *n.f.* ▶ ***Vêtement pour bébé*** – barboteuse, brassière, camisole, dormeuse(-couverture), grenouillère, lange, maillot. ▶ ***Vêtement de travail*** – bleu, blouse, combinaison, cotte, peignoir, poitrinière, robe-tablier, salopette, sarrau, suroît *(de marin)*, tablier, toge, uniforme, vareuse. *ANC.* bourgeron. ▶ ***Poil*** – fourrure, lainage, livrée, manteau, mantelure *(chien)*, peau, pelage, toison. ▶ ***Enveloppe des légumes et fruits*** – bogue, brou, coque, coquille, cosse, écale, écalure, écorce, efflorescence, épicarpe, peau, pellicule, pelure, pruine, tégument, zeste. ▶ ***Enveloppe du cigare*** – cape. ▶ ***Couleur*** – coloration, coloris, couleur, degré, demi-teinte, nuance, teinte, ton, tonalité. *SOUT.* chromatisme. ♦ **la robe,** ***sing.*** ▶ ***Justice*** – gens de robe, la justice. *FAM.* la basoche.

robinet *n.m.* ▶ ***Dispositif*** – bec de cygne, prise (d'eau), purgeur. ▸ *Valve* – clapet, obturateur, reniflard, soupape, valve, valvule, vannelle, vantelle.

▸ *Poignée* – anse, bec-de-cane, béquille, bouton (de porte), crémone, crosse *(arme à feu)*, ente, espagnolette, main *(tiroir)*, manche, mancheron, maneton, manette, manicle, oreille, pied-de-biche, poignée, queue *(casserole)*. BELG. clenche. SPORTS palonnier. ▸ *Bavard* (FAM.) – bavard, (beau) parleur, bonimenteur, causeur, commère, crécelle, discoureur, enjôleur, péroreur, phraseur. FAM. baratineur, fort en gueule, gazette, jacasseur, jacteur, laïusseur, moulin à paroles, pie, pipelet, robinet (d'eau tiède). QUÉB. FAM. bavasseux, jasant, mémère, placoteux.

robuste *adj.* ▸ ***Costaud*** – athlétique, bien bâti, bien découplé, bréviligne, costaud, fort, gaillard, musclé, puissant, râblé, ramassé, solide, trapu, vigoureux. FAM. qui a du coffre. FRANCE FAM. balèze, bien baraqué, malabar, maous. ▸ ***En bonne santé*** – bâti à chaux et à sable, gaillard, solide, vaillant, vigoureux. ▸ *Tenace* – coriace, inusable, rebelle, résistant, tenace, vivace. △ **ANT.** ANÉMIQUE, CHÉTIF, DÉBILE, DÉLICAT, FAIBLE, FRAGILE, FRÊLE, MALINGRE, RACHITIQUE; CHANCELANT, VACILLANT.

rocher *n.m.* ▸ ***Masse minérale*** – caillou, galet, minerai, minéral, pierre, pierrette *(petite)*, roc, roche. ▸ *Écueil* – brisant, écueil, étoc, récif, rocher (à fleur d'eau). ▸ *Os* – os temporal, temporal.

rocheux *adj.* caillouteux, graveleux, pierreux, rocailleux.

rôder *v.* ▸ ***Errer sans but*** – badauder, déambuler, errer, flâner, (se) baguenauder, se balader, se promener, traînailler, traînasser, traîner, vagabonder. SOUT. battre le pavé, divaguer, vaguer. FAM. vadrouiller, zoner. BELG. FAM. baligander, balziner. ACADIE FAM. gaboter. ▸ ***Errer avec une intention suspecte*** – fureter. △ **ANT.** S'ARRÊTER, SE FIXER.

roi *n.m.* ▸ ***Souverain*** – majesté, sire. ▸ ***Personnage important*** – chef, leader, maître, meneur, numéro un, parrain, seigneur, tête. FAM. baron, cacique, caïd, éléphant, (grand) manitou, grand sachem, gros bonnet, grosse légume, hiérarque, les huiles, pontife. FRANCE FAM. (grand) ponte, grosse pointure. ▸ *Avec titre* – autorité, dignitaire, officiel, responsable, supérieur. ▸ *Puissant* – magnat, mandarin, roi (de X), seigneur et maître. SOUT. prince. PÉJ. adjudant. ▸ *Peu important* – chefaillon, petit chef. ▸ ***Appellatif affectueux pour l'homme aimé*** (SOUT.) – adoré, précieux. SOUT. aimé, bien-aimé. ▸ ***Oiseau*** (QUÉB. FAM.) – gros-bec des pins. ♦ **les Rois,** ***plur.*** ▸ ***Rois mages*** – les Mages, les Rois mages. ▸ ***Fête*** – Épiphanie, fête des Rois, jour des Rois. △ **ANT.** SUJET.

rôle *n.m.* ▸ ***Fonction*** – affectation, charge, dignité, emploi, fonction, métier, mission, office, place, poste, responsabilité, siège, titre, vocation. ▸ ***Jeu d'un acteur*** – personnage. ▸ ***Influence*** – action, aide, appui, ascendant, attirance, attraction, aura, autorité, contagion, crédit, dominance, domination, effet, empreinte, emprise, fascination, force, importance, incitation, influence, inspiration, magie, magnétisme, mainmise, manipulation, mouvance, persuasion, pétition, poids, pouvoir, prépondérance, présence, pression, prestige, puissance, règne, séduction, subjugation, suggestion, tyrannie. SOUT. empire, intercession. ▸ ***Dénombrement*** – catalogue, cens, chiffrage, comptage, compte, décompte, dénombrement, détail, énumération, état, évaluation, inventaire, inventoriage, inventorisation, liste, litanie, numération, recensement, recension, revue, statistique. ▸ ***Liste*** – barème, bordereau, cadre, catalogue, index, inventaire, liste, matricule, mémoire, menu, nomenclature, registre, relevé, répertoire, série, suite, table, tableau. SUISSE tabelle.

roman *n.m.* ▸ ***Récit fictif*** – chantefable, chronique, conte, épopée, fabliau, histoire, historiette, légende, monogatari *(Japon)*, mythe, nouvelle, odyssée, saga. ▸ ***Fiction*** – affabulation, artifice, chimère, combinaison, comédie, expédient, fabrication, fabulation, fantaisie, feinte, fiction, fumisterie, histoire, idée, imagination, invention, irréalité, légende, mensonge, rêve, saga, songe. PSYCHOL. confabulation, mythomanie. △ **ANT.** FAIT, RÉALITÉ.

romanesque *adj.* ▸ ***Rêveur*** – chimérique, idéaliste, rêveur, utopiste, visionnaire. RARE irréaliste. ▸ ***Sentimental*** – fleur bleue, romantique, sensible, sentimental, tendre. ▸ *De façon excessive* – à l'eau de rose, sentimentaliste. FRANCE FAM. cucul la praline. △ **ANT.** BRUTAL, CRU, DIRECT; BANAL, PLAT, PROSAÏQUE, RÉALISTE.

romantique *adj.* ▸ ***Sentimental*** – fleur bleue, romanesque, sensible, sentimental, tendre. ▸ ***Poétique*** – lyrique, poétique. △ **ANT.** CLASSIQUE; BRUTAL, CRU, DIRECT; BANAL, PLAT, PROSAÏQUE, RÉALISTE.

romantisme *n.m.* ▸ ***Sensibilité*** – affect, affectivité, âme, attendrissement, cœur, compassion, émotion, émotivité, empathie, fibre, humanité, impressionnabilité, pitié, sensibilité, sentiment, sentimentalité, susceptibilité, sympathie, tendresse, vulnérabilité. SOUT. entrailles. FAM. tripes. ▸ *À l'excès* – hyperémotivité, hypersensibilité, sensiblerie, sentimentalisme. △ **ANT.** CLASSICISME, RÉALISME.

rompre *v.* ▸ ***Casser*** – briser, casser, démolir, disloquer, fracasser, mettre en pièces. FAM. démantibuler. ▸ ***Interrompre*** – briser, couper court à, interrompre, mettre fin à, mettre un terme à. ▸ ***Résilier*** – annuler, casser, dissoudre, mettre fin à, résilier. BELG. renoncer. DR. nullifier, rescinder, résoudre. ▸ ***Habituer*** (SOUT.) – discipliner, dresser, entraîner, exercer, façonner, former, habituer. ▸ ***Blesser par fracture*** – casser, fracturer. ▸ ***Se quitter*** – se brouiller, se désunir, se fâcher, se quitter, se séparer. ♦ **rompre ou se rompre** ▸ ***Se casser*** – céder, lâcher, (se) casser. FAM. péter. △ **ANT.** ATTACHER, JOINDRE, NOUER, SOUDER, UNIR; COMMENCER; CONTINUER; RÉTABLIR; SE RÉCONCILIER. ♦ **se rompre** RÉSISTER, TENIR.

rond *adj.* ▸ ***En forme de cercle*** – circulaire, orbiculaire. ▸ ***En forme de globe*** – globulaire, globuleux, sphérique, sphéroïdal, sphéroïdique. ▸ ***De forme arrondie*** – arrondi, bombé, convexe, courbe, pansu, rebondi, renflé, ventru. ▸ *En parlant du physique* – arrondi, aux formes pleines, charnu, dodu, enveloppé, grassouillet, plein, potelé, pulpeux, rebondi, replet, rondelet. FAM. boulot, gironds, rondouillard. ▸ *En parlant du visage* – joufflu, poupard, poupin. ▸ ***Ivre*** (FAM.) – aviné, en état d'ébriété, enivré, ivre, pris de boisson. FAM. paf, parti, plein, poivré, saoul. FRANCE FAM. beurré (comme un petit Lu), blindé, bourré, cuit, cuité, mûr, noir, pété, pinté, schlass. △ **ANT.** ANGULEUX, CARRÉ, POINTU; PLAT; CONCAVE, CREUX, RENTRANT; ÉLANCÉ, FILIFORME, FLUET,

FRÊLE, GRACILE, GRÊLE, LONGILIGNE, MAIGRE, MINCE, SVELTE; SOBRE.

rond *n.m.* ▶ ***Courbe*** – boucle, cercle, orbe, orbite, ovale, ove. ▶ ***Partie d'une cuisinière*** – plan de cuisson, plaque chauffante. ▶ ***Chose ronde*** – anneau, bague, cerceau, cercle, collier, couronne, disque, rondelle. ▶ ***Argent*** – sou. ▶ ***Muscle*** – muscle rond.

ronde *n.f.* ▶ ***Surveillance*** – attention, espionnage, faction, filature, garde, gardiennage, guet, îlotage, inspection, monitorage, observation, patrouille, sentinelle, veille, veillée, vigie, vigilance. ▶ ***Écriture*** – écriture ronde. ▶ ***Châtiment*** (*QUÉB. FAM.*) – châtiment corporel, correction, punition corporelle, volée (de coups). *FAM.* dégelée, dérouille, dérouillée, passage à tabac, pâtée, peignée, pile, raclée, ratatouille, rossée, roulée, rouste, tabassage, tabassée, tannée, torchée, tournée, trempe, tripotée. *FRANCE FAM.* secouée, tatouille, tisane, trépignée. ♦ **rondes, *plur.*** ▶ ***Légume*** (*SUISSE*) – pomme de terre en robe des champs. *FAM.* pomme de terre en robe de chambre. *QUÉB.* patate au four.

rondeur *n.f.* ▶ ***Courbure*** – arçonnage, arcure, arrondi, bombage, cambre, cambrure, cintrage, circularité, concavité, conicité, convexité, courbe, courbure, fléchissement, flexion, flexuosité, galbe, incurvation, inflexion, parabolicité, rotondité, sinuosité, sphéricité, tortuosité, voussure. ▶ ***Embonpoint*** – adipose, adiposité, bouffissure, corpulence, embonpoint, empâtement, engraissage, engraissement, épaississement, grosseur, obésité, polysarcie. *FAM.* rotondité. ▶ ***Gonflement*** – ampoule, ballonnement, bombement, bosse, bouffissure, boursouflage, boursouflement, boursouflure, bulle, cloche, cloque, débordement, dilatation, distension, enflure, engorgement, fluxion, gonflement, grosseur, grossissement, hypertrophie, intumescence, renflement, sinus, soufflure, soulèvement, tuméfaction, tumescence, turgescence, ventre, vésicule, vultuosité. *QUÉB. FAM.* bouffie. *PATHOL.* bubon, ectasie, emphysème, hydronéphrose, inflation, météorisation, météorisme, œdème, phlyctène. ▶ ***Franchise*** – abandon, bonne foi, confiance, cordialité, droiture, franchise, franc-jeu, franc-parler, loyauté, netteté, simplicité, sincérité, spontanéité. ▶ ***Aisance*** – aisance, aise, assurance, décontraction, désinvolture, distinction, facilité, grâce, légèreté, naturel, souplesse. ♦ **rondeurs, *plur.*** ▶ ***Beautés d'une femme*** – attributs féminins, charmes. △ **ANT.** MAIGREUR, MINCEUR; DUPLICITÉ, FAUSSETÉ, HYPOCRISIE.

ronflement *n.m.* ▶ ***Respiration*** – anhélation, apnée, asthme, dyspnée, enchifrènement, essoufflement, étouffement, halètement, han, oppression, pousse, sibilation, stertor, stridor *(inspiration)*, suffocation. *SOUT.* ahan. *ACADIE FAM.* courte-haleine. ▶ ***Bruit*** – borborygme, bourdonnement, gargouillement, gargouillis, grognement, grondement, râlement, ronron, ronronnement, roulement, rumeur, vrombissement.

ronfler *v.* ▶ ***Émettre un grondement régulier*** – bourdonner, gronder, ronronner, vrombir. ▶ ***Dormir*** (*FAM.*) – dormir. *ENFANTIN* faire dodo. *SOUT.* être dans les bras de Morphée, reposer. *FAM.* en écraser, pioncer, roupiller.

ronger *v.* ▶ ***Grignoter*** – grignoter, mordiller. *QUÉB.* gruger. ▶ ***Éroder*** – attaquer, corroder, entamer, éroder, manger, mordre. ▶ ***Creuser par le fond*** – affouiller, creuser, dégrader, éroder, miner, saper. ▶ ***Tourmenter*** – assaillir, consumer, crucifier, déchirer, dévorer, faire souffrir, lanciner, martyriser, mettre au supplice, percer, poignarder, supplicier, tarauder, tenailler, torturer, tourmenter, transpercer. *SOUT.* poindre. *RARE* bourreler. ▶ ***Perturber gravement*** – détruire, miner, ravager. *SOUT.* corroder. ▶ ***Affaiblir physiquement*** – abattre, affaiblir, alanguir, anémier, consumer, débiliter, diminuer, épuiser, étioler, miner, user. △ **ANT.** CONSOLIDER, RENFORCER; APAISER, CONSOLER, PACIFIER.

ronronner *v.* ▶ ***Émettre un grondement régulier*** – bourdonner, gronder, ronfler, vrombir.

rose *adj.* ▶ ***De la couleur du rose*** – rosâtre, rosé. ▸ *Rose pâle* – bois de rose, rose pâle, vieux rose. *SOUT.* aurore, incarnadin. ▸ *Rose vif* – fleur de pêcher, fuchsia, magenta, rose bonbon, rose indien, rose vif. ▸ *Rose-rouge* – framboise, groseille, rose foncé. ▸ *Rose orangé* – crevette, pêche, pelure d'oignon, rose orangé, rose saumoné, saumon. ▸ *Rose chair* – chair, rose chair. *SOUT.* carné, cuisse de nymphe émue, incarnadin. ▸ *Brun-rose* – rose-thé. ▶ ***En parlant du teint*** – clair, coloré, fleuri, florissant, frais, pur, vermeil. △ **ANT.** BLAFARD, BLANC, BLÊME, CADAVÉREUX, CADAVÉRIQUE, DIAPHANE, EXSANGUE, HÂVE, LIVIDE, PÂLE, PÂLOT; NOIR *(RÉCIT)*.

rotation *n.f.* ▶ ***Fait de tourner*** – circumduction, giration, pivotement, révolution, roulement, tour, tourbillonnement, tournoiement, translation. ▶ ***Remplacement*** – change, changement, chassé-croisé, commutation, échange, intérim, rechange, relève, remplacement, roulement, subrogation, substitution, succession, suppléance. ▶ ***Alternance*** – allée et venue, alternatives, balancement, bascule, changement, flux et reflux, intermittence, ondulation, oscillation, palpitation, périodicité, pulsation, récurrence, récursivité, retour, roulement, rythme, sinusoïde, succession, tour, va-et-vient, variation. ▶ ***Rotation des cultures*** – alternance, alternat, assolement, dessolement, rotation (des cultures).

rouage *n.m.* ▶ ***Objet*** – pignon *(petit)*, tympan *(gros)*.

roue *n.f.* ▶ ***Volant de direction*** (*QUÉB. FAM.*) – volant. ▶ ***Objet tournant*** –▸ *Petite* – galet, molette, roulette. ▶ ***Châtiment*** – pilori.

rouge *adj.* ▶ ***De la couleur du rouge*** – rougeâtre, rougissant. *DIDACT.* érubescent, rubescent. ▸ *Rouge vif* – andrinople, carmin, carminé, coquelicot, corail, cramoisi, écarlate, fraise, fraise écrasée, garance, ponceau, rouge sang, rouge vif, rubis, tomate, vermillon. *SOUT.* corallin. ▸ *Rouge clair* – coq de roche, incarnat, nacarat, rouge clair. ▸ *Rouge sombre* – bordeaux, brique, empourpré, grenat, pourpre, (rouge) cerise, rouge foncé, rouge sombre, sang-de-bœuf. *SOUT.* pourpré, pourprin, purpurin. *QUÉB.* bourgogne, rouge vin. ▸ *Rouge-violet* – amarante, colombin, cramoisi, lie-de-vin, pourpre, violine, zinzolin. ▸ *Rouge-rose* – framboise, groseille, rose foncé. ▸ *Rouge orangé* – capucine, rouge orangé, tango. ▸ *Rouge feu* – ardent, de feu, flamboyant, rouge feu, rougeâtre, rougeoyant, rutilant. ▶ ***En parlant du visage*** – coloré, congestionné, couperosé, cramoisi, écarlate, empourpré, en feu, enflammé, enluminé, injecté, rougeaud, rougissant, rubicond, sanguin, vineux. *SOUT.* rubescent, vultueux. *FAM.* rouget. ▶ ***En parlant des lèvres*** – vermeil. *SOUT.* carmin, corallin, de corail. ▶ ***Communiste*** (*FAM.*) – communisant, communiste. *FAM. PÉJ.* coco. △ **ANT.** BLAFARD, BLANC, BLÊME, LIVIDE, PÂLE.

rougeur *n.f.* ▶ ***Couleur rouge*** – érubescence, rouge, rougeoiement. ▶ ***Réaction biologique*** – érythème, macule (érythémateuse). ▶ ***Engelure*** – crevasse, engelure, érythème, froidure, gelure, onglée. *ACADIE FAM.* grappe. *SUISSE* débattue. △ **ANT.** BLANCHEUR *(VISAGE)*.

rougir *v.* ▶ ***Devenir rouge*** – rougeoyer, s'empourprer. *SOUT.* se pourprer. ▶ ***Devenir rouge d'émotion*** – s'empourprer. *FAM.* piquer un fard, piquer un soleil. ▶ ***Colorer de rouge*** – carminer, vermillonner. *SOUT.* empourprer, ensanglanter. *MÉD.* rubéfier. ▶ ***Donner des couleurs*** – colorer, donner des couleurs à, enluminer, rosir. △ **ANT.** BLANCHIR, BLÊMIR, PÂLIR.

rougissant *adj.* ▶ ***Qui devient rouge*** – rouge, rougeâtre. *DIDACT.* érubescent, rubescent. ▶ ***En parlant du teint*** – coloré, congestionné, couperosé, cramoisi, écarlate, empourpré, en feu, enflammé, enluminé, injecté, rouge, rougeaud, rubicond, sanguin, vineux. *SOUT.* rubescent, vultueux. *FAM.* rouget.

rouille *n.f.* ▶ ***Métal*** – limonite. *CHIM.* hydroxyde de fer. ▶ ***Maladie végétale*** – anthracnose, carie, charbon, nielle. ▶ ***Altération*** – altération, barbouillage, bricolage, contrefaçon, déformation, déguisement, dénaturation, entorse, falsification, fardage, faux, fraude, frelatage, gauchissement, maquillage, modification, truquage. *DR.* contrefaction.

rouleau *n.m.* ▶ ***Pièce cylindrique*** – cylindre, tambour. ▶ ***Instrument pour abaisser la pâte*** – rouleau à pâtisserie. *QUÉB.* rouleau à pâte. ▶ ***Bobine*** – bobine, broche, canette, cops, fuseau, fusette, navette, rochet, roquetin. *ACADIE FAM.* rolon. ▶ ***Bigoudi*** – bigoudi, papillote. ▶ ***Vague*** – vague. ▸ *Petite* – mouton *(écume)*, vaguelette. ▸ *Grosse* – lame de fond, raz de marée, tsunami. ▸ *Qui se brise* – brisant, contre-lame *(inversée)*, lame, mascaret, paquet de mer, (vague) déferlante.

roulement *n.m.* ▶ ***Action de rouler*** – circumduction, giration, pivotement, révolution, rotation, tour, tourbillonnement, tournoiement, translation. ▶ ***Bruit*** – borborygme, bourdonnement, gargouillement, gargouillis, grognement, grondement, râlement, ronflement, ronron, ronronnement, rumeur, vrombissement. ▶ ***Remplacement*** – change, changement, chassé-croisé, commutation, échange, intérim, rechange, relève, remplacement, rotation, subrogation, substitution, succession, suppléance. ▶ ***Alternance*** – allée et venue, alternatives, balancement, bascule, changement, flux et reflux, intermittence, ondulation, oscillation, palpitation, périodicité, pulsation, récurrence, récursivité, retour, rotation, rythme, sinusoïde, succession, tour, va-et-vient, variation. △ **ANT.** CONTINUATION, MAINTIEN, STABILITÉ.

rouler *v.* ▶ ***Enrouler*** – enrouler. ▸ *Autour d'une bobine* – bobiner, embobiner, envider, rebobiner. ▶ ***Retourner dans son esprit*** – remâcher, ressasser, retourner, retourner dans sa tête, retourner dans son esprit, ruminer. ▶ ***Escroquer*** (*FAM.*) – escroquer, estamper, flouer, frauder, voler. *SOUT.* gruger. *FAM.* arnaquer, blouser, carambouiller, écorcher, entôler, étriller, filouter, plumer, tondre, truander. ▶ ***En parlant d'un bateau*** – se balancer, tanguer. △ **ANT.** DÉPLOYER, DÉROULER, ÉTALER, ÉTENDRE.

roulette *n.f.* ▶ ***Partie d'un mécanisme ou d'un instrument*** – galet, molette.

roulotte *n.f.* autocaravane, caravane, remorque, tente-caravane.

route *n.f.* ▶ ***Chaussée*** – chaussée, rue. *AFR.* goudron. *PAR EXT.* asphalte, bitume, macadam. ▶ ***Trajet*** – aller (et retour), chemin, cheminement, circuit, course, direction, distance, espace, itinéraire, marche, parcours, retour, tracé, traite, trajectoire, trajet, traversée, voyage. *FAM.* trotte. *FRANCE FAM.* tirée.

routine *n.f.* ▶ ***Monotonie*** – encroûtement, manie, marotte, monotonie, ordinaire, ronron, tic, uniformité. ▶ ***Redite*** – chanson, écho, leitmotiv, rabâchage, radotage, récurrence, redite, redondance, refrain, rengaine, répétition, reprise, ressassage, ressassement, ritournelle, scie, sérénade, turlutaine. *FAM.* resucée. △ **ANT.** CHANGEMENT, INITIATIVE, INNOVATION, NOUVEAUTÉ.

roux *adj.* ▶ ***D'un brun orangé*** – cognac, fauve, feuille-morte, noisette, ocré, ocre, rouille, roussâtre, roussi, tabac. *SOUT.* rouillé. *DIDACT.* rubigineux. ▶ ***En parlant des cheveux*** – poil-de-carotte, (rouge) carotte, rouge feu, rouquin.

royal *adj.* ▶ ***Qui concerne la royauté*** – monarchique. ▶ ***Somptueux*** – fastueux, luxueux, magnifique, opulent, princier, riche, seigneurial, somptueux. *SOUT.* magnificent, splendide. ▶ ***De grande qualité*** – de classe, de luxe, de premier ordre, de première qualité, de qualité supérieure, excellent, extra, extrafin, haut de gamme, hors classe, impérial, supérieur, surchoix, surfin. *RARE* excellentissime. △ **ANT.** À LA BONNE FRANQUETTE, HUMBLE, MODESTE, SANS CÉRÉMONIES, SIMPLE, SOBRE.

royaliste *adj.* monarchiste. △ **ANT.** ANTIMONARCHISTE; RÉPUBLICAIN.

royaume *n.m.* ▶ ***Pays*** – couronne, grand-duché *(petit)*, monarchie, sultanat *(Moyen-Orient)*.

royauté *n.f.* ▶ ***Dignité*** – beylicat, califat, consulat, décanat, directorat, émirat, haut-commissariat, khédivat, landgraviat, lectorat, magistère, mairie, majoralat, maréchalat, notariat, pairie, préfecture, présidence, principauté, proconsulat, procuratie, régence, rhingraviat, sommellerie, sous-préfecture, sultanat, tutorat. *FAM.* perchoir. *BELG.* maïorat *(mairie)*. *ANC.* échevinage, électorat, jurande, khanat, margraviat, palatinat, principat, stathoudérat, syndicat. *RARE* généralat, rabbinat. *ANTIQ.* éphorat, éponymie. *ANTIQ. ROM.* décemvirat, duumvirat, édilité, ethnarchie, patriciat, tribunat, triumvirat. *RELIG.* cardinalat, doyenné, imamat, nonciature, papauté, pastorat, pénitencerie, pontificat, priorat, vicariat. *SPORTS* capitanat. *DIDACT.* clinicat, commissariat, tétrarchat.

▶ *Régime* – autorité royale, couronne, sceptre, souveraineté, trône.

ruban *n.m.* ▶ ***Bande de tissu*** – bolduc, boucle, bouffette, chou, cocarde, dragonne, élastique, embrasse, extrafort, faveur, galon, ganse, gansette, gros-grain, lambrequin, padou, passement, rosette, volant. ANC. falbala. ▶ ***Lien pour les cheveux*** – catogan, chouchou, élastique.

rubrique *n.f.* ▶ ***Titre*** – frontispice, manchette, titre. DIDACT. intitulé. ▶ ***Série d'articles*** – bulletin, chronique. ▶ ***Subdivision d'un livre*** – alinéa, article, chapitre, livre, matière, objet, paragraphe, partie, question, section, sujet, titre, tome, volet, volume. ▸ *Dans un texte sacré* – psaume, surate *(musulman)*, verset.

ruche *n.f.* ▶ ***Insectes*** – colonie, essaim. ▶ ***Foule*** – abondance, affluence, armada, armée, attroupement, bande, cohue, concentration, concours, encombrement, essaim, flot, forêt, foule, fourmilière, fourmillement, grouillement, légion, marée, masse, meute, monde, multitude, peuple, pléiade *(célébrités)*, pullulement, rassemblement, régiment, réunion, ribambelle, tas, troupeau. FAM. flopée, marmaille *(enfants)*, tapée, tripotée. QUÉB. FAM. achalandage, gang. PÉJ. ramassis. ▶ ***Ornement*** – ruché. ▶ ***Lieu bourdonnant d'activités*** – usine. △ **ANT.** HAVRE DE PAIX, REFUGE.

rude *adj.* ▶ ***Rugueux*** – âpre, râpeux, rêche, rugueux. ▶ ***En parlant d'une étoffe*** – bourru, grossier. ▶ ***Difficile*** – ardu, difficile, dur, éprouvant, pénible. FAM. galère. ▶ ***En parlant de l'hiver, du climat*** – âpre, dur, inclément, rigoureux. ▶ ***Brusque*** – à la hussarde, brusque, sans ménagement. ▶ ***Violent*** – agressif, brutal, dur, emporté, raide, violent. FAM. à la redresse. ▶ ***En parlant du ton, des paroles*** – abrupt, agressif, bourru, bref, brusque, brutal, cassant, coupant, dur, incisif, raide, sec, tranchant. ▶ ***En parlant d'une voix*** – âpre, enroué, éraillé, guttural, râpeux, rauque, rocailleux. FAM. de rogomme. ▶ ***Qui manque de finesse*** – fruste, grossier, inculte, mal dégrossi, primitif, rustaud, rustique. PÉJ. FAM. paysan, péquenaud, plouc. ▶ ***Pour renforcer un terme*** – fameux, fieffé, fier, franc, parfait, sale. FAM. damné, fichu, maudit, sacré, satané. △ **ANT.** DOUX; LISSE; SOYEUX; FACILE; CLAIR, CRISTALLIN, MÉLODIEUX; ACCABLANT, BRÛLANT, CANICULAIRE, ÉCRASANT, ÉTOUFFANT, LOURD, SAHARIEN, SUFFOCANT, TORRIDE, TROPICAL; DÉLICAT, FIN, RAFFINÉ, RECHERCHÉ, SOPHISTIQUÉ; CULTIVÉ, ÉVOLUÉ.

rudesse *n.f.* ▶ ***Rugosité*** – âpreté, aspérité, callosité, inégalité, irrégularité, rugosité. ▶ ***Manque de raffinement*** – balourdise, barbarie, béotisme, bestialité, brutalité, fruste, goujaterie, grossièreté, impolitesse, inélégance, lourdeur, rustauderie, rusticité, rustrerie, vulgarité. ▶ ***Dureté*** – brusquerie, brutalité, dureté, hostilité. SOUT. rudoiement. ▶ ***Aigreur*** – acariâtreté, acerbité, acidité, âcreté, acrimonie, agressivité, aigreur, amertume, animosité, âpreté, bave, bile, causticité, colère, dépit, désagrément, dureté, fiel, haine, hargne, humeur, irritation, malveillance, maussaderie, mauvaise humeur, méchanceté, mordant, pique, rancœur, rancune, récrimination, ressentiment, tranchant, venin, vindicte, virulence. SOUT. mordacité. FAM. rouspétance. △ **ANT.** DOUCEUR; FINESSE, RAFFINEMENT, SOPHISTICATION; AMABILITÉ, DÉLICATESSE, GENTILLESSE.

rudimentaire *adj.* ▶ ***À l'état d'ébauche*** – (à l'état) brut, à l'état d'ébauche, ébauché, élémentaire, embryonnaire, fruste, grossier, imparfait, informe, larvaire, mal équarri, primitif. ▶ ***Peu approfondi*** – approximatif, grossier, imprécis, sommaire, superficiel, vague. △ **ANT.** ACHEVÉ, COMPLET, DANS SA PHASE FINALE, TERMINÉ; APPROFONDI, COMPLEXE, COMPLIQUÉ, DÉTAILLÉ, FOUILLÉ, PERFECTIONNÉ.

rue *n.f.* ▶ ***Voie de communication*** – accès, artère, voie. ▸ *Large* – allée, avenue, boulevard, cours, mail, promenade. BELG. drève. ▸ *Petite* – boyau *(étroit)*, passage, ruelle. FRANCE RÉGION. traboule. SOUT. venelle. ▶ ***Chaussée*** – chaussée, route. AFR. goudron. PAR EXT. asphalte, bitume, macadam. ▶ ***Personnes*** – (bas) peuple, (basse) pègre, bétail, foule, masse, multitude, plèbe, populace, prolétariat, troupeau, vulgaire. FAM. populo, vulgum pecus.

ruelle *n.f.* ▶ ***Petite rue*** – boyau *(étroit)*, passage. FRANCE RÉGION. traboule. SOUT. venelle. ▶ ***Alcôve*** (ANC.) – alcôve, niche, réduit, renfoncement.

ruer (se) *v.* ▶ ***S'élancer*** – foncer, s'élancer, sauter, se jeter, se lancer, se précipiter. ▶ ***Attaquer*** – agresser, assaillir, attaquer, charger, foncer sur, fondre sur, sauter sur, se jeter sur, tomber sur. BELG. broquer sur. ▶ ***Envahir*** – assiéger, envahir, prendre d'assaut. △ **ANT.** MODÉRER, RALENTIR, SE RETENIR; ÉVITER, FUIR.

rugir *v.* ▶ ***Hurler*** – crier, hurler. SOUT. tonitruer, vociférer. FAM. beugler, brailler, gueuler. ACADIE FAM. horler. ▶ ***Faire un bruit puissant*** – gronder, hurler, mugir.

rugueux *adj.* âpre, râpeux, rêche, rude. △ **ANT.** DOUX; ÉGAL, LISSE, POLI, UNI; MOELLEUX, SUAVE; AIMABLE, CONCILIANT.

ruine *n.f.* ▶ ***Décrépitude*** – abaissement, abâtardissement, abjection, abrutissement, affadissement, affaiblissement, agonie, altération, amollissement, appauvrissement, atrophie, avachissement, avilissement, baisse, corruption, décadence, déchéance, déclin, décrépitude, dégénérescence, dégradation, délabrement, déliquescence, dénaturation, dépérissement, détérioration, édulcoration, empirement, étiolement, flétrissure, perte, perversion, pourrissement, pourriture, rouille, sape, usure. SOUT. aveulissement, crépuscule, pervertissement. FAM. déglingue, dégringolade. ▶ ***Décombres*** – déblais, débris, décharge, décombres, démolitions, éboulement, éboulis, épave, gravats, gravois, miettes, plâtras, reste, vestiges. SOUT. cendres. ▶ ***Malheur*** – adversité, calamité, calice (de douleur), chagrin, détresse, deuil, disgrâce, douleur, échec, épreuve, fatalité, infortune, mal, malchance, malédiction, malheur, mauvaise fortune, mauvaise passe, mésaventure, misère, nuage, orage, peine, revers, sale affaire, sale histoire, souffrance, traverse, tribulation. SOUT. bourrèlement, plaie, tourment. ▶ ***Épreuve*** – contrariété, coup, coup du destin, coup du sort, coup dur, disgrâce, échec, épreuve, hydre, infortune, mal, malchance, malheur, mauvais moment à passer, misère, péril, revers, tribulation. SOUT. traverse. ▶ ***Catastrophe*** – apocalypse, bouleversement, calamité, cataclysme, catastrophe, chaos, désastre, drame, fléau, malheur, néant, sinistre, tragédie. FIG. précipice. SOUT. abîme. FAM. cata. ▶ ***Personne déchue*** – déchet de la société, déchet (humain), épave, larve (humaine), loque (humaine), ruine (humaine), sous-homme. ▶ ***Faillite*** – banqueroute, chute, crise, culbute, débâcle, déconfiture, dépôt de bilan, dépression, effondrement, faillite, fiasco, insolvabilité, krach, liquidation, marasme, mévente, naufrage, récession, stagflation. FAM. dégringolade. FRANCE FAM. baccara. ▶ ***Pauvreté*** – appauvrissement, besoin, dénuement, détresse, embarras, gêne, gouffre, indigence, manque, mendicité, misère, nécessité, pauvreté, pouillerie, privation. SOUT. impécuniosité. FAM. dèche. FRANCE FAM. débine, fauche, mistoufle, mouise, mouscaille, panade, purée. DR. carence. △ **ANT.** CROISSANCE, ESSOR, RENAISSANCE; RELÈVEMENT, RENFORCEMENT; RÉUSSITE, SUCCÈS; FORTUNE, GAIN, RICHESSE.

ruiner *v.* ▶ ***Causer un grand tort à qqn*** – achever, casser les reins à, causer la perte de, causer la ruine de, démolir, perdre. ▶ ***Anéantir*** – anéantir, annihiler, briser, démolir, détruire, écraser, éliminer, néantiser, pulvériser, réduire à néant, réduire à rien, supprimer. ▶ ***Entraîner la fin*** – porter le coup de grâce à, sonner le glas de, tuer. ▶ ***Gâcher*** – empoisonner, gâcher, gâter, saboter. FAM. bousiller. ▶ ***Détruire, en parlant des forces naturelles*** – anéantir, détruire, dévaster, endommager, ravager, saccager. SOUT. désoler. ▶ ***Appauvrir*** – appauvrir. FAM. mettre sur la paille. DIDACT. paupériser *(la population)*. ▶ ***Dépouiller au jeu*** – FAM. lessiver, nettoyer, ratiboiser, rétamer, rincer. ▶ ***Exiger des paiements ruineux*** – étrangler, prendre à la gorge, pressurer, saigner, saigner à blanc. △ **ANT.** BÉNÉFICIER, FAVORISER; BÂTIR, CONSTRUIRE, ÉDIFIER, FONDER; AFFERMIR, CONSOLIDER, FORTIFIER, RENFORCER; ENRICHIR. ♦ **se ruiner** S'ENRICHIR; ÉPARGNER.

ruineux *adj.* ▶ ***Qui entraîne de lourdes dépenses*** – cher, dispendieux, lourd, onéreux. FAM. budgétivore. ▶ ***Coûteux*** – astronomique, cher, coûteux, élevé, exorbitant, fou, hors de prix, inabordable, prohibitif. FAM. chérot, faramineux, salé. △ **ANT.** BON MARCHÉ, DÉRISOIRE, RIDICULE, TRÈS BAS; ÉCONOMIQUE; LUCRATIF, PROFITABLE, RÉMUNÉRATEUR.

ruisseau *n.m.* ▶ ***Cours d'eau naturel*** – QUÉB. FAM. crique. ▸ *Petit* – rigole, ruisselet. FRANCE RÉGION. platière. ▶ ***Voie d'écoulement*** – caniveau, cassis.

ruisselant *adj.* dégouttant, détrempé, mouillé, trempé.

ruisseler *v.* ▶ ***En parlant d'un liquide*** – couler, s'écouler, se déverser, se répandre. SOUT. courir, fluer, s'épancher. ▶ ***En parlant de la lumière*** – se déverser, se répandre. SOUT. s'épandre.

ruissellement *n.m.* ▶ ***Écoulement*** – circulation, débit, débordement, écoulement, éruption, évacuation, exsudation, flux, fuite, ingression, inondation, irrigation, irruption, larmoiement, mouvement, passage, ravinement, régime, sortie, suage, suintement, transpiration, vidange. SOUT. submersion, transsudation. RÉGION. débord. GÉOGR. défluviation, transfluence, transgression. ▶ ***Reflet*** – brasillement, brillance, brillant, cati, chatoiement, coruscation, éclat, étincellement, feux, halo, image, irisation, lueur, luisant, lustre, miroitement, moire, moiré, moirure, orient, papillotage, papillotement, poli, poudroiement, rayonnement, reflet, réflexion, réfraction, réverbération, scintillement. SOUT. luisance, nacre, opalescence, resplendissement, rutilance, rutilation, rutilement. SC. albédo. TECHN. bruni, brunissure.

rumeur *n.f.* ▶ ***Nouvelle non confirmée*** – bruit, écho, on-dit, ouï-dire, racontar, vent. AFR. radiotrottoir. ▶ ***Médisance*** – bavardage, cancan, caquetage, caquètement, médisance, potin, qu'en-dira-t-on. SOUT. clabaudage, clabauderie. FAM. chuchoterie, commérage, débinage, racontage, racontar, ragot. QUÉB. FAM. placotage. ▶ ***Bruit*** – borborygme, bourdonnement, gargouillement, gargouillis, grognement, grondement, râlement, ronflement, ronron, ronronnement, roulement, vrombissement. △ **ANT.** FAIT, VÉRITÉ; SILENCE.

ruminer *v.* ▶ ***Mâcher de nouveau*** – régurgiter, remâcher. ▶ ***Ressasser*** – remâcher, ressasser, retourner, retourner dans sa tête, retourner dans son esprit, rouler. ▶ ***Préparer par une longue réflexion*** – calculer, combiner, couver, imaginer, méditer, mûrir, préméditer. ▶ ***Réfléchir*** (FAM.) – méditer, penser, raisonner, réfléchir, se concentrer, songer, spéculer. SOUT. délibérer. FAM. cogiter, faire travailler sa matière grise, gamberger, phosphorer, se casser la tête, se creuser la tête, se creuser les méninges, se presser le citron, se pressurer le cerveau, se servir de sa tête.

rupture *n.f.* ▶ ***Éclatement*** – crevaison, éclatement. ▶ ***Séparation*** – débranchement, déconnexion, désaccord, désunion, disjonction, scission, séparation. ▶ ***Discontinuité*** – brisure, cassure, coupure, discontinuité, fossé, hiatus, interruption, lacune, saut, solution de continuité. ▶ ***Divorce*** – désertion, désunion, dissolution (de mariage), divorce, répudiation, séparation. FAM. décrochage, lâchage, largage, plaquage. ▶ ***Dispute*** – accrochage, algarade, altercation, brouille, brouillerie, chicane, controverse, démêlé, désaccord, désunion, différend, discorde, dispute, divergence, escarmouche, explication, fâcherie, froid, heurt, joute oratoire, litige, malentendu, mésentente, passe d'armes, polémique, querelle, scène, zizanie. FAM. bagarre, bisbille, bringue, chamaille, chamaillerie, empoignade, empoignement, engueulade, prise de bec, séance. BELG. FAM. bisbrouille. ▶ ***Infraction*** – accroc, contravention, crime, délit, dérogation, entorse, faute, forfait, forfaiture, inconduite, infraction, manquement, mauvaise action, mauvaise conduite, méfait, non-respect, transgression, violation. BELG. méconduite. DR. cas. △ **ANT.** ASSOCIATION, UNION; CONTINUITÉ.

rural *adj.* ▶ ***Qui concerne la campagne*** – campagnard, champêtre, paysan, rustique. SOUT. agreste, bucolique, pastoral. ▶ ***Qui concerne l'agriculture*** – agricole, cultivateur, paysan, terrien. △ **ANT.** CITADIN, URBAIN.

ruse *n.f.* ▶ ***Ingéniosité*** – adresse, débrouillardise, finesse, habileté, industrie, ingéniosité, jonglerie, perfidie, roublardise, rouerie. SOUT. cautèle. FAM. système D, système débrouille. ▶ ***Stratégie*** – adresse, calcul, diplomatie, finesse, habileté, ligne de conduite, machiavélisme, manège, négociation, patience, prudence, sagesse, savoir-faire, souplesse, stratégie, tactique, temporisation, tractation. ▶ ***Stratagème*** – artifice, astuce, escamotage, fourberie, fraude, machiavélisme, machination, manœuvre, stratagème, subterfuge. *FAM.* feinte. ▶ ***Expédient*** – acrobatie, astuce, demi-mesure *(inefficace)*, échappatoire, expédient, gymnastique, intrigue, mesure, moyen, palliatif, procédé, remède, ressource, solution, système, tour. *FAM.* combine, gimmick, truc. ▶ ***Leurre*** – attrape, attrape-nigaud, chausse-trappe, embuscade, filet, guêpier, guet-apens, leurre, piège, traquenard, tromperie. *SOUT.* duperie, rets. ▶ ***Feinte*** – affectation, artifice, cachotterie, comédie, déguisement, dissimulation, duplicité, faux-semblant, feinte, fiction, finauderie, grimace, hypocrisie, invention, leurre, mensonge, momerie, pantalonnade, parade, simulation, singerie, sournoiserie, tromperie. *SOUT.* simulacre. *FAM.* cinéma, cirque, finasserie, frime. △ **ANT.** CANDEUR, DROITURE, RECTITUDE, SINCÉRITÉ.

rusé *adj.* adroit, astucieux, déluré, fin, finaud, futé, habile, ingénieux, intelligent, inventif, malin, qui a plus d'un tour dans son sac. *FAM.* débrouillard, dégourdi. *FRANCE FAM.* dessalé, fortiche, fute-fute, mariol, sioux. *QUÉB. FAM.* fin finaud. ▶ *Non favorable* – diabolique, fourbe, machiavélique, malin, perfide, tortueux. *SOUT.* artificieux, chafouin, madré, matois, retors, roué, scélérat. *FAM.* roublard, vicelard. *QUÉB. FAM.* ratoureux. △ **ANT.** CANDIDE, NAÏF, NIAIS; DROIT, FRANC.

ruser *v.* finasser, manœuvrer, renarder. *FAM.* roublarder. *QUÉB. FAM.* farfiner.

rustique *adj.* ▶ ***Qui concerne la campagne*** – campagnard, champêtre, paysan, rural. *SOUT.* agreste, bucolique, pastoral. ▶ ***Peu raffiné*** – fruste, grossier, inculte, mal dégrossi, primitif, rude, rustaud. *PÉJ. FAM.* paysan, péquenaud, plouc. △ **ANT.** CITADIN, URBAIN; LUXUEUX; RAFFINÉ.

rythme *n.m.* ▶ ***Rythme musical*** – battement, cadence, eurythmie, mesure, mouvement, musique, période, phrasé, pouls, pulsation, respiration, swing, tempo, vitesse. ▶ ***Rythme prosodique*** – cadence, euphonie, harmonie, musicalité, nombre, sonorité. ▶ ***Allure*** – allure, cadence, course, erre, marche, mouvement, pas, tempo, train, vitesse. ▶ ***Périodicité*** – cadence, chronicité, cyclicité, périodicité, régularité, rythmicité, saisonnalité. ▶ ***Alternance*** – allée et venue, alternatives, balancement, bascule, changement, flux et reflux, intermittence, ondulation, oscillation, palpitation, périodicité, pulsation, récurrence, récursivité, retour, rotation, roulement, sinusoïde, succession, tour, va-et-vient, variation.

rythmer *v.* ▶ ***Donner un rythme*** – cadencer, scander. ▶ ***Marquer le rythme*** – marquer, ponctuer, souligner. ▶ ***Marquer le cours d'une existence*** – bercer. ♦ **rythmé** cadencé, égal, mesuré, réglé, régulier. △ **ANT.** BROUILLER, DÉRÉGLER, PERTURBER. ♦ **rythmé** DÉSORDONNÉ, IRRÉGULIER.

S

sabot *n.m.* ▶ ***Chaussure*** – socque. ▶ ***Partie d'un animal*** – onglon, sole. ACADIE FAM. sotille. ▶ ***Garniture*** – ferrement, ferrure. ▶ ***Baignoire*** – baignoire sabot. ▶ ***Jouet*** – toupie. ▶ ***Mauvais instrument musical*** – casserole, chaudron. ▶ ***Mauvais moyen de transport*** – véhicule. ▸ *Mauvais* – pétoire.

sabotage *n.m.* ▶ ***Action d'endommager*** – avarie, bris, casse, débâcle, dégradation, déprédation, désolation, destruction, détérioration, dévastation, dommage, endommagement, méfait, mouille, perte, ravage, ruine, vilain. FAM. bousillage, charcutage, grabuge. ▶ ***Action de faire échouer*** – gâchage, torpillage. ▶ ***Industrie*** – chaussure, cordonnerie. △ **ANT.** ENTRETIEN, RÉPARATION, SOIN.

sabre *n.m.* ▶ ***Instrument pour tondre*** – taille-bordures, tondeur, tondeuse. ▸ *Sans moteur* – forces *(mouton)*, tondeuse mécanique *(gazon)*. ▶ ***Pièce mécanique*** – came. ▶ ***Instrument de toilette*** (FAM.) – rasoir. FAM. coupe-chou.

sac *n.m.* ♦ **contenant** ▶ ***Contenant à main*** – besace, bissac, cabas, fonte *(selle)*, fourre-tout, havresac, musette, poche, sacoche. FAM. baise-en-ville, balluchon. FRANCE RÉGION. pochon. ▸ *Pour le gibier* – carnassière, carnier, gibecière. ▶ ***Contenu*** – poche. ♦ **argent** ▶ ***Argent*** (FRANCE FAM.) – billet, dix francs, ticket. ♦ **violence** ▶ ***Pillage*** – appropriation, brigandage, cambriolage, déprédation, détournement, détroussement, enlèvement, extorsion, grappillage, kleptomanie, larcin, malversation, maraudage, maraude, pillage, piraterie, racket, rafle, rançonnement, razzia, saccage, spoliation, subtilisation, vol. SOUT. rapine. FAM. barbotage, chapardage, coup, resquillage., resquille. FRANCE FAM. braquage, cambriole, casse, cassement, entôlage, fauche, vol à la roulotte *(voitures)*, vol à la tire, vol à main armée. QUÉB. taxage *(entre adolescents)*. ▶ ***Saccage*** – atteinte, avilissement, blasphème, dégradation, hooliganisme, iconoclasme, irrespect, irrévérence, lèse-majesté, outrage, pollution, profanation, saccage, sacrilège, subversion, vandalisme, viol, violation. ▶ ***Action de faire tomber un adversaire*** – plaquage.

saccade *n.f.* ▶ ***Secousse*** – à-coup, cahot, raté, secousse, soubresaut. ▶ ***Tremblement*** – agitation, convulsion, ébranlement, flageolement, frémissement, frisson, frissonnement, grelottement, haut-le-corps, oscillation, secousse, soubresaut, sursaut, titubation, tortillage, tortillement, tremblement, tremblotement, trémoussement, trémulation, trépidation, tressaillement, vacillement, vibration. FAM. tremblote. △ **ANT.** RÉGULARITÉ.

saccager *v.* ▶ ***Piller*** – dévaster, écumer, mettre à feu et à sang, mettre à sac, piller, raser, ravager, razzier. SOUT. infester. ▶ ***Endommager volontairement*** – mutiler, saboter, vandaliser. ▶ ***Détruire, en parlant des forces naturelles*** – anéantir, détruire, dévaster, endommager, ravager, ruiner. SOUT. désoler. ▶ ***Mettre en désordre*** – bouleverser, chavirer, mettre à l'envers, mettre pêle-mêle, mettre sens dessus dessous. FAM. bordéliser, chambarder, chambouler. △ **ANT.** CONSERVER, ÉPARGNER, MAINTENIR, SAUVER; REFAIRE, RESTAURER, RESTITUER.

sacerdoce *n.m.* ▶ ***État ecclésiastique*** – cléricature, état écclésiastique, ministère, ministère ecclésiastique, ministère religieux, ordre, pastorat *(protestant)*, prêtrise, sécularité. ▶ ***Vocation*** – apostolat, appel, destination, mission, vocation. ▶ ***Ensemble des prêtres*** – clergé, corps ecclésiastique, Église. PÉJ. calotte. FAM. soutane.

sacre *n.m.* ▶ ***Consécration*** – bénédiction, consécration, couronnement, dédicace, intronisation, onction, sacralisation. ▶ ***Juron*** (QUÉB.) – blasphème, cri, exclamation, exécration, gros mot, imprécation, jurement, juron, outrage.

sacré *adj.* ▶ ***Religieux*** – cultuel, hiératique, liturgique, religieux, rituel. ▶ ***Bénit*** – bénit, consacré, saint, sanctifié. ▶ ***Intouchable*** – intangible, intouchable, inviolable, sacral, sacralisé, tabou. PÉJ. sacro-saint. ▶ ***Vénérable*** – auguste, digne, respectable, révéré, saint, vénérable. △ **ANT.** PROFANE; ABJECT,

IGNOBLE, IMMONDE, INDIGNE, INFÂME, MÉPRISABLE, ODIEUX, REPOUSSANT, RÉPUGNANT, VIL.

sacrifice *n.m.* ▸ ***Offrande rituelle*** – libation, oblats, offrande. *SOUT.* oblation. ▸ ***Abattage*** – abattage, assommement, égorgement, étripage, tuage, tuerie. ▸ ***Abnégation*** – abnégation, altruisme, désintéressement, détachement, dévouement, effacement, humilité, oubli de soi, privation, renoncement, résignation. *SOUT.* holocauste. ▸ ***Ascèse*** – abstinence, ascèse, ascétisme, austérité, dépouillement, expiation, flagellation, frugalité, macération, mortification, pénitence, privation, propitiation, renoncement, restriction, stigmatisation, tempérance. △ **ANT.** AVARICE, ÉGOÏSME; ATTACHEMENT, INTÉRÊT.

sacrifier *v.* ▸ ***Offrir en sacrifice*** – immoler, offrir en sacrifice. ▸ ***Renoncer par sacrifice*** – faire une croix sur, renoncer à, s'abstenir de, se passer de, se priver de, tirer une croix sur. *SOUT.* immoler, se dénuer de. *FAM.* se brosser. ▸ ***Se débarrasser*** (*FAM.*) – renoncer à, se débarrasser de, se défaire de, se démunir de, se départir de, se dépouiller de, se dessaisir de. *SOUT.* renoncer. *FAM.* balancer, bazarder, larguer, lourder. ▸ ***Suivre*** (*SOUT.*) – acquiescer à, obéir à, observer, obtempérer à, respecter, se conformer à, se plier à, se soumettre à, suivre. *SOUT.* déférer à. ♦ **se sacrifier** ▸ ***Agir par dévouement*** – se dévouer, se donner, se prodiguer, se saigner aux quatre veines. △ **ANT.** CONSERVER, ÉPARGNER, PRÉSERVER.

sacrilège *adj.* blasphémateur, blasphématoire, impie, irréligieux.

sacrilège *n.m.* ▸ ***Profanation*** – atteinte, avilissement, blasphème, dégradation, hooliganisme, iconoclasme, irrespect, irrévérence, lèse-majesté, outrage, pollution, profanation, sac, saccage, subversion, vandalisme, viol, violation. ▸ ***Péché*** – accroc, chute, crime, déchéance, écart, errements, faute, impureté, mal, manquement, mauvais, offense, péché, scandale, souillure, tache, transgression, vice. ▸ ***Impiété*** – agnosticisme, apostasie, athéisme, blasphème, désacralisation, doute, froideur, gentilité, hérésie, impiété, incrédulité, incroyance, indifférence, infidélité, irréligion, libre pensée, matérialisme, paganisme, panthéisme, péché, profanation, reniement, scandale, scepticisme. *SOUT.* inobservance. △ **ANT.** RESPECT, VÉNÉRATION; DÉVOTION, PIÉTÉ.

sacristain *n.* ▸ ***Employé d'église*** – bedeau, marguillier, suisse.

sadique *adj.* ▸ ***Qui aime faire le mal*** – cruel, maléfique, malfaisant, malintentionné, malveillant, mauvais, méchant, pervers, vicieux. *FAM.* chien, vachard, vache. *FRANCE FAM.* rossard, rosse. ▸ ***D'une cruauté sauvage*** – barbare, bestial, cannibale, cannibalesque, cruel, féroce, inhumain, sanguinaire, sauvage. *SOUT.* néronien. △ **ANT.** MASOCHISTE; BIENVEILLANT, CHARITABLE, COMPATISSANT, DÉLICAT, DOUX, HUMAIN, MISÉRICORDIEUX.

sadisme *n.m.* ▸ ***Cruauté*** – acharnement, agressivité, atrocité, barbarie, brutalité, cruauté, dureté, férocité, inhumanité, maltraitance, méchanceté, sauvagerie, violence. *SOUT.* implacabilité, inexorabilité. *PSYCHIATRIE* psychopathie. △ **ANT.** BIENVEILLANCE, BONTÉ, DOUCEUR; MASOCHISME.

sage *adj.* ▸ ***Raisonnable*** – éclairé, judicieux, mesuré, modéré, philosophe, pondéré, posé, raisonnable, raisonné, rationnel, réfléchi, responsable, sain, sensé, sérieux. *SOUT.* rassis, tempéré. ▸ ***Prudent*** – adroit, averti, avisé, circonspect, fin, habile, prudent. ▸ ***Obéissant*** – disciplinable, discipliné, docile, doux, facile, gentil, obéissant, soumis, tranquille. ▸ ***Pudique*** – chaste, décent, immaculé, innocent, platonique, pudique, pur, réservé, vertueux, virginal. ▸ *Non favorable* – bégueule, collet monté, prude, pudibond, puritain. △ **ANT.** INSENSÉ, IRRÉFLÉCHI; IMPRUDENT, TÉMÉRAIRE; DÉSOBÉISSANT, DIFFICILE, DISSIPÉ, INDISCIPLINÉ, INDOCILE, INSOUMIS, INSUBORDONNÉ, TURBULENT; DÉBAUCHÉ, DÉVERGONDÉ; INDÉCENT, OSÉ; EXCENTRIQUE, ORIGINAL; IGNORANT.

sage *n.* ▸ ***Maître*** – chef de file, gourou, guide (spirituel), leader, magistère, mahatma, maître à penser, maître (spirituel), meneur, pandit, pasteur, phare, rassembleur. *SOUT.* conducteur, coryphée, entraîneur (d'hommes). *FAM.* pape. ▸ ***Savant*** – docteur, encyclopédiste, érudit, humaniste, intellectuel, lettré, maître-penseur, philosophe, savant. *SOUT.* bénédictin, (grand) clerc, mandarin. *FAM.* bibliothèque (vivante), dictionnaire ambulant, dictionnaire (vivant), encyclopédie (vivante), fort en thème, grosse tête, intello, puits d'érudition, puits de science, rat de bibliothèque. ▸ ***Personne objective*** – homme de bon conseil, juste. ▸ ***Personne réfléchie*** – méfiant, prudent. △ **ANT.** IGNORANT; FOU.

sage-femme *n.f.* ▸ ***Spécialiste de l'accouchement*** – accoucheuse, maïeuticienne, parturologue. ▸ *Médecin* – médecin accoucheur, obstétricien.

sagement *adv.* ▸ ***Avec obéissance*** – docilement. ▸ ***Avec gentillesse*** – adorablement, affablement, agréablement, aimablement, amiablement, amicalement, bienveillamment, chaleureusement, civilement, complaisamment, cordialement, courtoisement, délicatement, délicieusement, diplomatiquement, galamment, gentiment, gracieusement, obligeamment, plaisamment, poliment, serviablement, sympathiquement. *FAM.* chiquement, chouettement. ▸ ***Avec fidélité*** – docilement, fidèlement, inconditionnellement, indéfectiblement, loyalement. ▸ ***Avec calme*** – à froid, à loisir, à tête reposée, avec sang-froid, calmement, doucement, flegmatiquement, froidement, impassiblement, imperturbablement, inébranlablement, pacifiquement, paisiblement, placidement, posément, sans broncher, sereinement, silencieusement, tranquillement. *SOUT.* impavidement. *FAM.* peinardement, tranquillos. *FRANCE RÉGION. FAM.* plan-plan. ▸ ***Avec prudence*** – avec circonspection, précautionneusement, préventivement, prudemment, raisonnablement, sensément, serré, vigilamment. ▸ ***Avec décence*** – angéliquement, chastement, décemment, discrètement, exemplairement, honnêtement, modestement, moralement, pudiquement, purement, saintement, vénérablement, vertueusement, virginalement. △ **ANT.** CAVALIÈREMENT, CYNIQUEMENT, DÉPLAISAMMENT, DISCOURTOISEMENT, EFFRONTÉMENT, GROSSIÈREMENT, HARDIMENT, IMPERTINEMMENT, IMPOLIMENT, IMPUDEMMENT, INCIVILEMENT, INCONGRÛMENT, INDÉLICATEMENT, INSOLEMMENT, IRRESPECTUEUSEMENT, IRRÉVÉRENCIEUSEMENT; AVEC CIRCONSPECTION, PRÉCAUTIONNEUSEMENT, PRÉVEN-

TIVEMENT, PRUDEMMENT; ÉROTIQUEMENT, GAULOISEMENT, GAILLARDEMENT, GRAVELEUSEMENT, IMPUDIQUEMENT, IMPUREMENT, INDÉCEMMENT, LASCIVEMENT, LICENCIEUSEMENT, OBSCÈNEMENT.

sagesse *n.f.* ▶ ***Bon sens*** – bon goût, connaissance, discernement, (gros) bon sens, intelligence, jugement, philosophie, raison, sens commun, vérité. *FAM.* jugeote. ▶ ***Savoir*** – acquis, bagage, compétence, connaissances, culture (générale), éducation, encyclopédisme, épistémè, érudition, expérience, humanisme, instruction, lettres, lumières, notions, savoir, science. *SOUT.* omniscience. ▶ ***Vertu*** – angélisme, mérite, moralité, perfection, sainteté, vertu. ▶ ***Réserve*** – circonspection, mesure, pondération, précaution, prudence, réserve. ▶ ***Décence*** – bienséance, bon ton, chasteté, convenance, correction, décence, délicatesse, dignité, discrétion, éducation, fierté, gravité, honnêteté, honneur, modestie, politesse, propreté, pudeur, quant-à-soi, réserve, respect, retenue, sobriété, tact, tenue, vertu. *SOUT.* pudicité. ▶ ***Prévoyance*** – clairvoyance, lenteur, précaution, prévention, prévision, prévoyance, prudence. ▶ ***Maturité*** – adultie, adultisme, âge, âge adulte, âge mûr, assurance, confiance en soi, épanouissement, expérience (de la vie), force de l'âge, majorité, maturité, plénitude, réalisation de soi. △ **ANT.** ABSURDITÉ, BÊTISE, FOLIE, IGNORANCE; DÉBAUCHE; EXTRAVAGANCE, IMPRUDENCE; IMPÉTUOSITÉ, TURBULENCE; IMMATURITÉ.

saignant *adj.* ▶ ***Qui saigne*** – ensanglanté, sanglant, sanguinolent. *RARE* saigneux. *MÉD.* cruenté. ▶ ***Moralement douloureux*** – âcre, affligeant, amer, cruel, cuisant, déchirant, douloureux, dur, éprouvant, lancinant, navrant, pénible, poignant, vif.

saignée *n.f.* ▶ ***Écoulement de sang*** – hémorragie, saignement. ▶ ***Partie du corps*** – saignée du bras, saignée du coude. ▶ ***Prélèvement d'argent*** – défalcation, ponction, précompte, prélèvement, réquisition, retenue, saisie, soustraction. ▶ ***Massacre*** – anéantissement, assassinat, boucherie, carnage, destruction, extermination, hécatombe, holocauste, massacre, tuerie. *SOUT.* (lourd) tribut. *FAM.* étripage. ▶ ***Cannelure*** – canal, cannelure, douve de fond, gorge, goujure, jable, rainure, strie, striure. ▶ ***Voie d'écoulement*** – adducteur, canal, drain, encaissement, fossé, lit, sangsue, tranchée. *BELG.* watergang. *SUISSE* bisse. *FRANCE RÉGION.* bésau, duit, étier *(vers la mer)*. *AFR.* seguia. ▸ *Petit* – rigole. *TECHN.* dalot, goulette, goulotte, larron d'eau, noue, noulet, pierrée. ▸ *Bordant une route* – caniveau, cassis, ruisseau. ▸ *Souterrain* – aqueduc, égout, puisard *(vertical)*. ▸ *Entre deux écluses* – bief, sas. ▸ *Entre deux rivières* – arroyo.

saigner *v.* ▶ ***Égorger un animal*** – égorger, pointer. ▶ ***Inciser un hévéa*** – entailler, inciser, scarifier. ▶ ***Ruiner*** – étrangler, prendre à la gorge, pressurer, ruiner. ▶ ***Souffrir*** (*SOUT.*) – avoir mal, souffrir.

saillant *adj.* ▶ ***Proéminent*** – bombé, proéminent, protubérant. *BELG.* biquant. *TECHN.* en saillie, hors d'œuvre, hors œuvre. ▸ *En parlant du menton* – en galoche, pointu, proéminent. ▸ *En parlant des yeux* – à fleur de tête, exorbité, globuleux, proéminent. ▶ ***Marquant*** – étonnant, frappant, hallucinant, impressionnant, marquant, notable, remarquable, saisissant, spectaculaire. △ **ANT.** CREUX, RENTRANT; BANAL, ININTÉRESSANT, INSIGNIFIANT, ORDINAIRE, SANS INTÉRÊT.

saillie *n.f.* ▶ ***Partie qui avance*** – angle, appendice, arête, aspérité, avancée, avancement, balèvre, bec, bosse, bourrelet, console, corne, corniche, côte, coude, crête, dent, éminence, encorbellement, éperon, ergot, excroissance, gibbosité, hourd, moulure, nervure, picot, pointe, proéminence, projecture, prolongement, protubérance, redan, relief, ressaut, saillant, surplomb, surplombement, tubercule. ▶ ***Accouplement*** – accouplement, appareillage, appareillement, appariade, appariage, coït, copulation, insémination, monte, reproduction, union. *SOUT.* appariement. ▶ ***Raillerie*** (*SOUT.*) – dérision, épigramme, esprit, flèche, goguenardise, gouaille, gouaillerie, humour, ironie, lazzi, malice, moquerie, persiflage, pique, plaisanterie, pointe, quolibet, raillerie, ricanement, risée, sarcasme, satire, taquinerie, trait. *SOUT.* brocard, nargue. *FAM.* vanne. △ **ANT.** CAVITÉ, CREUX.

sain *adj.* ▶ ***Bon pour la santé*** – hygiénique, salubre, sanitaire. ▶ ***En bonne santé physique*** – bien portant, en bonne santé, en parfaite santé, en santé, valide. ▶ ***En bonne santé psychique*** – bien dans sa peau, épanoui, équilibré. ▶ ***Sensé*** – éclairé, judicieux, mesuré, modéré, philosophe, pondéré, posé, raisonnable, raisonné, rationnel, réfléchi, responsable, sage, sensé, sérieux. *SOUT.* rassis, tempéré. △ **ANT.** DANGEREUX, MALSAIN, NOCIF, NUISIBLE; ATTEINT, CONTAMINÉ, CORROMPU, IMPUR, POLLUÉ, VICIÉ; INCOMMODÉ, INDISPOSÉ, MAL EN POINT, MAL PORTANT, MALADE, SOUFFRANT; BANCAL, BOITEUX, BRANLANT, EN DÉSÉQUILIBRE, INSTABLE; ALIÉNÉ, DÉMENT, DÉSAXÉ, DÉSÉQUILIBRÉ, DÉTRAQUÉ, FOU, PSYCHOPATHE.

saint *adj.* ▶ ***Canonisé*** – bienheureux, canonisé, élu, vénérable. ▶ ***Qui participe à la gloire de Dieu*** – élu, glorieux. ▶ ***Religieux*** – bénit, consacré, sacré, sanctifié. ▶ ***Vénérable*** – auguste, digne, respectable, révéré, sacré, vénérable. △ **ANT.** DAMNÉ, IMPUR, MAUDIT, PÉCHEUR; PROFANE; ABJECT, IGNOBLE, IMMONDE, INDIGNE, INFÂME, MÉPRISABLE, ODIEUX, REPOUSSANT, RÉPUGNANT, VIL.

saint *n.* ▶ ***Personne nommée sainte*** – élu, glorieux, saint homme. ▸ *En cours de sanctification* – bienheureux, canonisable, vénérable. ▶ ***Personne dévouée*** – dévoué, empressé, terre-neuve. ▶ ***Personne généreuse*** – allocentriste, altruiste, bon, désintéressé, dévoué, extraverti, généreux, gentil, mécène. ▶ ***Personne mourant pour une cause*** – héros, martyr. △ **ANT.** PÉCHEUR.

sainteté *n.f.* ▶ ***Béatitude*** – béatitude, gloire, salut. ▶ ***Vertu*** – angélisme, mérite, moralité, perfection, sagesse, vertu. ▶ ***Mysticisme*** – anagogie, contemplation, dévotion, élévation, extase, illuminisme, mysticisme, mystique, oraison, philocalie, ravissement, spiritualité, transe, vision. *SOUT.* mysticité. △ **ANT.** DÉBAUCHE, EXCÈS, VICE.

saisie *n.f.* ▶ ***Confiscation*** – appropriation, blocus, confiscation, désapprovisionnement, embargo, expropriation, gel, immobilisation, mainmise, prise, privation, séquestre, suppression. ▶ ***Prélèvement*** – défalcation, ponction, précompte, prélèvement, réquisition, retenue, saignée, soustraction. ▶ ***Action***

de saisir (*RARE*) – capture, préhension, prise. △ **ANT.** REMISE, RESTITUTION.

saisir *v.* ▶ ***Empoigner*** – accrocher, agripper, attraper, empoigner, happer, prendre, s'emparer de. ▶ ***Prendre possession par saisie*** – confisquer. ▶ ***Enregistrer des données*** – effectuer la saisie de, enregistrer, entrer, faire la saisie de. ▶ ***Comprendre*** – comprendre, s'expliquer, toucher du doigt, voir. *SOUT.* appréhender, embrasser, entendre. *FAM.* entraver, piger. *FRANCE FAM.* percuter. ▶ ***Donner froid*** – geler, glacer, pénétrer. *SOUT.* transir. *FAM.* frigorifier. ▶ ***Appréhender*** – appréhender, arrêter, capturer, faire prisonnier, prendre. *FAM.* attraper, choper, coffrer, coiffer, coincer, cravater, cueillir, embarquer, épingler, harponner, mettre la main au collet de, mettre le grappin sur, pincer, poisser, prendre au collet, ramasser. *FRANCE FAM.* agrafer, alpaguer, arnaquer, arquepincer, emballer, gauler, piquer, poivrer. ▶ ***Frapper d'étonnement*** – abasourdir, ahurir, couper bras et jambes à, couper le souffle à, ébahir, époustoufler, étonner, méduser, renverser, souffler, stupéfaire, stupéfier, suffoquer. *FAM.* décoiffer, défoncer, déménager, éberluer, ébouriffer, épater, estomaquer, estourbir, scier, sidérer. ♦ **se saisir** ▶ ***Prendre*** – accrocher, agripper, attraper, empoigner, happer, prendre, s'emparer de. ▶ ***Conquérir*** – conquérir, enlever, mettre la main sur, prendre, s'emparer de, se rendre maître de. △ **ANT.** LÂCHER, LAISSER; DESSAISIR; RENDRE, RESTITUER; MANQUER, RATER.

saisissant *adj.* ▶ ***Frappant*** – étonnant, frappant, hallucinant, impressionnant, marquant, notable, remarquable, saillant, spectaculaire. ▶ ***En parlant du froid*** – âpre, cinglant, mordant, pénétrant, perçant, piquant, vif. *RARE* cuisant. △ **ANT.** BANAL, ININTÉRESSANT, ORDINAIRE, SANS INTÉRÊT.

saison *n.f.* ▶ ***Période*** – âge, cycle, date, époque, ère, étape, génération, heure, jour, moment, période, règne, siècle, temps.

salade *n.f.* ▶ ***Espèce de plante*** (*QUÉB.*) – laitue. ▶ ***Aliment*** – jardinière, macédoine. ▶ ***Confusion*** (*FAM.*) – anarchie, bourbier, brouillement, cafouillage, cafouillis, chaos, complication, confusion, désordre, désorganisation, embrouillement, emmêlage, emmêlement, enchevêtrement, imbroglio, mélange. *SOUT.* chienlit, pandémonium. *FAM.* bordel, embrouillage, embrouille, pagaille. *FRANCE FAM.* cirque, embrouillamini, foutoir, micmac, sac d'embrouilles, sac de nœuds. *FRANCE RÉGION.* pastis. ▶ ***Mensonge*** (*FAM.*) – mensonge. *SOUT.* fable. *FAM.* bide, bidon, bobard, char, craque. *QUÉB. FAM.* pipe.

salaire *n.m.* ▶ ***Traitement*** – appointements, cachet, commission, droit, émoluments, fixe, gages, gain, honoraires, jeton (de présence), mensualité, paye, pourboire, rémunération, rétribution, revenu, semaine, solde, traitement, vacations.

sale *adj.* ▶ ***Malpropre*** – crasseux, crotté, d'une propreté douteuse, dégoûtant, encrassé, ignoble, immonde, infâme, infect, maculé, malpropre, sordide, souillé. *FAM.* crapoteux, dégueu, dégueulasse, pouilleux. *FRANCE FAM.* cracra, crade, cradingue, crado. ▶ ***Obscène*** – choquant, grossier, obscène, ordurier, scatologique, trivial, vilain, vulgaire. ▶ ***Très fâcheux*** (*FAM.*) – déplaisant, déplorable, désagréable, détestable, fâcheux, mauvais, méchant, vilain. ▶ ***Pour renforcer un terme*** – fameux, fieffé, fier, franc, parfait, rude. *FAM.* damné, fichu, maudit, sacré, satané. △ **ANT.** BLANC, IMMACULÉ, IMPECCABLE, NET, PROPRE, SOIGNÉ; CHASTE, DÉCENT, PUDIQUE, PUR; ADORÉ, CHER.

salé *n.m.* ▶ ***Aliment*** – bacon, flèche, lard de poitrine, lard maigre, lard, lardon, petit salé. *FRANCE RÉGION.* ventrèche.

salement *adv.* ▶ ***Malproprement*** – à la diable, dégoûtamment, impurement, malproprement, négligemment, sordidement. ▶ ***Désagréablement*** – à regret, âcrement, déplaisamment, désagréablement, désobligeamment, détestablement, douloureusement, ennuyeusement, fâcheusement, fastidieusement, importunément, inconfortablement, inopinément, inopportunément, insupportablement, intolérablement, mal, mal à propos, malencontreusement, malheureusement, par malheur, péniblement, regrettablement. ▶ ***Obscènement*** – crûment, déshonnêtement, érotiquement, gaillardement, gauloisement, graveleusement, grossièrement, impudiquement, impurement, indécemment, lascivement, librement, licencieusement, obscènement. ▶ ***Vulgairement*** – bassement, grossièrement, trivialement, vulgairement. ▶ ***Beaucoup*** (*FAM.*) – à l'extrême, affreusement, astronomiquement, au dernier degré, au dernier point, au maximum, au plus haut degré, au plus haut point, beaucoup, bien, colossalement, considérablement, éminemment, énormément, exceptionnellement, extraordinairement, extrêmement, fabuleusement, follement, fort, fortement, grandement, gros, hautement, immensément, incommensurablement, inconcevablement, incroyablement, infiniment, intensément, long, mortellement, nettement, on ne peut plus, phénoménalement, prodigieusement, profondément, remarquablement, sérieusement, singulièrement, souverainement, supérieurement, suprêmement, terriblement, très, vertigineusement, vivement, vraiment. *FAM.* bigrement, bougrement, diablement, drôlement, effroyablement, épais, épouvantablement, fameusement, fantastiquement, fichtrement, fichûment, formidablement, foutrement, furieusement, joliment, rudement, sacrément, super, terrible, tout plein, vachement. △ **ANT.** HYGIÉNIQUEMENT, NETTEMENT, PROPREMENT, SAINEMENT; HONNÊTEMENT, HONORABLEMENT; AVEC PUDEUR, CHASTEMENT, PUDIQUEMENT, PUREMENT, SAINTEMENT, VERTUEUSEMENT; PAS TRÈS, PAS VRAIMENT, TRÈS PEU.

saleté *n.f.* ▶ ***Ordure*** – bourre, bourrier, chiure, chute, crasse, culot, débris, déchet, dépôt, détritus, gadoue, immondices, impureté, lavure, lie, malpropreté, ordure, parcelle, perte, poussière, raclure, ramas, rebut, reliefs, reliquat, résidu, reste, rinçure, rognure, salissure. *FAM.* cochonnerie, margouillis, saloperie. ▶ ***Tache*** – éclaboussure, marque, noircissure, piqûre, point, salissure, souillure, tache. ▸ *Sur le papier* – bavochure, bavure, maculage, maculation, macule, pâté, rousseur. ▸ *Sur un fruit* – meurtrissure, tavelure. *RARE* talure. ▸ *Sur une pierre* – givrure, glace. ▸ *Sur le corps* – maille, maillure, moucheture, ocelle, pétéchie, tache de rousseur. ▶ ***Obscénité*** – canaillerie, coprolalie, cynisme, gaillardise, gauloiserie, gravelure, grivoiserie, gros mot, grossièreté, immodestie, impudeur, incongruité, inconvenance, indécence, licence, malpropreté, obscénité, polissonnerie. ▸ ***Personne méchante*** (FRANCE FAM.) – bête (immonde), chameau, chien, démon, gale, malveillant, mauvais, méchant, monstre, peste, poison, pourriture, rosse, serpent, suppôt de Satan, suppôt du diable, teigne, vicieux, vil personnage, vipère. RARE haineux. FAM. charogne, choléra, dégueulasse, fumier, ordure, pourri, salaud, salopard. FRANCE FAM. saligaud, salopiaud, vache. ▸ ***Abjection*** – abjection, abomination, atrocité, bassesse, boue, corruption, crapulerie, crime, débauche, déshonneur, grossièreté, honte, horreur, ignominie, impureté, indignité, infamie, laideur, misère, monstruosité, noirceur, obscénité, odieux, ordure, sordide, souillure, vice. SOUT. sordidité, stupre, turpitude, vilenie. FAM. dégoûtation, dégueulasserie, pouillerie. △ **ANT.** NETTETÉ, PROPRETÉ; AMABILITÉ, COMPLIMENT, POLITESSE; PURETÉ.

salir *v.* ▸ ***Tacher*** – barbouiller, maculer, tacher. ▸ *De noir* – charbonner, noircir. ▸ *De boue* – embouer. ▸ ***Rendre malpropre*** – crotter, encrasser. FAM. dégueulasser, saloper, souillonner. ▸ ***Faire perdre sa pureté*** – avilir, flétrir, profaner, souiller. SOUT. contaminer, empoisonner, polluer. ▸ ***Faire perdre sa dignité*** – abaisser, avilir, dégrader, dépraver, déshonorer, galvauder, rabaisser, ravaler, souiller. ▸ ***Porter atteinte*** – déshonorer, éclabousser, entacher, flétrir, noircir, porter atteinte à, souiller, tacher, ternir. △ **ANT.** BLANCHIR, CURER, DÉBARBOUILLER, DÉTACHER, LAVER, NETTOYER, RÉCURER; ÉLEVER, EXALTER, HONORER, LOUANGER.

salive *n.f.* bave, écume.

salle *n.f.* ▸ ***Pièce*** – local, pièce. BELG. place. QUÉB. FAM. appartement. ACADIE bord. ▸ ***Auditoire*** – assemblée, assistance, assistants, auditoire, foule, galerie, présents, public. ▸ ***Dortoir*** – alcôve, chambre (à coucher), chambrée *(caserne)*, chambrette, dortoir. FAM. carrée, piaule, taule. PÉJ. cambuse, turne.

salon *n.m.* ▸ ***Exposition*** – concours, démonstration, étalage, exhibition, exposition, foire, foire-exposition, galerie, manifestation, montre, présentation, rétrospective, vernissage. FAM. démo, expo. SUISSE comptoir. ▸ ***Marché*** – bazar, braderie, foire, fondouk *(pays arabes)*, halle, khan, marché aux puces, marché, marché-gare, souk. BELG. minque *(poissons)*. RÉGION. foirail, louée.

saluer *v.* ▸ ***Rendre hommage*** – applaudir, approuver, chanter les louanges de, complimenter, congratuler, couvrir de fleurs, couvrir de louanges, encenser, faire l'éloge de, féliciter, louanger, louer, rendre hommage à, vanter. △ **ANT.** HUER, SIFFLER; DÉDAIGNER, MÉPRISER.

salut *n.m.* ▸ ***Formule de salut*** – adieu, au revoir, bienvenue, bonjour, bonsoir, salutation. FAM. bye-bye. ▸ ***Salutation*** – baisemain, civilités, compliments, coup de chapeau, courbette, génuflexion, hommage, inclination, poignée de main, prosternation, révérence, salutation. FAM. salamalecs. ▸ ***Guérison*** – amélioration, apaisement, cicatrisation, convalescence, cure, guérison, mieux-être, relevailles, relèvement, rémission, répit, résurrection, rétablissement, retour à la santé, soulagement, traitement. MÉD. délitescence, postcure, résorption, rétrocession. ▸ ***Délivrance*** – acquittement, affranchissement, décolonisation, délivrance, désaliénation, élargissement, émancipation, évacuation, libération, manumission, rachat, rédemption. FAM. débarras, quille. SOUT. déprise. ▸ ***Sauvetage*** – planche de salut, rachat, récupération, rédemption, sauvetage, secours. ▸ ***Sécurité*** – abri, assurance, calme, confiance, paix, quiétude, repos, sécurité, sérénité, sûreté, tranquillité (d'esprit). ▸ ***Garantie*** – assurance, aval, caution, cautionnement, charge, consignation, couverture, ducroire, engagement, gage, garant, garantie, hypothèque, indexage, indexation, nantissement, obligation, palladium, parrainage, précaution, préservation, promesse, répondant, responsabilité, sauvegarde, sécurité, signature, soulte, sûreté, warrant, warrantage. DR. porte-fort. ▸ ***Sainteté*** – béatitude, gloire, sainteté. △ **ANT.** HUÉE; DAMNATION, PERDITION; CAPTIVITÉ; DANGER.

salutaire *adj.* avantageux, bénéfique, bienfaisant, bon, profitable, utile. △ **ANT.** DÉFAVORABLE, DÉSASTREUX, DÉSAVANTAGEUX, DOMMAGEABLE, FÂCHEUX, FUNESTE, NÉFASTE, NUISIBLE, PERNICIEUX, PRÉJUDICIABLE.

salutation *n.f.* ▸ ***Formule de salut*** – adieu, au revoir, bienvenue, bonjour, bonsoir, salut. FAM. bye-bye. ▸ ***Hommage*** – baisemain, civilités, compliments, coup de chapeau, courbette, génuflexion, hommage, inclination, poignée de main, prosternation, révérence, salut. FAM. salamalecs.

salve *n.f.* décharge, fusillade, mitraillade, rafale, tiraillement, tiraillerie, volée. FAM. giclée *(arme automatique)*. ANC. bordée, mousquetade, mousqueterie.

sanatorium *n.m.* aérium, centre aéré, centre de convalescence, centre de prévention, centre de repos, préventorium. FAM. sana.

sanctifier *v.* ▸ ***Donner un caractère sacré*** – diviniser, sacraliser, tabouiser. △ **ANT.** PROFANER, SOUILLER, VIOLER.

sanction *n.f.* ▸ ***Autorisation*** – acceptation, accord, accréditation, acquiescement, adhésion, adoption, affirmation, affirmative, agrément, amen, approbation, approbativité, approuvé, assentiment, autorisation, aval, avis favorable, bénédiction, caution, chorus, confirmation, consentement, déclaration favorable, engagement, entérinement, exeat, feu vert, gré, homologation, légalisation, oui, permission, ratification, validation. BELG. agréage, agréation. SOUT. suffrage. RELIG. admittatur, celebret, créance, imprimatur, nihil obstat. ▸ ***Punition*** – châtiment, condamnation, correction, damnation, expiation, gage *(dans un jeu)*, leçon, peine, pénalisation, pénalité, pénitence, punition, répression, verbalisation. FAM. tarif. △ **ANT.** DÉMENTI, DÉSAPPROBATION, REFUS.

sang *n.m.* ▸ ***Liquide organique*** – plasma (sanguin), sérum (sanguin). FAM. raisiné. ▸ ***Hérédité*** – agnation, alliance, arbre généalogique, ascendance, branche, cognation, consanguinité, cousinage, degré, descendance, dynastie, extraction, famille, filiation, fratrie, généalogie, génération, hérédité, lignage, ligne, lignée, maison, matriarcat, matrilignage, origine, parentage, parenté, parentelle, patriarcat, patrilignage, postérité, primogéniture, quartier (de noblesse), race, souche. RARE fraternité.

sang-froid *n.m.* ▶ ***Solidité*** – aplomb, assurance, autorité, caractère, constance, courage, cran, détermination, endurance, énergie, fermeté, force, permanence, poigne, rectitude, résolution, ressort, sérieux, solidité, sûreté, ténacité, vigueur, virilité, volonté. *SOUT.* invulnérabilité. *FAM.* estomac, gagne. ▶ ***Patience*** – calme, constance, courage, douceur, endurance, flegme, lenteur, patience, persévérance, persistance, résignation, tranquillité. *SOUT.* longanimité. △ **ANT.** ANGOISSE, ÉMOTION, EMPORTEMENT, EXALTATION, PEUR.

sanglant *adj.* ▶ ***Qui saigne*** – ensanglanté, saignant, sanguinolent. *RARE* saigneux. *MÉD.* cruenté. ▶ ***Meurtrier*** – cruel, destructeur, exterminateur, funeste, meurtrier, sanguinaire. ▶ ***Blessant*** (*SOUT.*) – blessant, choquant, cinglant, désobligeant, froissant, humiliant, injurieux, insultant, mortifiant, offensant, outrageant, vexant.

sanglot *n.m.* ▶ ***Inspiration brusque*** – hoquet. ▶ ***Gémissement*** – bêlement, braillement, cri, doléances, geignement, grincement, hélas, jérémiade, lamentation, larmoiement, murmure, plainte, pleurs, soupir. *SOUT.* sanglotement. *FAM.* pleurnichage, pleurnichement, pleurnicherie. *QUÉB. FAM.* braillage. △ **ANT.** RIRE.

sangloter *v.* ▶ ***Pleurer*** – pleurer, verser des larmes, verser des pleurs. *FAM.* chialer. *QUÉB. FAM.* brailler. ▶ ***Être pris de sanglots*** – hoqueter. △ **ANT.** RIRE, SOURIRE.

sanguin *adj.* ▶ ***Relatif au sang*** – hématique. ▶ ***En parlant du visage*** – coloré, congestionné, couperosé, cramoisi, écarlate, empourpré, en feu, enflammé, enluminé, injecté, rouge, rougeaud, rougissant, rubicond, vineux. *SOUT.* rubescent, vultueux. *FAM.* rouget. ▶ ***Impulsif*** – bouillant, emporté, enflammé, explosif, fougueux, impatient, impétueux, impulsif, passionné, prompt, qui a la tête chaude, véhément, vif, violent, volcanique. △ **ANT.** BLAFARD, BLÊME, PÂLE; MESURÉ, PONDÉRÉ, POSÉ, RAISONNABLE, RÉFLÉCHI, RESPONSABLE, SAGE, SENSÉ, SÉRIEUX.

sanguin *n.* ▶ ***Personne*** – impulsif, primesautier. ♦ **sanguine,** ***fém.*** ▶ ***Pierre*** – fer oligiste, ferret d'Espagne, oligiste. ▶ ***Fruit*** – orange sanguine.

sanguinaire *adj.* ▶ ***En parlant de qqn*** – barbare, bestial, cannibale, cannibalesque, cruel, féroce, inhumain, sadique, sauvage. *SOUT.* néronien. ▶ ***En parlant de qqch.*** – cruel, destructeur, exterminateur, funeste, meurtrier, sanglant. △ **ANT.** BIENVEILLANT, CHARITABLE, COMPATISSANT, DÉLICAT, DOUX, HUMAIN, MISÉRICORDIEUX.

sanitaire *adj.* hygiénique, sain, salubre.

sans-gêne *n.* ▶ ***Personne*** – arrogant, effronté, frondeur, impertinent, impoli, impudent, insolent, offenseur, sans gêne. *FAM.* blanc-bec, malpoli, tutoyeur. *FRANCE FAM.* béjaune. *QUÉB. FAM.* barbeux, baveux. *RARE* insulteur. ♦ **sans-gêne,** ***masc.*** ▶ ***Comportement*** – familiarité, franc-parler, hardiesse, libertés, privautés, sans-façon.

santé *n.f.* ▶ ***Constitution*** – apparence, condition (physique), conformation, constitution, état (physique), forme, nature, vitalité. *SOUT.* complexion. *MÉD.* diathèse, habitus. ▶ ***Hygiène*** – hygiène, propreté, salubrité, stérilité. ▶ ***Action de trinquer*** – toast. *FAM.* tchin-tchin. △ **ANT.** MALADIE.

saouler (var. **soûler**) *v.* ▶ ***Donner en abondance*** – abreuver, accabler, combler, couvrir, gaver, gorger, inonder, rassasier. ▶ ***Rendre ivre*** (*FAM.*) – enivrer, griser. *FAM.* rétamer. ▶ ***Ennuyer*** (*FRANCE FAM.*) – agacer, crisper, énerver, exaspérer, excéder, fatiguer, hérisser, impatienter, importuner, irriter, porter sur les nerfs de. *FAM.* barber, casser les pieds à, courir sur le système de, embêter, emmieller, empoisonner, enquiquiner, faire suer, gonfler, horripiler, insupporter, pomper l'air à, scier, tanner, taper sur les nerfs de. *FRANCE FAM.* bassiner, canuler, cavaler, courir, courir sur le haricot de. *QUÉB. FAM.* achaler, déranger. ♦ **se saouler** ▶ ***Se mettre en état d'ivresse*** (*FAM.*) – boire, s'enivrer, se griser. *FAM.* prendre une cuite, s'alcooliser, se biturer, se charger, se mûrir, se noircir, se picrater, se pinter, se pocharder, se poivrer, se soûler, se soûler la gueule. *FRANCE FAM.* prendre une biture, se beurrer (la gueule), se bourrer, se bourrer la gueule, se charger, se cuiter. *SUISSE FAM.* prendre une caisse. △ **ANT.** PRIVER; DÉGRISER, DÉSENIVRER, DESSOÛLER.

sarcasme *n.m.* dérision, épigramme, esprit, flèche, goguenardise, gouaille, gouaillerie, humour, ironie, lazzi, malice, moquerie, persiflage, pique, plaisanterie, pointe, quolibet, raillerie, ricanement, risée, satire, taquinerie, trait. *SOUT.* brocard, nargue, saillie. *FAM.* vanne. △ **ANT.** COMPLIMENT, ÉLOGE, FLATTERIE, LOUANGE.

sarcastique *adj.* ▶ ***Méchant*** – à l'emporte-pièce, acerbe, acéré, acide, acrimonieux, aigre, blessant, caustique, cinglant, corrosif, fielleux, grinçant, incisif, méchant, mordant, piquant, sardonique, virulent, vitriolique. ▶ ***Railleur*** – caustique, cynique, frondeur, goguenard, gouailleur, ironique, malicieux, moqueur, narquois, persifleur, railleur, sardonique. *QUÉB. FAM.* baveux. △ **ANT.** AIMABLE, BIENVEILLANT; RESPECTUEUX; ÉLOGIEUX, LOUANGEUR.

sarrasin *n.m.* ▶ ***Plante*** – blé noir, boguette, renouée cultivée.

satanique *adj.* ▶ ***Digne de Satan*** – démoniaque, diabolique, infernal, luciférien, méphistophélique, pervers. △ **ANT.** ANGÉLIQUE, CÉLESTE, DIVIN, PUR.

satiété *n.f.* ▶ ***Satisfaction*** – apaisement, assouvissement, contentement, satisfaction, soulagement. *SOUT.* étanchement, rassasiement. ▶ ***Saturation*** – abondance, ampleur, intégrité, plénitude, saturation, totalité. ▶ ***Dégoût*** – dégoût, mal de cœur, nausée, réplétion, saturation. ▶ ***Excès*** – comble, débauche, débordement, dépassement, disproportion, énormité, excédent, excès, exubérance, gaspillage, inutile, luxe, luxuriance, profusion, redondance, saturation, superfétation, superflu, superfluité, surabondance, surcharge, surcroît, surenchère, surnombre, surplus, trop, trop-plein. △ **ANT.** APPÉTIT, BESOIN, DÉSIR, ENVIE; MODÉRATION.

satire *n.f.* ▶ ***Pamphlet*** – brûlot, diatribe, épigramme, factum, feuille, libelle, mazarinade, pamphlet. *SOUT.* catilinaire, philippique. ▶ ***Texte poétique*** – épigramme, iambes, sille. *SOUT.* fatrasie. ▶ ***Raillerie*** – dérision, épigramme, esprit, flèche, goguenardise, gouaille, gouaillerie, humour, ironie, lazzi, malice, moquerie, persiflage, pique, plaisanterie, pointe, quolibet, raillerie, ricanement, risée, sarcasme, taquinerie, trait. SOUT. brocard, nargue, saillie. FAM. vanne. △ ANT. APOLOGIE, ÉLOGE, LOUANGE.

satirique *adj.* caricatural. SOUT. épigrammatique, parodique. △ ANT. APOLOGÉTIQUE, APPROBATIF, FLATTEUR, LOUANGEUR.

satisfaction *n.f.* ▶ ***Assouvissement d'un besoin*** – apaisement, assouvissement, contentement, satiété, soulagement. SOUT. étanchement, rassasiement. ▶ ***Exaucement*** – accomplissement, concrétisation, exaucement. ▶ ***Plaisir*** – bien-être, bon temps, bonheur, contentement, délectation, délice, douceur, euphorie, félicité, jouissance, orgasme, plaisir, régal, septième ciel, volupté. SOUT. aise, félicité, miel, nectar. ▶ ***Dédommagement*** – compensation, consolation, contrepartie, correctif, dédommagement, dommages et intérêts, dommages-intérêts, échange, indemnisation, indemnité, raison, récompense, remboursement, réparation, retour, soulte. △ ANT. FRUSTRATION, INSATISFACTION, MÉCONTENTEMENT, NON-SATISFACTION; CHAGRIN, DÉSAPPOINTEMENT; REFUS.

satisfaire *v.* ▶ ***Plaire*** – aller à, contenter, convenir à, faire l'affaire de, plaire à, sourire à. SOUT. agréer à, complaire à. FAM. arranger, chanter à. ▶ ***Assouvir*** – apaiser, assouvir, calmer, contenter, étancher, rassasier, soulager. SOUT. désaltérer, repaître. ▶ ***Exaucer*** – accomplir, combler, exaucer, réaliser, répondre à. SOUT. écouter, entendre. ▶ ***Subvenir*** – assurer, pourvoir à, subvenir à. ▶ ***Remplir*** – remplir, répondre à, suffire à. ♦ **se satisfaire** ▶ ***Se contenter*** – s'en tenir à, se borner à, se cantonner dans, se contenter de, se limiter à. △ ANT. CONTRARIER, DÉCEVOIR, DÉPLAIRE, MÉCONTENTER; AFFAMER, FRUSTRER, PRIVER; REFOULER, RÉPRIMER, S'ABSTENIR; MANQUER À, SE SOUSTRAIRE.

satisfaisant *adj.* acceptable, approuvable, bien, bon, convenable, correct, décent, honnête, honorable, moyen, passable, présentable, raisonnable, suffisant. FAM. O.K., potable, supportable. △ ANT. INACCEPTABLE, INSATISFAISANT, INSUFFISANT, MAUVAIS.

satisfait *adj.* ▶ ***Heureux*** – content, fier, fiérot, heureux. FAM. joice. ▶ ***Assouvi*** – apaisé, assouvi, comblé, contenté, rassasié, réalisé. △ ANT. DÉÇU, FÂCHÉ, MÉCONTENT; FRUSTRÉ, INASSOUVI, INSATIABLE, INSATISFAIT.

saturé *adj.* blasé, dégoûté, désabusé, écœuré, fatigué, las, lassé, qui en a assez. FAM. qui en a ras-le-bol. QUÉB. FAM. tanné. △ ANT. INSATURÉ, VIDE.

satyre *n.m.* ▶ ***Être mythologique*** – faune. SOUT. chèvre-pied. ▶ ***Personne*** – cochon, concupiscent, débauché, dépravé, dévergondé, déviant, libertin, obsédé (sexuel), paillard, pervers, polisson, vicieux. SOUT. dissipé. FAM. vicelard.

sauce *n.f.* ▶ ***Garniture*** – nappage. ▸ *Trop claire* – lavasse. ▶ ***Crayon*** – crayon Conté. ▶ ***Averse*** (FAM.) – averse, cataracte, déluge, giboulée, grain, ondée, pluie battante, pluie d'abat, pluie diluvienne, pluie drue, pluie torrentielle, trombe d'eau. FAM. douche, rincée, saucée. BELG. FAM. drache.

saucisson *n.m.* ▶ ***Aliment prêt à manger*** – saucisse sèche. FRANCE FAM. sauciflard. ▶ ***Pain*** – baguette, demi-baguette, ficelle, flûte, (pain) bâtard, (pain) parisien.

sauf *adj.* inaltéré, intact, intouché, pur. △ ANT. ALTÉRÉ, ENDOMMAGÉ; BLESSÉ, NAUFRAGÉ; DISPARU, PERDU.

saugrenu *adj.* à dormir debout, abracadabrant, abracadabrantesque, absurde, baroque, biscornu, bizarre, burlesque, cocasse, exagéré, excentrique, extravagant, fantasque, farfelu, fou, funambulesque, grotesque, impayable, impossible, incroyable, insolite, invraisemblable, loufoque, qui ne tient pas debout, rocambolesque, tiré par les cheveux, vaudevillesque. FRANCE FAM. foutraque, gaguesque. △ ANT. BIENSÉANT, CONVENABLE; LOGIQUE, SENSÉ, SÉRIEUX.

saumon *adj.* crevette, pêche, pelure d'oignon, rose orangé, rose saumoné.

saut *n.m.* ▶ ***Bond*** – bond, bondissement, cabriole, culbute, enjambée, entrechat, gambade, plongeon, sautillage, sautillement, voltige. FAM. galipette. BELG. cumulet. ▶ ***Sursaut*** – cahot, soubresaut, sursaut, tressaillement. SOUT. tressaut, tressautement. ▶ ***Élan*** – bond, branle, coup, élan, élancement, envolée, erre, essor, impulsion, lancée, lancement, mouvement, rondade *(acrobatie)*. QUÉB. FAM. erre d'aller. ▶ ***Discontinuité*** – brisure, cassure, coupure, discontinuité, fossé, hiatus, interruption, lacune, rupture, solution de continuité. ▶ ***Chute*** – courant, cours, fil (de l'eau), flot, rapide.

saute *n.f.* accès, bizarrerie, bon plaisir, caprice, changement, chimère, coup de tête, extravagance, envie, fantaisie, fantasme, folie, frasque, gré, guise, immaturité, impatience, incartade, inconstance, infantilisme, instabilité, légèreté, lubie, marotte, mobilité, originalité, saute (d'humeur), singularité, sporadicité, variation, versatilité, volonté. SOUT. folle gamberge, foucade, humeur. FAM. toquade. △ ANT. CONSTANCE.

sauté *n.m.* ▶ ***Aliment*** – blanquette, (bœuf) bourguignon, carbonade, cassoulet, civet, fricassée, gibelotte, goulache *(Hongrie)*, haricot de mouton, mafé *(Afrique)*, navarin, oille, ragoût irlandais, ragoût, ratatouille, sagamité *(amérindien)*, salmis, tajine *(Maghreb)*. QUÉB. ragoût de boulettes, ragoût de pattes (de cochon). ACADIE fricot. ANTILLES colombo.

sauter *v.* ▶ ***Faire des bonds*** – bondir, cabrioler, caracoler, faire des bonds, folâtrer, gambader, s'ébattre. ▶ ***S'élancer*** – foncer, s'élancer, se jeter, se lancer, se précipiter, se ruer. ▶ ***Attaquer*** – agresser, assaillir, attaquer, charger, foncer sur, fondre sur, se jeter sur, se ruer sur, tomber sur. BELG. broquer sur. ▶ ***Faire explosion*** (FAM.) – détoner, éclater, exploser, faire explosion. FAM. péter. CHIM. fulminer. ▶ ***Franchir*** – enjamber, franchir, passer. ▶ ***Oublier*** – escamoter, manquer, omettre, oublier, passer. △ ANT. ATTENDRE, SE RETENIR; RECULER.

sauterelle *n.f.* ▶ ***Personne maigre*** (FAM.) – gringalet, maigre, maigrelet, maigrichon, maigriot, sécot. FAM. cadavre ambulant, fantôme, (grand) échalas, (grande) bringue *(femme)*, (grande) gigue *(femme)*, (grande) perche, manche à balai, momie, paquet d'os, sac d'os, spectre, squelette. QUÉB. FAM. (grand) efflanqué.

sauvage *adj.* ▶ ***Inexploré*** – désert, désolé, inexploré, inhabité, solitaire, vierge. ▶ ***Hostile*** –

farouche, hostile, ingrat, inhabitable, inhospitalier. ▶ ***Fauve*** – fauve, féroce. ▶ ***Indompté*** – farouche, inapprivoisable, inapprivoisé, indomptable, indompté. ▶ ***Méfiant*** – craintif, farouche, méfiant. ▶ ***Insociable*** – farouche, insociable, misanthrope, ours, solitaire. ▶ ***Cruel*** – barbare, bestial, cannibale, cannibalesque, cruel, féroce, inhumain, sadique, sanguinaire. SOUT. néronien. △ **ANT.** FRÉQUENTÉ, HABITÉ, PEUPLÉ; DOMESTIQUE, FAMILIER; CIVILISÉ, ÉVOLUÉ, POLICÉ; POLI, RAFFINÉ, SOCIABLE; BIENVEILLANT, CHARITABLE, COMPATISSANT, DÉLICAT, DOUX, HUMAIN, MISÉRICORDIEUX.

sauvage *n.* ▶ ***Misanthrope*** – ermite, misanthrope, ours, reclus, solitaire. ▶ ***Brute*** – animal, brutal, brute, cosaque, violent. SOUT. reître, soudard. FAM. casse-tout, tabasseur.

sauvagement *adv.* barbarement, bestialement, brutalement, cruellement, durement, farouchement, férocement, impitoyablement, inhumainement, méchamment, rudement, sadiquement. △ **ANT.** AVEC DOUCEUR, BIENVEILLAMMENT, DÉLICATEMENT.

sauvagerie *n. f.* ▶ ***Cruauté*** – acharnement, agressivité, atrocité, barbarie, brutalité, cruauté, dureté, férocité, inhumanité, maltraitance, méchanceté, sadisme, violence. SOUT. implacabilité, inexorabilité. PSYCHIATRIE psychopathie. ▶ ***Insociabilité*** – asociabilité, asocialité, inadaptation, individualisme, insociabilité, marginalité, mésadaptation, misanthropie, timidité. MÉD. agoraphobie, sociophobie, solitarisme. SOUT. ourserie, renfrognement. ▶ ***Timidité*** – appréhension, confusion, crainte, discrétion, effacement, effarouchement, embarras, émoi, frilosité, gaucherie, gêne, hésitation, honte, humilité, indécision, inhibition, introversion, malaise, modestie, peur, réserve, retenue, timidité. SOUT. pusillanimité. FAM. trac. △ **ANT.** DÉLICATESSE, DOUCEUR; CIVILITÉ, SOCIABILITÉ.

sauvegarde *n. f.* ▶ ***Protection*** – abri, aide, appui, assistance, chapeautage, conservation, couverture, garantie, garde, mandat, parrainage, paternalisme, patronage, protection, recommandation, renfort, rescousse, secours, sécurisation, soutien, surveillance, tutelle. FIG. parapluie. SOUT. égide. FAM. piston. ▶ ***Perpétuation*** – conservation, continuation, immortalisation, maintien, pérennisation, persistance, poursuite, préservation, prolongement, suite, transmission. SOUT. ininterruption, perpétuation, perpétuement. ▶ ***Garantie*** – assurance, aval, caution, cautionnement, charge, consignation, couverture, ducroire, engagement, gage, garant, garantie, hypothèque, indexage, indexation, nantissement, obligation, palladium, parrainage, précaution, préservation, promesse, répondant, responsabilité, salut, sécurité, signature, soulte, sûreté, warrant, warrantage. DR. porte-fort. △ **ANT.** DESTRUCTION.

sauvegarder *v.* conserver, garder, préserver, protéger, sauver. △ **ANT.** ABANDONNER, LAISSER, LIVRER, PERDRE, SACRIFIER; ATTAQUER, MENACER, PERSÉCUTER.

sauver *v.* ▶ ***Tirer d'un danger*** – arracher, soustraire. QUÉB. réchapper, rescaper. MAR. sauveter. ▶ ***Protéger*** – conserver, garder, préserver, protéger, sauvegarder. ▶ ***Sauver par la rédemption*** – racheter, rédimer. ♦ **se sauver** ▶ ***Fuir*** – fuir, prendre la clé des champs, prendre la fuite, s'enfuir. SOUT. s'ensauver. FAM. calter, caner, débarrasser le plancher, décamper, décaniller, déguerpir, détaler, droper, ficher le camp, filer, foutre le camp, prendre la poudre d'escampette, prendre le large, s'esbigner, se barrer, se carapater, se casser, se cavaler, se débiner, se faire la malle, se faire la paire, se faire la valise, se tailler, se tirer, se tirer des flûtes, se trisser. ▶ ***S'évader*** – filer, s'échapper, s'enfuir, s'évader. FRANCE FAM. se faire la belle. △ **ANT.** ABANDONNER, LAISSER, LIVRER, PERDRE, SACRIFIER; ATTAQUER, MENACER, PERSÉCUTER; DAMNER. ♦ **se sauver** ACCOURIR; DEMEURER, RESTER.

sauvetage *n. m.* ▶ ***Récupération*** – planche de salut, rachat, récupération, rédemption, salut, secours. ▶ ***Réparation*** – amélioration, arrangement, bricolage, consolidation, dépannage, entretien, maintenance, rajustement, ravalement, reconstitution, réfection, remise à neuf, remise en état, remontage, renforcement, réparation, reprise, restauration, restitution, rétablissement, retapage, rhabillage, soin. FAM. rafistolage.

sauveur *n. m.* ▶ ***Libérateur*** – affranchisseur, bienfaiteur, défenseur, deus ex machina, émancipateur, libérateur, messie, protecteur, rédempteur. SOUT. salvateur. ♦ **le Sauveur** ▶ ***Jésus-Christ*** – Agneau de Dieu, Agneau mystique, Agneau sans tache, céleste époux, Christ de majesté, Christ pantocrator, christ, Christ-Roi, Crucifié, Dieu fait homme, Dieu le Fils, (divin) Messie, divin Sauveur, Enfant Jésus, époux de l'Église, époux mystique, Fils de l'homme, Fils de Marie, Fils (unique) de Dieu, Homme-Dieu, Jésus, Jésus de Galilée, Jésus le Christ Notre Seigneur, Jésus-Christ, le Galiléen, le Nazaréen, Notre Sauveur, Notre Seigneur Jésus-Christ, Oint du Seigneur, Pain céleste, Pain de vie, Rédempteur, Sacré-Cœur, Sauveur (du monde), Seigneur Jésus.

savamment *adv.* adroitement, astucieusement, avec brio, avec éclat, bien, brillamment, de main de maître, expertement, finement, génialement, habilement, industrieusement, ingénieusement, intelligemment, judicieusement, lucidement, magistralement, pertinemment, professionnellement, sensément, spirituellement, subtilement, talentueusement, vivement. △ **ANT.** ABSURDEMENT, BÊTEMENT, IDIOTEMENT, IMBÉCILEMENT, ININTELLIGEMMENT, NAÏVEMENT, SOTTEMENT, STUPIDEMENT.

savant *adj.* ▶ ***Qui a de vastes connaissances*** – averti, cultivé, éclairé, érudit, évolué, instruit, intellectuel, lettré. SOUT. docte. FAM. calé. ▶ ***Recherché*** – complexe, délicat, difficile, recherché, subtil. ▶ ***En parlant d'un terme*** – didactique, scientifique, technique. △ **ANT.** IGNORANT, INCULTE; FACILE, NATUREL, SIMPLE; COURANT, FAMILIER, POPULAIRE.

savant *n.* ▶ ***Spécialiste d'un domaine*** – autorité (en la matière), chercheur, connaisseur, découvreur, docteur, expert, homme de science, investigateur, maître, maître de recherches, professeur, scientifique, sommité, spécialiste. SOUT. (grand) clerc. ▶ ***Personne aux connaissances étendues*** – docteur, encyclopédiste, érudit, humaniste, intellectuel, lettré, maître-penseur, philosophe, sage. SOUT. bénédictin, (grand) clerc, mandarin. FAM. bibliothèque (vivante), dictionnaire ambulant, dictionnaire (vivant), encyclopédie (vivante), fort en thème, grosse tête, intello, puits d'érudition, puits de science, rat de bibliothèque. △ **ANT.** AMATEUR, APPRENTI; IGNORANT.

saveur *n.f.* ▶ ***Goût*** – goût, montant, parfum. SOUT. flaveur, sapidité, succulence. ▶ ***Agrément*** – agrément, bouquet, charme, fumet, piment, piquant, sel, truculence. △ **ANT.** FADEUR.

savoir *v.* ▶ ***Être au courant*** – connaître, être au courant de, être au fait de, être informé de, être instruit de. ▶ ***Posséder une connaissance*** – connaître, maîtriser. ♦ **se savoir** ▶ ***Devenir chose connue*** – filtrer, paraître au jour, s'ébruiter, transpirer. △ **ANT.** IGNORER, MÉCONNAÎTRE; DOUTER.

savoir *n.m.* ▶ ***Connaissances*** – acquis, bagage, compétence, connaissances, culture (générale), éducation, encyclopédisme, épistémè, érudition, expérience, humanisme, instruction, lettres, lumières, notions, sagesse, science. SOUT. omniscience. ▶ ***Compétence*** – adresse, aisance, aptitude, art, brio, capacité, compétence, dextérité, disposition, doigté, don, expertise, facilité, faculté, force, fort, génie, habileté, main, maîtrise, métier, pouvoir, professionnalisme, savoir-faire, sens, talent, technique, virtuosité. FAM. bosse. DR. habilitation, habilité. △ **ANT.** IGNORANCE; INCOMPÉTENCE.

savoir-faire *n.m.* ▶ ***Compétence*** – adresse, aisance, aptitude, art, brio, capacité, compétence, dextérité, disposition, doigté, don, expertise, facilité, faculté, force, fort, génie, habileté, main, maîtrise, métier, pouvoir, professionnalisme, savoir, sens, talent, technique, virtuosité. FAM. bosse. DR. habilitation, habilité. △ **ANT.** GAUCHERIE, INCOMPÉTENCE, MALADRESSE.

savon *n.m.* ▶ ***Substance*** – détachant, détergent, détersif, lessive, nettoyant, produit lessiviel, savonnette *(petit)*. QUÉB. javellisant. ▶ ***Blâme*** (FAM.) – accusation, admonestation, admonition, anathématisation, anathème, attaque, avertissement, blâme, censure, condamnation, correction, critique, désapprobation, diatribe, grief, grognerie, gronderie, interdit, leçon, malédiction, mise à l'écart, mise à l'index, mise en quarantaine, objection, observation, plainte, punition, récrimination, remarque, remontrance, représentation, réprimande, réprobation, reproche, réquisitoire, semonce, sérénade, sermon, tollé. SOUT. animadversion, foudres, fustigation, improbation, mercuriale, objurgation, stigmatisation, vitupération. FAM. douche, engueulade, tabac. FRANCE FAM. attrapade, lavage de tête, prêchi-prêcha, soufflante. BELG. cigare. RELIG. fulmination.

savourer *v.* ▶ ***Apprécier au goût*** – déguster, goûter, siroter *(boisson)*. ▶ ***Aimer beaucoup*** – déguster, faire ses délices de, goûter, jouir de, profiter de, s'enchanter de, se délecter de, se régaler de, se réjouir de, se repaître de, tirer plaisir de. FAM. se gargariser de. △ **ANT.** ABHORRER, DÉTESTER, VOMIR.

savoureux *adj.* ▶ ***Bon au goût*** – délectable, délicieux, excellent, exquis, gastronomique, succulent, très bon. SOUT. ambrosiaque, ambrosien. FRANCE RÉGION. goûteux. ▶ ***Intéressant*** – amusant, croustillant, intéressant, piquant, qui pique l'intérêt, qui pique la curiosité. ▶ ***Pittoresque*** – animé, coloré, expressif, figuré, haut en couleur, imagé, métaphorique, pittoresque, truculent, vivant. FAM. folklorique. △ **ANT.** AMER, DÉSAGRÉABLE, MAUVAIS, RÉPUGNANT; FADE, INSIPIDE; MÉDIOCRE, MONOTONE, MORNE, SANS COULEUR, SANS VIE, TERNE.

scabreux *adj.* ▶ ***Obscène*** – cru, dégoûtant, graveleux, obscène. ▶ ***Épineux*** (SOUT.) – ardu, complexe, compliqué, corsé, délicat, difficile, épineux, laborieux, malaisé, problématique. △ **ANT.** CHASTE, DÉCENT, INNOCENT, PUDIQUE, PUR; AISÉ, COMMODE, ÉLÉMENTAIRE, ENFANTIN, FACILE, SIMPLE.

scandale *n.m.* ▶ ***Indignation*** – choc, commotion, émotion, étonnement, honte, indignation. ▶ ***Esclandre*** – algarade, discussion, dispute, éclat, esclandre, querelle, scène, tapage. FAM. pétard. ▶ ***Péché*** – accroc, chute, crime, déchéance, écart, errements, faute, impureté, mal, manquement, mauvais, offense, péché, sacrilège, souillure, tache, transgression, vice. ▶ ***Impiété*** – agnosticisme, apostasie, athéisme, blasphème, désacralisation, doute, froideur, gentilité, hérésie, impiété, incrédulité, incroyance, indifférence, infidélité, irréligion, libre pensée, matérialisme, paganisme, panthéisme, péché, profanation, reniement, sacrilège, scepticisme. SOUT. inobservance. △ **ANT.** ÉDIFICATION.

scandaleux *adj.* ▶ ***Révoltant*** – amoral, choquant, éhonté, immoral, impur, inconvenant, indécent, obscène, offensant, révoltant, scabreux. RARE antimoral. ▶ ***Honteux*** – abject, bas, coupable, crapuleux, dégoûtant, honteux, ignoble, immonde, inavouable, indigne, infâme, infect, innommable, inqualifiable, lâche, méprisable, odieux, repoussant, répugnant, sans nom, sordide, vil. SOUT. fangeux, ignominieux, nauséeux, triste, turpide. FAM. dégueu, dégueulasse, écœurant, salaud. △ **ANT.** BIENSÉANT, CONVENABLE, CORRECT, DÉCENT, MORAL; DIGNE, HONORABLE, NOBLE.

scandaliser *v.* ▶ ***Choquer*** – choquer, horrifier, indigner, outrer, révolter. FAM. écœurer, estomaquer. ♦ **se scandaliser** ▶ ***S'indigner*** – s'indigner, s'offenser, s'offusquer, se fâcher, se formaliser, se froisser, se piquer, se vexer. △ **ANT.** ÉDIFIER; CHARMER, PLAIRE, RÉJOUIR. ♦ **se scandaliser** S'ENTHOUSIASMER, SE FÉLICITER, SE RÉJOUIR.

scander *v.* ▶ ***Prononcer avec force*** – accentuer, appuyer sur, marteler. ▶ ***Donner un rythme*** – cadencer, rythmer.

scanneur (var. **scaneur**) *n.m.* ▶ ***Appareil médical*** – scanographe, tomodensimètre, tomodensitomètre. ▶ ***Appareil d'enregistrement des images*** – lecteur optique, numériseur optique.

sceau *n.m.* ▶ ***Ce qui sert à marquer*** – cachet, oblitérateur, poinçon, tampon, timbre. ANTIQ. cylindre-sceau. ▶ ***Marque*** – cachet, contrôle, empreinte, estampille, flamme, frappe, griffe, insculpation, label, marque, oblitération, plomb, poinçon, tampon, timbre. QUÉB. FAM. étampe. ▶ ***Caractère distinctif*** – apparence, cachet, cicatrice, critère, empreinte, indication, indice, justificatif, lueur, marque, ombre, pas, piste, preuve, repère, reste, ride, signature, signe, stigmate, tache, témoignage, témoin, trace, trait, vestige.

sceller *v.* ▶ ***Fermer d'un sceau*** – cacheter. ▶ ***Confirmer solennellement*** – accepter, approuver, confirmer, entériner, homologuer, plébisciter, ratifier, sanctionner, signer, valider. △ **ANT.** DÉCACHETER, DESCELLER, OUVRIR; ABROGER, ANNULER, INVALIDER.

scénario *n.m.* ▶ ***Canevas*** – action, affabulation, canevas, intrigue, péripétie, scène, trame, vie. ▶ ***Supposition*** – a priori, apriorisme, apriorité, cas de figure, condition, conjecture, doute, extrapolation, hypothèse, idée reçue, induction, jeu de l'esprit, œillère, préjugé, présomption, présupposé, présupposition, pronostic, supputation. ▶ ***Théorie*** – conjecture, explication, hypothèse, interprétation, loi, principe, spéculation, théorie, thèse.

scène *n.f.* ▶ ***Espace surélevé*** – (les) planches, plateau. ▶ ***Art*** – art dramatique, planches, théâtre. ▶ ***Subdivision d'une pièce de théâtre*** – acte, tableau. ▶ ***Subdivision d'un film*** – plan, séquence. ▶ ***Ce qui se passe*** – action, affabulation, canevas, intrigue, péripétie, scénario, trame, vie. ▶ ***Lieu*** – coin, emplacement, endroit, lieu, localisation, localité, place, point, position, poste, séjour, siège, site, situation, théâtre, zone. *BIOL.* locus. ▶ ***Dispute*** – accrochage, algarade, altercation, brouille, brouillerie, chicane, controverse, démêlé, désaccord, désunion, différend, discorde, dispute, divergence, escarmouche, explication, fâcherie, froid, heurt, joute oratoire, litige, malentendu, mésentente, passe d'armes, polémique, querelle, rupture, zizanie. *FAM.* bagarre, bisbille, bringue, chamaille, chamaillerie, empoignade, empoignement, engueulade, prise de bec, séance. *BELG. FAM.* bisbrouille. ▶ ***Esclandre*** – algarade, discussion, dispute, éclat, esclandre, querelle, scandale, tapage. *FAM.* chambard, pétard. *FRANCE FAM.* pet. ▶ ***Ce que l'on voit*** – image, spectacle, tableau, vision, vue. ▶ ***Domaine*** – branche, champ, département, discipline, division, domaine, étude, fief, matière, partie, science, secteur, spécialité, sphère. *FAM.* rayon.

scepticisme *n.m.* ▶ ***Méfiance*** – défiance, désintéressement, doute, incrédulité, méfiance, prudence, soupçon, suspicion, vigilance. *SOUT.* cautèle. *FAM.* paranoïa *(excessive)*. ▶ ***Incroyance*** – agnosticisme, apostasie, athéisme, blasphème, désacralisation, doute, froideur, gentilité, hérésie, impiété, incrédulité, incroyance, indifférence, infidélité, irréligion, libre pensée, matérialisme, paganisme, panthéisme, péché, profanation, reniement, sacrilège, scandale. *SOUT.* inobservance. ▶ ***Pessimisme*** – alarmisme, catastrophisme, défaitisme, inquiétude, négativisme, pessimisme. ▶ ***En philosophie*** – criticisme, nihilisme, positivisme, pragmatisme, probabilisme, pyrrhonisme, relativisme, subjectivisme. △ **ANT.** ASSURANCE, CONVICTION, CRÉDULITÉ, CROYANCE, DOGMATISME, FOI; ENTHOUSIASME.

sceptique *adj.* dubitatif, incrédule. *SOUT.* douteur. *PHILOS.* aporétique. △ **ANT.** CERTAIN, CONFIANT, CONVAINCU, SÛR; CROYANT, DOGMATIQUE; CRÉDULE, NAÏF.

sceptique *n.* ▶ ***Personne qui doute*** – incrédule, méfiant. *SOUT.* douteur. ▶ ***Partisan*** – probabiliste, relativiste. △ **ANT.** CROYANT, FIDÈLE.

sceptre *n.m.* ▶ ***Bâton symbolique*** – abacus, bâton, caducée, crosse, lituus, main de justice, pédum, thyrse, verge. ▶ ***Souveraineté*** – autorité royale, couronne, royauté, souveraineté, trône.

schéma *n.m.* ▶ ***Représentation*** – carte, copie, dessin, diagramme, fac-similé, figuration, image, levé, plan, représentation, reproduction, symbole, visuel *(en publicité)*. ▶ ***Ébauche*** – canevas, crayon, crayonné, croquis, dessin, ébauche, épure, esquisse, essai, étude (préparatoire), griffonnement, pochade, premier jet, préparation, projet, rough. *SOUT.* linéaments. *FRANCE FAM.* crobard. ▶ ***Résumé*** – abrégé, aide-mémoire, analyse, aperçu, argument, compendium, condensé, éléments, épitomé, esquisse, extrait, livret, manuel, mémento, morceau, notice, page, passage, plan, précis, promptuaire, raccourci, récapitulation, réduction, résumé, rudiment, sommaire, somme, synopsis, vade-mecum. *FAM.* topo. △ **ANT.** DÉVELOPPEMENT.

schématique *adj.* rapide, simplifié, sommaire, succinct. △ **ANT.** APPROFONDI, COMPLET, DÉTAILLÉ; NUANCÉ.

schème *n.m.* abstraction, archétype, concept, conception, conceptualisation, connaissance, conscience, entité, fiction, généralisation, idée, imagination, notion, noumène, pensée, représentation (mentale), théorie.

scie *n.f.* ▶ ***Poisson*** – poisson-scie. ▶ ***Rengaine*** – chanson ressassée, rengaine, ritournelle. ▶ ***Redite*** – chanson, écho, leitmotiv, rabâchage, radotage, récurrence, redite, redondance, refrain, rengaine, répétition, reprise, ressassage, ressassement, ritournelle, routine, sérénade, turlutaine. *FAM.* resucée. ▶ ***Chose ennuyeuse*** (*FAM.*) – *FAM.* calamité, colique, soporifique.

sciemment *adv.* à dessein, consciemment, de plein gré, de propos délibéré, de sang-froid, délibérément, en connaissance de cause, en pleine connaissance de cause, en toute connaissance de cause, exprès, expressément, intentionnellement, volontairement. △ **ANT.** IMPULSIVEMENT, INCONSCIEMMENT, INVOLONTAIREMENT, MACHINALEMENT, MÉCANIQUEMENT, SANS RÉFLÉCHIR.

science *n.f.* ▶ ***Savoir*** – acquis, bagage, compétence, connaissances, culture (générale), éducation, encyclopédisme, épistémè, érudition, expérience, humanisme, instruction, lettres, lumières, notions, sagesse, savoir. *SOUT.* omniscience. ▶ ***Spécialité*** – branche, champ, département, discipline, division, domaine, étude, fief, matière, partie, scène, secteur, spécialité, sphère. *FAM.* rayon. △ **ANT.** IGNORANCE, INCOMPÉTENCE.

scier *v.* ▶ ***Exaspérer*** (*FAM.*) – agacer, crisper, énerver, exaspérer, excéder, fatiguer, hérisser, impatienter, importuner, irriter, porter sur les nerfs de. *FAM.* barber, casser les pieds à, courir sur le système de, embêter, emmieller, empoisonner, enquiquiner, faire suer, gonfler, horripiler, insupporter, pomper l'air à, tanner, taper sur les nerfs de. *FRANCE FAM.* bassiner, canuler, cavaler, courir, courir sur le haricot de, soûler. *QUÉB. FAM.* achaler, déranger. ▶ ***Stupéfier*** (*FAM.*) – abasourdir, ahurir, couper bras et jambes à, couper le souffle à, ébahir, époustoufler, étonner, méduser, renverser, saisir, souffler, stupéfaire, stupéfier, suffoquer. *FAM.* décoiffer, défoncer, déménager, éberluer, ébouriffer, épater, estomaquer, estourbir, sidérer.

scintillant *adj.* ▶ ***Brillant*** – brasillant, brillant, éclatant, étincelant, flamboyant, incandescent, luisant, miroitant, papillotant, reluisant, rutilant. ▶ ***Cli-***

gnotant – clignotant, papillotant. △ **ANT.** BLAFARD, ÉTEINT, MAT, PÂLE, TERNE; FIXE.

scintiller *v.* ▸ ***Briller par intervalles*** – clignoter, papilloter. ▸ ***Jeter des reflets*** – brasiller, briller, chatoyer, étinceler, flamboyer, fulgurer *(éclat passager)*, luire, miroiter, reluire, resplendir, rutiler. *SOUT.* palpiter, papilloter, pétiller. *BELG.* blinquer. *FRANCE RÉGION.* mirailler. *ACADIE FAM.* mirer.

scission *n.f.* ▸ ***Division*** – bipartition, clivage, découpage, division, fission, mi-partition, section, sectionnement, segmentation, séparation. ▸ ***Disjonction*** – débranchement, déconnexion, désaccord, désunion, disjonction, rupture, séparation. ▸ ***Sécession*** – autonomie, division, indépendance, partition, sécession, séparation. ▸ ***Dissidence*** – désobéissance, déviation, déviationnisme, division, hérésie, hétérodoxie, insoumission, insurrection, non-conformisme, opposition, rébellion, révolte, schisme, sécession, séparation. △ **ANT.** ACCORD, ASSOCIATION, COALITION, CONCORDE.

scolaire *adj.* ▸ ***Destiné à l'enseignement*** – didactique, éducatif, éducationnel, ludoéducatif, pédagogique. △ **ANT.** EXTRASCOLAIRE.

scrupule *n.m.* ▸ ***Honte*** – confusion, contrainte, crainte, embarras, gêne, honte, humilité, pudeur, réserve, retenue, timidité. ▸ ***Hésitation*** – doute, embarras, flottement, hésitation, incertitude, inconstance, indécision, indétermination, instabilité, irrésolution, perplexité, procrastination, réticence, tâtonnement, trouble, vacillement, valse-hésitation, velléité, versatilité. *SOUT.* limbes. ▸ ***Intégrité*** – conscience, droiture, exactitude, fidélité, franchise, honnêteté, incorruptibilité, intégrité, irréprochabilité, justice, loyauté, mérite, moralité, netteté, probité, sens moral, transparence, vertu. △ **ANT.** CERTITUDE, DÉCISION; LAXISME, NÉGLIGENCE.

scrupuleux *adj.* ▸ ***Honnête*** – à l'abri de tout soupçon, au-dessus de tout soupçon, consciencieux, digne de confiance, droit, fiable, honnête, incorruptible, insoupçonnable, intègre, probe, propre, sûr. ▸ ***Méticuleux*** – appliqué, assidu, attentif, consciencieux, méthodique, méticuleux, minutieux, ordonné, précis, rangé, rigoureux, soigné, soigneux, systématique. *SOUT.* exact. ▸ ***Pointilleux*** – à cheval sur les principes, chatouilleux, exigeant, maniaque, perfectionniste, pointilleux, sourcilleux. *FAM.* service-service. △ **ANT.** CYNIQUE, MALHONNÊTE; APPROXIMATIF, INDÉLICAT, INSOUCIEUX, NÉGLIGENT; COMPLAISANT, LAXISTE.

scruter *v.* ▸ ***Regarder*** – arrêter son regard sur, attacher son regard sur, braquer les yeux sur, considérer, contempler, dévisager *(une personne)*, examiner, fixer, fixer le regard sur, fouiller du regard, observer, regarder. *FAM.* gaffer, viser, zieuter. ▸ ***Inspecter*** – examiner, fouiller, inspecter, passer au peigne fin, regarder à la loupe. ▸ ***Étudier à fond*** – approfondir, ausculter, creuser, épuiser, étudier à fond, examiner sous toutes les coutures, fouiller, passer au crible, traiter à fond. △ **ANT.** EFFLEURER, NÉGLIGER, OMETTRE, SURVOLER.

sculpter *v.* ▸ ***Façonner un objet*** – façonner, former, modeler. *SOUT.* configurer. ▸ ***Graver*** – buriner, ciseler, estamper, graver, tailler.

sculpteur *n.* ▸ ***Artiste*** – *ANC.* imagier (sculpteur), tailleur d'images.

sculpture *n.f.* ▸ ***Art ou technique*** – burinage, ciselage, cisellement, ciselure, échoppage, guillochage, sculptage.

séance *n.f.* ▸ ***Spectacle*** – attraction, concert, danse, divertissement, exécution, exhibition, happening, numéro, pièce, projection, récital, représentation, revue, soirée. ▸ ***Concert*** – aubade, audition, concert, divertissement, exécution, récital, sérénade, soirée. ▸ ***Pièce de théâtre*** (*ACADIE*) – pièce. ▸ ***Audience*** – audience *(tribunal)*, débat, session, vacation.

seau *n.m.* ▸ ***Récipient*** – *QUÉB. ACADIE FAM.* chaudière. *SUISSE* channe.

sec *adj.* ▸ ***Sans humidité*** – aride, desséché. *GÉOGR.* aréique. ▸ ***Très maigre*** – amaigri, décharné, desséché, efflanqué, émacié, famélique, hâve, maigri, osseux, qui n'a que la peau et les os, squelettique. *SOUT.* étique. *FAM.* maigre comme un clou, maigre comme un coucou, maigre comme un hareng saur, sec comme un coup de trique. *MÉD.* cachectique. ▸ ***Endurci*** – aride, de granit, de pierre, dur, endurci, froid, indifférent, insensible, sans-cœur. *SOUT.* d'airain, frigide, granitique. *FAM.* blindé. ▸ ***Bien marqué*** – accentué, accusé, fort, marqué, net, prononcé. ▸ ***En parlant du ton*** – abrupt, agressif, bourru, bref, brusque, brutal, cassant, coupant, dur, incisif, raide, rude, tranchant. △ **ANT.** AQUEUX, HUMIDE, MOUILLÉ, TREMPÉ; PLUVIEUX; ADIPEUX, CORPULENT, DE FORTE TAILLE, EMPÂTÉ, GRAS, GROS, LOURD, MASSIF, OBÈSE, OPULENT, PLANTUREUX; COMPATISSANT, EMPATHIQUE, SENSIBLE; AGRÉABLE, CARESSANT, DOUX, ONCTUEUX.

sèchement *adv.* durement, fraîchement, froidement, glacialement, hautainement, impersonnellement, insensiblement, raide, raidement, sec. △ **ANT.** DÉLICATEMENT, DOUCEMENT; CHALEUREUSEMENT, CORDIALEMENT; AVEC GRÂCE, GRACIEUSEMENT.

sécher *v.* ▸ ***Essuyer*** – éponger, essuyer, étancher, tamponner. ▸ ***Vider de son eau*** – assécher, dessécher, étancher, mettre à sec, tarir. ▸ ***Faner*** – défraîchir, dessécher, étioler, faner, flétrir. ▸ ***Fumer*** – boucaner, fumer, saurer. ▸ ***Boire en entier*** (*FAM.*) – finir, vider. *FAM.* nettoyer. ▸ ***Manquer un cours*** (*FAM.*) – manquer. *BELG. FAM.* brosser. *SUISSE FAM.* courber. ▸ ***S'évaporer*** – s'évaporer, se vaporiser, se volatiliser. *BELG.* aminer. ▸ ***Rassir*** – durcir, rassir. △ **ANT.** ARROSER, DÉTREMPER, HUMECTER, HUMIDIFIER, IMBIBER, INONDER, MOUILLER.

sécheresse *n.f.* ▸ ***Aridité*** – anhydrie, aridité, déshydratation, dessèchement, dessiccation, flétrissure, marcescence, sec, siccité, tarissement. ▸ ***Austérité*** – âpreté, aridité, austérité, dureté, exigence, gravité, rigidité, rigueur, sérieux, sévérité. ▸ ***Absence de sentiments*** – dureté, froideur, indifférence, insensibilité, sécheresse (de cœur). *SOUT.* aridité. △ **ANT.** FRAÎCHEUR, HUMIDITÉ, HYDRATATION; FÉCONDITÉ, FERTILITÉ, LUXURIANCE; ATTENDRISSEMENT, BONTÉ, SENSIBILITÉ.

second *n.* ▸ ***Personne*** – adjoint, aidant, aide, alter ego, assesseur, assistant, auxiliaire, bras droit, collaborateur, complice, exécutant, homme de confiance, lieutenant, préparateur, sous-chef, subalterne, subordonné. *SOUT.* suivant. *RELIG.* coadjuteur, définiteur. ▸ *Non favorable* – acolyte, lampiste, second couteau, second rôle, second violon, sous-fifre, sous-ordre. ▶ ***Espace d'un bâtiment*** – second étage. △ **ANT.** CAPITAINE, CHEF, PATRON.

secondaire *adj.* ▶ ***Qui est moins important*** – accessoire, anecdotique, annexe, contingent, (d'intérêt) secondaire, de second plan, décoratif, dédaignable, épisodique, incident, indifférent, insignifiant, marginal, mineur, négligeable. ▶ ***Qui occupe un rang moins élevé*** – bas, inférieur, mineur, moindre, subalterne, subordonné. △ **ANT.** CAPITAL, DOMINANT, ESSENTIEL, FONDAMENTAL, PRIMORDIAL, PRINCIPAL; PRIMAIRE.

seconder *v.* ▶ ***Épauler*** – aider, appuyer, assister, épauler, soutenir. △ **ANT.** CONTRARIER, DESSERVIR, ENTRAVER, NUIRE.

secouer *v.* ▶ ***Remuer*** – agiter, remuer. ▶ ***Ballotter*** – agiter, ballotter, cahoter. ▶ ***Traiter avec rigueur*** – brimer, éprouver, malmener, maltraiter. *FIG.* cahoter. ▶ ***Réprimander*** (*FAM.*) – admonester, attraper, chapitrer, faire des remontrances à, faire la leçon à, faire la morale à, gronder, houspiller, malmener, moraliser, morigéner, rappeler à l'ordre, remettre à sa place, remettre au pas, réprimander, sermonner. *SOUT.* gourmander, redresser, semoncer, semondre, tancer. *FAM.* assaisonner, dire deux mots à, disputer, doucher, engueuler, enguirlander, incendier, laver la tête à, moucher, passer un savon à, remonter les bretelles à, sacquer, savonner, savonner la tête à, sonner les cloches à, tirer les oreilles à. *FRANCE FAM.* donner un cigare à, passer un cigare à. *QUÉB. FAM.* chicaner. ▶ ***Ébranler fortement*** – affecter, bouleverser, choquer, commotionner, ébranler, marquer, perturber, traumatiser. ▶ ***Émouvoir*** – bouleverser, chavirer, ébranler, émouvoir, remuer, retourner, révulser, troubler. *FAM.* chambouler, émotionner, remuer les tripes à, révolutionner, tourneboulег, tourner les sangs à. ♦ **se secouer** ▶ ***S'ébrouer*** – s'agiter, s'ébrouer. ▶ ***Se ressaisir*** – réagir, se reprendre, se ressaisir. *BELG. FAM.* se ravoir. △ **ANT.** CALER, FIXER, IMMOBILISER, STABILISER; DORLOTER, MÉNAGER; APAISER, CALMER, TRANQUILLISER. ♦ **se secouer** PARESSER, S'ENGOURDIR, SE LAISSER ALLER.

secourable *adj.* ▶ ***Charitable*** – altruiste, bon, charitable, compatissant, désintéressé, fraternel, généreux, humain, humanitaire, philanthrope, qui a bon cœur. *SOUT.* bienfaisant. ▶ ***Attentionné*** – aimable, attentif, attentionné, aux petits soins, complaisant, délicat, dévoué, diligent, empressé, gentil, obligeant, prévenant, serviable, zélé. *FAM.* chic, chou. *QUÉB. FAM.* fin. *BELG. FAM.* amitieux. △ **ANT.** AVARE, CHÉTIF, CHICHE, CUPIDE, ÉGOÏSTE, MESQUIN; DE PIERRE, DUR, ENDURCI, FROID, INDIFFÉRENT, INSENSIBLE, MÉCHANT, SANS-CŒUR, SEC.

secourir *v.* aider, être utile à, porter secours à, prêter assistance à, prêter main-forte à, prêter secours à, rendre service à, tirer d'affaire, tirer d'embarras, venir à la rescousse de, venir au secours de, venir en aide à. *SOUT.* obliger. *FAM.* dépanner, donner un coup de main à, donner un coup de pouce à. △ **ANT.** ABANDONNER, DÉLAISSER, LAISSER, SACRIFIER; NUIRE.

secours *n.m.* ▶ ***Sauvetage*** – planche de salut, rachat, récupération, rédemption, salut, sauvetage. ▶ ***Protection*** – abri, aide, appui, assistance, chapeautage, conservation, couverture, garantie, garde, mandat, parrainage, paternalisme, patronage, protection, recommandation, renfort, rescousse, sauvegarde, sécurisation, soutien, surveillance, tutelle. *FIG.* parapluie. *SOUT.* égide. *FAM.* piston. ▶ ***Aide*** – aide, appoint, apport, appui, assistance, association, bienfaisance, bons offices, collaboration, complicité, concours, conseil, contribution, coopération, coup d'épaule, coup de main, coup de pouce, dépannage, entraide, grâce, main-forte, participation, planche de salut, renfort, service, soutien, synergie. *SOUT.* viatique. *FAM.* (coup de) fion. ▶ ***Don*** – aide, allocation, apport, assistance, aumône, bonne œuvre, charité, dation, disposition, distribution, don, faveur, grâce, hommage, indemnité, obole, prestation, soulagement, subside, subvention. *SOUT.* bienfait. *FAM.* dépannage. *DR.* donation, fidéicommis, legs, libéralité. *RELIG.* bénédiction, charisme. △ **ANT.** ABANDON, ENTRAVE, OBSTACLE.

secousse *n.f.* ▶ ***Choc*** – accrochage, choc, cognement, collision, coup, entrechoquement, heurt, impact, percussion, rencontre. ▶ ***Sursaut*** – cahot, saut, soubresaut, sursaut, tressaillement. *SOUT.* tressaut, tressautement. ▶ ***Tremblement*** – agitation, convulsion, ébranlement, flageolement, frémissement, frisson, frissonnement, grelottement, haut-le-corps, oscillation, saccade, soubresaut, sursaut, titubation, tortillage, tortillement, tremblement, tremblotement, trémoussement, trémulation, trépidation, tressaillement, vacillement, vibration. *FAM.* tremblote. ▶ ***Commotion*** – bouleversement, choc, commotion, coup, ébranlement, émotion, traumatisme. ▶ ***Agitation*** – activité, affairement, affolement, agitation, alarme, animation, bouillonnement, branle-bas (de combat), bruit, dérangement, désordre, désorganisation, détraquement, effervescence, excitation, fourmillement, grouillement, hâte, incohérence, mouvement, orage, précipitation, remous, remue-ménage, tempête, tohu-bohu, tourbillon, tourmente, trépidation, trouble, tumulte, turbulence, va-et-vient. *SOUT.* émoi, remuement. *FAM.* chambardement. △ **ANT.** ACCALMIE, CALME, STABILITÉ.

secret *adj.* ▶ ***Soustrait à la vue*** – caché, dérobé, dissimulé, invisible, masqué. ▶ ***Inavoué*** – caché, dérobé, dissimulé, inavoué. ▶ ***Clandestin*** – clandestin, dissimulé, occulte, parallèle, souterrain, subreptice. ▶ ***Mystérieux*** – cabalistique, caché, cryptique, énigmatique, ésotérique, hermétique, impénétrable, inaccessible, incompréhensible, inconcevable, inconnaissable, indéchiffrable, indécodable, inexplicable, insaisissable, insondable, mystérieux, obscur, opaque, ténébreux. *SOUT.* abscons, abstrus, sibyllin. ▶ ***Intime*** – confidentiel, intime, personnel, privé. ▶ ***Introverti*** – introverti, renfermé, replié sur soi-même. △ **ANT.** À LA PORTÉE DE TOUS, ACCESSIBLE, APPARENT, CLAIR, COMPRÉHENSIBLE, ÉVIDENT, INTELLIGIBLE, LIMPIDE, SIMPLE, TRANSPARENT; CONNU, NOTOIRE, PUBLIC; COMMUNICATIF, EXTRAVERTI, OUVERT; BAVARD, INDISCRET.

secret *n.m.* ▶ ***Mystère*** – arcanes, énigme, inconnaissable, inconnu, mystère, obscurité, voile. *FAM.* cachotterie. ▶ ***Discrétion*** – black-out, confidentialité, discrétion, retenue. ▶ ***Silence*** – black-out, mutisme, mystère, non-dit, réticence, silence, sourdine. ▶ ***Intimité*** – âme, arrière-fond, arrière-pensée, conscience, coulisse, dedans, dessous, fond, for intérieur, intérieur, intériorité, intimité, jardin secret, repli. SOUT. tréfonds. ▶ ***Profondeur*** – acuité, ardeur, complexité, difficulté, élévation, ésotérisme, extase, extrémité, force, immensité, impénétrabilité, intelligence, intensité, intériorité, intimité, mystère, pénétration, perspicacité, plénitude, profond, profondeur, puissance, science. ▶ ***Recette*** – martingale *(au jeu)*, procédé, recette. FAM. truc. ▶ ***Méthode*** – approche, art, chemin, code, comment, credo, démarche, discipline, dispositif, façon (de faire), facture, formule, heuristique, instruction, instrument, ligne de conduite, maïeutique, manière, marche (à suivre), méthode, méthodologie, modalité, mode d'emploi, mode, moyen, opération, ordre, organisation, outil, posologie, pratique, procédé, procédure, protocole, raisonnement, recette, règle, stratagème, stratégie, système, tactique, technique, théorie, traitement, voie. SOUT. faire. △ **ANT.** RÉVÉLATION.

secrétaire *n. m.* ▶ ***Meuble*** – bonheur-du-jour, bureau ministre, bureau, scriban, scribanne, table de travail. ▶ ***Oiseau*** – bistorte, serpentaire .

secrétariat *n. m.* ▶ ***Travail*** – travail de bureau. RARE secrétairerie. ▶ ***Bureau*** – archives, greffe. ▶ ***État*** – Administration, affaires de l'État, bureaux, fonction publique, grands corps de l'État, institutions, ministères, organe, organismes, services. PÉJ. bureaucratie.

secrètement *adv.* ▶ ***En secret*** – à huis clos, à la dérobée, anonymement, clandestinement, confidentiellement, discrètement, en cachette, en catimini, en confidence, en secret, en sourdine, en vase clos, furtivement, incognito, ni vu ni connu, occultement, sans tambour ni trompette, sourdement, sous le manteau, souterrainement, subrepticement. FAM. en douce, en sous-main, en tapinois. ▶ ***Mystérieusement*** – ambigument, cabalistiquement, énigmatiquement, hermétiquement, illisiblement, impénétrablement, incompréhensiblement, inexplicablement, inintelligiblement, mystérieusement, obscurément, occultement, opaquement, ténébreusement. ▶ ***Intimement*** – à l'intérieur, au-dedans, dedans, en dedans, in petto, intérieurement, intimement, introspectivement, mentalement, moralement. △ **ANT.** À LA FACE DU MONDE, À VISAGE DÉCOUVERT, AU GRAND JOUR, DEVANT TOUT LE MONDE, EN PUBLIC, OUVERTEMENT, PUBLIQUEMENT; CLAIREMENT, EN TOUTES LETTRES, EXPLICITEMENT, NETTEMENT, NOIR SUR BLANC.

sécréter *v.* distiller, exsuder, suinter.

sécrétion *n. f.* ▶ ***Expulsion*** – délivrance, élimination, émission, émonction, évacuation, excrétion, expulsion. ▶ ***Mucosité*** – glaire, morve, mouchure, mucosité, mucus, pituite, suc.

sectaire *adj.* ▶ ***Fanatique*** – extrémiste, fanatique, intolérant. ▶ ***Étroit d'esprit*** – borné, étriqué, étroit, étroit d'esprit, incompréhensif, intolérant, intransigeant, mesquin, petit, qui a des œillères. FAM. beauf, riquiqui. ▶ ***Qui suit trop étroitement une doctrine*** – doctrinaire, dogmatique, intransigeant, systématique. △ **ANT.** ÉCLECTIQUE, LIBÉRAL, TOLÉRANT.

secte *n. f.* ▶ ***Clique*** – bande, cabale, camarilla, chapelle, clan, clique, coterie, école, église, faction, gang, groupuscule, ligue, maffia.

secteur *n. m.* ▶ ***Subdivision*** – branche, division, partie, ramification, section, subdivision. ▶ ***Région*** – coin (de pays), contrée, latitude, partie du monde, pays, région, zone. SOUT. cieux, climats. FAM. patelin. ▶ ***Partie d'une ville*** – faubourg, quartier, sous-secteur. SUISSE dicastère. ANTIQ. tribu. ▶ ***Domaine*** – branche, champ, département, discipline, division, domaine, étude, fief, matière, partie, scène, science, spécialité, sphère. FAM. rayon. ▶ ***Domaine de production*** – branche.

section *n. f.* ▶ ***Séparation*** – bipartition, clivage, découpage, division, fission, mi-partition, scission, sectionnement, segmentation, séparation. ▶ ***Opération chirurgicale*** – sectionnement. ▶ ***Manière dont qqch. est vu*** – coupe, profil, vue. ▶ ***Portion*** – bout, carotte *(terrain)*, détail, échantillon, morceau, pan, partie, portion, segment, tranche, travée, tronçon. ▶ ***Subdivision*** – branche, division, partie, ramification, secteur, subdivision. ▶ ***Subdivision d'un livre*** – alinéa, article, chapitre, livre, matière, objet, paragraphe, partie, question, rubrique, sujet, titre, tome, volet, volume. ▶ *Dans un texte sacré* – psaume, surate *(musulman)*, verset. ▶ ***En électricité*** – bobine, broche, canette, cops, fuseau, fusette, navette, rochet, roquetin, rouleau. ▶ ***Unité militaire*** – bataillon, brigade, colonne, commando, compagnie, corps, échelon, escadron, escorte, formation, garde, garnison, légion, parti, patrouille, peloton, régiment, soldatesque *(indisciplinés)*, tabor *(Maroc)*, troupe, unité. PAR EXT. caserne. ANC. escouade, goum, piquet. △ **ANT.** RÉUNION; TOTALITÉ, UNITÉ.

séculaire *adj.* centenaire. △ **ANT.** JEUNE, MODERNE, NOUVEAU, RÉCENT.

séculier *adj.* civil, laïque. RELIG. temporel. △ **ANT.** CLÉRICAL, ECCLÉSIASTIQUE, RÉGULIER, RELIGIEUX.

sécurité *n. f.* ▶ ***Sûreté*** – abri, assurance, calme, confiance, paix, quiétude, repos, salut, sérénité, sûreté, tranquillité (d'esprit). ▶ ***Garantie*** – assurance, aval, caution, cautionnement, charge, consignation, couverture, ducroire, engagement, gage, garant, garantie, hypothèque, indexage, indexation, nantissement, obligation, palladium, parrainage, précaution, préservation, promesse, répondant, responsabilité, salut, sauvegarde, signature, soulte, sûreté, warrant, warrantage. DR. porte-fort. △ **ANT.** ANXIÉTÉ, INQUIÉTUDE, INSÉCURITÉ, PEUR.

sédentaire *adj.* casanier. FAM. pantouflard, pot-au-feu. △ **ANT.** AMBULANT, BOHÈME, ERRANT, ITINÉRANT, MOBILE, NOMADE, SANS DOMICILE FIXE, VAGABOND, VOYAGEUR; ACTIF, SPORTIF.

séducteur *n.* ♦ **séducteur,** *masc.* ▶ ***Homme*** – aguicheur, apprivoiseur, bourreau des cœurs, Casanova, charmeur, conquérant, coq, don Juan, enchanteur, enjôleur, ensorceleur, envoûteur, flirteur, homme à bonnes fortunes, homme à femmes, homme à succès, tentateur. SOUT. lovelace. FAM. allumeur, batifoleur, cavaleur, coureur (de jupons), dragueur, flambeur, gueule d'amour, joli cœur, tombeur (de femmes), trousseur (de jupons). QUÉB. FAM. macho, maquereau. ♦ **séductrice,** *fém.* ▶ ***Femme*** – aguicheuse, charmeuse, coquette, dragueuse, femme fatale, flirteuse, frôleuse, mante religieuse, nymphette, provocatrice, sirène, tentatrice, vamp. *FAM.* allumeuse, cavaleuse, flambeuse, lolita.

séduction *n.f.* ▶ ***Action de séduire*** – charme, conquête, enchantement, ensorcellement, entreprises, envoûtement, parade *(animaux)*. *FAM.* drague, rentre-dedans; *RARE* dragage. ▶ ***Beauté*** – agrément, art, attrait, beau, beauté, charme, chic, classe, coquetterie, délicatesse, distinction, éclat, élégance, esthétique, féerie, fraîcheur, grâce, gracieux, harmonie, magnificence, majesté, perfection, photogénie, pureté, splendeur, symétrie. *SOUT.* blandice, joliesse, morbidesse, sublimité, symphonie, vénusté. ▶ ***Attraction*** – aimant, attirance, attraction, attrait, charisme, charme, chien, désirabilité, envoûtement, fascination, magie, magnétisme, sex-appeal. ▶ ***Influence*** – action, aide, appui, ascendant, attirance, attraction, aura, autorité, contagion, crédit, dominance, domination, effet, empreinte, emprise, fascination, force, importance, incitation, influence, inspiration, magie, magnétisme, mainmise, manipulation, mouvance, persuasion, pétition, poids, pouvoir, prépondérance, présence, pression, prestige, puissance, règne, rôle, subjugation, suggestion, tyrannie. *SOUT.* empire, intercession. ▶ ***Allèchement*** – allèchement, appât, attrait, friandise, tentation. △ **ANT.** RÉPUGNANCE, RÉPULSION.

séduire *v.* ▶ ***Avoir par ruse*** – circonvenir, enjôler, leurrer. *FAM.* baratiner, bonimenter, emberlificoter, embobiner, endormir, entortiller, entreprendre, faire marcher, mener en bateau. ▶ ***Attirer*** – affrioler, allécher, appâter, attirer, faire saliver, mettre en appétit, ragoûter, tenter. *SOUT.* affriander, mettre en goût. ▶ ***Envoûter*** – captiver, charmer, ensorceler, envoûter, fasciner, hypnotiser, magnétiser, obnubiler, subjuguer, tenir sous le charme. ▶ ***Conquérir*** – captiver, charmer, conquérir, faire la conquête de, gagner, s'attacher, s'attirer les bonnes grâces de, s'attirer les faveurs de, subjuguer. ▸ *Conquérir une femme* – conquérir, faire la conquête de. *SOUT.* suborner. *FAM.* avoir, tomber. △ **ANT.** DÉGOÛTER, ÉCŒURER, ÉLOIGNER, REBUTER, REPOUSSER, RÉPUGNER; CHOQUER, DÉPLAIRE; DÉSENVOÛTER.

séduisant *adj.* ▶ ***Charmant*** – agréable, attachant, charmant, (d'un charme) irrésistible, plaisant. *FRANCE FAM.* craquant. ▶ ***Alléchant*** – affriolant, aguichant, alléchant, appétissant, attirant, attrayant, désirable, engageant, excitant, intéressant, invitant, irrésistible, ragoûtant, tentant. *SOUT.* affriandant. ▶ ***Captivant*** – captivant, ensorcelant, envoûtant, fascinant, magnétique. △ **ANT.** FADE, ININTÉRESSANT, INSIPIDE, TERNE; RÉFRIGÉRANT, SANS CHARME; RÉBARBATIF, REBUTANT.

segment *n.m.* ▶ ***Partie en général*** – bout, carotte *(terrain)*, détail, échantillon, morceau, pan, partie, portion, section, tranche, travée, tronçon. ▶ ***Partie du corps d'un insecte*** – anneau, article, métamère. △ **ANT.** ENSEMBLE, TOTALITÉ, TOUT.

seigneur *n.m.* ▶ ***Homme au Moyen Âge*** – baron, féodal, seigneur féodal. ▶ ***Homme noble*** – homme bien né, homme de condition, homme de qualité. *ANC.* gentilhomme. ▶ ***Titre*** – messire, monseigneur, Sa Grandeur, sire. ▶ ***Chef*** – chef, leader, maître, meneur, numéro un, parrain, tête. *FAM.* baron, cacique, caïd, éléphant, (grand) manitou, grand sachem, gros bonnet, grosse légume, hiérarque, les huiles, pontife. *FRANCE FAM.* (grand) ponte, grosse pointure. ▸ *Avec titre* – autorité, dignitaire, officiel, responsable, supérieur. ▸ *Puissant* – magnat, mandarin, roi (de X), seigneur et maître. *SOUT.* prince. *PÉJ.* adjudant. ▸ *Peu important* – chefaillon, petit chef. ♦ **le Seigneur** ▶ ***Dieu*** – Auteur de la nature, Créateur, Créateur du Ciel et de la Terre, Dieu, Dieu le Père, Divin Créateur, Être suprême, l'alpha et l'oméga, l'Éternel, l'Infini, la Lumière, la Providence, le ciel, le Divin Maître, le Père céleste, le Père éternel, le Tout-Puissant, le Très-Haut, le Verbe, Maître de l'univers, Notre Seigneur, principe de l'univers, Roi du Ciel et de la Terre, Seigneur Dieu, Seigneur (tout-puissant), Souverain Juge. *FAM.* Bon Dieu. *ANC.* démiurge *(platonisme)*, éon *(néoplatonisme)*, logos *(stoïcisme)*; *RARE* formateur. ▸ *Judaïsme* – Adonaï, Dieu d'Abraham, Dieu d'Israël, Élohim, Jéhovah, Yahvé. ▸ *Divers peuples* – Allah *(Islam)*, grand manitou *(Amérindiens)*, Jupiter *(Romains)*, Zeus *(Grecs)*. △ **ANT.** SERF, SERVITEUR, SUJET, VASSAL; ADJOINT, SECOND; CRÉATURE.

sein *n.m.* ▶ ***Organe de l'allaitement*** – *MÉD. ou ZOOL.* glande mammaire, mamelle. ▸ *Animaux* – pis, tétine, tette, trayon. *ACADIE* remeuil. ▶ ***Poitrine*** – buste, cœur, poitrine, torse. *ANAT.* cage thoracique, sternum, thorax; *MÉD.* gril costal. ▶ ***Utérus*** (*SOUT.*) – ventre. *SOUT.* entrailles, flanc. *ANAT.* cavité utérine, utérus. ▶ ***Milieu*** (*FIG.*) – axe, centre, entre-deux, intermédiaire, milieu, moyen terme, pivot, point central. *FIG.* clef (de voûte), cœur, foyer, midi, nœud, nombril, noyau, ombilic, siège. △ **ANT.** DEHORS, EXTÉRIEUR.

séjour *n.m.* ▶ ***Fait de demeurer dans un lieu*** – passage, résidence. ▶ ***Salle*** – (salle de) séjour, salon-salle à manger. *QUÉB. ou RARE* vivoir. ▶ ***Lieu*** – coin, emplacement, endroit, lieu, localisation, localité, place, point, position, poste, scène, siège, site, situation, théâtre, zone. *BIOL.* locus. ▶ ***Lieu d'habitation*** – habitation.

séjourner *v.* ▶ ***Loger*** – descendre, loger, rester, s'arrêter, se relaisser. △ **ANT.** PASSER, VOYAGER; PARTIR, QUITTER.

sel *n.m.* ▶ ***Substance naturelle*** – *CHIM.* chlorure de sodium, halite. ▶ ***Substance antidérapante*** (*QUÉB.*) – sel de calcium. *FAM.* calcium. ▶ ***Composé chimique*** – ester. ▶ ***Agrément*** – agrément, bouquet, charme, fumet, piment, piquant, saveur, truculence.

sélection *n.f.* ▶ ***Choix*** – adoption, choix, cooptation, décision, désignation, détermination, échantillonnage, écrémage, élection, nomination, plébiscite, prédilection, présélection, résolution, suffrage, tri, triage, vote. *SOUT.* décret, parti. ▶ ***Choix des joueurs*** – transfert. *QUÉB.* repêchage. ▶ ***Assortiment*** – assortiment, choix, collection, échantillon, éventail, gamme, ligne, palette, prix, qualité, quota, réunion, surchoix, tri, variété. ▶ ***Éclectisme*** – choix, préférence. ▶ ***Anthologie*** – ana, analecta, anthologie, choix, chrestomathie, collection, compilation, épitomé, extraits, florilège, mélanges, miscellanées, morceaux choisis, pages choisies, recueil, spicilège, varia. *FAM.* compil. △ **ANT.** INDÉCISION; INDIFFÉRENCE, NEUTRALITÉ.

selle *n.f.* ▶ ***Partie d'un vélo*** – QUÉB. FAM. siège de bicycle. ♦ **selles, *plur.*** ▶ ***Les selles*** – déjections, étron, excrément, matières (fécales). PAR EUPHÉM. saletés. FAM. caca, colombin, crotte.

semailles *n.f.pl.* ▶ ***Époque*** – floraison, printemps, saison des amours, saison du renouveau, saison nouvelle, semaison. ▶ ***Action de semer*** – emblavage *(céréale)*, ensemencement, semis.

semblable *adj.* analogue, apparenté, approchant, assimilable, comparable, conforme, contigu, correspondant, équivalent, homogène, homologue, indifférencié, pareil, parent, proche, ressemblant, similaire, voisin. FAM. kif-kif. DIDACT. commensurable. △ **ANT.** AUTRE, DIFFÉRENT, DISSEMBLABLE, DISTINCT, DIVERS; OPPOSÉ.

semblable *n.* ▶ ***Autre personne*** – autre, autrui, prochain, tierce personne, tiers. ▶ ***Autre être vivant*** – congénère. ▶ ***Ce qui est équivalent*** – analogue, correspondant, équivalent, homologue, pareil, parent, pendant.

semblant *n.m.* ▶ ***Illusion*** – abstraction, abstrait, apparence, berlue, chimère, déréalisation, effet d'optique, fantasme, faux, faux-semblant, fiction, fumée, hallucination, illusion, illusion d'optique, image, imagination, irréalisme, irréalité, leurre, mensonge, mirage, onirisme, psychédélisme, rêve, rêverie, simulation, songe, songerie, trompe-l'œil, tromperie, utopie, vision, vue de l'esprit. FAM. frime. SOUT. prestige. ▶ ***Aspect*** – air, allure, apparence, aspect, caractère, configuration, couleur, couvert, dehors, éclairage, expression, extérieur, façade, faciès, figure, forme, formule, impression, jour, masque, mine, paraître, perspective, physionomie, plastique *(en art)*, portrait, présentation, profil, ressemblance, surface, ton, tour, tournure, traits, vernis, visage. SOUT. enveloppe, regardure, superficie.

sembler *v.* apparaître, avoir l'air, paraître.

semelle *n.f.* ▶ ***Partie du soulier ou du rail*** – patin, semellage. ▶ ***Partie du rail*** – patin. ▶ ***Aliment*** – chair, muscle, viande. FAM. bidoche. FRANCE FAM. frigo *(congelée)*. ▸ *Mauvaise* FAM. barbaque, semelle de botte *(coriace)*. FRANCE FAM. carne.

semence *n.f.* ▶ ***Graine*** – grain, graine, noyau, pépin. ▶ ***Sperme*** – liquide séminal, sperme. ▸ *Poisson* – laitance, laite. ▶ ***Pierres*** – pierreries. ▶ ***Clou*** – broquette, caboche *(à souliers)*.

semer *v.* ▶ ***Mettre en terre*** – mettre en terre, planter. ▶ ***Pourvoir de semences*** – emblaver, ensemencer. ▶ ***Répandre ici et là*** – disperser, disséminer, éparpiller, répandre, saupoudrer. ▶ ***Répandre une chose abstraite*** – jeter, répandre. ▶ ***Remplir un texte*** – bourrer, charger, émailler, farcir, larder, remplir, truffer. ▶ ***Laisser loin derrière soi*** – dépasser, devancer, distancer, doubler, gagner de vitesse, lâcher, passer. FAM. griller, larguer. MAR. trémater. △ **ANT.** CUEILLIR, MOISSONNER, RÉCOLTER, RECUEILLIR; ACCUMULER, AMASSER, ENTASSER, REGROUPER; ARRÊTER, CONTENIR, FREINER, LIMITER, RESTREINDRE, RETENIR; REJOINDRE.

séminaire *n.m.* ▶ ***Grand séminaire*** – grand séminaire, scolasticat. ▶ ***Cours*** – atelier. ▶ ***Conférence*** – assemblée, atelier de discussion, colloque, comice, comité, conférence, congrès, conseil, forum, groupe de travail, junte, panel, plénum, réunion, sommet, symposium, table ronde. FAM. grand-messe. QUÉB. caucus *(politique)*. ANTIQ. boulê, ecclésia. ANTIQ. ROM. comices. AGRIC. comice agricole.

sénile *adj.* gâteux, retombé en enfance, tombé en enfance. FAM. déliquescent, ramolli. △ **ANT.** ENFANTIN, INFANTILE, JEUNE, JUVÉNILE; ROBUSTE, SAIN, VIGOUREUX.

sens *n.m.* ▶ ***Perception mentale*** – aperception, appréhension, conception, discernement, entendement, idée, impression, intelligence, perception, sensation, sentiment. FIG. œil. PSYCHOL. gnosie. PHILOS. senti. ▶ ***Signification d'une expression*** – acception, définition, sémantisme, signification, signifié, valeur. ▶ ***Contenu d'un texte*** – contenu, fil conducteur, fil rouge, idée générale, teneur. ▶ ***But*** – ambition, but, cause, cible, considération, destination, fin, finalité, intention, mission, mobile, motif, objectif, objet, point de mire, pourquoi, prétexte, raison, raison d'être, visée. SOUT. propos. ▶ ***Direction*** – axe, cap, côté, direction, exposition, face, inclinaison, ligne, orientation, situation, vue. QUÉB. ACADIE FAM. bord. ASTRON. azimut. AÉRON. MAR. cap. MAR. gisement, orientement. △ **ANT.** ABSURDITÉ, ASÉMANTISME, NON-SENS.

sensation *n.f.* ▶ ***Perception*** – aperception, appréhension, conception, discernement, entendement, idée, impression, intelligence, perception, sens, sentiment. FIG. œil. PSYCHOL. gnosie. PHILOS. senti. ▶ ***Excitabilité*** – excitabilité, impression, irritabilité, réceptivité, sensibilité. MÉD. esthésie, kinesthésie. ▸ *Excessive* – surexcitabilité. MÉD. éréthisme, hyperesthésie. △ **ANT.** INDIFFÉRENCE, INSENSIBILITÉ.

sensationnel *adj.* admirable, brillant, éblouissant, excellent, extraordinaire, fantastique, magistral, magnifique, merveilleux, parfait, prodigieux, remarquable, réussi, sublime. FAM. à tout casser, champion, d'enfer, du tonnerre, épatant, extra, fameux, formidable, fumant, génial, mirifique, pas piqué des vers, splendide, super, terrible. FRANCE FAM. du feu de Dieu, énorme, fadé, formide, géant, gratiné, pas piqué des hannetons. △ **ANT.** LAMENTABLE, MÉDIOCRE, MINABLE, NAVRANT, PIÈTRE, PITEUX, PITOYABLE, RATÉ; BANAL, ORDINAIRE.

sensé *adj.* éclairé, judicieux, mesuré, modéré, philosophe, pondéré, posé, raisonnable, raisonné, rationnel, réfléchi, responsable, sage, sain, sérieux. SOUT. rassis, tempéré. △ **ANT.** ABSURDE, DÉRAISONNABLE, EXTRAVAGANT, FOU, INSENSÉ.

sensément *adv.* ▶ ***Intelligemment*** – adroitement, astucieusement, avec brio, avec éclat, bien, brillamment, de main de maître, expertement, finement, génialement, habilement, industrieusement, ingénieusement, intelligemment, judicieusement, lucidement, magistralement, pertinemment, professionnellement, savamment, spirituellement, subtilement, talentueusement, vivement. ▶ ***Rationnellement*** – analytiquement, conséquemment, dialectiquement, inductivement, logiquement, mathématiquement, méthodiquement, point par point, rationnellement, rigoureusement, scientifiquement, soigneusement, systématiquement, techniquement. SOUT. cohéremment. ▶ ***Prudemment*** – avec circonspection, précautionneusement, préventivement, prudemment, raisonnablement, sagement, serré, vigilamment. △ **ANT.** ABSURDEMENT, DÉRAISONNABLEMENT, ILLOGIQUEMENT, IRRATIONNELLEMENT.

sensibilité *n.f.* ▸ ***Perceptibilité*** – perceptibilité. ▸ ***Finesse*** – détail, finesse, perfectionnement, précision, raffinement, recherche, sophistication, stylisme, subtilité. *RARE* exquisité. ▸ ***Excitabilité*** – excitabilité, impression, irritabilité, réceptivité, sensation. *MÉD.* esthésie, kinesthésie. ▸ *Excessive* – surexcitabilité. *MÉD.* éréthisme, hyperesthésie. ▸ ***Émotivité*** – affect, affectivité, âme, attendrissement, cœur, compassion, émotion, émotivité, empathie, fibre, humanité, impressionnabilité, pitié, romantisme, sentiment, sentimentalité, susceptibilité, sympathie, tendresse, vulnérabilité. *SOUT.* entrailles. *FAM.* tripes. ▸ *À l'excès* – hyperémotivité, hypersensibilité, sensiblerie, sentimentalisme. ▸ ***Altruisme*** – aide, allocentrisme, altruisme, amour (d'autrui), assistance, bénévolat, bienveillance, bonté, charité, commisération, compassion, complaisance, convivialité, dévouement, don de soi, empathie, entraide, extraversion, fraternité, générosité, gentillesse, humanité, oblativité, oubli de soi, philanthropie, pitié, serviabilité, solidarité, sollicitude. *SOUT.* bienfaisance. ▸ ***Tempérament*** – abord, caractère, comportement, constitution, esprit, état d'âme, état d'esprit, humeur, idiosyncrasie, individualité, mentalité, nature, naturel, personnalité, tempérament, trempe. *FAM.* psychologie. *ACADIE FAM.* alément. *PSYCHOL.* thymie. △ **ANT.** INSENSIBILITÉ; FROIDEUR, INDIFFÉRENCE; CRUAUTÉ, DURETÉ.

sensible *adj.* ♦ **choses** ▸ ***Perceptible*** – appréciable, discernable, distinct, identifiable, perceptible, reconnaissable, saisissable. *RARE* constatable. ▸ *À la vue* – apparent, extérieur, observable, visible. *MÉD.* clinique. ▸ *À l'ouïe* – audible. ▸ *Au toucher* – palpable, tactile, tangible. ▸ ***Notable*** – appréciable, de taille, fort, grand, gros, important, non négligeable, notable, respectable, sérieux, substantiel. ▸ ***Qui existe*** – concret, effectif, existant, matériel, palpable, physique, réel, tangible, visible, vrai. *DIDACT.* positif. *RELIG.* de ce monde, temporel, terrestre. ▸ ***Qui fait mal*** – douloureux, endolori. *DIDACT.* algique. ▸ ***Vulnérable*** – névralgique, vulnérable. ♦ **personnes** ▸ ***Qui ressent fortement*** – émotif, impressionnable. *FAM.* émotionnable. ▸ ***Qui a facilement pitié*** – compatissant, empathique. ▸ ***Sentimental*** – fleur bleue, romanesque, romantique, sentimental, tendre. ▸ ***Ouvert*** – accessible, ouvert, perméable, réceptif. ▸ ***Douillet*** – délicat, douillet. △ **ANT.** INSENSIBLE; CACHÉ, IMPERCEPTIBLE; INSIGNIFIANT, NÉGLIGEABLE, NUL; ABSTRAIT, CONCEPTUEL, INTELLECTUEL, MENTAL, THÉORIQUE; INANIMÉ; APATHIQUE, DE GLACE, FLEGMATIQUE, FROID, IMPASSIBLE, IMPERMÉABLE, RÉFRACTAIRE; BRUTAL, CRU, DIRECT, DUR.

sensiblement *adv.* ▸ ***Romantiquement*** – affectivement, passionnément, poétiquement, rêveusement, romanesquement, sentimentalement. ▸ ***Affectueusement*** – affectivement, affectueusement, amicalement, amoureusement, câlinement, chaleureusement, maternellement, tendrement. ▸ ***Perceptiblement*** – distinctement, manifestement, notablement, perceptiblement, remarquablement, significativement, tangiblement, visiblement. ▸ ***Fragilement*** – délicatement, faiblement, finement, fragilement, précairement, subtilement. △ **ANT.** IMPERCEPTIBLEMENT, INDISTINCTEMENT, INSENSIBLEMENT, INVISIBLEMENT, SUBTILEMENT.

sensualité *n.f.* ▸ ***Désir*** – amour, ardeur, concupiscence, désir, (les) sens, libido, passion. *SOUT.* feu, flamme. △ **ANT.** FRIGIDITÉ, FROIDEUR.

sensuel *adj.* ▸ ***Qui recherche le plaisir des sens*** – bon vivant, épicurien, hédoniste, jouisseur, voluptueux. *SOUT.* sybarite, sybaritique. *QUÉB.* jovialiste. ▸ ***Qui éveille le désir sexuel*** – affriolant, aguichant, aguicheur, aphrodisiaque, émoustillant, érotique, impudique, incendiaire, lascif, osé, provocant, suggestif, troublant, voluptueux. ▸ ***Pulpeux*** – charnu, pulpeux. △ **ANT.** CÉRÉBRAL, SPIRITUEL; ASCÉTIQUE, AUSTÈRE, SPARTIATE; PRUDE, PUDIBOND, PUDIQUE; FRIGIDE, FROID; FADE, ININTÉRESSANT, INSIPIDE, RÉFRIGÉRANT.

sentence *n.f.* ▸ ***Décision publique*** – arrêt, arrêté, décision, délibération, jugement, ordonnance, règlement, résolution, résultat, verdict. ▸ *Arbitraire ou injuste* – diktat, ukase. ▸ ***Maxime*** – adage, aphorisme, apophtegme, axiome, citation, devise, dicton, dit, dogme, enseignement, formule, mantra, maxime, moralité, mot, on-dit, parole, pensée, précepte, principe, proverbe, réflexion, règle, sutra, vérité. △ **ANT.** ACQUITTEMENT, PARDON.

senteur *n.f.* ▸ ***Odeur agréable*** – arôme, bouquet *(vin)*, fragrance, fumet, parfum. ▸ ***Odeur*** (*QUÉB. FAM.*) – effluence, effluve, émanation, exhalaison, odeur. △ **ANT.** PUANTEUR, RELENT.

sentier *n.m.* ▸ ***Chemin*** – allée, banquette, cavée, chemin, coulée, laie, layon, ligne, piste, tortille, traverse. *SOUT. ou FRANCE RÉGION.* sente. *QUÉB.* portage, rang. *FRANCE RÉGION.* draille. ▸ ***Évolution*** (*SOUT.*) – chemin, courant, cours, direction, évolution, fil, mouvance, mouvement, orientation, tendance, virage. *SOUT.* voie.

sentiment *n.m.* ▸ ***Émotion*** – affect, affectivité, âme, attendrissement, cœur, compassion, émotion, émotivité, empathie, fibre, humanité, impressionnabilité, pitié, romantisme, sensibilité, sentimentalité, susceptibilité, sympathie, tendresse, vulnérabilité. *SOUT.* entrailles. *FAM.* tripes. ▸ *À l'excès* – hyperémotivité, hypersensibilité, sensiblerie, sentimentalisme. ▸ ***Impression*** – anticipation, divination, flair, impression, instinct, intuition, précognition, prédiction, prémonition, prénotion, prescience, pressentiment, prévision, voyance. *FAM.* pif, pifomètre. ▸ ***Perception*** – aperception, appréhension, conception, discernement, entendement, idée, impression, intelligence, perception, sens, sensation. *FIG.* œil. *PSYCHOL.* gnosie. *PHILOS.* senti. ▸ ***Opinion*** – appréciation, avis, conception, conviction, critique, croyance, dogme, estime, idée, impression, jugement, optique, pensée, perception, point de vue, position, principe, prise de position, théorie, thèse, vote, vue. *SOUT.* oracle. ▸ ***Odorat*** – flair, odorat, olfaction.

sentimental *adj.* fleur bleue, romanesque, romantique, sensible, tendre. △ **ANT.** DUR, FROID, INSENSIBLE; ACTIF, PRATIQUE, PROSAÏQUE, RÉALISTE.

sentimentalisme *n.m.* hyperémotivité, hypersensibilité, sensiblerie.

sentimentalité *n.f.* affect, affectivité, âme, attendrissement, cœur, compassion, émotion, émotivité, empathie, fibre, humanité, impressionnabilité, pitié, romantisme, sensibilité, sentiment, susceptibilité, sympathie, tendresse, vulnérabilité. SOUT. entrailles. FAM. tripes. ▸ *À l'excès* – hyperémotivité, hypersensibilité, sensiblerie, sentimentalisme. △ ANT. FROIDEUR, INSENSIBILITÉ.

sentinelle *n.f.* ▸ *Personne* – factionnaire, garde, guetteur, planton, soldat de faction, soldat de garde, veilleur, vigie, vigile *(romain)*. ▸ *Surveillance* – attention, espionnage, faction, filature, garde, gardiennage, guet, îlotage, inspection, monitorage, observation, patrouille, ronde, veille, veillée, vigie, vigilance.

sentir *v.* ♦ **sentir** ▸ *Puer* (FAM.) – empester, puer. FAM. cocotter, fouetter. FRANCE FAM. renifler, taper. ▸ *Éprouver* – avoir, éprouver, ressentir. ▸ *Pressentir* – avoir conscience de, deviner, entrevoir, flairer, pressentir, se douter, soupçonner. FAM. subodorer. ▸ *Humer* – flairer, humer, renifler, respirer, subodorer. CHASSE éventer, halener. ▸ *Dégager une odeur* – dégager, exhaler, répandre. ♦ **ne pas pouvoir sentir** ▸ *Détester* (FAM.) – avoir en aversion, avoir en haine, avoir en horreur, exécrer, haïr, maudire, ne pas pouvoir souffrir, ne pas pouvoir supporter, réprouver, vomir. SOUT. abhorrer, abominer, avoir en abomination. FAM. avoir dans le nez, ne pas pouvoir blairer, ne pas pouvoir encadrer, ne pas pouvoir encaisser, ne pas pouvoir pifer, ne pas pouvoir sacquer, ne pas pouvoir sentir, ne pas pouvoir voir en peinture. ♦ **senti** ▸ *Percutant* – bien envoyé, bien senti, percutant, qui frappe. FAM. bien tapé. △ ANT. IGNORER, MÉCONNAÎTRE; SE DÉSINTÉRESSER.

séparation *n.f.* ▸ *Disjonction* – débranchement, déconnexion, désaccord, désunion, disjonction, rupture, scission. ▸ *Démantèlement* – décomposition, démantèlement, démontage, désorganisation, destruction, déstructuration. ▸ *Scission* – bipartition, clivage, découpage, division, fission, mi-partition, scission, section, sectionnement, segmentation. ▸ *Morcellement* – atomisation, décomposition, découpage, démembrement, désagrégation, désagrégement, désintégration, dislocation, dissociation, dissolution, division, éclatement, écroulement, effritement, émiettement, fission, fractionnement, fragmentation, îlotage, micronisation, morcellement, parcellarisation, parcellarité, parcellisation, partage, pulvérisation, quadripartition, sectorisation, tranchage, tripartition. FRANCE FAM. saucissonnage. RELIG. fraction. ▸ *Territoires* – balkanisation, partition. ▸ *Décomposition* – décomposition, définition, réduction, résolution. ▸ *Dispersion* – diffusion, dispersion, dissémination, émiettement, éparpillement. RARE dispersement. ▸ *Distinction* – analyse, démarcation, différenciation, discrimination, distinction, distinguo, nuance. ▸ *Délimitation* – abornement, bornage, cadre, ceinture, délimitation, démarcation, encadrement, jalonnage, jalonnement, limite, tracé. ▸ *Frontière* – borne, confins, délimitation, démarcation, frontière, limite (territoriale), mur, zone douanière, zone limitrophe. QUÉB. FAM. lignes *(pays)*. ANC. limes *(Empire romain)*, marche. ▸ *Obstacle* – barrage, barricade, barrière, cloison, défense, écran, mur, obstacle, rideau. ▸ *Discrimination* – discrimination, exclusion, ghettoïsation, isolement, marginalisation, ségrégation. ▸ *Sécession* – autonomie, division, indépendance, partition, scission, sécession. ▸ *Divorce* – désertion, désunion, dissolution (de mariage), divorce, répudiation, rupture. FAM. décrochage, lâchage, largage, plaquage. ▸ *Absence* – absence, départ, disparition, échappée, éloignement, escapade, évasion, fugue. FAM. éclipse. ▸ *Solitude* – abandon, délaissement, éloignement, exil, ghettoïsation, isolation, isolement, quarantaine, réclusion, retraite, retranchement, solitude. FIG. bulle, cocon, désert, tanière, tour d'ivoire. SOUT. déréliction, thébaïde. RELIG. récollection. △ ANT. ASSEMBLAGE, ASSOCIATION, CONTACT, JONCTION, RÉUNION; MARIAGE, UNION.

séparément *adv.* à l'unité, à part, autrement, distinctement, en particulier, indépendamment, individuellement, isolément, par personne. △ ANT. À PLUSIEURS, COLLECTIVEMENT, CONJOINTEMENT, EN COLLABORATION, EN COMMUN, EN ÉQUIPE, ENSEMBLE.

séparer *v.* ▸ *Dissocier* – couper, déconnecter, dégrouper, désunir, détacher, disjoindre, dissocier, écarter, éloigner, isoler. ▸ *Brouiller* – brouiller, déchirer, désaccorder, désolidariser, désunir, diviser, opposer, semer la discorde, semer la zizanie. ▸ *Répartir* – distribuer, diviser, partager, répartir, ventiler. ▸ *Espacer* – distancer, écarter, éloigner, espacer. ▸ *Différencier une chose d'une autre* – démêler, différencier, discerner, discriminer, distinguer, faire la différence entre, reconnaître. ♦ **se séparer** ▸ *Se diviser en segments* – se diviser, se scinder, se segmenter. ▸ *Se quitter* – rompre, se brouiller, se désunir, se fâcher, se quitter. ♦ **séparé** ▸ *Isolé* – à part, individuel, isolé, seul, simple, singulier, unique, unitaire. ▸ *Autonome* – autonome, dissocié, distinct, indépendant. △ ANT. ASSOCIER, ATTACHER, FUSIONNER, JOINDRE, LIER, RÉUNIR, SOUDER, UNIR; CONFONDRE, ENGLOBER; RAPPROCHER. ♦ **se séparer** SE RENCONTRER; SE RÉCONCILIER.

sépulture *n.f.* ▸ *Lieu* – caveau, cénotaphe, crypte, fosse, hypogée, mausolée, monument, niche funéraire, tombe, tombeau. SOUT. sépulcre. ANC. ciste, enfeu, pyramide, spéos, tholos, tombelle, tumulus. ▸ *Enterrement* (SOUT.) – cérémonie funèbre, convoi funèbre, cortège funèbre, dernier hommage, derniers devoirs, derniers honneurs, deuil, enfouissement, enterrement, funérailles, inhumation, mise au sépulcre, mise au tombeau, mise en bière, mise en terre, obsèques, service civil, service religieux. SOUT. ensevelissement. ▸ *Mort* (FIG.) – décès, disparition, extinction, fin, mort, perte. FIG. départ, dernier repos, dernier sommeil, dernier soupir, grand voyage, sommeil éternel, tombe, tombeau. SOUT. la Camarde, la Faucheuse, la Parque, trépas. FRANCE FAM. crève.

séquence *n.f.* ▸ *Série* – alignement, chaîne, chapelet, colonne, combinaison, consécution, cordon, enchaînement, enfilade, énumération, file, gamme, guirlande, ligne, liste, rang, rangée, série, succession, suite, tissu, travée. ▸ *Subdivision d'un film* – plan, scène.

serein *adj.* ▸ *Paisible* – calme, de tout repos, pacifique, paisible, tranquille. FAM. peinard, pépère, tranquillos. *PHILOS.* ataraxique. ▶ ***En parlant du temps, du ciel*** – beau, calme, clair, pur. △ **ANT.** NUAGEUX, OBSCURCI, SIMPLE; AGITÉ, ANXIEUX, INQUIET, TOURMENTÉ, TROUBLÉ; EMPORTÉ, IRRITÉ.

sérénité *n. f.* ▶ ***Imperturbabilité*** – apathie, ataraxie, calme, détachement, distanciation, égalité d'âme, égalité d'humeur, équilibre, flegme, impassibilité, imperturbabilité, indifférence, paix, philosophie, placidité, quiétude, stoïcisme, tranquillité. *SOUT.* équanimité. ▶ ***Sécurité*** – abri, assurance, calme, confiance, paix, quiétude, repos, salut, sécurité, sûreté, tranquillité (d'esprit). ▶ ***Météorologie*** – beau temps, ciel serein. △ **ANT.** AGITATION, ÉMOTION, INQUIÉTUDE, NERVOSITÉ, TROUBLE.

série *n. f.* ▶ ***Suite*** – alignement, chaîne, chapelet, colonne, combinaison, consécution, cordon, enchaînement, enfilade, énumération, file, gamme, guirlande, ligne, liste, rang, rangée, séquence, succession, suite, tissu, travée. ▶ ***Liste*** – barème, bordereau, cadre, catalogue, index, inventaire, liste, matricule, mémoire, menu, nomenclature, registre, relevé, répertoire, rôle, suite, table, tableau. *SUISSE* tabelle. ▶ ***Période géologique*** – âge, ère, période, système. ▶ ***Épreuve sportive*** – éliminatoire. △ **ANT.** CONFUSION, DÉSORDRE.

sérieusement *adv.* ▶ ***Sans rire*** – blague à part, blague mise à part, farce à part, sans blague, sans rire. *FAM.* blague dans le coin, sans char. ▶ ***Studieusement*** – avec application, avec attention, besogneusement, laborieusement, studieusement. ▶ ***Soigneusement*** – amoureusement, attentivement, consciencieusement, en détail, méticuleusement, minutieusement, précieusement, précisément, proprement, religieusement, rigoureusement, scrupuleusement, soigneusement, vigilamment. ▶ ***Énergiquement*** – activement, avec la dernière énergie, avec zèle, décidément, dru, dynamiquement, énergiquement, fermement, fort, fortement, puissamment, résolument, virilement. ▶ ***Dangereusement*** – dangereusement, défavorablement, désavantageusement, dramatiquement, funestement, gravement, grièvement, imprudemment, mal, malencontreusement, nuisiblement, pernicieusement, subversivement, terriblement. ▶ ***Extrêmement*** – à l'extrême, affreusement, astronomiquement, au dernier degré, au dernier point, au maximum, au plus haut degré, au plus haut point, beaucoup, bien, colossalement, considérablement, éminemment, énormément, exceptionnellement, extraordinairement, extrêmement, fabuleusement, follement, fort, fortement, grandement, gros, hautement, immensément, incommensurablement, inconcevablement, incroyablement, infiniment, intensément, long, mortellement, nettement, on ne peut plus, phénoménalement, prodigieusement, profondément, remarquablement, singulièrement, souverainement, supérieurement, suprêmement, terriblement, très, vertigineusement, vivement, vraiment. *FAM.* bigrement, bougrement, diablement, drôlement, effroyablement, épais, épouvantablement, fameusement, fantastiquement, fichtrement, fichûment, formidablement, foutrement, furieusement, joliment, rudement, sacrément, salement, super, terrible, tout plein, vachement. ▶ ***Véritablement*** – à dire vrai, à l'évidence, à la vérité, à n'en pas douter, à vrai dire, assurément, authentiquement, bel et bien, bien, bien entendu, bien sûr, cela va de soi, cela va sans dire, certainement, certes, comme de juste, d'évidence, de toute évidence, effectivement, en effet, en vérité, évidemment, il va sans dire, indubitablement, manifestement, naturellement, nul doute, oui, réellement, sans (aucun) doute, sans conteste, sans contredit, sans le moindre doute, sans nul doute, sûrement, véridiquement, véritablement, vraiment. *FAM.* pour de vrai, vrai. △ **ANT.** BOUFFONNEMENT, BURLESQUEMENT, COMIQUEMENT, DRÔLEMENT, GROTESQUEMENT, RIDICULEMENT; COQUINEMENT, FACÉTIEUSEMENT, MALICIEUSEMENT, MOQUEUSEMENT; COMME UN AMATEUR, DE FAÇON BÂCLÉE, N'IMPORTE COMMENT, NÉGLIGEMMENT, SANS SOIN; FAIBLEMENT, LÉGÈREMENT, PEU.

sérieux *adj.* ▶ ***Important*** – appréciable, de taille, fort, grand, gros, important, non négligeable, notable, respectable, sensible, substantiel. ▶ ***Préoccupant*** – critique, dangereux, difficile, dramatique, grave, inquiétant, menaçant, préoccupant, sombre. *SOUT.* climatérique. ▶ ***Sans gaieté*** – austère, grave. ▶ ***Responsable*** – éclairé, judicieux, mesuré, modéré, philosophe, pondéré, posé, raisonnable, raisonné, rationnel, réfléchi, responsable, sage, sain, sensé. *SOUT.* rassis, tempéré. ▶ ***Respectable*** – bien, bienséant, convenable, correct, de bon ton, décent, digne, fréquentable, honnête, honorable, moral, rangé, recommandable, respectable. *FAM.* comme il faut. ▶ ***Qui travaille bien*** – appliqué, studieux. *FAM.* chiadeur. △ **ANT.** DÉRISOIRE, FRIVOLE, FUTILE, INSIGNIFIANT, PUÉRIL; ANODIN, BÉNIN, INNOCENT, INOFFENSIF, SANS DANGER, SANS GRAVITÉ; BADIN, COMIQUE, ENJOUÉ, GAI, LÉGER; BOHÈME, ÉTOURDI, INCONSÉQUENT, INSOUCIEUX, IRRÉFLÉCHI, IRRÉGULIER, IRRESPONSABLE, NÉGLIGENT.

sérieux *n. m.* ▶ ***Gravité*** – componction, décence, dignité, gravité, hiératisme, majesté, pompe, raideur, réserve, rigidité, solennité. ▶ ***Sévérité*** – âpreté, aridité, austérité, dureté, exigence, gravité, rigidité, rigueur, sécheresse, sévérité. ▶ ***Caractère réfléchi*** – zèle. *SOUT.* diligence, soin. ▶ ***Solidité*** – aplomb, assurance, autorité, caractère, constance, courage, cran, détermination, endurance, énergie, fermeté, force, permanence, poigne, rectitude, résolution, ressort, sang-froid, solidité, sûreté, ténacité, vigueur, virilité, volonté. *SOUT.* invulnérabilité. *FAM.* estomac, gagne. ▶ ***Verre à bière*** – bock, chope, demi.

serment *n. m.* ▶ ***Engagement*** – charge, commandement, contrat, dette, devoir, engagement, lien, obligation, parole, promesse, responsabilité. ▶ ***Proclamation*** – annonce, appel, avis, ban, communication, communiqué, déclaration, décret, dénonciation, dépêche, divulgation, édit, manifeste, message, notification, proclamation, profession de foi, programme, promulgation, publication, rescrit, signification. △ **ANT.** PARJURE, TRAHISON.

sermon *n. m.* ▶ ***Prédication*** – homélie, instruction, prêche, prédication. ▶ ***Enseignement*** – catéchisme, discours, enseignement, exhortation, harangue, leçon, morale, propos. *PÉJ.* prêchi-prêcha, radotage. ▶ ***Réprimande*** – accusation, admonestation, admonition, anathématisation, anathème, attaque, avertissement, blâme, censure, condamnation, correction, critique, désapprobation, diatribe, grief, grognerie, gronderie, interdit, leçon, malédiction, mise à l'écart, mise à l'index, mise en quarantaine, objection, observation, plainte, punition, récrimination, remarque, remontrance, représentation, réprimande, réprobation, reproche, réquisitoire, semonce, sérénade, tollé. *SOUT.* animadversion, foudres, fustigation, improbation, mercuriale, objurgation, stigmatisation, vitupération. *FAM.* douche, engueulade, savon, tabac. *FRANCE FAM.* attrapade, lavage de tête, prêchi-prêcha, soufflante. *BELG.* cigare. *RELIG.* fulmination. ▶ ***Allocution*** – allocution, discours, harangue, mot, toast. *FAM.* laïus, topo. *RELIG.* homélie. △ **ANT.** COMPLIMENT, ÉLOGE, LOUANGE.

séropositif *n.* sidatique, sidéen. △ **ANT.** SÉRONÉGATIF.

serpent *n.m.* ▶ ***Reptile*** – *ZOOL.* ophidien. ▶ ***Personne méchante*** – bête (immonde), chameau, chien, démon, gale, malveillant, mauvais, méchant, monstre, peste, poison, pourriture, rosse, suppôt de Satan, suppôt du diable, teigne, vicieux, vil personnage, vipère. *RARE* haineux. *FAM.* charogne, choléra, dégueulasse, fumier, ordure, pourri, salaud, salopard. *FRANCE FAM.* saleté, saligaud, salopiaud, vache.

serpenter *v.* onduler, sinuer.

serre *n.f.* ▶ ***Abri*** – bâche, forcerie, jardin d'hiver, orangerie, palmarium. ▶ ***Griffe*** – griffe *(animaux)*, harpe *(chiens)*, ongle. *ZOOL.* onguicule *(petit)*.

serré *adj.* ▶ ***Compact*** – compact, dense, dru, épais. ▶ ***Moulant*** – ajusté, collant, étriqué *(trop serré)*, étroit, moulant. ▶ ***À l'étroit dans ses vêtements*** – boudiné, ficelé. *FAM.* saucissonné. ▶ ***À court d'argent*** – à court, dans la gêne, désargenté, gêné, pauvre, sans le sou. *FAM.* à sec, dans la dèche, dans le rouge, fauché, raide (comme un passe-lacet), sur le sable. *FRANCE FAM.* panné, sans un. ▶ ***Concis*** – bref, concis, condensé, court, dense, laconique, lapidaire, ramassé, sobre, sommaire, succinct. *PÉJ.* touffu. △ **ANT.** AÉRÉ, LÉGER, TÉNU; CLAIRSEMÉ, DISPERSÉ, DISSÉMINÉ, ÉPARPILLÉ, ÉPARS; AMPLE, BLOUSANT, BOUFFANT, FLOTTANT, LÂCHE, LARGE; À L'AISE, AISÉ, FORTUNÉ, NANTI, PROSPÈRE, QUI A LES MOYENS, QUI ROULE SUR L'OR, RICHE; BAVARD, DÉLAYÉ, DIFFUS, PROLIXE, REDONDANT, VERBEUX.

serrement *n.m.* ▶ ***Action de serrer*** – astriction, constriction, contraction, crampe, crispation, étranglement, palpitation, pressage, pression, pressurage, resserrement, rétraction, rétrécissement, spasme, tension. *MÉD.* clonie, clonus, contracture, striction, tétanisation. ▶ ***Barrage*** – barrage, batardeau, brise-lame, chaussée, digue, duc-d'Albe *(pour l'amarrage)*, estacade, jetée, levée, môle, musoir, palée, turcie. *ACADIE* aboiteau. △ **ANT.** DESSERREMENT, RELÂCHEMENT.

serrer *v.* ▶ ***Prendre dans ses bras*** – embrasser, enlacer, étreindre, prendre dans ses bras, presser sur son cœur. ▶ ***Comprimer*** – écraser, fouler *(le raisin)*, presser, pressurer *(au pressoir)*, pulper. ▶ ***Maintenir rapproché*** – pincer. ▶ ***Tenir à l'étroit*** – emprisonner, enserrer. ▶ ***Mettre des personnes à l'étroit*** – empiler, entasser, parquer, tasser. *FAM.* encaquer, tasser comme des harengs, tasser comme des sardines. *FRANCE RÉGION.* esquicher. ▶ ***Suivre étroitement la forme*** – coller à, épouser, gainer, mouler. ▶ ***Comprimer la taille*** – comprimer, étrangler, resserrer, sangler. ▸ *Comprimer à l'excès* – boudiner, ficeler. *FAM.* saucissonner. ▶ ***Passer près*** – effleurer, friser, frôler, raser. ▶ ***Suivre de près*** – être sur les talons de, marcher sur les talons de, suivre de près, talonner. ▶ ***Mettre à sa place*** (*FAM.*) – mettre, placer, ranger. *FAM.* caser, fourrer, foutre. ▶ ***Mettre à l'abri*** (*QUÉB. FAM.*) – enfermer, mettre à l'abri, mettre en lieu sûr, ranger, remiser. *FAM.* garer. ▶ ***Étrangler par l'émotion*** – étrangler, étreindre, oppresser. △ **ANT.** DÉCOMPRIMER, DÉCONTRACTER, DESSERRER, LÂCHER, LIBÉRER, OUVRIR, RELÂCHER; ÉCARTER, ÉLOIGNER, ESPACER.

serrure *n.f.* bec-de-cane, bénarde, housset, loquet, loqueteau, taquet, targette, verrou.

sérum *n.m.* ▶ ***Liquide organique*** – plasma (sanguin), sang, sérum (sanguin). *FAM.* raisiné. ▶ ***Vaccin*** – sérum (thérapeutique), vaccin. ▶ ***Succédané du sang*** – sérum artificiel, sérum physiologique.

serveur *n.* ▶ ***Dans un établissement public*** – barman, garçon (de café). *PÉJ. FRANCE FAM.* loufiat. ▸ *Femme* – barmaid. *SUISSE* sommelière.

serviable *adj.* aimable, attentif, attentionné, aux petits soins, complaisant, délicat, dévoué, diligent, empressé, gentil, obligeant, prévenant, secourable, zélé. *FAM.* chic, chou. *QUÉB. FAM.* fin. *BELG. FAM.* amitieux. △ **ANT.** ÉGOÏSTE, MESQUIN; DISTANT, FROID, INDIFFÉRENT, RÉSERVÉ.

service *n.m.* ▶ ***Aide*** – aide, appoint, apport, appui, assistance, association, bienfaisance, bons offices, collaboration, complicité, concours, conseil, contribution, coopération, coup d'épaule, coup de main, coup de pouce, dépannage, entraide, grâce, main-forte, participation, planche de salut, renfort, secours, soutien, synergie. *SOUT.* viatique. *FAM.* (coup de) fion. ▶ ***Utilité*** – avantage, bénéfice, bienfait, commodité, convenance, désidérabilité, efficacité, fonction, fonctionnalité, indispensabilité, intérêt, mérite, nécessité, profit, profitabilité, recours, usage, utilité, valeur. ▶ ***Organisme*** – agence, bureau, cabinet, centre, office, organisme. ▶ ***Ensemble d'objets*** – accumulation, amas, appareil, assemblage, assortiment, collection, compilation, ensemble, foule, grand nombre, groupe, groupement, jeu, quantité, rassemblement, recueil, tas, train. *FAM.* attirail, cargaison, compil. *PÉJ.* ramassis. ♦ **service*, sing.*** ▶ ***Distribution*** – acheminement, amenée, convoi, desserte, diffusion, distribution, envoi, expédition, livraison, marche, postage, progression, transport. ▶ ***Fonctionnement*** – activité, exercice, fonctionnement, marche, mouvement, opération, travail, usage, vie. ▶ ***Travail actuel*** – devoir, exercice, fonction, travail. ▶ ***Temps consacré à l'armée*** – *FAM.* régiment. ▶ ***Ce qu'on donne pour le service à la table*** – pourboire. *BELG. FAM.* dringuelle. ▶ ***Messe*** – célébration, cérémonial, cérémonie, culte, liturgie, messe, obit, office divin, office, saint sacifice, service divin, service religieux. ▶ ***Funérailles*** – cérémonie funèbre, convoi funèbre, cortège funèbre, dernier hommage, derniers devoirs, derniers honneurs, deuil, enfouissement, enterrement, funérailles, inhumation, mise au sépulcre, mise au tombeau, mise en bière, mise en terre, obsèques, sépulture, service civil, service religieux. *SOUT.* ensevelissement. ♦ **les services*, plur.*** ▶ ***Travail usuel*** – activité, art, carrière, emploi, état, gagne-pain, métier, occupation, profession, qualité, situation, spécialité, travail. FAM. boulot, turbin, turf. ▶ ***Administration*** – Administration, affaires de l'État, bureaux, fonction publique, grands corps de l'État, institutions, ministères, organe, organismes, secrétariat. PÉJ. bureaucratie. △ **ANT.** NUISANCE, OBSTACLE.

serviette *n.f.* ▶ ***Linge*** – essuie-mains. BELG. essuie. SUISSE linge. ▶ ***Porte-documents*** – cartable, porte-documents, porte-musique *(partitions)*. BELG. calepin.

servile *adj.* ▶ ***D'une soumission déshonorante*** – bas, obséquieux, plat, qui fait le chien couchant, rampant, soumis. FAM. à-plat-ventriste, fayot. △ **ANT.** INDÉPENDANT, LIBRE; NOBLE; FIER, HAUTAIN.

servir *v.* ▶ ***Aider*** – aider, être utile à, favoriser. ▶ ***Proposer*** – avancer, jeter sur le tapis, mettre sur le tapis, offrir, présenter, proposer, soumettre. ▶ ***Être utile*** – être utile à, profiter à. ▶ ***Être utilisé*** – être utilisé comme, faire fonction de, faire office de, tenir lieu de. ▶ ***Remplacer*** – faire fonction de, jouer le rôle de, remplacer, se substituer à, suppléer, tenir la place de, tenir lieu de. ♦ **se servir** ▶ ***Employer*** – avoir recours à, déployer, employer, exercer, faire appel à, faire jouer, faire usage de, jouer de, mettre en œuvre, recourir à, s'aider de, user de, utiliser. ▶ ***Manipuler une chose abstraite*** – employer, manier, manipuler, user de, utiliser. △ **ANT.** DESSERVIR, ENTRAVER, GÊNER, NUIRE; COMMANDER; EXPLOITER. ♦ **se servir** SE PASSER DE.

servitude *n.f.* ▶ ***Dépendance*** – abaissement, allégeance, appartenance, asservissement, assujettissement, attachement, captivité, contrainte, dépendance, domestication, domesticité, domination, emprise, esclavage, gêne, hilotisme, inféodation, infériorité, mainmise, merci, mouvance, obédience, obéissance, obligation, oppression, pouvoir, puissance, servage, soumission, subordination, sujétion, tutelle, tyrannie, vassalité. FIG. carcan, chaîne, corset (de fer), coupe, fardeau, griffe, main, patte, prison; SOUT. fers, gaine, joug. FÉOD. tenure. ▶ ***Exigence*** – astreinte, contrainte, exigence, impératif, nécessité, obligation. △ **ANT.** AFFRANCHISSEMENT, ÉMANCIPATION, LIBERTÉ.

session *n.f.* ▶ ***Séance*** – audience *(tribunal)*, débat, séance, vacation. ▶ ***En télécommunication*** – temps d'écoute, tranche horaire. ▶ ***Période scolaire*** (QUÉB.) – bimestre *(deux mois)*, quadrimestre *(quatre mois)*, semestre *(six mois)*, trimestre *(trois mois)*.

seuil *n.m.* ▶ ***Partie d'une porte*** – pas de la porte. ▶ ***Entrée*** – abord, accès, approche, arrivée, entrée, introduction, ouverture. MAR. embouquement *(d'une passe)*. ▶ ***Limite*** – butoir, limite.

seul *adj.* ▶ ***Unique*** – à part, individuel, isolé, séparé, simple, singulier, unique, unitaire. ▶ ***Solitaire*** – cloîtré, esseulé, isolé, reclus, solitaire. △ **ANT.** ACCOMPAGNÉ, EN COMPAGNIE, EN GROUPE, ENTOURÉ.

seulement *adv.* ▶ ***Pas davantage*** – juste, ne … que. ▶ ***Strictement*** – exclusivement, purement, simplement, strictement, uniquement. ▶ ***Toutefois*** – cependant, mais, malgré cela, malgré tout, malheureusement, néanmoins, pourtant, toutefois. SOUT. nonobstant. △ **ANT.** EN OUTRE, EN PLUS.

sève *n.f.* ▶ ***Liquide*** – jus, suc. △ **ANT.** APATHIE, FAIBLESSE, IMPUISSANCE.

sévère *adj.* ▶ ***Exigeant*** – draconien, dur, exigeant, rigide, rigoureux, strict. FAM. chien, vache. FRANCE FAM. rosse. ▶ ***Austère*** – ascétique, austère, frugal, janséniste, monacal, puritain, rigide, rigoriste, rigoureux, spartiate. SOUT. claustral, érémitique. ▶ ***Sans ornement*** – austère, dépouillé, froid, gris, nu, triste. △ **ANT.** BIENVEILLANT, CLÉMENT, COMPRÉHENSIF, DÉBONNAIRE, INDULGENT, TOLÉRANT; AGRÉABLE, BADIN, FANTAISISTE, GAI, GRACIEUX, LÉGER, PLAISANT; ORNÉ.

sévèrement *adv.* austèrement, durement, étroitement, puritainement, rigidement, rigoureusement, stoïquement, strictement. △ **ANT.** AVEC INDULGENCE, AVEC LAXISME; LIBREMENT, SANS CONTRAINTE.

sévérité *n.f.* ▶ ***Absence d'indulgence*** – dureté, exigence, impitoyabilité, implacabilité, inclémence, inflexibilité, intransigeance, rigidité, rigueur. SOUT. inexorabilité. ▶ ***Fermeté*** – aplomb, assurance, autorité, caractère, constance, courage, cran, détermination, endurance, énergie, fermeté, force, permanence, poigne, rectitude, résolution, ressort, sang-froid, sérieux, solidité, sûreté, ténacité, vigueur, virilité, volonté. SOUT. invulnérabilité. FAM. estomac, gagne. ▶ ***Austérité*** – âpreté, aridité, austérité, dureté, exigence, gravité, rigidité, rigueur, sécheresse, sérieux. ▶ ***Dignité*** – componction, décence, dignité, gravité, hiératisme, majesté, pompe, raideur, réserve, rigidité, sérieux, solennité. ▶ ***Absence d'ornement*** – austérité, dépouillement, nudité, pureté, simplicité, sobriété. △ **ANT.** CLÉMENCE, DOUCEUR, INDULGENCE, SOUPLESSE; LÉGÈRETÉ; ORNEMENTATION.

sévir *v.* ▶ ***Punir un geste*** – punir, réprimer, sanctionner. ▶ ***Punir qqn*** – châtier, corriger, infliger une punition à, pénaliser, punir. FAM. faire payer. △ **ANT.** LAISSER FAIRE, TOLÉRER.

sexe *n.m.* ▶ ***Instinct*** – érotisme, sexualité. ▶ ***Partie du corps*** – appareil génital, les organes (génitaux), organe génital, organe reproducteur, organe sexuel, parties génitales.

sexisme *n.m.* machisme, misogynie, phallocentrisme, phallocratie, phallocratisme. △ **ANT.** ÉGALITÉ.

sexiste *adj.* ▶ ***Envers les femmes*** – antiféministe, machiste, misogyne, phallocentrique, phallocrate. RARE misogynique, phallocratique. FAM. macho, miso, phallo. ▶ ***Envers les hommes*** – misandre. △ **ANT.** ÉGALITAIRE.

sexualité *n.f.* ▶ ***Caractère sexué*** – génitalité. ▶ ***Comportements liés au sexe*** – érotisme, sexe.

sexuel *adj.* ▶ ***Qui concerne le plaisir sexuel*** – amoureux, érotique, physique. DIDACT. libidinal. △ **ANT.** ASEXUEL; SENTIMENTAL; CHASTE, PLATONIQUE, PUDIQUE, PUR, SAGE, VIRGINAL.

sic *adv.* à la lettre, ad litteram, exactement, fidèlement, littéralement, mot à mot, mot pour mot, textuellement. FAM. texto.

sidéral *adj.* astral, céleste. △ **ANT.** SOLAIRE *(JOUR)*.

siècle *n.m.* ▶ ***Époque*** – âge, cycle, date, époque, ère, étape, génération, heure, jour, moment, période, règne, saison, temps. ▶ ***Longue période*** – une éternité. SOUT. des lustres. FAM. un bail, une paye. ▶ ***Vie séculière*** – monde, (vraie) vie.

siège *n.m.* ▶ ***Partie d'une salle de spectacle*** – place. ▶ ***Poste*** – affectation, charge, dignité, emploi, fonction, métier, mission, office, place, poste, responsabilité, rôle, titre, vocation. ▶ ***Lieu*** – coin, emplacement, endroit, lieu, localisation, localité, place, point, position, poste, scène, séjour, site, situation, théâtre, zone. *BIOL.* locus. ▶ ***Milieu*** (*FIG.*) – axe, centre, entre-deux, intermédiaire, milieu, moyen terme, pivot, point central. *FIG.* clef (de voûte), cœur, foyer, midi, nœud, nombril, noyau, ombilic, sein. ▶ ***Fait d'assiéger un lieu*** – blocus, bouclage, encerclement, investissement, quadrillage. △ **ANT.** DÉLIVRANCE, LIBÉRATION.

siéger *v.* ▶ ***Résider*** – apparaître, être, être présent, exister, résider, s'inscrire, se rencontrer, se retrouver, se situer, se trouver. *SOUT.* gésir.

sieste *n.f.* méridienne, somme, sommeil. *FAM.* dodo, roupillon.

sifflant *adj.* ▶ ***En parlant d'une respiration*** – sibilant, striduleux. ▶ ***En parlant d'un son*** – aigu, perçant, qui déchire les oreilles, strident, stridulant, suraigu.

sifflement *n.m.* ▶ ***Chant des oiseaux*** – babil, chant, gazouillement, gazouillis, pépiement, piaillement, piaulement, ramage. *FAM.* cui-cui. ▶ ***Bruit*** – chuintement, gémissement, sifflet, sifflotement, stridence, stridulation. ▶ ***Perception auditive*** – acouphène, bourdonnement, cornement, tintement.

siffler *v.* ▶ ***Produire un son aigu*** – chuinter. ▶ ***Huer*** – chahuter, conspuer, couvrir de huées, huer. ▶ ***Boire rapidement*** – avaler d'un coup, avaler d'un trait, boire d'un coup, boire d'un trait, lamper. *FAM.* descendre. ▶ ***En parlant d'un oiseau*** – babiller, chanter, gazouiller, jaser, pépier, piailler, piauler, piotter, s'égosiller. ▶ ***En parlant des oreilles*** – bourdonner, corner, sonner, tinter. *QUÉB. FAM.* siler. △ **ANT.** ACCLAMER, APPLAUDIR, APPROUVER.

sifflet *n.m.* ▶ ***Instrument*** – *ACADIE* sublet. ▶ ***Sifflement*** – chuintement, gémissement, sifflement, sifflotement, stridence, stridulation.

signal *n.m.* ▶ ***Signe*** – alerte, appel, clignement, clin d'œil, geste, message, signe. ▶ ***Signalisation*** – balisage, balise, signalement, signalétique, signalisation. ▶ ***Geste*** – allure, attitude, chironomie, chorégraphie, contenance, danse, geste, gesticulation, gestique, gestualité, gestuelle, jeu (physique), langage corporel, langage gestuel, manière, mime, mimique, mimodrame, mimographie, mimologie, mouvement, mudra, pantomime, posture, signe. ▶ ***Alarme*** – alarme, alerte, appel, avertissement, branle-bas, cri, éveil, haro, sirène, sonnerie, S.O.S., tocsin.

signalé *adj.* élevé, éminent, exceptionnel, grand, important, insigne, prestigieux, remarquable. *SOUT.* suréminent. △ **ANT.** NÉGLIGEABLE, SECONDAIRE.

signalement *n.m.* ▶ ***Description physique*** – photo-robot, portrait, portrait-robot. ▶ ***Signalisation*** – balisage, balise, signal, signalétique, signalisation.

signaler *v.* ▶ ***Annoncer*** – annoncer, déceler, démontrer, dénoter, faire foi de, indiquer, laisser paraître, marquer, montrer, prouver, révéler, signifier, témoigner de. *SOUT.* dénoncer. ▶ ***Faire remarquer*** – appuyer sur, attirer l'attention sur, faire remarquer, insister sur, mentionner, porter à l'attention, soulever, souligner. ▶ ***Dénoncer*** – dénoncer. *FAM.* balancer, cafarder, cafter, fourguer, moucharder. *BELG. FAM.* raccuser. ♦ **se signaler** ▶ ***Se faire remarquer*** – émerger du lot, se démarquer, se différencier, se distinguer, se faire remarquer, se particulariser, se singulariser. ▸ *De façon favorable* – briller, exceller, s'illustrer, se distinguer. △ **ANT.** CACHER, CAMOUFLER, DISSIMULER, TAIRE. ♦ **se signaler** PASSER INAPERÇU.

signature *n.f.* ▶ ***Action d'écrire son nom*** – émargement. ▶ ***Nom d'une personne*** – autographe, monogramme, paraphe. *DR.* blanc-seing, contreseing, endos. ▶ ***Indice*** – apparence, cachet, cicatrice, critère, empreinte, indication, indice, justificatif, lueur, marque, ombre, pas, piste, preuve, repère, reste, ride, sceau, signe, stigmate, tache, témoignage, témoin, trace, trait, vestige. ▶ ***Garantie*** – assurance, aval, caution, cautionnement, charge, consignation, couverture, ducroire, engagement, gage, garant, garantie, hypothèque, indexage, indexation, nantissement, obligation, palladium, parrainage, précaution, préservation, promesse, répondant, responsabilité, salut, sauvegarde, sécurité, soulte, sûreté, warrant, warrantage. *DR.* porte-fort.

signe *n.m.* ▶ ***Symptôme*** – diagnostic, expression, indication, indice, manifestation, marque, présage, prodrome, symptôme, syndrome. *SOUT.* avant-coureur. *MÉD.* marqueur. ▶ ***Indice*** – apparence, cachet, cicatrice, critère, empreinte, indication, indice, justificatif, lueur, marque, ombre, pas, piste, preuve, repère, reste, ride, sceau, signature, stigmate, tache, témoignage, témoin, trace, trait, vestige. ▶ ***Qualité*** – attribut, caractère, caractéristique, marque, particularité, propre, propriété, qualité, spécialité, spécificité, trait. ▸ *Louable* – mérite. ▶ ***Annonce*** – annonce, annonciation, augure, auspices, conjecture, horoscope, oracle, pari, prédiction, présage, prévision, projection, promesse, pronostic, prophétie. *ANTIQ. ROM.* auspices, haruspication. ▶ ***Geste*** – allure, attitude, chironomie, chorégraphie, contenance, danse, geste, gesticulation, gestique, gestualité, gestuelle, jeu (physique), langage corporel, langage gestuel, manière, mime, mimique, mimodrame, mimographie, mimologie, mouvement, mudra, pantomime, posture, signal. ▶ ***Signal*** – alerte, appel, clignement, clin d'œil, geste, message, signal. ▶ ***Symbole*** – allégorie, attribut, chiffre, devise, drapeau, effigie, emblème, figure, icône, image, incarnation, insigne, livrée, logo, logotype, marque, notation, personnification, représentation, symbole, type. ▶ ***Signe de ponctuation*** – ponctuation, signe de ponctuation. ▶ ***Signe diacritique*** – diacritique, signe diacritique.

signer *v.* ▶ ***Mettre sa signature*** – apposer sa signature, revêtir de sa signature. ▶ ***Approuver officiellement*** – accepter, approuver, confirmer, entériner, homologuer, plébisciter, ratifier, sanctionner, sceller, valider.

significatif *adj.* ▶ ***Révélateur*** – édifiant, éloquent, expressif, instructif, parlant, qui en dit long, révélateur. ▶ ***Pertinent*** – distinctif, pertinent. △ **ANT.** ÉNIGMATIQUE, INCOMPRÉHENSIBLE; INDÉTERMINÉ, INSIGNIFIANT, NÉGLIGEABLE.

signification *n.f.* ▶ ***Sens*** – acception, définition, sémantisme, sens, signifié, valeur. ▶ ***Notification*** – annonce, appel, avis, ban, communication, communiqué, déclaration, décret, dénonciation, dépêche, divulgation, édit, manifeste, message, notification, proclamation, profession de foi, programme, promulgation, publication, rescrit, serment. △ ANT. ASÉMANTICITÉ, NON-SENS.

signifier *v.* ▶ ***Faire savoir*** – annoncer, apprendre, communiquer, déclarer, dire, faire l'annonce de, faire part de, faire savoir, notifier, transmettre. *FAM.* balancer. ▶ ***Montrer*** – annoncer, déceler, démontrer, dénoter, faire foi de, indiquer, laisser paraître, marquer, montrer, prouver, révéler, signaler, témoigner de. *SOUT.* dénoncer. ▶ ***Avoir comme signification*** – vouloir dire. ▶ ***Désigner*** – dénommer, désigner, représenter. ▶ ***Symboliser*** – désigner, évoquer, exprimer, figurer, incarner, matérialiser, représenter, symboliser. △ ANT. CACHER, DISSIMULER, TAIRE.

silence *n.m.* ▶ ***Secret*** – black-out, mutisme, mystère, non-dit, réticence, secret, sourdine. ▶ ***Tranquillité*** – accalmie, apaisement, bonace, bonheur, calme, éclaircie, entente, fraternité, harmonie, idylle, paix, quiétude, rémission, repos, tranquillité, trêve, union. *SOUT.* kief. ▶ ***Pause*** – arrêt, interruption, pause, temps. ▶ ***En musique*** – tacet. △ ANT. AVEU, CONFESSION; BRUIT, TUMULTE, VACARME; BAVARDAGE, VERBIAGE.

silencieusement *adv.* ▶ ***En silence*** – en silence, sans mot dire, sourdement. ▶ ***Calmement*** – à froid, à loisir, à tête reposée, avec sang-froid, calmement, doucement, flegmatiquement, froidement, impassiblement, imperturbablement, inébranlablement, pacifiquement, paisiblement, placidement, posément, sagement, sans broncher, sereinement, tranquillement. *SOUT.* impavidement. *FAM.* peinardement, tranquillos. *FRANCE RÉGION. FAM.* plan-plan. △ ANT. AVEC BRUIT, BRUYAMMENT, TAPAGEUSEMENT.

silencieux *adj.* ▶ ***Qui ne produit aucun son*** – insonore. ▶ ***Sans bruit*** – calme, paisible, tranquille. ▶ ***Qui parle peu*** – avare de paroles, taciturne. *SOUT.* coi. △ ANT. BRUYANT, SONORE; BAVARD, CAUSEUR, JACASSEUR, LOQUACE, VERBEUX, VOLUBILE.

silhouette *n.f.* ▶ ***Allure*** – air, allure, apparence, aspect, attitude, contenance, démarche, façon, genre, ligne, maintien, manière, panache, physique, port, posture, prestance, style, tenue, tournure. *SOUT.* extérieur, mine. *FAM.* gueule, touche. *QUÉB. FAM.* erre d'aller. *PÉJ. FAM.* dégaine. ▶ ***Contour*** – ligne, modénature, ombre, profil, trait. *SOUT.* linéament. *DIDACT.* délinéament. ▶ ***Portrait*** – académie, anatomie, charnure, gymnité, modèle, nu, nudité, plastique, sujet.

sillon *n.m.* ▶ ***Entaille dans le sol*** – dérayure, enrayure, jauge, orne, perchée, raie, rayon, rigole. *GÉOL.* sulcature. ▶ ***Entaille*** – adent, brèche, coche, coupure, cran, créneau, crevasse, échancrure, égratignure, enclenche, encochage, encoche, encochement, engravure, entaille, entamure, épaufrure, faille, fente, feuillure, hoche, incision, marque, mortaise, moucheture, onglet, raie, rainurage, rainure, rayure, ruinure, scarification, scissure, souchèvement *(roche)*, strie. *BELG.* griffe. *BELG. FAM.* gratte. ▶ ***Trace d'un disque*** – microsillon, piste. ▶ ***Trace*** – empreinte, foulées, marque (de pas), pas, piste, trace, traînée, vestige, voie. ▶ *À la chasse* – abattures *(cerf)*, connaissance, erres, marche, passée.

similarité *n.f.* adéquation, analogie, conformité, égalité, équivalence, gémellité, identité, littéralité, parallélisme, parité, ressemblance, similitude, unité. *MATH.* congruence, homéomorphisme. △ ANT. CONTRASTE, DIFFÉRENCE, DISSEMBLANCE.

similitude *n.f.* ▶ ***Fait de se ressembler*** – adéquation, analogie, conformité, égalité, équivalence, gémellité, identité, littéralité, parallélisme, parité, ressemblance, similarité, unité. *MATH.* congruence, homéomorphisme. ▶ ***Comparaison*** – allégorie, analogie, apologue, assimilation, association (d'idées), catachrèse *(lexicalisée)*, comparaison, équivalence, figure, image, lien, métaphore, parabole, parallèle, parenté, personnification, rapport, rapprochement, relation, ressemblance, symbole, symbolisme. △ ANT. CONTRASTE, DIFFÉRENCE, DISSIMILITUDE, DISTINCTION.

simple *adj.* ▶ ***Indivisible*** – élémentaire, indécomposable, indivisible, insécable. *PHILOS.* consubstantiel. ▶ ***Unique*** – à part, individuel, isolé, séparé, seul, singulier, unique, unitaire. ▶ ***Naïf*** – angélique, candide, confiant, crédule, ingénu, innocent, naïf, pur. ▶ ***Naïf jusqu'à la bêtise*** – crédule, innocent, naïf, niais, simplet. *FAM.* cucul, jobard, nunuche, poire. ▶ ***Facile à faire*** – aisé, commode, élémentaire, enfantin, facile. *FRANCE FAM.* bête comme chou. ▶ ***Facile à comprendre*** – à la portée de tous, accessible, clair, cohérent, compréhensible, concevable, déchiffrable, évident, facile, intelligible, interprétable, limpide, lumineux, pénétrable, saisissable, transparent. ▶ ***Modeste*** – humble, modeste, sans prétention. ▶ ***Sobre*** – classique, dépouillé, discret, sobre, strict. △ ANT. COMPLEXE; COMBINÉ, COMPOSÉ; MULTIPLE, NOMBREUX; ASTUCIEUX, DÉLURÉ, FUTÉ, INGÉNIEUX, MALIN, RUSÉ; ARDU, COMPLIQUÉ, DIFFICILE; CABALISTIQUE, CRYPTIQUE, ÉNIGMATIQUE, ÉSOTÉRIQUE, HERMÉTIQUE, IMPÉNÉTRABLE, INCOMPRÉHENSIBLE, MYSTÉRIEUX, OBSCUR, OPAQUE, TÉNÉBREUX; RAFFINÉ, RECHERCHÉ, SOPHISTIQUÉ, SUBTIL; AFFECTÉ, CÉRÉMONIEUX, EMPRUNTÉ, GUINDÉ, MANIÉRÉ; DISTINGUÉ, GRADÉ; LUXUEUX.

simplement *adv.* ▶ ***Avec simplicité*** – à la bonne franquette, familièrement, naturellement, sans affectation, sans apprêt, sans cérémonies, sans complications, sans façons, sans ornement, sans tambour ni trompette, sobrement, tout bonnement. *SOUT.* nûment. *FAM.* à la fortune du pot. ▶ ***Avec facilité*** – aisément, commodément, facilement, sans coup férir, sans difficulté, sans effort, sans encombre. *FAM.* les doigts dans le nez. ▶ ***Avec modestie*** – humblement, modestement, pauvrement, respectueusement, timidement. ▶ ***Avec candeur*** – candidement, crédulement, ingénument, innocemment, naïvement, niaisement. ▶ ***Stupidement*** – absurdement, bêtement, débilement, follement, idiotement, imbécilement, inconsciemment, inintelligemment, naïvement, niaisement, ridiculement, sottement, stupidement. *FAM.* connement. ▶ ***Sans finesse*** – grossièrement, rudimentairement, sommairement. *SOUT.* rustaudement. ▶ ***Seulement*** – exclusivement, purement, seulement, strictement, uniquement. △ ANT.

DE FAÇON COMPLEXE, INEXTRICABLEMENT; FASTUEUSEMENT, IMPÉRIALEMENT, LUXUEUSEMENT, MAGNIFIQUEMENT, PRINCIÈREMENT, RICHEMENT, ROYALEMENT, SOMPTUEUSEMENT, SPLENDIDEMENT, SUPERBEMENT; HYPOCRITEMENT, INSIDIEUSEMENT, INSINCÈREMENT, PERFIDEMENT, SCÉLÉRATEMENT, SOURNOISEMENT, TORTUEUSEMENT, TRAÎTREUSEMENT, TROMPEUSEMENT; ASTUCIEUSEMENT, BRILLAMMENT, GÉNIALEMENT, INGÉNIEUSEMENT, INTELLIGEMMENT, JUDICIEUSEMENT, LUCIDEMENT, SAVAMMENT.

simplicité *n.f.* ▶ ***Dépouillement*** – austérité, dépouillement, nudité, pureté, sévérité, sobriété. ▶ ***Pureté*** – candeur, fleur, fraîcheur, honnêteté, ingénuité, innocence, naïveté, pureté. ▶ ***Franchise*** – abandon, bonne foi, confiance, cordialité, droiture, franchise, franc-jeu, franc-parler, loyauté, netteté, rondeur, sincérité, spontanéité. ▶ ***Modération*** – centrisme, dépouillement, frugalité, juste milieu, ménagement, mesure, modérantisme, modération, modestie, pondération, réserve, retenue, rusticité, sagesse, simple, sobriété, tempérance. ▶ ***Humilité*** – bonhomie, déférence, humilité, modestie, respect, soumission. ▶ ***Stupidité*** – ânerie, béotisme, bêtise, bornerie, débilité, idiotie, ignorance, imbécillité, ineptie, inintelligence, innocence, insipidité, lenteur, lourdeur, naïveté, niaiserie, nigauderie, pesanteur, sottise, stupidité. *FAM.* connerie, crétinisme, dinguerie. ▶ ***Ignorance*** – analphabétisme, ignorance, illettrisme, inadéquation, inaptitude, incapacité, incompétence, incompréhension, inconscience, inculture, inexpérience, ingénuité, innocence, insuffisance, lacune, naïveté, nullité, obscurantisme. *SOUT.* impéritie, inconnaissance, méconnaissance. ▶ ***Facilité*** – accessibilité, agrément, commodité, confort, disponibilité, facilité, faisabilité, possibilité. *INFORM.* convivialité, transparence. △ **ANT.** LUXE, RAFFINEMENT, RECHERCHE; AFFECTATION, PRÉTENTION, VANITÉ; FINESSE, INTELLIGENCE; COMPLEXITÉ, COMPLICATION, DIFFICULTÉ.

simplification *n.f.* ▶ ***Réduction*** – abrégement, allégement, amenuisement, amoindrissement, amputation, atténuation, compression, délestage, diminution, gommage, graticulation, miniaturisation, minimalisation, minimisation, minoration, raccourcissement, racornissement, rapetissement, réduction, resserrement, restriction, rétrécissement, schématisation. *SOUT.* estompement. ▶ ***Nivellement*** – aplanissement, arasement, égalisation, laminage, mise au niveau, nivelage, nivellement, régalage, unification. *ADMIN.* écrêtement. ▶ ***Vulgarisation*** – adaptation, banalisation, démocratisation, dépersonnalisation, massification, vulgarisation. △ **ANT.** COMPLEXIFICATION, COMPLICATION.

simplifier *v.* ▶ ***Rendre plus facile*** – faciliter. ▶ ***Réduire à sa plus simple expression*** – ramener, réduire. ▶ ***Réduire à l'essentiel*** – schématiser, styliser. ▶ ***Caricaturer*** – caricaturer, charger, déformer, exagérer, grossir, pousser jusqu'à la caricature. ♦ **simplifié** ▶ ***Sommaire*** – rapide, schématique, sommaire, succinct. △ **ANT.** COMPLEXIFIER, COMPLIQUER; BRODER, DÉVELOPPER, EXPOSER EN DÉTAIL.

simpliste *adj.* ▶ ***Qui simplifie à l'excès*** – réducteur, simplificateur. ▶ ***Déformé et exagéré*** – caricatural, gros, grossier, primaire. △ **ANT.** MESURÉ, NUANCÉ.

simulation *n.f.* ▶ ***Illusion*** – abstraction, abstrait, apparence, berlue, chimère, déréalisation, effet d'optique, fantasme, faux, faux-semblant, fiction, fumée, hallucination, illusion, illusion d'optique, image, imagination, irréalisme, irréalité, leurre, mensonge, mirage, onirisme, psychédélisme, rêve, rêverie, semblant, songe, songerie, trompe-l'œil, tromperie, utopie, vision, vue de l'esprit. *FAM.* frime. *SOUT.* prestige. ▶ ***Modèle*** – carton, grille, matrice, modèle, modélisation, moule, patron, pattern, pilote, plan, prototype, spécimen. *FAM.* topo. ▶ ***Imitation*** – calquage, caricature, charge, contrefaçon, copiage, décalquage, démarquage, emprunt, émulation, figuration, grégarisme, homochromie, imitation, mime, mimétisme, moutonnerie, parodie, pastiche, pillage, plagiat, représentation, servilité, singerie, suivisme, travestissement. *DR.* contrefaction. ▶ ***Feinte*** – affectation, artifice, cachotterie, comédie, déguisement, dissimulation, duplicité, faux-semblant, feinte, fiction, finauderie, grimace, hypocrisie, invention, leurre, mensonge, momerie, pantalonnade, parade, ruse, singerie, sournoiserie, tromperie. *SOUT.* simulacre. *FAM.* cinéma, cirque, finasserie, frime. △ **ANT.** RÉALITÉ, VÉRITÉ.

simuler *v.* ▶ ***Reproduire*** – imiter, reconstituer, recréer, rendre, reproduire, restituer. *INFORM.* émuler. ▶ ***Feindre*** – affecter, faire mine de, faire semblant de, feindre, singer. ♦ **simulé** ▶ ***Insincère*** – affecté, artificiel, de commande, factice, feint, forcé, insincère, (qui sonne) faux. ▶ ***Truqué*** – contrefait, falsifié, faux, forgé, maquillé, truqué. *FAM.* bidon, bidonné, bidouillé. △ **ANT.** CRÉER, INVENTER, PRODUIRE; EXÉCUTER; ÉPROUVER.

simultané *adj.* coexistant, coïncident, concomitant, synchrone, synchronique. △ **ANT.** CONSÉCUTIF, DÉCALÉ (DANS LE TEMPS), SÉQUENTIEL, SUCCESSIF; ALTERNATIF.

simultanéité *n.f.* ▶ ***Coïncidence*** – accompagnement, coexistence, coïncidence, concomitance, concordance, concours de circonstances, contemporanéité, coordination, correspondance, isochronie, isochronisme, rencontre, synchronicité, synchronie, synchronisation, synchronisme. △ **ANT.** ALTERNANCE, SUCCESSION.

simultanément *adv.* à l'unisson, à la fois, concomitamment, concurremment, corrélativement, en cadence, en chœur, en même temps, ensemble, synchroniquement. △ **ANT.** ALTERNATIVEMENT; CONSÉCUTIVEMENT, RYTHMIQUEMENT, SUCCESSIVEMENT.

sincère *adj.* ▶ ***Qui dit la vérité*** – franc, vrai. *SOUT.* vérace, véridique. ▶ ***Qui n'est pas feint*** – authentique, sans artifice, spontané, véritable, vrai. △ **ANT.** FOURBE, HYPOCRITE, MENTEUR, SOURNOIS; AFFECTÉ, DISSIMULÉ, FALLACIEUX, FAUX, FEINT, MENSONGER, SIMULÉ, SPÉCIEUX, TROMPEUR.

sincèrement *adv.* à la loyale, authentiquement, de bonne foi, en toute bonne foi, franc, franchement, honnêtement, loyalement, ouvertement, uniment. *FAM.* franco. △ **ANT.** HYPOCRITEMENT, INSIDIEUSEMENT, MALHONNÊTEMENT, MENSONGÈREMENT, SOURNOISEMENT, TORTUEUSEMENT, TRAÎTREUSEMENT, TROMPEUSEMENT.

sincérité *n.f.* abandon, bonne foi, confiance, cordialité, droiture, franchise, franc-jeu, franc-parler, loyauté, netteté, rondeur, simplicité, spontanéité. △ ANT. HYPOCRISIE, INAUTHENTICITÉ, INSINCÉRITÉ, TROMPERIE; FAUSSETÉ, MENSONGE.

singe *n.m.* ▸ ***Personne laide*** – laid. SOUT. disgracié. FAM. macaque, mocheté, remède à l'amour, remède contre l'amour, repoussoir. ▸ *Très laid* – épouvantail, monstre. ▸ *Homme* – gnome *(petit)*. ▸ *Femme* – laideron. FAM. chabraque, grognasse *(acariâtre)*, guenon, (vieille) sorcière. ▸ ***Viande*** – corned-beef. ▸ ***Directeur*** (FAM.) – administrateur, cadre, chef d'entreprise, chef d'industrie, décideur, décisionnaire, directeur, dirigeant, gestionnaire, logisticien, patron, responsable.

singularité *n.f.* ▸ ***Unicité*** – exclusivité, marginalité, originalité, unicité, unité. ▸ ***Exception*** – accident, anomalie, anormalité, contre-exemple, contre-indication, dérogation, exception, exclusion, particularité, réserve, restriction. ▸ ***Originalité*** – anticonformisme, audace, cachet, caractère, fraîcheur, hardiesse, indépendance, individualité, innovation, inspiration, marginalité, non-conformisme, nouveauté, originalité, particularité, personnalité, piquant, pittoresque. ▸ ***Bizarrerie*** – anomalie, anormalité, bizarrerie, chinoiserie, cocasserie, curiosité, drôlerie, étrangeté, excentricité, extravagance, fantaisie, fantasmagorie, folie, loufoquerie, monstruosité, non-conformisme, originalité. ▸ ***Fantaisie*** – accès, bizarrerie, bon plaisir, caprice, changement, chimère, coup de tête, envie, extravagance, fantaisie, fantasme, folie, frasque, gré, guise, immaturité, impatience, incartade, inconstance, infantilisme, instabilité, légèreté, lubie, marotte, mobilité, originalité, saute (d'humeur), sporadicité, variation, versatilité, volonté. SOUT. folle gamberge, foucade, humeur. FAM. toquade. △ ANT. PLURALITÉ; BANALITÉ, SIMPLICITÉ.

singulier *adj.* ▸ ***Différent*** – à part, différent, inimitable, original, particulier, pittoresque, sans précédent, spécial, unique en son genre, unique. ▸ ***Bizarre*** – anormal, bizarre, curieux, drôle, étonnant, étrange, inaccoutumé, incompréhensible, inexplicable, inhabituel, insolite, inusité, spécial, surprenant. SOUT. extraordinaire. FAM. bizarroïde. ▸ ***Individuel*** – à part, individuel, isolé, séparé, seul, simple, unique, unitaire. △ ANT. COUTUMIER, HABITUEL, NORMAL, ORDINAIRE, STANDARD, USUEL; ANODIN, BANAL, COMMUN, FADE, FALOT, INCOLORE, ININTÉRESSANT, INSIGNIFIANT, INSIPIDE, PLAT, QUELCONQUE, SANS INTÉRÊT, TERNE; COLLECTIF, GÉNÉRAL; PLURIEL.

sinistre *adj.* ▸ ***En parlant de qqch.*** – funèbre, glauque, lugubre, noir, sombre, triste. SOUT. funeste. ▸ ***En parlant de qqn*** – dangereux, inquiétant, mauvais, méchant, menaçant, patibulaire, redoutable, sombre, terrible, torve *(regard)*. QUÉB. FAM. malin. △ ANT. FAVORABLE, HEUREUX, PLAISANT; ENJOUÉ, ÉPANOUI, GAI, JOVIAL, JOYEUX, LÉGER, RÉJOUI, RIANT, SOURIANT.

sinistre *n.m.* apocalypse, bouleversement, calamité, cataclysme, catastrophe, chaos, désastre, drame, fléau, malheur, néant, ruine, tragédie. FIG. précipice. SOUT. abîme. FAM. cata.

sinueux *adj.* courbe, serpentin, tortueux. SOUT. flexueux, méandreux, méandrique, tortu. △ ANT. DIRECT, DROIT, RECTILIGNE; FRANC.

sirène *n.f.* ▸ ***Alarme*** – alarme, alerte, appel, avertissement, branle-bas, cri, éveil, haro, signal, sonnerie, S.O.S., tocsin. ▸ ***Animal imaginaire*** – femme-poisson, mélusine.

site *n.m.* ▸ ***Paysage*** – champ (de vision), horizon, panorama, paysage, perspective, point de vue, vue. ▸ ***Lieu*** – coin, emplacement, endroit, lieu, localisation, localité, place, point, position, poste, scène, séjour, siège, situation, théâtre, zone. BIOL. locus. ▸ ***Angle*** – angle de site.

sitôt *adv.* à l'instant, au plus vite, aussitôt, aussitôt que possible, d'emblée, d'urgence, directement, en urgence, immédiatement, instantanément, sans délai, sans différer, sans tarder, séance tenante, sur l'heure, sur le coup, sur-le-champ, tout de suite. SOUT. dans l'instant, incontinent. FAM. aussi sec, de suite, illico. △ ANT. PLUS TARD; SUR LE TARD, TARDIVEMENT.

situation *n.f.* ▸ ***Lieu*** – coin, emplacement, endroit, lieu, localisation, localité, place, point, position, poste, scène, séjour, siège, site, théâtre, zone. BIOL. locus. ▸ ***Contexte*** – circonstance, climat, condition, conjoncture, contexte, cours des choses, état de choses, état de fait, paysage, position, tenants et aboutissants. ▸ ***Condition sociale*** – caste, classe, condition, état, fortune, place, position, rang, statut. SOUT. étage. ▸ ***Métier*** – activité, art, carrière, emploi, état, gagne-pain, métier, occupation, profession, qualité, services, spécialité, travail. FAM. boulot, turbin, turf. ▸ ***Bilan*** – balance, bilan, compte, compte rendu, conclusion, constat, état, note, résultat, résumé, tableau.

situer *v.* ▸ ***Localiser*** – localiser, placer. ▸ ***Mettre en situation*** – replacer. ♦ **se situer** ▸ ***Se trouver*** – apparaître, être, être présent, exister, résider, s'inscrire, se rencontrer, se retrouver, se trouver, siéger. SOUT. gésir. ♦ **situé** sis. △ ANT. ÉGARER, PERDRE; DÉPLACER, MOUVOIR, TRANSPORTER.

slogan *n.m.* ▸ ***Formule*** – accroche, formule. ▸ ***Publicité*** – annonce, bande-annonce *(d'un film)*, battage, bruit, commercialisation, conditionnement, croisade, lancement, marchandisage, marketing, message (publicitaire), petite annonce *(journal)*, placard, promotion, propagande, publicité, publipostage, raccrochage, racolage, réclame, renommée, retentissement. FAM. pub, tam-tam. QUÉB. FAM. cabale *(pour un candidat)*. ▸ *Non favorable* – bourrage de crâne, endoctrinement, intoxication, lavage de cerveau, matraquage, propagande.

snob *adj.* arrogant, condescendant, dédaigneux, fier, hautain, méprisant, orgueilleux, outrecuidant, pimbêche *(femme)*, pincé, présomptueux, prétentieux, supérieur. SOUT. altier, rogue. FAM. chochotte, péteux, snobinard, snobinette *(femme)*. QUÉB. FAM. fendant. △ ANT. HUMBLE, MODESTE; NATUREL, SIMPLE.

snobisme *n.m.* ▸ ***Affectation*** – affectation, air, apparence, apprêt, bluff, cabotinage, comédie, composition, contenance, convenu, dandysme, genre, imposture, jeu, maniérisme, manque de naturel, mascarade, mièvrerie, pose, raideur, recherche, représentation. SOUT. cambrure. FAM. chiqué, cinéma.

▶ ***Mépris*** – arrogance, condescendance, dédain, dégoût, dérision, hauteur, mépris, morgue. *SOUT.* déconsidération, mésestimation, mésestime. △ **ANT.** NATUREL, SIMPLICITÉ.

sobre *adj.* ▶ ***Qui consomme avec modération*** – abstinent, frugal, modéré, tempérant. ▶ ***Qui s'abstient d'alcool*** – abstème, abstinent, tempérant. ▶ ***Simple*** – classique, dépouillé, discret, simple, strict. ▶ ***Exprimé en peu de mots*** – bref, concis, condensé, court, dense, laconique, lapidaire, ramassé, serré, sommaire, succinct. *PÉJ.* touffu. △ **ANT.** GLOUTON, GOINFRE; ALCOOLIQUE, INTEMPÉRANT, IVROGNE; EXCESSIF; EXCENTRIQUE, EXTRAVAGANT, TAPAGEUR; BAROQUE, ORNÉ, SURCHARGÉ; BAVARD, DÉLAYÉ, DIFFUS, EMPHATIQUE, PROLIXE, REDONDANT, VERBEUX.

sobriété *n.f.* ▶ ***Modération*** – centrisme, dépouillement, frugalité, juste milieu, ménagement, mesure, modérantisme, modération, modestie, pondération, réserve, retenue, rusticité, sagesse, simple, simplicité, tempérance. ▶ ***Privation d'alcool*** – abstinence, tempérance. ▶ ***Réserve*** – bienséance, bon ton, chasteté, convenance, correction, décence, délicatesse, dignité, discrétion, éducation, fierté, gravité, honnêteté, honneur, modestie, politesse, propreté, pudeur, quant-à-soi, réserve, respect, retenue, sagesse, tact, tenue, vertu. *SOUT.* pudicité. ▶ ***Absence d'ornement*** – austérité, dépouillement, nudité, pureté, sévérité, simplicité. △ **ANT.** EXCÈS, GLOUTONNERIE, INTEMPÉRANCE; ALCOOLISME, IVROGNERIE; EXCENTRICITÉ, LUXE, RECHERCHE.

sociable *adj.* ▶ ***Amical*** – accueillant, affable, agréable, aimable, amène, amical, avenant, bienveillant, chaleureux, charmant, convivial, cordial, de bonne compagnie, engageant, familier, gracieux, invitant, liant, ouvert, souriant, sympathique. *FAM.* sympa. ▶ ***Qui peut vivre en société*** – grégaire, social. △ **ANT.** BOURRU, GROSSIER, IMPOLI; ANTISOCIAL, FAROUCHE, INADAPTÉ, MISANTHROPE, SAUVAGE, SOLITAIRE.

social *adj.* ▶ ***Interpersonnel*** – interindividuel, interpersonnel. ▶ ***Qui concerne la société*** – collectif, commun, communautaire, général, public. ▶ ***Qui vit en société*** – grégaire, sociable. △ **ANT.** INDIVIDUEL, PARTICULIER, PERSONNEL, PRIVÉ; ANTISOCIAL, FAROUCHE, INADAPTÉ, MISANTHROPE, SAUVAGE, SOLITAIRE.

société *n.f.* ▶ ***Peuple*** – clan, ethnie, groupe, horde, nation, pays, peuplade, peuple, phratrie, population, race, tribu. ▶ ***Collectivité*** – collectivité, communauté, groupe, groupement, regroupement. ▶ ***Association*** – amicale, association, cercle, club, compagnie, fraternité, groupe, union. ▶ ***Association professionnelle*** – assemblée, association, collège, communauté, compagnie, confrérie, congrégation, corporation, corps, guilde, hanse, métier, ordre, syndicat, trade-union. ▶ ***Association savante ou artistique*** – académie, aréopage, cénacle, cercle, club, école, institut. ▶ ***Entreprise*** – affaire, bureau, compagnie, entreprise, établissement, exploitation, firme, institution. *FAM.* boîte, boutique. *FRANCE FAM.* burlingue. *RARE* industrie. *PÉJ. FAM.* baraque. ▶ ***Classe aisée*** – aristocratie, beau monde, gens du monde, gotha, grand monde, haute société, monde. *FAM.* beau linge, gratin, haute. ▶ ***Environnement*** – ambiance, atmosphère, cadre, climat, décor, élément, entourage, environnement, environs, lieu, milieu, monde, sphère, théâtre, voisinage. △ **ANT.** ISOLEMENT, SOLITUDE.

socle *n.m.* ▶ ***Base*** – acrotère, base, piédestal, podium, soubassement, stylobate, terrasse. ▶ ***Plateforme*** – plateau continental, plateforme (continentale), socle (continental), soubassement.

sœur *n.f.* ▶ ***Parent*** – *FAM.* frangine, sœurette. ▶ ***Religieuse*** – professe, religieuse.

sofa *n.m.* canapé, divan, duchesse, lit de repos, méridienne, ottomane, récamier, turquoise, veilleuse.

soi-disant *adj.* apparent, faux, prétendu, supposé. △ **ANT.** AUTHENTIQUE; RÉEL.

soie *n.f.* ▶ ***Matière*** – chique. ▶ ***Tissu*** – soierie. ▶ ***Douceur*** – délicatesse, douceur, finesse, fraîcheur, légèreté, modération, moelleux, mollesse, onctuosité, quiétude, suavité, tranquillité, velouté. ▶ ***Partie d'une lame*** – talon de lame.

soif *n.f.* ▶ ***Envie de boire*** – altération, dipsomanie, pépie, potomanie. ▶ ***Désir*** – ambition, appel, appétit, aspiration, attirance, attrait, besoin, but, convoitise, desideratum, désir, envie, exigence, faim, fantaisie, fantasme, fièvre, fringale, goût, idéal, intention, jalousie, passion, prétention, quête, recherche, rêve, souhait, tentation, velléité, visée, vœu, voix, volonté. *SOUT.* appétence, dessein, prurit, vouloir. *FAM.* démangeaison. ▶ ***Curiosité*** – appétit, attention, avidité, curiosité, intérêt, soif d'apprendre, soif de connaissance, soif de connaître, soif de savoir. △ **ANT.** RAFRAÎCHISSEMENT; ASSOUVISSEMENT, SATIÉTÉ.

soigné *adj.* ▶ ***Soigneux*** – appliqué, assidu, attentif, consciencieux, méthodique, méticuleux, minutieux, ordonné, précis, rangé, rigoureux, scrupuleux, soigneux, systématique. *SOUT.* exact. ▶ ***Propre*** – immaculé, impeccable, net, propre, propret. ▶ ***En parlant de la langue*** – châtié, épuré, recherché. ▶ ***Excessif*** (*FAM.*) – abusif, débridé, déchaîné, délirant, démesuré, déraisonnable, déréglé, effréné, exagéré, excessif, exorbitant, extravagant, extrême, forcé, immodéré, intempérant, outrancier, outré, qui dépasse la mesure, qui dépasse les bornes, sans frein. *SOUT.* outrageux. *FAM.* dément, démentiel. △ **ANT.** DÉSORDONNÉ, NÉGLIGENT; BÂCLÉ; GROSSIER, SOMMAIRE; SALE; FAMILIER, NATUREL, NÉGLIGÉ, RELÂCHÉ; MODÉRÉ, PONDÉRÉ, RAISONNABLE, RÉFLÉCHI.

soigner *v.* ▶ ***Donner des soins médicaux*** – prodiguer des soins, traiter. ▶ ***Entretenir*** – cultiver, entretenir, nourrir. ▶ ***Choyer*** – cajoler, choyer, combler, couver, dorloter, entourer de soins, être aux petits soins avec, materner, pouponner *(un bébé)*. *FAM.* bichonner, bouchonner, chouchouter, gâter, mitonner, traiter aux petits oignons. *SUISSE FAM.* cocoler. ▶ ***Raffiner*** – ciseler, fignoler, finir, lécher, parachever, parfaire, peaufiner, perfectionner, polir, raffiner. *RARE* repolir. ▶ ***Épurer le style, la langue*** – châtier, épurer, polir. △ **ANT.** BLESSER, MALTRAITER; ABANDONNER, NÉGLIGER; BRUTALISER, MALMENER; BÂCLER.

soigneusement *adv.* ▶ ***Minutieusement*** – amoureusement, attentivement, consciencieusement, en détail, méticuleusement, minutieusement, précieusement, précisément, proprement, religieusement, rigoureusement, scrupuleusement, sérieusement, vigilamment. ▶ ***Méthodiquement*** – analytiquement, conséquemment, dialectiquement, inductivement, logiquement, mathématiquement, méthodiquement, point par point, rationnellement, rigoureusement, scientifiquement, sensément, systématiquement, techniquement. SOUT. cohéremment. △ ANT. DE FAÇON BÂCLÉE, N'IMPORTE COMMENT, NÉGLIGEMMENT, SANS MÉTHODE, SANS SOIN.

soigneux *adj.* ▶ ***Minutieux*** – appliqué, assidu, attentif, consciencieux, méthodique, méticuleux, minutieux, ordonné, précis, rangé, rigoureux, scrupuleux, soigné, systématique. SOUT. exact. ▶ ***Qui veille à préserver qqch.*** – attentif à, préoccupé de, soucieux de. SOUT. jaloux de. △ ANT. DÉSORDONNÉ, NÉGLIGENT; GROSSIER, SALE; INDIFFÉRENT, INSOUCIANT.

soin *n.m.* ▶ ***Propreté*** – netteté, propreté. ▶ ***Minutie*** – application, exactitude, minutie, précision, souci du détail. SOUT. méticulosité. ▶ ***Finition*** – achèvement, amélioration, arrangement, complètement, correction, enjolivement, finition, léchage, mise au point, peaufinage, perfectionnement, polissage, raffinage, raffinement, retouche, révision. SOUT. parachèvement. FAM. fignolage. ▶ ***Réparation*** – amélioration, arrangement, bricolage, consolidation, dépannage, entretien, maintenance, rajustement, ravalement, reconstitution, réfection, remise à neuf, remise en état, remontage, renforcement, réparation, reprise, restauration, restitution, rétablissement, retapage, rhabillage, sauvetage. FAM. rafistolage. ▶ ***Sérieux*** (SOUT.) – sérieux, zèle. SOUT. diligence. ♦ **soins, *plur.*** ▶ ***Traitement médical*** – cure, thérapeutique, thérapie, traitement. ▶ ***Fait d'élever un enfant*** – éducation. ▶ ***Empressement*** – attentions, bichonnage, dorlotement, empressement, maternage, prévenances. SOUT. gâterie. △ ANT. INCURIE, INSOUCIANCE, MÉPRIS, NÉGLIGENCE, NONCHALANCE.

soir *n.m.* ▶ ***Fin du jour*** – chute du jour, couchant, coucher du soleil, crépuscule, déclin du jour, fin du jour, nuit tombante, tombée de la nuit, tombée du jour. SOUT. lueur crépusculaire. QUÉB. brunante. ▶ ***Partie d'une journée*** – soirée, veillée. △ ANT. MATIN.

soirée *n.f.* ▶ ***Partie du jour*** – soir, veillée. ▶ ***Spectacle*** – attraction, concert, danse, divertissement, exécution, exhibition, happening, numéro, pièce, projection, récital, représentation, revue, séance. ▶ ***Concert*** – aubade, audition, concert, divertissement, exécution, récital, séance, sérénade. △ ANT. MATINÉE; APRÈS-MIDI.

sol *n.m.* ▶ ***Matière*** – humus, limon, mor, terramare, terre, terreau. FRANCE RÉGION. ouche, varenne, wagage. SOUT. glèbe. ▶ ***En géologie*** – terrain, terre. ▶ ***Territoire*** – domaine, empire, territoire. ▶ ***Solution*** – solution colloïdale.

soldat *n.* ▶ ***Militaire*** – guerrier, homme de guerre, homme de troupe. FAM. bidasse, reître, troufion. FRANCE FAM. griveton, pioupiou. ▸ *Participant à une guerre* – belligérant, combattant. ▸ *Agressif* – sabreur. ▶ ***Défenseur*** – apologiste, apôtre, appui, avocat, champion, défenseur, protecteur, redresseur de torts, représentant, serviteur, soutien, tenant. SOUT. intercesseur. ▶ ***Jouet*** – petit soldat, soldat de plomb. ▶ ***Insecte*** – gendarme, punaise rouge. ZOOL. pyrocorise, pyrrhocoris. △ ANT. CIVIL.

solde *n.m.* ▶ ***Rabais*** – abattement, baisse, bas prix, bonification, bradage, décompte, déduction, dégrèvement, diminution, discompte, escompte, liquidation, prix modique, rabais, réduction, réfaction, remise, ristourne. FAM. bazardage. QUÉB. (prix d') aubaine. ▸ *Impôt* – abattement, décote, dégrèvement, réduction d'impôt. ▶ ***Reste*** – complément, différence, excédent, excès, reliquat, résidu, restant, reste, soulte, surcroît, surplus. FAM. rab, rabiot. ▶ ***Crédit*** – actif, avantage, avoir, bénéfice, boni, crédit, excédent, fruit, gain, produit, profit, rapport, reliquat, reste, revenant-bon, revenu, solde créditeur, solde positif. FAM. bénef, gras, gratte, part du gâteau. △ ANT. DETTE, REDEVANCE.

solde *n.f.* appointements, cachet, commission, droit, émoluments, fixe, gages, gain, honoraires, jeton (de présence), mensualité, paye, pourboire, rémunération, rétribution, revenu, salaire, semaine, traitement, vacations.

solder *v.* ▶ ***Vendre à bas prix*** – brader, liquider. FAM. bazarder. ♦ **se solder** ▶ ***Aboutir*** – aboutir, finir, se terminer.

soleil *n.m.* ▶ ***Notre étoile*** – l'astre du jour. ▶ ***Étoile quelconque*** – étoile. ▶ ***Temps ensoleillé*** – ensoleillement, insolation, temps ensoleillé. FRANCE RÉGION. cagnard. ▶ ***Lumière*** – clair, clair-obscur, clarté, contre-jour, demi-jour, éclair, éclairage, éclat, embrasement, flamboiement, flamme, halo, illumination, jour, lueur, lumière, nitescence, pénombre. SOUT. splendeur. ▶ ***Fleur*** – grand soleil, hélianthe annuel, tournesol. △ ANT. OMBRE.

solennel *adj.* ▶ ***Fait publiquement*** – authentifié, authentique, certifié, notarié, officiel, public. ▶ ***Grave*** – auguste, digne, grave, impérial, imposant, majestueux, noble, olympien, qui impose le respect. ▶ ***Pompeux*** – cuistre, docte, doctoral, doctrinaire, pédant, pédantesque, pontifiant, professoral, sentencieux. △ ANT. INTIME, PRIVÉ; FAMILIER; HUMBLE, MODESTE, SIMPLE.

solennellement *adv.* ▶ ***Officiellement*** – administrativement, authentiquement, dans les formes, de source officielle, légalement, notoirement, officiellement, publiquement, statutairement. ▶ ***Dignement*** – aristocratiquement, augustement, dignement, fièrement, gravement, honorablement, majestueusement, noblement, princièrement, royalement. ▶ ***Grandiosement*** – colossalement, en grande pompe, grandement, grandiosement, hiératiquement, immensément, magnifiquement, majestueusement, noblement, pompeusement. ▶ ***Emphatiquement*** – cérémonieusement, emphatiquement, en grande pompe, hyperboliquement, pompeusement, sentencieusement, théâtralement. △ ANT. À LA BONNE FRANQUETTE, FAMILIÈREMENT, NATURELLEMENT, SANS AFFECTATION, SANS APPRÊT, SANS CÉRÉMONIES, SANS COMPLICATIONS, SANS FAÇONS, SANS ORNEMENT, SANS TAMBOUR NI TROMPETTE, SIMPLEMENT, SOBREMENT, TOUT BONNEMENT.

solennité *n.f.* ▶ ***Gravité***– componction, décence, dignité, gravité, hiératisme, majesté, pompe, raideur, réserve, rigidité, sérieux. ▶ ***Emphase*** – apparat, bouffissure, boursouflure, cérémonie, déclamation, démesure, emphase, enflure, excès, gonflement, grandiloquence, hyperbole, pédanterie, pédantisme, pompe, prétention. *SOUT.* ithos, pathos. △ **ANT.** HUMILITÉ, SIMPLICITÉ.

solidaire *adj.* ▶ ***Responsable*** – comptable, garant, responsable. ▶ ***Interdépendant*** – corrélatif, corrélé, interdépendant, lié, relié. *DIDACT.* corrélationnel. △ **ANT.** INDIFFÉRENT; LIBRE; INDÉPENDANT.

solidarité *n.f.* ▶ ***Camaraderie*** – amitié, camaraderie, confraternité, coude à coude, entente, fraternité, sympathie. *FAM.* copinerie. ▶ ***Altruisme*** – aide, allocentrisme, altruisme, amour (d'autrui), assistance, bénévolat, bienveillance, bonté, charité, commisération, compassion, complaisance, convivialité, dévouement, don de soi, empathie, entraide, extraversion, fraternité, générosité, gentillesse, humanité, oblativité, oubli de soi, philanthropie, pitié, sensibilité, serviabilité, sollicitude. *SOUT.* bienfaisance. △ **ANT.** INDÉPENDANCE, INDIVIDUALISME.

solide *adj.* ▶ ***Rigide*** – dur, ferme, fort, raide, résistant, rigide. *RARE* inflexible. ▶ ***Incassable*** – incassable, infrangible. ▶ ***Fiable*** – bon, éprouvé, fiable, fidèle. *FAM.* béton. ▶ ***Stable*** – assuré, en équilibre, équilibré, ferme, stable. ▶ ***Rempli de vigueur*** – énergique, ferme, musclé, nerveux, qui a du nerf, vigoureux. ▶ ***Costaud*** – athlétique, bien bâti, bien découplé, bréviligne, costaud, fort, gaillard, musclé, puissant, râblé, ramassé, robuste, trapu, vigoureux. *FAM.* qui a du coffre. *FRANCE FAM.* balèze, bien baraqué, malabar, maous. ▶ ***À la santé robuste*** – bâti à chaux et à sable, gaillard, robuste, vaillant, vigoureux. ▶ ***En parlant d'une qualité morale*** – à toute épreuve, absolu, d'acier, inébranlable. △ **ANT.** FLUIDE, GAZEUX, LIQUIDE; INCONSISTANT, LÂCHE, MOU; CASSABLE, DÉLICAT, FRAGILE; BANCAL, BOITEUX, BRANLANT, EN DÉSÉQUILIBRE, INSTABLE; ANÉMIQUE, CHÉTIF, FRÊLE, MALINGRE, RACHITIQUE; CHANCELANT, FAIBLE, PRÉCAIRE, VULNÉRABLE; CHIMÉRIQUE, CREUX, ÉVANESCENT, INCERTAIN.

solidement *adv.* ▶ ***Fermement*** – d'une main ferme, de pied ferme, droitement, ferme, fermement, inébranlablement, inflexiblement, rigidement, robustement, tenacement. *FAM.* dur, dur comme fer. ▶ ***Énergiquement*** – activement, avec la dernière énergie, avec zèle, décidément, dru, dynamiquement, énergiquement, fermement, fort, fortement, puissamment, résolument, sérieusement, virilement. △ **ANT.** DE FAÇON INSTABLE, FRAGILEMENT, PRÉCAIREMENT.

solidité *n.f.* ▶ ***Fermeté*** – cohésion, compacité, consistance, coriacité, dureté, fermeté, fixité, force, homogénéité, indélébilité, indestructibilité, inextensibilité, massiveté, monolithisme, résilience, résistance, rigidité, robustesse, sûreté. ▶ ***Stabilité*** – aplomb, assiette, assise, équilibre, stabilité. ▶ ***Assurance*** – aplomb, assurance, autorité, caractère, constance, courage, cran, détermination, endurance, énergie, fermeté, force, permanence, poigne, rectitude, résolution, ressort, sang-froid, sérieux, sûreté, ténacité, vigueur, virilité, volonté. *SOUT.* invulnérabilité. *FAM.* estomac, gagne. △ **ANT.** CADUCITÉ, FLUIDITÉ; FAIBLESSE, PRÉCARITÉ; INSTABILITÉ; FRAGILITÉ, VULNÉRABILITÉ.

solitaire *adj.* ▶ ***Laissé seul*** – cloîtré, esseulé, isolé, reclus, seul. ▶ ***Farouche*** – farouche, insociable, misanthrope, ours, sauvage. ▶ ***Inhabité*** – désert, désolé, inexploré, inhabité, sauvage, vierge. ▶ ***Éloigné*** – à l'écart, écarté, éloigné, isolé, perdu, reculé, retiré. *FAM.* paumé. △ **ANT.** ACCOMPAGNÉ, EN COMPAGNIE, EN GROUPE, ENTOURÉ; GRÉGAIRE, MONDAIN, SOCIABLE; ACHALANDÉ, FRÉQUENTÉ; PEUPLÉ.

solitaire *n.* ▶ ***Personne*** – ermite, misanthrope, ours, reclus, sauvage/sauvagesse. ♦ **solitaire,** ***masc.*** ▶ ***Jeu*** – patience, réussite, tour de cartes.

solitude *n.f.* ▶ ***État*** – abandon, délaissement, éloignement, exil, ghettoïsation, isolation, isolement, quarantaine, réclusion, retraite, retranchement, séparation. *FIG.* bulle, cocon, désert, tanière, tour d'ivoire. *SOUT.* déréliction, thébaïde. *RELIG.* récollection. ▶ ***Lieu*** – abri, affût, asile, cache, cachette, gîte, lieu de repos, lieu sûr, refuge, retraite. *FIG.* ermitage, havre (de paix), oasis, port, tanière, toit. *PÉJ.* antre, planque, repaire. △ **ANT.** COMPAGNIE, SOCIÉTÉ.

sollicitation *n.f.* ▶ ***Demande*** – adjuration, appel, demande, démarche, desideratum, désir, doléances, exigence, injonction, instance, interpellation, interrogation, invocation, mandement, ordre, pétition, placet, prétention, prière, question, réclamation, requête, réquisition, revendication, sommation, supplication, supplique, ultimatum, vœu. *SOUT.* imploration. ▶ ***Stimulation*** – aide, aiguillon, animation, appel, défi, dépassement (de soi), émulation, encouragement, entraînement, excitation, exhortation, fanatisation, fomentation, impulsion, incitation, instigation, invitation, invite, motivation, provocation, stimulation, stimulus. *SOUT.* surpassement. ▶ ***Vente*** – chine, colportage, démarchage, porte-à-porte, publipostage.

solliciter *v.* ▶ ***Convoiter*** – ambitionner, aspirer à, avoir des vues sur, avoir en tête de, briguer, convoiter, courir après, désirer, pourchasser, poursuivre, prétendre à, rechercher, souhaiter, tendre à, viser. *FAM.* guigner, lorgner, reluquer. ▶ ***Postuler*** – demander, faire une demande, offrir ses services, poser sa candidature pour, postuler (à), présenter une demande, proposer ses services. ▶ ***Demander avec insistance*** – implorer, invoquer, mendier, quémander, quêter. *FAM.* mendigoter. ▶ ***Supplier*** – adjurer, implorer, prier, supplier. *SOUT.* conjurer, crier grâce, crier merci, tendre les bras vers, tomber aux genoux de, tomber aux pieds de. ▶ ***Requérir*** – demander, réclamer, requérir, vouloir. ▶ ***Susciter*** – éveiller, exciter, faire naître, soulever, susciter.

sollicitude *n.f.* ▶ ***Affection*** – aide, allocentrisme, altruisme, amour (d'autrui), assistance, bénévolat, bienveillance, bonté, charité, commisération, compassion, complaisance, convivialité, dévouement, don de soi, empathie, entraide, extraversion, fraternité, générosité, gentillesse, humanité, oblativité, oubli de soi, philanthropie, pitié, sensibilité, serviabilité, solidarité. *SOUT.* bienfaisance. ▶ ***Préoccupation*** – agitation, angoisse, anxiété, cassement de tête, contrariété, désagrément, difficulté, doute, ennui, gêne, inquiétude, obnubilation, occupation, peine, pensée, préoccupation, souci, suspens, tiraillement, tourment, tracas. *SOUT.* affres. *FAM.* tintouin, tracassin. △ **ANT.** HOSTILITÉ, INDIFFÉRENCE, MALVEILLANCE.

solution *n.f.* ▶ ***Action de résoudre un problème*** – résolution. ▶ ***Réponse à un problème*** – clé, corrigé, explication, réponse. ▶ ***Solution à une dif-***

ficulté – acrobatie, astuce, demi-mesure *(inefficace)*, échappatoire, expédient, gymnastique, intrigue, mesure, moyen, palliatif, procédé, remède, ressource, ruse, système, tour. FAM. combine, gimmick, truc. ▶ ***Mélange*** – dissolution, émulsion *(hétérogène)*. MÉD. lait, soluté. △ **ANT.** DIFFICULTÉ, PROBLÈME.

sombre *adj.* ♦ **choses** ▶ ***Sans lumière*** – noir, obscur, ombreux, opaque, plongé dans les ténèbres. SOUT. enténébré, ténébreux. ▶ ***Qui évoque le malheur*** – funèbre, glauque, lugubre, noir, sinistre, triste. SOUT. funeste. ▶ ***Préoccupant*** – critique, dangereux, difficile, dramatique, grave, inquiétant, menaçant, préoccupant, sérieux. SOUT. climatérique. ▶ ***En parlant d'une couleur*** – foncé, profond. ♦ **personnes** ▶ ***Maussade*** – boudeur, bourru, de mauvaise humeur, grognon, mal disposé, maussade, mécontent, morne, morose, qui fait la tête, rechigné, rembruni, renfrogné, taciturne. SOUT. chagrin. FAM. à ne pas prendre avec des pincettes, de mauvais poil, mal luné, qui fait la gueule, qui fait la lippe, qui s'est levé du mauvais pied, soupe au lait. QUÉB. FAM. marabout. BELG. mal levé. ▶ ***Triste*** – abattu, découragé, démoralisé, déprimé, las, mélancolique, morne, morose, pessimiste, qui a le vague à l'âme, qui broie du noir, ténébreux, triste. SOUT. bilieux, saturnien, spleenétique. FAM. cafardeux, tristounet. ▶ ***Méchant*** – dangereux, inquiétant, mauvais, méchant, menaçant, patibulaire, redoutable, sinistre, terrible, torve *(regard)*. QUÉB. FAM. malin. △ **ANT.** CLAIR, ÉCLAIRÉ, ENSOLEILLÉ, ILLUMINÉ, LUMINEUX; HEUREUX, RÉJOUISSANT; ANODIN, BÉNIN, INNOCENT, INOFFENSIF, SANS DANGER, SANS GRAVITÉ; BRILLANT, ÉCLATANT, VIF; CALMANT, RASSÉRÉNANT, RASSURANT, RÉCONFORTANT, SÉCURISANT, TRANQUILLISANT; ACCUEILLANT, AFFABLE, AIMABLE, AMÈNE, AVENANT, CORDIAL, ENGAGEANT, INVITANT; ENJOUÉ, ÉPANOUI, GAI, JOVIAL, JOYEUX, LÉGER, RÉJOUI, RIANT, SOURIANT.

sombrer *v.* ▶ ***Faire naufrage*** – couler, faire naufrage, périr corps et biens, s'abîmer, s'engloutir. MAR. sancir. ▶ ***S'enfoncer dans une mauvaise situation*** – glisser, s'embourber, s'enfoncer, s'enliser, tomber. ▶ ***Se plonger*** – s'absorber, se perdre, se plonger. SOUT. s'abîmer. △ **ANT.** ÉMERGER, FLOTTER, SURNAGER; APPARAÎTRE, JAILLIR, SORTIR, SURGIR; SE DÉPÊTRER, SE TIRER D'AFFAIRE.

sommaire *adj.* ▶ ***Exprimé en peu de mots*** – bref, concis, condensé, court, dense, laconique, lapidaire, ramassé, serré, sobre, succinct. PÉJ. touffu. ▶ ***Simplifié*** – rapide, schématique, simplifié, succinct. ▶ ***Peu approfondi*** – approximatif, grossier, imprécis, rudimentaire, superficiel, vague. ▶ ***Fait à la hâte*** – expéditif, hâtif, précipité, rapide. ▸ *Non favorable* – bâclé, expédié. FAM. cochonné, salopé, torché, torchonné. △ **ANT.** LONG; DÉTAILLÉ; COMPLEXE, COMPLIQUÉ; APPROFONDI, FOUILLÉ; MINUTIEUX.

sommaire *n.m.* abrégé, aide-mémoire, analyse, aperçu, argument, compendium, condensé, éléments, épitomé, esquisse, extrait, livret, manuel, mémento, morceau, notice, page, passage, plan, précis, promptuaire, raccourci, récapitulation, réduction, résumé, rudiment, schéma, somme, synopsis, vade-mecum. FAM. topo. △ **ANT.** DISSERTATION.

sommairement *adv.* ▶ ***Simplement*** – grossièrement, rudimentairement, simplement. SOUT. rustaudement. ▶ ***Schématiquement*** – dans les grandes lignes, en gros, pour simplifier, schématiquement. ▶ ***Brièvement*** – abréviativement, bref, brièvement, court, densément, elliptiquement, en abrégé, en bref, en peu de mots, en résumé, en un mot, laconiquement, rapidement, succinctement, télégraphiquement. △ **ANT.** AVEC PRÉCISION, EN DÉTAIL, PRÉCISÉMENT.

sommation *n.f.* ▶ ***Demande*** – adjuration, appel, demande, démarche, desideratum, désir, doléances, exigence, injonction, instance, interpellation, interrogation, invocation, mandement, ordre, pétition, placet, prétention, prière, question, réclamation, requête, réquisition, revendication, sollicitation, supplication, supplique, ultimatum, vœu. SOUT. imploration. ▶ ***Intimation*** – appel, assignation, à-venir, citation, convocation, indiction, injonction, intimation, mise en demeure, writ. DR. QUÉB. subpœna. ▶ ***Menace*** – avertissement, bravade, chantage, commination, défi, dissuasion, effarouchement, fulmination, intimidation, menace, mise en garde, provocation, rodomontade, semonce, ultimatum.

somme *n.m.* méridienne, sieste, sommeil. FAM. dodo, roupillon. △ **ANT.** VEILLE.

somme *n.f.* ▶ ***Totalité*** – absoluité, complétude, ensemble, entier, entièreté, exhaustivité, généralité, globalité, intégralité, intégrité, masse, plénitude, réunion, total, totalité, tout, universalité. ▶ ***Montant d'argent*** – addition, cagnotte, chiffre, ensemble, fonds, mandat, masse, montant, quantité, quantum, total, totalisation, volume. ▸ *Reçue* – allocation, bourse, recette, revenu, salaire. ▶ ***Résumé*** – abrégé, aide-mémoire, analyse, aperçu, argument, compendium, condensé, éléments, épitomé, esquisse, extrait, livret, manuel, mémento, morceau, notice, page, passage, plan, précis, promptuaire, raccourci, récapitulation, réduction, résumé, rudiment, schéma, sommaire, synopsis, vade-mecum. FAM. topo. ▶ ***Traité*** – argument, argumentation, cours, développement, discours, dissertation, essai, étude, exposé, manuel, mémoire, monographie, thèse. DR. dire. ▶ ***Œuvre de grande ampleur*** – monument. △ **ANT.** ÉLÉMENT, FRAGMENT, PARTIE, PORTION.

sommeil *n.m.* ▶ ***État de qui dort*** – endormissement, repos. SOUT. les bras de Morphée. ▸ *Demi-sommeil* – assoupissement, demi-sommeil, engourdissement, somnolence, torpeur. ▸ *Sommeil provoqué* – hypnose, narcose. ▸ *Sommeil pathologique* – coma, hypersomnie, léthargie, maladie du sommeil, narcolepsie, somnambulisme, trypanosomiase. ▶ ***Dans le jour*** – méridienne, sieste, somme. FAM. dodo, roupillon. ▶ ***Insensibilité*** – anesthésie, détachement, inconscience, indifférence, insensibilité, nirvana. FAM. voyage. △ **ANT.** ÉVEIL, RÉVEIL, VEILLE; SENSIBILITÉ; ACTIVITÉ, VIGILANCE.

sommeiller *v.* ▶ ***En parlant de qqn*** – dormir à demi, s'assoupir, somnoler. BELG. FAM. sonrer. ▶ ***En parlant de qqch.*** – dormir, somnoler. △ **ANT.** VEILLER; S'ÉVEILLER, SE RÉVEILLER; ÊTRE AUX AGUETS, GUETTER.

sommer *v.* ▶ ***Ordonner*** – commander, demander, enjoindre, intimer, mettre en demeure, ordonner, prier. ▶ ***Calculer la somme*** – additionner, totaliser. △ **ANT.** OBÉIR.

sommet *n.m.* ▶ ***Partie la plus haute*** – cime, couronnement, crête, dessus, faîte, haut, pinacle, point culminant. ACADIE FAM. fait. ▶ ***Dessus de la tête*** – sommet (de la tête). ANAT. sinciput, vertex. ▶ ***Extrémité d'une montagne*** – aiguille, pic, piton. ▶ ***Summum*** – acmé, apex, apogée, apothéose, cime, climax, comble, culmination, excès, faîte, fin du fin, fort, limite, maximum, meilleur, nec plus ultra, optimum, paroxysme, pinacle, plafond, point culminant, pointe, record, summum, triomphe, zénith. SOUT. plus haut période. FAM. top niveau. ▶ ***Réunion*** – assemblée, atelier de discussion, colloque, comice, comité, conférence, congrès, conseil, forum, groupe de travail, junte, panel, plénum, réunion, séminaire, symposium, table ronde. FAM. grand-messe. QUÉB. caucus *(politique)*. ANTIQ. boulê, ecclésia. ANTIQ. ROM. comices. AGRIC. comice agricole. △ **ANT.** BAS, BASE, FONDATION, PIED; MINIMUM.

somnolence *n.f.* ▶ ***Demi-sommeil*** – assoupissement, demi-sommeil, engourdissement, torpeur. ▶ ***Paresse*** – alanguissement, apathie, atonie, engourdissement, fainéantise, farniente, indolence, inertie, laisser-aller, langueur, lenteur, léthargie, lourdeur, mollesse, négligence, nonchalance, oisiveté, paresse, torpeur. FAM. cosse, flemmardise, flemme. △ **ANT.** CONSCIENCE, VEILLE; VIGILANCE.

somnolent *adj.* ▶ ***En état de somnolence*** – à moitié endormi, assoupi, ensommeillé. FAM. ensuqué. ▶ ***Qui ne se manifeste pas*** – à l'état latent, dormant, en germe, en gestation, larvé, latent, qui couve, sourd. △ **ANT.** ALERTE, ÉVEILLÉ, VIF; ACTIF; MANIFESTE.

somnoler *v.* ▶ ***En parlant de qqn*** – dormir à demi, s'assoupir, sommeiller. BELG. FAM. sonrer. ▶ ***En parlant de qqch.*** – dormir, sommeiller. △ **ANT.** VEILLER; S'ÉVEILLER, SE RÉVEILLER; ÊTRE AUX AGUETS, GUETTER.

somptueux *adj.* fastueux, luxueux, magnifique, opulent, princier, riche, royal, seigneurial. SOUT. magnificent, splendide. △ **ANT.** HUMBLE, MODESTE, PAUVRE, SIMPLE, SOBRE; FRUGAL; À LA BONNE FRANQUETTE, SANS CÉRÉMONIES.

sondage *n.m.* ▶ ***Enquête*** – analyse, enquête, étude, examen, exploration, information, investigation, recherche, survol, traitement. SOUT. perquisition. ▶ ***Approfondissement*** – analyse, approfondissement, dépouillement, développement, enrichissement, épluchage, étude, examen, exploration, introspection, méditation, pesée, progrès, recherche, réflexion. ▶ ***Exploration*** – découverte, documentation, exploration, fouille, furetage, prospection, recherche, reconnaissance. FAM. farfouillage, farfouillement. ▶ ***Extraction*** – affouillement, approfondissement, creusage, creusement, déblai, défonçage, défoncement, évidement, excavation, fonçage, foncement, forage, fouille, fouissage, perçage, percement, piochage. TECHN. rigolage. AGRIC. effondrement. ▶ ***Chirurgie*** – cathétérisme, intubation, tubage.

sonde *n.f.* ▶ ***Appareil de détection*** – sonar, sondeur. ▶ ***Tube*** – canule, cathéter, drain. ▶ ***Appareil d'examen médical*** – endoscope.

sonder *v.* ▶ ***Interroger*** – ausculter, interroger, pénétrer, prendre le pouls de, tâter. ▶ ***Pressentir*** – approcher, pressentir. △ **ANT.** EFFLEURER, NÉGLIGER, SE DÉSINTÉRESSER.

songe *n.m.* ▶ ***Illusion*** – abstraction, abstrait, apparence, berlue, chimère, déréalisation, effet d'optique, fantasme, faux, faux-semblant, fiction, fumée, hallucination, illusion, illusion d'optique, image, imagination, irréalisme, irréalité, leurre, mensonge, mirage, onirisme, psychédélisme, rêve, rêverie, semblant, simulation, songerie, trompe-l'œil, tromperie, utopie, vision, vue de l'esprit. FAM. frime. SOUT. prestige. ▶ ***Fiction*** – affabulation, artifice, chimère, combinaison, comédie, expédient, fabrication, fabulation, fantaisie, feinte, fiction, fumisterie, histoire, idée, imagination, invention, irréalité, légende, mensonge, rêve, roman, saga. PSYCHOL. confabulation, mythomanie. △ **ANT.** RÉALITÉ, VÉRITÉ.

songer *v.* ▶ ***Penser*** – aviser à, penser à, réfléchir à, tourner ses pensées vers. ▶ ***Projeter*** – avoir l'intention de, caresser le projet de, considérer, envisager, penser, préméditer de, projeter. SOUT. former le dessein de. ▶ ***Réfléchir*** – méditer, penser, raisonner, réfléchir, se concentrer, spéculer. SOUT. délibérer. FAM. cogiter, faire travailler sa matière grise, gamberger, phosphorer, ruminer, se casser la tête, se creuser la tête, se creuser les méninges, se presser le citron, se pressurer le cerveau, se servir de sa tête. ▶ ***Rêvasser*** – avoir l'esprit ailleurs, être dans la lune, être dans les nuages, rêvasser, rêver, s'abandonner à la rêverie, se perdre dans ses pensées. △ **ANT.** CONCRÉTISER, MATÉRIALISER, RÉALISER; NÉGLIGER, OMETTRE, OUBLIER.

songeur *adj.* ▶ ***Préoccupé*** – absorbé, contrarié, ennuyé, inquiet, pensif, perplexe, préoccupé, soucieux, tracassé. ▶ ***Absorbé dans ses pensées*** – absent, absorbé (dans ses pensées), distrait, inattentif, lointain, lunaire, méditatif, pensif, qui a l'esprit ailleurs, rêvasseur, rêveur, somnambule. FAM. dans la lune. QUÉB. FAM. lunatique. △ **ANT.** INSOUCIANT, SEREIN; GAI; ATTENTIF, CONCENTRÉ, VIGILANT.

sonner *v.* ▶ ***Produire un son*** – résonner, retentir, vibrer. ▸ *Un son aigu* – grelotter, sonnailler, tinter, tintinnabuler. ▶ ***En parlant d'une cloche*** – carillonner, tinter. ▶ ***En parlant des oreilles*** – bourdonner, corner, siffler, tinter. ▶ ***Étourdir*** (FAM.) – assommer, étourdir, knockouter, mettre K.O. FAM. allonger, estourbir.

sonnerie *n.f.* ▶ ***Son*** – carillon, carillonnement, glas, sonnaille, sonnette, timbre, tintement, tocsin. FAM. drelin. ▶ ***Alarme*** – alarme, alerte, appel, avertissement, branle-bas, cri, éveil, haro, signal, sirène, S.O.S., tocsin. ▶ ***Air de trompette*** – appel, ban, rappel, réveil. SOUT. diane.

sonnette *n.f.* ▶ ***Cloche*** – cloche, clochette, grelot, timbre. ▶ ***Au cou d'un animal*** – clarine, sonnaille. ▶ ***Son*** – carillon, carillonnement, glas, sonnaille, sonnerie, timbre, tintement, tocsin. FAM. drelin. ▶ ***Machine*** – bélier, mouton.

sonore *adj.* ▶ ***Relatif au son*** – acoustique. ▶ ***Bruyant*** – assourdissant, bruyant, éclatant, étourdissant, fort, fracassant, résonnant, retentissant, tapageur, tonitruant, tonnant. SOUT. abasourdissant. ▶ ***En parlant d'une voix*** – claironnant, cuivré, de stentor, de tonnerre, éclatant, fort, retentissant, tonitruant, tonnant, vibrant. ▶ ***En parlant d'une consonne*** – voisé. △ **ANT.** SILENCIEUX; ÉTOUFFÉ, MAT, SOURD; CALME, PAISIBLE; MUET.

sonorité *n.f.* ▶ ***Qualité sonore*** – acoustique, tonalité. ▶ ***Capacité de transmettre le son*** – résonance. △ **ANT.** INSONORITÉ.

sophisme *n.m.* ▶ ***Raisonnement faux ou trompeur*** – artifice, cercle vicieux, circularité, paralogisme, pétition de principe. ▶ ***Raisonnement contradictoire*** – absurdité, antilogie, antinomie, aporie, conflit, contradiction, contresens, contrevérité, impossibilité, incohérence, inconsistance, invraisemblance, non-sens, paradoxe.

sorcier *n.* ▶ ***Spécialiste de la magie*** – enchanteur, ensorceleur, envoûteur, magicien. *SOUT.* mage, thaumaturge. ♦ **sorcier,** ***masc.*** ▶ ***Prêtre animiste*** – chaman. *ANTILLES* quimboiseur. ♦ **sorcière,** ***fém.*** ▶ ***Femme méchante*** (*FAM.*) – chipie, furie, grognasse, harpie, mégère. *FAM.* démon femelle, dragon, garce, peau de vache, (vieille) bique. *FRANCE FAM.* vieille toupie. ▶ ***Vieille femme*** – douairière, vieille bique, vieille chipie, vieille chouette, vieille taupe, vieille toupie. ▶ ***Femme laide*** (*FAM.*) – laideron. *FAM.* chabraque, grognasse *(acariâtre)*, guenon, (vieille) sorcière.

sordide *adj.* ▶ ***Sale*** – crasseux, crotté, d'une propreté douteuse, dégoûtant, encrassé, ignoble, immonde, infâme, infect, maculé, malpropre, sale, souillé. *FAM.* crapoteux, dégueu, dégueulasse, pouilleux. *FRANCE FAM.* cracra, crade, cradingue, crado. ▶ ***D'une grande bassesse*** – abject, bas, coupable, crapuleux, dégoûtant, honteux, ignoble, immonde, inavouable, indigne, infâme, infect, innommable, inqualifiable, lâche, méprisable, odieux, repoussant, répugnant, sans nom, scandaleux, vil. *SOUT.* fangeux, ignominieux, nauséeux, triste, turpide. *FAM.* dégueu, dégueulasse, écœurant, salaud. ▶ ***Motivé par le gain*** – âpre au gain, avide, cupide, intéressé, mercantile, mercenaire, rapace, vénal. ▶ ***Parcimonieux*** – chiche, mesquin, parcimonieux. △ **ANT.** IMMACULÉ, IMPECCABLE, NET, PROPRE, SOIGNÉ; DIGNE, HONORABLE, NOBLE; DÉSINTÉRESSÉ; GÉNÉREUX.

sort *n.m.* ▶ ***Maléfice*** – charme, diablerie, enchantement, ensorcellement, envoûtement, fascination, influence, jettatura, magie, maléfice, malheur, maraboutage, mauvais œil, (mauvais) sort, philtre, possession, sorcellerie, sortilège. *ANTIQ.* goétie. ▶ ***Destinée*** – avenir, chance, demain(s), destin, destinée, devenir, étoile, existence, fatalité, fortune, futur, hasard, horizon, karma, lendemain(s), lot, nécessité, prédestination, prédétermination, prédéterminisme, providence, vie. *SOUT.* fatum, Parque. ▶ ***Hasard*** – accident, aléa, aléatoire, aventure, cas fortuit, chance, circonstance, coïncidence, conjoncture, contingence, coup de dés, coup du sort, facteur chance, fortuit, hasard, impondérable, imprévu, inattendu, incertitude, indétermination, occurrence, rencontre. *SOUT.* fortune. *PHILOS.* casualisme, casualité, indéterminisme. *FIG.* loterie. ▶ *Hasard heureux* – aubaine, chance, coup de chance, heureux hasard, occasion. *SOUT.* fortune. *FAM.* baraka, (coup de) bol, occase, pot, veine. ▶ *Hasard malheureux* – accident, coup du destin, coup du sort, coup dur, cruauté du destin, fatalité, fortune contraire, infortune, malchance, malheur, mauvais sort, mauvaise fortune, sort contraire, vicissitude. *SOUT.* adversité, infélicité. *FAM.* chiasse, déveine, guigne, manque de bol, manque de pot, poisse, scoumoune. *FRANCE FAM.* cerise, débine, guignon, mélasse, mouscaille. △ **ANT.** CHANCE, FORTUNE.

sorte *n.f.* catégorie, classe, espèce, famille, genre, groupe, nature, ordre, type, variété. *SOUT.* gent.

sortie *n.f.* ▶ ***Action de sortir*** – *SOUT.* émergement, sortir. ▶ ***Éruption*** – bouillonnement, débordement, ébullition, éclaboussement, écoulement, émission, éruption, évacuation, explosion, extrusion, giclée, jaillissement, jet. ▶ ***Écoulement*** – circulation, débit, débordement, écoulement, éruption, évacuation, exsudation, flux, fuite, ingression, inondation, irrigation, irruption, larmoiement, mouvement, passage, ravinement, régime, ruissellement, suage, suintement, transpiration, vidange. *SOUT.* submersion, transsudation. *RÉGION.* débord. *GÉOGR.* défluviation, transfluence, transgression. ▶ ***Escapade*** – caprice, écart, échappée, équipée, escapade, évasion, frasque, fredaine, fugue, incartade. *SOUT.* échappée. *FAM.* bordée, galère. ▶ ***Issue*** – débouché, issue, ouverture. ▶ ***Fin*** – aboutissement, accomplissement, achèvement, apothéose, but, chute, complémentation, complètement, complétude, conclusion, consécration, consommation, couronnement, dénouement, exécution, fin, finition, fruit, issue, produit, réalisation, règlement, résolution, résultat, terme, terminaison. *SOUT.* aboutissant. *PHILOS.* entéléchie. ▶ ***Dépense*** – contribution, cotisation, débours, déboursement, décaissement, dépense, faux frais, frais, paiement. △ **ANT.** ACCÈS, ENTRÉE; ARRIVÉE, RETOUR; COMMENCEMENT; CRÉDIT, RENTRÉE.

sortilège *n.m.* charme, diablerie, enchantement, ensorcellement, envoûtement, fascination, influence, jettatura, magie, maléfice, malheur, maraboutage, mauvais œil, (mauvais) sort, philtre, possession, sorcellerie. *ANTIQ.* goétie.

sortir *v.* ▶ ***Aller à l'extérieur*** – *FAM.* mettre le nez dehors. ▶ ***Commencer à être visible*** – percer, pointer, se montrer. *SOUT.* poindre. ▶ ***Apparaître brusquement*** – émerger, jaillir, saillir, surgir. ▶ ***Faire saillie*** – avancer, déborder, dépasser, faire saillie, ressortir, saillir, se détacher. *BELG.* dessortir. *TECHN.* forjeter, surplomber. ▶ ***S'exhaler*** – émaner, s'échapper, s'exhaler, se dégager. ▶ ***Retirer*** – dégager, extraire, ôter, retirer, tirer. ▶ ***Dire*** – articuler, dire, émettre, lâcher, lancer, pousser, proférer, prononcer. ▶ ***Imprimer*** – imprimer, tirer. ▶ ***Tirer de l'oubli*** (*QUÉB. FAM.*) – déterrer, exhumer, redécouvrir, ressortir, ressusciter, sortir de l'oubli, tirer de l'oubli. ♦ **se sortir** ▶ ***S'extirper*** – s'extirper, s'extraire, se dégager, se sortir, se tirer. △ **ANT.** ACCÉDER, ENTRER, PÉNÉTRER; DISPARAÎTRE; ÊTRE EN RETRAIT, RENTRER; ENFONCER, ENGAGER, INSÉRER, INTRODUIRE; ENFERMER; ENFOUIR, ENSEVELIR.

sot *n.* ▶ ***Personne stupide*** – ahuri, âne, animal, idiot, imbécile. *FAM.* abruti, andouille, âne bâté, bourrique, bûche, buse, cave, cerveau ramolli, cloche, con, cornichon, couenne, courge, crétin, cruche, débile, dégénéré, demeuré, dindon, enflé, gâteux, gourde, huître, innocent, légume, manche, moule, nouille, œuf, patate, pauvre d'esprit, pochetée, primate, saucisse, simple d'esprit, taré, tarte, truffe. *FRANCE FAM.* ballot, connard, conneau, corniaud, couillon, enfoiré, ganache, schnock, tourte. *FRANCE RÉGION.* fada, fier. *QUÉB. FAM.* cabochon, niaiseux, sans-allure, sans-dessein. ▸ *Femme idiote FAM.* bécasse, bécassine, chabraque, dinde.

sottement *adv.* absurdement, bêtement, débilement, follement, idiotement, imbécilement, inconsciemment, inintelligemment, naïvement, niaisement, ridiculement, simplement, stupidement. *FAM.* connement. △ **ANT.** ASTUCIEUSEMENT, BRILLAMMENT, GÉNIALEMENT, INGÉNIEUSEMENT, INTELLIGEMMENT, JUDICIEUSEMENT, LUCIDEMENT, SAVAMMENT.

sottise *n.f.* ▶ ***Stupidité*** – ânerie, béotisme, bêtise, bornerie, débilité, idiotie, ignorance, imbécillité, ineptie, inintelligence, innocence, insipidité, lenteur, lourdeur, naïveté, niaiserie, nigauderie, pesanteur, simplicité, stupidité. *FAM.* connerie, crétinisme, dinguerie. ▶ ***Acte ou parole stupide*** – absurdité, ânerie, bafouillage, bafouillis, baliverne, balourdise, bêlement, bêtise, bourde, calembredaine, cliché, dinguerie, divagation, fadaise, faribole, folie, idiotie, imbécillité, ineptie, insanité, niaiserie, non-sens, perle, propos en l'air, sornette, stupidité. *SOUT.* billevesée. *FAM.* connerie, crétinerie, déblocage, déconnage, vanne. ▶ ***Pédantisme*** – affectation, cuistraillerie, cuistrerie, didactisme, dogmatisme, érudition affectée, fatuité, pédanterie, pédantisme, pose, suffisance. *SOUT.* omniscience. ▶ ***Maladresse*** – bavure, bêtise, bévue, blague, bourde, erreur, étourderie, fausse manœuvre, fausse note, faute, faux pas, impair, imprudence, maladresse, maldonne, méprise. *FAM.* boulette, connerie, couac, gaffe, gourance, gourante. ▶ ***Insulte*** – blasphème, fulmination, grossièreté, imprécation, infamie, injure, insolence, insulte, invective. *SOUT.* vilenie. *FAM.* engueulade. *QUÉB. FAM.* bêtise. ▶ ***Affaire sans importance*** – amusette, bagatelle, baliverne, bêtise, bricole, broutille, chanson, détail, enfantillage, fadaise, faribole, frivolité, futilité, jeu, misère, plaisanterie, rien, sornette, vétille. *SOUT.* badinerie, puérilité. *FAM.* connerie, foutaise, mômerie. *BELG. FAM.* carabistouille. △ **ANT.** FINESSE, INTELLIGENCE; ÉLOGE, LOUANGE; URGENCE.

sou *n.m.* ▶ ***Pièce de monnaie*** (*ANC.*) – rond. ▶ ***Subdivision du dollar*** (*QUÉB.*) – cent. *QUÉB. FAM.* cenne, cenne noire. ♦ **sous, *plur.*** ▶ ***Argent*** (*FAM.*) – argent. *FAM.* blé, braise, flouse, fric, galette, grisbi, jonc, oseille, pépètes, picaillons, pognon, radis, trèfle.

soubassement *n.m.* ▶ ***Partie inférieure*** – assiette, assise, base, fondation, infrastructure, pied, radier, substruction, substructure. *QUÉB.* solage. *ARCHIT.* embasement, empattement. ▶ ***Socle*** – acrotère, base, piédestal, podium, socle, stylobate, terrasse. ▶ ***En géologie*** – plateau continental, plateforme (continentale), socle (continental). ▶ ***Fondements*** – assise, base, fondement, pierre angulaire, pierre d'assise, pivot, principe.

soubresaut *n.m.* ▶ ***Sursaut*** – cahot, saut, sursaut, tressaillement. *SOUT.* tressaut, tressautement. ▶ ***Tremblement*** – agitation, convulsion, ébranlement, flageolement, frémissement, frisson, frissonnement, grelottement, haut-le-corps, oscillation, saccade, secousse, sursaut, titubation, tortillage, tortillement, tremblement, tremblotement, trémoussement, trémulation, trépidation, tressaillement, vacillement, vibration. *FAM.* tremblote. ▶ ***Saccade*** – à-coup, cahot, raté, saccade, secousse. △ **ANT.** CALME, IMMOBILITÉ.

souche *n.f.* ▶ ***Base d'arbre coupé*** – chicot. ▶ ***Provenance*** – origine, provenance, racines. ▶ ***Ancêtre d'une famille*** – matrice, origine, source. ▶ ***Généalogie*** – agnation, alliance, arbre généalogique, ascendance, branche, cognation, consanguinité, cousinage, degré, descendance, dynastie, extraction, famille, filiation, fratrie, généalogie, génération, hérédité, lignage, ligne, lignée, maison, matriarcat, matrilignage, origine, parentage, parenté, parentelle, patriarcat, patrilignage, postérité, primogéniture, quartier (de noblesse), race, sang. *RARE* fraternité.

souci *n.m.* ▶ ***Préoccupation*** – agitation, angoisse, anxiété, cassement de tête, contrariété, désagrément, difficulté, doute, ennui, gêne, inquiétude, obnubilation, occupation, peine, pensée, préoccupation, sollicitude, suspens, tiraillement, tourment, tracas. *SOUT.* affres. *FAM.* tintouin, tracassin. ▶ ***Tristesse*** – abattement, accablement, affliction, aigreur, amertume, chagrin, dépression, désolation, deuil, douleur, ennui, épreuve, grisaille, humeur noire, idées noires, idées sombres, langueur, lypémanie, mal du pays, mal-être, maussaderie, mélancolie, monotonie, morosité, neurasthénie, noir, nostalgie, papillons, peine, serrement de cœur, tædium vitæ, tristesse, vague à l'âme. *SOUT.* atrabile, larmes, navrement, nuage, spleen, taciturnité. *FAM.* blues, bourdon, cafard, déprime, sinistrose. △ **ANT.** INDIFFÉRENCE; JOIE, PLAISIR.

soucier (se) *v.* ▶ ***Se préoccuper*** – s'embarrasser, s'inquiéter, s'occuper, se préoccuper. *QUÉB. FAM.* se badrer. ▶ ***S'inquiéter vivement*** – être sur des charbons ardents, s'alarmer, s'angoisser, s'en faire, s'énerver, s'inquiéter, se faire du mauvais sang, se faire du souci, se faire du tracas, se faire un sang d'encre, se mettre martel en tête, se morfondre, se ronger les sangs, se tourmenter, se tracasser. *FAM.* angoisser, flipper, se biler, se faire de la bile, se faire des cheveux, se frapper, (se) stresser. *QUÉB. FAM.* capoter.

soucieux *adj.* ▶ ***Préoccupé*** – absorbé, contrarié, ennuyé, inquiet, pensif, perplexe, préoccupé, songeur, tracassé. ▶ ***Soigneux*** – attentif à, préoccupé de, soigneux de. *SOUT.* jaloux de. △ **ANT.** DÉTENDU, INSOUCIANT; HEUREUX; NÉGLIGENT.

soudain *adj.* brusque, foudroyant, fulgurant, instantané, prompt, subit. △ **ANT.** GRADUEL, LENT, PROGRESSIF; PRÉVU.

soudainement *adv.* à brûle-pourpoint, à l'improviste, au débotté, au dépourvu, brusquement, d'un coup, de but en blanc, du jour au lendemain, ex abrupto, imprévisiblement, impromptu, inopinément, intempestivement, promptement, sans avertissement, sans crier gare, soudain, subitement, tout à coup, tout d'un coup, tout de go. *FAM.* subito, subito presto. △ **ANT.** GRADUELLEMENT, PETIT À PETIT, PEU À PEU, PROGRESSIVEMENT; COMME ON S'Y ATTENDAIT.

souffle *n.m.* ▶ ***Respiration*** – aspiration, bouffée, exhalation, expiration, haleine, humage, inhalation, inspiration, respiration, soupir, ventilation. *SOUT.* ahan. ▶ ***Mouvement d'air*** – bouffée, courant d'air, vent. ▸ ***Âme*** – âme, atman *(hindouisme)*, cœur, conscience, esprit, mystère, pensée, principe (vital), psyché, psychisme, souffle (vital), spiritualité, transcendance, vie. PSYCHOL. conscient. ▸ ***Imagination*** – conception, création, créativité, évasion, extrapolation, fantaisie, fantasme, fictif, fiction, idéal, idéation, idée, illumination *(soudain)*, imaginaire, imagination, inspiration, invention, inventivité, irréel, souffle (créateur), supposition, surréalité, surréel, veine, virtuel. SOUT. folle du logis, muse. FRANCE FAM. gamberge. ▸ ***Bruit*** – bruissage, frémissement, friselis, froissement, frôlement, frottement, froufrou, froufroutement, glissement. SOUT. bruissement, chuchotement, chuchotis. ▸ ***Bruit d'un haut-parleur*** – crépitement, parasites. FAM. friture. △ **ANT.** ASPHYXIE.

souffler *v.* ▸ ***Rejeter de l'air*** – exhaler, expirer. ▸ *En parlant de certains animaux* – s'ébrouer. ▸ ***Respirer difficilement*** – avoir le souffle court, étouffer, être hors d'haleine, haleter, manquer de souffle, perdre haleine, s'époumoner, s'essouffler, suffoquer. SOUT. anhéler, panteler. ▸ ***Faire une pause*** – faire une pause, récupérer, reprendre haleine, respirer, se délasser, se détendre, se refaire, se relaxer, se reposer. FAM. décompresser. ▸ ***Faire grossir*** – ballonner, boursoufler, dilater, distendre, enfler, gonfler, grossir. ▸ ***Dire à voix basse*** – chuchoter, dire à voix basse, glisser dans le creux de l'oreille, murmurer, susurrer. ▸ ***Faire naître une idée*** – inspirer, suggérer. SOUT. instiller. ▸ ***Voler*** (FAM.) – enlever, prendre, ravir, s'emparer de, se saisir de, usurper, voler. FAM. faucher, soulever. ▸ ***Stupéfier*** (FAM.) – abasourdir, ahurir, couper bras et jambes à, couper le souffle à, ébahir, époustoufler, étonner, méduser, renverser, saisir, stupéfaire, stupéfier, suffoquer. FAM. décoiffer, défoncer, déménager, éberluer, ébouriffer, épater, estomaquer, estourbir, scier, sidérer. ♦ **soufflé** abasourdi, ahuri, bouche bée, confondu, ébahi, éberlué, estomaqué, étonné, frappé de stupeur, hébété, interdit, interloqué, médusé, muet d'étonnement, pantois, pétrifié, sidéré, stupéfait, surpris. FAM. baba, ébaubi, épaté, époustouflé, riboulant, suffoqué. △ **ANT.** ASPIRER, INSPIRER.

soufflet *n.m.* ▸ ***Instrument de ventilation*** – aérateur, climatiseur, hotte, soufflante, soufflerie, turbosoufflante, ventilateur, ventilateur-aérateur. QUÉB. FAM. éventail. ▸ ***Gifle*** (SOUT.) – claque, gifle, tape. FAM. baffe, beigne, mornifle, pain, taloche, tarte, torgnole. FRANCE FAM. aller et retour, calotte, emplâtre, giroflée (à cinq feuilles), mandale, pêche, rouste. ▸ ***Affront*** (SOUT.) – affront, crève-cœur, déboires, dégoût, déplaisir, froissement, humiliation, vexation. SOUT. camouflet, désobligeance. ▸ ***Offense*** (SOUT.) – affront, attaque, atteinte, attentat, avanie, blessure, calomnie, défi, dommage, indignité, injure, insolence, insulte, manquement, offense, outrage, pique, tort. SOUT. bave, camouflet. △ **ANT.** CÂLIN, CARESSE; COMPLIMENT, LOUANGE.

souffrance *n.f.* ▸ ***Douleur morale*** – blessure, déchirement, déchirure, douleur, mal, martyre, supplice, torture. SOUT. tenaillement, tribulation. ▸ ***Épreuve*** – adversité, calamité, calice (de douleur), chagrin, détresse, deuil, disgrâce, douleur, échec, épreuve, fatalité, infortune, mal, malchance, malédiction, malheur, mauvaise fortune, mauvaise passe, mésaventure, misère, nuage, orage, peine, revers, ruine, sale affaire, sale histoire, traverse, tribulation. SOUT. bourrèlement, plaie, tourment. ♦ **souffrances, *plur.*** ▸ ***Douleurs*** – affliction, agonie, calvaire, douleur, élancement, enfer, lancination, martyre, supplice, tiraillement, torture. SOUT. affres, géhenne, tourment. MÉD. algie. △ **ANT.** BIEN-ÊTRE, BONHEUR, JOIE, PLAISIR.

souffrant *adj.* ▸ ***Malade*** – incommodé, indisposé, mal en point, mal portant, malade. SOUT. dolent. FAM. mal fichu, mal foutu, patraque. ▸ *Qui garde le lit* – alité. SOUT. grabataire. △ **ANT.** BIEN PORTANT, EN (BONNE) SANTÉ, FLORISSANT, SAIN, VALIDE.

souffrir *v.* ▸ ***Subir une douleur*** – avoir mal. SOUT. saigner. ▸ ***Vivre des temps difficiles*** – peiner, suer. FAM. en baver, en baver des ronds de chapeau, en roter. ▸ ***Subir un préjudice*** – être victime de, pâtir de. ▸ ***Vivre une chose déplaisante*** – endurer, éprouver, essuyer, soutenir, subir. ▸ ***Admettre*** – accepter, endurer, permettre, supporter, tolérer. △ **ANT.** JOUIR; BÉNÉFICIER, PROFITER.

souhait *n.m.* ▸ ***Désir*** – ambition, appel, appétit, aspiration, attirance, attrait, besoin, but, convoitise, desideratum, désir, envie, exigence, faim, fantaisie, fantasme, fièvre, fringale, goût, idéal, intention, jalousie, passion, prétention, quête, recherche, rêve, soif, tentation, velléité, visée, vœu, voix, volonté. SOUT. appétence, dessein, prurit, vouloir. FAM. démangeaison. △ **ANT.** CRAINTE; MALÉDICTION, MALÉFICE.

souhaitable *adj.* désirable, enviable, estimable. △ **ANT.** REGRETTABLE; CONDAMNABLE.

souhaiter *v.* ▸ ***Désirer*** – appeler de tous ses vœux, aspirer à, avoir envie de, désirer, espérer, rêver de, soupirer après, vouloir. ▸ ***Convoiter*** – ambitionner, aspirer à, avoir des vues sur, avoir en tête de, briguer, convoiter, courir après, désirer, pourchasser, poursuivre, prétendre à, rechercher, solliciter, tendre à, viser. FAM. guigner, lorgner, reluquer. △ **ANT.** APPRÉHENDER, CRAINDRE; REGRETTER; DÉDAIGNER, REFUSER, REPOUSSER, RÉPROUVER.

souiller *v.* ▸ ***Couvrir de façon malpropre*** – crotter, encrasser, salir. FAM. dégueulasser, saloper, souillonner. ▸ ***Porter atteinte*** – déshonorer, éclabousser, entacher, flétrir, noircir, porter atteinte à, salir, tacher, ternir. ▸ ***Salir moralement*** – avilir, flétrir, profaner, salir. SOUT. contaminer, empoisonner, polluer. ▸ ***Enlever toute dignité*** – abaisser, avilir, dégrader, dépraver, déshonorer, galvauder, rabaisser, ravaler. ▸ ***Faire perdre ses qualités*** – abâtardir, avilir, corrompre, dégrader, pourrir. SOUT. gangrener, vicier. ▸ ***Violer une chose sacrée*** – profaner, violer. △ **ANT.** DÉSINFECTER, ÉPURER, LAVER, NETTOYER; ASSAINIR, BLANCHIR, PURGER, PURIFIER; RÉGÉNÉRER, SANCTIFIER.

soulagement *n.m.* ▸ ***Allègement d'une souffrance*** – adoucissement, apaisement, sédation. ▸ ***Guérison*** – amélioration, apaisement, cicatrisation, convalescence, cure, guérison, mieux-être, relevailles, relèvement, rémission, répit, résurrection, rétablissement, retour à la santé, salut, traitement. MÉD. délitescence, postcure, résorption, rétrocession. ▸ ***Action de consoler*** – adoucissement, apaisement, appui, baume, bercement, cicatrisation, consolation, rassérénement, réconfort, soutien moral. SOUT. dictame. FAM. béquille. ▶ ***Remède moral*** – adoucissement, allégement, antidote, apaisement, atténuation, baume, consolation, correctif, dérivatif, distraction, diversion, exutoire, préservatif, remède. SOUT. dictame. ▶ ***Don*** – aide, allocation, apport, assistance, aumône, bonne œuvre, charité, dation, disposition, distribution, don, faveur, grâce, hommage, indemnité, obole, prestation, secours, subside, subvention. SOUT. bienfait. FAM. dépannage. DR. donation, fidéicommis, legs, libéralité. RELIG. bénédiction, charisme. ▶ ***Satisfaction d'un besoin*** – apaisement, assouvissement, contentement, satiété, satisfaction. SOUT. étanchement, rassasiement. △ **ANT.** ACCABLEMENT, AGGRAVATION, ALOURDISSEMENT.

soulager *v.* ▶ ***Calmer un besoin*** – apaiser, assouvir, calmer, contenter, étancher, rassasier, satisfaire. SOUT. désaltérer, repaître. ▶ ***Calmer la douleur*** – calmer. SOUT. remédier à. ▶ ***Délivrer d'un poids moral*** – débarrasser, décharger, délivrer, enlever une épine du pied à, libérer, ôter une épine du pied à, tirer une épine du pied à. ♦ **se soulager** ▶ ***Se confier*** – débonder son cœur, décharger son cœur, ouvrir son cœur, s'abandonner, s'épancher, s'ouvrir, se confier, (se) débonder, se livrer, se vider le cœur. FAM. égrener son chapelet, se déboutonner. ▶ ***Uriner*** (FAM.) – uriner. ENFANTIN faire pipi. △ **ANT.** AGGRAVER, ENVENIMER, EXACERBER; ABATTRE, ACCABLER, ALOURDIR, CHARGER, GÊNER, NUIRE, OPPRESSER, OPPRIMER.

soulèvement *n.m.* ▶ ***Action de soulever*** – développé *(haltère)*, levage. ▶ ***En géologie*** – surrection. ▶ ***Insurrection*** – agitation, agitation-propagande, chouannerie, désordre, effervescence, embrasement, émeute, excitation, faction, fermentation, fièvre, fronde, insoumission, insubordination, insurrection, jacquerie, manifestation, mutinerie, rébellion, remous, résistance, révolte, révolution, sédition, tourmente, troubles. FAM. agit-prop. △ **ANT.** ABAISSEMENT, AFFAISSEMENT; ACCORD, CONCORDE, ENTENTE.

soulever *v.* ▶ ***Hisser*** – élever, hisser, lever. ▶ ***Porter à l'attention*** – appuyer sur, attirer l'attention sur, faire remarquer, insister sur, mentionner, porter à l'attention, signaler, souligner. ▶ ***Susciter*** – éveiller, exciter, faire naître, solliciter, susciter. ▶ ***Provoquer*** – amener, apporter, catalyser, causer, créer, déchaîner, déclencher, déterminer, donner lieu à, donner naissance à, engendrer, entraîner, faire, faire naître, former, générer, occasionner, produire, provoquer, susciter. PHILOS. nécessiter. ▶ ***Animer*** – animer, enfiévrer, enflammer, enthousiasmer, exalter, exciter, passionner, transporter. FAM. emballer. ▶ ***Voler*** (FAM.) – enlever, prendre, ravir, s'emparer de, se saisir de, usurper, voler. FAM. faucher, souffler. ♦ **se soulever** ▶ ***Se rebeller*** – s'insurger, se mutiner, se rebeller, se révolter. △ **ANT.** ABAISSER, AFFAISSER, BAISSER, DÉPOSER, POSER; APLANIR, DÉPRIMER; APAISER, CALMER, PACIFIER, TRANQUILLISER.

soulier *n.m.* chaussure. FAM. godasse, pompe. FRANCE FAM. grolle, latte, tatane. ▸ *Usé* – savate. ▸ *Gros* FRANCE FAM. croquenot, godillot.

souligner *v.* ▶ ***Faire savoir clairement*** – énoncer, indiquer, mentionner, préciser, spécifier, stipuler. ▶ ***Faire ressortir*** – accentuer, accuser, faire ressortir, marquer, mettre en évidence, mettre en relief. ▶ ***Porter à l'attention*** – appuyer sur, attirer l'attention sur, faire remarquer, insister sur, mentionner, porter à l'attention, signaler, soulever. ▶ ***Marquer le rythme*** – marquer, ponctuer, rythmer. △ **ANT.** OMETTRE, TAIRE; AFFAIBLIR, ATTÉNUER.

soumettre *v.* ▶ ***Assujettir par la force*** – asservir, assujettir, domestiquer, dominer, dompter, enchaîner, mettre son le joug, subjuguer. ▶ ***Tenir en son pouvoir*** – asservir, contrôler, diriger, dominer, exercer son empire sur, exercer son emprise sur, gouverner, régenter, subjuguer, tenir en son pouvoir, vampiriser, vassaliser. SOUT. inféoder. ▶ ***Faire dépendre*** – subordonner. ▶ ***Présenter*** – avancer, jeter sur le tapis, mettre sur le tapis, offrir, présenter, proposer, servir. ♦ **se soumettre** ▶ ***Se rendre*** – se livrer, se rendre. ▶ ***S'assujettir*** – s'asservir à, s'assujettir à. SOUT. s'aliéner à, s'attacher au char de, s'inféoder à. ▶ ***Obéir*** – céder à, écouter, obéir à, s'exécuter, s'incliner. SUISSE FAM. baster. ▶ ***Respecter*** – acquiescer à, obéir à, observer, obtempérer à, respecter, se conformer à, se plier à, suivre. SOUT. déférer à, sacrifier à. ▶ ***Se résigner*** – accepter, faire contre mauvaise fortune bon cœur, prendre son parti de, s'incliner, se faire à l'idée, se faire une raison, se résigner, se résoudre. FAM. digérer. ▶ ***Subir volontairement*** – passer, subir. ♦ **soumis** ▶ ***Qui dépend de qqch.*** – dépendant de, soumis à, subordonné à, tributaire de. ▶ ***Servile*** – bas, obséquieux, plat, qui fait le chien couchant, rampant, servile. FAM. à-plat-ventriste, fayot. ▶ ***Docile*** – disciplinable, discipliné, docile, doux, facile, gentil, obéissant, sage, tranquille. △ **ANT.** AFFRANCHIR, DÉLIVRER, ÉMANCIPER, LIBÉRER; EXEMPTER, EXONÉRER. ♦ **se soumettre** S'INSURGER, S'OPPOSER, SE REBELLER, SE RÉVOLTER; DÉSOBÉIR, REFUSER, RÉSISTER.

soumission *n.f.* ▶ ***Sujétion*** – abaissement, allégeance, appartenance, asservissement, assujettissement, attachement, captivité, contrainte, dépendance, domestication, domesticité, domination, emprise, esclavage, gêne, hilotisme, inféodation, infériorité, mainmise, merci, mouvance, obédience, obéissance, obligation, oppression, pouvoir, puissance, servage, servitude, subordination, sujétion, tutelle, tyrannie, vassalité. FIG. carcan, chaîne, corset (de fer), coupe, fardeau, griffe, main, patte, prison; SOUT. fers, gaine, joug. FÉOD. tenure. ▶ ***Humilité*** – bonhomie, déférence, humilité, modestie, respect, simplicité. △ **ANT.** AUTONOMIE, INDÉPENDANCE; DÉSOBÉISSANCE, INSOUMISSION, RÉSISTANCE; COMMANDEMENT.

soupçon *n.m.* ▶ ***Méfiance*** – défiance, désintéressement, doute, incrédulité, méfiance, prudence, scepticisme, suspicion, vigilance. SOUT. cautèle. FAM. paranoïa *(excessive)*. ▶ ***Petite quantité*** – atome, bouchée, brin, chouia, doigt, filet, goutte, gouttelette, grain, larme, lueur, miette, nuage, once, paille, parcelle, peu, pincée, pointe, relent, restant, reste, rien, tantinet, teinte, touche, trace, trait, zeste. △ **ANT.** CERTITUDE, CONFIANCE, CONVICTION, FOI; ABONDANCE, PROFUSION.

soupçonner *v.* ▶ ***Suspecter qqn*** – faire peser des soupçons sur, incriminer, mettre en cause, mettre en doute, suspecter. SOUT. tenir en suspicion. ▶ ***Deviner qqch.*** – avoir conscience de, deviner, entrevoir, flairer, pressentir, se douter, sentir. FAM. subodorer.

soupçonneux *adj.* défiant, méfiant, ombrageux, sur la défensive, sur ses gardes, suspicieux. △ **ANT.** CONFIANT; CRÉDULE, NAÏF.

soupe *n.f.* ▶ ***Aliment*** – chaudrée *(fruits de mer)*. *FAM.* popote. ▸ *Trop épaisse* – pâtée. ▸ *Trop liquide* – lavasse. ▶ ***Neige*** (*FRANCE FAM.*) – neige mouillée, névasse. *QUÉB.* gadoue. *SUISSE FAM.* tiaffe. ▶ ***Explosif*** (*FAM.*) – charge, explosif, gargousse.

souper *n.m.* ▶ ***Repas du soir*** – repas du soir. *FRANCE* dîner.

soupir *n.m.* ▶ ***Respiration*** – aspiration, bouffée, exhalation, expiration, haleine, humage, inhalation, inspiration, respiration, souffle, ventilation. *SOUT.* ahan. ▶ ***Lamentation*** (*SOUT.*) – bêlement, braillement, cri, doléances, geignement, grincement, hélas, jérémiade, lamentation, larmoiement, murmure, plainte, pleurs, sanglot. *SOUT.* sanglotement. *FAM.* pleurnichage, pleurnichement, pleurnicherie. *QUÉB. FAM.* braillage.

soupirer *v.* ▶ ***Rejeter de l'air*** – pousser un soupir/des soupirs. ▶ ***Faire entendre un son doux*** – bruire, bruisser, chuchoter, frémir, friseliser, frissonner, froufrouter, murmurer. ▶ ***Désirer*** – appeler de tous ses vœux, aspirer à, avoir envie de, désirer, espérer, rêver de, souhaiter, vouloir. △ **ANT.** INSPIRER.

souple *adj.* ▶ ***Agile*** – agile, léger, leste, preste. ▶ ***Qui peut être plié*** – flexible, pliable. ▶ ***Qui peut être adapté*** – adaptable, altérable, changeable, élastique, flexible, mobile, modifiable, modulable, variable. ▶ ***En parlant de qqn*** – accommodant, aisé à vivre, arrangeant, bon prince, complaisant, conciliant, de bonne composition, du bois dont on fait les flûtes, facile (à vivre), flexible, traitable. *FAM.* coulant. △ **ANT.** RAIDE; CORIACE, DUR, FERME, FORT, RIGIDE, SOLIDE; INDOCILE, RÉCALCITRANT; BUTÉ, INFLEXIBLE, INTRAITABLE, INTRANSIGEANT, TÊTU.

souplesse *n.f.* ▶ ***Flexibilité*** – déformabilité, dilatabilité, ductilité, élasticité, extensibilité, flexibilité, liant, malléabilité, maniabilité, moulabilité, plasticité. *MÉD.* rénitence. *PHYS.* expansibilité. ▶ ***Aisance*** – aisance, aise, assurance, décontraction, désinvolture, distinction, facilité, grâce, légèreté, naturel, rondeur. ▶ ***Adaptabilité*** – adaptabilité, élasticité, faculté d'adaptation, flexibilité, intelligence, malléabilité, moulabilité, plasticité, polyvalence. ▶ ***Diplomatie*** – adresse, circonspection, diplomatie, doigté, finesse, habileté, tact. △ **ANT.** INFLEXIBILITÉ, RAIDEUR; INTOLÉRANCE, INTRANSIGEANCE.

source *n.f.* ▶ ***Point d'eau*** – fontaine, geyser, point d'eau, puits. ▶ ***Cause*** – agent, base, cause, explication, facteur, ferment, fondement, fontaine, germe, inspiration, levain, levier, mobile, moteur, motif, motivation, moyen, objet, occasion, origine, point de départ, pourquoi, principe, raison, raison d'être, sujet. *SOUT.* étincelle, mère, racine, ressort. ▶ ***Origine d'une famille*** – matrice, origine, souche. △ **ANT.** FIN; CONSÉQUENCE, RÉPERCUSSION.

sourd *adj.* ▶ ***Atteint de surdité*** – dur d'oreille, malentendant. *FAM.* dur de la feuille, qui a les portugaises ensablées, sourdingue. ▶ ***Insensible*** – étranger, fermé, imperméable, inaccessible, indifférent, insensible, réfractaire. *SOUT.* impénétrable. ▶ ***Qui résonne très peu*** – amorti, assourdi, atténué, cotonneux, étouffé, faible, feutré, mat, mou, ouaté, voilé. ▸ *En parlant d'une voix* – éteint, étouffé, faible, voilé. ▸ *En parlant d'une consonne* – dévoisé, invoisé. ▶ ***Vague*** – confus, estompé, flou, imprécis, incertain, indécis, indéfini, indéfinissable, indéterminé, indistinct, ni chair ni poisson, obscur, trouble, vague, vaporeux, voilé. ▶ ***Latent*** – à l'état latent, dormant, en germe, en gestation, larvé, latent, qui couve, somnolent. △ **ANT.** OUVERT, RÉCEPTIF, SENSIBLE; BRUYANT, ÉCLATANT, RETENTISSANT, SONORE, VIF; VOISÉ; MANIFESTE.

sourd *n.* ▶ ***Personne*** – malentendant. *FAM.* sourdingue. ▸ *Un peu sourd* – dur d'oreille.

sourdement *adv.* ▶ ***Silencieusement*** – en silence, sans mot dire, silencieusement. ▶ ***Secrètement*** – à huis clos, à la dérobée, anonymement, clandestinement, confidentiellement, discrètement, en cachette, en catimini, en confidence, en secret, en sourdine, en vase clos, furtivement, incognito, ni vu ni connu, occultement, sans tambour ni trompette, secrètement, sous le manteau, souterrainement, subrepticement. *FAM.* en douce, en sous-main, en tapinois. △ **ANT.** CLAIREMENT, NETTEMENT; AU GRAND JOUR.

souriant *adj.* ▶ ***Enjoué*** – allègre, badin, de belle humeur, en joie, enjoué, épanoui, folâtre, foufou, gai, guilleret, hilare, jovial, joyeux, léger, plein d'entrain, réjoui, riant, rieur. *FAM.* rigolard, rigoleur. ▶ ***Cordial*** – accueillant, affable, agréable, aimable, amène, amical, avenant, bienveillant, chaleureux, charmant, convivial, cordial, de bonne compagnie, engageant, familier, gracieux, invitant, liant, ouvert, sociable, sympathique. *FAM.* sympa. ▶ ***Réjouissant*** – agréable, amusant, charmant, distrayant, divertissant, égayant, gai, plaisant, réjouissant, riant, sympathique. *FAM.* chic, chouette, sympa. △ **ANT.** TRISTE; BOURRU, DE MAUVAISE HUMEUR, GRAVE, GROGNON, MAUSSADE, MOROSE, RENFROGNÉ, TACITURNE; DÉPRIMÉ, LAS, MÉLANCOLIQUE, MORNE, PESSIMISTE, SOMBRE, TÉNÉBREUX; AFFLIGEANT, ATTRISTANT, CHAGRINANT, DÉPLORABLE, DÉSESPÉRANT, DÉSOLANT, NAVRANT.

sourire *v.* ▶ ***Se moquer légèrement*** – rire, s'amuser. ▶ ***Plaire*** – aller à, contenter, convenir à, faire l'affaire de, plaire à, satisfaire. *SOUT.* agréer à, complaire à. *FAM.* arranger, chanter à. △ **ANT.** GRIMACER; DÉFAVORISER, DÉPLAIRE.

sourire *n.m.* ▶ ***Rire*** – éclat (de rire), enjouement, esclaffement, fou rire, gaieté, gros rire, hilarité, raillerie, ricanement, rictus, rire, ris, risée. *FAM.* rigolade, risette.

sournois *adj.* ▶ ***En parlant de qqn*** – à double face, de mauvaise foi, déloyal, dissimulateur, dissimulé, fallacieux, faux, fourbe, hypocrite, insidieux, insincère, menteur, perfide, tortueux, traître, trompeur. *SOUT.* captieux, cauteleux, chafouin, tartufe, tartuffard, tortu. *DIDACT.* sophistique. ▶ ***En parlant de qqch.*** – insidieux, perfide, rampant, subreptice, traître. △ **ANT.** FRANC, HONNÊTE, LOYAL, SINCÈRE.

sournoisement *adv.* artificieusement, captieusement, cauteleusement, déloyalement, fallacieusement, hypocritement, insidieusement, insincèrement, jésuitiquement, machiavéliquement, malhonnêtement, mensongèrement, papelardement, perfidement, scélératement, tortueusement, traîtreusement, trompeusement. △ **ANT.** À LA LOYALE, AUTHENTIQUEMENT, DE BONNE FOI, EN TOUTE BONNE FOI, FRANC, FRANCHEMENT, HONNÊTEMENT, LOYALEMENT, OUVERTEMENT, SINCÈREMENT.

souscrire *v.* ▶ ***Consentir*** – adhérer à, approuver, appuyer, consentir à, se prêter à, soutenir, supporter. *SOUT.* entendre à. ▶ ***S'abonner*** – prendre un abonnement, s'abonner. △ **ANT.** CONDAMNER, DÉSAPPROUVER, RÉPROUVER, S'INSCRIRE EN FAUX.

sous-développement *n. m.* clochardisation, disette, paupérisation, paupérisme, pauvreté, pénurie, sous-équipement, tiers-mondisation. △ **ANT.** SURDÉVELOPPEMENT.

sous-entendre *v.* dire à demi-mot, dire à mots couverts, donner à entendre, laisser entendre, suggérer. ▸ *De façon non favorable* – insinuer. △ **ANT.** EXPLICITER.

sous-entendu *n. m.* ▶ ***Insinuation*** – allégorie, allusion, arrière-pensée, double sens, évocation, insinuation, réserve, restriction, réticence.

sous-estimer *v.* avoir mauvaise opinion de, déprécier, inférioriser, méconnaître, mésestimer, minorer, ne pas apprécier à sa juste valeur, sous-évaluer. *SOUT.* dépriser, méjuger de. △ **ANT.** SURESTIMER.

sous-marin *adj.* subaquatique. △ **ANT.** DE SURFACE.

sous-marin *n. m.* ▶ ***Véhicule*** – navire submersible, submersible. ▶ ***Espion*** – agent de renseignements, agent secret, agent, épieur, espion. *SOUT.* affidé, argus. *FAM.* mouchard, taupe. *FRANCE FAM.* barbouze.

sous-sol *n. m.* ▶ ***Partie d'un bâtiment*** – cave, caveau, cellier, chai, magasin à vins.

soustraire *v.* ▶ ***Retrancher*** – décompter, déduire, défalquer, enlever, ôter, rabattre, retenir, retirer, retrancher. ▶ ***Voler*** – dérober, faire main basse sur, prendre, subtiliser, voler. *FAM.* barboter, chaparder, chiper, choper, escamoter, faire, faucher, flibuster, piquer, rafler, taxer. *FRANCE FAM.* calotter, chouraver. ▶ ***Libérer d'une obligation*** – affranchir, décharger, dégager, délier, délivrer, désengager, dispenser, excuser, exempter, exonérer. ▶ ***Tirer d'un danger*** – arracher, sauver. *QUÉB.* réchapper, rescaper. *MAR.* sauveter. ♦ **se soustraire** ▶ ***Éviter*** – couper à, échapper à, esquiver, éviter, fuir, passer au travers de, se dérober à, se dispenser de. *FAM.* se défiler. *FRANCE FAM.* se débiner. △ **ANT.** ADDITIONNER, AJOUTER, METTRE; DONNER, FOURNIR. ♦ **se soustraire** ACCEPTER, RESPECTER, SE SOUMETTRE; AFFRONTER; POURSUIVRE, RECHERCHER.

soutenir *v.* ▶ ***Servir d'appui*** – porter, supporter. ▶ ***Stabiliser*** – étayer, stabiliser. *TECHN.* chevaler, enchevaler, étançonner, étrésillonner. ▶ ***Sous-tendre*** – appuyer, étayer, sous-tendre, supporter. ▶ ***Donner des forces*** – fortifier, sustenter. ▶ ***Aider*** – aider, appuyer, assister, épauler, seconder. ▶ ***Patronner*** – appuyer, favoriser, patronner, prendre sous son aile, protéger, recommander. *FAM.* donner un coup de pouce à, pistonner. ▶ ***Remonter le moral*** – encourager, ragaillardir, réconforter, regonfler, remonter (le moral de), retremper. *FAM.* requinquer, retaper. ▶ ***Défendre qqn*** – défendre, intercéder, parler, plaider, prendre la défense de, voler au secours de. ▶ ***Défendre qqch.*** – appuyer, défendre, militer, prendre fait et cause pour, prendre la défense de, prendre parti pour. ▶ ***Approuver*** – adhérer à, approuver, appuyer, consentir à, se prêter à, souscrire à, supporter. *SOUT.* entendre à. ▶ ***Promouvoir*** – encourager, favoriser, impulser, promouvoir. ▶ ***Affirmer*** – alerter, avertir, mettre en garde, prémunir, prévenir. ▶ ***Endurer*** – endurer, éprouver, essuyer, souffrir, subir. ♦ **soutenu** ▶ ***Constant*** – assidu, constant, continu, fidèle, intense, régulier, suivi. △ **ANT.** ABANDONNER, LÂCHER, LAISSER, QUITTER, RELÂCHER; DÉCOURAGER, DÉMORALISER, DÉPRIMER; CONTESTER. ♦ **se soutenir** CHANCELER; CESSER, DIMINUER; SUCCOMBER. ♦ **soutenu** INCONSTANT, IRRÉGULIER; FAMILIER.

souterrain *adj.* ▶ ***Sous terre*** – endogé, hypogé. ▶ ***Secret*** – clandestin, dissimulé, occulte, parallèle, secret, subreptice. △ **ANT.** EN SURFACE, SUPERFICIEL; AÉRIEN; CONNU, PUBLIC; AUTORISÉ, LÉGAL, OFFICIEL, PERMIS.

soutien *n. m.* ▶ ***Support*** – appui, renfort, soutènement, support. ▶ ***En marine*** – accore, épontille, étambrai. ▶ ***Protection*** – abri, aide, appui, assistance, chapeautage, conservation, couverture, garantie, garde, mandat, parrainage, paternalisme, patronage, protection, recommandation, renfort, rescousse, sauvegarde, secours, sécurisation, surveillance, tutelle. *FIG.* parapluie. *SOUT.* égide. *FAM.* piston. ▶ ***Aide*** – aide, appoint, apport, appui, assistance, association, bienfaisance, bons offices, collaboration, complicité, concours, conseil, contribution, coopération, coup d'épaule, coup de main, coup de pouce, dépannage, entraide, grâce, main-forte, participation, planche de salut, renfort, secours, service, synergie. *SOUT.* viatique. *FAM.* (coup de) fion. ▶ ***Encouragement*** – aide, aiguillon, applaudissement, approbation, appui, compliment, éloge, exhortation, incitation, prime, prix, protection, récompense, stimulant, subvention. *SOUT.* satisfecit. ▶ ***Endosseur*** – accréditeur, appui, avaliseur, avaliste, caution, endosseur, fidéjusseur, garant, parrain, répondant. ▶ ***Partisan*** – adepte, adhérent, allié, ami, apôtre, champion, défenseur, disciple, fidèle, inconditionnel, militant, partisan, sympathisant, tenant. *RARE* mainteneur. *SOUT.* chantre, séide, zélateur. *FAM.* godillot. ▶ ***Défenseur*** – apologiste, apôtre, appui, avocat, champion, défenseur, protecteur, redresseur de torts, représentant, serviteur, soldat, tenant. *SOUT.* intercesseur. △ **ANT.** ABANDON; ENTRAVE, OBSTACLE; ADVERSAIRE, OPPOSANT.

souvenir (se) *v.* ▶ ***Ne pas oublier*** – avoir à l'esprit, garder en mémoire, garder en tête. ▶ ***Reconnaître*** – reconnaître, se rappeler. *FAM.* replacer. ▶ ***Se remémorer*** – penser à, revoir, se rappeler, se remémorer. *SOUT.* se ressouvenir. △ **ANT.** OMETTRE, OUBLIER, PASSER, SAUTER.

souvenir *n. m.* ▶ ***Réminiscence*** – allusion, anamnèse, commémoration, déjà vu, évocation, impression, mémoire, mémoration, mémorisation, pensée, rappel, réminiscence, trace. *SOUT.* remémoration. ▸ *Non favorable* – arrière-goût. ▶ ***Faculté*** – mémoire, tête. ▶ ***Cadeau*** – cadeau, cadeau-souvenir, don, offrande, prime, surprise. *SOUT.* présent. *FAM.* fleur. ♦ **souvenirs,** ***plur.*** ▶ ***Souvenirs*** – anecdote, annales, autobiographie, biographie, carnet, chroniques, chronologie, commentaires, confessions, évocation, histoire, historiographie, historique, journal, mémoires, mémorial, vie. △ ANT. OUBLI.

souvent *adv.* à de rares exceptions près, à l'accoutumée, à l'ordinaire, à maintes reprises, à quelques exceptions près, communément, couramment, coutumièrement, d'habitude, d'ordinaire, dans la généralité des cas, dans la majorité des cas, dans la plupart des cas, de coutume, en général, en règle générale, fréquemment, généralement, habituellement, journellement, la plupart du temps, maintes fois, normalement, ordinairement, régulièrement, rituellement, toujours. △ ANT. EXCEPTIONNELLEMENT, GUÈRE, PAR EXCEPTION, RAREMENT.

souverain *adj.* ▸ ***Au pouvoir*** – régnant. ▸ ***Indépendant*** – autonome, indépendant, libre. ▸ ***Insurpassable*** – inégalable, inégalé, insurpassable, meilleur, par excellence, supérieur, suprême. ▸ ***Infaillible*** – efficace, infaillible, sûr. △ ANT. ASSERVI, ASSUJETTI, DÉPENDANT, DOMINÉ; FAIBLE, LÉGER; INEFFICACE, INOPÉRANT, MÉDIOCRE.

souveraineté *n.f.* ▸ ***Domination*** – autorité royale, couronne, royauté, sceptre, trône. ▸ ***Autonomie*** – autodétermination, autonomie, désatellisation, indépendance, liberté. △ ANT. ASSUJETTISSEMENT, SUBORDINATION, SUJÉTION; DÉPENDANCE.

soyeux *adj.* doux, duveteux, velouté, velouteux. △ ANT. ÂPRE, RÂPEUX, RÊCHE, RUDE, RUGUEUX.

spacieux *adj.* ample, étendu, grand, large, vaste. △ ANT. ÉTROIT, EXIGU, PETIT, RESSERRÉ.

spasme *n.m.* astriction, constriction, contraction, crampe, crispation, étranglement, palpitation, pressage, pression, pressurage, resserrement, rétraction, rétrécissement, serrement, tension. MÉD. clonie, clonus, contracture, striction, tétanisation.

spatial *adj.* céleste, cosmique, galactique, intergalactique, interplanétaire, intersidéral, interstellaire. △ ANT. À DEUX DIMENSIONS, PLAN.

spécial *adj.* ▸ ***Différent*** – à part, différent, inimitable, original, particulier, pittoresque, sans précédent, singulier, unique en son genre, unique. ▸ ***Bizarre*** – anormal, bizarre, curieux, drôle, étonnant, étrange, inaccoutumé, incompréhensible, inexplicable, inhabituel, insolite, inusité, singulier, surprenant. SOUT. extraordinaire. FAM. bizarroïde. ▸ ***Inhabituel*** – d'exception, exceptionnel, fortuit, inaccoutumé, inhabituel, inusité, occasionnel, rare, rarissime. SOUT. extraordinaire, inusuel. ▸ ***Incomparable*** – d'exception, exceptionnel, hors du commun, hors ligne, hors pair, hors série, incomparable, inégalable, inégalé, inimitable, irremplaçable, précieux, qui n'a pas son pareil, rare, remarquable, sans égal, sans pareil, sans précédent, sans rival, sans second, supérieur, unique. ▸ ***Exclusif*** – attitré, exclusif, individuel, particulier, personnel, privé, propre, réservé. ▸ ***Spécifique*** – caractéristique, déterminant, distinctif, particulier, propre, spécifique, typique. SOUT. sui generis. △ ANT. COUTUMIER, HABITUEL, NORMAL, ORDINAIRE, STANDARD, USUEL; ANODIN, BANAL, COMMUN, FADE, FALOT, INCOLORE, ININTÉRESSANT, INSIGNIFIANT, INSIPIDE, PLAT, QUELCONQUE, SANS INTÉRÊT, TERNE; GÉNÉRAL, GÉNÉRIQUE.

spécialement *adv.* avant tout, en particulier, notamment, particulièrement, principalement, proprement, singulièrement, spécifiquement, surtout, typiquement. △ ANT. ÉGALEMENT, SANS DISTINCTION.

spécialisation *n.f.* ▸ ***Normalisation*** – alignement, automatisation, codification, division du travail, formulation, harmonisation, légalisation, normalisation, rationalisation, rectification, réglementation, standardisation, systématisation, unification, uniformisation.

spécialiste *n.* ▸ ***Expert*** – as, expert, (fin) connaisseur, grand clerc, maître, professionnel, virtuose. FAM. champion, chef, crack, pro. FRANCE FAM. bête. QUÉB. personne-ressource. ▸ ***Savant*** – autorité (en la matière), chercheur, connaisseur, découvreur, docteur, expert, homme de science, investigateur, maître, maître de recherches, professeur, savant, scientifique, sommité. SOUT. (grand) clerc. △ ANT. AMATEUR, NON-SPÉCIALISTE; GÉNÉRALISTE.

spécialité *n.f.* ▸ ***Caractéristique*** – attribut, caractère, caractéristique, marque, particularité, propre, propriété, qualité, signe, spécificité, trait. ▸ *Louable* – mérite. ▸ ***Domaine*** – branche, champ, département, discipline, division, domaine, étude, fief, matière, partie, scène, science, secteur, sphère. FAM. rayon. ▸ ***Métier*** – activité, art, carrière, emploi, état, gagne-pain, métier, occupation, profession, qualité, services, situation, travail. FAM. boulot, turbin, turf.

spécification *n.f.* ▸ ***Détermination*** – caractérisation, choix, définition, détermination, différenciation, distinction, élection, individualisation, individuation, marque, particularisation, personnalisation, polarisation, singularisation, tri. ▸ ***Qualification*** – affectation, désignation, marque, qualification, quantification.

spécificité *n.f.* ▸ ***Fait d'être qqch.*** – attribut, caractère, caractéristique, marque, particularité, propre, propriété, qualité, signe, spécialité, trait. ▸ *Louable* – mérite. ▸ ***Aptitude à choisir*** – sélectivité. △ ANT. UNIFORMITÉ.

spécifier *v.* énoncer, indiquer, mentionner, préciser, souligner, stipuler.

spécifique *adj.* caractéristique, déterminant, distinctif, particulier, propre, spécial, typique. SOUT. sui generis. △ ANT. COMMUN, GÉNÉRAL, GÉNÉRIQUE.

spécifiquement *adv.* ▸ ***Particulièrement*** – avant tout, en particulier, notamment, particulièrement, principalement, proprement, singulièrement, spécialement, surtout, typiquement. ▸ ***Typiquement*** – pittoresquement, représentativement, significativement, symptomatiquement, typiquement. △ ANT. GÉNÉRALEMENT, UNIVERSELLEMENT.

spécimen *n.m.* ▸ ***Modèle*** – carton, grille, matrice, modèle, modélisation, moule, patron, pattern, pilote, plan, prototype, simulation. FAM. topo. ▸ ***Exemple*** – archétype, canon, critère, échantillon, étalon, exemple, formule, gabarit, idéal, idée, image, individu, modèle, norme, original, paradigme, précédent, prototype, référence, représentant, type, unité.

spectacle *n.m.* ▸ ***Ce que l'on voit*** – image, scène, tableau, vision, vue. ▸ ***Représentation*** – attraction, concert, danse, divertissement, exécution, exhibition, happening, numéro, pièce, projection, récital, représentation, revue, séance, soirée. ▸ ***Co-***

médie – arlequinade, bouffonnerie, boulevard, burlesque, clownerie, comédie, farce, limerick, momerie, pantalonnade, parodie, pièce de boulevard, proverbe, saynète, sketch, sotie, théâtre de boulevard, vaudeville. PÉJ. caleçonnade. ANC. mascarade.

spectaculaire *adj.* ▸ ***Impressionnant*** – étonnant, frappant, hallucinant, impressionnant, marquant, notable, remarquable, saillant, saisissant. ▸ ***Retentissant*** – éclatant, fracassant, retentissant. △ **ANT.** BANAL, ININTÉRESSANT, ORDINAIRE, SANS INTÉRÊT; DISCRET.

spectateur *n.* auditeur, observateur, participant, témoin. △ **ANT.** ACTEUR, EXÉCUTANT.

spéculateur *n.* ▸ ***Accapareur*** – accapareur, agioteur, baissier, boursicoteur, boursicotier, bricoleur, haussier, initié, joueur, margoulin, monopoleur, monopolisateur, monopoliste, reporté, thésauriseur, trafiquant. FAM. cumulard, traficoteur, tripoteur. ▸ ***Affairiste*** – affairiste, agioteur, bricoleur, chevalier d'industrie, intrigant, tripoteur.

spéculatif *adj.* abstractif, abstrait, cérébral, conceptuel, idéal, intellectuel, mental, théorique. PHILOS. idéationnel, idéel, théorétique. △ **ANT.** CONCRET, PRATIQUE.

spéculation *n.f.* ▸ ***Théorie*** – conjecture, explication, hypothèse, interprétation, loi, principe, scénario, théorie, thèse. ▸ ***Affaire*** – affaire, arbitrage, contestation, débat, démêlé, différend, discussion, dispute, médiation, négociation, panel, querelle, règlement, tractation. ▸ ***Affairisme*** – accaparement, affairisme, agiotage, boursicotage, concussion, coup de bourse, intrigue, trafic, tripotage. SOUT. prévarication. FAM. combine. ▸ ***Accaparement*** – accaparement, accroissement, accumulation, capitalisation, cumul, stockage, thésaurisation. △ **ANT.** PRATIQUE.

sphère *n.f.* ▸ ***Solide géométrique*** – globe, solide sphérique, sphéroïde. ▸ ***Univers*** – ciel, cosmos, création, espace, galaxie, macrocosme, monde, nature, tout. ▸ ***Milieu*** – ambiance, atmosphère, cadre, climat, décor, élément, entourage, environnement, environs, lieu, milieu, monde, société, théâtre, voisinage. ▸ ***Spécialité*** – branche, champ, département, discipline, division, domaine, étude, fief, matière, partie, scène, science, secteur, spécialité. FAM. rayon.

spirale *n.f.* circonvolution, enroulement, roulure, spire. FIG. colimaçon.

spiritualisme *n.m.* essentialisme, idéalisme, immatérialisme, intellectualisme, transcendantalisme. △ **ANT.** MATÉRIALISME.

spiritualité *n.f.* ▸ ***Mysticisme*** – anagogie, contemplation, dévotion, élévation, extase, illuminisme, mysticisme, mystique, oraison, philocalie, ravissement, sainteté, transe, vision. SOUT. mysticité. ▸ ***Âme*** – âme, atman *(hindouisme)*, cœur, conscience, esprit, mystère, pensée, principe (vital), psyché, psychisme, souffle (vital), transcendance, vie. PSYCHOL. conscient. ▸ ***Immatérialité*** – abstraction, abstrait, cérébralité, essentialité, évanescence, idéalité, immatérialité, impalpabilité, imperceptibilité, impondérabilité, incorporalité, incorporéité, intangibilité, intemporalité, irréalité, spirituel, subtilité, volatilité. △ **ANT.** MATÉRIALITÉ.

spirituel *adj.* ▸ ***Qui concerne l'esprit*** – intellectuel, mental, moral, psychique, psychologique. ▸ ***Qui n'a pas d'existence matérielle*** – désincarné, immatériel, incorporel, intemporel. ▸ ***Plein d'esprit*** – brillant, fin, malicieux, pétillant, piquant, plein d'esprit, subtil, vif. △ **ANT.** CHARNEL, CORPOREL; TEMPOREL; CONCRET, MATÉRIEL, PHYSIQUE; LOURD, NIAIS, PLAT, STUPIDE.

splendeur *n.f.* ▸ ***Beauté*** – agrément, art, attrait, beau, beauté, charme, chic, classe, coquetterie, délicatesse, distinction, éclat, élégance, esthétique, féerie, fraîcheur, grâce, gracieux, harmonie, magnificence, majesté, perfection, photogénie, pureté, séduction, symétrie. SOUT. blandice, joliesse, morbidesse, sublimité, symphonie, vénusté. ▸ ***Somptuosité*** – abondance, apparat, appareil, beauté, confort, dolce vita, éclat, étalage, faste, grandeur, luxe, magnificence, majesté, opulence, ostentation, pompe, profusion, richesse, somptuosité. FAM. tralala. ▸ ***Lumière*** (SOUT.) – clair, clair-obscur, clarté, contre-jour, demi-jour, éclair, éclairage, éclat, embrasement, flamboiement, flamme, halo, illumination, jour, lueur, lumière, nitescence, pénombre, soleil. △ **ANT.** DÉCHÉANCE, DÉCLIN, PAUVRETÉ; OBSCURITÉ.

splendide *adj.* ▸ ***Ravissant*** – admirable, beau, d'une grande beauté, de toute beauté, éblouissant, magnifique, ravissant, superbe. FRANCE FAM. flambant. ▸ ***Somptueux*** – fastueux, luxueux, magnifique, opulent, princier, riche, royal, seigneurial, somptueux. SOUT. magnificent. ▸ ***Extraordinaire*** (FAM.) – admirable, brillant, éblouissant, excellent, extraordinaire, fantastique, magistral, magnifique, merveilleux, parfait, prodigieux, remarquable, réussi, sensationnel, sublime. FAM. à tout casser, champion, d'enfer, du tonnerre, épatant, extra, fameux, formidable, fumant, génial, mirifique, pas piqué des vers, super, terrible. FRANCE FAM. du feu de Dieu, énorme, fadé, formide, géant, gratiné, pas piqué des hannetons. △ **ANT.** AFFREUX, HIDEUX, HORRIBLE, IGNOBLE, MONSTRUEUX, REPOUSSANT; À LA BONNE FRANQUETTE, HUMBLE, MODESTE, SANS CÉRÉMONIES, SIMPLE, SOBRE; LAMENTABLE, MÉDIOCRE, MINABLE, NAVRANT, PIÈTRE, PITEUX, PITOYABLE, RATÉ.

spontané *adj.* ▸ ***Involontaire*** – automatique, inconscient, indélibéré, instinctif, intuitif, involontaire, irréfléchi, machinal, mécanique, naturel, réflexe. DIDACT. instinctuel, pulsionnel. ▸ ***Sincère*** – authentique, sans artifice, sincère, véritable, vrai. ▸ ***Qui agit avec spontanéité*** – impulsif, naturel, primesautier. FAM. nature. △ **ANT.** DICTÉ, IMPOSÉ, PROVOQUÉ; VOLONTAIRE; APPRÊTÉ, ÉTUDIÉ, PRÉMÉDITÉ, PRÉPARÉ, RÉFLÉCHI; CALCULATEUR; AFFECTÉ, COMPOSÉ.

spontanéité *n.f.* ▸ ***Franchise*** – abandon, bonne foi, confiance, cordialité, droiture, franchise, franc-jeu, franc-parler, loyauté, netteté, rondeur, simplicité, sincérité. ▸ ***Abandon*** – abandon, confiance, détachement, familiarité, insouciance, liberté, naturel. △ **ANT.** CALCUL, RETENUE.

spontanément *adv.* ▸ ***Naturellement*** – à l'instinct, à l'intuition, au flair, automatiquement, d'instinct, impulsivement, inconsciemment, instinctivement, intuitivement, involontairement, machinalement, mécaniquement, naturellement, par habitude, par humeur, par instinct, par nature, sans réfléchir, viscéralement. ▶ ***Franchement*** – à la loyale, authentiquement, de bonne foi, en toute bonne foi, franc, franchement, honnêtement, loyalement, ouvertement, sincèrement, uniment. *FAM.* franco. △ **ANT.** AVEC CIRCONSPECTION, PRUDEMMENT, SAGEMENT, VIGILAMMENT.

sport *n.m.* ▶ ***Ensemble d'activités physiques*** – culture physique, éducation physique, exercice, gymnastique, gymnique, hébertisme. *FAM.* gym. *QUÉB.* plein air. ▶ ***Activité physique*** – activité physique, activité sportive, exercice, jeu sportif.

squelette *n.m.* ▶ ***Partie dure du corps*** – charpente, ossature. ▶ ***Corps sans chair*** – os, ossements. ▶ ***Structure*** – architecture, armature, charpente, ferme, gros œuvre, ossature, structure. ▶ ***Personne maigre*** (*FAM.*) – gringalet, maigre, maigrelet, maigrichon, maigriot, sécot. *FAM.* cadavre ambulant, fantôme, (grand) échalas, (grande) bringue *(femme)*, (grande) gigue *(femme)*, (grande) perche, manche à balai, momie, paquet d'os, sac d'os, sauterelle, spectre. *QUÉB. FAM.* (grand) efflanqué. △ **ANT.** CHAIR.

stabiliser *v.* ▶ ***Mettre en équilibre*** – asseoir, équilibrer, mettre d'aplomb. ▶ ***Soutenir*** – étayer, soutenir. *TECHN.* chevaler, enchevaler, étançonner, étrésillonner. ▶ ***Figer*** (*FIG.*) – cristalliser, figer, fixer. △ **ANT.** DÉSÉQUILIBRER, DÉSTABILISER, ÉBRANLER.

stabilité *n.f.* ▶ ***Équilibre physique*** – aplomb, assiette, assise, équilibre, solidité. ▶ ***Immobilité*** – calme, fixité, hiératisme, immobilisme, immobilité, immuabilité, immutabilité, impassibilité, improductivité, inaction, inactivité, inamovibilité, inertie, paralysie, piétinement, plafonnement, repos, sclérose, stagnation, stationnarité, statisme, statu quo, sur place. *SOUT.* marasme, morosité. ▶ ***Permanence*** – constance, continu, continuité, durabilité, durée, fermeté, fixité, immuabilité, immutabilité, imprescriptibilité, imputrescibilité, inaliénabilité, inaltérabilité, incorruptibilité, indéfectibilité, indissolubilité, invariabilité, longévité, pérennité, permanence, persistance, tenue. *PHYS.* invariance. ▶ ***Éternité*** – éternel, éternité, immortalité, pérennité, perpétuité. △ **ANT.** DÉSÉQUILIBRE, INSTABILITÉ; CHANGEMENT, ÉVOLUTION, FLUCTUATION.

stable *adj.* ▶ ***Qui ne change pas*** – constant, figé, fixe, immobile, inchangé, invariable, invariant, stationnaire, statique. ▶ ***En équilibre*** – assuré, en équilibre, équilibré, ferme, solide. △ **ANT.** CHANGEANT, FLUCTUANT, INCONSTANT, INSTABLE, VARIABLE; BANCAL, BOITEUX, BRANLANT, DÉSÉQUILIBRÉ; PRÉCAIRE.

stade *n.m.* ▶ ***Phase*** – épisode, étape, palier, période, phase, point, transition. ▶ ***Bâtiment*** – centre sportif, dojo *(arts martiaux)*, gymnase. *SUISSE* halle de gymnastique. ▶ ***Enceinte*** – cloître, clôture, enceinte, murs. *ANC.* champ clos. *ANTIQ.* cirque, péribole.

stagnant *adj.* ▶ ***Qui ne coule pas*** – calme, dormant, étale, immobile. ▸ *Non favorable* – croupi, croupissant. ▶ ***Qui ne progresse pas*** – languissant, piétinant, traînant. △ **ANT.** COULANT, FLUIDE; CHANGEANT, FLUCTUANT; ACTIF, MOBILE.

stagner *v.* ▶ ***En parlant d'une eau*** – croupir, se corrompre. ▶ ***Rester dans une situation médiocre*** – croupir, moisir, pourrir, s'encroûter, végéter, vivoter. ▶ ***Ne pas progresser*** – languir, patiner, piétiner, s'enliser, traîner. *FAM.* faire du surplace. △ **ANT.** COULER; BOUGER, ÉVOLUER, PROGRESSER.

station *n.f.* ▶ ***Lieu d'arrêt*** – gare, halte, terminal. ▶ ***Arrêt*** – annulation, arrêt, avortement, cessation, discontinuation, entrecoupement, intermittence, interruption, levée, panne, pause, relâche, suspension. ▶ ***Posture*** – attitude, contenance, maintien, port, pose, position, posture, tenue. ▶ ***En écologie*** – biome, biotope, climat, écosystème, environnement, habitat, milieu, nature, niche écologique. ▶ ***Lieu à but précis*** – centre, complexe, établissement, maison. ▶ ***Engin spatial*** – station orbitale, station spatiale. ▶ ***En télécommunication*** – chaîne. *QUÉB.* télédiffuseur; *FAM.* canal (de télévision), poste (de télévision). △ **ANT.** DÉPLACEMENT, MOUVEMENT.

stationnaire *adj.* constant, figé, fixe, immobile, inchangé, invariable, invariant, stable, statique. △ **ANT.** CHANGEANT, INSTABLE, VARIABLE; MOBILE.

stationner *v.* ▶ ***S'arrêter*** – faire halte, faire une station, s'arrêter, s'immobiliser. ▶ ***Garer*** (*QUÉB.*) – garer, parquer. △ **ANT.** CIRCULER, ROULER, SE MOUVOIR; PARTIR.

statique *adj.* ▶ ***Qui ne change pas*** – constant, figé, fixe, immobile, inchangé, invariable, invariant, stable, stationnaire. △ **ANT.** CINÉMATIQUE, DYNAMIQUE; MOBILE; CHANGEANT, INSTABLE, VARIABLE.

statistique *n.f.* ▶ ***Dénombrement*** – catalogue, cens, chiffrage, comptage, compte, décompte, dénombrement, détail, énumération, état, évaluation, inventaire, inventoriage, inventorisation, liste, litanie, numération, recensement, recension, revue, rôle.

statue *n.f.* ▶ ***Sculpture*** ▸ *Très grande* – colosse. ▸ *Petite* – statuette. ▸ *Très petite* – figurine.

stature *n.f.* ▶ ***Grandeur physique*** – gabarit, grandeur, taille. ▶ ***Grandeur morale*** – envergure, étoffe, genre, importance, qualité. *FIG.* carrure.

statut *n.m.* ▶ ***Allégeance*** – allégeance, juridiction, nationalité. ▶ ***Situation sociale*** – caste, classe, condition, état, fortune, place, position, rang, situation. *SOUT.* étage.

stéréotype *n.m.* banalité, cliché, évidence, fadaise, généralité, lapalissade, lieu commun, platitude, poncif, redite, tautologie, truisme.

stérile *adj.* ▶ ***Qui ne peut concevoir*** – infécond. ▶ ***Qui produit peu de végétation*** – aride, avare, désertique, improductif, inculte, incultivable, infertile, ingrat, pauvre. ▶ ***Qui ne donne rien*** – futile, inutile, oiseux, vain. *SOUT.* byzantin. ▶ ***Sans germes*** – aseptique, aseptisé, désinfecté, stérilisé. △ **ANT.** FÉCOND, FERTILE, PROLIFIQUE; GÉNÉREUX, PRODUCTIF; FRUCTUEUX, UTILE; CONTAMINÉ, PATHOGÈNE.

stériliser *v.* ▶ ***Castrer*** – castrer, châtrer, couper, émasculer. ▶ ***Désinfecter*** – aseptiser, désinfecter, étuver. ♦ **stérilisé** ▶ ***Sans germes*** – aseptique, aseptisé, désinfecté, stérile. △ **ANT.** FÉCONDER; ALTÉRER, CONTAMINER, INFECTER.

stérilité *n.f.* ▶ ***Incapacité d'engendrer*** – agénésie. *SOUT.* infécondité. ▶ ***Pauvreté*** – improductivité, infécondité, pauvreté, tarissement. *SOUT.* aridité, infertilité. ▶ ***Futilité*** – frivolité, futilité, inanité, inconsistance, inefficacité, insignifiance, inutilité, néant, nullité, puérilité, superfétation, superficialité, superfluité, vacuité, vanité, vide. ▶ ***Propreté*** – hygiène, propreté, salubrité, santé. △ **ANT.** CONCEPTION, FÉCONDITÉ, FERTILITÉ; ABONDANCE; EFFICACITÉ.

stigmate *n.m.* ▶ ***Trace*** – apparence, cachet, cicatrice, critère, empreinte, indication, indice, justificatif, lueur, marque, ombre, pas, piste, preuve, repère, reste, ride, sceau, signature, signe, tache, témoignage, témoin, trace, trait, vestige. ▶ ***Tatouage*** – marque, tatouage. *ANC.* flétrissure.

stimulant *adj.* ▶ ***Qui stimule physiquement*** – dynamisant, fortifiant, reconstituant, remontant, revigorant, tonifiant, tonique, vivifiant. *SOUT.* vivificateur. *FAM.* ravigotant. *SUISSE FAM.* rapicolant. *MÉD.* analeptique, dopant, énergisant, excitant. ▶ ***Qui stimule moralement*** – encourageant, incitateur, incitatif, mobilisateur, motivant, stimulateur. △ **ANT.** FRÉNATEUR, INHIBITEUR; AFFAIBLISSANT, ALANGUISSANT, AMOLLISSANT, ANÉMIANT, DÉBILITANT, STÉRILISANT; DÉCOURAGEANT, DÉMOBILISATEUR, DÉMORALISANT, DÉMORALISATEUR, DÉMOTIVANT, DÉPRIMANT.

stimulant *n.m.* ▶ ***Substance*** – analeptique, défatigant, dopant, énergisant, excitant, fortifiant, reconstituant, remontant, tonifiant, tonique. *PHYSIOL.* incitant. ▶ ***Encouragement*** – aide, aiguillon, applaudissement, approbation, appui, compliment, éloge, exhortation, incitation, prime, prix, protection, récompense, soutien, subvention. *SOUT.* satisfecit. △ **ANT.** CALMANT, SÉDATIF, TRANQUILLISANT.

stimuler *v.* ▶ ***Ragaillardir*** – donner un coup de fouet à, ragaillardir, ranimer, réconforter, régénérer, remonter, revigorer, tonifier, vitaliser, vivifier. *FAM.* ravigoter, recharger les accus à, recharger les batteries à, requinquer, retaper. ▶ ***Motiver*** – animer, encourager, enthousiasmer, motiver. *SOUT.* exhorter. ▶ ***Exciter*** – aiguillonner, animer, éperonner, exciter, fouetter, motiver, pousser. *SOUT.* agir. ▶ ***Augmenter l'activité*** – activer, doper, dynamiser, réveiller. ▶ ***Rendre plus vif*** – aiguiser, allumer, attiser, augmenter, aviver, échauffer, embraser, enflammer, exalter, exciter, incendier. ▶ ***Revigorer*** – donner un second souffle à, faire renaître, faire revivre, ragaillardir, rallumer, ranimer, raviver, réactiver, réchauffer, redonner vie à, redynamiser, régénérer, renflammer, renouveler, ressusciter, réveiller, revigorer, revitaliser, revivifier, vivifier. △ **ANT.** APAISER, CALMER, ENDORMIR, ENGOURDIR, TRANQUILLISER; DÉCOURAGER; FREINER, RALENTIR.

stimulus *n.m.* aide, aiguillon, animation, appel, défi, dépassement (de soi), émulation, encouragement, entraînement, excitation, exhortation, fanatisation, fomentation, impulsion, incitation, instigation, invitation, invite, motivation, provocation, sollicitation, stimulation. *SOUT.* surpassement.

stock *n.m.* ▶ ***Réserve*** – amas, approvisionnement, dépôt, fourniture, provision, réserve. ▶ ***Biens d'une entreprise*** – existant.

stoïcisme *n.m.* ▶ ***École philosophique*** – le Portique. ▶ ***Ascétisme*** – ascèse, ascétisme, austérité, puritanisme, rigorisme. ▶ ***Sérénité*** – apathie, ataraxie, calme, détachement, distanciation, égalité d'âme, égalité d'humeur, équilibre, flegme, impassibilité, imperturbabilité, indifférence, paix, philosophie, placidité, quiétude, sérénité, tranquillité. *SOUT.* équanimité. △ **ANT.** FAIBLESSE, LÂCHETÉ, MOLLESSE.

stoïque *adj.* ▶ ***Qui supporte la douleur*** – aguerri, bien trempé, courageux, dur, dur au mal, endurant, endurci, fort. ▶ ***Qui ne montre aucune peur*** – ferme, héroïque, impassible, inébranlable, intrépide. *SOUT.* impavide. △ **ANT.** DÉLICAT, DOUILLET, SENSIBLE.

stopper *v.* ▶ ***Réparer une déchirure*** – raccommoder, rapiécer, recoudre, remailler, repriser. *SOUT.* raccoutrer, rapiéceter. *FAM.* rapetasser. *ACADIE FAM.* retêsser. ▶ ***Freiner une progression*** – arrêter, désamorcer, enrayer, entraver, étouffer, étrangler, faire obstacle à, freiner, inhiber, juguler, mater, mettre en échec, mettre un frein à, neutraliser, refouler. ▶ ***Arrêter*** – arrêter, bloquer. △ **ANT.** LAISSER PASSER, PERMETTRE; DÉMARRER, PARTIR.

stratagème *n.m.* ▶ ***Ruse*** – artifice, astuce, escamotage, fourberie, fraude, machiavélisme, machination, manœuvre, ruse, subterfuge. *FAM.* feinte. ▶ ***Méthode*** – approche, art, chemin, code, comment, credo, démarche, discipline, dispositif, façon (de faire), facture, formule, heuristique, instruction, instrument, ligne de conduite, maïeutique, manière, marche (à suivre), méthode, méthodologie, modalité, mode d'emploi, mode, moyen, opération, ordre, organisation, outil, posologie, pratique, procédé, procédure, protocole, raisonnement, recette, règle, secret, stratégie, système, tactique, technique, théorie, traitement, voie. *SOUT.* faire.

stratégie *n.f.* ▶ ***Méthode*** – approche, art, chemin, code, comment, credo, démarche, discipline, dispositif, façon (de faire), facture, formule, heuristique, instruction, instrument, ligne de conduite, maïeutique, manière, marche (à suivre), méthode, méthodologie, modalité, mode d'emploi, mode, moyen, opération, ordre, organisation, outil, posologie, pratique, procédé, procédure, protocole, raisonnement, recette, règle, secret, stratagème, système, tactique, technique, théorie, traitement, voie. *SOUT.* faire. ▶ ***Ruse*** – adresse, calcul, diplomatie, finesse, habileté, ligne de conduite, machiavélisme, manège, négociation, patience, prudence, ruse, sagesse, savoir-faire, souplesse, tactique, temporisation, tractation. △ **ANT.** CONFUSION, DÉSORDRE; MALADRESSE.

stratégique *adj.* ▶ ***Propre à l'art de la guerre*** – militaire, tactique.

stresser *v.* ♦ **stresser** ▶ ***Rendre nerveux*** (*FAM.*) – affoler, agiter, alarmer, angoisser, effrayer, énerver, épouvanter, inquiéter, oppresser, préoccuper, tourmenter, tracasser, troubler. ♦ **se stresser ou stresser** ▶ ***S'énerver*** (*FAM.*) – être sur des charbons ardents, s'alarmer, s'angoisser, s'en faire, s'énerver, s'inquiéter, se faire du mauvais sang, se faire du souci, se faire du tracas, se faire un sang d'encre, se mettre martel en tête, se morfondre, se ronger les sangs, se soucier, se tourmenter, se tracasser. *FAM.* angoisser, flipper, se biler, se faire de la bile, se faire des cheveux, se frapper. *QUÉB. FAM.* capoter. △ **ANT.** APAISER, CALMER, TRANQUILLISER.

strict *adj.* ▶ ***Exigeant*** – draconien, dur, exigeant, rigide, rigoureux, sévère. *FAM.* chien, vache.

FRANCE FAM. rosse. ▶ ***Qui ne laisse aucune liberté*** – astreignant, contraignant, étroit, restreignant, rigide, rigoureux. ▶ ***Sans ornement*** – classique, dépouillé, discret, simple, sobre. ▶ ***En parlant du sens d'un mot*** – concret, littéral, propre. △ **ANT.** BIENVEILLANT, CLÉMENT, COMPRÉHENSIF, INDULGENT, TOLÉRANT; ÉLASTIQUE, LÂCHE, LAXISTE, PERMISSIF; AGRÉMENTÉ, ORNÉ; ÉTENDU, LARGE.

strictement *adv.* ▶ ***Austèrement*** – austèrement, durement, étroitement, puritainement, rigidement, rigoureusement, sévèrement, stoïquement. ▶ ***Purement*** – exclusivement, purement, seulement, simplement, uniquement. △ **ANT.** PLUTÔT.

strident *adj.* aigu, perçant, qui déchire les oreilles, sifflant, stridulant, suraigu.

structure *n.f.* ▶ ***Architecture*** – architecture, armature, charpente, ferme, gros œuvre, ossature, squelette. ▶ ***Agencement*** – accommodation, accommodement, agencement, ajustement, aménagement, architecture, arrangement, articulation, assemblage, combinaison, combinatoire, composition, concaténation, configuration, construction, contexture, coordination, disposition, distribution, élaboration, enchaînement, harmonie, liaison, mise en ordre, mise en place, ordonnance, ordonnancement, ordre, organisation, orientation, plan, profil, programmation, rangement, structuration, système, texture. △ **ANT.** CONFUSION, DÉSORDRE, DÉSORGANISATION.

studieux *adj.* appliqué, sérieux. FAM. chiadeur. △ **ANT.** DISSIPÉ, NÉGLIGENT, PARESSEUX.

stupéfaction *n.f.* ▶ ***Étonnement*** – abasourdissement, ahurissement, bouleversement, ébahissement, éblouissement, effarement, émerveillement, étonnement, saisissement, stupeur, surprise. FAM. épatement. ▶ ***Engourdissement*** (SOUT.) – abalourdissement, abêtissement, abrutissement, bêtification, bêtifiement, crétinisation, débilisation, décervelage, encroûtement, engourdissement, infantilisation. △ **ANT.** IMPASSIBILITÉ, PLACIDITÉ, SANG-FROID.

stupéfait *adj.* abasourdi, ahuri, bouche bée, confondu, ébahi, éberlué, estomaqué, étonné, frappé de stupeur, hébété, interdit, interloqué, médusé, muet d'étonnement, pantois, pétrifié, sidéré, surpris. FAM. baba, ébaubi, épaté, époustouflé, riboulant, soufflé, suffoqué. △ **ANT.** IMPASSIBLE, INEXPRESSIF.

stupéfiant *adj.* à (vous) couper le souffle, abasourdissant, ahurissant, bouleversant, confondant, déconcertant, ébahissant, effarant, époustouflant, étonnant, étourdissant, extraordinaire, impensable, inconcevable, incroyable, inimaginable, inouï, invraisemblable, pétrifiant, renversant, suffocant, surprenant. SOUT. qui confond l'entendement. FAM. ébouriffant, mirobolant, sidérant, soufflant. △ **ANT.** BANAL, ININTÉRESSANT, ORDINAIRE, SANS INTÉRÊT.

stupéfiant *n.m.* drogue, psychotrope.

stupéfier *v.* ▶ ***Étonner*** – abasourdir, ahurir, couper bras et jambes à, couper le souffle à, ébahir, époustoufler, étonner, méduser, renverser, saisir, souffler, stupéfaire, suffoquer. FAM. décoiffer, défoncer, déménager, éberluer, ébouriffer, épater, estomaquer, estourbir, scier, sidérer. ▶ ***Engourdir*** (SOUT.) – abrutir, appesantir, engourdir, ralentir.

stupeur *n. f.* ▶ ***Stupéfaction*** – abasourdissement, ahurissement, bouleversement, ébahissement, éblouissement, effarement, émerveillement, étonnement, saisissement, stupéfaction, surprise. FAM. épatement. ▶ ***État d'inertie*** – abattement, accablement, anéantissement, catalepsie, catatonie, démotivation, dépression, effondrement, hébétude, léthargie, marasme, neurasthénie, prostration, sidération, torpeur. △ **ANT.** IMPASSIBILITÉ, PLACIDITÉ, SANG-FROID.

stupide *adj.* ▶ ***Inintelligent*** – abruti, benêt, bête, bête à manger du foin, borné, crétin, demeuré, hébété, idiot, imbécile, inintelligent, niais, nigaud, obtus, sot. FAM. bébête, bêta, bouché, cloche, con, cruche, débile, gourde, nouille, qui n'a pas inventé la poudre, taré, tarte, zozo. FRANCE FAM. ballot, connard, corniaud, cucul la praline, ganache, nunuche, qui n'a pas inventé le fil à couper le beurre, schnock, tourte. QUÉB. FAM. cabochon, niaiseux, sans-dessein. SUISSE FAM. bobet. ▶ ***Inepte*** – bête, idiot, imbécile, inepte, inintelligent, ridicule, sot. FAM. con, crétin. ▶ ***Absurde*** – aberrant, absurde, déraisonnable, fou, idiot, illogique, inepte, insensé, irrationnel, qui n'a aucun sens, ridicule. SOUT. insane. FAM. dément, qui ne tient pas debout. RARE antirationnel. PHILOS. alogique. △ **ANT.** BRILLANT, ÉVEILLÉ, INTELLIGENT; DÉLURÉ, FIN, FINAUD, FUTÉ, INGÉNIEUX, INVENTIF, MALIN, RUSÉ, VIF; ASTUCIEUX, BIEN PENSÉ, HABILE, JUDICIEUX, PERTINENT; ANIMÉ.

stupidement *adv.* absurdement, bêtement, débilement, follement, idiotement, imbécilement, inconsciemment, inintelligemment, naïvement, niaisement, ridiculement, simplement, sottement. FAM. connement. △ **ANT.** ASTUCIEUSEMENT, BRILLAMMENT, GÉNIALEMENT, INGÉNIEUSEMENT, INTELLIGEMMENT, JUDICIEUSEMENT, LUCIDEMENT, SAVAMMENT.

stupidité *n.f.* ▶ ***Inintelligence*** – ânerie, béotisme, bêtise, bornerie, débilité, idiotie, ignorance, imbécillité, ineptie, inintelligence, innocence, insipidité, lenteur, lourdeur, naïveté, niaiserie, nigauderie, pesanteur, simplicité, sottise. FAM. connerie, crétinisme, dinguerie. ▶ ***Acte ou parole stupide*** – absurdité, ânerie, bafouillage, bafouillis, baliverne, balourdise, bêlement, bêtise, bourde, calembredaine, cliché, dinguerie, divagation, fadaise, faribole, folie, idiotie, imbécillité, ineptie, insanité, niaiserie, non-sens, perle, propos en l'air, sornette, sottise. SOUT. billevesée. FAM. connerie, crétinerie, déblocage, déconnage, vanne. ▶ ***Aberration*** – aberration, démence, extravagance, folie, idiotie, imbécillité, inconséquence, ineptie. FAM. RARE maboulisme. ▶ ***Abêtissement*** – abêtissement, ahurissement, crétinisme, encroûtement, engourdissement, gâtisme, hébétement, idiotie, imbécillité, infantilisme. SOUT. hébétude. △ **ANT.** INTELLIGENCE, PERSPICACITÉ; ESPRIT, FINESSE.

style *n.m.* ▶ ***Façon d'écrire*** – écriture, langue, prose (de qqn). ▶ ***Façon de parler*** – articulation, débit, déclamation, diction, élocution, éloquence, énonciation, expression, langage, langue, parole, phonation, phonétique, phonie, pose de voix, prononciation, voix. ▶ ***Façon de parler selon le contexte*** – niveau de langue. ▶ ***En grammaire*** – discours. ▶ ***Prestance*** – air, allure, apparence, aspect, attitude, contenance, démarche, façon, genre, ligne, maintien, manière, panache, physique, port, posture, prestance, silhouette, tenue, tournure. *SOUT.* extérieur, mine. *FAM.* gueule, touche. *QUÉB. FAM.* erre d'aller. *PÉJ. FAM.* dégaine. ▶ ***Mode*** – avant-gardisme, dernier cri, engouement, épidémie, fantaisie, fureur, goût (du jour), mode, tendance, ton, vague, vent, vogue. ▶ ***Façon d'être d'une personne*** – genre, griffe, manière d'être, marque, profil psychologique. ▶ ***Tige*** – aine, alinette, apex, archet, badine, baguette, bâton, bâtonnet, branche, canne, cravache, crosse, gaule, honchet, houssine, jonc, jonchet, mailloche, perche, stick, tige, triballe, tringle, verge, vergette. ▶ ***Poinçon*** – stylet. △ **ANT.** BANALITÉ, FADEUR, PRÉVISIBILITÉ.

stylo *n.m.* crayon à bille, crayon à encre, stylo (à) bille, stylo à encre, stylo rechargeable. *QUÉB. FAM.* crayon à l'encre.

suave *adj.* ▶ ***Agréable*** – agréable, beau, charmant, délicieux, divin, exquis, sublime. *FRANCE FAM.* gouleyant. ▸ *À l'odorat* – aromatique, odorant, odoriférant, parfumé. ▸ *À l'oreille* – chantant, doux, harmonieux, mélodieux, musical. *DIDACT.* euphonique, eurythmique. △ **ANT.** DÉPLAISANT, DÉSAGRÉABLE; ACIDE, ÂCRE, AMER, RUDE; ÉCŒURANT, FÉTIDE; CACOPHONIQUE, CRIARD, DISCORDANT, DISSONANT, FAUX, INHARMONIEUX.

subalterne *adj.* bas, inférieur, mineur, moindre, secondaire, subordonné. △ **ANT.** DOMINANT, SUPÉRIEUR.

subalterne *n.* adjoint, aidant, aide, alter ego, assesseur, assistant, auxiliaire, bras droit, collaborateur, complice, exécutant, homme de confiance, lieutenant, préparateur, second, sous-chef, subordonné. *SOUT.* suivant. *RELIG.* coadjuteur, définiteur. ▸ *Non favorable* – acolyte, lampiste, second couteau, second rôle, second violon, sous-fifre, sous-ordre. △ **ANT.** CHEF, MAÎTRE, PATRON, SUPÉRIEUR.

subconscient *adj.* inconscient, infraliminaire, infraliminal, subliminaire, subliminal. △ **ANT.** CONSCIENT.

subir *v.* ▶ ***Vivre une chose déplaisante*** – endurer, éprouver, essuyer, souffrir, soutenir. ▶ ***Suivre*** – obéir à, suivre. ▶ ***Passer*** – passer, se soumettre à. △ **ANT.** ASSENER, IMPOSER, INFLIGER; COMMANDER, ORDONNER, PRESCRIRE; AGIR, FAIRE; RÉSISTER.

subit *adj.* brusque, foudroyant, fulgurant, instantané, prompt, soudain. △ **ANT.** GRADUEL, LENT, PROGRESSIF; PRÉVU.

subitement *adv.* à brûle-pourpoint, à l'improviste, au débotté, au dépourvu, brusquement, d'un coup, de but en blanc, du jour au lendemain, ex abrupto, imprévisiblement, impromptu, inopinément, intempestivement, promptement, sans avertissement, sans crier gare, soudain, soudainement, tout à coup, tout d'un coup, tout de go. *FAM.* subito, subito presto. △ **ANT.** GRADUELLEMENT, PETIT À PETIT, PEU À PEU, PROGRESSIVEMENT; COMME ON S'Y ATTENDAIT.

subjectif *adj.* ▶ ***Personnel*** – impressionniste, personnel. *SOUT.* impressif. ▶ ***Partial*** – arbitraire, partial, partisan, prévenu, qui a des œillères, tendancieux. △ **ANT.** OBJECTIF; IMPARTIAL.

subjectivité *n.f.* ▶ ***Caractère non absolu*** – relatif, relativité. ▶ ***Préjugé*** – idée reçue, parti pris, préconception, préjugé, prénotion, prévention, subjectivisme. △ **ANT.** OBJECTIVITÉ.

sublimation *n.f.* ▶ ***Évaporation*** – distillation, ébullition, évaporation, gazéification, vaporisation, volatilisation. ▶ ***Dématérialisation*** – abstraction, conceptualisation, dématérialisation, désincarnation, essentialisation, idéalisation, intellectualisation, mentalisation, spiritualisation. △ **ANT.** CRISTALLISATION, SOLIDIFICATION; DÉBAUCHE, DÉPRAVATION.

sublime *adj.* ▶ ***Élevé dans l'échelle des valeurs*** – beau, élevé, grand, haut, idéalisé, noble, pur. *SOUT.* éthéré. ▶ ***D'une perfection hors de ce monde*** – angélique, céleste, divin, pur, transcendant. *SOUT.* archangélique, séraphique. ▶ ***Excellent*** – admirable, brillant, éblouissant, excellent, extraordinaire, fantastique, magistral, magnifique, merveilleux, parfait, prodigieux, remarquable, réussi, sensationnel. *FAM.* à tout casser, champion, d'enfer, du tonnerre, épatant, extra, fameux, formidable, fumant, génial, mirifique, pas piqué des vers, splendide, super, terrible. *FRANCE FAM.* du feu de Dieu, énorme, fadé, formide, géant, gratiné, pas piqué des hannetons. ▶ ***Agréable*** – agréable, beau, charmant, délicieux, divin, exquis, suave. *FRANCE FAM.* gouleyant. △ **ANT.** BAS, VIL, VULGAIRE; LAMENTABLE, MÉDIOCRE, MINABLE, NAVRANT, NUL, PIÈTRE, PITEUX, PITOYABLE, RATÉ.

subliminal *adj.* inconscient, infraliminaire, infraliminal, subconscient, subliminaire. △ **ANT.** PERCEPTIBLE.

submerger *v.* ▶ ***Au sens concret*** – engloutir, ennoyer, inonder, noyer. ▶ ***Au sens abstrait*** – emplir, envahir, gonfler, inonder, pénétrer, remplir. △ **ANT.** ÉVACUER, VIDER; APPARAÎTRE, ÉMERGER, SURGIR.

subordination *n.f.* ▶ ***Dépendance*** – abaissement, allégeance, appartenance, asservissement, assujettissement, attachement, captivité, contrainte, dépendance, domestication, domesticité, domination, emprise, esclavage, gêne, hilotisme, inféodation, infériorité, mainmise, merci, mouvance, obédience, obéissance, obligation, oppression, pouvoir, puissance, servage, servitude, soumission, sujétion, tutelle, tyrannie, vassalité. *FIG.* carcan, chaîne, corset (de fer), coupe, fardeau, griffe, main, patte, prison; *SOUT.* fers, gaine, joug. *FÉOD.* tenure. ▶ ***Hiérarchie*** – autorité, commandement, ordre, rang. *RARE* notabilité. △ **ANT.** AUTONOMIE, INDÉPENDANCE; DÉSOBÉISSANCE, INSUBORDINATION.

subordonné *n.* adjoint, aidant, aide, alter ego, assesseur, assistant, auxiliaire, bras droit, collaborateur, complice, exécutant, homme de confiance, lieutenant, préparateur, second, sous-chef, subalterne. *SOUT.* suivant. *RELIG.* coadjuteur, définiteur. ▸ *Non favorable* – acolyte, lampiste, second couteau, second rôle, second violon, sous-fifre, sous-ordre. △ **ANT.** CHEF, DIRIGEANT, PATRON, SUPÉRIEUR.

subrepticement *adv.* à huis clos, à la dérobée, anonymement, clandestinement, confidentiellement, discrètement, en cachette, en catimini, en confidence, en secret, en sourdine, en vase clos, furtivement, incognito, ni vu ni connu, occultement, sans tambour ni trompette, secrètement, sourdement, sous le manteau, souterrainement. *FAM.* en douce, en sous-main, en tapinois. △ **ANT.** AU GRAND JOUR, DEVANT TOUT LE MONDE, EN PUBLIC, OSTENSIBLEMENT, OUVERTEMENT.

subséquent *adj.* à venir, futur, postérieur, prochain, suivant, ultérieur. △ **ANT.** ANTÉCÉDENT, PRÉCÉDENT; ANTÉRIEUR.

subsistance *n.f.* ▶ ***Approvisionnement*** – aliment, alimentation, approvisionnement, comestibles, denrée, entretien, fourniture, intendance, nourriture, pain, produit alimentaire, provision, ravitaillement, victuailles, vie, vivres. *SOUT.* provende. *FAM.* matérielle. ▸ *Pour une personne* – part, portion, ration.

subsister *v.* ▶ ***Assurer son existence*** – survivre, vivre. ▶ ***Durer*** – demeurer, durer, perdurer, persister, résister, rester, se conserver, se maintenir, se perpétuer, survivre. △ **ANT.** CHANGER, S'ALTÉRER; DISPARAÎTRE, MOURIR, PÉRIR.

substance *n.f.* ▶ ***Matière*** – corps, matière. ▶ ***Existence*** – actualité, essence, être, existence, fait, occurrence, présence, réalité, réel, vie. ▶ ***Essence*** – caractère, en-soi, essence, essentialité, inhérence, nature, principe, qualité, quiddité, quintessence. *SOUT.* (substantifique) moelle. *PHILOS.* entité. ▶ ***Substantialité*** – consubstantialité, corporalité, substantialité. △ **ANT.** ESPRIT, IMMATÉRIALITÉ.

substantiel *adj.* ▶ ***Fondamental*** – constitutif, foncier, fondamental, inhérent, inné, intrinsèque, radical. *PHILOS.* essentiel, immanent. ▶ ***Nourrissant*** – consistant, nourrissant, nutritif, rassasiant, riche. *FAM.* bourrant, bourratif, qui cale l'estomac. ▶ ***Notable*** – appréciable, de taille, fort, grand, gros, important, non négligeable, notable, respectable, sensible, sérieux. △ **ANT.** CONTINGENT; FAIBLE, MAIGRE, PAUVRE; NÉGLIGEABLE; NUL.

substantiellement *adv.* absolument, en essence, essentiellement, foncièrement, fondamentalement, intrinsèquement, organiquement, primordialement, principalement, profondément, radicalement, totalement, viscéralement, vitalement. △ **ANT.** ACCESSOIREMENT, AUXILIAIREMENT, INCIDEMMENT, MARGINALEMENT, SECONDAIREMENT.

substituer *v.* ▶ ***Mettre à la place*** – remplacer. ♦ **se substituer** ▶ ***Tenir la place*** – faire fonction de, jouer le rôle de, remplacer, servir de, suppléer, tenir la place de, tenir lieu de.

substitut *n.* ▶ ***Personne qui remplace*** – intérimaire, remplaçant, représentant, subrogé, suppléant. ▸ *Non favorable* – pis aller. *FAM.* bouche-trou. ▶ ***Substance*** – ersatz, remplacement, succédané. ▶ ***En grammaire*** – anaphore, anaphorique, cataphore, remplaçant.

substitution *n.f.* ▶ ***Remplacement*** – change, changement, chassé-croisé, commutation, échange, intérim, rechange, relève, remplacement, rotation, roulement, subrogation, succession, suppléance. ▶ ***Permutation*** – commutation, interversion, inversion, mutation, permutation, renversement, retournement, transposition. △ **ANT.** CONTINUITÉ, PERMANENCE.

subtil *adj.* ▶ ***Perspicace*** – aigu, clairvoyant, fin, lucide, lumineux, pénétrant, perçant, perspicace, profond, psychologue, qui voit loin, sagace. ▶ ***Spirituel*** – brillant, fin, malicieux, pétillant, piquant, plein d'esprit, spirituel, vif. ▶ ***Raffiné*** – délicat, exquis, fin, raffiné, recherché. ▶ ***Complexe*** – complexe, délicat, difficile, recherché, savant. △ **ANT.** BÊTE, BORNÉ, LOURD, NIAIS; PLAT; BRUT, ÉPAIS, GROSSIER; COMPRÉHENSIBLE, ÉVIDENT, FACILE.

subtilement *adv.* ▶ ***Imperceptiblement*** – imperceptiblement, indistinctement, insensiblement, invisiblement. ▶ ***Délicatement*** – délicatement, faiblement, finement, fragilement, précairement, sensiblement. ▶ ***Intelligemment*** – adroitement, astucieusement, avec brio, avec éclat, bien, brillamment, de main de maître, expertement, finement, génialement, habilement, industrieusement, ingénieusement, intelligemment, judicieusement, lucidement, magistralement, pertinemment, professionnellement, savamment, sensément, spirituellement, talentueusement, vivement. ▶ ***Abstraitement*** – abstractivement, abstraitement, dans l'abstrait, dans l'absolu, en théorie, hypothétiquement, idéalement, imaginairement, in abstracto, intellectuellement, irréellement, platoniquement, profondément, théoriquement. △ **ANT.** DISTINCTEMENT, NOTABLEMENT, PERCEPTIBLEMENT, REMARQUABLEMENT, SENSIBLEMENT, SIGNIFICATIVEMENT; GAUCHEMENT, INHABILEMENT, MAL, MALADROITEMENT, MALHABILEMENT; GROSSIÈREMENT.

subtilité *n.f.* ▶ ***Immatérialité*** – abstraction, abstrait, cérébralité, essentialité, évanescence, idéalité, immatérialité, impalpabilité, imperceptibilité, impondérabilité, incorporalité, incorporéité, intangibilité, intemporalité, irréalité, spiritualité, spirituel, volatilité. ▶ ***Finesse*** – détail, finesse, perfectionnement, précision, raffinement, recherche, sophistication, stylisme. *RARE* exquisité. ▶ ***Raffinement*** – acuité, clairvoyance, fin, finesse, flair, habileté, jugement, lucidité, pénétration, perspicacité, sagacité, sensibilité. *RARE* acutesse, perspicuité. *FAM.* nez. ▶ ***Raisonnement trop subtil*** – argutie, byzantinisme, casuistique, chicane, distinguo, élucubration, ergotage, ergoterie, finesse, formalisme, logomachie, scolastique. *SOUT.* ratiocination, sophistique. *FAM.* chinoiserie, chipotage, pinaillage. ▶ ***Préciosité*** – affectation, byzantinisme, emphase, maniérisme, marivaudage, mignardise, préciosité, purisme, raffinement, recherche, sophistication. *SOUT.* afféterie, concetti. △ **ANT.** BALOURDISE, BÊTISE, ÉPAISSEUR, MALADRESSE.

subvention *n.f.* ▶ ***Don*** – aide, allocation, apport, assistance, aumône, bonne œuvre, charité, dation, disposition, distribution, don, faveur, grâce, hommage, indemnité, obole, prestation, secours, soulagement, subside. *SOUT.* bienfait. *FAM.* dépannage. *DR.* donation, fidéicommis, legs, libéralité. *RELIG.* bénédiction, charisme. ▶ ***Prêt*** – aide (financière), avance, bourse, commodat, crédit, découvert, dépannage, préfinancement, prêt, prime, subvention (remboursable). ▶ ***Encouragement*** – aide, aiguillon, applaudissement, approbation, appui, compliment, éloge, exhortation, incitation, prime, prix, protection, récompense, soutien, stimulant. *SOUT.* satisfecit. △ **ANT.** CHARGE, IMPÔT.

suc *n.m.* jus, sève.

succéder *v.* ▶ ***Venir après qqn*** – prendre la suite de, remplacer, suivre. ▶ ***Venir après qqch.*** – suivre. ♦ **se succéder** ▶ ***Se suivre*** – défiler, s'enchaîner, se suivre. △ **ANT.** DEVANCER, PRÉCÉDER; ACCOMPAGNER, COEXISTER.

succès *n.m.* ▶ ***Victoire*** – avantage, gain, réussite, triomphe, victoire. *FAM.* gagne. événement heureux, heureuse tournure, issue heureuse. ▶ ***Exploit*** – exploit, performance, prouesse, record, réussite, tour de force. *SOUT.* gageure. ▶ ***Gloire*** – apothéose, bonheur, bonne fortune, boum, consécration, couronnement, gloire, honneur, lauriers, prospérité, retentissement, réussite, triomphe, trophée. *FAM.* malheur, (succès) bœuf, tabac. *FRANCE FAM.* carton, saucisson, ticket. ▶ ***Mode*** – mode, retentissement, vogue. ▶ ***Personne séduite*** – *FAM.* conquête. △ **ANT.** CATASTROPHE, DÉFAITE, ÉCHEC, INSUCCÈS, MALHEUR, REVERS.

successeur *n.* ayant cause, continuateur, dauphin, enfant, fils, héritier, remplaçant, successible. *SOUT.* épigone, hoir. △ **ANT.** DEVANCIER, PRÉDÉCESSEUR.

successif *adj.* consécutif, séquentiel. △ **ANT.** SIMULTANÉ.

succession *n.f.* ▶ ***Suite*** – alignement, chaîne, chapelet, colonne, combinaison, consécution, cordon, enchaînement, enfilade, énumération, file, gamme, guirlande, ligne, liste, rang, rangée, séquence, série, suite, tissu, travée. ▶ ***Alternance*** – allée et venue, alternatives, balancement, bascule, changement, flux et reflux, intermittence, ondulation, oscillation, palpitation, périodicité, pulsation, récurrence, récursivité, retour, rotation, roulement, rythme, sinusoïde, tour, va-et-vient, variation. ▶ ***Remplacement*** – change, changement, chassé-croisé, commutation, échange, intérim, rechange, relève, remplacement, rotation, roulement, subrogation, substitution, suppléance. ▶ ***Patrimoine*** – apanage, bien, domaine, fortune, héritage, légitime, legs, majorat, patrimoine, propriété. *RELIG.* défroque. ▶ ***Capital*** – argent, avoir, bien, capital, cassette, épargne, fonds, fortune, fruit, gain, investissement, liquidités, numéraire, patrimoine, pécule, placement, portefeuille, possession, produit, propriété, richesse, trésor, valeur. *SOUT.* deniers. *FAM.* finances, magot. △ **ANT.** COEXISTENCE, SIMULTANÉITÉ.

successivement *adv.* ▶ ***Consécutivement*** – à tour de rôle, alternativement, consécutivement, coup sur coup, d'affilée, de file, l'un après l'autre, rythmiquement, tour à tour. ▶ ***Périodiquement*** – à date fixe, à des intervalles répétés, à heure fixe, à intervalles constants, à intervalles fixes, à intervalles réguliers, à jour fixe, à périodes fixes, à périodes régulières, à plusieurs reprises, à répétition, cycliquement, itérativement, périodiquement, régulièrement, rythmiquement. △ **ANT.** UNE SEULE FOIS.

succomber *v.* ▶ ***Cesser de résister*** – abandonner, céder, se laisser aller. *FAM.* craquer, flancher. ▶ ***S'effondrer*** – crouler, s'abattre, s'affaisser, s'ébouler, s'écrouler, s'effondrer, tomber en ruine. ▶ ***Mourir*** – décéder, être emporté, être tué, expirer, mourir, perdre la vie, périr, s'éteindre, trouver la mort. *SOUT.* exhaler le dernier soupir, passer de vie à trépas, rendre l'âme, rendre l'esprit, rendre le dernier soupir, rendre son dernier souffle, trépasser. *PAR EUPHÉM.* avoir vécu, disparaître, faire le grand voyage, fermer les paupières, fermer les yeux, finir, monter au ciel, paraître devant Dieu, partir, passer, passer dans l'autre monde, quitter ce (bas) monde, s'effacer, s'en aller, s'endormir. *FAM.* caner, clamser, claquer, crever, passer l'arme à gauche, sortir les pieds devant, y rester. *FRANCE FAM.* claboter. △ **ANT.** RÉSISTER, S'OBSTINER; SUPPORTER, SURMONTER, VAINCRE; SURVIVRE, VIVRE.

sucer *v.* ▶ ***Garder dans la bouche*** – téter. *BELG.* tûter. ▶ ***Aspirer un liquide*** – aspirer, pomper. *MAR.* super. △ **ANT.** CRACHER, REJETER.

sucrerie *n.f.* ▶ ***Friandise*** – chatterie, confiserie, douceur, friandise, gâterie, gourmandise. *QUÉB. FAM.* sucré. ▶ ***Exploitation des érables*** – *QUÉB.* cabane (à sucre), érablière. ▶ ***Boisson*** (*AFR.*) – boisson, breuvage *(spécial)*. *SOUT.* nectar. *FAM.* liquide.

sud *adj.* ▶ ***Au sud*** – méridional. ▶ ***Du pôle Sud*** – antarctique, austral. △ **ANT.** BORÉAL, NORD, SEPTENTRIONAL; ARCTIQUE.

sud *n.m.* ▶ ***Sud*** – Antarctique, autan, midi. △ **ANT.** NORD.

suer *v.* ▶ ***Transpirer*** – être en nage, être en sueur, être (tout) en eau, ruisseler de sueur, transpirer. ▶ ***Travailler fort*** – besogner, peiner, travailler comme un forçat, travailler d'arrache-pied. *SOUT.* tâcher. *FAM.* bûcher, en baver, en travailler un coup, galérer, marner, ne pas chômer, trimer. *FRANCE FAM.* boulonner. ▶ ***Souffrir*** – peiner, souffrir. *FAM.* en baver, en baver des ronds de chapeau, en roter. ▶ ***Se couvrir d'humidité*** – ressuer, suinter. ▶ ***Dégager une ambiance, un sentiment*** – exhaler, respirer, transpirer. △ **ANT.** AVOIR FROID; S'ASSÉCHER; SE REPOSER.

sueur *n.f.* eau, écume *(animal)*, moiteur, nage, perspiration, sudation, sudorification, transpiration. *FAM.* suée. △ **ANT.** ASSÈCHEMENT.

suffire *v.* ▶ ***Satisfaire*** – remplir, répondre à, satisfaire à. △ **ANT.** FAIRE DÉFAUT, MANQUER.

suffisamment *adv.* à satiété, amplement, assez, autant qu'il faut, ce qu'il faut, convenablement, en quantité suffisante, honnêtement, passablement, plutôt, quelque peu, raisonnablement, valablement. *FAM.* jusqu'à plus soif, marre. *FRANCE FAM.* class. △ **ANT.** INSUFFISAMMENT.

suffisance *n.f.* ▶ ***Vanité*** – amour-propre, arrogance, autosatisfaction, bouffissure, complaisance, contentement (de soi), crânerie, enflure, fatuité, gloriole, hauteur, immodestie, importance, jactance, mégalomanie, morgue, orgueil, ostentation, outrecuidance, parade, pose, présomption, prétention, superbe, supériorité, vanité, vantardise. *SOUT.* fierté, infatuation. *FAM.* ego. ▶ ***Pédantisme*** – affectation, cuistraillerie, cuistrerie, didactisme, dogmatisme, érudition affectée, fatuité, pédanterie, pédantisme, pose, sottise. *SOUT.* omniscience. △ **ANT.** HUMILITÉ, MODESTIE; INSUFFISANCE.

suffisant *adj.* ▶ ***Satisfaisant*** – acceptable, approuvable, bien, bon, convenable, correct, décent, honnête, honorable, moyen, passable, présentable, raisonnable, satisfaisant. *FAM.* O.K., potable, supportable. ▶ ***Prétentieux*** – cabot, cabotin, complaisant, conquérant, content de soi, fat, fier, fiérot, hâbleur, imbu de soi-même, infatué, m'as-tu-vu, orgueilleux, outrecuidant, pédant, pétri d'orgueil, plein de soi-même, présomptueux, prétentieux, qui fait l'important, qui se prend pour quelqu'un, qui se prend pour un autre, rempli de soi-même, vain, vaniteux, vantard. *FAM.* chochotte. *LOUISIANE AFR.* faraud. △ **ANT.** INSATISFAISANT, INSUFFISANT; HUMBLE, MODESTE, SANS PRÉTENTION, SIMPLE.

suffoquer *v.* ▶ ***Gêner la respiration*** – étouffer, oppresser. ▶ ***Tuer par asphyxie*** – asphyxier, étouffer. ▶ ***Stupéfier*** – abasourdir, ahurir, couper bras et jambes à, couper le souffle à, ébahir, époustoufler, étonner, méduser, renverser, saisir, souffler, stupéfaire, stupéfier. FAM. décoiffer, défoncer, déménager, éberluer, ébouriffer, épater, estomaquer, estourbir, scier, sidérer. ▶ ***Respirer difficilement*** – avoir le souffle court, étouffer, être hors d'haleine, haleter, manquer de souffle, perdre haleine, s'époumoner, s'essouffler, souffler. SOUT. anhéler, panteler. △ **ANT.** RESPIRER.

suffrage *n.m.* ▶ ***Choix*** – adoption, choix, cooptation, décision, désignation, détermination, échantillonnage, écrémage, élection, nomination, plébiscite, prédilection, présélection, résolution, sélection, tri, triage, vote. décret, SOUT. parti. ▶ ***Vote*** – consultation (populaire), élection, plébiscite, proclamation, référendum, scrutin, tour, urnes, voix, vote. ▶ ***Approbation*** (SOUT.) – acceptation, accord, accréditation, acquiescement, adhésion, adoption, affirmation, affirmative, agrément, amen, approbation, approbativité, approuvé, assentiment, autorisation, aval, avis favorable, bénédiction, caution, chorus, confirmation, consentement, déclaration favorable, engagement, entérinement, exeat, feu vert, gré, homologation, légalisation, oui, permission, ratification, sanction, validation. BELG. agréage, agréation. RELIG. admittatur, celebret, créance, imprimatur, nihil obstat. △ **ANT.** DÉSAPPROBATION, OPPOSITION.

suggérer *v.* ▶ ***Sous-entendre*** – dire à demi-mot, dire à mots couverts, donner à entendre, laisser entendre, sous-entendre. ▶ ***Proposer*** – conseiller, indiquer, proposer, recommander. ▶ ***Faire naître une idée*** – inspirer, souffler. SOUT. instiller. △ **ANT.** DÉCONSEILLER, DÉTOURNER, DISSUADER; CHASSER, ÉLOIGNER, REPOUSSER.

suggestif *adj.* ▶ ***Évocateur*** – évocateur, inspirant, inspirateur. ▶ ***Aguichant*** – affriolant, aguichant, aguicheur, aphrodisiaque, émoustillant, impudique, incendiaire, provocant, sensuel, troublant, voluptueux. △ **ANT.** FADE, ININTÉRESSANT, INSIPIDE, TERNE.

suggestion *n.f.* ▶ ***Proposition*** – avertissement, avis, conseil, encouragement, exhortation, guidance, idée, incitation, indication, information, initiative, inspiration, instigation, motion *(dans une assemblée)*, offre, opinion, préconisation, proposition, recommandation, renseignement. FAM. tuyau. DR. pollicitation. ▶ ***Influence*** – action, aide, appui, ascendant, attirance, attraction, aura, autorité, contagion, crédit, dominance, domination, effet, empreinte, emprise, fascination, force, importance, incitation, influence, inspiration, magie, magnétisme, mainmise, manipulation, mouvance, persuasion, pétition, poids, pouvoir, prépondérance, présence, pression, prestige, puissance, règne, rôle, séduction, subjugation, tyrannie. SOUT. empire, intercession. ▶ ***Analogie*** – allégorie, analogie, apologue, assimilation, association (d'idées), catachrèse *(lexicalisée)*, comparaison, équivalence, figure, image, lien, métaphore, parabole, parallèle, parenté, personnification, rapport, rapprochement, relation, ressemblance, similitude, symbole, symbolisme.

suicider (se) *v.* mettre fin à ses jours, s'enlever la vie, se donner la mort, se tuer. FAM. se détruire, se supprimer. ▸ *Par balle* – se tirer (une balle dans la tête). FAM. se brûler la cervelle, se faire sauter la cervelle, se faire sauter le caisson, se flinguer. ▸ *Par sacrifice* – faire le sacrifice de sa vie. SOUT. s'immoler.

suinter *v.* ▶ ***S'écouler faiblement*** – exsuder. SOUT. sourdre, transsuder. ▶ ***Se couvrir d'humidité*** – ressuer, suer. ▶ ***Laisser couler goutte à goutte*** – distiller, exsuder, sécréter.

suite *n.f.* ▶ ***Série*** – alignement, chaîne, chapelet, colonne, combinaison, consécution, cordon, enchaînement, enfilade, énumération, file, gamme, guirlande, ligne, liste, rang, rangée, séquence, série, succession, tissu, travée. ▶ ***Progression*** – cheminement, cours, déroulement, développement, devenir, évolution, fil, marche, progrès, progression. ▶ ***Continuation*** – conservation, continuation, immortalisation, maintien, pérennisation, persistance, poursuite, préservation, prolongement, sauvegarde, transmission. SOUT. ininterruption, perpétuation, perpétuement. ▶ ***Conséquence*** – action, conclusion, conséquence, contrecoup, corollaire, développement, effet, efficacité, fonction, fruit, impact, implication, incidence, jeu, juste retour des choses, œuvre, portée, prolongement, réaction, rejaillissement, répercussion, résultante, résultat, retentissement, retombées, ricochet, séquelle, suite (logique). SOUT. aboutissant, efficace, fille. ▶ ***Procession*** – cérémonie, colonne, convoi, cortège, défilé, file, marche, noce, noria, pardon, pèlerinage, procession, queue, théorie, va-et-vient. ▶ ***Escorte*** – accompagnement, convoi, cortège, équipage, escorte, garde, pompe. ▶ ***Domestiques*** – domesticité, équipage, gens de maison, personnel (de maison). PÉJ. SOUT. valetaille. ▶ ***Liste*** – barème, bordereau, cadre, catalogue, index, inventaire, liste, matricule, mémoire, menu, nomenclature, registre, relevé, répertoire, rôle, série, table, tableau. SUISSE tabelle. ▶ ***Ensemble de logiciels*** – coffret, pack. QUÉB. trousse. ▶ ***Action de poursuivre le gibier*** – chasse. DIDACT. cynégétique, prédation. △ **ANT.** INTERRUPTION.

suivant *adj.* ▶ ***Qui suit dans le temps*** – à venir, futur, postérieur, prochain, subséquent, ultérieur. ▶ ***Qui suit dans un texte*** – ci-après, ci-dessous. △ **ANT.** ANTÉRIEUR, PRÉCÉDENT; ANTÉCÉDENT.

suivi *n.m.* analyse, apurement, audit, censure, confrontation, contrôle, épreuve, examen, expérience, expérimentation, expertise, filtrage, inspection, pointage, recensement, recension, récolement, reconnaissance, recoupement, révision, revue, supervision, surveillance, test, vérification. RARE schibboleth.

suivre *v.* ▶ ***Venir après qqch.*** – succéder à. ▶ ***Venir après qqn*** – prendre la suite de, remplacer, succéder à. ▶ ***Talonner*** – être sur les talons de, marcher sur les talons de, serrer, serrer de près, talonner. ▶ ***Prendre en filature*** – filer, pister, prendre en filature. FRANCE FAM. filocher. ▶ ***S'adapter*** – emboîter le pas à, imiter, s'accorder sur, s'adapter à, s'ajuster à, s'aligner sur, se conformer à, se mettre au diapason de, se mettre dans le ton, se modeler sur, se rallier à, se ranger à, se régler sur. ▶ ***Respecter*** – acquiescer à, obéir à, observer, obtempérer à, respecter, se conformer à, se plier à, se soumettre à. SOUT. déférer à, sacrifier à. ▶ *Subir* – obéir à, subir. ▶ *Assister à un cours* – assister à, écouter. ▶ *Longer* – border, confiner à, côtoyer, longer, toucher. RARE tangenter. ▶ *Emprunter un chemin* – emprunter, enfiler, passer par, prendre, s'engager dans. ♦ **se suivre** ▶ *Se succéder* – défiler, s'enchaîner, se succéder. △ **ANT.** DEVANCER, PRÉCÉDER; DÉPASSER, SUPPLANTER; DIRIGER; DÉLAISSER, FUIR, LÂCHER, QUITTER; S'ÉCARTER, S'ÉLOIGNER; ENFREINDRE, VIOLER.

sujet *adj.* enclin à, porté à, prédisposé à, susceptible de. △ **ANT.** À L'ABRI DE.

sujet *n.* ▶ *Personne habitant un pays* – citoyen, membre de la communauté, national, naturalisé, ressortissant. ▶ *Personne soumise à une autorité* – gouverné. △ **ANT.** MAÎTRE, ROI, SOUVERAIN.

sujet *n.m.* ▶ *Ce qui est soumis à l'étude* – fait, fond, matière, objet, point, problème, propos, question, thème. ▶ *Cause* – agent, base, cause, explication, facteur, ferment, fondement, fontaine, germe, inspiration, levain, levier, mobile, moteur, motif, motivation, moyen, objet, occasion, origine, point de départ, pourquoi, principe, raison, raison d'être, source. SOUT. étincelle, mère, racine, ressort. ▶ *Portrait* – académie, anatomie, charnure, gymnité, modèle, nu, nudité, plastique.

superbe *adj.* ▶ *Ravissant* – admirable, beau, d'une grande beauté, de toute beauté, éblouissant, magnifique, ravissant, splendide. FRANCE FAM. flambant. △ **ANT.** AFFREUX, HIDEUX, HORRIBLE, IGNOBLE, MONSTRUEUX, REPOUSSANT; HUMBLE, MODESTE, SANS PRÉTENTION, SIMPLE.

superficie *n.f.* ▶ *Surface* – aire, envergure, étendue, surface. ▶ *Aspect extérieur* (SOUT.) – air, allure, apparence, aspect, caractère, configuration, couleur, couvert, dehors, éclairage, expression, extérieur, façade, faciès, figure, forme, formule, impression, jour, masque, mine, paraître, perspective, physionomie, plastique *(en art)*, portrait, présentation, profil, ressemblance, semblant, surface, ton, tour, tournure, traits, vernis, visage. SOUT. enveloppe, regardure. △ **ANT.** FOND, PROFONDEUR.

superficiel *adj.* ▶ *Peu approfondi* – approximatif, grossier, imprécis, rudimentaire, sommaire, vague. ▶ *Peu sérieux* – frivole, futile, léger, mondain, puéril. ▶ *Qui n'existe qu'en apparence* – apparent, de surface, pour la montre. ▶ *En parlant d'une lecture* – bref, cursif, rapide. △ **ANT.** PROFOND; APPROFONDI, CREUSÉ, FOUILLÉ; GRAVE, LOURD, SÉRIEUX; FONCIER, INTÉRIEUR, INTIME; SOUTERRAIN.

superficiellement *adv.* ▶ *Extérieurement* – apparemment, au-dehors, d'après les apparences, dehors, en apparence, en dehors, en surface, extérieurement, extrinsèquement, par-dehors. ▶ *Frivolement* – distraitement, frivolement, futilement, inconséquemment, infidèlement, inutilement, légèrement, négligemment, vainement. △ **ANT.** EN ESSENCE, ESSENTIELLEMENT, FONDAMENTALEMENT, INTÉRIEUREMENT, INTRINSÈQUEMENT, PROFONDÉMENT, RÉELLEMENT, SUBSTANTIELLEMENT; AVEC SÉRIEUX, DE FAÇON APPROFONDIE, SÉRIEUSEMENT.

superflu *adj.* en trop, inutile, redondant. SOUT. superfétatoire. △ **ANT.** ESSENTIEL, INDISPENSABLE, NÉCESSAIRE, OBLIGATOIRE; UTILE.

supérieur *adj.* ▶ *Haut* – élevé, fort, haut, transcendant. ▶ *Très bon* – de classe, de luxe, de premier ordre, de première qualité, de qualité supérieure, excellent, extra, extrafin, haut de gamme, hors classe, impérial, royal, surchoix, surfin. RARE excellentissime. ▶ *Remarquable en son genre* – d'exception, exceptionnel, hors du commun, hors ligne, hors pair, hors série, incomparable, inégalable, inégalé, inimitable, irremplaçable, précieux, qui n'a pas son pareil, rare, remarquable, sans égal, sans pareil, sans précédent, sans rival, sans second, spécial, unique. ▶ *Insurpassable* – inégalable, inégalé, insurpassable, meilleur, par excellence, souverain, suprême. ▶ *Important* – capital, central, crucial, de la plus haute importance, de premier plan, décisif, déterminant, dominant, essentiel, important, maître, majeur, numéro un, prédominant, prééminent, premier, prépondérant, primordial, principal, prioritaire. SOUT. à nul autre second, cardinal. ▶ *Hautain* – arrogant, condescendant, dédaigneux, fier, hautain, méprisant, orgueilleux, outrecuidant, pimbêche *(femme)*, pincé, présomptueux, prétentieux, snob. SOUT. altier, rogue. FAM. péteux, snobinard, snobinette *(femme)*. QUÉB. FAM. fendant. △ **ANT.** BAS, INFÉRIEUR; MAUVAIS, MÉDIOCRE, MINABLE, NUL; ACCESSOIRE, INSIGNIFIANT, MINEUR, PETIT, SECONDAIRE; SUBALTERNE, SUBORDONNÉ; HUMBLE, MODESTE.

supérieur *n.* ▶ *Patron* – administrateur, cadre, chef d'entreprise, chef d'équipe, chef d'industrie, chef de produit, chef de projet, contremaître, décideur, décisionnaire, directeur, dirigeant, gérant, patron, président. FAM. boss. FRANCE FAM. singe. △ **ANT.** ADJOINT, EMPLOYÉ, SUBALTERNE, SUBORDONNÉ.

supériorité *n.f.* ▶ *Prédominance* – avantage, dessus, prédominance, prééminence, préférence, prépondérance, préséance, primauté, priorité, suprématie, transcendance. SOUT. précellence, préexcellence. ▶ *Orgueil* – amour-propre, arrogance, autosatisfaction, bouffissure, complaisance, contentement (de soi), crânerie, enflure, fatuité, gloriole, hauteur, immodestie, importance, jactance, mégalomanie, morgue, orgueil, ostentation, outrecuidance, parade, pose, présomption, prétention, suffisance, superbe, vanité, vantardise. SOUT. fierté, infatuation. FAM. ego. △ **ANT.** INFÉRIORITÉ; HUMILITÉ, MODESTIE.

superposer (se) *v.* ▶ *Se recouvrir* – s'imbriquer, (se) chevaucher, se recouvrir.

superposition *n.f.* ▶ *Empiétement* – chevauchement, croisement, empiétement, intersection, nœud, recoupement, recouvrement, rencontre. ▶ *Accumulation* – abondance, accumulation, addition, agrégation, amas, amoncellement, collection, déballage, échafaudage, emmagasinage, empilage, empilement, encombrement, entassement, étagement, faisceau, fatras, fouillis, monceau, montagne, pile, pyramide, quantité, stratification, tas.

suppléer *v.* ▶ *Remplacer qqch.* – faire fonction de, jouer le rôle de, remplacer, se substituer à, servir de, tenir la place de, tenir lieu de. ▶ *Remplacer qqn* – prendre la relève de, relayer, relever, remplacer. ▶ *Remédier* – compenser, faire oublier, pallier, parer à, racheter, remédier à, réparer. SOUT. obvier à.

supplément *n.m.* accessoire, à-côté, adjonction, ajout, annexe, appoint, complément, extra, rajout. FAM. rab, rabiot, rallonge. BELG. ajoute. SUISSE ajouture, rajouture. △ ANT. RÉDUCTION, SOUSTRACTION.

supplémentaire *adj.* accessoire, additif, additionnel, annexe, auxiliaire, complémentaire, en supplément, subsidiaire. SOUT. adventice, supplétif, surérogatoire. △ ANT. PRINCIPAL; EN MOINS.

supplication *n.f.* ▸ ***Demande*** – adjuration, appel, demande, démarche, desideratum, désir, doléances, exigence, injonction, instance, interpellation, interrogation, invocation, mandement, ordre, pétition, placet, prétention, prière, question, réclamation, requête, réquisition, revendication, sollicitation, sommation, supplique, ultimatum, vœu. SOUT. imploration. ▸ ***Prière*** – acte de contrition, acte de foi, déprécation, exercice, exercice de piété, exercice spirituel, invocation, litanie, méditation, obsécration, oraison, prière, recueillement, souhait. ▸ ***Exorcisme*** – adjuration, conjuration, délivrance, désensorcellement, désenvoûtement, exorcisme, obsécration, purification. SOUT. exorcisation. △ ANT. COMMANDEMENT, ORDRE.

supplice *n.m.* ▸ ***Peine corporelle*** – échafaud, exécution, géhenne, martyre, peine, question, torture, tourment. ▸ ***Douleur*** – affliction, agonie, calvaire, douleur, élancement, enfer, lancination, martyre, souffrances, tiraillement, torture. SOUT. affres, géhenne, tourment. MÉD. algie. ▸ ***Souffrance morale*** – blessure, déchirement, déchirure, douleur, mal, martyre, souffrance, torture. SOUT. tenaillement, tribulation. △ ANT. AGRÉMENT, DÉLICE, PLAISIR.

supplier *v.* adjurer, implorer, prier, solliciter. SOUT. conjurer, crier grâce, crier merci, tendre les bras vers, tomber aux genoux de, tomber aux pieds de.

support *n.m.* ▸ ***Objet qui supporte*** – appui, renfort, soutènement, soutien. ▸ ***Ce qui sert à transmettre*** – substrat, vecteur, véhicule. ▸ ***Surface à peindre*** – subjectile. △ ANT. ENTRAVE, FREIN, OBSTACLE.

supportable *adj.* ▸ ***Tolérable*** – endurable, tenable, tolérable. FAM. buvable, vivable. ▸ ***Passable*** – acceptable, approuvable, bien, bon, convenable, correct, décent, honnête, honorable, moyen, passable, présentable, raisonnable, satisfaisant, suffisant. FAM. O.K., potable. △ ANT. DIFFICILE, DUR, EXASPÉRANT, INSOUTENABLE, INSUPPORTABLE, INTENABLE, INTOLÉRABLE; INACCEPTABLE.

supporter *v.* ▸ ***Servir d'appui*** – porter, soutenir. ▸ ***Servir de fondement*** – appuyer, étayer, soustendre, soutenir. ▸ ***Tolérer*** – accepter, endurer, permettre, souffrir, tolérer. ▸ ***Juger sans gravité*** – admettre, excuser, fermer les yeux sur, innocenter, laisser passer, pardonner, tolérer. ▸ ***Donner son appui*** – adhérer à, approuver, appuyer, consentir à, se prêter à, souscrire à, soutenir. SOUT. entendre à. ▸ ***Résister*** – être à l'épreuve de, résister à. △ ANT. CÉDER, DÉFAILLIR.

supporteur *n.* fanatique. FAM. fan, fana. QUÉB. partisan. △ ANT. ADVERSAIRE, DÉTRACTEUR, OPPOSANT.

supposé *adj.* ▸ ***Hypothétique*** – aléatoire, casuel, conditionnel, conjectural, contingent, douteux, éventuel, hasardé, hasardeux, hypothétique, incertain, possible, problématique. ▸ ***Présumé*** – admis, censé, présumé, putatif, réputé. DR. présomptif. ▸ ***Faux*** – apparent, faux, prétendu, soi-disant. △ ANT. ASSURÉ, CERTAIN, RÉEL, SÛR.

supposer *v.* ▸ ***Considérer comme probable*** – croire, penser, présumer, (s') imaginer. SOUT. conjecturer. ▸ ***Comporter de façon implicite*** – impliquer, présupposer. ▸ ***Attribuer un acte, un trait à qqn*** – attribuer, prêter, rapporter. △ ANT. AFFIRMER, CERTIFIER, PROUVER; EXCLURE.

supposition *n.f.* ▸ ***Hypothèse*** – a priori, apriorisme, apriorité, cas de figure, condition, conjecture, doute, extrapolation, hypothèse, idée reçue, induction, jeu de l'esprit, œillère, préjugé, présomption, présupposé, présupposition, pronostic, scénario, supputation. ▸ ***Imagination*** – conception, création, créativité, évasion, extrapolation, fantaisie, fantasme, fictif, fiction, idéal, idéation, idée, illumination *(soudain)*, imaginaire, imagination, inspiration, invention, inventivité, irréel, souffle (créateur), surréalité, surréel, veine, virtuel. SOUT. folle du logis, muse. FRANCE FAM. gamberge. △ ANT. AFFIRMATION, CERTITUDE.

suppression *n.f.* ▸ ***Élimination*** – absorption, anéantissement, annihilation, démolition, destruction, dévastation, disparition, effacement, élimination, enlèvement, éradication, fin, gommage, liquidation, mort, néantisation. SOUT. extirpation. RARE engloutissement. ▸ ***Abolition*** – abolition, abrogation, annulation, cassation, cessation, coupure, dissolution, invalidation, résiliation, résolution, retrait, révocation, rupture de contrat. BELG. renon. ▸ ***Confiscation*** – appropriation, blocus, confiscation, désapprovisionnement, embargo, expropriation, gel, immobilisation, mainmise, prise, privation, saisie, séquestre. ▸ ***Rejet*** – abandon, abdication, aliénation, capitulation, cession, don, donation, fléchissement, non-usage, passation, rejet, renoncement, renonciation, répudiation, retrait. FIG. bradage. ▸ ***Meurtre*** – assassinat, crime, élimination, exécution, homicide, liquidation, meurtre, mise à mort. △ ANT. ADDITION, ADJONCTION, AJOUT; CONSERVATION, MAINTIEN.

supprimer *v.* ▸ ***Enlever*** – couper, éliminer, enlever, ôter, radier, retrancher. FAM. sucrer. ▸ ***Détruire*** – anéantir, annihiler, briser, démolir, détruire, écraser, éliminer, néantiser, pulvériser, réduire à néant, réduire à rien, ruiner. ▸ ***Abolir*** – abolir, éliminer. ▸ ***Éliminer un mal*** – déraciner, éliminer, éradiquer, faire disparaître, radier. SOUT. extirper. ▸ ***Éliminer une difficulté*** – aplanir, lever. ▸ ***Bannir*** – bannir, éliminer, exclure, proscrire, rejeter. ▸ ***Censurer*** – caviarder, censurer, passer au caviar. ▸ ***Assassiner*** – abattre, assassiner, éliminer, exécuter, tuer. SOUT. immoler. FAM. buter, descendre, envoyer dans l'autre monde, expédier, faire la peau à, flinguer *(arme à feu)*, liquider, nettoyer, ratatiner, rectifier, refroidir, se faire, trucider, zigouiller. FRANCE FAM. bousiller. ♦ **se supprimer** ▸ ***Se suicider*** (FAM.) – mettre fin à ses jours, s'enlever la vie, se donner la mort, se suicider, se tuer. FAM. se détruire. △ ANT. ADDITIONNER, ADJOINDRE, AJOUTER, METTRE, PLACER; BÂTIR, CONSTRUIRE,

CRÉER, ÉTABLIR, FAIRE, FONDER, FORMER, INSTITUER; CONSERVER, GARDER, MAINTENIR, PROROGER.

suprématie *n.f.* avantage, dessus, prédominance, prééminence, préférence, prépondérance, préséance, primauté, priorité, supériorité, transcendance. *SOUT.* précellence, préexcellence. △ **ANT.** INFÉRIORITÉ, SOUMISSION.

suprême *adj.* ▶ ***Supérieur*** – inégalable, inégalé, insurpassable, meilleur, par excellence, souverain, supérieur. ▶ ***Dernier*** – dernier, extrême, final, terminal, ultime. △ **ANT.** INFÉRIEUR, INFIME; PREMIER.

sur *adj.* acescent, acide, acidulé, âcre, aigre, aigrelet, aigri, amer, piquant, piqué, rance, râpeux, suret, suri, tourné. △ **ANT.** DOUX, SUAVE.

surcharge *n.f.* ▶ ***Alourdissement*** – alourdissement, appesantissement, augmentation de poids, embarras, indigestion, lourdeur, oppression. ▶ ***Excès*** – comble, débauche, débordement, dépassement, disproportion, énormité, excédent, excès, exubérance, gaspillage, inutile, luxe, luxuriance, orgie, profusion, redondance, satiété, saturation, superfétation, superflu, superfluité, surabondance, surcroît, surenchère, surnombre, surplus, trop, trop-plein. ▶ ***Électricité*** – surtension, survoltage. △ **ANT.** ALLÉGEMENT, DIMINUTION, RÉDUCTION; MODÉRATION, SOBRIÉTÉ.

surchauffer *v.* ▶ ***Déchaîner*** – chauffer (à blanc), déchaîner, électriser, enfiévrer, exalter, galvaniser, surexciter, survolter, transporter. △ **ANT.** APAISER, CALMER.

surcroît *n.m.* ▶ ***Reste*** – complément, différence, excédent, excès, reliquat, résidu, restant, reste, solde, soulte, surplus. *FAM.* rab, rabiot. ▶ ***Supplément*** – accessoire, à-côté, adjonction, ajout, annexe, appoint, complément, extra, rajout, supplément. *FAM.* rab, rabiot, rallonge. *BELG.* ajoute. *SUISSE* ajouture, rajouture. ▶ ***Excès*** – comble, débauche, débordement, dépassement, disproportion, énormité, excédent, excès, exubérance, gaspillage, inutile, luxe, luxuriance, profusion, redondance, satiété, saturation, superfétation, superflu, superfluité, surabondance, surcharge, surenchère, surnombre, surplus, trop, trop-plein. △ **ANT.** DIMINUTION, RÉDUCTION, SOULAGEMENT.

sûrement *adv.* à dire vrai, à l'évidence, à la vérité, à n'en pas douter, à vrai dire, assurément, authentiquement, bel et bien, bien, bien entendu, bien sûr, cela va de soi, cela va sans dire, certainement, certes, comme de juste, d'évidence, de toute évidence, effectivement, en effet, en vérité, évidemment, il va sans dire, indubitablement, manifestement, naturellement, nul doute, oui, réellement, sans (aucun) doute, sans conteste, sans contredit, sans le moindre doute, sans nul doute, sérieusement, véridiquement, véritablement, vraiment. *FAM.* pour de vrai, vrai. △ **ANT.** PEUT-ÊTRE, PLAUSIBLEMENT, POSSIBLEMENT, POTENTIELLEMENT, PROBABLEMENT, SANS DOUTE, VIRTUELLEMENT, VRAISEMBLABLEMENT; AUCUNEMENT, D'AUCUNE FAÇON, D'AUCUNE MANIÈRE, EN AUCUN CAS, EN AUCUNE FAÇON, EN AUCUNE MANIÈRE, EN AUCUNE SORTE, EN RIEN, NULLEMENT, (PAS) DU TOUT.

surenchère *n.f.* ▶ ***Excès*** – comble, débauche, débordement, dépassement, disproportion, énormité, excédent, excès, exubérance, gaspillage, inutile, luxe, luxuriance, profusion, redondance, satiété, saturation, superfétation, superflu, superfluité, surabondance, surcharge, surcroît, surnombre, surplus, trop, trop-plein. △ **ANT.** CARENCE, INSUFFISANCE.

sûreté *n.f.* ▶ ***Solidité*** – cohésion, compacité, consistance, coriacité, dureté, fermeté, fixité, force, homogénéité, indélébilité, indestructibilité, inextensibilité, massiveté, monolithisme, résilience, résistance, rigidité, robustesse, solidité. ▶ ***Sécurité*** – abri, assurance, calme, confiance, paix, quiétude, repos, salut, sécurité, sérénité, tranquillité (d'esprit). ▶ ***Assurance*** – aplomb, assurance, autorité, caractère, constance, courage, cran, détermination, endurance, énergie, fermeté, force, permanence, poigne, rectitude, résolution, ressort, sang-froid, sérieux, solidité, ténacité, vigueur, virilité, volonté. *SOUT.* invulnérabilité. *FAM.* estomac, gagne. ▶ ***Garantie*** – assurance, aval, caution, cautionnement, charge, consignation, couverture, ducroire, engagement, gage, garant, garantie, hypothèque, indexage, indexation, nantissement, obligation, palladium, parrainage, précaution, préservation, promesse, répondant, responsabilité, salut, sauvegarde, sécurité, signature, soulte, warrant, warrantage. *DR.* porte-fort. ▶ ***Confiance*** (*SOUT.*) – assurance, certitude, confiance, conviction, croyance, foi. △ **ANT.** CRAINTE, HÉSITATION; DANGER, DÉTRESSE, PÉRIL, RISQUE.

surévaluer *v.* ▶ ***Surestimer la valeur marchande*** – surcoter, survaloriser. ▶ ***Exagérer les mérites*** – gonfler, surestimer, surfaire. △ **ANT.** SOUS-ÉVALUER.

surface *n.f.* ▶ ***Superficie*** – aire, envergure, étendue, superficie. ▶ ***Ce qui est plan*** – aire, méplat, plan. ▶ ***Face*** – bord, chant, côté, face, facette, flanc, pan, paroi, profil, tranche. *MAR.* travers. ▶ ***Côté superficiel*** – air, allure, apparence, aspect, caractère, configuration, couleur, couvert, dehors, éclairage, expression, extérieur, façade, faciès, figure, forme, formule, impression, jour, masque, mine, paraître, perspective, physionomie, plastique *(en art)*, portrait, présentation, profil, ressemblance, semblant, ton, tour, tournure, traits, vernis, visage. *SOUT.* enveloppe, regardure, superficie. △ **ANT.** FOND, PROFONDEUR.

surfer *v.* ▶ ***Explorer Internet*** – butiner, fureter, naviguer.

surfin *adj.* de classe, de luxe, de premier ordre, de première qualité, de qualité supérieure, excellent, extra, extrafin, haut de gamme, hors classe, impérial, royal, supérieur, surchoix. *RARE* excellentissime.

surgir *v.* ▶ ***Devenir brusquement visible*** – émerger, jaillir, saillir, sortir. ▶ ***Se manifester brusquement*** – éclater, émerger, fuser, jaillir, s'élever. △ **ANT.** DISPARAÎTRE, S'ÉVANOUIR; FUIR.

surhomme *n.m.* génie, maître, prodige, superhomme, surdoué, talent, virtuose. *SOUT.* phénix, surhumain. *FAM.* phénomène. △ **ANT.** SOUS-HOMME.

surmonter *v.* ▶ ***Être au-dessus*** – coiffer, couronner, dominer, surplomber. ▶ ***Maîtriser*** – avoir raison de, franchir, triompher de, vaincre, venir à bout de. ▸ *Un sentiment* – calmer, contenir, contrôler, dominer, dompter, gouverner, maîtriser, vaincre. *SOUT.* commander à. △ **ANT.** SUBIR; CÉDER; ÉCHOUER.

surnaturel *adj.* ▶ ***Divin*** – céleste, divin, miraculeux. ▶ ***Mystérieux*** – mystérieux, occulte, paranormal, suprasensible, supraterrestre. ▶ ***Magique*** – enchanté, ensorcelé, envoûté, féerique, magique, merveilleux. △ **ANT.** NATUREL; MATÉRIEL, RÉEL; EXPLICABLE, RATIONNEL.

surnaturel *n.m.* ▶ ***Féerie*** – fantasmagorie, fantastique, féerie, magie, merveilleux, mystère, prodige, prodigieux, sorcellerie.

surnom *n.m.* ▶ ***Autre nom*** – diminutif, faux nom, hétéronyme, nom d'artiste, nom d'emprunt, nom de guerre, nom de plume, nom de théâtre, pseudonyme, qualificatif, sobriquet.

surpasser *v.* ▶ ***Supplanter qqn*** – battre, couper l'herbe sous le pied à, damer le pion à, dégommer, dépasser, devancer, dominer, éclipser, faucher l'herbe sous le pied à, griller, l'emporter sur, laisser loin derrière, supplanter, surclasser. *FAM.* enfoncer. *FRANCE FAM.* faire la pige à. ▶ ***Transcender qqch.*** – dépasser, transcender. △ **ANT.** SUIVRE.; ATTEINDRE, ÉGALER.

surplace (var. **sur place, sur-place**) *n.m.sing.* calme, fixité, hiératisme, immobilisme, immobilité, immuabilité, immutabilité, impassibilité, improductivité, inaction, inactivité, inamovibilité, inertie, paralysie, piétinement, plafonnement, repos, sclérose, stabilité, stagnation, stationnarité, statisme, statu quo. *SOUT.* marasme, morosité. △ **ANT.** DÉPLACEMENT, MOUVEMENT.

surplomber *v.* ▶ ***Surmonter*** – coiffer, couronner, dominer, surmonter. ▶ ***Saillir*** – avancer, déborder, dépasser, faire saillie, ressortir, saillir, se détacher, sortir. *BELG.* dessortir. *TECHN.* forjeter.

surplus *n.m.* ▶ ***Reste*** – complément, différence, excédent, excès, reliquat, résidu, restant, reste, solde, soulte, surcroît. *FAM.* rab, rabiot. ▶ ***Supplément*** – accessoire, à-côté, adjonction, ajout, annexe, appoint, complément, extra, rajout, supplément. *FAM.* rab, rabiot, rallonge. *BELG.* ajoute. *SUISSE* ajouture, rajouture. ▶ ***Excès*** – comble, débauche, débordement, dépassement, disproportion, énormité, excédent, excès, exubérance, gaspillage, inutile, luxe, luxuriance, profusion, redondance, satiété, saturation, superfétation, superflu, superfluité, surabondance, surcharge, surcroît, surenchère, surnombre, trop, trop-plein. ▶ ***Lieu*** – surplus de l'armée. △ **ANT.** DÉFAUT, DÉFICIT, INSUFFISANCE, MANQUE.

surprenant *adj.* ▶ ***Inattendu*** – étonnant, inattendu, insoupçonné. ▶ ***Renversant*** – à (vous) couper le souffle, abasourdissant, ahurissant, bouleversant, confondant, déconcertant, ébahissant, effarant, époustouflant, étonnant, étourdissant, extraordinaire, impensable, inconcevable, incroyable, inimaginable, inouï, invraisemblable, pétrifiant, renversant, stupéfiant, suffocant. *SOUT.* qui confond l'entendement. *FAM.* ébouriffant, mirobolant, sidérant, soufflant. ▶ ***Bizarre*** – anormal, bizarre, curieux, drôle, étonnant, étrange, inaccoutumé, incompréhensible, inexplicable, inhabituel, insolite, inusité, singulier, spécial. *SOUT.* extraordinaire. *FAM.* bizarroïde. △ **ANT.** ANODIN, BANAL, COMMUN, FADE, FALOT, INCOLORE, ININTÉRESSANT, INSIGNIFIANT, INSIPIDE, ORDINAIRE, PLAT, QUELCONQUE, SANS INTÉRÊT, TERNE.

surprendre *v.* ▶ ***Prendre sur le fait*** – attraper, découvrir, prendre sur le fait. *FAM.* pincer. ▶ ***Étonner*** – étonner, frapper (d'étonnement), interloquer, stupéfaire. *FAM.* en boucher un coin à, laisser pantois. ♦ **surpris** ▶ ***Étonné*** – abasourdi, ahuri, bouche bée, confondu, ébahi, éberlué, estomaqué, étonné, frappé de stupeur, hébété, interdit, interloqué, médusé, muet d'étonnement, pantois, pétrifié, sidéré, stupéfait. *FAM.* baba, ébaubi, épaté, époustouflé, ribouldant, soufflé, suffoqué. △ **ANT.** AVERTIR, AVISER, INSTRUIRE, PRÉVENIR.

surprise *n.f.* ▶ ***Étonnement*** – abasourdissement, ahurissement, bouleversement, ébahissement, éblouissement, effarement, émerveillement, étonnement, saisissement, stupéfaction, stupeur. *FAM.* épatement. ▶ ***Cadeau*** – cadeau, cadeau-souvenir, don, offrande, prime, souvenir. *SOUT.* présent. *FAM.* fleur. △ **ANT.** IMPASSIBILITÉ, IMPERTURBABILITÉ.

sursaut *n.m.* ▶ ***Soubresaut*** – cahot, saut, soubresaut, tressaillement. *SOUT.* tressaut, tressautement. ▶ ***Tremblement*** – agitation, convulsion, ébranlement, flageolement, frémissement, frisson, frissonnement, grelottement, haut-le-corps, oscillation, saccade, secousse, soubresaut, titubation, tortillage, tortillement, tremblement, tremblotement, trémoussement, trémulation, trépidation, tressaillement, vacillement, vibration. *FAM.* tremblote. △ **ANT.** CALME, IMMOBILITÉ.

sursauter *v.* bondir, tressaillir, tressauter. *SOUT.* soubresauter.

sursis *n.m.* ▶ ***Ajournement*** – ajournement, délai, prorogation, recul (de date), rééchelonnement *(dette)*, remise (à plus tard), renvoi, répit, report. ▶ ***Renvoi*** – ajournement, annulation, cassation, destitution, dissolution, infirmation, invalidation, péremption d'instance, relaxe, remise, report, rescision, résiliation, résolution, révocation. △ **ANT.** ACCOMPLISSEMENT, EXÉCUTION.

surtout *adv.* avant tout, en particulier, notamment, particulièrement, principalement, proprement, singulièrement, spécialement, spécifiquement, typiquement. △ **ANT.** ÉGALEMENT, SANS DISTINCTION.

surveillance *n.f.* ▶ ***Guet*** – attention, espionnage, faction, filature, garde, gardiennage, guet, îlotage, inspection, monitorage, observation, patrouille, ronde, sentinelle, veille, veillée, vigie, vigilance. ▶ ***Protection*** – abri, aide, appui, assistance, chapeautage, conservation, couverture, garantie, garde, mandat, parrainage, paternalisme, patronage, protection, recommandation, renfort, rescousse, sauvegarde, secours, sécurisation, soutien, tutelle. *FIG.* parapluie. *SOUT.* égide. *FAM.* piston. ▶ ***Vérification*** – analyse, apurement, audit, censure, confrontation, contrôle, épreuve, examen, expérience, expérimentation, expertise, filtrage, inspection, pointage, recensement, recension, récolement, reconnaissance, recoupement, révision, revue, suivi, supervision, test, vérification. *RARE* schibboleth. △ **ANT.** NÉGLIGENCE.

surveillant *n.* ▶ ***Gardien de prison*** – cerbère *(brutal)*, garde, gardien (de prison), guichetier, prévôt. *SOUT.* geôlier. *FRANCE FAM.* maton. *PÉJ.* garde-chiourme *(brutal)*. ▶ ***Celui qui surveille les baigneurs*** – maître nageur, surveillant de baignade, surveillant de piscine, surveillant de plage, surveillant-sauveteur. ▶ ***Directeur des études*** – directeur des études, surveillant d'études/d'internat, surveillant (général). FAM. pion. FRANCE FAM. caïman, surgé, surpète. RELIG. préfet (des études); ANC. père préfet. ▶ ***Huissier*** – aboyeur, annoncier, appariteur, chaouch *(pays musulmans)*, crieur, gardien, huissier, introducteur, massier, portier. ▶ ***Celui qui surveille les tâches*** – superviseur.

surveiller *v.* ▶ ***Garder à portée du regard*** – avoir à l'œil, garder à vue, ne pas perdre de vue, ne pas quitter des yeux, observer, tenir à l'œil. ▶ ***Guetter*** – épier, être à l'affût de, être aux aguets, guetter, observer. QUÉB. FAM. écornifler. ▶ ***Espionner*** – épier, espionner, observer. FAM. moucharder. ▶ ***S'occuper de qqn*** – garder, prendre soin de, s'occuper de, veiller sur. ▶ ***Faire attention à qqch.*** – faire attention à, se préoccuper de, veiller à. △ **ANT.** DÉLAISSER, IGNORER, NÉGLIGER.

survenir *v.* ▶ ***Arriver inopinément*** – arriver à l'improviste, faire irruption, venir à l'improviste. FAM. débarquer, débouler, tomber. ▶ ***Se produire*** – advenir, arriver, avoir lieu, se dérouler, se passer, se produire. △ **ANT.** PARTIR; DISPARAÎTRE.

survivre *v.* ▶ ***Assurer son existence*** – subsister, vivre. ▶ ***Durer longtemps*** – demeurer, durer, perdurer, persister, résister, rester, se conserver, se maintenir, se perpétuer, subsister. ▶ ***Réchapper*** – échapper à, réchapper de, s'en tirer, sortir (indemne) de. ♦ **se survivre** ▶ ***Se perpétuer*** – se perpétuer, se prolonger. △ **ANT.** MOURIR, PÉRIR.

survoler *v.* ▶ ***Ne pas approfondir*** – effleurer, glisser sur, passer sur. ▶ ***Lire superficiellement*** – feuilleter, jeter un coup d'œil à, lire en diagonale, parcourir, regarder. △ **ANT.** ANALYSER, APPROFONDIR, ÉTUDIER, EXAMINER.

susceptibilité *n.f.* ▶ ***Irritabilité*** – agacement, colère, emportement, énervement, exaspération, fureur, furie, impatience, indignation, irritabilité, irritation, rage. SOUT. courroux, irascibilité. FAM. horripilation, rogne. ▶ ***Émotivité*** – affect, affectivité, âme, attendrissement, cœur, compassion, émotion, émotivité, empathie, fibre, humanité, impressionnabilité, pitié, romantisme, sensibilité, sentiment, sentimentalité, sympathie, tendresse, vulnérabilité. SOUT. entrailles. FAM. tripes. ▸ *À l'excès* – hyperémotivité, hypersensibilité, sensiblerie, sentimentalisme. ▶ ***Prédisposition*** – affection, aptitude, attirance, disposition, faible, faiblesse, goût, habitude, impulsion, inclination, instinct, penchant, pente, prédilection, prédisposition, préférence, propension, tendance, vocation. PSYCHOL. compulsion. FAM. tendresses. △ **ANT.** PATIENCE, TOLÉRANCE.

susceptible *adj.* ▶ ***Irritable*** – bilieux, chatouilleux, coléreux, colérique, emporté, excitable, irascible, irritable, ombrageux, rageur. SOUT. atrabilaire, colère. FAM. soupe au lait. ▶ ***Enclin*** – enclin à, porté à, prédisposé à, sujet à. ▶ ***Capable*** – apte à, capable de, habile à, propre à. FAM. chiche de, fichu de. △ **ANT.** COMPRÉHENSIF, INDULGENT, TOLÉRANT; DÉBONNAIRE, DOUX, FLEGMATIQUE, PAISIBLE, PLACIDE. ♦ **susceptible de** FERMÉ À, HOSTILE À, OPPOSÉ À, RÉFRACTAIRE À.

susciter *v.* ▶ ***Éveiller*** – éveiller, exciter, faire naître, solliciter, soulever. ▶ ***Provoquer*** – amener, apporter, catalyser, causer, créer, déchaîner, déclencher, déterminer, donner lieu à, donner naissance à, engendrer, entraîner, faire, faire naître, former, générer, occasionner, produire, provoquer, soulever. PHILOS. nécessiter. △ **ANT.** EMPÊCHER, ÉVITER; DÉTOURNER, DISSUADER; DÉTRUIRE.

suspect *adj.* ▶ ***Étrange*** – étrange, inquiétant, louche, trouble. ▶ ***Qui n'inspire pas confiance*** – douteux, équivoque, louche, véreux. FAM. pas (très) catholique. ▶ ***En parlant d'un lieu*** – borgne, interlope, louche, mal famé. △ **ANT.** CERTAIN, SÛR; DIGNE DE CONFIANCE, HONNÊTE, IRRÉPROCHABLE, NET, SANS REPROCHE, SANS TACHE.

suspect *n.* accusé, inculpé, prévenu.

suspecter *v.* faire peser des soupçons sur, incriminer, mettre en cause, mettre en doute, soupçonner. SOUT. tenir en suspicion.

suspendre *v.* ▶ ***Interrompre*** – arrêter, cesser, interrompre, lever. SOUT. discontinuer. ▶ ***Remettre à plus tard*** – ajourner, décaler, différer, proroger, reculer, remettre, renvoyer, reporter, repousser, retarder. SOUT. OU DR. surseoir à. BELG. SUISSE postposer. TECHN. temporiser. ▶ ***Accrocher*** – accrocher, pendre. △ **ANT.** CONTINUER, MAINTENIR, POURSUIVRE; PROLONGER; REPRENDRE; DÉCROCHER, DÉPENDRE.

suspicion *n.f.* défiance, désintéressement, doute, incrédulité, méfiance, prudence, scepticisme, soupçon, vigilance. SOUT. cautèle. FAM. paranoïa *(excessive)*. △ **ANT.** CONFIANCE, FOI.

svelte *adj.* délicat, délié, élancé, filiforme, fin, fluet, frêle, gracile, grêle, léger, long, longiligne, maigre, mince. △ **ANT.** ÉPAIS, GROS, LOURD, MASSIF.

symbole *n.m.* ▶ ***Emblème*** – allégorie, attribut, chiffre, devise, drapeau, effigie, emblème, figure, icône, image, incarnation, insigne, livrée, logo, logotype, marque, notation, personnification, représentation, signe, type. ▶ ***Analogie*** – allégorie, analogie, apologue, assimilation, association (d'idées), catachrèse *(lexicalisée)*, comparaison, équivalence, figure, image, lien, métaphore, parabole, parallèle, parenté, personnification, rapport, rapprochement, relation, ressemblance, similitude, symbolisme.

symbolique *adj.* allégorique, emblématique, figuratif, métaphorique, représentatif. RARE parabolique. RELIG. anagogique. △ **ANT.** RÉEL.

symboliser *v.* désigner, évoquer, exprimer, figurer, incarner, matérialiser, représenter, signifier.

symétrie *n.f.* ▶ ***Équilibre*** – accord, balance, balancement, compensation, contrepoids, égalité, équilibre, harmonie, juste milieu, moyenne, pondération, proportion, suspension. ▶ ***Beauté*** – agrément, art, attrait, beau, beauté, charme, chic, classe, coquetterie, délicatesse, distinction, éclat, élégance, esthétique, féerie, fraîcheur, grâce, gracieux, harmonie, magnificence, majesté, perfection, photogénie, pureté, séduction, splendeur. SOUT. blandice, joliesse, morbidesse, sublimité, symphonie, vénusté. △ **ANT.** ASYMÉTRIE, DÉSORDRE, DISSYMÉTRIE, IRRÉGULARITÉ.

symétrique *adj.* ▶ ***Harmonieux*** – harmonieux, régulier. ▶ ***Réciproque*** – bilatéral, réciproque.

DR. synallagmatique. △ **ANT.** ANTISYMÉTRIQUE, ASYMÉTRIQUE, DISSYMÉTRIQUE, IRRÉGULIER.

sympathie *n.f.* ▸ ***Affection*** – affection, amitié, amour, attachement, attirance, intérêt, lien, tendresse. *FAM.* coup de cœur, coup de foudre. ▸ ***Bonne entente*** – accord, affinité, amitié, atomes crochus, (bonne) intelligence, communauté de goûts, communauté de sentiments, communauté de vues, communion, compatibilité, complicité, compréhension, concorde, connivence, convergence d'idées, fraternité, harmonie, point commun, union, unisson. ▸ ***Camaraderie*** – amitié, camaraderie, confraternité, coude à coude, entente, fraternité, solidarité. *FAM.* copinerie. ▸ ***Sensibilité*** (*SOUT.*) – affect, affectivité, âme, attendrissement, cœur, compassion, émotion, émotivité, empathie, fibre, humanité, impressionnabilité, pitié, romantisme, sensibilité, sentiment, sentimentalité, susceptibilité, tendresse, vulnérabilité. *SOUT.* entrailles. *FAM.* tripes. ▸ *À l'excès* – hyperémotivité, hypersensibilité, sensiblerie, sentimentalisme. △ **ANT.** ANIMOSITÉ, ANTIPATHIE, AVERSION, INDIFFÉRENCE; DÉSACCORD, OPPOSITION.

sympathique *adj.* ▸ ***Cordial*** – accueillant, affable, agréable, aimable, amène, amical, avenant, bienveillant, chaleureux, charmant, convivial, cordial, de bonne compagnie, engageant, familier, gracieux, invitant, liant, ouvert, sociable, souriant. *FAM.* sympa. ▸ ***Plaisant*** – agréable, amusant, charmant, distrayant, divertissant, égayant, gai, plaisant, réjouissant, riant, souriant. *FAM.* chic, chouette, sympa. △ **ANT.** ANTIPATHIQUE, DÉPLAISANT, DÉSAGRÉABLE; INDIFFÉRENT; HOSTILE, OPPOSÉ; PARASYMPATHIQUE (*ANATOMIE*).

symposium *n.m.* assemblée, atelier de discussion, colloque, comice, comité, conférence, congrès, conseil, forum, groupe de travail, junte, panel, plénum, réunion, séminaire, sommet, table ronde. *FAM.* grand-messe. *QUÉB.* caucus (*politique*). *ANTIQ.* boulê, ecclésia. *ANTIQ. ROM.* comices. *AGRIC.* comice agricole.

symptôme *n.m.* ▸ ***Signe*** – diagnostic, expression, indication, indice, manifestation, marque, présage, prodrome, signe, syndrome. *SOUT.* avant-coureur. *MÉD.* marqueur.

syndicat *n.m.* assemblée, association, collège, communauté, compagnie, confrérie, congrégation, corporation, corps, guilde, hanse, métier, ordre, société, trade-union.

syndrome *n.m.* ▸ ***Symptôme*** – diagnostic, expression, indication, indice, manifestation, marque, présage, prodrome, signe, symptôme. *SOUT.* avant-coureur. *MÉD.* marqueur. ▸ ***Maladie*** – affection, cas, mal, maladie, morbidité.

synonyme *n.m.* équivalent, paraphrase, périphrase. △ **ANT.** ANTONYME, CONTRAIRE.

synthèse *n.f.* ▸ ***Combinaison*** – alliance, assemblage, association, collage, combinaison, communion, composition, concentration, conjonction, constitution, fusion, fusionnement, groupement, incorporation, intégration, ralliement, rassemblement, regroupement, réunion, symbiose, unification, union. ▸ ***Raisonnement*** – analyse, apagogie, argument, argumentation, considérations, déduction, démonstration, dialectique, dilemme, discussion, échafaudage, explication, implication, induction, inférence, logique, méthode, preuve, raison, réflexion, réfutation, sorite, substruction, syllogisme, syllogistique. ▸ ***Production*** – composition, conception, confection, constitution, construction, création, développement, édification, élaboration, exécution, fabrication, façon, façonnage, façonnement, formation, génération, genèse, gestation, invention, œuvre, organisation, paternité, production, réalisation, structuration. *SOUT.* accouchement, enfantement. *DIDACT.* engendrement. △ **ANT.** DISSOCIATION, DISSOLUTION; ÉLÉMENT; ANALYSE, DÉVELOPPEMENT.

synthétique *adj.* ▸ ***Fabriqué*** – artificiel, d'imitation, en toc, fabriqué, factice, faux, imité, postiche. ▸ ***Chimique*** – artificiel, chimique. △ **ANT.** ANALYTIQUE; AUTHENTIQUE, NATUREL, ORIGINAL, VRAI.

systématique *adj.* ▸ ***Qui respecte un système*** – méthodique, organisé, systématisé. ▸ ***Qui fait les choses avec ordre*** – appliqué, assidu, attentif, consciencieux, méthodique, méticuleux, minutieux, ordonné, précis, rangé, rigoureux, scrupuleux, soigné, soigneux. *SOUT.* exact. ▸ ***Dogmatique*** – doctrinaire, dogmatique, intransigeant, sectaire. △ **ANT.** EMPIRIQUE; ALÉATOIRE, DÉSORDONNÉ, ILLOGIQUE; ACCOMMODANT, FLEXIBLE, SOUPLE.

systématiquement *adv.* ▸ ***Méthodiquement*** – analytiquement, conséquemment, dialectiquement, inductivement, logiquement, mathématiquement, méthodiquement, point par point, rationnellement, rigoureusement, scientifiquement, sensément, soigneusement, techniquement. *SOUT.* cohéremment. ▸ ***Dogmatiquement*** – autoritairement, catégoriquement, doctoralement, doctrinairement, dogmatiquement, ex cathedra, idéologiquement, impérieusement, péremptoirement, prétentieusement, scolastiquement, sentencieusement. ▸ ***Toujours*** – à l'infini, à perpétuité, à tous coups, à tous les coups, à tout bout de champ, à tout instant, à (tout) jamais, à tout moment, à toute heure (du jour et de la nuit), à vie, ad vitam æternam, assidûment, beau temps mauvais temps, chroniquement, constamment, continuellement, continûment, dans tous les cas, de nuit comme de jour, de toute éternité, en permanence, en tout temps, en toute saison, en toute(s) circonstance(s), éternellement, hiver comme été, immuablement, inaltérablement, indéfiniment, infiniment, invariablement, jour et nuit, nuit et jour, perpétuellement, pour la vie, pour les siècles des siècles, rituellement, sans arrêt, sans cesse, sans discontinuer, sans fin, sans interruption, sans relâche, sans répit, sempiternellement, toujours, tous les jours. *SOUT.* à demeure, incessamment. *FAM.* à perpète, tout le temps. △ **ANT.** À L'OCCASION, DE TEMPS À AUTRE, DE TEMPS EN TEMPS, OCCASIONNELLEMENT, PARFOIS, QUELQUEFOIS; DE FAÇON BÂCLÉE, NÉGLIGEMMENT, SANS MÉTHODE.

système *n.m.* ▸ ***Agencement*** – accommodation, accommodement, agencement, ajustement, aménagement, architecture, arrangement, articulation, assemblage, combinaison, combinatoire, composition, concaténation, configuration, construction, contexture, coordination, disposition, distribution, élaboration, enchaînement, harmonie, liaison, mise en ordre, mise en place, ordonnance, ordonnancement, ordre, organisation, orientation, plan, profil, programmation, rangement, structuration, structure, texture. ▶ ***Ensemble*** – monde, univers. ▶ ***Partie fonctionnelle du corps*** – appareil, tractus. ▶ ***Période géologique*** – âge, ère, période, série. ▶ ***Méthode*** – approche, art, chemin, code, comment, credo, démarche, discipline, dispositif, façon (de faire), facture, formule, heuristique, instruction, instrument, ligne de conduite, maïeutique, manière, marche (à suivre), méthode, méthodologie, modalité, mode d'emploi, mode, moyen, opération, ordre, organisation, outil, posologie, pratique, procédé, procédure, protocole, raisonnement, recette, règle, secret, stratagème, stratégie, tactique, technique, théorie, traitement, voie. *SOUT.* faire. ▶ ***Doctrine*** – conception, doctrine, dogme, école (de pensée), idée, idéologie, mouvement, opinion, pensée, philosophie, principe, théorie, thèse. ▶ ***Truc*** – acrobatie, astuce, demi-mesure *(inefficace)*, échappatoire, expédient, gymnastique, intrigue, mesure, moyen, palliatif, procédé, remède, ressource, ruse, solution, tour. *FAM.* combine, truc. △ **ANT.** CONFUSION, DÉSORDRE.

t

tabac *n. m.* ▶ ***Boutique de tabac*** – bureau de tabac, débit de tabac. QUÉB. tabagie. ▶ ***Succès*** (FAM.) – apothéose, bonheur, bonne fortune, boum, consécration, couronnement, gloire, honneur, lauriers, prospérité, retentissement, réussite, succès, triomphe, trophée. FAM. malheur, (succès) bœuf. FRANCE FAM. carton, saucisson, ticket. ▶ ***Blâme*** (FAM.) – accusation, admonestation, admonition, anathématisation, anathème, attaque, avertissement, blâme, censure, condamnation, correction, critique, désapprobation, diatribe, grief, grognerie, gronderie, interdit, leçon, malédiction, mise à l'écart, mise à l'index, mise en quarantaine, objection, observation, plainte, punition, récrimination, remarque, remontrance, représentation, réprimande, réprobation, reproche, réquisitoire, semonce, sérénade, sermon, tollé. SOUT. animadversion, foudres, fustigation, improbation, mercuriale, objurgation, stigmatisation, vitupération. FAM. douche, engueulade, savon. FRANCE FAM. attrapade, lavage de tête, prêchi-prêcha, soufflante. BELG. cigare. RELIG. fulmination. △ **ANT.** ÉCHEC.

tabagisme *n. m.* nicotinisme, tabacomanie.

table *n. f.* ▶ ***Nourriture*** – aliment, couvert, nourriture, pain (quotidien). FAM. bouffe, bouffetance, boustifaille, mangeaille, manger. FRANCE FAM. becquetance, tortore. RELIG. manne. ▶ ***Personnes*** – tablée. ▶ ***Liste*** – barème, bordereau, cadre, catalogue, index, inventaire, liste, matricule, mémoire, menu, nomenclature, registre, relevé, répertoire, rôle, série, suite, tableau. SUISSE tabelle.

tableau *n. m.* ▶ ***Ce que l'on voit*** – image, scène, spectacle, vision, vue. ▶ ***Toile*** – peinture, tableautin *(petite)*, toile. ▶ ***Subdivision d'une pièce de théâtre*** – acte, scène. ▶ ***Récit*** – compte rendu, description, exposé, exposition, histoire, narration, peinture, procès-verbal, rapport, relation, reportage. SOUT. radiographie. ▶ ***Bilan*** – balance, bilan, compte, compte rendu, conclusion, constat, état, note, résultat, résumé, situation. ▶ ***Avant-goût*** – anticipation, aperçu, avant-goût, avant-première, échantillon, esquisse, essai, exemple, idée, perspective. SOUT. préfiguration. FAM. topo. ▶ ***Panneau*** – feuille, panneau, planche, plaque. ▸ *De petite taille* – carreau, écusson, panonceau, plaquette. ▶ ***Liste*** – barème, bordereau, cadre, catalogue, index, inventaire, liste, matricule, mémoire, menu, nomenclature, registre, relevé, répertoire, rôle, série, suite, table. SUISSE tabelle.

tablette *n. f.* ▶ ***Étagère*** – balconnet, étagère, planchette, rayon, rayonnage, tirette. TECHN. stand. BELG. archelle. SUISSE tablar. ▶ ***Aliment de forme allongée*** – barre, bâton. FRANCE RÉGION. bille.

tablier *n. m.* ▶ ***Vêtement de travail*** – bleu, blouse, combinaison, cotte, peignoir, poitrinière, robe, robe-tablier, salopette, sarrau, suroît *(de marin)*, toge, uniforme, vareuse. ANC. bourgeron. ▶ ***Plateforme*** – gradin, hélistation, mezzanine, palier, plancher, planchette, plateau, plateforme, podium, praticable, quai. MAR. gril, hune. MILIT. dispersal. ▶ ***Surface de jeux*** (ANC.) – damier, échiquier, quadrillage.

tabou *adj.* ▶ ***Interdit*** – banni, interdit. ▶ ***Sacré*** – intangible, intouchable, inviolable, sacral, sacralisé, sacré. PÉJ. sacro-saint. △ **ANT.** ACCEPTÉ, ADMIS.

tabou *n. m.* condamnation, défense, embargo, empêchement, interdiction, interdit, prohibition, refus. △ **ANT.** PERMISSION.

tabouret *n. m.* ▶ ***Siège*** – escabeau. ▶ ***Guéridon*** – guéridon, sellette, trépied. ▶ ***Repose-pied*** – marchepied, pouf, repose-pied.

tache *n. f.* ▶ ***Salissure*** – éclaboussure, marque, noircissure, piqûre, point, saleté, salissure, souillure. ▸ *Sur le papier* – bavochure, bavure, maculage, maculation, macule, pâté, rousseur. ▸ *Sur un fruit* – meurtrissure, tavelure. RARE talure. ▸ *Sur une pierre* – givrure, glace. ▸ *Sur le corps* – maille, maillure, moucheture, ocelle, pétéchie, tache de rousseur. ▶ ***Trace*** – apparence, cachet, cicatrice, critère, empreinte, indication, indice, justificatif, lueur, marque, ombre, pas, piste, preuve, repère, reste, ride, sceau, signature, signe, stigmate, témoignage, témoin, trace, trait, vestige. ▶ ***Imperfection*** – défaut, défectuosité, démérite, faible, faiblesse, faille, faute, fil, grossièreté, handicap, imperfection, infirmité, insuffisance, lacune, maladie, malfaçon, manque, médiocrité, péché mignon, péché véniel, petitesse, ridicule, tare, tort, travers, vice. *SOUT.* perfectibilité. ▶ ***Faute morale*** – accroc, chute, crime, déchéance, écart, errements, faute, impureté, mal, manquement, mauvais, offense, péché, sacrilège, scandale, souillure, transgression, vice. ▶ ***Importun*** (*QUÉB. FAM.*) – gêneur, importun, indésirable, intrus. *SOUT.* fâcheux, officieux. *FAM.* casse-pieds, emmerdeur, enquiquineur, glu, plaie, pot de colle, raseur, rasoir, sangsue. *FRANCE FAM.* accrocheur, crampon. *QUÉB. FAM.* achalant, fatigant, tannant, teigne. △ **ANT.** PROPRETÉ; EXCELLENCE, PERFECTION; HONNÊTETÉ, PURETÉ, VERTU.

tâche *n.f.* affaire, besogne, corvée, devoir, obligation, occupation, ouvrage, peine, travail. *SOUT.* labeur. △ **ANT.** CONGÉ, DÉTENTE, REPOS, TRÊVE; DIVERTISSEMENT, LOISIR, PLAISIR, RÉCRÉATION.

tacher *v.* ▶ ***Salir*** – barbouiller, maculer, salir. ▶ ***Tacheter*** – cribler, marqueter, moucheter, piquer, piqueter, tacheter, taveler. *QUÉB. FAM.* picoter. ▶ ***Entacher*** – déshonorer, éclabousser, entacher, flétrir, noircir, porter atteinte à, salir, souiller, ternir. △ **ANT.** DÉTACHER, NETTOYER; BLANCHIR; PURIFIER, SANCTIFIER.

tâcher *v.* ▶ ***Faire un effort*** – chercher à, entreprendre de, essayer de, s'attacher à, s'efforcer de, s'ingénier à, tenter de, travailler à. *SOUT.* avoir à cœur de, faire effort pour, prendre à tâche de. ▶ ***Travailler fort*** (*SOUT.*) – besogner, peiner, suer, travailler comme un forçat, travailler d'arrache-pied. *FAM.* bûcher, en baver, en travailler un coup, galérer, marner, ne pas chômer, trimer. *FRANCE FAM.* boulonner. △ **ANT.** ÉVITER, NÉGLIGER, OMETTRE, OUBLIER.

tacite *adj.* implicite, informulé, sous-entendu. △ **ANT.** EXPLICITE, EXPRIMÉ, FORMEL, MANIFESTE; OUVERT, PUBLIC, TRANSPARENT.

tacitement *adv.* allusivement, en sous-entendu, entre les lignes, euphémiquement, implicitement, muettement. △ **ANT.** EXPLICITEMENT.

taciturne *adj.* ▶ ***Qui parle peu*** – avare de paroles, silencieux. *SOUT.* coi. ▶ ***D'humeur maussade*** – boudeur, bourru, de mauvaise humeur, grognon, mal disposé, maussade, mécontent, morne, morose, qui fait la tête, rechigné, rembruni, renfrogné, sombre. *SOUT.* chagrin. *FAM.* à ne pas prendre avec des pincettes, de mauvais poil, mal luné, qui fait la gueule, qui fait la lippe, qui s'est levé du mauvais pied, soupe au lait. *QUÉB. FAM.* marabout. *BELG.* mal levé. △ **ANT.** BAVARD, CAUSEUR, JACASSEUR, LOQUACE, VOLUBILE; ACCUEILLANT, AFFABLE, AIMABLE, AMÈNE, AVENANT, CORDIAL, ENGAGEANT, INVITANT, SOURIANT.

tact *n.m.* ▶ ***Politesse*** – affabilité, amabilité, aménité, attention, bienséance, bonnes manières, civilité, civisme, convivialité, correction, courtoisie, délicatesse, éducation, entregent, galanterie, gentillesse, hospitalité, mondanités, obligeance, politesse, prévenance, savoir-vivre, serviabilité, sociabilité, urbanité. *SOUT.* gracieuseté, liant. ▶ ***Diplomatie*** – adresse, circonspection, diplomatie, doigté, finesse, habileté, souplesse. ▶ ***Décence*** – bienséance, bon ton, chasteté, convenance, correction, décence, délicatesse, dignité, discrétion, éducation, fierté, gravité, honnêteté, honneur, modestie, politesse, propreté, pudeur, quant-à-soi, réserve, respect, retenue, sagesse, sobriété, tenue, vertu. *SOUT.* pudicité. ▶ ***Sens*** – toucher. △ **ANT.** GROSSIÈRETÉ, IMPOLITESSE, IMPUDENCE; BOURDE, GAUCHERIE, MALADRESSE; FROIDEUR, INSENSIBILITÉ; INDÉCENCE.

tactile *adj.* palpable, tangible. △ **ANT.** IMPALPABLE, INTACTILE, INTANGIBLE.

tactique *adj.* militaire, stratégique.

tactique *n.f.* ▶ ***Méthode*** – approche, art, chemin, code, comment, credo, démarche, discipline, dispositif, façon (de faire), facture, formule, heuristique, instruction, instrument, ligne de conduite, maïeutique, manière, marche (à suivre), méthode, méthodologie, modalité, mode d'emploi, mode, moyen, opération, ordre, organisation, outil, posologie, pratique, procédé, procédure, protocole, raisonnement, recette, règle, secret, stratagème, stratégie, système, technique, théorie, traitement, voie. *SOUT.* faire. ▶ ***Stratégie*** – adresse, calcul, diplomatie, finesse, habileté, ligne de conduite, machiavélisme, manège, négociation, patience, prudence, ruse, sagesse, savoir-faire, souplesse, stratégie, temporisation, tractation. △ **ANT.** INORGANISATION, NÉGLIGENCE.

tag *n.m.* graff, graffiti. *FAM.* bombage.

taguer *v.* bomber, graffiter.

tagueur *n.* barbouilleur, bombeur, graffeur, graffiteur, gribouilleur.

taille *n.f.* ▶ ***Action de couper*** – coupe, taillage. *TECHN.* stéréotomie. ▶ ***Incision de la vessie*** – cystotomie. ▶ ***En architecture*** – agencement, appareil, appareillage, disposition, montage. ▶ ***Côté coupant*** – coupant, découpoir, feuilletis, fil, tranchant. ▶ ***Chantier*** – carrière, chantier d'exploitation. ▶ ***Impôt*** – charge, contribution, cote, droit, excise, fiscalité, imposition, levée, patente, prélèvement, prestation, prime *(assurance)*, redevance, surtaxe, taxation, taxe, tribut. *QUÉB.* accise. *BELG.* accises. *HIST.* capitation, champart, corvée, dîme, fouage, franc-fief, gabelle, maltôte, moulage, tonlieu. *DR.* foretage. ▶ ***Partie latérale*** – ceinture, flanc, hanche. *ANAT.* articulation coxo-fémorale. ▶ ***Corsage*** (*FRANCE RÉGION.*) – corsage. ▶ ***Dimension*** – ampleur, amplitude, calibre, carrure, diamètre, empan, envergure, étendue, évasure, format, giron *(d'une marche)*, grosseur, laize, large, largeur, lé, module, portée. ▶ ***Grandeur d'une personne*** – gabarit, grandeur, stature. ▶ ***Vêtements*** – pointure. ▶ ***Importance*** – grandeur, immensité, importance, longueur, monumentalité.

tailler *v.* ▶ ***Graver*** – buriner, ciseler, estamper, graver, sculpter. ▶ ***Dégrossir*** – dégrossir, ébaucher, épanneler. ▶ ***Du bois*** – charpenter, équarrir, menuiser. ▶ ***Émonder un arbre*** – couper, ébrancher, éclaircir, élaguer, émonder. *RARE* monder. ▶ ***Insulter*** (*FRANCE FAM.*) – bafouer, faire affront à, faire injure à, faire insulte à, faire outrage à, humilier, injurier, insulter, outrager. *SOUT.* blasphémer, gifler, souffleter. ♦ **se tailler** ▶ ***S'enfuir*** (*FAM.*) – fuir, prendre la clé des champs, prendre la fuite, s'enfuir, se sauver. *SOUT.* s'ensauver. *FAM.* calter, caner, débarrasser le plancher, décamper, décaniller, déguerpir, détaler, droper, ficher le camp, filer, foutre le camp, prendre la poudre d'escampette, prendre le large, s'esbigner, se barrer, se carapater, se casser, se cavaler, se débiner, se faire la malle, se faire la paire, se faire la valise, se tirer, se tirer des flûtes, se trisser. △ **ANT.** AUGMENTER; GREFFER. ♦ **se tailler** ACCOURIR, ARRIVER.

tailleur *n.* ▶ ***Confectionneur*** – couseur, couturier. ▶ ***Tenue*** – (costume) tailleur, deux-pièces, tailleur-pantalon.

taillis *n.m.* bois, forêt, zone forestière. *SOUT.* bocage, sylve. *QUÉB.* boisé.

taire *v.* ▶ ***Ne pas dire*** – cacher, couvrir, dissimuler, laisser de côté, omettre, passer sous silence. *SOUT.* celer. ♦ **se taire** ▶ ***S'abstenir de parler*** – garder le silence, ne pas dire un (traître) mot, ne pas souffler mot, tenir sa langue. *FAM.* avaler sa langue, fermer sa gueule, la boucler, la fermer, perdre sa langue, (s') écraser. *FRANCE FAM.* ne pas piper. △ **ANT.** DIRE, EXPRIMER; CONFESSER, DÉVOILER, RÉVÉLER; PUBLIER; AFFICHER, MANIFESTER, MONTRER. ♦ **se taire** BAVARDER, PARLER.

talent *n.m.* ▶ ***Compétence*** – adresse, aisance, aptitude, art, brio, capacité, compétence, dextérité, disposition, doigté, don, expertise, facilité, faculté, force, fort, génie, habileté, main, maîtrise, métier, pouvoir, professionnalisme, savoir, savoir-faire, sens, technique, virtuosité. *FAM.* bosse. *DR.* habilitation, habilité. ▶ ***Personne talentueuse*** – génie, maître, prodige, superhomme, surdoué, surhomme, virtuose. *SOUT.* phénix, surhumain. *FAM.* phénomène. △ **ANT.** INAPTITUDE, INCOMPÉTENCE, INEXPÉRIENCE, LACUNE; IGNARE.

talus *n.m.* ▶ ***Terrain élevé*** – ados, barbette, berge, berme, cavalier, chaussée, levée, parapet, remblai, risberme *(barrage)*, terrasse, terre-plein. *AGRIC.* billon. ▶ ***Terrain en pente*** – côte, coteau, déclivité, descente, grimpette, montée, pente, raidillon, rampant *(toit)*, rampe, versant. *ANC.* calade *(équitation)*. ▶ *Autour d'une fortification* – contrescarpe, escarpe, glacis. △ **ANT.** DÉBLAI.

tambour *n.m.* ▶ ***Personne*** – tambour-major *(chef)*. *FRANCE FAM.* tapin. ▶ ***Pièce cylindrique*** – cylindre, rouleau. ▶ ***Poulie*** – poulie, rouet. ▶ ***Jeu*** – roue de loterie. ▶ ***Lieu de transition*** – sas. *QUÉB. FAM.* abat-vent. ▶ ***Barrière pivotante*** – portes tournantes, tourniquet.

tampon *n.m.* ▶ ***Bouchon*** – bonde, bondon, bouchon, capsule, capuchon, fermeture, marette. *MAR.* tape. ▶ ***Ce qui sert à essuyer*** – chamoisine, chiffon (à poussière), éponge, essuie-meubles, essuie-verres, lavette, linge, pattemouille, (peau de) chamois, serpillière, torchon. *QUÉB.* guenille. *BELG.* drap de maison, loque (à reloqueter), wassingue. *SUISSE* panosse, patte. *ACADIE FAM.* brayon. *TECHN.* peille. ▶ ***Ce qui sert à étendre un liquide*** – applicateur, coton-tige, pinceau. ▶ ***Ce qui sert à marquer*** – cachet, oblitérateur, poinçon, sceau, timbre. *ANTIQ.* cylindre-sceau. ▶ ***Marque*** – cachet, contrôle, empreinte, estampille, flamme, frappe, griffe, insculpation, label, marque, oblitération, plomb, poinçon, sceau, timbre. *QUÉB. FAM.* étampe. ▶ ***Dispositif antichoc*** – bourrelet antichoc, damper. ▶ ***En informatique*** – mémoire tampon.

tam-tam (var. **tamtam**) *n.m.* ▶ ***Instrument à percussion en bronze*** – gong. ▶ ***Publicité*** (*FAM.*) – annonce, bande-annonce *(d'un film)*, battage, bruit, commercialisation, conditionnement, croisade, lancement, marchandisage, marketing, message (publicitaire), petite annonce *(journal)*, placard, promotion, propagande, publicité, publipostage, raccrochage, racolage, réclame, renommée, retentissement, slogan. *FAM.* pub. *QUÉB. FAM.* cabale *(pour un candidat)*. ▶ *Non favorable* – bourrage de crâne, endoctrinement, intoxication, lavage de cerveau, matraquage, propagande.

tangible *adj.* ▶ ***Perceptible par le toucher*** – palpable, tactile. ▶ ***Concret*** – concret, effectif, existant, matériel, palpable, physique, réel, sensible, visible, vrai. *DIDACT.* positif. *RELIG.* de ce monde, temporel, terrestre. △ **ANT.** IMPALPABLE, INTANGIBLE; ABSTRAIT, CONCEPTUEL, INTELLECTUEL, MENTAL, THÉORIQUE.

tante *n.f.* ▶ ***Collatéral*** – *FRANCE FAM.* tantine, tatie.

tantôt *adv.* ▶ ***Bientôt*** – à bref délai, à brève échéance, à court terme, à courte échéance, bientôt, d'ici peu, d'un instant à l'autre, d'un jour à l'autre, d'un moment à l'autre, d'une minute à l'autre, dans les jours à venir, dans peu, dans peu de temps, dans quelque temps, dans quelques instants, dans un avenir rapproché, dans un instant, dans un moment, incessamment, prochainement, rapidement, sans tarder, sous peu, tôt, tout à l'heure. ▶ ***Parfois*** – à certains moments, à l'occasion, certaines fois, dans certains cas, de temps à autre, de temps en temps, en certaines occasions, en certains cas, occasionnellement, par instants, par moments, parfois, quelquefois. *FAM.* des fois. △ **ANT.** À LONGUE ÉCHÉANCE, APRÈS UNE LONGUE ATTENTE, DANS LONGTEMPS; À LA DERNIÈRE MINUTE, À UNE HEURE AVANCÉE, SUR LE TARD, TARDIVEMENT.

tapage *n.m.* ▶ ***Vacarme*** – brouhaha, cacophonie, chahut, charivari, clameur, tohu-bohu, tumulte, vacarme. *SOUT.* bacchanale, hourvari, pandémonium. *FAM.* barouf, bastringue, bazar, bordel, boucan, bousin, chambard, corrida, grabuge, pétard, potin, raffut, ramdam, ronron, sabbat, schproum, tintamarre, tintouin. *QUÉB. FAM.* barda, train. ▶ ***Esclandre*** – algarade, discussion, dispute, éclat, esclandre, querelle, scandale, scène. *FAM.* chambard, pétard. *FRANCE FAM.* pet. ▶ ***Turbulence*** – agitation, dissipation, espièglerie, excitation, fougue, impétuosité, mobilité, mouvement, nervosité, pétulance, turbulence, vivacité. ▶ ***Contraste*** (*SOUT.*) – antithèse, contraste, désaccord, désagencement, désassortiment, déséquilibre, différence, discordance, disharmonie, disparité, disproportion, dissemblance, hétérogénéité, heurt, opposition, repoussoir. *SOUT.* disconvenance. △ **ANT.** CALME, HARMONIE, SILENCE, TRANQUILLITÉ.

tapant *adj.* juste, pile, précis, sonnant. *FAM.* pétant. △ **ANT.** À PEU PRÈS, APPROXIMATIVEMENT, ENVIRON.

tape *n.f.* ▶ ***Coup au visage*** – claque, gifle. *SOUT.* soufflet. *FAM.* baffe, beigne, mornifle, pain, taloche, tarte, torgnole. *FRANCE FAM.* aller et retour, calotte, emplâtre, giroflée (à cinq feuilles), mandale, pêche, rouste. ▶ ***Tampon*** – bonde, bondon, bouchon, capsule, capuchon, fermeture, marette, tampon. △ **ANT.** CAJOLERIE, CÂLIN, CARESSE.

taper *v.* ▶ ***Donner des coups sur qqch.*** – battre, cogner, frapper. ▶ ***Donner des coups à qqn*** (FAM.) – battre, frapper, porter la main sur, rosser, rouer de coups. *SOUT.* étriller. *FAM.* abîmer le portrait à, administrer une correction à, arranger le portrait à, casser la figure à, casser la gueule à, cogner, corriger, dérouiller, flanquer une raclée à, flanquer une volée à, passer à tabac, péter la gueule à, piler, rentrer dedans, tabasser, voler dans les plumes à. *FRANCE FAM.* boxer, castagner, châtaigner, esquinter le portrait à, flanquer une pile à, mettre la tête au carré à, rentrer dans le chou à, rentrer dans le lard à, rentrer dans le mou à, tatouiller, tomber sur le paletot à, tomber sur le poil à, tricoter les côtes à. ▶ ***Dénigrer*** (FAM.) – attaquer, baver sur, calomnier, casser du sucre sur le dos de, cracher sur, critiquer, décrier, dénigrer, déprécier, diffamer, dire du mal de, gloser sur, médire de, noircir, perdre de réputation, traîner dans la boue. *SOUT.* arranger de la belle manière, clabauder sur, dauber sur, détracter, dire pis que pendre de, mettre plus bas que terre. *FAM.* déblatérer contre. *FRANCE FAM.* débiner, habiller pour l'hiver, tailler un costard à, tailler une veste à. *BELG.* décauser. ▶ ***Puer*** (FRANCE FAM.) – empester, puer, sentir fort, sentir mauvais. *FAM.* cocotter, fouetter, sentir. *FRANCE FAM.* renifler. ▶ ***Dactylographier*** (FAM.) – dactylographier, écrire à la machine. ♦ **se taper** ▶ ***Se battre*** (FAM.) – échanger des coups, en découdre, en venir aux coups, en venir aux mains, s'empoigner, se bagarrer, se battre, se colleter. *FAM.* s'expliquer, se bigorner, se cogner, se crêper le chignon, se prendre aux cheveux, se tabasser, se voler dans les plumes. *FRANCE FAM.* barouder, châtaigner, se bastonner, se castagner. ▶ ***Manger*** (FAM.) – manger. *FAM.* becter, bouffer, boulotter, briffer, gober, grailler, (s') enfiler, s'envoyer, se farcir, se tasser, tortorer. ▶ ***Boire*** (FAM.) – boire. *FAM.* s'en jeter un derrière la cravate, s'enfiler, s'envoyer. ▶ ***Faire*** (FAM.) – faire. *FAM.* s'envoyer, se coltiner, se farcir. △ **ANT.** CARESSER, FLATTER; CHOYER, DORLOTER.

tapir (se) *v.* ▶ ***Se recroqueviller*** – se blottir, se lover, se mettre en boule, se pelotonner, se ramasser, se ratatiner, se recroqueviller, se replier sur soi. ▶ ***Se mettre à l'abri*** – s'abriter, se blottir, se cacher, se mettre à couvert, se mettre à l'abri, se nicher, se réfugier, se terrer. *FAM.* se planquer. △ **ANT.** PARAÎTRE, S'EXPOSER, SE DÉVOILER, SE MONTRER, SORTIR.

tapis *n.m.* ▶ ***Revêtement*** – lit, litière, matelas, natte.

tapisserie *n.f.* ▶ ***Tissu*** – cantonnière, draperie, mille fleurs, pente de fenêtre, portière, rideau, store, tenture, toile. ▶ ***Papier*** – papier mural, papier peint.

taquin *adj.* blagueur, coquin, espiègle, facétieux, farceur, fripon, futé, gamin, malicieux, malin, mutin, plaisantin, polisson. △ **ANT.** GRAVE, SÉRIEUX.

taquiner *v.* ▶ ***Plaisanter*** – agacer, faire enrager, plaisanter. *FAM.* asticoter, blaguer, chiner. *QUÉB. FAM.* niaiser. *ACADIE FAM.* tisonner. ▶ ***Préoccuper*** – ennuyer, fatiguer, obséder, préoccuper, tarabuster, tracasser, travailler. *FAM.* titiller, turlupiner. *QUÉB. FAM.* chicoter. *FRANCE RÉGION.* taler. △ **ANT.** LAISSER TRANQUILLE.

tard *adv.* à la dernière minute, à une heure avancée, sur le tard, tardivement. △ **ANT.** DE BONNE HEURE, TÔT.

tarder *v.* être lent à, être long à, flâner, mettre du temps à, musarder, prendre tout son temps, s'attarder, traînailler, traînasser, traîner. *FAM.* lambiner, lanterner. *QUÉB. FAM.* placoter. *SUISSE FAM.* pétouiller. △ **ANT.** SE DÉPÊCHER, SE HÂTER, SE PRESSER.

tare *n.f.* ▶ ***Dégénérescence mentale*** – crétinisme, débilité, dégénérescence, gâtisme, idiotie, imbécillité. ▶ ***Imperfection*** – défaut, défectuosité, démérite, faible, faiblesse, faille, faute, fil, grossièreté, handicap, imperfection, infirmité, insuffisance, lacune, maladie, malfaçon, manque, médiocrité, péché mignon, péché véniel, petitesse, ridicule, tache, tort, travers, vice. *SOUT.* perfectibilité. △ **ANT.** EXCELLENCE, PERFECTION.

tarif *n.m.* ▶ ***Prix*** – appréciabilité, cherté, cotation, cote, cours, coût, estimation, évaluation, montant, prix, tarification, taux, valeur. ▶ ***Punition*** (FAM.) – châtiment, condamnation, correction, damnation, expiation, gage *(dans un jeu)*, leçon, peine, pénalisation, pénalité, pénitence, punition, répression, sanction, verbalisation.

tarir *v.* ▶ ***Vider de son eau*** – assécher, dessécher, étancher, mettre à sec, sécher. ▶ ***Épuiser*** – appauvrir, épuiser, user. ♦ **tari** ▶ ***Vidé de son eau*** – à sec, asséché, desséché. △ **ANT.** ALIMENTER, APPROVISIONNER, COMBLER, GAVER, GORGER, RASSASIER, REMPLIR, SATURER; ABONDER, DÉBORDER, REGORGER; SE REMPLIR, SE SATURER.

tartine *n.f.* ▶ ***Pain*** – *QUÉB. FAM.* beurrée. ▶ ***Discours*** – discours-fleuve, palabres. *SOUT.* logorrhée.

tas *n.m.* ▶ ***Entassement*** – abondance, accumulation, addition, agrégation, amas, amoncellement, collection, déballage, échafaudage, emmagasinage, empilage, empilement, encombrement, entassement, étagement, faisceau, fatras, fouillis, monceau, montagne, pile, pyramide, quantité, stratification, superposition. ▶ ***Masse compacte*** – accrétion, accumulation, agglomérat, agglomération, aggloméré, agglutinat, agglutination, agglutinement, agrégat, agrégation, amas, bloc, concentration, concrétion, conglomérat, conglomération, conglutination, entassement, masse, nodule, paquet, réunion, sédiment, sédimentation. ▶ ***Grande quantité*** – abondance, afflux, amas, ampleur, concentration, débauche, débordement, exubérance, filon, fleuraison, floraison, foisonnement, forêt, foule, fourmillement, gisement, infinité, inondation, luxe, luxuriance, masse, mine, multiplicité, myriade, nuée, orgie, paquet, pléthore, poussière, profusion, quantité, richesse, surabondance, trésor. *FIG.* carnaval. *FAM.* festival, flopée, kyrielle, tapée, tonne, tripotée, wagon. *SUISSE FAM.* craquée. ▶ ***Collection*** – accumulation, amas, appareil, assemblage, assortiment, collection, compilation, ensemble, foule, grand nombre, groupe, groupement, jeu, quantité, rassemblement, recueil, service, train. *FAM.* attirail, cargaison, compil. *PÉJ.* ramassis. ▶ ***Foule*** – abondance, affluence, armada, armée, attroupement, bande, cohue, concentration, concours, encombrement, essaim, flot, forêt, foule, fourmilière, fourmillement, grouillement, légion, marée, masse, meute, monde, multitude, peuple, pléiade *(célébrités)*, pullulement, rassemblement, régiment, réunion, ribambelle, ruche, troupeau. FAM. flopée, marmaille *(enfants)*, tapée, tripotée. QUÉB. FAM. achalandage, gang. PÉJ. ramassis. ▶ ***Lieu de travaux*** – chantier. ▶ ***Instrument de forgeron*** – bigorne, enclume, enclumette *(petit)*. △ **ANT.** DISPERSION, ÉPARPILLEMENT; CARENCE, PÉNURIE, RARETÉ; DISETTE.

tasse *n.f.* ▶ ***Récipient*** – gobelet, godet, quart, verre. FAM. dé à coudre. ANC. rhyton, rince-bouche.

tasser *v.* ▶ ***Taper le sol, la neige*** – compacter, damer. ▶ ***Mettre à l'étroit*** – empiler, entasser, parquer, serrer. FAM. encaquer. FRANCE RÉGION. esquicher. ♦ **se tasser** ▶ ***S'arranger*** (FAM.) – aller mieux, s'améliorer, s'arranger. ▶ ***Manger*** (FAM.) – manger, s'alimenter, se nourrir, se restaurer, se sustenter. SOUT. se repaître. FAM. becter, bouffer, boulotter, boustifailler, briffer, casser la croûte, casser la graine, croûter, grailler, tortorer. △ **ANT.** DISSÉMINER, ÉPARPILLER, ÉTALER, ÉTENDRE.

tâter *v.* ▶ ***Examiner en touchant*** – palper, toucher. ▶ ***Chercher à connaître*** – ausculter, interroger, pénétrer, prendre le pouls de, sonder. ▶ ***Essayer*** – essayer, expérimenter, faire l'essai de, faire l'expérience de. ♦ **se tâter** ▶ ***Hésiter*** (FAM.) – hésiter, s'interroger. FAM. SUISSE être sur le balan.

tâtonnement *n.m.* ▶ ***Action de tâter*** – attouchement, tâtement, tripotage. MÉD. palpation. FAM. pelotage. FRANCE FAM. tripatouillage. ▶ ***Hésitation*** – doute, embarras, flottement, hésitation, incertitude, inconstance, indécision, indétermination, instabilité, irrésolution, perplexité, procrastination, réticence, scrupule, trouble, vacillement, valse-hésitation, velléité, versatilité. SOUT. limbes. △ **ANT.** APLOMB, ASSURANCE, FERMETÉ; CERTITUDE, CONFIANCE.

tâtonner *v.* essayer, hésiter. △ **ANT.** AGIR, CHOISIR, DÉCIDER, RÉSOUDRE, TRANCHER.

tatouage *n.m.* ▶ ***Action*** – marquage. ANC. stigmatisation. ▸ *Dans le Midi* – ferrade *(bestiaux)*. ▶ ***Chose*** – marque. ANC. flétrissure, stigmate.

taudis *n.m.* bouge, galetas. FIG. bauge, chenil, écurie, tanière. FAM. baraque, bicoque, clapier. FRANCE FAM. cambuse, gourbi, turne. △ **ANT.** CHÂTEAU, PALAIS.

taux *n.m.* ▶ ***Prix*** – appréciabilité, cherté, cotation, cote, cours, coût, estimation, évaluation, montant, prix, tarif, tarification, valeur. ▶ ***Pourcentage*** – coefficient, facteur, indice, pour cent, pourcentage, proportion, quotient, rapport, ratio, tantième, teneur.

taverne *n.f.* ▶ ***Débit de boissons*** (QUÉB.) – bar, brasserie, café, débit de boissons, estaminet, guinguette, pub. FAM. bistrot, buvette, limonade. FRANCE FAM. bistroquet, marigot, rade, troquet, zinc. AFR. maquis *(clandestin)*. ▸ *Mal famé* – bouge, boui-boui. ▸ *Aux États-Unis* ANC. saloon *(conquête de l'Ouest)*, speakeasy *(prohibition)*.

taxe *n.f.* ▶ ***Impôt*** – charge, contribution, cote, droit, excise, fiscalité, imposition, levée, patente, prélèvement, prestation, prime *(assurance)*, redevance, surtaxe, taxation, tribut. QUÉB. accise. BELG. accises. HIST. capitation, champart, corvée, dîme, fouage, franc-fief, gabelle, maltôte, moulage, taille, tonlieu. DR. foretage. ▶ ***Frais de port*** – compostage, frais de port, surtaxe, timbrage, timbre. △ **ANT.** DÉTAXE, EXONÉRATION, REMISE.

taxer *v.* ▶ ***Soumettre à une taxe*** – frapper d'une taxe, imposer. ▶ ***Extorquer*** (FAM.) – arracher, escroquer, extorquer, soutirer, voler. FAM. carotter, ratiboiser. ▶ ***Voler*** (FAM.) – dérober, faire main basse sur, prendre, soustraire, subtiliser, voler. FAM. barboter, chaparder, chiper, choper, escamoter, faire, faucher, flibuster, piquer, rafler. FRANCE FAM. calotter, chouraver. ▶ ***Accuser*** – accuser, charger, faire grief à. ▶ ***Qualifier de façon non favorable*** – traiter. △ **ANT.** DÉTAXER, EXEMPTER, EXONÉRER.

taxi *n.m.* ▶ ***Automobile*** – FRANCE FAM. bahut. ▶ ***Chauffeur*** – chauffeur de taxi. AFR. BELG. taximan.

taxidermiste *n.* empailleur, naturaliste.

technicien *n.* technologiste, technologue. △ **ANT.** THÉORICIEN.

technique *adj.* spécialisé. ▸ *En parlant d'un terme* – didactique, savant, scientifique. △ **ANT.** COURANT, GÉNÉRAL.

technique *n.* ▶ ***Science appliquée*** – génie, ingénierie, technologie. ▶ ***Méthode*** – approche, art, chemin, code, comment, credo, démarche, discipline, dispositif, façon (de faire), facture, formule, heuristique, instruction, instrument, ligne de conduite, maïeutique, manière, marche (à suivre), méthode, méthodologie, modalité, mode d'emploi, mode, moyen, opération, ordre, organisation, outil, posologie, pratique, procédé, procédure, protocole, raisonnement, recette, règle, secret, stratagème, stratégie, système, tactique, théorie, traitement, voie. SOUT. faire. ▶ ***Compétence*** – adresse, aisance, aptitude, art, brio, capacité, compétence, dextérité, disposition, doigté, don, expertise, facilité, faculté, force, fort, génie, habileté, main, maîtrise, métier, pouvoir, professionnalisme, savoir, savoir-faire, sens, talent, virtuosité. FAM. bosse. DR. habilitation, habilité. ▶ ***Agilité*** – adresse, agilité, aisance, dextérité, élasticité, élégance, facilité, grâce, habileté, légèreté, main, mobilité, précision, rapidité, souplesse, virtuosité, vivacité. SOUT. félinité, prestesse. △ **ANT.** CONFUSION, DÉSORDRE, DÉSORGANISATION; INEXPÉRIENCE; BALOURDISE, MALADRESSE.

techniquement *adv.* analytiquement, conséquemment, dialectiquement, inductivement, logiquement, mathématiquement, méthodiquement, point par point, rationnellement, rigoureusement, scientifiquement, sensément, soigneusement, systématiquement. SOUT. cohéremment.

teindre *v.* colorer, teinter.

teint *n.m.* carnation, pigmentation.

teinte *n.f.* ▶ ***Couleur*** – coloration, coloris, couleur, degré, demi-teinte, nuance, ton, tonalité. SOUT. chromatisme. ▸ *De la peau* – carnation, pigmentation, teint. ▸ *Du vin* – robe. ▶ ***Petite quantité*** – atome, bouchée, brin, chouia, doigt, filet, goutte, gouttelette, grain, larme, lueur, miette, nuage, once, paille, parcelle, peu, pincée, pointe, relent, restant, reste, rien, soupçon, tantinet, touche, trace, trait, zeste. △ **ANT.** ABONDANCE, FOISONNEMENT; EXCÈS.

tel *adj.* égal, équivalent, identique, inchangé, même, pareil.

télégramme *n.m.* câble, radio, radiogramme, radiotélégramme.

télégraphier *v.* câbler.

télégraphique *adj.* ▶ ***En parlant du style*** – abrégé, elliptique.

téléphone *n.m.* appareil téléphonique. FAM. bigophone, fil, tube. FRANCE FAM. grelot.

téléphoner *v.* appeler. FAM. bigophoner, donner un coup de fil, donner un coup de téléphone, passer un coup de fil, passer un coup de téléphone.

télescope *n.m.* ▶ ***Instrument*** – binoculaire, jumelle, longue-vue, lorgnette, lunette.

téméraire *adj.* ▶ ***Qui ne se laisse pas intimider*** – audacieux, aventureux, entreprenant, fonceur, hardi, qui n'a pas froid aux yeux. ▶ ***Qui s'expose au danger*** – aventureux, imprudent. FAM. casse-cou, risque-tout. ▶ ***Risqué*** – audacieux, aventuré, aventureux, dangereux, fou, hardi, hasardé, hasardeux, imprudent, osé, périlleux, risqué, suicidaire. SOUT. scabreux. FAM. casse-cou, casse-gueule. △ **ANT.** CRAINTIF, LÂCHE, PEUREUX; PRÉVOYANT, PRUDENT, RÉFLÉCHI, SAGE; ANODIN, BÉNIN, INNOCENT, INOFFENSIF, SANS DANGER, SÛR.

témérité *n.f.* audace, bravoure, cœur, cœur au ventre, courage, cran, hardiesse, héroïsme, intrépidité, mépris du danger, vaillance. RARE héroïcité. SOUT. valeur. FAM. tripes. △ **ANT.** CIRCONSPECTION, MESURE, PRÉVOYANCE, PRUDENCE.

témoignage *n.m.* ▶ ***Attestation*** – affirmation, assurance, attestation, certitude, confirmation, corroboration, démonstration, gage, manifestation, marque, preuve, vérification. ▶ *En cour* – comparution, déposition. ▶ ***Indice*** – apparence, cachet, cicatrice, critère, empreinte, indication, indice, justificatif, lueur, marque, ombre, pas, piste, preuve, repère, reste, ride, sceau, signature, signe, stigmate, tache, témoin, trace, trait, vestige.

témoigner *v.* ▶ ***Exprimer*** – affirmer, donner des marques de, donner la preuve/des preuves de, extérioriser, faire montre de, faire preuve de, manifester, marquer, montrer (des signes de), prouver. ▶ ***Déposer*** – comparaître, déposer. ▶ ***Dénoter*** – annoncer, déceler, démontrer, dénoter, faire foi de, indiquer, laisser paraître, marquer, montrer, prouver, révéler, signaler, signifier. SOUT. dénoncer. ▶ *Une chose non favorable* – accuser, trahir. △ **ANT.** SE TAIRE.

témoin *n.* ▶ ***Spectateur*** – auditeur, observateur, participant, spectateur. ▶ ***Vestige*** – apparence, cachet, cicatrice, critère, empreinte, indication, indice, justificatif, lueur, marque, ombre, pas, piste, preuve, repère, reste, ride, sceau, signature, signe, stigmate, tache, témoignage, trace, trait, vestige.

tempérament *n.m.* ▶ ***Caractère*** – abord, caractère, comportement, constitution, esprit, état d'âme, état d'esprit, humeur, idiosyncrasie, individualité, mentalité, nature, naturel, personnalité, sensibilité, trempe. FAM. psychologie. ACADIE FAM. alément. PSYCHOL. thymie. ▶ ***Système musical*** – ANC. hexacorde.

température *n.f.* ▶ ***Notion physique*** – chaleur. ▶ ***Météorologie*** – air, ambiance, atmosphère, ciel, climat, conditions atmosphériques, conditions climatiques, conditions météorologiques, météorologie, pression, régime, temps, vent. FAM. fond de l'air, météo. ▶ ***Fièvre*** – fièvre. FAM. fièvre de cheval *(petite)*. MÉD. hyperthermie, pyrexie.

tempéré *adj.* ▶ ***Mitigé*** – adouci, atténué, mitigé, modéré, tiède. ▶ ***Réfléchi*** (SOUT.) – éclairé, judicieux, mesuré, modéré, philosophe, pondéré, posé, raisonnable, raisonné, rationnel, réfléchi, responsable, sage, sain, sensé, sérieux. SOUT. rassis. ▶ ***En parlant du climat*** – clément, doux, modéré, moyen. △ **ANT.** ARDENT, EXCESSIF, EXTRÊME, PASSIONNÉ; CHAUD, FROID.

tempérer *v.* ▶ ***Modérer*** – atténuer, euphémiser, ménager, mesurer, modérer, nuancer, pondérer. ▶ ***Assouplir*** – assouplir, plier, relâcher. ▶ ***Assagir*** – assagir, calmer, modérer, raisonner. △ **ANT.** AUGMENTER, AVIVER, INTENSIFIER, RENFORCER, SOUTENIR; RADICALISER; ÉCHAUFFER, EXCITER.

tempête *n.f.* ▶ ***Violente perturbation atmosphérique*** – baguio, cyclone, grain, gros temps, orage, ouragan, rafale, tempête (tropicale), tornade, tourbillon, trombe, typhon, vent violent. SOUT. tourmente. FAM. coup de chien, coup de tabac, coup de vent. ▶ ***Tumulte*** – activité, affairement, affolement, agitation, alarme, animation, bouillonnement, branle-bas (de combat), bruit, dérangement, désordre, désorganisation, détraquement, effervescence, excitation, fourmillement, grouillement, hâte, incohérence, mouvement, orage, précipitation, remous, remue-ménage, secousse, tohu-bohu, tourbillon, tourmente, trépidation, trouble, tumulte, turbulence, va-et-vient. SOUT. émoi, remuement. FAM. chambardement. △ **ANT.** ACCALMIE, BONACE, ÉCLAIRCIE, EMBELLIE; CALME, REPOS, TRANQUILLITÉ.

temple *n.m.* édicule *(petit)*, sanctuaire. ANTIQ. fanum.

temporaire *adj.* ▶ ***Transitoire*** – bref, court, éphémère, évanescent, fugace, fugitif, intérimaire, momentané, passager, précaire, provisoire, rapide, transitoire. SOUT. périssable. ▶ ***Improvisé*** – de fortune, improvisé, provisoire. △ **ANT.** CHRONIQUE, PERMANENT.

temps *n.m.* ▶ ***Entité*** – écoulement des jours, la quatrième dimension, la ronde des saisons, la succession des saisons, le cours des événements, le cours des saisons, le cours du temps, le cycle des saisons. ▶ ***Durée*** – durée, laps de temps, période, plage (horaire), planche (horaire). ▶ ***Époque*** – âge, cycle, date, époque, ère, étape, génération, heure, jour, moment, période, règne, saison, siècle. ▶ ***Pause*** – arrêt, interruption, pause, silence. ▶ ***Loisir*** – congé, délassement, détente, escale, halte, loisir, mi-temps, pause, récréation, récupération, relâche, répit, repos, trêve, vacances, villégiature. ▶ ***Météorologie*** – air, ambiance, atmosphère, ciel, climat, conditions atmosphériques, conditions climatiques, conditions météorologiques, météorologie, pression, régime, température, vent. FAM. fond de l'air, météo. △ **ANT.** ÉTERNITÉ, INFINITÉ.

tenace *adj.* ▶ ***Persévérant*** – acharné, coriace, obstiné, opiniâtre, persévérant, persistant. ▶ ***Résistant*** – coriace, inusable, rebelle, résistant, robuste, vivace. ▶ ***Enraciné*** – ancré, chronique, durable, endémique, enraciné, établi, gravé, implanté, indéracinable, inextirpable, invétéré, persistant, vieux, vivace. △ **ANT.** FUGACE, MOMENTANÉ, TEMPORAIRE; FRAGILE; CHANGEANT, INCONSTANT, INSTABLE.

ténacité *n. f.* ▶ ***Obstination*** – acharnement, assiduité, constance, détermination, entêtement, fermeté, insistance, obstination, opiniâtreté, persévérance, persistance, résolution, suite dans les idées, volonté. PÉJ. aveuglement. ▶ ***Endurance*** – aplomb, assurance, autorité, caractère, constance, courage, cran, détermination, endurance, énergie, fermeté, force, permanence, poigne, rectitude, résolution, ressort, sang-froid, sérieux, solidité, sûreté, vigueur, virilité, volonté. SOUT. invulnérabilité. FAM. estomac, gagne. △ **ANT.** APATHIE, MOLLESSE, PARESSE, PASSIVITÉ; FRAGILITÉ, FUGACITÉ, INSTABILITÉ, VERSATILITÉ.

tendance *n. f.* ▶ ***Propension*** – affection, aptitude, attirance, disposition, faible, faiblesse, goût, habitude, impulsion, inclination, instinct, penchant, pente, prédilection, prédisposition, préférence, propension, vocation. DIDACT. susceptibilité. PSYCHOL. compulsion. FAM. tendresses. ▶ ***Évolution*** – chemin, courant, cours, direction, évolution, fil, mouvance, mouvement, orientation, virage. SOUT. voie. ▶ ***Mode*** – avant-gardisme, dernier cri, engouement, épidémie, fantaisie, fureur, goût (du jour), mode, style, ton, vague, vent, vogue. △ **ANT.** ANTIPATHIE, AVERSION, DÉGOÛT, RÉPULSION.

tendre *adj.* ▶ ***Amoureux*** – affectueux, aimant, amoureux, cajoleur, câlin, caressant, doux, roucoulant. ▶ ***Sensible*** – fleur bleue, romanesque, romantique, sensible, sentimental. ▶ ***Facile à modeler*** – malléable, mou, plastique, ramolli. ▶ ***Qui enfonce au contact*** – moelleux, mollet, mou. ▶ ***En parlant d'une couleur*** – clair, doux, pâle, pastel. △ **ANT.** CRUEL, DUR, FROID, IMPITOYABLE, INSENSIBLE, SÉVÈRE; BRUTAL, CRU, DIRECT; PROSAÏQUE, RÉALISTE; CASSANT, RIGIDE, SEC; FERME, RÉSISTANT; CORIACE; CRIARD, VIF, VOYANT.

tendre *v.* ▶ ***Distendre*** – distendre, étirer, tirer. ▶ ***Raidir*** – bander, raidir. MAR. embraquer. ▶ ***Contracter un muscle*** – bander, contracter, crisper, raidir. ▶ ***Tapisser*** – couvrir, recouvrir, tapisser. ▶ ***Présenter*** – avancer, offrir, présenter. ▶ ***Rechercher*** – ambitionner, aspirer à, avoir des vues sur, avoir en tête de, briguer, convoiter, courir après, désirer, pourchasser, poursuivre, prétendre à, rechercher, solliciter, souhaiter, viser. FAM. guigner, lorgner, reluquer. ▶ ***Contribuer*** – aider à, concourir à, conspirer à, contribuer à. ▶ ***Se rapprocher*** – se rapprocher de, tirer sur. ♦ **se tendre** ▶ ***Contracter tous ses muscles*** – se bander, se raidir. △ **ANT.** ASSOUPLIR, DÉBANDER, DÉCONTRACTER, DESSERRER, DÉTENDRE, RELÂCHER; DÉDAIGNER, REFUSER, REPOUSSER; FUIR, S'ÉLOIGNER.

tendrement *adv.* affectivement, affectueusement, amicalement, amoureusement, câlinement, chaleureusement, maternellement, sensiblement. △ **ANT.** DUREMENT, RAIDE, RAIDEMENT, RUDEMENT, SANS MÉNAGEMENT, SEC, VERTEMENT.

tendresse *n. f.* ♦ **tendresse,** ***sing.*** ▶ ***Affection*** – affection, amitié, amour, attachement, attirance, intérêt, lien, sympathie. FAM. coup de cœur, coup de foudre. ▶ ***Sensibilité*** – affect, affectivité, âme, attendrissement, cœur, compassion, émotion, émotivité, empathie, fibre, humanité, impressionnabilité, pitié, romantisme, sensibilité, sentiment, sentimentalité, susceptibilité, sympathie, vulnérabilité. SOUT. entrailles. FAM. tripes. ♦ **tendresses,** ***plur.*** ▶ ***Caresse*** – cajolerie, câlin, câlinerie, caresse, chatterie. FAM. mamours. FRANCE FAM. papouille. ▶ ***Penchant*** (FAM.) – affection, aptitude, attirance, disposition, faible, faiblesse, goût, habitude, impulsion, inclination, instinct, penchant, pente, prédilection, prédisposition, préférence, propension, tendance, vocation. DIDACT. susceptibilité. PSYCHOL. compulsion. △ **ANT.** DURETÉ, FROIDEUR, IMPITOYABILITÉ, INDIFFÉRENCE, INSENSIBILITÉ, MÉCHANCETÉ, RIGIDITÉ, SÉVÉRITÉ.

tendu *adj.* ▶ ***En parlant d'une corde*** – raide. ▶ ***En parlant d'un muscle*** – contracté, crispé. ▶ ***En parlant de qqn*** – contracté, nerveux, stressé. ▶ ***Qui peut éclater en conflit*** – critique, explosif. △ **ANT.** FLASQUE, LÂCHE; CALME, DÉCONTRACTÉ, DÉTENDU; HARMONIEUX, PAISIBLE.

ténèbres *n. f. pl.* noir, nuit, obscurité, ombre, pénombre. QUÉB. noirceur. SOUT. opacité. △ **ANT.** CLARTÉ, JOUR, LUEUR, LUMIÈRE.

ténébreux *adj.* ▶ ***Sans lumière*** – noir, obscur, ombreux, opaque, plongé dans les ténèbres, sombre. SOUT. enténébré. ▶ ***Difficile à comprendre*** – cabalistique, caché, cryptique, énigmatique, ésotérique, hermétique, impénétrable, inaccessible, incompréhensible, inconcevable, inconnaissable, indéchiffrable, indécodable, inexplicable, insaisissable, insondable, mystérieux, obscur, opaque, secret. SOUT. abscons, abstrus, sibyllin. ▶ ***Mélancolique*** – abattu, découragé, démoralisé, déprimé, las, mélancolique, morne, morose, pessimiste, qui a le vague à l'âme, qui broie du noir, sombre, triste. SOUT. bilieux, saturnien, spleenétique. FAM. cafardeux, tristounet. △ **ANT.** CLAIR; BRILLANT, ÉCLAIRÉ, ENSOLEILLÉ, LUMINEUX; À LA PORTÉE DE TOUS, ACCESSIBLE, COMPRÉHENSIBLE, ÉVIDENT, FACILE, INTELLIGIBLE, LIMPIDE, SIMPLE, TRANSPARENT; ENJOUÉ, GAI, JOYEUX, SOURIANT.

teneur *n. f.* ▶ ***Contenu abstrait*** – contenu, fil conducteur, fil rouge, idée générale, sens. ▶ ***Pourcentage*** – coefficient, facteur, indice, pour cent, pourcentage, proportion, quotient, rapport, ratio, tantième, taux.

tenir *v.* ▶ ***Maintenir qqch. en place*** – fixer, maintenir, retenir. ▶ ***Maintenir qqn en place*** – clouer, immobiliser, maintenir, retenir, river. ▶ ***Détenir*** – avoir, détenir, posséder. ▶ ***Conserver*** – conserver, entretenir, garder, maintenir. ▶ ***Contenir un volume*** – contenir, cuber, jauger. ▶ ***Contenir un nombre de personnes*** – accueillir, contenir, loger, recevoir. ▶ ***Juger*** – considérer, croire, estimer, être d'avis que, juger, penser, regarder, trouver. SOUT. compter, réputer. ▶ ***Remplir un rôle*** – exercer, remplir, s'acquitter de. ▶ ***Défendre un lieu*** – défendre, garder. ▶ ***Résister*** – lutter, ne pas se laisser faire, résister, s'accrocher, se défendre. ▶ ***Coller*** – adhérer à, entrer dans, s'affilier à, s'inscrire à. ▶ ***S'accrocher*** – s'accrocher, s'agripper, se cramponner, se raccrocher, se retenir. SOUT. s'agriffer. ▶ ***Rester dans un même état*** – demeurer, être, rester. ▶ ***Être de même nature*** – procéder de. SOUT. participer de. △ **ANT.** ABANDONNER, LÂCHER, LAISSER, LIBÉRER, RELÂCHER; CÉDER; BRANLER, CHANCELER, FLANCHER, TOMBER; CAPITULER.

tension *n.f.* ▶ ***Allongement*** – affinement, allongement, bandage, dépliage, dépliement, déploiement, développement, élongation, étirage, étirement, excroissance, extension, prolongement, rallonge, rallongement, tirage. ▶ ***Contraction*** – astriction, constriction, contraction, crampe, crispation, étranglement, palpitation, pressage, pression, pressurage, resserrement, rétraction, rétrécissement, serrement, spasme. MÉD. clonie, clonus, contracture, striction, tétanisation. ▶ ***Tension musculaire ou nerveuse*** – tonus. ▶ ***Nervosité*** – agitation, effervescence, électrisation, emballement, énervement, étourdissement, exaltation, excitation, fébrilité, fièvre, griserie, nervosité, stress, surexcitation. SOUT. enivrement, éréthisme, exaspération, surtension. RARE enfièvrement. SPORTS pressing. ▶ ***Tension artérielle*** – haute tension, hypertension, tension de haute fréquence. QUÉB. FAM. haute, haute pression. ▶ ***Afflux de sang*** – afflux (de sang), apoplexie, attaque, cataplexie, coup de sang, embolie, hémorragie, hyperémie, ictus, pléthore, révulsion, stase, thrombose, transport au cerveau, turgescence. ▶ ***Tension électrique*** – différence de potentiel, voltage. ▶ ***Concentration*** – application, attention, concentration, contention, intérêt, recueillement, réflexion. ▶ ***Sentiments non favorables*** – crispation, durcissement, refroidissement. SOUT. pétrification. △ **ANT.** ABANDON, DÉCONTRACTION, DÉTENTE, LAXITÉ, RELÂCHEMENT; DÉCONGESTION; ACCORD, COMPRÉHENSION, ENTENTE, SYMPATHIE.

tentant *adj.* affriolant, aguichant, alléchant, appétissant, attirant, attrayant, désirable, engageant, excitant, intéressant, invitant, irrésistible, ragoûtant, séduisant. SOUT. affriandant. △ **ANT.** FADE, ININTÉRESSANT, INSIPIDE.

tentation *n.f.* ▶ ***Désir*** – ambition, appel, appétit, aspiration, attirance, attrait, besoin, but, convoitise, desideratum, désir, envie, exigence, faim, fantaisie, fantasme, fièvre, fringale, goût, idéal, intention, jalousie, passion, prétention, quête, recherche, rêve, soif, souhait, velléité, visée, vœu, voix, volonté. SOUT. appétence, dessein, prurit, vouloir. FAM. démangeaison. ▶ ***Appât*** – allèchement, appât, attrait, friandise, séduction. △ **ANT.** ANTIPATHIE, AVERSION, DÉGOÛT, RÉPUGNANCE.

tentative *n.f.* effort, essai. △ **ANT.** ABSTENTION, RENONCEMENT; INACTION, PASSIVITÉ.

tente *n.f.* ▶ ***Habitation souple*** – FRANCE FAM. guitoune.

tenter *v.* ▶ ***Séduire*** – affrioler, allécher, appâter, attirer, faire saliver, mettre en appétit, ragoûter, séduire. SOUT. affriander, mettre en goût. ▶ ***Essayer*** – chercher à, entreprendre de, essayer de, s'attacher à, s'efforcer de, s'ingénier à, tâcher de, travailler à. SOUT. avoir à cœur de, faire effort pour, prendre à tâche de. △ **ANT.** DÉPLAIRE, REPOUSSER, RÉPUGNER; ABANDONNER, LAISSER, QUITTER, RENONCER.

tenture *n.f.* cantonnière, draperie, mille fleurs, pente de fenêtre, portière, rideau, store, tapisserie, toile.

ténu *adj.* ▶ ***Mince*** – délié, élancé, étroit, filiforme, fin, grêle, mince. ▶ ***Faible*** – atténué, doux, faible, léger. △ **ANT.** ÉPAIS, GROS.

tenue *n.f.* ▶ ***Gestion*** – administration, conduite, direction, gérance, gestion, gouverne, intendance, logistique, management, maniement, organisation, régie, surintendance. ▶ ***Continuité*** – constance, continu, continuité, durabilité, durée, fermeté, fixité, immuabilité, immutabilité, imprescriptibilité, imputrescibilité, inaliénabilité, inaltérabilité, incorruptibilité, indéfectibilité, indissolubilité, invariabilité, longévité, pérennité, permanence, persistance, stabilité. PHYS. invariance. ▶ ***Maintien*** – attitude, contenance, maintien, port, pose, position, posture, station. ▶ ***Allure*** – air, allure, apparence, aspect, attitude, contenance, démarche, façon, genre, ligne, maintien, manière, panache, physique, port, posture, prestance, silhouette, style, tournure. SOUT. extérieur, mine. FAM. gueule, touche. QUÉB. FAM. erre d'aller. PÉJ. FAM. dégaine. ▶ ***Décence*** – bienséance, bon ton, chasteté, convenance, correction, décence, délicatesse, dignité, discrétion, éducation, fierté, gravité, honnêteté, honneur, modestie, politesse, propreté, pudeur, quant-à-soi, réserve, respect, retenue, sagesse, sobriété, tact, vertu. SOUT. pudicité. ▶ ***Vêtements*** – affaires, atours, chiffons, ensemble, garde-robe, habillement, habits, linge, mise, parure, toilette, trousseau, vestiaire, vêtements. SOUT. vêture. FRANCE FAM. fringues, frusques, nippes, pelures, saint-frusquin, sapes. QUÉB. ACADIE FAM. hardes. ▶ ***Uniforme*** – costume, habillement, habit, harnachement, livrée, toilette, uniforme, vêtement. ANC. harnais, harnois. △ **ANT.** FLUCTUATION, INSTABILITÉ; GROSSIÈRETÉ, IMPOLITESSE, IMPUDEUR, INDÉCENCE; NÉGLIGENCE, RELÂCHEMENT.

terme *n.m.* ▶ ***Échéance*** – (date) butoir, date de péremption *(denrées)*, échéance, expiration, fin, tombée. ▶ ***Aboutissement*** – aboutissement, accomplissement, achèvement, apothéose, but, chute, complémentation, complètement, complétude, conclusion, consécration, consommation, couronnement, dénouement, exécution, fin, finition, fruit, issue, produit, réalisation, règlement, résolution, résultat, sortie, terminaison. SOUT. aboutissant. PHILOS. entéléchie. ▶ ***Extrémité*** – aboutissement, bord, bordure, borne, bout, cap, confins, délimitation, extrême, extrémité, fin, finitude, frange, frontière, ligne, limite, lisière, orée, pied, pointe, pôle, queue, talon, terminaison, tête. ▶ ***Mot*** – lexème, mot, vocable. △ **ANT.** COMMENCEMENT, DÉBUT, DÉPART, INAUGURATION, OUVERTURE.

terminal *n.m.* ▶ ***Gare*** – gare, halte, station.

terminer *v.* ▶ ***Achever*** – accomplir, achever, clore, finir, mener à bien, mener à (bon) terme, mener à bonne fin, réussir. SOUT. consommer. FAM. boucler. ▶ ***Constituer le dernier élément*** – clore, clôturer, conclure, fermer, finir. ▶ ***Former une limite*** – borner, boucher, fermer, limiter. ♦ **se terminer** ▶ ***Prendre fin*** – finir, prendre fin, s'achever. ▶ ***Avoir comme dénouement*** – aboutir, finir, se solder. △ **ANT.** AMORCER, COMMENCER, ENGAGER, ENTREPRENDRE, INAUGURER; OUVRIR; CONTINUER, PERPÉTUER, POURSUIVRE. ♦ **se terminer** DÉBUTER, NAÎTRE; DURER, PERSISTER.

terminologie *n.f.* ▶ ***Nomenclature*** – catégorisation, classification, compartimentage, compartimentation, hiérarchie, hiérarchisation, nomenclature, systématique, taxinomie, taxologie, typologie. ▶ ***Lexique*** – dictionnaire, encyclopédie, glossaire, index, lexique, thésaurus, vocabulaire. FAM. dico. ▶ ***Étude des termes*** – lexicographie, lexicologie. QUÉB. terminographie.

terne *adj.* ▶ ***Sans vie*** – déprimant, ennuyeux, gris, grisâtre, maussade, monotone, morne, plat, sans vie. ▶ ***Inintéressant*** – anodin, banal, fade, falot, incolore, inintéressant, insignifiant, insipide, plat, sans intérêt. FAM. incolore, inodore et sans saveur. ▶ ***Pâle*** – blafard, blanc, blanchâtre, blême, clair, incolore, pâle, pâlot. ▶ ***En parlant d'une couleur*** – décoloré, défraîchi, délavé, déteint, éteint, fade, fané, pâli, passé. FAM. fadasse, pisseux. ▶ ***En parlant d'un métal*** – amati, dépoli, mat, terni. ▶ ***En parlant de l'œil, du regard*** – atone, éteint, inexpressif, morne. FAM. bovin. △ **ANT.** ÉCLATANT, VIF; CLAIR, ÉCLAIRÉ, LUMINEUX, RADIEUX, RAYONNANT, RESPLENDISSANT; VOYANT; COLORÉ, VERMEIL *(TEINT)*; AMUSANT, CHARMANT, DISTRAYANT, DIVERTISSANT, ÉGAYANT, GAI, PLAISANT, RÉJOUISSANT; INTÉRESSANT, PALPITANT, PASSIONNANT; MOTIVANT, STIMULANT; ANIMÉ.

ternir *v.* ▶ ***Faire perdre son éclat*** – amatir, dépolir, mater, matir. ▶ ***Faire perdre sa couleur*** – décolorer, défraîchir, délaver, déteindre, faner, pâlir. ▶ ***Porter atteinte*** – déshonorer, éclabousser, entacher, flétrir, noircir, porter atteinte à, salir, souiller, tacher. △ **ANT.** AVIVER, ÉCLAIRCIR, POLIR, REDORER; EXALTER, HONORER, RÉHABILITER, REHAUSSER.

terrain *n.m.* ▶ ***Sol*** – sol, terre. ▶ ***Aire*** – aire, champ, domaine, emplacement, espace, place, région, territoire, zone. ▶ ***Région*** – terre, terroir.

terrasse *n.f.* ▶ ***Talus*** – ados, barbette, berge, berme, cavalier, chaussée, levée, parapet, remblai, risberme *(barrage)*, talus, terre-plein. AGRIC. billon. ▶ ***Terrain de niveau avec une habitation*** – QUÉB. patio. ▶ ***Partie du relief*** – corniche, replat, sangle, vire. ▶ ***Balcon*** – balcon, encorbellement, loge, loggia, mâchicoulis, mirador, moucharabieh. QUÉB. galerie. ▶ ***Toit*** – appentis, auvent, chaume, toit, toiture, toiture-terrasse, verrière, vitrage. SOUT. faîtage. QUÉB. ACADIE FAM. couverture. ACADIE FAM. tet. ANTIQ. solarium. ▶ ***Partie d'une statue*** – acrotère, base, piédestal, podium, socle, soubassement, stylobate.

terre *n.f.* ▶ ***Couche externe de la Terre*** – croûte terrestre, écorce terrestre, lithosphère, sous-sol, surface terrestre. ▶ ***Partie émergée*** – terre ferme. FAM. plancher des vaches. ▶ ***Matière organique du sol*** – humus, limon, mor, sol, terramare, terreau. FRANCE RÉGION. ouche, varenne, wagage. SOUT. glèbe. ▶ ***Territoire*** – terrain, terroir. ▶ ***Possession d'une personne*** – pièce de terre, propriété. SOUT. glèbe. ▶ ***Monde matériel*** – ce bas monde, ce monde, ici-bas, le bas monde, le monde temporel, le monde terrestre. ▶ ***Humanité*** – espèce (humaine), homme, humanité. SOUT. race humaine. ♦ **la Terre** la géosphère, la planète Terre, la sphère terrestre, le globe (terrestre), le monde, notre planète. △ **ANT.** CIEL.

terre-à-terre *adj.* matérialiste, matériel, prosaïque. FAM. au ras des pâquerettes. △ **ANT.** IDÉALISTE, RÊVEUR.

terreau *n.m.* ▶ ***Terre*** – humus, limon, mor, sol, terramare, terre. ▶ ***Engrais*** – amendement, apport, chanci, chaux, compost, craie, engrais, falun, fertilisant, fumier, fumure, glaise, goémon, guano, limon, lisier, marne, paillé, plâtre, poudrette, pralin, purin, superphosphate *(artificiel)*, tangue, terre de bruyère. FRANCE RÉGION. wagage. ▶ ***Lieu propice*** – pépinière, usine, vivier.

terrestre *adj.* ▶ ***Matériel*** – concret, effectif, existant, matériel, palpable, physique, réel, sensible, tangible, visible, vrai. DIDACT. positif. RELIG. de ce monde, temporel. △ **ANT.** AQUATIQUE, MARIN; AÉRICOLE; CÉLESTE; ABSTRAIT, CONCEPTUEL, INTELLECTUEL, MENTAL, THÉORIQUE; EXTRA-TERRESTRE.

terreur *n.f.* ▶ ***Peur*** – affolement, alarme, angoisse, appréhension, crainte, effarement, effarouchement, effroi, épouvante, frayeur, grand-peur, hantise, horreur, inquiétude, panique, peur, phobie, transes. SOUT. affres, apeurement. FAM. cauchemar, chiasse, frousse, pétoche, trac, trouille. ▶ ***Terrorisme*** – activisme, extrémisme, intimidation, subversion, terrorisme, violence. △ **ANT.** ASSURANCE, BÉATITUDE, CALME, CONFIANCE, QUIÉTUDE.

terreux *adj.* ▶ ***En parlant du teint*** – bilieux, cireux, jaunâtre, jaune. △ **ANT.** CLAIR, COLORÉ, ÉCLATANT, RADIEUX; NET, PROPRE.

terrible *adj.* ▶ ***Effrayant*** – à donner la chair de poule, à faire frémir, à figer le sang, à glacer le sang, affreux, cauchemardesque, cauchemardeux, cauchemaresque, effrayant, effroyable, épouvantable, grand-guignolesque, horrible, horrifiant, pétrifiant, terrifiant, terrorisant. SOUT. horrifique. QUÉB. FAM. épeurant. ▶ ***En parlant de qqn*** – dangereux, inquiétant, mauvais, méchant, menaçant, patibulaire, redoutable, sinistre, sombre, torve *(regard)*. QUÉB. FAM. malin. ▶ ***Tragique*** – catastrophique, désastreux, effroyable, épouvantable, funeste, tragique. SOUT. calamiteux. ▶ ***Très intense*** – déchaîné, fort, furieux, impétueux, intense, puissant, violent. ▶ ***Remarquable*** (FAM.) – admirable, brillant, éblouissant, excellent, extraordinaire, fantastique, magistral, magnifique, merveilleux, parfait, prodigieux, remarquable, réussi, sensationnel, sublime. FAM. à tout casser, champion, d'enfer, du tonnerre, épatant, extra, fameux, formidable, fumant, génial, mirifique, pas piqué des vers, splendide, super. FRANCE FAM. du feu de Dieu, énorme, fadé, formide, géant, gratiné, pas piqué des hannetons. △ **ANT.** APAISANT, CALMANT, RASSÉRÉNANT, RASSURANT, RÉCONFORTANT, SÉCURISANT, TRANQUILLISANT; ATTIRANT, ATTRAYANT, ENGAGEANT, INVITANT; ENJOUÉ, ÉPANOUI, GAI, JOVIAL, JOYEUX, LÉGER, RÉJOUI, RIANT, SOURIANT; ANODIN, BÉNIN, INNOCENT, INOFFENSIF, SANS DANGER, SANS GRAVITÉ; LAMENTABLE, MÉDIOCRE, MINABLE, NAVRANT, PIÈTRE, PITEUX, PITOYABLE, RATÉ.

terrien *adj.* agricole, cultivateur, paysan, rural. △ **ANT.** CITADIN, URBAIN; AÉRIEN; MARIN; EXTRA-TERRESTRE.

terrier *n.* ▶ ***Refuge d'animal*** – abri, aire, antre, breuil, caverne, gîte, halot, héronnière, liteau, nid, refuge, renardière, repaire, reposée, ressui, retraite, soue, tanière, taupinière, trou. QUÉB. ravage *(cerfs)*; FRANCE RÉGION. rabouillère.

terrifiant *adj.* à donner la chair de poule, à faire frémir, à figer le sang, à glacer le sang, affreux, cauchemardesque, cauchemardeux, cauchemaresque, effrayant, effroyable, épouvantable, grand-guignolesque, horrible, horrifiant, pétrifiant, terrible, terrorisant. SOUT. horrifique. QUÉB. FAM. épeurant. △ **ANT.** APAISANT, CALMANT, RASSÉRÉNANT, RASSURANT, RÉCONFORTANT, SÉCURISANT, TRANQUILLISANT; ATTIRANT, ATTRAYANT, ENGAGEANT, INVITANT.

terrifier *v.* affoler, apeurer, donner des sueurs froides à, donner la chair de poule à, effarer, effrayer, épouvanter, faire dresser les cheveux sur la tête de, faire froid dans le dos à, figer le sang de, glacer le sang de, horrifier, saisir d'effroi, saisir de frayeur, terroriser. SOUT. OU QUÉB. FAM. épeurer. △ **ANT.** APAISER, CALMER, RASSÉRÉNER, RASSURER, SOULAGER, TRANQUILLISER.

territoire *n.m.* ► ***Région*** – aire, champ, domaine, emplacement, espace, place, région, terrain, zone. ► ***Conquêtes*** – domaine, empire, sol.

terroir *n.m.* ► ***Terrain*** – terrain, terre. ► ***Région rurale*** – campagne. △ **ANT.** VILLE.

terrorisme *n.m.* activisme, extrémisme, intimidation, subversion, terreur, violence. △ **ANT.** PACIFISME; ACCORD, HARMONIE, PAIX.

terroriste *n.* activiste, contestataire, extrémiste, fanatique, jusqu'au-boutiste, maximaliste, radical. FAM. enragé. △ **ANT.** PACIFISTE.

tertre *n.m.* butte, monticule, tumulus *(tombe)*. △ **ANT.** CREUX, DÉPRESSION, TROU.

test *n.m.* ► ***Expérience*** – épreuve, essai, expérience, expérimentation. ► ***Vérification*** – analyse, apurement, audit, censure, confrontation, contrôle, épreuve, examen, expérience, expérimentation, expertise, filtrage, inspection, pointage, recensement, recension, récolement, reconnaissance, recoupement, révision, revue, suivi, supervision, surveillance, vérification. RARE schibboleth. ► ***Épreuve scolaire*** – contrôle, épreuve, évaluation, examen, interrogation. FAM. colle, interro.

tête *n.f.* ► ***Partie supérieure du corps*** – SOUT. front. FAM. caboche, ciboulot, citrouille, coco, crâne, fiole, pomme, tirelire, tronche. FRANCE FAM. bocal, bouillotte, boule, bourrichon, cafetière, caillou, calebasse, carafe, carafon, cassis, cigare, citron, cocarde, coloquinte, job, terrine, tronc. ANAT. boîte crânienne, voûte crânienne, voûte du crâne. ► ***Cheveux*** – chevelure, cheveux, crinière, tignasse, toison. ► ***Visage*** – face, figure, minois, physionomie, traits, visage. FAM. bille, binette, bobine, bougie, bouille, fiole, fraise, frimousse, gueule, margoulette, museau, poire, pomme, trogne, trombine, tronche. ► ***Cerveau*** (FAM.) – cerveau, cortex (cérébral), corticale, encéphale, masse cérébrale, substance grise. FAM. cervelle. ► ***Intelligence*** – bon sens, cerveau, cervelle, clairvoyance, compréhension, conception, discernement, entendement, esprit, faculté, imagination, intellect, intelligence, jugement, lucidité, pénétration, raison. FAM. matière grise, méninges. PHILOS. logos. ► ***Mémoire*** – mémoire, souvenir. ► ***Accueil*** – abord, accès, accueil, approche, attitude, contact, mine, réception, traitement. ► ***Extrémité*** – aboutissement, bord, bordure, borne, bout, cap, confins, délimitation, extrême, extrémité, fin, finitude, frange, frontière, ligne, limite, lisière, orée, pied, pointe, pôle, queue, talon, terme, terminaison. ► ***Commencement*** – actionnement, amorçage, amorce, balbutiement, bégaiement, commencement, création, début, déclenchement, démarrage, départ, ébauche, embryon, enclenchement, enfance, entrée, esquisse, fondement, germe, inauguration, origine, ouverture, prélude, prémisse, principe. SOUT. aube, aurore, matin, prémices. FIG. apparition, avènement, éclosion, émergence, éruption, explosion, genèse, germination, naissance, venue au monde. ► ***Chef*** – chef, leader, maître, meneur, numéro un, parrain, seigneur. FAM. baron, cacique, caïd, éléphant, (grand) manitou, grand sachem, gros bonnet, grosse légume, hiérarque, les huiles, pontife. FRANCE FAM. (grand) ponte, grosse pointure. ► ***Avec titre*** – autorité, dignitaire, officiel, responsable, supérieur. ► ***Carte à jouer*** – figure, haute carte, honneur. △ **ANT.** PIED *(CHEZ UN HUMAIN)*, QUEUE *(CHEZ UN ANIMAL)*; IMBÉCILLITÉ, ININTELLIGENCE, SOTTISE; ARRIÈRE; CONCLUSION, FIN; EMPLOYÉ, SUBALTERNE.

tête-à-tête *n.m.* ► ***Rencontre*** – abouchement, audience, conférence, confrontation, entretien, entrevue, face à face, huis clos, interview, micro-trottoir, rencontre, rendez-vous, retrouvailles, réunion, vis-à-vis, visite. SOUT. abouchement, rancard. FRANCE FAM. rambot, rambour. PÉJ. conciliabule. ► ***Conversation*** – causerie, colloque, concertation, conversation, dialogue, discussion, échange (de vues), entretien, interview, pourparlers. SOUT. entretènement. FAM. causette, chuchoterie. QUÉB. jasette. PÉJ. conciliabule, palabres; FAM. parlote. ► ***Siège*** – causeuse.

têtu *adj.* buté, entêté, obstiné, volontaire. FAM. cabochard, tête de mule, tête de pioche, tête dure. △ **ANT.** ACCOMMODANT, ARRANGEANT, COMPLAISANT, CONCILIANT, FLEXIBLE, SOUPLE, TRAITABLE.

texte *n.m.* ► ***Texte écrit*** – écrit. ► ***Texte oral*** – tirade. ► ***Texte écrit destiné à être prononcé*** – paroles. ► ***Article*** – article. FAM. papier.

texture *n.f.* accommodation, accommodement, agencement, ajustement, aménagement, architecture, arrangement, articulation, assemblage, combinaison, combinatoire, composition, concaténation, configuration, construction, contexture, coordination, disposition, distribution, élaboration, enchaînement, harmonie, liaison, mise en ordre, mise en place, ordonnance, ordonnancement, ordre, organisation, orientation, plan, profil, programmation, rangement, structuration, structure, système. △ **ANT.** DÉSORDRE, DÉSORGANISATION, DÉSTRUCTURATION.

théâtral *adj.* ► ***Qui concerne le théâtre*** – dramatique, scénique, théâtreux. ► ***Emphatique*** – ampoulé, bouffi, boursouflé, déclamateur, déclamatoire, emphatique, enflé, gonflé, grandiloquent, hyperbolique, pédantesque, pompeux, pompier, pontifiant, prétentieux, ronflant. SOUT. histrionique, pindarique. △ **ANT.** CINÉMATOGRAPHIQUE; DÉPOUILLÉ, MODESTE, NATUREL, SIMPLE, SOBRE.

théâtre *n.m.* ► ***Construction*** – amphithéâtre, arène, carrière, champ de bataille, cirque, gradins, hémicycle, lice, odéon, piste, ring. ► ***Art*** – art dramatique, planches, scène. ► ***Troupe*** – compagnie théâtrale, troupe de théâtre, troupe théâtrale. ► ***Lieu d'un événement*** – coin, emplacement, endroit, lieu, localisation, localité, place, point, position, poste, scène, séjour, siège, site, situation, zone. BIOL. locus. ► ***Environnement*** – ambiance, atmosphère, cadre, climat, décor, élément, entourage, environnement, environs, lieu, milieu, monde, société, sphère, voisinage.

thème *n.m.* ▶ ***Sujet*** – fait, fond, matière, objet, point, problème, propos, question, sujet. ▶ ***Traduction*** – adaptation, calque, explication, herméneutique, interprétation, paraphrase, traduction, transcodage, transcription, translittération, transposition, version. *FAM.* traduc. ▶ ***Sujet logique*** – sujet logique, topique.

théorème *n.m.* ▶ ***Axiome*** – apodicticité, axiome, convention, définition, donnée, évidence, fondement, hypothèse, lemme, postulat, postulatum, prémisse, principe, proposition, théorie, vérité. ▶ ***Proposition*** – affirmation, allégation, argument, argumentation, assertion, déclaration, dire, expression, parole, position, propos, proposition, raison, thèse.

théoricien *n.* abstracteur. *PÉJ.* idéologue. △ **ANT.** TECHNICIEN.

théorie *n.f.* ▶ ***Concept*** – abstraction, archétype, concept, conception, conceptualisation, connaissance, conscience, entité, fiction, généralisation, idée, imagination, notion, noumène, pensée, représentation (mentale), schème. ▶ ***Axiome*** – apodicticité, axiome, convention, définition, donnée, évidence, fondement, hypothèse, lemme, postulat, postulatum, prémisse, principe, proposition, théorème, vérité. ▶ ***Hypothèse*** – conjecture, explication, hypothèse, interprétation, loi, principe, scénario, spéculation, thèse. ▶ ***Opinion*** – appréciation, avis, conception, conviction, critique, croyance, dogme, estime, idée, impression, jugement, optique, pensée, perception, point de vue, position, principe, prise de position, sentiment, thèse, vote, vue. *SOUT.* oracle. ▶ ***Méthode*** – approche, art, chemin, code, comment, credo, démarche, discipline, dispositif, façon (de faire), facture, formule, heuristique, instruction, instrument, ligne de conduite, maïeutique, manière, marche (à suivre), méthode, méthodologie, modalité, mode d'emploi, mode, moyen, opération, ordre, organisation, outil, posologie, pratique, procédé, procédure, protocole, raisonnement, recette, règle, secret, stratagème, stratégie, système, tactique, technique, traitement, voie. *SOUT.* faire. ▶ ***Rudiments*** – a b c, b.a.-ba, base, éléments, essentiel, notions, notions de base, notions élémentaires, principes, rudiments, teinture. *PÉJ.* vernis. ▶ ***Doctrine*** – conception, doctrine, dogme, école (de pensée), idée, idéologie, mouvement, opinion, pensée, philosophie, principe, système, thèse. △ **ANT.** APPLICATION, PRATIQUE, TECHNIQUE.

théorique *adj.* ▶ ***Qui n'existe que dans l'esprit*** – abstractif, abstrait, cérébral, conceptuel, idéal, intellectuel, mental, spéculatif. *PHILOS.* idéationnel, idéel, théorétique. ▶ ***En parlant de recherche*** – fondamental, pur. △ **ANT.** CONCRET, RÉEL; EFFICACE, ÉPROUVÉ; CLINIQUE, EMPIRIQUE, EXPÉRIMENTAL, PRATIQUE.

théoriquement *adv.* ▶ ***Abstraitement*** – abstractivement, abstraitement, dans l'absolu, dans l'abstrait, en théorie, hypothétiquement, idéalement, imaginairement, in abstracto, intellectuellement, irréellement, platoniquement, profondément, subtilement. ▶ ***Conjecturalement*** – conjecturalement, hypothétiquement, spéculativement. △ **ANT.** DANS LA PRATIQUE, DANS LES FAITS, EN PRATIQUE, EN RÉALITÉ; AUTHENTIQUEMENT, CERTAINEMENT, EFFECTIVEMENT, EN VÉRITÉ, ÉVIDEMMENT, INDUBITABLEMENT, MANIFESTEMENT, RÉELLEMENT, VÉRIDIQUEMENT, VÉRITABLEMENT, VRAIMENT.

thérapeutique *adj.* curatif, médical, médicamenteux, médicinal. △ **ANT.** CHIRURGICAL *(INTERVENTION)*.

thérapie *n.f.* ▶ ***Thérapie physique*** – cure, soins, thérapeutique, traitement. ▶ ***Thérapie psychologique*** – psychothérapie, thérapeutique psychologique, thérapie (psychologique).

thermomètre *n.m.* mercure, thermoscope *(rudimentaire)*.

thèse *n.f.* ▶ ***Proposition*** – affirmation, allégation, argument, argumentation, assertion, déclaration, dire, expression, parole, position, propos, proposition, raison, théorème. ▶ ***Opinion*** – appréciation, avis, conception, conviction, critique, croyance, dogme, estime, idée, impression, jugement, optique, pensée, perception, point de vue, position, principe, prise de position, sentiment, théorie, vote, vue. *SOUT.* oracle. ▶ ***Théorie*** – conjecture, explication, hypothèse, interprétation, loi, principe, scénario, spéculation, théorie. ▶ ***Doctrine*** – conception, doctrine, dogme, école (de pensée), idée, idéologie, mouvement, opinion, pensée, philosophie, principe, système, théorie. ▶ ***Traité*** – argument, argumentation, cours, développement, discours, dissertation, essai, étude, exposé, manuel, mémoire, monographie, somme. *DR.* dire. △ **ANT.** ANTITHÈSE, OPPOSITION.

thorax *n.m.* buste, cœur, poitrine, torse. *ANAT.* cage thoracique, sternum; *MÉD.* gril costal. *SOUT.* sein. *QUÉB. ACADIE FAM.* estomac.

tic *n.m.* ▶ ***Grimace*** – contorsion, expression, froncement, grimace, lippe, mimique, mine, moue, nique, rictus, simagrée, singerie. *FAM.* bouche en cul de poule. ▶ ***Manie*** – encroûtement, manie, marotte, monotonie, ordinaire, ronron, routine, uniformité.

tiède *adj.* ▶ ***Au sens propre*** – attiédi, tiédi. *PÉJ.* tiédasse. ▶ ***Au sens figuré*** – adouci, atténué, mitigé, modéré, tempéré. △ **ANT.** BOUILLANT, BRÛLANT, CHAUD; FRAIS, FROID, GLACÉ; ARDENT, CHALEUREUX, FERVENT, PASSIONNÉ.

tiédeur *n.f.* ▶ ***Température*** – chaleur, chaud. *SOUT.* feux. ▶ ***Indifférence*** – apathie, flegme, froideur, indifférence, insensibilité, lymphatisme, mollesse. △ **ANT.** FRAÎCHEUR, FROID; ARDEUR, ENTHOUSIASME, PASSION, ZÈLE.

tiers *n.m.* ▶ ***Personne*** – autre, autrui, prochain, semblable, tierce personne.

tiers-monde (var. **tiers monde**) *n.m.* pays en voie de développement, pays les moins avancés, pays pauvres, quart-monde, sous-développés.

tige *n.f.* ▶ ***Partie d'une plante*** – brin, fétu. ▶ ***Baguette*** – aine, alinette, apex, archet, badine, baguette, bâton, bâtonnet, branche, canne, cravache, crosse, gaule, honchet, houssine, jonc, jonchet, mailloche, perche, stick, style, triballe, tringle, verge, vergette. ▶ ***Axe*** – arbre, arbre-manivelle, axe, bielle, biellette, charnière, essieu, manivelle, moyeu, pivot, vilebrequin. *TECHN.* goujon, tourillon. ▶ ***Ciga-***

rette (FAM.) – cigarette. FAM. cibiche, pipe, sèche, (une) clope.

timbre *n.m.* ▸ ***Bruit*** – carillon, carillonnement, glas, sonnaille, sonnerie, sonnette, tintement, tocsin. FAM. drelin. ▸ ***Petite cloche*** – cloche, clochette, grelot, sonnette. ▸ ***Au cou d'un animal*** – clarine, sonnaille. ▸ ***Ce qui sert à marquer*** – cachet, oblitérateur, poinçon, sceau, tampon. ANTIQ. cylindre-sceau. ▸ ***Étiquette*** – auto-collant, badge, cocarde, décalcomanie, écusson, épinglette, étiquette, insigne, marque, plaque, porte-nom, rosette, tatouage, vignette, vitrophanie. FAM. macaron. ▸ ***Étiquette postale*** – timbre-poste. ▸ ***Cachet*** – cachet, contrôle, empreinte, estampille, flamme, frappe, griffe, insculpation, label, marque, oblitération, plomb, poinçon, sceau, tampon. QUÉB. FAM. étampe. ▸ ***Affranchissement*** – compostage, frais de port, surtaxe, taxe, timbrage.

timide *adj.* ▸ ***Qui manque d'assurance*** – complexé, inhibé. FAM. coincé. QUÉB. FAM. gêné. ▸ ***Qui manque de courage*** – couard, craintif, faible, frileux, lâche, mou, peureux, pleutre, poltron, pusillanime, qui se dérobe, timoré, veule. FAM. dégonflé, froussard, péteux, pétochard, poule mouillée, trouillard. △ **ANT.** ASSURÉ, CONFIANT, ENTREPRENANT, FONCEUR, HARDI, SÛR DE SOI; BRAVE, COURAGEUX, INTRÉPIDE, VAILLANT, VALEUREUX.

timidement *adv.* ▸ ***Peureusement*** – craintivement, frileusement, lâchement, ombrageusement, peureusement, pusillanimement. ▸ ***Honteusement*** – honteusement, piteusement. ▸ ***Humblement*** – humblement, modestement, pauvrement, respectueusement, simplement. ▸ ***Doucement*** – délicatement, discrètement, doucement, en douceur, faiblement, légèrement, lentement, mesurément, modérément, mollement, posément. FAM. doucettement, mollo, mou, piane-piane, pianissimo, piano. △ **ANT.** AUDACIEUSEMENT, BRAVEMENT, COURAGEUSEMENT, HARDIMENT, INTRÉPIDEMENT, VAILLAMMENT, VALEUREUSEMENT; EFFRONTÉMENT, INSOLEMMENT, SANS GÊNE; VIOLEMMENT.

timidité *n.f.* ▸ ***Inhibition*** – appréhension, confusion, crainte, discrétion, effacement, effarouchement, embarras, émoi, frilosité, gaucherie, gêne, hésitation, honte, humilité, indécision, inhibition, introversion, malaise, modestie, peur, réserve, retenue, sauvagerie. SOUT. pusillanimité. FAM. trac. ▸ ***Honte*** – confusion, contrainte, crainte, embarras, gêne, honte, humilité, pudeur, réserve, retenue, scrupule. ▸ ***Insociabilité*** – asociabilité, asocialité, inadaptation, individualisme, insociabilité, marginalité, mésadaptation, misanthropie, sauvagerie. MÉD. agoraphobie, sociophobie, solitarisme. SOUT. ourserie, renfrognement. △ **ANT.** AUDACE, COURAGE, HARDIESSE; ARROGANCE, CYNISME, OUTRECUIDANCE, SANS-GÊNE; SOCIABILITÉ.

tintement *n.m.* ▸ ***Sonnerie*** – carillon, carillonnement, glas, sonnaille, sonnerie, sonnette, timbre, tocsin. FAM. drelin. ▸ ***Bourdonnement*** – acouphène, bourdonnement, cornement, sifflement.

tinter *v.* ▸ ***Produire un son aigu*** – grelotter, sonnailler, sonner, tintinnabuler. ▸ ***En parlant d'une cloche*** – carillonner, sonner. ▸ ***En parlant des oreilles*** – bourdonner, corner, siffler, sonner. QUÉB. FAM. siler.

tir *n.m.* ▸ ***Action de lancer un projectile*** – catapultage, éjection, jet, lancement, lancer, projection. RARE jetage. ▸ ***Coup de feu*** – coup (de feu), feu. CHASSE tiré. ▸ ***Lancement d'un engin spatial*** – lancement.

tirade *n.f.* texte.

tirage *n.m.* ▸ ***Action de tirer*** – traction, traînage. MAR. OU ACADIE halage. ▸ ***Extraction*** – déblocage, décoinçage, décoincement, dégagement, extraction, retrait. ▸ ***Action de faire couler*** – coulage *(métal fondu)*, coulée. ▸ ***Action d'étirer*** – affinement, allongement, bandage, dépliage, dépliement, déploiement, développement, élongation, étirage, étirement, excroissance, extension, prolongement, rallonge, rallongement, tension. ▸ ***Édition*** – impression, parution, publication. ▸ ***Image*** – cliché, diapositive, épreuve, galvanotype, instantané, photogramme, photographie, portrait, positif, trait. FAM. diapo, galvano. ANC. daguerréotype. ▸ ***Action d'émettre un acte*** – émission. ▸ ***Action de tirer au sort*** – QUÉB. pige. ▸ ***Loterie*** – arlequin, bingo, loterie, loto, sweepstake, tombola, totocalcio.

tirer *v.* ▸ ***Étirer*** – distendre, étirer, tendre. ▸ ***Extraire*** – dégager, extraire, ôter, retirer, sortir. ▸ ***Puiser une chose abstraite*** – prendre, puiser, trouver. ▸ ***Remorquer un véhicule*** – remorquer, tracter. ▸ ***Remorquer une embarcation*** – haler, remorquer, touer. ▸ ***Tracer*** – dessiner, tracer. ▸ ***Imprimer*** – imprimer, sortir. ▸ ***Obtenir en retour*** – gagner, obtenir, retirer. ▸ ***Faire feu*** – faire feu. FAM. canarder. ▸ ***Se rapprocher*** – se rapprocher de, tendre vers. ♦ **se tirer** ▸ ***Se dégager*** – s'extirper, s'extraire, se dégager, se sortir. ▸ ***S'enfuir*** (FAM.) – fuir, prendre la clé des champs, prendre la fuite, s'enfuir, se sauver. SOUT. s'ensauver. FAM. calter, caner, débarrasser le plancher, décamper, décaniller, déguerpir, détaler, droper, ficher le camp, filer, foutre le camp, prendre la poudre d'escampette, prendre le large, s'esbigner, se barrer, se carapater, se casser, se cavaler, se débiner, se faire la malle, se faire la paire, se faire la valise, se tailler, se trisser. ▸ ***Partir*** (FAM.) – faire un tour, filer, montrer les talons, partir, plier bagage, quitter, s'éloigner, s'en aller, se retirer, tourner les talons, vider les lieux. FAM. calter, débarrasser le plancher, décoller, dévisser, ficher le camp, foutre le camp, lever l'ancre, mettre les bouts, mettre les voiles, riper, s'arracher, se barrer, se casser, se tailler, se trotter, trisser. △ **ANT.** DÉTENDRE, RELÂCHER; CHASSER, ÉCARTER, ÉLOIGNER, REPOUSSER; POUSSER, PRESSER; ENFONCER, ENGAGER, ENTRER, INTRODUIRE; CACHER.

tireur *n.* ▸ ***Personne qui tire qqch.*** – traîneur. ▸ ***Fusilleur*** – fusil, fusilier mitrailleur, fusilleur, gâchette, mitrailleur. ▸ ***Joueur de ballon*** – buteur, marqueur. ▸ ***En finance*** – émetteur. ▸ ***Voleur*** – voleur à la tire.

tisane *n.f.* ▸ ***Boisson alcoolisée*** – champagne. FAM. roteuse *(bouteille)*. PÉJ. champagnette. ▸ ***Volée de coups*** (FRANCE FAM.) – châtiment corporel, correction, punition corporelle, volée (de coups). FAM. dégelée, dérouille, dérouillée, passage à tabac, pâtée, peignée, pile, raclée, ratatouille, rossée, roulée, rouste, tabassage, tabassée, tannée, torchée, tournée, trempe, tripotée. FRANCE FAM. secouée, tatouille, trépignée.

tisser *v.* ▶ ***Organiser une chose complexe*** – ficeler, monter, nouer, ourdir, tramer.

tissu *n.m.* ▶ ***Suite ininterrompue*** – alignement, chaîne, chapelet, colonne, combinaison, consécution, cordon, enchaînement, enfilade, énumération, file, gamme, guirlande, ligne, liste, rang, rangée, séquence, série, succession, suite, travée. ▶ ***Ensemble de cellules*** – stratum.

titre *n.m.* ▶ ***Intitulé*** – frontispice, manchette, rubrique. *DIDACT.* intitulé. ▶ ***Ouvrage*** – album, brochure, brochurette, cahier, catalogue, document, écrit, fascicule, imprimé, livre, livret, manuel, opuscule, ouvrage, parution, plaquette, publication, recueil, registre, tome, volume. *FAM.* bouquin. ▸ *Gros* *FAM.* pavé. *QUÉB. FAM.* brique. ▶ ***Appellation d'une personne*** – affectation, charge, dignité, emploi, fonction, métier, mission, office, place, poste, responsabilité, rôle, siège, vocation. ▸ *Évêque* – Excellence *(évêque)*, Sa Grandeur. ▸ *Cardinal* – Éminence, Éminentissime Seigneur. ▸ *Pape* – Sa sainteté, Saint-Père, Votre sainteté. ▸ *Juge* – Son Honneur, Votre Honneur. ▸ *En Angleterre* – Sa Grâce, squire, Votre Seigneurie. ▶ ***Titre financier*** – action, bon, coupon, effet de commerce, obligation, papier, part, valeur. ▶ ***Proportion*** – aloi, fin.

titubant *adj.* chancelant, défaillant, flageolant, oscillant, trébuchant, vacillant. △ **ANT.** ASSURÉ, EN ÉQUILIBRE, ÉQUILIBRÉ, FERME, SOLIDE, STABLE.

tituber *v.* ▶ ***Ne pas tenir sur ses jambes*** – chanceler, flageoler, osciller, trébucher, vaciller. △ **ANT.** SE REDRESSER; MARCHER DROIT.

titulaire *n.* détenteur, maître, porteur, possesseur, propriétaire, usufruitier. △ **ANT.** ADJOINT, AUXILIAIRE, SUPPLÉANT.

toast *n.m.* ▶ ***Action de trinquer*** – santé. *FAM.* tchin-tchin. ▶ ***Allocution*** – allocution, discours, harangue, mot. *FAM.* laïus, topo. *RELIG.* homélie, sermon.

toile *n.f.* ▶ ***Pièce de ce tissu*** – bâche, banne, capot, couverture, housse, prélart, taud. ▶ ***Store*** – cantonnière, draperie, mille fleurs, pente de fenêtre, portière, rideau, store, tapisserie, tenture. ▶ ***Écran de cinéma*** – écran de projection, écran. ▶ ***Partie d'un navire*** – voilure. ▶ ***Œuvre peinte*** – peinture, tableau, tableautin *(petite)*.

toilette *n.f.* ▶ ***Vêtements*** – affaires, atours, chiffons, ensemble, garde-robe, habillement, habits, linge, mise, parure, tenue, trousseau, vestiaire, vêtements. *SOUT.* vêture. *FRANCE FAM.* fringues, frusques, nippes, pelures, saint-frusquin, sapes. *QUÉB. ACADIE FAM.* hardes. ▶ ***Vêtement caractéristique*** – costume, habillement, habit, harnachement, livrée, tenue, uniforme, vêtement. *ANC.* harnais, harnois. ▶ ***Meuble*** – coiffeuse, coiffeuse-lavabo, meuble-lavabo, (table de) toilette, table-évier. *ANC.* poudreuse. ▶ ***Ablutions*** – ablutions, bain, débarbouillage, douche, lavage, nettoyage, rinçage. ▶ ***Siège des toilettes*** (*QUÉB.*) – siège des toilettes. *FAM.* trône. *QUÉB.* (siège de) toilette. *ANC.* chaise. ♦ **toilettes, *plur.*** cabinet d'aisances, cabinet de toilette, cabinets, latrines, lavabos, lieux d'aisances, sanisette *(publiques)*, sanitaires, W.-C., water-closets, waters. *FAM.* petit coin, petit endroit, vécés. *BELG.* cour. *AFR.* douchière. *ANC.* garde-robe. *MAR.* bouteilles *(officiers)*. *MILIT.* feuillées.

toiser *v.* ▶ ***Estimer*** – apprécier, calculer, estimer, évaluer, jauger, juger, mesurer, peser, soupeser, supputer. ▶ ***Regarder avec défi*** – braver, défier, narguer, provoquer. *SOUT.* fronder. *FAM.* chercher, faire la nique à. *QUÉB. FAM.* barber, baver, faire la barbe à. △ **ANT.** IGNORER.

toison *n.f.* ▶ ***Poil*** – fourrure, lainage, livrée, manteau, mantelure *(chien)*, peau, pelage, robe. ▶ ***Cheveux*** – chevelure, cheveux, crinière, tête, tignasse.

toit *n.m.* ▶ ***Surface supérieure*** – appentis, auvent, chaume, terrasse, toiture, toiture-terrasse, verrière, vitrage. *SOUT.* faîtage. *ACADIE FAM.* tet. *ANTIQ.* solarium. ▶ ***Abri*** (*FIG.*) – abri, affût, asile, cache, cachette, gîte, lieu de repos, lieu sûr, refuge, retraite. *FIG.* ermitage, havre (de paix), oasis, port, solitude, tanière. *PÉJ.* antre, planque, repaire. ▶ ***Maison*** – domicile, foyer, intérieur, maison, nid, résidence. *SOUT.* demeure, habitacle, logis. *FAM.* bercail, bicoque, chaumière, chez-soi, crèche, pénates. *PÉJ. FAM.* boutique. ▶ ***Famille*** – cellule familiale, entourage, famille, foyer, fratrie, gens, logis, maison, maisonnée, ménage. *FAM.* bercail, clan, couvée, marmaille, nichée, progéniture, smala, tribu. ▶ ***Partie d'un véhicule*** – capote. △ **ANT.** CAVE.

toiture *n.f.* appentis, auvent, chaume, terrasse, toit, toiture-terrasse, verrière, vitrage. *SOUT.* faîtage. *ACADIE FAM.* tet. *ANTIQ.* solarium.

tolérance *n.f.* ▶ ***Ouverture*** – bienveillance, bonté, compréhension, douceur, humanisme, indulgence, irénisme, largeur d'esprit, libéralisme, non-discrimination, non-violence, ouverture (d'esprit), patience, philosophie, réceptivité, respect, tolérantisme. *SOUT.* bénignité, longanimité. ▸ *Laxisme* – complaisance, faiblesse, laisser-aller, laisser-faire, laxisme, mollesse, permissivité, relâchement. ▶ ***Laïcité*** – laïcité, mondanité, neutralité, pluralisme, sécularité. ▶ ***Immunité*** – accoutumance, immunité, inexcitabilité, insensibilité, prémunition. △ **ANT.** DÉFENSE, ÉTROITESSE, INTOLÉRANCE, INTRANSIGEANCE, RIGIDITÉ, SÉVÉRITÉ.

tolérant *adj.* ▶ ***Large d'esprit*** – évolué, large (d'esprit), libéral, ouvert. ▶ ***Compréhensif*** – bien disposé, bien intentionné, bienveillant, clément, compréhensif, dans de bonnes dispositions, favorable, indulgent, ouvert. △ **ANT.** BORNÉ, DOGMATIQUE, ÉTROIT (D'ESPRIT), INTOLÉRANT, INTRANSIGEANT; INCOMPRÉHENSIF, INHUMAIN, MESQUIN, RIGIDE, SÉVÈRE.

tolérer *v.* ▶ ***Juger sans gravité*** – admettre, excuser, fermer les yeux sur, innocenter, laisser passer, pardonner, supporter. ▶ ***Endurer*** – accepter, endurer, permettre, souffrir, supporter. △ **ANT.** DÉFENDRE, DÉSAPPROUVER, EMPÊCHER, INTERDIRE, PROHIBER, RÉPRIMER; REFUSER.

tomate *n.f.* ▶ ***Plante*** – *BOT.* morelle faux piment. ▶ ***Partie d'une plante*** – *FRANCE RÉGION.* pomme d'amour.

tombant *adj.* ▶ ***Qui pend*** – pendant, retombant. △ **ANT.** COURT; AJUSTÉ, MOULANT; FERME.

tombe *n.f.* ▶ ***Lieu funéraire*** – caveau, cénotaphe, crypte, fosse, hypogée, mausolée, monument, niche funéraire, sépulture, tombeau. SOUT. sépulcre. ANC. ciste, enfeu, pyramide, spéos, tholos, tombelle, tumulus. ▸ *Coffre funéraire* (QUÉB.) – bière, cercueil, châsse *(reliques)*, sarcophage *(égyptien)*. ▸ *Mort* (FIG.) – décès, disparition, extinction, fin, mort, perte. FIG. départ, dernier repos, dernier sommeil, dernier soupir, grand voyage, sépulture, sommeil éternel, tombeau. SOUT. la Camarde, la Faucheuse, la Parque, trépas. FRANCE FAM. crève.

tombeau *n. m.* ▸ *Lieu funéraire* – caveau, cénotaphe, crypte, fosse, hypogée, mausolée, monument, niche funéraire, sépulture, tombe. SOUT. sépulcre. ANC. ciste, enfeu, pyramide, spéos, tholos, tombelle, tumulus.

tombée *n. f.* ▸ *Action de tomber* (SOUT.) – chute, dégringolade. FAM. pelle. ▸ *Action de descendre* (SOUT.) – abaissement, baisse, descente, fermeture. ▸ *Échéance* – (date) butoir, date de péremption *(denrées)*, échéance, expiration, fin, terme.

tomber *v.* ▸ *Faire une chute* – basculer, culbuter, faire une chute, verser. FAM. aller choir, chuter, dinguer, prendre un billet de parterre, prendre une bûche, prendre une gamelle, prendre une pelle, ramasser un gadin, ramasser une bûche, ramasser une gamelle, ramasser une pelle, s'allonger, s'étaler, se casser la figure, se casser la gueule, se fiche par terre, se rétamer, valdinguer. ▸ *Vers l'avant* FAM. embrasser le plancher, s'aplatir. ▸ *Vers l'arrière* ▸ *S'effondrer* – s'abattre, s'affaisser, s'écrouler, s'effondrer. QUÉB. FAM. s'écraser. ▸ *Mourir au combat* – consentir l'ultime sacrifice, verser son sang. ▸ *S'enfoncer dans une mauvaise situation* – glisser, s'embourber, s'enfoncer, s'enliser, sombrer. ▸ *Pendre* – pendre, retomber. ▸ *Croiser* – croiser, rencontrer, trouver (sur son chemin), voir. ▸ *Attaquer* – agresser, assaillir, attaquer, charger, foncer sur, fondre sur, sauter sur, se jeter sur, se ruer sur. BELG. broquer sur. ▸ *S'abattre en grand nombre* – fondre, pleuvoir, s'abattre. ▸ *Survenir* (FAM.) – arriver à l'improviste, faire irruption, survenir, venir à l'improviste. FAM. débarquer, débouler. ▸ *Séduire une femme* (FAM.) – conquérir, faire la conquête de, séduire. SOUT. suborner. FAM. avoir. △ ANT. SE REDRESSER, SE RELEVER; RÉSISTER, SE MAINTENIR, TENIR; CONTINUER, SURVIVRE, VIVRE; AUGMENTER, MONTER, S'ACCROÎTRE, S'ÉLEVER; APPARAÎTRE, PARAÎTRE, SE MONTRER.

tome *n. m.* ▸ *Subdivision d'un livre* – alinéa, article, chapitre, livre, matière, objet, paragraphe, partie, question, rubrique, section, sujet, titre, volet, volume. ▸ *Dans un texte sacré* – psaume, surate *(musulman)*, verset. ▸ *Livre* – album, brochure, brochurette, cahier, catalogue, document, écrit, fascicule, imprimé, livre, livret, manuel, opuscule, ouvrage, parution, plaquette, publication, recueil, registre, titre, volume. FAM. bouquin. ▸ *Gros* FAM. pavé. QUÉB. FAM. brique.

ton *n. m.* ▸ *Son* – neume, note de musique, note musicale, note. ▸ *Accent* – accent, accentuation, inflexion, intensité, intonation, modulation, prononciation, prosodie, tonalité. ▸ *Couleur* – coloration, coloris, couleur, degré, demi-teinte, nuance, teinte, tonalité. SOUT. chromatisme. ▸ *De la peau* – carnation, pigmentation, teint. ▸ *Du vin* – robe. ▸ *Aspect* – air, allure, apparence, aspect, caractère, configuration, couleur, couvert, dehors, éclairage, expression, extérieur, façade, faciès, figure, forme, formule, impression, jour, masque, mine, paraître, perspective, physionomie, plastique *(en art)*, portrait, présentation, profil, ressemblance, semblant, surface, tour, tournure, traits, vernis, visage. SOUT. enveloppe, regardure, superficie. ▸ *Mode* – avant-gardisme, dernier cri, engouement, épidémie, fantaisie, fureur, goût (du jour), mode, style, tendance, vague, vent, vogue. △ ANT. FADEUR.

tonalité *n. f.* ▸ *Système musical* – tempérament. ANC. hexacorde. ▸ *Hauteur d'un son* – accent, accentuation, inflexion, intensité, intonation, modulation, prononciation, prosodie, ton. ▸ *Couleur* – coloration, coloris, couleur, degré, demi-teinte, nuance, teinte, ton. SOUT. chromatisme. ▸ *Qualité du son* – acoustique, sonorité.

tonique *adj.* ▸ *Qui donne des forces* – dynamisant, fortifiant, reconstituant, remontant, revigorant, stimulant, tonifiant, vivifiant. SOUT. vivificateur. FAM. ravigotant. SUISSE FAM. rapicolant. MÉD. analeptique, dopant, énergisant, excitant. ▸ *Qui raffermit l'épiderme* – astringent, raffermissant. △ ANT. AFFAIBLISSANT, ALANGUISSANT, AMOLLISSANT, ANÉMIANT, DÉBILITANT; ATONE, INACCENTUÉ.

tonique *n. m.* ▸ *Substance* – analeptique, défatigant, dopant, énergisant, excitant, fortifiant, reconstituant, remontant, stimulant, tonifiant. PHYSIOL. incitant.

tonne *n. f.* ▸ *Grande quantité* – abondance, afflux, amas, ampleur, concentration, débauche, débordement, exubérance, filon, fleuraison, floraison, foisonnement, forêt, foule, fourmillement, gisement, infinité, inondation, luxe, luxuriance, masse, mine, multiplicité, myriade, nuée, orgie, paquet, pléthore, poussière, profusion, quantité, richesse, surabondance, tas, trésor. FIG. carnaval. FAM. festival, flopée, kyrielle, tapée, tripotée, wagon. SUISSE FAM. craquée. △ ANT. GOUTTE, PEU, PINCÉE, SOUPÇON.

tonneau *n. m.* ▸ *Récipient* – bachotte *(poissons)*, baril, barillet, barrique *(200 l)*, barrot *(anchois)*, bordelaise *(225 l)*, caque *(harengs)*, demi-barrique *(100 l)*, feuillette *(125 l)*, foissier *(foies)*, foudre *(de 50 à 300 hl)*, fût, futaille, muid, pièce (de vin), pipe *(eau-de-vie)*, tine, tonne, tonnelet. ANC. queue *(un muid et demi)*. TECHN. tinette. ▸ *Mouvement d'un avion* – boucle, demi-tonneau, looping, retournement, vrille.

tonner *v.* ▸ *Exprimer violemment sa colère* – aboyer, crier, fulminer, pester, tempêter, vociférer. SOUT. clabauder, déclamer, invectiver. FAM. déblatérer, gueuler. QUÉB. FAM. chialer, sacrer. △ ANT. CHUCHOTER, MURMURER; SE TAIRE.

tonnerre *n. m.* ▸ *Bruit* – déflagration, détonation, explosion, fracas, mugissement, pétarade, rugissement, vacarme. ▸ *Foudre* (SOUT.) – éclair, feu, foudre, fulguration. SOUT. fulgurance. △ ANT. SILENCE.

toque *n. f.* ♦ **toques**, *plur.* ▸ *Plante sauvage* (QUÉB. FAM.) – bardane. QUÉB. FAM. artichaut, artichou, craquias, glouton, grappes, graquias, gratteaux, piquants, rapaces, rhubarbe du diable, tabac du diable, teignes. ACADIE FAM. amoureux. FRANCE RÉGION. glouteron.

torche *n.f.* ▸ ***Bâton enflammé*** – flambeau. ▸ ***Lampe à souder*** (FAM.) – chalumeau, fer à souder, lampe à souder, soudeuse.

torchon *n.m.* ▸ ***Morceau de tissu*** – chamoisine, chiffon (à poussière), éponge, essuie-meubles, essuie-verres, lavette, linge, pattemouille, (peau de) chamois, serpillière, tampon. QUÉB. guenille. BELG. drap de maison, loque (à reloqueter), wassingue. SUISSE panosse, patte. ACADIE FAM. brayon. TECHN. peille. ▸ ***Mauvais journal*** – feuille de chou. FAM. canard. FRANCE FAM. baveux.

tordre *v.* ▸ ***Torsader*** – boudiner, tire-bouchonner, torsader, tortiller, tortillonner. ▸ ***Essorer*** – comprimer, essorer. ▸ ***Déformer par torsion*** – plier. SUISSE mailler. ▸ ***Gauchir*** – bistourner, contourner, courber, déformer, déjeter, dévier, distordre, gauchir, voiler. QUÉB. crochir. RARE tortuer. TECHN. s'envoiler. ♦ **se tordre** ▸ ***S'enrouler*** – s'enrouler, se lover, vriller. ▸ ***Rire*** (FAM.) – glousser, rire, se dérider. FAM. rigoler, se bidonner, se boyauter, se désopiler, se dilater la rate, se fendre la pipe, se fendre la poire, se gondoler, se marrer, se poiler, se rouler par terre, se tenir les côtes. FRANCE FAM. se fendre la tirelire, se tire-bouchonner. SUISSE FAM. se mailler de rire. △ **ANT.** DÉSENTORTILLER, DÉTORDRE, DÉTORTILLER; RECTIFIER, REDRESSER, RÉTABLIR; ALLONGER.

tordu *adj.* ▸ ***Qui résulte d'une torsion*** – retors, tors, torsadé, tortillé. ▸ ***En parlant des jambes*** – cagneux, difforme, tors. BELG. qui cagne. ▸ ***Qui use de détours*** – compliqué, contourné, détourné, dévié. ▸ ***Fou*** (FAM.) – dérangé, fou, gâteux, qui a perdu la tête, qui n'a plus toute sa raison, troublé. FAM. cinglé, dingo, dingue, fêlé, folasse *(femme)*, gaga, maboul, malade, marteau, qui a perdu la boule, sonné, timbré, toqué. FRANCE FAM. atteint, azimuté, barjot, braque, brindezingue, cintré, déjanté, fada, foldingue, folingue, fondu, frappé, givré, jeté, pété, piqué, schnock, sinoque, siphonné, toc toc, zinzin. QUÉB. FAM. fou braque. BELG. FAM. mastoc. △ **ANT.** ALLONGÉ, DROIT, ÉTIRÉ; CLAIR, DIRECT, EXPLICITE, LIMPIDE; ÉQUILIBRÉ, SAIN D'ESPRIT.

torpeur *n.f.* ▸ ***Demi-sommeil*** – assoupissement, demi-sommeil, engourdissement, somnolence. ▸ ***Paresse*** – alanguissement, apathie, atonie, engourdissement, fainéantise, farniente, indolence, inertie, laisser-aller, langueur, lenteur, léthargie, lourdeur, mollesse, négligence, nonchalance, oisiveté, paresse, somnolence. FAM. cosse, flemmardise, flemme. △ **ANT.** ACTIVITÉ, ANIMATION, ARDEUR, DYNAMISME, ENTHOUSIASME, ENTRAIN, VIGUEUR.

torrent *n.m.* ▸ ***Cours d'eau*** – FRANCE RÉGION. gardon *(Cévennes)*, gave *(Pyrénées)*. ▸ ***Grande quantité*** – abondance, avalanche, averse, bombardement, bordée, cascade, déferlement, déluge, flot, flux, grêle, kaléidoscope, mascaret, pluie, rivière, vague. SOUT. fleuve. △ **ANT.** GOUTTE, PARCELLE, PEU, SOUPÇON.

torride *adj.* ▸ ***Chaud*** – accablant, brûlant, caniculaire, chaud, écrasant, étouffant, lourd, oppressant, saharien, suffocant, tropical. △ **ANT.** FROID; FRAIS, TEMPÉRÉ; ÂPRE, GLACIAL, POLAIRE, RIGOUREUX, RUDE, SIBÉRIEN; PUDIQUE, RÉSERVÉ.

torse *n.m.* buste, cœur, poitrine. ANAT. cage thoracique, sternum, thorax; MÉD. gril costal. SOUT. sein. QUÉB. ACADIE FAM. estomac.

tort *n.m.* ▸ ***Défaut*** – défaut, défectuosité, démérite, faible, faiblesse, faille, faute, fil, grossièreté, handicap, imperfection, infirmité, insuffisance, lacune, maladie, malfaçon, manque, médiocrité, péché mignon, péché véniel, petitesse, ridicule, tache, tare, travers, vice. SOUT. perfectibilité. ▸ ***Offense*** – affront, attaque, atteinte, attentat, avanie, blessure, calomnie, défi, dommage, indignité, injure, insolence, insulte, manquement, offense, outrage, pique. SOUT. bave, camouflet, soufflet. ▸ ***Préjudice*** – affront, atteinte, désavantage, dommage, injustice, lésion, mal, perte, préjudice. ▸ ***Injustice*** – abus, arbitraire, déloyauté, déni de justice, empiétement, erreur (judiciaire), exploitation, favoritisme, illégalité, illégitimité, inconstitutionnalité, inégalité, iniquité, injustice, irrégularité, mal-jugé, malveillance, noirceur, partialité, passe-droit, privilège, scélératesse, usurpation. SOUT. improbité. △ **ANT.** ÉLOGE, LOUANGE; BÉNÉFICE, BIENFAIT; DROIT, JUSTICE, RAISON.

tortiller *v.* ▸ ***Tordre plusieurs fois*** – boudiner, tire-bouchonner, tordre, torsader, tortillonner. ▸ ***Remuer*** – frétiller, remuer, s'agiter, se trémousser. FAM. gigoter. ▸ ***Tergiverser*** – atermoyer, biaiser, finasser, louvoyer, se dérober, tergiverser, tourner autour du pot. QUÉB. FAM. patiner. △ **ANT.** DÉTORTILLER.

tortue *n.f.* ▸ ***Reptile*** – ZOOL. chélonien, testudine. ▸ ***Personne*** – retardataire, traînard, traîneur. SOUT. lendore. FAM. lambin, veau.

tortueux *adj.* ▸ ***Sinueux*** – courbe, serpentin, sinueux. SOUT. flexueux, méandreux, méandrique, tortu. ▸ ***Hypocrite*** – à double face, de mauvaise foi, déloyal, dissimulateur, dissimulé, fallacieux, faux, fourbe, hypocrite, insidieux, insincère, menteur, perfide, sournois, traître, trompeur. SOUT. captieux, cauteleux, chafouin, tartufe, tartuffard, tortu. DIDACT. sophistique. ▸ ***Rusé*** – diabolique, fourbe, machiavélique, malin, perfide, rusé. SOUT. artificieux, chafouin, madré, matois, retors, roué, scélérat. FAM. roublard, vicelard. QUÉB. FAM. ratoureux. △ **ANT.** DROIT, RECTILIGNE; FRANC, HONNÊTE, LOYAL, SINCÈRE.

torture *n.f.* ▸ ***Action de faire souffrir*** – échafaud, exécution, géhenne, martyre, peine, question, supplice, tourment. ▸ ***Souffrance physique*** – affliction, agonie, calvaire, douleur, élancement, enfer, lancination, martyre, souffrances, supplice, tiraillement. SOUT. affres, géhenne, tourment. MÉD. algie. ▸ ***Souffrance morale*** – blessure, déchirement, déchirure, douleur, mal, martyre, souffrance, supplice. SOUT. tenaillement, tribulation. △ **ANT.** BONHEUR, EXTASE, JOIE, PLAISIR; BIEN-ÊTRE.

torturer *v.* ▸ ***Infliger des tortures*** – martyriser, persécuter. ▸ ***Faire souffrir moralement*** – assaillir, consumer, crucifier, déchirer, dévorer, faire souffrir, lanciner, martyriser, mettre au supplice, percer, poignarder, ronger, supplicier, tarauder, tenailler, tourmenter, transpercer. SOUT. poindre. RARE bourreler. △ **ANT.** CARESSER, DORLOTER; MÉNAGER, RESPECTER; CONSOLER, RÉCONFORTER, SOULAGER.

total *adj.* absolu, complet, entier, exhaustif, global, inconditionnel, intégral, parfait, plein, rigoureux, sans réserve. *PÉJ.* aveugle. △ **ANT.** FRAGMENTAIRE, INCOMPLET, LACUNAIRE, PARTIEL.

total *n. m.* ▶ ***Somme d'argent*** – addition, cagnotte, chiffre, ensemble, fonds, mandat, masse, montant, quantité, quantum, somme, totalisation, volume. ▶ ***Totalité*** – absoluité, complétude, ensemble, entier, entièreté, exhaustivité, généralité, globalité, intégralité, intégrité, masse, plénitude, réunion, somme, totalité, tout, universalité. △ **ANT.** PARTIE; CARENCE, INCOMPLÉTUDE.

totalement *adv.* ▶ ***Complètement*** – à fond, à tous (les) égards, au (grand) complet, au long, au total, complètement, d'un bout à l'autre, de A (jusqu')à Z, du début à la fin, du tout au tout, en bloc, en entier, en totalité, en tous points, entièrement, exhaustivement, fin, in extenso, intégralement, pleinement, sous tous les rapports, sur toute la ligne, tout, tout à fait. ▶ ***Parfaitement*** – absolument, carrément, catégoriquement, complètement, parfaitement, purement, radicalement, tout à fait. *FAM.* royalement, souverainement. ▶ ***Fondamentalement*** – absolument, en essence, essentiellement, foncièrement, fondamentalement, intrinsèquement, organiquement, primordialement, principalement, profondément, radicalement, substantiellement, viscéralement, vitalement. ▶ ***Généralement*** – généralement, génériquement, globalement, planétairement, universellement. ▶ ***Ensemble*** – à l'unanimité, à plusieurs, collectivement, collégialement, concurremment, conjointement, coopérativement, coude à coude, d'accord, d'un commun accord, de concert, de conserve, en bloc, en chœur, en collaboration, en commun, en équipe, en groupe, ensemble, la main dans la main, solidairement, unanimement. △ **ANT.** À DEMI, À MOITIÉ, EN PARTIE, FRAGMENTAIREMENT, INCOMPLÈTEMENT, PARTIELLEMENT.

totalitaire *adj.* absolu, absolutiste, arbitraire, autocratique, autoritaire, césarien, despote, despotique, dictatorial, directif, dominateur, hégémonique, jupitérien, tyrannique. △ **ANT.** DÉMOCRATIQUE, ÉGALITAIRE, LIBÉRAL.

totalitarisme *n. m.* absolutisme, autocratie, césarisme, despotisme, dictature, fascisme, tsarisme, tyrannie. △ **ANT.** LIBÉRALISME.

totalité *n. f.* ▶ ***Intégralité*** – absoluité, complétude, ensemble, entier, entièreté, exhaustivité, généralité, globalité, intégralité, intégrité, masse, plénitude, réunion, somme, total, tout, universalité. ▶ ***Plénitude*** – abondance, ampleur, intégrité, plénitude, satiété, saturation. △ **ANT.** FRACTION, FRAGMENT, PARTIE; CARENCE, INCOMPLÉTUDE, MANQUE.

touchant *adj.* attachant, attendrissant, désarmant, émouvant, prenant. △ **ANT.** AGAÇANT, CRISPANT, DÉSAGRÉABLE, ÉNERVANT, EXASPÉRANT, IRRITANT.

touche *n. f.* ▶ ***Prise du poisson*** – ferrage. ▶ ***Fumée inhalée*** – bouffée. *FRANCE FAM.* taffe. ▶ ***Habileté des doigts*** – doigté, frappe, toucher. ▶ ***Petite quantité*** – atome, bouchée, brin, chouia, doigt, filet, goutte, gouttelette, grain, larme, lueur, miette, nuage, once, paille, parcelle, peu, pincée, pointe, relent, restant, reste, rien, soupçon, tantinet, teinte, trace, trait, zeste. ▶ ***Allure*** (*FAM.*) – air, allure, apparence, aspect, attitude, contenance, démarche, façon, genre, ligne, maintien, manière, panache, physique, port, posture, prestance, silhouette, style, tenue, tournure. *SOUT.* extérieur, mine. *FAM.* gueule. *QUÉB. FAM.* erre d'aller. *PÉJ. FAM.* dégaine. ▶ ***Idylle*** (*FAM.*) – amourette, aventure, aventure amoureuse, aventure galante, bricole, caprice, coquetterie, coup de foudre, engouement, faible, fantaisie, flirt, idylle, liaison (amoureuse), marivaudage, passade, passion. *SOUT.* amours, entichement, oaristys. *FAM.* batifolage, béguin, toquade. △ **ANT.** ABONDANCE, FOISONNEMENT, PLÉTHORE.

toucher *v.* ▶ ***Tâter*** – palper, tâter. ▶ ***Frapper*** – atteindre, frapper. ▶ ***Frapper d'un mal*** – accabler, affliger, atteindre, frapper. ▶ ***Atteindre*** – accéder à, arriver à, atteindre, gagner, parvenir à, se rendre à. ▶ ***Contacter*** – contacter, entrer en contact avec, joindre, prendre contact avec, rejoindre, se mettre en rapport avec. *SOUT.* prendre langue avec. *PÉJ.* s'aboucher avec. ▶ ***Blesser*** – atteindre, blesser. *MÉD.* léser. ▶ ***Émouvoir*** – aller droit au cœur de, apitoyer, attendrir, émouvoir, faire quelque chose à, remuer, troubler. *SOUT.* prendre aux entrailles. *FAM.* émotionner, prendre aux tripes. ▶ ***Concerner qqn*** – être d'intérêt pour, intéresser, regarder, s'appliquer à, valoir pour, viser. ▶ ***Concerner qqch.*** – avoir pour objet, avoir rapport à, avoir trait à, concerner, intéresser, porter sur, relever de, s'appliquer à, se rapporter à, viser. ▶ ***Encaisser*** – empocher, encaisser, gagner, mettre dans ses poches, percevoir, recevoir, recouvrer. *FAM.* palper, se faire. ▶ ***Border*** – border, confiner à, côtoyer, longer, suivre. *RARE* tangenter. ▶ ***Confiner*** – approcher, avoisiner, confiner à, côtoyer, coudoyer, friser, frôler. ▶ ***Heurter, en parlant d'un navire*** – tosser. ♦ **touché** ▶ ***Concerné*** – concerné, intéressé. △ **ANT.** LÂCHER, LAISSER; ÉVITER, FUIR, RECULER, S'ÉLOIGNER; MANQUER, OMETTRE, RATER, REJETER; INDIFFÉRER, LAISSER FROID; ENDURCIR.

toucher *n. m.* ▶ ***Action de toucher*** – contact. ▶ ***Habileté des doigts*** – doigté, frappe, touche.

touffe *n. f.* ▶ ***Cheveux*** – épi, houppe, houppette, mèche. *FAM.* choupette, couette. ▶ ***Bouquet d'arbres*** (*SOUT.*) – boqueteau, bosquet, bouquet, buisson, massif. *ACADIE* bouillée.

touffu *adj.* ▶ ***Dru*** – abondant, dru, épais, fourni, luxuriant. ▶ ***Feuillu*** – feuillu. *SOUT.* feuillé. *DIDACT.* folié. △ **ANT.** CLAIR, CLAIRSEMÉ, RARE; EFFEUILLÉ; CONCIS, SIMPLE.

toupet *n. m.* ▶ ***Cheveux*** – frange, toupillon *(petit)*. ▶ ***Faux cheveux*** – perruque, postiche. *FAM.* moumoute. *ANC.* fontange. ▶ ***Insolence*** (*FAM.*) – aplomb, arrogance, audace, effronterie, front, impertinence, impolitesse, impudence, incorrection, insolence, irrespect, irrévérence. *SOUT.* outrecuidance, sans-gêne. *FAM.* culot. △ **ANT.** COURTOISIE, POLITESSE.

toupie *n. f.* ▶ ***Jouet*** – sabot. ▶ ***Machine*** – toupilleuse.

tour *n. m.* ▶ ***Action de tourner*** – circumduction, giration, pivotement, révolution, rotation, roulement, tourbillonnement, tournoiement, translation. ▸ *Figure de danse* – demi-tour, pirouette, retournement, virevolte, volte-face. *MAR.* revirement. ▷ *À cheval* – caracole, demi-pirouette, demi-volte, volte. ▶ ***Circuit*** – circuit, révolution. ▶ ***Voyage*** – allées et venues, balade, campagne, circuit, circumnavigation, course, croisière, déplacement, excursion, expédition, exploration, hadj, incursion, marche, méharée, mission, navette, navigation, odyssée, passage, pèlerinage, pérégrination, périple, promenade, raid, rallye, randonnée, reconnaissance, tourisme, tournée, transport, traversée, va-et-vient, voyage. SOUT. chevauchée, errance. FAM. bourlingue, transhumance. QUÉB. voyagement. ▶ ***Pourtour*** – bord, ceinture, cercle, circonférence, contour, dessin, extérieur, forme, lèvres, limbe, marli *(plat, assiette)*, périmètre, périphérie, pourtour. ▶ ***Aspect*** – air, allure, apparence, aspect, caractère, configuration, couleur, couvert, dehors, éclairage, expression, extérieur, façade, faciès, figure, forme, formule, impression, jour, masque, mine, paraître, perspective, physionomie, plastique *(en art)*, portrait, présentation, profil, ressemblance, semblant, surface, ton, tournure, traits, vernis, visage. SOUT. enveloppe, regardure, superficie. ▶ ***Procédé*** – acrobatie, astuce, demi-mesure *(inefficace)*, échappatoire, expédient, gymnastique, intrigue, mesure, moyen, palliatif, procédé, remède, ressource, ruse, solution, système. FAM. combine, gimmick, truc. ▶ ***Diversion*** – biais, circonlocution, détour, digression, diversion, faux-fuyant, louvoiement, louvoyage, périphrase, repli, subterfuge, subtilité. ▶ ***Expression*** – collocation, construction, cooccurrence, énoncé, expression (figée), formule, lexie complexe, locution, phrase, proposition, syntagme, terme, tournure. ▶ ***Plaisanterie*** – attrape, blague, canular, facétie, farce, fumisterie, mystification, plaisanterie. FAM. bateau. ▶ ***Alternance*** – allée et venue, alternatives, balancement, bascule, changement, flux et reflux, intermittence, ondulation, oscillation, palpitation, périodicité, pulsation, récurrence, récursivité, retour, rotation, roulement, rythme, sinusoïde, succession, va-et-vient, variation. ▶ ***Scrutin*** – consultation (populaire), élection, plébiscite, proclamation, référendum, scrutin, suffrage, urnes, voix, vote. ▶ ***Machine-outil*** – aléseuse, alésoir, calibreur, fraiseuse, meule, polisseuse, rectifieuse, rodoir. △ **ANT.** CENTRE, MILIEU.

tour *n. f.* ▶ ***Construction élevée*** – campanile, minaret, mirador, phare, tourelle. ANC. beffroi, donjon, guette, nuraghe. ▶ ***Observatoire*** – échauguette, guérite de guet, mirador, observatoire, poivrière, poste d'observation, poste de veille. MAR. nid-de-pie, vigie. ▶ ***Gratte-ciel*** – gratte-ciel, immeuble.

tourbillon *n. m.* ▶ ***Tourbillonnement*** – DIDACT. vortex. ▸ *De vent* – cyclone, tornade, trombe. QUÉB. ACADIE FAM. sorcière (de vent). ▸ *D'eau* – maelström, remous. ▶ ***Tempête*** – baguio, cyclone, grain, gros temps, orage, ouragan, rafale, tempête (tropicale), tornade, trombe, typhon, vent violent. SOUT. tourmente. FAM. coup de chien, coup de tabac, coup de vent. ▶ ***Remous*** – agitation, balancement, ballottement, bercement, branle, branlement, cahotement, flottement, fluctuation, flux et reflux, houle, impulsion, lacet, mouvement, onde, ondoiement, ondulation, oscillation, pulsation, raz de marée, remous, roulis, tangage, va-et-vient, vague, valse, vibration. FAM. brimbalement. ▶ ***Agitation*** – activité, affairement, affolement, agitation, alarme, animation, bouillonnement, branle-bas (de combat), bruit, dérangement, désordre, désorganisation, détraquement, effervescence, excitation, fourmillement, grouillement, hâte, incohérence, mouvement, orage, précipitation, remous, remue-ménage, secousse, tempête, tohu-bohu, tourmente, trépidation, trouble, tumulte, turbulence, va-et-vient. SOUT. émoi, remuement. FAM. chambardement. △ **ANT.** ACCALMIE, ÉCLAIRCIE; CALME, IMMOBILITÉ; ORDRE, ORGANISATION.

touriste *n.* aoûtien, croisiériste, curiste, estivant, hivernant, juillettiste, vacancier, visiteur, voyageur. FAM. bourlingueur. SOUT. vagabond. △ **ANT.** RÉSIDANT, SÉDENTAIRE.

tourmente *n. f.* ▶ ***Agitation*** – activité, affairement, affolement, agitation, alarme, animation, bouillonnement, branle-bas (de combat), bruit, dérangement, désordre, désorganisation, détraquement, effervescence, excitation, fourmillement, grouillement, hâte, incohérence, mouvement, orage, précipitation, remous, remue-ménage, secousse, tempête, tohu-bohu, tourbillon, trépidation, trouble, tumulte, turbulence, va-et-vient. SOUT. émoi, remuement. FAM. chambardement. ▶ ***Soulèvement*** – agitation, agitation-propagande, chouannerie, désordre, effervescence, embrasement, émeute, excitation, faction, fermentation, fièvre, fronde, insoumission, insubordination, insurrection, jacquerie, manifestation, mutinerie, rébellion, remous, résistance, révolte, révolution, sédition, soulèvement, troubles. FAM. agit-prop. ▶ ***Tempête*** (SOUT.) – baguio, cyclone, grain, gros temps, orage, ouragan, rafale, tempête (tropicale), tornade, tourbillon, trombe, typhon, vent violent. FAM. coup de chien, coup de tabac, coup de vent. △ **ANT.** CALME, DÉTENTE, HARMONIE, PAIX.

tourmenter *v.* ▶ ***Importuner*** – éperonner, être aux trousses de, harceler, importuner, poursuivre, presser, sergenter, talonner. SOUT. assiéger, molester. FAM. asticoter, courir après, tarabuster. FRANCE RÉGION. taler. QUÉB. ACADIE FAM. achaler. QUÉB. FAM. écœurer. ▶ ***Faire souffrir moralement*** – assaillir, consumer, crucifier, déchirer, dévorer, faire souffrir, lanciner, martyriser, mettre au supplice, percer, poignarder, ronger, supplicier, tarauder, tenailler, torturer, transpercer. SOUT. poindre. RARE bourreler. ▶ ***Inquiéter*** – affoler, agiter, alarmer, angoisser, effrayer, énerver, épouvanter, inquiéter, oppresser, préoccuper, tracasser, troubler. FAM. stresser. ♦ **se tourmenter** ▶ ***S'inquiéter*** – être sur des charbons ardents, s'alarmer, s'angoisser, s'en faire, s'énerver, s'inquiéter, se faire du mauvais sang, se faire du souci, se faire du tracas, se faire un sang d'encre, se mettre martel en tête, se morfondre, se ronger les sangs, se soucier, se tracasser. FAM. angoisser, flipper, se biler, se faire de la bile, se faire des cheveux, se frapper, (se) stresser. QUÉB. FAM. capoter. ♦ **tourmenté** agité, alarmé, angoissé, anxieux, appréhensif, en proie à l'inquiétude, énervé, fiévreux, fou d'inquiétude, inquiet, nerveux, qui s'en fait, qui se fait de la bile, qui se fait du mauvais sang, qui se ronge les sangs, tracassé, troublé. FAM. bileux; PÉJ. paniquard. △ **ANT.** CARESSER, DORLOTER; AMUSER, DIVERTIR; MÉNAGER, RESPECTER; APAISER, RASSÉRÉNER, SOULAGER; CONSOLER, RÉCONFORTER.

tournant *n. m.* coude, courbe, virage.

tournante *n.f.* circulaire, giratoire, orbiculaire, pivotant, rotatif, rotatoire. △ **ANT.** BATTANTE *(PORTE)*; COULISSANTE.

tournée *n.f.* ▶ ***Voyage*** – allées et venues, balade, campagne, circuit, circumnavigation, course, croisière, déplacement, excursion, expédition, exploration, hadj, incursion, marche, méharée, mission, navette, navigation, odyssée, passage, pèlerinage, pérégrination, périple, promenade, raid, rallye, randonnée, reconnaissance, tour, tourisme, transport, traversée, va-et-vient, voyage. *SOUT.* chevauchée, errance. *FAM.* bourlingue, transhumance. *QUÉB.* voyagement. ▶ ***Visite*** – visite. *FAM.* virée. ▶ ***Volée de coups*** (*FAM.*) – châtiment corporel, correction, punition corporelle, volée (de coups). *FAM.* dégelée, dérouille, dérouillée, passage à tabac, pâtée, peignée, pile, raclée, ratatouille, rossée, roulée, rouste, tabassage, tabassée, tannée, torchée, trempe, tripotée. *FRANCE FAM.* secouée, tatouille, tisane, trépignée.

tourner *v.* ▶ ***Remuer un mélange*** – brasser, malaxer, mélanger, remuer. ▶ ***Remuer une salade*** – remuer. *FAM.* fatiguer, touiller. *QUÉB. FAM.* brasser. ▶ ***Filmer*** – filmer. ▶ ***Éluder*** – contourner, éluder, escamoter, esquiver, éviter, fuir, se dérober à. ▶ ***Prendre à revers*** – contourner, déborder, prendre à revers. ▶ ***Changer de direction*** – virer. ▶ ***Tournoyer*** – pirouetter, pivoter, toupiller, tourbillonner, tournoyer, virer, virevolter, vriller. *FRANCE RÉGION.* toupiner. ▶ ***Graviter*** – graviter, orbiter. ▶ ***Devenir aigre*** – aigrir, se piquer *(vin)*, surir. ▶ ***Être en marche*** – être en marche, fonctionner, marcher. ♦ **se tourner** ▶ ***Se retourner*** – se détourner, se retourner. △ **ANT.** ARRÊTER, INTERROMPRE; ALLER TOUT DROIT.

tournoi *n.m.* affrontement, challenge, compétition, concours, duel, épreuve, face à face, match. *SOUT.* joute. △ **ANT.** CAMARADERIE, FRATERNITÉ.

tournoyer *v.* pirouetter, pivoter, toupiller, tourbillonner, tourner, virer, virevolter, vriller. *FRANCE RÉGION.* toupiner.

tournure *n.f.* ▶ ***Allure*** – air, allure, apparence, aspect, attitude, contenance, démarche, façon, genre, ligne, maintien, manière, panache, physique, port, posture, prestance, silhouette, style, tenue. *SOUT.* extérieur, mine. *FAM.* gueule, touche. *QUÉB. FAM.* erre d'aller. *PÉJ. FAM.* dégaine. ▶ ***Aspect*** – air, allure, apparence, aspect, caractère, configuration, couleur, couvert, dehors, éclairage, expression, extérieur, façade, faciès, figure, forme, formule, impression, jour, masque, mine, paraître, perspective, physionomie, plastique *(en art)*, portrait, présentation, profil, ressemblance, semblant, surface, ton, tour, traits, vernis, visage. *SOUT.* enveloppe, regardure, superficie. ▶ ***Rembourrage*** – crinoline, faux cul, panier, vertugadin. ▶ ***Résidu*** – copeau, frison. ▶ ***Expression*** – collocation, construction, cooccurrence, énoncé, expression (figée), formule, lexie complexe, locution, phrase, proposition, syntagme, terme, tour.

tousser *v.* ▶ ***Avoir des accès de toux*** – toussailler, toussoter. *FAM.* cracher ses poumons. ▶ ***Protester*** (*FAM.*) – broncher, murmurer, pousser les hauts cris, protester, réagir, récriminer, renâcler, répliquer, s'élever, s'indigner, s'opposer, se dresser, se gendarmer, se plaindre, se récrier. *SOUT.* réclamer. *FAM.* criailler, faire du foin, moufter, piailler, rouscailler, rouspéter, ruer dans les brancards, tiquer. *QUÉB. FAM.* chialer. *ACADIE FAM.* bagueuler.

tout *n.m.* ▶ ***Univers*** – ciel, cosmos, création, espace, galaxie, macrocosme, monde, nature, sphère. ▶ ***Totalité*** – absoluité, complétude, ensemble, entier, entièreté, exhaustivité, généralité, globalité, intégralité, intégrité, masse, plénitude, réunion, somme, total, totalité, universalité. ▶ ***Ce qui est important*** – cœur, corps, essence, essentiel, fond, gros, important, principal, substance, vif. △ **ANT.** DIVISION, ÉLÉMENT, FRACTION, FRAGMENT, PARTIE; CARENCE, INCOMPLÉTUDE.

toutefois *adv.* cependant, mais, malgré cela, malgré tout, malheureusement, néanmoins, pourtant, seulement. *SOUT.* nonobstant. △ **ANT.** DE PLUS, EN OUTRE, ET.

tout-puissant (var. **tout puissant**) *adj.* omnipotent. △ **ANT.** FAIBLE, IMPUISSANT, INCAPABLE, VULNÉRABLE.

toux *n.f.* toussotement.

toxique *adj.* ▶ ***Nocif*** – intoxicant, nocif, pathogène. *FAM.* poison. ▶ ***En parlant d'un végétal*** – vénéneux, vireux. *FAM.* poison. ▶ ***En parlant d'un gaz*** – asphyxiant, délétère, irrespirable, méphitique, suffocant. △ **ANT.** ATOXIQUE, INOFFENSIF, SAIN, SALUBRE; DIGÉRABLE, DIGESTIBLE.

tracas *n.m.* agitation, angoisse, anxiété, cassement de tête, contrariété, désagrément, difficulté, doute, ennui, gêne, inquiétude, obnubilation, occupation, peine, pensée, préoccupation, sollicitude, souci, suspens, tiraillement, tourment. *SOUT.* affres. *FAM.* tintouin, tracassin. △ **ANT.** APAISEMENT, CALME, PAIX, SOULAGEMENT.

tracasser *v.* ▶ ***Inquiéter*** – affoler, agiter, alarmer, angoisser, effrayer, énerver, épouvanter, inquiéter, oppresser, préoccuper, tourmenter, troubler. *FAM.* stresser. ▶ ***Obséder*** – ennuyer, fatiguer, obséder, préoccuper, taquiner, tarabuster, travailler. *FAM.* titiller, turlupiner. *QUÉB. FAM.* chicoter. *FRANCE RÉGION.* taler. ♦ **se tracasser** ▶ ***S'inquiéter*** – être sur des charbons ardents, s'alarmer, s'angoisser, s'en faire, s'énerver, s'inquiéter, se faire du mauvais sang, se faire du souci, se faire du tracas, se faire un sang d'encre, se mettre martel en tête, se morfondre, se ronger les sangs, se soucier, se tourmenter. *FAM.* angoisser, flipper, se biler, se faire de la bile, se faire des cheveux, se frapper, (se) stresser. *QUÉB. FAM.* capoter. △ **ANT.** AMUSER, DIVERTIR; MÉNAGER, RESPECTER; APAISER, CALMER, RASSÉRÉNER, RASSURER, SOULAGER, TRANQUILLISER.

trace *n.f.* ▶ ***Empreinte*** – empreinte, foulées, marque (de pas), pas, piste, sillon, traînée, vestige, voie. ▸ *À la chasse* – abattures *(cerf)*, connaissance, erres, marche, passée. ▸ *D'un véhicule* – ornière. ▸ *D'un navire* – sillage. ▶ ***Marque*** – marque. ▶ ***Repère*** – balise, borne, borne repère, borne témoin, coordonnée, cran, délinéateur, empreinte, fanion, index, indice, jalon, jalon-mire, marque, mire, mire-jalon, piquet, point de repère, référence, référentiel, taquet. *MAR.* amer, vigie. ▶ ***Petite quantité*** – atome, bouchée, brin, chouia, doigt, filet, goutte, gouttelette, grain, larme, lueur, miette, nuage, once, paille, parcelle, peu, pincée, pointe, relent, restant, reste, rien, soupçon, tantinet, teinte, touche, trait, zeste. ▶ *Indice* – apparence, cachet, cicatrice, critère, empreinte, indication, indice, justificatif, lueur, marque, ombre, pas, piste, preuve, repère, reste, ride, sceau, signature, signe, stigmate, tache, témoignage, témoin, trait, vestige. ▶ ***Souvenir*** – allusion, anamnèse, commémoration, déjà vu, évocation, impression, mémoire, mémoration, mémorisation, pensée, rappel, réminiscence, souvenir. SOUT. remémoration. ▸ *Non favorable* – arrière-goût. △ **ANT.** ABONDANCE, FOISONNEMENT, PLÉTHORE.

tracé *n. m.* ▶ ***Écriture*** – calligraphie, écriture, graphisme. ▶ ***Représentation*** – courbe, diagramme, enregistrement, graphe, graphique. FRANCE FAM. camembert *(en demi-cercle)*. ▶ ***Délimitation*** – abornement, bornage, cadre, ceinture, délimitation, démarcation, encadrement, jalonnage, jalonnement, limite, séparation. ▶ ***Trajet*** – aller (et retour), chemin, cheminement, circuit, course, direction, distance, espace, itinéraire, marche, parcours, retour, route, traite, trajectoire, trajet, traversée, voyage. FAM. trotte. FRANCE FAM. tirée.

tracer *v.* ▶ ***Dessiner*** – dessiner, tirer. ▶ ***Dessiner sommairement*** – brosser, crayonner, croquer, ébaucher, esquisser, pocher, profiler, relever, silhouetter. ▶ ***Écrire*** – écrire, marquer. ▶ ***Biffer*** (SUISSE) – barrer, biffer, raturer, rayer. ▶ ***Courir*** (FAM.) – courir, filer, galoper. FAM. calter, cavaler, droper, fendre l'air, jouer des jambes, pédaler, piquer un sprint, prendre ses jambes à son cou, sprinter, tricoter des jambes, tricoter des pieds. ▶ ***Poursuivre*** (SUISSE FAM.) – courir après, être aux trousses de, pourchasser, poursuivre, traquer. FAM. courser. △ **ANT.** EFFACER.

tract *n. m.* annonce, circulaire, dépliant, flash, insertion, prospectus, publicité.

traction *n. f.* ▶ ***Action de tirer*** – tirage, traînage. MAR. OU ACADIE halage. ▶ ***Locomotion*** – déplacement, locomotion. ▶ ***Exercice*** – FAM. pompe. △ **ANT.** COMPRESSION, POUSSÉE, RÉTRÉCISSEMENT.

tradition *n. f.* ▶ ***Coutume*** – convention, coutume, habitude, habitus, mode, mœurs, pratique, règle, rite, us et coutumes, usage. ▶ ***Passé*** – ancien temps, antécédents, antériorité, antiquité, bon vieux temps, histoire (ancienne), le temps jadis, nuit des temps, passé, temps révolus. BELG. rétroactes. △ **ANT.** AVANT-GARDISME, INNOVATION, NOUVEAUTÉ; FUTUR.

traditionnel *adj.* ▶ ***Classique*** – classique, habituel, inévitable. ▶ ***Conformiste*** – conforme, conformiste, orthodoxe. ▶ ***Folklorique*** – folklorique, populaire. △ **ANT.** À LA MODE, ACTUEL, CONTEMPORAIN, MODERNE, NOUVEAU; EXCEPTIONNEL, INACCOUTUMÉ, INHABITUEL, RARE; INÉDIT, RÉVOLUTIONNAIRE; ANTICONFORMISTE, EXCENTRIQUE, MARGINAL, NON CONFORMISTE, ORIGINAL.

traducteur *n.* ▸ *Oral* – interprète, traducteur-interprète.

traduction *n. f.* ▶ ***Version*** – adaptation, calque, explication, herméneutique, interprétation, paraphrase, thème, transcodage, transcription, translittération, transposition, version. FAM. traduc.

traduire *v.* ▶ ***Déchiffrer*** – déchiffrer, décoder, décrypter, interpréter. ▶ ***Transposer*** – adapter, transposer. ▶ ***Exprimer*** – exprimer, refléter, rendre. ▶ ***Citer en justice*** – appeler (en justice), assigner, citer, citer à comparaître, citer en justice, convoquer, intimer. ♦ **se traduire** ▶ ***Se manifester*** – s'exprimer, se manifester. △ **ANT.** CACHER, MASQUER, VOILER.

trafic *n. m.* ▶ ***Commerce de choses volées*** – carambouillage, carambouille, recel. FAM. fourgue, fricotage. ▶ ***Commerce illégal*** – contrebande, économie parallèle, économie souterraine, marché clandestin, marché noir. ▶ ***Affairisme*** – accaparement, affairisme, agiotage, boursicotage, concussion, coup de bourse, intrigue, spéculation, tripotage. SOUT. prévarication. FAM. combine. ▶ ***Circulation générale*** – circulation, mouvement. ▸ *Automobiles* – circulation, circulation automobile, circulation routière, circulation urbaine, trafic (routier). ▸ *Bateaux* – navigation, trafic maritime. ▶ ***Circulation automobile*** – circulation, circulation automobile, circulation routière, circulation urbaine, trafic (routier). ▶ ***Embouteillage*** (QUÉB.) – affluence, afflux, bouchon, congestion, embouteillage, encombrement, engorgement, obstruction, retenue. △ **ANT.** BLOCUS, EMBARGO.

trafiquant *n.* ▶ ***Contrebandier*** – contrebandier, passeur. ▶ ***Spéculateur*** – accapareur, agioteur, baissier, boursicoteur, boursicotier, bricoleur, haussier, initié, joueur, margoulin, monopoleur, monopolisateur, monopoliste, reporté, spéculateur, thésauriseur. FAM. cumulard, traficoteur, tripoteur.

trafiquer *v.* ▶ ***Modifier dans le but de tromper*** – altérer, contrefaire, déguiser, falsifier, habiller, maquiller, travestir, truquer. FAM. bidonner, bidouiller, tripatouiller. ▶ ***Manigancer*** (FAM.) – combiner, fomenter, machiner, manigancer, monter, ourdir, tramer. FAM. fricoter, goupiller, magouiller, mijoter, traficoter. ▸ *À plusieurs* – comploter, concerter, conspirer. △ **ANT.** CONSERVER, PRÉSERVER, RESPECTER.

tragédie *n. f.* ▶ ***Catastrophe*** – apocalypse, bouleversement, calamité, cataclysme, catastrophe, chaos, désastre, drame, fléau, malheur, néant, ruine, sinistre. FIG. précipice. SOUT. abîme. FAM. cata. △ **ANT.** BOUFFONNERIE, COMÉDIE; BIENFAIT, GRÂCE.

tragique *adj.* catastrophique, désastreux, épouvantable, effroyable, funeste, terrible. SOUT. calamiteux. △ **ANT.** ANODIN, BÉNIN, INNOCENT, INOFFENSIF, SANS DANGER, SANS GRAVITÉ.

trahir *v.* ▶ ***Dénoncer*** – dénoncer, livrer, vendre. FAM. donner. ▶ ***Renier*** – déserter, renier. ▶ ***Tromper en amour*** – tromper. FAM. cocufier, faire porter les cornes à, minotauriser. ▶ ***Dénaturer*** – altérer, biaiser, défigurer, déformer, dénaturer, falsifier, fausser, gauchir, travestir. ▶ ***Dénoter une chose non favorable*** – accuser. ▸ *Dénoter en général* – annoncer, déceler, démontrer, dénoter, faire foi de, indiquer, laisser paraître, marquer, montrer, prouver, révéler, signaler, signifier, témoigner de. SOUT. dénoncer. ♦ **se trahir** ▶ ***Se contredire*** – se contredire, se couper, se démentir. △ **ANT.** AIDER, DÉFENDRE, RESPECTER, SERVIR, SOUTENIR; DÉTROMPER; CACHER, DISSIMULER.

trahison *n. f.* ▶ ***Défection*** – défection, désertion, faux serment, félonie, forfaiture, (haute) trahison, infidélité, insoumission, parjure, scélératesse. SOUT. prévarication. FAM. lâchage. ▶ ***Dénonciation*** – accusation, allégation, attaque, cafardage, calomnie, critique, délation, dénigrement, dénonciation, dépréciation, dévalorisation, diffamation, imputation, insinuation, médisance, plainte, rabaissement, réquisitoire. SOUT. détraction. FAM. mouchardage. ▶ ***Tromperie*** – déloyauté, dissimulation, duplicité, facticité, fausseté, félonie, fourberie, hypocrisie, mauvaise foi, perfidie, scélératesse, sournoiserie, traîtrise, tromperie. SOUT. factice, félinité, insincérité. ▶ ***Adultère*** – adultère, inconstance, infidélité, tromperie. FAM. cocuage, cocufiage, coup de canif (dans le contrat). △ ANT. FIDÉLITÉ, HONNÊTETÉ, LOYAUTÉ; AIDE, SOUTIEN.

train *n.m.* ▶ ***Véhicule ferroviaire*** – convoi, rame. FRANCE FAM. dur, tortillard. ▶ ***Transport*** – chemin de fer, rail, transport ferroviaire. ▶ ***Ensemble*** – accumulation, amas, appareil, assemblage, assortiment, collection, compilation, ensemble, foule, grand nombre, groupe, groupement, jeu, quantité, rassemblement, recueil, service, tas. FAM. attirail, cargaison, compil. PÉJ. ramassis. ▶ ***Allure*** – allure, cadence, course, erre, marche, mouvement, pas, rythme, tempo, vitesse. ▶ ***Vacarme*** (QUÉB. FAM.) – brouhaha, cacophonie, chahut, charivari, clameur, tapage, tohu-bohu, tumulte, vacarme. SOUT. bacchanale, hourvari, pandémonium. FAM. barouf, bastringue, bazar, bordel, boucan, bousin, chambard, corrida, grabuge, pétard, potin, raffut, ramdam, ronron, sabbat, schproum, tintamarre, tintouin. QUÉB. FAM. barda. △ ANT. CALME, SILENCE.

traînant *adj.* ▶ ***Qui ne progresse pas*** – croupi, croupissant, stagnant. ▶ ***En parlant d'une intrigue, d'un style*** – lâche, languissant, mou, qui manque de nerf. ▶ ***En parlant d'une voix*** – monocorde, monotone. SOUT. psalmodique. △ ANT. ALERTE, PRESTE, RAPIDE, VIF; CAPTIVANT, PALPITANT, PASSIONNANT; CHANTANT, CLAIRONNANT, CRISTALLIN, PERÇANT, STRIDENT, VIBRANT.

traînée *n.f.* ▶ ***Trace*** – empreinte, foulées, marque (de pas), pas, piste, sillon, trace, vestige, voie. ▶ ***À la chasse*** – abattures *(cerf)*, connaissance, erres, marche, passée. ▶ ***Coulure*** – coulure. FAM. dégoulinade. ▶ ***Ligne de fond*** – cordeau, cordée, ligne de fond, palangre, palangrotte, vermille.

traîner *v.* ▶ ***Porter avec soi*** – porter, transporter. FAM. balader, coltiner, trimarder, trimballer. ▶ ***Entraîner à sa suite*** – promener. FAM. remorquer, trimbaler. ▶ ***Faire durer trop longtemps*** – éterniser, faire durer, prolonger, tirer en longueur. ▶ ***Pendre*** – pendre. FAM. pendouiller. ▶ ***Durer trop longtemps*** – n'en plus finir, s'éterniser, se prolonger. ▶ ***Stagner*** – languir, patiner, piétiner, s'enliser, stagner. FAM. faire du surplace. ▶ ***Rester à ne rien faire*** – fainéanter, flâner, musarder, muser, ne rien faire de ses dix doigts, paresser, perdre son temps, rêvasser, traînasser. FAM. avoir la flemme, buller, coincer la bulle, flemmarder, glander, glandouiller, gober des mouches, peigner la girafe, se les rouler, se tourner les pouces, tirer au flanc, tirer sa flemme. FRANCE FAM. clampiner. QUÉB. FAM. niaiser. BELG. FAM. bourdonner. ▶ ***Aller sans but*** – badauder, déambuler, errer, flâner, rôder, (se) baguenauder, se balader, se promener, traînailler, traînasser, vagabonder. SOUT. battre le pavé, divaguer, vaguer. FAM. vadrouiller, zoner. BELG. FAM. baligander, balziner. ACADIE FAM. gaboter. ▶ ***Prendre son temps*** – être lent à, être long à, flâner, mettre du temps à, musarder, prendre tout son temps, s'attarder, tarder, traînailler, traînasser. FAM. lambiner, lanterner. QUÉB. FAM. placoter. SUISSE FAM. pétouiller. ▶ ***Rester trop longtemps*** – s'attarder, s'éterniser. ♦ **se traîner** ▶ ***Avancer ventre contre le sol*** – ramper. ▶ ***Durer trop longtemps*** – n'en plus finir, s'éterniser, se prolonger. △ ANT. POUSSER, SOULEVER; ACCÉLÉRER, ACTIVER; COURIR, SE DÉPÊCHER, SE HÂTER, SE PRESSER.

trait *n.m.* ▶ ***Ligne*** – bande, barre, biffage, biffure, contre-taille *(gravure)*, hachure, ligne, liséré, liteau, raie, rature, rayure, strie, vergeture *(peau)*, zébrure. ▶ ***Profil*** – ligne, modénature, ombre, profil, silhouette. SOUT. linéament. DIDACT. délinéament. ▶ ***Rayon*** – faisceau (lumineux), jet, pinceau (lumineux), rayon, trait (de lumière). SOUT. rai. ▶ ***Qualité*** – attribut, caractère, caractéristique, marque, particularité, propre, propriété, qualité, signe, spécialité, spécificité. ▶ *Louable* – mérite. ▶ ***Critère*** – apparence, cachet, cicatrice, critère, empreinte, indication, indice, justificatif, lueur, marque, ombre, pas, piste, preuve, repère, reste, ride, sceau, signature, signe, stigmate, tache, témoignage, témoin, trace, vestige. ▶ ***Petite quantité*** – atome, bouchée, brin, chouia, doigt, filet, goutte, gouttelette, grain, larme, lueur, miette, nuage, once, paille, parcelle, peu, pincée, pointe, relent, restant, reste, rien, soupçon, tantinet, teinte, touche, trace, zeste. ▶ ***Gorgée*** – gorgée. FAM. goulée, lampée, lichette. ▶ ***Raillerie*** – dérision, épigramme, esprit, flèche, goguenardise, gouaille, gouaillerie, humour, ironie, lazzi, malice, moquerie, persiflage, pique, plaisanterie, pointe, quolibet, raillerie, ricanement, risée, sarcasme, satire, taquinerie. SOUT. brocard, nargue, saillie. FAM. vanne. QUÉB. FAM. craque. QUÉB. SUISSE FAM. fion. ▶ ***Cheval*** – cheval de trait. ♦ **traits,** ***plur.*** ▶ ***Visage*** – face, figure, minois, physionomie, tête, visage. FAM. bille, binette, bobine, bougie, bouille, fiole, fraise, frimousse, gueule, margoulette, museau, poire, pomme, trogne, trombine, tronche. △ ANT. ABONDANCE, FOISONNEMENT, PLÉTHORE.

traité *n.m.* ▶ ***Ouvrage didactique*** – argument, argumentation, cours, développement, discours, dissertation, essai, étude, exposé, manuel, mémoire, monographie, somme, thèse. DR. dire. ▶ ***Accord*** – accommodement, accord, alliance, arrangement, compromis, concordat, consensus, contrat, convention, engagement, entente, marché, modus vivendi, pacte, protocole, transaction. ▶ ***Paix*** – accord, armistice, cessation des hostilités, cessez-le-feu, compromis, conciliation, détente, entente, issue, modus vivendi, négociation, neutralité, non-belligérance, normalisation, pacification, pacte, paix, réconciliation, trêve.

traite *n.f.* ▶ ***Action de traire*** – DIDACT. mulsion. ▶ ***Commerce*** – activité commerciale, affaires, circulation, commerce, commercialisation, distribution, échange, finance, marché, négoce, opération, troc, vente. FAM. business. ▶ ***Titre financier*** – effet (de commerce), mandat, ordre. ▶ ***Trajet*** – aller (et retour), chemin, cheminement, circuit, course, direction, distance, espace, itinéraire, marche, parcours, retour, route, tracé, trajectoire, trajet, traversée, voyage. FAM. trotte. FRANCE FAM. tirée.

traitement *n.m.* ▶ ***Examen*** – analyse, enquête, étude, examen, exploration, information, investigation, recherche, sondage, survol. SOUT. perquisition. ▶ ***Méthode*** – approche, art, chemin, code, comment, credo, démarche, discipline, dispositif, façon (de faire), facture, formule, heuristique, instruction, instrument, ligne de conduite, maïeutique, manière, marche (à suivre), méthode, méthodologie, modalité, mode d'emploi, mode, moyen, opération, ordre, organisation, outil, posologie, pratique, procédé, procédure, protocole, raisonnement, recette, règle, secret, stratagème, stratégie, système, tactique, technique, théorie, voie. SOUT. faire. ▶ ***Développement*** – déroulement, fonctionnement, marche, mécanique, mécanisme, opération, procédure, procès, processus. ▶ ***Guérison*** – amélioration, apaisement, cicatrisation, convalescence, cure, guérison, mieux-être, relevailles, relèvement, rémission, répit, résurrection, rétablissement, retour à la santé, salut, soulagement. MÉD. délitescence, postcure, résorption, rétrocession. ▶ ***Accueil*** – abord, accès, accueil, approche, attitude, contact, mine, réception, tête. ▶ ***Salaire*** – appointements, cachet, commission, droit, émoluments, fixe, gages, gain, honoraires, jeton (de présence), mensualité, paye, pourboire, rémunération, rétribution, revenu, salaire, semaine, solde, vacations.

traiter *v.* ▶ ***Donner des soins médicaux*** – prodiguer des soins, soigner. ▶ ***Étudier*** – analyser, considérer, envisager, étudier, examiner, explorer, observer, penser à, pousser plus avant, prendre en considération, réfléchir sur, s'intéresser à, se pencher sur, voir. ▶ ***Débattre*** – débattre, discuter, négocier. ▶ ***Transformer une matière première*** – transformer. ▶ ***Offrir un bon repas*** – régaler. ▶ ***Qualifier de façon non favorable*** – taxer. ▶ ***Exposer longuement*** – discourir sur, disserter sur. ▶ ***Avoir comme sujet*** – parler de, porter sur. ▶ ***Négocier*** – dialoguer, discuter, être en pourparlers, négocier, parlementer. △ **ANT.** NÉGLIGER; IGNORER; ABANDONNER, ÉVITER, FUIR.

traître *adj.* ▶ ***Qui a trahi*** – déloyal, infidèle, parjure. ▶ ***Hypocrite*** – à double face, de mauvaise foi, déloyal, dissimulateur, dissimulé, fallacieux, faux, fourbe, hypocrite, insidieux, insincère, menteur, perfide, sournois, tortueux, trompeur. SOUT. captieux, cauteleux, chafouin, tartufe, tartuffard, tortu. DIDACT. sophistique. ▶ ***Qui constitue une menace*** – insidieux, perfide, rampant, sournois, subreptice. △ **ANT.** FIDÈLE, LOYAL; FRANC, HONNÊTE, SINCÈRE.

traître *n.* faux frère, judas, parjure, vendu. SOUT. félon, perfide, prévaricateur, stipendié. △ **ANT.** AMI, COMPLICE, DÉFENSEUR.

trajectoire *n.f.* ▶ ***Trajet*** – aller (et retour), chemin, cheminement, circuit, course, direction, distance, espace, itinéraire, marche, parcours, retour, route, tracé, traite, trajet, traversée, voyage. FAM. trotte. FRANCE FAM. tirée. ▶ ***Vécu*** (FIG.) – cheminement, expérience (de vie), histoire (personnelle), itinéraire, passé, vécu.

trajet *n.m.* aller (et retour), chemin, cheminement, circuit, course, direction, distance, espace, itinéraire, marche, parcours, retour, route, tracé, traite, trajectoire, traversée, voyage. FAM. trotte. FRANCE FAM. tirée.

trame *n.f.* ▶ ***Fils d'un tissu*** – chaîne, corde, tissure. ▶ ***Lignes croisées*** – carroyage, grille, moletage, quadrillage. ▶ ***Action d'un récit*** – action, affabulation, canevas, intrigue, péripétie, scénario, scène, vie.

tranchant *adj.* ▶ ***Incisif*** – abrupt, agressif, bourru, bref, brusque, brutal, cassant, coupant, dur, incisif, raide, rude, sec. ▶ ***Décisif*** – concluant, convaincant, décisif, définitif, éloquent, péremptoire, probant. ▶ ***Catégorique*** – affirmatif, autoritaire, catégorique, dogmatique, formel, impératif, impérieux, péremptoire, sans réplique. FAM. pète-sec. △ **ANT.** CONTONDANT, ÉMOUSSÉ, MOUSSE; ACCOMMODANT, AVENANT, CONCILIANT; HÉSITANT; ATTÉNUÉ, DOUX, NUANCÉ, TEMPÉRÉ.

tranchant *n.m.* ▶ ***Côté coupant*** – coupant, découpoir, feuilletis, fil, taille. ▶ ***Instrument*** – couteau. ▶ ***Caractère*** – acariâtreté, acerbité, acidité, âcreté, acrimonie, agressivité, aigreur, amertume, animosité, âpreté, bave, bile, causticité, colère, dépit, désagrément, dureté, fiel, haine, hargne, humeur, irritation, malveillance, maussaderie, mauvaise humeur, méchanceté, mordant, pique, rancœur, rancune, récrimination, ressentiment, rudesse, venin, vindicte, virulence. SOUT. mordacité. FAM. rouspétance. △ **ANT.** AMABILITÉ, BIENVEILLANCE, DOUCEUR, PATIENCE.

tranche *n.f.* ▶ ***Portion d'un objet*** – bout, carotte *(terrain)*, détail, échantillon, morceau, pan, partie, portion, section, segment, travée, tronçon. ▶ ***Portion de temps*** – durée, laps de temps, période, plage (horaire), planche (horaire), temps. ▶ ***Partie la plus étroite*** – bord, chant, côté, face, facette, flanc, pan, paroi, profil, surface. MAR. travers. ▶ ***Morceau de nourriture*** – cossette *(betterave, chicorée)*, flocon *(céréales)*, lamelle. ▸ *Machine* – massicot, rogneuse. △ **ANT.** BLOC, ENSEMBLE, ENTIÈRETÉ, TOUT.

tranchée *n.f.* ▶ ***Ouvrage militaire*** – circonvallation, contrevallation, fossé, sape, tranchée-abri. ♦ **tranchées**, ***plur.*** ▶ ***Douleur*** – tranchées utérines.

trancher *v.* ▶ ***Couper*** – couper, sectionner. ▶ ***Amener une solution définitive*** – en finir avec, régler, résoudre, vider. ▶ ***Décider*** – conclure, décider, juger, prendre une décision, se prononcer, statuer. ▶ ***Contraster*** – contraster, détonner, ressortir, se détacher. ♦ **tranché** ▶ ***Net*** – arrêté, clair, défini, déterminé, net, précis. ▶ ***Contrasté*** – contrastant, contrasté, différent, opposé. △ **ANT.** RÉUNIR, SOUDER; HÉSITER, TERGIVERSER. ♦ **tranché** CONFUS, FLOU, INCERTAIN, INDÉCIS, INDISTINCT, VAGUE.

tranquille *adj.* ▶ ***Sans bruit*** – calme, paisible, silencieux. ▶ ***Sans inquiétude*** – calme, de tout repos, pacifique, paisible, serein. FAM. peinard, pépère, tranquillos. PHILOS. ataraxique. ▶ ***Docile*** – disciplinable, discipliné, docile, doux, facile, gentil, obéissant, sage, soumis. △ **ANT.** AGITÉ, BRUYANT, ÉTOURDISSANT; EMPORTÉ, FURIEUX, TURBULENT; ANXIEUX, INQUIET, NERVEUX, TOURMENTÉ, TROUBLÉ; DÉSOBÉISSANT, DIFFICILE, INDISCIPLINÉ, INDOCILE, INSOUMIS, INSUBORDONNÉ.

tranquilliser *v.* ▶ ***Rassurer*** – apaiser, calmer, consoler, rasséréner, rassurer, réconforter, sécuriser. △ **ANT.** AFFOLER, ALARMER, ANGOISSER, EFFRAYER, INQUIÉTER, TOURMENTER.

tranquillité *n.f.* ▶ ***Sérénité*** – apathie, ataraxie, calme, détachement, distanciation, égalité d'âme, égalité d'humeur, équilibre, flegme, impassibilité, imperturbabilité, indifférence, paix, philosophie, placidité, quiétude, sérénité, stoïcisme. SOUT. équanimité. ▸ ***Paix*** – accalmie, apaisement, bonace, bonheur, calme, éclaircie, entente, fraternité, harmonie, idylle, paix, quiétude, rémission, repos, silence, trêve, union. SOUT. kief. ▸ ***Sécurité*** – abri, assurance, calme, confiance, paix, quiétude, repos, salut, sécurité, sérénité, sûreté, tranquillité (d'esprit). ▸ ***Patience*** – calme, constance, courage, douceur, endurance, flegme, lenteur, patience, persévérance, persistance, résignation, sang-froid. SOUT. longanimité. ▸ ***Douceur*** – délicatesse, douceur, finesse, fraîcheur, légèreté, modération, moelleux, mollesse, onctuosité, quiétude, suavité, velouté. FIG. soie. ▸ ***Amélioration du temps*** – accalmie, adoucissement, amélioration, bonace, calme plat, éclaircie, embellie, radoucissement, réchauffement, redoux, répit, tiédissement, trouée. QUÉB. FAM. doux temps. ACADIE FAM. clairon. △ ANT. AFFOLEMENT, AGITATION, ANGOISSE, APPRÉHENSION, INQUIÉTUDE, NERVOSITÉ, TOURMENT; INSÉCURITÉ, PEUR; PERTURBATION, TEMPÊTE.

transaction *n.f.* ▸ ***Négociation*** – conversation, dialogue, discussion, échange (de vues), marchandage, négociation, pourparlers, tractation. SOUT. transigeance. ▸ ***Pacte*** – accommodement, accord, alliance, arrangement, compromis, concordat, consensus, contrat, convention, engagement, entente, marché, modus vivendi, pacte, protocole, traité.

transcendance *n.f.* ▸ ***Supériorité*** – avantage, dessus, prédominance, prééminence, préférence, prépondérance, préséance, primauté, priorité, supériorité, suprématie. SOUT. précellence, préexcellence. ▸ ***Âme*** – âme, atman *(hindouisme)*, cœur, conscience, esprit, mystère, pensée, principe (vital), psyché, psychisme, souffle (vital), spiritualité, vie. PSYCHOL. conscient. △ ANT. IMMANENCE.

transcendant *adj.* ▸ ***Supérieur*** – élevé, fort, haut, supérieur. ▸ ***D'une perfection hors de ce monde*** – angélique, céleste, divin, pur, sublime. SOUT. archangélique, séraphique. △ ANT. ÉLÉMENTAIRE, IMMANENT; INFÉRIEUR, ORDINAIRE; ALGÉBRIQUE *(EN MATHÉMATIQUES)*.

transcender *v.* dépasser, surpasser.

transcrire *v.* copier, recopier, reporter, retranscrire.

transes *n.f.pl.* ▸ ***Mysticisme*** – anagogie, contemplation, dévotion, élévation, extase, illuminisme, mysticisme, mystique, oraison, philocalie, ravissement, sainteté, spiritualité, vision. SOUT. mysticité. ▸ ***Communication spirituelle*** – canalisation, médiumnité. ♦ **transes, *plur.*** ▸ ***Inquiétude*** – affolement, alarme, angoisse, appréhension, crainte, effarement, effarouchement, effroi, épouvante, frayeur, grand-peur, hantise, horreur, inquiétude, panique, peur, phobie, terreur. SOUT. affres, apeurement. FAM. cauchemar, chiasse, frousse, pétoche, trac, trouille. △ ANT. ASSURANCE, CALME, SÉCURITÉ.

transférer *v.* ▸ ***Céder*** – abandonner, céder, laisser, léguer, transmettre. DR. OU SOUT. aliéner. ▸ ***Transporter*** – déménager, transporter. FAM. transbahuter. ▸ ***Changer de lieu*** – délocaliser, déplacer. △ ANT. FIXER, IMMOBILISER.

transfert *n.m.* ▸ ***Transmission*** – cession, circulation, communication, dévolution, diffusion, dissémination, émission, expansion, extension, intercommunication, multiplication, passation, progression, propagation, rayonnement, reproduction, translation, virement. ▸ ***Cession*** – cession, distribution, donation, donation-partage, échange, legs, mancipation, partage, perte, vente. ▸ ***Déménagement*** – délocalisation, déménagement, relogement. FAM. transbahutage, transbahutement. △ ANT. CONSERVATION, STABILISATION.

transfiguration *n.f.* adaptation, ajustement, altération, avatar, changement, conversion, évolution, glissement, gradation, infléchissement, métamorphose, modification, modulation, mue, mutation, passage, progression, transformation, transition, transmutation, variation, vie.

transfigurer *v.* ▸ ***Changer qqn en profondeur*** – traiter, transformer. △ ANT. MAINTENIR, PRÉSERVER.

transformation *n.f.* ▸ ***Modification*** – adaptation, ajustement, altération, avatar, changement, conversion, évolution, glissement, gradation, infléchissement, métamorphose, modification, modulation, mue, mutation, passage, progression, transfiguration, transition, transmutation, variation, vie. ▸ ***Renouvellement*** – amélioration, changement, dépoussiérage, modernisation, modification, prorogation, rajeunissement, recommencement, reconduction, réformation, réforme, régénération, réhabilitation, réinvention, remplacement, renouveau, renouvellement, rénovation, réparation, restauration, résurrection, rétablissement. PÉJ. FAM. réformette. ▸ ***Digestion*** – absorption, anabolisme, assimilation, biosynthèse, chimisme, coction, digestion, eupepsie, ingestion, métabolisme, nutrition, phagocytose *(cellules)*, rumination. △ ANT. FIXITÉ, MAINTIEN, PERMANENCE.

transformer *v.* ▸ ***Traiter une matière première*** – traiter. ▸ ***Changer en une autre forme*** – changer, convertir, muer. SOUT. transmuer, transmuter. ▸ ***Changer qqch. en profondeur*** – métamorphoser, modifier, réformer, réinventer, renouveler, rénover, repousser les limites de, révolutionner. ▸ ***Changer qqn en profondeur*** – métamorphoser. ▸ ***En mieux*** – transfigurer. ♦ **se transformer** ▸ ***Devenir différent*** – changer, évoluer. ▸ ***Prendre telle forme*** – devenir, se changer en, se métamorphoser en, se muer en. ♦ **transformé** ▸ ***En parlant de qqn*** – autre, changé, différent, métamorphosé, nouveau. △ ANT. CONSERVER, MAINTENIR, PRÉSERVER. ♦ **se transformer** PERSISTER, RESTER LE MÊME.

transiger *v.* ▸ ***Faire des concessions*** – composer, faire des concessions, pactiser. △ ANT. RÉSISTER, RESTER SUR SES POSITIONS, S'ENTÊTER, S'OBSTINER, S'OPPOSER.

transition *n.f.* ▸ ***Changement*** – adaptation, ajustement, altération, avatar, changement, conversion, évolution, glissement, gradation, infléchissement, métamorphose, modification, modulation, mue, mutation, passage, progression, transfiguration, transformation, transmutation, variation, vie.

▶ *Étape* – épisode, étape, palier, période, phase, point, stade. △ ANT. CONSTANCE, PERMANENCE, STABILITÉ.

transitoire *adj.* bref, court, éphémère, évanescent, fugace, fugitif, intérimaire, momentané, passager, précaire, provisoire, rapide, temporaire. SOUT. périssable. △ ANT. DURABLE, PERMANENT.

translucide *adj.* diaphane, transparent, vaporeux, vitreux. DIDACT. pellucide. △ ANT. OPAQUE.

transmettre *v.* ▶ *Faire parvenir* – acheminer, adresser, envoyer, expédier, faire parvenir. ▶ *Léguer* – abandonner, céder, laisser, léguer, transférer. DR. OU SOUT. aliéner. ▶ *Communiquer une information* – annoncer, apprendre, communiquer, déclarer, dire, faire l'annonce de, faire part de, faire savoir, notifier, signifier. FAM. balancer. ▶ *Communiquer des connaissances* – apprendre, enseigner, expliquer, inculquer, montrer. ▶ *Communiquer un sentiment* – communiquer, inspirer, insuffler. SOUT. infuser, inoculer. ▶ *Communiquer une maladie* – communiquer, donner. FAM. passer. ▶ *Communiquer un mouvement* – communiquer, imprimer. ♦ **se transmettre** ▶ *Se répercuter* – retentir, se propager, se répercuter. △ ANT. ACQUÉRIR, OBTENIR, RECEVOIR; HÉRITER; CONSERVER, GARDER, RETENIR; ATTRAPER, CONTRACTER.

transmission *n.f.* ▶ *Communication* – cession, circulation, communication, dévolution, diffusion, dissémination, émission, expansion, extension, intercommunication, multiplication, passation, progression, propagation, rayonnement, reproduction, transfert, translation, virement. INFORM. interactivité, téléchargement. BIOL. transamination, transduction *(gènes)*. ▶ *Perpétuation* – conservation, continuation, immortalisation, maintien, pérennisation, persistance, poursuite, préservation, prolongement, sauvegarde, suite. SOUT. ininterruption, perpétuation, perpétuement. ▶ *Entraînement* – engrenage, engrènement, entraînement, mouvement. △ ANT. CONSERVATION, RÉCEPTION.

transmutation *n.f.* ▶ *Transformation en qqch. de nouveau* – grand œuvre. RELIG. transsubstantiation. PHYS. transduction. ▶ *En physique nucléaire* – fission, fusion. ▶ *Modification totale* – adaptation, ajustement, altération, avatar, changement, conversion, évolution, glissement, gradation, infléchissement, métamorphose, modification, modulation, mue, mutation, passage, progression, transfiguration, transformation, transition, variation, vie. △ ANT. CONSTANCE, PERMANENCE, STABILITÉ.

transparaître *v.* ▶ *Se manifester plus clairement* – apparaître, émerger, se dégager, se dévoiler, se faire jour, se manifester, se profiler, se révéler. SOUT. affleurer.

transparence *n.f.* ▶ *Limpidité* – clarté, diaphanéité, eau, limpidité, luminosité, netteté, pureté, translucidité, visibilité, vivacité. ▶ *Intelligibilité* – accessibilité, clarté, compréhensibilité, compréhension, évidence, facilité, intelligibilité, intercompréhension, limpidité, lisibilité, luminosité, netteté. ▶ *Facilité* – accessibilité, agrément, commodité, confort, disponibilité, facilité, faisabilité, possibilité, simplicité. INFORM. convivialité. ▶ *Honnêteté* – conscience, droiture, exactitude, fidélité, franchise, honnêteté, incorruptibilité, intégrité, irréprochabilité, justice, loyauté, mérite, moralité, netteté, probité, scrupule, sens moral, vertu. △ ANT. OPACITÉ; HERMÉTISME, ININTELLIGIBILITÉ; DUPLICITÉ, HYPOCRISIE.

transparent *adj.* ▶ *Limpide* – clair, cristallin, limpide, pur. DIDACT. hyalin, hyaloïde, vitré. ▶ *Translucide* – diaphane, translucide, vaporeux, vitreux. DIDACT. pellucide. ▶ *Facile à comprendre* – à la portée de tous, accessible, clair, cohérent, compréhensible, concevable, déchiffrable, évident, facile, intelligible, interprétable, limpide, lumineux, pénétrable, saisissable, simple. ▶ *Non dissimulé* – ouvert, public. △ ANT. OPAQUE; SALE, TERNE, TROUBLE; BRUMEUX, ÉPAIS; CABALISTIQUE, CRYPTIQUE, ÉNIGMATIQUE, ÉSOTÉRIQUE, HERMÉTIQUE, IMPÉNÉTRABLE, INCOMPRÉHENSIBLE, MYSTÉRIEUX, OBSCUR, TÉNÉBREUX; AMBIGU, FOURBE, HYPOCRITE, SOURNOIS; CACHÉ, DISSIMULÉ, SECRET.

transpercer *v.* ▶ *Trouer* – cribler, forer, percer, perforer, tarauder, traverser, trouer, vriller. ▶ *Pénétrer* – passer à travers, pénétrer (de part en part), traverser. ▶ *Tourmenter* – assaillir, consumer, crucifier, déchirer, dévorer, faire souffrir, lanciner, martyriser, mettre au supplice, percer, poignarder, ronger, supplicier, tarauder, tenailler, torturer, tourmenter. SOUT. poindre. RARE bourreler.

transpirer *v.* ▶ *Suer* – être en nage, être en sueur, être (tout) en eau, ruisseler de sueur, suer. ▶ *Devenir connu* – filtrer, paraître au jour, s'ébruiter, se savoir. ▶ *Exprimer un sentiment* – dégager, exprimer, manifester, respirer. SOUT. transsuder. ▶ *Dégager une ambiance* – exhaler, respirer, suer. △ ANT. SÉCHER; RESTER SECRET.

transport *n.m.* ▶ *Déplacement* – locomotion. FAM. PÉJ. trimabalement, trimbalage. ▶ *Acheminement* – acheminement, amenée, convoi, desserte, diffusion, distribution, envoi, expédition, livraison, marche, postage, progression, service. ▶ *Livraison* – arrivage, délivrance, distribution, factage, livraison, port, remise. ▶ *Voyage* – allées et venues, balade, campagne, circuit, circumnavigation, course, croisière, déplacement, excursion, expédition, exploration, hadj, incursion, marche, méharée, mission, navette, navigation, odyssée, passage, pèlerinage, pérégrination, périple, promenade, raid, rallye, randonnée, reconnaissance, tour, tourisme, tournée, traversée, va-et-vient, voyage. SOUT. chevauchée, errance. FAM. bourlingue, transhumance. QUÉB. voyagement. ▶ *Exultation* (SOUT.) – débordement, délire, éclatement, emballement, exultation, jubilation. △ ANT. ARRÊT, IMMOBILITÉ; APATHIE, INDIFFÉRENCE.

transporter *v.* ▶ *Porter avec soi* – porter, traîner. FAM. balader, coltiner, trimarder, trimballer. ▶ *Déplacer* – déménager, transférer. FAM. transbahuter. ▶ *Mettre dans une joie extrême* – enivrer, griser. SOUT. enlever. ▶ *Exciter* – animer, enfiévrer, enflammer, enthousiasmer, exalter, exciter, passionner, soulever. FAM. emballer. ▶ *Surexciter* – chauffer (à blanc), déchaîner, électriser, enfiévrer, exalter, galvaniser, surchauffer, surexciter, survolter. ♦ **transporté** ▶ *En proie à une vive émotion* – enivré, éperdu, exalté, fou, ivre. ▶ *Surexcité* – délirant, électrisé, en délire, en transe, exalté, galvanisé, gonflé à bloc, hystérique, surexcité. △ ANT. FIXER, IMMOBILISER,

LAISSER, PLACER; CONTRARIER, DÉSENCHANTER, ENNUYER, REFROIDIR.

transposer *v.* ▶ ***Intervertir*** – intervertir, inverser, permuter, renverser. *DIDACT.* commuter. ▶ ***Traduire*** – adapter, traduire.

transposition *n.f.* ▶ ***Permutation*** – commutation, interversion, inversion, mutation, permutation, renversement, retournement, substitution. ▶ ***Traduction*** – adaptation, calque, explication, herméneutique, interprétation, paraphrase, thème, traduction, transcodage, transcription, translittération, version. *FAM.* traduc. ▶ ***Idéalisation*** – embellissement, enjolivement, enjolivure, idéalisation, poétisation, stylisation. △ **ANT.** MAINTIEN, PERMANENCE.

transsexuel *n.* androgyne, hermaphrodite, intersexué, pseudo-hermaphrodite.

trappe *n.f.* ▶ ***Action de piéger*** (*QUÉB.*) – piégeage. *QUÉB.* trappage. ▶ ***Cage à crustacés*** (*ACADIE*) – casier, nasse, nassette, panier. ▶ ***Châssis*** – bâti dormant, cadre, chambranle, châssis, châssis dormant, croisée, dormant, encadrement, fenêtre, huisserie. ▶ ***Trou*** – mâchicoulis, trapillon, trémie. ▶ ***Monastère*** – abbaye, béguinage, chartreuse, cloître, commanderie, couvent, laure *(orthodoxe)*, lavra *(orthodoxe)*, monastère, prieuré.

travail *n.m.* ▶ ***Travail usuel*** – activité, art, carrière, emploi, état, gagne-pain, métier, occupation, profession, qualité, services, situation, spécialité. *FAM.* boulot, turbin, turf. ▶ ***Travail actuel*** – devoir, exercice, fonction, service. ▶ ***Tâche*** – affaire, besogne, corvée, devoir, obligation, occupation, ouvrage, peine, tâche. *SOUT.* labeur. ▶ ***Façonnage*** – façonnage, façonnement, modelage, pétrissage, travail (de quelque chose). ▶ ***Travail du sol*** – ameublissement, bêchage, billonnage, billonnement, binage, charruage, culture, décavaillonnage, écroûtage, émottage, émottement, façon, façonnage, façonnement, grattage, hersage, hivernage, labour, labourage, plombage, roulage, scarifiage, scarification, serfouissage, tassage. ▶ ***Période de l'accouchement*** – contractions (utérines), douleurs, douleurs de l'accouchement, douleurs de l'enfantement. ▶ ***Fonctionnement*** – activité, exercice, fonctionnement, marche, mouvement, opération, service, usage, vie. △ **ANT.** CHÔMAGE, INACTION, OISIVETÉ; LOISIR, PAUSE, REPOS, VACANCES.

travailler *v.* ▶ ***S'occuper à un travail*** – être à l'œuvre, œuvrer, s'activer, s'affairer. *FAM.* bosser, gratter, marner, turbiner, usiner. *AFR. FAM.* boulotter. ▶ ***Avoir un emploi rémunéré*** – exercer un métier, exercer une profession, gagner sa vie. *FAM.* bosser, gagner sa croûte, gagner son bifteck. *FRANCE FAM.* gagner sa taille. *BELG.* jober. ▶ ***Se déformer*** – gauchir, gondoler, (se) courber, se déformer, se distordre, se voiler. ▶ ***Pétrir*** – malaxer, manier, manipuler, modeler, pétrir, triturer. ▶ ***Façonner un matériau*** – façonner, ouvrer. ▶ ***Étudier*** – étudier. *FAM.* bûcher, chiader, piocher, potasser. *BELG. FAM.* bloquer. ▶ ***Tracasser*** – ennuyer, fatiguer, obséder, préoccuper, taquiner, tarabuster, tracasser. *FAM.* titiller, turlupiner. *QUÉB. FAM.* chicoter. *FRANCE RÉGION.* taler. ▶ ***Fabriquer*** – composer, confectionner, créer, élaborer, fabriquer, façonner, faire, mettre au point, préparer, produire. *SOUT.* enfanter. *PÉJ.* accoucher de. ▶ ***Essayer*** – chercher à, entreprendre de, essayer de, s'attacher à, s'efforcer de, s'ingénier à, tâcher de, tenter de. *SOUT.* avoir à cœur de, faire effort pour, prendre à tâche de. △ **ANT.** S'AMUSER, SE DÉTENDRE, SE DISTRAIRE, SE DIVERTIR, SE RÉCRÉER; SE REPOSER; FLÂNER, PARESSER; CHÔMER.

travailleur *adj.* actif, affairé, allant, diligent, dynamique, énergique, infatigable, laborieux, vaillant, zélé. *FAM.* bosseur, boulot boulot, bûcheur, increvable, piocheur. △ **ANT.** APATHIQUE, FAINÉANT, INACTIF, INDOLENT, NONCHALANT, OISIF, PARESSEUX.

travailleur *n.* ▶ ***Ouvrier*** – manœuvre, ouvrier, prolétaire, travailleur (manuel). *FAM.* manœuvre-balai, prolo. *QUÉB. FAM.* col bleu. *PÉJ.* soutier, tâcheron. *ANTIQ.* plébéien *(Rome)*, prolétaire *(Rome)*, thête *(Grèce)*. ▶ ***Salarié*** – agent, cachetier, employé, journalier, ouvrier *(manuel)*, préposé, salarié. ▶ ***Personne qui travaille beaucoup*** – bourreau de travail. *FAM.* bosseur, bûcheur, piocheur. ▸ *Personne studieuse* – bête à concours. *FAM.* chiadeur, polard, potasseur. △ **ANT.** CHÔMEUR.

travers *n.m.* ▶ ***Défaut*** – défaut, défectuosité, démérite, faible, faiblesse, faille, faute, fil, grossièreté, handicap, imperfection, infirmité, insuffisance, lacune, maladie, malfaçon, manque, médiocrité, péché mignon, péché véniel, petitesse, ridicule, tache, tare, tort, vice. *SOUT.* perfectibilité. ▶ ***Flanc d'un navire*** – bord, chant, côté, face, facette, flanc, pan, paroi, profil, surface, tranche. *MAR.* △ **ANT.** CONFORMITÉ, PERFECTION, RÉGULARITÉ.

traverse *n.f.* ▶ ***Chemin*** – allée, banquette, cavée, chemin, coulée, laie, layon, ligne, piste, sentier, tortille. *SOUT. OU FRANCE RÉGION.* sente. *QUÉB.* portage, rang. *FRANCE RÉGION.* draille. ▶ ***Obstacle*** – accroc, adversité, anicroche, barrière, blocage, contrariété, contretemps, défense, difficulté, digue, écueil, embarras, empêchement, ennui, entrave, frein, gêne, impasse, impossibilité, inhibition, interdiction, objection, obstruction, ombre au tableau, opposition, pierre d'achoppement, point noir, problème, résistance, restriction, tribulations. *SOUT.* achoppement, impedimenta. *FAM.* hic, lézard, os, pépin. *QUÉB. FAM.* aria. *RARE* empêtrement. ▶ ***Danger*** – aléa, casse-cou, danger, détresse, difficulté, écueil, embûche, épée de Damoclès, épouvantail, guêpier, hasard, impasse, imprudence, insécurité, mauvais pas, menace, perdition, péril, piège, point chaud, point sensible, poudrière, récif, risque, spectre, urgence, volcan. *SOUT.* tarasque. *FRANCE FAM.* casse-gueule. ▶ ***Épreuve*** – contrariété, coup, coup du destin, coup du sort, coup dur, disgrâce, échec, épreuve, hydre, infortune, mal, malchance, malheur, mauvais moment à passer, misère, péril, revers, ruine, tribulation. ▶ ***Malheur*** – adversité, calamité, calice (de douleur), chagrin, détresse, deuil, disgrâce, douleur, échec, épreuve, fatalité, infortune, mal, malchance, malédiction, malheur, mauvaise fortune, mauvaise passe, mésaventure, misère, nuage, orage, peine, revers, ruine, sale affaire, sale histoire, souffrance, tribulation. *SOUT.* bourrèlement, plaie, tourment. ▶ ***Insuccès*** – avortement, banqueroute, capitulation, catastrophe, chute, débâcle, débandade, déconfiture, défaite, déroute, désavantage, échec, écrasement, faillite, fiasco, four, infortune, insuccès, mauvaise fortune, naufrage, perte, ratage, raté, retraite, revers.

FAM. désastre, piquette, plantage, raclée, recalage, volée. FRANCE FAM. bide, déculottée, dégelée, écrabouillement, fessée, foirade, gamelle, loupage, pile, rincée, rossée, tannée, veste.

traversée *n.f.* ▶ ***Passage*** – franchissement, passage, transit. ▶ ***Trajet*** – aller (et retour), chemin, cheminement, circuit, course, direction, distance, espace, itinéraire, marche, parcours, retour, route, tracé, traite, trajectoire, trajet, voyage. FAM. trotte. FRANCE FAM. tirée. ▶ ***Voyage*** – allées et venues, balade, campagne, circuit, circumnavigation, course, croisière, déplacement, excursion, expédition, exploration, hadj, incursion, marche, méharée, mission, navette, navigation, odyssée, passage, pèlerinage, pérégrination, périple, promenade, raid, rallye, randonnée, reconnaissance, tour, tourisme, tournée, transport, va-et-vient, voyage. SOUT. chevauchée, errance. FAM. bourlingue, transhumance. QUÉB. voyagement.

traverser *v.* ▶ ***Trouer*** – cribler, forer, percer, perforer, tarauder, transpercer, trouer, vriller. ▶ ***Pénétrer*** – passer à travers, pénétrer (de part en part), transpercer. ▶ ***Parcourir*** – courir, parcourir, sillonner. ▶ ***Croiser*** – couper, croiser. △ **ANT.** BOUCHER, OBSTRUER; EFFLEURER; DEMEURER, RESTER, SÉJOURNER.

travesti *n.m.* ▶ ***Homme déguisé en femme*** – FAM. travelo. ▶ ***Déguisement*** – costume, déguisement, panoplie, travestissement.

trébuchant *adj.* chancelant, défaillant, flageolant, oscillant, titubant, vacillant. △ **ANT.** ASSURÉ, EN ÉQUILIBRE, ÉQUILIBRÉ, FERME, SOLIDE, STABLE.

trébucher *v.* ▶ ***Heurter du pied*** – buter. QUÉB. FAM. s'enfarger. SUISSE s'encoubler. ▶ ***Ne pas tenir sur ses jambes*** – chanceler, flageoler, osciller, tituber, vaciller. ▶ ***Rencontrer une difficulté*** – buter sur, se heurter à. SOUT. broncher contre/sur, s'achopper à.

tremblant *adj.* ▶ ***Agité de tremblements*** – agité, émotionné, ému, frémissant, palpitant, sous le coup de l'émotion. ▶ ***En parlant d'une flamme, d'une lumière*** – tremblotant, vacillant. ▶ ***En parlant d'une voix*** – chevrotant, tremblotant. △ **ANT.** FERME, IMMOBILE, STABLE; AUDACIEUX, BRAVE, COURAGEUX, HARDI; ASSURÉ, CALME, POSÉ.

tremblement *n.m.* ▶ ***Convulsion*** – agitation, convulsion, ébranlement, flageolement, frémissement, frisson, frissonnement, grelottement, haut-le-corps, oscillation, saccade, secousse, soubresaut, sursaut, titubation, tortillage, tortillement, tremblotement, trémoussement, trémulation, trépidation, tressaillement, vacillement, vibration. FAM. tremblote. △ **ANT.** FERMETÉ, IMMOBILITÉ.

trembler *v.* ▶ ***Vibrer*** – trépider, vibrer. RARE trémuler. ▶ ***Grelotter*** – claquer des dents, frissonner, grelotter. ▶ ***Tressaillir*** – frémir, frissonner, tressaillir. ▶ ***Avoir peur*** – avoir grand-peur, avoir peur, blêmir, frissonner, pâlir, prendre peur, verdir. FAM. avoir la frousse, avoir la pétoche, avoir la tremblote, avoir la trouille, avoir le trac, avoir le trouillomètre à zéro, avoir les chocottes, avoir les foies, avoir les jetons, baliser, fouetter. ▶ ***En parlant d'une flamme, d'une lumière*** – osciller, trembloter, vaciller. △ **ANT.** ÊTRE FERME.

trembloter *v.* ▶ ***En parlant d'une flamme, d'une lumière*** – osciller, trembler, vaciller. ▶ ***En parlant d'une voix*** – bêler, chevroter.

trempé *adj.* dégouttant, détrempé, mouillé, ruisselant. △ **ANT.** SEC.

trempe *n.f.* ▶ ***Caractère*** – abord, caractère, comportement, constitution, esprit, état d'âme, état d'esprit, humeur, idiosyncrasie, individualité, mentalité, nature, naturel, personnalité, sensibilité, tempérament. FAM. psychologie. ACADIE FAM. alément. PSYCHOL. thymie. ▶ ***Volée de coups*** (FAM.) – châtiment corporel, correction, punition corporelle, volée (de coups). FAM. dégelée, dérouille, dérouillée, passage à tabac, pâtée, peignée, pile, raclée, ratatouille, rossée, roulée, rouste, tabassage, tabassée, tannée, torchée, tournée, tripotée. FRANCE FAM. secouée, tatouille, tisane, trépignée. △ **ANT.** APATHIE, FAIBLESSE, MOLLESSE.

tremper *v.* ▶ ***Plonger dans un liquide*** – baigner, faire tremper, immerger, plonger. ▶ ***Diluer*** – délaver, délayer, détremper, diluer. ▶ ***En parlant de la pluie*** – mouiller. FAM. doucher, rincer, saucer. ▶ ***Être plongé dans un liquide*** – baigner, nager. ▶ ***Reposer dans un liquide*** – macérer, mariner. ▶ ***Participer à une mauvaise action*** – être de mèche, prêter la main à. avoir part, collaborer, concourir, contribuer, coopérer, partager, participer, prendre part, s'associer, s'engager, s'impliquer, s'investir, se joindre. △ **ANT.** ASSÉCHER, ÉPONGER, ESSUYER, SÉCHER.

trépigner *v.* ▶ ***Taper des pieds*** – piaffer, piétiner, taper des pieds. ▶ ***Fouler*** (RARE) – fouler, piétiner.

très *adv.* à l'extrême, affreusement, astronomiquement, au dernier degré, au dernier point, au maximum, au plus haut degré, au plus haut point, beaucoup, bien, colossalement, considérablement, éminemment, énormément, exceptionnellement, extraordinairement, extrêmement, fabuleusement, follement, fort, fortement, grandement, gros, hautement, immensément, incommensurablement, inconcevablement, incroyablement, infiniment, intensément, long, mortellement, nettement, on ne peut plus, phénoménalement, prodigieusement, profondément, remarquablement, sérieusement, singulièrement, souverainement, supérieurement, suprêmement, terriblement, vertigineusement, vivement, vraiment. FAM. bigrement, bougrement, diablement, drôlement, effroyablement, épais, épouvantablement, fameusement, fantastiquement, fichtrement, fichûment, formidablement, foutrement, furieusement, joliment, rudement, sacrément, salement, super, terrible, tout plein, vachement. △ **ANT.** PEU.

trésor *n.m.* ▶ ***Richesse*** – moyens, or, pactole, ressources, richesses. ▶ ***Capital*** – argent, avoir, bien, capital, cassette, épargne, fonds, fortune, fruit, gain, investissement, liquidités, numéraire, patrimoine, pécule, placement, portefeuille, possession, produit, propriété, richesse, valeur. SOUT. deniers. FAM. finances, magot. ▶ ***Gestion*** – finances, trésorerie. ▶ ***Personne appréciée*** (FAM.) – amour, ange. ▶ ***Appellatif affectueux*** – ami, amour, ange, beau, bijou, biquet, cher, chéri, cœur, joli, lapin, loup, petit oiseau. FAM. chou, loulou, mimi, minou, vieux. ▶ ***Abondance*** – abondance, afflux, amas, ampleur, concentration, débauche, débordement, exubérance, filon, fleuraison, floraison, foisonnement, forêt, foule, fourmillement, gisement, infinité, inondation, luxe, luxuriance, masse, mine, multiplicité, myriade, nuée, orgie, paquet, pléthore, poussière, profusion, quantité, richesse, surabondance, tas. FIG. carnaval. FAM. festival, flopée, kyrielle, tapée, tonne, tripotée, wagon. SUISSE FAM. craquée. △ **ANT.** PACOTILLE; DÉNUEMENT, DETTE, PAUVRETÉ; CARENCE, RARETÉ.

trésorier *n.* ▶ ***Administrateur*** – agent comptable, audit, commissaire aux comptes, comptable agréé, comptable, expert-comptable, facturier, ordonnateur, payeur, receveur, teneur de comptes, trésorier-payeur (général). QUÉB. vérificateur (général).

tressaillement *n.m.* ▶ ***Sursaut*** – cahot, saut, soubresaut, sursaut. SOUT. tressaut, tressautement. ▶ ***Tremblement*** – agitation, convulsion, ébranlement, flageolement, frémissement, frisson, frissonnement, grelottement, haut-le-corps, oscillation, saccade, secousse, soubresaut, sursaut, titubation, tortillage, tortillement, tremblement, tremblotement, trémoussement, trémulation, trépidation, vacillement, vibration. FAM. tremblote. △ **ANT.** FLEGME, INDIFFÉRENCE, INERTIE, INSOUCIANCE; FERMETÉ, IMMOBILITÉ.

tressaillir *v.* ▶ ***Sursauter*** – bondir, sursauter, tressauter. SOUT. soubresauter. ▶ ***Trembler légèrement*** – frémir, frissonner, trembler.

tresse *n.f.* ▶ ***Coiffure*** – natte, torsade de cheveux. ▶ ***Chose tressée*** – torsade. TECHN. toron. ▶ ***Galon*** – chevron, galon. FRANCE FAM. brisque, ficelle, sardine.

treuil *n.m.* ▶ ***Appareil de levage*** – bigue, bras de manutention, caliorne, chevalet de levage, chèvre, drisse, grue, guinde, mât de charge, palan, sapine, tour de forage, transstockeur. MAR. garde. ▸ *Petit* – cabestan, haleur *(filet de pêche)*, pouliot, vindas, winch. MAR. guindeau. ▶ ***Appareil de pressage*** – maillotin *(à olives)*, moulin (à huile), pressoir. ▶ ***Instrument servant à dérouler*** – caret *(cordages)*, dérouleur, dévideur, dévidoir, enrouleur, moulinet, touret, tournette, tourniquet.

trêve *n.f.* ▶ ***Paix*** – accord, armistice, cessation des hostilités, cessez-le-feu, compromis, conciliation, détente, entente, issue, modus vivendi, négociation, neutralité, non-belligérance, normalisation, pacification, pacte, paix, réconciliation, traité. ▶ ***Repos*** – congé, délassement, détente, escale, halte, loisir, mi-temps, pause, récréation, récupération, relâche, répit, repos, temps, vacances, villégiature. ▶ ***Tranquillité*** – accalmie, apaisement, bonace, bonheur, calme, éclaircie, entente, fraternité, harmonie, idylle, paix, quiétude, rémission, repos, silence, tranquillité, union. SOUT. kief. △ **ANT.** CONTINUITÉ, OCCUPATION, PROLONGEMENT, SUITE; REPRISE.

tri *n.m.* ▶ ***Classement*** – archivage, arrangement, catalogage, classement, classification, collocation, distribution, indexage, indexation, mise en ordre, ordonnancement, ordre, rangement, répartition, sériation, triage. ▶ ***Assortiment*** – assortiment, choix, collection, échantillon, éventail, gamme, ligne, palette, prix, qualité, quota, réunion, sélection, surchoix, variété. ▶ ***Sélection*** – adoption, choix, cooptation, décision, désignation, détermination, échantillonnage, écrémage, élection, nomination, plébiscite, prédilection, présélection, résolution, sélection, suffrage, triage, vote. SOUT. décret, parti. ▶ ***Individualisation*** – caractérisation, choix, définition, détermination, différenciation, distinction, élection, individualisation, individuation, marque, particularisation, personnalisation, polarisation, singularisation, spécification. △ **ANT.** MÉLANGE.

triangulaire *adj.* ▶ ***Qui a trois angles*** – DIDACT. trigonal, trigone.

tribu *n.f.* ▶ ***Peuple*** – clan, ethnie, groupe, horde, nation, pays, peuplade, peuple, phratrie, population, race, société. ▶ ***Famille*** (FAM.) – cellule familiale, entourage, famille, foyer, fratrie, gens, logis, maison, maisonnée, ménage, toit. FAM. bercail, clan, couvée, marmaille, nichée, progéniture, smala. ▶ ***Quartier*** – faubourg, quartier, secteur, sous-secteur. SUISSE dicastère.

tribunal *n.m.* ▶ ***Juridiction*** – cour, instance, juridiction. ANC. directoire, inquisition, présidial. ▶ ***Justice*** – appareil législatif, code, droit, justice, législation, loi, système législatif.

tribune *n.f.* ▶ ***Construction fixée au mur*** – ambon, jubé. ▶ ***Construction sur le sol*** – catafalque *(cercueil)*, chaire, estrade, minbar *(mosquée)*, plateau. FAM. perchoir. ANC. hourd. ANTIQ. rostres. ▶ ***Siège des spectateurs*** – gradins. ▶ ***Espace de discussion*** – forum.

tricher *v.* ▶ ***User de moyens malhonnêtes*** – frauder, truquer. FAM. truander. ▶ ***Copier*** – copier, plagier. FAM. pomper.

tricherie *n.f.* ▶ ***Tromperie au jeu*** – FAM. triche. QUÉB. FAM. trichage. ▶ ***Tromperie en général*** – abus de confiance, canaillerie, carambouillage, carambouille, charlatanerie, charlatanisme, coup monté, crapulerie, enjôlement, escamotage, escroquerie, fraude, grivèlerie, maquignonnage, mystification, supercherie, tromperie, usurpation, vol. SOUT. coquinerie, duperie, imposture, piperie. FAM. arnaque, embrouille, filoutage, friponnerie, tour de passe-passe. FRANCE FAM. carottage, entubage, estampage.

trier *v.* ▶ ***Classer*** – catégoriser, classer, classifier, distribuer, grouper, ordonner, ranger, répartir, sérier. ▶ ***Choisir*** – choisir, sélectionner. TECHN. sélecter. ▶ ***Tamiser*** – bluter *(farine)*, cribler, filtrer, passer, sasser, tamiser. △ **ANT.** DÉRANGER, MÉLANGER, MÊLER; CONFONDRE, FUSIONNER.

trinité *n.f.* ▶ ***Groupe de trois divinités*** – trio. ▸ *Divinités* – triade. ♦ **la Trinité** ▶ ***Fête*** – fête de la Sainte-Trinité.

trinquer *v.* ▶ ***Porter un toast*** – porter un toast, toaster. ▶ ***Boire beaucoup d'alcool*** (FAM.) – boire. FAM. boire comme un trou, boire comme une éponge, écluser, lever le coude, picoler, pinter, s'imbiber. FRANCE FAM. biberonner, chopiner.

triomphalisme *n.m.* don-quichottisme, idéalisme, naïveté, optimisme, utopie, utopisme.

triomphant *adj.* ▶ ***Victorieux*** – champion, gagnant, vainqueur, victorieux. ▶ ***Heureux*** – au comble du bonheur, au septième ciel, aux anges, béat, comblé, en fête, en joie, en liesse, enchanté, euphorique, extasié, extatique, exultant, fou de joie, heureux, le cœur en joie, radieux, ravi, rayonnant, réjoui, resplendissant de bonheur, ruisselant de joie, transporté de joie. SOUT. aise, bienheureux. FAM. jubilant. △ **ANT.** BATTU, PERDANT, VAINCU; ABATTU, SOMBRE, TÉNÉBREUX, TRISTE.

triomphe *n.m.* ▸ ***Victoire*** – avantage, gain, réussite, succès, victoire. FAM. gagne. événement heureux, heureuse tournure, issue heureuse. ▸ ***Applaudissement*** – acclamation, applaudissement, ban, bis, bravo, chorus, clameur, hourra, ovation, rappel, vivat. ▸ ***Gloire*** – apothéose, bonheur, bonne fortune, boum, consécration, couronnement, gloire, honneur, lauriers, prospérité, retentissement, réussite, succès, trophée. FAM. malheur, (succès) bœuf, tabac. FRANCE FAM. carton, saucisson, ticket. ▸ ***Summum*** – acmé, apex, apogée, apothéose, cime, climax, comble, culmination, excès, faîte, fin du fin, fort, limite, maximum, meilleur, nec plus ultra, optimum, paroxysme, pinacle, plafond, point culminant, pointe, record, sommet, summum, zénith. SOUT. plus haut période. FAM. top niveau. △ **ANT.** CHUTE, DÉFAITE, ÉCHEC.

triompher *v.* ▸ ***Surmonter un obstacle*** – avoir raison de, franchir, surmonter, vaincre, venir à bout de. ▸ ***Vaincre un adversaire*** – avoir le dessus sur, avoir raison de, battre, défaire, surclasser, vaincre. FAM. rosser. ▸ ***Prédominer*** – avoir le dessus, avoir préséance, dominer, l'emporter, prédominer, prévaloir, primer, régner, s'imposer. ▸ ***Gagner*** – avoir cause gagnée, avoir gain de cause, avoir le dessus, gagner, l'emporter, obtenir gain de cause, remporter la victoire. ▸ ***Manifester sa joie*** – être fou de joie, être ivre de joie, être transporté de joie, exulter, nager dans la joie, ne plus se sentir de joie, pavoiser, sauter de joie. FAM. jubiler, sauter au plafond, sauter dans les airs. △ **ANT.** CAPITULER, CÉDER, ÉCHOUER, PERDRE, S'AVOUER VAINCU, S'INCLINER, SE RENDRE, SUCCOMBER, TOMBER; S'HUMILIER.

tripe *n.f.* ▸ ***Intestins*** (FAM.) – intestin. FAM. boyaux. ▸ ***Aliment*** – intestins. FAM. tripaille. ▸ ***Partie d'un cigare*** – poupée. ▸ ***Partie d'un pneu*** (QUÉB. FAM.) – boyau, chambre à air. ♦ **tripes,** ***plur.*** ▸ ***Sentiments*** – affect, affectivité, âme, attendrissement, cœur, compassion, émotion, émotivité, empathie, fibre, humanité, impressionnabilité, pitié, romantisme, sensibilité, sentiment, sentimentalité, susceptibilité, sympathie, tendresse, vulnérabilité. SOUT. entrailles. ▸ ***Courage*** (FAM.) – audace, bravoure, cœur, cœur au ventre, courage, cran, hardiesse, héroïsme, intrépidité, mépris du danger, témérité, vaillance. RARE héroïcité. SOUT. valeur.

tripoter *v.* ▸ ***Manipuler sans douceur*** – triturer. FAM. patouiller, tripatouiller. ▸ ***Fouiller*** – chercher, explorer, fouiller, fourgonner, fourrager, fureter. FAM. farfouiller, fouiner, trifouiller. ▸ ***Faire des affaires louches*** – FAM. fricoter, grenouiller, magouiller.

triste *adj.* ▸ ***Mélancolique*** – mélancolique, nostalgique. SOUT. élégiaque. ▸ ***Peiné*** – affligé, attristé, comme une âme en peine, désespéré, désolé, en grand désarroi, inconsolable, inconsolé, malheureux, navré, peiné. ▸ ***Déprimé*** – abattu, découragé, démoralisé, déprimé, las, mélancolique, morne, morose, pessimiste, qui a le vague à l'âme, qui broie du noir, sombre, ténébreux. SOUT. bilieux, saturnien, spleenétique. FAM. cafardeux, tristounet. ▸ ***Qui attriste*** – affligeant, atterrant, attristant, chagrinant, consternant, déplorable, désespérant, désolant, douloureux, malheureux, misérable, navrant, pénible, pitoyable, qui serre le cœur. ▸ ***Qui évoque le malheur*** – funèbre, glauque, lugubre, noir, sinistre, sombre. SOUT. funeste. ▸ ***Sans ornement*** – austère, dépouillé, froid, gris, nu, sévère. ▸ ***Ignoble*** (SOUT.) – abject, bas, coupable, crapuleux, dégoûtant, honteux, ignoble, immonde, inavouable, indigne, infâme, infect, innommable, inqualifiable, lâche, méprisable, odieux, repoussant, répugnant, sans nom, scandaleux, sordide, vil. SOUT. fangeux, ignominieux, nauséeux, turpide. FAM. dégueu, dégueulasse, écœurant, salaud. ▸ ***Médiocre*** (SOUT.) – abominable, affreux, atroce, déplorable, désastreux, épouvantable, exécrable, horrible, infect, insipide, lamentable, manqué, mauvais, médiocre, minable, navrant, nul, odieux, piètre, piteux, pitoyable, qui ne vaut rien, raté. SOUT. méchant. FAM. à la con, à la flan, à la gomme, à la manque, à la mie de pain, à la noix (de coco), blèche, craignos, crapoteux, moche, pourri, qui ne vaut pas un clou. △ **ANT.** CONTENT, GAI, HEUREUX, JOYEUX; RÉCONFORTANT, RÉJOUISSANT; AGRÉABLE, AMUSANT, COMIQUE, DIVERTISSANT, DRÔLE; BEAU; DIGNE, HONORABLE, NOBLE.

tristement *adv.* ▸ ***Mélancoliquement*** – amèrement, douloureusement, langoureusement, languissamment, malheureusement, maussadement, mélancoliquement, nostalgiquement, sombrement. ▸ ***Sinistrement*** – affreusement, atrocement, effroyablement, épouvantablement, funestement, lugubrement, redoutablement, sinistrement, sombrement, terriblement, tragiquement. ▸ ***Lamentablement*** – déplorablement, dérisoirement, désastreusement, douloureusement, lamentablement, minablement, misérablement, miteusement, pauvrement, piètrement, piteusement, pitoyablement. △ **ANT.** ALLÈGREMENT, AVEC ENTRAIN, EN GAIETÉ, GAIEMENT, JOVIALEMENT, JOYEUSEMENT; CONSIDÉRABLEMENT, ÉNORMÉMENT, REMARQUABLEMENT, SÉRIEUSEMENT, TERRIBLEMENT, VRAIMENT.

tristesse *n.f.* ▸ ***Mélancolie*** – abattement, accablement, affliction, aigreur, amertume, chagrin, dépression, désolation, deuil, douleur, ennui, épreuve, grisaille, humeur noire, idées noires, idées sombres, langueur, lypémanie, mal du pays, mal-être, maussaderie, mélancolie, monotonie, morosité, neurasthénie, noir, nostalgie, papillons, peine, serrement de cœur, souci, tædium vitæ, vague à l'âme. SOUT. atrabile, larmes, navrement, nuage, spleen, taciturnité. FAM. blues, bourdon, cafard, déprime, sinistrose. ▸ ***Découragement*** – abattement, accablement, affliction, amertume, anéantissement, chagrin, consternation, déboires, déception, déconvenue, découragement, dégoût, dégrisement, démoralisation, dépit, désappointement, désenchantement, désespoir, désillusion, désolation, échec, écœurement, ennui, infortune, insuccès, lassitude, mécompte, peine, regret, revers. SOUT. atterrement, déréliction, désabusement, désespérance, retombement. FAM. défrisage, défrisement, douche (froide), ras-le-bol. △ **ANT.** AGRÉMENT, ALLÉGRESSE, ENTRAIN, GAIETÉ, JOIE, PLAISIR, SATISFACTION.

trombe *n.f.* ▶ ***Tempête*** – baguio, cyclone, grain, gros temps, orage, ouragan, rafale, tempête (tropicale), tornade, tourbillon, typhon, vent violent. SOUT. tourmente. FAM. coup de chien, coup de tabac, coup de vent. ▶ ***Tourbillon*** – tourbillon. DIDACT. vortex. ▸ *De vent* – cyclone, tornade. QUÉB. ACADIE FAM. sorcière (de vent). ▸ *D'eau* – maelström, remous, tourbillon. △ **ANT.** ACCALMIE, CALME, ÉCLAIRCIE.

trompe *n.f.* ▶ ***Grand nez*** (FAM.) – narines, nez. DIDACT. appendice nasal, organe de l'odorat, protubérance nasale. FAM. museau, nase, pif. FRANCE FAM. blair, blase, patate, quart de brie *(grand)*, reniflant, ronflant, tarin, truffe. ▶ ***Partie interne du corps*** – canal, conduit, cordon, tube, voie. ▶ ***Organe d'un insecte*** – mandibule, palpe, stylet, suçoir. ▶ ***Instrument à vent*** – cor, corne, cornet, cornet à bouquin. ANC. huchet, olifant. ▶ ***Avertisseur*** – avertisseur, corne de brume *(sur un bateau)*, klaxon. ▶ ***Partie de voûte*** – trompillon. ▶ ***Machine*** – piston, pompe.

tromper *v.* ▶ ***Berner*** – abuser, attraper, avoir, bercer, berner, duper, en conter à, en faire accroire à, flouer, leurrer, mentir à, mystifier, se jouer de, se moquer de. SOUT. trigauder. FAM. blouser, bluffer, canuler, charrier, cravater, empaumer, empiler, entourlouper, esbroufer, faire marcher, feinter, la faire à, mener en bateau, mettre en boîte, pigeonner, posséder, refaire, rouler. QUÉB. FAM. niaiser. RARE jobarder. ▶ ***Induire en erreur*** – abuser, faire illusion, fourvoyer, induire en erreur, jeter de la poudre aux yeux, leurrer. SOUT. illusionner. ▶ ***Déjouer*** – déjouer, endormir. ▶ ***Décevoir*** – briser l'espoir de, décevoir, dégriser, dépiter, désabuser, désappointer, désenchanter, désillusionner, échauder, frustrer. FAM. doucher. ▶ ***Être infidèle*** – trahir. FAM. cocufier, faire porter les cornes à, minotauriser. ♦ **se tromper** ▶ ***Commettre une erreur*** – avoir tort, commettre une erreur, faire erreur, faire fausse route, s'abuser, se fourvoyer, se méprendre. SOUT. errer, s'égarer. FAM. prendre des vessies pour des lanternes, se blouser, se ficher dedans, se gourer, se mettre le doigt dans l'œil, se planter. RARE aberrer. ▶ ***S'empêtrer*** – s'embarrasser, s'embrouiller, s'empêtrer, s'enferrer, se perdre. FAM. cafouiller, patauger, patouiller, s'emberlificoter, s'emmêler les crayons, s'emmêler les pédales, s'emmêler les pieds, s'emmêler les pinceaux, vasouiller. ▶ ***Se faire des illusions*** – s'abuser, s'illusionner, se bercer d'illusions, se faire des idées, se faire des illusions, se leurrer. FAM. croire au père Noël, se monter la tête, se monter le bourrichon. QUÉB. FAM. se conter des histoires. △ **ANT.** AVERTIR, DÉSABUSER, DÉTROMPER, INSTRUIRE, PRÉVENIR, RENSEIGNER. ♦ **se tromper** AVOIR RAISON.

tromperie *n.f.* ▶ ***Illusion*** – abstraction, abstrait, apparence, berlue, chimère, déréalisation, effet d'optique, fantasme, faux, faux-semblant, fiction, fumée, hallucination, illusion, illusion d'optique, image, imagination, irréalisme, irréalité, leurre, mensonge, mirage, onirisme, psychédélisme, rêve, rêverie, semblant, simulation, songe, songerie, trompe-l'œil, utopie, vision, vue de l'esprit. FAM. frime. SOUT. prestige. ▶ ***Feinte*** – affectation, artifice, cachotterie, comédie, déguisement, dissimulation, duplicité, faux-semblant, feinte, fiction, finauderie, grimace, hypocrisie, invention, leurre, mensonge, momerie, pantalonnade, parade, ruse, simulation, singerie, sournoiserie. SOUT. simulacre. FAM. cinéma, cirque, finasserie, frime. ▶ ***Hypocrisie*** – déloyauté, dissimulation, duplicité, facticité, fausseté, félonie, fourberie, hypocrisie, mauvaise foi, perfidie, scélératesse, sournoiserie, trahison, traîtrise. SOUT. factice, félinité, insincérité. ▶ ***Escroquerie*** – abus de confiance, canaillerie, carambouillage, carambouille, charlatanerie, charlatanisme, coup monté, crapulerie, enjôlement, escamotage, escroquerie, fraude, grivèlerie, maquignonnage, mystification, supercherie, tricherie, usurpation, vol. SOUT. coquinerie, duperie, imposture, piperie. FAM. arnaque, embrouille, filoutage, friponnerie, tour de passe-passe. FRANCE FAM. carottage, entubage, estampage. ▶ ***Guet-apens*** – attrape, attrape-nigaud, chausse-trappe, embuscade, filet, guêpier, guet-apens, leurre, piège, ruse, traquenard. SOUT. duperie, rets. ▶ ***Vantardise*** – bluff, bravade, braverie, charlatanerie, charlatanisme, conte, crânerie, exagération, fabulation, fanfaronnade, forfanterie, gasconnade, hâblerie, histoire marseillaise, jactance, mensonge, mythomanie, rengorgement, rodomontade, vantardise, vanterie. FRANCE FAM. charre, craque, épate, esbroufe, frime, vanne. FRANCE RÉGION. galéjade. QUÉB. FAM. menterie. ▶ ***Adultère*** – adultère, inconstance, infidélité, trahison. FAM. cocuage, cocufiage.

trompeur *adj.* ▶ ***Qui induit en erreur*** – chimérique, faux, illusoire, qui fait illusion, vain. ▶ ***Destiné à tromper*** – fallacieux, hypocrite, mensonger, mystifiant, mystificateur, spécieux. DIDACT. sophistique. FAM. canularesque. ▶ ***Hypocrite*** – à double face, de mauvaise foi, déloyal, dissimulateur, dissimulé, fallacieux, faux, fourbe, hypocrite, insidieux, insincère, menteur, perfide, sournois, tortueux, traître. SOUT. captieux, cauteleux, chafouin, tartufe, tartuffard, tortu. DIDACT. sophistique. △ **ANT.** FRANC, HONNÊTE, LOYAL, SINCÈRE, VRAI.

trompeur *n.* bonimenteur, cabotin, chafouin, charlatan, comédien, dissimulateur, dissimulé, doucereux, faux jeton, grimacier, homme à deux visages, hypocrite, imposteur, jésuite, sainte-nitouche *(femme)*, simulateur, sournois, sucré, tartufe. SOUT. dupeur, endormeur. FAM. chattemite, emberlificoteur, faux cul. SPORTS FAM. feinteur.

tronc *n.m.* ▶ ***Partie centrale d'un arbre*** – écot, fût, gros de l'arbre, stipe *(tige ligneuse)*. ▸ *Coupé* – bille, billon, billot, grume, rondin, roule, tronche. SUISSE plot. TECHN. chouquet *(pour le tréfilage)*, tronchet *(pour tonneliers)*.

tronçon *n.m.* bout, carotte *(terrain)*, détail, échantillon, morceau, pan, partie, portion, section, segment, tranche, travée. △ **ANT.** BLOC, INTÉGRITÉ, TOTALITÉ.

trône *n.m.* ▶ ***Dignité*** – autorité royale, couronne, royauté, sceptre, souveraineté. ▶ ***Siège des toilettes*** (FAM.) – siège des toilettes. QUÉB. (siège de) toilette. ANC. chaise.

trop *adv.* à l'excès, à outrance, abusivement, démesurément, effrénément, exagérément, excessivement, hyperboliquement, immodérément, large, outrageusement, outre mesure, plus qu'il n'en faut, plus que de raison, sans retenue, surabondamment. SOUT. par trop, prodigalement. △ **ANT.** INSUFFISAMMENT, PAS ASSEZ.

trophée *n. m.* ▶ ***Récompense*** – accessit, bon point, citation, couronne, décoration, diplôme, distinction, gratification, médaille, mention, nomination, pourboire, prime, prix, récompense, satisfecit. ▶ ***Gloire*** – apothéose, bonheur, bonne fortune, boum, consécration, couronnement, gloire, honneur, lauriers, prospérité, retentissement, réussite, succès, triomphe. *FAM.* malheur, (succès) bœuf, tabac. *FRANCE FAM.* carton, saucisson, ticket. ▶ ***Restes de l'ennemi*** (*ANC.*) – butin, dépouilles opimes, panoplie.

tropical *adj.* ▶ ***Propre aux tropiques*** – équatorial, exotique, intertropical, subtropical. ▶ ***Chaud*** – accablant, brûlant, caniculaire, chaud, écrasant, étouffant, lourd, oppressant, saharien, suffocant, torride. △ **ANT.** FRAIS, FROID, GLACIAL, TEMPÉRÉ.

trotter *v.* ▶ ***Marcher à petits pas rapides*** – trottiner. ♦ **se trotter** ▶ ***S'en aller*** (*FAM.*) – faire un tour, filer, montrer les talons, partir, plier bagage, quitter, s'éloigner, s'en aller, se retirer, tourner les talons, vider les lieux. *FAM.* calter, débarrasser le plancher, décoller, dévisser, ficher le camp, foutre le camp, lever l'ancre, mettre les bouts, mettre les voiles, riper, s'arracher, se barrer, se casser, se tailler, se tirer, trisser.

trottoir *n. m.* accotement, banquette, bas-côté, berme, bord, bordure, caniveau, fossé.

trou *n. m.* ♦ **espace** ▶ ***Ouverture*** – brèche, orifice, ouverture. ▶ ***Anfractuosité*** – alvéole, anfractuosité, cavité, creusure, creux, crevasse, enfoncement, évidement, évidure. ♦ **lieu** ▶ ***Refuge d'animal*** – abri, aire, antre, breuil, caverne, gîte, halot, héronnière, liteau, nid, refuge, renardière, repaire, reposée, ressui, retraite, soue, tanière, taupinière, terrier. *QUÉB.* ravage *(cerfs)*. *FRANCE RÉGION.* rabouillère. ▶ ***Prison*** (*FAM.*) – bagne, centre de détention, centre pénitentiaire, établissement pénitentiaire, maison de détention, pénitencier, prison. *FAM.* cachot, cage, placard, taule. *FRANCE FAM.* bloc, gnouf. ▶ ***Village perdu*** (*FAM.*) – agglomération (rurale), bourg *(gros)*, bourgade, hameau, lieudit *(petit)*, localité, mechta *(Maghreb)*, pays, village. *FAM.* patelin. *QUÉB.* paroisse. *FRANCE RÉGION. OU ADMIN.* écart. *PÉJ. FAM.* bled. ♦ **sens abstraits** ▶ ***Absence*** – absence, défaut, lacune, manque, omission, privation, vide. ▶ ***Oubli*** – absence, amnésie, étourderie, manque, mauvaise mémoire, omission, oubli, perte de mémoire, trou (de mémoire). ▶ ***Temps disponible*** – créneau, fenêtre. △ **ANT.** BOSSE, SAILLIE.

troublant *adj.* ▶ ***Qui met dans l'embarras*** – déconcertant, déroutant, embarrassant, qui met dans l'embarras. *FAM.* démontant. *QUÉB.* embêtant. ▶ ***Qui inquiète*** – affolant, alarmant, angoissant, effarant, inquiétant, oppressant, paniquant. *FAM.* stressant. ▶ ***Qui bouleverse*** – bouleversant, déchirant, dramatique, émouvant, pathétique, poignant, vibrant *(discours)*. *SOUT.* empoignant. △ **ANT.** APAISANT, CALMANT, CONSOLANT, CONSOLATEUR, RASSÉRÉNANT, RASSURANT, RÉCONFORTANT, SÉCURISANT, TRANQUILLISANT.

trouble *adj.* ▶ ***En parlant d'une eau*** – bourbeux, opaque, sale, terne. ▶ ***Flou*** – confus, estompé, flou, imprécis, incertain, indécis, indéfini, indéfinissable, indéterminé, indistinct, ni chair ni poisson, obscur, sourd *(sentiment)*, vague, vaporeux, voilé. ▶ ***Louche*** – étrange, inquiétant, louche, suspect. △ **ANT.** CLAIR, LIMPIDE, TRANSPARENT; DISTINCT, ÉVIDENT, NET, PRÉCIS; RASSURANT, SÉCURISANT.

trouble *n. m.* ▶ ***Bouleversement*** – bouleversement, changement, chavirage, chavirement, conflagration, convulsion, dérangement, dérèglement, déséquilibre, désorganisation, détraquement, perturbation, renouvellement, rénovation, renversement, retournement, révolution, séisme, stress. *FAM.* chambard, chambardement, chamboulement. ▶ ***Agitation*** – activité, affairement, affolement, agitation, alarme, animation, bouillonnement, branle-bas (de combat), bruit, dérangement, désordre, désorganisation, détraquement, effervescence, excitation, fourmillement, grouillement, hâte, incohérence, mouvement, orage, précipitation, remous, remue-ménage, secousse, tempête, tohu-bohu, tourbillon, tourmente, trépidation, tumulte, turbulence, va-et-vient. *SOUT.* émoi, remuement. *FAM.* chambardement. ▶ ***Hésitation*** – doute, embarras, flottement, hésitation, incertitude, inconstance, indécision, indétermination, instabilité, irrésolution, perplexité, procrastination, réticence, scrupule, tâtonnement, vacillement, valse-hésitation, velléité, versatilité. *SOUT.* limbes. ▶ ***Inconvénient*** – aléa, charge, contre, danger, défaut, déplaisir, dérangement, désagrément, désavantage, difficulté, écueil, embarras, empêchement, ennui, fissure, gêne, handicap, incommodité, inconfort, inconvénient, mauvais côté, objection, obstacle, point faible, risque. *SOUT.* importunité. ▶ ***Mauvais fonctionnement*** – affection, altération, anomalie, défaillance, déficience, dérangement, dysfonction, dysfonctionnement, embarras, faiblesse, gêne, indisposition, insuffisance, mal, malaise. *DIDACT.* dysphorie. *MÉD.* lipothymie. *SOUT.* mésaise. ♦ **troubles, *plur.*** ▶ ***Insurrection*** – agitation, agitation-propagande, chouannerie, désordre, effervescence, embrasement, émeute, excitation, faction, fermentation, fièvre, fronde, insoumission, insubordination, insurrection, jacquerie, manifestation, mutinerie, rébellion, remous, résistance, révolte, révolution, sédition, soulèvement, tourmente. *FAM.* agit-prop. △ **ANT.** APAISEMENT, CALME, ÉQUILIBRE, REPOS, SÉRÉNITÉ; ORDRE, ORGANISATION; ASSURANCE, SANG-FROID; BIENFAIT; BIEN-ÊTRE.

troubler *v.* ▶ ***Altérer la limpidité*** – brouiller. ▶ ***Déranger l'esprit*** – aveugler, brouiller, embrumer, obnubiler, obscurcir, voiler. ▶ ***Déconcerter*** – déconcerter, décontenancer, démonter, dérouter, désarçonner, désorienter, déstabiliser, ébranler, embarrasser, interloquer. *SOUT.* confondre. *FAM.* déboussoler. ▶ ***Inquiéter*** – affoler, agiter, alarmer, angoisser, effrayer, énerver, épouvanter, inquiéter, oppresser, préoccuper, tourmenter, tracasser. *FAM.* stresser. ▶ ***Mettre mal à l'aise*** – embarrasser, gêner, intimider, mettre mal à l'aise. ▶ ***Émouvoir*** – aller droit au cœur de, apitoyer, attendrir, émouvoir, faire quelque chose à, remuer, toucher. *SOUT.* prendre aux entrailles. *FAM.* émotionner, prendre aux tripes. ▶ ***Émouvoir fortement*** – bouleverser, chavirer, ébranler, émouvoir, remuer, retourner, révulser, secouer. *FAM.* chambouler, émotionner, remuer les tripes à, révolutionner, tourneboulert, tourner les sangs à. ▶ ***Agui-***

cher – affrioler, aguicher, allumer, émoustiller, exciter, provoquer. FAM. vamper. QUÉB. FAM. agacer. ▶ ***Désorganiser*** – bouleverser, bousculer, déséquilibrer, désorganiser, déstabiliser, déstructurer, ébranler, perturber. SOUT. subvertir. FAM. chambarder, chambouler, détraquer. ▶ ***Gêner le déroulement*** – aller à l'encontre de, barrer, contrarier, contrecarrer, déranger, empêcher, entraver, faire obstacle à, gâcher, gêner, mettre des bâtons dans les roues de, nuire à, s'opposer à, se mettre en travers de. ♦ **se troubler** ▶ ***Perdre sa limpidité*** – louchir, se brouiller. ▶ ***Perdre son sang-froid*** – perdre contenance, s'agiter, s'énerver, se décontenancer, se démonter. ♦ **troublé** ▶ ***Dérangé*** – dérangé, fou, gâteux, qui a perdu la tête, qui n'a plus toute sa raison. FAM. cinglé, dingo, dingue, fêlé, folasse *(femme)*, gaga, maboul, malade, marteau, qui a perdu la boule, sonné, timbré, toqué, tordu. FRANCE FAM. atteint, azimuté, barjot, braque, brindezingue, cintré, déjanté, fada, foldingue, folingue, fondu, frappé, givré, jeté, pété, piqué, schnock, sinoque, siphonné, toc toc, zinzin. QUÉB. FAM. fou braque. BELG. FAM. mastoc. ▶ ***Angoissé*** – agité, alarmé, angoissé, anxieux, appréhensif, en proie à l'inquiétude, énervé, fiévreux, fou d'inquiétude, inquiet, nerveux, qui s'en fait, qui se fait de la bile, qui se fait du mauvais sang, qui se ronge les sangs, tourmenté, tracassé. FAM. bileux; PÉJ. paniquard. ▶ ***Embarrassé*** – confus, embarrassé, honteux, mal à l'aise, penaud, piteux. FAM. dans ses petits souliers. △ **ANT.** CLARIFIER, ÉCLAIRCIR, ÉCLAIRER, PURIFIER; APAISER, CALMER, RASSÉRÉNER, RASSURER, TRANQUILLISER; ARRANGER, ORDONNER, ORGANISER, RANGER; MAINTENIR, RÉTABLIR.

trouée *n.f.* ▶ ***Partie d'une forêt*** – clairière. ▶ ***Ciel*** – accalmie, adoucissement, amélioration, bonace, calme plat, éclaircie, embellie, radoucissement, réchauffement, redoux, répit, tiédissement, tranquillité. QUÉB. FAM. doux temps. ACADIE FAM. clairon. ▶ ***Passage entre montagnes*** – cañon, col, couloir, défilé, gorge, goulet, porte, ravin, ravine. FRANCE RÉGION. port *(Pyrénées)*, ravinée. ▶ ***Offensive armée*** – percée, pointe.

trouer *v.* ▶ ***Faire un trou*** – cribler, forer, percer, perforer, tarauder, transpercer, traverser, vriller. ▶ ***Faire une trouée*** – déchirer, percer. △ **ANT.** BOUCHER, OBSTRUER.

troupe *n.f.* ▶ ***Groupe de personnes*** – brigade, caravane, cellule, collectif, colonie, corps, équipe, escadron, escouade, groupe, horde, meute, noyau, peloton. IRON. fournée. FAM. bataillon, brochette, cohorte. QUÉB. FAM. gang. ▶ ***Groupe de soldats*** – bataillon, brigade, colonne, commando, compagnie, corps, échelon, escadron, escorte, formation, garde, garnison, légion, parti, patrouille, peloton, régiment, section, soldatesque *(indisciplinés)*, tabor *(Maroc)*, unité. PAR EXT. caserne. ANC. escouade, goum, piquet. ANTIQ. phalange. ANTIQ. ROM. centurie, cohorte, décurie, manipule. ▶ ***Groupe d'animaux*** – bestiaux, bétail, cheptel, harde, harpail, transhumant, troupeau. FRANCE RÉGION. manade *(bovins ou chevaux)*, ramade *(moutons)*.

troupeau *n.m.* ▶ ***Animaux*** – bestiaux, bétail, cheptel, harde, harpail, transhumant, troupe. FRANCE RÉGION. manade *(bovins ou chevaux)*, ramade *(moutons)*. ▶ ***Foule*** – abondance, affluence, armada, armée, attroupement, bande, cohue, concentration, concours, encombrement, essaim, flot, forêt, foule, fourmilière, fourmillement, grouillement, légion, marée, masse, meute, monde, multitude, peuple, pléiade *(célébrités)*, pullulement, rassemblement, régiment, réunion, ribambelle, ruche, tas. FAM. flopée, marmaille *(enfants)*, tapée, tripotée. QUÉB. FAM. achalandage, gang. PÉJ. ramassis. ▶ ***Populace*** – (bas) peuple, (basse) pègre, bétail, foule, la rue, masse, multitude, plèbe, populace, prolétariat, vulgaire. FAM. populo, vulgum pecus.

trousse *n.f.* ▶ ***Étui*** – blague, étui, pochette, sachet. SUISSE cornet. ♦ **trousses,** ***plur.*** ▶ ***Culotte*** (ANC.) – culotte. ANC. chausses.

trousseau *n.m.* ▶ ***Vêtement*** – affaires, atours, chiffons, ensemble, garde-robe, habillement, habits, linge, mise, parure, tenue, toilette, vestiaire, vêtements. SOUT. vêture. FRANCE FAM. fringues, frusques, nippes, pelures, saint-frusquin, sapes. QUÉB. ACADIE FAM. hardes.

trouvaille *n.f.* découverte, flash, illumination, innovation, invention, trait de génie, trait de lumière. SOUT. éclairement. FAM. astuce. △ **ANT.** BANALITÉ, CLICHÉ.

trouver *v.* ▶ ***Repérer ce qu'on cherche*** – découvrir, détecter, localiser, repérer. FAM. loger. ▶ ***Découvrir par hasard*** – découvrir, dénicher, déterrer, tomber sur. FAM. dégoter, pêcher. SUISSE FAM. rapercher. ▶ ***Inventer*** – concevoir, créer, imaginer, improviser, innover, inventer, mettre au point. QUÉB. FAM. patenter. ▶ ***Rencontrer*** – croiser, rencontrer, tomber sur, voir. ▶ ***Deviner*** – déchiffrer, découvrir, dénouer, deviner, éclaircir, élucider, éventer, expliquer, faire (toute) la lumière sur, pénétrer, percer, résoudre, tirer au clair. ▶ ***Considérer*** – considérer, croire, estimer, être d'avis que, juger, penser, regarder, tenir. SOUT. compter, réputer. ▶ ***Puiser une chose abstraite*** – prendre, puiser, tirer. ♦ **se trouver** ▶ ***Se considérer*** – s'estimer, se compter, se considérer, se croire, se penser. ▶ ***Se situer*** – apparaître, être, être présent, exister, résider, s'inscrire, se rencontrer, se retrouver, se situer, siéger. SOUT. gésir. ▶ ***S'avérer*** – s'avérer, se montrer, se révéler. △ **ANT.** ÉGARER, OUBLIER, PERDRE; CHERCHER, POURSUIVRE, RECHERCHER.

truc *n.m.* ▶ ***Dispositif*** – truquage. ▶ ***Moyen*** (FAM.) – acrobatie, astuce, demi-mesure *(inefficace)*, échappatoire, expédient, gymnastique, intrigue, mesure, moyen, palliatif, procédé, remède, ressource, ruse, solution, système, tour. FAM. combine, gimmick. ▶ ***Secret*** (FAM.) – martingale *(au jeu)*, procédé, recette, secret. ▶ ***Objet quelconque*** (FAM.) – chose, objet. FAM. bidule, engin, fourbi, machin, trucmuche. FRANCE FAM. ustensile, zinzin. QUÉB. FAM. affaire, patente.

tube *n.m.* ▶ ***Conduit*** – boyau, buse, canal, conduit, gaine, lance, pipe, tubulure, tuyau. ▶ ***Partie du corps*** – canal, conduit, cordon, trompe, voie. ▶ ***Information*** (FAM.) – donnée, indication, information, nouvelle, renseignement. FAM. info, rancard, tuyau. ▶ ***Appareil téléphonique*** (FAM.) – appareil téléphonique, téléphone. FAM. bigophone, fil. FRANCE FAM. grelot. ▶ ***Chanson*** – chanson à la mode, chanson à succès. ▶ ***Haut-de-forme*** (ANC.) – chapeau haut de forme, (chapeau) tuyau de poêle, haut-de-forme.

tuer *v.* ▶ ***Entraîner la mort*** – donner la mort, emporter, enlever la vie à. SOUT. moissonner, trancher le fil des jours à. ▶ ***Assassiner*** – abattre, assassiner, éliminer, exécuter, supprimer. SOUT. immoler. FAM. buter, descendre, envoyer dans l'autre monde, expédier, faire la peau à, flinguer *(arme à feu)*, liquider, nettoyer, ratatiner, rectifier, refroidir, se faire, trucider, zigouiller. FRANCE FAM. bousiller. ▶ ***Ruiner*** – porter le coup de grâce à, ruiner, sonner le glas de. ▶ ***Remplir de fatigue*** – abrutir, briser, courbaturer, épuiser, éreinter, exténuer, fatiguer, forcer, harasser, lasser, mettre à plat, surmener. FAM. claquer, crever, démolir, esquinter, lessiver, mettre sur le flanc, nettoyer, pomper, rétamer, vanner, vider. QUÉB. FAM. maganer. ♦ **se tuer** ▶ ***Se suicider*** – mettre fin à ses jours, s'enlever la vie, se donner la mort, se suicider. FAM. se détruire, se supprimer. ▸ *Par balle* – se tirer (une balle dans la tête). FAM. se brûler la cervelle, se faire sauter la cervelle, se faire sauter le caisson, se flinguer. ▸ *Par sacrifice* – faire le sacrifice de sa vie. SOUT. s'immoler. ▶ ***S'exténuer*** – brûler la chandelle par les deux bouts, s'épuiser, s'éreinter, s'exténuer, se fatiguer, se mettre à plat, se surmener. FAM. s'esquinter, se casser, se crever, se fouler. ▶ ***S'évertuer*** – faire des pieds et des mains, peiner, remuer ciel et terre, s'échiner, s'évertuer, se démener, se dépenser, se donner beaucoup de peine, se donner du mal, se fatiguer, se mettre en quatre, se remuer. FAM. ramer, se décarcasser, se défoncer, se démancher, se donner un mal de chien, se donner un mal de fou, se fouler la rate. △ **ANT.** ÉPARGNER, SAUVER; CONSERVER, PRÉSERVER; RELEVER, SOIGNER, TONIFIER, VIVIFIER.

tuerie *n.f.* ▶ ***Massacre*** – anéantissement, assassinat, boucherie, carnage, destruction, extermination, hécatombe, holocauste, massacre, saignée. SOUT. (lourd) tribut. FAM. étripage. ▶ ***Abattage*** – abattage, assommement, égorgement, étripage, sacrifice, tuage. ▶ ***Abattoir*** – abattoir, assommoir, bouvril, échaudoir, écorcherie, équarrissoir.

tueur *n.* ▶ ***Assassin*** – assassin, criminel, meurtrier. SOUT. exterminateur, homicide. RARE massacreur. ▶ ***Assassin rémunéré*** – assassin/tueur professionnel, homme de main, nervi, tueur à gages. PÉJ. sbire. SOUT. spadassin. ▶ ***Personne impitoyable*** – chacal, charognard, pieuvre, prédateur, rapace, requin, vautour. ▶ ***Personne qui tue les animaux*** – assommeur, saigneur.

tuile *n.f.* ▶ ***Recouvrement*** – adobe, brique, briquette, carreau, chantignole, dalle, pavé. FRANCE FAM. paveton. SUISSE planelle. ▶ ***Imprévu*** (FAM.) – accident, accroc, accrochage, affaire, anicroche, avatar, aventure, complication, contingences, contrariété, contretemps, crise, désagrément, difficulté, dispute, embarras, empêchement, ennui, épine, épisode, événement, éventualité, imprévu, incident, mésaventure, obstacle, occasion, occurrence, péripétie, problème, rebondissement, tribulations. SOUT. adversité. FAM. cactus, embêtement, emmerde, emmerdement, enquiquinement, os, pépin, pétrin. FRANCE FAM. empoisonnement.

tumescence *n.f.* ampoule, ballonnement, bombement, bosse, bouffissure, boursouflage, boursouflement, boursouflure, bulle, cloche, cloque, débordement, dilatation, distension, enflure, engorgement, fluxion, gonflement, grosseur, grossissement, hypertrophie, intumescence, renflement, rondeur, sinus, soufflure, soulèvement, tuméfaction, turgescence, ventre, vésicule, vultuosité. QUÉB. FAM. bouffie. PATHOL. bubon, ectasie, emphysème, hydronéphrose, inflation, météorisation, météorisme, œdème, phlyctène. △ **ANT.** DÉTUMESCENCE.

tumulte *n.m.* ▶ ***Vacarme*** – brouhaha, cacophonie, chahut, charivari, clameur, tapage, tohu-bohu, vacarme. SOUT. bacchanale, hourvari, pandémonium. FAM. barouf, bastringue, bazar, bordel, boucan, bousin, chambard, corrida, grabuge, pétard, potin, raffut, ramdam, ronron, sabbat, schproum, tintamarre, tintouin. QUÉB. FAM. barda, train. ▶ ***Agitation*** – activité, affairement, affolement, agitation, alarme, animation, bouillonnement, branle-bas (de combat), bruit, dérangement, désordre, désorganisation, détraquement, effervescence, excitation, fourmillement, grouillement, hâte, incohérence, mouvement, orage, précipitation, remous, remue-ménage, secousse, tempête, tohu-bohu, tourbillon, tourmente, trépidation, trouble, turbulence, va-et-vient. SOUT. émoi, remuement. FAM. chambardement. △ **ANT.** CALME, HARMONIE, PAIX, SILENCE; APAISEMENT, REPOS.

tumultueux *adj.* ▶ ***Trépidant*** – bouillonnant, agité, délirant, échevelé, effervescent, effréné, fébrile, frénétique, intense, mouvementé, passionné, trépidant, violent. ▶ ***Orageux*** – agité, houleux, mouvementé, orageux, tempétueux, violent. SOUT. torrentueux, turbulent. △ **ANT.** CALME, DÉTENDU, PLACIDE, SEREIN, SILENCIEUX, TRANQUILLE.

tunique *n.f.* ▶ ***Vêtement ancien*** – angusticlave, chiton, cotte, dalmatique, laticlave, péplos, péplum. ▶ ***Vêtement liturgique*** – aube, cappa (magna), chape, chasuble, dalmatique, froc, mantelet, mosette, ornements (sacerdotaux), rochet, soutane, surplis, tunicelle, vêtement (sacerdotal). ANTIQ. éphod. ▶ ***Membrane*** – capsule, cloison, enveloppe, gaine, membrane, membranule, pellicule, septum.

tunnel *n.m.* souterrain.

turbulence *n.f.* ▶ ***Instabilité*** – balancement, ballant, ballottement, déséquilibre, fragilité, instabilité, jeu, mobilité, motilité, motricité, mouvance, mouvant, mouvement, ondulation, oscillation, roulis, tangage, va-et-vient, vibration. ▶ ***Fluctuation*** – ballottement, changement, déséquilibre, fluctuation, fragilité, inadaptation, incertitude, inconstance, inégalité, instabilité, mouvant, mouvement, précarité, variabilité, variation, versatilité, vicissitude, volatilité. ▶ ***Dissipation*** – agitation, dissipation, espièglerie, excitation, fougue, impétuosité, mobilité, mouvement, nervosité, pétulance, tapage, vivacité. ▶ ***Remue-ménage*** – activité, affairement, affolement, agitation, alarme, animation, bouillonnement, branle-bas (de combat), bruit, dérangement, désordre, désorganisation, détraquement, effervescence, excitation, fourmillement, grouillement, hâte, incohérence, mouvement, orage, précipitation, remous, remue-ménage, secousse, tempête, tohu-bohu, tourbillon, tourmente, trépidation, trouble, tumulte, va-et-vient. SOUT. émoi, remuement. FAM. chambardement. △ ANT. IMMOBILITÉ, STABILITÉ; CALME, ÉQUILIBRE, TRANQUILLITÉ; OBÉISSANCE, SAGESSE; ORGANISATION.

turbulent *adj.* ▶ ***Excité*** – agité, bruyant, chahuteur, diable, dissipé, emporté, excité, remuant, tapageur. QUÉB. FAM. énervé, tannant. ▶ ***Mouvementé*** – agité, houleux, mouvementé, orageux, tempétueux, tumultueux, violent. SOUT. torrentueux. △ ANT. CALME, SAGE; DÉTENDU, PLACIDE, SEREIN, SILENCIEUX, TRANQUILLE.

tutelle *n.f.* ▶ ***Protection*** – abri, aide, appui, assistance, chapeautage, conservation, couverture, garantie, garde, mandat, parrainage, paternalisme, patronage, protection, recommandation, renfort, rescousse, sauvegarde, secours, sécurisation, soutien, surveillance. FIG. parapluie. SOUT. égide. FAM. piston. ▶ ***Pouvoir*** – autorité, commandement, domination, force, gouvernement *(politique)*, juridiction, loi, maîtrise, pouvoir, puissance, règne. SOUT. empire, férule, houlette. ▶ ***Dépendance*** – abaissement, allégeance, appartenance, asservissement, assujettissement, attachement, captivité, contrainte, dépendance, domestication, domesticité, domination, emprise, esclavage, gêne, hilotisme, inféodation, infériorité, mainmise, merci, mouvance, obédience, obéissance, obligation, oppression, pouvoir, puissance, servage, servitude, soumission, subordination, sujétion, tyrannie, vassalité. FIG. carcan, chaîne, corset (de fer), coupe, fardeau, griffe, main, patte, prison; SOUT. fers, gaine, joug. FÉOD. tenure. △ ANT. AUTONOMIE, INDÉPENDANCE, LIBERTÉ.

tuteur *n.* ▶ ***Responsable d'un enfant*** – parent adoptif. ▶ ***Responsable de l'administration*** – curateur. DR. ANC. mainbour. ♦ **tuteur, *masc.*** ▶ ***Bâton fixe*** – bâton, échalas, jalon, marquant, pal, palis, pieu, pilot, piquet, roulon. ACADIE FAM. perche.

tutoyer *v.* être à tu et à toi avec. △ ANT. VOUVOYER.

tuyau *n.m.* ▶ ***Tube*** – boyau, buse, canal, conduit, gaine, lance, pipe, tube, tubulure. ▶ ***Pli*** – bouillon, fronce, godron, ourlet, pince, pli, rempli, rentré, repli, roulotté. ▶ ***Information*** (FAM.) – donnée, indication, information, nouvelle, renseignement. FAM. info, rancard, tube. ▶ ***Conseil*** (FAM.) – avertissement, avis, conseil, encouragement, exhortation, guidance, idée, incitation, indication, information, initiative, inspiration, instigation, motion *(dans une assemblée)*, offre, opinion, préconisation, proposition, recommandation, renseignement, suggestion. DR. pollicitation.

type *n.m.* ▶ ***Sorte*** – catégorie, classe, espèce, famille, genre, groupe, nature, ordre, sorte, variété. SOUT. gent. ▶ ***Modèle*** – archétype, canon, critère, échantillon, étalon, exemple, formule, gabarit, idéal, idée, image, individu, modèle, norme, original, paradigme, précédent, prototype, référence, représentant, unité. ▶ ***Symbole*** – allégorie, attribut, chiffre, devise, drapeau, effigie, emblème, figure, icône, image, incarnation, insigne, livrée, logo, logotype, marque, notation, personnification, représentation, signe, symbole. ▶ ***En imprimerie*** – caractère, caractère d'imprimerie. ▶ ***Homme*** (FAM.) – homme, individu. FAM. bonhomme *(assez vieux)*, bougre, diable, gaillard *(jeune)*, gars *(jeune)*, mec. FRANCE FAM. bonze, gazier, pèlerin, pingouin. PÉJ. FAM. loustic, particulier.

typique *adj.* ▶ ***Représentatif*** – caractéristique, moyen, représentatif. FAM. lambda, pur jus. ▶ ***Spécifique*** – caractéristique, déterminant, distinctif, particulier, propre, spécial, spécifique. SOUT. sui generis. △ ANT. ANORMAL, ATYPIQUE, DÉVIANT, IRRÉGULIER; BANAL, COMMUN, GÉNÉRAL, ORDINAIRE, USUEL.

typiquement *adv.* ▶ ***Particulièrement*** – avant tout, en particulier, notamment, particulièrement, principalement, proprement, singulièrement, spécialement, spécifiquement, surtout. ▶ ***Représentativement*** – pittoresquement, représentativement, significativement, spécifiquement, symptomatiquement.

tyran *n.m.* ▶ ***Dictateur*** – autocrate, césar, despote, dictateur, oppresseur, potentat, souverain absolu. SOUT. dominateur, tyranneau *(peu puissant)*. ▶ ***Persécuteur*** – abuseur, autocrate, brimeur, despote, oppresseur, persécuteur, sadique. FAM. terreur. SOUT. dominateur, satrape, terrible, tourmenteur, vexateur. △ ANT. PROTECTEUR; ESCLAVE.

tyrannie *n.f.* ▶ ***Régime politique*** – absolutisme, autocratie, césarisme, despotisme, dictature, fascisme, totalitarisme, tsarisme. ▶ ***Pouvoir autoritaire*** – arbitraire, autoritarisme, caporalisme, despotisme, dictature, directivisme, directivité, omnipotence, oppression. SOUT. satrapie. ▶ ***Emprise*** – abaissement, allégeance, appartenance, asservissement, assujettissement, attachement, captivité, contrainte, dépendance, domestication, domesticité, domination, emprise, esclavage, gêne, hilotisme, inféodation, infériorité, mainmise, merci, mouvance, obédience, obéissance, obligation, oppression, pouvoir, puissance, servage, servitude, soumission, subordination, sujétion, tutelle, vassalité. FIG. carcan, chaîne, corset (de fer), coupe, fardeau, griffe, main, patte, prison; SOUT. fers, gaine, joug. FÉOD. tenure. △ ANT. JUSTICE, LIBÉRALISME; PROTECTION; BONTÉ, CLÉMENCE.

tyrannique *adj.* ▶ ***Qui relève de la tyrannie*** – coercitif, oppresseur, oppressif, répressif. RARE opprimant. ▶ *En parlant d'un pouvoir* – absolu, absolutiste, arbitraire, autocratique, autoritaire, césarien, despote, despotique, dictatorial, directif, dominateur, hégémonique, jupitérien, totalitaire. △ ANT. CLÉMENT, DÉBONNAIRE, DOUX, INDULGENT, SENSIBLE; LAXISTE, PERMISSIF; DÉMOCRATIQUE, ÉGALITAIRE, LIBÉRAL.

u

ulcère *n.m.* lésion, plaie, ulcération. △ **ANT.** JOIE, RÉCONFORT.

ultérieur *adj.* à venir, futur, postérieur, prochain, subséquent, suivant. △ **ANT.** ANTÉCÉDENT, ANTÉRIEUR, PASSÉ, PRÉCÉDENT.

ultimatum *n.m.* ▶ ***Menace*** – avertissement, bravade, chantage, commination, défi, dissuasion, effarouchement, fulmination, intimidation, menace, mise en garde, provocation, rodomontade, semonce, sommation. ▶ ***Demande*** – adjuration, appel, demande, démarche, desideratum, désir, doléances, exigence, injonction, instance, interpellation, interrogation, invocation, mandement, ordre, pétition, placet, prétention, prière, question, réclamation, requête, réquisition, revendication, sollicitation, sommation, supplication, supplique, vœu. *SOUT.* imploration. △ **ANT.** ACCORD, ARRANGEMENT, COMPROMIS, ENTENTE.

ultime *adj.* dernier, extrême, final, suprême, terminal. △ **ANT.** INITIAL, PREMIER.

unanime *adj.* commun, consensuel, général, qui fait l'unanimité. △ **ANT.** CONTRADICTOIRE, DIVISÉ, PARTAGÉ; UNILATÉRAL.

unanimement *adv.* à l'unanimité, à plusieurs, collectivement, collégialement, concurremment, conjointement, coopérativement, coude à coude, d'accord, d'un commun accord, de concert, de conserve, en bloc, en chœur, en collaboration, en commun, en équipe, en groupe, ensemble, la main dans la main, solidairement, totalement. △ **ANT.** DE FAÇON PARTAGÉE, SANS UNANIMITÉ.

unanimité *n.f.* consensus, terrain d'entente. △ **ANT.** CONTRADICTION, DISCORDE; MINORITÉ, PARTAGE.

uni *adj.* ▶ ***Lisse*** – doux, égal, lisse. ▶ ***Horizontal*** – égal, horizontal, plan, plat. ▶ ***D'une seule teinte*** – monochrome, unicolore. *RARE* monocolore. ▶ ***Lié*** – associé, attaché, conjoint, indissociable, inhérent, inséparable, joint, lié, relié. ▶ ***Qui forme un tout*** – d'un seul tenant, d'un tenant, indissociable, inséparable, soudé. ▶ ***Homogène*** – cohérent, homogène, uniforme. ▶ ***Sans changement*** (*SOUT.*) – constant, égal, invariable, régulier, uniforme. △ **ANT.** INÉGAL, RIDÉ, RUGUEUX; ABRUPT, ACCIDENTÉ, BOSSELÉ, MONTAGNEUX, RABOTEUX; BIGARRÉ, COLORÉ, MULTICOLORE, PANACHÉ; DÉSUNI, SÉPARÉ; CONTRAIRE, OPPOSÉ; DISPARATE, HÉTÉROCLITE, HÉTÉROGÈNE, MÉLANGÉ, MÊLÉ, VARIÉ.

unicité *n.f.* ▶ ***Caractère unique*** – exclusivité, marginalité, originalité, singularité, unité. △ **ANT.** MULTIPLICITÉ, PLURALITÉ.

unification *n.f.* ▶ ***Réunion*** – alliance, assemblage, association, collage, combinaison, communion, composition, concentration, conjonction, constitution, fusion, fusionnement, groupement, incorporation, intégration, ralliement, rassemblement, regroupement, réunion, symbiose, synthèse, union. ▶ ***Nivellement*** – aplanissement, arasement, égalisation, laminage, mise au niveau, nivelage, nivellement, régalage, simplification. *ADMIN.* écrêtement. ▶ ***Uniformisation*** – alignement, automatisation, codification, division du travail, formulation, harmonisation, légalisation, normalisation, rationalisation, rectification, réglementation, spécialisation, standardisation, systématisation, uniformisation. △ **ANT.** DIVISION, SCHISME, SÉPARATION.

unifier *v.* ▶ ***Réunir*** – fusionner, réunir, unir. ▶ ***Uniformiser*** – harmoniser, homogénéiser, normaliser, standardiser, uniformiser. △ **ANT.** DÉSUNIR, DIFFÉRENCIER, OPPOSER, SÉPARER; DIVERSIFIER, VARIER.

uniforme *adj.* ▶ ***Sans changement*** – constant, égal, invariable, régulier. *SOUT.* uni. ▶ ***De même nature*** – cohérent, homogène, uni. △ **ANT.** CHANGEANT, DIVERS, FLUCTUANT, INCONSTANT, INÉGAL, IRRÉGULIER; DIFFÉRENT, DISSEMBLABLE, DISTINCT; DISPARATE, HÉTÉROCLITE, HÉTÉROGÈNE, MÉLANGÉ, MÊLÉ, VARIÉ.

uniforme *n.m.* ▶ ***Vêtement de soldat*** – battle-dress, tenue de campagne, tenue de combat, tenue léopard, tenue militaire, treillis. ▶ ***Vêtement de travail*** – bleu, blouse, combinaison, cotte, peignoir, poitrinière, robe, robe-tablier, salopette, sarrau, suroît *(de marin)*, tablier, toge, vareuse. *ANC.* bourgeron. ▶ ***Vêtement*** – affaires, atours, chiffons, ensemble, garde-robe, habillement, habits, linge, mise, parure, tenue, toilette, trousseau, vestiaire, vêtements. SOUT. vêture. FRANCE FAM. fringues, frusques, nippes, pelures, saint-frusquin, sapes. QUÉB. ACADIE FAM. hardes.

uniformité *n.f.* ▶ ***Homogénéité*** – cohérence, cohésion, consistance, égalité, homogénéité, liaison, logique, non-contradiction, régularité, unité. LING. signifiance. ▶ ***Caractère monotone*** – encroûtement, manie, marotte, monotonie, ordinaire, ronron, routine, tic. △ **ANT.** DIVERSITÉ, INÉGALITÉ, VARIÉTÉ; CONTRASTE, POLARITÉ.

union *n.f.* ▶ ***Jonction*** – abouchement, aboutage, aboutement, accolement, accouplage, accouplement, ajustage, apposition, articulation, assemblage, association, branchement, coalescence, confluence, conjonction, conjugaison, connexion, contact, convergence, couplage, couplement, groupage, interconnexion, interface, joint, jointure, jonction, jumelage, juxtaposition, liaison, mariage, mise en couple, mixage, raccord, raccordement, rapprochement, reboutement, relation, rencontre, réunion, suture. RARE liage. ▶ ***Combinaison*** – alliance, assemblage, association, collage, combinaison, communion, composition, concentration, conjonction, constitution, fusion, fusionnement, groupement, incorporation, intégration, ralliement, rassemblement, regroupement, réunion, symbiose, synthèse, unification. ▶ ***Accouplement d'animaux*** – accouplement, appareillage, appareillement, appariade, appariage, coït, copulation, insémination, monte, reproduction, saillie. SOUT. appariement. ▶ ***Relations sexuelles*** (SOUT.) – accouplement, acte (sexuel), activité sexuelle, amour physique, coït, copulation. ▶ ***Mariage*** – alliance, contrat conjugal, couple, lit, mariage, ménage, nuptialité, union conjugale, union matrimoniale. SOUT. hymen, hyménée. ▶ ***Association*** – amicale, association, cercle, club, compagnie, fraternité, groupe, société. ▶ ***Association politique*** – alliance, apparentement, association, bloc, camp, cartel, club, coalition, confédération, faisceau, fédération, formation, front, groupe, groupe d'intérêts, groupe de pression, groupement, ligue, mouvement, organisation, parti, phalange, rapprochement, rassemblement. ANC. hétairie. FÉOD. hermandad. PÉJ. bande, cabale, camarilla, chapelle, clan, clique, coterie, école, église, faction, gang, groupuscule, ligue, maffia, secte. ▶ ***Bonne entente*** – accord, affinité, amitié, atomes crochus, (bonne) intelligence, communauté de goûts, communauté de sentiments, communauté de vues, communion, compatibilité, complicité, compréhension, concorde, connivence, convergence d'idées, fraternité, harmonie, point commun, sympathie, unisson. ▶ ***Paix*** – accalmie, apaisement, bonace, bonheur, calme, éclaircie, entente, fraternité, harmonie, idylle, paix, quiétude, rémission, repos, silence, tranquillité, trêve. SOUT. kief. △ **ANT.** DÉSUNION, DIVISION, OPPOSITION, SÉPARATION; DIVORCE; DISCORDE, MÉSENTENTE.

unique *adj.* ▶ ***Seul*** – à part, individuel, isolé, séparé, seul, simple, singulier, unitaire. ▶ ***Incomparable*** – d'exception, exceptionnel, hors du commun, hors ligne, hors pair, hors série, incomparable, inégalable, inégalé, inimitable, irremplaçable, précieux, qui n'a pas son pareil, rare, remarquable, sans égal, sans pareil, sans précédent, sans rival, sans second, spécial, supérieur. ▶ ***Original*** – à part, différent, inimitable, original, particulier, pittoresque, sans précédent, singulier, spécial, unique en son genre. △ **ANT.** DIVERS, MULTIPLE; BANAL, COMMUN, HABITUEL, ORDINAIRE, USUEL.

uniquement *adv.* exclusivement, purement, seulement, simplement, strictement. △ **ANT.** EN OUTRE, EN PLUS.

unir *v.* ▶ ***Allier*** – allier, associer, combiner, concilier, conjuguer, joindre, marier, mêler, réunir. ▶ ***Mélanger*** – amalgamer, confondre, fondre, incorporer, mélanger, mêler, réunir. DIDACT. mixtionner. ▶ ***Unifier*** – fusionner, réunir, unifier. ▶ ***Attacher*** – attacher, joindre, lier, souder. ▶ ***Liguer*** – associer, coaliser, joindre, liguer, réunir. ▶ ***Aplanir*** (RARE) – aplanir, décourber, dégauchir, doler, dresser, planer, raboter, redresser, replanir, varloper. ♦ **s'unir** ▶ ***Se mélanger*** – s'amalgamer, se fondre, se fusionner, se mélanger, se mêler, se souder. ▶ ***Se liguer*** – faire front commun, s'allier, s'associer, se coaliser, se joindre, se liguer, se solidariser. ▶ ***Se marier*** – se marier. SOUT. s'épouser. FAM. convoler (en justes noces), se maquer. ▶ ***En parlant d'un cours d'eau*** – confluer, se rejoindre, se rencontrer. △ **ANT.** DÉSUNIR, DIFFÉRENCIER, DISJOINDRE, DISPERSER, ÉCARTER, OPPOSER, SÉPARER. ♦ **s'unir** DIVERGER, S'ÉCARTER.

unisson *n.m.* ▶ ***Son*** – consonance, homonymie, homophonie, rime. FAM. rimette. ▶ ***Homophonie*** – homophonie, monodie, monophonie. ▶ ***Bonne entente*** – accord, affinité, amitié, atomes crochus, (bonne) intelligence, communauté de goûts, communauté de sentiments, communauté de vues, communion, compatibilité, complicité, compréhension, concorde, connivence, convergence d'idées, fraternité, harmonie, point commun, sympathie, union. △ **ANT.** POLYPHONIE; DISCORDE, MÉSENTENTE.

unité *n.f.* ▶ ***Caractère unique*** – exclusivité, marginalité, originalité, singularité, unicité. ▶ ***Indivisibilité*** – indivisibilité, insécabilité. ▶ ***Cohérence*** – cohérence, cohésion, consistance, égalité, homogénéité, liaison, logique, non-contradiction, régularité, uniformité. LING. signifiance. ▶ ***Similitude*** – adéquation, analogie, conformité, égalité, équivalence, gémellité, identité, littéralité, parallélisme, parité, ressemblance, similarité, similitude. MATH. congruence, homéomorphisme. ▶ ***Élément*** – composant, composante, constituant, élément (constitutif), fragment, ingrédient, membre, module, morceau, organe, partie, pièce, principe. ▶ ***Formation militaire*** – bataillon, brigade, colonne, commando, compagnie, corps, échelon, escadron, escorte, formation, garde, garnison, légion, parti, patrouille, peloton, régiment, section, soldatesque *(indisciplinés)*, tabor *(Maroc)*, troupe. PAR EXT. caserne. ANC. escouade, goum, piquet. ▶ ***Partie d'usine*** – atelier. ▶ ***Modèle*** – archétype, canon, critère, échantillon, étalon, exemple, formule, gabarit, idéal, idée, image, individu, modèle, norme, original, paradigme, précédent, prototype, référence, représentant, type. △ **ANT.** DIVERSITÉ, DUALITÉ, PLURALITÉ; HÉTÉROGÉNÉITÉ; DISPARITÉ, INCOHÉRENCE.

univers *n. m.* ▶ ***Monde*** – ciel, cosmos, création, espace, galaxie, macrocosme, monde, nature, sphère, tout. ▶ ***Objet astronomique*** – métagalaxie. ▶ ***Création de l'esprit*** – monde, système.

universalité *n. f.* ▶ ***Totalité*** – absoluité, complétude, ensemble, entier, entièreté, exhaustivité, généralité, globalité, intégralité, intégrité, masse, plénitude, réunion, somme, total, totalité, tout. ▶ ***Internationalité*** – internationalité, mondialité, œcuménicité, supranationalité. △ **ANT.** EXCEPTION, EXCLUSION.

universel *adj.* ▶ ***Mondial*** – global, international, mondial, planétaire. ▶ ***En parlant d'une doctrine*** – mondialiste, universaliste. △ **ANT.** INDIVIDUEL, PARTICULIER, PERSONNEL, SINGULIER; LIMITÉ, LOCAL, RÉGIONAL, RESTREINT.

universellement *adv.* ▶ ***Mondialement*** – à l'échelle mondiale, internationalement, mondialement. ▶ ***Complètement*** – à fond, à tous (les) égards, au (grand) complet, au long, au total, complètement, d'un bout à l'autre, de A (jusqu')à Z, du début à la fin, du tout au tout, en bloc, en entier, en totalité, en tous points, entièrement, exhaustivement, fin, in extenso, intégralement, pleinement, sous tous les rapports, sur toute la ligne, totalement, tout, tout à fait. ▶ ***Parfaitement*** – absolument, carrément, catégoriquement, complètement, parfaitement, purement, radicalement, tout à fait. *FAM.* royalement, souverainement. △ **ANT.** SPÉCIFIQUEMENT.

université *n. f.* académie, alma mater, campus, collège, complexe universitaire, école, enseignement supérieur, faculté, institut. *FAM.* fac.

urbain *adj.* ▶ ***Qui concerne la ville*** – citadin. ▶ ***D'une politesse raffinée*** (*SOUT.*) – affable, bien élevé, bienséant, civil, courtois, délicat, galant, poli, qui a de belles manières. *FAM.* civilisé. △ **ANT.** AGRICOLE, RURAL; PÉRIURBAIN, SUBURBAIN; DISCOURTOIS, GOUJAT, GROSSIER, IMPERTINENT, IMPOLI, INCIVIL, INCONVENANT, INCORRECT, INDÉLICAT, MAL ÉLEVÉ, RUSTRE.

urgence *n. f.* ▶ ***Hâte*** – avidité, brusquerie, désir, empressement, fièvre, fougue, hâte, impatience, impétuosité, précipitation, presse, urgent. ▶ ***Gravité*** – acuité, crise, gravité, instabilité, précarité. ▶ ***Danger*** – aléa, casse-cou, danger, détresse, difficulté, écueil, embûche, épée de Damoclès, épouvantail, guêpier, hasard, impasse, imprudence, insécurité, mauvais pas, menace, perdition, péril, piège, point chaud, point sensible, poudrière, récif, risque, spectre, traverse, volcan. *SOUT.* tarasque. *FRANCE FAM.* casse-gueule. ▶ ***Lieu*** – salle d'urgence, service des urgences. △ **ANT.** LENTEUR, PATIENCE; BAGATELLE, VÉTILLE.

urgent *adj.* impératif, impérieux, nécessaire, pressant, pressé. *SOUT.* instant. △ **ANT.** RAPPORTABLE.

urine *n. f.* pissat *(animaux)*. *FAM.* pipi.

urne *n. f.* ▶ ***Vase*** – cache-pot, nautile, potiche, pot-pourri, torchère, vase. *FRANCE RÉGION.* pucheux. *AFR. ANTILLES* canari. *ANC.* berthe, buire, figuline, hanap. *ANTIQ.* amphore, canope, cérame, cratère, hydrie, lécythe. ▶ ***Partie de plante*** – capsule, pyxide. ♦ **les urnes,** ***plur.*** ▶ ***Vote*** – consultation (populaire), élection, plébiscite, proclamation, référendum, scrutin, suffrage, tour, voix, vote.

usage *n. m.* ▶ ***Possession*** – consommation, détention, jouissance, possession, propriété, usufruit, utilisation. ▶ ***Utilisation*** – emploi, maniement, manipulation, manœuvre, utilisation. *FAM.* manip. ▶ ***Activité*** – activité, exercice, fonctionnement, marche, mouvement, opération, service, travail, vie. ▶ ***Utilité*** – avantage, bénéfice, bienfait, commodité, convenance, désidérabilité, efficacité, fonction, fonctionnalité, indispensabilité, intérêt, mérite, nécessité, profit, profitabilité, recours, service, utilité, valeur. ▶ ***Coutume*** – convention, coutume, habitude, habitus, mode, mœurs, pratique, règle, rite, tradition, us et coutumes. ▶ ***Convenances*** – bienséance, cérémonial, cérémonie, convenances, décorum, étiquette, formalité, formule, mondanités, protocole, règle. *FAM.* salamalecs. ▶ ***Norme*** – arrêté, charte, code, convention, cote, coutume, formule, loi, mesure, norme, obligation, ordre, précepte, prescription, protocole, régime, règle, règlement. △ **ANT.** DÉSUÉTUDE, NON-USAGE.

user *v.* ▶ ***Consommer*** – consommer, dépenser. ▶ ***Détériorer par l'usage*** – *QUÉB. FAM.* maganer. ▶ ***Élimer*** – élimer, limer, râper. ▶ ***Émousser*** – émousser, épointer. ▶ ***Tarir*** – appauvrir, épuiser, tarir. ▶ ***Diminuer*** – affaiblir, amortir, atténuer, diminuer, effacer, émousser, éroder, estomper, oblitérer. ▶ ***Affaiblir physiquement*** – abattre, affaiblir, alanguir, anémier, consumer, débiliter, diminuer, épuiser, étioler, miner, ronger. ▶ ***Utiliser*** – avoir recours à, déployer, employer, exercer, faire appel à, faire jouer, faire usage de, jouer de, mettre en œuvre, recourir à, s'aider de, se servir de, utiliser. ▶ ***Manier une chose abstraite*** – employer, manier, manipuler, se servir de, utiliser. ♦ **s'user** ▶ ***Perdre ses forces*** – dépérir, perdre ses forces, s'affaiblir, s'anémier, s'étioler, se consumer. *SUISSE* crevoter. ♦ **usé** ▶ ***Détérioré*** – brisé, cassé, défectueux, déréglé, détérioré, détraqué, endommagé, hors d'usage, inutilisable, vétuste. *FAM.* nase, patraque. ▶ ***Élimé*** – élimé, limé, mûr, râpé, usé (jusqu'à la corde). ▶ ***Désuet*** – anachronique, ancien, antédiluvien, antique, archaïque, arriéré, caduc, démodé, dépassé, désuet, fossile, inactuel, moyenâgeux, obsolescent, obsolète, passé de mode, périmé, poussiéreux, préhistorique, qui a fait son temps, suranné, tombé en désuétude, vétuste, vieilli, vieillot, vieux, vieux jeu. ▶ ***Sénile*** – décrépit, en perte d'autonomie, sénescent, vieux. ▶ ***Fruste*** – altéré, fruste. ▶ ***Banal*** – banal, connu, éculé, facile, rebattu, réchauffé, ressassé. *FAM.* archiconnu. △ **ANT.** NÉGLIGER, OMETTRE, RENONCER, S'ABSTENIR; AMÉLIORER, RAFRAÎCHIR, RÉNOVER, RÉPARER, RESTAURER; CONSERVER. ♦ **s'user** SE CONSERVER, SE MÉNAGER, SE REPOSER.

usine *n. f.* ▶ ***Entreprise*** – fabrique, manufacture. ▶ ***Lieu bourdonnant d'activités*** – ruche. ▶ ***Lieu propice*** – nid, pépinière, terreau, vivier.

ustensile *n. m.* ▶ ***Accessoire*** – accessoire, appareil, instrument, outil, pièce. ▶ *Élément d'une batterie de cuisine* – balance (de cuisine), bol à mélanger, bouilloire, boule à thé, broche, brosse à légumes, cafetière, casse-noix, casserole, chaudron, cisaille à volaille, coquilleur (à beurre), coupe-œuf, cuiller à glace/cuiller à crème glacée, dénoyauteur, emporte-pièce, entonnoir, essoreuse (à salade), extracteur à jus, friteuse, fusil *(pour aiguiser)*, hachoir, lèchefrite, louche, machine à faire les pâtes, mesure, minuteur, mortier, moule, moulin à café, ouvre-boîte, passoire, pelle (à tarte), pilon, pince à spaghettis, pinceau (à pâtisserie), piston (à décorer), plaque à biscuits, poche à douilles, poêle, poire à jus, presse-ail, presse-purée, râpe, rouleau à pâtisserie, roulette (de pâtissier), saupoudreuse, sorbetière, spatule, thermomètre (à viande). ▶ ***Objet quelconque*** (*FAM.*) – chose, objet. *FAM.* bidule, engin, fourbi, machin, truc, trucmuche. *FRANCE FAM.* zinzin. *QUÉB. FAM.* affaire, patente.

usuel *adj.* ▶ ***Répandu*** – banal, commun, courant, fréquent, habituel, normal, ordinaire, répandu. *LING.* usité. ▶ ***Coutumier*** – accoutumé, attendu, consacré, coutumier, d'usage, de règle, de routine, familier, habituel, normal, ordinaire, quotidien, régulier, rituel. △ **ANT.** ANORMAL, BIZARRE, CURIEUX, DRÔLE, ÉTRANGE, INACCOUTUMÉ, INSOLITE, SINGULIER; EXCEPTIONNEL, EXTRAORDINAIRE, INCOMPARABLE, INHABITUEL, INUSITÉ, RARE, REMARQUABLE, SPÉCIAL.

usure *n.f.* ▶ ***Érosion*** – abrasion, cisaillement, corrosion, dégradation, diminution, éraillement, érosion, frai *(monnaie)*, patine, rongeage *(impression textile)*, rongement. *TECHN.* étincelage. ▶ ***Détérioration*** – abaissement, abâtardissement, abjection, abrutissement, affadissement, affaiblissement, agonie, altération, amollissement, appauvrissement, atrophie, avachissement, avilissement, baisse, corruption, décadence, déchéance, déclin, décrépitude, dégénérescence, dégradation, délabrement, déliquescence, dénaturation, dépérissement, détérioration, édulcoration, empirement, étiolement, flétrissure, perte, perversion, pourrissement, pourriture, rouille, ruine, sape. *SOUT.* aveulissement, crépuscule, pervertissement. *FAM.* déglingue, dégringolade. ▶ ***Affaiblissement*** – abattement, accablement, affaiblissement, alanguissement, amoindrissement, amollissement, anémie, apathie, avachissement, consomption, découragement, défaillance, dépérissement, épuisement, étiolement, exténuation, fatigue, fragilisation, harassement, lassitude, rabaissement, ralentissement, ramollissement, sape. *SOUT.* débilité. *MÉD.* adynamie, asthénie, atonie, collapsus, débilitation. ▶ ***Désuétude*** – abandon, âge, anachronisme, ancienneté, antiquité, archaïsme, caducité, décrépitude, délabrement, désaffectation, désuétude, obsolescence, survivance, vieillesse, vieillissement. *SOUT.* vétusté. ▶ ***Intérêt*** – allocation, arrérages, avantage, bénéfice, casuel, chômage, dividende, dotation, fermage, fruit, gain, intérêt, loyer, mense, mensualité, métayage, pension, prébende, présalaire, produit, profit, rapport, recette, redevance, rente, rentrée, retraite, revenu, tontine, usufruit, viager. *FAM.* alloc. *FRANCE FAM.* bénéf, chômedu. *ANC.* cens, lods et ventes. △ **ANT.** AMÉLIORATION; FRAÎCHEUR, JEUNESSE, LUSTRE.

usurper *v.* ▶ ***Voler*** – enlever, prendre, ravir, s'emparer de, se saisir de, voler. *FAM.* faucher, souffler, soulever. ▶ ***Prendre injustement*** – s'adjuger, s'approprier, s'arroger, s'attribuer, s'octroyer. ▶ ***Envahir*** – empiéter, envahir. *SOUT.* entreprendre. △ **ANT.** ABANDONNER, CÉDER, CONCÉDER; REMETTRE, RENDRE, RESTITUER.

utile *adj.* ▶ ***Avantageux*** – avantageux, bénéfique, bienfaisant, bon, profitable, salutaire. ▶ ***Pratique*** – commode, efficace, fonctionnel, pratique, utilitaire. *QUÉB. FAM.* pratico-pratique. △ **ANT.** DÉFAVORABLE, DÉSAVANTAGEUX, DOMMAGEABLE, NUISIBLE, PERNICIEUX, PRÉJUDICIABLE; FUTILE, INEFFICACE, INUTILE, NUL, OISEUX, SUPERFLU, VAIN.

utilisable *adj.* employable. △ **ANT.** HORS D'USAGE, INEMPLOYABLE, INUTILISABLE.

utilisation *n.f.* ▶ ***Usage*** – consommation, détention, jouissance, possession, propriété, usage, usufruit. ▶ ***Maniement*** – emploi, maniement, manipulation, manœuvre, usage. *FAM.* manip. △ **ANT.** NON-USAGE.

utiliser *v.* ▶ ***Employer*** – avoir recours à, déployer, employer, exercer, faire appel à, faire jouer, faire usage de, jouer de, mettre en œuvre, recourir à, s'aider de, se servir de, user de. ▶ ***Profiter*** – exploiter, faire valoir, profiter de, tirer parti de, tirer profit de. ▶ ***Manipuler une chose abstraite*** – employer, manier, manipuler, se servir de, user de. △ **ANT.** NÉGLIGER, OMETTRE, RENONCER, S'ABSTENIR.

utilitaire *adj.* commode, efficace, fonctionnel, pratique, utile. *QUÉB. FAM.* pratico-pratique. △ **ANT.** ACCESSOIRE, DÉCORATIF, INUTILE; DÉSINTÉRESSÉ, GRACIEUX, GRATUIT.

utilité *n.f.* ▶ ***Efficacité*** – avantage, bénéfice, bienfait, commodité, convenance, désidérabilité, efficacité, fonction, fonctionnalité, indispensabilité, intérêt, mérite, nécessité, profit, profitabilité, recours, service, usage, valeur. ▶ ***Pertinence*** – à-propos, bien-fondé, convenance, légitimité, opportunité, pertinence, présence d'esprit, repartie. ▶ ***Figurant*** – figurant. △ **ANT.** FUTILITÉ, GRATUITÉ, INEFFICACITÉ, INUTILITÉ, VANITÉ.

utopie *n.f.* ▶ ***Illusion*** – abstraction, abstrait, apparence, berlue, chimère, déréalisation, effet d'optique, fantasme, faux, faux-semblant, fiction, fumée, hallucination, illusion, illusion d'optique, image, imagination, irréalisme, irréalité, leurre, mensonge, mirage, onirisme, psychédélisme, rêve, rêverie, semblant, simulation, songe, songerie, trompe-l'œil, tromperie, vision, vue de l'esprit. *FAM.* frime. *SOUT.* prestige. ▶ ***Idéalisme*** – don-quichottisme, idéalisme, naïveté, optimisme, triomphalisme, utopisme. △ **ANT.** OBJECTIVITÉ, RÉALITÉ, VÉRITÉ.

utopique *adj.* chimérique, impossible, improbable, inaccessible, invraisemblable, irréalisable, irréaliste. △ **ANT.** PLAUSIBLE, POSSIBLE, RÉALISTE; RÉEL, VÉRITABLE, VRAI.

V

vacance *n.f.* ♦ **vacance,** *sing.* disponibilité, inoccupation, ouverture. ♦ **vacances,** *plur.* ▶ ***Période de repos*** – congé, délassement, détente, escale, halte, loisir, mi-temps, pause, récréation, récupération, relâche, répit, repos, temps, trêve, villégiature. △ **ANT.** LABEUR, OCCUPATION, OUVRAGE, TRAVAIL; RENTRÉE.

vacant *adj.* ▶ ***Sans occupant*** – disponible, inoccupé, libre, vide. ▶ ***En parlant d'un poste*** – à pourvoir. △ **ANT.** OCCUPÉ, PRIS; HABITÉ; BONDÉ, BOURRÉ, COMBLE, COMPLET, PLEIN, REMPLI.

vacarme *n.m.* ▶ ***Bruit naturel*** – déflagration, détonation, explosion, fracas, mugissement, pétarade, rugissement, tonnerre. ▶ ***Bruit humain*** – brouhaha, cacophonie, chahut, charivari, clameur, tapage, tohu-bohu, tumulte. *SOUT.* bacchanale, hourvari, pandémonium. *FAM.* barouf, bastringue, bazar, bordel, boucan, bousin, chambard, corrida, grabuge, pétard, potin, raffut, ramdam, ronron, sabbat, schproum, tintamarre, tintouin. *QUÉB. FAM.* barda, train. △ **ANT.** MURMURE, PAIX, REPOS, SILENCE.

vaccin *n.m.* ▶ ***Substance*** – sérum (thérapeutique). ▶ ***Action de vacciner*** (*FAM.*) – immunisation, inoculation, insensibilisation, préservation, protection, sérothérapie, vaccination.

vacillant *adj.* ▶ ***En parlant d'une flamme, d'une lumière*** – tremblant, tremblotant. ▶ ***En parlant de qqch.*** – chancelant, défaillant, faible, fragile, glissant, incertain, instable, menacé, précaire. ▶ ***En parlant de qqn*** – chancelant, défaillant, flageolant, oscillant, titubant, trébuchant. △ **ANT.** FIXE, IMMOBILE; ASSURÉ, EN ÉQUILIBRE, ÉQUILIBRÉ, FERME, SOLIDE, STABLE, SÛR; DÉCIDÉ, DÉTERMINÉ, RÉSOLU.

vaciller *v.* ▶ ***En parlant d'une flamme, d'une lumière*** – osciller, trembler, trembloter. ▶ ***Manquer de stabilité*** – branler, chanceler, osciller. ▶ ***Ne pas tenir sur ses jambes*** – chanceler, flageoler, osciller, tituber, trébucher. ▶ ***Faiblir*** – défaillir, faiblir, glisser, hésiter, manquer. △ **ANT.** S'IMMOBILISER, SE FIXER, SE STABILISER; S'AFFERMIR, S'ENDURCIR, SE FORTIFIER.

vadrouille *n.f.* ▶ ***Balai*** – balai, balai-brosse, balayette, brosse, écouvillon, houssoir, plumeau, tête-de-loup. *MAR.* faubert, lave-pont. ▶ ***Flânerie*** (*FAM.*) – aventure, course, déambulation, déplacement, égarement, flânerie, instabilité, nomadisme, pérégrination, promenade, randonnée, rêverie, vagabondage, voyage. *SOUT.* badauderie, errance. *FAM.* virée. *FRANCE FAM.* baguenaude. *FAM.* niaisage.

va-et-vient *n.m.* ▶ ***Alternance*** – allée et venue, alternatives, balancement, bascule, changement, flux et reflux, intermittence, ondulation, oscillation, palpitation, périodicité, pulsation, récurrence, récursivité, retour, rotation, roulement, rythme, sinusoïde, succession, tour, variation. ▶ ***Balancement*** – balancement, ballant, ballottement, déséquilibre, fragilité, instabilité, jeu, mobilité, motilité, motricité, mouvance, mouvant, mouvement, ondulation, oscillation, roulis, tangage, turbulence, vibration. ▶ ***Remous*** – agitation, balancement, ballottement, bercement, branle, branlement, cahotement, flottement, fluctuation, flux et reflux, houle, impulsion, lacet, mouvement, onde, ondoiement, ondulation, oscillation, pulsation, raz de marée, remous, roulis, tangage, vague, valse, vibration. *FAM.* brimbalement. ▶ ***Agitation*** – activité, affairement, affolement, agitation, alarme, animation, bouillonnement, branle-bas (de combat), bruit, dérangement, désordre, désorganisation, détraquement, effervescence, excitation, fourmillement, grouillement, hâte, incohérence, mouvement, orage, précipitation, remous, remue-ménage, secousse, tempête, tohu-bohu, tourbillon, tourmente, trépidation, trouble, tumulte, turbulence. *SOUT.* émoi, remuement. *FAM.* chambardement. △ **ANT.** PAIX, SILENCE, TRANQUILLITÉ.

vagabond *adj.* ▶ ***Sans domicile*** – errant, instable, mobile, nomade, sans domicile fixe. *SOUT.* sans feu ni lieu. ▶ ***En parlant de l'imagination*** – errant, flottant. △ **ANT.** SÉDENTAIRE; CONSTANT, FIXE, STABLE, STATIONNAIRE.

vagabond *n.* ▶ ***Nomade*** – nomade, romanichel, sans-abri. ▶ ***Mendiant*** – clochard, mendiant, meurt-de-faim, misérable, miséreux, pauvre, sans-abri, sans-logis, S.D.F, squatter, va-nu-pieds. FAM. clodo, crève-la-faim, mendigot. ▶ *Voyageur* (SOUT.) – aoûtien, croisiériste, curiste, estivant, hivernant, juillettiste, touriste, vacancier, visiteur, voyageur. FAM. bourlingueur. △ **ANT.** SÉDENTAIRE.

vagabondage *n. m.* ▶ ***Flânerie*** – aventure, course, déambulation, déplacement, égarement, flânerie, instabilité, nomadisme, pérégrination, promenade, randonnée, rêverie, voyage. SOUT. badauderie, errance. FAM. vadrouille, virée. FRANCE FAM. baguenaude. FAM. niaisage.

vague *adj.* ▶ ***Imprécis*** – confus, estompé, flou, imprécis, incertain, indécis, indéfini, indéfinissable, indéterminé, indistinct, ni chair ni poisson, obscur, sourd *(sentiment)*, trouble, vaporeux, voilé. ▸ *Volontairement imprécis* – évasif, fuyant, imprécis. SOUT. élusif. ▶ ***Peu détaillé*** – approximatif, grossier, imprécis, rudimentaire, sommaire, superficiel. ▶ ***En parlant d'un vêtement*** – ample, blousant, bouffant, flottant, lâche, large. △ **ANT.** CATÉGORIQUE, CLAIR, DÉFINI, DÉTERMINÉ, DISTINCT, EXPLICITE, FORMEL, NET, PRÉCIS; AJUSTÉ, ÉTROIT, MOULANT, SERRÉ; CULTIVÉ, ENTRETENU.

vague *n. f.* ▶ ***Ondulation de l'eau*** – ▸ *Petite* – mouton *(écume)*, vaguelette. ▸ *Grosse* – lame de fond, raz de marée, tsunami. ▸ *Qui se brise* – brisant, contre-lame *(inversée)*, lame, mascaret, paquet de mer, rouleau, (vague) déferlante. ▶ ***Remous*** – agitation, balancement, ballottement, bercement, branle, branlement, cahotement, flottement, fluctuation, flux et reflux, houle, impulsion, lacet, mouvement, onde, ondoiement, ondulation, oscillation, pulsation, raz de marée, remous, roulis, tangage, va-et-vient, valse, vibration. FAM. brimbalement. ▶ ***Augmentation subite*** – afflux, batillage, courant, déferlement, mouvement. ▶ ***Foule*** – abondance, avalanche, averse, bombardement, bordée, cascade, déferlement, déluge, flot, flux, grêle, kaléidoscope, mascaret, pluie, rivière, torrent. SOUT. fleuve. ▶ ***Mode*** – avant-gardisme, dernier cri, engouement, épidémie, fantaisie, fureur, goût (du jour), mode, style, tendance, ton, vent, vogue.

vaguement *adv.* ▶ ***Imprécisément*** – abstraitement, confusément, évasivement, imperceptiblement, imprécisément, indistinctement, nébuleusement, obscurément, vaseusement. ▶ ***Approximativement*** – à peine, approximativement, un brin, un peu. △ **ANT.** LOGIQUEMENT, MÉTHODIQUEMENT, RATIONNELLEMENT, SCIENTIFIQUEMENT, SENSÉMENT, SYSTÉMATIQUEMENT; EXACTEMENT, JUSTE, PRÉCISÉMENT.

vaillamment *adv.* audacieusement, bravement, courageusement, hardiment, intrépidement, résolument, valeureusement, virilement. △ **ANT.** CRAINTIVEMENT, LÂCHEMENT, PEUREUSEMENT, TIMIDEMENT; AVEC CIRCONSPECTION, PRÉCAUTIONNEUSEMENT, PRÉVENTIVEMENT, PRUDEMMENT, SAGEMENT.

vaillant *adj.* ▶ ***Courageux*** – brave, courageux, héroïque, intrépide, valeureux. SOUT. sans peur et sans reproche. ▶ ***Travaillant*** – actif, affairé, allant, diligent, dynamique, énergique, infatigable, laborieux, travailleur, zélé. FAM. bosseur, bûcheur, increvable, piocheur. ▶ ***À la santé robuste*** – gaillard, robuste, solide, vigoureux. △ **ANT.** CRAINTIF, LÂCHE, PEUREUX, TIMIDE; APATHIQUE, INDOLENT, NONCHALANT, OISIF, PARESSEUX; CHÉTIF, FAIBLE, FRAGILE, MALADIF.

vain *adj.* ▶ ***Vide de sens*** – creux, futile, insignifiant, spécieux, vide. ▶ ***Qui ne donne rien*** – futile, inutile, oiseux, stérile. SOUT. byzantin. ▶ ***Trompeur*** – chimérique, faux, illusoire, qui fait illusion, trompeur. ▶ ***Prétentieux*** – cabot, cabotin, complaisant, conquérant, content de soi, fat, fier, fiérot, hâbleur, imbu de soi-même, infatué, m'as-tu-vu, orgueilleux, outrecuidant, pédant, pétri d'orgueil, plein de soi-même, présomptueux, prétentieux, qui fait l'important, qui se prend pour quelqu'un, qui se prend pour un autre, rempli de soi-même, suffisant, vaniteux, vantard. FAM. chochotte. LOUISIANE AFR. faraud. △ **ANT.** FONDÉ, JUSTIFIÉ, PERTINENT; EFFICACE, PRODUCTIF, UTILE; RÉEL, VRAI; HUMBLE, MODESTE, SANS PRÉTENTION, SIMPLE.

vaincre *v.* ▶ ***Défaire l'ennemi*** – battre, défaire. ▶ ***Défaire un adversaire*** – avoir le dessus sur, avoir raison de, battre, défaire, surclasser, triompher de. FAM. rosser. ▶ ***Surmonter un obstacle*** – avoir raison de, franchir, surmonter, triompher de, venir à bout de. ▶ ***Maîtriser un sentiment*** – calmer, contenir, contrôler, dominer, dompter, gouverner, maîtriser, surmonter. SOUT. commander à. △ **ANT.** CAPITULER, CÉDER, PERDRE, S'AVOUER VAINCU.

vaincu *n.* perdant. △ **ANT.** GAGNANT, VAINQUEUR.

vainement *adv.* ▶ ***Infructueusement*** – en vain, futilement, inefficacement, infructueusement, inutilement, stérilement. ▶ ***Frivolement*** – distraitement, frivolement, futilement, inconséquemment, infidèlement, inutilement, légèrement, négligemment, superficiellement. ▶ ***Illusoirement*** – apparemment, chimériquement, en apparence, faussement, illusoirement, trompeusement. △ **ANT.** AVEC SUCCÈS, EFFICACEMENT, FERTILEMENT, PROFITABLEMENT.

vainqueur *n.* champion, gagnant, gagneur, lauréat, médaillé, premier, tenant du titre, triomphateur. △ **ANT.** PERDANT, VAINCU.

vaisseau *n. m.* ▶ ***Partie d'une église*** – nef. ▶ ***Navire*** (SOUT.) – bateau, bâtiment, navire. SOUT. nef.

vaisselle *n. f.* ▶ ***Action*** – plonge.

val *n. m.* combe, vallée. FRANCE RÉGION. reculée. ▸ *Petite* – combette, vallon.

valable *adj.* ▶ ***En règle*** – en bonne et due forme, en due forme, en règle, réglementaire, régulier, valide. ▶ ***Admissible*** – acceptable, admissible, recevable, valide. △ **ANT.** ILLÉGAL, INVALIDE, PÉRIMÉ; INACCEPTABLE, INADMISSIBLE, IRRECEVABLE; CONTESTABLE, DISCUTABLE; INEFFICACE, ININTÉRESSANT, NUL.

valet *n. m.* ▶ ***Domestique*** – domestique. ▶ ***Palefrenier*** (ANC.) – garçon/laquais d'écurie, lad *(chevaux de course)*, palefrenier, piqueur. ANC. écuyer, maréchal *(militaire)*, valet (d'écurie). ▶ ***Flatteur*** – admirateur, adorateur, adulateur, apologiste, caudataire, complaisant, complimenteur, courtisan, dithyrambiste, flatteur, patelin. SOUT. applaudisseur, approbateur, glorificateur, laquais, laudateur, thuriféraire. FAM. béni-oui-oui, carpette, cloporte, fayot, larbin, lèche-bottes, lécheur, paillasson BELG. FAM. frotte-manche. ▶ ***Cintre*** – patère, portemanteau. △ **ANT.** MAÎTRE, SEIGNEUR.

valeur *n.f.* ▶ ***Utilité*** – avantage, bénéfice, bienfait, commodité, convenance, désidérabilité, efficacité, fonction, fonctionnalité, indispensabilité, intérêt, mérite, nécessité, profit, profitabilité, recours, service, usage, utilité. ▶ ***Prix*** – appréciabilité, cherté, cotation, cote, cours, coût, estimation, évaluation, montant, prix, tarif, tarification, taux. ▶ ***Bien*** – argent, avoir, bien, capital, cassette, épargne, fonds, fortune, fruit, gain, investissement, liquidités, numéraire, patrimoine, pécule, placement, portefeuille, possession, produit, propriété, richesse, trésor. *SOUT.* deniers. *FAM.* finances, magot. ▶ ***Titre financier*** – action, bon, coupon, effet de commerce, obligation, papier, part, titre. ▶ ***Grandeur mathématique*** – ampleur, dimension, envergure, étendue, grandeur, mesure, proportion. ▶ ***Signification d'une expression*** – acception, définition, sémantisme, sens, signification, signifié. ▶ ***Courage*** (*SOUT.*) – audace, bravoure, cœur, cœur au ventre, courage, cran, hardiesse, héroïsme, intrépidité, mépris du danger, témérité, vaillance. *RARE* héroïcité. *FAM.* tripes. ▶ ***Noblesse*** – dignité, élévation, générosité, grandeur (d'âme), hauteur, mérite, noblesse, sublime, sublimité, vertu. *RARE* ennoblissement. ▶ ***Respectabilité*** – honneur, honorabilité, réputation, respectabilité. △ **ANT.** INEFFICACITÉ, INUTILITÉ, NON-VALEUR; LÂCHETÉ; MÉDIOCRITÉ, NULLITÉ.

valide *adj.* ▶ ***En règle*** – en bonne et due forme, en due forme, en règle, réglementaire, régulier, valable. ▶ ***Admissible*** – acceptable, admissible, recevable, valable. ▶ ***En bonne santé*** – bien portant, en bonne santé, en parfaite santé, en santé, sain. △ **ANT.** IRRÉGULIER, NUL, PÉRIMÉ; INACCEPTABLE, INADMISSIBLE, IRRECEVABLE; IMPOTENT, INFIRME, INVALIDE, MALADE.

validité *n.f.* ▶ ***Conformité*** – canonicité, conformité, constitutionnalité, correction, juste, justesse, légalité, légitimité, normalité, normativité, régularité. ▶ ***Vérité*** – apodicticité, authenticité, évidence, existence, flagrance, historicité, incontestabilité, justesse, objectivité, positivité, réalité, véracité, véridicité, vérité, vrai. *SOUT.* véridicité. △ **ANT.** INVALIDITÉ, NULLITÉ.

valise *n.f.* ▶ ***Sac*** – mallette. *FAM.* valoche. ▶ ***Coffre de voiture*** (*QUÉB.*) – coffre *(auto)*, fourgon *(train)*, soute *(bateau ou avion)*.

vallée *n.f.* combe, val. *FRANCE RÉGION.* reculée. ▸ *Petite* – combette, vallon. △ **ANT.** MONTAGNE, PLATEAU.

vallon *n.m.* combe, val, vallée. *FRANCE RÉGION.* reculée. ▸ *Petite* – combette.

valoir *v.* ▶ ***Avoir la même valeur*** – correspondre à, égaler, équivaloir à, représenter, revenir à. ▶ ***Coûter*** – coûter, revenir à. *FAM.* faire. ▶ ***Intéresser*** – être d'intérêt pour, intéresser, regarder, s'appliquer à, toucher, viser. ▶ ***Procurer*** – acquérir, attirer, mériter, procurer. ▶ ***Être digne de*** – mériter.

valorisation *n.f.* ▶ ***Plus-value*** – accroissement, amélioration, appréciation, augmentation, bénéfice, excédent, gain, majoration, plus-value, profit, survaleur. ▶ ***Hausse*** – accentuation, accroissement, accrue, agrandissement, amplification, arrondissement, augmentation, bond, boom, crescendo, croissance, crue, décuplement, développement, dilatation, élargissement, élévation, enflement, enrichissement, envolée, essor, évolution, expansion, extension, flambée, foisonnement, gonflement, gradation, grossissement, hausse, haussement, inflation, intensification, majoration, montée, poussée, progrès, progression, recrudescence, redoublement, redressement, rehaussement, relèvement, renchérissement, renforcement, revalorisation. ▶ ***Satisfaction personnelle*** – gratification, revalorisation. △ **ANT.** DÉNIGREMENT, DÉPRÉCIATION, DÉVALORISATION.

valse *n.f.* ▶ ***Fluctuation*** – activité, affairement, affolement, agitation, alarme, animation, bouillonnement, branle-bas (de combat), bruit, dérangement, désordre, désorganisation, détraquement, effervescence, excitation, fourmillement, grouillement, hâte, incohérence, mouvement, orage, précipitation, remous, remue-ménage, secousse, tempête, tohu-bohu, tourbillon, tourmente, trépidation, trouble, tumulte, turbulence, va-et-vient. *SOUT.* émoi, remuement. *FAM.* chambardement.

vampire *n.* ▶ ***Personnage légendaire*** – goule *(femme)*, stryge *(mi-femme, mi-animal)*. ▶ ***Sadique*** – barbare, boucher, bourreau, cannibale, dépravé, monstre, ogre, psychopathe, sadique, tordu, tortionnaire. *SOUT.* tigre.

vandaliser *v.* mutiler, saboter, saccager.

vanité *n.f.* ▶ ***Futilité*** – frivolité, futilité, inanité, inconsistance, inefficacité, insignifiance, inutilité, néant, nullité, puérilité, stérilité, superfétation, superficialité, superfluité, vacuité, vide. ▶ ***Orgueil*** – amour-propre, arrogance, autosatisfaction, bouffissure, complaisance, contentement (de soi), crânerie, enflure, fatuité, gloriole, hauteur, immodestie, importance, jactance, mégalomanie, morgue, orgueil, ostentation, outrecuidance, parade, pose, présomption, prétention, suffisance, superbe, supériorité, vantardise. *SOUT.* fierté, infatuation. *FAM.* ego. ▶ ***Égocentrisme*** – amour-propre, captativité, chacun-pour-soi, culte du moi, égocentrisme, égoïsme, égotisme, individualisme, introversion, moi, narcissisme. *SOUT.* autisme, incuriosité. *FAM.* ego, nombrilisme. △ **ANT.** EFFICACITÉ, VALEUR; HUMILITÉ, MODESTIE, SIMPLICITÉ; ALTRUISME.

vaniteux *adj.* cabot, cabotin, complaisant, conquérant, content de soi, fat, fier, fiérot, hâbleur, imbu de soi-même, infatué, m'as-tu-vu, orgueilleux, outrecuidant, pédant, pétri d'orgueil, plein de soi-même, présomptueux, prétentieux, qui fait l'important, qui se prend pour quelqu'un, qui se prend pour un autre, rempli de soi-même, suffisant, vain, vantard. *FAM.* chochotte. *LOUISIANE AFR.* faraud. △ **ANT.** HUMBLE, MODESTE, SANS PRÉTENTION, SIMPLE.

vanter *v.* ▶ ***Faire l'éloge de qqn*** – applaudir, approuver, chanter les louanges de, complimenter, congratuler, couvrir de fleurs, couvrir de louanges, encenser, faire l'éloge de, féliciter, louanger, louer, rendre hommage à, saluer. ▶ ***Faire l'éloge de qqch.*** – chanter les louanges de, faire l'éloge de, louanger, louer, prôner. ♦ **se vanter** ▶ ***Être fier de qqch.*** – faire grand cas, s'enorgueillir, s'honorer, se faire gloire, se faire honneur, se flatter, se glorifier, se piquer, se prévaloir, se rengorger, se targuer, tirer gloire, tirer vanité. ▶ ***Se targuer de qqch.*** – avoir la prétention, prétendre, se faire fort, se flatter, se piquer, se prévaloir, se targuer. ▶ ***Se mettre en valeur*** – en mettre plein la vue, fanfaronner, jeter de la poudre aux yeux, se faire valoir. *FAM.* bluffer, esbroufer, faire de l'épate, faire de l'esbroufe, faire de la frime, faire des flaflas, faire du chiqué, frimer, le faire à l'épate, le faire à l'estomac, le faire au chiqué, se faire mousser, tchatcher. △ **ANT.** ABAISSER, CRITIQUER, DÉCRIER, DÉNIGRER, DÉPRÉCIER, DISCRÉDITER, ÉREINTER, MINIMISER. ♦ **se vanter** S'EFFACER, S'HUMILIER; S'EXCUSER; SE REPROCHER.

vapeur *n.f.* ▶ ***Émanation*** – buée, émanation, exhalaison, fumée, fumerolle *(volcan)*, gaz, mofette *(volcan)*, nuage, nuée, salamandre *(alchimie)*. *QUÉB. FAM.* boucane. ▶ ***Gaz*** – essence. *ANC.* esprit. ▶ ***Aura*** – âme, aura, corps astral, double (éthéré), émanation, essence, éther.

vaporeux *adj.* ▶ ***Léger*** – aérien, immatériel, léger, mousseux. *SOUT.* arachnéen, éthéré. ▶ ***Translucide*** – diaphane, translucide, transparent, vitreux. ▶ ***Imprécis*** – confus, estompé, flou, imprécis, incertain, indécis, indéfini, indéfinissable, indéterminé, indistinct, ni chair ni poisson, obscur, sourd *(sentiment)*, trouble, vague, voilé. ▶ ***Brumeux*** – brumeux, nébuleux. △ **ANT.** CLAIR; DENSE, LOURD, SOLIDE; OPAQUE; EXPLICITE, LIMPIDE, NET, PRÉCIS; ÉCLAIRÉ, ENSOLEILLÉ.

vaquer *v.* s'adonner à, s'appliquer à, s'employer à, s'occuper de, se consacrer à, se livrer à. △ **ANT.** NÉGLIGER, OMETTRE; PARESSER.

variable *adj.* ▶ ***Qui varie*** – changeant, en dents de scie, flottant, fluctuant, incertain, inconstant, inégal, instable, irrégulier, mobile, mouvant. *SOUT.* labile, volatil. *DIDACT.* erratique. ▶ ***Qu'on peut varier*** – adaptable, altérable, changeable, élastique, flexible, mobile, modifiable, modulable, souple. ▶ ***Qu'on peut ajuster*** – ajustable, réglable. △ **ANT.** CONSTANT, FIXE, IMMOBILE, IMMUABLE, INVARIABLE, INVARIANT, STABLE, STATIONNAIRE, STATIQUE.

variation *n.f.* ▶ ***Différence*** – abîme, altérité, changement, désaccord, déviance, différence, dissemblance, dissimilitude, distance, distinction, divergence, diversité, division, divorce, écart, fossé, gouffre, incompréhension, inégalité, intervalle, marginalité, nuance, séparation, variante, variété. *MATH.* inéquation. ▶ ***Modification*** – adaptation, ajustement, altération, avatar, changement, conversion, évolution, glissement, gradation, infléchissement, métamorphose, modification, modulation, mue, mutation, passage, progression, transfiguration, transformation, transition, transmutation, vie. ▶ ***Amplitude*** – amplitude, écart, inclinaison, oscillation, portée. ▶ ***Alternance*** – allée et venue, alternatives, balancement, bascule, changement, flux et reflux, intermittence, ondulation, oscillation, palpitation, périodicité, pulsation, récurrence, récursivité, retour, rotation, roulement, rythme, sinusoïde, succession, tour, va-et-vient. ▶ ***Fluctuation*** – ballottement, changement, déséquilibre, fluctuation, fragilité, inadaptation, incertitude, inconstance, inégalité, instabilité, mouvant, mouvement, précarité, variabilité, versatilité, vicissitude, volatilité. ▶ ***Caprice*** – accès, bizarrerie, bon plaisir, caprice, changement, chimère, coup de tête, envie, extravagance, fantaisie, fantasme, folie, frasque, gré, guise, immaturité, impatience, incartade, inconstance, infantilisme, instabilité, légèreté, lubie, marotte, mobilité, originalité, saute (d'humeur), singularité, sporadicité, versatilité, volonté. *SOUT.* folle gamberge, foucade, humeur. *FAM.* toquade. ▶ ***En probabilité*** – dispersion, écart, fourchette, variance. △ **ANT.** CONSTANCE, CONTINUATION, UNIFORMITÉ.

varier *v.* ▶ ***Changer souvent*** – diversifier. ▶ ***Différer*** – changer, différer, fluctuer, se modifier. *FAM.* bouger. ♦ **varié** bigarré, complexe, composite, disparate, dissemblable, divers, diversifié, éclectique, hétéroclite, hétérogène, mélangé, mêlé, mixte, multiple. *SOUT.* pluriel. *RARE* inhomogène. △ **ANT.** FIXER, MAINTENIR; RÉGULARISER, UNIFIER, UNIFORMISER.

variété *n.f.* ▶ ***Pluralité*** – complexité, diversité, multiplicité, pluralité. ▶ ***Ensemble varié*** – assortiment, choix, collection, échantillon, éventail, gamme, ligne, palette, prix, qualité, quota, réunion, sélection, surchoix, tri. ▶ ***Éclectisme*** – diversité, éclectisme. ▶ ***Différence*** – abîme, altérité, changement, désaccord, déviance, différence, dissemblance, dissimilitude, distance, distinction, divergence, diversité, division, divorce, écart, fossé, gouffre, incompréhension, inégalité, intervalle, marginalité, nuance, séparation, variante, variation. *MATH.* inéquation. ▶ ***Sorte*** – catégorie, classe, espèce, famille, genre, groupe, nature, ordre, sorte, type. *SOUT.* gent. △ **ANT.** HOMOGÉNÉITÉ, MONOTONIE, UNIFORMITÉ, UNITÉ.

vase *n.m.* ▶ ***Récipient décoratif*** – cache-pot, nautile, potiche, pot-pourri, torchère, urne. *FRANCE RÉGION.* pucheux. *AFR. ANTILLES* canari. *ANC.* berthe, buire, figuline, hanap. *ANTIQ.* amphore, canope, cérame, cratère, hydrie, lécythe. ▶ ***Récipient à fleurs*** – porte-bouquet, soliflore, vase (à fleurs). ▶ ***En chimie*** – ballon, cornue, matras, moufle.

vase *n.f.* boue, bourbe, gâchis, gadoue, limon. *SOUT.* fange. *FRANCE FAM.* bouillasse, gadouille, mélasse. *FRANCE RÉGION.* vasard. *AFR.* poto-poto.

vasque *n.f.* ▶ ***Jardinière*** – bac, jardinière, jarre.

vaste *adj.* ▶ ***Étendu*** – ample, étendu, grand, large, spacieux. ▶ ***Considérable*** – colossal, considérable, démesuré, énorme, extraordinaire, extrême, fabuleux, formidable, géant, gigantesque, grand, gros, immense, incommensurable, monstrueux, monumental, phénoménal, prodigieux, surhumain, titanesque, vertigineux. *SOUT.* cyclopéen, herculéen. *FAM.* bœuf, de tous les diables, du diable, effrayant, effroyable, épouvantable, faramineux, méchant, monstre. *FRANCE FAM.* gratiné. ▶ ***Sans limites*** – considérable, grand, illimité, immense, inappréciable, incalculable, incommensurable, infini, insondable, sans borne, sans fin, sans limites, sans mesure. *RARE* immensurable. ▶ ***D'envergure*** – à grand déploiement, ambitieux, ample, d'envergure, de grande envergure, important. △ **ANT.** ÉTROIT, EXIGU, PETIT; LIMITÉ, RESTREINT; FAIBLE, INFIME, MODESTE, NÉGLIGEABLE; MINUSCULE, NAIN.

vaurien *n.* ▶ ***Voyou*** – aventurier, beau merle, délinquant, dévoyé, gibier de potence, homme de sac et de corde, julot, malfaisant, mauvais sujet, sale individu, scélérat, triste individu, triste personnage, triste sire, vilain merle, voyou. *FAM.* arsouille, blouson doré, blouson noir, loubard, (mauvais) drôle, sacripant, vermine, zonard. FRANCE FAM. frape, galapiat, gouape, loulou, malfrat, morbaque. ▸ ***Galopin*** – (affreux) jojo, chipie, coquin, diablotin, filou, fripon, galopin, mauvaise graine, (petit) bandit, (petit) chenapan, (petit) démon, (petit) diable, (petit) garnement, (petit) gredin, (petit) poison, (petit) polisson, (petit) vaurien, (petit) voyou, (petite) canaille, (petite) peste, poulbot *(de Montmartre)*, titi, vilain. SOUT. lutin. FAM. morveux, (petit) crapaud, petit merdeux, petit monstre, sacripant. QUÉB. FAM. (petit) tannant.

vautour *n. m.* ▸ ***Personne*** – chacal, charognard, pieuvre, prédateur, rapace, requin, tueur.

vécu *n. m.* cheminement, expérience (de vie), histoire (personnelle), itinéraire, passé, trajectoire.

vedette *n. f.* ▸ ***Artiste célèbre*** – célébrité, étoile, idole. ▸ ***Guetteur*** – factionnaire, garde, guetteur, planton, sentinelle, soldat de faction, soldat de garde, veilleur, vigie, vigile *(romain)*.

végétatif *adj.* ▸ ***Désœuvré*** (FAM.) – désoccupé, désœuvré, inactif, inoccupé, oisif. △ **ANT.** ACTIF, AU TRAVAIL.

végétation *n. f.* ▸ ***Plantes*** – couverture végétale, flore, formation végétale, verdure, vert.

végéter *v.* ▸ ***Ne pas évoluer*** – croupir, moisir, pourrir, s'encroûter, stagner, vivoter. △ **ANT.** CROÎTRE, S'ÉPANOUIR; AVANCER, ÉVOLUER, PROGRESSER.

véhément *adj.* ▸ ***Fougueux*** – bouillant, emporté, enflammé, explosif, fougueux, impatient, impétueux, impulsif, passionné, prompt, qui a la tête chaude, sanguin, vif, violent, volcanique. ▸ ***Ardent*** – animé, ardent, enthousiaste, exubérant, fougueux, pétulant, vif. △ **ANT.** DOUX, RETENU; FROID, INDIFFÉRENT, TIÈDE; AMORPHE, APATHIQUE, ENDORMI, INDOLENT, LYMPHATIQUE, MOU, NONCHALANT, SANS RESSORT.

véhicule *n. m.* ▸ ***Moyen de transport*** ▸ *Mauvais* – pétoire, sabot. ▸ ***Ce qui sert à transmettre*** – substrat, support, vecteur. ▸ ***Excipient*** – excipient. ▸ ***Liquide à peinture*** – médium.

veille *n. f.* ▸ ***Fait d'être éveillé*** – éveil, insomnie, vigilance. ▸ ***Surveillance*** – attention, espionnage, faction, filature, garde, gardiennage, guet, îlotage, inspection, monitorage, observation, patrouille, ronde, sentinelle, veillée, vigie, vigilance. ▸ ***Jour*** – hier. △ **ANT.** SOMMEIL; LENDEMAIN.

veillée *n. f.* ▸ ***Partie d'une journée*** – soir, soirée. ▸ ***Nuit de garde*** – attention, espionnage, faction, filature, garde, gardiennage, guet, îlotage, inspection, monitorage, observation, patrouille, ronde, sentinelle, veille, vigie, vigilance. △ **ANT.** MATINÉE; NUIT.

veiller *v.* ▸ ***Faire attention*** – faire attention à, se préoccuper de, surveiller. ▸ ***Surveiller*** – garder, prendre soin de, s'occuper de, surveiller. △ **ANT.** ABANDONNER, LAISSER, NÉGLIGER, OMETTRE, OUBLIER; DORMIR.

veilleur *n.* ▸ ***Militaire*** – factionnaire, garde, guetteur, planton, sentinelle, soldat de faction, soldat de garde, vigie, vigile *(romain)*. ▸ ***Garde de nuit*** – garde de nuit, gardien de nuit, veilleur (de nuit), vigilant, vigile. RARE rondier.

veine *n. f.* ▸ ***Veine humaine ou animale*** ▸ *Petite* – fibrille, veinosité, veinule. ▸ ***Veine végétale*** – côte *(grosse)*, nervure, veinule *(petite)*. ▸ ***Veine minérale*** – filon. ▸ ***Inspiration*** – conception, création, créativité, évasion, extrapolation, fantaisie, fantasme, fictif, fiction, idéal, idéation, idée, illumination *(soudain)*, imaginaire, imagination, inspiration, invention, inventivité, irréel, souffle (créateur), supposition, surréalité, surréel, virtuel. SOUT. folle du logis, muse. FRANCE FAM. gamberge. ▸ ***Chance*** (FAM.) – aubaine, chance, coup de chance, heureux hasard, occasion. SOUT. fortune. FAM. baraka, (coup de) bol, occase, pot. △ **ANT.** INFORTUNE, MALCHANCE.

vélo *n. m.* ▸ ***Véhicule*** – bicyclette. FAM. bécane, monture, vélocipède. ▸ *Mauvaise* – clou. ▸ ***Activité*** – bicyclette, cyclisme.

velu *adj.* ▸ ***Qui a des poils*** – poilu. ▸ *Au visage* – barbu, moustachu. FAM. barbichu. ▸ ***En parlant d'une plante*** – lanugineux, pubescent, tomenteux, villeux. △ **ANT.** GLABRE, IMBERBE; LISSE, RASÉ.

vendeur *adj.* accrocheur, raccrocheur, racoleur. △ **ANT.** DISCRET, INAPERÇU.

vendeur *n.* ▸ ***Agent commercial*** – agent commercial, attaché commercial, commis (de magasin), commis-vendeur, délégué commercial, représentant, représentant commercial, représentant de commerce. ▸ ***Adjudicateur*** – aboyeur, adjudicateur, commissaire-priseur, greffier-adjudicateur, huissier, notaire. SOUT. tabellion. QUÉB. encanteur. △ **ANT.** ACHETEUR, ACQUÉREUR, CLIENT, IMPORTATEUR.

vendre *v.* ▸ ***Offrir*** – débiter, détailler, écouler, faire commerce de, offrir, proposer. ▸ ***Mettre sur le marché*** – commercialiser, distribuer, mettre en vente, mettre sur le marché. ▸ ***Trahir*** – dénoncer, livrer, trahir. FAM. donner. ♦ **vendu** ▸ ***Soudoyé*** – corrompu, pourri, soudoyé, vénal. △ **ANT.** ACHETER, ACQUÉRIR, PAYER; DONNER; CONSERVER, GARDER, STOCKER.

vénéneux *adj.* toxique, vireux. FAM. poison. △ **ANT.** BÉNÉFIQUE, BIENFAISANT, BON, GUÉRISSANT, SAIN.

vénérable *adj.* ▸ ***Digne d'admiration*** – auguste, digne, respectable, révéré, sacré, saint. ▸ ***Saint*** – bienheureux, canonisé, élu, saint. △ **ANT.** ABJECT, IGNOBLE, IMMONDE, INDIGNE, INFÂME, MÉPRISABLE, MISÉRABLE, ODIEUX, REPOUSSANT, RÉPUGNANT, VIL.

vénération *n. f.* admiration, adoration, adulation, amour, attachement, culte, dévotion, emballement, engouement, fanatisme, ferveur, iconolâtrie, idolâtrie, passion, respect, zèle. SOUT. dilection, révérence. PÉJ. encens, flagornerie, flatterie. △ **ANT.** BLASPHÈME, IRRESPECT, MÉPRIS, PROFANATION.

vénérer *v.* ▸ ***Traiter avec grand respect*** – admirer, honorer, respecter, révérer, tenir en grand honneur. ▸ ***Admirer comme un dieu*** – adorer, aduler, déifier, fétichiser, idolâtrer, vouer un culte à. △ **ANT.** DÉDAIGNER, MÉPRISER; BLASPHÉMER.

vengeance *n. f.* ▸ ***Représailles*** – châtiment, colère, (loi du) talion, pareille, punition, rancune, réciproque, réparation, représailles, ressentiment, rétorsion, revanche, riposte, vendetta. SOUT. vindicte. △ **ANT.** CLÉMENCE, MISÉRICORDE, PARDON.

venger *v.* ▸ ***Punir*** – laver, punir, redresser, réparer. ♦ **se venger** ▸ ***Rendre la pareille à qqn*** – prendre sa revanche sur, régler son compte à, rendre la pareille à. ▸ ***Rendre le mal pour le mal*** – exercer des représailles, rendre le mal pour le mal, se faire justice (à soi-même). △ **ANT.** PARDONNER; OUBLIER.

vengeur *n.* défenseur (de la veuve et de l'orphelin), don Quichotte, justicier, redresseur de torts, tribun.

venir *v.* ▸ ***Approcher*** – avancer, (s') approcher. ▸ ***Pousser*** – croître, grandir, pousser, se développer. ▸ ***Avoir comme lieu de départ*** – arriver, provenir. ▸ ***Avoir comme origine*** – découler, dépendre, dériver, émaner, partir, procéder, provenir, résulter, s'ensuivre. *BELG.* conster. △ **ANT.** PARTIR, QUITTER, S'ÉLOIGNER; DÉGUERPIR, DISPARAÎTRE, FUIR, S'ENFUIR; MOURIR; CAUSER, ENTRAÎNER, PRODUIRE.

vent *n.m.* ▸ ***Coup de vent*** – bourrasque, coup de vent, rafale, rafale de vent, saute de vent, vent à rafales. ▸ ***Courant d'air*** – bouffée, courant d'air, souffle. ▸ ***Nouvelle non confirmée*** – bruit, écho, on-dit, ouï-dire, racontar, rumeur. *AFR.* radiotrottoir. ▸ ***Mode*** – avant-gardisme, dernier cri, engouement, épidémie, fantaisie, fureur, goût (du jour), mode, style, tendance, ton, vague, vogue. ▸ ***Gaz intestinal*** – flatulence, flatuosité, gaz (intestinaux). *FAM.* pet, vesse.

vente *n.f.* ▸ ***Aliénation*** – cession, distribution, donation, donation-partage, échange, legs, mancipation, partage, perte, transfert. △ **ANT.** ACHAT, ACQUISITION.

ventre *n.m.* ▸ ***Abdomen*** – abdomen. *ANAT.* bas-ventre, épigastre, hypocondre, hypogastre. *FAM.* bedaine, bedon, bide, brioche, estomac, panse. *FRANCE FAM.* bidon. ▸ ***Utérus*** – *SOUT.* entrailles, flanc, sein. *ANAT.* cavité utérine, utérus. ▸ ***Renflement*** – ampoule, ballonnement, bombement, bosse, boursouflure, boursouflage, boursouflement, boursouflure, bulle, cloche, cloque, débordement, dilatation, distension, enflure, engorgement, fluxion, gonflement, grosseur, grossissement, hypertrophie, intumescence, renflement, rondeur, sinus, soufflure, soulèvement, tuméfaction, tumescence, turgescence, vésicule, vultuosité. *QUÉB. FAM.* bouffie. *PATHOL.* bubon, ectasie, emphysème, hydronéphrose, inflation, météorisation, météorisme, œdème, phlyctène. ▸ ***Partie renflée de la coque*** – brion, contre-arc, joue (du navire).

venue *n.f.* ▸ ***Accession*** – accession, admission, arrivée, avènement. ▸ ***Apparition*** – apparition, approche, arrivée, avènement, entrée, introduction, irruption, jaillissement, manifestation, occurrence, survenance. *SOUT.* surgissement, survenue. *DIDACT.* exondation. ▸ ***Immigration*** – arrivée, entrée, établissement, gain de population, immigration, invasion. △ **ANT.** DÉPART; DISPARITION.

ver *n.m.* ▸ ***Au sens strict*** – lombric, ver de terre.

véracité *n.f.* ▸ ***Vérité*** – apodicticité, authenticité, évidence, existence, flagrance, historicité, incontestabilité, justesse, objectivité, positivité, réalité, validité, véridicité, vérité, vrai. *SOUT.* véridicité. △ **ANT.** FAUSSETÉ, HYPOCRISIE, MENSONGE.

verbal *adj.* ▸ ***Fait de vive voix*** – oral. △ **ANT.** ÉCRIT; AVERBAL *(PHRASE)*.

verdict *n.m.* ▸ ***Décision publique*** – arrêt, arrêté, décision, délibération, jugement, ordonnance, règlement, résolution, résultat, sentence.

verdure *n.f.* ▸ ***Couleur*** – verdoiement, vert. ▸ ***Plantes*** – couverture végétale, flore, formation végétale, végétation, vert. ▸ ***Aliment*** – fruit légumier, légume, plante potagère, racine potagère.

verge *n.f.* ▸ ***Baguette*** – aine, alinette, apex, archet, badine, baguette, bâton, bâtonnet, branche, canne, cravache, crosse, gaule, honchet, houssine, jonc, jonchet, mailloche, perche, stick, style, tige, triballe, tringle, vergette. ▸ ***Bâton symbolique*** – abacus, bâton, caducée, crosse, lituus, main de justice, pédum, sceptre, thyrse. ▸ ***Pénis*** – membre viril, pénis, sexe (de l'homme).

verger *n.m.* fruitier.

véridique *adj.* ▸ ***Qui dit la vérité*** – franc, sincère, vrai. *SOUT.* vérace. ▸ ***Conforme à la vérité*** – attesté, authentique, exact, factuel, historique, positif, réel, véritable, vrai. △ **ANT.** FAUX, MENSONGER, TROMPEUR; ERRONÉ, INEXACT; ILLUSOIRE, IMAGINAIRE, IRRÉEL.

vérification *n.f.* ▸ ***Contrôle*** – analyse, apurement, audit, censure, confrontation, contrôle, épreuve, examen, expérience, expérimentation, expertise, filtrage, inspection, pointage, recensement, recension, récolement, reconnaissance, recoupement, révision, revue, suivi, supervision, surveillance, test. *RARE* schibboleth. ▸ ***Entretien*** – maintenance, (service d') entretien. ▸ *Dans le commerce* – service après-vente. ▸ ***Confirmation*** – affirmation, assurance, attestation, certitude, confirmation, corroboration, démonstration, gage, manifestation, marque, preuve, témoignage.

vérifier *v.* ▸ ***Tester*** – contrôler, inspecter, réviser, tester. ▸ ***Prouver*** – attester, confirmer, démontrer, établir, justifier, montrer, prouver. ♦ **se vérifier** ▸ ***Se confirmer*** – se confirmer. *SOUT.* s'avérer. △ **ANT.** CONTREDIRE, INFIRMER.

véritable *adj.* ▸ ***Pur*** – authentique, naturel, pur, vrai. ▸ ***Dont l'existence est prouvée*** – attesté, authentique, exact, factuel, historique, positif, réel, véridique, vrai. ▸ ***Sincère*** – authentique, sans artifice, sincère, spontané, vrai. △ **ANT.** ARTIFICIEL, FAUX; ERRONÉ, INEXACT; APPARENT, ILLUSOIRE, IMAGINAIRE, INVENTÉ, IRRÉEL; MENSONGER, TROMPEUR.

véritablement *adv.* ▸ ***Vraiment*** – à dire vrai, à l'évidence, à la vérité, à n'en pas douter, à vrai dire, assurément, authentiquement, bel et bien, bien, bien entendu, bien sûr, cela va de soi, cela va sans dire, certainement, certes, comme de juste, d'évidence, de toute évidence, effectivement, en effet, en vérité, évidemment, il va sans dire, indubitablement, manifestement, naturellement, nul doute, oui, réellement, sans (aucun) doute, sans conteste, sans contredit, sans le moindre doute, sans nul doute, sérieusement, sûrement, véridiquement, vraiment. *FAM.* pour de vrai, vrai. ▸ ***Irréfutablement*** – catégoriquement, formellement, incontestablement, indéniablement, indiscutablement, irrécusablement, irréfutablement, péremptoirement. ▸ ***Fidèlement*** – à la lettre, conformément, correctement, exactement, religieusement, scrupuleusement. △ **ANT.** DUBITATIVEMENT, SCEPTIQUEMENT, SOUS TOUTES RÉSERVES; ABSTRACTIVEMENT, ABSTRAITEMENT, EN THÉORIE, HYPOTHÉTIQUEMENT, IDÉALEMENT, IMAGINAIREMENT, IN ABSTRACTO, THÉORI-

QUEMENT; HYPOCRITEMENT, INSIDIEUSEMENT, INSINCÈREMENT, PERFIDEMENT, SCÉLÉRATEMENT, SOURNOISEMENT, TORTUEUSEMENT, TRAÎTREUSEMENT, TROMPEUSEMENT.

vérité *n.f.* ▶ ***Véracité*** – apodicticité, authenticité, évidence, existence, flagrance, historicité, incontestabilité, justesse, objectivité, positivité, réalité, validité, véracité, véridicité, vrai. *SOUT.* véridicité. ▶ ***Adéquation*** – adéquation, convenance, efficacité, exactitude, justesse, pertinence, propriété. *SOUT.* véridicité. ▶ ***Axiome*** – apodicticité, axiome, convention, définition, donnée, évidence, fondement, hypothèse, lemme, postulat, postulatum, prémisse, principe, proposition, théorème, théorie. ▶ ***Maxime*** – adage, aphorisme, apophtegme, axiome, citation, devise, dicton, dit, dogme, enseignement, formule, mantra, maxime, moralité, mot, on-dit, parole, pensée, précepte, principe, proverbe, réflexion, règle, sentence, sutra. ▶ ***Sagesse*** – bon goût, connaissance, discernement, (gros) bon sens, intelligence, jugement, philosophie, raison, sagesse, sens commun. *FAM.* jugeote. △ **ANT.** ABSURDITÉ, CONTREVÉRITÉ, ERREUR, FAUSSETÉ, MENSONGE; APPARENCE, ILLUSION; FICTION, INVENTION.

vermine *n.f.* ▶ ***Racaille*** (*SOUT.*) – bas-fonds, engeance, lie (de la société), racaille, ramassis. *SOUT.* tourbe. ▶ ***Vaurien*** (*FAM.*) – aventurier, beau merle, délinquant, dévoyé, gibier de potence, homme de sac et de corde, julot, malfaisant, mauvais sujet, sale individu, scélérat, triste individu, triste personnage, triste sire, vaurien, vilain merle, voyou. *FAM.* arsouille, blouson doré, blouson noir, loubard, (mauvais) drôle, sacripant, zonard. *FRANCE FAM.* frape, galapiat, gouape, loulou, malfrat, morbaque.

vernis *n.m.* ▶ ***Enduit*** – blanc de chaux, brasque, briquetage, caviar, enduit, engluage, fart, laque, mastic, patine, stuc. *TECHN.* apprêt, engobe, futée, lustre, lut, salbande. ▶ ***Apparence*** – air, allure, apparence, aspect, caractère, configuration, couleur, couvert, dehors, éclairage, expression, extérieur, façade, faciès, figure, forme, formule, impression, jour, masque, mine, paraître, perspective, physionomie, plastique *(en art)*, portrait, présentation, profil, ressemblance, semblant, surface, ton, tour, tournure, traits, visage. *SOUT.* enveloppe, regardure, superficie. ▶ ***Clinquant*** – clinquant, éclat illusoire, éclat trompeur, oripeaux. ▶ ***Connaissances superficielles*** – a b c, b.a.-ba, base, éléments, essentiel, notions, notions de base, notions élémentaires, principes, rudiments, teinture, théorie. △ **ANT.** ÉRUDITION.

verre *n.m.* ▶ ***Récipient*** – gobelet, godet, quart. *FAM.* dé à coudre. *ANC.* rhyton, rince-bouche. ▶ ***Contenu*** – demi, double, pot, rasade, triple. *FAM.* canon. ▶ ***Dispositif optique*** – bonnette, judas optique *(porte)*, lentille, mire, objectif, oculaire, œilleton *(arme)*, sténopé, système optique, verre de contact/lentille cornéenne, viseur. ♦ **verre,** ***sing.*** ▶ ***Matière*** – *QUÉB. FAM.* vitre. ♦ **verres,** ***plur.*** ▶ ***Lunettes*** – lorgnon, lunettes, monocle *(verre unique)*, pince-nez. *FAM.* binocles, carreaux. ▶ ***Lentilles cornéennes*** – lentilles cornéennes, verres cornéens, verres de contact.

verrou *n.m.* ▶ ***Serrure*** – bec-de-cane, bénarde, housset, loquet, loqueteau, serrure, taquet, targette.

verrue *n.f.* pois chiche. *MÉD.* verrucosité. *FRANCE FAM.* poireau.

versant *n.m.* ▶ ***Pente*** – côte, coteau, déclivité, descente, grimpette, montée, pente, raidillon, rampant *(toit)*, rampe, talus. *ANC.* calade *(équitation)*. ▶ ***Point de vue*** – angle, aspect, biais, côté, face, facette, perspective, point de vue. △ **ANT.** PLATEAU.

versé *adj.* à la hauteur, adroit, bon, brillant, capable, chevronné, compétent, connaisseur, d'élite, de haut vol, de haute volée, de talent, doué, émérite, entraîné, exercé, expérimenté, expert, ferré, fin, fort, habile, passé maître, performant, qualifié, qui s'y connaît, talentueux. *RARE* blanchi sous le harnais. *SOUT.* entendu à, industrieux, rompu à. *FAM.* calé, qui a la bosse de, qui sait y faire. *FRANCE FAM.* balèze, costaud, fortiche, incollable, trapu. △ **ANT.** IGNORANT, INCAPABLE, INCOMPÉTENT, MAUVAIS, MÉDIOCRE, NUL.

verser *v.* ▶ ***Répandre une chose concrète*** – déverser, renverser, répandre. *BELG.* baquer, benner. ▶ ***Répandre une chose abstraite*** – déverser, épancher. *SOUT.* épandre. ▶ ***Débourser*** – débourser, décaisser, dépenser, payer. *FAM.* allonger, casquer, cracher, lâcher. ▶ ***Faire tomber*** (*RARE*) – abattre, culbuter, faire tomber à la renverse, jeter à terre, mettre à terre, renverser, terrasser. ▶ ***Faire une chute*** – basculer, culbuter, faire une chute, tomber. *FAM.* aller choir, chuter, dinguer, prendre un billet de parterre, prendre une bûche, prendre une gamelle, prendre une pelle, ramasser un gadin, ramasser une bûche, ramasser une gamelle, ramasser une pelle, s'allonger, s'étaler, se casser la figure, se casser la gueule, se fiche par terre, se rétamer, valdinguer. ▸ *Vers l'avant* – tomber à plat ventre, tomber cul par-dessus tête, tomber de tout son long, tomber face contre terre, tomber la tête la première. *FAM.* embrasser le plancher, s'aplatir. ▸ *Vers l'arrière* – tomber à la renverse. *FAM.* tomber les quatre fers en l'air. △ **ANT.** PERCEVOIR, RECEVOIR, TOUCHER.

version *n.f.* ▶ ***Variante*** – leçon, mouture, remake *(film)*, variante. ▶ ***Traduction*** – adaptation, calque, explication, herméneutique, interprétation, paraphrase, thème, traduction, transcodage, transcription, translittération, transposition. *FAM.* traduc. ▶ ***Explication*** – éclaircissement, explication, justification, motivation, réponse. *SOUT.* légitimation.

verso *n.m.* arrière, derrière, dos, envers, revers. △ **ANT.** ENDROIT, RECTO.

vertical *adj.* debout. *SOUT.* perpendiculaire. △ **ANT.** HORIZONTAL; OBLIQUE.

verticalement *adv.* à la verticale, à pic, à plomb, d'aplomb, de bas en haut, de haut en bas, debout, droit. △ **ANT.** HORIZONTALEMENT.

vertige *n.m.* ▶ ***Perte d'équilibre*** – étourdissement. *FAM.* tournis. ▶ ***Extase*** – allégresse, béatitude, bonheur, égaiement, enthousiasme, euphorie, exaltation, extase, exultation, gaieté, hilarité, ivresse, joie, jubilation, plaisir, ravissement, réjouissance. *SOUT.* aise, félicité, liesse, rayonnement. △ **ANT.** APLOMB, ÉQUILIBRE; INDIFFÉRENCE, PLACIDITÉ.

vertigineux *adj.* ▶ ***Démesuré*** – colossal, considérable, démesuré, énorme, extraordinaire, extrême, fabuleux, formidable, géant, gigantesque, grand, gros, immense, incommensurable, monstrueux, monumental, phénoménal, prodigieux, surhumain, titanesque, vaste. *SOUT.* cyclopéen, herculéen. *FAM.* bœuf, de tous les diables, du diable, effrayant, effroyable, épouvantable, faramineux, méchant, monstre. *FRANCE FAM.* gratiné. △ **ANT.** COMMUN, COURANT, NORMAL, ORDINAIRE, PETIT.

vertu *n.f.* ▶ ***Sainteté*** – angélisme, mérite, moralité, perfection, sagesse, sainteté. ▶ ***Grandeur d'âme*** – dignité, élévation, générosité, grandeur (d'âme), hauteur, mérite, noblesse, sublime, sublimité, valeur. *RARE* ennoblissement. ▶ ***Honnêteté*** – conscience, droiture, exactitude, fidélité, franchise, honnêteté, incorruptibilité, intégrité, irréprochabilité, justice, loyauté, mérite, moralité, netteté, probité, scrupule, sens moral, transparence. ▶ ***Chasteté*** – abstinence, ascétisme, célibat, chasteté, continence, pureté, virginité. *FAM.* pucelage. ▶ ***Décence*** – bienséance, bon ton, chasteté, convenance, correction, décence, délicatesse, dignité, discrétion, éducation, fierté, gravité, honnêteté, honneur, modestie, politesse, propreté, pudeur, quant-à-soi, réserve, respect, retenue, sagesse, sobriété, tact, tenue. *SOUT.* pudicité. ▶ ***Devoir*** – bien, (bonnes) mœurs, conscience, déontologie, devoir, droit chemin, éthique, morale, moralité, obligation (morale), prescription, principes, règles de vie. *PSYCHOL.* surmoi. ▶ ***Qualité d'une chose*** – capacité, pouvoir, propriété. △ **ANT.** DÉFAUT, IMMORALITÉ, IMPERFECTION, VICE; INDIGNITÉ, LÂCHETÉ; DÉBAUCHE, LIBERTINAGE.

vertueux *adj.* ▶ ***Qui porte à la vertu*** – édifiant, exemplaire, moral. ▶ ***Chaste*** – chaste, décent, immaculé, innocent, platonique, pudique, pur, réservé, sage, virginal. ▶ *Non favorable* – bégueule, collet monté, prude, pudibond, puritain. △ **ANT.** CORRUPTEUR, DÉPRAVANT, IMMORAL, MALSAIN, MAUVAIS, PERVERS; CONCUPISCENT, CORROMPU, DÉBAUCHÉ, DÉPRAVÉ, GROSSIER, IMPUDIQUE, IMPUR, INDÉCENT, LIBIDINEUX, LICENCIEUX, LUBRIQUE, LUXURIEUX, OBSCÈNE, VICIEUX; FAIBLE, LÂCHE, PEUREUX.

verve *n.f.* ▶ ***Loquacité*** – abondance, débit, éloquence, emballement, expansivité, expressivité, exubérance, facilité, faconde, incontinence (verbale), logomachie, logorrhée, loquacité, péroraison, prolixité, verbalisme, verbiage, verbosité, volubilité. *FAM.* bagou, baratin, baratinage, dégoisement, tchatche. △ **ANT.** ARIDITÉ, FROIDEUR, PLATITUDE.

vestibule *n.m.* antichambre, entrée, hall, hall d'entrée, narthex *(église)*, passage, porche, réception, salle d'attente, salle d'embarquement, salle des pas perdus. *QUÉB.* portique. *ANTIQ.* propylée.

vestige *n.m.* ▶ ***Décombres*** – déblais, débris, décharge, décombres, démolitions, éboulement, éboulis, épave, gravats, gravois, miettes, plâtras, reste, ruines. *SOUT.* cendres. ▶ ***Trace*** – empreinte, foulées, marque (de pas), pas, piste, sillon, trace, traînée, voie. ▶ *À la chasse* – abattures *(cerf)*, connaissance, erres, marche, passée. ▶ ***Indice*** – apparence, cachet, cicatrice, critère, empreinte, indication, indice, justificatif, lueur, marque, ombre, pas, piste, preuve, repère, reste, ride, sceau, signature, signe, stigmate, tache, témoignage, témoin, trace, trait.

vêtement *n.m.* ▶ ***Vêtement caractéristique*** – costume, habillement, habit, harnachement, livrée, tenue, toilette, uniforme. *ANC.* harnais, harnois. ▶ ***Ce qui couvre*** (*FIG.*) – chape, gangue, manteau, parure. *SOUT.* enveloppe. ♦ **vêtements,** ***plur.*** ▶ ***Ensemble de ce qu'on porte*** – affaires, atours, chiffons, ensemble, garde-robe, habillement, habits, linge, mise, parure, tenue, toilette, trousseau, vestiaire. *SOUT.* vêture. *FRANCE FAM.* fringues, frusques, nippes, pelures, saint-frusquin, sapes. *QUÉB. ACADIE FAM.* hardes.

vêtir *v.* ▶ ***Habiller*** – habiller, revêtir. *FRANCE FAM.* fringuer, nipper. *QUÉB. ACADIE FAM.* gréer. ♦ **se vêtir** ▶ ***S'habiller*** – s'habiller. *FRANCE FAM.* se fringuer, se nipper, se saper. △ **ANT.** DÉPOUILLER, DÉSHABILLER, DÉVÊTIR.

veto *n.m.* ▶ ***Opposition*** – barrage, désapprobation, désobéissance, mauvaise volonté, objection, obstacle, obstruction, opposition, réaction, rebuffade, refus, résistance. *SOUT.* contredit, inacceptation. ▶ ***Censure*** – autocensure, bâillonnement, boycottage, caviardage, censure, contrôle, exclusive, filtre, imprimatur, interdiction, (mise à l')index, musellement. *FIG.* bâillon, muselière. *FAM.* anastasie. *RELIG.* interdit, monition, suspense, tabouisation. △ **ANT.** ASSENTIMENT.

veulerie *n.f.* ▶ ***Mollesse*** – abattement, affaiblissement, apathie, atonie, avachissement, faiblesse, inconsistance, indolence, langueur, laxisme, mollasserie, mollesse, nonchalance, passivité. *MÉD.* aboulie, dysboulie, psychasthénie. △ **ANT.** DÉTERMINATION, ÉNERGIE, FERMETÉ, VOLONTÉ.

vexer *v.* ▶ ***Blesser*** – atteindre (dans sa dignité), blesser (dans sa dignité), choquer, cingler, désobliger, effaroucher, égratigner, froisser, heurter, humilier, insulter, mortifier, offenser, offusquer, outrager, piquer au vif, toucher au vif, ulcérer. *SOUT.* fouailler. ♦ **se vexer** ▶ ***Se formaliser*** – s'indigner, s'offenser, s'offusquer, se fâcher, se formaliser, se froisser, se piquer, se scandaliser. △ **ANT.** CHARMER, FLATTER, PLAIRE; CONTENTER, SATISFAIRE; ENCHANTER, RAVIR, RÉJOUIR.

viande *n.f.* ▶ ***Chair comestible*** – chair, muscle. *FAM.* bidoche. ▶ *Mauvaise FAM.* barbaque, semelle de botte *(coriace)*. *FRANCE FAM.* carne.

vibrant *adj.* ▶ ***Émouvant*** – bouleversant, déchirant, dramatique, émouvant, pathétique, poignant, troublant. *SOUT.* empoignant. ▶ ***Ardent*** – ardent, enflammé, exalté, fervent, inspiré, lyrique, passionné. ▶ ***En parlant d'une voix*** – claironnant, cuivré, de stentor, de tonnerre, éclatant, fort, retentissant, sonore, tonitruant, tonnant. △ **ANT.** FROID, INDIFFÉRENT, SEC, TIÈDE; APAISANT, CALMANT, CONSOLANT, CONSOLATEUR, RASSÉRÉNANT, RASSURANT, RÉCONFORTANT, SÉCURISANT, TRANQUILLISANT; BANAL, ININTÉRESSANT, SANS INTÉRÊT; ÉTOUFFÉ, SOURD; MONOCORDE, MONOTONE, TRAÎNANT.

vibration *n.f.* ▶ ***Tremblement*** – agitation, convulsion, ébranlement, flageolement, frémissement, frisson, frissonnement, grelottement, haut-le-corps, oscillation, saccade, secousse, soubresaut, sursaut, titubation, tortillage, tortillement, tremblement, tremblotement, trémoussement, trémulation, trépidation, tressaillement, vacillement. *FAM.* tremblote. ▶ ***Remous*** – agitation, balancement, ballottement, bercement, branle, branlement, cahotement, flottement, fluctuation, flux et reflux, houle, impulsion, lacet, mouvement, onde, ondoiement, ondulation, oscillation, pulsation, raz de marée, remous, roulis, tangage, va-et-vient, vague, valse. *FAM.* brimbalement. ▶ ***Fluctuation*** – ballottement, changement, déséquilibre, fluctuation, fragilité, inadaptation, incertitude, inconstance, inégalité, instabilité, mouvant, mouvement, précarité, variabilité, variation, versatilité, vicissitude, volatilité. ▶ ***Instabilité*** – balancement, ballant, ballottement, déséquilibre, fragilité, instabilité, jeu, mobilité, motilité, motricité, mouvance, mouvant, mouvement, ondulation, oscillation, roulis, tangage, turbulence, va-et-vient.

vibrer *v.* ▶ ***Résonner*** – résonner, retentir, sonner. ▶ ***Trembler*** – trembler, trépider. *RARE* trémuler. ▶ ***Soumettre au vibrage*** – pervibrer.

vice *n.m.* ▶ ***Malformation*** – anomalie, défaut, déficience, déformation, difformité, disgrâce, dysmorphie, dysmorphose, handicap, infirmité, malformation, malposition, monstruosité. ▶ ***Imperfection*** – défaut, défectuosité, démérite, faible, faiblesse, faille, faute, fil, grossièreté, handicap, imperfection, infirmité, insuffisance, lacune, maladie, malfaçon, manque, médiocrité, péché mignon, péché véniel, petitesse, ridicule, tache, tare, tort, travers. *SOUT.* perfectibilité. ▶ ***Péché*** – accroc, chute, crime, déchéance, écart, errements, faute, impureté, mal, manquement, mauvais, offense, péché, sacrilège, scandale, souillure, tache, transgression. ▶ ***Immoralité*** – amoralité, corruption, cynisme, dépravation, immoralisme, immoralité, laxisme, péché, permissivité, perversion, perversité. *SOUT.* désordre. ▶ ***Abjection*** – abjection, abomination, atrocité, bassesse, boue, corruption, crapulerie, crime, débauche, déshonneur, fange, grossièreté, honte, horreur, ignominie, impureté, indignité, infamie, laideur, misère, monstruosité, noirceur, obscénité, odieux, ordure, saleté, sordide, souillure. *SOUT.* sordidité, stupre, turpitude, vilenie. *FAM.* dégoûtation, dégueulasserie, pouillerie. ▶ ***Débauche*** – débauche, débordement, dépravation, dévergondage, dissolution, excès, grivoiserie, immoralité, impureté, inconduite, intempérance, liberté de mœurs, libertinage, licence, lubricité, luxure, mauvaise conduite, obscénité, paillardise, perversion, sensualité. *SOUT.* dissipation, égarements, fange, impudicité, incontinence, lascivité, salacité, stupre, sybaritisme, turpitude. △ **ANT.** PERFECTION; INNOCENCE, MORALITÉ, VERTU; CHASTETÉ, PURETÉ.

vicieux *adj.* ▶ ***Débauché*** – concupiscent, débauché, dévergondé, dissolu, indécent, intempérant, libertin, libidineux, lubrique, luxurieux, salace. *FAM.* cochon. *FRANCE FAM.* vicelard. ▶ ***Déficient*** – bancal, boiteux, défaillant, défectueux, déficient, incomplet, inexact, lacunaire. ▶ ***Pervers*** – cruel, maléfique, malfaisant, malintentionné, malveillant, mauvais, méchant, pervers, sadique. △ **ANT.** CHASTE, DÉCENT, INNOCENT, PLATONIQUE, PUDIQUE, PUR, SAGE, VERTUEUX; CHARITABLE, COMPATISSANT, GÉNÉREUX, HUMAIN, QUI A BON CŒUR, SECOURABLE; BON, CORRECT, PARFAIT.

vicissitude *n.f.* ▶ ***Infortune*** – accident, coup du destin, coup du sort, coup dur, cruauté du destin, fatalité, fortune contraire, infortune, malchance, malheur, mauvais sort, mauvaise fortune, sort contraire. *SOUT.* adversité, infélicité. *FAM.* chiasse, déveine, guigne, manque de bol, manque de pot, poisse, scoumoune. *FRANCE FAM.* débine, guignon, mélasse. ▶ ***Fluctuation*** – ballottement, changement, déséquilibre, fluctuation, fragilité, inadaptation, incertitude, inconstance, inégalité, instabilité, mouvant, mouvement, précarité, variabilité, variation, versatilité, volatilité. △ **ANT.** BIENFAIT, BONHEUR; RÉGULARITÉ, STABILITÉ.

victime *n.f.* ▶ ***Souffre-douleur*** – bouc émissaire, dindon de la farce, gibier, jouet, martyr, opprimé, persécuté, plastron, proie, sacrifié, souffre-douleur, tête de Turc. △ **ANT.** RESCAPÉ; BOURREAU, MEURTRIER.

victoire *n.f.* ▶ ***Gain*** – avantage, gain, réussite, succès, triomphe. *FAM.* gagne, événement heureux, heureuse tournure, issue heureuse. △ **ANT.** DÉFAITE, DÉROUTE, ÉCHEC, REVERS.

victorieusement *adv.* triomphalement. △ **ANT.** HONTEUSEMENT.

victorieux *adj.* champion, gagnant, triomphant, vainqueur. △ **ANT.** BATTU, DÉFAIT, PERDANT, VAINCU.

vide *adj.* ▶ ***Vacant*** – disponible, inoccupé, libre, vacant. ▶ ***Abandonné*** – abandonné, dépeuplé, désert, déserté, inhabité. ▶ ***Insignifiant*** – creux, futile, insignifiant, spécieux, vain. △ **ANT.** BONDÉ, BOURRÉ, COMBLE, COMPLET, PLEIN, REMPLI; OCCUPÉ; HABITÉ, PEUPLÉ, SURPEUPLÉ; CAPTIVANT, INTÉRESSANT, PASSIONNANT; EXPRESSIF, RICHE; DÉCORÉ, MEUBLÉ, ORNÉ.

vide *n.m.* ▶ ***Néant*** – désert, néant, nullité, rien, vacuité, vacuum, zéro. ▶ ***Inexistence*** – inexistence, irréalité, néantise, négativité, non-être, non-existence, nullité, vacuité. ▶ ***Absence***– absence, défaut, lacune, manque, omission, privation, trou. ▶ ***Ennui*** – assommement, bâillement, dégoût, déplaisir, ennui, insatisfaction, langueur, lassitude. *SOUT.* blasement. △ **ANT.** PLÉNITUDE; EXISTENCE, PRÉSENCE; ENTHOUSIASME, ENTRAIN.

vider *v.* ▶ ***Dégarnir*** – débarrasser, dégarnir, démunir, dépouiller. ▶ ***Purger*** – purger, vidanger. ▶ ***Ôter les entrailles*** – étriper, éviscérer. ▶ ***Boire en entier*** – finir. *FAM.* nettoyer, sécher. ▶ ***Résoudre*** – en finir avec, régler, résoudre, trancher. ▶ ***Fatiguer*** (*FAM.*) – abrutir, briser, courbaturer, épuiser, éreinter, exténuer, fatiguer, forcer, harasser, lasser, mettre à plat, surmener, tuer. *FAM.* claquer, crever, démolir, esquinter, lessiver, mettre sur le flanc, nettoyer, pomper, rétamer, vanner. *QUÉB. FAM.* maganer. ▶ ***Chasser d'un lieu*** (*FAM.*) – chasser, évincer, expulser, mettre à la porte, mettre dehors, renvoyer. *FAM.* éjecter, virer. ▶ ***Congédier*** (*FAM.*) – chasser, congédier, débaucher, démettre, donner son congé à, expulser, licencier, mettre à la porte, mettre à pied, mettre dehors, mettre en disponibilité, reconduire, remercier, remercier de ses services, renvoyer. *FAM.* balancer, balayer, déboulonner, lourder, sabrer, sacquer, virer. ♦ **vidé** ▶ ***Fatigué*** (*FAM.*) – à bout, à plat, brisé, courbatu, épuisé, éreinté, exténué, fatigué, fourbu, harassé, las, mort (de fatigue), moulu (de fatigue). *SOUT.* recru (de fatigue), rompu (de fatigue), roué de fatigue. *FAM.* au bout du rouleau, avachi, claqué, crevé, esquinté, flagada, flapi, lessivé, nase, pompé, ramollo, raplapla, sur le flanc, sur les genoux, sur les rotules, vanné. △ **ANT.** ALIMENTER, EMPLIR, GARNIR, POURVOIR, REMPLIR.

vie *n. f.* ▸ ***Existence*** – actualité, essence, être, existence, fait, occurrence, présence, réalité, réel, substance. ▸ ***Âme*** – âme, atman *(hindouisme)*, cœur, conscience, esprit, mystère, pensée, principe (vital), psyché, psychisme, souffle (vital), spiritualité, transcendance. *PSYCHOL.* conscient. ▸ ***Évolution*** – adaptation, ajustement, altération, avatar, changement, conversion, évolution, glissement, gradation, infléchissement, métamorphose, modification, modulation, mue, mutation, passage, progression, transfiguration, transformation, transition, transmutation, variation. ▸ ***Destinée*** – avenir, chance, demain(s), destin, destinée, devenir, étoile, existence, fatalité, fortune, futur, hasard, horizon, karma, lendemain(s), lot, nécessité, prédestination, prédétermination, prédéterminisme, providence, sort. *SOUT.* fatum, Parque. ▸ ***Durée de vie d'une personne*** – jours, vivant. ▸ ***Durée d'une chose*** – activité, exercice, fonctionnement, marche, mouvement, opération, service, travail, usage. ▸ ***Subsistance*** – aliment, alimentation, approvisionnement, comestibles, denrée, entretien, fourniture, intendance, nourriture, pain, produit alimentaire, provision, ravitaillement, subsistance, victuailles, vivres. *SOUT.* provende. *FAM.* matérielle. ▸ ***Occupations*** – activités, occupations, quotidien, vie (de tous les jours). ▸ ***Comportement*** – attitude, comportement, conduite, habitude, habitus, mœurs, réaction. ▸ ***Dynamisme*** – abattage, activité, allant, ardeur, dynamisme, effort, énergie, vigueur, vitalité, vivacité. *FAM.* punch. ▸ ***Récit*** – anecdote, annales, autobiographie, biographie, carnet, chroniques, chronologie, commentaires, confessions, évocation, histoire, historiographie, historique, journal, mémoires, mémorial, souvenirs. ▸ ***Action d'un récit*** – action, affabulation, canevas, intrigue, péripétie, scénario, scène, trame. ▸ ***Monde*** – monde, siècle. △ **ANT.** MORT; FIN, TERME; APATHIE, FATIGUE, MOLLESSE.

vieillard *n.* aîné, ancien, doyen, patriarche, personne âgée, vieille personne, vieux. *DIDACT.* sénescence. *FAM.* ancêtre, petit vieux, vioc. *FRANCE FAM.* baderne, vieille baderne. ▸ *Femme* – douairière, sorcière, vieille bique, vieille chipie, vieille chouette, vieille taupe, vieille toupie. ▸ *Âge* – centenaire, nonagénaire, octogénaire, septuagénaire, sexagénaire. △ **ANT.** ENFANT.

vieillesse *n. f.* ▸ ***Vieillesse d'une personne*** – décadence, décrépitude, dégénérescence, gérontisme, (grand) âge, longévité, quatrième âge, sénescence, sénilisme, sénilité, troisième âge, vieillissement. *SOUT.* caducité, outrages du temps. *FRANCE FAM.* vieillerie, vioquerie. *QUÉB.* âge d'or. ▸ ***Vieillesse d'une chose*** – abandon, âge, anachronisme, ancienneté, antiquité, archaïsme, caducité, décrépitude, délabrement, désaffectation, désuétude, obsolescence, survivance, usure, vieillissement. *SOUT.* vétusté. △ **ANT.** ENFANCE, JEUNESSE; MODERNITÉ, NOUVEAUTÉ.

vieillir *v.* ▸ ***Avancer en âge*** – avancer en âge, prendre de l'âge, se faire vieux. *ACADIE FAM.* vieillesir. ▸ ***Subir les effets du vieillissement*** – décliner. *FAM.* prendre un coup de vieux. *ACADIE FAM.* vieillesir. ▸ ***Se flétrir*** – se décatir, se faner, se flétrir. ▸ ***Se démoder*** – appartenir au passé, dater, passer de mode, s'empoussiérer, se démoder, tomber en désuétude. △ **ANT.** RAJEUNIR; SE CONSERVER; SE RAFRAÎCHIR, SE RENOUVELER.

vieillissement *n. m.* ▸ ***Vieillesse d'une personne*** – décadence, décrépitude, dégénérescence, gérontisme, (grand) âge, longévité, quatrième âge, sénescence, sénilisme, sénilité, troisième âge, vieillesse. *SOUT.* caducité, outrages du temps. *FRANCE FAM.* vieillerie, vioquerie. *QUÉB.* âge d'or. ▸ ***Désuétude*** – abandon, âge, anachronisme, ancienneté, antiquité, archaïsme, caducité, décrépitude, délabrement, désaffectation, désuétude, obsolescence, survivance, usure, vieillesse. *SOUT.* vétusté. ▸ ***Transformation en vin*** – alcoolification, alcoolisation, distillation, élevage, vinification. △ **ANT.** RAJEUNISSEMENT; ACTUALITÉ, MODERNITÉ.

vierge *adj.* ▸ ***En parlant de qqn*** – *FAM.* puceau. ▸ ***Inexploré*** – désert, désolé, inexploré, inhabité, sauvage, solitaire. ▸ ***Inutilisé*** – inaltéré, intact, inutilisé, neuf. ▸ ***Non traité*** – brut, cru, naturel. △ **ANT.** IMPUR, SALE, SALI, SOUILLÉ; USÉ, UTILISÉ; CULTIVÉ, DÉVELOPPÉ, EXPLOITÉ.

vierge *n. f.* ▸ ***Femme chaste*** – enfant de Marie. *SOUT.* vestale. *FAM.* pucelle. ▸ *Homme* – garçon/homme vierge. *FAM.* puceau. ▸ ***Représentation de la Vierge*** – madone, mater dolorosa, pietà, vierge à l'enfant, vierge aux sept douleurs, vierge de miséricorde, vierge de pitié. ♦ **la Vierge** ▸ ***Mère de Jésus*** – la Bonne Mère, la consolatrice des affligés, la Dame du Ciel, la Madone *(Italie)*, la mère de Dieu, la Reine du ciel, la Rose mystique, la Sainte Vierge, la Vierge de majesté, la Vierge immaculée, la Vierge Marie, la Vierge Mère, Marie, Notre-Dame, Sainte Marie.

vieux *adj.* ♦ **choses** ▸ ***Ancien*** – ancien, antique, archaïque, centenaire, millénaire, séculaire. *SOUT.* d'antan. *FAM.* d'avant le déluge, vieux comme Hérode, vieux comme le monde. ▸ ***Dépassé*** – anachronique, ancien, antédiluvien, antique, archaïque, arriéré, caduc, démodé, dépassé, désuet, fossile, inactuel, moyenâgeux, obsolescent, obsolète, passé de mode, périmé, poussiéreux, préhistorique, qui a fait son temps, suranné, tombé en désuétude, usé, vétuste, vieilli, vieillot, vieux jeu. ▸ ***En décrépitude*** – décrépit, délabré, détérioré, qui menace ruine. ▸ ***Ancré*** – ancré, chronique, durable, endémique, enraciné, établi, gravé, implanté, indéracinable, inextirpable, invétéré, persistant, tenace, vivace. ♦ **personnes** ▸ ***Âgé*** – âgé, d'âge canonique, d'un âge avancé, du troisième âge, sur ses vieux jours. *FAM.* qui a un pied dans la tombe, vieux comme Mathusalem. *FRANCE FAM.* vioque. *QUÉB. FAM.* de l'âge d'or. ▸ ***Sénile*** – décrépit, en perte d'autonomie, sénescent, usé. △ **ANT.** ACTUEL, EN COURS, VALIDE; À LA MODE, À LA PAGE, EN VOGUE, MODERNE, NEUF, NOUVEAU, RÉCENT; JEUNE; GAILLARD, ROBUSTE, SOLIDE, VAILLANT, VIGOUREUX.

vieux *n.* ▸ ***Vieil homme*** – aîné, ancien, doyen, patriarche, personne âgée, vieillard, vieille personne. *DIDACT.* sénescence. *FAM.* ancêtre, petit vieux, vioc. *FRANCE FAM.* baderne, vieille baderne. ▸ ***Appellatif affectueux*** (*FAM.*) – ami, amour, ange, beau, bijou, biquet, cher, chéri, cœur, joli, lapin, loup, petit oiseau, trésor. *FAM.* chou, loulou, mimi, minou. ♦ **vieux, *masc. plur.*** ▸ ***Parents*** (*FAM.*) – chef de famille, parent. *FAM.* géniteur, procréateur, vioc. *FRANCE FAM.* dab. ♦ **vieille, *fém.*** ▶ ***Vieille femme*** – douairière, sorcière, vieille bique, vieille chipie, vieille chouette, vieille taupe, vieille toupie. ▶ ***Poisson*** – tourd. *ZOOL.* labre. △ **ANT.** JEUNE; ADOLESCENT; ENFANT.

vif *adj.* ♦ **choses** ▶ ***Animé*** – animé, ardent, chaud, intense. ▶ ***Rapide*** – prompt, rapide, vite. *SOUT.* preste, véloce. ▶ ***Affligeant*** – âcre, affligeant, amer, cruel, cuisant, déchirant, douloureux, dur, éprouvant, lancinant, navrant, pénible, poignant, saignant. ▶ ***En parlant d'une douleur*** – aigu, intense, lancinant, térébrant, violent. ▶ ***En parlant du froid*** – âpre, cinglant, mordant, pénétrant, perçant, piquant, saisissant. *RARE* cuisant. ▶ ***En parlant d'une couleur*** – éclatant, voyant. ▶ ***En parlant d'un souvenir*** – durable, impérissable, indélébile, ineffaçable, inoubliable, vivace, vivant. ♦ **personnes** ▶ ***Vivant*** – de chair et de sang, en vie, vivant. ▶ ***Plein de vie*** – animé, déluré, enjoué, frétillant, fringant, guilleret, pétillant, pétulant, plein d'entrain, plein de vie, primesautier, remuant, sémillant, vivant. ▶ ***Enthousiaste*** – animé, ardent, enthousiaste, exubérant, fougueux, pétulant, véhément. ▶ ***Éveillé*** – à l'esprit vif, agile, alerte, brillant, éveillé, intelligent, rapide. ▶ ***Plein d'esprit*** – brillant, fin, malicieux, pétillant, piquant, plein d'esprit, spirituel, subtil. ▶ ***Actif*** – actif, diligent, expéditif, prompt, qui va vite en besogne, rapide. ▶ ***Agile malgré l'âge avancé*** – alerte, ingambe, jeune, vert. ▶ ***Qui s'emporte facilement*** – bouillant, emporté, enflammé, explosif, fougueux, impatient, impétueux, impulsif, passionné, prompt, qui a la tête chaude, sanguin, véhément, violent, volcanique. △ **ANT.** ATTÉNUÉ, MODÉRÉ, TIÈDE; LENT; AGRÉABLE, PLAISANT, RÉJOUISSANT; ESTOMPÉ *(COULEUR)*, FADE, PÂLE, TERNE; DÉFUNT *(PERSONNE)*, MORT; AMORPHE, APATHIQUE, ENDORMI, INDOLENT, LYMPHATIQUE, MOU, NONCHALANT, PARESSEUX, SANS RESSORT; ABRUTI, BENÊT, BÊTE, BORNÉ, CRÉTIN, DEMEURÉ, HÉBÉTÉ, IDIOT, IMBÉCILE, ININTELLIGENT, NIAIS, NIGAUD, OBTUS, SOT, STUPIDE; DOUX, MESURÉ, PATIENT, SOUPLE. ♦ **vif, *masc.*** CONFUS *(SOUVENIR)*, FLOU, IMPRÉCIS, VAGUE. ♦ **vive, *fém.*** FAIBLE *(DOULEUR)*, LÉGÈRE, SUPPORTABLE.

vigilance *n.f.* ▶ ***État de veille*** – éveil, insomnie, veille. ▶ ***Surveillance*** – attention, espionnage, faction, filature, garde, gardiennage, guet, îlotage, inspection, monitorage, observation, patrouille, ronde, sentinelle, veille, veillée, vigie. ▶ ***Méfiance*** – défiance, désintéressement, doute, incrédulité, méfiance, prudence, scepticisme, soupçon, suspicion. *SOUT.* cautèle. *FAM.* paranoïa *(excessive)*. △ **ANT.** SOMMEIL; DISTRACTION, ÉTOURDERIE, NÉGLIGENCE.

vigilant *adj.* ▶ ***Attentif*** – à l'écoute, absorbé, attentif, concentré, diligent, tout ouïe, tout yeux tout oreilles. ▶ ***Prudent*** – attentif, précautionneux, prévoyant, prudent. △ **ANT.** ÉCERVELÉ, ENDORMI, ÉTOURDI, ÉVAPORÉ, IMPRÉVOYANT, IMPRUDENT, INCONSCIENT, INCONSÉQUENT, INSOUCIANT, IRRÉFLÉCHI, IRRESPONSABLE, LÉGER, NÉGLIGENT, SANS CERVELLE, SANS-SOUCI.

vigne *n.f.* ▶ ***Plante*** – *SOUT.* pampre. ▸ *Cultivée* – cépage, hautin *(sur échalas)*, joualle/vigne en ouillière *(cultivée avec d'autres plantes)*, plant, treille *(qui grimpe)*. *FRANCE RÉGION.* lambruche *(sauvage)*, plantier. ▹ *Qui produit d'autres vignes* – marcotte de vigne, provin, sautelle.

vigneron *n.* viticulteur.

vignoble *n.m.* château, clos, cru.

vigoureusement *adv.* ▶ ***Énergiquement*** – activement, avec la dernière énergie, avec zèle, décidément, dru, dynamiquement, énergiquement, fermement, fort, fortement, puissamment, résolument, sérieusement, virilement. ▶ ***Brutalement*** – à la hussarde, à tour de bras, à toute force, âprement, brutalement, crûment, de la belle manière, durement, énergiquement, fort, fortement, net, raide, raidement, rudement, sans ménagement, sec, vertement, violemment, vivement. △ **ANT.** APATHIQUEMENT, FAIBLEMENT, MOLLEMENT.

vigoureux *adj.* ▶ ***Fort*** – athlétique, bien bâti, bien découplé, bréviligne, costaud, fort, gaillard, musclé, puissant, râblé, ramassé, robuste, solide, trapu. *FAM.* qui a du coffre. *FRANCE FAM.* balèze, bien baraqué, malabar, maous. ▶ ***À la santé robuste*** – bâti à chaux et à sable, gaillard, robuste, solide, vaillant. ▶ ***Énergique*** – énergique, ferme, musclé, nerveux, qui a du nerf, solide. △ **ANT.** CHÉTIF, DÉBILE, DÉLICAT, FAIBLE, FRÊLE, MALADIF; AMORPHE, INDOLENT, MIÈVRE, MOU, NONCHALANT.

vigueur *n.f.* ▶ ***Solidité*** – aplomb, assurance, autorité, caractère, constance, courage, cran, détermination, endurance, énergie, fermeté, force, permanence, poigne, rectitude, résolution, ressort, sang-froid, sérieux, solidité, sûreté, ténacité, virilité, volonté. *SOUT.* invulnérabilité. *FAM.* estomac, gagne. ▶ ***Dynamisme*** – abattage, activité, allant, ardeur, dynamisme, effort, énergie, vie, vitalité, vivacité. *FAM.* punch. ▶ ***Violence*** – acharnement, animosité, ardeur, énergie, force, frénésie, fureur, furie, impulsivité, intensité, puissance, rage, violence, virulence, vivacité. *SOUT.* impétuosité, véhémence. ▶ ***Puissance sexuelle*** – puissance sexuelle, virilité. △ **ANT.** APATHIE, FAIBLESSE, MIÈVRERIE, MOLLESSE.

vil *adj.* abject, bas, coupable, crapuleux, dégoûtant, honteux, ignoble, immonde, inavouable, indigne, infâme, infect, innommable, inqualifiable, lâche, méprisable, odieux, repoussant, répugnant, sans nom, scandaleux, sordide. *SOUT.* fangeux, ignominieux, nauséeux, triste, turpide. *FAM.* dégueu, dégueulasse, écœurant, salaud. △ **ANT.** BON, DIGNE, ESTIMABLE, HONORABLE, NOBLE, RESPECTABLE.

vilain *adj.* ▶ ***Laid*** – à faire peur, affreux, déplaisant, disgracieux, hideux, horrible, ignoble, inesthétique, informe, ingrat, inharmonieux, laid, laideron *(femme)*, monstrueux, repoussant, répugnant. *SOUT.* malgracieux, répulsif. *FAM.* blèche, dégueu, dégueulasse, mochard, moche, tarte, tartignolle, tocard. ▶ ***Désagréable*** – déplaisant, déplorable, désagréable, détestable, fâcheux, mauvais, méchant. *FAM.* sale. △ **ANT.** À CROQUER, ADORABLE, BEAU, CHARMANT, COQUET, DÉLICIEUX, GRACIEUX, JOLI, MIGNON, RAVISSANT; GENTIL, OBÉISSANT, SAGE, TRANQUILLE; AGRÉABLE, BON, PLAISANT; CHASTE, PUR; DIGNE, HONORABLE, NOBLE.

village *n.m.* agglomération (rurale), bourg *(gros)*, bourgade, hameau, lieudit *(petit)*, localité, mechta *(Maghreb)*, pays. *FAM.* patelin. *QUÉB.* paroisse.

FRANCE RÉGION. ou ADMIN. écart. PÉJ. FAM. bled, trou. △ **ANT.** VILLE.

ville *n.f.* ▶ ***Agglomération*** – agglomération, commune, localité, municipalité. SOUT. cité. ANTIQ. municipe. ▶ ***Genre de vie*** – vie citadine. △ **ANT.** VILLAGE; CAMPAGNE.

vin *n.m.* ▶ ***Boisson alcoolisée au raisin*** – PAR PLAIS. dive bouteille, jus de la treille, jus de la vigne, liqueur bachique, purée septembrale. FAM. piccolo, pinard. ▸ *Non favorable* – vin aigre, vin éventé, vin piqué, vin plat, vin tourné, vinasse. FAM. piquette. FRANCE FAM. briolet, gros bleu, gros rouge, picrate. ▸ *Quantité* – bouteille, carafon, cruche, cruchon, demi-litre, fiasque, litre, muid, tonneau. FRANCE FAM. canon, chopine, kil de rouge, litron. FRANCE RÉGION. fillette.

viol *n.m.* ▶ ***Agression sexuelle*** – agression sexuelle, attentat à la pudeur, attentat aux mœurs, derniers outrages, violence. ▶ ***Profanation*** – atteinte, avilissement, blasphème, dégradation, hooliganisme, iconoclasme, irrespect, irrévérence, lèse-majesté, outrage, pollution, profanation, sac, saccage, sacrilège, subversion, vandalisme, violation.

violation *n.f.* ▶ ***Profanation*** – atteinte, avilissement, blasphème, dégradation, hooliganisme, iconoclasme, irrespect, irrévérence, lèse-majesté, outrage, pollution, profanation, sac, saccage, sacrilège, subversion, vandalisme, viol. ▶ ***Transgression*** – accroc, contravention, crime, délit, dérogation, entorse, faute, forfait, forfaiture, inconduite, infraction, manquement, mauvaise action, mauvaise conduite, méfait, non-respect, rupture, transgression. BELG. méconduite. DR. cas. ▶ ***Inexécution*** – désobéissance, inapplication, inexécution, manquement, non-exécution, non-observation, non-respect. SOUT. inaccomplissement, inobservance, inobservation. △ **ANT.** RESPECT; OBÉISSANCE, OBSERVANCE.

violemment *adv.* ▶ ***Brutalement*** – à la hussarde, à tour de bras, à toute force, âprement, brutalement, crûment, de la belle manière, durement, énergiquement, fort, fortement, net, raide, raidement, rudement, sans ménagement, sec, vertement, vigoureusement, vivement. ▶ ***Fougueusement*** – ardemment, chaleureusement, chaudement, fougueusement, impétueusement. SOUT. torrentueusement, véhémentement. ▶ ***Passionnément*** – à corps perdu, à la folie, ardemment, éperdument, fanatiquement, fervemment, follement, frénétiquement, furieusement, passionnément, vivement. △ **ANT.** DÉLICATEMENT, DOUCEMENT, EN DOUCEUR, FAIBLEMENT, LÉGÈREMENT, MOLLEMENT.

violence *n.f.* ▶ ***Impétuosité*** – acharnement, animosité, ardeur, énergie, force, frénésie, fureur, furie, impulsivité, intensité, puissance, rage, vigueur, virulence, vivacité. SOUT. impétuosité, véhémence. ▶ ***Cruauté*** – acharnement, agressivité, atrocité, barbarie, brutalité, cruauté, dureté, férocité, inhumanité, maltraitance, méchanceté, sadisme, sauvagerie. SOUT. implacabilité, inexorabilité. PSYCHIATRIE psychopathie. ▶ ***Agression*** – agression, molestation, sévices, viol, voies de fait. ▶ ***Viol*** – agression sexuelle, attentat à la pudeur, attentat aux mœurs, derniers outrages, viol. ▶ ***Terrorisme*** – activisme, extrémisme, intimidation, subversion, terreur, terrorisme. ▶ ***Agitation*** – affolement, agitation, bouleversement, colère, confusion, débridement, déchaînement, désarroi, ébranlement, ébullition, embrasement, émotion, fièvre, frénésie, mouvement, passion. SOUT. émoi, exaltation. FIG. dévergondage. △ **ANT.** APATHIE, DOUCEUR, MESURE, MODÉRATION; NON-VIOLENCE; PACIFISME; CALME, PAIX.

violent *adj.* ▶ ***Qui s'emporte facilement*** – bouillant, emporté, enflammé, explosif, fougueux, impatient, impétueux, impulsif, passionné, prompt, qui a la tête chaude, sanguin, véhément, vif, volcanique. ▶ ***Brutal*** – agressif, brutal, dur, emporté, raide, rude. ▶ ***D'une grande force*** – déchaîné, fort, furieux, impétueux, intense, puissant, terrible. ▶ ***Tumultueux*** – agité, houleux, mouvementé, orageux, tempétueux, tumultueux. SOUT. torrentueux, turbulent. ▶ ***Frénétique*** – agité, bouillonnant, délirant, échevelé, effervescent, effréné, fébrile, frénétique, intense, mouvementé, passionné, trépidant, tumultueux. ▶ ***Insurmontable*** – impérieux, incoercible, incontrôlable, incontrôlé, indomptable, instinctif, insurmontable, irraisonné, irrépressible, irrésistible, profond, viscéral. RARE irréfrénable, irréprimable. ▶ ***En parlant d'une douleur*** – aigu, intense, lancinant, térébrant, vif. ▶ ***En parlant d'un mal*** – fort, grand, grave, intense, profond. ▶ ***En parlant d'une lumière*** – brutal, cru. △ **ANT.** DOUX, INOFFENSIF, NON-VIOLENT, PACIFIQUE; AFFECTUEUX, AIMANT; MESURÉ, PONDÉRÉ, POSÉ, RAISONNABLE, RÉFLÉCHI, RESPONSABLE, SAGE, SENSÉ, SÉRIEUX; CALME, DÉTENDU, PLACIDE, SEREIN, TRANQUILLE; ANODIN, FAIBLE, LÉGER, SUPERFICIEL; TAMISÉ, VOILÉ.

violer *v.* ▶ ***Transgresser*** – contrevenir à, déroger à, désobéir à, enfreindre, manquer à, pécher contre, transgresser. ▶ ***Souiller une chose sacrée*** – profaner, souiller. ▶ ***Abuser sexuellement de qqn*** – abuser de, faire violence à, violenter. △ **ANT.** HONORER, OBÉIR, OBSERVER, RESPECTER, SUIVRE; CONSACRER.

violon *n.m.* ▶ ***Instrument*** ▸ *Mauvais* – crincrin. ▸ *Petit* – pochette, trois-quarts. ▶ ***Personne*** – violoniste. ▸ *Folklorique* – ménétrier *(ambulant)*, violoneux. ▶ ***Dispositif*** – table à roulis.

violoniste *n.* violon. ▸ *Folklorique* – ménétrier *(ambulant)*, violoneux.

vipère *n.f.* ▶ ***Personne médisante*** – colporteur de ragots, dénigreur, dépréciateur, langue d'aspic, langue de serpent, langue de vipère, langue venimeuse, langue vipérine, mauvaise langue, médisant, rossard. SOUT. contempteur. FRANCE FAM. débineur. QUÉB. FAM. placoteux, potineux.

virage *n.m.* ▶ ***Mouvement*** – rabattement, virement *(navire)*. ▶ ***Courbe*** – coude, courbe, tournant. ▶ ***Orientation*** – chemin, courant, cours, direction, évolution, fil, mouvance, mouvement, orientation, tendance. SOUT. voie.

virer *v.* ▶ ***Tournoyer*** – pirouetter, pivoter, toupiller, tourbillonner, tourner, tournoyer, virevolter, vriller. FRANCE RÉGION. toupiner. ▶ ***Changer de direction*** – tourner. ▶ ***Expulser*** (FAM.) – chasser, évincer, expulser, mettre à la porte, mettre dehors, renvoyer. FAM. éjecter, vider. ▶ ***Congédier*** (FAM.) – chasser, congédier, débaucher, démettre, donner son congé à, expulser, licencier, mettre à la porte, mettre à pied, mettre dehors, mettre en disponibilité, reconduire, remercier, remercier de ses services, renvoyer. *FAM.* balancer, balayer, déboulonner, lourder, sabrer, sacquer, vider. △ **ANT.** CONTINUER, DEMEURER, RESTER.

virginal *adj.* chaste, décent, immaculé, innocent, platonique, pudique, pur, réservé, sage, vertueux. ▸ *Non favorable* – bégueule, collet monté, prude, pudibond, puritain. △ **ANT.** CONCUPISCENT, DÉBAUCHÉ, ÉROTIQUE, GAILLARD, GROSSIER, IMPUDIQUE, IMPUR, INDÉCENT, LASCIF, LIBIDINEUX, LICENCIEUX, LUBRIQUE, LUXURIEUX, OBSCÈNE, VICIEUX.

virginité *n.f.* abstinence, ascétisme, célibat, chasteté, continence, pureté, vertu. *FAM.* pucelage. △ **ANT.** DÉBAUCHE, VICE.

viril *adj.* mâle, masculin. △ **ANT.** EFFÉMINÉ, FÉMININ.

virilité *n.f.* ▸ ***Puissance sexuelle*** – puissance sexuelle, vigueur. ▸ ***Caractéristiques masculines*** – masculinité. ▸ ***Vigueur*** – aplomb, assurance, autorité, caractère, constance, courage, cran, détermination, endurance, énergie, fermeté, force, permanence, poigne, rectitude, résolution, ressort, sang-froid, sérieux, solidité, sûreté, ténacité, vigueur, volonté. *SOUT.* invulnérabilité. *FAM.* estomac, gagne. △ **ANT.** IMPUISSANCE; FÉMINITÉ; FAIBLESSE, MOLLESSE.

virtualité *n.f.* ▸ ***Probabilité*** – anticipation, divination, futurologie, prédiction, prévision, projection, prospective. *SOUT.* vaticination. △ **ANT.** IMPOSSIBILITÉ; ACTUALITÉ, RÉALITÉ.

virtuel *adj.* en puissance, possible, potentiel. △ **ANT.** ACTUEL, EFFECTIF, RÉEL.

virtuellement *adv.* ▸ ***Potentiellement*** – en puissance, potentiellement. ▸ ***Presque*** – à peu de chose près, pour ainsi dire, pratiquement, presque, quasi, quasiment. ▸ ***Possiblement*** – peut-être, plausiblement, possiblement, potentiellement, probablement, sans doute, vraisemblablement. △ **ANT.** DANS LA RÉALITÉ, RÉELLEMENT; COMPLÈTEMENT; PAS DU TOUT.

virtuose *n.* ▸ ***Prodige*** – génie, maître, prodige, superhomme, surdoué, surhomme, talent. *SOUT.* phénix, surhumain. *FAM.* phénomène. ▸ ***Expert*** – as, expert, (fin) connaisseur, grand clerc, maître, professionnel, spécialiste. *FAM.* champion, chef, crack, pro. *FRANCE FAM.* bête. *QUÉB.* personne-ressource. △ **ANT.** NULLITÉ.

virtuosité *n.f.* ▸ ***Brio*** – brio, maestria. ▸ ***Agilité*** – adresse, agilité, aisance, dextérité, élasticité, élégance, facilité, grâce, habileté, légèreté, main, mobilité, précision, rapidité, souplesse, technique, vivacité. *SOUT.* félinité, prestesse. ▸ ***Compétence*** – adresse, aisance, aptitude, art, brio, capacité, compétence, dextérité, disposition, doigté, don, expertise, facilité, faculté, force, fort, génie, habileté, main, maîtrise, métier, pouvoir, professionnalisme, savoir, savoir-faire, sens, talent, technique. *FAM.* bosse. *DR.* habilitation, habilité. △ **ANT.** MALADRESSE; INCOMPÉTENCE, NULLITÉ.

virulent *adj.* ▸ ***Mordant*** – à l'emporte-pièce, acerbe, acéré, acide, acrimonieux, aigre, blessant, caustique, cinglant, corrosif, fielleux, grinçant, incisif, méchant, mordant, piquant, sarcastique, sardonique, vitriolique. △ **ANT.** DOUX, INOFFENSIF; AGRÉABLE, ÉLOGIEUX, FLATTEUR, LOUANGEUR; ANTIBACTÉRIEN, ANTIINFECTIEUX, ANTISEPTIQUE, ANTIVIRAL, DÉSINFECTANT, GERMICIDE, STÉRILISANT.

visage *n.m.* ▸ ***Partie de la tête*** – face, figure, minois, physionomie, tête, traits. *FAM.* bille, binette, bobine, bougie, bouille, fiole, fraise, frimousse, gueule, margoulette, museau, poire, pomme, trogne, trombine, tronche. ▸ ***Aspect*** – air, allure, apparence, aspect, caractère, configuration, couleur, couvert, dehors, éclairage, expression, extérieur, façade, faciès, figure, forme, formule, impression, jour, masque, mine, paraître, perspective, physionomie, plastique *(en art)*, portrait, présentation, profil, ressemblance, semblant, surface, ton, tour, tournure, traits, vernis. *SOUT.* enveloppe, regardure, superficie.

viscéral *adj.* ▸ ***Qui concerne les viscères*** – splanchnique. ▸ ***Instinctif*** – impérieux, incoercible, incontrôlable, incontrôlé, indomptable, instinctif, insurmontable, irraisonné, irrépressible, irrésistible, profond, violent. *RARE* irréfrénable, irréprimable. △ **ANT.** BÉNIN, FAIBLE, LÉGER, SUPERFICIEL.

viscères *n.m.pl.* entrailles. ▸ *Animal de boucherie* – fressure.

visée *n.f.* ▸ ***Action de viser*** – pointage, visé. ▸ ***But*** – ambition, but, cause, cible, considération, destination, fin, finalité, intention, mission, mobile, motif, objectif, objet, point de mire, pourquoi, prétexte, raison, raison d'être, sens. *SOUT.* propos. ▸ ***Désir*** – ambition, appel, appétit, aspiration, attirance, attrait, besoin, but, convoitise, desideratum, désir, envie, exigence, faim, fantaisie, fantasme, fièvre, fringale, goût, idéal, intention, jalousie, passion, prétention, quête, recherche, rêve, soif, souhait, tentation, velléité, vœu, voix, volonté. *SOUT.* appétence, dessein, prurit, vouloir. *FAM.* démangeaison.

viser *v.* ▸ ***Valider*** – attester, authentifier, certifier, légaliser, valider. ▸ ***Convoiter*** – ambitionner, aspirer à, avoir des vues sur, avoir en tête de, briguer, convoiter, courir après, désirer, pourchasser, poursuivre, prétendre à, rechercher, solliciter, souhaiter, tendre à. *FAM.* guigner, lorgner, reluquer. ▸ ***Mettre en joue*** – ajuster, coucher en joue, mettre en joue, prendre sa mire. ▸ ***Regarder*** (*FAM.*) – arrêter son regard sur, attacher son regard sur, braquer les yeux sur, considérer, contempler, dévisager *(une personne)*, examiner, fixer, fixer le regard sur, fouiller du regard, observer, regarder, scruter. *FAM.* gaffer, zieuter. ▸ ***Concerner qqn*** – être d'intérêt pour, intéresser, regarder, s'appliquer à, toucher, valoir pour. ▸ ***Concerner qqch.*** – avoir pour objet, avoir rapport à, avoir trait à, concerner, intéresser, porter sur, relever de, s'appliquer à, se rapporter à, toucher. △ **ANT.** ABANDONNER, DÉCLINER, DÉDAIGNER, DÉLAISSER, RENONCER.

visible *adj.* ▸ ***Observable*** – apparent, extérieur, observable. *MÉD.* clinique. ▸ ***Évident*** – apparent, aveuglant, certain, clair, criant, éclatant, évident, flagrant, frappant, hurlant (de vérité), incontestable, manifeste, patent, qui coule de source, qui crève les yeux, qui ne fait pas un pli, qui saute aux yeux, qui se voit comme le nez au milieu du visage, qui tombe sous le sens, qui va de soi, qui va sans dire. ▸ ***Concret*** – concret, effectif, existant, matériel, palpable, physique, réel, sensible, tangible, vrai. *DIDACT.* positif. *RELIG.* de ce monde, temporel, terrestre. △ **ANT.** IMPERCEPTIBLE, INOBSERVABLE, INVISIBLE; CACHÉ,

DISSIMULÉ, LATENT, SECRET; ABSTRAIT, CONCEPTUEL, DOUTEUX, INTELLECTUEL, MENTAL, THÉORIQUE.

visiblement *adv.* distinctement, manifestement, notablement, perceptiblement, remarquablement, sensiblement, significativement, tangiblement. △ **ANT.** IMPERCEPTIBLEMENT, INDISTINCTEMENT, INSENSIBLEMENT, INVISIBLEMENT, SUBTILEMENT; AUDITIVEMENT.

vision *n.f.* ▶ ***Faculté*** – acuité visuelle, vue. ▶ ***Ce que l'on voit*** – image, scène, spectacle, tableau, vue. ▶ ***Illusion*** – abstraction, abstrait, apparence, berlue, chimère, déréalisation, effet d'optique, fantasme, faux, faux-semblant, fiction, fumée, hallucination, illusion, illusion d'optique, image, imagination, irréalisme, irréalité, leurre, mensonge, mirage, onirisme, psychédélisme, rêve, rêverie, semblant, simulation, songe, songerie, trompe-l'œil, tromperie, utopie, vue de l'esprit. *FAM.* frime. *SOUT.* prestige. ▶ ***Vision divine*** – angélophanie, aorasie, apparition, épiphanie, théophanie. ▶ ***Mysticisme*** – anagogie, contemplation, dévotion, élévation, extase, illuminisme, mysticisme, mystique, oraison, philocalie, ravissement, sainteté, spiritualité, transe. *SOUT.* mysticité. ▶ ***Fantôme*** – apparition, créature éthérée, double, ectoplasme, esprit, esprit frappeur, fantôme, mort-vivant, ombre, périsprit, revenant, spectre, zombie. *ANTIQ.* larve, lémure. ▶ ***Divagation*** – divagation, élucubration, extravagance, fantasme, imagination, puérilité. *SOUT.* disparade, disparate, vaticination. △ **ANT.** CÉCITÉ; RÉALITÉ.

visionnaire *n.* ▶ ***Rêveur*** – contemplateur, extatique, idéaliste, méditatif, poète, rêvasseur, rêveur, songe-creux, utopiste. *RARE* songeur. ▶ ***Précurseur*** – ancêtre, annonciateur, avant-garde, avant-gardiste, devancier, initiateur, innovateur, introducteur, inventeur, messager, novateur, pionnier, précurseur, prédécesseur, préfiguration, prophète. *SOUT.* avant-coureur, avant-courrier, fourrier, héraut, préparateur. △ **ANT.** RÉALISATEUR.

visionnement *n.m.* écoute, projection, visionnage.

visite *n.f.* ▶ ***Fait d'aller dans un lieu*** – abouchement, audience, conférence, confrontation, entretien, entrevue, face à face, huis clos, interview, micro-trottoir, rencontre, rendez-vous, retrouvailles, réunion, tête-à-tête, vis-à-vis. *SOUT.* abouchement, rancard. *FRANCE FAM.* rambot, rambour. *PÉJ.* conciliabule. ▶ ***Fait d'aller dans plusieurs lieux*** – tournée. *FAM.* virée. ▶ ***Consultation médicale*** – consultation, examen.

visiter *v.* ▶ ***Rendre visite*** – aller voir, faire un saut, passer, payer une visite à, rendre visite à. ▶ ***Explorer*** – arpenter, battre, explorer, inspecter, parcourir, prospecter, ratisser, reconnaître.

visiteur *n.* ▶ ***Invité*** – *QUÉB.* survenant *(inattendu).* ▶ ***Touriste*** – aoûtien, croisiériste, curiste, estivant, hivernant, juillettiste, touriste, vacancier, voyageur. *FAM.* bourlingueur. *SOUT.* vagabond. ▶ ***Inspecteur*** – contrôleur, essayeur, inspecteur, testeur, vérificateur, vérifieur. *FAM.* vérif.

visqueux *adj.* ▶ ***Épais*** – consistant, épais, pâteux, sirupeux. ▶ ***Gluant*** – collant, gluant, gommeux, poissant, poisseux. △ **ANT.** CLAIR, FLUIDE, LIQUIDE; ATTIRANT, DÉSIRABLE, INVITANT, SÉDUISANT.

visuel *adj.* optique.

vital *adj.* capital, crucial, de première nécessité, essentiel, fondamental, important, incontournable, indispensable, irremplaçable, nécessaire, primordial. △ **ANT.** ACCESSOIRE, MINEUR, SECONDAIRE; MORTEL.

vitalité *n.f.* ▶ ***Dynamisme*** – abattage, activité, allant, ardeur, dynamisme, effort, énergie, vie, vigueur, vivacité. *FAM.* punch. ▶ ***Constitution*** – apparence, condition (physique), conformation, constitution, état (physique), forme, nature, santé. *SOUT.* complexion. *MÉD.* diathèse, habitus. △ **ANT.** APATHIE, FAIBLESSE, LÉTHARGIE, MOLLESSE.

vite *adj.* ▶ ***Rapide*** – prompt, rapide, vif. *SOUT.* preste, véloce. △ **ANT.** ENGOURDI, LENT; ABRUTI, BENÊT, BÊTE, BORNÉ, CRÉTIN, DEMEURÉ, HÉBÉTÉ, IDIOT, IMBÉCILE, ININTELLIGENT, NIAIS, NIGAUD, OBTUS, SOT, STUPIDE.

vite *adv.* à fond de train, à grande vitesse, à la hâte, à la sauvette, à plein régime, à pleine vitesse, à toute allure, à toute vitesse, à toutes jambes, à toute(s) pompe(s), à un train d'enfer, à vive allure, activement, au pas de course, avec célérité, bon train, d'urgence, diligemment, en coup de vent, en moins de deux, en moins de rien, en peu de temps, en trois coups de cuiller à pot, en un clin d'œil, en un éclair, en un instant, en un moment, en un rien de temps, en un temps record, en un tour de main, en un tournemain, expéditivement, exponentiellement, hâtivement, précipitamment, prestement, promptement, rapidement, rondement, tôt, vivement. *SOUT.* vélocement, vitement. *FAM.* à la va-vite, à pleins gaz, à pleins tubes, à tout berzingue, à toute vapeur, au galop, dans le temps de le dire, dare-dare, en deux temps trois mouvements, illico presto, presto, prompto, rapido, vite fait. △ **ANT.** EN DOUCEUR, INDOLEMMENT, LENTEMENT, SANS HÂTE.

vitesse *n.f.* ▶ ***Rapidité*** – activité, agilité, célérité, diligence, empressement, hâte, précipitation, promptitude, rapidité, vélocité, vivacité. *SOUT.* prestesse. ▶ ***Allure*** – allure, cadence, course, erre, marche, mouvement, pas, rythme, tempo, train. ▶ ***Rythme musical*** – battement, cadence, eurythmie, mesure, mouvement, musique, période, phrasé, pouls, pulsation, respiration, rythme, swing, tempo. ▶ ***Vitesse d'un moteur*** – régime. △ **ANT.** LENTEUR; RALENTISSEMENT.

vitre *n.f.* ▶ ***Objet*** – carreau, glace, vitrine. ▶ ***Matière*** (*QUÉB.*) – verre.

vivace *adj.* ▶ ***Résistant*** – coriace, inusable, rebelle, résistant, robuste, tenace. ▶ ***Enraciné*** – ancré, chronique, durable, endémique, enraciné, établi, gravé, implanté, indéracinable, inextirpable, invétéré, persistant, tenace, vieux. ▶ ***En parlant d'un souvenir*** – durable, impérissable, indélébile, ineffaçable, inoubliable, vif, vivant. △ **ANT.** FRAGILE, FRÊLE, VULNÉRABLE; ANNUEL *(PLANTE)*, ÉPHÉMÈRE, PASSAGER, TEMPORAIRE; FUGACE, FUGITIF, INSAISISSABLE.

vivacité *n.f.* ▶ ***Rapidité*** – activité, agilité, célérité, diligence, empressement, hâte, précipitation, promptitude, rapidité, vélocité, vitesse. *SOUT.* prestesse. ▶ ***Agilité*** – adresse, agilité, aisance, dextérité, élasticité, élégance, facilité, grâce, habileté, légèreté, main, mobilité, précision, rapidité, souplesse, technique, virtuosité. SOUT. félinité, prestesse. ▶ ***Dynamisme*** – abattage, activité, allant, ardeur, dynamisme, effort, énergie, vie, vigueur, vitalité. FAM. punch. ▶ ***Fougue*** – ardeur, emportement, feu, fougue, furia, impétuosité, pétulance, véhémence. FAM. mordant. ▶ ***Turbulence*** – agitation, dissipation, espièglerie, excitation, fougue, impétuosité, mobilité, mouvement, nervosité, pétulance, tapage, turbulence. ▶ ***Violence*** – acharnement, animosité, ardeur, énergie, force, frénésie, fureur, furie, impulsivité, intensité, puissance, rage, vigueur, violence, virulence. SOUT. impétuosité, véhémence. ▶ ***Luminosité*** – clarté, diaphanéité, eau, limpidité, luminosité, netteté, pureté, translucidité, transparence, visibilité. △ **ANT.** APATHIE, FAIBLESSE, LANGUEUR, LENTEUR, LOURDEUR, MOLLESSE, NONCHALANCE.

vivant *adj.* ▶ ***Qui vit*** – de chair et de sang, en vie, vif. ▶ ***Plein d'entrain*** – animé, déluré, enjoué, frétillant, fringant, guilleret, pétillant, pétulant, plein d'entrain, plein de vie, primesautier, remuant, sémillant, vif. ▶ ***En parlant d'un visage*** – animé, expressif, mobile. ▶ ***En parlant d'un récit*** – animé, coloré, expressif, figuré, haut en couleur, imagé, métaphorique, pittoresque, savoureux, truculent. FAM. folklorique. ▶ ***En parlant d'un souvenir*** – durable, impérissable, indélébile, ineffaçable, inoubliable, vif, vivace. ▶ ***Fréquenté*** – animé, fréquenté, passant. FAM. passager. △ **ANT.** DÉFUNT, INANIMÉ, INORGANIQUE, MORT; CADUC, DÉSUET, DISPARU, RÉVOLU; AMORPHE, ENDORMI, INERTE, LÉTHARGIQUE, SANS RESSORT; ÉTEINT, IMPASSIBLE, INEXPRESSIF; MONOTONE, MORNE, SANS COULEUR, SANS VIE, TERNE; FUGACE, FUGITIF; DÉSERT, DÉSOLÉ.

vivifiant *adj.* ▶ ***Stimulant*** – dynamisant, fortifiant, reconstituant, remontant, revigorant, stimulant, tonifiant, tonique. SOUT. vivificateur. FAM. ravigotant. SUISSE FAM. rapicolant. MÉD. analeptique, dopant, énergisant, excitant. ▶ ***Rafraîchissant*** – décapant, frais, jeune, rafraîchissant. △ **ANT.** AFFAIBLISSANT, ALANGUISSANT, AMOLLISSANT, ANÉMIANT, DÉBILITANT; ÉCRASANT, ÉTOUFFANT, MORTEL, TUANT.

vivifier *v.* ▶ ***Stimuler qqn*** – donner un coup de fouet à, ragaillardir, ranimer, réconforter, régénérer, remonter, revigorer, stimuler, tonifier, vitaliser. FAM. ravigoter, recharger les accus à, recharger les batteries à, requinquer, retaper. ▶ ***Stimuler qqch.*** – donner un second souffle à, faire renaître, faire revivre, ragaillardir, rallumer, ranimer, raviver, réactiver, réchauffer, redonner vie à, redynamiser, régénérer, renflammer, renouveler, ressusciter, réveiller, revigorer, revitaliser, revivifier, stimuler. △ **ANT.** AFFAIBLIR, AMOLLIR, DÉBILITER, DÉPRIMER.

vivre *v.* ▶ ***Être vivant*** – être, être en vie, exister. ▶ ***Assurer son existence*** – subsister, survivre. ▶ ***Avoir sa demeure*** – demeurer, être domicilié, habiter, loger, rester. FAM. crécher, nicher, percher, résider. ▶ ***Peupler*** – habiter, occuper, peupler. ▶ ***Se consacrer*** – se dévouer, se donner, se prodiguer, se sacrifier, se saigner aux quatre veines. ▶ ***Expérimenter*** – connaître, éprouver, expérimenter, faire l'expérience de. ▶ ***Traverser une période*** – passer, traverser. ▸ *Une période heureuse* – couler. △ **ANT.** CESSER, DISPARAÎTRE, MOURIR.

vocable *n. m.* ▶ ***Appellation*** – appellation, dénomination, désignation, étiquette, marque, mot, nom, qualification, taxon, taxum. ▶ ***Mot*** – lexème, mot, terme.

vocabulaire *n. m.* ▶ ***Ensemble de mots*** – lexique. ▶ ***Liste de mots*** – dictionnaire, encyclopédie, glossaire, index, lexique, terminologie, thésaurus. FAM. dico.

vocation *n. f.* ▶ ***Prédisposition*** – affection, aptitude, attirance, disposition, faible, faiblesse, goût, habitude, impulsion, inclination, instinct, penchant, pente, prédilection, prédisposition, préférence, propension, tendance. DIDACT. susceptibilité. PSYCHOL. compulsion. FAM. tendresses. ▶ ***Mission*** – apostolat, appel, destination, mission, sacerdoce. ▶ ***Rôle*** – affectation, charge, dignité, emploi, fonction, métier, mission, office, place, poste, responsabilité, rôle, siège, titre.

vœu *n. m.* ▶ ***Désir*** – ambition, appel, appétit, aspiration, attirance, attrait, besoin, but, convoitise, desideratum, désir, envie, exigence, faim, fantaisie, fantasme, fièvre, fringale, goût, idéal, intention, jalousie, passion, prétention, quête, recherche, rêve, soif, souhait, tentation, velléité, visée, voix, volonté. SOUT. appétence, dessein, prurit, vouloir. FAM. démangeaison. ▶ ***Demande*** – adjuration, appel, demande, démarche, desideratum, désir, doléances, exigence, injonction, instance, interpellation, interrogation, invocation, mandement, ordre, pétition, placet, prétention, prière, question, réclamation, requête, réquisition, revendication, sollicitation, sommation, supplication, supplique, ultimatum. SOUT. imploration. ▶ ***Ce que l'on souhaite à qqn*** – souhait. ▶ ***Malédiction*** – anathématisation, anathème, blâme, blasphème, condamnation, damnation, dépréciation, excommunication, imprécation, jurement, malédiction, réprobation. SOUT. exécration. △ **ANT.** REFUS; DÉSENGAGEMENT, RENIEMENT.

vogue *n. f.* ▶ ***Mode*** – avant-gardisme, dernier cri, engouement, épidémie, fantaisie, fureur, goût (du jour), mode, style, tendance, ton, vague, vent. △ **ANT.** DÉSUÉTUDE, IMPOPULARITÉ.

voie *n. f.* ♦ **sens concrets** ▶ ***Route*** – artère *(importante)*, voie de circulation, voie de communication. ▶ ***Partie d'une route*** – bande, file, voie (de circulation). ▶ ***Chemin de fer*** – chemin de fer, rail, voie (ferrée). ▶ ***Partie du corps*** – canal, conduit, cordon, trompe, tube. ▸ *Pathologique* – canal fistuleux, fistule. ▸ *Petit* – canalicule. ♦ **sens abstraits** ▶ ***Trace*** – apparence, cachet, cicatrice, critère, empreinte, indication, indice, justificatif, lueur, marque, ombre, pas, piste, preuve, repère, reste, ride, sceau, signature, signe, stigmate, tache, témoignage, témoin, trace, trait, vestige. ▶ ***Truchement*** – canal, entremise, intermédiaire, moyen, truchement. ▶ ***Méthode*** – approche, art, chemin, code, comment, credo, démarche, discipline, dispositif, façon (de faire), facture, formule, heuristique, instruction, instrument, ligne de conduite, maïeutique, manière, marche (à suivre), méthode, méthodologie, modalité, mode d'emploi, mode, moyen, opération, ordre, organisation, outil, posologie, pratique, procédé, procédure, protocole, raisonnement, recette, règle, secret, stratagème, stratégie, système, tactique, technique, théorie, traitement. SOUT. faire.

voile *n.m.* ▸ ***Ce qui cache*** – rideau. ▸ ***Coiffure*** – voilette. ▸ ***Mystère*** – arcanes, énigme, inconnaissable, inconnu, mystère, obscurité, secret. FAM. cachotterie. ▸ ***Défaut photographique*** – surexposition. ▸ ***Partie du champignon*** – volve. ▸ ***Non limpidité d'un liquide*** – turbidité. ▸ ***Pellicule d'un liquide*** – mère du vinaigre, peau, zooglée. BELG. loque. ▸ ***Déformation*** – anamorphose, aplatissement, courbure, déformation, déviation, distorsion, gauchissement, gondolage, gondolement, inclinaison, ovalisation, plissement, voilage, voilement, voilure. TECHN. fluage.

voiler *v.* ▸ ***Soustraire à la vue*** – cacher, camoufler, couvrir, dérober, dérober aux regards, dissimuler, escamoter, masquer, receler, recouvrir, soustraire à la vue, soustraire aux regards. FAM. planquer. FRANCE RÉGION. mucher, musser. ▸ ***Tamiser la lumière*** – adoucir, atténuer, filtrer, tamiser. ▸ ***Rendre flou*** – estomper, noyer. ▸ ***Troubler l'esprit*** – aveugler, brouiller, embrumer, obnubiler, obscurcir, troubler. ▸ ***Gauchir*** – bistourner, contourner, courber, déformer, déjeter, dévier, distordre, gauchir, tordre. RARE tortuer. TECHN. s'envoiler. ♦ **se voiler** ▸ ***En parlant du ciel*** – s'assombrir, s'ennuager, s'obscurcir, se brouiller, se couvrir. ▸ ***En parlant des yeux*** – s'embuer, s'humecter. ▸ ***En parlant d'une pièce*** – gauchir, gondoler, (se) courber, se déformer, se distordre, travailler. ♦ **voilé** ▸ ***En parlant du ciel*** – assombri, bouché, chargé de nuages, couvert, ennuagé, gris, lourd, nébuleux, nuageux, obscurci. ▸ ***En parlant d'un son*** – amorti, assourdi, atténué, cotonneux, étouffé, faible, feutré, mat, mou, ouaté, sourd. ▸ ***En parlant d'une voix*** – éteint, étouffé, faible, sourd. △ **ANT.** DÉCOUVRIR, DÉVOILER, MONTRER, RÉVÉLER; CLARIFIER, ÉCLAIRER; EXPLIQUER.

voilier *n.* ▸ ***Bateau*** – bateau à voiles, voile. ▸ ***Vol d'oiseaux*** (QUÉB.) – escadrille, vol, volée.

voir *v.* ▸ ***Apercevoir*** – apercevoir, remarquer. FAM. repérer. SOUT. aviser. ▸ ***Noter*** – apercevoir, constater, noter, observer, prendre acte, relever, remarquer. ▸ ***Étudier*** – analyser, considérer, envisager, étudier, examiner, explorer, observer, penser à, pousser plus avant, prendre en considération, réfléchir sur, s'intéresser à, se pencher sur, traiter. ▸ ***Comprendre*** – comprendre, s'expliquer, saisir, toucher du doigt. SOUT. appréhender, embrasser, entendre. FAM. entraver, piger. FRANCE FAM. percuter. ▸ ***Prendre conscience*** – constater, découvrir, prendre conscience, réaliser, remarquer, s'apercevoir, s'aviser, se rendre compte. SOUT. éprouver. ▸ ***S'imaginer*** – concevoir, (s') imaginer, se faire une idée de, se figurer, se représenter, visualiser. PSYCHOL. mentaliser. ▸ ***Rencontrer*** – croiser, rencontrer, tomber sur, trouver (sur son chemin). ▸ ***Fréquenter*** – côtoyer, coudoyer, fréquenter. FAM. frayer avec. ▸ ***Se référer à*** – consulter, lire, regarder, se référer à, se reporter à. ♦ **se voir** ▸ ***Être visible*** – se remarquer. △ **ANT.** MANQUER À, NÉGLIGER; S'AVEUGLER, S'ILLUSIONNER, SE MÉPRENDRE, SE TROMPER.

voisin *adj.* ▸ ***Contigu*** – à côté, accolé, adjacent, attenant, bord à bord, contigu, côte à côte, en contact, juxtaposé, limitrophe. QUÉB. collé. ▸ ***Rapproché*** – à côté, à proximité, adjacent, avoisinant, environnant, prochain, proche, rapproché. SOUT. circonvoisin. ▸ ***Ressemblant*** – analogue, apparenté, approchant, assimilable, comparable, conforme, contigu, correspondant, équivalent, homogène, homologue, indifférencié, pareil, parent, proche, ressemblant, semblable, similaire. FAM. kif-kif. DIDACT. commensurable. △ **ANT.** À L'ÉCART, DISTANT, ÉCARTÉ, ÉLOIGNÉ, ESPACÉ, LOINTAIN; AUTRE, DIFFÉRENT, DISSEMBLABLE, DISTINCT, DIVERS, OPPOSÉ.

voisinage *n.m.* ▸ ***Ensemble des voisins*** – entourage. ▸ ***Proximité*** – contiguïté, mitoyenneté, proximité. ▸ ***Alentours*** – abords, alentours, approches, bordures, entourage, environs, parages. SOUT. entour. ▸ ***Environnement*** – ambiance, atmosphère, cadre, climat, décor, élément, entourage, environnement, environs, lieu, milieu, monde, société, sphère, théâtre. ▸ ***Analogie*** – allégorie, analogie, apologue, assimilation, association (d'idées), catachrèse *(lexicalisée)*, comparaison, équivalence, figure, image, lien, métaphore, parabole, parallèle, parenté, personnification, rapport, rapprochement, relation, ressemblance, similitude, symbole, symbolisme. △ **ANT.** ÉLOIGNEMENT.

voisiner *v.* ▸ ***Se trouver près*** – avoisiner, environner, jouxter. ▸ ***Se trouver avec*** – coexister, cohabiter.

voiture *n.f.* ▸ ***Véhicule automobile*** – auto, automobile, voiture automobile. FAM. bagnole, bahut, caisse, tire. ▸ *Rapide* – bolide. ▸ *Petite* – microvoiture, voiturette automobile. QUÉB. compacte, sous-compacte. FAM. trottinette. ▸ *Grosse* FAM. tank, wagon. ▸ *Vieille ou mauvaise* – clou, épave *(hors d'usage)*. FAM. bagnole, boîte à savon, chignole, guimbarde, tacot, tapecul, tas de boue, tas de ferraille, teuf-teuf, veau *(lente)*. QUÉB. FAM. bazou, citron. ▸ ***Véhicule hippomobile*** – PÉJ. FAM. tape-cul. ▸ ***Voiture sur rail*** – fourgon, remorque *(camion ou métro)*, wagon, wagonnet *(petit)*.

voix *n.f.* ▸ ***Élocution*** – articulation, débit, déclamation, diction, élocution, éloquence, énonciation, expression, langage, langue, parole, phonation, phonétique, phonie, pose de voix, prononciation, style. ▸ ***Façon de chanter*** – chant, organe. ▸ ***Registre vocal*** – contralto/alto, mezzo-soprano, sopranino, soprano. ▸ ***Hommes*** – baryton, basse, basse chantante/baryton élevé/basse-taille, contre-ténor/haute-contre, sopraniste, ténor, ténorino/fausset. ▸ ***Désir*** – ambition, appel, appétit, aspiration, attirance, attrait, besoin, but, convoitise, desideratum, désir, envie, exigence, faim, fantaisie, fantasme, fièvre, fringale, goût, idéal, intention, jalousie, passion, prétention, quête, recherche, rêve, soif, souhait, tentation, velléité, visée, vœu, volonté. SOUT. appétence, dessein, prurit, vouloir. FAM. démangeaison. ▸ ***Vote*** – consultation (populaire), élection, plébiscite, proclamation, référendum, scrutin, suffrage, tour, urnes, vote.

vol *n.m.* ♦ **déplacement dans l'air** ▸ *Action* – survol, sustentation, volée, volettement. ▸ *Départ* – décollage *(avions)*, envol *(oiseaux)*, envolée *(feuilles, oiseaux)*. ▸ ***Groupe d'insectes*** – essaim, nuage, nuée. ▸ ***Groupe d'oiseaux*** – escadrille, volée. ♦ **action de dérober** ▸ *Action de dérober* – appropriation, brigandage, cambriolage, déprédation, détournement, détroussement, enlèvement, extorsion, grappillage, kleptomanie, larcin, malversation, maraudage, maraude, pillage, piraterie, racket, rafle, rançonnement, razzia, sac, saccage, spoliation, subtilisation. SOUT. rapine. FAM. barbotage, chapardage, coup, resquillage, resquille. FRANCE FAM. braquage, cambriole, casse, cassement, entôlage, fauche, vol à la roulotte *(voitures)*, vol à la tire, vol à main armée. QUÉB. taxage *(entre adolescents)*. ▶ ***Escroquerie*** – abus de confiance, canaillerie, carambouillage, carambouille, charlatanerie, charlatanisme, coup monté, crapulerie, enjôlement, escamotage, escroquerie, fraude, grivèlerie, maquignonnage, mystification, supercherie, tricherie, tromperie, usurpation. SOUT. coquinerie, duperie, imposture, piperie. FAM. arnaque, embrouille, filoutage, friponnerie, tour de passe-passe. FRANCE FAM. carottage, entubage, estampage. ▶ ***Enlèvement*** – détournement (de mineur), enlèvement, kidnappage, prise (d'otage), rapt, ravissement, vol (d'enfant).

volaille *n.f.* ▶ ***Ensemble d'oiseaux*** – bassecour.

volant *n.m.* ▶ ***Bande d'étoffe*** – bolduc, boucle, bouffette, chou, cocarde, dragonne, élastique, embrasse, extrafort, faveur, galon, ganse, gansette, gros-grain, lambrequin, padou, passement, rosette, ruban. ANC. falbala. ▶ ***Partie d'une feuille*** – feuillet, volet.

volatilité *n.f.* ▶ ***Immatérialité*** – abstraction, abstrait, cérébralité, essentialité, évanescence, idéalité, immatérialité, impalpabilité, imperceptibilité, impondérabilité, incorporalité, incorporéité, intangibilité, intemporalité, irréalité, spiritualité, spirituel, subtilité. ▶ ***Instabilité*** – ballottement, changement, déséquilibre, fluctuation, fragilité, inadaptation, incertitude, inconstance, inégalité, instabilité, mouvant, mouvement, précarité, variabilité, variation, versatilité, vicissitude. △ **ANT.** PERMANENCE, STABILITÉ.

volée *n.f.* ▶ ***Action de voler*** – survol, sustentation, vol, volettement. ▶ ***Groupe d'oiseaux*** – escadrille, vol. ▶ ***Salve*** – décharge, fusillade, mitraillade, rafale, salve, tiraillement, tiraillerie. FAM. giclée *(arme automatique)*. ANC. bordée, mousquetade, mousqueterie. ▶ ***Correction*** – châtiment corporel, correction, punition corporelle, volée (de coups). FAM. dégelée, dérouille, dérouillée, passage à tabac, pâtée, peignée, pile, raclée, ratatouille, rossée, roulée, rouste, tabassage, tabassée, tannée, torchée, tournée, trempe, tripotée. FRANCE FAM. secouée, tatouille, tisane, trépignée. ▶ ***Défaite*** (FAM.) – avortement, banqueroute, capitulation, catastrophe, chute, débâcle, débandade, déconfiture, défaite, déroute, désavantage, échec, écrasement, faillite, fiasco, four, infortune, insuccès, mauvaise fortune, naufrage, perte, ratage, raté, retraite, revers. SOUT. traverse. FAM. désastre, piquette, plantage, raclée, recalage. FRANCE FAM. bide, déculottée, dégelée, écrabouillement, fessée, foirade, gamelle, loupage, pile, rincée, rossée, tannée, veste. △ **ANT.** CAJOLERIE, CÂLIN, CARESSE.

voler *v.* ▶ ***Prendre*** – dérober, faire main basse sur, prendre, soustraire, subtiliser. FAM. barboter, chaparder, chiper, choper, escamoter, faire, faucher, flibuster, piquer, rafler, taxer. FRANCE FAM. calotter, chouraver. ▶ ***Cambrioler*** – cambrioler, dévaliser, piller. FRANCE FAM. faire un casse. ▶ ***Extorquer*** – arracher, escroquer, extorquer, soutirer. FAM. carotter, ratiboiser, taxer. ▶ ***Kidnapper*** – enlever, kidnapper, prendre en otage, ravir. ▶ ***Dépouiller qqn*** – délester, dépouiller, détrousser, dévaliser. FAM. déplumer, faire les poches de, plumer, ratiboiser, ratisser, soulager de son portefeuille, tondre. FRANCE RÉGION. FAM. roustir. ▶ ***Flouer qqn*** – escroquer, estamper, flouer, frauder. SOUT. gruger. FAM. arnaquer, blouser, carambouiller, écorcher, entôler, étriller, filouter, plumer, rouler, tondre, truander. ▶ ***Décevoir*** (FAM.) – décevoir, désappointer, frustrer les attentes de, laisser sur sa faim. SOUT. démentir. ▶ ***Flotter au vent*** – flotter, planer, voleter, voltiger. △ **ANT.** CÉDER, DONNER, OFFRIR; REDONNER, REMETTRE, RENDRE, RESTITUER.

volet *n.m.* ▶ ***Panneau*** – contrevent, jalousie, persienne. ▶ ***Rabat*** – abattant, battant, ouvrant, vantail. ▸ *Pour fermer* – clapet, couvercle, obturateur, opercule, rabat. ▶ ***Partie d'une feuille*** – feuillet, volant. ▶ ***Partie d'un avion*** – aileron.

voleter *v.* ▶ ***Voler à petits coups d'aile*** – voltiger. ▶ ***Flotter au vent*** – flotter, planer, voler, voltiger.

voleur *n.* ▶ ***Cambrioleur*** – bandit, brigand, cagoulard, cambrioleur *(maisons)*, coquillard *(Moyen-Âge)*, crocheteur, escamoteur, gangster, gentleman cambrioleur, kleptomane *(pathologique)*, maraudeur, pillard, pilleur, pirate, rat d'hôtel, souris d'hôtel, stellionataire, tireur, truand, voleur de grand chemin. FAM. barboteur, braqueur, casseur, chapardeur, chipeur, entôleur, malfrat, monte-en-l'air, piqueur, roulottier *(voitures)*. FRANCE FAM. enquilleuse *(femme)*, volereau *(malhabile)*. ▶ ***Profiteur*** – aigrefin, arnaqueur, bandit, brigand, canaille, carambouilleur, chevalier d'industrie, concussionnaire, crapule, escroc, extorqueur, faisan, fraudeur, gangster, gredin, malfaiteur, mercanti, pirate, profiteur, sangsue, spoliateur, tripoteur, voyou. SOUT. déprédateur, forban. DR. captateur. FAM. carotteur, carottier, fricoteur, fripouille, (maître) filou. FRANCE FAM. écorcheur, estampeur, malfrat. ▶ ***Plagiaire*** – contrefacteur, copieur, copiste, démarqueur, falsificateur, faussaire, imitateur, mystificateur, pasticheur, plagiaire. SOUT. épigone, picoreur. FAM. piqueur. PÉJ. compilateur. △ **ANT.** BIENFAITEUR, GARDIEN.

volière *n.f.* gloriette, nichoir, pigeonnier, poussinière. SOUT. colombier. FRANCE RÉGION. fuie. ▸ *Piège* – mésangette, trébuchet.

volontaire *adj.* ▶ ***Délibéré*** – conscient, délibéré, intentionnel, voulu. ▶ ***Ferme*** – assuré, décidé, délibéré, déterminé, énergique, ferme, hardi, résolu. ▶ ***Têtu*** – buté, entêté, obstiné, têtu. FAM. cabochard, tête de mule, tête de pioche, tête dure. △ **ANT.** CONTRAINT, FORCÉ, INCONSCIENT, INDÉLIBÉRÉ, INVOLONTAIRE, MACHINAL, OBLIGATOIRE; HÉSITANT, INCERTAIN, IRRÉSOLU; FLEXIBLE, SOUPLE, TRAITABLE.

volontairement *adv.* ▶ ***Délibérément*** – à dessein, consciemment, de plein gré, de propos délibéré, de sang-froid, délibérément, en connaissance de cause, en pleine connaissance de cause, en toute connaissance de cause, exprès, expressément, intentionnellement, sciemment. ▶ ***Facultativement*** – à volonté, ad libitum, au choix, en option, éventuellement, facultativement, librement, sans obligation. △ **ANT.** IMPULSIVEMENT, INCONSCIEMMENT, INVOLONTAI-

REMENT, MACHINALEMENT, MÉCANIQUEMENT, SANS RÉFLÉCHIR.

volonté *n.f.* ▶ ***Faculté*** – intentionnalité, volition. SOUT. vouloir. ▶ ***Désir*** – ambition, appel, appétit, aspiration, attirance, attrait, besoin, but, convoitise, desideratum, désir, envie, exigence, faim, fantaisie, fantasme, fièvre, fringale, goût, idéal, intention, jalousie, passion, prétention, quête, recherche, rêve, soif, souhait, tentation, velléité, visée, vœu, voix. SOUT. appétence, dessein, prurit, vouloir. FAM. démangeaison. ▶ ***Caprice*** – accès, bizarrerie, bon plaisir, caprice, changement, chimère, coup de tête, envie, extravagance, fantaisie, fantasme, folie, frasque, gré, guise, immaturité, impatience, incartade, inconstance, infantilisme, instabilité, légèreté, lubie, marotte, mobilité, originalité, saute (d'humeur), singularité, sporadicité, variation, versatilité. SOUT. folle gamberge, foucade, humeur. FAM. toquade. ▶ ***Obstination*** – acharnement, assiduité, constance, détermination, entêtement, fermeté, insistance, obstination, opiniâtreté, persévérance, persistance, résolution, suite dans les idées, ténacité. PÉJ. aveuglement. ▶ ***Solidité*** – aplomb, assurance, autorité, caractère, constance, courage, cran, détermination, endurance, énergie, fermeté, force, permanence, poigne, rectitude, résolution, ressort, sang-froid, sérieux, solidité, sûreté, ténacité, vigueur, virilité. SOUT. invulnérabilité. FAM. estomac, gagne. △ **ANT.** DÉCOURAGEMENT, FAIBLESSE, LÂCHETÉ; REFUS.

volontiers *adv.* ▶ ***De bon gré*** – avec plaisir, de bon cœur, de bon gré, de bonne grâce, de gaieté de cœur. ▶ ***Affirmativement*** – affirmatif, affirmativement, approbativement, bien entendu, bien sûr, d'accord, favorablement, oui, par l'affirmative, soit. FAM. comme de bien entendu, d'acc, O.K. △ **ANT.** À CONTRECŒUR, CONTRE SON GRÉ.

voltiger *v.* ▶ ***Voler à petits coups d'aile*** – voleter. ▶ ***Flotter au vent*** – flotter, planer, voler, voleter. ▶ ***Aller d'un endroit à l'autre*** – butiner, papillonner, virevolter. ▶ ***Exécuter une volte*** – volter.

volubilité *n.f.* abondance, débit, éloquence, emballement, expansivité, expressivité, exubérance, facilité, faconde, incontinence (verbale), logomachie, logorrhée, loquacité, péroraison, prolixité, verbalisme, verbiage, verbosité, verve. FAM. bagou, baratin, baratinage, dégoisement, tchatche. △ **ANT.** DISCRÉTION, MUTISME, RETENUE.

volume *n.m.* ▶ ***Contenance*** – capacité, contenance, cubage, cylindrée, dose, jauge, mesure, tonnage. ▶ ***Somme*** – addition, cagnotte, chiffre, ensemble, fonds, mandat, masse, montant, quantité, quantum, somme, total, totalisation. ▶ ***Livre*** – album, brochure, brochurette, cahier, catalogue, document, écrit, fascicule, imprimé, livre, livret, manuel, opuscule, ouvrage, parution, plaquette, publication, recueil, registre, titre, tome. FAM. bouquin. ▸ *Gros* FAM. pavé. QUÉB. FAM. brique.

volumineux *adj.* ▶ ***Gros*** – épais, grand, gros, large. ▶ ***Encombrant*** – embarrassant, encombrant, gênant, incommode, malcommode. △ **ANT.** MENU, MINUSCULE, PETIT.

volupté *n.f.* ▶ ***Plaisir*** – bien-être, bon temps, bonheur, contentement, délectation, délice, douceur, euphorie, félicité, jouissance, plaisir, régal, satisfaction, septième ciel. SOUT. aise, félicité, miel, nectar. △ **ANT.** ASCÉTISME, VERTU; FROIDEUR, INDIFFÉRENCE; DOULEUR.

voluptueux *adj.* ▶ ***Bon vivant*** – bon vivant, épicurien, hédoniste, jouisseur, sensuel. SOUT. sybarite, sybaritique. QUÉB. jovialiste. ▶ ***Aguichant*** – affriolant, aguichant, aguicheur, aphrodisiaque, émoustillant, érotique, impudique, incendiaire, lascif, osé, provocant, sensuel, suggestif, troublant. △ **ANT.** ASCÉTIQUE, SPARTIATE; PRUDE, PUDIBOND, PUDIQUE.

volute *n.f.* ▶ ***Courbe*** – arabesque, boucle, contour, courbe, détour, lacet, méandre, ondulation, repli, serpentin, sinuosité. SOUT. flexuosité. ▶ ***Arabesque*** – arabesque, broderie, fioriture, moresque.

vomir *v.* ▶ ***Rejeter par la bouche*** – régurgiter, rendre. FAM. gerber. FRANCE FAM. aller au renard, renarder. QUÉB. FAM. restituer. ▶ ***Projeter*** – cracher, éjecter, projeter, rejeter. ▶ ***Proférer*** – asséner, cracher, jeter par la tête, lancer, proférer. SOUT. éructer. FAM. débagouler. ▶ ***Détester*** – avoir en aversion, avoir en haine, avoir en horreur, exécrer, haïr, maudire, ne pas pouvoir souffrir, ne pas pouvoir supporter, réprouver. SOUT. abhorrer, abominer, avoir en abomination. FAM. avoir dans le nez, ne pas pouvoir blairer, ne pas pouvoir encadrer, ne pas pouvoir encaisser, ne pas pouvoir pifer, ne pas pouvoir sacquer, ne pas pouvoir sentir, ne pas pouvoir voir en peinture. △ **ANT.** ABSORBER, AVALER, BOIRE, MANGER; CONSERVER, RETENIR; TAIRE.

vomissement *n.m.* ▶ ***Expulsion buccale*** – dégurgitation, régurgitation. ▶ ***Matière vomie*** – vomissure. FAM. dégobillage, vomi. FRANCE FAM. dégueulée.

vorace *adj.* ▶ ***Gourmand*** – avide, dévoreur, glouton, goinfre, goulu, gourmand, intempérant. FRANCE FAM. morfal. FRANCE RÉGION. gueulard. BELG. goulafre. ▶ ***Insatiable*** – avide, dévorant, inapaisable, inassouvissable, inextinguible, insatiable, irrassasiable. △ **ANT.** ABSTINENT, FRUGAL, MODÉRÉ, SOBRE, TEMPÉRANT; CONTRÔLABLE, MAÎTRISABLE.

vote *n.m.* ▶ ***Scrutin*** – consultation (populaire), élection, plébiscite, proclamation, référendum, scrutin, suffrage, tour, urnes, voix. ▶ ***Sélection*** – adoption, choix, cooptation, décision, désignation, détermination, échantillonnage, écrémage, élection, nomination, plébiscite, prédilection, présélection, résolution, sélection, suffrage, tri, triage. SOUT. décret, parti. ▶ ***Opinion*** – appréciation, avis, conception, conviction, critique, croyance, dogme, estime, idée, impression, jugement, optique, pensée, perception, point de vue, position, principe, prise de position, sentiment, théorie, thèse, vue. SOUT. oracle. △ **ANT.** ABSTENTION.

voter *v.* ▶ ***Élire*** (FAM.) – choisir, désigner, élire, faire choix de. △ **ANT.** S'ABSTENIR.

vouer *v.* ▶ ***Consacrer*** – consacrer, dédier, donner, offrir. ▶ ***Destiner*** – destiner, prédestiner, promettre. ♦ **voué** ▶ ***Destiné*** – destiné, promis. △ **ANT.** ABANDONNER.

vouloir *v.* ▶ ***Désirer*** – appeler de tous ses vœux, aspirer à, avoir envie de, désirer, espérer, rêver de, souhaiter, soupirer après. ▸ ***Avoir l'intention*** – avoir l'intention de, compter, entendre, se proposer de. ▸ ***Demander*** – demander, réclamer, requérir, solliciter. ▸ ***Ordonner*** – commander, décréter, dicter, donner l'ordre de, imposer, ordonner, prescrire. SOUT. édicter. ▸ ***Être d'accord*** – accéder à, accepter, acquiescer à, agréer, approuver, avaliser, cautionner, consentir à, dire oui à, donner son aval à, opiner à, toper. FAM. marcher. ▸ ***Nécessiter*** – appeler, avoir besoin de, commander, demander, exiger, imposer, nécessiter, obliger, postuler, prendre, prescrire, réclamer, requérir. ♦ **voulu** ▸ ***Intentionnel*** – conscient, délibéré, intentionnel, volontaire. △ **ANT.** DÉCLINER, DÉDAIGNER, ÉCARTER, REFUSER, REJETER.

voûte *n. f.* ▸ ***Dôme*** – berceau, calotte, coupole, cul-de-four, dôme, lanterne. ▸ *Intérieur* – cintre, intrados. ▸ *Extérieur* – extrados. ▸ ***Plafond*** – ciel de carrière *(mine)*, plafond, soffite, vélum. ▸ ***Voûte céleste*** – air, atmosphère, calotte (céleste), ciel, coupole (céleste), dôme (céleste), espace, sphère céleste, voûte (céleste), zénith. SOUT. azur, empyrée, éther, firmament, nues.

voyage *n. m.* ▸ ***Déplacement*** – allées et venues, balade, campagne, circuit, circumnavigation, course, croisière, déplacement, excursion, expédition, exploration, hadj, incursion, marche, méharée, mission, navette, navigation, odyssée, passage, pèlerinage, pérégrination, périple, promenade, raid, rallye, randonnée, reconnaissance, tour, tourisme, tournée, transport, traversée, va-et-vient. SOUT. chevauchée, errance. FAM. bourlingue, transhumance. QUÉB. voyagement. ▸ ***Flânerie*** – aventure, course, déambulation, déplacement, égarement, flânerie, instabilité, nomadisme, pérégrination, promenade, randonnée, rêverie, vagabondage. SOUT. badauderie, errance. FAM. vadrouille, virée. FRANCE FAM. baguenaude. QUÉB. FAM. niaisage. ▸ ***Itinéraire*** – aller (et retour), chemin, cheminement, circuit, course, direction, distance, espace, itinéraire, marche, parcours, retour, route, tracé, traite, trajectoire, trajet, traversée. FAM. trotte. FRANCE FAM. tirée. ▸ ***État hallucinatoire*** (FAM.) – anesthésie, détachement, inconscience, indifférence, insensibilité, nirvana, sommeil. △ **ANT.** IMMOBILITÉ.

voyager *v.* ▸ ***Se déplacer*** – circuler, se déplacer. △ **ANT.** DEMEURER, RESTER, SÉJOURNER; S'ÉTABLIR, SE FIXER.

voyageur *n.* ▸ ***Explorateur*** – aventurier, chercheur, découvreur, globe-trotter, navigateur, prospecteur. FAM. bourlingueur. ▸ ***Touriste*** – aoûtien, croisiériste, curiste, estivant, hivernant, juillettiste, touriste, vacancier, visiteur. FAM. bourlingueur. SOUT. vagabond. ▸ ***Commerçant de fourrures*** (QUÉB.) – coureur des bois. ▸ ***Marchand*** – bonimenteur, camelot, colporteur, marchand ambulant, (marchand) forain. AFR. dioula *(musulman)*. ♦ **voyageur,** ***masc.*** ▸ ***Oiseau*** – pigeon voyageur. △ **ANT.** ERMITE, SÉDENTAIRE.

voyant *adj.* ▸ ***Tapageur*** – agressif, clinquant, criard, de mauvais goût, provocant, tapageur, tape-à-l'œil. ▸ ***Ostensible*** – ostensible, ostentatoire. ▸ ***En parlant d'une couleur*** – éclatant, vif. △ **ANT.** CLASSIQUE, DÉPOUILLÉ, DISCRET, SIMPLE, SOBRE, STRICT; FADE, PÂLE, TERNE; CACHÉ, VOILÉ.

voyant *n.* ▸ ***Personne*** – extralucide, voyant extralucide. ▸ ***Devin*** – devin, prophète. SOUT. augure, mage, vaticinateur. ♦ **voyant,** ***masc.*** ▸ ***Dispositif*** – lampe témoin. △ **ANT.** AVEUGLE.

voyou *n. m.* ▸ ***Vaurien*** – aventurier, beau merle, délinquant, dévoyé, gibier de potence, homme de sac et de corde, julot, malfaisant, mauvais sujet, sale individu, scélérat, triste individu, triste personnage, triste sire, vaurien, vilain merle. FAM. arsouille, blouson doré, blouson noir, loubard, (mauvais) drôle, sacripant, vermine, zonard. FRANCE FAM. frape, galapiat, gouape, loulou, malfrat, morbaque. ▸ ***Escroc*** – aigrefin, arnaqueur, bandit, brigand, canaille, carambouilleur, chevalier d'industrie, concussionnaire, crapule, escroc, extorqueur, faisan, fraudeur, gangster, gredin, malfaiteur, mercanti, pirate, profiteur, sangsue, spoliateur, tripoteur, voleur. SOUT. déprédateur, forban. DR. captateur. FAM. carotteur, carottier, fricoteur, fripouille, (maître) filou. FRANCE FAM. écorcheur, estampeur, malfrat. ▸ ***Enfant turbulent*** – (affreux) jojo, chipie, coquin, diablotin, filou, fripon, galopin, mauvaise graine, (petit) bandit, (petit) chenapan, (petit) démon, (petit) diable, (petit) garnement, (petit) gredin, (petit) poison, (petit) polisson, (petit) vaurien, (petit) voyou, (petite) canaille, (petite) peste, poulbot *(de Montmartre)*, titi, vilain. SOUT. lutin. FAM. morveux, (petit) crapaud, petit merdeux, petit monstre, sacripant. QUÉB. FAM. (petit) tannant.

vrai *adj.* ▸ ***Réel*** – concret, effectif, existant, matériel, palpable, physique, réel, sensible, tangible, visible. DIDACT. positif. RELIG. de ce monde, temporel, terrestre. ▸ ***Dont l'existence est prouvée*** – attesté, authentique, exact, factuel, historique, positif, réel, véridique, véritable. ▸ ***Qui n'est pas imité*** – authentique, naturel, pur, véritable. ▸ ***Qui n'est pas feint*** – authentique, sans artifice, sincère, spontané, véritable. ▸ ***Qui dit la vérité*** – franc, sincère. SOUT. vérace, véridique. △ **ANT.** FAUX; ABSTRAIT, APPARENT, ILLUSOIRE, IMAGINAIRE, INVENTÉ, IRRÉEL; ERRONÉ, INEXACT; ARTIFICIEL, IMITÉ; AFFECTÉ, FACTICE, FEINT, FORCÉ; MENSONGER, TROMPEUR.

vraiment *adv.* ▸ ***Véritablement*** – à dire vrai, à l'évidence, à la vérité, à n'en pas douter, à vrai dire, assurément, authentiquement, bel et bien, bien, bien entendu, bien sûr, cela va de soi, cela va sans dire, certainement, certes, comme de juste, d'évidence, de toute évidence, effectivement, en effet, en vérité, évidemment, il va sans dire, indubitablement, manifestement, naturellement, nul doute, oui, réellement, sans (aucun) doute, sans conteste, sans contredit, sans le moindre doute, sans nul doute, sérieusement, sûrement, véridiquement, véritablement. FAM. pour de vrai, vrai. ▸ ***Extrêmement*** – à l'extrême, affreusement, astronomiquement, au dernier degré, au dernier point, au maximum, au plus haut degré, au plus haut point, beaucoup, bien, colossalement, considérablement, éminemment, énormément, exceptionnellement, extraordinairement, extrêmement, fabuleusement, follement, fort, fortement, grandement, gros, hautement, immensément, incommensurablement, inconcevablement, incroyablement, infiniment, intensément, long, mortellement, nettement, on ne peut plus, phénoménalement, prodigieusement, profondément, remarquablement, sérieusement, singulièrement, souverainement, supérieurement, suprêmement, terriblement, très, vertigineusement, vivement. *FAM.* bigrement, bougrement, diablement, drôlement, effroyablement, épais, épouvantablement, fameusement, fantastiquement, fichtrement, fichûment, formidablement, foutrement, furieusement, joliment, rudement, sacrément, salement. △ **ANT.** PEUT-ÊTRE, PLAUSIBLEMENT, POSSIBLEMENT, POTENTIELLEMENT, PROBABLEMENT, SANS DOUTE, VIRTUELLEMENT, VRAISEMBLABLEMENT; AUCUNEMENT, D'AUCUNE FAÇON, D'AUCUNE MANIÈRE, EN AUCUN CAS, EN AUCUNE FAÇON, EN AUCUNE MANIÈRE, EN AUCUNE SORTE, EN RIEN, NULLEMENT, (PAS) DU TOUT; UN PEU.

vraisemblable *adj.* ▶ ***Qui semble vrai*** – crédible, croyable, plausible, probable. △ **ANT.** IMPROBABLE, INCROYABLE, INVRAISEMBLABLE.

vraisemblablement *adv.* peut-être, plausiblement, possiblement, potentiellement, probablement, sans doute, virtuellement. △ **ANT.** À COUP SÛR, AUTOMATIQUEMENT, FATALEMENT, FORCÉMENT, IMMANQUABLEMENT, IMPLACABLEMENT, INÉVITABLEMENT, INFAILLIBLEMENT, NÉCESSAIREMENT, OBLIGATOIREMENT, PAR LA FORCE DES CHOSES.

vraisemblance *n.f.* acceptabilité, admissibilité, crédibilité, plausibilité, possibilité, présomption, probabilité, recevabilité, viabilité, vraisemblable. △ **ANT.** IMPROBABILITÉ, INCRÉDIBILITÉ, INVRAISEMBLANCE.

vue *n.f.* ▶ ***Faculté*** – acuité visuelle, vision. ▶ ***Regard*** – œil, regard. ▶ ***Manière dont qqch. est vu*** – coupe, profil, section. ▶ ***Angle*** – axe, cap, côté, direction, exposition, face, inclinaison, ligne, orientation, sens, situation. *QUÉB. ACADIE FAM.* bord. *ASTRON.* azimut. *AÉRON. MAR.* cap. *MAR.* gisement, orientement. ▶ ***Ouverture*** – ajour, baie (de fenêtre), croisée, fenêtre. ▶ ***Ce que l'on voit*** – image, scène, spectacle, tableau, vision. ▶ ***Paysage*** – champ (de vision), horizon, panorama, paysage, perspective, point de vue, site. ▶ ***Opinion*** – appréciation, avis, conception, conviction, critique, croyance, dogme, estime, idée, impression, jugement, optique, pensée, perception, point de vue, position, principe, prise de position, sentiment, théorie, thèse, vote. *SOUT.* oracle. ▶ ***Projet*** – entreprise, idée, intention, plan, préméditation *(mauvaise action)*, programme, projet, résolution. *SOUT.* dessein. △ **ANT.** CÉCITÉ, NOIRCEUR.

vulgaire *adj.* ▶ ***Ordinaire*** – commun, médiocre, ordinaire, quelconque, trivial. ▶ ***Sans élévation morale*** – bas, grossier, trivial. *PÉJ.* populacier. *FAM.* poissard. ▶ ***Obscène*** – choquant, grossier, obscène, ordurier, sale, scatologique, trivial, vilain. △ **ANT.** EXTRAORDINAIRE, HORS DU COMMUN, ORIGINAL, REMARQUABLE; SAVANT, SCIENTIFIQUE; ÉLEVÉ, RECHERCHÉ; DISTINGUÉ, NOBLE, RAFFINÉ; AFFABLE, COURTOIS, POLI; BIENSÉANT, CONVENABLE, DÉCENT, RECOMMANDABLE.

vulgarité *n.f.* ▶ ***Inélégance*** – balourdise, barbarie, béotisme, bestialité, brutalité, fruste, goujaterie, grossièreté, impolitesse, inélégance, lourdeur, rudesse, rustauderie, rusticité, rustrerie. ▶ ***Grossièreté*** – bassesse, grossièreté, mauvais goût, obscénité, trivialité. *SOUT.* vulgaire. △ **ANT.** BIENSÉANCE, DÉCENCE, DÉLICATESSE, DISTINCTION, RAFFINEMENT.

vulnérable *adj.* ▶ ***Facile à attaquer*** – névralgique, sensible. ▶ ***Sans défense*** – désarmé, faible, fragile, impuissant, sans défense. ▶ ***Contestable*** – attaquable, contestable, controversable, controversé, critiquable, discutable, douteux, fragile, litigieux, mis en doute, sujet à caution, sujet à controverse. △ **ANT.** HORS D'ATTEINTE, INATTAQUABLE, INVULNÉRABLE; BLINDÉ, DUR, FORT, INSENSIBLE, PUISSANT, SOLIDE; AVÉRÉ, CERTAIN, DÉMONTRÉ, ÉTABLI, INCONTESTABLE, INDÉNIABLE, INDISCUTABLE, IRRÉFUTABLE, PROUVÉ, RECONNU, SÛR.

WXYZ

wagon *n.m.* ▶ ***Véhicule sur rails*** – fourgon, remorque *(camion ou métro)*, voiture, wagonnet *(petit)*. ▶ ***Automobile*** (FAM.) – auto, automobile, voiture, voiture automobile. *FAM.* bagnole, bahut, caisse, tire. ▶ ***Contenu*** – wagonnée. ▶ ***Grande quantité*** (FAM.) – abondance, afflux, amas, ampleur, concentration, débauche, débordement, exubérance, filon, fleuraison, floraison, foisonnement, forêt, foule, fourmillement, gisement, infinité, inondation, luxe, luxuriance, masse, mine, multiplicité, myriade, nuée, paquet, pléthore, poussière, profusion, quantité, richesse, surabondance, tas, trésor. *FIG.* carnaval. *FAM.* festival, flopée, kyrielle, tapée, tonne, tripotée. *SUISSE FAM.* craquée.

water-closets (var. **watercloset, W.-C., w.-c., W.C., w.c.**) *n.m.pl.* cabinet d'aisances, cabinet de toilette, cabinets, latrines, lavabos, lieux d'aisances, sanisette *(publiques)*, sanitaires, toilettes, W.-C., waters. *FAM.* petit coin, petit endroit, vécés. *BELG.* cour. *AFR.* douchière. *ANC.* garde-robe.

zapping *n.m.* saut de chaîne, zappage. *QUÉB. FAM.* pitonnage.

zèle *n.m.* ▶ ***Soin*** – sérieux. *SOUT.* diligence, soin. ▶ ***Application exagérée*** – *FAM.* fayotage. ▶ ***Vénération*** – admiration, adoration, adulation, amour, attachement, culte, dévotion, emballement, engouement, fanatisme, ferveur, iconolâtrie, idolâtrie, passion, respect, vénération. *SOUT.* dilection, révérence. *PÉJ.* encens, flagornerie, flatterie. ▶ ***Enthousiasme*** – allant, animation, ardeur, chaleur, cœur, élan, enthousiasme, entrain, ferveur, flamme, passion. *FAM.* pep. *SOUT.* feu. △ **ANT.** LAISSER-ALLER, LAXISME, NÉGLIGENCE; APATHIE, INDIFFÉRENCE, TIÉDEUR; SABOTAGE.

zélé *adj.* ▶ ***Infatigable*** – actif, affairé, allant, diligent, dynamique, énergique, infatigable, laborieux, travailleur, vaillant. *FAM.* bosseur, boulot boulot, bûcheur, increvable, piocheur. ▶ ***Dévoué*** – aimable, attentif, attentionné, aux petits soins, complaisant, délicat, dévoué, diligent, empressé, gentil, obligeant, prévenant, secourable, serviable. *FAM.* chic, chou. *BELG. FAM.* amitieux. △ **ANT.** APATHIQUE, INDOLENT, NONCHALANT, OISIF; INAPPLIQUÉ, NÉGLIGENT.

zénith *n.m.* ▶ ***Point culminant*** – acmé, apex, apogée, apothéose, cime, climax, comble, culmination, excès, faîte, fin du fin, fort, limite, maximum, meilleur, nec plus ultra, optimum, paroxysme, pinacle, plafond, point culminant, pointe, record, sommet, summum, triomphe. *SOUT.* plus haut période. *FAM.* top niveau. △ **ANT.** NADIR.

zéro *n.m.* ▶ ***Néant*** – désert, néant, nullité, rien, vacuité, vacuum, vide. ▶ ***Point de référence*** – degré zéro, état zéro, point de départ, point zéro. ▶ ***Personne incapable*** (FAM.) – bon à rien, gâcheur, inapte, incapable, incompétent, mazette, médiocre, nullité, propre à rien, raté. *FAM.* bousilleur, cloche, ganache, gougnafier, jean-foutre, manche, minable, minus habens, nul, nullard, perdant, ringard, tocard. *FRANCE FAM.* loupeur. *QUÉB. FAM.* cabochon.

zigzag *n.m.* dents de scie, louvoiement *(bateau)*, louvoyage, slalom *(ski)*. *FAM.* sinusoïde. *SOUT.* serpentement.

zinc *n.m.* ▶ ***Comptoir*** (FAM.) – bar, comptoir. *FAM.* buvette. ▶ ***Café*** (FAM.) – bar, brasserie, café, débit de boissons, estaminet, guinguette, pub. *FAM.* bistrot, buvette, limonade. *FRANCE FAM.* bistroquet, marigot, rade, troquet. *QUÉB.* taverne. *AFR.* maquis *(clandestin)*. ▶ ***Avion désuet*** (FAM.) – *FAM.* coucou.

zizanie *n.f.* ▶ ***Discorde*** – accrochage, algarade, altercation, brouille, brouillerie, chicane, controverse, démêlé, désaccord, désunion, différend, discorde, dispute, divergence, escarmouche, explication, fâcherie, froid, heurt, joute oratoire, litige, malentendu, mésentente, passe d'armes, polémique, querelle, rupture, scène. *FAM.* bagarre, bisbille, bringue, chamaille, chamaillerie, empoignade, empoignement, engueulade, prise de bec, séance. *BELG. FAM.* bisbrouille. △ **ANT.** ACCORD, CONCORDE, ENTENTE, HARMONIE.

zone *n.f.* ▶ ***Aire*** – aire, champ, domaine, emplacement, espace, place, région, terrain, territoire. ▶ ***Lieu*** – coin, emplacement, endroit, lieu, localisation, localité, place, point, position, poste, scène, séjour, siège, site, situation, théâtre. BIOL. locus. ▶ ***Région*** – coin (de pays), contrée, latitude, partie du monde, pays, région, secteur. SOUT. cieux, climats. FAM. patelin. ▶ ***Banlieue*** – abords, alentours, banlieue, banlieue-dortoir, ceinture, cité-dortoir, couronne, environs, extension, faubourg, périphérie, quartier-dortoir, ville-dortoir, zone (suburbaine). ▸ *Ville et sa banlieue* – agglomération, communauté urbaine, conurbation, district urbain, mégalopole, métropole, zone urbaine.